LIANSUO YAODIAN ZHIYE YAOSHI JICHU XUNLIAN SHOUCE

连锁药店执业药师
基础训练手册

主编单位：湖南省药师协会

老百姓大药房连锁股份有限公司

主　　审：饶　健

主　　编：谢子龙

常务副主编：侯茂虎　石　展　冯砚祖

副 主 编：王　莉

编　　委：杨文伟　刘迎华　唐　毅　李　波　曾令贵

张贵赋　李　改　李顺权　杨友良　余　勇

刘道鑫　艾征宙　李建芳　资赵辉　钟　媛

王友军　瞿月花　黄　阳

湖南科学技术出版社

图书在版编目（ＣＩＰ）数据

连锁药店执业药师基础训练手册 / 谢子龙主编. -- 长沙：湖南科学技术出版社，2018.4
ISBN 978-7-5357-9736-0

Ⅰ．①连… Ⅱ．①谢… Ⅲ．①药品－连锁商店－商业服务－手册②药物－手册 Ⅳ．①F717.6-62②R97-62

中国版本图书馆 CIP 数据核字(2018)第 050335 号

连锁药店执业药师基础训练手册
主　　审：饶　健
主　　编：谢子龙
责任编辑：李　忠　姜　岚
出版发行：湖南科学技术出版社
社　　址：长沙市湘雅路 276 号
　　　　　http://www.hnstp.com
邮购联系：本社直销科　0731-84375808
印　　刷：湖南天闻新华印务邵阳有限公司
　　　　　（印装质量问题请直接与本厂联系）
厂　　址：邵阳市东大路 776 号
邮　　编：422001
版　　次：2018 年 4 月第 1 版
印　　次：2018 年 4 月第 1 次印刷
开　　本：850mm×1168mm　1/32
印　　张：34
字　　数：1650000
书　　号：ISBN 978-7-5357-9736-0
定　　价：78.00 元

序 一

2018 年是我国改革开放的 40 周年。光阴似水，岁月如歌，正是 40 年前的春天，我带着恢复高考后第一届大学生的光环，跨入了南京药学院（现中国药科大学）的校门，开始了我药学梦想的人生。时光荏苒，从投身医药行业的 1978 年到 2018 年，我亲历并见证了改革开放 40 年来我国医药发展的光辉历程。在这 40 年激情燃烧、风云激荡的峥嵘岁月里，在伟大祖国改革开放经济建设的澎湃大潮中，作为中国人，作为中国的医药工作者，我们开疆拓土，我们艰辛创业，我们风雨兼程，涌现了一批又一批的弄潮勇士，书写了一个又一个神话和传奇。今天我国已经彻底告别了缺医少药的年代，迎来了药品供应的空前便利、医药产业的空前繁荣。

我们处在一个最好的年代，国务院出台的《关于进一步改革完善药品生产经营使用政策的若干意见》已经明确指出，要积极发挥药师作用，落实药师权利和责任，充分发挥药师在合理用药方面的作用。要加强零售药店的药师培训，提高药事服务能力和水平，加快药师立法，加强药师队伍建设。国家制定的《"十三五"药品安全规划》明确提出"'十三五'期间，每万人口执业药师超过 4 人"，实施执业药师执业能力和学历提升工程，强化继续教育和学历提升。这些都给我们执业药师队伍的发展和壮大提供了巨大的发展空间和明确的要求。

我们邀约部分专家、药学资深人士、行业优秀企业编写了这本《连锁药店执业药师基础训练手册》，旨在为执业药师增加一个专业提升的学习范本，使其能更好地为顾客提供专业药学服务，提升药店的整体专业服务水平。老百姓大药房一直重视药师体系的建设，经过多年不断的努力，已经建立集病种识别体系、药事照护标准体系、全科药师/专科药师/健康顾问体系、家庭药师服务模式、健康生活馆标准体系于一体的"药学服务专业体系"。此次与老百姓大药房一起编写这本《连锁药店执业药师基础训练手册》，希望能让其把一些成熟的药师训练经验与同行分享，希望大家共同关注执业药师综合素养提升，希望每一位执业药师都能精炼专业，积极主动为公众提供高专业化、高质量的药学服务，共同推动行业发展。

　　让我们"不忘初心，继续前进"！

序　二

2017 年 2 月 14 日国务院印发了《"十三五"国家药品安全规划》（国发〔2017〕12 号，简称《规划》），《规划》提出："坚持以人民健康为中心，把人民健康放在优先发展战略地位，保障公众用药安全、有效、可及，防止药品安全事件发生，切实维护人民群众身体健康和生命安全。"并要求："到 2020 年，执业药师服务水平显著提高。每万人口执业药师数超过 4 人，所有零售药店主要管理者具备执业药师资格、营业时有执业药师指导合理用药。"

医者仁心，药者慧心。一颗小小的药丸，从前期研发评价，到企业优质生产，到流通过程严格把控质量风险，一直到使用环节，需要由执业药师把好合理用药、用药安全的最后一道关口，医药人各尽其责、各尽所能，全方位保障人民用药安全。执业药师是每一家药店面对顾客的核心专业服务者，是药品流向顾客的最终执行者，其专业能力对保证药物治疗的安全性、适宜性、有效性、经济性具有关键作用。

老百姓大药房成立 17 年来，一直关注员工的专业培养，尤其重视执业药师体系的建设与培养。2008 年在国家食品药品监督管理总局执业药师资格认证中心的专业指导下成立了行业第一家药师俱乐部；2009～2016 年举办 6 届全国药师精英赛，为广大药师提供了学习交流、展现药学服务技术的平台；2011 年起推广《老百姓大药房执业药师服务规范》，已取得了一些成效、积累了一些经验，但还远远不足，需要持之以恒、不断努力。此次在湖南省药师协会的组织下，我们与部分专家、药学资深人士一起编写了这本《连锁药店执业药师基础训练手册》，旨在为执业药师增加一个专业提升的学习范本，使其能更好地为顾客提供专业药学服务。

最后我们向为本书编写、审稿和提供支持的各位专家表示诚挚的感谢！谨以此书献给努力奋斗在药学服务一线的执业药师们！

老百姓大药房连锁股份有限公司董事长

前　言

　　连锁药店经营需要满足顾客对药品质量安全、药品安全使用的需求，这两方面是决定顾客满意度及药店综合竞争力的核心因素。执业药师作为零售药店中的专业带头人，应践行优良药学服务、保障公众合理用药。2017年2月14日国务院印发了《"十三五"国家药品安全规划》（国发〔2017〕12号），该文件在"发展目标"中明确提出"到2020年，执业药师服务水平显著提高。每万人口执业药师数超过4人，所有零售药店主要管理者具备执业药师资格、营业时有执业药师指导合理用药"。在此行业发展背景下，湖南省药师协会、老百姓大药房连锁股份有限公司应势邀约相关专家、药学资深人士编写了《连锁药店执业药师基础训练手册》。

　　《连锁药店执业药师基础训练手册》旨在提升连锁药店执业药师的执业能力、用药安全管理能力、顾客专业服务水平。本手册围绕连锁药店执业药师在零售药店的业务活动，包括处方调剂、用药指导、药物治疗管理、慢病管理、药事照护、药品不良反应监测、健康宣教等，分为绪论篇、药品和药品管理篇、基础理论篇、商品基础知识篇、常见疾病与药物治疗篇。绪论篇分述执业药师的定义与岗位设置，执业药师业务规范，执业药师与药学服务，药房形象管理，公关及礼仪服务；药品和药品管理篇包含药品的含义及其剂型，药品的分类，假药和劣药的区别，药品管理和供应，处方调剂，用药安全；基础理论篇叙述了药物治疗基础知识，常用医学检查指标的解读，医学基础，中医学基础，药学基础，药物的储存与养护等内容；

商品基础知识篇包含西药20个类别，中药饮片20个类别，中成药23个类别，营养补充剂7个类别；常见疾病与药物治疗篇包含5种常见疾病的自我药疗指导及100种常见临床疾病的病因病机、临床表现、治疗原则等内容。以上内容是执业药师在从事业务活动时应掌握的相关专业知识和技能，是践行优良药学服务、保障公众合理用药的学习范本。

主编单位老百姓大药房创立于2001年10月，2015年4月23日上海证券交易所A股主板上市，是一家由单体民营药店发展起来的中外合资大型医药集团。中国药店市值第一，覆盖17个省份、80多个城市，拥有2000余家门店，年来客数7000余万人次，其中活跃会员900多万名。2003～2013年，公司年销售额连续11年居全国药品零售连锁企业前三强，其中2004～2006年连续3年销售额居全国连锁药店第一位；2009～2016年蝉联中国药品零售企业综合竞争力百强第一名；2011年荣获中国驰名商标；2015年荣获Superbrands颁发的"中国人喜爱的品牌"（Superbrands创立于英国，是全球最大的独立品牌授奖项目）。老百姓大药房自成立以来始终专注于顾客的健康需求，专注于药学服务的践行。2008年成立行业首家药师俱乐部，2009年举办第一届全国药师精英赛并推进药师星级体系的建立，2011年推广《老百姓大药房执业药师服务规范》，2012年在商务部组织的"首届药品流通行业岗位技能竞赛暨第二届全国医药行业特有职业技能竞赛"中取得店长岗位、药师岗位"双冠军"，2016年门店资深药师取得中国非处方药物协会颁发的"卓越药师"称号、获得湖南省药师协会"十佳药店""十佳药师"荣誉。

希望《连锁药店执业药师基础训练手册》的出版，能够给大家带来帮助和借鉴，感谢各位专家的辛苦付出，由于编写时间紧迫、水平有限，难免存在错误和疏漏之处，恳请各位专家、读者批评指正，以便再版时修改、充实与完善。

编　者

于长沙

目　录

第三篇　基础理论

第四篇　商品基础知识

第五篇　常见疾病与药物治疗

第 一 篇
绪   论

第一章　执业药师的定义与岗位设置

第一节　执业药师的定义

执业药师（licensed pharmacist）是指经全国统一考试合格，取得《执业药师资格证书》并经注册登记，在药品生产、经营、使用单位中执业的药学技术人员。

国家人力资源和社会保障部、国家食品药品监督管理总局共同负责全国执业药师资格制度的政策制定、组织协调资格考试、注册登记和监督管理工作。执业药师资格实行全国统一大纲、统一命题、统一组织的考试制度。执业药师资格实行注册制度。国家食品药品监督管理总局是全国执业药师注册管理机构，各省、自治区、直辖市药监部门为注册机构。执业药师实行继续教育登记制度。

第二节　执业药师岗位职责

执业药师的主要职责是保障药品质量和指导合理用药。《执业药师资格制度暂行规定》（人职发〔1999〕34号）中明确了执业药师的具体职责：①执业药师必须遵守职业道德，忠于职守，以对药品质量负责、保证公众用药安全有效为基本准则；②执业药师必须严格执行《中华人民共和国药品管理法》（简称《药品管理法》）及国家有关药品研制、生产、经营、使用的各项法规及政策，对违反《药品管理法》及有关法规的行为或决定，有责任提出劝告、制止、拒绝执行并向上级报告；③执业药师在执业范围内负责对药品质量的监督和管理，参与制定、实施药品全面质量管理及对本单位违反规定的处理；④执业药师负责处方的审核及监督调配，提供用药咨询与信息，指导合理用药，开展治疗药物的监测及药品疗效的评价等临床药学工作。

第二章 执业药师业务规范

第一节 总 则

第一条 为规范执业药师的业务行为,践行优良药学服务,保障公众合理用药,倡导行业自律,根据我国相关法律法规和政策制定本规范。

第二条 本规范适用于直接面向公众提供药学服务的执业药师。执业药师应当对公众合理使用药品负责。

第三条 执业药师业务规范是指执业药师在运用药学等相关专业知识和技能从事业务活动时,应当遵守的行为准则。

执业药师的业务活动包括处方调剂、用药指导、药物治疗管理、药品不良反应监测、健康宣教等。

第四条 执业药师应当遵纪守法、爱岗敬业、遵从伦理、服务健康、自觉学习、提升能力,达到本规范的基本要求。

执业药师应当佩戴执业药师徽章上岗,以示身份。

第五条 执业药师应当掌握获取医药卫生信息资源的技能,通过各种方式与工具收集、整理、归纳分析各类有价值的信息,用于开展各项业务活动。

第六条 执业药师所在单位应当为执业药师履行本规范提供必要的条件,支持并保障执业药师开展药学服务。

第二节 处方调剂

第七条 处方调剂包括处方审核、处方调配、复核交付和用药交代。执业药师应当凭医师处方调剂药品,无医师处方不得调剂。

处方调剂应当遵守国家有关法律、法规与规章,以及基本医疗保险制度等各项规定。

第八条 处方审核包括处方的合法性审核、规范性审核和适宜性审核。

第九条 处方的合法性审核,包括处方来源、医师执业资格、处方类别。

执业药师对于不能判定其合法性的处方,不得调剂。

第十条 处方的规范性审核,包括逐项检查处方前记、正文和后记是否完整,书写或印制是否清晰,处方是否有效,医师签字或签章与备案字样是否一致等。

执业药师对于不规范处方,不得调剂。

第十一条 处方的适宜性审核,应当包括如下内容:

(一) 处方医师对规定皮试的药品是否注明过敏试验,试验结果是否阴性;

(二) 处方用药与临床诊断是否相符;

（三）剂量、用法和疗程是否正确；

（四）选用剂型与给药途径是否合理；

（五）是否重复给药，尤其是同一患者持二张以上处方；

（六）是否存在潜在临床意义的药物相互作用、配伍禁忌；

（七）是否存在特殊人群用药禁忌，如：妊娠及哺乳期妇女、婴幼儿及儿童、老年人等；

（八）其他不适宜用药的情况。

对于存在用药不适宜情形的处方，应当告知处方医师，要求确认或者重新开具处方；不得擅自更改或者自行配发代用药品。

第十二条　处方审核合格后，执业药师依据处方内容调配药品，调配时应当做到：

（一）按照处方上药品的顺序逐一调配；

（二）药品配齐后，与处方逐条核对药品名称、剂量、规格、数量和用法用量，并准确书写标签；

（三）对特殊管理药品及高危药品按规定登记；

（四）同一患者持二张以上处方时，逐张调配，以免发生差错；

（五）防范易混淆药品的调配差错，如名称相近或读音相似、包装外观相仿及同品种多规格药品等的情形；

（六）调配后在外包装上分别贴上用药标签，内容包含：姓名、用法、用量、贮存条件等；

对需要特殊贮存条件的药品，应当加贴或者加盖醒目提示标签。

第十三条　调配中药饮片时，分剂量应当按"等量递减""逐剂复戥"的方法。有先煎、后下、包煎、冲服、烊化、另煎等要求的，应当另行单包并注明用法。

调配好的中药饮片包装均应当注明患者姓名、剂数、煎煮方法、注意事项等内容。

第十四条　药品交付前，执业药师应当核对调配的药品是否与处方所开药品一致、数量相符，有无错配、漏配、多配。

第十五条　药品交付时，执业药师应当核实交付，按处方顺序将药品逐个交与患者、患者家属或看护人，并按照处方或者医嘱进行用药交代与指导。

第十六条　处方调剂应当实行药品调配与复核交付双人核对制度。

执业药师在完成处方调剂后，应当在处方上加盖专用签章或者签名。

第十七条　处方应当按规定保存备查。

第三节　用药指导

第十八条　执业药师应当主动对患者提供个性化的合理用药指导。内容包括：

（一）药品名称及数量；

（二）用药适应证；

（三）用药剂量：首次剂量和维持剂量。必要时需解释剂量如何折算、如何量取等；对于"必要时"使用的药品应当特别交代一日最大限量；

（四）用药方法：日服次数或间隔时间、疗程，特别是药品说明书上有特殊使用要求的，应当特别交代或演示，必要时在用药标签中标注；

（五）预期药品产生药效的时间及药效维持的时间；

（六）忘服或漏服药品的处理办法，关注患者的用药依从性；

（七）药品常见的不良反应，如何避免及应对方法；

（八）自我监测药品疗效的方法；

（九）提示不能同时使用的其他药品或饮食。

第十九条　执业药师指导患者使用药品，应当做到：

（一）了解患者对医学和药品知识的掌握程度；

（二）辅导患者如何正确使用药品；

（三）确认患者是否已经了解指导建议；

（四）提醒患者应该注意的事项。

第二十条　执业药师有责任和义务对患者提供用药咨询，通过直接与患者、家属交流，解答其用药疑问，介绍药品和疾病的常识。执业药师接受咨询时应当做到：

（一）注重礼仪，尊重患者隐私；

（二）了解患者日常用药情况，判断患者既往用药的正确性；

（三）使用通俗性语言；

（四）对首次使用该药品的、用药依从性差的及使用治疗指数低的药品的患者，应当提供书面的指导资料。

第二十一条　对购买非处方药的患者或消费者，执业药师有责任和义务提供专业指导，内容主要包括：

（一）询问近期疾病和用药情况；

（二）询问患者是否有药物禁忌证、过敏史等；

（三）对患者非处方药的选用给予建议与指导。

第四节　药物治疗管理

第二十二条　执业药师应当主动参与患者的药物治疗管理，为患者合理用药、优化药物疗效提供专业服务。药物治疗管理包含：

（一）采集患者个体的所有治疗相关信息；

（二）评估和确认患者是否存在药物治疗问题；

（三）与患者一起确定治疗目标，制订干预措施，并执行药学监护计划；

（四）对制订的治疗目标进行随访和进一步评估，以确保患者的药物治疗达到最佳效果。

第二十三条　开展药物治疗管理的执业药师应当掌握沟通技能和药物治疗评估的实践技能。

第二十四条　执业药师应当在与患者建立互信关系的基础上，采集患者相关信息，建立药历。采集的信息包括：患者个人基本信息、目前病情与诊断、用药体验、疾病史、过敏史、药物治疗方案等。

患者的个人隐私在交流与记录中应当予以保护。

第二十五条　执业药师采集患者信息后，应当对患者药物治疗的适宜性、有效性、安全性及用药依从性方面进行用药评估。

用药评估包括：判断患者所使用的药品是否与适应证相符合；评估患者的治疗效果，确认是否存在任何药物治疗问题。如发现药物治疗问题，应当按照药物治疗问题影响患者的严重和难易程度，依先后顺序解决。确认患者是否能够并愿意遵从医嘱服用药物。

第二十六条　执业药师应当针对患者的每种疾病，与患者共同确立治疗目标并拟定药学监护计划。必要时，执业药师应当与患者及其主治医师互相讨论其治疗目标，并获得共识。

第二十七条　执业药师的干预措施应当针对患者个体的病情、药物相关需求和药物治疗问题，并做好记录。

第二十八条　执业药师在执行药学监护计划时，应当拟定收集监测数据的时间表，确定需监测的临床指标，以评估患者药物治疗效果。

药物治疗管理中，应当提供患者用药清单，以便提醒患者用药以及就诊时与医师和药师沟通信息。

第二十九条　执业药师进行患者疗效随访评估时，应当依据治疗目标，评估患者实际治疗结果，确定患者达到治疗目标的进度，判断患者的药物治疗是否存在任何安全性或用药依从性问题、是否有新的药物治疗问题发生。

第三十条　药物治疗管理的记录应当包括：患者的主诉、临床客观指标、评估患者存在的药物治疗问题以及下一步药物治疗计划。执业药师应当鼓励患者、家属或看护者积极参与药物治疗和用药评估的全过程。

第三十一条　药物治疗管理以达到治疗目标为终点，整个过程必须是系统的，且可以持续执行。对于药品的用法、用量处于调整阶段以及其他需要特别关注的患者，执业药师应当加强随访，追踪用药成效。

第三十二条　药物治疗管理的重点对象包括：

（一）就医或变更治疗方案频繁者；

（二）多科就诊或多名医师处方者；

（三）患有 2 种以上慢性疾病者；

（四）服用 5 种以上药品者；

（五）正在服用高危药品或依从性差者；

（六）药品治疗费用较高者。

第五节　药品不良反应监测

第三十三条　执业药师应当承担药品不良反应监测的责任，对使用药品进行跟踪，特别关注处于药品监测期和特殊人群使用的药品。发现药品不良反应时，应当及时记录、填写报表并按《药品不良反应报告和监测管理办法》的规定上报。

第三十四条　执业药师在日常用药咨询和药物治疗管理中，应当特别关注患者新发生的疾病，仔细观察患者的临床症状和不良反应，判断患者新发生的疾病是否与药品的使用有关，一旦发现，应当及时纠正和上报。

第六节　健康宣教

第三十五条　执业药师有责任和义务对公众宣传疾病预防和药品使用的知识，积极倡导健康生活方式，促进合理用药。

第三十六条　执业药师在社区中应当是健康信息的提供者，协助居民了解慢性疾病的危害性以及预防慢性疾病的重要性。

第三十七条　执业药师应当知晓国家和世界健康与疾病防控宣传日；关注和学习国家卫生行政部门定期发布的慢性疾病报告，了解本地区慢性疾病发病现状，有针对性地开展健康教育，为预防和控制慢性疾病的发生和流行发挥作用。

第三十八条　开展公众用药教育的形式包括：

（一）开展用药相关的健康知识讲座，提供教育资料；

（二）在社区和公共场所，为特殊人群提供用药相关教育；

（三）发放患者用药咨询联系卡。联系卡包含对外联系方式、工作时间、建议咨询的内容、合理用药常识等。

第三十九条　执业药师可以通过适当的形式告知社区居民如何纠正不健康的生活方式（如控制体重、适当饮食、坚持锻炼以及戒烟等），预防、减少慢性疾病的发生。

第四十条　执业药师应当在控制药物滥用方面发挥积极作用。

严格执行特殊管理药品的管理制度，发现有药物滥用者应当及时告知其危害性。

第七节　附　　则

第四十一条　本规范由国家食品药品监督管理总局执业药师资格认证中心、中国药学会、中国医药物资协会、中国非处方药物协会和中国医药商业协会共同参与制定。

国家食品药品监督管理总局执业药师资格认证中心负责解释。

第四十二条　本规范自 2017 年 1 月 1 日起施行。

第三章　执业药师与药学服务

第一节　药学服务的含义及其对药师的要求

一、药学服务的含义

药学服务（pharmaceutical service）是在临床药学工作的基础上发展起来的，与传统的药学基础服务（供应、调剂）有极大的区别。药学服务于 1990 年由美国学者倡导，其含义是药师应用药学专业知识向公众（包括医护人员、患者及其家属）提供直接的、负责任的、与药物应用有关的服务，以期提高药物治疗的安全、有效、经济和适宜性，改善和提高人类生活质量。

药学服务最基本的要素是"与药物有关"的"服务"。所谓服务，即不以实物形式，而以提供信息和知识的形式满足患者在药物治疗中的特殊需要。药学服务中的"服务"不同于一般行为上的功能。

药学服务除完成传统的处方调剂、药品检验、药品供应外，更是一种更高层次的临床实践，必须在患者药物治疗全程中实施并获得效果，涵盖患者用药相关的全部需求，包括选药、用药、疗效跟踪、用药方案与剂量调整、不良反应规避、疾病防治和公众的健康教育等全程。主要包括 3 个组成部分：

1. 药学监护（pharmaceutical care）　即以患者为中心，药师在参与药物治疗的过程中，负责满足患者与用药相关的各种需求并为之承担责任。监护需要设计和寻觅多个药学监护点，药师应从专业角度阐述患者的药学需求，权衡利弊，规避用药风险。药学监护计划是药师为个体患者制订的一个或多个监护计划，包括药学监护点、期望结果、为实现结果而采取的药学干预措施。

2. 药学干预（pharmacists intervention）　即对医生处方的规范性和适宜性进行监测。

3. 药学咨询（pharmaceutical consulting）　承接患者和医护人员有关用药的咨询，解答与用药相关的各种问题，普及用药常识，指导合理用药。

二、药学服务对药师的要求

实施药学服务要求药师用自己独有的知识和技能来保证药物使用获得满意的结果，是高度专业化的服务过程，需要具备以下能力：

（一）药学专业知识

提供药学服务的人员必须具有药学、中药学专业背景，具备扎实的药学与中药学专业知识、临床医学基础知识以及开展药学服务工作的实践经验和能力，并具备药学服务相关的药事管理与法规知识以及职业道德。

（二）沟通能力

沟通是人类社会中信息的传递、接收、交流和分享，目的是为了相互了解，达成共识。沟通前的双方是各自独立的主体，存在着不确定性、冷漠、疑虑、矛盾，甚至激烈的冲突，通过沟通，使矛盾和疑问化解，两者看法、评价、利益趋于一致。随着现代临床药学的发展，沟通技术已经成为当今药师开展药学服务的基本技能。

（三）药历书写

书写药历（medication history）是药师进行规范化药学服务的具体体现。药历是客观记录患者用药史和药师为保证患者用药安全、有效、经济所采取的措施，是药师以药物治疗为中心，发现、分析和解决药物相关问题的技术档案，也是开展个体化药物治疗的重要依据。书写药历要客观真实，记录药师实际所做的具体内容、咨询的重点及相关因素。此外还应注意的是，药历的内容应该完整、清晰、易懂，不用判断性的语句。

（四）异议处理

在药学服务过程中，经常遇到的一个棘手问题是接待和处理患者的投诉。患者投诉在一定意义上属于危机事件，需要及时处理。正确妥善地处理患者的投诉，可改善药师的服务，增进患者对药师工作的信任。反之，不但无益于患者的药物治疗，无益于改进药师的服务，同时对患者的失信和伤害会产生爆炸链式的反应，甚至导致纠纷，使药师失去患者的信任。

第二节　药学服务的内涵

一、药学服务的主要实施内容

药学服务是一种实践，不仅仅只停留在理论上，同时必须在患者治疗过程中实施并获得效果。不管是预防性的、治疗性的或恢复性的，无论是在医院药房还是社会药房，无论是住院患者还是门诊患者、急诊患者，药学服务要直接面向需要服务的患者，渗透于医疗保健行为的方方面面和日常工作中。药学服务的主要实施内容包括：①把医疗、药学、护理有机地结合在一起，让医生、药师、护士齐心协力，共同承担医疗责任；②既为患者个人服务，又为整个社会公众健康教育服务；③积极参与疾病的预防、治疗和保健；④指导、帮助患者合理使用药物；⑤协助医护人员制定和实施药物治疗方案；⑥定期对药物的使用和管理进行科学评估。

二、药学服务的具体工作

药学服务的主要实施内容包含患者用药相关的全部需求，因此药学服务的具体工作，除传统的处方调剂工作以外，还包括参与并实施药物治疗、治疗药物监测、进行药物利用研究与评价、开展药学信息服务、不良反应监测与报告以及健康教育等。

（一）处方审核

药师在临床工作中，应对调剂前处方的规范和完整性（前记、正文、后记）、处方的病情诊断与用药的适宜性、用药的合理性（给药途径、剂量、疗程、报销范围）进行审核。

（二）处方调剂

调剂是药师直接面对患者的最直接工作，提供正确的处方审核、调配、复核和发药并提供用药指导是保证药物治疗的最基础的措施，也是药师所有工作中最重要的一环，是联系和沟通医、药、患的最重要的纽带。值得注意的是随着药师工作的转型，调剂工作将以"具体操作经验服务型"向"药学知识技术服务型"方向转变。

（三）参与临床药物治疗

药学服务要求药师在药物治疗全过程中为患者争取最好的结果，为患者提供全程化的药学服务。

（四）治疗药物监测

药学服务要求药师对治疗药物进行全程监测。

（五）药物利用研究和评价

药物利用研究和评价是指对全社会的药品市场、供给、处方及临床使用进行研究，重点研究药物引起的医药的、社会的和经济的后果以及各种药物和非药物因素对药物利用的影响，其目的就是保证用药的合理化。

（六）处方点评

药师应参与处方点评。处方点评是近年来在中国医院管理系统中发展起来的用药监管模式，通过处方点评，达到合理用药、用药监测、管理的目的。

（七）药品不良反应监测和报告

药师应对药品不良反应进行监测和报告。

（八）药学信息服务

提供药学服务、保证药物治疗的合理性必须建立在及时掌握大量和最新药物信息的基础上，提供信息服务是药学服务的关键。

（九）参与健康教育

药师还应参与健康教育工作。

三、药学服务的对象

药学服务的对象是广大公众，包括患者及其家属、医护人员和卫生工作者、药品消费者和健康人群。其中尤为重要的人群包括：①用药周期长的慢性病患者，或需长期或终生用药者；②病情和用药复杂，患有多种疾病，需同时合并应用多种药品者；③特殊人群，如特殊体质者、肝肾功能不全者、过敏体质者、小儿、老年人、妊娠及哺乳期妇女、血液透析者等；④用药效果不佳，需要重新选择药品或调整用药方案、剂量、方法者；⑤用药后易出现明显的药品不良反应者；⑥应用特殊剂型、特殊给药途径、药物治疗窗窄需作监测者。

另外，医生在为患者制订给药方案及护士在临床给药时，可能出现的药物的配伍、组方、注射剂溶剂的选择、溶解和稀释浓度、滴注速度、不良反应、禁忌证、药物相互作用等各种问题，需要得到药师的帮助。

四、药学服务的效果

1. 改善疾病或症状，如疼痛、发热、哮喘、高血压、高血脂、高血糖等。
2. 减少和降低发病率、复发率、并发症和死亡率。

3. 缩短住院时间、减少急诊次数和住院次数。
4. 提高治疗依从性，帮助患者按时、按量、按疗程用药。
5. 预防药品不良反应的发生，减少药源性疾病的概率。
6. 节约治疗费用，提高治疗效益/费用比值，减少医药资源的浪费。
7. 帮助提高公众的健康意识和提供康复的方法。

例如，美国在抗凝血药治疗中，药师可依据国际标准化比值（International Normalized Ratio，INR）和凝血酶原时间（prothrombin time，PT）调整患者的华法林剂量，维持长期的抗凝血治疗，美国部分医院已由药师在抗凝门诊为患者进行抗凝血治疗。

另外，对于高血压治疗，通过对高危人群如家族高血压病史以及老年人进行血脂异常和血压异常的筛查与监测，提前进行饮食、运动或药物的干预，被证实有利于降低高血压病发生率。

新西兰药师对哮喘患者进行长期治疗监护，药师从选药和剂量、用药依从性、药品不良反应、药物相互作用、呼吸峰流量计使用、定量吸入器使用、哮喘发作情况、吸烟与其他环境因素等多方面对患者进行辅导与跟踪，历时 2 年对 62 例患者实施药学服务的结果显示，患者不了解病情、预防性药物（激素）使用不足、缓解性药物（解痉）使用过多、吸入剂使用方法不当、无长期控制哮喘发作的计划等方面问题均可较易帮助患者解决。

药学服务是一种实践，必须在患者治疗过程中实施并获得效果。药学服务的宗旨是提高患者的生命质量和生活质量，不能单纯针对疾病症状对症用药，而需综合考虑患者年龄、职业、既往病史、遗传和基因组学、家族病史、经济状况等，既治疗病症，同时应从预防疾病发展和避免用药不良后果等多方面来选择综合治疗方案。

第三节　用药咨询服务

一、患者的用药咨询

医药领域是专业性非常强的特殊领域，绝大多数患者是不可能掌握较全面的医学或药学知识的，药师作为药学专业技术人员，应利用自己掌握的专业知识指导患者用药，最大限度地提高患者的药物治疗效果，提高用药的依从性，保证用药安全、有效。

（一）咨询环境

用药咨询室应是一相对独立的房间，以减少外界干扰，位置应靠近药房，便于患者咨询。室内陈设应简单、大方，设一开放的书架，上置药学方面的专业书籍杂志、医学科普读物及用药指导宣传资料，摆放几株绿色植物，营造一种能使药患双方轻松交流沟通的氛围。

（二）咨询方式

对于咨询服务药师来说咨询方式分为主动方式和被动方式。无论是医院药师还是药房药师都应当主动向患者讲授安全用药知识，并向患者发放一些合理用药宣传材料或向大众宣传促进健康的小知识，这些都属于主动服务的一部分。

（三）咨询内容

患者向药师咨询的内容。

（四）药师应主动向患者提供咨询的几种情况

1. 患者同时使用两种或两种以上含同一成分的药品；或合并用药较多。

2. 患者用药后出现不良反应；或既往有不良反应史。

3. 患者依从性不好；或患者认为疗效不理想或剂量不足以有效。

4. 病情需要，处方中药品超适应证、剂量超过规定剂量时（需医生双签字确认）。处方中用法、用量与说明书不一致。

5. 患者正在使用的药物中有配伍禁忌或配伍不当（如有明显配伍禁忌时应第一时间联系该医生以避免纠纷的发生）。

6. 需要进行血药浓度监测（therapeutic drug monitoring，TDM）的患者。

（五）需要特别关注的问题

药师向患者提供咨询服务的活动中，要注意到患者对信息的要求及解释上存在种族、文化背景、性别及年龄的差异，应采用适宜的方式方法，并注意尊重患者的个人意愿。

二、医生的用药咨询

医生的咨询侧重于药物资讯、处方用药必须顾忌和查阅的问题，包括药物的药效学与药动学、治疗方案和药品选择、国内外新药动态、新药临床评价、药物相互作用、妊娠及哺乳期妇女或肝肾功能不全者禁用药品、药品不良反应、药物与化学品的中毒鉴别与解救等信息。药师可着重从提高疗效和降低风险两个方面向医生提供用药咨询服务，具体包括：

1. 药品不良反应（adverse drug reaction，ADR）　是指在预防、诊断、治疗疾病或调节生理功能过程中，人接受正常剂量的药物时出现的任何有害的和用药目的无关的反应。

2. 禁忌证　药师有责任提示医生防范有用药禁忌证的患者，尤其是医生在使用本专业（科室）以外的药物时。

3. 药物相互作用　指两种或两种以上的药物同时应用时发生的药效变化。即产生协同（增效）、相加（增加）、拮抗（减效）作用。

三、公众的用药咨询

伴随社会的高速发展和医药学知识的普及，公众的自我保健意识也不断加强，人们更加注重日常保健和疾病预防，对小伤小病需要进行自我药疗。药师需要承担起新的责任，接受公众用药咨询，尤其是在常见病治疗、补钙、补充营养素等方面给予科学的用药指导，包括药品的用法，适宜的给药时间、注意事项、禁忌证、不良反应及相互作用。另外，执业药师应主动承接公众自我保健的咨询，积极提供健康教育，增强公众健康意识，减少影响健康的危险因素。

第四章　药房形象管理

第一节　证照管理

零售药店须在营业场所显著位置悬挂以下证照：①《药品经营许可证》；②与执业人员（药师、执业药师）要求相符的执业证明；③《药品经营质量管理规范认证证书》；④《营业执照》；⑤《食品经营许可证》；⑥《第二类医疗器械经营备案凭证》；⑦《医疗器械经营许可证》。

第二节　门店分区、药品销售

一、门店分区（图1-1）

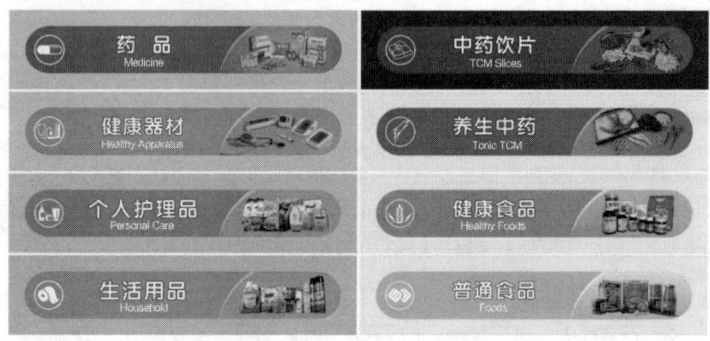

图1-1　门店分区示意图

二、药品销售

1. 销售药品应严格遵守有关法律、法规和制度。
2. 营业员应了解有关药品的业务知识和业务技能，例如药品的适应证、用法用量、注意事项等内容。
3. 非处方药应问清楚症状、过敏史，再合理推荐用药方案。
4. 处方药须凭处方销售，经审方员审核后方可调配。处方中有配伍禁忌或超剂量情况时，可拒绝调配；处方上所列药品不得擅自更改或代用。审方及调配人员均应在处方上签字或盖章；处方按规定保存。

5. 执业药师或药师须在职在岗，并佩戴胸牌。

6. 处方药不得开架销售，药店不得采取有奖销售、附赠药品或礼品等销售方式售药行为。

7. 销售中药饮片应做到符合炮制规范并做到计量准确。

8. 收集的药品不良反应应真实、准确。不良反应上报应及时、准确。

9. 拆零药品的工具和包装袋应清洁卫生，包装袋上应标明品名、规格、用法用量、效期等内容。

10. 销售特殊管理药品须按国家规定索取处方或身份证原件进行登记，限量供应，处方按规定保存。

11. 药店须按规定安排药学技术人员进行用药指导等药学服务。

第三节　形象展示与推广

一、概述

药店中的所有陈列以不违反《药品经营质量管理规范》（GSP）条款为第一前提，按商品包装、形状进行分类汇总，制定陈列标准。

GSP要求：①药品与非药品分开；②处方药与非处方药分开；③内服与外用分开。

二、陈列原则

1. 显而易见　商品应正名正字、正面面向顾客通道，顾客从任意角度均易见商品名称。

2. 靠前展示　所陈列的商品要与货架前方的"面"保持一致；纵向集中，同类商品品类优先原则。

3. 微间距　商品间距基本保持在2～3 mm，避免让顾客看到商品背后的货架层板、背板。

4. 先产先出　按商品生产时间或批号先后，先产或近效期商品摆在前排，优先销售。

5. 标识突出　缺货、空盒、限购等有特殊信息告知的商品应用相应标识插在商品价签后的正上方。

6. 货位固定　商品货位在无店长调整指令的情况下不得任意变换或调整。

7. 价签靠左　一品一签，靠左摆放，信息正确。

三、陈列展示

1. 基础陈列（货架陈列）

（1）袋装陈列：分为篮式（图1-2）和挂式（图1-3）。篮式陈列的特点为陈列方便、稳固、有量感；挂式陈列时商品需靠挂钩的最外端悬挂，具有展示面好、顾客拿取方便的特点。

图 1-2 篮式（斜口篮或框式）　　　　图 1-3 挂式

（2）盒装陈列：分为单层（叠加）陈列（图 1-4）和梯形陈列（图 1-5）。单层（叠加）陈列时必须符合二指原则、微间距原则且第一层商品不超过货架高度。梯形陈列的特点为商品陈列美观，展示面好；有量感，且有利于按先进先出来销售。适用于大多数的货架商品的陈列，尤其是单品数量较多的药品。

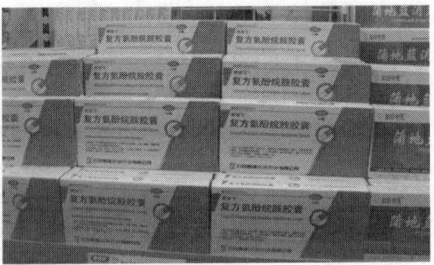

图 1-4 单层或叠加　　　　　　　　图 1-5 梯形

（3）外用贴膏：有斜板陈列（图 1-6）和小盒陈列（图 1-7）两种方式。斜板陈列的特点为可运用层板自身斜放或用 KT 板隔成。斜面展示面好，顾客显而易见。小盒陈列特点为商品与商品之间不易混淆。

图 1-6 斜板　　　　　　　　　　　图 1-7 小盒

第一篇　绪　论

（4）瓶装（大瓶）：易碎且体积大的瓶装商品，应置底层平放（图1-8）。瓶装不易碎商品则可采用梯形陈列（图1-9）。

图1-8　易碎、体积大的瓶装商品的陈列

图1-9　瓶装不易碎的梯形陈列

2. 提案陈列　是门店非常重要的一种营销手法，好的提案陈列能直接吸引顾客眼球，形成较大的冲击力，更为直观地传达商品信息，从而提醒消费。因此，提案陈列一定要区分于货架陈列，提案陈列有如下几种形式。

（1）端架陈列（图1-10）：以提案为主，一个端架一个题案，陈列相关联的商品，有炸花等形式的布置。

图1-10　端架陈列

（2）花车陈列（图1-11）：①一个花车一个主题，一般陈列1~2种商品；②盒装的商品堆码不少于3层；③单品数量较少时，中间内部可采用道具垫高。

图 1-11　花车陈列

（3）割箱陈列（图 1-12）：在保持整箱陈列的基础上可以更好地展示商品，且有量感。适用于体积较大或较重的瓶装商品，例如，橙汁、水等。

图 1-12　割箱陈列

（4）地堆陈列（图 1-13）：展示面好，顾客显而易见，给顾客一种量贩的感觉。要求商品数量多或是单品面积大，例如，提纸、礼品盒类、足浴盆等。

图 1-13　地堆陈列

第五章 公关及礼仪服务

第一节 顾客投诉分类及处理技巧

一、顾客投诉分类

1. 顾客投诉，按内容分类可分为商品质量投诉、商品价格投诉、服务质量投诉、用药推荐不当投诉四大类。

（1）商品质量投诉：如投诉胶囊漏粉、漏液，外包装破损、污染，药物过敏或通过批文、说明书、防伪电话来投诉包装质量问题等。

（2）价格投诉：如标签错误或同类商品比其他药店价格贵，系统信息错误，会员价商品，价签与电脑价格不一致等。

（3）服务质量投诉：如收银排队时间过久，处方药控制解释不当，中药饮片调剂错误，中药饮片发药错误，店员服务态度不好等。

（4）用药推荐不当投诉：营业员存在乱推荐现象，药师指导不当等。

2. 根据顾客的愿望、维权行为及对顾客造成的损害程度将顾客投诉分为 A、B、C 三级，实行三级售后服务处理制。

（1）A级：售出药品或服务有明显缺陷，顾客权益受损或对顾客造成明显生理或心理伤害，并将严重影响公司形象，顾客要求并有意向向新闻单位反映情况或借助大众传媒制造舆论或向法院起诉。

（2）B级：售出药品或服务有明显缺陷，顾客权益受损，但不涉及生理和身心健康，顾客强行要求去消费者协会投诉。

（3）C级：售出药品或服务有缺陷，但未损害顾客权益，也不对公司声誉造成负面影响，顾客只期望退换货。

3. 根据顾客投诉级别，公司实行三级处理制，即公司各相关人员分别对其进行处理，各有关部门和人员全力协助、配合。

（1）A级投诉由投诉公司质量管理部牵头，相关部门配合，企业负责人负责。

（2）B级投诉由门店质量负责人牵头，由门店店长负责，书面禀报公司质量管理部协助处理。

（3）C级投诉由发生投诉的门店质量负责人按规定接待处理。

若按以上三级定义范围处理不到位的，可按以下层级20分钟内由上一级领导越级协助处理。分级情况如下：门店质量负责人或指定当班负责人—门店店长—质量管理部部长—企业负责人。

二、顾客投诉处理步骤

1. 价格投诉的处理

（1）服务台接到顾客投诉时，接待人首先应详细询问并记录投诉人姓名、性别、年龄、工作单位或家庭地址及联系电话。详细记录药品的通用名称、剂型、规格、产品批号、生产企业等、其他药店名称及价格。如果有电脑小票可要求复印，并且第一时间报告门店负责人。

（2）门店负责人在接到"顾客投诉处理记录"后，应根据有关记录核实该药品是否是本门店售出的药品。

（3）门店负责人应核实竞争对手价格情况。如核实情况属实，可向总部申请调价，退差价给顾客，并给予安慰或适当补偿。

2. 服务质量投诉的处理

（1）服务台接到顾客投诉时，接待人首先应详细询问并记录投诉人姓名、性别、年龄、工作单位或家庭地址及联系电话。详细记录投诉事件的经过及当事人姓名，第一时间报告门店负责人。

（2）门店负责人通过当事人口述或调视频资料核实事情经过，如确定是门店员工服务不到位，应带领员工，第一时间给顾客赔礼道歉，并给予安慰或适当补偿。

3. 门店商品质量投诉的处理

（1）服务台接到顾客投诉时，接待人首先应详细询问并记录投诉人姓名、性别、年龄、工作单位或家庭地址及联系电话，该药品是否已使用，身体有何不适及不良反应，详细记录药品的通用名称、剂型、规格、产品批号、生产企业等，填写"顾客质量投诉处理记录"，告知投诉人暂停该批号药品的使用，并将"顾客质量投诉处理记录"及时交给门店质量负责人进行处理。

（2）门店质量负责人接到"顾客质量投诉处理记录"后，应根据有关记录核实该药品是否是本门店售出的药品。

4. 用药推荐不当投诉

（1）服务台接到顾客投诉时，接待人首先应详细询问并记录投诉人姓名、性别、年龄、工作单位或家庭地址及联系电话。详细记录投诉事件的经过及当事人姓名，第一时间报告门店负责人。

（2）门店负责人通过当事人口述或调视频资料核实事情经过，如确定是本店员工用药推荐不当，应立即给顾客退货，并带领员工第一时间给顾客赔礼道歉，并给予安慰或适当补偿。

三、顾客投诉处理原则

1. 亡羊补牢原则　当顾客因服用药物产生过敏反应或其他不良反应时，第一时间要求顾客停药，并在专业人员指导下给予抗过敏或减轻不良反应的药物进行补救，情况严重者及时协助送医院。把顾客损失降到最低。

2. 态度诚恳原则　礼貌热情接待投诉顾客，安抚投诉者的愤怒情绪。

3. 换位思考原则　站在顾客的立场考虑问题，要表示赞同顾客所说的话，不推诿责任，不与顾客发生争执，耐心倾听投诉者申诉，切忌还没有听完就指责顾客或为自己作辩解。

4. 知己知彼原则　了解投诉者的背景以及投诉目的（如退货、赔礼道歉、赔偿）。

5. 及时、即时原则　受理顾客投诉后，马上调查事件原因，检查问题出现的环节；今天能解决的问题，不要拖到明天；当场能解决的问题，不留到下一次。如果当事人无法做出决定应立即请示上级来解决，并在与顾客约定的反馈时间内，给予答复。

四、顾客投诉处理技巧

1. 选择合适的地点接待顾客投诉　一般原则是如果投诉即时发生（即刚刚接受了服务即发生投诉），则要尽快将顾客带离现场，以减缓、转移顾客的情绪和注意力，以免事件对其他服务对象造成影响。接待顾客投诉地点宜在不受打扰的办公室、会议室等场所，有利于谈话和沟通。

2. 由合适的人接待顾客投诉　无论是即时或事后的投诉，都不宜由当事人来接待顾客。一般情况，服务中心应根据投诉的内容，找到相关人员进行处理。必要时向上级汇报或请求协助处理。

3. 尊重投诉者　接待者的行为、举止、语言要从一切细节上使投诉者感到自己是受到尊重的。

4. 微笑　适时的微笑可以迅速拉近人与人之间的距离，消除隔阂，化解投诉者的怨气。接待时，应该向投诉者让座，等待投诉者坐下后，自己再坐下，并注意坐姿要端正。必要时可以为投诉者倒上一杯水或沏一茶，以缓解投诉者的情绪。

5. 态度诚恳　耐心倾听、真诚关切，理直气不粗，有理也要让三分。

6. 换位思考　很多情况下，顾客的投诉是顾客对服务方的产品、制度、程序或其他制约条件不够了解，以致对方不满意，处理这类投诉时，要通过适当的语言或方式使顾客尝试着站在门店的立场上，理解、体谅门店的服务工作，使双方在一个共同的基础上达成谅解。

7. 强调有形证据　对于顾客投诉的整理，没有确凿的证据（尤其是有形的证据，如处方、销售小票、病历或电脑存储的相关信息）排除自己的责任时，应尽量满足顾客要求。

8. 情与理的交替应用　动之以情，晓之以理。适当降低顾客期望值。

9. 投诉后的赔偿原则　顾客上门投诉，总有一定的道理，应尽最大努力为顾客解决问题，当不能通过其他措施解决问题时，赔偿不失为一种重要的手段。

10. 顾客提出的损失　一般包括3个部分。

（1）直接损失：如药品。

（2）间接损失：如投诉过程中发生的交通费、扣发的工资或奖金。

（3）隐性损失：有些顾客提出的精神损失费、误工期间所能创造的价值等，属于隐形损失。在可接受的范围内，原则上赔偿顾客的直接和间接损失，隐形损失缺乏明确的度量标准，一般不给予赔偿。

第二节　质量查询、质量投诉处理程序

一、质量查询

门店销售经营环节的药品质量问题，应包括在质量跟踪、调查访问时发现的药品质量问题和消费者质量投诉反映的药品质量问题。

1. 进行质量跟踪、调查访问时如发现已售出药品存在质量问题时　①首先应立即通知顾客暂停使用该批号药品，等待门店质量负责人复查核实，同时抽取卖场内相同批号的产品（若无相同批号，应抽取相邻批号进行质量复查）。②若经复查核实，确认该药品合格，即不存在质量问题时，门店即可恢复销售，并通知顾客可继续放心使用。③若经复查核实、确认该药品不合格，即存在质量问题时，立即回复顾客，并为顾客办理退货手续。店内库存同批次库存药品向质量管理部（质管部）汇报后，根据公司质管部处理意见作退货或按不合格品进行管理。

2. 消费者质量投诉反映的药品质量问题　①投诉受理人在进行投诉记录的同时，应通知门店质量负责人进行质量复查。②经复查确认药品不存在质量问题时，门店质量负责人应耐心向顾客进行解释。③经复查确认药品存在质量问题时，应立即为顾客办理退货手续，并向顾客赔礼道歉。④门店质量负责人无法确认时，应向质管部进行查询。如果质管部无法立即给予回复，应耐心向顾客解释，并留下顾客联系方式，承诺回复时间。⑤质管部确认后，将确认结果回复门店。质管部无法确认的，应立即向供货单位、药品生产企业或者食品药品监督管理部门进行查询。⑥对于质量确认不合格的品种，即存在质量问题时，立即通知门店将该批号药品退回，并按《不合格品管理及销毁管理制度》进行处理。

二、质量投诉处理程序

1. 服务台接到顾客质量投诉时，接待人首先应详细询问并记录投诉人姓名、性别、年龄、工作单位或家庭地址及联系电话，该药品是否已使用，身体有何不适及异常不良反应，详细记录药品的通用名称、剂型、规格、产品批号、生产企业等，填写"顾客质量投诉处理记录"，告知投诉人暂停该批号药品的使用，并将"顾客质量投诉处理记录"及时交给门店质量负责人进行处理。

2. 门店质量负责人接到"顾客质量投诉处理记录"后，应根据有关记录核实该药品是否是本门店售出的药品。

3. 门店质量负责人如无法判断的，应向公司质量管理部、供货单位或生产企业进行质量查询。若未发现特殊或异常情况，药品质量合格，则该批号药品继续销售、使用；若投诉人使用方法正确，不存在禁忌等情况下，可建议该投诉人咨询临床医生，以确定是否属于个体差异而不宜服用该类药品。

4. 若了解调查后发现属于药品不良反应的情况，则按照公司制定的《药品不良反应报告制度》及有关规定进行处理，由此给顾客造成的不良后果应主动协商解决，不得推卸责任。

5. 如果经质量复查确认为该药品存在质量问题而导致的事故，则应按《不合格药品管理制度及销毁管理制度》的有关规定进行处理，同时与顾客妥善协商解决因此引起的有关问题，并按《质量事故管理制度》的有关规定进行报告与处理。

6. 若经确认证实该药品与门店售出的药品批号不符，存在假冒等质量可疑情况时，则应及时报告当地药品监督管理部门，并协助核查落实，以弄清事实的真相。

7. 从收到"顾客质量投诉处理记录"到处理完毕时限要求　如为 C 级投诉，门店质量负责人应在 1 个工作日内处理完毕；如为 B 级以上投诉，则应在 20 分钟内禀报上一级主管领导，并在 2 个工作日内处理完毕。不能立即处理的应在 4 个工作日内，给予顾客回复，告知不能马上落实的原因及具体答复的期限。处理人在"顾客质量投诉处理记录"上填写有关的处理过程及处理结果等后留存。

第三节　顾客关系维护

1. 面对面交流　多发生在顾客到店购买商品或体验检测的时候。
（1）保持长期稳定的商品质量。
（2）保持优惠的价格。
（3）保持尽可能齐全的品种。
（4）保持整洁明亮、营销氛围活跃的卖场。
（5）提供优质的服务（含亲情服务、专业服务）。

2. 电话回访
（1）通过 CRM 系统筛选出回访对象（如某重点单品购买客户、慢性病顾客、睡眠卡会员、VIP 会员）。
（2）根据回访对象的类型制定好回访内容及目的，切忌盲目、机械、呆板地电话回访。
（3）根据不同类型顾客制定回访周期，一般建议 1 个月不要超过 2 次。

3. 顾客微信群互动
（1）定期在群里发布健康养生方面的知识。
（2）适当发布门店活动促销信息。
（3）针对顾客在群里提出的问题，及时、准确给予答复。
（4）保持轻松活跃的群氛围，在力所能及的范围内为顾客答疑解难。

第四节　基本服务礼仪与要求

一、基本服务操作流程

基本服务操作流程遵循"三个一原则"。

1. 第一时间
（1）执行标准：顾客的需求是我们的第一需求；当进入卖场的顾客需要我们的服务时，我们应立即停下手中其他的工作，第一时间为顾客提供服务。
（2）点检标准：当卖场内的员工数量大于或等于卖场内选购商品的顾客数量时，所有的顾客都须得到员工服务。

2. 一个微笑

（1）执行标准：嘴角向上弯曲，露出上排 8 颗牙齿的微笑；要求工作场合不宜开怀大笑，应是微微流露笑意，会心含蓄地笑。

（2）使用时机：在服务之前都要配合微笑。

3. 一杯清茶

（1）执行标准：门店应为进店的顾客提供敬客茶服务。

（2）奉茶服务标准为：微笑—尊称—问候—递茶—"请喝茶"。

二、仪容仪表

1. 工装　着标准工装，工装整洁，佩戴工牌，深色鞋袜。经允许不着工装的员工，必须执行以下标准：下身着深蓝色或者黑色长裤，上身着工装马夹；马夹内冬季为低领短款（衣服下摆不超过髋部）毛衣或棉衣，其他季节为工装衬衫，可选择搭配低领毛衣。头手面部：面部干净清爽，头发清洁整齐，不宜过长，双手清洁，不留长指甲。

2. 站姿规范　执行标准：①平视前方；②背部挺直；③双手虎口交叉，置于腹前，男士左手在前右手在后，女士右手在前左手在后；④脚跟并拢，脚尖打开成 45°；⑤禁止倚靠货架、双手抱胸、手插裤兜、双手背后等不规范行为。使用时机：服务顾客时，站立等待时。

第 二 篇
药品和药品管理

第六章 药品的含义及其剂型

第一节 药品的含义

药品是指用于预防、治疗、诊断人的疾病，有目的地调节人的生理功能并规定有适应证或者功能主治、用法和用量的物质，包括中药材、中药饮片、中成药、化学原料药及其制剂、抗生素、生化药品、放射性药品、血清、疫苗、血液制品和诊断药品等。

第二节 药品的剂型

适合于疾病的诊断、治疗或预防的需要而制备的不同给药形式，称为药物剂型，简称剂型，如片剂、胶囊剂、注射剂等。剂型的分类如下：

一、按形态学分类

1. 固体剂型　散剂、丸剂、颗粒剂、胶囊剂、片剂等。
2. 半固体剂型　软膏剂、糊剂等。
3. 液体剂型　溶液剂、芳香水剂、注射剂等。
4. 气体剂型　气雾剂、部分吸入剂等。

二、按给药途径分类

1. 经胃肠道给药剂型　溶液剂、糖浆剂、颗粒剂、胶囊剂、散剂、丸剂、片剂等。
2. 非经胃肠道给药剂型
(1) 注射给药：注射剂。
(2) 皮肤给药：外用溶液剂、洗剂、软膏剂、贴剂、凝胶剂等。
(3) 口腔给药：漱口剂、含片、舌下片剂、膜剂等。
(4) 鼻腔给药：滴鼻剂、喷雾剂、粉雾剂等。
(5) 肺部给药：气雾剂、吸入剂、粉雾剂等。
(6) 眼部给药：滴眼剂、眼膏剂、眼用凝胶、植入剂等。
(7) 直肠、引导和尿道给药：灌肠剂、栓剂等。

三、按分散体系分类

1. 真溶液类　溶液剂、糖浆剂、甘油剂、溶液型注射剂等。
2. 胶体溶液类　溶胶剂、胶浆剂。
3. 乳剂类　口服乳剂、静脉乳剂、乳膏剂等。
4. 混悬液类　混悬型洗剂、口服混悬剂、部分软膏剂等。

5. 气体分散类　气雾剂、喷雾剂等。

6. 固体分散类　散剂、丸剂、胶囊剂、片剂等普通剂型。

四、按作用时间分类

按作用时间可分为速效、普通和缓控释剂等。

第七章　药品的分类

第一节　药品及其分类

一、药品分类管理制度的建立

（一）药品分类管理的目的和意义

1. 药品分类管理的目的　药品分类管理是指根据药品安全有效、使用方便的原则，依其品种、规格、适应证、剂量及给药途径不同，对药品分别按照处方药与非处方药进行管理。

2. 药品分类管理的意义　其重要意义体现为以下两点。

（1）保证公众用药安全有效、方便及时：一方面对安全性强的药品实行非处方药管理，有利于增强人们的自我药疗、自我保健意识；另一方面对于不适合自我药疗的品种实行处管理，在医生的指导和监督下使用，有利于减少药品滥用，提高医疗质量。

（2）合理分配医疗卫生资源、降低医疗费用：政府可依据药品分类情况，按照医疗费用"大病统筹、小病自负"的原则来规定可报销和不可报销的药品品种。

（二）执业药师在药品分类管理中的职责

执业药师是保证药品和药学服务质量的重要药学技术支撑力量，药品分类管理制度的实施依赖于执业药师制度的完善。在药品分类管理中，执业药师应担当起为公众提供优质药学服务的职责，指导公众安全、有效、合理用药。对于处方药，执业药师要负责处方的审核监督，审查处方的合法性以及内容的合理性，注意特殊人群用药情况；对于非处方药，执业药师应对患者选购非处方药提供用药指导或提出寻求医生治疗的建议。执业药师还应该对各种常见病症的病因、症状有全面的了解，以便更好地指导患者合理用药。

二、处方药与非处方药的分类管理

（一）非处方药的管理

1. 非处方药的定义　非处方药是指由国务院药品监督管理部门公布的，不需要凭执业医师和执业助理医师处方，消费者可以自行判断、购买和使用的药品。国家根据药品的安全性，又将非处方药分为甲、乙两类，乙类非处方药更安全。

2. 非处方药的管理要求

（1）包装：非处方药的包装必须印有国家指定的非处方药专有标识，以便消费者识别和执法人员监督检查；包装必须符合质量要求，方便储存、运输和使用；每个销售基本单元包装必须附有标签和说明书。

（2）标签、说明书及专有标识：非处方药的标签和说明书是指导患者正确用药的重要文件。非处方药专有标识，应与药品标签、使用说明书、内包装、外包装一体化印刷，其大小可根据实际需要设定，但必须醒目清晰，并按照国家食品药品监督管理局公布的坐标比例使用。非处方药药品标签、使用说明书和每个销售基本单元包装印有中文药品通用名称（商品名称）的一面（侧），其右上角是非处方药专有标识的固定位置。

我国非处方药专有标识图案分为红色和绿色，红色专有标识用于甲类非处方药，绿色专有标识用于乙类非处方药品和用作指南性标志，如图7-1所示。

图7-1　非处方药标识

（3）广告管理：非处方药是方便消费者自我保健、治疗的药品，消费者应详细了解其治疗功效。因此，非处方药可以在大众媒介上进行广告宣传，但广告内容必须经过审查、批准，不能任意夸大或篡改，以正确引导消费者科学、合理地进行自我治疗。

（二）处方药的管理

1. 处方药的定义　　处方药是指凭执业医师和执业助理医师处方方可购买、调配和使用的药品。

2. 处方药的管理要求

（1）标签、说明书：对于进入流通领域的处方药而言，生产企业应将相应警示语或忠告语醒目地印制在药品包装或说明书上："凭医师处方销售、购买和使用！"

我国实行特殊管理的药品（麻醉药品、精神药品、医疗用毒性药品和放射性药品）均属于处方药，其说明书和标签必须印有规定的标识。

（2）广告管理：处方药只能在国务院卫生行政部门和国家药品监督管理部门共同确定的专业性医药报刊上进行广告宣传，不得在大众媒介上发布或者以其他方式进行以公众为对象的广告宣传。其目的是严格管理，防止对消费者产生误导，使消费者能正确地理解和使用处方药。

第二节　新药及其分类

新药申请，是指未曾在中国境内上市销售的药品的注册申请。我国《药品管理法》及实施条例和《药品注册管理办法》将新药界定为"未曾在中国境内上市销售的药品"，包括国内外均未曾上市的创新药（首次作为药用物质的新化合物）和国外已上市但未曾在我国境内上市销售的药品。对已上市药品改变剂型、改变给药途径、增加新适应证的药品，虽不属于新药，但药品注册按照新药申请的程序申报。

第三节　仿制药品

仿制药品系指仿制国家已批准正式生产并收载于国家药品标准（包括《中国生物制

品规程》）的品种。试行标准的药品及受国家行政保护的品种不得仿制。仿制药品的质量不得低于被仿制药品。通过及视同通过一致性评价的药品，自国家食品药品监督管理局核发批准证明文件之日起，可在药品标签、说明书中使用"通过一致性评价"标识。标识的图样、颜色、字体必须与国家食品药品监督管理局公布的一致，不得擅自更改。标识下方以文字形式标注该药品通过一致性评价的公告号（例：××××年第××号）。

第四节　生物制品及其分类

一、生物制品的定义

　　生物制品是以微生物、细胞、动物或人源组织和体液等为原料，应用传统技术或现代生物技术制成，用于人类疾病的预防、治疗和诊断的制剂。人用生物制品包括：细菌类疫苗（含类毒素）、病毒类疫苗、抗毒素及抗血清、血液制品、细胞因子、生长因子、酶、体内及体外诊断制品，以及其他生物活性制剂，如毒素、抗原、变态反应原、单克隆抗体、抗原-抗体复合物、免疫调节及微生态制剂等。

二、生物制品的分类

　　根据生物制品的用途可将其分为预防用生物制品、治疗用生物制品和诊断用生物制品三大类。

　　预防用生物制品用于传染病的预防，包括疫苗、类毒素和 γ-球蛋白三类。疫苗是由细菌或病毒加工制成的。过去中国生物制品界和卫生防疫界习惯将细菌制备的称为菌苗，病毒制备的称为疫苗，有的国家将两者都称为疫苗。类毒素也可称为疫苗。疫苗分灭活疫苗和活疫苗。

第五节　特殊管理药品

　　特殊管理药品是指国家对麻醉药品、精神药品、医疗用毒性药品、放射性药品实行特殊管理。

一、麻醉药品和精神药品的管理

（一）概述

1．麻醉药品和精神药品的概念

（1）麻醉药品：是指连续使用后易产生身体依赖性、能成瘾癖的药品。

（2）精神药品：是指直接作用于中枢神经系统，使之兴奋或抑制，连续使用可产生依赖性的药品。

　　精神药品的分类：依据精神药品使人产生的依赖性和危害人体健康的程度，将精神药品分为第一类精神药品和第二类精神药品。

2．麻醉药品和精神药品的专用标志　国务院药品监督管理部门规定的麻醉药品专用标志样式（颜色：天蓝色与白色相间）、精神药品专用标志样式（颜色：绿色与白色相间），如图 7-2 所示。

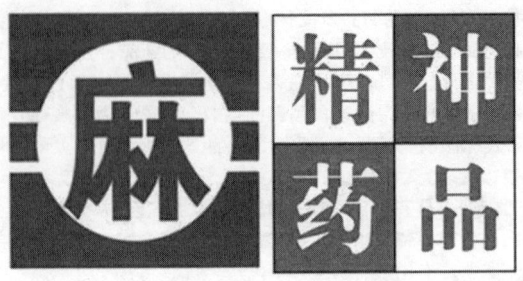

麻醉药品　　　　　　　　精神药品

图 7-2

3. 麻醉药品和精神药品零售规定

（1）麻醉药品和第一类精神药品不得零售。

（2）第二类精神药品零售企业应当凭执业医师开具的处方，按规定剂量销售第二类精神药品，并将处方保存 2 年备查。除经批准的药品零售连锁企业外，其他药品零售企业不得从事第二类精神药品零售活动。

零售第二类精神药品时，处方应经执业药师或者经过资格认定的药学技术人员复核，第二类精神药品一般每张处方不得超过 7 日常用量，禁止超剂量或者无处方销售第二类精神药品。

（3）第二类精神药品零售企业不得向未成年人销售第二类精神药品。在难以确定购药者是否为未成年人的情况下，可查验购药者身份证明。

（4）罂粟壳必须凭盖有乡镇卫生院以上医疗机构公章的医生处方配方使用，不准生用，严禁单味零售，处方保存 3 年备查。

（二）麻醉药品和精神药品处方管理

1. 医疗机构应当按照国务院卫生主管部门的规定，对本单位执业医师进行有关麻醉药品和精神药品使用知识的培训、考核，经考核合格的，授予麻醉药品和精神药品处方资格。执业医师不得为自己开具该种处方。

2. 医疗机构应当将具有麻醉药品和第一类精神药品处方资格的执业医师名单及其变更情况，定期报送所在地设区的市级卫生行政部门，并抄送同级药品监督管理部门。

3. 执业医师应当使用专用处方开具麻醉药品和精神药品，单张处方的最大用量应符合国务院卫生主管部门的规定。对麻醉药品和第一类精神药品处方，处方的调配人、核对人应当仔细核对，签署姓名，并予以登记；对不符合处方管理规定的，处方的调配人、核对人应当拒绝发药。

4. 医疗机构应当对麻醉药品和精神药品处方进行专册登记，加强管理。麻醉药品处方至少保存 3 年，精神药品处方至少保存 2 年。

（三）麻醉药品和精神药品储存与运输

1. 麻醉药品与第一类精神药品的储存

（1）专库储存：定点生产企业、全国性批发企业和区域性批发企业应当设置储存麻醉药品和第一类精神药品的专库，严格执行专库储存管理规定，将麻醉药品与第一类精神药品储存在符合要求的专库中。专库的要求是安装专用防盗门，实行双人双锁管理；具有相应的防火设施；具有监控设施和报警装置，报警装置应当与公安机关报警系统联网。

麻醉药品和第一类精神药品的使用单位应当设立专库或者专柜储存麻醉药品和第一类精神药品。专库应当设有防盗设施并安装报警装置；专柜应当使用保险柜。专库和专柜应当实施双人双锁管理。

（2）专人转账管理：定点生产企业、全国性批发企业和区域性批发企业、麻醉药品和第一类精神药品的使用单位应当配备专人负责管理工作，并建立储存麻醉药品和第一类精神药品的专用账册。专用账册的保存期限应当自药品有效期期满之日起不少于5年。

（3）双人验收复核：麻醉药品和第一类精神药品入库、出库实行双人检查制度，药品入库须双人验收，出库须双人复核，做到账物相符。

（4）不合格品处理：对因破损、变质、过期而不能销售的麻醉药品和精神药品品种，应清点登记造册，单独妥善保管，并及时向所在地县级以上药品监督管理部门申请销毁。药品销毁必须经所在地县级以上药品监督管理部门批准，并在其监督下销毁。

2. 第二类精神药品的储存

（1）第二类精神药品经营企业应在药品库房中设立独立的专库或者专柜储存第二类精神药品，并建立专用账册，实行专人管理。专用账册的保存期限应当自有效期期满之日起不少于5年。

（2）第二类精神药品的入库、出库必须核查数量，做到精准无误。

（3）对因破损、变质、过期而不能销售的第二类精神药品品种，应清点登记造册，单独妥善保管，并及时向所在地县级以上药品监督管理部门申请销毁。企业不得擅自销毁。

3. 麻醉药品和精神药品运输管理　麻醉药品和精神药品运输的管理要点主要体现在以下几个方面。

（1）托运或自行运输麻醉药品和第一类精神药品的单位，应当向所在地省级药品监督管理部门申请领取《麻醉药品、第一类精神药品运输证明》（简称《运输证明》）。运输第二类精神药品无须办理《运输证明》。

《运输证明》有正本和副本，正本1份，副本可根据实际需要申领若干份，必要时可增领副本。《运输证明》的有效期为1年（不跨年度）。《运输证明》应当由专人保管，不得涂改、转让、转借。

（2）托运单位办理麻醉药品和第一类精神药品运输手续时，应当将《运输证明》副本交付承运单位。承运单位应当查验、收存《运输证明》副本，并检查货物包装。没有《运输证明》或货物包装不符合规定的，承运单位不得承运。

《运输证明》副本应随货同行以备查验，在运输途中承运单位必须妥善保管《运输证明》副本，不得遗失。货物到达后，承运单位应将《运输证明》副本递交收货单位。收货单位应在收到货物后1个月内将《运输证明》副本交还发货单位。

（3）托运麻醉药品和精神药品的单位应确定托运经办人，选择相对固定的承运单位。托运经办人在运单货物名称栏内填写"麻醉药品""第一类精神药品"或"第二类精神药品"字样，运单上应当加盖托运单位公章或运输专用章。收货人只能为单位，不得为个人。

（4）铁路运输应当有集装箱或行李车运输麻醉药品和第一类精神药品。采用集装箱运输时，应确保箱体完好，施封有效。

（5）道路运输麻醉药品和第一类精神药品必须采用封闭式车辆，有专人押运，中途不应停车过夜。水路运输麻醉药品和第一类精神药品时应有专人押运。

二、医疗用毒性药品的管理

（一）概述

医疗用毒性药品因其毒性剧烈，使用不当会致人中毒或死亡，如果管理不严导致从药用渠道流失，将会对社会造成重大影响和危害。为此，《药品管理法》第35条规定，国家对医疗用毒性药品实行特殊管理。

1. 医疗用毒性药品的定义　医疗用毒性药品（简称毒性药品）是指毒性剧烈，治疗剂量与中毒剂量相近，使用不当会致人中毒或死亡的药品。

2. 毒性药品专有标志　国务院药品监督管理部门规定的医疗用毒性药品的标志样式（颜色：黑白相间，黑底白字），如图7-3所示。

图7-3　毒性药品标志

（二）医疗用毒性药品生产、经营管理

1. 生产、经营资格管理　毒性药品的生产企业由药品监督管理部门指定的药品生产企业承担，未取得毒性药品生产许可的企业不得生产毒性药品。

毒性药品的收购和经营由药品监督管理部门指定的药品经营企业承担，其他任何单位或者个人均不得从事毒性药品的收购、经营业务。

2. 生产、经营要求　毒性药品年度生产、收购、供应的配制计划由省级药品监督管理部门，根据医疗需要制订下达。

每次配料，必须经两人以上复核无误，并详细记录每次生产所用的原料和成品数，经手人要签字备查。所有的工具、容器要处理干净，以防污染其他药品。标示量要准确无误，包装容器要有毒性药品标志。

生产毒性药品及其制剂必须严格执行生产工艺操作规程，投料应在本企业药品检验人员的监督下准确投料，并建立完整的生产记录，保存5年备查。在生产毒性药品过程中产生的废弃物必须妥善处理，不得污染环境。

加工炮制毒性中药必须按照国家药品标准进行炮制；国家药品标准没有规定的，必须按照省级药品监督管理部门制定的炮制规范进行炮制。药材符合药用要求的方可供应、配方和用于中成药生产。

3. 储存与运输要求　收购、经营、加工、使用毒性药品的单位必须建立健全保管、验收领发、核对等制度，严防收假、发错，严禁与其他药品混杂。

储存毒性药品的专库或专柜，其条件要求与储存麻醉药品的专柜条件相同，毒性药品可与麻醉药品存放在同一专用库房或专柜。专库或专柜加锁并由专人保管，做到双人双锁管理，专账记录。

（三）医疗用毒性药品使用管理

使用和调配要求如下：

1. 配方用药由有关药品零售企业、医疗机构负责供应。

2. 医疗机构供应和调配毒性药品须凭执业医师签名的正式处方。具有毒性药品经营资格的零售药店，供应和调配毒性药品时，须凭盖有执业医师所在的医疗机构公章的正式处方。每次处方剂量不超过两日极量。

3. 调配处方时必须认真负责，计算准确，按医嘱注明要求，并由配方人员及具有药师以上技术职称的复核人员签字盖章后方可发出。对处方未注明"生用"的毒性中药，应当付炮制品。处方一次有效，取药后处方保存两年备查。

三、药品类易制毒化学品的管理

（一）概述

药品类易制毒化学品的概念：

1. 易制毒化学品是指国家规定管制的可用于制造麻醉药品和精神药品的前体、原料和化学配剂等物质，流入非法渠道又可制造毒品。

2. 药品类易制毒化学品是指《易制毒化学品管理条例》中所确定的麦角酸、麻黄碱等物质。

3. 小包装麻黄碱是指国家食品药品监督管理局指定生产的供教学、科研和医疗机构配制制剂使用的特定包装的麻黄碱原料药。

（二）药品类易制毒化学品的管理

国家对药品类易制毒化学品实行定点生产、定点经营，对药品类易制毒化学品实行购买许可制度。

1. 生产经营许可　生产、经营药品类易制毒化学品的企业，应当依照有关规定取得药品类易制毒化学品生产、经营许可。

药品类易制毒化学品单方制剂和小包装麻黄碱应纳入麻醉药品和第一类精神药品定点经营资格或第二类精神药品定点经营资格，否则食品药品监督管理部门将不予受理。

2. 购买许可　国家对药品类易制毒化学品实行购买许可制度。应当办理《药品类易制毒化学品购用证明》（简称《购用证明》），国家食品药品监督管理部门统一印制，有效期为3个月。

《购用证明》申请范围是受限制的，具有药品类易制毒化学品的生产、经营、使用相应资质的单位方有申请《购用证明》的资格。

购买药品类易制毒化学品时必须使用《购用证明》原件，不得使用复印件、传真件。《购用证明》只能在有效期内一次使用。

3. 购销管理　药品类易制毒化学品原料药品的购销要求，可以参考麻醉和精神药品购销要求。

药品类易制毒化学品禁止使用现金或者实物进项交易。药品类易制毒化学品生产企业、经营企业销售药品类易制毒化学品时，应当逐一建立购买方档案。

药品类易制毒化学品生产企业、经营企业销售药品类易制毒化学品时，应当核查采购人员身份证明和相关购买许可证明，经核查无误后方可销售，并保存核查记录。在核查、发货、送货过程中发现可疑情况的，应当立即停止销售，并向所在地药品监督管理部门和公安机关报告。

4. 安全管理　药品类易制毒化学品生产企业、经营企业、使用药品类易制毒化学品的药品生产企业和教学科研单位，应当按规定配备相应的仓储安全管理设施，制定相应的管理制度。

药品类易制毒化学品生产企业、经营企业和使用药品类易制毒化学品的药品生产企业应建立药品类易制毒化学品专用账册。专用账册保存期限应当自药品类易制毒化学品有效期期满之日起不少于两年。

存放药品类易制毒化学品的专库或专柜实行双人双锁管理，药品类易制毒化学品入库应当双人验收，出库应当双人复核，做到账物相符。

四、含特殊药品复方制剂的管理

（一）概述

含特殊药品复方制剂不是特殊管理药品，在药品生产、经营许可上没有特别的规定。从分类管理的角度来看，含特殊药品复方制剂既有按处方药管理的，也有按非处方药管理的。近年来为了加强对含特殊药品复方制剂的监管，国家药品监督管理部门连续发布了多个关于加强含特殊药品复方制剂管理的规范性文件。

（二）含特殊药品复方制剂的品种范围

1. 口服固体制剂的每剂量单位。包括含羟考酮≤5 mg 的复方制剂。
2. 含地芬诺酯复方制剂。
3. 复方甘草片。
4. 含麻黄碱类复方制剂。

（三）含特殊药品复方制剂的经营管理

1. 合法资质审核　药品批发企业购销含特殊药品复方制剂时，应对供货单位和购货单位的资质进行严格审核，确认其合法性后，方可进行含特殊药品复方制剂的购销活动。

2. 药品购销管理　药品批发企业从药品生产企业直接购进的含地芬诺酯复方制剂等含特殊药品复方制剂，可以将此类药品销售给其他批发企业、零售企业和医疗机构；如果从药品批发企业购进的，只能销售给本省（区、市）的药品零售企业和医疗机构。

3. 药品出库复核与配送管理　药品批发企业销售含特殊药品复方制剂时，应当严格执行出库复核制度，认真核对实物与销售出库单是否相符，并确保将药品送达购货方《药品经营许可证》所载明的仓库地址、药品零售企业注册地址或医疗机构的药库。

4. 药品零售管理　药品零售企业销售含特殊药品复方制剂时，应当严格执行处方药与非处方药分类管理的有关规定。复方甘草片、复方地芬诺酯片列入必须凭处方销售的处方药管理，严格凭医生开具的处方销售。复方甘草片、复方地芬诺酯片应同含麻黄碱类复方制剂一并设置专柜由专人管理、专册登记。上述药品的登记内容包括药品名称、规格、销售数量、生产企业、生产批号。

药品零售企业销售含特殊药品复方制剂时，如发现超过正常医疗需求，大量、多次购买上述药品的，应当立即向当地药品监督管理部门报告。

5. 禁止事项及其他要求　药品生产企业和药品批发企业禁止使用现金进行含特殊药品复方制剂交易。含麻黄碱类复方制剂不得委托生产。境内企业不得接受境外厂商委托生产含麻黄碱类复方制剂。

（四）含麻黄碱类复方制剂的管理

1. 经营行为管理　具有蛋白同化制剂、肽类激素定点批发资质的药品经营企业，方可从事含麻黄碱类复方制剂批发业务。

严格审核含麻黄碱类复方制剂的购买资质，购买方是药品批发企业的必须具有蛋白同化制剂、肽类激素定点批发资质。核实记录保存至药品有效期后 1 年备查。

除个人合法购买外，禁止使用现金进行含麻黄碱类复方制剂交易。

发现含麻黄碱类复方制剂购买方存在异常情况时，应当立即停止销售，并向有关部门报告。

2. 销售管理　2012 年 9 月 4 日，原国家药品监督管理局、原卫生部、公安部联合发布《关于加强含麻黄碱类复方制剂管理有关事宜的通知》，该通知对含麻黄碱类复方制剂的销售管理作了新的规定。主要包括以下几个方面：

（1）将单位剂量麻黄碱类药物含量大于 30 mg（不含 30 mg）的含麻黄碱类复方制剂，列入必须凭处方销售的处方药管理。医疗机构应当严格按照《处方管理办法》开具处方。药品零售企业必须凭执业医师开具的处方销售上述药品。

（2）含麻黄碱类复方制剂每个最小包装规格麻黄碱类药物含量，口服固体制剂不得超过 720 mg，口服液体制剂不得超过 800 mg。

（3）药品零售企业销售含麻黄碱类复方制剂，应当查验购买者的身份证明，并对其姓名和身份证号码予以登记。除处方药按处方剂量销售外，一次销售不得超过 2 个最小包装。

（4）药品零售企业不得开架销售含麻黄碱类复方制剂，应当设置专柜由专人管理、专册登记，登记内容包括药品名称、规格、销售数量、生产企业、生产批号、购买人姓名、身份证号码。

（5）药品零售企业发现超过正常医疗需求，大量、多次购买含麻黄碱类复方制剂的，应当立即向当地药品监管部门和公安机关报告。

（6）含麻黄碱类复方制剂生产企业应当切实加强销售管理，严格管控产品销售渠道，确保所生产的药品在药用渠道流通。

五、兴奋剂的管理

（一）兴奋剂分类

《反兴奋剂条例》所称的"兴奋剂"是指兴奋剂目录所列的禁用物质等。兴奋剂目录由国务院体育主管部门合同国家食品药品监督管理部门、卫生部门、国务院商务主管部门和海关总署制定、调整并公布。目前兴奋剂种类已达到七大类：刺激药、麻醉止痛药、蛋白同化制剂、肽类激素及类似物、β 受体阻滞药、利尿药、血液兴奋剂等。

1. 刺激药　刺激药是最早使用，也是最早禁用的一批兴奋剂。这类药物按药理学特点和化学结构可分为以下几种。

（1）精神刺激药：包括苯丙胺和它的相关衍生物及其盐类。

（2）拟交感神经胺类药：这是一类仿内源性儿茶酚胺的肾上腺素和去甲肾上腺素作用的物质，以麻黄碱和它们的衍生物及其盐类为代表。

（3）咖啡因类：此类又称黄嘌呤类，因其带有黄嘌呤基团。

（4）杂类中枢神经刺激物质：如胺苯唑、戊四唑、尼可刹米和士的宁等。

2. 蛋白同化制剂（合成类固醇） 蛋白同化制剂又称同化激素，俗称合成类固醇，是合成代谢类药，具有蛋白质合成和减少氨基酸分解的特征，可促进肌肉增生，提高动作力度和增强男性的性特征。

作为兴奋剂使用的蛋白同化制剂（合成类固醇），其衍生物和商品剂型品种繁多，多数为雄性激素的衍生物。这是目前使用范围最广、使用频度最高的一类兴奋剂，也是药检中的重要对象。

3. 肽类激素及类似物 滥用肽类激素也会形成较强心的心理依赖。肽类激素包括生长激素（HGH）、促红细胞生成素（EPO）、胰岛素、促性腺激素。

4. 利尿药 属于兴奋剂目录所列品种，并且药品零售企业可以经营。

（二）兴奋剂管理

国家对兴奋剂目录所列的禁用物质实行严格管理，任何单位和个人不得非法生产、销售、进出口。我国对含兴奋剂药品的管理可体现为 3 个层次。

1. 实施特殊管理 兴奋剂目录所列禁用物质属于麻醉药品、精神药品、医疗用毒性药品和易制毒化学品的，其生产、销售、进口、运输和使用，依照《药品管理法》和有关行政法规的规定实行特殊管理。

2. 实施严格管理 兴奋剂目录所列的禁用物质属于我国尚未实施特殊管理的蛋白同化制剂、肽类激素的，依照《药品管理法》《反兴奋剂条例》的规定，参照我国有关特殊管理药品的管理措施和国际通行做法，其生产、销售、进口和使用环节实施严格管理。

3. 实施处方管理 除上述实施特殊管理和严格管理的品种外，兴奋剂目录所列的其他禁用物质实施处方药管理。

含兴奋剂药品的标签和说明书管理：根据《反兴奋剂条例》及有关规定，品种名单所列药品（原料药除外）应当在其标签或者说明书上用中文注明"运动员慎用"字样。药品生产企业应当按照当年国家食品药品监督管理总局签发的"兴奋剂目录公告"所列兴奋剂品种主动开展自查，凡含兴奋剂目录所列物质的药品，应当在药品标签或者说明书上注明"运动员慎用"字样。对已印制的标签或者说明书（包括已出厂的），可以采用加盖印章或者贴签的形式标注，但不得有文字模糊或者粘贴不牢等现象。药品经营企业应当积极开展核查工作，对不符合要求的药品，协助生产企业召回或主动下架，停止销售。

医疗机构只能凭依法享有处方权的执业医师开具的处方向患者提供蛋白同化制剂、肽类激素。处方应当保存 2 年。除胰岛素外，药品零售企业不得经营蛋白同化制剂或其他肽类激素。药品零售企业必须凭处方销售胰岛素以及其他按规定可以销售的含兴奋剂药品。

六、疫苗的管理

（一）疫苗的概念

1. 疫苗的定义 疫苗是指为了预防、控制传染病的发生、流行，用于人体预防接种的疫苗类预防性生物制品。

2. 疫苗的分类 疫苗分为两类。第一类疫苗，是指政府免费向公民提供，公民应当依照政府的规定受种的疫苗，包括国家免疫规划确定的疫苗，省、自治区、直辖市人民政府在执行国家免疫规划时增加的疫苗，以及县级以上人民政府或者其卫生主管部门组织的应急接种或者群体性预防接种所使用的疫苗；第二类疫苗，是指由公民自费并且自愿受种的其他疫苗。

接种第一类疫苗由政府承担费用，接种第二类疫苗由受种者或者其监护人承担费用。

（二）疫苗流通管理

国务院修订的《疫苗流通和预防接种管理条例》已于 2016 年 4 月 23 日公布实施。药品零售企业不得从事疫苗经营活动。

第八章　假药和劣药的区别

第一节　假　药

1．有下列情形之一的，为假药

（1）药品所含成分与国家药品标准规定的成分不符的。

（2）以非药品冒充药品或者以他种药品冒充此种药品的。

2．有下列情形之一的药品，按假药论处

（1）国务院药品监督管理部门规定禁止使用的。

（2）依照《中华人民共和国药品管理法》必须批准而未经批准生产、进口，或者必须检验而未经检验即销售的。

（3）变质的。

（4）被污染的。

（5）使用依照《中华人民共和国药品管理法》必须取得批准文号而未取得批准文号的原料药生产的。

（6）所标明的适应证或者功能主治超出规定范围的。

第二节　劣　药

1．药品成分的含量不符合国家药品标准的，为劣药。

2．有下列情形之一的药品，按劣药论处

（1）未标明有效期或者更改有效期的。

（2）不注明或者更改生产批号的。

（3）超过有效期的。

（4）直接接触药品的包装材料和容器未经批准的。

（5）擅自添加着色剂、防腐剂、香料、矫味剂及辅料的。

（6）其他不符合药品标准规定的。

第九章　药品管理和供应

第一节　药品管理

为加强药品监督管理，保证药品质量，保障用药安全，维护人民身体健康和用药的合法权益，特制定《中华人民共和国药品管理法》。该法于 1984 年 9 月 20 日第六届全国人民代表大会常务委员会第七次会议通过，根据 2015 年 4 月 24 日第十二届全国人民代表大会常务委员会第十四次会议《关于修改〈中华人民共和国药品管理法〉的决定》第二次修正。在中华人民共和国境内从事药品的研制、生产、经营、使用和监督管理的单位或者个人，必须遵守本法。

药品管理相关法律法规按照法律效力等级，依次包括法律、行政法规、部门规章、规范性文件主要涉及的地方政府规章、中国政府承认或加入的相关国际条约。

一、影响药品质量的因素

（一）环境因素

1. 日光　日光中的紫外线对药品变化起着催化作用，加速药品的氧化、分解。

2. 空气　空气中的氧气和二氧化碳对药品质量影响较大。氧气易使某些药物发生氧化作用而变质。二氧化碳可被药品吸收，发生碳酸化而使药品变质。

3. 湿度　水蒸气在空气中的含量叫湿度。湿度太大能使药品潮解、液化、变质或霉败，湿度太小也容易使某些药品风化。

风化后的药品，其化学性质一般并未改变，但在使用时剂量难以掌握，特别是剧毒药品，可能因超过用量而造成事故。易风化的药品有硫酸阿托品、硫酸可待因、硫酸镁、硫酸钠及明矾等。

引湿，大多数药品在湿度较高的情况下，能吸收空气中的水蒸气而引湿。结果使药品稀释、潮解、变形、发霉等。易引湿的药品有胃蛋白酶、甘油等。

4. 温度　温度过高或过低都能使药品变质。温度过高与药品的挥发程度、形态及引起氧化、水解等变化和微生物的生长有很大关系。温度过低又易引起冻结或析出沉淀。

5. 时间　有些药品因其性质或效价不稳定，尽管储存条件适宜，时间过久也会逐渐变质、失效。

（二）人为因素

人为因素包括：①人员设置；②药品质量监督管理情况，如药品质量监督管理规章制度建立、实施及监督管理状况；③药学人员药品保管养护技能以及对药品质量的重视程度、责任心的强弱，身体条件、精神状态的好坏等。

（三）药物本身因素

水解是药物降解的主要途径，易水解降解药物的主要有酯类（包括内酯）、酰胺类（包括内酯类）。氧化也是药物变质最常见的反应，具有酚类、烯醇类、芳胺类、吡唑酮类、噻嗪类结构的药物较易氧化。药物氧化后，不仅效价损失，而且可能产生颜色或沉淀。易氧化的药物要特别注意光、氧、金属离子对它们的影响。

药品的包装材料对药品质量也有较大的影响。

二、药品质量验收

（一）质量验收人员素质要求

1. 从事质量验收的工作人员，必须是经健康检查合格并具有药学或者医学、生物、化学等相关专业中专以上学历或者具有药学初级以上专业技术职称的人员。

2. 从事中药饮片验收工作的，应当具有中药学专业中专以上学历或者具有中药学中级以上专业技术职称。

（二）库房应当有验收的专用场所和设备

药品待验区域及验收药品的设施设备，应当符合以下要求。

1. 待验区域有明显标识，并与其他区域有效分开。

2. 待验区域符合待验药品的储存温度要求。

3. 保持验收设施设备清洁，光线充足，不得污染药品。

（三）药品质量验收的依据

药品质量验收的依据包括《中华人民共和国药典》（简称《中国药典》）、《药品说明书和标签管理规定》（局令24号）、药品质量标准和有关药品质量的管理规定、合同及质量保证协议的相关条款。

（四）验收时限

对于购进的药品，要求当日来货当日验收完毕，如遇特殊情况，需在48小时之内完成验收入库。

（五）由专职质量验收员负责药品质量验收

验收要求和内容如下：

1. 配送中心应当按照公司规定的制度和程序对到货药品逐批进行验收，防止不合格药品入库。对药品验收过程中出现的不符合质量标准或疑似假、劣药的情况，应当交由质量管理部门按照有关规定进行处理，必要时上报药品监督管理部门。验收中发现的问题应当尽快处理，防止对药品质量造成影响。

2. 药品应该在符合温湿度储存条件的场所内验收。

3. 验收药品应当按照药品批号查验同批号的检验报告书。

4. 供货单位为批发企业的，检验报告书应当加盖其质量管理专用章原印章。检验报告书的传递和保存可以采用电子数据形式，但应当保证其合法性和有效性。

5. 企业应当按照验收规定，对每次到货药品进行逐批抽样验收。

6. 抽取的样品应当具有代表性。

7. 同一批号的药品至少检查一个最小包装，但生产企业有特殊质量控制要求或者打开最小包装可能影响药品质量的，可不打开最小包装。

8. 破损、污染、渗液、封条损坏等包装异常以及零货、拼箱的，应当开箱检查至最小包装。

9. 验收人员应当对抽样药品的外观、包装、标签、说明书以及相关的证明文件等逐一进行检查、核对。

10. 验收结束后，应当将抽取的完好样品放回原包装箱，加封并标示。在抽样的整件包装上标明"抽验"标志，对已经检查验收的药品，应当及时移入合格药品区。

11. 验收不合格的药品，不得入库或者上架，并报告质量管理人员处理，需注明不合格事项及处置措施。

12. 验收人员应当在验收记录上签署姓名和验收日期。

13. 企业应当建立库存记录，验收合格的药品应当及时入库登记；验收不合格的，不得入库，并由质量管理部门处理。

14. 检查运输储存包装的封条有无损坏，包装上内容是否清晰、全面，整件包装中应有产品合格证。

15. 最小包装应该检查封口是否严密、牢固、有无破损、污染或渗液，包装及标签印字是否清晰、标签粘贴是否牢固。

16. 每一最小包装标签、说明书是否符合规定。

（六）不得入库的情况

1. 药品相关证明文件不全或内容与到货药品不符的，不得入库。

2. 无批准文号或批准文号不符，无生产批号的药品。

3. 药品未注明效期或批号不符合合同规定的药品。

4. 外用药品、非处方药品的包装、标签没有规定的标识或标识不符的。

5. 整件包装箱内没有合格证的药品；包装不牢或外包装破损、污染的药品。

6. 进口药品无《进口药品检验报告书》或《进口药品注册证》或《医药产品注册证》；进口国家规定的实施批签发管理的生物制品无批签发证明文件和《进口药品检验报告书》的药品。

7. 其他规定不得销售的药品。

（七）中药验收

中药饮片的包装或容器应与药品性质相适应及符合药品质量要求。中药饮片的标签需注明品名、包装规格、产地、生产企业、产品批号、生产日期；整件包装上有品名、产地、生产日期、生产企业等，并附有质量合格的标志。实施批准文号管理的中药饮片，还需注明批准文号。

（八）销后退回药品的验收管理

1. 对销后退回的药品，应视同进货进行质量验收，数量加倍，逐批次验收并开箱抽样检查。

2. 配送中心收货人员要依据采购部或质量管理部开出的退货通知对销后退回药品进行核对，药品放置于药品待验区。

（九）办理入库

经验收合格后的药品，验收人员在仓储管理系统点单完成收货，仓库保管员根据验收确认的上架标签办理入库手续。

（十）验收药品应当做好验收记录并保存 5 年

验收人员按规定进行药品质量验收后，验收人员应当对照药品实物在系统采购记录的基础上录入药品的批号、生产日期、有效期、到货数量、验收合格数量、验收结果等内容，确认后系统自动生成验收记录。

1. 验收记录包括药品的通用名称、剂型、规格、批准文号、批号、生产日期、有效期、生产厂商、供货单位、到货数量、到货日期、验收合格数量、验收结果、验收人员姓名和验收日期等内容。

2. 中药饮片验收记录包括品名、规格、批号、产地、生产日期、生产厂商、供货单位、到货数量、验收合格数量等内容，实施批准文号管理的中药饮片还要记录批准文号。

3. 建立专门的销后退回药品验收记录，记录退货单位、退货日期、通用名称、规格、批准文号、批号、生产厂商（或产地）、效期、数量、验收日期、退货原因、验收结果和验收人员等内容。

三、药品的储存与保管

药品储存时，应有效期标志。对近效期药品，应按月填报效期报表。

药品堆垛应留有一定距离。药品与墙、屋顶（房梁）的间距不小于 30 cm，与库房散热器或供暖管道的间距不小于 30 cm，与地面的间距不小于 10 cm。

药品储存应实行色标管理。其统一标准是：待验药品库（区）、退货药品库（区）为黄色；合格药品库（区）、零货称取库（区）、待发药品库（区）为绿色；不合格药品库（区）为红色。对销后退回的药品，凭销售部门开具的退货凭证收货，存放于退货药品库（区），由专人保管并做好退货记录。经验收合格的药品，由保管人员记录后方可存入合格药品库（区）；不合格药品由保管人员记录后放入不合格药品库（区）。退货记录应保存 3 年。

不合格药品应存放在不合格品库（区），并有明显标志。不合格药品的确认、报告、报损、销毁应有完善的手续和记录。对库存药品应根据流转情况定期进行养护和检查，并做好记录。检查中，对由于异常原因可能出现问题的药品、易变质药品、已发现质量问题药品的相邻批号药品、储存时间较长的药品，应进行抽样送检。

库存养护中如发现质量问题，应悬挂明显标志和暂停发货，并尽快通知质量管理机构予以处理。应做好库房温、湿度的监测和管理。每日应上、下午各一次定时对库房温、湿度进行记录。如库房温、湿度超出规定范围，应及时采取调控措施，并予以记录。

第二节　需要特殊注意的药品的管理和使用

一、高危药品管理

根据中国药学会医院药学专业委员会用药安全项目组于 2012 年 3 月制定的《高危药品分级管理策略及推荐目录》执行。

（一）推荐的高危药品专用标识

高危药品专用标识（图 9-1）用于医疗机构高危药品管理。可制成标贴粘贴在高危药品储存处，也可嵌入电子处方系统、医嘱处理系统和处方调配系统，以提示医务人员正确处置高危药品。

第二篇　药品和药品管理

图9-1 高危药品专用标识

（二）高危药品分级管理策略

高危药品的管理可以采用"金字塔式"的分级管理模式（图9-2）。

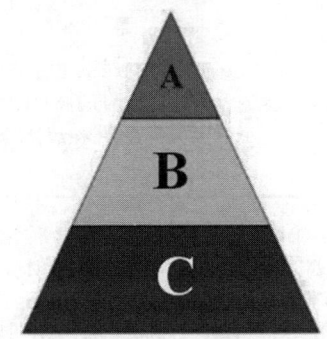

图9-2 高危药品"金字塔式"分级管理模式图

1. A级高危药品　是高危药品管理的最高级别。本类药品是使用频率高，一旦用药错误，患者死亡风险最高的高危药品，医疗单位必须重点管理和监护。具体包含如下几类（表9-1）：

表9-1 　　　　　　　　　　　　　　A级高危药品

编号	药品种类	编号	药品种类
1	静脉用肾上腺素能受体激动药（如肾上腺素）	8	硝普钠注射液
2	静脉用肾上腺素能受体拮抗药（如普萘洛尔）	9	磷酸钾注射液
3	高渗葡萄糖注射液（20%或以上）	10	吸入或静脉麻醉药（如丙泊酚等）
4	胰岛素，皮下或静脉注射用	11	静脉用强心药（如地高辛、米力农）
5	硫酸镁注射液	12	静脉用抗心律失常药（如胺碘酮）
6	浓氯化钾注射液	13	浓氯化钠注射液
7	100 mL以上灭菌注射用水	14	阿片酊

A 级高危药品管理措施：①应有专用药柜或专区储存，药品储存处有明显专用标识。②病区药房发放 A 级高危药品须使用高危药品专用袋，药品核发人、领用人须在专用领用单上签字。③护理人员执行 A 级高危药品医嘱时应注明高危，双人核对后给药。④A 级高危药品应严格按照法定给药途径和标准给药浓度给药。超出标准给药浓度的医嘱，医生须加签字。⑤医生、护士和药师工作站在处置 A 级高危药品时应有明显的警示信息。

2. B 级高危药品　是高危药品管理的第二层，包含的高危药品使用频率较高，一旦用药错误，会给患者造成严重伤害，但给患者造成伤害的风险等级较 A 级低，具体有如下几类（表 9-2）：

表 9-2　　　　　　　　　　　　　　　　B 级高危药品

编号	药品种类	编号	药品种类
1	抗血栓药（抗凝血药，如华法林）	8	心脏停搏液
2	硬膜外或鞘内注射药	9	注射用化学治疗药
3	放射性静脉造影剂	10	静脉用催产素
4	全胃肠外营养液（TPN）	11	静脉用中度镇静药（如咪达唑仑）
5	静脉用异丙嗪	12	小儿口服用中度镇静药（如水合氯醛）
6	依前列醇注射液	13	阿片类镇痛药（注射给药）
7	秋水仙碱注射液	14	凝血酶冻干粉

B 级高危药品管理措施：①药库、药房和病区小药柜等药品储存处有明显专用标识。②护理人员执行 B 级高危药品医嘱时应注明高危，双人核对后给药。③B 级高危药品应严格按照法定给药途径和标准给药浓度给药。超出标准给药浓度的医嘱，医生须加签字。④医生、护士和药师工作站在处置 B 级高危药品时应有明显的警示信息。

3. C 级高危药品　是高危药品管理的第三层，包含的高危药品使用频率较高，一旦用药错误，会给患者造成伤害，但给患者造成伤害的风险等级较 B 级低，具体有如下几类（表 9-3）：

表 9-3　　　　　　　　　　　　　　　　C 级高危药品

编号	药品种类	编号	药品种类
1	口服降血糖药	5	肌肉松弛药（如维库溴铵）
2	甲氨蝶呤片（口服，非肿瘤用途）	6	口服化学治疗药
3	阿片类镇痛药（口服）	7	腹膜和血液透析液
4	脂质体类药	8	中药注射剂

C 级高危药品管理措施：①医生、护士和药师工作站在处置 C 级高危药品时应有明显的警示信息。②门诊药房药师和治疗班护士核发 C 级高危药品时应进行专门的用药交代。

二、关于含乌头碱类中药饮片的管理

1. 含乌头碱类中药饮片品种目录 制川乌（1.5～3 g）、制草乌（1.5～3 g）、盐附子（3～15 g）、黑顺片（3～15 g）、白附片（3～15 g），限量根据2015版《中国药典》要求。

2. 含乌头碱类中药饮片品种的验收管理 该类品种质量验收时，需中药饮片验收养护员双人验收，质量合格，双人签字确认，方可入库销售。

3. 含乌头碱类中药饮片品种的销售管理

（1）对含乌头碱类中药饮片在系统设置限购。

（2）凭规范处方，并经执业中药师或以上技术职称的人员签字销售，留存处方原件（或复印件、扫描件或照片文件）备查，不得用抄方形式留存处方。

（3）该类品种必须按要求分剂量单包，在包装袋上注明"先煎、久煮"，并请顾客在销售台账上签字确认。

（4）门店不得单独销售，不许单列打单销售（有规范处方，并经医生双签字除外）。

（5）门店需建立含乌头碱类中药饮片的销售台账，内容包括：品名、规格、生产厂家、产地、批号、数量、调配剂数、日期。销售台账中还应有顾客姓名、电话等。应告知顾客先煎、久煎及相应注意事项，并经顾客签字确认。

第十章 处方管理

为规范处方管理,提高处方质量,保证门店处方审核、调配、核对操作规范、准确,防止差错的发生,促进合理用药,保证顾客用药的安全,根据《药品管理法》及实施条例、《药品经营质量管理规范》《处方管理办法》等相关法律法规,编写本章内容。

处方审核、调配、核对操作流程图如图 10-1 所示。

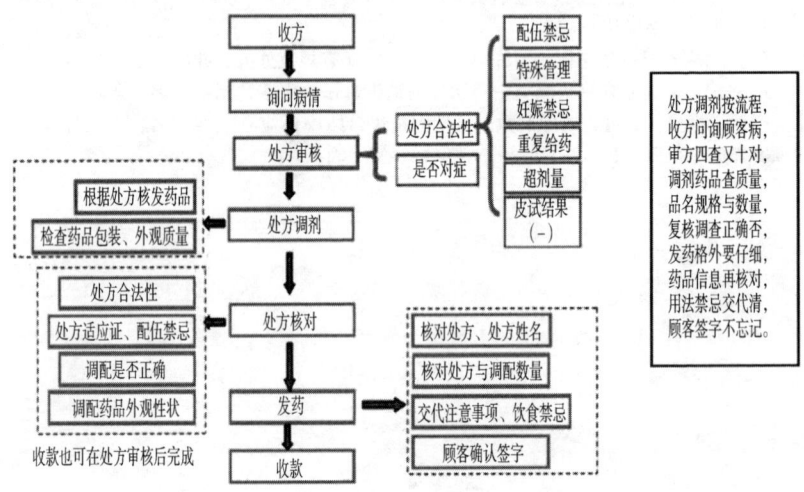

图 10-1 处方审核、调配、核对操作流程

中药饮片处方审核、调配、核对操作流程图如图 10-2 所示。

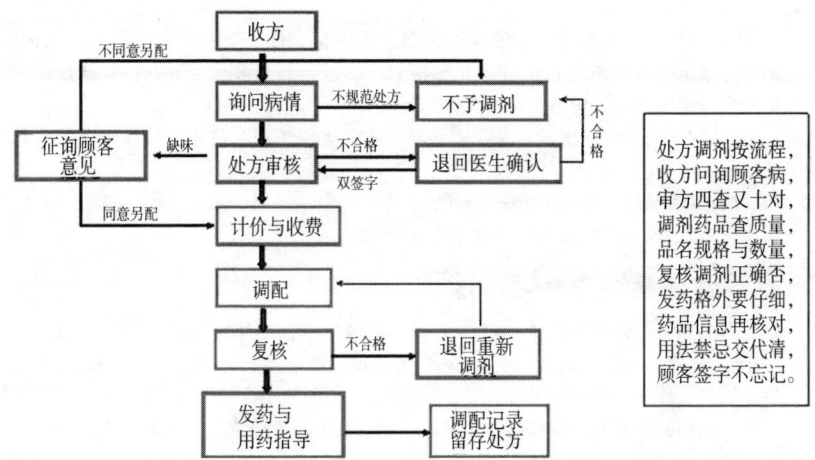

图 10-2　中药饮片处方审核、调配、核对操作流程

第一节　处　方

一、处方定义

处方是指由注册的执业医师和执业助理医师（简称医师）在诊疗活动中为患者开具的、由取得药学专业技术职务任职资格的药学专业技术人员（简称药师）审核、调配、核对，并作为患者用药凭证的医疗文书。处方包括医疗机构病区用药医嘱单。

二、医院中涉及的处方种类

1. 法定处方　主要指《中国药典》等国家药品标准收载的处方，具有法律约束力。
2. 医师处方　指医师为患者诊断、治疗和预防用药所开具的处方。

三、处方书写规则

1. 患者一般情况、临床诊断填写清晰、完整，并与病历记载相一致。
2. 每张处方限于一名患者的用药。
3. 字迹清楚，不得涂改；如需修改，应当在修改处签名并注明修改日期。
4. 药品名称应当使用规范的中文名称书写，没有中文名称的可以使用规范的英文名称书写；医疗机构或者医师、药师不得自行编制药品缩写名称或者使用代号；书写药品名称、剂量、规格、用法、用量要准确规范，药品用法可用规范的中文、英文、拉丁文或者缩写体书写，但不得使用"遵医嘱""自用"等含糊不清的字句。
5. 患者年龄应当填写实足年龄，新生儿、婴幼儿写日、月龄，必要时要注明体重。
6. 西药和中成药可以分别开具处方，也可以开具一张处方；中药饮片应当单独开具处方。

7. 中药饮片处方的书写，一般应当按照"君、臣、佐、使"的顺序排列；调剂、煎煮的特殊要求注明在药品右上方，并加括号，如布包、先煎、后下等；对饮片的产地、炮制有特殊要求的，应当在药品名称之前写明。

8. 药品用法用量应当按照药品说明书规定的常规用法用量使用，特殊情况需要超剂量使用时，应当注明原因并再次签名。

9. 除特殊情况外，应当注明临床诊断。

10. 开具处方后的空白处画一斜线以示处方完毕。

四、处方剂量、数量及单位

处方药品剂量与数量用阿拉伯数字书写。剂量应当使用法定剂量单位：重量以克（g）、毫克（mg）、微克（μg）、纳克（ng）为单位；容量以升（L）、毫升（mL）为单位；国际单位（U）；中药饮片以克（g）为单位。

片剂、丸剂、胶囊剂、颗粒剂分别以片、丸、粒、袋为单位；溶液剂以支、瓶为单位；软膏及乳膏剂以支、盒为单位；注射剂以支、瓶为单位，应当注明含量；中药饮片以剂为单位。

五、处方颜色标识

普通处方、急诊处方、儿科处方颜色分别为白色、淡黄色、淡绿色。

六、处方有效期

处方开具当日有效。特殊情况下需延长有效期的，由开具处方的医师注明有效期限，但有效期最长不得超过 3 日。处方一般不得超过 7 日用量；急诊处方一般不得超过 3 日用量；对于某些慢性病、老年病或特殊情况，处方用量可适当延长，但医师应当注明理由。

第二节　处方审核

一、处方审核

"四查十对"：查处方，对科别、姓名、年龄；查药品，对药名、剂型、规格、数量；查配伍禁忌，对药品性状、用法用量；查用药合理性，对临床诊断。

1. 审核处方前记，认真审查处方中的医疗机构名称、患者姓名、性别、年龄、临床诊断、开具日期（有效期一般不超过 3 日）。

2. 审核处方正文，核对药品名称、型号、规格、数量、用法用量。

3. 审核处方书写得是否清楚、正确、完整等情况。例如，处方字迹是否清楚，有无涂改不清或其他不符合处方规则的情况；处方正文有无笔误、重复、缺项不完整等现象；处方书写是否规范，凡不符合处方规则的都应退回医师修改纠正，并认真审查医师的签名或签章。

二、对处方用药的适宜性进行审核

1. 规定必须做皮试的药物，处方医师是否注明过敏试验及结果的判定。
2. 处方用药与临床用药的相符性。
3. 剂量、用法。
4. 剂型与给药途径。
5. 是否具有重复给药的现象。
6. 是否有潜在临床意义的药物相互作用和配伍禁忌。
7. 其他用药不适宜情况。

三、中药饮片处方的审核

中药饮片处方审核除需满足以上要求外，还要遵循以下规定：

1. 中药饮片处方书写，一般应按"君、臣、佐、使"的顺序排列；调剂、煎煮等要求注明在药品右上方，并加括号；对饮片的产地、炮制有特殊要求的应在药品名称前写明。
2. 审查是否有小儿、年老体弱、孕妇处方，处方剂量和配伍是否符合用药安全要求。
3. 审查有无"十八反""十九畏"及妊娠禁忌等不恰当配伍或用药。
4. 审查是否有超出规定使用剂量的品种。
5. 审查是否有品种短缺的情况。
6. 审查是否有同物异名或重复的品种，以免造成超剂量用药。
7. 审查处方中有无医疗用毒性中药饮片（炮制品除外）、麻醉药品（罂粟壳），如有此类品种不得调配。
8. 处方中如有乌头类中药饮片，审查是否超剂量。
9. "先煎""后下""烊化""另包""打粉"等特殊要求品种，如处方中未标明的，审方药师应予以注明，并书面告知顾客。
10. 如属一般书写潦草情况，可与顾客当面沟通，如有超剂量、"十八反""十九畏"、妊娠期禁忌用药应拒绝调配，如确因病情需要，需经原处方医师更正或重新签字方可调配。属品种短缺的应及时向顾客说明，要求原处方医师调整和重新签字。其他用药错误的，做上记号，经原处方医师予以更正或重新双签字；在一般处方配伍中有毒、麻中药应拒绝调配，并向顾客解释清楚，说明购用特殊药品的处方权限和相关证明，以及用法、用量的规定等。

第三节　处方调配

1. 根据审核后的正确处方调配药品。
2. 以下情况经处方医师更正或重新签章后再调配，否则拒绝调配。
（1）凡发现用药适应人群禁用的应拒绝调配。
（2）四环素类不可用于8岁以下小儿，可导致牙齿黄染或牙釉质发育不良。
（3）喹诺酮类不可用18岁以下未成年人，可对骨骼发育产生不良影响。
（4）凡因配伍而可能引起毒性增加、产生有害物质或使药物失效、减效的，医师应另开处方或者拒绝调配。

（5）其他不合理用药情况，均应请医师重新更正或者重新签名后方可调配，否则拒绝调配。

（6）药物与妊娠不符拒绝调配（妊娠禁忌）。

（7）药物与哺乳及婴儿不符拒绝调配（哺乳期及婴幼儿禁用的药物）。

（8）药物与疾病不适应的不符拒绝调配（药不对症的）。

（9）药物与给药途径及给药时间不符拒绝调配（不适用或不相符的）。

（10）重复用药拒绝调配（特别是不同药品中含相同的药物成分）。

（11）超剂量的处方、"十八反""十九畏"、妊娠期禁忌用药应拒绝调配，如确因病情需要，需经原处方医师更正或重新签字方可调配。

〔附〕"十八反""十九畏"、妊娠禁忌

一、"十八反"

"十八反"歌诀：本草明言十八反，半萎贝蔹及攻乌；藻戟遂芫俱战草，诸参辛芍叛藜芦。

第一句：本草明确指出了十八种药物的配伍禁忌。

第二句：半（半夏）、萎（瓜蒌）、贝（贝母）、蔹（白蔹）、及（白及）攻击。或与乌（乌头）相对。

第三句：藻（海藻）、戟（大戟）、遂（甘遂）、芫（芫花）都与草（甘草）不和。

第四句：诸参（人参、党参、沙参、元参等所有的参）、辛（细辛）、芍（赤芍、白芍）与藜芦相背叛。

中医药物配伍分为相须、相使、相畏、相恶、相杀、相反，所以说十八反是指两种药物相反。

二、"十九畏"

"十九畏"歌诀：硫黄原是火中精，朴硝一见便相争；水银莫与砒霜见，狼毒最怕密陀僧；巴豆性烈最为上，偏与牵牛不顺情；丁香莫与郁金见，牙硝难合京三棱；川乌草乌不顺犀，人参最怕五灵脂；官桂喜能调冷气，若逢石脂便相欺；大凡修合看顺逆，炮爁炙煿莫相依。

这里总结的相畏药物是：硫黄畏朴硝、芒硝、皮硝、玄明粉；水银畏砒霜、信石、红砒、白砒；狼毒畏密陀僧；巴豆、巴豆霜畏牵牛子（黑丑、白丑）；公丁香、母丁香、畏郁金（黑郁金、黄郁金）；牙硝、玄明粉畏三棱；川乌、草乌、附子、天雄畏犀牛角、广角；人参畏五灵脂；肉桂、官桂、桂枝畏赤石脂。

三、妊娠用药禁忌

某些药物具有损害胎元以致堕胎的副作用，所以应该作为妊娠禁忌的药物。根据药物对于胎元损害程度的不同，一般可分为禁用和慎用两类。

禁用的大多是毒性较强，或药性猛烈的药物，如巴豆、牵牛、大戟、斑蝥、商陆、麝香、三棱、莪术、水蛭、虻虫等。

慎用的包括通经祛瘀、行气破滞，以及辛热等药物，如桃仁、红花、大黄、枳实、附子、干姜、肉桂等。凡禁用的药物，绝对不能使用，慎用的药物，则可根据孕妇患病的情况，酌情使用。但没有特殊必要时，应尽量避免，以防发生事故。

妊娠忌服歌诀：蚖斑水蛭与虻虫，乌头附子配天雄；野葛水银暨巴豆，牛膝薏苡与蜈蚣；棱莪赭石芫花麝，大戟蝉蜕黄雌雄；砒石硇砂黄牡丹桂；槐花牵牛皂角同；半夏南星并通草，瞿麦干姜桃仁通；硇砂干漆蟹爪甲，地胆茅根与蟅虫。

第十一章 用药安全

第一节 药物警戒

药物警戒从用药者安全出发，发现、评估、预防药品不良反应。要求有疑点就上报，不论药品的质量、用法、用量正常与否，更多地重视以综合分析方法探讨因果关系，容易被广大报告者接受。

一、药物警戒的主要工作内容

1. 早期发现未知药品的不良反应及其相互作用。
2. 发现已知药品不良反应的增长趋势。
3. 分析药品不良反应的风险因素和可能的机制。
4. 对风险/效益评价进行定量分析，发布相关信息，促进药品监督管理和指导临床用药。

二、药物警戒的目的

1. 评估药物的效益、危害、有效及风险，以促进其安全、合理及有效地应用。
2. 防范与用药相关的安全问题，提高患者在用药、治疗及辅助医疗方面的安全性。
3. 教育、告知患者药物相关的安全问题，增进涉及用药的公众健康与安全。

第二节 药品不良反应

我国实行药品不良反应报告制度，《药品不良反应报告和监测管理办法》于2010年12月13日经前卫生部部务会议审议通过并发布，自2011年7月1日起施行。药品生产企业，药品经营企业和医疗机构必须经常考察本单位所生产、经营；使用的药品质量、疗效和反应，发现可能与用药有关的严重不良反应，必须及时向当地省、自治区、直辖市人民政府药品监督管理部门和卫生行政部门报告。

一、药品不良反应

1. 药品不良反应（ADR） 是指合格药品在正常用法用量下出现的与用药目的无关的有害反应。
2. 药品新的不良反应 是指药品使用说明书或有关文献资料上未收载的不良反应。说明书中已有描述，但不良反应发生的性质、程度、后果或者频率与说明书描述不一致或者更严重的，按照新的药品不良反应处理。

3．药品不良反应报告和检测　是指药品不良反应的发现、报告、评价和控制的过程。

4．严重药品不良反应　是指因服用药品引起以下损害情形之一的反应：

（1）导致死亡。

（2）危及生命。

（3）致癌、致畸、致出生缺陷。

（4）导致显著的或者永久的人体伤残或者器官功能的损伤。

（5）导致住院或者住院时间延长。

（6）导致其他重要医学事件，如不进行治疗可能出现上述所列情况。对已确认发生严重反应的药品，国务院或者省、自治区、直辖市人民政府的药品监督管理部门可以采取停止生产、销售、使用的紧急、控制措施，并应当在 5 日内组织鉴定，自鉴定结论做出起 15 日内依法做出行政处理决定。

二、药品零售企业《药品不良反应管理制度》

1．职责

（1）门店负责 ADR 的监测、收集、登记、整理、汇报等工作。门店应当主动收集药品不良反应，获知或者发现药品不良反应后，详细记录、分析、处理，填写《药品不良反应填报表》并及时上报质管部。

（2）公司总部质管部，负责 ADR 的汇总、调查、分析、上报、存档等工作。质管部以月为单位汇总各门店填报的《药品不良反应填报表》，并对报告表中的汇总情况进行落实调查，初步分析上报不良反应与涉及药品之间的相关性。根据确认的信息对公司经营药品品种做出适度调整，并提醒药品生产企业和公司门店注意相关情况。质管部根据当地食品药品监督管理局的要求每月 20 号前向国家药品不良反应监测系统上报《药品不良反应报告填报表》。

2．药品不良反应报告时限

（1）门店在接到顾客不良反应投诉信息后，质量负责人应立即填写《药品不良反应填报表》，并与顾客及时联系，了解基本情况，初步确认药品不良反应、事件，并附调查了解的基本情况和处理意见。

（2）根据顾客对不良反应事件的描述，门店对不良反应事件进行初步排查。

（3）顾客症状因药品质量、服用方法等原因（如药品保存不当而致药品变质、服用方法不当等原因）引起，应排除不良反应。同时，门店药师应向顾客耐心解释，与顾客协商解决。同时填写《顾客投诉受理记录表》，及时上报质管部进行处理。

（4）门店确认不良反应后，及时将《药品不良反应报告填报表》上报质管部。质管部每月汇总《药品不良反应报告填报表》，并于 1 日内对报告表中的情况做二次确认、相关分析，确认相关性。

（5）对于特别严重的不良反应，门店应当电话通知质管部，质管部部长及时报告质量总监、执行总经理，并联系医疗机构，对患者进行及时、有效的治疗；将不良反应信息上报当地药品不良反应监测中心和药品生产企业；质管部下发《药品停售通知单》，对可疑药品暂停销售。

（6）质管部对门店上报的、发现或者获知新的、严重的药品不良反应，经分析确认无误后，应当在 15 日内报告当地药品不良反应监测机构；对于死亡病例应立即报告当地药品不良反应监测机构；其他药品不良反应，质管部经分析确认无误后，应当在 30 日内报告当地药品不良反应监测机构。

（7）质管部应该对上报药品不良反应监测中心的《药品不良反应报告填报表》、收集整理药品不良反应调查及处理的全部资料及时存档，作为日后购进品种、调整品种、不良反应汇总等工作的依据。

第三节　用药错误

一、用药错误的定义

用药错误是指药品在临床使用及管理全过程中出现的任何可以防范的用药疏失，这些疏失可导致患者发生潜在的或直接的损害。

用药错误可发生于处方（医嘱）开具与传递；药品储存、调剂与分发；药品使用与监测；用药指导及药品管理、信息技术等多个环节。其发生可能与专业医疗行为、医疗产品（药品、给药装置等）、工作流程与系统有关。

二、药品不良反应

药品不良反应（ADR）是指合格药品在正常用法用量下出现的与用药目的无关的有害反应。ADR 和用药错误同样会导致患者伤害，两者是药物不良事件的重要组成部分。

三、用药错误和药品不良反应的区别

ADR 是药品的自然属性，一般而言，医务人员报告 ADR 无须承担相关责任，国家法规亦明确规定不得以 ADR 为理由提起医疗诉讼；用药错误属于人为疏失，当事人常需要承担一定的责任。

四、用药错误分级

根据用药错误造成后果的严重程度，参考国际标准，可将用药错误分为以下 9 级。

A 级：客观环境或条件可能引发错误（错误隐患）。

B 级：发生错误但未发给患者，或已发给患者但患者未使用。

C 级：患者已使用，但未造成伤害。

D 级：患者已使用，需要监测错误对患者的后果，并根据后果判断是否需要采取措施预防和减少伤害。

E 级：错误造成患者暂时性伤害，需要采取处置措施。

F 级：错误对患者的伤害导致患者住院或延长患者住院时间。

G 级：错误导致患者永久性伤害。

H 级：错误导致患者生命垂危，须采取维持生命措施（如心肺复苏、除颤、插管等）。

I 级：错误导致患者死亡。

五、用药错误的层级

上述9级可归纳为以下4个层级。

第1层级：错误未发生（错误隐患），包括A级。

第2层级：发生错误，但未造成患者伤害，包括B、C、D级。

第3层级：发生错误，且造成患者伤害，包括E、F、G、H级。

第4层级：发生错误，造成患者死亡，包括I级。

六、用药错误处置

E级及以上错误，医务人员应迅速展开临床救治，将错误对患者的伤害降至最低，同时积极报告并采取整改措施。A～D级用药错误除积极报告外，应及时总结分析错误原因，采取防范措施，减少同类错误发生的可能性。

七、用药错误的报告

发生用药错误，鼓励自愿报告。

第四节　特殊人群用药

一般认为，老年人、妇女、儿童和有肝脏、肾脏、神经系统、心血管系统等方面疾病的人，容易发生药物不良反应。孕妇、哺乳期妇女服用某些药物还可能影响胎儿、乳儿的健康。

一、老年人群用药

（一）老年人合理应用中药的原则

老年人因各脏器组织结构和生理功能都有不同程度的退行性改变，因而影响了药物在体内的吸收、分布、代谢和排泄过程。主要表现为细胞数减少、细胞内水分减少、组织局部血液灌流量减少、总蛋白减少的"四少"现象。肝肾功能、免疫功能均较成年人减少1/3～1/2，致使血液内药物浓度比一般成年人高。药物半衰期亦较一般人明显延长。这就使得药物的安全范围变小、药物反应的个体差异增大，因此老年人用药的合理性应得到更大重视。执业药师为老年人提供药学服务，以减少药物不良反应和药源性疾病的发生，发挥药物应有的作用，对保证患者的用药安全、减轻患者的经济负担有重要的现实意义。

老年人用药应做到如下几点：①辨证论治，严格掌控适应证；②熟悉药品，恰当选择应用；③选择合适的用药剂量。

（二）老年人合理服用滋补药的注意事项

老年人由于生理功能的衰退，常感到体力、精力不如往年，总想用些滋补药来增强体质，延年益寿。但在使用滋补药时，要严格遵照中医辨证论治，按需行补，不需不补。如果不辨病证，不分气血、阴阳、寒热、温凉，滥用补药，很容易引起病情加重或诱发新的疾病。例如，老年慢性支气管炎日久会出现肺部阴虚象，宜用西洋参、沙参等，益气养血清热；若用红参，偏于甘温，反而使余邪复燃，病情加重。所以老年人选用补药应弄清自己的体质情况，属于哪一种证型，再根据补药的药性，合理选用。

二、妊娠期和哺乳期用药

（一）妊娠期用药

妊娠期用药不但要考虑用药所带来的风险，也要考虑不用药物所带来的风险。若孕妇出现发热（因感染性疾病等原因），体温上升 1.5 ℃ 就可以导致胎儿畸形，致畸的部位和程度与母体发热时间的长短、热度和胎龄有关，故及时用药治疗十分必要。说明书有关重要妊娠禁忌的描述一般有禁用、忌用和慎用 3 种。实际使用时要尽量平衡用药对胎儿的危害和孕妇得到的潜在收益。《中国药典》具有法律效力，是最权威的临床用药参考文献，《中国药典》中标示有妊娠禁忌的药物必须遵照执行；对药店未标示有妊娠禁忌的药物，或列出的妊娠禁忌等级偏低的药物，医生或药师仍可依据经验或其他文献报道作出更为严格的使用限制。

（二）哺乳期用药

哺乳期患者慎用中药。乳母服用某些中药后，药物可通过乳汁进入新生儿体内，所以应该注意哪些药物能通过母乳影响新生儿。这些药物分为 3 类：影响较大的是乳汁中浓度高于乳母血中浓度的药物；其次是乳汁中浓度与乳母血中浓度相似的药物；再次是乳汁中浓度小于乳母血中浓度的药物。对于乳汁中浓度大于乳母血浓度的药物最好不用，或用量要小，即便是不易进入母乳的药物也要加以选择应用。例如，复方甘草口服液（含可待因），这类药虽在乳汁中含量小，但因哺乳量大，新生儿对这类药物特别敏感，以不用为好。

三、婴幼儿用药

婴幼儿机体正处于生长发育的过程中，不论在肌肤、脏腑、筋骨、津液等方面均柔弱不足。在这个时期，许多脏器和组织尚未发育成熟，新陈代谢旺盛，吸收、排泄都比较快，对药物敏感性强。由于中药疗效好、副作用小，许多小儿常见病、疑难病中医中药疗效独特，因此现代临床对中医中药治疗小儿常见病、疑难病应用颇多。

用药原则有以下几点：①用药及时，用量宜轻；②宜用轻清之品；③宜佐健脾和胃之品；④宜佐凉肝定惊之品；⑤不宜滥用滋补之品。

四、肾功能不全者用药

肾脏是药物排泄的主要器官，也是药物代谢器官之一，极易受到某些药物的作用而出现毒性反应。药物肾毒性的表现有轻度的肾小体、肾小管损伤，肾衰竭，临床可见蛋白质、管型尿、血肌酐、尿素氮值升高，严重时可引起少尿、无尿或肾衰竭。肾功能受损时，药物吸收、分布、代谢、排泄以及机体对药物的敏感性均可改变。

肾功能不全患者用药原则：①明确诊断，合理选药；②避免或尽量使用对肾脏毒性大的药物；③注意药物相互作用，特别避免与肾毒性的药物合用；④肾功能不全而肝功能正常者可选用具有双通道排泄的药物；⑤必要时进行血药浓度监测，设计个体化给药方案；⑥定期检查肾功能，依据肾小球滤过率、肌酐清除率及时间合理用药方案和药物剂量。

五、肝功能不全者用药

肝脏是人体内进行解毒及药物转化和代谢的最重要器官之一，最容易遭受药物或毒物的侵袭而损及肝脏的结构和功能。特别是肝病患者由于肝功能减退，药物的代谢较慢，药物作用加强或作用时间延长，不适当地用药，不仅不能取得预期的治疗效果，反而会加重病情，造成严重后果。所以肝功能不全者应在医生指导下慎重、合理地选择药物，用药要少而精，避免加重肝脏损伤。

肝功能不全患者的用药原则：①明确诊断，合理选药；②避免或减少使用对肝脏毒性较大的药物；③注意药物相互作用，特别应避免肝毒性的药物；④对肝功能不全而肾功能正常的患者可选用对肝脏毒性小，从肾脏排泄的药物；⑤开始用药时宜小剂量，必要时进行血药浓度监测，做到给药方案个体化；⑥定期检查肝功能，及时调整用药方案。

第五节　药物的配伍禁忌

一、中成药联用的配伍禁忌

（一）含"十八反""十九畏"药味中成药的配伍禁忌

1.《中国药典》（2015 版，一部）中有不宜联合用药的规定，从不宜联合用药的品种来看没有突破"十八反"和"十九畏"所含的品种。"十八反""十九畏"中的药物，应属配伍禁忌，原则上是禁止应用。

2. 对于饮片处方，如果药味中含有"十八反""十九畏"药物，则是比较容易发现的。但对于中成药，只有熟悉中成药制剂的处方内容，才有可能发现此类药物的配伍禁忌。

（1）治疗风寒湿痹证的大活络丸、尪痹冲剂、天麻丸、人参再造丸等均含有附子，而止咳化痰的川贝枇杷露、蛇胆川贝液、通宣理肺丸等分别有川贝、半夏，依据配伍禁忌原则，者将上述两组合用，附子、乌头与川贝、半夏当属相反禁忌同用之列。

（2）利胆中成药利胆排石片、胆乐胶囊、胆宁片等都含有郁金，若与六应丸、苏合香丸、妙济丸、纯阳正气丸、紫雪散等含丁香（母丁香）的中成药同时使用，就要注意具"十九畏"药物的禁忌。

（3）临床常用中成药心通口服液、内消瘰疬丸中含有海藻，祛痰止咳颗粒含有甘遂，若与橘红痰咳颗粒、通宣理肺丸、镇咳宁胶囊等含有甘草的中成药联用也属禁忌。

（二）含有毒性药物中成药的联用

数种功效相似的中成药联用，在各自制剂的组成中，往往有一种或几种相同的药味。因此，联用将会增加某一味或几味药的剂量。如大活络丹与天麻丸合用，两者均含附子；朱砂安神丸与天王补心丹合用，两者均含朱砂，均会增加有毒药味的服用量，加大患者不良反应的危险性。故在使用时应考虑药物"增量"的因素。再如复方丹参滴丸和速效救心丸同属气滞血瘀型用药，其处方组成与功效基本相似，而且这一类的药物多数含有冰片，冰片不能过量使用，由于冰片药性寒凉，服用剂量过大易伤人脾胃，导致胃痛胃寒，在临床应用中使用其中一种即可。因此中成药之间的联合用药，尤其是几种含有有毒成分或相同成分的中成药联合应用时，应注意有毒成分或相同成分的"叠加"，以免引起不良反应。

（三）不同功效药物联合应用的辨证论治和禁忌

附子理中丸与牛黄解毒片联用，附子理中丸系温中散寒之剂，适用于脾胃虚寒所致的胃脘痛、呕吐、腹泻等；而牛黄解毒片性质寒凉，为清热解毒泻火之剂，适用于火热毒邪炽盛于内而上扰清窍者，不加分析盲目将两者合用是不适宜的。再如将附子理中丸与黄连上清丸、金贵肾气丸与牛黄解毒片等合用，均属不注意证候的不合理用药。

（四）某些药物的相互作用问题

含麻黄的中成药禁忌与降血压的中成药如复方罗布麻片、降压片、珍菊降压片、牛黄降压丸等并用；也忌与扩张冠脉的中成药如速效救心丸、山海丹、活心丹、心宝丸、益心丸、滋心阴液、补心气液等联用。因麻黄中麻黄碱的化学结构与肾上腺素相似，一方面能直接与肾上腺素受体结合，同时还能促使肾上腺素神经末梢释放介质，从而使血管收缩、血压升高；另一方面，又能兴奋心脏，增强心肌收缩力，使心肌耗氧量增加。若同时并用，可产生拮抗作用。含朱砂较多的中成药，如磁朱丸、更衣丸、安宫牛黄丸等与较多还原性溴离子或碘离子，如消瘿五海丸、内消瘰疬丸等长期同服，在肠内会形成有刺激性溴化汞，导致药源性肠炎，赤痢样大便。

二、中西药联用的配伍禁忌

（一）在药动学上相互作用

1. 影响吸收

（1）含鞣质、药用炭、生物碱、果胶及金属离子等的中药易与西药结合或吸附，特别是以固体形式口服的西药，可导致某些药物作用下降。含鞣质较多的中药有大黄、虎杖、五倍子、石榴皮等，因此中成药牛黄解毒片（丸）、麻仁丸、七厘散等不宜与口服红霉素、士的宁、利福平等同用，因为鞣质具有吸附作用，可使这些西药透过生物膜的吸收量减少。蒲黄炭、荷叶炭、断瓦楞子等不宜与生物碱、酶制剂同服，因为药物炭吸附生物碱及酶制剂，抑制其生物活性，影响药物吸收。含有果胶类药物，如六味地黄丸、人参归脾丸、山茱萸等不宜与林可霉素（洁霉素）同服，同服后可使林可霉素的透膜吸收减少90%。

（2）中药中某些重金属或金属离子，当与一些具有还原性的西药配伍使用时，会生成不溶性螯合物，影响药物在胃肠道的稳定性，甚至产生毒副作用。四环素类抗生素是多羟基氢化苯衍生物，在与含金属离子如钙离子、2价铁离子、3价铁离子、镁离子等的中药如石膏、海螵蛸、自然铜、赤石脂、滑石、明矾等，以及含有以上成分的中成药，如牛黄解毒片等。一些含生物碱的中药如麻黄、颠茄、洋金花、曼陀罗、莨菪碱等，可抑制胃蠕动及排空，延长红霉素、洋地黄类强心苷在胃内的滞留时间，或使红霉素被胃酸破坏而降低疗效，或使强心苷类药物在胃肠道内的吸收增加，引起洋地黄中毒。因此含上述成分的药物不宜与红霉素、洋地黄类药物同服。

2. 影响分布　碱性中药如硼砂、红灵散、女金丹、痧气散等能使氨基糖苷类抗生素如链霉素、庆大霉素、卡那霉素、阿卡米星等排泄减少，吸收增加，血药浓度上升，药效增加20～80倍；同时增加脑组织中的药物浓度，使耳毒性增加，造成暂时性或永久性耳聋，故长时间联合应用应进行药物浓度监测。含有鞣质类化合物的中药在与磺胺类药物合用时，可导致血液及肝脏内磺胺类药物浓度增加，严重者可发生中毒性肝炎。

3. 影响代谢

（1）中药酒剂、酊剂中含有一定浓度乙醇，是常见酶促剂，能增加肝药酶活性，加速代谢，使药物半衰期缩短，药效下降。当与三环类抗抑郁药等合用时，由于肝药酶的诱导作用，使代谢产物增加，从而增加三环类抗抑郁药的不良反应。

（2）富含鞣质的中药与含酶制剂联用时，可使酶的效价降低，影响药物代谢。单胺氧化酶抑制药与含麻黄碱成分的中成药合用，所含麻黄碱可随血液循环至全身，促进单胺类神经递质的大量释放，引起头痛、恶心、呼吸困难、心律不齐、运动失调及心肌梗死等不良反应，严重的可出现高血压危象和脑出血，临床上应避免联合应用。

4. 影响排泄

（1）碱性药物与酸性药物合用可加快药物排泄，导致药效降低，甚至失去疗效。

（2）酸性较强的药物联用，可酸化体液使药物排泄减少，增加药物毒副作用。

（二）在药效学上相互作用

1. 强心苷有较强的生理效应，如过量会引起中毒，不宜与洋地黄、地高辛等强心苷类同用。

2. 发汗解表剂与解热镇痛药等合同，可致发汗太过，产生虚脱。

3. 甘草、鹿茸具有糖皮质激素样作用，不能与磺胺酰胺类降血糖药合用。

4. 含麻黄、麻黄碱类的中药与降血压药合用，会产生拮抗作用，严重者会加重高血压病情，也不宜与镇静催眠药合用。

第 三 篇
基础理论

第十二章　药物治疗基础知识

第一节　药物治疗方案制订的一般原则

第一节　药物治疗方案制订的一般原则

合理的药物治疗方案可以使患者获得有效、安全、经济、规范的药物治疗。制订药物治疗方案应考虑以下几个方面：

1. 为药物治疗创造条件，改善环境、改善生活方式。
2. 确定治疗目的，选择合适的药物以消除疾病、去除诱因、预防发病、控制症状、治疗并发症，为其他治疗创造条件或增加其他疗法的疗效。
3. 选择合适的用药时机，强调早治疗。
4. 选择合适的剂型和给药方案。
5. 选择合理配伍用药。
6. 确定合适的疗程。
7. 药物与非药物疗法的结合。

一、药物治疗的安全性

药物在发挥治疗作用的同时，可能对机体产生不同程度的损害或改变病原体对药物的敏感性，甚至产生药源性疾病。保证患者的用药安全是药物治疗的前提。产生药物治疗安全性问题的原因主要有3点：药物本身固有的生物学特性、药品质量问题和药物的不合理应用。

二、药物治疗的有效性

药物治疗的有效性是选择药物的首选标准，应考虑如下因素：

1. 只有利大于弊，药物治疗的有效性才有实际意义。
2. 药物方面因素，包括药物的生物学特性、理化性质、剂型、给药途径、药物之间的相互作用等因素均会影响药物治疗的有效性。
3. 机体方面因素，包括患者年龄、体重、性别、精神因素、病理状态、时间因素等对药物治疗效果均可产生重要影响。
4. 药物治疗的依从性。

三、药物治疗的经济性

药物治疗的经济性是要以最低的药物成本，实现最好的治疗效果。制订药物治疗方案时要考虑治疗的总成本，而不是单一的药费。为提高药物治疗的经济性，需要从以下几方面采取行动：控制药物需求的不合理增长，盲目追求新药、高价药；控制有限药物资源的不合理配置，避免资源浪费与资源紧缺；控制被经济利益驱动的过度药物治疗。

四、药物治疗的规范性

在药物治疗方面，临床治疗指南往往根据疾病的分型、分期、疾病的动态发展及并发症，对药物选择、剂量、剂型、给药方案及疗程进行规范指导。在针对某一具体患者时，既要考虑临床治疗指南严肃性，又要注意个体化的灵活性。

第二节　药物治疗方案制订的基本过程

制订药物治疗方案时，首先应确定治疗目的，其次根据患者病情和药物的适应证选择合适的药物，选择合适的用药时机、合适的剂型和给药方案，选择合适的药物配伍，确定合适的疗程。

一、识别和评估患者的症状和体征，给予非处方药物信息

自我药疗（self-medication）是指在没有医生或其他医务工作者的指导下，患者恰当地应用非处方药来缓解轻度、短期的症状及不适，或治疗轻微的疾病。执业药师应当掌握常见病症的特征、非处方药物选用及用药注意事项等知识，担当公众用药的助手，保障患者用药安全。

二、治疗药物选择的基本原则与方法

治疗药物选择的原则是药物的安全性、有效性、经济性，也要考虑给药的方便性。用药安全是药物治疗的前提；有效性是选择药物的首要标准；经济性方面应考虑治疗总成本，而不是单一的药费；给药方便性可能影响患者对治疗的依从性。

选择治疗药物时，可参考权威的专科诊疗指南，国家发布的临床路径、大规模随机对照临床试验的结果、专家共识，并结合临床经验及患者的个体情况做出决定。

三、给药方案制定和调整的基本步骤与方法

给药方案（dosage regimen）就是为治疗提供药物剂量和给药间隔的一种计划表。

1. 制订和调整给药方案的基本步骤

（1）获取患者的基本信息，如体重、烟酒嗜好、肝肾疾病史等。

（2）按群体参数计算初始给药方案，并用此方案进行治疗。

（3）患者评估，包括药效学（疗效、不良反应）和药动学（血药浓度等）。

（4）必要时，按个体数据重新计算给药方案。

2. 制订给药方案的基本方法　制订给药方案时，首先要明确目标血药浓度范围。目标血药浓度范围一般为文献报道的安全有效范围，特殊患者可根据临床观察的药物有效性或毒性反应来确定。药物手册和说明书中推荐的标准剂量方案中的药物剂量大多数是能够保证有效血药浓度的平均剂量，一般是基于药物临床试验的研究结果制定的，属于群体模型化方案。由于多数情况下患者间的个体差异是有限的，故在初始治疗时，对安全、低毒的药物采用标准剂量方案获得预期疗效的概率是最大的。

（1）根据半衰期确定给药间隔：

1）半衰期小于 30 分钟：维持药物有效治疗浓度有较大困难。治疗指数低的药物一般要静脉滴注给药；治疗指数高的药物也可分次给药，但维持量要随给药间隔时间的延长而增大，这样才能保证血药浓度始终高于最低有效浓度。

2）半衰期在 30 分钟~8 小时：主要考虑治疗指数和用药的方便性。治疗指数低的药物，每个半衰期给药 1 次，也可静脉滴注给药；治疗指数高的药物可每 1~3 个半衰期给药 1 次。

3）半衰期在 8~24 小时：每个半衰期给药 1 次，如果需要立即达到稳态，可首剂加倍。

4）半衰期大于 24 小时：每天给药 1 次较为方便，可提高患者对医嘱的依从性。如果需要立即达到治疗浓度，可首剂加倍。

（2）根据平均稳态血药浓度制定给药方案：通过调整给药剂量或给药间隔时间，达到所需平均稳态血药浓度。通常是根据平均稳态血药浓度和给药间隔而确定给药剂量。

由公式

$$\overrightarrow{C}_{SS} = \frac{F \cdot D}{k \cdot V_d \cdot \tau} = \frac{F \cdot D}{CL \cdot \tau}$$

可得

$$D = \frac{\overrightarrow{C}_{SS} \cdot CL \cdot \tau}{F}$$

式中，k —消除速率常数，Vd—表观分布容积，CL—清除率，F—生物利用度，D—给药剂量，τ—给药间隔时间。

（3）根据峰、谷浓度设计给药方案：

利用公式

$$(C_\infty)_{max} = \frac{D}{V} \left(\frac{1}{1 - e^{-k\tau}} \right)$$

$$(C_\infty)_{min} = (C_\infty)_{max} \cdot e^{-k\tau}$$

可计算得到恰当的给药间隔或剂量。如果有效血药浓度范围窄，且药物半衰期短，为了减少血药浓度的波动，可增加给药次数。

3. 调整给药方案的基本方法　治疗过程中应密切关注和预测疾病的发展趋势，如果出现下述情况，应对标准给药方案进行相应的调整，实行个体化治疗：治疗窗改变；血药浓度-时间曲线改变（包括整体降低或升高，或大幅度波动而超出治疗窗）；治疗窗和药时曲线均改变。

（1）根据治疗药物监测（therapeutic drug monitoring，TDM）结果调整给药方案：包括稳态一点法、一点法和重复一点法、PK/PD 参数法、Bayesian 反馈法等。

（2）根据患者生化指标调整给药方案：对于主要经肾脏排泄的药物，可根据患者的肌酐清除率计算适宜的给药剂量；对于主要经肝脏清除的药物，可根据患者的肝功能指标调整给药剂量；对于抗凝血药，可根据国际标准化比值（INR）调整给药剂量。

调整给药方案的途径包括改变每日剂量、改变给药间隔或两者同时改变。每日剂量决定药时曲线水平位置的高低，给药间隔影响药时曲线上下波动的程度。应根据药物的 PK/PD 特点确定选择采用何种方式。

第十三章 常用医学检查指标的解读

医学检查指标为诊断疾病的重要依据，亦是疾病治疗中需要监控的指标。药师在参与药学服务、用药方案设计和调整时，要善于学习和掌握常用医学检查的指标，并了解其主要临床意义，以便于与医生沟通，观察疾病的病理状态和进程，对药物治疗方案和疾病的监测指标作出判断，提高疗效和减少药物不良反应的发生率。

第一节　血常规检查

血液是在中枢神经的调节下由循环系统流经全身各器官的红色黏稠液体，其在血管内流动，具有输送营养、氧气、抗体、激素和排泄废物及调节水分、体温、渗透压、酸碱度等功能。一般成人的血液占体重的8%～9%，总量为5000～6000 mL，血液的pH为7.35～7.45，相对密度为1.050～1.060。血液中的成分可分为血浆（无形成分）和细胞（有形成分）两大部分。血浆为去细胞后的液体部分，占血液总量的55%～60%。血浆中除去91%～92%的水分外，还包括蛋白质、葡萄糖、无机盐、酶、激素等；而血细胞在正常情况下主要包括红细胞、白细胞、粒细胞、淋巴细胞、血小板等。血液检查的内容通常包括红细胞、白细胞、血红蛋白及血小板等参数的检查。

一、红细胞计数

（一）简述

红细胞（RBC）是血液中数量最多的有形成分，呼吸载体，能在携带和释放氧气至全身各个组织的同时运输二氧化碳，协同调节维持酸碱平衡和免疫黏附作用。免疫黏附作用可增强吞噬性白细胞对微生物的吞噬作用，消除抗原-抗体复合物的作用，防止复合物在易感区域形成可能有害的沉淀物。

RBC正常参考区间为：成年男性（4.0～5.5）×10^{12}/L，成年女性（3.5～5.0）×10^{12}/L，新生儿（6.0～7.0）×10^{12}/L。

（二）临床意义

1. 红细胞增多

（1）相对性增多：连续性呕吐、反复腹泻、排汗过多、休克、多汗、大面积烧伤，由于大量失水，血浆量减少，血液浓缩，使血液中的各种成分浓度相应增多，为一种暂时的现象。

（2）绝对性增多：①生理性增多，如机体缺氧和高原生活、胎儿、新生儿、剧烈运动或体力劳动、骨髓释放红细胞速度加快等；②病理代偿性和继发性增多，常继发于慢性肺源性心脏病，肺气肿，高山病和肿瘤（肾癌、肾上腺肿瘤）患者；③真性红细胞增多，为原因不明的慢性骨髓功能亢进，红细胞计数可达（7.0～12.0）×10^{12}/L。

2. 红细胞减少

（1）造血物质缺乏，由营养不良或吸收不良引起。如慢性胃肠道疾病、酗酒、偏食等引起铁、叶酸等造血物质不足，或蛋白质、铜、维生素C不足均可致贫血。

（2）骨髓造血功能低下，原发性或由药物、放射等多种理化因素所致的再生障碍性贫血、白血病、癌症骨转移等，可抑制正常造血功能。

（3）红细胞破坏或丢失过多，如先天失血或后天获得性溶血性贫血、急慢性失血性贫血、出血等。

（4）继发性贫血，如各种炎症、结缔组织病、内分泌病。

二、血红蛋白

（一）简述

血红蛋白（Hb）是由珠蛋白和亚血红素组成的结合蛋白质，血红蛋白除能与氧结合形成氧合血红蛋白外，尚可与某些物质作用形成多种血红蛋白衍生物，在临床上可用以诊断某些变性血红蛋白症和血液系统疾病。如缺铁性贫血时，血红蛋白量减少程度较之红细胞减少程度明显；巨幼细胞性贫血时，则红细胞计数减少程度较之血红蛋白量减少程度明显。

Hb 正常参考区间为：成年男性 120 ~ 160 g/L，成年女性 110 ~ 150 g/L，新生儿 170 ~ 200 g/L。

（二）临床意义

血红蛋白量减少是诊断贫血的重要指标，但不能确定贫血的类型，需结合其他检测指标综合分析。

贫血按严重程度可分为：极重度贫血，Hb 量 <30 g/L；重度贫血，Hb 量 31 ~ 60 g/L；中度贫血，Hb 量 >61 ~ 90 g/L；轻度贫血，Hb 量 >90 g/L 且低于正常参考下限。

1. 血红蛋白量增多

（1）疾病：慢性肺源性心脏病、发绀型先天性心脏病、真性红细胞增多症、高原病和大细胞高色素性贫血等。

（2）创伤：大量失水、严重烧伤。

（3）用药：应用对氨基水杨酸钠、伯氨喹、维生素 K、硝酸甘油等。

2. 血红蛋白量减少

（1）出血：血红蛋白量减少的程度与红细胞相同，见于大出血、再生障碍性贫血、类风湿关节炎及急、慢性肾炎所致的出血。

（2）其他疾病：血红蛋白量减少的程度比红细胞严重，见于缺铁性贫血，由慢性和反复性出血引起，如胃溃疡、胃肠肿瘤、妇女月经过多、痔疮出血等；红细胞减少的程度比血红蛋白量严重，见于大细胞高色素性贫血，如缺乏维生素 B_{12}、叶酸的营养不良性贫血及慢性肝病所致的贫血。

三、白细胞计数

（一）简述

白细胞（WBC）除广泛存在于血液、淋巴、血管等中。白细胞能吞噬异物产生抗体，在机体损伤治愈、抗御病原的入侵和对疾病的免疫方面起着重要的作用。

WBC 正常参考区间为：成人末梢血(4.0～10.0)×10⁹/L；成人静脉血(3.5～10.0)×10⁹/L；新生儿(15.0～20.0)×10⁹/L；6 个月～2 岁婴幼儿(11.0～12.0)×10⁹/L。

WBC 正常参考区间为：成人末梢血$(4.0 \sim 10.0) \times 10^9/\text{L}$；成人静脉血$(3.5 \sim 10.0) \times 10^9/\text{L}$；新生儿$(15.0 \sim 20.0) \times 10^9/\text{L}$；6 个月～2 岁婴幼儿$(11.0 \sim 12.0) \times 10^9/\text{L}$。

（二）临床意义

1. 白细胞减少

（1）疾病：主要见于流行性感冒、麻疹、脾功能亢进、粒细胞缺乏症、再生障碍性贫血、白血病等疾病。

（2）用药：应用磺胺类药、解热镇痛药、部分抗生素、抗甲状腺制剂、抗肿瘤药等。

（3）特殊感染：如革兰阴性菌感染（伤寒、副伤寒）、结核分枝杆菌感染、病毒感染（风疹、肝炎）、寄生虫感染（疟疾）。

（4）其他：放射线、化学品（苯及其衍生物）等的影响。

2. 白细胞增多

（1）生理性增多主要见于月经前、妊娠、分娩、哺乳期妇女，剧烈运动、兴奋激动、严重酷热、饮酒、餐后等。新生儿及婴儿明显高于成人。

（2）病理性增多主要见于各种细菌感染（尤其是金黄色葡萄球菌、肺炎链球菌等化脓菌感染）、慢性白血病、恶性肿瘤、尿毒症、糖尿病酮症酸中毒以及有机磷农药、催眠药等化学药的急性中毒。

影响白细胞计数的因素较多，其总数高于或低于正常值均为异常现象，必要时应结合白细胞分类计数和白细胞形态等指标综合判断。

四、白细胞分类计数

白细胞分类计数见表 13-1。

表 13-1　　　　　　　　　　　　白细胞分类计数

细胞类型	百分数（%）	绝对值（×10⁹/L）
中性粒细胞（N）		
杆状核（st）	0～5	0.04～0.05
分叶核（sg）	50～70	2～7
嗜酸性粒细胞（E）	0.5～5	0.05～0.5
嗜碱性粒细胞（B）	0～1	0～0.1
淋巴细胞（L）	20～40	0.8～4
单核细胞（M）	3～8	0.12～0.8

（一）中性分叶核粒细胞（中性粒细胞）

中性粒细胞主要为吞噬细胞，在白细胞中占的比例最高，在急性感染中起重要作用，具有吞噬和杀灭病毒、疟原虫、隐球菌、结核分枝杆菌等作用。中性粒细胞计数增减的临床意义如下。

1. 中性分叶核粒细胞（中性粒细胞）增多

（1）急性、化脓性感染：包括局部感染（脓肿、疖肿、扁桃体炎、阑尾炎、中耳炎等）；全身感染（肺炎、丹毒、败血症、猩红热、白喉、急性风湿热）。轻度感染白细胞和中性粒细胞百分率可增多；中度感染可大于 $10.0 \times 10^9/L$；重度感染可大于 $20.0 \times 10^9/L$，并伴明显的核左移。

（2）中毒：尿毒症、糖尿病酮症酸中毒、代谢性酸中毒、早期汞中毒、铅中毒，或催眠药、有机磷中毒（农药）。

（3）出血和其他疾病：急性出血、急性溶血、术后、恶性肿瘤、粒细胞白血病、严重组织损伤、心肌梗死和血管栓塞等。

2. 中性分叶核粒细胞（中性粒细胞）减少

（1）疾病：伤寒，副伤寒，疟疾，布氏菌病，某些病毒感染（如乙型病毒性肝炎、麻疹、流行性感冒），血液病，过敏性休克，再生障碍性贫血，高度恶病质，粒细胞减少症或缺乏症，脾功能亢进，自身免疫性疾病。

（2）中毒：重金属或有机物中毒（含碳化合物，如苯酚、醇、醚、石油、天然气、棉花、染料、化纤、天然和合成药物等），放射线损伤。

（3）用药：抗肿瘤药、苯二氮䓬类镇静药、磺酰脲类促胰岛素分泌药、抗癫痫药、抗真菌药、抗病毒药、抗精神病药、部分非甾体消炎药等有可能引起中性粒细胞减少。

白细胞计数减少表示有病毒感染或正在使用抗病毒药。重金属中毒、有机物中毒时中性粒细胞减少；早期汞、铅中毒及有机磷中毒时中性粒细胞增多。

（二）嗜酸性粒细胞

嗜酸性粒细胞可吞噬抗原-抗体复合物（过敏反应）或细菌。

1. 嗜酸性粒细胞增多

（1）过敏性疾病：支气管哮喘、荨麻疹、药物性皮疹、血管神经性水肿、食物过敏、热带嗜酸性粒细胞增多症、血清病、过敏性肺炎等。

（2）皮肤病与寄生虫病：牛皮癣、湿疹、天疱疮、疱疹样皮炎、真菌性皮肤病、肺吸虫病、钩虫病、棘球蚴病（包虫病）、猪囊尾蚴病（囊虫病）、血吸虫病、丝虫病、绦虫病等。

（3）血液病：慢性粒细胞白血病、嗜酸粒细胞白血病等。

（4）用药：应用罗沙替丁、咪达普利，或头孢拉定、头孢氨苄、头孢呋辛钠、头孢哌酮等抗生素等。

2. 嗜酸性粒细胞减少

（1）疾病或创伤：见于伤寒、副伤寒、大手术后、严重烧伤等。

（2）用药：长期应用肾上腺皮质激素或促皮质素、坎地沙坦、甲基多巴等。

（3）伤寒、副伤寒：嗜酸性、中性分叶核粒细胞减少。

（三）嗜碱性粒细胞

嗜碱性粒细胞无吞噬功能，有许多生物活性物质，其中主要为肝素、组胺、慢反应物质、血小板激活因子等。在免疫反应中与 IgG 具有较强的结合力，结合 IgG 的碱性粒细胞再次接触相应的变应原时，发生抗原-抗体反应，细胞发生脱颗粒现象。继而引起毛细血管扩张、通透性增加、平滑肌收缩、腺体分泌增加等变态反应。

1. 嗜碱性粒细胞增多

（1）疾病：慢性粒细胞（增多）白血病，常伴嗜碱性粒细胞增多，可达 10% 以上；或淋巴网细胞瘤、红细胞增多症，罕见嗜酸粒细胞白血病、骨髓纤维化或转移癌。

（2）创伤及中毒：脾切除术后，铅中毒、铋中毒以及注射疫苗后也可见增多。

2. 嗜碱性粒细胞减少

（1）疾病：速发型超敏反应，如荨麻疹、过敏性休克等。

（2）用药：见于促皮质素、肾上腺皮质激素应用过量及应激反应。

（慢性）粒细胞白血病时中性、嗜酸性、嗜碱性粒细胞均增多；早期铅中毒时嗜碱性粒细胞增多、中性粒细胞增多；重金属中毒时中性粒细胞减少。

（四）淋巴细胞

淋巴细胞参与体液免疫。

1. 淋巴细胞增多

（1）传染病：百日咳、传染性单核细胞增多症、传染性淋巴细胞增多症、结核病、水痘、麻疹、风疹、流行性腮腺炎、传染性肝炎、结核及许多传染病的恢复期。

（2）血液病：急、慢性淋巴细胞白血病，白血病性淋巴肉瘤等，可引起淋巴细胞计数绝对性增多；再生障碍性贫血、粒细胞缺乏症也可引起淋巴细胞百分率相对性增多。

（3）其他：肾移植术后发生排斥反应时。

2. 淋巴细胞减少　多见于传染病的急性期、放射病、细胞免疫缺陷病、长期应用。肾上腺皮质激素后或接触放射线等。此外，发生各种中性粒细胞增多症时，淋巴细胞相对减少。

（五）单核细胞

单核细胞转化为巨噬细胞，除了能吞噬一般细菌、组织碎片、衰老的红细胞、细胞内细菌（结核分枝杆菌）外，尚可通过吞噬抗原传递免疫信息，活化 T、B 淋巴细胞，在特异性免疫中起重要的作用。

单核细胞增多可见于：

1. 传染病或寄生虫病　如结核、伤寒、急性传染病的恢复期、疟疾、黑热病。

2. 血液病　单核细胞性白血病、粒细胞缺乏症恢复期（淋巴细胞增多）。

3. 其他疾病　亚急性细菌性心内膜炎。

五、血小板计数

（一）简述

血小板（PLT）是由骨髓中成熟巨核细胞的胞质脱落而来，每天产生的量相当于每升血液中增加 35×10^9 个，其寿命仅有 7 ～ 14 天。血小板的主要作用有：①对毛细血管的营养和支持作用；②通过黏附、聚集和释放反应，在伤口处形成白色血栓而止血；③产生多种血小板因子，参与血液凝血，形成血栓而进一步止血；④释放血小板收缩蛋白使纤维蛋白网发生退缩，促进血液凝固。血小板计数在一日内的不同时间可相差 6% ～ 10%。

PLT 正常参考区间为：（100 ～ 300）$\times 10^9$/L。

（二）临床意义

1. 血小板减少

（1）血小板生成减少：骨髓造血功能障碍、再生障碍性贫血、各种急性白血病、骨髓转移癌、骨髓纤维化、多发性骨髓瘤、巨大血管瘤、全身性红斑狼疮、恶性贫血、巨幼细胞贫血。

（2）血小板破坏过多：特发性血小板减少性紫癜、肝硬化、脾功能亢进、体外循环等。

（3）血小板分布异常：脾大、各种原因引起的血液稀释。

（4）其他疾病：弥散性血管内凝血（DIC），阵发性睡眠血红蛋白尿症，某些感染（如伤寒、黑热病、麻疹、出血热多尿期前、传染性单核细胞增多症、粟粒性结核和败血症），出血性疾病（如血友病、维生素 C 缺乏症、阻塞性黄疸、过敏性紫癜）。

（5）用药：药物中毒或过敏引起。如氯霉素、甲砜霉素有骨髓抑制作用，可引起血小板减少；抗血小板聚焦药噻氯匹定、阿司匹林、阿加曲班、抗凝血药肝素钠、依诺肝素、磺达肝癸钠也可引起血小板减少；应用某些抗肿瘤药、抗生素、磺胺类药、细胞毒性药亦可引起血小板减少。

2. 血小板增多

（1）疾病：见于原发性血小板增多症、慢性粒细胞白血病、真性红细胞增多症、多发性骨髓瘤、骨髓增生病、类白血病反应、霍奇金淋巴瘤、恶性肿瘤早期、溃疡性结肠炎等。

（2）创伤：急性失血性贫血，脾摘除术后、骨折、出血后，可见一过性血小板增多。

六、红细胞沉降率

（一）简述

红细胞沉降率（ESR）又称血沉，是指红细胞在一定的条件下在单位时间内的沉降距离。红细胞的密度大于血浆密度，在地心引力的作用下产生自然向下的沉力。一般说来，除一些生理性因素外，凡体内有感染或坏死组织的情况，血沉就可加快，提示有病变的存在。

ESR 正常参考区间为：男性 0～15 mm/h，女性 0～20 mm/h。

（二）临床意义

1. 红细胞沉降率增快　生理性增快见于女性月经期、妊娠 3 个月以上（至分娩后 3 周内）。而病理性增快见于以下情况：

（1）炎症：风湿病（变态反应性结缔组织炎症）、结核病、急性细菌性感染所致的炎症。

（2）组织损伤及坏死：心肌梗死发病后 1 周可见血沉增快，并持续 2～3 周，而心绞痛时血沉多正常。较大的手术或创伤可致血沉加速，多于 2～3 周恢复正常。

（3）恶性肿瘤：恶性肿瘤、迅速增长的恶性肿瘤血沉增快，而良性肿瘤血沉多正常。

（4）各种原因造成的高球蛋白血症：如多发性骨髓瘤、慢性肾炎、肝硬化、系统性红斑狼疮、巨球蛋白血症、亚急性细菌性心内膜炎、贫血、高胆固醇血症。

（5）贫血：血沉增快与贫血程度相关，贫血越严重，血沉增快越明显。但是当低色素性贫血时，因红细胞体积较小，血红蛋白量不足而血沉缓慢；遗传性球形细胞增多症、镰状细胞贫血时，红细胞形态不利于缗钱状聚集，血沉反而减慢。

（6）高胆固醇血症。

2. 病理性减慢　主要见于红细胞数量明显增多及纤维蛋白原含量明显降低时，如相对性和真性红细胞增多症和弥散性血管内凝血晚期。

第二节 尿常规检查

尿液是人体泌尿系统排除的代谢废物，正常人每日排出尿液 1000 ~ 3000 mL；儿童每小时 3 ~ 4 mL/kg。其中 97% 为水分，而在 3% 的固体物质中，主要含有有机物（尿素、尿酸、肌酐等蛋白质代谢产物）和无机物（氯化钠、磷酸盐、硫酸盐、铵盐等）。尿量的多少主要取决于肾小球滤过率和肾小管的重吸收，正常人的尿量变化幅度较大，可能与饮水量和排汗量有关。正常尿液常为黄色或淡黄色，清澈透明，新鲜尿液呈弱酸性。

尿液检查的目的包括：①泌尿系统疾病的诊断，如泌尿系统感染、结石、结核、肿瘤、血管及淋巴管病变、肾移植等，由于上述病变物可直接进入尿液，因此，可作为泌尿系统疾病诊治的首选。②血液及代谢系统疾病的诊断，血液及代谢系统疾病的异常，如糖尿病、胰腺炎、肝炎、溶血性疾病等，在尿液中的代谢物也有所改变。③职业病，如急性汞、四氯化碳中毒、慢性铅、镉、铋、钨中毒，均可引起肾功能损害，尿液中出现异常改变。④药物安全性监测，某些具有肾毒性或安全窗口的药物，如庆大霉素、卡那霉素、多黏菌素 B、磺胺类药等，可引起肾功能损害，尿液检查可指导药品不良反应的防范和治疗。

一、尿液酸碱度

（一）简述

正常的尿液呈中性或弱酸性，尿液 pH 改变可受疾病、用药和饮食的影响。尿液酸碱度反映了肾脏维持血浆和细胞外液正常氢离子浓度的能力，人体代谢活动所产生的非挥发性酸，如硫酸、磷酸、盐酸及少量丙酮酸、乳酸、枸橼酸和酮体等主要以钠盐形式由肾小管排出，而碳酸氢盐则被重吸收。肾小管分泌氢离子与肾小球滤过的钠离子交换，因此，肾小球滤过率及肾血流量可影响尿酸碱度。

尿液酸碱度正常参考区间为：pH 约 6.5，波动在 4.5 ~ 8.0 之间。

（二）临床意义

1. 尿酸碱度增高

（1）疾病：代谢性或呼吸性碱中毒、高钾血症、感染性膀胱炎、长期呕吐、草酸盐和磷酸盐结石症、肾小管性酸中毒。

（2）药物：应用碱性药物，如碳酸氢钠、乳酸钠、氨丁三醇等，使尿液 pH 增高。

2. 尿酸碱度降低

（1）疾病：代谢性或呼吸性酸中毒、糖尿病酮症酸中毒、痛风、尿酸盐和胱氨酸结石、尿路结核、肾炎、失钾性的代谢性碱中毒、严重腹泻及饥饿状态。

（2）药物：应用酸性药物，如维生素 C、氯化铵等，使尿液 pH 降低。

二、尿相对密度

（一）简述

尿相对密度（urine specific gravity，USG）系指在 40 ℃时尿液与同体积纯水的质量之比。在正常情况下，人体为维持体液和电解质的平衡，通过肾脏排出水分和多种固体物质进行调节。尿比重数值的大小取决于尿液中溶解物质（尿素、氯化钠）的浓度，其中尿素主要反映食物中蛋白质的含量，氯化钠反映盐的含量。

USG 正常参考区间为：成人 1.015 ~ 1.025，晨尿最高，一般大于 1.020；婴幼儿尿比重偏低。

（二）临床意义

1. 尿相对密度增高　急性肾小球肾炎、心力衰竭、糖尿病、蛋白尿、高热、休克、腹水、周围循环衰竭、泌尿系统梗阻、妊娠中毒症或脱水等。

2. 尿相对密度降低　慢性肾炎、慢性肾功能不全、慢性肾盂肾炎、肾小球损害性疾病、急性肾衰竭多尿期、尿毒症多尿期、结缔组织病、尿崩症、蛋白质营养不良、恶性高血压、低钙血症以及肾性或原发性、先天性或获得性肾小管功能异常等。

三、尿蛋白

（一）简述

正常人 24 小时尿液中的尿蛋白（urine protein，PRO）含量极微，应用一般定性方法常检测不出。但当人体肾脏的肾小球通透能力亢进（肾炎）或血浆中低分子蛋白质过多时，蛋白质进入尿液中，超过肾小管的重吸收能力，便会出现蛋白尿。此外，当近曲小管上皮细胞受损，重吸收能力降低或丧失时，也会产生蛋白尿。

PRO 正常参考区间为：定性，阴性；定量 0 ~ 80 mg/24 h。

（二）临床意义

1. 生理性蛋白尿　由剧烈运动、发热、低温刺激、精神紧张导致，妊娠期妇女也会有轻微蛋白尿。

2. 病理性蛋白尿

（1）肾小球性蛋白尿：见于急性和慢性肾小球肾炎、肾盂肾炎、肾病综合征、肾肿瘤、糖尿病肾小球硬化症、狼疮性肾炎、过敏性紫癜性肾炎、肾动脉硬化、肾静脉血栓形成、心功能不全等。尿蛋白通常 < 3 g/24 h，但也可达到 < 20 g/24 h（肾病综合征）。

（2）肾小管性蛋白尿：通常以 α_1、α_2 微球蛋白等小分子量蛋白增多为主，尿液蛋白一般不超过 1 g/24 h 尿。常见于活动性肾盂肾炎、间质性肾炎、肾小管性酸中毒、肾小管重金属（汞、铅、镉）损伤及肾移植后排斥反应等。

（3）混合性蛋白尿：肾小球、肾小管同时受损。见于慢性肾炎、慢性肾盂肾炎、肾病综合征、糖尿病肾病、狼疮性肾炎等。

（4）溢出性蛋白尿：因血浆中出现异常增多的低分子量蛋白，超过肾小管重吸收阈值所致的蛋白尿。见于急性溶血、肌肉损伤、多发性骨髓瘤、原发性巨球蛋白血症、骨骼肌严重损伤及大面积心肌梗死等时。不伴有肾小管、肾小球病变，但可引起肾脏损害，此种蛋白尿以血红蛋白、免疫球蛋白为主。

（5）组织性蛋白尿：由于肾组织破坏或肾小管分泌蛋白增多所致的蛋白尿。多见于肾脏炎症、中毒时。

（6）假性蛋白尿：在肾脏以下的泌尿道发生疾患时可产生大量含蛋白成分的物质（如白细胞、红细胞等），使尿液蛋白呈阳性，见于膀胱炎、肾盂肾炎等。

（7）药物引起的蛋白蛋：另外应用氨基糖苷类抗生素（庆大霉素）、多肽类抗生素

（多黏菌素等）、抗肿瘤药（甲氨蝶呤）、抗真菌药（灰黄霉素）、抗精神病药（氯丙嗪）等药物，可引起肾毒性蛋白尿。

四、尿隐血

（一）简述

尿液中如混合有 0.1% 以上血液时，肉眼可观察到血尿；血液量在 0.1% 以下时，仅能通过潜血反应发现。尿隐血（urine latent blood，BLD）即反映尿液中的血红蛋白和肌红蛋白，正常人尿液中不能测出。

BLD 正常参考区间为：显微镜检查，玻片法平均 0～3 个/HP，定量检查 0～5 个/μL；尿自动分析仪检测，阴性或 <10 个红细胞/μL。

（二）临床意义

1. 尿血红蛋白阳性 红细胞被大量破坏，产生过多的游离血红蛋白，经肾由尿液排出。

（1）创伤：心瓣膜手术、严重烧伤、剧烈运动、肌肉和血管组织严重损伤、经尿道前列腺切除术等。

（2）疾病：阵发性血红蛋白尿及引起血尿的疾病肾炎、肾结石、肿瘤、感染、疟疾。

（3）微血管性溶血性贫血、溶血性尿毒症、肾皮质坏死。

（4）应用阿司匹林、磺胺类药、伯氨喹、硝基呋喃类、万古霉素、卡那霉素、吲哚美辛、他汀类调节血脂药、秋水仙碱、吡罗昔康等药物。

2. 尿肌红蛋白阳性

（1）创伤挤压综合征、电击伤、烧伤、手术创伤及痉挛。

（2）原发性肌肉疾病如肌肉萎缩、皮肌炎及多肌炎、肌营养不良。

（3）局部缺血性肌红蛋白尿，心肌梗死、动脉阻塞。

（4）代谢性疾病：如肌糖原贮积症、糖尿病酸中毒。

（5）酒精、药物（两性霉素 B、海洛因、巴比妥类）中毒。

五、尿沉渣白细胞

（一）简述

正常成人的尿液中可有少数白细胞，超过一定数量时则为异常，尿中白细胞多为炎症感染时出现的中性粒细胞，已发生退行性改变，又称脓细胞。尿沉渣白细胞（urine leukocytes，LEU）是检测离心尿沉淀物中白细胞的数量，结果以白细胞数/高倍视野（WBC/HPF）或白细胞数/微升（WBC/μL）表示。

LEU 正常参考区间为：显微镜检查，玻片法平均 0～5 个/HP，定量检查 0～10 个/μL；尿自动分析仪检测，阴性或 <15 个白细胞/μL。

（二）临床意义

尿中白细胞增多见于泌尿系统感染、慢性肾盂肾炎、膀胱炎、前列腺炎，女性白带混入尿液时，也可发现较多的白细胞。另由药品所致的过敏反应，尿中会出现大量嗜酸性粒细胞。

六、尿沉渣管型

（一）简述

尿沉渣管型（urine casts，casts in urine sediment）是尿液中的蛋白在肾小球内聚集而成，尿液中出现管型是肾实质性病变的证据。

常见的管型种类有：透明管型、细胞管型（白细胞、红细胞、上皮细胞）、颗粒管型、蜡样管型、脂肪管型和细菌管型。

尿沉渣管型正常参考区间为：显微镜检查，0～偶见/LP，老年人清晨浓缩尿中也可见到。

（二）临床意义

尿沉渣管型异常见于：

1. 急性肾小球肾炎可见较多透明管型及颗粒管型，还可见红细胞管型。

2. 慢性肾小球肾炎可见较多细、粗颗粒管型，也可见透明管型，偶见脂肪管型、蜡样管型和宽大管型。

3. 肾病综合征常见脂肪管型，容易见细、粗颗粒管型，也可见透明管型。

4. 急性肾盂肾炎少见白细胞管型，偶见颗粒管型。

5. 慢性肾盂肾炎可见较多白细胞管型、粗颗粒管型。

此外，尿沉渣管型异常尚可见于应用多黏菌素、磺胺嘧啶、磺胺甲噁唑、顺铂等药物所致。

七、尿沉渣结晶

（一）简述

尿沉渣中的无机沉渣物主要为结晶体，多为食物和盐类代谢的结果，称尿沉渣结晶（crystals in urine sediment）。正常人尿沉渣中的磷酸盐、尿酸盐、草酸盐最为常见，一般临床意义不大。而有些结晶具有重要的临床意义。

尿沉渣结晶正常参考区间为：正常的尿液中有少量磷酸盐、草酸盐和尿酸盐等结晶。

（二）临床意义

尿沉渣结晶异常见于：

1. 磷酸盐结晶常见于 pH 碱性的感染尿液。

2. 大量的尿酸和尿酸盐结晶提示核蛋白更新增加，特别是在白血病和淋巴瘤的化疗期间，如发现有 X 线可透性结石并伴血清尿酸水平增高，则为有力的证据。

3. 尿酸盐结晶常见于痛风。

4. 大量的草酸盐结晶提示严重的慢性肾病，或乙二醇、甲氧氟烷中毒。草酸盐尿增加提示有小肠疾病及小肠切除后食物中草酸盐吸收增加。

5. 胱氨酸结晶可见于胱氨酸尿的患者，某些遗传病、肝豆状核变性可伴随胱氨酸结石。

6. 酪氨酸和亮氨酸结晶常见于有严重肝病的患者尿液中。

7. 胆红素结晶见于黄疸、急性肝萎缩、肝癌、肝硬化、磷中毒等患者的尿液中；脂肪醇结晶见于膀胱尿潴留、下肢麻痹、慢性膀胱炎、前列腺增生、慢性肾盂肾炎患者的尿液中。

8. 服用磺胺类药、氨苄西林、巯嘌呤、扑米酮等，可出现结晶尿。

八、尿葡萄糖

（一）简述

尿液中糖类主要为葡萄糖，在正常情况下含量极微，用一般检测方法呈阴性反应。尿液中是否出现葡萄糖取决于血糖水平、肾小球滤过葡萄糖速度、近端肾小管重吸收葡萄糖速度和尿流量。通常人尿糖值为 0.1~0.3 g/24 h 或 50~150 mg/L，当血糖阈值超过肾阈值或肾阈降低时，肾小球滤过葡萄糖量超过肾小管重吸收的最大能力时，则出现糖尿。

尿葡萄糖正常参考区间为：定性阴性或定量 0.56~5.0 mol/24 h。

（二）临床意义

1. 血糖增高性糖尿

（1）内分泌疾病、糖尿病可出现高血糖和糖尿；垂体和肾上腺疾病如肢端肥大症，肾上腺皮质功能亢进，功能性 α、β 细胞胰腺肿瘤，甲状腺功能亢进。

（2）心肌梗死、肥胖、肝脏疾病、糖原贮积症、胰腺炎、肿瘤、膀胱囊性纤维化等也可见。

2. 血糖正常性糖尿　由于肾小管病变导致葡萄糖重吸收能力降低所致，肾阈值下降产生的糖尿，又称肾性糖尿。主要见于肾性肾小球肾炎、肾病综合征、间质性肾炎等。

3. 暂时性和持续性糖尿　暂时性糖尿见于剧烈运动后、头部外伤、脑出血、癫痫发作、各种中毒、肾上腺皮质激素用量过大等；而持续性糖尿多见于原发性糖尿病、甲状腺功能亢进症、内分泌疾病、嗜铬细胞瘤等。

4. 其他　烧伤，感染，骨折，心肌梗死，脑血管意外，应用药物（肾上腺糖皮质激素、口服避孕药、蛋白同化激素）也可引起尿糖阳性。

5. 妊娠期　肾小球滤过增加，肾小球重吸收能力降低，出现妊娠性糖尿。

6. 一过性生理性糖尿　如新生儿肾小管重吸收功能发育不全出现新生儿糖尿。短时间内过量进食糖类或输入葡萄糖而出现的糖尿。

7. 假性糖尿　是指尿液中含有还原性物质引起糖定性出现阳性反应。如含维生素 C、尿酸、阿司匹林、异烟肼等。

九、尿酮体

（一）简述

酮体包括乙酰乙酸、β-羟丁酸、丙酮，是体内脂肪酸氧化的中间产物，酮体在肝脏产生，在血液中循环，在其他组织中氧化生成 CO_2 和 H_2O，但在正常人体中极少有酮体。当糖供应不足和组织中葡萄糖氧化分解降低时，脂肪氧化加强。如酮体产生的速度大于组织利用的速度，则血液中酮体增加，出现酮血症。

尿酮体正常参考区间：定性阴性。

（二）临床意义

尿酮体增高多见于：

1. 非糖尿病酮尿　婴儿、儿童急性发热，伴随呕吐、腹泻中毒，常出现酮尿；新生儿如有严重酮症酸中毒应疑为遗传性代谢性疾病；酮尿也可见于寒冷、剧烈运动后紧张状态、妊娠期、低糖性食物、禁食、呕吐、甲状腺功能亢进症、恶病质、麻醉后、糖原贮积症、活动性肢端肥大症，及生长激素、肾上腺皮质激素、胰岛素分泌过度等。另外，伤寒、麻疹、猩红热、肺炎等疾病及三氯甲烷、乙醚、磷中毒也可见尿酮体阳性反应。

2. 糖尿病酮尿　糖尿病尚未控制或未曾治疗，持续出现酮尿提示有酮症酸中毒，尿液中排出大量酮体，常早于血液中酮体的升高。严重糖尿病酮症时，尿液中酮体可达 6 g/24 h。

十、尿胆红素、尿胆原

（一）简述

由于肝及胆道内外各种疾病引起胆红素代谢障碍，使非结合胆红素及结合胆红素在血中潴留，后者能溶于水，部分可从尿液中排出为尿胆红素（urine bilirubin）；结合胆红素排入肠道转化为尿胆原（urbilinogen），从粪便中排出为粪胆原。大部分尿胆原从肠道被重吸收经肝转化为结合胆红素再排入肠道，小部分尿胆原从肾小球滤出和肾小管排出后即为尿中胆原。尿胆原与空气接触变为尿胆红素。

尿胆红素正常参考区间为：尿胆红素定性为阴性，定量≤2 mg/L；尿胆原定性为阴性或弱阳性，定量≤10 mg/L。

（二）临床意义

尿胆红素检测作为黄疸实验室鉴别的一个项目，实际应用时，尚需与血清胆红素、尿胆原、粪胆原等检测结果一起综合分析。尿胆红素阳性多见于：

1. 肝细胞性黄疸　如病毒性肝炎、肝硬化、酒精性肝炎、药物性肝损伤。急性病毒性肝炎或药物性诱导的胆汁淤积，尿胆红素阳性常出现在黄疸之前。

2. 阻塞性黄疸　如化脓性胆管炎、胆囊结石、胆道肿瘤、胰腺肿瘤、原发性肝癌、手术创伤所致的胆管狭窄等。

十一、尿淀粉酶

（一）简述

尿淀粉酶（urine amylase）催化淀粉分子中葡萄糖苷水解，产生糊精、麦芽糖或葡萄糖，主要由胰腺分泌，称为淀粉酶；另一种由唾液腺分泌，称为唾液淀粉酶。淀粉酶对食物中多糖化合物的消化起重要作用，很容易从肾脏排出。

尿淀粉酶正常参考区间为：5000 Somogyi U/24 h，6.5~48.1 SIU。

（二）临床意义

1. 尿淀粉酶增高

（1）急性胰腺炎、慢性胰腺炎急性发作、胰腺癌、胰腺囊肿、胰腺导管阻塞、急性胆囊炎、胃溃疡、腮腺炎等。急性胰腺炎发作期尿淀粉酶活性上升稍晚于血清淀粉酶，且维持时间稍长。

（2）胰头癌、流行性腮腺炎、胃溃疡穿孔也可见尿淀粉酶上升。如患者伴有急性肾衰竭时，尿液淀粉酶不能作为诊断的依据。

2. 尿淀粉酶减少　见于重症肝病、肝硬化、严重烧伤、糖尿病等。

第三节　粪常规检查

人每天有 500~1000 mL 的食糜残渣进入结肠，其中含水分 3/4，剩余的 1/4 为固体成分，水分和电解质大部分在结肠上半段吸收。

一、粪外观

（一）简述

正常人的粪便色泽为黄褐色，婴儿为黄色（主要因为婴儿的胆色素代谢功能尚未完全），均为柱状软便。粪便有臭味，有少量黏液但肉眼不可见。影响粪便色泽的主要因素如下：

1. 饮食　肉食者粪便为黑褐色，绿叶菜食者粪便为暗绿色，食用巧克力、咖啡者粪便为酱色，食用西红柿、西瓜者粪便为红色，食用黑芝麻者粪便为无光泽的黑色。

2. 药物　口服药用炭、铋制剂、铁制剂、中草药者粪便可呈无光泽的灰黑色，服用大黄、番泻叶等中药者粪便为黄色。服用硫酸钡者粪便呈白片土状或白色，服用氢氧化铝制剂者粪便为灰白色或白色斑点。水杨酸钠可使粪便变成红至黑色；利福平可使粪便变成橘红色至红色；抗凝血药华法林可使粪便变成红色或黑色。

（二）临床意义

1. 稀糊状或水样粪便常由肠蠕动亢进、水分吸收不充分所致，见于各种肠道感染性或非感染性腹泻，或急性胃肠炎；若出现大量的黄绿色稀便并含有膜状物则应考虑伪膜性肠炎；大量稀水便也可见于艾滋病患者肠道孢子虫感染。

2. 米泔水样便由肠道受刺激，大量分泌水分所致，见于霍乱等。

3. 黏液便由肠道受刺激分泌黏液过多所致，见于小肠炎症（黏液混于粪便中）、大肠炎症（黏液附着于粪便表面）。

4. 胨状便主要见于过敏性肠炎、慢性细菌性痢疾等。

5. 脓血便为下段肠道疾病的表现，主要见于细菌性痢疾、溃疡性结肠炎、直肠或结肠癌、阿米巴痢疾（以血为主，呈暗红果酱色）。

6. 乳凝块便为脂肪或酪蛋白消化不良的表现，常见于儿童消化不良。

7. 鲜血便主要见于痔疮、肛裂、息肉等下消化道出血等。

8. 柏油便黑色有光泽，为上消化道出血（>50 mL）后，红细胞被消化液消化所致。如粪便隐血强阳性，可确定为上消化道出血等。

9. 白陶土便由于胆汁减少或缺乏，使粪胆素减少或缺乏，见于各种病因的阻塞性黄疸。

10. 细条便为直肠狭窄的表现，主要见于直肠癌。

二、粪隐血

（一）简述

一般情况下，粪便中无可见红细胞，结果通常为阴性。

粪隐血正常参考区间为：阴性。

（二）临床意义

在病理情况下，粪隐血可见于：

1. 消化道溃疡　胃和十二指肠溃疡患者的隐血阳性率可达 55% ~77%，可呈间歇性阳性，虽出血量大，但非持续性。

2. 消化道肿瘤　胃癌、结肠癌患者的隐血阳性率可达 87% ~95%，出血量小，但呈持续性。

3. 其他疾病　肠结核、克罗恩病、溃疡性结肠炎；全身性疾病如紫癜、急性白血病、伤寒、回归热、钩虫病等。粪隐血对老年人则有助于早期发现消化道恶性肿瘤。

三、粪胆原

（一）简述

正常人胆汁中的胆红素在小肠上段被细菌分解为中胆素原、尿胆素原、粪胆素原，三者统称胆素原。除部分被胆道重吸收进入肝肠循环外，大部分在结肠下段被氧化为中胆素、粪胆素、尿胆素而被排出体外，正常粪便中检查呈阳性反应。但在测定中应结合粪胆素、尿胆原、尿胆红素定性实验及血胆红素等，以有效鉴别、诊断黄疸的性质。

粪胆原正常参考区间为阳性。

（二）临床意义

1. 粪胆原增加　在溶血性黄疸时明显增加，也可见于阵发性睡眠性血红蛋白尿症。

2. 粪胆原减少　在阻塞性黄疸时明显减少，在肝细胞性黄疸时可增加或减少。

四、粪便细胞显微镜检查

（一）简述

粪便的显微镜检查主要对有形细胞、原虫、真菌、寄生虫卵进行观察，以便了解整个消化道及器官的功能或病理状态。

正常参考区间为无红细胞，无或偶见白细胞，偶见上皮细胞，细菌为正常菌群，少量真菌，无致病性虫卵。

（二）临床意义

1. 白细胞增多见于肠道炎症（常伴有脓细胞），如细菌性痢疾（以中性粒细胞增多为主）、溃疡性结肠炎、阿米巴痢疾、出血性肠炎和肠道反应性疾病（还可伴有嗜酸性粒细胞和浆细胞增多）。

2. 红细胞见于痢疾、溃疡性结肠炎、结肠癌等。细菌性痢疾时常有红细胞散在，形态较完整；阿米巴痢疾时红细胞则成堆且被破坏。

3. 吞噬细胞增多主要见于急性肠炎和痢疾（可与脓细胞同时出现）。急性出血性肠炎，有时可见多核巨细胞。

4. 上皮细胞为肠壁炎症的特征，如结肠炎、假膜性肠炎。

5. 真菌大量或长期应用广谱抗生素，引起真菌的二重感染，如假丝酵母菌致病常见于菌群失调，普通酵母菌大量繁殖可致轻度腹泻。

第四节　肝功能检查

肝脏是人体内最大的实质性腺体，具有十分重要和复杂的生理功能。肝脏首先是人体内各种物质代谢和加工的中枢，对门静脉从肠道吸收来的营养物质进行加工，供应全身，并将多余的物质加以储存，如糖、蛋白质、脂肪；又把动脉血带来的代谢产物进行加工利用，或把不能利用的加以处理，再由肾脏或胆道排泄，以此维持和调节人体内环境的稳定，水、电解质平衡和血容量的稳定。其次，肝脏还有生物转化和解毒功能，所有进入人体的药物或毒物等，都会在肝脏发生氧化、还原、水解、结合等化学反应，不同程度地被代谢，最后以原形药或代谢物的形式排出体外。

由于肝细胞不断地从血液中吸取原料，难以避免遭受有毒物质或病毒、毒素和寄生虫的感染或损害，轻者丧失一定的功能，重者造成肝细胞坏死，最后发展为肝硬化、肝癌及肝衰竭，甚至发生肝性脑病。肝功能检查指标在临床上具有十分重要的意义。

一、丙氨酸氨基转移酶

（一）简述

丙氨酸氨基转移酶（alanine transaminase，ALT）是一组催化氨基酸与 α-酮酸间氨基转移反应的酶类，旧称谷丙转氨酶（GPT），主要存在于肝、肾、心肌、骨骼肌、胰腺、脾、肺、红细胞等组织细胞中，同时也存在于正常体液如血浆、胆汁、脑脊液、唾液中。当富含 ALT 的组织细胞受损时，ALT 从细胞释放增加，进入血液后导致 ALT 活力上升，其增加的程度与肝细胞被破坏的程度呈正比。

ALT 正常参考区间为：速率法（37 ℃）5~40 U/L。

（二）临床意义

ALT 升高常见于以下疾病：

1. 肝胆疾病　传染性肝炎、中毒性肝炎、肝癌、肝硬化活动期、肝脓肿、脂肪肝、梗阻性黄疸、胆汁淤积或淤滞、胆管炎、胆囊炎。其中慢性肝炎、脂肪肝、肝硬化、肝癌可见 ALT 轻度上升或正常。ALT 的测定可反映肝细胞损伤程度。

2. 其他疾病　急性心肌梗死、心肌炎、心力衰竭所致肝脏淤血，以及骨骼肌病、传染性单核细胞增多症、胰腺炎、外伤、严重烧伤、休克等。

3. 用药与接触化学品　服用有肝毒性的药物或接触某些化学物质，如氯丙嗪、异烟肼、奎宁、水杨酸、氨苄西林、利福平、四氯化碳、乙醇、汞、铅、有机磷等亦可使 ALT 活力上升。

二、天冬氨酸氨基转移酶

（一）简述

天冬氨酸氨基转移酶（aspartate transaminase，AST）同样是体内最重要的氨基转移酶之一，催化 L-天冬氨酸与 α-酮戊二酸间氨基转移反应，旧称谷草转氨酶（GST）。AST 主要存在于心肌、肝、肾、骨骼肌、胰腺、脾、肺、红细胞等组织细胞中；同时也存在于正常人血浆、胆汁、脑脊液及唾液中。当富含 AST 的组织细胞受损时，细胞通透性增加，AST 从细胞释放增加，进入血液后导致 AST 活力上升。

AST 正常参考区间为：速率法（37 ℃）8 ~ 40 U/L。

（二）临床意义

AST 的测定可反映肝细胞损伤程度。AST 升高常见于以下疾病：

1. 心肌梗死　心肌梗死时 AST 活力最高，在发病后 6 ~ 8 小时后 AST 开始上升，18 ~ 24 小时后达高峰。但单纯心绞痛时，AST 正常。

2. 肝脏疾病　传染性肝炎、中毒性肝炎、肝癌、肝硬化活动期、肝脓肿、脂肪肝、梗阻性黄疸、肝内胆汁淤积或淤滞、胆管炎、胆囊炎等。在急性或轻型肝炎时，血清 AST 升高，但升高幅度不如 ALT，AST/ALT 比值 < 1；如在急性病程中该比值明显升高。在慢性肝炎尤其是肝硬化时，AST 上升的幅度高于 ALT，故 AST/ALT 比值测定有助于肝病的鉴别诊断。

3. 其他疾病　进行性肌营养不良、皮肌炎、肺栓塞、肾炎、胸膜炎、急性胰腺炎、钩端螺旋体病、肌内挫伤、坏疽、溶血性疾病。

4. 药物　服用有肝毒性的药物时，具体与 ALT 类同。

三、γ-谷氨酰转移酶

（一）简述

γ-谷氨酰转移酶（γ-glutamyl transferase，GGT）又称 γ-谷氨酰转肽酶，是将肽或其他化合物的 γ-谷氨酰基转移至某些 γ-谷氨酰受体上的酶。GGT 主要存在于血清及除肌肉外的所有组织中，如肾、胰、肝、大肠、心肌组织中，其中以肾脏最高。

GGT 正常参考区间为：γ-谷氨酰-3-羧基-对硝基苯胺法（37 ℃），男性 11 ~ 50 U/L，女性 7 ~ 32 U/L。

（二）临床意义

GGT 升高见于：

1. 肝胆疾病　肝内或肝后胆管梗阻者血清 GGT 上升最高，可达正常水平的 5 ~ 30 倍，GGT 对阻塞性黄疸性胆管炎、胆囊炎的敏感性高于碱性磷酸酶，原发性或继发性肝炎患者的 GGT 水平也高，且较其他肝脏酶类上升显著；传染性肝炎、脂肪肝、药物中毒者的 GGT 中度升高，一般为正常参考值的 25 倍；酒精性肝硬化、大多数嗜酒者 GGT 值可升高。慢性肝炎、肝硬化 GGT 持续升高，提示病情不稳定或有恶化趋势；而逐渐下降，则提示肝内病变向非活动区域移行。原发性肝癌时，血清 GGT 活性显著升高，特别在诊断恶性肿瘤者有无肝转移和肝癌术后有无复发时，阳性率可达 90%。

2. 胰腺疾病　急、慢性胰腺炎，胰腺肿瘤可达参考上限的 5 ~ 15 倍。囊纤维化（胰纤维性囊肿瘤）伴有肝并发症时 GGT 值可升高。

3. 其他疾病　脂肪肝、心肌梗死、前列腺肿瘤。

4. 药物　抗惊厥药苯妥英钠、镇静药苯巴比妥或乙醇常致 GGT 升高。

四、碱性磷酸酶

（一）简述

碱性磷酸酶（alkaline phosphates，ALP）为一组单酯酶，广泛存在于人体组织和体液中，其中以骨、肝、乳腺、小肠、肾脏的浓度较高。碱性磷酸酶可催化磷酸酯的水解反应，并有转移磷酸基的作用。当上述器官病变时，此酶的活性增强。

ALP 正常参考区间为：男性 1 ~ 12 岁 < 500 U/L，13 ~ 15 岁 < 750 U/L，大于 25 岁 40 ~ 150 U/L；女性 1 ~ 12 岁 < 500 U/L，大于 15 岁 40 ~ 150 U/L。

（二）临床意义

碱性磷酸酶增高可见于：

1. 肝胆疾病　阻塞性黄疸、胆道梗阻、结石、胰腺头癌、急性或慢性黄疸型肝炎、肝癌、肝外阻塞。

2. 骨骼疾病　骨损伤、骨疾病、变形性骨炎症（Paget 病），使成骨细胞内有大量的 ALP 释放入血，如纤维骨炎、骨折恢复期、佝偻病、骨软化症、成骨不全等，因为 ALP 生成亢进，血清 ALP 或活性升高。

3. 药物　羟甲戊二酰辅酶 A 还原酶抑制药（他汀类血脂调节药）的不良反应，可导致 ALP 升高。

五、总蛋白、清蛋白及清蛋白球、球蛋白比值

（一）简述

血清总蛋白（total protein，TP）为清蛋白（albumin，白蛋白）和球蛋白（globulin）之和。清蛋白由肝脏细胞合成。球蛋白又分为 α_1 球蛋白、α_2 球蛋白、β -球蛋白和 γ -球蛋白。血浆蛋白具有维持正常的血浆胶体渗透压、运输、机体免疫、凝血和抗凝血及营养等生理功能。当肝脏受损时，血浆蛋白减少，在炎症性肝细胞破坏和抗原性改变时，可刺激免疫系统致 γ -球蛋白比例增高，此刻总蛋白量变化不大，但清蛋白和球蛋白比值（A/G）会变小，甚至发生倒置。为了反映肝脏功能的实际情况，在做血清总蛋白测定的同时，尚需要测定 A/G 比值，其结果以 g/L 表示。

正常参考区间为：总蛋白（双缩脲法），新生儿 46 ~ 70 g/L，成人 60 ~ 80 g/L；清蛋白（溴甲酚氯法），新生儿 28 ~ 44 g/L，成人 40 ~ 55g/L；球蛋白 20 ~ 30g/L；A/G 比值（1.5 ~ 2.5）：1。

（二）临床意义

1. 总蛋白

（1）总蛋白增高：①各种原因脱水所致的血液浓缩，如呕吐、腹泻、休克、高热、肾上腺皮质功能减退等。②血清蛋白合成增加，如多发性骨髓瘤、巨球蛋白血症等。

（2）总蛋白降低：①各种原因引起的血清蛋白质丢失和摄入不足，如营养不良、消化吸收不良。②血液被稀释，可导致总蛋白浓度相对减少，如水钠潴留或静脉应用过多的低渗溶液。③患有多种慢性消耗性疾病，如结核、肿瘤、急性大出血、严重烧伤、甲状腺功能亢进症（简称甲亢）、慢性肾脏病变、肾病综合征、胸（腹）腔积液、肝功能障碍、蛋白质合成障碍。

2. 清蛋白　在肝脏合成，属于非急性时相蛋白，在维持血浆胶体渗透压、体内运输、营养方面均起着非常重要的作用。

（1）清蛋白浓度降低：①营养不良，如摄入不足、消化吸收不良。②消耗增加，多种慢性疾病，如结核、恶性肿瘤、甲亢。③合成障碍，主要是肝功能障碍，若持续低于 30 g/L，则提示有慢性肝炎或肝硬化。

（2）清蛋白浓度增高：见于严重失水所致血浆浓缩。

3. 球蛋白　球蛋白是多种蛋白质的混合物，增高主要以 γ -球蛋白增高为主。

（1）球蛋白增高可见于：①炎症或慢性感染性疾病，如结核、疟疾、黑热病、麻风病、血吸虫病、肝炎、亚急性心内膜炎。②自身免疫病，如风湿热、红斑狼疮、类风湿关节炎、肝硬化；③骨髓瘤和淋巴瘤、原发性巨球蛋白血症。

（2）血清球蛋白浓度降低可见于：①生理性减少，如出生后至 3 岁。②免疫功能抑制，如应用肾上腺皮质激素和免疫抑制药。③低 γ-球蛋白血症。

4. A/G 比值

（1）A/G 比值小于 1，提示有慢性肝炎、肝硬化、肝实质性损害、肾病综合征。

（2）肝炎早期，清蛋白量可不变或稍低，γ-球蛋白量轻度增多，A/G 比值仍可正常。如病情恶化是，清蛋白逐渐减少，A/G 比值下降；A/G 比值持续倒置提示预后较差。肝硬化和慢性肝炎时，血清清蛋白减少，总蛋白量则视球蛋白量的改变而异。若球蛋白量正常，则总蛋白量减少，A/G 比值正常或减少；若球蛋白量增多，则总蛋白量可正常或增加，A/G 比值减少或低于 1。

六、胆红素

（一）简述

1. 胆红素（bilirubin）的来源

（1）大部分胆红素是由衰老红细胞在肝脏、脾脏及骨髓的单核吞噬细胞系统中破坏、降解产生，该部分占人体胆红素总量的 80% ~ 85%。

（2）小部分胆红素来自组织（特别是干细胞）中的细胞色素 P450、细胞色素 b5、过氧化氢酶等血红素辅基的分解。

（3）极小部分胆红素来自骨髓内无效造血的血红蛋白。（2）、（3）来源的胆红素统称为旁路胆红素（shunt bilirubin），占胆红素总量的 15% ~ 20%，临床上也将上述过程形成的胆红素称为游离胆红素（free bilirubin）。

2. 胆红素的分类

（1）非结合胆红素（unconjugated bilirubin，UCG）：旧称间接胆红素。游离胆红素在血液中与清蛋白形成的不能透过各种生物膜的复合体称为非结合胆红素。非结合胆红素不能从肾小球滤过。

（2）结合胆红素（conjugated bilirubin，CB）：旧称直接胆红素。非结合胆红素通过清蛋白的转运被肝细胞迅速摄取，通过与谷胱甘肽转移酶 B 结合后被转移至肝细胞光面内质网，在葡萄糖醛酸转移酶作用下形成单葡萄糖醛酸胆红素和双葡萄糖醛酸胆红素，即结合胆红素。结合胆红素可自由通过细胞膜。

血清中胆红素与偶氮染料发生重氮反应有快相和慢相两期，发生快相反应的为可溶性结合胆红素，通常在 1 分钟内测得；慢相反应为不溶解的非结合胆红素。结合胆红素与非结合胆红素的和即为血清中总胆红素（serum total bilirubin，STB）。

胆红素正常参考区间为：①总胆红素（STB），新生儿 0 ~ 1 天 34 ~ 103 μmol/L，1 ~ 2 天 103 ~ 171 μmol/L，3 ~ 5 天 68 ~ 137 μmol/L，成人 3.4 ~ 17.1 μmol/L；②结合胆红素（CB），0 ~ 6.8 μmol/L；③非结合胆红素（UCB）1.7 ~ 10.2 μmol/L。

（二）临床意义

1. 根据总胆红素值判定有无黄疸、黄疸发生程度及演变过程。STB：17.1 ~ 34.2 μmol/L 为隐性黄疸或亚临床性黄疸；34.2 ~ 171 μmol/L 为轻度黄疸；171 ~

342 μmol/L为中度黄疸；>342 μmol/L为高度黄疸。

2. 根据临床检测值推断黄疸发生的病因。STB<85.5 μmol/L为溶血性黄疸，17.1~171 μmol/L为肝细胞性黄疸，171~265 μmol/L为不完全性梗阻性黄疸，>342 μmol/L为完全性梗阻性黄疸。

3. 根据总胆红素、结合胆红素及非结合胆红素水平判定黄疸类型。STB升高伴非结合胆红素升高提示溶血性黄疸；伴结合胆红素明显升高提示胆汁淤积性黄疸；三者均升高提示肝细胞性黄疸。

4. 根据结合胆红素与总胆红素比值协助鉴别黄疸类型。CB/STB<20%提示为溶血性黄疸，20%~50%为肝细胞黄疸，比值>50%为胆汁淤积性黄疸。在肝炎的黄疸前期、无黄疸性肝炎、失代偿肝硬化、肝癌患者30%~50%表现为CB增加，而STB正常。

5. 总胆红素降低的原因多为缺铁性贫血或导致血红蛋白降低的其他因素，另外总胆红素降低也要考虑检验误差因素所致。

第五节　乙型肝炎血清免疫学检查

乙型肝炎血清免疫学检查（表面抗原、表面抗体、e抗原、e抗体、核心抗体）对乙型肝炎病毒的感染、复制及转归，肝炎的诊断、鉴别、预后以及用药后效果也有较大的参考价值。

一、乙型肝炎病毒表面抗原

（一）简述

乙型肝炎病毒表面抗原（hepatitis B virus surface antigen，HBsAg）俗称"澳抗"，为乙型肝炎病毒（HBV）表面的一种糖蛋白，是乙型肝炎病毒感染最早期（1~2个月）血清中出现的一种特异性血清标记物，可维持数周至数年，甚至终生。HBsAg可从多种乙型病毒性肝炎（简称乙肝）患者的体液和分泌物（血液、精液、乳汁、阴道分泌物）中测出。

HBsAg正常参考区间为：ELISA法或化学发光法结果为阴性。

（二）临床意义

1. 异常提示慢性或迁延性乙肝活动期，与HBsAg感染有关的肝硬化或原发性肝癌。

2. 慢性HBsAg携带者，即肝功能已恢复正常而HBsAg尚未转阴；或HBsAg阳性持续6个月以上，而患者既无乙肝症状也无ALT异常，即所谓HBsAg携带者。

二、乙型肝炎病毒表面抗体

（一）简述

乙型肝炎病毒表面抗体（hepatitis B virus surface antibody，HBsAb）是人体针对乙型肝炎病毒表面抗原产生的中和抗体，为一种保护性抗体，表明人体具有一定的免疫力。大多数HBsAg的消失和HBsAb的出现，意味着HBV感染的恢复期和人体产生了免疫力。

HBsAb正常参考区间为：ELISA法或化学发光法结果为阴性。

（二）临床意义

HBsAb阳性见于：

1. 乙肝恢复期，或既往曾感染过 HBV，现已恢复，且对 HBV 具有一定的免疫力。
2. 接种乙肝疫苗所产生的效果。

三、乙型肝炎病毒 e 抗原

（一）简述

乙型肝炎病毒 e 抗原（hepatitis B virus e antigen，HBeAg）是 HBV 复制的指标之一，位于 HBV 病毒颗粒的核心部分。

HBeAg 正常参考区间为：ELISA 法或化学发光法结果为阴性。

（二）临床意义

乙型肝炎病毒 e 抗原阳性见于：

1. 乙肝活动期。在 HBV 感染的早期，HBeAg 阳性表示血液中含有较多的病毒颗粒，提示肝细胞有进行性损害和血清具有高度传染性；若血清中 HBeAg 持续阳性，则提示乙肝转为慢性，表明患者预后不良。

2. 乙肝加重之前，HBeAg 即有升高，有助于预测肝炎病情。

3. HBsAg 和 HBeAg 均为阳性的妊娠期妇女，可将乙型肝炎病毒传播给新生儿，其感染的阳性率为 70% ~90%。

四、乙型肝炎病毒 e 抗体

（一）简述

乙型肝炎病毒 e 抗体（hepatitis B virus e antibody，HBeAb）是乙型肝炎病毒表面抗原（HBeAg）的对应抗体，但非中和抗体，即不能抑制 HBV 的增殖，其出现于 HBeAg 转阴之后，证明人体对 HBeAg 有一定的免疫清除力。

HBeAb 正常参考区间为：ELISA 法或化学发光法结果为阴性。

（二）临床意义

乙型肝炎病毒 e 抗体阳性见于：

1. HBeAg 转阴的患者，即 HBV 部分被清除或抑制，病毒复制减少，传染性降低。

2. 部分慢性乙肝、肝硬化、肝癌患者可检出 HBeAb。

3. 在 HBeAg 和 HBsAb 阴性时，如能检出 HBeAb 和 HBcAb，也能确诊为近期感染乙肝。

五、乙型肝炎病毒核心抗体

（一）简述

乙型肝炎病毒核心抗体（hepatitis B virus core antibody，抗-HBc，HBcAb）是乙型肝炎病毒核心抗原（HBcAg）的对应抗体，也非中和抗体，即不能抑制 HBV 的增殖。HBcAb 是反映肝细胞受到 HBV 侵害后的一项指标，为急性感染早期标志性抗体，常紧随 HBsAg 和 HBeAg 之后出现于血清中，主要包括 IgM 和 IgG 两型，抗 HBc-IgM 对急性乙肝的诊断、病情监测及预后的判断均有较大的价值，因此，常以抗 HBc-IgM 作为急性 HBV 感染的指标。

HBcAb 正常参考区间为：ELISA 法或化学发光法结果为阴性。

（二）临床意义

乙型肝炎病毒核心抗体阳性见于：

1. 抗 HBc-IgM 阳性是诊断急性乙肝和判断病毒复制活跃的指标，提示患者血液有较强的传染性，比 HBeAg 敏感得多，抗 HBc-IgM 阳性尚可见于慢性活动性乙肝患者。

2. HBc-IgG 阳性，高滴度表示正在感染 HBV，低滴度则表示既往感染过 HBV，具有流行病学的意义。

如在乙肝患者血液中检出乙型肝炎病毒表面抗原、e 抗原、核心抗体同为阳性，在临床上称为"大三阳"；在其血液中检测出乙型肝炎病毒表面抗原、e 抗体、核心抗体同为阳性，在临床上称为"小三阳"。

"大三阳"说明 HBV 在人体内复制活跃，带有传染性，如同时见 AST 及 ALT 升高，为最具有传染性的一类肝炎，应尽快隔离。"小三阳"说明 HBV 在人体内复制减少，传染性小，如肝功能正常，又无症状，则称为乙型肝炎病毒无症状携带者，传染性小，不需要隔离。

第六节　肾功能检查

肾脏是人体最重要的器官之一，其功能主要是分泌和排泄尿液、废物、毒物和药物；调节和维持体液容量和成分（水分和渗透压、电解质、酸碱度）；维持机体内环境（血压、内分泌）的平衡。肾脏的工作量极大，每日经肾小球滤过的血浆大约为 180 L。因此，变态反应、感染、肾血管病变、代谢异常、先天性疾病、全身循环和代谢性疾病、药物、毒素对肾脏的损害，均可影响肾功能，主要表现为肾功能检查指标的异常，在临床诊断和治疗上具有重要的意义。

一、血清尿素氮

（一）简述

血清尿素氮（blood urea nitrogen，BUN）是人体蛋白质的代谢产物，氨在肝脏尿素循环中也合成尿素。血清尿素氮主要经肾小球滤过而随尿液排出体外，比例约占 90% 以上。当肾实质受损害时，肾小球滤过率降低，致使血液中血清尿素氮浓度增加，因此通过测定尿素氮，可了解肾小球的滤过功能。

BUN 正常参考区间为：成人为 3.2~7.1 mmol/L，婴儿、儿童为 1.8~6.5 mmol/L。

（二）临床意义

1. 血清尿素氮增高

（1）肾脏疾病：慢性肾炎、严重的肾盂肾炎等。肾功能轻度受损时，尿素氮检测值可无变化。当此值高于正常时，说明有效肾单位的 60%~70% 已受损害。因此，尿素氮测定不能作为肾病早期肾功能的测定指标，但其对肾衰竭，尤其是氮质血症的诊断有特殊的价值。

（2）泌尿系统疾病：泌尿道结石、肿瘤、前列腺增生、前列腺疾病使尿路梗阻等引起尿量显著减少或尿闭时，也可造成血清尿素氮检测值增高（肾后性氮质血症）。

（3）其他：脱水、高蛋白饮食、蛋白质分解代谢增高、水肿、腹水、胆道手术后、上消化道出血、妊娠后期妇女、磷或砷等化学中毒等，心排出量减少或继发于失血或其他原因所致的肾脏灌注下降均会引起 BUN 升高（肾前性氮质血症）。

2. 血清尿素氮降低　急性肝萎缩、中毒性肝炎、类脂质肾病等。

二、血肌酐

（一）简述

血肌酐（blood creatinine，Cr）的浓度取决于人体的产生和摄入的肌酐量以及肾脏的排泄能力，血肌酐基本不受饮食、高分子代谢等肾外因素的影响。在外源性肌酐摄入量稳定，体内肌酐生成量恒定的情况下，其浓度取决于肾小球滤过功能。因此，血肌酐浓度可在一定程度上准确反映肾小球滤过功能的损害程度。

人体肾功能正常时，肌酐排出率恒定，当肾实质受到损害时，肾小球的滤过率就会降低。当滤过率降低到一定程度后，血肌酐浓度就会急剧上升。

血肌酐正常参考区间为：全血 Cr 为 88.4 ~ 176.8 μmol/L；血清或血浆 Cr 男性为 53 ~ 106 μmol/l，女性 44 ~ 97 μmol/l。

（二）临床意义

血肌酐增高见于：

1. 肾脏疾病　急、慢性肾小球肾炎及肾硬化、多囊肾、肾移植后的排斥反应等，尤其是慢性肾炎者，Cr 越高，预后越差。当上述疾病造成肾小球滤过功能减退时，由于肾的储备力和代偿力还很强，所以，在早期或轻度损害时，血肌酐浓度可以表现为正常，仅当肾小球滤过功能下降到正常人的 30% ~ 50% 时，血肌酐数值才明显上升。血肌酐和尿素氮同时测定更有意义，如两者同时增高，提示肾功能已受到严重的损害。

2. 其他　休克、心力衰竭、肢端肥大症、巨人症、失血、脱水、剧烈活动。血肌酐检测值增高主要见于急、慢性肾小球肾炎等肾脏疾病。

三、内生肌酐清除率

（一）简述

肌酐是肌酸的代谢产物，在成人体内含 Cr 约 100 g，其中 98% 存在于肌肉内，每天约更新 2%。人体血液中肌酐的生成可有内源性和外源性两种，如在严格控制饮食条件和肌肉活动相对稳定的情况下，血 Cr 的生成量和尿的排出量相对恒定，其含量的变化主要受内源性肌酐的影响，且肌酐大部分从肾小球滤过，不被肾小管重吸收，排泄量很少，故肾脏在单位时间内把若干毫升血液中的内在肌酐全部清除出去，称为内生肌酐清除率（endogenous creatinine clearance rate，Ccr）。

血肌酐计算公式如下。

男性：Ccr(mL/min) = (140 − 年龄) × 体重(kg)/72 × 血肌酐浓度(mg/dL)

女性：Ccr(mL/min) = (140 − 年龄) × 体重(kg)/85 × 血肌酐浓度(mg/dL)

肌酐正常参考区间为：成人 80 ~ 120 mL/min，老年人随年龄增长，有自然下降趋势。

（二）临床意义

1. 判断肾小球损害程度　当肾小球滤过率（GFR）降低到正常值的 50%，Ccr 测定值可低至 50 mL/min，但血肌酐、尿素氮测定仍可在正常范围内，因肾脏强大的储备能力，故 Ccr 是较早反映 GFR 的灵敏指标。

2. 评估肾功能　临床常用 Ccr 代替 GFR，根据 Ccr 一般可将肾功能分为 4 期：①肾衰竭代偿期，Ccr 为 80~51 mL/min；②肾衰竭失代偿期，Ccr 为 50~20 mL/min；③肾衰竭期，Ccr 为 19~10 mL/min；④尿毒症期，Ccr < 10 mL/min。

3. 指导治疗　慢性肾衰竭 Ccr 30~40 mL/min，应开始限制蛋白质摄入；Ccr < 30 mL/min，应用氢氯噻嗪等利尿治疗一般无效，不宜使用；Ccr < 10 mL/min 应结合临床进行透析治疗。此外，肾衰竭期时对于经肾代谢或排泄的药物可根据 Ccr 降低的程度来调节用药剂量和决定用药的时间间隔。

四、肾小球滤过率

（一）简述

^{99m}Tc–二乙三胺五醋酸（^{99m}Tc-DTPA）几乎完全经肾小球滤过而清除，其最大清除率即为肾小球滤过率（GFR）。GFR 受年龄、性别、体重等因素影响，30 岁后每 10 年 GFR 小降 10 mL/（min·1.73 m^2），男性比女性高约 10 mL/min。

肾小球滤过率正常参考区间为：总 GFR(100±20)mL/min。

（二）临床意义

1. GFR 降低　常见于急性和慢性肾衰竭、肾小球功能不全、肾动脉硬化、肾盂肾炎（晚期）、糖尿病（晚期）、高血压（晚期）、甲状腺功能减退症（简称甲减）、肾上腺皮质功能不全等。

2. GFR 升高　见于肢端肥大症、巨人症和糖尿病肾病早期。

五、血尿酸

（一）简述

尿酸（uric acod，UA）为核蛋白和核酸中嘌呤的代谢产物，既可来自体内亦可来自食物中嘌呤的分解代谢。肝是尿酸的主要生成场所，除小部分可在肝脏进行分解或随胆汁排出泄外，剩余均经肾排泄。血尿酸浓度受肾小球滤过功能和肾小管重吸收功能的影响。

尿尿酸正常参考区间为：成人酶法血清（浆）尿酸浓度男性 150~416 μmol/L，女性 89~357 μmol/L。

（二）临床意义

1. 尿酸增高

（1）疾病，如痛风，或组织大量破坏、核蛋白分解过度，如肺炎、子痫等。

（2）核蛋白代谢增强，如粒细胞性白血病、骨髓细胞增生不良、溶血性贫血、恶性贫血、红细胞增多症、甲亢、一氧化碳中毒、牛皮癣等。

（3）生理性食用高嘌呤食物、木糖醇摄入过多、剧烈运动、禁食。

（4）疾病或用药导致肾小管重吸收障碍，如肝豆状核变性，或使用促肾上腺皮质素（ACTH）与肾上腺皮质激素，此类疾病血尿酸减少，尿尿酸增多。

2. 尿酸减少

（1）疾病，如肾功能不全、痛风发作前期。

（2）饮食，如高糖、高脂肪饮食。

第七节　常用血生化检查

一、淀粉酶

（一）简述

淀粉酶（amylase，AMS）在体内的主要作用是水解淀粉，生成葡萄糖、麦芽糖、寡糖和糊精。血清淀粉酶主要来自胰腺和唾液腺，分子量较小，可从肾小管滤过直接排出。

AMS 正常参考区间为：600～1200 Somogyi U/L，30～220 SI U/L。

（二）临床意义

1. **淀粉酶增高**　血清淀粉酶活性测定主要用于急性胰腺炎的诊断。急性胰腺炎发病后 2～12 小时，血清淀粉酶开始升高，12～72 小时达到高峰，3～4 日恢复正常。

2. **淀粉酶降低**　可见于肝癌、肝硬化、糖尿病等。

二、肌酸激酶

（一）简述

肌酸激酶（creatine kinase，CK）是人体能量代谢过程的重要酶类。在体内主要存在于骨骼肌、脑和心肌组织中，为诊断骨骼肌和心肌疾病最敏感的指标，其增高与骨骼肌、心肌受损的程度基本一致。它有 B、M 两种亚基聚合呈 CK-BB、CK-MM、CK-MB 3 种类型同工酶。检测肌酸激酶总活性及分析其同工酶的类型，对判断是否存在心肌梗死和溶栓后冠状动脉再通的判断有一定意义。

CK 正常参考区间为：酶耦联法（37 ℃），男性 38～174 U/L，女性 26～140 U/L；连续监测法，男性 37～174 U/L，女性 26～140 U/L。CK 同工酶正常参考区间为 CK-MM 0.94～0.94（94%～96%），CK-MB 0～0.05（<5%），CK-BB 极少或无。

（二）临床意义

1. **磷酸激酶增高**

（1）心肌梗死：在发病 2～4 小时开始上升，12～48 小时达峰值，2～4 日恢复正常。为急性心肌梗死早期诊断指标之一，增高程度与心肌受损程度基本一致。另外，溶栓治疗出现再灌注时，达峰时间提前，故动态测定 CK 变化有助于病情的观察和预后估计。病毒性心肌炎时 CK 也可升高。

（2）各种肌肉疾病：进行性肌肉营养不良发作期、各种肌肉损伤、挤压综合征、多肌炎、术后、剧烈运动等 CK 也可增高。

（3）脑血管疾病：脑梗死、急性脑外伤、酒精中毒、惊厥、癫痫、甲减出现黏液性水肿时 CK 也增高等。

（4）服用羟甲戊二酰辅酶 A 还原酶抑制药（他汀类药），或他汀类和贝丁酸类药联合应用可增加发生肌炎、横纹肌溶解危险，表现为 CK 升高。

（5）CK-MB 升高为急性心肌梗死的重要指标，CK-BB 升高是脑部疾患的重要指标，CK-MM 是骨骼肌损伤所致。

2. **磷酸激酶降低**　见于肝硬化等。

三、血糖

（一）简述

血糖（blood sugar）是指血液中葡萄糖的浓度，来源是食物中的淀粉、肌糖原、牛奶乳糖、蔗糖和麦芽糖等，经消化吸收而生成葡萄糖。大部分储存于肝脏和肌肉内，供应生命活动的能量。正常情况下，在胰岛素、胰高血糖素等激素的参与下，糖的合成、分解与代谢处于动态平衡状态，血糖保持相对稳定。临床通过监测空腹、餐后血糖数值的变化来诊断疾病，掌握糖尿病的病情和治疗效果。

血糖正常参考区间为：空腹血糖（葡萄糖氧化法），成人 3.9 ~ 6.1 mmol/L；餐后 2 小时血糖 <7.8 mmol/L。

（二）临床意义

1. 血糖增高

（1）胰岛素功能：胰岛素分泌不足的糖尿病、高血糖。

（2）导致血糖升高的激素分泌增多：嗜铬细胞瘤、肾上腺素皮质功能亢进（库欣综合征）、腺垂体功能亢进（肢端肥大症）、甲亢、巨人症、胰高血糖素瘤等。

（3）其他疾病：颅内压增高、颅内出血、重症脑炎、颅脑外伤、妊娠呕吐、脱水、全身麻醉、情绪紧张。

（4）药物：服用一些影响糖代谢的药物，可引起一过性的血糖升高。

2. 血糖降低

（1）胰岛素分泌过多：胰岛素 β 细胞瘤。

（2）导致血糖升高的激素分泌减退：肾上腺皮质功能减退（艾迪生病）、腺垂体功能减退、甲减等。

（3）其他病症：长期营养不良、肝癌、重症肝炎、糖原贮积病、酒精中毒、妊娠、饥饿、剧烈运动等。

（4）药物：应用磺酰脲类促胰岛素分泌药过量，或服用单胺氧化酶抑制药、血管紧张素转化酶抑制药、β 受体阻滞药、奥曲肽等药联合应用。

四、糖化血红蛋白

（一）简述

糖化血红蛋白（glycosylated hemoglobin, HbA1c）为葡萄糖与血红蛋白的结合物，且结合后不再解离，并持续于红细胞的生命周期中。因为红细胞的半衰期为 120 日，因此，测定糖化血红蛋白和血红蛋白的百分率，能客观反映测定前 3 个月内的平均血糖水平，不但用于糖尿病的诊断，且用于糖尿病患者用药的疗效观察和用药监测。

HbA1c 正常参考区间为：HbA1c 4% ~6%，HbA1 5% ~8%。

（二）临床意义

1. 糖化血红蛋白增高　见于糖尿病、高血糖。

2. 糖化血红蛋白降低　见于贫血、红细胞更新率增加等。

五、总胆固醇

（一）简述

人体胆固醇的来源有两种，一种是从食物中获取，一种是机体以乙酰辅酶 A 为原料自身合成的。食物的主要来源是动物的内脏、蛋黄、奶油及肉等动物性食品。人体内含胆固醇约 140 g，其中 25% 分布于脑和神经组织中，肝脏是合成、储藏和供给胆固醇的主要器官。胆固醇的合成具有昼夜节律变化，此外，胆固醇的水平易受饮食、年龄、性别等多种因素的影响。

TC 正常参考区间为：合适水平 <5.20 mmol/L；边缘升高 5.23～5.69 mmol/L，升高 >5.72 mmol/L。

（二）临床意义

1. 胆固醇升高

（1）动脉硬化及高脂血症：粥样硬化斑块、动脉硬化、冠心病及高脂血症等。

（2）其他疾病：肾病综合征、慢性肾炎肾病期、类脂性糖尿病肾病、甲减、胆道梗阻、饮酒过量、急性失血及家族性高胆固醇血症。糖尿病特别是并发糖尿病昏迷时，几乎都有总胆固醇（total cholesterol，TC）升高。胆总管阻塞时，总胆固醇增高且伴有黄疸，但胆固醇酯与总胆固醇的比值仍正常。

（3）药物：服用避孕药、甲状腺激素、肾上腺糖皮质激素、抗精神病药（如氯氮平）可影响胆固醇水平。

2. 胆固醇降低

（1）疾病：甲亢、严重肝衰竭、溶血性贫血、感染和营养不良、严重的肝脏疾病、急性重型肝炎、肝硬化时，血清总胆固醇降低，胆固醇酯与总胆固醇的比值也降低。

（2）贫血：如再生障碍性贫血、溶血性贫血、缺铁性贫血等，因骨髓及红细胞合成胆固醇的功能受到影响，血清总胆固醇降低。

血清中总胆固醇的浓度可以作为脂类代谢的指标，脂类代谢又常与糖类及激素等其他物质的代谢密切相关，所以，其他物质代谢异常时也可以影响血清总胆固醇的浓度。

六、三酰甘油

（一）简述

三酰甘油（triglyceride，TG，旧称甘油三酯）是人体储存能量的形式，主要来源于食物，内源性的 TG 主要在肝脏合成；此外，人体的小肠黏膜在类脂吸收后也合成大量的三酰甘油。三酰甘油大约占总脂的 25%，为乳糜微粒和极低密度脂蛋白的主要成分，并直接参与胆固醇和胆固醇酯的合成。在正常情况下，人的三酰甘油水平保持在正常值范围内，伴随年龄的增长而逐渐增高。

TG 正常参考区间为：0.56～1.70 mmol/L。

（二）临床意义

1. 血清三酰甘油增高

（1）动脉硬化及高脂血症：动脉粥样硬化、原发性高脂血症、家族性高甘油三酯血症。

（2）其他疾病：胰腺炎、肝胆疾病（脂肪肝及胆汁淤积）、阻塞性黄疸、皮质增多症、肥胖、糖尿病、糖原贮积症、严重贫血、肾病综合征、甲减等疾病都有三酰甘油升高的现象。

（3）生理性：长期饥饿或食用高脂肪食品等也可造成三酰甘油升高，大量饮酒可使三酰甘油出现假性升高。

（4）药物：应用雌激素、甲状腺激素、避孕药可出现三酰甘油升高。

2. 血清三酰甘油减少　甲亢、甲状旁腺功能亢进、肾上腺皮质功能减退、肝功能严重障碍等。

七、低密度脂蛋白胆固醇

（一）简述

低密度脂蛋白胆固醇（low density lipoprotein cholesterol，LDL-C）是在血浆中由极低密度脂蛋白胆固醇（VLDL-C）转变而来的，其合成部位主要在血管内，降解部位在肝脏。LDL-C是空腹血浆中的主要脂蛋白，约占血浆脂蛋白的2/3。其是运输胆固醇到肝外组织的主要运载工具。LDL-C的含量与心血管疾病的发病率以及病变程度相关，被认为是动脉粥样硬化的主要致病因子。

LDL-C正常参考区间为：合适水平≤3.12 mmol/L，边缘升高3.15～3.61 mmol/L，升高＞3.64 mmol/L。

（二）临床意义

1. 低密度脂蛋白胆固醇增多　主要是胆固醇增高可伴有TG增高，临床表现为Ⅱa型或Ⅱb型高脂蛋白血症，常见于饮食中含有胆固醇和饱和脂肪酸、低甲状腺素血症、肾病综合征、慢性肾衰竭、肝脏疾病、糖尿病、血卟啉症、神经性厌食、妊娠等。

2. 低密度脂蛋白胆固醇降低　见于营养不良、慢性贫血、肠吸收不良、骨髓瘤、严重肝脏疾病、高甲状腺素血症、急性心肌梗死等，临床常与其他TC、TG、VLDL-C、HDL-C等脂蛋白参数综合分析。

八、高密度脂蛋白胆固醇

（一）简述

高密度脂蛋白胆固醇（high density lipoprotein cholesterol，HDL-C）主要在肝脏合成，是一种抗动脉粥样硬化的脂蛋白，可将胆固醇从肝外组织转运到肝脏进行代谢，由胆汁排出体外。其在限制动脉壁胆固醇的积存速度和促进胆固醇的清除上起着一定的积极作用，HDL-C水平与动脉硬化和冠心病的发生和发展呈负相关。

HDL-C正常参考区间为：合适水平1.03～2.07 mmol/L，减低≤0.91 mmol/L。

（二）临床意义

高密度脂蛋白胆固醇降低见于：

1. 生理性　吸烟、肥胖、严重营养不良、静脉内高营养治疗及应激反应后。

2. 动脉硬化及高脂血症　脑血管病、冠心病、高脂蛋白血症Ⅰ型和Ⅴ型。

3. 其他疾病　重症肝硬化、重症肝炎、糖尿病、肾病综合征、慢性肾功能不全、创伤、心肌梗死、甲状腺功能异常、尿毒症。

HDL-C增高一般无临床意义，常与遗传有关。

九、凝血酶原时间

（一）简述

凝血酶原时间（prothrombin time，PT）是检查外源性凝血因子的一种过筛实验，可用来证实先天性或获得性纤维蛋白原和凝血酶原及凝血因子 V、Ⅶ、V 的缺陷或抑制物的存在，同时用于监测口服抗凝血药的用量，是监测口服抗凝血药的首选指标。据报道，在口服抗凝血药的过程中，维持 PT 在正常对照的 1~2 倍最为适宜。

PT 正常参考区间为：不同方法，不同的试剂检测的结果有较大的差异，必须指正本试验需设正常对照值，测定值超过正常对照值 3 秒以上为异常。凝血酶原时间比值（prothrombin ratio，PTR）为受检血浆的凝血酶原时间（秒）与正常人血浆的凝血酶原时间（秒）的比值，正常参考区间为 1.0±0.05。

（二）临床意义

1. 凝血酶原时间延长　先天性因子Ⅱ、V、Ⅶ、X 缺乏症和低（无）纤维蛋白原血症；获得性见于 DIC、原发性纤溶症、维生素 K 缺乏、肝脏疾病；血循环中有抗凝物质如口服抗凝血药华法林，利伐沙班等抗因子Ⅱ、V、Ⅶ和 X 的抗体。

2. 凝血酶原时间缩短　先天性因子 V 增多症、口服避孕药、高凝状态和血栓性疾病。

3. 口服抗凝血药的监测　凝血酶原时间是监测口服抗凝血药（如华法林）应用是否安全有效的常用指标。

十、国际正常化比值

（一）简述

国际正常化比值（international normalized ratio，INR），INR = PTR^{ISI} 参考值依 ISI 不同而异。ISI（international sensitiity index）即国际灵敏度指数，ISI 越小，组织凝血酶的灵敏度越高。因此做 PT 检测时必须用标有 ISI 值的组织凝血活酶试剂。

INR 正常参考区间为 0.8~1.5。

（二）临床意义

目前 INR 测定主要用于维生素 K 拮抗药（如华法林）抗凝血效果的监测。安全有效范围通常为 2.0~3.0。INR 最高警戒点为 3.0，超过 3.0 时出血的发生率增加，小于 1.5 时则血栓的发生率增加。我国华法林的起始剂量一般从 3 mg/d 开始，用药前必须测定基线 INR，用药的第 1 日和第 2 日可以不测定 INR，第 3 日必须测定 INR。根据 INR 值确定下次服用的华法林剂量，定期监测 INR 值并相应调整服药剂量，可使患者的服药剂量维持在安全有效的范围内，使并发症的发生率降低 76%。

第十四章 医学基础

第一节 解剖学基础

人体解剖学（human anatomy）是研究人体正常形态结构的科学，属于生物科学的形态学范畴，是医学科学中一门重要的基础课程。

一、人体的组成

1. 细胞 是组成人体的最基本的结构和功能单位。
2. 组织 由形态相似、功能相近的细胞与细胞间质结合在一起而构成。
3. 器官 几种不同的组织相互结合成具有一定的形态、完成一定功能的结构单位。
4. 系统 功能相关的器官按顺序连在一起构成系统。人体有八大系统：运动系统、消化系统、呼吸系统、泌尿系统、生殖系统、循环系统、神经系统、内分泌系统。

二、运动系统

运动系统由骨、骨连接和骨骼肌3种器官组成。骨以不同形式（不动、微动或可动）的骨连接联结在一起，构成骨骼（skeleton），形成了人体体形的基础，并为肌肉提供了广阔的附着点。肌肉是运动系统的主动动力装置，在神经支配下，肌肉收缩，牵拉其所附着的骨，以可动的骨连接为枢纽，产生杠杆运动。运动系统主要的功能是运动。简单的移位和高级活动如语言、书写等，都是由骨、骨连结和骨骼肌实现的。运动系统的第二个功能是支持，构成人体基本形态，头、颈、胸、腹、四肢，维持体姿。运动系统的第三个功能是保护，由骨、骨连结和骨骼肌形成了多个体腔，颅腔、胸腔、腹腔和盆腔，保护脏器。

（一）骨

骨（bone）是以骨组织为主体构成的器官，是在结缔组织或软骨基础上经过较长时间的发育过程（骨化）形成的。成人骨共206块，依其存在部位可分为颅骨、躯干骨和四肢骨。

1. 骨的形状 人体的骨由于存在部位和功能不同，形态也各异。按其形态特点可概括为下列4种（图14-1）。

（1）长骨（long bone）：主要存在于四肢，呈长管状。可分为一体两端。体又称骨干，其外周部骨质致密，中央为容纳骨髓的骨髓腔。两端较膨大，称为骺。骺的表面有关节软骨附着，形成关节面，与相邻骨的关节面构成运动灵活的关节，以完成较大范围的运动。

（2）短骨（short bone）：为形状各异的短柱状或立方形骨块，多成群分布于手腕、

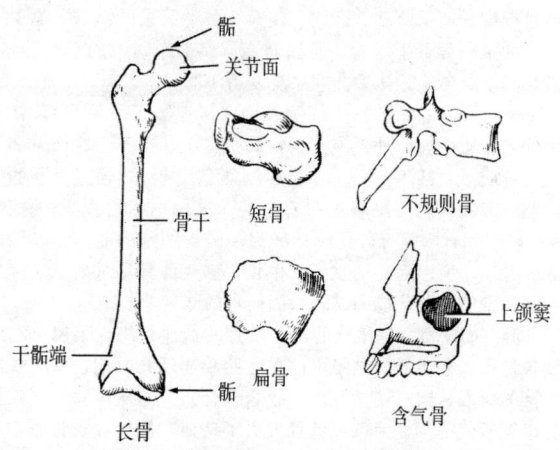

图 14 - 1　骨的形态

足的后半部和脊柱等处。短骨能承受较大的压力，常具有多个关节面与相邻的骨形成微动关节，并常辅以坚韧的韧带，构成适于支撑的弹性结构。

（3）扁骨（flat bone）：呈板状，主要构成颅腔和胸腔的壁，以保护内部的脏器，扁骨还为肌肉附着提供宽阔的骨面，如肩胛骨和髋骨。

（4）不规则骨（irregular bone）：形状不规则且功能多样，有些骨内还有含气的腔洞，称为含气骨，如构成鼻旁窦的上颌骨和蝶骨等。

2．骨的构造　骨以骨质为基础，表面覆以骨膜，内部充以骨髓，分布于骨的血管、神经，先进入骨膜，然后穿入骨质再进入骨髓。

（1）骨质（bone substance）：由骨组织构成。骨组织（bony tissue）含大量钙化的细胞间质和多种细胞，即骨细胞、骨原细胞、成骨细胞和破骨细胞。骨细胞数量最多，位于骨质内，其余的则位于骨质靠近骨膜的边缘部。骨质由于结构不同可分为两种：一种由多层紧密排列的骨板构成，称为骨密质；另一种由薄骨板即骨小梁互相交织构成立体的网，呈海绵状，称为骨松质。骨密质质地致密，抗压抗扭曲性很强；而骨松质则按一定方向排列，虽质地疏松但却体现出既轻便又坚固的性能，符合以最少的原料发挥最大功效的构筑原则。不同形态的骨，由于其功能侧重点不同，在骨密质和骨松质的分布上也呈现出各自的特色。以保护功能为主的扁骨，其内外两面是薄层的骨密质，称为内板和外板，中间镶夹着大量的骨松质，称为板障，骨髓即充填于骨松质的网眼中。以支持功能为主的短骨和长骨的骨骺，外周是薄层的骨密质，内部为大量的骨松质，骨小梁的排列显示两个基本方向，一是与重力方向一致，称为压力曲线；另一则与重力线相对抗而适应于肌肉的拉力，称为张力曲线，两者构成最有效的承担重力的力学系统。以运动功能见长的长管状骨骨干，则有较厚的骨密质，向两端逐渐变薄而与骺的薄层骨密质相续，在靠近骨骺处，内部有骨松质充填，但骨干的大部分骨松质甚少，中央形成大的骨髓腔。在承力过程中，长骨骨干的骨密质与骨骺的骨松质和相邻骨的压力曲线，共同构成与压力方向一致的统一功能系统。

骨质在生活过程中，由于劳动、训练、疾病等各种因素的影响，表现出很大的可塑性，如芭蕾舞演员的足跖骨骨干增粗，骨密质变厚；卡车司机的掌骨和指骨骨干增粗；长期卧床的患者，其下肢骨小梁压力曲线系统变得不明显等。

（2）骨膜（periosteum）：由致密结缔组织构成，被覆于除关节面以外的骨质表面，并有许多纤维束伸入骨质内。此外，附着于骨的肌腱、韧带于附着部位都与骨膜编织在一起。因而骨膜与骨质结合甚为牢固。骨膜富含血管、神经，通过骨质的滋养孔分布于骨质和骨髓。骨髓腔和骨松质的网眼也衬着一层菲薄的结缔组织膜，称为骨内膜（endosteum）。骨膜的内层和骨内膜有分化成骨细胞和破骨细胞的能力，以形成新骨质和破坏、改造已生成的骨质，所以对骨的发生、生长、修复等具有重要意义。老年人骨膜变薄，成骨细胞和破骨细胞的分化能力减弱，因而骨的修复功能减退。

（3）骨髓（bone marrow）：是柔软的富于血管的造血组织，隶属于结缔组织，存在于长骨骨髓腔及各种骨骨松质的的网眼中。在胚胎和婴幼儿时期，所有骨髓均有造血功能，由于含有丰富的血液，肉眼观呈红色，故名红骨髓。约从6岁起，长骨骨髓腔内的骨髓逐渐为脂肪组织所代替，变为黄红色且失去了造血功能，称黄骨髓。所以成人的红骨髓仅存于骨松质的网眼内。

3. 骨的化学成分和物理特征　骨不仅坚硬且具一定弹性，抗压力约为 15 kg/mm^2，并有同等的抗张力。这些物理特性是由它的化学成分所决定的。骨组织的细胞间质由有机质和无机质构成，有机质由骨细胞分泌产生，约占骨重的1/3，其中绝大部分（95%）是胶原纤维，其余是无定形基质，即中性或弱酸性的糖胺多糖组成的凝胶。无机质主要是钙盐，约占骨重的2/3，主要成分为羟基磷灰石结晶，是一种不溶性的中性盐，呈细针状，沿胶原纤维的长轴排列。将骨进行煅烧，去除其有机质，虽然仍可保持原形和硬度，但脆而易碎。如将骨置于强酸中浸泡，脱除其无机质（脱钙），该骨虽仍具原形，但柔软而有弹性，可以弯曲甚至打结，松开后仍可恢复原状。

有机质与无机质的比例随年龄增长而逐渐变化，幼儿骨的有机质较多，柔韧性和弹性大，易变形，遇暴力打击时不易完全折断，常发生柳枝样骨折。老年人有机质渐减，胶原纤维老化，无机盐增多，因而骨质变脆，稍受暴力则易发生骨折。

4. 骨的表面标志　骨的表面由于肌腱、肌肉、韧带的附着和牵拉，血管、神经通过等因素的影响，形成了各种形态的标志，有些标志可以从体表清楚地看到或摸到，成为临床诊断和治疗中判断人体结构位置的重要根据。

（1）骨面的突起：由于肌腱或韧带的牵拉，骨的表面生有程度不同的隆起，其中明显突出于骨面的称为突；末端尖的称为棘；基底部较广逐渐凸隆的称为隆起，其表面粗糙不平的称为粗隆或结节，有方向扭转的粗隆称为转子；长线形的高隆起称为嵴；低而粗涩的称为线。

（2）骨面的凹陷：由于与邻位器官、结构相接触或肌肉附着的影响而形成。大而浅的光滑凹面称为窝，略小的凹称为小窝或小凹；长的称为沟；浅的如手指的压痕称为压迹。

（3）骨的腔洞：由于容纳某些结构或空气，或由于某些结构穿行所形成。一般将较大的空间称为腔、窦、房，小者称为小房；长的骨性通道称为管；腔或管的开口称为口或孔，边缘不完整的孔称为裂孔。

（4）骨端的标志：骨端圆形的膨大称为头或小头，多为被覆着软骨的关节面，头下方较狭细处称为颈；椭圆形的膨大称为髁；髁的最突出部分称为上髁。

此外，较平滑的骨面称为面，是肌肉的附着处；骨的边缘称为缘，缘的缺口或凹入都称为切迹，是血管、神经或肌腱的通过处。

（5）骨的发生和发育概况：骨发生于胚胎时的间充质。约在胎龄第8周，脊索的周围以及其他部分由间充质分化出胚性结缔组织，形成膜性骨。之后膜性骨的大部分被软骨所取代，再由软骨发展成骨；小部分则直接从膜性骨衍化为骨。由结缔组织膜或软骨衍化为骨的过程称为骨化。这一过程从胚胎时期开始，直至生后骨的发育完成为止。由膜骨化的称为原骨；由软骨衍化的骨称为次骨。

1）膜化骨：颅顶骨和面颅骨的发生属于此型。由胚胎时期膜性骨一定部位的细胞，分化出成团的成骨细胞，成骨细胞产生胶原纤维和基质，基质内钙盐渐沉积，形成骨组织小岛，称为骨化中心。再由此中心向周围生成辐射状的骨梁，骨梁再生小梁并互相结合成网，网眼内充以胚性造血组织。膜性骨的表层部分形成骨膜，骨膜下还分化出一种破骨细胞，在成骨细胞不断造骨的同时，破骨细胞破坏已建成的骨质并将之吸收，在这样不断造骨又不断破骨的矛盾运动中，骨不断生长的同时被改建和重建，使骨达到成体的形态。颅骨一般由几个骨化点骨化然后愈合成一骨，其骨质的外层不断生成，内层不断破坏、吸收和改建，使颅腔的容积不断扩大。

2）软骨化骨：四肢骨（锁骨除外）和颅底骨的发生属于此型。胚胎早期在膜性骨的基础上形成与成体骨形状相似的软性骨，表面覆以软骨膜。软骨化骨由软骨膜和软骨内同时进行。软骨膜化骨形成骨密质及其外层的骨膜；软骨内骨化形成骨松质及充填于其内的骨髓。长管状骨的骨化，首先是软骨体中间部的软骨膜内层分化出成骨细胞，由它产生细胞间质并有钙盐沉积，形成圆筒状的骨领。此时间充质和血管侵入软骨体中央，分化出造骨与破骨细胞，形成初级骨化中心，并由此向两端不断发展，在最初骨化中心部位由于破骨细胞将骨质破坏、吸收而产生空腔，即骨髓腔，侵入的间充质转化为红骨髓。到降生前后，软骨的两端也出现骨化中心，称为初级骨化中心，先进行软骨内化骨，然后进行软骨膜化骨，形成骨骺。当骨干和骨骺两者的骨化都接近完成时，中间仍保留一层软骨，称为骺软骨。骨的发育基于两种机制：一是骺软骨不断增生，骨干端又不断骨化，使骨得以不断长长，直至20岁左右，骺软骨不再增长也被骨化，骨干与骨骺相连，两者的嵌接处形成一条粗糙的骺线；另一是骨膜内层不断地层层造骨与改建，其内部骨髓腔也不断造骨、破骨与改建，从而使骨干不断增粗、骨髓腔也不断地扩大。由于造骨和破骨互相矛盾互相制约的作用，使骨在长长变粗的同时，依据内、外环境诸多因素的影响，骨质的构筑得到不断的改建，使骨达到了以最少的原料而具有高度的韧性和硬度统一体的效能（图14-2）。短骨的骨化过程与长骨骨骺相似，但首先从软骨膜开始化骨，然后再进行软骨内化骨。

（二）骨连接

人体骨和骨之间借助于结缔组织、软骨或骨相互连接。从连接形式上可分为直接连接（不动连接）和间接连接（可动连接，关节）两种。

1. 直接连接

（1）韧带连接：两骨之间靠结缔组织直接连结的称为韧带连接。韧带（ligament）多呈膜状、扁带状或束状，由致密结缔组织构成。肉眼观呈白色，有光泽，附着于骨的地方与骨膜编织在一起，很难剥除，有的韧带由弹性结缔组织构成，肉眼观呈淡黄色，

 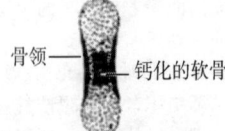 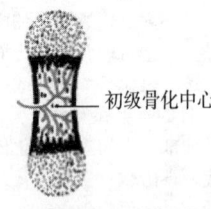

骨领 —— 钙化的软骨

初级骨化中心

（1）软骨雏形　　（2）初级骨化中心出现，骨领形成　　（3）血管侵入，骨髓腔形成

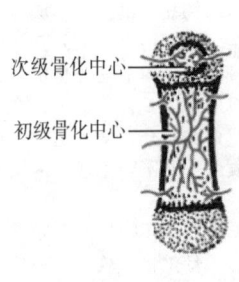  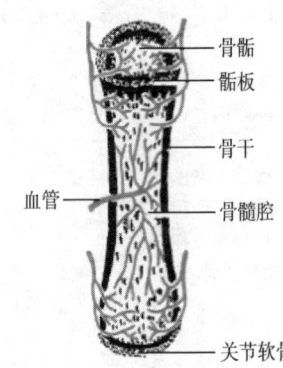

次级骨化中心

初级骨化中心

血管

骨骺
骺板

骨干

骨髓腔

关节软骨板

（4）次级骨化中心出现　　（5）长骨生长，不断加长　　（6）成骨

图 14-2　长骨的发育模式图

称为黄韧带（如项韧带）。一般的韧带连接允许两骨间有极微的动度；但有些骨与骨之间，两directed线缘相对或互以齿状缘相嵌，中间有少量结缔组织纤维穿入两侧的骨质中，使连结极为紧密，称为缝，如颅骨的冠状缝和人字缝。

（2）软骨结合：相邻两骨之间以软骨相连接称为软骨结合。软骨组织属结缔组织的一种，呈固态有弹性，由大量的软骨细胞和间质构成，由于间质的成分不同，又有透明软骨、纤维软骨和弹力软骨的区分。第 1 肋骨连于胸骨的软骨属透明软骨，而相邻椎骨椎体之间的椎间盘则由纤维软骨构成。由于软骨具有一定弹性，所以能做轻微的活动。有的软骨结合保持终生，而大部分软骨结合在发育过程中骨化变为骨结合。

（3）骨结合：由软骨结合经骨化演变而成，完全不能活动，如 5 块骶椎以骨结合融为 1 块骶骨。

2. 间接连接（关节）　关节（joint）一般由相邻接的两骨相对形成，如有 3 个以上的骨参加构成则称为复关节。

（1）关节的基本构造：构成关节的两骨相对的骨面上，被覆以软骨，形成关节面。周围包以结缔组织的被囊——关节囊，囊腔内含有少量滑液（图 14-3）。

1）关节面：构成关节两骨的相对面称为关节面（articular face），一般是一凸一凹互相适应。凸的称为关节头，凹的称为关节窝。关节面为关节软骨（articular cartilage）所被覆，除少数关节（胸锁关节、下颌关节）的关节软骨是纤维软骨外，其余均为透明软

　　　　第三篇　基础理论

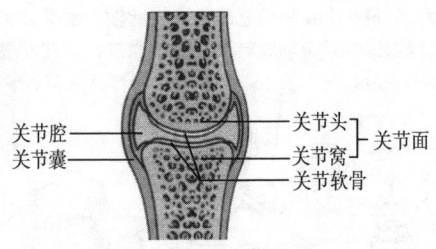

图 14 - 3 关节的构造模式图

骨。关节软骨使关节头和关节窝的形态更为适应，其表面光滑，面间有少许滑液，摩擦系数小于冰面，故使运动更加灵活，且由于软骨具有弹性，因而可承受负荷和减缓震荡。关节软骨无血管神经分布，由滑液和关节囊滑膜层血管渗透供给营养。

2）关节囊：关节囊（articular capsule）包在关节的周围，两端附着于与关节面周缘相邻的骨面。关节囊可分为外表的纤维层和内面的滑膜层。纤维层由致密结缔组织构成，其厚薄、松紧随关节的部位和运动的情况而不同，此层有丰富的血管、神经和淋巴管分布。滑膜层薄而柔润，其构成以薄层疏松结缔组织为基础，内面衬以单层扁平上皮——间皮，周缘与关节软骨相连。滑膜上皮可分泌滑液，滑液是透明蛋清样液体，略呈碱性，除具润滑作用外，还是关节软骨和关节盘等进行物质代谢的媒介。

3）关节腔：关节腔由关节囊滑膜层和关节软骨共同围成，含少量滑液，呈密闭的负压状态，这种结构也体现了关节运动灵活性与稳固性的统一。

（2）关节的辅助结构：

1）韧带：韧带（ligament）由致密结缔组织构成，呈扁带状、圆束状或膜状，一般多与关节囊相连，形成关节囊局部特别增厚的部分，有的则独立存在。韧带的附着部与骨膜或关节囊相编织。韧带的主要功能是限制关节的运动幅度，增强关节的稳固性，其次是为肌肉或肌腱提供附着点，有的韧带如膝关节的髌韧带本身就是由肌腱延续而成的。此外尚有一些韧带位于关节内，称为关节（囊）内韧带，如股骨头圆韧带、膝交叉韧带等，它们的周围都围以滑膜层。

2）关节盘：一些关节的关节腔内生有纤维软骨板，称为关节盘（articular disc）。盘的周缘附着于关节囊，关节盘将关节腔分隔为上、下两部。它的作用是使关节头和关节窝更加适应，关节运动可分别在上、下关节腔进行，从而增加了运动的灵活性和多样化。此外它也具有缓冲震荡的作用。膝关节内的关节盘不完整，是两片半月形的软骨片，称为半月板，其功能与关节盘相似。

3）关节唇（articular labrum）：是由纤维软骨构成的环，围在关节窝的周缘，以加深关节窝，增加关节的稳固性。

4）滑膜襞（plica synovialis）：是滑膜层突入关节腔所形成的皱襞。如襞内含脂肪组织则形成滑膜脂肪囊或脂垫。滑膜襞增大了滑膜的表面积，利于滑液的分泌和吸收，另外，在关节（尤其是负重较大的）运动时，起缓和冲撞及震荡的作用。

（3）关节的类型及其运动轴与运动方式：在肌肉收缩的牵拉下，骨沿着关节轴所规定的轨迹进行移位运动，关节起着枢纽的作用。关节的运动轴取决于关节面的形态，一般通过关节头的中心，假设3个互相垂直的水平冠状轴、水平矢状轴和垂直轴，关节头的形态是一定形态的线段围绕某个轴旋转所产生的轨迹，因此，根据关节头的形态可将关节分为几种，即车轴关节、椭圆关节、鞍状关节、球窝关节、滑车关节（图14-4）。

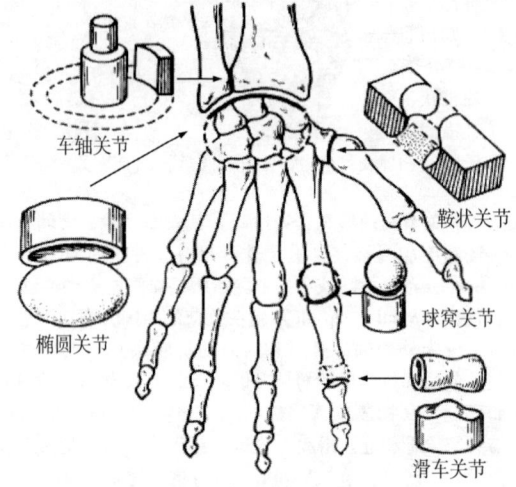

车轴关节

鞍状关节

球窝关节

椭圆关节

滑车关节

图14-4　关节的类型

（4）关节的灵活性和稳固性因素：关节的结构体现出关节既具有灵活性因素又具有稳固性因素，两者在保证关节运动功能的实现中统一起来。在观察关节的各种结构时，要注意分析它们对关节运动的影响，首先，关节面的形态是决定关节运动轴和运动方式的结构基础，运动轴愈多，运动形式就愈多样化、愈灵活。其次，关节头和关节窝的面积差，也反映出运动的灵活与否，同类关节，两者的面积差愈大，运动幅度也愈大；反之面积差越少，则趋于稳固。如同为球窝关节，肩关节则以运动幅度大而灵活见长，而髋关节与之相比则以稳固性称著。再次，关节囊的厚薄、松紧，周围韧带和肌腱的状况也明显影响着关节的运动，关节囊坚韧、紧张，周围韧带和肌腱坚固，则使关节运动受限，从而增强其稳固性；反之，关节囊薄弱、松弛，周围韧带或肌腱较少，则运动幅度大而增加了灵活性，且此部位往往是关节易发生脱位之处。此外，关节内结构对关节运动也有明显的影响，如关节盘、半月板和滑液均可增加关节的灵活性，而关节内韧带则对运动有明显的制约，从而增加关节的稳固性。

（三）骨骼肌

运动系统的肌肉（muscle）属于横纹肌，由于绝大部分附着于骨，故又称骨骼肌。每块肌肉都是具有一定形态、结构和功能的器官，有丰富的血管、淋巴分布，在躯体神经支配下收缩或舒张，进行随意运动。肌肉具有一定的弹性，被拉长后，当拉力解除时可自动恢复到原来的状态。肌肉的弹性可以减缓外力对人体的冲击。肌肉内还有感受本身体位和状态的感受器，不断将冲动传向中枢，反射性地保持肌肉的紧张度，以维持体姿和保障运动时的协调。

1.肌的构造和形态　人体肌肉众多，但基本结构相似。一块典型的肌肉，可分为

第三篇　基础理论

中间部的肌腹和两端的肌腱。肌腹（venter）是肌肉的主体部分，由横纹肌纤维组成的肌束聚集构成，色红，柔软有收缩能力。肌腱（tendo）呈索条或扁带状，由平行的胶原纤维束构成，色白，有光泽，但无收缩能力，肌腱附着于骨处与骨膜牢固地编织在一起。阔肌的肌腹和肌腱都呈膜状，其肌腱称为腱膜肌（aponeurosis）。肌腹的表面包以结缔组织性外膜，向两端则与肌腱组织融合在一起。

　　肌的形态各异（图 14－5），有长肌、短肌、阔肌、轮匝肌等基本类型。长肌多见于四肢，主要为梭形或扁带状，肌束的排列与肌的长轴相一致，收缩的幅度大，可产生大幅度的运动，但由于其横截面肌束的数目相对较少，故收缩力也较小。另有一些肌有长的腱，肌束斜行排列于腱的两侧，酷似羽毛称为羽状肌（如股直肌），或斜行排列于腱的一侧，称为半羽状肌（如半膜肌、拇长屈肌），这些肌肉其生理横断面肌束的数量大大超过梭形或带形肌，故收缩力较大，但由于肌束短，所以运动的幅度小。短肌多见于手、足和椎间。阔肌多位于躯干，组成体腔的壁。轮匝肌则围绕于眼、口等开口部位。

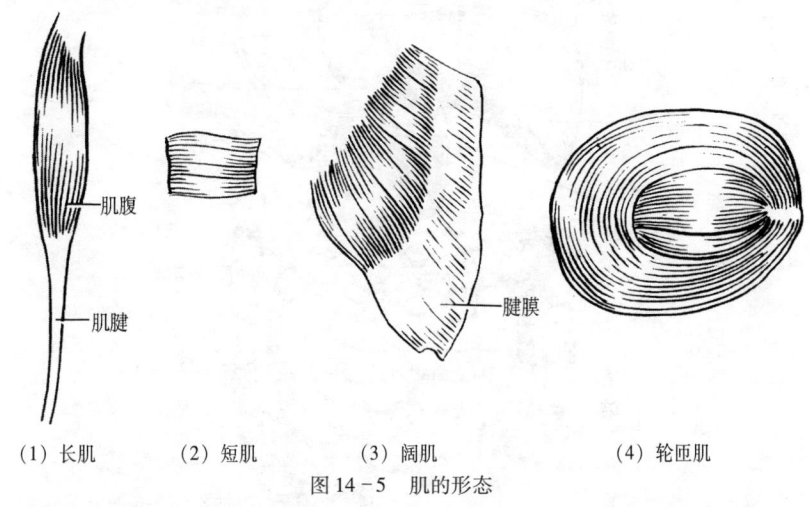

（1）长肌　　　（2）短肌　　　（3）阔肌　　　　（4）轮匝肌

图 14－5　肌的形态

　　2. 肌的配布规律和运动时的相互关系　人体肌肉中，除部分止于皮肤的皮肌和止于关节囊的关节肌外，绝大部分肌肉均起于一骨，止于另一骨，中间跨过一个或几个关节。它们的排列规律是以所跨越关节的运动轴为准，形成与该轴线相交叉的两群互相对抗的肌肉。

　　3. 肌的辅助装置　肌的辅助装置主要包括：①筋膜（fascia），可分为浅筋膜、深筋膜两层，深筋膜（profundal fascia）又称固有筋膜。②腱鞘和滑液囊。③滑液囊（synovial bursa），其功能是减缓肌腱与骨面的摩擦。

三、消化系统

　　消化系统（digestive system）由消化道和消化腺两部分组成（图 14－6）。

　　消化道是一条起自口腔，延续为咽、食管、胃、小肠、大肠，终于肛门的很长的肌

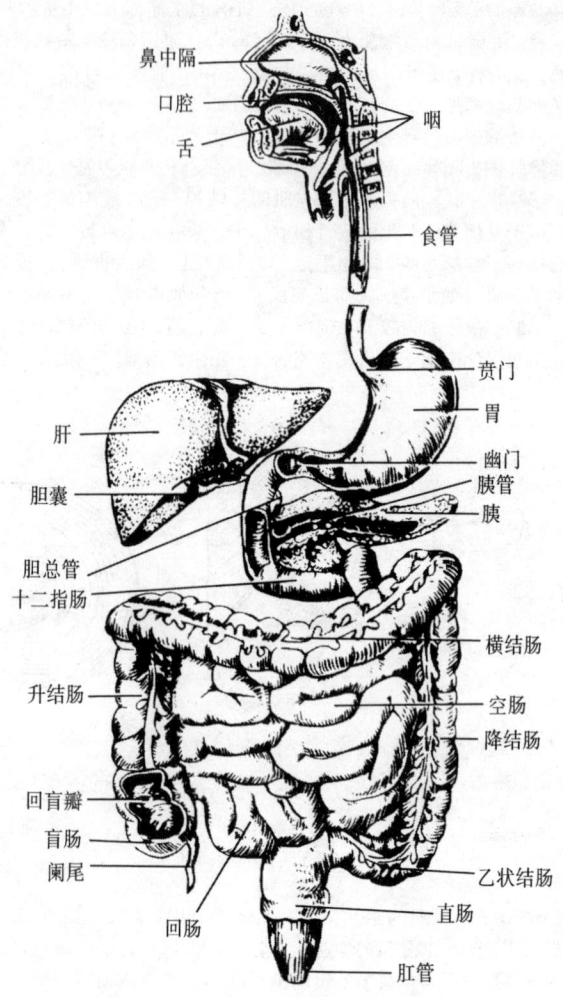

鼻中隔
口腔
舌
咽
食管
贲门
胃
幽门
胰管
胰
肝
胆囊
胆总管
十二指肠
升结肠
回盲瓣
盲肠
阑尾
回肠
横结肠
空肠
降结肠
乙状结肠
直肠
肛管

图 14-6　消化系统

性管道，包括口腔、咽、食管、胃、小肠（十二指肠、空肠、回肠）及大肠（盲肠、结肠、直肠）等部。

消化腺有小消化腺和大消化腺两种。小消化腺分散在消化管各部的管壁内，大消化腺有 3 对，即唾液腺（腮腺、下颌下腺、舌下腺）、肝和胰，它们均借助导管，将分泌物排入消化管内。

共有 5 个消化腺，分别为：唾液腺（分泌唾液，将淀粉初步分解成麦芽糖）；胃腺（分泌胃液，将蛋白质初步分解成多肽）；肝脏（分泌胆汁，将大分子的脂肪初步分解成小分子的脂肪，称为物理消化，又称"乳化"）；胰脏（分泌胰液，胰液是对糖类、脂肪、蛋白质都有消化作用的消化液）；肠腺（分泌肠液，将麦芽糖分解成葡萄糖，将多肽分解成氨基酸，将小分子的脂肪分解成甘油和脂肪酸，也是对糖类、脂肪、蛋白质有消化作用的消化液）。

（一）口腔

口腔（oral cavity）是消化管的起始部分，是以骨性口腔为基础形成的。前方的开口称为口裂，由上下唇围成；后方为咽峡和咽交通；上壁（顶）是腭；下壁是口底；两侧壁称为颊。整个口腔被上、下牙弓（包括牙槽突、牙龈和牙列）分隔为前、后两部；前部称为口腔前庭，后部称为固有口腔。在上、下牙列咬合时，两部可通过两侧第三磨牙后方的间隙相通，在牙关紧闭时可经此间隙插管或注入营养物质。口腔内有牙齿和舌，并有3对唾液腺开口于口腔黏膜表面。

1. 牙（teeth） 牙是人体最坚硬的结构，嵌于上、下颌骨的牙槽内。呈弓状排列成上牙弓和下牙弓。牙具有机械加工（咬切、撕裂、磨碎）食物和辅助发音的作用。

每个牙（图14-7）均可分为3部分，露出于口腔内的称为牙冠，嵌于牙槽内的称为牙根，介于两者之间狭细的部分称为牙颈。牙主要由牙质构成。在牙冠，牙质外面还另有光亮坚硬的釉质，牙根的表面覆有黏合质。牙内部的空腔称为牙腔或髓腔，牙根的内部特别称为牙根管，牙根管末端的小孔称为牙根尖孔。牙的神经、血管通过牙根尖孔和牙根管至牙腔，与结缔组织共同组成牙髓，当牙髓发炎时常引起剧烈疼痛。

2. 舌（tongue） 舌是以骨骼肌为基础，表面覆以黏膜而构成的。具有搅拌食物、协助吞咽、感受味觉和辅助发音等功能。

3. 唾液腺（salivary glands）口腔内有大、小两种唾液腺。小唾液腺散布于各部口腔黏膜内（如唇腺、颊腺、腭腺、舌腺）。大唾液腺包括

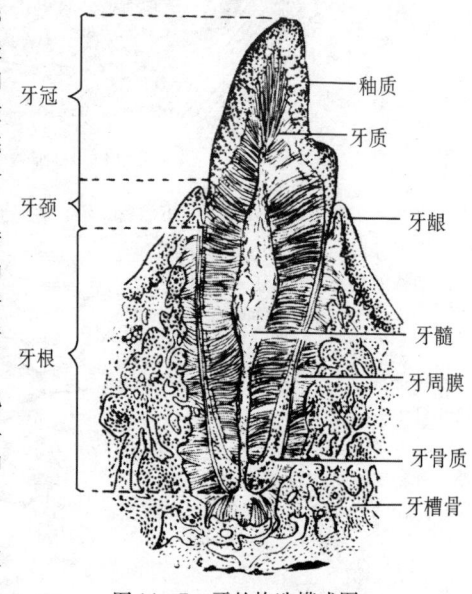

图14-7 牙的构造模式图

牙冠
釉质
牙质
牙颈
牙龈
牙根
牙髓
牙周膜
牙骨质
牙槽骨

腮腺、下颌下腺和舌下腺3对（图14-8），它们是位于口腔周围的独立器官，但其导管开口于口腔黏膜。

腮腺（parotid gland）最大，略呈三角楔形，位于外耳道前下方，咬肌后部的表面，腺的后部特别肥厚，深入到下颌后窝内。由腺的前端靠近上缘处发出腮腺管，在距颧弓下方约一横指处经咬肌表面前行，绕过咬肌前缘转向深部，穿过颊肌开口于颊部黏膜，开口处形成一个黏膜乳头，恰和上颌第二磨牙相对。

下颌下腺（submandibular gland）略呈卵圆形，位于下颌下三角内，下颌骨体和舌骨

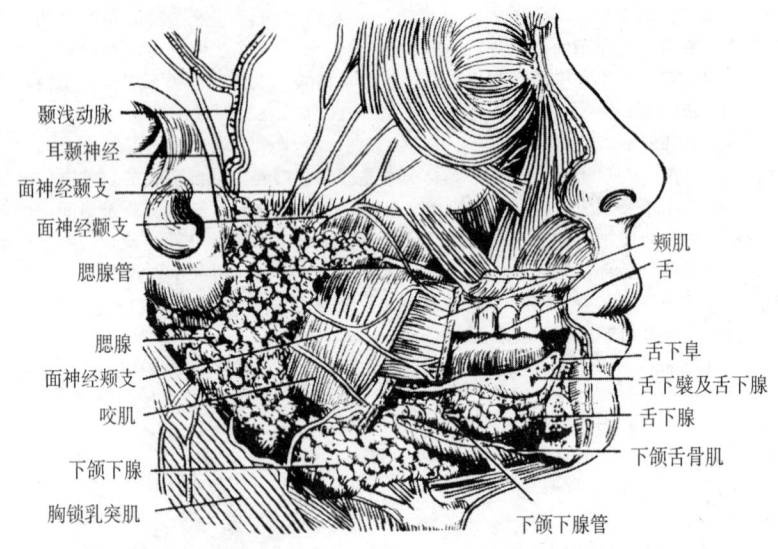

图 14-8　唾液腺

舌肌之间。由腺的内面发出下颌下腺管，沿口底黏膜深面前行，开口于舌下肉阜。

舌下腺（sublingual gland）：最小，细长而略扁。位于口底黏膜深面。其排泄管有大小两种，小管有5~15条，直接开口于口底黏膜；大管一条常与下颌下腺管汇合或单独开口于舌下肉阜。

唾液腺分泌唾液，可湿润口腔，有利于吞咽和说话。人唾液中含有淀粉酶，能初步分解食物中的淀粉。

（二）咽

咽（pharynx）是一个上宽下窄、前后略扁的漏斗形肌性管（图14-9），上端附着于颅底，下端平环状软骨弓（第6颈椎下缘平面），续于食管，全长约12 cm。后壁平整，前壁不完整，与鼻腔、口腔和喉腔相通。据此，以软腭和会厌上缘平面为界，咽腔可分为鼻

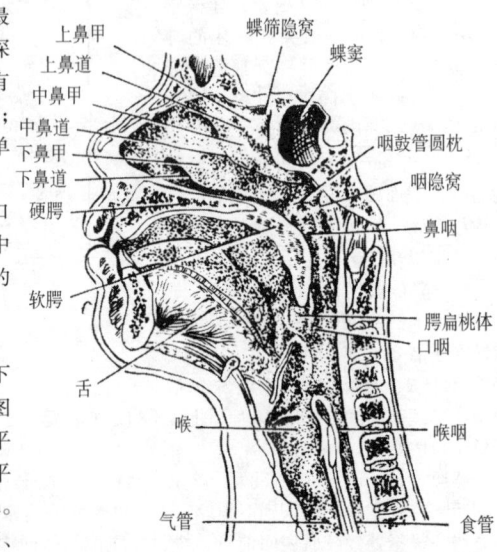

图 14-9　头正中矢状断面（右侧观）

咽部、口咽部和喉咽部。咽腔是呼吸道和消化道的共同通道。在鼻咽部的侧壁上有咽鼓管咽口，经咽鼓管与中耳鼓室相通。

咽壁由黏膜、黏膜下膜、肌膜（图14-10）和外膜组成。肌膜由属于横纹肌的咽缩肌和咽提肌互相交织而成，各咽缩肌由上而下依次收缩，将食团推向食管。咽提肌收缩时可使咽、喉上提，协助吞咽。

（三）食管

食管（esophagus）是一个前后压扁的肌性管，位于脊柱前方，上端在第6颈椎下缘平面与咽相续，下端续于胃的贲门，全长约25 cm，依其行程可分为颈部、胸部和腹部3段。食管全程有3处较狭窄：第1个狭窄位于食管和咽的连接处，距中切牙约15 cm；第2个狭窄位于食管与左支气管交叉处，距中切牙约25 cm；第3狭窄为穿经膈肌处。这些狭窄处异物容易滞留，也是肿瘤好发部位。

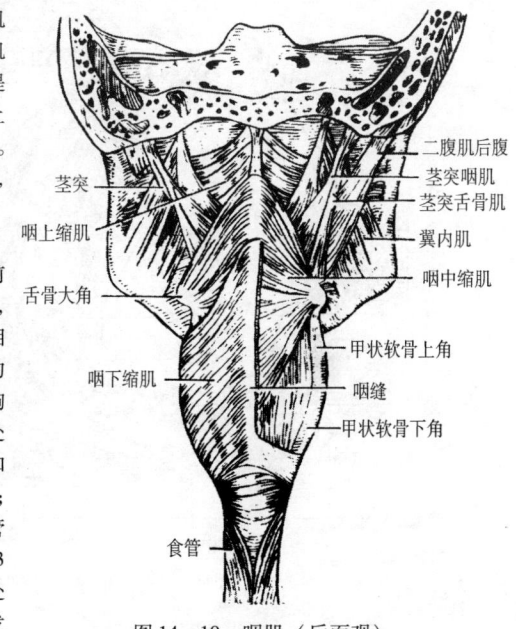

图14-10 咽肌（后面观）

食管具有消化管典型4层结构，由黏膜、黏膜下膜、肌膜和外膜组成。食管空虚时，前后壁贴近，黏膜表面形成7～10条纵行皱襞，当食团通过时，肌膜松弛，皱襞平展。食管肌膜由外层纵行、骨层环行的肌纤维组成。肌膜上1/3为横纹肌，下1/3为平滑肌，中1/3横纹肌和平滑肌相混杂，食管起端处环行肌纤维较厚，可起到括约肌作用。外膜为疏松结缔组织。整个食管壁较薄，仅0.3～0.6 cm厚，容易穿孔。

吞咽动作是指食团由舌背经咽和食管进入胃的过程。舌背上的食团由舌肌收缩贴靠硬腭，将食团经咽峡推向咽腔；此时软腭抬起，咽后壁向前，阻断口咽部和鼻咽部的交通，防止食团进入鼻咽部；舌骨被肌肉收缩而上提并带动喉向前上方移动，舌根被提向后上方，会厌下落，遮盖喉口。因而，当食团经过咽腔的一瞬间呼吸停止。食团进入咽和食管，由于肌肉由上向下依次收缩推动食团下行，最后通过贲门入胃。整个吞咽过程包括2个阶段：第1阶段是舌、腭肌肉有意识地收缩压挤食团经咽峡入咽腔；第2阶段是食团由咽经食管入胃，完全是反射性活动。

（四）胃

胃（stomach）是消化管的最膨大部分（图14-11），由食管送来的食团暂时储存胃内，进行部分消化，到一定时间后再送入十二指肠，此外胃还有内分泌的功能。胃大部分位于腹上部的左季肋区。上端与食管相续的入口称为贲门，下端连接十二指肠的出口称为幽门。上缘凹向右上方称为胃小弯，下缘凸向左下方称为胃大弯，贲门平面以上向

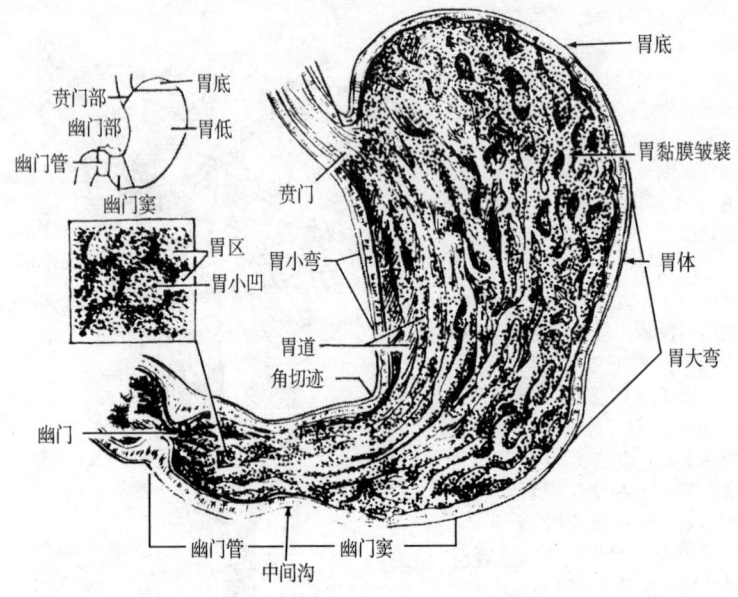

图 14 - 11　胃的形态、分部及黏膜

左上方膨出的部分称为胃底，靠近幽门的部分称为幽门部；胃底和幽门部之间的部分称为胃体。

胃壁由黏膜、黏膜下膜、肌膜和浆膜 4 层构成。黏膜上皮为柱状上皮。上皮向黏膜深部下陷构成大量腺体（胃底腺、贲门腺、幽门腺），它们的分泌物混合形成胃液，对食物进行化学性消化。黏膜在幽门处由于覆盖幽门括约肌的表面而形成环状的皱襞称幽门瓣。胃肌膜由 3 层平滑肌构成，外层纵形、中层环形、内层斜行，其中环形肌最发达，在幽门处特别增厚形成幽门括约肌。幽门括约肌和幽门瓣具有控制胃内容物排入十二指肠以及防止肠内容物逆流回胃的作用。

（五）小肠

小肠（small intestine）是消化管中最长的一段，成人全长 5 ~ 7 m。上端从幽门起始，下端在右髂窝与大肠相接，可分为十二指肠、空肠和回肠 3 部分。12 指肠固定在腹后壁，空肠和回肠形成很多肠襻，盘曲于腹膜腔下部，被小肠系膜系于腹后壁，故合称系膜小肠。小肠是食物消化、吸收的主要部位。

十二指肠（duodenum）上端起自幽门、下端在第 2 腰椎体左侧，续于空肠，长 25 ~ 30 cm，呈马蹄铁形包绕胰头。在十二指肠中部（降部）的后内侧壁上有胆总管和胰腺管的共同开口（图 14 - 12），胆汁和胰液由此流入小肠。空肠（jejunum）约占空回肠全长的 2/5，主要占据腹膜腔的左上部，回肠（ileum）占远侧 3/5，一般位于腹膜腔的右下部。腔肠和回肠之间并无明显界限，在形态和结构上的变化是逐渐改变的。

第三篇　基础理论

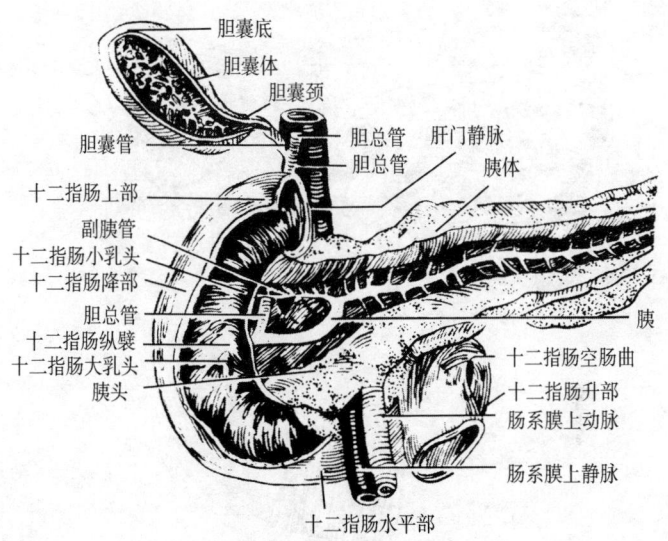

图 14-12　十二指肠和胰

胆囊底
胆囊体
胆囊颈
胆总管
肝门静脉
胰体
胆囊管
胆总管
十二指肠上部
副胰管
十二指肠小乳头
十二指肠降部
胆总管
十二指肠纵襞
十二指肠大乳头
胰头
胰
十二指肠空肠曲
十二指肠升部
肠系膜上动脉
肠系膜上静脉
十二指肠水平部

　　小肠黏膜，特别是空肠，具有许多环状皱襞和绒毛，大大扩大了黏膜的表面积，有利于营养物质的消化和吸收。黏膜下层中有由表层上皮下陷形成的肠腺，开口于黏膜表面，分泌肠液。胰液和肠液中含有多种消化酶，以分解蛋白质、糖和脂肪。胆汁有助于脂肪的消化和吸收。蛋白质、糖和脂肪必须分解为结构简单的物质，方能通过肠绒毛的柱状上皮细胞进入血液和淋巴，也可通过上皮细胞间隙进入毛细血管和毛细淋巴管。小肠的肌膜由内环、外纵两层平滑肌组成，在回肠末端突入大肠处环形肌增厚，外覆黏膜形成两个半月形的皱襞称为回盲瓣，具有括约肌的作用。外膜由结缔组织构成，空回肠表面覆以腹膜脏层，称为浆膜。

（六）大肠

　　大肠（large intestine）是消化管最后的一段，长约 1.5 m，起自右髂窝，终于肛门，可分为盲肠、结肠和直肠 3 段。大肠的主要功能是吸收水分，将不消化的残渣以粪便的形式排出体外。

　　盲肠（cecum）是大肠的开始部（图 14-13），位于右髂窝内，左接回肠，上通升结肠。在盲肠的后内壁伸出一条细长的阑尾（vermiform appendix），其末端游离，一般长 6～8 cm，内腔与盲肠相通，它是盲肠末端在进化过程中退化形成的。

　　结肠（colon）围绕在空回肠的周围，可分为升结肠、横结肠、降结肠和乙状结肠 4 部分。升结肠是盲肠向上延续的部分，至肝右叶下方弯向左形成横结肠。横结肠左端到脾的下部，折向下至左髂嵴的一段称为降结肠。左髂嵴平面以下的一段结肠位于腹下部和小骨盆腔内，肠管弯曲，称为乙状结肠，在第 3 骶椎平面续于直肠。

　　直肠（rectum）位于盆腔内（图 14-14），全长 15～16 cm，从第 3 骶椎平面贴骶尾骨前面下行，穿盆膈终于肛门，盆膈以下的一段又称肛管（anal canal），长 3～4 cm。直

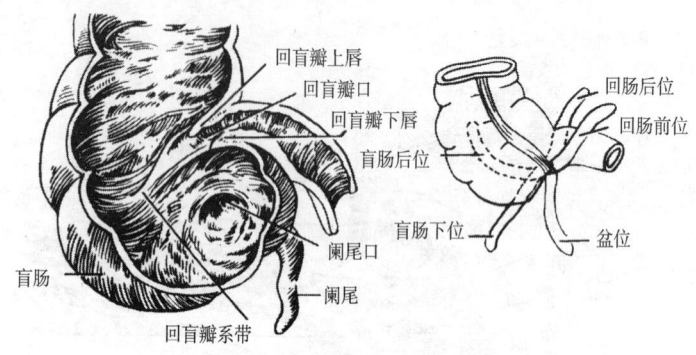

图 14 - 13　盲肠内腔及阑尾炎

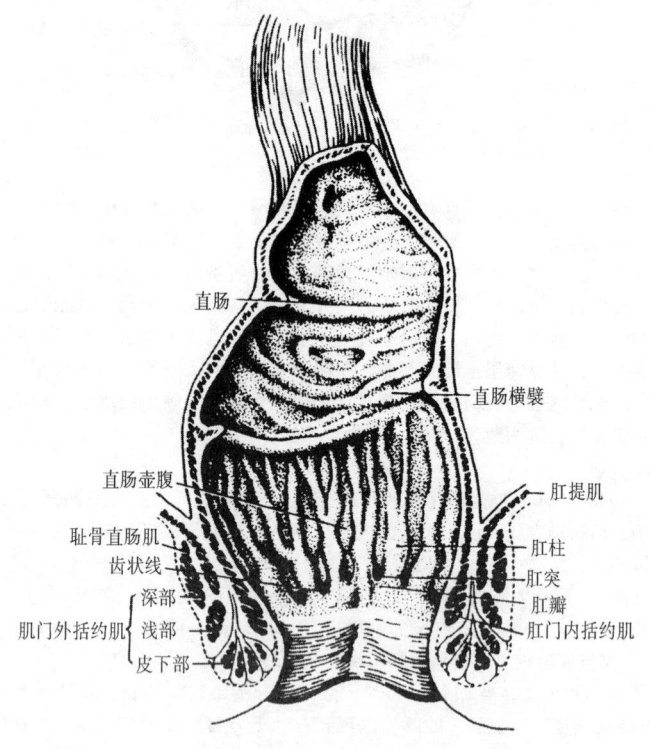

图 14 - 14　直肠和肛管

肠的肌膜和其他部分一样,也是由外纵、内环两层平滑肌构成。环形肌在肛管处特别增厚,形成肛门内括约肌。围绕肛门内括约肌的周围有横纹肌构成的肛门外括约肌,括约

　　　　　　　　第三篇　基础理论

肌收缩可阻止粪便的排出。

（七）肝脏

肝（liver）是人体中最大的腺，成人的肝约重 1.5 kg。位于右季肋部和腹上部。肝具有分泌胆汁、储存糖原，解毒和吞噬防御等功能，在胚胎时期还有造血功能。

肝质软而脆，呈红褐色。受到暴力打击时容易破裂引起大出血。肝上面膨隆（图14 -15），对向膈，被镰状韧带分为左、右两叶，右叶大而厚，左叶小而薄。肝的下面（图 14 - 16）朝向左下方，邻接腹腔一些重要脏器，故又称脏面，脏面的中央有一横裂称为肝门，为肝管、肝动脉、门静脉、淋巴管和神经出入肝的门户。

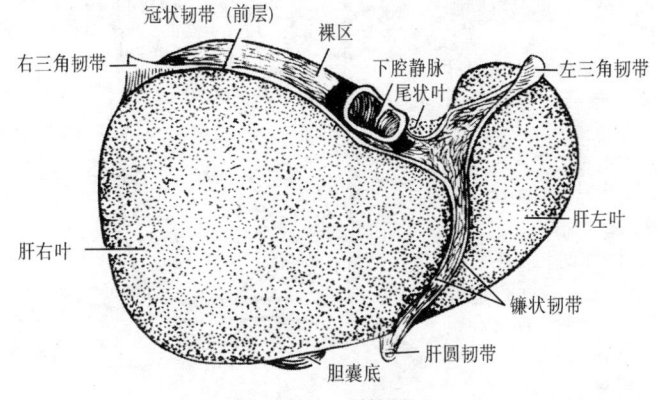

图 14 - 15　肝的膈面

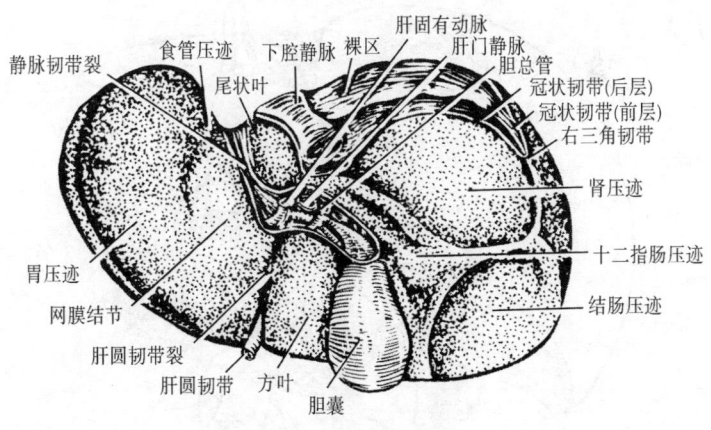

图 14 - 16　肝的脏面

肝是由 50 万 ~100 万个基本结构单位——肝小叶构成的（图 14 - 17）。肝小叶呈六角柱状。肝小叶的中央有一中央静脉，中央静脉的周围有大致呈放射状排列的肝细胞板

（肝板），肝板之间为肝血窦，相邻肝细胞之间有微细的胆小管。胆小管汇集成稍大的管道，再逐级汇集成更大的管道，最后形成左、右肝管经肝门出肝。肝细胞分泌的胆汁进入胆小管，经各级胆管和肝管流出。门静脉和肝动脉入肝后反复分支，最终与肝血窦相连接，在此与肝细胞进行物质代谢。

肝血窦中的血液经中央静脉及各级静脉，最后由肝静脉出肝，汇入下腔静脉。胆汁从肝管出肝后并不立即直接流入十二指肠，而是首先储存于胆囊内，间断性地排放入十二指肠。胆汁流入十二指肠前在肝外流经的管道总称为肝外胆道系统，包括肝管、肝总管、胆囊管、胆囊和胆总管（图14－18）。

（八）胆囊

胆囊是位于右方肋骨下肝脏

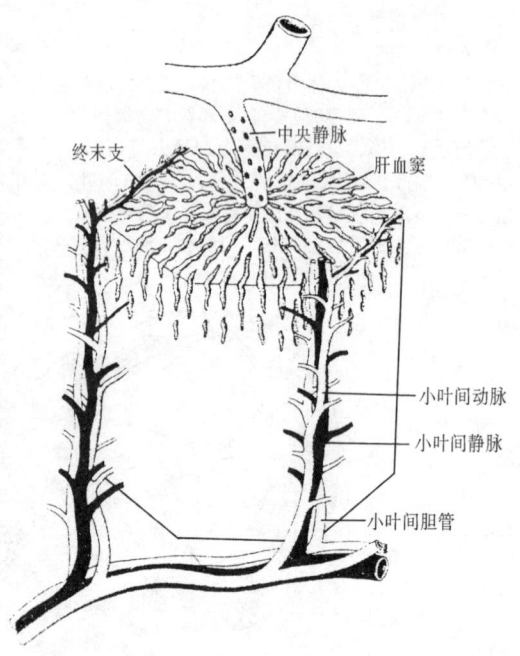

图 14－17　肝的结构

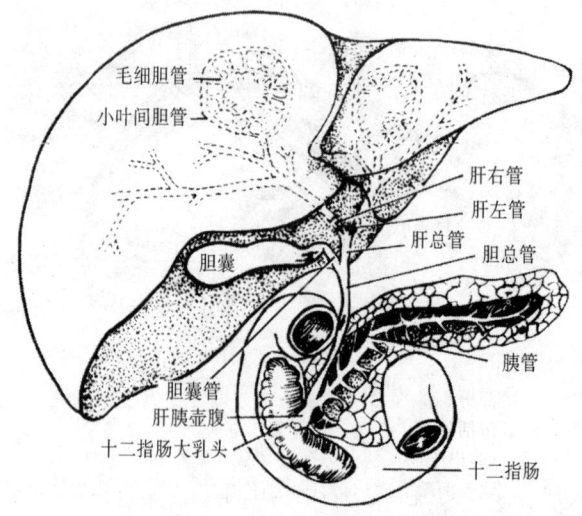

图 14－18　胆囊系统模式图

后方的梨形囊袋构造，有浓缩和储存胆汁之作用。胆囊分底、体、颈、管4部，颈部连接胆囊管。胆囊壁由黏膜、肌层和外膜3层组成。黏膜有发达的皱襞。

（九）胰腺

胰（pancreas）是人体的第2大腺，横跨在第1、第2腰椎的前面，质地柔软，呈灰红色，可分为头、体、尾3部分。胰由外分泌部和内分泌部两部分组成，外分泌部的腺细胞分泌胰液，经各级导管，流入胰腺管，胰腺管与胆总管共同开口于十二指肠。胰液中含有多种消化酶，对消化食物起重要作用。内分泌部是指散在于外分泌部之间的细胞团——胰岛，它分泌的激素直接进入血液和淋巴，主要参与糖代谢的调节。

四、呼吸系统

呼吸系统（respiratory system）是执行机体和外界进行气体交换的器官，由呼吸道和肺两部分组成（图14-19）。呼吸道包括鼻腔、咽、喉、气管和支气管，临床上将鼻腔、咽、喉称为上呼吸道，气管和支气管称为下呼吸道，呼吸道的壁内有骨或软骨支持以保证气流的畅通。肺主要由支气管反复分支及其末端形成的肺泡共同构成，气体进入肺泡内，在此与肺泡周围的毛细血管内的血液进行气体交换。吸入空气中的氧气，透过肺泡进入毛细血管，通过血液循环，输送到全身各个器官组织，供给各器官氧化过程的所需，各器官组织产生的代谢产物，如 CO_2 再经过血液循环运送到肺，然后经呼吸道呼出体外。

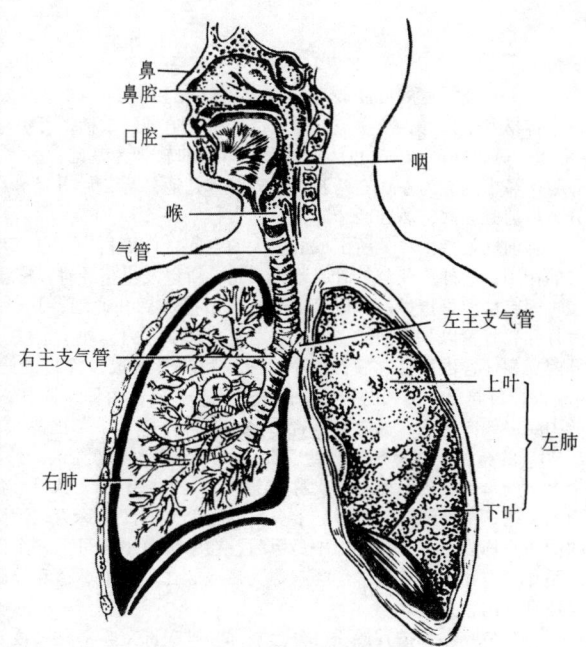

图14-19　呼吸系统全貌

（一）鼻（nose）

鼻是呼吸道的起始部分，能净化吸入的空气并调节其温度和湿度，它也是嗅觉器官，还可辅助发音。鼻包括外鼻、鼻腔和鼻旁窦3部分。

1. 外鼻　外鼻是指突出于面部的部分，由骨和软骨为支架（图14-20），外面覆以皮肤构成。上端较窄，位于两眼之间称为鼻根，下端高突的部分称为鼻尖，中央的隆起部称为鼻背，鼻尖两侧向外方膨隆的部分称为鼻翼。

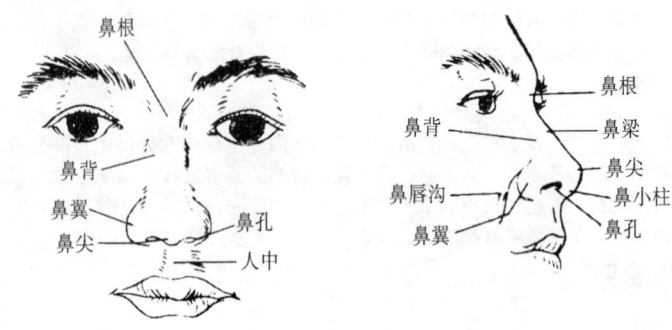

图 14 - 20　外鼻

鼻尖和鼻翼处的皮肤较厚,富含皮脂腺和汗腺,与深部皮下组织和软骨膜连接紧密,容易发生疖肿,故发炎时,局部肿胀压迫神经末梢,可引起较剧烈疼痛。

2. 鼻腔(nasal cavity) 以骨性鼻腔和软骨为基础,表面衬以黏膜和皮肤而构成。鼻腔由鼻中隔分为左、右两腔,前方经鼻孔通外界,后方经鼻后孔通咽腔。每侧鼻腔可分为鼻前庭和固有鼻腔两个部分。

鼻前庭是指由鼻翼所围成的扩大的空间,内面衬以皮肤,生有鼻毛,有滞留吸入尘埃的作用,此外皮肤与软骨膜紧密相贴,所以发生疖肿时,疼痛甚剧。

固有鼻腔是指鼻前庭以后的部分,后借鼻后孔通咽,其形态与骨性鼻腔基本一致,由骨和软骨覆以黏膜而成。每侧鼻腔有上、下、内、外4个壁。上壁(顶)较狭窄,与颅前窝相邻,由鼻骨、额骨、筛骨筛板和蝶骨构成,筛板的筛孔有嗅神经穿过,下壁(底)即口腔顶,由硬腭构成。内侧壁为鼻中隔,由骨性鼻中隔和鼻中隔软骨共同构成,鼻中隔多偏向一侧,偏向左侧者多见。在鼻中隔前下部的黏膜内有丰富的血管吻合丛,约90% 的鼻出血(鼻衄)发生于此,临床上称为易出血区。外侧壁(图14-21)上有3个突出的鼻甲,由上而下依次称为上鼻甲、中鼻甲和下鼻甲,各鼻甲下方的间隙分别称为上鼻道、中鼻道和下鼻道。上鼻甲的后上方的凹窝称为蝶筛隐窝。各鼻甲与鼻中隔之间的间隙称为总鼻道。切除中鼻甲后,在中鼻道中部可见一个凹向上的弧形裂隙称为半月裂孔,裂孔上方的圆枕形隆起称为筛泡。在中、上鼻道和蝶筛隐窝有鼻旁窦开口,下鼻道有鼻泪管开口。

固有鼻腔黏膜按其性质可分为嗅部和呼吸部。嗅部黏膜覆于上鼻甲以上及其相对的鼻中隔部分,呈淡黄色或苍白色,内含嗅细胞,能感受气味的刺激。其余部分覆以粉红色的呼吸部黏膜,黏膜内含丰富的毛细血管和黏液腺,上皮有纤毛,可净化空气并提高吸入空气的温度和湿度。

3. 鼻旁窦 由骨性鼻旁窦表面衬以黏膜构成,鼻旁窦黏膜通过各窦开口与鼻腔黏膜相续。鼻旁窦对发音有共鸣作用,也能协助调节吸入空气的温度和湿度。由于鼻腔和鼻旁窦的黏膜相延续,鼻腔炎症可引起鼻旁窦发炎。

四对鼻旁窦中上颌窦最大,位于上颌骨体内,上壁是眶下壁、较薄,当上颌窦炎或肿瘤时,常可破坏骨质侵入眶内;下壁邻近上颌磨牙,紧邻骨质菲薄的牙根,故牙根感染常波及上颌窦;前壁在眶下孔下方处较薄,进行上颌窦手术时即由此处凿开;内侧壁为鼻腔外侧壁,邻近中、下鼻道,在下鼻道前上部骨质较薄,上颌窦穿刺即由此处刺

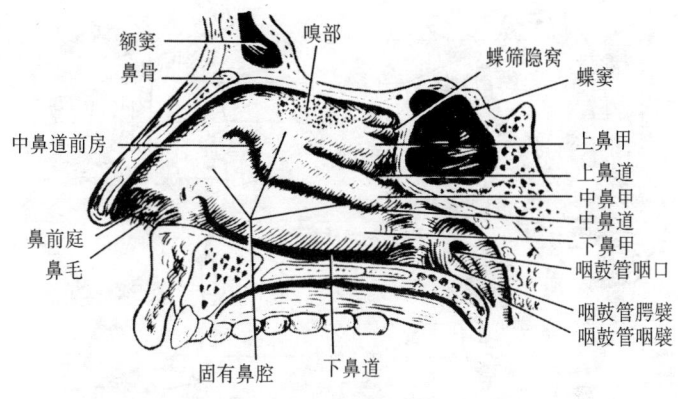

图 14 - 21　鼻腔外侧壁

入。上颌窦开口于半月裂孔的后部，由于开口位置较高，所以上颌窦发炎化脓时引流不畅，易造成窦内积脓。额窦开口于半月裂孔前端，筛窦开口于中鼻道和上鼻道，蝶窦开口于蝶筛隐窝。

（二）喉

喉（larynx）是呼吸道，也是发声器官，位于颈前部，相当于第 4 ~ 第 6 颈椎体范围。女性略高于男性、小儿略高于成人。上方以韧带和肌肉系于舌骨，下方续于气管，故吞咽时喉可向上移动。前面覆以皮肤、颈筋膜和舌骨下肌群。后方与咽紧密相连，其后壁即喉咽腔前壁。两侧有颈部血管、神经和甲状腺侧叶。

由于发声功能的分化，喉的结构比较复杂，它是以软骨支架为基础（图 14 - 22），贴附肌肉，内面衬以黏膜构成的。软骨支架围成喉腔，向上经喉口与咽相通，向下与气管内腔相续。喉腔的中部，有上、下两对自外侧壁突入腔内的黏膜皱襞，下面的一对称为声襞（声带），两侧声襞之间的窄隙称为声门裂，当两侧声襞并拢，由于气流冲击引起声襞振动而发声。

（三）气管和支气管

气管（trachea）和支气管（bronchi）均以软骨、肌肉、结缔组织和黏膜构成。软骨为 "C" 字形的软骨环，缺口向后，各软骨环以韧带连接起来，环后方缺口处由平滑肌和致密结缔组织连接，保持了持续张开状态。管壁衬以黏膜，表面覆盖着纤毛上皮，黏膜分泌的黏液可黏附吸入空气中的灰尘颗粒，纤毛不断向咽部摆动将黏液与灰尘排出，以净化吸入的气体。

气管上端平第 6 颈椎体下缘与喉相连，向下至胸骨角平面分为左、右支气管为止，成人全长 10 ~ 13 cm，含 15 ~ 20 个软骨环。分叉处称气管叉。根据行程，气管可分为颈、胸两段，颈段较浅表，在胸骨颈静脉切迹上方可以摸到。

左、右支气管从气管分出后，斜向下外方进入肺门。两支气管之间的夹角为 65° ~ 85°。左支气管细而长，比较倾斜；右支气管短而粗，较为陡直。因而异物易落入右支气管。

（四）肺

肺（lungs）是进行气体交换的器官，位于胸腔内纵隔的两侧，左右各一。

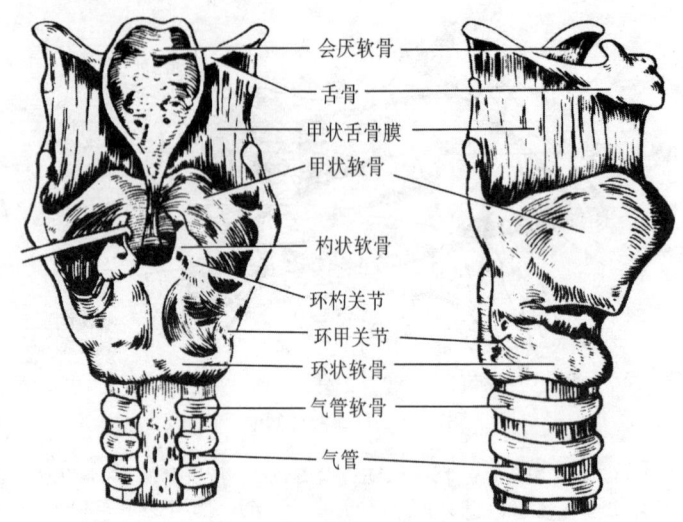

	会厌软骨
	舌骨
	甲状舌骨膜
	甲状软骨
	杓状软骨
	环杓关节
	环甲关节
	环状软骨
	气管软骨
	气管

图 14-22　喉的软骨支架及连接

　　肺上端钝圆称为肺尖，向上经胸廓上口突入颈根部，底位于膈上面；对向肋和肋间隙的面称为肋面；朝向纵隔的面称为内侧面，该面中央的支气管、血管、淋巴管和神经出入处称为肺门，这些出入肺门的结构，被结缔组织包裹在一起称为肺根。左肺由斜裂分为上、下两个肺叶，右肺除斜裂外，还有一水平裂将其分为上、中、下 3 个肺叶。

　　肺是以支气管反复分支形成的支气管树为基础构成的。左、右支气管在肺门分成第二级支气管，第二级支气管及其分支所辖的范围构成一个肺叶，每支第二级支气管又分出第三级支气管，每支第三级支气管及其分支所辖的范围构成一个肺段（图 14-23），支气管在肺内反复分支可达 23~25 级，最后形成肺泡（图 14-24）。支气管各级分支之

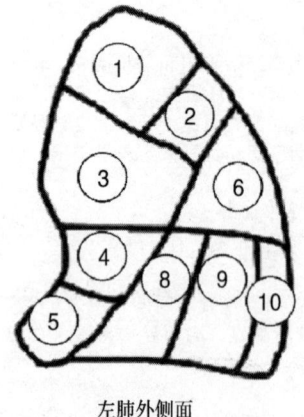

① 尖后段支气管
② 尖后段支气管
③ 前段支气管
④ 上舌段支气管
⑤ 下舌段支气管
⑥ 尖（上）段支气管
⑦ 内前底段支气管
⑧ 内前底段支气管
⑨ 外侧底段支气管
⑩ 后底底段支气管

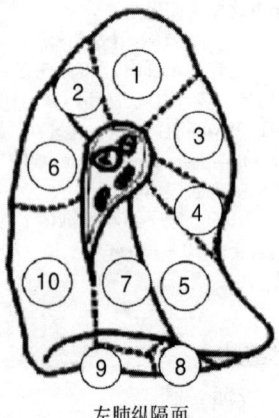

左肺外侧面　　　　　　　　　　　　　左肺纵隔面

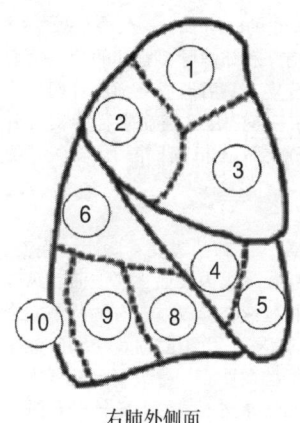
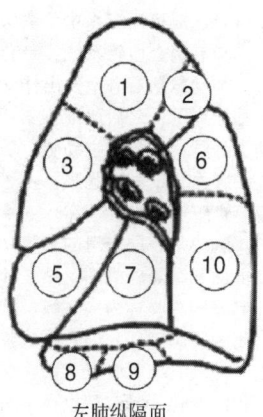

① 尖后段支气管
② 后段支气管
③ 前段支气管
④ 外段支气管
⑤ 内段支气管
⑥ 尖（上）段支气管
⑦ 内侧底段支气管
⑧ 前底段支气管
⑨ 外侧底段支气管
⑩ 后底段支气管

右肺外侧面　　　　　　　　　　　　　　左肺纵隔面

图 14-23　肺段模式图

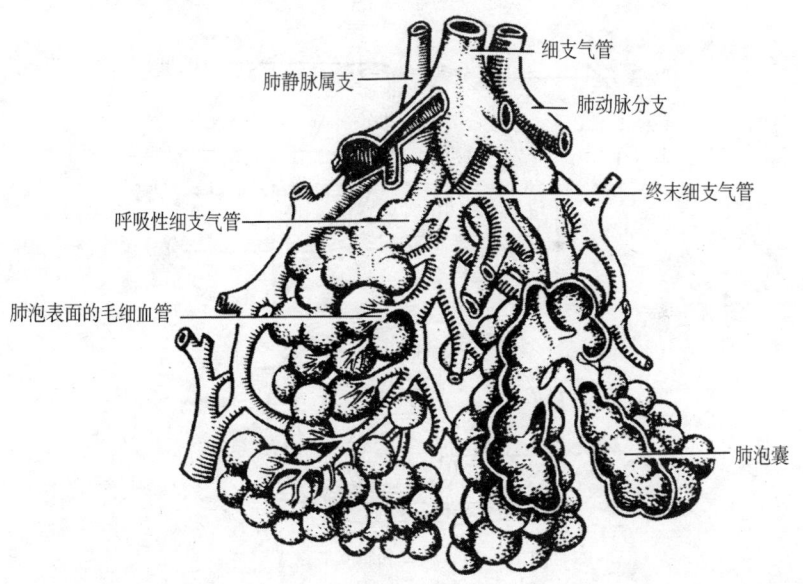

图 14-24　肺泡模式图

间以及肺泡之间都由结缔组织性的间质所填充，血管、淋巴管、神经等随支气管的分支分布在结缔组织内。肺泡之间的间质内含有丰富的毛细血管网，是血液和肺泡内气体进行气体交换的场所。肺表面覆被一层光滑的浆膜，即胸膜脏层。

　　胎儿降生前，肺无呼吸功能，构造致密，相对密度大于1（1.045～1.056），入水则下沉。降生后开始呼吸，肺泡内充满空气，呈海绵状，相对密度小于1（0.345～

0.746)，故可浮于水中。法医常利用这一点来鉴定胎儿死亡的时间。

肺有两套血管系统：一套是循环于心和肺之间的肺动脉和肺静脉，属肺的功能性血管。肺动脉从右心室发出伴支气管入肺，随支气管反复分支，最后形成毛细血管网包绕在肺泡周围，之后逐渐汇集成肺静脉，流回左心房。另一套是营养性血管称为支气管动、静脉，发自胸主动脉，攀附于支气管壁，随支气管分支而分布，营养肺内支气管的壁、肺血管壁和脏胸膜。

（五）胸膜

胸膜是一层光滑的浆膜（图14-25），分别覆被于左、右肺的表面、胸廓内表面、膈上面和纵隔外侧面，贴在肺表面的胸膜称为脏胸膜；贴在胸廓内表面、膈上面和纵隔外侧面的胸膜称为壁胸膜。脏胸膜和壁胸膜在肺根处互相延续，形成左、右侧两个完全封闭的胸膜腔。腔内含少量浆液，其内压低于大气压（负压），由于腔内负压和浆液吸附，使腔、壁胸膜紧紧贴在一起，实际上胸膜腔只是一个潜在性腔。呼吸时，随着胸腔容积的变化，肺容积也在不断改变，从而完成肺和外界的气体交换。外界气体一旦进入胸膜腔（气胸）使脏、壁胸膜分开，则影响呼吸。

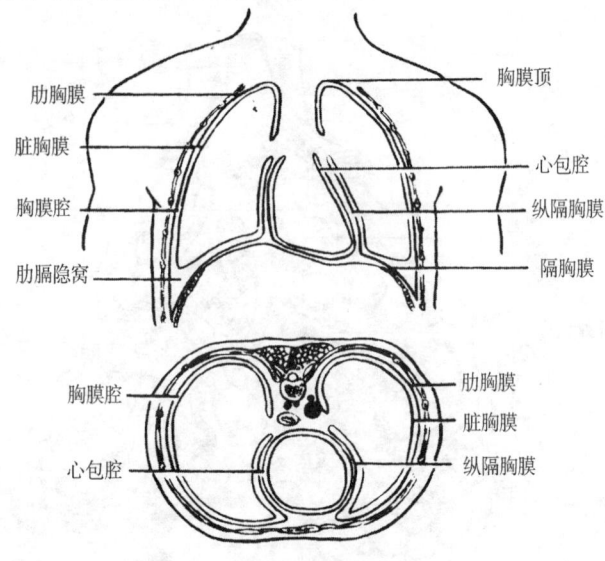

图14-25　胸膜和胸膜腔示意图

五、泌尿系统

泌尿系统（urinary system）由肾、输尿管、膀胱和尿道组成（图14-26）。机体在新陈代谢过程中所产生的废物（尿素、尿酸、无机盐等）及过剩的水分，需要不断地经血液循环送到排泄器官排出体外，排泄的渠道有二：一是经皮肤汗腺形成汗液排出，二是通过肾形成尿再经排尿管道排出。经过肾排出的废物数量大、种类多。肾不仅是排泄

第三篇　基础理论

器官，它对维持体内电解质平衡也有重要作用。

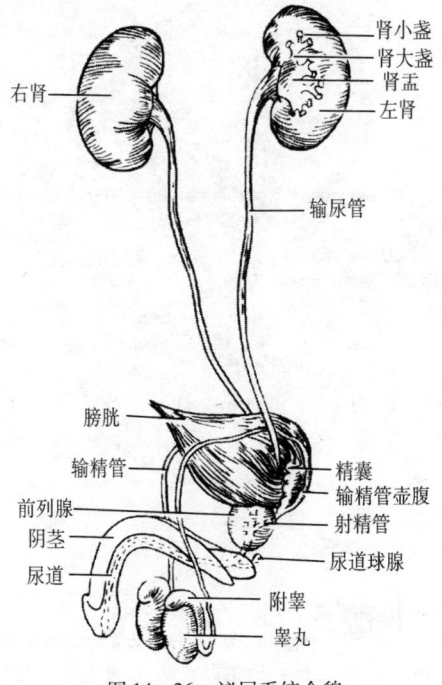

图 14-26　泌尿系统全貌

（一）肾脏

　　肾（kidney）是实质性器官，左右各一，呈豆形，新鲜肾呈红褐色。肾位于腹后壁脊柱两侧，上端平第 11～第 12 胸椎体，下端平第 3 腰椎，后面贴腹后壁肌，前面被腹膜覆盖。

　　肾的内侧缘中部是血管、淋巴管、神经和肾盂等出入肾的门户。从肾的冠状剖面上（图 14-27），肉眼可见肾实质分为皮质和髓质两个部分。皮质位于浅层，富含血管，呈红褐色。肾髓质位于深部，色淡呈锥体形，称为肾锥体，锥体的尖端钝圆称为肾乳头。

　　肾实质主要由许多肾单位组成，一个肾单位（图 14-28）包括肾小体和肾小管两部分，肾小体是由血管球（一团盘曲的动脉性毛细血管球）和包在血管球外面的肾小囊（肾小管盲端凹陷而成的杯状双层囊）构成，是泌尿部分，位于肾皮质内，肉眼看呈细小颗粒状。肾小管是细长弯曲的管道，续于肾小囊，收集肾小体泌出的尿液向外输出，在输出过程中，对其中有用的物质和大部分水分还有重吸收作用，可见肾小管的功能除参与排泄某些代谢废物，还与调节体内水、电解质、酸碱平衡等有重要关系，这在保持内外环境稳定方面起重要作用。肾小管的迂曲部分在皮质内围绕于肾小体的周围，直行的部分位于髓质内，许多肾小管的末端汇集成集合管，再合并形成乳头管开口于肾乳头。

　　肾的表面由内向外还有纤维囊、脂肪囊和肾筋膜 3 层被膜包绕，肾的血管、神经见

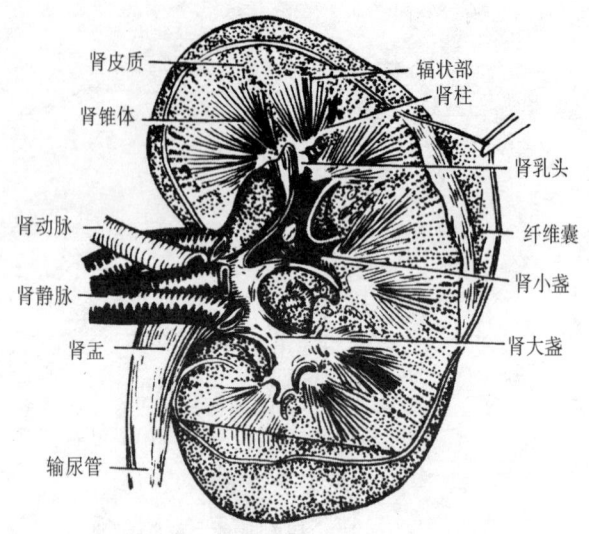

图 14 - 27　肾的冠状剖面（左、前面观）

后述。

（二）肾盏、肾盂和输尿管

肾盏（renal calices）和肾盂（renal pelvis）是排尿管的起始部分。肾小盏呈漏斗状，紧紧包绕着肾乳头，以收纳由乳头管泌出的尿液。一个肾小盏包绕着 1 个或 2 个肾乳头，每 2～3 个小盏集合成肾大盏。2～3 个肾大盏最后合并形成漏斗形的肾盂，肾盂向肾门方向逐渐变窄，出肾门后续于输尿管。

输尿管（ureter）长约 30 cm，自肾盂起始后，首先沿腹后壁下行，再沿盆腔侧壁至盆底，向内下斜穿过膀胱壁，开口于膀胱。输尿管壁有较厚的平滑肌层，可节律性蠕动，使尿液不断流入膀胱，当膀胱充满尿液后，由于膀胱内压力升高，将输尿管末段压扁，从而保证尿液不能逆流。

（三）膀胱

膀胱（urinary bladder）是暂时储存尿液的肌性囊。膀胱上连输尿管，下接尿道，位于小骨盆腔内。前为耻骨联合，后方在男性有精囊腺、输精管和直肠，在女性有子宫和阴道。

成人膀胱空虚时，膀胱顶不超过耻骨联合上缘；幼儿的膀胱位置比成年人高，几乎完全位于腹腔内；随着年轮的增长，膀胱逐渐下降到盆腔内，老年人因盆底肌的托载能力减弱所以位置较低。

膀胱的形状、大小和壁的厚薄随所储存的尿量而变化，一般成人容量为 300～500 mL。

膀胱壁由黏膜、黏膜下膜、肌膜和外膜组成。肌膜主要是纵横交错的平滑肌束，称为逼尿肌；膀胱下口即尿道内口处有发达的环行平滑肌，称为尿道内括约肌。当尿液在

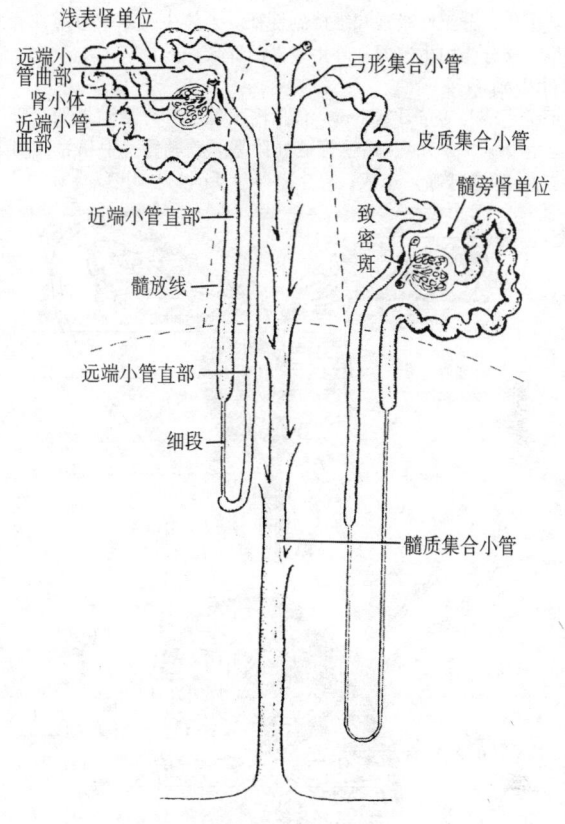

浅表肾单位

远端小管曲部

肾小体

近端小管曲部

弓形集合小管

皮质集合小管

髓旁肾单位

致密斑

近端小管直部

髓放线

远端小管直部

细段

髓质集合小管

图 14-28　肾单位模式图

膀胱内充盈到一定程度时（一般为 300~400 mL），逼尿肌受到牵张而收缩，括约肌松弛引起排尿，尿液排空后，又恢复到括约肌收缩、逼尿肌松弛的储尿状态。

（四）尿道

尿道（urethra）是排尿管道的最后一段，由膀胱下口（尿道内口）开始，末端直接开口于体表。男、女尿道有很大不同。男性尿道（male urethra）既是排尿路，又是排精路，它和男性生殖器官的前列腺、阴茎等关系密切，所以，将之放在男性生殖系统中描述。女性尿道（female urethra）是一条独立的肌性管，长约 4 cm，由尿道内口起始，向前下方，穿过盆底的尿生殖膈后，以尿道外口开口于阴道前庭。在穿过尿生殖膈处，有横纹肌性的括约肌环绕。

六、生殖系统

生殖系统是生物体内和生殖密切相关的器官成分的总称。生殖系统的功能是产生生殖细胞，繁殖新个体，分泌性激素和维持副性征。人体生殖系统有男性和女性两类。按生殖器所在部位，又分为内生殖器和外生殖器两部分。

（一）男性生殖系统

男性生殖系统（male genital system）包括内生殖器和外生殖器两个部分。内生殖器（图 14-29）由生殖腺（睾丸）、输精管道（附睾、输精管、射精管和尿道）和附属腺（精囊腺、前列腺、尿道球腺）组成；外生殖器包括阴囊和阴茎。

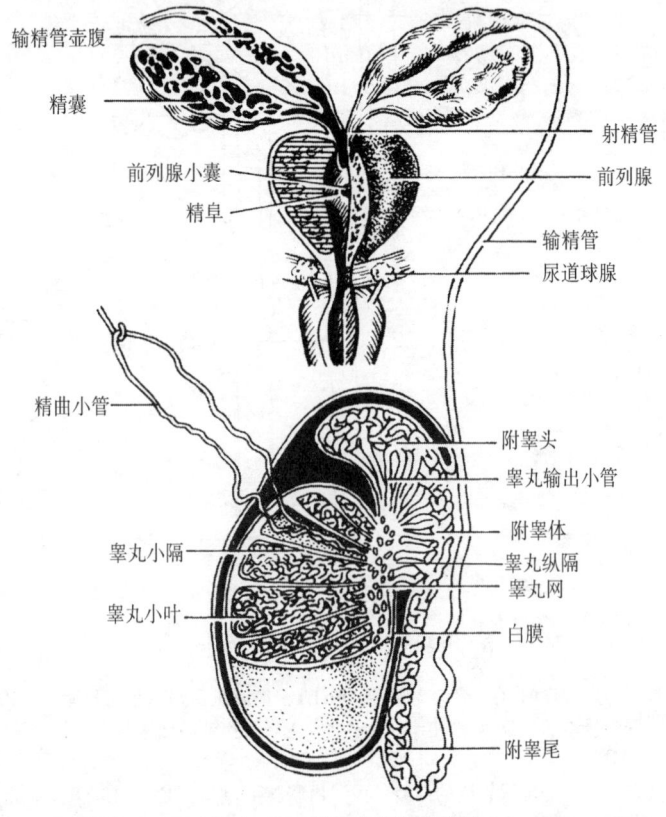

图 14-29　男性内生殖器全貌

睾丸是产生精子和分泌男性激素的器官，睾丸产生的精子，储存于附睾和输精管内，当射精时经射精管和尿道排出体外。附属腺分泌的液体与精子相混合构成精液，以增加精子的活动，并供给其营养。

1. 生殖腺（睾丸）　睾丸（testis）位于阴囊内，左右各一。睾丸的表面包被致密结缔组织构成的被膜，称为白膜。在睾丸后缘，白膜增厚并突入睾丸实质内形成放射状的小隔，把睾丸实质分隔成许多锥体形的睾丸小叶，每个小叶内含 2~4 条盘曲的精曲小

　　　　第三篇　基础理论

管，精曲小管的上皮是产生精子的场所。精曲小管之间的结缔组织内有间质细胞，可分泌男性激素。精曲小管在睾丸小叶的尖端处汇合成精直小管再互相交织成网，最后在睾丸后缘发出十多条输出小管进入附睾。

2. 附睾、输精管和射精管

（1）附睾（epididymis）：紧贴睾丸的上端和后缘，可分为头、体、尾三部分。头部由输出小管盘曲而成，输出小管的末端连接一条附睾管。附睾管长4～5 m，盘曲构成体部和尾部。管的末端急转向上直接延续成为输精管。附睾管除储存精子外还能分泌附睾液，其中含有某些激素、酶和特异的营养物质，它们有助于精子的成熟。

（2）输精管（ductus deferens）：长约50 cm，管壁肌膜发达，于活体触摸时，呈紧硬圆索状。输精管行程较长，从阴囊到外部皮下，再通过腹股沟管入腹腔和盆腔，在膀胱底的后面精囊腺的内侧，膨大形成输精管壶腹，其末端变细，与精囊腺的排泄管合成射精管（ejaculatory duct）。射精管长约2 cm，穿前列腺实质，开口于尿道前列腺部。精索（spermatic cord）是一对扁圆形索条，由睾丸上端延至腹股沟管内口。它由输精管、睾丸动脉、蔓状静脉丛、神经丛、淋巴管等为主体，外包3层筋膜构成。

3. 附属腺

（1）精囊（seminal vesicle）：又称精囊腺，是扁椭圆形囊状器官，位于膀胱底之后、输精管壶腹的外侧，其排泄管与输精管末端合成射精管。分泌液参与构成精液。

（2）前列腺（prostate gland）：是分泌精液的主要腺体，呈栗子形，位于膀胱底和尿生殖膈之间，内部有尿道前列腺部穿过。前列腺的间质中混有大量的平滑肌，较坚硬。腺的导管最后汇合成20～30条，开口于尿道前列腺部。

小儿前列腺较小，性成熟期后生长迅速；老年腺组织退化，结缔组织增生，造成前列腺肥大。

（3）尿道球腺（bulbourethral gland）：是埋藏在尿生殖膈内的一对豌豆形小腺体，导管开口于尿道海绵体部的起始段，其分泌物在射精时可滑润尿道。

4. 外生殖器

（1）皮肤薄而柔软，皮下组织内含有大量平滑肌纤维，称为肉膜，肉膜在正中线上形成阴囊中隔将两侧睾丸和附睾隔开。肉膜遇冷收缩，遇热舒张，借以调节阴囊内的温度，利于精子的产生和生存。

（2）阴茎头为阴茎前端的膨大部分，尖端生有尿道外口，头后稍细的部分称为阴茎颈。阴茎根藏在皮肤的深面，固定于耻骨下支和坐骨支上。根、颈之间的部分为阴茎体。

阴茎由两个阴茎海绵体和一个尿道海绵体，外面包以筋膜和皮肤而构成。两个阴茎海绵体紧密结合，并列于阴茎的背侧部，前端嵌入阴茎头后面的凹窝中，后端分离，即阴茎根。尿道海绵体位于阴茎体腹侧中央，尿道贯穿其全长，前端膨大即阴茎头，后端膨大形成尿道球，固定于尿生殖膈上。

海绵体（图14-30）是一种勃起组织，外面包有坚厚的白膜，内部由结缔组织和平滑肌组成海绵状支架，其腔隙与血管相通。当腔隙内充满血液时，阴茎变粗变硬而勃起。阴茎皮肤薄而软，皮下组织疏松，易于伸展。但阴茎头的皮肤无皮下组织，不能活动。阴茎体部的皮肤至阴茎颈游离向前，形成包绕阴茎头的环形皱襞，称为阴茎包皮。在阴茎头腹侧正中线上，包皮与尿道外口相连的皮肤皱襞称为包皮系带，做包皮环切时注意勿损伤此系带。

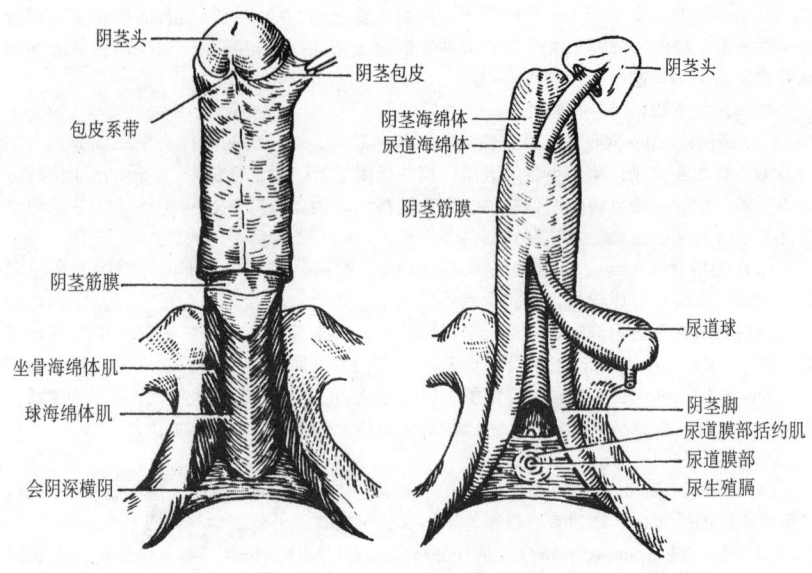

图 14-30　阴茎的海绵体

5. 男性尿道　男性尿道（male urethra，图 14-31）既是排尿路又是排精管道。起于尿道内口，止于阴茎头尖端的尿道外口，成人长约 18 cm，全程可分为 3 部分：前列

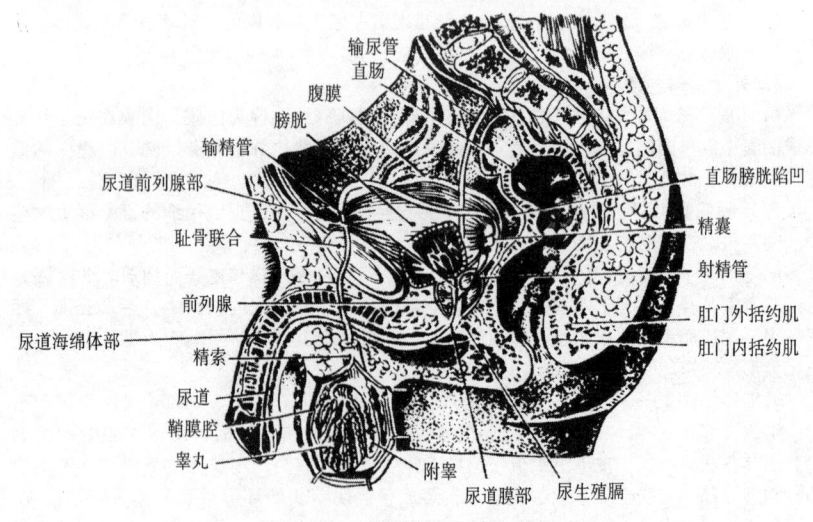

图 14-31　男性盆腔正中矢状切面

腺部（穿过前列腺的部分）、膜部（穿过尿生殖膈的部分，长约1.2 cm）和海绵体部（穿过尿道海绵体的部分），临床上将前列腺部和膜部称为后尿道，海绵体部称为前尿道。

男性尿道全程中有3个狭窄和2个弯曲。3个狭窄是尿道内口、膜部和尿道外口；2个弯曲分别位于耻骨联合下方（相当于膜部和海绵体部起始段，凹向上）和耻骨联合前下方（相当于阴茎根与体之间，凹向下），后一个弯曲当阴茎向上提起时消失，所以临床上作导尿或尿道扩张时，首先上提阴茎，使此曲消失以利插管。

（二）女性生殖系统

女性生殖系统（female genital system）包括内生殖器和外生殖器两个部分。内生殖器（图14-32）由生殖腺（卵巢）、输卵管道（输卵管、子宫、阴道）和附属腺（前庭大腺）组成。外生殖器即外阴。

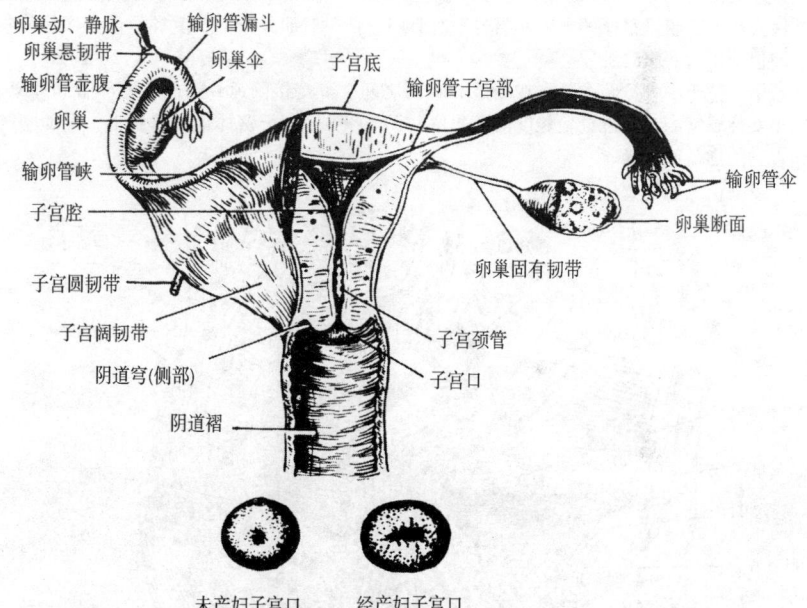

图14-32　女性内生殖器全貌

卵巢是产生卵细胞和分泌女性激素的器官。成熟的卵细胞从卵巢表面排出，经腹膜腔进入输卵管，在管内受精后移至子宫内膜发育生长，成熟的胎儿于分娩时经阴道娩出。

1. 生殖腺（卵巢）　　卵巢（ovary）呈扁椭圆形，左右成对。在小骨盆上口平面，贴靠骨盆侧壁。卵巢是实质性器官，可分为浅层的皮质和深层的髓质。皮质内藏有胚胎时期已生成的数以万计的原始卵泡，性成熟期之后，成熟的卵泡破溃后将卵细胞排出。一般在每一月经周期（28天）排一个卵细胞。卵巢的形状、大小因年龄而异。幼年卵巢小而光滑，成年后卵巢增大并由于每次排卵后在卵巢表面留有瘢痕而显得凹凸不平，围绝经期后卵巢萎缩。

2. 输卵管（uterine tube）　　输卵管是一对弯曲的喇叭状的肌性管，长 10～12 cm，内端连接子宫，外端开口于腹膜腔，在开口的游离缘有许多指状突起称为输卵管伞，覆盖于卵巢表面。卵细胞从卵巢表面排入腹膜腔，再经输卵管腹腔口进入输卵管。

3. 子宫（uterus）　　子宫是孕育胎儿的器官，呈倒置梨形，前后略扁，可分为底、体、颈 3 部分。上端向上隆凸的部分称为子宫底，在输卵管入口平面上方；下部变细呈圆筒状称为子宫颈，底和颈之间的部分称为子宫体。底、体部的内腔呈前后压扁的、尖端向下的三角形称为子宫腔；子宫颈的内腔称为子宫颈管，呈梭形；其上口称为子宫内口，通子宫腔；下口称为子宫外口，通阴道。

子宫壁由黏膜、肌膜和浆膜 3 层构成。子宫黏膜称为子宫内膜，子宫底和体的内膜随月经周期（约 28 天）而变化，呈周期性的增生和脱落；颈部黏膜较厚而坚实，无周期性变化。肌膜是很厚的纵横交错的平滑肌层，怀孕时肌纤维的长度和数量都增加。浆膜即包绕子宫的腹膜脏层。

子宫位于小骨盆腔中央，在膀胱和直肠之间，下端接阴道，两侧有输卵管和卵巢。成年女性子宫的正常位置呈轻度前倾屈位（图 14－33），子宫体伏于膀胱上，可随膀胱和直肠的虚盈而移动。

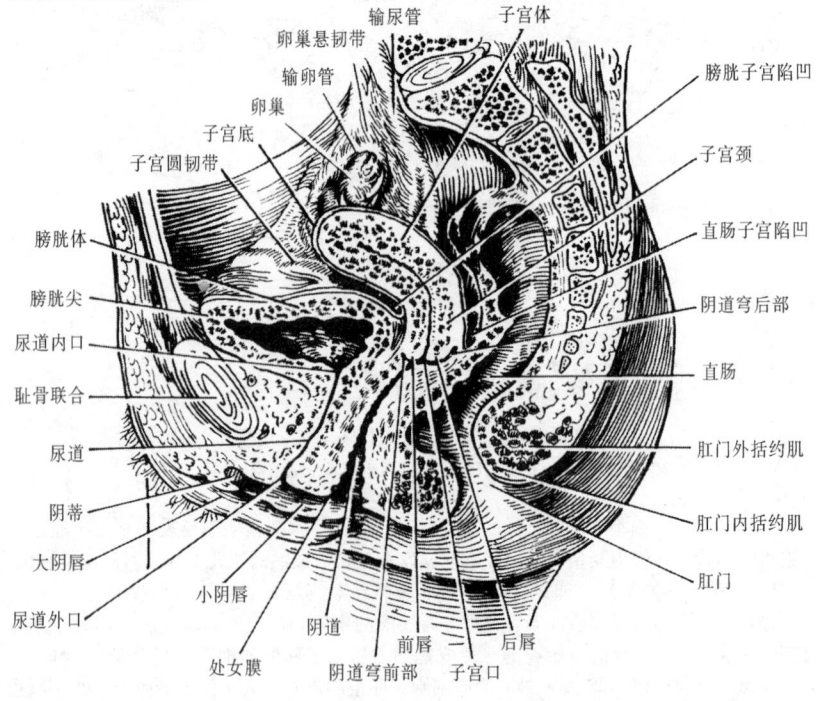

图 14－33　女性盆腔正中矢状切面

4. 阴道（vagina） 阴道是一前后压扁的肌性管道，由黏膜、肌膜和外膜构成，大部位于小骨盆腔内，后方以结缔组织和直肠紧密连接，前方与尿道也以结缔组织牢固连接，上端连接子宫颈，下部穿过尿生殖膈，开口于阴道前庭。在处女阴道口周围有处女膜附着。阴道具有较大的伸展性，分娩时高度扩张，成为胎儿娩出的产道。

5. 附属腺和外阴 女性外生殖器（外阴）包括阴阜、大阴唇、小阴唇、阴蒂、阴道前庭、前庭球等结构（图14-34）。前庭大腺（greater vestibular gland）相当于男性尿道球腺，形如豌豆，位于前庭球两侧部的后方，阴道口的两侧，导管开口于阴道前庭。

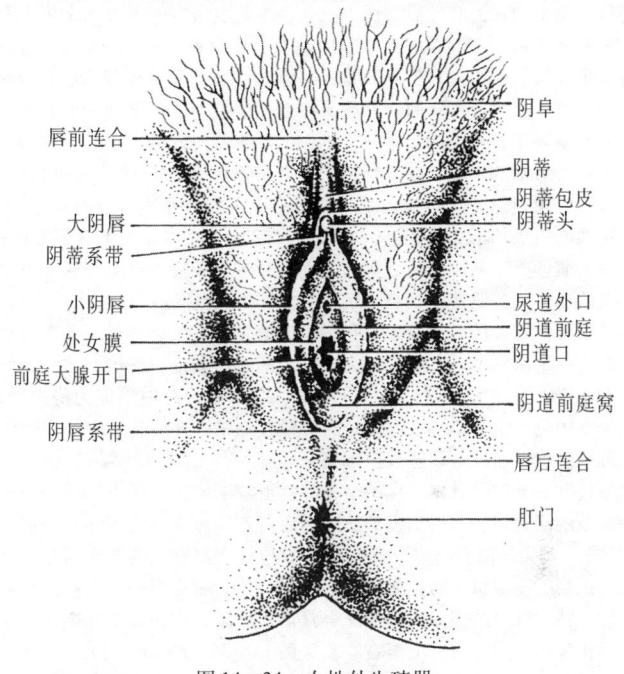

图14-34 女性外生殖器

唇前连合
大阴唇
阴蒂系带
小阴唇
处女膜
前庭大腺开口
阴唇系带

阴阜
阴蒂
阴蒂包皮
阴蒂头
尿道外口
阴道前庭
阴道口
阴道前庭窝
唇后连合
肛门

七、循环系统

循环系统（circulatory system）是封闭的管道系统，包括心血管系统和淋巴管系统两部分。心血管系统是一个完整的循环管道，它以心脏为中心通过血管与全身各器官、组织相连，血液在其中循环流动；淋巴管系统则是一个单向的回流管道，它以毛细淋巴管盲端起源于组织细胞间隙，吸收组织液形成淋巴液，淋巴液在淋巴管内向心流动，沿途经过若干淋巴结，并获得淋巴球和浆细胞，最后汇集成左、右淋巴导管开口于静脉。

循环系统的主要功能是：①把机体从外界摄取的氧气和营养物质送到全身各部，供给组织进行新陈代谢之用；同时把全身各组织的代谢产物，如 CO_2、尿素等，分别运送到肺、肾和皮肤等处排出体外，从而维持人体的新陈代谢和内环境的稳定。②将为数众多的与生命活动调节有关的物质（如激素）运送到相应的器官，以调节各器官的活动。③淋巴系是组织液回收的第二条渠道，既是静脉系的辅助系统，又是抗体防御系统中的一环。

（一）心脏

心脏（heart）位于胸腔的纵隔内，膈肌中心腱的上方，夹在两侧胸膜囊之间。其所在位置相当于第2～第6肋软骨或第5～第8胸椎之间的范围。整个心脏2/3偏在身体正中线的左侧。

心脏的外形略呈倒置的圆锥形（图14-35），大小相当于本人的拳头。心尖朝向左前下方，心底朝向右后上方。心底部自右向左有上腔静脉、肺动脉和主动脉与之相连。心脏表面有3个浅沟，可作为心脏分界的表面标志。在心底附近有环形的冠状沟，分隔上方的心房和下方的心室。心室的前、后面各有一条纵沟，分别称为前室间沟和后室间沟，是左、右心室表面分界的标志。左、右心房各向前内方伸出三角形的心耳。心脏是肌性的空腔器官。与壁的构成以心脏层为主，其外表面覆以心外膜（即心包脏层），内面衬以心内膜，心内膜与血管内膜相续。心房、心室的心外膜、心内膜是互相延续的，但心房和心室的心肌层却不直接相连，它们分别起止于心房和心室交界处的纤维支架，形成各自独立的肌性壁，从而保证心房和心室各自进行独立的收缩舒张，以推动血液在心脏内的定向流动。心房肌薄弱，心室肌肥厚，其中左室壁肌最发达。

成体心脏内腔被完整的心中隔分为互不相通的左、右两半。每半心在与冠状沟一致的位置上，各有一个房室口，将心脏分为后上方的心房和前下方的心室。因此心脏被分为右心房、右心室、左心房和左心室。分隔左、右心房的心中隔称为房中隔；分隔左、右心室的称为室中隔。右心房、右心室容纳静脉性血液，左心房、左心室容纳动脉性血液。成体心脏内静脉性血液与动脉性血液完全分流。

右心房通过上、下腔静脉口，接纳全身静脉血液的回流，还有一小的冠状窦口，是心脏本身静脉血的回流口。右心房内的血液经右房室口流入右心室，在右房室口有三尖瓣（右房室瓣），瓣尖伸向右心室，尖瓣借腱索与右心室壁上的乳头肌相连。当心室收缩时，瓣膜合拢封闭房室口以防止血液向心房内逆流。右心室的出口称为肺动脉口，通过向肺动脉。在肺动脉口的周缘附有3片半月形的瓣膜，称为肺动脉瓣，其作用是当心室舒张时，防止肺动脉的血液反流至右心室（图14-36、图14-37）。

左心房通过4个肺静脉口收纳由肺回流的血液，然后经左房室口流入左心室，在左房室口处有二尖瓣（左房室瓣）。左心室的出口称为主动脉口，左心室的血液通过此口入主动脉，向全身各组织器官分布。在主动脉口的周缘也附有3片半月形的瓣膜，称主动脉瓣。二尖瓣和主动脉瓣的形状、结构及作用与三尖瓣和肺动脉瓣的基本一致。

房室口和动脉口的瓣膜，是保证心腔血液定向流动的装置。当心室肌舒张时，房室瓣（三尖瓣、二尖瓣）开放，而动脉瓣（肺动脉瓣，主动脉瓣）关闭，血液由左、右心房流向左、右心室；心室肌收缩时则相反，房室瓣关闭，动脉瓣开放，血液由左、右心室泵入主动脉和肺动脉。这样形成了心脏内血液的定向循环，即上、下腔静脉和冠状静脉窦→右心房→右房室口（三尖瓣开放）→右心室→肺动脉口（肺动脉瓣开放）→肺动脉→肺（经肺泡壁周围的毛细血管进行气体交换）→肺静脉→左心房→左房室口（二尖瓣开放）→左心室→主动脉口（主动脉瓣开放）→主动脉（通过各级动脉分布至全身）。

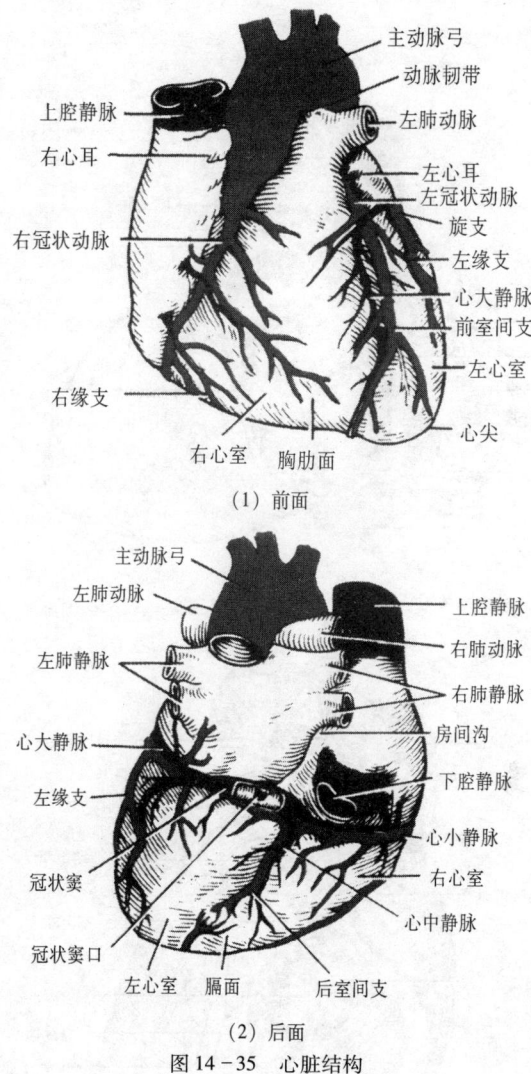

主动脉弓
动脉韧带
左肺动脉
上腔静脉
右心耳
左心耳
左冠状动脉
旋支
右冠状动脉
左缘支
心大静脉
前室间支
左心室
右缘支
右心室 胸肋面
心尖

（1）前面

主动脉弓
左肺动脉
左肺静脉
上腔静脉
右肺动脉
右肺静脉
心大静脉
房间沟
左缘支
下腔静脉
冠状窦
心小静脉
右心室
冠状窦口
心中静脉
左心室 膈面 后室间支

（2）后面

图14-35　心脏结构

此外，下列结构对保证心脏正常活动也具有重要作用：①心传导系统，它是由特殊的心肌纤维所构成，能产生并传导冲动，使心房肌和心室肌协调的规律地进行收缩，从而维持心收缩的正常节律。②心脏的血管，心脏的动脉为发自升主动脉的左、右冠状动脉，心脏的静脉最终汇集成冠状静脉窦开口于右心房。供给心脏本身的血液循环，称为冠状循环。

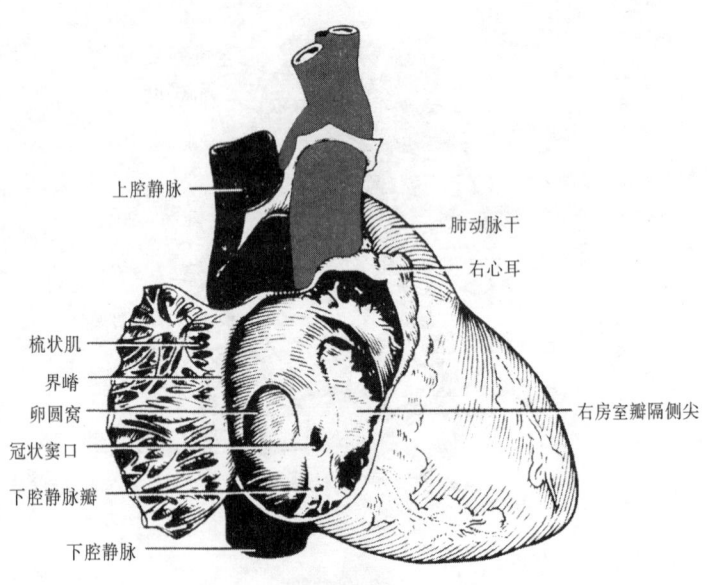

上腔静脉

肺动脉干

右心耳

梳状肌

界嵴

卵圆窝

冠状窦口

下腔静脉瓣

下腔静脉

右房室瓣隔侧尖

（1）右心房

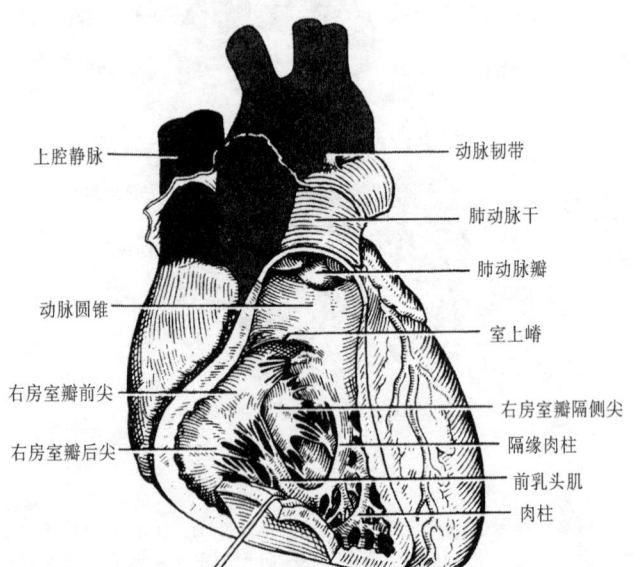

上腔静脉

动脉韧带

肺动脉干

肺动脉瓣

动脉圆锥

室上嵴

右房室瓣前尖

右房室瓣隔侧尖

隔缘肉柱

右房室瓣后尖

前乳头肌

肉柱

（2）右心室

图 14-36　右心房和右心室

第三篇　基础理论

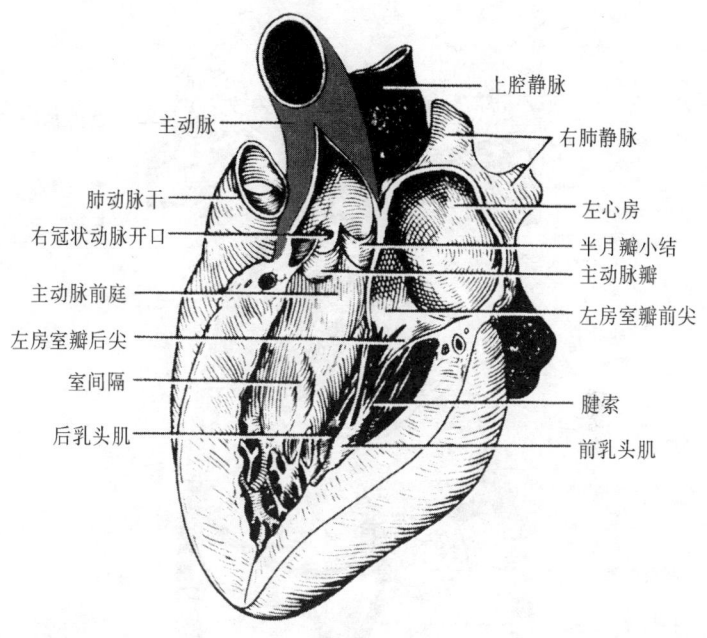

图 14-37　左心房和左心室

上腔静脉

主动脉

右肺静脉

肺动脉干

右冠状动脉开口

左心房

半月瓣小结

主动脉前庭

主动脉瓣

左房室瓣后尖

左房室瓣前尖

室间隔

腱索

后乳头肌

前乳头肌

（二）血管系

　　血管系由起于心室的动脉系和回流于心房的静脉系以及连接于动、静脉之间的网状的毛细血管所组成。血液由心室射出，经动脉、毛细血管、静脉再回流入心房，循环不已，根据循环途径的不同，可分为大（体）循环和小（肺）循环两种。体循环起始于左心室，左心室收缩将富含氧气和营养物质的动脉血泵入主动脉，经各级动脉分支到达全身各组织的毛细血管，与组织细胞进行物质交换，即血中的氧气和营养物质为组织细胞所吸收，组织细胞的代谢产物和二氧化碳等进入血液，形成静脉血。再经各级静脉，最后汇合成上、下腔静脉注入右心房。而肺循环则起于右心室，右心室收缩时，将体循环回流的血液（含代谢产物及二氧化碳的静脉血）泵入肺动脉，经肺动脉的各级分支到达肺泡周围的毛细血管网，通过毛细血管壁和肺泡壁与肺泡内的空气进行气体交换，即排出二氧化碳，摄入氧气，使血液变为富含氧气的动脉血，再经肺静脉回流于左心房（图14-38）。

　　上述可见，动脉（artery）是由心室发出的血管，在行程中不断分支，形成大、中、小动脉。动脉由于承受较大的压力，管壁较厚，管腔断面呈圆形。动脉壁由内膜、中膜和外膜构成，内膜的表面，由单层扁平上皮（内皮）构成光滑的腔面；外膜为结缔组织；大动脉的中膜富有弹力纤维。当心脏收缩射血时，大动脉管壁扩张；当心室舒张时，管壁弹性回缩，继续推动血液。中、小动脉，特别是小动脉的中膜，平滑肌较发达。在神经支配下收缩和舒张，以维持和调节血压以及调节其分布区域的血流量。静脉

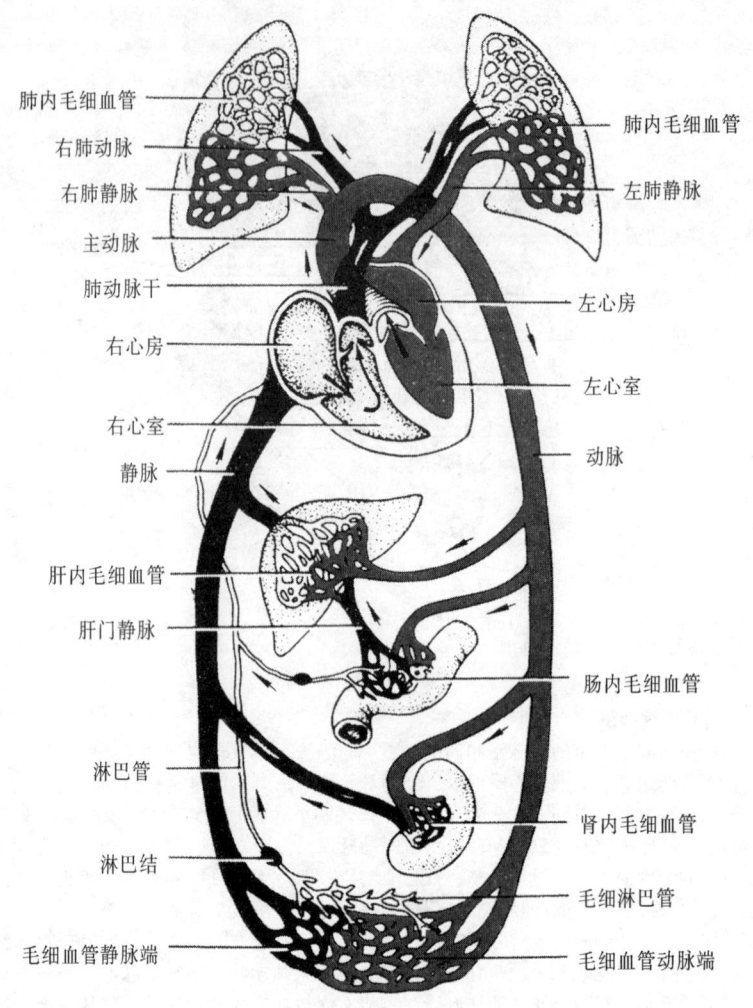

肺内毛细血管

右肺动脉

右肺静脉

主动脉

肺动脉干

右心房

右心室

静脉

肝内毛细血管

肝门静脉

淋巴管

淋巴结

毛细血管静脉端

肺内毛细血管

左肺静脉

左心房

左心室

动脉

肠内毛细血管

肾内毛细血管

毛细淋巴管

毛细血管动脉端

图 14 - 38　循环系统

（vein）是引导血液回心的血管，小静脉起于毛细血管网，行程中逐渐汇成中静脉、大静脉，最后开口于心房。静脉因所承受压力小，故管壁薄、平滑肌和弹力纤维均较少，弹性和收缩性均较弱，管腔在断面上呈扁椭圆形。静脉的数目较动脉多，由于走行的部位不同，头颈、躯干、四肢的静脉有深浅之分，深静脉与同名的动脉伴行，在肢体的中间段及远侧段，一条动脉有两条静脉与之伴行。浅静脉走行于皮下组织中。静脉间的吻合较丰富。静脉壁的结构也可分为内、中、外膜，在大多数的静脉其内膜反折，形成半月形的静脉瓣，以保障血液的向心回流。毛细血管（capillaries）是连接于动、静脉之间的极细微的血管网，直径仅 7~9 μm，管壁菲薄，主要由一层内皮细胞构成，具有一定的通透性，血液在毛细血管网中流速缓慢，有利于组织细胞和血液间的物质交换。

1. 肺循环

（1）肺动脉（pulmonary artery）：肺动脉起于右心室，为一短干，在主动脉之前向左上后方斜行，在主动脉弓下方分为左、右肺动脉，经肺门入肺，随肺支气管的分支而分支，在肺泡壁的周围，形成稠密的毛细血管网。

（2）肺静脉（pulmonary veins）：肺静脉的属支起于肺内毛细血管，逐级汇成较大的静脉，最后，左、右肺各汇成两条肺静脉，注入左心房。

2. 体循环的动脉

（1）主动脉（aorta）：是体循环中的动脉主干，全程可分为 3 段，即升主动脉、主动脉弓和降主动脉。降主动脉又可再分为胸主动脉和腹主动脉。升主动脉，起自左心室，在起始部发出左、右冠状动脉营养心脏壁。主动脉弓，是升主动脉的直接延续，在右侧第 2 胸肋关节后方，呈弓形向左后方弯曲，到第 4 胸椎椎体的左侧移行为胸主动脉。在主动脉弓的凸侧，自右向左发出头臂干、左侧颈总动脉和左侧锁骨下动脉。胸主动脉，是主动脉弓的直接延续，沿脊柱前方下降，穿过膈肌主动脉裂孔移行为腹主动脉。腹主动脉，是胸主动脉的延续，沿脊柱前方下降，至第 4 腰椎平面分为左、右髂总动脉而终（图 14 - 39）。

（2）头颈部的动脉：主要来源于颈总动脉，小部分的分支从锁骨下动脉发出（见上肢的动脉）。

左侧颈总动脉直接发自主动脉弓，右侧者起于头臂干。起始后沿气管和食管的外侧上升，至甲状软骨上缘平面分为颈内动脉和颈外动脉两支。颈内动脉经颅底的颈动脉管入颅，分布于脑和视器。颈外动脉，上行至下颌颈处分为颞浅动脉和上颌动脉两个终支。沿途的主要分支有甲状腺上动脉、舌动脉和面动脉等，分布于甲状腺、喉及头面部的浅、深层结构。

（3）上肢的动脉：上肢动脉的主干是锁骨下动脉。左锁骨下动脉直接起于主动脉弓，右锁骨下动脉起于头臂干，起始后经胸廓上口进入颈根部，越过第 1 肋，续于腋动脉。其主要分支有椎动脉，穿经颈椎的横突孔由枕骨大孔入颅，分布于脑。甲状颈干，分布于甲状腺等。胸廓内动脉分布于胸腹壁前壁。

腋动脉为锁骨下动脉的延续，穿行于腋窝，至背阔肌下缘，移行于肱动脉，腋动脉的分支，分布于腋窝周围结构。

肱动脉沿臂内侧下行，至肘关节前面，分为桡动脉和尺动脉。桡动脉和尺动脉分别沿前臂的桡侧和尺侧下降。至手掌，两动脉的末端和分支在手掌吻合，形成双层的动脉弓，即掌浅弓的掌深弓。上述各动脉分支分布于走行部位附近的组织。

（4）胸部的动脉：主要起源于主动脉。其分支有壁支和脏支两类。

壁支主要是肋间动脉，共 9 对，行于第 3~第 11 肋间隙内；肋下动脉，沿第 12 肋下缘行走。壁支供养胸壁和腹前外侧壁。

脏支供给胸腔脏器，如支气管和肺、食管和心包等。

（5）腹部的动脉：主要发自腹主动脉，也有壁支和脏支两类。壁支分布于腹后壁和膈肌。脏支供养腹腔脏器和生殖腺。由于腹腔消化器官和脾是不成对器官而泌尿生殖器

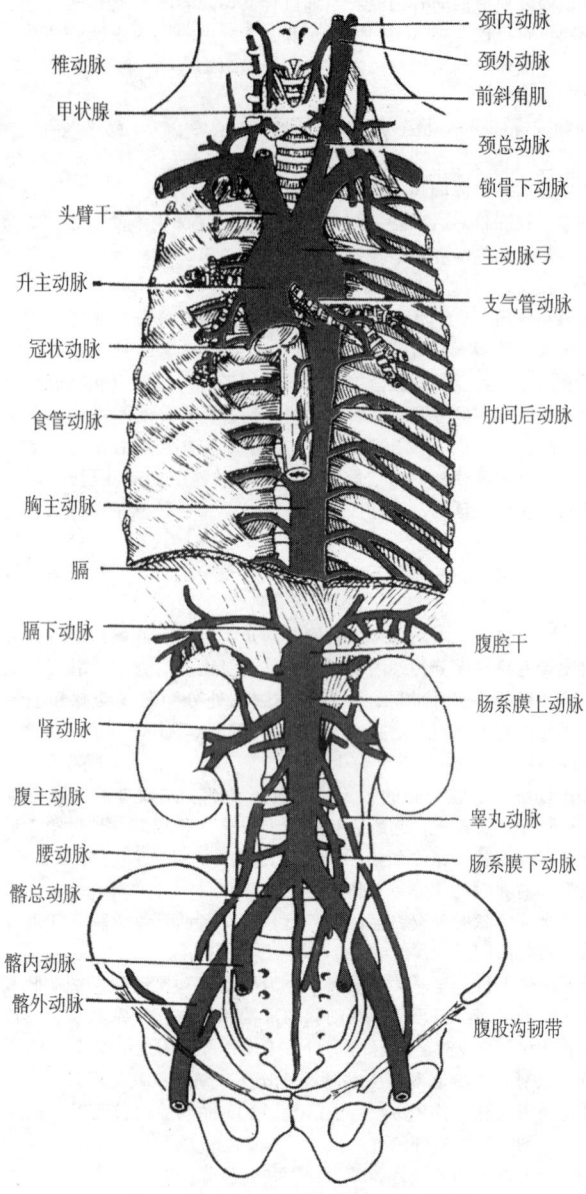

椎动脉
甲状腺
头臂干
升主动脉
冠状动脉
食管动脉
胸主动脉
膈
膈下动脉
肾动脉
腹主动脉
腰动脉
髂总动脉
髂内动脉
髂外动脉

颈内动脉
颈外动脉
前斜角肌
颈总动脉
锁骨下动脉
主动脉弓
支气管动脉
肋间后动脉
腹腔干
肠系膜上动脉
睾丸动脉
肠系膜下动脉
腹股沟韧带

图 14－39　主动脉及各体部的主要动脉

官是成对器官，所以血管的分支与此相适应，可分为成对脏支和不成对脏支。成对的有肾上腺中动脉、肾动脉和生殖腺动脉（男性的睾丸动脉或女性的卵巢动脉）。不成对的分支有腹腔干，分布于胃、肝、脾、胰等；肠系膜上动脉，分布于小肠、盲肠、升结肠和横结肠；肠系膜下动脉，分布于降结肠、乙状结肠和直肠上部。

（6）盆部的动脉：腹主动脉在第4腰椎体的左前方，分为左、右髂总动脉。髂总动脉行至骶髂关节处又分为髂内动脉和髂外动脉。

髂内动脉，是盆部动脉的主干，沿小骨盆后外侧壁走行。分支有壁支和脏支之分。壁支分布于盆壁、臀部及股内侧部。脏支分布于盆腔脏器（膀胱、直肠下段、子宫等）。

（7）髂外动脉和下肢的动脉：髂外动脉，沿腰大肌内侧下降，进入腹直肌鞘，与腹壁上动脉吻合并分布于腹直肌，其分支供养腹前壁下部。

股动脉，在腹股沟韧带中点深面由髂外动脉延续而来，经股前部下行，在股下部穿向后行至腘窝，移行为腘动脉。腘动脉在腘窝深部下行，在膝关节下方分为胫后动脉和胫前动脉。胫后动脉沿小腿后部深层下行，经内踝后方至足底分为足底内侧动脉和足底外侧动脉。胫前动脉起始后经胫腓骨之间穿行向前，至小腿前部下行，越过踝关节前面至足背，移行为足背动脉，足背动脉在第1、第2跖骨间穿行至足底与足底外侧动脉吻合，形成足底动脉弓。上述各动脉都有分支供养所经部位周围的组织。

3. 体循环的静脉　可分为上腔静脉系、下腔静脉系和心静脉系（图14-40）。

（1）上腔静脉系：上腔静脉由左、右头臂静脉在右侧第1胸肋关节后合成，垂直下行，汇入右心房。在其汇入前有奇静脉注入上腔静脉。主要接纳头颈、上肢和胸部和静脉血。

头臂静脉，左右各一，分别由颈内静脉和锁骨下静脉在胸锁关节后方汇合而成，汇合处所形成的夹角，称为静脉角。

1）头颈部的静脉：头颈部的静脉有深浅之分。深静脉称为颈内静脉，起自颅底的颈静脉孔，在颈内动脉和颈总动脉的外侧下行。它除接受颅内的血流外，还受纳从咽、舌、喉、甲状腺和头面部来的静脉。浅静脉称为颈外静脉，起始于下颌角处，越过胸锁乳突肌表面下降，注入锁骨下静脉。

2）上肢的静脉：上肢的深静脉均与同名动脉伴行。上肢的浅静脉有：头静脉起自手背静脉网桡侧，沿前臂和臂外侧上行，汇入腋静脉。贵要静脉起自手背静脉网尺侧，沿前臂尺侧上行；在臂内侧中点与肱静脉汇合，或伴随肱静脉向上注入腋静脉。肘正中静脉在肘部前面连于头静脉和贵要静脉之间。

3）胸部的静脉：右侧肋间静脉、支气管静脉和食管静脉汇入奇静脉；而左侧肋间静脉则先汇入半奇静脉或副半奇静脉，然后汇入奇静脉。奇静脉沿胸椎体右前方上行，弓形越过右肺根汇入上腔静脉。

（2）下腔静脉系：下腔静脉是人体最大的静脉，接受膈以下各体部（下肢、盆部和腹部）的静脉血，由左、右髂总静脉在第4腰椎下缘处汇合而成，沿腹主动脉右侧上行，穿过膈的腔静脉孔，注入右心房。

1）下肢的静脉：下肢的深静脉与同名动脉伴行，由股静脉续于髂外静脉。下肢的浅静脉有：大隐静脉，起自足背静脉弓的内侧端，经内踝前沿下肢内侧上行，在股前部靠上端处汇入股静脉。小隐静脉起自足背静脉弓外侧端，经外踝后方，沿小腿后面上行，在腘窝注入腘静脉。

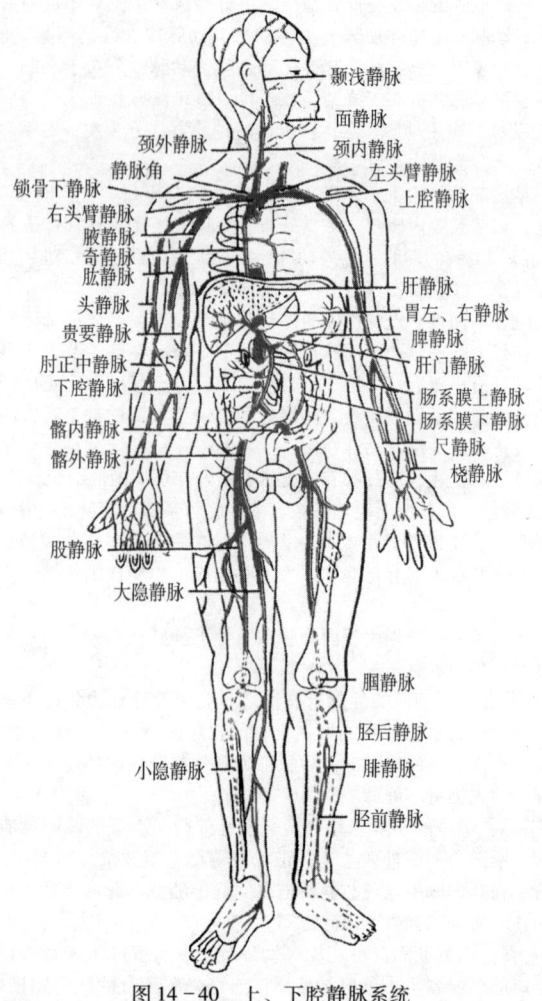

图 14-40　上、下腔静脉系统

颞浅静脉
面静脉
颈外静脉
颈内静脉
静脉角
左头臂静脉
锁骨下静脉
上腔静脉
右头臂静脉
腋静脉
奇静脉
肱静脉
肝静脉
胃左、右静脉
头静脉
脾静脉
贵要静脉
肝门静脉
肘正中静脉
肠系膜上静脉
下腔静脉
肠系膜下静脉
髂内静脉
尺静脉
髂外静脉
桡静脉
股静脉
大隐静脉
腘静脉
胫后静脉
小隐静脉
腓静脉
胫前静脉

　　2）盆部的静脉：有壁支和脏支之分。壁支与同名动脉伴行。脏支起自盆腔脏器周围的静脉丛（如膀胱丛、子宫阴道丛和直肠丛等）。壁支和脏支均汇入髂内静脉。

　　髂外静脉和髂内静脉在骶髂关节前方，汇成髂总静脉。

　　3）腹部的静脉：腹部的静脉有壁支与脏支之分。壁支与同名动脉伴行，注入下腔静脉。脏支与动脉相同，也可分为成对脏支和不成对脏支。成对脏支与动脉同名，大部分直接注入下腔静脉；不成对脏支有起自肠、脾、胰、胃的肠系膜上静脉、肠系膜下静脉和脾静脉等，它们汇合形成一条静脉主干，称为门静脉。门静脉经肝门入肝，在肝内反复分支，最终与肝动脉的分支共同汇入肝窦状隙，肝窦状隙汇成肝内小静脉，最后形成 3 支肝静脉注入下腔静脉。门静脉是附属于下腔静脉系的一个特殊部分，它将大量由胃、肠道吸收来的物质，运送至肝脏，由肝细胞进行合成、解毒和储存。

（三）淋巴系

淋巴系（lymphatic system）包括淋巴管道、淋巴器官和淋巴组织。在淋巴管道内流动的无色透明液体，称为淋巴。淋巴结、脾、胸腺、腭扁桃体、舌扁桃体和咽扁桃体等都属于淋巴器官。淋巴组织广泛分布于消化道和呼吸道等器官的黏膜内。当血液通过毛细血管时，血液中的部分液体和一些物质透过毛细血管壁进入组织间隙，成为组织液。细胞自组织液中直接吸收所需要的物质，同时将代谢产物又排入组织液内。组织液内这些物质的大部分又不断通过毛细血管壁，再渗回血液；小部分则进入毛细淋巴管，成为淋巴。淋巴经淋巴管、淋巴结向心流动，最后通过左、右淋巴导管注入静脉角而归入血液中，流回心脏。因此，淋巴系可以看作是静脉系的辅助部分。

1. 淋巴管（lymphatic vessels） 淋巴管可区分为毛细淋巴管、淋巴管、淋巴干和淋巴导管等。

（1）毛细淋巴管：以盲端起于组织间隙，由一层内皮细胞构成，管腔粗细不一，没有瓣膜，互相吻合成网，中枢神经、上皮组织、骨髓、软骨和脾实质等器官组织内没有毛细淋巴管。

（2）淋巴管：由毛细淋巴管汇合而成，管壁与静脉相似，但较薄、瓣膜较多且发达，外形粗细不匀，呈串珠状。淋巴管根据其位置分为浅、深两组，浅淋巴管位于皮下与浅静脉伴行；深淋巴管与深部血管伴行，两者间有较多交通支。淋巴管在行程中通过一个或多个淋巴结，从而把淋巴细胞带入淋巴液。

（3）淋巴干：由淋巴管多次汇合而形成，全身淋巴干共有 9 条：收集头颈部淋巴的左、右颈干；收集上肢、胸壁淋巴的左、右锁骨下干；收集胸部淋巴的左、右支气管纵隔干；收集下肢、盆部及腹腔淋巴的左、右腰干以及收集腹腔器淋巴的单个的肠干（图14-41）。

（4）淋巴导管包括胸导管（左淋巴导管）和右淋巴导管。胸导管的起始部膨大称为乳糜池，位于第 11 胸椎与第 2 腰椎之间，乳糜池接受左、右腰干和肠干淋巴的汇入。胸导管穿经膈肌的主动脉裂孔进入胸腔，再上行至颈根部，最终汇入左静脉角，沿途接受左支气管纵隔干、左颈干和左锁骨下干的汇入。右淋巴导管为一短干，收集右支气管纵隔干、右颈干和右锁骨下干的淋巴，注入右静脉角。

2. 淋巴结（lymph nodes） 淋巴结是灰红色的扁圆形或椭圆形小体，常成群聚集，也有浅、深群之分，多沿血管分布，位于身体屈侧活动较多的部位。胸、腹、盆腔的淋巴结多位于内脏门和大血管的周围。淋巴结的主要功能是滤过淋巴液，产生淋巴细胞和浆细胞，参与机体的免疫反应。

3. 脾（spleen） 脾是体内最大的淋巴器官，同时又是储血器官，并具有破坏衰老的红细胞、吞噬致病微生物和异物，产生白细胞和抗体的功能。

脾位于腹腔左季肋部，第 9 ~ 第 11 肋之间，其长轴与第 10 肋一致，正常情况下在肋弓下缘不能触及。活体脾为暗红色，质软而脆，易因暴力打击而造成破裂。脾的表面除脾门以外均被腹膜覆盖。

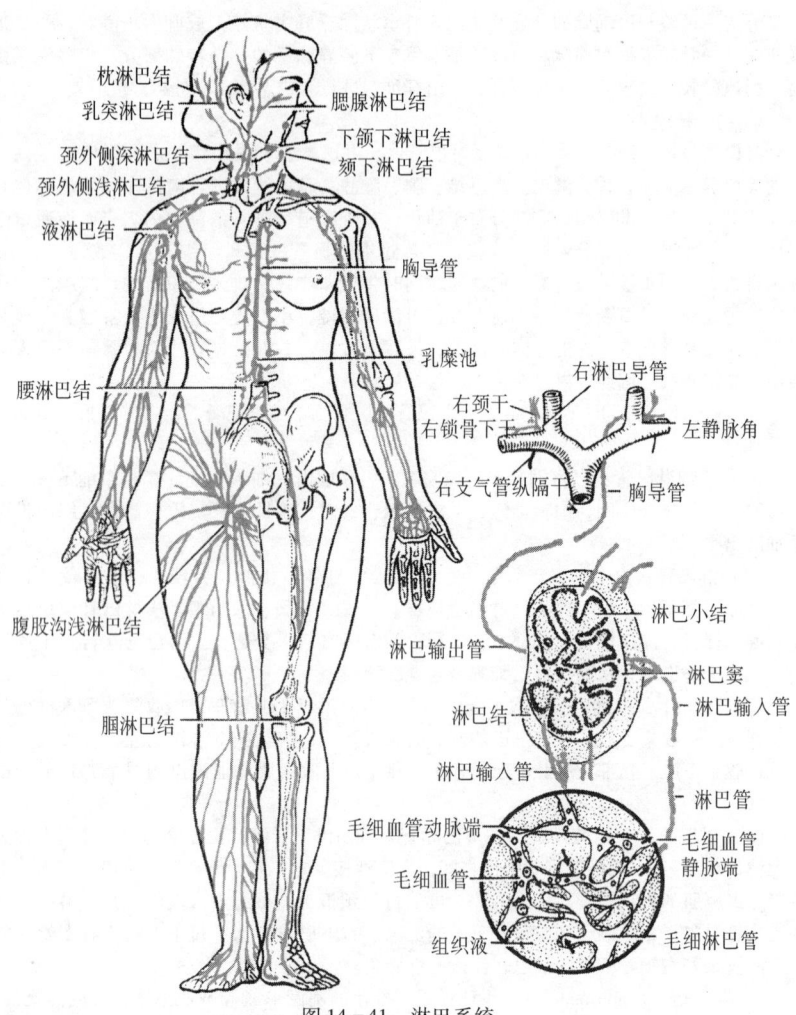

图 14-41　淋巴系统

八、神经系统

神经系统（nervous system）是机体内起主导作用的系统。内、外环境的各种信息，由感受器接受后，通过周围神经传递到脑和脊髓的各级神经中枢进行整合，再经周围神经控制和调节机体各系统器官的活动，以维持机体与内、外界环境的相对平衡。

（一）神经系统的基本结构

神经系统由神经细胞（神经元）和神经胶质所组成。

1. 神经元（neuron） 神经元是一种高度特化的细胞，是神经系统的基本结构和功能单位，它具有感受刺激和传导兴奋的功能。神经元由胞体和突起两部分构成。胞体的中央有细胞核，核的周围为细胞质，胞质内除有一般细胞所具有的细胞器如线粒体、内质网等外，还含有特有的神经元纤维及尼氏体。神经元的突起根据形状和功能又分为树突（dendrite）和轴突（axon）。树突较短但分支较多，它接受冲动，并将冲动传至细胞体。各类神经元树突的数目多少不等、形态各异，每个神经元只发出一条轴突，长短不一，胞体发出的冲动则沿轴突传出。

根据突起的数目，可将神经元从形态上分为假单极神经元、双极神经元和多极神经元三大类。根据神经元的功能，可分为感觉神经元、运动神经元和联络神经元。感觉神经元又称传入神经元，一般位于外周的感觉神经节内，为假单极或双极神经元；感觉神经元的周围突触接受内外界环境的各种刺激，经胞体和中枢突将冲动传至中枢；运动神经元又称传出神经元，一般位于脑、脊髓的运动核内或周围的自主神经节内，为多极神经元，它将冲动从中枢传至肌肉或腺体等效应器。联络神经元又称中间神经元，是位于感觉和运动神经元之间的神经元，起联络、整合等作用，为多极神经元。

2. 神经胶质（neuroglia） 数目较神经元少，突起无树突、轴突之分，胞体较小，胞质中无神经元纤维和尼氏体，不具有传导冲动的功能。神经胶质对神经元起着支持、绝缘、营养和保护等作用，并参与构成血-脑屏障。

3. 突触（synapse） 神经元间的联系方式是互相接触，而不是细胞质的互相沟通。该接触部位的结构特化称突触，通常是一个神经元的轴突与另一个神经元的树突或胞体借突触发生功能上的联系，神经冲动由一个神经元通过突触传递到另一个神经元。神经系统在调节机体的活动中，对内、外环境的刺激所做出的适当反应，称为反射（reflex）。反射是神经系统的基本活动方式。

（二）神经系统的基本活动方式

反射活动的形态学基础是反射弧（图14-42），包括感受器→传入神经元（感觉神经元）→中枢→传出神经元（运动神经元）→效应器（肌肉、腺体）5个部分。只有在反射弧完整的情况下，反射才能完成。

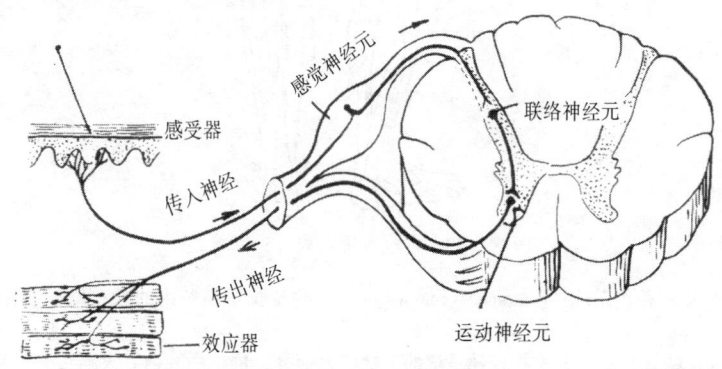

图14-42 反射弧模式图

（三）神经系统的区分

神经系统在形态上和功能上都是完整的不可分割的整体，为了学习方便，可按其所在部位和功能，分为中枢神经系统和周围神经系统（图 14 - 43）。

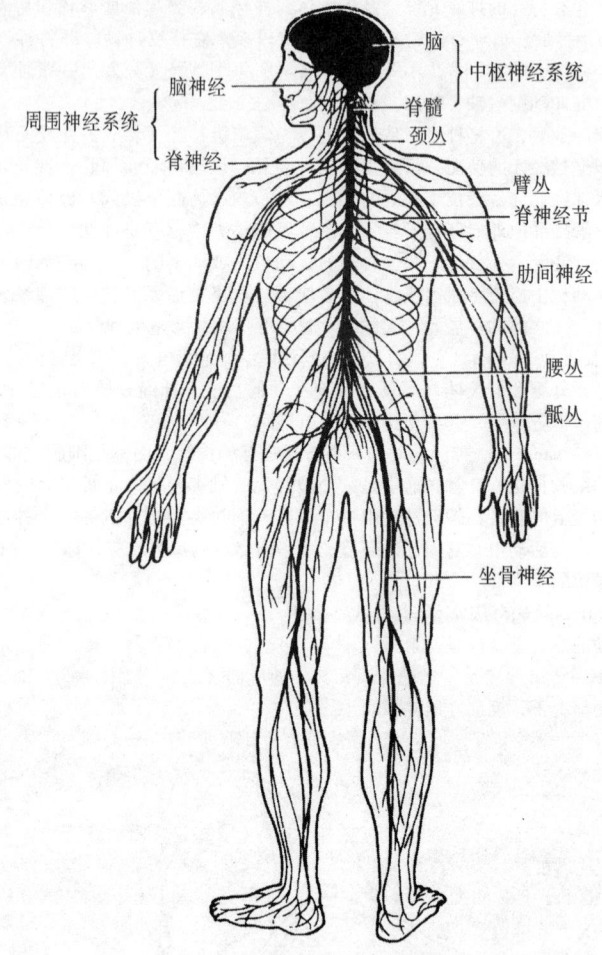

图 14 - 43　神经系统全貌（背面观）

1. 中枢神经系统（central nervous system）　包括位于颅腔内的脑和位于椎管内的脊髓。

（1）脑（brain）是中枢神经系统的头端膨大部分，位于颅腔内。人脑可分为端脑、间脑、中脑、脑桥、小脑和延髓 6 个部分。通常把中脑、脑桥和延髓合称为脑干，延髓向下经枕骨大孔连接脊髓。脑的内腔称为腔室，内含脑脊液。端脑包括左、右大脑半球，每个半球表层被灰质所覆称为大脑皮质。人类的大脑皮质在长期的进化过程中高度发展，它不仅是人类各种功能活动的高级中枢，也是人类思维和意识活动的物质基础。

（2）脊髓（spinal cord）呈圆柱体形，位于椎管内，上端在平齐枕骨大孔处与延髓相续，下端终于第1腰椎下缘水平。脊髓前、后面的两侧发出许多条细的神经纤维束，称为根丝。一定范围的根丝向外方集中成束，形成脊神经的前根和后根。前、后根在椎间孔处合并形成脊神经。脊髓以每对脊神经根根丝的出入范围为准，划分为31个节段，即颈髓8节（C1～C8），胸髓12节（T1～T12），腰髓5节（L1～L5），骶髓5节（S1～S5），尾髓1节（C0）。

2．周围神经系统（peripheral nervous system）　联络于中枢神经和其他各系统器官之间，包括与脑相连的脑神经（cranial nerves）和与脊髓相连的脊神经（spinal nerves）。按其所支配的周围器官的性质可分为分布于体表和骨骼肌的躯体神经系和分布于内脏、心血管和腺体的内脏神经系。

周围神经的主要成分是神经纤维。将来自外界或体内的各种刺激转变为神经信号向中枢内传递的纤维称为传入神经纤维，由这类纤维所构成的神经称为传入神经或感觉神经（sensory nerve）；向周围的靶组织传递中枢冲动的神经纤维称为传出神经纤维，由这类神经纤维所构成的神经称为传出神经或运动神经（motor nerve）。分布于皮肤、骨骼肌、肌腱和关节等处，将这些部位所感受的外部或内部刺激传入中枢的纤维称为躯体感觉纤维；分布于内脏、心血管及腺体等处并将来自这些结构的感觉冲动传至中枢的纤维称为内脏感觉纤维。分布于骨骼肌并支配其运动的纤维称为躯体运动纤维；而支配平滑肌、心肌运动以及调控腺体分泌的神经纤维称为内脏运动纤维，由它们所组成的神经称为神经自主。

（四）脊神经

脊神经共31对，计有颈神经8对，胸神经12对，腰神经5对，骶神经5对，尾神经1对。

1．脊神经的组成及分支　脊神经（图14－44）由与脊髓相连的前根（anterior root）和后根（posterior root）在椎间孔合并而成。前根属运动性神经，由位于脊髓灰质前角和侧角（侧角位为C8～L3节段）及骶髓副交感核（S2～S4）的运动神经元轴突组成。后根属感觉性神经，由脊神经节内假单极神经元的中枢突组成。脊神经节是后根在椎间孔处的膨大部，为感觉性神经节，主要由假单极神经元胞体组成。

脊神经出椎间孔后立即分为前支和后支，此外，脊神经还分出一支很细小的脊膜返支，经椎间孔返入椎管，分布于脊髓膜。脊神经后支一般都较细小，按节段地分布于项、背、腰、骶部深层肌肉及皮肤。脊神经前支粗大，分布于躯干前外侧部和四肢的皮肤及肌肉。在人类除胸神经前支保持着明显的节段性外，其余脊神经的前支则交织成丛，然后再分支分布。脊神经前支形成的丛有颈丛、臂丛、腰丛和骶丛。

2．颈丛（cervical plexus）　颈丛（图14－45）由第1～第4神经前支组成。它发出皮支和肌支。皮支分布到颈前部皮肤；肌支分布于颈部部分肌肉（颈部深肌）、舌骨下肌群和肩胛提肌；其中最主要的是膈神经（phrenic nerve），为混合性神经，它由第3～第5颈神经前支发出，下穿经胸腔至膈肌，主要支配膈肌的运动以及心包、部分胸膜和腹膜的感觉。

3．臂丛（brachial plexus）　臂丛（图14－45）由第5～第8颈神经前支和第1胸神

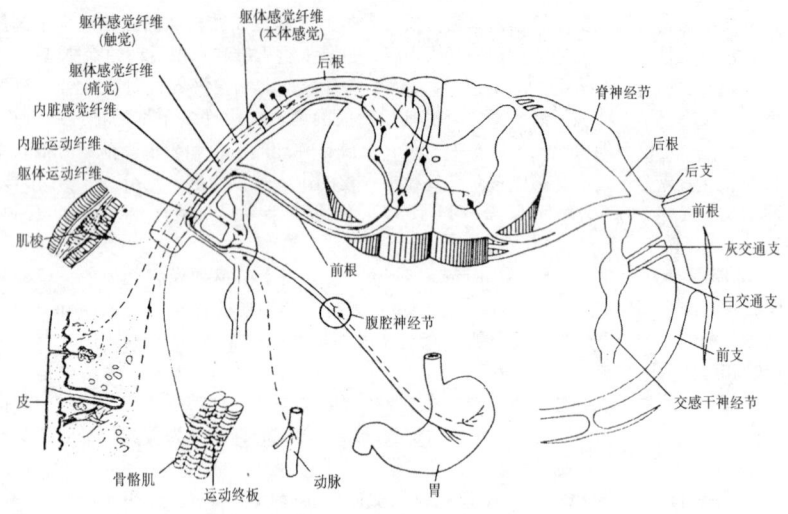

躯体感觉纤维
(触觉)

躯体感觉纤维
(本体感觉)

后根

脊神经节

躯体感觉纤维
(痛觉)

内脏感觉纤维

内脏运动纤维

躯体运动纤维

后根

后支

前根

灰交通支

肌梭

白交通支

前根

前支

皮

腹腔神经节

交感干神经节

骨骼肌

运动终板

动脉

胃

图 14 - 44 脊神经的典型结构

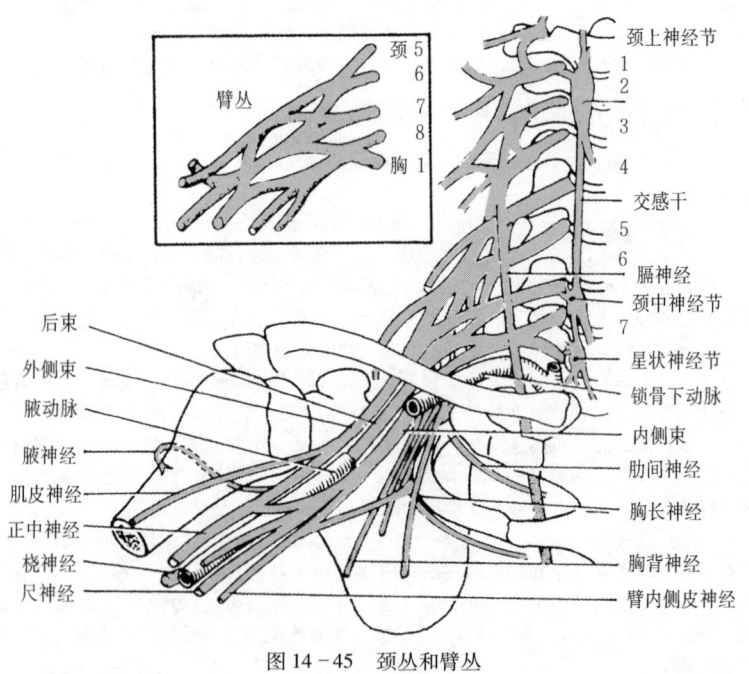

颈 5
6
7
8
胸 1

臂丛

颈上神经节

1

2

3

4

交感干

5

6

膈神经

颈中神经节

7

后束

星状神经节

外侧束

锁骨下动脉

腋动脉

内侧束

腋神经

肋间神经

肌皮神经

胸长神经

正中神经

桡神经

胸背神经

尺神经

臂内侧皮神经

图 14 - 45 颈丛和臂丛

第三篇 基础理论

经前支的大部分组成。先位于颈根部，后伴锁骨下动脉经斜角肌间隙和锁骨后方进入腋窝。其间几经相互编织，可分为根、干、股、束4段，并发出许多分支，在腋窝臂丛形成3个束，即外侧束、内侧束和后束，包绕腋动脉。

臂丛的分支很多，其主要分支如下：

（1）肌皮神经（musculocutaneous nerve）：自外侧束发出，支配着臂前群肌和前臂外侧的皮肤。

（2）正中神经（median nerve）：由内侧束和外侧束各发出一根合成，支配前臂前群肌的大部分，手鱼际肌及手掌面桡侧3个半指的皮肤。

（3）尺神经（ulnar nerve）：由内侧束发出、支配前臂前群肌靠尺侧的小部分肌肉、手小鱼际肌、手肌中间群的大部分以及手掌面尺侧一个半指和手背面尺侧两个半指的皮肤。

（4）桡神经（radial nerve）：发自后束，支配臂及前臂后群肌、臂及前臂背侧面皮肤和手背面桡侧两个半指的皮肤。

（5）腋神经（axillary nerve）：由后束发出，支配三角肌、小圆肌及三角肌区和臂外侧面的皮肤。

4. 胸神经前支　胸神经前支共12对，其中第1～第11对胸神经前支位于相应的肋间隙中，称为肋间神经（intercostal nerve）；第12对胸神经前支位于第12肋下缘，称为肋下神经（subcostal nerve）。下6对胸神经前支除支配相应的肋间肌及皮肤外，还支配腹前、外侧壁的肌肉和皮肤。

5. 腰丛（lumbar plexus）　腰丛（图14－46）由第12胸神经前支的一部分，第1～第3腰神经前支和第4腰神经前支的一部分组成。腰丛位于腰椎两侧，腰大肌的深面，其主要分支有：①股神经（femoral nerve），经腹股沟韧带深面下行至股部、支配股前群肌和肌前部、小腿内侧部和足内侧缘的皮肤。②闭孔神经（obturator nerve），经小骨盆穿闭膜管至股内侧部，支配股内收肌群及股内侧面的皮肤。

6. 骶丛（sacral plexus）　骶丛（图14－46）由第4腰神经前支的一部分与第5腰神经前支合成的腰骶干以及骶、尾神经的前支编织而成，位于骶骨和梨状肌前面，分支分布于会阴部、臀部、股后部、小腿和足的肌肉与皮肤。

其主要分布有：①坐骨神经（sciatic nerve），自梨状肌下孔出骨盆腔后，经臀大肌深面至股后部，在腘窝上方分为胫神经和腓总神经。沿途发出肌支支配股后群肌。②胫神经（tibial nerve），为坐骨神经的延续，在腘窝下行至小腿后部，分支支配小腿后群肌、足底肌以及小腿后面、足底和足背外侧的皮肤。③腓总神经（common peroneal nerve），沿窝外侧壁绕过腓骨颈下行至小腿前区，支配小腿前群肌、外侧群肌以及小腿外侧面、足背和趾背的皮肤。

（五）脑神经

脑神经与脑相连，自颅腔穿过颅底的孔、裂、管出颅，共12对。其名称为：Ⅰ嗅神经、Ⅱ视神经、Ⅲ动眼神经、Ⅳ滑车神经、Ⅴ三叉神经、Ⅵ展神经、Ⅶ面神经、Ⅷ前庭蜗神经、Ⅸ舌咽神经、Ⅹ迷走神经、Ⅺ副神经及Ⅻ舌下神经。其中Ⅰ、Ⅱ、Ⅷ为感觉性神经，Ⅲ、Ⅳ、Ⅵ、Ⅺ、Ⅻ主要为运动性神经，Ⅴ、Ⅶ、Ⅸ、Ⅹ为混合性神经。

1. 嗅神经（olfactory nerve）　始于鼻腔嗅黏膜，形成嗅丝，穿过筛孔至嗅球，传递嗅觉冲动。

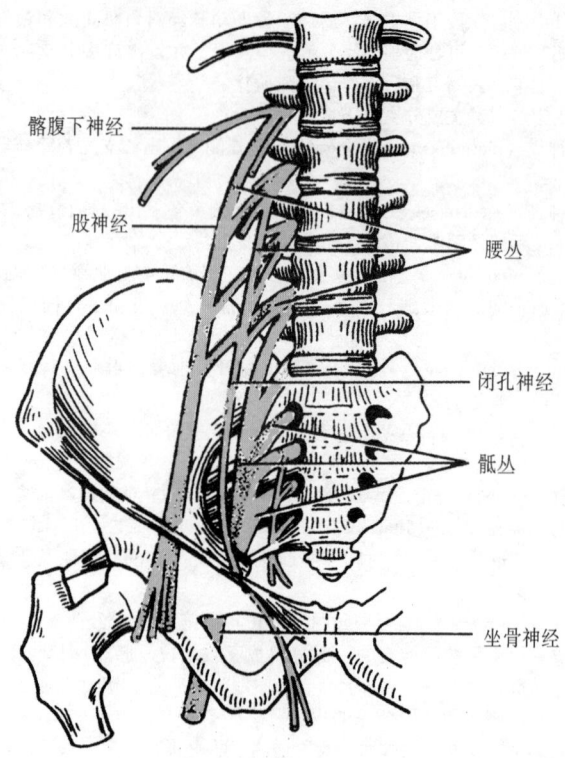

髂腹下神经

股神经

腰丛

闭孔神经

骶丛

坐骨神经

图 14-46　腰丛和骶丛

2. 视神经（optic nerve）　始于眼球的视网膜，构成视神经，穿过视神经管入脑，传导视觉冲动。

3. 动眼神经（oculomotor nerve）　发自中脑，经眶上裂出颅入眶，支配眼外肌。

4. 滑车神经（trochlear nerve）　发自中脑、经眶上裂出颅入眶，支配眼外肌。

5. 三叉神经（trigeminal nerve）　与脑桥相连，大部分为躯体感觉性纤维，其胞体位于三叉神经半月节内，它的中枢突进入脑桥，周围支分为三大支，即眼神经、上颌神经和下颌神经，司头面部皮肤、眶、鼻腔和口腔以及牙髓的一般感觉。三叉神经中小部分纤维为发自脑桥的运动纤维，加入下颌神经，主要支配咀嚼肌。

6. 外展神经（abducent nerve）　发自脑桥，经眶上裂出颅，支配眼外肌。

7. 面神经（facial nerve）　与脑桥相连，经内耳门入颞骨内的面神经管，出茎乳孔，支配面部表情肌。

8. 前庭蜗神经（vestibulocochlear nerve）　起自内耳，经内耳门入颅，由脑桥入脑，传递平衡觉和听觉。

9. 舌咽神经（glossopharyngeal nerve）　为混合性神经，经颈静脉孔出颅，分布于

第三篇　基础理论

舌和咽。

10. 迷走神经（vagus nerve，图 14-47） 为混合性神经，与延髓相连，经颈静脉孔出颅，在颈部与颈总动脉和颈内静脉伴行入胸腔，经肺根后面，在食管周围形成神经丛，随食管穿膈的食管裂孔入腹腔，左侧的组成胃前神经和肝支；右侧的组成胃后神经和腹腔支。迷走神经沿途发出分支支配各器官。其中主要的有喉上神经、喉返神经等。

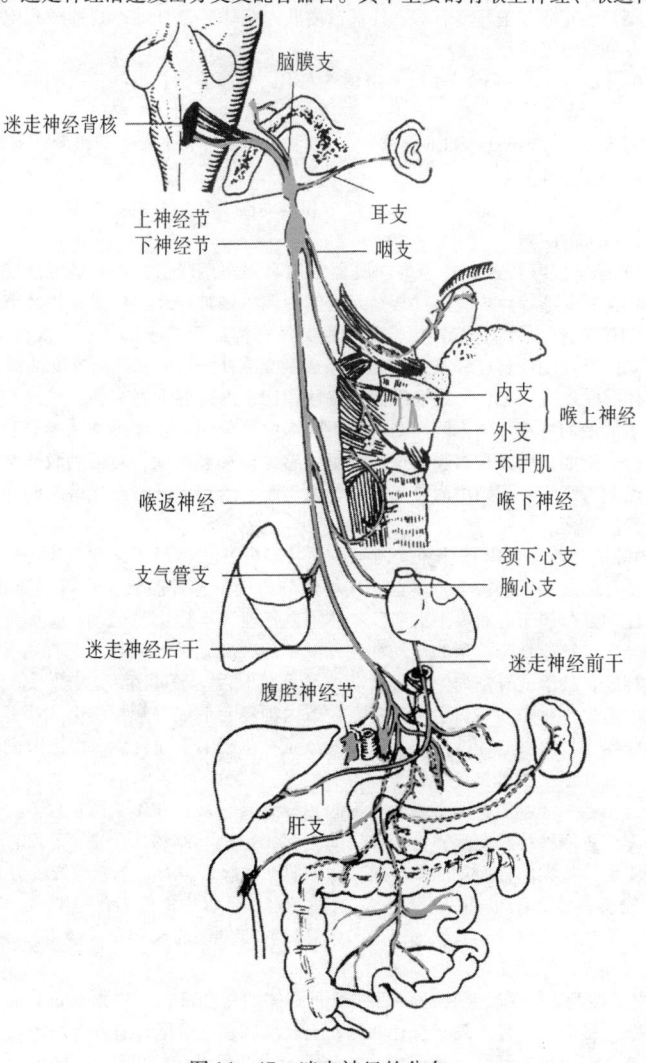

图 14-47 迷走神经的分布

迷走神经主要含有 3 种纤维：①躯体运动性纤维，支配咽肌、喉肌和大部分腭肌。②副交感性纤维，是迷走神经的主要成分，这些自主性神经的节前纤维经分支至心脏、支气管、食管、胃、肝、胰、脾、小肠及部分大肠的器官旁或器官壁内的神经节，与节内的节后神经元形成突触，节后神经元的轴突支配心肌、胸腹腔脏器的平滑肌及腺体。③感觉性纤维，主要是传导内脏感觉的纤维，其感觉神经元胞体位于结状神经节，属假单极神经元，还有分布于耳郭后部、外耳道皮肤的躯体感觉纤维，其神经元胞体位于颈静脉节，也是假单极神经元。

11. 副神经（accessory nerve）　由延髓发出，经颈静脉孔出颅，支配胸锁乳突肌和斜方肌。

12. 舌下神经（hypoglossal nerve）　由延髓发生，经舌下神经管出颅，支配舌肌。

（六）内脏神经系

内脏神经系也含有感觉性（传入）纤维和运动性（传出）纤维主要分布于心血管及胸腹盆腔各系统的脏器。

1. 内脏感觉性（传入）神经　内脏器官内有很多感受器，包括痛觉感受器、压力感受器和化学感受器等。内脏感觉神经元胞体为假单极神经元，位于脊神经节和某些脑神经节（如迷走神经的结状节）内，其中枢突经脊神经后根或脑神经进入脊髓或脑干；其周围突随内脏运动性神经纤维（交感神经或副交感神经）分布于所支配的器官。

与躯体感受敏锐、定位、定性准确等特性相比，内脏感觉则有阈值较高、定位不明确、定性不清楚的特点。体内同一结构的不同部位可分别由躯体感觉性神经和内脏感觉性神经分布，例如，胸膜和腹膜的壁层为躯体感觉性神经支配，对痛刺激非常敏感、定位准确；而胸、腹膜脏层则由内脏感觉性神经支配，受到刺激时产生持续时间较长、定位不够准确的钝痛。

2. 内脏运动性（传出）神经　内脏运动神经即自主神经，又称自律神经。它与躯体运动性神经的区别在于：①躯体运动性神经分布于全身骨骼肌，管理"随意"运动；内脏运动性神经分布于心肌、平滑肌及腺体等，管理"不随意"运动。②躯体运动性神经自脑神经运动核或脊髓前角的运动神经元发出后，随脑神经或脊神经直达骨骼肌；内脏运动性神经自脑干或脊髓内的内脏运动神经元发出后，不直接到达它所支配的效应器官，而在中途先终止于某一自主神经节，与节内神经元形成突触，再由这些神经元发出纤维至效应器。故内脏运动性神经有节前神经元（位于脑干和脊髓，发出节前纤维）和节后神经元（位于周围处神经节，发出节后纤维）之分。

内脏运动性神经可依其形态和功能不同，分为交感神经和副交感神经。一般脏器均由交感和副交感两种神经支配，它们在功能上互相拮抗和制约。个别器官和结构，仅由一种神经支配，如大部分血管的平滑肌、立毛肌和汗腺，只有交感神经纤维分布。

（1）交感神经（sympathetic nerve）：交感神经的低级中枢位于脊髓 T1～L3 的灰质侧柱的中间外侧核。这些神经元的轴突（节前纤维）随脊髓前根和脊神经走行，穿过椎间孔后，则离开神经至交感神经节（图 14-48）。

1）交感神经节：是交感神经节后神经元胞体的所在部位。根据其位置可分为椎旁节和椎前节。椎旁节纵行排列于脊柱两侧，上至颅底，下至尾骨前方，每侧有 19～24 个节，节与节之间由神经纤维（节间支）相连，形成两条纵行的串珠状的神经节链，称为交感干。交感干全长可分为颈、胸、腰、骶、尾 5 部。在颈部有 3～4 个节，即颈上节、

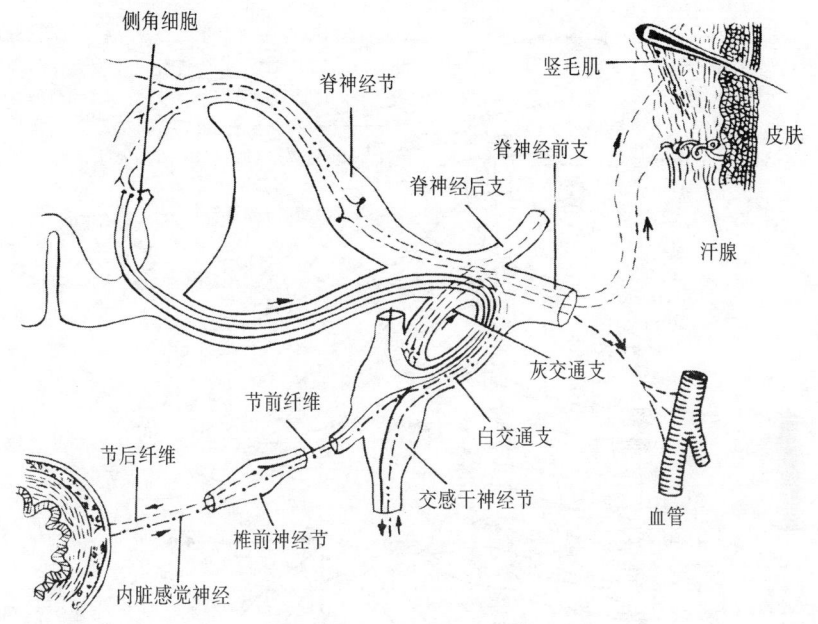

图 14 - 48　交感神经的典型结构

颈中节和颈下节，颈下节常与第 1 胸神经节合并成星状神经节颈胸神经节；交感干在胸部有 10 ~ 12 个节；腰部常有 4 个节；骶部有 2 ~ 3 个节，在尾骨前方左、右交感干相遇形成一个共同的尾交感节，又称奇神经节。椎前节位于脊柱前方，形状不规则，多位于动脉的起始部。主要有腹腔节，位于腹腔动脉根的两则；主动脉肾节，位于肾动脉根部；肠系膜上和肠系膜下节，均位于同名动脉的起始部。

2）交通支：交感干上的神经节借交通支与相应的脊神经相连。交通支可分白交通支和灰交通支。

白交通支：交感神经节前纤维随脊神经出椎间孔后，离开脊神经组成白交通支至椎旁节，因节前纤维有髓鞘反光发亮，故呈白色。由于交感神经节前纤维从 T1 ~ L3 节段的脊髓灰质侧角发出，所以白交通支也只存在于这些节段的脊神经与交感干之间。

灰交通支：是由椎旁节发出的节后纤维返回脊神经所构成的，节后纤维是无髓纤维，色泽灰暗，故称为灰交通支。所有椎旁节与 31 对脊神经之间均有灰交通支联系（图 14 - 49）。

3）交感神经的节前纤维和节后纤维：节前纤维发自脊髓 T1 ~ L3 节段的中间带外侧核，经前根、脊神经和白交通支进入交感干后，有 3 种去向：①终止于相应的椎旁节；②在交感干内先上升或下降一段距离，然后终止于上方或下方的椎旁节；③穿过椎旁节后，至椎前神经节交换神经元（图 14 - 49）。

节后纤维自交感神经节内的节后神经元发出后也有 3 种去向：①经灰交通支返回脊

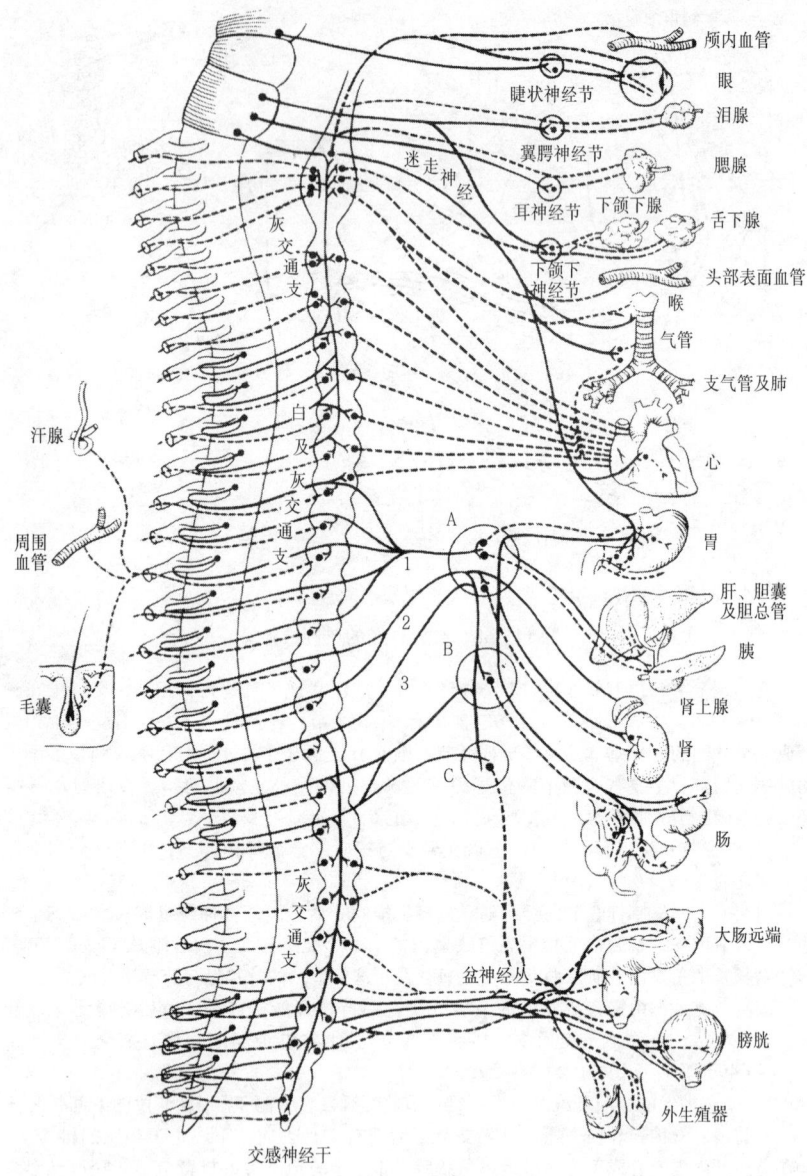

颅内血管

眼

睫状神经节

泪腺

翼腭神经节

腮腺

迷走神经

耳神经节

下颌下腺

舌下腺

下颌下神经节

头部表面血管

灰交通支

喉

气管

支气管及肺

白及灰交通支

心

胃

A

1

肝、胆囊及胆总管

汗腺

胰

2

B

周围血管

3

肾上腺

肾

肠

毛囊

C

灰交通支

大肠远端

盆神经丛

膀胱

外生殖器

交感神经干

图 14-49　自主神经的分布

　第三篇　基础理论

神经，随脊神经分布到躯干和四肢的血管、汗腺和竖毛肌；②缠络于动脉外膜形成神经丛，并随动脉分布到所支配的器官；③形成神经，直接到所支配的器官，如心神经。

（2）副交感神经（parasympathetic nerve）：副交感神经的低级中枢位于脑干的副交感神经核和脊髓骶2~4节段的中间带外侧核，由此发出的节前纤维，随有关的脑神经（Ⅲ、Ⅶ、Ⅸ、Ⅹ）和骶神经走行，至器官旁或器官内的副交感神经节（终节）与节后神经元形成突触联系，由节后神经元发出的节后纤维分布于心肌、平滑肌和腺体。由于副交感神经节居于器官内或靠近所支配之器官，所以副交感神经的节前纤维长而节后纤维短。

副交感神经根据其低级中枢的位置可分为颅部和骶部。

颅部副交感神经的节前纤维分别随动眼神经、面神经、舌咽神经和迷走神经走行。伴随动眼神经者，在睫状节换神经元，节后纤维支配眼球瞳孔括约肌和睫状肌。参加面神经者，在蝶腭节、下颌下节换神经元，节后纤维支配泪腺、下颌下腺和舌下腺等。随舌咽神经走行者，在耳节内换神经元，节后纤维支配腮腺。参加迷走神经的副交感节前纤维，至胸、腹腔脏器，在终节换神经元后，节后纤维支配胸腔器官和除降结肠及乙状结肠以外的所有腹腔脏器。

骶部副交感神经的节前纤维，随骶2~4神经出骶前孔，构成盆内脏神经，加入盆丛，从盆丛分支到降结肠、乙状结肠及盆腔脏器，在终节换神经元后，支配上述器官。

3. 内脏神经丛　交感神经、副交感神经和内脏感觉性神经在分布中常常互相交织在一起，共同形成内脏神经丛。各丛的名称按其所围绕的动脉或所分布的脏器而得名。例如，位于心底部的心丛、肺根周围的肺丛、腹腔动脉和肠系膜上动脉根部周围的腹腔丛以及直肠两侧的盆丛等。

（七）感觉器官

机体通过感受器接受内、外界环境各种刺激，并把刺激能量转变为神经冲动，经感觉神经传到中枢神经，建立机体与内、外环境间的联系。感受器根据所在部位和所接受刺激的来源，可分为3类：①内脏感受器，分布于内脏和血管等处，接受来自内脏、血管等内环境的刺激（如压力、化学、温度、渗透压等）。②本体感受器，分布于肌肉、肌腱、关节等处，接受运动的刺激。③外部感受器，分布于体表或与外界接触的部位，接受外环境的刺激（如温、痛、触、压、光、声、嗅、味等）。

感受器（receptor）的结构简繁不一，简单者如分布于皮肤、黏膜等处的的游离神经末梢，感受痛刺激。较复杂者由感受神经末梢及一些细胞或组织共同形成感受小体，如真皮内接受触觉的触觉小体，皮下组织内接受压觉的环层小体等。此外，最复杂的是除末梢感受器外，还具有许多辅助装置，共同形成的特殊的感受器官。重要的感觉器官有如下几种：

1. 视器位于眶内，由眼球及其辅助装置组成。眼球主要感受光波的刺激，经视神经传入脑。

2. 位听器包括听器和位觉器两部分。这两部分功能上虽然不同，而结构上难以分割开。位听器由外耳、中耳和内耳3部分组成。外耳和中耳是波传导的装置，内耳前部的蜗管接受声波刺激；中、后部为接受位觉刺激的椭圆囊、球囊和半规管。位听器经前庭蜗神经将冲动传导至脑。

3. 嗅器位于鼻腔后上部黏膜内，感受空气中气味的刺激，经嗅神经传至脑。

味器即味蕾，人类的味器主要分布于舌黏膜上的菌状乳头和轮廓乳头内，少数分布于软腭、咽和会厌处的黏膜，经面神经、舌咽神经等传至脑。

九、内分泌系统

人体的腺体可分为有管腺和无管腺两大类。有管腺又称外分泌腺，其分泌物需经导管排出，如消化腺、汗腺；无管腺又称内分泌腺，它由腺细胞为主体组成，有丰富的血管和淋巴管分布，没有腺导管，分泌激素，直接进入血液和淋巴管内，借循环系统到全身，对机体或某些特定器官的活动或细胞的代谢过程起重要的调节作用。

人体的内分泌器官（内分泌腺）如图 14 - 50 所示。

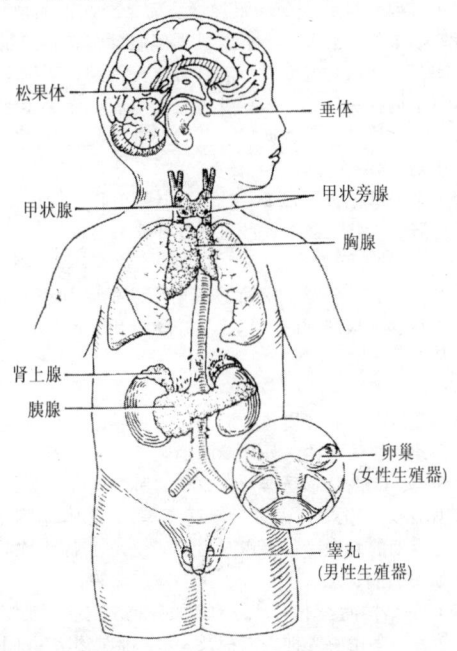

松果体
垂体
甲状腺
甲状旁腺
胸腺
肾上腺
胰腺
卵巢
(女性生殖器)
睾丸
(男性生殖器)

图 14 - 50　人体的内分泌器官

（一）甲状腺

甲状腺（thyroid gland）位于颈前部，分为左、右两个侧叶及中间连接的峡部。甲状腺分泌甲状腺素，能增进机体的物质代谢，促进机体的生长和发育。

（二）甲状旁腺

甲状旁腺（parathyroid glands）是卵圆形小体，形似黄豆，呈黄棕色，通常有两对，位于甲状腺两侧叶的后面。甲状旁腺分泌甲状旁腺素，主要功能为调节钙、磷代谢。

（三）肾上腺

肾上腺（suprarenal glands）位于肾的上端，左右各一，右侧呈三角形，左侧近似半月形，活体呈黄褐色。它和肾脏共同被肾脂肪囊和肾筋膜所包被。肾上腺实质可分为内层的髓质和外层的皮质。皮质分泌的激素主要是调节代谢；髓质分泌的激素主要作用于心血管系统。

在腹、盆腔后壁沿腹主动脉及其分支排列着一些散在的、在结构上和功能上与肾上腺髓质相似的小体，由于它们与肾上腺髓质都对铬酸盐有较强的亲和力，故统称为嗜铬器官。

（四）脑垂体

脑垂体（hypophysis）位于颅底内面的垂体窝内，为灰红色、椭圆或圆形小体，其上面与脑相连。脑垂体可分为前叶和后叶，后叶又包括中间部和神经部。脑垂体分泌多种激素，功能也很复杂。

（五）松果体

松果体（pineal body）位于丘脑后上方，为椭圆形小体，呈淡黄色。儿童时较发达，以后逐渐萎缩并有钙盐沉着。松果体分泌的激素与调节代谢和其他一些内分泌腺的作用有关，特别是与抑制性腺的发育有关。

（六）胰岛

胰岛（islets of pancreas）是分散在胰腺内大小不等、形状不定的细胞索团。胰岛分泌胰岛素，其主要功能是调节糖代谢，降低血糖水平。

（七）性腺

性腺（sexual gland）有男女之别。男性睾丸内的间质细胞分泌雄激素；女性卵巢内卵泡成熟过程中分泌雌激素，排卵后形成的黄体分泌孕激素。上述性激素都可刺激生殖器官发育，促进第二性征出现。

第二节　生理学基础

生理学（physiology）是生物科学中的一个分支，它以生物机体的功能为研究对象。生物机体的功能就是整个生物及其各个部分所表现的各种生命现象或生理作用，如呼吸、消化、循环、肌肉运动等。生理学的任务就是要研究这些生理功能的发生机制、条件以及机体的内外环境中各种变化对这些功能的影响，从而掌握各种生理变化的规律。

一、细胞的基本功能

细胞是人体和其他生物体的基本结构单位。体内所有的生理功能和生化反应，都是在细胞及其产物（如细胞间隙中的胶原蛋白和蛋白聚糖）的物质基础上进行的。

一切动物细胞都被一层薄膜所包被，称为细胞膜或质膜（plasma membrane），它把细胞内容物与细胞周围环境（主要是细胞外液）分隔开来，使细胞能相对地独立于环境而存在。很明显，细胞要维持正常的生命活动，不仅细胞的内容物不能流失，而且其化学组成必须保持相对稳定，这就需要在细胞和它所在的环境之间有起屏障作用的结构；但细胞在不断进行新陈代谢的过程中，又需要经常由外界得到氧气和营养物质。排出细胞的代谢产物，而这些物质的进入和排出，都必须经过细胞膜，这就涉及物质的跨膜转运过程。因此，细胞膜必然是一个具有特殊结构和功能的半透性膜，它允许某些物质或离子有选择地通过，但又能严格地限制其他一些物质的进出，从而保持了细胞内物质成分的稳定。细胞内部也存在着类似细胞膜的膜性结构。组成各种细胞器如线粒体、内质网等的膜性部分，使它们与一般胞质之间既存在某种屏障，也进行着某些物质转运。

膜除了有物质转运功能外，还有跨膜信息传递和能量转换功能，这些功能的机制是由膜的分子组成和结构决定的。膜成分中的脂质分子层主要起了屏障作用，而膜中的特殊蛋白质则与物质、能量和信息的跨膜转运和转换有关。

二、血液

血液是流动在心脏和血管内的不透明红色液体，主要成分为血浆、血细胞，属于结缔组织，即生命系统中的结构层次。血液中含有各种营养成分，如无机盐、氧以及细胞代谢产物、激素、酶和抗体等，有营养组织、调节器官活动和防御有害物质的作用。

人体各器官的生理和病理变化，往往会引起血液成分的改变，故患病后常常要通过验血来诊断疾病。

人体内的血液量为体重的8% ~9%。各种原因引起的血管破裂都可导致出血，如果失血量较少，不超过总血量的10%，则通过身体的自我调节，可以很快恢复；如果失血量较大，达总血量的20%时，则出现脉搏加快，血压下降等症状；如果在短时间内丧失的血液达全身血液的30%或更多，就可能危及生命。

血液有4种成分组成：血浆、红细胞、白细胞、血小板。血浆约占血液的55%，是水、糖、脂肪、蛋白质、钾盐和钙盐的混合物，血细胞组成血液的另外45%。

血液分静脉血和动脉血。动脉血是在体循环（大循环）的动脉中流动的血液以及在肺循环（小循环）中从肺回到左心房的肺静脉中的血液。动脉血含氧较多，含二氧化碳较少，呈鲜红色。静脉血血液中含较多二氧化碳，呈暗红色。注意并不是静脉中流的血都是静脉血，或动脉血中流的都是动脉血，或肺动脉中流的都是静脉血，如肺静脉中流的是动脉血。

（一）血液成分

血液由血浆和血细胞组成。

1. 血浆　血浆相当于结缔组织的细胞间质，为浅黄色半透明液体，其中除含有大量水分以外，还有无机盐、纤维蛋白原、白蛋白、球蛋白、酶、激素、各种营养物质、代谢产物等。这些物质无一定的形态，但具有重要的生理功能。

1 L血浆中含有900 ~910 g水（90% ~91%）、65 ~85 g蛋白质（6.5% ~8.5%）和20 g低分子物质（2%）。低分子物质中有多种电解质和小分子有机化合物，如代谢产物和其他某些激素等。血浆中电解质含量与组织液基本相同。

2. 血细胞　在机体的生命过程中，血细胞不断地新陈代谢。红细胞的平均寿命约为120天，有粒白细胞和血小板的生存期限一般不超过10天。淋巴细胞的生存期长短不等，从几小时直到几年。

血细胞及血小板的产生来自造血器官，红血细胞、有粒白细胞及血小板由红骨髓产生，无粒白细胞则由淋巴结和脾脏产生。

血细胞分为3类：红细胞、白细胞、血小板。

（1）红细胞（erythrocyte，red blood cell，RBC）：红细胞直径7 ~ 8.5 μm，呈双凹圆盘状，中央较薄（1.0 μm），周缘较厚（2.0 μm）。在扫描电镜下，可清楚地显示红细胞这种形态特点。红细胞的这种形态使它具有较大的表面积（约140 μm^2），从而能最大限度地适应其功能——携O_2和部分CO_2。新鲜单个红细胞为黄绿色，大量红细胞使血液呈猩红色，而且多个红细胞常叠连一起呈串钱状，称红细胞缗线。

红细胞有一定的弹性和可塑性，细胞通过毛细血管时可改变形状。红细胞正常形态的保持需三磷酸腺苷（ATP）供给能量，由于红细胞缺乏线粒体，ATP 只由无氧糖酵解产生；一旦缺乏 ATP 供能，则导致细胞膜结构改变，细胞的形态也随之由圆盘状变为棘球状。这种形态改变一般是可逆的，可随着 ATP 的供能状态的改善而恢复。

成熟红细胞无细胞核，也无细胞器，胞质内充满血红蛋白（hemoglobin，Hb）。血红蛋白是含铁的蛋白质，约占红细胞质量的 33%。它具有结合与运输 O_2 和 CO_2 的功能，当血液流经肺时，肺内的氧分压高（102 mmHg），二氧化碳分压低（40 mmHg），血红蛋白（氧分压 40 mmHg，二氧化碳分压 46 mmHg）即放出 CO_2 而与 O_2 结合；当血液流经其他器官的组织时，由于该处的二氧化碳分压高（46 mmHg）而氧分压低（40 mmHg），于是红细胞即放出 O_2 并结合 CO_2。由于血红蛋白具有这种性质，所以红细胞能供给全身组织和细胞所需的 O_2，带走所产生的部分 CO_2。

正常成人每微升血液中红细胞数的平均值，男性 400 万 ~ 500 万个，女性 350 万 ~ 450 万个。血液中血红蛋白含量，男性 120 ~ 150 g/L，女性 105 ~ 135 g/L。全身所有红细胞表面积总计，相当于人体表面积的 2000 倍。红细胞的数目及血红蛋白的含量可有生理性改变，如婴儿高于成人，运动时多于安静状态，高原地区居民大都高于平原地区居民。红细胞的形态和数目的改变，以及血红蛋白的质和量的改变超出正常范围，则表现为病理现象。一般说，红细胞数少于 300 万/μL 为贫血，血红蛋白低于 100 g/L 则为缺铁性贫血。此时常伴有红细胞的直径及形态的改变，如大红细胞贫血的红细胞平均直径 >9 μm，小红细胞贫血的红细胞平均直径 <6 μm。缺铁性贫血的红细胞，由于血红蛋白的含量明显降低，以致中央淡染区明显扩大。

红细胞的渗透压与血浆相等，使出入红细胞的水分维持平衡。当血浆渗透压降低时，过量水分进入细胞，细胞膨胀成球形，甚至破裂，血红蛋白逸出，称为溶血（hemolysis）；溶血后残留的红细胞膜囊称为血影（ghost）。反之，若血浆的渗透压升高，可使红细胞内的水分析出过多，致使红细胞皱缩。凡能损害红细胞的因素，如脂溶剂、蛇毒、溶血性细菌等均能引起溶血。红细胞的细胞膜，除具有一般细胞膜的共性外，还有其特殊性，例如红细胞膜上有 ABO 血型抗原。

外周血中除大量成熟红细胞以外，还有少量未完全成熟的红细胞，称为网织红细胞（reticulocyte），在成人为红细胞总数的 0.5% ~ 1.5%，新生儿较多，可达 3% ~ 6%。网织红细胞的直径略大于成熟红细胞，在常规染色的血涂片中不能与成熟红细胞区分。用煌焦蓝作体外活体染色，可见网织红细胞的胞质内有染成蓝色的细网或颗粒，它是细胞内残留的核糖体。核糖体的存在，表明网织红细胞仍有一些合成血红蛋白的功能。红细胞完全成熟时，核糖体消失，血红蛋白的含量即不再增加。贫血患者如果造血功能良好，其血液中网织红细胞的百分比值增高。因此，网织红细胞的计数有一定临床意义，它是贫血等某些血液病的诊断、疗效判断和估计预指标之一。

红细胞的平均寿命约 120 天。衰老的红细胞虽无形态上的特殊，但其功能活动和理化性质都有变化，如酶活性降低、血红蛋白变性、细胞膜脆性增大以及表面电荷改变等，因而细胞与氧结合的能力降低且容易破碎。衰老的红细胞多在脾、骨髓和肝等处被巨噬细胞吞噬，同时由红骨髓生成和释放同等数量红细胞进入外周血液，维持红细胞数的相对恒定。

（2）白细胞（leukocyte，white blood cell，WBC）：白细胞为无色有核的球形细胞，体积比红细胞大，能做变形运动，具有防御和免疫功能。成人白细胞的正常值为4000～10000个/μL。男女无明显差别，婴幼儿稍高于成人。血液中白细胞的数值可受各种生理因素的影响，如劳动、运动、饮食及妇女月经期，均略有增多。在疾病状态下，白细胞总数及各种白细胞的百分比值皆可发生改变。

光镜下，根据白细胞胞质有无特殊颗粒，可将其分为有粒白细胞和无粒白细胞两类。有粒白细胞又根据颗粒的嗜色性，分为中性粒细胞、嗜酸性粒细胞和嗜碱性粒细胞。无粒白细胞有单核细胞和淋巴细胞两种。

1）中性粒细胞（neutrophilic granulocyte，neutrophil）：占白细胞总数的50%～70%，是白细胞中数量最多的一种。细胞呈球形，直径10～12 μm，核染色质呈团块状。核的形态多样，有的呈腊肠状，称为杆状核；有的呈分叶状，叶间有细丝相连，称为分叶核。细胞核一般为2～5叶，正常人以2～3叶者居多。在某些疾病情况下，核1～2叶的细胞百分率增多，称为核左移；若核4～5叶的细胞增多，称为核右移。一般说核分叶越多，表明细胞越近衰老，但这不是绝对的，在有些疾病情况下，新生的中性粒细胞也可出现细胞核为5叶或更多叶的。杆状核粒细胞则较幼稚，占粒细胞总数的5%～10%，在机体受细菌严重感染时，其比例显著增高。

中性粒细胞的胞质染成粉红色，含有许多细小的淡紫色及淡红色颗粒，颗粒可分为嗜天青颗粒和特殊颗粒两种。嗜天青颗粒较少，呈紫色，约占颗粒总数的20%，光镜下着色略深，体积较大；电镜下呈圆形或椭圆形，直径0.6～0.7 μm，电子密度较高，它是一种溶酶体，含有酸性磷酸酶和过氧化物酶等，能消化分解吞噬的异物。特殊颗粒数量多，淡红色，约占颗粒总数的80%，颗粒较小，直径0.3～0.4 μm，呈哑铃形或椭圆形，内含碱性磷酸酶、吞噬素、溶菌酶等。吞噬素具有杀菌作用，溶菌酶能溶解细菌表面的糖蛋白。

中性粒细胞具有活跃的变形运动和吞噬功能。当机体某一部位受到细菌侵犯时，中性粒细胞对细菌产物及受感染组织释放的某些化学物质具有趋化性，能以变形运动穿出毛细血管，聚集到细菌侵犯部位，大量吞噬细菌，形成吞噬小体。吞噬小体先后与特殊颗粒及溶酶体融合，细菌即被各种水解酶、氧化酶、溶菌酶及其他具有杀菌作用的蛋白质、多肽等成分杀死并分解消化。由此可见，中性粒细胞在体内起着重要的防御作用。中性粒细胞吞噬细菌后，自身也常坏死，成为脓细胞。中性粒细胞在血液中停留6～7小时，在组织中存活1～3天。

2）嗜酸性粒细胞（eosinophilic granulocyte，eosinophil）：占白细胞总数的0.5%～3%。细胞呈球形，直径10～15 μm，核常为2叶，胞质内充满粗大（直径0.5～1.0 μm）、均匀、略带折光性的嗜酸性颗粒，染成橘红色。电镜下，颗粒多呈椭圆形，有膜包被，内含颗粒状基质和方形或长方形晶体。颗粒含有酸性磷酸酶、芳基硫酸酯酶、过氧化物酶和组胺酶等，因此它也是一种溶酶体。

嗜酸性粒细胞也能作变形运动，并具有趋化性。它能吞噬抗原-抗体复合物，释放组胺酶灭活组胺，从而减弱过敏反应。嗜酸性粒细胞还能借助抗体与某些寄生虫表面结合，释放颗粒内物质，杀灭寄生虫。因而嗜酸性粒细胞具有抗过敏和抗寄生虫作用。在过敏性疾病或寄生虫病时，血液中嗜酸性粒细胞增多。它在血液中一般仅停留数小时，在组织中可存活8～12天。

3）嗜碱性粒细胞（basophilic granulocyte, basophil）：数量最少，占白细胞总数的 0～15%。细胞呈球形，直径 10～12 μm。胞核分叶或呈 S 形或不规则形，着色较浅。胞质内含有嗜碱性颗粒，大小不等，分布不均，染成蓝紫色，可覆盖在核上。颗粒具有异染性，甲苯胺蓝染色呈紫红色。电镜下，嗜碱性颗粒内充满细小微粒，呈均匀状或螺纹状分布。颗粒内含有肝素和组胺，可被快速释放；而白三烯则存在于细胞基质内，它的释放较前者缓慢。肝素具有抗凝血作用，组胺和白三烯参与过敏反应。嗜碱性粒细胞在组织中可存活 12～15 天。

嗜碱性粒细胞与肥大细胞，在分布、胞核的形态，以及颗粒的大小与结构上，均有所不同。但两种细胞都含有肝素、组胺和白三烯等成分，故嗜碱性粒细胞的功能与肥大细胞相似，但两者的关系尚待研究。

4）单核细胞单核细胞（monocyte）：占白细胞总数的 3%～8%。它是白细胞中体积最大的细胞，直径 14～20 μm，呈圆形或椭圆形。胞核形态多样，呈卵圆形、肾形、马蹄形或不规则形等。核常偏位，染色质颗粒细而松散，故着色较浅。胞质较多，呈弱嗜碱性，含有许多细小的嗜天青颗粒，使胞质染成深浅不匀的灰蓝色。颗粒内含有过氧化物酶、酸性磷酸酶、非特异性酯酶和溶菌酶，这些酶不仅与单核细胞的功能有关，而且可作为与淋巴细胞的鉴别点。电镜下，细胞表面有皱褶和微绒毛，胞质内有许多吞噬泡、线粒体和粗面内质网，颗粒具溶酶体样结构。单核细胞具有活跃的变形运动、明显的趋化性和一定的吞噬功能。单核细胞是巨噬细胞的前身，它在血流中停留 1～5 天后，穿出血管进入组织和体腔，分化为巨噬细胞。单核细胞和巨噬细胞都能消灭侵入机体的细菌，吞噬异物颗粒，消除体内衰老损伤的细胞，并参与免疫，但其功能不及巨噬细胞强。

5）淋巴细胞（lymphocyte）：占白细胞总数的 20%～30%，圆形或椭圆形，大小不等。直径 6～8 μm 为小淋巴细胞，9～12 μm 为中淋巴细胞，13～20 μm 为大淋巴细胞。小淋巴细胞数量最多，细胞核圆形，一侧常有小凹陷，染色质致密呈块状，着色深，核占细胞的大部，胞质很少，在核周成一窄缘，嗜碱性，染成蔚蓝色，含少量嗜天青颗粒。中淋巴细胞和大淋巴细胞的核呈椭圆形，染色质较疏松，故着色较浅，胞质较多，胞质内也可见少量嗜天青颗粒。少数大、中淋巴细胞的核呈肾形，胞质内含有较多的大嗜天青颗粒，称为大颗粒淋巴细胞。电镜下，淋巴细胞的胞质内主要是大量的游离核糖体，其他细胞器均不发达。

以往曾认为，大、中、小淋巴细胞的分化程度不同，小淋巴细胞为终末细胞。但目前普遍认为，多数小淋巴细胞并非终末细胞。它在抗原刺激下可转变为幼稚的淋巴细胞，进而增殖分化。而且淋巴细胞也并非单一群体，根据它们的发生部位、表面特征、寿命长短和免疫功能的不同，至少可分为 T 淋巴细胞、B 淋巴细胞、杀伤（K）细胞和自然杀伤（NK）细胞 4 类。

血液中的 T 淋巴细胞约占淋巴细胞总数的 75%，它参与细胞免疫，如排斥异体移植物、抗肿瘤等，并具有免疫调节功能。B 淋巴细胞约占血中淋巴细胞总数的 10%～15%。B 淋巴细胞受抗原刺激后增殖分化为浆细胞，产生抗体，参与体液免疫（详见免疫系统）。

（3）血小板（platelet）：体积小，无细胞核，呈双面微凹的圆盘状，直径为 2～3 μm。当血小板与玻片接触或受刺激时，可伸出伪足而呈不规则形状。正常成年人血液中的白小板数量为（100～300）×10^9/L，可有6%～10%的变动范围，通常午后较清晨高、冬季较春节高。在止血、伤口愈合、炎症反应、血栓形成及器官移植排斥等生理和病理过程中有重要作用。

3. 血型（blood groups，blood types）　血型是以血液抗原形式表现出来的一种遗传性状。狭义地讲，血型专指红细胞抗原在个体间的差异；但现已知道除红细胞外，在白细胞、血小板乃至某些血浆蛋白方面，个体之间也存在着抗原差异。因此，广义的血型应包括血液各成分的抗原在个体间出现的差异。通常人们对血型的了解往往仅局限于ABO血型以及输血问题等方面，实际上，血型在人类学、遗传学、法医学、临床医学等学科中都有广泛的实用价值，因此具有重要的理论和实践意义，同时，动物血型的发现也为血型研究提供了新的问题和研究方向。

(1) ABO血型：可分为A、B、AB和O型4种血型。红细胞含A抗原和H抗原的称为A型，A型的人血清中含有抗B抗体；红细胞含B抗原和H抗原的称为B型，B型的人血清中含有抗A抗体；红细胞含A抗原、B抗原和H抗原的称为AB型，这种血型的人血清中没有抗A抗体和抗B抗体；红细胞只有H抗原的称为O型，O型的人血清中含有抗A抗体和抗B抗体。

ABO血型物质除存在于红细胞膜上外，还出现于唾液、胃液、精液等分泌液中。中国60%汉族人唾液中有ABO血型物质。血型物质的化学本质是指构成血型抗原的糖蛋白或糖脂，而血型的特异性主要取决于血型抗原糖链的组成（即血型抗原的决定簇在糖链上）。

(2) 输血：应以输同型血为原则，只有在没有同型血且十分紧急的情况中，才能输入异型血。在这种情况下，O型血可以少量（不大于200 mL）输给各类血型，AB型血的患者也可以接受少于200 mL的任何血型的血液。

4. 血液循环　心脏节律性的搏动推动血液在心血管系统中按一定方向循环往复地流动。人类血液循环是封闭式的，由体循环和肺循环两条途径构成的双循环。血液由左心室射出经主动脉及其各级分支流到全身的毛细血管，在此与组织液进行物质交换，供给组织细胞氧和营养物质，运走二氧化碳和代谢产物，动脉血变为静脉血；再经各级静脉汇合成上、下腔静脉流回右心房，这一循环为体循环。血液由右心室射出经肺动脉流到肺毛细血管，在此与肺泡气进行气体交换，吸收氧并排出二氧化碳，静脉血变为动脉血；然后经肺静脉流回左心房，这一循环为肺循环。

5. 血液的功能　血液在人体生命活动中主要具有以下几方面的功能。

(1) 运输：运输是血液的基本功能，自肺吸入的氧气以及由消化道吸收的营养物质，都要依靠血液运输才能到达全身各组织。同时组织代谢产生的二氧化碳与其他废物也靠血液运输到肺、肾等处排泄，从而保证身体正常代谢的进行。血液的运输功能主要是靠红细胞来完成的。贫血时，红细胞的数量减少或质量下降，从而不同程度地影响了血液这一运输功能，出现一系列的病理变化。

(2) 参与体液调节：激素分泌直接进入血液，依靠血液输送到达相应的靶器官，使其发挥一定的生理作用。可见，血液是体液性调节的联系媒介。此外，如酶、维生素等物质也是依靠血液传递才能发挥对代谢的调节作用的。

(3) 保持内环境稳态：由于血液不断循环及其与各部分体液之间广泛沟通，故对体内水和电解质的平衡、酸碱平衡以及体温的恒定等都起决定性的作用。

（4）防御功能：机体具有防御或消除伤害性刺激的能力，涉及多方面，血液体现其中免疫和止血等功能。例如，血液中的白细胞能吞噬并分解外来的微生物和体内衰老、死亡的组织细胞，有的为免疫细胞，还有血浆中的抗体如抗毒素、溶菌素等均能防御或消灭入侵机体的细菌和毒素。上述防御功能也指血液的免疫防御功能，主要靠白细胞实现。此外，血液凝固对血管损伤可起防御作用。

（5）调节体温：血液也是一种胶体，在做实验时不慎被划伤流血，可以使用氯化铁紧急止血。这是因为血液是一种胶体，胶体中加入了电解质使血液介稳性被破坏，可以使胶体发生聚沉，而血液中氢氧根含量很少所以不会大量形成氢氧化铁。

6. 制造及降解 血细胞在骨髓产生，过程称为"血细胞生成"。蛋白质构成部分，包括凝血因子，主要由肝脏产生，而激素由内分泌腺产生，至于水状成分则由丘脑下部调节肾脏去维持，肠道也有份间接参与。

血细胞在脾脏及肝巨噬细胞降解，肝也有移除一些蛋白质、脂肪及氨基酸。肾脏把身体的废物带进尿液。正常的红细胞在血浆中约有 120 天寿命。

三、血液循环

心脏和血管组成机体的循环系统，血液在其中按一定方向流动，周而复始，称为血液循环。血液循环的主要功能是完成体内的物质运输，运输代谢原料和代谢产物，使机体新陈代谢能不断进行；体内各内分泌腺分泌的激素，或其他体液因素，通过血液的运输，作用于相应的靶细胞，实现机体的体液调节；机体内环境理化特性相对稳定的维持和血液防卫功能的实现，也都有赖于血液的不断循环流动。心脏是一个由心肌组织构成并具有瓣膜结构的空腔器官，是血液循环的动力装置。生命过程中，心脏不断做收缩和舒张交替的活动，舒张时容纳静脉血返回心脏，收缩时把血液射入动脉，为血液流动提供能量。心脏通过这种节律性活动以及由此而引起的瓣膜的规律性开启和关闭，推动血液沿单一方向循环流动。心脏的这种活动形式与水泵相似，因此可以把心脏视为实现泵血功能的肌肉器官。

四、呼吸

机体与外界环境之间的气体交换过程，称为呼吸。通过呼吸，机体从大气摄取新陈代谢所需要的 O_2，排出所产生的 CO_2。因此，呼吸是维持机体新陈代谢和其他功能活动所必需的基本生理过程之一，呼吸一旦停止，生命也将终止。

在高等动物和人体，呼吸过程由 3 个相互衔接并且同时进行的环节来完成（图 14-51）：外呼吸或肺呼吸，包括肺通气（外界空气与肺之间的气体交换过程）和肺换气（肺泡与肺毛细血管之间的气体交换过程）；气体在血液中的运输；内呼吸或组织呼吸，即组织换气（血液与组织、细胞之间的气体交换过程），有时也将细胞内的氧化过程包括在内。可见呼吸过程不仅依靠呼吸系统来完成，还需要血液循环系统的配合，这种协调配合，以及它们与机体代谢水平的相适应，又受神经和体液因素的调节。

肺通气（pulmonary ventilation）是肺与外界环境之间的气体交换过程。实现肺通气的器官包括呼吸道、肺泡和胸廓等。呼吸道是沟通肺泡与外界的通道；肺泡是肺泡气与血液气进行交换的主要场所；而胸廓的节律性呼吸运动则是实现通气的动力。

肺通气使肺泡不断更新，保持了肺泡气 PO_2、PCO_2 的相对稳定，这是气体交换得以

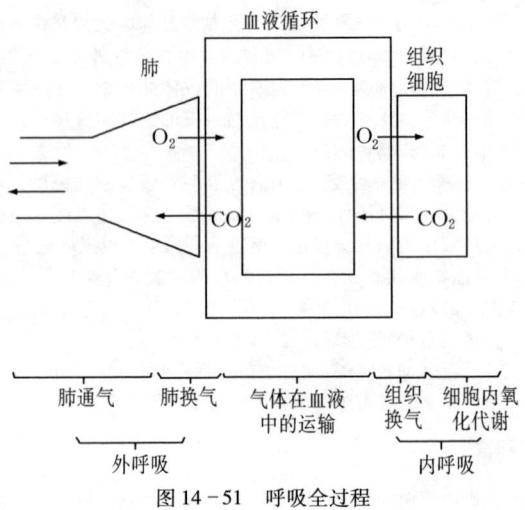

图 14 - 51 呼吸全过程

顺利进行的前提。气体交换包括肺换气和组织换气，在这两处换气的原理一样。从肺泡扩散入血液的 O_2 必须通过血液循环运送到各组织，从组织散入血液的 CO_2 的也必须由血液循环运送到肺泡。

呼吸运动是一种节律性的活动，其深度和频率随体内、外环境条件的改变而改变。例如劳动或运动时，代谢增强，呼吸加深加快，肺通气量增大，摄取更多的 O_2，排出更多的 CO_2，以与代谢水平相适应。

五、消化和吸收

人的消化器官由长 8 ~ 10 m 的消化道及与其相连的许多大、小消化腺组成。消化器官的主要生理功能是对食物进行消化和吸收，从而为机体新陈代谢提供了必不可少的物质和能量来源。

消化是食物在消化道内被分解为小分子的过程。消化的方式有两种，一种是通过消化道肌肉的舒缩活动，将食物磨碎，并使之与消化液充分混合，以及将食物不断地向消化道的远端推送，这种方式称为机械消化。另一种消化方式是通过消化腺分泌的消化液完成的。消化液中含有各种消化酶，能分别分解蛋白质、脂肪和糖类等物质，使之成为小分子物质，这种消化方式称为化学性消化。正常情况下，这两种方式的消化作用是同时进行、互相配合的。食物经过消化后，透过消化道的黏膜，进入血液和淋巴循环的过程，称为吸收。消化和吸收是两个相辅相成、紧密联系的过程。不能被消化和吸收的食物残渣，最后以粪的形式排出体外。

六、能量代谢和体温

（一）能量代谢

新陈代谢是机体生命活动的基本特征，新陈代谢包括物质代谢与相伴的能量代谢，简称为代谢。

糖、脂肪、蛋白质3种营养物质，经消化转变成为可吸收的小分子营养物质而被吸收入血。在细胞中，这些营养物质经过同化作用（合成代谢），构筑机体的组成成分或更新衰老的组织；同时经过异化作用（分解代谢）分解为代谢产物。合成代谢和分解代谢是物质代谢过程中互相联系的、不可分割的两个侧面。

影响能量代谢的因素有肌肉活动、精神活动、食物的特殊动力作用和环境温度等。基础代谢（basal metabolism）是指基础状态下的能量代谢。基础代谢率（basal metabolic rate，BMR）是指单位时间内的基础代谢，即在基础状态下，单位时间内的能量代谢。

所谓基础状态是指人体处在清醒而又非常安静，不受肌肉活动、环境温度、食物及精神紧张等因素的影响时的状态。

（二）体温

体温是机体进行新陈代谢和正常生命活动的必要条件。

1. 表层温度　人体的外周组织即表层，包括皮肤、皮下组织和肌肉等的温度称表层温度（shell temperature）。表层温度不稳定，各部位之间的差异也不大。

2. 深部温度　机体深部（心、肺、脑和腹腔内脏等处）的温度称为深部温度（core temperature）。深部温度比表层温度高，且比较稳定，各部位之间的差异也较小。

3. 体温的正常变动　在一昼夜之中，人体体温呈周期性波动。清晨2:00~6:00体温最低，午后13:00~18:00最高。波动的幅值一般不超过1℃。体温的这种昼夜周期性波动称昼夜节律或日周期（circadian rhythm）。

女性的基础体温随月经周期而发生变动。在排卵后体温升高，这次体温升高一直持续至下次月经开始（图14-52）。这种现象很可能与性激素的分泌有关。实验证明，这种变动性同血中孕激素及其代谢产物的变化相吻合。

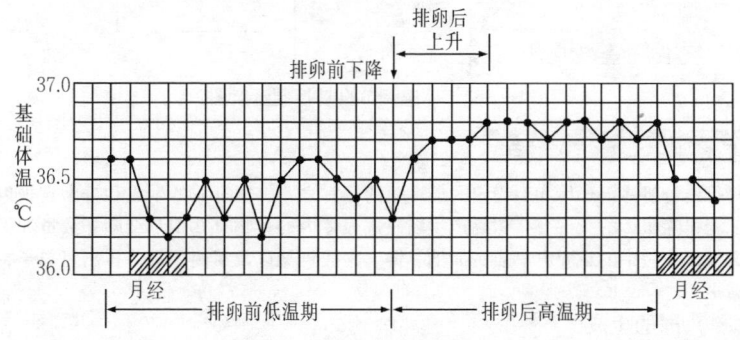

图14-52　女性的基础体温曲线

体温也与年龄有关。一般说来，儿童的体温较高，新生儿和老年人的体温较低。新生儿，特别是早产儿，由于体温调节机制发育还不完善，调节体温的能力差，所以他们的体温容易受环境温度的影响而变动。因此对新生儿应加强护理。

肌肉活动时代谢加强，产热量因而增加，可导致体温升高。所以，临床上应让患者安静一段时间以后再测体温。测定小儿体温时应防止哭闹。

此外，情绪激动、精神紧张、进食等情况对体温都会有影响；环境温度的变化对体温也有影响；在测定体温时，应考虑到这些情况。

4. 体温调节　体温调节是生物自动控制系统的实例。如图 14 - 53 所示，下丘脑体温调节中枢，包括调定点（set point）神经元在内，属于控制系统。它的传出信息控制着产热器官如肝、骨骼肌，以及散热器官如皮肤血管、汗腺等受控系统的活动，使受控对象——机体深部温度维持在一个稳定水平。而输出变量体温总是会受到内、外环境因素干扰的（譬如机体的运动或外环境气候因素的变化，如气温、湿度、风速等）。此时则通过温度检测器——皮肤及深部温度感受器（包括中枢温度感受器）将干扰信息反馈给调定点，经过体温调节中枢的整合，再调整受控系统的活动，仍可建立起当时条件下的体热平衡，收到稳定体温的效果。

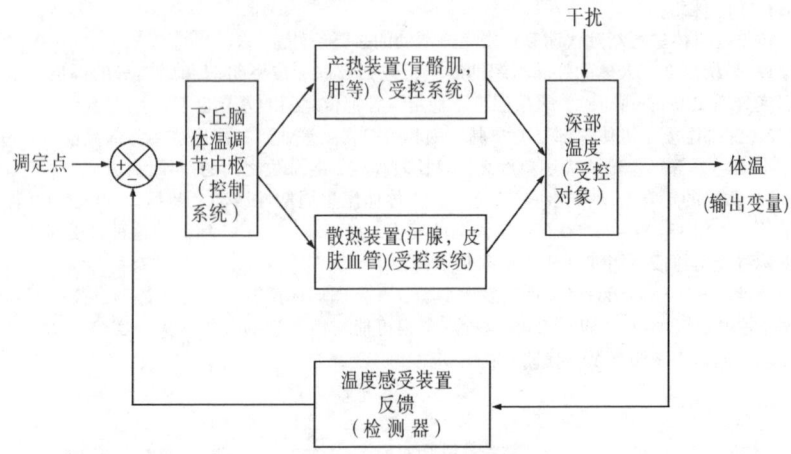

图 14 - 53　体温调节自动控制示意图

七、尿的生成和排出

肾是维持机体内环境相对稳定的最重要的器官之一。通过尿的生成和排出实现以下功能：①排除机体的大部分代谢终产物以及进入体内的异物；②调节细胞外液量和渗透压；③保留体液中的重要电解质，如钠、钾、碳酸氢盐以及氯离子等，排出氢离子，维持酸碱平衡。

（一）尿的生成

尿的生成包括肾小球的滤过，肾小管和集合管的重吸收和分泌 3 个基本过程。

1. 肾小球的滤过功能　循环血液经过肾小球毛细血管时，血浆中的水和小分子溶质，包括少量分子质量较小的血浆蛋白，可以滤入肾小囊的囊腔而形成滤过液。

人体两侧肾全部肾小球毛细血管管总面积估计在 1.5 m^2 以上，这样大的滤过面积有利于血浆的滤过。在正常情况下，人两肾的全部肾小球滤过面积可以保持稳定。但是在急性肾小球肾炎时，由于肾小球毛细血管管腔变窄或完全阻塞，以致有滤过功能的肾小球数量减少，有效滤过面积也因此而减少，导致肾小球滤过率降低，结果出现少尿（每昼夜尿量在 100~500 mL 之间）甚至无尿（每昼夜尿量不到 100 mL）。

2. **肾小管和集合管的重吸收和分泌** 人两肾每天生成的肾小球滤过液达 180 L，而终尿仅为 1.5 L。这表明滤过液中约 99% 的水被肾小管和集合管重吸收，只有约 1% 被排出体外。不仅如此，滤过液中的葡萄糖已全部被肾小管重吸收回血；钠、尿素等不同程度地重吸收；肌酐、尿酸和钾等还被肾小管分泌入管腔中。

3. **尿液的稀释和浓缩** 尿液的稀释是由于小管液的溶质被重吸收而水不易被重吸收造成的。这种情况主要发生在髓袢升支粗段。髓袢升支粗段能主动重吸收 Na^+ 和 Cl^-，而对水不通透，故水不被重吸收，造成髓袢升支粗段小管液为低渗状态。在体内水过剩而抗利尿激素释放被抑制时，集合管对水的通透性非常低。因此，髓袢升支的小管液流经远曲小管和集合管时，NaCl 继续重吸收，使小管液渗透浓度进一步下降，可降低至 50 mOsm/(kg·H_2O)，形成低渗尿，造成尿液的稀释。

尿液的浓缩是由于小管液中的水被重吸收而溶质仍留在小管液中造成的。水重吸收的动力来自肾髓质渗透梯度的建立，即髓质渗透浓度从髓质外层向乳头部深入而不断升高。髓袢的形态和功能特性是形成肾髓质渗透浓度梯度的重要条件。在抗利尿激素存在时，远曲小管和集合管对水通透性增加，小管液从外髓集合管向内髓集合管流动时，由于渗透作用，水便不断进入高渗的组织间液，使小管液不断被浓缩而变成高渗液，最后尿液的渗透浓度可高达 1200 mOsm/(kg·H_2O)，形成浓缩尿。

（二）尿的排放

尿的生成是个连续不断的过程。持续不断进入肾盂的尿液，由于压力差以及肾盂的收缩而被送入输尿管。输尿管中的尿液则通过输尿管的周期性蠕动而被送入膀胱。但是，膀胱的排尿（micturition）是间歇地进行的。尿液在膀胱内储存并达到一定量时，才能引起反射性排尿动作，将尿液经尿道排放于体外。

在正常情况下，膀胱逼尿肌在副交感神经紧张冲动的影响下，处于轻度收缩状态，使膀胱内压经常保持在 10 cmH_2O(0.98 kPa)，因为膀胱具有较大的伸展性，导致内压稍升高后可以很快回降。当尿量增加到 400~500 mL 时膀胱内压才超过 10 cmH_2O(0.98 kPa) 而明显升高。如果膀胱内尿量增加到 700 mL，膀胱内压随之增加至 35 cmH_2O (3.43 kPa) 时，逼尿肌便出现节律性收缩，排尿欲也明显增加，但此时还可有意识地控制排尿。当膀胱内压达到 70 cmH_2O(6.86 kPa) 以上时，便出现明显的痛感以致不得不排尿。

排尿活动是一种反射活动。当膀胱尿量充盈到一定程度时（400~500 mL），膀胱壁的牵张感受器受到刺激而兴奋。冲动沿盆神经传入，到达骶髓的排尿反射初级中枢；同时，冲动也到达脑干和大脑皮质的排尿反射高位中枢，并产生尿意。排尿反射进行时，冲动沿盆神经传出，引起逼尿肌收缩、内括约肌松弛，于是尿液进入后尿道。这时尿液还可以刺激尿道的感受器，冲动沿阴部神经再次传到脊髓排尿中枢，进一步加强其活动，使外括约肌开放，于是尿液被强大的膀胱内压 [可高达 150 cmH_2O(14.7 kPa)] 驱出。尿液对尿道的刺激可进一步反射性地加强排尿中枢活动。这是一种正反馈，它使排尿反射一再加强，直至尿液排完为止。在排尿末期，由于尿道海绵体肌肉收缩，可将残留于尿道的尿液排出体外。此外，在排尿时，腹肌和膈肌的强大收缩也会产生较高的腹内压，协助克服排尿的阻力。

大脑皮质等排尿反射高位中枢能对脊髓初级中枢施加易化或抑制性影响，以控制排尿反射活动。小儿大脑发育未臻完善，对初级中枢的控制能力较弱，所以小儿排尿次数多，且易发生夜间遗尿。

排尿或储尿任何一种功能发生障碍，均可出现排尿异常，临床上常见的有尿频、尿潴留和尿失禁。排放次数过多者称为尿频，常常是由于膀胱炎症或机械性刺激（如膀胱结石）而引起的。膀胱中尿液充盈过多而不能排出者称为尿潴留。尿潴留多半是由于腰骶部脊髓损伤使排尿反射初级中枢的活动发生障碍所致。但尿流受阻也能造成尿潴留。当脊髓受损，以致初级中枢与大脑皮质功能推动失去联系时，排尿便失去了意识控制，可出现尿失禁。

八、感觉器官

（一）视觉器官

引起视觉的外周感受器官是眼，它由含有感光细胞的视网膜和作为附属结构的折光系统等部分组成。人眼的适宜刺激是波长 370~740 nm 的电磁波；在这个可见光谱的范围内，人脑通过接受来自视网膜的传入信息，可以分辨出视网膜像的不同亮度和色泽，因而可以看清视野内发光物体和反光物质的轮廓、形状、颜色、大小、远近和表面细节等情况。自然界形形色色的物体以及文字、图形等形象，通过视觉系统在人脑得到反映。据估计，在人脑获得的全部信息中，大约有95%以上来自视觉系统，因而眼无疑是人体最重要的感觉器官。人眼的基本结构如图 14-54 所示。

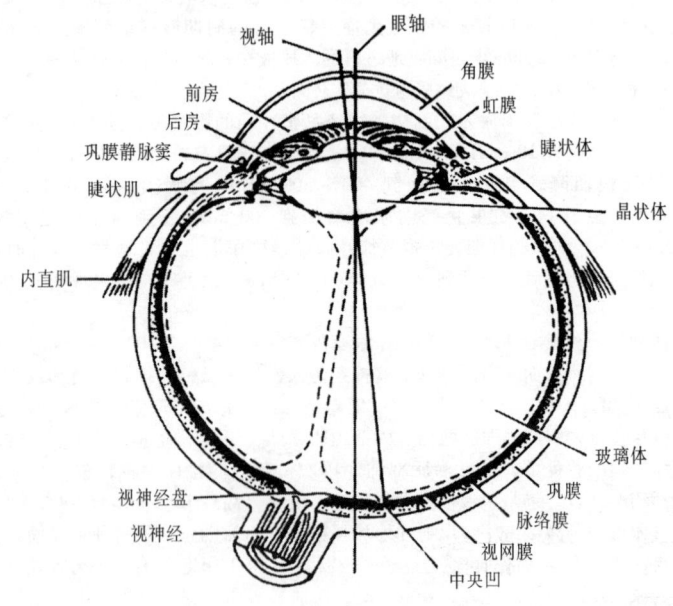

图 14-54　眼球的水平切面

（二）听觉器官

听觉的外周感受器官是耳，耳的适宜刺激是一定频率范围内的声波振动。耳由外耳、中耳和内耳迷路中的耳蜗组成。

（三）前庭器官

前庭器官由内耳中的3个半规管和椭圆囊、球囊组成，是人体对自身运动状态和头在空间位置的感受器。当机体进行旋转或直线变速运动时，速度的变化（包括正、负加速度）会刺激三个半规圆或椭圆囊中的感受细胞；当头的位置和地球引力的作用方向出现相对关系的改变时，就会刺激球囊中的感受细胞。这些刺激引起的神经冲动沿第8脑神经的前庭支传向中枢，引起相应的感受和其他效应。

（四）嗅觉和味觉

嗅觉感受器位于上鼻道及鼻中隔后上部的嗅上皮，两侧总面积约5 cm^2。由于它们的位置较高，平静呼吸时气流不易到达。因此在嗅一些不太显著的气味时，要用力吸气，使气流上冲，才能到达嗅上皮。嗅上皮含有3种细胞，即主细胞、支持细胞和基底细胞。主细胞又称嗅细胞，呈圆瓶状，细胞顶端有5~6条短的纤毛，细胞的底端有长突，它们组成嗅丝，穿过筛骨直接进入嗅球。嗅细胞的纤毛受到存在于空气中的物质分子刺激时，有神经冲动传向嗅球，进而传向更高级的嗅觉中枢，引起嗅觉。

味觉的感受器是味蕾，主要分布在舌背部表面和边缘，口腔和咽部黏膜的表面也有散在的味蕾存在。儿童味蕾较成人为多，老年时因萎缩而逐渐减少。每一味蕾由味觉细胞和支持细胞组成。味觉细胞顶端有纤毛，称味毛，由味蕾表面的孔伸出，是味觉感受的关键部位。

舌表面不同部分对不同味刺激的敏感程度不一样。在人，一般是舌尖部对甜味比较敏感，舌两侧对酸味比较敏感，舌两侧前部对咸味比较敏感，而软腭和舌根部对苦味比较敏感。味觉的敏感度往往受食物或刺激物本身温度的影响。在20 ℃~30 ℃时味觉的敏感度最高。另外，味觉的辨别能力也受血液化学成分的影响。

（五）皮肤感受

皮肤内分布着多种感受器，能产生多种感觉。一般认为皮肤感觉主要有4种，即触觉、冷觉、温觉和痛觉。

触觉是微弱的机械刺激兴奋了皮肤浅层的触觉感受器引起的，压觉是指较强的机械刺激导致深部组织变形时引起的感觉，两者在性质上类似，可统称为触-压觉。触点在皮肤表面密度和该部位对触觉的敏感程度成正比，如颜面、口唇、指尖等处密度较高，手背、背部密度较低。皮肤在接受每秒40次的机械振动刺激时，还可引起振动觉，据报道这与触觉感受器有关。

冷觉和温觉合称为温度觉，这起源于两种感受范围不同的温度感受器。冷感受器在皮肤温度低于30 ℃时开始引起冲动发放，热感受器在超过30 ℃时开始引起冲动发放，47 ℃时频率最高。一般皮肤表面冷点较热点多4~10倍。

痛觉是由有可能损伤或已经造成皮肤损伤的各种性质的刺激所引起的，它们除引起不愉快的痛苦感觉外，尚伴有强烈的情绪反应。

九、神经系统

人体各器官、系统的功能都是直接或间接处于神经系统的调节控制之下，神经系统是人体内起主导作用的调节系统。人体是一个复杂的机体，各器官、系统的功能不是孤立的，它们之间互相联系、互相制约；同时，人体生活在经常变化的环境中，环境的变化随时影响着体内的各种功能。这就需要对体内各种功能不断做出迅速而完善的调节，使机体适应内外环境的变化。实现这一调节功能的系统主要就是神经系统。神经元是神经系统的结构与功能单位。

反射是指在中枢神经系统参与下的机体对内外环境刺激的规律性应答。反射可分为非条件反射和条件反射两类。非条件反射是指出生后无须训练就具有的反射。按生物学意义的不同，它可分为防御反射、食物反射、性反射等。这类反射能使机体初步适应环境，对个体生存与种系生存有重要的生理意义。条件反射是指在出生后通过训练而形成的反射。它可以建立，也能消退，数量可以不断增加。条件反射的建立扩大了机体的反应范围，当生活环境改变时条件反射也跟着改变。因此，条件反射较非条件反射有更大的灵活性，更适应复杂变化的生存环境。

十、内分泌

内分泌系统是由内分泌腺和存在于某些组织器官中的内分泌细胞组成的一个体内信息传递系统，它与神经系统密切联系、相互配合，共同调节机体的各种功能活动，维持内环境相对稳定。

人体内主要的内分泌腺有垂体、甲状腺、甲状旁腺、肾上腺、胰岛、性腺、松果体和胸腺；散在于组织器官中的内分泌细胞比较广泛，如消化道黏膜、心、肾、肺、皮肤、胎盘等部位均存在各种各样的内分泌细胞；此外，在中枢神经系统内，特别是下丘脑存在兼有内分泌功能的神经细胞。由内分泌腺或散在内分泌细胞所分泌的高效能的生物活性物质，经组织液或血液传递而发挥其调节作用，此种化学物质称为激素（hormone）。

十一、生殖

生物体生长发育到一定阶段后，能够产生与自己相似的子代个体，这种功能称为生殖（reproduction），任何生物个体的寿命都是有限的，必然要衰老、死亡。一切生物都是通过产生新个体来延续种系的，所以生殖是动物绵延和繁衍种系的重要生命活动。在高等动物，生殖是通过两性生殖器官的活动来实现的，生殖过程包括生殖细胞（精子和卵子）的形成过程，交配和受精过程以及胚胎发育等重要环节。

（一）男性生殖

男性主要生殖器官为睾丸，此外还有附睾、输精管、精囊腺、前列腺、尿道球腺、阴茎等附属性器官。睾丸的主要功能是生精和分泌雄激素。

（二）女性生殖

女性的主要生殖器官是卵巢，此外还有输卵管、子宫、阴道及外阴等附属性器官。卵巢的功能是产生卵子和分泌激素。卵巢分泌的雌激素主要为雌二醇（estradiol，E_2），孕激素主要为黄体酮（progesterone，P）。此外，卵巢还分泌少量的雄激素。雌二醇是C-18类固醇激素，黄体酮是C-21类固醇激素。

1. 雌激素　雌激素的主要作用是促进女性生殖器官的发育和副性征的出现，并维持在正常状态。此外，雌激素对代谢也有明显的影响。

2. 孕激素 孕激素主要作用于子宫内膜和子宫肌，适应受精卵着床和维持妊娠。由于黄体酮受体含量受雌激素调节，因此黄体酮的绝大部分作用都必须在雌激素作用的基础上才能发挥。

3. 雄激素 女性体内有少量的雄激素，是由卵泡内膜细胞和肾上腺皮质网状带细胞产生的。适量的雄激素配合雌激素可刺激阴毛及腋毛的生长。而女子雄激素过多时，可引起男性化与多毛症。

4. 妊娠 妊娠是新个体产生的过程，包括受精、着床、妊娠的维持、胎儿的生长以及分娩。

第三节 病理学基础

疾病是一个极其复杂的过程。在病原因子和机体反应功能的相互作用下，患病机体有关部分的形态结构、代谢和功能都会发生种种改变，这是研究和认识疾病的重要依据。病理学（pathology）的任务就是运用各种方法研究疾病的原因（病因学，etiology），在病因作用下疾病发生发展的过程（发病学，pathogenesis）以及机体在疾病过程中的功能、代谢和形态结构的改变（病变，pathological changes），阐明其本质，从而为认识和掌握疾病发生发展的规律，并为防治疾病，提供必要的理论基础。

一、细胞和组织的损伤

细胞是一个由细胞膜封闭的基本生命单元，内含一系列明确无误、互相分隔的反应腔室，这就是由细胞膜为界限的各种细胞器，是细胞代谢和细胞活力的形态支柱。细胞内的这种严格分隔保证了各种细胞器分别进行着无数的生化反应，行使各自的独特功能，维持细胞和机体的生命活动。细胞器的改变是各种病变的基本组成部分。细胞和组织在对各种刺激因子和环境改变进行适应时，能发生相应的功能和形态改变，其主要包括：肥大、增生、萎缩、化生。细胞和组织损伤的表现形式和轻重程度不一，轻者当招致损伤的原因消除后仍可恢复，重者则可引起细胞和组织的死亡。

引起细胞和组织损伤的原因多种多样，其作用的强弱和持续的时间决定着损伤的程度，有的引起较轻的可复性损伤，有的则引起严重的不可复性损伤，导致细胞、组织的死亡。损伤的原因可归纳为：①缺氧；②物理因子（包括机械性、高温、低温、电流、射线等刺激因子）；③化学因子（如毒物）；④生物因子（病毒、细菌等）；⑤免疫因子。

二、损伤的修复

损伤造成机体部分细胞或组织丧失后，机体对所形成缺损进行修补恢复的过程，称为修复（repair），修复后可完全或部分恢复原组织的结构和功能。修复过程起始于炎症，炎症渗出处理坏死的细胞、组织碎片，然后由损伤局部周围的健康细胞分裂增生来完成修复过程。修复可分为2种不同的过程及结局：①由损伤部周围的同种细胞来修复，称为再生（regeneration），如果完全恢复了原组织的结构及功能，则称为完全再生。②由纤维结缔组织来修复，称为纤维性修复。常见于再生能力弱或缺乏再生能力的组织，当其发生缺损时，不能通过原来组织再生修复，而是由肉芽组织填补，以后形成瘢痕，故也称瘢痕修复，过去常称为不完全再生。在多数情况下，由于有多种组织发生损伤，故上述两种修复过程常同时存在。

三、局部血液及体液循环障碍

局部血液和体液的循环障碍，包括：①局部循环血量的异常，包括充血和缺血；②血液性状和血管内容物的异常，包括血栓形成、栓塞及梗死；③水肿和积液。

四、免疫病理

免疫反应是机体在进化过程中所获得的"识别自身、排斥异己"的一种重要生理功能，在正常情况下，免疫系统通过细胞和（或）体液免疫机制以抵抗外界入侵的病原生物，维持自身生理平衡，以及消除突变细胞，起到保持机体的作用。但免疫反应异常，无论是反应过高（变态反应）或过低（免疫缺陷）均能引起组织损害，导致疾病。

五、炎症

外源性和内源性损伤因子可引起细胞各种各样的损伤性病变，与此同时机体的局部和全身则发生一系列复杂的反应，以局限和消灭损伤因子，清除和吸收坏死组织、细胞，并修复损伤，这就是机体的防御性反应——炎症（inflammation）。

（一）炎症的局部表现和全身反应

炎症的局部临床特征是红、肿、痛和功能障碍。炎症所引起的全身反应包括发热和末梢血白细胞计数增多。

（二）炎症反应的防御作用

炎症反应的防御作用是以血管系统改变为中心的一系列局部反应，有利于清除和消灭致病因子，液体的渗出可稀释毒素，吞噬搬运坏死组织以利于再生和修复，使致病因子局限在炎症部位而不致蔓延全身。因此，炎症是机体的防御性反应，通常对机体是有利的，如果没有炎症反应，人们将不能长期生存于这个充满致炎因子的自然环境中。

但是炎症对机体也有潜在的危害性，严重的过敏反应可危及患者的生命；心包腔内纤维素性渗出物机化可形成缩窄性心包炎，进而影响心功能；发生于脑实质或脑膜的炎症可引起颅内压增高，甚至形成脑疝致使生命中枢受压而造成患者死亡；此外声带急性炎症水肿可导致窒息，等等。因此在一定情况下应采取措施控制炎症反应。

六、心血管疾病

（一）动脉粥样硬化

动脉粥样硬化（atherosclerosis）是严重危害人类健康的常见病。近年来，本病的发病率在我国有明显增加的趋势。据尸检结果，在 40～49 岁的人群中，冠状动脉和主动脉粥样硬化病变的检出率分别为 58.36% 和 88.31%，并随着年龄的增长而逐渐增加。

动脉硬化（arteriosclerosis）一般是指一组动脉的硬化性疾病，包括动脉粥样硬化、Mönckeberg 动脉中膜钙化和细动脉硬化。

动脉粥样硬化的危险因素主要有：①高脂血症；②高血压；③吸烟；④性别；⑤糖尿病及高胰岛素血症；⑥遗传因素。

（二）高血压

高血压（hypertension）为人类最常见的疾病之一。高血压是持续血压过高的疾病，会引起脑卒中、心脏病、血管瘤、肾衰竭等疾病。高血压是一种以动脉压升高为特征，可伴有心脏、血管、脑和肾脏等器官功能性或器质性改变的全身性疾病，它有原发性高血压和继发性高血压之分。高血压发病的原因很多，可分为遗传和环境两个方面。在未用抗高血压药情况下，收缩压≥140 mmHg 和（或）舒张压≥90 mmHg，按血压水平将高血压分为1、2、3 级，收缩压≥140 mmHg 和舒张压＜90 mmHg 单列为单纯性收缩期高血压。患者既往有高血压史，目前正在用抗高血压药，血压虽然低于140/90 mmHg，亦应诊断为高血压。高血压级别及分类见表14－1。

表14－1　　　　　　　　　　　　　　高血压分级及分类

高血压的类别	收缩压（mmHg）	舒张压（mmHg）
理想血压	＜120	＜80
正常高值	120～139	80～89
高血压	≥140	≥90
1级高血压（轻度）	140～159	90～99
2级高血压（中度）	160～179	100～109
3级高血压（重度）	≥180	≥110
单纯收缩期高血压	≥140	＜90

1. 良性高血压（benign hypertension）　又称缓进型高血压。早期多无症状，往往是偶然发现。开始表现为全身细动脉和小动脉痉挛，呈间断性，血压亦处于波动状态，其后血压呈持续性升高。出现心血管并发症者，如冠状动脉粥样硬化，可促进疾病的进展。晚期可因心力衰竭、心肌梗死或脑出血致死。因肾衰竭致死者少见。

（1）动脉系统病变：

1）细动脉：是指中膜仅有1～2层平滑肌细胞（smooth muscle cell，SMC）的细动脉（arteriole）及直径约1 mm 及以下的最小动脉。常累及腹腔器官、视网膜及肾上腺包膜的细动脉，最严重的累及肾脏入球动脉。由于细动脉反复痉挛，血管内压持续升高，内皮细胞虽可通过其细胞骨架的适应性来加强适应，但仍不能承受血管内压力升高的作用而被分开，内皮细胞间隙扩大，血浆蛋白（含免疫球蛋白及纤维蛋白原）渗入内皮下间隙。局部区域中膜SMC可发生坏死，溶酶体酶释出，并可引起局部性蛋白溶解，以致该处管壁通透性升高。血浆蛋白的渗入连同由未坏死SMC产生的修复性胶原纤维及蛋白多糖使细动脉壁细胞愈来愈少而陷于玻璃样变，形成细动脉硬化（arteriolosclerosis）。随着疾病的发展，细动脉管壁增厚、变硬，管腔狭窄，甚至可使管腔闭塞。

2）肌型器官动脉：主要累及冠状动脉、脑动脉及肾动脉（弓形及小叶间动脉常被累及）。表现为中膜SMC肥大和增生，中膜内胶原、弹性纤维及蛋白多糖增加，使中膜增厚。内膜亦有血浆蛋白渗入，SMC增生，产生胶原和弹性纤维，内弹力膜分裂，管腔可有某种程度狭窄。

（2）心脏的病变：主要为左心室肥大，这是对持续性血压升高、心肌工作负荷增加的一种适应性反应。在心脏处于代偿期时，肥大的心脏心腔不扩张，甚至略微缩小，称为向心性肥大（concentric hypertrophy）。心脏质量增加，一般达400 g以上，甚至可增重1倍。由于不断增大的心肌细胞与毛细血管供养之间的不相适应，加上高血压性血管病，以及并发动脉粥样硬化所致的血供不足，便导致心肌收缩力降低，逐渐出现心腔扩张，称为离心性肥大（eccentric hypertrophy）。严重者可发生心力衰竭。

（3）肾的病变：表现为原发性颗粒性固缩肾，为双侧对称性、弥漫性病变。肾体积缩小，质地变硬，质量减轻，一侧肾质量一般小于100 g（正常成年人一侧肾重约150 g）。表面布满无数均匀的红色细颗粒。切面，肾皮质变薄，一般在2 mm左右（正常厚3~5 mm）。肾小管由于缺血而萎缩、消失，间质结缔组织增生及淋巴细胞浸润。该处由于肾实质萎缩和结缔组织收缩而形成凹陷的固缩病灶，周围健存的肾小球发生代偿性肥大，所属肾小管亦呈代偿性扩张，使局部肾组织向表面隆起，形成肉眼所见的无数红色细颗粒（由于该处血供良好而呈红色）。

临床上，可多年不出现肾功能障碍。晚期由于病变的肾单位越来越多，肾血流量逐渐减少，肾小球滤过率逐渐降低。患者可发生水肿、出现蛋白尿及管型。严重者可出现尿毒症的临床表现。

（4）脑的病变：高血压时，由于脑内细动脉的痉挛和病变，患者可出现不同程度的高血压脑病（hypertensive encephalopathy）症状，如头痛、头晕、眼花等，甚至出现高血压危象。患者有明显的中枢神经症状，如意识模糊、剧烈头痛、恶心、呕吐、视力障碍及癫痫发作等。

1）脑动脉病变：严重的病例细动脉和小动脉管壁可发生纤维素样坏死，可并发血栓形成及微动脉瘤（microaneurysm）。后者好发于壳核、丘脑、脑桥、小脑和大脑，这些部位也是高血压性脑出血及脑梗死发生率最高之处。

2）脑软化：由于细动脉、小动脉病变造成其所供养区域脑组织缺血的结果，脑组织内可出现多数小软化灶，即微梗死灶（microinfarct）。

3）脑出血：是高血压最严重的且往往是致命性的并发症。多为大出血灶，常发生于基底节、内囊，其次为大脑白质、脑桥和小脑。出血区域的脑组织完全被破坏，形成囊腔状，其内充满坏死的脑组织和凝血块。有时出血范围甚大，可破入侧脑室。引起脑出血的原因一方面是由于细、小动脉的病变，另一方面，脑出血多发生于基底核区域（尤以豆状核最多见），供养该区的豆纹动脉从大脑中动脉呈直角分出，直接受到大脑中动脉压力较高的血流冲击，易使已有病变的豆纹动脉破裂出血。此外，血压突然升高（如情绪激动时）亦易使病变的动脉破裂出血。临床上，患者常骤发昏迷、呼吸加深和脉搏加快。严重者可发生潮式（Cheyne-Stokes）呼吸、瞳孔反射及角膜反射消失、肢体迟缓、肌腱反射消失、大小便失禁等症状。出血灶扩展至内囊时，引起对侧肢体偏瘫及感觉消失。出血灶破入侧脑室时，患者发生昏迷，常导致死亡。左侧脑出血常引起失语，脑桥出血可引起同侧面神经麻痹及对侧上下肢瘫痪。

（5）视网膜的病变：视网膜中央动脉亦常发生硬化。眼底镜检查可见这些血管迂曲，颜色苍白，反光增强，呈银丝样改变。动、静脉交叉处静脉呈受压现象。严重者视盘发生水肿，视网膜渗出和出血，患者视物模糊。

2．恶性高血压（malignant hypertension）　又称急进型高血压，血压显著升高常超过230/130 mmHg，病变进展迅速，可发生高血压脑病，或较早就出现肾衰竭，或常出现视网膜出血及视盘水肿。可由良性高血压恶化而来，或起病即为急进型。特征性病变为增生性小动脉硬化和坏死性细动脉炎，病变主要累及肾、脑和视网膜，肾的入球小动脉最常受累，病变可波及肾小球，使肾小球节段性坏死。大脑常引起局部脑组织缺血，微梗死形成和脑出血。

临床上，有严重的高血压，血压值超过230/130 mmHg（30.66/17.3 kPa），可发生高血压脑病。常有持续蛋白尿、血尿及管型尿。患者多于 1 年内因尿毒症、脑出血或心力衰竭致死。

（三）冠心病

冠状动脉性心脏病（coronary heart disease），简称冠心病，是指因狭窄性冠状动脉疾病而引起的心肌缺氧（供血不足）所造成的缺血性心脏病。冠心病绝大多数由冠状动脉粥样硬化引起。

1. 冠心病危险因素

（1）年龄：本病多见于 40 岁以上的中、老年人，动脉粥样硬化的发生可始于儿童，而冠心病的发病率随年龄增加而增加。

（2）性别：男性较多见，男女发病率的比例约为 2∶1。因为雌激素有抗动脉粥样硬化作用，故女性在围绝经期后发病率迅速增加。

（3）吸烟：是冠心病的重要危险因素。吸烟者冠心病的患病率比不吸烟者高 2 ~ 6 倍，且与吸烟量成正比。吸烟者血中一氧化碳血红蛋白增高，烟中尼古丁可收缩血管，以致动脉壁缺氧而造成动脉损伤。

（4）高血压：是冠心病的重要危险因素。高血压患冠心病者是血压正常者的 3 ~ 4 倍，冠心病患者中 60% ~70% 患者有高血压。

（5）高脂血症：高胆固醇血症、高三酰甘油血症是冠心病的重要危险因素，高胆固醇血症者较正常者冠心病的危险性增加 5 倍。高密度脂蛋白对冠心病有保护作用，其值降低者易患冠心病。此外血清脂蛋白 α[Lp(α)]增高也是冠心病的独立危险因素。

（6）糖尿病：是冠心病的重要危险因素。糖尿病患者发生冠心病的危险性比正常人高 2 倍；女性糖尿病患者发生冠心病的危险性比男性患者高 3 倍，且易发生心力衰竭、卒中和死亡。高血糖时血中糖基化的低密度脂蛋白增高，使经低密度脂蛋白受体途径的降解代谢受抑制；同时高血糖也使血管内膜受损，加之糖尿病常伴脂质代谢异常，故糖尿病者易患冠心病。

（7）肥胖和运动量过少：①标准体重(kg) = 身高(cm) – 105(或 110)。②体重指数 = 体重(kg)/身高^2(m^2)。超过标准体重 20% 或体重指数 >24 者称为肥胖症。肥胖虽不如高血压、高脂血症、糖尿病那么重要。

（8）家族史：有冠心病、糖尿病、高血压、高脂血症家族史者，冠心病的发病率增加。

（9）个体类型：A 型性格者（争强好胜、竞争性强）有较高的冠心病患病率，精神过度紧张者也易患病。可能与体内儿茶酚胺类物质浓度长期过高有关。

（10）其他：①饮酒。长期大量饮高度白酒对心脏、血管、肝脏等脏器的功能有损伤作用，可招致酒精性心肌病、肝硬化、高血压的发生；而适量饮低度的有色酒（如葡萄酒）可降低冠心病的危险性，因为饮酒可使高密度脂蛋白浓度增高。②口服避孕药。长期口服避孕药可使血压升高、血脂增高、糖耐量异常，同时改变凝血机制，增加血栓形成机会。③饮食习惯。进食高热量、高动物脂肪、高胆固醇、高糖饮食易患冠心病，其他还有微量元素的摄入量的改变等。

2. 分类

（1）心绞痛（angina pectoris）：是原发性高血压最常见的临床综合征，是由于心肌耗氧量和供氧量暂时失去平衡而引起的。心绞痛既可因心肌耗氧量暂时增加超出了已狭窄的冠状动脉供氧能力而发生（劳力型心绞痛，如可在体力活动、情绪激动、寒冷、暴饮暴食等的影响下发作），亦可因冠状动脉痉挛导致心肌供氧不足而引起（自发性心绞痛）。

1）稳定型心绞痛（stable angina pectoris）：又称轻型心绞痛，此型心绞痛一般不发作，可稳定数月，仅在重体力劳动时发作。此类心绞痛是由于暂时性急性或慢性相对性心肌缺血所引起。

2）不稳定型心绞痛（instable angina pectoris）：临床上颇不稳定，可在负荷时或休息时发作，或其强度和（或）频度增加。

3）变异型心绞痛（variant angina pectoris）：又称 Prinzmetal 心绞痛，多无明显诱因而在休息时发作，仅少数在工作负荷中发病。

（2）心肌梗死（myocardial infarction）：是指由于绝对性冠状动脉功能不全（coronary insufficiency），伴有冠状动脉供血区的持续性缺血而导致的较大范围的心肌坏死。发病机制是：①冠状动脉血栓形成；②冠状动脉痉挛；③心肌供血不足。

（3）冠状动脉性猝死（sudden coronary death）：较为常见。多见于 30 ~ 49 岁的人，男性比女性多 3.9 倍。发病有 2 种情况：①在某种诱因作用下发作，如饮酒、劳累、吸烟、运动、争吵、斗殴等。患者可突然昏倒在地、四肢肌肉抽搐、小便失禁，或突然发生呼吸困难、口吐泡沫、大汗淋漓，很快昏迷。症状发作后迅即死亡，或在 1 至数小时死亡。②在夜间睡眠中发病。多在家中或集体宿舍中死亡，且往往不被人察觉，所以多无目击者。

引起猝死的原因：①冠状动脉有狭窄性动脉粥样硬化，可并发血栓形成；②冠状动脉痉挛；③冠状动脉畸形；④梅毒性主动脉炎所致的冠状动脉口狭窄或闭塞；⑤感染性心内膜炎。

七、呼吸系统疾病

呼吸系统包括鼻、咽、喉、气管、支气管和肺，是通气和换气的器官。通常以喉环状软骨为界将呼吸道分为上、下两部分。下呼吸道从气管起，支气管经逐级分支到达肺泡。终末细支气管以上为传导部分，细支气管以下为换气部分。

呼吸系统与外界相通，肺又是体内唯一接受全部心排血量的器官，血流量也多，环境中的有害气体、粉尘、病原微生物及某些致敏原和血流中的致病因子易侵入肺内引起疾病。在以往，呼吸系统疾病中以感染性疾病居多，尤其是细菌性肺炎、肺结核病较常见。随着抗生素的普遍应用，感染性疾病得以有效控制。而由于大气污染、吸烟和某些其他因素，慢性阻塞性肺疾病、肺癌、职业性肺疾病、慢性肺源性心脏病等的发病率和病死率则日趋增多，应引起足够重视。

尽管呼吸系统与外界环境接触最频繁，环境中的有害因素常是诱发肺疾病的主要原因，但呼吸系统的防御功能能净化自身，可防止有害因子入侵造成损伤。纤毛为黏液排送系统乃呼吸道特有的保护装置，能将沉积于黏液中的有害因子自下而上地向外排送；而且黏液成分中还含有溶菌酶、干扰素、补体系统、分泌型 IgA 等免疫活性物质，具有增加局部免疫力的作用。肺泡毛细血管膜不仅能清除沉积于肺内的微粒，还具有选择性渗透的屏障作用，能防止吸入性有害物质侵入肺深部组织。肺巨噬细胞是肺内重要的防御细胞，能吞噬吸入的有害物质，还可摄取和处理抗原，将抗原信息传递给淋巴细胞，以增强其免疫活性，参与特异性免疫反应。呼吸系统防御装置如受损，则防御功能降低，在发病环节中起着重要作用。

（一）急性气管支气管炎

急性气管支气管炎（acute tracheobronchitis）是呼吸道常见疾病。在气候突变的季节容易发病，常继感冒、上呼吸道感染之后而发生，呼吸道局部防御功能削弱和全身抵抗力降低在发病中起重要作用。病毒（如鼻病毒、副流感病毒、腺病毒等）感染以及在病毒感染的基础上继发的细菌（如流感嗜血杆菌、肺炎链球菌等）感染常先引起上呼吸道炎症，并向下蔓延波及气管支气管黏膜，引起急性炎症。此外，吸入有害粉尘或气体（如二氧化硫、氯等）也可引起急性气管支气管炎。

（二）急性细支气管炎

急性细支气管炎（acute bronchiolitis）是指管径 < 2 mm 的细支气管的急性炎症。常见于 4 岁以下的婴幼儿，约 90% 的患儿在 1 岁以下。多在冬季发病，由病毒感染引起，主要是呼吸道合胞病毒，其次是腺病毒、副流感病毒，由腮腺炎病毒和流感病毒引起者较少。由于细支气管内腔狭窄，尤其是婴儿的小气道较成人更为狭窄，气流阻力增大，气流速度慢，故吸入的微生物易于沉积，加之，婴幼儿的特异性和非特异性免疫反应尚未成熟，支气管黏膜上的 IgA 水平较低，尚不能起保护作用，因而在感染呼吸道病毒后较成人更易患细支气管炎。由于细支气管内腔狭窄，管壁又无软骨支撑，发炎时易于阻塞或闭塞，因而患儿最突出的症状是喘憋性呼吸困难，严重者甚至可出现呼吸衰竭和窒息。

（三）支气管哮喘

支气管哮喘（bronchial asthma）是由于过敏反应或其他因素引起支气管弥漫性痉挛，出现发作性伴有哮鸣音的呼气性呼吸困难等典型症状的一种慢性疾病，也可视为慢性阻塞性支气管炎的一种特殊类型。

（四）支气管扩张

支气管扩张（bronchiectasis）是指支气管的持久性扩张，多发生于肺段以下 Ⅲ ~ Ⅳ 级小支气管。病程多呈慢性经过，患者出现慢性咳嗽、咳大量脓痰或反复咯血等症状。

支气管扩张常因伴发化脓性感染而并发肺脓肿、脓胸、脓气胸。若经血道播散可引起脑膜炎、脑脓肿等。当肺广泛纤维化累及肺毛细血管床或形成支气管动脉与肺动脉分支吻合时，则可导致肺动脉高压，引起肺心病。此外，在支气管鳞状上皮化生基础上可发生鳞状细胞癌。

（五）慢性阻塞性肺疾病

慢性阻塞性肺疾病（chronic obstructive pulmonary diseases，COPD）是一种慢性呼吸道阻塞性疾病的统称，主要指具有不可逆性呼吸道阻塞的慢性支气管炎和肺气肿两种疾病。

1. 慢性支气管炎（chronic bronchitis）　　慢性支气管炎是 40 岁以上男性人群中最常见的疾病之一，临床上以反复发作咳嗽、咳痰或伴有喘息症状为特征，且症状每年持续约 3 个月，连续 2 年以上。病情进展，常常并发肺气肿和慢性肺源性心脏病，是一种严重影响健康的慢性病。

（1）病因：慢性支气管炎往往是因多种因素长期综合作用所致。起病与感冒有密切关系，多在气候变化比较剧烈的季节发病。呼吸道反复病毒感染和继发性细菌感染是导致慢性支气管炎病变发展和疾病加重的重要原因。吸烟与慢性支气管炎的关系也很密切，吸烟者比不吸烟者的患病率高 2~8 倍；吸烟时间愈久，日吸烟量愈大，患病率愈高，戒烟可使病情减轻。此外，长期接触工业粉尘、大气污染和过敏因素也常是引起慢性支气管炎的原因。而机体抵抗力降低，呼吸系统防御功能受损则是发病的内在因素。

（2）临床病理：患者因支气管黏膜炎症和分泌物增多，而出现咳嗽、咳痰症状。痰一般呈白色黏液泡沫状。在急性发作期，咳嗽加重，并出现黏液脓性或脓性痰。由于支气管痉挛或支气管狭窄及黏液、渗出物阻塞而引起喘息。检查时，两肺可闻及哮鸣音、干湿啰音。有的患者因黏膜和腺体萎缩（慢性萎缩性支气管炎），分泌物减少，痰量减少甚或无痰。病变导致小气道狭窄或阻塞时，出现阻塞性通气障碍，表现为第 1 秒用力呼吸量和最大通气量明显降低，合并肺气肿时，肺残气量明显增多，肺总量也增大。

2. 肺气肿（pulmonary emphysema） 肺气肿是指呼吸细支气管以远的末梢肺组织因残气量增多而呈持久性扩张，并伴有肺泡间隔破坏，以致肺组织弹性减弱，容积增大的一种病理状态。在成人尸检例中，约 50% 可发现不同程度的肺气肿，其中约 6.5% 的患者因此病死亡。肺气肿又分为弥散性肺气肿和局限性肺气肿。

（1）病因：肺气肿是支气管和肺疾病常见的并发症，与吸烟、空气污染、小气道感染、肺沉着病（尘肺）等关系密切，尤其是慢性阻塞性细支气管炎是引起肺气肿的重要原因。发病机制与下列因素有关。

1）阻塞性通气障碍：慢性细支气管炎时，由于小气道的狭窄、阻塞或塌陷，导致阻塞性通气障碍，使肺泡内残气量增多，而且，细支气管周围的炎症，使肺泡壁破坏、弹性减弱，更影响到肺的排气能力，末梢肺组织则因残气量不断增多而发生扩张，肺泡孔扩大，肺泡间隔也断裂，扩张的肺泡互相融合形成气肿囊腔。

2）弹性蛋白酶增多、活性增高：与肺气肿发生有关的内源性蛋白酶主要是中性粒细胞和单核细胞释放的弹性蛋白酶。此酶能降解肺组织中的弹性硬蛋白、结缔组织基质中的胶原和蛋白多糖，破坏肺泡壁结构。慢性支气管炎伴有肺感染，尤其是吸烟者，肺组织内渗出的中性粒细胞和单核细胞较多，可释放大量弹性蛋白酶。同时，中性粒细胞和单核细胞还可生成大量氧自由基，能氧化 α_1-抗胰蛋白酶活性中心的蛋氨酸使之失活。α_1-抗胰蛋白酶乃弹性蛋白酶的抑制物，失活后则增强了弹性蛋白酶的损伤作用。

（2）临床病理：肺气肿患者的主要症状是气短，轻者仅在体力劳动时发生，随着气肿程度加重，气短逐渐明显，甚至休息时也出现呼吸困难，并常感胸闷。每当合并呼吸道感染时，症状加重，并可出现缺氧、酸中毒等一系列症状。典型肺气肿患者的胸廓前后径增大，呈桶状胸；胸廓呼吸运动减弱；叩诊呈过清音，心浊音界缩小或消失，肝浊音界下降；语音震颤减弱；听诊时呼吸音减弱，呼气延长，用力呼吸时两肺底部可闻及湿啰音和散在的干啰音；剑突下心音增强，肺动脉瓣第二音亢进。

肺气肿的严重后果有：①肺源性心脏病及衰竭。②肺大疱破裂后引起自发性气胸，并可导致大面积肺萎陷。③呼吸衰竭及肺性脑病。由于外呼吸功能严重障碍，导致动脉血 $PaO_2 < 60$ mmHg（8 kPa），伴有或不伴有 $PaCO_2 < 50$ mmHg（6.67 kPa）的病理过程，称为呼吸衰竭（respiratory failure）。呼吸衰竭时发生的低氧血症和高碳酸血症会引起各系统的代谢功能严重紊乱。中枢神经系统对缺氧最为敏感，愈是高级部位对缺氧的敏感性愈高。随着缺氧程度的加重，可出现一系列中枢神经系统功能障碍，由开始的大脑皮质兴奋性增高而后转入抑制状态。患者表现由烦躁不安、视力和智力的轻度减退，逐渐

发展为定向和记忆障碍、精神错乱、嗜睡、惊厥以至意识丧失。迅速发生的 CO_2 潴留也能引起中枢神经功能障碍，患者常出现头痛、头晕、烦躁不安、言语不清、扑翼样震颤、精神错乱以及嗜睡、昏迷、呼吸抑制等"二氧化碳麻醉"症状。由呼吸衰竭造成的以脑功能障碍为主要表现的综合征，称为肺性脑病（pulmonary encephalopathy），可能是由于低氧血症、高碳酸血症，以及酸碱平衡紊乱导致神经细胞变性、坏死和脑血液循环障碍引起脑血管扩张、脑水肿、灶性出血、颅内压增高甚至脑疝形成等因素综合作用所致。

（六）肺炎

肺炎（pneumonia）通常是指肺的急性渗出性炎症，为呼吸系统的多发病、常见病。肺炎可由不同的致病因子引起，根据病因可将肺炎分为感染性（如细菌性、病毒性、支原体性、真菌性和寄生虫性）肺炎，理化性（如放射性、吸入性和类脂性）肺炎以及变态反应性（如过敏性和风湿性）肺炎。炎症发生于肺泡内者称为肺泡性肺炎（大多数肺炎为肺泡性），累及肺间质者称为间质性肺炎。病变范围以肺小叶为单位者称为小叶性肺炎，累及肺段者称为节段性肺炎，波及整个或多个大叶者称为大叶性肺炎。按病变性质可分为浆液性、纤维素性、化脓性、出血性、干酪性、肉芽肿性或机化性肺炎等不同类型。

1. 细菌性肺炎

（1）大叶性肺炎（lobar pneumonia）：是主要由肺炎链球菌感染引起，病变起始于肺泡，并迅速扩展至整个或多个大叶的肺纤维素性炎。多见于青壮年，临床表现为骤然起病、寒战高热、胸痛、咳嗽、吐铁锈色痰、呼吸困难，并有肺实变体征及白细胞增高等。经 5～10 天，体温下降，症状消退。

（2）小叶性肺炎（lobular pneumonia）：是主要由化脓菌感染引起，病变起始于细支气管，并向周围或末梢肺组织发展，形成以肺小叶为单位、呈灶状散布的肺化脓性炎。因其病变以支气管为中心，故又称支气管肺炎（bronchopneumonia）。主要发生于小儿和年老体弱者。

2. 病毒性肺炎（viral pneumonia）　常常是因上呼吸道病毒感染向下蔓延所致。患者多为儿童，症状轻重不等，但婴幼儿和老年患者病情较重。一般多为散发，偶可酿成流行。引起肺炎的病毒种类较多，常见的是流感病毒，还有呼吸道合胞病毒、腺病毒、副流感病毒、麻疹病毒、巨细胞病毒等，也可由一种以上病毒混合感染并可继发细菌感染。病毒性肺炎的病情、病变类型及其严重程度常有很大差别。

3. 支原体肺炎（mycoplasmal pneumonia）　支原体肺炎是由肺炎支原体（mycoplasma pneumoniae）引起的一种间质性肺炎。主要经飞沫感染，秋、冬季节发病较多，儿童和青年发病率较高，通常为散发性，偶尔流行。患者起病较急，多有发热、头痛、咽痛及剧烈咳嗽（常为干性呛咳）等症状。胸部检查，可闻及干、湿啰音。

（七）慢性肺源性心脏病

慢性肺源性心脏病（chronic cor pulmonale）是因慢性肺疾病引起肺循环阻力增加、肺动脉压力升高而导致的以右心室肥厚、扩张为特征的心脏病。

1. 病因　各种慢性肺疾病所致的肺循环阻力增加，即肺动脉高压是引起肺源性心脏病（简称肺心病）的关键环节。主要疾病包括有：①慢性阻塞性肺疾病；②缺氧；③限制性疾病；④肺血管疾病。

2. 临床病理　肺心病发展缓慢，临床表现除原有肺疾病的症状和体征外，主要是逐渐出现的呼吸功能不全和右心衰的症状和体征。受凉、上呼吸道感染、慢性支气管炎急性发作、肺炎及劳累等能诱发肺心病急性发作。每次急性发作都会进一步加重心、肺功能的损害，最后导致呼吸、循环衰竭。加强锻炼、增强体质，注意保暖并增强耐寒能力，戒烟，避开污染的空气，提高免疫力，预防诱发因素等对避免和减少肺心病的发生、发展至关重要。

八、消化系统疾病

（一）胃炎

胃炎（gastritis）是胃黏膜的炎性变化，是一种常见病，可分为急性胃炎和慢性胃炎。慢性胃炎可由急性胃炎反复发作迁延而来，但多数因其他全身性因素及胆汁反流至胃内引起。

1. 急性胃炎（acute gastritis）　常见者有以下4种：

（1）急性卡他性胃炎（acute catarrhal gastritis）：多因暴饮暴食引起，又称刺激性胃炎（irritation gastritis）。胃黏膜充血、水肿，有时可见黏膜糜烂。

（2）腐蚀性胃炎（corrosive gastritis）：由咽下高浓度酸、碱或腐蚀性化学剂引起。病变多较严重，胃黏膜出现坏死、软化溶解。

（3）急性蜂窝织炎性胃炎（acute phlegmonous gastritis）：少见，是一种弥漫性化脓性炎，病情较重。可由金黄色葡萄球菌、链球菌或大肠埃希菌等化脓菌经血行感染（败血症）或直接感染（创伤）侵入胃壁引起。

（4）急性出血性胃炎（acute hemorrhagic gastritis）：主要表现为胃黏膜急性出血合并轻度坏死。本病发生与服用某些药物（如水杨酸制剂）、过量应用肾上腺皮质激素及过度饮酒有关。

2. 慢性胃炎（chronic gastritis）　慢性胃炎是一种常见病。一般分为表浅性及萎缩性两种。

（1）慢性表浅性胃炎（chronic superficial gastritis）：本病在胃窦部最为常见，为常见的胃黏膜疾患之一，纤维胃镜检出率高达20%～40%。

（2）慢性萎缩性胃炎（chronic atrophic gastritis）：本病炎症改变并不明显，主要是胃黏膜的萎缩性变化。此时胃黏膜萎缩变薄，腺体减少或消失。临床上可有胃内游离盐酸减少或缺乏、消化不良，上腹不适或钝痛、贫血等症状。

（二）溃疡病

溃疡病又称慢性消化性溃疡（chronic peptic ulcer）是常见病之一，多见于成人。患者有周期性上腹部疼痛、反酸、嗳气等症状。本病易反复发作，呈慢性经过。本病有胃和十二指肠溃疡两种，十二指肠溃疡较胃溃疡多见，据统计前者约占70%，后者约占25%，两者并存的复合性溃疡约占5%。

1. 胃溃疡　胃溃疡多位于胃小弯，愈近幽门处愈多见，尤多见于胃窦部。在胃底及大弯侧十分罕见。溃疡通常只一个，呈圆形或椭圆形，直径多在2.5 cm以内。溃疡边缘整齐，状如刀切，底部通常穿越黏膜下层，深达肌层甚至浆膜层。溃疡处黏膜下层至肌层可完全被侵蚀破坏，代之以肉芽组织和瘢痕组织。

2. 十二指肠溃疡　十二指肠溃疡的形态与胃溃疡相似，发生部位多在十二指肠起始部（壶腹部），以紧接幽门环的前壁或后壁最为多见。溃疡一般较胃溃疡小而浅，直径多在1 cm以内。

3. 溃疡发展结局

(1) 愈合：如果溃疡不再发展，渗出物及坏死组织逐渐被吸收、排除。已被破坏的肌层不能再生，底部的肉芽组织增生形成瘢痕组织充填修复，同时周围的黏膜上皮再生，覆盖溃疡面而愈合。

(2) 幽门狭窄：约发生于3%的患者。经久的溃疡易形成大量瘢痕。由于瘢痕收缩可引起幽门狭窄，使胃内容通过困难，继发胃扩张，患者出现反复呕吐。

(3) 穿孔：约见于5%的患者。十二指肠溃疡因肠壁较薄更易发生穿孔。穿孔后由于胃肠内容漏入腹腔而引起腹膜炎。

(4) 出血：因溃疡底部毛细血管破坏，溃疡面常有少量出血。此时患者大便内常可查出潜血，重者出现黑便，有时伴有呕血。溃疡底较大血管被腐蚀破裂则引起大出血，占溃疡患者的10% ~35%。

(5) 癌变：多见于胃溃疡，十二指肠溃疡几乎不发生癌变。癌变多发生于长期胃溃疡病患者，癌变率仅在1%或以下。癌变来自溃疡边缘的黏膜上皮或腺体，因不断受到破坏及反复再生，在此过程中在某种致癌因素作用下细胞发生癌变。

（三）胃癌

胃癌 (carcinoma of stomach) 是消化道最常见的恶性肿瘤之一。在我国不少地区的恶性肿瘤死亡统计中，胃癌居第一或第二位。胃癌好发年龄为40~60岁。男多于女，男女之比约为3:1或2:1。好发部位为胃窦部，特别是小弯侧（约占75%），胃体部则少见。

根据胃癌的病理变化进展程度可分为早期胃癌与进展期（晚期）胃癌两大类。

1. 早期胃癌 癌组织浸润仅限于黏膜层及黏膜下层者均属早期胃癌 (early gastric carcinoma)。所以判断早期胃癌的标准不是其面积大小而是其深度。早期胃癌经手术切除治疗，预后颇为良好，术后5年存活率达54.8% ~72.8%。

2. 进展期胃癌 癌组织浸润到黏膜下层以下者均属进展期胃癌 (advanced gastric carcinoma)，又称中晚期胃癌。癌组织浸润越深，预后越差，侵至浆膜层的5年存活率较侵至肌层的明显降低。

（四）病毒性肝炎

病毒性肝炎 (viral hepatitis) 是由肝炎病毒引起的以肝实质细胞变性坏死为主要病变的传染病。现已知肝炎有甲型、乙型、丙型、丁型及戊型5种，由相应类型病毒引起。肝炎在世界各地均有发病和流行，且发病率有不断升高趋势。其发病无性别差异，各种年龄均可罹患。

1. 传染途径 各型肝炎病毒均可存在于肝组织、血液、粪、尿及各种体液内，其传染方式主要是经口、经血及体液传播，但各型肝炎的传染途径各异。甲型、戊型多经口感染，常来源于饮水及食物的污染，有时呈流行性暴发；乙型、丙型经血感染，主要通过输血、输液，也可通过经皮及性接触传播；丁型亦为非经口感染，常与乙型病毒性肝炎传播伴行。各型肝炎的潜伏期也不相同，如甲型15~50天，乙型60~180天，戊型2~9周，丙型7~8周。一般认为肝炎痊愈后均可获得免疫力但均不稳固（甲型者稍好），有小部分患者还可发生再感染。

2. 临床病理

(1) 急性（普通型）肝炎：最常见，临床上又分为黄疸型和无黄疸型两种。我国以无黄疸型肝炎居多，其中多为乙型病毒性肝炎，一部分为丙型。黄疸型肝炎的病变略重，病程较短，多见于甲型、丁型、戊型病毒性肝炎。两者病变基本相同。

（2）慢性（普通型）肝炎：病毒性肝炎病程持续在1年（国外定为半年）以上者即为慢性肝炎。其中乙型病毒性肝炎占绝大多数（80%），少数为丙型病毒性肝炎。按病程、肝功能情况、免疫状态及病变等的不同将慢性肝炎分为持续性（迁延性）和活动性（进展性）两种。

1）慢性持续性肝炎（chronic persistent hepatitis，CPH）：临床症状常较轻或仅有肝功能异常。此型肝炎一般发展缓慢，经过较好，大多数可以恢复，少数可转变为慢性活动性肝炎。

2）慢性活动性肝炎（chronic active hepatitis，CAH）：此型肝炎病变较重，肝功能持续异常。此型常见于乙型、丙型病毒性肝炎，除肝外，患者还有脾大等全身改变，如不及时治愈大都转为肝硬化。

（3）重型病毒性肝炎：本型病情严重。根据起病急缓及病变程度，可分为急性重型和亚急性重型两种。

1）急性重型肝炎：少见。起病急，病变发展迅猛、剧烈，病死率高。临床上又称暴发型、电击型或恶性型肝炎。本型病变可见肝细胞坏死严重而广泛。本型肝炎如能度过急性期，部分病例可发展为亚急性型。

2）亚急性重型肝炎：多数是由急性重型肝炎迁延而来或一开始病变就比较缓和呈亚急性经过。少数病例可能由普通型肝炎恶化而来。本型病程可达1个月至数个月。病变特点为既有大片的肝细胞坏死，又有肝细胞结节状再生。此型肝炎如及时治疗有停止进展和治愈的可能。病程迁延较长（如1年）者，则逐渐过渡为坏死后性肝硬化。病情进展者可发生肝功能不全。

（五）酒精性肝病

酒精性肝病（alcoholic liver disease）为慢性酒精中毒的主要表现之一。长期大量酗酒者据统计有10%～20%发生此类损伤。严重时出现临床表现，如呕吐、呕血或黑便，其中部分可发生黄疸、肝功能衰竭。慢性酒精中毒主要引起肝的3种损伤，即脂肪肝、酒精性肝炎和酒精性肝硬化。三者可单独出现，也可同时并存或先后移行。一般认为脂肪肝在先，或经过酒精性肝炎再演变为肝硬化，或直接演变为肝硬化。

（六）药物性肝损害

进入体内的药物，无论是口服或注射均要经过肝代谢或解毒。某些药物可引起肝损伤。此种损伤系代谢过程中药物或其代谢产物直接对肝的毒性作用所致。损伤程度与药物毒性和剂量有关。药物引起的肝损伤依病变大致可分为3种类型。

1. 只引起肝内淤胆、小胆管及毛细胆管胆栓形成，并无肝细胞坏死及炎症反应，属于此类的药物有口服避孕药、甲基睾丸酮等。

2. 可引起胆汁淤滞及肝细胞坏死两方面病变，属于此类的药物有氯丙嗪、硫脲嘧啶、红霉素、酚噻嗪、磺胺类药等。

以上两类当停药或减量时病变反应消失，故常因遵医嘱用药不致引起上述病变。

3. 引起较明显肝细胞坏死的有脂肪变性，嗜酸性变及明显的坏死并伴有炎症反应。属此类的药物有氟烷（吸入性麻醉药）、对乙酰氨基酚（退热止痛剂）、异烟肼、氨甲基叶酸（抗肿瘤药）、四环素等。此类损伤停药后一部分可恢复，如大量持续服用，病变进展，最终导致肝硬化及肝功能不全。

（七）胆结石

在胆道系统中，胆汁的某些成分（胆色素、胆固醇、黏液物质及钙等）可以在各种因素作用下析出、凝集而形成结石。发生于各级胆管内的结石称为胆管结石，发生于胆囊内的结石称为胆囊结石，统称胆结石（cholelithiasis）。

按组成成分可将胆石分为色素石、胆固醇石和混合石 3 种基本类型。

1. 色素性胆结石成分以胆红素钙为主，可含少量胆固醇。有泥沙样及沙粒状两种。沙粒状者大小为 1 ~ 10 mm，常为多个。多见于胆管。

2. 胆固醇性胆结石的主要成分为胆固醇。多见于胆囊，常为单个，体积较大，直径可达数厘米。

3. 混合性胆结石由两种以上主要成分构成。以胆红素为主的混合性胆石在我国最多见，占全部胆结石病例的 90% 以上。多发生于胆囊或较大胆管内，大小、数目不等，常为多个，一般为 20 ~ 30 个。

（八）胆管炎和胆囊炎

胆道炎症主要累及胆管者称为胆管炎（cholangitis）；主要累及胆囊者称为胆囊炎（cholecystitis）。两者又各分为急性和慢性两种。

本病多由细菌引起，且多有胆汁淤滞作为发病的基础。淤胆时，胆汁理化状态发生变化可刺激胆道黏膜使其抵抗力降低。主要感染的细菌为大肠埃希菌、副大肠埃希菌、葡萄球菌等。入侵的细菌可经淋巴道或血道到达胆道，也可以由肠腔经十二指肠乳头逆行进入胆道，后者在我国更为多见。

（九）胰腺炎

胰腺炎（pancreatitis）是胰腺因胰蛋白酶的自身消化作用而引起的疾病。可分为急性及慢性两种。

1. 急性胰腺炎　急性胰腺炎是胰酶消化胰腺及其周围组织所引起的急性炎症，主要表现为胰腺呈炎性水肿、出血及坏死，故又称急性出血性胰腺坏死（acute hemorrhagic necrosis of pancreas），好发于中年男性，发作前多有暴饮暴食或胆道疾病史。临床表现为突然发作的上腹部剧烈疼痛并可出现休克。

（1）急性水肿性（间质性）胰腺炎较多见，约占急性胰腺炎全部病例的 3/4 或更多。病变多局限在胰尾。本型预后较好，经治疗后病变常于短期内消退而痊愈。少数病例可转变为急性出血性胰腺炎。

（2）急性出血性胰腺炎较少见。本型发病急剧，病情及预后均较水肿型严重。病变以广泛的胰腺坏死、出血为特征，伴有轻微炎症反应。

2. 慢性胰腺炎　慢性胰腺炎是由于急性胰腺炎反复发作造成的一种胰腺慢性进行性破坏的疾病。有的病例急性期不明显，症状隐匿，发现时即属慢性。临床上常伴有胆道系统疾患，患者有上腹痛、脂性泻，有时并发糖尿病。慢性酒精中毒时也常引起本病。

九、泌尿系统疾病

泌尿系统的疾病种类很多，结合病因和病变发生的主要部位，主要可分为以下几类：①炎症，包括变态反应性炎如肾小球肾炎，泌尿道的感染如肾结核、肾盂肾炎、膀胱炎、尿道炎等；②代谢性疾病，如糖尿病性肾硬化；③血管疾病，如高血压性肾硬化；④中毒性疾病，如汞中毒、磺胺类药等中毒引起的急性肾小管坏死等；⑤尿路阻塞，如泌尿道结石和肾盂积水等；⑥先天性畸形，如多囊肾、马蹄肾、输尿管瓣膜等；⑦遗传性疾病，如遗传性肾炎；⑧肿瘤，如肾细胞癌、膀胱乳头状瘤和膀胱移形细胞癌等。

（一）肾小球肾炎

肾小球肾炎（glomerulonephritis）是以肾小球损害为主的变态反应性炎症，是一种比较常见的疾病。临床表现主要有蛋白尿、血尿、水肿和高血压等。早期症状常不明显，容易被忽略，发展到晚期可引起肾衰竭，严重威胁患者的健康和生命，是引起肾衰竭最常见的原因。

（二）尿毒症

肾功能严重障碍，代谢废物不能排出体外，以致大量含氮代谢产物及其他毒性物质在体内蓄积，水、电解质代谢及酸碱平衡紊乱，机体内环境的相对稳定被破坏，由此所引起的自身中毒和产生的综合征称为尿毒症（uremia）。常表现为氮质血症，血尿素氮和肌酐显著升高，并伴有胃肠、神经肌肉和心血管系统的症状，如恶心、呕吐、腹泻、头痛、无力、淡漠、失眠、抽搐、嗜睡以至昏迷等症象。

引起尿毒症的原因很多。肾本身的疾病，如慢性肾小球肾炎、肾盂肾炎等；全身性疾病引起的肾疾病，如高血压性肾硬化、系统性红斑狼疮等；以及尿路阻塞等引起的肾实质严重损伤，大量肾单位破坏，造成严重肾功能障碍时都可出现尿毒症。

（三）尿石症

尿石症（urolithiasis）是泌尿系统的常见病，多发生于青壮年。结石可发生于泌尿道各个部位，如肾盏、肾盂、输尿管、膀胱、尿道等处，是造成尿路阻塞的重要原因之一。

结石的成分根据其形成的原因而不同。但各种结石都包括无机盐结晶和胶体性基质两部分。结晶体占结石干重的97%～98%，主要有磷酸盐、草酸盐、尿酸盐；胶体性基质占结石干重的2%～3%，主要是黏蛋白。在尿结石中含钙者占90%，其中2/3为草酸盐结石，其次为磷酸钙结石和磷酸铵镁结石。不含钙的结石主要有尿酸盐结石（占5%～10%）和胱氨酸结石（占2%～3%）两种。

十、生殖系统疾病

（一）女性生殖系统疾病

1. 尖锐湿疣（condyloma acuminatum）　尖锐湿疣主要是由人乳头瘤病毒（HPV）6型及11型感染引起的良性疣状物。多数通过性接触传播，常有性伴侣同时患尖锐湿疣的病例。发病年龄高峰在20～30岁。少数病例也可通过其他方式交叉感染，偶见于接触感染的婴儿及青春期前儿童。好发部位为小阴唇、阴蒂、处女膜周围、尿道外口、阴道壁及子宫颈等处，肛周及会阴部也可受累，潜伏期可长达数月，常有局部瘙痒。

2. 慢性宫颈炎（chronic cervicitis）　慢性宫颈炎是育龄妇女最常见的疾病。常由链球菌、葡萄球菌和肠球菌引起。临床上主要表现为白带过多。

3. 宫颈癌（carcinoma of cervix）　宫颈癌是女性生殖系统中常见的恶性肿瘤之一。发病年龄以40～60岁最多，平均年龄50岁。

4. 乳腺炎

（1）急性乳腺炎：是乳腺的急性化脓性疾病，一般为金黄色葡萄球菌感染所致，多见于初产妇的哺乳期。在哺乳方法不当、乳汁流出不畅、乳腺导管堵塞等情况下最易发生乳汁淤积，造成细菌繁殖；或在乳头破裂、乳头畸形或乳头外伤的情况下，细菌可从乳头逆行进入乳房而扩散至乳腺，引起感染。

（2）慢性乳腺炎：一是急性乳腺炎失治误治，如抗生素使用不当等；二是发病开始即是慢性炎症过程，多因排乳不畅、乳汁淤积形成硬结。其特点是起病慢、病程长、不易痊愈、经久难消；乳房内可触及肿块，以肿块为主要表现，肿块质地较硬，边界不清，有压痛感，可以与皮肤粘连，肿块不破溃，不易成脓也不易消散；乳房局部没有典型的红肿热痛现象，发热、寒战、乏力等全身症状不明显。

5. 乳腺增生　多发生于中年妇女，常在乳房内有多个大小不等而较硬的不规则结节，与周围组织分界不清。患者常感乳房疼痛，月经前症状加重，是乳腺间质的良性增生，临床上以乳腺肿块、疼痛及月经不调为特点。现代医学认为与内分泌紊乱，卵巢功能失调有关。

6. 乳房纤维腺瘤　为乳房内最常见的肿瘤，多见于青年女性，与体内雌激素过高有关，可发生在一侧或两侧乳房内，一般为单发性。肿块为卵圆形或圆形，表面光滑，质地中等硬度，与周围组织分界清楚，与皮肤无粘连，肿块易被推动。目前治疗多为手术治疗，但多不能被青年女性所接受，主要是手术虽切除了局部的肿瘤，体内的内分泌失调却并未得以纠正，故易复发；其次是会在乳房上留下瘢痕。

7. 乳腺癌　是发生在乳房内最多的恶性肿瘤，早期为无痛性单发的小肿块，质硬，表面不光滑，组织界限不清，不易被推动。早期无自觉症状，多数被患者无意中发现。乳腺癌肿块增大时，则与皮肤粘连，局部皮肤可凹陷，呈橘皮样。肿瘤侵犯乳管时，可使乳头回缩。

（二）男性生殖系统疾病

前列腺增生症（hyperplasia of prostate）又称前列腺肥大，多发生于50岁以上的老年人。其发病率依年龄增长而增加，70岁以上男性均有不同程度增生，但多数无症状。

一般认为和体内雄激素及雌激素平衡失调有关。在正常情况下，雄激素主要促进前列腺上皮细胞的分泌，雌激素则主要促进前列腺间质结缔组织、平滑肌纤维和部分腺体增生。尿道周围部前列腺又称前列腺内区（包括尿道周围的中叶及部分侧叶，系由Müller管分化而来，此部分即所谓女性部），对雌激素敏感；而包膜下前列腺，又称前列腺外区（即所谓男性部）对雄激素敏感。在人类，青春期阉割者不发生前列腺增生，所以雄激素的存在似乎是前列腺增生所必需的条件。人前列腺增生的原因可能和雄激素减少、雌激素相对增高的平衡失调有关。

十一、内分泌系统疾病

糖尿病（diabetes mellitus，DM）是由于胰岛素缺乏和（或）胰岛素的生物效应降低而引起的代谢障碍，为以持续的血糖升高和出现糖尿为特征的常见病，发病率为$1\% \sim 2\%$。

1. 1型糖尿病　又称胰岛素依赖型糖尿病（insulin-dependent diabetes mellitus，IDDM），占糖尿病的$10\% \sim 20\%$，患者多为青少年，发病时年龄小于20岁，胰岛B细胞明显减少，血中胰岛素明显降低，易合并酮血症甚至昏迷，治疗依赖胰岛素。目前认为其发病是在遗传易感性体质的基础上，胰岛感染了病毒（如腮腺炎病毒、风疹病毒及柯萨奇 B4 病毒等）或受毒性化学物质（如吡甲硝苯脲等）的影响，使胰岛 B 细胞损伤，释放出致敏蛋白，引起自身免疫反应（包括细胞免疫及体液免疫），导致胰岛的自身免疫性炎症，进一步引起胰岛 B 细胞严重破坏。

2. 2 型糖尿病　又称非胰岛素依赖型糖尿病（non-insulin dependent diabetes mellitus, NIDDM），发病年龄多在 40 岁以上，没有胰岛炎症，胰岛数目正常或轻度减少。血中胰岛素开始不降，甚至增高，无抗胰岛细胞抗体，无其他自身免疫反应的表现。本型虽然也有家族性，一卵性双生同时发病者达 90% 以上，一般认为引起发病有两个重要环节：①胰岛素相对不足及分泌异常。②组织胰岛素抵抗。

十二、神经系统疾病

（一）缺血性脑病

缺血性脑病（ischemic encephalopathy）是指由于低血压、心脏骤停、失血、低血糖、窒息等原因引起的脑损伤。脑损伤程度取决于缺血（氧）的程度和持续时间以及患者的存活时间。轻度损伤往往无明显病变，重度损伤患者仅存活数小时者尸检时也可无明显病变。只有中度损伤，存活时间在 12 小时以上者才出现典型病变。

缺血性脑病的临床表现因缺血的严重程度和持续时间而异，轻者仅发生一过性精神错乱，或出现上肢肩带肌力和感觉减退，重者则可昏迷死亡。

（二）脑梗死

脑梗死是由于血管阻塞引起局部血供中断所致。引起脑梗死的血管阻塞，可以是血栓性阻塞，也可以是栓塞性阻塞。

1. 血栓性阻塞　发生在动脉粥样硬化的基础上，粥样硬化好发于颈内动脉与大脑前动脉、中动脉分支处，及后交通动脉、基底动脉等处。粥样斑块本身、斑块内出血、附壁血栓均可阻塞血管。这种阻塞发展较慢，在发生血管阻塞以前患者可有一过性的局部的神经系统症状或体征，称为一过性脑缺血症（transient ischemic attacks，TIAs）。血栓性阻塞所致脑梗死其症状常在数小时或数天内不断发展，表现为偏瘫、神志不清、失语等。

2. 栓塞性阻塞　栓子可来源于全身各处，但以心源性栓子居多。病变常累及大脑中动脉供应区。其发生往往比较突然，以致临床表现急骤，预后也较差。

（三）脑出血

颅内出血包括硬脑膜外出血、硬脑膜下出血和脑出血。脑出血可分为脑内出血、蛛网膜下隙出血和混合性出血。

1. 脑内出血（intracerebral hemorrhage）　高血压病是脑内出血的最常见原因。大块型脑出血常骤起病，患者突发剧烈头痛，随即频繁呕吐、意识模糊，进而昏迷，神经系统体征依出血的部位和出血范围而定。基底核外侧型出血常引起对侧肢体偏瘫；内侧型出血易破入侧脑室和丘脑，脑脊液常为血性，预后极差。脑桥出血以两侧瞳孔极度缩小呈针尖样为特征。小脑出血则出现出血侧后枕部剧痛及频繁呕吐。脑内出血的直接死亡原因多为并发脑室内出血或严重的脑疝。

2. 蛛网膜下腔出血（subarachnoid hemorrhage）　自发性蛛网膜下腔出血占脑血管意外的 10% ~15%。临床表现为突发剧烈头痛、脑膜刺激症状和血性脑脊液，其常见的原因为先天性球性动脉瘤，好发于基底动脉环的前半部，并常呈多发性，因此有些患者可多次出现蛛网膜下腔出血。先天性球性动脉瘤常见于动脉分支处，由于该处平滑肌或弹力纤维的缺如，在动脉压的作用下膨大形成动脉瘤。动脉瘤一旦破裂，则可引起整个蛛网膜下腔积血。大量出血可导致患者死亡，机化的蛛网膜下腔出血则可造成脑积水。

3. 混合性出血　常由动静脉畸形（arteriovenous malformations，AVMs）引起。AVMs是指走向扭曲、管壁结构异常，介于动脉和静脉之间的一类血管，其管腔大小不一，可以成簇成堆出现。约90% AVMs分布于大脑半球浅表层，因此其破裂常导致脑内和蛛网膜下隙的混合性出血。患者除出现脑出血和蛛网膜下腔出血的表现外，常可有癫痫史。

十三、骨关节疾病

（一）骨质疏松症

骨质疏松症（osteoporosis）是指骨小梁的数量绝对值减少，而骨小梁的结构及骨基质的钙化均正常。骨质疏松乃由于各种原因引起的骨形成减少或骨吸收增强或两者兼而有之所致。骨质疏松症可分为局限型与弥漫型两种。

1. 局限型骨质疏松症（或失用性骨质疏松症）　多因患肢的长期不活动或瘫痪引起，如见于小儿麻痹症或骨结核治疗时，大约数周内即可出现，表现为松质骨的小梁减少、变细，皮质骨变薄、变疏松。

2. 全身性骨质疏松症　由于以下原因所致：①营养缺乏，如蛋白质、钙或维生素 C 或 D 缺乏；②多种内分泌系统疾病，如库欣综合征、甲亢或性腺功能低下。以上又称继发性骨质疏松症。另有一种原发性或特发性骨质疏松症（primary/idiopathic osteoporosis），常见于中年以后，女性比男性多见，特别是围绝经期后妇女更为多见，故又称老年或绝经期后骨质疏松症（senile/post menopausal osteoporosis）。可能与雌激素缺乏，促进骨质吸收有关。

全身性骨质疏松症可导致脊柱塌陷，椎骨凹陷，常易发生压迫性骨折及疼痛。长骨的轻微外伤即可引起骨折，尤其常见于股骨颈部，其次为腕及肱骨上端。

（二）类风湿关节炎

类风湿关节炎（rheumatoid arthritis）是一种慢性全身性自身免疫性疾病。主要侵犯全身各处关节，呈多发性和对称性慢性增生性滑膜炎，由此引起关节软骨和关节囊的破坏，最后导致关节强直畸形。女性发病率比男性高 2～3 倍。本病呈慢性经过，病变增剧和缓解反复交替进行。绝大多数患者血浆中有类风湿因子（rheumatoid factor，RF）及其免疫复合物存在。

关节病变最常见，多为多发性及对称性，常累及手足小关节，尤其是近侧指间关节、掌指关节及跖趾关节，其次为膝、踝、腕、肘、髋及脊椎等关节。

第四节　诊断学基础

诊断学是运用医学基本理论、基本知识和基本技能对疾病进行诊断的一门学科。诊断学内容包括如下几部分：

1. 问诊　通过医生与患者进行提问与回答了解疾病发生发展的过程。这一过程又称病史采集（history taking），通过病史采集可以获得患者的症状。

2. 体格检查（physical examination）　是医生用自己的感官或传统的辅助器具（听

诊器、叩诊锤、血压计、体温计等）对患者进行系统的观察和检查，揭示机体正常和异常征象的临床诊断方法。

3. 实验室检查（laboratory examination）　通过物理、化学和生物学等实验室方法对患者的血液、体液、分泌物、排泄物、细胞取样和组织标本等进行检查，从而获得病原学、病理形态学或器官功能状态等资料，结合病史、临床症状和体征进行全面分析的诊断方法。

4. 辅助检查（assistant examination）　如心电图、肺功能等。

本节只阐述问诊和体格检查相关内容。

一、问诊

问诊医生向患者询问病史，是论断的重要方法之一，也是医生接触患者的第一步。病史是指疾病的发生发展及与健康状况有关的病史。深入细致的问诊不但可以摸清病情，而且可为论断或进一步检查提供线索。临床医生必须在深入了解病史的基础上，详细体格检查并结合必要的实验室检查和其他检查结果，综合分析后方能做出正确的临床论断。有些疾病通过患者所提供的典型病史即可做出初步论断。

（一）发热

体温的高低、升高的特点及持续时间长短，对临床疾病的诊断及病情估计有重要意义。

1. 体温测量方法　通常有口腔（口表）、腋窝（腋表）、直肠（肛表）3 种测温方法。

（1）口腔测温法：将消毒体温计的水银端置于被检查者舌下，紧闭口唇，放置 5 分钟，然后取出产读数，正常值为 36.2 ℃ ~ 37.2 ℃。此方法准确且方便。测量前避免喝热水或冷水以免影响测温准确性。

（2）腋窝测温法：将体温计水银端放入腋窝顶部、嘱受检查用上臂将体温计夹紧，放置 10 分钟左右；取出并读数，正常值为 36 ℃ ~ 37 ℃。此法不易交叉感染，缺点是易受外界条件影响发生误差。

（3）直肠测温法：被测者取侧卧位，将肛门体温计的圆钝端涂以润滑剂，徐徐插入肛门深达体温计的一半，放置 5 分钟然后取出并读数，正常值为 36.5 ℃ ~ 37.5 ℃。此法较上述两种方法准确，适用于重症昏迷及幼儿患者。

2. 正常体温及其变异

（1）正常体温因年龄、不同个体及昼夜变化可稍有差异。一般女性高于男性，幼儿比成人稍高，而老年人又稍低于成人。昼夜中，清晨 2:00 ~ 6:00 最低，下午 5:00 ~ 6:00 最高，相差不超过 1 ℃。运动、进餐后及妇女月经前或妊娠期体温均可略升高。

（2）异常体温可分为体温升高或过低。

1）体温过低：指口腔温度低于正常，常见于周围循环衰竭、大出血后、高度营养不良、慢性消耗性疾病、甲状腺功能减退症等疾病，以及在低温环境下暴露过久者。

2）体温升高（发热）：指口腔温度超过 37.2 ℃ 以上者。临床上根据发热程度分为：低热 37.3 ℃ ~ 38 ℃，中等热 38.1 ℃ ~ 39 ℃，高热 39.1 ℃ ~ 40 ℃，过高热 40 ℃ 以上。

3. 体温的记录方法　要定时测量体温，发热患者每日最好测温 4 次，并记录于体温单上，用直线连接各次记录点即为体温曲线。从体温曲线的特点可判定热型，对某些疾病的诊断有很大的帮助。体温曲线一般可分为 3 个时期。

（1）上升期：从热度初升到达最高点的过程为上升期，根据上升的缓急又分为两种形式。

1）骤升型：体温急速上升，在数小时内达到高热的极期，常伴有寒战，见于疟疾、大叶性肺炎、败血症及流行性感冒等。

2）渐升型：发病开始为低热，逐渐上升，在数日内才达到热的极期。见于伤寒、肺结核、胸膜炎等。

（2）极期：指发热最高的一个阶段。根据极期发热持续时间及其状态可分为以下几种热型。

1）稽留热：多为高热，体温达 39 ℃以上，持续数日或数周之久，一昼夜相差不超过 1 ℃。温度一般上午较低，下午较高见于伤寒、斑疹伤寒、大叶性肺炎等。

2）弛张热：亦为高热，但体温波动较大，一昼夜间体温相差可达 2 ℃以上，最低温度可降至 38 ℃以下，常见于各种败血症、疟疾、结核、淋巴瘤等。

3）间歇热：体温波动于高热与正常之间，高热时体温可达 39 ℃以上，持续若干小时后降至正常，其后有一间歇期，一般相当规律地经 24、48 小时或数日后，体温又突然升高，如此反复发作，常见于疟疾、回归热等。

4）波浪热：体温逐日上升，达到高热程度后，持续若干时日，再逐渐降至正常，经过数日后又重发作，如此互相交替，常见于布鲁斯杆菌病、淋巴瘤等。

5）不规则热：体温高低不规则，持续时间不定，常见于流行性感冒、风湿热，结核、肺部感染及恶性肿瘤。

6）颠倒热型：上午发热，下午退热，或白天体温正常、晚上高热者，如丝虫病。

7）长期低热：指口表体温介于 37.3 ℃～38 ℃，持续 2 周以上此型有时呈周期性与季节性，除见于各种慢性感染、肝炎、风湿热、甲状腺功能亢进症、贫血等外，可见于体温中枢调节功能障碍及自主神经功能紊乱所致功能性低热。

（3）下降期：为体温自然的极期下降到正常的过程，根据退热的渐骤又分以下两种。

1）骤退型：体温在数小时内迅速降至正常或低于正常水平常伴有大汗，可见于大叶性肺炎、疟疾、肾盂肾炎等。

2）渐退型：体温于数日内逐渐降至正常，可见于伤寒、斑疹伤寒、布氏菌病等。

4. 测量体温时应注意的事项

（1）测温前应将体温计汞柱甩降至 35 ℃以下。

（2）腋窝测温时，应移去附近的冰袋、热水袋等影响局部温度的物品，擦干汗液，如有汗液可使腋温度降低影响测温结果准确性。

（3）消瘦、病情危重及神智障碍患者不能夹紧体温计时，需协助夹紧。

（4）测温前勿用冷热水漱口或以冷热毛巾擦拭腋部，以免影响结果准确性。

（5）如对所测体温有疑问时，应注意患者的脉搏、呼吸的变化是否与体温的上升一致。一般体温每升高 1 ℃脉搏每分钟增加 10 次左右，呼吸增加约 4 次，必要时进行复查。

（二）咳嗽与咳痰

咳嗽是一种防御性反射动作，借以将呼吸道的异物或分泌物排出。可是频繁的刺激性咳嗽以致影响工作与休息，则失去其保护性意义。当呼吸道黏膜受到炎症、异物或刺激性气体刺激时，可借助迷走神经分支（支气管壁）、三叉神经（鼻腔）及舌咽神经，将刺激冲动传导至延髓的咳嗽中枢引起咳嗽动作。咳嗽也受大脑皮质的支配，因此人们可以随意做咳嗽动作，并能在一定程度上抑制咳嗽。

咳痰是呼吸道内许多的分泌物，借助咳嗽经呼吸道由口腔排出体外的动作。正常成人的呼吸道黏膜每日分泌少量的黏液，使呼吸道黏膜保持湿润。

1. 咳嗽常见原因

（1）呼吸道疾病：呼吸道各部位如咽喉、气管、支气管和肺的异物、炎症、肿瘤、出血以及刺激性气体吸入等。

（2）胸膜疾病：胸膜炎或胸膜受刺激。

（3）心血管疾病：如二尖瓣狭窄或其他原因所致左心功能不全引起的肺淤血与肺水肿，肺泡及支气管内有浆液性漏出物，可引起咳嗽。右心或体循环静脉栓子脱落引起肺栓塞时，也可出现咳嗽。

（4）其他：如皮肤受凉时可引起反射性咳嗽。

2. 问诊要点

（1）咳嗽的性质：咳嗽而无痰或痰量甚少，称为干性咳嗽。常见于急性咽喉炎、支气管炎的初期，及胸膜炎、轻症肺结核等。咳嗽伴有痰液时，称为湿性咳嗽。常见于肺炎、慢性支气管炎、支气管扩张、肺脓肿及空洞型肺结核等疾病。

（2）咳嗽出现的时间与规律：骤然发生的咳嗽，多由于急性呼吸道炎症及气管炎或大支气管内异物等引起。长期慢性咳嗽，多见于呼吸道慢性病，如慢性支气管炎、支气管扩张和肺结核等。发作性咳嗽，多见于百日咳、支气管淋巴结结核或肿瘤压迫气管等。周期性咳嗽可见于慢性支气管炎或支气管扩张，且往往于清晨起床或晚上卧下时（即体位改变时）咳嗽加剧。卧位咳嗽比较明显的可见于慢性左心功能不全；肺结核患者常有夜间咳嗽，可能与夜间迷走神经兴奋性增高有关。

（3）咳嗽的音色：是指咳嗽声音的改变。咳嗽声音嘶哑是声带炎症或肿瘤所致，可见于喉炎、喉结核、喉癌等。咳嗽无声或声音低微，可见于极度衰弱的患者或声带麻痹。咳嗽声音高亢（金属声咳嗽），可由于纵隔肿瘤、主动脉瘤或支气管肺癌直接压迫气管所致。

（4）痰的性状与痰量：咳痰为呼吸道疾病的一个症状，问诊时需注意：每日痰量的多少，痰量与体位、时间的关系。痰的性质是泡沫痰、黏液痰、脓性痰或混合痰；痰是白色、黄绿色，还是铁锈色、粉红色，有无鲜血混杂等；痰的气味，有无特殊的腐败臭味，如厌氧菌肺部感染有恶臭味。

急性支气管炎起初有白色黏液痰，之后为黄色黏稠脓性痰；支气管扩张、肺脓肿患者长期咳脓性痰；肺水肿患者咳粉红色泡沫痰；大叶性肺炎患者咳铁锈色痰。

（5）注意患者的年龄、职业：有无粉尘与有害气体长期吸入史，有无大量吸烟史，有无心、肺病史以及全身情况。

3. 咳嗽伴随的症状

（1）伴有发热常表示呼吸道和肺部有感染存在，如肺脓肿、支气管扩张并感染。

（2）伴有胸痛及呼吸困难常见于胸膜炎、肺炎、肺脓肿、自发性气胸。

（3）伴有哮喘常见于支气管哮喘、心脏性哮喘、气管内异物、痉挛性支气管炎。

（4）伴有发绀常见于重病的心肺疾患，如自发性气胸、肺源性心脏病伴有心功能不全时。

（5）伴有杵状指多见于支气管扩张症、慢性肺脓肿、肺癌。

（6）伴咯血（见咯血）。

（三）咯血

咯血是指喉部以下的呼吸器官出血，经咳嗽从口腔排出。

1. 常见病因

（1）支气管疾病：常见于支气管扩张症、支气管肺癌、支气管内膜结核、支气管炎、支气管内结石、支气管内异物。

（2）肺部疾病：常见于肺结核、肺脓肿、肺炎、肺梗死、肺吸虫。

（3）心血管疾病：最常见于风湿性二尖瓣狭窄及左心衰，由于肺淤血而引起的咯血，血量较少。由于支气管黏膜下层静脉曲张破裂引起的咯血，则血量较多。肺静脉与支气管静脉间侧支循环，由于肺静脉压升高则导致支气管黏膜下层小静脉压升高，以致发生曲张与破裂，出血较急。某些先天性心脏病如房间隔缺损、动脉导管未闭等引起肺动脉高压时，也可发生咯血。

（4）全身性疾病：①血液病，如血小板减少性紫癜、白血病、血友病等；②急性传染病，常见于钩端螺旋体病、流行性出血热；③其他，如结缔组织病、替代性月经。

2. 问诊要点　应注意咯血的诱因、量、颜色、夹杂物、咯血前后情况及伴随症状。

（1）详细询问诱因、生活习惯及既往史，可提供诊断线索。如咯血患者有吃生石蟹史，则应考虑吸虫病之可能。

（2）咯血的量可分为痰中带血，少量咯血（每日咯血量少于 100 mL），中等量咯血（每日咯血量 100~500 mL），大咯血（每日血量 500 mL 以上）。咯血量的多少往往与呼吸道血管破裂情况有关。痰中带血丝或小血块，多由于黏膜或病灶毛细血管渗透性增高，血液渗出所致。大咯血，可由于呼吸道内的小动脉瘤破裂或因肺静脉高压时支气管内静脉曲张破裂所致。

3. 鉴别诊断　咯血需与口腔、咽、鼻出血鉴别。口腔与咽部出血易观察到局部出血灶。鼻腔出血多从前鼻孔流出，常在鼻中隔前下方发现出血灶，诊断较易。有时鼻腔后部出血量较多，可被误诊为咯血，如用鼻咽镜检查见血液从后鼻孔沿咽壁下流，即可确诊。大量咯血还需与呕血（上消化道出血）相鉴别。

4. 伴随症状

（1）咯血伴发热：可见于肺结核、肺炎、肺出血型钩端螺旋体病、流行性出血热、支气管肺癌等。

（2）咯血伴胸痛：可见于大叶性肺炎、肺梗死、肺结核、支气管肺癌等。

（3）咯脓血痰：可见于肺脓肿、空洞型肺结核、支气管扩张等。支气管扩张也有反复咯血而无咳痰者，此型称为干性支气管扩张。

（4）咯血伴呛咳：可见于支气管肺癌、支原体肺炎等。

（5）咯血伴有皮肤黏膜出血：需注意流行性出血热、血液病。

（6）咯血伴黄疸：需注意肺梗死、钩端螺旋体病。

（四）呼吸困难

呼吸困难是常见症状，也是客观体征，患者主观感觉气不够用或呼吸费力，客观上表现为呼吸频率、深度和节律的异常。严重者可见鼻翼扇动、端坐呼吸及发绀、辅助肌参与呼吸运动。

1. 常见病因

(1) 肺源性呼吸困难：由于呼吸器官功能障碍，包括呼吸道、肺、胸膜及呼吸肌的病变，引起肺通气、换气功能降低，使血中二氧化碳浓度增高及缺氧所致。可分为3种类型：

1) 高度阻塞时呼吸肌极度紧张、胸腔内负压增高，并出现三凹征（胸骨上窝、锁骨上窝、肋间隙在吸气时明显凹陷），可伴有高调吸气性哮鸣音。

2) 呼气性呼吸困难。由于肺泡弹性减弱（肺气肿）及小支气管狭窄与痉挛（支气管哮喘）时，患者呼气费力，缓慢而延长，常伴有哮鸣音。

3) 混合性呼吸困难。见于肺呼吸面积减少（如肺炎、肺水肿、气胸、胸腔积液、成人呼吸窘迫综合征等）与胸廓运动受限时，患者表现为呼气与吸气均费力，呼吸频率亦增快。

(2) 心源性呼吸困难：由循环系统疾病所引起，主要见于左心或右心功能不全。

1) 左心功能不全时，呼吸困难主要是由于肺淤血，使其换气功能发生障碍所致。其机制为：①肺泡内压力增高，刺激肺牵张感受器，通过迷走神经反射作用于呼吸中枢；②肺郁血影响肺毛细血管的气体交换；③肺泡弹力减低，使其扩张与收缩范围减少，降低肺活量；④肺循环血压升高刺激呼吸中枢。

2) 右心功能不全时，呼吸困难主要由于体循环淤血所致。其机制为：①右心房与上腔静脉血压升高，刺激其压力感受器，反射地兴奋呼吸中枢；②血氧含量减少与乳酸、丙酮酸等酸性代谢产物积聚，刺激呼吸中枢；③由于肝大、腹水等影响呼吸动度。

心源性呼吸困难的特点为劳动时加重，休息时减轻；平卧时加重，坐位时减轻。因坐位时下半身静脉血与水肿液回流减少，从而减轻肺淤血的程度，并有利于膈肌的活动和增加肺活量，故常迫使患者采取端坐呼吸。

夜间阵发性呼吸困难是急性左心功能不全时常见的症状。夜间发作的原因，一般认为是睡眠时迷走神经兴奋性增高，使冠状动脉收缩，心肌供血不足，以及仰卧时肺活量减少和下半身静脉回流量增多，致肺瘀血加重之故。

(3) 中毒性呼吸困难：见于酸中毒（尿毒症、糖尿病酮中毒）、高热、吗啡和巴比妥类药物中毒等。

(4) 血源性呼吸困难：重度贫血、高铁血红蛋白血症、硫化血红蛋白血症或一氧化碳中毒等，使红细胞携氧量减少，血氧含量低，呼吸常加快加深。

(5) 神经精神性呼吸困难：重症颅脑疾病（脑出血、颅内压增高等），呼吸中枢因血流减少或直接受压力的刺激，使呼吸深而慢，并可出现呼吸节律的改变。癔症患者呼吸困难发作，其特点是频率快且表浅，叹息样呼吸，可随注意力转移而好转，也属神经功能症范畴。

2. 问诊要点

(1) 呼吸困难起病时间、发作的缓急，若为突发，在小儿应询问有无异物吸入，成人多考虑气胸。发作性多为支气管哮喘或心性哮喘。

(2) 呼吸困难与体位、运动的关系。心源性呼吸困难多在运动后加重，休息或坐位时减轻。

（3）呼吸困难是否伴有呼吸系统，循环系统疾病、肾功能不全、糖尿病症状及有无中毒的历史。

（五）呕血及便血

1. 呕血　消化道出血经口腔呕出，称为呕血，呕血的颜色取决于出血量的多少及血液在胃内停留时间的长短。出血量多并在胃内停留时间较短，则血呈鲜红色或暗红色；出血量少并在胃内停留时间较长，则血液内血红蛋白经胃酸作用，形成正铁血红蛋白，故呈咖啡色或黑褐色。

（1）呕血的病因：

1）食管疾病：如食管炎、食管黏膜撕裂症、食管癌等。

2）胃及十二指肠疾病：消化性溃疡合并出血是上消化道出血最常见的原因。其次，见于急性胃黏膜病变、胃癌及胃黏膜脱垂症等。

3）肝、胆、胰腺疾病：肝脏疾病中肝硬化所致胃底、食管静脉曲张破裂出血最为常见，其次见于胰头癌、胆结石等所致的胆道出血。

4）血液系疾病：如再生障碍性贫血、急性白血症等。

5）其他：如重症肺性脑病及溢血、重症尿毒症，及某些传染病如流行性出血热、钩端螺旋体病等。

呕血的病因虽多，但主要的三大原因是：①消化性溃疡；②食管胃底静脉曲张破裂出血；③急性胃黏膜出血。

（2）问诊要点：首先要排除鼻、咽、喉、口腔出血，经吞咽后再行呕出的假性呕血。

1）呕血与咯血的鉴别（表14-2）：

表14-2　　　　　　　　　　　　　　　呕血与咯血的鉴别

鉴别点	呕　血	咯　血
病史	有胃病或肝硬化病史	呼吸道疾病或心脏病史
出血前常有症状	恶心、上腹部不适	咽喉发痒或咳嗽
出血方式	呕出	咯出
血液颜色	暗红或棕红色	鲜红
血液内混合物	常混有食物残渣	常混有泡沫及痰
酸碱反应	酸性	碱性
黑粪	常有黑粪、呈柏油样便	除非咯血咽下，否则不会有黑便
出血后痰的情况	无血痰	咯血后继续有痰中带血

2）呕血的伴随症状：①呕血前有慢性规律性上腹隐痛、反酸史，出血前有情绪紧张、过度劳累、饮食失调等诱因，多为消化性溃疡病出血。②呕血前曾服用阿司匹林、肾上腺皮质激素、保泰松、利血平等药物史，多为急性糜烂性胃炎所致的出血。③呕血发生在40岁以上的患者，尤其是男性，既往无胃病史，近来有胃痛、食欲不振、消瘦、

首先应考虑胃癌出血。④呕血呈喷射状，血色鲜红，既往有黄疸或血吸虫病史，常为肝硬化、食管静脉或胃底静脉曲张破裂出血。⑤呕血前有发热、黄疸、胆绞痛、呕血后绞痛缓解，多为胆道出血。⑥呕血伴有皮肤紫癜及血常规改变者，见于血液病。⑦休克、脑血管意外、大面积烧伤、败血症、颅外伤等之后发生呕血，须考虑应激性胃溃疡。

2. 便血　消化道出血时，血从肛门排出，呈鲜红、暗红或柏油样，或粪便带血，均称为便血。一般认为消化道出血在 60 mL 以上即可出现黑便。

（1）便血的病因：

1）上消化道疾病：上消化道疾病引起出血后，均可有便血。如出血部位在幽门以下者，可只表现为便血，在幽门以上者常兼有呕血。

2）下消化道疾病：①小肠疾病。局限性肠炎、小肠肿瘤、小肠血管瘤、Meckel 憩室炎或溃疡急性出血性坏死性小肠炎等。②结肠疾病。慢性非特异性结肠炎、结肠癌、结肠息肉等。③直肠疾病。直肠损伤、非特异性直肠炎、直肠癌等。④肛门疾病。痔、肛裂、肛瘘等。

3）其他疾病：①急性传染病与寄生虫病，如急性细菌性痢疾、阿米巴痢疾、流行性出血热、重症肝炎、伤寒与副伤寒、钩端螺旋体病、钩虫病等。②血液病（同呕血）。③维生素缺乏症，如维生素 C 缺乏症、维生素 K 缺乏症。

（2）问诊要点：

1）发病年龄、季节、便血诱因（酗酒、阿司匹林等）：伤寒与副伤寒出血常在夏秋；消化性溃疡病出血多在秋末春初；儿童少年便血应注意肠套迭、直肠息肉、憩室炎与溃疡、钩虫病等；青壮年便血应考虑消化性溃疡病、局限性肠炎、肠结核、伤寒与副伤寒、慢性非特异性结肠炎等；中老年便血多为结肠直肠癌、肝硬化、胃癌、缺血性结肠炎等，但直肠癌也不少于青壮年。

2）便血的颜色：取决于消化道出血的部位、出血量及血液在肠道停留的时间。

柏油样便：当上消化道出血，出血量在 60 mL 以上，血液未被呕出或未完全呕出，则血中血红蛋白与肠内硫化物形成硫化铁，致粪色黑而发亮，外观类似柏油，称柏油样便或黑便，多见于消化性溃疡出血。小肠出血时，如血液在肠道停留时间较长，亦可呈柏油样黑便。柏油样便需与服铁剂、铋剂、活性炭或中草药所致的黑色粪便相鉴别，后者黑而不亮。

暗红色或鲜红色血便：多为消化道出血并血液在肠道停留时间短或病变距肛门近。如肠伤寒出血，血色暗红，与粪便混合；痔核出血为便后滴血，血色鲜红。

3）便血的伴随症状：①便血伴发热，见于急性出血坏死性肠炎、肠伤寒出血、恶性肠肿瘤、流行性出血热等。②便血伴里急后重，可见于痢疾、直肠癌等。③便血伴腹部肿块，应考虑结肠癌、肠套叠等。

4）呕血量与便血量的估计：询问呕出或便出的血量（必须排除其中的非血液成分）。仅能做参考，如消化道出血速度慢，大量血液可潴留于肠腔内而不被呕出或便出，故患者的确切失血量需结合全身症状、血压、脉搏、血红蛋白等综合判断。

少量出血：脉搏、血压、血红蛋白等均无变化，可有轻度头昏、乏力。出血量约占总血容量的 10% 以下，即 <500 mL。

中等量出血：脉搏增快，每分钟 100 次左右，血压偏低、血红蛋白在 7～10 g 之间，有烦躁、心悸、口渴、尿少症状。出血量占总血容量的 20%，即 1000 mL 左右。

大量出血：除上述症状外可出现休克症状，如面色苍白、烦躁不安、出冷汗、四肢厥冷血压下降，收缩压 <80 mmHg（10.64 kPa）。脉搏细弱，每分钟 120 次以上；血红蛋白 <7 g。出血量约占 30% 以上，即 <1500 mL。

（六）腹泻

腹泻是指排便频率增加，大便稀薄或呈脓血状，系由于肠黏膜吸收障碍与炎性分泌物增加，肠蠕动过速所致。

1. 常见病因

（1）感染：细菌、病毒、原虫、寄生虫等。

（2）中毒：砷、磷及重金属中毒、尿毒症、食物中毒等。

（3）肿瘤：结肠癌、息肉等。

（4）消化、吸收障碍：慢性萎缩性胃炎、胃大部分切除术后、慢性胰腺炎、胰腺癌、肝硬化、肠黏膜及乳糜管或肠系膜淋巴结病变、放射性肠炎，使肠道吸收发生障碍等。

（5）内分泌疾病：甲状腺功能亢进症、肾上腺皮质功能减退、糖尿病性肠炎等。

（6）其他：结肠功能紊乱、药物过敏如利血平、胍乙啶等副作用。变态反应性肠病等。

2. 问诊要点

（1）年龄：肠系膜淋巴结核多见于儿童，肠结核多见于中年人；结肠癌多见于中年以上的人。

（2）流行区：询问患者病前是否到疾病流行区，如血吸虫病多见于长江流域一带。

（3）摄取毒物或食物过敏史：询问患者是否吃过隔夜的或不洁食物、毒蕈、白果、河豚等（食物中毒史）；病前是否吃过鱼、虾等食物（食物过敏史）。

（4）起病缓急及病程长短：急性腹泻起病急、病程短（2 个月内），每天排便可达 10 次以上，粪便量多而稀薄，常含病理成分，排便时常伴肠鸣、肠绞痛或里急后重。由于肠液是弱碱性，大量腹泻时可引起脱水、电解质紊乱与代谢性碱中毒。慢性腹泻起病缓慢，或起病急而转为慢性，病程 2 个月以上，每天排便数次，伴有或不伴有肠绞痛，或腹泻与便秘交替出现，长期腹泻可导致营养障碍、维生素缺乏甚至营养不良性水肿。

1）急性腹泻：常见于食物中毒、肠道细菌感染（急性细菌性痢疾）、过敏性疾病及婴幼儿消化不良或中毒。

2）慢性腹泻：常见于慢性痢疾，血吸虫病、肠易激综合征、肠结核、结肠癌、非特异性溃疡性结肠炎、克罗恩病等。

（5）大便性质、次数及伴随症状：

1）大便呈水样，次数多。脐周痛，腹泻，排便后腹痛不能缓解，常见于小肠炎性病变；脐下腹痛排便后缓解，一般为结肠病变。

2）起病急，大便次数多（一日数十次），大便呈浓血样，不混有粪块，伴有发热、左下腹痛及里急后重（直肠肛门部分疼痛或感觉有便意但排便次数多或排不出粪便），见于急性细菌性痢疾。

3）粪便呈暗红色、酱色或血水样，并含脓血及粪质，量较多且有恶臭，常见于急性阿米巴痢疾。

4）消化、吸收不良性腹泻，胰源性腹泻或吸收不良综合征，粪便最多，有恶臭，呈灰土色油脂状，表示脂肪的消化及吸收障碍。常由慢性胰腺炎、胆道阻塞、肠系膜淋巴结病变等引起。肝硬化引起的腹泻，主要由于肠黏膜充血、水肿，影响肠道水分吸收。胃切除或胃酸缺乏引起的胃源性腹泻，多在清晨进食后发生、无腹痛，便次不多。

5）腹泻伴有呕吐，常见于食物中毒或肠变态反应性疾病等。

6）腹泻与便秘交替，常见于肠结核、肠易激综合征等。

7）腹泻伴有腹部包块。下腹部肿块多见于结肠癌、血吸虫病肉芽肿、增殖型肠结核等。

（七）恶心与呕吐

恶心与呕吐是临床常见症状。恶心常为呕吐的前驱症状，但也可单独出现。呕吐是指胃内容物或一部分小肠内容物，通过食物逆流出口腔。它由一系列复杂而连续的反射动作组成。呕吐可将有害物由胃排出，从而起到保护作用。但持久而剧烈的呕吐，可引起失水、电解质紊乱、代谢性碱中毒及营养障碍。

1. 常见病因

（1）中枢性呕吐：中枢性呕吐为突然发生的喷射状呕吐，吐前无恶心、吐后无不适，与进食和食物有关。中枢性呕吐常见于下列原因。

1）颅内压增高：呕吐往往于头痛剧烈时出现，尤易发生于从卧位坐起时，见于脑炎、脑膜炎及脑肿瘤，常为喷射状。

2）药物或毒素直接刺激呕吐中枢：如阿扑吗啡、尿毒症、糖尿病酮中毒、低钠和低钾状态，以及妊娠引起的呕吐等均系直接作用于呕吐中枢而引起。

（2）精神性呕吐：多见于年轻女性，其发病常与精神因素有关，并伴有其他神经功能症症状，多无器质性病变。表现为食后即吐，吐前无明显的恶心动作，呕吐常不费力，吐量不多，本病往往是慢性顽固性呕吐，常不影响摄食和营养状况。条件反射性呕吐（如嗅到某种气体或看到某种食物而引起），也与精神因素有关。

（3）周围性呕吐：主要有以下几类。

1）胃源性呕吐：当胃黏膜受到化学或机械性刺激（如急性胃炎、胃癌等）或胃过度充盈（幽门梗阻）时即可发生呕吐。此种呕吐，常先有恶心、流涎等前驱症状，吐后觉胃部舒适或胃痛缓解，胃炎、胃癌患者呕吐多发生在食后不久，呕吐量不多；幽门梗阻患者呕吐常发生在进食 6～8 小时以上，可吐出发酵的前一餐至隔日的宿食，呕吐量较多。

2）腹部疾病引起的反射性呕吐：各种急腹症如肠梗阻、腹膜炎、阑尾炎、胆道及胰腺疾病，因刺激迷走神经纤维引起反射性呕吐，常有恶心。此种呕吐胃已排空，但呕吐动作仍不停止。

3）周围感觉器官疾病引起反射性呕吐：如咽部或迷路遭受刺激时（急性迷路炎、梅尼埃病），常易发生呕吐，后者多伴有眩晕、耳聋、耳鸣等。此外，心肌梗死也可引起呕吐。

2. 问诊要点

（1）询问呕吐时间与饮食关系。吐前有无恶心，吐后是否舒适，以判断呕吐类型。

（2）呕吐物的性状在鉴别诊断上有重要意义。慢性胃炎患者呕吐食物含大量黏液；幽门梗阻患者呕吐物有腐败或发酵的臭味，小肠梗阻患者可有粪臭味呕吐物。如呕吐物呈咖啡色，多系食管、胃、十二指肠出血；如呕出大量鲜血，则表示食管、胃或十二指肠悬韧带以上部位有急性大出血。

（3）注意呕吐的伴随症状。有无头痛、发热、腹痛、腹胀、腹泻等症状。

1）呕吐呈喷射状且伴剧烈头痛者，多为颅内压增高的象征。

2）伴有发热，多见于某些急性传染病（流行性感冒、病毒性肝炎、斑疹伤寒、恙虫病、猩红热、疟疾等）的早期。

3）伴有腹痛、肠绞痛，可见于细菌性食物中毒、急性胃肠炎、急性细菌性痢疾、肠梗阻等。女患者注意询问月经史，妊娠早期可有呕吐。

（八）疼痛

疼痛是常见症状，可由许多疾病引起，也常是患者就诊的主诉。各种损伤性刺激时产生的致痛物质（乙酰胆碱、5-羟色胺、组胺及其同类的多肽类、钾离子、氢离子及酸性代谢产物等），直接兴奋神经末梢的痛觉感受器，冲动传入脊髓后根的神经节细胞，经由脊髓丘脑侧束，进入内囊传至脑皮质中央后回的第一感觉区，引起疼痛。

对疼痛患者应详细询问：疼痛的部位、性质、程度、放散与否；是持续性或发作性，发作时间，间歇长短；发生的诱因、时间、急剧或缓慢；影响疼痛加重与减轻的因素。

1. 头痛　头痛是常见症状，多由于颅内病变引起，也可由颅外组织及全身器质或功能性疾病所引起。

（1）常见病因：①血管性头痛，其特点为跳痛，常见于偏头痛、发热、中毒（如一氧化碳中毒）及药物过敏反应、高血压、动脉硬化等；②颅内压增高性头痛，为弥漫性钝痛，咳嗽用力时加重，常伴呕吐，见于颅内占位性病变（脑瘤、脑血肿）；③颅内感染性头痛，如脑炎、脑膜炎；④颅外病变性头痛，如中耳炎、鼻窦炎、龋齿、屈光不正、青光眼、颅骨骨膜炎及骨肿瘤、颈椎病等；⑤其他颅脑外伤后遗症、贫血、尿毒症及神经功能症也可引起头痛。

（2）问诊要点：发生的急缓、头痛的部位、程度、放散与否，持续时间以及是否伴随发热、呕吐与眩晕等。例如，脑膜炎所致头痛多急剧发生，伴有高热、呕吐等；鼻窦炎所致头痛，多呈胀痛或隐痛，位于前额、颞部；屈光不正所致头痛，多在阅读后发生；青光眼所致头痛，伴有呕吐及视力减弱；高血压、神经功能症所致头痛，多发病缓慢，呈钝痛、胀痛，常伴有记忆力减退，注意力不集中等症状。

2. 胸痛　胸痛是临床常见的症状，胸内、胸外疾病均可引起。胸痛的剧烈程度不一定与病情轻重相平行。

（1）常见病因：

1）呼吸系统疾病：肺组织本身疾病不引起胸痛，因为肺脏没有感觉神经，当病变侵及壁层胸膜时才出现疼痛。膈胸膜受累时疼痛可向肩部、上腹及腹部放散，当气管及支气管神经受刺激时，亦可引起胸痛。常见于肺炎、气胸、胸膜炎（干性或少量渗出液）及胸膜粘连、肺梗死、胸膜肿瘤、气管及支气管炎等。

2）心脏血管疾病：心肌梗死、心绞痛、主动脉瘤、心肌炎及心包炎等。

3）肝胆疾病（肝炎、胆囊炎、胆结石）：疼痛常在右腹或右肩部。

4）纵隔及食管疾病：食管及纵隔炎、食管及纵隔肿瘤等。

5）其他：胸壁及皮肤、皮下组织或肋间肌炎症、创伤、带状疱疹、胸主动脉瘤、夹层主动脉瘤、过度换气综合征、肋间神经痛等。

（2）问诊要点：

1）胸痛的部位：胸膜及肺部病变多在病侧；胸壁病变多在局部，按压时加重，气管及支气管、心脏及血管、食管及纵隔疾病所致疼痛多在胸骨后；肋间神经痛或带状疱疹所致胸痛多在肋间神经分布区域；支气管炎亦常在胸骨后有紧缩样的持续痛；心绞痛常位于胸骨后或心前区，并可放散到左肩及左臂。

2）疼痛时间及影响疼痛的因素：食管疾病的疼痛常于吞咽食物时加剧；胸膜病变常于呼吸或咳嗽时加重；胸壁病变在胸廓运动时加重；心血管病变往往于运动或情绪激动时加重，休息、含硝酸甘油片后缓解。

3）胸痛的性质与持续时间：胸膜病变所致者为刺痛；心绞痛为压榨性窒息感，并放散到左肩或臂部，若持续时间长，发作频繁，应考虑有急性心肌梗死之可能；食管炎多为烧灼痛。

4）胸痛的伴随症状：①伴有高热、咳嗽，常见于气胸、支气管哮喘及心血管疾病、支气管扩张及肺癌等；②伴有胸闷、呼吸困难，见于气胸、支气管哮喘及心血管疾病；③伴有休克或急性肺水肿，见于心肌梗死；④伴有吞咽困难，见于食管癌；⑤伴有上腹饱胀、出汗、呕吐等，可见于胆道疾病。

3. 腹痛　腹痛可为急性或慢性，是临床常见症状。大多数由于腹腔内脏器功能性失常或器质性病变所致。此外，腹外脏器的病变也可引腹痛。

（1）常见病因：

1）腹壁疾病：如外伤、感染及剧咳、剧吐或腹肌过度活动。

2）腹腔内血管梗阻：如肠系膜动脉或静脉栓塞、腹主动脉炎、夹层动脉瘤等。

3）腹膜病变：如急性腹膜炎、结核性腹膜炎等。

4）腹腔内脏疾病：①炎症或溃疡，如胃炎、消化性溃疡病、阑尾炎、盆腔炎等。②内脏穿孔或破裂，如胃、肠、胆囊穿孔，肝、脾破裂及宫外孕等。③空腔脏器阻塞或脏器扭转，如胆道蛔虫病、输尿管结石、嵌顿疝等。脏器扭转见于卵巢、胆囊、肠系膜、大网膜之急性扭转。④肿瘤，如肝癌、胰腺癌、胃癌等。⑤寄生虫病，如肠寄生虫、肠钩虫病等。

5）腹腔外脏器及全身性疾病：①胸部疾病，如大叶性肺炎、心肌梗死等所致的放射痛；②中毒及代谢障碍，如铅中毒、糖尿病酮中毒及血卟啉病等；③变态反应性疾病，如胃肠型荨麻疹、过敏性紫癜等。

（2）问诊要点：

1）腹痛发生的缓急：突然发生的腹痛，常见于急性胃肠穿孔、急性胰腺炎、阑尾炎、尿道结石、内脏出血等。缓慢起病者见于溃疡病、慢性肝胆疾病、肠寄生虫病等。

2）腹痛的性质与程度：突然发生刀割样痛多见于内脏穿孔；阵发性绞痛多为空腔脏器痉挛或梗阻，如胆绞痛、肾绞痛、肠绞痛及胆道、输尿管结石、机械性肠梗阻等；持续性剧痛多见于炎症性病变，如肝脓肿、腹膜炎，其次为肿瘤晚期如肝癌、胰腺癌等；持续性钝痛多见于实质性脏器肿胀，如肝淤血及肠寄生虫症；慢性隐痛或烧灼痛多见于消化性溃疡病。

3）腹痛的部位：腹痛的部位常为病变的所在，如右上腹痛多为肝、胆、十二指肠疾病；剑突下痛见于胃、胰腺疾患；右下腹痛考虑为回盲部、阑尾、右侧附件等疾患，但应注意腹外脏器的放射痛，如心肌梗死、大叶性肺炎、胸膜炎也可引起上腹部疼痛。

4）诱发、加剧或缓解疼痛的因素：急性腹膜炎腹痛静卧时减轻，腹壁加压或改变体位时加重。胃黏膜脱垂患者餐后右侧卧位疼痛加剧，而左侧卧位时减轻。十二指肠淤滞症或胰体癌患者仰卧时疼痛出现或加剧，而前倾坐位时消失或缓解。胆绞痛可因脂肪餐而诱发，暴食是急性胃扩张的诱因，急性出血性坏死性肠炎多见与饮食不洁有关。

5）腹痛的伴随症状：①急性腹痛伴有黄疸，可见于肝及胆道炎症、胆石症、胰头癌、急性溶血等。②腹痛伴发热，如有高热或弛张热，常提示腹内脏器急性炎症或化脓性病变；低热或不规则热，常提示结核或肿瘤等。③腹痛伴呕吐，常见于食物中毒、肠梗阻、急性胰腺炎等。④腹痛伴有腹泻，常见于肠炎、过敏性疾病、肠结核、结肠肿瘤等。⑤腹痛伴血便，如阿米巴痢疾、肠癌、肠套叠、急性出血性坏死性肠炎等。⑥腹痛伴血尿，如泌尿道结石等。⑦腹痛伴腹部包块，炎症性肿块见于阑尾脓肿、腹腔结核，非炎症性肿块见于蛔虫性肠梗阻、肠扭转、腹腔内肿瘤等。⑧腹痛伴休克，见于急性内出血（内脏破裂宫外孕等）、中毒性痢疾、急性心肌梗死等。

4. 关节痛　正常关节由两个光滑的软骨面构成。周围有结缔组织及滑膜组成的关节囊包绕，外层有韧带加固。当关节因病变或外伤损伤关节及周围的软组织时，可发生软骨面剥脱变性，血管翳形成、韧带撕裂、关节囊及滑膜充血水肿、关节内积液或积脓等，均能引起关节的受力点改变，失去平衡，导致关节的创伤和周围组织的劳损变性时，亦可引起疼痛。

（1）常见病因：

1）感染：如化脓性、结核性关节炎。

2）外伤：关节内的损伤（如半月板破裂、韧带撕脱或断裂、骨折等）及关节周围的软组织挫伤等。

3）结缔组织性疾病：见于系统性红斑狼疮、类风湿关节炎、风湿热所致的关节炎等。

4）先天性畸形及机械性劳损：如先天性骨或软骨发育不全、平足、膝内翻及外翻等。

5）其他原因：如痛风、无菌性关节坏死、骨性关节炎（增生或肥大性关节炎）、血液病及过敏性疾病以及地方病等。

（2）问诊要点：起病诱因，有无外伤，急、慢性感染及家族史；部位是大关节还是小关节，多发还是单发，有无游走性、对称性、局部有无红肿及发热；病程长短，关节痛是持续性还是间断性，与季节、气候的关系，有无活动障碍或变形及伴随症状。如风湿关节痛多呈游走性，急性期伴有局部红、肿、热、痛、皮下结节或红斑，反复发作与气候有一定关系，多不发生畸形；类风湿关节炎病变以小关节为主，常引起关节变形及强直；感染性关节炎多为单发。如伴有低热、盗汗、乏力、食欲不振等见于结核性关节炎；若起病急剧，伴寒战、高热等见于化脓性关节炎。

（九）黄疸

黄疸是因胆红素代谢障碍，血液中胆红素浓度增加，致使巩膜、黏膜、皮肤染成黄色。正常血清胆红素 $8.55 \sim 17.10$ μmol/L（$0.5 \sim 1.0$ mg/dL）。当血清胆红素浓度为 $17.1 \sim 34.2$ μmol（$1 \sim 2$ mg/dL）时，而肉眼看不出黄疸者称为隐性黄疸。如血清胆红素浓度高于 34.2 μmol/L（2 mg/dL）时则称为显性黄疸。

胆红素代谢过程：血清胆红素的主要来源是血红蛋白。正常细胞的平均寿命为

120天，超寿限的红细胞经网状内皮系统破坏和分解后，形成胆红素、铁和珠蛋白3种成分。此种胆红素呈非结合状态，当非结合胆红素到达肝脏后，被肝细胞微突所摄取，由胞质载体蛋白Y和Z携带至肝细胞微粒体内，大部分胆红素经葡萄糖醛酸转移酶的催化，与葡萄糖醛基相结合，形成结合胆红素。结合胆红素由肝细胞排泌入毛细胆管，与其他从肝脏排泌的物质形成胆汁，排入肠道。在肠道经细菌分解成为尿胆素，其中大部分随粪便排出，称为粪胆原；小部分经回肠下段或结肠重吸收，通过门静脉回到肝脏，转变为胆红素，再随胆汁排入肠内，这一过程称为胆红素的肠肝循环。被吸收回肝的小部分尿胆元进入体循环，经肾脏排出。

1. 常见病因

（1）非结合胆红素增高：①红细胞破坏增多。先天性或后天性溶血时，大量红细胞破坏，形成过量的非结合胆红素，超过肝脏的处理而潴留血中形成黄疸。此种黄疸属溶血性黄疸，见于地中海贫血、自身免疫性溶血性贫血、异型错误输血反应等。②肝细胞摄取与结合能力障碍。如Y、Z蛋白及或葡萄糖醛酸转移酶活力减低缺如，使正常代谢所产生的非结合胆红素不能转化为结合胆红素，引起血中非结合胆红素增高，出现黄疸，此种黄疸属特发性黄疸。如Gilbert综合征、新生儿生理性黄疸等。

（2）结合胆红素增高：此因肝细胞胆汁分泌发生原发性代谢性损害，使结合胆红素不能排泄至胆道，或因肝内的毛细胆管、肝外胆管、总胆管或壶腹部阻塞，胆红素反流入血，从而出现黄疸，此种黄疸属梗阻性黄疸。见于：①肝外胆管阻塞，如胆结石、胰头癌、胆管及胆总管癌、胆道闭锁等。②肝内胆管阻塞，如肝内胆管结石、华支睾吸虫病等。③肝内胆汁淤积，如药物性黄疸、病毒性肝炎、妊娠复发性黄疸。

（3）结合与非结合胆红素均增高：为肝细胞对胆红素的摄取、结合、排泄功能均受损所致的黄疸，又称肝细胞性黄疸。见于各种肝病如病毒性肝炎、中毒性肝炎、肝硬化、肝癌及钩端螺旋体病等。

2. 问诊要点

（1）详细询问病史：有无家族遗传病史、肝炎接触史，有无输血，服药（氯丙嗪、甲基睾酮、避孕药物），中毒（毒蕈、四氯化碳等）史，既往有无胆道手术史。

（2）黄疸发作与年龄的关系：儿童与青少年时出现黄疸，可能与先天性或遗传性因素有关；中年人阻塞性黄疸多见于胆道结石；老年人出现黄疸多为癌症。

（3）黄疸发生与发展情况：黄疸急骤出现，见于急性肝炎、胆囊炎、胆结石及大量溶血；缓慢发生或呈波动性，多为癌性黄疸、特发性黄疸。急性肝细胞性黄疸一般在数周内消退，胆汁性肝硬化可持续数年以上，黄疸进行性加重见于胰头癌。

（4）伴随症状：①黄疸伴发热，需追问黄疸与发热之关系。病毒性肝炎在黄疸出现前常有低热，少数为高热，肝胆化脓性感染多与发热、寒战同时出现黄疸，癌性黄疸患者常有晚期发热。②黄疸伴腹痛。持续性隐痛或胀痛见于病毒性肝炎、肝癌等；阵发性绞痛见于胆道结石、胆道蛔虫病；无痛性进行性黄疸见于胰头癌。③黄疸伴贫血。溶血性黄疸常伴有严重贫血；癌症所致黄疸常伴有贫血、恶病质等。④黄疸伴皮肤瘙痒。阻塞性黄疸因胆盐和胆汁成分反流入体循环，刺激皮肤周围神经末梢，故常有皮肤瘙痒，肝细胞性黄疸也可有轻度瘙痒，溶血性黄疸无此症状。⑤尿、粪颜色的变化。阻塞性黄疸时尿如浓茶，粪色浅灰或陶土色，溶血性黄疸急性发作时，尿可呈酱油色。

（十）水肿

组织间隙有过多的液体积聚时称为水肿。局部水肿常由于毛细血管渗透性增加（如炎症反应），全身性水肿容易在组织比较疏松以及身体最低的部位出现，严重时可在胸腹腔内出现积液。

水肿产生的机制目前尚有争论，主要的因素有：钠和水的异物潴留；毛细血管滤过压升高；毛细血管渗透性增高；血浆胶体渗透压降低，淋巴回流受阻；组织压力降低。其中主要的病理生理学基础是钠和水的异常潴留。

1. 常见病因

（1）心源性水肿：各种心脏病发生右心衰竭时可出现水肿，水肿首先出现在身体最低部位，如下肢、臀部、背部等，严重时可引起全身水肿。

（2）肾源性水肿：肾小球肾炎、肾病综合征等均可出现水肿。水肿首先出现在眼睑、面部等疏松组织，严重时蔓延到全身，甚至出现胸腔积液水、腹水。

（3）肝源性水肿：如肝硬化时，由于门静脉压升高或肝功能不全引起低蛋白症时，可出现水肿。其特点为发生缓慢，常以腹水为主，全身水肿较轻，下肢明显。

（4）营养不良性水肿：主要由于低蛋白血症引起血管内胶体渗透压降低所致。常发生于摄食不足，肠道吸收障碍、慢性消耗性疾病等。此外，维生素 B_1 缺乏症，也是产生水肿的附加因素。

（5）特发性水肿：女性多见，水肿可出现在眼睑及下肢，其发生原因为：①部分患者由于直立时交感神经兴奋不足，导致脑部供血不足，通过容量感受器反射地引起醛固酮分泌增加所致，常伴有其他神经衰弱症状。②部分女性于经前 7～14 天出现，月经来潮后消退，可能与性激素功能失调有关。

（6）其他：如结缔组织疾病所致水肿（硬皮病、皮肌炎），药物（肾上腺皮质激素、甘草等）所致的水肿；内分泌疾病所致水肿（如黏液性水肿）。

2. 问诊要点　水肿发生的时间与出现的部位，肾源性水肿多在眼睑开始，晨起较重；心源性水肿多在下肢开始，下午或晚间加重；肝源性水肿多由腹水开始（表14-3）。水肿患者应询问有关心脏、肝脏、肾脏等病史；营养与进食情况；女性患者的月经史；水肿减轻与加重的因素；水肿与体位、活动、尿量的关系等。

表14-3　　　　　　　　　　　心源性水肿与肾源性水肿的鉴别

鉴别点	心源性肺水肿	肾源性肺水肿
开始部位	从足部开始、向上延及全身	从眼睑、颜面开始而延及全身
发展快慢	发展缓慢	发展迅速
水肿性质	比较坚实，移动性小	软而移动性大
伴随症状	伴有心功能不全病症，如心脏增大、心杂音、肝大、静脉压升高等	伴有其他肾脏病症，如高血压、蛋白尿、血尿、管型尿、眼底改变等

（十一）发绀

发绀是指血液中还原血红蛋白增多，使皮肤、黏膜呈现青紫色的现象。发绀多在皮肤较薄、色素较少和毛细血管丰富的部位，如口唇、鼻尖、耳垂、颊部及指（趾）甲床等处最为明显。

1. 常见病因和分类

（1）血液中还原血红蛋白增多：当毛细血管中血液的还原血红蛋白量超过 5 g/100 mL 时，即血氧未饱和度超过 6.5 vol/dL 时，皮肤黏膜即可出现发绀。

1）中心性发绀：此类发绀是由心、肺疾病引起动脉血氧饱和度降低所致。其特点为全身性且发绀的皮肤是温暖的。可分为：①肺性发绀：由于呼吸功能不全，肺氧合作用不足，致体循环毛细血管中还原血红蛋白量增多而出现发绀。常见于严重的呼吸系统疾病，呼吸道阻塞，肺部疾病（肺淤血、肺水肿、肺炎、肺气肿、肺纤维化等）、胸膜病变（胸腔大量积液、气胸等）。②心性混合性发绀：由于体循环静脉与动脉血相混合，部分静脉血未经过肺脏进行氧合作用，而经由异常通路流入循环，如分流量超过输出量的 1/3 时，即可出现发绀。可见于法洛四联症等发绀型先天性心脏。

2）周围性发绀：特点是发绀常出现于肢体下垂部分及周围部位（如肢端、耳垂及颜面），皮肤是冰冷的，若经按摩或加温发绀可消失，此点有助于与中心性发绀鉴别。常见于：①周围组织耗氧量增加。淤血性周围性发绀，见于右心衰、缩窄性心包炎等。②动脉缺血。见于严重休克时，心排血量明显减少，周围循环缺血缺氧，皮肤和黏膜呈青灰色。亦可见于小动脉收缩（寒冷时）、闭塞性脉管炎、雷诺病等。

3）混合性发绀：中心性与周围性发绀并存，可见于心功能不全，因血液在肺内氧合不足及周围血流缓慢、毛细血管内脱氧过多所致。

（2）异常血红蛋白血症：

1）药物或化学药品中毒所致铁高铁血红蛋白症：由于血红蛋白分子的二价铁被三价铁所取代，而失去与氧结合的能力。血中高铁血红蛋白量达 3 g/100 mL 即可出现发绀。常见于苯胺、硝基苯、伯氨喹、亚硝酸盐、磺胺类药等中毒所致。发绀的特点是急骤出现、暂时性、病情严重，若静脉注射亚甲蓝基溶液或大量维生素 C，发绀可消退。分光镜检查可证明血中存在高铁血红蛋白。进食大量含有亚硝酸盐的变质蔬菜，也可出现发绀，肠源性发绀是中毒性高铁血红蛋白血症的一种类型。

2）硫化血红蛋白血症：主要是服用了硫化物，在肠内形成大量硫化氢而产生硫化血红蛋白所致，临床上比较少见。

3）先天性高铁血红蛋白血症：自幼有发绀，但无心、肺疾病存在。

2. 问诊要点及伴随症状　问诊时要注意发绀出现的年龄，有无服用特殊药物及食物，心肺疾病史及伴随症状。如伴有高度呼吸困难的发绀常见于重症心、肺疾病；发绀明显而无呼吸困难者见于高铁血红蛋白血症；发绀并杵状指（趾），说明发绀严重、病程较长，主要见于发绀型先天性心脏病或先天性高铁血红蛋白血症；急性发绀伴衰竭状态或意识障碍，常见于某些药物或化学物品急性中毒、休克、急性肺部感染或急性心功能不全；肢端发绀常由于局部循环障碍所致，如血栓闭塞性脉管炎、雷诺病及雷诺现象等。

（十二）排尿异常

尿液在肾脏形成后，经肾盂和输尿管流入膀胱，当膀胱内尿液达到一定量时，通过神经反射使膀胱逼尿肌收缩而引起排尿。正常的排尿功能需有健全的排尿结构与神经支配，如两者之一有病变均可引起排尿异常。

正常情况下每天排尿 1000~2000 mL，如 24 小时尿量少于 400 mL，或每小时尿量持续少于 17 mL，称为少尿。如 24 小时尿量少于 100 mL 或 12 小时内完全无尿则称为无尿。如 24 小时尿量超过 2500 mL 为多尿。排尿异常包括尿痛、尿急、尿频、多尿、少尿、夜尿、尿潴留、血尿等。

1. 常见病因

（1）少尿和无尿：常由于肾脏血液循环严重失调或肾小管、肾小球有严重病变所致。

（2）夜尿：主要见于心脏功能不全（夜间安静休息时心脏功能或血液循环暂时好转、排尿量增加），慢性肾炎（肾脏浓缩功能减退）。

（3）尿潴留：是指尿液滞积在膀胱内未能及时排出，见于尿道狭窄、前列腺肥大、尿道结石、盆腔肿瘤压迫后尿道及脊髓病变。此应与无尿区别，无尿（又称尿闭）则是肾脏严重病变或严重血液循环失调影响尿液分泌所致。

（4）血尿：正常人尿液中无红细胞或偶见红细胞。如离心沉淀后的尿液、镜检下每高倍视野有 2 个以上红细胞可称为血尿。轻者尿色正常、需显微镜才能查出，称为显微镜血尿。重症者尿呈洗肉水色至血色，称为肉眼血尿。

血尿须与血红蛋白相鉴别。血尿呈鲜红色，静置后瓶底有一层红色沉淀，震荡时则呈雾状，显微镜检查可见大量红细胞；血红蛋白尿由溶血引起，呈红葡萄酒色或酱油色，无沉淀，显微镜检查无或偶有少数红细胞，但隐血试验阳性。

（5）尿频：多伴有尿急尿痛，常见于肾盂肾炎、膀胱炎等，也可见于前列腺炎、膀胱肿瘤、尿酸过高等。糖尿病、慢性肾炎、尿崩症、水肿消退期、应用利尿药后、精神多饮症等患者因尿量增多也可引起尿频。

2. 问诊要点　注意 24 小时尿量、夜尿是否增多，尿的颜色（有无浓茶色、酱油色、脓尿、乳糜尿及血尿等），排尿情况（有无尿急、尿频、失禁、潴留及疼痛），注意伴随症状。如多尿伴多食多饮是典型糖尿病的症状。尿急、尿频、尿痛是膀胱、尿道的刺激征。

（十三）出血倾向

引起出血倾向的疾病很多，病因亦复杂，包括血管因素、血小板因素及凝血障碍等。上述任何方面的异常均可破坏正常的止血及凝血过程，从而导致出血现象。

1. 常见病因

（1）血管异常：血管在防止出血中起重要作用，它必须有正常的收缩力、韧性和通透性，否则即可出血。

1）毛细血管脆性或通透性增加：见于过敏性发绀、维生素（C 或 P）缺乏、感染及中毒等。

2）微血管功能障碍：常见于遗传性出血性毛细血管扩张症、老年性紫癜、遗传性毛细血管脆弱症（血管假性血友病）等。

（2）血小板异常：血小板在血液中呈圆盘状，表面光滑，当和异物表面相接触或处于非生理情况下，则变为球形、膨胀，同时突出伪足而黏附于血管破损部位，进一步产生凝集、变性等变化形成血栓，起止血作用。当血小板减少及血小板功能异常（如血小板无力症、出血性血小板增多症等），皆可导致出血。

2. 问诊要点

（1）详细询问现病史、家族遗传史、既往史、营养史，有无化学物质、药品接触及抗凝血药应用史等。

（2）出血的部位、分布、程度、性质及两侧对称与否，发病诱因、急骤或缓慢及有何伴随症状。

3. 伴随症状

（1）自幼有轻伤后流血不止，伴有关节肿胀或关节畸形者，见于血友病。

（2）出血点或紫癜为对称性，呈丘疹或荨麻疹样，伴有关节痛、腹痛或血尿者，常见于过敏性紫癜。

（3）紫癜伴有广泛出血，如鼻出血、牙齿出血、血尿、阴道出血、黑便等，应考虑血小板减少性紫癜、弥散性血管内凝血、再生障碍性贫血、急性白血病等。

二、体格检查

体格检查是运用眼、手、耳、鼻等感官或借助简便器械对患者进行检查的基本方法。不少疾病可通过详细的询问病史、全面而准确的体格检查，即可得出初步的诊断。

（一）基本方法

体格检查的基本方法包括：视、触、叩、听、嗅。

1. 视诊　是医生用视觉来观察患者全身或局部情况的检查方法。视诊观察的一般状况包括：性别、发育营养、意识状态、面容表情、体位姿势与步态等。局部视诊应观察被检者的皮肤、黏膜、舌苔、头颈、胸及腹部外形，四肢、肌肉、脊柱及关节生长发育状况，视诊方法简单但有时可对某些疾病的诊断提供重要线索，如双眼外突出应考虑甲状腺功能亢进。视诊时被检查部位应充分暴露，在自然光线下进行，因黄疸及某些皮疹在灯光下不易辨认而常发生漏诊。

2. 触诊　是医生用手指或触觉来进行体格检查的方法。通过触、摸、按、压被检查局部，以了解体表（皮肤及皮下组织等）及脏器（心、肺、肝、脾、肾、子宫等）的物理特征，如大小、轮廓、硬度、触痛、移动度及液动感等，它可帮助医生对检查部位及脏器是否发生病变提供直观的重要依据。触诊时必须把触诊的方法紧密结合解剖部位及脏部、组织间的关系进行分析方有诊断价值。触诊手法分为：直接触诊法、浅部触诊法、深部触诊法。

3. 叩诊　是医生用手指叩击被检查者体表使之产生声响，由于人体各种组织结构的密度、弹性各异而发生不同的声音。医生借助叩击发出的不同音响来帮助判断体内器官状况的检查方法。叩诊分为直接叩诊和间接叩诊。

4. 听诊　是医生直接用耳或借助听诊器，听取体内心、肺、胃肠等脏器运动时发出的音响，以帮助临床诊断的一种检查方法。可分为直接和间接听诊两种方法。

5. 嗅诊　是利用鼻子的嗅觉来判断患者异常气味与病症之间关系的一种诊断方法。来自患者皮肤、黏膜、呼吸道、胃肠道、呕吐物、排泄物、分泌物、脓液和血液等气味，根据疾病不同，其特点和性质也不一样。

（二）一般检查

一般检查的内容包括性别、年龄、体温、呼吸、血压、脉搏、发育与营养、意识状态、面容表情、体位姿势、步态等，还有皮肤和淋巴结。

1. **性别**　正常人的性别是不难判断的，但在发育异常和某些疾病时可发生性征的改变。

2. **年龄**　我国年龄的分段大概可划分为：童年（0～6岁）、少年（7～17岁）、青年（18～40岁）、中年（41～65岁）、老年（66岁以后）5个年龄段。

3. **体温**　详见问诊中发热部分。

4. **呼吸**　正常人呼吸节律均匀、浅深适宜。平静呼吸时，每分钟16～20次，呼吸与脉搏的比例为1：4。新生儿呼吸较快，每分钟约44次，随着年龄增长而减少。正常人在情绪激动、运动、进食、气温增高时呼吸增快，休息睡眠时减少。检查呼吸时要注意频率、节律和深度的变化。

（1）呼吸频率的改变：

1）呼吸增快：成年人呼吸每分钟超过24次为呼吸增快。见于发热，心、肺疾病，严重贫血及甲状腺功能亢进等。

2）呼吸缓慢：呼吸每分钟少于10次者为呼吸缓慢，见于呼吸中枢受抑制时，如药物中毒、颅内压增高等。

（2）呼吸节律的改变：

1）潮式呼吸（图14-55）：又称陈-斯呼吸。为一种周期性呼吸频率及深度的改变。呼吸由浅慢而趋深快，再由深快到浅慢而后暂停。呼吸暂停可达半分钟之久，又开始上述的周期性呼吸。呼吸暂停时，患者可陷入沉睡状态。轻度的潮式呼吸亦可见小儿及老年人熟睡时，无临床意义。

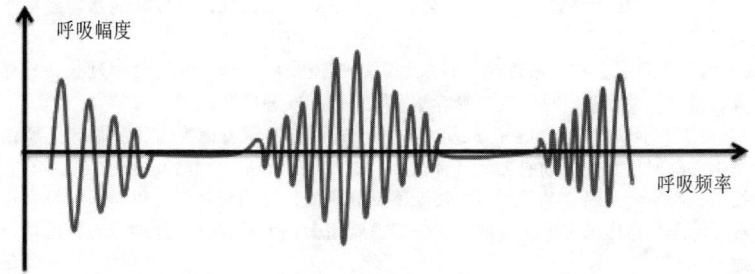

图14-55　潮式呼吸

2）间歇呼吸（图14-56）：又称比奥呼吸。为有规律的呼吸与突然呼吸暂停相间的间断呼吸，呼吸深度常一致不变。也可表现为呼吸的深度及频率呈不规则改变，并伴短暂呼吸暂停。

上述两种异常呼吸是由于呼吸中枢的兴奋性降低所致，只有当缺氧加重、二氧化碳

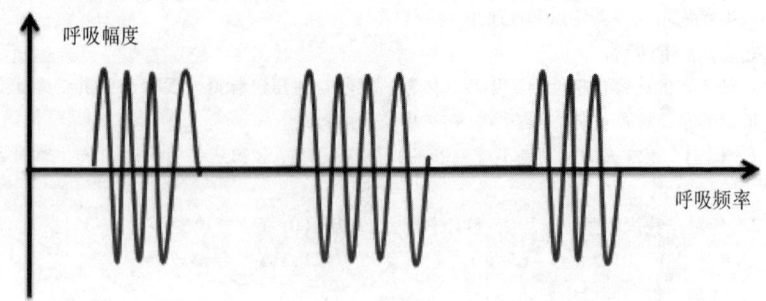

图 14-56 间歇呼吸

潴留到一定程度，才能兴奋呼吸中枢，使呼吸恢复或加强；当呼吸增强二氧化碳呼出后，呼吸中枢又失去兴奋，呼吸再次减弱，乃至暂停。此种呼吸多见于脑炎、脑膜炎、颅内压增高及某些中毒，如糖尿病酸中毒、巴比妥中毒等。间停呼吸较潮式呼吸更为严重，多在呼吸完全停止前出现。

（3）呼吸深浅的改变：

1）深大呼吸（又称库司莫呼吸）：呼吸深而长，可伴有鼾音。为呼吸中枢受到强烈刺激所致，见于尿毒症或糖尿病酸中毒。

2）鼾音呼吸：由于气管或大支气管内有较多的分泌物储积，当呼气时往往产生一种粗糙的鼻音。见于昏迷状态或濒死者，以脑出血昏迷者更常见。

3）点头呼吸：呼吸不规则，患者的头随呼吸和吸气上下摆动做点头状，多见于极度衰弱或濒死患者。

4）浅表呼吸：呼吸浅表而缓慢，见于休克、脑膜炎及意识丧失者。浅而快的呼吸多发生于急性胸膜炎、肋骨骨折等剧烈胸痛时。

5）叹息样呼吸：患者自觉胸闷，常间断性呼出一口长气，可减轻症状，多见于神经衰弱患者。

6）哮喘性呼吸：在呼吸道阻塞性疾患时，气流呼出不畅、呼气时间延长，并伴有哮喘音，呈呼气性困难，见于支气管哮喘及阻塞性肺气肿患者。

5. 血压　推动血液在血管内流动并作用于血管壁的压力称为血压。临床上所谓的血压系指动脉血压，代表周身循环（体循环）的血压，心室收缩时动脉内压力最高，称为收缩压；心室舒张时，动脉内压力逐渐下降到最低，称为舒张压。收缩压与舒张压之差，称为脉压。血压的高低主要取决于外周血管阻力、大动脉壁的弹性、心排出量及心肌收缩力。

（1）测量方法：目前临床上测量血压均采用间接的方法，即用血压计来测量。常用的血压计有汞柱式及弹簧式两种，前者较准确，后者较方便；而电子血压计则可直接显示血压数字，使用方便。

测量血压时受检者取坐位或仰卧，上肢血压多取肱动脉检查，肱动脉与血压计均应与右心房同高，测量前先将袖带内空气完全放出，将袖带缠于上臂、下缘距肘窝 2～3 cm，然后将手指放置在肱动脉处，橡皮气球打气至肱动脉搏动消失时，再将压力提高

4 kPa（或30 mmHg）然后将听诊器胸件轻轻放在手指触及的肱动脉处，此时徐徐放气使压力下降，当听到第一个声音时，压力表上的读数即为收缩压；继续放气，声音逐渐增强音调变高，然后突然减弱变为低沉，常很快消失。一般读取动脉搏动音突然变为低沉时的压力值为舒张压。测量血压时，一般以右上肢为准。连续测2~3次，取其最低值，临床上均采用听诊法测量，血压记录用收缩压/舒张压表示，单位为毫米汞柱（mmHg），1 mmHg相当于0.1333 kPa。在某些疾病如主动脉缩窄时，上下肢血压右有明显差异，此时尚需加测下肢血压，方法同前，嘱受检者取俯卧位、橡皮袖带缠于大腿部、下缘距腘窝上3 cm。用听诊法测腘动脉压力，为下肢血压。

（2）血压的范围及其变异：详见本章"第三节病理学基础"。

1）脉压增大：见于主动脉瓣关闭不全、高血压病、主动脉硬化症、甲状腺功能亢进症、严重贫血等。

2）脉压减小：见于低血压、心包积液、缩窄性心包炎、严重的二尖瓣狭窄、重度心力衰竭等。

此外，上下肢血压相差显著者见于多发性大动脉炎、主动脉缩窄，此时往往上肢血压升高而下肢血压降低或测不出；两上肢血压明显不等者，可见于动脉瘤、多发性大动脉炎等。

（3）注意事项：①测量血压前一般应使受检者安静休息5~10分钟后再进行检查，测量时应脱去过紧的衣袖，以免阻碍血流，影响测量的准确性。②测量前，血压计的汞柱平面应放至0点，血压计的汞柱应直立不可偏斜。③气袖带不能过窄，不宜缠得过紧或过松，听诊器不应放在气袖带下进行听诊。④每次测血压至少进行2次，以便校对，重复测量时，应将压力计的汞柱平面（或指针）回到0点，并使患者手臂舒适片刻后再测量。

6. 发育与营养

（1）发育状况：发育正常与否，根据年龄、性别、智能、身高、体重、第二性征之间关系是否相称，以及头颅大小、颈、胸、腹、关节、四肢有无畸形来衡量，一般分发育正常与不正常两类。正常发育的人，胸围约等于身高的一半，两上肢平展的长度等于身高，坐高约等于下肢的长度。发育不正常一般与营养及内分泌功能障碍有关，如维生素D缺乏所致的佝偻病，幼年甲状腺功能减退所致的呆小症，垂体功能障碍性侏儒症、巨人症、肢端肥大症等。

（2）营养：营养状态应根据皮肤、毛发、皮下脂肪、肌肉的发育情况综合判断，大致可分为良好、中等与不良3种。①良好：精神饱满，皮肤有光泽，皮下脂肪丰满而有弹性，黏膜红润，肌肉结实有力，毛发指甲有光泽，肋间隙及锁骨上窝平坦。②不良：精神委靡，皮肤干燥无光泽，皮下脂肪菲薄无弹性，黏膜苍白，肌肉松弛无力毛发稀少、指甲粗糙而无光泽，肋间隙及锁骨上窝凹陷。③中等：介于上述两者之间。

营养不良多见于摄食不足、消化功能障碍、慢性消耗疾病，如神经性厌食及慢性肠胃道、肝、肾疾病，以及长期活动性结核病、恶性肿瘤、代谢性疾病，如糖尿病、甲亢等疾病，引起体重减轻、消瘦、极度消瘦者称为恶病质。体内脂肪积聚、体重增加超过标准体重20%以上者为肥胖，与摄食过多、内分泌疾病、家族遗传等有关。全身脂肪分布均匀，无异常疾病者称为单纯性肥胖，常有家族遗传倾向。继发性肥胖如肾上腺皮质功能亢进所致的向心性肥胖、甲状腺功能低下的黏液性水肿等。

（3）体型：根据个体身高、体质之间的比例不同，临床将人体分为正力型、无力型、超力型3类。①正力型：身高与体重呈正常比例关系。②无力型：身材细长、四肢较长、颈细肩窄，胸廓扁平狭长，腹上角呈钝角。③超力型：身材较矮而粗壮、颈粗短、肩平、面红、胸廓宽阔、腹上角呈钝角。

超力型与无力型并不一定表示病态，正力型也非均代表健康，仅是一种相对的体型分类，一定程度地反映身体的发育营养状况。

7. 意识状态　意识是大脑功能活动的综合表现，即对环境的反应状态。正常人意识清晰、反应敏锐准确、思维合理，语言清晰、表达能力正常；凡影响大脑功能活动的疾病会引起不同程度的意识改变，如兴奋不安、思维紊乱、语言表达能力不佳或失常、情感活动异常、无意识动作增加等，此种状态称为意识障碍（disturbance of consciousness）。

根据意识障碍的程度可分为如下几类。

（1）意识模糊：是意识轻度障碍的表现。对自己与周围事物漠不关心，反应迟钝，答话缓慢且多不符合实际，定向力障碍，对时间、人物、地点认识不正确。

（2）谵妄：表现为意识模糊伴知觉障碍（幻觉、错觉）和注意力丧失。如烦躁不安，活动增多，对刺激反应增强，语无伦次，错觉、幻觉及妄想等精神异常表现。

（3）嗜睡：是一种病理性的嗜睡，表现为持续的、延长的睡眠状态，轻声呼叫可唤醒，醒后能暂时清醒，回答问题及配合检查，反应迟钝，动作不协调，一旦刺激去除后，又很快入睡。

（4）昏睡：患者呈深度的睡眠状态，大声呼叫或强刺激方能唤醒，但意识仍模糊，反应迟钝，答非所问，且短时间内又很快入睡，反射一般无显著改变。

（5）昏迷：重度意识障碍，意识完全丧失，根据昏迷程度可分为3类。

1）浅昏迷：患者对周围事物无反应，不能回答问题，但眶上压痛、角膜反射、瞳孔对光反射尚存在。

2）深昏迷：意识完全丧失，任何刺激均不能使患者醒转，肌肉松弛，感觉与反射消失，大小便失禁。

3）去皮质状态：患者貌似清醒，眼睑开闭自如，眼球活动，常睁眼凝视，对自身与外界环境毫无理解及意识反应，大小便失禁，对痛刺激反应存在，角膜反射、瞳孔对光反射等均存在，四肢张力增高，可有自发性或反射性的去皮质强直，病理征阳性，因有睡眠和觉醒周期而异于昏迷。

8. 面容、表情与语态

（1）面容与表情：健康人面色红润表情自然、患者病后可出现某些病态，面容与表情常反映患者的精神状态与病情程度。某些疾病常具有特殊面容与表情，对疾病诊断有一定帮助。

1）急性面容：面部因发热而潮红、口唇红面干燥或有疱疹，前额及颊部往往出汗，并有烦躁不安。常见于急性传染病、大叶性肺炎等。

2）慢性面容：面容枯槁、苍白或灰暗，眼窝凹陷、目光暗淡、表情抑郁、头发干枯无光泽。多见于消耗性疾病，如严重肺结核、肝硬化等。

3）贫血面容：面色苍白、唇舌色淡、表情疲惫，见于各种贫血。

4）甲亢面容：眼裂增大，眼球突出、炯炯有神，有惊愕表情、兴奋不宁、烦躁易怒，见于甲状腺功能亢进症。

5）黏液水肿面容：面色苍白、颜面肿胀，表情淡漠，唇舌变厚、眉、发脱落，反应迟钝、动作缓慢。常见于甲状腺功能减退症。

6）二尖瓣面容：两颊呈暗紫红色，口唇发绀，常见于风湿性心脏病二尖瓣狭窄患者。

7）垂危面容：面色苍白或灰暗、眼窝及颊部下陷、颧骨突出，两眼无神、额部冷汗，见于大出血、严重休克、脱水、急性脑膜炎等。

8）痉笑面容（或苦笑面容）：发作时牙关紧闭，面肌痉挛，呈一种特殊痛苦病态，见于破伤风。

9）肝病面容面部：消瘦呈黯黄色，眼窝下陷，双目无神，表情忧虑。见于晚期肝硬化及肝癌等。

10）肢端肥大症面容：头颅增大，面部变长，下颌增大向前伸，眉及两颧隆起，鼻及颏部肥大，口唇肥厚，牙缝增宽。见于肢端肥大症。

11）满月面容：面如满月，皮肤发红，常伴有痤疮和毛发增多，见于库欣综合征及长期应用肾上腺皮质激素者。

此外，尚有大脑发育不全的痴呆面容、肾病性的水肿面容等。

（2）语态：患者说话的语音及声调的变化也能提示疾病的性质。如声音嘶哑可能由于喉炎或喉返神经麻痹所引起。语音微弱是疾病的表现；语无伦次、哭笑无常多是精神障碍所致；呻吟、呼叫常为疼痛不适的表示。

9. 体位、姿势与步态

（1）体位：不同的疾病及意识状态使患者主动或被动地采取不同的体位（position）。根据不同体位特点对某些疾病的诊断具有一定意义。

1）自动体位：身体活动自如不受限制，见于正常人、轻型患者或一般情况良好的患者，也有部分患者病情虽严重而体位仍不受限制。

2）被动体位：不能自己随意调整体位及移动肢体位置，见于极度衰弱或意识丧失的人。

3）强迫体位：由于某种疾病或为减轻痛苦，被迫采取一定的体位。常见的强迫体位有以下几种。①强迫仰卧位：患者仰卧双腿蜷曲，借以减轻腹肌的紧张。见于急性阑尾炎、腹膜炎等。②强迫侧卧位：患侧卧位者常以患侧向下以减轻疼痛和有利于健侧呼吸，如胸腔积液、肺脓肿等。健侧卧位者以健侧向下，见于大叶性肺炎、气胸等。③强迫俯位：脊柱疾病患者为减轻脊背肌肉紧张常被迫采取俯位。④强迫坐位（端坐呼吸）：患者呼吸困难，被迫坐于床沿，双下肢下垂，两手置于膝关节上或扶持床边，此种坐位见于心力衰竭、支气管哮喘等。另一种强迫坐位是前倾坐位，患者坐于床上，上身前倾，双手支持头部，见于心包积液或纵隔肿瘤。⑤强迫蹲位：患者往往在活动过程中，由于呼吸困难或心悸而被迫停止活动采取蹲位以缓解症状，见于发绀型先天性心脏病。⑥角弓反张：患者颈及脊背肌肉强直，以致头向后仰，胸腹前凸，背过伸，躯干呈弓形。见于破伤风及小儿脑膜炎。⑦强迫立位：常见于肛门周围脓肿，或痔疮疼痛不能坐位者。⑧辗转体位：因疼痛辗转反侧，坐立不安，见于肾绞痛、胆绞痛、肠绞痛等。

（2）姿势与步态：健康人躯干端正，动作自如，步态稳健。在某些疾病时，可引起异常的姿势与步态，如脊柱、四肢疾病患者因病变或疼痛而弯腰、背或跛行。走路时身体左右摇摆似鸭状步态，见于佝偻病、大骨节病、进行性肌营养不良及双侧先天性髋关节脱位等。小脑疾患、酒精中毒者行走时躯干重心不稳，步态紊乱呈醉酒状。起步后小步急速趋行，身体前倾的慌张步态见于震颤性麻痹患者。共济失调步态表现为行走时将足高抬，骤然落下，双目向下注视，两脚间距较宽，闭目时摇晃不稳，见于脊髓痨患者。

10. 气味　某些疾病患者的呼吸、呕吐物及各种排泄物如汗液、痰液、尿、粪及脓液有一定的特殊异常气味，通过嗅诊气味可为临床提供重要的诊断依据。

（1）呼吸气体：饮酒后或醉酒者的呼吸气中散发浓烈酒味，糖尿病酮中毒患者有特殊的烂苹果味，敌敌畏中毒者可有刺激性蒜味，肝性脑病患者有肝臭，尿毒症患者有尿的气味。

（2）呕吐物：含有胃酸的呕吐物常散发酸味；胃排空困难，食物在胃内滞留过久，发酵可有很浓的酸味或臭蛋味；小肠梗阻及胃结肠瘘时，呕吐物有粪臭味；醉酒者呕吐物中有酒味。

（3）汗液：正常人汗液无强烈刺激性气味，在活动性风湿病患者或长期服用水杨酸、阿司匹林等解热镇痛药时可闻及酸性汗味；臭汗症者汗液有特殊狐臭味。

（4）痰液：大量咯血者痰带血腥味；支气管扩张、肺脓肿患者的脓性痰常有恶臭。

（5）尿液：膀胱炎及尿潴留患者，尿在膀胱内为细菌发酵，所排出的尿呈浓烈的氨味；糖尿病酸中毒者，尿中有酮体，可呈烂苹果味。

（6）粪便：慢性胰腺炎或肠吸收不良的患者，粪便有恶臭；直肠癌溃烂时，粪便有特殊难闻的腐臭气味；细菌性痢疾时粪便有腥臭味。

（7）脓液：气性坏疽者脓液常有恶臭，大肠埃希菌感染者有粪臭。

11. 皮肤　皮肤病变表现为颜色、弹性、温度的改变，以及有无皮疹、出血点、溃疡、瘢痕等方面；它可以是局部病变，也可是全身病变。既反映皮肤本身疾病，也往往是全身各系统疾病表现的一部分。检查皮肤应在自然光线下进行，除检查外露皮肤外，还应检查躯干皮肤和口腔黏膜，不仅要视诊还应配合触诊获得全面印象，方能得到正确的诊断。

（1）颜色：皮肤的颜色与毛细血管的分布，血液充盈度，色素量的多少及皮下脂肪的厚薄有关。中国人健康的皮肤是微黄略透红润，室外工作者略黑。常见的异常变化有以下几种。

1）苍白（pallor）：全身性皮肤苍白最常见的原因是各种原因引起的贫血，末梢毛细血管痉挛或充盈不足，如寒冷、惊恐、休克等。贫血性苍白不仅皮肤而且口唇、睑结合膜均呈苍白，局部性苍白主要发生于四肢末端如雷诺病、血栓闭塞性脉管炎。

2）发红（redness）：与毛细血管扩张充血、血流加速及增多有关。临床上见于各种发热性疾病、阿托品中毒、一氧化碳中毒及真性红细胞增多症。皮肤感染、烫伤、日晒可引起局部皮肤发红，并常伴有局部肿、痛、热。

3）发绀（cyanosis）：皮肤黏膜呈青紫色。产生的原因主要由于毛细血管内血液中还原血红蛋白的含量增加超过 50 g/L，或出现变性血红蛋白所致。发绀最易见于皮肤色素少，毛细血管丰富的浅薄部位，如口唇、鼻尖、颊部、耳壳有及甲床等处。

4）黄染（stained yellow）：皮肤黏膜发黄。产生的原因是血中胆红素增多，其浓度超过 34.2 μmol/L。如肝脏和胆道疾病所致铁黄疸、溶血性贫血、充血性心力衰竭、先天性胆红素代谢和排泌障碍、胰头癌等均可出现黄疸。此外过多食用胡萝卜、南瓜、橘子汁等类食物可使胡萝卜素（carotene）在血中含量增多，超过 250 mg/100 mL，也可使皮肤黄染，但仅限于手掌、足底皮肤，一般不致使巩膜黄染。长期服用带有黄色的药物如米帕林、呋喃类药也可使皮肤黄染，严重者甚至巩膜黄染，以角膜缘周围最明显、离角膜愈远则黄染愈浅为其特点，以与黄疸鉴别。

5）色素沉着（pigmentation）：系因表皮基底的黑色素增多，致使皮肤的色泽加深，可为全身性或局部性。全身广泛性的肤色增深，临床常见于慢性肾上腺皮质功能减退患者，尤以暴露、摩擦及正常有色素沉着部位最为明显。先天性血色素病、长期服用铁剂、大量输血、黑热病、疟疾及癌的晚期，均可有不同程度的皮肤色素沉着。放射治疗亦可使局部皮肤色素沉着。

此外，妇女妊娠期，在面部、乳头乳晕、腹部白线及外阴部可有色素增加。老年人全身或面部也可发生散在的色素斑片，称为老年斑。

6）色素脱失：正常皮肤含有一定量的色素，是由于苯丙氨酸在体内经氧化酶催化生成酪氨酸，再经酪氨酸酶催化生成多巴（二羟苯丙氨酸），最后生成黑色素。色素脱失是因酪氨酸酶缺乏所致。常见的有白化病、白癜风、白斑。白化病（albinismus）为皮肤、毛发均呈白色。白癜风（vitiligo）为限局性皮肤色素脱失，为进展缓慢而无症状的多形性。大小不等的色素失斑片。白斑（leukoplakia）是发生于口腔黏膜与女性外阴部的圆形或椭圆形色素脱失斑片，发展较快，可能发生癌变。

（2）皮疹（skin eruption）：多为全身性疾病的表现之一，是临床诊断某些疾病的重要依据。皮疹的种类很多，如斑疹、丘疹、斑丘疹、疱疹、脓疱疹等。各种疾病的皮疹其形态、大小、部位及持续时间各不相同。不同疾病的皮疹形态及出现规律有一定的特异性，因此检查时应注意皮疹出现的先后顺序与消退的时间、皮疹分布部位、形态大小、颜色、压之是否褪色、是否隆起、有无脱屑等。常见的皮疹有下列几种。

1）斑疹（maculae）：局部皮肤发红，界限分明，一般不隆起皮面，可见于斑疹伤寒、风湿性多形红斑或麻疹。

2）丘疹（papules）：局部皮肤发红，且隆起于皮面，可见于药物疹、麻疹、猩红热、湿疹等。

3）斑丘疹（maculopapule）：隆起的丘疹伴有周围皮肤发红，可见于风疹、猩红热、药物疹、斑疹伤寒等。

4）玫瑰疹（roseola）：为直径 2～3 mm 的淡红色斑疹，压之褪色，多发生在胸腹部皮肤，分批出现，持续 3～5 天消退，常见于伤寒。

5）荨麻疹（urticaria）：又称风疹块（wheals），为皮肤暂时性的水肿隆起，形状大小不等，发生快，消退亦快，有奇痒故常伴有搔痕，是速发的皮肤变态反应所致，见于各种异性蛋白性食物或药物过敏所引起。

6）皮肤脱屑（desquamation）正常皮肤表层不断角化和更新可有少量皮肤脱屑。大量脱屑则为异常疾病所致。如麻疹可有米糠样脱屑，猩红热有片状脱屑，银屑病有银白色鳞状脱屑。

（3）出血点与紫癜：皮肤或黏膜下出血是常见的皮肤病变。出血程度与面积视不同疾病而异。出血直径小于 2 mm 者为出血点（petechia）；直径 3～5 mm 者为紫癜（purpura）；直径 5 mm 以上者为瘀斑（ecchymosis）；如血液溢出于血管外，使该部皮肤隆起者为血肿（hematoma）。皮肤黏膜出血见于血液病（血小板减少性紫癜、血友病、白血病），严重感染（败血症、流行性脑脊髓膜炎），维生素 C 缺乏或创伤。

出血点常应与皮肤上红色血管痣鉴别。出血点不隆起，而血管痣稍突出皮面。出血点可随时间而逐渐褪色、血管痣一般不改变。

（4）蜘蛛痣（spider angioma）：是由一支中央小动脉及许多向外放散的细小血管形成，形状如蜘蛛而得名。小者如大头针帽，大者直径可达 1 cm 以上，其中心稍隆起，如用大头针帽按压中心红斑，则其周围毛细血管褪色，移去压力后即复原，通常出现于上腔静脉分布的区域，如手、面颈部、前胸部及肩部等处。产生原因一般认为与肝脏对体内雌激素灭能减弱有关。常见于急、慢性肝炎或肝硬化，有时也见于妊娠期妇女及健康人。

（5）温度与湿度：

1）皮肤的温度（temperature）：通常可用手掌心摸测额部或全身皮肤，可粗略判断有无发热。全身皮肤温度升高见于各种发热的疾病；局部皮肤温度增高者见于局部炎症。

2）皮肤湿度（humidity）：与汗腺分泌功能有关，正常健康人的自主神经功能因人而异。有的人皮肤较潮湿，而另一些人则较干燥。在气温高、湿度大的环境里出汗增多是一种生理调节功能。而在疾病情况下，出汗过多或无汗则具有诊断意义。皮肤湿润多汗者见于甲状腺功能亢进、发热的退热期、风湿病及结核病活动期，皮肤冰冷而潮湿者见于周围循环衰竭，皮肤异常干燥者见于维生素 A 缺乏症、严重脱水及黏液性水肿等。

（6）光滑度（smoothness）：皮肤的光滑度随年龄、性别、职业而异。在某些疾病，如维生素 A 缺乏症常见皮肤干燥、粗糙，且在毛囊部有角化性丘疹，大腿、臀部及臀部多见；烟酸缺乏所致糙皮病常以手背、足面及颈项等处皮肤为明显；黏液性水肿者皮肤常增厚变粗；局部性的皮肤增厚见于皮肤慢性感染（表皮癣菌病）及局部刺激（胼胝）等。

（7）弹性（elasticity）：皮肤的弹性与年龄、营养状态、皮下脂肪及组织间隙液体量多少有关。儿童青年人皮肤有弹性，老年人皮肤组织萎缩、皮下脂肪减少则弹性较差。检查方法是用示指和拇指将手背或前臂皮肤提起后放松，正常人皮肤富有弹性，在放手后，皮肤皱折迅速展平，恢复原状。弹性减弱时，皱折展平缓慢。重度营养不良、慢性消耗疾病、严重脱水者皮肤弹性显著减退或完全消失。

（8）水肿（edema）：是皮下组织的细胞内或组织间隙液体潴留过多所致。重度水肿可见皮肤紧张发亮，轻度水肿视诊不易发觉，需用手指加压局部有无凹陷来发现，若局部出现凹陷，且须经一定时间始能复平称为凹陷性水肿。黏液性水肿及象皮肿者虽也表现组织明显肿胀，但指压并无凹陷，可资鉴别，根据水肿的程度，可分为轻、中、重三度。

1）轻度：仅见于皮下组织疏松部或下垂部位，如眼睑、眶下软组织、胫骨前、踝部皮下组织，指压后可见组织轻度凹陷，并平复较快。

2）中度：全身组织均可见明显肿胀，指压后可出现明显或较深的凹陷，并平复缓慢。

3）重度：全身组织严重水肿，低部位的皮肤紧张发亮，甚至液体可随创口渗出，此外在胸腔、腹腔、鞘膜腔内亦见有积液，外阴部亦可见严重水肿。

（9）溃疡与瘢痕：皮肤溃疡（ulcer）有创伤性、感染性及癌性，要注意溃疡大小、形状与部位。皮肤瘢痕（scar）是皮肤外伤、手术或病变愈合后，新的结缔组织和上皮细胞增生的斑块，代替失去的皮肤组织。也常为曾患过某些疾病提供证据，如天花、淋巴结核、某些手术等。

（10）皮下结节（subcutancous nodules）和肿块（mass）：检查皮肤时应注意有无皮下结节和肿块，并注意其大小、深度、硬度、压痛及移动性。风湿性皮下结节多见于肘、膝、踝的肌腱附着处及骨质隆起的皮下，呈圆形或椭圆形，无压痛或轻压痛。皮肤黄色瘤多见于眼睑或内眦附近及手背等处。此外，皮下良性的肿瘤有皮下脂肪瘤、神经纤维、皮下寄生虫结节（如肺吸虫、囊虫病）；皮下的恶性肿瘤有鳞状细胞癌、霍奇金淋巴瘤及白血病等。

12. 毛发　毛发的分布、色泽及多少等改变对临床诊断有辅助意义。正常人的头发分布均匀有光泽，多少因人而有个体差异，并随着年龄增加可发生变化，如中年后的秃顶、光泽减退或苍白；病理性脱发常见于伤寒病后、黏液性水肿及应用抗肿瘤药如环磷酰胺等，可引起弥漫性脱发；脂溢性皮炎引起头顶部局限性脱发；神经营养障碍常致大小不等的圆形斑秃；麻风、梅毒患者眉毛与头发同时脱落；内分泌疾病如席汉综合征，不仅眉毛、头发脱落，同时有腋毛、阴毛的脱落；库欣综合征（肾上腺皮质功能亢进）毛发生长异常增多，女性患者出现类似男性毛发的分布及生长胡须。

13. 淋巴结　人体淋巴结有 600~700 个，临床上一般只能检查身体各种表浅的淋巴结。健康人表浅淋巴结很小，直径不超过 1 cm，质地柔软，表面光滑，不易触及，无压痛与毗邻组织粘连。

表浅淋巴结呈组群分布，每一组群淋巴结接受一定部位的淋巴液。如耳、乳突区的淋巴结接受来自头皮的淋巴液；颌下淋巴结群接受口底、颊黏膜、齿龈等处淋巴液；颏下淋巴结群接收颏下三角区内组织、唇和舌部的淋巴液；颈深部淋巴结收集鼻咽、喉、气管、甲状腺等处淋巴液（图 14-57）；右锁骨上淋巴结接受气管、胸膜、肺等处淋巴液；左锁骨上淋巴结接受食管、胃肠等器官的淋巴液。躯干上部、乳腺、胸壁等处淋巴液回流入腋窝淋巴结；下肢、会阴部淋巴液回流入腹股沟淋巴结。当身体某部位发生炎症或肿瘤时，微生物或肿瘤细胞可沿淋巴管蔓延，到达该器官或该部的淋巴结，引起淋巴结肿大、压痛，因而对疾病诊断有重要意义。

检查淋巴结时，一定要按顺序进行，以免遗漏，一般可自枕骨下、耳后、耳前、颌下、颏下、颈后、颈前、锁骨上窝、腋窝、滑车上、腹股沟直至腘窝等处淋巴结。检查

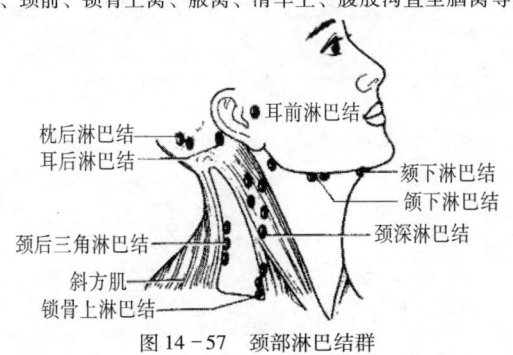

图 14-57　颈部淋巴结群

颌下，颏下淋巴结时，应让患者头稍低下，使局部松弛后，进行滑动触诊。检查头颈部淋巴结时，也可站在患者背后进行触诊。检查腋窝时，使患者前臂稍向外展，医生以右手检查左侧，以左手检查右侧，触诊由浅入深，直至腋窝顶部。滑车上淋巴结的检查法：检查左侧时，医生以左手托患者的左上臂，用右手指在滑车上由浅入深地进行触摸；检查右侧时，医生以右手托扶患者的右上臂、用左手指进行检查。发现有淋巴结肿大时，应注意其大小、数目、硬度、表面光滑度。活动度及有无压痛，并注意其表面皮肤有无红肿或瘘管。

局限性淋巴结肿大的原因有：

（1）非特异性淋巴结炎：由于附近组织的局部炎症引起的急性淋巴结炎，常见的如化脓性扁桃体炎，齿龈炎可引起颌下或颈部淋巴结肿大。急性淋巴结炎质地柔软、有压痛、表面光滑无粘连；慢性期则质地较硬、疼痛轻微。

（2）淋巴结结核：常发生在颈部血管周围的淋巴结，大小不等、质软、可有粘连，晚期可破溃并发生瘘管，愈合后可形成瘢痕。

（3）恶性肿瘤的淋巴结转移：身体各部位器官的恶性肿瘤均可向所属淋巴结转移，如胃癌转移至左锁骨上淋巴结肿大，鼻咽癌向耳下淋巴结转移，胸部肿瘤可转移至右锁骨上或腋下淋巴结群。转移的淋巴结质地坚硬，无压痛、易粘连而固定。

全身淋巴结肿大，可遍及全身表浅的淋巴结，大小不等，无粘连，常见于淋巴结细胞白血病、淋巴瘤、传染性单核细胞增多症及某些病毒性感染如风疹等。

第十五章　中医学基础

第一节　中医学的基本特点

　　中医学是以中医药理论与实践经验为主体，研究人类生命活动中健康与疾病转化规律及其预防、诊断、治疗、康复和保健的综合性科学。中医学属于在阴阳五行理论指导下，从动态整体角度研究人体生理病理药理及其与自然环境关系，寻求防治疾病最有效方法的学问。

　　中医学理论体系的主要特点：一是整体观念，二是辨证论治。

一、整体观念

（一）整体观念的概念

　　整体观念是中医学认识人体自身以及人与自然环境、社会环境之间联系性和统一性的学术思想。

（二）整体观念的内容

　　1. 人是一个有机的整体

　　（1）五脏一体：人体以五脏为中心，配合六腑、五体、五官、九窍、四肢百骸等，通过经络系统的联系以及精、气、血、津液的作用，构成了心、肝、脾、肺、肾5个生理系统。心、肝、脾、肺、肾5个生理系统之间，具有结构的完整性和功能的统一性，相互促进，相互制约，共同维持生命活动的正常进行。这种以五脏为中心的结构和功能相统一的观点，称为"五脏一体"。

　　（2）形神一体：指人的形体结构和物质基础与精神意识、思维活动的结合与统一。正常的生命活动，形与神相互依附，不可分离。形是神的藏舍之处，神是行的生命体现。

　　（3）物质与功能一体：脏腑、经络、精气血津液与其相关的生理功能活动密切相关、协调统一。物质为功能活动提供必要的供养，而功能活动又能调节物质的新陈代谢。

　　中医学在整体观念指导下，认为人体正常的生理活动一方面依靠各脏腑组织发挥自己的功能作用，另一方面则又要靠脏腑组织之间相辅相成的协同作用和相反相成的制约作用，才能维持其生理上的平衡。每个脏腑都有其各自不同的功能，但又是在整体活动下的分工合作、有机配合，这就是人体局部与整体的统一。

　　2. 人与自然环境的统一性　人与自然有着统一的本原和属性，人产生于自然，人的生命活动规律必然受自然界的规定和影响。人与自然的物质统一性决定生命和自然运动规律的统一性。

　　人类生活在自然界之中，自然界存在着人类赖以生存的必要条件。自然界的运动变化又可以直接或间接地影响人体，机体则相应地发生生理和病理上的变化。这种"天人一体观"认为天有三阴三阳六气和五行的变化，人体也有三阴三阳六经六气和五脏之气的运动。自然界阴阳五行的运动变化，与人体五脏六腑之气的运动是相互收受通应的。所以，人体与自然界息息相通，密切相关。人类不仅能主动地适应自然，而且能主动地改造自然，从而保持健康，生存下去，这就是人体内部与自然环境的统一性。

生命是自然发展到一定阶段的必然产物。人和天地万物一样，都是天地形气阴阳相感的产物，是物质自然界有规律地变化的结果。人类产生于自然界，自然界为人类的生存提供了必要条件，故曰："天食人以五气，地食人以五味。"（《素问·六节脏象论》）新陈代谢是生命的基本特征。生命既是自动体系，又是开放体系，它必须和外界环境不断地进行物质、能量和信息交换。人是一个复杂的巨系统。气是构成人体的基本物质，也是维持生命活动的物质基础。它经常处于不断自我更新和自我复制的新陈代谢过程中，从而形成了气化为形、形化为气的形气转化的气化运动。没有气化运动就没有生命活动。升降出入是气化运动的基本形式，故曰"非出入则无以生长壮老已，非升降则无以生长化收藏""出入废则神机化灭，升降息则气立孤危"（《素问·六微旨大论》）。总之，人类是自然界的产物，又在自然界中生存。

人和自然相统一，人与自然有着共同规律，均受阴阳五行运动规律的制约，而且在许多具体的运动规律上又有相互通应的关系。人的生理活动随着自然界的运动和自然条件的变化而发生相应的变化。

3. 人与社会环境的统一性　人不仅是生物人、自然人，而且还是社会人。每个人与政治、经济、文化、宗教、法律、人际关系、婚姻等社会因素密切相关。社会环境因素必然通过与人的信息交换影响着人体的各种生理、心理活动和病理变化，而人也在与社会环境的交流中，维持着生命活动的稳定有序与协调平衡。

二、辨证论治

辨证论治是中医认识疾病和治疗疾病的基本原则，是中医学对疾病的一种特殊的研究和处理方法，又称辨证施治。包括辨证和论治两个过程。

所谓辨证，即通过四诊八纲、脏腑、病因、病机等中医基础理论对患者表现的症状、体征进行综合分析，辨别为何种病症。所谓论治，即根据辨证的结果，确定相应的治疗方法。

论治又称施治，是根据辨证的结果，确定相应的治疗方法。辨证和论治是诊治疾病过程中相互联系不可分离的两部分。辨证是决定治疗的前提和依据，论治是治疗的手段和方法。通过论治的效果可以检验辨证的正确与否。辨证论治是认识疾病和解决疾病的过程，是理论与实践相结合的体现，是理法方药在临床上的具体运用，是指导中医临床工作的基本原则。

（一）证、症、病

辨证即认证识证的过程。证是对机体在疾病发展过程中某一阶段病理反映的概括，包括病变的部位、原因、性质以及邪正关系，反映这一阶段病理变化的本质。因而，证比症状更全面、更深刻、更正确地揭示疾病的本质。所谓辨证，就是根据四诊所收集的资料，通过分析、综合，辨清疾病的病因、性质、部位，以及邪正之间的关系，概括、判断为某种性质的证。症，是指疾病的外在表现，即症状。病，即疾病的简称，指有特定的致病因素、发病规律和病理演变的异常病变过程，具有特定的症状和体征。

（二）辨病与辨证

中医临床认识和治疗疾病，既辨病又辨证，但主要不是着眼于"病"的异同，而是将重点放在"证"的区别上，通过辨证而进一步认识疾病。例如，感冒是一种疾病，临床可见恶寒、发热、头身疼痛等症状，但由于引发疾病的原因和机体反应性有所不同，又表现为风寒感冒、风热感冒、暑湿感冒等不同的证型。只有辨清了感冒属于何种证型，才能正确选择不同的治疗原则，分别采用辛温解表、辛凉解表或清暑祛湿解表等治疗方法给予适当的治疗。辨证与那种对于头痛给予止痛药、发热给予退热药，仅针对某一症状采取具体对策的对症治疗完全不同，也根本不同于用同样的方药治疗所有患同一疾病的患者的单纯辨病治疗。

中医认为，同一疾病在不同的发展阶段，可以出现不同的证型；而不同的疾病在其发展过程中又可能出现同样的证型。因此在治疗疾病时就可以分别采取"同病异治"或"异病同治"的原则。"同病异治"即对同一疾病不同阶段出现的不同证型，采用不同的治法。例如，麻疹初期，疹未出透时，应当用发表透疹的治疗方法；麻疹中期通常肺热明显，治疗则须清解肺热；而至麻疹后期，多有余热未尽，伤及肺阴胃阴，此时治疗则应以养阴清热为主。"异病同治"是指不同的疾病在发展过程中出现性质相同的证型，因而可以采用同样的治疗方法。例如，心律失常与闭经是两种完全不同的疾病，但均可出现血瘀的证型，治疗都可用血府逐瘀汤进行活血化瘀。这种针对疾病发展过程中不同性质的矛盾用不同方法来解决的原则，正是辨证论治实质的体现。

第二节　中医学的哲学基础

一、气一元论

气一元论是中医古代哲学中最根本、最重要的哲学思想，是一种动态的、有机的宇宙观，浓缩地反映出中华民族的特有传统。中国古代哲学的气一元论应用于中医学领域，成为中医学认识世界和生命运动的世界观和方法论，与医学科学相结合，形成了中医学的气一元论。

（一）气的基本概念

1. 气的哲学含义　气，是中国古代哲学标示物质存在的基本范畴，是运动着的、至精至微的物质实体，是构成宇宙万物的最基本元素，是世界的本原，是标示着占有空间、能运动的客观存在。气是中国古代对世界本原的粗浅认识，从云气、水气到量子、场，无不涵盖其中，可谓"至大无外，至小无内"。

2. 气的医学含义　中医学以气一元论为其宇宙观和方法论，因此，中医学理论体系也必然体现出中国古代哲学气范畴的特点。中医学在阐述生命运动的规律时，往往是抽象的哲学概念和具体的科学概念并用，注重整体生理功能的研究而忽视人体内部结构的探讨，具有鲜明的整体性和模糊性。

中医学的气具有抽象的哲学范畴和具体的科学概念双重意义。在中医学气一元论中，气作为哲学范畴的含义已如上述。作为医学科学中具体的科学的物质概念，在中医学理论体系，就生命物质系统——气、血、精、津、液而言，气是构成人体和维持人体生命活动的，活力很强、运动不息、极其细微的物质，是生命物质与生理功能的统一。

在生命物质系统的各种具体的物质概念中，气是最大的概念。

（二）气一元论的基本内容

气一元论作为中国传统文化的自然观体系，其蕴含的内容极其丰富。

1. 气是构成万物的本原　寰宇茫茫，生物吐纳，有一种有形无形而存在的东西，中国古代哲学称之为气。在中国传统哲学中，宇宙又称天地、天下、太虚、寰宇、乾坤、宇空等。气通常是指一种极细微的物质，是构成世界万物的本原。古代唯物主义哲学家认为"气"是世界的物质本原。东汉王充谓"天地合气，万物自生"（《论衡·自然》）。气是一种肉眼难以相及的至精至微的物质。气和物是统一的，故曰"善言气者，必彰于物"（《素问·气交变大论》）。气是世界的本原，是构成宇宙的元初物质，是构成天地万物的最基本元素。《内经》称宇宙为太虚，在广阔无垠的宇宙虚空中，充满着无穷无尽具有生化能力的元气。元气（即具有本原意义之气）敷布宇空，统摄大地，天道以资始，地道以资生。一切有形之体皆赖元气生化而生成。元气是宇宙的始基，是世界万物的渊源和归宿。

气是构成宇宙的本始物质，气本为一，分为阴阳，气是阴阳二气的矛盾统一体。"清阳为天，浊阴为地，地气上为云，天气下为雨，雨出地气，云出天气"（《素问·阴阳应象大论》）。气是物质性的实体，是构成自然万物的最基本元素。

人类是整个世界的特殊组成部分，是自然的产物。人与自然有着密切的关系。在中国哲学史上，周、秦以前称"天"或"天地"为自然，从《淮南子》始方有宇宙的观念，"往来古今谓之宙，四方上下谓之宇"（《淮南子·齐俗训》）。宇宙便是物质世界，便是自然界，宇宙观即世界观。天人关系问题是中国古代哲学特别是《内经》时代哲学领域激烈争论的重大问题之一。中医学从天地大宇宙、人身小宇宙的天人统一性出发，用气范畴论述了天地自然和生命的运动变化规律。

中医学从气是宇宙的本原，是构成天地万物的要素这一基本观点出发，认为气也是生命的本原，是构成生命的基本物质。故曰"人生于地，悬命于天，天地合气，命之曰人"（《素问·宝命全形论》），"气者，人之根本也"（《难经·八难》）。人体是一个不断发生着升降出入的气化作用的机体。人的生长壮老已，健康与疾病，皆本于气，故曰："人之生死，全赖乎气。气聚则生，气壮则康，气衰则弱，气散则死。"（《医权初编》）

气是连续性的一般物质存在，充塞于整个宇宙，是构成世界的本原，是世界统一性的物质基础。气是构成万物最基本的物质要素，万物是气可以感知的有形存在形式。气规定万物的本质，气的内涵揭示了气的物质性和普遍性、无限性和永恒性。

2. 运动是气的根本属性　天地之动而不息，运动是气的根本属性。气是具有动态功能的客观实体，气始终处于运动变化之中，或动静、聚散，或纲缊；清浊，或升降、屈伸，以运动变化作为自己存在的条件或形式。天地运动一气，毂万物而生。《内经》称气的运动为"变""化"，"物生谓之化，物极谓之变"（《素问·天元纪大论》）。"物之生，从乎化；物之极，由乎变。变化之相薄，成败之所由也"（《素问·六微旨大论》）。自然界一切事物的变化，不论是动植物的生育繁衍，还是无生命物体的生化聚散，天地万物的生成、发展和变更、凋亡，无不根源于气的运动。"气有胜复，胜复之作，有德有化，有用有变"（《素问·六微旨大论》）。气有胜复作用，即气本身具有克制与反克制的能力。气这种胜与复、克制与反克制的作用，是气自身运动的根源。气分阴阳，阴阳相错，而变由生。阴阳相错，又称阴阳交错、阴阳交感，即阴阳的相互作用。阴阳相错是气运动变化的根本原因。换言之，阴阳的对立统一是气运动变化的根源和宇宙总规律，故曰："阴阳者，天地之道也，万物之纲纪，变化之父母，生杀之本始。"（《素问·阴阳应象大论》）气的阴阳对立统一运动，表现为天地上下、升降、出入、动静、聚散、清浊的相互交感，这是气运动的具体表现形式。《内经》以"升降出入"四字概之，故曰"气之升降，天地之更用也。……升已而降，降者谓天，降已而升，升者谓地，天气下降，气流于地，地气上升，气腾于天。高下相召，升降相因，而变作矣""出入废，则神机化灭；升降息，则气立孤危。故非出入，则无以生、长、壮、老、已；非升降，则无以生、长、化、收、藏"（《素问·六微旨大论》）。

气是构成宇宙的物质基础，气聚而成形，散而为气。形和气是物质存在的基本形式，而形和气的相互转化则是物质运动的基本形式。物之生由乎化，化为气之化，即气化。形气之间的相互转化就是气化作用的具体表现。

总之，气是阴阳矛盾统一体。阴阳为固有的两种对立要素，而不是两个不同的组成部分，即"阴阳有定性而无定质"（《张子正蒙注·卷一》）。阴阳矛盾对立形成了气的永恒的有规律的运动变化。动静统一是气的运动性质。气化运动是动与静的统一，聚散统一则是气的存在形式。散而归于太虚，是气的无形本体；聚而为庶物之生，是气的有形作用。聚暂而散久，聚散在质和量上均统一于气，聚散统一揭示了宇宙万物气的统一性。阴阳统一揭示了气的内在性质，动静统一描述了气的存在状况，而聚散统一则规定着气的存在形式。

3. 气是万物之间的中介　气贯通于天地万物之中，具有可入性、渗透性和感应性。未聚之气稀微而无形体，可以和一切有形无形之气相互作用和相互转化，能够衍生和接纳有形之物，成为天地万物之间的中介，把天地万物联系成为一个有机整体。

感应，即交感相应之谓。有感必应，相互影响，相互作用。气有阴阳，气是阴阳的对立统一体，阴阳对立的双方共同组成气的统一体，它们是一切运动变化的根源。气之阴阳两端相互感应而产生了事物之间的普遍联系。有差异就有统一，有异同就有感应。相互感应和普遍联系是宇宙万物的普遍规律。阴阳二气的相互感应产生了天地万物之间的普遍联系，使物质世界不断地运动变化。这种阴阳二气相互感应的思想具有朴素的辩证法因素，把人与自然、社会视为一个具有普遍联系的有机整体。

中医学基于气的相互感应思想，认为自然界和人类，自然界的各种事物和现象，人体的五脏六腑与生理功能，以及生命物质与精神活动之间，虽然千差万别，但不是彼此孤立毫无联系的，而是相互影响、相互作用、密切联系的，在差异中具有统一性，遵循共同的规律，是一个统一的有机整体。

（三）气一元论在中医学中的应用

中医学将气一元论理论应用到医学方面，认为人是天地自然的产物，人体也是由气构成的，人体是一个不断发生着形气转化的升降出入气化作用的运动着的有机体，并以此阐述了人体内部气化运动的规律，精辟地论述了生命运动的基本规律，回答了生命科学的基本问题。

1. 说明脏腑的生理功能　新陈代谢是生命的基本特征。人之生死由乎气，气是维持生命活动的物质基础。这种生命的物质——气，经常处于不断自我更新和自我复制的新陈代谢过程中。气的这种运动变化及其伴随发生的能量转化过程，称为"气化"。"味归形，形归气，气归精，精归化，精食气，形食味，化生精，气生形……精化为气"（《素问·阴阳应象大论》），就是对气化过程的概括。气化为形、形化为气的形气转化过程，包括了气、精、血、津、液等物质的生成、转化、利用和排泄过程。"天食人以五气，地食人以五味"（《素问·六节脏象论》），是说人体必须不断地从周围环境摄取生命活动所必需的物质。否则，生命就无法维持。人体的脏腑经络，周身组织，都在不同的角度、范围和深度上参与了这类气化运动，并从中获取了所需要的营养物质和能量，而排出无用或有害的代谢产物。人体的气化运动是永恒的，存在于生命过程的始终，没有气化就没有生命。由此可见，气化运动是生命的基本特征，其本质就是机体内部阴阳消长转化的矛盾运动。

升降出入是人体气化运动的基本形式。人体内气的运动称为"气机"。而气化运动的升降出入是通过脏腑的功能活动来实现的，故又有脏腑气机升降之说。人体通过脏腑气机的升降出入运动，把摄入体内的空气和水谷转化为气、血、津、液、精等，完成"味归形，形归气；气归精，精归化；精食气，形食味；化生精，气生形"的物质和能量的代谢过程。这种气（元气）、精（水谷精微）、味（营养物质）、形（形体结构）相互作用的关系，说明人体的正常生理活动是建立在物质（气）运动转换的基础之上的。脏腑气化功能升降正常，出入有序，方能维持"清阳出上窍，浊阴出下窍；清阳发腠理，浊阴走五脏；清阳实四肢，浊阴归六腑"的正常生理活动，使机体与外界环境不断地新陈代谢，保证了生命活动的物质基础——气的不断自我更新。

气在于人，和则为正气，不和则为邪气。故气的生理，贵在乎"和"。元气充盛，则能宣发周身，推动气血之运行，主宰人体脏腑各种功能活动，使精气血津液生化不息。脏腑经络之气机旺盛，从而维持机体内部各器官、系统间活动的相对平衡以及机体与周围环境的动态平衡。由此可见，人体的生理功能根源于气，故曰："人之有生，全赖此气。"（《类经·摄生类》）

2. 说明人体的病理变化　五脏六腑皆赖气为之用。气贵于和，又喜宣通。凡疾病之表里虚实，顺逆缓急，无不因气所致，所谓"百病生于气也"（《素问·举痛论》）。故"凡病之为虚为实，为寒为热，至其病变，莫可名状，欲求其本，则止一气足以尽之。盖气有不调之处，即病本所在之处也"（《景岳全书·诸气》）。因此，一切疾病的发生发展都与气的生成和运行失常有关。

3. 指导诊断和治疗

（1）诊断方面：中医诊断学中，四诊无一不与气密切相关。"有诸内者形诸外"（《丹溪心法》），审察五脏之病形，可知真气之虚实。因此，正气的盛衰可以从面色、形态、声音、神志、脉象等方面表现出来，其中以神志和脉象尤为重要。神气的存亡是生命活动的标志，神以精气为物质基础，是脏腑气血盛衰的外露征象。故曰："神气者，元气也。元气完固，则精神昌盛无待言也。若元气微虚，则神气微去；元气大虚，则神气全去，神去则机息矣。"（《景岳全书·传忠录·虚实篇》）故望气色又可知内脏之盛衰、气血之虚实、邪气之浅深。

（2）治疗方面：中医学认为，疾病的发生取决于邪气和正气双方的矛盾斗争，正气在发病上居主导地位。故曰"正气存内，邪不可干""邪之所凑，其气必虚"。因此，治疗的基则不外乎扶正和祛邪。祛邪为了扶正，扶正即所以祛邪。治疗的目的旨在疏其血气，令其和平。气得其和为正气，失其和为邪气。治气贵在于"调"，这里的"调"，是调和之意，不仅仅是用理气药来调畅气机，而是指通过各种治疗方法来调整脏腑的阴阳失调，使机体重新建立阴阳气血升降出入的动态平衡，即"谨察阴阳之所在而调之，以平为期"。可见气一元论对治疗疾病具有重要的指导意义。

4. 判断疾病的预后　应用气一元论，从形气关系来判断疾病的轻重顺逆和预后，是中医诊断学中的重要内容。"形以寓气，气以充形"，"形气相得，谓之可治"，"形气相失，谓之难治"（《素问·玉机真脏论》）。若"形盛脉细，少气不足以息者危。形瘦脉大，胸中多气者死。……形肉已脱，九候虽调，犹死"（《素问·三部九候论》）。所以，元气是疾病顺逆的根本。

二、阴阳学说

阴阳学说是在气一元论的基础上建立起来的中国古代朴素的对立统一理论，属于中国古代唯物论和辩证法范畴，体现出中华民族辩证思维的特殊精神。阴阳学说认为：世界是物质性的整体，宇宙间一切事物不仅其内部存在着阴阳的对立统一，而且其发生、发展和变化都是阴阳二气对立统一的结果。

中医学把阴阳学说应用于医学，形成了中医学的阴阳学说，促进了中医学理论体系的形成和发展，中医学的阴阳学说是中医学理论体系的基础之一和重要组成部分。

中医学用阴阳学说阐明生命的起源和本质，人体的生理功能、病理变化，疾病的诊断和防治的根本规律，贯穿于中医的理、法、方、药，长期以来一直有效地指导着实践。

（一）阴阳的基本概念

1. 阴阳的含义

（1）阴阳的哲学含义：阴阳是中国古代哲学的基本范畴。气一物两体，分为阴阳。阴阳是气本身所具有的对立统一属性，含有对立统一的意思，所谓"阴阳者，一分为二也"（《类经·阴阳类》）。阴和阳之间有着既对立又统一的辩证关系。阴阳的对立统一是宇宙的总规律，阴阳的对立、互根、消长和转化构成了阴阳的矛盾运动，成为阴阳学说的基本内容。

（2）阴阳的医学含义：阴阳范畴引入医学领域，成为中医学理论体系的基石，成为基本的医学概念。在中医学中，阴阳是自然界的根本规律，是标示事物内在本质属性和性态特征的范畴，既标示两种对立特定的属性，如明与暗、表与里、寒与热等，又标示两种对立的特定的运动趋向或状态，如动与静、上与下、内与外、迟与数等。

总之，事物和现象相互对立方面的阴阳属性，是相比较而言的，是由其性质、位置、趋势等方面所决定的。阴阳是抽象的属性概念而不是具体事物的实体概念，也是一对关系范畴，它表示各种物质特性之间的对立统一关系。

2. 阴阳的普遍性、相对性和关联性

（1）阴阳的普遍性：阴阳的对立统一是天地万物运动变化的总规律，"阴阳者，天地之道也，万物之纲纪，变化之父母，生杀之本始"（《素问·阴阳应象大论》）。不论是空间还是时间，从宇宙间天地的回旋到万物的产生和消失，都是阴阳作用的结果。凡属相互关联的事物或现象，或同一事物的内部，都可以用阴阳来概括，分析其各自的属性，如天与地、动与静、水与火、出与入等。

（2）阴阳的相对性：具体事物的阴阳属性，并不是绝对的，而是相对的。也就是说，随着时间的推移或所运用范围的不同，事物的性质或对立面改变了，则其阴阳属性也就要随之而改变。所以说"阴阳二字,固以对待而言,所指无定在"(《局方发挥》)。

阴阳这种相对性表现为:

1)相互转化性:在一定条件下,阴和阳之间可以发生相互转化,阴可以转化为阳,阳也可以转化为阴。如寒证和热证的转化,病变的寒热性质变了,其阴阳属性也随之改变。在人体气化运动过程中,生命物质和生理功能之间,物质属阴,功能属阳。两者在生理条件下,是可以互相转化的,物质可以转化为功能,功能也可以转化为物质。如果没有这种物质和功能之间的相互转化,生命活动就不能正常进行。

2)无限可分性:阴阳的无限可分性即阴中有阳,阳中有阴,阴阳之中复有阴阳,不断地一分为二,以至无穷。如昼为阳,夜为阴。而上午为阳中之阳,下午则为阳中之阴;前半夜为阴中之阴,后半夜则为阴中之阳。随着对立面的改变,阴阳之中又可以再分阴阳。

自然界任何相互关联的事物都可以概括为阴和阳两类,任何一种事物内部又可分为阴和阳两个方面,而每一事物中的阴或阳的任何一方,还可以再分阴阳。事物这种相互对立又相互联系的现象,在自然界中是无穷无尽的。这种阴阳属性的相对性,不但说明了事物或现象阴阳属性的规律性、复杂性,而且也说明了阴阳概括事物或现象的广泛性,即每一事物或现象都包含着阴阳,都是一分为二的。

3)阴阳的关联性:指阴阳所分析的事物或现象,应是在同一范畴、同一层次,即相关的基础之上的。只有相互关联的一对事物,或一个事物的两个方面,才能构成一对矛盾,才能用阴阳来说明,如天与地、昼与夜、寒与热,等等。如果不具有这种相互关联性的事物,并不是统一体的对立双方,不能构成一对矛盾,就不能用阴阳来说明。

3. 划分事物或现象阴阳属性的标准 "水火者,阴阳之征兆也"(《素问·阴阳应象大论》)。中医学以水火作为阴阳的征象,水为阴,火为阳,反映了阴阳的基本特性。如水性寒而就下,火性热而炎上。其运动状态,水比火相对的静,火较水相对的动,寒热、上下、动静,如此推演下去,即可以用来说明事物的阴阳属性。划分事物或现象阴阳属性的标准是:凡属于运动的、外向的、上升的、温热的、明亮的、功能的……属于阳的范畴;静止的、内在的、下降的、寒凉的、晦暗的、物质的……属于阴的范畴。由此可见,阴阳的基本特性,是划分事物和现象阴阳属性的依据。

4. 气与阴阳 中医古代哲学气一元论认为,气是世界的本原物质,一物两体,分为阴气和阳气。阴阳是气的固有属性。气的运动是阴阳的对立统一运动。中医学认为,气是构成人体和维持人体生命活动的物质基础。人体之气按阴阳特性可分为阴阳两类,对人体具有温煦推动作用的气称为阳气,对人体具有营养滋润作用的气称为阴气。气的阴阳对立统一运动是生命运动的根本规律。

(二) 阴阳学说的基本内容

1. 阴阳对立 对立是指处于一个统一体的矛盾双方的互相排斥、互相斗争。阴阳对立是阴阳双方的互相排斥、互相斗争。阴阳学说认为:阴阳双方的对立是绝对的,如天与地、上与下、内与外、动与静、升与降、出与入、昼与夜、明与暗、寒与热、虚与实、散与聚等。万事万物都是阴阳对立的统一。阴阳的对立统一是"阴阳者,一分为二也"的实质。

对立是阴阳两者之间相反的一面,统一则是两者之间相成的一面。没有对立就没有统一,没有相反也就没有相成。阴阳两个方面的相互对立,主要表现于它们之间的相互制约、相互斗争。阴与阳相互制约和相互斗争的结果取得了统一，即取得了动态平衡。只有维持这种关系，事物才能正常发展变化，人体才能维持正常的生理状态；否则，事物的发展变化就会遭到破坏，人体就会发生疾病。例如，在自然界中，春、夏、秋、冬四季有温、热、凉、寒气候的变化，夏季本来是阳热盛，但夏至以后阴气却渐次以生，用以制约火热的阳气；而冬季本来是阴寒盛，但冬至以后阳气却随之而复，用以制约严寒的阴。春夏之所以温热是因为春夏阳气上升抑制了秋冬的寒凉之气，秋冬之所以寒冷是因为秋冬阴气上升抑制了春夏的温热之气的缘故。这是自然界阴阳相互制约、相互斗争的结果。

总之，阴阳的对立是用阴阳说明事物或现象相互对立的两个方面及其相互制约的关系。

2. 阴阳互根　互根，指相互对立的事物之间的相互依存、相互依赖，任何一方都不能脱离另一方而单独存在。阴阳互根，是阴阳之间的相互依存，互为根据和条件。阴阳双方均以对方的存在为自身存在的前提和条件。阴阳所代表的性质或状态，如天与地、上与下、动与静、寒与热、虚与实、散与聚等，不仅互相排斥，而且互为存在的条件。阳根于阴，阴根于阳，无阴则阴无以生，无阳则阳无以化。阳蕴含于阴之中，阴蕴含于阳之中。阴阳一分为二，又合二为一，对立又统一。故曰："阴阳互根……阴以吸阳……阳以煦阴……阳盛之处而一阴已生，阴盛之处而一阳已化。"（《素灵微蕴》）阴阳互根深刻地揭示了阴阳两个方面的不可分离性。中医学用阴阳互根的观点，阐述人体脏与腑、气与血、功能与物质等在生理病理上的关系。

（1）阴阳互根是确定事物属性的依据：分析事物的阴阳属性，不仅要注意其差异性，而且还要注意其统一性，即相互关联性，从差异中寻找同一。双方共处于一个统一体中，才能运用阴阳来分析说明。如上属阳，下属阴，没有上之属阳，也就无所谓下之属阴；没有下之属阴，也就无所谓上之属阳。昼属阳，夜属阴，没有昼之属阳，就无所谓夜之属阴；没有夜之属阴，也就没有昼之属阳。所以说，阳依赖于阴，阴依赖于阳，每一方都以其对立的另一方为自己存在的条件。如果事物不具有相互依存的关联性，并不是统一体的对立双方，就无法分析其阴阳属性，也就不能用阴阳来说明了。

（2）阴阳互根是事物发展变化的条件：因为阳根于阴，阴根于阳，阴与阳相互依赖，缺少任何一方，则另一方也就不复存在了。所以事物的发展变化，阴阳两者是缺一不可的。例如，就个体的生理活动而言，在物质与功能之间、物质与物质之间、功能与功能之间，均存在着阴阳互根的关系。物质属阴，功能属阳，物质是生命的物质基础，功能是生命的主要标志。物质是功能的基础，功能则是物质的反映。脏腑功能活动健全，就会不断地促进营养物质的化生，而营养物质的充足，才能保护脏腑活动功能的平衡。阴阳消长稳定在一定范围内，人体以及机体与环境之间，才能保持正常的平衡状态。如阴阳消长超越了一定的限度（指维持平衡的限度，即条件），则平衡被打破，在自然界则引起灾害，在人体则引起疾病。

在自然界中，四季气候的变化，春去夏来，秋去冬至，四季寒暑的更替，就是阴阳消长的过程。从冬至春及夏，寒气渐减，温热日增，气候则由寒逐渐变温变热，是"阴消阳长"的过程；由夏至秋及冬，热气渐消，寒气日增，气候则由热逐渐变凉变寒，则是"阳消阴长"的过程。这种正常的阴阳消长，反映了四季气候变化的一般规律。

阴阳消长是一个量变的过程。阴阳学说把人体正常的生理活动概括为"阴平阳秘"

"阴阳匀平"，即人体中阴阳对立的统一、矛盾双方基本上处于相对平衡状态，也就是阴阳双方在量的变化上没有超出一定的限度，没有突破阴阳协调的界限，所以人体脏腑活动功能正常。只有物质和功能协调平衡，才能保证人体的正常生理活动。所有相互对立的阴阳两个方面都是如此相互依存的，任何一方都不能脱离开另一方而单独存在。如果双方失去了互为存在的条件，有阳无阴谓之"孤阳"，有阴无阳谓之"孤阴"。孤阴不生，独阳不长，一切生物也就不能存在，不能生化和滋长了。在生命活动过程中，如果正常的阴阳互根关系遭到破坏，就会导致疾病的发生，乃至危及生命。在病理情况，人体内的阳气和阴液，一方的不足可以引起另一方的亏损，阳损可以耗阴，阴损可以耗阳。即阳虚至一定程度时，由于"无阳则阴无以化"，故可进一步损伤体内的阴液而导致阴虚，称为"阳损及阴"。如长期食欲减退的患者，多表现为脾气（阳）虚弱，脾胃为后天之本，气血生化之源，脾气（阳）虚弱，化源不足，会导致阴（血）亏损，这可称为阳损及阴的气血两虚证。反之，阴虚至一定程度，由于"无阴则阳无以生"，又可损伤体内的阳气而导致阳虚，故称为"阴损及阳"。如失血患者，由血（阴）的大量损失，气随血脱，往往会出现形寒肢冷的阳虚之候，这可称为阴损及阳的气血两虚证。如果人体内阳气与阴液、物质与功能等阴阳互根关系遭到严重破坏，以致一方已趋于消失，而使其另一方也就失去了存在的前提，呈现孤阳或孤阴状态。这种阴阳的相离，意味着阴阳矛盾的消失，那么生命也就即将结束了。

（3）阴阳互根是阴阳相互转化的内在根据：因为阴阳代表着相互关联的事物的双方或一个事物内部对立的两个方面，因而阴和阳在一定条件下，可以各向自己相反的方面转化。阴阳在一定条件下的相互转化，也是以它们的相互依存、相互为根的关系为基础的。因为阴阳对立的双方没有相互联结、相互依存的关系，也就不可能各自向着和自己相反的方向转化。

3. 阴阳消长　消长，增减、盛衰之谓。阴阳消长，是阴阳对立双方的增减、盛衰、进退的运动变化。阴阳对立双方不是处于静止不变的状态，而是始终处于此盛彼衰、此增彼减、此进彼退的运动变化之中。其消长规律为阳消阴长，阴消阳长。阴阳双方在彼此消长的动态过程中保持相对的平衡，人体才保持正常的运动规律。平衡是维持生命的手段，达到常阈才是健康的特征。阴阳双方在一定范围内的消长，体现了人体动态平衡的生理活动过程。如果这种"消长"关系超过了生理限度（常阈），便将出现阴阳某一方面的偏盛或偏衰，于是人体生理动态平衡失调，疾病就由此而生。在疾病过程中，同样也存在着阴阳消长的过程。一方的太过，必然导致另一方的不及；反之，一方不及，也必然导致另一方的太过。阴阳偏盛，是属于阴阳消长中某一方"长"得太过的病变，而阴阳偏衰，是属于阴阳某一方面"消"得太过的病变。阴阳偏盛偏衰就是阴阳异常消长病变规律的高度概括。一般说来，阴阳消长有常有变，正常的阴阳消长是言其常，异常的阴阳消长是言其变。总之，自然界和人体所有复杂的发展变化，都包含着阴阳消长的过程，是阴阳双方对立斗争、依存互根的必然结果。

4. 阴阳转化　转化即转换、变化，指矛盾的双方经过斗争，在一定条件下走向自己的反面。阴阳转化，是指阴阳对立的双方，在一定条件下可以相互转化，阴可以转化为阳，阳可以转化为阴。阴阳的对立统一包含着量变和质变。事物的发展变化，表现为由量变到质变，又由质变到量变的互变过程。如果说"阴阳消长"是一个量变过程，那么"阴阳转化"便是一个质变过程。

阴阳转化是事物运动变化的基本规律。在阴阳消长过程中，事物由"化"至"极"，即发展到一定程度，超越了阴阳正常消长的阈值，事物必然向着相反的方面转化。阴阳的转化，必须具备一定的条件，这种条件中医学称为"重"或"极"。

但必须指出的是，阴阳的相互转化是有条件的，不具备一定的条件，两者就不能各自向相反的方向转化。阴阳的消长（量变）和转化（质变）是事物发展变化全过程密不可分的两个阶段，阴阳消长是阴阳转化的前提，而阴阳转化则是阴阳消长的必然结果。

以季节气候变化为例，一年四季，春至冬去，夏往秋来。春夏属阳，秋冬属阴，春夏秋冬四季运转不已，就具体体现了阴阳的互相转化。当寒冷的冬季结束转而进入温暖的春季，便是阴转化为阳；当炎热的夏季结束转而进入凉爽的秋季，则是由阳转化为阴。

在人体生命活动过程中，在生理上，物质与功能之间的新陈代谢过程，如营养物质（阴）不断地转化为功能活动（阳），功能活动（阳）又不断地转化为营养物质（阴）就是阴阳转化的表现。实际上，在生命活动中，物质与功能之间的代谢过程，是阴阳消长和转化的统一，即量变和质变的统一。在疾病的发展过程中，阴阳转化常常表现为在一定条件下，表证与里证、寒证与热证、虚证与实证、阴证与阳证的互相转化等。如邪热壅肺的患者，表现为高热、面红、烦躁、脉数有力等，这是机体反应功能旺盛的表现，称为阳证、热证、实证。但当疾病发展到严重阶段，由于热毒极重，大量耗伤人体正气，在持续高热、面赤、烦躁、脉数有力的情况下，可突然出现面色苍白、四肢厥冷、精神委靡、脉微欲绝等一派阴寒危象，这是机体反应能力衰竭的表现，称为阴证、寒证、虚证。这种病证的变化属于由阳转阴。又如咳喘患者，当出现咳嗽喘促、痰液稀白、口不渴、舌淡苔白、脉弦等脉症时，其证属寒（阴证）。常因重感外邪，寒邪外束，阳气闭郁而化热，反而出现咳喘息粗、咳痰黄稠、口渴、舌红苔黄、脉数之候，其证又属于热（阳证）。这种病证的变化，是由寒证转化为热证，即由阴转为阳。明确这些转化，不仅有助于认识病证演变的规律，而且对于确定相应的治疗原则有着极为重要的指导意义。

总之，阴阳是中国古代哲学的基本范畴之一，也是易学哲学体系中的最高哲学范畴。阴阳是在相互作用过程中而运动变化的。阴阳的相互作用称为"阴阳交感"，又名阴阳相推、阴阳相感。交感，交，互相接触；感，交感相应。互相感应，交感相应，谓之交感。阴阳交感表现为阴阳的对立、互根、消长和转化。

阴阳的对立、互根、消长、转化，是阴阳学说的基本内容。这些内容不是孤立的，而是互相联系、互相影响、互为因果的。

（三）阴阳学说在中医学中的应用

阴阳学说贯穿于中医理论体系的各个方面，用来说明人体的组织结构、生理功能、病理变化，并指导临床诊断和治疗。

1. 说明人体的组织结构　阴阳学说在阐释人体的组织结构时，认为人体是一个有机整体，是一个极为复杂的阴阳对立统一体，人体内部充满着阴阳对立统一现象。人的一切组织结构，既是有机联系的，又可以划分为相互对立的阴、阳两部分。阴阳学说对人体的部位、脏腑、经络、形气等的阴阳属性，都做了具体划分。例如，就人体部位来说，人体的上半身为阳，下半身属阴；体表属阳，体内属阴；体表的背部属阳，腹部属阴；四肢外侧为阳，内侧为阴。按脏腑功能特点分，心肺脾肝肾五脏为阴，胆胃大肠小肠膀胱三焦腑为阳。五脏之中，心肺为阳，肝脾肾为阴；心肺之中，心为阳，肺为阴；

肝脾肾之间，肝为阳，脾肾为阴。而且每一脏之中又有阴阳之分，如心有心阴、心阳，肾有肾阴、肾阳，胃有胃阴、胃阳等。经络之中，也分为阴阳，经属阴，络属阳；而经之中有阴经与阳经，络之中又有阴络与阳络。就十二经脉而言，就有手三阳经与手三阴经之分、足三阳经与足三阴经之别。在血与气之间，血为阴，气为阳。在气之中，营气在内为阴，卫气在外为阳等。

总之，人体上下、内外、表里、前后各组织结构之间，以及每一组织结构自身各部分间的复杂关系，无不包含着阴阳的对立统一。

2. 说明人体的生理功能　中医学应用阴阳学说分析人体健康和疾病的矛盾，提出了维持人体阴阳平衡的理论。阴阳匀平谓之平人，机体阴阳平衡标志着健康。健康包括机体内部以及机体与环境之间的阴阳平衡。人体的正常生命活动，是阴阳两个方面保持着对立统一的协调关系，使阴阳处于动态平衡状态的结果。

不论是物质与功能的矛盾运动，还是生命活动的基本形式，都说明在正常生理情况下，阴与阳是相互对立又相互依存，处于一个有利于生命活动的相对平衡的协调状态的。如果阴阳不能相互为用而分离，阴精与阳气的矛盾运动消失，升降出入停止，人的生命活动也就终结了。

3. 说明人体的病理变化　人体与外界环境的统一和机体内在环境的平衡协调，是人体赖以生存的基础。机体阴阳平衡是健康的标志，平衡的破坏意味着生病。疾病的发生，就是这种平衡协调遭到破坏的结果。阴阳的平衡协调关系一旦受到破坏而失去平衡，便会产生疾病。因此，阴阳失调是疾病发生的基础。

阴阳学说在病理学上的主要应用如下。

（1）分析邪气和正气的阴阳属性：疾病的发生发展取决于两方面的因素，一是邪气，所谓邪气，就是各种致病因素的总称；二是正气，正气泛指人体的功能活动，常与邪气对称。邪气有阴邪（如寒邪、湿邪）和阳邪（如六淫中的风邪、火邪）之分。正气又有阴精和阳气之别。

（2）分析病理变化的基本规律：疾病的发生发展过程就是邪正斗争的过程。邪正斗争导致阴阳失调，而出现各种各样的病理变化。无论外感病或内伤病，其病理变化的基本规律不外乎阴阳的偏盛或偏衰。

4. 阴阳盛衰

（1）阴阳偏盛：即阴盛、阳盛，是属于阴阳任何一方高于正常水平的病变。①阳盛则热，阳盛是病理变化中阳邪亢盛而表现出来的热的病变。阳邪致病，如暑热之邪侵入人体可造成人体阳气偏盛，出现高热、汗出、口渴、面赤、脉数等表现，其性质属热，所以说"阳盛则热"。因为阳盛往往可导致阴液的损伤，如在高热、汗出、面赤、脉数的同时，必然出现阴液耗伤而口渴的现象，故曰"阳盛则阴病"。"阳盛则热"，是指因阳邪所致的疾病的性质；"阳盛则阴病"，是指阳盛必然损伤人体的正气（阴液）。②阴盛则寒，阴盛是病理变化中阴邪亢盛而表现出来的寒的病变。阴邪致病，如纳凉饮冷，可以造成机体阴气偏盛，出现腹痛、泄泻、形寒肢冷、舌淡苔白、脉沉等表现，其性质属寒，所以说"阴盛则寒。"阴盛往往可以导致阳气的损伤，如在腹痛、泄泻、舌淡苔白、脉沉的同时，必然出现阳气耗伤而形寒肢冷的现象，故曰"阴盛则阳病"。"阴盛则寒"，是指因阴邪所致疾病的性质；"阴盛则阳病"，是指阴盛必然损伤人体的正气（阳气）。

用阴阳消长的理论来分析，"阳盛则热"属于阳长阴消，"阴盛则寒"属于阴长阳消。其中，以"长"为主，"消"居其次。

（2）阴阳偏衰：阴阳偏衰即阴虚、阳虚，是属于阴阳任何一方低于正常水平的病变。①阳虚则寒。阳虚是人体阳气虚损，根据阴阳动态平衡的原理，阴或阳任何一方的不足，必然导致另一方相对的偏盛。阳虚不能制约阴，则阴阳相对偏盛而出现寒象，如机体阳气虚弱，可出现面色苍白、畏寒肢冷、神疲蜷卧、自汗、脉微等表现，其性质亦属寒，所以称为"阳虚则寒"。②阴虚则热。阴虚是人体的阴液不足。阴虚不能制约阳，则阳相对偏亢而出现热象。如久病耗阴或素体阴液亏损，可出现潮热、盗汗、五心烦热、口舌干燥、脉细数等表现，其性质亦属热，所以称为"阴虚则热"。

用阴阳消长理论来分析，"阳虚则寒"属于阳消而阴相对长，阴虚则热属于阴消而阳相对长。其中，以消为主，因消而长，长居其次。

（3）阴阳互损：根据阴阳互根的原理，机体的阴阳任何一方虚损到一定程度，必然导致另一方的不足。阳虚至一定程度时，因阳虚不能化生阴液，而同时出现阴虚的现象，称为"阳损及阴"；同样，阴虚至一定程度时，因阴虚不能化生阳气，而同时出现阳虚的现象，称为"阴损及阳"；"阳损及阴"或"阴虚及阳"最终导致"阴阳两虚"。阴阳两虚是阴阳的对立处在低于正常水平的平衡状态，是病理状态而不是生理状态。临床上，为了区别阳盛则热、阴盛则寒和阳虚则寒、阴虚则热，把阳盛则热称为"实热"，把阴虚则热称为"虚热"，把阴盛则寒称为"实寒"，把阳虚则寒称为"虚寒"；至于阳损及阴、阴损及阳乃至阴阳两虚，均属寒虚热范畴；阳损及阴，以虚寒为主，虚热居其次；阴损及阳，以虚热为主，虚寒居其次；而阴阳两虚则是虚寒虚热并存，且暂时处于均势的状态。但是由于这种低水平的平衡是动态平衡，所以在疾病的发展过程中仍然会有主次。

（4）阴阳转化：在疾病的发展过程中，阴阳偏盛偏衰的病理变化可以在一定的条件下各自向相反的方向转化。即阴证可以转化为阴证，阴证可以转化为阳证。阳损及阴和阴损及阳也是阴阳转化的体现。在病理状态下，对立的邪正双方同处于疾病的统一体中进行剧烈的斗争，它们的力量对比是不断运动变化着的。邪正斗争，是疾病自我运动转化的内在原因，医疗护理是促使转化的外部条件，外因通过内因而起作用，由于阴中有阳，阳中有阴，所以阴证和阳证虽然是对立的，有显著差别的，但这种对立又互相渗透，阳证之中还存在着阴证的因素，阴证之中也存在着阳证的因素，所以阳证和阴证之间可以互相转化。

5. 用于指导疾病的诊断 中医诊断疾病的过程，包括诊察疾病和辨别证候两个方面。"察色按脉，先别阴阳"（《素问·阴阳应象大论》）。阴阳学说用于诊断学中，旨在分析通过四诊而收集来的临床资料和辨别证候。

（1）阴阳是分析四诊资料之目：如色泽鲜明者属阳，晦暗者属阴；语声高亢洪亮者属阳，低微无力者属阴；呼吸有力、声高气粗者属阳，呼吸微弱、声低气怯者属阴；口渴喜冷者属阳，口渴喜热者属阴；脉之浮、数、洪、滑等属阳，沉、迟、细、涩等属阴。

（2）阴阳是辨别证候的总纲：如八纲辨证中，表证、热证、实证属阳；里证、寒证、虚证属阴。在临床辨证中，只有分清阴阳，才能抓住疾病的本质，做到执简驭繁。所以辨别阴证、阳证是诊断的基本原则，在临床上具有重要的意义。在脏腑辨证中，脏腑气血阴阳失调可表现出许多复杂的证候，但不外阴阳两大类，如在虚证分类中，心有气虚、阳虚和血虚、阴虚之分，前者属阳虚范畴，后者属阴虚范畴。

总之，由于阴阳偏盛偏衰是疾病过程中病理变化的基本规律，所以疾病的病理变化虽然错综复杂，千变万化，但其基本性质可以概括为阴和阳两大类。

6. 用于指导疾病的防治

（1）指导养生防病：中医学十分重视对疾病的预防，不仅用阴阳学说来阐发摄生学说的理论。而且摄生的具体方法也是以阴阳学说为依据的。阴阳学说认为，人体的阴阳变化与自然界阴阳四时阴阳变化协调一致，就可以延年益寿；因而主张顺应自然，春夏养阳，秋冬养阴，精神内守，饮食有节，起居有常，做到"法于阴阳，和于术数"（《素问·上古天真论》）。借以保持机体内部以及机体内外界环境之间的阴阳平衡，达到增进健康、预防疾病的目的。

（2）用于疾病的治疗：由于疾病发生发展的根本原因是阴阳失调，因此，调整阴阳，补偏救弊，促使阴平阳秘，恢复阴阳相对平衡，是治疗疾病的基本原则。阴阳学说用以指导疾病的治疗，一是确定治疗原则，二是归纳药物的性能。

阴阳偏盛的治疗原则：损其有余，实者泻之。阴阳偏盛，即阴或阳的过盛有余，为有余之证。由于阳盛则阴病，阳盛则热，阳热盛易于损伤阴液；阴盛则阳病，阴盛则寒，阴寒盛易于损伤阳气。故在调整阴阳的偏盛时，应注意有无相应的阴或阳偏衰的情况存在。若阴或阳偏盛而其相对的一方并没有构成虚损时，即可采用"损其有余"的原则。若其相对一方有偏衰时，则当兼顾其不足，配合以扶阳或益阴之法。阳盛则热属实热证，宜用寒凉药以制其阳，治热以寒，即"热者寒之"。阴盛则寒属寒实证，宜用温热药以制其阴，治寒以热，即"寒者热之"。因两者均为实证，所以称这种治疗原则为"损其有余"，即"实者泻之"。

阴阳偏衰的治疗原则：补其不足，虚者补之。阴阳偏衰，即阴或阳的虚损不足，或为阴虚，或为阳虚。阴虚不能制阳而致阳亢者，属虚热证，治当滋阴以抑阳。一般不能用寒凉药直折其热，须用"壮水之主，以制阳光"（《素问·至真要大论》王冰注）的方法，补阴即所以制阳。"壮水之主，以制阳光"又称壮水制火或滋水制火，滋阴抑火，是治求其属的治法，即用滋阴降火之法，以抑制阳亢火盛。如肾阴不足，则虚火上炎，此非火之有余，乃水之不足，故当滋养肾水。《黄帝内经》称这种治疗原则为"阳病治阴"（《素问·阴阳应象大论》）。若阳虚不能制阴而造成阴盛者，属虚寒证，治当扶阳制阴。一般不宜用辛温发散药以散阴寒，须用"益火之源，以消阴翳"（《素问·至真要大论》王冰注）的方法，又称益火消阴或扶阳退阴，亦是治求其属的治法，即用扶阳益火之法，以消退阴盛。如肾主命门，为先天真火所藏，肾阳虚衰则现阳微阴盛的寒证，此非寒之有余，乃真阳不足，故治当温补肾阳，消除阴寒，《黄帝内经》称这种治疗原则为"阴病治阳"（《素问·阴阳应象大论》）。

阳损及阴、阴损及阳、阴阳俱损的治疗原则，根据阴阳互根的原理，阳损及阴则治阳要顾阴，即在充分补阳的基础上补阴（补阳配阴）；阴损及阳则应治阴要顾阳，即在充分补阴的基础上补阳（补阴配阳）；阴阳俱损则应阴阳俱补，以纠正这种低水平的平衡。阴阳偏衰为虚证，所以称这种治疗原则为"补其不足"或"虚则补之"。

阴阳用于疾病的治疗，不仅用以确立治疗原则，而且也用来概括药物的性味功能，作为指导临床用药的依据；治疗疾病，不但要有正确的诊断和确切的治疗方法，同时还必须熟练地掌握药物的性能。根据治疗方法，选用适宜药物，才能收到良好的疗效。

中药的性能，是指药物具有四气、五味、升降浮沉的特性。四气（又称四性）有寒、热、温、凉，五味有酸、苦、甘、辛、咸。四气属阳，五味属阴。四气之中，温热属阳；寒、凉属阴。五味之中，辛味能散、能行，甘味能益气，故辛甘属阳，如桂枝、甘草等；酸味能收，苦味能泻下，故酸苦属阴，如大黄、芍药等；淡味能渗泄利尿（物质的浓淡对比而言，浓属阴，淡属阳）故属阳，如茯苓、通草；咸味能润下，故属阴，如芒硝等。按药物的升降浮沉特性分，药物质轻，具有升浮作用的属阳，如桑叶、菊花等；药物质重，具有沉降作用的属阴，如龟甲、赭石等。治疗疾病，就是根据病情的阴阳偏盛偏衰，确定治疗原则，再结合药物的阴阳属性和作用，选择相应的药物，从而达到"谨察阴阳所在而调之，以平为期"（《素问·至真要大论》）的治疗目的。

三、五行学说

五行学说是中国古代的一种朴素的唯物主义哲学思想，属元素论的宇宙观，是一种朴素的普通系统论。五行学说认为，宇宙间的一切事物，都是由木、火、土、金、水5种物质元素所组成，自然界各种事物和现象的发展变化，都是这5种物质不断运动和相互作用的结果。

五行学说是说明世界永恒运动的一种观念。一方面认为世界万物是由木、火、土、金、水5种基本物质所构成，对世界的本原做出了正确的回答；另一方面又认为任何事物都不是孤立的、静止的，而是在不断相生、相克的运动之中维持着协调平衡。所以，五行学说不仅具有唯物观，而且含有丰富的辩证法思想，是中国古代用以认识宇宙，解释宇宙事物在发生发展过程中相互联系法则的一种学说。

中医学把五行学说应用于医学领域，以系统结构观点来观察人体，阐述人体局部与局部、局部与整体之间的有机联系，以及人体与外界环境的统一，加强了中医学整体观念的论证，使中医学所采用的整体系统方法进一步系统化，对中医学特有的理论体系的形成，起了巨大的推动作用，成为中医学理论体系的哲学基础之一和重要组成部分。

（一）五行的基本概念

1. 五行的医学含义　中医学的五行，是中国古代哲学五行范畴与中医学相结合的产物，是中医学认识世界和生命运动的世界观和方法论。中医学对五行概念赋予了阴阳的含义，认为木、火、土、金、水乃至自然界的各种事物都是阴阳的矛盾运动所产生。阴阳的运动变化可以通过在天之风、热、温、燥、湿、寒六气和在地之木、火、土、金、水五行反映出来。中医学的五行不仅仅是指五类事物及其属性，更重要的是它包含了五类事物内部的阴阳矛盾运动。

2. 五行与气、阴阳的关系　①五行与气。气与五行均为中国古代哲学对世界本原认识的哲学范畴。气范畴说明物质世界的统一性，而五行范畴则说明物质世界的物质形态的多样性。气与五行体现出中国古代哲学思想"一"和"多"的辩证统一，万物本原于一气，一气分行，五行归于一气。②五行与阴阳。阴阳是宇宙的总规律，是气本身内在的矛盾要素。气有阴阳，一气分行，故五行也含阴阳。五行的运动也必然受阴阳的制约。阴变阳合而生五行，五行中木火属阳，金水土属阴，而五行中每一行又各具阴阳。

（二）五行学说的基本内容

1. 对事物属性的五行分类

（1）五行的特性：五行的特性，是古人在长期生活和生产实践中，对木、火、土、金、水 5 种物质的朴素认识基础之上，进行抽象而逐渐形成的理论概念。

1）木曰曲直：曲，屈也；直，伸也。曲直，即能曲能伸之义。木具有生长、能曲、能伸、升发的特性。木代表生发力量的性能，标示宇宙万物具有生生不已的功能。凡具有这类特性的事物或现象，都可归属于"木"。

2）火曰炎上：炎，热也；上，向上。火具有发热、温暖、向上的特性。火代表生发力量的升华，光辉而热力的性能。凡具有温热、升腾、茂盛性能的事物或现象，均可归属于"火"。

3）土爱稼穑：春种曰稼，秋收曰穑，指农作物的播种和收获。土具有载物、生化的特性，故称土载四行，为万物之母。土具生生之义，为世界万物和人类生存之本，五行以土为贵。凡具有生化、承载、受纳性能的事物或现象，皆归属于"土"。

4）金曰从革：从，顺从、服从；革，革除、改革、变革。金具有能柔能刚、变革、肃杀的特性。金代表固体的性能，凡物生长之后，必会达到凝固状态，用金以示其坚固性。引申为肃杀、潜能、收敛、清洁之意。凡具有这类性能的事物或现象，均可归属于"金"。

5）水曰润下：润，湿润；下，向下。水代表冻结含藏之意，水具有滋润、就下、闭藏的特性。凡具有寒凉、滋润、就下、闭藏性能的事物或现象都可归属于"水"。

（2）事物属性的五行分类：五行学说根据五行特性，与自然界的各种事物或现象相类比，运用归类和推演等方法，将其最终分成五大类（表 15-1）。

表 15-1　　　　　　　　　　　　　　　五行属性归类表

自然界							五行	人体						
五音	五味	五色	五化	五气	五方	五季		五脏	六腑	五官	形体	情志	五声	变动
角	酸	青	生	风	东	春	木	肝	肝	目	筋	怒	呼	握
徵	苦	赤	长	暑	南	夏	火	心	小肠	舌	脉	喜	笑	忧
宫	甘	黄	化	湿	中	长夏	土	脾	胃	口	肉	思	歌	哕
商	辛	白	收	燥	西	秋	金	肺	大肠	鼻	皮毛	悲	哭	咳
羽	咸	黑	藏	寒	北	冬	水	肾	膀胱	耳	骨	恐	呻	栗

2. 五行的调节机制

（1）五行的正常调节机制：即五行生克制化，五行的生克制化规律是五行结构系统在正常情况下的自动调节机制。

1）相生规律：相生即递相滋生、助长、促进之意。五行之间互相滋生和促进的关系称五行相生。五行相生的次序是：木生火，火生土，土生金，金生水，水生木。

在相生关系中，任何一行都有"生我""我生"两方面的关系，《难经》把其比喻为"母"与"子"的关系。"生我"者为母，"我生"者为"子"。所以五行相生关系又称"母子关系"。以火为例，生"我"者木，木能生火，则木为火之母；"我"生者土，火能生土，则土为火之子。余可类推。

2）相克规律：相克即相互制约、克制、抑制之意。五行之间相互制约的关系称为五行相克。五行相克的次序是：木克土，土克水，水克火，火克金，金克木，木克土。这种克制关系也是往复无穷的。木得金敛，则木不过散；水得火伏，则火不过炎；土得木疏，则土不过湿；金得火温，则金不过收；水得土渗，则水不过润。皆气化自然之妙用。

在相克的关系中，任何一行都有"克我""我克"两方面的关系。《黄帝内经》称之为"所胜"与"所不胜"的关系。"克我"者为"所不胜"，"我克"者为"所胜"。所以，五行相克的关系，又称"所胜"与"所不胜"的关系。以土为例，"克我"者木，则木为土之"所不胜"；"我克"者水，则水为土之"所胜"。余可类推。

在上述生克关系中，任何一行皆有"生我"和"我生"，"克我"和"我克"四个面的关系。以木为例，"生我"者水，"我生"者火；"克我"者金，"我克"者土。

3）制化规律：五行中的制化关系，是五行生克关系的结合。相生与相克是不可分割的两个方面。没有生，就没有事物的发生和成长；没有克，就不能维持正常协调关系下的变化与发展。因此，必须生中有克（化中有制），克中有生（制中有化），相反相成，才能维持和促进事物相对平衡协调和发展变化。五行之间这种生中有制、制中有生、相互生化、相互制约的生克关系，称为制化。其规律是：木克土，土生金，金克木；火克金，金生水，水克火；土克水，水生木，木克土；金克木，木生火，火克金；水克火，火生土，土克水。

以相生言之，木能生火，是"母来顾子"之意，但是木之本身又受水之所生，这种"生我""我生"的关系是平衡的。如果只有"我生"而无"生我"，那么对木来说，会形成太过，宛如收入与支出不平衡一样。另一方面，水与火之间，又是相克的关系，所以相生之中，又寓有相克的关系，而不是绝对的相生，这样就保证了生克之间的动态平衡。

以相克言之，木能克土，金又能克木（我克、克我），而土与金之间，又是相生的关系，所以就形成了木克土、土生金、金又克木（子复母仇）。这说明五行相克不是绝对的，相克之中，必须寓有相生，才能维持平衡。换句话说，被克者本身有反制作用，所以当发生相克太过而产生贼害的时候，才能够保持正常的平衡协调关系。

生克制化规律是一切事物发展变化的正常现象，在人体则是正常的生理状态。在这种相反相成的生克制化关系中，还可以看出五行之间协调平衡是相对的。因为相生相克的过程，也就是事物消长发展的过程。在此过程中，一定会出现太过和不及的情况。这种情况的出现，其本身就是再一次相生相克的调节。这样，又复出现再一次的协调平衡。这种在不平衡之中求得平衡，而平衡又立刻被新的不平衡所代替的循环运动，就不断地推动着事物的变化和发展。五行学说用这一理论来说明自然界气候的正常变迁和自然界的生态平衡，以及人体的生理活动。

（2）五行的异常调节机制：五行子母相及和乘侮胜复，五行结构系统在异常情况下的自动调节机制为子母相及和乘侮胜复。

1）子母相及：及，影响所及之意。子母相及是指五行生克制化遭到破坏后所出现的不正常的相生现象。包括母及于子和子及于母两个方面。母及于子与相生次序一致，子及于母则与相生的次序相反。如木行，影响到火行，称为母及于子；影响到水行，则称为子及于母。

2）相乘相侮：相乘相侮，实际上是反常情况下的相克现象。

相乘规律：乘，即乘虚侵袭之意。相乘即相克太过，超过正常制约的程度，使事物之间失去了正常的协调关系。五行之间相乘的次序与相克同，但被克者更加虚弱。

相乘现象可分两个方面：其一，五行中任何一行本身不足（衰弱），使原来克它的一行乘虚侵袭（乘），而使它更加不足，即乘其虚而袭之。以木克土为例，正常情况下，木克土，木为克者，土为被克者，由于它们之间相互制约而维持着相对平衡状态。异常情况下，木仍然处于正常水平，但土本身不足（衰弱），因此，两者之间失去了原来的平衡状态，则木乘土之虚而克它。这样的相克，超过了正常的制约关系，使土更虚。其二，五行中任何一行本身过度亢盛，而原来受它克制的那一行仍处于正常水平，在这种情况下，虽然"被克"一方正常，但由于"克"的一方超过了正常水平，所以也同样打破两者之间的正常制约关系，出现过度相克的现象。如仍以木克土为例，正常情况下，木能制约土，维持正常的相对平衡，若土本身仍然处于正常水平，但由于木过度亢进，从而使两者之间失去了原来的平衡状态，出现了木亢乘土的现象。

"相克"和"相乘"是有区别的，前者是正常情况下的制约关系，后者是正常制约关系遭到破坏的异常相克现象。在人体，前者为生理现象，而后者为病理表现。但是近人习惯将相乘与反常的相乘混同，病理的木乘土，又称木克土。相侮规律：侮，即欺侮，有恃强凌弱之意。相侮是指五行中的任何一行本身太过，使原来克它的一行，不仅不能去制约它，反而被它所克制，即反克，又称反侮。相侮现象也表现为两个方面，如以木为例，其一，当木过度亢盛时，金原是克木的，但由于木过度亢盛，则金不仅不能去克木，反而被木所克制，使金受损，称为木反侮金。其二，当木过度衰弱时，金原克木，木又克土，但由于木过度衰弱，则不仅金来乘木，而且土亦乘木之衰而反侮之。习惯上把土反侮木称为"土壅木郁"。

相乘相侮均为破坏相对协调统一的异常表现。乘侮，都凭其太过而乘袭或欺侮。"乘"为相克之有余，而危害于被克者，也就是某一行对其"所胜"过度克制。"侮"为被克者有余，而反侮其克者，也就是某一行对其"所不胜"的反克。为了便于理解，我们将乘侮分别开来——加以分析，实际上，相乘和相侮是休戚相关的，是一个问题的两个方面，如木有余而金不能对木加以克制，木便过度克制其所胜之土，称为"乘"；同时，木还恃己之强反去克制其"所不胜"的金，称为"侮"。反之，木不足，则不仅金来乘木，而且其所胜之土又乘其虚而侮之。所以曰："气有余，则制己所胜而侮所不胜，其不及，则己所不胜侮而乘之，己所胜轻而侮之。"（《素问·五运行大论》）

3）胜复规律：胜复，指胜气和复气的关系。五行学说把由于太过或不及引起的对"己所胜"的过度克制称为"胜气"，而这种胜气在五行系统内必然招致一种相反的力量（报复之气），将其压抑下去，这种能报复"胜气"之气，称为"复气"，总称"胜复之气"。"有胜之气，其必来复也"（《素问·至真要大论》），这是五行结构系统本身作为系统整体对于太过或不及的自行调节机制，旨在使之恢复正常化调节状态。如木气太过，作为胜气则过度克土，而使土气偏衰，土衰不能制水，则水气偏胜而加剧克火，火气受制而减弱克金之力，于是金气旺盛起来，把太过的木气克伐下去，使其恢复正常。反之，若木气不足，则将受到金的过度克制，同时又因木衰不能制土而引起土气偏亢，土气偏亢则加强抑水而水气偏衰，水衰无以制火而火气偏亢，火气亢则导致金偏衰而不能制木，从而使不及的木气复归于平，以维持其正常调节状态。

胜复的调节规律是：先有胜，后必有复，以报其胜。"胜气"重，"复气"也重；

　　　　　第三篇　基础理论

"胜气"轻，"复气"也轻。在五行具有相克关系的各行之间有多少太过，便会招致多少不及；有多少不及，又会招致多少太过。由于五行为单数，所以对于任何一行，有"胜气"必有"复气"，而且数量上相等。故曰"有重则复，无胜则否"（《素问·至真要大论》），这是五行运动的法则。通过胜复调节机制，使五行结构系统整体在局部出现较大不平衡的情况，进行自身调节，继续维持其整体的相对平衡。

总之，五行结构系统具有两种调节机制，一为正常情况下的生克制化调节机制，二为异常情况下的胜复调节机制。通过这两种调节机制，形成并保障了五行结构系统的动态平衡和循环运动。

（三）五行学说在中医学中的应用

中医学主要是运用五行的特性来分析和归纳人体的形体结构及其功能，以及外界环境各种要素的五行属性；运用五行的生克制化规律来阐述人体五脏系统之间的局部与局部、局部与整体，以及人与外界环境的相互关系；用五行乘侮胜复规律来说明疾病的发生发展的规律和自然界五运六气的变化规律。五行学说的应用，加强了中医学关于人体以及人与外界环境是一个统一整体的论证，使中医学所采用的整体系统方法更进一步系统化。

1. 说明脏腑的生理功能及其相互关系

（1）人体组织结构的分属：中医学在五行配五脏的基础上，又以类比的方法，根据脏腑组织的性能、特点，将人体的组织结构分属于五行，以五脏（肝、心、脾、肺、肾）为中心，以六腑（实际上是五腑，即胃、小肠、大肠、膀胱、胆）为配合，支配五体（筋、脉、肉、皮毛、骨），开窍于五官（目、舌、口、鼻、耳），外荣于体表组织（爪、面、唇、毛、发）等，形成了以五脏为中心的脏腑组织的结构系统，从而为脏象学说奠定了理论基础。

（2）说明脏腑的生理功能：五行学说将人体的内脏分别归属于五行，以五行的特性来说明五脏的部分生理功能。例如，木性可曲可直，条顺畅达，有生发的特性，故肝喜条达而恶抑郁，有疏泄的功能；火性温热，其性炎上，心属火，故心阳有温煦之功；土性敦厚，有生化万物的特性，脾属土，脾有消化水谷，运送精微，营养五脏、六腑、四肢百骸之功，为气血生化之源；金性清肃，收敛，肺属金，故肺具清肃之性，肺气有肃降之能；水性润下，有寒润、下行、闭藏的特性，肾属水，故肾主闭藏，有藏精、主水等功能。

（3）说明脏腑之间的相互关系：中医五行学说对五脏五行的分属，不仅阐明了五脏的功能和特性，而且还运用五行生克制化的理论，来说明脏腑生理功能的内在联系。五脏之间既有相互滋生的关系，又有相互制约的关系。

用五行相生说明脏腑之间的联系：如木生火，即肝木济心火，肝藏血，心主血脉，肝藏血功能正常有助于心主血脉功能的正常发挥。火生土，即心火温脾土，心主血脉、主神志，脾主运化、主生血统血，心主血脉功能正常，血能营脾；脾才能发挥主运化、生血、统血的功能。土生金，即脾土助肺金，脾能益气，化生气血，转输精微以充肺，促进肺主气的功能，使之宣肃正常。金生水，即肺金养肾水，肺主清肃，肾主藏精，肺气肃降有助于肾藏精、纳气、主水之功。水生木，即肾水滋肝木，肾藏精，肝藏血，肾精可化肝血，以助肝功能的正常发挥。这种五脏相互滋生的关系，就是用五行相生理论来阐明的。

用五行相克说明五脏间的相互制约关系，心属火，肾属水，水克火，即肾水能制约心火，如肾水上济于心，可以防止心火之亢烈。肺属金，心属火，火克金，即心火能制约肺金，如心火之阳热，可抑制肺气清肃之太过。肝属木，肺属金，金克木，即肺金能制约肝木，如肺气清肃太过，可抑制肝阳的上亢。脾属土，肝属木，木克土，即肝木能制约脾土，如肝气条达，可疏泄脾气之壅滞。肾属水，脾属土，土克水，即脾土能制约肾水，如脾土的运化，能防止肾水的泛滥。这种五脏之间的相互制约关系，就是用五行相克理论来说明的。

五脏中每一脏都具有生我、我生、克我、我克的关系。五脏之间的生克制化，说明每一脏在功能上有他脏的资助，不至于虚损，又能克制另外的脏器，使其不致过亢。本脏之气太盛，则有他脏之气制约；本脏之气虚损，则又可由他脏之气补之。如脾（土）之气，其虚，则有心（火）生之；其亢，则有肝木克之；肺（金）气不足，土可生之；肾（水）气过亢，土可克之。这种生克关系把五脏紧紧联系成一个整体，从而保证了人体内环境的对立统一。

就五行的相互关系而言，除五行之间的生克制化胜复外，尚有五行互藏。五行互藏又称"五行体杂"，"……既有杂，故一行当体，即有五义"（《五行大义·卷二》）。明代张景岳则明确提出了五行互藏，"五行者，水火木金土也……第人皆知五之为五，而不知五者之中，五五二十五，而复有互藏之妙焉"（《类经图翼·五行统论》）。即五行的任何一行中，又复有五行。如木行中更具火土金水成分，余类推。中医学根据五行互藏而形成了五脏互藏理论。

（4）说明人体与内外环境的统一：事物属性的五行归类，除了将人体的脏腑组织结构分别归属于五行外，同时也将自然的有关事物和现象进行了归属。例如，人体的五脏、六腑、五体、五官等，与自然界的五方、五季、五味、五色等相应，这样就把人与自然环境统一起来。这种归类方法，不仅说明了人体内在脏腑的整体统一，而且也反映了人体与外界的协调统一。如春应东方，风气主令，故气候温和，气主生发，万物滋生。人体肝气与之相应，肝气旺于春。这样就将人体肝系统和自然春木之气统一起来，从而反映人体内外环境统一的整体观念。

2. 说明五脏病变的传变规律

（1）发病：五脏外应五时，所以六气发病的规律，一般是主时之脏受邪发病。由于五脏各以所主之时而受病，当其时者，必先受之。所以，春天的时候，肝先受邪；夏天的时候，心先受邪；长夏的时候，脾先受邪；秋天的时候，肺先受邪；冬天的时候，肾先受邪。

主时之脏受邪发病，这是一般的规律，但是也有所胜和所不胜之脏受病的。气候失常，时令未到而气先至，属太过之气；时令已到而气未至，属不及之气。太过之气的发病规律，不仅可以反侮其所不胜之脏，而且还要乘其所胜之脏；不及之气的发病规律，不仅所胜之脏妄行而反侮，即使我生之脏，亦有受病的可能。这是根据五行所胜与所不胜的生克乘侮规律而推测的。这种发病规律的推测，虽然不能完全符合临床实践，但它说明了五脏疾病的发生，受着自然气候变化的影响。

（2）传变：由于人体是一个有机整体，内脏之间又是相互滋生、相互制约的，因而在病理上必然相互影响。本脏之病可以传至他脏，他脏之病也可以传至本脏，这种病理上的相互影响称为传变。从五行学说来说明五脏病变的传变，可以分为相生关系传变和相克关系传变。

1）相生关系传变：包括"母病及子"和"子病犯母"两个方面。母病及子又称"母虚累子"。母病及子系病邪从母脏传来，侵入属子之脏，即先有母脏的病变后有子脏的病变。如水不涵木，即肾阴虚不能滋养肝木，其临床表现在肾，则为肾阴不足，多见耳鸣、腰膝酸软、遗精等；在肝，则为肝之阴血不足，多见眩晕、消瘦、乏力、肢体麻木，或手足蠕动，甚则震颤抽掣等。阴虚生内热，故亦现低热、颧红、五心烦热等症状。肾属水，肝属木，水能生木。现水不生木，其病由肾及肝，由母传子。由于相生的关系，病情虽有发展，但互相滋生作用不绝，病情较轻。子病犯母又称"子盗母气"。子病犯母系病邪从子脏传来，侵入属母之脏，即先有子脏的病变，后有母脏的病变。如心火亢盛而致肝火炽盛，有升无降，最终导致心肝火旺。心火亢盛，则现心烦或狂躁谵语、口舌生疮、舌尖红赤疼痛等症状；肝火偏旺，则现烦躁易怒、头痛眩晕、面红目赤等症状。心属火，肝属木，木能生火。肝为母，心为子，其病由心及肝，由于传母，病情较重。疾病按相生规律传变，有轻重之分，"母病及子"为顺，其病轻；"子病犯母"为逆，病重。

2）相克关系传变：包括"相乘"和"反侮"两个方面。相乘是相克太过为病，如木旺乘土，又称木横克土。木旺乘土，即肝木克伐脾胃，先有肝的病变，后有脾胃的病变。由于肝气横逆，疏泄太过，影响脾胃，导致消化功能紊乱，肝气横逆，则表现为眩晕头痛、烦躁易怒、胸闷胁痛等症状；及脾则表现为脘腹胀痛、厌食、大便溏泄或不调等脾虚之候；及胃则表现为纳呆、嗳气、吞酸、呕吐等胃失和降之证。由肝传脾称肝气犯脾，由肝传胃称肝气犯胃，木旺乘土，除了肝气横逆的病变外，往往是脾气虚弱和胃失和降的病变同时存在。肝属木，脾（胃）属土，木能克土，木气有余，相克太过，其病由肝传脾（胃）。病邪从相克方面来，侵犯被克脏器。相侮又称反侮，是反克为害，如木火刑金，由于肝火偏旺，影响肺气清肃，临床表现既有胸胁疼痛、口苦、烦躁易怒、脉弦数等肝火亢旺之证，又有咳嗽、咳痰，甚或痰中带血等肺失清肃之候。肝病在先，肺病在后。肝属木，肺属金，金能克木，今肝木太过，反侮肺金，其病由肝传肺。病邪从被克脏器传来，此属相侮规律传变，生理上既制约于我，病则其邪必微，其病较轻，故《难经》谓"从所胜来者为微邪"。

总之，五脏之间的病理影响及其传变规律，可以用五行生克乘侮规律来解释。如肝脏有病，可以传心，称为母病及子；传肾，称为子病及母。这是按相生规律传变，其病轻浅，《难经》称为"顺传"。若肝病传脾，称为木乘土；传肺，称为木侮金。这是按乘侮规律传变，其病深重，《难经》称为"逆传"。

3. 用于指导疾病的诊断　人体是一个有机整体，当内脏有病时，人体内脏功能活动及其相互关系的异常变化，可以反映到体表相应的组织器官，出现色泽、声音、形态、脉象等诸方面的异常变化。由于五脏与五色、五音、五味等都以五行分类归属形成了一定的联系，这种五脏系统的层次结构，为诊断和治疗奠定了理论基础。因此，在临床诊断疾病时，就可以综合望、闻、问、切四诊所得的材料，根据五行的所属及其生克乘侮的变化规律，来推断病情。

（1）从本脏所主之色、味、脉来诊断本脏之病。如面见青色，喜食酸味，脉见弦象，可以诊断为肝病；面见赤色，口味苦，脉象洪，可以诊断为心火亢盛。

（2）推断脏腑相兼病变，从他脏所主之色来推测五脏病的传变。脾虚的患者，面见青色，为木来乘土；心脏病患者，面见黑色，为水来克火，等等。

（3）推断病变的预后：从脉与色之间的生克关系来判断疾病的预后。如肝病色青见弦脉，为色脉相符，如果不得弦脉反见浮脉则属相胜之脉，即克色之脉（金克木）为逆；若得沉脉则属相生之脉，即生色之脉（水生木）为顺。

4. 用于指导疾病的防治　五行学说在治疗上的应用，体现于药物、针灸、精神等疗法之中，主要表现在以下几个方面：

（1）控制疾病传变：运用五行子母相及和乘侮规律，可以判断五脏疾病的发展趋势。一脏受病，可以波及其他四脏，如肝脏有病可以影响到心、肺、脾、肾等脏。他脏有病亦可传给本脏，如心、肺、脾、肾之病变，也可以影响到肝。因此，在治疗时，除对所病本脏进行处理外，还应考虑到其他有关脏腑的传变关系。根据五行的生克乘侮规律，来调整其太过与不及，控制其传变，使其恢复正常的功能活动。如肝气太过，木旺必克土，此时应先健脾胃以防其传变。脾胃不伤，则病不传，易于痊愈。这是用五行生克乘侮理论阐述疾病传变规律和确定预防性治疗措施。至于能否传变，则取决于脏腑的功能状态，即五脏虚则传，实则不传。

在临床工作中，我们既要掌握疾病在发展传变过程中的生克乘侮关系，借以根据这种规律及早控制传变和指导治疗，防患于未然，又要根据具体病情而辨证施治，切勿把它当作刻板的公式而机械地套用。

（2）确定治则治法：五行学说不仅用以说明人体的生理活动和病理现象，综合四诊，推断病情，而且也可以确定治疗原则和制订治疗方案。

1）根据相生规律确定治疗原则：临床上运用相生规律来治疗疾病，多属母病及子，其次为子盗母气。其基本治疗原则是补母和泻子，所谓"虚者补其母，实者泻其子"（《难经·六十九难》）。补母即"虚则补其母"，用于母子关系的虚证。如肾阴不足，不能滋养肝木，而致肝阴不足者，称水不生木或水不涵木。其治疗，不直接治肝，而补肾之虚。因为肾为肝母，肾水生肝木，所以补肾水以生肝木。又如肺气虚弱发展到一定程度，可影响脾之健运而导致脾虚。脾土为母，肺金为子，脾土生肺金，所以可用补脾气以益肺气的方法治疗。针灸疗法，凡是虚证，可补其所属的母经或母穴，如肝虚证取用肾经合穴（水穴）阴谷，或本经合穴（水穴）曲泉来治疗。这些虚证，利用母子关系治疗，即所谓"虚则补其母"。相生不及，补母则能令子实。泻子即"实者泻其子"，用于母子关系的实证。如肝火炽盛，有升无降，出现肝实证时，肝木是母，心火是子，这种肝之实火的治疗，可采用泻心法，泻心火有助于泻肝火。针灸疗法，凡是实证，可泻其所属的子经或子穴。如肝实证可取心经荥穴（火穴）少府，或本经荥穴（火穴）行间治疗。这就是"实者泻其子"的意思。

临床上运用相生规律来治疗，除母病及子、子盗母气外，还有单纯子病，均可用母子关系加强相生力量。所以相生治法的运用，主要是掌握母子关系，它的原则是"虚则补其母"，"实则泻其子"。凡母虚累子，应先有母的症状；子盗母气，应先有子的症状；单纯子病，须有子虚久不复原的病史。这样，三者治法相似，处方则有主次之分。

根据相生关系确定的治疗方法，常用的有以下几种。

滋水涵木法：是滋养肾阴以养肝阴的方法，又称滋养肝肾法、滋补肝肾法、乙癸同源法。适用于肾阴亏损而肝阴不足，甚者肝阳偏亢之证。表现为头目眩晕，眼干目涩，耳鸣颧红，口干，五心烦热，腰膝酸软，男子遗精，女子月经不调，舌红苔少，脉细弦数等。

益火补土法：是温肾阳而补脾阳的一种方法，又称温肾健脾法、温补脾肾法，适用于肾阳式微而致脾阳不振之证。表现为畏寒，四肢不温，纳减腹胀，泄泻，水肿等。

这里必须说明，就五行生克关系而言，心属火、脾属土。火不生土应当是心火不生脾土。但是，我们所说的"火不生土"多是指命门之火（肾阳）不能温煦脾土的脾肾阳虚之证，少指心火与脾阳的关系。

培土生金法：培土生金法是用补脾益气而补益肺气的方法，又称补养脾肺法，适用于脾胃虚弱，不能滋养肺脏而肺虚脾弱之候。该证表现为久咳不已，痰多清稀，或痰少而黏，食欲减退，大便溏薄，四肢乏力，舌淡脉弱等。

金水相生法：是滋养肺肾阴虚的一种治疗方法，又称补肺滋肾法、滋养肺肾法。金水相生是肺肾同治的方法，"金能生水，水能润金之妙"（《时病论·卷之四》）。适用于肺虚不能输布津液以滋肾，或肾阴不足，精气不能上滋于肺，而致肺肾阴虚者，表现为咳嗽气逆，干咳或咯血，音哑，骨蒸潮热，口干，盗汗，遗精，腰酸腿软，身体消瘦，舌红苔少，脉细数等。

2）根据相克规律确定治疗原则：临床上由于相克规律的异常而出现的病理变化，虽有相克太过、相克不及和反克之不同，但总的来说，可分强弱两个方面，即克者属强，表现为功能亢进；被克者属弱，表现为功能衰退。因而，在治疗上同时采取抑强扶弱的手段，并侧重在制其强盛，使弱者易于恢复。另一方面强盛而尚未发生相克现象，必要时也可利用这一规律，预先加强被克者的力量，以防止病情的发展。抑强用于相克太过。如肝气横逆，犯胃克脾，出现肝脾不调，肝胃不和之证，称为木旺克土，用疏肝、平肝为主。或者木本克土，反为土克，称为反克，又称侮。如脾胃壅滞，影响肝气条达，当以运脾和胃为主。抑制其强者，则被克者的功能自然易于恢复。扶弱用于相克不及。如肝虚郁滞，影响脾胃健运，称为木不疏土。治宜和肝为主，兼顾健脾，以加强双方的功能。

运用五行生克规律来治疗，必须分清主次。或是治母为主，兼顾其子；治子为主，兼顾其母。或是抑强为主，扶弱为辅，扶弱为主，抑强为辅。但是又要从矛盾双方来考虑，不得顾此失彼。

根据相克规律确定的治疗方法，常用的有以下几种。

抑木扶土法：是以疏肝健脾药治疗肝旺脾虚的方法。疏肝健脾法、平肝和胃法、调理肝脾法属此法范畴，适用于木旺克土之证，临床表现为胸闷胁胀，不思饮食，腹胀肠鸣，大便或秘或溏或脘痞腹痛，嗳气，矢气等。

培土制水法：是用温运脾阳或温肾健脾药以治疗水湿停聚为病的方法，又称敦土利水法、温肾健脾法。适用于脾虚不运、水湿泛滥而致水肿胀满之候。若肾阳虚衰，不能温煦脾阳，则肾不主水，脾不制水，水湿不化，常见于水肿证，这是水反克土。治当温肾为主，兼顾健脾。所谓培土制水法，是用于脾肾阳虚，水湿不化所致的水肿胀满之证。如以脾虚为主，则重在温运脾阳；若以肾虚为主，则重在温阳利水，实际上是脾肾同治法。

佐金平木法：是清肃肺气以抑制肝木的一种治疗方法，又称泻肝清肺法。临床上多用于肝火偏盛，影响肺气清肃之证，又称"木火刑金"。表现为胁痛，口苦，咳嗽，痰中带血，急躁烦闷，脉弦数等。

泻南补北法：即泻心火滋肾水，又称泻火补水法、滋阴降火法。适用于肾阴不足，心火偏旺，水火不济，心肾不交之证。该证表现为腰膝酸痛，心烦失眠，遗精等。因心主火，火属南方；肾主水，水属北方，故称本法为泻南补北，这是水不制火时的治法。

但必须指出，肾为水火之脏，肾阴虚亦能使相火偏亢，出现梦遗、耳鸣、喉痛、咽干等，也称水不制火，这种属于一脏本身水火阴阳的偏盛偏衰，不能与五行生克的水不克火混为一谈。

（3）指导脏腑用药：中药以色味为基础，以归经和性能为依据，按五行学说加以归类，如青色、酸味入肝；赤色、苦味入心；黄色、甘味入脾；白色、辛味入肺；黑色、咸味入肾。这种归类是脏腑选择用药的参考依据。

（4）指导针灸取穴：在针灸疗法上，针灸医学将手足十二经四肢末端的穴位分属于五行，即井、荥、俞、经、合5种穴位属于木、火、土、金、水。临床根据不同的病情以五行生克乘侮规律进行选穴治疗。

（5）指导情志疾病的治疗：精神疗法主要用于治疗情志疾病。情志生于五脏，五脏之间有着生克关系，所以，情志之间也存在这种关系。由于在生理上人的情志变化有着相互抑制的作用，在病理上和内脏有密切关系，故在临床上可以用情志的相互制约关系来达到治疗的目的。如"怒伤肝，悲胜怒……喜伤心，恐胜喜……思伤脾，怒胜思……忧伤肺，喜胜忧……恐伤肾，思胜恐"（《素问·阴阳应象大论》）。由此可见，临床上依据五行生克规律进行治疗，确有其一定的实用价值。但是，并非所有的疾病都可用五行生克这一规律来治疗，不要机械地生搬硬套。换言之，在临床上既要正确地掌握五行生克的规律，又要根据具体病情进行辨证施治。

第三节　藏　象

藏象，指藏于体内脏腑及其表现于外的生理病理征象及与外界环境相通应的事物和现象。脏腑，是内脏的总称，也是藏象学说中的主要内容。

根据脏腑的生理功能特点，分为3类：一是五脏，即心、肝、脾、肺、肾；二是六腑，即胃、胆、小肠、大肠、膀胱、三焦；三是奇恒之腑，即脑、髓、骨、脉、胆、女子胞。五脏主藏精气，以藏为主，藏而不泻；六腑传化水谷精微，传化物而不藏；奇恒之腑，虽名为腑，但其功能却有异于六腑，并有类似于五脏贮藏精气的作用，具有似脏非脏、似腑非腑的特点。

一、五脏

五脏，人体器官名，指心、肝、脾、肺、肾5个脏器。脏是指胸腹腔内那些组织充实致密，并能贮存、分泌或制造精气的脏器。《素问·五脏别论》曰："所谓五脏者，藏精气而不泻也，故满而不能实。"《灵枢·本脏》曰："五脏者，所以藏精神血气魂魄者也。"根据脏象学说，五脏是人体生命活动的中心，精神意识活动分属于五脏，加上六腑的配合，把人体表里的组织器官联系起来，构成一个有机统一的整体。

五脏是人体内心、肝、脾、肺、肾5个脏器的合称。脏，古称藏。五脏的主要生理功能是生化和贮藏精、气、血、津液和神，故又名五神脏。由于精、气、神是人体生命活动的根本，所以五脏在人体生命中起着重要作用。

（一）五脏的生理功能特点

心主血脉是全身血脉的总枢纽，心通过血脉将气血运送于周身；心又主神志，是精神、意识和思维活动的中心，在人体中处于最高主导地位。肝主疏泄，能调节人的情志活动，协助脾胃消化。肝又藏血，有贮藏血液、调节血量的作用。脾主运化，促进饮食物的消化、吸收和营养物的输布，为气血生化之源，故有后天之本之称；脾又统血，能统摄血液不致溢出于经脉之外。肺主气，司呼吸，是人体气体交换的场所，又能宣发卫气和津液于全身以温润肌腠皮肤。肾藏精，与人体生长发育和生殖能力密切相关，故有先天之本之称；肾又主水，在调节人体水液代谢方面起着重要作用。

五脏虽然在生理功能上各有所司，但它们的活动不是孤立的，通过经络的联系，五脏相互协调，相互配合，共同维持人体正常的生命活动。在病理变化上也相互影响。

（二）五脏的生理功能

1. 心　心位于胸中，有心包卫护外。心的主要生理功能和特点如下。

（1）主血脉：指心气推动血液杂脉中运行，流注全身，发挥营养和滋润的作用。

（2）主藏神：指心有主宰人体脏腑组织器官的生理活动和人体精神意识思维活动的功能。

（3）主汗液：指心与汗有密切关系。

（4）其华在面：指心的功能正常与否，常可从面色的色泽反映出来。

（5）开窍于舌：指舌为心之外候，又称"舌为心之苗"。

心的生理连属：①心在志为喜。志，指情志而言；喜，是人们对外界的刺激所引起的良性反应，有益于人的身心健康。心之气血充盈，则心情愉悦，气和志达，营卫通利。若喜乐无度，则心气涣散，神志不宁，甚至累及五脏。②在体合脉、其华在面。脉，血脉；心在体合脉，是指全身的血脉都属于心。华，即光彩、光华之义；其华在面，是指从面部的色泽变化，可以反映出心之气血的盛衰。这是由于面部的血脉比较丰富，临床更易于观察，以了解心的功能。心气旺盛，血脉充盈，则面部红润而有光泽；若心之气血不足，则面色苍白无华；若心血瘀滞，则面色晦暗或发绀。③开窍于舌。开窍，是指内脏与体表官窍之间所构成的特定联系。心开窍于舌，是指心之别络上系于舌，心之气血上注于舌，使舌能正常发挥其司味觉和表达语言的功能，故舌为心之外候。舌的生理功能有赖于心主血脉和心主神志的功能。心的功能正常，则舌体红润、味觉灵敏、言语流利。若心有病变，又可以从舌上反映出来，如心血不足，则舌质淡白；心火上炎，则舌尖红或口舌糜烂生疮；心血瘀滞，则舌质紫暗或有瘀斑。④汗为心液。汗是阳气蒸化津液而成，并由汗孔排出来的液体。津液为血液的主要组成部分，汗为津液所化，津液和血液同出一源，而血归心所主，故有"汗为心之液"之称。出汗过多，不但损耗津液，亦常损伤心气、心血，而见心悸、气短、面色白、神疲，甚则肢冷、亡阳。

〔附〕心包络

心包络简称心包，是心脏外面的包膜，为心脏的外围组织。心包具有保护心脏的作用。外邪侵袭于心，首先心包受病，称为心包代心受邪。如在温病学说中，将外感热病中所出现的神昏、谵语等病症，称为"热入心包"。

2. 肺　肺，位于胸腔，左右各一，在人体脏腑中位置最高，故称肺为华盖。肺的主要生理功能和特点如下。

（1）主气、司呼吸：肺是体内外气体交换的场所。

（2）主宣发肃降：主宣指肺气向上的升宣和向外围的布散；肃降指肺气向下是通降和使呼吸道保持洁净的作用。

（3）主通调水道：指肺的宣发和肃降运动对体内水液的输布、排泄起着疏通和协调的作用。

（4）其华在皮毛：指肺有布散水谷精微和宣发卫气于皮毛等生理功能。

（5）开窍于鼻：鼻是呼吸的通道。

3．脾　脾，位于中焦，在膈之下。脾的主要生理功能和特点如下。

（1）主运化：指脾具有把水谷化为精微，将精微物质吸收转输至全身的生理功能。

（2）主统血：指脾有统摄血液在脉内运行，不使其逸出脉外的作用。

（3）主升清：指脾气上升，将其运化的水谷精微向上转输于心、肺、头目、心肺的作用，化为气血，以营养全身。

（4）主肌肉、四肢：人体肌肉、四肢所需的营养，靠脾化水谷精微供给。

（5）开窍于口、其华在唇：指食欲、口味等与脾的运化功能有关。

4．肝　肝，位于腹腔，横膈之下，右肋之内。肝的主要生理功能和特点如下。

（1）主疏泄：指肝具有保持全身气机疏通、畅达、散而不郁的作用。

（2）主藏血：指肝有贮藏血液、调节血量及防止出血的功能。

（3）主筋，其华在爪：指血液充足表现于手脚灵活、有力；爪甲坚韧明亮、红润光泽。

（4）开窍于目。

5．肾　肾，位于腰部，左右各一。肾的主要生理功能和特点如下。

（1）主藏精：指将精气藏于肾，并促使起不断充盈，防止精气无故丢失，为精气在体内充分发挥起生理效应创造条件。

（2）主水液代谢：指肾有主持和调节人体水液代谢的作用。

（3）主纳气：指肾有助肺保持吸气的深度，防止呼吸浅表的作用。

（4）主骨、髓、脑，其华在发。

（5）开窍于耳。

（三）五脏与五行的关系

四柱五行生克中对应需补的脏腑和部位如下。

1．木　肝与胆互为脏腑表里，又属筋骨和四肢。过旺或过衰，较易患肝、胆、头、颈、四肢、关节、筋脉、眼、神经等方面的疾病。

2．火　心脏与小肠互为脏腑表里，又属血脉及整个循环系统。过旺或过衰，较易患小肠、心脏、肩、血液、经血、脸部、牙齿、腹部、舌部等方面的疾病。

3．土　脾与胃互为脏腑表里，又属肠及整个消化系统。过旺或过衰，较易患脾、胃、肋、背、胸、肺、肚等方面的疾病。

4．金　肺与大肠互为脏腑表里，又属气管及整个呼吸系统。过旺或过衰，较易患大肠、肺、脐、咳痰、肝、皮肤、痔疮、鼻及气管等方面的疾病。

5．水　肾与膀胱互为脏腑表里，又属脑与泌尿系统。过旺或过衰，较易患肾、膀胱、胫、足、头、肝、泌尿、阴部、腰部、耳、子宫、疝气等方面的疾病。

二、六腑

六腑是胆、胃、小肠、大肠、膀胱、三焦的总称。它们的共同生理功能是"传化物"，其生理特点是"泻而不藏"，"实而不能满"。饮食物入口，通过食管入胃，经胃的腐熟，下传于小肠，经小肠的分清泌浊，其清者（精微、津液）由脾吸收，转输于肺，而布散全身，以供脏腑经络生命活动之需要；其浊者（糟粕）下达于大肠，经大肠的传导，形成大便排出体外；而废液则经肾之气化而形成尿液，渗入膀胱，排出体外。饮食物在消化吸收排泄过程中，须通过消化道的7个要冲，即"七冲门"，意为7个冲要门户，即"唇为飞门，齿为户门，会厌为吸门，胃为贲门，太仓下口为幽门，大肠小肠会为阑门，下极为魄门，故曰七冲门也"（《难经·四十四难》）。

六腑的生理特性是受盛和传化水谷，具有通降下行的特性。"六腑者，传化物而不藏，故实而不能满也。所以然者，水谷入口，则胃实而肠虚。食下，则肠实而胃虚"（《素问·五脏别论》）。每一腑都必须适时排空其内容物，才能保持六腑通畅，功能协调，故有"六腑以通为用，以降为顺"之说。突出强调"通""降"二字，若通和降的太过与不及，均属于病态。

（一）胆

胆附于肝之短叶，与肝相连，呈中空的囊状器官。胆既是六腑之一，又是奇恒之府之一。其主要功能如下。

1. 储存和排泄胆汁　胆汁味苦，呈黄绿色，具有促进食物的消化吸收的作用。胆汁由肝之精气所化，储存于胆，故称胆为"中精之府""清净之府"。胆汁的排泄必须依赖肝的疏泄功能的调节和控制。肝的疏泄功能正常，则胆汁排泄畅达，脾胃运化功能健旺。若肝气郁结，胆汁排泄不利，则影响脾胃的消化功能，可见胸胁胀满、食欲缺乏或大便失调；若肝的疏泄太过，胆气上逆，则见口苦、呕吐黄绿苦水；若湿热蕴结肝胆，胆汁不循常道，外溢肌肤，则见黄疸；胆汁排泄不畅，日久则导致沙石淤积。

2. 主决断　决断属于思维的范畴。胆主决断，是指胆具有判断事物，并做出决定的作用。胆的这一功能对防御和消除某些精神刺激的不良影响，以维持和控制气血的正常运行，确保各脏腑之间的协调关系具有重要的作用。由于肝胆相互依附，互为表里，肝主谋虑，胆主决断，所以肝胆的相互协调，共同调节着精神思维活动的正常进行。临床上常见胆气不足之人，多易惊善恐、遇事不决等。

（二）胃

胃位于膈下，上接食管，下通小肠。胃的上口为贲门，下口为幽门，胃分为上、中、下三部分，即上脘、中脘、下脘，因此胃又称胃脘。胃的主要功能如下。

1. 主受纳、腐熟水谷　受纳，接受和容纳；腐熟，是胃将饮食物进行初步消化变成食糜的过程。胃主受纳、腐熟水谷，是指胃能够容纳由食管下传的食物，并将食物进行初步消化，下传于小肠的功能，故胃有"水谷之海""太仓"之称。胃的受纳、腐熟作用为脾的运化功能提供了物质基础。因此，常把脾胃同称为"后天之本，气血生化之源"，把脾胃的功能概括为"胃气"。人体后天营养的来源与"胃气"的强弱有密切的关系，临床上常把"胃气"的强弱作为判断疾病的轻重、预后的一个重要依据，治疗上注重"保胃气"。如若胃的受纳、腐熟功能失常，则胃脘胀痛、纳呆厌食、嗳气酸腐、消谷善饥等；胃气大伤，则饮食难进，预后较差，甚则胃气败绝，生命垂危，故有"人有胃气则生，无胃气则死"之说。

2. 主通降　通降是指胃气以通畅下降为顺。饮食物入胃，经胃的腐熟后下传小肠进一步消化吸收，清者由脾转输，浊者下传大肠，化为糟粕排出体外，整个过程是靠胃气的"通降"作用来完成的。因此，胃主通降就是指胃能够将食糜下传小肠、大肠，并排出糟粕的过程。

胃主通降就是降浊，降浊是受纳的前提条件。因此，胃失通降，不仅使食欲不降，而且因浊气上逆而发生口臭、脘腹胀满疼痛，或嗳气、呃逆、大便秘结，甚则出现恶心、呕吐等症。

（三）小肠

小肠位于腹中，上端通过幽门与胃相接，下端通过阑门与大肠相连，为中空的管状器官，呈迂曲回环叠积之状。其主要功能如下。

1. 主受盛、化物　受盛是接受、容纳之意。一是指小肠接受由胃初步消化的食物起到容器的作用；二是经胃初步消化的食物，须在小肠内停留一段时间，以便进一步消化吸收。化物：即消化、变化，是指小肠将初步消化的食糜，进一步消化吸收，将水谷化为精微。若小肠受盛、化物的功能失调，则可见腹胀、腹痛，或腹泻、便溏。

2. 泌别清浊　泌，分泌；别，分别；清，指水谷精微；浊，指食物残渣。小肠的这一功能具体表现为两个方面，一是小肠接受来自胃中的饮食物，进一步消化，将其分别为水谷精微和食物残渣两部分，其中清者经脾上输于肺，以营养全身，浊者下传于大肠；二是小肠在吸收水谷精微的同时，也吸收了大量的水液，经气化渗入膀胱，形成尿液，故有"小肠主液"之说。小肠泌别清浊的功能失常，可导致水走肠道，而见大便溏泄、小便短少等症。故临床上常采用"分利法"来治疗泄泻，即所谓"利小便以实大便"。

（四）大肠

大肠位于腹腔，其上口通过阑门与小肠相连，下端与肛门相接，是一个管道器官，呈回环叠积之状。

大肠的主要功能为传化糟粕。传化，即传导和变化之意。大肠接受小肠下传的食物残渣，并吸收其中多余的水分，使之形成粪便，经肛门排出体外，故称大肠为"传导之官"。大肠的传导变化作用，是胃的降浊功能的延伸，且与脾的升清、肺的宣降以及肾的气化功能密切相关。大肠传导失司，则可导致排便异常如大肠湿热，气机阻滞，则腹痛腹泻、里急后重、下痢脓血；若大肠实热，则肠液干枯而便秘；若大肠虚寒，则水谷杂下，肠鸣泄泻。

（五）膀胱

膀胱位于小腹部，为中空的囊状器官，上有输尿管与肾相通，下通过尿道开口于前阴。膀胱的主要功能为储存和排泄尿液。

尿液为津液所化，尿液的形成依赖于肾的气化作用，下输于膀胱，并调节膀胱的开合，最后排出体外。所以说，膀胱气化功能的发挥，是以肾的气化作用为生理基础。肾和膀胱的气化功能失常，膀胱开合失司，则小便不利，或为癃闭，或尿频、尿急、尿痛以及尿失禁等。

（六）三焦

三焦是上、中、下三焦的总称，为六腑之一。在人体脏腑中三焦最大，有名无实，有"孤腑"之称。从部位上来划分,膈肌以上为上焦,包括心肺;膈肌以下脐以上为中焦,包括脾胃;脐以下为下焦,包括肝肾。三焦与心包相表里。三焦的具体功能如下。

1. 主持诸气,总司人体的气化活动,三焦为人体元气通行的道路。元气发源于肾,必须通过三焦输布全身,以发挥其激发、推动各脏腑组织器官功能活动的作用,从而维持人体生命活动的正常进行。元气是组织气化活动的原动力,而三焦通行元气又关系到全身气化功能的正常进行。因此说,三焦"主持诸气,总司人体的气化活动"。

2. 三焦为人体水液运行的道路,是指三焦具有疏通水道、运行水液的作用。人体水液的代谢,虽有赖于各脏腑的共同作用来完成,但又必须以三焦水道的通畅为条件才能正常进行。若三焦水道不利,则肺、脾、肾等调节水液代谢的功能难以发挥。因此,三焦在水液代谢中起着重要的作用。

三、奇恒之府

脑、髓、骨、脉、胆、女子胞,总称为奇恒之府。奇恒,异于平常之谓。脑、髓、骨脉、胆、女子胞,都是储藏阴精的器官,似脏非脏,似腑非腑,故称"脑、髓、骨、脉、胆、女子胞,此六者,地气之所生也,皆藏于阴而象于地,故藏而不泻,名曰奇恒之府"(《素问·五脏别论》)。马蔚进一步指出"脑、髓、骨、脉、胆与女子胞,六者主藏而不泻,此所以象地也。其脏为奇,无所与偶,而至有恒不变,名曰奇恒之脏"(《黄帝内经·素问注证发微》)。奇恒之府的形态似腑,多为中空的管腔性器官,而功能似脏,主藏阴精。其中除胆为六腑之外,其余的都没有表里配合,也没有五行的配属,但与奇经八脉有关。

脑、髓、骨、脉、胆、女子胞六者之中,胆既属于六腑,又属于奇恒之府,已在六腑中述及。骨和脉将在五体中介绍。本节只叙述脑、髓、女子胞三者。

(一)脑

脑又称髓海、头髓。在气功学上,脑又称泥丸、昆仑、天谷。脑深藏于头部,位于人体最上部,其外为头面,内为脑髓,是精髓和神明高度汇集之处,为元神之府。

1. 脑的解剖形态 脑,位居颅腔之中,上至颅囟,下至风府(督脉的一个穴位,位于颈椎第1椎体上部),位于人体最上部。风府以下,脊椎骨内之髓称为脊髓。脊髓经项复骨(即第6颈椎以上的椎骨)下之髓孔上通于脑,合称脑髓。脑与颅骨合之谓之头,即头为头颅与头髓之概称。

脑由精髓汇集而成,不但与脊髓相通,"脑者髓之海,诸髓皆属于脑,故上至脑,下至尾骶,髓则肾主之"(《医学入门·天地人物气候相应图》),而且与全身的精微有关。故曰:"诸髓者,皆属于脑。"(《素问·五脏生成》)

头为诸阳之会,为清窍所在之处,人体清阳之气皆上出清窍。外为头骨,内为脑髓,合之为头。头居人身之高巅,人神之所居,十二经脉三百络之气血皆汇集于头。故称头为诸阳之会。

2. 脑的生理功能

(1)主宰生命活动:"脑为元神之府"(《本草纲目》),是生命的枢机,主宰人体的生命活动。在中国传统文化中,元气、元精、元神,称为"先天之元"。人始生先成精,精成而脑髓生。人出生之前随形具而生之神,即为元神。元神藏于脑中,为生命的主宰。"元神,即吾真心中之主宰也"(《乐育堂语录》)。元神存则有生命,元神败则人即死。得神则生，失神则死。因为脑为元神之府，元神为生命的枢机，故"脑不可伤，若针刺时，刺头，中脑户，入脑立死"（《素问·刺禁论》）。

（2）主精神意识：人的精神活动，包括思维意识和情志活动等，都是客观外界事物反映于脑的结果。思维意识是精神活动的高级形式，是"任物"的结果。中医学一方面强调"所以任物者谓之心"（《灵枢·本神》），心是思维的主要器官；另一方面也认识到"灵性记忆不在心而在脑"（《医林改错》）。"脑为元神府，精髓之海，实记忆所凭也"（《类证治裁·卷之三》），这种思维意识活动是在元神功能基础上，后天获得的思虑识见活动，属识神范畴。识神，又称思虑之神，是后天之神，故曰："脑中为元神，心中为识神。元神者，藏于脑，无思无虑，自然虚灵也。识神者，发于心，有思有虑，灵而不虚也。"（《医学衷中参西录·人身神明诠》）情志活动是人对外界刺激的一种反应形式，也是一种精神活动，与人的情感、情绪、欲望等心身需求有关，属欲神范畴。

脑具有精神、意识、思维功能，为精神、意识、思维活动的枢纽，"为一身之宗，百神之会"（《修真十书》）。脑主精神意识的功能正常，则精神饱满，意识清楚，思维灵敏，记忆力强，语言清晰，情志正常。否则，便出现神明功能异常。

（3）主感觉运动：眼耳口鼻舌为五脏外窍，皆位于头面，与脑相通。人的视、听、言、动等，皆与脑有密切关系。"两耳通脑，所听之声归脑；两目系如线长于脑，所见之物归脑；鼻通于脑，所闻香臭归于脑；小儿周岁脑渐生，舌能言一二字"（《医林改错》）。

脑为元神之府，散动觉之气于筋而达百节，为周身连接之要领，而令之运动。脑统领肢体，与肢体运动紧密相关。脑髓充盈，身体轻劲有力。否则，胫酸乏，其功能失常，不论虚实，都会表现为听觉失聪、视物不明、嗅觉不灵、感觉异常、运动失常。脑实则神全。"脑者人身之大主，又曰元神之府"，"脑气筋入五官脏腑，以司视听言动"，"人身能知觉运动，及能记忆古今，应对万物者，无非脑之权也"（《医易一理》）。

3. 脑与五脏的关系　脏象学说将脑的生理病理统归于心而分属于五脏，认为心是君主之官，五脏六腑之大主，神明之所出，精之所舍，把人的精神意识和思维活动统归于心，称为"心藏神"。但是又把神分为神、魂、魄、意、志5种不同的表现，分别归属于心、肝、肺、脾、肾五脏，所谓"五神脏"。神虽分属于五脏，但与心、肝、肾的关系更为密切，尤以肾为最。因为心主神志，虽然五脏皆藏神，但都是在心的统领下而发挥作用的。肝主疏泄，又主谋虑，调节精神情志。肾藏精，精生髓，髓聚于脑，故脑的生理与肾的关系尤为密切。肾精充盈，髓海得养，脑的发育健全，则精力充沛，耳聪目明，思维敏捷，动作灵巧。若肾精少，髓海失养，脑髓不足，可见头晕、健忘、耳鸣，甚则记忆减退、思维迟钝等症。

脑的功能隶属于五脏，五脏功能旺盛，精髓充盈，清阳升发，窍系通畅，才能发挥其生理功能。

（1）心脑相通："心脑息息相通，其神明自湛然长醒"（《医学衷中参西录·痫痉癫狂门》）。心有血肉之心与神明之心，血肉之心即心脏。"神明之心……主宰万事万物，虚灵不昧"（《医学入门·脏腑》），实质为脑。心主神明，脑为元神之腑；心主血，上供于脑，血足则脑髓充盈。临床上脑病可从心论治，或心脑同治。

（2）脑肺相系：肺主一身之气，朝百脉，助心行血。肺之功能正常，则气充血足，髓海有余，故脑与肺有着密切关系。所以，在临床上脑病可以从肺论治。

（3）脑脾相关：脾为后天之本，气血生化之源，主升清。脾胃健旺，熏蒸腐熟五谷，化源充足，五脏安和，九窍通利，则清阳出上窍而上达于脑。脾胃虚衰则九窍不通，清阳之气不能上行达脑而脑失所养。所以，从脾胃入手益气升阳是治疗脑病的主要方法之一。

（4）肝脑相维：肝主疏泄，调畅气机，又主藏血，气机调畅，气血和调，则脑清神聪。若疏泄失常，或情志失调，或清窍闭塞，或血溢于脑，即"血之与气并走于上而为大厥"；若肝失藏血，脑失所主，或神物为两，或变生他疾。

（5）脑肾相济：脑为髓海，精生髓，肾藏精，"在下为肾，在上为脑，虚则皆虚"（《医碥·卷四》），故肾精充盛则脑髓充盈，肾精亏虚则髓海不足而变生诸症。"脑为髓海……髓本精生，下通督脉，命火温养，则髓益之"，"精不足者，补之以味，皆上行至脑，以为生化之源"（《医述》引《医参》）。所以，补肾填精益髓为治疗脑病的重要方法。

脏象学说认为，五脏是一系统整体，人的神志活动虽分属于五脏，但以心为主导：脑虽为元神之府，但脑隶属于五脏，脑的生理病理与五脏休戚相关。故脑之为病亦从脏腑论治，其关乎于肾又不独责于肾。对于精神意识思维活动异常的精神情志疾病，绝不能简单地归结为心藏神的病变，而与其他四脏无关；对于脑的病变，也不能简单地仅仅责之于肾，而与其他四脏无关。

（二）髓

髓是骨腔中的一种膏样物质，为脑髓、脊髓和骨髓的合称。髓由先天之精所化生，由后天之精所充养，有养脑、充骨、化血之功。

1. 髓的解剖形态　髓，是骨腔中一种膏样物质。髓因其在人体的分布部位不同，又有名称之异。髓有骨髓、脊髓和脑髓之分。髓藏于一般骨者为骨髓。藏于脊椎管内者为脊髓，脊髓经项后复骨（指第6颈椎以上的椎骨）下之骨孔，上通于脑。汇藏于脑的髓称脑髓。故曰："脑为髓海，……乃聚髓之处，非生髓之处。究其本源，实由肾中真阴真阳之气，酝酿化合而成，……缘督脉上升而贯注于脑。"（《医学衷中参西录·脑气筋辨》）脊髓和脑髓是上下升降，彼此交通的，合称为脑脊髓。

2. 髓的生理功能

（1）充养脑髓：髓以先天之精为主要物质基础，赖后天之精的不断充养，分布于骨腔之中，由脊髓而上引入脑，成为脑髓。故曰脑为髓海，"诸髓者，皆属于脑"（《素问·五脏生成篇》）。脑得髓养，脑髓充盈，脑力充沛，则元神之功旺盛，耳聪目明，体健身强。故曰："内肾之命门，为生髓养脑之元气也。其精中之精气，上养脑神，精中之柔液，统养百骸；其液出脑，由项贯督入脊，旁络全体。"（《医经玉屑》）先天不足或后天失养，以致肾精不足，不能生髓充脑，可导致髓海空虚，出现头晕耳鸣、两眼昏花、腰胫酸软、记忆减退，或小儿发育迟缓、囟门迟闭、身体矮小、智力动作迟钝等症状。

（2）滋养骨骼：髓藏骨中，骨赖髓以充养。精能生髓，髓能养骨，故曰："髓者，骨之充也。"（《类经·脏象类》）肾精充足，骨髓生化有源，骨骼得到骨髓的滋养，则生长发育正常，才能保持其坚刚之性。故曰："盖髓者，肾精所生，精足则髓充；髓在骨内，髓足则骨强，所以能作强而才力过人也。"（《中西汇通医经精义·上卷》）若肾精亏虚，骨髓失养，就会出现骨骼脆弱无力，或发育不良等。

（3）化生血液：精血可以互生，精生髓，髓亦可化血。"肾生骨髓，髓生肝"（《素问·阴阳应象大论》），"骨髓坚固，气血皆从"（《素问·生气通天论》）。可见，中医学已认识到骨髓是造血器官，骨髓可以生血，精髓为化血之源。因此，血虚证，常可用补肾填精之法治之。

3. 髓与五脏的关系　"肾主身之骨髓"（《素问·痿论》），肾生髓，"肾不生则髓不能满"（《素问·逆调论》）。髓由肾精所化生。肾中精气的盛衰与髓的盈亏有密切的关系。脾胃为后天之本，气血生化之原，水谷精微化而为血。髓可生血，血亦生髓。故髓的盈亏与脾胃有关。气、血、精、髓可互生，故髓与五脏皆相关，其中以肾为最。

（三）女子胞

女子胞，又称胞宫、子宫、子脏、胞脏、子处、血脏，位于小腹正中部，是女性的内生殖器官，有主持月经和孕育胎儿的作用。

1. 女子胞的解剖形态　女子胞，位于小腹部，在膀胱之后，直肠之前，下口（即胞门又称子门）与阴道相连，呈倒置的梨形。

2. 女子胞的生理功能

（1）主持月经：月经又称月信、月事、月水。月经是女子生殖细胞发育成熟后周期性子宫出血的生理现象。健康的女性，大约到了14岁，生殖器官发育成熟，子宫发生周期性变化，约1个月周期性排血一次。月经开始来潮，一般到49岁为止。"女子胞中之血，每月换一次，除旧生新"（《血证论·男女异同论》）。在月经周期还要排卵一次。月经的产生，是脏腑气血作用于胞宫的结果。胞宫的功能正常与否直接影响月经的来潮，所以胞宫有主持月经的作用。

（2）孕育胎儿：胞宫是女性孕产的器官。女子在发育成熟后，月经应时来潮，便有受孕生殖的能力。此时，两性交媾，两精相合，就构成了胎孕。"阴阳交媾，胎孕乃凝，所藏之处，名曰子宫"（《类经·脏象类》）。受孕之后，月经停止来潮，脏腑经络气血皆下注于冲任，到达胞宫以养胎。胎儿在胞宫内生长发育，约达10个月，就从胞宫娩出，呱呱坠地，一个新的生命便诞生了。故曰："女子之胞，一名子宫，乃孕子之处。"（《中西汇通医经精义·下卷》）

3. 女子胞与脏腑经络的关系　女子胞的生理功能与脏腑、经络、气血有着密切的关系。女子胞主持月经和孕育胎儿，是脏腑、经络、气血作用于胞宫的正常生理现象。

（1）女子胞与脏腑：女子以血为本，经水为血所化，而血来源于脏腑。在脏腑之中，心主血，肝藏血，脾统血，脾与胃同为气血生化之源，肾藏精，精化血，肺主气，朝百脉而输精微，它们分司血的生化、统摄、调节等重要作用。故脏腑安和，血脉流畅，血海充盈，则经候如期，胎孕乃成。在五脏之中，女子胞与肝、脾、肾的关系尤为密切。

1）女子胞与肝：肝主疏泄而藏血，为全身气血调节之枢。女子胞的主要生理作用在于血的藏与泄。肝为血海，主藏血，为妇女经血之本。肝血充足，藏血功能正常，肝血下注血海，则冲脉盛满，血海充盈。肝主疏泄，调畅气机，肝气条达，疏泄正常，则气机调畅而任脉通，太冲脉盛，月事以时下。因此，肝与女子胞的关系主要体现在月经方面。女子以血为体，以气为用，经、带、胎、产是其具体表现形式。女子的经、孕、胎、产、乳无不与气血相关，无不依赖于肝之藏血和疏泄功能，故有"女子以肝为先天"（《临证指南医案·卷九》）之说。

2）女子胞与脾：脾主运化，主生血统血，为气血生化之源。血者水谷之精气，和调于五脏，洒陈于六腑，女子则上为乳汁、下为月经。女子胞与脾的关系，主要表现在经血的化生与经血的固摄两个方面。脾气健旺，化源充足，统摄有权，则经血藏与泄正常。

3）女子胞与肾：肾为先天之本，主藏精，生髓。肾中精气的盛衰，主宰着人体的生长发育和生殖能力。肾与女子胞的关系主要体现在天癸的至竭和月经孕育方面。"天癸者，阴精也，盖男女之精皆主肾水，故皆可称为天癸也"（《黄帝内经·素问注证发微》）。天癸是促进生殖器官的发育和生殖功能成熟所必需的重要物质，是肾中精气充盈到一定程度的产物。因此，女子到了青春期，肾精充盈，在天癸的作用下，胞宫发育成熟，月经应时来潮，就有了生育能力，为孕育胎儿准备了条件。反之，进入老年，由于肾精减少，天癸由少而至衰竭，于是月经停止，生育能力也随之而丧失了。

（2）女子胞与经络：女子胞与冲、任、督、带以及十二经脉，均有密切关系。其中，以冲、任、督、带为最。

1）女子胞与冲脉：冲脉上渗诸阳，下灌三阴，与十二经脉相通，为十二经脉之海。冲脉又为五脏六腑之海。"冲脉者，五脏六腑之海也"（《灵枢·逆顺肥瘦》）。脏腑经络之气血皆下注冲脉，故称冲为血海。因为冲为血海，蓄溢阴血，胞宫才能泄溢经血，孕育胎儿，完成其生理功能。故曰："经本阴血也，何脏无之，唯脏腑之血皆归冲脉，而冲为五脏六腑之血海，故经言太冲脉盛则月事以时下，此可见冲脉为月经之本也"（《景岳全书·妇人规》）。

2）女子胞与任脉：任有妊养之义。任脉为阴脉之海，蓄积阴血，为人体妊养之本。任脉通畅，月经正常。月经如常，方能孕育胎儿。因一身之阴血经任脉聚于胞宫，妊养胎儿，故称"任主胞胎"。任脉气血通盛是女子胞主持月经、孕育胎儿的生理基础。冲为血海，任主胞胎，两者相资，方能有子。所以，胞宫的作用与冲任二脉的关系更加密切。

3）女子胞与督脉：督脉为"阳脉之海"，督脉与任脉，同起于胞中，一行于身后，一行于身前，交会于龈交，其经气循环往复，沟通阴阳，调摄气血，以维持胞宫正常的经、孕、产的生理活动。

4）女子胞与带脉："带脉下系于胞宫，中束人身，居身之中央"（《血证论·崩带》），既可约束、统摄冲任督三经的气血，又可固摄胎胞。

5）女子胞与十二经脉：十二经脉的气血通过冲脉、任脉、督脉灌注于胞宫之中，而为经血之源，胎孕之本。女子胞直接或间接与十二经脉相通，禀受脏腑之气血，泄而为经血，藏而育胎胞，从而完成其生理功能。

〔附〕精　室

女子之胞名曰子宫，具有主持月经，孕育胎儿的功能，是女性生殖器官之一。而男子之胞名为精室，具有贮藏精液、生育繁衍的功能。精室是男性生殖器官，亦属肾所主，与冲任相关。故曰："女子之胞，男子为精室，乃血气交会，化精成胎之所，最为紧要"（《中西汇通医经精义·下卷》）。精室包括解剖学所说的睾丸、附睾、精囊腺和前列腺等，具有化生和贮藏精子等功能，主司生育繁衍。精室的功能与肾之精气盛衰密切相关。睾丸，又称外肾，"睾丸者，肾之外候"（《类证治裁·卷之首》），"外肾，睾丸也"（《中西医粹》），亦称势，"宦者少时去其势，故须不生。势，阴丸也，此言宗筋，亦指睾丸而言"（丹波元简注《灵枢·五音五味》）。

四、形体官窍

形体官窍，是人体躯干、四肢、头面部等组织结构或器官的统称，是人体结构的组成部分，主要包括五体和五官九窍，以及五脏外华等内容。脏象学说认为，形体官窍虽为相对独立的组织或器官，各具不同的生理功能，但它们又都从属于五脏，分别为某一脏腑功能系统的组成部分。形体器官依赖脏腑经络的正常生理活动为之提供气血津液等营养物质而发挥正常的生理作用，其与五脏的关系尤为密切。脏象学说采用以表知里的方法，着重通过活动的机体的外部表征来推导人体内部脏腑组织的运动规律，从而确定"象"与"脏"的关系。

形体官窍的状态，准确地反映着人体脏腑经络气血的健康情况，犹枝叶之与根本。所以，从形体官窍外部表征的异常变化，可以把握人体内部脏腑经络气血阴阳盛衰，从而测知病变之所在而确定适当的治疗方法。

（一）形体

形体，有广义与狭义之分。广义的形体，泛指人体的身形和体质。狭义的形体，指脉、筋、肌肉、皮肤、骨5种组织结构，称为五体。五体既与脏腑经络的功能状态密切相关，又与五脏有着特定的联系。五体与五脏这种对应关系称为"五脏所主"。所谓："五脏所主，心主脉，肺主皮，肝主筋，脾主肉，肾主骨。"（《素问·宣明五气》）

1. 脉　在中医学中，脉有多种含义，一指脉管，又称血脉、血府，是气血运行的通道。"夫脉者，血之府也"（《灵枢·决气》），属五体范畴。二指脉象、脉搏，所谓"按其脉，知其病"（《灵枢·邪气脏腑病形》），属四诊范畴。三指诊脉法，属切诊、脉诊范畴。四指疾病名称，属五不女之一，即螺、纹、鼓、角、脉中之脉。

（1）解剖形态：在五体中，脉即脉管，又称血脉、血府，主要指血管，为气血运行的通道。"壅遏营气，令无所避，是谓脉"（《灵枢·决气》）。脉是相对密闭的管道系统，它遍布全身，无处不到，环周不休，外而肌肤皮毛，内而脏腑体腔，形成一个密布全身上下内外的网络。脉与心肺有着密切的联系，心与脉在结构上直接相连，而血在脉中运行，赖气之推动。心主血，肺主气，脉运载血气，三者相互为用，既分工又合作，才能完成气血的循环运行。因此，脉遍布周身内外，而与脏肺的关系尤为密切。

脉与经络、经脉的关系：经络是经脉和络脉的统称，其中纵行的主要干线称为经脉，由经脉分出网络全身的分支为络脉。经络是人体气血运行的通道，而经脉则是人体气血运行的主要通道。经络、经脉的含义较脉为广。实际上，言经络、经脉，则脉亦在其中了。

（2）生理功能：

1）运行气血：气血在人体的血脉之中运行不息，而循环贯注周身。血脉能约束和促进气血，使之循着一定的轨道和方向运行。饮食物经中焦脾胃的消化吸收，产生水谷精微，通过血脉输送到全身，为全身各脏腑的生理活动提供充足的营养。如果脉中气血数量减少，营养亏乏，就会导致全身气血不足。若脉中气血运行速度异常，运行迟缓则血瘀，血行加速、血液妄行则出血。

2）传递信息：脉为气血运行的通道，人体各脏腑组织与血脉息息相通。脉与心密切相连。心脏推动血液在脉管中流动时产生的搏动，称为脉搏。脉搏是生命活动的标志，也是形成脉象的动力。脉象是脉动应指的形象。脉象的形成，不仅与血、心、脉有

第三篇　基础理论

关，而且与全身脏腑功能活动也有密切关系。因此，脉象成为反映全身脏腑功能、气血、阴阳的综合信息，是全身信息的反映。人体气血之多寡，脏腑功能之盛衰，均可通过脉象反映出来。所以，通过切脉来推断病理变化，可以诊断疾病。

（3）与脏腑的关系：

1）心主脉：脉为血液运行的通道，它能约束和促进血液沿着一定的轨道和方向循行。脉为血之府，血液通过脉能将营养物质输送到全身各个部分。所以，脉间接地起着将水谷精微输送到全身的作用。

心主脉的机制有二：一是因为心与脉在结构上直接相连，息息相通，即"心之合脉也"之意。二是脉中的血液循环往复，运行不息，主要依靠心气的推动。因此，心不仅主血，而且也主脉。全身的血和脉均由心所主，心脏是血液循环的枢纽，心气是推动血液运行的动力。心的功能正常，则血液流畅；心的功能异常，则血行障碍。如心气不足，鼓动乏力，则脉象虚弱；心气不足，血脉不充，则脉来细小；心脉瘀阻，血运不畅，则发绀，胁下痞块，脉律不整。

2）肺、肝、脾与脉：肺朝百脉；肝主藏血，调节血量，防止出血；脾主统血，使血液不溢于脉外。所以，脉的生理功能与肺、肝、脾等亦有密切关系。若肺、脾、肝的功能失常，则可导致脉络损伤，使血液不循常道，或上溢于口鼻诸窍，或下泄于前后二阴，或渗出于肌肤而形成出血、血瘀之候。

2. 皮 皮肤的简称。皮毛是皮肤和附着于皮肤的毫毛的合称，包括皮肤、汗孔和毫毛等组织。皮肤有分泌汗液、润泽皮肤、调节呼吸和抵御外邪等功能。在五体中所说的皮，实指皮毛而言。一般习惯上常将皮与皮毛混称。

（1）解剖形态：皮肤是覆盖在人体表面，直接与外界环境相接触的部分。皮肤的纹理及皮肤与肌肉间隙处的结缔组织称为皮腠，为腠理的组成部分。在中医文献上，有时又称皮肤为"腠"。皮肤为一身之表，具有护卫机体、抵御外邪、调节津液代谢、调节体温，以及呼吸、感觉等功能。

（2）生理功能：

1）护卫机体：皮肤是体表防御外邪的屏障。卫气行于皮毛，助皮肤以保护机体，使皮肤发挥抵御外邪的屏障作用。若卫气虚弱，皮肤舒缓，皮腠开，则外邪易于侵袭而致病。

2）调节津液代谢：汗为津液所化。汗是津液代谢的产物。汗主要通过皮肤的汗孔（玄府、气门）而排泄，以维持体内津液代谢的平衡。卫气功能之强弱，皮肤腠理的疏密，汗孔之开合，可影响汗液的排泄，从而影响机体的津液代谢。如汗出过多必损伤津液，轻则伤津，甚则伤阴、脱津。所谓"津脱者，腠理开，汗大泄"（《灵枢·决气》）。

3）调节体温：脏腑在气化过程中产生的少火，是正常的具有生气的火，是维持人体生命活动的阳气。少火达于皮肤，使皮肤温和，保持一定的温度。汗孔（又称鬼门、气门）是阳气藏泄的门户。正常的出汗有调和营卫、滋润皮肤的作用。皮肤通过排泄汗液，以调节体温并使之保持相对恒定。脏腑经络的阴阳平衡，气血和调，汗出无太过不及，则体温无高低之害，更无寒热之苦。阳热过盛则皮肤疏松，汗孔开张，增加汗出以泻热；阴寒太盛则皮腠致密，玄府闭塞，以减少阳气之丢失。

4）调节呼吸：肺为呼吸之橐籥。肺合皮毛，皮毛上的汗孔有呼吸吐纳之功，故又称汗孔为玄府。

（3）与脏腑的关系：肺主皮毛。肺与皮肤、汗腺、毫毛的关系，可以从两个方面来理解，其一，肺气宣发，输精于皮毛。肺主气，肺气宣发，使卫气和气血津液输布到全身，以温养皮毛。皮毛具有抵御外邪侵袭的屏障作用。皮毛的营养，虽然与脾胃的运化有关，但必须赖肺气的宣发，才能使精微津液达于体表。若肺气虚弱，其宣发卫气和输精于皮毛的生理功能减弱，则卫表不固，抵御外邪侵袭的能力低下而易于感冒，或出现皮毛憔悴枯槁等现象。由于肺与皮毛相合，外邪侵袭皮毛，腠理闭塞，卫气郁滞的同时也常常影响及肺，导致肺气不宣；而外邪袭肺，肺气失宣时，也同样能引起腠理闭塞，卫气郁滞等病变。其二，皮毛汗孔的开合与肺司呼吸相关。肺司呼吸，而皮毛上汗孔的开合，有散气或闭气以调节体温，配合呼吸运动的作用。在中医学中汗孔又称"气门"（玄府、鬼门），故曰："所谓玄府者，汗孔也。"（《素问·水热穴论》）汗孔不仅排泄由津液所化之汗液，实际上也随着肺的宣发和肃降进行着体内外气体的交换。

3. 肉 肌肉的简称，泛指解剖学的肌肉、脂肪和皮下组织。肌肉又称肌、分肉。肌肉外层（皮下脂肪）为白肉，内层（肌肉组织）为赤肉，赤白相分，界限分明，故称。肌肉具有主司全身运动之功。

（1）解剖形态：肉，肌肉的纹理称为肌腠，又称肉腠、分理。人体肌肉较丰厚处称为䐃或肉䐃，"䐃，肉之聚也"（《类经·脏象类》）。肌肉之间互相接触的缝隙或凹陷部位称溪谷，为体内气血汇聚之所，亦是经气所在之处。大的缝隙处称谷，小的凹陷处称溪。肌肉与皮肤统称为肌肤，肌肉与皮肤之间的部位称为肌皮。肌肉与骨节相连部位称为肉节。

（2）生理功能：

1）主司运动：人体各种形式的运动，均需肌肉、筋膜和骨节的协调合作，但主要靠肌肉的舒缩活动来完成。肌肉收缩弛张，始能动作。

2）保护脏腑："肉为墙"（《灵枢·经脉》）。墙，障壁之谓，房屋或园场周围的障壁称为墙。墙具有屏障作用。"肉为墙"，意即肌肉起着屏障作用。肌肉既可保护内在脏器，缓冲外力的损伤，又可抗拒外邪的侵袭。如"肉不坚，腠理疏，则善病风"（《灵枢·五变》）。

（3）与脏腑的关系：脾主肌肉，肌肉的营养来自脾所吸收转输的水谷精微。脾主肌肉，是由脾运化水谷精微的功能所决定的。脾胃为气血生化之源，全身的肌肉，依靠脾所运化的水谷精微来营养。营养充足则肌肉发达丰满。因此，人体肌肉壮实与否，与脾的运化功能有关。如脾气虚弱，营养亏乏，必致肌肉瘦削，软弱无力，甚至萎废不用。

四肢，又称四末，是肌肉比较集中的部位，所谓"脾主四肢"，是说人体的四肢，需要脾气输送营养才能维持其正常的功能活动。脾气健运，营养充足，则四肢轻劲，灵活有力；脾失健运，营养不足，则四肢倦怠乏力，甚或痿弱不用。

在临床上，中医学有"治痿独取阳明"（《素问·痿论》）之说，意即调理脾胃是治疗痿证的重要方法之一。

4. 筋 在五体中指肌腱和韧带。筋性坚韧刚劲，对骨节肌肉等运动器官有约束和保护作用；在经络学说中，筋为经筋之简称。

（1）解剖形态：筋是联结肌肉、骨和关节的一种坚韧刚劲的组织，为大筋、小筋、筋膜的统称。附于骨节者为筋，筋之较粗大者为大筋，较细小者为小筋，包于肌腱外者称为筋膜。诸筋会聚所成的大筋又称宗筋。膝为诸筋会集之处，故称"膝为筋之府"

（《灵枢·经筋》）。

（2）生理功能：

1）连结骨节：筋附于骨而聚于关节，"诸筋者，皆属于节"（《素问·五脏生成论》），筋连结骨骼肌肉，不仅加强了关节的稳固性，而且还有保护和辅助肌肉活动的作用。

2）协助运动：人体的运动系统是由骨、骨连结和骨骼肌3部分组成的。筋附着于骨节间，起到了骨连结的作用，维持着肢体关节的屈伸转侧，运动自如。肢体关节的运动，除肌肉的舒缩外，筋在肌肉、骨节之间的协同作用也是很重要的。故曰："宗筋主束骨而利机关也。"（《素问·痿论》）

3）与脏腑的关系："肝主筋"（《素问·宣明五气篇》），筋束骨，系于关节，维持正常的屈伸运动，须赖肝血的濡养。肝血充足则筋力劲强，关节屈伸有力而灵活，肝血虚衰则筋力疲惫，屈伸困难。肝体阴而用阳，故筋的功能与肝阴肝血的关系尤为密切。肝血充盛，使肢体的筋和筋膜得到充分的濡养，维持其坚韧刚强之性，肢体关节才能运动灵活，强健有力。若肝的阴血亏损，不能供给筋和筋膜以充足的营养，则筋的活动能力就会减退。当年老体衰，肝血衰少时，筋膜失其所养，故动作迟钝、运动失灵。在病理情况下，许多筋的病变都与肝的功能有关。如肝血不足，血不养筋，则可出现肢体麻木、屈伸不利、筋脉拘急、手足震颤等症状。若热邪炽盛，燔灼肝之阴血，则可发生四肢抽搐、手足震颤、牙关紧闭、角弓反张等肝风内动之证。

脾胃与筋：人以水谷为本，脾胃为水谷之海，气血生化之源。脾胃健旺，化源充足，气血充盈，则肝有所滋，筋有所养。所以，筋与脾胃也有密切关系。若脾被湿困，或脾胃虚弱，化源不足，筋失所养，可致肢体软弱无力，甚则痿废不用。

5. 骨　泛指人体的骨骼。骨具有贮藏骨髓，支持形体和保护内脏的功能。

（1）生理功能：

1）储藏骨髓："骨者，髓之府"（《素问·脉要精微论》）。骨为髓府，髓藏骨中，所以说骨有储藏骨髓的作用。骨髓能充养骨骼，骨的生长、发育和骨质的坚脆等都与髓的盈亏有关。骨髓充盈，骨骼得养，则骨骼刚健；反之，会出现骨的生长发育和骨质的异常变化。

2）支持形体：骨具坚刚之性，为人身之支架，能支持形体，保护脏腑，故云"骨为干"（《灵枢·经脉》）。人体以骨骼为主干，骨支撑身形，使人体维持一定的形态，并防卫外力对内脏的损伤，从而发挥保护作用。骨所以能支持形体，实赖于骨髓之营养，骨得髓养，才能维持其坚韧刚强之性。若精髓亏损，骨失所养，则会出现不能久立，行则振掉之候。

3）主管运动：骨是人体运动系统的重要组成部分。肌肉和筋的收缩弛张，促使关节屈伸或旋转，从而表现为躯体的运动。在运动过程中，骨及由骨组成的关节起到了支点和支撑并具体实施动作等重要作用。所以一切运动都离不开骨骼的作用。

（2）与脏腑的关系：

1）肾主骨：因为肾藏精，精生髓而髓又能养骨，所以骨骼的生理功能与肾有密切关系。髓藏于骨骼之中，称为骨髓。肾精充足，则骨髓充盈，骨骼得到骨髓的滋养，才能强劲坚固。总之，肾精具有促进骨骼的生长、发育、修复的作用，故称"肾主骨"。如果肾精虚少，骨髓空虚，就出现骨骼软弱无力，甚至骨骼发育障碍。所以小儿囟门迟闭、骨软无力，以及老年人的骨质脆弱、易于骨折等均与肾精不足有关。

齿为骨之余，齿与骨同出一源，也是由肾精所充养，故曰："齿者，肾之标，骨之本也。"（《杂病源流犀烛》）牙齿的生长、脱落与肾精的盛衰有密切关系。所以，小儿牙齿生长迟缓，成人牙齿松动或早期脱落，都是肾不足的表现，常用补益肾精的方法治疗，每多获效。

2）奇经与骨：脊即脊椎，由颈椎、胸椎、腰椎、骶骨和尾骨组成。脊内有督脉，"督脉者，起于下极之俞，并于脊里，上至风府，入属于脑"（《难经·二十八难》）。故"督脉为病，脊强反折"（《素问·骨空论》）。所以，奇经之督脉与骨有密切关系。临床上，补益督脉之品可以治疗骨骼，特别是脊骨之病。

（二）官窍

官窍，泛指器官和孔窍。本书所述的官窍是五官和九窍的统称。官指舌、鼻、口、目、耳5个器官，简称五官。五官分属于五脏，为五脏之外候。"鼻者，肺之官也；目者，肝之官也；口唇者，脾之官也；舌者，心之官也；耳者，肾之官也"（《灵枢·五阅五使》）。除五官之外，咽喉也属于官之范畴。"人之九窍，阳七，阴二，皆五脏主之"（《古今医彻》）。阳窍有七，一般称七窍，是头面部（眼二、耳二、鼻孔二和口）7个窍的合称。头面部的七窍，又称上窍、清窍、阳窍。人体清阳之气出于上窍，故曰："清阳出上窍"。阴窍有二，指前后二阴（前阴尿道口和后阴肛门）。二阴，又称下窍，人体气化产物如尿便，皆从二阴排出，故称"浊阴出下窍"。头部七窍及前后二阴谓之"九窍"，"头有七阳窍，下有二阴窍，人身止有此九窍耳"（《黄帝内经·素问注证发微》）。

五脏的精气分别通于七窍。五脏有病，往往从七窍变化中反映出来。每一官窍不仅与其相应的脏腑有着特定的联系，而且与其他脏腑也有密切关系，体现出局部与整体的统一。如目虽为肝之窍，但又与心、肺、脾、肾有着密切关系。因此，目又分属于五脏。这种官窍与脏腑相关的理论，在眼科、耳鼻喉科临床上具有重要的指导意义，也是耳针疗法、眼针疗法、鼻针疗法的理论依据。

1. 舌　舌内应于心，司味觉，与吞咽、发音有密切关系。舌象（舌质和舌苔）是望诊的重要内容。

（1）解剖形态：舌位于口腔底部，舌之根部称为舌本、舌根；舌之中部称为舌中；舌之尖部称为舌尖；舌之两侧称为舌旁。舌之肌肉脉络组织称为舌体、舌质。舌分上、下两面，上面称为舌背、舌面，其上有丝状乳头、菌状乳头和轮廓乳头；附着在舌面上的一层苔状物称为舌苔，又称为舌垢。舌的下面称为舌底、舌腹，舌的下面正中有一黏膜皱襞称为舌系带。舌下静脉丛及舌系带称为舌系。舌系带两侧静脉上有两个奇穴，左为金津，右为玉液。

（2）生理功能：舌有感觉味觉、协助咀嚼、吞咽食物和辅助发音的功能。舌为司味之窍声音之机。舌的主要功能是主司味觉和辅助发音而表达语言。舌的味觉和语言功能，有赖于心主血脉和心主神志的生理功能。如心的生理功能异常，便可导致味觉的改变和舌强语謇等病理现象。

（3）与脏腑经络的关系：

1）心开窍于舌：心开窍于舌，是指舌为心之外候，"舌为心之苗"。心经的经筋和别络，均上系于舌。心的气血通过经脉的流注而上通于舌，以保持舌体的正常色泽形态和发挥其正常的生理功能。所以，察舌可以测知心脏的生理功能和病理变化。心的功能正常，则舌体红活荣润，柔软灵活，味觉灵敏，语言流利。若心有病变，可以从舌上反映出来。心主血脉功能失常时，如心阳不足，则舌质淡白胖嫩；心血不足，则舌质淡白；心火上炎，则舌尖红赤；心脉瘀阻，则舌紫，瘀点瘀斑；如心主神志的功能异常，则可现舌强、舌卷、语謇或失语等。

2）与其他脏腑的关系：舌不仅为心之窍，而且通过经脉与五脏六腑皆有密切联系。如"脾脉连舌本，肾脉挟舌本，肝脉绕舌本"（《知医必辨·论疾病须知四诊》）。舌与五脏六腑皆相关，其中尤以与心和脾胃的关系更为密切。在病理上，五脏六腑的病变均可显现于舌。所以，舌诊成为一种独特的中医诊断方法。舌诊脏腑部位的分属为：舌尖属心肺，舌边属肝胆（左边属肝，右边属胆），中心属脾胃，舌根属肾。

3）舌与经脉：在经脉中，手少阴之别系舌本，足少阴之脉挟舌本，足厥阴之脉络舌本，足太阴之脉连舌本，散舌下，足太阳之筋结于舌本，足少阳之筋入系舌本。五脏六腑直接或间接地通过经络、经筋与舌相连。因此，脏腑有病，可影响舌的变化。

2. 鼻　又称明堂，为肺之窍，是呼吸清浊之气出入的门户。鼻与嗅觉有关，也是外邪入侵之门户。

（1）解剖形态：鼻，隆起面部中央，上端狭窄，突于两眶之间，连于额部，称为颏（即鼻根），又称山根、下极、王宫。前下端尖部高处，称为鼻准，又称准头、面王、鼻尖。鼻准两旁隆起部分，称为鼻翼。鼻之下部有两孔，称为鼻孔。鼻孔内有鼻毛又称鼻须；鼻孔深处称为鼻隧。颏以下至鼻准，有鼻柱骨突起，称为鼻梁，又称鼻茎、天柱。

（2）生理功能：

1）气体出入的门户：呼吸系统是由鼻、喉、气管及肺等器官共同组成的。其中，鼻、喉、气管及其分支构成气体出入于肺的通道，称为呼吸道。鼻为呼吸道的起始部，下连于喉，通过气管而直贯于肺，助肺而行呼吸，是气体出入之门户。

2）主司嗅觉：鼻子辨别气味谓之嗅。鼻为司臭之窍。鼻窍通利，则能知香臭。因肺气通于鼻，故鼻之嗅觉灵敏与否，与肺气通利与否有关。所以，肺的病变，可见鼻塞、鼻翕、流涕等症状。

3）协助发音：喉上通于鼻，司气息出入而行呼吸，为肺之系。鼻具有行呼吸和发声音的功能。鼻与喉相通，同属肺系，故鼻有助喉以发声音的作用。

4）外邪入侵之门户：鼻与自然界直接相通，为外邪侵袭机体之门户。孔窍为外邪侵入人体的重要途径。鼻为肺窍，故鼻为外邪犯肺之门户。"温邪上受，首先犯肺"（《外感温热篇》）。

（3）与脏腑经络的关系：

1）肺开窍于鼻：鼻为呼吸出入的通道，具有通气的功能。肺司呼吸，故有"鼻为肺窍"之说。鼻还有主嗅觉的功能。鼻的嗅觉和通气功能均须依赖于肺气的作用。肺气和利，则呼吸通畅，嗅觉灵敏。鼻为肺窍，故鼻又为邪气侵犯肺脏的通路。所以在病理上，外邪袭肺，肺气不利，常常是鼻塞、流涕、嗅觉不灵，甚则鼻翼翕动与咳嗽喘促并见，故临床上可把鼻的异常表现作为推断肺脏病变的依据之一。

2）鼻与其他脏腑：鼻通过经络与五脏六腑紧密地联系着，不仅为肺之窍，而且与脾、胆、肾、心等也有密切关系。

脾与鼻：脾统血，鼻为血脉多聚之处，鼻的健旺，有赖脾气的滋养。鼻准属脾，当脾有病变时，常影响于鼻窍，"脾热病者，鼻先赤"（《素问·刺热篇》）。

胆与鼻：胆为中清之腑，其清气上通于脑。胆之经脉，曲折布于脑后。脑下通于空格，空格之下为鼻。胆之经气平和，则脑、空格、鼻功能正常。反之，胆经有热，热气循经上行，移于脑而犯于頬和鼻，则可致辛頞鼻渊。临床上，实证、热证的鼻病，多与胆经火热有关。（《素问·片医论》）

肾与鼻：鼻为肺窍，是气体出入门户。肺为呼吸之主，肾为纳气之根。肾气充沛，摄纳正常，肺与鼻才得通畅。如肾虚，则易于发生鼻病。

鼻与心：心与鼻也有一定关系，"心主嗅，故令鼻知香臭"（《难经·四十难》）。

3）鼻与经脉：鼻为经脉聚焦，清阳交会之处。循行于鼻的经脉有如下经脉。足阳明胃经起于鼻外侧，上行至鼻根部，向下沿鼻外侧进入上齿龈；手阳明大肠经止于鼻翼旁；足太阳膀胱经起于目内眦；手太阳小肠经，其支者从頬抵鼻旁到内眦；督脉沿额正中下行到鼻柱至鼻尖端至上唇；任脉、阳跷均直接循经鼻旁。

3. 口　指整个口腔，包括口唇、舌、齿、腭、咽等。口为脾之外窍，谷、辨五味、泌津液、磨谷食、助消化及出语言等功能。胃之所系。

（1）解剖形态：口，下连气管、食道，为消化道的起始部分。食物经咽至食道，口是饮食物摄入的门户。口唇，又名唇、唇口、飞门，位于口之前端，分上唇、下唇两部分。上唇表面正中线上有一浅沟称"人中"，其中上 1/3 交界处为人中穴。唇为脾之外候。

（2）生理功能：

1）进水谷辨五味：口腔为消化管的始端，具有进饮食、磨谷食、知五味、泌津液、助消化的功能。

2）助呼吸发声音：口腔是气体出入之门户，有助肺呼吸和发声音的作用。

（3）与脏腑经络的关系：

1）脾开窍于口：脾开窍于口，饮食、口味等与脾之运化功能有关。脾主运化，脾气健旺，则津液上注口腔，唇红而润泽，舌下金津、玉液二穴得以泌津液助消化，则食欲旺盛，口味正常。口唇与脾在生理功能上互相配合，才能完成腐熟水谷、输布精微的功能。脾主肌肉，口唇为脾之外候，故脾的生理病理常常从口唇的变化反映出来。

2）与其他脏腑：口与五脏六腑相联系，不仅为脾之窍，而且还与心、胃、肾、肝等有密切关系。舌为心之苗；肾主骨，齿为骨之余；胃经食道，咽而直通于口齿，为胃系之所属；肝脉环唇内，络舌本，其气上通舌唇。所以，口腔的生理病理与心、肾、胃、肝等脏腑也有密切关系。

3）口与经脉：口腔是经脉循行的要冲，手阳明大肠经、足阳明胃经、足太阴脾经、手少阴心经、足少阴肾经、手少阳三焦经、足少阳胆经、足厥阴肝经，以及督脉、任脉、冲脉均循行于此。

口齿唇舌，通过经络的运行，与脏腑密切地联系起来，在五脏六腑中，与脾、心、肾、胃、肝更为密切。

〔附〕咽　喉

咽喉，一是咽和喉的总称；二指口咽部。中医古代医籍常咽、喉并称。咽喉是司饮食、行呼吸、发声音的器官。

一、解剖形态

咽喉上连口腔而通于鼻，下通肺胃，又是经脉循行之要冲。喉在前，连于气道，合声门称为喉咙，通于肺脏，为肺之系。咽在后，接于食道，直贯胃腑，为胃之系。咽，又称嗌、咽嗌，古称咽。一指口腔后部，是饮食和呼吸的共同通道。现代解剖学的咽，可分为鼻咽部（包括鼻后至软腭上部）、口咽部（包括软腭以下至舌骨平面处）、喉咽部（包括舌骨平面以下至环状软骨下缘）。二指食道。

二、生理功能

1. 行呼吸发声音 喉为清浊之气，呼吸出入的要道。喉既为呼吸道，又是发声器官。声音的发出是在肺气的推动下，由喉咙、会厌、舌、口唇、腭垂等器官共同作用的结果。

2. 通利水谷 咽是消化管从口腔到食管的必经之路，也是呼吸道中联系鼻与喉的要道。咽是消化和呼吸共用的器官，通利水谷为其主要生理功能。

三、与脏腑经络的关系

1. 喉为肺系 喉是呼吸的门户和发音器官。肺主声，声音出于肺而根于肾。肺的经脉过喉，故喉的通气和发音与肺有关。肺主气，声由气发，所以声音的产生与肺的生理功能有关。又肾脉挟舌本，肾精充足，上承会厌（会厌为声音之门户，肺的经脉亦通会厌），鼓动声道而出声。所以说，肺为声音之门，肾为声音之根。中医学认为声音的产生与肺肾有关。如果肺有病变，不仅可使喉咙通气不利，而且还可使声音发生变化，如声音嘶哑或失音。客邪壅肺，为"金实则无声"，其证属实。肺气虚弱，肺阴不足，为"金碎则无声"，其证属虚。

2. 咽为胃系 咽为胃系之所属，与胃相通，是水谷之通道。故胃气健旺，咽的功能正常。若胃腑蕴热，则咽部出现红、肿、痛的病理变化。脾与胃互为表里，足太阴脾经络于胃，上挟咽喉，故咽喉与脾也有密切关系。由于脾胃疾病多反映于咽喉，故有"喉咙者，脾胃之候也"的说法。

3. 咽喉与其他脏腑 肾藏精，其经脉入肺中，循喉咙。咽喉得肾之精气濡养，生理功能正常，则不易为邪毒所犯。若因肾虚精亏，咽喉失于濡养，则易为病。

肝之经脉循喉咙入颃颡，肝之经气上于咽喉。若肝气郁结，疏泄升降失常，则影响喉的正常生理功能。肝郁化火，可导致气血凝滞于咽喉而发病。可见，咽喉与肝肾也密切相关。

4. 咽喉与经脉 咽喉是经脉循行交会之处。在十二经脉中，除手厥阴心包经和足太阳膀胱经间接通于咽喉外，其余经脉直接通达。手太阴肺经，入肺脏，循经喉中。手阳明大肠经，从缺盆上走颈部，挟口入下齿中。足阳明胃经，从上齿中，出挟口环唇，循下颌角前，沿咽喉入缺盆。足太阴脾经，上行挟咽道二旁，循经咽喉连于舌根。手少阴心经，挟食道上循咽喉，连于眼。手太阳小肠经，其支从缺盆循颈经咽喉上颊。足少阴肾经，从肺上循喉咙，挟舌根。手少阳三焦经，从肩走颈经咽喉至颊。足少阳胆经，从颊车，下走颈经咽喉至缺盆。足厥阴肝经，循经喉咙，上入颃颡，环行于唇内。此外，任脉、冲脉循喉咙，络于口唇。

4. 目 目，即眼、眼睛，又称精明、命门。眼由眼球、视路和附属器（包括眼睑、结膜、泪器、眼外肌和眼眶）组成，为视觉器官。眼又是望诊察神的重要器官。眼的生理功能与全身脏腑经络均有关系。

（1）解剖形态：中医学认为，目主要由白睛、黑睛、瞳仁、两睑、两眦 5 个部分组成。

用五轮学说来说明眼睛的组织结构和生理、病理现象，成为眼科的独特理论。五轮，为气轮、风轮、水轮、血轮和肉轮的统称，白睛属气轮，黑睛为风轮，瞳孔（瞳子、瞳神）为水轮，内外眦（眼内外角）为血轮，眼睑为肉轮。

（2）生理功能：

1）主司视觉：目具有视万物、察秋毫、辨形状、别颜色的重要功能，为脏腑先天之精所成，后天之精所养。

2）心灵之窗：神为生死之本，得神则生，失神则死。目可以传神。眼之活动灵敏，精彩内含，炯炯有神，谓之有神；活动迟钝，目无精彩，目暗睛迷，为无神；若目光突然转膏，为假神，乃"回光返照"之危象；因此，望眼神成为望诊中望神之重要内容。

（3）与脏腑的关系：

1）目与五脏："眼通五脏，气贯五轮"（《济生方·卷五·目》）。所谓轮，是比喻眼球形圆，转动灵活，宛如车轮之意。根据五轮学说，目部的脏腑相关部位为：内眦及外眦的血络属心，称为"血轮"，因为心主血，血之精为络；黑珠属肝，称为"风轮"，因肝属风主筋，筋之精为黑睛；白珠属肺，称为"气轮"，因肺生气，气之精为白睛；瞳仁属肾，称为"水轮"，因肾属水，主骨生髓，骨之精为瞳仁；眼胞属脾，称为"肉轮"，因脾主肌肉，肌肉之精为约束（眼睑）。因脏与腑相表里，故血轮与心、小肠，风轮与肝、胆，气轮与肺、大肠，水轮与肾、膀胱，肉轮与脾、胃相关。

2）肝开窍于目：眼目是视觉器官。在正常情况下，眼睛精彩内含，神光充沛，视物清楚正确，能够辨别物体的颜色和长短。在心神的主宰下，五脏六腑之精气，通过血脉而上注于目，使之发挥正常的生理功能。虽然五脏六腑都与目有着内在联系，但其中尤以肝为密切，肝主藏血，"肝受血而能视"（《素问·五脏生成》），肝的经脉上连于目系（目系又称眼系、目本，为眼球内连于脑的脉络），所以说，眼为肝之外候，肝开窍于目。因此，肝的功能正常与否，常常在目上反映出来，如肝火上炎则目赤肿痛，肝风内动可见两目斜视、天吊等。眼睛的视觉功能，既依赖于全身脏腑经络气血的充养，又需要肝之阴血的濡养，所以许多眼科疾患在治疗上既照顾整体，又突出强调治肝，体现了局部和整体的统一。

3）目与经脉："诸脉者，皆属于目"（《素问·五脏生成》）。目与十二经脉、奇经八脉均有密切关系，经脉周密地分布在眼的周围，使脏腑之气血灌注于目，保证了眼与脏腑的密切联系。

足三阳经之本经均起于眼或眼附近，而手三阳经皆有 1~2 条支脉终止于眼或眼附近；此外，以本经或支脉，或别之正经连于目系者，有足厥阴肝经、手少阴心经以及足之三阳经；在奇经八脉中，其起止循行与目直接相关者，主要有督脉、任脉、阴跷脉、阳跷脉等。

5. 耳　耳，位于头面部之两侧，属清窍，为听觉和位觉（平衡觉）器官。耳的生理功能与五脏皆相关，与肾中精气盛衰的关系尤为密切。

（1）解剖形态：耳，位于头面部之两侧。为清阳之气上通之处，属清窍之一。由外耳（包括耳郭和外耳道）、中耳（包括鼓膜、鼓室和咽鼓管等）和内耳（包括耳蜗、前庭和半规管）三部分组成。耳之外壳称为耳郭，又称耳壳。耳郭前凹后凸，其游离缘卷曲，称为耳轮。耳轮前方有一与其平行的弓状隆起，称为对耳轮。对耳轮向上分为两脚，分别称为对耳轮上脚和对耳轮下脚，两脚之间的凹陷部，称为三角窝。在耳轮与对耳轮之间的浅沟，称为耳舟。在对耳轮前方有一陷凹，称为耳甲，它被耳轮脚分为上下两部，上部为耳甲艇，下部为耳甲腔；耳甲腔前方有一突起，称为耳屏，又称耳门、蔽。在对耳轮下端有一结节状突出，与耳屏相对，称为对耳屏；耳屏与对耳屏之间有耳屏间相连。耳甲腔向内经外耳门（又称耳孔）可通入外耳道。耳轮之垂下处，称为耳垂、耳坠、耳垂珠。耳膜，即鼓膜。人体各部位和脏器在耳郭上有一定的"反映区"，在反映区出现的敏感点称为耳穴。耳郭的外部形态为耳针定穴的标志。耳为听觉器官，有司听觉，主平衡之功。

（2）生理功能：耳的主要功能为主司听觉，另外耳也是人体的平衡器官。耳的功能靠精、髓、气、血的充养，尤其与肾的关系较为密切，肾精充盈，髓海得养，则听觉灵敏，分辨力高；反之，肾精虚衰，髓海失养，则听力减退，耳鸣耳聋。

（3）与脏腑经络的关系：

1）肾与耳：肾开窍于耳，肾藏精，精生髓，髓聚于脑，精髓充盛，髓海得养，则听觉才会灵敏。肾开窍于耳，临床上常常把耳的听觉变化，作为推断肾气盛衰的一个标志。人到老年，肾中精气逐渐衰退，故听力日益减退。

2）耳与其他脏腑：

耳与心。"肾为耳窍之主，心为耳窍之客"（《证治准绳·杂病》），故有"心开窍于耳"之说。因为"耳者，心之窍……心在窍为舌，肾在窍为耳，可见舌本属心，耳兼乎心肾也"（《类经·脏象类》）。所以耳属心肾二脏之窍，但以肾为主，以心为客。说明心与耳的生理有关。

耳与肝胆。肝气通于耳，肝气调达，则听力聪敏。若肝脏功能失调，"虚则目疏疏无所见，耳无所闻"，"气逆则头痛，耳聋不聪"（《素问·脏气法时论》），胆附于肝，胆足少阳之脉，其支者从耳后入耳中出走耳前。肝胆主升发，喜条达，若肝胆失调，胆经有热，易上逆于耳而为病，"足少阳胆经，上络于耳，邪在少阳，则耳聋也"（《医学心悟·伤寒六经见证法》）。

耳与脾。脾主运化而升清，脾气健旺，气血充沛，清阳之气上奉耳，则耳的功能正常；若脾失健运，气血不足，耳失所养而失聪。若湿邪困脾，清阳不升，浊阴不降，蒙蔽耳窍而为病。

耳与肺。耳与肺亦有一定关系，"温邪上受，首先犯肺"（《温热经纬·外感温热篇》），"肺金受邪……嗌燥，耳聋"（《素问·气交变大论》）。在临床上耳病初起，往往出现邪气在表的肺经症状。

总之，耳与五脏六腑均有密切的联系，其中，与肾、心、胆、肝、脾等脏腑关系较为密切。

3）耳与经脉：耳为宗脉之所聚。"十二经脉，三百六十五络，其气血皆上于面而走空窍……其别气走于耳而为听"（《灵枢·邪气脏腑病形》）。其中直接循行于耳的经脉有：足少阳胆经、手少阳三焦经，均从耳后入耳中，走耳前；足阳明胃经，循颊车上耳前；手太阳小肠经，由目锐眦入耳中；足太阳膀胱经，从巅至耳上角。耳通过经脉与脏腑和全身广泛地联系，因此有将耳壳分区分别隶属于人体各部，并以此作为耳穴诊断疾病和治疗疾病的依据。

6. 前阴 又称下阴，指男女外生殖器（外生殖器，又名阴器）及尿道的总称。前阴与排尿和生殖有关。

（1）解剖形态：男性的前阴，即男性外生殖器，包括阴囊（内有睾丸、附睾和精索等）和阴茎（简称茎，又名玉茎、茎物、阳物、阳事、溺茎）。女性外生殖器，称为女阴、子户（包括阴道等），阴道又称廷孔、庭孔、阴户，阴道外口称为阴门（又称阴户）。女性的前阴包括阴道和尿道。

（2）生理功能：前阴具有排尿和生殖功能。女性的阴道还是排泄月经和娩出胎儿的通道。

（3）与脏腑经络的关系：

1）肾与前阴：前阴包括尿道（溺窍）和生殖器（精窍），是排尿和生殖的器官。尿液的贮存和排泄虽属于膀胱的功能，但须依赖肾的气化才能完成。因此，尿频、遗尿、尿失禁以及尿少或尿闭，均与肾的气化功能有关。

2）前阴与其他脏腑：肝主疏泄，为筋之主，前阴为宗筋之所聚，肝经入阴毛，绕阴器。肝气条达，疏泄以时，宗筋得养，前阴功能正常，则精、经疏泄以时，尿液排泄正常，此为肝司阴器之功。脾胃为后天之本，气血生化之源。冲脉隶属于阳明，阳明总宗筋之会，脾胃健旺，化源充足，则精血充盈，前阴功能健旺，若脾失健运，或湿热下注，或气不摄精，精（经）不固，或宗筋弛纵而阴痿。心为君火，主神志，相火寄于肝肾，心肾相交，君火以明，相火以位，则肾能封藏。若君火动摇于上，相火应之于下，则肾失封藏，而阳痿、遗精、不孕、月经不调、小便失常诸证丛生。

3）前阴与经脉：足厥阴肝经过阴器；足少阳经绕毛际；督脉络阴器；女子系廷孔，男子循阴茎；任脉下出会阴，上行于毛际；冲脉与阳明合于宗筋。此外，足阳明、太阴、少阴之筋聚于阴器。

7. 后阴　后阴为排泄大便的器官。

（1）解剖形态：后阴即肛门，为大肠的下口，又称魄门、谷道，简称肛。"肛门者……又曰魄门"（《证治要诀》）。魄门为粕之通道，魄门即粕门，饮食糟粕由此排出体外，故称。

（2）生理功能：后阴的主要功能是排泄大便。

（3）与脏腑经络的关系：

1）肾与后阴：肾主封藏，为胃之关，既开窍于前阴，又开窍于后阴。后阴是排泄粪便的通道。粪便的排泄本是大肠的传导功能，但脏象学说常常把大肠的功能统属于脾的运化功能范畴。脾之运化赖肾以温煦和滋润，所以大便的排泄与肾的功能有关。肾的阴阳失调可出现泄泻、便秘等大便异常。总之，饮食之受纳在于胃，便溺之排泄关乎肾。

2）后阴与其他脏腑：魄门的开合由心神主宰，与前阴同为肾之窍。饮食糟粕的排泄不仅关乎于肾，而且与脾之运化、肺之肃降，以及肝之疏泄均有密切关系。

3）后阴与经脉：督脉、任脉和冲脉，三者"一源三歧"，均起于胞中，下出于会阴。会阴，又称篡、下极、屏翳，指外生殖器后方与肛门前方的部位。足太阳经别入于肛，故足太阳经和任督冲脉的穴位可治后阴病变。

（三）五脏外华

华，光华，光彩之意。"气由脏发，色由气华"（《四诊抉微》）。色泽为脏腑气血之外荣，光明显于外，润泽隐于内，光明润泽为色之常，在望色中是谓色之有神气。五脏与面、毛、唇、爪、发相关，故面、毛、唇、爪、发的色泽，可以反映五脏气血的盛衰；五脏外华，即"心其华在面"，"肺其华在毛"，"脾其华在唇四白"，"肝其华在爪"，"肾其华在发"。

1. 心其华在面　心其华在面，是说心的功能正常与否，常可从面部的色泽反映出来。心主血脉，面部血脉极为丰富，全身气血皆可上注于面，所以面部的色泽能反映出心气的盛衰，心血的多少。

心功能健全，血脉充盈，循环通畅，则面色红润光泽；反之，心脏功能失调，可引起面部色泽异常。如心气不足，心血亏少，则面白无华；心脉瘀阻，则面色青紫。

2. 肺其华在毛　毛为附在皮肤上的毫毛。肺主皮毛，肺宣发卫气和津液于毫毛，则毫毛光彩润泽。若肺气失调，不能行气与津液以温养毫毛，毫毛之营养不足，就会憔悴枯槁。故曰："太阴者，行气温于皮毛者也；故气不荣则皮毛焦，皮毛焦则津液去，津液去则皮节伤，皮节伤则爪枯毛折，毛折则气先死。"（《灵枢·经脉》）

3. 脾其华在唇　唇指口唇，位于口之前端，有上唇下唇之分。唇四周的白肉称为唇四白。"口为脾窍，内外唇肉脾所主也"（《医学传真》）。口唇的肌肉由脾所主。因此，口唇的色泽形态可以反映脾的功能正常与否，脾气健运，气血充足，营养良好，则口唇红润而有光泽。如果脾的功能失调，口唇的色泽形态就会出现异常的变化。脾失健运，气血虚少，营养不良，则口唇淡白不华，甚则萎黄不泽；口唇糜烂为脾胃积热；环口黧黑，口唇卷缩不能覆齿是脾气将绝之兆。总之，口唇的形色，不但是全身气血状况的反映，而且也是脾胃功能状态的反映。

4. 肝其华在爪　爪，指指甲，包括指甲和趾甲。爪甲的营养来源与筋相同，爪甲赖肝血以滋养，肝血的盛衰，可以影响爪甲的荣枯。肝血充足，则爪甲坚韧明亮，红润光泽。若肝血不足，则爪甲软薄，枯而色夭，甚则变形或脆裂。所以说"肝……其华在爪"（《素问·六节脏象论》）。爪甲色泽形态的变化，对于判断肝的生理病理有一定参考价值。所以见到上述病变，治疗多从肝入手。

5. 肾其华在发　发，即头发，又名血余。发之营养来源于血，故称为"发为血之余"。但发的生机根源于肾。因为肾藏精，精能化血，精血旺盛，则毛发壮而润泽，故又称肾"其华在发"。由于发为肾之外候，所以发的生长与脱落、润泽与枯槁，与肾精的关系极为密切。

五、脏腑之间的关系

人体是以五脏为中心，以六腑相配合，以气血精津液为物质基础，通过经络使脏与脏、脏与腑、腑与腑密切联系，外连五官九窍、四肢百骸，构成一个统一的有机整体，此即五脏一体观。五脏是人体生命的中心，与人体各组织器官和生命现象相联系。如胆、胃、小肠、大肠、膀胱、三焦等六腑，为五脏之表；脉、皮、肉、筋、骨五体，为五脏所主；面、毛、唇、爪、发五华，为五脏所荣；舌、鼻、口、目、耳及二阴五官九窍，为五脏所司；喜、忧、思、怒、恐五志，为五脏所生；神、魄、意、魂、志五神，为五脏所藏；汗、涕、泪、涎、唾五液，为五脏所化等。它们又与五脏一起分属于五行，并按照五行生克制化、乘侮胜复及五行互藏的规律而运动变化。五行系统的生克制化，亢害承制不是单向的、垂直的链，也不是首尾相衔的环，而是一种球状的网，五行之间是一种复杂的网络状态。因此，五脏的生克制化，亢害承制是一个复杂的立体网络结构，每一脏都具有五脏的部分功能，也是五脏的缩影和统一体，此即"五脏互藏"之意。故曰："凡五脏之气必互相灌溉，故各五脏之中，必各兼五气。"（《景岳全书·真脏脉》）因此在研究各个脏腑生理功能的基础上，还必须研究在整体活动中脏腑动能活动的调节机制和规律。换言之，必须从脏腑之间的相互关系来研究整体的生命活动。这对于认识人体生命活动规律和疾病的病理变化和辨证论治，均有重要意义。脏腑之间相互关系的主要内容包括：五脏系统的同位联系（即五脏与六腑、肢体、官窍等联系）、五脏生克制化关系、五脏互藏规律，以及五脏四时阴阳关系等。本节根据阴阳五行学说，主要从生理功能方面来阐述脏腑之间的关系。

（一）脏与脏之间的关系

脏与脏之间的关系，即五脏之间的关系。心、肝、脾、肺、肾五脏各具不同的生理功能和特有的病理变化，但脏与脏之间不是孤立的而是彼此密切联系着的。脏与脏之间的关系不单表现在形态结构方面，更重要的是它们彼此之间在生理活动和病理变化上有着必然的内在联系，因而形成了脏与脏之间相互滋生、相互制约的关系。

五脏之间的这种互相联系和具有内在规律的认识是对五脏系统生理活动规律的科学总结，必须从各脏的生理功能来阐释其相互之间的关系，才能真正揭示五脏的自动调节机制。

1. 心与肺的关系　心肺同居上焦。心肺在上，心主血，肺主气；心主行血，肺主呼吸。这就决定了心与肺之间的关系，实际上就是气和血的关系。

心主血脉，上朝于肺，肺主宗气，贯通心脉，两者相互配合，保证气血的正常运行，维持机体各脏腑组织的新陈代谢。所以说，气为血之帅，气行则血行；血为气之母，血至气亦至。气属阳，血属阴，血的运行虽为心所主，但必须依赖肺气的推动。积于肺部的宗气，必须贯通心脉，得到血的运载，才能敷布全身。

肺朝百脉，助心行血，是血液正常运行的必要条件。只有正常的血液循行，才能维持肺主气功能的正常进行。由于宗气具有贯心脉而司呼吸的生理功能，从而加强了血液循行和呼吸之间的协调平衡。因此，宗气是联结心之搏动和肺之呼吸两者之间的中心环节。心与肺，血与气，是相互依存的。气行则血行，血至气亦至。所以，若血无气的推动，则血失统帅而瘀滞不行；气无血的运载，则气无所依附而涣散不收。因此，在病理上，肺的宣肃功能失调，可影响心主行血的功能，而致血液运行失常。反之，心的功能失调，导致血行异常时，也会影响肺的宣发和肃降，从而出现心肺亏虚、气虚血瘀之候等。

2. 心与脾的关系　心主血而行血，脾主生血又统血，所以心与脾的关系，主要是主血与生血、行血与统血的关系。心与脾的关系主要表现在血的生成和运行，以及心血养神与脾主运化方面的关系。

（1）血液的生成方面：心主血脉而又生血，脾主运化为气血生化之源。心血赖脾气转输的水谷精微以化生，而脾的运化功能又有赖于心血的不断滋养和心阳的推动，并在心神的统率下维持其正常的生理活动。脾气健运，化源充足，则心血充盈；心血旺盛，脾得濡养，则脾气健运。

（2）血液运行方面：血液在脉内循行，既赖心气的推动，又靠脾气的统摄，方能循经运行而不溢于脉外；血能正常运行而不致脱陷妄行，主要靠脾气的统摄。所以有"诸血皆运于脾"之说。

（3）神志活动：心藏神，在志为喜；脾藏意，在志为思。五脏藏神，心为主导。人身以气血为本，精神为用。血液者，身之神。心生血而主血脉，脾胃为气血生化之源，生血而又统血。血为水谷之精气，总统于心而生化于脾。血之与气，一阴一阳，两相维系，气能生血，血能化气，气非血不和，血非气不运。气血冲和，阴平阳秘，脾气健旺，化源充足，气充血盈，充养心神，则心有所主。心血运于脾，心神统于脾，心火生脾土，脾强则能主运化，而生血统血。因此，心与脾在病理上的相互影响，主要表现在血液的生成和运行功能失调，以及运化无权和心神不安等，形成心脾两虚之候等。

3. 心与肝的关系　心主血，肝藏血；心主神志，肝主疏泄，调节精神情志。所以，心与肝的关系，主要是主血和藏血，主神明与调节精神情志之间的相互关系。心与肝之间的关系，主要表现在血液和神志两个方面。

（1）血液方面：心主血，心是一身血液运行的枢纽；肝藏血，肝是贮藏和调节血液的重要脏腑。两者相互配合，共同维持血液的运行。全身血液充盈，肝有所藏，才能发挥其贮藏血液和调节血量的作用，以适应机体活动的需要，心亦有所主。心血充足，肝血亦旺，肝所藏之阴血，具有濡养肝体制约肝阳的作用。所以肝血充足，肝体得养，则肝之疏泄功能正常，使气血疏通，血液不致瘀滞，有助于心主血脉功能的正常进行。

（2）神志方面：心主神志，肝主疏泄。人的精神、意识和思维活动，虽然主要由心主宰，但与肝的疏泄功能亦密切相关。血液是神志活动的物质基础。心血充足，肝有所藏，则肝之疏泄正常，气机调畅，气血和平，精神愉快。肝血旺盛，制约肝阳，使之勿亢，则疏泄正常，使气血运行无阻，心血亦能充盛，心得血养，神志活动正常。由于心与肝均依赖血液的濡养滋润，阴血充足，两者功能协调，才能精神饱满，情志舒畅。

心与肝在病理上的相互影响，主要反映在阴血不足和神志不安两个方面，表现为心肝血虚和心肝火旺之候等。

4. 心与肾的关系　心居胸中，属阳，在五行属火；肾居腹中，属阴，在五行属水。心肾之间相互依存，相互制约的关系，称为心肾相交，又称水火相济、坎离交济。心肾这种关系遭到破坏，形成了病理状态，称为心肾不交。

心与肾之间，在生理状态下，是以阴阳、水火、精血的动态平衡为其重要条件的。具体体现在以下3个方面。

（1）水火既济：从阴阳、水火的升降理论来说，在上者宜降，在下者宜升，升已而降，降已而升。心位居于上而属阳，主火，其性主动；肾位居于下而属阴，主水，其性主静。心火必须下降于肾，与肾阳共同温煦肾阴，使肾水不寒。肾水必须上济于心，与心阴共同涵养心阳，使心火不亢。肾无心之火则水寒，心无肾之水则火炽。心必得肾水以滋润，肾必得心火以温暖。在正常生理状态下，这种水火既济的关系，是以心肾阴阳升降的动态平衡为其重要条件的。水火宜平而不宜偏，水火既济而心肾相交。水就下而火炎上，水火上下，名之曰交，交为既济，不交为未济。总之，心与肾，上下、水火、动静、阴阳相济，使心与肾的阴阳协调平衡，构成了水火既济，心肾相交的关系。

（2）精血互生：心主血，肾藏精，精和血都是维持人体生命活动的必要物质。精血之间相互滋生，相互转化，血可以化而为精，精亦可化而为血。精血之间的相互滋生为心肾相交奠定了物质基础。

（3）精神互用：心藏神，为人体生命活动的主宰，神全可以益精。肾藏精，精舍志，精能生髓，髓汇于脑。积精可以全神，使精神内守。精能化气生神，为神气之本；神能驭精役气，为精气之主。人的神志活动，不仅为心所主，而且与肾也密切相关。故曰："心以神为主，阳为用；肾以志为主，阴为用。阳则气也、火也。阴则精也、水也。凡乎水火既济，全在阴精上承，以安其神；阳气下藏，以安其志。"（《推求师意》）总之，精是神的物质基础，神是精的外在表现，神生于精，志生于心，亦心肾交济之义。

5. 肺与脾的关系　脾主运化，为气血生化之源；肺司呼吸，主一身之气。脾主运化，为胃行其津液；肺主行水，通调水道所以，脾和肺的关系，主要表现在气和水之间的关系。脾和肺的关系主要表现于气的生成和津液的输布两个方面。

（1）气的生成方面：肺主气，脾益气，肺司呼吸而摄纳清气，脾主运化而化生水谷精气，输于肺，两者结合化为宗气（后天之气），宗气是全身之气的主要物质基础。脾主运化，为气血生化之源，但脾所化生的水谷之气，必赖肺气的宣降才能敷布全身。肺在生理活动中所需要的津气，又要靠脾运化的水谷精微来充养，故脾能助肺益气。因此，肺气的盛衰在很大程度上取决于脾气的强弱，故有"肺为主气之枢，脾为生气之源"之说。总之，肺司呼吸和脾主运化功能是否健旺与气之盛衰有密切关系。

（2）水液代谢方面：肺主行水而通调水道，脾主运化水湿，为调节水液代谢的重要脏器。人体的津液由脾上输于肺，通过肺的宣发和肃降而布散至周身及下输膀胱。脾之运化水湿赖肺气宣降的协助，而肺之宣降靠脾之运化以资助。脾肺两脏互相配合，共同参与水液代谢过程。如果脾失健运，水湿不化，聚湿生痰而为饮、为肿，影响及肺则肺失宣降而喘咳。其病在肺，而其本在脾。故有"脾为生痰之源，肺为贮痰之器"之说。反之，肺病日久，又可影响于脾，导致脾运化水湿功能失调。

肺脾二脏在病理上的相互影响，主要在于气的生成不足和水液代谢失常两个方面，常表现为脾肺两虚、痰湿阻肺之候等。

6. 肺与肝的关系　肝主升发，肺主肃降，肝升肺降，气机调畅，气血流行，脏腑安和，所以两者关系到人体的气机升降运动。肝和肺的关系主要体现于气机升降和气血运行方面。

（1）气机升降：肺居膈上，其气肃降；肝居膈下，其气升发。肝从左而升，肺从右而降。肝从左升为阳道，肺从右降为阴道，肝升才能肺降，肺降才能肝升，升降得宜，出入交替，则气机舒展人体精气血津液运行以肝肺为枢转，肝升肺降，以维持人体气机的正常升降运动。

（2）血气运行：肝肺的气机升降，实际上也是气血的升降。肝藏血，调节全身之血；肺主气，治理调节一身之气。肺调节全身之气的功能又需要得到血的濡养，肝向周身各处输送血液又必须依赖于气的推动。总之，全身气血的运行，虽赖心所主，但又须肺主治节及肝主疏泄和藏血作用的制约，故两脏对气血的运行也有一定的调节作用。

在病理情况下，肝与肺之间的生理功能失调，主要表现在气机升降失常和气血运行不畅方面，如肝火犯肺（又名木火刑金）之候等。

7. 肺与肾的关系　肺属金，肾属水，金生水，故肺肾关系称为金水相生，又称肺肾相生。肺为水上之源，肾为主水之脏；肺主呼吸，肾主纳气。所以肺与肾的关系，主要表现在水液代谢和呼吸运动两个方面。

肺与肾的关系，主要体现于气和水两个方面；但是，金能生水，水能润金，故又体现于肺阴与肾阴之间的关系。

（1）呼吸方面：肺司呼吸，肾主纳气。人体的呼吸运动，虽然由肺所主，但需要肾的纳气作用来协助。只有肾气充盛，吸入之气才能经过肺之肃降，而下纳于肾。肺肾相互配合，共同完成呼吸的生理活动。故曰："肺为气之主，肾为气之根。"

（2）水液代谢方面：肺为水之上源，肾为主水之脏。在水液代谢过程中，肺与肾之间存在着标和本的关系。肺主行水而通调水道，水液只有经过肺的宣发和肃降，才能使精微津液布散到全身各个组织器官中去，浊液下归于肾而输入膀胱。所以说，小便虽出于膀胱，而实则肺为水之上源。肾为主水之脏，有气化升降水液的功能，又主开阖。下归于肾之水液，通过肾的气化，使清者升腾，通过三焦回流体内；浊者变成尿液而输入膀胱，从尿道排出体外。肺肾两脏密切配合，共同参与对水液代谢的调节。但是，两者在调节水液代谢过程中肾主水液的功能居于重要地位。故曰："其本在肾，其标在肺。"

（3）阴液方面：肺与肾之间的阴液也是互相滋生的。肺属金，肾属水，金能生水，肺阴充足，输精于肾，使肾阴充盛，保证肾的功能旺盛。水能润金，肾阴为一身阴液之根本，肾阴充足，循经上润于肺，保证肺气清宁，宣降正常。

肺肾之间在病理上的相互影响，主要表现在呼吸异常、水液代谢失调和阴液亏损等方面，出现肺肾阴虚和肺肾气虚等肺肾两虚之候，往往须肺肾同治而获效。故又有"肺肾同源""金水同源"之说。

8. 肝与脾的关系　肝主疏泄，脾主运化；肝藏血，脾生血统血。因此，肝与脾的关系主要表现为疏泄与运化、藏血与统血之间的相互关系。肝与脾的关系具体体现在消化和血液两个方面。

（1）消化方面：肝主疏泄，分泌胆汁，输入肠道，帮助脾胃对饮食物的消化。所以，脾得肝之疏泄，则升降协调，运化功能健旺。脾主运化，为气血生化之源。脾气健运，水谷精微充足，才能不断地输送和滋养于肝，肝才能得以发挥正常的作用。总之，肝之疏泄功能正常，则脾胃升降适度，脾之运化也就正常了。

（2）血液方面：血液的循行，虽由心所主持，但与肝、脾有密切的关系。肝主藏血，脾主生血统血。脾之运化，赖肝之疏泄，而肝藏之血，又赖脾之化生。脾气健运，血液的化源充足，则生血统血功能旺盛。脾能生血统血，则肝有所藏，肝血充足，方能根据人体生理活动的需要来调节血液。此外，肝血充足，则疏泄正常，气机调畅，使气血运行无阻。所以肝脾相互协作，共同维持血液的生成和循行。

肝与脾在病理上的相互影响，也主要表现在饮食水谷的消化吸收和血液方面，这种关系往往通过肝与脾之间的病理转变反映出来。或为肝病及脾，肝木乘脾（又称木郁乘土）而肝脾不调，肝胃不和；或为脾病传肝，土反侮木，而土壅木郁。

9. 肝与肾的关系　肝藏血，肾藏精；肝主疏泄，肾主闭藏。肝肾之间的关系称为肝肾同源，又称乙癸同源。因肝肾之间，阴液互相滋养，精血相生，故称。肝与肾的关系主要表现在精与血之间相互滋生和相互转化的关系。

（1）阴液互养：肝在五行属木，肾在五行属水，水能生木。肝主疏泄和藏血，体阴用阳。肾阴能涵养肝阴，使肝阳不致上亢，肝阴又可资助肾阴的再生。在肝阴和肾阴之间，肾阴是主要的，只有肾阴充足，才能维持肝阴与肝阳之间的动态平衡。就五行学说而言，水为母，木为子，这种母子相生关系，称为水能涵木。

（2）精血互生：肝藏血，肾藏精，精血相互滋生。在正常生理状态下，肝血依赖肾精的滋养。肾精又依赖肝血的不断补充，肝血与肾精相互滋生、相互转化。精与血都发源于脾胃消化吸收的水谷精微，故称为"精血同源"。

（3）同具相火：相火是与心之君火相对而言的。一般认为，相火源于命门，寄于肝、肾、胆和三焦等。由于肝肾同具相火，故称为"肝肾同源"。

（4）藏泄互用：肝主疏泄，肾主闭藏，两者之间存在着相互为用、相互制约、相互调节的关系。肝之疏泄与肾之闭藏是相反相成的。肝气疏泄可使肾气闭藏而开合有度，肾气闭藏又可制约肝之疏泄太过，也可助其疏泄不及。这种关系主要表现在女子月经生理和男子排精功能方面。

总之，因为肝肾的阴液、精血之间相互滋生，其生理功能皆以精血为物质基础，而精血又同源于水谷精微，且又同具相火，所以肝肾之间的关系称为肝肾同源、精血同源。又因脏腑配合天干，以甲乙属木、属肝，壬癸属水、属肾，所以肝肾同源又称"乙癸同源"。

因此，肝与肾之间的病理影响，主要体现于阴阳失调、精血失调和藏泄失司等方面。临床上，肝或肾不足，或相火过旺，常常肝肾同治，或用滋水涵木，或补肝养肾，或泻肝肾之火的方法，就是以肝肾同源理论为依据的。此外，肝肾同源又与肝肾之虚实补泻有关。

10. 脾与肾的关系　脾为后天之本，肾为先天之本，脾与肾的关系是后天与先天的关系。后天与先天是相互资助、相互促进的。脾与肾在生理上的关系主要反映在先后天相互资生和水液代谢方面。

（1）先后天相互滋生：脾主运化水谷精微，化生气血，为后天之本；肾藏精，主命门真火，为先天之本。脾的运化，必须得肾阳的温煦蒸化，始能健运。肾精又赖脾运化水谷精微的不断补充，才能充盛。这充分说明了先天温养后天，后天补养先天的辩证关系。总之，脾胃为水谷之海，肾为精血之海。

（2）水液代谢方面：脾主运化水湿，须有肾阳的温煦蒸化；肾主水，司关门开合，使水液的吸收和排泄正常。但这种开合作用，又赖脾气的制约，即所谓"土能制水"。脾肾两脏相互协作，共同完成水液的新陈代谢。

脾与肾在病理上相互影响，互为因果。如肾阳不足，不能温煦脾阳，致脾阳不振或脾阳久虚，进而损及肾阳，引起肾阳亦虚，两者最终均可导致脾肾阳虚。临床上主要表现在消化功能失调和水液代谢紊乱方面。

（二）腑与腑之间的关系

胆、胃、大肠、小肠、膀胱、三焦腑的生理功能虽然不同，但它们都是化水谷、行津液的器官。饮食物的消化吸收、津液的输布、废物的排泄等一系列过程，就是六腑在既分工又合作的情况下，共同完成的。胃、胆、小肠密切协作共同完成饮食物的消化、吸收，并将糟粕传入大肠，经过大肠再吸收，将废物排出体外。膀胱的贮尿排尿，与三焦的气化也是相互联系着的。三焦的功能则包括了它所参与的消化、吸收与排泄等各方面的功能。因此，六腑之间必须相互协调，才能维持其正常的"实而不满"，升降出入的生理状态。由于六腑传化水谷，需要不断地受纳排空，虚实更替，故有"六腑以通为用"的说法。

六腑在病理上相互影响，如胃有实热，津液被灼，必致大便燥结，大肠传导不利。而大肠传导失常，肠燥便秘也可引起胃失和降，胃气上逆，出现嗳气、呕恶等症。又如胆火炽盛，常可犯胃，可现呕吐苦水等胃失和降之证，而脾胃湿热，熏蒸于胆，胆汁外溢，则现口苦、黄疸等。

对于六腑病变的治疗，中医学又有"腑病以通为补""六腑皆以宣通为宜"的说法。因为六腑病变，多表现为传化不通，如经过治疗，使六腑通畅了，那么六腑的功能也就恢复常态了，所以说"腑病以通为补"。这里所谓的"补"，不是用补益药物补脏腑之虚，而是指用通泄药物使六腑以通为顺，这对腑病而言，堪称为"补"。但须指出，并非是所有腑病均用通泄药物以通其滞，只有六腑传化水谷功能发生阻滞，表现为实证时，方能"以通为补"。否则，如胃阴不足之串证，又当用甘寒养阴之品以滋养胃阴，借以恢复其受纳腐熟的生理功能。

（三）脏与腑的关系

脏与腑的关系，实际上就是脏腑阴阳表里配合关系。由于脏属阴，腑属阳；脏为里，腑为表；一脏一腑，一表一里，一阴一阳，相互配合，组成心与小肠、肺与大肠、脾与胃、肝与胆、肾与膀胱等脏腑表里关系，体现了阴阳、表里相输相应的关系。

一脏一腑的表里配合关系，其根据有四：一是经脉络属，即属脏的经脉络于所合之腑。属腑的经脉络于所合之脏。二是结构相连，如胆附肝叶之间，脾与胃以膜相连，肾与膀胱之目有"系"（输尿管）相通。三是气化相通，脏行气于腑，脏腑之间通过经络和营卫气血的正常运行而保持生理活动的协调。六腑传化水谷的功能，是受五脏之气的配合才能完成。如胃的纳谷需脾气的运化，膀胱的排尿赖肾的气化作用等。腑输精于脏，五脏主藏精气，有赖六腑的消化、吸收、输送水谷精微，需六腑传化的功能活动相配合。四是病理相关，如肺热壅盛，肺失肃降，可致大肠传导失职而大便秘结等。反之，大肠热结，腑气不通，亦可影响肺气宣降，导致胸闷、喘促等。五脏不平，六腑闭塞；反之，六腑闭塞，五脏亦病。脏与腑之间的互相联系和影响，称为脏腑相合。

脏腑表里关系，不仅说明它们在生理上的相互联系，而且也决定了它们在病理上的相互影响，脏病及腑，腑病及脏，脏腑同病。因而在治疗上也相应地有脏病治腑、腑病治脏、脏腑同治等方法。

1. 心与小肠的关系　　心为脏，故属阴；小肠为腑，故属阳。两者在五行都属火。心居胸中，小肠居腹，两者相距甚远，但由于手少阴心经属心络小肠，手太阳小肠经属小肠络心，心与小肠通过经脉的相互络属构成脏腑表里关系。

心主血脉，为血液循行的动力和枢纽；小肠为受盛之府，承受由胃腑下移的饮食物进一步消化，分清别浊。心火下移于小肠，则小肠受盛化物，分别清浊的功能得以正常地进行。小肠在分别清浊过程中，将清者吸收，通过脾气升清而上输心肺，化赤为血，使心血不断地得到补充。病理上，心与小肠相互影响，心火可下移于小肠，"心主于血，与小肠合，若心家有热，结于小肠，故小便血也"（《诸病源候论·血病诸侯》）。小肠实热亦可上熏于心。

2. 肺与大肠的关系　　肺为脏，属阴；大肠属腑，属阳。两者相距甚远，但由于手太阴肺经属肺络大肠，手阳明大肠经属大肠络肺，通过经脉的相互络属，构成脏腑表里关系。因此两者在生理病理上有密切关系。肺主气，主行水，大肠主传导，主津，故肺与大肠的关系主要表现在传导和呼吸方面。

（1）传导方面：大肠的传导功能，有赖于肺气的清肃下降。肺气清肃下降，大肠之气亦随之而降，以发挥其传导功能，使大便排出通畅。此外，大肠传导功能正常与否，同肺主行水、大肠主津的作用也有关系。肺主行水、通调水道，与大肠主津、重新吸收剩余水分的作用相互协作，参与了水液代谢的调节，使大肠既无水湿停留之患，又无津枯液竭之害，从而保证了大便的正常排泄。

（2）呼吸方面：肺司呼吸，肺气以清肃下降为顺。大肠为六腑之一，六腑以通为用，其气以通降为贵。肺与大肠之气化相通，故肺气降则大肠之气亦降，大肠通畅则肺气亦宣通。肺气和利，呼吸调匀，则大肠腑气畅通。反之，大肠之气通降，肺气才能维持其宣降之性。肺与大肠在病理上的相互影响，主要表现在肺失宣降和大肠传导功能失调方面。

3. 脾与胃的关系　脾与胃在五行属土，位居中焦，以膜相连，经络互相联络而构成脏腑表里配合关系。脾胃为后天之本，在饮食物的受纳、消化、吸收和输布的生理过程中起主要作用。脾与胃之间的关系，具体表现在纳与运、升与降、燥与湿几个方面。

（1）纳运相得：胃的受纳和腐熟，是为脾之运化奠定基础；脾主运化，消化水谷，传输精微，是为胃继续纳食提供能源。两者密切合作，才能完成消化饮食、输布精微，发挥供养全身之用。

（2）升降相因：脾胃居中，为气机上下升降之枢纽。脾的运化功能，不仅包括消化水谷，而且还包括吸收和输布水谷精微。脾的这种生理作用，主要是向上输送到心肺，并借助心肺的作用以供养全身，故曰："脾气主升。"胃主受纳腐熟，以通降为顺。胃将受纳的饮食物初步消化后，向下传送到小肠，并通过大肠使糟粕浊秽排出体外，从而保持肠胃虚实更替的生理状态，故曰："胃气主降。"

（3）燥湿相济：脾为阴脏，以阳气用事，脾阳健则能运化，故性喜温燥而恶阴湿。胃为阳腑，赖阴液滋润，胃阴足则能受纳腐熟，故性柔润而恶燥。燥湿相济，脾胃功能正常，饮食水谷才能消化吸收。胃津充足，才能受纳腐熟水谷，为脾之运化吸收水谷精微提供条件。脾不为湿困，才能健运不息，从而保证胃的受纳和腐熟功能不断地进行。胃润与脾燥的特性是相互为用，相互协调的。脾胃在病变过程中，往往相互影响3个方面，主要表现在纳运失调、升降反常和燥湿不济。

4. 肝与胆的关系　肝位于右胁，胆附于肝叶之间。肝与胆在五行均属木，经脉又互相络属，构成脏腑表里肝与胆在生理上的关系，主要表现在消化功能和精神情志活动方面。

（1）消化功能方面：肝主疏泄，分泌胆汁；胆附于肝，储藏、排泄胆汁。共同合作使胆汁疏泄到肠道，以帮助脾胃消化食物。所以，肝的疏泄功能正常，胆才能储藏排泄胆汁，胆之疏泄正常，胆汁排泄无阻，肝才能发挥正常的疏泄作用。

（2）精神情志方面：肝主疏泄，调节精神情志；胆主决断，与人之勇怯有关。肝胆两者相互配合，相互为用，人的精神意识、思维活动才能正常进行。肝与胆在病变过程中主要表现在胆汁疏泄不利和精神情志异常两个方面。

5. 肾与膀胱的关系　肾为水脏，膀胱为水腑，在五行同属水。两者密切相连，又有经络互相络属，构成脏腑表里相合的关系。

肾司开合，为主水之脏，主津液，开窍于二阴，膀胱储存尿液，排泄小便，而为水腑。膀胱的气化功能，取决于肾气的盛衰，肾气促进膀胱气化津液，司关门开合以控制尿液的排泄。肾气充足，固摄有权，则尿液能够正常地生成，并下注于膀胱储存之而不漏泄；膀胱开合有度，则尿液能够正常地储存和排泄。肾与膀胱密切合作，共同维持体内水液代谢。

肾与膀胱在病理上的相互影响，主要表现在水液代谢和膀胱的贮尿和排尿功能失调方面。如肾阳虚衰，气化无权，影响膀胱气化，则出现小便不利、癃闭、尿频尿多、小便失禁等。

六、人体生命活动与五脏调节

人体的基本生命活动，主要是指神志活动、呼吸运动、消化吸收、血液循行、水液代谢、生长生殖等。在健康状态下，表现为人体正常的生理功能活动；在病理状态下，则体现为患病机体的异常的生命现象。

人体是以五脏为中心的有机而统一的系统整体。气血是人体生命活动的物质基础。脏腑功能协调平衡，阴阳匀平，气血和畅，维持着机体及其与环境的统一，保证人体进行正常的生命活动。故曰："内外调和，邪不能害。"（《素问·生气通天论》）

神志活动、呼吸运动、血液循行、水液代谢、生长生殖等人体的基本功能活动，虽各为相关脏腑所主，具有各自的规律性，但又均为五脏功能互相协调、配合的结果。这充分体现了中医学整体观念的基本特色。机体通过阴阳、五行、气血、经络、脏腑等调节机制，使各种功能活动成为整体性活动，维持着机体内外环境的相对稳定，实现了机体的完整统一性。五脏为人体生命的中心，所以，在机体的调节机制中，以五脏调节最为重要。

（一）神志活动

1. 神志的内容　神志，又称神明、精神。志为情志，亦属于神的范畴。中医学根据天人相应，形神统一的观点，认为神的含义有三：其一，泛指自然界的普遍规律，包括人体生命活动规律；其二，指人体生命活动的总称；其三，指人的精神、意识、思维、情志、感觉、动作等生理活动，为人类生命活动的最高级形式，即中医学中狭义的神。人的神志活动主要包括五神（即神、魂、魄、意、志）和五志（即喜、怒、思、忧、恐）两个方面。

2. 神志活动与五脏调节

（1）五神与五脏：五脏与五神的关系是心藏神、肺藏魄、肝藏魂、脾藏意、肾藏志，所以称五脏为"五神脏"。神、魂、魄、意、志是人的精神思维意识活动，属于脑的生理活动的一部分。中医学将其分属于五脏，成为五脏各自生理功能的一部分，但总统于心。

1）心藏神：心藏神是指心统领和主宰精神、意识、思维、情志等活动。魂、魄、意、志四神以及喜、怒、思、忧、恐五志，均属心神所主。

2）肺藏魄：魄是不受内在意识支配而产生的一种能动作用表现，属于人体本能的感觉和动作，即无意识活动。如耳的听觉、目的视觉、皮肤的冷热痛痒感觉，以及躯干肢体的动作、新生儿的吮吸和啼哭等，都属于魄的范畴。气旺盛则体健魄全，魄全则感觉灵敏，耳聪目明，动作正确协调。反之，肺病则魄弱，甚至导致神志病变。

3）肝藏魂：魂，一是指能伴随心神活动而作出较快反应的思维意识活动；二是指梦幻活动。肝主疏泄及藏血，肝气调畅，藏血充足，魂随神往，魂的功能便可正常发挥，所谓"肝藏血，血舍魂"（《灵枢·本神》）。如果肝失疏泄或肝血不足，魂不能随神活动，就会出现狂乱、多梦、夜寐不安等症。魂和魄均属于人体精神意识的范畴。但魂是后天形成的有意识的精神活动，魄是先天获得的本能的感觉和动作。

4）脾藏意：意，忆的意思，又称为意念。意就是将从外界获得的知识经过思维取舍，保留下来形成回忆的印象。脾藏意，指脾与意念有关。脾气健运，化源充足，气血充盈，髓海得养，即表现为思路清晰，意念丰富，记忆力强；反之，脾的功能失常。

5）肾藏志：志为志向、意志。意与志，均为意会所向，故意与志合称为意志。但志比意更有明确的目标，即志有专志不移的意思。肾精生髓，上充于脑，髓海满盈，则精力充沛，志的思维意识活动亦正常。若髓海不足，志无所藏，则精神疲惫，头晕健忘，志向难以坚持。

（2）五志与五脏：情志泛指人的情感、情绪，也是人的心理活动，亦属于神的范畴。对于情志的分类，中医学有五志说和七情说之分，五志说认为，人的情志有五，即怒、喜、思、忧、悲，肝"在志为怒"，心"在志为喜"，脾"在志为思"，肺"在志为忧"，肾"在志为恐"，故称为五志。七情说认为，人的情志有七，即喜、怒、忧、思、悲、恐、惊，故称为七情。七情之中，悲与忧，情感相似，可以相合；惊亦有恐惧之意，故惊可归于恐。如是"七情说"与"五志说"便统一了，即怒、喜、思、忧（悲）、恐（惊）。五脏与五志的关系是：心在志为喜，肝在志为怒，脾在志为思，肺在志为忧，肾在志为恐。喜、怒、思、忧恐是人们对外界信息所引起的情志变化，是整个精神活动的重要组成部分。情志活动要通过五脏的生理功能而表现出来，故也将其分别归属于五脏之中。

1）心在志为喜：心的生理功能和情志活动的"喜"有关。喜，对外界信息的反应，一般属于良性反应。适当的喜乐，能使血气调和，营卫通利，心情舒畅，有益于心的生理活动；但过度的喜乐，则可损伤心神。如心藏神功能过亢，可出现喜笑不休，心藏神功能不及，又易使人悲伤；由于心能统领五志，故五志过极皆能伤心。

2）肝在志为怒：怒是人们在情绪激动时的一种情志变化。一般说来，当怒则怒，怒而有节，未必为害。若怒而无节，则它对于机体的生理活动是属于一种不良的刺激，可使气血逆乱，阳气升发。肝为刚脏，主疏泄，其气主动主升，体阴而用阳。故肝的生理病理与怒有密切关系，尤以病理为最，如大怒可伤肝，使肝的阳气升发太过而致病；反之，肝的阴血不足，阳气偏亢，则稍有刺激，便易发怒。

3）脾在志为思：思，即思考、思虑，是人的精神意识思维活动的一种状态。正常地思考问题，对机体的生理活动并无不良的影响，但在思虑过度、所思不遂等情况下，就能影响机体的正常生理活动。脾气健运，化源充足，气血旺盛，则思虑、思考等心理活动正常。若脾虚则易不耐思虑，思虑太过又易伤脾。所以脾的生理功能与情志活动的"思"有关。

4）肺在志为忧：忧愁是属于非良性刺激的情志活动，尤其是在过度忧伤的情况下，往往会损伤机体正常的生理活动，忧愁对人体的影响，主要是损耗人体之气。因肺主气，所以忧愁过度易于伤肺，所谓"悲则气消"。而肺气虚弱时，机体对外来非良性刺激的耐受能力下降，人也较易产生忧愁的情志变化。

5）肾在志为恐：恐，即恐惧、胆怯，是人们对事物惧怕时的一种精神状态，它对机体的生理活动能产生不良的刺激。过度的恐惧，有时可使肾气不固，气泄于下，导致二便失禁。

（二）血液循行与五脏调节

1. **血液循行的过程**　中医学认为，血液是构成人体和维持人体生命活动的基本物质之一，具有营养和滋润作用。血在脉中循行，内至五脏，外达皮肉筋骨，对全身各脏腑组织器官起着营养和滋润作用。血液在循行过程中，不但为各组织器官提供丰富的养料，同时又将各组织器官新陈代谢过程中所产生的废物，分别运输到有关器官而排出体外。因此血液的运行主要起着运输机体内各种物质的作用。

心、血、脉是一个相对独立而且密闭的系统。其中，脉是一个相对密闭的管道系统。血液循行于脉管之中，流布全身，环周不休。

血液的正常循行，必须依靠气的推动、温煦和固摄作用。气为阳，血为阴，气血冲和，阴平阳秘，机体内外环境相对稳定，血液方能正常地不断循环流动，在人体内担负着运输、调节、防御等功能。但阴与阳，则阳主阴从；气与血，则气主血辅。所以，阴阳平衡，气血和谐，阳、气为主，阴、血为辅，则是血液循行的必要条件。

血液运行的方向，分为离心和向心两个方面。离心方面是指从心脏发出，经过经脉到络脉，反复分支，脉管逐渐变小（孙络），最后流布到全身各部组织内。向心方面是指血液在各部组织内经过利用后，带着废物由孙络到络脉，由络脉逐渐汇合到经脉，最后返回心脏。水谷精微，奉心化赤而为血，血流于经脉而归于肺，肺朝百脉而血运于诸经。血液自经而脏，由脏而经，向心与离心而循环不息。

2. 血液循行与五脏调节 心主血脉，为血液循行的基本动力。全身的血液依赖心气的推动在脉中正常运行，输送各处。心气充沛，才能维持正常的心力、心率、心律，血液才能在脉内正常运行，周流不息，营养全身。肺主治节，朝百脉，助心行血，全身的血液都要通过经脉而聚会于肺，通过肺的呼吸进行气体交换，然后再输送到全身。肝藏血是指肝有储藏血液和调节血量的生理功能。在正常生理情况下，人体各部分的血量是相对恒定的，但是随着机体活动量的增减，血量亦随之改变。脾统血是指脾有统摄血液在经脉之中流行，防止逸出脉外的功能。肾主藏精，精血同源，血液的正常运行有赖于血液本身的充盈，肾脏对血液循环的作用主要是对有效血液循环的调节。

总之，血液循环是五脏共同调节的结果。其中，心为血液循行的基本动力，肺助心行血，亦为其动力；肝之疏泄藏血，脾之统摄，肾精化而为血，又为人身阴阳之本，则是血液循行的调节因素。

（三）呼吸运动与五脏调节

1. 呼吸的过程 人以天地之气生，人体与环境之间的气体交换称为呼吸。呼吸过程是指人体吸入自然界之清气，呼出体内浊气的气体出入交换，吐故纳新的过程。呼吸是生命活动的重要指征，是人体重要的生命活动之一，也是全身各组织器官正常生理活动的必要保证。

呼吸运动是一个完整的过程，是周身之气升降出入运动的具体表现形式之一，它包括"吸清"与"呼浊"两方面的内容。

吸清，是肺通过肃降作用，借鼻腔或口腔将自然界的清气吸入体内，再途经喉咙、气管等呼吸道而进入肺中。天气通于肺，口鼻者为气之门户，喉咙是清浊之气呼吸出入升降的要道。吸入肺中的清气在胸中与脾上输的水谷之精气互相结合形成宗气，宗气一方面温养肺脏自身和喉咙等上呼吸道，以继续维持正常的呼吸运动；另一方面由肺入心，在心肺的共同作用下布散周身，内灌脏腑经脉，外濡肌肤腠理。其中清气通过经脉下达于肾，由肾封藏摄纳，使气有所归依，同时也不断地充养了肾气。

呼浊，是指吸入体内的自然之清气被周身组织器官所充分利用，并在新陈代谢的活动中产生了浊气，其大部分通过经脉又复上行至心入肺，在肺的宣发作用下，再经历气管、喉、鼻（口腔）等呼吸道而呼出体外。有一部分浊气则通过皮毛汗孔的开合作用，由"气门"而排泄。

2. 呼吸运动与五脏调节　肺主呼吸，吸之则满，呼之则出，一呼一吸，消息自然，司清浊之运化，为人身之橐篇。肾主纳气，肺所吸入之清气有赖肾的摄纳，防止呼吸浅表。肺为气之主，肾为气之根，肺主出气，肾主纳气，阴阳相交，呼吸乃和。肝主疏泄，调畅气机。肝为刚脏而主疏泄，肺为娇脏而主肃降。肝从左升，肺从右降，升降得宜则气机舒展。脾主运化，水谷精气由脾上升，与肺的呼吸之气相合而生成宗气。宗气走息道而行呼吸，贯心脉以行气血。脾脏不仅调节气的运行，而且调节气的质量。心主血，血为气之母，气非血不和，气不得血，则散而无统，血是气的载体，并给气以充分营养。吸入肝与肾，呼出心与肺，因为五脏都参与呼吸气机的调节，所以五脏中任何一脏的功能异常，均可引起呼吸系统疾病。

（四）消化吸收与五脏调节

1. 消化吸收的过程　人以水谷为本，人体在生命活动的过程中，需要不断地摄取饮食营养，以维持各组织器官正常的生理活动。水谷精微是人类赖以生存的要素之一，也是化生气血阴阳的物质基础。

消化吸收是饮食物代谢过程中的两个主要环节。消化，是指饮食物通过消化器官的运动和消化液的作用，被分别成清者和浊者的过程。即人将摄入的饮食物转变为可以吸收利用的水谷精微的过程。清者，指水谷精微；浊者，指食物残渣。吸收，是指饮食物在充分消化的基础上所转变成的精微物质被吸收，并进而转运至心肺的过程。消化和吸收是一个完整的过程，消化液的分泌和消化器官的运动是紧密联系的，消化过程和吸收过程也是相辅相成、密切协调的。

2. 消化吸收与五脏调节　饮食物的消化吸收过程，关系到五脏六腑的生理活动，是脾、胃、小肠、大肠、肝、胆、胰等脏腑功能互相配合而进行的，其中与脾（小肠）、胃的关系尤为密切，所以说脾胃同为后天之本，气血生化之源。

脾主运化，食物经过胃的腐熟后，下送小肠以"分清泌浊"。浊的部分再传大肠转变为废物排出体外，清的部分由脾吸收而送运全身，发挥营养作用。脾主运化实际上包括了现代消化生理学的全部内容，以及营养生理学的部分内容。

肝主疏泄，调节食物的消化和吸收，土得木而达，食气入胃，全赖肝木之气以疏泄之而水谷乃化。肝的疏泄有助于脾胃的运化还表现在胆汁的分泌与排泄，帮助脾胃运化。

肺居上焦，职司宣发，"谷入于胃，以传与肺，五脏六腑皆以受气"，饮食精微由肺的宣发而布达全身。

肾主命门，脾阳根于肾阳，水谷运化须借助于肾阳的温煦蒸腾，故肾阳被誉为釜底之薪，所谓后天水谷之气得先天精气之气则生生不息。

心主血属火，心有所主，则脾气健旺。

（五）水液代谢与五脏调节

1. 水液代谢的过程　水液代谢，是指水液的生成、输布以及水液被人体利用后的剩余水分和代谢废物的排泄的过程，这是一个极其复杂的生理过程。水液来源于饮食，是通过胃、脾以及大小肠等消化吸收而生成。水液的代谢过程，则是以脾、肺、肾三脏为中心完成的。

水液生成以后，首先由脾通过升清作用，将其向上转输到心肺，同时一部分未被吸收的水液，则与食物残渣一起下传于大肠，从粪便中排出体外。

肺接受了脾上输的大量水液，通过宣发肃降作用将其敷布至周身。其中一部分水液经肺的宣发作用，随卫气而运行于体表，外达四肢官窍，以濡养肌肉，润泽皮肤；代谢以后的废料和剩余水分，又通过阳气的蒸腾，化生成汗液从汗孔排出。另一部分水液经肺的肃降作用，以心脏为动力，随营气循经脉而运行于体内，以濡养五脏六腑，灌注于骨和脑髓之中，在被机体组织器官利用之后，又集聚于肾。另外，在肺的呼气运动中，也排出了少量的水气。

肾为主水之脏，集聚于肾的水液在肾的气化作用之下，被泌别成清者和浊者两部分。其清者，通过肾中阳气的蒸腾气化作用，又复上归于肺，由心肺再布散周身，以维持体内的正常水液量；其浊者，则通过肾中阳气的温化推动作用，不断地化生成尿液，并且向下输送至膀胱。当膀胱内尿液积到一定量时，就产生尿意，从而及时自主地经尿道而排出体外。

2. 水液代谢与五脏调节　水液的正常代谢，与五脏系统功能正常、阴阳平衡密切相关，阴阳并需，尤以阳气为要，阳旺则气化，气化则水自化。肾司开合，为主水之脏。脾主运化水液，为水液代谢之枢纽。肺主行水，为水之上源。肝主疏泄，调畅气机，气行则水行。心主血脉，行血而利水运。饮水入胃，中焦之水经脾气的运化，肝气的疏泄，散精于上焦；心肺同居上焦，上焦之水为清水，清中之清者经肺气宣发，心脉通利而散布到肌腠、皮毛、四肢、百骸，其代谢废物即变为汗液等排出体外；清中之浊者得肺气肃降而输达下焦；归肾之水为浊，浊中之清者复经肾气的蒸腾上升至心肺而重新参加代谢，浊中之浊者经肾气开合送至膀胱，而排出体外。

总之，人体水液代谢的全过程，需要五脏六腑生理功能的协同配合，又是以肺、脾、肾三脏的功能活动为主的，其中肾的气化作用又贯穿于水液代谢的始终，并且对脾、肺等脏腑在水液代谢方面的功能起着促进作用。如果脾、肺、肾三脏中任何一脏的功能失常，皆可引起水液的输布排泄障碍，使水湿停留于体内，而产生痰饮、水肿等病理变化。

（六）生长生殖与五脏调节

1. 生长生殖的过程　人的生命历程从胎孕、发育、成长、衰老乃至死亡，经历着一个生、长、壮、老、已的过程，是人类生命的自然规律。人的生命活动是以脏腑、阴阳、气血为基础的。脏腑、阴阳、气血平衡，人体才能正常生长发育。阴阳是生命之本。阳化气，阴成形，生命过程就是不断地化气与成形的过程。气血是构成人体和维持人体生命活动的基本物质，为人体盛衰之本。精者气之精，"人始生，先成精""精者，身之本"。人体的产生，先从精始，由精而生成身形脏腑。人出生之后赖五脏六腑之精的充盈，以维持正常的生命活动。总之，气血精津液是促进人体生长发育的基本物质。精能化气，气化为精。肾为藏精之腑，"受五脏六腑之精而藏之"。男子二八，女子二七，肾精充盛而天癸至，天癸至则精气溢泄，月事应时而下，具备生殖能力，男女交媾，胎孕乃成。随着脏腑阴阳气血的盛衰和精气天癸的至竭，人体呈现出生长壮老已的生命过程。

2. 生长生殖与五脏调节

（1）生长发育与五脏：人的生长发育与体内的气血阴阳以及脏腑的功能活动均有关。如心血充盈，可运行濡养周身；肺气充足，可维持体内清浊之气的吐故纳新；肝气调畅，可促进各组织器官功能的正常发挥。因此，人的生长发育要依赖五脏六腑的精气充养和支持，是五脏六腑共同发挥作用的生命过程。由于"肾为先天之本""脾为后天之本"，故脾肾两脏在促进人的生长发育及维持人的生命活动中起着极其重要的作用。

肾中精气的盛衰决定着人体的生长发育过程，为人体生长发育的根本。肾中精气禀受于父母，是激发生命活动的原动力。人体生长壮老已的生命过程，反映了肾中精气的盛衰变化。肾之精气充足，生长发育正常，则表现为幼年时期生机旺盛，齿更发长；青壮年时期体魄壮实，筋骨强健。如肾之精气不足，生长发育迟缓，则幼年时期可见立迟、行迟、发迟、齿迟、语迟之"五迟症"；成年时期则可出现发落齿摇，未老先衰等现象。

后天化生的精气血津液是维持生命功能，促进生长发育的重要物质基础，故人出生以后，还要得到脾运化的水谷精微的充养，才能保证继续生长发育的需要。脾吸收、转输的营养物质，能够化生成精、气、血、津液，一方面源源不断地濡养周身各组织器官，以维持正常的生理活动；另一方面又不断地补充、培育先天之精气，使机体生机不息，保证了人体在利用生命物质的过程中正常地生长发育。脾胃乃人生后天之根本，脾胃一伤，饮食不进，生机自绝。可见，人体的形成根于肾，生命的延续关乎脾。如脾气虚弱，运化失常，便可引起营养不良、体乏消瘦等症，直接影响到正常的生长发育，这也称为"后天失调"。

（2）生殖与五脏：生殖是生物绵延和繁殖种系的重要生命活动，是保证种族延续的各种生理过程的总称。在高等动物，生殖涉及两性生殖细胞的结合和产生新个体的全部生理过程。在人类，还涉及政治、经济、哲学等一系列社会问题。人类生殖是通过两性生殖器官的活动而实现的。生殖功能主要是指机体发育成熟而具备的繁衍后代的能力。人的生殖是一个复杂的生理活动过程，与五脏六腑有着密切关系，其中与肾、肝、脾的关系密切，尤以肾为最。

人的性器官的发育，性功能的成熟以及生殖能力，均与肾密切相关。肾为封藏之本，肾中的先天之精气，与生俱来，是禀受于父母的生殖之精气，是构成新的生命体的原始物质，为人类生育繁衍所不可缺少的物质基础。先天之精促使胚胎的形成，并维系着胚胎的正常发育。如果父母肾中精气充盛，生殖功能正常，两精相合，所形成的人体先天之精气才能充足，化生的形体才能壮实。若父母精气衰弱，影响生殖能力，便会引起下一代形体虚衰，或出现先天性畸形、痴呆、缺陷，或导致其生殖能力低下。

人的生殖能力并非伴随生命历程而始终存在，仅仅在生命历程的一定阶段，具有天癸的时期，方具备生殖能力。天癸是生殖的基础，天癸的产生取决于肾，是肾中精气以及阴阳逐渐充盛到一定程度而化生的一种新的物质。天癸关系到性功能的产生和成熟，并且控制、调节着人的生殖能力。一般而言，男子 16～64 岁，女子 14～49 岁，肾中精气盛（渐盛—充盛—渐衰），天癸产生并维持其功能，而具有生殖能力。由此可见，肾中精气的盛衰，天癸的产生与否，是决定并影响生殖能力的关键。

肝具有藏血和主疏泄的功能。一方面，肝气调畅，藏血充足，女子的月经来潮和孕育胎儿的生理活动便能正常维持；若肝失疏泄，藏血不足，就会导致月经不调、不孕、不育等症。另一方面，肝的疏泄作用还影响男子的排精功能，如肝火偏旺，可出现遗精；肝气郁结，可出现精液排泄减少等。

脾主运化，先天之精气要依赖后天之精气充养，脾吸收、转输的水谷精微下达于肾，归藏于肾，使肾精保持充盈，方有利于生殖之精的生成。同时水谷精微化生的血液又能储藏于脾，使冲任血脉充足而不绝，有助于女子发挥正常的生殖能力。因此，脾与人体的生殖功能也有关。

第四节　生命活动的基本物质

精、气、血、津液是构成生命和维持生命活动的基本物质，也是各脏腑组织器官生理活动的主要物质基础。

一、精

（一）精的含义

精（精气）在中医学上，其义有五：

1. 精泛指构成人体和维持生命活动的基本物质，"夫精者，身之本也"（《素问·金匮真言论》）。精包括先天之精和后天之精。禀受于父母，充实于水谷之精，而归藏于肾者，谓之先天之精；由饮食物化生的精，称为水谷之精。水谷之精输布到五脏六腑等组织器官，便称为五脏六腑之精。泛指之精又称为广义之精。

2. 精指生殖之精，即先天之精。系禀受于父母，与生俱来，为生育繁殖，构成人体的原始物质。"两神相搏，合而成形，常先身生，是谓精"（《灵枢·决气》）。生殖之精又称之狭义之精。

3. 精指脏腑之精，即后天之精。脏腑之精来源于摄入的饮食物，通过脾胃的运化及脏腑的生理活动，化为精微，并转输到五脏六腑，故称为五脏六腑之精。

4. 精是指精、血、津、液的统称，"精有四：曰精也，曰血也，曰津也，曰液也"（《读医随笔·气血精神论》）。实为生命物质气、血、精、津液的概称。

5. 精指人体正气。"邪气盛则实，精气夺则虚"（《素问·通评虚实论》），"邪气有微甚，故邪盛则实；正气有强弱，故精夺则虚"（《类经·疾病类》）。

总之，在中医学的精、气、血、津液学说中，精或称精气是一种有形的、多是液态的精微物质。其基本含义有广义和狭义之分。广义的精，泛指构成人体和维持生命活动的精微物质，包括精、血、津、液在内。狭义的精，指肾藏之精，即生殖之精，是促进人体生长、发育和生殖功能的基本物质。

（二）精的生成

人之精根源于先天而充养于后天，"人之始生，本乎精血之原；人之既生，由乎水谷之养。非精血，无以充形体之基；非水谷，无以成形体之壮"（《景岳全书·脾胃》）。从精的来源言，则有先天与后天之分。

1. 先天之精　人之始生，秉精血以成，借阴阳而赋命。父母生殖之精结合，形成胚胎之时，便转化为胚胎自身之精，此既禀受于父母以构成脏腑组织的原始生命物质。胚胎形成之后，在女子胞中，直至胎儿发育成熟，全赖气血育养。胞中气血为母体摄取的水谷之精而化生。因此，先天之精，实际上包括原始生命物质，以及从母体所获得的各种营养物质，主要秘藏于肾。

2. 后天之精　胎儿月足离怀，出生之后，赖母乳以长气血、生精神、益智慧。脾胃为水谷之海，气血之父。脾胃为人生后天之根本，人之既生赖水谷精微以养，脾胃强健。脾胃运化水谷之精微，输布到五脏六腑而成为五脏六腑之精，以维持脏的生理活动，其盈者藏于肾中。人体之精主要藏于肾中，虽有先天和后天之分，但"命门得先天之气也，脾胃得后天之气也，是以水谷之精本赖先天为之主，而精血又必赖后天为之资"(《景岳全书·脾胃》)，两者相互依存，相互促进，借以保持人体之精气充盈。

（三）精的功能

精是构成人体和维持人体生命活动的精微物质，其生理功能如下：

1. 繁衍生殖　生殖之精与生俱来，为生命起源的原始物质，具有生殖以繁衍后代的作用。这种具有生殖能力的精称为天癸。男子二八天癸至，精气溢泻；女子二七而天癸至，月事应时而下。精盈而天癸至，则具有生殖能力。男女媾精，阴阳和调，胎孕方成，故能有子而繁衍后代。及至老年，精气衰微，天癸竭而地道不通，则丧失了生殖繁衍能力。由此可见，精是繁衍后代的物质基础，肾精充足，则生殖能力强；肾精不足，就会影响生殖能力。故补肾填精是临床上治疗不育、不孕等生殖功能低下的重要方法。

2. 生长发育　人之生始于精，由精而成形，精是胚胎形成和发育的物质基础。人出生之后，犹赖后精的充养，才能维持正常的生长发育。随着精气由盛而衰的变化，人则从幼年而青年，再由壮年而步入老年，呈现出"生长壮老已"的生命运动规律；这是临床上补肾以治疗五软五迟等生长发育障碍和防治早衰的理论依据。

3. 生髓化血　肾藏精，精生髓，脑为髓海。故肾精充盛，则脑髓充足而肢体行动灵活，耳目聪敏。精盈髓充则脑自健，脑健则能生智慧，强意志，利耳目，轻身延年。故防治老年性痴呆多从补肾益髓入手。

精生髓，髓可化血，精足则血充，故有精血同源之说。临床上用血肉有情之品，补益精髓可以治疗血虚证。

4. 濡润脏腑　人以水谷为本，受水谷之气以生。饮食经脾胃消化吸收，转化为精。水谷精微不断地输布到五脏六腑等全身各组织器官之中，起着滋养作用，维持人体的正常生理活动。其剩余部分则归藏于肾，储以备用。肾中所藏之精，既贮藏又输泄，如此生生不息。

二、气

人是自然界的产物，禀天地之气而生，依四时法而成。天地阴阳五行之气内化于人体，构成了人体生理之气。生理之气是维持人体生命活动的物质基础，其运动变化规律也是人体生命的活动规律。人与天地相应，人体与自然界不仅共同受阴阳五行之气运动规律的制约，而且许多具体的运动规律也是相通应的。

综上所述，气是真实存在而至精至微的生命物质，是生命活动的物质基础，负载着生命现象。人生所赖，唯气而已。所以说，气是构成人体和维持人体生命活动的最基本物质。

（一）气的生成

人体之气，就生命形成而论，"生之来谓之精"，有了精才能形成不断发生升降出入的气化作用的机体，则精在气先，气由精化。其中，先天之精可化为先天之气；后天之精所化之气与肺吸入的自然界的清气相合而为后天之气。先天之气与后天之气相合而为人体一身之气。人体的气，源于先天之精气和后天摄取的水谷精气与自然界的清气，通过肺、脾胃和肾等脏腑生理活动作用而生成。

1. 气的来源　构成和维持人体生命活动的气，其来源有二。

（1）先天之精气：这种精气先身而生，是生命的基本物质，禀受于父母，故称为先天之精。人始生，先成精，没有精气就没有生命。这种先天之精，是构成胚胎的原始物

第三篇　基础理论

质。人之始生，以母为基，以父为楯，父母之精气相合，形成了胎。先天之精是构成生命和形体的物质基础，精化为气，先天之精化为后天之气，形成有生命的机体，所以先天之气是人体之气的重要组成部分。

（2）后天之精气：后天之精包括饮食物中的营养物质和存在于自然界的清气。因为这类精气是出生之后，从后天获得的，故称后天之精。气由精化，后天之精化而为后天之气。呼吸之清气，通过人体本能的呼吸运动所吸入的自然界的新鲜空气，又称清气、天气、呼吸之气。人体赖呼吸运动，使体内的气体在肺内不断交换，实行吐故纳新，参与人体气的生成。

水谷之精气，又称谷气、水谷精微，是饮食物中的营养物质，是人赖以生存的基本要素。胃为水谷之海，人摄取饮食物之后，经过胃的腐熟，脾的运化，将饮食物中的营养成分化生为能被人体利用的水谷精微，输布于全身，滋养脏腑，化生气血，成为人体生命活动的主要物质基础。如初生婴儿，一日不食则饥，七日不食则肠胃枯竭而死，可见人类一有此身，必资谷气入胃，洒陈于六腑，和调于五脏，以生气血，而人资之以为生。

2. 气的生成　人体的气，从其本源看，是由先天之精气、水谷之精气和自然界的清气三者相结合而成的。气的生成有赖于全身各脏腑组织的综合作用，其中与肺、脾胃和肾等脏腑的关系尤为密切。

（1）肺为气之主：肺为体内外之气交换的场所，通过肺的呼吸吸入自然界的清气，呼出体内的浊气，实现体内外之气的交换。通过不断的呼浊吸清，保证了自然界的清气源源不断地进入体内，参与人体新陈代谢的正常进行。

肺在气的生成过程中主要生成宗气。人体通过肺的呼吸运动，把自然界的清气吸入于肺，与脾胃所运化的水谷精气，在肺内结合而积于胸中的上气海（膻中），形成人体的宗气。

宗气走息道以行呼吸，贯心脉而行气血，通达内外，周流一身，以维持脏腑组织的正常生理功能，从而又促进了全身之气的生成。宗气赖肺呼吸清气而生，待其生成之后，则积于胸中，走气道而行呼吸。肺通过呼吸，排出浊气，摄取清气，生成宗气，以参与一身之气的生成。

呼吸精气，则能寿敝天地。肺借呼吸吸入自然之清气，为一身之气提供物质基础，赖化生宗气进而化生一身之气。肺之呼吸是气生成的根本保证。

（2）脾胃为气血生化之源：胃司受纳，脾司运化，一纳一运，生化精气。脾升胃降，纳运相得，将饮食化生为水谷精气，靠脾之转输和散精作用，把水谷精气上输于肺，再由肺通过经脉而布散全身，以营养五脏六腑、四肢百骸，维持正常的生命活动。脾胃为后天之本，在气的生成过程中，脾胃的腐熟运化功能尤为重要。脾升胃降，纳运相得，才能将饮食化生为水谷精气。因为人在出生之后，依赖食物的营养以维持生命活动。而机体从饮食物中摄取营养物质又依赖于脾胃的受纳和运化功能。饮食入胃，经过胃之受纳和腐熟，进行初步消化，通过幽门下移于小肠，靠脾的磨谷消食作用，将水谷化生为水谷精微——水谷之精气，并靠脾之转输和散精作用，把水谷精微上输于肺，再由肺注入心脉，通过经脉布散到全身，以营养五脏六腑，维持正常的生命活动。脾为五脏之轴，胃为六腑之首，脾胃合为后天之本，气血生化之源，在气的生成过程中起着中流砥柱的作用。脾胃在气的生成过程中，不仅化生水谷精气，提供物质基础，参与宗气的生成，而且又能滋养先天之精气。

（3）肾为生气之源：肾有储藏精气的作用，肾的精气为生命之根，生身之本。肾所藏之精，包括先天之精和后天之精。先天之精是构成人体的原始物质，为生命的基础。后天之精，又称五脏六腑之精，来源于水谷精微，由脾胃化生并灌溉五脏六腑。实际上，先天之精和后天之精在肾脏中是不能截然分开的。肾的盛衰，除先天条件外，与后天之精的充盛与否也有密切关系。肾脏对精气，一方面不断地储藏，另一方面又不断地供给，循环往复，生生不已。肾所藏的先天之精气充盛，不仅给全身之气的生成奠定了物质基础，而且还能促进后天之精的生成，使五脏六腑有所禀受而气不绝。

总之，气的生成，一者靠肾中精气、水谷精气和自然界清气供应充足；二者靠肺、脾胃、肾三脏功能的正常，其中以脾肺更为重要，故临证所谓补气，主要是补脾肺两脏之气。

（二）气的功能

气，是构成人体和维持人体生命活动的最基本物质，它对于人体具有十分重要的多种生理功能。气的生理功能主要有以下几个方面。

1. 推动作用　气的推动作用，指气具有激发和推动作用。气是活力很强的精微物质，能激发和促进人体的生长发育以及各脏腑、经络等组织器官的生理功能，能推动血液的生成、运行，以及津液的生成、输布和排泄等。

气是维持人体生命活动的最基本物质。气自身具有运动的能力，"气有胜复，胜复之作，有德有化，有用有变"（《素问·六微旨大论》）。气的这种胜复作用，即克制与反克制作用。气是阴阳的矛盾统一体，阴阳是气本身内在的矛盾要素。气的克制与反克制作用，亦即阴阳的矛盾运动，是"变化之父母，生杀之本始"（《素问·阴阳应象大论》）。气本身的相互作用，是推动生命活动的根本动力。

人体的脏腑经络，赖气的推动以维持其正常的功能。如血液在经脉中运行于周身，其动力来源于气。"气为血之帅，血随之而运行"（《血证论·吐血》），血为气之配，气升则升，气降则降，气凝则凝，气滞则滞。津液的输布和排泄赖气的推动，气行则水行，气滞则水滞。气这种动力作用，是由脏腑之气所体现的，如人体的生长发育和生殖功能，依赖于肾气的推动；水谷精微的化生赖脾胃之气的推动等。三焦是元气通行之道路，上焦如雾，中焦如沤，下焦如渎。三焦囊括了整个人体最主要的新陈代谢功能，其自我完成的能动过程是通过气化作用实现的。构成经络系统和维持经络功能活动的最基本物质，谓之经络之气。经络之气为人体真气的一部分。

经络之气旺盛，则人身二气周流，无往不贯，出于脏腑，流布经络，循脉上下，荣周不休，五十而复大会，阴阳相贯，如环无端。当气的推动作用减弱时，可影响人体的生长、发育，或出现早衰，亦可使脏腑、经络等组织器官的生理活动减退，出现血液和津液的生成不足，运行迟缓，输布、排泄障碍等病理变化。

人的精神是物质之气的产物，气为体，神为用。人的精神意识活动也赖气的推动。

2. 温煦作用　气的温煦作用是指气有温暖作用，气是机体热量的来源，是体内产生热量的物质基础。其温煦作用是通过激发和推动各脏腑器官生理功能，促进机体的新陈代谢来实现的。气分阴阳，气具有温煦作用者，谓之阳气。具体言之，气的温煦作用是通过阳气的作用而表现出来的。就营卫之气而言，卫气属阳，"卫者，热气也。凡肌肉之所以能温，水谷之所以能化者，卫气之功用也"（《读医随笔·气血精神论》）。

维持人体生命活动的阳气称为少火，所谓"少火生气"（《素问·阴阳应象大论》）。阳气对人体的生长壮老已至关重要，"阳气者，若天与日，失其所，则折寿而不彰"（《素问·生气通天论》）。

温煦作用具有重要的生理意义，人体的体温，需要气的温煦作用来维持；各脏腑、经络的生理活动，需要在气的温煦作用下进行；血得温则行，血和津液等液态物质，都需要在气的温煦作用下，才能正常循行。

气虚为阳虚之渐，阳虚为气虚之极。如果气虚而温煦作用减弱，则可现畏寒肢冷、脏腑功能衰退、血液和津液的运行迟缓等寒性病理变化。

3. 防御作用　气的防御作用是指气护卫肌肤、抗御邪气的作用。人体功能总称正气。中医学用气的观点解释病因和病理现象，用"正气"代表人体的抗病能力，用"邪气"标示一切致病因素，用正气不能抵御邪气的侵袭来说明疾病的产生。故曰："正气存内，邪不可干"（《素问·刺法论》）。气是维持人体生命活动的物质基础，气盛则人体脏腑经络的功能旺盛，人体脏腑经络功能旺盛则抗病能力旺盛，即正气强盛。"气得其和则为正气，气失其和则为邪气"（《医门法律·先哲格言》）。"和"，即和谐之意。气具有物质性和运动性的显著特征，气分阴阳，阴阳相辅相成，相互激荡，彼此合和，万物便"冲气"合和而化生。气的生成和升降出入运动处于阴阳和谐的动态平衡状态，就是气之"和"或"和谐"。气和则生机益然，功能旺盛，抗病能力亦盛，故曰"气得其和则为正气"。否则，气失其和则人体功能低下，抗病能力减弱，易招邪气侵袭而为病。故曰："气失其和则为邪气。"气的防御作用是通过正气而体现出来的。

气的防御作用主要体现为：

（1）护卫肌表，抵御外邪。皮肤是人体的藩篱，具有屏障作用。肺合皮毛，肺宣发卫气于皮毛，卫气行于脉外，达于肌肤，而发挥防御外邪侵袭的作用。

（2）正邪交争，祛邪外出。邪气侵入机体之后，机体的正气奋起与之抗争，正盛邪祛，邪气迅即被驱除体外，如是疾病便不能发生。

（3）自我修复，恢复健康。在疾病之后，邪气已微，正气未复，此时正气足以使机体阴阳恢复平衡，则使机体病愈而康复。

总之，气的盛衰决定正气的强弱，正气的强弱则决定疾病的发生发展与转归。如卫气不足而表虚易于感冒，用玉屏风散以益气固表；体弱不耐风寒而恶风，汗出，用桂枝汤调和营卫，均属重在固表而增强皮毛的屏障作用。

4. 固摄作用　气的固摄作用，指气对血、津液、精液等液态物质的稳固、统摄，以防止无故流失的作用。机体阴阳平衡标志着健康，平衡失调意味着生病。但是，中医学的阴阳学说认为，在人体阴阳的对立互根的矛盾关系中，阳为主阴为从，强调以阳为本，阳气既固，阴必从之。"凡阴阳之要，阳密乃固。……阳强不能密，阴气乃绝"（《素问·生气通天论》）。人体中的阳气是生命的主导，若失常而不固，阴气就会耗伤衰竭，引起疾病甚至死亡。所以，气的固摄作用，泛言之，实为人体阳气对阴气的固密调节作用。

气的固摄作用具体表现为：

（1）气能摄血，约束血液，使之循行于脉中，而不致逸出脉外。

（2）气能摄津，约束汗液、尿液、唾液、胃肠液等，调控其分泌量或排泄量，防止其异常丢失。

（3）固摄精液，使之不因妄动而频繁遗泄。

（4）固摄脏腑经络之气，使之不过于耗失，以维持脏腑经络的正常功能活动。气的固摄作用实际上是通过脏腑经络的作用而实现的。

固与散、泄、脱相对。气的固摄作用减退，必将导致机体阴阳、气血、精神、津液的耗散、遗泄、脱失。其病轻者为散、为泄，重者为脱。凡汗出亡阳，精滑不禁，泻痢不止，大便不固，小便自遗，久嗽亡津，归于气脱；凡下血不止，崩中暴下，诸大亡血，归于血脱。

5. 营养作用　指气为机体脏腑功能活动提供营养物质的作用。具体表现在三个方面：其一，人以水谷为本，水谷精微为化生气血的主要物质基础。气血是维持全身脏腑经络功能的基本物质。因此说，水谷精气为全身提供生命活动所必需的营养物质。其二，气通过卫气以温养肌肉、筋骨、皮肤、腠理。通过营气化生血液，以营养五脏六腑、四肢百骸。其三，气通过经络之气，起到输送营养，濡养脏腑经络的作用。

6. 气化作用　气化，在不同的学术领域有不同的含义。在中国古代哲学上，气化是气的运动变化，即阴阳之气的变化，泛指自然界一切物质形态的一切形式的变化。

在中医学上，气化的含义有二：①气化指自然界六气的变化。②气化泛指人体内气的运行变化。气化是在气的作用下，脏腑的功能活动，精、气、血、津液等不同物质之间的相互化生，以及物质与功能之间的转化，包括体内物质的新陈代谢，以及物质转化和能量转化等过程。气化的过程包括形化、气化及形气转化。在这一过程中，既有有形物质向气的转化，如食物经脾胃腐熟运化之后化为营气；又有气向有形物质的转化，如营气在心肺的作用下而化为血液。人体是一个不断发生气化作用的机体。阳化气，阴成形；阳主动，阴主静。阴阳动静的相互作用是气化作用的根源。要言之，人体的生命活动全恃气化，气化是生命活动的本质所在。

气的推动、温煦、防御、固摄、营养、气化等功能，虽然不尽相同，但密不可分，在生命活动中相互促进、协调配合，共同维系着人的生命过程。气是维持生命活动的物质基础。这种生命物质——气，经常处于不断自我更新和自我复制的新陈代谢过程中。气化为形、形化为气的形气转化的气化运动，包括了气、精、血、津液等物质的生成、转化、利用和排泄过程。人体必须不断地从周围环境摄取生命活动必需的物质，否则，生命就无法维持。人以水谷为本，得谷则昌，绝谷则亡。脏腑经络，周身组织，无不在不同的角度、范围与深度上参与了这类气化运动，并从中获取所需要的营养和动力，而排出无用或有害的代谢产物。

人体的气化运动是永恒的，存在于生命过程的始终，没有气化就没有生命，气化运动是生命最基本的特征。如果气的气化作用失常，则能影响整个物质代谢过程。例如，影响饮食物的消化吸收，影响气、血、津液的生成、输布，影响汗液、尿液和粪便的排泄等，从而形成各种复杂的病变。

（三）气的运动

1. 气机的概念　气的运动称为气机。机者有枢机、枢要、关键之意。运动是气的根本属性。气的运动是自然界一切事物发生发展变化的根源，故称气的运动为气机。气化活动是以气机升降出入运动为具体体现的。气机升降出入运动就是气的交感作用。人体是一个不断地发生着升降出入的气化作用的机体。

人体的气处于不断的运动之中，它流行于全身各脏腑、经络等组织器官，无处不有，时刻推动和激发着人体的各种生理活动。气的升降出入运动一旦停止，就失去了维持生命活动的作用，人的生命活动也就终止了。

2. 气机的形式

（1）气机运动的基本规律：位有高下，则高者下降，下者上升；气有盈虚，则盈者溢出，虚者纳入，故有高下盈虚的阴阳对立，就必然产生气的升降出入的运动，这是事物的辩证法。其中，升，指气行向上；降，指气行向下；出，是气由内而外；入，是气由外而内。气的升降出入之间是互为因果、联系协调的。人类生活在宇宙之中，人体的气化运动也必须遵循这一规律。升降出入是万物变化的根本，是气化运动的规律，是生命活动的体现。一旦升降出入失去协调平衡，就会出现各种病理变化；而升降出入止息，则生命活动也就终止了。

升降出入是机体维持生命活动的基本过程，如呼吸运动、水谷的消化吸收、津液代谢、气血运行等，无不赖于气的升降出入运动才能实现。升降出入存在于一切生命过程的始终，是对生命规律的高度概括。

（2）脏腑气机运动的一般规律：气的升降出入运动，只有通过脏腑经络的生理活动才能具体体现出来。换言之，机体的各种生理活动都是气升降出入运动的具体体现。

人体脏腑的生理功能，无非是升其清阳，降其浊阴，摄其所需，排其所弃。人体脏腑经络、精、气、血、津液，均赖气机升降出入而相互联系，维持正常的生理功能，并与它周围环境不断地进行新陈代谢。升降运动是脏腑的特性，是物质运动的规律。而每一种物质运动的形式，又为其自身所具有的特殊本质所规定。因此，五脏六腑的功能活动及其物质和能量代谢的升降趋势亦不尽相同。

脏腑气机升降的一般规律：人体的生命活动，内而消化循环，外而视听言行，无一不是脏腑升降运动的表现。"出入"则是升降运动的外在表现，与升降运动密切联系。一般说来，五脏贮藏精气，宜升；六腑传导化物，宜降。就五脏而言，心肺在上，在上者宜降；肝肾在下，在下者宜升；脾居中而通连上下，为升降的枢纽。左右为阴阳之道路，肝主升发，从左而升；肺主肃降，从右而降；肝左肺右，犹如两翼，为气机升降的道路。六腑，"所以化水谷而行津液者也"（《灵枢·本脏》），虽然传化物而不藏，以通为用，宜降。但在饮食物的消化和排泄过程中，也有吸收水谷精微、津液的作用，如胆之疏泄胆汁、胃之腐熟水谷、小肠之泌别清浊、大肠之主津液等。可见，六腑的气机运动是降中寓升。不仅脏与脏、腑与腑、脏与腑之间处于升降的统一体中，而且每一脏腑本身也是升与降的统一，即升降中复有升降。总之，脏腑的气机升降运动，在生理状态下，是有一定规律的，一般可体现出升已而降，降已而升，升中有降，降中有升的特点。

人体是一个完整的统一体。各脏腑组织不仅各自进行升降运动以完成各自的新陈代谢，而且各脏腑之间的升降运动又是相互为用、相互制约和相互化生的。

（四）气的分类

基于"气本一元"之说，就元气、宗气、营气和卫气而言，元气在生命之初，源于父母之精，是生命物质系统中最高层次、最根本的气，对人体的代谢和功能起推动和调节作用；而宗气、营气、卫气均来自后天的水谷精微与清气，根据其主要组成部分、分布部位和功能特点不同而称谓各异，它们是较低层次的气，能供给人体以营养和动力。

人体的气，从整体而言，是由肾中精气、脾胃化生而来的水谷精微和肺吸入的清气，在肺、脾胃、肾等脏腑的综合作用下而生成的，并充沛于全身而无处不到。其主要组成部分宗气、元气本为中国古代唯物主义哲学范畴，指构成天地万物的原始物质。

1. 元气

（1）基本含义："真气又名元气"（《脾胃论·脾胃虚则九窍不通论》）。故中医文献上常常元气、原气、真气通称。但是，人体之气的真气是先天之气和后天之气的统称，包括元气、宗气、营气、卫气等。元气属真气的下位概念，不应与真气混称。据元、原的本始之意，元气、原气为生命本始之气。在胚胎中已经形成，秘藏于肾中，与命门有密切联系，为先天之气。所以，元气是人体最根本、最原始的源于先天而根于肾的气，是人体生命活动的原动力，包括元阴、元阳之气。因元气来源于先天，故又称先天之气。

（2）生成与分布：元气根于肾，其组成以肾所藏的精气为主，依赖于肾中精气所化生。肾中精气，虽以先天之精为基础，又赖后天水谷精气的培育。

元气发于肾间（命门），通过三焦，沿经络系统和腠理间隙循行全身，内而五脏六腑，外而肌肤腠理，无处不到，以作用于机体各部分。元气是并营卫之气循环往复于十二经脉之中，且循任督二脉环流不休。冲脉、带脉、维脉、挢脉等八条奇经虽不参加元气的循行，但对全身之气的分布有调节作用。元气除并营卫之气行于十二经脉和奇经八脉之外，还运行于本经经别之中。

元气在循行过程中，经过了人体的各脏腑、经络及体表组织。元气循此路径，周而复始地循环，以发挥其正常的生理功能。

（3）主要功能：元气是构成人体和维持人体生命活动的本始物质，有推动人体的生长和发育，温煦和激发脏腑、经络等组织器官生理功能的作用，为人体生命活动的原动力。

元气是构成人体的本原。元气能推动人体的生长发育，机体生、长、壮、老、已的自然规律，与元气的盛衰密切相关。人从幼年开始，肾气与肾精逐渐充盛，则有齿更发长等生理现象。到了青壮年，肾气、肾精进一步充盈，乃至达到极点，机体也因之发育到壮盛期，则真牙生，体壮实，筋骨强健。待到老年，肾气、肾精衰退，形体也逐渐衰老，全身筋骨运动不灵活，齿摇发脱，呈现出老态龙钟之象。由此可见，肾气、肾精决定着机体的生长发育，为人体生长发育之根本。如果元气亏少，影响到人体的生长发育，会出现生长发育障碍，如发育迟缓、筋骨痿软等；成年则现未老先衰，齿摇发落。

元气能温煦和激发脏腑、经络等组织器官的生理活动。命门为元气之根，水火之宅，五脏之阴气非此不能滋，五脏之阳气非此不能发。

2. 宗气

（1）基本含义：宗气又名大气，"膻中者，大气之所在也，大气亦谓之宗气"（《靖盦说医》）。由肺吸入的清气与脾胃化生的水谷精气结合而成，其形成于肺，聚于胸中者，谓之宗气；宗气在胸中积聚之处，称为"上气海"，又名膻中。因此宗气为后天之气运动输布的本始，故名曰宗气。实际上宗气是合营卫二气而成的。

（2）生成与分布：宗气是由水谷精微和自然界的清气所生成的。饮食物经过脾胃的受纳、腐熟，化生为水谷精气，水谷精气赖脾之升清而转输于肺，与由肺从自然界吸入的清气相互结合而化生为宗气。肺和脾胃在宗气的形成过程中起着重要的作用。故曰："膻中宗气主上焦息道，恒与肺胃关通"（《医门法律·明辨息之法》）。因此，肺的呼吸功能和脾胃之运化功能正常与否，直接影响着宗气的盛衰。

宗气积聚于胸中，贯注于心肺之脉。其向上出于肺，循喉咙而走息道，经肺的作用而布散于胸中上气海。

（3）主要功能：宗气的主要生理功能有3个方面。

走息道而司呼吸：宗气上走息道，推动肺的呼吸，即"助肺司呼吸。"所以凡言语、声音、呼吸的强弱，均与宗气的盛衰有关。故临床上对语声低微、呼吸微弱、脉软无力之候，称肺气虚弱或宗气不足。

贯心脉而行气血：宗气贯注入心脉之中，帮助心脏推动血液循环，即"助心行血"，所以气血的运行与宗气盛衰有关。由于宗气具有推动心脏的搏动、调节心率和心律等功能，所以临床上常常以"虚里"的搏动和脉象状况，来测知宗气的旺盛与衰少。宗气不足，不能助心行血，就会引起血行瘀滞。

人体的视、听、言、动等功能与之相关："宗气者，动气也。凡呼吸、言语、声音，以及肢体运动，筋力强弱者，宗气之功用也。"（《读医随笔·气血精神论》）综上所述，宗气对呼吸运动和血液循环具有推动作用。

3．营气

（1）基本含义：营气，是血脉中具有营养作用的气。因其富于营养，故称为营气。由于营气行于脉中，而又能化生血液，故常常"营血"并称。营气与卫气相对而言，属于阴，故又称"营阴"。

（2）生成与分布：营气是由来自脾胃运化的水谷精气中的精粹部分和肺吸入的自然界清气相结合所化生的。宗气是营卫之所合，其中运行于脉中者，即为"营气"。

营气通过十二经脉和任督二脉而循行于全身，贯五脏而络六腑。①十二经循行：营气出于中焦（脾胃），循行到手太阴肺经，由手太阴肺经传注到手阳明大肠经，再传至足阳明胃经，以后依次传注到足太阴脾经、手少阴心经、手太阳小肠经、足太阳膀胱经、足少阴肾经、手厥阴心包经、手少阳三焦经、足少阳胆经、足厥阴肝经，最后由足厥阴肝经复注入手太阴肺经，构成了营气在十二经脉中循行流注于全身的通路。此为营气的十二经循行。②任督循行：营气在十二经循行周流时，还有另一分支，从肝别出，上至额部，循巅顶，下行项中，沿脊骨下入尾骶部，这是督脉循行的路径；其脉又络阴器，上过毛际入脐中，向上入腹里，此为任脉循行。再进入缺盆部，然后下注入肺中，复出于手太阴肺经，构成了营气的任督循行路径。营气的十二经脉循行和任督循行，形成了营气的十四经流注次序。如此自上而下，又自下而上，出阴入阳，又出阳入阴，相互逆顺运行，如环无端。

（3）主要功能：营气的主要生理功能包括化生血液和营养全身两个方面。

1）化生血液：营气经肺注入脉中，成为血液的组成成分之一。

2）营养全身：营气循脉流注全身，为脏腑、经络等生理活动提供营养物质。营运全身上下内外，流行于中而滋养五脏六腑，布散于外而浇灌皮毛筋骨。

总之，营气主要由脾胃中水谷精气所化生，行于脉中，成为血液的组成部分，而营运周身，发挥其营养作用。

4．卫气

（1）基本含义：卫，有"护卫""保卫"之义。卫气是行于脉外之气。卫气与营气相对而言，属于阳，故又称"卫阳"。

（2）生成与分布：卫气同营气一样，也是由水谷精微和肺吸入的自然清气所化生。卫气的运行，昼则行于阳分，始于足太阳经之睛明穴而出于目，以周于六腑而及于肾经，是为一周。夜则行于阴分，始于足少阴肾经以周五脏，其行以相克为序，故肾、心、肺、肝、脾相传为一周，而复注于肾，阴尽阳出，又复合于目。昼行于阳二十五周，夜行于阴二十五周次，昼夜凡行五十周。附行于脉外，循皮肤之中，分肉之间，熏于肓膜，散于胸腹。

（3）主要功能：表现在防御、温煦和调节3个方面。

1）护卫肌表，防御外邪入侵：卫气的这一作用是气的防御功能的具体体现。卫气既可以抵御外邪的入侵，又可祛邪外出。

2）温养脏腑、肌肉、皮毛：卫气的这一作用是气的温煦作用的具体体现。卫气可以保持体温，维持脏腑进行生理活动所适宜的温度条件。卫气对肌肉、皮肤等的温煦，使肌肉充实，皮肤润滑。

3）调节控制肌腠的开合、汗液的排泄：卫气的这一作用是气固摄作用的具体体现。卫气根据人体生命活动的需要，通过有规律地调节肌腠的开合来调节人体的水液代谢和体温，以维持人体内环境与外环境的平衡。

此外，卫气循行与人的睡眠也有密切关系。当卫气行于体内时，人便入睡；当卫气自睛明出于体表时，人便醒寤。当卫气不足时，人体肌表失于固护，防御功能低下，易被外邪侵袭，且病亦难愈。若脏腑功能低下，肌表不固，腠理开疏，则可出现汗出（自汗），若卫气循行异常，则可表现寤寐异常。卫气行于阳分时间长则少寐，行于阴分时间长则多寐。

营气与卫气的关系：营气和卫气，都以水谷精气为其主要的物质来源，但在性质、分布和功能上又有一定的区别。营气，其性精专，行于脉中，具有化生血液、营养周身之功；而卫气其性剽疾滑利，行于脉外，具有温养脏腑、护卫体表之能。营主内守而属于阴，卫主外卫而属于阳，两者之间的运行必须协调，不失其常，才能发挥其正常的生理作用。营卫是互相为用的，营行脉中并非脉外无营，卫行脉外并非脉内无卫，营中有卫，卫中有营。

三、血

血，即血液，是循行于脉中的富有营养的红色液态物质，是构成人体和维持人体生命活动的基本物质之一。血主于心，藏于肝，统于脾，布于肺，根于肾，有规律地循行脉管之中，在脉内营运不息，充分发挥灌溉全身的生理效应。

脉是血液循环的管道，又称"血府"。在某些因素的作用下，血液不能在脉内循行而溢出脉外时，称为出血，即"离经之血"。由于离经之血离开了脉道，失去了其发挥作用的条件，所以，就丧失了血的生理功能。

（一）血的生成

1. 血液的最基本的物质　由于脾胃化生的水谷精微是血液生成的最基本物质，所以有脾胃为"气血生化之源"的说法。饮食营养的优劣，脾胃运化功能的强弱，直接影响着血液的化生。长期饮食营养摄入不足，或脾胃的运化功能长期失调，均可导致血液的生成不足而形成血虚的病理变化。

2. 营气　营气是血液的组成部分。

3. 精髓　精髓也是化生血液的基本物质。

4. 津液　津液可以化生为血，不断补充血液量，以使血液满盈。血液的盈亏与津液有密切关系。

综上所述，水谷精微、营气、津液、精髓均为生成血液的物质基础。但津液和营气都来自于饮食物经脾和胃的消化吸收而生成的水谷精微。所以，就物质来源而言，水谷精微和精髓则是血液生成的主要物质基础。

（二）血液生成与脏腑的关系

1. 心　心主血脉，一则行血以输送营养物质，使全身各脏腑获得充足的营养，维持其正常的功能活动，从而也促进血液的生成。二则水谷精微通过脾的转输升清作用，上输于心肺，在肺吐故纳新之后，复注于心脉化赤而变成新鲜血液。

2. 肺　肺主一身之气，参与宗气之生成和运行。气能生血，气旺则生血功能亦强，气虚则生血功能亦弱。气虚不能生血，常可导致血液衰少。肺通过主一身之气的作用，使脏腑之功能旺盛，从而促进了血液的生成。肺在血液生成中的作用，主要是通过肺朝百脉、主治节的作用而实现的。脾胃消化吸收的水谷精微，化生为营气和津液等营养物质，通过经脉而汇聚于肺，赖肺的呼吸，在肺内进行气体交换之后方化而为血。

3. 脾　脾为后天之本，气血生化之源。脾胃所化生的水谷精微是化生血液的最基本物质。若中焦脾胃虚弱，不能运化水谷精微，化源不足，往往导致血虚。

4. 肝　肝主疏泄而藏血。肝脏是一个贮血器官。因精血同源，肝血充足，故肾亦有所藏，精有所资，精充则血足。另外，肝脏也是一个造血器官。

5. 肾　肾藏精，精生髓。精髓也是化生血液的基本物质，故有血之源头在于肾之说。中医学不仅认识到骨髓是造血器官，肾对血液的生成有调节作用，而且也认识到肾精是通过肝脏的作用而生成血液的，所以说："血之与气，异名同类，虽有阴阳清浊之分，总由水谷精微所化。其始也混然一区，未分清浊，得脾气之鼓运，如雾上蒸于肺而为气；气不耗，归精于肾而为精；精不泄，归精于肝而化清血。"（《张氏医通·诸血门》）

综上所述，血液是以水谷精微和精髓为主要物质基础，在脾胃、心肺、肝肾等脏腑的共同作用下而生成的。故临床上常用补养心血、补益心脾、滋养肝血和补肾益髓等法以治血虚之候。

（三）血液循环

1. 血液循环的方向　脉为血之府，脉管是一个相对密闭、如环无端、自我衔接的管道系统。血液在脉管中运行不息，流布于全身，周而不休，以营养人体的周身内外上下。血液循行的方式为"阴阳相贯，如环无端"，"营周不休。"

2. 血液运行的机制　血液正常循环必须具备2个条件：一是脉管系统的完整性；二是全身各脏腑发挥正常生理功能，特别是与心、肺、肝、脾四脏的关系尤为密切。

心主血脉，心为血液循环的动力，脉是血液循环的通路，血在心的推动下循行于脉管之中。心脏、脉管和血液构成了一个相对独立的系统。心主血脉，心气是维持心的正常搏动，从而推动血液循环的根本动力。全身的血液，依赖心气的推动，通过经脉而输送到全身，发挥其濡养作用。心气充沛与否，心脏的搏动是否正常，在血液循环中起着十分关键的作用。

（1）肺朝百脉：心脏的搏动是血液运行的基本动力，而血非气不运，血的运行，又依赖气的推动，随着气的升降而运至全身。肺司呼吸而主一身之气，调节着全身的气机，辅助心脏，推动和调节血液的运行。

（2）脾主统血：五脏六腑之血全赖脾气统摄，脾之所以统血，与脾为气血生化之源密切相关。脾气健旺，气血旺盛，则气之固摄作用也就健全，而血液就不会逸出脉外，以致引起各种出血。

（3）肝主藏血：肝主藏血，具有贮藏血液和调节血流量的功能。根据人体动静的不同情况，调节脉管中的血液流量，使脉中循环血液维持在一个恒定水平上。此外，肝的疏泄功能能调畅气机，一方面保障着肝本身的藏血功能，另一方面对血液通畅地循行也起着一定的作用。

从上可以看出，血液正常地循行需要两种力量：推动力和固摄力。推动力是血液循环的动力，具体地体现在心主血脉、肺助心行血及肝的疏泄功能方面。另一方面是固摄的力量，它是保障血液不致外溢的因素，具体地体现在脾统血和肝藏血的功能方面。这两种力量的协调平衡，维持着血液的正常循行。若推动力量不足，则可出现血液流速缓慢、滞涩，甚者血瘀等改变；若固摄力量不足，则可导致血液外溢，出现出血症。综上所述，血液循环是在心、肺、肝、脾等脏腑相互配合下进行的，因此，其中任何一个脏腑生理功能失调，都会引起血行失常。

（四）血的生理功能

1. 营养滋润全身　血的营养作用是由其组成成分所决定的。血循行于脉内，是其发挥营养作用的前提，而血沿脉管循行于全身，为全身各脏腑组织的功能活动提供营养。血的濡养作用可以从面色、肌肉、皮肤、毛发等方面反映出来。血的濡养作用正常，则面色红润，肌肉丰满壮实，肌肤和毛发光滑等。当血的濡养作用减弱时，机体除脏腑功能低下外，还可见到面色不华或萎黄，肌肤干燥，肢体或肢端麻木，运动不灵活等临床表现。

2. 神志活动的物质基础　血的这一作用是古人通过大量的临床观察而认识到的：无论何种原因形成的血虚或运行失常，均可以出现不同程度的神志方面的症状。心血虚、肝血虚，常有惊悸、失眠、多梦等神志不安的表现，失血甚者还可出现烦躁、恍惚、癫狂、昏迷等神志失常的改变。可见血液与神志活动有着密切关系。

四、津液

津液是人体一切正常水液的总称。津液包括各脏腑组织的正常体液和正常的分泌物，胃液、肠液、唾液、关节液等。习惯上也包括代谢产物中的尿、汗、泪等。津液以水分为主体，含有大量营养物质，是构成人体和维持人体生命活动的基本物质。在体内，除血液之外，其他所有正常的水液均属于津液范畴。

津液广泛地存在于脏腑、形体、官窍等器官组织之内和组织之间，起着滋润濡养作用。同时，津能载气，全身之气以津液为载体而运行全身并发挥其生理作用。津液又是化生血液的物质基础之一，与血液的生成和运行也有密切关系。所以，津液不但是构成人体的基本物质，也是维持人体生命活动的基本物质。

津与液虽同属水液，但在性状、功能及其分布部位等方面又有一定的区别。一般地说，性质清稀，流动性大，主要布散于体表皮肤、肌肉和孔窍等部位，并渗入血脉，起滋润作用者，称为津；其性较为稠厚，流动性较小，灌注于骨节、脏腑、脑、髓等组织器官，起濡养作用者，称为液。

（一）津液的代谢

1. 津液的生成　津液的生成、输布和排泄，是一个涉及多个脏腑一系列生理活动的复杂生理过程。津液来源于饮食，通过脾、胃、小肠和大肠消化吸收饮食中的水分和营养而生成。其具体过程是：脾胃腐熟运化，胃为水谷之海，主受纳腐熟，赖游溢精气而吸收水谷中部分精微；脾主运化，赖脾气之升清，将胃肠吸收的谷气与津液上输于心肺，而后输布全身；小肠主液，小肠泌别清浊，吸收饮食物中大部分的营养物质和水分，上输于脾，而布散全身，并将水液代谢产物经肾输入膀胱，将糟粕下输于大肠；大肠主津，大肠接受小肠下注的饮食物残渣和剩余水分，将其中部分水重新吸收，使残渣形成粪便而排出体外。大肠通过其主津功能参与人体内津液的生成。

津液的生成是在脾的主导下，由胃、小肠、大肠的参与而共同完成的，但与其他脏腑也不无关系。

总之，津液的生成取决于如下两方面的因素：其一是充足的水饮类食物，这是生成津液的物质基础；其二是脏腑功能正常，特别是脾胃、大小肠的功能正常。其中任何一方面因素的异常，均可导致津液生成不足，引起津液亏乏的病理变化。

2. 津液的输布　津液的输布主要是依靠脾、肺、肾、肝、心和三焦等脏腑生理功能的综合作用而完成的。脾气散精，脾主运化水谷精微，通过其转输作用，一方面将津液上输于肺，由肺的宣发和肃降，使津液输布全身而灌溉脏腑、形体和诸窍。另一方面，又可直接将津液向四周布散至全身，即脾有"灌溉四旁"之功能，所谓"脾主为胃行其津液"（《素问·厥论》）的作用。

肺主行水，通调水道，为水之上源。肺接受从脾转输而来的津液之后，一方面通过宣发作用将津液输布至人体上部和体表；另一方面，通过肃降作用，将津液输布至肾和膀胱以及人体下部。

肾对津液输布起着主宰作用，主要表现在两个方面：一，肾中阳气的蒸腾汽化作用，是胃游溢精气、脾散精、肺通调水道以及小肠分别清浊等作用的动力，推动着津液的输布。二，由肺下输至肾的津液，在肾的气化作用下，清者蒸腾，经三焦上输于肺而布散于全身，浊者化为尿液注入膀胱。

肝主疏泄，使气机调畅，三焦气治，气行则津行，促进了津液的输布环流。

三焦为"决渎之官"，气为水母，气能化水布津，三焦对水液有通调决渎之功，是津液在体内流注输布的通道。

津液的输布虽与五脏皆有密切关系，但主要是由脾、肺、肾和三焦来完成的。脾将胃肠而来的津液上输于肺，肺通过宣发肃降功能，经三焦通道，使津液外达皮毛，内灌脏腑，输布全身。

3. 津液的排泄　津液的排泄与津液的输布一样，主要依赖于肺、脾、肾等脏腑的综合作用，其具体排泄途径为：汗、呼气肺气宣发，将津液输布到体表皮毛，被阳气蒸腾而形成汗液，由汗孔排出体外。肺主呼吸，肺在呼气时也带走部分津液（水分）。尿液为津液代谢的最终产物，其形成虽与肺、脾、肾等脏腑密切相关，但尤以肾为最。肾之气化作用与膀胱的气化作用相配合，共同形成尿液并排出体外。肾在维持人体津液代谢平衡中起着关键作用，所以"水为至阴，其本在肾"。大肠排出的水谷糟粕所形成的粪便中亦带走一些津液。腹泻时，大便中含水多，带走大量津液，易引起伤津。

综上所述，津液代谢的生理过程，需要多个脏腑的综合调节，其中尤以肺、脾、肾三脏为要，若三脏功能失调，则可影响津液的生成、输布和排泄等过程，破坏津液代谢的平衡，从而导致津液生成不足，或环流障碍、水液停滞，或津液大量丢失等病理改变。其中，尤以肾的功能最为关键。津液生成不足或大量丢失而伤津化燥，甚则阴液亏虚，乃至脱液亡阴，其治宜滋液生津、滋补阴液、敛液救阴。津液停聚则为湿、为饮、为水、为痰，其治当以发汗、化湿、利湿（尿）、逐水、祛痰为法。

（二）津液的功能

津液的功能主要包括滋润濡养、化生血液、调节阴阳和排泄废物等。

1. 滋润濡养　津液以水为主体，具有很强的滋润作用，富含多种营养物质，具有营养功能。津之与液，津之质最轻清，液则清而晶莹，厚而凝结。精、血、津、液四者在人之身，血为最多，精为最重，而津液之用为最大。内而脏腑筋骨，外而皮肤毫毛，莫不赖津液以濡养。分布于体表的津液，能滋润皮肤，温养肌肉，使肌肉丰满，毛发光泽；体内的津液能滋养脏腑，维持各脏腑的正常功能；注入孔窍的津液，使口、眼、鼻等九窍滋润；流入关节的津液，能温利关节；渗入骨髓的津液，能充养骨髓和脑髓。

2. 化生血液　津液经脉络渗入血脉之中，成为化生血液的基本成分之一。津液使血液充盈，并濡养和滑利血脉，而血液环流不息。

3. 调节阴阳　在正常情况下，人体阴阳之间处于相对的平衡状态。津液作为阴精的一部分，对调节人体的阴阳平衡中起着重要作用。脏腑之阴的正常与否，与津液的盛衰是分不开的。人体根据体内的生理状况和外界环境的变化，通过津液的自我调节使机体保持正常状态，以适应外界的变化。如寒冷的时候，皮肤汗孔闭合，津液不能借汗液排出体外，而下降入膀胱，使小便增多；夏暑季节，汗多则津液减少下行，使小便减少。当体内丢失水液后，则可多饮水以增加体内的津液。

4. 排泄废物　津液在其自身的代谢过程中，能把机体的代谢产物通过汗、尿等方式不断地排出体外，使机体各脏腑的气化活动正常。若这一作用受到损害和发生障碍，就会使代谢产物潴留于体内，而产生痰、饮、水、湿等多种病理变化。

（三）五脏化液

1. 五脏化液的概念　汗、涕、泪、涎、唾5种分泌物或排泄物称五液。五液由五脏所化生，即心为汗，肺为涕，脾为涎，肝为泪，肾为唾。五液由五脏所化生并分属于五脏，故称五脏化液，又称五脏化五液。

2. 五脏与五液的关系　五液属津液范畴，皆由津液所化生，分布于五脏所属官窍之中，起着濡养、滋润以及调节津液代谢的作用。五液的化生、输布和排泄是在津液的化生、输布和排泄的气化过程中完成的，是多个脏腑，特别肺、脾、肾等综合作用的结果。五脏是脏象学说的核心，故又将汗、涕、泪、涎、唾分属于五脏。五脏与五液的关系是津液代谢过程中，整体调节与局部调节的统一。

（1）汗为心之液："阳"，是指体内的阳气；"阴"，是指体内的阴液。所谓"阳加于阴谓之汗"，是说汗液为津液通过阳气的蒸腾汽化后，从玄府（汗孔）排出的液体。汗液的分泌和排泄，还有赖于卫气对腠理的开阖作用。腠理开，则汗液排泄；腠理闭，则无汗。因为汗为津液所化，血与津液又同出一源，因此有"汗血同源"之说。血又为心所主，汗为血之液，气化而为汗，故有"汗为心之液"之称。

（2）涕为肺之液：涕是由鼻内分泌的黏液，有润泽鼻窍的功能。鼻为肺之窍，五脏化液，肺为涕。在肺的生理功能正常时，鼻涕润泽鼻窍而不外流。若肺感风寒，则鼻流清涕；肺感风热，则鼻流浊涕；如肺燥，则鼻干涕少或无涕。

（3）涎为脾之液：涎为口津，唾液中较清稀的称涎；涎具有保护和清洁口腔的作用。在进食时涎分泌较多，还可湿润和溶解食物，使之易于吞咽和消化。在正常情况下，涎液上行于口但不溢于口外。若脾胃不和，则往往导致涎液分泌急剧增加，而发生口涎自出等现象，故称为脾在液为涎。

（4）泪为肝之液：肝开窍于目，泪从目出。泪有濡润、保护眼睛的功能。在正常情况下，泪液的分泌，是濡润而不外溢，但在异物侵入目中时，泪液即可大量分泌，起到清洁眼目和排除异物的作用。在病理情况下，则可见泪液分泌异常。如肝的阴血不足，泪液分泌减少，常现两目干涩；如风火赤眼，肝经湿热，可见目眵增多，迎风流泪等。此外，在极度悲哀的情况下，泪液的分泌也可大量增多。

（5）唾为肾之液：唾与涎同为口津，即唾液。较稠者为唾，较稀薄者为涎。脾之液为涎而肾之液为唾，唾液除了具有湿润与溶解食物，使之易于吞咽，以及清洁和保护口腔的作用外，还有滋养肾精之功，因唾为肾精所化，多唾或久唾则易耗肾精，所以气功家常吞咽津唾以养肾精。

第五节 经 络

经络系统，由经脉、络脉及其他连属部分所组成。经络在内连属于脏腑，在外连属于筋肉、皮肤，故《灵枢·海论》称经脉"内属于脏腑，外络于肢节"。

一、经络与经络系统

经脉主要有正经、奇经和经别 3 类。

1. 正经共有 12 条，分为手足三阴经和手足三阳经，合称"十二经脉"，是人体气血运行的主要通道。十二经脉有一定的起止点、循行部位和交接顺序，在肢体的分布和走向有一定的规律，同时与体内的相关脏腑有直接的络属关系。

2. 奇经共有 8 条，即督脉、任脉、冲脉、带脉、阴跷脉、阳跷脉、阴维脉、阳维脉，合称"奇经八脉"。此 8 条经脉同十二经脉的循行有所不同，虽然大部分是纵行、左右对称的，但也有横行者（如带脉）和循行于躯干正中线者（如督脉、任脉），故称为"别道奇行"。它们穿插循行于正经之间，主要起统率、联络和调节十二经脉的作用。

3. 经别亦有 12 条，是从十二经脉别行分出的重要支脉，由于它们循行路径深而长，故亦将其归入经脉范畴。经别一般起自四肢，循行于体腔内脏腑深部，而后上出于颈项浅部。阴经的经别与阳经的经别汇合后归入阳经本经，故十二经别的作用，主要是加强十二经脉中相为表里的两经之间的联系。

4. 络脉的组成络脉是经脉的分支，其循行部位较经脉为浅。络脉有别络、浮络和孙络之分。其中除别络外，大多无一定的循行路径。络脉的分支由大逐渐变小，直到孙络，由线状延展扩大而面状弥散，从而同人体各部分组织发生紧密的联系。

（1）别络是络脉系统中较大的和主要的络脉。十二经脉在四肢部位各分出一支别络，再加上躯干部的任脉之络、督脉之络及脾之大络合为"十五别络"，简称"十五络"。其主要功能是沟通表里两经和渗灌气血。

（2）浮络是循行于人体浅表部位而常浮现的络脉。

（3）孙络是最细小的络脉，具有"溢奇邪""通荣卫"的作用。

5. 连属部分的组成经筋和皮部，是十二经脉与筋肉和体表的连属部分，并与经脉、络脉有着紧密的联系。经络学说认为，经筋是十二经脉之气"结、聚、散、络"于筋肉、关节的体系，是十二经脉的附属部分，故称"十二经筋"。经筋具有连缀四肢百骸、主司关节运动的作用。皮部，是指十二经脉及其络脉所分布的皮肤部位，亦即在皮肤的经络分区。故十二皮部，即是把全身的皮肤划分为 12 个部分，分属于十二经脉。

二、十二经脉

（一）经脉走向

十二经脉是经络系统中的主要组成部分，对称地分布于人体的左右两侧，分别循行于上肢或下肢的内侧或外侧，而每一条经脉又分别属于一个脏或一个腑，与相表里的脏腑相络。奇经、经别和络脉等都是以十二经脉为主体，彼此联系，相互配合而发挥作用的。十二经脉即手太阴肺经、手厥阴心包经、手少阴心经、手阳明大肠经、手少阳三焦经、手太阳小肠经、足太阴脾经、足厥阴肝经、足阳明胃经、足少阳胆经、足太阳膀胱经。因此十二经脉的名称，即是结合了阴阳、手足及脏腑等三方面要素。所以十二经脉对于人体的生理功能和病理变化有着极为重要的意义。

十二经脉分为手三阴经、手三阳经、足三阳经、足三阴经（注：在小腿下半部和足背部，肝经在前缘，脾经在中线，至内踝上八寸处交叉之后，则脾经在前缘，肝经在中线）。

手三阴经，从脏走手；手三阳经，从手走头；足三阳经，从头走足；足三阴经，从足走腹。即手三阴经均起于胸中，从胸腔走向手指末端，交手三阳经；手三阳经均起于手指，从手指末端走向头面部，交足三阳经；足三阳经均起于头面部，从头面部走向足趾末端，交足三阴经；足三阴经均起于足趾，从足趾走向腹腔、胸腔，交手三阴经。这样，就构成了一个循环的经脉通路。

（二）交接规律

十二经脉不但有一定的循行走向，而且有一定的交接规律。在十二经脉的循行过程中，其交接规律大致为如下 3 个方面：

1. 相为表里的阴经与阳经在四肢部衔接　手太阴肺经在示指端与手阳明大肠经交接，手少阴心经在小指端与手太阳小肠经交接，手厥阴心包经在无名指端与手少阳三焦经交接。足阳明胃经在足大趾与足太阴脾经交接，足太阳膀胱经在足小趾与足少阴肾经交接，足少阳胆经在足大趾爪甲后丛毛处与足厥阴肝经交接。

2. 同名的手、足阳经在头面部相接　手阳明大肠经和足阳明胃经交接于鼻旁，手太阳小肠经和足太阳膀胱经交接于目内眦，手少阳三焦经和足少阳胆经交接于目外眦。

3. 手、足阴经在胸部交接　足太阴脾经与手少阴心经交接于心中，足少阴肾经与手厥阴心包经交接于胸中，足厥阴肝经与手太阴肺经交接于肺中。

（三）分布规律

1. 四肢部位　四肢部位阴经分布于内侧面，阳经分布于外侧面。内侧分为三阴，外侧分为三阳。其前后顺序大体上是太阴、阳明在前缘，少阴、太阳在后缘，厥阴、少阳在中线。例如，上肢内侧的经脉分布是手太阴肺经在前，手厥阴心包经在中，手少阴心经在后；上肢外侧的经脉分布是手阳明大肠经在前，手少阳三焦经在中，手太阳小肠经在后。下肢内侧的经脉分布是内踝 8 寸以下，足厥阴肝经在前，足太阴脾经在中，足少阴肾经在后；内踝 8 寸以上，则足太阴脾经在前，足厥阴肝经在中，足少阴肾经在后。

　　　　　　　　　第三篇　基础理论

下肢外侧的经脉分布是足阳明胃经在前，足少阳胆经在中，足太阳膀胱经在后。

2. 头面部　头面部手、足阳明经行于面部、额部，手、足太阳经行于面颊、头顶及头后部，手、足少阳经行于头侧部。

3. 躯干部　躯干部手三阳经行于肩胛部，手三阴经均从腋下走出。足三阳经则是阳明经行于前（胸，腹面），太阳经行于后（背面），少阳经行于侧面，足三阴经均行于腹面。

循行于腹面的经脉，其排列顺序自内向外为足少阴肾经、足阳明胃经、足太阴脾经、足厥阴肝经。

应当指出，十二经脉分布于胸、背、头面、四肢，均是左右对称地分布于人体之两侧，共计24条经脉。其中，每一条阴经都同另一条阳经在体内与有关脏腑相互属络，同时在四肢部位则循行于内侧和外侧相对应的部位。

（四）流注次序

十二经脉是气血运行的主要通道。十二经脉分布于人体之内外，经脉中的气血运行是循环贯注的。经脉所运行之气血，系由中焦水谷精气所化，经脉在中焦受气后，上布于肺，自手太阴肺经开始，逐经依次相传至足厥阴肝经，再复注于手太阴肺经，首尾相贯，如环无端，形成十二经的循环。

营气行于脉中，按十二经脉的走向，按时循经而运行，卫气行于脉外，昼行于阳，夜行于阴，环周运行，经别着重于表里经内部的循行，络脉则着重于体表的弥漫扩散，奇经八脉则以溢蓄调节方式而使经气运行。

三、奇经八脉

（一）概念

奇经八脉，又称"奇经"，是指在十二经脉之外"别道而行"的八条经脉而言，包括督脉、任脉、冲脉、带脉及阴跷、阳跷、阴维、阳维脉在内。奇者，异也。由于奇经八脉在循行上和与内脏的联系上均有别于十二经脉，故称其为"奇经"。

（二）特点

奇经八脉的特点有：①其分布和走向不像十二经脉那样规则；②与奇恒之腑和部分脏腑有一定的联系，但同五脏六腑无直接络属关系；③奇经八脉之间无表里相配之关系。

奇经八脉纵横交叉循行于十二经脉之间，具有3方面的作用：

1. 进一步密切了十二经脉之间的联系　奇经八脉在其循行的过程中，同十二经脉的某些经脉交叉衔接，从而紧密地沟通了各条经脉之间的相互联系。如督脉"总督诸阳"，能联系手足三阳经，使阳经的经气都交会于督脉的大椎穴；任脉"总任诸阴"，其脉多次与手足三阴经交会，带脉有"约束诸经"的作用；冲脉则通行上下，渗灌三阴、三阳；"阳维维于阳""阴维维于阴"，则组合所有的阳经和阴经，阴跷脉与阳跷脉，对分布于腿膝内外侧的阴经和阳经有协调作用。

2. 调节十二经脉之气血　当十二经脉的气血旺盛而有余时，则流注于奇经八脉，蓄以备用，当人体生理功能活动需要或十二经脉气血不足时，则可由奇经"溢出"，渗灌和供应于全身组织，予以补充，这就是调节气血的作用。

3. 参与人体生殖及脑髓功能的调节　奇经与肝、肾及女子胞的关系极为密切，与女子的经、带、胎、产等功能密切相关，故能参与人体生殖功能的调节。如"冲为血海""任主胞胎"。奇经在循行过程中与脑、髓直接联系，相互之间在生理和病理上均有一定的影响。

（三）功能

1. 督脉　督脉起于胞中，下出会阴，沿脊柱后面上行，至颈后风府穴处进入颅内，络脑，并由项部沿头部正中线，经头顶、额部、鼻部、上唇等部位，循行至上唇系带（龈交穴）处。督脉的基本功能为：①调节阳经的气血；②与脑、髓和肾的功能有关。

2. 任脉　任脉起于胞中，下出会阴，经阴阜，沿腹部和胸部正中线上行，至咽喉，上行至下颌部，环绕口唇，沿面颊，分行至目眶下。任脉的基本功能为：①调节阴经气血；②主持妊养胞胎。

3. 冲脉　冲脉起于胞中，下出会阴后，从气街部与足少阴经相并，挟脐上行，散布于胸中，再向上行，经喉，环绕口唇，到目眶下。冲，有要冲、冲要之意，冲脉的基本功能为：①调节十二经气血；②冲为血海，有促进生殖之功能，并同妇女的月经有着密切的联系。

4. 带脉　带脉起于季胁，斜向下行到带脉穴，带脉围簇一周，状如束带。在腹面的带脉下垂到少腹。带脉的基本功能为：①约束纵行诸经；②主司妇女的带下。

四、经络的生理功能与应用

经络的功能活动，主要表现在沟通表里上下、联络脏腑器官、感应传导，以及调节人体各部分功能平衡等方面。

（一）沟通联络作用

人体是由五脏六腑、四肢百骸、五官九窍、皮肉筋骨等所组成，这些脏腑组织虽然各有不同的生理功能，但又是相互协作并保持协调和统一的。这种功能活动的协调统一，主要是通过经络系统的联络作用而实现的。经络系统的联络作用，使人体不仅从组织上成为一个不可分离的整体，在生理上亦成为一个协调共济的有机整体。其联络的具体形式是：

1. 脏腑同外周肢节之间的联系　主要是通过十二经脉实现的，十二经脉内与五脏六腑相络属，其经脉之气又散络结聚于经筋，并布散于皮部。这样，就使皮肤与四肢筋肉组织同内脏之间，通过经脉的沟通而联系起来。

2. 脏腑同官窍之间的联系　目、耳、鼻、口、舌、前阴、后阴等官窍，都是经脉循行所经过的部位，而经脉又多入内属络于脏腑，这样，五官九窍同内脏之间，亦可通过经脉的沟通而联系起来。例如，手少阴心经属心，络小肠，上连"目系"，其别络上行于舌；足厥阴肝经属肝，络胆，上连"目系"；足阳明胃经属胃，络脾，环绕口唇等。

3. 脏腑之间的联系　十二经脉中每一经络都分别属于一脏一腑，从而加强了相为表里的一脏一腑之间的联系。有的经脉还联系多个脏腑，如胃经的经别上通于心，脾经注心中，胆经的经别贯心，肾经出络心，心经却上肺，肾经入肺，肝经注肺中，小肠经抵胃，肝经挟胃，肺经循胃口，肾经贯肝等，这样，就构成了脏腑之间的多种联系途径。

4. 经脉与经脉之间的联系　使十二正经阴阳表里相接，具有一定的衔接和流注次序；十二正经与奇经八脉之间纵横交错；奇经八脉之间又彼此相互联系，从而构成了经脉与经脉之间的多种联系途径。

（二）运输气血作用

人体各个组织器官，均需气血濡养，才能维持正常的生理活动。而气血通过经络循环贯注而通达全身，发挥其营养脏腑组织器官、抗御外邪保卫机体的作用。所以《灵枢·本脏》曰："经脉者，所以行血气而营阴阳，濡筋骨，利关节者也"。

（三）调节作用

经络能运行气血和协调阴阳，使人体功能活动保持相对的平衡。当人体发生疾病时，出现气血不和及阴阳偏胜偏衰的证候，可运用针灸等治法以激发经络的调节作用，以"泻其有余，补其不足，阴阳平复"（《灵枢·刺节真邪》）。

第六节 体 质

中医学体质分类的方法，主要是根据中医学的基本理论来确定人群中不同个体的体质差异。依据《内经》原文，主要是按阴阳气血多少，结合人体肤色、体型、禀性、态度、性情等外观形态，以及对自然界变化的适用能力等方面的特征，将体质分成太阴、少阴、太阳、少阳、阴阳平和型，以及分为木型之人、火型之人、土型之人、金型之人、水型之人。可见按精气、阴、阳、经、络、气血的偏颇，功能活动的盛衰，结合人的体态壮瘦、性情变化，运用阴阳分类法对体质进行分类是体质分类的基本方法，其他体质类型的分类法常是在阴阳分类的基础上派生、发展而成。

一、体质的定义与分类

（一）定义

体质，又称禀赋、禀质、气禀、形质、气质等，即人体的质量。体质是人体在先天遗传和后天获得的基础上所形成的功能和形态上相对稳定的固有特性。换句话说，体质是禀受于先天，受后天影响，在生长、发育过程中所形成的与自然、社会环境相适应的人体形态结构、生理功能和心理因素的综合的相对稳定的固有特征。

这一定义，首先强调了人体体质的形成是基于先天遗传和后天获得两个基本方面的。其次，也反映了中医学关于机体内外环境相统一的整体观念，说明了人体体质在后天生长、发育过程中是与外界环境相适应而形成的。再者，它充分体现出中医学形神合一的体质观。

形神合一是生命存在的基本特征，是中医学的生命观。形，即形体；神，即生命功能。神生于形，形主宰于神，形依附于神，神明则形安。形神合一又称形与神俱，就是指形与神是人体不可分离的统一整体。形体健壮则精神旺盛，生命活动正常；形体衰弱则精神衰弱，生命活动异常；形体衰亡，生命便告终结。中医学认为，人体的体质既包括身体要素，又包括心理要素，并且两者高度统一。一定的形态结构必然产生、表现出其特有的生理功能和心理特征，后者是以前者为基础的；良好的生理功能和心理特征是正常形态结构的反映，并保证其相对稳定。两者相互依存，不可分离，在体质的固有特征中综合体现出来。

体质的固有特性或特征表现为功能、代谢以及对外界刺激反应等方面的个体差异性，对某些病因和疾病的易感性，以及疾病传变转归中的某种倾向性。人的体质特点或隐或现地体现于健康和疾病过程中。先天禀赋是人体体质形成的重要因素，但体质的发展与强弱在很大程度上又取决于后天因素的影响。

（二）分类

1. **体质分类的方法**　中医学用阴阳学说来阐述生命运动的规律，说明健康与疾病的问题。所以，中医学主要是用阴阳学说从生理功能特点对体质加以分类。本节对体质的分类采用阴阳分类法。应当指出，体质分类上所使用的阴虚、阳虚、阳亢以及痰饮、脾虚、肝旺等名词术语，与辨证论治中所使用的证候名称是不同的概念，它反映的是一种在非疾病状态下就已存在的个体特异性。

2. **正常体质**　"阴阳匀平，命之曰人""阴平阳秘，精神乃治"。因此，理想的体质应是阴阳平和之质，但是阴阳的平衡是阴阳消长动态平衡，所以总是存在偏阴或偏阳的状态，只要不超过机体的调节和适应能力，均属于正常生理状态。因此，人体正常体质大致可分为阴阳平和质、偏阳质和偏阴质3种类型。

（1）阴阳平和质：阴阳平和质是功能较协调的体质。具有这种体质的人，其身体强壮，胖瘦适度，或虽胖而不臃滞，虽瘦而有精神；其面色与肤色虽有五色之偏，但都明润含蓄，目光有神，性格随和、开朗，食量适中，二便调畅，对自身调节和对外适应能力强。阴阳平和质者，不易感受外邪，少生疾病，即使患病，往往自愈或易于治愈；其精力充沛，工作潜力大，夜眠安稳，休息效率高。如后天调养得宜，无暴力外伤或慢性病患，则其体质不易改变，易获长寿。

（2）偏阳质：偏阳质是指具有偏于亢奋、偏热、多动等特性的体质。偏阳质者，多见形体偏瘦，但较结实。其面色多略偏红或微苍黑，或呈油性皮肤；性格外向，喜动，易急躁，自制力较差；其食量较大，消化吸收功能健旺。偏阳质者平时畏热、喜冷，或体温略偏高，动则易出汗，喜饮水；精力旺盛，动作敏捷，反应快，性欲旺盛。

偏阳质的人对风、暑、热邪的易感性较强，受邪发病后多表现为热证、实证，并化燥、伤阴。皮肤易生疖疮。内伤为病多见火旺、阳亢或兼阴虚之证，容易发生眩晕、头痛、心悸、失眠以及出血等病症。

此类体质的人阳气偏亢，多动少静，有耗阴之热。兼之操劳过度，思虑不节，纵欲失精，则必将加速阴伤，而发展演化为临床常见的阳亢、阴虚、痰火等病理性体质。

（3）偏阴质：偏阴质是指具有阴阳不足、偏寒、多静等特性的体质。具有这种体质的人，多见形体偏胖，但较弱，容易疲劳；面色偏白而欠华；性格内向，喜静少动，或胆小易惊；食量较小，消化吸收功能一般；平时畏寒、喜热，或体温偏低。精力偏弱，动作迟缓，反应较慢。

偏阴质者对寒、湿之邪的易感性较强，受邪后多从寒化，表证不发热或发热不高，并易传里或直中内脏。冬天易生冻疮。内伤杂病多见阴盛、阳虚之证。容易发生湿滞、水肿、痰饮、瘀血等病症，具有这种体质的人，阳气偏弱，易致阳气不足，脏腑功能偏弱，水湿内生，从而形成临床常见的阳虚、痰湿、痰饮等病理性体质。

二、体质学说的应用

体质的特殊性是由脏腑之盛衰、气血之盈亏所决定的，反映了机体阴阳运动形式的特殊性。由于体质的特异性、多样性和可变性，形成了个体对疾病的易感倾向、病变性质、疾病过程及其对治疗的反应等方面的明显差异。因此，中医学强调"因人制宜"，并把体质学说同病因学、病机学、诊断学、治疗学和养生学等密切地结合起来，以指导临床实践。

（一）指导养生防病

对于不同的体质，应当采用不同的养生方法。如体质强壮者应注意预防疾病。因为疾病可以损伤人体，使体质下降，防病则可以维护体质；同时还应加强锻炼，促使气血阴阳流通，不使邪气停着。体质虚弱者则除了预防疾病以外，还应采取适当的锻炼方法，并注意饮食调理，防止过劳过逸，促使体质增强。对于不同倾向的体质，还应注意生活起居和饮食方面的宜忌，如阴盛体质宜温忌寒，阳盛体质宜凉忌热等。

（二）指导辨证

治疗体质状况与证候的分析和用药的宜忌等都有关系。一般地说，某一体质的人容易感受某种邪气而形成相应的证候，这种现象称为"同气相感"，这对医生的辨证具有提示作用。如素体阴弱之质，多有虚火，故易感温热之邪，证候多为阳热之证。其次，某一性质的证候虽与原有体质没有直接关系，但在治疗上也要考虑其体质，用药有所顾忌。如素体脾虚而又感热邪，虽当用苦寒清热，但不可过用苦寒而复伤脾阳。再次，对于同样的疾病，运用于男女老幼不同体质的患者以及所居方式不同的患者时，治疗方法也当有异。如能识别体质，用药反复权衡，才能祛邪安正，使人恢复健康。

第七节　病　　因

导致人体发生疾病的原因，称为病因，又称"致病因素""病原"（古作"病源"）、"病邪"。疾病是人体在一定条件下，由致病因素所引起的有一定表现形式，包括发病形式、病机、发展规律和转归的一种完整的过程。疾病病因作用于人体之后，导致机体的生理状态被破坏，产生了形态、功能、代谢的某些失调、障碍或损害。换言之，病因是指能破坏人体生理动态平衡而引起疾病的特定因素。病因包括六淫、疫疠、七情、饮食、劳倦、外伤，以及痰饮、瘀血、结石等。

病因包括致病原因和条件两方面的因素，两者在疾病发生中所起的作用不尽相同。致病原因是指那些能引起疾病，并且赋予该疾病特征性的各种因素。条件是除原因以外，与病因同时存在的促进疾病发生发展的有关因素。病因学说就是研究致病因素及其性质、致病特点和临床表现的学说。

一、外感病因

外感病因是指由外而入，或从皮毛，或从口鼻，侵入机体，引起外感疾病的致病因素。外感病是由外感病因引起的一类疾病，一般发病较急，病初多见寒热、咽痛、骨节酸楚等。外感病因大致分为六淫和疫疠两类。

（一）六淫

1. 六淫与六气的区别及致病特点　六淫即风、寒、暑、湿、燥、火6种外感病邪的统称。风、寒、暑、湿、燥、火是自然界中6种不同的气候变化，在正常情况下，称为"六气"。正常的"六气"不易使人致病。只有当四季气候变化异常，六气发生太过或不及，或非其时而有其气，或气候变化过于急骤，加上人体正气的不足，抵抗力下降时，六气才能成为致病因素，伤及人体而发生疾病。在这种情况下，反常的六气便称为"六淫"。由于六淫是不正之气，所以又称为"六邪"，是属于外感病的一类致病因素。

六淫致病，一般具有下列几个特点：

（1）六淫致病多与季节气候、居处环境有关。

（2）六淫邪气既可单独侵袭人体而致病，又可两种以上同时侵犯人体而致病。

（3）六淫在发病过程中，其所引起的病症的性质，在一定条件下，可以相互转化，如寒邪入里可以化热，暑湿之邪时间长久可以化燥等。

（4）六淫为病，其发病途径，多首先侵犯肌表，或从口鼻而入，或两者同时侵袭。

2. 六淫的性质及致病特点

（1）风邪：

1）风为阳邪，其性开泄，易袭阳位。风邪善动而不居，具有升发、向上、向外的特性，故属阳邪。其性开泄，是指其易使腠理疏松开张而引发津气外泄。常伤及人体的上部（即头面）、阳经和肌表，使皮毛腠理疏松张开、津气外泄。出现头痛、汗出、恶风等症状。

2）风性善行而数变。"善行"，是指风邪致病，具有病位游移，行无定处的特性。"数变"，是指风邪致病，具有变幻无常和发病迅速的特点而言。如风疹块（荨麻疹）就有皮肤成片肿胀瘙痒，发无定处，此起彼伏的特点。一般发病多急，传变也较快。

3）风为百病之长。风邪为六淫邪气的主要致病因素，凡寒、湿、燥、热诸邪，多依附于风邪而侵犯人体，如外感风寒、风热、风湿等。所以风邪常为外邪致病之先导，多兼他邪同病。

（2）寒邪：

1）寒为阴邪，易伤阳气。"阴盛则寒"，所以寒为阴气盛的表现，故其性属阴。又"阴盛则阳病"，所以感受寒邪，最易损伤人体阳气。阳气受损，温煦气化功能减弱，人体功能活动降低，从而表现为寒证。

2）寒性凝滞，主痛。"凝滞"即凝结、阻滞不通之意。寒邪伤人，阴气偏盛，阳气受损，经脉气血为寒邪凝滞不通，不通则痛。故寒邪伤人多见疼痛症状，如偏于寒盛之痹证，则多见疼痛较剧。

3）寒性收引。收引，即收缩牵引之意。寒邪侵袭人体，可使气机收敛，腠理、经络、筋脉收缩而挛急。如寒邪侵袭肌表，毛窍腠理闭塞，卫阳被郁不得宣泄，则可见恶寒发热，无汗；寒客血脉，则气血凝滞，血脉挛缩，可见头身疼痛，脉紧；寒客经络关节，经脉拘急收引，则可使肢体屈伸不利，或冷厥不仁。

（3）暑邪：

1）暑为阳邪，其性炎热。暑为夏季火热之气所化，火热属阳，故暑为阳邪。暑邪伤人，多表现出阳热亢盛症状。

2）暑性升散，耗气伤津。暑为阳邪，有升发之特点，故暑邪侵犯人体，多直入气分，可使腠理开泄而多汗。

3）暑多挟湿。夏季气候炎热，且雨水较多，热蒸湿动，空气中湿度增加，故暑邪致病，多挟湿邪，即暑邪湿邪合而致病。

（4）湿邪：

1）湿为阴邪，易阻遏气机，损伤阳气。湿邪侵及人体，留滞于脏腑经络，最易阻遏气机，使气机升降失常，经络阻滞不畅，常可出现胸闷脘痞、小便短涩、大便不爽等症状。此外，湿为阴邪，易损伤阳气。脾主运化水湿，其性喜燥而恶湿，故外感湿邪，留滞体内，常先困脾气，使脾阳不振，运化失职，水湿停聚，出现腹泻、尿少、水肿、腹水等病症。

2）湿性重浊。"重"，即沉重或重着之意。是指感受湿邪，常可见头重如裹、周身困重、四肢酸懒沉重等症状。若湿邪留滞经络关节，则阳气输布受阻，故见肌肤不仁、关节疼痛等，又称"湿痹"或"着痹"。"浊"，即秽浊，多指分泌物秽浊不清而言。其临床症状，如面垢眵多、大便溏泻、下痢黏液脓血、小便浑浊、妇女白带过多、湿疹浸淫流水等，都是湿邪秽浊的临床表现。

3）湿性黏滞。湿性黏滞"黏"，即黏腻，"滞"，即停滞。湿邪黏腻停滞，主要表现在两个方面：一是指湿邪致病临床表现多黏滞不爽，如排出物及分泌物多滞涩而不畅；二是指湿邪为病多缠绵难愈，病程较长或反复发作。

4）湿性趋下，易伤阴位。湿邪伤人，其病多见于下部，如下肢水肿明显。此外，淋浊、带下、泻痢等病症，亦多由湿邪下注所致。

（5）燥邪：

1）燥性干涩，易伤津液。燥邪最易耗伤人体的津液，造成阴津亏虚的病变，常见口鼻干燥、咽干口渴、皮肤干涩，甚则皲裂、毛发不荣、小便短少、大便干结等。

2）燥易伤肺。肺为娇脏，喜润而恶燥，所以既不耐寒温，更不耐干燥。若湿盛则生痰停饮，燥盛则津伤；肺又主呼吸，与外界大气相通，外合皮毛，开窍于鼻，所以燥邪伤人，多从口鼻而入，故最易伤损肺津，影响肺的宣发与肃降功能，出现干咳少痰，或痰液胶黏难咯，或痰中带血，以及喘息胸痛等症。

（6）火（热）邪：

1）火热为阳邪，其性炎上。阳主燥，动而向上，火热之性，亦升腾上炎，故属阳邪。因此，火热伤人，多见高热、烦渴、汗出、脉洪数等症。又因其主动而炎上，故火热伤人则常见神明扰乱，表现为心烦、失眠、狂躁妄动、神昏谵语等。

2）火易耗气伤津。火热之邪最易迫津外泄，消灼津液，使人体津液耗伤。故火热邪气致病，除见高热之外，往往伴有口渴喜饮、口舌咽干、小便短赤、大便干结等津伤之症。此外，还认为火热亢盛，极易损伤正气，而使全身功能减弱。所以又有"壮火食气"之说，"壮火"，这里指火热邪气。

3）火易生风动血。火热之邪侵袭人体，多耗伤阴津，使筋失其滋养濡润而伤及肝经，使运动失调，引起"肝风内动"，称为"热极生风"。临床表现为高热、神昏谵语、四肢抽搐、目睛上视、颈项强直、角弓反张等。此外，火热之邪可以加速血行，灼伤脉络，甚则迫血妄行而溢出于脉外，而致各种出血，如咯血、鼻出血、便血、尿血、皮肤紫斑、妇女月经过多及崩漏等。

4）火易致肿疡。火热之邪入于血分，则可聚于局部，腐化血肉，发为痈肿疮疡。

（二）疫疠邪气

1. 疫疠邪气的性质　在外感邪气中还有一类疫疠邪气，这是一类具有强烈传染性的外感致病邪气。在中医古代文献记载中，又称"疠气""戾气""异气""毒气""乖戾之气"等。疫疠邪气与一般的六淫邪气不同，乃是天地间别有的一种特殊的致病因素。疫疠邪气致病，多从口鼻侵入人体。在人群中，可以散在发生，也可以形成瘟疫大面积流行。常见病如大头瘟、虾蟆瘟、疫痢、白喉、烂喉丹痧、天花、霍乱、鼠疫等。疫疠邪气的发生与流行，多与下列因素有关：

（1）气候因素：自然界气候的反常变化，如久旱无雨、酷热异常、湿雾瘴气等。

（2）环境和饮食：如空气、水源或食物受到污染等。

（3）没有及时做好预防隔离工作。

2. 致病特点　疫疠邪气的致病特点有发病急骤、病情较重、症状相似、传染性强、易于流行等。

二、内伤病因

内伤病因又称内伤，泛指因人的情志或行为不循常度，超过人体自身调节范围，直接伤及脏腑而发病的致病因素，如七情内伤、饮食失宜、劳逸失当等。内伤病因系导致脏腑气血阴阳失调而为病。由内伤病因所引起的疾病称为内伤病。内伤病因，是与外感病因相对而言的，因其病自内而外，非外邪所侵，故称内伤。

（一）七情

七情，即喜、怒、忧、思、悲、恐、惊7种情志变化。在一般情况下，七情是人体对客观外界事物的不同反应，属正常的情志活动，并不能成为致病因素。只有突然、强烈或长期持久的情志刺激，才能影响人体的生理活动，使脏腑气血功能紊乱，从而引起疾病的发生。七情是直接影响内脏功能，造成内脏功能紊乱而发病的因素，故又称"内伤七情"。七情是属于内伤病的一类致病因素。

情志活动以脏腑气血为物质基础，因此喜、怒、思、忧、恐，分别由心的精气、肝的精气、脾的精气、肺的精气、肾的精气所化生，故常称"五志"，即五脏的情志。

七情致病的特点有以下几个方面：

1. 直接伤及内脏　不同的情志刺激可伤及不同的内脏，即怒伤肝、喜伤心、思伤脾、悲伤肺、恐伤肾。此外，心为五脏六腑之大主，又主神明，所以各种情志刺激都与心有关，心神受损后可涉及其他脏腑。情志所伤，又以心、肝、脾为多见。

2. 影响内脏气机　情志所伤，主要影响脏腑气机，使其紊乱。主要的病理变化有"怒则气上""喜则气缓""悲则气消""恐则气下""惊则气乱""思则气结"等。

（1）怒则气上：是指过度愤怒，则可使肝气横逆上冲，血随气逆，并走于上。可见气逆作喘，面红目赤，或咯血，甚则昏厥猝倒等。

（2）喜则气缓：是指喜或暴喜，则可使心气涣散而不收。在正常情况下，心情喜悦，气血调和，能缓和精神紧张；但暴喜或过喜，则又可使心气涣散，神不内守。表现为精神不能集中，甚则狂乱、失神妄动等。

（3）悲则气消：是指过度悲忧，则可使肺气抑郁、意志消沉，从而使肺气耗伤。可见精神不振、气短乏力等。

（4）恐则气下：是指恐惧过度，因恐而伤及肾气，肾气不固，可见二便失禁，摄纳不住；或恐惧不解，肾精不固，而发生骨酸痿厥、遗精等病症。

（5）惊则气乱：是指突然受惊，以致心无所倚，神无所归，虑无所定。表现为精神不安，惊慌失措，或遇事犹豫不决等。

（6）思则气结：是指思虑劳神过度，伤及于脾，使脾不健运，运化无力，气血化生无源。若耗及于心，则心血亏虚，心神失养，表现为心悸、健忘、失眠、多梦；若脾运不健，又可影响胃纳，表现为食欲减退、脘腹胀满或腹泻便溏等症。

应当指出，人体是一个有机的整体，"心为君主之官""为五脏六腑之大主""精神之所舍"，故情志的异常变化，首先影响的是心脏的功能，然后再影响其他脏腑，使脏腑功能紊乱。

临床实践证明，精神情志所伤，可引起脏腑的功能失调，这是肯定的；至于具体伤及哪一脏腑，发生何种变化，除与不同的情志因素有关以外，还与个人的精神类型差异有关。

（二）饮食与劳逸失常

1. 饮食不节

（1）过饥指不能按时进食，或长期进食不足，以致气血化生无源，气血得不到足够的补充，久而久之即可导致脏腑功能衰弱而为病。或因正气不足，抗病不力，继发他病。

（2）过饱指饮食太多，或暴饮暴食，超过了脾胃助消化能力，则会损伤脾胃之气。

2. 饮食不洁　进食不清洁的食物，可引起胃肠疾病和肠道寄生虫病。胃肠疾病可见吐泻、腹痛或下痢脓血等症。寄生虫（如蛔虫、钩虫、蛲虫、绦虫等）病，可致腹痛、嗜食异物、面黄肌瘦、肛门瘙痒等症。若蛔虫窜入胆道，则上腹出现阵发性绞痛、四肢厥冷，或呕吐蛔虫。若进食腐败变质或有毒食物，则可出现剧烈腹痛、吐泻等中毒症状，严重者可出现昏迷或死亡。

3. 饮食偏嗜　中医学认为五味与五脏，各有其一定亲和性，如酸入肝、苦入心、甘入脾、辛入肺、咸入肾。如多食肥甘厚味，易生痰、化热，发生眩晕、胸痹、昏厥、痈疡等病证；嗜好饮酒，或恣食辛辣，不仅损伤脾胃之阴液，而且饮酒过量，能致中毒昏迷；缺乏某些必要的营养可致脚气病、瘿瘤、夜盲、佝偻病等。因此，饮食必须五味调和，不可凭自己的喜恶而偏嗜择食。

4. 劳逸失常的致病特点

（1）过度劳累致病：过度劳累，古称劳伤、劳倦。包括劳力过度、劳神过度和房劳过度3个方面。

（2）过度安逸致病：过度安逸，是指长期不从事劳动和体育运动。使脾胃之气呆滞，功能减弱，气血化生不足，运行不畅，从而出现食少乏力、精神不振、肢体软弱、痰湿内停，或形体臃肿发胖，动则心悸、气短、自汗等症，或继发他病。

三、病理性因素

在疾病发生和发展过程中，原因和结果可以相互交替和相互转化。由原始致病因素所引起的后果，可以在一定条件下转化为另一些变化的原因，成为继发性致病因素。痰饮、瘀血、结石都是在疾病过程中所形成的病理产物，它们滞留体内而不去，又可成为新的致病因素，作用于机体，引起各种新的病理变化。因其常继发于其他病理过程，故又称"继发性病因"。

（一）痰饮

痰饮，是脏腑功能失调的病理产物，但又能直接或间接地作用于机体的某些脏腑组织，继发其他各种病症，故亦为致病因素。

1. 痰饮的形成　痰和饮都是水液代谢的局部或全身障碍所形成的病理产物。常分有形与无形两类。有形的痰饮，是指视之可见、触之可及或听之有声的痰或饮。其中，浓度较大，黏稠的称为痰；而浓度较小，清稀的称为饮。所谓无形之痰饮，是指有痰饮的病理表现，如头目眩晕、恶心呕吐、气短、心悸或癫狂、昏不识人等，但却看不到有排出来的或其他实质性的痰和饮，且按治痰饮的方法治疗，也同样可以收到满意的效果。

2. 痰饮的致病特点　痰饮所致病症，临床是较多见的，故又有"百病多由痰作祟"的说法。根据痰饮所在的部位和性质不同，其临床表现也不完全一样。临床常见的痰饮病症有寒痰、热痰、燥痰、风痰、湿痰、痰饮、溢饮、支饮、悬饮等。

（1）常见的痰证：如痰阻于肺，可见咳喘咯痰；痰迷心窍，可见胸闷心悸，神昏癫狂；痰停于胃，可见恶心呕吐，痞满不舒；痰停皮下肌肉，则可见痰核、阴疽流注；痰阻经络筋骨，则可见肢体麻木，或半身不遂；痰浊上犯头目，则发眩晕昏冒；痰气凝结咽喉，则可致咽中梗阻，如有异物，吞之不下，吐之不出。

（2）常见的饮证：如饮泛肌肤，则成水肿；饮停胸胁，则见胸胁胀痛、咳嗽引痛；饮停胸膈，则常见咳喘倚息、不能平卧；饮在肠间，每致肠鸣沥沥有声、腹满食少。总之，痰饮病症，随其病变部位及其寒热虚实性质的不同，而各有不同的临床见症，应综合分析，方能作出正确的诊断。

（二）瘀血

1. 瘀血的概念与形成　瘀血，即指体内局部血液的停滞，包括离经之血积存体内或血运不畅，阻滞于经脉、脏腑及其他部位的血液，均称为瘀血。瘀血既是疾病过程中所形成的病理产物，又是某些疾病的致病因素。

瘀血的形成，一是由于气虚、气滞、血寒、血热等原因，使血行不畅而瘀滞。二是由于内外伤，或气虚失摄，或血热妄行等原因，引起血离经脉，积存于体内而形成瘀血。

2. 瘀血的致病特点

（1）瘀血致病的共同特点：①疼痛刺痛，痛处固定，昼轻夜重，拒按。②肿块固定，瘀在肌肤则皮色青紫或青黄；瘀在体内，久则形成癥积，质硬或压痛。③出血血色紫暗或夹瘀块。④望诊久瘀可见面色黧黑，肌肤甲错，唇甲发绀，舌质紫暗或有瘀斑、瘀点，舌下经脉曲张等征象。⑤脉诊脉象多见细涩、沉弦或结代。

（2）瘀血的病证特点：因瘀阻的部位和形成的原因不同而异。如瘀阻于心，可见心悸、胸闷、心痛、口唇爪甲发绀；瘀阻于肺，可见胸痛、咯血；瘀阻胃肠，可见呕血、大便色黑如漆；瘀阻于肝，可见胁痛痞块；瘀血攻心，可致发狂；瘀阻胞宫，可见少腹疼痛、月经不调、痛经、闭经、经色紫黯成块，或见崩漏；瘀阻肢体末端，可成脱骨疽；瘀阻肌肤局部，则可见局部肿痛发绀。

四、其他病因

在中医病因学中，除了外感病因、七情内伤和病理性因素以外，还有外伤、寄生虫、胎传等。因其不属外感内伤和病理因素，故称为其他病因。

（一）外伤
外伤指因受外力如扑击、跌扑、利器等击撞，以及虫兽咬伤、烫伤、烧伤、冻伤等而致皮肤、肌肉、筋骨损伤的因素。

（二）外伤的致病特点
1. 枪弹、金刃、跌打损伤、持重努伤　这些外伤，可引起皮肤肌肉瘀血肿痛、出血，或筋伤骨折、脱臼。重则损伤内脏，或出血过多，可导致昏迷、抽搐、亡阳等严重病变。

2. 烧烫伤　又称"火烧伤""火疮"等。烧烫伤多由沸水（油）、高温物品、烈火、电等作用于人体而引起，一般以火焰和热烫伤为多见。中医学在治疗烧烫伤方面积累了丰富的经验。我国在烧伤防治工作方面已取得了很大的成就。

烧烫伤总以火毒为患。机体受到火毒的侵害以后，受伤的部位立即发生外证，轻者损伤肌肤，创面红、肿、热、痛，表面干燥或起水疱，剧痛。重度烧伤可损伤肌肉筋骨，痛觉消失，创面如皮革样、蜡白、焦黄或炭化，干燥。严重烧烫伤热毒炽盛，热必内侵脏腑，除有局部症状外，常因剧烈疼痛，火热内攻，体液蒸发或渗出，出现烦躁不安、发热、口干渴、尿少尿闭等，及至亡阴亡阳而死亡。

3. 冻伤　冻伤是指人体遭受低温侵袭所引起的全身性或局部性损伤。冻伤在我国北方冬季常见。温度越低，受冻时间越长，则冻伤程度越重。全身性冻伤称为"冻僵"；局部性冻伤常根据受冻环境而分类，如"战壕足""水浸足"等，而指、趾、耳、鼻等暴露部位受寒冷影响，出现紫斑、水肿等，则称"冻疮"。寒冷是造成冻伤的重要条件。冻伤一般有全身冻伤和局部冻伤之分。

（1）全身性冻伤：寒为阴邪，易伤阳气，寒主凝滞收引。阴寒过盛，阳气受损，失去温煦和推动血行作用，则为寒战，体温逐渐下降，面色苍白、唇舌、指甲发绀，感觉麻木，神疲乏力，或昏睡，呼吸减弱，脉迟细，如不救治，易致死亡。

（2）局部性冻伤：局部冻伤多发生于手、足、耳郭、鼻尖和面颊部。初起，因寒主收引，经脉挛急，气血凝滞不畅，影响受冻局部的温煦和营养，致局部苍白、冷麻，继则肿胀发绀，痒痛灼热，或出现大小不等的水疱等；重则受冻部位皮肤亦呈苍白、冷痛麻木，触觉丧失，甚则暗红漫肿，水疱破后创面是紫色，出现腐烂或溃疡，乃至损伤肌肉筋骨而呈干燥黑色，亦可因毒邪内陷而危及生命。

4. 虫兽伤　虫兽伤包括毒蛇、猛兽、疯狗咬伤等。轻则局部肿疼、出血，重可损伤内脏，或出血过多，或毒邪内陷而死亡。

（1）毒蛇咬伤：毒蛇咬伤后，根据其临床表现不同，分为风毒、火毒和风火毒3类。

1）风毒（神经毒）：常见银环蛇、金环蛇和海蛇咬伤，伤口表现以麻木为主，无明显红肿热痛。全身症状，轻者头晕头痛、出汗、胸闷、四肢无力，重者昏迷、瞳孔散大、视物模糊、语言不清、流涎、牙关紧闭、吞咽困难、呼吸减弱或停止。

2）火毒（血循毒）：常见蝰蛇、尖吻蝮蛇、青竹蛇和烙铁头蛇咬伤。伤口红肿灼热疼痛，起水疱，甚至发黑，日久形成疡。全身症状见寒战发热，全身肌肉酸痛，皮下或内脏出血，尿血、便血、咯血、鼻出血，继则出现黄疸和贫血等，严重中毒死亡。

3）风火毒（混合毒）：如眼镜蛇、大眼镜蛇咬伤，临床表现有风毒和火毒的症状。

（2）疯狗咬伤：疯狗咬伤初起仅局部疼痛、出血，伤口愈合后，经一段潜伏期，然后出现烦躁、惶恐不安、牙关紧闭、抽搐、恐水、恐风等症。

（二）寄生虫

寄生虫是动物性寄生物的统称。寄生虫寄居于人体内，不仅消耗人的气血津液等营养物质，而且能损伤脏腑的生理功能，导致疾病的发生。

中医学早已认识到寄生虫能导致疾病的发生，例如，蛔虫、钩虫、蛲虫、绦虫（又称寸白虫）、血吸虫等。患病之人，或因进食被寄生虫虫卵污染的食物，或接触疫水、疫土而发病。由于感染的途径和寄生虫寄生的部位不同，临床表现也不一样。如蛔虫病，常可见胃脘疼痛，甚则四肢厥冷等，称为"蛔厥"；蛲虫病可有肛门瘙痒之苦；血吸虫病，因血液运行不畅，久则水液停聚于腹，形成"蛊胀"。上述蛔虫、钩虫、绦虫等肠道寄生虫，其为病多有面黄肌瘦、嗜食异物、腹痛等临床特征。

中医学虽然已经认识到寄生虫病与摄食不洁食物有关，在中医文献中又有"湿热生虫"之说。所谓"湿热生虫"，是说脾胃湿热为引起肠寄生虫病的内在因素之一，而某些肠寄生虫往往以"脾胃湿热"的症状为主要临床表现。因此，不能误认为湿热能直接生虫。

第八节　发病与病机

中医学认为，疾病的发生、发展和变化，与患病机体的体质强弱和致病邪气的性质密切相关。病邪作用于人体，人体正气奋起而抗邪，引起了正邪相争。斗争的结果，邪气对人体的损害居于主导地位，破坏了人体阴阳的相对平衡，或使脏腑气机升降失常，或使气血功能紊乱，并进而影响全身脏腑组织器官的生理活动，从而产生了一系列的病理变化。

"病机"二字，首见于《素问·至真要大论》，该篇数次提到病机，并强调其重要性，如"谨候气宜，无失病机""审察病机，无失气宜""谨守病机，各司其属"；又从临床常见的病证中，总结归纳为十九条，即后世所称的"病机十九条"。对于"病机"二字的原意，前人释为"病之机要""病之机括"，含有疾病之关键的意思。

病机学说是阐明疾病发生、发展和变化规律的学说，其任务旨在揭示疾病的本质，是对疾病进行正确诊断和有效防治的理论基础。病机学说的内容，包括疾病发生的机制、病变的机制、病程演变的机制3个部分。

中医病机学是根据以五脏为中心的脏象学说，把局部病变同机体全身状况联系起来，从机体内部脏腑经络之间的相互联系和制约关系来探讨疾病的发展和转变，从而形成了注重整体联系的病理观。中医病机学认为，人体脏腑之间，不仅在生理上而且在病理上，存在着相互联系和相互制约的关系。五脏相通，移皆有次。疾病发生时，各脏腑病变按一定规律互相影响。中医学用五行生克乘侮理论来解释脏腑之间病理上的相互影响以及疾病的传变规律。

一、发病

发病机制是指人体疾病发生的机制和原理，它是研究人体疾病发生的一般规律的学说。中医学认为，人体的生命活动是一个矛盾运动过程。人体与自然环境，以及人体内在环境之间，存在着整体统一的联系，维持相对的动态平衡，从而保持着人体的正常生理活动，即健康状态。但机体时刻着内外因素的影响，干扰着这种动态平衡状态。在一般情况下，人体的自身调节功能尚能维持这种平衡状态，保持健康，即"阴平阳秘，精神乃治"（《素问·生气通天论》）。如果内外因素的影响超过了人体的适应力，破坏了人体的阴阳动态平衡，而人体的调节功能又不能立即消除这种干扰，以恢复生理上的平衡时，人体就会出现阴阳失调，而发生疾病。若经过适当的治疗等使人体重新建立这种平衡，即恢复了健康。

邪气的种类、性质和致病途径及其作用不同，个体的体质和正气强弱不一，所以其发病类型也有区别。发病类型大致有卒发、伏发、徐发、间发、继发、合病与并病、复发等。

（一）卒发

卒发，又称顿发，即感而即发，急暴突然之意。一般多见以下几种情况：

1. 感邪较甚　六淫之邪侵入，若邪气较盛，则感邪之后随即发病。如新感伤寒或温病，是外感热病中最常见的发病类型。外感风寒、风热、燥热、温热、温毒等病邪为病，多感而即发，随感随发。

2. 情志遽变　急剧的激情波动，如暴怒、悲伤欲绝等情志变化，导致人的气血逆乱，而病变顷刻而发，出现猝然昏仆、半身不遂、胸痹心痛、脉绝不至等危急重证。

3. 疫气致病　发病暴急，来势凶猛，病情危笃，常相"染易"，以致迅速扩散，广为流行。某些疫气，其性毒烈，致病力强，善"染易"流行而暴发，危害尤大，故又称暴发。

4. 毒物所伤　误服毒物，被毒虫毒蛇咬伤，吸入毒秽之气等，均可使人中毒而发病急骤。

5. 急性外伤　如金刃伤、坠落伤、跌打伤、烧烫伤、冻伤、触电伤、枪弹伤等，均可直接而迅速致病。

（二）伏发

伏发，即伏而后发，指某些病邪传入人体后，不即时发病而潜伏于内，经一段时间后，或在一定诱因作用下才发病。如破伤风、狂犬病等，均经一段潜伏期后才发病。有些外感性疾病，也常经过一定的潜伏期，如"伏气温病""伏暑"等均属此类。

新感与伏气是相对而言的。在温病学上，感受病邪之后，迅即发病者，为新感或新感温病。新感温病，随感随发，初起即见风寒表证。藏于体内而不立即发病的病邪称为伏邪，又称伏气。由伏邪所致之病称为伏气温病。伏气温病，初起不见表证，而即见里热甚至血分热证。若内有伏邪，由新感触动而发病，称新感引动伏邪。

（三）徐发

徐缓发病称为徐发，又称缓发，系与卒发相对而言。徐发亦与致病因素的种类、性质及其致病作用，以及体质因素等密切相关。

以外感性病因而言，寒湿邪气，其性属阴，凝滞、黏滞、重着，病多缓起。例如，风寒湿痹阻滞肌肉筋脉关节而疼痛、重着、麻木等。某些高年患者，正气已虚，虽感外邪，常可徐缓起病，与机体反应性低下有关。

内伤因素致病，如思虑过度、忧患不释、房事不节、嗜酒成癖、嗜食膏粱厚味等，常可引起机体的渐进性病理改变，积以时日，就呈现出种种明显的临床症状与体征。

（四）继发

继发，系指在原发疾病的基础上继续发生新的病症。继发病必然以原发病为前提，两者之间有着密切的病理联系。例如，病毒性肝炎所致的胁痛、黄疸等，若失治或治疗失当，日久可继发致生"癥积""鼓胀"。又如，癥瘕、积块、痞块，即是胀病之根，日积月累，腹大如箕，腹大如瓮，是名单腹胀。间日疟反复发作，可继发出现"疟母"（脾大）；小儿久泻或虫积，营养不良，则致生"疳积"；久罹眩晕，由于忧思恼怒，饮食失宜，劳累过度，有的可发为"中风"，出现猝然昏仆、面瘫、半身不遂等症状。

（五）合病与并病

凡两经或三经的病症同时出现者，称为合病；若一经病病未罢又出现另一经病症者，则称并病。合病与并病的区别，主要在于发病时间上的差异，即合病为同时并见，并病则依次出现。

合病多见于病邪较盛之时。由于邪盛，可同时侵犯两经，如伤寒之太阳与少阳合病、太阳与阳明合病等，甚则有太阳、阳明与少阳之三阳合病者。

至于并病，则多体现于病位传变之中。病位的传变，是病变过程中病变部位发生了相对转移的现象，并且，原始病位的病变依然存在。在不同类别的疾病中，病位的传变也很复杂，即病有一定之传变，有无定之传变。所谓一定之传变，多表现出传变的规律，如六经、卫气营血、三焦传变规律等；所谓无定之传变，是指在上述一般规律之外的具体疾病的病后增病，即可视为并发病症。如胃脘痛可并发大量出血、腹痛、厥脱、反胃等。

（六）复发

所谓复发，是重新发作的疾病，又称"复病"。复病具有如下特点：其临床表现类似初病，但又不仅是原有病理过程的再现，而是因诱发因素作用于旧疾之宿根，机体遭受到再一次的病理性损害而旧病复发。复发的次数愈多，静止期的恢复就愈不完全，预后也就愈差，并常可遗留下后遗症。所谓后遗症，是主病在好转或痊愈过程中未能恢复的机体损害，是与主病有着因果联系的疾病过程。

1. 复发的基本条件　疾病复发的基本条件有三：其一，邪未尽除。就病邪而论，疾病初愈，病邪已去大半，犹未尽除。因为尚有余邪未尽，便为复发提供了必要的条件。若邪已尽除，则不可能再复发。因此，邪未尽除是复发的首要条件。其二，正虚未复。因为疾病导致正气受损，疾病初愈时正气尚未完全恢复。若正气不虚，必能除邪务尽，也不会出现旧病复发。所以，正虚未复也是疾病复发中必不可少的因素。其三，诱因。如新感病邪，过于劳累，均可助邪而伤正，使正气更虚，余邪复炽，引起旧病复发。其他如饮食不慎，用药不当，亦可伤正助邪，导致复发。

2. 复发的主要类型　由于病邪的性质不同，人体正气的盛衰各异，因而复发大体上可以分为疾病少愈即复发、休止与复发交替，以及急性发作与慢性缓解期交替3种类型。

（1）疾病少愈即复发：这种复发类型多见于较重的外感热病。多因饮食不慎，用药不当，或过早操劳，使正气受损，余火复燃，引起复发。如湿温恢复期，患者脉静身凉，疲乏无力，胃纳渐开。若安静休息，进食清淡易于消化的半流质饮食，自当逐渐康复。若饮食失宜，进食不易消化的、偏硬的或厚味饮食，则食积与余热相搏，每易引起复发，不但身热复炽，且常出现腹痛、便血，甚至危及生命。

（2）休止与复发交替：这种复发类型在初次患病时即有宿根伏于体内，虽经治疗，症状和体征均已消除，但宿根未除，一旦正气不足，或感新邪引动宿邪，即可旧病复发。例如，哮喘病有痰饮宿根胶着于胸膈，休止时宛若平人。但当气候骤变，新感外邪引动伏邪，或过度疲劳、正气暂虚、无力制邪时，痰饮即泛起，上壅气道，使肺气不畅，呼吸不利，张口抬肩而息，喉中痰鸣如拽锯，哮喘复发。经过适当治疗，痰鸣气喘消除，又与常人无异。但胸膈中宿痰不除，终有复发之虞。欲除尽宿根，确非易事。

（3）急性发作与慢性缓解交替：这种复发类型实际上是慢性疾病症状较轻的缓解期与症状较重的急性发作期的交替。例如，胆结石为有形之病理产物，会阻碍气机，而致肝气郁结。在肝疏泄正常，腑气通降适度时，患者仅感右胁下偶有不适，进食后稍觉饱

第三篇　基础理论

胀，是谓慢性缓解期。若因情志抑郁，引起肝失疏泄，或便秘，腑气失于通降，或因进食膏粱厚味，助生肝胆湿热，使肝胆气机郁滞不通，胆绞痛发作，症见右胁下剧痛，牵引及右侧肩背，甚则因胆道阻塞而见黄疸与高热，是谓急性发作。经过适当治疗，发作渐轻，又进入缓解期。但是，胆石不除，急性发作的反复出现，总是在所难免。

从上述3种情况看，其一是急性病恢复期余邪未尽，正气已虚，适逢诱因而引起复发。若治疗中注意祛邪务尽，避免诱因，复发是可以避免的。其二、其三皆因病有宿根而导致复发。宿根之形成，一是正气不足，脏腑功能失调，无力消除病邪；二是病邪之性胶着固涩，难以清除。故治疗时，一方面要扶助正气，令其祛邪有力；另一方面应根据宿邪的性质，逐步消除，持之以恒，以挖除病根。尽量减少复发，避免诱因十分重要。因此，必须认真掌握引起复发的主要诱发因素。

3. 复发的诱因　复发病的诱因，是导致病理静止期趋于重新活跃的因素。诱发因素，归纳起来主要有如下几个方面：

（1）复感新邪：疾病进入静止期，余邪势衰，正亦薄弱，复感新邪势必助邪伤正，使病变再度活跃。这种重感致复多发生于热病新瘥之后，所谓"瘥后伏热未尽，复感新邪，其病复作"（《重订通俗伤寒论·伤寒复证》）。因而，强调病后调护，慎避风邪，防寒保暖，对防止复发有着重要的意义。

（2）食复：疾病初愈，因饮食因素而致复发者，称为"食复"。在疾病过程中，由于病邪的损害或药物的影响，脾胃已伤；"少愈"之际，受纳、腐熟、运化功能犹未复健，若多食强食，或不注意饮食宜忌，或不注意饮食卫生，可致脾胃再伤。余邪得宿食、酒毒、"发物"等之助而复作，以致复发。例如，胃脘痛、痢疾、痔疾、淋证等新瘥之后，每可因过食生冷，或食醇酒辛辣炙煿之物而诱发。鱼虾海鲜等可致隐疹及哮喘病的复发等。

（3）劳复：凡病初愈，切忌操劳，宜安卧守静，以养其气。疾病初愈，若形神过劳，或早犯房事而致复病者，称为"劳复"。例如，某些外感热病的初愈阶段，可因起居劳作而复生余热；慢性水肿，以及痰饮、哮病、疝气、子宫脱垂等，均可因劳倦而复发并加重；某些病症的因劳致复，如中风的复中、真心痛的反复发作等，均一次比一次的预后更为凶险。

（4）药复：病后滥施补剂，或药物调理运用失当，而致复发者，称为"药复"。疾病新瘥，为使精气来复，或继清余邪，可辅之以药物调理。但应遵循扶正宜平补、勿助邪，祛邪宜缓攻、勿伤正的原则。尤其注意勿滥投补剂，若急于求成，迭进大补，反会导致虚不受补，或壅正助邪而引起疾病的复发，或因药害而滋生新病。

此外，气候因素、精神因素、地域因素等也可成为复发的因素。例如，某些哮喘病，或久病咳喘引起的"肺胀"，多在气候转变的季节或寒冬复发；许多皮肤疾患的复发或症状的加剧，与气候变化的联系至为密切。眩晕、失眠、脏躁、癫狂，以及某些月经不调病症的复发与加重，都与情志的刺激有关。

二、邪正盛衰病机

邪正盛衰病机，是指在疾病过程中，机体的抗病能力与致病邪气之间相互斗争中所发生的盛衰变化。这种斗争，不仅关系着疾病的发生，而且直接影响着疾病的发展和转归，同时也影响着病症的虚实变化，所以，从一定意义上来说，许多疾病的过程，也就是邪正斗争及其盛衰变化的过程。因此，邪正相争是中医病机学的基本病机之一。在疾病的发展过程中，邪正双方力量的消长盛衰变化决定病机、病症的虚实夹杂或转化。一般规律是，正盛邪退则病势好转或向愈，邪去正虚则病祛而体虚，正虚邪恋则病势缠绵迁延而难愈，邪盛正衰则病势恶化，甚则死亡。邪气盛则实，精气夺则虚，但是在特殊情况下，病变可出现本质与表现不一致的虚实真假变化。这对于全面认识疾病的发展及转化具有重要意义。

（一）邪正盛衰与虚实变化

1. 实的病机　所谓实，主要指邪气亢盛，是以邪气盛为矛盾主要方面的一种病理反应。主要表现邪气的毒力和机体的抗病能力都比较强盛，脏腑功能亢进；或是邪气虽盛而机体正气未衰，尚能积极与邪气抗争，故正邪相搏，斗争剧烈，反应明显，在临床上可出现一系列病理性反应比较剧烈的证候表现。

形成：多由外感六淫病邪侵袭，或由于痰、食、水、血等滞留于体内所致。

表现：常见于外感病症的初期和中期，或慢性病之痰涎壅盛、食积不化、水湿泛滥、瘀血内阻等病症。临床可见壮热、狂躁、声高气粗、腹痛拒按、二便不通、脉实有力等症。

2. 虚的病机　所谓虚，主要指正气不足，是以正气虚损为矛盾主要方面的一种病理反应。主要表现为人体生理功能减退，抗病能力低下，因而正气不足与邪气抗争，难以出现较剧烈的病理反应，在临床上多出现一系列虚弱不足或衰退的证候表现。

形成：多由素体虚弱，或慢性病耗损，以致精气消耗；或大汗、吐利、大出血等因素耗伤人体气、血、津液或阳气、阴精等所致。

表现：虚的病机、病证，常见于疾病后期及多种慢性病证，临床可见神疲体倦、面容憔悴、心悸气短、自汗、盗汗，或五心烦热，或畏寒肢冷、脉细弱无力等症。

3. 虚实错杂的病机　邪正的消长盛衰，不仅可以产生单纯的或虚或实的病理变化，而且在某些长期的、复杂的疾病中，往往多见虚实错杂的病理反应。这是因为邪与正相互斗争，其盛衰同时存在所致。如实性病变失治，病邪久留，损伤人体正气，则实性病证可以转化成虚性病证，或形成邪实正虚的虚实错杂病证。若正气不足，因无力祛邪外出，或本正虚，而内生之宿食积聚、水湿停蓄、痰饮瘀血等病理产物凝结阻滞于内，则可形成虚实错杂病变，称为正虚邪实病证。其临床表现为虚证和实证同时兼杂而并见。虚实错杂病机与病症，一般有虚中夹实和实中夹虚两类。虚中夹实指病理变化以正虚为主，但又兼夹邪实的病理状态；实中夹虚指病理变化以邪实为主，兼见正气虚损的病理状态。

（二）邪正盛衰与疾病的转归

在疾病的发生、发展过程中，由于邪正斗争，从而使邪正双方的力量不断产生消长盛衰的变化，这种变化，对于疾病的转归起着决定性的作用。在疾病的早期和中期，邪气较盛而正气未衰，双方力量对比势均力敌，故正邪斗争相持不下，且由于斗争比较激烈，其病理反应也比较明显。通过这一阶段的斗争，邪正双方必然会出现消长盛衰的变化，这种消长盛衰变化可导致如下之疾病转归。

1. 正胜则邪退　正气战胜邪气，或邪气被祛除，这是在邪正斗争消长盛衰的发展过程中，疾病向好转或痊愈方面发展的一种转归，也是在许多疾病中最常见的一种结局。这是由于患者正气比较充盛，抗御病邪的能力较强，或因及时地得到正确的治疗，或两者兼而有之，则邪气难以进一步发展，进而使病邪对机体的损害作用终止或消失，则机体脏腑、经络等组织的病理损害逐渐得到修复，精、气、血、津液等物质的耗伤亦逐渐得到恢复，则机体的阴阳两个方面在新的基础上又获得了新的相对平衡，疾病即告痊愈。

2. 邪去而正虚　邪气被祛除，病邪对机体的损害作用已经消失，但疾病中正气被耗伤而见虚弱，有待恢复，这亦是多种慢性病常见的一种转归。此多由于邪气亢盛，病势较剧，正气在疾病过程中受到较大的耗伤，或因治疗措施过于猛烈，诸如大汗、大吐、大下之类，邪气虽在强烈的攻击下被驱除，但正气亦随之大伤。亦有因正气素虚，又患疾病，而病后虚弱更甚者。邪去正虚，多见于重病的恢复期。

3. 正虚而邪恋　疾病后期，正气已虚，但邪气去而未尽，正气又一时无力祛邪外出，因而病势缠绵，经久而不能彻底痊愈。这是某些急性热病迁延不愈，或慢性病常见的一种转归。此种情况的形成，多由于素体正气不太亢盛，疾病中虽奋起抗邪，并已祛除病邪之大半，然已精疲力竭，无力逐尽外邪；或因治疗不彻底，未能达到祛邪务尽之目的；或因病邪性质黏滞附着，而致病情缠绵难愈所致。

4. 邪盛则正衰　邪气亢盛，正气衰退，是在疾病发展、邪正消长盛衰的斗争过程中，病势趋向恶化，甚至向死亡方面发展的一种转归。这是由于机体的正气虚弱，或由于邪气炽盛，机体抗御病邪的能力日趋低下，或抗邪无力，因而不能制止邪气的致病损害作用，或阻止其发展，机体所受的病理性损害日趋严重，则病势趋向恶化或加剧。若正气衰竭，邪气独盛，气血、脏腑、经络等生理功能衰惫，甚则阴阳离决，机体的生命活动亦告终止而死亡。

三、阴阳失调病机

各种致病因素的影响，导致机体的阴阳消长失去相对的平衡，从而形成阴阳偏盛、偏衰，或阴不制阳、阳不制阴的病理状态。因此，阴阳失调，是中医学的基本病机之一，是人体阴精、阳气等各种生理性矛盾和关系遭到破坏的概括，是疾病发生、发展的内在根据。

阴阳失调病机，是以阴阳的属性，阴和阳之间所存在的相互制约、相互消长、互根互用和相互转化的理论，来阐释、分析、综合机体一切病理现象的机制，形成了阴阳偏盛偏衰、阴阳互损、阴阳格拒、阴阳亡失等病机的概念和阴阳盛衰与寒热变化等主要内容。强调阴阳的偏盛和偏衰之间，亡阴和亡阳之间，都存在着内在的密切联系。也就是说，阴阳失调的各种病机，并不是固定不变的，而是随着病情的进退和邪正的盛衰等情况的变化而变化，因此，必须随时观察和掌握阴阳失调病机的不同变化，方能把握住疾病发生、发展的本质。

四、气血津液失调病机

人体由皮肉、筋骨、经络、脏腑等组织器官所构成，其生命活动的进行，主要是依靠后天所化生的气血津液，通过经脉输布于全身，营养各个脏腑组织器官而实现的。人体的气血，在生理上是脏腑经络等组织器官进行功能活动的物质基础，在病理上，则气血的失常，必然会影响机体的各种生理功能，从而导致疾病的发生。同时，气与血又是脏腑气化活动的产物，因此，脏腑发生病变，不但可以引起本脏腑之气血失常，而且也会影响及全身的气血，从而引起全身气和血的病理变化。所以，气血失常不仅是脏腑、经络、形体、官窍等各种病机变化的基础，而且亦是分析和研究各种临床病证病机的基础。

1. 气失调　气失调，主要指气不足和气行失常两个方面的病理变化。

2. 血失调　血失调，是指血不足和血行失常（出血和血瘀）的病理变化。

第九节　养生与防治

生、老、病、死是生命发展的必然规律。医学的任务就是认识疾病的发展规律，据此确立正确的养生与防治原则，消灭疾病，保障人们身体健康和长寿。中医学在长期的发展过程中，形成了一整套比较完整的养生及防治理论，至今仍有重要的指导意义。

中医养生学是在中医理论指导下，研究中国传统的颐养心身、增强体质、预防疾病、延年益寿的理论和方法的学问，它历史悠久，源远流长，为中华民族的繁衍昌盛做出了杰出的贡献。

中医学认为，预防和治疗疾病是人们同疾病作斗争的两种不同手段和方法，两者是辩证统一的关系。在未发病之前，预防是矛盾的主要方面。故提出"不治已病治未病"（《素问·四气调神大论》）的思想。但既病之后，倡导及早治疗，防止疾病的发展与传变，在具体方法上又要分清疾病的主要矛盾和次要矛盾，注意先后缓急，做到防治结合。

一、预防

预防，就是采取一定的措施，防止疾病的发生与发展。中医学历来非常重视预防，早在《黄帝内经》中就提出了"治未病"的预防思想。所谓治未病，包括未病先防和既病防变两个方面的内容。

（一）未病先防

未病先防，就是在疾病发生之前，做好各种预防工作，以防止疾病的发生。

疾病的发生，关系到邪正两个方面的因素。邪气是导致疾病发生的重要条件，而正气不足是疾病发生的内在根据，外邪通过内因正气而起作用。因此，未病先防，包括以下两个方面的原则和方法。

1. 培养正气，提高抗病能力

（1）重视精神调养。

（2）加强身体锻炼。

（3）注意生活起居。

（4）人工免疫。

2. 消灭病邪，防止邪气侵害

（1）药物杀灭病邪。

（2）讲究卫生。

（3）避免病邪侵害。

（4）防范各种外伤。

（二）既病防变

既病防变的基本措施是未病先防，这是最理想的积极措施。但如果疾病已经发生，则应争取早期诊断，早期治疗，或采取控制疾病转变的方法，以防止疾病的发展，达到早日治愈疾病的目的，就是既病防变。

1. 早期诊治。
2. 控制疾病的传变。

二、康复

康复，在中医学中多指病后身心的恢复。康复医学，指减轻或消除伤病者、残疾者身体上和精神上的功能缺陷，使其尽可能地恢复生活和工作能力的一门科学。

中医学在康复医疗方面，不仅有较为完整、独特的康复理论，而且还有用之有效、简单易行的康复治疗方法。

（一）康复的原则

1. 形神共养
（1）养形重在养精血、保胃气。
（2）养神重在调神护神。

2. 调养气血阴阳
（1）调养气血。
（2）调养阴阳。
（3）协调脏腑。
（4）疏通经络。

（二）常用康复疗法

1. 药物康复和康复器械的辅助疗法。
2. 针灸推拿气功康复法。
3. 体育娱乐康复法。
4. 自然康复法。

第十节　中医诊断学基础

一、主要内容

中医诊断学的主要内容，包括四诊、八纲、辨证、疾病诊断、症状鉴别和病案撰写等。

四诊，又称诊法，是诊察疾病的4种基本方法。望诊，是对患者全身或局部进行有目的观察以了解病情，测知脏腑病变。闻诊，是通过听声音、嗅气味以辨别患者内在的病情。问诊，是通过对患者或陪诊者的询问以了解病情及有关情况。切诊，是诊察患者的脉候和身体其他部位，以测知体内、体外一切变化的情况。临床诊断疾病不能以一诊代四诊，应该遵循四诊合参的原则，全面收集症状、体征与了解病史，准确审察，认真从事。

辨证，主要有八纲辨证、脏腑辨证、气血津液辨证等方法。八纲，即阴阳、表里、寒热、虚实。寒热是分辨疾病的属性；表里是分辨疾病病位与病势的浅深；虚实是分辨邪正的盛衰；疾病的基础是阴阳失调，因此阴阳是区分疾病类别的总纲。辨证还包括病因、气血津液、脏腑、经络、六经、卫气营血和三焦辨证。各种辨证既各有其特点和适应范围，又相互联系，并且都是在八纲辨证的基础上加以深化而成。

诊断分常见疾病诊断和证候诊断两个方面。疾病诊断简称诊病，就是对患者所患疾病以高度概括，并给以恰当的病名。证候诊断即辨证，是对所患疾病某一阶段中证候的判断。

望、闻、问、切四诊，是诊断人体疾病的主要方法。人体疾病的病理变化，大都蕴藏于内，可以运用望、闻、问、切等方法，把表现于外的症状、体征、舌象、脉象等有关资料收集起来，然后分析其脏腑病机及病邪的性质，以判断疾病的本质和证候类型，从而作出诊断。

二、基本原则

（一）审内察外

中医学认为人是一个有机的整体，内在脏腑与外在体表、四肢、五官是一个统一的整体，同时整个机体与外界环境也是一个统一的整体。人体一旦发生病变，局部可以影响全身，全身病变也可反映于某一局部，外部有病可以内传入里，内脏有病也可以反映于外，精神刺激可以影响脏腑功能活动，脏腑有病也可以造成精神活动的异常。同时，疾病的发展也与气候及外在环境密切相关。因此，在诊察疾病时，要从整体统一的角度审察患者的各种与疾病相关的内外因素，才能作出正确的诊断。所以说，审察内外、整体统一观察疾病是中医诊断学的一个基本原则。

（二）四诊合参

要对患者做全面详细的检查和了解，必须四诊合参，即四诊并用或四诊并重。四诊合参就是从不同角度来检查病情和收集临床资料，四诊不能相互取代。疾病的发展可以表现出一系列的症状，要准确地进行分析、归纳、综合，得出有关病因、病性、病位等各方面情况的综合概括，必须要对患者做全面详细的检查，才可作出确切的判定。

（三）辨证求因，审因论治

辨证求因，就是在审内察外、整体统一观察疾病的基础上，根据患者一系列的具体表现，加以分析综合，求得疾病发生的本质、症结、原因等各种致病因素，从而审因论治的基本原则。

第十一节　四　　诊

一、望诊

望诊，是对患者的神、色、形、态、舌象以及分泌物、排泄物色质的异常变化进行有目的的观察，以测知内脏病变，了解疾病情况的一种诊断方法。中医学通过长期大量的医疗实践，逐渐认识到机体外部，特别是面部、舌质、舌苔与脏腑的关系非常密切。如果脏腑气血阴阳有了变化，就必然会反映到体表。因此，通过望诊就可以了解机体内部的某些病变。

（一）望神

神，是人体生命活动总的外在表现，又指精神意识活动。神是以精气为物质基础的，是脏腑气血盛衰的外露征象，通过机体的形态动静、面部表情、语言气息等方面表现出来。察神的存亡，对判断正气盛衰、疾病轻重及预后有重要意义。

（二）望色

望色，是指望面部的颜色与光泽。面部的色泽，是脏腑气血的外荣。望色也主要是察面部的气色。中国人的正常面色，微黄红润而有光泽，但由于体质的差异，所处地理环境的不一，以及季节、气候、工作之不同，面色可以有略黑或稍白等差异。只要是明润光泽，都属于正常面色的范围。

（三）望形体

望形体既望人体的宏观外貌，包括身体的强弱胖瘦、体型特征、躯干四肢、皮肉筋骨等。人的形体组织内合五脏，故望形体可以测知内脏精气的盛衰。内盛则外强，内衰则外弱。人的形体有壮、弱、肥、瘦之分。凡形体强壮者，多表现为骨骼粗大、胸廓宽厚、肌肉强健、皮肤润泽，反映脏腑精气充实，虽然有病，但正气尚充，预后多佳。凡形体衰弱者，多表现为骨骼细小、胸廓狭窄、肌肉消瘦、皮肤干涩，反映脏腑精气不足，体弱易病，若病则预后较差。肥而食少为形盛气虚，多肤白无华，少气乏力，精神不振。这类患者还常因阳虚水湿不化而聚湿生痰，故有"肥人多湿"之说。如瘦而食少为脾胃虚弱。形体消瘦，皮肤干燥不荣，并常伴有两颧发红、潮热盗汗、五心烦热等症者，多属阴血不足，内有虚火之证，故又有"瘦人多火"之说。其严重者，消瘦若达到"大肉脱失"的程度，卧床不起，则是脏腑精气衰竭的危象。

（四）望头面

1. 望头面部

（1）望头：望头部主要是观察头之外形、动态及头发的色质变化及脱落情况，以了解脑、肾的病变及气血的盛衰。①望头形：小儿头形过大或过小，伴有智力低下者，多因先天不足，肾精亏虚。头形过大，可因脑积水引起。望小儿头部，尤须诊察颅囟。若小儿囟门凹陷，称为囟陷，是津液损伤、脑髓不足之虚证；囟门高突，称为囟填，多为热邪亢盛，见于脑髓有病；若小儿囟门迟迟不能闭合，称为解颅，是为肾气不足、发育不良的表现。无论大人或小儿，头摇不能自主者，皆为肝风内动之兆。②望发：正常人发多浓密、色黑而润泽，是肾气充盛的表现。发稀疏不长，是肾气亏虚。发黄干枯，久病落发，多为精血不足。若突然出现片状脱发，为血虚受风所致。青少年落发，多因肾虚或血热。青年白发，伴有健忘、腰膝酸软者，属肾虚；若无其他病象者，不属病态。小儿发结如穗，常见于疳积病。

（2）望面部：面部的神色望诊，已于前述。这里专述面部外形变化。面肿，多见于水肿病。腮肿，腮部一侧或两侧突然肿起，逐渐胀大，并且疼痛拒按，多兼咽喉肿痛或伴耳聋，多属温毒，见于痄腮。面部口眼㖞斜，多属中风证。面呈惊怖貌，多见于小儿惊风，或狂犬病患者；面呈苦笑貌，见于破伤风患者。

2. 望五官　望五官是对目、鼻、耳、唇、口、齿龈、咽喉等头部器官的望诊。诊察五官的异常变化，可以了解脏腑病变。

（1）望目：主要望目的神、色、形、态。①目神：人之两目有无神气，是望神的重点。凡视物清楚，精彩内含，神光充沛者，是眼有神；若白睛混浊，黑睛晦滞，失却精彩，浮光暴露，是眼无神。②目色：如目眦赤，为心火；白睛赤为肺火；白睛现红络，为阴虚火旺；眼皮红肿湿烂为脾火；全目赤肿多眵，迎风流泪，为肝经风热。如目眵淡白是血亏。白睛变黄，是黄疸之征。眼眶周围见黑色，为肾虚水泛之水饮病，或寒湿下注的带下病。③目形：目睑微肿，状如卧蚕，是水肿初起；老年人下脸浮肿，多为肾气虚衰；目窝凹陷，是阴液耗损之征，或因精气衰竭所致。眼球突起而喘，为肺胀；眼突而肿则为瘿肿。④目态：目睛上视，不能转动，称为戴眼反折，多见于惊风、痉厥或精脱神衰之重证。横目斜视是肝风内动的表现。眼睑下垂，称为"睑废"。双睑下垂，多为先天性睑废，属先天不足，脾肾双亏。单睑下垂或双睑下垂不一，多为后天性睑废，因脾气虚或外伤后气血不和，脉络失于宣通所致。瞳仁扩大，多属肾精耗竭，为濒死危象。

（2）望鼻：望鼻主要是审察鼻之颜色、外形及其分泌物等变化。①鼻之色泽：鼻色明润，是胃气未伤或病后胃气来复的表现。鼻头色赤，是肺热之征；色白是气虚血少征；色黄是里有湿热；色青多为腹中痛；色微黑是有水气内停。鼻头枯槁，是脾胃虚衰，胃气不能上荣之候。鼻孔干燥，为阴虚内热，或燥邪犯肺；若鼻燥衄血，多因阳亢于上所致。②鼻之形态：鼻头或鼻同色红，生有丘疹者，多为酒渣鼻。因胃火熏肺，血壅肺络所致。鼻孔内赘生小肉，阻塞鼻孔，气息难通，称为鼻痔，多由肺经风热凝滞而成。鼻翼翕动频繁呼吸喘促者，称为"鼻翕"。如久病鼻翕，是肺肾精气虚衰之危证；新病鼻翕，多为肺热。③鼻之分泌物：鼻流清涕，为外感风寒；鼻流浊涕，为外感风热；鼻流浊涕而腥臭，是鼻渊，多因外感风热或胆经蕴热所致。

（3）望耳：望耳应注意耳的色泽、形态及耳内的情况。①耳郭诸部位候脏腑：耳郭上的一些特定部位与全身各部有一定的联系，其分布大致像一个在子宫内倒置的胎儿，头颅在下，臀足在上。当身体的某部有了病变时，在耳郭的某些相应部位，就可能出现充血、变色、丘疹、水疱、脱屑、糜烂或明显的压痛等病理改变，可供诊断时参考。②耳之色泽：正常耳郭色泽微黄而红润。全耳色白多属寒证；色青而黑多主痛证；耳轮焦黑干枯，是肾精亏极、精不上荣所致；耳背有红络、耳根发凉，多是麻疹先兆。耳部色泽总以红润为佳，如见黄、白、青、黑色，都属病象。③耳之形态：正常人耳部肉厚而润泽，是先天肾气充足之象。若耳郭厚大，是形盛；耳郭薄小，乃形亏。耳肿大是邪气实；耳瘦削为正气虚。耳薄而红或黑，属肾精亏损。耳轮焦干多见于下消证。耳轮甲错多见于久病血瘀。耳轮萎缩是肾气竭绝之危候。④耳内病变：耳内流脓，为脓耳。由肝胆湿热，蕴结日久所致。耳内长出小肉，其形如羊奶头者，称为"耳痔"；或如枣核，胬出耳外，触之疼痛者，是为"耳挺"。皆因肝经郁火，或肾经相火，胃火郁结而成。

（4）望口与唇：望唇要注意观察唇口的色泽和动态变化。①察唇：唇部色诊的临床意义与望面相同，但因唇黏膜薄而透明，故其色泽较之面色更为明，唇以红而鲜润为正常。若唇色深红，属实、属热；唇色淡红多虚、多寒；唇色深红而干焦者，为热极伤津；唇色嫩红为阴虚火旺；唇色淡白，多属气血两虚；唇色青紫者常为阳气虚衰，血行瘀滞的表现。嘴唇干枯皱裂，是津液已伤，唇失滋润。唇口糜烂，多由脾胃积热，热邪灼伤。唇内溃烂，其色淡红，为虚火上炎。唇边生疮，红肿疼痛，为心脾积热。②望口：望口须注意口之形态，口噤为口闭而难张。如口闭不语，兼四肢抽搐，多为痉病或惊风；如兼半身不遂者，为中风入脏之重证。口撮：上下口唇紧聚之形。常见于小儿脐风或成人破伤风。口僻：口角或左或右㖞斜之状，为中风证。口张：口开而不闭。如口张而气出不返者，是肺气将绝之候。

（5）望齿与龈：望齿龈应注意其色泽、形态和润燥的变化。①望齿：牙齿不润泽，是津液未伤。牙齿干燥，是胃津受伤；齿燥如石，是胃肠热极，津液大伤；齿燥如枯骨，为肾精枯竭，不能上荣于齿的表现。牙齿松动稀疏，齿根外露，多属肾虚或虚火上炎。病中咬牙齘齿是肝风内动之征。睡中齘齿，多为胃热或虫积。牙齿有洞腐臭，多为龋齿，又称"虫牙"。②察龈：龈红而润泽是为正常。如龈色淡白，是血虚不荣；红肿或兼出血，多属胃火上炎。龈微红，微肿而不痛，或兼齿缝出血者，多属肾阴不足，虚火上炎；龈色淡白而不肿痛，齿缝出血者，为脾虚不能摄血。牙龈腐烂、流腐臭血水者，是牙疳病。

（6）望咽喉：咽喉疾患的症状较多，这里仅介绍一般望而可及的内容。如咽喉红肿而痛，多属肺胃积热；红肿而溃烂，有黄白腐点是热毒深极；若鲜红娇嫩，肿痛不甚者，是阴虚火旺。如咽部两侧红肿突起如乳突，称为乳蛾，是肺胃热盛，外感风邪凝结而成。如咽间有灰白色假膜，擦之不去，重擦出血，随即复生者，是白喉，因其有传染性，故又称"疫喉"。

（五）望体表

望体表主要是观察肤色及外形的变化。皮肤居一身之表，内合于肺，卫气循行其间，而为机体的屏障。如皮肤面目皆黄，是为黄疸；皮肤虚浮肿胀，多属水湿泛滥为病；皮肤干瘪枯槁，多由津伤液耗所致，等等。除此以外，更要注意斑疹、痈疽疔疖等病症变化。

（六）望舌

望舌，又称舌诊，是望诊的重要组成部分，也是中医诊断疾病的重要依据之一。舌诊，已有悠久的历史，早在《黄帝内经》中已有"舌干""舌上黄""舌卷"的记载，望舌主要是观察舌质和舌苔两个方面的变化。舌质，又称舌体，是舌的肌肉脉络组织；舌苔，是舌体上附着的一层苔状物，由胃气所生。

（七）望排出物

排出物包括痰涎、呕吐物、二便、涕、泪、带下等。排出物的色、质、量及其有关变化情况，是进行辨证分析的必要参考资料。

二、闻诊

闻诊，包括听声音和嗅气味两个方面。听声音，主要是听患者语言气息的高低、强弱、清浊、缓急等变化，以及呃逆、嗳气、喘哮、太息等音响的异常，以分辨病情的寒热虚实。嗅气味，主要是嗅患者的口气、分泌物与排泄物的异常气味，以鉴别疾病。

（一）听声音

听声音包括：①语声；②呼吸；③咳嗽；④呃逆、嗳气声音变化的临床意义，呃逆、嗳气都是胃气上逆所致，但临床表现不同，主病亦略有差异。

（二）嗅气味

口气臭秽，多属胃热，或消化不良，亦见于龋齿、口腔不洁等；口气酸馊，多是胃有宿食；口气腐臭，多是牙疳或有内痈。

各种排泄物与分泌物，包括二便、痰液、脓液、带下等，有恶臭者多属实热证，略带腥味者多属虚寒证。如大便臭秽为热；有腥味的属寒。小便臊臭，多为湿热。矢气奇臭，多为消化不良，宿食停滞。咳吐浊痰脓血，腥臭异常的，多为热毒炽盛、瘀结成脓的肺痈。

三、问诊

问诊是医生对患者或其家属、亲友进行有目的的查询病情的一种诊察方法。问诊的主要方法，首先要抓住主诉。主诉，是患者自觉最为痛苦的一个或几个主要症状。抓住主诉之后，就可围绕主诉的症状，根据中医的基本理论，从整体出发，按辨证要求，有目的地一步一步深入询问，以收集辨证资料。问诊既要抓住重点，又要了解一般。没有重点，即不能抓住主要矛盾，则会主次不分，针对性不强。而如果不做一般了解，又容易遗漏病情。

有关疾病的很多情况，如患者的自觉症状、起病过程、治疗经过、生活起居、平素体质以及既往病史、家族病史等，只有通过问诊才能了解。所以，问诊是诊察病情的重要方法之一，在四诊中占有重要地位。

（一）问寒热

寒热，即恶寒发热，是疾病中较为常见的症状。恶寒是患者的主观感觉，凡患者感觉怕冷，甚则加衣被、近火取暖，仍觉寒冷的，称恶寒。若虽怕冷，但加衣被或近火取暖而有所缓解者，又称畏寒。发热除指体温高于正常者外，还包括患者自觉全身或某一局部发热的主观感觉，如"五心烦热"等。

（二）问汗

汗为心液，是阳气蒸化津液，出于体表而成，即所谓"阳加于阴谓之汗"。出汗的病变，在外感证和内伤证中都可以见到。

询问出汗的情况，首先要问有汗或无汗，然后再进一步问清出汗的时间、出汗的部位、汗量的多少。

（三）问饮食口味

应注意询问口干渴与否、饮食多少、食欲食量、喜进冷热以及口中的异常味觉和气味等。

（四）问二便

问二便，是询问患者大小便的有关情况，如大小便的性状、颜色、气味、便量多少、排便的时间、两次排便的间隔时间、排便时的感觉及排便时伴随症状等。询问二便的情况可以判断机体消化功能的强弱、津液代谢的状况，同时也是辨别疾病寒热虚实性质的重要依据。有关二便的性状、然、味，已分别在望诊、闻诊中叙述。这里介绍二便的次数、量的多少、排便时的异常感觉及排便时间等。

1. 问大便　健康人一般一日或两日大便一次，为黄色成形软便，排便顺利通畅，如受疾病的影响，其消化功能失职则可夹杂黏液及未消化食物。气血津液失调，脏腑功能失常，即可使排便次数和排便感觉等出现异常。

（1）便次异常：便次异常，是排便次数增多或减少，超过了正常范围，有便秘与泄泻之分。①便秘：即大便秘结。指粪便在肠内滞留过久，排便间隔时间延长，便次减少，通常在4～7日以上排便一次，称为便秘。其病机是由大肠传导功能失常所致，可见于胃肠积热、气机郁滞、气血津亏、阴寒凝结等证。②泄泻：又称便溏或溏泻。即大便稀软不成形，甚则呈水样，排便间隔时间缩短，便次增多，日三四次以上。由脾胃功能失调、水停肠道、大肠传导亢进所致，可见于脾虚、肾阳虚、肝郁乘脾、伤食、湿热蕴结大肠、感受外邪等证。

（2）排便感觉异常：是指排便时有明显不适感觉，病因病机不同，产生的感觉亦不同。①肛门灼热：是指排便时肛门有烧灼感。其病机由大肠湿热蕴结所致，可见于湿热泄泻、暑湿泄泻等证。②排便不爽：即腹痛且排便不通畅爽快，而有滞涩难尽之感。多由肠道气机不畅所致，可见于肝郁犯脾、伤食泄泻、湿热蕴结等证。③里急后重：即腹痛窘迫，时时欲泻，肛门重坠，便出不爽。紧急而不可耐，称为里急；排便时，便量极少，肛门重坠，便出不爽，或欲便又无，称为后重；两者合而称为里急后重。里急后重是痢疾病证中的一个主症，多因湿热之邪内阻，肠道气滞所致。④滑泻失禁：即久泻不愈，大便不能控制，呈滑出之状，又称"滑泻"。多因久病体虚，脾肾阳虚衰，肛门失约而致。可见于脾阳虚衰、肾阳虚衰，或脾肾阳衰等证。⑤肛门气坠：即肛门有重坠向下之感，甚则肛欲脱出。多因脾气虚衰，中气下陷所致，多见于中气下陷证。

2. 问小便　健康人在一般情况下，一昼夜排尿量为 1000 ~ 1800 mL，尿次白天 3 ~ 5 次，夜间 0 ~ 1 次。排尿次数、尿量，可受饮水、气温、出汗、年龄等因素的影响而略有不同。受疾病的影响，若机体的津液营血不足、气化功能失常、水饮停留等，即可使排尿次数、尿量及排尿时的感觉出现异常情况。

（1）尿量异常：尿量异常，是指昼夜尿量过多或过少，超出正常范围。①尿量增多：多因寒凝气机、水气不化，或肾阳虚衰、阳不化气、水液外泄所致。可见于虚寒证、肾阳虚证及消渴病中。②尿量减少：可因机体津液亏乏，尿液化源不足或尿道阻滞或阳气虚衰，气化无权，水湿不能下入膀胱而泛溢于肌肤而致。可见于实热证、汗吐下证、水肿病及癃闭、淋证等病证之中。

（2）排尿次数异常：①排尿次数增多，又称小便频数，总由膀胱气化功能失职而致。多见于下焦湿热、下焦虚寒、肾不固等证。②排尿次数减少，可见于癃闭，在排尿异常中介绍。

（3）排尿异常：是指排尿感觉和排尿过程发生变化，出现异常情况，如尿痛、癃闭、尿失禁、遗尿、尿闭等。①小便涩痛：即排尿不畅，且伴有急迫灼热疼痛感，多为湿热流入膀胱，灼伤经脉，气机不畅而致。可见于淋证。②癃闭：小便不畅、点滴而出为癃，小便不通、点滴不出为闭，一般多统称为癃闭。病机有虚有实，实者多为湿热蕴结、肝气郁结或瘀血、结石阻塞尿道而致；虚者多为年老气虚、肾阳虚衰、膀胱气化不利而致。③余沥不尽：即小便后点滴不禁。多为肾气不固所致。④小便失禁：是指小便不能随意识控制而自行遗出。多为肾气不足、下元不固，或下焦虚寒、膀胱失煦，不能制约水液而致。若患者神志昏迷，而小便自遗，则病情危重。⑤遗尿：是指睡眠中小便自行排出，俗称尿床，多见于儿童。其基本病机为膀胱失于约束。可见于肾阴、肾阳不足、脾虚气陷等证。

（五）问睡眠

询问睡眠的异常变化，常可了解机体阴阳盛衰的情况。临床上常见的睡眠异常，主要有失眠与嗜睡两种。

（六）问耳目

问耳目指询问耳目等部位，除疼痛以外的其他症状。常见的其他不适症状有：头晕、目眩、目涩、视力减退、耳鸣、耳聋、重听、胸闷、心悸、腹胀、麻木等。临床问诊时，要询问有无其他不适症状及症状产生有无明显诱因、持续时间长短、表现特点、主要兼症等。

（七）问经带

妇女有月经、带下、妊娠、产育等生理特点。即使对一般疾病也当了解上述几方面的情况，尤其是月经和带下更为重要。

四、切诊

切诊，包括脉诊和按诊两部分，是医者运用指端的触觉，在病者的一定部位进行触、摸、按、压，以了解病情的方法。脉诊是中医诊病的主要手段之一。

（一）脉诊

脉诊，又称"切脉"或"候脉""按脉""持脉"。是医生用手指触按患者的动脉，探查脉象，以了解病情变化的一种诊病方法。

（二）按诊

按诊，是对患者的肌肤、手足、脘腹及其他病变部位施行触摸按压，以测知局部冷热、软硬、压痛、痞块或其他异常变化，从而推断疾病的部位和性质的一种诊病方法。

第十二节　辨　证

一、八纲辨证

八纲即指阴、阳、表、里、寒、热、虚、实 8 类证候。通过对四诊所取得的资料，进行综合分析，进而用阴、阳、表、里、寒、热、虚、实这 8 类证候归纳说明病变的部位、性质以及病变过程中正邪双方力量对比等情况的辨证方法，称为八纲辨证。

疾病的表现尽管极其复杂，但基本上都可以归纳于八纲之中，疾病的类别，不外阴证、阳证两大类：病位的浅深，不在表就在里；疾病的性质不是热证，便是寒证；邪正的盛衰，邪气盛的称为实证，正气衰的称为虚证。因此，八纲辨证就是把千变万化的病症，归纳为表与里、寒与热、虚与实、阴与阳四对纲领性证候，用以指导临床治疗。其中阴阳两纲又可以概括其他六纲，即表、热、实证属阳，里、寒、虚证属阴，所以，阴阳又是八纲中的总纲。

（一）表里辨证

表里辨证是辨别病变部位和病势趋向的一种辨证方法。一般而言，病在皮毛、肌腠，部位浅在者属表证；病在脏腑、血脉、骨髓，部位深在者里证。

（二）寒热辨证

寒热是辨析疾病性质的两个纲领。由于寒热是阴阳偏盛偏衰的具体表现。一般地说，寒证是机体阳气不足或感受寒邪所表现的证候，热证是机体阳气偏盛或感受热邪所表现的证候。

（三）虚实辨证

虚实辨证是分析辨别邪正盛衰的两个纲领。

（四）阴阳辨证

阴阳是八纲辨证的总纲，用以统括其余的 6 个方面。

二、脏腑辨证

脏腑辨证是中医辨证方法中的一个重要组成部分。它是以脏腑学说为基础，运用四诊的方法，结合脏腑的病理反应来分析各种病症，用以指导临床治疗的一种辨证方法。

在病变过程中脏腑之间相互影响。因此，脏腑证候相当复杂，脏腑的辨证也随之复杂。这里仅介绍脏腑病变的基本证候。

（一）心病辨证

心的病证有虚实。虚证多由久病伤正、禀赋不足、思虑伤心等因素，导致心气心阳受损，心阴、心血亏耗；实证多由痰阻、火扰、寒凝、瘀滞、气郁等引起。心的病变主要表现为血脉运行失常及精神意识思维改变等方面。如心悸、心痛、失眠、神昏、精神错乱、脉结代或促等证常是心的病变。

（二）肺病辨证

肺病主要证候有肺气虚与肺阴虚、风寒犯肺与风热犯肺、燥邪犯肺与痰浊阻肺证。

（三）脾病辨证

脾病的主要证候有脾气虚与脾阳虚、寒湿困脾与脾胃湿热证。

（四）肝病辨证

肝病主要证候有肝气郁结、肝火上炎、肝阳上亢、肝风内动、肝阴虚、肝血虚、肝胆湿热、寒滞肝脉证。

（五）肾病辨证

肾病的主要证候有肾阳虚、肾阴虚、肾精不足、肾气不固、肾不纳气。

（六）腑病辨证

六腑病变的主要证候有胃寒、胃热（火）、食滞胃脘、胃阴虚、大肠湿热、大肠津亏、膀胱湿热证。

（七）脏腑兼病辨证

脏腑兼病主要证候有心肺两虚、心脾两虚、心肾不交、肺脾两虚、肝火犯肺、肺肾阴虚、肝脾不调、肝胃不和、脾肾阳虚与肝肾阴虚证。

三、气血津液辨证

气血津液辨证，就是分析气、血、津液的病理变化，从而辨认其所反映的不同证候特点，为治疗选药的基础。

（一）气病辨证

气的病变很多，一般可概括为气虚、气陷、气滞、气逆4种。

（二）血病辨证

血的病症颇多，概括起来主要有血虚、血瘀、血热、血寒4个方面。

（三）气血同病辨证

气和血具有相互依存、相互滋生、相互为用的密切关系，因而在发生病变时，气血常可相互影响，既见气病，又见血病，即为气血同病。气血同病常见的证候，有气滞血瘀、气虚血瘀、气血两虚、气不摄血、气随血脱等。

1. 气滞血瘀证　是指由于气滞不行以致血运障碍，而出现既有气滞又有血瘀的证候。多由情志不遂，或外邪侵袭，导致肝气久郁不解所引起。临床表现为胸胁胀满、走窜疼痛，性情急躁，并兼见痞块刺痛拒按，妇女经闭或痛经，经色紫暗夹有血块，乳房痛胀等，或舌质紫暗或有紫斑，脉弦涩。证候分析为，本证以病程较长和肝脏经脉部位的疼痛痞块为辨证要点。肝主疏泄而藏血，具有条达气机、调节情志的功能。情志不遂，则肝气郁滞、疏泄失职，故见性情急躁，胸胁胀满、走窜疼痛。气为血帅，气滞则血凝，故见痞块疼痛拒按，以及妇女闭经、痛经、经色紫暗有块、乳房胀痛等。脉弦涩，为气滞血瘀之证。

2. 气虚血瘀证　是指既有气虚之象，同时又兼有血瘀的证候。多因久病气虚，运血无力而逐渐形成瘀血内停所致。临床表现为，面色淡白或晦滞，身倦乏力，少气懒言，疼痛如刺。常见于胸胁，痛处不移，拒按，舌淡暗或有紫斑，脉沉涩。证候分析为，本证虚中夹实，以气虚和血瘀的证候表现为辨证要点。面色淡白，身倦乏力，少气懒言，为气虚之征。气虚运血无力，血行缓慢，终致瘀阻络脉，故面色晦滞。血行瘀阻，不通则痛，故疼痛如刺，拒按不移。临床以心肝病变为多见，故疼痛出现在胸胁部位。气虚舌淡，血瘀紫暗，沉脉主里，涩脉主瘀，是为气虚血瘀证的常见舌脉。

3. 气血两虚证　是指气虚与血虚同时存在的证候。多由久病不愈，气虚不能生血，或血虚无以化气所致。临床表现为，头晕目眩，少气懒言，乏力自汗，面色淡白或萎黄，心悸失眠，舌淡而嫩，脉细弱等。证候分析为，本证以气虚与血虚的征候共见为辨证要点。少气懒言，乏力自汗，为脾肺气虚之象；心悸失眠，为血不养心所致。血虚不能充盈脉络，见唇甲淡白、脉细弱。气血两虚不得上荣于面、舌，则见面色淡白或萎黄，舌淡嫩。

4. 气不摄血证　又称气虚失血证，是指因气虚而不能统血，气虚与失血并见的证候。多因久病气虚，失其摄血之功所致。临床表现为吐血、便血、皮下瘀斑、崩漏、气短、倦怠乏力、面色白而无华、舌淡、脉细弱等。证候分析为本证以出血和气虚证共见为辨证要点。气虚则统摄无权，以致血液离经外溢，溢于胃肠，便为吐血、便血；溢于肌肤，则见皮下瘀斑。脾虚统摄无权，冲任不固，渐成月经过多或崩漏。气虚则气短，倦怠乏力，血虚则面白无华。舌淡，脉细弱，皆为气血不足之证。

5. 气随血脱证　是指大出血时所引起的阳气虚脱的证候。多由肝、胃、肺等脏器本有宿疾而脉道突然破裂，或外伤，或妇女崩中、分娩等引起。临床表现为，大出血时突然面色苍白，四肢厥冷，大汗淋漓，甚至晕厥。舌淡，脉微细欲绝，或浮大而散。证候分析为，本证以大量出血时，随即出现气脱之证为辨证要点。气脱阳亡，不能上荣于面，则面色苍白；不能温煦四肢，则手足厥冷；不能温固肌表，则大汗淋漓；神随气散，神无所主，则为晕厥。血失气脱，正气大伤，舌体失养，则色淡，脉道失充而微细欲绝，阳气浮越外亡，脉见浮大而散，证情更为险恶。

（四）津液辨证

1. 津液不足证的临床表现及辨证要点　津液不足证临床常见口渴咽干，唇燥舌干少津或无津，皮肤干燥，甚或干瘪；或见下肢萎弱；或小便短少，大便干结，脉多细数。若因高热灼伤津液的，则并见心烦、渴饮、舌红、苔黄、脉细数等症状。若气阴两伤，则并见气短、神疲、舌色较淡、苔少或光剥无苔、脉虚无力的症状。多以皮肤、口唇、舌咽干燥及尿少、便干为辨证要点。

2. 水肿的临床表现及辨证要点　水肿的临床表现常见下肢浮肿，甚或一身面目悉肿，或单纯腹大如鼓，脉象沉弦，舌淡苔白滑或舌质暗红的症状。水肿有阳水和阴水的区别，阳水以发病急，来势猛，先见眼睑头面，上半身肿甚者为辨证要点；阴水以发病较缓，足部先肿，腰以下肿甚，按之凹陷不起为辨证要点。

第十六章 药学基础

第一节 药效学

一、药物的基本作用

（一）药物作用与药理效应

药物作用是指药物对机体的初始作用，是动因；药理效应是药物作用的结果，是机体反应的表现。由于两者意义接近，习惯用法上并不严加区别。但当两者并用时，应体现先后顺序。

1. 药物的基本作用　兴奋与抑制是药物的两种基本作用形式。使机体、器官原有功能水平提高或增强的，称为兴奋作用，如肾上腺素使心率加快、心肌收缩力加强。使机体、器官原有功能水平降低或减弱的，称为抑制作用，如奥美拉唑使胃酸的分泌减少。

2. 药物作用的方式

（1）直接作用和间接作用：直接作用是指药物对其所接触的器官、细胞直接产生的作用。例如，去甲肾上腺素激动血管平滑肌上的 α 受体使血管收缩，血压升高，为直接作用。间接作用是由于机体的整体性而通过机体反射或生理性调节间接产生的药物作用。如血压升高的同时通过机体压力感受性反射而使心率减慢，为间接作用。

（2）局部作用和吸收作用：局部作用是指药物吸收入血前在用药部位产生的直接作用，如口服抗酸药中和胃酸的作用。而药物从给药部位吸收入血后，分布到全身各组织、器官所体现的作用，称为吸收作用或全身作用，如地西泮（安定）的镇静作用。

（3）药物作用的选择性：药物在适当剂量时对机体不同组织、器官的作用性质或作用强度方面的差异，称为药物作用的选择性。一般来说，这种选择性与药物在体内的分布、组织细胞的结构及生化功能等差异有关，如治疗量的洋地黄对心肌有较高的选择性，但对骨骼肌的作用不明显。选择性高的药物，作用的专一性较强，副作用少；而选择性低的药物，通常作用较广泛，副作用多。

（二）治疗效果

治疗效果又也称疗效，是指药物作用的结果有利于改变患者的生理、生化功能或病理过程，使患病的机体恢复正常。根据治疗作用的效果，可将治疗作用分为：

1. 对因治疗　用药目的在于消除致病因子，彻底治愈疾病，又称治本。如用异烟肼杀灭结核分枝杆菌，治疗结核病。

2. 对症治疗　用药目的在于改善疾病症状或减轻患者痛苦，又称治标。对症治疗不能根除病因，但对病因未明、暂时无法根治的疾病却是必不可少的。如应用解热镇痛药可使高热的患者体温降至正常，起到缓解症状作用。

中医学提倡"急则治其标，缓则治其本""标本兼治"。这些也是临床实践应遵循的原则。

（三）不良反应

凡与用药目的无关，并为患者带来不适或痛苦的反应，统称为药物不良反应。多数不良反应是药物固有的效应，在一般情况下是可以预知的，但不一定能够避免。少数较严重的不良反应较难恢复，称为药源性疾病，如庆大霉素引起的神经性耳聋等。药物的不良反应包括副作用、毒性反应、后遗效应、停药反应、变态反应、特异质反应等。

1. 副作用　药物在治疗剂量下发生的与治疗目的无关的作用，称为副作用。副作用是药物本身固有的作用，多数较轻并可以预料。如阿托品用于解除胃肠痉挛时，可引起口干、心悸、便秘等副作用。

2. 毒性反应　用药剂量过大或时间过长，药物对机体产生的明显的危害性反应。用药剂量过大而迅速发生的毒性反应称为急性毒性；长期用药在体内蓄积而逐渐发生的毒性反应称为慢性毒性。毒性反应一般是可预知的，应该避免发生。致突变、致癌、致畸合称"三致作用"，是药物损伤细胞遗传物质所致的特殊毒性作用或潜在性毒性作用，也属于慢性毒性范畴。

3. 后遗效应　停药以后，血药浓度已经降至阈浓度以下时所残存的药理效应。例如，应用巴比妥类催眠药后，导致次晨乏力、困倦的现象。

4. 停药反应　长期用药后突然停药出现的症状，称为停药反应。如果撤药后原有疾病症状迅速重现或加剧，则称为反跳现象。如长期应用可乐定降血压，突然停药出现的血压升高现象。

5. 变态反应　药物作为抗原或半抗原，经接触变应原后所引发的病理性免疫反应，称为变态反应，又称过敏反应。变态反应的性质与药理作用和药物剂量无关，不易预知，是致敏患者对某药的特殊反应，反应的程度可以从轻微的皮疹、发热至造血功能障碍、肝肾损害、休克，有的甚至危及生命。例如，青霉素的过敏性休克。

6. 特异质反应　少数特异体质患者对某些药物的反应特别敏感。这是由于先天遗传异常所致的反应。特异质反应的性质与药物固有的药理作用基本一致，反应的严重程度与药物剂量相关。例如，葡萄糖-6-磷酸脱氢酶缺乏者，在应用伯氨喹等药物治疗时所发生的溶血现象。

二、药物的量效关系

药理效应与剂量在一定范围内成比例，这就是剂量－效应关系，简称量效关系。用效应强度为纵坐标，药物剂量或药物浓度为横坐标作图则得量效曲线。按观察指标不同，可将量效关系分为量反应和质反应两种类型。

（一）量反应型量效关系

药理效应的强弱呈连续增减的变化，可用具体数量或最大反应的百分率表示的称量反应，如心率的快慢、血压的升降、尿量的多少、血糖浓度的高低等。以上述某一药理效应为纵坐标，剂量为横坐标作图，其量效曲线为一先陡后平的曲线，如图 16－1（1）所示。如把剂量转换成对数剂量，效应转换成最大效应百分率，量效曲线呈一条左右对称的"S"形曲线，如图 16－1（2）所示。

因在 50% 效应处斜率最大，表示此处效应随剂量稍有增减，则效应会明显改变，所

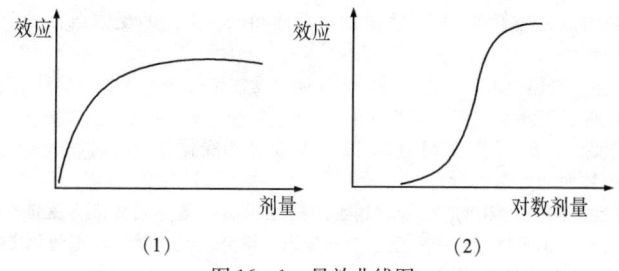

（1）   （2）

图 16 - 1　量效曲线图

以常用半数有效量（ED_{50}）计算药物效价的强度，结果比较准确。

从量反应的量效曲线可以看出下列几个特定位点：

1. **最小有效量或最低有效浓度**　能引起药理效应的最小用药剂量或最小药物浓度，又称阈剂量或阈浓度。

2. **最大效应（E_{max}）**　随着剂量或浓度的增加，效应也相应增加，当效应增加到一定程度后，若继续增加药物浓度或剂量而其效应不再继续增强，这一药理效应的极限称为最大效应，也称效能。

3. **效价强度**　是指引起等效反应（一般采用 50% 效应量）的相对浓度或剂量，其值越小则强度越大。药物的效能和效价强度并不平行。因此，比较两种或两种以上药物时，应从效能和效价强度两项指标综合考虑。

（二）质反应型量效关系

药理效应不是随着药物剂量或浓度增减呈连续性量的变化，而表现为反应性质的变化，则称为质反应。质反应以阳性或阴性、全或无的方式表现，结果以反应的阳性百分率和阴性百分率来表示，如惊厥与不惊厥、死亡与存活等，其研究的对象为群体。质反应型的量效曲线往往以对数剂量为横坐标，以累加阳性频率或百分率为纵坐标，亦可得到一条对称的"S"形曲线。

从质反应的量效曲线可以看出下列几个特定位点：

1. **半数有效量（ED_{50}）**　即能引起 50% 的实验动物出现阳性反应的药物剂量。

2. **半数致死量（LD_{50}）**　即能引起 50% 的实验动物出现死亡反应的药物剂量。

3. **治疗指数（LD_{50}/ED_{50}）**　药物的半数致死量与半数有效量的比值称治疗指数，用以表示药物的安全性。治疗指数大的药物相对较治疗指数小的药物安全。

三、受体学说

（一）受体的概念与特性

受体是一类介导细胞信号传导的功能蛋白质，能识别周围环境中某种微量化学物质，首先与之结合，并通过中介的信息放大系统，触发后续的生理反应或药理效应。体内能与受体特异性结合的物质称为配体。

受体具有如下特性：

1. **灵敏性**　受体只需与很低浓度的配体结合就能产生显著的效应。

2. **特异性**　引起某一类型受体兴奋反应的配体的化学结构非常相似，但不同光学异构体的反应可以完全不同。同一类型的激动药和同一类型的受体结合时产生的效应类似。

3. 饱和性　受体数目是一定的，因此配体与受体结合的剂量反应曲线具有饱和性，作用于同一受体的配体之间存在竞争现象。

4. 可逆性　配体与受体的结合是可逆的，配体与受体复合物可以解离，解离后可得到原来的配体而非代谢物。

5. 多样性　同一受体可广泛分布到不同的细胞而产生不同效应，受体多样性是受体亚型分类的基础，受体受生理、病理、药理因素调节，经常处于动态变化之中。

（二）作用于受体的药物分类

根据药物与受体结合后所产生效应的不同，习惯上将作用于受体的药物分为激动药、部分激动药和拮抗药 3 类。

1. 激动药和部分激动药　药物对受体有很高的亲和力和内在活性，它们能与受体结合后产生最大效应 E_{max}，称为完全激动药。部分激动药是指药物对受体具有较强的亲和力，但内在活性不强（$\alpha < 1$），量效曲线高度（E_{max}）较低，即使增加剂量，也不能达到完全激动药那样的最大效应；相反，却可因它占领受体，而拮抗激动药的部分生理效应。如吗啡为完全激动药，而喷他佐辛则为部分激动药。

2. 拮抗药　拮抗药虽有较强的亲和力，但缺乏内在活性（$\alpha = 0$），故不能产生效应，但由于其占据了一定数量的受体，反而可拮抗激动药的作用。如纳洛酮为阿片受体拮抗药，普萘洛尔是 β 肾上腺素受体拮抗药等。

根据拮抗药与受体结合是否具有可逆性而将其分为竞争性拮抗药和非竞争性拮抗药。竞争性拮抗药能与激动药竞争相同受体，其结合是可逆。非竞争性拮抗药与激动药并用时，可使激动药亲和力与活性均降低，即不仅使激动药量效曲线右移，而且也降低其最大效能。与受体结合非常牢固，产生不可逆结合的药物也能产生类似效应。

（三）受体类型

1. 含离子通道的受体　又称直接配体门控通道型受体。存在于快速反应细胞膜上，受体激动时离子通道开放使细胞膜去极化或超极化，引起兴奋或抑制。这一类受体包括：N-乙酰胆碱受体，γ-氨基丁酸（GABA）受体，及甘氨酸、谷氨酸、天冬氨酸受体等。

2. G 蛋白偶联受体　G 蛋白是鸟苷酸结合调节蛋白的简称，一个受体可激活多个 G 蛋白，一个 G 蛋白可以转导多个信号效应器，调节许多细胞功能。这一类受体最多，数十种神经递质及激素的受体需要 G 蛋白介导其细胞作用。如肾上腺素、多巴胺、5-HT、M-乙酰胆碱、阿片类、嘌呤类、前列腺等类，及一些多肽激素等受体。

3. 具有酪氨酸激酶的受体　这一类存在于细细胞膜的受体，胞内部分有酪氨酸激酶活性。能促使活性受体本身酪氨酸残基的自我磷酸化而增强此酶活性，再对细胞内其他底物产生作用，促进其酪氨酸磷酸化，激活胞内蛋白激酶，增加 DNA 及 RNA 合成，加速蛋白质合成，从而产生细胞生长分化等效应。胰岛素、胰岛素样生长因子、上皮生长因子、血小板生长因子及某些淋巴因子的受体属该类型。

4. 细胞内受体　甾体激素受体、甲状腺素等受体存在于细胞内，与相应配体结合后分出一个磷酸化蛋白，暴露与 DNA 结合区段，进入细胞核能识别特异 DNA 碱基区段并与之结合促进其转录及以后某种活性蛋白增生。此类受体所触发的细胞效应很慢，需若干小时。

（四）细胞内信号传导

第一信使是指多肽类激素、神经递质及细胞因子等细胞外信使物质。大多数第一信使不能进入细胞内，而是与靶细胞膜表面的特异受体结合，激活受体而引起细胞某些生物学特性的改变。

第二信使为第一信使作用于靶细胞后在胞质内产生的信息分子。第二信使将获得的信息增强、分化、整合并传递给效应器，才能发挥其特定的生理功能或药理效应。最早发现的第二信使是环磷腺苷，此外还有环磷鸟苷（cGMP）、肌醇磷脂、钙离子等。

第三信使是指负责细胞核内外信息传递的物质，包括生长因子、转化因子等。它们传导蛋白以及某些癌基因产物，参与基因调控、细胞增殖和分化以及肿瘤的形成等过程。

（五）受体的调节

受体虽是遗传获得的固有蛋白，但并不是固定不变的，而是经常代谢转换，处于动态平衡状态，其数量、亲和力及效应力经常受到各种生理及药理因素的影响。

由于受体原因而产生的耐受性称受体脱敏。如 N_2-ACh 受体在受激动药连续作用后若干秒内发生脱敏现象。这是由于受体蛋白构象改变，钠离子通道不再开放所致。与受体脱敏相反的现象为多体增效，可因受体激动药水平降低或长期应用拮抗药而造成。如长期应用 β 受体拮抗药时，突然停药可致"反跳"现象。

若受体脱敏和增敏只涉及受体密度的变化，则分别称为下调和上调。

第二节　药动学

药动学研究药物的体内过程（包括吸收、分布、代谢和排泄），并运用数学原理和方法阐述药物在机体内的动态规律。

一、药物分子的跨膜转运

在药物的吸收、分布、代谢和排泄过程中，药物分子要通过各种单层（如小肠上皮细胞）或多层（如皮肤）细胞膜。尽管各种细胞结构不同，但其细胞膜是药物在体内转运的基本屏障。

（一）药物通过细胞膜的方式

1. 滤过　是指水溶性的极性或非极性药物分子借助于流体静压或渗透压随体液通过细胞膜的水性通道而进行的跨膜转运，又称水溶性扩散，为被动转运方式。其特点为不耗能、无饱和性、无竞争性。

2. 简单扩散　是指脂溶性药物溶解于细胞膜的脂质层，顺浓度差通过细胞膜，又称脂溶性扩散，也是一种被动转运方式。绝大多数药物是按此种方式通过生物膜的。简单扩散的速度取决于膜两侧药物的浓度差和药物的脂溶性大小（油水分布系数），膜两侧药物的浓度差和药物的脂溶性越大，扩散就越快。

3. 载体转运　许多细胞膜上具有特殊的跨膜蛋白，控制体内一些重要的内源性生理物质（如糖、氨基酸、神经递质等）和药物进出细胞。这些跨膜蛋白称为转运体。药物转运体分为两大类：一类主要将药物由细胞外转运至细胞内；另一类将药物由细胞内转运至细胞外。

载体转运的特点：①对转运物质有选择性；②载体转运能力有限，故具有饱和性；③结构相似的药物或内源性物质可竞争同一载体而具有竞争性，并可发生竞争性抑制。

载体转运主要有主动转运和易化扩散两种方式。

（1）主动转运：主动转运需要消耗能量，能量可直接来源于 ATP 的水解，或是间接来源于其他离子如 Na^+ 电化学梯度。主动转运可逆电化学差转运药物。

（2）易化扩散：易化扩散与主动转运不同的是不需要能量，不能逆电化学差转运，所以实际上是一种被动转运。如维生素 B_{12} 经胃肠道吸收、葡萄糖进入红细胞等均以易化扩散方式进行。

4. 膜动转运

（1）胞饮：又称吞饮或入胞，是指某些液态蛋白质或大分子物质通过细胞膜的内陷形成吞饮小泡而进入细胞。如脑垂体后叶粉剂可从鼻黏膜给药。

（2）胞吐：又称胞裂外排或出胞，是指胞质内的大分子物质以外泌囊泡的形式排出细胞的过程，如腺体分泌及递质的释放。

（二）影响药物通透细胞膜的因素

1. 药物解离度和体液的酸碱度　绝大多数药物属于弱酸性或弱碱性有机化合物，在体液中均不同程度的解离。分子型（非解离型）药物疏水而亲脂，易通过细胞膜；离子型药物极性高，不易通过细胞膜质层，这种现象称为离子障。酸性药物在碱性环境中解离度大，解离型药物极性大，脂溶性低，不易通过细胞膜。碱性药物在酸性环境中解离度大。当细胞膜两侧 pH 不同时，则使药物在两侧分布不均匀。如乳汁较血液偏酸性，许多生物碱（吗啡、阿托品）易进入乳汁。

2. 药物浓度差以及细胞膜通透性、面积和厚度　药物以简单扩散方式通过细胞膜时，除了受药物解离度和体液 pH 影响外，药物分子跨膜转运的速率还与膜两侧药物浓度差，膜通透系数，通透量 = 膜两则药物浓度差 ×（面积 × 通透系数）/ 厚度，膜面积和厚度等因素有关，这些因素的综合影响符合 Fick 定律。

3. 血流量　血流量的改变可影响细胞膜两侧药物浓度差，药物被血流带走的速度影响膜一侧的药物浓度，血流量丰富。流速快时，不含药物的血液能迅速取代含有较高药物浓度的血液，从而得以维持很大的浓度差，加快药物的跨膜转速率。

4. 细胞膜转动蛋白的量和功能　营养状况和蛋白质的摄入影响细胞膜转运蛋白的数量，从而影响药物的跨膜转运。

二、药物的体内过程

（一）吸收

药物的吸收是指药物自用药部位进入血液循环的过程。血管外给药均存在吸收过程。不同给药途径具有不同的吸收过程和特点。

1. 口服　口服是最常用的给药方法，给药方便，大多数药物能充分吸收。特点：①以被动转运为主；②主要在小肠吸收，受 pH 影响；③具有首关消除作用，即药物自胃肠道黏膜吸收经门静脉进入肝脏后，有些药物被转化，使进入体循环的量减少。例如，口服氯丙嗪后，血药浓度仅为肌内注射等剂量的1/3。

2. 吸入　除了气态麻醉药和其他一些治疗性气体经吸入给药外，容易气化的药物，也可采用吸入途径给药，如沙丁胺醇。由于肺泡表面积很大，肺血流量丰富，因此只要具有一定溶解度的气态药物即能出现肺迅速吸收。

3. 局部用药　局部用药的目的是在皮肤、眼、鼻、咽喉和阴道等部位产生局部作用。有时也在直肠给药以产生局部抗炎作用，但大部分直肠给药是为了增强吸收作用。直肠给药在一定程度上的避免首过消除。某些药物为了维持较长血浆浓度时间，也可采用皮肤给药，如硝酸甘油软膏，但这是一种全身给药方式。

4. 舌下给药　舌下给药可在很大程度上避免首关消除。如舌下含服硝酸甘油，以避免首关消除，直接进入全身循环。

5. 注射给药　注射给药避开了吸收屏障而直接入血，不存在吸收过程。

（1）静脉注射：药物直接注入血管，无吸收过程。可立即显效，作用迅速，剂量可调，可注射大容积、刺激性药物，但对制剂要求高，不方便，不安全。

（2）肌内注射：肌肉组织与皮下组织相比有血流丰富，感觉神经末梢较少的特点，故吸收快、疼痛轻，适用于油剂、混悬剂和稍具刺激性的药物。

（3）皮下注射：吸收较口服快，但不适用于有刺激性的药物。

（4）动脉注射：药物直接注入至该动脉分布部位发挥局部疗效以减少全身反应，如将溶纤药直接用导管注入冠状动脉以治疗心肌梗死。

影响吸收的因素主要有：①给药途径。不同给药途径吸收速度为吸入＞舌下＞肌内注射＞皮下＞直肠＞口服＞皮肤。②药物性质。脂溶性越大，吸收越快。易溶于水的药物易吸收。不解离部分脂溶性较大，易吸收；而解离部分，由于带有极性，脂溶性低，难以吸收。

（二）分布

药物吸收后从血液循环到达机体各个器官和组织的过程称为分布。影响药物分布的主要因素如下：

1. 药物的性质　脂溶性大分布到组织器官的速度快。

2. 药物与组织的亲和力　有些药物对某些组织器官有特殊的亲和力。药物对组织器官的亲和力与疗效及不良反应有关。

3. 药物与血浆蛋白（主要是白蛋白）结合率　结合率大小与疗效有关。结合后：①无活性；②不易透过毛细血管壁，不影响分布和作用；③结合型药物分子质量大，不易从肾小球滤过，也不受生物转化的影响，因此在体内的作用时间也延长。

4. 器官血流量大小　脑、心肝、肾等组织器官血管丰富、血流量大，药物浓度较高，有利于发挥作用，也易引起这些组织器官损害。

5. 体内的 pH 和药物的解离度　在生理情况下细胞内液 pH 为 7.0，细胞外液 pH 为 7.4。药物分子大小，脂溶性高低可影响药物通过生物膜，环境 pH 可影响药物的解离度，从而影响药物的分布。具有实际意义的是碱化血液、尿液，可解救某些药物的中毒，如巴比妥类中毒可用碳酸氢钠碱化血液及尿液，使脑细胞中药物向血浆转移并加速尿排泄。

6. 体内屏障

（1）血-脑屏障：脑组织内毛细血管内皮细胞紧密相连，内皮细胞之间无间隙，且毛细血管外表面几乎均为星形胶质细胞包围，这种特殊结构形成了血浆与脑脊液之间的屏障。此屏障能阻档大多数大分子、水溶性或解离型药物通过，只有脂溶性高的药物才能以简单扩散方式通过血-脑屏障。

（2）胎盘屏障：是胎盘绒毛与子宫血窦间的屏障，该屏障与一般生物膜无明显区别，一般药物均可通过，只是药物进入胎儿的速度慢一些，利用这一原理可以在预期胎儿娩出前短时内注射镇静镇痛药，新生儿不致遭受影响。

（3）血-眼屏障：吸收入血的药物在房水、晶状体和玻璃体中的浓度远低于血液，此现象为血-眼屏障。故作用于眼部的药物多以局部用药为宜。

（三）代谢

药物作为外源性物质在体内经肝酶或其他作用使药物的化学结构发生改变，这一过程称代谢（或生物转化）。药物代谢的主要器官是肝脏，也可发生在血浆、肾、肺、肠及胎盘。

1. 药物代谢的意义

（1）解毒：绝大多数药物在代谢后失去药理活性，称为解毒。肝药酶活性低时，应用主要在肝灭活的药物时要特别慎重。

（2）活化：少数药物经代谢变化后效力反而增强，称为活化。

2. 药物代谢时相　药物代谢通常涉及Ⅰ相和Ⅱ相反应。Ⅰ相反应过程中通过氧化、还原、水解，在药物分子结构中引入或脱去功能基团（如—OH、—NH$_2$）而生成极性增高的代谢产物。Ⅱ相反应是结合反应，药物分子极性基因通过与内源性物质经共价键结合，生成极性大、水溶性高的结合物而经尿排泄。

3. 药物代谢酶　药物的生物转化必须在酶的催化下才能进行，这些催化药物代谢的酶统称药物代谢酶，简称药酶。肝脏中药酶种类多而且含量丰富，因此是药物代谢的主要器官。肝药酶主要包括细胞色素 P450 单加氧酶系、含黄素单加氧酶系、环氧化物水解酶系、结合酶系和脱氢酶系。

4. 药酶的诱导药和抑制药　某些药物可促进药酶对其的降解，又可促进其他药物的药酶的降解作用，长期服用可产生耐受性，称为诱导药。有些药物能抑制药酶的活性，从而延缓药物的降解，长期应用可产生积蓄中毒，称为抑制药。

（四）排泄

排泄是药物以原形或代谢产物的形式经不同途径排出体外的过程，是药物体内消除的重要组成部分。药物及代谢产物主要通过肾脏进行，此外还有肺、胆汁、乳汁、唾液腺、支气管腺、汗腺、肠道等排泄途径。

1. 肾脏排泄　肾脏排泄的方式为肾小球滤过和肾小管分泌，肾小管重吸收是对已经进入尿内药物的回收再利用过程。

（1）肾小球滤过：肾小球毛细血管膜孔较大，除与血浆蛋白结合的结合型药物外，游离型药物及其代谢产物均可经肾小球滤过。滤过速度受药物分子大小、血浆内药物浓度以及肾小球滤过率的影响。

（2）肾小管分泌：近曲小管细胞能以主动方式将药物自血浆分泌入肾小管内。除了特异性转运机制分泌氨基酸、葡萄糖外，肾小管细胞具有两种非特异性转运机制，分别分泌有机阴离子和有机阳离子。经同一机制分泌的药物可竞争转运体而发生竞争性抑制，通常分泌速度较慢的药物能更有效地抑制分泌速度较快的药物。

（3）肾小管重吸收：吸收的主要是未离解的脂溶性药物，改变尿液 pH 可影响药物的离解度，能显著影响弱酸性或弱碱性药物在肾小管的重吸收；相反，增加弱酸性药物的离解度，可减少其在肾小管的重吸收，加速其排泄率。故弱酸性药物中毒时，宜用碳酸氢钠碱化尿液，加速毒物排出。肾功能不全者慎用或禁用主要经肾排泄的药物。

2. 胆汁排泄　从胆汁排泄的药物除需具有一定的化学结构外，相对分子质量要超过 300 才可以。相对分子质量超过 5000 的大分子或蛋白质很难从胆汁排出。药物从肝细胞向胆汁的转运是主动转运过程，需有载体，有饱和现象。肝细胞至少有 3 个转运系统：有机酸类转运、有机碱类转运和中性化合物转运。属同一转运系统的药物，有竞争性抑制。药物由胆汁排入十二指肠后，有些从粪便排出，有些可被肠上皮细胞吸收入血液，形成"肝－肠循环"。

3. 其他途径的排泄　许多药物也可经汗液、唾液、泪液、乳汁排泄。这些途径的排泄主要是依靠脂溶性分子型药物通过上皮细胞进行简单扩散，与 pH 有关。

（五）药动学重要参数

1. 药物清除半衰期（$t_{1/2}$）　是血浆药物浓度下降一半所需要的时间。其长短反应体内药物消除速度。

2. 清除率（CL）　是机体消除器官在单位时间内清除药物的血浆容积，也就是单位时间内有多少体积血浆中的所含药物被机体清除。

3. 表观分布容积（Vd）　是指当血浆和组织内药物分布达到平衡时，体内药物按血浆药物浓度在体内分布所需液容积。

4. 生物利用度（F）　是指药物经血管外途径给药吸收进入全身血液循环的相对量。

（六）药物剂量的设计和优化

1. 靶浓度　合理的给药方案是使稳态血浆药物浓度（Css）达到一个有效而不产生毒性反应的治疗浓度范围，称为靶浓度。

2. 维持量　在大多数情况下，临床多采用多次间歇给药或是持续静脉滴注，以使稳态血浆药物浓度维持在靶浓度。

3. 负荷量　是指首次剂量加大，然后再给予维持剂量，使稳态血药浓度（即事先为该患者设定的靶浓度）提前产生。

4. 个体化治疗　以药动学为依据，设计一个合理的治疗方案的步骤是：

（1）选择和确定一个靶浓度。

（2）根据已知的人群药动学参数和所治疗患者的病理、生理特点（如体重、肾脏功能等）估计患者的清除率和分布容积。

（3）计算负荷量和维持量给药速度以求产生靶浓度。

（4）根据计算所得给药，估计达到稳态浓度后测定血药浓度。

（5）根据测得的血药浓度值，计算患者的清除率和分布容积。

（6）如果需要，根据临床反应，修正靶浓度。

（7）修正靶浓度后从第（3）步做起。

第三节　影响药物效应的因素

药物在机体内产生的药理作用和效应是药物和机体相互作用的结果，受药物和机体的多种因素影响。药物因素主要有药物剂型、剂量和给药途径、合并用药与药物相互作用。机体因素主要有年龄、性别、种族、遗传变异、心理、生理和病理因素。在临床用药时，应熟悉各种因素对药物作用的影响，根据个体的情况，选择合适的药物和剂量，做到用药个体化。

一、药物因素

（一）药物制剂与给药途径

同一药物由于剂型不同、采用的给药途径不同，所引起的药物效应也会不同。通常注射药物比口服吸收快，到达作用部位的时间短，因而起效快、作用显著。注射剂中的水溶性制剂比油溶液和混悬剂吸收快、起效时间短。口服制剂中的溶液剂比片剂、胶囊容易吸收。控释制剂是一种可以控制药物缓慢、恒速或非恒速释放的制剂，其作用更为持久和温和。

药物的制备工艺和原辅料的不同，也可能显著影响药物的吸收和生物利用度。有的药物采用不同给药途径时，还会产生不同的作用和用途，如硫酸镁内服可以导泻和利胆，注射则引起止痉、镇静和颅内压降低。

（二）药物相互作用

两种或两种以上药物同时或先后序贯应用时，药物之间的相互影响和干扰，可改变药物的体内过程（吸收、分布、代谢和排泄）及机体对药物的反应性，从而使药物的药理效应或毒性发生变化。

药物相互作用主要表现在两个方面，一是不影响药物在体液中的浓度，但改变药理作用，表现为药效学的相互作用；二是通过影响药物的吸收、分布、代谢和排泄，改变药物在作用部位的浓度而影响药物作用，表现为药动学的相互作用。药物相互作用对于那些药效曲线陡直或治疗指数低的药物，如抗凝血药、抗心律失常药、抗癫痫药、锂和抗肿瘤药、免疫抑制药，可能具有重要的临床意义。

二、机体因素

（一）年龄

年龄对药物作用的影响主要表现在：

1. 新生儿和老年人体内药物代谢和肾脏排泄功能不全，大部分药物在新生儿和老年人中都会有更强烈、更持久的作用。

2. 药物效应靶点的敏感性发生改变。

3. 老年人的特殊生理因素（如心血管反射减弱）和病理因素（如体温过低）。

4. 机体组成发生变化。在老年人中，脂肪在机体中所占比例增大，导致药物分布容积发生相应的改变。

5. 老年人常需服用更多的药物，发生药物相互作用的可能性相应增加。

（二）性别

女性体重一般轻于男性，在使用治疗指数低的药物时，为维持相同效应，女性可能需要较小剂量。女性较男性有较高比例的脂肪和较低比例的水，也可影响药物的分布和作用。妊娠妇女除了维持妊娠的药物以外，其他药物的应用均应审慎，因为进入母体内的药物均能进入胎儿体内，凡能对母体产生即使是很轻微不良反应的药物都可能影响胚胎或胎儿的发育。在分娩过程中对母体使用的药物也可能对新生儿产生持久的作用，因为新生儿不仅体内对药物的代谢和排泄的功能不全，而且因切断和母体的循环联系而不能利用母体内消除药物的机制。

（三）遗传因素

遗传是药物代谢和效应的决定因素，基因是决定药物代谢酶、药物转运蛋白和受体活性和功能表达的结构基础，是药物代谢与反应的决定因素，基因的突变可引起所编码的药物代谢酶、转运蛋白和受体蛋白氨基酸序列和功能异常，成为产生药物效应个体差异和种族差异的主要原因。

1. 遗传多态性　药物代谢酶、转运蛋白和受体的遗传多态性是导致药物反应个体和群体差异的重要原因。遗传多态性是一种孟德尔单基因性状，由同一正常人群中的同一基因位点上具有多种等位基因引起，并由此导致多种表型。表型是在环境影响下基因型所产生的机体的物理表现和可见性状。药物代谢酶的表型表现为催化代谢的活性大小，可通过测定其底物的代谢率确定。基因型是生物机体形成表型性状的遗传结构。表型是个体间药物代谢和反应差异的表现，而基因型则是反应差异的根本原因。

2. 种族差异　种族因素包含遗传和环境两个方面。不同种族具有不同的遗传背景（如不同的基因型及相同基因型的不同分布频率），长期生活在不同的地理环境中，具有不同的文化背景、食物来源和习惯，这些对药物代谢酶的活性和作用靶点的敏感性都有显著影响，导致一些药物的代谢和反应存在种族差异。如在乙醇代谢方面，服用等量的乙醇后中国人体内生成的乙醛血浆浓度比白人更高，更容易出现面红和心悸。服用普萘洛尔后的心血管反应中国人比白人更敏感，而黑人的反应敏感性最差。药物代谢和反应种族差异的临床意义取决于药物治疗窗。

3. 个体差异　人群中即使各方面条件都相同，还有少数人对药物的反应性不同，称为个体差异。与种族差异之间的药物代谢反应差异比较，同一种族内的个体差异更为显著和重要。如在口服同一剂量的普萘洛尔后，在白人和中国人中产生的血浆浓度平均值差异不到一倍，但无论是白人还是中国人中服用同一普萘洛尔剂量后差异可达 10 倍。

4. 特异质反应（idiosyncrasy）　特异质反应是一种性质异常的药物反应，通常是有害的，甚至是致命的，常与剂量无关，即使很小剂量也会发生。这种反应只在极少数患者中出现，如氯霉素导致的再生障碍性贫血发生率约为 1/50000。

（四）疾病状态

疾病本身能导致药动学和药效学的改变。

（五）心理因素-安慰剂效应

安慰剂一般指由本身没有特殊药理活性的中性物质，如乳糖、淀粉等制成的外形似药的制剂。但从广义上讲，安慰剂还包括那些本身没有特殊作用的医疗措施，如假手术等。安慰剂产生的效应称为安慰剂效应。

（六）长期用药引起的机体反应性变化

1. 耐受性和耐药性　耐受性为机体在连续多次用药后反应性降低。增加剂量可恢复反应，停药后耐受性可消失，再次连续用药又可发生。

2. 依赖性和停药症状或停药综合征　依赖性是在长期应用某种药物后，机体对这种药物产生了生理性的或是精神性的依赖和需求，分生理依赖性和精神依赖性两种。

第十七章　药物的储存与养护

第一节　概　　述

　　药品储存是指药品从生产到消费领域的流通过程中经过多次停留而形成的储备，是药品流通经营管理过程中必不可少的重要环节。药品经营企业应根据药品的质量特性对药品进行分类储存管理，确保储存的各项环境条件符合本规范的规定。同时，可采取计算机管理系统强化对储存药品的效期和进出库进行管理。通过定期盘点等方式确保储存药品账货相符。

　　各种药品的有效性是由其内在成分和剂型等所决定的，每种药物的内在成分与其他物质一样，时刻处于不断运动和变化之中，加上储存环境的自然条件影响，必然会发生物理、化学以及生物学等变化。这些变化相互影响又互为关联。因此，药品性状和储存环境直接关系到药品的储存质量。药品养护是运用现代科学技术与方法，研究药品储存养护技术和储存药品质量变化规律，在此基础上根据药品的储存特性要求，采取科学、合理、经济、有效的手段和方法，通过控制、调节药品的储存条件，对药品储存质量进行定期检查，达到有效防止药品质量变异，确保用药安全、有效的目的。

　　要做好药品养护，要求我们不仅要了解掌握药品内在质变的形式，同时还需要了解药品内在成分受自然条件（如温度、湿度、空气等）影响而变化的规律。在实际工作中，药品养护的各项工作都应以保证药品储存质量为目标。其主要内容有：检查控制在库药品的储存条件，对药品进行定期质量检查，对发现的问题及时采取有效的处理措施。同时，应根据经营药品的品种结构、药品储存条件的要求、自然环境的变化、监督管理的要求，在确保日常养护工作有效开展的基础上，将部分药品确定为重点养护品种，采取有针对性的养护方法。

第二节　根据药品的质量特性对药品进行合理储存

　　1. 应以保证药品的质量、符合药品规定的储存条件为原则，根据药品的储存要求将药品放置于不同温度的仓储环境中，应根据需要配置符合药品特性要求的常温、阴凉和冷藏的库房。根据《中国药典》凡例中对药品储存的规定："阴凉处"系指不超过20 ℃；"凉暗处"系指避光且不超过20 ℃；"冷处"系指2 ℃～10 ℃；"常温"系指10 ℃～30 ℃；除另有规定外，储藏项下未规定储藏温度的一般系指常温。阴凉储存温度的上限允许有一定浮动，但不得超过25 ℃；阴凉储存温度的上限值允许在短时间内有一定浮动，但不得超过规定值的20％。一旦发现储存环境温度过高时，应及时采取有关措施使温度降至规定值。

2. 药品储存空间的相对湿度应保持在 35% ~75% 。

3. 储存管理的药品可能处于不同的质量状态，包括待验、销后退回、有质量疑问等质量状态待确定的药品，质量合格的药品和质量不合格的药品。为防止出现混淆或误发等情况，在人工作业的库房中，需要对处于不同质量状态的药品进行明显的色标管理，合格药品为绿色，不合格药品为红色，待确定药品为黄色。如果是全机械自动作业的立体库或区域，现场可看不见色标，但指示自动化操作的计算机系统必须对待验、合格、不合格等药品分开管理并有避免发出错误指令的措施。

4. 除温度、湿度要求以外，储存过程中还要关注药品的其他储存条件，库房应根据实际情况采取有效的避光、遮光、通风、防潮、防虫、防鼠设施。例如，避免将药品储存于阳光直射的地方以避光；采用窗帘、遮光膜或黑纸包裹等措施遮光；采用促进空气流通的设备，如空调、换气扇等通风。采用抽湿机、地垫、货架、门帘、风帘等进行防潮；有防止鼠类及昆虫进入库房的设备，采用风帘、灭蝇灯、电子猫、挡鼠板、捕鼠笼、粘鼠胶等防虫、防鼠。

5. 在搬运和堆码过程中的不规范操作直接影响药品的包装或质量，严格按照外包装标示要求规范操作。例如，包装上标注的"易碎""轻拿轻放""禁止倒置侧置"等。堆码高度也需要严格按照药品外包装上的要求进行操作，并且保证药品包装的完好。

6. 药品应按品种、批号相对集中堆放，并分开堆码。在堆垛过程中，不同批号的药品不得混垛并相对分隔，垛间距不小于 5 cm，以防止发生错发、混发事故。同时也为了方便在出库时保证较早的批号先出库，减少药品近效期和过期情况发生的可能性。另外，为便于通风，防潮防湿，本条款对在堆垛空间上要求垛间距与库房内墙、顶、温度调控设备及管道等设施间距，与地面间距不小于 10 cm。与库房温度调控设备及管道的间距也不应小于 30 厘米，以防止局部温度过高或过低。

7. 为了防止药品与非药品或其他不同属性药品的污染、差错或混淆，须确保药品与非药品分开存放，外用药与其他药品分开存放，分开方式可为货位分开或区域分开；中药材和中药饮片应分库存放。

8. 对毒麻精神等特殊管理的药品，需要按照《药品管理法》《麻醉药品管理办法》《精神药品管理办法》《医疗用毒性药品管理办法》《放射性药品管理办法》等相关规定进行储存管理。二类精神药品必须专柜加锁保管、专人管理和专账记录；其他特殊管理药品应专柜保管，双人双锁，专账记录，专人保管，专柜应配备安全防盗措施。可随机抽查 3 ~5 个品种，检查账物是否相符。麻醉药品和第一类精神药品可同库存放，医疗用毒性药品、放射性药品分别设置专库或专柜存放，放射性药品应采取有效的防辐射措施。

9. 在药品储存过程中，经常会出现出库药品需要拆零的情况，形成零货药品零货药品的散乱摆放很容易导致一些零货药品在出库时遗漏，增加近效期药品和过期药品出现的可能性，因此零货药品必须集中摆放。

10. 储存设施设备的清洁、无杂物才能保证药品不受污染，设施设备无破损才能保证药品储存、摆放的稳妥和安全。

11. 库房工作人员必须经过授权方可进出药品库房。以确保药品存储作业和环境的安全，防止未经批准的人员和单位接触、获得药品，或对存储作业造成影响，甚至对药品的安全和质量造成直接或间接的伤害。

储存管理人员在储存区域内注意不得有任何会影响药品质量安全的行为，例如就餐饮酒、吸烟、打闹、嬉戏等。

12. 在药品储存区域内如果存在任何与储存管理无关的物品都有可能影响到储存区域内的环境，直接或者间接地影响药品的质量。

〔附〕 术语解读

1. 相对湿度即空气中的绝对湿度与同温度下的饱和绝对湿度的比值。

2. 特殊管理的药品根据《药品管理法》第三十五条的规定，国家对麻醉药品、精神药品、医疗用毒性药品、放射性药品，实行特殊管理。管理办法由国务院制定。另外，根据《易制毒化学品管理条例》《反兴奋剂条例》（国务院令第 398 号）的有关规定，对药品类易制毒化学品、兴奋剂也应实行一定的特殊管理。因此，狭义的特殊药品，是指麻精毒放，即麻醉药品、精神药品、毒性药品、放射性药品。广义的特殊药品，则除上面的 4 类药品外，还包括药品类易制毒化学品，兴奋剂，含特殊药品类复方制剂等。

3. 《中国药典》是国家监督管理药品质量的法定技术标准。每 5 年重新修订颁布一次，《中国药典》由一部、二部和三部及其增补本组成，内容分别包括凡例、正文和附录。其中，凡例是为正确使用《中国药典》而对正文和附录有关的共性问题的统一规定，包括药物储存温度的有关名词术语等具体内容。

第三节　养护措施

1. 养护人员应指导储存人员对药品进行合理储存与作业，对储存人员不规范的储存与作业行为给予纠正，并督促持续改进。

2. 日常养护过程中要对药品储存条件，包括库内温湿度条件，药品储存设备的适宜性，药品避光、防鼠、除湿等措施的有效性，安全消防设施的运行状态，库内的卫生环境等进行检查和调控。

3. 养护人员应关注库房温湿度监测数据，保证检测的频率和效果，发现超出规定范围的数据时，应及时排查原因，采取相应措施，使库房温湿度保持在正常范围内。

4. 养护人员根据管理要求制订适当的养护计划，按养护计划定期对库存药品进行日常养护，养护时应结合药品说明书信息，对药品的包装、外观等质量状况进行检查。重点养护品种一般包括：主营品种、首营品种、质量不稳定的品种、对温湿度和（或）避光等有特殊储存要求的品种、储存时间较长的品种、近效期不足一年的品种、近期内发生过质量问题的品种及药监部门重点监控的品种等。重点养护的具体品种应由养护组按年度制定及调整，报质量管理机构审核后实施。重点养护品种还应当按照规定期限进行重点检查。养护记录应包括养护日期、养护药品基本信息（品名、规格、生产企业、批号、批准文号、有效期、数量）、质量状况、有关问题的处理措施、养护人员等。

5. 药品养护中发现的问题一般包括技术操作、设施设备和药品质量等方面的内容，养护员应对所发现的问题进行认真的分析，及时上报质量管理部核实、处理。养护人员在养护检查中发现药品有质量疑问时，应及时告知储存人员暂停发货，并以醒目的方式进行标记，在计算机管理系统中停止该批次品种的销售并记录发生情况，同时报质量管理员处理。

6. 中药材、中药饮片作为药品的一个特殊分类，由于其形态、成分、性能的多样性及复杂性，在储存过程中发生质量变异的概率较高。应根据中药材和中药饮片的特性和包装制定养护时限和计划，对中药材和中药饮片要采取有效的方式进行养护并记录：通过晾晒、通风、干燥、吸湿、熏蒸等方法防霉变腐烂；通过曝晒、加热、冷藏、熏蒸等方法防虫害；通过密封、降温等方法防挥发；通过避光、降温等方法防变色、泛油。注意养护方法不得污染药品。为避免小包装中药饮片发生质量变异，也应对其采取安全有效的养护措施。委托生产企业养护的，委托企业需对在库中药材和中药饮片进行日常检查，发现有质量变异、包装破损的及时处理。

7. 根据各地气候条件和企业实际情况，定期对养护记录进行报告，"定期"的时限一般不应超过 1 年，报告的内容可包括：该库房内储存品种的结构、数量、批次等项目，养护过程中所发现的质量问题及产生原因、概率、改进措施及目标等。

第 四 篇
商品基础知识

第十八章　西　药

　　本章收录的常用药物主要为常见的口服剂、吸入剂、滴眼剂及胰岛素注射液等，不涉及仅有注射制剂的临床治疗药物。

第一节　抗微生物药

一、青霉素类

苯唑西林钠

　　【别名】苯唑青霉素、新青霉素Ⅱ。

　　【药理作用】为耐酶耐酸异噁唑青霉素。抗菌谱与青霉素相似，因耐青霉素酶，故对葡萄球菌不产青霉素酶株和产酶株均有良好抗菌作用，但对青霉素敏感菌株的效力则不及青霉素。因耐酸，口服有效。因不能透过血-脑屏障，对中枢感染一般不适用。

　　【适应证】产酶的金黄色葡萄球菌和表皮葡萄球菌的周围感染，包括内脏、皮肤和软组织等部位感染。

　　【用法用量】①成人口服：一次 $0.5 \sim 1$ g，每日 $3 \sim 4$ 次，宜空腹服用。②小儿口服：$50 \sim 100$ mg/(kg·d)，分 $2 \sim 4$ 次给药。③肌内注射：$4 \sim 6$ g/d，分 4 次给药。④静脉滴注：$4 \sim 8$ g/d，分 $2 \sim 4$ 次给药；严重感染可增至 12 g/d。

　　【注意事项】①与青霉素有交叉过敏反应，使用前需做皮试，阳性反应禁用。②可有胃肠道反应，如嗳气、恶心、腹泻和血清氨基转移酶升高。③静脉大剂量给药可引起抽搐、痉挛等神经毒性反应。

　　【药物相互作用】①与西索米星或奈替米星联合应用可增强对金黄色葡萄球菌的抗菌作用。②与庆大霉素或氨苄西林联用，可增强其对肠球菌的抗菌作用。③丙磺舒可竞争性抑制苯唑西林排泄，提高血药浓度，延长作用时间。

氨苄西林

　　【别名】氨苄青霉素、氨苄青、安比西林。

　　【药理作用】为半合成广谱青霉素，对革兰阳性菌和阴性菌均有杀菌作用，其特点是对革兰阴性菌有较强的抗菌作用，对革兰阳性菌、革兰阴性球菌、螺旋体的抗菌作用不如青霉素，但对肠球菌的活性优于青霉素。耐酸可口服，但不耐酶。

　　【适应证】敏感菌所致呼吸道感染、尿路感染、胆道、肠道感染、伤寒、副伤寒、脑膜炎、败血症、心内膜炎等。

　　【用法用量】①成人口服：一次 $0.25 \sim 0.75$ g，每日 4 次，宜空腹服用。②小儿口服：$50 \sim 100$ mg/(kg·d)，分 4 次给药，严重感染可达 200 mg/(kg·d)。③肌内注射：$2 \sim 4$ g/d，分 4 次给药。④静脉滴注：$4 \sim 8$ g/d，分 $2 \sim 4$ 次给药，重症感染可增至

12 g/d。

【注意事项】①与青霉素有交叉过敏反应，使用前需做皮试，阳性反应禁用。②可有腹泻、假膜性肠炎，用药过程中应维持水与电解质的平衡。③皮疹发生率较高。

【药物相互作用】别嘌醇可使本品皮疹发生率增加，尤见于高尿酸血症患者。

阿莫西林

【别名】阿莫仙、再林。

【药理作用】抗菌谱及抗菌活性与氨苄西林相似，但对肺炎链球菌、肠球菌、沙门菌属、幽门螺杆菌的杀菌作用较氨苄西林强。因其口服吸收完全，且受进食影响不显著，对可口服给药的患者尤为适用。

【适应证】敏感菌所致的呼吸道、泌尿生殖道、胆道、皮肤软组织等轻、中度感染，及伤寒、急性单纯性淋病、钩端螺旋体病；可与克拉霉素、兰索拉唑等联合用药以根除幽门螺杆菌。静脉给药用于敏感菌引起的重症感染。

【用法用量】①成人口服：一次 0.5 ~ 1 g，每日 3 ~ 4 次。可空腹或餐后服药。②小儿口服：50 ~ 100 mg/(kg·d)，分 3 ~ 4 次给药。③肌内注射：0.5 ~ 1 g/d，每 6 ~ 8 小时 1 次。④静脉滴注：0.5 ~ 1 g/d，每 6 ~ 8 小时 1 次，严重感染时可与舒巴坦 2:1 合用。

【注意事项】①与青霉素有交叉过敏反应，使用前需做皮试，阳性反应禁用。②可见恶心、呕吐、腹泻、血清氨基转移酶轻度升高等胃肠道反应。③皮疹、药物热、哮喘等过敏反应。④贫血、血小板减少，嗜酸性粒细胞增多。

【药物相互作用】与丙磺舒同时使用可引起阿莫西林血药浓度升高，半衰期延长。

阿莫西林-克拉维酸钾

【别名】阿莫克拉、阿莫维酸钾、力百汀。

【药理作用】由 β-内酰胺酶抑制剂克拉维酸钾与阿莫西林组成的复方制剂。克拉维酸可保护阿莫西林免受 β-内酰胺酶的灭活，从而提高阿莫西林抗产酶耐药菌的作用，增强疗效。对革兰阳性及阴性菌均有抗菌活性。口服吸收良好，不受进食影响。

【适应证】对本品敏感但对阿莫西林、氨苄西林或第一代头孢菌素耐药的产酶耐药菌所致的呼吸道感染、泌尿生殖系统感染、皮肤软组织感染、产后感染、腹膜炎、骨髓炎、败血症和术后感染等。

【用法用量】①成人口服：(2:1 制剂) 轻至中度感染，一次 375 mg，每 8 小时 1 次，饭后服用。肺炎及其他严重感染，成人一次 625 mg，每 8 小时 1 次。7 ~ 10 日为 1 个疗程。可空腹或餐后服药。②小儿：3 个月 ~ 1 岁，一次 62.5 mg；1 ~ 7 岁，一次 125 mg；7 ~ 12 岁，一次 187.5 mg；12 岁以上，一次 250 mg，均每日 3 次。肺炎及其他严重感染，体重 40 kg 以下，每 8 小时 40 mg/kg；40 kg 以上儿童可按成人剂量。7 ~ 10 日为 1 个疗程。③静脉滴注、静脉注射 (5:1 制剂)：一次 1.2 g，每 8 小时 1 次；严重感染者，可增至一次 1.2 g，每 6 小时 1 次，连续治疗不得超过 14 日。

【注意事项】①使用前需做皮试，青霉素过敏禁用。②不良反应与阿莫西林相同，但胃肠反应略高。③克拉维酸单次剂量不宜超过 0.2 g，每日剂量不超过 0.4 g 为宜。

【药物相互作用】①与阿司匹林、吲哚美辛、甲氨蝶呤、别嘌醇类尿酸合成抑制药同用，可增加本品不良反应发生率。②与氯霉素、大环内酯类、四环素类、磺胺类药等抑菌药物同用，可干扰本品杀菌活性。

二、头孢菌素类

头孢氨苄

【别名】 头孢菌素Ⅳ、先锋霉素Ⅳ、先锋4号、头孢四号、头孢立新。

【药理作用】 头孢菌素类为细菌繁殖期广谱杀菌抗生素，具有抗菌谱广、抗菌作用强、耐青霉素酶、疗效高、毒性低、过敏反应较青霉素少等优点。细菌对头孢菌素类可产生耐药性，并与青霉素类有部分交叉耐药。

本品为第一代口服头孢菌素。除肠球菌属、甲氧西林耐药葡萄球菌外，革兰阳性菌多对头孢氨苄敏感。对奈瑟菌属有较好抗菌作用；对流感嗜血杆菌的作用较差。

【适应证】 用于敏感菌所致急性扁桃体炎、咽峡炎、中耳炎、鼻窦炎、支气管炎、肺炎等呼吸道感染，尿路感染，皮肤和软组织感染，妇科感染，口腔感染等。

【用法用量】 ①成人口服：一次0.25~0.5 g，每日4次。宜空腹服药。②小儿口服：25~50 mg/(kg·d)，分3~4次给药。

【注意事项】 ①对头孢菌素过敏者禁用。对青霉素过敏或过敏体质者慎用。②肾功能严重损害者应用本品须减量及延长给药间隔时间。③头孢菌素类药物与乙醇同时应用可产生"醉酒样"反应，故本类药物在治疗期间或停药3日内应忌酒。

【药物相互作用】 ①合用丙磺舒可提高血药浓度。②与氨基糖苷类药同用可增加肾毒性。

头孢拉定

【别名】 头孢菌素Ⅵ、先锋霉素Ⅵ、先锋6号、头孢环己烯、头孢雷定、泛捷复。

【药理作用】 为第一代头孢菌素。具广谱抗菌活性，抗菌作用与头孢氨苄类似。本品空腹口服吸收良好，广泛分布于各组织，脑脊液中浓度低。

【适应证】 用于敏感菌所致耳鼻喉感染、呼吸道感染、泌尿生殖系统感染、皮肤和软组织感染。口服制剂不宜用于严重感染。

【用法用量】 ①成人口服：一次0.25~0.5 g，每日4次。严重感染可增至一次1 g，最大日剂量为1 g。与药物同服，可减轻胃肠道反应。②小儿口服：6.25~12.5 mg/kg，每6小时1次。③静脉注射、静脉滴注、肌内注射：一次5~1 g，每6小时1次，最大日剂量为8 g。

【注意事项】 参见头孢氨苄。

【药物相互作用】 与氨基糖苷类药、强利尿药、抗肿瘤药等同用，可增加肾毒性。

头孢呋辛酯

【别名】 头孢呋肟酯、伏乐新。

【药理作用】 第二代头孢菌素，对革兰阳性菌的作用与第一代头孢菌素相仿或略差，对革兰阴性菌的作用较强。本品为头孢呋辛的酯化物，口服吸收良好，在体内水解为头孢呋辛而发挥抗菌作用。

【适应证】 用于敏感菌引起的急性呼吸道感染、泌尿生殖系统感染、皮肤软组织感染。

【用法用量】 ①成人口服：一次0.25 g，每日2次。严重感染可增至一次0.5 g，每日2次。餐后正片吞服，不可嚼碎。5~10日为1个疗程。②小儿口服：一次0.128 g，每日 2 次，5 ~ 10 日为 1 个疗程。药品不宜压碎给药，小儿宜用本品混悬剂。③肌内注射、静脉滴注、静脉注射：一次 0.75 ~ 1.5 g，每 8 小时 1 次，5 ~ 10 日为 1 个疗程。

【注意事项】①对头孢菌素过敏者禁用。对青霉素过敏或过敏体质者慎用。②与食物和牛奶同服可增加药物吸收。胃肠道吸收障碍者不宜应用。

【药物相互作用】与氨基糖苷类药、强利尿药等同用，可增加肾毒性。

头孢克洛

【别名】头孢氯氨苄、希刻劳、新达罗。

【药理作用】第二代头孢菌素，不仅具有第二代头孢菌素对革兰阴性菌的抗菌活性强的特点，且对革兰阳性菌的效果与第一代头孢菌素相当。口服吸收良好。

【适应证】用于敏感菌引起的急性呼吸道感染、泌尿生殖系统感染、皮肤软组织感染。

【用法用量】①成人口服：一次 0.25 g，每 8 小时 1 次，空腹服用。严重感染可增加剂量，最大剂量 4 g。②小儿口服：20 mg/(kg·d)，分 3 次给药。严重感染可增加至 40 mg/(kg·d)，一日剂量不超过 1 g。

【注意事项】
①对头孢菌素过敏者禁用。对青霉素过敏或过敏体质者慎用。②严重肾功能不全、有胃肠道病史者慎用。

【药物相互作用】与氨基糖苷类药、强利尿药等同用，可增加肾毒性。

头孢克肟

【别名】氨噻肟烯头孢菌素、世福素。

【药理作用】第三代头孢菌素。革兰阳性菌中链球菌、肺炎链球菌对其敏感，金黄色葡萄球菌、表皮葡萄球菌不敏感，肠球菌耐药；革兰阴性菌中的淋病奈瑟菌、流感嗜血杆菌、肺炎克雷伯菌、变形杆菌属、沙门菌属对其敏感，对铜绿假单胞菌不敏感。口服吸收较慢，服药后 4 小时达峰浓度。

【适应证】治疗敏感菌引起的呼吸系统感染、泌尿生殖系统感染、胆道感染、中耳炎、鼻窦炎等。

【用法用量】①成人口服：一次 50 ~ 100 mg，每日 2 次。严重感染可一次 200 mg，每日 2 次，空腹服用。②小儿口服：3 ~ 6 mg/(kg·d)，分 2 次给药。

【注意事项】①对头孢菌素过敏者禁用。对青霉素过敏或过敏体质者慎用。②高龄患者用药易发生不良反应，需密切观察。③严重肾功能不全应延长用药间隔或减少剂量。

【药物相互作用】与氨基糖苷类药、强利尿药等同用，可增加肾毒性。

头孢地尼

【别名】全泽复、世扶尼、世富盛、希福尼。

【药理作用】第三代头孢菌素。对革兰阳性、阴性需氧菌和厌氧菌具有广谱抗菌活性。

【适应证】用于敏感菌所致皮肤及软组织、呼吸系统、泌尿生殖系统等的轻、中度感染。

【用法用量】①成人口服：一次 100 ~ 200 mg，每日 3 次。②小儿口服：9 ~ 18 mg/(kg·d)，分 3 次给药。

【注意事项】对头孢菌素过敏者禁用。对青霉素过敏或过敏体质者慎用。

【药物相互作用】

1. 避免与铁剂合用，如果必须同时使用，两者用药间隔应大于 3 小时以上。

2. 与氨基糖苷类药、强利尿药等同用，可增加肾毒性。

三、氨基糖苷类

硫酸庆大霉素

【别名】宝乐、艮太霉素、杰力泰、硫酸艮他霉素、硫酸正泰霉素、庆大霉素 C、庆大霉素硫酸盐、瑞贝克、威得、维伦、小儿利宝、欣他、正泰霉素。

【药理作用】本药是一种氨基糖苷类药，作用于细菌体内的核糖体，抑制细菌蛋白质合成，并破坏细菌细胞膜的完整性。本药对铜绿假单胞菌、变形杆菌（吲哚阳性和阴性）属、大肠埃希菌、克雷伯菌属、肠杆菌属、沙雷菌属、志贺菌属、枸橼酸杆菌属、奈瑟菌、金黄色葡萄球菌（不包括耐甲氧西林菌株）有较强的抗菌活性。本药对链球菌（包括化脓性链球菌、肺炎球菌、粪链球菌等）、厌氧菌（拟杆菌属）、结核分枝杆菌、立克次体、病毒和真菌无效。

【适应证】①用于治疗敏感菌所致的败血症、下呼吸道感染、肠道感染、盆腔感染、腹腔感染、皮肤软组织感染、复杂性尿路感染等。②鞘内及脑室内注射可作为敏感菌所致严重中枢神经系统感染（如脑膜炎、脑室炎）的辅助治疗。③口服给药可用于治疗细菌性痢疾或其他细菌性肠道感染、慢性胃炎、幽门螺杆菌所致消化性溃疡（与抗溃疡药合用），亦可用于结肠手术前准备。④滴眼液用于结膜炎、眼睑炎、睑板腺炎、角膜炎、泪囊炎。

【用法用量】成人：①一般感染。a. 肌内注射一次 80 mg，或一次 1 ~ 1.7 mg/kg，每 8 小时 1 次；或一次 5 mg/kg，每 24 小时 1 次。7 ~ 14 日为 1 个疗程。b. 静脉滴注剂量同"肌内注射"项。将一次剂量加入生理盐水或 5% 葡萄糖注射液 50 ~ 200 mL 中，使药物浓度不超过 1 mg/mL（相当于 0.1% 的溶液），在 30 ~ 60 分钟内缓慢滴入。②单纯性尿路感染（不适用于初治）。a. 肌内注射时体重低于 60 kg 者，一次 3 mg/kg，每日 1 次。体重超过 60 kg 者，一次 160 mg，每日 1 次；或一次 1.5 mg/kg，每 12 小时 1 次。b. 静脉滴注参见"肌内注射"项。③肠道感染或术前准备。a. 片剂、泡腾片、肠溶片、咀嚼片、胶囊，每日 240 ~ 640 mg，分 4 次服用。b. 颗粒剂，一次 80 ~ 160 mg，每日 3 ~ 4 次。④慢性胃炎、幽门螺杆菌所致消化性溃疡（与抗溃疡药合用）。缓释片一次 80 mg，每日 2 次，餐后 1 小时服用。用于轻型急性肠炎的 3 ~ 5 日为 1 个疗程；用于幽门螺杆菌所致胃感染时，3 ~ 4 周为 1 个疗程。⑤结膜炎、眼睑炎、睑板腺炎。经眼给药，本药滴眼液滴入眼睑内，一次 1 ~ 2 滴，每日 3 ~ 5 次。儿童：①一般感染。a. 肌内注射，一次 2.5 mg/kg，每 12 小时 1 次；或一次 1.7 mg/kg，每 8 小时 1 次。7 ~ 14 日为 1 个疗程。给药期间应尽可能监测血药浓度，尤其新生儿或婴儿。b. 静脉滴注，参见"肌内注射"项。②肠道感染或术前准备。a. 片剂、泡腾片、肠溶片、胶囊，5 ~ 10 mg/(kg·d)，分 4 次服用。b. 颗粒剂、咀嚼片，10 ~ 15 mg/(kg·d)，分 3 ~ 4 次服用。

【注意事项】①用药时应给予充足的液体，以减少肾小管损害。②对一种氨基糖苷类药过敏者可能对其他氨基糖苷类药也过敏。③用药前后及用药时应当检查或监测：a. 听力检查或听电图（尤其高频听力）测定。b. 温度刺激试验，以检测前庭毒性。c. 尿常规和肾功能测定，以防止出现严重肾毒性反应。d. 血药浓度监测（每 8 小时 1 次给药者有效血药浓度应保持在 4 ~ 10 μg/mL，避免峰浓度超过 12 μg/mL，谷浓度保持在 1 ~ 2 μg/mL；每 24 小时 1 次给药者血药峰浓度应保持在 16 ~ 24 μg/mL，谷浓度应 <1 μg/mL）。e. 接受鞘内注射者应同时监测脑脊液内药物浓度。

【药物相互作用】①其他氨基糖苷类药：合用或先后连续局部或全身应用，可能增加其产生耳毒性、肾毒性及神经肌肉阻滞作用的可能性。②卷曲霉素、顺铂、依他尼酸、呋塞米、万古霉素、去甲万古霉素：合用或先后连续局部或全身应用，可能增加耳毒性与肾毒性。③头孢噻吩、头孢唑林：局部或全身合用可能增加肾毒性。④多黏菌素类药：合用或先后连续局部或全身应用，可增加肾毒性和神经肌肉阻滞作用。⑤神经肌肉阻滞药：合用可加重神经肌肉阻滞作用，导致肌肉软弱、呼吸抑制等症状。

阿米卡星

【别名】阿米卡霉素、阿米卡星、安卡星、氨羟丁酰卡那霉素、单硫酸丁胺卡那霉素、丁胺卡那霉素、丁胺卡那霉素二硫酸盐、立可信、硫酸丁胺卡那、硫酸丁胺卡那霉素、米丽先、米英杰、奇谷奇。

【药理作用】本药为半合成的氨基糖苷药，是将氨基羟丁酰链引入卡那霉素 A 分子的链霉胺部分而得。其作用特点是：①对大部分氨基糖苷类钝化酶稳定，适用于治疗革兰阴性杆菌中卡那霉素、庆大霉素或妥布霉素耐药菌株所致感染。②对铜绿假单胞菌具有高效，而且与其他抗生素无交叉耐药性，抗菌作用比卡那霉素强。作用机制：作用于细菌核糖体的 30S 亚单位，抑制细菌合成蛋白质。抗菌谱：对大肠埃希菌、铜绿假单胞菌及其他假单胞菌、变形杆菌（吲哚阴性和阳性）、肺炎克雷伯菌、不动杆菌、枸橼酸杆菌、普罗威登斯菌属、沙雷杆菌和肠杆菌的部分菌株有较强的抗菌活性。当上述种属的微生物对其他氨基糖苷类药（包括庆大霉素、妥布霉素和卡那霉素等）产生耐受性时，对于本药仍然很敏感。对结核分枝杆菌、非结核性分枝杆菌和金黄色葡萄球菌（产酶和不产酶株，包括对甲氧西林耐药的菌株）有一定抗菌活性。对幽门链球菌属、肠球菌属以及肺炎链球菌属活性较低。对革兰阳性球菌（金黄色葡萄球菌除外）、厌氧菌、立克次体、真菌和病毒无效。

【适应证】本药适用于敏感菌所致的下列感染：①下呼吸道感染。②腹腔感染。③胆道感染。④骨、关节、皮肤及软组织感染（包括烧伤、术后感染等）。⑤复杂性和迁延性尿路感染。⑥中枢神经系统感染（包括脑膜炎）。⑦细菌性心内膜炎、菌血症或败血症。

【用法用量】成人：①单纯性尿路感染。a. 肌内注射。对常用抗菌药耐药者每12小时200 mg。b. 静脉滴注。参见"肌内注射"项。②其他全身感染。a. 肌内注射。每12小时 7.5 mg/kg，或每24小时15 mg/kg。一日剂量不得超过1.5 g，疗程不得超过10日。b. 静脉滴注。参见"肌内注射"项。老年人剂量：老年人应采用较小治疗量且尽可能在疗程中监测血药浓度。儿童一般感染：①肌内注射。首剂 10 mg/kg，随后每12小时 7.5 mg/kg，或每24小时15 mg/kg。②静脉滴注。参见"肌内注射"项。

【注意事项】用药时应补充足够的液体，以减少肾小管损害。对一种氨基糖苷类药过敏者可能对其他氨基糖苷类药也过敏。用药前后及用药时应当检查或监测：①听力（尤其是高频听力）或听电图（对老年患者更重要）；②温度刺激试验，用以检测前庭毒性；③尿常规和肾功能；④血药浓度（尤其新生儿、老年和肾功能减退患者，每12小时给药7.5 mg/kg 者血药峰浓度应维持在 15 ~ 30 μg/mL，谷浓度应维持在 5 ~ 10 μg/mL；每日 1 次给药15 mg/kg 者血药峰浓度应维持在 56 ~ 64 μg/mL，谷浓度应小于 1 μg/mL）。

【药物相互作用】①头孢噻吩、头孢唑林：局部或全身合用可能增加肾毒性。②右旋糖酐：同时（或先后）全身（或局部）使用，可增加耳毒性或肾毒性。③神经肌肉阻滞药：合用可能使神经肌肉阻滞作用增强，导致肌肉软弱、呼吸抑制等症状。④其他肾毒性或神经毒性药（尤其是杆菌肽、卷曲霉素、顺铂、两性霉素 B、头孢噻啶、巴龙霉素、紫霉素、多黏菌素、万古霉素、去甲万古霉素）：同时（或序贯）全身或局部合用均可增加肾毒性或神经毒性；同时给予头孢菌素会造成肌酸酐升高的假象。⑤利尿药（如依他尼酸、呋塞米）：合用或先后连续局部或全身应用，可能增加耳毒性与肾毒性。⑥其他氨基糖苷类药：合用或先后连续局部或全身应用，可增加耳毒性、肾毒性及神经肌肉阻滞作用。⑦抗组胺药（苯海拉明等）：合用可能掩盖本药的耳毒性。

四、四环素类

盐酸四环素

【别名】磷酸四环素、四环素碱、四环素磷酸复盐。

【药理作用】本药具有广谱抗病原微生物作用，为快速抑菌药物，高浓度时对某些细菌呈杀菌作用，且对革兰阳性菌的作用优于革兰阴性菌。作用机制：本药能特异性地与病原微生物核糖体 30S 亚基的 A 位置结合，阻止氨基酰 – tRNA 在该位置上的联结，从而抑制肽链的增长，影响细菌或其他病原微生物的蛋白质合成。抗菌谱：本药对肺炎链球菌、乙型溶血性链球菌、甲型溶血性链球菌、部分葡萄球菌、产气荚膜杆菌、炭疽杆菌、鼠疫杆菌、白喉棒状杆菌、破伤风杆菌、布鲁菌属、流感嗜血杆菌、弯曲杆菌属、霍乱弧菌、放线菌属、炭疽杆菌、单核细胞增多性李斯特菌、梭状芽孢杆菌、奴卡菌属、淋病奈瑟菌（耐青霉素株除外）和脑膜炎奈瑟菌等均有一定抗菌作用；对立克次体、支原体属、衣原体属、螺旋体及某些原虫也有抑制作用。大肠埃希菌、克雷伯菌属、沙门菌属、志贺菌属等肠杆菌属细菌对本药多数耐药；肠球菌属细菌和耐青霉素的淋病奈瑟菌亦对本药耐药。此外，本药对铜绿假单胞菌无抗菌活性。

【适应证】用于以下情况：①立克次体病，包括流行性斑疹伤寒、地方性斑疹伤寒、落基山斑疹热、恙虫病和 Q 热。②支原体属感染。③衣原体属感染，包括鹦鹉热、性病淋巴肉芽肿、非特异性尿道炎、输卵管炎、宫颈炎及沙眼。④回归热。⑤布鲁菌病（与氨基糖苷类联合应用）。⑥霍乱。⑦鼠疫（与氨基糖苷类联合应用）。⑧兔热病。⑨软下疳。或用于治疗对青霉素类抗生素过敏的破伤风、气性坏疽、淋病、梅毒和钩端螺旋体病。

【用法用量】成人：①一般用法。a. 口服给药一次 0.25 ~ 0.5 g，每 6 小时 1 次。b. 静脉滴注每日 1 ~ 1.5 g，分 2 ~ 3 次给药。临用前用灭菌注射用水稀释至 0.1% 滴注。

②布鲁菌病。口服给药，一次0.5 g，每6小时1次，3周为1个疗程；第1～第2周合用链霉素1 g肌内注射，每日1次。③梅毒。口服给药，一次0.5 g，每6小时1次，15日（早期梅毒）或30日（晚期梅毒）为1个疗程。④中、重度痤疮患者的辅助治疗。口服给药，0.5～2 g/d，分次服用；病情改善时（通常在3周后），剂量应逐渐减至维持量，0.125～1 g/d。⑤沙眼衣原体所致单纯性尿道炎、宫颈炎或直肠感染。口服给药，一次0.5 g，每日4次，至少7日为1个疗程。老年人剂量：老年患者用药需调整剂量。儿童（一般用法）：①口服给药。8岁以上小儿，25～50 mg/（kg·d），分4次服用。一般7～14日为1个疗程；支原体肺炎、布鲁菌病需3周左右。②静脉滴注。8岁以上小儿，一日10～20 mg/kg，分2次给药，一日剂量不超过1 g。

【注意事项】对一种四环素类药过敏者，可能对其他四环素类药过敏。

【药物相互作用】①全身麻醉药甲氧氟烷、强利尿药（呋塞米等）：合用可加重肾毒性。②肝毒性药物（如抗肿瘤化疗药）：合用可加重肝毒性。③制酸药（如碳酸氢钠）：合用可使本药吸收减少、活性降低。④含钙、镁、铁等金属离子的药物（如葡萄糖酸钙、乳酸钙及含镁缓泻药）：合用可使本药吸收减少。⑤降血脂药（如考来烯胺、考来替泊）：合用可影响本药的吸收。⑥口服含雌激素类避孕药：合用可降低避孕药药效，并可能增加经期外出血的风险。⑦抗凝血药：本药可抑制血浆凝血因子Ⅱ的活性。

盐酸多西环素

【别名】强力霉素、脱氧土霉素。

【药理作用】抗菌谱和四环素相似。但抗菌作用强2～10倍，且对土霉素、四环素的耐药金黄色葡萄球菌有效。口服吸收良好。

【适应证】主要用于敏感的革兰阳性球菌和革兰阴性杆菌所致的上呼吸道感染、扁桃体炎、胆道感染、淋巴结炎、蜂窝织炎、老年慢性支气管炎等，也用于斑疹伤寒、恙虫病、支原体肺炎等。尚可用于治疗霍乱，也可用于预防恶性疟疾和钩端螺旋体感染。

【用法用量】①成人口服：第1日，一次100 mg，每12小时1次；以后100～200 mg/次，每日1次（或一次50～100 mg，每12小时1次）。②儿童口服：8岁以上患儿或体重小于45 kg者，第1日一次2.2 mg，每12小时1次；以后一次2.2～4.4 mg/kg，每日1次。③静脉滴注：第1日200 mg，分1～2次滴注；以后根据感染程度，每日100～200 mg，分1～2次滴注。

【注意事项】①胃肠道反应多见（约20%），如恶心、呕吐、腹泻等，饭后服药可减轻。②其他不良反应参见"盐酸四环素"。③用法应每日2次，如每日一次应用0.1 g，不足以维持有效血药浓度。④在肝、肾功能轻度不全者，本药的半衰期与在正常者无显著区别，但对肝、肾功能重度不全者则应注意慎用。⑤对8岁以下小儿及孕妇、哺乳期妇女一般应禁用。

【药物相互作用】多西环素与肝药酶诱导剂苯巴比妥、苯妥英钠等同服，可使其$t_{1/2}$缩短为7小时左右，并使血药浓度降低而影响疗效。

盐酸米诺环素

【别名】二甲胺四环素。

【药理作用】长效高效的半合成四环素，其抗菌谱和四环素相近，抗菌作用为四环素类中最强，对四环素耐药的金黄色葡萄球菌、链球菌和大肠埃希菌对本品仍敏感。

【适应证】临床用于尿路、胃肠道、呼吸道感染、脓皮病、骨髓炎、眼耳鼻喉部感染等。此外对疟疾也有一定效果。

【用法用量】口服。成人首次剂量为0.2 g，以后第12或24小时再服用0.1 g，或遵医嘱。寻常性痤疮每次50 mg，每日2次，6周为1个疗程。

【注意事项】①肝、肾功能不全、食管通过障碍者、老年人、口服吸收不良或不能进食者及全身状态恶化患者（因易引发维生素K缺乏症）慎用。②对本品过敏者有可能对其他四环素类也过敏。③本品滞留于食管并崩解时，会引起食管溃疡，故应多饮水，尤其临睡前服用时。

【药物相互作用】①本品与抗凝血药合用时应减少抗凝血药的剂量。②本品与制酸药应避免同时服用。③本品与含铝、钙、镁、铁离子的药物合用时，可形成不溶性络合物，使本品的吸收减少。④降血脂药考来烯胺或考来替泊与本品合用时，可能影响本品的吸收。⑤由于巴比妥类、苯妥英或卡马西平可诱导微粒体酶的活性，致使本品血药浓度降低，故合用时需调整本品的剂量。

五、大环内脂类

红霉素

【药理作用】为细菌生长期快速抑菌药，通过与细菌核糖体的50S亚基结合来抑制细菌合成蛋白质。抗菌谱广，对大多数革兰阳性菌、部分革兰阴性菌及军团菌属、螺旋体、肺炎支原体、立克次体属敏感。不耐酸，口服制剂一般用肠衣片或酯化物，食物可干扰吸收。

【适应证】①治疗军团菌病、空肠弯曲菌肠炎首选药。②青霉素过敏者的替代用药。③支原体、衣原体所致呼吸道、泌尿生殖道感染。④沙眼衣原体结膜炎、角膜炎、眼睑缘炎及眼周感染，敏感菌所致的疖、痈、化脓性皮肤病及小面积烧伤、溃疡面感染等，可局部用药。⑤厌氧菌所致的口腔感染。⑥百日咳。

【用法用量】①成人口服：0.75~2 g/d，分3~4给药。军团菌病，2~4 g/d，分4次服用。②小儿口服：20~40 mg/（kg·d），分3~4次给药。③经眼部给药：眼膏涂入眼睑内，每日数次，最后一次在睡前使用。滴眼液使用，1次1~2滴，每日4~6次。④外用：软膏涂于患处，每日3次，避免接触眼、鼻及口腔黏膜。

【注意事项】①对本品及其他大环内酯类过敏者禁用。②肝功能不全者慎用。③红霉素为抑菌性药物，给药应按一定时间间隔进行，以保持体内药物浓度。④红霉素不耐酸，应整片吞服，不可碾碎或咀嚼服用。幼儿可用对酸稳定的酯化红霉素颗粒剂。

【药物相互作用】①与β-内酰胺类、氯霉素、林克霉素有拮抗作用。②大环内酯类为肝药酶抑制药，与甲泼尼龙、茶碱、卡马西平、华法林等同时服用，可使上述药物肝内代谢减少、血药浓度增高、不良反应发生概率增高。③与避孕药同服可降低其效果。④与阿司咪唑、特非那定、西沙必利同服可抑制上述药物的代谢，诱发尖端扭转性室性心律失常。

琥乙红霉素

【别名】红霉素琥珀酸乙酯、利君沙。

【药理作用】为红霉素的琥珀酸乙酯，在体内水解放出红霉素而发挥抗菌作用。对胃酸稳定，肝损害较轻。

【适应证】同红霉素。

【用法用量】①成人口服：一次0.25~0.5 g，每日3~4次。严重感染可加倍，每日剂量最好不超过4 g。②小儿口服：30~50 mg/（kg·d），分2~4次给药。

【注意事项】参见红霉素。

【药物相互作用】参见红霉素。

罗红霉素

【别名】罗力得。

【药理作用】为14元环大环内酯类，抗菌谱和抗菌作用与红霉素相仿。对革兰阳性菌作用较红霉素略差，对嗜肺军团菌的作用较红霉素强。耐酸，口服吸收好。

【适应证】用于化脓性链球菌引起的咽炎、扁桃体炎，敏感菌所致的鼻窦炎、中耳炎、支气管炎、皮肤软组织感染、肺炎支原体或衣原体引起的支气管肺炎，沙眼衣原体引起的尿道炎、宫颈炎。

【用法用量】①成人口服：300 g/d，分2次服用；或300 mg，每日1次。高龄及轻度肾功能不全需做剂量调整，严重肝、肾功能不全者剂量减半。②小儿口服：3~5 mg/（kg·d），分2次给药。早晚餐前服用。

【注意事项】①对本品及其他大环内酯类过敏者禁用。②肝功能不全者慎用。③食物对本药吸收有影响，与牛奶同服则吸收良好。

【药物相互作用】参见红霉素。

阿奇霉素

【别名】阿泽红霉素、阿红霉素。

【药理作用】为15元环大环内酯类，抗菌谱较红霉素更广，对革兰阴性菌的抗菌作用强于红霉素。

【适应证】同罗红霉素。

【用法用量】①成人口服：第1日0.5 g顿服；第2~第5日，0.25 g/d顿服或0.5 g/d顿服，连服3日。衣原体引起的泌尿生殖系统感染，1 g/d，顿服。②小儿口服：10 mg/（kg·d），每日1次，连服3日。③静脉滴注：一次500 mg，每日1次，用药2日后可转为口服给药。

【注意事项】参见罗红霉素。

【药物相互作用】①抗酸药可延迟本品的吸收，因此应至少间隔2小时服用。②不应与麦角类衍生物同用。

克拉霉素

【别名】甲红霉素、克红霉素、克拉仙、利迈先。

【药理作用】为14元环大环内酯类，作用机制与红霉素相同，抗菌活性强于红霉素。

【适应证】同罗红霉素。

【用法用量】①成人口服：一次250 mg，每日2次；重症感染，一次500 mg，每日2次。②小儿口服：6个月以上小儿10~15 mg/（kg·d），分2次给药。

【注意事项】对本品及其他大环内酯类过敏者禁用。

【药物相互作用】与地高辛、茶碱、口服抗凝血药、麦角胺或二氢麦角碱、三唑仑、卡马西平、苯妥英钠、环孢素等合用，可使上述药物肝内代谢减少、血药浓度增高、不良反应发生概率增高。

六、其他抗生素

盐酸林可霉素

【别名】洁霉素、林肯霉素。

【药理作用】抗菌作用机制与大环内酯类相同，抗菌谱与红霉素类似，其主要特点是对各类厌氧菌，包括脆弱拟杆菌及多数放线菌有强大的抗菌作用。

【适应证】①治疗厌氧菌包括脆弱类杆菌、破伤风梭菌、产气荚膜梭菌、放线杆菌等引起的口腔、腹腔、妇科感染。②治疗需氧革兰阳性菌引起的呼吸道、骨及软组织、胆道感染及败血症、心内膜炎等，尤适用于青霉素类和头孢菌素类过敏者。③金黄色葡萄球菌引起的骨髓炎、化脓性关节炎，为首选药。

【用法用量】①成人口服：$1.5 \sim 2$ g/d，每 $6 \sim 8$ 小时 1 次。②小儿口服：$30 \sim 50$ mg/(kg·d)，分 $3 \sim 4$ 次给药。③肌内注射，$0.6 \sim 1.2$ g/d，分次注射。④静脉滴注，一次 0.6 g，每 8 或 12 小时 1 次，滴注 $1 \sim 2$ 小时。严重感染时一次 $0.6 \sim 1$ g，每 $8 \sim 12$ 小时 1 次。⑤直肠给药：栓剂 1 次 1 枚，每日 $3 \sim 4$ 次。

【注意事项】①1 月龄以下新生儿禁用。②肝病患者慎用。

【药物相互作用】①与红霉素等大环内酯类有拮抗作用，不可联合使用。②与吸入性麻醉药合用，可导致骨骼肌松弛和呼吸抑制或麻痹。

盐酸克林霉素

【别名】氯洁霉素、氯林可霉素、氯林霉素。

【药理作用】为林可霉素的半合成衍生物，其抗菌作用较林可霉素强 $4 \sim 8$ 倍。抗菌谱、作用机制等与林可霉素相同。口服吸收完全，生物利用度87%，受饮食影响较小。

【适应证】参见林可霉素。外用溶液或凝胶可用于治疗寻常痤疮。

【用法用量】①成人口服：$0.15 \sim 0.3$ g/d，分 4 次给药。②小儿口服：盐酸盐，$10 \sim 20$ mg/(kg·d)，分3次给药。棕榈酸酯，$8 \sim 16$ mg/(kg·d)，分2次给药。③肌内注射、静脉滴注：$600 \sim 1200$ mg/d，分次给药。

【注意事项】同林可霉素。

【药物相互作用】同林可霉素。

磷霉素钠

【别名】福赐美仙。

【药理作用】为繁殖期杀菌药，因抑制细菌细胞壁合成的早期而导致细菌死亡。抗菌谱广。对乙型溶血性链球菌、葡萄球菌属具有抗菌活性，对肺炎链球菌、肠球菌属作用较差，肠杆菌科细菌、铜绿假单胞菌、弧菌属及拟杆菌属以外的厌氧菌敏感。

【适应证】口服制剂适用于敏感菌引起的轻症上呼吸道感染、皮肤软组织感染、单纯性下尿路感染、肠道感染、眼科感染、妇科感染。

【用法用量】①成人口服：$2 \sim 4$ g/d，分 $3 \sim 4$ 次给药。②小儿口服：盐酸盐，$50 \sim 100$ mg/(kg·d)，分 $3 \sim 4$ 次给药。③静脉滴注：$2 \sim 4$ g/d，分次给药，严重感染时可增

至 16 g/d。

【注意事项】心、肾功能不全、高血压患者慎用。

【药物相互作用】①与其他抗生素间不产生交叉耐药，与 β－内酰胺类、氨基苷类抗生素联用呈协同作用。②西咪替丁、甲硝唑可影响其吸收，避免同时使用。

七、磺胺类

磺胺嘧啶

【别名】磺胺哒嗪、地亚净、大安静、消发地亚净、大安片、磺胺嘧啶钠。

【药理作用】通过抑制叶酸的合成而抑制细菌的繁殖，属广谱抑菌剂，是磺胺类药中抗菌作用较强的品种之一。本品内服易吸收，排泄较缓慢，血药浓度易达到有效水平。可通过血-脑屏障，对乙型溶血性链球菌、流感嗜血杆菌、肺炎双球菌、沙门菌、大肠埃希菌等作用较强，对葡萄球菌作用稍差。

【适应证】本品为治疗全身感染的中效磺胺类药，抗菌谱广，对大多数革兰阳性菌和阴性菌均有抑制作用，对脑膜炎双球菌、肺炎链球菌、淋病奈瑟菌、乙型溶血性链球菌的抑制作用较强，能通过血-脑屏障渗入脑脊液。临床主要用于流行性脑脊髓膜炎，为治疗流脑的首选药，也可治疗上述敏感菌所致其他感染。

【用法用量】①常规口服，成人一次 1 g，每日 2 次，首次 2 g；儿童 25 ~ 30 mg/kg，每日 2 次，首次剂量加倍，总量不超过 2 g。②治疗流行性脑脊髓膜炎：成人口服，一次 1 g，每日 4 次；静脉滴注、静脉注射，首次剂量为 50 mg/kg，维持剂量为 100 mg/(kg · d)，分 3 ~ 4 次给药。儿童口服预防，500 mg/d，2 ~ 3 日为 1 个疗程；静脉注射、静脉滴注治疗，100 ~ 150 mg/(kg · d)，分 3 ~ 4 次给药。

【注意事项】①本品在体内的代谢产物乙酰化磺胺的溶解度低，易在泌尿道中析出结晶。②注射剂为钠盐，遇酸类可析出不溶性结晶，故不宜用 5% 葡萄糖注射液稀释。空气中的 CO_2 亦可使其析出结晶。③对本药或磺胺类药过敏者，严重肝、肾功能不全者，2 个月以下婴儿、妊娠期、哺乳期妇女禁用。

【药物相互作用】①本药与甲氧苄啶合用可产生协同作用。②与口服降血糖药同用可增加降血糖作用。③与苯妥英或磷苯妥英同用可减少苯妥英在肝脏的代谢，加重苯妥英的不良反应。④与卟吩姆钠等光敏感药同用可加重光敏反应。⑤与酸性药物如维生素 C 等同用时易导致结晶尿、血尿。⑥与环孢素同用可降低环孢素的作用。⑦对氨基苯甲酸可代替本药被细菌摄取，两药同用可发生拮抗作用。

复方磺胺甲噁唑

【别名】复方新诺明。

【药理作用】本品为磺胺类药，是磺胺甲噁唑（SMZ）与甲氧苄啶（TMP）的复方制剂，对非产酶金黄色葡萄球菌、化脓性链球菌、肺炎链球菌、大肠埃希菌、克雷伯菌属、沙门菌属、变形杆菌属、摩根菌属、志贺菌属等肠杆菌科细菌、淋病奈瑟菌、脑膜炎奈瑟菌、流感嗜血杆菌均具有良好抗菌作用，尤其对大肠埃希菌、流感嗜血杆菌、金黄色葡萄球菌的抗菌作用较 SMZ 单药明显增强。此外在体外对沙眼衣原体、星形奴卡菌、原虫、弓形虫等亦具良好抗微生物活性。

【适应证】本品的主要适应证为敏感菌株所致的下列感染：①大肠埃希菌、克雷伯菌属、肠杆菌属、奇异变形杆菌、普通变形杆菌和摩根菌属敏感菌株所致的尿路感染。②肺炎链球菌或流感嗜血杆菌所致 2 岁以上小儿急性中耳炎。③肺炎链球菌或流感嗜血杆菌所致的成人慢性支气管炎急性发作。④由福氏或宋氏志贺菌敏感菌株所致的肠道感染、志贺菌感染。⑤治疗卡氏肺孢菌肺炎，本品系首选。⑥卡氏肺孢菌肺炎的预防，可用于已有卡氏肺孢菌病至少一次发作史的患者，或人类免疫缺陷病毒（HIV）成人感染者，其 CD4 淋巴细胞计数≤200/mm³ 或少于总淋巴细胞数的 20％ 。⑦由产肠毒素大肠埃希菌（ETEC）所致旅游者腹泻。

【用法用量】①成人常用量：治疗细菌性感染，一次 TMP 0.16 g 和 SMZ 0.8 g，每 12 小时服用 1 次。治疗卡氏肺孢菌肺炎一次 TMP 3.75 ~ 5 mg/kg，SMZ 18.75 ~ 25 mg/kg，每 6 小时服用 1 次。成人预防用药：初予 TMP 0.16 g 和 SMZ 0.8 g，每日 2 次，继以相同剂量每日服 1 次，或一周服 3 次。②小儿常用量：2 个月以下婴儿禁用。治疗细菌感染，2 个月以上体重 40 kg 以下的婴幼儿按体重口服一次 SMZ 20 ~ 30 mg/kg 及 TMP 4 ~ 6 mg/kg，每 12 小时 1 次；体重≥40 kg 的小儿剂量同成人常用量。治疗寄生虫感染如卡氏肺孢菌肺炎，按体重一次口服 SMZ 18.75 ~ 25 mg/kg 及 TMP 3.75 ~ 5 mg/kg，每 6 小时 1 次。慢性支气管炎急性发作 10 ~ 14 日为 1 个疗程；尿路感染 7 ~ 10 日为 1 个疗程；细菌性痢疾 5 ~ 7 日为 1 个疗程；儿童急性中耳炎 10 日为 1 个疗程；卡氏肺孢菌肺炎 14 ~ 21 日为 1 个疗程。

【注意事项】新生儿、对磺胺过敏者禁用，肾功能损害者慎用。孕妇禁用，哺乳期妇女禁用。早产儿禁用。失水、休克、严重肝肾疾病、血液病（如白细胞减少、血小板减少、紫癜等）禁用。老年患者禁用。

【药物相互作用】①合用尿碱化药可增加本品在碱性尿中的溶解度，使排泄增多。②不能与对氨基苯甲酸合用，对氨基苯甲酸可代替本品被细菌摄取，两者相互拮抗。③下列药物与口服抗凝血药、口服降血糖药、甲氨蝶呤、苯妥英钠和硫喷妥钠等药物联用时，可致药物作用时间延长或发生毒性反应。④与骨髓抑制药合用可能增强此类药物对造血系统的不良反应。如白细胞、血小板减少等，如确有指征需两药同用时，应严密观察可能发生的毒性反应。⑤与避孕药（雌激素类）长时间合用可导致避孕的可靠性减少，并增加经期外出血的机会。⑥与溶栓药合用时，可能增大其潜在的毒性作用。⑦与肝毒性药物合用时，可能引起肝毒性发生率的增高。⑧本品可取代保泰松的血浆蛋白结合部位，当两者同用时可增强保泰松的作用。⑨本品中的 TMP 可抑制华法林的代谢而增强其抗凝血作用。⑩本品中的 TMP 与环孢素合用可增加肾毒性。⑪利福平与本品合用时，可明显使本品中的 TMP 清除增加和血清半衰期缩短。⑫避免与青霉素类药物合用，因为本品有可能干扰此类药物的杀菌作用。

磺胺嘧啶银

【别名】烧伤宁、烧烫宁、SD-Ag。

【药理作用】本品为磺胺类药，具有磺胺嘧啶和银盐的双重作用。对多数革兰阳性和革兰阴性菌均有抗菌活性，且具有收敛作用，可使创面干燥，结痂和早日愈合。

【适应证】用于预防和治疗轻度烧伤继发创面感染。

【用法用量】外用，涂于患处，每日 1 次。

【注意事项】①对磺胺类药及银盐过敏者禁用。②孕妇及哺乳期妇女慎用。③本品可能引起新生儿贫血和胆红素脑病，故新生儿不宜使用。④肝肾功能减退者慎用。⑤用量不宜过大，以免增加吸收中毒。⑥治疗过程中应定期检查血常规和尿常规。⑦本品性状发生改变时禁用。⑧儿童必须在成人监护下使用。⑨请将此药品放在儿童不能接触的地方。

【药物相互作用】如与其他药物同时使用可能会发生药物相互作用，详情请咨询医生或药师。

八、喹诺酮类

诺氟沙星

【别名】氟哌酸。

【药理作用】适用于敏感细菌所引起的急慢性肾盂肾炎、膀胱炎、前列腺炎、细菌性痢疾、胆囊炎、伤寒、产前后感染、盆腔炎、中耳炎、鼻窦炎、急性扁桃体炎及皮肤软组织感染等，也可作为腹腔手术的预防用药。

【适应证】适用于敏感菌所致的尿路感染、淋病、前列腺炎、肠道感染和伤寒及其他沙门菌感染。

【用法用量】空腹口服。成人一次 0.1 ~ 0.2 g，每日 3 ~ 4 次，重症酌情加量，1.6 g/d，分 4 次服用。

【注意事项】有过敏史者及严重肾功能不全者慎用。

【药物相互作用】①尿碱化剂可减低诺氟沙星在尿中的溶解度导致结晶尿和肾毒性。②诺氟沙星与茶碱类合用时可能由于与细胞色素 P 结合部位的竞争性抑制，导致茶碱类的肝清除明显减少，血消除半衰期延长，血药浓度升高，出现茶碱中毒症状如恶心、呕吐、震颤不安、激动、抽搐、心悸等，故合用时应测定茶碱类血药浓度和调整剂量。③环孢素与诺氟沙星合用可使前者的血药浓度升高，必须监测环孢素血浓度并调整剂量。④诺氟沙星与抗凝血药华法林同用时可增强后者的抗凝血作用，合用时应严密监测患者的凝血酶原时间。⑤丙磺舒可减少诺氟沙星自肾小管分泌，合用时可因诺氟沙星血浓度增高而产生毒性。⑥诺氟沙星与呋喃妥因具拮抗作用，不推荐联合应用。⑦多种维生素或其他含铁锌离子的制剂及含铝或镁的制酸药可减少诺氟沙星的吸收，建议避免合用。⑧诺氟沙星干扰咖啡因的代谢，从而导致咖啡因清除减少，血消除半衰期延长，并可能产生中枢神经系统毒性。

环丙沙星

【别名】环丙氟哌酸。

【药理作用】第三代喹诺酮类抗菌药物，具广谱抗菌活性，杀菌效果好，几乎对所有细菌的抗菌活性均较诺氟沙星及依诺沙星强 2 ~ 4 倍，对肠杆菌、铜绿假单胞菌、流感嗜血杆菌、淋病奈瑟菌、链球菌、军团菌、金黄色葡萄球菌具有抗菌作用。

【适应证】本品对由敏感细菌引起的各种感染疾患有明显疗效。①上呼吸道感染：扁桃体炎、咽炎、鼻窦炎及中耳炎。②下呼吸道感染：急性支气管炎、肺炎、支气管扩张（感染）。

【用法用量】①成人常用量：0.5 ~ 1.5 g/d，分 2 ~ 3 次。②骨和关节感染：1 ~ 1.5 g/d，分 2 ~ 3 次服，4 ~ 6 周或更长为 1 个疗程。③肺炎和皮肤软组织感染：1 ~

1.5 g/d，分 2~3 次，7~14 日为 1 个疗程。④肠道感染：1 g/d，分 2 次服，5~7 日为 1 个疗程。⑤伤寒：1.5 g/d，分 2~3 次服，10~14 日为 1 个疗程。⑥尿路感染：急性单纯性下尿路感染，0.5 g/d，分 2 次服，5~7 日为 1 个疗程；复杂性尿路感染，1 g/d，分 2 次服，7~14 日为 1 个疗程。⑦单纯性淋病：单次口服 0.5 g。

【注意事项】①有或疑有中枢神经失调者以及严重肾功能障碍者慎用。②对本品或其他喹诺酮类药有过敏史者，儿童、孕妇及哺乳期妇女禁用。③避免同时服用茶碱、含镁或氢氧化铝抗酸剂。

【药物相互作用】同诺氟沙星。

氧氟沙星

【药理作用】本品具广谱抗菌作用，尤其对需氧革兰阴性杆菌的抗菌活性高，对下列细菌在体外具良好抗菌作用：肠杆菌科的大部分细菌，包括枸橼酸杆菌属、阴沟和产气肠杆菌等肠杆菌属、大肠埃希菌、克雷伯菌属、变形杆菌属、沙门菌属、志贺菌属、弧菌属、耶尔森菌等。常对多重耐药菌也具有抗菌活性。对青霉素耐药的淋病奈瑟菌、产酶流感嗜血杆菌和莫拉菌属均具有高度抗菌活性。对铜绿假单胞菌等假单胞菌属的大多数菌株具抗菌作用。本品对甲氧西林敏感葡萄球菌具抗菌活性，对肺炎链球菌、乙型溶血性链球菌和粪肠球菌仅具中等抗菌活性。对沙眼衣原体、支原体、军团菌良好抗微生物作用，对结核分枝杆菌和非结核性分枝杆菌也有抗菌活性。对厌氧菌的抗菌活性差。氧氟沙星为杀菌剂，通过作用于细菌 DNA 螺旋酶的 A 亚单位，抑制 DNA 的合成和复制而导致细菌死亡。

【适应证】适用于由敏感菌引起的：①泌尿生殖系统感染，包括单纯性、复杂性尿路感染、细菌性前列腺炎、淋病奈瑟菌尿道炎或宫颈炎（包括产酶株所致者）。②呼吸道感染，包括敏感革兰阴性杆菌所致支气管感染急性发作及肺部感染。③胃肠道感染，由志贺菌属、沙门菌属、产肠毒素大肠埃希菌、嗜水气单胞菌、副溶血弧菌等所致。④伤寒、骨和关节感染、皮肤软组织感染、败血症等全身感染。

【用法用量】①支气管感染、肺部感染：口服给药，一次 300 mg，每日 2 次，7~14 日为 1 个疗程。静脉滴注，一次 300 mg，每日 2 次，缓慢滴注，7~14 日为 1 个疗程。②尿路感染：口服给药，一次 200 mg，每日 2 次，5~7 日为 1 个疗程；静脉滴注，一次 200 mg，每日 2 次，缓慢滴注，7~14 日为 1 个疗程。③细菌性前列腺炎：口服给药，一次 30 mg，每日 2 次，6 周为 1 个疗程；静脉滴注，一次 300 mg，每日 2 次，缓慢滴注，6 周为 1 个疗程。④衣原体宫颈炎或尿道炎：口服给药，一次 300 mg，每日 2 次，7~14 日为 1 个疗程；静脉滴注，一次 300 mg，每日 2 次，缓慢滴注，7~14 日为 1 个疗程。⑤淋病：口服给药，一次 400 mg，顿服；静脉滴注，一次 300 mg，每日 2 次，缓慢滴注，7~14 日为 1 个疗程。⑥中耳炎：滴耳液经耳给药，患侧一次 6~10 滴，每日 2~3 次，滴耳后进行 10 分钟耳浴。

【注意事项】①片剂宜餐后服用，可减少胃肠道反应。②肾功能减退者，需根据肾功能调整给药剂量。③应用本品时应避免过度暴露于阳光，如发生光敏反应应立即停药。④氧氟沙星片长期局部应用时，可能导致二重感染（如真菌感染），不宜长期使用。⑤18 岁以下的小儿及青少年禁用。⑥孕妇禁用，哺乳期妇女应用本品时，应停止哺乳。

【药物相互作用】同诺氟沙星。

左氧氟沙星

【别名】爱兴、安泛正、安理莱、安士力、安特博、安治舒、奥维丽、奥维先、百科奥力、贝达若彤、彼来信、彼妥、长富宜泰、创星、达芬泰星、得尔夫星、德宁、迪诺新、多清、伏索劲、海力健、海伦、和克、恒奥、恒孚、汇瑞克、甲磺酸左氧氟沙星、杰奇、介容、金诺尔曼、金裕星、京必妥新、君可孚、凯甫乐、康芝必妥、可乐必妥、刻定、来弗斯、来立信、来喜力、莱美兴、莱沃幸、赖诺星、朗悦、乐郎、乐林必妥、立凡迪、立佳、丽科畅、丽珠强派、利复星、联邦左福康、林源方欣、陆达、罗尼、洛普星、宁络欣、宁沙、诺普伦、诺通定、普亚特、齐斯丁、琪圣、前力星、强ση信、清康、泉盈、乳酸左氟沙星、乳酸左氧氟沙星、瑞科沙、赛尔斯宁、赛世克、沙严隆、帅威、苏洛、特夫比克、天福欣、天力达、田沙威、同林、妥必来、妥复欣、妥佳、维沙欣、卫孚多、卫美佳、希普克定、欣勤、新平、星尤迈、雅健畅、亚新比拓、盐酸左氧氟沙星、一品、怡平青、易路美、永复沙、优普罗康、优素劲、尤立欣、裕力兴、云可迪、壮源、紫罗嗦、左必锋、左丰、左氟沙星、左福欣、左复可、左克、左旋氧氟沙星、佐凯、佐康。

【药理作用】本药为氧氟沙星的左旋体，其抗菌活性约为氧氟沙星的 2 倍。作用机制：本药的主要作用机制为抑制细菌 DNA 旋转酶（细菌拓扑异构酶Ⅱ）的活性，阻碍细菌 DNA 的复制。抗菌谱：本药具有抗菌谱广、抗菌作用强的特点，对大多数肠杆菌科细菌，如大肠埃希菌、克雷伯菌属、沙雷菌属、变形杆菌属、志贺菌属、沙门菌属、枸橼酸杆菌、不动杆菌属以及铜绿假单胞菌、流感嗜血杆菌、淋病奈瑟菌等革兰阴性细菌有较强的抗菌活性。对部分甲氧西林敏感葡萄球菌、肺炎链球菌、A 群链球菌、乙型溶血性链球菌等革兰阳性菌和军团菌、支原体、衣原体也有良好的抗菌作用，但对厌氧菌和肠球菌的作用较差。

【适应证】①呼吸系统感染：急性支气管炎、慢性支气管炎急性发作、弥漫性细支气管炎、支气管扩张合并感染、肺炎、扁桃体炎（扁桃体周脓肿）、急性鼻窦炎、社区获得性肺炎、医院获得性肺炎。②泌尿系统感染：急性肾盂肾炎、复杂性尿路感染、非复杂性尿路感染。③生殖系统感染：前列腺炎、附睾炎、宫腔感染、子宫附件炎、盆腔炎（疑有厌氧菌感染时可合用甲硝唑）。④皮肤及软组织感染：脓肿、蜂窝织炎、疖、脓疱病、脓皮病、伤口感染。⑤肠道感染：细菌性痢疾、感染性肠炎、沙门菌属肠炎、伤寒及副伤寒等。⑥五官感染：外耳道炎、中耳炎、细菌性结膜炎、细菌性角膜炎、角膜溃疡、泪囊炎、术后感染等外眼感染。⑦其他感染：乳腺炎、外伤、烧伤及术后伤口感染、腹腔感染（必要时合用甲硝唑）、胆囊炎、胆管炎、骨与关节感染；败血症、粒细胞减少及免疫功能低下患者的多种感染。吸入性炭疽（暴露后）。

【用法用量】成人：①慢性支气管炎急性发作。a. 口服给药，一次 500 mg，每日 1 次，7 日为 1 个疗程。b. 静脉滴注，参见"口服给药"项。②急性鼻窦炎。a. 口服给药。5 日治疗方案为一次 750 mg，每日 1 次，5 日为 1 个疗程；10 ～ 14 日治疗方案为一次 500 mg，每日 1 次，10 ～ 14 日为 1 个疗程。b. 静脉滴注，参见"口服给药"项。③社区获得性肺炎。a. 口服给药。5 日治疗方案为一次 750 mg，每日 1 次，5 日为 1 个疗程；7 ～ 14 日治疗方案为一次 500 mg，每日 1 次。b. 静脉滴注，参见"口服给药"项。④医院获得性肺炎。a. 口服给药，一次 750 mg，每日 1 次，7 ～ 14 日为 1 个疗程。

b. 静脉滴注，参见"口服给药"项。⑤复杂性尿路感染或急性肾盂肾炎。a. 口服给药。5 日治疗方案为一次 750 mg，每日 1 次，5 日为 1 个疗程；10 日治疗方案为一次 250 mg，每日 1 次，10 日为 1 个疗程。b. 静脉滴注，参见"口服给药"项。⑥非复杂性尿路感染。a. 口服给药，一次 250 mg，每日 1 次，3 日为 1 个疗程。b. 静脉滴注，参见"口服给药"项。⑦慢性前列腺炎。a. 口服给药，一次 500 mg，每日 1 次，28 日为 1 个疗程。b. 静脉滴注，参见"口服给药"项。⑧复杂性皮肤及皮肤软组织感染。a. 口服给药，一次 750 mg，每日 1 次，7 ~ 14 日为 1 个疗程。b. 静脉滴注，参见"口服给药"项。⑨非复杂性皮肤及皮肤软组织感染。a. 口服给药，一次 500 mg，每日 1 次，7 ~ 10 日为 1 个疗程。b. 静脉滴注，参见"口服给药"项。⑩吸入性炭疽（暴露后）。a. 口服给药，一次 500 mg，每日 1 次，60 日为 1 个疗程。b. 静脉滴注，参见"口服给药"项。⑪脓疱病。a. 局部给药，本药软膏，涂擦于患处，每日 3 次，5 日为 1 个疗程。⑫疖疮、毛囊炎和其他化脓性皮肤病。局部给药，本药软膏，涂擦于患处，每日 1 次，7 日为 1 个疗程。⑬细菌性结膜炎、细菌性角膜炎。经眼给药，滴眼液一次 1 ~ 2 滴，每日 3 ~ 5 次，细菌性结膜炎 7 日为 1 个疗程，细菌性角膜炎 9 ~ 14 日为 1 个疗程；眼用凝胶涂于眼下睑穹窿部，每日 3 次（早、中、晚各 1 次）。⑭外耳道炎、中耳炎。经耳给药，本药滴耳液，一次 6 ~ 10 滴，每日 2 ~ 3 次，滴耳后进行约 10 分钟耳浴，依据症状适当增减滴耳次数，4 周为 1 个疗程。⑮肾功能不全时剂量。a. 肌酐清除率（Ccr）≥50 mL/min 时不需调整剂量。b. 医院获得性肺炎、社区获得性肺炎（5 日疗法）、急性鼻窦炎（5 日疗法）、复杂性皮肤及皮肤软组织感染、复杂性尿路感染或急性肾盂肾炎（5 日疗法），Ccr 为 20 ~ 49 mL/min 者，每 48 小时 750 mg；Ccr 为 10 ~ 19 mL/min 者，首剂 750 mg，随后每 48 小时 500 mg。c. 社区获得性肺炎（7 ~ 14 日疗法）、急性鼻窦炎（10 ~ 14 日疗法）、慢性支气管炎急性发作、非复杂性皮肤及皮肤软组织感染、慢性前列腺炎、吸入性炭疽（暴露后），Ccr 为 20 ~ 49 mL/min 者，首剂 500 mg，随后每 24 小时 250 mg；Ccr 为 10 ~ 19 mL/min 者，首剂 500 mg，随后每 48 小时 250 mg。d. 复杂性尿路感染或急性肾盂肾炎（10 日疗法）、非复杂性尿路感染，Ccr 为 20 ~ 49 mL/min 者无须调整剂量；Ccr 为 10 ~ 19 mL/min 者，每 48 小时 250 mg，如用于治疗单纯性尿路感染，无须调整剂量。老年人剂量：老年患者常有肾功能减退，因本药主要经肾排出，故需减量应用。高龄患者口服给药时一般采用一次 100 mg，每日 2 次的给药方案，并注意给药间隔时间。儿童：用于吸入性炭疽（暴露后）。①口服给药。6 个月及以上、体重低于 50 kg 的儿童，一次 8 mg/kg，每日 2 次，持续 60 日，单次最大剂量不超过 250 mg。体重大于 50 kg 的儿童同成人用法用量。②静脉滴注，参见"口服给药"项。

【注意事项】①接受本药治疗时，应避免过度阳光曝晒或接触人工紫外线。②与其他抗感染药一样，延长使用本药滴眼液、软膏可能导致非敏感微生物的过度生长，包括真菌。因此本药滴眼液、眼用凝胶、软膏不应长期使用。③低钾血症或心肌病患者应避免使用本药。④本药滴耳液一般适用于中耳炎局限在中耳黏膜部位的局部治疗。若炎症已侵及鼓室周围时，除局部治疗外，应同时服用口服制剂。⑤为避免结晶尿的发生，应多饮水，保持 24 小时排尿量在 1200 mL 以上。⑥周围神经病变症状可在给药后不久出现，且不可逆。

【药物相互作用】①丙磺舒、西咪替丁：丙磺舒和西咪替丁对本药吸收过程无明显影响，但可使本药曲线下面积（AUC）升高27%～38%，半衰期延长30%，而总清除率及肾清除率降低21%～35%。②华法林及其衍生物：合用可能增强以上药物的作用。③环孢素：合用可使环孢素的血药浓度升高。④阿洛司琼：合用可导致阿洛司琼血药浓度升高，出现不良反应的风险增加。⑤茶碱类药：本药对茶碱类药体内代谢的影响虽然远较依诺沙星、环丙沙星小，但可能导致茶碱血药浓度升高，出现茶碱中毒症状，如恶心、呕吐、震颤、不安、激动、抽搐、心悸等。⑥苯丙酸、联苯丁酮酸类、非甾体消炎药：合用有引发抽搐的可能。与非甾体类消炎药合用可导致中枢神经系统兴奋、癫痫发作的风险增加。⑦决奈达隆、美索达嗪、硫利达嗪、利多卡因、乙酰卡尼、恩卡尼、氟卡尼、妥卡尼、普鲁卡因胺、普罗帕酮、胺碘酮、美西律、溴苄胺、丙吡胺、莫雷西嗪、奎尼丁、阿义马林、替地沙米、阿齐利特、多非利特、司美利特、伊布利特、雷诺嗪、索他洛尔、氟康唑、氯丙嗪、奋乃静、氟哌利多、齐拉西酮、伊洛哌酮、美沙酮、舒尼替尼、拉帕替尼、尼洛替尼：合用可导致QT间期延长、尖端扭转型室性心动过速、心搏骤停等心脏毒性风险增加。⑧口服降血糖药：合用可能引起血糖失调，包括高血糖或低血糖。⑨含铝、镁药物（如抗酸药、去羟肌苷）及钙、铁、锌剂：合用可干扰本药口服制剂的胃肠道吸收，使本药在各系统内的浓度明显降低。⑩尿碱化药：合用可降低本药在尿中的溶解度，导致结晶尿和肾毒性。⑪地高辛：合用对两种药物的药代动力学参数无显著影响。

盐酸莫西沙星

【别名】莫昔沙星、拜复乐。

【药理作用】本品为第4代喹诺酮类广谱抗菌药物，莫西沙星是广谱和具有抗菌活性的8-甲氧基氟喹诺酮类抗菌药物。莫西沙星在体外显示出对革兰阳性菌、革兰阴性菌、厌氧菌、抗酸菌和非典型微生物，如支原体、衣原体和军团菌有广谱抗菌活性。抗菌机制为干扰Ⅱ、Ⅳ拓扑异构酶。拓扑异构酶是控制DNA拓扑和DNA复制、修复和转录中的关键酶。莫西沙星在体内活性高。

【适应证】治疗患有上呼吸道和下呼吸道感染的成人。如急性鼻窦炎、慢性支气管炎急性发作、社区获得性肺炎，以及皮肤和软组织感染。

【用法用量】一次0.4g，每日1次，或遵医嘱。

【注意事项】有喹诺酮过敏史患者禁用，可诱发癫痫的发作。

【药物相互作用】抗酸药、抗反转录病毒药（如去羟基苷）、其他含镁或铝的制剂、硫糖铝以及含铁或锌的矿物质，至少需要在口服莫西沙星4小时前或2小时后服用。

九、硝基咪唑类

甲硝唑

【别名】夫纳捷、弗来格、华适、佳尔钠、甲硝达唑、甲硝基羟乙唑、甲硝羟乙唑、甲硝磺酸二钠、丽芙、麦芙欣、麦斯特、咪唑尼达、迷尔脱、灭滴灵、灭滴唑、耐瑞、尼美欣、平洁、柔乐克、舒瑞特、天力宁、威迪乐、硝基羟乙唑、牙康、盐酸甲硝唑、一孚晴。

【药理作用】具广谱抗厌氧菌和抗原虫的作用，临床主要用于预防和治疗厌氧菌引起的感染，如呼吸道、消化道、腹腔及盆腔感染，皮肤软组织、骨和骨关节等部位的感染以及脆弱拟杆菌引起的心内膜炎、败血症及脑膜炎等，此外还广泛应用于预防和治疗口腔厌氧菌感染。

【适应证】主要用于治疗或预防上述厌氧菌引起的系统或局部感染，如腹腔、消化道、女性生殖系统、下呼吸道、皮肤及软组织、骨和关节等部位的厌氧菌感染。对败血症、心内膜炎、脑膜感染以及使用抗生素引起的结肠炎也有效。治疗破伤风常与破伤风抗毒素（TAT）联用。还可用于治疗口腔厌氧菌感染。

【用法用量】成人：①肠道阿米巴病，一次 0.4~0.6 g，每日 3 次，7 日为 1 个疗程；肠道外阿米巴病，一次 0.6~0.8 g，每日 3 次，20 日为 1 个疗程。②贾第虫病，一次 0.4 g，每日 3 次，5~10 日为 1 个疗程。③麦地那龙线虫病，一次 0.2 g，7 日为 1 个疗程。④小袋虫病，一次 0.2 g，每日 2 次，5 日为 1 个疗程。⑤皮肤利什曼病，一次 0.2 g，每日 4 次，10 日为 1 个疗程。间隔 10 日后重复 1 个疗程。⑥滴虫病，一次 0.2 g，每日 4 次，7 日为 1 个疗程；可同时用栓剂，每晚 0.5 g 置入阴道内，连用 7~10 日。⑦厌氧菌感染，口服每日 0.6~1.2 g，分 3 次服，7~10 日为 1 个疗程。小儿：①阿米巴病，每日按体重 35~50 mg/kg，分 3 次口服，10 日为 1 个疗程。②贾第虫病，每日按体重 15~25 mg/kg，分 3 次口服，连服 10 日；治疗麦地那龙线虫病、小袋虫病、滴虫病的剂量同贾第虫病。③厌氧菌感染，口服每日按体重 20~50 mg/kg。

【注意事项】①经肝代谢，肝功能不足者药可蓄积，应酌情减量。②应用期间应减少钠盐摄入量，如食盐过多可引起钠滞留。③服药期间禁酒。④可诱发白假丝酵母菌病，必要时可并用抗假丝酵母菌药。⑤可引起周围神经炎和惊厥，遇此情况应考虑停药（或减量）。⑥可致血常规改变，白细胞减少等，应予注意。⑦孕妇禁用。

【药物相互作用】①抗胆碱药：联用治疗瘢痕性胃、十二指肠溃疡，可提高疗效。②抑制肝微粒体酶活性的药物（西咪替丁等）：合用可减缓本药的代谢及排泄，延长本药的半衰期。③氯喹：与氯喹交替应用，可治疗阿米巴肝脓肿，但联用时可出现急性肌张力障碍。④薄荷脑：可促进本药经皮肤渗透吸收。⑤双硫仑：合用可出现精神症状。⑥锂剂：在大剂量的锂剂治疗时合用本药，可引起血清锂浓度升高甚至锂中毒。⑦口服抗凝药：本药能抑制华法林和其他口服抗凝药的代谢，增强其作用，引起凝血酶原时间延长。⑧甲氧氯普胺：可减轻本药的胃肠道症状。⑨诱导肝微粒体酶的药物（苯妥英、苯巴比妥等）：合用可加速本药代谢，使血药浓度下降；而苯妥英的排泄减慢，血药浓度升高。⑩氢氧化铝、考来烯胺：可略降低本药的胃肠吸收，使生物利用度降低 14.5%。⑪土霉素：合用可干扰本药清除阴道滴虫的作用。⑫糖皮质激素：合用可加速本药从体内排泄，使血药浓度下降 31%。⑬乙醇：合用可出现双硫仑样反应（面部潮红、头痛、眩晕、腹痛、胃痛、恶心、呕吐、气促、心率加快、血压降低、嗜睡以及幻觉等）。

替硝唑

【别名】比适、滴虫净、迪克新、第孚、砜硝唑、服净、福路宁、华尔复、济得、捷力、捷洛林、津和、凯服新、康多利、可立泰、克因达、乐净、乐净怡、丽珠快服净、普洛施、双福欣、双鹤荻达、替尼达唑、替尼津、替诺康、鸳马厌克、希普宁、晓力、益祺、玉洁保、裕宁、珠欣诺谛。

【药理作用】对原虫（溶组织阿米巴、阴道滴虫等）和厌氧菌有良好活性。对阿米巴和蓝氏贾第虫的作用优于甲硝唑。革兰阳性厌氧菌（消化球菌、消化链球菌、乳杆菌属），梭状芽孢杆菌属和难辨梭菌等对本品均较敏感；本品对革兰阴性厌氧菌的作用略胜于甲硝唑，空肠弯曲菌等则对本品中度敏感。放线菌属和丙酸杆菌属等对本品耐药。其作用机制为抑制病原体 DNA 合成，并能快速进入细胞内。

【适应证】①用于厌氧菌感染，如腹腔感染（腹膜炎、脓肿）、妇科感染（子宫内膜炎、子宫肌内膜炎、输卵管-卵巢脓肿）、败血症、术后伤口感染、皮肤软组织感染、肺炎、肺部脓肿、胸腔积脓、急性溃疡性牙龈炎、鼻窦炎、骨髓炎。②用于预防由厌氧菌引起的术后感染，如结肠、胃肠道和泌尿生殖系统术后感染。③用于滴虫病、贾第鞭毛虫病、阿米巴病、细菌性阴道炎。④与抗生素和抗酸药联用于根治幽门螺杆菌相关的十二指肠溃疡。

【用法用量】成人：①厌氧菌感染。a. 口服给药，第 1 日给药 2 g，之后一次 1 g，每日 1 次；或一次 0.5 g，每日 2 次，疗程依据临床需要而定，通常为 5～6 日。用于急性齿龈炎时，可单次口服 2 g。b. 含服，一次 2.5 mg，每日 4 次，连用 3 日。口腔滞留时间一次 20～30 分钟。c. 含漱，50 mL 水中加药液 2 mL，含漱 1 分钟，每日 3 次。d. 静脉滴注，一次 0.8 g，每日 1 次。5～6 日为 1 个疗程。②外科预防用药。口服给药，一次 2 g，术前 12 小时顿服；静脉滴注，总量为 1.6 g，分 1～2 次给药，第 1 次于术前 2～4 小时，第 2 次于术中或术后 12～24 小时内给药。③阴道滴虫病。a. 口服给药，一次 2 g，顿服。性伴侣应以相同剂量同时治疗。必要时 3～5 日可重复 1 次。滴虫感染时也可一次 1 g，每日 1 次，首剂加倍，连服 3 日。b. 阴道给药。本药栓剂，一次 0.2 g，每日 2 次。本药泡腾片，一次 0.2 g，每晚 1 次，置于阴道后穹隆部，连用 7 日。c. 本药阴道片，一次 0.5 g，睡前使用，置于阴道深处，隔日睡前再用药 1 次，一般用药 2 次即可。④贾第鞭毛虫病。口服给药，一次 2 g，顿服。必要时 3～5 日可重复 1 次。⑤细菌性阴道炎。a. 口服给药，2 g/d，连用 2 日；或 1 g/d，连用 5 日。b. 阴道给药，本药栓剂一次 0.2 g，每日 2 次。⑥阿米巴肠病，口服给药，2 g/d，连用 3 日。⑦阿米巴肝脓肿，口服给药，2 g/d，连用 3～5 日。⑧十二指肠溃疡，口服给药，一次 0.5 g，每日 2 次，连用 7 日；与奥美拉唑（一次 20 mg，每日 2 次）和克拉霉素（一次 250 mg，每日 2 次）联用。儿童：①贾第鞭毛虫病。口服给药，3 岁以上儿童，一次 0.05 g/kg，顿服，单次最大剂量不超过 2 g。②肠道阿米巴病。口服给药，3 岁以上儿童 0.05 g/(kg·d)，连用 3 日，最大日剂量为 2 g。③阿米巴肝脓肿。口服给药，3 岁以上儿童 0.05 g/(kg·d)，连用 3～5 日，最大日剂量为 2 g。

【注意事项】①本药不宜与含铝的针头及套管接触。②假丝酵母菌感染者应用本药时症状可能加重，需同时给予抗真菌药治疗。③本药仅用于细菌感染性疾病，不用于病毒感染。④治疗阴道滴虫病时需同时治疗其性伴侣。⑤本药可自胃液持续清除，放置胃管作吸引减压者，可能有血药浓度下降，应注意调整剂量。⑥因有甲硝唑使血清锂升高的报道，故同时使用本药与锂剂的患者用药数日后应监测血清锂和肌酸酐，以监测潜在的锂中毒风险。⑦因有甲硝唑可能提高环孢素、他克莫司的血药浓度的报道，故本药与环孢素、他克莫司合用时应监测患者免疫抑制药物的毒性反应。⑧因甲硝唑可降低氟尿嘧啶的清除率，故本药与氟尿嘧啶合用时应监测患者的氟尿嘧啶相关的毒性反应。⑨有考来烯胺可降低甲硝唑生物利用度的报道，故本药不应与考来烯胺合用。⑩本药与其他咪唑类药可能存在交叉过敏。

【药物相互作用】①肝微粒体酶抑制药（如西咪替丁、酮康唑）：合用可降低本药清除率，使其半衰期延长，血药浓度升高。②口服香豆素类抗凝血药（如华法林）：合用可使口服香豆素类抗凝血药作用加强，引起凝血酶原时间延长。③肝微粒体酶诱导药（苯妥英钠、苯巴比妥等）：合用可加速本药消除，使血药浓度下降；而苯妥英钠的排泄减慢，血药浓度升高。④双硫仑：饮酒者合用可能出现精神症状。⑤土霉素：土霉素可干扰本药清除阴道滴虫的作用。⑥乙醇：合用可出现腹部绞痛、恶心、呕吐、头痛、面部潮红。

奥硝唑

【别名】傲宁、奥博林、奥立泰、奥立妥、奥诺星、博威、滴比露、妇严宁、固特、衡博来、甲硝咪氯醇、今达、氯丙硝唑、氯醇硝唑、美尔凯、内德滋、普司立、齐克、瑞申、圣诺、圣诺安、圣诺康、泰方、妥苏、硝氯丙唑、潇然、亚洁、优伦。

【药理作用】本药为第三代硝基咪唑类衍生物，主要以药物原形或活性代谢产物与细胞成分相互作用，从而导致致病微生物死亡。初步研究表明，本药对克罗恩病有效，但有关本药与其他硝基咪唑类药间的对比研究有限。在体内，本药以有细胞毒作用的药物原形或活性代谢产物作用于厌氧菌、阿米巴、贾第鞭毛虫和毛滴虫细胞的 DNA，使其螺旋结构断裂或阻断其转录复制而致其死亡，达到抗菌、抗原生质的目的。抗菌谱如下：①厌氧菌，如脆弱类杆菌、狄氏类杆菌、卵形类杆菌、多形类杆菌、普通类杆菌、梭状芽孢杆菌、真杆菌属、消化球菌、消化链球菌、幽门螺杆菌、黑色素类杆菌、梭杆菌、CO_2 嗜纤维菌、牙龈类杆菌。②寄生虫，如毛滴虫、贾第鞭毛虫、阿米巴。

【适应证】①用于治疗由敏感厌氧菌感染引起的多种疾病，包括口腔感染（如牙周炎、尖周炎、冠周炎、急性溃疡性龈炎）、腹部感染（如腹膜炎、腹内脓肿、肝脓肿、肺脓肿、脓胸、消化性溃疡、坏死性胰炎）、盆腔感染（如子宫内膜炎、子宫肌炎、输卵管或卵巢脓肿、盆腔软组织感染、嗜血杆菌阴道炎）、脑部感染（如脑膜炎、脑脓肿）、外科感染（如伤口感染、表皮脓肿、压疮溃疡感染、蜂窝织炎、气性坏疽）、严重全身感染（如败血症、菌血症）等。②用于术前预防感染和术后厌氧菌感染的治疗。③用于治疗消化系统阿米巴病（如阿米巴痢疾、阿米巴肝脓肿）。④用于治疗男女泌尿生殖道贾第鞭毛虫、毛滴虫感染引起的疾病（如阴道滴虫病）。⑤本药经阴道给药用于滴虫性阴道炎、细菌性阴道病。

【用法用量】成人：①厌氧菌感染。a. 口服给药，一次 500 mg，每 12 小时 1 次。b. 静脉滴注，起始剂量为 500～1000 mg，随后每 12 小时滴注 500 mg，连用 3～6 日。如患者症状改善，建议改用口服制剂。②术前后预防感染。a. 口服给药，一次 500 mg，每 12 小时 1 次。b. 静脉滴注，术前 1～2 小时滴注 1000 mg，术后 12 小时滴注 500 mg，术后 24 小时滴注 500 mg。③阿米巴病。a. 口服给药，一次 500 mg，每 12 小时 1 次。b. 静脉滴注，起始剂量为 500～1000 mg，随后每 12 小时滴注 500 mg，连用 3～6 日。④贾第鞭毛虫病、毛滴虫病，口服给药，一次 1000～1500 mg，每日 1 次。⑤滴虫阴道炎、细菌性阴道病，阴道给药，外阴洗净，将栓剂或阴道泡腾片置入阴道深处。一次 500 mg，每晚 1 次，连续 7～10 日。儿童：①厌氧菌感染。a. 口服给药，一次 10 mg/kg，每 12 小时 1 次。b. 静脉滴注，一次 10 mg/kg，每 12 小时 1 次。如患者症状改善，建议改用口服制剂。②术前术后预防感染，口服给药，一次 10 mg/kg，每 12 小时 1 次。③阿米巴病。a. 口服给药，一次 25 mg/kg，每 12 小时 1 次。b. 静脉滴注，20 ~ 30 mg/(kg·d)。④贾第鞭毛虫病、毛滴虫病，口服给药，一次 25 ~ 40 mg/kg，每日 1 次。

【注意事项】①本药对乙醛脱氢酶无抑制作用。②月经期间不宜阴道给药。治疗阴道疾病期间应避免房事。③用药过程中，如出现异常神经症状反应时，应立即停药，并进一步观察治疗。

【药物相互作用】①华法林：合用可延长华法林的半衰期，增强其药效。②肝微粒体酶诱导药（苯妥英钠、苯巴比妥等）：以上药物可加强本药代谢，使本药血药浓度下降，而苯妥英钠排泄减慢。③雷尼替丁、西咪替丁：以上药物可加快本药的消除而减弱其疗效。④维库溴铵：本药可延缓肌肉松弛药维库溴铵的作用。

十、硝基呋喃类

呋喃妥因

【别名】呋喃坦啶。

【药理作用】本品为抗菌药物。大肠埃希菌对本品多呈敏感，产气肠杆菌、阴沟肠杆菌、变形杆菌属、克雷伯菌属等肠杆菌科细菌的部分菌株对本品敏感，铜绿假单胞菌通常对本品耐药。本品对肠球菌属等革兰阳性菌具有抗菌作用。本品的抗菌活性不受脓液及组织分解产物的影响，在酸性尿液中的活性较强，抗菌作用机制为干扰细菌体内氧化还原酶系统，从而阻断其代谢过程。

【适应证】用于对其敏感的大肠埃希菌、肠球菌属、葡萄球菌属以及克雷伯菌属、肠杆菌属等细菌所致的急性单纯性下尿路感染，也可用于尿路感染的预防。

【用法用量】口服成人一次 50 ~ 100 mg，每日 3 ~ 4 次。单纯性下尿路感染用低剂量；1 月龄以上小儿按体重 5 ~ 7 mg/(kg·d)，分 4 次服。疗程至少 1 周，或用至尿培养转阴后至少 3 日。对尿路感染反复发作予本品预防者，成人每日 50 ~ 100 mg，睡前服；儿童 1 mg/(kg·d)。

【注意事项】①呋喃妥因宜与食物同服，以减少胃肠道刺激。②疗程应至少 7 日，或继续用药至尿中细菌清除 3 日以上。③长期应用本品 6 个月以上者，有发生弥漫性间质性肺炎或肺纤维化的可能，应严密观察，及早发现，及时停药。④葡萄糖 - 6 - 磷酸脱氢酶缺乏症、周围神经病变、肺部疾病患者慎用。⑤对实验室检查指标的干扰。本品可干扰糖测定，因其尿中代谢产物可使硫酸铜试剂发生假阳性反应。

【药物相互作用】①可导致溶血的药物与呋喃妥因合用时，有增加溶血反应的可能。②与肝毒性药物合用有增加肝毒性反应的可能；与神经毒性药物合用，有增加神经毒性的可能。③丙磺舒和磺吡酮均可抑制呋喃妥因的肾小管分泌，导致后者的血药浓度增高和（或）血清半衰期延长，而尿浓度则见降低，疗效亦减弱，丙磺舒等的剂量应予调整。

十一、抗结核药

异烟肼

【别名】雷米封、异烟酰肼。

【药理作用】 本品是一种具有杀菌作用的合成抗菌药物，本品只对分枝杆菌，主要是生长繁殖期的细菌有效。其作用机制尚未阐明，可能为抑制敏感细菌分枝菌酸（mycolic acid）的合成而使细胞壁破裂。

【适应证】 ①异烟肼与其他抗结核药联合，适用于各型结核病的治疗，包括结核性脑膜炎以及其他分枝杆菌感染。②异烟肼单用适用于各型结核病的预防。

【用法用量】 成人：①预防。0.3 g/d，顿服。②结核病治疗。与其他抗结核药合用，按体重口服 5 mg/kg，最高 0.3 g；或 15 mg/(kg·d)，最高 900 mg，每周 2～3 次。儿童：①预防。按体重 10 mg/kg，总量不超过 0.3 g/d，顿服。②治疗。按体重 10～20 mg/kg，不超过 0.3 g/d，顿服。某些严重结核病患儿。③结核性脑膜炎，按体重可高达 30 mg/(kg·d)（最大日剂量 500 mg），但要注意肝功能损害和周围神经炎的发生。

【注意事项】 ①交叉过敏反应。对乙硫异烟胺、吡嗪酰胺、烟酸或其他化学结构有关药物过敏者也可能对本品过敏。②对诊断的干扰。用硫酸铜法进行尿糖测定可呈假阳性反应，但不影响酶法测定的结果。异烟肼可使血清胆红素、丙氨酸氨基转移酶及门冬氨酸氨基转移酶的测定值增高。③有精神病、癫痫病史者及严重肾功能损害者应慎用。④如疗程中出现视神经炎症状，应立即进行眼部检查，并定期复查。⑤异烟肼中毒时可用大剂量维生素 B_6 对抗。⑥服用异烟肼时每日饮酒，易引起本品诱发的肝脏毒性反应，并加速异烟肼的代谢，因此需调整异烟肼的剂量，并密切观察肝毒性征象。并应劝告患者服药期间避免酒精饮料。

【药物相互作用】 ①含铝制酸药可延缓并减少异烟肼口服后的吸收，使血药浓度降低，故应避免两者同时服用，或在口服制酸剂前至少 1 小时服用异烟肼。②抗凝血药（如香豆素或茚满双酮衍生物）与异烟肼同时应用时，由于抑制了抗凝血药的酶代谢，使抗凝作用增强。③与环丝氨酸同服时可增加中枢神经系统不良反应（如头昏或嗜睡），需调整剂量，并密切观察中枢神经系统毒性征象，尤其对于从事需要较高灵敏性的工作的患者。④利福平与异烟肼合用时可增加肝毒性的危险性，尤其是已有肝功能损害者或为异烟肼快乙酰化者，因此在疗程的前 3 个月应密切随访有无肝毒性征象出现。⑤异烟肼为维生素 B_6 的拮抗药，可增加维生素 B_6 经肾排出量，因而可能导致周围神经炎，服用异烟肼时维生素 B_6 的需要量增加。⑥与肾上腺皮质激素（尤其泼尼松龙）合用时，可增加异烟肼在肝内的代谢及排泄，导致后者血药浓度减低而影响疗效，在快乙酰化者更为显著，应适当调整剂量。⑦与阿芬太尼（alfentanil）合用时，由于异烟肼为肝药酶抑制剂，可延长阿芬太尼的作用；与双硫仑（disulfiram）合用可增强其中枢神经系统作用，产生眩晕、动作不协调、易激惹、失眠等；与安氟醚合用可增加具有肾毒性的无机氟代谢物的形成。⑧与乙硫异烟胺或其他抗结核药合用，可加重后两者的不良反应。与其他肝毒性药合用可增加本品的肝毒性，因此宜尽量避免。⑨异烟肼不宜与酮康唑或咪康唑合用，因可使后两者的血药浓度降低。⑩与苯妥英钠或氨茶碱合用时可抑制两者在肝脏中的代谢，而导致苯妥英钠或氨茶碱血药浓度增高，故异烟肼与两者先后应用或合用时，苯妥英钠或氨茶碱的剂量应适当调整。⑪与对乙酰氨基酚合用时，由于异烟肼可诱导肝细胞色素 P450，使前者形成毒性代谢物的量增加，可增加肝毒性及肾毒性。⑫与卡马西平同时应用时，异烟肼可抑制其代谢，使卡马西平的血药浓度增高，而引起毒性反应；卡马西平可诱导异烟肼的微粒体代谢，形成具有肝毒性的中间代谢物增加。⑬本品不宜与其他神经毒药物合用，以免增加神经毒性。

利福平

【别名】甲哌利福霉素、力复平、利米定。

【药理作用】利福平为利福霉素类半合成广谱抗菌药物，对多种病原微生物均有抗菌活性。该药对结核分枝杆菌和部分非结核性分枝杆菌（包括麻风分枝杆菌等）在宿主细胞内外均有明显的杀菌作用。利福平对需氧革兰阳性菌具良好抗菌作用，包括葡萄球菌产酶株及甲氧西林耐药株、肺炎链球菌、其他链球菌属、肠球菌属、李斯特菌属、炭疽杆菌、产气荚膜杆菌、白喉棒状杆菌、厌氧球菌等。对需氧革兰阴性菌如脑膜炎奈瑟球菌、流感嗜血杆菌、淋病奈瑟球菌亦具高度抗菌活性。利福平对军团菌属作用亦良好，对沙眼衣原体、性病淋巴肉芽肿及鹦鹉热等病原体均具抑制作用。

细菌对利福霉素类抗生素有交叉耐药。利福平与依赖 DNA 的 RNA 多聚酶的 β 亚单位牢固结合，抑制细菌 RNA 的合成，防止该酶与 DNA 连接，从而阻断 RNA 转录过程，使 DNA 和蛋白的合成停止。

【适应证】①本品与其他抗结核药联合用于各种结核病的初治与复治，包括结核性脑膜炎的治疗。②本品与其他药物联合用于麻风、非结核性分枝杆菌感染的治疗。③本品与万古霉素（静脉）可联合用于甲氧西林耐药葡萄球菌所致的严重感染。利福平与红霉素联合方案可用于军团菌属严重感染。④用于无症状脑膜炎奈瑟菌带菌者，以消除鼻咽部脑膜炎奈瑟菌；但不适用于脑膜炎奈瑟菌感染的治疗。

【用法用量】①抗结核治疗：成人口服，$0.45 \sim 0.60$ g/d，空腹顿服，每日不超过 1.2 g；1 个月以上小儿，每日按体重 $10 \sim 20$ mg/kg，空腹顿服，每日量不超过 0.6 g。②脑膜炎奈瑟菌带菌者：成人 5 mg/kg，每 12 小时 1 次，连续 2 日；1 个月以上小儿 10 mg/kg，每 12 小时 1 次，连服 4 次。③老年患者，口服，10 mg/(kg·d)，空腹顿服。

【注意事项】①酒精中毒、肝功能损害者慎用。婴儿、妊娠和哺乳期妇女慎用。②对诊断的干扰：可引起直接抗球蛋白试验（Coombs 试验）阳性；干扰血清叶酸浓度测定和血清维生素 B_{12} 浓度测定结果；可使磺溴酞钠试验滞留出现假阳性；可干扰利用分光光度计或颜色改变而进行的各项尿液分析试验的结果；可使血液尿素氮、血清碱性磷酸酶、血清丙氨酸氨基转移酶、天冬氨酸氨基转移酶、血清胆红素及血清尿酸浓度测定结果增高。③利福平可致肝功能不全，在原有肝病患者或本品与其他肝毒性药物同服时有伴发黄疸死亡病例的报道，因此原有肝病患者，仅在有明确指征情况下方可慎用，治疗开始前、治疗中严密观察肝功能变化，肝损害一旦出现，立即停药。④高胆红素血症：系肝细胞性和胆汁潴留的混合型，轻症患者用药中自行消退，重者需停药观察。血清胆红素升高也可能是利福平与胆红素竞争排泄的结果。治疗初期 $2 \sim 3$ 个月应严密监测肝功能变化。⑤单用利福平治疗结核病或其他细菌性感染时病原菌可迅速产生耐药性，因此本品必须与其他药物合用。治疗可能需持续 6 个月 ~ 2 年，甚至数年。⑥利福平可能引起白细胞和血小板减少，并导致齿龈出血和感染、伤口愈合延迟等。此时应避免拔牙等手术，并注意口腔卫生、刷牙及剔牙均需慎重，直至血常规恢复正常。用药期间应定期检查周围血常规。⑦利福平应于餐前 1 小时或餐后 2 小时服用，清晨空腹一次服用吸收最好，因进食影响本品吸收。⑧肝功能减退的患者常需减少剂量，每日剂量 $\leqslant$ 8 mg/kg。⑨肾功能减退者不需减量。在肾小球滤过率低或无尿患者中利福平的血药浓度无显著改变。⑩服药后尿、唾液、汗液等排泄物均可显橘红色。

【药物相互作用】 ①饮酒可致利福平性肝毒性发生率增加，并增加利福平的代谢，需调整利福平剂量，并密切观察患者有无肝毒性出现。②对氨基水杨酸盐可影响本品的吸收，导致其血药浓度减低；如必须联合应用时，两者服用间隔至少6小时。③本品与异烟肼合用肝毒性发生危险增加，尤其是原有肝功能损害者和异烟肼快乙酰化患者。④利福平与乙硫异烟胺合用可加重其不良反应。⑤氯苯酚嗪可减少利福平的吸收，达峰时间延迟且半衰期延长。⑥利福平与咪康唑或酮康唑合用，可使后两者血药浓度减低，故本品不宜与咪唑类合用。⑦肾上腺皮质激素抗凝血药、氨茶碱、茶碱、氯霉素、氯贝丁酯、环胞素、维拉帕米、妥卡尼、普罗帕酮、甲氧苄啶、香豆素或茚满二酮衍生物、口服降血糖药、促皮质素、氨苯砜、洋地黄苷类、丙吡胺、奎尼丁等与利福平合用时，由于后者诱导肝微粒体酶活性，可使上述药物的药效减弱，因此除地高辛和氨苯砜外，在用利福平前和疗程中上述药物需调整剂量，本品与香豆素或茚满二酮类合用时应每日或定期测定凝血酶原时间，据以调整剂量。⑧本品可促进雌激素的代谢或减少其肠肝循环，降低口服避孕药的作用，导致月经不规则，月经间期出血和计划外妊娠。所以，患者服用利福平时，应改用其他避孕方法。⑨本品可诱导肝微粒体酶，增加抗肿瘤药达卡巴嗪（Dacarbazine）、环磷酰胺的代谢，形成烷化代谢物，促使白细胞减低，因此需调整剂量。⑩本品与地西泮合用可增加后者的消除，使其血药浓度减低，故需调整剂量。⑪本品可增加苯妥因在肝脏中的代谢，故两者合用时应测定苯妥因血药浓度并调整用量。⑫本品可增加左甲状腺素在肝脏中的降解，因此两者合用时左甲状腺素剂量应增加。⑬本品亦可增加美沙酮、美西律在肝脏中的代谢，引起美沙酮撤药症状和美西律血药浓度减低，故合用时后两者需调整剂量。⑭丙磺舒可与本品竞争被肝细胞的摄入，使本品血药浓度增高并产生毒性反应。但该作用不稳定，故通常不宜加用丙磺舒以增高本品的血药浓度。

吡嗪酰胺

【别名】 异烟酰胺。

【药理作用】 本品对人型结核分枝杆菌有较好的抗菌作用，在pH 5~5.5时，杀菌作用最强，尤其对处于酸性环境中缓慢生长的吞噬细胞内的结核分枝杆菌是目前最佳杀菌药物。本品在体内抑菌浓度12.5 $\mu g/mL$，达50 $\mu g/mL$可杀灭结核分枝杆菌。本品在细胞内抑制结核分枝杆菌的浓度比在细胞外低10倍，在中性、碱性环境中几乎无抑菌作用。

【适应证】 与其他抗结核药联合用于经一线抗结核药（如链霉素、异烟肼、利福平及乙胺丁醇）治疗无效的结核病。本品仅对分枝杆菌有效。本品以作为二线药，常用于其他抗结核药治疗失败的复治患者。经大量临床研究表明，含本品的短程治疗方案适用于痰菌阳性的初治病例，一般应用2~3个月，此种方案可使治疗结束后，痰菌的复阳率明显降低。本品目前已被公认为短程化疗中三联或四联方案的组成之一。

【用法用量】 口服。成人常用量，与其他抗结核药联合，15~30 mg/kg每日一次顿服，或50~70 mg/kg，每周2~3次；每日服用者最高剂量为2 g，每周服3次者最高剂量每次3 g，每周服2次者最高剂量每次4 g。

【注意事项】 ①交叉过敏，对乙硫异烟胺、异烟肼、烟酸或其他化学结构相似的药物过敏患者可能对本品也过敏。②对诊断的干扰。本品可与硝基氰化钠作用产生红棕色物质，影响尿酮测定结果；可使丙氨酸氨基转移酶、天冬氨酸氨基转移酶、血尿酸浓度测定值增高。③糖尿病、痛风或严重肝功能减退者慎用。④应用本品疗程中血尿酸常增高，可引起急性痛风发作，须进行血清尿酸测定。⑤本品亦可采用间歇给药法。本品具较大毒性，儿童不宜应用。必须应用时须权衡利弊后决定。孕妇结核病患者可先用异烟肼、利福平和乙胺丁醇治疗 9 个月，如对上述药物中任一种耐药而对本品可能敏感者，可考虑采用本品。

【药物相互作用】①与别嘌醇、秋水仙碱、丙磺舒、磺吡酮合用，吡嗪酰胺可增加血尿酸浓度从而降低上述药物对痛风的疗效。因此上述药物与吡嗪酰胺合用时应调整剂量以便控制高尿酸血症和痛风。②与乙硫异烟胺合用时可增强副作用。与异烟肼、利福平合用有协同作用，并可延缓耐药性的产生。

盐酸乙胺丁醇

【别名】乙二胺丁醇。

【药理作用】本品为合成抑菌抗结核药。其作用机制尚未完全阐明。本品可渗入分枝杆菌体内干扰 RNA 的合成从而抑制细菌的繁殖，本品只对生长繁殖期的分枝杆菌有效。

【适应证】本品适用于与其他抗结核药联合治疗结核分枝杆菌所致的肺结核和肺外结核，亦可用于非典型结核分枝杆菌感染的治疗。

【用法用量】①成人常用量：与其他抗结核药合用，结核初治，按体重 15 mg/kg，每日 1 次顿服；结核复治，按体重 25 mg/kg 每日 1 次顿服，连续 60 日；继以按体重 15 mg/kg，每日 1 次顿服。非结核性分枝杆菌感染，25 mg/(kd·d)，顿服，与其他抗结核药合用。②小儿常用量：13 岁以下不宜应用本品；13 岁以上儿童用量与成人相同。

【注意事项】①视觉神经炎，主要在应用剂量较大的患者中出现，可以有视物模糊，视物时出现中心盲点，视野（视物范围）缩小等。②胃肠道不适，食欲减退，肝功能出现异常，有的还可以有过敏性皮炎及肌肉酸痛和关节疼痛。③有时会影响肾脏功能，对于孕妇、婴幼儿及癫痫患者要谨慎使用，用前最好做有关检查，用时要严密观察不良反应的出现，对于严重的不良反应，应该在医生的指导下及时停药。

【药物相互作用】①与乙硫异烟胺合用可增加副作用。②与氢氧化铝同用能降低乙胺丁醇的吸收。③与神经毒性药合用可增加本品神经毒性，如视神经炎或周围神经炎。

硫酸链霉素

【别名】甘草酸链霉素、链霉素

【药理作用】本药属氨基糖苷类药。通过作用于细菌体内的核糖体，抑制细菌蛋白质合成，并破坏细菌细胞膜的完整性。对结核分枝杆菌有强大抗菌作用，其最低抑菌浓度（MIC）为 0.5 μg/mL。非结核性分枝杆菌对本药大多耐药。对许多革兰阴性杆菌如大肠埃希菌、肺炎克雷伯菌、肠杆菌属、沙门菌属、志贺菌属、布鲁菌属、巴斯德杆菌属、脑膜炎奈瑟菌和淋病奈瑟菌等具有一定抗菌活性。对金黄色葡萄球菌等多数革兰阳性球菌的抗菌活性差。各组链球菌、铜绿假单胞菌和厌氧菌对本药耐药。

【适应证】①与其他抗结核药联合用于治疗结核分枝杆菌所致的多种结核病或其他分枝杆菌感染。②用于治疗兔热病，或与其他抗菌药物联合用于治疗鼠疫、腹股沟肉芽肿、布鲁杆菌病、鼠咬热等。③与青霉素或氨苄西林联合用于治疗甲型溶血性链球菌或肠球菌所致的心内膜炎。

【用法用量】成人：①结核病。肌内注射，与其他抗结核药合用，一次 0.5 g（以链霉素计，下同），每 12 小时 1 次；或一次 0.75 g，每日 1 次。如采用间歇疗法，则一次 1 g，一周 2～3 次。②兔热病。肌内注射，一次 0.5～1 g，每 12 小时 1 次，连用 7～14 日。③鼠疫。肌内注射，与四环素合用，一次 0.5～1 g，每 12 小时 1 次，连用 10 日。④布鲁菌病。肌内注射，与四环素合用，1～2 g/d，分 2 次给药，连用 3 周或 3 周以上。⑤甲型溶血性链球菌所致的心内膜炎。肌内注射，与青霉素合用，一次 1 g，每 12 小时 1 次，连用 1 周；然后一次 0.5 g，每 12 小时 1 次，连用 1 周。⑥肠球菌所致的心内膜炎。肌内注射，与青霉素合用，一次 1 g，每 12 小时 1 次，连用 2 周；然后一次 0.5 g，每 12 小时 1 次，连用 4 周。⑦其他感染。肌内注射，与其他抗菌药物合用，一次 0.5 g，每 12 小时 1 次。老年人：老年人应使用较小剂量。①治疗结核病时，一次 0.5～0.75 g，每日 1 次，肌内注射。②治疗甲型溶血性链球菌所致的心内膜炎时，与青霉素合用，一次 0.5 g，每 12 小时 1 次，连用 2 周，肌内注射。儿童：①结核病。肌内注射，与其他抗结核药合用，一次 20 mg/kg，每日 1 次，最大日剂量为 1 g。②其他感染。肌内注射，15～25 mg/(kg·d)，分 2 次给药。

【注意事项】①本药多用于强化期的抗结核治疗，治疗时须与其他抗结核药联用，以延缓耐药性的发生。②用药（尤其治疗结核病）过程中，当患者数日或数周后感觉病情有所好转时，仍需继续完成规定的疗程。但在已出现或即将出现中毒症状时或已产生耐药性时，应立即停药。③交叉过敏。对一种氨基糖苷类药过敏者对其他氨基糖苷类药也可能过敏。

【药物相互作用】①青霉素类药：合用对甲型溶血性链球菌、肠球菌有协同抗菌作用。②其他氨基糖苷类药：合用（同用或先后连续局部或全身应用）可增加耳毒性、肾毒性以及神经肌肉阻滞作用。③卷曲霉素、顺铂、依他尼酸、呋塞米、万古霉素（或去甲万古霉素）：合用（同用或先后连续局部或全身应用）可能增加耳毒性与肾毒性。④多黏菌素类药：合用（同用或先后连续局部或全身应用）可能增加肾毒性、神经肌肉阻滞作用。⑤神经肌肉阻滞药：合用可能加重神经肌肉阻滞作用。⑥头孢噻吩、头孢唑林：合用（局部或全身）可能增加肾毒性。⑦其他肾毒性药及耳毒性药（如新霉素、卡那霉素、庆大霉素、头孢噻啶、巴龙霉素、紫霉素、多黏菌素 B、妥布霉素、环孢素）：合用或序贯使用可能加重肾毒性或耳毒性。

对氨基水杨酸钠

【别名】对氨基柳酸钠、对氨基水杨酸、对氨基水杨酸钠、对氨柳酸钠、派斯钠。

【药理作用】只对结核分枝杆菌有抑菌作用。本品为对氨基苯甲酸（PABA）的同类物，通过对叶酸合成的竞争性抑制作用而抑制结核分枝杆菌的生长繁殖。

【适应证】与其他抗结核药合用于结核分枝杆菌所致的肺及肺外结核病。静脉滴注可用于治疗结核性脑膜炎及急性播散性结核病。

【用法用量】①口服：成人一次 2～3 g，每日 4 次。儿童 0.2～0.3 g/(kg·d)，分 3～4 次给药，最大日剂量为 12 g。②静脉滴注：成人 4～12 g，儿童 0.2～0.3 g/(kg·d)。

【注意事项】对本药过敏者禁用。

【药物相互作用】①对氨基苯甲酸与本品有拮抗作用，两者不宜合用。②本品可增强抗凝血药（香豆素或茚满二酮衍生物）的作用，因此在用对氨基水杨酸类时或用后，口服抗凝血药的剂量应当调整。③与乙硫异烟胺合用时可增加不良反应。④丙磺舒或磺吡酮与氨基水杨酸类合用可减少后者从肾小管的分泌量，导致血药浓度增高和持续时间延长及毒性反应的发生。因此，氨基水杨酸类与丙磺舒或苯磺唑酮合用时或合用后，前者的剂量应予适当调整，并密切随访患者。但目前多数不用丙磺舒作为氨基水杨酸类治疗时的辅助用药。⑤氨基水杨酸类可能影响利福平的吸收，导致利福平的血药浓度降低，必须告知患者在服用上述两药时，至少相隔 6 小时。⑥氨基水杨酸盐和维生素 B_{12} 同服时可影响后者从胃肠道的吸收，因此服用氨基水杨酸类的患者其维生素 B_{12} 的需要量可能增加。

十二、抗麻风药

氨苯砜

【药理作用】本药为砜类抑菌药物，在低剂量时为抑菌药物，大剂量时可有杀菌作用。本药作用机制与磺胺药相似，主要作用于细菌的二氢叶酸合成酶，干扰叶酸的合成，亦可用作二氢叶酸还原酶抑制药。此外，本药尚具有免疫抑制作用，可能与抑制疱疹样皮炎的作用有关。对麻风分枝杆菌有较强的抑制作用。与磺胺类药的抗菌谱相似，均可为氨基苯甲酸所拮抗。

【适应证】①与其他抗麻风药联合用于治疗由麻风分枝杆菌引起的各型麻风和疱疹样皮炎。②用于治疗脓疱性皮肤病、类天疱疮、坏死性脓皮病、复发性多软骨炎、环形肉芽肿、系统性红斑狼疮的某些皮肤病变、放线菌性足分枝菌病、聚会性痤疮、银屑病、带状疱疹。③与甲氧苄啶联合治疗肺孢子虫感染。④与乙胺嘧啶联合用于预防氯喹耐药性疟疾；亦可与乙胺嘧啶和氯喹三者联合用于预防间日疟。

【用法用量】成人：①抑制麻风。口服给药，与一种或多种其他抗麻风药合用。50 ~ 100 mg/d（或按 0.9 ~ 1.4 mg/kg），顿服。最大日剂量为 200 mg。②疱疹样皮炎。口服给药，开始剂量为 50 mg/d，如症状未完全抑制，日剂量可增加至 300 mg，日最高量为 500 mg，以后尽早减少至最低有效维持量。③预防疟疾。口服给药，本药 100 mg 与乙胺嘧啶 12.5 mg 联用，顿服，每 7 日服药 1 次。④治疗红斑狼疮。口服给药，100 mg/d，连用 3 ~ 6 个月，遵循服药 6 日、停药 1 日的原则。⑤痤疮。口服给药，50 mg/d，遵循服药 6 日、停药 1 日的原则。⑥带状疱疹。口服给药，一次 25 mg，每日 3 次，连服 3 ~ 14 日，遵循服药 6 日、停药 1 日的原则。⑦银屑病或变应性血管炎。口服给药，每日 100 ~ 150 mg/d，遵循服药 6 日、停药 1 日的原则。⑧糜烂性扁平苔癣。口服给药，50 mg/d，连用 3 个月，遵循服药 6 日、停药 1 日的原则。儿童：①抑制麻风。口服给药，0.9 ~ 1.4 mg/(kg·d)，顿服。②疱疹样皮炎。口服给药，开始时 2 mg/(kg·d)，顿服，如症状未完全控制，可逐渐增加剂量。症状得到控制后，应立即将剂量减至最小有效量。

【注意事项】①对结节样麻风或者混合性麻风患者，在麻风的临床活动期得到控制后，应继续服药 3 年。对界期结节样麻风患者，在麻风的临床活动期得到控制后，应继续服用全剂量的本药 5 年。对瘤型麻风以及临界期麻风患者，应服用本药 3 ~ 10 年，直至麻风的临床活动期得到控制。临界期麻风患者服用本药的时间可以超过 10 年，而瘤型麻风患者有可能终生服药。②治疗疱疹样皮炎时，应食用无麸质饮食，连续 6 个月后，本药的剂量可减少 50% 或停用。③交叉过敏。砜类药之间存在交叉过敏现象。对磺胺类、呋塞米类、噻嗪类、磺酰脲类、碳酸酐酶抑制药过敏者也可能对本药过敏。

【药物相互作用】①氯法齐明：合用可降低氯法齐明的抗感染作用，但对治疗耐药麻风分枝杆菌有协同作用。②丙磺舒：合用可减少本药排泄，使其血药浓度升高。③甲氧苄啶：合用可使两者的血药浓度均升高。④安普那韦、沙奎那韦、地拉韦啶：合用可增加本药的毒性。⑤骨髓抑制药或有骨髓抑制作用的药物（如齐多夫定）：合用可加重白细胞减少和血小板减少。⑥其他溶血药：合用可加剧溶血反应。⑦西咪替丁：有报道西咪替丁可降低本药的毒性。⑧利福布汀、利福平：可降低本药的作用。⑨去羟肌苷：去羟肌苷可减少本药的吸收。两者必须合用时，给药时间至少间隔 2 小时。⑩氨苯甲酸（PABA）：PABA 可拮抗本药的抑菌作用，但 PABA 并不拮抗本药对于疱疹样皮炎的作用。⑪环磷酰胺：本药可能降低环磷酰胺的活性。⑫氯霉素：本药可延长氯霉素的半衰期。

十三、抗真菌药

氟康唑

【别名】奥林斯克、滨力、博泰、大扶康、得必欣、扶达、扶亢、芙芃星、福康力、福路达、昊康、弘旭光、护齐、华士欣、金周、静达、凯诺欣、凯兴、康立因、康锐、科达康、莱抗、力邦泰宁、立力净、丽益、鲁欣、罗兰丝、罗瑞、麦道福慷、麦尼芬、美狄克、普芬、仟德、乾意、曲尔曼多、汝宁、赛可路丁、三维康、帅克风、双威独青、天方力星、维可衡、文清、信利唑、依利康、易启扶、益真施、英达康、尤尼安。

【药理作用】本药为吡咯类抗真菌药，具有广谱抗真菌作用。本药的体外抗菌活性低于酮康唑，但其体内抗菌活性则明显高于其体外作用。作用机制主要为高度选择性干扰真菌细胞色素 P450 超家族（CYP）的活性，从而抑制真菌细胞膜上麦角固醇的生物合成。

【适应证】①假丝酵母菌病：a. 全身性假丝酵母菌病，如假丝酵母菌血症、播散性假丝酵母菌病及其他侵入性假丝酵母菌感染（如腹膜、心内膜、肺及泌尿道感染）。b. 黏膜假丝酵母菌病，包括口咽部及食管感染、非侵入性肺及支气管感染、假丝酵母菌尿症、皮肤黏膜和口腔黏膜慢性萎缩性假丝酵母菌病。可用于机体防御功能正常者和免疫功能缺陷患者的治疗。获得性免疫缺陷综合征（艾滋病）患者预防口咽部假丝酵母菌病的复发。c. 用于假丝酵母菌外阴阴道炎。②隐球菌病：用于治疗脑膜以外的新生隐球菌病；治疗隐球菌脑膜炎时，本药可作为两性霉素 B 与氟胞嘧啶联用初治后的维持治疗。可用于免疫功能正常的患者、艾滋病患者及器官移植或其他原因引起免疫功能抑制的患者。艾滋病患者预防隐球菌病的复发。③皮肤真菌病：如体癣、手癣、足癣、头癣、指（趾）甲癣、花斑癣等，还可用于皮肤着色真菌病。④用于经细胞毒化疗或放疗后恶性肿瘤易感者预防真菌感染。⑤用于治疗免疫功能正常的地方性深部真菌病、类球孢子菌病、球孢子菌病、芽生菌病、组织胞浆菌病等。⑥本药滴眼液用于治疗真菌性角膜炎。

【用法用量】成人：①假丝酵母菌血症、播散性假丝酵母菌病及其他侵入性假丝酵母菌感染（口服给药）。a. 常用剂量为第 1 日 400 mg，以后 200 mg/d，根据临床症状可将日剂量增加至 400 mg，疗程依据临床反应确定。b. 用于播散性假丝酵母菌病时也可采用首剂 400 mg，以后一次 200 mg，每日 1 次，连用 4 周，症状缓解后至少继续使用

2周。②口咽部假丝酵母菌病（口服给药）。a. 常用剂量为一次50 mg，每日1次，连用7~14日。免疫功能严重受损者可根据需要延长疗程。b. 对与牙托有关的萎缩性口腔假丝酵母菌病，常用剂量为一次50 mg，每日1次，连用14日。同时，在牙托部位给予局部抗感染治疗。c. 也可采用首剂200 mg，以后一次100 mg，每日1次，至少连用2周。③其他黏膜假丝酵母菌病（如食管炎、非侵入性支气管感染、肺部感染、假丝酵母菌尿症、慢性黏膜皮肤假丝酵母菌病等，口服给药）。a. 常用剂量为一次50 mg，每日1次，连用14~30日。b. 用于食管假丝酵母菌病时也可采用首剂200 mg，以后一次100 mg，每日1次，至少连用3周，症状缓解后至少继续使用2周。依据治疗反应可增加剂量至一次400 mg，每日1次。④假丝酵母菌外阴阴道炎（口服给药），单剂150 mg。⑤隐球菌性脑膜炎及其他部位隐球菌感染（口服给药）。a. 常用剂量为第1日400 mg，以后每日200~400 mg。疗程依据临床反应及真菌学反应确定。b. 隐球菌性脑膜炎治疗时间一般为脑脊液菌检转阴后，再继续使用6~8周。c. 为防止艾滋病患者隐球菌性脑膜炎的复发，在完成1个疗程后，可继续给予维持量，200 mg/d，连用10~12周。⑥手癣、足癣、体癣、股癣、头癣、皮肤假丝酵母菌感染（口服给药）。推荐剂量为一次150 mg，一周1次；或一次50 mg，每日1次，一般连用2~4周。足癣可延长至6周，头癣连用6~8周。⑦指（趾）甲癣（口服给药）。一次150 mg，一周1次，连用2~4个月，视病情可适当延长疗程。⑧花斑癣（口服给药）。推荐剂量为一次50 mg，每日1次，连用2~4周。⑨着色真菌病（口服给药）。400~600 mg/d，连用4~6个月，依据病情可适当延长疗程。有研究资料表明，最大日剂量可增至800 mg。⑩预防真菌感染（口服给药）。a. 恶性肿瘤患者在接受化学治疗或放射治疗时预防真菌感染，一次50 mg，每日1次。b. 用于预防假丝酵母菌病时，有预防用药指征的患者一次200~400 mg，每日1次。⑪口咽部真菌感染（喷雾吸入）。一次4揿，每日3次，连用1周。⑫真菌性气管及支气管炎（喷雾吸入）。一次4揿，每日5次，连用2~4周。⑬真菌性角膜炎（经眼给药）。滴眼液，一次1~2滴，每2~4小时1次。老年人剂量：无肾功能损害的老年人无须调整剂量；肾功能损害者（Ccr<50 mL/min）可参见"肾功能不全时剂量"。儿童：①黏膜真菌感染（口服给药）。a. 大于4周的儿童，一次3 mg/kg，每日1次。b. 2~4周的儿童，一次3 mg/kg，每2日1次。c. 小于2周的儿童，一次3 mg/kg，每3日1次。②深部系统真菌感染（口服给药）。a. 大于4周的儿童，一次6 mg/kg，每日1次。b. 2~4周的儿童，一次6 mg/kg，每2日1次。c. 小于2周的儿童，一次6 mg/kg，每3日1次。③严重致命的感染（口服给药）。a. 大于4周的儿童，一次12 mg/kg，每日1次。b. 2~4周的儿童，一次12 mg/kg，每2日1次。c. 小于2周的儿童，一次12 mg/kg，每3日1次。

【注意事项】①驾驶和操作机器时可能出现偶发性头晕或惊厥，应谨慎。②免疫缺陷患者的长疗程预防用药，可导致假丝酵母菌属对吡咯类抗真菌药耐药性的增加，故需掌握指征后再用药，避免无指征预防用药。③使用本药的疗程应根据感染部位及个体治疗反应而定。一般治疗应持续至真菌感染的临床表现及实验室指标显示感染消失为止。隐球菌脑膜炎或反复发作的口咽部假丝酵母菌病的艾滋病患者需长期维持治疗以防止复发。④在治疗芽生菌病、组织胞浆菌病时，本药可作为伊曲康唑的替代药物。⑤重度真菌性角膜炎应以全身抗真菌治疗为主，本药滴眼液局部治疗为辅。⑥对其他吡咯类药过敏者，也可能对本药过敏。

【药物相互作用】①氢氯噻嗪：合用可使本药的血药浓度升高。②阿米替林、去甲替林：本药可增加以上药物的疗效。③部分二氢吡啶钙通道阻滞药（硝苯地平、伊拉地平、氨氯地平、非洛地平）：本药可能具有增加以上药物全身暴露的潜在效应。④氯氟菲醇：本药可增加氯氟菲醇的血药浓度。⑤托法替尼：本药可增加托法替尼的血药浓度。⑥美沙酮：本药可增加美沙酮的血药浓度。⑦西罗莫司：本药可增加西罗莫司的血药浓度。⑧长春碱类药（如长春新碱、长春碱）：本药可能使此类药物的血药浓度增加，导致肾毒性。⑨苯妥英钠：合用可使苯妥英钠的血药浓度升高。⑩酰脲类药（如甲苯磺丁脲、氯磺丁脲、格列苯脲等）：合用可使此类药物的血药浓度升高，导致低血糖。⑪他克莫司：合用可使他克莫司血药浓度升高，导致肾毒性。⑫短效苯二氮䓬类药（如咪达唑仑）：合用可使咪达唑仑的血药浓度升高，并出现精神运动性反应。⑬特非那定：合用可引起 QT 间期延长并继发严重的心律失常。⑭双香豆素类抗凝血药（如华法林）：合用可增强此类药物的抗血凝作用，导致凝血酶原时间延长，发生出血性不良反应（皮下淤血、鼻出血、胃肠道出血、血尿、黑便）。⑮三唑仑：合用可使三唑仑（单剂给药）的曲线下面积（AUC）增加约 50%，血药峰浓度增加 20% ~ 32%，半衰期增加 25% ~ 50%。⑯卡马西平：合用可增加卡马西平的毒性风险。⑰塞来昔布：合用可使塞来昔布的血药峰浓度与 AUC 分别增加 68% 和 134%。⑱芬太尼：合用可发生芬太尼中毒。⑲非甾体消炎药（如萘普生、氯诺昔康、美洛昔康、双氯芬酸、氟比洛芬、消旋布洛芬）：合用可使以上药物的血药峰浓度和 AUC 增加。⑳沙奎那韦：合用可使沙奎那韦的 AUC 增加约 50%，血药峰浓度增加约 55%，清除速度降低约 50%。㉑齐多夫定：合用可使齐多夫定的清除速度降低约 45%，血药峰浓度和 AUC 分别增加 84% 与 74%，半衰期延长 128%。㉒茶碱：合用可使茶碱的血浆清除率降低，血药浓度升高 13%，导致毒性反应。㉓环孢素：合用可使毒性反应的危险性增加。㉔阿司咪唑、匹莫齐特、西沙必利、奎尼丁：合用可导致 QT 间期延长和罕见的尖端扭转型室性心动过速。㉕红霉素：合用可能会增加心脏毒性（QT 间期延长、尖端扭转型室性心动过速），增加心脏猝死的风险。㉖环磷酰胺：合用可导致血胆红素和血肌酐浓度升高。㉗经 CYP 3A4 代谢（如阿托伐他汀、辛伐他汀）或经 CYP 2C9 代谢（如氟伐他汀）的 HMG-CoA 还原酶抑制药：合用可使肌病与横纹肌溶解的风险增加。㉘泼尼松：接受泼尼松治疗的肝脏移植患者给予本药 3 个月治疗中止后有出现急性肾上腺皮质功能不全的报道。本药停药可引起 CYP 3A4 活性增强，进而导致泼尼松代谢速度加快。㉙利福喷汀：合用有引起葡萄膜炎的报道。㉚维生素 A：合用可能出现中枢神经系统相关不良反应（表现神志迟钝、谵妄、狂躁、上肢震颤及无意识动作，甚至昏迷，亦可有脑膜刺激征），而本药停药后消失。㉛两性霉素 B：动物实验研究结果，合用对白假丝酵母菌全身感染、抗真菌疗效略有增加；对新生隐球菌颅内感染，疗效无改变；对烟曲真菌全身感染，两药拮抗。㉜阿芬太尼：合用可使阿芬太尼清除速度与分布容积减少且半衰期延长。㉝利福平：合用可使本药的曲线下面积（AUC）减少 25%，半衰期缩短 20%。㉞异烟肼：合用可降低本药血药浓度，导致治疗失败或感染复发。㉟氯沙坦：本药可抑制氯沙坦代谢为活性代谢物（E-3174），而后者在拮抗血管紧张素 Ⅱ 受体过程中起主要作用。㊱抗酸药（如西咪替丁）：合用后未发现有明显的吸收障碍。㊲口服避孕药（如炔雌醇、左炔诺孕酮）：此类药物与本药剂量 50 mg 合用后，激素水平与药物之间无明显关联；剂量为 200 mg 时，以上药物的 AUC 分别增加 40% 和 24%。本药对以上药物的疗效影响不大。㊳阿奇霉素：

阿奇霉素与本药无明显的药代动力学相互作用。

制霉菌素

【别名】米可定、耐丝菌素、制霉素。

【药理作用】本药为多烯类抗真菌药，具有广谱抗真菌作用。其抗菌谱与两性霉素B相似，但抗菌作用较弱。本药可与真菌细胞膜上的固醇结合，使细胞膜的通透性发生改变，导致重要的细胞内物质外漏，从而发挥抗真菌作用。本药对假丝酵母菌属的抗菌活性强，新生隐球菌、曲霉菌、毛癣菌、球孢子菌、荚膜组织胞浆菌、皮炎芽生菌、皮肤癣菌等对本药亦敏感。

【适应证】用于假丝酵母菌属引起的消化道感染、外阴阴道炎。

【用法用量】成人：①消化道假丝酵母菌病。口服给药，一次50万～100万U，每日3次。②口腔假丝酵母菌病。口服给药，混悬液，一次40万～60万U，每日4次。③皮肤假丝酵母菌病。局部给药，软膏，每日2次，取适量涂抹于患处。④假丝酵母菌性外阴阴道炎。阴道给药，a. 阴道片，一次10万U，每日1次。b. 阴道泡腾片，一次10万U，每日1～2次，置于阴道深处，疗程2周或更久。月经期接受治疗不影响疗效。如患者为临产妊娠期妇女，则可能引起新生儿菌性口炎，故宜于产前开始给药，10万～20万U/d，连用3～6周。⑤耳真菌病。经耳给药，滴耳液，每日2～3次。⑥膀胱感染。膀胱冲洗，多聚醛制霉菌素钠，一次5万U，每日2次，于40～200 mL生理盐水中溶解后使用。儿童：①消化道假丝酵母菌病。口服给药，5万～10万U/（kg·d），分3～4次服用，连用7～10日。②口腔假丝酵母菌病。局部给药，一次10万～20万U，每日4次。

【注意事项】①对本药过敏或对本药有过敏史者。②本药对治疗全身真菌感染无效。③患者应用药至症状消失、细菌培养转阴后48小时，以防止复发。④阴道给药时，如出现刺激症状应立即停药。

【药物相互作用】尚不明确。

伊曲康唑

【别名】美扶、抒美亭、斯皮仁诺、希迪凯、亚特那唑、盐酸伊曲康唑、伊康唑、依他康唑、易启康。

【药理作用】本药为三氮唑衍生物，是一种合成的广谱抗真菌药。对浅部、深部真菌感染的病原菌均有抗菌活性，其抗菌谱较酮康唑更广。能高度选择性地抑制真菌细胞膜上依赖CYP的14-α-去甲基酶，导致14-α-甲基固醇蓄积，使细胞麦角固醇合成受阻，膜通透性增加，细胞内重要物质外漏，导致真菌死亡。此外，14-α-甲基固醇还作用于细胞膜上结合的三磷酸腺苷（ATP）酶，干扰真菌的正常代谢。

【适应证】①用于全身性真菌感染，如曲霉病、假丝酵母菌病、隐球菌病（包括隐球菌性脑膜炎）、组织胞浆菌病、孢子丝菌病、巴西副球孢子菌病、芽生菌病和其他多种少见的全身性或热带真菌病。②用于口腔、阴道假丝酵母菌感染以及真菌性结膜炎、真菌性角膜炎。③用于治疗花斑癣、皮肤真菌病。④用于皮肤癣菌和（或）酵母菌所致甲真菌病。

【用法用量】成人：①曲霉病。口服给药，一次200 mg，每日1次，2～5个月为1个疗程；对侵袭性或播散性感染者，可增加剂量至一次200 mg，每日2次。②假丝酵母菌病（口服给药）。a. 通常用量一次 100 ~ 200 mg，每日 1 次，3 周 ~ 7 个月为 1 个疗程。对侵袭性或播散性感染者，可增加剂量至一次 200 mg，每日 2 次。b. 口腔假丝酵母菌病，一次 100 mg，每日 1 次，15 日为 1 个疗程。c. 假丝酵母菌性阴道炎。一次 200 mg，每日 2 次，1 日为 1 个疗程；或一次 200 mg，每日 1 次，3 日为 1 个疗程。③非隐球菌性脑膜炎。口服给药，一次 200 mg，每日 1 次，2 个月 ~ 1 年为 1 个疗程。维持治疗，每日 1 次。④隐球菌性脑膜炎。口服给药，一次 200 mg，每日 2 次，2 个月 ~ 1 年为 1 个疗程。维持量每日 1 次。⑤组织胞浆菌病。口服给药，一次 200 mg，每日 1 ~ 2 次，8 个月为 1 个疗程。⑥孢子丝菌病。口服给药，一次 100 mg，每日 1 次，3 个月为 1 个疗程。⑦副球孢子菌病。口服给药，一次 100 mg，每日 1 次，6 个月为 1 个疗程。⑧着色芽生菌病。口服给药，一次 100 ~ 200 mg，每日 1 次，6 个月为 1 个疗程。⑨芽生菌病。口服给药，一次 100 mg，每日 1 次，或一次 200 mg，每日 2 次，6 个月为 1 个疗程。⑩真菌性角膜炎。口服给药，一次 200 mg，每日 1 次，21 日为 1 个疗程。⑪花斑癣。口服给药，一次 200 mg，每日 1 次，7 日为 1 个疗程。⑫体癣、股癣。口服给药，100 mg/d，15 日为 1 个疗程；手足癣，一次 200 mg，每日 2 次，7 日为 1 个疗程；或 100 mg/d，30 日为 1 个疗程。⑬甲真菌病（口服给药）。a. 冲击疗法，一次 200 mg，每日 2 次，连服 1 周。指甲感染需 2 个冲击疗程，趾甲感染为 3 个冲击疗程，每个疗程应间隔 3 周。b. 连续治疗，一次 200 mg，每日 1 次，连用 3 个月。儿童：全身性真菌感染，口服给药，3 ~ 5 mg/（kg·d）。

【注意事项】①胃酸降低会影响本药的吸收。对接受酸中和药（如氢氧化铝）治疗者，宜在服用本药至少 2 小时后再服用这类药物。对胃酸缺乏者，如某些艾滋病患者、服用胃酸分泌抑制药（如 H_2 受体阻滞药、质子泵抑制药）者，服用本药时宜同时饮用可乐等酸性饮料。②对艾滋病合并组织胞浆菌病者，需使用维持量以防止复发。③采用口服给药时，对皮肤感染患者，停药后 2 ~ 4 周可达理想的临床和真菌学疗效；对甲真菌病患者，在停药后 6 ~ 9 个月可达理想的临床和真菌学疗效。④某些免疫缺陷患者（白血病、艾滋病或器官移植患者等）采用口服给药治疗真菌感染时，本药生物利用度可能会降低，剂量可加倍。⑤对免疫受损的隐球菌病患者及中枢神经系统隐球菌病患者，只有在一线药物不适用或无效时，方可使用本药注射液治疗。⑥全身性真菌感染宜先静脉给药治疗 2 周，其后再根据病情采用口服给药。

【药物相互作用】①细胞色素 P450（CYP）3A4 酶抑制药（如磺胺异噁唑、利托那韦、茚地那韦、红霉素、甲基红霉素）：合用可使本药的血药浓度升高，生物利用度提高。②阿托伐他汀、辛伐他汀、洛伐他汀、白消安、环孢素、克拉霉素、安普那韦、阿芬太尼、阿普唑仑、咪达唑仑、三唑仑：合用可使以上药物血药浓度升高。与阿托伐他汀、辛伐他汀合用，可增加肌病或者横纹肌溶解的风险。与洛伐他汀合用，可增加肌病或者横纹肌溶解的风险，并可发生危及生命的心律失常（如尖端扭转型室性心动过速）。与白消安合用，毒性增强（中枢神经系统抑制及呼吸抑制）。③氨氯地平、非洛地平、伊拉地平、尼卡地平、硝苯地平：合用可使以上药物血药浓度升高，毒性增强（头晕、低血压、面色潮红、头痛以及周围性水肿）。④钙离子拮抗药：合用可抑制钙离子拮抗药的代谢，同时钙拮抗药具有负性肌力作用，从而也可加强本药这一作用。⑤地塞米松、地西泮、伊马替尼、苯巴比妥：合用可抑制以上药物的代谢。⑥茚茚二酮、香草醛、华法林：合用可增强以上药物的抗凝血作用。⑦口服降血糖药（如醋磺己脲、氯磺丙脲、甲苯磺丁脲、格列吡嗪、格列本脲、二甲双胍）：有报道，与以上药物合用可出现严重低血糖。⑧特非那定、阿司咪唑、奎尼丁、多非利特、匹莫齐特、西沙必利、左醋美沙朵：合用可使以上药物血药浓度升高，造成严重的心血管毒性如 QT 间期延长、尖端扭转型室性心动过速、心脏停搏和（或）突然死亡。⑨地高辛：合用可使地高辛中毒（恶心、呕吐、心律失常）的风险增加。⑩两性霉素 B：合用在药效学上呈相互拮抗作用。⑪H$_2$ 受体阻滞药（如雷尼替丁、西咪替丁、法莫替丁、尼扎替丁）、质子泵抑制药、利福平、利福布汀、异烟肼、苯妥英钠、卡马西平、去羟肌苷、磷苯妥英：合用可使本药的血药浓度降低，生物利用度降低。⑫炔雌醇、炔诺酮：合用时尚未观察到对炔雌醇、炔诺酮代谢的诱导效应。⑬丙咪嗪、普萘洛尔、吲哚美辛、磺胺二甲嘧啶：合用时尚未观察到对血浆蛋白结合的影响。⑭齐多夫定、氟伐地汀：合用时尚未观察到相互作用。

盐酸特比萘芬

【别名】倍佳、倍特、彼孚特、采特、丁克、兰美抒、疗霉素、三并萘芬、顺峰康宁。

【药理作用】本药是烯丙胺类抗真菌药，具有广谱抗真菌活性。本药可抑制真菌的角鲨烯环氧化酶，该酶是真菌细胞膜中麦角固醇合成中的关键酶之一，故本药可干扰麦角固醇的生物合成，使真菌细胞内角鲨烯过度堆积和麦角固醇的合成受阻，从而起到杀菌或抑菌的作用。本药不影响细胞色素 P450 酶系统，故不影响人类激素和相关药物代谢。本药具有亲脂性和亲角质性，因此皮肤、毛发和甲板中的浓度较高，而且停药后在皮肤角质层中还能保持有效抑菌浓度 1 个月，在甲板中保持有效浓度 2 ~ 3 个月。本药对皮肤癣菌、曲霉的活性比萘替芬、酮康唑、伊曲康唑、克霉唑、益康唑、灰黄霉素和两性霉素强。抗菌谱：本药对皮肤癣菌为杀菌作用，而对假丝酵母菌酵母型不如菌丝型敏感，为抑菌作用。

【适应证】口服给药：①由毛癣菌（红色毛癣菌、须癣毛癣菌、疣状毛癣菌、断发毛癣菌和紫色毛癣菌等），小孢子菌和絮状表皮癣菌等所致皮肤、毛发和指（趾）甲的感染；由假丝酵母菌（如白假丝酵母菌等）所致皮肤酵母菌感染。②大面积、严重的皮肤真菌感染（如体癣、股癣、手癣、足癣和头癣等）。③由丝状真菌引起的甲癣（甲真菌感染）。局部给药：①手癣、足癣、体癣、股癣、花斑癣及皮肤假丝酵母菌病。②本药阴道泡腾片可用于假丝酵母菌性阴道炎。

【用法用量】成人：①真菌感染。a. 口服给药，一次 250 mg，每日 1 次。疗程视感染程度及不同的临床应用而定。体、股癣 2 ~ 4 周；手、足癣 2 ~ 6 周；皮肤假丝酵母菌病 2 ~ 4 周；头癣 4 周；甲癣 6 ~ 12 周（指甲 6 周、趾甲 12 周）。b. 局部给药，涂（或喷）于患处及其周围。乳膏、搽剂、软膏，每日 2 次，1 ~ 2 周为 1 个疗程。散剂，每日 1 ~ 2 次。疗程为体、股癣 1 ~ 2 周；花斑癣 2 周；足癣 2 ~ 4 周。凝胶，每日 2 次，疗程为体、股癣 2 ~ 4 周；手足癣、花斑癣 4 ~ 6 周。溶液，每日 1 次。疗程为体、股癣 2 ~ 4 周；手足癣、花斑癣 4 ~ 6 周。喷雾剂，每日 2 ~ 3 次，1 ~ 2 周为 1 个疗程，喷于患处。②假丝酵母菌性阴道炎。局部给药，一次 50 mg，于每晚睡前送入阴道后穹窿处，1 周为 1 个疗程。儿童：口服给药，体重小于 20kg（2 岁以上）者，一次 62.5 mg，每日 1 次；体重 20 ~ 40kg 者（通常年龄 5 ~ 12 岁），一次 125 mg，每日 1 次；体重大于 40kg 者（通

常年龄 > 12 岁），一次 250 mg，每日 1 次。用药疗程均同成人。

【注意事项】①慢性或活动性肝病患者不推荐使用本药。②尚无肾功能受损（肌酐清除率 < 50 mL/min 或血肌酸酐超过 300 mol/L）者不推荐使用本药。③本药口服对花斑癣无效。④本药喷雾剂、散剂、搽剂、乳膏、乳膏、凝胶仅供外用，应避免误入眼内。⑤眩晕、感觉不适的患者用药后应避免驾驶和操作机械。

【药物相互作用】①唑类抗真菌药、两性霉素 B：合用有一定的协同作用。②肝药酶抑制药（如西咪替丁）：合用可抑制本药的代谢和血浆清除。③咖啡因：合用可延长咖啡因的半衰期。④口服避孕药：合用时极少数患者可能发生月经不调。⑤肝药酶诱导药（如苯巴比妥、利福平）：合用可加快本药的血浆清除，加速本药代谢。⑥主要经细胞色素 P450（CYP）介导代谢的药物（如环孢素、特非那定、三唑类、对甲苯磺酰基脲）：合用时本药对这些药物清除的抑制或增强作用可忽略。⑦主要由 CYP 2D6 介导代谢的药物（如三环类抗抑郁药、β 肾上腺素受体阻滞药、选择性 5 -羟色胺再摄取抑制药、单胺氧化酶抑制药 B 型）：本药可抑制 CYP 2D6 酶代谢系统。

十四、抗病毒药

阿昔洛韦

【别名】阿仑、阿特米安、阿昔洛韦钠、艾贝清、艾韦达、爱尔新、邦纳、葆珍康、博士多为、得尔力伟、东药琦锐、甘泰、和谷、济民维新、建适辽、洁珂、洁罗维、开糖环鸟苷、康达威、可包、丽科平、丽科欣、丽珠克毒星、洛芙、奈格、强尼、羟乙氧甲鸟嘌呤、清林、沙威洛、圣诺韦、适患疗、舒维疗、苏维乐、天诚惜尔、天默、天全息宁、韦信、唯甲、无环鸟苷、无环鸟苷钠、无环鸟嘌呤、永信克疱、佑康、中宝韦平、注力。

【药理作用】本药为 2′-脱氧鸟苷的无环类似物，系化学合成的核苷酸类抗病毒药，在组织培养中对单纯疱疹病毒（herpes simple virus，HSV）具有高度的选择性抑制作用。本药进入被 HSV 感染的细胞后，与病毒编码的特异性胸苷激酶结合，迅速转化为无环鸟苷单磷酸，再通过细胞鸟苷酸激酶的作用转化为无环鸟苷二磷酸，又经其他细胞酶转化为无环鸟苷三磷酸而与鸟苷三磷酸竞争，干扰 HSV DNA 聚合酶，从而抑制病毒 DNA 的合成。本药还可在 DNA 聚合酶的作用下，与增长的 DNA 链结合，引起 DNA 链的延伸中断。由于对病毒的特殊亲和力，本药对宿主细胞毒性低。此外，本药不仅有高度抗病毒特性和低毒性，还具有良好的眼内穿透性。

【适应证】①单纯疱疹病毒（HSV）感染：a. 口服制剂用于生殖器疱疹病毒感染初发和复发患者；对反复发作患者可用作预防；也可用于免疫缺陷者皮肤黏膜单纯疱疹。b. 静脉制剂用于免疫缺陷者初发和复发性皮肤黏膜 HSV 感染的治疗以及反复发作患者的预防；也用于单纯疱疹性脑炎的治疗。c. 外用制剂用于 HSV 引起的感染。凝胶还可用于早期生殖器疱疹病毒感染。②带状疱疹病毒（herpes zoster virus，HZV）感染：a. 口服制剂用于免疫功能正常者带状疱疹和免疫缺陷者轻度带状疱疹的治疗。b. 静脉制剂用于免疫缺陷者严重带状疱疹或免疫功能异常者弥散型带状疱疹的治疗。c. 外用制剂用于 HZV 引起的感染。③用于免疫缺陷者水痘的治疗。④眼部疾病：a. 用于急性视网膜坏死的治疗。b. 滴眼液或眼膏用于单纯疱疹性角膜炎。

【用法用量】成人：①免疫缺陷者皮肤黏膜单纯疱疹（普通制剂）。a. 初发。一次200 mg，每日5次，连用10日；或一次400 mg，每日3次，连用5日。b. 复发。一次200 mg，每日5次，连用5日。c. 复发性感染慢性抑制疗法。一次200 mg，每日3次，连用6个月；必要时剂量可加至一次200 mg，每日5次，连用6~12个月。②单纯疱疹（局部给药）。a. 软膏。取适量涂于患处，每3小时1次，每日4~6次，连用7日。b. 乳膏。每2小时1次，每日4~6次，连用7日。c. 凝胶。取适量涂于患处并覆盖，每3小时1次，每日6次，连用7日。③生殖器疱疹。a. 初发。普通制剂同免疫缺陷者皮肤黏膜单纯疱疹用法用量。缓释制剂，一次400 mg，每8小时1次，连用10日。b. 复发。普通制剂，一次200 mg，每日5次，连用5日。缓释制剂，一次200~400 mg，每日3次，连用6~12个月，然后进行评价。根据评价结果，选择适宜的治疗方案。c. 复发性感染慢性抑制疗法同免疫缺陷者皮肤黏膜单纯疱疹用法用量。④带状疱疹（口服给药）。a. 普通制剂。一次800 mg，每日5次，连用7~10日。b. 缓释片。一次1600 mg，每8小时1次（每日3次），连用7~10日。c. 局部给药，同"单纯疱疹"。⑤水痘（口服给药）。a. 普通制剂。一次800 mg，每日4次，连用5日。b. 缓释片。一次1600 mg，每日2次，连用5日。⑥单纯疱疹性角膜炎（经眼给药）。a. 滴眼液。眼睑内滴入，每2小时1次。b. 眼膏。每日4~6次。儿童（水痘，口服给药）：①2岁以上儿童。a. 普通制剂。一次20 mg/kg，每日4次，连用5日，症状出现时立即开始治疗。b. 缓释片。一次40 mg/kg，每日2次，一日总量为80 mg/kg。②40kg以上儿童同成人用法用量。

【注意事项】①尚无水痘发病后期才开始治疗的有效性资料。宜于急性发作24小时内进行治疗。②目前尚无带状疱疹急性发作超过72小时才开始治疗的研究资料。一旦出现疱疹的症状与体征，应尽早治疗。③如单纯疱疹患者使用本药后未见皮肤损害改善，则应测试HSV对本药的敏感性。④生殖器疱疹为性传播疾病，可在无症状时传染，通过无症状的病毒排出。感染患者用药期间，尚无资料证明可防止感染他人。故患者应避免接触患处，并避免性交，以免感染配偶。一旦出现症状或体征，应立即治疗。感染妇女易患宫颈癌，故患者至少应每年检查1次，以尽早发现。⑤本药外用制剂仅用于皮肤及黏膜，不可用于眼。涂药时需戴指套或手套。⑥口服给药：a. 生殖器复发性疱疹感染以口服间歇短程疗法给药有效。b. 本药的口服剂量与疗程不宜超过推荐标准，生殖器复发性疱疹感染的长程疗法也不宜超过6个月。c. 口服给药时应让患者补充足量的水，以防止药物在肾小管内沉积。

【药物相互作用】①丙磺舒：合用可使本药的排泄减慢，平均半衰期延长，曲线下面积（AUC）增加，从而导致药物体内蓄积。②三氟胸苷、阿糖腺苷、安西他滨：合用具有协同作用。③免疫增强药（如聚肌胞苷酸、左旋咪唑）：合用治疗病毒性角膜炎时，具有协同作用。④糖皮质激素：合用于治疗急性视网膜坏死综合征及带状疱疹时，具有协同作用。⑤更昔洛韦、膦甲酸钠、酞丁安：合用具有相加作用。与膦甲酸钠合用，可增强本药对HSV感染的抑制作用。⑥齐多夫定：合用可引起肾毒性，表现为深度昏睡和疲劳。⑦肾毒性药：合用可加重肾毒性，特别对肾功能不全者更易发生。⑧干扰素：本药（经眼给药）与干扰素合用，具有协同作用。本药（静脉给药）与干扰素或甲氨蝶呤（鞘内）合用，可能引起精神异常。⑨哌替啶：本药大剂量与哌替啶合用，可发生哌替啶中毒。

泛昔洛韦

【别名】彼欣、法昔洛韦、凡乐、泛舒、泛维尔、海正韦克、丽优风、丽珠风、明立欣、诺克、圣比信、万祺、仙林纳。

【药理作用】进入人体内后迅速转变成喷昔洛韦，喷昔洛韦可被胸腺脱氧核苷激酶磷酸化成喷昔洛韦单磷酸盐，再经宿主的磷酸化成为喷昔洛韦三磷酸盐，三磷酸盐在病毒感染的细胞内迅速形成，缓慢代谢，致半衰期延长，参与乙型肝炎病毒（HBV）DNA的三磷酸鸟苷竞争，并进入 DNA，作用于 DNA 合成的起始和延伸步骤，抑制 DNA 的合成，对水痘-带状疱疹病毒、单纯疱疹病毒 1 型和 2 型及 HBV 均有较强的抑制作用。

【适应证】用于治疗带状疱疹和原发性生殖器疱疹。

【用法用量】口服：普通制剂，一次 250 mg，每日 3 次，连用 7 日。缓释胶囊，一次 375 mg，每日 2 次，连用 7 日。

【注意事项】对本药或喷昔洛韦过敏者禁用。

【药物相互作用】同阿昔洛韦。

利巴韦林

【别名】奥得清、奥佳、奥普森、邦庆、并毒霄、病毒唑、达畅、华乐沙、均达坦、康立多、柯萨、利力宁、利迈欣、利美普辛、奈德、南元、尼斯可、奇力青、奇力威林、锐迪、三氮唑核苷、三唑核苷、同欣、威程、威乐星、威利宁、威锐克、维拉克、维洛左林、酰胺三唑核苷、新博林、信韦灵。

【药理作用】本药为合成的核苷类抗病毒药，系广谱抗病毒药，作用机制尚未完全明确。可能机制是药物进入被病毒感染的细胞后迅速磷酸化，其磷酸化产物作为病毒合成酶的竞争性抑制药，抑制肌苷单磷酸脱氢酶、流感病毒 RNA 聚合酶和 mRNA 鸟苷酸转移酶，从而减少细胞内三磷酸鸟苷，损害病毒 RNA 和蛋白合成，使病毒的复制与传播受抑。本药并不改变病毒的吸附、侵入和脱壳过程，也不诱导干扰素的产生。

本药体外具抑制呼吸道合胞病毒、流行性感冒病毒、甲型肝炎病毒、腺病毒等多种病毒生长的作用。进入体内对呼吸道合胞病毒也可能具免疫作用及中和抗体作用。

【适应证】①用于呼吸道合胞病毒（RSV）引起的病毒性呼吸道感染，如肺炎、支气管炎、鼻炎、咽峡炎、咽结膜热、口咽部病毒感染。②用于皮肤疱疹病毒感染、疱疹性口腔炎。③用于治疗和预防流行性感冒。④本药滴眼液用于单纯疱疹性角膜炎。⑤与干扰素 α 联用于治疗代偿性肝病患者的慢性丙型肝炎。

【用法用量】成人：①病毒性呼吸道感染。a. 口服给药。一次 150 mg，每日 3 次。7 日为 1 个疗程。b. 口腔含服。本药含片，400～1000 mg/d。7～14 日为 1 个疗程。c. 静脉滴注。一次 250～500 mg，每日 2 次。每次静脉滴注 20 分钟以上。3～7 日为 1 个疗程。d. 吸入给药。本药气雾剂，一次 2～3 揿，首次使用 1 小时内揿 4 次，之后隔 1 小时 1 次，2 日后每日 4 次，平均日剂量为 20～30 mg。②皮肤疱疹病毒感染。a. 口服给药。一次 300 mg，每日 3～4 次。7 日为 1 个疗程。b. 口腔含服。同"病毒性呼吸道感染"。③疱疹性口腔炎。口腔含服，本药含片，一次 50 mg，每日 4 次，或每 1～2 小时 1 次。④治疗流行性感冒。a. 口腔含服。同"疱疹性口腔炎"。b. 吸入给药。本药喷雾剂，喷入鼻腔与咽喉，每 4～5 小时 1 次，鼻腔 1 喷，咽喉 1～2 喷。c. 经鼻给药。本药滴鼻液滴鼻，一次 1～2 滴，每 1～2 小时 1 次。⑤预防流行性感冒。吸入给药，同

"治疗流行性感冒"项。⑥单纯疱疹病毒性角膜炎。经眼给药，本药滴眼液滴入眼睑内，一次 1~2 滴，每 1 小时 1 次，好转后每 2 小时 1 次。儿童：①病毒性呼吸道感染。a. 口服给药。6 岁及 6 岁以上儿童，10 mg/（kg·d），分 4 次服用。7 日为 1 个疗程。b. 口腔含服。参见"口服给药"项。c. 静脉滴注。10~15 mg/（kg·d），分 2 次滴注。每次静脉滴注 20 分钟以上。3~7 日为 1 个疗程。d. 吸入给药。本药气雾剂，一次 2~3 揿，首次使用 1 小时内喷 4 次，之后隔 1 小时 1 次，2 日后每日 4 次，平均日剂量为 15~20 mg。②皮肤疱疹病毒感染。a. 口服给药，同"病毒性呼吸道感染"。b. 口腔含服，同"病毒性呼吸道感染"。

【注意事项】①治疗开始前、治疗期间和停药后至少 6 个月，服用本药的女性或男性的配偶均应避免妊娠，可能妊娠者应采用至少 2 种以上避孕措施有效避孕。②呼吸道合胞病毒性肺炎最初 3 日内给药一般有效，应尽早用药。③本药不宜用于未经实验室确诊的呼吸道 RSV 感染患者；不用于哺乳期妇女呼吸道 RSV 感染（因哺乳期妇女呼吸道 RSV 感染具自限性）。④本药滴眼液不宜用于除单纯疱疹病毒性角膜炎外的其他病毒性眼病。⑤地中海贫血、镰状细胞性贫血、肌酐清除率小于 50 mL/min 的患者不推荐使用本药。⑥活动性结核患者不宜使用本药；胰腺炎患者或有胰腺炎症状者不可使用本药。

【药物相互作用】①去羟肌苷：合用可增强去羟肌苷介导的线粒体毒性，导致致命或非致命的乳酸性酸中毒、致命的肝衰竭、周围神经病变、胰腺炎。②硫唑嘌呤：合用可增加硫唑嘌呤诱导的骨髓中毒的风险。③阿巴卡韦、扎西他滨：合用可导致致命或非致命的乳酸性酸中毒。④拉米夫定：合用可导致致命或非致命的乳酸性酸中毒、肝脏失代偿。⑤抗酸药（含镁、铝和二甲基硅油）：合用可致本药曲线下面积（AUC）平均值下降 14%。⑥司坦夫定：合用可减弱司坦夫定的疗效，并导致致命或非致命的乳酸性酸中毒。⑦齐多夫定：合用有拮抗作用。

拉米夫定

【别名】贺普丁、雷米夫定、益平维。

【药理作用】本药系合成的二脱氧胞嘧啶核苷类抗病毒药物。口服吸收后本药在肝细胞内磷酸化，转换成活性三磷酸盐，并以环胞苷磷酸形式通过 HBV 多聚酶嵌入到病毒 DNA 中，导致 DNA 链合成终止。同时，本药可使血清氨基转移酶降至正常，并可显著改善肝脏的炎性病变，抑制肝纤维化的进展。

【适应证】①用于治疗伴有丙氨酸氨基转移酶（ALT）升高和病毒活动复制的、肝功能失代偿的成人慢性乙肝。②与其他抗反转录病毒药联用于治疗人类免疫缺陷病毒（HIV）感染。

【用法用量】成人：①慢性乙肝。口服给药，一次 100 mg，每日 1 次，餐前或餐后服用均可。其用药疗程具体如下。a. 乙型肝炎病毒 e 抗原（HBeAg）阳性者。建议至少 1 年；治疗后如出现 HBeAg 血清转换［即 HBeAg 转阴、乙型肝炎病毒 e 抗体（HBeAb）阳性］、HBV-DNA 转阴、ALT 正常，经连续 2 次（至少间隔 3 个月）检测，确认疗效巩固后，可考虑终止治疗。b. HBeAg 阴性者。尚未确定合适的疗程，如治疗后出现乙型肝炎病毒表面抗原（HBsAg）血清转换或治疗无效（HBV-DNA 或 ALT 仍持续升高），可考虑终止治疗。c. 出现 YMDD 变异者。如 HBV-DNA 和 ALT 仍低于治疗前水平，可在密切观察下继续用药，必要时可加强支持治疗；如 HBV-DNA 和 ALT 持续在治疗前水平以上，应加强随访，在密切监察下，根据具体病情，采取适宜的疗法。经连续 2 次（至少间隔 3 个月）检测，确认 HBeAg 血清转换，HBV-DNA 转阴，可考虑终止治疗。②HIV 感染（与其他抗反转录病毒药联用）。口服给药，本药溶液（240 mL：2.4 g）：一次 150 mg，每日 2 次；或一次 300 mg，每日 1 次。儿童：HIV 感染（与其他抗反转录病毒药联用）。口服给药，12 岁以上儿童同成人用法用量。3 个月～12 岁儿童，一次 4 mg/kg，每日 2 次，最大日剂量为 300 mg。3 个月以下儿童用药研究数据不足。

【注意事项】①本药治疗乙肝期间并不可防止 HBV 病毒通过性接触或血源性传播方式感染他人，故仍应采取适当防护措施。目前也尚无资料显示妊娠期妇女用药后可抑制 HBV 的母婴传播。因此，治疗乙肝期间仍应对新生儿进行常规的乙型肝炎疫苗免疫接种。②治疗乙肝过程中如出现病情进展合并肝功能失代偿或肝硬化的患者，不宜轻易停药，并应加强对症保肝治疗。少数患者停药后可能出现复发或发生 HBV 的变异，从而致肝炎加重。如停止使用本药，应进行严密观察，若肝炎恶化，应考虑重新使用本药治疗。③本药用于治疗乙肝的停药标准：a. 治疗 1 年无效者。b. 用药期间发生严重不良反应者。c. 用药期间妊娠的妇女。d. 出现病毒变异和耐药性，伴有临床症状恶化者。e. 不能坚持服药者。f. 测定血清 HBV-DNA 水平高于治疗前水平，治疗前 HBeAg 阳性患者未出现 HBeAg 血清转换。g. 血清 ALT 大于正常上限 5 倍且出现下列情况之一者：血清总胆红素大于 85.5 μmol/L（50 mg/L）；人血白蛋白小于 35 g/L；凝血因子 II 活动度小于 60%（或较正常对照延长 4 秒）；出现明显代偿的临床表现，如明显畏食、乏力、恶心、呕吐、腹水、自发性腹膜炎、黄疸（进行性加深）、皮肤黏膜出血倾向、肝脏进行性缩小、肝性脑病、上消化道出血等；测定血清 HBV-DNA 水平高于治疗前水平。④HBsAg 阳性但 ALT 水平正常的患者，即使 HBeAg 和（或）HBV-DNA 阳性，也不宜开始治疗。

【药物相互作用】①具有相同排泄机制的药物（如甲氧苄啶、磺胺甲噁唑）：合用可使本药血药浓度增加 40%，但对以上药物的药动学无影响。②扎西他滨：合用本药可能抑制扎西他滨的细胞内磷酸化。③齐多夫定：合用可使齐多夫定血药峰浓度升高约 28%，但生物利用度无显著改变；对本药的药动学无影响。

阿德福韦酯

【别名】阿德福韦酯、阿迪仙、阿地福韦、阿地福韦双特戊酰氧基甲酯、阿地福韦酯、阿甘定、爱路韦、代丁、丁贺、孚玮、贺维力、久乐、利福之、名正、天晴康阳、欣复诺、亿来芬、优贺丁、粤宝。

【药理作用】本药为一种单磷酸腺苷的无环磷酸化核苷类似物，经细胞酶磷酸化，形成具抗病毒活性的产物（阿德福韦二磷酸盐）。其作用机制为与三磷酸脱氧腺苷竞争，终止病毒 DNA 链延长，从而抑制人类免疫缺陷病毒（HIV）及乙型肝炎病毒的反转录酶、单纯疱疹病毒和巨细胞病毒的 DNA 聚合酶。

本药对 HBV、HIV-1 型和 HIV-2 型病毒、疱疹病毒（HSV-1 型和 HSV-2 型单纯疱疹病毒、巨细胞病毒、EB 病毒）、Moloney 鼠肉瘤病毒均有活性。

【适应证】本药用于治疗有乙型肝炎病毒（HBV）活动复制证据，并伴有血清氨基酸转移酶［丙氨酸氨基转移酶（ALT）或天冬氨酸氨基转移酶（AST）］持续升高，或肝脏组织学活动性病变的肝功能代偿的慢性乙型肝炎。

【用法用量】成人：慢性乙型肝炎，口服给药，一次 10 mg，每日 1 次，餐前或餐后服药均可。

【注意事项】①本药会对慢性乙型肝炎患者携带未知或未治疗的 HIV 产生作用，可能出现 HIV 耐药。国外现已不再进行本药治疗 HIV 感染的研究。②本药治疗的最佳疗程尚不明确，乙型肝炎病毒 e 抗原（HBeAg）阳性的患者在使用本药治疗发生 HBeAg 血清学改变后，继续治疗 6 个月，确认疗效巩固后可考虑终止治疗。HBeAg 阴性的患者，建议治疗至少应达 HBsAg 发生血清学改变或失去疗效方可停药。③患者停药后可能发生肝炎急性加重，故停药患者应当密切监测肝功能，如必要应重新进行抗乙型肝炎病毒治疗。④单用核苷类似物或合用抗反转录病毒药物可能导致乳酸性酸中毒和严重的伴有肝脏脂肪变性的肝大。⑤本药对于发育中的人类胚胎的潜在危害尚不明确，故育龄妇女用药应采取有效的避孕措施。

【药物相互作用】①布洛芬：合用不影响布洛芬的药代动力学，而本药的血药峰浓度、曲线下面积及尿液回收药量可增加。②其他可能影响肾功能的药物（如环孢素、他克莫司、氨基糖苷类药、万古霉素、非甾体消炎药）：合用可能引起肾功能损害。③富马酸替诺福韦二吡呋酯：合用可使富马酸替诺福韦二吡呋酯和（或）本药的血药浓度升高。④拉米夫定、齐多夫定、甲氧苄啶/磺胺甲唑、对乙酰氨基酚：合用不改变两者的药动学参数。

第二节　抗寄生虫药

一、抗疟药

磷酸氯喹

【别名】磷酸氯化喹啉、磷酸氯喹啉、氯化奎宁。

【药理作用】本药不可直接杀死疟原虫，但可干扰其繁殖。经本药作用后，疟原虫的核碎裂，细胞质出现空泡，疟色素聚成团块。本药主要作用于红内期裂殖体，经 48～72 小时，血中裂殖体被杀灭。对红外期无作用，不可阻止复发，但因作用较持久，可使复发推迟（恶性疟因无红外期，故可被根治）；对配子体也无直接作用。故既不可作病因预防，也不可阻断传播。

【适应证】①用于治疗对氯喹敏感的恶性疟、间日疟、三日疟、卵形疟，并可用于疟疾症状的抑制性预防。②用于治疗肠外阿米巴病（如阿米巴肝脓肿）、结缔组织病（如类风湿关节炎）、光敏感性疾病（如日晒红斑）等。

【用法用量】成人：①间日疟，口服给药，首剂 1000 mg，第 2、第 3 日为 750 mg/d。②预防性抑制疟疾，口服给药，一次 500 mg，一周 1 次。③控制疟疾发作。a. 口服给药，首剂 1000 mg，6 小时后 500 mg，第 2、第 3 日为 500 mg/d。如与伯氨喹合用，只需第 1 日用本药 1000 mg。b. 静脉滴注，脑型恶性疟，首日 18～24 mg/kg（超过 60 kg 者按 60 kg 计算），第 2 日 12 mg/kg，第 3 日 10 mg/kg。滴速为每分钟 12～20 滴，每次滴注时间在 1 小时以上。④肠外阿米巴病，口服给药，1000 mg/d，连用 2 日，以后 500 mg/d，连用 3 周。⑤类风湿关节炎，口服给药，250～500 mg/d；待症状控制后，改为 125 mg/d，分 2～3 次服用。连用 6 周～6 个月才可达最大疗效，可作为水杨酸制剂及递减肾上腺皮质激素时的辅助药物。儿童：①间日疟，口服给药，以氯喹计，首剂 10 mg/kg，最大剂量不超过 600 mg，6 小时后按 5 mg/kg 再服 1 次，第 2、第 3 日为 5 mg/（kg·d）。②预防性抑制疟疾，口服给药，以磷酸氯喹计，一周 8 mg/kg。③控制疟疾发作。a. 口服给药，以磷酸氯喹计，首剂 16 mg/kg（高热期酌情减量，分次服），6～8 小时后及第 2、第 3 日为 8 mg/kg。b. 静脉滴注，以磷酸氯喹计，恶性疟，首日 18～24 mg/kg，第 2 日 12 mg/kg，第 3 日 10 mg/kg。④肠外阿米巴病，口服给药，以氯喹计，10 mg/（kg·d），最大日剂量为 600 mg，分 2～3 次服用，连用 2 周，休息 1 周后，可重复 1 个疗程。

【注意事项】①本药不宜与氨基糖苷类抗生素联用。②长期维持剂量以 250 mg/d 或以下为宜，疗程不宜超过 1 年。③长期使用本药，可产生耐药性（多见于恶性疟）。如用量不足，恶性疟常在 2～4 周内复燃，同时也易产生耐药性。故本药单用于抗疟疗效日渐变差。世界卫生组织曾推荐阿莫地喹与青蒿琥酯联用于抗疟，但有报道称，对此类药产生耐药性亦日渐增多。国外有研究人员表明，可采用本药、阿莫地喹、青蒿琥酯 3 种药物联用于抗疟，但目前尚缺乏相关临床试验来验证 3 种药物联合应用的效果。

【药物相互作用】①甲氨蝶呤、环磷酰胺、环孢素：合用具有协同作用，并可减轻本药的毒性。②青蒿素：本药与青蒿素交替使用，可提高抗疟疗效，降低疟疾复燃率。③伯氨喹：合用可根治间日疟。④吲哚美辛：合用具有协同作用，但毒性亦呈相加性。⑤骨髓抑制药（抗肿瘤药、氯霉素）：合用可加重骨髓抑制。⑥洋地黄类药：洋地黄化后使用本药易引起心脏传导阻滞。⑦甲硝唑：合用可发生急性肌张力障碍。⑧单胺氧化酶抑制药：合用可使毒性增加。⑨氯丙嗪：合用可加重肝的负担。⑩曲安西龙：合用易致剥脱性红皮病。⑪氯胍：合用可增加口腔溃疡的发生率。⑫甲氯喹酮：合用有增加惊厥的危险。⑬保泰松、金属制剂：合用易引起药物性皮炎。⑭肝素、青霉胺：合用有增加出血的危险，此外，青霉胺在抗风湿治疗中，与本药有拮抗作用。⑮苯丙胺、甲状腺素类药：合用可加重本药的不良反应。⑯链霉素：可加重本药对神经肌肉接头的直接抑制作用。⑰氯喹同类药（阿莫地喹、羟基氯喹等）：合用可使本药血药浓度升高。⑱抗酸药、白陶土：以上药物可减少本药的吸收。⑲西咪替丁、雷尼替丁：西咪替丁可减缓本药的代谢与排泄，而雷尼替丁无此作用。⑳氯化铵：合用可加速本药排泄而降低其血药浓度。㉑氨苄西林：本药可减少氨苄西林的胃肠道吸收。㉒乙醇：乙醇可加重本药的不良反应。

磷酸伯氨喹

【别名】伯氨喹啉、伯喹、磷酸伯氨喹啉、磷酸伯喹。

【药理作用】本药为 8-氨基喹啉类衍生物，对疟原虫的红外期与配子体有较强的杀灭作用，为阻止疟疾复发、中断传播的有效药物。本药抗疟作用原理可能是抑制线粒体的氧化作用，使疟原虫摄氧量显著减少。同时在体内经过代谢，可转变为具有较强氧化性能的喹啉醌衍生物，干扰疟原虫红外期三磷酸吡啶核苷酸的还原过程，影响疟原虫的能量代谢和呼吸而导致死亡。

本药可杀灭间日疟、三日疟、恶性疟和卵形疟组织期的虫株，尤以间日疟为著，也可杀灭多种疟原虫的配子体，对恶性疟的作用尤强，使之不可在蚊体内发育，以阻断传播，但对红内期虫株的作用较弱。

【适应证】主要用于间日疟的根治及控制疟疾的传播。

【用法用量】成人：①根治间日疟，口服给药，按磷酸伯氨喹计，39.6 mg/d（相当于伯氨喹 22.5 mg），分 3 次服用，连用 7 日。②控制疟疾传播，口服给药，配合氯喹等消灭恶性疟配子体时，按磷酸伯氨喹计，26.4 mg/d（相当于伯氨喹 15 mg），连用 3 日。儿童：①根治间日疟，口服给药，按伯氨喹计，口服 0.39 mg/（kg·d），连用 14 日。②控制疟疾传播，口服给药，同成人用法用量。

【注意事项】①用药前应仔细询问有无蚕豆病及其他溶血性贫血病史及家族史、有无葡萄糖 - 6 - 磷酸脱氢酶缺乏及还原型辅酶Ⅰ（NADH）缺乏等病史。②因本药在血中浓度维持不久，故需反复多次用药才可见效。③本药对间日疟红内期作用较弱，对恶性疟红内期则完全无效，不可作为控制症状的药物应用；本药与作用于红内期的氯喹合用，可根治间日疟。④本药对某些疟原虫的红前期也有影响，但因需用剂量较大，已接近极量，不够安全，故也不可作为病因预防药物应用。⑤本药不宜与其他具有溶血作用和抑制骨髓造血功能的药物合用。

【药物相互作用】①米帕林、氯胍：合用可使本药的血药浓度明显升高，作用维持时间延长，毒性增加，但疗效未见增加。②金硫葡糖：合用可增加血液异常的风险。

乙胺嘧啶

【别名】息疟定。

【药理作用】本药对某些恶性疟及间日疟原虫的红外期有抑制作用，也可抑制滋养体的分裂，但对于红内期的抑制作用仅限于未成熟的裂殖体阶段。疟原虫红内期不可利用环境中出现的叶酸，而必须自行合成。本药是二氢叶酸还原酶的抑制药，使二氢叶酸不可还原为四氢叶酸，进而影响嘌呤及嘧啶核苷酸的生物合成，最后使核酸合成减少，使细胞核的分裂和疟原虫的繁殖受到抑制。疟原虫的 DNA 合成主要发生在滋养体阶段，在裂殖体期合成甚少，故本药主要作用于进行裂体增殖的疟原虫，对已发育完成的裂殖体则无效。

【适应证】①用于预防疟疾。②用于治疗弓形虫病。

【用法用量】成人：①预防疟疾，口服给药，应于进入疫区前 1~2 周开始服用，一般宜服至离开疫区后 6~8 周，一周 25 mg。②耐氯喹的恶性疟，口服给药，12.5 mg/d，分 2 次服用，3 日为 1 个疗程。③治疗弓形虫病，口服给药，50~100 mg/d，顿服，共 1~3 日（视耐受力而定）；此后 25 mg/d，4~6 周为 1 个疗程。儿童：①预防疟疾，口服给药，一次 0.9 mg/kg，一周 1 次，最高剂量以成人量为限。②耐氯喹的恶性疟，口服给药，一次 0.3 mg/kg，每日 3 次，3 日为 1 个疗程。③治疗弓形虫病，口服给药，1 mg/（kg·d），分 2 次服用，服 1~3 日后改为 0.5 mg/（kg·d），分 2 次服用，4~6 周为 1 个疗程。

【注意事项】本药由于排泄缓慢，作用较持久，一次服药，其预防作用可维持 1 周以上。大剂量治疗时每周应监测 2 次白细胞及血小板计数。

【药物相互作用】①金硫葡糖：合用可增加发生血液病的危险性。②劳拉西泮：合用可致肝功能损害。③磺胺类药、砜类药、甲氧苄啶：合用可增强预防效果并延缓耐药性的发生，但也可导致巨幼细胞贫血或全血细胞减少。④叶酸：合用可减弱本药的疗效。

青蒿素

【别名】黄蒿素、黄花蒿。

【药理作用】本药是从中药青蒿中提取的有过氧基团的倍半萜内酯药物，是一种高效、速效、低毒抗疟药。本药主要通过改变疟原虫膜系结构来影响鼠疟原虫红内期的超微结构，首先作用于食物泡膜、表膜、线粒体，其次作用于核膜、内质网，对核内染色质也有一定的影响。这提示其作用机制可能主要是干扰表膜－线粒体的功能，作用于食物泡膜，阻断营养摄取的最早阶段，使疟原虫较快出现氨基酸饥饿，从而迅速形成自噬泡并不断排出于虫体外，疟原虫最终损失大量细胞质而死亡。这可能是通过其内过氧化物桥的作用，由血红蛋白分解后产生的游离铁介导，从而产生不稳定的有机自由基和其他亲电子的中介物，随后与疟原虫的蛋白质形成共价化合物，导致其死亡。

【适应证】①用于间日疟、恶性疟等各型疟疾，对耐氯喹、哌喹等耐药性疟疾有较好的疗效。②用于抢救凶险型恶性疟（如脑型、黄疸型等）。

【用法用量】成人：①口服给药，首剂 1000 mg，6～8 小时后再服 500 mg，第 2、第 3 日各服 500 mg，3 日为 1 个疗程，总量为 2500 mg。②直肠给药，首剂 600 mg，4 小时后 600 mg，第 2、第 3 日各 40 mg。如肛塞后 2 小时内排便，应补用 1 次。③肌内注射，首剂 200 mg，6～8 小时后再予 100 mg，第 2、第 3 日各注射 100 mg，总剂量 500 mg（个别重症第 4 日再给 100 mg）。或连用 3 日，300 mg/d，总量 900 mg。儿童：①口服给药，总量 15 mg/kg，3 日内服完。用法同成人。②肌内注射，总量 15 mg/kg，3 日内用完。用法同成人。

【注意事项】本药为疟疾治疗药，不作预防药使用。

【药物相互作用】①伯氨喹：合用可根治间日疟。②甲氧苄啶：合用有增效作用，并可减少近期复燃或复发。

二、抗阿米巴病药及抗滴虫病药

甲硝唑、替硝唑、奥硝唑（详见硝基咪唑类抗微生物药）

三、抗血吸虫病药

吡喹酮

【别名】环吡异喹酮。

【药理作用】本药为广谱抗蠕虫药，其作用机制主要为：①使虫体肌肉发生强直性收缩而产生痉挛性麻痹。血吸虫接触低浓度吡喹酮后仅 20 秒虫体张力即增强；血药浓度达 1 mg/L 以上时，虫体立即强烈挛缩。虫体肌肉收缩可能与吡喹酮增加虫体细胞膜的通透性，造成细胞内钙离子丧失有关。②损害虫体皮层，激发宿主免疫功能。吡喹酮对虫体皮层有迅速而明显的损伤作用，引起合胞体外皮肿胀，出现空泡，形成大疱，突出体表，最终表皮糜烂溃破，分泌体几乎全部消失，环肌与纵肌亦先后迅速溶解。在宿主体内，服药后 15 分钟即可见虫体外皮空泡变性。皮层破坏后，影响虫体吸收与排泄功能，更重要的是其体表抗原暴露，从而易遭受宿主的免疫攻击，大量嗜酸性粒细胞附着皮损处并侵入，促使虫体死亡。③本药可使虫体表膜去极化，皮层碱性磷酸酶活性明显降低，致使葡萄糖的摄取受抑制，内源性糖原耗竭。还可抑制虫体核酸与蛋白质的合成。本药治疗血吸虫病的特点为剂量小（约为现用一般药物剂量的 1/10），疗程短（1～2 日），不良反应少，有较高的近期疗效。血吸虫病患者经本药治疗后半年粪检虫卵转阴率为 97.7% ~99.4%。本药对治疗下述寄生虫病有较好的疗效：吸虫有寄生在血管内的日本、埃及和曼氏血吸虫，寄生肝胆管内的华支睾吸虫、后睾吸虫和肝片吸虫，寄生在肺部的肺吸虫，寄生在小肠内的姜片虫、日本裂隙吸虫等。绦虫有猪带绦虫、牛带绦虫、微小膜壳绦虫、囊虫幼虫和裂头蚴等。

【适应证】用于多种血吸虫病、华支睾吸虫病、肺吸虫病、姜片虫病、绦虫病、囊虫病。

【用法用量】①预防血吸虫病：局部给药，皮肤涂擦 0.1% 浓度的本药，12 小时内可较好防止血吸虫尾蚴侵入机体。②血吸虫病：口服给药，慢性血吸虫病，总量为 60 mg/kg，一日量分 2 ~3 次餐间服，用药 1 ~2 日；急性血吸虫病，总量为 120 mg/kg，一日量分 2 ~3 次服，连服 4 日。体重超过 60 kg 者按 60 kg 计算。③华支睾吸虫病：口服给药，总量为 210 mg/kg，可每日 3 次，连服 3 日；也可一次 14 mg/kg，每日 3 次，5 日为 1 个疗程。④肺吸虫病：口服给药，一次 25 mg/kg，每日 3 次，连服 3 日。⑤姜片虫病：口服给药，10 ~15 mg/kg，顿服。⑥绦虫病：口服给药，牛肉和猪肉绦虫病，一次 10 mg/kg，清晨顿服，1 小时后服用硫酸镁；短小膜壳绦虫和阔节裂头绦虫病，一次 25 mg/kg，顿服。⑦囊虫病：口服给药。一般情况，总量 120 ~180 mg/kg，分 3 ~5 日服，一日量分 2 ~3 次服。脑囊虫病，20 mg/(kg·d)，分 3 次服，9 日为 1 个疗程，总量为 180 mg/kg。体重超过 60kg 者，以 60kg 计量。2 个疗程应间隔 3 ~4 个月。

【注意事项】①有明显头晕、嗜睡等神经系统反应者，治疗期间与停药后 24 小时内不可驾驶或操作机器。②临床上对不同虫species所采用的剂量、疗程等有所不同。③合并眼囊虫病时，须先手术摘除虫体，而后进行药物治疗。④在囊虫病驱除带绦虫时，应先排除隐性脑囊虫病；脑囊虫病患者需住院治疗，并辅以防治脑水肿和降低高颅压（应用地塞米松和脱水药）或防治癫痫持续状态的治疗措施，以防发生意外。⑤正在使用强效细胞色素 P450（CYP）诱导药（如利福平）的患者禁用本药。⑥本药对血吸虫童虫感染无效。急性期用药不能阻止血吸虫感染从无症状期进展至急性期，或从无症状/急性期进展至慢性期。

【药物相互作用】尚不明确。

四、驱肠虫药

阿苯达唑

【别名】阿丙条、丙硫苯咪唑、丙硫达唑、丙硫咪唑、肠虫清、抗尔虫、抗蠕敏、扑尔虫、驱虫宁、史克肠虫清。

【药理作用】为高效广谱驱虫药，为苯并咪唑类药中驱虫谱较广、杀虫作用最强的一种。与甲苯达唑相似，本药可影响虫体多种生化代谢途径。本药可抑制肠道寄生虫对葡萄糖的摄取，导致虫体内的糖原耗竭；也可与虫体微管蛋白结合，抑制分泌颗粒转运和其他亚细胞器运动；还可抑制虫体线粒体延胡索酸还原酶系统，减少 ATP 生成，从而干扰虫体的生存和繁殖而导致其死亡。一般认为，本药除杀成虫外，还可杀灭虫卵和幼虫。对线虫、血吸虫、绦虫均有高度活性，其中对多种线虫疗效更佳。用于治疗旋毛虫病和包虫病，疗效优于甲苯达唑。

【适应证】用于治疗蛔虫病、蛲虫病、钩虫病、鞭虫病、旋毛虫病等线虫病外，还可用于治疗囊虫病和包虫病。

【用法用量】成人：①蛔虫病、蛲虫病，口服给药，一次400 mg，顿服。②钩虫病、鞭虫病，口服给药，一次400 mg，每日2次，连服3日。③粪类圆线虫病，口服给药，400 mg顿服，连服6日，必要时治疗2周后重复给药1次。④旋毛虫病：口服给药，一次400 mg，每日2次，连服7日。⑤囊虫病，口服给药，20 mg/（kg·d），分3次口服，10日为1个疗程，一般需1~3个疗程，疗程间隔视病情而定；15~20 mg/（kg·d），分2次口服，10日为1个疗程，停药15~20日后，可进行第2个疗程，一般需2~3个疗程，必要时可重复治疗。⑥包虫病，口服给药。口服乳剂，10~12.5 mg/（kg·d）（0.8~1 mL），分2次口服，1个月为1个疗程，一般需5个疗程以上，疗程间隔为7~10日；片剂，20 mg/（kg·d），分2次口服，1个月为1个疗程，一般需5个疗程以上，疗程间隔为7~10日。⑦华支睾吸虫病，口服给药，400 mg/d，分2次或1次服用，7日为1个疗程。⑧绦虫病，口服给药，400~800 mg/d，连服3日。儿童：口服给药，2~12岁儿童用量减半。

【注意事项】①少数患者可能在用药后3~10日才开始出现驱虫效果。②蛲虫病易自身重复感染，故在治疗2周后，应重复治疗1次。③囊虫病重度感染患者必须住院治疗，进行脑脊液及眼底检查，并密切观察。合并眼囊虫病时，须先行手术摘除虫体，而后进行药物治疗。必要时可酌情给予地塞米松、20%甘露醇。④蛋白尿、化脓性或弥漫性皮炎、各种急性传染病以及癫痫患者不宜使用本药。⑤在本药治疗开始前或开始时应服用皮质激素使炎症反应最小化并且防止颅内高血压，应在第1周治疗时同时采用抗惊厥治疗以防止惊厥发作。

【药物相互作用】①西咪替丁、地塞米松、吡喹酮：合用可增加本药不良反应的发生率。②茶碱：合用可致茶碱毒性反应。

第三节　镇痛、解热镇痛消炎、抗风湿、抗痛风药

一、镇痛药

枸橼酸芬太尼

【别名】多瑞吉。

【药理作用】本药为阿片受体激动药，属强效的麻醉性镇痛药。作用机制至今尚未充分了解。可能是通过作用于中枢神经系统内的阿片受体而起效。已观察到阿片类药可选择性地抑制某些兴奋性神经的冲动传递，发挥竞争性抑制作用，从而解除对疼痛的感受和伴随的心理行为反应。本药的作用机制与吗啡相似，但作用强度是吗啡的60~80倍。与吗啡和哌替啶相比，其作用迅速，维持时间短，不释放组胺，对心血管功能影响小，能抑制气管插管时的应激反应。本药对呼吸的抑制作用弱于吗啡，但静脉注射过快也易抑制呼吸，其呼吸抑制和镇痛作用可被纳洛酮拮抗。此外，本药具有成瘾性，但较哌替啶轻。

【适应证】本药注射剂用于：①麻醉前给药及诱导麻醉，并作为辅助用药与麻醉药合用于多种手术。②术前、中、后等多种剧烈疼痛。本药贴剂用于治疗中至重度慢性疼

痛及仅能用阿片样镇痛药治疗的难消除的疼痛。

【用法用量】成人：①全身麻醉，静脉给药，以芬太尼计。a. 小手术，初始剂量为 0.001～0.002 mg/kg，静脉注射。b. 大手术，初始剂量为 0.002～0.004 mg/kg，静脉注射。c. 体外循环心脏手术，以 0.02～0.03 mg/kg 计算全量，维持剂量可每 30～60 分钟给予 1 次，剂量为初始剂量的一半，静脉注射；亦可持续静脉滴注，滴注速度为 0.001～0.002 mg/(kg·h)。d. 全麻吸入氧化亚氮时，初始剂量为 0.001～0.002 mg/kg，静脉注射。②局麻镇痛不全，静脉注射，作为辅助用药，剂量为 0.0015～0.002 mg/kg。③平衡麻醉或全凭静脉麻醉，静脉注射，负荷剂量为 0.002～0.01 mg/kg，维持输液速率为 0.002～0.01 mg/(kg·h)，间断推注量为 0.025～0.1 mg。④麻醉前用药，静脉注射，按体重 0.0007～0.0015 mg/kg；肌内注射，参见"静脉注射"项。⑤术后镇痛，静脉注射，参见"麻醉前用药"；肌内注射，参见"麻醉前用药"；硬膜外给药，初量 0.1 mg，加氯化钠注射液稀释到 8 mL，每 2～4 小时可重复，维持剂量为初量的一半。⑥其他疾病时，发热可增加贴剂中本药的释放及皮肤通透性，故发热患者剂量应减少 1/3。儿童：镇痛。a. 静脉注射，2 岁以下儿童尚无推荐剂量；2～12 岁儿童用量为 0.002～0.003 mg/kg。b. 肌内注射，参见"静脉注射"项。

【注意事项】①本药贴剂仅适用于对其他药无法控制的阿片类药物耐受的中至重度持续疼痛患者。②本药可能会影响驾驶或操作机械等具有潜在性的危险工作。③本药口腔膜剂、舌下片剂不适用于年龄小于 18 岁的癌症儿童，仅适用于阿片类药物耐受的、年龄大于或等于 18 岁的癌症患者。④本药与哌替啶的化学结构有相似之处，两药间可有交叉过敏。

【药物相互作用】①CYP 3A4 抑制药（如利托那韦、酮康唑、醋竹桃霉素、克拉霉素、奈非那韦、萘法唑酮、维拉帕米、胺碘酮）：合用可能使本药血药浓度升高，增加或延长本药的疗效和不良反应，并发生严重的呼吸抑制。②中枢神经抑制药［如镇静药催眠药（巴比妥类、地西泮等）、其他麻醉性镇痛药及全身麻醉、抗精神病药（吩噻嗪类药）、阿片类药、安定类药、镇静性抗组胺］：合用可产生附加的抑制作用，可能发生肺通气不足、低血压、深度镇静或昏迷。其中与吩噻嗪类药合用时，血压常可出现大幅度波动。③单胺氧化酶抑制药（如呋喃唑酮、丙卡巴肼、苯乙肼、帕吉林）：合用会发生难以预料的、严重的并发症，临床表现为多汗、肌肉强直、血压先升高后剧降、呼吸抑制、发绀、昏迷、高热、惊厥，终致休克而死亡。④80% 氧化亚氮：合用可诱发心率减慢、心肌收缩减弱、心排出量减少，在左心室功能欠佳者尤其明显。⑤纳曲酮：合用可能会引起急性阿片戒断症状。⑥钙离子拮抗药及 β 肾上腺素受体阻滞药：合用可引起严重的低血压。⑦西布曲：合用有发生 5-羟色胺综合征（高血压、体温降低、肌阵挛等）的风险。⑧利福布汀：合用时利福布汀可减弱本药的作用。⑨纳洛酮等药物：合用时纳洛酮等能拮抗本药的呼吸抑制和镇痛作用。⑩肌松药：合用时肌松药能解除本药引起的肌肉强直，但有呼吸暂停时，又可使呼吸暂停的持续时间延长。⑪含乙醇的饮料：同服可产生附加的抑制作用，可能发生肺通气不足、低血压和深度镇静或昏迷。

盐酸哌替啶

【别名】地美露、度冷丁、利多尔、唛啶、哌替啶、盐酸吡利啶、盐酸地美露、盐酸度冷丁、盐酸唛啶。

【药理作用】本药是目前常用的人工合成阿片类镇痛药。与吗啡相似，本药通过激动中枢神经系统的阿片 μ 及 κ 受体而产生镇痛、镇静作用，且效力为吗啡的 1/10 ~ 1/8，但维持时间较短。本药有呼吸抑制作用，无吗啡样镇咳作用。本药能短时间提高胃肠道括约肌及平滑肌的张力，减少胃肠蠕动，但引起便秘及尿潴留的发生率低于吗啡。对胆道括约肌的兴奋作用可使胆道压力升高，亦较吗啡弱。本药有轻微的阿托品样作用，可使心率增加。

【适应证】①用于多种剧痛，如创伤性疼痛、术后疼痛、内脏绞痛（与阿托品配伍应用）、分娩疼痛等。②用于心源性哮喘，有利于肺水肿的消除。③麻醉前用药，或作局部麻醉、静吸复合麻醉辅助用药。④与氯丙嗪、异丙嗪等合用进行人工冬眠。

【用法用量】成人：①镇痛。a. 口服给药，常用量一次 50 ~ 100 mg，200 ~ 400 mg/d；极量一次 150 mg，600 mg/d。对于重度癌痛患者，视情况首次剂量可大于常规剂量。b. 肌内注射，常用量一次 25 ~ 100 mg，100 ~ 400 mg/d；极量一次 150 mg，600 mg/d，两次用药间隔不宜少于 4 小时。c. 皮下注射，参见"肌内注射"项。d. 静脉注射，以一次 0.3 mg/kg 为限。e. 硬膜外间隙注射，用于术后镇痛或缓解晚期癌症患者中至重度疼痛，24 小时总量以 2.1 ~ 2.5 mg/kg 为限。晚期癌症患者应个体化给药，剂量可比常规大，并可逐渐增加至疗效满意。②分娩镇痛，肌内注射，阵痛开始时给药，常用量一次 25 ~ 50 mg，每 4 ~ 6 小时按需要重复。极量一次 50 ~ 100 mg。③麻醉前给药，肌内注射，术前 30 ~ 60 分钟给予 1 ~ 2 mg/kg。④麻醉维持，静脉滴注，按 1.2 mg/kg 计算 60 ~ 90 分钟总用量，配成稀释液，通常按 1 mg/min 给药。儿童：①镇痛，口服给药，以一次 1.1 ~ 1.76 mg/kg 为限。②基础麻醉，静脉注射，在硫喷妥钠按 3 ~ 5 mg/kg 给药 10 ~ 15 分钟后，将本药 1 mg/kg 与异丙嗪 0.5 mg/kg，稀释至 10 mL，缓慢注射。③麻醉维持，静脉滴注，参见成人"麻醉维持"项，但滴速相应减慢。

【注意事项】①本药口服途径不推荐用于急性镇痛。②本药皮下注射局部有刺激性，不可把药液注射到周围神经干附近，否则会产生局部麻醉或神经阻滞作用。③在疼痛原因未明确前，忌用本药，以防掩盖症状，贻误诊治。④慢性重度疼痛的晚期癌症患者不宜长期使用本药。⑤本药的耐受性和成瘾性程度介于吗啡与可待因之间，通常不应连续使用。⑥不宜多次与异丙嗪合用，否则可引起呼吸抑制、休克等。⑦本药与芬太尼的化学结构相似，两药可有交叉过敏。

【药物相互作用】①巴比妥类药、吩噻嗪类药、三环类抗抑郁药、硝酸酯类抗心绞痛药：以上药物可增强本药的作用。②抗凝血药（如双香豆素、茚满二酮等）：本药可增强此类药物的作用。③吩噻嗪类中枢神经抑制药（如氯丙嗪）：静脉注射后可出现外周血管扩张，血压下降。④单胺氧化酶抑制药：合用可发生难以预料的严重并发症，表现为多汗、肌肉僵直、血压先升高后剧降、呼吸抑制、发绀、昏迷、高热、惊厥，终致休克而死亡。⑤西咪替丁：合用可导致意识混乱、定向障碍和气喘等。⑥纳洛酮、尼可刹米、烯丙吗啡：以上药物可降低本药的镇痛作用。⑦乙醇：合用可导致严重的嗜睡。

吗　啡

【别名】硫酸吗啡、美菲康、美施康定、锐力通、史尼康、同锐舒、盐酸吗啡。

【药理作用】本药为阿片受体激动药，药理作用如下：①通过模拟内源性抗痛物质脑啡肽的作用，激动中枢神经阿片受体（μ、κ 及 δ 型）而产生强镇痛作用，对持续性钝痛效果强于间断性锐痛和内脏绞痛。②有较明显的镇静作用，可使患者产生欣快感，改善疼痛患者的紧张情绪。③可抑制呼吸中枢，降低呼吸中枢对二氧化碳的敏感性。④可抑制咳嗽中枢，产生镇咳作用。⑤可兴奋平滑肌，增加肠道平滑肌张力引起便秘，并使胆道、输尿管、支气管平滑肌张力增加。⑥可促进内源性组胺释放而使外周血管扩张、血压下降；可使脑血管扩张，颅内压增高。⑦尚有缩瞳、镇吐等作用。

【适应证】①用于使用其他镇痛药无效的急性剧痛，如严重创伤、烧伤、晚期癌症等引起的疼痛。②用于心肌梗死而血压尚正常者的镇静，并减轻心脏负担。③用于暂时缓解心肌梗死，左心室衰竭、心源性哮喘患者出现肺水肿症状。④用于麻醉和术前给药，使患者安静并进入嗜睡状态。

【用法用量】镇痛、镇静、心源性哮喘：①口服给药。a. 片剂，常用量一次 5～15 mg，15～60 mg/d；极量一次 30 mg，100 mg/d。重度癌痛应按时口服，个体化给药，逐渐增量；首剂范围可较大，每日 3～6 次，临睡前 1 次剂量可加倍。b. 口服溶液，硫酸吗啡，常用量一次 5～10 mg，每 4 小时 1 次；极量一次 30 mg，100 mg/d。c. 缓释片和控释片，用药剂量应根据疼痛的严重程度、年龄及服用镇痛药史来决定，个体间可存在较大差异。最初使用本药者，宜一次 10 mg 或 20 mg，每 12 小时 1 次。根据镇痛效果来调整剂量。②皮下注射。a. 盐酸吗啡，常用量一次 5～15 mg，15～40 mg/d；极量一次 20 mg，60 mg/d。对于重度癌痛患者，首次剂量范围可较大，每日 3～6 次。b. 硫酸吗啡，常用量一次 10～30 mg，每日 3～4 次。极量 100 mg/d。③肌内注射，参见皮下注射"硫酸吗啡"用量。④静脉注射，盐酸吗啡常用量一次 5～10 mg。对于重度癌痛患者，首次剂量范围可较大，每日 3～6 次。⑤硬膜外注射，盐酸吗啡用于术后镇痛，自腰脊部位注入硬膜外间隙，极量一次 5 mg，胸脊部位应减为一次 2～3 mg，按一定的间隔时间可重复给药多次。⑥蛛网膜下系注射，盐酸吗啡用于术后镇痛，一次 0.1～0.3 mg，原则上不再重复给药。⑦直肠给药，硫酸吗啡一次 10～20 mg，每 4 小时 1 次。极量一次 30 mg，100 mg/d。静脉全麻：静脉注射，盐酸吗啡用量不应超过 1 mg/kg，不够时加用作用时效短的本类镇痛药。

【注意事项】①本药为国家特殊管理的麻醉药物，必须严格按相关规定管理。②本药连用 3～5 日即产生耐受性，1 周以上可成瘾，故不宜长期使用，但在慢性癌症疼痛的第 3 阶梯用药时例外。对晚期中至重度癌痛患者，如治疗适当，少见依赖及成瘾。③在疼痛原因未明确前，尽可能不用本药，以防掩盖症状，贻误诊断。④应用大量本药进行静脉全身麻醉时，常与神经安定药合用，麻醉诱导过程中可发生低血压，手术开始遇到刺激时血压又会骤升，应及早对症处理。⑤因本药对平滑肌的兴奋作用较强，故用于内脏绞痛（如胆、肾绞痛）时，应与有效的解痉药（阿托品等）合用，单独使用反而使绞痛加剧。⑥硬膜外给药或鞘内给药仅可使用不含防腐剂的注射液。⑦如患者使用较高剂量，或长期（约 7 日）使用，停药时应逐渐减少剂量以预防撤药症状。⑧如由使用其他麻醉药改为使用吗啡或由使用一种吗啡制剂改为另一种吗啡制剂时，应按标准等价表进行剂量估算。

【药物相互作用】①吩噻嗪类药、镇静催眠药、三环类抗抑郁药、抗组胺药、巴比妥类麻醉药（如甲己炔巴比妥、硫喷妥钠）、哌替啶、可待因、美沙酮、芬太尼等：合用可使本药的呼吸抑制作用加剧和延长，亦可能导致严重低血压、深度镇静或昏迷。②单胺氧化酶抑制药（如呋喃唑酮、丙卡巴肼等）：合用可使本药的呼吸抑制作用加剧和延长，还可发生严重的不良反应［激动（狂躁）、多汗、强直、血压过高或过低、严重呼吸抑制、昏迷、惊厥和（或）高热］。③艾司洛尔：本药可使艾司洛尔的血药浓度升高。④香豆素类药：本药可增强香豆素类药的抗凝血作用。⑤氮芥、环磷酰胺：本药可增强氮芥、环磷酰胺的毒性。⑥筒箭毒碱：静脉注射或肌内注射本药，可增强筒箭毒碱的神经肌肉阻断作用。⑦西咪替丁：合用可引起呼吸暂停、精神紊乱和肌肉抽搐等。⑧卡马西平：两者合用可出现阿片戒断症状。⑨碱受体阻滞药：本药与 M 胆碱受体阻滞药（尤其是阿托品）合用时，可加重便秘，并可增加出现麻痹性肠梗阻和尿潴留的风险性。⑩降血压药（如作用于神经节的胍乙啶、美卡拉明），利尿药（如氢氯噻嗪等）或其他药物（如金刚烷胺、溴隐亭、左旋多巴、利多卡因、亚硝酸盐、普鲁卡因胺、奎尼丁等）：合用可发生直立性低血压。此外，本药还能减弱利尿药的作用。⑪激动/拮抗混合型镇痛药（如喷他佐辛、纳布啡、布托啡诺、丁丙诺啡）：合用可导致镇痛效果降低或突然出现戒断症状。⑫美西律：本药可抑制并延迟美西律的吸收。⑬乙醇：两者合用可增加心血管和呼吸系统抑制作用。

盐酸布桂嗪

【别名】布桂利嗪、布新拉嗪、丁酰肉桂哌嗪、强痛定、盐酸布桂利嗪。

【药理作用】本品为速效镇痛药，镇痛作用为吗啡的 1/3，但比解热镇痛药强，为氨基比林的 4 ~ 20 倍。对皮肤、黏膜、运动器官（包括关节、肌肉、肌腱等）的疼痛有明显的抑制作用，对内脏器官疼痛的镇痛效果较差。无抑制肠蠕动作用，对平滑肌痉挛的镇痛效果差。与吗啡相比，本品不易成瘾，但有不同程度的耐受性。

【适应证】用于神经痛、偏头痛、炎症性疼痛、痛经、关节痛、术后疼痛、外伤性疼痛、牙痛以及癌性疼痛等。

【用法用量】①口服：成人一次 30 ~ 60 mg，90 ~ 180 mg/d；儿童一次 1 mg/kg。疼痛剧烈时剂量可酌增。②皮下注射或肌内注射：一次 50 ~ 100 mg，每日 1 ~ 2 次，疼痛剧烈时剂量可酌增。

【注意事项】①本品为国家特殊管理的第一类精神药品，必须严格遵守国家对精神药品的管理条例，按规定开具精神药品处方和供应、管理本类药品，防止滥用。②医疗机构使用该药医生处方量每次不应超过 3 日常用量。处方留存 2 年备查。

【药物相互作用】不宜与抗高血压药联合应用，可致血压下降过快，引起昏厥。

罗痛定

【药理作用】本品为非麻醉性镇痛药，具有镇痛、镇静、催眠及安定作用，镇痛作用较一般解热镇痛药强，服药后 10 分钟出现镇痛作用，并可维持 2 ~ 5 小时。对胃肠道系统引起的钝痛有良好的止痛效果，对外伤等剧痛效果差。对于月经痛也有效，对于失眠，尤其是因疼痛引起的失眠更为适宜，醒后无后遗效应。

【适应证】用于头痛、月经痛以及助眠等。

【用法用量】口服。镇痛，成人一次 60 ~ 120 mg，每日 3 ~ 4 次。助眠，成人一次 30 ~ 90 mg，睡前服。

【注意事项】①本品为对症治疗药，用于止痛不得超过 5 日，症状未缓解请咨询医生或药师。②长期服用本品可致耐受性。③孕妇慎用。④儿童用量请咨询医生或药师。儿童必须在成人监护下使用，请将此药品放在儿童不能接触的地方。⑤当本品性状发生改变时禁用。⑥如服用过量或发生严重不良反应时应立即就医。

【药物相互作用】与其他中枢神经抑制药同服，可引起嗜睡及呼吸抑制现象。如正在服用其他药品，使用本品前请咨询医师或药师。

氯唑沙宗

【别名】肌柔、氯羟苯噁唑。

【药理作用】本品为中枢性肌肉松弛药。它主要作用于中枢神经系统，在脊椎和大脑下皮质区抑制多突反射弧，从而对痉挛性骨骼肌产生肌肉松弛作用，达到止痛的效果。

【适应证】①用于多种急慢性软组织扭伤或挫伤、肌肉劳损引起的疼痛、运动后肌肉酸痛。②用于中枢神经病变引起的肌肉痉挛及慢性筋膜炎等。

【用法用量】口服：一次 200 ~ 400 mg，每日 3 次，症状严重者可酌情增量。

【注意事项】①本品为对症治疗药，用于止痛不得超过 5 日，症状不缓解请咨询医生或药师。②对本品过敏者禁用。③肝肾功能损害者慎用。④当药品性状发生改变时禁用。⑤如服用过量或发生严重不良反应时应立即就医。⑥儿童必须在成人监护下使用。⑦请将此药品放在儿童不能接触的地方。

【药物相互作用】①本品与吩噻嗪类、巴比妥类等中枢神经抑制药及单胺氧化酶抑制药合用时有增强药效之作用，应减少本品用量。②应用本品的同时饮酒或服用含酒精的药物、饮料等能增强药效，剂量应酌减。

二、解热镇痛消炎药

对乙酰氨基酚

【别名】爱尔星、爱森、安佳热、安怡、百服咛、保达琳、倍乐信、必理通、醋氨酚、尔合依、芙璐威、恒诺、静迪、帕拉辛、扑热息痛、普乐尔、日立清、施宁、释乐、斯耐普、素廷、泰诺林、退热净、兴乐宁、幸福止痛素、一滴清、宜利妙、乙酰氨基苯酚、乙酰氨基酚、易尚、悦诺清。

【药理作用】本药为乙酰苯胺类解热镇痛药，其镇痛机制可能是通过抑制中枢神经系统中前列腺素的合成以及阻断痛觉神经末梢的冲动而产生镇痛作用。解热作用则可能是通过影响下丘脑体温调节中枢使周围血管扩张、出汗、散热而起作用。本药能缓解疼痛和发热症状，与非甾体消炎药（NSAIDs）相比其消炎作用弱。

本药具有良好的解热、镇痛作用。与阿司匹林相比，解热作用相似但较持久，镇痛作用较弱，几乎无消炎作用，较低用量时对风湿病无效。

【适应证】①用于普通感冒或流行性感冒引起的发热。②用于缓解轻至中度疼痛，如头痛、关节痛、偏头痛、牙痛、肌肉痛、神经痛、痛经、癌性疼痛、术后疼痛。

【用法用量】成人：感冒或流行性感冒引起的发热、轻至中度疼痛。①口服给药。a. 片剂，一次 0.3 ~ 0.6 g，或一次 0.5 g；咀嚼片或口腔崩解片，一次 0.32 ~ 0.48 g；分散片、胶囊或软胶囊，一次 0.3 ~ 0.6 g；泡腾片、泡腾颗粒、干混悬剂，一次 0.5 g；颗粒，一次 0.25 ~ 0.5 g；若持续发热或疼痛，可间隔 4 ~ 6 小时重复用药 1 次，24 小时内不超过 4 次。b. 缓释片，一次 0.65 ~ 1.3 g，若持续发热或疼痛，可每 4 ~ 6 小时用药 1 次，24 小时内不超过 3 次。c. 口服溶液或糖浆，一次 0.36 ~ 0.6 g，若持续发热或疼痛，可每 4 ~ 6 小时 1 次，一日不超过 1.92 g。②肌内注射。一次 0.15 ~ 0.25 g。③直肠给药。

一次 0.3 g，若持续高热或疼痛，可间隔 4~6 小时重复 1 次，24 小时内不超过 1.2 g。儿童：感冒或流行性感冒引起的发热、轻至中度疼痛。①口服给药。a. 片剂，4~6 岁儿童一次 0.15 g，7~12 岁儿童一次 0.3 g，12 岁以上儿童一次 0.3~0.6 g；若持续发热或疼痛，可间隔 4~6 小时重复用药 1 次，24 小时内不得超过 4 次。b. 泡腾片，用温开水溶解后服用，6~12 岁儿童一次 0.25 g，12 岁以上儿童一次 0.5 g；若持续发热或疼痛，可间隔 4~6 小时重复用药一次，24 小时内不超过 4 次。c. 缓释片，12~18 岁儿童一次 0.65 g；若持续发热或疼痛，每 8 小时一次，24 小时不超过 3 次。d. 干混悬剂，一次 0.01~0.015 g/kg，每 4~6 小时 1 次；12 岁以下儿童 24 小时内给药不超过 5 次，疗程不超过 5 日。②直肠给药。栓剂，1~6 岁儿童，一次 0.125 g，或一次 0.15 g，塞入肛门内；若持续发热或疼痛，可间隔 4~6 小时重复用药一次，24 小时内不超过 0.6 g。

【注意事项】①本药用于解热和镇痛是对症治疗，必要时应辅以对因治疗。②不能同时服用含有本药及其他解热镇痛药的药物（如某些复方抗感冒药）。③FDA 限制处方药中本药含量不超过 325 mg。④对阿司匹林过敏者对本药通常不发生过敏反应。但有报道称，在因阿司匹林过敏发生哮喘的患者中，少数人（<5%）在服用本药后发生轻度支气管痉挛性反应。

【药物相互作用】①二氟尼柳：合用时前者血药浓度不变，本药血药浓度上升约 50%，这种浓度显著上升曾有引起肝毒性的报道。②美替拉酮：合用可使本药中毒的风险增加。③异烟肼：异烟肼可使本药的肝毒性增加。④华法林：合用可增加华法林引起出血的风险。⑤醋硝香豆素：合用可增强醋硝香豆素的抗凝血作用。⑥白消安：合用可使白消安的肾清除率减少。⑦氯霉素：合用可延长氯霉素的半衰期，增强其毒性（出现呕吐、低血压、低体温）。⑧非诺多泮：合用可致非诺多泮血药浓度上升 30%（短期合用）或 70%（长期合用）；曲线下面积（AUC）增加 50%（短期合用）或 66%（长期合用）；伴有非诺多泮代谢产物的含量及 AUC 下降。两者短暂合用在临床上尚无不良反应报道。⑨佐米曲普坦：合用可使佐米曲普坦的血药浓度轻度上升，但无临床意义。⑩炔雌醇：本药可能增加炔雌醇的血药浓度，而本药血药浓度可被口服避孕药降低。⑪齐多夫定：合用可使毒性增加。⑫磷苯妥英、苯妥英、磺吡酮、卡马西平、解痉药（如颠茄）：磷苯妥英、苯妥英、磺吡酮与本药合用，卡马西平大剂量、频繁地与本药合用，均可使本药的代谢增加，对肝脏的毒性也增加。解痉药与本药长期合用，可致肝损害。⑬阿司匹林、其他水杨酸盐类药或其他 NSAIDs：本药长期大量与以上药物合用（如每年累积用量达到 1000 g，应用 3 年以上），可明显增加对肾脏的毒性（包括肾乳头坏死、肾及膀胱肿瘤等）。⑭其他肝酶诱导药（尤其是巴比妥类或抗惊厥药）：长期或大量同时应用本药和此类药物的患者，发生肝脏毒性的危险性更高。⑮抗酸药：抗酸药可显著延缓本药血药浓度的达峰时间，但对本药的平均血药峰浓度、血药峰浓度及半衰期无影响。⑯考来烯胺：可使本药的吸收减少，疗效减弱。⑰替扎尼丁：替扎尼丁可使本药口服时的达峰时间延迟，但临床意义不明。⑱拉莫三嗪：合用可使拉莫三嗪的疗效降低。⑲降血压药（如阿替洛尔）：本药与此类药物合用，降压作用无明显改变。⑳乙醇：长期嗜酒者过量应用本药导致的肝毒性更大。

布洛芬

【别名】艾贝诺、安瑞克、拔努风、邦奇、贝乐芬、倍得芬、倍芬、波菲特、布洛芬赖氨酸盐、大亚芬克、迪尔诺、芬必得、芬克、芬尼康、芬苏、芬泰乐、福尔、抚尔达、基克、吉浩、精氨酸布洛芬、抗风痛、快速平、洛芬、美林、摩纯、琴福、司百得、泰宝、恬倩、托恩、翔宇赛可、欣获芬、欣卫、雅维、炎痛停、依布洛芬、怡芬宁、异丁苯丙酸、异丁洛芬、易服芬。

【药理作用】本药为非甾体消炎药（NSAIDs），具有镇痛、消炎、解热作用。镇痛、消炎作用机制：通过抑制细胞膜的环氧酶，抑制花生四烯酸代谢为炎性介质前列腺素，从而减轻因前列腺素（PGE1、PGE2、PGI2）引起的局部组织充血、肿胀，降低局部周围神经对缓激肽等的痛觉敏感性。此外，本药还可通过作用于下丘脑体温调节中心而起到解热作用。本药用于风湿及类风湿关节炎时，其消炎、镇痛、解热作用与阿司匹林、保泰松相似，比对乙酰氨基酚强。

【适应证】①口服或局部给药用于缓解脊柱关节病、类风湿关节炎、骨性关节炎、其他非类风湿关节炎、急性痛风、肩周炎、滑囊炎、肌腱炎、腱鞘炎、肌肉痛、腰背痛、关节痛及扭伤、拉伤、劳损引起的疼痛或炎症。②口服或直肠给药用于急性上呼吸道感染、急性咽喉炎、普通感冒或流行性感冒引起的发热。也用于缓解轻至中度疼痛，如头痛、关节痛、偏头痛、牙痛、肌肉痛、神经痛、痛经。

【用法用量】成人：①口服给药。a. 胶丸、口腔崩解片、软胶囊、颗粒、糖浆、片剂、胶囊，一次 0.2 g，若持续疼痛或发热，可间隔 4～6 小时重复用药 1 次，24 小时不超过 4 次。b. 缓释片、缓释胶囊，一次 0.3 g，早、晚各 1 次。c. 缓释混悬液，一次 0.3～0.6 g，每日 2 次。②局部给药。乳膏、搽剂、凝胶，依患处面积大小，取适量轻揉患处，每日 3～4 次。③直肠给药。一次 0.1 g，如需再次用药应间隔 4 小时以上。儿童：①口服给药。a. 片剂、糖浆、混悬滴剂、口服液，12 岁以下儿童具体用法用量参见表 18－1、表 18－2，若持续疼痛或发热，可间隔 4～6 小时重复用药 1 次，24 小时不超过 4 次。b. 缓释混悬液，用于发热，推荐剂量为 20 mg/（kg·d），分 2 次服用；用于镇痛，推荐剂量为 30 mg/（kg·d），分 2 次服用。具体用量参见表 18－3。c. 颗粒：4～8 岁儿童，一次 0.1 g；8 岁以上儿童，一次 0.2 g；若持续疼痛或发热，可间隔 4～6 小时重复用药 1 次，24 小时不超过 4 次。②直肠给药。1～3 岁儿童，一次 0.05 g，若持续疼痛或发热，每 4～6 小时重复用药 1 次，24 小时不超过 4 次。

表18－1　　　　　　　　　　布洛芬片、口服液儿童用法用量

年龄（岁）	体重（kg）	剂量（g）
1～3	10～15	0.05
4～6	16～21	0.1
7～9	22～27	0.15
10～12	28～32	0.2

表18-2	布洛芬糖浆、混悬滴剂儿童用法用量	
年龄（岁）	体重（kg）	剂量（g）
1~3	10~15	0.08
4~6	16~21	0.1
7~9	22~27	0.16
10~12	28~32	0.2

表18-3	布洛芬缓释混悬滴剂儿童用法用量	
年龄（岁）	体重（kg）	剂量（g）
1~3	10~15	0.12~0.15
4~6	16~21	0.18
7~9	22~27	0.24
10~12	28~32	0.3

【注意事项】①本药为对症治疗药，应用本药解热、镇痛时还应针对病因治疗。本药不宜长期或大量使用，用于止痛不超过5日，用于解热不超过3日。②治疗类风湿关节炎等多种慢性关节炎时，本药应与其他慢作用抗风湿药同用，以控制类风湿关节炎的活动性及病情进展。③对应用阿司匹林或其他NSAIDs引起胃肠道不良反应的患者，可改用本药，但应密切注意不良反应。④对其他抗风湿药耐受性差者可能对本药有良好耐受性。⑤外科手术或牙科手术前停药至少4~6个半衰期。⑥不能同时服用其他含有解热镇痛药的药物（如某些复方感冒药）。⑦本药局部给药时，不得用于皮肤破损处及感染性创口，且不宜大面积使用，还应避免接触眼睛及黏膜。⑧小剂量给药（≤1.2g/d）不会增加心肌梗死的风险；而在采用高剂量和延长治疗时，应警惕这种风险增加的可能。⑨本药注射液必须稀释后才能给药，若未稀释，则可能发生溶血。⑩对阿司匹林或其他NSAIDs过敏者，也可能对本药过敏。

【药物相互作用】①维拉帕米、硝苯地平：合用可使本药的血药浓度升高。②丙磺舒：合用可使本药排泄减少、血药浓度升高，毒性增加。③抗糖尿病药（包括口服降血糖药）：合用可增强抗糖尿病药的降血糖作用。④地高辛：本药可升高地高辛的血药浓度。⑤甲氨蝶呤：合用可减少甲氨蝶呤的排泄，升高其血药浓度，甚至可达中毒水平。⑥苯妥英：本药可抑制苯妥英的降解。⑦其他NSAIDs、皮质激素、促肾上腺皮质激素：合用可增加胃肠道不良反应，并有致溃疡和（或）出血的危险。⑧抗凝血药（如肝素、双香豆素）、血小板聚集抑制药：合用可导致凝血酶原时间延长，增加出血倾向。⑨对乙酰氨基酚：本药长期与对乙酰氨基酚合用可增加肾脏不良反应。⑩抗高血压药、呋塞米：合用可减弱以上药物的降压作用。与呋塞米同用时，还可减弱其排钠作用。⑪乙醇：使用本药期间饮酒，可增加胃肠道不良反应，并有致溃疡的危险。

双氯芬酸钠

【别名】阿米雷尔、安特、奥贝、奥尔芬、毕斯福、辰景、春康欣、达康芬、待克菲那、戴芬、得富卡、迪非、迪弗纳、迪扶欣、迪根、迪克尔、迪克乐克、迪络芬、迪普、地氯芬酸、二氯苯胺苯乙酸、二氯苯胺乙酸钠、二氯芬酸、二氯芬酸钠、非言、菲亚宁、芬迪、芬迪宁、芬佳泰、芬那克、芬尼达、扶他捷、扶他林、福劳克风、格得、吉可得、吉松、佳贝、节克、劲通、久宁、凯扶兰、来比诺、来比新、乐可、立舒、路林、洛普佳、诺福丁、普他宁、瑞培恩、仕象、双氯灭酸、双氯灭酸钠、双氯灭痛、双氯灭痛酸、顺峰康泰、思孚欣、天君利、天新利德、同杜叮、昔舒、欣普芬、依尔松、依柯、依林、宜克林、英太青、载芬、至清。

【药理作用】本药为邻氨基苯甲酸类非甾体消炎药（NSAIDs）。其主要作用与其他消炎、解热、镇痛药相同，可抑制炎症渗出、减轻红肿、减轻炎症递质致炎致痛的增敏作用。本药的作用机制是抑制炎症反应中的环氧酶。当环氧酶被抑制时，花生四烯酸合成前列腺素（PGE1）被阻断，前列腺素类代谢产物明显减少，局部炎症反应、组织的充血肿胀、对缓激肽等的疼痛敏感性均减轻，发挥其消炎、镇痛作用。此外，本药尚有抑制脂氧酶而减少白三烯、缓激肽等产物的作用。

由于前列腺素也与维持人体胃肠道和肾脏等的正常功能有关，因此有少数人应用本药出现胃肠道受损。本药对环氧酶－2的抑制明显高于环氧酶－1，因此它引起的胃肠道不良反应少于阿司匹林、吲哚美辛等药物。本药的消炎、镇痛、解热作用比吲哚美辛强2～2.5倍，比阿司匹林强26～50倍。

【适应证】①用于缓解风湿性关节炎、类风湿关节炎、脊柱关节病、骨性关节炎、痛风性关节炎等各种慢性关节炎的急性发作期或持续性的关节肿痛症状。②用于缓解肩痛、腱鞘炎、滑囊炎、肌痛及运动后损伤性疼痛，以及术后疼痛、创伤后疼痛、痛经、头痛、牙痛等。③可与抗感染药合用，治疗耳鼻喉严重的感染性疼痛和炎症（如扁桃体炎、耳炎、鼻窦炎等）。④对发热有一定的退热作用。⑤外用制剂用于缓解肌肉、软组织和关节的轻至中度疼痛，如扭伤肌肉、软组织的扭伤、拉伤、挫伤、劳损、腰背部损伤引起的疼痛。也可用于骨性关节炎的对症治疗。⑥滴眼液用于：a. 葡萄膜炎、角膜炎、巩膜炎。b. 春季结膜炎、季节过敏性结膜炎等过敏性眼病。c. 抑制角膜新生血管的形成，治疗眼内手术后、激光滤帘成形术后或多种眼部损伤的炎症反应。d. 抑制白内障手术中缩瞳反应。预防和治疗白内障及人工晶体术后炎症及黄斑囊样水肿（CME）。e. 青光眼滤过术后促进滤过泡形成。f. 用于准分子激光角膜切削术后止痛剂消炎。⑦喷雾剂用于复发性口腔溃疡及扁桃体切除术后局部止痛。⑧含片（口腔黏膜局部用制剂）用于减轻或消除口、咽部小手术及口腔溃疡引起的疼痛。

【用法用量】成人：①关节炎、疼痛等，a. 口服给药。缓释片，一次75 mg，每日1次，最大剂量为150 mg，分2次服用（轻度或长期治疗患者，一次75 mg，每日1次；夜间及清晨症状较重患者，傍晚服用75 mg）；或一次100 mg，每日1次。缓释胶囊，一次100 mg，每日1次；或一次50 mg，每日2次。肠溶缓释胶囊，一次100 mg，每日1次。肠溶微粒胶囊，一次50 mg，每日2次。双释放肠溶胶囊，一次75 mg，每日1次，必要时可增至每日2次。肠溶片，初始剂量一次100～150 mg；轻度或长期治疗患者，75～100 mg/d，分2～3次服用；用于原发性痛经，50～150 mg/d，分次服用，必要时可在若干月经周期之内增量至每日200 mg/d（最大剂量），在出现症状时开始治疗，并持续数日，剂量及疗程视症状而定。b. 肌内注射，深部注射，一次50 mg，每日2～3次。c. 局部用药。搽剂，根据疼痛部位大小，一次1～3 mL均匀涂于患处，每日2～4次，一日总量不超过 15 mL。乳膏、凝胶，根据疼痛部位大小，使用本药适量，每日 3 ~ 4 次。气雾剂，将药瓶直立喷于患部；一次喷药时间不超过 2 秒（喷药约 2 g），每日 3 次，一日不超过 12 g。贴片，根据疼痛部位大小，一次 1 ~ 2 贴，每日 1 次。d. 直肠给药，一次 50 mg，每日 50 ~ 100 mg/d。②复发性口腔溃疡及扁桃体切除术后局部止痛。局部给药，喷雾剂，一次 3 ~ 4 揿（每揿 0.5 mg），每 2 ~ 3 小时 1 次。③口、咽部小手术及口腔溃疡引起的疼痛。口服给药，含片，一次 2 mg，再次用药需间隔 2 小时以上，一日剂量不超过 10 mg。④葡萄膜炎、角膜炎、巩膜炎、抑制角膜新生血管的形成、春季结膜炎、季节过敏性结膜炎。经眼给药，一次 1 滴，每日 4 ~ 6 次。⑤眼科手术前用药。经眼给药，一次 1 滴，术前 3、2、1、0.5 小时各 1 次。⑥白内障术后用药。经眼给药，术后 24 小时开始用药，一次 1 滴，每日 4 次，持续使用 14 日。⑦角膜屈光术后用药。经眼给药，术后 15 分钟即可用药，一次 1 滴，每日 4 次，持续使用 3 日。⑧其他疾病时剂量。身体虚弱和体重较轻的患者应给予最小的有效剂量。儿童：关节炎、疼痛等，口服给药，肠溶片 0.5 ~ 2 mg/(kg·d)，分 3 次服用，一日最大剂量为 3 mg/kg。

【注意事项】①肠溶片口服起效迅速但排出亦快，待急性疼痛控制后宜用缓释剂型，减少服药次数，维持稳定血药浓度。②由于本药局部应用也可吸收，故应严格按照规定剂量使用，避免长期大面积使用。③本药滴眼液仅限于滴眼用，戴角膜接触镜者禁用，但角膜屈光术后暂时佩戴治疗性亲水软镜者除外。滴眼液可影响血小板凝聚，有增加眼组织术中或术后出血的倾向。④使用本药期间出现眩晕或其他中枢神经系统不良反应时，应避免驾驶或操作机械。⑤正在使用利尿药或可显著影响肾功能药物的患者慎用本药。⑥使用本药外用溶液，在用药部位晾干前不得与其他人或自身其他皮肤范围接触。⑦对阿司匹林或其他 NSAIDs 过敏者对本药可有交叉过敏反应。

【药物相互作用】①丙磺舒：丙磺舒可使本药排泄减少、血药浓度升高、毒性增加。②维拉帕米、硝苯地平：合用可使本药的血药浓度升高。③强效细胞色素 P450（CYP）2C9 抑制药（如磺吡酮和伏立康唑）：合用可能引起本药血浆浓度峰值及暴露量的显著升高。④地高辛：本药可使地高辛的血药浓度升高。两者合用应调整地高辛的用量并监测其血药浓度，以避免药物中毒。⑤含锂制剂：本药可使含锂制剂的血药浓度升高。⑥甲氨蝶呤：本药可使甲氨蝶呤排泄减少、血药浓度升高，甚至可达中毒水平。⑦苯妥英：合用可使苯妥英暴露量升高。⑧保钾利尿药：合用可引起高钾血症。⑨抗凝血药（如肝素、双香豆素），血小板聚集抑制药，己酮可可碱：合用可增加出血的危险。⑩环孢素：合用可增加环孢素的肾毒性。⑪阿司匹林或其他水杨酸类药：本药与以上药物合用时，药效不增强，而胃肠道不良反应及出血倾向增加。另外，阿司匹林可降低本药的生物利用度。⑫其他 NSAIDs（除阿司匹林）：合用可增加胃肠道不良反应，并有致溃疡的危险。与对乙酰氨基酚长期合用，还可增加肾脏不良反应。⑬糖皮质激素：合用可能使不良反应发生率增加。⑭抗糖尿病药（包括口服降血糖药）：合用可降低胰岛素的作用，使血糖升高。⑮齐多夫定：合用有致贫血的危险。⑯氨苯蝶啶：合用可出现急性肾衰竭，在停药并治疗后恢复。⑰喹诺酮类抗生素：合用可能产生惊厥。⑱选择性 5-羟色胺再摄取抑制药（SSRIs）：合用可能增加胃肠道出血的风险。⑲抗高血压药：本药可影响抗高血压药的降压效果。⑳呋塞米：合用可减弱呋塞米的排钠和降压作用。㉑乙醇：饮酒可增加本药胃肠道不良反应，并有致溃疡的危险。

吲哚美辛

【别名】艾狄多新、比诺、必艾得、必艾得 ID、狄克施、鹤临、忌施丁、久保新、抗炎吲哚酸、露奇、美达新、万特力、消炎痛、意施丁、吲哚美沙新、吲哚美西辛、吲哚美辛钠、运动派士。

【药理作用】本药为非甾体消炎药（NSAIDs），具有消炎、解热及镇痛作用。其作用机制为抑制环氧酶而减少前列腺素的合成，抑制炎症组织痛觉神经冲动的形成，以及抑制炎症反应，包括抑制白细胞的趋化性及溶酶体酶的释放等。本药还可作用于下丘脑体温调节中枢，引起外周血管扩张及出汗，加快散热，从而产生退热作用。这种中枢性退热作用也可能与在下丘脑的前列腺素合成受到抑制有关。

【适应证】①本药口服、直肠给药、局部给药用于缓解风湿性关节炎、类风湿关节炎、骨性关节炎、强直性脊柱炎、赖特（Reiter）综合征等的症状，减轻疼痛、肿胀，改善关节活动功能。也可用于滑囊炎、肌腱炎、肩关节周围炎等非关节软组织炎症，以及运动创伤（如扭伤、拉伤、肌腱损伤）、慢性软组织劳损（如颈部、肩背、腰等）所致的局部疼痛。②本药口服或直肠给药用于急性痛风、术后及创伤后疼痛、偏头痛、痛经等的镇痛。也可用于高热的对症解热。③本药滴眼液用于眼科手术及非手术因素引起的非感染性炎症。

【用法用量】成人：①抗风湿。a. 口服给药。普通剂型，起始剂量为一次 25～50 mg，每日 2～3 次；最大日剂量为 150 mg。缓释片，一次 25 mg，每日 2 次，或一次 75 mg、每日 1 次；类风湿关节炎患者开始时服用 50～75 mg，每日 1 次，1 周后逐渐增加 25～50 mg，最大日剂量不超过 200 mg。控释片，通常为一次 75 mg、每日 1 次，或一次 25 mg，每日 2 次；用于类风湿关节炎时，起始剂量为一次 50～75 mg，每日 1 次，1 周后逐渐增加 25～50 mg，最大剂量不超过 200 mg/d。控释胶囊，一次 75 mg，每日 1 次，必要时增至每日 2 次。缓释胶囊，一次 75 mg，每日 1 次；或一次 75 mg，每日 2 次。混悬液，一次 75 mg、每日 1 次，或一次 25 mg、每日 2 次；必要时可增至一次 75 mg、每日 2 次。b. 局部给药。搽剂，以适量涂布患处，轻轻揉搓，每日 2～3 次。乳膏，一次 1.5～2 g，涂于痛处，揉搓按摩，每日 2～3 次；可再热敷涂药处。贴片，以适量用于受累关节或疼痛部位，每日 1 次。贴膏，通常一次 25～75 mg，每日 1 次；用于类风湿关节炎时，一次 75～150 mg，每日 1 次，4 周为 1 个疗程。凝胶、喷雾剂，适量于患处，每日 1～4 次，且不应超过 4 次。c. 直肠给药，一次 50 mg，如发热或疼痛持续，可间隔 4～6 小时重复用药 1 次，或一次 100 mg。24 小时内不超过 200 mg。通常 10 日为 1 个疗程。②抗痛风。a. 口服给药。缓释片、控释片，起始剂量为一次 100 mg、每日 1 次，以后一次 75 mg、每日 2 次；疼痛控制后迅速减量至停药。普通剂型、控释胶囊、缓释胶囊，同"抗风湿"项相应剂型用法用量。b. 直肠给药，同抗风湿"直肠给药"项。③镇痛。a. 口服给药。普通剂型，首剂为 25～50 mg；然后一次 25 mg，每日 3 次，直到疼痛缓解。b. 局部给药。同抗风湿"局部给药"项。c. 直肠给药。同抗风湿"直肠给药"项。④解热。a. 口服给药。普通剂型，一次 6.25～12.5 mg，一日不超过 3 次。b. 直肠给药。同抗风湿"直肠给药"项。⑤眼科手术及非手术因素引起的非感染性炎症。经眼给药（滴眼液），眼科手术前，一次 1 滴，术前 3、2、1、0.5 小时各滴 1 次；眼科术后，一次 1 滴，每日 1～4 次；其他非感染性炎症，一次 1 滴，每日 4～6 次。儿童：抗风湿、解热、镇痛。a. 口服给药，普通剂型，1.5~2.5 mg/(kg·d)，分 3~4 次服。待起效后减至最低量。b. 直肠给药，12 岁以下儿童，一次 25 mg，塞入肛门内；若持续发热或疼痛，可间隔 4~6 小时重复 1 次，24 小时内不超过 100 mg。

【注意事项】①本药能掩盖感染疾病的先兆和症状，应注意避免抗感染治疗被延迟。②本药不能纠正高尿酸血症，不适用于慢性痛风的长期治疗。③本药的不良反应较多，通常在其他 NSAIDs 无效时应用。④本药不宜与阿司匹林合用（合用的疗效不如单用本药好）。⑤避免与其他 NSAIDs［包括选择性环氧化酶 – 2（COX-2）抑制剂］合并用药。⑥本药一次服 6.25 mg 或 12.5 mg 即可迅速大幅度退热，故应补充足量液体防止大量出汗和虚脱。⑦本药可使血压正常者的血压升高，高血压患者用药时更应密切观察。⑧患者如出现眩晕，不应驾驶或操纵机器。⑨本药与阿司匹林存在交叉过敏。由阿司匹林过敏引起的喘息患者，应用本药时可引起支气管痉挛。对于其他非甾体类消炎镇痛药过敏者也可能对本药过敏。

【药物相互作用】①二氟尼柳：合用可使本药的血浆浓度增加，肾脏清除速度降低，曾有引起致死性胃肠出血的报道。②抗病毒药齐多夫定：合用可使齐多夫定清除率降低、毒性增加，同时本药的毒性也增加。③丙磺舒：可减少本药自肾及胆汁清除量，使本药的血药浓度增高，毒性增加。④胰岛素或口服降血糖药：合用可加强降血糖效应。⑤洋地黄类药：本药可使洋地黄类药的血药浓度升高（抑制其肾脏清除），毒性增加。⑥肝素、口服抗凝血药：合用时，可使抗凝血药的抗凝血作用增强；同时本药有抑制血小板聚集的作用，因此有增加出血倾向的潜在危险。⑦硝苯地平、维拉帕米：合用可使以上药物血药浓度增高、毒性增加。⑧锂盐：合用可减少锂自肾排泄，使其血药浓度增高、毒性增加。⑨甲氨蝶呤：本药可使甲氨蝶呤血药浓度增高，并延长其高血药浓度持续时间。⑩对乙酰氨基酚、其他 NSAIDs、皮质激素、促肾上腺皮质激素：本药与对乙酰氨基酚长期合用可增加肾脏不良反应，与其他 NSAIDs、皮质激素、促肾上腺皮质激素合用，消化性溃疡的发生率增高，且出血倾向增加。⑪秋水仙碱、磺吡酮：本药与以上药物合用可增加胃肠道溃疡及出血的发生率。⑫氨苯蝶啶：合用可致肾功能损害（肌酐清除率下降、氮质血症）。⑬含铝、镁的制酸药：此类药物可使本药的吸收稍减慢。⑭降血压药（如吲达帕胺、β 肾上腺素受体阻滞药）、双嘧达莫：本药可致水钠潴留（与双嘧达莫合用可致明显的水潴留），从而可拮抗降血压药的作用。⑮噻嗪类药、呋塞米、布美他尼：本药可能降低以上药物的利尿和降压效果。与呋塞米合用时出现钠潴留。⑯乙醇：与乙醇合用，可增加发生胃肠道溃疡或出血的危险。

萘普生

【别名】DL – 萘普生、安理、澳普利、柏通、倍利、步生、芬斯叮、芬威、惠可、佳丹、甲氧萘丙酸、杰捷、金康普力、肯普克、劳斯叮、迈而、那普洛、那普星、萘普生钠、宁好、帕诺丁、奇谷克、适洛特、泰泽、希普生、消痛灵、消炎宁、元奇。

【药理作用】本药为非甾体消炎药（NSAIDs），化学结构与吲哚美辛相似，通过抑制前列腺素的合成而起到消炎、镇痛、解热的作用。本药治疗痛经的机制可能是通过抑制子宫前列腺素的合成而使子宫收缩减弱，宫内压下降。本药疗效与布洛芬基本相同；在治疗风湿性关节炎和类风湿关节炎时，疗效与阿司匹林类似，但胃肠道和神经系统不良反应的发生率和严重程度均较低。本药较适于因贫血、胃肠疾病或其他原因不能耐受阿司匹林、吲哚美辛等消炎镇痛药的患者。

【适应证】①本药口服给药与注射给药用于治疗风湿性和类风湿关节炎、骨性关节炎、强直性脊柱炎、痛风、关节炎、腱鞘炎。也可用于缓解轻至中度疼痛，如肌肉骨骼扭伤、挫伤、损伤所致的疼痛以及痛经、关节痛、神经痛、偏头痛、头痛、牙痛。还可用于缓解风湿和类风湿关节炎引起的全身发热、局部红肿及疼痛症状。②本药栓剂用于原发性痛经、子宫内膜异位症、盆腔炎及子宫内安放避孕器所引起的继发性痛经、妇科手术后疼痛、产后子宫收缩、围绝经期妇女的关节痛。也可用于痛经时月经过多、防止放置宫内节育器（IUD）后月经过多或点滴出血。还可用于宫腔手术和检查时的镇痛，如早期妊娠的人工流产手术、诊断性刮宫术、清宫术、节育环安取术及子宫内镜检查。

【用法用量】成人：①抗风湿。a. 口服给药。胶囊，一次 0.2 ~ 0.4 g，早晚各 1 次，或早晨一次 0.2 g、晚上一次 0.4 g；也可首剂 0.5 g，之后一次 0.25 g，每 6 ~ 8 小时 1 次。片剂，首剂 0.5 g，之后一次 0.25 g，每 6 ~ 8 小时 1 次。肠溶微丸胶囊，一次 0.25 g，每日 2 ~ 3 次。缓释制剂，一次 0.5 g，每日 1 次。b. 肌内注射。一次 0.1 ~ 0.2 g，每日 1 次。c. 静脉注射。一次 0.275 g，每日 1 ~ 2 次，注射时间不得少于 3 分钟。d. 静脉滴注。一次 0.275 g，每日 1 ~ 2 次，滴注时间不得少于 30 分钟。e. 直肠给药。一次 0.125 ~ 0.25 g，0.5 g/d。②镇痛。a. 口服给药。胶囊，普通镇痛，首剂 0.4 g，之后必要时一次 0.2 g；痛风性关节炎急性发作，首剂 0.8 g，之后一次 0.2 g，每 8 小时 1 次，直到急性发作停止；痛经，首剂 0.4 g，之后必要时一次 0.2 g，每 6 ~ 8 小时 1 次。也可首剂 0.5 g，之后一次 0.25 g，每 6 ~ 8 小时 1 次。片剂、肠溶微丸胶囊、缓释制剂用法用量同"抗风湿"。b. 肌内注射。同"抗风湿"项。c. 静脉注射。同"抗风湿"项。d. 静脉滴注。同"抗风湿"项。e. 直肠给药。本药栓剂用于普通镇痛，一次 0.125 ~ 0.25 g，0.5 g/d；用于痛经可在月经来潮时或前一日给药，一次 0.3 g，每日 1 ~ 2 次；用于妇科术后疼痛或产后子宫收缩等，一次 0.3 g，每日 1 ~ 2 次；用于宫腔手术和检查时镇痛可一次 0.4 g，15 分钟后即可手术。儿童（抗风湿）：①口服给药，胶囊，一次 5 mg/kg，每日 2 次。②静脉注射，一次 5 mg/kg。③静脉滴注，一次 5 mg/kg。

【注意事项】①胃肠道疾病患者应在严密医疗监护下服用本药。②由于本药血浆蛋白结合率较高，对同时服用乙内酰脲类药物的患者须密切监测，必要时调整用药剂量。③避免与其他 NSAIDs［包括 COX-2 抑制药］合用。④根据控制症状的需要，在最短治疗时间内使用最低有效剂量，可使不良反应降到最低。⑤外科手术或牙科手术前停药至少 4 ~ 6 个半衰期。⑥对阿司匹林或其他 NSAIDs 过敏者，对本药也可过敏。

【药物相互作用】①丙磺舒：合用可使本药的血浆浓度升高、半衰期延长，疗效增强，但不良反应也相应增加。②碳酸氢钠：可加快本药的吸收。③黑叶母菊：合用可增加本药胃肠道及肾脏不良反应发生的风险。④棉酚、酮咯酸：与以上药物合用可增加本药胃肠道不良反应发生的风险。⑤甲氨蝶呤：本药可升高甲氨蝶呤的血药浓度，从而增强其毒性（白细胞减少、血小板减少、贫血、中毒性肾损害及黏膜溃疡形成）。⑥环孢霉素：本药可增加环孢霉素中毒（肾功能不全、胆汁淤积、感觉异常）的风险。⑦锂、钾：本药可抑制锂、钾随尿液排泄，使锂、钾的血药浓度升高。⑧磺脲类口服降血糖药：合用可增加低血糖风险。⑨抗凝血药如香豆素、肝素、茚满二酮衍生物等，抗抑郁药如帕罗西汀、文拉法辛、舍曲林等：合用可增加出血发生的风险。⑩达那帕特：合用可增加出血和椎管内麻醉时血肿发生的风险。⑪其他 NSAIDs：合用可使胃肠道的不良反应增多，并有致溃疡发作的危险。⑫β-葡聚糖：合用可导致严重的胃肠道损害。⑬他克莫司：合用可导致急性肾衰竭。⑭蚂蟥：合用可增加胃黏膜损伤的风险。⑮左氧氟沙星、氧氟沙星：合用可增加癫痫发作的风险。⑯含镁、铝的药物：合用可使本药吸收率降低。⑰阿米洛利、坎利酸钾、螺内酯、氨苯蝶啶：本药可减弱以上药物的利尿作用，并导致高钾血症或潜在的中毒性肾损害。⑱血管紧张素转化酶抑制剂（ACEI）和噻嗪类利尿药、袢利尿药：本药可减弱以上药物的降压和利尿作用。⑲β肾上腺素受体阻滞药（醋丁洛尔、阿替洛尔、倍他洛尔、贝凡洛尔、比索洛尔、布新洛尔、卡替洛尔、卡维地洛、塞利洛尔、地来洛尔、艾司洛尔、拉贝洛尔、左布诺洛尔、甲吲洛尔、美替洛尔、美托洛尔、纳多洛尔、奈必洛尔、氧烯洛尔、喷布洛尔、吲哚洛尔、普萘洛尔、索他洛尔、他林洛尔、特他洛尔、噻吗洛尔）：本药可减弱以上药物的抗高血压作用。⑳氨氯地平、非洛地平、伊拉地平、拉西地平、美尼地平、尼卡地平、硝苯地平、尼伐地平、尼莫地平、尼索地平、尼群地平、普尼地平、地尔硫䓬、氟桂利嗪、利多氟嗪、加洛帕米、维拉帕米：合用可减弱以上药物的降压作用，并增加胃肠道出血的风险。㉑乙醇：饮酒可使本药的胃肠道不良反应增多，并有致溃疡发作的危险。

三、抗痛风药

别嘌醇

【别名】奥迈必利、别嘌醇钠、别嘌呤、别嘌呤醇、柴罗列克、华风痛、路必利、全嘌呤、赛来力、赛洛克、赛洛力、痛风立克、痛风宁、维洛林、异嘌呤醇、易达通。

【药理作用】本药及其代谢产物氧嘌呤醇均可抑制黄嘌呤氧化酶（后者可使次黄嘌呤转变为黄嘌呤，再使黄嘌呤转变成尿酸），使尿酸生成减少，血中及尿中的尿酸含量降低到溶解度以下，从而防止尿酸形成结晶沉积在关节及其他组织内。本药也有助于痛风结节及尿酸结晶的重新溶解。此外，通过对次黄嘌呤-鸟嘌呤磷酸核酸转换酶的作用，本药可抑制体内新的嘌呤的合成。

【适应证】①用于原发性和继发性高尿酸血症，尤其是尿酸生成过多者，也用于伴有肾功能不全的高尿酸血症。②用于痛风反复发作或慢性痛风。③用于痛风石。④用于尿酸性肾结石和（或）尿酸性肾病。

【用法用量】成人（口服给药）：①普通片剂，初始剂量一次50 mg，每日1~2次，1周可递增50~100 mg，至200~300 mg/d，分2~3次服，每2周测血液和尿液的尿酸水平，如已达正常水平，则不再增量；如测定值仍高，可再增加剂量。最大日剂量为600 mg。②缓释片或缓释胶囊，一次250 mg，每日1次，应根据病情和生化检查结果（如血液和尿液的尿酸水平）酌情调整剂量。儿童：继发性高尿酸血症，口服给药，普通片剂，6岁以下儿童，一次50 mg，每日1~3次；6~10岁儿童，一次100 mg，每日1~3次。剂量可酌情调整。

【注意事项】①本药不可用于治疗无症状的高尿酸血症。②本药不能控制痛风性关节炎的急性炎症症状，不可作为消炎药使用，必须在痛风性关节炎的急性炎症症状消失后（一般在发作后2周左右）方可开始使用。痛风急性期服用，可造成尿酸结晶迁延和痛风性关节炎持续。③本药用于血尿酸和24小时尿尿酸过多，或有痛风石或泌尿系结石及不宜用排尿酸药者。当从排尿酸药换成本药时，排尿酸药的用量应在数周内逐渐减少，本药用量逐渐增多，直到能维持正常血尿酸浓度。④本药必须由小剂量开始，逐渐递增至有效量维持正常血尿酸和尿尿酸水平，以后逐渐减量，以最低有效量维持较长时间。⑤在治疗的最初几个月内，痛风的急性发作可能更频繁，因此应同时服用预防量的秋水仙碱；而在本药治疗期间出现痛风急性发作时，应及时给予足量的秋水仙碱。⑥用药期间应大量饮水，使尿液呈中性或碱性以利尿酸排泄。⑦本药有致眩晕的危险，用药期间不宜驾驶及操作机械。

【药物相互作用】①排尿酸药：合用可增强疗效。②秋水仙碱：合用可有效抑制急性痛风的发作。③丙磺舒：合用可升高丙磺舒血药浓度，增强机体清除尿酸的能力。④阿莫西林、氨苄西林等：合用时皮疹的发生率增加，尤其是高尿酸血症患者。⑤血管紧张素转化酶抑制药、氨氯地平：合用可引起史-约综合征（Stevens-Johnson syndrome）和皮疹等过敏反应。⑥环磷酰胺：合用可增强对骨髓的抑制。⑦去羟肌苷：本药可增加去羟肌苷的生物利用度，从而升高其血药浓度。⑧口服降血糖药（如甲苯磺丁脲等）：合用可能导致血糖过低。⑨茶碱：合用易发生茶碱中毒反应。⑩铁盐：合用可使铁在组织中过量蓄积，引起含铁血黄素沉着。⑪抗凝血药（如双香豆素、茚满二酮、华法林等）：合用可增加出血的危险性。⑫免疫抑制药（硫唑嘌呤或巯嘌呤等）：合用可使以上药物疗效增加2~4倍，毒性增大。⑬阿糖腺苷：合用可导致神经毒性、震颤、认知功能损害。⑭抗结核药（吡嗪酰胺、乙胺丁醇）、肾上腺素类药：合用可降低本药疗效。⑮制酸药（如氢氧化铝）：此类药物可能通过减少本药的吸收而降低其疗效。⑯吡嗪酰胺、利尿药（如氯噻酮、依他尼酸、呋塞米、美托拉宗、噻嗪类利尿药等）：以上药物可增加血清中尿酸浓度。有高血压或肾功能不全的患者合用本药及噻嗪类利尿药发生肾衰竭及过敏反应的报道。⑰尿酸化药：合用可增加肾结石形成的风险。⑱乙醇：饮酒可使血清中尿酸含量增加，降低本药药效。

秋水仙碱

【别名】阿马因、秋水仙化合物－F、秋水仙素。

【药理作用】本药为百合科植物秋水仙的球茎和种子中提取出的一种生物碱。痛风性关节炎的炎症反应是关节液和关节滑膜的中性粒细胞趋化、聚集及吞噬尿酸盐及释放一些炎性介质所致。本药可控制关节局部的疼痛、肿胀及发红炎症反应，其作用机制为：①与中性粒细胞微管蛋白的亚单位结合而改变细胞膜功能，包括抑制中性粒细胞的趋化、黏附和吞噬作用。②抑制磷脂酶 A_2，减少单核细胞和中性粒细胞释放前列腺素和白三烯。③抑制局部细胞产生白细胞介素－6等。本药不影响尿酸盐的生成、溶解及排泄，因而无降血尿酸作用。

【适应证】用于治疗痛风性关节炎的急性发作，预防复发性痛风性关节炎的急性发作。

【用法用量】①痛风性关节炎的急性发作：a. 口服给药。常用量为一次0.5~1 mg，每1~2小时1次，直至关节症状缓解，或出现腹泻或呕吐。一般治疗量为3~5 mg，24小时内不宜超过6 mg。痛风症状可于6~12小时减轻，24~48小时内得到控制，以后48小时无须服用本药，此后可0.5~1.5 mg/d，分次服用（如一次0.5 mg，每日2~3次），共7日。b. 静脉注射。对口服给药胃肠道反应剧烈者，一次1 mg，稀释于0.9%氯化钠注射液20 mL中，缓慢推入（20~30分钟）。24小时剂量不超过2 mg。视病情需要 6~8 小时后可再给药。②预防复发性痛风性关节炎的急性发作：口服给药，0.5~1 mg/d，分次服用，疗程酌定，出现不良反应时应随时停药。

【注意事项】①本药无镇痛作用，不可用于除痛风外其他原因引起的疼痛。②本药不宜用作长期预防痛风性关节炎发作的药物。③美司坦局部封闭，可减轻本药渗漏皮下所致的组织坏死。④女性患者在用药期间及停药后数周内应避孕。

【药物相互作用】①中枢神经抑制药：本药可使中枢神经抑制药增效，使拟交感神经药的反应性加强。②灰黄霉素：合用可加重血卟啉代谢障碍。③糖皮质激素：合用可减轻本药的骨髓抑制等不良反应。④维生素 B_6、肌苷酸钠、甘露醇：合用可减轻毒性作用。⑤氯丙嗪：合用可减弱本药的作用。⑥石蒜：本药与石蒜的抗肿瘤作用有交叉耐药性。⑦维生素 B_{12}：本药可导致可逆性维生素 B_{12} 吸收不良。⑧口服抗凝血药、降血压药：本药可降低以上药物的作用。

苯溴马隆

【别名】苯溴酮、苯溴香豆素、苯溴香豆酮、步利仙、尔同舒、立加利仙、痛风利仙、溴酚呋酮、尤诺。

【药理作用】本品主要通过抑制肾近曲小管对尿酸的重吸收，降低血浆过高的尿酸浓度而发挥抗痛风的作用，不仅缓解疼痛、减轻红肿，还能使痛风结节消散。成人一次口服 100 mg 约 3 小时血尿酸水平开始降低，5 小时左右尿酸清除率达到最高峰，血尿酸水平降至最低值，20 小时后开始有所回升，24 小时血尿酸为原水平的 66.5%。

【适应证】用于原发性和继发性高尿酸血症，以及多种原因引起的痛风及痛风性关节炎非急性发作期。

【用法用量】口服：片剂、胶囊，一次 50 mg，每日 1 次，早餐后服用，1 周后检查血尿酸浓度。或治疗初期 100 mg/d，早餐后服用，待血尿酸降至正常范围时改为 50 mg/d。

【注意事项】①有用药后出现肝细胞溶解破坏导致肝移植或致死的报道。②对本药过敏者、肾小球滤过率低于 20 mL/min 的肾功能不全者、肾结石患者、妊娠期妇女或计划妊娠的妇女、哺乳期妇女禁用。

【药物相互作用】与阿司匹林及其他水杨酸类制剂、吡嗪酰胺同服，可减弱本品的作用。

四、抗风湿药

来氟米特

【别名】爱若华、奥克鲁、关平、赫派、妥抒、优通。

【药理作用】细胞生长过程中需要嘧啶以合成其所需的 DNA 和 RNA。本品为具有抗扩增活性的异噁唑类免疫调节剂，口服后经肝脏和肠壁的细胞质及微粒体迅速转化为具有活性的代谢物 A771726（M1）发挥作用。A771726（M1）抑制嘧啶生成过程中所需的二氢乳清酸脱氢酶（DHODH），主要针对增殖迅速的细胞如活化的 T 淋巴细胞。DHODH 被本品抑制后，活化的 T 淋巴细胞就停止生长在 G_1~S 期的细胞周期过程，无法继续扩增。在类风湿关节炎患者的关节中有大量活化的 T 细胞，它们需要大量嘌呤以维持其增殖和作用。当嘌呤合成因本品而受抑制后，关节中活化 T 细胞亦停止扩增。本品在实验动物中通过抑制肿瘤坏死因子（TNF）介导的转录因子蛋白（NF-κB）的活性使许多炎性细胞因子和基质金属蛋白酶（MMPS）得以抑制，因此可能有一定的消炎和抑制骨吸收，减少软骨、骨结构破坏的双重作用。

【适应证】①用于治疗成人类风湿关节炎，可改善病情。②用于治疗狼疮性肾炎。

【用法用量】①类风湿关节炎：口服，为快速达到稳态血药浓度，推荐治疗的最初3日给予负荷剂量，即一次 50 mg，每日 1 次；随后给予维持剂量，10 mg/d 或 20 mg/d。②狼疮性肾炎：口服，推荐剂量一次 20～40 mg，每日 1 次，病情缓解后适当减量。

【注意事项】对本药或其代谢产物过敏者、严重肝脏损害者、妊娠期妇女及未采取可靠避孕措施的育龄妇女、哺乳期妇女禁用。

【药物相互作用】①考来烯胺或活性炭可与代谢产物结合，使本药活性产物浓度降低。②与其他有肝毒性药物合用可增加不良反应。③本药活性产物可使血浆游离甲苯磺丁脲浓度升高 13%～50%。④本药活性产物可使血浆游离双氯芬酸和布洛芬的浓度升高 13%～50%。⑤利福平可抑制肝细胞色素 P450，引起本品代谢加快，使代谢产物峰浓度升高。

甲氨蝶呤

【别名】安克生、氨甲蝶啶、氨甲蝶呤、氨甲叶酸、氨克生、甲氨蝶呤钠、美素生、密都。

【药理作用】由于四氢叶酸是在体内合成嘌呤核苷酸和嘧啶脱氧核苷酸的重要辅酶，本药作为一种叶酸还原酶抑制药，主要抑制二氢叶酸还原酶而使二氢叶酸不可还原成具有生理活性的四氢叶酸，从而使嘌呤核苷酸和嘧啶核苷酸的生物合成过程中一碳基团的转移作用受阻，导致 DNA 的生物合成明显受抑制。此外，本药也有对胸苷酸合成酶的抑制作用，但抑制 RNA 与蛋白质合成的作用则较弱，本药主要作用于细胞周期的 S 期，属细胞周期特异性药物，对 G_1/S 期的细胞也有延缓作用，对 G_1 期细胞的作用较弱。

【适应证】①用于治疗急性白血病（特别是急性淋巴细胞白血病）、恶性淋巴瘤（特别是非霍奇金淋巴瘤）、蕈样肉芽肿、多发性骨髓瘤、头颈部癌、支气管肺癌、各种软组织肉瘤、乳腺癌、卵巢癌、宫颈癌、睾丸癌、恶性葡萄胎、绒毛膜癌、胃癌。大剂量给药时可用于骨肉瘤。②用于治疗银屑病。③用于自身免疫性疾病（如类风湿关节炎）。④鞘内注射可用于预防和治疗脑膜白血病及恶性淋巴瘤的神经系统转移。

【用法用量】成人：①急性白血病。a. 口服给药，一次 5～10 mg，每日 1 次，每周 1～2 次，1 个疗程安全剂量为 50～100 mg。用于急性淋巴细胞白血病维持治疗时，一次 15～20 mg/m²，每周 1 次。b. 肌内注射，一次 10～30 mg，每周 1～2 次。c. 静脉注射，同肌内注射。②恶性淋巴瘤、蕈样肉芽肿、多发性骨髓瘤、头颈部癌、肺癌、各种软组织肉瘤、乳腺癌、卵巢癌、宫颈癌、睾丸癌。a. 口服给药，一次 5～10 mg，每日 1 次，每周 1～2 次，1 个疗程安全剂量为 50～100 mg。b. 肌内注射，一次 10～50 mg，每周 1～2 次。c. 静脉注射，同肌内注射。③蕈样肉芽肿。a. 口服给药，一次 5～10 mg，每日 1 次，每周 1～2 次，1 个疗程安全剂量为 50～100 mg。b. 肌内注射，一次 50 mg，每周 1 次；或一次 25 mg，每周 2 次。可作为口服疗法的替代方法。④恶性葡萄胎、绒毛膜癌。a. 口服给药，一次 5～10 mg，每日 1 次，每周 1～2 次，1 个疗程安全剂量为 50～100 mg。b. 肌内注射，10～20 mg/d。c. 静脉注射，同肌内注射。d. 静脉滴注，10～

20 mg/d，溶于 5% 或 10% 葡萄糖注射液 500 mL 中静脉滴注，每日 1 次，5～10 次为 1 个疗程。总量 80～100 mg。⑤银屑病。a. 口服给药，一次 5～10 mg，每日 1 次，每周 1～2 次，1 个疗程安全剂量为 50～100 mg。b. 肌内注射，一次 10～25 mg，每周 1 次；根据患者的反应调整剂量，最大可至一周 50 mg。达到最佳反应时，应调整至尽可能低的剂量和尽可能长的间隔。c. 静脉注射，同肌内注射。⑥难治性风湿性关节炎。肌内注射，初始剂量为一次 5～15 mg，每周 1 次。以后一周可递增 5～25 mg（最大剂量）。⑦实体瘤。静脉注射，一次 20 mg/m^2。⑧骨肉瘤。静脉滴注，采用大剂量疗法，即一次 1000～5000 mg/m^2，滴注 4～6 小时。从用药前 1 日开始至用药后 1～2 日，应一日补液 3000 mL，并用碳酸氢钠碱化尿液，一日尿量不少于 2000 mL。开始用药后 24 小时起，每 6 小时肌内注射亚叶酸 15 mg，连用 10 次或直至甲氨蝶呤血药浓度降至 5×10^{-8} mol/L 以下。⑨脑膜白血病。鞘内注射，一次 6 mg/m^2（通常为 5～12 mg，一次最大剂量不宜超过 12 mg），每日 1 次，5 日为 1 个疗程；用于预防给药时，一次 10～15 mg，每日 1 次，每 6～8 周 1 次。⑩恶性淋巴瘤的神经系统转移。鞘内注射，一次 10～15 mg，每 3～7 日 1 次；注射速度宜缓慢，注入溶液量不能超过抽出的脑脊液量。儿童：①一般用法。a. 口服给药，诱导剂量为 3.3 mg/(m^2·d)，维持剂量为一次 15～20 mg/m^2，每周 2 次。b. 肌内注射，一次 20～30 mg/m^2，每周 1 次，或视骨髓情况调整。c. 静脉注射，同肌内注射。②实体瘤。肌内注射，一次 8～12 g/m^2，每 3 周 1 次。

【注意事项】①使用本药大剂量疗法，用药前应准备好解救药亚叶酸盐，并应充分补充液体和碱化尿液。患者须住院治疗，在血药浓度监测下谨慎使用，每次滴注时间不宜超过 6 小时，滴注时间过长可增加肾毒性。有肾病史或发现肾功能异常者，禁用该大剂量疗法。②妊娠期、哺乳期妇女禁用。③本药有可能引起注意力不集中，影响驾驶及机械操作。④造血系统疾病（如骨髓再生障碍、白细胞减少、血小板减少、贫血）患者禁用。

【药物相互作用】①质子泵抑制药：高剂量本药与质子泵抑制药合用时，可使本药血药浓度升高，导致其潜在的严重毒性。②别嘌醇、秋水仙碱等：合用后可引起血液中尿酸水平升高。③阿糖胞苷：给予本药前 24 小时或后 10 分钟使用阿糖胞苷，可增强本药的抗癌活性。④水杨酸类、保泰松、磺胺类、苯妥英、四环素、氯霉素、氨苯甲酸等：合用可导致本药血药浓度升高而致毒性增加。⑤糖皮质激素：可升高本药血药浓度而加重毒性反应。长期合用时可引起膀胱上皮癌。合用时应减少本药用量，长期合用应定期检查尿常规。⑥骨髓抑制药（金制剂、青霉胺等）、利尿药：合用可加重骨髓抑制。⑦巴比妥类药：合用可加重本药引起的脱发。⑧氧化亚氮：合用可加重本药引起的口腔炎和其他毒性反应。⑨胺碘酮：合用可加重本药的毒性反应。⑩氨苯蝶啶、乙胺嘧啶等：合用可增加本药不良反应。⑪丙磺舒：可延长本药血浆半衰期。⑫阿维 A 酯：合用易发生严重中毒性肝炎。⑬氟尿嘧啶：与氟尿嘧啶合用或先用氟尿嘧啶后用本药，均可产生拮抗作用；但如先用本药，4～6 小时后再用氟尿嘧啶则产生协同作用。⑭天冬酰胺酶：合用可致本药减效；如使用天冬酰胺酶 10 日后再给予本药或于使用本药后 24 小时内给予天冬酰胺酶，则可增效，且可减少胃肠道及骨髓的不良反应。⑮先锋霉素、博来霉素、卡那霉素、羟基脲、巯嘌呤：合用可降低本药疗效。⑯考来烯胺：可降低本药静脉滴注时的血药浓度。⑰新霉素：口服新霉素可减少本药的口服吸收。⑱其他抗凝血药：本药可增加抗凝血作用，甚至引起肝脏凝血因子缺乏和（或）血小板减少。⑲维生素 C：维生素 C 可消除本药引起的恶心，对其尿中排泄无明显影响。⑳乙醇：合用可增加肝毒性。

硫酸氨基葡萄糖

【别名】2-氨基脱氧葡萄糖、氨基葡糖、奥泰灵、保节力、步迈新、九力、氨基葡萄糖、硫酸葡萄糖胺、培古立、葡立、葡糖胺、普力得、维尔固、维骨力、维固力、盐酸氨基葡萄糖、伊索佳。

【药理作用】本药为天然的氨基单糖，是蛋白多糖合成的前体物质，可刺激软骨细胞产生有正常多聚体结构的蛋白多糖，提高软骨细胞的修复能力，抑制可能损害关节软骨的酶（如胶原酶和磷脂酶 A_2），并可防止损伤细胞的超氧化物自由基的产生，促进软骨基质的修复和重建，从而可缓解骨关节疼痛，改善关节功能，并延缓病程的发展。

【适应证】用于全身所有部位骨性关节炎的防治，包括膝关节、髋关节、脊柱、肩、手和手腕、踝关节等。

【用法用量】骨性关节炎，口服给药，根据需要可延长用药疗程。每年可重复治疗 2~3 个疗程。①片剂、胶囊、颗粒：盐酸盐制剂，一次 0.24~0.48 g，每日 3 次，连服 4~12 周；或一次 0.75 g，每日 2 次，6 周为 1 个疗程。硫酸盐制剂，一次 0.25~0.5 g，每日 3 次，连服 4~12 周。②泡腾片：硫酸盐制剂，一次 0.5 g，每日 3 次，连服 6 周，必要时可用至 6 周以上。③散剂：硫酸盐制剂，一次 1.5 g，每日 1 次，连服 12 周。

【注意事项】本药散剂可能含天冬氨酰苯丙氨酸甲酯，苯丙酮尿症患者禁用。

【药物相互作用】①四环素类药：合用可使此类药物的胃肠道吸收增加。②非甾体消炎药（布洛芬等）：合用可使此类药物的消炎作用增强。③华法林：合用可使华法林的抗凝血作用增强，患者血清国际标准化比值升高。④抗糖尿病药：合用可能使此类药物的作用减弱。⑤阿霉素、依托泊苷、替尼泊苷：合用可使以上药物的作用减弱。⑥口服青霉素、氯霉素：本药可减少以上药物的吸收。⑦利尿药：本药与利尿药可能存在相互作用。

第四节　治疗精神障碍药

一、抗精神病药

奋乃静

【别名】得乐方、庚酸奋乃静、过二苯嗪、过非那嗪、氯吩嗪、羟哌氯丙嗪。

【药理作用】本药属吩噻嗪类药，药理作用与氯丙嗪相似，抗精神病作用主要与其阻断与情绪思维的中脑边缘系统及中脑皮质通路的多巴胺受体（DA_2）有关，而镇静安定作用则与阻断网状结构上行激活系统的 α 肾上腺素受体有关。本药镇吐作用较强，镇静作用较弱。

【适应证】①对幻觉、妄想、焦虑、思维障碍、淡漠、木僵、激动等精神症状有疗效，可用于治疗精神分裂症和其他精神障碍。②用于多种原因所致的呕吐或顽固性呃逆。

【用法用量】成人：①精神分裂症。a. 口服给药。一般用法，从小剂量开始，一次 2~4 mg，每日 2~3 次；以后每隔 1~2 日增加 6 mg，逐渐增至常用量 20~60 mg/d，维持剂量为 10~20 mg/d。住院患者充分治疗时 20~50 mg/d，分 2~4 次服，或根据需要和耐受情况调整用量。门诊患者开始时可缓慢加药，逐渐增至需要量。b. 肌内注射。一次 5~10 mg，每日 2 次或每 6 小时 1 次，也可根据需要和耐受情况调整用量。c. 静脉注射。一次 5 mg，用氯化钠注射液稀释至 0.5 mg/mL，注射速度不得超过 1 mg/min。待患者合作后改为口服。②呕吐或焦虑。口服给药，一次 2~4 mg，每日 2~3 次。儿童（精神病）：①口服给药，12 岁及以上者可参考成人剂量。12 岁以下的用量尚未确定，视病情所需和耐受状况逐渐调整至有效量。②静脉注射，12 岁及以上者可参考成人剂量。12 岁以下的注射用量尚未确定，应慎用。一般建议尽量口服给药。

【注意事项】①突然停药可导致恶心、呕吐、胃部刺激、头痛、心率加快、失眠或病情恶化，故应逐渐减量。②用药期间不宜驾驶、操作机械或高空作业。③对其他吩噻嗪类药过敏者，也可对本药过敏。

【药物相互作用】①哌替啶：合用可增强本药的镇静或镇痛作用。②单胺氧化酶抑制药（如异烟肼、酮康唑、左旋多巴等），三环类抗抑郁药（如阿米替林、阿莫沙平、氯米帕明、地昔帕明、多塞平等），普萘洛尔、苯妥英：本药可增强以上药物的不良反应。③中枢神经抑制药（尤其是吸入全身麻醉药或巴比妥类等静脉全身麻醉药）、抗胆碱药：合用可增强彼此药效。④锂剂：合用可导致衰弱无力、运动障碍、锥体外系反应增强、脑病和脑损伤。⑤槟榔：合用可增强锥体外系反应。⑥曲马多：合用可增加癫痫发作的风险。⑦司氟沙星、左氧氟沙星、格帕沙星、西沙必利：合用可导致严重的心律失常。⑧氟西汀、帕罗西汀、舍曲林：合用可出现严重的急性帕金森综合征。⑨肾上腺素：合用可导致明显的低血压和心动过速。⑩抗酸药、止泻药：以上药物可降低本药的口服吸收。⑪双硫仑：合用可使本药的血药浓度降低到治疗浓度以下。⑫苯丙胺类药：本药可减弱此类药物的药效。⑬胍乙啶类药：本药可抵消此类药物的降压效果。⑭左旋多巴：本药可抑制左旋多巴的抗震颤麻痹效应。⑮抗惊厥药：本药不能增强此类药物的药效。⑯乙醇：合用可增强彼此效果。

盐酸氯丙嗪

【别名】阿米那金、可乐静、可平静、氯硫二苯胺、氯普马嗪、美心、盐酸冬眠灵、盐酸氯普马嗪。

【药理作用】本药属二甲胺族吩噻嗪类药，为抗精神病的经典药物。主要阻断脑内多巴胺受体，这是本药抗精神病作用的机制，也是其长期应用产生严重不良反应的基础。本药还能阻断 α 肾上腺素受体和 M 胆碱受体，因而其药理作用广泛。具体作用如下。①抗精神病作用：主要是由于拮抗了与情绪思维有关的边缘系统的多巴胺受体所致；而拮抗网状结构上行激活系统的 α 肾上腺素受体，则与镇静安定有关。②镇吐作用：小剂量可抑制延髓催吐化学敏感区的多巴胺受体，大剂量时又可直接抑制呕吐中枢，产生强大的镇吐作用，但对刺激前庭所致的呕吐无效。③降温作用：本药对下丘脑体温调节中枢有较强的抑制作用，不但可降低发热患者的体温，还能降低正常体温，这与解热镇痛药不同，后者只降低发热体温而不降低正常体温。本药的降温作用随外界环境温度而变化，环境温度愈低，其降温作用愈明显，与物理降温同时运用具有协同作用；在炎热的天气，本药反可使体温升高，这是干扰了机体正常散热的结果。④阻断外周 α 肾上腺素受体，直接扩张血管，引起血压下降，大剂量时可引起直立性低血压。还可解除小动脉、小静脉痉挛，改善微循环，从而起抗休克的作用。同时由于扩张大静脉的作用大于扩张动脉的作用，故可降低心脏前负荷，从而改善心脏功能（尤其是左心衰竭时）。⑤内分泌系统：可阻断结节－漏斗系统中的 D_2 亚型受体，从而使血中催乳素浓度增高，出现乳房肿大、溢乳；抑制促性腺激素释放、促皮质素及促生长激素分泌，延迟排卵。⑥拮抗外周 M 受体，可引起口干、便秘和视物模糊等不良反应。

【适应证】①用于精神分裂症、躁狂症或其他精神病性障碍。对兴奋躁动、幻觉妄想、思维障碍及行为紊乱等阳性症状有较好的疗效。②用于各种原因所致的呕吐或顽固性呃逆。③低温麻醉及人工冬眠：用于低温麻醉时可防止休克发生。人工冬眠时，与哌替啶、异丙嗪配成冬眠合剂用于创伤性休克、中毒性休克、烧伤、高热及甲状腺危象的辅助治疗。④可与镇痛药合用，缓解癌症晚期患者的剧痛。⑤治疗心力衰竭。⑥试用于治疗巨人症。⑦用于严重的行为问题。⑧用于急性间歇性卟啉病。⑨用于术前恐惧。⑩用于破伤风的辅助治疗。

【用法用量】成人：①精神分裂症、躁狂症或其他精神病性障碍。a. 口服给药，用于精神分裂症、躁狂症，初始剂量一次 25～50 mg，每日 2～3 次。每 2～3 日增加 25～50 mg，治疗剂量为 400～600 mg/d。用于其他精神病，剂量应偏小。b. 静脉滴注，初始剂量一次 25～50 mg，稀释于 500 mL 葡萄糖氯化钠注射液中，每日 1 次。每 1～2 日增加 25～50 mg，治疗剂量为 100～200 mg/d。c. 肌内注射，一次 25～50 mg，每日 2 次。待患者合作后改为口服。②止呕。a. 口服给药，一次 12.5～25 mg，每日 2～3 次。b. 肌内注射，一次 25～50 mg。③冬眠疗法。静脉滴注，由本药、异丙嗪各 50 mg，哌替啶 100 mg 用 5% 葡萄糖注射液 250 mL 配成溶液，根据病情确定用量，静脉滴注。④心力衰竭。a. 肌内注射，使用小剂量，一次 5～10 mg，每日 1～2 次。b. 静脉滴注，用量同肌内注射项，静脉滴注时速度为 0.5 mg/min。儿童：口服给药，6 岁以上儿童酌情减量。

【注意事项】①用药期间不宜驾驶、操作机械或高空作业。②对其他吩噻嗪类药过敏者，对本药也可能过敏。

【药物相互作用】①三环类抗抑郁药（如阿莫沙平、多塞平、阿米替林、氯米帕明、曲米帕明、洛非帕明、地昔帕明、丙米嗪、去甲替林、普罗替林等）：合用可使血药浓度升高，毒性增强，抗胆碱作用增强。②普萘洛尔：合用可使本药的毒性增强。③颠茄：合用可加重躁狂，尤其是在颠茄过量时，可使抗胆碱作用增强而致心肺功能衰竭。④槟榔：合用可增加本药的锥体外系反应。⑤卡托普利、曲唑酮：合用可能导致低血压。⑥阿替洛尔、美托洛尔：合用可导致低血压，本药毒性增加。⑦西沙必利、舒托必利、多非利特、司帕沙星、格帕沙星、左氧氟沙星、卤泛群：合用对心脏的毒性增加。⑧伊布利特、匹莫齐特、索他洛尔、加替沙星、佐替平、莫西沙星：合用可增加心脏毒性的危险，如 QT 间期延长、尖端扭转型室性心动过速、心脏停搏。⑨二氮嗪：合用可能会引起高血糖症。⑩阿托品类药：合用可使不良反应增强。⑪碳酸锂：合用可引起血锂浓度升高。⑫哌替啶：合用对中枢神经系统和呼吸的抑制作用加强。⑬卟吩姆钠：合用可加重光敏感组织的细胞内损害。⑭氨甲环酸：合用于治疗蛛网膜下腔出血时，有导致脑血管痉挛与脑缺血的报道。⑮单胺氧化酶抑制药：合用可使两者的抗胆碱作用加重，不良反应加重。⑯月见草油、甲泛葡胺、曲马多：合用可致发生惊厥的危险性增加。⑰唑吡坦：合用可增加中枢神经的抑制作用。⑱苯妥英：合用时苯妥英的血药浓度可能会升高或降低，而本药的血药浓度则降低。⑲苯丙胺：合用致两者效力均降低，且使惊厥发生的危险性增加，而本药的抗精神病作用降低。⑳抗酸药：抗酸药可降低本药的吸收。㉑苯扎托品、奥芬那君、丙环定、盐酸苯海索：合用可致本药的血药浓度降低，药效减弱而胆碱作用加强。㉒卡麦角林：合用时治疗学效应均降低。㉓西咪替丁：合用可降低本药的疗效。㉔苯巴比妥：合用可减弱本药的抗精神病作用。㉕肾上腺素：合用可降低或逆转肾上腺素的升压作用。㉖胍乙啶、去甲肾上腺素、芬美曲秦、左旋多巴：本药可降低以上药物的药效，还可使左旋多巴失效。㉗苯丙香豆素、华法林：本药可降低以上药物的药效。㉘乙醇：合用对中枢的抑制作用增强。

氟哌啶醇

【别名】氟哌醇、氟哌啶苯、卤吡醇、哌力多、乳酸氟哌啶醇。

【药理作用】本药为丁酰苯类抗精神病药，其作用机制为阻滞脑内多巴胺受体，抑制多巴胺神经元的效应，并能加快和增强脑内多巴胺的转化。此外，本药还可阻滞自主神经系统的肾上腺素 α 受体，产生相应的生理作用。

本药作用与氯丙嗪相似，其特点为：抗精神病、抗焦虑症作用强而久；镇吐作用亦较强；镇静作用弱；降温作用不明显。

【适应证】①主要用于治疗各型急、慢性精神分裂症及躁狂症等。②也可用于抽动秽语综合征。③还可用于脑器质性精神障碍和老年性精神障碍。④用于非抗精神病药物和心理疗法治疗失败后的极度活跃行为。⑤用于焦虑性神经症。⑥用于术后恶心和呕吐的替代治疗。⑦酒精依赖的辅助治疗。

【用法用量】成人：①精神分裂症。a. 口服给药，从小剂量开始，起始剂量一次 2 ~ 4 mg，每日 2 ~ 3 次。逐渐增加至常用量 10 ~ 40 mg/d，维持剂量 4 ~ 20 mg/d。b. 静脉滴注，本药 10 ~ 30 mg 加入 250 ~ 500 mL 葡萄糖注射液内静脉滴注。②焦虑性神经症。口服给药，0.5 ~ 1.5 mg/d，根据临床疗效调整剂量。③抽动秽语综合征。口服给药，一次 1 ~ 2 mg，每日 2 ~ 3 次。④兴奋躁动。肌内注射，一次 5 ~ 10 mg，每日 2 ~ 3 次，安静后改为口服给药。儿童：口服给药，参见成人用量，酌情减量。

【注意事项】①长期用药者停药时，应在几周之内逐渐减少剂量，骤然停药可出现迟发性运动障碍，也可促使抑郁发作。②本药可引起嗜睡，用药期间应避免驾驶或操作机器。③过量使用或静脉注射本药可能导致 QT 间期延长，或尖端扭转型室性心动过速的风险增加，因此本药静脉给药时应进行心电图监测，以下患者治疗时应特别谨慎：出现其他 QT 间期延长的症状，包括电解质紊乱（尤其是低钾血症和低镁血症）；潜在心脏病、甲状腺功能减退或遗传性 QT 间期延长综合征；正在服用延长 QT 间期药物的患者。④本药未被美国食品药品管理局（FDA）批准用于静脉注射。

【药物相互作用】①异烟肼、奎尼丁：合用可使本药的血药浓度升高。②麻醉药、镇痛药（如哌替啶）、催眠药：合用可相互增效。③抗高血压药：合用可使血压过度降低。④其他中枢神经抑制药：本药可增强其他中枢神经抑制药的药效。⑤抗惊厥药（苯巴比妥、巴比妥、苯妥英等）：本药并不能使抗惊厥药增效，但可改变或提高癫痫发作阈值，也可改变癫痫的发作形式。另外，抗惊厥药可使本药的血药浓度降低。⑥卡马西平：合用可使本药的血药浓度降低。⑦利福平：利福平可使本药的半衰期缩短。⑧苯丙胺：本药可降低苯丙胺的作用。⑨具有抗胆碱活性的药物（如颠茄、苯扎托品）：合用可减少锥体外系反应，但有可能使眼压增高，或降低在精神分裂症患者中的血药浓度。⑩肾上腺素：合用可致血压下降。⑪普萘洛尔：据报道，合用可致低血压和心搏、呼吸骤停。⑫甲基多巴：合用可发生意识障碍、思维迟缓与定向障碍。⑬氟西汀：合用可加重锥体外系反应。⑭锂盐：合用时需注意观察有无神经毒性与脑损伤。⑮乙醇：用药期间饮酒，可促使酒精中毒，易产生严重的低血压和（或）深度昏迷。⑯尼古丁：吸烟可以降低本药的稳态血药浓度，增加其清除率。

舒必利

【别名】硫苯酰胺、舒定、消呕灵、消呕宁、止呕灵、止吐灵。

【药理作用】本药为苯甲酰胺类抗精神病药，为特异性多巴胺 D_2 受体拮抗药（对其他递质受体亲和力小），具有与氯丙嗪相似的抗精神病效应，同时能止吐并抑制胃液分泌。其具体作用如下：①抗精神病作用，抗木僵、退缩、幻觉、妄想及精神错乱作用较强，有一定的抗抑郁作用，无镇静、催眠、抗兴奋躁动作用。②止吐作用，为中枢性止吐药，止吐作用强。

【适应证】①用于单纯型、偏执型、紧张型精神分裂症及慢性精神分裂症的孤僻、退缩、淡漠症状，对抑郁症状有一定疗效。②用于止吐。

【用法用量】成人：①精神分裂症。a. 口服给药。初始剂量为一次 100 mg，每日 2～3 次，逐渐增至 600～1200 mg/d。维持剂量为 200～600 mg/d。b. 肌内注射。一次 100 mg，每日 2 次。c. 静脉滴注。本药 100～200 mg 稀释于 250～500 mL 葡萄糖氯化钠注射液中缓慢静脉滴注，每日 1 次，可逐渐增至 300～600 mg/d，一日剂量不超过 800 mg。②呕吐。口服给药，一次 100～200 mg，每日 2～3 次。儿童：6 岁以上儿童按成人剂量换算，应从小剂量开始用药，缓慢增加剂量。

【注意事项】①用药期间不得从事驾驶、操作机械等危险性活动。②本药可掩盖肿瘤、肠梗阻及药物中毒等导致的呕吐症状，应注意。③突然停药可导致恶心、呕吐、胃部刺激、头痛、心率加快、失眠、震颤或病情恶化，故应逐渐减量。④应监测患者的锥体外系症状（剂量调整期间每 3 个月 1 次）。

【药物相互作用】①抗精神病药（除氯氮平）：合用可增强中枢抑制作用。②锂剂：锂剂可加重本药的不良反应，并降低药效。国外有报道称，锂剂和抗精神病药合用可导致多种脑病症状，并可加重锥体外系症状。③曲马多、佐替平：合用可增加癫痫发作的风险。④中枢神经抑制药、三环类抑抑郁药：合用可导致过度嗜睡。⑤抗帕金森药：合用可减少本药的某些不良反应，如锥体外系症状等。⑥硫糖铝：合用可使本药的生物利用度降低 40%。⑦抗酸药、止泻药：以上药物可降低本药的吸收率。⑧乙醇：合用可引起过度镇静。

癸氟奋乃静

【别名】保利神、滴加、滴咖、滴卡、氟丙嗪、氟非拉嗪、氟吩嗪、氟奋庚酯、氟奋癸酯、氟奋乃静、氟奋乃静二盐酸盐、庚酸氟奋乃静、癸酸氟奋乃静、羟哌氟丙嗪、盐酸羟哌氟丙嗪。

【药理作用】本药为哌嗪族吩噻嗪类抗精神病药，可阻断多巴胺 D_2 受体而发挥其药理作用。抗精神病作用比奋乃静强，且更持久；其镇静、降压、止吐作用微弱，但锥体外系反应比奋乃静更多见。

【适应证】用于治疗精神分裂症，有振奋和激活作用，适用于单纯型、紧张型精神分裂症，也用于缓解慢性精神分裂症的情感淡漠、行为退缩等症状。

【用法用量】成人（精神分裂症）：①口服给药，一次 2 mg，每日 2 ~ 3 次。逐渐增量至 10 ~ 20 mg/d，一日用量不超过 30 mg。②肌内注射，一次 2 ~ 5 mg，每日 1 ~ 2 次。老年人剂量：老年或体弱者，应从最小量开始，然后每日用量递增 1 ~ 2 mg。

【注意事项】①用药期间不宜驾驶、操作机械或高空作业。②突然停药可导致恶心、呕吐、胃部刺激、头痛、心率加快、失眠或病情恶化，故应逐渐减量。③对其他吩噻嗪类药过敏者，对本药也可能过敏。

【药物相互作用】①三环类抗抑郁药（如阿米替林、阿莫沙平、氯米帕明、地昔帕明、度硫平、多塞平、丙米嗪、洛非帕明、去甲替林等）：合用可使两者的毒性和抗胆碱作用均增加，出现过度嗜睡等不良反应。②西沙必利：合用可增加对心脏的毒性，引起 QT 间期延长、心搏骤停等。③加替沙星、莫西沙星、格帕沙星：合用可增加对心脏的毒性，引起 QT 间期延长、心脏停搏等。④多非利特、卤泛群：以上药物和本药均有导致心电图 QT 间期延长的作用。⑤单胺氧化酶抑制药（如氯吉兰）：此类药物可延长本药的作用，也可能会增加本药的不良反应。⑥舒托必利：合用有发生室性心律失常的危险，严重者可致尖端扭转型心律失常。⑦匹莫齐特：合用可增加对心脏的毒性。⑧中枢抑制药：合用可使中枢抑制作用增强。⑨哌替啶：合用可增加中枢抑制及呼吸抑制作用。⑩抗高血压药：合用易引起直立性低血压。⑪卡麦角林：卡麦角林是长效多巴胺受体激动药，与多巴胺 D_2 受体有高度亲和力，而本药是多巴胺 D_2 受体阻滞药。⑫维生素 C：合用可使本药的血药浓度降低，抗精神病作用减弱。⑬抗胆碱药（如阿托品、苯扎托品、奥芬那君、丙环定、盐酸苯海索）：此类药物可用于控制本药的锥体外系反应，但它们会减少本药的口服吸收率，使其血药浓度下降。两者合用时还会增加抗胆碱能不良反应。⑭磷苯妥英、苯妥英：合用可能使以上药物的血药浓度升高或降低，而本药的血药浓度也可能降低。⑮苯丙胺、右苯丙胺、左旋多巴、胍乙啶：本药可降低以上药物的治疗效果。⑯氟西汀、帕罗西汀：合用可使帕金森综合征的病情恶化。⑰伊布利特：合用可致发生心律失常的危险增加。⑱锂剂：合用可引起意识丧失、脑损害、锥体外系反应、运动障碍等。⑲甲泛葡胺：合用可使癫痫发作的危险性增加。⑳卟吩姆钠：合用可引起严重的光敏反应。㉑乙醇：合用可使中枢神经系统的抑制作用增强，并增加锥体外系反应的发生率。

氯氮平

【别名】二氮杂、氯扎平。

【药理作用】本药为二苯氧氮杂䓬类抗精神病药。对脑内 5 -羟色胺（$5-HT_2A$）受体和多巴胺 D_1 受体的阻滞作用较强，对多巴胺 D_4 受体也有阻滞作用，对多巴胺 D_2 受体的阻滞作用较弱。能直接抑制脑干网状结构上行激活系统，具有较强的镇静催眠作用。此外，还具有抗胆碱（M_2）、抗组胺（H_2）、抗 α 肾上腺素受体的作用，极少见锥体外系反应。由于本药不与结节-漏斗部的多巴胺受体结合，故一般不引起血清催乳素升高。

【适应证】用于治疗精神分裂症，对精神分裂症的阳性或阴性症状均有疗效。对一些用传统抗精神病药治疗无效或疗效不佳的患者，改用本药可能有效。也用于治疗躁狂症或其他精神病性障碍的兴奋躁动和幻觉妄想。由于本药可导致粒细胞减少，故一般不宜作为首选药。

【用法用量】成人（精神分裂症）：口服给药，从小剂量开始，首次剂量为一次25 mg，每日 2～3 次，逐渐缓慢增加至常用治疗量 200～400 mg/d，最高剂量可达每日600 mg/d。维持量为 100～200 mg/d。

【注意事项】①用药后不得驾驶、操作机械或高空作业。②如需突然停药，应密切监测精神症状的复发以及与胆碱能药"反跳"相关的不良反应（如多汗、头痛、恶心、呕吐、腹泻）。

【药物相互作用】①西咪替丁：合用可使本药的血药浓度升高。②抗抑郁药（如氟伏沙明、氟西汀、帕罗西汀、舍曲林）：合用可使本药的血药浓度升高。③大环内酯类抗生素（如红霉素等）：合用可使本药血药浓度显著升高，并有诱发癫痫发作的报道。④安普那韦：理论上合用可使本药的血药浓度升高，但尚未经研究证明。⑤文拉法辛：合用可导致两药的血药浓度均升高。⑥抗肿瘤药、抗甲状腺药、硫唑嘌呤、氯霉素、秋水仙碱、氟胞嘧啶、干扰素、齐多夫定等：合用可加重本药对血细胞的毒性作用。⑦锂剂（如碳酸锂）：与锂剂合用可导致脑病症状、脑损伤、锥体外系症状及运动障碍等多种不良反应。与碳酸锂合用，有增加惊厥、恶性综合征（NMS）、精神紊乱与肌张力障碍的危险。⑧颠茄：合用可能导致过度的抗胆碱作用。⑨抗胆碱药（如苯扎托品等）：合用可使抗胆碱作用增强。⑩其他中枢神经抑制剂：合用可加重中枢抑制作用。⑪曲马多、佐替平、月见草油：合用可使发生惊厥的危险性增加。⑫丁螺环酮：合用有导致胃肠道出血和严重高血糖的个案报道。⑬降血压药：合用有增加直立性低血压的危险。⑭苯二氮䓬或其他抗精神病药：使用以上药物在初始治疗可出现虚脱伴呼吸停止和心搏骤停，本药也可导致以上不良反应。⑮地高辛、肝素、华法林：合用可加重骨髓抑制作用。⑯利培酮：长期合用可使利培酮的清除减少，但这种相互作用的临床意义尚不清楚。⑰卡马西平、苯妥英：合用可加重骨髓抑制作用，并可使本药的血药浓度降低。⑱延长 QT 间期的药物［如Ⅰ类抗心律失常药（奎尼丁、普鲁卡因）、Ⅲ类抗心律失常药（胺碘酮、索他洛尔）、部分抗精神病药（齐拉西酮、伊潘立酮、氯丙嗪、硫利达嗪、美索达嗪、氟哌利多、匹莫齐特）、部分抗生素（加替沙星、莫西沙星、司帕沙星）等］、其他已知延长 QT 间期的药物（如喷他脒、左醋美沙朵、美沙酮、卤泛群、甲氟喹、甲磺酸多拉司琼、普罗布考、他克莫司）：合用可延长 QT 间期，出现致死性的心律失常。⑲磷苯妥英、利福平、镇静催眠药（如苯巴比妥）：合用可使本药的血药浓度降低。⑳普拉睾酮、圣约翰草：合用可减弱本药的作用。㉑CYP（尤其 CYP 1A2、CYP 2D6、CYP 3A4）诱导药（烟草、利福平）或抑制药（咖啡因、西酞普兰、环丙沙星）：合用时可产生代谢相互作用。与 CYP 诱导药合用可降低本药的血药浓度，降低疗效；与 CYP 抑制药合用可升高本药的血药浓度，增加本药的不良反应。㉒乙醇：合用可增加中枢抑制作用，引起过度镇静。㉓烟草：吸烟可使本药的血药浓度降低，停止吸烟可致本药血药浓度稳定的患者出现毒性反应。

利培酮

【别名】单克、好斯嘉、恒德、敬平、可同、利哌利酮、利司环酮、利司培酮、瑞司哌酮、思利舒、索乐、维思通、卓菲、卓夫。

【药理作用】本药属非典型抗精神病药，是一种高选择性的 5 - 羟色胺/多巴胺 $(5-HT_2/DA_2)$ 受体平衡拮抗药。本药对 DA_2 受体有阻滞作用，可改善精神分裂症的阳性症状，如幻觉、妄想、思维紊乱、行为障碍、敌意和猜疑；对 $5-HT_2$ 受体也有阻断作用，可改善精神分裂症的阴性症状，如思维贫乏、情感淡漠、意志减退等。对精神分裂症伴有的情感症状也有效。

【适应证】①用于治疗急性和慢性精神分裂症，也可减轻与精神分裂症有关的情感症状。②用于治疗双相情感障碍的躁狂发作。

【用法用量】成人：①精神分裂症。a. 口服给药。起始剂量为一次 1 mg，每日 2 次；第 2 日增加至一次 2 mg，每日 2 次；如能耐受，第 3 日可增加至一次 3 mg，每日 2 次。此后，可维持此剂量不变，或根据个人情况进一步调整。剂量调整应缓慢，调整的间隔时间一般不少于 1 周，推荐增减剂量幅度为 1 ~ 2 mg。本药的最大有效剂量范围为 4 ~ 8 mg/d，一日最大剂量不应超过 16 mg。b. 肌内注射。一次 25 mg，每 2 周 1 次。可依据患者个人情况调整剂量，但剂量不应超过每 2 周 50 mg。②双相情感障碍的躁狂发作。口服给药，推荐起始剂量为一次 1 ~ 2 mg，每日 1 次，剂量可根据个体需要进行调整。剂量增加的幅度为 1 ~ 2 mg/d，剂量增加至少隔日或间隔多日进行，适宜的剂量为 2 ~ 6 mg/d。老年人剂量：口服给药起始剂量为一次 0.5 mg，每日 2 次。可根据耐受情况增加至一次 1 ~ 2 mg，每日 2 次。剂量调整间隔应不少于 1 周，剂量增减幅度为一次 0.5 mg，每日 2 次。也可肌内注射本药，一次 25 mg，每 2 周 1 次。在首次注射本药之后的 3 周延迟期内，应保证充分的抗精神病药治疗。

【注意事项】①用药期间应避免驾驶或操纵机器。②停药应逐渐减量，以避免导致恶心、呕吐、头痛、心率加快、失眠或病情恶化。③使用本药的患者行白内障手术时有发生虹膜松弛综合征的风险，如术中存在疑似虹膜松弛综合征的症状，需采取适当措施控制手术过程中的虹膜脱出。

【药物相互作用】①利托那韦：合用可能使本药的血药浓度升高，导致本药中毒。②氟西汀、帕罗西汀：合用可增加本药的血药浓度，但对其抗精神病活性成分血药浓度的影响较小。③肝药酶抑制药（如三环类抗抑郁药、β 肾上腺素受体阻滞药）：合用可使本药的血药浓度升高。本药可加重三环类抗抑郁药的不良反应。④降血压药：合用可增强本药的低血压作用。⑤中枢神经抑制药：合用可使中枢抑制作用互相增强。⑥单胺氧化酶抑制药：合用可加重此类药物的不良反应。⑦双丙戊酸钠：合用可能引起水肿伴体重增加。⑧锂剂：合用可引起一系列脑病症状、锥体外系症状和运动障碍。⑨曲马多、佐替平：合用可能增加出现癫痫发作的风险。⑩呋塞米：老年痴呆患者合用呋塞米可致死亡率增加。⑪肝药酶诱导药：合用可使本药的血药浓度降低。⑫卡马西平、氯氮平：长期与以上药物合用，可能使本药的清除率升高。⑬抗帕金森病药：此类药物可对抗本药的部分不良反应。⑭左旋多巴和其他多巴胺促效药：本药能拮抗以上药物的作用。⑮左啡诺、美沙酮等：合用可加速以上药物的代谢。⑯地高辛：本药对地高辛的药代动力学无显著影响。⑰乙醇：合用可使中枢抑制作用互相增强。

富马酸喹硫平

【别名】富马酸奎的平、启维、舒思、思瑞康。

【药理作用】本药是二苯氧氮杂䓬类药，为非典型抗精神病药。其结构与氯氮平和奥氮平相似，为脑内多种神经递质受体拮抗药，主要因阻断中枢多巴胺 D_2 受体和 5－羟色胺 (5-HT_2) 受体而起抗精神病作用。对组胺 H_1 受体和肾上腺素 α_1 受体也有阻滞作用，对毒蕈碱和苯二氮䓬类受体无亲和力。

【适应证】①用于精神分裂症，对精神分裂症的阳性症状和阴性症状均有效，也可以减轻精神分裂症伴发的抑郁、焦虑及认知缺陷症状。②用于治疗双相情感障碍的躁狂发作。

【用法用量】成人：①精神分裂症。口服给药，第 1 日 50 mg、第 2 日 100 mg、第 3 日 200 mg、第 4 日 300 mg，从第 4 日以后，将剂量逐渐增加到有效剂量范围，一般为 300～450 mg/d。可根据患者的临床反应和耐受性将剂量调整至 150～750 mg/d。②双相情感障碍的躁狂发作。口服给药，当用作单一治疗或情绪稳定剂的辅助治疗时，治疗初期的日总剂量为第 1 日 100 mg、第 2 日 200 mg、第 3 日 300 mg、第 4 日 400 mg，到第 6 日可进一步将剂量调至 800 mg/d，但每日剂量增加幅度不得超过 200 mg。可根据患者的临床反应和耐受性将剂量调整至 200～800 mg/d，常用有效剂量范围为 400～800 mg/d。老年人剂量：老年患者的起始剂量应为 25 mg/d，随后每日以 25～50 mg 的幅度增至有效剂量，但有效剂量可能较一般年轻患者低。

【注意事项】①用药期间不宜驾驶、操作机械或高空作业。②治疗过程中若出现过敏性皮疹应停药。③治疗期间若出现 NMS 症状，应立即停药，并进行相应的处理。

【药物相互作用】①酮康唑、氟康唑、伊曲康唑、红霉素、氯氮平、奈法唑酮、氟伏沙明、卡马西平或西咪替丁等：合用可使本药血药浓度升高。②其他中枢神经系统药物：因本药具有中枢神经系统作用，合用时应谨慎。③劳拉西泮：合用可升高劳拉西泮的血药浓度。④华法林：合用可使华法林的抗凝作用增强。⑤抗高血压药：合用有诱发直立性低血压的危险。⑥苯妥英、磷苯妥英、硫利达嗪等：合用可使本药血药浓度降低。⑦左旋多巴、多巴胺受体激动药：合用可使以上药物作用减弱。⑧普拉睾酮：合用可减弱本药的药效。⑨月见草油：合用可导致癫痫发作的危险性增加。⑩苯丙氨酸：合用可导致迟发性运动障碍的发生率增加。⑪锂剂：合用可导致无力、运动障碍、锥体外系反应增加和脑损伤。⑫乙醇：乙醇可增加本药的中枢神经系统抑制作用，本药能增强乙醇对认知和运动的损害。

阿立哌唑

【别名】安律凡、奥派、博思清、郝尔宁。

【药理作用】本品是一种新型的非典型抗精神分裂症药物，对多巴胺能神经系统具有双向调节作用，是多巴胺递质的稳定剂。与 D_2、D_3、5-HT_1A 和 5-HT_2A 受体有很高的亲和力。通过对 D_2 和 5-HT_1A 受体的部分激动作用，及对 5-HT_2A 受体的拮抗作用来产生抗精神分裂症作用的。本品口服后血药浓度达峰时间为 3～5 小时，半衰期为 48～68 小时。去氢阿立哌唑为主要活性代谢物。

【适应证】用于治疗精神分裂症。

【用法用量】口服：起始剂量为一次 10 mg，每日 1 次。用药 2 周后，可根据疗效和患者的耐受情况逐渐增加剂量，最大可增至 30 mg，此后可维持该剂量。

【注意事项】①本药不得用于治疗痴呆相关的精神病。②本药未被 FDA 批准用于儿童抑郁症。③对本药过敏者禁用。

【药物相互作用】①α₁ 肾上腺素受体：阿立哌唑有可能增强某些抗高血压药的作用。②CYP 3A4 诱导剂（如卡马西平）：CYP 3A4 和 CYP 2D6 参与阿立哌唑的代谢。故 CYP 3A4 诱导剂可以引起阿立哌唑的清除率升高和血药浓度降低。③CYP 3A4 抑制药（如酮康唑）或 CYP 2D6 抑制药（如奎尼丁、氟西汀、帕罗西汀）：可以抑制阿立哌唑消除，使血药浓度升高。④酮康唑：同时服用酮康唑（200 mg/d，连续 14 日）和 15 mg 单剂量阿立哌唑，阿立哌唑及其活性代谢物的曲线下面积（AUC）分别增加 63% 和 77%。⑤奎尼丁：同时服用 10 mg 单剂量阿立哌唑和强力 CYP 2D6 抑制剂奎尼丁（166 mg/d，连续 13 日），阿立哌唑的 AUC 增加 112%，而其活性代谢物脱氢阿立哌唑的 AUC 降低 35%。当同时服用奎尼丁和阿立哌唑时，应将阿立哌唑的剂量降至常用剂量的一半。⑥乙醇：服用阿立哌唑时避免饮酒。

五氟利多

【药理作用】本药属二苯丁哌啶类化合物，为长效口服抗精神病药。本药能阻断多巴胺 D_2 受体，具有较强而长效的抗精神病作用，同时还有镇吐作用。本药的优点是能阻断肾上腺素 α 受体，对心血管系统的不良反应小，镇静作用弱，用药后不影响活动，极少引起反应迟钝。对精神分裂症的各型、病程各阶段均有疗效。能控制幻觉、妄想、兴奋、冲动等症状，对慢性精神分裂症可消除幻觉、活跃情感、改善行为，使患者恢复社会活动。动物实验表明，本药可抑制由阿扑吗啡产生的呕吐。

【适应证】用于各型精神分裂症，尤其适用于长期用药维持治疗，防止复发。

【用法用量】①成人（精神分裂症）：口服给药，治疗剂量范围为 20～120 mg，一周 1 次。宜从一周 10～20 mg 开始，逐渐增量，每 1～2 周增加 10～20 mg。通常剂量为一周 30～60 mg，待症状消失后继续巩固 3 个月，维持剂量为一周 10～20 mg。②老年人剂量：老人用药后易发生锥体外系反应，应酌情减量。③儿童：儿童用药后易发生锥体外系反应，应酌情减量。

【注意事项】①用药期间不宜驾驶、操作机械或高空作业。②突然停药可导致恶心、呕吐、胃部刺激、头痛、心率加快、失眠或病情恶化，故停药时应逐渐减量。③应监测患者的锥体外系症状（剂量调整期间每 3 个月监测 1 次）。

【药物相互作用】①短效抗精神病药：合用可发生锥体外系反应。②镇静催眠药、麻醉药、抗组胺药、镇痛药：合用可使中枢神经系统抑制作用增强。③锂剂：合用可导致虚弱、运动障碍、锥体外系症状加重及脑损伤等。④曲马多：合用可增加癫痫发作的风险。⑤抗高血压药：合用可增加发生直立性低血压的风险。⑥抗酸药、止泻药：以上药物可使本药从胃肠道的吸收量降低。⑦乙醇：合用可增强对中枢神经系统的抑制作用。

二、抗抑郁药

盐酸帕罗西汀

【别名】氟苯哌苯醚、甲磺酸帕罗西汀、乐友、帕罗克赛、赛乐特、舒坦罗、盐酸氟苯哌苯醚。

【药理作用】可选择性抑制 5-羟色胺（5-HT）转运体，阻断突触前膜对 5-HT 的再摄取，延长和增加 5-HT 的作用，从而产生抗抑郁作用。口服可完全吸收，有首关效应，血浆半衰期为 24 小时，血浆蛋白结合率为 95%，可分布于全身各组织器官。主要经肝脏代谢，其中部分经酶 CYP 206 介导，最后经肾脏排出。

【适应证】①用于治疗各种类型的抑郁症，包括伴有焦虑的抑郁症及反应性抑郁症。②用于治疗强迫性神经症。③用于治疗伴有或不伴有广场恐怖症的惊恐障碍。④用于治疗社交恐怖症/社交焦虑症。

【用法用量】①抑郁症、社交恐怖症/社交焦虑症：口服，20 mg/d。2～3 周后根据患者反应，每周可将一日剂量增加 10 mg，最大剂量可达 50 mg/d。②强迫性神经症：口服，初始剂量为 20 mg/d，每周可将一日剂量增加 10 mg，常规剂量为 40 mg/d，最大剂量可达 60 mg/d。③惊恐障碍：口服，初始剂量为 10 mg/d，每周可将一日剂量增加 10 mg，常规剂量为 40 mg/d，最大剂量可达 50 mg/d。

【注意事项】①本药未被 FDA 批准用于儿童。②对本药过敏者禁用。

【药物相互作用】①与其他 5-HT 活性药物，如锂盐、色氨酸、曲马多、曲坦类、圣约翰草，或其他 5-羟色胺再摄取抑制药（SSRIs）、5-羟色胺和去甲肾上腺素再摄取抑制药（SNRIs）和三环类抗抑郁药（TCAs），可能会增加并导致 5-HT 能神经的活性亢进，而出现 5-HT 综合征。②与西沙比利、硫利哒嗪、匹莫奇特、特非那定合用，会引起心脏毒性，导致 QT 间期延长、心搏聚停等，应禁止合用。③与 CYP 2D6 抑制药或者其他 CYP 同工酶的抑制药（如奎尼丁、氟伐他汀、氟西丁、阿米替林、马普替林等）合用，可使本品血药浓度升高。④与 CYP 诱导剂（如卡马西平、苯巴比妥、苯妥英等）合用，会降低本品的血药浓度与药效。⑤与降血糖药合用，可降低血糖，甚至导致低血糖发生。停用本品时血糖升高。故在使用本品和停药后一段时间，应监测血糖水平，及时采取干预措施。⑥SSRIs、SNRIs 均有能增加出血的风险，特别是在与阿司匹林、华法林和其他抗凝血药合用时。⑦与地高辛合用可能会增加其血药浓度，增加发生洋地黄中毒的风险。

盐酸阿米替林

【别名】氨三环庚素、盐酸阿米替林、依拉维。

【药理作用】本药为三环类抗抑郁药，能选择性地抑制中枢神经突触部位对去甲肾上腺素（NA）和 5-HT 的再摄取，使突触间 NA 和 5-HT 的含量增加，并增强突触后膜 5-HT$_2$ 受体的敏感性。其抗抑郁作用类似于丙米嗪，可使抑郁患者情绪提高，改善思维迟缓、行为迟缓及食欲缺乏等症状。其镇静作用及抗胆碱作用也较明显。

【适应证】①本药口服制剂用于治疗各种抑郁症。因镇静作用较强，主要用于治疗焦虑性或激动性抑郁症。②本药注射剂适用于各种重症抑郁症、严重的抑郁状态、抑郁症的治疗初期或者口服药物有困难者。

【用法用量】成人（抑郁症）：①口服给药。初始剂量为一次 25 mg，每日 2～3 次。可酌情增至 150～250 mg/d，分 3 次服用。最大剂量不超过 300 mg/d，维持剂量为 50～150 mg/d。②肌内注射。主要用于症状严重者，一次 20～30 mg，每日 2 次，可酌情增量。患者能配合治疗后改为口服给药。老年人：剂量 50 mg/d，分次服或晚间顿服。可酌情减量。儿童（小儿遗尿症）：口服给药，6 岁以上儿童，一次 10～25 mg，睡前顿服。

【注意事项】①本药可导致光敏感性增加，服药后应避免长时间暴露于阳光或日光灯下。②骤然停药可引起恶心、头痛、胃部不适、疲乏或病情恶化，故停药宜在 1～2 个月内逐渐减少用量。③停药后，本药的作用至少可持续 7 日，故应继续监测服药期间的所有反应。④本药可导致精神分裂症患者的精神症状加重、偏执狂患者的症状恶化、抑郁（尤其是双相障碍）患者出现躁狂和轻躁狂。如出现上述情况，应减少本药剂量或同时服用心境稳定药（如碳酸锂）、镇静药（如奋乃静、氯丙嗪等）。⑤用药期间不宜驾驶、操作机械或高空作业。⑥患者有转向躁狂倾向时应立即停药。⑦本药可增加电休克疗法相关风险，应尽可能在电休克治疗前停用本药。⑧对其他三环类抗抑郁药过敏者，对本药也可能过敏。

【药物相互作用】 ①氯氮、奥芬那君：以上药物可增强本药的抗胆碱作用。②甲状腺素、吩噻嗪类药：上述药物可增强本药的作用。③西咪替丁、哌甲酯、抗精神病药、钙通道阻滞药、抑制细胞色素 P450 同工酶等药物：合用可致本药血药浓度增高，引起中毒症状。④中枢神经抑制药（如哌替啶等）：本药可增强此类药物的作用。⑤肾上腺素、去甲肾上腺素：合用易引起高血压和心律失常。⑥氟西汀、氟伏沙明：合用可升高以上药物的血药浓度，引起惊厥及其他不良反应增加。⑦单胺氧化酶抑制药：合用或相继应用时，可增加不良反应，症状类似阿托品中毒症状。⑧口服避孕药、含雌激素的药物：以上药物可降低本药的疗效并增加不良反应。⑨硫糖铝：硫糖铝可显著影响本药的吸收，使本药曲线下面积减少 50%。⑩巴比妥类药、其他酶诱导药（如利福平和某些抗癫痫药）：合用可使三环类抗抑郁药的血药浓度降低，作用减弱。⑪麻黄碱：本药可削弱麻黄碱的间接拟交感作用，阻断神经末梢对麻黄碱的摄取，从而抑制去甲肾上腺素的释放。⑫胍乙啶：三环类抗抑郁药可减弱胍乙啶的降血压作用。⑬可乐定：合用可减弱可乐定的抗高血压作用。⑭抗惊厥药：合用可降低抗惊厥药的作用。⑮双硫仑：据报道，本药和双硫仑合用可引起谵妄。⑯可延长 QT 间期的药物（抗心律失常药，如奎尼丁；抗组胺药，如阿司咪唑、特非那定；某些抗精神病药，如匹莫齐特、舍吲哚；其他，如西沙必利、卤泛群、索他洛尔）：三环类抗抑郁药与此类药物合用时，可能会增加发生室性心律失常的危险。⑰舒托必利：合用可增加室性心律失常的风险，严重时可引起尖端扭转型心律失常。⑱阿托品：合用可使不良反应增加。⑲单胺氧化酶：合用可引起高血压。⑳乙醇：服药时饮酒可使本药中枢抑制作用增强。㉑尼古丁：吸烟可使本药血药浓度降低。

盐酸多塞平

【别名】 多虑平、凯塞、丽科宁、普爱宁、盐酸多滤平。

【药理作用】 本药为三环类抗抑郁药。作用机制为抑制中枢神经系统对 5 - 羟色胺及去甲肾上腺素的再摄取，使突触间隙中这两种神经递质浓度增高而发挥抗抑郁作用，也有抗焦虑和镇静作用。本药外用治疗皮肤瘙痒的机制尚不清楚，可能与本药对组胺 H_1、H_2 受体的阻断作用有关。

【适应证】 ①用于治疗抑郁症。②用于治疗焦虑性神经症。③本药乳膏剂用于治疗慢性单纯性苔藓、湿疹、特异性皮炎和过敏性接触性皮炎等引起的轻度瘙痒。

【用法用量】 成人：①抑郁症。a. 口服给药，初始剂量为一次 25 mg，每日 2～3 次。逐渐增至 100～250 mg/d，最大剂量不超过 300 mg/d。b. 肌内注射，用于病情较重者，一次 25～50 mg，每日 2 次。②焦虑性神经症。口服给药，同"抑郁症"用法用量。③慢性单纯性苔藓、湿疹、特异性皮炎和过敏性接触性皮炎等引起的轻度瘙痒。局部外用，于患处涂一薄层，每日 3 次。每次涂布面积不超过总体表面积的 5%，两次使用应间隔 4 小时，7 日为 1 个疗程。老年人：老年患者应从小剂量开始用药，视病情酌情减量。

【注意事项】①用药期间不宜驾驶、操作机械或高空作业。②停药后药物作用至少可持续 7 日，故应继续监测服药期间的所有反应。③突然停药可出现头痛、恶心等反应，停药宜在 1~2 个月内逐渐减少用量。④患者有转向躁狂倾向时应立即停药。⑤本药可增加电休克疗法相关风险，应考虑在电休克治疗前停药。

【药物相互作用】①西咪替丁：可使三环类抗抑郁药血药浓度显著升高，合用可出现严重的抗胆碱能症状。②中枢神经抑制药：合用可使中枢神经抑制作用增强。③氟西汀、氟伏沙明：合用可升高以上药物的血浆浓度，引起惊厥和其他不良反应增加。④舒托必利：合用可增加室性心律失常风险，严重者可引起尖端扭转型心律失常。⑤肾上腺素、去甲肾上腺素：合用易引起高血压和心律失常。⑥可乐定：合用可降低可乐定的抗高血压作用。⑦抗惊厥药：合用可降低抗惊厥药的疗效。⑧阿托品：合用可使不良反应增加。⑨单胺氧化酶：合用可引起高血压。⑩乙醇：服药时使用酒精可以使中枢抑制增强。

盐酸氯米帕明

【别名】安拿芬尼、海地芬、氯丙米嗪、盐酸氯丙米嗪。

【药理作用】本药为三环类抗抑郁药，通过抑制突触前膜对去甲肾上腺素与 5-羟色胺的再摄取而产生抗抑郁作用，其抑制 5-羟色胺再摄取的作用强于其他三环类抗抑郁药。本药具中度抗胆碱能作用，同时还有抗焦虑与镇静作用。国外资料认为，本药治疗强迫症、孤独症、经前期综合征、性功能异常（早泄）、口吃的作用均与 5-羟色胺能机制有关。

【适应证】①用于多种抑郁状态。②用于强迫症。③用于恐怖症、惊恐发作。④用于伴有发作性睡病的猝倒症。⑤用于慢性疼痛状态。⑥用于夜间遗尿。

【用法用量】成人：①抑郁症。a. 口服给药，起始剂量为一次 25 mg，每日 2~3 次。随后根据患者对本药的耐受性逐渐增加剂量，可在治疗的第 1 周每隔 2 日或每隔 3 日增加 25 mg，直至 100~150 mg/d。门诊患者最大剂量为 250 mg/d，住院患者最大剂量为 300 mg/d。b. 静脉滴注，一次 25~50 mg，溶于 250~500 mL 葡萄糖氯化钠注射液中，每日 1 次，在 1.5~3 小时内输完。可缓慢增加至 50~150 mg/d，最大剂量不超过 200 mg/d。②强迫症、恐怖症。口服给药，同"抑郁症"剂量。③惊恐发作、广场恐怖。口服给药，起始剂量为 10 mg/d，可根据患者的耐受程度逐渐增加剂量，有效剂量范围为 25~100 mg/d。若病情需要可增至 150 mg/d，治疗至少维持 6 个月，可逐渐减少维持剂量。④伴有发作性睡病的猝倒症。口服给药，25~75 mg/d。⑤慢性疼痛状态。口服给药，10~150 mg/d，宜同时服用镇痛药。老年人剂量：起始剂量为 10 mg/d，随后在 10 日左右的时间范围内逐渐增加剂量至 30~50 mg/d，并以此剂量维持到治疗结束。儿童：①强迫症。口服给药，起始剂量为 10 mg/d；10 日内，5~7 岁儿童可增至 20 mg/d，8~14 岁儿童可增至 20~50 mg/d，14 岁以上儿童可增至 50 mg/d 或以上。②夜间遗尿。口服给药，仅限 5 岁及 5 岁以上非器质原因儿童患者。5~8 岁儿童，起始剂量为 20~30 mg/d；9~12 岁儿童，起始剂量为 25~50 mg/d；12 岁以上儿童，起始剂量为 25~

75 mg/d。用药 1 周后无效者，可给予更高剂量。一般于晚餐后顿服；对入睡后不久即遗尿的患儿，则可于下午 4 时预先给予部分剂量。取得预期疗效后，应逐渐减少维持剂量，并继续治疗 1~3 个月。

【注意事项】①由于有发生低血压的危险，在静脉滴注过程中必须严密监测血压。②不宜骤然停药，应在 1~2 个月内逐渐减少用量。③用药期间不应驾驶、操作机械。④本药可增加电休克疗法的风险，应尽可能在电休克治疗前停药。⑤对其他三环类抗抑郁药过敏者，也可对本药过敏。

【药物相互作用】①依那普利、费洛克汀、氟伏沙明、帕罗西汀、普罗帕酮、利托那韦、舍曲林、丙戊酸、安普那韦、奎尼丁等：合用可增强本药毒性（意识模糊、失眠、烦躁）。②特比萘芬、哌甲酯：合用可使本药血药浓度升高。③细胞色素 P450（CYP）2D6 抑制药：合用可能会导致本药血药浓度升高。④与吩噻嗪类、丁酰苯类、硫杂蒽类抗精神病药：合用可使两者的血药浓度和不良反应均增加。⑤苄普地尔、西沙必利、多非利特、加替沙星、格帕沙星、卤泛群、伊布利特、莫西沙星、匹莫齐特、索他洛尔、司氟沙星等：合用可导致 QT 间期延长、尖端扭转型室性心动过速、心搏骤停。⑥抗组胺药、抗胆碱药（如苯海拉明）：合用可产生阿托品样作用（如口干、散瞳、肠蠕动降低）。⑦甲状腺制剂：合用可相互增效，导致心律失常，甚至产生毒性反应。⑧沙美特罗：本药可增强沙美特罗对血管的作用，增加引起心血管兴奋的危险。⑨磷苯妥英、苯妥英：合用可增加苯妥英中毒的危险（共济失调、反射亢进、眼球震颤或震颤）。⑩抗凝血药（如醋硝香豆素、茴茚二酮、双香豆素、苯茚二酮、苯丙香豆醇、华法林等）：合用可增加出血的危险。⑪奥昔布宁：合用可降低本药的疗效。⑫巴比妥酸盐：合用可降低本药的血药浓度，增加不良反应。⑬雌激素或含雌激素的避孕药（如氯雌醚烯、己二烯雌酚、己烯雌酚、炔雌醚、替勃龙等）：合用可使本药抗抑郁作用降低，不良反应增加。⑭胍乙啶、倍他尼定、可乐定、胍那决尔：合用可使以上药物的抗高血压作用降低。⑮抗癫痫药：合用可降低抗癫痫药的抗癫痫作用。⑯碘海醇、奈福泮、奥氮平、曲马多：合用可致癫痫发作。⑰单胺氧化酶抑制药（如氯吉兰）：合用可产生高血压危象。⑱肾上腺素受体激动药：合用可引起严重高血压与高热。⑲异丙烟肼、异卡波肼、吗氯贝胺、烟肼酰胺、帕吉林、苯乙肼、丙卡巴肼、司来吉兰、托洛沙酮、苯环丙胺：合用可致神经毒性、癫痫发作或 5‑羟色胺综合征（高血压、高热、肌阵挛等）。⑳利尿药：合用可增加发生 QT 间期延长和尖端扭转型室性心动过速的危险。㉑CYP 3A 和 CYP 2C 诱导药（如利福平和抗惊厥药）：合用时可能会降低本药的血药浓度。㉒乙醇：合用可使本药作用增强。㉓尼古丁：用药时吸烟可降低本药的稳态血药浓度。

三、抗焦虑药

氯硝西泮

【别名】静康、利福全、氯安定、氯硝安定、氯硝基安定。

【药理作用】本药为苯二氮䓬类抗癫痫药，具有广谱抗癫痫作用。其作用与地西泮（安定）相似，但抗惊厥作用较地西泮强，且作用迅速。本药作用机制复杂，主要为 γ‑氨基丁酸（GABA）A 受体激动药，也作用于钠通道，可通过作用于中枢神经系统的苯二氮䓬受体（BZR），加强 GABA 与其 A 受体的结合，促进氯通道开放，细胞去极化，增强 GABA 能神经元所介导的突触抑制，使神经元的兴奋性降低。本药既抑制（但不能消除）癫痫病灶的发作性放电，也可抑制放电活动向周围组织扩散。此外，本药还有抗焦虑、催眠及中枢性肌肉松弛作用。

【适应证】主要用于控制各型癫痫发作，对失神发作、婴儿痉挛症、肌阵挛发作、运动不能性发作及 Lennox-Gastaut 综合征有效。

【用法用量】成人：①一般用法。a. 口服给药，起始剂量为一次 0.5 mg，每日3 次，每 3 增加 0.5～1 mg，直到发作被控制或出现不良反应。用量应个体化，每日最大剂量不超过 20 mg，疗程不应超过 3～6 个月。b. 肌内注射，一次 1～2 mg，2～4 mg/d。②癫痫持续状态。静脉注射，一次 1～4 mg，30 秒左右缓慢注射；如病情未能控制，每隔 20 分钟后可重复原剂量 1～2 次。一日最大量不超过 20 mg。儿童：①一般用法。口服给药，10 岁以下（或体重低于 30kg）儿童，起始剂量为 0.01～0.03 mg/(kg·d)，分 2～3 次服用，以后每 3 日增加 0.25～0.5 mg，直至 0.1～0.2 mg/(kg·d) 或出现不良反应为止。疗程不应超过 3～6 个月。②癫痫持续状态。静脉注射，一次 0.01～0.1 mg/kg，缓慢注射。

【注意事项】①本药与其他苯二氮䓬类药可能存在交叉过敏。②本药长期使用可产生耐药性，应用 3 个月之后疗效可降低，需调整用量。③静脉注射时，本药对呼吸和心脏的抑制作用强于地西泮。④严重的精神抑郁可使病情加重，甚至产生自杀倾向，需注意采取预防措施。

【药物相互作用】①西咪替丁、普萘洛尔：合用可使本药清除减慢，半衰期延长。②异烟肼：可抑制本药消除，导致血药浓度增高。③阿片类镇痛药、镇静催眠药、具中枢作用的肌松药、单胺氧化酶抑制药、具有中枢神经抑制作用的降血压药：合用可使呼吸抑制作用增强。④三环类抗抑郁药：合用可增加中枢神经抑制作用，还可降低惊厥阈值及本药的抗癫痫作用。⑤地高辛：合用可增加地高辛血药浓度而致中毒。⑥扑米酮：合用可能由于药物代谢的改变，导致癫痫发作形式的改变。⑦利福平：合用可使本药消除增加，血药浓度降低。⑧左旋多巴：本药可降低左旋多巴的作用。⑨地昔帕明：本药可降低地昔帕明的稳态血药浓度水平。⑩卡马西平：合用可使血药浓度降低。⑪丙戊酸：合用可使少数患者出现失神持续状态。⑫其他易成瘾或可能成瘾的药物：合用成瘾的危险性增加。⑬乙醇：合用可使呼吸抑制作用增强。

劳拉西泮

【别名】佳普乐、乐拉安、氯羟安定、氯羟二氮、氯羟二氮、氯羟去甲安定、罗拉、洛拉酮、苏拉西泮。

【药理作用】本药为中效的苯二氮䓬类中枢神经抑制药，可引起中枢神经系统不同部位的抑制，随着用量的增加，可引起自轻度的镇静到催眠，甚至昏迷。具体的作用如下：①镇静催眠作用：通过刺激上行性网状激活系统内的 γ-氨基丁酸（GABA）受体，提高 GABA 在中枢神经系统的抑制作用。分子药理学研究提示，减少或拮抗 GABA 的合成，本药的镇静催眠作用可降低，如增加其浓度则能加强本药的催眠作用。②遗忘作用：本药在大剂量时可以干扰记忆通路的建立，从而影响近事记忆。③抗焦虑作用：可选择性地抑制边缘系统中的海马和杏仁核神经元电活动的发放和传播，产生抗焦虑作用。④抗惊厥与抗癫痫作用：本药可增强突触前抑制，抑制皮质-丘脑和边缘系统致痫灶引起的癫痫活动扩散，但不能消除病灶的异常活动。⑤骨骼肌松弛作用：本药主要抑制脊髓多突触传出通路和单突触传出通路。也可能直接抑制运动神经和肌肉功能。

【适应证】①用于焦虑障碍的治疗，或用于缓解焦虑症状以及与抑郁症状相关的焦虑的短期治疗。②用于镇静催眠。③缓解由于激动诱导的自主症状，如头痛、心悸、胃肠不适等。

【用法用量】成人：①抗焦虑。a. 口服给药，2~3 mg/d，分2~3次服。b. 肌内注射，一次 0.05 mg/kg，总量不超过 4 mg。②镇静催眠。a. 口服给药，2~4 mg/d，睡前顿服。b. 肌内注射，一次 0.05 mg/kg，总量不超过 4 mg。③癫痫持续状态。a. 肌内注射，一次 1~4 mg。b. 静脉注射，一次 0.05 mg/kg，最大剂量为一次 4 mg；如果癫痫持续发作或复发，10~15 分钟之后可按相同剂量重复注射；如再经 10~15 分钟后仍无效，须采用其他措施。12 小时内用量通常不超过 8 mg。④化疗诱发的恶心呕吐，静脉注射，2~4 mg，在化学治疗前 30 分钟注射；必要时重复注射，可与奋乃静合用。老年人剂量：老年患者推荐初始剂量为 1~2 mg/d，分次服用，可根据需要和耐受性调整用药剂量。

【注意事项】①用药期间应避免驾驶及操作机械。②停药应逐渐减量，骤然停药会出现戒断综合征（抽搐、震颤、腹部和肌肉痉挛、呕吐、多汗）。③本药严禁动脉注射，否则可引起动脉痉挛而导致坏疽。④对其他苯二氮䓬类药过敏者也可对本药过敏。

【药物相互作用】①丙磺舒、丙戊酸：合用可使本药的消除半衰期延长，血药浓度升高，引起嗜睡。②洛沙平、氯氮平：本药可增强以上药物的镇静作用，引起流涎和共济失调。③芬太尼衍生物：应用芬太尼衍生物作麻醉诱导，在麻醉前使用本药，可缩短达到意识丧失的时间。④其他中枢抑制药：合用可使中枢抑制药的作用增强。⑤口服避孕药：合用可使本药疗效降低。⑥乙胺嘧啶：合用可能导致肝毒性。⑦乙醇：合用可使本药片剂的耐受性下降，使出现潜在的致死性呼吸抑制的风险增加。⑧尼古丁：烟草中的某些成分可诱导肝药酶，从而加速本药在肝脏的代谢清除。

艾司唑仑

【别名】去甲阿普唑仑、三唑氮、三唑氯安定、三唑氯、舒乐安定、舒坦乐安定、忧虑定。

【药理作用】本药为高效的苯二氮䓬类镇静催眠药，作用于大脑边缘系统和脑干网状结构，能降低大脑组织氧化过程，加强大脑保护性抑制作用。有较强的镇静、催眠、抗惊厥、抗焦虑作用，以及较弱的中枢性骨骼肌松弛作用。其镇静催眠作用比硝西泮强 2.4~4 倍，可使慢波睡眠延长，且未见明显后遗效应。

【适应证】①主要用于抗焦虑、失眠。②也可用于紧张、恐惧及抗癫痫和抗惊厥。③麻醉前给药，可缓解术前紧张、焦虑。

【用法用量】①镇静：口服给药，一次 1~2 mg，每日 3 次。②催眠：口服给药，一次 1~2 mg，睡前服。③抗癫痫、抗惊厥：a. 口服给药，一次 2~4 mg，每日 3 次。b. 肌内注射，用于抗惊厥，一次 2~4 mg，2 小时后可重复 1 次。④麻醉前给药：a. 口服给药，一次 2~4 mg，术前 1 小时服。b. 肌内注射，术前 1 小时注射 2 mg。

【注意事项】①为避免长期用药而成瘾，长期使用本药停药前应逐渐减量，不应骤停。②对其他苯二氮䓬类药过敏者，也可能对本药过敏。

【药物相互作用】①全身麻醉药、镇痛药、单胺氧化酶 A（MAO-A）抑制药、三环类抗抑郁药、可乐定：合用可相互增效。②西咪替丁、普萘洛尔：合用可使本药半衰期延长。③酮康唑：酮康唑可升高本药的血药浓度，增加其不良反应，延长作用时间。④利托那韦：合用可使本药的血药浓度增加，有引起过度镇静与呼吸抑制的潜在危险。⑤异烟肼：合用可使本药的血药浓度升高。⑥钙通道阻滞药：合用可加重血压下降。⑦地高辛：合用可升高地高辛的血药浓度，引起中毒。⑧中枢神经抑制药：合用可增强呼吸抑制作用。⑨抗高血压药、利尿降血压药：合用可使降压作用增强。⑩易成瘾和其他可能成瘾的药物：合用可使成瘾的危险性增加。⑪利福平：合用可使本药的血药浓度降低。⑫卡马西平：合用可使卡马西平和（或）本药的血药浓度下降，消除半衰期缩短。⑬左旋多巴：本药可减弱左旋多巴的疗效。⑭扑米酮：合用可引起癫痫发作类型改变。⑮乙醇：合用可相互增效。

阿普唑仑

【别名】佳静安定、佳乐定、甲基三唑安定。

【药理作用】本品为苯二氮䓬类催眠镇静药和抗焦虑药。该药作用于中枢神经系统的苯二氮䓬受体（BZR），加强中枢抑制性神经递质 γ-氨基丁酸（GABA）与 GABA 受体的结合，促进氯通道开放，使细胞超极化，增强 GABA 能神经元所介导的突触抑制，使神经元的兴奋性降低。BZR 受体分为 I 型和 II 型，据研究认为 I 型受体兴奋可以解释此类药物的抗焦虑作用，而 II 型受体与该类药物的镇静和骨骼肌松弛等作用有关。可引起中枢神经系统不同部位的抑制，随着用量的加大，临床表现可自轻度的镇静到催眠，甚至昏迷。可通过胎盘，也可分泌入乳汁；有成瘾性，少数患者可引起过敏。

【适应证】①用于焦虑、紧张、激动。②用于镇静、催眠、抗惊恐，并能缓解急性酒精戒断症状。

【用法用量】①抗焦虑：口服，初始剂量为一次 0.4 mg，每日 3 次。可按需逐渐增加剂量，最大剂量为 4 mg/d。②镇静催眠：口服，一次 0.4~0.8 mg，睡前服。③抗恐惧：口服，一次 0.4 mg，每日 3 次。可按需逐渐增加剂量，最大剂量为 10 mg/d。

【注意事项】对本药及其他苯二氮䓬类药物过敏者、青光眼患者、睡眠呼吸暂停综合征患者、严重呼吸功能不全者、严重肝功能不全者禁用。

【药物相互作用】①与中枢抑制药合用可增加呼吸抑制作用。②与易成瘾和其他可能成瘾药合用时，成瘾的危险性增加。③与乙醇及全身麻醉药、可乐定、镇痛药、吩噻嗪类、单胺氧化酶 A 型抑制药和三环类抗抑郁药合用时，可彼此增效，应调整用量。④与抗高血压药和利尿降血压药合用，可使降压作用增强。⑤与西咪替丁、普萘洛尔合用，本药清除减慢，血浆半衰期延长。⑥与扑米酮合用由于减慢后者代谢，需调整扑米酮的用量。⑦与左旋多巴合用时，可降低后者的疗效。⑧与利福平合用，增加本品的消除，血药浓度降低。⑨异烟肼抑制本品的消除，致血药浓度增高。⑩与地高辛合用，可增加地高辛血药浓度而致中毒。

四、抗狂躁药

碳酸锂

【药理作用】本药为抗躁狂药，可抑制躁狂，还可改善精神分裂症的情感障碍。本药以锂离子形式发挥作用，抗躁狂发作机制为抑制神经末梢 Ca^{2+} 依赖性的去甲肾上腺素和多巴胺释放，促进神经细胞对突触间隙中去甲肾上腺素的再摄取，增加其转化和灭活，从而使去甲肾上腺素浓度降低，还可促进5-羟色胺合成和释放，从而有助于情绪稳定。本药对造血系统有一定影响，有升高外周白细胞的作用。对再生障碍性贫血、放射治疗和化学治疗引起的粒细胞减少及其他多种病理性及医源性白细胞减少，均有一定疗效。

【适应证】①主要治疗躁狂症，用于预防及治疗躁狂和抑郁交替发作的双相情感性精神障碍，对反复发作的抑郁症也有预防发作作用。②也用于治疗分裂-情感性精神病。

【用法用量】成人：①躁狂症。口服给药，按体重20~25 mg/kg计算，治疗剂量0.6~2 g/d，分2~3次服；维持剂量为0.5~1 g/d。剂量应逐渐增加并参照血锂浓度调整。缓释片治疗剂量0.9~1.5 g/d，分1~2次服；维持剂量0.6~0.9 g/d。剂量应逐渐增加并参照血锂浓度调整。②粒细胞减少、再生障碍性贫血。口服给药，一次0.3 g，每日3次，共10日。③月经过多症。口服给药，月经首日服0.6 g，以后一日服0.3 g，均分3次服，共服3日。总量1.2 g为1个疗程，每一月经周期服1个疗程。④急性细菌性痢疾。口服给药，首剂0.2 g，以后一次0.1 g，每日3次。少数症状较重者，开始1~3日剂量可加倍，明显好转后以原剂量维持2~3日，再递减剂量，3~4日停药。老年人剂量：老年患者用量酌减，从小剂量开始，缓慢增加剂量。儿童：12岁以上儿童从小剂量开始，根据血锂浓度缓慢增加剂量。

【注意事项】①在急性躁狂发作状态下，患者对本药的耐受较高，但随着躁狂症状的好转，这种耐受情况会下降，故需及时调整用量。②锂盐起效缓慢，治疗早期可用抗精神病药和苯二氮䓬类药，以加速控制急性躁狂症状，病情缓解后则停用后两种药物。

【药物相互作用】①利尿药：合用可使血锂浓度升高，易致锂中毒。②富马酸比索洛尔：可显著增加锂剂的血药浓度。③非甾体消炎药（如布洛芬、吲哚美辛、吡罗昔康等）、血管紧张素转化酶抑制药（如卡托普利等）、血管紧张素Ⅱ受体拮抗药、甲硝唑：合用可使血锂浓度升高。④肌松药（如琥珀胆碱等）：合用可使肌松作用增强，时效延长。⑤抗抑郁药（单胺氧化酶抑制药、选择性5-羟色胺再摄取抑制药）：合用可致5-羟色胺综合征。⑥甲基多巴、卡马西平、苯妥英、地尔硫䓬、维拉帕米等：合用可使出现神经毒性的风险增加。⑦氨茶碱、咖啡因、茶碱、碳酸氢钠：合用可使本药的血药浓度和药效降低。⑧吩噻嗪类药（如氯丙嗪）：本药可使氯丙嗪的血药浓度降低。⑨去甲肾上腺素：本药可使去甲肾上腺素的升压作用减弱。⑩碘化物：合用可促使甲状腺功能低下。

五、镇静催眠药

地西泮

【别名】安定、苯甲二氮䓬、见里恩。

【药理作用】本药属长效苯二氮䓬类药，可引起中枢神经系统不同部位的抑制，随着用量的增大，临床表现可自轻度的镇静到催眠甚至昏迷。本药的作用部位与机制尚未完全阐明，目前认为与特异的神经细胞膜受体相互作用后，可以强化并促进脑内主要抑制性神经递质γ-氨基丁酸（GABA）的神经传递功能，主要在中枢神经各个部位，起突触前和突触后的抑制作用。①镇静催眠、抗焦虑作用：通过刺激上行性网状激活系统内的 GABA 受体，提高 GABA 在中枢神经系统的抑制作用，增强脑干网状结构受刺激后的皮质抑制和阻断边缘性觉醒反应。分子药理学研究提示，减少或拮抗 GABA 的合成，本药的镇静催眠作用可减弱；增加其浓度，本药的催眠作用则增强。②抗癫痫、抗惊厥作用：本药可增强突触前抑制，抑制皮质-丘脑和边缘系统的致痫灶引起的癫痫放电活动的扩散，但不能消除病灶的异常放电活动。③骨骼肌松弛作用：主要抑制脊髓多突触传出通路和单突触传出通路。也可能直接抑制运动神经和肌肉功能。④遗忘作用：在治疗剂量时，可以干扰记忆通路的建立，从而影响近事记忆。

【适应证】①用于镇静催眠、抗焦虑、抗癫痫、抗惊厥。②用于缓解炎症引起的反射性肌肉痉挛等。③用于治疗恐怖症。④用于肌紧张性头痛。⑤用于治疗家族性、老年性和特发性震颤。⑥用于麻醉前给药。

【用法用量】成人：①镇静。a. 口服给药，一次 2.5 ~ 5 mg，每日 3 次。b. 静脉注射，初始剂量为 10 mg，以后可每隔 3 ~ 4 小时加量 5 ~ 10 mg。24 小时总量为 40 ~ 50 mg。c. 肌内注射，同"静脉注射"项。②催眠。a. 口服给药，一次 5 ~ 12.5 mg，睡前服。b. 静脉注射，初始剂量为 10 mg，以后可每隔 3 ~ 4 小时加量 5 ~ 10 mg。24 小时总量为 40 ~ 50 mg。c. 肌内注射，同"静脉注射"项。③焦虑症，口服给药，一次 2.5 ~ 10 mg，每日 2 ~ 4 次。④癫痫发作，静脉注射，初始剂量为 10 mg，每 10 ~ 15 分钟可按需增加剂量，直至最大剂量。⑤惊厥。a. 口服给药，参见"焦虑症"项。b. 静脉注射，用于破伤风轻度阵发性惊厥，缓慢静注，每分钟 2 ~ 5 mg。⑥急性酒戒断。a. 口服给药，首日一次 10 mg，每日 3 ~ 4 次。以后可减至一次 5 mg，每日 3 ~ 4 次。b. 静脉注射，初始剂量为 10 mg，以后可每隔 3 ~ 4 小时加量 5 ~ 10 mg。24 小时总量为 40 ~ 50 mg。c. 肌内注射，同"静脉注射"项。⑦麻醉前给药，静脉注射，用于基础麻醉或静脉全身麻醉，一次 10 ~ 30 mg。老年人剂量：老年人应使用最小有效剂量，缓慢增量，以减少头晕、共济失调与过度镇静。口服初始剂量为一次 2 ~ 2.5 mg，每日 1 ~ 2 次，逐渐增量。肌内注射或静脉注射的剂量应减少 50%，静脉注射宜缓慢（2 ~ 5 mg/min）。儿童：①一般用法，口服给药，6 个月以上儿童一次 1 ~ 2.5 mg（或 40 ~ 200 μg/kg，或 1.17 ~ 6 mg/m^2），每日 3 ~ 4 次。剂量酌情调整，最大剂量不超过 10 mg。②癫痫发作，静脉注射。对于癫痫发作、癫痫持续状态和严重复发性癫痫，出生 30 日 ~ 5 岁的儿童，每 2 ~ 5 分钟用 0.2 ~ 0.5 mg，最大剂量为 5 mg。5 岁以上儿童，每 2 ~ 5 分钟用 1 mg，最大剂量为 10 mg。必要时在 2 ~ 4 小时内可重复注射。③重症破伤风解痉，静脉注射。出生 30 日 ~ 5 岁的儿童，一次 1 ~ 2 mg，必要时可 3 ~ 4 小时后重复注射。5 岁以上儿童，一次 5 ~ 10 mg。注射宜缓慢，3 分钟内用量不超过 0.25 mg/kg，间隔 15 ~ 30 分钟后可重复。

【注意事项】①本药静脉给药后，应卧床观察 3 小时以上。静脉给药过快可导致呼吸暂停、低血压、心动过缓或心跳停止。②应避免长期大量使用而产生依赖性。对可能已产生依赖者，停药前应逐渐减量，不可骤停。③长期使用本药，如拟更换其他抗焦虑药物，也应逐渐减量，而不能骤然使用其他非苯二氮䓬类药（如丁螺环酮）代替。④严重的精神抑郁可使病情加重，甚至产生自杀倾向，应采取预防措施。⑤突然停药或大量减少药物剂量后可能发生反弹或戒断症状，故减少药物剂量或终止治疗时需谨慎。氟马西尼可能导致长期接受苯二氮䓬类药治疗的患者出现戒断症状。⑥对其他苯二氮䓬类药过敏者，对本药也可能过敏。

【药物相互作用】①全身麻醉药、镇痛药、单胺氧化酶 A（MAO-A）抑制药、三环类抗抑郁药、可乐定、筒箭毒碱、三碘季胺酚等：合用可相互增强疗效。②丙泊酚：丙泊酚可延长本药镇静效应的持续时间。③安普那韦、利托那韦：合用可使本药的血药浓度升高，有引起过度镇静和呼吸抑制的潜在危险。④大环内酯类抗生素（如克拉霉素、红霉素、交沙霉素、罗红霉素、醋竹桃霉素）：合用可使本药的血药浓度升高。⑤西咪替丁、双硫仑、依索莫拉唑、奥美拉唑、氟伏沙明（500 mg/d，持续 2 周）：以上药物可使本药的清除率降低，消除半衰期延长。⑥普萘洛尔：合用可致癫痫发作的类型和（或）频率改变。⑦伊曲康唑、酮康唑：以上药物可升高本药的血药浓度，并增加本药的不良反应（镇静、疲劳、言语不清、思维迟缓和其他精神运动损害）。⑧口服避孕药、丙戊酸、异烟肼：合用可升高本药的血药浓度。⑨扑米酮：合用可致癫痫发作的类型和（或）频率改变。⑩酮洛芬、苯妥英钠、地高辛：合用可使以上药物的血药浓度升高。⑪抗高血压药、利尿药：合用可使血压下降加重。⑫其他易成瘾或可能成瘾的药物：合用可使成瘾的危险性增加。⑬卡马西平：合用可使卡马西平和（或）本药的血药浓度下降，消除半衰期缩短。⑭雷尼替丁：雷尼替丁可明显降低本药的稳态血药浓度（口服），提高本药的血浆清除率。⑮利福平、利福布汀：合用可使本药的血药浓度降低。⑯抗酸药：抗酸药可延迟本药的吸收。⑰茶碱：茶碱可逆转本药的镇静作用。⑱左旋多巴：本药可减弱左旋多巴的疗效。⑲芬太尼：合用可引起全身血管阻力降低，并继发平均动脉压显著降低。⑳丁丙诺啡：合用可引起呼吸系统和心血管系统衰竭。㉑乙醇：合用可相互增效。

左匹克隆

【别名】奥贝舒欣、吡嗪哌酯、金盟、青尔齐、三辰、忆孟返、唑吡酮。

【药理作用】本药为环吡咯酮类第三代镇静催眠药。为抑制性神经递质 γ-氨基丁酸（GABA）受体的激动药，与苯二氮䓬类有相同的受体结合部位，但两者结构不同，作用区域也不同。动物试验和临床应用均显示本药有镇静、催眠、抗焦虑、肌肉松弛和抗惊厥等作用。本药催眠作用迅速，次晨残余作用低。

【适应证】用于各种失眠症。

【用法用量】①成人：口服给药，一次 7.5 mg，睡前服。②老年人剂量：老年患者推荐一次 3.75 mg，睡前服；必要时可增至 7.5 mg。

【注意事项】①用药后应避免驾驶或操纵机器。②虽有动物实验表明本药的依赖性小于地西泮，但仍不宜长期应用，骤然停药应注意监护。③本药治疗周期不得超过 28 日。④使用本药后失眠症状加重（如使用本药 7～10 日后症状未缓解），可能原因为另有其他精神和身体疾患。

【药物相互作用】①神经肌肉阻滞药（筒箭毒碱及肌松药）、其他中枢神经抑制药：合用可使镇静作用增强。②苯二氮䓬类抗焦虑药和催眠药：合用可导致戒断综合征风险增加。③红霉素、红霉素/磺胺异噁唑：合用可增加本药的血药浓度、曲线下面积及血药峰浓度。④甲氧氯普胺：静脉给予甲氧氯普胺可升高本药的血药浓度。⑤卡马西平：合用可使本药的血药峰浓度升高，而卡马西平的血药峰浓度降低。⑥阿托品、利福平：以上药物可降低本药的血药浓度。⑦乙醇：乙醇可增强本药的中枢抑制作用。

咪达唑仑

【别名】多美康、弗赛得、力月西、马来酸咪达唑仑、咪达安定、咪唑安定、咪唑二氮、速眠安、盐酸咪达唑仑。

【药理作用】本药为一种作用时间相对较短的苯二氮䓬类药。其作用与劳拉西泮相似，具有与其他苯二氮䓬类相似的药理作用（抗焦虑、催眠、抗惊厥、肌肉松弛和近事遗忘等），催眠作用尤其显著。可能的机制为刺激上行网状激活系统的抑制性递质 γ-氨基丁酸（GABA）的受体，从而增强皮质和边缘系统觉醒的抑制和阻断。

【适应证】①多种失眠症的短期治疗，特别适用于入睡困难者。②用于麻醉前给药、全麻醉诱导和维持。③用于椎管内麻醉及局部麻醉时辅助用药。④用于诊断或治疗性操作（如心血管造影、心律转复、支气管镜检查、消化道内镜检查等）时患者镇静。⑤用于 ICU 患者镇静。⑥用于抗惊厥。

【用法用量】成人：①失眠症，口服给药，每晚睡前 7.5～15 mg。从低剂量开始用药，治疗期限为数日至 2 周。②麻醉前给药、术前给药。a. 口服给药，麻醉前给药，一次 7.5～15 mg，麻醉诱导前 2 小时服。b. 肌内注射，麻醉前给药，一次 0.05～0.075 mg/kg，麻醉诱导前 20～60 分钟使用。全身麻醉诱导常用剂量为一次 5～10 mg（0.1～0.15 mg/kg）。术前给药，一般为 10～15 mg（0.1～0.15 mg/kg），术前 20～30 分钟给药。可单用，也可与镇痛药合用。c. 静脉注射，全身麻醉诱导，一次 10～15 mg。全身麻醉维持，分次静脉注射，剂量和给药间隔时间取决于患者当时的需要。术前准备，一次 2.5～5 mg，术前 5～10 分钟静脉注射。③椎管内麻醉及局部麻醉时辅助用药，静脉注射，0.03～0.04 mg/kg 分次注射。④ICU 患者镇静，静脉给药，先静脉注射本药 2～3 mg，随后以 0.05 mg/（kg·h）的静脉滴注速率维持。⑤抗惊厥，口服给药，一次 7.5～15 mg。老年人剂量：老年患者用于失眠症，推荐剂量为一次 7.5 mg，每日 1 次。

【注意事项】①服药期间，应避免驾驶或操作机械。②本药禁与 HIV 蛋白酶抑制药合用。③突然停药或大剂量减量时可能出现反弹或戒断症状，故减量或终止治疗时须谨慎，应缓慢减量并注意监测患者是否出现戒断症状。④对其他苯二氮䓬类药过敏者，可能对本药过敏。

【药物相互作用】①西咪替丁、法莫替丁、雷尼替丁、尼扎替丁：合用时可使本药血药浓度升高，半衰期延长。②安普那韦、艾法韦伦：合用可致本药的血药浓度升高。③大环内酯类抗生素（如红霉素、醋竹桃霉素等）：合用可升高本药的血药浓度。④地拉费定：合用可导致本药血药浓度升高。⑤催眠药、镇静药、抗焦虑药、抗抑郁药、抗癫痫药、麻醉药和镇静性抗组胺药：合用可增强以上药物的中枢抑制作用。⑥降血压药：合用可增强降压作用。⑦地尔硫䓬：合用可能会出现过度镇静。⑧卡马西平：合用可使卡马西平和（或）本药的血药浓度下降，消除半衰期缩短。⑨阿片类药、其他镇痛药：合用可使呼吸抑制、气道阻塞或肺换气不足的风险增加。⑩乙醇：合用可增强本药的镇静作用。

第五节　神经系统用药

一、抗震颤麻痹药

盐酸金刚烷胺

【别名】金刚胺、金刚烷、三环癸胺、盐酸金刚胺、盐酸三环癸胺。

【药理作用】本药治疗帕金森病的作用机制主要为促进纹状体内多巴胺的合成及释放，减少神经细胞对多巴胺的再摄取，并有抗乙酰胆碱作用，从而改善帕金森病患者的症状。本药还可抗 RNA 病毒，其作用机制尚不完全清楚。可阻止 RNA 病毒穿透宿主细胞，如果病毒已穿透宿主细胞，还能阻止病毒的脱壳和释放核酸，干扰病毒的早期复制。在组织培养中，本药能防止黏液病毒、副黏液病毒和披膜病毒的感染，对体外弹状病毒也有效，然而在临床应用中本药仅对 A 型流感病毒有作用。

【适应证】①用于帕金森病、一氧化碳中毒所致的帕金森综合征、老年人合并脑动脉硬化所致的帕金森综合征及药物诱发的锥体外系反应。②用于预防或治疗 A 型流感病毒所引起的呼吸道感染。

【用法用量】成人：①帕金森病、帕金森综合征。口服给药，a. 一次 100 mg，每日 1～2 次。b. 治疗数月后疗效可逐渐减弱，可将日剂量增至 300 mg，或暂时停药数周后再用药，使疗效恢复。c. 对合并有严重疾病或正在使用大剂量其他抗帕金森药的患者，开始治疗时一次 50 mg，每日 2～3 次；若必要，经 1 周至数周后，用量可增加至一次 100 mg，每日 2～3 次。d. 如本药已与左旋多巴合用，则本药剂量应维持在一次 100 mg，每日 1～2 次的水平；必要时可增至一次 100 mg，每日 2～3 次。e. 本药与抗胆碱型抗帕金森病药或左旋多巴合用时，可有增效作用。如左旋多巴疗效降低，用本药疗效可恢复。合用时，可减少单次左旋多巴剂量，使不良反应改善或疗效不波动。f. 一日最大量为 400 mg。②药物诱发的锥体外系反应。口服给药，开始时本药剂量可为一次 100 mg，每日 2 次；若仍未达到最佳疗效，可将日剂量增至 300 mg，分次服用。③A 型流感病毒感染。口服给药，a. 一次 200 mg，每日 1 次；或一次 100 mg，每 12 小时 1 次。b. 应在接触患者前开始预防性服药，如接触后服药则至少应连用 10 日。在流感流行期间（大多为 6～8 周）每日均须服药，或合用灭活的甲型流感病毒疫苗，直至有免疫活性出现为止（2～4 周）。但因疫苗只有 70%～80% 有效，故老年人或高危患者宜延长服药的时间。c. 对流感的治疗应于起病后 24～48 小时内开始，持续至主要症状消失后 24～48 小时。儿童（A 型流感病毒感染）：口服给药，a. 1～9 岁儿童，一次 1.5～3 mg/kg，每 8 小时 1 次；或一次 2.2～4.4 mg/kg，每 12 小时 1 次。一日剂量不宜超过 150 mg，3～5 日为 1 个疗程，不宜超过 10 日。b. 9～12 岁儿童：一次 100 mg，每 12 小时 1 次。c. 12 岁及 12 岁以上儿童，同成人用量。

【注意事项】①本药不宜与糖皮质激素合用。②用药期间不宜驾驶、操纵机械和高空作业。③用药后不宜突然停药，应逐渐减量，否则可使帕金森病病情恶化。④一日服药 1 次或 2 次时，可能消除或减轻眩晕、失眠及恶心等不良反应。有资料认为，帕金森病患者一日用量超过 200 mg 时，疗效不增，但毒性却渐增。⑤对一日用量超过 200 mg 者，应严密观察，防止发生不良反应或中毒。注意监测生命体征（血压、脉搏、呼吸及体温），尤其是在增加剂量后的数日内。

【药物相互作用】①其他抗帕金森病药、抗组胺药、吩噻嗪类药、三环类抗抑郁药：合用可增强抗胆碱作用，特别是有精神紊乱、幻觉及噩梦的患者更明显。②氨苯蝶啶：合用可使本药不良反应发生率升高。③中枢神经兴奋药：合用可增强此类药物的中枢神经系统兴奋作用，严重者可引起惊厥或心律失常等。④颠茄：合用可产生过度的抗胆碱作用。⑤复方磺胺甲噁唑：合用可增加中枢神经系统毒性，出现失眠、精神紊乱等。⑥溴哌利多：可拮抗本药的药理作用，降低本药的疗效。⑦卡法根：有观点认为，与卡法根合用，后者可拮抗本药的促多巴胺作用，降低本药的疗效。⑧佐替平：佐替平可通过阻滞多巴胺受体而拮抗本药的药理作用。⑨对乙酰氨基酚：合用时两者的药动学参数均不受影响。⑩普拉克索：合用时尚未观察到有明显的相互作用。⑪乙醇：乙醇可加重本药的中枢神经系统不良反应，出现头昏、晕厥、精神紊乱及循环障碍等。

盐酸苯海索

【别名】安坦、三己芬迪。

【药理作用】对中枢纹状体 M 胆碱受体有拮抗作用，外周抗胆碱作用较弱，为阿托品的 1/10～1/3，因此不良反应轻。对平滑肌有直接抗痉挛作用，小量时可有抑制中枢神经系统作用，大量时则引起脑兴奋。抑制突触间隙中多巴胺的再摄取。口服后胃肠道吸收快而完全，透过血-脑屏障进入中枢神经系统，口服 1 小时起效，作用持续 6～12 小时，服量的 56% 随尿排出，可分泌入乳汁。消除半衰期为 3.7 小时。

【适应证】用于帕金森病、帕金森综合征，也用于药物引起的锥体外系反应。

【用法用量】①帕金森病、帕金森综合征：口服，第 1 日 1～2 mg，以后每 3～5 日增加 2 mg，至疗效最佳且不出现严重不良反应为止，通常一日不宜超过 10 mg，分 3～4 次服，极量为 20 mg/d。须长期用。②药物引起的锥体外系反应：口服，第 1 日 2～4 mg，分 2～3 次服用，以后视患者的需要及耐受能力逐渐增加至 5～10 mg。

【注意事项】①青光眼患者、尿潴留者、前列腺肥大患者禁用。②老年人对药物较敏感，注意控制剂量。老年患者可产生不可逆的脑功能衰竭，老年患者慎用。③心血管功能不全者，高血压患者，肠梗阻或有此病史者，重症肌无力患者，肾功能障碍者，有锥体外系反应的精神病患者慎用。④本品可抑制乳汁的分泌，妊娠及哺乳期妇女慎用。

【药物相互作用】①左旋多巴与苯海索合用时可增强疗效。但抗毒蕈碱药可延迟胃肠排空，使前者更易为胃酸破坏，故两者的给药时间应间隔 3 小时。②强心苷与苯海索合用时，前者如在胃肠道中停留时间延长，呼吸随之增加，易致过量中毒。因此，合用时应选择吸收迅速的强心苷制剂。③三环类抗抑郁药与苯海索合用时，可使前者不良反应加重。④氟哌啶醇可能增强苯海索的抗毒蕈碱作用。⑤与乙醇同用时，镇静作用增强。

多巴丝肼

【别名】苄丝肼多巴、复方左旋多巴、美多芭、万多霸、左旋多巴/苄丝肼、左旋多巴和盐酸苄丝肼。

【药理作用】本药为抗帕金森病药，由左旋多巴和苄丝肼组成。导致帕金森病锥体外系反应的主要原因是纹状体内多巴胺形成及储备减少。帕金森病患者中枢神经系统内的多巴胺合成能力越弱，则病情越严重。多巴胺的前体药左旋多巴要进入中枢神经系统才能产生作用，但口服的左旋多巴大部分在脑外就已脱羧，仅少部分能进入中枢神经系统。苄丝肼对芳香族氨基酸脱羧酶有抑制作用，同时能降低脑外形成多巴胺后引起的不良反应。苄丝肼也能选择性抑制脑外组织（如胃肠壁、肝脏、肾）及血-脑屏障对左旋多巴的脱羧作用，使左旋多巴在纹状体及下丘脑形成多巴胺。故由苄丝肼与左旋多巴组成的复方，既可减少左旋多巴的用量，又可降低不良反应的发生率。

【适应证】用于帕金森病及脑炎后、动脉硬化性或中毒性帕金森综合征。

【用法用量】帕金森病、帕金森综合征，口服给药。①常规制剂：第 1 周一次 100 mg/25 mg（左旋多巴/苄丝肼），每日 2 次。然后每隔 1 周增加 100 mg/25 mg（左旋多巴/苄丝肼），一日总量不宜超过 800 mg/200 mg（左旋多巴/苄丝肼），分 3~4 次服。维持剂量为一次 200 mg/50 mg（左旋多巴/苄丝肼），每日 3 次。②常规制剂转为控释片剂时，第 1~第 2 日的用量和用药次数应与换药前常规制剂的剂量和用药次数相同。因控释片剂的吸收量只有 70%，故几日后剂量需逐渐增加 30%，以保证左旋多巴的总量不变。又因控释片剂的药物释放缓慢，服药后需 3 小时方可起效，故有时需合用常规制剂或分散片，才可较快达到有效的血药浓度（尤其在早晨第 1 次服药时）。以后每隔 2~3 日调整一次控释片的剂量，直到达到最好疗效而不良反应最小时，再采用维持剂量，服药次数可酌情增减。对夜间行动不便的患者，可在夜间加用控释片或分散片。

【注意事项】①如需进行全身麻醉，本药应尽量延续使用至手术前（氟烷麻醉除外）。使用本药的患者在接受氟烷麻醉时，可导致血压波动和心律失常，故应在术前 12~48 小时内停药，术后可将用量逐渐恢复至术前水平。②用药期间应严密观察患者可能出现的精神症状。患有胃及十二指肠溃疡、支气管哮喘或骨软化症的患者服药时应严密观察。③用药时注意剂量个体化，剂量应逐渐增加。④本药需使用一段时间后才能起效，在开始使用本药治疗时，应逐渐减少其他抗帕金森病药的用量，而不应立即停用其他抗帕金森病药。如治疗 4 周后症状有所改善，应继续服用，以便获得更好的疗效。有时需要服用 6 个月以上才能达到最佳效果。⑤本药缓释胶囊有起始作用延迟的特性，此时与本药片剂或分散片联合使用可较快获得临床疗效（特别是在首次晨剂量时）。调整本药缓释胶囊的剂量应缓慢而谨慎，周期至少为 2~3 日。⑥从本药片剂转换为缓释胶囊时宜从上午用药开始，2 日内给药剂量与之前相同，2~3 日后可逐渐增加 50% 左右，期间可能有一过性的病情加重。如缓释胶囊的疗效不显著，则宜恢复使用本药片剂或分散片。⑦本药禁止与非选择性单胺氧化酶抑制药合用，但选择性单胺氧化酶 B 抑制药（如司来吉兰、雷沙吉兰）和选择性单胺氧化酶 A 抑制药（如吗氯贝胺）除外。⑧本药可能引起嗜睡或突然睡眠发作，驾驶或操作机械时应谨慎。对曾出现过嗜睡或突然睡眠发作的患者，应避免驾驶或操作机械，且应考虑减量或终止治疗。

【药物相互作用】①甲基多巴：合用可改变左旋多巴的抗帕金森作用，并产生中枢神经系统的毒性作用，促使精神病等发作。同时甲基多巴的抗高血压作用增强。②利血平：可抑制本药作用。

盐酸硫必利

【别名】胺甲磺回胺、罗逸、尚岩、泰必乐、泰必利、泰普尔多、维奇。

【药理作用】本药是苯酰胺类抗精神病药，结构与舒必利相似，为选择性多巴胺 D_2 受体拮抗药，对 D_1 受体无亲和力。本药特点是对感觉运动方面的神经系统疾病及精神运动行为障碍具有良好效果。具体作用如下：①抗精神病作用：本药可纠正精神运动性障碍，因此治疗舞蹈症及抽动秽语综合征的疗效较好。②本药可迅速改善急性酒精中毒者的精神运动性症状；对慢性酒精中毒所致的运动障碍、消化障碍或行为障碍等均有效，对抗戒断症状的作用显著。③镇痛作用：动物实验证实，本药可阻滞疼痛冲动经脊髓丘脑束向网状结构的传导，其镇痛作用可能与丘脑的中枢整合作用有关。④其他作用：本药尚有镇吐、抗焦虑、轻微降压作用。与镇静药相比，本药对觉醒状态及反应时间的影响不大，引起滥用或与乙醇相互作用的潜在风险较低。治疗剂量时本药几乎无锥体外系反应，亦无抗组胺和心血管方面的不良反应，但仍有引起恶性综合征（NMS）和其他严重不良反应的风险。

【适应证】①用于抽动秽语综合征。②用于舞蹈症。③用于老年性精神病。④用于慢性酒精中毒所致的神经精神障碍。⑤用于头痛、痛性痉挛、神经肌肉痛。

【用法用量】成人：①抽动秽语综合征、舞蹈症。口服给药，初始剂量为150～300 mg/d，分3次服，随后渐增至300～600 mg/d；待症状控制后2～3个月，酌情减量。维持剂量为150～300 mg/d。②老年性精神运动障碍、迟发性运动障碍。口服给药，初始剂量为100～200 mg/d，分次服用，随后渐增至300～600 mg/d。③慢性酒精中毒所致的神经精神障碍。a. 口服给药，150 mg/d。b. 静脉注射，一次100～200 mg，200～600 mg/d。用量宜自小剂量逐渐递增。c. 静脉滴注，用5%葡萄糖或生理盐水稀释后滴注，用量同"静脉注射"项。④头痛、痛性痉挛、神经肌肉痛。口服给药，初始剂量为200～400 mg/d，连服3～8日；维持剂量为一次50 mg，每日3次。儿童：①抽动秽语综合征、精神运动不稳定状态。口服给药，7～12岁儿童平均一次50 mg，每日1～2次。②慢性酒精中毒所致的神经精神障碍。静脉注射，儿童应减量；静脉滴注，儿童应减量。

【注意事项】用药期间应避免驾驶或操纵机械。

【药物相互作用】①中枢神经抑制药（如镇痛药、镇静药、催眠药、安定类药、抗抑郁药、抗帕金森病药、抗癫痫药）：本药可增强以上药物的中枢神经抑制作用。②氟哌利多、左醋美沙朵：合用可增加发生心脏不良反应的风险（QT间期延长、峰值扭转、心搏骤停）。③锂剂：合用可能出现乏力、运动障碍、锥体外系症状加重、脑病和脑损伤。

二、抗重症肌无力药

甲硫酸新斯的明

【别名】甲基硫酸普洛色林、甲基硫酸新斯的明、普洛色林、普洛斯的明、依定。

【药理作用】本药为新斯的明的甲硫酸盐，是可逆性的胆碱酯酶抑制药。本药通过抑制胆碱酯酶活性而发挥拟胆碱作用，可直接激动骨骼肌运动终板上的烟碱样受体（N_2受体），促进胃收缩和增加胃酸分泌，并促进小肠、大肠，尤其是结肠的蠕动，从而防止肠道弛缓、促进肠内容物向下推进。本药作用特点为对腺体、眼、心血管、支气管平滑肌及胃肠道平滑肌作用较弱，对骨骼肌作用较强。本药对中枢神经系统的毒性较毒扁豆碱小。

【适应证】①用于重症肌无力。②用于术后腹部胀气和尿潴留。③用于手术结束时拮抗非去极化肌肉松弛药的残留肌松作用。

【用法用量】成人：①重症肌无力。a. 皮下注射。一次0.25～1 mg，每日1～3次。极量为一次1 mg，5 mg/d。b. 肌内注射。诊断重症肌无力，注射本药0.5～1 mg后20～30分钟，如肌力改善并持续1小时以上，则可确诊；应同时肌内注射阿托品0.5 mg，以消除本药的M胆碱样不良反应。治疗重症肌无力，同"皮下注射"项。治疗重症肌无力危象，一次1 mg，然后每30分钟1次，好转后改用口服溴新斯的明；分泌物增多时可用阿托品0.5～1 mg肌内注射。c. 静脉注射，一次0.005～0.02 mg/kg。②术后腹部胀气和尿潴留。a. 皮下注射，同"重症肌无力"；b. 肌内注射，同"皮下注射"项。③拮抗非去极化型肌松药的肌松作用。a. 皮下注射，同"重症肌无力"；b. 肌内注射，同皮下注射项；c. 静脉注射，静脉注射前应观察吸入或静脉全身麻醉药的作用是否接近消失、肌张力是否有开始恢复的迹象等，以决定是否用药。用量依据肌肉松弛程度（一般按电刺激尺神经测定小鱼际肌的收缩强度）而定。首次静脉注射 0.5~2 mg，以 5 mg 为极限，维持量为一次 0.5 mg，应与适量阿托品（一般为 0.5~1 mg）合用。儿童：拮抗非去极化肌松药的肌松作用。肌内注射，一次 0.04 mg/kg，同时给予阿托品 0.02 mg/kg；静脉注射，同"肌内注射"项。

【注意事项】①本药不宜与去极化型肌松药合用。②用药过量可致胆碱能危象，甚至心搏骤停。③过量中毒时，可给予阿托品对抗。

【药物相互作用】①美维库铵：合用可使麻醉后的神经肌肉阻滞作用恢复延迟。②干扰神经肌肉传递的药物（如奎尼丁）：合用可使本药作用减弱。③糖皮质激素：糖皮质激素单独应用可增强肌力，但与本药合用反而使肌力下降。④阿托品：合用时阿托品可掩盖本药过量导致的部分中毒症状。

溴吡斯的明

【别名】美定隆、美斯地胺、溴吡啶斯的明、溴化吡啶斯的明。

【药理作用】溴吡斯的明为季铵化合物，为抗胆碱酯酶药物，作用类似新斯的明。作用开始较迟，而持续时间较长。

【适应证】用于重症肌无力，也用于术后功能性肠胀气、尿潴留。

【用法用量】口服：片剂、糖浆，一次 60~120 mg，每 3~4 小时 1 次。

【注意事项】对本药过敏者、心绞痛患者、支气管哮喘患者、机械性肠梗阻和尿路梗阻者禁用。

【药物相互作用】尚不明确。

三、抗癫痫药

卡马西平

【别名】氨甲酰苯䓬、氨甲酰氮、叉颠宁、得理多、得利益多、芬来普辛、甲酰苯䓬、卡巴咪嗪、卡巴咪唑、卡巴西平、卡马咪嗪、卡平、立痛定、桑宁、痛经宁、痛可灵、退痛、酰氨咪唑、酰胺咪嗪。

【药理作用】本药具有抗惊厥、抗癫痫、抗神经性疼痛等多种作用，其主要作用如下。①抗惊厥作用：本药为钠通道调节药，可通过增强钠通道的灭活效能，限制突触后神经元高频动作电位的发散，以及通过阻断突触前钠通道和动作电位发散，阻断神经递质的释放，从而调节神经兴奋性，产生抗惊厥作用。②抗外周神经痛作用：可能是通过作用于 γ-氨基丁酸（GABA）B 受体而产生镇痛效应，并与调节钙通道有关。③抗躁狂抑郁作用：可能与增强中枢的去甲肾上腺素能神经的活性有关。④抗利尿作用：可能与促进抗利尿激素分泌或提高效应器对抗利尿激素的敏感性有关。

【适应证】①用于治疗癫痫单纯或复杂部分性发作，对全身性强直、阵挛、强直阵挛发作亦有良好疗效。②可缓解三叉神经痛和舌咽神经痛，亦用作三叉神经痛缓解后的长期预防性用药。也可用于脊髓痨、多发性硬化、糖尿病性周围神经痛、外伤及疱疹后神经痛。③用于预防或治疗双相情感障碍（躁狂抑郁）。④用于中枢性部分性肾崩症，可单用或与氯磺丙脲、氯贝丁酯等合用。⑤用于精神分裂症性情感性疾病、顽固性精神分裂症及与边缘系统功能障碍有关的失控综合征。⑥用于不安腿综合征（Ekbom 综合征）、偏侧面肌痉挛。⑦用于酒精戒断综合征。

【用法用量】 成人：①癫痫、惊厥，口服给药，起始剂量为一次 100 ~ 200 mg，每日 1 ~ 2 次。以后逐渐增加剂量，直至最佳疗效，通常一次 400 mg，每日 2 ~ 3 次。维持时应根据情况调整至最低的有效量，分次服用。要注意剂量个体化，一日总量不宜超过 1200 mg，少数可用至 1600 ~ 2000 mg/d。②镇痛，口服给药，起始剂量为一次 100 mg，每日 2 次；第 2 日起，隔日增加 100 ~ 200 mg，直至疼痛缓解；维持为 400 ~ 800 mg/d，分次服用，一日最高剂量不超过 1200 mg。③尿崩症，口服给药，单用时 300 ~ 600 mg/d；如与其他抗利尿药合用，200 ~ 400 mg/d，分 3 次服用。④躁狂、精神病，口服给药，起始剂量为 200 ~ 400 mg/d，以后每周逐渐增加剂量至最大剂量 1600 mg/d，分 3 ~ 4 次服用。⑤心律失常，口服给药，300 ~ 600 mg/d，分 2 ~ 3 次服用。儿童（惊厥）：口服给药。①4 岁或 4 岁以下儿童，起始剂量为 20 ~ 60 mg/d，然后每隔 1 日增加 20 ~ 60 mg。4 岁以上的儿童，起始剂量为 100 mg/d，然后每周增加 100 mg。维持剂量为 10 ~ 20 mg/（kg·d）。1 岁以下儿童，100 ~ 200 mg/d；1 ~ 5 岁儿童，200 ~ 400 mg/d；6 ~ 10 岁儿童，400 ~ 600 mg/d；11 ~ 15 岁儿童 600 ~ 1000 mg/d，分次服用。②也有以下用法：6 岁以下儿童，起始剂量为 5 mg/（kg·d），每隔 5 ~ 7 日增加 1 次用量，至 10 mg/（kg·d），必要时可增至 20 mg/（kg·d），维持量应调整至维持血药浓度 8 ~ 12 μg/mL，常用量为 10 ~ 20 mg/kg（250 ~ 350 mg），一日总量不宜超过 400 mg。6 ~ 12 岁儿童，第 1 日100 mg，分 2 次服用；每隔 1 周增加 1 次剂量，一次可增加 100 mg，直至出现疗效，维持量应调整至最小有效量；常用量为 400 ~ 800 mg/d，一日不超过 1000 mg，分 3 ~ 4 次服用。

【注意事项】 ①本药对癫痫典型或不典型失神发作、肌阵挛或失神张力发作无效，对锂剂、抗精神病药、抗抑郁药无效的或不能耐受的双相障碍有效。②本药的止痛效应限于神经源性疼痛。③本药有引起自杀想法和行为的风险，用药中应密切观察患者行为是否有明显改变。④服用本药应避免大量饮水，以防发生水中毒。⑤开始时应应用小剂量，然后逐渐增加，直到获得良好疗效或出现不良反应。已用其他抗癫痫药治疗的患者加用本药时，用量也应逐渐增加。在开始治疗的 4 周左右可能需要增加剂量，以避免由自身诱导所致的血药浓度降低。⑥漏服时应尽快补服，不可一次服双倍量，可一日内分次补足。⑦用作特异性疼痛综合征的止痛药时，如果疼痛完全缓解，应逐渐减量或停药。⑧癫痫患者突然撤药可引起惊厥或癫痫持续状态。如需立即停药，应换用其他抗癫痫药，如静脉注射或直肠给予地西泮、静脉给予苯妥英。⑨本药可引起眩晕、嗜睡，特别是用药初期或剂量调整期，故驾驶或操纵机器时应谨慎。⑩本药与三环类抗抑郁药、奥卡西平、苯妥英钠等可能存在交叉过敏反应。

【药物相互作用】 ①右丙氧芬，布洛芬，达那唑，大环内酯类抗生素（如红霉素、醋竹桃霉素、交沙霉素、克拉霉素），抗抑郁药（如地昔帕明、氟西汀、氟伏沙明、曲唑酮、维洛沙嗪），司替戊醇，氨己烯酸，唑类抗真菌药（如伊曲康唑、酮康唑、氟康唑、伏立康唑），氯雷他定，特非那定，奥氮平，异烟肼，HIV 蛋白酶抑制药（如利托那韦），乙酰唑胺，地尔硫䓬，维拉帕米，西咪替丁，奥美拉唑，奥昔布宁，丹曲林钠，噻氯匹定，烟酰胺（仅高剂量时）：合用可使本药的血药浓度升高，导致不良反应（如头晕、嗜睡、共济失调、复视）。②氯磺丙脲、氯贝丁酯、去氨加压素、赖氨加压素、垂体后叶素：合用可增强抗利尿作用。③腺苷：合用可增加发生心脏传导阻滞的风险。④碳酸酐酶抑制药：合用可增加骨质疏松的风险。⑤利尿药（如氢氯噻嗪、呋塞米）：合用可引起低钠血症。⑥单胺氧化酶（MAO）抑制药：合用可引起高热和（或）高血压危象、严重惊厥甚至死亡。当本药用于治惊厥时，MAO 抑制药可能改变癫痫发作的类型。⑦锂剂、甲氧氯普胺、精神安定药（如氟哌啶醇、硫利达嗪）：合用能增加中枢神经系统不良反应。此外，锂剂还可以减弱本药的抗利尿作用。⑧对乙酰氨基酚：合用（尤其是单次超量或长期大量使用）可增加肝脏中毒的风险，并使对乙酰氨基酚的疗效减弱。⑨苯巴比妥、苯妥英：以上药物可加速本药代谢，使本药半衰期缩短。⑩利福平：利福平可降低本药的血药浓度。⑪奈法唑酮：合用可降低奈法唑酮的血药浓度，减弱其疗效。⑫环孢素、洋地黄类（地高辛除外）、乙琥胺、茶碱、扑米酮、苯二氮䓬类、丙戊酸、多西环素、皮质类固醇、左甲状腺素、奎尼丁：合用可使以上药物药效减弱。⑬诺米芬新：本药可减弱诺米芬新的吸收并加快其消除。⑭雌激素、含雌激素的避孕药：合用可使以上药物的药效减弱，与口服避孕药合用可能出现阴道大出血。⑮香豆素类抗凝血药：合用可使抗凝血药的血药浓度降低，半衰期缩短，抗凝血作用减弱。⑯利匹韦林：合用可降低利匹韦林的血药浓度，可能减弱其疗效。⑰乙醇：本药可降低患者对乙醇的耐受性。

丙戊酸钠

【别名】α-丙基戊酸、丙戊酸、丙戊酸镁、德巴金、敌百痉、癫扑净、典泰、定百痉、二丙二乙酸钠、二丙基乙酸钠、二丙乙酸、二丙酸钠、抗癫灵、扑癫灵、易平痫。

【药理作用】本药为一种不含氮的广谱抗癫痫药。动物实验和临床研究表明，本药对多种癫痫类型具有抑制作用。其抗癫痫机制尚未完全阐明，实验表明本药能增加抑制性神经递质 γ-氨基丁酸（GABA）的合成和减少其降解，从而升高 GABA 浓度，降低神经元的兴奋性。此外，电生理实验中发现本药可产生与苯妥英相似的抑制钠通道的作用。

【适应证】用于癫痫单纯或复杂失神发作、肌阵挛发作、大发作的单药或合并用药治疗，对复杂部分性发作也有一定疗效。

【用法用量】成人（癫痫）：①口服给药。a. 起始剂量为 5～10 mg/(kg·d)，1 周后递增，直至癫痫发作得以控制。常规剂量为 15 mg/(kg·d) 或 600～1200 mg，分 2～3 次服用。一日用量超过 250 mg 时，应分次服用以减少胃肠刺激。最大日剂量不超过 30 mg/kg 或 1800～2400 mg。也有以下用法：起始剂量为 600 mg/d，每日 2 次。每隔 3 日增加 200 mg，直至症状得到控制。常规剂量为 1000～2000 mg/d（即 20～30 mg/kg），每日 2 次，必要时可增至 2500 mg/d。b. 若开始使用本药时患者已经使用其他抗癫痫药物，后者需缓慢撤药，同时逐渐增加本药的剂量，一般在 2 周后加至目标剂量。若与诱导肝酶活性的抗癫痫药（如苯妥因、苯巴比妥、卡马西平）合用，本药的加药速度应为 5～10 mg/(kg·d)。如撤除肝酶诱导药，本药的剂量也应减少。②静脉给药。a. 癫痫发作需快速达到有效血药浓度并维持时，以 15 mg/kg 缓慢静脉注射，注射时间应大于 5 分钟；然后以 1 mg/(kg·h) 的速度静脉滴注，使本药血药浓度达到 75 mg/L，并根据患者症状调整滴注速度。b. 临时替代口服给药治疗癫痫发作，口服给药后 4～6 小时可开始静脉给药，剂量范围为 20～30 mg/(kg·d)。可分 4 次静脉滴注，每次滴注时间至少 1 小时，也可持续滴注 24 小时。老年人剂量：老年人中本药的药代动力学发生改变，但临床意义有限；剂量应根据癫痫控制的情况而定。儿童（癫痫）：口服给药，单药治疗。①体重大于或等于 20 kg 者，初始剂量为 400 mg/d，分 2 次服用，间隔加药直到症状得以控制。常用量为 20 ~ 30 mg/(kg·d)，如病情仍未得到控制可增至 35 mg/(kg·d)。②体重小于 20 kg 者，常用量 20 mg/(kg·d)，病情严重者可加量（仅限于可监测血药浓度时），但不宜超过 40 mg/(kg·d)，超过该剂量应注意监测临床生化指标及血液学指标。

【注意事项】①本药有引起自杀想法和行为的风险，用药中应密切观察患者行为是否有明显改变。②本药禁止与圣约翰草提取物合用。③本药在体内可转化为丙戊酸，不应与其他具有相同转化产物的药物（如丙戊酸盐、丙戊酰胺等）合用，以防止丙戊酸过量。④本药可引起嗜睡（尤其与其他抗癫痫药或苯二氮䓬类药合用时），可能影响驾驶和机械操作。⑤本药一旦停止静脉滴注，需立刻口服给药，以补充有效成分。口服剂量可用以前的剂量或调整后的剂量。⑥本药停药时应逐渐减量，防止癫痫再次发作。⑦本药可引起出血时间延长，并增加中枢神经系统抑制药的作用，进行外科手术或其他急症治疗时应注意。术前、发生自发性出血或血肿时，应进行血液检查（如血细胞计数、出血时间及凝集试验）。⑧体重增加为多囊卵巢综合征的危险因素，应密切监测。⑨因丙戊酸有导致高氨血症的风险，当怀疑患者有尿素循环酶缺陷时，在治疗前应作代谢方面的检查。⑩最佳给药剂量取决于疾病的控制情况。无须进行常规血药浓度监测，只在疾病控制不佳或可能发生不良反应时，监测血药浓度以调整用药剂量。⑪体外研究表明，本药可促进人类免疫缺陷病毒（HIV）和巨细胞病毒的复制，其临床效应尚不明确，但应考虑密切监护已感染以上病毒的患者。

【药物相互作用】①非尔氨酯：合用可升高本药的血浆浓度。②血浆蛋白结合率高的药物（如阿司匹林）：合用可使游离态丙戊酸的血浆浓度上升。③西咪替丁、红霉素：合用可升高本药的血浆浓度。④全身麻醉药、中枢神经抑制药：合用可使以上药物的临床效应更明显。⑤尼莫地平：合用可增加尼莫地平的血浆浓度，使其作用增强。⑥齐多夫定：合用可升高齐多夫定的血浆浓度，增强其毒性作用。⑦神经阻滞药、苯二氮䓬类药：合用可增强以上精神药物的药效。⑧抗凝血药（华法林、肝素等）、溶血栓药：合用可增加出血的危险性。⑨阿司匹林、双嘧达莫：合用可减少血小板凝聚，延长出血时间。⑩拉莫三嗪：合用可增加严重皮肤反应（中毒性表皮坏死松解症）的危险性，还可升高拉莫三嗪血浆浓度。⑪碳青霉烯类、单杆菌类：合用可降低本药血浆浓度，导致癫痫发作危险性增加。⑫苯巴比妥、扑米酮：合用可降低本药血浆浓度，还可增加以上物的血药浓度，出现药物过量症状。⑬利福平：合用可降低本药的血液浓度，导致疗效降低。⑭卡马西平：合用时两者的血药浓度和半衰期降低。⑮甲氟喹：合用可增加本药代谢，导致癫痫发作。⑯氟哌啶醇、洛沙平、马普替林、单胺氧化酶抑制药、吩噻嗪类、噻吨类、三环类抗抑郁药：合用可增强中枢神经系统抑制，降低惊厥阈值和丙戊酸的效应。⑰丙咪嗪：合用可增加无显著特点癫痫发作的危险。⑱托吡酯：合用可发生高氨血症和脑病。⑲氯硝西泮：合用于防止失神发作时，可诱发失神状态。⑳苯妥英：合用时两者的血药浓度可发生改变。㉑激素类避孕药：本药无肝药酶诱导作用，不会降低此类药物的疗效。㉒乙醇：合用可增强镇静作用。

苯妥英钠

【别名】苯妥英、大伦丁、二苯乙内酰胺、二苯乙内酰脲、二苯乙内酰脲钠、奇非宁。

【药理作用】本药为乙内酰脲类抗癫痫药，主要药理作用如下。①抗癫痫：乙内酰脲类药物在产生神经冲动时，通过减少钠离子内流而使神经细胞膜稳定，并且限制钠通道介导的发作性放电的扩散。在神经元水平，当产生神经冲动时，本药可延长通道不激活时间而减少钠和钙离子内流，阻滞强直后增强（posf-tetanic potentiation，PTP）的形成，抑制神经元持续高频发放，阻止异常放电向周围正常脑组织的扩散，从而防止发作性电活动的扩散和传播。本类药物对小脑有兴奋作用，激活小脑至大脑皮质的抑制通路，并使小脑浦肯野细胞放电增加而使皮质发作性活动减少。②抗神经痛：作用机制尚未阐明，可能是作用于中枢神经系统，降低突触传递或降低引起神经元放电的短暂刺激的综合作用。本药可提高面部的痛觉阈，通过降低兴奋性和反复放电的自持性而缩短疼痛发作的时间。③可抑制皮肤成纤维细胞合成或分泌胶原酶，故可用于治疗隐性营养不良性大疱性表皮松解症（recessive dystrophic epidermolysis bullosa）。④骨骼肌松弛的作用与稳定细胞膜作用及降低突触传递作用有关。⑤抗心律失常：本药属Ⅰb类抗心律失常药，作用与利多卡因相似，其膜效应与细胞外钾离子浓度、心肌状态及血药浓度有关。当细胞外钾浓度低时，低浓度药可增加 0 相除极最大速率及动作电位的幅度，加快房室传导和心室内传导；当细胞外钾浓度正常或升高时，高浓度的药物则起抑制作用（但明显低于其他抗心律失常药），可降低心肌自律性，缩短动作电位间期，相对延长有效不应期。本药还可抑制钙离子内流，抑制交感中枢，对心房、心室的异位节律点有抑制作用，可提高心房颤动与心室颤动阈值。⑥静脉用药可扩张周围血管。

【适应证】①用于癫痫全身性强直阵挛发作、复杂部分性发作（精神运动性发作、颞叶癫痫）、单纯部分性发作（局限性发作）和癫痫持续状态。②用于三叉神经痛、隐性营养不良性大疱性表皮松解症、发作性舞蹈样手足徐动症、发作性控制障碍（包括发怒、焦虑、失眠、兴奋过度等行为障碍疾病）、肌强直症等。③用于洋地黄中毒所致的室性及室上性心律失常、三环类抗抑郁药过量时引起的心脏传导障碍。

【用法用量】成人：①癫痫，口服给药，开始时 100 mg/d，每日 2 次，在 1~3 周内加至 250~300 mg/d，分 3 次服用。在分次应用达到控制发作和血药浓度达稳态后可考虑改用长效（控释）制剂。发作频繁者，可第 1 日 12~15 mg/kg，分 2~3 次服用，每 6 小时 1 次；第 2 日开始给予 100 mg（或 1.5~2 mg/kg），每日 3 次，直到调整至适当剂量。一次极量为 300 mg，一日极量为 500 mg。②癫痫持续状态，静脉滴注，一次（16.4 ± 2.7）mg/kg。③惊厥，静脉注射，一次 150~250 mg，静脉注射速度不超过 50 mg/min，需要时 30 分钟后可再次静脉注射 100~150 mg，一日总量不超过 500 mg。④三叉神经痛，口服给药，一次 100~200 mg，每日 2~3 次。⑤抑制胶原酶合成，口服给药，起始剂量为 2~3 mg/(kg·d)，分 2 次服用，在 2~3 周内增加至患者能够耐受的用量，血药浓度至少达到 8 mg/L，100~300 mg/d。⑥抗心律失常：a. 口服给药，100~300 mg，分 1~3 次服。第 1 日 10~15 mg/kg，第 2~4 日 7.5~10 mg/kg，维持量为 2~6 mg/(kg·d)。b. 静脉注射，一次 100 mg，缓慢静脉注射 2~3 分钟，以后根据需要每 10~15 分钟重复 1 次，至心律失常终止或出现不良反应为止，总量不超过 500 mg。老年人剂量：静脉注射时需减量，注射速度也应减慢到每 2~3 分钟 50 mg。儿童：①癫痫，口服给药，开始时 5 mg/(kg·d)，分 2~3 次服，以后按需要调整，一日剂量不超过 250 mg。维持量为 4~8 mg/(kg·d)（或 250 mg/m²），分 2~3 次服。②惊厥，静脉注射，可按体重5 mg/kg（或250 mg/m²），单次或分2次注射。③心律失常，口服给药，开始时5 mg/kg，分2～3次服，以后根据病情调整，一日总量不宜超过300 mg。维持量为4～8 mg/（kg·d）（或250 mg/m²），分2～3次服。

【注意事项】①停药时需逐渐减量，以免癫痫发作加剧，甚至出现持续状态。当合用其他抗癫痫药、停用本药及由使用本药改为用其他药物、由使用其他抗癫痫药改为使用本药时，均应逐渐进行，避免引起癫痫发作频率的增加。②用药期间不宜驾驶及操作机械。③对其他乙内酰脲类药过敏者，对本药也可能过敏。

【药物相互作用】①抗凝血药（如香豆素类和噻氯匹定）、磺胺类、西咪替丁、甲硝唑、氯霉素、克拉霉素、异烟肼、吡嗪酰胺、氟康唑、维生素B₆、保泰松、氯苯那敏、舍曲林、地昔帕明、奈法唑酮、氟伏沙明、维洛沙秦、氟西汀、舒噻美、右旋哌甲酯、氯巴占、奥卡西平、甲琥胺、苯琥胺、萘咪酮、地尔硫䓬、硝苯地平、替尼酸、尼鲁米特等：以上药物可增强本药的效果和（或）毒性。与香豆素类抗凝血药合用时，开始可增加抗凝血效应，但持续应用则效果相反。②加巴喷丁：加巴喷丁可使本药发生毒性反应的风险增加。③布洛芬、阿扎丙宗、卡培他滨、阿奇霉素：以上药物可提高本药的血药浓度，出现中毒症状。④氟烷、单胺氧化酶抑制药：合用可增强本药的毒性（包括肝毒性），甚至引起肝坏死。⑤胺碘酮、苯丙氨酯：合用可使以上药物疗效降低，增加本药毒性（包括共济失调、反射亢进、眼球震颤和肢体震颤等）。⑥对乙酰氨基酚：长期应用对乙酰氨基酚的患者，使用本药可增加肝脏中毒的危险性，且疗效降低。⑦多巴胺：长期应用多巴胺的患者，静脉注射本药时可因儿茶酚胺耗竭，引起突发性低血压及心率减慢，且与本药的用量及吸收速度有关。⑧利多卡因、普萘洛尔：本药静脉注射时与以上药物合用，可加强心脏的抑制作用。⑨肾上腺皮质激素（包括糖皮质激素和盐皮质激素）、促皮质素、雌激素及含雌激素的口服避孕药、左甲状腺素、溴芬酸、芬太尼、安非拉酮、环孢素、白消安、紫杉醇、咪达唑仑、氯氮平、哌替啶、沙贝鲁唑、帕罗西汀、左旋多巴、卡马西平、拉莫三嗪、乙琥胺、洋地黄类、非洛地平、尼莫地平、维拉帕米、奎尼丁、美西律、阿伐他汀、辛伐他汀、茚地那韦、地拉费定、多西环素、甲苯达唑、吡喹酮、伊曲康唑、酮康唑等：合用可使以上药物药效降低。⑩博来霉素、卡铂、卡莫司汀、长春碱、氨茶碱、阿昔洛韦以及含镁、铝或碳酸钙的制酸药：以上药物可降低本药在胃肠道的吸收，从而降低本药的生物利用度。此外，本药还可使氨茶碱半衰期缩短，效果降低。⑪口服降血糖药、胰岛素：本药可使血糖升高，合用时可能需要注意并调整降血糖药的用量。⑫叶酸：本药可消耗体内的叶酸，但加用叶酸反可降低本药的血药浓度，降低其对癫痫发作的控制作用。⑬乙酰唑胺：合用可引起低磷血症和增加产生骨质软化症的风险。⑭非去极化肌松药（多库溴铵、哌库溴铵等）：本药可对抗此类药物的神经肌肉阻滞作用。⑮顺铂、多柔比星、利福平、利托那韦、氨己烯酸、二氮嗪等：以上药物可使本药血药浓度降低。⑯氯法齐明：氯法齐明可使本药的血药浓度及效应均降低。⑰多奈哌齐：本药可使多奈哌齐效应降低。⑱呋塞米：本药可降低呋塞米在胃肠道的吸收，使后者疗效降低。⑲月见草油：可降低癫痫发作阈，与本药合用时可能使癫痫发作。⑳抗精神病药、三环类抗抑郁药：本药与大量的以上药物合用，可诱导癫痫发作，中枢神经的抑制可更明显。㉑美沙酮：合用可产生美沙酮戒断症状。㉒苯巴比妥、扑米酮、氯硝西泮、地西泮、环丙沙星、流行性感冒病毒疫苗、吩噻嗪类等：以上药物可改变本药的血药浓度（可能升高，也可能降低）。㉓丙戊酸或丙戊酸钠、氯贝丁酯：合用有对蛋白结合竞争的作用。㉔乙醇：长期饮酒可降低本药的血药浓度和疗效，但用药的同时大量饮酒则可增加本药的血药浓度。

苯巴比妥

【别名】苯巴比妥钠、迦地那、鲁米那、鲁米那钠。

【药理作用】本药为长效巴比妥类药。随着剂量的增加，其中枢抑制作用的程度和范围逐渐加深和扩大，相继出现镇静、催眠，甚至麻醉作用，中毒剂量可引起延髓呼吸中枢和血管运动中枢抑制，甚至麻痹死亡。其机制可能是抑制脑干网状结构上行激活系统的传导功能，从而减弱传入冲动对大脑皮质的影响，有利于皮质抑制过程的扩散。使用睡眠剂量时，能缩短入睡时间，减少觉醒次数，延长睡眠时间（6～8 小时）。本药还具有抗惊厥作用，对癫痫大发作、局限性发作及癫痫持续状态有效，对精神运动性发作及小发作疗效差。此外，本药为肝微粒体酶诱导药，可诱导肝微粒体葡萄糖醛酸转移酶，促进胆红素与葡萄糖醛酸结合，使血浆内胆红素浓度降低，可治疗新生儿胆红素脑病。其肝药酶诱导作用，不仅加速自身的代谢，还可加速其他多种药物的代谢。

【适应证】①用于治疗焦虑。②用于治疗失眠（用于睡眠时间短、早醒者）。③抗癫痫，用于癫痫大发作、局限性发作；也可用于其他疾病引起的惊厥。④用于运动障碍。⑤用于麻醉前给药。⑥用于治疗高胆红素血症。

【用法用量】成人：①镇静。口服给药，一次 15～30 mg，每日 2～3 次。②失眠。a. 口服给药，30～100 mg/d，晚间顿服。b. 肌内注射，一次 100 mg。③抗癫痫。a. 口服给药，一次 15～30 mg，每日 3 次。b. 肌内注射，一次 100～200 mg，必要时可 4～6小时后重复 1 次。c. 静脉注射，用于癫痫持续状态，一次 200～250 mg，必要时 6 小时重复 1 次。极量为一次 250 mg，500 mg/d。注射应缓慢。④抗惊厥。a. 口服给药，90～180 mg/d，晚间顿服；或一次 30～60 mg，每日 3 次。极量为一次 250 mg，500 mg/d。b. 肌内注射，一次 100～200 mg，必要时可 4～6 小时后重复 1 次。⑤运动障碍。肌内注射，一次 30～120 mg，必要时重复，24 小时内总量可达 400 mg。⑥麻醉前给药。肌内注射，一次 100～200 mg，术前 0.5～1 小时用时。⑦抗高胆红素血症。口服给药，一次 30～60 mg，每日 3 次。⑧术后用药。肌内注射，一次 100～200 mg。必要时重复，24 小时内总量可达 400 mg。极量为一次 250 mg，500 mg/d。⑨妊娠呕吐。肌内注射，一次 100 mg，必要时 6 小时重复 1 次。老年人剂量：老年患者应减量。儿童：①镇静。a. 口服给药，一次 2 mg/kg，或一次 60 mg/m²，每日 2～3 次。b. 肌内注射，一次 16～100 mg。②抗癫痫。a. 口服给药，一次 2 mg/kg，每日 2 次。b. 肌内注射，一次 16～100 mg。③抗惊厥。a. 口服给药，一次 3～5 mg/kg。b. 肌内注射，一次 3～5 mg/kg。④抗运动障碍。肌内注射，一次 3～5 mg/kg。⑤麻醉前用药。肌内注射，一次 2 mg/kg。⑥抗高胆红素血症。口服给药，5～8 mg/kg，分次服用，3～7 日见效。⑦术后用药。肌内注射，一次 8～30 mg。

【注意事项】①用药期间避免驾驶、操作机械和高空作业。②长期用药治疗癫痫，停药应逐渐减量，以免导致癫痫发作，甚至出现癫痫持续状态。③对本药过敏者，对其他巴比妥类药也可能过敏。

【药物相互作用】①全身麻醉药、中枢神经抑制药或单胺氧化酶抑制药等：合用可相互增强作用。②对乙酰氨基酚：合用可引起肝脏毒性。③右旋哌甲酯：可抑制本药的代谢。④丙戊酸钠：合用可使本药的血药浓度升高，丙戊酸钠的半衰期缩短，肝毒性增加。⑤苯妥英钠：合用对苯妥英钠血药浓度的影响不定。⑥环磷酰胺：合用可增加环磷酰胺烷基代谢产物，但临床意义尚不明确。⑦钙离子拮抗药：合用可引起血压下降。⑧三环类抗抑郁药、皮质激素（如氢化可的松、地塞米松）、洋地黄类药（包括地高辛）、利福喷汀、氟哌啶醇、环孢素、氯霉素、土霉素、多西环素、甲硝唑、米非司酮、睾酮、口服避孕药、孕激素或雌激素：合用可使上述药物的代谢加快、作用减弱。⑨甲酰四氢叶酸：大剂量甲酰四氢叶酸可拮抗本药的抗癫痫作用，增加癫痫发作频率。⑩布洛芬：合用可减少或缩短本药半衰期，降低药效。⑪灰黄霉素：巴比妥类药可影响灰黄霉素的吸收，降低其药效。⑫卡马西平、琥珀酰胺类：本药可使以上药物的消除半衰期缩短，血药浓度降低。⑬口服抗凝血药：合用可降低口服抗凝血药的效应。⑭奎尼丁：合用可增加奎尼丁的代谢而减弱其作用。⑮吩噻嗪类和四环类抗抑郁药：合用可降低抽搐阈值，增加抑郁作用。⑯乙醇：使用本药时饮酒，可增强对中枢的抑制作用。短期饮酒可能升高本药的血药浓度，而长期饮酒则可能降低本药血药浓度。

四、脑血管病用药及降颅压药

尼莫地平

【别名】宝依恬、北青、博士多元、布瑞喜、恩通、尔平、海盟惠、济立、迈特令、耐孚、尼达尔、尼康普达、尼立苏、尼膜同、平达尔、平通、维尔思、硝苯吡酯、硝苯甲氧醛异丙啶、硝苯甲氧乙基异丙啶、星尤复、一夫正、易夫林、尤尼欣、元甘、云迪恩。

【药理作用】本药为双氢吡啶类钙拮抗药，具有以下药理作用：①对脑血管的作用：正常情况下，平滑肌的收缩依赖于 Ca^{2+} 进入细胞内，引起跨膜电流的去极化。本药通过有效地阻止 Ca^{2+} 进入细胞内，抑制平滑肌收缩，达到解除血管痉挛的目的。动物实验证明，在全身各部位的动脉中，本药对脑动脉的作用更强，且具有较高的亲脂性，易透过血-脑屏障。当用于蛛网膜下腔出血的治疗时，脑脊液中浓度可达 12.5 ng/mL。②对神经系统的作用：如上所述，本药可选择性扩张脑血管，增加脑血流量，从而起到脑保护作用。且本药极易通过血-脑屏障，主要分布在与学习、记忆有关的脑皮质和海马等区域。动物实验显示，本药可改善老年鼠的协调功能，并改善学习过程；还可显著降低老化过程中血管周围常见的纤维变性、基底膜变厚、淀粉样多肽和脂质沉积的发生率。③对阿尔茨海默病的作用：较多脑血管病和阿尔茨海默病的一个共同的病理特征是血管平滑肌细胞和神经细胞内钙离子浓度过高，致血管收缩、痉挛，神经细胞内能量耗竭、自由基产生增多、细胞膜受损直至细胞死亡。降低或消除细胞内钙离子超负荷是防治这类疾病的措施之一。本药作用于电压依赖性钙通道的双氢吡啶类受体，引起受体构型发生改变，使钙通道稳定在不活动状态，从而阻断钙离子内流，降低细胞内钙离子浓度。

【适应证】①用于预防和治疗动脉瘤性蛛网膜下腔出血后脑血管痉挛引起的缺血性神经损伤。②用于轻、中度原发性高血压，如合并脑血管疾病者，可优先选用本药。③用于血管性头痛、缺血性脑血管病、缺血性突发性耳聋、血管性痴呆。④用于治疗老年性脑功能障碍，如记忆力减退、定向力和注意力障碍、情绪波动。

【用法用量】成人：①急性脑血管病恢复期。口服给药，一次 30～40 mg，每日 4

次，或每 4 小时 1 次。②缺血性脑血管病。口服给药，片剂为 30～120 mg/d，分 3 次服用，连服 1 个月；缓释胶囊或缓释片为一次 60 mg，每日 2 次，连用 1 个月。③血管性头痛。口服给药，片剂一次 40 mg，每日 3 次，12 周为 1 个疗程；缓释胶囊或缓释片则一次 60 mg，每日 2 次，12 周为 1 个疗程。④蛛网膜下腔出血所致脑血管痉挛，口服给药。a. 片剂，一次 40～60 mg，每日 3～4 次，3～4 周为 1 个疗程。如需手术的患者，手术当日应停药，以后可继续服用。b. 胶囊，作为注射液的后续治疗，一次 60 mg，每日 6 次，服用 7 日，连续服药间隔不少于 4 小时。c. 缓释胶囊或缓释片，一次 60 mg，每日 2 次，3～4 周为 1 个疗程。如需手术的患者，手术当日应停药，以后可继续服用。⑤多型痴呆。口服给药，一次 30～60 mg，每日 3 次，1 个月为 1 个疗程。⑥缺血性突发性耳聋。口服给药，片剂为 40～60 mg/d，分 3 次服用，5 日为 1 个疗程，一般用药 3～4 个疗程；缓释胶囊或缓释片，一次 60 mg，每日 1 次，5 日为 1 个疗程，一般用药 3～4 个疗程。⑦轻、中度原发性高血压。口服给药，开始一次 40 mg，每日 3 次，一日最大剂量为 240 mg。⑧蛛网膜下腔出血所致血管痉挛。静脉滴注，预防性给药于出血后 4 日内开始，在血管痉挛最危险期连续给药（持续到出血后 10～14 日）。如已出现缺血后继发神经元损伤，应尽早开始治疗，用药需持续 5～14 日；如经外科手术去除出血原因后，应继续静脉滴注本药，至少持续至术后第 5 日；此后，建议改为口服给药 7 日，每隔 4 小时 1 次，一次 60 mg。静脉具体给药如下：a. 体重低于 70 kg（或血压不稳定）者，开始 2 小时可按 0.5 mg/h［约 0.0075 mg/(kg·h)］给药。如耐受良好，2 小时后，剂量可增至 1 mg/h［约 0.015 mg/(kg·h)］。b. 体重大于 70 kg 者，开始 2 小时宜按 1 mg/h 给药；如耐受良好，2 小时后，剂量可增至 2 mg/h［约 0.03 mg/(kg·h)］。若患者发生不良反应，应减量或停药。⑨急性脑供血不足。静脉滴注，每分钟 0.5 μg/kg，同时应监测血压，以血压不降或略降为宜。病情稳定后，改为口服，一次 30～60 mg，每日 3 次。老年人剂量：老年性脑功能障碍推荐服用量一次 30 mg，每日 3 次。治疗数月后，须重新评价其临床疗效。

【注意事项】本药导致的头晕可能会影响驾驶或操纵机器。

【药物相互作用】①氟西汀：合用可使本药的稳态血药浓度升高 50%，氟西汀血药浓度明显减少，但其活性代谢产物去甲氟西汀浓度不受影响。②去甲替林：合用可使本药血药浓度稍有增加，而去甲替林血药浓度无影响。③西咪替丁：合用可使本药的血药浓度升高。④安普那韦：在理论上，合用可使本药的代谢下降，血药浓度升高，毒性增加。⑤奎奴普丁、达福普汀、沙奎那韦、丙戊酸、甲硫双喹脲：合用可增加本药的毒性。⑥奎尼丁：奎尼丁可能会使本药的代谢减慢。⑦其他钙离子拮抗药（如硝苯地平、地尔硫䓬、维拉帕米等）：合用可使此类药物作用增强。⑧降血压药：合用可增强降血压药的降压作用。⑨齐多夫定：动物（猴）研究表明，合用可导致齐多夫定曲线下面积显著升高。⑩芬太尼：合用可能引起严重低血压。⑪胺碘酮：合用可减慢窦房结的节律或加重房室传导阻滞。⑫非甾体消炎药、口服抗凝血药：合用有增加胃肠道出血的危险。⑬氨基糖苷类、头孢菌素类、呋塞米等：合用可引起肾功能减退。⑭β 肾上腺素受体阻滞药：合用可能引起低血压、心功能损害。⑮有酶诱导作用的抗癫痫药（如苯妥英、苯巴比妥、卡马西平、扑米酮等）：合用可导致本药的血药浓度下降。⑯利福平、圣约翰草：合用可使本药疗效减弱。⑰麻黄碱：可使本药的降压作用减弱。⑱氟哌啶醇：长期合用，尚未观察到相互作用。

麦角胺咖啡因

【别名】麦加。

【药理作用】本药含有酒石酸麦角胺与咖啡因两种成分，能使脑动脉血管的过度扩张与搏动恢复正常。与咖啡因合用可提高麦角胺的吸收并增强对血管的收缩作用。口服一般在 $1 \sim 2$ 小时起效，$0.5 \sim 3$ 小时血药浓度达峰值，$t_{1/2}$ 约为 2 小时。在肝内代谢，90% 为代谢物形式经胆汁排出，少量原形药物随尿及粪便排泄。

【适应证】主要用于偏头痛，能减轻其症状。

【用法用量】口服：一次 $1 \sim 2$ 片（每片含酒石酸麦角胺 1 mg、咖啡因 100 mg）。如 $30 \sim 60$ 分钟后症状不能缓解，可再服 $1 \sim 2$ 片（每片含酒石酸麦角胺 1 mg、咖啡因 100 mg）。最大日剂量为 6 片。

【注意事项】对本药过敏者、肝肾功能损害者、冠心病患者、高血压患者、心绞痛患者、闭塞性血管病患者、活动期溃疡病患者、甲状腺功能亢进者、脓毒血症患者、周围血管疾病患者、妊娠期及可能妊娠的妇女禁用。

【药物相互作用】本品与 β 受体阻滞药、大环内酯类抗生素、血管收缩剂和 5 - 羟色胺激动药等有相互作用，应重视。

甘露醇

【别名】D-甘露糖醇、甘露糖醇、己六醇、木蜜醇。

【药理作用】本药是组织脱水药，为单糖，在体内不被代谢，经肾小球滤过后在肾小管内较少被重吸收，从而起到渗透利尿作用。具体表现为：①组织脱水作用。通过提高血浆胶体渗透压，使组织内（包括眼、脑、脑脊液等）水分进入血管内，从而减轻组织水肿，降低眼内压、颅内压和脑脊液容量及其压力。1 g 甘露醇可产生的渗透浓度为 5.5 mmol/L，注射甘露醇 100 g 可使 2000 mL 细胞内水分转移至细胞外，尿钠排泄 50 g。②利尿作用。本药通过增加血容量，促进前列腺素 I_2（PGI_2）分泌，从而扩张肾血管、增加肾血流量（包括肾髓质血流量）；此外，本药自肾小球滤过后极少（小于 10%）由肾小管重吸收，故可提高肾小管内液渗透浓度，减少肾小管对水及 Na^+、Cl^-、K^+、Ca^{2+}、Mg^{2+} 和其他溶质的重吸收。动物穿刺实验发现，应用大剂量本药后，通过近端小管的水、Na^+ 仅分别增多 10% ～20% 和 4% ～5%，而到达远端肾小管的水、Na^+ 则分别增加 40% 和 25%（可能因肾髓质血流量增加，使髓质内尿素和 Na^+ 流失增多，从而破坏了髓质渗透压梯度差），提示髓袢减少对水、Na^+ 的重吸收在本药利尿作用中占重要地位。由于输注甘露醇后肾小管液流量增加，所以当某些药物和毒物中毒时，可使这些物质在肾小管内的浓度下降，减小肾脏毒性，并可加快肾脏排泄。

【适应证】①用于治疗多种原因引起的脑水肿，可降低颅内压，防止脑疝。②用于降低眼内压，应用于其他降眼内压药无效时或眼内手术前准备。③用于渗透性利尿，预防多种原因引起的急性肾小管坏死，以及鉴别肾前性因素或急性肾衰竭引起的少尿。④作为辅助利尿措施治疗肾病综合征、肝硬化腹水，尤其是伴有低蛋白血症时。⑤用于某些药物过量或毒物中毒（如巴比妥类药物、锂剂、水杨酸盐和溴化物等），本药可促进上述物质的排泄，并防止肾毒性。⑥作为冲洗剂，用于经尿道内作前列腺切除术。⑦用于术前肠道准备。

【用法用量】成人：①脑水肿、颅内高压、青光眼。静脉滴注，一次 $0.25 \sim 2$ g/kg，于 30~60 分钟内滴完。衰弱者剂量应减至 0.5 g/kg。②利尿。静脉滴注，一次 1~2 g/kg，一般用 20% 注射液 250 mL，并调整剂量使尿量维持在每小时 30~50 mL。③预防急性肾小管坏死。静脉滴注，先给药 12.5~25 g，10 分钟内滴完；如无特殊情况，再给药 50 g，于 1 小时内滴完。如尿量能维持在每小时 50 mL 以上，则可继续应用 5% 溶液，如无效则立即停药。④鉴别肾前性少尿和肾性少尿。静脉滴注，一次 0.2 g/kg，以 20% 注射液于 3~5 分钟内滴完，如用药 2~3 小时后每小时尿量仍低于 30~50 mL，最多再试用 1 次，如仍无反应则应停药。⑤治疗药物、毒物中毒。静脉滴注，本药 20% 注射液 50 g 静脉滴注，调整剂量使尿量维持在每小时 100~500 mL。⑥术前肠道准备。口服给药，术前 4~8 小时，以 10% 注射液 1000 mL 于 30 分钟内服完。⑦手术冲洗。手术冲洗，用量可视手术需要而定。**老年人剂量**：老年人应适当控制剂量。**儿童**：①脑水肿、颅内高压、青光眼。静脉滴注，一次 1~2 g/kg 或 30~60 g/m^2，以 15%~20% 注射液于 30~60 分钟内滴完。衰弱者剂量减至 0.5 g/kg。②利尿。静脉滴注，一次 0.25~2 g/kg 或 60 g/m^2，以 15%~20% 注射液 2~6 小时内滴完。③鉴别肾前性少尿和肾性少尿。静脉滴注，一次 0.2 g/kg 或 6 g/m^2，以 15%~25% 注射液滴注 3~5 分钟，如用药后 2~3 小时尿量无明显增多，可再试用 1 次，如仍无反应则停药。④药物、毒物中毒。静脉滴注，一次 2 g/kg 或 60 g/m^2，以 5%~10% 注射液滴注。

【注意事项】①用于治疗水杨酸盐或巴比妥类药中毒时，应合用碳酸氢钠以碱化尿液。②大剂量给予本药不出现利尿反应，但可使血浆渗透浓度显著升高，故应警惕血高渗状态的发生。③本药冲洗剂应通过监控冲洗剂的流速以及不断排空膀胱，保持膀胱内压力尽可能低，以及使用良好的手术技巧，可使在经尿道前列腺切除术期间，膀胱对冲洗剂的吸收降到最低。④用药前应先证实患者肾功能正常和尿量充足，否则不应使用；可使用 1~2 次预试剂量来评估肾功能。

【药物相互作用】
①利尿药、碳酸酐酶抑制药：本药可增加以上药物的利尿和降眼内压作用。②洋地黄类药：本药可增加此类药物的毒性作用（与低钾血症有关）。③顺铂：与本药同时缓慢静脉滴注，可减轻顺铂的肾和胃肠道反应。④亚硝脲类抗肿瘤药、丝裂霉素：本药可降低以上药物的毒性，但不影响其化疗疗效。⑤两性霉素 B：本药可降低两性霉素 B 的肾损害作用。⑥秋水仙碱：本药可降低秋水仙碱的不良反应。

盐酸倍他司汀

【别名】百西斯汀、抗眩啶、美克乐、敏使朗、培他啶、培他组啶、西其汀、盐酸培他啶。

【药理作用】本药为新型组胺类药，化学结构和药理性质与组胺相类似，是组胺 H$_1$ 受体的激动药。本药具有扩张毛细血管、舒张前毛细血管括约肌、增加前毛细血管微循环血流量的作用，也具有舒张内耳前毛细血管括约肌，增加耳蜗和前庭血流量的作用。本药还可抑制组胺释放，产生抗过敏作用。本药在扩血管的同时可改善前庭功能，消除内耳性眩晕、耳鸣和耳闷感等症状。本药扩张血管作用较组胺弱而持久，扩血管时不增加微血管的通透性，刺激胃酸分泌的作用较小。

【适应证】①用于梅尼埃病（内耳眩晕症）、梅尼埃综合征。②用于急性脑血管病（如脑血栓、脑栓塞），还可用于脑动脉硬化、血管性头痛。③用于高血压所致的体位性眩晕、耳鸣等。

【用法用量】成人：用于梅尼埃病、急性脑血管病、脑动脉硬化、血管性头痛、体位性眩晕、耳鸣。①口服给药。a. 盐酸倍他司汀片，一次4~8 mg，每日2~4次，一日最大剂量不超过48 mg；或一次5~10 mg，10~20 mg/d，一日最大剂量不超过50 mg。b. 甲磺酸倍他司汀片，一次6~12 mg，每日3次，餐后服用，可根据年龄、症状酌情增减剂量。c. 盐酸倍他司汀口服液，一次10~20 mg，30~60 mg/d，一日最大剂量不超过50 mg。②肌内注射。盐酸倍他司汀注射液，一次10 mg，每日1~2次。③静脉滴注。a. 盐酸倍他司汀注射液，一次10~30 mg，每日1次，加入5%葡萄糖注射液或0.9%氯化钠注射液500 mL中静脉滴注。b. 盐酸倍他司汀氯化钠注射液，用量20 mg/d。c. 注射用盐酸倍他司汀，一次20 mg，每日1次，先用5%葡萄糖注射液或0.9%氯化钠注射液2 mL溶解后，再加入5%葡萄糖注射液或0.9%氯化钠注射液500 mL中缓慢静脉滴注。老年人剂量：老年人用药时应注意减少剂量。

【注意事项】用药过程中如出现明显不良反应时，应立即停药。

【药物相互作用】抗组胺药：可拮抗本药的部分或全部作用。

盐酸氟桂利嗪

【别名】奥力保克、二盐酸氟桂利嗪、弗瑞林、孚瑞尔、氟苯桂嗪、氟苯肉桂嗪、氟苄哌烯苯、氟桂嗪、氟脑嗪、氟肉桂嗪、福拿斯、桂克、花欣、米他兰、脑利欣、脑灵、斯比林、西比灵、盐酸氟苯桂嗪、盐酸氟桂嗪。

【药理作用】本药为新型选择性钙通道阻滞药，与桂利嗪同属二苯烷基氨类化合物。其作用特点如下：①抑制血管收缩：对血管收缩物质引起的持续性血管收缩有持久的抑制作用，对基底动脉和颈内动脉作用更明显。用于缺血性脑血管疾病时，可避免窃血现象。②保护脑组织：脑组织缺血缺氧时可致大量钙离子流入细胞内而引起钙超载，从而导致神经元损坏。本药能透过血-脑屏障，减轻脑细胞缺血缺氧性损伤。③保护血管内皮组织：可防止内皮细胞的缺氧性损伤，保护血管内皮细胞的完整性，抑制血管内皮细胞收缩，对内皮细胞的钙超载起到防治作用。④对红细胞的作用：能抑制缺血及酸中毒后红细胞因摄钙增加而产生的锯齿状改变，降低红细胞脆性，增加变形能力，降低血液黏滞度。⑤前庭抑制作用：可增加耳蜗内辐射小动脉血流量，改善前庭器官微循环，对眼球震颤及眩晕起到抑制作用。⑥其他作用：本药尚有抗癫痫作用；能抑制组胺引起的血管通透性增加，可防止血管内皮细胞收缩造成的细胞间隙扩大，从而减轻肢端肿胀、过敏性休克及支气管收缩；可抑制血小板释放的前列腺素$F2\alpha$、血清素和血栓素A_2等钙依赖性物质对血管平滑肌的作用；可明显减轻心肌缺血，对冠状动脉闭塞引起的室性心律失常亦可起到抑制作用。本药对心脏慢钙通道无阻滞作用，故对心脏收缩和传导无影响。对脑血管的扩张作用较好，而对心肌血管的扩张作用较差，对心率及血压影响小。

【适应证】①用于典型（有先兆）或非典型（无先兆）偏头痛的预防性治疗。②用于眩晕。③用于特发性耳鸣。④用于间歇性跛行。⑤用于脑动脉硬化、脑梗死恢复期。⑥用于癫痫的辅助治疗。

【用法用量】成人：①偏头痛。口服给药，起始剂量为10 mg/d，每晚口服。如在治疗2个月后未见明显改善，应停止用药。维持治疗时10 mg/d，每周连续给药5日。治疗6个月后应停药，复发时重新使用起始剂量。②眩晕。口服给药，10~20 mg/d，2~8周为 1 个疗程。③特发性耳鸣。口服给药，一次 10 mg，每晚 1 次，10 日为 1 个疗程。④间歇性跛行。口服给药，10~20 mg/d。⑤脑动脉硬化、脑梗死恢复期。口服给药，5~10 mg/d。老年人剂量：老年患者应酌情减量。用于偏头痛的预防性治疗时，65 岁以上患者起始剂量为 5 mg/d，每晚口服。

【注意事项】①本药对降低急性缺血性脑卒中的发病率或死亡率无效。②应严格控制药物使用剂量，当应用维持剂量达不到治疗效果时，应当减量或停药。③本药用于治疗慢性眩晕 1 个月或突发性眩晕 2 个月后症状未见任何改善，则应停药。④本药可能引起困倦（尤其在用药初期），用药期间不宜驾驶或操作机械。

【药物相互作用】①抗癫痫药：在应用抗癫痫药治疗的基础上加用本药，可以提高抗癫痫效果。②催眠药、镇静药：合用可出现过度镇静作用。③胺碘酮：合用可引起心动过缓、房室传导阻滞等病情的加重。④β 肾上腺素受体阻滞药：合用可引起低血压、心动过缓和房室传导阻滞。⑤非甾体消炎药、口服抗凝血药：合用可增加胃肠道出血的危险。⑥肝药酶诱导药（如苯妥英钠、卡马西平）：合用可降低本药的血药浓度。⑦乙醇：合用可致过度镇静。

五、中枢神经兴奋药

胞磷胆碱纳

【别名】爱星丹、奥格尔、胞胆碱、胞二磷胆碱、胞二磷胆碱钠、胞苷二磷酸胆碱、胞苷二磷酸胆碱钠、胞磷胆碱钠、胞嘧啶核苷二磷酸胆碱、彼迪明、滨舒、博朗瑞宁、辰旺、丹平、德益荣、二磷酸胞嘧啶胆碱、丰海清、加简、洁维苏、久安苏欣、兰桂、理枢、立拓感、利枢、尼可林、欧迈、普美拉泰、清可宁、赛立奥、舒莫它、顺坦、思考林、思可林、苏布林、先立科、欣可来、鑫通、亿丹、益落清、友欣。

【药理作用】本药为胞嘧啶核苷酸的衍生物，接近于脑组织中固有的成分。主要作用是以辅酶形式促进中枢神经的代谢，尤其是促进卵磷脂类的生物合成和核苷酸类的补救途径，使机体脑中磷脂类含量和核苷酸类含量增高、代谢及转换速度加快；并能增进脑血流量（CBF）和脑中氧代谢率（CMR O_2），促活胆碱能上行网状激活系统，改善机体的意识状态；还能促进多巴胺能活动，调控锥体外系的生理功能；此外，还可恢复脑组织损伤后的膜结构损害及改善神经元膜的功能及促进心血管功能等。对严重脑干损伤、出血或机械性压迫未解除、长期昏迷症状未好转者，使用本药效果不佳。

【适应证】①用于急性颅脑外伤、脑手术后的意识障碍。②用于治疗颅脑损伤或脑血管意外所引起的神经系统的后遗症。③用于脑梗死急性期意识障碍。

【用法用量】成人：①急性颅脑外伤及脑手术后的意识障碍。肌内注射，每日 0.1~0.3 g/d，分 1~2 次注射；静脉注射，0.1~0.2 g/d；静脉滴注，0.25~0.5 g/d，5~10 日为 1 个疗程。②颅脑损伤或脑血管意外所引起的神经系统的后遗症。口服给药，一次 0.2 g，每日 3 次。③脑梗死急性期意识障碍。静脉注射，一次 1 g，每日 1 次，连用 2 周。④脑卒中偏瘫。静脉注射，0.25~1 g/d，连用 4 周。如出现改善倾向，可再继续用 4 周。老年人剂量：老年患者应根据病情或年龄适当调整剂量。儿童：儿童应根据病情或年龄适当调整剂量。

【注意事项】①本药可增加脑血流量，故在颅内出血急性期、严重脑干损伤、严重脑水肿、头部急性重度外伤及脑手术所致的意识障碍者不宜大量（单剂超过 0.5 g）使用，并应合用止血药、降颅内压药。②对脑梗死急性期意识障碍者，应在卒中发作后 2 周内给药。③本药口服时不宜与含有甲氯芬酯的药物合用。

【药物相互作用】①脑活素：合用对改善脑功能有协同作用。②治疗帕金森综合征的药物：合用可增强本药疗效。③甘露醇、尿素：合用治疗脑肿胀可减轻脑肿胀，降低颅内压。④左旋多巴：合用于抗震颤麻痹时，可引起肌僵直恶化。

吡拉西坦

【别名】吡乙酰胺、宏威利迪、君福、康灵、康容、克捷、路思齐、迈恩希、脑复康、宁甘欣、宁秀欣、庆达、思泰、斯必克、坦复、通坦康、酰胺吡酮、欣奥欣、乙酰胺吡咯烷酮、易汀、益安诺、优舒坦、真昔。

【药理作用】本品为脑代谢改善药，属于 γ-氨基丁酸的环形衍生物，可选择性地作用于中枢神经系统中的端脑部分，激活脑细胞内的腺苷酸激酶，提高大脑 ATP/ADP 比例，促进大脑多聚核糖体的合成，可促进乙酰胆碱合成并能增强神经兴奋的传导，具有促进脑内代谢作用。可以对抗由物理因素、化学因素所致的脑功能损伤，对缺氧所致的逆行性健忘有改进作用，可以增强记忆，提高学习能力。

【适应证】①用于急性脑血管意外、脑外伤后、多种中毒性脑病等所致的记忆减退及轻中度脑功能障碍。②用于儿童智能发育迟缓。

【用法用量】①口服：一次 0.8 ~ 1.6 g，每日 3 次，4 ~ 8 周为 1 个疗程。②肌内注射：一次 1 g，每日 2 ~ 3 次。③静脉注射：一次 4 ~ 6 g，每日 2 次。④静脉滴注：一次 4 ~ 8 g，每日 1 次，用 5% 或 10% 葡萄糖注射液或氯化钠注射液稀释至 250 mL 后使用。

【注意事项】对本药过敏者、锥体外系疾病（尤其是亨廷顿舞蹈病患者）、重度肝或肾功能障碍者、新生儿、妊娠期妇女、哺乳期妇女禁用。

【药物相互作用】本品与华法林联合应用时，可延长凝血酶原时间，可诱导血小板聚集的抑制。在接受抗凝血治疗的患者中，同时应用吡拉西坦时应特别注意凝血时间，防止出血危险，并调整抗凝血治疗的药物剂量和用法。

尼可刹米

【别名】二乙烟酰胺、可拉明、烟酸二乙胺、烟酸乙胺。

【药理作用】本药能直接兴奋延髓呼吸中枢，使呼吸加深加快。也可通过刺激颈动脉窦和主动脉体的化学感受器，反射性地兴奋呼吸中枢，并提高呼吸中枢对二氧化碳的敏感性。对大脑皮质、血管运动中枢及脊髓也有较弱的兴奋作用。本药对阿片类药中毒的解救效力较戊四氮强，而对巴比妥类药中毒的解救效力较印防己毒素、戊四氮弱。

【适应证】用于中枢性呼吸抑制及多种原因引起的呼吸抑制。

【用法用量】成人（呼吸抑制）：①皮下注射，一次 0.25 ~ 0.5 g，必要时 1 ~ 2 小时重复用药。极量为一次 1.25 g。②肌内注射，同"皮下注射"项。③静脉注射，同"皮下注射"项。儿童（呼吸抑制）：①皮下注射，6 个月以下婴儿，一次 0.075 g；1 岁儿童，一次 0.125 g；4 ~ 7 岁儿童，一次 0.175 g。②肌内注射，同"皮下注射"项。③静脉注射，同"皮下注射"项。

【注意事项】①小儿高热而无中枢性呼吸衰竭时禁用本药。②本药作用时间短暂，应视病情间隔给药，且用药时须配合人工呼吸和给氧措施。

【药物相互作用】其他中枢神经兴奋药：合用有协同作用，可引起惊厥。

盐酸洛贝林

【别名】半边莲碱、芦别林、祛痰菜碱、山梗菜碱、盐酸祛痰菜碱、盐酸山梗菜碱。

【药理作用】可刺激颈动脉窦和主动脉体化学感受器（均为 N_1 受体），反射性地兴奋呼吸中枢而使呼吸加快，但对呼吸中枢并无直接兴奋作用。对迷走神经中枢和血管运动中枢同时有反射性的兴奋作用；对自主神经节先兴奋而后阻断。

【适应证】用于多种原因引起的中枢性呼吸抑制。常用于新生儿窒息、一氧化碳中毒、阿片中毒等。

【用法用量】①肌内注射或皮下注射：成人一次 10 mg；极量为一次 20 mg，50 mg/d。儿童一次 1~3 mg。②静脉注射：成人一次 3 mg；极量为一次 6 mg，20 mg/d。儿童一次 0.3~3 mg，必要时 30 分钟可重复 1 次。

【注意事项】剂量较大时，可能引起心动过速、传导阻滞、呼吸抑制甚至惊厥。

【药物相互作用】尚不明确。

六、抗痴呆药

石杉碱甲

【别名】富伯信、哈伯因、亮邦、诺苏林、瑞立速、双益平、忆诺。

【药理作用】石杉碱甲有很强的拟胆碱活性，是一种高效的胆碱酯酶抑制药，对真性胆碱酯酶具有可逆的选择性抑制作用。能易化神经肌肉接头处的递质传递。可显著提高乙酰胆碱的水平，促进记忆恢复和增强记忆。作用特点与新斯的明相似，但作用持续时间比后者长。增强记忆的作用强于毒扁豆碱，而毒性则较低。动物实验结果显示，石杉碱甲能促进大鼠对明暗分辨的学习过程，逆转东莨菪碱导致的记忆障碍。临床研究表明，石杉碱甲能改善阿尔茨海默病患者的记忆、认知和行为能力，与安慰剂组相比有显著的差异。

【适应证】①用于良性记忆障碍，可提高患者指向记忆、联想学习、图像回忆、无意义图形再认及人像回忆等能力。②用于改善痴呆和脑器质性病变引起的记忆障碍。③用于治疗重症肌无力。

【用法用量】①记忆障碍。口服，一次 0.1~0.2 mg，每日 2 次，1~2 个月为 1 个疗程。一日剂量不得超过 0.45 mg。肌内注射，一次 0.2 mg，每日 1 次。②重症肌无力。肌内注射，一次 0.2~0.4 mg，每日 1 次。

【注意事项】对本药过敏者、心动过缓患者、心绞痛患者、支气管哮喘患者、机械性肠梗阻患者、癫痫患者、肾功能不全者、尿路梗阻患者、低血压患者禁用。

【药物相互作用】尚不明确。

第六节 心血管系统用药（循环系统用药）

一、抗心绞痛药

硝酸甘油

【别名】保欣宁、礼顿、力得欣、疗通脉、乃才郎、耐安康、耐较咛、瑞尔宁、若必循、若欣莱、三硝基甘油、三硝酸甘油酯、帖保咛、夕护晓、硝化甘油、硝酸甘油酯、信舒、异述欣、永保心灵。

【药理作用】本药属于有机硝酸酯类抗心绞痛药，与其他有机硝酸盐类药有相同药理作用，主要通过释放一氧化氮（NO）刺激鸟苷酸环化酶，使环鸟苷酸（cGMP）增加而使血管扩张。其作用特点如下：①本药可扩张静脉使静脉血管床血液积聚，静脉回流减少，并降低左心室舒张期容积和压力（降低前负荷），同时可扩张小动脉使周围血管阻力和收缩期左心室压力降低（降低后负荷），减少心肌耗氧量。②本药可扩张冠状小动脉，改善缺血区域局部冠状动脉血流。③本药对其他平滑肌也有一定的松弛作用，可用于解除胆绞痛、幽门痉挛、肾绞痛等，但作用短暂，临床意义不大。

【适应证】①用于治疗和预防心绞痛。②用于治疗充血性心力衰竭，包括继发于急性心肌梗死后的隐匿性充血性心力衰竭。③用于治疗高血压。④用于术中心肌缺血。

【用法用量】心绞痛：①舌下给药。片剂，一次 0.25～0.5 mg 舌下含服，每 5 分钟可重复 1 次，直至疼痛缓解；溶液，1% 溶液舌下给药，一次 0.05～0.1 mL，2 mL/d。②静脉滴注。用于不稳定型心绞痛时推荐初始剂量为 10 μg/min，必要时每隔 30 分钟以 10 μg/min 的速度加量一次。③喷雾给药。心绞痛发作时，用本药气雾剂向口腔舌下黏膜喷射 1～2 次（相当于本药 0.5～1 mg）。使用时先将喷雾帽取下，将罩壳套在喷雾头上，瓶身倒置，把罩壳对准口腔舌下黏膜撤压阀门，药液即呈雾状喷入口腔内。④经黏膜给药。控释口颊片，一次 1 mg，每日 3～4 次，放置于口颊犬齿龈上（勿置于舌下），使其在 3～5 小时内稳定溶解；如果不慎咽下，应再置 1 mg。必要时可增至一次 2.5 mg，每日 3～4 次。因有吸入的危险，故不主张在就寝时使用。⑤经皮给药。贴片，一次 25 mg，贴敷于左前胸皮肤，每日 1 次。隐匿性充血性心力衰竭：静脉滴注，推荐初始剂量为 20～25 μg/min，可降至 10 μg/min，也可每 15～30 分钟增加 20～25 μg/min 以达满意疗效。术中高血压：静脉滴注，推荐初始剂量为 25 μg/min，可每隔 5 分钟增加 25 μg/min 至血压稳定。术中心肌缺血：静脉滴注，初始剂量为 15～20 μg/min，随后剂量可增加 10～15 μg/min，以达满意疗效。

【注意事项】①舌下含化如无麻刺烧灼感或头胀感，表明药片失效。②如舌下黏膜明显干燥（可由药物，如抗抑郁药的抗胆碱能效应引起），可使部分患者舌下含化无效。建议舌下黏膜明显干燥的患者用水或盐水润湿黏膜后再给药。③舌下含服时患者应尽可能取坐位，以免因头晕而摔倒。④初次含服本药者，可酌减半量，以避免和减轻不良反应。⑤用药期间从卧位或坐位突然站起时须谨慎，以免突发直立性低血压。⑥大量或长期使用后需停药时，应逐渐减量，以防撤药时发生心绞痛反跳。⑦应使用能有效缓解急性心绞痛的最小剂量，过量、长期连续服用可能导致耐药性。⑧本药肛门内给药可能降低收缩压和动脉血管阻力，用于怀疑或已知有明显心血管疾病（如心肌病、心力衰竭、急性心肌梗死）的肛裂患者时应谨慎。⑨急性心肌梗死或急性心力衰竭患者应避免使用本药长效制剂（因发生不良反应时难以逆转）。⑩对其他硝酸酯或亚硝酸异戊酯过敏者也可能对本药过敏，但罕见。

【药物相互作用】①降血压药、扩血管药：合用可使本药的体位性降压作用增强。②5 型磷酸二酯酶（PDE5）抑制药（如枸橼酸西地那非、他达那非、盐酸伐地那非）：合用可增强硝酸盐类药的降血压效应。③乙酰半胱氨酸：合用可导致严重的低血压。④阿司匹林：可使本药的血药浓度增加，同时对血小板的抑制作用增强。⑤普萘洛尔：

合用有协同作用，并可抵消各自缺点，但普萘洛尔可致冠状动脉流量减少。⑥三环类抗抑郁药：本药可加剧此类药物的降血压和抗胆碱效应。⑦双氢麦角碱：本药可增加双氢麦角碱的毒性反应。⑧泮库溴铵：本药可延长泮库溴铵的作用时间。⑨乙酰胆碱、组胺：合用可使本药疗效减弱。⑩拟交感胺类药（如去氧肾上腺素、去甲肾上腺素、肾上腺素或麻黄碱）：以上药物可降低本药的抗心绞痛效应。⑪肝素：静脉滴注本药时合用肝素，可降低肝素的抗凝血作用。⑫阿替普酶：合用可能引起冠状动脉再灌注减少，再梗死的可能性加大。⑬吲哚美辛：合用可抑制前列腺素介导的血管扩张，降低冠状动脉血流。⑭乙醇：中度或过量饮酒时使用本药可致血压过低。

硝酸异山梨酯

【别名】爱倍、爱信、安基伦、安诺欣美、安其伦、狄欣尼、尔复新、二硝酸异山梨醇、二硝酸异山梨醇酯、凯慰欣、可洛地、灵欣、纳得乐、尼托罗、尼欣康、宁托乐、培欣、普辛清、瑞立喜、双硝基异山梨酯、威信好欣、卫昕平、消心痛、硝酸脱水山梨醇、硝酸脱水山梨醇酯、硝酸异山梨醇、硝酸异山梨醇酯、硝异梨醇、硝异梨酯、硝异山梨醇、心痛治、欣荷平、欣舒、燕德、异山梨醇硝酸酯、异舒吉、易舒达、易顺迈、优舒心、众生瑞欣。

【药理作用】本药为速效、长效硝酸酯类抗心绞痛药，基本药理作用是直接松弛平滑肌，尤其是血管平滑肌。本药在体内代谢生成单硝酸异山梨酯，释放一氧化氮（NO）激活鸟苷酸环化酶，使环磷鸟苷（cGMP）增多，从而松弛血管平滑肌，使外周动脉和静脉扩张，对静脉的扩张作用更强。静脉扩张使血液潴留在外周，回心血量减少，左心室舒张期末压和肺毛细血管楔嵌压（前负荷）降低；动脉扩张使外周血管阻力、收缩期动脉压和平均动脉压（后负荷）降低；冠状动脉扩张，使冠状动脉灌注量增加。总的效应是使心肌耗氧量减少，供氧量增多，缓解心绞痛。

【适应证】①治疗及预防心绞痛。②与洋地黄和（或）利尿药合用于治疗慢性充血性心力衰竭。③用于急性心肌梗死，预防及缓解由心导管引起的冠状动脉痉挛，延长经皮腔内冠状动脉成形术（PTCA）期间对心肌缺血的耐受性。④用于治疗肺动脉高压（除原发性肺动脉高压外）。

【用法用量】①心绞痛：a. 舌下给药。片剂，一次 5 mg。b. 口服给药。由于个体反应不同，需个体化调整剂量。片剂，预防心绞痛时一次 5 ~ 10 mg，每日 2 ~ 3 次，一日总量为 10 ~ 30 mg；缓释片，一次 20 mg，每 8 ~ 12 小时 1 次；缓释胶囊，一次 20 ~ 40 mg，每日 2 次。c. 静脉滴注。药物剂量可根据患者的反应调整，常规剂量为每小时 2 ~ 7 mg，必要时可增至每小时 10 mg。初始剂量为 30 μg/min，如无不良反应可将剂量加倍。每日 1 次，10 日为 1 个疗程。d. 喷雾给药。喷雾剂，向口腔内喷入本药 1 ~ 3 喷，每隔 30 秒喷药 1 次；在心绞痛发作时，一次喷入超过 3 喷时，必须谨慎。气雾剂，向口腔内按压 4 揿（2.5 mg）。e. 局部给药。乳膏宜自小剂量开始，逐渐增量。将乳膏按刻度挤出所需长度，均匀涂布于印有刻度的纸上（每格相当于硝酸异山梨酯 0.2 g），将纸面涂药区全部涂满，即 5 cm×5 cm 的面积，贴在左胸前区（可用胶布固定），每日 1 次，必要时每 8 小时 1 次。可睡前贴用。②心力衰竭：a. 舌下给药，参见"心绞痛"项。b. 口服给药，缓释片参见"心绞痛"项；缓释胶囊参见"心绞痛"项。c. 静脉滴注，参见"心绞痛"项。d. 喷雾给药，喷雾剂，开始可用 1 ~ 3 喷，在 5 分钟内无反应时，可以再喷 1 次；如果在 10 分钟内无改善，在严密血压监测下也可继续喷入。e. 局部给药，乳膏，参见"心绞痛"项。③心肌梗死：喷雾给药，喷雾剂，参见"心力衰竭"项。④冠状动脉痉挛：喷雾给药，喷雾剂，在插入导管操作之前，可用 1~2 喷；如果需要，也可在循环监测下重复使用。⑤冠心病：喷雾给药，气雾剂：参见"心绞痛"项。⑥肺动脉高压：a. 舌下给药，参见"心绞痛"项。b. 口服给药，缓释胶囊，参见"心绞痛"项。

【注意事项】 ①用药期间宜保持卧位，站起时应缓慢，以防突发直立性低血压。②长期连续用药可产生耐药性，故不宜长期连续用药。长期使用本药乳膏的患者，临时静脉注射本药的疗效会明显下降。③不应突然停药，以防撤药时心绞痛反跳。④由于本药喷雾含 90% 乙醇，故在口腔内略有灼热感。舌下喷雾用于缓解心绞痛急性发作，如 15 分钟内用过 3 次尚未能缓解，应立即给予其他处理。为防止心绞痛发作，于劳动前 5~10 分钟舌下喷服本药常可生效。使用过频可使作用减低或失效。⑤本药可能引起反应迟缓而影响患者操作机器或驾驶，与乙醇合用时此效应更明显。⑥对其他硝酸酯或亚硝酸酯类药过敏者也可能对本药过敏，但罕见。

【药物相互作用】 ①降血压药、扩血管药：合用可使本药的体位性降压作用增强。②三环类抗抑郁药：本药可增强三环类抗抑郁药的低血压和抗胆碱效应。③双氢麦角碱：本药可使双氢麦角碱的血药浓度升高，升压作用增强。④西地那非、伐地那非、他达那非：合用可引起严重的低血压。⑤乙酰胆碱、组胺、类固醇类消炎药、去甲肾上腺素：合用可使本药疗效减弱。⑥拟交感胺类药（如去氧肾上腺素、肾上腺素或麻黄碱）：此类药物可降低本药的抗心绞痛效应。⑦乙醇：使用本药时，中度或过量饮酒可导致血压过低。

单硝酸异山梨酯

【别名】 5-单硝酸异山梨醇、5-单硝酸异山梨酯酸、5-单硝酸异山梨酯、艾狄莫尼、艾复咛、艾麦舒、艾司莫、艾同、艾欣、爱欣莫尔、安兰舒、安心脉、安辛迈、奥帝亚、长效心痛治、达芬舒吉、丹力欣、丹佐、单硝酸异山梨醇酯、德脉宁、德明、德瑞宁、狄苏尼、菲克芯康、丰诺、孚顺、富欣恬、格芬达、华仁欣舒、晋新泰、开韦夫、康维欣、科尔乐、可力新、理新彤、力唯、丽珠欣乐、莫诺美地、莫诺确特、诺可达、盘得高、平福、奇豪、千新、瑞德明、赛达林、山苏、舒必莱特、舒坦、舒亚、索尼特、欣奥乐、欣奥星、欣康、欣乐、欣泰、新亚丹消、亚旭、延信信、伊贝特、伊迈清、伊索曼、依姆多、异乐定、异山梨糖醇单硝酸酯、易欣建、益辛保、尤可齐、再佳、再晟。

【药理作用】 单硝酸异山梨酯是硝酸异山梨酯的主要代谢产物，属新一代长效硝酸酯类抗心绞痛药，作用机制与硝酸甘油相同，但作用时间较长。通过释放一氧化氮（NO）刺激鸟苷酸环化酶，使环鸟苷酸（cGMP）增多，从而松弛血管平滑肌，使外周动脉和静脉扩张，对静脉的扩张作用更强。静脉扩张使血液潴留在外周，回心血量减少，左心室舒张期末压和肺毛细血管楔嵌压（前负荷）降低；动脉扩张使外周血管阻力、收缩期动脉压和平均动脉压（后负荷）降低；冠状动脉扩张，使其脉灌注量增加。总的效应是使心肌耗氧量减少，供氧量增多，缓解心绞痛。

【适应证】 ①用于冠心病的长期治疗。②用于心绞痛（包括心肌梗死后的心绞痛）

的长期治疗和预防。③与洋地黄和（或）利尿药合用于治疗慢性心力衰竭。

【用法用量】用于冠心病、心绞痛、慢性心力衰竭。①口服给药：a. 普通制剂（片剂、胶囊、胶丸、滴丸），一次 10~20 mg，每日 2~3 次；严重者可用至一次 40 mg，每日 2~3 次，餐后服。b. 缓释胶囊，一次 40 mg 或 50 mg，早晨服用；不良反应明显时，可改为一次 20 mg，每日 2 次；如疗效不明显，可增至 60 mg/d。c. 缓释片，最初 2~4 日一次 30 mg，每日 1 次；常规剂量为一次 40、50、60 mg，每日 1 次；必要时可增至一次 120 mg，每日 1 次。②静脉滴注：用 5% 葡萄糖注射液或生理盐水稀释后静脉滴注。剂量可根据患者的反应调整，一般有效剂量为 2~7 mg/h。静脉滴注开始速度为 60 μg/min，一般速度为 60~120 μg/min。每日 1 次，10 日为 1 个疗程。③喷雾给药：治疗心绞痛时一次 2 揿；预防心绞痛时一次 1 揿，每日 3 次；舌下喷雾，每喷含主药量 2.5 mg。

【注意事项】①本药不适用于急性心绞痛发作。②每日应有 10~12 小时的无药间期，以保证联合抗心绞痛治疗的进行。③用药期间从卧位或坐位突然站立时需谨慎，以免发生直立性低血压。④本药可影响驾驶或操作机械的能力，与酒精合用时更明显。⑤本药有耐药性，与其他硝基化合物有交叉耐药现象，长期用药停药 1 周左右疗效才恢复。应当避免持续高剂量使用本药，以防止疗效的减弱或丧失。⑥不可突然停药，应逐渐减量，以防撤药时出现心绞痛反跳。⑦对其他硝酸酯或亚硝酸异戊酯过敏者也可能对本药过敏，但罕见。

【药物相互作用】①西地那非：合用可增强本药的降血压作用。②降血压药（如 β 肾上腺素受体阻滞药、钙拮抗药、血管扩张药）、安定类药：合用可增强本药降血压作用。③三环类抗抑郁药：合用可增强三环类抗抑郁药的致低血压和抗胆碱效应。④双氢麦角碱：本药可升高双氢麦角碱的血药浓度并增强其升血压作用。⑤乙酰胆碱、组胺：合用可使本药疗效减弱。⑥拟交感胺类药（如去氧肾上腺素、去甲肾上腺素、肾上腺素或麻黄碱）：此类药物可降低本药的抗心绞痛效应。⑦非固醇类抗风湿药：合用可使本药的效应降低。⑧乙醇：合用可增强本药的降血压效应。中度或过量饮酒时应用本药可致血压过低。

盐酸地尔硫䓬

【别名】艾克朗、敖莱洛、奥贝怡宁、奥的镇、贝洛信、迪尔松、迪尔欣、地尔硫、蒂尔丁、定私心、哈镇卓、合贝爽、合心爽、乎尔兴、健尔信、硫氮酮、仟络爽、芊克、沁尔康、太韦特、坦立达、恬尔心、恬尔新、心泰、新益、亚宝灵爽。

【药理作用】本药为钙通道阻滞药，可抑制心肌或血管平滑肌膜除极时的钙离子内流。本药可有效地扩张心包脏层和心内膜下的冠状动脉，缓解自发性心绞痛或由麦角新碱诱发冠状动脉痉挛所致心绞痛；同时，本药还可减慢心率和降低血压，减少心肌需氧量，增加运动耐量和缓解劳累性心绞痛。本药可使血管平滑肌松弛、周围血管阻力降低、血压下降，其降压的幅度与高血压的程度有关，血压正常者仅使血压轻度下降。此外，本药有负性肌力作用，并可减慢窦房结和房室结的传导。

【适应证】①用于心绞痛，包括稳定型和不稳定型心绞痛。②用于治疗轻、中度高血压，尤其适用于伴有心绞痛的高血压。③用于高血压急症。④用于手术时异常高血压的急救处置。⑤用于肥厚型心肌病。⑥用于治疗室上性心动过速，静脉给药可用于控制心房颤动的心室率。

【用法用量】成人：①心绞痛，口服给药。a. 普通片，初始剂量为一次 30 mg，每日 4 次，餐前或临睡时服，每 1~2 日逐渐增加剂量，直到获得满意疗效。平均剂量为 90~360 mg/d。b. 缓释片，一次 90~180 mg，每日 1 次。c. 缓释胶囊，先从小剂量开始，并视病情调节剂量。根据个体情况，有以下用药方案，一次 60 mg，每日 2 次；一次 90 mg 或 120 mg，每日 1~2 次；一次 180 或 240 mg，每日 1 次。d. 控释胶囊，一次 120~180 mg，每日 1 次。心绞痛静脉滴注，通常以每分钟 1~5 μg/kg 的速度静脉滴注；应从小剂量开始，然后可根据病情适当增减，最大用量为每分钟 5 μg/kg。②高血压。口服给药，参见"心绞痛"项。③高血压急症。静脉滴注，通常以每分钟 5~15 μg/kg 的速度滴注。④手术时异常高血压的急救处置。a. 静脉注射，通常为单次 10 mg，约 1 分钟缓慢注射，可根据年龄和症状适当增减。b. 静脉滴注，参见"高血压急症"项。⑤肥厚型心肌病。口服给药，普通片初始剂量为一次 30 mg，每日 4 次，餐前或临睡时服，每 1~2 日逐渐增加剂量，直到获得满意疗效。平均剂量为 90~360 mg/d。⑥室上性心动过速。静脉注射，通常为单次 10 mg，约 3 分钟内缓慢静脉注射，可根据年龄和症状适当增减。⑦控制心房颤动的心室率。静脉给药，初量 10 mg 或 0.15~0.25 mg/kg，临用前用氯化钠注射液或葡萄糖注射液溶解、稀释为 1% 的溶液，在 3 分钟内缓慢注射。15 分钟后可重复，也可按每分钟 5~15 μg/kg 的速度静脉滴注。老年人剂量：从小剂量开始，且给药时须仔细观察患者反应。

【注意事项】①应特别注意以下 3 种药的联合用药：地尔硫䓬、β 肾上腺素受体阻滞药和洋地黄制剂。②注射剂仅限于治疗上必需的最小用量或静脉点滴时必需的最短用药时间。③静脉注射本药前，明确宽 QRS 复合波为室上性或室性是非常重要的。④与其他可减慢房室结传导但不延长旁路不应期的药物（如维拉帕米和地高辛）一样，在极少数附加旁路（如预激综合征或短 PR 综合征）伴心房颤动或心房扑动的患者，注射本药时可引起致命性的心率增快并伴有低血压。因此，如有可能，首次注射本药应在备有监护、复苏设备（包括直流电转复/除颤器）的病房进行。在明确患者对药物的反应后，可在常规条件接受治疗。

【药物相互作用】①β 肾上腺素受体阻滞药（如富马酸比索洛尔、盐酸普索洛尔、阿替洛尔等）、萝芙木制剂（如利血平）：合用可出现心动过缓、房室传导阻滞、窦房传导阻滞等。②抗心律失常药（如盐酸胺碘酮、盐酸美西律等）、麻醉药（如异氟烷、恩氟烷、氟烷）：合用可出现心动过缓、房室传导阻滞、窦性停搏等。③甲氟喹：合用可致心动过缓、房室传导阻滞。④有降血压作用的药物（如降血压药、硝酸酯类药等）：合用可增强降压作用。⑤西咪替丁：合用使本药血药浓度及曲线下面积增加。⑥盐酸阿普林定：合用使血药浓度升高而引起心动过缓，房室传导阻滞、窦性停搏、震颤、眩晕或轻度头痛。⑦HIV 蛋白酶抑制药（如利托那韦、沙奎那韦等）：合用可出现心动过缓、降压作用增强。⑧可乐定：合用可使窦性心动过缓的发生率升高，且需住院治疗和安装起搏器。⑨阿夫唑嗪：本药可明显提高阿夫唑嗪的血药浓度，增强降压效应。⑩免疫抑制药（如他克莫司、环孢素）：合用可致以上药物血药浓度升高，从而引发肾功能障碍等。⑪卡马西平：合用可使卡马西平血药浓度升高。⑫苯妥英：合用可使苯妥英血药浓度上升，引起运动失调、眩晕、眼球震颤等症状；并同时使本药血药浓度也降低，作用减弱。⑬二氢吡啶类钙通道拮抗药（如硝苯地平）、盐酸司来吉兰、西洛他唑、酒石酸长春瑞滨、三唑仑、咪达唑仑、茶碱：合用可使以上药物的血药浓度上升。⑭肌松药（如泮库溴铵、维库溴铵）：本药可增强肌松药的作用。⑮辛伐他汀：合用可增加辛伐他汀的血药浓度，使发生肌病和横纹肌溶解的危险性增加。⑯阿芬太尼：本药可延长阿芬太尼的作用。⑰非甾体消炎药（如阿司匹林）、口服抗凝血药：合用有增加消化道出血的危险，延长出血时间。⑱洋地黄制剂（地高辛、甲基地高辛）：本药可增加以上药物的血药浓度，可能引发心动过缓和房室传导阻滞及洋地黄中毒（表现为恶心、呕吐、头痛、眩晕、视觉异常等）。⑲利福平：可使本药的血药浓度下降，作用减弱。⑳麻黄碱：合用可降低钙通道阻滞药的降压效果。

阿司匹林

【别名】安可春、安尼妥、巴米尔、拜阿司匹林、伯基、博尔心、醋柳酸、东青、介宁、力爽、瑞莫仙、塞宁、施泰乐、司尔利、协美达、欣动、延先、乙酰水杨酸、益欣雪。

【药理作用】本药为非甾体消炎药（NSAIDs），有以下药理作用：①抑制血小板聚集。可使血小板的环氧合酶乙酰化，减少血栓素 A_2（TXA_2）的生成，对 TXA_2 诱导的血小板聚集产生不可逆的抑制作用；对二磷酸腺苷（ADP）或肾上腺素（ADR）诱导的 II 相聚集也有阻抑作用；并可抑制低浓度胶原、凝血酶、抗体 - 抗原复合物、某些病毒和细菌所致的血小板聚集和释放反应及自发性聚集，减少血栓形成。②解热：可能通过作用于下丘脑体温调节中枢引起外周血管扩张，从而使皮肤血流增加，引起出汗，使散热增加而产生解热作用。此种中枢性作用可能与前列腺素在下丘脑的合成受到抑制有关。③镇痛：主要是通过抑制前列腺素及其他能使痛觉对机械性或化学性刺激敏感的物质（如缓激肽、组胺）的合成而产生镇痛作用，属于外周性镇痛药。但不能排除本药有中枢镇痛（可能作用于下丘脑）的可能性。④消炎：尚不明确其确切的机制，可能因本药作用于炎症组织，通过抑制前列腺素或其他可引起炎性反应的物质（如组胺）的合成而产生消炎作用。也可能与抑制溶酶体酶的释放及白细胞趋化性等有关。⑤抗风湿：本药抗风湿的机制除解热、镇痛作用外，主要在于其具有消炎作用。

【适应证】①抑制血小板聚集：a. 用于预防心肌梗死（包括急性心肌梗死疑似患者）、心房颤动，降低一过性脑缺血及其继发脑卒中、稳定型和不稳定型心绞痛的发作风险。b. 用于预防人工心脏瓣膜术、动静脉瘘术、经皮腔内冠状动脉成形术（PTCA）、冠状动脉旁路移植术（CABG）、颈动脉内膜剥离术、动静脉分流术和其他手术后的血栓形成。c. 用于治疗不稳定型心绞痛。d. 用于脑卒中的二级预防。②解热、镇痛：a. 可缓解轻至中度疼痛，如头痛、牙痛、神经痛、肌肉痛、痛经、关节痛、偏头痛。b. 用于普通感冒和流行性感冒等引起的发热、咽喉痛。③消炎、抗风湿：用于解热、使关节症状好转并使血沉下降。④关节炎：a. 除风湿性关节炎外，本药也可改善类风湿关节炎的症状。b. 用于缓解骨性关节炎、强直性脊柱炎、痛风性关节炎、幼年型关节炎的症状及其他非风湿性炎症的骨骼肌疼痛。⑤用于治疗胆道蛔虫病。⑥儿科用于皮肤黏膜淋巴结综合征（川崎病）的治疗。

【用法用量】成人：①抑制血小板聚（口服给药）。a. 肠溶片，一次 $80 \sim 300$ mg，每日 1 次。用于降低急性心肌梗死疑似患者的发病风险：推荐剂量为首剂 300 mg，嚼碎后服用，之后 $100 \sim 200$ mg/d。用于预防心肌梗死复发、脑卒中的二级预防、降低一过性脑缺血及其继发脑卒中的发作风险、降低稳定型和不稳定型心绞痛的发作风险，预防动脉外科手术后或介入手术后血栓形成，剂量为 100 ~ 300 mg/d。用于预防大手术后深静脉血栓和肺栓塞，剂量为 100 ~ 200 mg/d。用于降低心血管危险因素患者心肌梗死发作的风险，剂量为 100 mg/d。b. 肠溶胶囊，一次 75 ~ 300 mg，每日 1 次。c. 缓释片，剂量为 50 ~ 150 mg/d，每日 1 次。d. 缓释胶囊，一次 162.5 mg，每日 1 次，推荐每日在同一时间服药。e. 肠溶缓释片，一次 50 ~ 150 mg，每日 1 次。f. 片剂、分散片，剂量为 50 ~ 150 mg/d，分 1 ~ 2 次给药。②解热镇痛。a. 口服给药。普通制剂，一次 500 mg，若症状持续存在，可每 4 ~ 6 小时重复给药 1 次，24 小时内给药不超过 4 次；缓释片、缓冲片，一次 324 ~ 486 mg，每日 3 次；肠溶制剂，一次 300 ~ 600 mg，每日 3 次，必要时每 4 小时 1 次。b. 直肠给药。栓剂，一次 1 枚（300、450、500 mg）；若症状持续存在，可每 4 ~ 6 小时重复给药 1 次，但 24 小时内给药不超过 4 次。③抗风湿，口服给药。a. 泡腾片，一次 500 ~ 1000 mg，每日 3 ~ 4 次。b. 肠溶片，每日 3 ~ 6 g，分 4 次服用。c. 缓释片，一次 648 ~ 810 mg，每日 3 ~ 4 次。d. 肠溶胶囊，一次 600 ~ 1000 mg，每日 3 ~ 4 次。④治疗胆道蛔虫病，口服给药，一次 1 g，每日 2 ~ 3 次，连用 2 ~ 3 日。阵发性绞痛停止 24 小时后停用（之后进行驱虫治疗）。⑤其他疾病时剂量应调整，如脱水患者应减少用量。儿童：①解热镇痛。a. 口服给药。片剂，6 ~ 12 岁儿童，一次 250 mg，若症状持续可每 4 ~ 6 小时重复给药 1 次，24 小时内给药不超过 4 次；12 岁以上儿童同成人用法用量。咀嚼片，2 ~ 4 岁，体重为 10 ~ 14 kg 的儿童，一次 75 ~ 150 mg；4 ~ 6 岁，体重为 16 ~ 20 kg 的儿童，一次 150 ~ 225 mg；6 ~ 9 岁，体重为 22 ~ 26 kg 的儿童：一次 225 ~ 300 mg；9 ~ 12 岁，体重为 28 ~ 32 kg 的儿童，一次 300 ~ 375 mg；12 岁以上儿童同成人用法用量。若症状持续存在，可每 4 小时重复给药 1 次，24 小时内给药不超过 5 次。止痛时连续服用不超过 5 日；退热时连续服用通常不超过 3 日。散剂，1 ~ 3 岁，体重为 10 ~ 15 kg 的儿童，一次 50 ~ 100 mg；4 ~ 6 岁，体重为 16 ~ 21 kg 的儿童，一次 150 ~ 200 mg；7 ~ 9 岁，体重为 22 ~ 27 kg 的儿童，一次 200 ~ 250 mg；10 ~ 12 岁，体重为 28 ~ 32 kg 的儿童：一次 300 mg。若症状持续存在，可每 4 ~ 6 小时给药 1 次，24 小时内给药不超过 4 次。肠溶片，一次 5 ~ 10 mg/kg；必要时可每 4 ~ 6 小时重复给药 1 次。缓冲片，1 ~ 3 岁儿童，一次 81 mg，每日 3 次；4 ~ 8 岁儿童，一次 162 mg，每日 3 次；8 ~ 14 岁儿童，一次 324 mg，每日 3 次；14 岁以上儿童同成人用法用量。泡腾片，1 ~ 2 岁儿童，一次 50 ~ 100 mg，每日 3 次；3 ~ 5 岁儿童，一次 200 ~ 300 mg，每日 3 次；6 ~ 12 岁儿童，一次 300 ~ 500 mg，每日 3 次。b. 直肠给药，栓剂，1 ~ 6 岁儿童，一次 100 mg；8 岁以上儿童，一次 300 mg。若症状持续存在，可每 4 ~ 6 小时重复给药 1 次，但 24 小时内给药不超过 4 次。②抗风湿，口服给药。肠溶片、泡腾片，80 ~ 100 mg/(kg·d)，分 3 ~ 4 次服；如 1 ~ 2 周未获得疗效，可根据血药浓度调整用量，部分患者需增至 130 mg/(kg·d)。缓释片用量较成人酌减。③皮肤黏膜淋巴结综合征（川崎病），口服给药。肠溶片，开始 80 ~ 100 mg/(kg·d)，分 3 ~ 4 次服；退热 2 ~ 3 日后改为 30 mg/(kg·d)，分 3 ~ 4 次服，连服 2 个月或更久。血小板增多、血液呈高凝状态期间，5 ~ 10 mg/(kg·d)，顿服。④其他疾病时剂量应调整，如脱水患者应减少用量。

【注意事项】①本药肠溶缓释片不适用于急性心肌梗死患者的紧急应用。②扁桃体摘除或口腔手术后 7 日内应整片吞服本药，以免嚼碎后接触伤口，引起损伤。③外科手术患者，应在术前 7 日停用本药，以免引起出血。④用于治疗关节炎时，剂量应逐渐增加，直到症状缓解，达有效血药浓度（此时可出现轻度毒性反应，如耳鸣、头痛等；在小儿、老年人或耳聋患者中，上述症状不是可靠指标）后开始减量。如出现不良反应应迅速减量。⑤用于解热时应多饮水，以便排汗和降温，避免因出汗过多造成水、电解质平衡失调或虚脱。⑥西咪替丁或米索前列醇可保护或减轻本药所致的胃黏膜损伤。⑦在服本药前 30 分钟给予硫糖铝，有防止胃黏膜受损的作用，但两者同时服用，则无此作用。⑧依据控制症状的要求，在最短治疗时间内使用最低有效剂量可使不良反应降至最低。⑨本药仅可缓解症状，不可治疗引起疼痛和发热的病因，故需同时应用其他药物对病因进行治疗。⑩对本药过敏时也可能对其他 NSAIDs 过敏。

【药物相互作用】①甲氧氯普胺：可增加本药的吸收。②尿酸化药：可减少本药的排泄，使本药血药浓度升高。本药血药浓度已达稳态的患者合用尿酸化药后可导致毒性反应增加。③抗生素：本药可增加氨基糖苷类抗生素的血药浓度。可增强某些抗生素（磺胺和磺胺复合物，如磺胺甲噁唑/甲氧苄啶）的作用。④口服降血糖药、胰岛素：本药可加强和加速以上药物的降血糖作用。⑤其他水杨酸类药、甲氨蝶呤（MTX）、巴比妥类药、苯妥英：本药可增强以上药物的作用或毒性。⑥三碘甲腺原氨酸（T_3）：本药可增强 T_3 的作用。⑦地高辛、锂剂、丙戊酸：本药可增强以上药物的作用，使以上药物中毒的风险增加。⑧抗凝血药（双香豆素、肝素、维生素 K 拮抗药等）、溶栓药（链激酶、尿激酶）、其他可引起低凝血酶原血症、血小板减少、血小板聚集功能降低或胃肠道溃疡出血的药物：合用有加重凝血障碍并增加出血的风险。⑨含可的松或可的松类似物的药物、糖皮质激素：本药可增强以上药物的作用。糖皮质激素可增加本药的排泄。⑩尿碱化药（碳酸氢钠等）、抗酸药（长期大量应用）：以上药物可促进本药随尿排泄，使其血药浓度下降。但当本药血药浓度已达稳态而停用碱性药物时，本药血药浓度又会升高到毒性水平。⑪碳酸酐酶抑制药：可使尿液碱化，但可引起代谢性酸中毒，不仅可使本药血药浓度降低，还可使本药透入脑组织中的量增多，从而增加毒性反应。⑫α-干扰素、降血压药、髓袢利尿药、螺内酯：本药可降低以上药物的作用。⑬其他 NSAIDs（除水杨酸类药）：合用可使其他 NSAIDs 生物利用度降低，且胃肠道不良反应（包括溃疡和出血）增加；还可因抑制血小板聚集的作用加强，增加出血的风险。本药与对乙酰氨基酚长期大量合用有引起肾脏病变（包括肾乳头坏死、肾癌或膀胱癌）的可能。但最新国外研究表明，布洛芬可与本药竞争性地占据血小板环氧合酶乙酰化位点，影响本药低剂量抗血小板聚集的作用；对乙酰氨基酚对低剂量本药抗血小板聚集的活性无影响；超出非处方用量的萘普生可能会影响到本药抗血小板聚集的活性。⑭丙磺舒、磺吡酮：合用可使以上药物的排尿酸作用降低；当水杨酸盐的血药浓度大于 50 $\mu g/mL$ 时降低明显，大于 100～150 $\mu g/mL$ 时更甚。丙磺舒可降低水杨酸盐自肾脏的清除率，从而使本药的血药浓度升高。⑮乙醇：合用具有累加效应，使胃十二指肠黏膜损害增加，出血时间延长。

二、抗心律失常药

盐酸美西律

【别名】脉克定、脉律定、脉舒律、慢心利、慢心律。

【药理作用】本药常用其盐酸盐，属Ⅰb类抗心律失常药，其化学结构、电生理特性和血流动力学效应与利多卡因相似，能抑制钠离子内流，缩短动作电位，相对延长有效不应期，降低兴奋性。治疗剂量对窦房结、心房及房室结传导影响较小。对传导系统正常者窦房结的自律性、房室传导均无明显影响，临床试验中未发现引起二度或三度房室传导阻滞。一般不影响心室除极（QRS）或复极（QT）时间，有益于对QT间期延长患者的治疗。对房室旁路传导的影响认识尚不一致，其电生理效应也因剂量及心肌状态而异。本药对心肌几乎无抑制作用。与利多卡因不同的是，本药可口服给药，半衰期长，静脉用药对心脏及神经系统的不良反应较利多卡因多见。

【适应证】①口服给药用于慢性室性心律失常，包括室性期前收缩及室性心动过速。②静脉给药用于急性室性心律失常（如持续性室性心动过速）。应避免用于无症状的室性期前收缩。

【用法用量】成人：①慢性室性心律失常。口服给药，首次 200～300 mg，必要时 2 小时后再服 100～200 mg。一般维持量为 400～800 mg/d，分 2～3 次服用。极量为 1200 mg/d，分次服用。②急性室性心律失常。静脉给药，开始剂量为 100 mg，加入 5% 葡萄糖注射液 20 mL 中缓慢静脉注射 3～5 分钟；如无效，可在 5～10 分钟后再给予 50～100 mg，然后以 1.5～2 mg/min 的速度静脉滴注 3～4 小时，再将滴速减至 0.75～1 mg/min，并维持 24～48 小时。老年人剂量：老年人易发生神经系统不良反应，用药时应减量。

【注意事项】①静脉用药时神经系统不良反应大，故仅用于其他药抢救无效者，且应同时监测心电图及血压。②本药疗效及不良反应与血药浓度相关，治疗指数低，有效血药浓度为 0.5～2 μg/mL，超过 2 μg/mL 则不良反应明显增加，故应按需进行血药浓度监测。③换用其他抗心律失常药前，应停用本药至少 1 个半衰期（12 小时以上）。④本药用于治疗心肌梗死后无症状或症状轻微的非致命性室性心律失常时，可增加死亡率。⑤用药前及治疗过程中应纠正电解质紊乱（尤其低血钾、低血镁）。

【药物相互作用】①其他抗心律失常药（如胺碘酮、奎尼丁、丙吡胺）：合用可能有协同作用。②利托那韦：合用可使本药毒性增强。③尿碱化药：合用可使本药药效增强。④制酸药：可降低本药口服的生物利用度，但也可因尿 pH 增高，使血药浓度升高。⑤西咪替丁：合用可使本药血药浓度发生变化。⑥止吐药（如甲氧氯普胺）：合用可使本药的吸收速度加快。⑦茶碱：合用可使茶碱毒性增强。⑧肝药酶诱导药（如苯妥英钠、苯巴比妥、利福平或利福布汀）：合用可降低血药浓度。⑨尿酸化药：合用可使本药药效减弱。⑩吗啡：在急性心肌梗死早期，吗啡使本药吸收延迟并减少。⑪阿托品：阿托品可延迟本药的吸收，但不影响本药的吸收量。⑫地高辛：本药不增高地高辛的血药浓度。⑬抗凝血药、利尿药、支气管扩张药、三环类抗抑郁药：未见本药与以上药物合用时出现相互作用的报道。⑭抗心绞痛药、抗高血压药、抗纤溶药：有报道，本药与常用的以上药物合用未见相互影响。⑮苯二氮䓬类药：有报道，苯二氮䓬类药不影响本药的血药浓度。

盐酸普罗帕酮

【别名】苯丙酰苯心安、苯丙酰心安、丙胺苯丙酮、丙苯酮、丙酚酮、来特莫诺尔、利它脉、普鲁帕酮、心律平、盐酸普鲁帕酮、悦复隆。

【**药理作用**】 本药常用其盐酸盐，为具有局部麻醉作用的 I c 类抗心律失常药，有膜稳定性。能抑制心肌和浦肯野纤维的快钠离子内流，减慢动作电位 0 相除极速度。电生理研究表明，本药能延长所有心肌组织的传导和不应期，心电图可表现为 PR 间期及 QRS 波延长。对房室旁路的前向及逆向传导的有效不应期也有延长作用，并可产生完全性阻滞。还可提高心肌细胞阈电位，能明显降低心肌细胞的自律性，抑制触发激动。由于结构与普萘洛尔（非选择性 β 肾上腺素受体阻滞药）相似，本药也具有轻度 β 受体阻滞作用。常规剂量下有较弱的慢钙离子通道阻滞作用，对心肌收缩力还有轻至中度的抑制作用，可减少搏出量，降低左心室射血分数，作用强度与剂量有关。离体实验表明，本药能松弛冠状动脉及支气管平滑肌。

【**适应证**】 用于阵发性室性心动过速及室上性心动过速（包括伴预激综合征）、心房扑动或心房颤动，也可用于治疗期前收缩。

【**用法用量**】 成人：①阵发性室性心动过速及室上性心动过速（包括伴预激综合征）。a. 口服给药，治疗量为 300 ~ 900 mg/d，分 4 ~ 6 次服用；维持量为 300 ~ 600 mg/d，分 2 ~ 4 次服用；极量为 900 mg/d，分次服用。b. 静脉给药，常用量为 1 ~ 1.5 mg/kg 或 70 mg 加入 5% 葡萄糖注射液中稀释，于 10 分钟内缓慢静脉注射，必要时 10 ~ 20 分钟重复 1 次，总量不超过 210 mg。静脉注射起效后改为静脉滴注（滴速为 0.5 ~ 1 mg/min）或口服维持。②心房扑动或心房颤动、期前收缩。静脉给药，剂量同"阵发性室性心动过速及室上性心动过速"的"静脉给药"项。老年人剂量：老年患者的有效药物剂量较年轻人低。儿童：①阵发性室性心动过速及室上性心动过速（包括伴预激综合征）。a. 口服给药，预防，一次 1 ~ 3 mg/kg，每日 2 ~ 3 次。b. 静脉滴注，推荐剂量为 20 ~ 40 mg/h。②心房扑动或心房颤动、期前收缩。口服给药，一次 1 ~ 3 mg/kg，每日 2 ~ 3 次。

【**注意事项**】 ①使用时宜从小剂量开始，逐渐加量。不宜与负性肌力药合用，尤其在静脉给药时。②静脉给药时需严密监测血压及心电图。当心率小于每分钟 50 次、血压下降、新出现各种传导阻滞或原有传导阻滞加重或发生新的心律失常等应及时停药，并采取相应治疗措施。③本药血药浓度与剂量不成比例，故在增量时应小心，以防血药浓度过高产生不良反应。④本药可能对起搏阈值有影响，在治疗期间应注意监测和调试起搏器。⑤需换用其他抗心律失常药时，应先停用本药 1 日；反之，各种抗心律失常药至少停用一个半衰期，再换用本药；对严重急性心律失常则可酌情缩短停用时间，但需注意药物相互作用。⑥本药可能影响患者驾驶或操作机械的能力（尤其饮酒后）。

【**药物相互作用**】 ①其他抗心律失常药（如维拉帕米、胺碘酮、奎尼丁、普鲁卡因胺）：合用可能提高抗心律失常疗效，但也可能增加不良反应。②利托那韦、氟西汀：合用可使本药血药浓度升高，毒性增强。③舍曲林：合用可能抑制本药的代谢。④西咪替丁：合用可使本药稳态血药浓度升高，但对其电生理参数无影响。⑤降血压药：可使本药的降压作用增强。⑥利多卡因：合用可增加神经系统不良反应（如头昏、感觉异常）。⑦多非利特：合用可延长 QT 间期。⑧地高辛：本药可使地高辛的血药浓度升高，一日给予 450 mg 时，地高辛血药浓度升高 35%；一日给予 900 mg 时，地高辛血药浓度可升高 85%。⑨普萘洛尔、美托洛尔：本药可增加以上药物的血药浓度和消除半衰期，但临床上未出现明显不良反应。⑩华法林、苯丙香豆素：合用可增加出血的危险。⑪环孢素：合用可增加环孢素的毒性反应。⑫茶碱：合用可增强茶碱的毒性反应。⑬地昔帕明及其他三环类抗抑郁药（如阿米替林、去甲替林、普罗替林、氯米帕明、曲米帕明、多塞平、丙米嗪）：本药与地昔帕明合用可引起后者在治疗浓度时出现毒性反应，但尚无本药与其他三环类抗抑郁药合用发生不良反应的报道。⑭肝酶诱导药（如苯巴比妥、利福平）：合用可使本药疗效减弱。

盐酸普鲁卡因胺

【别名】奴佛卡因胺、普鲁卡因酰胺。

【药理作用】属 Ia 类抗心律失常药。能延长心房的不应期，降低房室的传导性及心肌的自律性。

【适应证】本药曾用于各种心律失常的治疗，但因其促心律失常作用及其他不良反应，现仅推荐用于危及生命的室性心律失常。

【用法用量】①口服：一次 $0.25 \sim 0.5$ g，每 4 小时 1 次。②静脉给药：一次 0.1 g 静脉注射，必要时每个 $5 \sim 10$ 分钟重复 1 次，总量不得超过 $10 \sim 15$ mg/kg。也可按 $10 \sim 15$ mg/kg静脉滴注 1 小时，然后以 $1.5 \sim 2$ mg/（kg·h）维持。

【注意事项】①西咪替丁可抑制普鲁卡因的排泄，延长半衰期。因而合用本品时，剂量必须减小。②若与降血压药合用尤其是静脉注射时，降压作用增强；与神经肌肉阻滞药合用，后者作用增强，时效延长，因而重症肌无力患者不宜使用。③本品可干扰碱性磷酸酶、胆红素、乳酸脱氢酶、天冬氨酸氨基转移酶的测定以及腾喜龙（依酚氯铵）诊断试验。

【药物相互作用】①与其他抗心律失常药物合用时作用增强。②静脉注射时合用降血压药物则可增加降压作用，用药过程中如血压下降或 QRS 时限延长 $>50\%$ 以上应停药。③与西咪替丁合用，清除率可降低 $30\% \sim 50\%$。

盐酸普萘洛尔

【别名】百尔洛、恩得来、恩特来、杭达来、萘心安、萘氧丙醇胺、普乐欣、普苏欣、心得安、星泰。

【药理作用】本药为非选择性 β 肾上腺素受体阻滞药，有膜稳定性，而无内在拟交感活性。抗高血压的机制目前尚未完全阐明，可能通过以下几个方面发挥降压作用：①阻断心脏 β_1 受体，降低心排出量；②抑制肾素释放，降低血浆肾素浓度；③阻断中枢 β 受体，降低外周交感神经活性。本药能阻止儿茶酚胺对窦房结、心房起搏点及浦肯野纤维 4 期自发除极，从而降低自律性；还能通过增加 K^+ 外流、抑制 Na^+ 内流而发挥膜稳定作用，减慢房室结及浦肯野纤维的传导速度，因而临床可用于治疗心律失常。本药通过阻滞 β 受体，使心肌收缩力下降、收缩速度减慢；并通过减慢传导速度，使心脏对运动或应激的反应减弱，从而降低心肌氧耗、增加患者运动耐量，可有效治疗心绞痛。本药能拮抗儿茶酚胺的效应，也用于治疗嗜铬细胞瘤及甲状腺功能亢进症（简称甲亢）。甲亢的许多症状是 β 肾上腺素受体活性过高引起，应用本药后，症状可得到控制，甲状腺激素的分泌并不减少，但外周组织中甲状腺素（T_4）、三碘甲腺原氨酸（T_3）的转变减少，β_1 和 β_2 受体的活动均处于抑制状态。本药抗偏头痛的机制尚不明确。治疗震颤的机制可能与 β_2 受体有关，也可能是中枢作用的结果。

【适应证】①用于高血压，作为第一线用药，可单独或与其他降血压药物联合应用。②用于心律失常，适用于纠正快速性室上性心律失常、室性心律失常，特别是与儿茶酚胺相关或洋地黄引起的心律失常。③用于劳累性心绞痛。④作为心肌梗死二级预防用药，可降低患者的心血管病死亡率。⑤用于降低肥厚型心肌病流出道压差，减轻心绞痛、心悸与晕厥等症状。⑥与α肾上腺素受体阻滞药合用于控制嗜铬细胞瘤患者的心动过速。⑦用于控制甲状腺功能亢进时的心动过速，也可用于甲状腺危象。

【用法用量】成人：①高血压。a. 口服给药。片剂，一次5 mg，每日4次，1～2周后增加1/4片，在严密观察下可逐渐增至100 mg/d；或起始剂量一次10 mg，每日3～4次，按需要及耐受程度逐渐调整，一日最大剂量为200 mg。缓释片、缓释胶囊，起始剂量40 mg/d，早晨或晚上服用；必要时可增至80 mg/d，每日1次。b. 静脉注射。一次2.5～5 mg，用5%葡萄糖注射液20 mL溶解后，以每2～3分钟1 mg的速度缓慢注射。②心律失常。a. 口服给药，片剂一次10～30 mg，每日3～4次，根据需要及耐受程度调整剂量。b. 静脉注射，一次2.5～5 mg，用5%葡萄糖注射液20 mL溶解后，以每2～3分钟1 mg的速度缓慢注射。严重心律失常时应将本药用5 mL无菌注射用水溶解后，以每分钟不超过1 mg的速度静脉注射1～3分钟，必要时2分钟重复1次，随后每隔4小时1次。c. 静脉滴注，对麻醉过程中出现的心律失常，一次2.5～5 mg，稀释于5%或10%葡萄糖注射液100 mL中，以1 mg/min的速度静脉滴注，同时必须严密观察血压、心律和心率变化，如心率转慢，应立即停药。③心绞痛。a. 口服给药，片剂起始剂量一次5～10 mg，每日3～4次；每3日增加10～20 mg，渐增至200 mg/d，分次服。缓释片、缓释胶囊，同"高血压"项。b. 静脉注射，同"高血压"项。④心肌梗死，口服给药。a. 片剂，30～240 mg/d，分2～3次服。b. 缓释片、缓释胶囊，起始剂量40 mg/d，早晨或晚上服；必要时可增至80 mg/d，每日1次。心肌梗死后预防时可用至160 mg/d。⑤肥厚型心肌病。a. 口服给药，片剂一次10～20 mg，每日3～4次，根据需要及耐受程度调整剂量。b. 静脉注射，同"高血压"项。⑥嗜铬细胞瘤。a. 口服给药，片剂一次10～20 mg，每日3～4次。常用量为60 mg/d，分3次服。术前3日，一般应先用α-肾上腺素受体阻滞药，待药效稳定后再加用本药。b. 静脉注射，同"高血压"项。老年人剂量：老年人对本药代谢与排泄能力下降，应适当调整剂量。儿童：①口服给药，儿童用量尚未确定，通常0.5～1 mg/(kg·d)，分次服用。②静脉注射，一次0.01～0.1 mg/kg，缓慢注射，一次用量不宜超过1 mg。

【注意事项】①本药用量必须个体化，不同个体、不同疾病用量不尽相同。首次用药时需从小剂量开始，逐渐增加剂量并密切观察用药反应以免发生意外。②本药血药浓度不能完全预示药理效应，故应根据心率及血压等临床征象指导临床用药，心动过缓（通常小于50～55次/min）时，剂量不能再增加。③静脉给药可快速控制心率与心肌收缩力。研究表明，在心肌梗死症状发作几小时内，静脉给药效果优于口服。而心肌梗死后先静脉给药，然后改口服维持比单用其中一种方法更好。④冠心病患者不宜骤停本药，否则可出现心绞痛、心肌梗死或室性心动过速；甲状腺功能亢进症患者也不可骤停本药，否则使症状加重。因此，长期用药者撤药须逐渐减量，至少经过3日，通常为2周。⑤外科手术前是否停药尚有争议，因为停药可引起心绞痛和（或）高血压反跳，其危险性可能比手术本身产生的心脏抑制更大。故本药在术前应逐渐减量，但不可完全停药，直到手术进行。术前使用乙醚、环丙烷和三氯乙烷之类的麻醉药时须十分谨慎，如出现迷走神经优势，可用阿托品（1～2 mg静脉注射）纠正。

【药物相互作用】①奎尼丁：合用时，奎尼丁的半衰期不变，但消除率明显降低，血药峰值浓度明显增高，此外，奎尼丁可增加本药的生物利用度。②普罗帕酮：可提高本药血药浓度，引起卧位血压明显降低。③二氢吡啶类钙通道阻滞药：合用治疗心绞痛或高血压有效，但也可引起严重的低血压或心力储备降低。④地尔硫䓬：可增强β肾上腺素受体阻滞药的作用，对心功能正常的患者有利。但合用后也有引起低血压、左心室衰竭和房室传导阻滞的报道。⑤肼屈嗪：可增加本药的生物利用度，空腹服药多见，而对本药缓释制剂的影响较小。⑥西咪替丁：合用可使本药血药浓度升高。⑦甲氧氯普胺：合用可升高本药的血药浓度。⑧环丙沙星：可升高本药血药浓度，引起低血压和心动过缓。⑨呋塞米：可升高本药的血药浓度，合用可导致低血压、心搏徐缓。⑩氟西汀：合用可使本药血药浓度升高，毒性增大。⑪氯丙嗪、肼屈嗪：合用可使本药生物利用度增加。⑫利多卡因、安替比林：合用可使以上药物血药浓度升高。⑬筒箭毒碱：本药可使筒箭毒碱药效增强，作用时间延长。⑭利扎曲普坦：本药可增加利扎曲普坦的生物利用度。⑮丙米嗪：本药可升高丙米嗪的血药浓度。⑯溴西泮：合用可使溴西泮毒性增强。⑰佐米曲普坦：合用可使佐米曲普坦的不良反应增加。⑱硫利达嗪：合用可增加硫利达嗪毒性，引起严重心律失常。⑲华法林：合用可增加出血的危险性。⑳可卡因：合用可增加血管阻力，降低冠状动脉循环血流。㉑降血糖药：本药可延长降血糖药对胰岛素的作用。㉒泛影酸盐类造影剂：合用时可能加重此类药物的类过敏反应。㉓胺碘酮、丙吡胺、氟卡尼：与胺碘酮合用可引起明显的心动过缓和窦性停搏；与丙吡胺、氟卡尼合用，也可引起心动过缓。㉔维拉帕米：合用可能引起低血压、心动过缓、充血性心力衰竭和传导障碍。在左心室功能不全、主动脉狭窄或两药用量大时危险性增加。㉕苄普地尔、氟桂利嗪、利多氟嗪、戈洛帕米、哌克昔林：目前虽然尚无以上药物与本药发生相互作用的报道，但以上药物均可减弱心肌收缩、减慢房室结传导，从而引起血压降低、心动过缓或心力储备下降。㉖芬太尼：芬太尼麻醉时，使用本药可引起严重的低血压。㉗氟伏沙明：合用可导致心动过缓和（或）低血压。㉘当归提取物：合用时可出现低血压。㉙氢氯噻嗪：合用可使血糖、三酰甘油及尿酸水平升高。㉚地高辛：合用可导致房室传导时间延长，并且本药可使地高辛血药浓度升高。㉛洋地黄：本药有增加洋地黄毒性的作用，可发生房室传导阻滞而使心率减慢。㉜α肾上腺素受体阻滞药：合用可加重α肾上腺素受体阻滞药的首剂反应，但除哌唑嗪外其他α肾上腺素受体阻滞药较少出现。㉝可乐定：本药与可乐定联合治疗时，突然停用可乐定可使高血压加重。㉞莫索尼定：合用时如突然撤去莫索尼定可引起高血压反跳。㉟甲基多巴：合用时极少数患者对内源性或外源性儿茶酚胺可出现异常的反应，如高血压、心动过速或心律失常。㊱麦角胺、双氢麦角碱、美西麦角：合用可引起外周缺血或高血压发作。㊲利血平：合用可导致直立性低血压、心动过缓、头晕、晕厥。㊳单胺氧化酶抑制药：合用可致极度低血压。㊴肾上腺素、去氧肾上腺素、拟交感胺类药：合用可引起显著高血压、心率过慢，也可出现房室传导阻滞。㊵氟哌啶醇：合用可导致低血压及心脏停搏。㊶甲状腺素：合用可致T_3浓度降低。㊷抗酸药（如氢氧化铝凝胶）：抗酸药可降低本药生物利用度。㊸考来替泊：合用可使本药疗效下降。㊹利福平、利福布汀：合用可降低本药疗效。㊺苯巴比妥、戊巴比妥：合用可降低本药的血药浓度、生物利用度和疗效。㊻非甾体消炎药：合用可使血压升高。㊼异丙肾上腺素、黄嘌呤、茶碱：本药可减弱以上药物的疗效。㊽利托君：β肾上腺素受体阻滞药可拮抗利托君的作用。㊾乙醇：乙醇可减慢本药的吸收速率。

阿替洛尔

【别名】 阿坦乐尔、氨酰心安、苯氧胺、速降血压灵、天诺敏、盐酸阿替洛尔。

【药理作用】 详细见"普萘洛尔"。

【适应证】 用于高血压、心绞痛、心肌梗死、心律失常、甲状腺功能亢进、嗜铬细胞瘤。

【用法用量】 口服：成人开始一次 6.25～12.5 mg，每日 2 次，按需要及耐受量渐增至 50～200 mg/d。儿童应从小剂量开始，一次 0.25～0.5 mg/kg，每日 2 次。

【注意事项】 对本药过敏者、心源性休克患者、Ⅱ至Ⅲ度房室传导阻滞患者、病窦综合征及严重窦性心动过缓者、明显心力衰竭患者禁用。

【药物相互作用】 与其他抗高血压药物及利尿药并用，能加强其降压效果。Ⅰ类抗心律失常药、维拉帕米、麻醉剂要特别谨慎。β 受体阻滞药会加剧停用可乐定引起的高血压反跳，如两药联合使用，阿替洛尔应在停用可乐定前几天停用，如果用阿替洛尔取代可乐定，应在停止服用可乐定数天后才开始 β 受体阻滞药的疗程。

酒石酸美托洛尔

【别名】 倍他乐克、伯他乐安、甲氧乙心安、酒石酸美多心安、均青、克尔辛、美多洛尔、美多心安、美他新、蒙得康、素可丁、速平青、托西尔康。

【药理作用】 本药为选择性 β_1 肾上腺素受体阻滞药，其抗高血压机制可能与阻断心脏 β 受体而降低心排出量、抑制肾素释放而降低肾素血浓度、阻断中枢和外周肾上腺素能神经元、减少去甲肾上腺素释放有关。其还通过阻滞 β 受体，使心肌收缩力下降、心率减慢，从而降低心肌氧耗，有利于治疗心绞痛和心肌缺血。另外，本药可阻断交感神经活性增加、降低起搏细胞的自律性、延长室上性传导时间，使心率减慢。其拮抗儿茶酚胺的效应，也用于治疗甲状腺功能亢进症。本药较大剂量时对 β_1 受体的选择性降低。

【适应证】 用于治疗高血压、心绞痛、心肌梗死、肥厚型心肌病、主动脉夹层、心律失常、甲状腺功能亢进症、心脏神经官能症等，还可用于心力衰竭的治疗。

【用法用量】 成人：①高血压（口服给药）。a. 片剂、胶囊，一次 100～200 mg，每日 2 次，在血流动力学稳定后立即使用。b. 缓释片，一次 50～100 mg，每日 1 次，服用 100 mg 无效时可增加剂量或合用其他抗高血压药（最好是利尿药和二氢吡啶类钙拮抗药）。c. 控释片，100 mg/d，早晨顿服。②心绞痛（口服给药）。a. 片剂、胶囊，一般用量为一次 25～50 mg，每日 2～3 次；或一次 100 mg，每日 2 次。不稳定型心绞痛也主张早期使用，用法与用量可参见"急性心肌梗死"。b. 缓释片，一次 100～200 mg，每日 1 次。必要时可合用硝酸酯类药或增加剂量。c. 控释片，每日 100 mg/d，早晨顿服。③急性心肌梗死（口服给药/静脉注射）：主张在早期（即最初几小时内）使用。早期用药，可减小未能溶栓患者的梗死范围、降低短期（15 日）死亡率（此作用在用药后 24 小时即出现）；且可降低已溶栓患者再梗死及再缺血发生率，若 2 小时内用药还可降低死亡率。一般采用先静注本药一次 2.5～5 mg（2 分钟内），每 5 分钟 1 次，共 3 次（10～15 mg）。15 分钟后开始口服，一次 25～50 mg，每 6～12 小时 1 次，共 24～48 小时；然后一次 50～100 mg，每日 2 次。心肌梗死后若无禁忌证应长期服用（一般一次 50～100 mg，每日 2 次），已证实长期服用可降低心源性死亡率（包括猝死）。该法也可用于防治已确诊或可疑急性心肌梗死患者的心肌缺血、快速性心律失常和胸痛。④肥厚

型心肌病、心律失常、甲状腺功能亢进症。口服给药，片剂、胶囊，一般用量为一次
25～50 mg，每日2～3次；或一次100 mg，每日2次。⑤室上性快速型心律失常。静脉
注射，开始时以1～2 mg/min的速度静脉注射，用量可达5 mg；如病情需要，可间隔5
分钟重复注射，总剂量为10～15 mg，推荐的最大剂量为20 mg。静脉注射后4～6小时，
如心律失常已控制，则改用口服制剂维持，一次剂量不超过50 mg，每日3次。⑥心力
衰竭。口服给药，应在使用洋地黄和（或）利尿药等抗心力衰竭治疗的基础上使用本
药。具体如下。a. 片剂、胶囊，起始剂量一次6.25 mg，每日2～3次，根据临床情况每
数日至1周增加6.25～12.5 mg，每日2～3次，可用至一次50～100 mg，每日2次。最
大量不应超过300～400 mg/d。b. 缓释片，心功能Ⅱ级，推荐起始剂量为一次25 mg，
每日1次（2周内）；2周后，可增至一次50 mg，每日1次。此后，每2周剂量可加倍。
长期治疗的目标用量为一次200 mg，每日1次；心功能Ⅲ～Ⅳ级的稳定性心力衰竭患者
应根据病情个体化用药，推荐起始剂量为一次12.5 mg，每日1次；1～2周后，可增至
一次25 mg，每日1次。如患者能耐受，每2周可将剂量加倍，最大可至一次200 mg，每
日1次。老年人剂量：老年患者无须调整剂量。其他疾病时剂量：①低血压和（或）心
动过缓患者：以上患者可能需减少本药或合用药物的用量。②慢性阻塞性肺病、支气管
哮喘患者：以上患者宜使用小剂量，且剂量一般应小于同等效力的阿替洛尔。对支气管
哮喘患者应同时加用 β_2 肾上腺素受体激动药，剂量可按本药剂量调整。

【注意事项】①本药个体差异较大，应个体化用药。②研究表明，在心肌梗死症状
发作几小时内静脉给药效果优于口服。而心肌梗死后先静脉给药，然后以口服维持比单
用一种方法更好。③重大手术前是否停药尚无统一意见，β 受体阻滞后心脏对反射性交
感兴奋的反应降低，使全身麻醉和手术的危险性增加，但可用多巴酚丁胺或异丙肾上腺
素逆转。尽管如此，接受全身麻醉的患者术前最好停用本药，如有反应应在术前48小时
停用。④突然停用本药可能导致慢性心力衰竭恶化，并增加心肌梗死和猝死的风险，尤
其是高危患者，如冠心病患者骤然停药可致病情恶化，出现心绞痛、心肌梗死或室性心
动过速。故本药应尽可能逐渐撤药，整个撤药过程至少需2周时间（每次剂量减半，至
减至一次25 mg，并至少持续该剂量4日）。⑤本药可能导致眩晕和疲劳，故从事驾驶和
机械操作等需集中注意力的工作时应谨慎。⑥静脉给药时应备有复苏抢救设施。⑦治疗
怀疑的或确诊的急性心肌梗死时，如患者出现呼吸困难或冷汗现象加重，则不应再给予
第2或第3次剂量。⑧心脏选择性 β 肾上腺素受体阻滞药较少引起2型糖尿病患者的葡
萄糖耐量降低，但糖尿病患者在联用本药与降糖药时仍应注意。

【药物相互作用】①普罗帕酮：可增加本药浓度，引起卧位血压明显降低。②地尔
硫䓬：可增强 β 肾上腺素受体阻滞药的药理作用，对心功能正常的患者有利。但合用后
也有引起低血压、左室衰竭和房室传导阻滞的报道。③肼屈嗪：可增加本药的生物利用
度，空腹服药时易发生，而对本药缓释制剂无影响。④西咪替丁：合用可增加本药的血
药浓度。⑤环丙沙星：合用可增加本药的浓度，导致低血压和心动过缓。⑥苯海拉明、
帕罗西汀、羟氯喹：合用可增强本药的药效，增加不良反应发生的风险。⑦氟西汀：合
用可引起本药的血药浓度升高，毒性增大。⑧利托那韦：合用可增加本药的血药浓度及
毒性反应。⑨氟伏沙明：合用可导致心动过缓和（或）低血压。⑩当归：当归提取物可
抑制本药经肝脏细胞色素P450酶的代谢。⑪齐留通：虽然目前尚无齐留通与本药发生相
互作用的报道，但齐留通可使本药血药浓度明显升高。⑫氯丙嗪、氯普噻吨、三氟丙

嗪：虽然目前尚无以上药物与本药发生相互作用的报道，但吩噻嗪类药与β肾上腺素受体阻滞药合用可相互增强作用，引起低血压和吩噻嗪中毒。⑬苄普地尔、氟桂利嗪、利多氟嗪、戈洛帕米、哌克昔林：虽然目前尚无以上药物与本药发生相互作用的报道，但以上药物均减弱心肌收缩、减慢房室结传导，从而引起血压降低、心动过缓或心力储备下降。⑭胺碘酮：合用可出现明显的心动过缓和窦性停搏。⑮二氢吡啶类钙通道阻滞药：合用治疗心绞痛或高血压有效，但也可引起严重的低血压或心力储备降低。⑯维拉帕米：合用可能引起低血压、心动过缓、充血性心力衰竭和传导障碍。在左室功能不全、主动脉瓣狭窄或两药用量均大时危险性增加。⑰咪贝地尔：合用可引起低血压、心动过缓或心力储备下降。⑱苯乙肼：合用可引起心率下降。⑲α₁肾上腺素受体阻滞药：本药可加重此类药物的首剂反应，除哌唑嗪外其他α₁肾上腺素受体阻滞药较少出现。⑳利多卡因：本药可升高利多卡因的血药浓度。㉑地高辛：合用可导致房室传导时间延长，且本药可使地高辛血药浓度升高。㉒肾上腺素：合用可引起高血压和心动过缓。㉓利福平、利福喷汀：合用可降低本药疗效。㉔巴比妥类药：合用可降低本药的血药浓度、生物利用度和疗效。㉕麻黄：含有麻黄碱和伪麻黄碱，可降低抗高血压药的疗效。㉖非甾体消炎药：合用可使血压升高。㉗利托君：本药可拮抗利托君的作用。㉘阿布他明：合用可使阿布他明的β受体激动作用减弱。㉙奎尼丁：合用可导致心动过缓、疲乏、气短等。㉚可乐定：本药与可乐定联合治疗时，突然撤去可乐定可使高血压加重。㉛莫索尼定：合用时如突然撤去莫索尼定可引起高血压反跳。㉜甲基多巴：合用时，极少数患者对内源性或外源性儿茶酚胺可出现异常的反应，如高血压、心动过速或心律失常。

盐酸胺碘酮

【别名】安律酮、胺碘达隆、可达龙、威力调心灵、乙胺碘呋酮、乙碘酮。

【药理作用】本药常用其盐酸盐，属于Ⅲ类抗心律失常药，同时还具有轻度非竞争性的α及β肾上腺素受体阻滞功能，以及轻度Ⅰ类及Ⅳ类抗心律失常特性。本药通过阻滞钠通道减慢心室内传导；通过阻断β肾上腺素受体、阻滞钙离子通道减慢心率和房室结传导；通过抑制钾通道延长心房、心室的复极。其主要电生理效应是延长所有心肌组织包括窦房结、心房肌、房室结、房室束、浦肯野纤维以及心室肌的动作电位时间、复极时间和不应期，有利于消除折返，因此能有效地治疗多种室性和室上性心律失常。但由于其毒性反应，目前仅在其他抗心律失常药无效或不能耐受时，用于可危及生命的或血流动力学不稳定的心律失常。此外，本药对冠状动脉及周围血管有直接扩张作用，也有微弱的负性肌力作用，但通常不抑制左室功能（因可被其强大的扩血管作用抵消）。本药还具有一定的抗心绞痛作用。由于其化学结构与甲状腺素类似，可影响甲状腺素代谢。

【适应证】①口服用于：a. 房性心律失常（心房扑动、心房颤动转律、转律后窦性心律的维持）。b. 结性心律失常。c. 室性心律失常（治疗危及生命的室性期前收缩和室性心动过速以及室性心律过速或纤颤的预防）。d. 伴预激综合征的心律失常。e. 也可用于其他药物治疗无效的阵发性室上性心动过速。②静脉滴注用于不宜口服给药的严重心律失常。尤其适用于：a. 房性心律失常伴快速室性心律。b. 预激综合征的心动过速。c. 严重的室性心律失常。d. 体外电除颤无效的心室颤动相关心搏骤停的心复苏。

【用法用量】用于成人心律失常。①口服给药：负荷量通常为 600 mg/d，连续使用 8 ~ 10 日。维持量宜使用最小有效剂量。根据个体反应，可给予 100 ~ 400 mg/d。由于本药的延长治疗作用，可给予隔日 200 mg 或一日 100 mg。已有推荐每周停药 2 日的间歇性治疗方法。②静脉注射：剂量为 5 mg/kg，任何情况下注射时间不得少于 3 分钟。③静脉滴注：负荷剂量，开始的 10 分钟给药 150 mg（15 mg/min）；随后的 6 小时给药 360 mg（1 mg/min）。维持剂量，第 1 日的剩余 18 小时给药 540 mg（0.5 mg/min）；第 1 日后维持滴注速度 0.5 mg/min，720 mg/d，维持 2 ~ 3 周。

【注意事项】①本药口服的起效及消除均缓慢，不宜为获得疗效而在短期内使用过大剂量。日剂量大于 1 g 时，应分次服用。②由于本药潜在的毒性作用，因此不用于治疗无生命威胁的心律失常，如房性、室性期前收缩。对于心肌梗死后无症状或轻微症状的非致命性室性心律失常，本药可增加患者死亡率。③多数不良反应与疗程及剂量有关，需长期服药者应尽可能使用最小有效维持量，并定期随诊。④本药半衰期长，故停药后换用其他抗心律失常药时应注意药物间的相互作用。⑤对碘过敏者对本药也可能过敏。

【药物相互作用】①其他抗心律失常药（奎尼丁、美西律、阿普林定、普鲁卡因胺、氟卡尼及苯妥英钠）：本药可增强其他抗心律失常药对心脏的作用。可增高血浆中奎尼丁、阿普林定、普鲁卡因胺、氟卡尼及苯妥英钠的浓度。与美西律合用可加重 QT 间期延长，极少数患者可致尖端扭转型室性心动过速。②β 肾上腺素受体阻滞药、钙通道阻滞药：合用可使窦性心动过缓、窦性停搏及房室传导阻滞加重，病情恶化。③其他延长 QT 间期的药物（如吩噻嗪、三环类抗抑郁药）：合用可使 QT 间期进一步延长，增加心律失常的危险。④长春胺（静脉注射）、舒托必利、红霉素（静脉注射）、精神抑制药（喷他脒）、Ⅰa 类抗心律失常药（如奎尼丁、双氢奎尼丁、丙吡胺）、Ⅲ类抗心律失常药（如多非特利、依布利特、索他洛尔）、苄普地尔、西沙必利、莫西沙星、螺旋霉素（静脉注射）：合用可致尖端扭转型室性心动过速的危险性增加。⑤刺激性泻药：合用可引起尖端扭转型室性心动过速。⑥排钾利尿药：合用可增加低血钾所致的心律失常的危险。⑦糖皮质激素、盐皮质激素、替可克肽、两性霉素 B（静脉注射）：合用可致低钾血症。⑧地高辛或其他洋地黄制剂：本药可增高以上药物的血药浓度，甚至达中毒水平。同时本药也可增强洋地黄类药对窦房结及房室结的抑制作用。⑨华法林：本药可增强华法林的抗凝血作用。此作用可自用用本药后的 4 ~ 6 日持续至停药后数周或数月。⑩经细胞色素 P450（CYP），3A4 代谢的他汀类药（如辛伐他汀、阿托伐他汀、洛伐他汀）：合用可增加横纹肌溶解的风险。⑪光敏性药：本药可增强光敏性药的作用。⑫环孢素：本药可使环孢素的血药浓度升高。⑬单胺氧化酶抑制药：合用可使本药代谢减慢。⑭放射性核素^{123}I、^{133}I 及 ^{99m}Tc：本药可抑制甲状腺摄取以上放射性核素。

盐酸维拉帕米

【别名】奥地迈尔、巴平特佳、导搏定、凡拉帕米、盖衡、诺富生、戊脉安、盐酸异搏定、异博定、异博停。

【药理作用】本药为钙离子拮抗药，可抑制组织中钙离子的跨膜转运，属Ⅳ类抗心律失常药，同时又有抗心绞痛作用。其药理作用表现如下。①心脏：a. 钙离子内流受抑制可降低窦房结和房室结自律性，减慢房室结前向传导和延长有效不应期，从而产生具剂量依赖性的抗心律失常作用。但本药较少影响房室结的逆向传导以及心房、心室肌和房室间的旁路传导。b. 钙离子内流受抑制还可降低心肌氧耗而治疗劳累性心绞痛。c. 本药除阻滞钙离子内流外，还可减慢钠离子内流，因此本药的作用机制可归结为降低慢反应的能力。这一能力可消除折返以及自律性改变引起的室上性心律失常，也可减少窦房结的自主活动，消除由窦房结折返引起的折返性房性心动过速。②血管：钙离子内流受抑制使冠状动脉血管张力降低可缓解冠状动脉的痉挛，增加心肌的灌注（对狭窄后组织也可产生作用），从而有效治疗变异型心绞痛。③本药还具有微弱的局部麻醉特性，但对心房、心室或蒲肯野纤维电活动的除极相与复极相均无作用，不具有Ⅰ、Ⅱ或Ⅲ类抗心律失常药的活性。④研究表明，本药还具有抗血小板作用，可能有助于心绞痛的治疗，但这一作用还需进一步评价。⑤曾发现本药对运动诱发的哮喘有保护作用，但并不引起支气管扩张。离体实验提示本药可抑制组胺和过敏反应-慢反应物质（SRS-A）的释放。这一机制及其临床作用尚有待进一步研究。

【适应证】①口服适用于治疗：a. 心绞痛，如变异型心绞痛、不稳定性心绞痛、慢性稳定性心绞痛。b. 与地高辛合用控制慢性心房颤动和（或）心房扑动时的心室率，预防阵发性室上性心动过速的反复发作。c. 原发性高血压。d. 肥厚型心肌病。②静脉给药适用于治疗：a. 快速阵发性室上性心动过速的转复。b. 心房扑动或心房颤动心室率的暂时控制。

【用法用量】成人：①心绞痛。口服给药，普通片剂一般剂量为一次 80 ~ 120 mg，每日 3 次，约在用药后 8 小时根据疗效和安全评估决定是否增量；一日最大剂量为 480 mg。缓释制剂一次 180 mg，每日 1 次。②心律失常。口服给药，一日最大剂量为 480 mg。慢性心房颤动服用洋地黄治疗的患者，一日总量为 240 ~ 320 mg，分 3 ~ 4 次服用。预防阵发性室上性心动过速（未服用洋地黄的患者），一日总量为 240 ~ 480 mg，分 3 ~ 4 次服用。③原发性高血压（口服给药）。a. 普通片剂，一般初始剂量为一次 80 mg，每日 3 次，使用剂量可达 360 ~ 480 mg/d。对低剂量即有反应的体型瘦小者，应考虑初始剂量为一次 40 mg，每日 3 次。一日最大剂量为 480 mg。b. 缓释制剂，一次 180 mg，每日 1 次，晨服。对本药反应增强的体型瘦小者初始剂量为一次 120 mg，每日 1 次。在上一剂量 24 小时后根据疗效和安全性评估才可增加剂量。如一次 180 mg，每日 1 次，效果不佳可按以下方式增量：一次 240 mg，每日 1 次，晨服；一次 180 mg，每日 2 次（清晨和傍晚各 1 次），或清晨 240 mg、傍晚 120 mg；每 12 小时 240 mg。当从普通片剂换至缓释片时，总剂量可能保持不变。④快速阵发性室上性心动过速的转复、心房扑动或心房颤动心室率的暂时控制。a. 静脉注射，一般起始剂量为 5 ~ 10 mg（或 0.075 ~ 0.15 mg/kg），稀释后缓慢静脉推注至少 2 分钟。如效果不佳可在首剂 15 ~ 30 分钟后再给药 5 ~ 10 mg（或 0.15 mg/kg）。b. 静脉滴注，每小时 5 ~ 10 mg，加入氯化钠注射液或 5% 葡萄糖注射液中静滴，一日总量不超过 50 ~ 100 mg。老年人剂量：老年患者宜从小剂量开始用药。本药片剂给药的安全剂量为一次 40 mg，每日 3 次；缓释片剂量为一次 120 mg，每日 1 次；静脉注射的剂量同成人常规剂量，为减轻不良反应，应缓慢注入（至少 3 分钟）。儿童：①预防阵发性室上性心动过速（未服用洋地黄的患者）。口服给药，1 ~ 5 岁者，4 ~ 8 mg/(kg·d)，分 3 次服用；或每隔 8 小时 40 ~ 80 mg。5 岁以上者，每隔 6 ~ 8 小时 80 mg。②快速阵发性室上性心动过速的转复、心房扑动或心房颤动心室率的暂时控制。静脉注射，1 岁以内，首剂 0.1 ~ 0.2 mg/kg（通常单剂 0.75 ~ 2 mg）；

1～15 岁，首剂 0.1～0.3 mg/kg（通常单剂 2～5 mg），总量不超过 5 mg。静脉注射至少 2 分钟，如效果不佳可在 30 分钟后可再给药 1 次。

【注意事项】①用药前应首选抑制迷走神经的手法治疗（如 Valsalva 法）。②用药时必须在持续心电监测和血压监测下，并应备有急救设备与药品。③由于个体敏感性的差异，使用本药可能会影响驾驶和操作机器的能力，尤其在治疗开始、增加剂量，从其他药物换药或与酒精同服时。④QRS 增宽（≥0.12 秒）的室性心动过速患者静脉使用本药，可能导致显著的血流动力学恶化和心室颤动。用药前需鉴别宽 QRS 心动过速为室上性或室性。⑤静脉注射本药引起的血压下降一般是一过性和无症状的，但也可能发生眩晕。静脉注射本药之前静脉给予钙剂可预防血流动力学反应。⑥轻度心功能不全者如需使用本药，治疗之前需已用洋地黄类或利尿药控制临床症状。⑦心肌梗死伴发心绞痛者在发生急性心肌梗死 7 日内不应使用本药。

【药物相互作用】①蛋白结合力高的药物：合用可使本药游离型血药浓度增高。②细胞色素 P450（CYP），3A4 抑制药［如吡咯类抗真菌药（如克霉唑、酮康唑）、蛋白酶抑制药（如利托那韦、茚地那韦）、大环内酯类药（如红霉素、克拉霉素）、西咪替丁、5 -羟色胺受体拮抗药（如阿莫曲坦）、抗抑郁药（如丙咪嗪）、抗糖尿病药（如格列苯脲）、苯二氮䓬类和其他抗焦虑药（如丁螺环酮）］：合用可使本药及以上药物的血药浓度均升高。③β 肾上腺素受体阻滞药：合用可增强对房室传导、心率和（或）心脏收缩的抑制作用。④丙吡胺：合用可增强本药的负性肌力作用。⑤抗高血压药（如血管扩张药、血管紧张素转化酶抑制药、利尿药等）：与以上药物合用时降压作用叠加。⑥氟卡尼：合用对心肌收缩力、房室传导和复极化有叠加作用。⑦吸入性麻醉药：合用可致过度的心脏抑制。⑧减弱肾上腺素的药物：合用可导致低血压效应增强。⑨阿司匹林：合用可增加出血倾向。⑩可乐定：合用可使窦性心动过缓的发生率升高，且需住院治疗和安装起搏器。⑪地高辛、洋地黄：长期使用本药可使地高辛的血药浓度增加 50%～75%，增加地高辛毒性；并可明显影响肝硬化患者的地高辛的药代动力学。合用可使洋地黄的血药浓度升高，增加洋地黄中毒的风险。⑫CYP，3A4 的作用底物［如抗心律失常药（胺碘酮、奎尼丁）、咪达唑仑、环孢素、依维莫司、西罗莫司、他克莫司、茶碱、哌唑嗪、特拉唑嗪］：合用可增加以上药物的血浆浓度。与胺碘酮合用可增加心脏毒性。与奎尼丁合用可能发生血压过度降低，梗阻性肥厚型心肌病患者可能出现肺水肿。⑬秋水仙碱：合用可升高秋水仙碱的血药浓度。⑭羟甲基戊二酸单酰辅酶 A（HMG-CoA）还原酶抑制药（辛伐他汀、阿托伐他汀、洛伐他汀、氟伐他汀、普伐他汀、瑞舒伐他汀）：合用可升高辛伐他汀、阿托伐他汀、洛伐他汀的血药浓度。较高剂量的维拉帕米和辛伐他汀合用时，可增加肌病/横纹肌溶解的风险。氟伐他汀、普伐他汀、瑞舒伐他汀与本药发生相互作用的可能性较小。⑮锂剂：合用可减弱锂的药物作用，增加锂的神经毒性。⑯神经肌肉阻滞药：合用时可增强神经肌肉阻滞药的活性。⑰乙内酰脲、维生素 D、磺吡酮和异烟肼：以上药物可降低本药的血药浓度。⑱CYP，3A4 诱导药［如苯妥英、利福平、苯巴比妥、卡马西平、排尿酸药（如磺吡酮）、金丝桃属植物（贯叶连翘提取物）］：合用可降低本药的血药浓度，减弱本药疗效。与卡马西平合用可增强卡马西平的作用，增加其神经毒性。⑲细胞毒性药（如环磷酰胺、长春新碱、丙卡巴肼、泼尼松、长春地辛、多柔比星、顺铂等）：合用时以上药物可减少本药的吸收。口服多柔比星和本药用于小细胞肺癌患者时，可增加多柔比星的生物利用度和血浆峰浓度，晚期癌症患者未观察到与伴随维拉帕米静脉内给药相关的多柔比星药代动力学的显著改变。⑳异烟肼：合用时以上药物可明显降低本药的生物利用度。㉑麻黄：可降低钙通道阻滞药（CCB）的降压效果。㉒乙醇：本药可使血中乙醇浓度增加，可延长酒精的毒性作用。

三、抗心力衰竭药

地高辛

【别名】狄戈辛、可力、强心素、异羟基洋地黄毒苷。

【药理作用】本药为毛花洋地黄中提纯制得的中效强心苷，治疗剂量时有两方面作用：①增加心肌收缩力和速度：由于本药抑制细胞膜上的 Na^+-K^+-ATP 酶，减少钠、钾交换，使细胞内 Na^+ 增加，从而肌膜上 Na^+、Ca^{2+} 交换趋于活跃，使细胞内 Ca^{2+} 增多，作用于收缩蛋白，增加心肌收缩力和速度。②对心肌电生理的影响：通过直接对心肌细胞和间接通过迷走神经的作用，降低窦房结自律性，提高浦肯野纤维自律性，减慢房室结传导速度，缩短心房有效不应期，缩短浦肯野纤维有效不应期。大剂量时，增加交感神经活性，这可能与本药的心脏毒性有关。本药具有排泄较快而蓄积性较小的特点，比洋地黄毒苷安全，因此临床上广泛使用。

【适应证】①用于高血压、瓣膜性心脏病、先天性心脏病等引起的急慢性心力衰竭，尤其适用于伴有快速心室率的心房颤动者；对于肺源性心脏病、心肌严重缺血、活动性心肌炎及心外因素（如严重贫血、甲状腺功能减退及维生素 B_1 缺乏症）所致疗效差。②用于控制快速性心房颤动、心房扑动患者的心室率及室上性心动过速。

【用法用量】成人：①口服给药，快速洋地黄化，每 6～8 小时给药 0.25 mg，一日总量为 0.75～1.25 mg；缓慢洋地黄化，一次 0.125～0.5 mg，每日 1 次，共 7 日；维持量为一次 0.125～0.5 mg，每日 1 次。②静脉注射，不能口服者需静脉注射。一次 0.25～0.5 mg，用 5% 葡萄糖注射液稀释后缓慢注射；以后可用 0.25 mg，每隔 4～6 小时按需注射，但一日总量不超过 1 mg；维持剂量为一次 0.125～0.5 mg，每日 1 次。老年人剂量：老年人肝、肾功能不全，对本药耐受性低，必须减少剂量。儿童：①口服给药。a. 洋地黄化总量，早产儿 20～30 μg/kg，足月新生儿 30～40 μg/kg，1 个月～2 岁 50～60 μg/kg，2～5 岁 30～40 μg/kg，5～10 岁 20～35 μg/kg，10 岁或 10 岁以上成人常用量。洋地黄化总量分 3 次或每 6～8 小时给予。b. 维持量为洋地黄化总量的 1/5～1/3，分 2 次（每 12 小时 1 次）或每日 1 次给予。②静脉注射，不宜口服者可静脉注射。按下列剂量分 3 次或每 6～8 小时给予。a. 洋地黄化：早产儿 15～25 μg/kg，足月新生儿 20～30 μg/kg，1 个月～2 岁 40～50 μg/kg，2～5 岁 25～35 μg/kg，5～10 岁 15～30 μg/kg，10 岁或 10 岁以上成人常用量。b. 维持剂量：洋地黄化后 24 小时内开始用药。早产儿用洋地黄化总量的 20%～30%，分 2～3 次给予；足月新生儿、婴儿和 10 岁以下儿童，用洋地黄化总量的 25%～30%，分 2～3 次给予；10 岁和 10 岁以上儿童，用洋地黄化总量的 25%～35%，每日 1 次。婴幼儿（尤其早产儿）需注意滴定剂量并密切监测血药浓度和心电图。

【注意事项】①本药缺乏正性心肌松弛作用，故不能纠正舒张功能障碍，不应用于只有舒张功能障碍的患者。②肝功能不全者应选用本药（因本药不经肝脏代谢）。肾功能不全者应选用洋地黄毒苷。③本药酊剂主要用于儿童、老年人和吞咽困难者。④心律失常者在用电复律前应暂停本药，洋地黄化患者常对电复律更为敏感。⑤有严重或完全性房室传导阻滞且伴正常血钾的洋地黄化患者不应同时应用钾盐，但噻嗪类利尿药与本药合用时常需给予钾盐，以防止低钾血症。⑥给予负荷剂量之前，需了解患者在 2～3 周之前是否服过任何洋地黄制剂。如有洋地黄残余作用，需减少本药用量，以免中毒。⑦发生本药中毒的危险因素有：本药血药浓度超过 2 ng/mL、低钾血症、低镁血症、高钙血症、缺氧、缺血性心脏病、甲状腺功能减退、年龄较大、低体重、女性和肾功能减退。⑧本药中毒浓度大于 2 ng/mL，但血药浓度需考虑受其他药物相互作用的影响。

【药物相互作用】①奎尼丁：合用可使本药血药浓度提高一倍，甚至达到中毒浓度（升高程度与奎尼丁用量相关。合用后即使停用本药，其血药浓度仍继续上升，这是奎尼丁从组织结合处置换出本药，减少其分布容积之故）。②青霉素、四环素、红霉素、氯霉素：本药与以上药物同时口服可使本药血药浓度升高，引起本药中毒。③维拉帕米、地尔硫䓬、胺碘酮：合用可提高本药的血药浓度，引起严重心动过缓。④阿托品：合用可使本药在治疗剂量范围内出现不良反应。⑤哌唑嗪：可使本药稳定状态的血药浓度上升 50% 以上。⑥尼卡地平：可使本药血药浓度有不同程度的增加。⑦溴丙胺太林：合用可提高本药生物利用度约 25%。⑧普罗帕酮：合用可使本药的血药浓度增加。⑨血管紧张素转化酶抑制药、血管紧张素受体拮抗：以上药物可使本药血药浓度升高。⑩卡托普利：合用于治疗充血性心力衰竭时具有协同作用，可使本药血药浓度增高，但也可使本药中毒的发生率明显增加。⑪硝苯地平：合用可使本药血药浓度增加，但也有报道称硝苯地平对本药的血药浓度无明显影响。⑫双嘧达莫：合用有利于改善心功能，增强本药治疗心力衰竭的疗效。⑬吗多明：可与本药合用于缺血性心肌病合并心力衰竭的治疗。⑭肼屈嗪：与本药合用于治疗心力衰竭有协同作用。⑮非强心苷类强心药（多巴胺、多巴酚丁胺、氨力农、米力农）：合用于治疗充血性心力衰竭时，可取得协同强心作用。⑯酚妥拉明：合用于治疗心力衰竭可取得协同疗效，并且患者心率改变也不明显，但有时可引起快速性心律失常。⑰利血平：合用可引起严重心动过缓及传导阻滞，有时还能诱发异位节律。⑱两性霉素 B、皮质激素、排钾利尿药（如布美他尼、依他尼酸）：合用可引起低血钾而致洋地黄中毒。⑲吲哚美辛：合用有洋地黄中毒危险。⑳胍乙啶：合用易发生房室传导阻滞。㉑螺内酯：可延长本药半衰期。㉒依酚氯铵：合用可导致明显心动过缓。㉓β肾上腺素受体阻滞药：合用可导致房室传导阻滞而发生严重心动过缓。㉔硫酸镁、钙盐：洋地黄化时静脉用硫酸镁，尤其是同时静脉注射钙盐时，可发生心脏传导改变或阻滞。㉕肾上腺素、去甲肾上腺素、异丙肾上腺素：合用易引起心律失常。㉖琥珀胆碱：合用易发生室性期前收缩。㉗对氨基水杨酸：可减少本药的吸收。㉘硝普钠：合用可使本药血药浓度下降。㉙抗酸药（尤其三硅酸镁）、止泻吸附药（如白陶土和果胶）、考来烯胺或其他阴离子交换树脂、柳氮磺吡啶、新霉素：合用可导致本药作用减弱。㉚甲氧氯普胺：合用可降低本药的生物利用度约 25%。㉛硝酸甘油：合用可使血药浓度下降。㉜普尼拉明：合用可抵消本药对室壁动脉血管的收缩作用。㉝溴苄铵：可用于消除本药中毒所致的各种快速性心律失常，如室性期前收缩二联律、多源性室性期前收缩、室性心动过速、心室颤动等。但亦有报道，两药合用可引起新的心律失常。㉞钾盐：合用可减弱强心苷的作用。低钾时，易发生洋地黄中毒。㉟镁盐：缺镁可降低洋地黄疗效，并易发生洋地黄中毒；而长期心力衰竭患者，易发生缺镁。

㊱钙盐：低钙可致洋地黄疗效降低，高钙又能诱发洋地黄中毒。㊲肝素：合用时本药可部分抵消肝素的抗凝血作用。㊳丙吡胺：两药合用于治疗快速性心房颤动时，有可能使本药失去对心室率的保护作用，存在使心室率增快的潜在危险。

去乙酰毛花苷

【别名】去乙酰毛苷花丙、去乙酰毛花苷丙、西地兰 D。

【药理作用】本药为毛花苷 C 的脱乙酰基衍生物，为常用的注射用速效洋地黄类药物。其主要药理作用如下：①增加心肌收缩力和速度：由于本药抑制细胞膜上的 Na^+-K^+-ATP 酶，减少 Na^+、K^+ 交换，使细胞内 Na^+ 增加，从而肌膜上 Na^+、Ca^{2+} 交换趋于活跃，使细胞内 Ca^{2+} 增多，作用于收缩蛋白，使心肌收缩力和速度增强。②对心肌电生理的影响：通过直接对心肌细胞和间接对迷走神经的作用，降低窦房结自律性，提高浦肯野纤维自律性，减慢房室结传导速度，缩短心房有效不应期，缩短浦肯野纤维有效不应期。③负性频率作用：本药的正性肌力作用，使衰竭心脏心排出量增加，血流动力学状态改善，消除交感神经张力的反射性增高，并增强迷走神经张力，从而减慢心率、延缓房室传导。此外，小剂量时可提高窦房结对迷走神经冲动的敏感性，可增强其减慢心率作用。由于其负性频率作用，使舒张期相对延长，有利于增加心肌血供，大剂量（通常接近中毒量）则可直接抑制窦房结、房室结、房室束而呈现窦性心动过缓及不同程度的房室传导阻滞。本药药理性质与毛花苷 C 相似，但较稳定，作用迅速。其作用较洋地黄、地高辛快，但比毒毛花苷 K 稍慢。

【适应证】①主要用于心力衰竭。由于其作用较快，适用于急性心功能不全或慢性心功能不全急性加重患者。②用于控制快速性心室率的心房颤动、心房扑动，终止阵发性室上性心动过速。

【用法用量】成人：①静脉注射，洋地黄化，首剂 0.4～0.6 mg，随后每 2～4 小时 0.2～0.4 mg，总量 1～1.6 mg。以 5% 葡萄糖注射液稀释后缓慢静脉注射。老年人剂量：老年患者中肝肾功能不全、表观分布容积减少或电解质平衡失调者对本药耐受性低，应减少剂量。儿童：①静脉注射。a. 早产儿、足月新生儿，洋地黄化，用量为 0.022 mg/kg，分 2～3 次间隔 3～4 小时给予。b. 2 周～3 岁的患儿，洋地黄化，用量为 0.025 mg/kg，分 2～3 次间隔 3～4 小时给予。②肌内注射，同"静脉注射"项。

【注意事项】①常以本药注射给药用于快速饱和，继后用其他慢速、中速类强心苷作维持治疗。本药静脉注射获满意疗效后，可改用地高辛常用维持量以保持疗效。②本药用于终止室上性心动过速时起效慢，现已少用。③有严重或完全性房室传导阻滞且伴正常血钾者的洋地黄化患者不应同时应用钾盐，但噻嗪类利尿药与本药合用时常须给予钾盐，以防止低钾血症。④给予负荷剂量之前，需了解患者在 2～3 周之前是否服过任何洋地黄制剂。如有洋地黄残余作用，需减少本药用量，以免中毒。

【药物相互作用】①奎尼丁：合用可使本药血药浓度升高 1 倍，甚至达到中毒浓度（升高程度与奎尼丁用量相关。合用后即使停用本药，其血药浓度仍继续上升）。②血管紧张素转化酶抑制药、血管紧张素受体拮抗药：以上药物可使本药血药浓度升高。③维拉帕米、地尔硫䓬、胺碘酮：合用可使本药血药浓度升高，引起严重心动过缓。④溴丙胺太林：合用可提高本药生物利用度约 25%。⑤红霉素：可改变胃肠道菌群，增加本药在胃肠道的吸收。⑥螺内酯：可延长本药半衰期。⑦两性霉素 B、皮质激素：合用可引起低血钾而致洋地黄中毒。⑧排钾利尿药（如布美他尼、依他尼酸）：合用可引起低血钾而致洋地黄中毒。⑨吲哚美辛：合用有洋地黄中毒的风险。⑩依酚氯铵：合用可导致明显心动过缓。⑪抗心律失常药、拟肾上腺素类药、钙盐注射药、可卡因、泮库溴铵、萝芙木碱、琥珀胆碱：合用可因作用相加而导致心律失常。⑫米多君：合用可增强或促使心动过缓、房室阻滞、心律失常。⑬β肾上腺素受体阻滞药（如醋丁洛尔、阿普洛尔）：合用可导致房室传导阻滞而发生严重心动过缓，有洋地黄中毒的风险。⑭硫酸镁、钙盐：洋地黄化时静脉用硫酸镁，尤其是同时静脉注射钙盐时，可发生心脏传导阻滞。⑮抗酸药（尤其三硅酸镁）、止泻吸附药（如白陶土、果胶）、考来烯胺或其他阴离子交换树脂、柳氮磺吡啶、新霉素、对氨水杨酸：合用可减弱本药疗效。⑯左甲状腺素：合用可减弱本药疗效。⑰利福平：合用可降低本药血药浓度，减弱其疗效。⑱利福喷汀：合用可减弱本药疗效。⑲甲氧氯普胺：合用可降低本药的生物利用度约25％。⑳甲巯咪唑：合用可影响本药的代谢。㉑肝素：本药可部分抵消肝素的抗凝血作用。

四、抗高血压药

（一）血管紧张素转化酶抑制药

卡托普利

【别名】安汀、邦德美、甲巯丙脯酸、开博通、开富林、开托普利、凯宝压苧、刻甫定、巯甲丙脯酸、欣力佳。

【药理作用】本药为血管紧张素转化酶抑制药（ACEI），能竞争性抑制ACE。ACE可将无活性的血管紧张素Ⅰ转化为血管紧张素Ⅱ，后者为强血管收缩物质。而本药能抑制血管紧张素Ⅰ转化为血管紧张素Ⅱ，减少血管紧张素Ⅱ的生成，从而抑制血管收缩，并减少醛固酮的分泌。还能抑制激肽酶Ⅱ，使激肽积聚，以及增加前列腺素及其代谢产物生成，促使血管扩张，血压下降。此外，本药也可直接作用于周围血管，降低血管阻力，使肾血流量增加，但不影响肾小球滤过。尚未观察到卧位与立位时降压作用的差别。本药能同时扩张动脉与静脉，降低周围血管阻力（后负荷）和肺毛细血管楔压（前负荷），因而能改善心排出量，提高运动耐量，从而改善心力衰竭。

【适应证】①用于高血压。②用于心力衰竭。

【用法用量】成人：①高血压。a. 口服给药，普通片（滴丸）一次12.5 mg，每日2～3次，按需要在1～2周内增至一次50 mg，每日2～3次。疗效仍不满意时可加用其他降血压药。缓释片，起始剂量为一次37.5 mg，每日1次，必要时可逐渐增至75～150 mg。b. 静脉给药，常用剂量为一次25 mg，于10％葡萄糖注射液20 mL中溶解后，缓慢静脉注射10分钟，随后取本药50 mg，于10％葡萄糖注射液500 mL中溶解后，静脉滴注1小时。②心力衰竭。a. 口服给药，普通片（滴丸）起始剂量一次12.5 mg、每日2～3次，必要时可逐渐增至一次50 mg，每日2～3次，若需进一步加量，宜观察疗效2周后再考虑；对近期大量使用利尿药、处于低钠（或低血容量）状态而血压正常或偏低者，初始剂量宜为一次6.25 mg，每日3次，以后再逐渐增至常用量。缓释片，同"高血压"治疗。b. 静脉给药，常用剂量为一次25 mg，于10％葡萄糖注射液20 mL中溶解后，缓慢静脉注射10分钟，随后取本药50 mg，于10％葡萄糖注射液500 mL中溶解后，静脉滴注1小时。③急性心肌梗死。口服给药，宜用于收缩压超过12 kPa

(90 mmHg)的患者。先给予试验剂量 6.25 mg，2 小时后收缩压仍超过 12 kPa，则再试给 12.5 mg，再隔 2 小时后仍如此，方可用一次 12.5 mg，每日 3 次的剂量。对梗死后心功能不全者用量可达 150 mg/d。老年人剂量：宜酌情减少本药剂量。儿童（高血压、心力衰竭）：口服给药，普通片，起始剂量为一次 0.3 mg/kg，每日 3 次，必要时每隔 8～24 小时增加 0.3 mg/kg，直至达到最低有效量。

【注意事项】①使用本药后可因血压降低而出现头晕、步态不稳等，故服药后禁止驾驶及高空作业。②合用利尿降血压药、重度高血压、血液透析、严格饮食限制钠盐摄入的患者，初次服用本药可引起血压过低，故宜从小剂量开始用药，根据患者的疗效逐渐增加剂量。

【药物相互作用】①氯丙嗪：合用呈相互协同作用，可导致低血压。②利尿药：合用可增强降压作用，可能引起严重低血压，如与保钾利尿药（如螺内酯、氨苯蝶啶、阿米洛利）或含钾药、库存血合用可能引起血钾过高。③其他降血压药：合用可增强降压作用，与引起肾素释放或影响交感活性的药物合用呈大于两者相加的作用，而与 β 肾上腺素受体阻滞药合用呈小于两者相加的作用。④丙磺舒：合用可抑制肾脏对本药的排泄。⑤其他扩血管药：合用可能致低血压。⑥丁哌卡因：合用可引起严重心动过缓和低血压，甚至意识丧失。⑦锂剂：合用可引起血锂浓度升高，同时也可引起肾脏毒性，出现蛋白尿和血肌酐升高。⑧骨髓抑制药（如硫唑嘌呤）：合用可引起严重贫血。⑨环孢素：合用可使肾功能下降。⑩别嘌醇：合用可引起过敏反应。⑪麻黄：麻黄中的麻黄碱和伪麻黄碱可拮抗本药的降压作用，降低本药的疗效。⑫内源性前列腺素合成抑制药（如吲哚美辛）：合用可减弱本药的降压作用。⑬硫酸亚铁：合用可降低本药的生物利用度，降低未结合卡托普利的血药浓度，从而导致血压升高。⑭洋地黄毒苷、地高辛：合用尚未观察到明显的药效学和药动学参数的改变，但对肾功能损害的患者，地高辛血药浓度可能增高。

马来酸依那普利

【别名】埃利雅、柏纳力、苯丙脯酸、苯丁酯脯酸、苯酯丙脯酸、必利那、恩纳普利、福尔丁依那普利、福天乐、灵广俐、勤可息、依苏、怡那林、益压利、因弗尔、悦宁定。

【药理作用】本药为弱 ACEI，但其活性代谢物依那普利拉为具有高亲和力的竞争性 ACEI，药效是卡托普利的 10～20 倍。其作用机制是抑制血管紧张素 I 转换为血管紧张素 II，引起血浆肾素活性增高，醛固酮分泌减少，血管阻力减低；同时还能干扰缓激肽的降解，同样也使血管阻力降低。本药虽主要通过抑制肾素-血管紧张素-醛固酮系统而降低血压，但对低肾素活性的高血压也有效。本药能扩张动脉与静脉，降低周围血管阻力（后负荷）及肺毛细血管楔嵌压（前负荷），从而改善心排出量，提高患者的运动耐量，因而可用于治疗充血性心力衰竭。

【适应证】①用于原发性高血压。②用于肾血管性高血压。③用于心力衰竭。④用于预防左心室功能不全者冠状动脉缺血事件。

【用法用量】成人：①原发性高血压。口服给药，起始剂量一次 10～20 mg，每日 1 次。轻度高血压者建议起始剂量为 10 mg/d。通常维持剂量为 20 mg/d，根据患者需要可调整至最大剂量 40 mg/d。如与利尿药合用，在开始使用本药前 2～3 日应停用利尿药，如无法停用，应从较小剂量（如一次 5 mg 或以下）开始治疗，随后根据患者需要调整剂量。个别患者（尤其是在应用利尿药或血容量减少者）可能引起血压过度下降，故首次剂量宜从 2.5 mg 开始。②肾血管性高血压。口服给药，应从较小剂量（如一次 5 mg或以下）开始治疗，随后根据患者需要调整剂量。多数患者一次 20 mg，每日 1 次即可达到预期疗效。③心力衰竭、无症状性左心室功能不全。口服给药，起始剂量为一次 2.5 mg，治疗症状性心力衰竭时通常与利尿药或洋地黄合用。2~4 周后，可根据患者耐受情况增至 20 mg/d，分 1~2 次服用。如仍存在心力衰竭体征和症状，剂量调整速度可加快。已用利尿药的患者，开始治疗前应尽可能减少利尿药剂量。开始用药后如出现低血压，也可继续使用。老年人剂量：老年人对降压作用敏感，应用时须酌情减量。

【注意事项】①对膜翅目昆虫过敏的患者进行脱敏治疗时，使用本药可能发生严重过敏反应。②肾功能不全、糖尿病或同时使用保钾利尿药的患者，应注意使用本药后可能引起血钾过高。③用 ACEI 治疗的患者，在采用高通透性膜（聚丙烯腈）进行血液透析时，曾发生低血压反应，应避免联用。④本药可能影响患者反应能力，驾驶和操作机械时应谨慎。

【药物相互作用】①其他降血压药：合用可使降压作用相加。②利尿药：合用可使降压作用增强。③排钾利尿药：合用可减少钾丢失。④保钾利尿药、补钾药、钾盐：合用可引起血钾明显升高。⑤锂剂：合用可致锂中毒，停药后毒性反应可消失。⑥别嘌醇：卡托普利与别嘌醇合用可引起过敏反应。⑦硫唑嘌呤：硫唑嘌呤与 ACEI 合用可加重骨髓抑制。⑧丁哌卡因：卡托普利与丁哌卡因合用可引起严重心动过缓和低血压，甚至意识丧失。⑨氯米帕明：有报道称本药可增加氯米帕明的毒性。⑩甲氧苄啶、复方磺胺甲噁唑：甲氧苄啶与 ACEI 合用可引起明显的高钾血症。⑪环孢素：合用可使肾功能减退。⑫二甲双胍：有患 2 型糖尿病、高血压并伴肾功能不全的患者，同时使用本药和二甲双胍后，出现高钾性乳酸性酸中毒的个案报道。⑬利福平：利福平可降低本药疗效。⑭阿司匹林：可明显降低本药的降压作用。⑮麻黄：含麻黄碱和伪麻黄碱，可降低降血压药的疗效。

（二）血管紧张素 Ⅱ 受体拮抗药

缬沙坦

【别名】达乐、代文、伐沙坦、佳菲、丽珠维可、霖欣、平欣、穗悦、托平、维尔坦、缬克、怡方。

【药理作用】本药为血管紧张素 Ⅱ 受体拮抗药，选择性作用于血管紧张素 Ⅱ 相关的 AT_1 受体亚型，选择性阻断血管紧张素 Ⅱ 与肾上腺和血管平滑肌等组织细胞 AT_1 受体的结合，抑制血管收缩和醛固酮分泌，从而降低血压。本药对 AT_1 受体的亲和力比 AT_2 受体强约 20000 倍。本药对其他激素受体或离子通道无作用，在降低血压的同时不影响心率。本药对血管紧张素转化酶（ACE）无抑制作用，不影响缓激肽或 P 物质的潴留，因而不会引起咳嗽。对总胆固醇、三酰甘油、血糖或血尿酸无明显影响。突然停药无血压反跳或其他不良反应。

【适应证】用于治疗轻至中度原发性高血压。

【用法用量】①成人：口服给药，本药可单用，也可与其他抗高血压药或利尿药联用。推荐剂量为一次 80 mg，每日 1 次，可在进餐时或空腹服用，建议每日在同一时间用药（如早晨）。降压作用通常在服药 2 周内出现，4 周时达到最大疗效。对血压控制不满意者，一日剂量可增至一次 160 mg，每日 1 次，或加用利尿药。②老年人剂量：老年患者无须调整用药剂量。

【注意事项】与其他抗高血压药一样，使用本药的患者在驾驶、操作机械时应谨慎。

【药物相互作用】①利尿药：合用可增强本药的降血压作用。②阿替洛尔：合用可增加降压效果，但与单用阿替洛尔相比不能进一步降低心率。③锂剂：合用时本药可增加锂剂的毒性反应。④保钾利尿药（如螺内酯、氨苯蝶啶、阿米洛利）、补钾药或含钾盐代用品：合用可使血钾升高。⑤含麻黄制剂：合用时因麻黄含有麻黄碱和伪麻黄碱，可减弱抗高血压药的疗效。⑥血浆蛋白结合率高的药物（如双氯芬酸、呋塞米、华法林）：尽管本药有较高血浆蛋白结合率，但体外实验表明，本药与其他血浆蛋白结合率高的药物之间无血浆蛋白结合方面的相互作用。⑦与氨氯地平、地高辛、西咪替丁、吲哚美辛、氢氯噻嗪、格列本脲：合用时无明显的相互作用。⑧细胞色素 P450 酶系统的诱导药或抑制药：由于本药基本不被代谢，故合用时临床尚未发现相互作用。

替米沙坦

【别名】安内强、安亚、安怡宁、傲康、邦坦、倍迪宁、博欣舒、常平、达舒亚、迪赛平、蒂益宁、凡坦、福瑞元、捍康、恒雪素、获平、嘉瑟宜、康楚、可乃芬、立文、利来客、隆舒雅、洛格乐、洛莎宁、美卡素、美斯、尼德舒、诺金平、诺适美、欧美宁、平克亚欣、浦美特、曲亚、锐坦、赛卡、赛坦、沙泰齐、沙汀宁、尚尔宁、施吉、舒洛宁、舒尼亚、斯泰乐、苏和、素定、泰顺神坦、泰稳、坦芯素、特立康、提愈、天禾恒、天易、欣蕊、欣益尔、雪盈平、雅平、雅屏、亚邦恒贝、亚坦、亚维伊、益亚平、毓乐宁、至信风。

【药理作用】本药为特异性的非肽类血管紧张素 II 受体（AT_1·亚型）拮抗药，与 AT_1 亚型有高亲和力，可通过选择性与 AT_1 结合抑制血管紧张素 II，并降低血醛固酮水平，从而产生降压作用。本药可使收缩压及舒张压均降低而不影响心率，在 AT_1 受体位点无部分激动药效应，也无抑制血浆肾素及阻滞离子通道的作用。与血管紧张素转化酶抑制药相比，其干咳的发生率较低。

【适应证】用于治疗原发性高血压。

【用法用量】成人：口服给药，本药应个体化给药，初始剂量为一次 40 mg，每日 1 次。在 20~80 mg 的剂量范围内，其降压疗效与剂量有关。若用药后未达理想血压，可加大剂量，最大剂量为一次 80 mg，每日 1 次。可与噻嗪类利尿药如氢氯噻嗪合用。因本药在用药 4~8 周后才能发挥最大药效，故在考虑增加药物剂量时需注意用药时间。老年人剂量：老年患者无须调整剂量。

【注意事项】本药可引起头晕和嗜睡，驾驶或操作机械者用药时应谨慎。

【药物相互作用】①噻嗪类利尿药（如氢氯噻嗪）：合用具有协同降压作用。②巴氯芬、氨磷汀：合用可增强本药的降血压作用。③镇静催眠药（如巴比妥类药）、抗抑郁药：合用可增强本药的直立性低血压效应。④其他抗高血压药：合用可增强其他抗高血压药的降压效果。其他有临床意义的相互作用尚不明确。⑤地高辛：合用可使地高辛的血药浓度平均升高 49%，谷浓度升高 20%。⑥辛伐他汀：合用可引起辛伐他汀代谢物（辛伐他汀酸）的血药峰浓度轻度升高（1.34 倍）且消除加速。⑦锂剂：合用有引起可逆性血锂水平升高和毒性反应的个案报道。⑧保钾利尿药、补钾药、含钾的盐替代品、环孢素A或其他可升高血钾水平的药物（如肝素）：合用可致血钾水平升高。⑨麻黄碱、伪麻黄碱：合用时麻黄碱和伪麻黄碱的拟交感活性可使本药的降压作用减弱。⑩华法林：合用可使华法林血药浓度轻微受影响，但不改变国际标准化比值（INR）。⑪对乙酰氨基酚、氨氯地平、格列本脲、布洛芬：合用无相互作用。⑫乙醇：合用可增强本药的直立性低血压效应。

（三）钙通道阻滞药

硝苯地平

【别名】艾克迪平、艾克平、爱地平、爱地清、拜新同、得高宁、尔康必同、非地平、海得、久保卡迪、克力坦、乐欣平、立克宁、利焕、利心平、弥新平、纳菲地苹30、纳欣同、尼非地平、伲福达、圣通平、天海力、硝苯吡啶、硝苯啶、硝基啶、心痛定、欣乐平、欣然、易心通、益心平、源孚。

【药理作用】本药为钙通道阻滞药，可阻滞钙离子经过心肌或血管平滑肌细胞膜上的通道进入细胞内，而血管平滑肌和心肌细胞的收缩过程，依赖上述细胞外钙离子经特异性通道进入细胞内的运动。故本药通过干扰钙离子内流，降低细胞内钙离子水平，从而改变心肌收缩性和血管张力，由此引起全身血管张力减低、血管扩张，从而降低血压；此外，本药扩张正常供血区或缺血区冠状动脉，可缓解心绞痛。本药扩张周围动脉，降低心室后负荷，有利于减少心肌耗氧量；同时通过减少钙内流，减弱心肌收缩力，减慢心率，减少心脏做功，也有利于减少心肌耗氧量。本药对冠状动脉的作用较强，能扩张阻力血管，增加冠状动脉血流，并能抑制自发的或由麦角新碱诱发的冠状动脉痉挛，降低心室前后负荷和心室壁张力，从而使心室舒张期充盈时间延长，有利于心内膜下冠状动脉的灌注。在心肌缺血或再灌注时，还可降低心肌细胞内的钙超载所致的心肌损害，有利于心功能的恢复。研究发现钙通道阻滞药还可抑制心肌缺血时儿茶酚胺诱发的血小板聚集，有利于维持冠状动脉畅通，避免其他病理因素的损害。本药在治疗剂量下对窦房结与房室结功能影响小。血压下降可引起反射性心动过速。心功能正常者给药后心脏指数略增，左心室射血分数（LVEF）、左心室舒张末压（LVEDP）及左心室舒张末容积（LVEDV）不变；左心舒张功能不良者给药后LVEF略增而左室充盈压减低。本药与维拉帕米均能有效地治疗变异型心绞痛或典型心绞痛，但本药的外周血管扩张作用更强，而对窦房结及房室结传导的作用较小，因此更适用于治疗心绞痛合并高血压、窦性心动过缓或传导功能失常的患者。本药对呼吸道功能无不良影响，也适用于伴有哮喘或呼吸道阻塞性疾患的心绞痛患者，其疗效优于β肾上腺素受体阻滞药。

【适应证】①用于治疗心绞痛（变异型心绞痛、不稳定型心绞痛、慢性稳定型心绞痛）。②用于高血压，单独或与其他降血压药合用。③本药注射液用于高血压危象。

【用法用量】心绞痛、高血压：口服给药。a. 普通制剂，从小剂量开始服用，一般起始剂量为一次10 mg，每日3次，常用的维持剂量为一次10～20 mg，每日3次；部分有明显冠状动脉痉挛的患者，可用至一次20～30 mg，每日3～4次，一日最大剂量不宜超过120 mg；如果病情紧急，可嚼碎服或舌下含服一次10 mg，根据患者对药物的反应，决定再次给药。通常调整剂量需7～14日，如果患者症状明显，病情紧急，剂量调整期可缩短；根据患者对药物的反应、发作的频率和舌下含化硝酸甘油的剂量，可在3日内将本药的一次用量从 10 ~ 20 mg 调至 30 mg，每日 3 次。在严格监测下的住院患者，可根据心绞痛或缺血性心律失常的控制情况，每隔 4 ~ 6 小时增加 1 次，一次 10 mg。b. 缓释片，一次 10 ~ 20 mg，每日 2 次。极量，一次 40 mg，120 mg/d。c. 控释片，通常 30 mg/d，每日 1 次。d. 缓释胶囊，通常一次 20 mg，每 12 小时 1 次，必要时可增至一次 40 mg。②局部给药，咽部喷药，一次 1.5 ~ 2 mg（3 ~ 4 揿）。高血压危象：静脉滴注，一次 2.5 ~ 5 mg，加入 5% 葡萄糖注射液 250 mL 中在 4 ~ 8 小时内缓慢滴注，根据病情调整滴速及用量。24 小时最大量为 15 ~ 30 mg，可重复使用 3 日（不宜超过 3 日），以后建议改用口服制剂。

【注意事项】①本药可能影响驾驶或操作机器的能力。②长期给药不宜骤停，以避免发生停药综合征而出现反跳现象，如心绞痛发作。③心肺分流术、术中大出血、麻醉血管舒张药可导致严重低血压和（或）液体需求增加，大手术前应慎用本药。如可行，应考虑至少在术前 36 小时停药。

【药物相互作用】①胺碘酮：合用可进一步抑制窦性心律或加重房室传导阻滞。②β肾上腺素受体阻滞药：二氢吡啶类钙通道阻滞药与β肾上腺素受体阻滞药合用，可有效治疗心绞痛或高血压，但可能导致严重的低血压或心动过缓。在左室功能下降、心律失常或主动脉狭窄的患者中更明显。此外，使用β肾上腺素受体阻滞药的心力衰竭患者加用本药可加重心力衰竭。③地尔硫䓬：合用可使本药的血药浓度升高 100% ~ 200%，不良反应增加。④芬太尼：在使用芬太尼麻醉时，合用钙通道阻滞药和β肾上腺素受体阻滞药可导致严重的低血压。⑤H_2受体拮抗药（尤其是西咪替丁）：以上药物可使大多数钙通道阻滞药的血药浓度升高，毒性增大。⑥环孢素：合用可导致不良反应增加（如头痛、外周水肿、低血压、心动过速和齿龈增生）。⑦地拉韦啶、沙奎那韦、利托那韦：合用可增加不良反应。⑧安普那韦：本药是否与安普那韦发生相互作用尚不明确，基于两者对细胞色素 P450（CYP）的影响，合用时本药的血药浓度可能增加。⑨口服避孕药：可减少本药代谢物的形成。⑩三唑类（伊曲康唑、氟康唑）和咪唑类（酮康唑）抗真菌药：合用可增加本药的血药浓度，加重不良反应。⑪西沙必利：合用可使本药血浆浓度升高而增强抗高血压疗效。⑫奎奴普汀/达福普汀：可使本药毒性增加。⑬镁剂：用于早产治疗时，如与本药合用可引起显著的低血压和神经肌肉阻滞。⑭丁咯地尔：本药可增加丁咯地尔的低血压效应。⑮地高辛：合用可导致地高辛血药浓度升高，毒性增强。⑯二甲双胍：合用可增加低血糖发生的危险。⑰他克莫司：本药可增加他克莫司的毒性，如肾毒性、高血糖、高血钾等。⑱长春新碱：本药可增加长春新碱的毒性反应。⑲茶碱：本药可改变茶碱的血浆浓度。⑳非甾体消炎药或口服抗凝血药：合用有增加胃肠出血的可能。㉑苯妥英：合用可增加苯妥英的毒性反应且降低本药暴露量。㉒奎尼丁：合用可使奎尼丁疗效降低，同时也使本药不良反应增加。㉓萘夫西林：可降低本药疗效。㉔利福平：可降低本药疗效。㉕法莫替丁：对本药的药动学无明显影响，但可通过降低心排血量和每搏输出量削弱本药的正性肌力作用。㉖麻黄碱：合用可降低抗高血压药的疗效。㉗去甲替林：本药可降低去甲替林的抗抑郁作用。㉘奥美拉唑：可使本药的曲线下面积增加 21% ~ 26%，胃内 pH 从 1.4 上升至 4.2，但无明显临床意义。

氨氯地平

【别名】阿洛地平、阿莫洛地平、阿姆乐地平、安洛地平、安内真、苯磺酸氨氯地平、奥万路、二氢吡啶、伏络清、甲磺酸氨氯地平、可苹、兰迪、络活喜、马来酸氨氯地平、麦利平、宁立平、平能、普罗新希、西络宁、欣海宁、欣络平、欣纾、压氏达、亚斯克平。

【药理作用】 本药为二氢吡啶类钙通道阻滞药，结构与硝苯地平相似，药理学效应也相似。在生理性 pH 下呈离子状态，在 pH 较低（如缺血）时，与钙离子通道受体紧密结合。本药能优先阻断去极化细胞的钙通道。此外，有研究提示本药可能还具有双受体结合特性。本药对周围血循环作用突出，对血管的选择性强，可舒张冠状血管和全身血管，增加冠状动脉血流量，降低血压。在体内有负性肌力作用，对人体窦房结和房室结无影响。本药缓解心绞痛的作用机制尚未完全明确，但可通过以下途径减轻心肌缺血：①扩张周围小动脉，使外周阻力（后负荷）降低，从而减少心肌耗能和氧需求。②扩张正常和缺血区的冠状动脉及冠状小动脉，增加冠脉痉挛（变异型心绞痛）患者的心肌供氧。

【适应证】 ①用于高血压。②用于慢性稳定型心绞痛、变异型心绞痛及冠心病。

【用法用量】 成人：①高血压。口服给药，通常起始剂量为一次 5 mg，每日 1 次。最大剂量为一次 10 mg，每日 1 次。剂量可根据个体反应进行调整，除非临床有保障，调整期应不短于 7 ~ 14 日。②心绞痛、冠心病。口服给药，推荐剂量为一次 5 ~ 10 mg，每日 1 次。儿童：高血压，口服给药，6 ~ 17 岁儿童推荐剂量为一次 2.5 ~ 5 mg，每日 1 次。

【注意事项】 ①少数患者（尤其是伴严重冠状动脉阻塞性疾病者）在开始使用钙通道阻滞药或增加剂量时，会出现心绞痛的频率增加、时间延长和（或）程度加重，甚至发生急性心肌梗死，其作用机制目前尚不明确。②外科手术前无须停药。

【药物相互作用】 ①胺碘酮：合用可进一步抑制窦性心律或加重房室传导阻滞。②硝酸甘油、长效硝酸酯类药：合用可增强抗心绞痛作用。③氟康唑、伊曲康唑、酮康唑、沙奎那韦、地拉韦啶：合用可使本药血药浓度升高，毒性增强。④奎奴普汀/达福普汀：合用可增强本药毒性。⑤吸入烃类麻醉药：合用可引起低血压。⑥丁咯地尔：钙通道阻滞药可增强丁咯地尔的降血压效应。⑦拟交感胺类药：此类药物可减弱本药的降压作用。⑧利福平：目前尚无与本药发生相互作用的报道，但如合用，本药的疗效可能会下降。⑨麻黄：含有麻黄碱和伪麻黄碱，对正常个体血压的影响不确定，可降低抗高血压药的疗效。⑩萘夫西林：合用可降低本药疗效。⑪非甾体消炎药、口服抗凝血药：合用有增加胃肠道出血的可能；此外，非甾体消炎药（尤其是吲哚美辛）可减弱本药的降压作用。⑫β肾上腺素受体阻滞药：合用可能导致严重低血压或心动过缓，在左室功能下降、心律失常或主动脉狭窄的患者中更明显。⑬锂剂：合用可引起神经中毒，出现恶心、呕吐、腹泻、共济失调、震颤和（或）麻木。⑭雌激素：合用可增加液体潴留而升高血压。⑮西咪替丁、西地那非、铝或镁抗酸药：以上药物对本药的药动学无影响。⑯地高辛：本药对地高辛的肾脏清除和血药浓度无明显影响。⑰环孢素、阿托伐他汀：本药对以上药物的药动学无明显影响。⑱苯妥英钠：本药不影响苯妥英钠的血浆蛋白结合率。⑲乙醇：服药时饮酒，对乙醇的药动学无明显影响。

尼群地平

【别名】 舒麦特、硝苯甲乙吡啶、硝苯乙吡啶。

【药理作用】 本药属二氢吡啶类钙通道阻滞药，能抑制血管平滑肌及心肌的跨膜钙离子内流，但以血管作用为主，故血管选择性较强。本药可引起全身血管扩张（包括冠状动脉、肾小动脉），作用以降低舒张压为主；还能降低心肌耗氧量，对缺血性心肌有保护作用。临床试验证实，本药可显著增加尿钠排泄，有利尿作用，但尿钾排泄不增加。长期观察发现，本药仅在治疗 1～3 周内有利尿作用；其利尿及利钠作用，可能是由于对肾脏近端小管钠盐重吸收的直接抑制所致。与地尔硫䓬、维拉帕米和硝苯地平不同，本药不改变窦房结或房室结的传导。

【适应证】 用于高血压。

【用法用量】 ①成人：高血压口服给药，初始剂量为一次 10 mg，每日 1 次；以后可根据情况调整为一次 20 mg，每日 2 次。②老年人剂量：推荐老年患者初始剂量为 10 mg/d。

【注意事项】 用药前后需监测血电解质、血脂、肝功能、肾功能。

【药物相互作用】 ①胺碘酮：合用可进一步抑制窦性心律或加重房室传导阻滞。②β 肾上腺素受体阻滞药：合用可减轻本药降压后发生的心动过速，有效地治疗心绞痛或高血压。但合用二氢吡啶类钙通道阻滞药与 β 肾上腺素受体阻滞药可能导致严重低血压或心律过缓，在左心室功能下降、心律失常或主动脉狭窄的患者更明显。③西咪替丁：合用可升高本药血药浓度，增加心脏毒性。④地拉韦啶、沙奎那韦：合用可引起本药血药浓度升高，毒性增强。⑤血管紧张素转化酶抑制药：合用时耐受性良好，可使降压作用增强。⑥奎奴普汀/达福普汀：合用可增加本药毒性。⑦地高辛：本药可使地高辛血药浓度平均增加 45%，但也有部分研究认为本药不增加地高辛血药浓度和毒性。⑧非甾体消炎药、口服抗凝血药：合用可能增加胃肠道出血。⑨利福喷汀：虽然目前尚无与本药发生相互作用的报道，但如合用，本药的疗效可能会下降。⑩麻黄：含有麻黄碱和伪麻黄碱，可降低抗高血压药疗效。⑪长效硝酸盐类：合用有较好的耐受性，但目前尚缺乏资料评价这种合用对于控制心绞痛的有效性。

拉西地平

【别名】 乐息平、司乐平。

【药理作用】 本品为二氢吡啶类钙拮抗药，可高度选择性作用于平滑肌的钙通道，主要扩张周围动脉，减少外周阻力，降压作用强而持久。对心脏传导系统和心肌收缩功能无明显影响，并可改善受损肥厚左心室的舒张功能，具有抗动脉粥样硬化作用。可使肾血流量增加而不影响肾小球滤过率，可产生一过性但不明显的利尿和促尿钠排泄作用，因此能防止移植患者出现环孢素 A 诱发的肾脏灌注不足。本品为高度脂溶性，它在脂质部分沉积并在清除阶段不断释放到结合部位。这一特点使本品明显不同于其他钙拮抗药，其他钙拮抗药脂溶性低因而作用时间短。

【适应证】 用于治疗高血压，可单用或与其他降血压药合用。

【用法用量】 口服：初始剂量为一次 2 mg，每日 1 次，宜每日早晨同一时间服用。当给予初始剂量后未达到有效治疗效果时，可增至一次 4 mg，每日 1 次；必要时可增至一次 6 mg，每日 1 次。

【注意事项】 对本药或其他钙通道阻滞药过敏者、严重主动脉狭窄患者禁用。

【药物相互作用】 ①与 β 肾上腺素受体阻滞药、利尿药合用，降压作用可加强。

②与西咪替丁合用，可使本品血药浓度增高。③与地高辛合用，地高辛峰值水平可增加17%，对24小时平均地高辛水平无影响。④与普萘洛尔合用，可轻度增加两者药时曲线下面积（AUC）。⑤与华法林、甲苯磺丁脲、双氯芬酸、环孢素、安替比林等无特殊交叉反应。

（四）β受体阻滞药

富马酸比索洛尔

【别名】安适、博苏、康可、康忻、洛雅、荣宁。

【药理作用】本药为选择性 β_1 肾上腺素受体阻滞药，无内在拟交感活性及膜稳定性。其与 β_1 受体的亲和力比 β_2 受体大 11～34 倍。对支气管 β_2 受体也有一定程度的阻滞，但仅在大剂量时可能出现，一般无明显临床意义。本药抗高血压的机制目前尚未完全阐明，可能通过以下几个方面发挥降压作用：①阻断心脏 β_1 受体，降低心排出量。②抑制肾素释放，降低血浆肾素浓度。③阻断中枢 β 受体，降低外周交感神经活性。④减少去甲肾上腺素释放以及促进前列环素生成。本药抗心绞痛效应（心脏保护作用）机制为：通过阻滞 β 受体兴奋，使心脏收缩力与收缩速度下降；通过减慢传导速度，使心脏对运动或应激的反应减弱。因此可降低心肌的能量需求和氧耗，增加患者的运动耐量，拮抗心肌梗死后释放的儿茶酚胺而抗心律失常；还能降低血小板聚集和血液黏滞度，因而能有效治疗心绞痛。许多临床试验表明，β 肾上腺素受体阻滞药能明显降低心肌梗死后几个月内猝死和心血管死亡的发生率。本药还具有负性变时效应，可引起静息和运动心率下降，而对心排出量几乎无影响，可轻度增加右心房压或肺毛细血管楔嵌压。电生理研究表明本药能明显降低心率，延长窦房结恢复时间，延长房室结不应期，在快速心房刺激时延长房室结传导，因而临床可用于治疗心律失常。由于本药 β 受体阻滞作用的选择性高，故对呼吸系统的抑制作用轻微。对脂质和糖代谢无明显影响。

【适应证】①用于高血压。②用于冠心病（心绞痛）。③用于伴心室收缩功能减退（射血分数≤35%）的中度至重度慢性稳定性心力衰竭。

【用法用量】成人：①高血压。口服给药，一次 5 mg，每日 1 次。轻度高血压患者可从一次 2.5 mg 开始治疗。如效果不明显，可增至一次 10 mg，每日 1 次。②心绞痛。口服给药，一次 5 mg，每日 1 次。如效果不明显，可增至一次 10 mg，每日 1 次。③慢性稳定性心力衰竭。口服给药，应从小剂量开始，如耐受良好，则逐渐递增，最大推荐剂量为一次 10 mg，每日 1 次。具体剂量可按表 18－4 方案逐渐调整。

老年人剂量：老年患者无须调整剂量。

表 18－4　　　　　耐受性良好情况下的剂量递增

用药剂量（mg/d）	用药持续时间
1.25（起始剂量）	1 周
2.5	1 周
3.75	1 周
5	4 周
7.5	4 周
10（最大耐受量）	长期维持剂量

【注意事项】①在高血压的治疗中，用量必须个体化，剂量应逐渐增加直至达到最佳的降压效果。但达到最佳降压效果需 1~2 周时间不等，故应观察一段时间才能判断疗效。②本药用于治疗慢性稳定性心力衰竭时应长期用药，但患者应无急性心力衰竭发作，并在接受本药治疗前首先接受血管紧张素转化酶抑制药（或血管紧张素受体阻滞药）、利尿药及强心苷类等药物的治疗。③拟撤用本药时不宜突然停药，须逐步减量。④本药可能影响患者驾驶或操作机器的能力，尤其在开始使用、增加剂量时以及与酒精合用时。⑤心脏选择性 β 肾上腺素受体阻滞药较少引起 2 型糖尿病患者的葡萄糖耐量降低，但糖尿病患者在联用本药与胰岛素和口服降血糖尿病药物时仍应注意监测血糖水平。

【药物相互作用】①α_1 肾上腺素受体阻滞药：本药可加重此类药物的首剂反应，除哌唑嗪外其他 α_1 肾上腺素受体阻滞药较少出现。②胺碘酮：合用可出现明显的心动过缓和窦性停搏。③二氢吡啶类钙通道阻滞药（如硝苯地平）：合用治疗心绞痛或高血压有效，但也可引起严重的低血压或心力储备降低。④地尔硫䓬：可增强 β 肾上腺素受体阻滞药的药理作用，对心功能正常的患者有利。但合用后也有引起低血压、左室衰竭和房室传导阻滞的报道。⑤维拉帕米：合用可能引起低血压、心动过缓、充血性心力衰竭和传导障碍，在左心室功能不全、主动脉狭窄或两药用量均大时危险性增加。⑥咪贝地尔：合用可引起低血压、心动过缓或心力储备降低。⑦I_a 类抗心律失常药（如丙吡胺、奎尼丁）：合用可能增强本药对房室传导和心脏收缩力的抑制作用。⑧拟副交感神经药：合用可能延长心房传导时间。⑨当归提取物：合用可引起低血压。⑩苄普地尔、氟桂利嗪、利多氟嗪、戈洛帕米、哌克昔林：目前虽然尚无以上药物与本药发生相互作用的报道，但合用可能引起血压降低、心动过缓或心力储备下降。⑪齐留通：可引起普萘洛尔浓度明显升高，但目前尚无与本药发生相互作用的报道。⑫地高辛：合用可导致房室传导时间延长，并可使地高辛的血药浓度升高。⑬可乐定：合用时可减慢心率，而突然撤去可乐定可能使高血压加重。⑭莫索尼定：合用时，如突然撤去莫索尼定可引起高血压反跳。⑮醋甲胆碱：合用可使支气管收缩加重或延长。⑯甲基多巴：合用可减慢心率。但极少数患者在两药合用时可对内源性或外源性儿茶酚胺（如苯丙醇胺）产生异常的反应，如高血压、心动过速或心律失常。⑰非甾体消炎药：合用可引起血压升高。⑱阿布他明：本药可减弱阿布他明的 β 受体激动作用。⑲利托君：β 肾上腺素受体阻滞药可拮抗利托君的作用。⑳麻黄：含有麻黄碱和伪麻黄碱，可降低降血压药的疗效。㉑利血平、胍乙啶：合用可导致交感活性过度降低。㉒甲氟喹：合用可增加发生心动过缓的风险。

美托洛尔 （见抗心律失常药"美托洛尔"）

（五）α 受体阻滞药

甲磺酸酚妥拉明

【别名】安挺、苯胺唑胺、苄胺唑啉、酚胺唑啉、酚妥拉明、哥达、和欣、赫立可、立即丁、利其丁、美珍、普丁阳、启伟、瑞支亭、怡乐、至力。

【药理作用】①本品为 α 肾上腺素受体阻滞药，对 α_1 与 α_2 受体均有作用，能拮抗血液循环中肾上腺素和去甲肾上腺素的作用，使血管扩张而降低周围血管阻力。②拮抗儿茶酚胺效应，用于诊治嗜铬细胞瘤，但对正常人或原发性高血压患者的血压影响甚小。③能降低外周血管阻力，使心脏后负荷降低，左室舒张末期压与肺动脉压下降，心排出量增加，可用于治疗心力衰竭。

【适应证】①用于治疗嗜铬细胞瘤所致的高血压发作，包括手术切除时出现的阵发性高血压，也可用于协助诊断嗜铬细胞瘤（酚妥拉明试验）。②用于心力衰竭时减轻心脏负荷。③用于预防和治疗静脉注射去甲肾上腺素外溢引起的皮肤坏死。④用于治疗男性勃起功能障碍。

【用法用量】①嗜铬细胞瘤手术：静脉给药，术前 1~2 小时静脉注射 5 mg，术时静脉注射 5 mg 或静脉滴注 0.5~1 mg/min。②酚妥拉明试验：静脉注射，一次 5 mg。也可先注入 2.5 mg，若反应阴性，再给 5 mg。③心力衰竭：静脉滴注，0.17~0.4 mg/min。④防止皮肤坏死：a. 静脉滴注，在含有去甲肾上腺素溶液每 1000 mL 中加入本药 10 mg 静脉滴注，可作预防用。b. 局部浸润，已发生去甲肾上腺素外溢时，用本药 5~10 mg 加入氯化钠注射液 10 mL 中做局部浸润。⑤男性勃起功能障碍：口服，一次 40 mg，在性生活前 30 分钟服用。一日最多服用 1 次，最大推荐剂量为 80 mg。

【注意事项】对本药过敏者；严重动脉硬化者；严重肾功能不全者；肝功能不全者；胃炎或胃溃疡患者；低血压患者；冠心病、心绞痛、心肌梗死及其他心脏器质性损害患者禁用。

【药物相互作用】①忌与铁剂配伍。②与拟交感胺类药同用，使后者的周围血管收缩作用抵消或减弱。③与胍乙啶同用，直立性低血压或心动过缓的发生率增高。④与二氮嗪同用，使二氮嗪抑制胰岛素释放的作用受抑制。⑤苯巴比妥类、格鲁米特等加强本品降压作用。

盐酸哌唑嗪

【别名】降压新、脉宁平、脉哌斯。

【药理作用】本药为选择性突触后 α_1 受体阻滞药，作用特点如下：①能拮抗 α_1 受体激动药引起的血管收缩和血压升高等反应，对 α_2 受体的阻滞作用较弱，与 α_2 受体的亲和力约为 α_1 受体的 1/1000。②降压时较少引起反射性心动过速，因此对心排出量影响小。③不增加肾素的分泌，对肾血流量与肾小球滤过率影响也小。④既能扩张容量血管，降低心脏前负荷，又能扩张阻力血管，降低心脏后负荷，从而使左心室舒张末期压下降，心功能改善，故可用于治疗心力衰竭。⑤本药长期服用能改善脂质代谢，降低三酰甘油和低密度脂蛋白，明显升高高密度脂蛋白和高密度脂蛋白/胆固醇比值。⑥此外，本药还能阻滞前列腺、尿道和膀胱颈的 α_1 受体，从而减轻前列腺增生患者的排尿困难症状。

【适应证】用于轻、中度高血压。

【用法用量】成人：①轻、中度高血压。口服给药，一次 0.5~1 mg，每日 2~3 次（首剂为 0.5 mg，睡前服），按疗效逐渐调整为 6~15 mg/d，分 2~3 次服用。日剂量超过 20 mg 后，疗效不进一步增加。②充血性心力衰竭。口服给药，起始剂量一次 0.5~1 mg，1.5~3 mg/d。维持剂量通常为 4~20 mg/d，分次服用。老年人剂量：老年人肾功能减退时需减小剂量。儿童：轻、中度高血压，口服给药，7 岁以下儿童，一次 0.25 mg，每日 2~3 次；7~12 岁儿童，一次 0.5 mg，每日 2~3 次。均按疗效调整剂量。

【注意事项】①使用本药期间，不宜驾驶和操作机械。②剂量必须个体化，以降压反应为准。③首次给药及以后加大剂量时，均建议在卧床时给药，不做快速起立动作，以免发生直立性低血压反应。④在治疗心力衰竭时可出现耐药性。早期耐药是由于降压后反射性交感兴奋，后期耐药是由于水钠潴留。前者可暂停给药或增加剂量以克服，后者则宜暂停给药而改用其他血管扩张药。⑤开始治疗前应排除前列腺癌。

【药物相互作用】①β肾上腺素受体阻滞药、噻嗪类利尿药：合用可使降压作用增强而水钠潴留减轻。②钙离子拮抗药及其他降血压药：合用可使降压作用增强，易致首剂效应。③拟交感胺类药：合用可使降压作用减弱。④非甾体类解热镇痛药（尤其是吲哚美辛）：合用可使本药的降压作用减弱。

特拉唑嗪（详见良性前列腺增生用药）

（六）利尿药

氢氯噻嗪

【别名】氢氯苯噻、双克、双氢克尿噻、双氢氯噻嗪、双氢氯散疾、双氢氯消疾、双氢氯消痰。

【药理作用】本药为噻嗪类利尿药，其作用表现为：①对水、电解质排泄的影响，表现在本药可增加肾脏对尿钠、钾、氯、磷和镁等离子的排泄，减少对尿钙的排泄。本药主要抑制远曲小管前段和近曲小管（作用较轻）对氯化钠的重吸收，从而增加远曲小管和集合管的 Na^+-K^+ 交换，使 K^+ 分泌增多。本药对近曲小管的作用可能与抑制碳酸酐酶的活性有关。本药还能抑制磷酸二酯酶活性，减少肾小管对脂肪酸的摄取和线粒体氧耗，从而抑制肾小管对 Na^+、Cl^- 的主动重吸收。除利尿排钠作用外，本药可能还有肾外作用机制参与降压，可能是增加胃肠道对 Na^+ 的排泄。②本药对肾血流动力学和肾小球滤过功能也有影响。由于肾小管对水、Na^+ 的重吸收减少，肾小管内压力升高，以及流经远曲小管的水和 Na^+ 增多，刺激致密斑通过管-球反射，使肾内肾素、血管紧张素分泌增加，引起肾血管收缩，肾血流量下降，肾小球入球和出球小动脉收缩，肾小球滤过率也随之下降。由于本药使肾血流量和肾小球滤过率下降，以及对髓袢升支粗段无作用，故本药利尿作用远不如髓袢利尿药。

【适应证】①用于水肿性疾病（如充血性心力衰竭、肝硬化腹水、肾病综合征、急慢性肾炎水肿、慢性肾衰竭早期、肾上腺皮质激素和雌激素治疗所致的水钠潴留），可排泄体内过多的钠和水，减少细胞外液容量，消除水肿。②用于高血压，主要为原发性高血压。③用于中枢性或肾性尿崩症。④用于肾结石，主要为预防钙盐形成的结石。

【用法用量】成人：①水肿性疾病，口服给药。a. 一般用量，一次 25～50 mg，每日 1～2 次；或隔日治疗，或每周连用 3～5 日。为预防电解质紊乱及血容量骤降，宜从小剂量（12.5～25 mg/d）开始，以后根据利尿情况逐步加量。b. 心源性水肿，开始用小剂量，12.5～25 mg/d，以免盐及水分排泄过快而引起循环障碍或其他症状；同时注意调整洋地黄用量，以免因钾的丢失而导致洋地黄中毒。②高血压，口服给药，25～100 mg/d，分 1～2 次服用，并按降压效果调整剂量。老年人剂量：高血压，老年人可从一次 12.5 mg，每日 1 次开始，并按降压效果调整剂量。儿童：口服给药，1～2 mg/(kg·d) 或 30～60 mg/(m² · d)，分 1～2 次服用，并按疗效调整剂量。小于 6 个月的婴儿剂量可达 3 mg/(kg·d)。

【注意事项】①应从最小有效剂量开始用药，以减少不良反应的发生，减少反射性肾素和醛固酮分泌。②停药时应逐渐减量，突然停药可能引起水、钠及氯的潴留。③本药与磺胺类药物、呋塞米、布美他尼、碳酸酐酶抑制药存在交叉过敏。

【药物相互作用】①降血压药（如利血平、胍乙啶、可乐定等）：合用可使利尿、降压作用均增强。②多巴胺：合用可使利尿作用增强。③单胺氧化酶抑制药：合用可增强降压效果。④阿替洛尔：合用有协同降压的作用，且控制心率效果优于单独应用阿替洛尔。⑤溴丙胺太林：可明显增加本药的胃肠道吸收。⑥非去极化肌松药（如氯化筒箭毒碱）：合用可增强此类药物的作用。⑦维生素D：合用可升高血钙浓度。⑧二氮嗪：合用可加重血糖增高。⑨β肾上腺素受体阻滞药：合用可增强对血脂、尿酸和血糖的影响。⑩锂制剂：合用可升高血清锂浓度，加重锂的肾毒性。⑪碳酸氢钠：合用可增加发生氯性碱中毒的风险。⑫金刚烷胺：合用可产生肾毒性。⑬酮色林：合用可发生室性心律不齐。⑭吩噻嗪类药：合用可导致严重的低血压或休克。⑮巴比妥类药、血管紧张素转化酶抑制药：合用可引起直立性低血压。⑯静脉麻醉药羟丁酸钠、利托君、洋地黄类药、胺碘酮等：合用可导致严重的低钾血症。本药引起的低血钾可增强洋地黄类药、胺碘酮等的毒性。⑰肾上腺皮质激素、促皮质素、雌激素、两性霉素B（静脉用药）等药物：以上药物能降低本药的利尿作用，增加发生电解质紊乱（尤其是低钾血症）的风险。⑱非甾体类解热镇痛药（尤其是吲哚美辛）：此类药物能降低本药的利尿作用。与吲哚美辛合用时，可引起急性肾衰竭；与阿司匹林合用，可引起或加重痛风。⑲考来烯胺：能减少胃肠道对本药的吸收。⑳拟交感胺类药：合用可使利尿作用减弱。㉑氯化钠：合用可减弱降血糖药的作用。㉒抗凝血药：本药可降低抗凝血药的抗凝血作用。㉓丙磺舒：合用可降低丙磺舒作用。㉔降血糖药：本药可升高血糖水平。㉕乌洛托品：合用可使乌洛托品疗效下降。㉖抗痛风药：合用可减弱抗痛风药的作用。㉗氯磺丙脲：合用可降低血钠浓度。㉘甲氧苄啶：合用易发生低钠血症。㉙乙醇：乙醇与本药合用易发生直立性低血压。

吲达帕胺

【别名】安平舒、安泰达、磺胺酰胺吲哚、捷唐、立舒平、美利巴、纳催离、纳斯力妥、平至、圣畅、寿比山、希尔达、雅荣、伊特安、吲满胺、吲满帕胺、吲满速尿、吲满酰胺、茚磺苯酰胺、悦南珊。

【药理作用】本药是一种带有吲哚环的磺胺衍生物，具有利尿作用和钙拮抗作用，其降压作用机制尚不明确。本药调节血管活动的机制包括：①通过调节跨膜离子转运机制，尤其是调节钙离子的跨膜转运，松弛血管平滑肌，使外周血管阻力下降，产生降压效应（产生降压作用时的剂量远远小于利尿作用的剂量）。②刺激前列腺素（PGE_2）和前列环素（PGI_2）的合成，这两种物质为血管扩张因子和抗血小板因子。③与其他利尿药一样，本药能逆转左心室肥厚。本药降压时对心排出量、心率及心律影响小或无，不抑制心肌收缩力，亦不影响脂肪代谢［包括三酰甘油、低密度脂蛋白-胆固醇（LDL-胆固醇）、高密度脂蛋白胆固醇（HDL-胆固醇）］和碳水化合物代谢（包括糖尿病性高血压患者），长期用药较少影响肾小球滤过率或肾血流量。本药利尿作用机制在于通过抑制肾小管皮质稀释段对钠的重吸收，增加尿液中钠和氯的排泄量，并且在一定程度上增加钾和镁的排泄量，从而发挥利尿作用。

【适应证】用于治疗原发性高血压。

【用法用量】①成人：高血压，口服给药。a. 速释制剂，一次 2.5 mg，每日 1 次，宜早晨服用。一日不应超过 2.5 mg。b. 缓释制剂，一次 1.5 mg，每日 1 次，宜早晨服用。②老年人剂量：老年患者用量酌减。③其他疾病时剂量：高尿酸血症者用药后，痛风发作可能增加，应根据血液中尿酸含量调整给药剂量。

【注意事项】①为减少电解质平衡失调的可能，宜用较小的有效剂量。②用药期间须做手术时，不必停药，但须告知麻醉医生用药情况。③在低盐饮食中，本药可增加血液中锂离子含量，并出现锂盐过量的表现（尿液中锂排泄率降低）。同时服用利尿药时，必须密切检测血液中锂含量，并根据检测结果调整剂量。④低血钠在早期时是无症状的，因此必须定期检测。对于一些高危患者，如老年人和肝硬化患者，应更频繁地定期检测血钠含量。⑤噻嗪类及其有关的利尿药的主要风险是引起缺钾和低钾血症，还可降低尿钙排泄量，造成轻微、短暂的血钙含量增加。对某些高危患者，如老年人和（或）营养不良和（或）服用多种药物的患者、肝硬化合并水肿和腹水的患者、冠心病和心力衰竭患者等，须预防低钾血症，因其增加心律失常发生的风险。心电图中长 QT 间期的患者，无论是先天性还是医源性的，用药均有一定风险。低钾血症和心动过缓为严重心律失常尤其是有致命风险的扭转型室上性心动过速的诱发因素。上述所有情况均需频繁检测血钾含量，出现低钾血症后应予以纠正。⑥本药不影响警觉，但可降低患者驾驶和操作机械的能力。

【药物相互作用】①多巴胺：合用可使本药利尿作用增强。②其他降血压药：合用可使降压作用增强。③巴氯芬：合用可增强降压作用。④其他可导致低血钾的药物（如两性霉素 B、刺激性泻药等）：合用可使低钾血症的危险性增加。⑤洋地黄类药：合用可因失钾而致洋地黄中毒。⑥血管紧张素转化酶抑制药（ACEI）：合用时，已有低钠血症的患者（特别是肾动脉狭窄的患者）可出现突然的低血压和（或）急性肾衰竭。⑦二甲双胍：合用易出现乳酸性酸中毒。⑧碘造影剂：合用可使发生急性肾衰竭的危险性增加，尤其高剂量时。⑨保钾利尿药（阿米洛利、螺内酯、氨苯蝶啶）：合用可能导致低钾血症或高钾血症，对肾衰竭和糖尿病患者，更易出现高钾血症。⑩三环类抗抑郁药（如丙米嗪）、镇静药：合用可增强抗高血压作用并增加发生直立性低血压的风险。⑪锂剂：合用可升高血锂浓度并出现过量的征象。⑫Ia 类抗心律失常药（奎尼丁、双氢奎尼丁、丙吡胺）、胺碘酮、溴苄铵、索他洛尔、阿司咪唑、苄普地尔、红霉素（静脉给药）、卤泛群、喷他脒、舒托必利、特非那定、长春胺：合用可引起扭转型室上性心动过速。⑬替可克肽、肾上腺糖皮质激素、肾上腺盐皮质激素：合用可减弱本药的降压作用，增加低钾血症的危险性。⑭拟交感胺类药：合用可使降压作用减弱。⑮口服抗凝血药：本药可使口服抗凝血药的抗凝血作用减弱。⑯非甾体类解热镇痛药：合用可使本药的利钠作用减弱。高剂量水杨酸盐可导致脱水患者急性肾衰竭。

（七）其他

硝普钠

【别名】亚硝基铁氰化钠。

【药理作用】本药为速效、短时的血管扩张药。①对动、静脉平滑肌均有直接扩张作用，通过扩张血管使周围血管阻力减低，产生降压作用。②通过扩张血管作用还能减低心脏前、后负荷，改善心排出量，以及减轻瓣膜关闭不全时的血液反流，从而使心力衰竭症状缓解。③本药不影响子宫、十二指肠或心肌的收缩，对局部血流分布的影响也不大。

【适应证】①用于高血压急症，如恶性高血压、高血压危象、高血压脑病、嗜铬细胞瘤手术前后阵发性高血压等的紧急降压。②用于麻醉期间控制性降压。③用于急性心力衰竭，如急性心肌梗死或瓣膜（左房室瓣或主动脉瓣）关闭不全时的急性心力衰竭。

【用法用量】成人：高血压急症、麻醉期间控制性降压、急性心力衰竭，静脉滴注。a. 起始剂量为 0.5 $\mu g/(kg \cdot min)$，根据疗效逐渐以 0.5 $\mu g/(kg \cdot min)$ 递增，常用维持剂量为 3 $\mu g/(kg \cdot min)$，极量为 10 $\mu g/(kg \cdot min)$，总量为 3500 $\mu g/kg$。b. 本药用于心力衰竭时开始剂量宜小（一般是 25 $\mu g/min$），逐渐增量。停药时应逐渐减量，并加用口服血管扩张药，以免出现病状"反跳"。儿童：高血压急症、麻醉期间控制性降压、急性心力衰竭，静脉滴注，常用剂量为 1.4 $\mu g/(kg \cdot min)$，按疗效逐渐调整用量。

【注意事项】①用于麻醉期间控制性降压时，患者如有贫血或低血容量，应先予纠正再给药；如为少壮男性患者，则剂量宜大，甚至可接近极量。②左心衰竭伴有低血压时，须同时加用心肌正性肌力药（如多巴胺或多巴酚丁胺）。③撤药时应给予口服降血压药巩固疗效。

【药物相互作用】①其他降血压药（如甲基多巴、可乐定）：合用可使血压急剧下降。②多巴酚丁胺：合用可使心排出量增加而肺毛细血管楔嵌压降低。③西地那非：可加重本药的降血压反应。④磷酸二酯酶抑制药：合用可增强本药的降压作用。⑤维生素 B_{12}：合用可预防本药所致的氰化物中毒反应及维生素 B_{12} 缺乏症。⑥拟交感胺类药：合用可使本药的降压作用减弱。

硫酸镁

【别名】苦盐、硫苦、麻苦乐儿、天甲元、泻利盐、泻盐。

【药理作用】本药可因给药途径不同呈现不同的药理作用。①抗惊厥和肌肉痉挛作用：注射本药后，镁离子能抑制中枢神经系统，减少神经肌肉接头乙酰胆碱的释放，并降低运动神经元终板对乙酰胆碱的敏感性，产生镇静、解除或降低横纹肌收缩作用，也能降低颅内压，对子痫有预防和治疗作用。本药尚可抑制子宫平滑肌细胞的动作电位，使宫缩频率减少，强度减弱，故可用于治疗早产。②导泻作用：本药口服吸收少，在肠内形成一定的渗透压，使肠内保有大量的水分，刺激肠蠕动而起导泻作用。③利胆作用：小剂量硫酸镁可刺激十二指肠黏膜，反射性地引起胆总管括约肌松弛，胆囊收缩，加强胆汁引流，促进胆囊排空，起利胆作用。④对心血管系统的作用：注射给药，过量镁离子可直接舒张外周血管平滑肌及引起交感神经节冲动传递障碍，从而使血管扩张，血压下降。此外，静脉用药能延长心脏传导系统的有效不应期，提高心室颤动阈值，并使心肌复极均匀，减少或消除折返激动，有利于快速型室性心律失常的控制。⑤消炎去肿：本药 50% 溶液外用热敷患处，有消炎去肿的作用。

【适应证】①主要作为抗惊厥药。用于妊娠高血压综合征，降低血压，防治先兆子痫及子痫；也可用于治疗早产。②作为容积性泻药及利胆解痉药，用于导泻和十二指肠引流及治疗胆绞痛。③用于低镁血症的预防和治疗。④用于对普通治疗无效且无心肌损害的阵发性房性心动过速（FDA 批准适应证）。⑤用于钡中毒。⑥用于脑水肿。⑦用于尖端扭转型室性心动过速。⑧用于 24 小时尿镁排泄量试验。⑨用于急性重症哮喘。⑩用于发作频繁且其他治疗效果不佳的心绞痛患者，对伴有高血压的患者效果较好。⑪用于尿毒症、破伤风、急性肾性高血压危象。⑫外用热敷可消炎去肿。

【用法用量】 成人：①中重度妊娠高血压、先兆子痫、子痫。静脉给药，首次剂量为2.5～4 g，用25%葡萄糖注射液20 mL稀释后，5分钟内缓慢注射，随后以1～2 g/h的速度静脉滴注。通常24小时总量不超过30 g。②早产。静脉给药，首次负荷量为4 g，用25%葡萄糖注射液20 mL稀释后，5分钟内缓慢注射；随后用25%硫酸镁注射液60 mL，加于5%葡萄糖注射液1000 mL中静脉滴注，速度为2 g/h，直到宫缩停止后2小时，随后口服β-肾上腺素受体激动药维持。③导泻（口服给药）。a. 结晶粉，一次5～20 g，清晨空腹服用，同时饮水100～400 mL，也可用水溶解后服用。b. 溶液，一次10～40 mL，清晨空腹服用。④利胆（口服给药）。a. 结晶粉，一次2～5 g，每日3次，餐前或两餐间服用。b. 溶液，一次4～10 mL，每日3次，餐前服用。⑤低镁血症。a. 肌内注射，轻度镁缺乏，一次1 g（25%硫酸镁注射液4 mL），一日总量为2 g。重度镁缺乏，一次0.03 g/kg。b. 静脉滴注，轻度镁缺乏，一次1 g，溶于5%葡萄糖注射液500 mL中静脉滴注，一日总量为2 g。重度镁缺乏，将2.5 g硫酸镁溶于5%葡萄糖注射液（或生理盐水）中，缓慢滴注3小时。⑥全静脉内营养。静脉滴注，0.015～0.03 g/(kg·d)。儿童：①抗惊厥。静脉给药/肌内注射，一次0.1～0.15 g/kg，肌内注射，同时以5%～10%葡萄糖注射液将本药稀释成1%溶液静脉滴注，或稀释成5%溶液静脉注射。②导泻。口服给药，一次1～5 g，并大量饮水。③全静脉内营养。静脉滴注，0.03 g/(kg·d)。

【注意事项】 ①体重较轻者，不可在短时间内大量使用本药，以免中毒。②本药不作为治疗儿童惊厥的首选药物。③用药前应了解患者心肺情况，心肺毒性（尤其是呼吸抑制）是注射硫酸镁最危险的不良反应，可较快达到致死的呼吸麻痹，注射前呼吸频率每分钟至少保持16次。④中枢神经抑制药中毒需导泻时，应避免使用硫酸镁，改用硫酸钠。

【药物相互作用】 ①保钾利尿药：可增加血清、淋巴细胞和肌肉中的镁和钾，合用时易致高镁血症和高钾血症。②β肾上腺素受体激动药（如利托君）：保胎治疗时，本药与以上药物同时使用，可使心血管不良反应增加。③甲芬那酸：本药可促进甲芬那酸的吸收。④活性炭配制的口服吸附解毒药：合用可减少毒物吸收并加速排泄。⑤氯化钡：合用可形成不溶性无毒硫酸钡排出，故硫酸镁可用于口服氯化钡中毒的治疗。⑥尿激酶：本药可提高尿激酶的溶栓疗效，缩小梗死面积，减少并发症，并有益于缺血-再灌注损伤的防治。⑦双氢吡啶类钙通道阻滞药（如硝苯地平、非洛地平）：合用可导致降压作用和神经肌肉阻滞效应增强。⑧氯氮、氯丙嗪：本药可增强以上药物的中枢抑制作用。⑨氨基糖苷类抗生素（如庆大霉素）：合用可增强神经肌肉阻滞作用。⑩洋地黄：已洋地黄化的患者应用本药时可发生严重的心脏传导阻滞甚至心搏骤停。⑪奎尼丁：本药可减慢奎尼丁经肾的排泄。⑫加替沙星、诺氟沙星：合用可形成不吸收性复合物，降低以上药物的吸收水平，使以上药物血药浓度降低。⑬灰黄霉素：本药可使灰黄霉素吸收减少，血药浓度降低。⑭双香豆素、地高辛、异烟肼：合用可减弱上药物的作用。⑮钙剂：同时静脉注射钙剂，可拮抗本药对抗抽搐的疗效。⑯缩宫素：本药可减弱缩宫素刺激子宫作用。

利血平

【别名】 利舍平、尼寿品、嗪比南、蛇根碱、寿比安、血安平。

【药理作用】 本药为国产萝芙木及印度萝芙木根中的一种生物碱，是肾上腺素能神经元阻断性降血压药。一方面通过耗竭周围交感神经末端去甲肾上腺素，使交感神经冲动的传导受阻，从而扩张血管、降低周围血管阻力发挥降压作用。另一方面也使心、脑和其他器官组织中的儿茶酚胺和 5-羟色胺储存耗竭，而使心率减慢、心排出量减少，产生降血压作用。此外，本药还可作用于下丘脑部位产生镇静作用，可缓解高血压患者焦虑、紧张和头痛等症状，且对精神躁狂症状有一定疗效。

【适应证】 用于高血压，注射液可用于高血压危象，但不推荐本药作为高血压治疗的一线药物。

【用法用量】 成人：①高血压。口服给药，初始剂量为一次 0.1 ~ 0.25 mg，每日 1 次，经过 7 ~ 14 日的剂量调整期，以最小有效剂量确定维持量。极量为一次 0.5 mg。②高血压危象。肌内注射，初始剂量为一次 0.5 ~ 1 mg，以后按需要每 4 ~ 6 小时肌内注射 0.4 ~ 0.6 mg。儿童：高血压，口服给药，0.005 ~ 0.02 mg/(kg·d) 或 0.15 ~ 0.6 mg/(m^2/d)，分 1 ~ 2 次服用。

【注意事项】 ①如用药久不见效，宜与其他降血压药（如氯噻嗪类、肼屈嗪等）合用，而不应增加本药的剂量。②应用本药的患者手术时可不停药，可于术前给予阿托品以防止心动过缓；若血压过度下降，可用肾上腺素纠正。③正在服用本药的患者不能进行电休克疗法，因小的惊厥性电休克剂量即可引起严重的甚至是致命的反应。应在停用本药至少 7 日后才可开始电休克治疗。④本药停药后仍可出现中枢或心血管反应。⑤对萝芙木制剂过敏者对本药也过敏。

【药物相互作用】 ①利尿药或其他降血压药：合用可使降压作用增强。②中枢神经抑制药：合用可使中枢抑制作用增强。③β肾上腺素受体阻滞药：合用可使β肾上腺素受体阻滞药作用增强。④胍乙啶及其同类药：合用可增加直立性低血压、心动过缓及精神抑郁等不良反应。⑤洋地黄毒苷、奎尼丁：合用可引起心律失常。⑥直接性拟肾上腺素药（如肾上腺素、异丙肾上腺素、去甲肾上腺素、间羟胺、去氧肾上腺素）：合用可使以上药物的作用时间延长。⑦左旋多巴：合用可引起帕金森病发作。⑧间接性拟肾上腺素药（如麻黄碱、苯丙胺）：合用可使以上药物的作用受抑制。⑨三环类抗抑郁药：合用可使本药的降压作用减弱，抗抑郁药作用也受干扰。⑩美芬丁胺：本药可使美芬丁胺无效。⑪育亨宾：合用可使本药的降压作用减弱。⑫乙醇：合用可使中枢抑制作用增强。

氨苯蝶啶

【别名】 三氨苯蝶啶、三氨蝶呤、三氨蝶啶、盐酸氨苯蝶啶。

【药理作用】 本药为保钾利尿药，其作用部位及保钾排钠作用同螺内酯，但作用机制与后者不同。本药不是醛固酮拮抗药，而是直接抑制肾脏远端小管和集合管的 Na^+-K^+ 交换，从而使 Na^+、Cl^-、水排泄增多，而 K^+ 排泄减少。本药利尿作用较弱但迅速，其保钾作用弱于螺内酯。与其他利尿药（如噻嗪类或螺内酯）合用，能显著增强各自的利尿作用。但在治疗高血压或水肿时，本药不能代替噻嗪类药物而成为一线药物。

【适应证】 ①主要治疗水肿性疾病，包括充血性心力衰竭、肝硬化腹水、肾病综合征等，以及肾上腺皮质激素治疗过程中发生的水钠潴留。主要目的在于纠正上述情况时的继发性醛固酮分泌增多，并拮抗其他利尿药的排钾作用。②用于治疗特发性水肿。

【用法用量】①成人：用于水肿性疾病、特发性水肿，口服给药，开始时，25～100 mg/d，分2次服。与其他利尿药合用时，剂量应减少，维持阶段可改为隔日疗法。一日最大剂量不超过300 mg。②儿童：用于水肿性疾病、特发性水肿，口服给药，2.5 mg/(kg·d)或125 mg/(m^2·d)，分2次服，每日或隔日服用，以后酌情调整剂量。一日最大剂量不超过5 mg/kg或300 mg/m^2。

【注意事项】①给药应个体化，从最小有效剂量开始使用，以减少电解质紊乱等不良反应。②宜逐渐停药，防止反跳性钾丢失。

【药物相互作用】①降血压药：合用可使利尿和降压效果均增强。②含钾药物、库存血、血管紧张素转化酶抑制药、血管紧张素Ⅱ受体拮抗药、环孢素：合用可使高钾血症的发生风险增加。③多巴胺：合用可增强本药的利尿作用。④噻嗪类、髓袢利尿药：合用可使血尿酸进一步升高。⑤β肾上腺素受体阻滞药：合用可增强对血脂、尿酸和血糖浓度的影响。⑥氯化铵：合用可致代谢性酸中毒。⑦肾毒性药：合用可使肾毒性增加。⑧地高辛：合用可使地高辛半衰期延长。⑨甲氨蝶呤：合用可增强甲氨蝶呤毒性。⑩降血糖药：合用可减弱降血糖药的作用。⑪洋地黄毒苷：合用可使洋地黄毒苷的生物转化增加，疗效减弱。⑫雷尼替丁：可减少本药在肠道的吸收，抑制其在肝脏的代谢，并降低肾清除率。⑬促肾上腺皮质激素：合用可减弱本药的利尿作用。⑭雌激素：合用可减弱本药的利尿作用。⑮拟交感神经药：合用可减弱本药的降压作用。⑯葡萄糖胰岛素液、碱剂、钠型降钾交换树脂：合用可使高钾血症的发生风险降低。⑰甘珀酸钠、甘草类制剂：合用可降低本药的利尿作用。⑱非甾体消炎药（尤其是吲哚美辛）：合用可减弱本药的利尿作用，还会增加肾毒性。

五、抗休克药

肾上腺素

【别名】L-肾上腺素、副肾碱、副肾素、酒石酸肾上腺素、盐酸副肾碱、盐酸肾上腺素。

【药理作用】肾上腺素（Adrenaline，AD）为α、β肾上腺素受体激动药，是肾上腺髓质产生的主要激素，其生物合成主要是在髓质嗜铬细胞中首先形成去甲肾上腺素，然后进一步经苯乙胺-N-甲基转移酶（PNMT）的作用，使去甲肾上腺素甲基化形成肾上腺素。主要作用机制如下。①血管：主要收缩小动脉和毛细血管前括约肌，也收缩静脉和大动脉，强度及效果上的差异，取决于各部位血管的α和β肾上腺素受体分布差异以及整体的调节因素。具体为：a. 皮肤、黏膜血管以α受体占优势，故呈显著的收缩反应。b. 骨骼肌血管以$β_2$受体为主，故呈舒张作用。c. 肾脏血管以α受体占优势，当在使用对血压无明显作用的剂量时，AD即可增加肾血管阻力和减少肾血流量达40%，并可激动肾小球球旁细胞的$β_1$受体而增加肾素的分泌。d. AD可增加冠状动脉血流量，这可能是由于AD相对延长心脏的舒张期并促使心肌细胞释放腺苷。e. AD对脑血流量的影响与全身血压有关，治疗剂量时，对脑部小动脉并无显著的收缩作用，由于血压升高，脑血流量也可增加，但在正常情况下自身调节作用会限制这种增加。f. AD对肺血管具有双相作用，小剂量时舒张肺血管，大剂量收缩肺血管。中毒剂量可产生致死性肺水肿。②心脏：心脏有 β_1、β_2 和 α 受体，其中以 β_1 受体为主。人的心室肌 β_1 受体占 86%，心房肌 β_1 受体占 74%，因此 AD 兴奋心脏的作用，主要是激动心肌、传导系统和窦房结的 β_1 受体，从而加强心肌收缩力、加速传导、加快心率、提高心肌兴奋性。由于心肌收缩力增加，使心排血量和每搏输出量增加。AD 可激活冠状动脉的 β_2 受体，使冠状动脉舒张，因此可以改善心肌供血，且该作用出现较快，这是急症应用强心药的优点所在。但是 AD 又能增加心肌代谢，使心肌耗氧量增加，当心力衰竭或休克时，心肌处于缺氧状态，若静脉注射速度过快或剂量过大即可出现心律失常，甚至心室颤动。③血压：AD 对血管总外周阻力的影响与给药剂量和给药途径有关。小剂量 AD 通过兴奋心脏使心排出量增加，造成收缩压中度升高，同时作用于骨骼肌血管床的 β_2 肾上腺素受体，使血管扩张，降低周围血管阻力而减低舒张压；较大剂量时作用于骨骼肌血管床 α 肾上腺素受体使血管收缩，增加周围血管阻力，从而使收缩压及舒张压均升高。AD 典型的血压改变往往呈双相反应，即给药后迅速出现明显的升压作用，而后出现微弱的降压作用，后者作用持续时间较长。如事先给予 α 肾上腺素受体阻滞药，AD 的升压作用可被翻转，即表现为明显的降压反应（AD 对血管 β_2 受体的激动作用）。④平滑肌：a. 支气管，作用于 β_2 肾上腺素受体以松弛支气管平滑肌，解除支气管痉挛；作用于 α 肾上腺素受体使支气管脉收缩，消除充血水肿，改善通气量；还可作用于支气管黏膜层和黏膜下层肥大细胞上的 β_2 受体，抑制抗原诱导的组胺释放，直接对抗组胺导致的支气管收缩、血管扩张及水肿。b. 胃肠道，AD 一般抑制胃肠道平滑肌，表现为胃松弛、肠张力和蠕动的频率及振幅下降，主要是由于激动 α、β 肾上腺素受体所致。c. 膀胱：可松弛膀胱逼尿肌，导致尿潴留。⑤代谢：可明显提高机体的代谢，促进肝糖原分解和糖原异生，使血糖和乳酸升高。AD 通过激动肝脏的 β_2 和 α 受体而升高血糖，也能通过作用于 α_2 受体，抑制胰岛素的释放，减少周围组织对葡萄糖的摄取而升高血糖水平。AD 尚可促进脂肪分解，使血中游离脂肪酸增加，这可能是由于激活三酰甘油酶，使三酰甘油分解为游离脂肪酸和甘油所致，一般认为上述作用是通过激动脂肪细胞的 β-肾上腺素受体而产生的。⑥眼：用 AD 滴眼时扩瞳作用不明显，却可使正常人和开角型青光眼的眼压降低，这可能与减少房水的产生和促进其回流有关。⑦中枢神经系统：由于 AD 不易透过血-脑屏障，治疗量时一般无明显中枢兴奋现象，有时会出现烦躁、恐惧、头痛和震颤等，仅在大剂量时才出现中枢兴奋症状，如呕吐、激动、肌强直，甚至惊厥等。

【适应证】①用于因支气管痉挛所致严重呼吸困难（如支气管哮喘）。②用于抢救药物等引起的过敏性休克。③用于延长浸润麻醉用药的作用时间。④用于多种原因引起的心搏骤停，进行心肺复苏抢救，可与电除颤仪或利多卡因等配合使用。⑤用于治疗荨麻疹、花粉症、血清反应等过敏反应。⑥用于局部止血，如鼻黏膜、齿龈等出血。

【用法用量】①支气管哮喘：皮下注射，一次 0.25 ~ 0.5 mg，3 ~ 5 分钟即见效，但仅能维持 1 小时。必要时可重复注射 1 次。极量为一次 1 mg。②过敏性休克（如青霉素等引起的过敏性休克）：a. 静脉给药，本药 0.1 ~ 0.5 mg 缓慢静脉注射（以生理盐水稀释至10 mL）。如静脉注射疗效不佳，可改用 4 ~ 8 mg 静脉滴注（溶于 5% 葡萄糖注射液 500 ~ 1000 mL）。b. 肌内注射，一次 0.5 ~ 1 mg。c. 皮下注射，参见"肌内注射"项。③局部麻醉：局部给药，与局麻药合用，少量本药（1：500000 ~ 1：200000）加于局部麻醉药中（如普鲁卡因）。在混合药液中，本药浓度为 2~5 μg/mL，总量不超过0.3 mg。④心脏停搏：a. 静脉注射，本药0.25~0.5 mg 以生理盐水 10 mL 稀释后静脉注射，同时进行心脏按压、人工呼吸、纠正酸中毒。b. 心内注射，参见"静脉注射"项。⑤荨麻疹、花粉症、血清反应：皮下注射，1:1000 注射液 0.2~0.5 mg 皮下注射，必要时按此剂量重复注射 1 次，极量为一次 1 mg。⑥止血：局部给药，将浸有本药溶液（1:20000~1:1000）的纱布填塞于出血处。⑦开角型青光眼：经眼给药，用滴眼液滴眼。

【注意事项】①本药遇氧化物、碱类、光线及热均可分解变色，其水溶液露置于空气及光线中即分解变为红色，不宜使用。②反复在同一部位给药可导致组织坏死，注射部位必须轮换。③每次局部麻醉时使用剂量不可超过 0.3 mg，否则可引起心悸、头痛、血压升高等。用于指、趾部局部麻醉时，药液中不宜加用本药，以免肢端组织供血不足而致坏死。④用药时必须严格控制药物剂量。⑤用本药滴眼液时，应在使用缩瞳药后至少 5 分钟再用药，以免发生额痛或头痛。⑥用于过敏性休克时，由于血管的通透性增加，有效血容量不足，必须同时补充血容量。⑦长期或过量使用本药可产生耐药性，停药数日后再用药，效应可恢复。⑧下列反应持续存在时须引起注意，头痛、焦虑不安、烦躁、失眠、面色苍白、恐惧、震颤、眩晕、多汗、心跳异常增快或沉重感。⑨本药口腔吸入剂用药 20 分钟后如症状未缓解或加重时应停药，且不应超过推荐剂量或频率使用。已使用其他药物治疗哮喘的患者不应使用本药。⑩对其他拟交感胺类药（如麻黄碱、异丙肾上腺素、去氧肾上腺素、去氧肾上腺素等）过敏者，对本药也可能过敏。

【药物相互作用】①单胺氧化酶抑制药（MAOI）：MAOI 可增强本药的升压作用。②三环类抗抑郁药：合用可引起心律失常、高血压。③其他拟交感胺类药：合用时易出现不良反应。④β肾上腺素受体阻滞药（如普萘洛尔）：合用时两者的疗效相互抵消，可发生高血压、心动过缓、支气管收缩。⑤全身麻醉药（如氯仿、环丙烷、氟烷）：合用有发生严重室性心律失常及急性肺水肿的危险。⑥洋地黄类药：合用可导致心律失常。⑦麦角胺、麦角新碱、催产素：合用可导致严重高血压或周围组织缺血。⑧利血平、胍乙啶：合用可使以上药物的降压作用减弱，而本药的效应增强，引起高血压及心动过速。⑨硝酸酯类药：合用可抵消本药的升压作用而发生低血压，同时硝酸酯类药的抗心绞痛效应减弱。⑩α肾上腺素受体阻滞药（如吩噻嗪、酚妥拉明、酚苄明、妥拉唑林）、血管扩张药：以上药物可对抗本药的升压作用。⑪降血糖药（口服降血糖药、胰岛素）：合用可减弱口服降血糖药及胰岛素的作用。⑫氯丙嗪：合用可引起严重的低血压。

六、调脂及抗动脉粥样硬化药

辛伐他汀

【别名】博占同、海旨疏、剑之亭、捷芝、京必舒新、卡地克、理舒达、利之舒、米希伦、浦优脂、塞瓦停、赛夫丁、舒降之、斯伐他汀、苏之、西之达、希赛、辛可、辛优旨、新达苏、新之辛、幸露、忆辛、泽之浩、征之、正支、旨清、旨泰。

【药理作用】本药为由土曲霉醇解产物合成的 HMG-CoA 还原酶抑制药。药物本身无活性，其水解产物在肝内通过竞争性抑制胆固醇合成过程中的限速酶 HMG-CoA 还原酶，使胆固醇的合成减少及低密度脂蛋白受体合成增加，从而使血胆固醇和低密度脂蛋白胆固醇水平显著降低。也可中度降低血三酰甘油和增高血高密度脂蛋白水平，从而有利于动脉粥样硬化和冠心病的防治。用于高脂血症：对于原发性高胆固醇血症患者，当饮食控制及其他非药物治疗不理想时，本药可用于降低总胆固醇、低密度脂蛋白胆固醇、载脂蛋白 B 和三酰甘油；且本药可升高高密度脂蛋白胆固醇，从而降低低密度脂蛋白／高密度脂蛋白和总胆固醇/高密度脂蛋白的比率。对冠心病患者，本药可用于：①减少冠心病死亡及非致死性心肌梗死的风险。②减少心肌血管再通手术（冠状动脉搭桥术及经皮气囊冠状动脉成形术）的概率。③延缓动脉粥样硬化的进展，包括新病灶及栓塞的发生。

【适应证】①用于高胆固醇血症和混合型高脂血症。②用于冠心病和脑卒中的防治。

【用法用量】①高胆固醇血症：口服用药，一般起始剂量为 10 mg/d，晚间顿服。对于胆固醇水平轻度至中度升高的患者，起始剂量为 5 mg/d。若需调整剂量，则应间隔 4 周以上。最大剂量为 40 mg/d，晚间顿服。当低密度脂蛋白胆固醇水平降至 1.94 mmol/L（75 mg/dL）以下或总胆固醇水平降至 3.6 mmol/L（140 mg/dL）以下时，应减量。②冠心病：口服用药，起始剂量为 20 mg/d，晚间顿服，剂量调整应间隔 4 周以上，最大剂量为 40 mg/d。

【注意事项】①由于不能确知短期中断治疗的不良继发症，在较大的外科手术前数日及发生较严重的急性内科或外科疾病时，应停止本药的治疗。②患者在接受本药治疗以前应接受标准降胆固醇饮食并在治疗过程中继续维持。③应用本药期间如出现低血压、严重急性感染、创伤、代谢紊乱等，需注意可能出现继发于横纹肌溶解后的肾衰竭。

【药物相互作用】①洛美他派：合用可使本药暴露量加倍。②贝特类药（如吉非贝齐）、降脂剂量（≥1 g/d）的烟酸：合用可致发生肌病的风险增加。③细胞色素 P450（CYP）3A4 强效抑制药（如伊曲康唑、酮康唑、红霉素、克拉霉素、HIV 蛋白酶抑制药、奈法唑酮）：合用可增加发生肌病的风险。④环孢素：合用可致发生肌病的风险增加。⑤胺碘酮、氨氯地平、雷诺嗪、维拉帕米、地尔硫䓬：合用可增加发生肌病和横纹肌溶解的风险。⑥达那唑：合用可增加发生肌病和横纹肌溶解的风险。⑦香豆素类抗凝血药：合用可中度提高香豆素类抗凝血药的抗凝血效果。⑧地高辛：本药可使地高辛的血药浓度轻度升高。⑨考来替泊、考来烯胺：以上药物可使本药生物利用度降低。

洛伐他汀

【别名】艾乐汀、都乐、海立、俊宁、乐福欣、乐活、乐瓦停、罗华宁、罗斯特、洛伐他沙丁、洛凡司丁、洛特、洛之达、脉温宁、美降之、美维诺林、明维欣、尼舒、苏尔清、苏欣、欣露、雪庆。

【药理作用】本药为从土霉素培养液中分离制备的 HMG-CoA 还原酶抑制药，其作用特点为：①在肝脏通过竞争性抑制胆固醇合成过程中的限速酶 HMG-CoA 还原酶，使胆固醇的合成减少。②触发肝代偿性增加低密度脂蛋白（LDL）受体的合成，使肝对低密度脂蛋白的摄取增加，最终使血胆固醇和低密度脂蛋白水平降低，同时有利于动脉粥样硬化和冠心病的防治。此外，本药还具有降低血清三酰甘油水平和增高血高密度脂蛋白（HDL）水平作用，但不适用于以三酰甘油升高为主（即高脂血症 Ⅰ、Ⅳ 和 Ⅴ 型）的患者。

【适应证】用于治疗高胆固醇血症和混合型高脂血症。

【用法用量】高胆固醇血症、混合型高脂血症，口服给药，速释剂，一次 10～20 mg，每日 1 次，晚餐时服用。按需要调整剂量，调整间隔为 4 周，最大剂量为 80 mg/d，每日 1 次或于早晚餐时分 2 次服用。当低密度脂蛋白胆固醇（LDL-C）降至 75 mg/100 mL（1.94 mmol/L）以下或总胆固醇（TC）降至 140 mg/100 mL（3.6 mmol/L）以下时，应减量。

【注意事项】①应用本药调节血脂时须同时进行饮食治疗。②患者存在严重感染、低血压、大手术、外伤、严重内分泌或代谢紊乱或无法控制的抽搐等严重情况，尤其有继发于横纹肌溶解的肾衰竭时，应停药。

【药物相互作用】①胆汁酸螯合药：合用可增强降胆固醇效应。②口服抗凝血药：合用可使凝血酶原时间延长，从而使出血的风险增加。③胺碘酮：合用可增加发生肌病或横纹肌溶解的风险。④免疫抑制药（如环孢素）：合用可增加发生横纹肌溶解和急性肾衰竭的风险。⑤达那唑、地尔硫䓬：合用可增加发生肌病或横纹肌溶解的风险。⑥贝特类药（如吉非贝齐）、烟酸（≥1 g/d）：合用可增加发生肌病或横纹肌溶解的风险。⑦维拉帕米：合用可增加发生肌病或横纹肌溶解的风险。⑧阿奇霉素：合用可增加发生横纹肌溶解和急性肾衰竭的风险。⑨细胞色素 P450（CYP）3A4 强抑制药（如 HIV 蛋白酶抑制药、克拉霉素、红霉素、泰利霉素、伊曲康唑、酮康唑、泊沙康唑、波普瑞韦、替拉瑞韦、奈法唑酮）：合用可增加发生肌病或横纹肌溶解的风险。⑩考来烯胺、考来替泊：合用可使本药的生物利用度降低。

非诺贝特

【别名】苯酰降脂丙酯、冠之柠、降脂异丙酯、可立清、力平之、利必非、利旨平、脉怡康、美利普特、普鲁脂芬、祺抒、太韦络。

【药理作用】本药为氯贝丁酸衍生物类血脂调节药，通过抑制极低密度脂蛋白（VLDL）和三酰甘油的生成并同时使其分解代谢增多，降低血低密度脂蛋白、胆固醇和三酰甘油；还使载脂蛋白 A I 和 A II 生成增加，从而升高高密度脂蛋白。本药尚有降低血尿酸作用。

【适应证】用于治疗成人饮食控制疗法效果不理想的高脂血症（包括内源性高三酰甘油血症、高胆固醇血症、单纯型或混合型高脂血症）。

【用法用量】高脂血症，口服给药：①普通片剂或胶囊：一次 100 mg，每日 3 次；维持剂量为一次 100 mg，每日 1～2 次。②微粒化片：一次 160 mg，每日 1 次。③分散片、咀嚼片：一次 200 mg，每日 1 次。④微粒化胶囊：一次 160 mg 或 200 mg，每日 1 次。⑤缓释胶囊：一次 250 mg，每日 1 次。⑥颗粒：原发性高胆固醇血症和混合型高脂血症患者的起始剂量为 200 mg/d；高三酰甘油血症患者的起始剂量为 67～200 mg/d，剂量可根据患者反应进行调整，最大剂量为 200 mg/d。

【注意事项】①服用本药时仍需继续控制饮食。饮食疗法始终是治疗高血脂的首要方法，合并锻炼和减轻体重等方式，都将优于单用药物治疗的疗效。②在治疗高脂血症的同时，还需关注和治疗可引起高脂血症的各种原发病（如甲状腺功能减退症、糖尿病），并进行充分治疗。③某些药物也可引起高脂血症，如雌激素、噻嗪类利尿药和 β 肾上腺素受体阻滞药等，停药后，则不再需要相应的抗高血脂治疗。④当胆固醇的水平正常时，建议减少剂量。用药 2 个月后无效应停药，但于治疗结节性黄瘤可能需 1 年。

【药物相互作用】①口服抗凝血药（如香豆素类抗凝血药）：本药可增强香豆素类抗凝血药的疗效，使凝血酶原时间延长。②其他高蛋白结合率的药物（如甲苯磺丁脲及其他磺脲类降血糖药、苯妥英、呋塞米）：合用可使以上药物药效增强。③其他贝特类药：合用可增加不良反应（如横纹肌溶解）和两种分子间的药效拮抗作用的发生率。④羟甲基戊二酸单酰辅酶A（HMG-CoA）还原酶抑制药（如普伐他汀、氟伐他汀、辛伐他汀）：合用可引起肌痛、横纹肌溶解、血肌酸磷酸激酶升高等。⑤胆汁酸结合树脂（如考来烯胺）：合用可影响本药的吸收。⑥免疫抑制药（如环孢素）或其他具肾毒性的药物：合用可能有导致肾功能恶化的危险。

吉非罗齐

【别名】博利脂、常衡林、二甲苯氧庚酸、二甲苯氧戊酸、吉非贝齐、甲苯丙妥明、洁脂、康利脂、洛平、诺衡、诺胶、维绛知、新斯达、尤瑞旨、脂必清。

【药理作用】本药为非卤化的氯贝丁酯类降血脂药，作用较氯贝丁酯强而持久。本药降血脂的作用机制尚未完全明了，可能与以下因素有关：①抑制周围脂肪分解，抑制肝脏的三酰甘油酯酶，减少肝脏摄取游离脂肪酸，从而减少肝内三酰甘油（TG）生成。②本药可降低血极低密度脂蛋白（VLDL）的合成，增加肝外脂蛋白酶活性，促进VLDL分解而使TG减少。③轻度降低血低密度脂蛋白浓度，但应注意在Ⅳ型高脂蛋白血症患者中可能使高密度脂蛋白（LDL）升高。此外，本药还能减少冠心病猝死、心肌梗死的发生。

【适应证】用于高脂血症。适用于严重Ⅳ型或Ⅴ型高脂血症经饮食控制及减轻体重等一般治疗无效而冠心病危险性大者；也适用于Ⅱb型高脂血症经一般治疗及其他血脂调节药治疗无效而冠心病危险性大者。

【用法用量】高脂血症，口服给药，一次0.3~0.6 g，每日2次，早餐及晚餐前30分钟服用。可根据情况增、减剂量。

【注意事项】①由于本药对人类有潜在的致癌性，应严格限制在指定的临床应用范围内使用，治疗3个月无效应及时停药。②停用本药后血胆固醇（CHO）和三酰甘油（TG）可能反跳超过原来水平，故宜继续给予低脂饮食并监测血脂至正常水平。③治疗高血脂的同时，应关注和治疗引起高血脂的各种原发病，如甲状腺功能减退、糖尿病等。雌激素、噻嗪类利尿药、β肾上腺素受体阻滞药等也可引起高血脂，停用上述药物后，则不需相应的降血脂治疗。④本药禁止与辛伐他汀合用。

【药物相互作用】①口服抗凝血药（如华法林）：本药可明显增加口服抗凝血药的抗凝血作用。②其他高蛋白结合率的药物（如甲苯磺丁脲及其他磺脲类降血糖药、苯妥英、呋塞米）：合用可导致以上药物作用增强。③免疫抑制药（如环孢素）：合用可使免疫抑制药的血药浓度升高、肾毒性增强，有导致肾功能恶化的危险。④HMG-CoA还原酶抑制药（如洛伐他汀）：合用可增加严重肌肉损害的危险，引起肌痛、横纹肌溶解、磷酸肌酸激酶（CPK）升高等肌病。⑤瑞格列奈：合用可增加发生严重低血糖的风险。⑥秋水仙碱：合用可能增加肌病的发生率（尤其是肾功能不全者和老年人）。⑦胆汁酸结合树脂（如考来烯胺）：合用可影响本药的吸收。

依折麦布

【别名】益适纯。

【药理作用】本药为选择性胆固醇吸收抑制药，可附着于小肠绒毛刷状缘，局部作用于小肠上皮细胞，选择性抑制小肠中胆固醇和相关植物固醇的吸收，从而减少小肠中胆固醇向肝脏的转运，降低肝脏中胆固醇储量，增加血液中胆固醇的清除。由于本药对内源性胆固醇无抑制作用，而他汀类药物的作用机制为减少肝脏中胆固醇的合成，故两药联用有协同降低胆固醇的作用，在降低高胆固醇血症患者的血清总胆固醇（TC）、低密度脂蛋白胆固醇（LDL-C）、载脂蛋白-B（ApoB）和三酰甘油（TG）及提高高密度脂蛋白胆固醇（HDL-C）等方面均优于两种药物单独应用。此外，本药不增加胆汁分泌（如胆酸螯合药），对小肠吸收三酰甘油、脂肪酸、胆汁酸、黄体酮、炔雌醇及脂溶性维生素均无显著影响。

【适应证】①用于原发性（杂合子家族性或非家族性）高胆固醇血症，可单独或与HMG-CoA还原酶抑制药（他汀类）联合应用。②用于纯合子家族性高胆固醇血症（HoFH）。③用于纯合子谷固醇血症（或植物固醇血症）。

【用法用量】①成人：高胆固醇血症、纯合子谷固醇血症，口服给药，一次 10 mg，每日 1 次，单用或与他汀类药或非诺贝特合用。②儿童：高胆固醇血症、纯合子谷固醇血症，口服给药，10 岁及以上儿童，同成人。

【注意事项】①与胆酸螯合药合用时，应在胆酸螯合药服用前至少 2 小时或服用后至少 4 小时服用本药。②用药期间应坚持适当的低脂饮食。用药前已进行标准降胆固醇食疗者，用药期间应继续食疗。

【药物相互作用】①环孢素：合用可升高本药的血药浓度。②贝特类药（如非诺贝特、吉非贝齐）：非诺贝特和吉非贝齐可分别使本药的血药浓度升高 1.5 倍和 1.7 倍。与贝特类药合用还可增加发生胆结石的风险。③考来烯胺：合用可降低本药平均曲线下面积约 55%。在考来烯胺基础上加用本药以增强降 LDL-C 的作用时，其增强效果可能因上述相互作用而减弱。④抗酸药：合用可降低本药的吸收速度但不影响其生物利用度。⑤香豆素类抗凝血药（如华法林）、氟茚二酮：合用不显著影响抗凝血药的生物利用度及凝血时间。⑥西咪替丁：合用对本药的生物利用度无影响。⑦他汀类药（如阿托伐他汀、辛伐他汀、普伐他汀、洛伐他汀、氟伐他汀、瑞舒伐他汀）：合用时未见有临床意义的药动学相互作用。⑧经细胞色素 P450（CYP）1A2、2D6、2C8、2C9、3A4 或转 N－乙酰酶代谢的药物：尚未见本药与以上药物之间有具临床意义的药动学相互作用。⑨氨苯砜、右美沙芬、地高辛、口服避孕药（如炔雌醇、左炔诺孕酮）、格列吡嗪、甲苯磺丁脲、咪达唑仑：合用时未影响以上药物的药动学。

第七节　呼吸系统用药

一、祛痰药

盐酸溴己新

【别名】傲群、必嗽平、必消痰、菲力星、伏枝、赫克迪思、卡贝、普尼克斯、赛维、顺琪润、坦平疏、溴苄环己铵、溴己铵、盐酸溴苄环己胺、盐酸溴环己铵、盐酸溴己铵。

【药理作用】本药是从鸭嘴花碱（Vasicine）中得到的半合成品，具有较强的黏痰溶解作用，可使痰中的多糖纤维裂解，稀化痰液；还能抑制黏液腺和杯状细胞中酸性糖蛋白的合成，从而使痰液中的唾液酸含量减少，痰液黏度降低，有利于痰液咳出。此外，本药的祛痰作用还与其促进呼吸道黏膜的纤毛运动及具有恶心性祛痰作用有关。

【适应证】用于慢性支气管炎、哮喘、支气管扩张、硅沉着病等有黏痰不易咳出。

【用法用量】祛痰：①口服给药，一次 8～16 mg，每日 3 次。②肌内注射，一次 4 mg，每日 2～3 次。粉针剂需先用注射用水 2 mL 溶解。③静脉注射，一次 4 mg，每日 2～3 次。用 5% 葡萄糖注射液稀释后静脉注射。④静脉滴注，一次 4 mg，每日 2～3 次。粉针剂需用 0.9% 氯化钠注射液或 5% 葡萄糖注射液溶解稀释后静脉滴注。

【注意事项】脓痰患者需加用抗生素控制感染。

【药物相互作用】四环素类抗生素、阿莫西林：合用可增强抗菌疗效。

盐酸氨溴索

【别名】艾沐、安布索、安普索、氨溴醇、氨溴环醇、奥勃抒、奥古丽、奥海润、百沫舒、贝莱、必与、恩久平、菲得欣、给欣、海天欣、华明威、开顺、考夫克、快龙、兰勃素、兰苏、乐舒凡、美舒咳、美斯可、沐舒坦、耐邦、诺健、平坦、全福乐舒痰、瑞艾乐、瑞田、润津、抒坦清、帅克坦、双倡、痰之保克、痰之得克、坦静、坦刻抒、葵清、通益舒乐、维care 莱、欣得生、溴环己胺醇、盐酸溴环己胺醇、伊诺舒、怡福宁、奕舒。

【药理作用】本药为溴己新在人体内的代谢产物，作用较溴己新强。能促进呼吸道黏膜黏液腺的分泌，减少黏液腺分泌，减少和断裂痰液中的黏多糖纤维，使痰液黏度降低，痰液变薄；本药还可促进肺表面活性物质的分泌，增强支气管纤毛运动，使痰液易于咳出。

【适应证】①用于伴有痰液分泌不正常及排痰功能不良的急、慢性肺部疾病（如慢性支气管炎急性发作期、喘息性支气管炎及支气管哮喘的祛痰治疗）。②本药注射剂可用于术后肺部并发症的预防性治疗及婴儿呼吸窘迫综合征（IRDS）的治疗。

【用法用量】成人：①祛痰，口服给药。a. 片剂、分散片、泡腾片、咀嚼片，一次 30～60 mg，每日 3 次，餐后服用。b. 口腔崩解片：一次 30 mg，每日 3 次，餐后服用。可将药物置于舌面待其崩解后咽下，或用少量水吞服。c. 颗粒：在治疗的最初 2～3 日，一次 30 mg，每日 3 次。随后一次 30 mg，每日 2 次，餐后服用。d. 胶囊：一次 30 mg，每日 3 次，长期服用可减为每日 2 次。e. 缓释片、缓释胶囊，一次 75 mg，每日 1 次。f. 口服溶液，0.3% 同颗粒；0.6%，一次 60 mg，每日 2 次。g. 糖浆，一次 60 mg，每日 2 次。②术后肺部并发症的预防性治疗。a. 静脉注射，一次 15 mg，每日 2～3 次，缓慢静脉注射。严重者可增至一次 30 mg。b. 静脉滴注，同"静脉注射"项。儿童：①祛痰口服给药。a. 口腔崩解片、胶囊，12 岁以上儿童，同成人用法用量。b. 咀嚼片，2 岁以下儿童，一次 7.5 mg，每日 2 次；2～5 岁儿童，一次 7.5 mg，每日 3 次；6～12 岁儿童，一次 15 mg，每日 2～3 次。c. 颗粒，2 岁以下儿童，一次 7.5 mg，每日 2 次；2～5 岁儿童，一次 7.5 mg，每日 3 次；6～12 岁儿童，一次 15 mg，每日 2～3 次；12 岁以上儿童，同成人用法用量。d. 缓释胶囊，1.2～1.6 mg/(kg·d)，具体推荐剂量如下。3～4 岁儿童，体重 14～17 kg，25 mg/d；5～9 岁儿童，体重 18～27 kg，37.5 mg/d；

10~13 岁儿童, 体重28~35 kg, 50 mg/d; 14 岁儿童, 体重 36 kg, 75 mg/d。e. 口服溶液, 0.3% 同颗粒; 0.6%, 1~2 岁儿童, 一次 15 mg, 每日 2 次, 2~6 岁儿童, 一次 15 mg, 每日 3 次, 6~12 岁儿童, 一次 30 mg, 每日 2~3 次, 12 岁以上儿童同成人用法用量。f. 糖浆, 同 "口服溶液 (0.6%)" 用法用量。②术后肺部并发症的预防性治疗。a. 静脉注射。2 岁以下儿童, 一次 7.5 mg, 每日 2 次; 2~6 岁儿童, 一次 7.5 mg, 每日 3 次; 6~12 岁儿童, 一次 15 mg, 每日 2~3 次; 12 岁以上儿童, 同成人用法用量。缓慢静脉注射。b. 静脉滴注, 同 "静脉注射" 项。③IRDS。a. 静脉注射, 30 mg/(kg·d), 分 4 次给药, 应使用注射泵给药, 静脉注射时间不得低于 5 分钟。b. 静脉滴注, 同 "静脉注射" 项。

【注意事项】①本药不宜与阿托品类药合用。②本药的祛痰作用可因补液而增强。③如本药漏服 1 次或服用量不够, 仅需按原剂量在适当的时间服用下一次剂量。

【药物相互作用】①支气管扩张药 (如 β_2 肾上腺素受体激动药、茶碱): 合用具有协同作用。②抗生素 (如阿莫西林、阿莫西林/克拉维酸钾、氨苄西林、头孢呋辛、红霉素、多西环素): 合用可使抗生素在肺组织的分布浓度升高, 增强其抗菌疗效。③中枢镇咳药 (如右美沙芬): 合用有导致稀化的痰液阻塞气道的风险。

羧甲司坦

【别名】百越、费立、甲坦、卡立宁、康普利、美咳、强利灵、强利痰灵、羧甲半胱氨酸、羧甲基半胱氨酸。

【药理作用】本品为黏液调节剂, 主要作用于支气管腺体的分泌, 使低黏度的唾液黏蛋白分泌增加, 高黏度的岩藻黏蛋白产生减少, 因而使痰液的黏稠性降低而易于咳出。

【适应证】用于治疗支气管炎、支气管哮喘等引起的痰液黏稠、咳痰困难及痰阻气管所致的肺通气功能不全等。

【用法用量】口服: 成人一次 250~500 mg, 每日 1~3 次; 儿童 300~600 mg/d。

【注意事项】①有消化道溃疡病史者慎用。②避免与中枢性镇咳药同时使用, 以免稀化的痰液堵塞气道。

【药物相互作用】应避免同时服用强镇咳药, 以免痰液堵塞气管。

二、镇咳药

枸橼酸喷托维林

【别名】枸橼酸维静宁、咳必清、托可拉斯、维静宁。

【药理作用】本品对咳嗽中枢有选择性抑制作用, 尚有轻度的阿托品样作用和局部麻醉作用, 大剂量对支气管平滑肌有解痉作用, 故它兼有中枢性和末梢性镇咳作用。其镇咳作用的强度约为可待因的 1/3, 但无成瘾性。一次给药作用可持续 4~6 小时。

【适应证】用于多种原因引起的干咳。

【用法用量】口服: 成人一次 25 mg, 每日 3~4 次; 5 岁以上儿童, 一次 12.5 mg, 每日 2~3 次。

【注意事项】①本药仅为对症治疗药, 如应用 7 日症状无明显好转, 应立即就医。②服药期间不得驾驶机、车、船, 从事高空作业、机械作业及操作精密仪器。③老人、孕妇及哺乳期妇女应在医生指导下使用。④青光眼及心力衰竭患者慎用。⑤本品无祛痰作用，痰多患者请在医生指导下使用。⑥对本品过敏者禁用，过敏体质者慎用。

【药物相互作用】本药与马来酸酯奋乃静、阿伐斯汀、阿吡坦、异戊巴比妥、安他唑啉、阿普比妥、阿扎他啶、巴氯芬、溴哌利多、溴苯那敏、布克利嗪、丁苯诺啡、丁螺环酮、水合氯醛等合用，可增加本药的中枢神经系统和呼吸系统抑制作用。

磷酸可待因

【别名】甲基吗啡、尼柯康。

【药理作用】本药可直接抑制延脑的咳嗽中枢，镇咳作用迅速而强大，其作用强度约为吗啡的 1/4，其呼吸抑制、便秘、耐受性及成瘾性等作用均较吗啡弱。本药可抑制支气管腺体的分泌，可使痰液黏稠，难以咳出，故不宜用于痰多黏稠的患者。此外，本药尚具有镇痛作用，其镇痛作用为吗啡的 1/12～1/7，但强于一般解热镇痛药。

【适应证】①用于较剧烈的频繁干咳时镇咳。②用于中度以上疼痛时镇痛。③用于局部麻醉或全身麻醉时镇静。

【用法用量】成人：①口服给药，一次 15～30 mg，30～90 mg/d；极量为一次 100 mg，250 mg/d。②皮下注射，一次 15～30 mg，30～90 mg/d。儿童：①镇痛，口服给药，一次 0.5～1 mg/kg，每日 3 次。②镇咳，口服给药，镇咳时用量为镇痛剂量的 1/3～1/2。

【注意事项】对其他阿片衍生物类药过敏者，对本药也可能过敏。

【药物相互作用】①甲喹酮：合用可增强本药的镇咳及镇痛作用，对疼痛引起的失眠也有协同疗效。②解热镇痛药：合用有协同镇痛作用，可增强止痛效果。③抗胆碱药：合用可加重便秘或尿潴留等不良反应。④美沙酮、其他吗啡类药：合用可加重中枢性呼吸抑制作用。⑤肌松药：合用可使呼吸抑制更显著。⑥单胺氧化酶抑制药：在服本药的 14 日内，若同时给予单胺氧化酶抑制药，可导致不可预见的、严重的不良反应。⑦巴比妥类药：合用可加重中枢抑制作用。⑧西咪替丁：合用可诱发精神错乱、定向力障碍和呼吸急促。⑨乙醇：乙醇可增强本药的镇静作用。⑩尼古丁：可降低本药的止痛作用。

氢溴酸右美沙芬

【别名】奥卜克、贝泰、倍克尔、德可思、福喜通、佳通、剑可、降克、科宁、可迪、可乐尔、洛顺、迈生、美沙芬、普西兰、氢溴酸美沙芬、氢溴酸美沙酚、瑞凯平、舒得、双红灵、先罗可、消克、小眉、信力、右甲吗喃。

【药理作用】本药为中枢性镇咳药，可抑制延脑咳嗽中枢而产生镇咳作用，其镇咳作用与可待因相等或稍强。一般治疗剂量不抑制呼吸，长期服用无成瘾性和耐受性。

【适应证】用于上呼吸道感染（感冒、咽喉炎、鼻窦炎等）、急性或慢性支气管炎、支气管哮喘、支气管扩张症、肺炎、肺结核等引起的咳嗽，也可用于胸膜腔穿刺术、支气管造影术及支气管镜检查时引起的咳嗽，尤其适用于干咳（如吸入刺激物引起的干咳）及术后无法进食的咳嗽患者。

【用法用量】成人：①口服给药。a. 片剂、胶囊、颗粒、咀嚼片、分散片，一次 15～30 mg，每日 3～4 次。b. 缓释片，一次 30 mg，每日 2 次。c. 口服溶液，一次 10～20 mL，每日 3～4 次。d. 糖浆，一次 15 mL，每日 3 次。e. 缓释混悬液：一次 10 mL，每日 2 次。f. 滴丸，一次 15 mg，每日 3～4 次。②肌内注射。a. 注射液，一次 1～

2 mL，每日 1～2 次。b. 粉针剂，一次 5～10 mg，每日 1～2 次。③皮下注射。同"肌内注射"项。④经鼻给药。一次 3～5 揿（轻症 3 揿，重症 5 揿），每日 3～4 次。儿童：口服给药。①片剂，2 岁及 2 岁以上儿童，一次 0.3～0.6 mg/kg，每日 3～4 次。②咀嚼片，1 mg/（kg·d），分 3～4 次服用。③分散片，2～6 岁儿童，一次 2.5～5 mg，每 4 小时 1 次；或一次 7.5 mg，每 6～8 小时 1 次，24 小时不超过 30 mg。6～12 岁儿童，一次 5～15 mg，每 4～8 小时 1 次，24 小时不超过 60 mg。④缓释混悬液，2～6 岁儿童，一次 2.5 mL，每日 2 次；6～12 岁儿童，一次 5 mL，每日 2 次；12 岁及以上儿童，同成人用法用量。⑤口服溶液、糖浆：12 岁及 12 岁以上儿童，同成人用法用量；12 岁以下儿童用量见表 18－5、表 18－6。

表 18－5　　　　　　　　　　口服溶液用法用量

年龄（岁）	标准体重（kg）	一次用量（mL）	次数
1～3	10～15	3	每日 3～4 次
4～6	16～21	4	每日 3～4 次
7～9	22～27	5	每日 3～4 次
10～12	28～32	6	每日 3～4 次

表 18－6　　　　　　　　　　糖浆用法用量

年龄（岁）	标准体重（kg）	一次用量（mL）	次数
1～3	10～15	1.5～2	每日 3～4 次
4～6	16～21	2～3	每日 3～4 次
7～9	22～27	3～4	每日 3～4 次
10～12	28～32	4～5	每日 3～4 次

【注意事项】①用药期间不得驾驶，从事高空作业、机械作业及操作精密仪器。②滥用本药可能导致死亡、脑损伤、癫痫、意识丧失、心律不齐。

【药物相互作用】①胺碘酮：可提高本药的血药浓度。②奎尼丁：可显著提高本药的血药浓度，合用可出现中毒反应。③氟西汀、帕罗西汀：合用可加重本药的不良反应。④中枢神经抑制药：合用可增强中枢抑制作用。⑤单胺氧化酶抑制药：合用可出现痉挛、反射亢进、异常发热、昏睡等症状。⑥阿片受体拮抗药：合用可出现戒断综合征。⑦乙醇：可增强本药对中枢的抑制作用。

三、平喘药

氨茶碱

【别名】阿咪康、安释定、茶碱乙烯双胺、星尤善。

【药理作用】本药是茶碱与乙二胺的复合物，含茶碱 77%～83%。乙二胺可增加茶碱的水溶性，并增强其作用。本药可抑制磷酸二酯酶，使细胞内环磷酸腺苷（cAMP）的含量提高。其药理作用主要来自茶碱，表现为：①松弛支气管平滑肌，也可松弛肠道、胆道等多种平滑肌。对支气管黏膜的充血、水肿也有缓解作用。近来有实验认为，对支气管的扩张作用是内源性肾上腺素与去甲肾上腺素释放的结果，此外，茶碱为嘌呤受体阻滞药，能对抗腺嘌呤等对呼吸道的收缩作用。②增加心排出量，扩张入球和出球肾小动脉，增加肾小球滤过率和肾血流量，抑制肾小管重吸收钠离子和氯离子。③在慢性阻塞性肺疾病时，改善膈肌收缩力，减少呼吸肌疲劳。茶碱加重缺氧时通气功能不全，被认为是过度增加膈肌的收缩而致膈肌疲劳的结果。

【适应证】①用于支气管哮喘、慢性喘息性支气管炎、慢性阻塞性肺疾病等缓解喘息症状。②用于心功能不全和心源性哮喘。

【用法用量】成人：用于支气管哮喘、慢性喘息性支气管炎、慢性阻塞性肺疾病、心功能不全和心源性哮喘。①口服给药。a. 普通片剂，一次 100 ~ 200 mg，300 ~ 600 mg/d；极量为一次 500 mg，1000 mg/d。b. 缓释片，一次 100 ~ 300 mg，每日 2 次，整片吞服。②肌内注射。一次 250 ~ 500 mg，500 ~ 1000 mg/d；极量为一次 500 mg。③静脉注射。一次 125 ~ 250 mg，500 ~ 1000 mg/d，每 125 ~ 250 mg 以 50% 葡萄糖注射液稀释至 20 ~ 40 mL，注射时间不得少于 10 分钟；极量为一次 500 mg，1000 mg/d。④静脉滴注。一次 250 ~ 500 mg，500 ~ 1000 mg/d，以 5% 或 10% 葡萄糖注射液稀释后缓慢滴注；极量为一次500 mg，1000 mg/d。⑤直肠给药。一次 360 mg，每日 1 次。儿童：①支气管哮喘、慢性喘息性支气管炎、慢性阻塞性肺疾病、心功能不全和心源性哮喘。a. 口服给药，普通片剂一次 3 ~ 5 mg/kg，每日 3 次。b. 静脉注射，一次 2 ~ 4 mg/kg，用 5% 或 25% 葡萄糖注射液稀释后缓慢注射。②新生儿（早产儿）呼吸暂停。静脉滴注，负荷量为 4 ~ 6 mg/kg；12 小时后给予维持量，一次 1.5 ~ 2 mg/kg，每日 2 ~ 3 次。

【注意事项】①本药不适用于哮喘持续状态或急性支气管痉挛发作的患者。②使用影响茶碱代谢的药物或茶碱清除率降低者用药时应谨慎，在停用合用药物后，血清茶碱浓度的维持时间显著延长，应酌情调整剂量或延长用药间隔时间。③本药的有效血药浓度范围窄，个体差异大，应根据血药浓度调整剂量或延长用药间隔时间。长期使用本药者的用量常须大于一般患者用量。具体用量应根据标准体重计算，因茶碱不分布于体内脂肪组织，理论上给予茶碱 0.5 mg/kg，即可使茶碱血药浓度升高 1 μg/mL。用于慢性病的治疗，测定用药 3 日的血茶碱浓度以 10 ~ 20 μg/mL 为宜。④对本药过敏者，也可能对其他茶碱类药过敏。

【药物相互作用】①其他茶碱类药或其他黄嘌呤类药：合用可使本药作用增强，不良反应增多。②美西律：合用可使茶碱清除率降低，血药浓度升高。③地尔硫䓬、维拉帕米：合用可使本药血药浓度升高，毒性增强。④某些抗菌药物（大环内酯类的红霉素、罗红霉素、克拉霉素；喹诺酮类的依诺沙星、环丙沙星、氧氟沙星、左氧氟沙星；克林霉素、林可霉素等）：合用可使茶碱清除率降低，血药浓度升高，甚至出现毒性反应，其中尤以与红霉素、依诺沙星合用作用更显著。⑤西咪替丁：合用可使本药在肝脏的清除率降低，血药浓度升高，毒性增强。⑥别嘌醇：合用可使本药血药浓度升高，并引起恶心、呕吐、心悸等不良反应。⑦普罗帕酮：合用可使茶碱血药浓度升高，甚至引起中毒。⑧妥卡尼：合用可使本药清除率降低，半衰期延长。⑨咖啡因：合用可使本药的半衰期延长，其作用与毒性增强。⑩大蒜新素：合用可使茶碱代谢减慢，半衰期延长。⑪口服避孕药：合用可使本药血浆清除率降低。⑫麻黄碱及其他拟交感胺类支气管扩张药：合用具有协同作用，但毒性也增加。⑬碱性药物：合用可使本药排泄减少。⑭氟烷：合用易导致心律失常。⑮洋地黄类药：合用可使洋地黄毒性增强。⑯非选择性

β 肾上腺素受体阻滞药（普萘洛尔等）：合用时，药理作用相互拮抗，本药的支气管扩张作用可能受到抑制。⑰硫酸镁：可拮抗本药所致的室性心律失常。⑱酸性药物：合用可使本药排泄增加。⑲稀盐酸：合用可使本药在小肠的吸收减少。⑳活性炭：合用可使茶碱血药浓度降低。㉑泼尼松：合用可使本药的生物利用度降低。㉒肝微粒体酶诱导药（如苯巴比妥、苯妥英、利福平、卡马西平）：合用可使茶碱的代谢和清除加速，茶碱也可干扰苯妥英的吸收，两者血药浓度均降低。㉓异丙肾上腺素、异烟肼、呋塞米：合用可使本药的血药浓度降低。㉔锂剂：合用可使锂剂疗效降低。㉕青霉素：本药可使青霉素灭活、失效。㉖氯胺酮：合用可降低机体的惊厥阈值，从而促发惊厥。㉗尼古丁：吸烟可增加肝对茶碱的代谢。

茶　　碱

【别名】埃斯玛隆、安菲林、葆乐辉、比川、茶喘平、迪帕米、时尔平、舒弗美、西弗林、希而文、优喘平。

【药理作用】本药为平滑肌松弛药，对呼吸道平滑肌起松弛作用。研究曾认为本品可抑制磷酸二酯酶，使细胞 cAMP 含量提高。近来发现本品可促使内源性肾上腺素类物质的释放。此外，本品可对抗腺嘌呤所致呼吸道收缩作用，并增强膈肌收缩力，因此可改善呼吸功能。其他方面参见氨茶碱。

【适应证】用于支气管哮喘、哮喘性支气管炎、阻塞性肺气肿、心源性哮喘等。

【用法用量】①口服：a. 缓释片，成人起始剂量为一次 100～200 mg，每日 2 次。最大日剂量为 900 mg，分 2 次服用。12 岁以上儿童，同成人用法用量。b. 缓释、控释胶囊：成人一次 200～300 mg，每 12 小时 1 次。1～9 岁儿童，一次 100 mg；9～16 岁儿童，一次 200 mg，每 12 小时 1 次。②静脉滴注：近期未接受过茶碱治疗者，首剂（负荷剂量）一次 4.7 mg/kg，缓慢滴注。不吸烟者 12 小时的维持参考剂量为 0.55 mg/(kg·h)。

【注意事项】对本药过敏者、活动性消化性溃疡患者、未控制的惊厥性疾病患者、急性心肌梗死伴血压下降者、未治愈的潜在癫痫患者禁用。

【药物相互作用】①地尔硫䓬、维拉帕米可干扰茶碱在肝内的代谢，与本品合用，增加本品血药浓度和毒性。②西咪替丁、雷尼替丁可降低本药肝清除率，合用时可增加茶碱的血清浓度和（或）毒性。③某些抗菌药物，如大环内酯类的红霉素，喹诺酮类的依诺沙星、环丙沙星、氧氟沙星，克林霉素、林可霉素等可降低茶碱清除率，增高其血药浓度，尤以依诺沙星为著，当茶碱与上述药物伍用时，应适当减量。④苯巴比妥、苯妥英、利福平可刺激茶碱肝中代谢，结果加快茶碱的清除率；茶碱也干扰苯妥英的吸收，两者血浆中浓度均下降，合用时应调整剂量。⑤与锂盐合用，可使锂的肾排泄增加，影响锂盐的作用。⑥与美西律合用，可减低茶碱清除率，增加血浆中茶碱浓度，需调整剂量。⑦与咖啡因或其他黄嘌呤类药并用，可增加其作用和毒性。

沙丁胺醇

【别名】阿布叔醇、爱纳乐、爱纳灵、布汾妥喜乐、喘乐宁、喘宁碟、喘特宁、达芬科闻、惠百释、康尔贝宁、伉尔纾宁、硫酸阿布叔醇、硫酸舒喘灵、柳氨醇、柳丁氨醇、律克、品川、平喘灵、羟甲、羟甲叔丁肾上腺素、羟甲异丙肾、全乐宁、全乐宁乐旋、全宁碟、全特宁、萨姆、赛比舒、沙博特、硫酸沙丁胺醇、舒布托、舒喘灵、嗽必妥、索布安、万托林、西倍他。

【药理作用】 本药为选择性肾上腺素 β_2 肾上腺素受体激动药，可选择性地激动支气管平滑肌上的肾上腺素 β_2 受体，有较强的支气管扩张作用。其作用机制是通过激活腺苷酸环化酶，增加细胞内环磷腺苷的合成，从而松弛平滑肌；并可通过抑制肥大细胞等致敏细胞释放过敏反应介质，解除支气管痉挛。本药用于支气管哮喘患者时，其支气管扩张作用与异丙肾上腺素相等。本药对心脏的肾上腺素 β_1 受体的激动作用较弱，其增加心率作用仅为异丙肾上腺素的1/10。本药也可松弛一些其他器官（如子宫、血管等部位的平滑肌），可降低子宫肌肉对刺激的应激性，有利于妊娠。此外还可降低眼压。

【适应证】 ①用于治疗支气管哮喘或哮喘性支气管炎等伴有支气管痉挛的呼吸道疾病。②本药吸入气雾剂也可用于预防运动诱发的急性哮喘或其他变应原诱发的支气管痉挛。③本药雾化吸入溶液还可用于常规疗法无效的慢性支气管痉挛及严重的急性哮喘发作。

【用法用量】 成人：①支气管哮喘或哮喘性支气管炎等伴有支气管痉挛的呼吸道疾病。a. 口服给药，以沙丁胺醇计。口服常释剂，一次 2 ~ 4 mg，每日 3 次；口服缓释、控释制剂，一次 8 mg，每日 2 次。b. 气雾吸入，一次 100 μg（1 揿），可根据需要增至 200 μg（2 揿）。c. 粉雾吸入，一次 0.2 ~ 0.4 mg，每日 4 次。d. 雾化吸入。间歇疗法，一次 2.5 ~ 5 mg，每日 4 次，从低剂量开始。用注射用生理盐水将 0.5 mL 本药（含 2.5 mg沙丁胺醇）稀释至 2 mL，或将 1 mL 本药稀释至 2.5 mL，通过驱动式喷雾器吸入，可维持 10 分钟喷雾，直至不再有气雾产生为止；部分患者可能需要 10 mg 的较高剂量，可不经稀释而供间歇性使用，将 2 mL 本药（含 10 mg 沙丁胺醇）置于喷雾器中雾化吸入，直至支气管得到扩张为止，通常需 3 ~ 5 分钟。连续疗法，以注射用生理盐水将本药稀释成 50 ~ 100 μg/mL 的溶液（1 ~ 2 mL 药液稀释成 100 mL），给药速率通常为 1 ~ 2 mg/h。e. 肌内注射，一次 0.4 mg，必要时 4 小时可重复注射。f. 静脉注射，一次 0.4 mg，用5% 葡萄糖注射液或生理盐水 20 mL 稀释后缓慢注射。g. 静脉滴注，一次 0.4 mg，用5% 葡萄糖注射液 100 mL 稀释后滴注。②预防运动诱发的急性哮喘或其他过敏原诱发的支气管痉挛。a. 气雾吸入，运动前或接触变应原前 10 ~ 15 分钟给药。长期治疗时，最大剂量为一次200 μg，每日 4 次。b. 粉雾吸入，一次 0.2 ~ 0.4 mg，每日 4 次。老年人剂量：初始剂量应低于推荐的成人剂量，如未达到充分的支气管扩张作用，再逐渐增加剂量。儿童：①支气管哮喘或哮喘性支气管炎等伴有支气管痉挛的呼吸道疾病。a. 口服给药，以沙丁胺醇计。口服常释剂，一次 0.5 mg，每日 3 ~ 4 次；口服缓释、控释制剂，一次 4 mg，每日 2 次。b. 气雾吸入，同成人用法用量。c. 粉雾吸入，一次 0.2 mg，每日 4 次。d. 雾化吸入。间歇疗法，12 岁以下儿童的最小起始剂量为将 0.5 mL本药（含 2.5 mg 沙丁胺醇）用注射用生理盐水稀释至 2 ~ 2.5 mL，部分儿童可能需要增至 5 mg；间歇疗法可每日重复 4 次。连续疗法，尚无 18 个月以下儿童使用本药的研究资料，由于可能发生一过性低氧血症，故应考虑补充氧气疗法。②预防运动诱发的急性哮喘或其他变应原诱发的支气管痉挛。a. 气雾吸入，同成人用法用量。b. 粉雾吸入，同成人用法用量。

【注意事项】 ①使用本药维持治疗哮喘前应完善抗感染治疗，长期治疗时不可单独使用，应与抗感染药物联用，仅最轻微程度的哮喘（1 级或运动相关性）可单独使用本药治疗。②本药雾化吸入溶液常规剂量无效时，不可随意增加药物剂量或使用次数，反复过量使用可导致支气管痉挛，如有发生应立即停药，更改治疗方案。③增加使用吸入的 β_2 肾上腺素受体激动药可能是哮喘恶化的征象，若出现此情况，需重新评估治疗方法，考虑合用糖皮质激素治疗。④对其他肾上腺素受体激动药过敏者也可能对本药过敏。

【药物相互作用】①其他肾上腺素受体激动药、茶碱类药：合用可增强对支气管平滑肌的松弛作用，但也可增加不良反应。②单胺氧化酶抑制药、三环类抗抑郁药、抗组胺药、左甲状腺素：以上药物可增强本药对心血管系统的不良反应。③泮库溴铵、维库溴铵：本药可增强以上药物引起的神经肌肉阻滞的程度。④皮质类固醇、利尿药：合用可加重血钾浓度降低的程度。⑤洋地黄类药：合用可增加洋地黄类药诱发心律失常的危险性。⑥氟烷：在产科手术中合用，可加重子宫收缩无力，导致大出血。⑦β 肾上腺素受体阻滞药（如普萘洛尔）：可拮抗本药的支气管扩张作用。⑧磺胺类药：合用可降低磺胺类药物的吸收。⑨甲基多巴：合用可出现严重的急性低血压反应。

丙酸倍氯米松

【别名】安得新、贝可乐、倍氯美松、倍氯米松、倍氯松、鼻可灵、必咳松、必可复、必可灵、必可酮、必可酮乐旋、必酮碟、丙酸倍氯美松、丙酸倍氯松、伯克纳、二丙酸倍氯米松、二丙酸倍氯松、二丙酸氯地米松、氯倍他米松二丙酸酯、氯地米松双丙酸酯。

【药理作用】本药是一种合成的作用较强的肾上腺皮质激素，是倍氯米松的二丙酸酯，具有抗感染、抗过敏及止痒等作用，可抑制支气管分泌，消除支气管黏膜肿胀，解除支气管痉挛。药理研究表明，本药局部收缩微血管作用为氢化可的松的 5000 倍，局部抗感染作用是氟氢松和去炎松的 5 倍，其潴钠作用较弱，也无雄激素、雌激素及蛋白同化激素样作用，对体温和排尿也无明显影响。

【适应证】①本药鼻喷雾剂、气雾剂可预防和治疗常年性及季节性的变应性鼻炎，也可用于血管舒缩性鼻炎。②本药气雾剂、粉雾剂可用于缓解哮喘症状，特别适用于支气管扩张药或其他平喘药（如色甘酸钠）不足以控制哮喘时及依赖激素治疗的哮喘患者。③本药乳膏和软膏适用于过敏性与炎症性皮肤病和相关疾病，如湿疹、过敏性皮炎、接触性皮炎、神经性皮炎、扁平苔癣、盘状红斑狼疮、掌跖脓疱病、皮肤瘙痒、银屑病等。

【用法用量】成人：①常年性及季节性的过敏性鼻炎。a. 鼻腔喷入，本药鼻喷雾剂，每侧一次 100 μg，每日 2 次；也可每侧一次 50 μg，每日 3～4 次。一般最大日剂量为 400 μg。b. 吸入给药，本药气雾剂，一般一次 50～100 μg，每日 3～4 次，一般最大日剂量为 1000 μg。重症患者应使用全身性皮质激素控制后再本药治疗。②支气管哮喘。吸入给药，本药气雾剂，参见"常年性及季节性的变应性鼻炎"用法用量；本药粉雾剂，一次 200 μg，每日 3～4 次。③过敏性与炎症性皮肤病和相关疾病。外用，将本药乳膏或软膏涂抹于患处，每日 2～3 次，必要时予以封包。儿童：①常年性及季节性的变应性鼻炎。吸入给药，本药气雾剂，用量按年龄酌减，一般最大日剂量为 800 μg，症状缓解后逐渐减量。②支气管哮喘。吸入给药，本药气雾剂，参见"常年性及季节性的变应性鼻炎"用法用量；本药粉雾剂，一次 100 μg，每日 3～4 次。

【注意事项】①本药气雾剂仅用于慢性哮喘，待急性症状控制后再改用本药维持治疗。②用药后应在哮喘控制良好的情况下逐渐停用口服皮质激素，一般在本药气雾剂治疗4~5日后才缓慢减量停用。有停止口腔吸入治疗后，出现全身性皮质激素停药症状（如关节/肌肉痛、疲乏、抑郁）的报道。③本药鼻喷雾剂自我治疗时间不可超过3个月，如需超过3个月，应谨慎。④本药乳膏和软膏用于治疗顽固、斑块状银屑病时，如用药面积仅占体表面积的5%~10%，可连续应用4周，每周用量均不可超过50 g。⑤本药乳膏和软膏均不可用于眼部。

【药物相互作用】①胰岛素：胰岛素与本药有拮抗作用。②碘：本药可能影响甲状腺对碘的摄取、清除和转化。

异丙托溴铵

【别名】爱全乐、溴化异丙阿托品、溴化异丙基阿托品、溴化异丙托品。

【药理作用】本药为一种对支气管平滑肌有较高选择性的强效抗胆碱药，松弛支气管平滑肌作用较强，吸入本药后起支气管扩张作用。本药对呼吸道腺体和心血管系统的作用不明显，其扩张支气管的剂量仅为抑制腺体分泌和加快心率剂量的1/20~1/10。应用本药后患者痰量和痰液的黏滞性均无明显改变。气雾吸入40 μg本药对哮喘患者的疗效相当于气雾吸入2 mg阿托品、70~200 μg异丙肾上腺素的疗效，气雾吸入80 μg本药则相当于200 μg沙丁胺醇的疗效。

【适应证】①用于慢性阻塞性肺疾病（如慢性支气管炎、肺气肿）引起的支气管痉挛的维持治疗。②与吸入性β肾上腺素受体激动药合用于治疗慢性阻塞性肺疾病（如慢性支气管炎、哮喘）引起的急性支气管痉挛。

【用法用量】成人：①一般用法。气雾吸入，一次40 μg，每日4次；或一次40~80 μg，每日2~3次。②维持治疗。雾化吸入，一次500 μg，每日3~4次。③急性发作。雾化吸入，一次500 μg，患者病情稳定前可重复给药。儿童：①气雾吸入，一次40 μg，每日4次。②雾化吸入。a. 12岁以下儿童，一次250 μg，患者病情稳定前可重复给药。b. 12岁以上儿童，同成人"雾化吸入"项。

【注意事项】①本药雾化吸入液不可与含有防腐剂苯扎氯铵的色甘酸钠雾化吸入液在同一雾化器中使用，但可与祛痰药盐酸氨溴索雾化吸入液、盐酸溴己新雾化吸入液和非诺特罗雾化吸入液共同使用。②使用本药时，应注意避免药物进入眼睛，特别是有青光眼倾向的患者。如本药误入眼内，可出现瞳孔散大、眼内压增高、闭角型青光眼、眼痛、视物模糊等症状，一旦出现上述症状，须予以缩瞳治疗。

【药物相互作用】①颠茄、颠茄生物碱类药：合用可产生过度的抗胆碱能作用，从而出现严重口干、便秘、少尿、过度镇静、视物模糊等症状。②β肾上腺素受体激动药、黄嘌呤类药：有闭角型青光眼病史的患者合用时，可增加急性青光眼发作的风险。③槟榔：合用可减弱本药的抗胆碱能作用。④西沙必利：合用可使西沙必利失效。

布地奈德

【别名】益苏、布德松、布地缩松、丁地去炎松、吉舒、拉埃诺考特、乐冰、雷诺考特、泼米考特、泼米考特得宝、普米克、普米克都保、普米克令舒、英福美。

【药理作用】本药为局部应用的不含卤素的肾上腺皮质激素类药物，具有抗感染、抗过敏、止痒及抗渗出的作用。本药能缓解即刻及迟发过敏反应所引起的支气管阻塞；对高反应性患者能降低气道对组胺和醋甲胆碱的反应；此外，还可有效地预防运动性哮喘的发作。吸入本药约有丙酸倍氯米松2倍的局部抗感染作用。本药的糖皮质激素作用较强，而盐皮质激素作用较弱。动物实验证明，本药对糖皮质激素受体的亲和力为可的松的200倍，局部应用时抗感染作用为可的松的1000倍，而皮下和口服的抗感染作用只比可的松分别强40倍和25倍。同口服糖皮质激素相比，在达到抗哮喘的等效剂量时，吸入型糖皮质激素的全身性作用较低。

【适应证】①用于糖皮质激素依赖性或非依赖性的支气管哮喘和哮喘性支气管炎。②用于慢性阻塞性肺疾病（COPD），规律地使用本药可减缓COPD患者第一秒用力呼气量（FEV1）的加速下降。③用于治疗季节性或常年性过敏性鼻炎、常年性非过敏性鼻炎，预防鼻息肉切除后鼻息肉的再生，及对症治疗鼻息肉。

【用法用量】成人：①哮喘。a. 气雾吸入。严重支气管哮喘和停用（或减量使用）口服糖皮质激素的患者，剂量应个体化。起始剂量，较轻微的患者，0.2~0.8 mg/d，分2~4次使用；较严重的患者，0.8~1.6 mg/d，分2~4次使用。维持剂量应逐步减至能控制症状的最低剂量。b. 粉雾吸入。治疗哮喘时剂量应个体化。根据患者原先的治疗情况，推荐的起始剂量和最大剂量见表18-7，维持剂量0.1~1.6 mg/d。c. 雾化吸入。将本药雾化混悬液经雾化器给药，起始剂量（或严重哮喘期、减少口服糖皮质激素时剂量）为一次1~2 mg，每日2次。维持剂量应个体化，推荐剂量为一次0.5~1 mg，每日2次。雾化时间和剂量取决于流速、雾化器容积和药液容量。本药雾化混悬液可与生理盐水和特布他林、沙丁胺醇、色甘酸钠或溴化异丙托品溶液混合使用。②COPD。粉雾吸入，一次0.4 mg，每日2次。③鼻炎及鼻息肉的预防和治疗。鼻喷吸入，256 μg/d，可于早晨一次喷入（每侧128 μg），或早晚分2次喷入。在获得预期的临床效果后，减少用量至控制症状所需的最小剂量，以此作为维持剂量。儿童：①哮喘。a. 气雾吸入，严重支气管哮喘和停用（或减量使用）口服糖皮质激素的患者，剂量应个体化。起始剂量，2~7岁儿童，0.2~0.4 mg/d，分2~4次使用；7岁以上儿童，0.2~0.8 mg/d，分2~4次使用。维持剂量应逐步减至能控制症状的最低剂量。b. 粉雾吸入，治疗支气管哮喘时剂量应个体化。根据患儿原先的治疗情况，对6岁及6岁以上儿童推荐的起始剂量和最大剂量见表18-8，维持剂量0.1~0.8 mg/d。c. 雾化吸入，将本药雾化混悬液经雾化器给药，起始剂量（或严重哮喘期，或减少口服糖皮质激素时）为一次0.5~1 mg，每日2次。维持剂量应个体化，推荐剂量为一次0.25~0.5 mg，每日2次。②鼻炎及鼻息肉的预防和治疗。鼻喷吸入，6岁及6岁以上儿童，同成人用法与用量。

表18-7　　　　　　　　　成人支气管哮喘患者粉雾吸入推荐剂量

原有治疗	起始剂量	最大剂量
无激素治疗	一次0.2~0.4 mg，每日1次 或一次0.1~0.4 mg，每日2次	一次0.8 mg，每日2次
吸入糖皮质激素	一次0.2~0.4 mg，每日1次 或一次0.1~0.4 mg，每日2次	一次0.8 mg，每日2次
口服糖皮质激素	一次0.4~0.8 mg，每日2次	一次0.8 mg，每日2次

表 18−8	儿童支气管哮喘患者粉雾吸入推荐剂量	
原有治疗	起始剂量	最大剂量
无激素治疗	一次 0.2~0.4 mg，每日 1 次 或一次 0.1~0.2 mg，每日 2 次	一次 0.4 mg，每日 2 次
吸入糖皮质激素	一次 0.2~0.4 mg，每日 1 次 或一次 0.1~0.2 mg，每日 2 次	一次 0.4 mg，每日 2 次
口服糖皮质激素	一次 0.2~0.4 mg，每日 2 次	一次 0.4 mg，每日 2 次

【注意事项】①吸入本药之后应以净水漱洗口腔和咽部，减少咽喉部口腔假丝酵母菌病。②用药后应以逐渐减少剂量的方式停止全身用药治疗。停止口腔吸入治疗时，有出现全身性皮质激素撤出症状（如关节或肌肉疼痛、酸软乏力、抑郁）的报道。③患者在由本药气雾剂替代口服皮质激素的转化过程中如出现鼻炎、湿疹和肌肉、关节痛等症状时，可增加口服皮质激素的剂量。

【药物相互作用】①酮康唑：可升高本药的血药浓度。②西咪替丁：可轻度影响口服本药的药代动力学，但无明显临床意义。③其他常用治疗哮喘的药物：合用未见不良反应发生率增高，也未见临床意义的相互作用的报道。

丙酸氟替卡松

【别名】氟替卡松、辅舒碟、辅舒良、辅舒酮、糠酸氟替卡松、克廷肤、文适。

【药理作用】本药为糖皮质激素类药，具有较强的抗感染和抗过敏作用，能减轻哮喘症状及控制病情进展。其特点是与糖皮质激素受体的亲和力较高，局部抗感染作用较强。其局部抗感染作用机制尚不清楚，可能是通过抑制磷脂酶 A_2 而影响前列腺素、白三烯等炎性介质的合成，从而发挥抗感染作用。与其他糖皮质激素相比，本药具有较高的亲脂性，易在肺组织中摄取及储存，同时在肺部的作用时间更持久。

【适应证】①本药干粉吸入剂或气雾剂用于预防性治疗哮喘。②本药鼻喷雾剂用于预防和治疗季节性过敏性鼻炎（包括花粉症）及常年性过敏性鼻炎。③本药乳膏或软膏用于对糖皮质激素敏感的炎症性和瘙痒性皮肤病，如银屑病（泛发斑块型除外）、湿疹（包括特异性湿疹和盘状湿疹）、结节性痒疹、神经性皮肤病（包括单纯性苔癣）、扁平苔癣、脂溢性皮炎、接触性过敏、盘形红斑狼疮、虫咬皮炎、粟粒疹及泛发性红斑（全身皮质激素治疗的辅助用药）；也可用于 1 岁及 1 岁以上儿童缓解低效皮质激素无效的特异性皮炎引起的炎症和瘙痒。

【用法用量】成人：①哮喘的预防性治疗。吸入给药，本药干粉吸入剂和气雾剂，应根据病情的严重程度确定起始剂量，一次 100~1000 μg，每日 2 次。通常初始剂量为：a. 轻度哮喘，一次 100~250 μg，每日 2 次。b. 中度哮喘，一次 250~500 μg，每日 2 次。c. 重度哮喘，一次 500~1000 μg，每日 2 次。随后应将剂量逐渐减少至可有效控制哮喘的最低剂量。②季节性及常年性过敏性鼻炎。鼻腔喷入，本药鼻喷雾剂，每侧一次 100 μg，每日 1 次，早晨用药为好，部分患者一日需用 2 次（早、晚各 1 次）。每侧最大日剂量不超过 200 μg。症状控制后，维持剂量为每侧一次 50 μg，每日 1 次。③湿疹、皮炎。外用，于患处涂一薄层乳膏和软膏，每日 1 次。症状控制（通常于 7~14 日内）

后需减少用药频率至最低有效剂量。用药疗程应尽可能短，建议连续用药不超过 4 周。④其他炎症性和瘙痒性皮肤病。外用，于患处涂一薄层乳膏和软膏，每日 2 次。连续用药直至症状控制。儿童：①哮喘的预防性治疗。吸入给药，本药气雾剂，应根据病情的严重程度确定初始剂量。4 ~ 16 岁儿童，一次 50 ~ 100 μg，每日 2 次；16 岁以上儿童，同成人用法用量。②季节性及常年性过敏性鼻炎。鼻腔喷入，本药鼻喷雾剂，4 ~ 11 岁儿童，每侧一次 50 μg，每日 1 ~ 2 次，每侧最大日剂量不超过 100 μg；12 岁以上儿童：同成人用法用量。③湿疹、皮炎。外用，1 岁及 1 岁以上儿童，使用本药乳膏和软膏，同成人用法用量。

【注意事项】 ①本药用于预防性治疗哮喘时，即使无症状也应定期应用。有停用口腔吸入气雾剂后出现全身皮质激素停药症状（如关节或肌肉疼痛、疲倦、抑郁症）的报道。用药期间不应骤然停药，停药时应逐渐减少剂量。②本药鼻喷剂不宜用于酒渣鼻、鼻部手术及外伤后患者。③本药乳膏和软膏不应用于面部、腋下、腹股沟处，用于眼睑时应谨慎药物进入眼内，避免局部刺激或诱发青光眼。④治疗对糖皮质激素敏感的皮肤病时，不宜用于皮肤萎缩患者。⑤在哮喘得到控制的情况下，应停用或减量使用其他的糖皮质激素。突发和进行性的哮喘恶化有潜在的致命风险，应增加本药剂量。必要时可采用全身皮质激素治疗。⑥吸入本药之后应以净水漱洗口腔和咽部，以减少因吸入本药出现的口腔和咽部的假丝酵母菌病、声音嘶哑。⑦曾接受过其他高剂量吸入糖皮质激素和（或）间歇使用过口服糖皮质激素治疗的内外科急症患者，在改为本药口腔吸入气雾剂治疗时，在一段时间内肾上腺储备仍存在损害的风险，也可发生不良反应。故用药前应检查肾上腺损害的程度，并选择合适的糖皮质激素治疗。⑧曾接受口服糖皮质激素治疗的患者，在改为本药口腔吸入气雾剂治疗时，由于长期全身皮质激素治疗导致的肾上腺功能损害的恢复可能需要较长时间。长期或大剂量使用全身皮质激素治疗的患者，肾上腺功能可能发生抑制，故应定期监测其肾上腺皮质功能并适当减少全身激素用药剂量。⑨炎症性皮肤损伤合并感染时，应进行适宜的抗微生物治疗。皮肤感染时应停用外用皮质激素，使用抗生素全身给药治疗。封包治疗使局部温暖湿润易引发细菌感染，故封包治疗前应清洁皮肤。⑩儿童使用本药乳膏和软膏时，若治疗 7 ~ 14 日未改善症状，应停药。

【药物相互作用】 强效细胞色素 P450 3A4 酶抑制药（如酮康唑、利托那韦等）：合用可增加本药导致全身不良反应的风险，如库欣综合征或反馈性下丘脑-垂体-肾上腺素（HPA 轴）抑制。

孟鲁司特钠

【别名】 蒙泰路特钠、孟鲁司特、顺尔宁。

【药理作用】 半胱氨酰白三烯（LTC4、LTD4、LTE4）是强效的炎性介质，由包括肥大细胞和嗜酸性粒细胞在内的多种细胞释放。这些重要的哮喘前介质与半胱氨酰白三烯（Cys LT）受体结合。I 型半胱氨酰白三烯（Cys LT1）受体分布于人体的气道（包括气道平滑肌细胞和气道巨噬细胞）和其他的前炎症细胞（包括嗜酸性粒细胞和某些骨髓干细胞）。Cys LTs 与哮喘和变应性鼻炎的病理生理过程相关。在哮喘中，白三烯介导的效应包括一系列的气道反应，如支气管收缩、黏液分泌、血管通透性增加及嗜酸性粒细胞聚集。在过敏性鼻炎中，过敏原暴露后的速发相和迟发相反应中，鼻黏膜均会释放与过敏性鼻炎症状相关的 Cys LTs。鼻内 Cys LTs 激发会增加鼻部气道阻力和鼻阻塞的症状。本品是一种能显著改善哮喘炎症指标的强效口服制剂。生物化学和药理学的生物测定显示，本药对 Cys LT1 受体有高度的亲和性和选择性（与其他有药理学重要意义的气道受体如类前列腺素、胆碱能和 β 肾上腺能受体相比）。本药能有效地抑制 LTC4、LTD4 和 LTE4 与 Cys LT1 受体结合所产生的生理效应而无任何受体激动活性。目前的研究认为本药并不拮抗 Cys LT2 受体。

【适应证】①用于哮喘的预防和长期治疗，包括预防白天和夜间的哮喘症状，治疗对阿司匹林敏感的哮喘患者以及预防运动诱发的支气管收缩。②用于季节性和常年性过敏性鼻炎以减轻症状。

【用法用量】口服：成人一次 10 mg，每日 1 次。1～2 岁儿童，一次 4 mg（颗粒），每日 1 次；2～5 岁儿童，一次 4 mg（咀嚼片或颗粒），每日 1 次；6～14 岁儿童，一次 5 mg（咀嚼片），一日 1 次；15 岁及 15 岁以上儿童，同成人用法用量。

【注意事项】①口服本品治疗急性哮喘发作的疗效尚未确定。因此，不应用于治疗急性哮喘发作。②对本品中的任何成分过敏者禁用。

【药物相互作用】尚不明确。

第八节　消化系统用药

一、抗酸药及黏膜保护药

复方氢氧化铝

【别名】达胃宁、胃舒平、复方氢氧化铝片、氢氧化铝/氢氧化镁/二甲硅油。

【药理作用】本药为抗酸药氢氧化铝、三硅酸镁与解痉药颠茄浸膏组成的复方药物。氢氧化铝具有抗酸、吸附、局部止血和保护溃疡面等作用，而三硅酸镁也有中和胃酸和保护溃疡面的作用。颠茄既能抑制胃液分泌，解除胃肠平滑肌痉挛，又可使胃排空延缓，有利于十二指肠溃疡的愈合。故本药可起到中和胃酸、减少胃液分泌和解痉止痛的作用。由于 Mg^{2+} 具有缓泻作用，故便秘的不良反应减轻。此外，本药能影响磷的吸收，鸟粪石型结石患者服用本药，可因磷酸盐吸收减少而减缓结石的生长或防止其复发。也可用于治疗甲状旁腺功能减退症和肾病型骨软化症患者，以调节钙磷平衡。

【适应证】用于胃溃疡及十二指肠溃疡、胃酸过多症。

【用法用量】口服给药：每次 2～4 片，每天 3～4 次。饭前半小时或胃痛发作时嚼碎后服用。

【注意事项】①慎用：妊娠期前 3 个月；肾功能不全者；长期便秘者；低磷血症（如吸收不良综合征）患者慎用，因本药能妨碍磷的吸收。②不宜长期大量使用。

【药物相互作用】①本药含铝离子，不宜与四环素类药合用。②本药可干扰地高辛、华法林、双香豆素、奎宁、奎尼丁、氯丙嗪、普萘洛尔、吲哚美辛、异烟肼、维生素及巴比妥类药的吸收和消除，使上述药物的疗效受到影响，应避免同时使用。

铝碳酸镁

【别名】达喜、海地特、碱式碳酸铝镁、水化碳酸氢氧化镁铝、他尔特、泰德、泰尔赛克、威地美、唯泰、胃达喜、胃喜。

【药理作用】本药药理作用包括：①中和胃酸。本药可维持胃液 pH 在 3～5 之间，中和 99% 的胃酸，使 80% 的胃蛋白酶失活，且抗酸作用迅速、温和、持久。②保护胃黏膜。本药可增加前列腺素 E_2 的合成，增强"胃黏膜屏障"作用。还可促使胃黏膜内表皮生长因子释放，增加黏液下层疏水层内磷脂的含量，防止 H^+ 反渗所引起的胃黏膜损害。③本药可吸附和结合胃蛋白酶，直接抑制其活性，有利于溃疡面的修复；还可结合胆汁酸和吸附溶血卵胆碱，防止这些物质损伤和破坏胃黏膜。动物实验表明，本药可抑制组胺、胆汁酸和盐酸诱导的胃溃疡；此外，本药含有铝、镁两种金属离子，从而抵消便秘和腹泻的不良反应。

【适应证】①用于胃溃疡、十二指肠溃疡、急慢性胃炎、胆汁反流性胃炎、食管炎、非溃疡性消化不良，以及胃酸过多引起的胃痛、胃灼热、酸性嗳气、腹胀等症状。②用于预防非甾体类药引起的胃黏膜损伤。

【用法用量】成人一般用法，口服给药，一次 0.5～1 g，每日 3 次。餐后 1～2 小时、睡前或胃不适时服用。

【注意事项】氢氧化铝可与其他药物结合而降低其吸收，影响疗效，故使用本药 1～2 小时内应避免服用其他药物。

【药物相互作用】①左旋多巴：合用可增加左旋多巴的吸收。②抗凝血药、H_2 受体阻滞药（如法莫替丁、雷尼替丁、西咪替丁）、鹅去氧胆酸、喹诺酮类药、四环素类抗生素、地高辛、铁剂、脱氧胆酸、香豆素衍生物等：本药可影响以上药物的吸收量。③异烟肼：合用可延迟或降低异烟肼的吸收。④脂溶性维生素（特别是维生素 A）：本药可减少脂溶性维生素的吸收。⑤苯二氮䓬类药：合用可降低此类药物的吸收率。

枸橼酸铋钾

【别名】铋诺、德诺、迪乐、碱式枸橼酸铋三钾、碱性柠檬酸铋三钾、胶态次枸橼酸铋、胶体次枸橼酸铋、胶性次枸橼酸铋、丽科得诺、丽珠得乐、三甲双枸橼酸铋胶体、三钾二枸橼酸铋、三钾双枸橼酸铋、卫特灵、仙乐、先瑞。

【药理作用】本药为抗溃疡药，作用方式独特，既不中和胃酸，也不抑制胃酸分泌，而通过以下几个方面起作用：①在胃液 pH 条件下，本药可在溃疡表面或溃疡基底肉芽组织形成一种坚固的氧化铋胶体沉淀，形成保护性薄膜，从而隔绝胃酸、酶及食物对溃疡黏膜的侵蚀作用，促进溃疡组织的修复和愈合。体外实验证明，本药在酸性条件下能与蛋白质及氨基酸发生络合作用而凝结，而溃疡部位的氨基酸残基较正常黏膜丰富，因此本药更易沉积在溃疡黏膜上。②本药可与胃蛋白酶发生络合而使其失活，保护黏液的消化性降解，还可促进黏液分泌，刺激内源性前列腺素的释放，促进溃疡组织修复和愈合的作用。③改善胃黏膜血流，保护胃黏膜防止非甾体消炎药（NSAIDs）及乙醇引导的损伤。④杀灭幽门螺杆菌（Hp），延缓 Hp 对抗菌药耐药性的产生，可促进胃炎的愈合。与其他抗生素如阿莫西林、克拉霉素等合用，可增加对 Hp 的清除率。

【适应证】①用于慢性浅表性胃炎及伴有的 Hp 感染。②用于缓解胃酸过多引起的胃痛、胃灼热和反酸。③用于胃、十二指肠溃疡，以促进消化性溃疡面愈合。

【用法用量】成人一般用法，口服给药，一次 110 mg（以铋计），每日 4 次。前 3 次于三餐前半小时服用，第 4 次于晚餐后 2 小时服用。或每日 2 次，早晚各 220 mg（以铋计）。用于缓解胃酸过多引起的胃痛、胃灼热或反酸时，连续使用不得超过 7 日。用于胃、十二指肠溃疡及慢性胃炎时，2 周或 4 周为 1 个疗程。

【注意事项】①用药期间不得服用其他铋制剂。②不宜长期大剂量使用本药，连续用药不宜超过 2 个月。长期用药应注意体内铋的蓄积。③治疗期间不应饮用含酒精或碳酸的饮料，少饮咖啡、茶等。

【药物相互作用】①抗酸药：此类药物可干扰本药作用。②四环素：合用可影响四环素的吸收。

胶体果胶铋

【别名】U 比乐、成美、华纳福、碱式果胶酸铋钾、碱式果酸铋钾、胶态果胶铋、唯迪亚、唯舒敏、维敏。

【药理作用】本药是一种胶态铋制剂，为生物大分子果胶酸（D-多聚半乳糖醛酸）与金属铋离子及钾离子形成的盐。本品在酸性介质中具有较强的胶体特性，可在胃黏膜上形成一层牢固的保护膜，增强胃黏膜的屏障保护作用，因此对消化性溃疡和慢性胃炎有较好的治疗作用。同时由于胶体铋剂可杀灭幽门螺杆菌，有利于提高消化性溃疡的愈合率和降低复发率。与其他胶态铋制剂比较，本品的胶体特性好，特性黏数为胶体碱式枸橼酸铋钾的 7.4 倍，此外，本品与受损伤黏膜的黏附性具有高度选择性，且对消化道出血有止血作用。胶体碱式枸橼酸铋钾在受损伤组织中的铋浓度为正常组织中铋浓度的 3.1 倍，而本品为 4.34 倍。临床试验证明，本品对消化性溃疡、减轻慢性胃炎症状、慢性胃炎病理好转、幽门螺杆菌阴转率均有较好的效果。

【适应证】用于治疗消化性溃疡，亦用于慢性浅表性和萎缩性胃炎。

【用法用量】口服：一次 150 mg，每日 4 次，4 周为 1 个疗程。

【注意事项】对本药过敏者、肾功能不全者、妊娠期妇女禁用。

【药物相互作用】本品不宜与制酸药、牛奶及 H_2 受体阻滞药同时服用，否则会降低药效。

硫糖铝

【别名】迪光克、迪索、迪先、华迪、舒可捷、舒克菲、素得、速顺、维宁、胃溃宁、胃笑、渭依、蔗糖硫酸酯铝。

【药理作用】本药为蔗糖硫酸酯的碱式铝盐，是一种胃黏膜保护药，具有保护溃疡面，促进溃疡愈合的作用。其机制如下：①在酸性环境下，本药可离解为带负电荷的蔗糖八硫酸，并聚合成不溶性胶体，保护胃黏膜；能与溃疡或炎症处的带正电荷的渗出蛋白质结合，在溃疡面或炎症处形成一层薄膜，保护溃疡或炎症黏膜抵御胃酸的侵袭，促进溃疡愈合。且与溃疡病灶有较高的亲和力，为正常黏膜的 6～7 倍。②能吸附胃蛋白酶，抑制该酶分解蛋白质。治疗剂量时，胃蛋白酶活性可下降约 30%。③有弱的中和胃酸作用。④吸附唾液中的表皮生长因子，并将其浓聚于溃疡处，促进溃疡愈合。⑤刺激内源性前列腺素 E 的合成，刺激表面上皮分泌碳酸氢根，从而起到细胞保护作用。另有报道，硫糖铝对食管黏膜亦有保护作用，故也可用于反流性食管炎。在治疗消化性溃疡时，本药与 H_2 受体拮抗药的疗效无显著差异，但前者可降低溃疡病的复发率；另外，两者均可有效地预防上消化道出血的发生，且效果相当。

【适应证】①用于治疗慢性胃炎。②用于治疗食管、胃和十二指肠溃疡，缓解胃酸过多引起的胃痛、胃灼热感（烧心）、反酸。

【用法用量】成人慢性胃炎，食管、胃及十二指肠溃疡。口服给药，一次 1 g，每日 4 次。4~6 周为 1 个疗程。

【注意事项】①本药对严重十二指肠溃疡效果较差。用药之前应检查胃溃疡的良、恶性。②本药在酸性环境中起保护胃、十二指肠黏膜作用，故不宜与碱性药合用。③本药短期治疗即可使溃疡完全愈合，但愈合后仍可能复发。故治疗收效后，应继续服药数日，以免复发。④本药连续应用不宜超过 8 周。

【药物相互作用】①多酶片：合用可使两者疗效均降低。②制酸药（如西咪替丁、H_2 受体拮抗药）：此类药物可干扰本药的药理作用，本药也可减少西咪替丁的吸收。③抗胆碱药：此类药物可缓解本药所致的便秘和胃部不适等不良反应。④脂溶性维生素（维生素 A、D、E 和 K）：本药可干扰脂溶性维生素的吸收。⑤口服抗凝血药（如华法林）、地高辛、喹诺酮类药（如环丙沙星、洛美沙星、诺氟沙星、司氟沙星）、苯妥英、布洛芬、吲哚美辛、氨茶碱、甲状腺素：本药可降低以上药物的消化道吸收。⑥四环素：本药可影响四环素的胃肠道吸收。⑦阿米替林：本药可明显影响阿米替林的吸收。

二、抑酸药

西咪替丁

【别名】阿立维、长富优舒、海扶鑫、甲氰咪胺、甲氰咪胍、君悦、迈纬希、美西、诺美舒、泰为美、泰胃美、唐丰、卫咪丁、希卫宁、盐酸甲氰咪胍、盐酸西咪替丁、英曲、尤尼丁。

【药理作用】本药为组胺 H_2 受体拮抗药，具有抑制胃酸分泌的作用。组胺通过兴奋 H_2 受体激活腺苷酸环化酶，增加胃壁细胞内 cAMP 的生成，cAMP 通过蛋白激酶激活碳酸酐酶，催化 CO_2 和 H_2O 生成 H_2CO_3，并进一步解离而释放出 H^+，使胃酸分泌增加。本药则主要作用于壁细胞上的 H_2 受体，能竞争性抑制组胺，从而抑制胃酸分泌。其抑酸作用强，能有效地抑制基础胃酸分泌和多种原因（如食物、组胺、胃泌素、咖啡因与胰岛素等）刺激所引起的胃酸分泌，使分泌的量和酸度均降低，并能防止或减轻胆盐、酒精、阿司匹林及其他非甾体类消炎药等所致的胃黏膜腐蚀性损伤，对应激性溃疡和上消化道出血也有明显疗效。此外，本药有抗雄激素作用，在治疗多毛症方面有一定价值；还能减弱免疫抑制细胞的活性，增强免疫反应，从而阻抑肿瘤转移，延长肿瘤患者存活期。

【适应证】①用于缓解胃酸过多引起的胃痛、胃灼热、反酸。②用于胃和十二指肠溃疡。③用于十二指肠溃疡短期治疗后复发。④用于持久性胃食管反流性疾病，对抗反流措施和单一药物治疗（如抗酸药）无效的患者。⑤用于预防危急患者发生应激性溃疡及出血。⑥用于胃泌素瘤。

【用法用量】成人：①缓解胃酸过多引起的胃痛、胃灼热、反酸。口服给药，一次 200 mg，每日 2 次，24 小时内不超过 800 mg。使用缓释片时，一次 300 mg，每日 1 次。②胃和十二指肠溃疡、十二指肠溃疡短期治疗后复发、胃食管反流性疾病、预防危急患者发生应激性溃疡及出血、胃泌素瘤。a. 口服给药，一次 200~400 mg，每日 2~4 次，餐后及睡前服用（或单次 800 mg，睡前服用）。b. 肌内注射，一次 200 mg，4~6 小时后可重复给药。c. 静脉注射，一次 200 mg，可间隔 3~6 小时重复给药。注射时间不应少于 5 分钟。d. 静脉滴注，静脉间隔滴注，一次 200 mg，滴注 15~20 分钟，每 4~6 小时重复 1 次；对有必要增加剂量的患者，需增加给药次数，但最大日剂量为 2 g。静脉连续滴注，24 小时内滴注速度不应超过 75 mg/h。③预防溃疡复发。口服给药，一次 400 mg，睡前服用。儿童：口服给药，一次 5~10 mg/kg，每日 2~4 次，餐后服，重症者睡前加服 1 次。

【注意事项】①应用本药前应排除恶性病变的可能。②用药后十二指肠壶部溃疡症状可较快缓解或消失，溃疡愈合需经 X 线或内镜检查来确定。以后可服维持量，以预防溃疡病复发。③需要手术治疗的患者，以及因并发症而不能手术的患者，应另行制订用药范围及疗程，因本药长期治疗（达 1 年以上），后果尚不能预测。④本药应用于病理性高分泌状态，如胃泌素瘤、肥大细胞增多症、多发性内分泌腺瘤等时，可根据临床指征，长期持续使用。治疗胃泌素瘤时，宜缓慢调整剂量直至基础胃酸分泌小于 10 mmol/h。⑤治疗上消化道出血时，通常先用注射剂，一般可在 1 周内奏效，可内服后改为口服给药。⑥停药后疾病复发率较高，6 个月复发率为 24%，1 年复发率可高达 85%。目前认为采用长期服药或 400~800 mg/d 或反复足量短期疗法可显著降低复发率。

【药物相互作用】①氨基糖苷类药：合用可能导致呼吸抑制或呼吸停止。该反应只能用氯化钙对抗，使用新斯的明无效。②中枢抗胆碱药：合用可加重中枢神经毒性反应。③卡莫司汀：合用可增加骨髓毒性。④阿片类药：合用时，在慢性肾衰竭患者中有出现呼吸抑制、精神错乱、定向障碍等不良反应的报道。⑤卡托普利：合用有可能引起精神病症状。⑥普萘洛尔、美托洛尔、甲硝唑、苯巴比妥、三环类抗抑郁药：合用可使以上药物的血药浓度升高。⑦乙内酰脲类药（如苯妥英钠）：合用可使以上药物的血药浓度升高，可能导致苯妥英钠中毒。⑧环孢素：合用可使环孢素的血药浓度升高，导致环孢素毒性的风险增加。⑨吗氯贝胺：合用可使吗氯贝胺的血药浓度升高，毒性增加。⑩黄嘌呤类药（如茶碱、氨茶碱等）：合用可导致此类药物的血药浓度升高，可能发生中毒反应。⑪阿司匹林：合用可使阿司匹林的溶解度增高，吸收增加，作用增强。⑫卡马西平、美沙酮、他克林：本药可使以上药物的血药浓度升高，有导致药物过量的危险。⑬维拉帕米：合用可导致维拉帕米血药浓度升高，毒性增加。⑭香豆素类抗凝血药（如华法林）：合用可使凝血酶原时间进一步延长。⑮利多卡因（胃肠外给药）：合用可使利多卡因的血药浓度升高，导致神经系统及心脏不良反应的风险增加。⑯咖啡因：合用可增强咖啡因的作用，易出现毒性反应。⑰苯二氮䓬类药（如地西泮、硝西泮、氟硝西泮、氯氮、咪达唑仑、三唑仑等）：合用可升高此类药物的血药浓度，加重镇静等中枢神经抑制症状，并可发展为呼吸循环衰竭。但劳拉西泮、奥沙西泮与替马西泮似乎不受影响。⑱奎尼丁：合用可导致奎尼丁血药浓度升高。⑲抗酸药（如氢氧化铝、氧化镁）：合用可缓解十二指肠溃疡疼痛，但本药的吸收可能减少。⑳甲氧氯普胺：合用可使本药的血药浓度降低。㉑硫糖铝：合用可使硫糖铝的疗效降低。㉒酮康唑：合用可降低酮康唑的抗真菌活性。㉓四环素：本药可使四环素的溶解速率降低，吸收减少，作用减弱；但本药的肝药酶抑制作用却可能增加四环素的血药浓度。

法莫替丁

【别名】安威特、保维坚、保胃健、贝兰德、倍法丁、滨欣、博拉康唯、道安、丁缓、朵颐、法莫丁、法莫仙、盖世特、高舒达、磺胺替定、甲磺噻脒、捷可达、卡玛特、凯速特、溃疡克、立复丁、利洛兰、美伦谓乐、瑞洛素、噻唑咪胺、天泉维欣、唯天、胃舒达、信法丁、盐酸法莫替丁、愈疡宁。

【药理作用】本药为高效、长效的胍基噻唑类 H_2 受体阻滞药，具有对 H_2 受体亲和力高的特点，其作用机制与西咪替丁相似。对胃酸分泌有明显的抑制作用，对基础分泌及因给予各种刺激而引起的胃酸及胃蛋白酶增加有抑制作用。本药不改变胃排空速率，不干扰胰腺功能，对心血管系统和肾脏功能也无不良影响。其抑制 H_2 受体的强度比西咪替丁强 20 倍，比雷尼替丁强 7.5 倍。本药无抗雄激素与干扰药物代谢酶的作用。

【适应证】①用于缓解胃酸过多所致的胃痛、胃灼热、反酸。②用于消化性溃疡（胃和十二指肠溃疡）、应激性溃疡。③用于因消化性溃疡、急性应激性溃疡、出血性胃炎及非甾体消炎药引起的上消化道出血及预防侵袭性应激反应（各种大手术，如脑血管障碍、头部外伤、多脏器衰竭、大面积烧伤等）引起的上消化道出血。④用于急性胃黏膜病变、胃泌素瘤、反流性食管炎。⑤用于麻醉前给药预防吸入性肺炎。

【用法用量】成人：①胃酸过多、消化性溃疡（胃、十二指肠溃疡）、应激性溃疡、急性胃黏膜病变、胃泌素瘤、反流性食管炎。口服给药，一次 20 mg，每日 2 次，24 小时内不超过 40 mg，于早、晚餐后或睡前服用。4~6 周为 1 个疗程，溃疡病愈后维持剂量减半。②上消化道出血、预防上消化道出血。a. 静脉注射，一次 20 mg，每日 2 次（每 12 小时 1 次），以 0.9% 氯化钠注射液或葡萄糖注射液 20 mL 稀释后缓慢静脉注射（不少于 3 分钟）。b. 静脉滴注，一次 20 mg，每日 2 次（每 12 小时 1 次），以 5% 葡萄糖注射液 250 mL 稀释后静脉滴注（不少于 30 分钟）。c. 肌内注射，一次 20 mg，每日 2 次，以注射用水 1~1.5 mL 溶解后肌内注射。③预防吸入性肺炎。a. 静脉注射，一次 20 mg，以 0.9% 氯化钠注射液或葡萄糖注射液 20 mL 溶解后，麻醉前 1 小时缓慢静脉注射。b. 肌内注射，一次 20 mg，以注射用水 1~1.5 mL 溶解后，麻醉前 1 小时注射。儿童：用于上消化道出血的治疗。①静脉注射，一次 0.4 mg/kg，每日 2 次，用法同成人。②静脉滴注，同"静脉注射"项。

【注意事项】本药可掩盖胃癌症状，应在排除肿瘤和食管、胃底静脉曲张后再给药。

【药物相互作用】①丙磺舒：合用可升高本药的血药浓度。②头孢布烯：合用可提高头孢布烯的生物利用度，升高其血药浓度。③咪达唑仑：合用可提高咪达唑仑的脂溶度，从而增加其胃肠道的吸收。④地红霉素：服用本药后立即服用地红霉素可增加地红霉素的吸收度，其临床意义尚不明确。⑤抗酸药（氢氧化镁、氢氧化铝等）：合用可降低本药的血药浓度，从而降低其生物利用度。⑥头孢泊肟、环孢素、地拉韦啶：合用可降低以上药物的疗效。⑦妥拉唑林：合用有拮抗作用，可降低妥拉唑林的疗效。⑧伊曲康唑、酮康唑：本药可降低以上药物的血药浓度。⑨茶碱、硝苯地平、华法林及地西泮：本药对以上药物的药代动力学有轻度影响。⑩普鲁卡因胺：本药不影响普鲁卡因胺的体内分布。⑪尼古丁：吸烟可降低本药的疗效。

奥美拉唑

【别名】爱尼、奥克、奥立雅、奥美、奥美拉唑镁、奥美拉唑钠、奥美真、奥咪拉唑、奥斯加、奥斯坦、奥韦康、奥西康、彼司克、长谓安、多力澳、福尔丁奥美拉唑、金奥康、金洛克、凯因乐迪、克迪圣、丽奥佳、利韦廷、罗姆、洛凯、洛赛克、洛赛克

MUPS、欧麦亚砜、苹芳淑、赛奥、绅丽雨、双鲸吉立、维依、沃必唑、渥米哌唑、涯米哌唑、亚砜咪唑、正美康。

【药理作用】 本药为具有脂溶性的质子泵抑制药，呈弱碱性，易浓集于酸性环境中，能特异性地作用于胃壁细胞质子泵所在的部位，并转化为亚磺酰胺的活性形式，然后通过二硫键与质子泵的巯基呈不可逆结合，生成亚磺酰胺与质子泵（H^+-K^+-ATP 酶）的复合物，从而抑制该酶活性，使壁细胞内的 H^+ 不能转运到胃腔中，阻断了胃酸分泌的最后步骤，可使胃液中的胃酸量大为减少。故本药对多种原因引起的胃酸分泌具有强而持久的抑制作用（如基础胃酸分泌以及由组胺、五肽胃泌素及刺激迷走神经引起的胃酸分泌，包括对 H_2 受体阻滞药不能抑制的由二丁基环腺苷酸引起的胃酸分泌）。这与本药对质子泵的抑制作用具有不可逆性有一定关系，只有待新的质子泵形成后，泌酸作用才能恢复。健康志愿者单次口服本药，其抗酸作用可维持 24 小时；多次口服（1 周）可使基础胃酸和五肽胃泌素刺激引起的胃酸分泌抑制 70% ~ 80%。随着胃酸分泌量的明显下降，胃内 pH 迅速升高，一般停药后 3 ~ 4 日胃酸分泌可恢复到原有水平。但本药抑制胃酸分泌，使胃内 pH 升高时，会反馈性地使胃黏膜中的 G 细胞分泌胃泌素，从而使血中胃泌素水平升高。

【适应证】 ①用于胃溃疡、十二指肠溃疡、应激性溃疡、反流性食管炎；与抗生素联合用药，治疗幽门螺杆菌引起的十二指肠溃疡；治疗非甾体消炎药相关的消化性溃疡或胃十二指肠糜烂；用于慢性复发性消化性溃疡和反流性食管炎的长期治疗；用于胃食管反流病胸骨后、剑突下的烧灼感和反流的对症治疗；溃疡样症状的对症治疗及酸相关性消化不良。②用于卓-艾综合征（胃泌素瘤）。③预防非甾体消炎药引起的消化性溃疡、胃十二指肠糜烂或消化不良症状。④本药注射剂还可用于：a. 消化道出血，如消化性溃疡出血、吻合口溃疡出血等，以及预防重症疾病（如脑出血、严重创伤等）和胃手术后引起的上消化道出血。b. 应激状态时并发或由非甾体消炎药引起的急性胃黏膜损伤。c. 全身麻醉或大手术后以及昏迷患者，以防止胃酸反流及吸入性肺炎。

【用法用量】 ①胃和十二指肠溃疡：a. 口服给药，一次 20 mg，每日 1 ~ 2 次（晨起顿服或早晚各 1 次）。十二指肠溃疡通常 2 ~ 4 周为 1 个疗程，胃溃疡 4 ~ 8 周为 1 个疗程。对难治性溃疡患者可一次 40 mg，每日 1 次，4 ~ 8 周为 1 个疗程。b. 静脉注射，一次 40 mg，每日 1 ~ 2 次。c. 静脉滴注，一次 40 mg，每日 1 次。②反流性食管炎：a. 口服给药，20 ~ 60 mg/d，每日 1 ~ 2 次（晨起顿服或早晚各 1 次），疗程通常为 4 ~ 8 周。b. 静脉滴注，一次 40 mg，每日 1 次。③胃泌素瘤：a. 口服给药，初始剂量为一次 60 mg，每日 1 次，以后酌情调整为 20 ~ 120 mg/d，日剂量高于 80 mg 时分 2 次给药。b. 静脉注射，初始剂量为一次 60 mg，每日 1 次。一日剂量可更高，剂量应个体化。当一日剂量超过 60 mg 时，分 2 次给药。c. 静脉滴注，初始剂量为一次 60 mg，每日 1 次。剂量应个体化，可酌情增量。日剂量高于 60 mg 时分 2 次给药。④幽门螺杆菌的根除：口服给药。a. 三联疗法，本药一次 20 mg，阿莫西林一次 1000 mg，克拉霉素一次 500 mg，均为每日 2 次，持续 1 周。或本药一次 20 mg，克拉霉素一次 250 mg，甲硝唑一次 400 mg，均为每日 2 次，持续 1 周。b. 二联疗法：本药一次 40 mg，每日 1 次，克拉霉素一次 500 mg，每日 3 次，持续 2 周。或本药一次 20 mg，阿莫西林一次 750 ~ 1000 mg，均为每日 2 次，持续 2 周。⑤非甾体消炎药相关的胃和十二指肠溃疡或胃黏膜十二指肠糜烂，预防非甾体消炎药相关的胃和十二指肠溃疡、胃黏膜十二指肠糜烂或消化不良症状。口服给药，一次 20 mg，每日 1 次。⑥慢性复发性反流性食管炎的长期治疗。口服给药，一次 20 mg，每日 1 次，部分患者可 10 mg/d；若该剂量无效，可增至一次 40 mg，每日 1 次。⑦胃食管反流病的对症治疗、溃疡样症状的治疗、酸相关性消化不良。口服给药，一次 20 mg，每日 1 次；部分患者可 10 mg/d，若 2～4 周后仍未能控制症状，应进一步检查。

【注意事项】①本药不影响驾驶和操作机器。②当怀疑有消化性溃疡时，应尽早通过 X 线、内镜检查确诊，以免治疗不当。③胃溃疡患者使用本药时，应排除胃癌的可能性，因本药可使患者症状缓解，从而延误诊断。④使用质子泵抑制药可增加胃肠道感染（如沙门菌属、弯曲杆菌）风险。

【药物相互作用】①克拉霉素、红霉素：合用可使本药的血药浓度增加。②抑制细胞色素 P450（CYP）2C19 或 CYP 3A4 酶的药物（HIV 蛋白酶抑制药、酮康唑、伊曲康唑）：合用可能使本药血浆浓度升高。③伏立康唑：本药可使伏立康唑（CYP 2C19 底物）的峰浓度（C_{max}）和曲线下面积（AUC）分别增加 15% 和 41%。伏立康唑可使本药的曲线下面积增加 280%。④胰酶：合用可增强胰酶疗效，两者合用对胰腺囊性纤维化引起的顽固性脂肪泻及小肠广泛切除术后功能性腹泻有较好疗效。⑤他克莫司：合用可能会增加他克莫司血药浓度。⑥甲氨蝶呤：合用可增加甲氨蝶呤的毒性。⑦经 CYP 2C19 代谢的药物［如地西泮、华法林（R - 华法林）、苯妥英、双香豆素、硝苯地平、安替比林、双硫仑等］：本药会延长以上药物的清除。⑧三唑仑、劳拉西泮或氟西泮：合用可致步态紊乱。⑨钙离子拮抗药：合用可使两药体内清除均有所减慢，但无临床意义。⑩地高辛：合用可减弱地高辛疗效。⑪泼尼松：合用可减弱泼尼松药效。⑫铁剂：本药的抑酸作用可影响铁剂的吸收。⑬四环素、氨苄西林、酮康唑、伊曲康唑：合用可使以上药物血药浓度降低。⑭阿扎那韦：本药（一次 40 mg，每日 1 次）与阿扎那韦 300 mg/利托那韦 100 mg 合用会降低健康人群阿扎那韦的暴露量。阿扎那韦剂量增加至 400 mg 不能补偿本药对阿扎那韦暴露量的影响。⑮厄洛替尼：合用会减少厄洛替尼的吸收。⑯环孢素：本药可影响环孢素的血药浓度（升高或降低）。⑰氯吡格雷：质子泵抑制药与氯吡格雷合用可降低氯吡格雷的疗效，增加血栓不良事件。⑱亚硝酸盐：合用可使亚硝酸盐转化为致癌性亚硝酸。⑲CYP 1A2 酶底物（咖啡因、非那西丁、茶碱）、CYP 2C9 酶底物（S - 华法林、吡罗昔康、双氯芬酸和萘普生）、CYP 2D6 酶底物（美托洛尔、普萘洛尔）、CYP 2E1 酶底物（乙醇）和 CYP 3A 酶底物（环孢素、利多卡因、奎尼丁、雌二醇、红霉素、布地奈德）：合用无代谢性相互作用。⑳抗酸药：合用无相互作用。㉑甲硝唑、阿莫西林：合用时无相互作用。

泮托拉唑钠

【别名】富诗坦、健朗晨、诺森、潘美路、潘舒泰克、潘妥洛克、泮立苏、喷托拉唑、思达美克、泰美尼克、韦迪、卫可安、誉衡。

【药理作用】本药为泮托拉唑的钠盐，作用与泮托拉唑相同。泮托拉唑为第三代质子泵抑制药，可选择性地作用于胃黏膜壁细胞，抑制壁细胞中 H^+-K^+-ATP 酶的活性，使壁细胞内的 H^+ 不能转运到胃中，从而抑制胃酸的分泌。泮托拉唑呈弱碱性，在中性和弱酸环境中相对稳定，在强酸环境下迅速被激活，只与位于质子泵的质子通道上的两个半胱氨酸序列结合（而奥美拉唑、兰索拉唑还分别与质子通道外、与抑酸作用无关的半胱氨酸序列结合），与质子泵的结合具有更高的选择性。同时，还可减少胃液分泌量并抑制胃蛋白酶的分泌及活性。此外，本药可抑制幽门螺杆菌生长，与抗菌药物联用能彻底根除幽门螺杆菌。由于本药通过肝细胞内的细胞色素 P450 酶系的第 I 系统和第 II 系统进行代谢，从而不易发生药物代谢酶系的竞争性作用。

【适应证】①用于消化性溃疡（如胃溃疡、十二指肠溃疡、吻合口溃疡），包括非甾体消炎药引起的急性胃黏膜病变和应激性溃疡出血。②用于反流性食管炎，也用于全身麻醉或大手术后以及衰弱昏迷患者，以防止胃酸反流合并吸入性肺炎。③用于卓-艾综合征。

【用法用量】①消化性溃疡：a. 口服给药，一次 40 mg，每日 1 次，个别对其他药物无反应的患者可每日 2 次，最好于早餐前服用。十二指肠溃疡一般疗程为 2~4 周，胃溃疡疗程为 4~8 周。b. 静脉滴注，一次 40~80 mg，每日 1~2 次；使用前将 0.9% 氯化钠注射液 10 mL 注入冻干粉小瓶内，将上述溶解后的药液加入 0.9% 氯化钠注射液 100~250 mL 中稀释后供静脉滴注。滴注时间为 15~60 分钟。②反流性食管炎、卓-艾综合征：口服给药，一次 40 mg，每日 1 次，个别对其他药物无反应的患者可每日 2 次，宜早餐前服用。反流性食管炎 4~8 周为 1 个疗程。③伴幽门螺杆菌感染的消化性溃疡：口服给药，有以下方案可供选择。a. 泮托拉唑（一次 40 mg，每日 2 次）＋阿莫西林（一次 1 g，每日 2 次）＋克拉霉素（一次 500 mg，每日 2 次）。b. 泮托拉唑（一次 40 mg，每日 2 次）＋甲硝唑（一次 500 mg，每日 2 次）＋克拉霉素（一次 500 mg，每日 2 次）。c. 泮托拉唑（一次 40 mg，每日 2 次）＋阿莫西林（一次 1 g，每日 2 次）＋甲硝唑（一次 500 mg，每日 2 次）。联合疗法一般持续 7 日，此后如症状持续存在，需继续服用本药以保证溃疡的完全愈合，维持用量为 40 mg/d。

【注意事项】①用药前须排除胃癌，以免因症状缓解而延误诊断。②本药抑制胃酸分泌的作用强、时间长，故使用本药时不宜同时再使用其他抗酸药或抑酸药。治疗一般消化性溃疡等病时，应避免大剂量长期应用（卓-艾综合征例外）。

【药物相互作用】①伊曲康唑、酮康唑：合用可减少以上药物的胃肠道吸收，降低其药效。②氯吡格雷：质子泵抑制药与氯吡格雷合用可降低氯吡格雷的疗效，增加血栓不良事件。③抗酸药、口服避孕药、地高辛、华法林、苯妥英、茶碱：本药与以上药物无明显相互作用。

雷贝拉唑钠

【别名】安斯菲、贝众捷、波利特、丁齐尔、济诺、瑞波特、信卫安、雨田青。

【药理作用】本药为苯并咪唑类质子泵抑制药，可特异性地抑制胃壁细胞 H^+-K^+-ATP 酶系统而阻断胃酸分泌的最后步骤，对基础胃酸和由刺激引起的胃酸分泌均有抑制作用。对多种大鼠实验性溃疡及实验性胃黏膜病变（寒冷束缚应激性反应、水浸束缚应激反应、幽门结扎、巯乙胺及盐酸-乙醇刺激），本药均显示很强的抗溃疡及改善胃黏膜病变的作用。具体作用包括：①胃酸分泌抑制作用：家兔胃腺体外研究表明，本药可抑制二丁酰环磷酸腺苷（cAMP）引起的胃酸分泌；对由组胺、五肽胃泌素引起犬的胃酸分泌，大鼠的基础胃酸分泌及组胺引起的胃酸分泌均有较强的抑制作用；相对于其他质子泵抑制药（如奥美拉唑）而言，本药效果更快，作用时间为 5 分钟。②抗幽门螺杆菌作用：可与适当的抗生素合用于根治幽门螺杆菌阳性的十二指肠溃疡。此外，本药对胆

碱和组胺 H_2 受体无拮抗作用。

【适应证】用于胃溃疡、十二指肠溃疡、吻合口溃疡、反流性食管炎、胃泌素瘤。

【用法用量】①活动性胃溃疡：口服给药，一次 20 mg，每日 1 次，早晨服用，连服 6 周；但有 9% 的患者还需继续用药 6 周。②活动性十二指肠溃疡：口服给药，一次 20 mg（部分患者一次 10 mg 即有反应），每日 1 次，早晨服用，连服 4 周；但有 2% 的患者还需继续用药 4 周。③侵蚀性或溃疡性胃食管反流病：口服给药，一次 20 mg，每日 1 次，早晨服用，连服 4~8 周。其维持治疗方案为一次 10 mg 或 20 mg，每日 1 次，12 个月为 1 个疗程。

【注意事项】①本药治疗可能掩盖由胃癌引起的症状，故应在排除恶性肿瘤的前提下再行给药。②治疗期间应密切监测症状，以最低有效剂量用药。③使用质子泵抑制药可能增加胃肠道感染（如沙门菌属、弯曲杆菌感染）的风险。

【药物相互作用】①地高辛：合用可使地高辛的曲线下面积（AUC）和血药峰浓度（C_{max}）值分别增加 19% 和 29%。②含氢氧化铝、氢氧化镁的制酸药：同时服用或在服用制酸药 1 小时后再服用本药时，本药的平均血药浓度和 AUC 分别下降 8% 和 6%。③酮康唑、伊曲康唑：本药可使以上药物疗效降低。④氯吡格雷：质子泵抑制药与氯吡格雷合用可降低氯吡格雷的疗效，增加血栓不良事件。⑤经细胞色素 P450 2C4 途径代谢的药物（如地西泮、茶碱、华法林、苯妥英等）：本药对此类药物无影响。

三、胃肠解痉药及胃动力药

硫酸阿托品

【别名】阿托品、迪善。

【药理作用】本药为抗 M 胆碱受体药，具有松弛内脏平滑肌的作用，从而解除平滑肌痉挛，缓解或消除胃肠平滑肌痉挛所致的绞痛，对膀胱逼尿肌、胆管、输尿管、支气管均有解痉作用，但对子宫平滑肌的影响较少，虽然可透过胎盘屏障，但对胎儿无明显影响，也不抑制新生儿呼吸。这种作用与平滑肌的功能状态有关。治疗剂量时，对正常活动的平滑肌影响较小，但对过度活动或痉挛的内脏平滑肌则有显著的解痉作用。大剂量可抑制胃酸分泌，但对胃酸浓度、胃蛋白酶和黏液的分泌影响较小。随用药剂量增加可依次出现如下反应：腺体分泌减少、瞳孔扩大和调节麻痹、心率加快、膀胱和胃肠道平滑肌的兴奋性降低、胃液分泌抑制；中毒剂量则出现中枢症状。本药对心脏、肠和支气管平滑肌的作用比其他颠茄生物碱更强更持久。麻醉前用药可减少麻醉过程中支气管黏液分泌，预防术后引起肺炎，并可消除吗啡对呼吸的抑制。经眼给药时，可阻断眼部 M 胆碱受体，从而使瞳孔括约肌和睫状肌松弛，形成扩瞳。

【适应证】①用于多种内脏绞痛。对胃肠绞痛、膀胱刺激症状（如尿频、尿急等）疗效较好，但对胆绞痛或肾绞痛疗效较差。②用于迷走神经过度兴奋所致的窦房传导阻滞、房室传导阻滞等缓慢性心律失常，也可用于继发于窦房结功能低下而出现的室性异位节律。③用于抗休克。④作为解毒剂，可用于锑剂中毒引起的阿-斯综合征、有机磷中毒。⑤全身麻醉前给药、严重盗汗和流涎症。⑥眼用制剂可用于：虹膜睫状体炎、葡萄膜炎、巩膜炎、眼外伤、恶性青光眼；散瞳验光。

【用法用量】成人：①一般用法。a. 口服给药，一次 0.3~0.6 mg，每日 3 次；极量，一次 1 mg，3 mg/d。b. 静脉注射，一次 0.3～0.5 mg，0.5～3 mg/d。一次用药的极量为 2 mg。c. 肌内注射，参见"静脉注射"项的相关内容。d. 皮下注射，参见"静脉注射"项的相关内容。e. 经眼给药，眼用凝胶滴入结膜囊，一次 1 滴，每日 3 次；滴眼液滴入结膜囊，一次 1～2 滴，每日 2～3 次；眼膏涂于眼睑内，每日 3 次。②抗休克。a. 静脉注射，一次 0.02～0.05 mg/kg，用 50% 葡萄糖注射液稀释后注射。b. 静脉滴注，一次 0.02～0.05 mg/kg，用葡萄糖注射液稀释后滴注。③抗心律失常。静脉注射，一次 0.5～1 mg，按需可每 1～2 小时 1 次，最大用量为 2 mg。④解毒。a. 静脉注射。锑剂引起的阿-斯综合征，一次 1～2 mg，15～30 分钟后再注射 1 mg；如患者未再发作，按需每 3～4 小时皮下或肌内注射 1 mg。有机磷中毒，一次 1～2 mg（严重有机磷中毒时可加大 5～10 倍），每 10～20 分钟重复 1 次，至发绀消失，继续用药至病情稳定后用维持量，有时需连用 2～3 日。b. 肌内注射，参见"静脉注射"项的相关内容。c. 皮下注射，参见"静脉注射"项的相关内容。⑤麻醉前用药。肌内注射，术前 0.5～1 小时给予，单次 0.5 mg。儿童：①一般用法。a. 口服给药，一次 0.01～0.02 mg/kg，每日 3 次。b. 皮下注射，参见"口服给药"项的相关内容。②抗休克。静脉注射，一次 0.03～0.05 mg/kg，用 0.9% 氯化钠注射液或葡萄糖注射液稀释，按需隔 15～30 分钟 1 次。③麻醉前用药。皮下注射，体重 3 kg 以下，单次 0.1 mg；7～9 kg，单次 0.2 mg；12～16 kg，单次 0.3 mg；20～27 kg，单次 0.4 mg；32 kg 以上，单次 0.5 mg。④葡萄膜炎（经眼给药）。a. 滴眼液，一次 1 滴，每日 1～2 次。b. 眼膏，一次适量，每日 1～3 次。c. 眼用凝胶，一次 1 滴，每日 2 次。⑤验光（经眼给药）。a. 滴眼液，一次 1 滴，每日 2～3 次，检查前 1～3 日给予。b. 眼膏，一次适量，每日 3 次，检查前 3 日给予。c. 眼用凝胶：一次 1 滴，每日 2～3 次，检查前 1～3 日给予。

【注意事项】①用药后可出现视物模糊（尤其是看近物体时），此时应避免驾驶、使用机器和进行其他任何有危险的活动。②使用眼用制剂时瞳孔散大畏光，可在阳光和强烈灯光下戴太阳眼镜。③用于缓慢性心律失常时，需谨慎调整本药剂量。剂量过大则引起心率加快，增加心肌耗氧量，并有引起心室颤动的危险。④治疗有机磷中毒时初量宜大，2～10 mg 静脉小壶给入，每隔 10～20 分钟 1 次。出现阿托品化现象时（即上述轻度阿托品中毒表现）即减量维持，不可突然停药，以免症状反跳。⑤一般情况下，本药口服极量为一次 1 mg；皮下或静脉注射极量为一次 2 mg。用于抢救感染性中毒性休克、治疗锑引起的阿-斯综合征和有机磷中毒时，往往需用至接近中毒的大剂量，使之达到有效阿托品化。此时即出现瞳孔中度散大、面颊潮红、口干、心率加快、轻度不安等症状，此为正常的治疗反应。治疗有机磷中毒所需阿托品化剂量、维持量及总量与毒物种类、中毒程度、染毒途径、急救时机、合用的胆碱酯酶复活药、并发症、年龄及个体差异有关，用药期间须密切观察病情变化，及时调整剂量。⑥本药滴眼液若与其他滴眼液同时使用时，两种药物的给药时间须间隔 15 分钟以上。

【药物相互作用】①异烟肼：合用可使本药的抗胆碱作用增强。②盐酸哌替啶：合用有协同解痉和止痛作用。③奎尼丁：合用可增强本药对迷走神经的抑制作用。④胆碱酯酶复活药（碘解磷定、氯解磷定等）：此类药物与本药有互补作用，合用时可减少本药用量和不良反应，增强治疗有机磷中毒的疗效。⑤抗组胺药：可增强本药的外周和中枢效应，也可加重口干或一过性声音嘶哑、尿潴留及眼压增高等不良反应。⑥氯丙嗪：可增强本药致口干、视物模糊、尿潴留及促发青光眼等不良反应。⑦金刚烷胺、吩噻嗪类药、扑米酮、普鲁卡因胺、三环类抗抑郁药、H_1 受体阻滞药、抗胆碱类的抗帕金森病药：合用可增强本药的不良反应。⑧碱化尿液的药物（包含含镁或钙的制酸药、碳酸酐酶抑制药、碳酸氢钠、枸橼酸盐等）：合用可使本药排泄延迟，作用时间和（或）毒性增加。⑨单胺氧化酶抑制药（包括呋喃唑酮、丙卡巴肼等）：合用可发生兴奋、震颤或心悸等不良反应。⑩地高辛、维生素 B_2、镁离子：本药可增加以上药物的吸收。⑪胺碘酮：本药可加重胺碘酮所致心动过缓。⑫普萘洛尔：可拮抗本药所致心动过速。⑬地西泮、苯巴比妥钠：以上药物可拮抗本药的中枢兴奋作用。⑭含重金属离子的药物：合用易产生沉淀或变色反应，从而减弱药效。⑮丹参、人参、罗布麻：本药可拮抗丹参、人参的降压作用，且可部分拮抗罗布麻的降压作用。⑯槟榔：本药可解除槟榔中毒所致的毒蕈碱反应。⑰麻黄：本药可抑制麻黄的升压和发汗作用。⑱巴豆：本药可拮抗巴豆致肠痉挛的作用。⑲大黄：本药可缓解大黄致腹痛和腹泻的作用。⑳左旋多巴：本药可使左旋多巴吸收量减少。㉑硝酸甘油、戊四硝酯、硝酸异山梨酯：在使用本药的情况下，舌下含化以上药物的作用可减弱。㉒甲氧氯普胺：对食管下端括约肌的影响与本药相反，本药可逆转甲氧氯普胺引起的食管下端张力升高；反之，甲氧氯普胺可逆转本药引起的食管下端张力降低。㉓抗酸药：抗酸药能干扰本药的吸收。㉔缩瞳类滴眼液：合用可影响本药的疗效。㉕乙醇：用药时饮酒可明显影响患者的注意力。

氢溴酸山莨菪碱

【别名】654 - 2。

【药理作用】具有外周抗 M 胆碱受体作用，能解除乙酰胆碱所致平滑肌痉挛，也能解除微血管痉挛，改善微循环。对胃肠道平滑肌有松弛作用，并抑制其蠕动，作用较阿托品稍弱，其抑制消化道腺体分泌作用为阿托品 1/10。抑制唾液腺分泌及扩瞳作用较弱，为阿托品的 1/20 ~ 1/10。因不易通过血-脑屏障，故中枢作用亦弱于阿托品。

【适应证】①用于缓解胃肠道痉挛所致的绞痛。②用于感染中毒性休克。③用于抢救有机磷中毒。④用于眩晕症。

【用法用量】①一般用法：肌内注射：一次 5 ~ 10 mg，每日 1 ~ 2 次。②胃肠道痉挛绞痛：口服，一次 5 mg，疼痛时服，必要时 4 小时后可重复 1 次。③感染中毒性休克：静脉注射，成人一次 10 ~ 40 mg，需要时每隔 10 ~ 30 分钟重复给药，随病情好转逐渐延长给药间隔时间，直至停药；如病情无好转可加量。儿童一次 0.3 ~ 2 mg/kg，其余同成人。

【注意事项】对本药过敏者、颅内压增高者、出血性疾病（如脑出血急性期等）患者、青光眼患者、前列腺增生者、尿潴留者、哺乳期妇女禁用。

【药物相互作用】①本药可抑制胃肠道蠕动，使维生素 B_2 在吸收部位的滞留时间延长，吸收增加。②本药可提高中药洋金花麻醉效果，从而减少洋金花用量和不良反应。③本药与哌替啶合用可增强抗胆碱作用。④本药与维生素 K 合用治疗黄疸型肝炎，在降低氨基转移酶、消退黄疸方面优于常规治疗。⑤生脉散与本药合用可提高心率、强心、扩张冠状动脉、改善血循环和心脏功能；但对传导阻滞患者慎用。⑥本药与其他抗胆碱药合用可能引起抗胆碱作用相加，增加不良反应。合用时可减少用量。⑦本药可抵消西沙必利对胃肠道的动力作用。⑧因为本药阻断 M 受体，减少唾液分泌，使舌下含化的硝酸甘油、戊四硝酯、硝酸异山梨酯的崩解减慢，从而影响吸收，作用减弱。⑨本药可拮抗去甲肾上腺素所致的血管痉挛。⑩本药可拮抗毛果芸香碱的促分泌作用，但抑制强度低于阿托品。⑪本药可减少抗结核药的肝损害。

多潘立酮

【别名】邦能、丙哌双苯醚酮、丙哌双酮、多派通、恒邦、路得啉、氯哌酮、马来酸多潘立酮、吗丁啉、咪哌酮、哌双咪酮、胃得灵、益动、优玛琳。

【药理作用】本药为苯并咪唑衍生物，为外周性多巴胺受体拮抗药，可直接阻断胃肠道的多巴胺 D_2 受体而起到促胃肠运动的作用。本药可促进上消化道的蠕动，使其张力恢复正常，促进胃排空，增加胃窦和十二指肠运动，协调幽门的收缩，抑制恶心、呕吐，并有效地防止胆汁反流，同时也可增强食管蠕动和食管下端括约肌的张力，防止胃一食管反流，但对结肠的作用较小。本药对血-脑屏障的渗透力差，对脑内多巴胺受体几乎无拮抗作用，因此不会导致精神和中枢神经系统的不良反应。本药不影响胃液分泌。

【适应证】①用于由胃排空延缓、胃食管反流、食管炎引起的消化不良症状（如上腹部胀闷感、腹胀、上腹疼痛、嗳气、肠胃胀气、恶心、呕吐、口腔和胃烧灼感）。②用于功能性、器质性、感染性、饮食性、放射性治疗或化疗所引起的恶心、呕吐，使用多巴胺受体激动药（如左旋多巴、溴隐亭等）治疗帕金森病所引起的恶心和呕吐。

【用法用量】成人：①消化不良、恶心、呕吐。a. 口服给药，一次 10 mg，每日 3 次。若病情严重或已产生耐受性，可增一次 20 mg，每日 3～4 次。b. 直肠给药，一次 60 mg，每日 2～3 次。②多巴胺受体激动药治疗帕金森病所引起的恶心和呕吐。口服给药，一次 20 mg，每日 3～4 次。用于静脉滴注多巴胺受体激动药引起的恶心呕吐时，治疗剂量需增加。儿童：口服给药。a. 片剂，一次 0.3 mg/kg，每日 3～4 次。b. 胶囊，2 岁及以上儿童，一次 0.2～0.3 mg/kg，每日 3～4 次，最大日剂量为 30 mg。c. 滴剂或混悬液，用法用量见表 18－9。

表18－9　　　　　　　　　　儿童滴剂或混悬液用法用量表

年龄(岁)	体重(kg)	一次用量(mg)	一日次数
1～3	10～15	3～4	3
4～6	16～21	5～6	3
7～9	22～27	7～8	3
10～12	28～32	9～10	3

【注意事项】①本药不宜用作预防手术后呕吐的常规用药。②本药与洋地黄合用应谨慎。不宜与单胺氧化酶抑制药合用。

【药物相互作用】①抑制细胞色素 P450 3A4 酶的药物［咪唑类抗真菌药（如酮康唑、伊曲康唑）、大环内酯类抗生素（如红霉素）、HIV 蛋白酶抑制药、选择性 5－羟色胺再摄取抑制药］：合用可导致本药的血药浓度升高。②钙离子拮抗药（如地尔硫草、维拉帕米）、阿瑞吡坦：合用可导致本药的血药浓度升高。③甘露醇：合用有协同作用，可提高疗效。④甲氧氯普胺：也为多巴胺受体拮抗药，与本药作用基本相似。⑤吩噻嗪类药、丁酰苯类药、萝芙藤生物碱类制剂：合用易出现内分泌功能调节异常或锥体外系症状。⑥锂剂、地西泮类药：合用可引起锥体外系症状（如运动障碍等）。⑦引起 QT 间期延长的药物：合用可增加发生扭转型室性心动过速的风险。⑧对乙酰氨基酚、氨苄西林、左旋多巴、四环素：本药可增加以上药物的吸收率，但不影响对乙酰氨基酚的血药浓度。⑨抗胆碱药（如苯羟甲胺、溴丙胺太林、颠茄片、山莨菪碱、阿托品）：合用时可发生药理拮抗作用，减弱本药作用。⑩H_2受体拮抗药：合用可减少本药在胃肠道的吸收。⑪维生素B_6：可抑制催乳素分泌，减轻本药泌乳反应。⑫制酸药：合用可降低本药的生物利用度。⑬口服药物（尤其缓释或肠衣制剂）：合用可能影响此类药物的吸收。⑭含铝盐、铋盐的药物（如硫糖铝、胶体枸橼酸铋钾、复方碳酸铋、乐得胃等）：合用可缩短以上药物在胃内的作用时间，降低其疗效。⑮氨茶碱：合用可使氨茶碱的血药峰浓度下降，有效血药浓度的维持时间延长。⑯助消化药（如胃酶合剂、多酶片等消化酶类制剂）：此类药物在胃内酸性环境中作用较强，由于本药加速胃排空，使此类药物迅速达肠腔的碱性环境中减低疗效。⑰胃膜素：本药可使胃膜素在胃内停留时间缩短，难以形成保护膜。⑱多巴胺能激动药（如溴隐亭、左旋多巴）：本药可减少此类药物的外周不良反应，如消化道症状、恶心及呕吐，但不影响其中枢作用。⑲普鲁卡因、链霉素：本药可使以上药物的疗效降低。⑳地高辛：本药可减少地高辛的吸收。㉑神经抑制药：本药不会增强神经抑制药的作用。

伊托必利

【别名】奥为仙、比佳斯、代林、凯亭、瑞复啉、威太、为健、为力苏、谓比力、谓畅动力、亚贝、伊天、盐酸伊托必利。

【药理作用】本药通过对多巴胺D_2受体的拮抗作用而增加乙酰胆碱的释放，且通过拮抗胆碱酯酶抑制已释放的乙酰胆碱分解，从而增强胃、十二指肠运动，加速胃排空。此外，本药还具有中等强度镇吐作用。

【适应证】适用于功能性消化不良引起的多种症状，如上腹部不适、餐后饱胀、早饱、食欲缺乏、恶心、呕吐等。

【用法用量】口服给药，一次50 mg，每日3次，餐前15~30分钟服用。根据年龄、症状酌减。

【注意事项】①用药期间如出现心电图QT间期延长应停药。②老人用药后如出现不良反应，继续给药应慎重，可减量或停药。

【药物相互作用】①乙酰胆碱：本药可增强乙酰胆碱的作用。②抗胆碱药（如替喹溴胺、丁溴东莨菪碱、噻哌溴铵等）：此类药物可能使本药促进胃肠道运动的作用减弱。③具有肌肉松弛作用的药物（如地西泮、氯唑沙宗）：合用可相互减弱作用。

甲氧氯普胺

【别名】灭吐灵、呕感平、扑息吐、胃复安、盐酸甲氯普胺、盐酸甲氧氯普胺、盐酸胃复安。

【药理作用】本药为多巴胺D_2受体阻滞药，同时还具有5-HT_4受体激动效应，对5-HT_3受体有轻度抑制作用。本药主要通过抑制中枢催吐化学感受区（CTZ）中的多巴胺受体而提高CTZ的阈值，使传入自主神经的冲动减少，从而呈现较强的中枢性镇吐作用。同时，本药可抑制胃平滑肌松弛，使胃肠平滑肌对胆碱能的反应增加，胃排空加快，增加胃窦部相性收缩。同时促使上段小肠松弛，因而促使胃窦、胃体与上段小肠间的功能协调。食管反流减少则由于本药使下食管括约肌静止压升高，食管蠕动收缩幅度增加，因而使食管内容物廓清能力增强所致。此外，本药亦可阻断下丘脑多巴胺受体，抑制催乳素抑制因子，促进泌乳素的分泌，有一定的催乳作用。

【适应证】①用于多种原因（如胃肠疾病、放射治疗、化学药物治疗、手术、颅脑损伤、脑外伤后遗症、海空作业及药物等）所致恶心、呕吐、嗳气、消化不良、胃部胀满、胃酸过多等症状的对症治疗。②用于反流性食管炎、胆汁反流性胃炎、功能性胃滞留、胃下垂等。③用于残胃排空延迟症、迷走神经切除后胃排空延缓。④用于糖尿病性胃轻瘫、尿毒症及硬皮病等结缔组织疾病所致的胃排空障碍。⑤用于十二指肠插管，有助于顺利插管；胃肠钡剂 X 线检查，可减轻检查时的恶心、呕吐反应，促进钡剂通过。

【用法用量】成人：①一般用法。a. 口服给药，一次 5 ~ 10 mg，每日 3 次，于餐前30 分钟服用。最大日剂量为 0.5 mg/kg。b. 肌内注射，用于不能口服或急性呕吐，一次10 ~ 20 mg，最大日剂量为 0.5 mg/kg。c. 静脉注射，同"肌内注射"项。②糖尿病性胃排空功能障碍。口服给药，于症状出现前30 分钟服 10 mg；或一次 5 ~ 10 mg，每日 4次，于三餐前及睡前服用。儿童：①口服给药，5 ~ 14 岁儿童：一次 2.5 ~ 5 mg，每日 3次，于餐前30 分钟服用。最大日剂量为 0.1 mg/kg，宜短期使用。②肌内注射，6 岁以下儿童一次 0.1 mg/kg，6 ~ 14 岁儿童一次 2.5 ~ 5 mg。③静脉注射，同"肌内注射"项。

【注意事项】①本药对晕动病所致呕吐无效。②本药具有中枢镇静作用，并可促进胃排空，故对胃溃疡、胃窦潴留者或十二指肠壶腹部溃疡合并胃窦部炎症者有益。但对一般消化性溃疡的治疗效果不明显，不宜用于一般的十二指肠溃疡。③本药不宜与单胺氧化酶抑制药（因本药可释放儿茶酚胺，正使用单胺氧化酶抑制药的原发性高血压患者，使用本药时应注意监控）、三环类抗抑郁药、拟交感胺类药合用，且禁止与耳毒性药物（如氨基糖苷类抗生素）合用。④本药遇光变成黄色或黄棕色后，毒性可增高。⑤突然中止治疗可能导致戒断症状（如头晕、头痛、神经质）。

【药物相互作用】①硫酸镁：合用有协同利胆作用。②卡巴胆碱：合用可增强本药的作用。③中枢神经抑制药：合用可使两者的镇静作用增强。④导致锥体外系反应的药物（如吩噻嗪类药等）：合用可增加锥体外系反应的发生率与严重性。⑤抗高血压药：合用可增加发生直立性低血压及低血压的风险。⑥利福平、麦角胺、环孢素、对乙酰氨基酚、左旋多巴、四环素类抗生素、氨苄西林、地西泮、锂盐：合用可使以上药物在小肠内的吸收增加。⑦奎尼丁：合用可使奎尼丁的血清浓度升高 20%。⑧抗胆碱药（如阿托品、丙胺太林等）、麻醉止痛药（如抗毒蕈碱麻醉性镇静药）：合用有拮抗作用，可减弱本药对胃肠的作用。⑨西咪替丁、地高辛慢溶剂型：合用可使以上药物的胃肠道吸收减少。此外，本药还可增加地高辛的胆汁排出，从而改变其血药浓度。⑩阿扑吗啡：合用可抑制阿扑吗啡的中枢性与周围性效应。⑪甲硝唑：本药可减轻甲硝唑的胃肠道不良反应。⑫乙醇：合用可使乙醇在小肠内的吸收增加，并可增强其镇静作用。

四、泻药及止泻药

蒙脱石

【别名】必奇、畅言停、复合硅铝酸盐、肯特令、立榭、赛立迈、司迈特、思克特、思密达。

【药理作用】本品为天然蒙脱石微粒粉剂，具有层纹状结构和非均匀性电荷分布，对消化道内的病毒、病菌及其产生的毒素、气体等有极强的固定、抑制作用，使其失去致病作用；此外对消化道黏膜还具有很强的覆盖保护能力，修复、提高黏膜屏障对攻击因子的防御功能，具有平衡正常菌群和局部止痛作用。

【适应证】用于急、慢性腹泻；也用于食管、胃、十二指肠疾病引起的相关疼痛症状的辅助治疗。

【用法用量】口服：成人一次3 g，每日3次。1岁以下，3 g/d；1～2岁，3～6 g/d；2岁以上儿童，6～9 g/d；均分3次服用。

【注意事项】对本药过敏者禁用。

【药物相互作用】如需服用其他药物，建议与本品间隔一段时间。

复方地芬诺酯

【别名】方苯乙哌啶、止泻宁。

【药理作用】地芬诺酯是哌替啶的衍生物，代替阿片制剂。对肠道作用类似吗啡，直接作用于肠平滑肌，通过抑制肠黏膜感受器，消除局部黏膜的蠕动反射而减弱蠕动，同时可增加肠的节段性收缩，从而延长肠内容物与肠黏膜的接触，促进肠内水分的回吸收。配以抗胆碱药阿托品，协同加强对肠管蠕动的抑制作用。

【适应证】用于急慢性功能性腹泻、慢性肠炎。

【用法用量】口服：成人一次1～2片，每日2～3次，首剂加倍，于餐后服用；腹泻得到控制时即应减量。2～5岁儿童一次1片，每日2次；6～8岁儿童一次1片，每日3次；8～12岁儿童一次1片，每日4次。

【注意事项】对本药成分过敏者、严重溃疡性结肠炎患者、与假膜性小肠结肠炎或产肠毒素的细菌有关的腹泻患者、2岁以下儿童、妊娠期妇女禁用。

【药物相互作用】①地芬诺酯本身具有中枢神经系统抑制作用，因其可加强中枢抑制药的作用，故不宜与巴比妥类、阿片类、水合氯醛、乙醇、格鲁米特或其他中枢抑制药合用。②与单胺氧化酶抑制药合用可能有发生高血压危象的潜在危险。③与呋喃妥因合用，可使后者的吸收加倍。

五、肝病辅助治疗药

联苯双酯

【别名】合三。

【药理作用】本品为我国研发的一种治疗肝炎的降酶药物，是合成五味子丙素时的中间体。小鼠口服本品150～200 mg/kg，可减轻因四氯化碳所致的肝脏损害和谷氨酸氨基转移酶（ALT）升高。对四氯化碳所致的肝脏微粒体脂质过氧化、四氯化碳代谢转化为一氧化碳有抑制作用，并可降低四氯化碳代谢过程中还原型辅酶Ⅱ及氧的消耗，从而保护肝细胞生物膜的结构和功能。本品亦可降低泼尼松诱导所致的肝脏 ALT 升高，能促进部分肝切除小鼠的肝脏再生。本品的降酶作用并非直接抑制血清及肝脏 ALT 活性，也不加速血液中 ALT 的失活，可能是肝组织损害减轻的反映。本品对细胞色素 P450 酶活性有明显诱导作用，从而加强对四氯化碳及某些致癌物的解毒能力。对部分肝炎患者有改善蛋白代谢作用，使白蛋白升高，球蛋白降低。对 HBsAg 及 HBeAg 无阴转作用，也不能使肿大的肝脾缩小。

【适应证】用于慢性迁延性肝炎伴 ALT 升高，及化学毒物、药物引起的 ALT 升高。

【用法用量】口服：①片剂、胶囊，成人一次 25～50 mg，每日 3 次；儿童较成人用药剂量酌减。②滴丸，成人一次 7.5 mg，每日 3 次；必要时一次 9～15 mg，每日 3 次，连用个 3 月；待 ALT 正常后改为一次 7.5 mg，每日 3 次，连用 3 个月。儿童一次 0.5 mg/kg，每日 3 次，连用 3～6 个月。

【注意事项】对本药过敏者、肝硬化患者、妊娠期妇女、哺乳期妇女禁用。

【药物相互作用】合用肌苷，可减少本品的降酶反跳现象。

精氨酸

【别名】L-蛋白氨基酸、L-精氨酸、阿及宁、傲邦、蛋白氨基酸、福博、华士艾尔、净宁、康司科韦、普洛川、先丁、先京、欣其邦、逸欣、左旋精氨酸。

【药理作用】本品能降低血氨水平，也是婴幼儿生长必需的氨基酸。

【适应证】用于肝性脑病。适用于忌钠患者，也适用于其他原因引起的血氨过高所致的精神症状。

【用法用量】①口服：一次 0.75～1.5 g，每日 3 次。②静脉滴注：一次 15～20 g，于 4 小时内滴注完。

【注意事项】对本药过敏者、肾功能不全者、无尿患者、高氯性酸中毒者禁用。

【药物相互作用】尚不明确。

葡醛内酯

【别名】肝太乐、克劳酸、葡酸内酯、葡萄糖醛酸内酯、葡萄糖醛酸钠。

【药理作用】本药进入机体后可与含有羟基或羧基的毒物结合，形成低毒或无毒结合物由尿排出，有保护肝脏及解毒作用。另外，葡萄糖醛酸可使肝糖原含量增加，脂肪储量减少。

【适应证】用于急慢性肝炎的辅助治疗。

【用法用量】口服：一次 0.1～0.2 g，每日 3 次。

【注意事项】对本药过敏者禁用。

【药物相互作用】尚不明确。

甘草酸二铵

【别名】艾扶必、安欣福宁、代特、丹薇、福罗欣、甘贝利、甘利欣、甘若纳、苷灵安、海康欣、开希莱、明择、普甘静、泰卡、天晴甘平、同洲、维恒、卫丁、喜心生、信尔洛、永邦、虞庐安、振力幸、知甘保、卓方。

【药理作用】本品是中药甘草有效成分的第 3 代提取物，具有一定的消炎、保护肝细胞膜及改善肝功能的作用。药理实验证明，小鼠口服能减轻因四氯化碳、硫代乙酰胺和 D-氨基半乳糖引起的血清丙氨酸氨基转移酶（ALT）及天冬氨酸氨基转移酶（AST）升高。还能明显减轻 D-氨基半乳糖对肝脏的损伤和改善免疫因子对肝脏的慢性损伤。

【适应证】用于治疗伴有丙氨酸氨基转移酶（ALT）升高的急、慢性病毒性肝炎。

【用法用量】①口服：一次 150 mg，每日 3 次。②静脉滴注：一次 150 mg，每日 1 次。用 10% 葡萄糖注射液 250 mL 稀释后缓慢滴注。需增量时，最大日剂量为 300 mg。

【注意事项】对本药或卵磷脂过敏者、严重低钾血症患者、高钠血症患者、高血压患者、心功能衰竭者、肾衰竭者禁用。

【药物相互作用】与依他尼酸、呋塞米、乙噻嗪、氢氯噻嗪等利尿剂并用时，其利尿作用可增强本品所含甘草酸二铵的排钾作用，而导致血清钾值的下降，应特别注意观察血清钾值的测定。

硫普罗宁

【别名】辰吉格、丁舒、海诺欣、凯纳、凯西莱、康酮索、硫普罗宁钠、诺百力、诺宁、奇奥不志宁、切灵宝、巯丙甘、同达瑞、维春、治尔乐。

【药理作用】本药是一种与青霉胺性质相似的含巯基类药，具有以下作用：①保护肝脏组织及细胞的作用：a. 修复多种类型的肝损害。本药通过提供巯基，并活化超氧化物歧化酶，从而增强肝脏对抗各种损害的能力。实验证明，本药能够防止四氯化碳、乙硫氨酸、毒蕈粉及对乙酰氨基酚对肝脏的损害，并可预防由于四氯化碳导致的肝坏死。同时，本药可加快乙醇和乙醛的降解、排泄，防止三酰甘油的堆积，抑制成纤维细胞增生，对酒精性肝损伤有较好的修复作用。b. 保护肝线粒体结构，改善肝功能。本药可使肝细胞线粒体中的三磷酸腺苷（ATP）酶活性降低，ATP 含量升高，从而改善肝细胞功能，对抗多种肝损伤。c. 促进肝细胞再生。本药在体内通过酰胺酶水解，生成的甘氨酸系脂肪族氨基酸，带有一碳单位，主要参与嘌呤类核苷酸的合成，故具有促进肝细胞再生的作用。实验亦证明本药可促进肝细胞再生，表现为乳酸脱氢酶活性、苹果酸酶活性、DNA 含量及肝总蛋白含量均升高。d. 清除自由基。本药含有巯基，可与自由基可逆性结合成二硫化物，为一种自由基清除剂。②对重金属和药物的解毒作用：本药通过提供巯基，保护酶的活性，从而增强肝脏的解毒功能。实验证明本药可促进重金属汞、铅从胆汁、尿、粪便中排出，降低其肝、肾蓄积量，保护肝功能和多种物质代谢酶。③防治放射治疗（简称放疗）、化学治疗（简称化疗）引起的外周血白细胞减少：本药可通过提供巯基而发挥组织细胞保护作用，可作为放疗、化疗时的保护剂，降低放疗、化疗的不良反应，升高白细胞并加速细胞的恢复。④防治老年性早期白内障：本药对于老年性早期白内障及有玻璃体混浊的患者有较好疗效，可抑制造成白内障的生化素的应激反应，抑制晶体蛋白的凝聚。⑤其他：本药有减少组胺的渗出，降低血管通透性的作用，故可用于荨麻疹、皮炎、湿疹、痤疮等皮肤病；溶解半胱氨酸结石，可用于泌尿系统结石的预防和治疗；另有报道，本药可降低血压、抑制血小板活性，预防血栓形成。

【适应证】①用于改善各类急、慢性肝炎患者的肝功能。②用于脂肪肝、酒精肝、药物性肝损伤的治疗及重金属的解毒。③用于减少放疗、化疗的不良反应，并可预防放疗、化疗所致的外周白细胞减少。④用于老年性早期白内障和玻璃体浑浊。

【用法用量】①急性病毒性肝炎：口服给药，起始剂量为一次 200～400 mg，每日 3 次，连用 1～3 周；以后一次 100～200 mg，每日 3 次。静脉滴注，一次 200 mg，每日 1 次，连续滴注 4 周。②改善慢性肝炎患者的肝功能。a. 口服给药，一次 100～200 mg，每日 3 次，2～3 个月为 1 个疗程，停药 3 个月后继续下一疗程。b. 静脉滴注，一次 200 mg，每日 1 次，连续滴注 4 周。③脂肪肝、酒精肝、药物性肝损伤：静脉滴注，一次 200 mg，每日 1 次，连续滴注 4 周。④重金属的解毒：a. 口服给药，一次 100～200 mg，每日 2 次。b. 静脉滴注，一次 200 mg，每日 1 次，连续滴注 4 周。⑤放疗、化疗所致的外周白细胞减少：a. 口服给药，放疗、化疗前 1 周开始用药，一次 200～400 mg，每日 2 次，餐后服用，连用 3 周。b. 静脉滴注，一次 200 mg，每日 1 次，连续滴注 4 周。⑥老年性早期白内障和玻璃体浑浊：静脉滴注，一次 200 mg，每日 1 次，连续滴注 4 周。

【注意事项】①本药不应与具有氧化作用的药物合用。②在使用本药作灌洗治疗的前 3 日，应将总量为 6000 mL 的尿激酶与 1% 的本药溶液 600 mL 混合使用，以除去结石表面或肾盂中的纤维蛋白。本药溶液的 pH 应用钠盐溶液调节为 7.5。在治疗的整个过程中，还应加入广谱抗生素，如加入抗生素后溶液混浊或出现沉淀物则不可使用。又因本药与金属接触时可被氧化，故灌洗系统不应有金属成分。③本药用于治疗胱氨酸尿症时应做到：a. 每日至少应摄入 3000 mL 水，若出汗过多或有肠道液体丢失，还应补充这些额外损失的部分。b. 每日最少应保持 2000 mL 的尿量。c. 应使用碱性钾盐使尿液的 pH 维持在 6.5 ~ 7。

【药物相互作用】尚不明确。

六、微生态制剂

地衣芽孢杆菌活菌

【别名】地衣芽孢杆菌、整肠生。

【药理作用】本品以活菌进入肠道后，对葡萄球菌、酵母样菌等致病菌有拮抗作用，而对双歧杆菌、乳酸杆菌、拟杆菌、消化链球菌有促进生长作用，从而可调整菌群失调达到治疗目的。本品可促使机体产生抗菌活性物质、杀灭致病菌。此外通过夺氧生物效应使肠道缺氧，有利于大量厌氧菌生长。

【适应证】用于细菌或真菌引起的急慢性肠炎、腹泻；也用于防治其他原因所致的肠道菌群失调。

【用法用量】口服：成人一次 0.5 g，每日 3 次，首剂量加倍；儿童一次 0.25 g，每日 3 次，首剂量加倍。

【注意事项】对本药过敏者禁用。

【药物相互作用】①抗菌药与本品合用时可减低其疗效，故不应同服，必要时可间隔 3 小时服用。②铋剂、鞣酸、活性炭、酊剂等抑制、吸附活菌，不能并用。

双歧杆菌三联活菌

【别名】贝飞达、培菲康。

【药理作用】本品可直接补充人体正常生理细菌，调整肠道菌群平衡，抑制并清除肠道中致病菌，减少肠源性毒素的产生，促进机体对营养物的消化，合成机体所需的维生素，激发机体免疫力。

【适应证】用于治疗因肠道菌群失调引起的轻中型急性腹泻、慢性腹泻、便秘、消化不良及腹胀，也用于辅助治疗因肠道菌群失调引起的内毒素血症。

【用法用量】口服：①胶囊、肠溶胶囊，一次 420 ~ 840 mg，每日 2 次，重症加倍。②散剂，成人一次 2 g，每日 3 次。小于 1 岁儿童，一次 500 mg，每日 3 次；1 ~ 5 岁儿童，一次 1 g，每日 3 次；6 岁以上，一次 2 g，每日 3 次。

【注意事项】对本药过敏者禁用。

【药物相互作用】①制酸药、抗菌药物与本品合用可减弱其疗效，应错时分开服用。②铋剂、鞣酸、活性炭、酊剂等能抑制、吸附或杀灭活菌，故应错时分开服用。

熊去氧胆酸

【别名】护肝素、脱氧熊胆酸、乌索脱氧胆酸、梧露洒、熊脱氧胆酸、优思弗。

【药理作用】熊去氧胆酸（UDCA）为鹅去氧胆酸（CDCA）的 7-β 异构体，具有以下作用特点：①增加胆汁酸的分泌，导致胆汁酸成分的变化，使其在胆汁中含量增加，有利胆作用。②可抑制肝脏胆固醇的合成，显著降低胆汁中胆固醇及胆固醇酯的量和胆固醇的饱和指数，从而有利于结石中胆固醇逐渐溶解。UDCA 还能促进液态胆固醇晶体复合物形成，后者可加速胆固醇从胆囊向肠道排泄、清除。③松弛肝胰壶腹括约肌，加强利胆作用。④减少肝脏脂肪，增加肝脏过氧化氢酶的活性，促进肝糖原的蓄积，提高肝脏抗衰、解毒能力；并可降低肝脏和血中三酰甘油的浓度。⑤抑制消化酶、消化液的分泌。⑥国外研究亦表明，UDCA 对慢性肝脏疾病具有免疫调节作用，能明显降低肝细胞 I 型人类白细胞组织相容性抗原（HLA）的表达，降低活化 T 细胞的数目。但据最新循证医学证据，本药对原发性胆汁性肝硬化仅有微弱的治疗作用，广泛用于治疗原发性胆汁性肝硬化尚需重新评估。

【适应证】①用于胆固醇性胆结石，适用于胆囊功能正常、X 线能穿透的结石。②用于预防药物性结石形成。③用于治疗胆汁缺乏性脂肪泻、回肠切除术后脂肪泻。④用于原发性胆汁性肝硬化等胆汁淤积性肝病。⑤用于胆汁反流性胃炎。

【用法用量】①胆结石、脂肪泻：口服给药，$8 \sim 10$ mg/$(kg \cdot d)$，分早晚 2 次服。疗程至少 6 个月，6 个月后超声检查及胆囊造影无改善者可停药，如结石已部分溶解则继续服药至结石完全溶解。当胆结石清除后，每晚口服 50 mg，以防止复发。②胆汁淤积性肝病：口服给药，10 mg/$(kg \cdot d)$，具体如下，体重 60 kg 者，500 mg/d，分早、晚 2 次服用；体重 80 kg 者，750 mg/d，每日 3 次；体重 100 kg 者，1000 mg/d，早、中各 250 mg，晚上 500 mg。③胆汁反流性胃炎：口服给药，一次 250 mg，每日 1 次，睡前服用，$10 \sim 14$ 日为 1 个疗程。④肝大、慢性肝炎：口服给药，$8 \sim 13$ mg/$(kg \cdot h)$，$6 \sim 24$ 个月为 1 个疗程。

【注意事项】①治疗期间进食含低胆固醇的食物，有利于本药的溶石作用。②本药需服用较长时期（至少 6 个月以上）。若 6 个月后超声波检查或胆囊造影无改善应停药；如结石已有部分溶解，则继续服药直至结石完全溶解。若在治疗 6 个月内观察到部分结石溶解，持续用药后，70% 以上的患者可完全溶石；若患者用药达 1 年时仅有部分结石溶解，则完全溶石的可能性下降到 40%。③即使完全溶石，胆结石的复发率仍较高，有资料表明，停止本药治疗［$8 \sim 10$ mg/$(kg \cdot d)$，平均疗程 16 个月］后随访的 7.5 年中，54% 的患者胆结石复发，其中 84% 的患者发生在停药 2 年内。故建议溶石成功后再维持治疗 6 个月 ~ 1 年。④用本药治疗后，单发性结石患者结石的复发率远低于多发性结石患者。⑤本药不能溶解胆色素结石、钙化胆固醇性结石、混合结石及不透过 X 线的结石。⑥国外资料推荐，在选择用药对象时应遵循以下指导原则：a. 本药仅适用于胆结石主要成分为胆固醇的患者，因此治疗前应判定结石是否为胆固醇性结石。若为小的、可透过 X 线的、光滑的结石，则通常是胆固醇性结石。X 线检测有助于诊断。b. 经口服胆囊造影被确定为无功能胆囊者并非本药治疗的禁忌证。c. 若患者结石直径小于

20 mm，通常治疗反应较好；但只要该结石不含钙及胆色素成分，即使直径更大也可溶解。d. 本药对胆结石溶解的可能性与患者性别、体重、肥胖程度及血清胆固醇浓度无关。⑦治疗中若有反复胆绞痛发作，症状无改善甚至加重，或出现明显结石钙化现象时，宜终止治疗，并进行外科手术。

【药物相互作用】①鹅去氧胆酸：合用可使胆汁中胆固醇的含量和饱和度的降低程度均大于两药单独使用，也大于两药的相加作用。②环孢素：本药可增加环孢素在肠道的吸收。③口服避孕药：口服避孕药可增加胆汁饱和度，影响本药疗效。④含铝制酸药、考来烯胺、考来替泊：合用可减少本药的吸收。⑤环丙沙星：有本药降低环丙沙星吸收的个案报道。⑥经细胞色素 P450 3A4 酶代谢的药物：合用可能降低以上药物的血药浓度。

八、治疗炎性肠病药

盐酸小檗碱

【别名】黄连素、纳宁、鞣酸小檗碱、斯娜格、盐酸黄连素。

【药理作用】本药为天然来源的抗感染药。有报道认为，本药能使菌体表面的菌毛数量减少，使细菌不能附着在人体细胞上，从而起治疗作用。体外实验证实本药能增强白细胞及肝单核-吞噬细胞系统的吞噬能力。近来还发现本药有阻断 α 受体、抗心律失常的作用。本药抗菌谱广，体外对多种革兰阳性及革兰阴性菌具有抑菌作用，对志贺菌属的抗菌作用最强，对溶血性链球菌、金黄色葡萄球菌、霍乱弧菌、脑膜炎奈瑟菌、伤寒沙门菌、白喉棒状杆菌等有较强的抑菌作用，低浓度时抑菌、高浓度时杀菌。对流感病毒、阿米巴原虫、钩端螺旋体、某些皮肤真菌也有一定的抑制作用。

【适应证】用于治疗肠道感染，如胃肠炎。

【用法用量】成人：肠道感染，口服给药，一次 100～300 mg，每日 3 次。儿童：肠道感染，口服给药，具体用量见表 18－10：

表 18－10　　　　　　　　　　　儿童用药剂量推荐

年龄(岁)	体重(kg)	一次用量(mg)	一日次数
1～3	10～15	50～100	3
4～6	16～21	100～150	3
7～9	22～27	150～200	3
10～12	28～32	200～250	3

【注意事项】妊娠早期级哺乳期妇女慎用。

【药物相互作用】含鞣质的中药：合用可降低本药的疗效。

柳氮磺吡啶

【别名】长建宁、柳氮吡啶、柳氮磺胺吡啶、舒腹捷、水杨酸偶氮磺胺吡啶、水杨酰偶氮磺胺吡啶、维柳芬。

【药理作用】柳氮磺吡啶是 5－氨基水杨酸与磺胺吡啶的偶氮化合物，在 3 个方面发挥抗风湿作用。①抗感染作用：通过抑制血栓素合成酶及脂氧酶通路，抑制中性粒细胞的趋化性和溶蛋白酶活性以及 IgE 介导的肥大细胞脱颗粒作用，产生抗感染效果。②免疫调节：有人观察到柳氮磺胺吡啶可抑制类风湿因子的合成及丝裂原诱导的淋巴细胞增殖和抑制自然杀伤（NK）细胞的活性。③抗叶酸代谢：可抑制叶酸盐在空肠内的水解及转运，还可竞争性地抑制叶酸代谢中的二氢叶酸还原酶、亚甲四氢叶酸还原酶及丝氨酸转羟甲基酶的活性。使 DNA 合成障碍影响细胞的正常增殖周期，从而发挥免疫抑制和抗感染作用。用于治疗类风湿关节炎疗效与青霉胺和金制剂接近。也可用于治疗瑞特综合征、反应性关节炎、强直性脊柱炎和幼年类风湿关节炎。

【适应证】①溃疡性结肠炎：用于治疗轻至中度的溃疡性结肠炎，在重度溃疡性结肠炎中可作为辅助疗法；亦可用于溃疡性结肠炎缓解期的维持治疗。②克罗恩病：用于治疗活动期的克罗恩病，特别是累及结肠的患者。③类风湿关节炎。

【用法用量】①炎性肠病：a. 口服。成人 3~4 g/d，分次口服，初始以 1~2 g/d 的小剂量开始；缓解期一般一次 1 g，每日 2~3 次；轻至中度发作一次 1 g，每日 3~4 次；严重发作一次 1~2 g，每日 3~4 次，可与类固醇药物合用；防止复发 0.02~0.03 g/(kg·d)，分 3~6 次服用。儿童 0.04~0.06 g/(kg·d)，分 3~6 次服用；防止复发时，0.02~0.03 g/(kg·d)，分 3~6 次服用。b. 直肠给药。重症患者，一次 0.5 g，早、中、晚各 1 次；轻至中度患者，早、晚排便后各用 0.5 g。症状明显改善后，改用维持量，即每晚或隔天睡前用 0.5 g。②类风湿关节炎（口服）：一次 1 g，每日 2 次。

【注意事项】该品为磺胺类抗菌药物，属口服不易吸收的磺胺药，吸收部分在肠微生物作用下分解成 5-氨基水杨酸和磺胺吡啶，5-氨基水杨酸与肠壁结缔组织络合后较长时间停留在肠壁组织中起到抗菌消炎和免疫抑制作用，如减少大肠埃希菌和梭状芽孢杆菌，同时抑制前列腺素的合成以及其他炎症介质白三烯的合成。因此，该品对炎症性肠病产生疗效的主要成分是 5-氨基水杨酸，由该品分解产生的磺胺吡啶对肠道菌群显示微弱的抗菌作用。

【药物相互作用】①与尿碱化药合用可增强磺胺类药在碱性尿中的溶解度，使排泄增多。②对氨基苯甲酸可代替磺胺类药被细菌摄取，对磺胺类药的抑菌作用发生拮抗，因而两者不宜合用。③下列药物与磺胺类药合用时，后者可取代这些药物的蛋白结合部位，或抑制其代谢，以致药物作用时间延长或毒性发生。因此当这些药物与磺胺类药合用，或在应用磺胺类药之后使用时需调整其剂量，此类药物包括口服抗凝血药、口服降血糖药、甲氨蝶呤、苯妥英钠和硫喷妥钠。④骨髓抑制药与磺胺类药合用时可能增强此类药物对造血系统的不良反应，如有指征需两类药物合用时，应严密观察可能发生的毒性反应。⑤避孕药（雌激素类），长时间与磺胺类药合用可导致避孕的可靠性减少，并增加经期外出血的机会。⑥溶栓药与磺胺类药合用时，可能增大其潜在的毒性作用。⑦肝毒性药物与磺胺类药合用，可能引起肝毒性发生率的增高，对此类患者尤其是用药时间较长及以往有肝病史者应监测肝功能。⑧光敏药与磺胺类药合用可能发生光敏的相加作用。⑨接受磺胺类药治疗者对维生素 K 的需要量增加。⑩乌洛托品在酸性尿中可分解产生甲醛，后者可与磺胺形成不溶性沉淀物，使发生结晶尿的危险性增加，因此不宜两药合用。⑪磺胺类药可取代保泰松的血浆蛋白结合部位，当两者合用时可增强保泰松的作用。⑫磺吡酮（sulfinpyrazone）与磺胺类药同用时可减少后者自肾小管的分泌，其血药浓度升高且持久，从而产生毒性，因此在应用磺吡酮期间或在应用其治疗后可能需要调整磺胺类药的剂量。当磺吡酮疗程较长时，对磺胺类药的血药浓度宜进行监测，有助于剂量的调整，保证安全用药。⑬与洋地黄类或叶酸合用时，后者吸收减少，血药浓度降低，因此须随时观察洋地黄类的作用和疗效。⑭与丙磺舒合用，会降低肾小管磺胺排泄量，致磺胺的血药浓度上升，作用延长，容易中毒。⑮与新霉素合用，新霉素抑制肠道菌群，影响该品在肠道内分解，使作用降低。

第九节　泌尿系统用药

一、利尿药

呋塞米

【别名】阿西亚、艾格、呋喃苯胺酸、腹安酸、利尿磺胺、利尿灵、速尿、速尿灵。

【药理作用】本药为强效的髓袢利尿药，能增加水和电解质（如钠、氯、钾、钙、镁、磷等）的排泄。主要通过抑制肾小管髓袢厚壁段对 NaCl 的主动重吸收，使管腔液 Na^+、Cl^- 浓度升高，而髓质间液 Na^+、Cl^- 浓度降低，从而渗透压梯度差降低，肾小管浓缩功能下降，导致水、Na^+、Cl^- 排泄增多。由于 Na^+ 重吸收减少，远端小管 Na^+ 浓度升高，促进 Na^+-K^+、Na^+-H^+ 交换增加，K^+、H^+ 排出增多。本药抑制肾小管髓袢升支粗段重吸收 Cl^- 的机制为：该部位基底膜外侧存在与 Na^+-K^+-ATP 酶有关的 Na^+、Cl^- 配对转运系统，本药通过抑制该系统功能而减少 Na^+、Cl^- 的重吸收。另外，本药还可能抑制近曲小管和远曲小管对 Na^+、Cl^- 的重吸收，促进远曲小管分泌 K^+。本药通过抑制髓袢对 Ca^{2+}、Mg^{2+} 的重吸收而增加 Ca^{2+}、Mg^{2+} 排泄。短期使用本药可增加尿酸排泄，但长期用药可引起高尿酸血症。本药对血流动力学的影响表现在：抑制前列腺素分解酶的活性，使前列腺素 E_2 含量升高，从而扩张肾血管，降低肾血管阻力，使肾血流量尤其是肾皮质深部血流量增加，这在其利尿作用中具有重要意义，也是本药用于预防急性肾衰竭的理论基础。另外，与其他利尿药不同，本药在使肾小管液流量增加的同时而不降低肾小球滤过率，原因可能是流经致密斑的 Cl^- 减少，从而减弱或阻断球-管平衡。本药能扩张肺部容量静脉，降低肺毛细血管通透性，结合其利尿作用，使回心血量减少，左心室舒张末期压力降低，有助于治疗急性左心衰竭。由于本药可降低肺毛细血管通透性，为其治疗成人呼吸窘迫综合征提供了理论依据。本药为强有力的利尿药，其作用相当于噻嗪类利尿药的 5 倍左右。与噻嗪类利尿药不同，呋塞米等袢利尿药存在明显的剂量-效应关系。随着剂量加大，利尿效果明显增强，且药物剂量范围较大。因袢利尿药比噻嗪类利尿药的作用持续时间短，故控制血压的效果也较差，但在伴有对噻嗪类利尿药耐药的体液潴留的高血压或伴有肾脏损害的高血压时应使用本药。本药能有效治疗与肾衰竭有关的水肿，有慢性肾衰竭的水肿和高血压患者只能用袢利尿药控制，但在需要大剂量用药时应防止血容量降低。此外，服用本药尚可用于诊断急性肾衰竭和防止急性肾小管坏死。

【适应证】①用于水肿性疾病，包括充血性心力衰竭、肝硬化、肾脏疾病（肾炎、肾病及多种原因所致的急、慢性肾衰竭），尤其是在其他利尿药效果不佳时，应用本药可能有效。本药也可与其他药物合用于治疗急性肺水肿和急性脑水肿等。②用于高血压。本药不作为治疗原发性高血压的首选药物，但当噻嗪类药疗效不佳，尤其当伴有肾功能不全或出现高血压危象时，本药尤为适用。③用于预防急性肾衰竭。多种原因（失水、休克、中毒、麻醉意外及循环功能不全等）导致肾血流灌注不足时，在纠正血容量不足的同时及时应用本药，可减少急性肾小管坏死的风险。④用于高钾血症及高钙血症。⑤用于稀释性低钠血症，尤其是当血钠浓度低于 120 mmol/L 时。⑥用于抗利尿激素分泌异常综合征（SIADH）。⑦用于急性药物、毒物中毒，如巴比妥类药物中毒等。

【用法用量】成人：①水肿性疾病。a. 口服给药，起始剂量为一次 20 ~ 40 mg，每日 1 次，必要时 6 ~ 8 小时后追加 20 ~ 40 mg，直至出现满意利尿效果。一日最大剂量可达 600 mg，但一般应控制在 100 mg 以内，分 2 ~ 3 次服用。部分患者可减少至一次 20 ~ 40 mg，隔日 1 次（或 20 ~ 40 mg/d，每周连续服药 2 ~ 4 日）。b. 静脉注射。一般剂量，起始剂量为 20 ~ 40 mg，必要时每 2 小时追加剂量，直至出现满意疗效。维持用药阶段可分次给药。急性左心衰竭，起始剂量为 40 mg，必要时每 1 小时追加 80 mg，直至出现满意疗效。慢性肾功能不全，一日剂量一般为 40 ~ 120 mg。c. 静脉滴注。急性肾衰竭时以本药 200 ~ 400 mg 加入氯化钠注射液 100 mL 中，滴注速度不超过 4 mg/min。有效者可按原剂量重复应用或酌情调整剂量，一日总量不超过 1 g。利尿效果差时不宜再增加剂量，以免出现肾毒性，对急性肾衰竭功能恢复不利。②高血压。a. 口服给药，起始剂量为 40 ~ 80 mg/d，分 2 次服用，并酌情调整剂量。b. 静脉注射，高血压危象起始剂量为 40 ~ 80 mg，伴急性左心衰或急性肾衰竭时，可酌情增加用量。③高钙血症。a. 口服给药，80 ~ 120 mg/d，分 1 ~ 3 次服用。b. 静脉注射，一次 20 ~ 80 mg。儿童：用于水肿性疾病。a. 口服给药，起始剂量为 2 mg/kg，必要时每 4 ~ 6 小时追加 1 ~ 2 mg/kg。b. 静脉注射，起始剂量为 1 mg/kg，必要时每 2 小时追加 1 mg/kg。一日最大剂量可达 6 mg/kg。

【注意事项】①少尿或无尿患者应用本药最大剂量后 24 小时仍无效时，应停药。②肝肾功能同时受损者，本药更易在体内蓄积，容易出现不良反应。③药物剂量应个体化，从最小有效剂量开始，然后根据利尿反应调整剂量，以减少水、电解质紊乱等不良反应的发生。④本药与洋地黄类强心苷合用时应补钾。已超量服用洋地黄者禁用本药。⑤对磺胺类药或噻嗪类利尿药过敏者，对本药也可能过敏。

【药物相互作用】①多巴胺：合用可使本药利尿作用增强。②氯贝丁酯：合用可使两药的作用均增强，并可出现肌肉酸痛、强直。③降压血药：合用可增强降压血药的作用。④两性霉素、氨基糖苷类、头孢菌素：合用可使肾毒性和耳毒性增加，尤其是原有肾功能损害时。⑤锂剂：合用可使肾毒性明显增加。⑥抗组胺药：合用可使耳毒性增加，易出现耳鸣、头晕、眩晕。⑦碳酸氢钠：合用可使发生低氯性碱中毒的风险增加。⑧巴比妥类药物、麻醉药：合用易引起直立性低血压。⑨卡托普利：合用偶可致肾功能恶化。⑩非去极化肌肉松弛药：本药可增强此类药物的作用（如氯化筒箭毒碱）。⑪阿司匹林：合用可使阿司匹林排泄减少。⑫水合氯醛：使用水合氯醛后静脉注射本药，可致出汗、面色潮红和血压升高。⑬肾上腺皮质激素、促皮质素、雌激素：以上药物能降低本药的利尿作用，并增加电解质紊乱（尤其是低钾血症）的发生率。⑭非甾体类解热镇痛药：此类药物能降低本药的利尿作用，增加发生肾损害的风险。⑮拟交感神经药、抗惊厥药：合用可使本药利尿作用减弱。⑯苯妥英钠：合用可降低本药的利尿效应达50%。⑰丙磺舒：可减弱本药的利尿作用。⑱治疗痛风的药物：合用可减弱此类药物的作用。⑲降血糖药：本药可降低此类药物的疗效。⑳抗凝血药、抗纤溶药：本药可降低以上药物的作用。㉑乙醇：饮酒及使用含乙醇的制剂能增强本药的利尿和降压作用。

氢氯噻嗪（详见抗高血压药）

螺内酯

【别名】安体舒通、螺旋内酯、螺旋内酯固醇、螺旋内酯甾醇、螺旋内酯甾酮、使尔通。

【药理作用】本药为低效利尿药，结构与醛固酮相似，为醛固酮的竞争性抑制药。作用于远曲小管和集合管的皮质段部位，阻断 Na^+-K^+ 和 Na^+-H^+ 交换，使 Na^+、Cl^- 和水排泄增多，K^+、Mg^{2+} 和 H^+ 排泄减少，但对 Ca^{2+} 和 P^{3+} 的作用不定。由于本药仅作用于远曲小管和集合管，对肾小管其他各段无作用，故利尿作用较弱。此外，本药对肾小管以外的醛固酮靶器官也有作用。对血液中醛固酮增高的水肿患者作用较好，反之，醛固醇浓度不高时则作用较弱。

【适应证】①与其他利尿药合用，治疗充血性水肿、肝硬化腹水、肾性水肿等（其目的在于纠正上述疾病伴发的继发性醛固酮分泌增多），并对抗其他利尿药的排钾作用。也用于特发性水肿的治疗。②用于原发性醛固酮增多症的诊断和治疗。③用于高血压的辅助治疗。④与噻嗪类利尿药合用，增强利尿效应，预防低钾血症。

【用法用量】成人：①水肿性疾病。口服给药，开始时，40~120 mg/d，分 2~4 次服用，至少连服 5 日，以后酌情调整剂量。②高血压。口服给药，开始时，40~80 mg/d，分次服用，至少用药 2 周，以后酌情调整剂量（但不宜与血管紧张素转化酶抑制药合用，以免增加高钾血症的发生率）。③原发性醛固酮增多症。口服给药，术前患者，100~400 mg/d，分 2~4 次服用。不宜手术的患者，则选用较小剂量维持。④诊断原发性醛固酮增多症。口服给药，长期试验，400 mg/d，分 2~4 次服用，连用 3~4 周。短期试验，400 mg/d，分 2~4 次服用，连用 4 日。儿童：水肿性疾病，口服给药，开始时，1~3 mg/(kg·d) 或 30~90 mg/(m^2·d)，单次或分 2~4 次服用，连用 5 日后酌情调整剂量。一日最大剂量为 3~9 mg/kg 或 90~270 mg/m^2。

【注意事项】①给药应个体化，一般从小剂量开始使用，观察电解质变化，而后再逐渐增至有效剂量。②本药起效较慢，而维持时间较长，故首日剂量可增至常规剂量的 2~3 倍，以后酌情调整剂量。在与其他利尿药合用时，可先于其他利尿药 2~3 日服用。在已应用其他利尿药后再加用本药时，其他利尿药的剂量应在最初 2~3 日减量 50%，以后酌情调整剂量。停药时，本药应先于其他利尿药 2~3 日停用。③肾上腺静脉导管插入术前应停用本药。④肝硬化患者用药时应注意避免电解质和酸碱失衡，以免导致肝性脑病。⑤用药期间禁补钾，以防血钾过高。⑥本药用于治疗与醛固醇升高有关的顽固性水肿，故对肝硬化和肾病综合征的患者较有效，而对充血性心力衰竭效果较差（因缺钠而引起继发性醛固酮增多者除外）。单用本药时利尿作用往往较差，故常与噻嗪类、髓袢利尿药合用，既能增强利尿效果，又可防止低血钾。⑦本药可导致嗜睡、头晕，用药后驾车和操作机械应谨慎。

【药物相互作用】①多巴胺：合用可增强本药的利尿作用。②地高辛：本药可使地高辛半衰期延长。③引起血压下降的药物：合用可增强利尿和降压作用。④噻嗪类利尿药或汞剂利尿药：合用可增强利尿作用，并可抵消噻嗪类利尿药的排钾作用。⑤含钾药物、库存血（含钾 30 mmol/L，如库存 10 日以上含钾可达 65 mmol/L）、血管紧张素转化酶抑制药、血管紧张素Ⅱ受体拮抗药、环孢素A、依普利酮、他克莫司、保钾利尿药（氨苯蝶啶）等：与以上药物合用时，高钾血症发生率增加。⑥氯化铵：合用易发生代谢性酸中毒。⑦肾毒性药：合用可增加肾毒性。⑧非甾体类解热镇痛药（尤其是吲哚美辛）：合用可使肾毒性增加。⑨抗糖尿病药：合用可使血糖升高。⑩精氨酸：合用可出现潜在致命的高钾血症。⑪右丙氧芬：合用可出现男子乳腺发育和皮疹。⑫氟氢可的松：合用可能增加尿钾排泄。⑬拟交感神经药：合用可减弱本药的降压作用。⑭雌激素：合用可减弱本药的利尿作用。⑮甘珀酸钠、甘草次酸制剂：合用可减弱本药的利尿作用。⑯肾上腺皮质激素（尤其是具有较强盐皮质激素作用者）、促肾上腺皮质激素：合用可减弱本药的利尿作用，而拮抗本药的潴钾作用。⑰华法林：本药可减弱抗凝血药的抗凝血作用。⑱葡萄糖胰岛素液、碱剂、钠型降钾交换树脂：合用可减少高钾血症的发生。

氨苯蝶啶 （详见抗高血压药利尿药）

二、良性前列腺增生用药

坦洛新

【别名】必坦、哈乐、积大本特、齐索、坦索罗辛、盐酸坦洛新、盐酸坦舒洛新、盐酸坦索罗辛。

【药理作用】本药为肾上腺素 α_1 受体亚型 α_{1A} 的特异性拮抗药，主要通过选择性阻断尿道、膀胱颈及前列腺中肾上腺素 α_{1A} 受体，使平滑肌松弛，从而改善前列腺增生（BPH）所致的排尿困难等症状。本药作用特点是：①能选择性地阻断 α_1 受体，对 α_1 受体的亲和力较 α_2 受体强 5400~24000 倍，这一特性可使其疗效增强，不良反应减少。②由于尿道、膀胱颈部及前列腺存在的 α 受体主要为 α_{1A} 受体，故本药对尿道、膀胱颈及前列腺平滑肌具有高选择性阻断作用，其抑制尿道内压上升的能力是抑制血管舒张压上升能力的 13 倍，因此本药的疗效明显且可减少服药后发生直立性低血压的危险。③可降低尿道内压曲线中前列腺部压力，而对节律性膀胱收缩和膀胱内压曲线则无影响。

【适应证】用于缓解良性前列腺增生引起的排尿障碍。

【用法用量】良性前列腺增生：口服给药，一次 0.2 mg，每日 1 次，餐后服用。根据年龄、症状不同可适当增减。

【注意事项】①在使用本药治疗前，须排除前列腺癌的可能。②由于用药期间可出现与直立性低血压相关的症状（如眩晕等），因此用药期间不宜驾驶、操纵机械或进行危险性作业。③本药主要针对尿道、膀胱颈及前列腺平滑肌，并无缩小前列腺体积的作用。如前列腺体积过大，梗阻症状明显，可与 5-α 还原酶抑制药同时使用。严重尿潴留时不应单独使用本药。④虽然本药对血管平滑肌影响极少，但因患者多为老年人，故用药后仍应稍事休息为宜。⑤与降压药合用时，须密切监测以防低血压。⑥用药后如治疗效果不明显，宜及时更换治疗方法。

【药物相互作用】①西咪替丁：合用可增加本药的血药浓度，从而导致毒性反应。②β 肾上腺素受体阻滞药：首次与 β 肾上腺素受体阻滞药合用，常增加发生低血压的危险。

特拉唑嗪

【别名】毕奥林、高特灵、降压宁、均益、可派、罗迪尔、马沙尼、曼欣琳、美沥畅、欧得曼、派速、施艾特、双水盐酸四喃唑嗪、双水盐酸特拉唑嗪、四喃唑嗪、泰乐、盐酸特拉唑嗪、盐酸四喃唑嗪、悦克、正舒。

【药理作用】本药为突触后 α_1 肾上腺素受体阻滞药，降压作用与哌唑嗪相似，但持续时间较长。其药理作用表现为：①本药的 α_1 受体阻断作用能使膀胱颈、前列腺、前列腺包膜平滑肌松弛，尿道阻力和压力、膀胱阻力减低而减轻尿道症状，临床用于治疗良性前列腺增生。②通过阻断周围 α_1 受体使血管扩张、周围血管阻力下降而降低血压。本药对心排出量影响极小，不引起反射性心跳加快，也不减少肾血流量或肾小球滤过率。③本药还可降低血浆总胆固醇、低密度脂蛋白、极低密度脂蛋白及提高高密度脂蛋白，故可降低冠心病的易患性与危险性。

【适应证】①用于治疗良性前列腺增生，改善患者的排尿症状（如尿频、尿急、尿线变细、排尿困难、夜尿增多、排尿不尽感）。②用于高血压，可单用或与其他抗高血压药物（如利尿药或 β 肾上腺素受体阻滞药）联用。

【用法用量】①良性前列腺增生：口服给药，首剂 1 mg，睡前服用。剂量可逐渐增至一次 2、5、10 mg，每日 1 次。常用剂量为一次 10 mg，每日 1 次，疗程 4～6 周，最大剂量 20 mg/d。②高血压：口服给药，首剂 1 mg，睡前服用。缓慢增量至达理想疗效，通常推荐剂量为一次 1～5 mg，每日 1 次。剂量高于 20 mg 不再增加疗效。如给药 24 小时后降压作用减弱，应考虑每日 2 次的给药方案。临床试验中，除首剂睡前服用外，其他剂量均在清晨服用。

【注意事项】①由于前列腺癌与良性前列腺增生的症状相似，因此在使用本药治疗前列腺疾病前应首先排除前列腺癌。②患者在开始治疗及增加剂量时应避免突然性姿势变化或行动。③首剂及增加剂量后 12 小时内，或在停药时，应避免驾驶及操作机器。④停用本药一段时间后重新给药，仍应从小剂量开始使用。⑤当加用利尿药或其他抗高血压药物时，应减少本药的剂量并须重新确定最佳剂量。

【药物相互作用】①其他降血压药：合用可使降血压作用增强。②非甾体类解热镇痛药（如吲哚美辛）：合用可使降血压作用减弱。③雌激素：合用可减弱本药的降血压作用。④拟交感胺类药：合用可使拟交感胺类药的升压作用与本药的降压作用均减弱。⑤利尿药（如氢氯噻嗪、甲氯噻嗪）、β 肾上腺素受体阻滞药：对高血压患者作临床对比试验证明，本药与以上药物并无不良的相互作用。⑥抗生素（红霉素、甲氧苄啶等）、抗胆碱药（去氧麻黄碱、伪麻黄碱）、抗痛风药（别嘌醇）、抗组胺药（氯苯那敏）、皮质类固醇、抗酸药、降血糖药、镇静药（地西泮）：合用（每种 50 例以上）未发现有不良的相互作用。

非那雄胺

【别名】艾仕列、保法止、保列舒、保列治、葆利安、必畅、达列克、多密隆、多晒、非那司提、非那甾胺、孚列、合舒、吉优、杰列青、卡波、康列苏、奎安、蓝乐、立同、利尔泉、沥舒、列康托克、列沁、隆通、浦列安、普罗斯佳、普洛平、千诺林、前力欣、如川、士怡、司君宜、思克勃、速列欣、恬舒新、先立晓、星保、亚宝力通、亦通、易如特、易优瑞欣、益列复、逸舒升、意安林、再安列。

【药理作用】本药属 4-氮甾体激素类化合物，为特异性的 II 型 5α-还原酶抑制药，能抑制外周睾酮转化为二氢睾酮，降低血液、前列腺和皮肤等组织中二氢睾酮水平。前列腺的生长发育和良性增生依赖于二氢睾酮，本药通过降低血液和前列腺组织中的二氢睾酮水平而抑制前列腺增生、改善良性前列腺增生的相关临床症状。此外，对男性雄激素性秃发者，本药能促进头发生长并防止继续脱发。口服本药 5 mg，可迅速降低血清二氢睾酮的浓度。良性前列腺增生（BPH）患者每日口服本药 5 mg，共 12 个月，可使血循环中二氢睾酮减少约 70%，前列腺体积缩小约 20%，前列腺特异性抗原（PSA）降低50%，而血循环中睾酮的量增加 10% 左右（在正常生理范围内）。本药不影响循环中的氢化可的松、雌二醇、催乳素、促甲状腺激素、甲状腺素的水平，也不影响总胆固醇、低密度脂蛋白、高密度脂蛋白、三酰甘油的水平。治疗 12 个月可使循环中促黄体激素增加 15%、尿促卵泡素增加 9%，但这些变化仍在生理范围内。用本药治疗 12 周，健康人精液中精子数、精子活力和形态不受影响。

【适应证】①用于治疗和控制 BPH 以及预防泌尿系统事件。②用于治疗男性雄激素性秃发。

【用法用量】①用于 BPH：口服给药，一次 5 mg，每日 1 次。②男性雄激素性秃发：口服给药，一次 1 mg，每日 1 次。

【注意事项】①使用本药前应排除和 BPH 类似的其他疾病，如感染、前列腺癌、尿道狭窄、膀胱低张力、神经源性紊乱等。②本药须在较长时间治疗后方可见效，BPH 患者用药 3 个月后才会达到满意疗效。因此，良性前列腺增生症状较重者、尿流率严重下降和残余尿量较多者不适于使用本药。有资料建议，开始治疗 BPH 时联合应用本药和 α 肾上腺素受体阻滞药。③对男性雄激素性秃发，连续用药 3 个月或更长时间才能观察到头发生长增加、头发数目增加和（或）继续脱发改善，建议持续用药以达最大疗效。

【药物相互作用】①圣约翰草：合用可减少本药的血浆浓度，并且加快本药的代谢和清除。②经细胞色素 P450 代谢的药物（普萘洛尔、地高辛、格列本脲、华法林、茶碱和安替比林）：合用时均未发现与本药有临床意义的相互作用。③血管紧张素转化酶抑制药、对乙酰氨基酚、阿司匹林、α 肾上腺素受体阻滞药、β 肾上腺素受体阻滞药、钙通道阻滞药、心脏病用硝酸酯类、利尿药、H_2 受体拮抗药、羟甲基戊二酸单酰辅酶A（HMG-CoA）还原酶抑制药、非甾体消炎药（NSAIDs）、前列腺素合成酶抑制药、喹诺酮类和苯二氮䓬类：合用时未发现明显的临床不良相互作用。

三、治疗性功能障碍药

枸橼酸西地那非

【别名】赛登菲乐、万艾可、幸邦。

【药理作用】本药为 cGMP 特异性 5 型磷酸二酯酶（PDE₅）的选择性抑制药，是治疗阴茎勃起功能障碍（ED）的口服药物。正常人阴茎勃起的生理机制涉及性刺激过程中阴茎海绵体内一氧化氮（NO）的释放。一氧化氮激活阴茎海绵体平滑肌细胞内鸟苷酸环化酶，导致 cGMP 水平升高，使得海绵体内平滑肌松弛，海绵窦扩张，血液流入而使阴茎勃起。本药对离体人海绵体无直接松弛作用，但能够通过抑制海绵体内的 PDE₅ 对 cGMP 的分解，从而增强一氧化氮的作用。当性刺激引起局部一氧化氮释放时，本药抑制 PDE₅，可增加海绵体内 cGMP 水平，松弛海绵体平滑肌，血液流入海绵体。对器质性或心理性 ED 患者，本药可改善性刺激引起的勃起反应。有研究表明，勃起反应随剂量和血浆浓度的增加而增强，药效可持续 4 小时（但较 2 小时弱）。本药能选择性抑制 PDE_5，该酶是肺动脉血管中主要的磷酸二酯酶，抑制该酶可使 cGMP 维持在较高水平，后者促进内源性 NO 的血管扩张作用。本药不仅扩张正常肺血管，也使病变肺组织血管扩张。

【适应证】用于阴茎勃起功能障碍（ED）。

【用法用量】口服给药，对大多数患者，推荐剂量为 50 mg，在性活动前约 1 小时（0.5~4 小时也可）按需服用，服药后需有性刺激。基于药效和耐受性，一日剂量可于 25~100 mg 调整，一日用药勿超过 1 次。

【注意事项】①本药不适用于妇女。②治疗 ED 类药物有导致突发性耳聋的风险。③用药后可能发生视觉异常，故驾驶员和高空作业者应慎用。④在性活动开始时，若出现心绞痛、头晕、恶心等症状，须终止性活动。⑤其他治疗勃起功能障碍的方法与本药合用的安全性和有效性尚待研究，故暂不推荐联合用药。⑥给予本药治疗 ED 的同时，应对其相关病因进行治疗。此外，在没有性刺激时，推荐剂量的本药不起作用。

【药物相互作用】①细胞色素 P450（CYP）3A4 抑制药（如酮康唑、伊曲康唑、红霉素）、P450 的非特异性抑制药（如西咪替丁）：合用时本药的血浆水平升高而清除率减弱。②HIV 蛋白酶抑制药（如沙奎那韦、利托那韦）：合用时本药的峰浓度和 AUC 增高，而沙奎那韦和利托那韦稳态时的药动学不受影响。③袢利尿药、保钾利尿药、非选择性 β 肾上腺素受体阻滞药：合用可使本药的活性代谢产物（N-去甲基西地那非）的 AUC 分别增加 62% 和 102%，但这种影响无临床意义。④氨氯地平：高血压患者同时使用本药（100 mg）和氨氯地平（5 mg 或 10 mg），仰卧位收缩压平均进一步下降 1.06 kPa（8 mmHg），舒张压平均进一步下降 0.93 kPa（7 mmHg）。⑤α 肾上腺素受体阻滞药（如多沙唑嗪）：合用可能引起某些患者的低血压症状。⑥有机硝酸酯类：合用可增强此类药物的降压作用。⑦硝普钠：体外实验发现本药可增强硝普钠的抗人类血小板凝聚作用。⑧双氢可待因：合用可使出现阴茎持续勃起的风险增加。⑨肝素：合用时对麻醉兔出血时间的延长有叠加作用，但未进行过类似的人体研究。⑩CYP 3A4 诱导药（如利福平）：合用可能降低本药血浆水平。⑪CYP 2C9 抑制药（如甲苯磺丁脲、华法林）：合用未见明显相互作用。⑫CYP 2D6 抑制药（如选择性 5-羟色胺再摄取抑制药、三环类抗抑郁药）、噻嗪类药物及噻嗪类利尿药、血管紧张素转化酶抑制药、钙通道阻滞药：合用对本药药动学无影响。⑬阿司匹林：合用对出血时间无影响。⑭抗酸药（氢氧化镁或氢氧化铝）：单剂抗酸药对本药的生物利用度无影响。⑮乙醇：有研究表明，健康志愿者平均最大血浆乙醇浓度为 0.08% 时，本药（50 mg）不增强酒精的降压作用。

第十节　血液系统用药

一、抗贫血药

维生素 B_{12}

【别名】动物蛋白质因子、钴胺素、抗恶性贫血维生素、氰钴氨素、氰钴铵、氰基钴胺、威可达、维生素乙 12、维斯克、维他命 B_{12}。

【药理作用】维生素 B_{12} 为抗贫血药，为一种含钴的红色化合物，需转化为甲基钴胺和辅酶 B_{12} 后才具有活性。叶酸在体内经两次还原后成为四氢叶酸，甲基钴胺可使四氢叶酸转化为 N5，N10-甲烯基四氢叶酸，后者在尿嘧啶脱氧核苷酸转化过程中起供给"一碳基团"作用。N5，N10-甲烯基四氢叶酸又可还原成 N5-甲基四氢叶酸，在甲基钴胺参与下，N5-甲基四氢叶酸脱去甲基，再成为四氢叶酸。体内必须维持足够量的四氢叶酸，以供大量 DNA 合成。与叶酸相似，维生素 B_{12} 缺乏时可致 DNA 合成障碍而影响红细胞的成熟，引起巨幼细胞贫血。维生素 B_{12} 还间接参与了胸腺嘧啶脱氧核苷酸的合成。奇数碳脂肪酸和某些氨基酸氧化生成的甲基丙二酰辅酶 A 转变为琥珀酰辅酶 A，必须有甲基丙二酰辅酶 A 变位酶和辅酶 B_{12} 参与。当维生素 B_{12} 缺乏时，可导致甲基丙二酸排泄增加和脂肪酸代谢异常，甲基丙二酸沉着于神经组织中，可能使其变性。S-腺苷甲硫氨酸和甲硫氨酸主要由同型半胱氨酸接受 N5-甲基四氢叶酸的甲基而形成，甲基维生素 B_{12} 是上述反应的辅酶。如维生素 B_{12} 缺乏，可致甲硫氨酸和 S-腺苷甲硫氨酸合成障碍，这可能是神经系统病变的原因之一。动物实验表明，外用给药可治疗急性放射性皮肤烧伤，可缩短患处的平均愈合时间，使愈合加快、瘢痕缩小、肉芽减少、水肿减轻，并具有一定的镇痛作用。

【适应证】①本药片剂、注射液用于因内因子缺乏所致的巨幼细胞贫血，注射液也可用于亚急性联合变性神经系统病变（如神经炎的辅助治疗）。②本药滴眼液用于眼疲劳等眼部不适症状。③本药溶液外用可治疗放射性皮肤损伤（Ⅰ～Ⅱ度）。

【用法用量】成人：①巨幼细胞贫血。a. 口服给药，片剂，25～100 μg/d 或隔日 50～200 μg，分次服用。b. 肌内注射，注射液，25～100 μg/d，或隔日 50～200 μg，共用 2 周。对伴神经系统表现者，可将剂量增至 500 μg/d，以后一次 50～100 μg，一周 2 次，直到血常规恢复正常；维持剂量，一次 100 μg，1 个月 1 次。②亚急性联合变性神经系统病变（如神经炎的辅助治疗）。肌内注射，同"巨幼细胞贫血"项。③眼疲劳等眼部不适症状。经眼给药，滴眼液，一次 2～3 滴，每日 3 次，可根据患者年龄、临床症状适当增减剂量。④放射性皮肤损伤（Ⅰ～Ⅱ度）。外用，先用本药外用溶液浸湿无菌纱布，再将纱布敷在创面上，以后每隔 4～5 小时，在纱布上滴加外用溶液 1 次，以保持敷料湿润，一日更换纱布 1 次。儿童：巨幼细胞贫血、亚急性联合变性神经系统病变（如神经炎的辅助治疗）。肌内注射，注射液一次 25～100 μg，每日 1 次或隔日 1 次，共用 2 周；维持剂量，一次 25～50 μg，1 个月 1 次。

【注意事项】①与维生素 B_{12} 代谢无关的多种贫血、营养不良、病毒性肝炎、多发性硬化症、三叉神经痛、皮肤或精神疾病等，用本药治疗均无效，不宜滥用。②有神经系统损害者，在诊断未明确前不宜使用本药，以免掩盖临床表现。③维生素 B_{12} 缺乏可同时伴有叶酸缺乏，如单以本药治疗，血常规虽可改善，但也可掩盖叶酸缺乏的临床表现，故对此类患者宜同时补充叶酸，才可取得较好疗效。④本药滴眼液仅用于滴眼，不可做软角膜接触镜的安装液或安装角膜接触镜时使用。⑤疑似对本药过敏者，应在鼻腔或注射给药前做皮内试验。⑥抗生素可影响血清和红细胞内维生素 B_{12} 测定，特别是应用微生物学检查方法，可产生假性低值，故测定血清维生素 B_{12} 时应考虑抗生素的影响。

【药物相互作用】①叶酸：合用具有协同作用，两者联用可治疗巨幼细胞贫血。②考来烯胺、药用炭：合用可减弱本药的疗效。③氯霉素：合用可减弱本药的疗效。④氨基糖苷类抗生素、对氨基水杨酸类药、抗惊厥药（如苯巴比妥、苯妥英钠、扑米酮)、秋水仙碱：以上药物可减少本药的肠道吸收。⑤维生素 C：体外试验表明，维生素 C 可破坏维生素 B_{12}，同时给药或长期大量摄入维生素 C 时，可使本药血浓度降低。

叶　酸

【别名】蝶酰谷氨酸、美天福、帕莱欣、斯利安、维生素 B_{11}、维生素 Bc、维生素 M、维生素 R、叶酸钠。

【药理作用】本药是由蝶啶、氨苯甲酸及谷氨酸残基组成的水溶性 B 族维生素。本药由肠道吸收后，经门静脉进入肝脏，在肝内二氢叶酸还原酶的作用下，转变为具有活性的四氢叶酸。四氢叶酸是体内转移"一碳基团"的载体，"一碳基团"可以连接在四氢叶酸 5 位或 10 位碳原子上，主要参与嘌呤核苷酸和嘧啶核苷酸的合成与转化。尿嘧啶核苷酸转化为胸腺嘧啶核苷酸时所需的甲基即来自携有"一碳基团"的四氢叶酸所提供的甲烯基。因此，叶酸缺乏可致"一碳基团"转移障碍，胸腺嘧啶核苷酸合成困难，DNA 合成受到影响，从而使细胞分裂速度减慢，仅停留在 G1 期，而 S 期及 G2 期相对延长。上述改变不仅会影响造血细胞（引起巨幼细胞性贫血），也会累及体细胞（尤其是消化道黏膜细胞）。正常红细胞中叶酸盐浓度为 $0.175 \sim 0.316\ \mu g/mL$。

【适应证】①主要用于叶酸缺乏及其所致的巨幼细胞贫血。②用于妊娠期、哺乳期妇女预防给药。③用于预防胎儿先天性神经管畸形。

【用法用量】成人：①叶酸缺乏及其所致的巨幼细胞贫血。a. 口服给药，一次 $5 \sim 10$ mg，$15 \sim 30$ mg/d，14 日为 1 个疗程，或用至血常规恢复正常。维持剂量 $2.5 \sim 10$ mg/d。b. 肌内注射，一次 $5 \sim 10$ mg，$3 \sim 4$ 周为 1 个疗程。②哺乳期、妊娠期妇女预防性给药。口服给药，一次 0.4 mg，每日 1 次。③预防胎儿先天性神经管畸形。口服给药，育龄妇女从计划怀孕时起至妊娠早期末，一次 0.4 mg，每日 1 次。儿童：用于巨幼细胞贫血，口服给药，一次 5 mg，每日 3 次；或 $5 \sim 15$ mg/d，分 3 次服用。

【注意事项】①本药口服可以迅速改善巨幼细胞贫血，但不能阻止因维生素 B_{12} 缺乏而致的神经损害（如脊髓亚急性联合变性）的进展。如大剂量持续服用本药，可使血清维生素 B_{12} 的含量进一步降低，反而使神经损害向不可逆方向发展。恶性贫血及疑有维生素 B_{12} 缺乏的患者，不可单用本药，因这样会加重维生素 B_{12} 的负担和神经系统症状。②用微生物法测定血清或红细胞中的叶酸浓度时，使用抗生素类药会使其浓度偏低，应谨慎用药。③营养性巨幼细胞贫血常合并缺铁，应同时补铁，并补充蛋白质及其他 B 族维生素。④造血功能受抑制、酒精中毒和其他维生素缺乏者可能发生治疗抵抗。

【药物相互作用】①考来替泊：合用可能会降低本药的生物利用度。②柳氮磺吡啶：合用可减少本药的吸收。③维生素 C：合用可抑制本药的吸收。④胰酶：合用可能会干扰本药的吸收。⑤甲氨蝶呤、乙胺嘧啶等药物：合用时以上药物和本药的疗效均降低。⑥锌：大剂量口服本药可影响微量元素锌的吸收。⑦苯妥英钠、苯巴比妥、扑米酮：合用可使癫痫发作的临界值降低，并使敏感患者发作次数增加。

二、抗血小板聚集药

阿司匹林（详见抗心绞痛药）

双嘧达膜

【别名】爱克辛、凯乐迪、联嘧啶氨醇、哌醇定、潘生丁、骈啶氨醇、普奇澳、升达、双嘧啶哌胺醇、双嘧哌胺醇、双嘧哌醇胺。

【药理作用】本药为抗血小板聚集药及冠状动脉扩张药，可抑制血小板第一相和第二相聚集。高浓度（50 μg/mL）时可抑制胶原、肾上腺素和凝血酶所致的血小板释放反应。其作用机制为：①可逆性地抑制磷酸二酯酶，使血小板中的环磷腺苷（cAMP）增多。②可能增强前列环素（PGI_2）的活性，激活血小板腺苷酸环化酶。③轻度抑制血小板形成血栓烷 A_2（TXA_2）的功能。④此外，本药注射时可显著增加正常冠状动脉的血流量，增加心肌供氧量。

【适应证】①用于抗血小板聚集，预防血栓形成。②用于预防和治疗慢性冠状循环功能不全、心肌梗死及弥散性血管内凝血。③本药静脉制剂可用于心肌缺血的诊断性试验。

【用法用量】①抗血小板聚集、预防血栓形成：a. 口服给药，一次 25 ~ 50 mg，每日3 次，餐前服用。b. 静脉滴注，一次 30 mg，每日 1 次。使用粉针剂时，应先用 5% 葡萄糖注射液 250 mL 稀释。②心肌缺血的诊断性试验：静脉滴注，以 0.142 mg/(kg·min) 的速率静脉给药 4 分钟。③心脏人工瓣膜患者的长期抗凝血治疗：口服给药，400 mg/d（与华法林合用），分 3 次给药。④血栓栓塞性疾病：口服给药，片剂一次25 ~ 100 mg，每日 3 ~ 4 次；缓释胶囊一次 200 mg，每日 2 次，单用或与阿司匹林合用。

【注意事项】治疗血栓栓塞性疾病时，本药剂量一般为 400 mg/d，并分 4 次口服，否则抗血小板作用不明显（建议最好使用缓释制剂）。

【药物相互作用】①阿司匹林：合用有协同作用。②双香豆素类抗凝血药：合用时并不会增加或加重出血。

氯吡格雷

【别名】波立维、硫酸氯吡格雷、硫酸氢氯吡格雷、氯匹多瑞、泰嘉。

【药理作用】本药为血小板聚集抑制药，能选择性地抑制二磷酸腺苷（ADP）与血小板受体的结合，随后抑制激活 ADP 与糖蛋白 GPⅡb/Ⅲa 复合物，从而抑制血小板的聚集；也可抑制非 ADP 引起的血小板聚集。此外，本药还通过不可逆地改变血小板 ADP 受体，使血小板的寿命受到影响。

【适应证】预防动脉粥样硬化血栓形成事件，如心肌梗死（<35 日）、缺血性卒中（7 日 ~6 个月）、确诊的外周动脉性疾病、急性冠状动脉综合征［ST 段和非 ST 段抬高性急性冠状动脉综合征（包括不稳定型心绞痛或非 Q 波心肌梗死），包括经皮腔内冠状动脉介入术（PCI）后置入支架的患者］。

【用法用量】①预防动脉粥样硬化血栓形成：口服给药，一次 75 mg，每日 1 次；根据年龄、体重、症状也可一次 50 mg，每日 1 次。可与食物同服，也可单独服用。②ST 段抬高性急性冠状动脉综合征：口服给药，应以单次负荷量 300 mg 开始，随后一次 75 mg，每日 1 次；合用阿司匹林，可合用或不合用溶栓剂，至少用药 4 周。③非 ST 段抬高性急性冠状动脉综合征（不稳定型心绞痛或非 Q 波心肌梗死）：口服给药，应以单次负荷量300 mg开始，随后一次 75 mg，每日 1 次，合用阿司匹林（75 ~ 325 mg/d），可连续用药 12 个月。

【注意事项】①择期手术患者应于术前 1 周以上停止使用本药。②有噻吩吡啶类药交叉过敏反应的报道，故应评估患者对其他噻吩吡啶类药（如噻氯匹定、普拉格雷）是否有超敏反应史。

【药物相互作用】①华法林：合用能增加出血强度。②阿司匹林：合用可能增加出血的风险。③肝素：合用可能增加出血的风险，不改变肝素对凝血的作用。④月见草油、姜黄素、辣椒素、黑叶母菊、银杏属、大蒜、丹参：合用可能增加出血的风险。⑤非甾体消炎药（NSAIDs）：合用可能增加胃肠道出血的风险。⑥选择性5-羟色胺再摄取抑制药（SSRI）、5-羟色胺和去甲肾上腺素再摄取抑制药（SNRI）：合用可能增加出血的风险。⑦CYP 2C19抑制药（如奥美拉唑）：合用可导致本药活性代谢物水平降低并降低临床有效性。⑧阿替洛尔、硝苯地平：以上药物与本药合用无临床意义的药效学相互作用。⑨苯巴比妥、西咪替丁、雌二醇：与以上药物合用对本药的药效学活性无显著影响。⑩制酸药：制酸药不改变本药的吸收程度。⑪地高辛、茶碱：本药不改变以上药物的药动学。⑫利尿药、β肾上腺素受体阻滞药、血管紧张素转化酶抑制药（ACEI）、钙拮抗药、降脂药、冠状血管扩张药、抗糖尿病药（包括胰岛素）、抗癫痫药、激素替代治疗和6PⅡb/Ⅲa受体拮抗药：以上药物与本药合用无临床意义的不良相互作用。

三、促凝血药

人凝血酶原复合物

【别名】康立宁、凝血素、舒平莱士。

【药理作用】本药是一种速效的局部止血药，由牛、猪、兔血提取凝血因子Ⅱ，加入凝血活酶及钙激活而成，能凝固全血、血浆及不加其他物质的凝血因子Ⅰ溶液；也可与明胶海绵联合用于局部止血，但不用于润湿微纤维胶原止血药。凝血酶是凝血机制中的关键酶，能直接作用于血液凝固过程的最后一步，促使血浆中的可溶性凝血因子Ⅰ转变成不溶的纤维蛋白。局部给药后作用于伤口表面，使血液很快形成稳定的凝血块，可用于控制毛细血管、静脉出血。本药单独应用不能控制动脉出血。本药对血液系统的其他作用包括诱发血小板聚集及继发释放反应等；还能促进上皮细胞的有丝分裂，加速创伤愈合，可作为皮肤、组织移植物的黏合、固定剂。

【适应证】①用于结扎止血困难的小血管、毛细血管以及实质性脏器出血的止血。②用于外伤、手术、口腔、耳、鼻、喉、泌尿、烧伤、骨科、神经外科、眼科、妇产科以及消化道等部位出血的止血。

【用法用量】①局部止血：局部给药，用灭菌生理盐水溶解成含本药50~500 U/mL的溶液喷雾或灌注于创面，或以明胶海绵、纱条沾后敷于创面，也可直接撒布粉状凝血酶至创面。②消化道出血：a. 口服给药，用适当的缓冲液或生理盐水或牛奶（温度以不超过37 ℃为宜）溶解凝血酶，使之成50~500 U/mL的溶液，一次2000~20000 U，每1~6小时1次。病情严重者可增加用量，可根据出血部位和程度适当增减浓度、剂量或次数。b. 灌注给药，同口服给药。

【注意事项】①本药必须直接与创面接触，才能起止血作用。严禁注射，不允许药物进入血管；如误入血管可致血栓形成、局部坏死，进而危及生命。②本药外用可直接用粉剂，也可新鲜配制（根据出血严重程度以生理盐水配制）成溶液后使用。应尽可能地清洁创面及减少创面血液，以免上层血液凝结而底层继续渗血。本药粉剂开瓶后，先用生理盐水将其配制成溶液，然后喷洒或涂抹于创面。③用本药溶液温水送服治疗消化道出血时，必须事先充分中和胃酸，pH 大于 5 时才能起效。

【药物相互作用】①抑酸药：合用可提高上消化道出血的止血效果。②酸、碱、重金属物质：合用可发生反应，从而降低本药疗效。

维生素 K_1

【别名】凯乃金、凝血维生素一、维他命 K_1、叶绿醌、叶萘酯、植萘醌、植物甲萘醌。

【药理作用】维生素 K 是肝脏合成凝血因子 Ⅱ、Ⅶ、Ⅸ、Ⅹ 所必需的物质，维生素 K 缺乏可引起这些凝血因子合成障碍或异常，临床可见出血倾向和凝血酶原时间（PT）延长，通常称这些因子为维生素 K 依赖性凝血因子。维生素 K 如何促使因子 Ⅱ、Ⅶ、Ⅸ 和 Ⅹ 合成的确切机制尚未阐明。一般认为维生素 K 到达细胞后，在微粒体环氧化酶作用下，可转化为环氧叶绿醌，后者有助于因子 Ⅱ 的前身 γ-羧基谷氨酸的合成。维生素 K 本身可促使已羧化的因子 Ⅱ 前身转化为凝血因子 Ⅱ。在因子 Ⅶ、Ⅸ 和 Ⅹ 合成中，维生素 K 也起了类似作用。一旦维生素 K 缺乏，未经羧化的异常的"凝血因子"释放入血，即可引起维生素 K 依赖性凝血因子异常。此外，本药通过内源性阿片样物质介导，有镇痛作用。

【适应证】①用于维生素 K 缺乏引起的出血（如梗阻性黄疸、胆瘘、慢性腹泻等所致出血，香豆素类、水杨酸钠等所致的低凝血酶原血症）。②用于新生儿出血。用于长期应用广谱抗生素所致的体内维生素 K 缺乏。

【用法用量】①成人，用于低凝血酶原血症：a. 口服给药，一次 10 mg，每日 3 次。b. 肌内注射，一次 10 mg，每日 1~2 次，24 小时总量不得超过 40 mg。c. 深部皮下注射，用法用量同"肌内注射"项。②儿童，用于预防新生儿出血：a. 肌内注射，出生后一次 0.5~1 mg，8 小时后可重复给药 1 次。也可一次 2~5 mg，于分娩前 12~24 小时母体肌注。b. 静脉注射，一次 2~5 mg，于分娩前 12~24 小时母体缓慢静脉注射。c. 皮下注射，用法用量同"肌内注射"项。

【注意事项】①小肠吸收不良所致腹泻患者不宜使用本药片剂。②对本药进行稀释和缓慢注射也可能引起严重不良反应，典型的类似于超敏反应或过敏反应，包括休克、心跳和（或）呼吸停止。有些患者在接受本药后第一时间就出现反应。因此肌内及静脉给药途径仅在皮下给药途径不可行且必须时才可使用。③肝脏引起的出血倾向及凝血酶原时间（PT）延长，用维生素 K 治疗无效。④当患者因维生素 K 依赖因子缺乏而发生严重出血时，短期应用本药常不能立即生效，可先静脉输注凝血酶原复合物、血浆或新鲜血。⑤用于纠正口服抗凝血药引起的低凝血酶原血症时，应先试用最小有效剂量，通过 PT 测定再加以调整；过量的维生素 K 可影响以后的抗凝血治疗。⑥肠道吸收不良患者，采用皮下、肌内注射给药为宜；如仍采用口服，宜同时给予胆盐，以利吸收。静脉给药由于可引起呼循环意外，只适用于不能采用其他途径给药的患者，并应控制给药速度（开始 10 分钟只输入 1 mg，无明显反应时速率不超过 1 mg/min）。⑦治疗新生儿出血性疾病时，如果在给药 6 小时内未见效，则需重新诊断新生儿疾病。⑧本药注射液应防冻，如有油滴析出或分层则不宜使用。必须使用时，加热至 70 ℃~80 ℃ 振摇，如澄明度正常，仍可继续使用。

【药物相互作用】①口服抗凝血药（如双香豆素类）：合用可抵消彼此间作用。②水杨酸类药、磺胺类药、奎宁、奎尼丁、硫糖铝、考来烯胺、放线菌素 D 等：合用可影响本药疗效。

氨甲环酸

【别名】氨甲磺酸、贝瑞宁、荷莫塞、捷宁、捷凝、卡维安、抗血纤溶环酸、力达非、立多忻、龙月、凝血酸、他久舒、妥塞敏、维雪、血速宁、止血环酸。

【药理作用】纤溶现象与机体在生理或病理状态下的纤维蛋白分解、血管通透性增加等有关，也与纤溶引起的机体反应，各种出血症状及变态反应等的发生发展和治愈相关联。本药可抑制这种纤溶酶的作用，具有止血、抗变态反应、消炎效果。①抗纤维蛋白溶酶的作用：本药能与纤溶酶和纤溶酶原上的纤维蛋白亲和部位的赖氨酸结合部位（LBS）强烈吸附，阻抑纤溶酶、纤溶酶原与纤维蛋白结合，从而强烈地抑制由纤溶酶所致的纤维蛋白分解；另外，在血清中巨球蛋白等抗纤溶酶的存在下，本药抗纤溶作用更加明显，止血作用更加显著。②止血作用：异常亢进的纤溶酶可引起血小板的凝集抑制及凝固因子的分解，轻度的亢进首先导致纤维蛋白的分解，因而在一般出血时，本药可阻抑纤维蛋白分解而起到止血作用。③抗变态反应、消炎作用：本药可抑制引起血管渗透性增强、变态反应及炎症性病变的凝肽及其他活性肽的产生（豚、大鼠）。本药对纤溶酶活性增高所致的出血有良好疗效，其作用较氨甲苯酸强。有报道称，本药的止血作用强于氨基己酸 6 ~ 10 倍，在组织中有更强及更持久的抗纤溶酶活性。

【适应证】①主要用于纤维蛋白溶解亢进所致的多种出血。②用于前列腺、尿道、肺、脑、子宫、肾上腺、甲状腺、肝等富有纤溶酶原激活物脏器的外伤或手术出血。③用作组织型纤溶酶原激活物（t-PA）、链激酶及尿激酶的拮抗剂。④用于人工流产、胎盘早剥、死胎和羊水栓塞引起的纤溶性出血。⑤用于局部纤溶性增高的月经过多，眼前房出血及严重鼻出血。⑥用于防止或减轻因子Ⅷ或因子Ⅸ缺乏的血友病患者拔牙或口腔手术后的出血。⑦中枢神经系统的轻症出血（如蛛网膜下腔出血和颅内动脉瘤出血），应用本药止血优于其他抗纤溶药，但有并发脑水肿或脑梗死的危险。对重症有手术指征的患者，本药仅作辅助用药。⑧用于治疗遗传性血管神经性水肿，可减少其发作频率，降低严重程度。⑨用于血友病患者（缺乏凝血因子Ⅷ或Ⅸ）：发生活动性出血，可联用本药治疗；口腔手术后，可用于防止或减轻术后出血。⑩用于治疗溶栓过量所致的严重出血。

【用法用量】①口服给药：一次 1 ~ 1.5 g，2 ~ 6 g/d。治疗原发性纤维蛋白溶解所致出血时，剂量可酌情增加。②静脉滴注：一次 0.25 ~ 0.5 g，0.75 ~ 2 g/d，用 5% 或 10% 葡萄糖注射液稀释后静脉滴注。治疗原发性纤维蛋白溶解所致出血时，剂量可酌情增加。③静脉注射：以 25% 葡萄糖注射液稀释后缓慢注射，用量同"静脉滴注"项。

【注意事项】①纤维蛋白沉积患者不宜使用本药。②用药时不能经同一静脉通道输血。③本药一般不单独用于弥散性血管内凝血（DIC）所致的继发性纤溶性出血，以防血栓进一步形成，影响脏器功能，特别是引起急性肾衰竭。④本药与其他凝血因子（如因子Ⅸ）等合用，应警惕血栓形成。一般认为应在给予凝血因子 8 小时后再使用本药。⑤宫内死胎导致低凝血因子Ⅰ血症，使用肝素治疗出血，较使用本药安全。

【药物相互作用】口服避孕药、雌激素、凝血因子Ⅰ复合物浓缩药：合用可增加血栓形成的风险。

人凝血因子Ⅷ

【别名】百因止、拜科奇、海莫莱士、康斯平、抗甲种血友病因子、抗血友病球蛋白、抗血友病因子、凝血因子Ⅷ、人抗血友病球蛋白、任捷、因子Ⅷ、重组人凝血因子Ⅷ。

【药理作用】微量凝血酶可使血浆FⅧ促凝活性活化，成为活化的凝血因子Ⅷ。FⅧ是凝血过程中凝血因子Ⅸa的辅助因子，在血小板表面参与凝血因子X的激活，然后使凝血因子Ⅱ向凝血酶转化，在循环中形成纤维蛋白，使血块生成而止血，并在维持有效止血中起重要作用。FⅧ在血液凝固过程中被消耗，在组织坏死或出血时消耗加速；FⅧa也能被活化蛋白C灭活。血浆FⅧ活性的正常均值为100%（范围为50%～200%），甲型血友病血浆FⅧ活性水平常低于5%，重型者低于2%。静脉每输注1 U/kg，能使血浆FⅧ活性升高2%。本药进入体内不易产生抗FⅧ的抗体。

【适应证】①用于甲型血友病（先天性凝血因子Ⅷ缺乏症）。②用于获得性凝血因子Ⅷ（FⅧ）缺乏症。

【用法用量】①一般用法：静脉滴注，可按公式计算给药剂量，所需FⅧ(U) = 0.5×体重(kg)×要求增加的FⅧ的浓度(%)。a. 轻至中度出血，一次10～15 U/kg，使FⅧ水平达正常水平的20%～30%。b. 较严重出血或小手术，首次给药15～25 U/kg，若需要，可每8～12小时给药10～15 U/kg，使FⅧ水平达正常水平的30%～50%。c. 大出血（危及生命的出血如口腔、泌尿系统及中枢神经系统出血，或重要器官如颈、喉、腹膜后/髂腰肌附近的出血），首次给药40 U/kg，随后每8～12小时给药20～25 U/kg。d. 手术，一次30～40 U/kg，术前给药。只有当FⅧ抑制物水平无异常增高时，方可考虑择期手术。手术开始时血液中FⅧ浓度需达到正常人水平的60%～120%，术后4日内FⅧ最低应保持在正常人水平的60%，随后的4日减至40%。②获得性FⅧ抑制物增多症：静脉滴注，大剂量使用本药，应超过本药治疗血友病剂量的1倍以上。

【注意事项】①本药临床反应存在个体差异，若使用推荐剂量来控制出血，应测定血浆中凝血因子Ⅷ的水平，并给予足够剂量，以获得满意的临床反应。②给予预期剂量后，出血未控制，应怀疑是否存在中和抗体，并做相应检测。在存在Ⅷ抑制物（中和抗体）的患者中，尤其是高于5 BU的高滴度抑制物患者，应考虑换用其他治疗方案。③大剂量反复使用本药，应注意可能出现过敏反应、溶血反应及肺水肿，心脏病患者应慎用。

【药物相互作用】尚不明确。

四、抗凝血药及溶栓药

肝　素

【别名】标准肝素、肝素钠、海普林、美得喜、普通肝素钠、未分组肝素钠。

【药理作用】普通肝素可影响凝血过程的多个环节。①抑制凝血酶原激酶的形成：本药与抗凝血酶Ⅲ（AT-Ⅲ）结合，形成肝素 AT-Ⅲ复合物。AT-Ⅲ是一种丝氨酸蛋白酶抑制剂，对具有丝氨酸蛋白酶活性的凝血因子（如因子Ⅻa、Ⅺa、Ⅸa和Ⅹa等）有灭活作用。本药与AT-Ⅲ的δ氨基赖氨酸残基结合成复合物，加速其对凝血因子的灭活作用，从而抑制凝血酶原激酶的形成，并能对抗已形成的凝血酶原激酶的作用。②干扰凝血酶的作用：小剂量本药与 AT-Ⅲ 结合后使 AT-Ⅲ 的反应部位（精氨酸残基）更易与凝血酶的活性中心（丝氨酸残基）结合成稳定的凝血酶-抗凝血酶复合物，从而灭活凝血酶，抑制凝血因子 I 转变为纤维蛋白。③干扰凝血酶对因子 X Ⅲ 的激活，影响非溶性纤维蛋白的形成；阻止凝血酶对因子 Ⅷ 和 V 的正常激活。④防止血小板的聚集和破坏：本药能阻抑血小板的黏附和聚集，从而防止血小板崩解而释放血小板第 Ⅲ 因子 及 5 - 羟色胺。超过 60 岁的患者在给予相同剂量时，血浆中的药物浓度水平会略高，同时能延长活化部分凝血活酶时间（APTT）。本药的抗凝血作用与其分子中具有强负电荷的硫酸根有关，当硫酸基团被水解或被带有强正电荷的鱼精蛋白中和后，迅即失去抗凝血活性。本药通常不影响出血时间。在大剂量给予时，凝血时间延长，但大多数病例显示，在给予小剂量本药时，检测不到本药对血液凝结的影响。此外，动物实验提示肝素乳膏有消炎、止痛等作用。

【适应证】①用于预防和治疗血栓形成或栓塞性疾病（如心肌梗死、血栓性静脉炎、肺栓塞等）。②用于多种原因引起的弥散性血管内凝血（DIC）。③可作为体外抗凝血药（如体外循环、血液透析、导管术、微血管手术等操作中及血样标本体外实验或器械的抗凝血处理等）。④本药乳膏外用于早期冻疮、皲裂、溃疡、湿疹及浅表性静脉炎和软组织损伤。

【用法用量】成人：①一般用法。a. 深部皮下注射。一般用量，首次给药 5000 ～ 10000 U，以后每 8 小时注射 8000 ～ 10000 U 或每 12 小时注射 15000 ～ 20000 U，一日总量 30000 ～ 40000 U。也有如下用法，首次给药 5000 ～ 10000 U，以后每 8 ～ 12 小时注射，一日总量 12500 ～ 40000 U。一日总量如控制在 12500 U，一般不需测活化部分凝血酶时间（APTT），而量大时需用 APTT 监测。b. 静脉注射，一次 5000 ～ 10000 U，或每 4 小时给药 100 U/kg，用氯化钠注射液稀释。c. 静脉滴注，20000 ～ 40000 U/d，加入 1000 mL 氯化钠注射液中持续滴注，但滴注前应先静脉注射 5000 U 作为首次剂量。②预防高危患者血栓形成（多为防止腹部手术后的深部静脉血栓）。皮下注射，术前 2 小时先给药 5000 U，应避免硬膜外麻醉，以后每隔 8 ～ 12 小时给药 5000 U，共 7 日。③早期冻疮、皲裂、溃疡、湿疹及浅表性静脉炎和软组织损伤。外用，将本药乳膏适量涂于患处，一日 2 ～ 3 次。儿童：①静脉注射，首次 50 U/kg，以后每 4 小时给药 50 ～ 100 U。②静脉滴注，首次 50 U/kg，以后 20000 U/(m² · d)，加入氯化钠注射液中缓慢滴注。

【注意事项】①对本药过敏者应提高警惕，仅在出现危及生命的紧急状况下方可用药。遇有过敏体质者，特别对猪肉、牛肉或其他动物蛋白过敏者，可先给予本药 6 ～ 8 mg 作为测试量，如半小时后无特殊反应，才可给予全量。②若血浆中 AT-Ⅲ 降低，本药疗效较差，需输血浆或 AT-Ⅲ。③本药与溶栓药（如尿激酶等）不同，对已形成的血栓无溶解作用。④本药乳膏剂勿直接涂于溃烂伤口和黏膜组织上，并避免接触眼部。⑤本药乳膏不得长期大面积使用。⑥给药期间应避免肌内注射其他药物。⑦临床上通常以本药小剂量预防血栓形成，而大剂量则作为治疗血栓的剂量。⑧需长期抗凝血治疗时，可在本药应用的同时，加用双香豆素类口服抗凝血药，36 ～ 48 小时后停用本药，而后单独用口服抗凝血药维持抗凝血作用。

【药物相互作用】①甲硫咪唑（他巴唑）、丙硫氧嘧啶等：与本药存在协同作用。②纠正酸中毒的药物（如碳酸氢钠、乳酸钠等）：合用可促进本药的抗凝血作用。③香豆素及其衍生物：合用可导致出血。④阿司匹林及非甾体类消炎镇痛药（包括甲芬那酸、水杨酸等）：合用能抑制血小板功能，并能诱发胃肠道溃疡出血。⑤双嘧达莫、右旋糖酐等：合用可能抑制血小板功能。⑥肾上腺皮质激素、促肾上腺皮质激素等：合用易诱发胃肠道溃疡出血。⑦依他尼酸、组织型纤溶酶原激活物（t-PA）、尿激酶、链激酶等：合用可加重出血风险。⑧透明质酸酶：混合注射，既能减轻肌内注射痛，又可促进本药的吸收。⑨胰岛素：有本药致低血糖的报道。⑩洋地黄、四环素、尼古丁、抗组胺药：可拮抗本药的抗凝血作用。⑪鱼精蛋白：合用可中和本药的作用。

低分子肝素钙

【别名】博璞青、那屈肝素钙、低分子量肝素钙、立迈青、那屈肝素、赛博利、赛博宁、速碧劲、速碧林、尤尼舒。

【药理作用】本药相对分子质量为 1000~10000，平均分子质量为 4500 D（道尔顿），系由肠黏膜获取的氨基葡聚糖（肝素）片段的钙盐。与常规肝素相比，本药具有明显的抗凝血因子 Xa 活性，抗凝血因子 Ⅱa 或抗凝血酶的活性较低（30 U/mL）。药效学研究表明，本药可抑制体内外血栓和动静脉血栓的形成，但不影响血小板聚集和凝血因子 Ⅰ 与血小板的结合。在发挥抗栓作用时，出血的可能性较小。在临床推荐剂量下，本药不延长出血时间。在预防剂量下，不显著改变活化部分凝血活酶时间。

【适应证】①用于预防和治疗深静脉血栓形成。②用于血液透析时预防血凝块形成。③用于治疗不稳定型心绞痛和非 Q 波性心肌梗死急性期（与阿司匹林联用）。

【用法用量】给药途径为腹壁皮下注射（以下注射剂量以"AXa IU——抗因子 Xa 活性国际单位 U"表示）。①血液透析时预防血凝块形成：应根据患者情况和血液透析技术条件选用最佳剂量，每次透析开始时应从血管通道动脉端注入本品单一剂量。对没有出血危险的患者，可根据其体重使用下列起始剂量，体重 < 50 kg，50~69 kg，≥70 kg 者分别给予 0.3 mL、0.4 mL、0.6 mL；对于有出血倾向的患者应适当减小上述推荐剂量。若透析时间超过 4 小时，应根据最初透析观察到的效果进行调整。②预防血栓形成：对于普通手术，0.3 mL/d，皮下注射通常至少持续 7 日。首剂在术前 2~4 小时给予（但硬膜下麻醉方式者术前 2~4 小时慎用）。对于骨科手术（常规麻醉），第 1 日术前 12 小时、术后 12 小时及 24 小时各皮下注射给药 40 AXa IU/kg，术后第 2、第 3 每天给药 40 AXa IU/kg，术后第 4 日起每天给药 60 AXa IU/kg。至少持续 10 日。

【注意事项】①肝素可以抑制肾上腺分泌醛固酮，导致高钾血症，特别是在血钾水平较高的患者或有血钾增高风险的患者［如糖尿病、慢性肾衰竭、代谢性酸中毒和服用可能增高血钾水平的药物（如 ACE Ⅰ、NSAIDs）］。本药可增加高钾血症的危险，但通常是可逆性的。②硬膜外留置导管、合用影响凝血系统的药物（如非甾体消炎药、血小板抑制药）、反复硬膜外或脊髓穿刺，都可增加脊髓硬膜外血肿的危险性，导致长期或终生性瘫痪。因此，如果采用中枢神经阻断措施及合用抗凝血的药物治疗时，应注意：a. 已用抗凝血药的患者，应充分考虑中枢神经阻断措施的效益风险比。b. 正打算采取中枢神经阻断措施的择期手术的患者，应充分考虑抗凝血治疗的效益风险比。c. 对进行蛛网膜下腔阻滞或硬膜外阻滞的患者，硬膜外阻滞前 2~4 小时慎用本药。在注射、插入、拔出脊髓或硬膜外导管（或针头）时，应适当延长观察时间。对以上情况，应密切监测患者神经损害的症状和体征，一旦出现，应紧急治疗。③若患者有与肝素有关的血小板减少病史，且必须用肝素治疗，可考虑使用本药，此时应进行严密临床观察和至少一日 1 次的血小板监测。因血小板减少而导致严重症状［伴有（或不伴）动、静脉血栓栓塞］时，应停药。

【药物相互作用】①阿司匹林（包括其衍生物和其他水杨酸制剂）：阿司匹林以解热镇痛剂量及抗血小板剂量（治疗不稳定型心绞痛、非 Q 波性心肌梗死）与本药合用，有潜在出血风险。②非甾体类解热镇痛药（全身性）：合用可增加出血风险。③右旋糖酐40（胃肠外途径）、噻氯匹定：合用可增加出血风险。④皮质类固醇（糖皮质激素，全身性用药）：合用（尤其是大剂量或治疗时间超过 10 日以上时）可增加出血风险。

华法林钠

【别名】苯丙酮香豆素、苄丙酮香豆素、苄丙酮香豆素钠、华福灵、可密定、酮苄香豆素、酮苄香豆素钠。

【药理作用】本药为间接作用的香豆素类口服抗凝血药，通过抑制维生素 K 在肝脏细胞内合成凝血因子 Ⅱ、Ⅶ、Ⅸ、Ⅹ，从而发挥抗凝血作用。肝脏微粒体内的羧基化酶能将上述凝血因子的谷氨酸转变为 γ-羧基谷氨酸，后者再与钙离子结合，才能发挥其凝血活性。本药的作用是抑制羧基化酶，对已经合成的上述因子并无直接对抗作用，必须待这些因子在体内相对耗竭后，才能发挥抗凝血效应，所以本药起效缓慢，仅在体内有效，停药后药效持续时间较长（直到维生素 K 依赖性因子逐渐恢复到一定浓度后，抗凝血作用才消失）。此外，本药尚能诱导肝脏产生维生素 K 依赖性凝血因子前体物质，并使之释放入血，该物质抗原性与有关凝血因子相同，但并无凝血功能，反而具有抗凝血作用，并能降低凝血酶诱导的血小板聚集反应。因此，在本药作用下，凝血因子 Ⅱ、Ⅶ、Ⅸ、Ⅹ、蛋白 S 和蛋白 C 合成减少，而"假凝血因子"亦即"维生素 K 拮抗药诱导蛋白质"增多，达到抗凝血效应。本药的药动学参数较稳定，优于其他口服抗凝血药（如茚茚二酮、苯丙羟香豆素和双香豆素等）。只有当患者对本药不耐受时，才选用其他口服抗凝血药。在非风湿性心房颤动患者预防脑卒中时，本药疗效明显优于阿司匹林。在治疗或预防妊娠患者血栓或栓塞形成时，皮下或静脉注射肝素疗效则优于本药（因肝素易通过胎盘）。

【适应证】①用于治疗血栓栓塞性疾病，可防止血栓的形成和发展。②用于治疗手术后或创伤后的静脉血栓形成，并可作心肌梗死的辅助用药。③对曾有血栓栓塞病患者及有术后血栓并发症危险者，可作为预防性用药。

【用法用量】①血栓栓塞性疾病、静脉血栓形成、预防血栓并发症：口服给药，避免冲击治疗。第 1 ~ 第 3 日，3 ~ 4 mg/d（年老体弱及糖尿病患者半量即可），3 日后可给维持量 2.5 ~ 5 mg/d（可参考凝血时间调整剂量使 INR 值达 2 ~ 3）。本药起效缓慢，治疗最初 3 日内，由于血浆抗凝蛋白细胞被抑制，可能存在短暂高凝状态，如需立即产生抗凝血作用，可在开始同时应用肝素，待本药充分发挥抗凝血效果后再停用肝素。②深静脉血栓（DVT）或肺栓塞（PE）：口服给药，避免冲击治疗。开始 2 日，3 ~ 4.5 mg/d，第 3 日根据凝血酶原时间（PT）调整剂量或使用维持量。维持量 2 ~ 8 mg/d。每月测定 PT 1 ~ 2 次，使抗凝血强度达到实验室监测的 INR 要求，DVT、PE 治疗使 INR 值达 2 ~ 3，复发性 DVT 及复发性 PE 使 INR 达 3 ~ 4。急性期先用全量肝素，后改为本药抗凝血；若口服抗凝血药有禁忌或不方便，也可用肝素皮下注射［最初 72 小时使给药间歇期的活化部分凝血活酶时间（APTT）延长1.5倍，使用3个月]。有患者以低剂量肝素皮下注射6周，与口服本药治疗小腿静脉血栓同样有效，但固定低剂量肝素治疗不足以治疗近端DVT。本药也用于预防高危患者如骨科手术（选择性全髋置换术、膝关节置换或髋骨骨折）或外科手术后长期卧床患者发生DVT或PE。预防DVT包括高危者进行外科手术，口服抗凝使INR达2~2.5；全髋置换或骨折手术INR需达2~3。③左房室瓣病或心房颤动伴栓塞：口服给药，先以全量肝素治疗，随后口服抗凝血药可减少慢性心房颤动或左房室瓣膜病患者血栓栓塞发生率。采用低剂量本药抗凝使INR为1.5~3。阵发性心房颤动或年龄大于60岁伴心脏病（充血性心力衰竭、冠心病）及心房颤动电转复期者为缺血性脑卒中高危人群，也应采用本药抗凝，比低剂量阿司匹林更有效。年轻心房颤动患者因脑栓塞并发率低，一般不需应用本药。长期口服抗凝血药的安全性和有效性，特别与阿司匹林比较，尚需更详细的资料加以阐明。④缺血性脑血栓形成或一过性脑缺血发作（TIA）：口服给药，全量肝素继之以本药（使INR达2~3）抗凝减少TIA发作，但不减低与TIA相关的死亡率，故这类患者不宜采用本药作为长期治疗。对进展性缺血性脑卒中患者采用抗凝血治疗必须个体化。

【注意事项】①不同患者对本药的反应不一，用量务必个体化。种族、年龄、体重、生理状态、同时服用的药物、食物、环境等多种因素都能改变机体对抗凝血药的反应性。延长PT的药物能加强抗凝血药效果而增加出血危险。a. 抗凝期增加出血倾向的因素包括，维生素 K_1 摄入减少、小肠菌群改变、吸收不良、维生素C缺乏病、体重过低、体质衰弱、营养不良、恶病质、肝功能不全、中度以上的肾功能不全、高代谢状态（如发热、甲亢、感染、肿瘤）、胶原病、充血性心力衰竭、腹泻、胆道梗阻、月经期、月经紊乱、放射治疗和低凝血酶原血症初期等。b. 减弱抗凝血药药效或使PT缩短的因素，包括肠道摄入维生素K过多、抗凝血药肠道摄入减少、水肿、糖尿病、高脂血症、甲状腺功能减退、内脏肿瘤。c. 此外，有两种抗凝血药耐药状态，抗凝血药-维生素K受体部位变异，呈家族性常染色体显性遗传，药物吸收利用及代谢均正常，需用10~20倍超常规剂量才能获得抗凝血效果，对维生素K的解毒效果敏感。另一种耐药状态是由于药物代谢或排出加速。②依据PT而调整用量，一般维持正常对照值的1.5~2.5倍或以INR值作为监控，将INR值控制于2~3。③由于本药系间接作用的抗凝血药，半衰期长，给药5~7日后疗效才可稳定，故维持量的足够与否必须观察5~7日后才能判断。④减少不必要的手术操作，避免过度劳累和易致损伤的活动；抗凝血期需肌内注射时应延长局部压迫时间；碱化尿者口服抗凝血药期间尿色可呈红色至橘红色；当酸化尿液至pH4以下时，若颜色消失即可排除血尿。

【药物相互作用】①阿司匹林、水杨酸钠、高血糖素、奎尼丁、吲哚美辛、保泰松、奎宁、依他尼酸、甲苯磺丁脲、甲硝唑、别嘌醇、红霉素、氯霉素、某些氨基糖苷类抗生素、头孢菌素类、苯碘达隆、西咪替丁、氯贝丁酯、右旋甲状腺素、对乙酰氨基酚：合用可增强本药的抗凝血作用。②水合氯醛：合用可增强本药的药效和毒性。③链激酶、尿激酶：合用易导致危重出血。④苯妥英钠、巴比妥类、口服避孕药、雌激素、考来烯胺、利福平、维生素K类、氯噻酮、螺内酯、扑米酮、皮质激素等：合用可降低本药的抗凝血作用。⑤肾上腺皮质激素：合用既可增强，也可减弱本药的抗凝血作用，有导致胃肠道出血的危险。

尿激酶

【别名】嘉泰、洛欣、尿活素、天普洛欣、雅激酶。

【药理作用】本药为内源性纤溶酶原激活药，是从健康人尿液中提取的一种蛋白水解酶，亦可由人肾细胞培养制取，由相对低分子质量（31300）和高相对分子质量（54700）两种组成。高分子量者溶解血栓能力较低分子质量者强。本药本身不与纤维蛋白结合，而是直接作用于血块表面的纤溶酶原，使纤溶酶原分子中的精氨酸 560 -缬氨酸 561 键断裂，产生纤溶酶，从而使纤维蛋白凝块、凝血因子 Ⅰ、Ⅴ 和 Ⅷ 降解，发挥溶栓作用。此外，本药可提高血管二磷酸腺苷（ADP）酶活性，抑制 ADP 诱导的血小板聚集，预防血栓形成。本药对新鲜血栓疗效较好，对病程超过 7 日者疗效不佳。对急性心肌梗死者，在促进阻塞的冠状动脉开放方面，冠状动脉内使用本药或链激酶的疗效相当。心肌梗死期间，在促进梗死动脉开放方面，静脉内使用本药或阿替普酶的疗效也相当。

【适应证】①用于血栓栓塞性疾病的溶栓治疗。包括急性广泛性肺栓塞、急性心肌梗死、急性脑血管栓塞（发病 3～6 小时内）、冠状动脉栓塞（胸痛 6～12 小时内）、视网膜动脉栓塞、严重髂静脉血栓形成及其他外周动脉栓塞症状。②用于防治人工心瓣替换术后血栓形成，以及保持血管插管、胸腔及心包腔引流管的通畅。

【用法用量】①肺栓塞：a. 静脉滴注，初始剂量为 4400 U/kg，溶于 0.9% 氯化钠溶液或 5% 葡萄糖溶液，以 90 mL/h 的速度 10 分钟内滴完；随后以 4400 U/（kg·h）的速度滴注，持续 2 小时或 12 小时。b. 动脉给药，本药 1.5 万 U/kg，溶于 0.9% 氯化钠溶液后肺动脉内注入；可根据具体情况调整剂量，间隔 24 小时重复 1 次，最多 3 次。②心肌梗死：a. 静脉滴注，本药 200 万～300 万 U，溶于 0.9% 氯化钠溶液，静脉滴注 45～90 分钟。b. 动脉给药，本药溶于 0.9% 氯化钠溶液，以 6000 U/min 的速度冠状动脉内滴注，持续 2 小时。滴注前应先静脉给予肝素 2500～10000 U。③视网膜动脉栓塞：经眼给药，本药 5000 U，溶于 2 mL 的 0.9% 氯化钠溶液，冲洗前房，用于溶解眼内出血引起的前房血凝块，使血块崩解，利于手术取出。④外周动脉血栓：导管注入，本药溶于 0.9% 氯化钠溶液（浓度 2500 U/mL），以 4000 U/min 的速度经导管注入血凝块。每 2 小时夹闭导管 1 次。可调整流速为 1000 U/min，直至血块溶解。⑤防治人工心瓣替换术后血栓形成：静脉滴注，初始剂量为 4400 U/kg，溶于 0.9% 氯化钠溶液，于 10～15 分钟内滴完；随后以 4400 U/（kg·h）的速度滴注，直至瓣膜功能正常，如用药 24 小时仍无效或发生严重出血倾向应停药。⑥胸腔引流：胸腔注射，本药 1 万～25 万 U，溶于灭菌注射用水（浓度 5000 U/mL）后注入胸腔。⑦心包腔引流：心包腔注射，本药 1 万～25 万 U，溶于灭菌注射用水（浓度 5000 U/mL）后注入心包腔。

【注意事项】①冠状动脉内溶栓目前已不主张应用，仅用于造影或冠状动脉介入治疗时发生的血栓栓塞者。②延长的心肺复苏术、近 4 周内的外伤、3 周内手术或组织穿刺、活动性溃疡病患者不推荐使用本药。③用药时，必须在短时间（15～30 分钟）内给予足够的初量以中和体内尿激酶抗体，但初始量过大可影响溶栓效果。④动脉血栓的溶栓配合手术治疗，可使手术范围缩小，故应及时溶栓，且插入多孔导管溶栓可提高成功率。⑤本药并发的出血率较应用基因合成的组织型纤溶酶（rt-PA）及纤溶酶原-链激酶复合物（APSCA）者低，但较肝素治疗者高 2 倍，因本药溶栓的同时，亦溶解已有的止血栓或机化的斑块，使陈旧性创伤也能产生隐性出血。⑥溶栓治疗后，因最初触发血栓的内皮暴露，未完全溶解的血栓残核可再致血栓形成，溶栓药促发血小板活化、链激酶促进凝血因子FV活化及导管促使血管痉挛、血管受损加重等因素，已溶栓部位可再出现血栓。⑦本药静脉给予一般达 2500 U/min 方有明显疗效，成人总用药量不宜超过 300 万 U。

【药物相互作用】①阿司匹林：用于急性心肌梗死，本药与阿司匹林合用可增强溶栓疗效，且不显著增加严重出血的发生率。②抗凝血药（如华法林）、吲哚美辛、保泰松、低分子肝素（如阿地肝素、舍托肝素、替地肝素）、重组阿替普酶、重组瑞替普酶、阿尼普酶、链激酶、替奈普酶、菠萝蛋白酶、红醋栗、墨角藻、辣椒素、芹菜、丁香油、月见草、小白菊、生姜、甘草、当归、茴香、阿魏、山金车、黄芪、越橘、睡菜、玻璃苣、布枯、猫爪草、蒲公英、卡法根、波耳多、葫芦巴、小槲树、姜黄素、大蒜、银杏、印度香胶、绣线菊、益母草、红三叶草、黄芩、丹参：合用可增强本药的抗凝血作用，增加出血风险。③肝素：合用可轻度降低再梗死发生率，但也增加出血风险。

五、血容量扩充剂

右旋糖酐 40

【别名】低分子右旋糖酐 40、欣润络。

【药理作用】本药为低分子质量（平均分子质量为 40000 D）的血容量扩充药，具有以下药理作用：①提高血浆胶体渗透压，吸收血管外的水分以补充血容量，从而升高和维持血压。②使已聚集的红细胞和血小板解聚，降低血液黏滞性，从而改善微循环和组织灌流，防止休克后期的血管内凝血。③抑制凝血因子Ⅱ的激活，使凝血因子Ⅰ和凝血因子Ⅷ的活性降低，可防止血栓形成。④本药尚具渗透性利尿作用。本药扩充血容量作用较右旋糖酐 70 弱且短暂，但改善微循环的作用较右旋糖酐 70 强，抗失血性休克的疗效也优于右旋糖酐 70。

【适应证】①用于抢救休克，包括失血、创伤、烧伤等多种原因引起的休克和中毒性休克。②用于血管栓塞性疾病，如脑血栓形成、脑供血不足、心绞痛、血栓闭塞性脉管炎等。③用于预防手术（如肢体再植手术、血管外科手术）后静脉血栓形成。④用作体外循环的补充液，以代替部分血液预充人工心肺机。

【用法用量】成人：①一般用法。静脉滴注，用量视病情而定，一般为一次 250 ～ 500 mL，24 小时内用量不超过 1000 ～ 1500 mL（尤其在第 1 个 24 小时内）。②休克。静脉滴注，用量可较大，可快速滴注（滴速为 20 ～ 40 mL/min），第 1 日最大剂量可用至 20 mL/kg。用药前须纠正脱水。③血管栓塞性疾病。静脉滴注，一般为一次 250 ～ 500 mL，应缓慢滴注，每日或隔日 1 次，7 ～ 10 次为 1 个疗程。④预防术后血栓形成。静脉滴注，术中或术后给予 500 mL。通常为术后第 1、第 2 日每日给予 500 mL，静脉滴注 2 ～ 4 小时。高危患者可连用 10 日。儿童：静脉滴注，婴儿 5 mL/（kg·d），儿童 10 mL/（kg·d）。

【注意事项】①本药每日用量不应超过 20 mL/kg 或 1500 mL，否则易引起出血倾向和低蛋白血症。②避免用量过大，尤其是动脉粥样硬化或补液不足者。对于某些手术创面渗血较多的患者，用量也不应过多，以免加重渗血。③过敏体质者用药前应做皮试。

④重度休克时，如大量输入本药，应同时给予一定量的全血以维持血液携氧功能，否则血液在短时间内过度稀释，会使携氧功能降低、组织供氧不足，可影响血液凝固，出现低蛋白血症。

【药物相互作用】①肝素：合用有增加出血的风险。②卡那霉素、庆大霉素、巴龙霉素：合用可增加以上药物的肾毒性。

第十一节　内分泌系统用药

一、下丘脑垂体激素及其类似物

绒毛膜促性腺激素

【别名】艾泽、安胎素、宝贝朗源、波热尼乐、类垂体促性腺激素、普罗兰、普罗兰塞替派、人绒毛膜促性腺激素、绒毛膜促性素、绒膜激素、重组人绒促性素。

【药理作用】绒促性素（HCG）是胎盘滋养层细胞分泌的一种促性腺激素，存在于妊娠期妇女的尿液和血液中。在妊娠早期分泌较快，妊娠 8～10 周分泌量达高峰。HCG可解离为 α 与 β 两个亚基，每个亚基均含有若干个糖分子构成的侧链。α 亚基相对分子质量为 14500～18000，共有 89～92 个氨基酸，其排列顺序与垂体分泌的糖蛋白激素［如促卵泡素（FSH）、促黄体生成素（LH）］极为相似。β 亚基相对分子质量为 22200～39000，有 145～147 个氨基酸，前 110 个左右的氨基酸与 LH 基本相同，但末尾几个氨基酸排列不同，并且还有 28～32 个氨基酸片段为 HCG 所特有，该片段具有抗原性和免疫活性。HCG 的生物活性比较复杂，当分解为 α、β 两个独立亚基时无生物活性，只有两亚基组合在一起才有活性。由于 HCG 与 LH 的 α 亚基相同，且 β 亚基也较相似，故生物活性类似。目前尚无 LH 制剂，临床上用 HCG 来代替 LH 使用，可作为黄体阶段内源性LH 的替代品。HCG 与垂体分泌的 LH 作用极相似，而 FSH 样作用甚微，具有以下生理作用：①对女性能促进和维持黄体功能，使黄体合成孕激素；②与具有 FSH 成分的尿促性素合用，可促进卵泡生成和成熟，并可模拟生理性的 LH 的高峰而触发排卵；③对男性能使垂体促性腺激素功能不足者的睾丸产生雄激素，促使隐睾症儿童的睾丸下降和男性第二性征的发育。

【适应证】女性：①用于垂体促性腺激素不足所致的无排卵性不孕症，常在氯米芬治疗无效后，与尿促性素合用以促进排卵。②用于体外受精以获取多个卵母细胞，须与尿促性素合用。③用于功能失调性子宫出血、妊娠早期先兆流产、习惯性流产。④用于黄体功能不全。⑤用于控制卵巢过度刺激过程（医学辅助生殖技术）中卵泡刺穿剂。⑥用于使用促性腺激素释放激素（GnRH）类似物进行控制卵巢过度刺激的妇女的黄体阶段支持。男性：①用于青春期前隐睾症、非解剖梗阻的隐睾症。②用于垂体功能低下所致的男性不育，可与尿促性素合用。长期促性腺激素功能低下者，还应辅以睾酮治疗。③用于伴有原发性精液异常的低生育力。④用于因促性腺激素垂体功能不足所致的青春期延缓。

【用法用量】成人：①女性无排卵性不孕症、体外受精。a. 肌内注射。注射用绒毛膜促性腺激素，于尿促性素末次给药后 1 日或氯米芬末次给药后 5～7 日开始用药，一次

5000~10000 U，连续用药 3~6 周期，如无效应停药。b. 皮下注射，注射用重组人绒毛膜促性腺激素，在最后一次注射卵泡刺激素（FSH）或尿促性素 24~48 小时后，即取得卵泡生长的最佳刺激时，注射本药一次 6500 U。②功能失调性子宫出血。肌内注射，注射用绒毛膜促性腺激素，一次 1000~3000 U。③习惯性流产、妊娠先兆流产。肌内注射，注射用绒毛膜促性腺激素，一次 1000~5000 U。④黄体功能不全。肌内注射，注射用绒毛膜促性腺激素，于月经周期 15~17 日排卵之日起，一次 1500 U，隔日 1 次，连用 5 次，剂量可根据患者的反应作调整。妊娠后，须维持原剂量至 7~10 孕周。⑤卵泡穿刺制剂。肌内注射，注射用绒促性素，一次 5000~10000 U。⑥黄体阶段支持。肌内注射，注射用绒促性素，一次 1000~3000 U，重复注射 2~3 次。每次可能在排卵或胚胎移植后 9 日内（如在排卵诱导后第 3、第 6、第 9 日）用药。⑦男性促性腺激素功能不足所致性腺功能低下。肌内注射，注射用绒促性素，一次 1000~4000 U，一周 2~3 次，持续用药数周至数月。为促发精子生成，需持续用药 6 个月或更长。若精子数少于 500 万/mL，应与尿促性素合用约 12 个月。儿童：①青春期前隐睾症。肌内注射，注射用绒促性素，一次 1000~5000 U，一周 2~3 次，出现良好效应后即停用。总注射次数不多于 10 次。②发育性迟缓者睾丸功能测定。肌内注射，注射用绒促性素，一次 2000 U，每日 1 次，连用 3 日。③青春期延缓。肌内注射，注射用绒促性素，一次 1500 U，一周 2~3 次，至少用药 6 个月。

【注意事项】①除男性促性腺激素功能不足、为促发精子生成以外，其他情况不可长期连续使用本药。②用药前应嘱患者有多胎妊娠的可能。③输卵管畸形时异位妊娠的发生率可能增加，故早期应进行超声检查以确认妊娠是否发生于子宫内。④用药前应排除未控制的非性腺内分泌疾病（如甲状腺、肾上腺或垂体病症）。⑤本药对警惕性和注意力的集中无影响。⑥对于无排卵患者，当其血清雌二醇水平大于 1500 pg/mL(5400 pmol/L) 并有 3 个以上卵泡直径等于或超过 14 mm 时，卵巢过度刺激综合征的发生率增加；在辅助生育技术中，血清雌二醇水平大于 3000 pg/mL(11000 pmol/L) 并有 20 个以上的卵泡直径等于或超过 12 mm 时，OHSS 的发生率增加；当血清雌二醇水平大于 5500 pg/mL (20000 pmol/L) 并且总卵泡数等于或超过 40 个时，应停用本药。

【药物相互作用】脑下垂体促性腺激素（如尿促性素）：合用可能使不良反应增加。

醋酸去氨加压素

【别名】的斯加压素、弥柠、弥凝、依他停。

【药理作用】本药为去氨加压素的醋酸盐，与天然激素精氨酸加压素的结构类似。去氨加压素具有较强的抗利尿作用及较弱的加压作用，其抗利尿作用/加压作用比是加压素的 2000~3000 倍，作用维持时间也较加压素长（可达 6~24 小时），对神经垂体功能不足引起的中枢性尿崩症具有良好的抑制作用，可减少尿量，提高尿渗透压，降低血浆渗透压。此外，本药的催产素活性明显减弱。血友病 A 患者缺乏 FⅧ：C，血管性血友病患者 vWF 抗原缺乏（或结构异常），FⅧ：C 和 vWF 以复合物的形式存在于血浆中，前者具有凝血活性，被激活后参与因子 X 的内源性激活；后者作为一种黏附分子，参与血小板与内皮的黏附，并有稳定及保护 FⅧ：C 的作用。本药可促进内皮细胞释放 FⅧ：C，也可促进 vWF 释放而增加 FⅧ：C 的稳定性，使 FⅧ：C 活性升高，故可用于治疗血友病 A 和血管性血友病。

【适应证】①用于治疗夜间遗尿症（6 岁或 6 岁以上的患者）。②用于治疗中枢性尿崩症。③用于肾尿液浓缩功能试验。④用于先天性或药物诱发性血小板功能障碍、尿毒症、肝硬化及不明原因引起的出血时间延长，亦可使介入性治疗或诊断性手术前延长的出血时间缩短或恢复正常。⑤用于控制及预防对本药试验剂量呈阳性反应的轻度甲型血友病及血管性血友病的患者在进行小型手术时的出血。在个别情况下，本药对中度病情的患者亦可产生疗效。

【用法用量】成人：①夜间遗尿症。口服给药，首次用量为睡前 200 μg，如疗效不显著可增至 400 μg，连续使用 3 个月后至少停用 1 周，以便评估是否需要继续治疗。②中枢性尿崩症。a. 口服给药，开始一次 25～100 μg，每日 1～3 次，以后根据疗效调整剂量。多数患者的适宜剂量为一次 100～200 μg，每日 3 次。每日总量为 200～1200 μg。b. 静脉给药，一次 1～4 μg，每日 1～2 次。c. 经鼻给药，鼻喷雾剂，开始时 10 μg，睡前喷鼻，以后根据尿量每晚递增 2.5 μg，直至获得良好睡眠；若全天尿量仍较大，可于早晨再加 10 μg 喷鼻，并根据尿量调整用量，直至获得满意疗效；维持用药，10～40 μg/d，分 1～3 次喷鼻；滴鼻液，起始剂量为一次 10 μg，逐渐调整到最适剂量，每日 3～4 次。③肾脏浓缩功能试验。a. 皮下注射，一次 4 μg。b. 肌内注射，用量同"皮下注射"项。c. 经鼻给药，一次 40 μg。④治疗和预防出血。a. 静脉给药，一次 0.3 μg/kg，溶于生理盐水 50～100 mL 在 15～30 分钟内静脉滴注；若效果显著，可间隔 6～12 小时重复 1～2 次，若再多次重复此剂量，效果将会降低。甲型血友病，一次 16～32 μg，溶于生理盐水 30 mL 内快速滴入，每 12 小时 1 次。血管性血友病，按体重 0.4 μg/kg，溶于生理盐水 30 mL 内快速滴入，每 8～12 小时 1 次。b. 皮下注射，甲型血友病，用量同"静脉给药"项；血管性血友病，用于轻度出血者，用量同"静脉给药"项。c. 经鼻给药，甲型血友病，用量同"静脉给药"项；血管性血友病，用于轻度出血者，用量同"静脉给药"项。儿童：①夜间遗尿症。口服给药，6 岁及 6 岁以上儿童，同成人用法用量。②治疗中枢性尿崩症。a. 口服给药，一次 100 μg，每日 3 次。b. 静脉给药，1 岁以下儿童一次 0.2～0.4 μg，每日 1～2 次，建议首剂为 0.05 μg；1 岁以上儿童一次 0.4～1 μg，每日 1～2 次。c. 经鼻给药，3 个月以下婴儿的用药剂量目前尚无完整资料；3 个月～12 岁婴幼儿及儿童，恒定剂量，一次 10 μg，调整剂量时仅调整给药次数。③肾脏浓缩功能试验。a. 皮下注射，1 岁以下儿童 0.4 μg；1 岁以上儿童 1～2 μg。b. 肌内注射，用量同"皮下注射"项。c. 经鼻给药，1 岁以上儿童 10～20 μg。

【注意事项】①治疗夜间遗尿症时，用药前 1 小时至用药后 8 小时内需限制饮水量；当用于诊断检查时，用药前 1 小时至用药后 8 小时内饮水量不得超过 500 mL。否则可能会引起水潴留/低钠血症及其并发症，如头痛、恶心、呕吐、血钠降低、体重增加，更严重者可引起抽搐惊厥。②用于肾脏浓缩功能试验时，应在给药前排空膀胱，给药后每 4 小时一期收集尿液 2 次测定尿渗透压，同时限制饮水量。如两次试验尿渗压均低于 800 mmol/kg，则提示肾脏浓缩功能有损伤。③本药不能缩短因血小板明显减少而引起的出血时间延长。④急迫性尿失禁患者不宜使用。⑤糖尿病患者不宜使用。⑥器官病变导致的尿频或多尿患者（如良性前列腺增生、尿道感染、膀胱结石/膀胱癌）不宜使用。⑦长期使用（>6 个月）本药者，可能会出现疗效减弱或药物有效时间缩短。

【药物相互作用】①洛哌丁胺：合用可使本药血药浓度上升 3 倍，增加了发生水潴留/低钠血症的概率。②吲哚美辛：可增强患者对本药的反应，但不影响本药作用持续时间。③利尿药、三环类抗抑郁药、氯丙嗪、氯磺丙脲、氯贝丁酯、卡马西平：合用可增加水潴留或抗利尿作用。④非甾体消炎药：合用可能导致水潴留/低钠血症。⑤格列本脲：可抑制本药效应。⑥二甲硅油：合用可能降低本药的吸收。

二、肾上腺皮质激素

氢化可的松

【别名】半琥珀酸氢化可的松、醋丙氢可的松、醋酸考的索、醋酸可的索、醋酸皮质醇、醋酸氢化可的松、醋酸氢化皮质素、丁酸氢化考的松、丁酸氢化可的松、琥钠氢可松、琥珀酸钠皮质醇、琥珀酸皮质醇、琥珀酸氢化可的松、环戊丙酸氢化可的松、考的索、可的索、来可得、皮质醇、皮质醇 21 -琥珀酸酯、氢化考的松、氢化可的松半琥珀酸酯、氢化可的松琥珀酸钠、氢化可的松磷酸钠、氢化皮质素、氢考的松、氢可的松、氢可琥钠、戊酸氢化可的松、益芙可、尤卓尔。

【药理作用】本药原为天然糖质激素，现已人工合成。本药具有抗感染、免疫抑制、抗毒和抗休克作用。作用机制如下：①抗感染作用：对除病毒外的各种病因引起的炎症均有作用，可减轻和防止组织对炎症的反应，从而减轻炎症的症状，亦可抑制炎症后期组织的修复，减少后遗症。其抗感染作用为可的松的 1.25 倍。②免疫抑制作用：防止或抑制细胞中介的免疫反应，延迟性的过敏反应，并减轻原发免疫反应的发展。③抗毒、抗休克作用：可提高机体的耐受能力，减轻细胞损伤，发挥保护机体的作用。此外，还有扩张血管，增加心肌收缩力，改善微循环作用，也有一定程度的盐皮质激素活性，具有保水、保钠及排钾作用。本药外用为弱效糖皮质激素，具有消炎、抗过敏、抗增生、止痒作用。

【适应证】①用于肾上腺皮质功能减退症、垂体功能减退症及先天性肾上腺皮质功能增生症，也用于过敏性和炎症性疾病。②用于抢救危重患者，如中毒性感染、过敏性休克、严重的肾上腺皮质功能减退症、结缔组织病、严重的支气管哮喘等过敏性疾病。③用于预防和治疗移植物急性排斥反应。④本药外用制剂用于过敏性皮炎、脂溢性皮炎、过敏性湿疹、苔藓样瘙痒症及神经性皮炎。⑤本药眼用制剂用于虹膜睫状体炎、虹膜炎、过敏性结膜炎、角膜炎、结膜炎、眼睑炎、眼红、泪囊炎等眼部创伤。

【用法用量】成人：①肾上腺皮质功能减退症。a. 口服给药，20 ~ 30 mg/d（清晨服用 2/3，午餐后服 1/3）。有应激状况时，应适当加量，可增至 80 mg/d，分次服用。b. 肌内注射，每日 20 ~ 40 mg/d。c. 静脉滴注，一次 100 mg，每日 1 次。临用前加氯化钠注射液或 5% 葡萄糖注射液 500 mL 稀释后使用，同时加用维生素 C 500 ~ 1000 mg。②垂体功能减退症、过敏性疾病、炎症性疾病、抢救危重中毒性感染。a. 肌内注射，参见"肾上腺皮质功能减退症"的"肌内注射"项。b. 静脉滴注，参见"肾上腺皮质功能减退症"的"静脉滴注"项。③类风湿关节炎、骨性关节炎。关节腔内注射，一次25 ~ 50 mg。④腱鞘炎。鞘内注射，一次 25 mg。⑤炎症性眼病。经眼给药，本药滴眼液每日 3 ~ 4 次，使用前摇匀；本药眼膏涂于眼睑内，每日 3 次。⑥过敏性皮炎、脂溢性皮炎、过敏性湿疹、苔藓样瘙痒症、神经性皮炎。局部给药，本药外用制剂，取适量涂于患处，每日 2 次。儿童：用于肾上腺皮质功能减退症，口服给药，治疗剂量为 20 ~

25 mg/（m^2·d），分 3 次服用。

【注意事项】①并发感染：在激素作用下，已被控制的感染可复发，最常见结核感染复发。对某些感染应用激素可减轻组织的破坏、减少渗出、减轻感染中毒症状，但同时必须使用有效的抗生素治疗，并密切观察病情变化。在短期用药后，应迅速减量、停药。②本药无须经肝药酶活化可直接发挥药理作用，故现已逐渐替代可的松（需经肝药酶活化）。③本药外用制剂避免接触眼睛和其他黏膜（如口、鼻等），且不宜大面积、长期使用，因长期大量使用，由于全身性吸收作用可引起可逆性下丘脑-垂体-肾上腺轴的抑制，部分患者可出现库欣综合征和高血糖。④本药不可与免疫抑制剂量的活疫苗和减毒活疫苗合用。⑤为避免发生肾上腺皮质功能减退及原有疾病症状复燃，在长程糖皮质激素治疗后应逐渐缓慢减量，并由原来的每日用药数次改为每日上午用药 1 次，或隔日上午用药 1 次，不可突然停药。⑥本药眼用制剂用于治疗眼部细菌性或病毒性感染时应与抗生素合用。⑦应避免本药外用制剂与封闭敷料合用，且应避免用于渗出性损伤。⑧肾上腺以外的疾病，利用糖皮质激素的药理作用，大致可分为以下 3 类情况。a. 急症：如过敏性休克、感染性休克、严重哮喘持续状态、器官移植抗排斥反应，往往需静脉给予大剂量糖皮质激素，疗程限于 3～5 日，必须同时应用有关的其他有效治疗，如感染性休克应用有效抗生素，过敏性休克时用肾上腺素、抗组胺药等。停药时不需严格递减。b. 中程治疗：对一些较严重的疾病，如肾病综合征、狼疮性肾炎、恶性浸润性突眼，应采用药理剂量的人工合成制剂，生效后减至维持量，4～8 周为 1 个疗程。用药剂量和疗程需根据病情的程度和治疗效果而予以调整。停药时须逐渐递减。c. 长程治疗：慢性疾病，如类风湿关节炎、血小板减少性紫癜、系统性红斑狼疮，应尽量采用其他治疗方法，必要时用糖皮质激素，采用尽可能小的剂量，病情有好转时即减量，宜每日上午用药 1 次或隔日上午用药 1 次中效制剂，以尽可能减轻对下丘脑-垂体-肾上腺轴的抑制作用。对于病情较重者，在隔日疗法的不用激素日，可加用其他治疗措施。

【药物相互作用】①维生素 E、维生素 K：合用可增强本药的抗感染效应，减轻撤药后的反跳现象；与维生素 C 合用可防治本类药物引起的皮下出血反应；与维生素 A 合用可消除本类药物所致创面愈合迟延，但也影响本类药物的抗感染作用，本类药物还可拮抗维生素 A 中毒时的全身反应（恶心、呕吐、嗜睡等）。②非甾体消炎药：合用可增强本药致消化性溃疡作用，本药可增强对乙酰氨基酚的肝毒性。此外，本药可减少水杨酸盐的血浆浓度。③避孕药、雌激素：合用可增强本药的治疗作用和不良反应。④蛋白质同化激素：合用可增加水肿的发生率，使痤疮加重。⑤两性霉素 B、排钾利尿药（如碳酸酐酶抑制药等）：合用可加重低钾血症，长期与碳酸酐酶抑制药合用，易发生低血钙和骨质疏松。此外，本药水钠潴留作用可减弱利尿药的排钠利尿效应。⑥三环类抗抑郁药：合用可使本药引起的精神症状加重。⑦抗胆碱能药（如阿托品）：长期合用，可致眼压增高。⑧免疫抑制药：合用可增加感染的风险，并可能诱发淋巴瘤或其他淋巴细胞增生性疾病。⑨单胺氧化酶抑制药：合用可能诱发高血压危象。⑩强心苷：合用可提高强心效应，但也增加洋地黄毒性及心律失常的发生。⑪氨茶碱：本药有可能使氨茶碱血药浓度升高。⑫异丙肾上腺素：合用可增强异丙肾上腺素的心脏毒性作用。⑬苯妥英钠、苯巴比妥：合用降低本类药物药效。⑭利福平、甲状腺激素、麻黄碱：合用可增加本药的代谢清除率。⑮考来烯胺、考来替泊等：合用可减少本类药的吸收。⑯降血糖药（如胰岛素）：合用可使糖尿病患者血糖升高。⑰拟胆碱药（如新斯的明、吡斯的明）：

第四篇　商品基础知识

合用可减弱以上药物的疗效。⑱生长激素：本类药可抑制生长激素的促生长作用。⑲奎宁：糖皮质激素可降低奎宁的抗疟效力。⑳抗凝血药、神经肌肉阻滞药：本药及其他糖皮质激素可降低以上药物的药理作用。㉑异烟肼、美西律：本类药可降低以上药物的血药浓度和疗效。

泼尼松

【别名】1-烯可的松、醋酸泼尼松、醋酸强的松、强的松、去氢可的松、去氢皮质素、去氢皮质酮。

【药理作用】肾上腺皮质激素类药，具有消炎、抗过敏、抗风湿、免疫抑制作用，作用机制为：①消炎作用：本药可减轻和防止组织对炎症的反应，从而减轻炎症的表现。激素抑制炎症细胞，包括巨噬细胞和白细胞在炎症部位的集聚，并抑制吞噬作用、溶酶体酶的释放及炎症化学中介物的合成和释放。②免疫抑制作用：包括防止或抑制细胞介导的免疫反应，延迟性的过敏反应，减少T淋巴细胞、单核细胞、嗜酸粒细胞的数量，降低免疫球蛋白与细胞表面受体的结合能力，并抑制白细胞介素的合成与释放，从而降低T淋巴细胞向淋巴母细胞转化，并减轻原发免疫反应的扩展。可降低免疫复合物通过基底膜，并能减少补体成分及免疫球蛋白的浓度。

【适应证】①本药片剂主要用于过敏性与自身免疫性炎症性疾病，如结缔组织病、系统性红斑狼疮、重症多肌炎、严重的支气管哮喘、皮肌炎、血管炎等过敏性疾病、急性白血病、恶性淋巴瘤。②本药眼膏用于虹膜睫状体炎、虹膜炎、角膜炎、过敏性结膜炎等。

【用法用量】①一般用法：口服给药，一次 5 ~ 10 mg，10 ~ 60 mg/d。②系统性红斑狼疮、溃疡性结肠炎、自身免疫性溶血性贫血等自身免疫性疾病：口服给药，40 ~ 60 mg/d，病情稳定后逐渐减量。③药物性皮炎、荨麻疹、支气管哮喘等过敏性疾病：口服给药，20 ~ 40 mg/d，症状减轻后减量，每隔 1 ~ 2 日减少 5 mg。④防止器官移植排斥反应：口服给药，在术前 1 ~ 2 日开始给药，100 mg/d；术后 1 周改为 60 mg/d，以后逐渐减量。⑤急性白血病、恶性肿瘤：口服给药，60 ~ 80 mg/d，症状缓解后减量。⑥虹膜睫状体炎、虹膜炎、角膜炎、过敏性结膜炎：经眼给药，每日 1 次，每晚睡前涂于结膜囊内。

【注意事项】①因本药的盐皮质激素活性较弱，故不适用于原发性肾上腺皮质功能不全症。②长期应用本药的患者，在手术时及术后 3 ~ 4 日内常需增加用量，以防皮质功能不足。长期用药后，停药时应逐渐减量。③一般外科患者应尽量避免使用本药，以免影响伤口的愈合。④应尽量避免长期或大剂量使用皮质激素。若必须长期使用本类药物，应给予促皮质素以防肾上腺皮质功能减退，同时给予钾盐以防血钾过低，并限制钠盐的摄入。出现胃酸过多时，应加服胃酸药。长期大剂量用药还应增加蛋白饮食，以补偿蛋白质的分解，并适当加服钙剂及维生素 D，以防脱钙及抽搐。⑤眼部细菌性或病毒性感染使用本药眼膏时，应与抗菌药合用。⑥使用本药眼膏时不可与其他糖皮质激素类滴眼剂合用。

【药物相互作用】①酮康唑：合用可升高本药血药浓度（本药血浆总浓度和游离浓度）。②非甾体类解热镇痛药：合用可增强本药致溃疡作用。③两性霉素 B、碳酸酐酶抑制药：合用可加重低钾血症，长期与碳酸酐酶抑制药合用，易发生低血钙和骨质疏松。

④蛋白质同化激素：合用可增加水肿的发生率，使痤疮加重。⑤抗胆碱能药（如阿托品）：长期合用可致眼压升高。⑥三环类抗抑郁药：合用可使本药引起的精神症状加重。⑦避孕药或雌激素制剂：合用可增强本药治疗作用和不良反应。⑧免疫抑制药：合用可增加发生感染的风险，并可能诱发淋巴瘤或其他淋巴细胞增生性疾病。⑨排钾利尿药：合用可致严重低血钾，并由于水钠潴留而减弱利尿药的排钠利尿效应。⑩强心苷：合用可增加洋地黄毒性及心律失常的发生率。⑪对乙酰氨基酚：合用可增强对乙酰氨基酚的肝毒性。⑫甲状腺激素或抗甲状腺药：可使本药的代谢清除率增加。⑬麻黄碱：合用可增加本药的代谢清除。⑭肝药酶诱导药（如苯巴比妥、苯妥英钠、利福平）：以上药物可加快皮质激素的代谢。⑮降血糖药（如胰岛素）：本药可使血糖升高。⑯异烟肼：合用可增加异烟肼在肝脏的代谢和排泄，降低异烟肼的血药浓度和疗效。⑰美西律：合用可促进美西律在体内的代谢，降低其血药浓度。⑱水杨酸盐：合用可降低血浆水杨酸盐的浓度，且更易导致消化性溃疡。⑲生长激素：合用可抑制生长激素促生长作用。⑳口服抗凝血药：皮质激素可使口服抗凝药疗效降低。

地塞米松

【别名】博舒能、醋酸地塞米松、醋酸氟美松、德萨美松、德萨美松磷酸钠、德萨米松醋酸酯、德萨米松磷酸钠、迪达、地卡特隆、地塞米松磷酸钠、地塞米松棕榈酸酯、多他可美、氟甲强的松龙、氟甲强的松龙磷酸钠、氟甲去氢氢化可的松、氟美松、氟美松磷酸钠、戈达利、甲氟烯索、甲氟烯索磷酸钠、利美达松、利美沙松、思诺迪清、息洛安、乙酸氟甲强的松龙、众益美松。

【药理作用】本药为长效肾上腺皮质激素，其消炎、抗过敏、抗休克作用比泼尼松更为显著，而对水钠潴留和促进排钾作用较轻，对垂体-肾上腺抑制作用较强。①抗感染作用：本药可减轻和防止组织对炎症的反应，从而减轻炎症的表现；可抑制炎症细胞，包括巨噬细胞和白细胞在炎症部位的集聚，并抑制吞噬作用、溶酶体酶的释放以及炎症化学中介物的合成和释放。炎症后期，可抑制毛细血管和成纤维细胞的增生，延缓肉芽组织生成，防止粘连及瘢痕形成，减少后遗症。②免疫抑制作用：包括防止或抑制细胞介导的免疫反应，延迟性的过敏反应，减少 T 淋巴细胞、单核细胞、嗜酸粒细胞的数目，降低免疫球蛋白与细胞表面受体的结合能力，并抑制白细胞介素的合成与释放，从而降低 T 淋巴细胞向淋巴母细胞转化，并减轻原发免疫反应的扩展。还可降低免疫复合物通过基底膜，并减少补体成分及免疫球蛋白的浓度。

【适应证】①用于过敏性与自身免疫性炎症性疾病，如结缔组织病、活动性风湿病、类风湿关节炎、红斑狼疮、严重支气管哮喘、严重皮炎、溃疡性结肠炎、急性白血病、恶性淋巴瘤、某些严重感染及中毒。此外，还用于某些肾上腺皮质疾病的诊断（地塞米松抑制试验）。②本药粘贴片用于非感染性口腔黏膜溃疡。③本药植入剂用于由于白内障摘除并植入人工晶体后引起的术后眼内炎症。④本药软膏用于过敏性和自身免疫性炎症性疾病，如局限性瘙痒症、神经性皮炎、接触性皮炎、脂溢性皮炎、慢性湿疹等。⑤本药滴眼液用于虹膜睫状体炎、虹膜炎、角膜炎、过敏性结膜炎、眼睑炎、泪囊炎等。

【用法用量】①一般用法：a. 口服给药（本药片剂），起始剂量为一次 0.75 ~ 3 mg，每日 2 ~ 4 次；维持量约 0.75 mg/d，视病情而定。b. 静脉给药，地塞米松磷酸钠注射液或注射用地塞米松磷酸钠，静脉注射或滴注（静脉滴注时应以 5% 葡萄糖注射液稀释），一次 2 ~ 20 mg，2 ~ 6 小时重复给药至病情稳定，但大剂量连续给药一般不超过 72 小时；醋酸地塞米松注射液，静脉注射，一次 2 ~ 20 mg。c. 肌内注射，醋酸地塞米松注射液一次 1 ~ 8 mg，每日 1 次。d. 皮内注射，醋酸地塞米松注射液每一注射点 0.05 ~ 0.25 mg，共注射 2.5 mg，每周 1 次。e. 鞘内注射，地塞米松磷酸钠注射液或注射用地塞米松磷酸钠，一次 5 mg，间隔 1 ~ 3 周 1 次；醋酸地塞米松注射液，一次 0.8 ~ 6 mg，间隔 2 周 1 次。f. 关节腔内注射，地塞米松磷酸钠注射液或注射用地塞米松磷酸钠，一次 0.8 ~ 4 mg，根据关节大小确定剂量；醋酸地塞米松注射液，一次 0.8 ~ 6 mg，间隔 2 周 1 次。g. 腔内注射，醋酸地塞米松注射液一次 0.1 ~ 0.2 mg，每日 1 ~ 3 次，于鼻腔、喉头、气管、中耳腔、耳管注射。h. 软组织的损伤部位内注射，醋酸地塞米松注射液一次 0.8 ~ 6 mg，间隔 2 周 1 次。②缓解恶性肿瘤所致的脑水肿：注射给药，地塞米松磷酸钠注射液或注射用地塞米松磷酸钠，首剂 10 mg 静脉注射，随后每 6 小时肌内注射 4 mg，一般 12 ~ 24 小时患者可有好转，于 2 ~ 4 后逐渐减量，5 ~ 7 日停药。不宜手术的脑肿瘤，首剂可静脉注射 50 mg，以后每 2 小时重复给予 8 mg，数日后再减至 2 mg/d，分 2 ~ 3 次静脉给药。③非感染性口腔黏膜溃疡：局部给药，本药粘贴片一次 0.3 mg，最大日剂量为 0.9 mg，不得连用超过 1 周。使用时先揭开黄色面，将白色层贴于患处，并轻压 10 ~ 15 秒，使其粘牢，不需取出，直至全部溶化。④白内障摘除并植入人工晶体后引起的术后眼内炎症：经眼给药，本药植入剂一次 0.06 mg。在眼科手术结束并取出黏弹物质后，用精密无齿镊从包装中取出本药（1 粒），放入眼前房或后房。如放在前房，应将药粒放在虹膜基底 12 点位置；如放在后房，应放在虹膜和人工晶体前表面之间的 6 点位置，随后以常规方式闭合切口。⑤局限性瘙痒症、神经性皮炎、接触性皮炎、脂溢性皮炎、慢性湿疹：局部给药，本药软膏每日 2 ~ 3 次，涂搽患处。⑥虹膜睫状体炎、虹膜炎、角膜炎、过敏性结膜炎、眼睑炎、泪囊炎：经眼给药，本药滴眼液每日 3 ~ 4 次，用前摇匀。

【注意事项】①由于本药潴钠作用较弱（不能产生足够的盐皮质激素活性），不宜用作肾上腺皮质功能减退的替代治疗。②本药禁止与活性或减毒疫苗合用。③大剂量的皮质类固醇不可用于脑损伤。④水痘与过敏性皮疹应进行鉴别，未确诊前不可滥用，一旦确诊水痘禁用肾上腺皮质激素治疗。⑤长期用药后，停药前应逐渐减量。⑥本药粘贴片不宜长期使用，连用 7 日后症状未缓解，应停药。使用时不能同时使用其他口腔用药。⑦本药滴眼液长期用于眼或耳部化脓性感染时，可能掩盖或加重感染。⑧本药植入剂内外包装只允许在临用前于无菌手术室内拆开。⑨使用本药玻璃体内植入剂可能引发眼内炎、眼部炎症、眼内压增高和视网膜脱落。⑩本药软膏不能长期大面积使用，以避免全身性吸收作用造成可逆性下丘脑-垂体-肾上腺轴的抑制。如并发细菌及病毒感染时，应与抗菌药物合用。⑪本药软膏用于面部、皮肤褶皱部位（如腹股沟、腋窝）时，不应连续使用超过 2 周。

【药物相互作用】①利尿药（保钾利尿药除外）：合用可引起低钾血症。②沙利度胺：合用可增加出现中毒性表皮坏死松解症的风险。③阿瑞吡坦、利托那韦：合用可使本药的全身暴露量增加。④水杨酸类药：合用可增加水杨酸类药毒性，降低水杨酸盐的血药浓度。⑤阿苯达唑：合用可增加阿苯达唑的不良反应。⑥巴比妥类、苯妥因、利福平：合用可使本药代谢促进、作用减弱。⑦氨鲁米特：合用可减弱本药的作用。⑧安普那韦：合用可降低安普那韦的血药浓度。⑨抗凝血药、口服降血糖药：合用可减弱以上药物的作用。⑩卡泊芬净、地拉韦啶、达沙替尼、依曲韦林、依维莫司、福沙那韦钙、伊马替尼、茚地那韦、伊沙匹隆、拉帕替尼、米非司酮、尼洛替尼、吡喹酮、罗米地辛、沙奎那韦、索拉非尼、舒尼替尼、替西罗莫司：合用可降低以上药物的血药浓度。

三、口服降血糖药

盐酸二甲双胍

【别名】佰思平、倍顺、卜可、大克堂、德艾欣、迪化唐锭、都乐宁、格华止、恒漱堂、弘飞康、甲福明、甲福生、降力舒、津真型、君力达、君士达新、力乐尔、立克糖、麦克罗辛、麦特美、美哒灵、美迪康、名诺、普寿康、齐偌、清旷、仁欣、瑞久、瑞诺舒、瑞唐舒、三肖平、山姆士、圣邦杰、双甲胍、泰白、唐必呋、唐格、唐落、唐坦、维尔唐、欣舒施宁、欣唐屏、盐酸甲福明、亿恒、悦达宁、众氏得。

【药理作用】本药为双胍类降血糖药，能降低 2 型糖尿病患者的空腹血糖及餐后高血糖，使糖化血红蛋白下降 1%～2%。具体作用包括：①增加肌肉、脂肪等周围组织对胰岛素的敏感性，增加胰岛素介导的葡萄糖的摄取利用，并促进糖的无氧酵解。②增加非胰岛素依赖的组织（如脑、血细胞、肾髓质、肠道、皮肤等）对葡萄糖的利用。③抑制肝糖原异生，减少肝糖输出。④抑制肠壁细胞摄取葡萄糖。⑤抑制胆固醇的生物合成和贮存，降低血三酰甘油、总胆固醇水平，但本药无促进脂肪合成作用，对正常人无明显降血糖作用，2 型糖尿病患者单用本药时一般不引起低血糖。

【适应证】①用于单纯饮食控制疗效不满意的 2 型糖尿病患者（对于肥胖和伴高胰岛素血症者，本药不但有降血糖作用，还有减轻体重及缓解高胰岛素血症的效果）。②用于某些对磺酰脲类疗效差的糖尿病患者，如与磺酰脲类、小肠糖苷酶抑制药或噻唑烷二酮类降血糖药合用，亦可用于胰岛素治疗的患者，以减少胰岛素用量。

【用法用量】成人，用于 2 型糖尿病口服给药：①普通片剂。起始剂量为一次 0.25 g，每日 2～3 次，以后根据疗效逐渐增量，通常日剂量为 1～1.5 g，最大日剂量为 2 g；或起始剂量为 0.5 g，每日 2 次（或起始剂量为 0.85 g，每日 1 次），可每周增加 0.5 g（或每 2 周增加 0.85 g），逐渐增至 2 g/d，分次服用。推荐最大日剂量为 2.55 g（需进一步控制血糖的患者，即一次 0.85 g，每日 3 次）。②肠溶片。应根据血糖确定个体化剂量。从小剂量开始使用，逐渐增加剂量。通常起始剂量为 0.25 g，每日 2 次；约 1 周后，若病情控制不满意，可增至每日 3 次，再逐渐增至 1.8 g/d，分次服用，推荐最大日剂量为 1.8 g。③缓释片。通常起始剂量为一次 0.5 g，每日 1 次，随晚餐服用，可每周增加 0.5 g；最大剂量为一次 2 g，每日 1 次，随晚餐服用。若此最大剂量仍未满意控制血糖，可考虑改为一次 1 g，每日 2 次的试验性治疗。若还需更大的剂量，应选择本药的普通片剂使用其最大日剂量 2.55 g，分次服用。④普通胶囊。一次 0.25 g，每日 2～3 次，以后根据血糖和尿糖调整剂量，最大日剂量为 2.0 g。⑤肠溶胶囊。起始剂量为一次 0.25 g，每日 2～3 次，或一次 0.5 g，每日 2 次，以后根据血糖和尿糖调整剂量，最大日剂量为 2.0 g，分次服用。⑥缓释胶囊。通常起始剂量为一次 0.5 g，每日 1 次，随晚餐服用，以后根据血糖和尿糖调整剂量，最大日剂量为 2 g。若一次 2 g、每日 1 次仍不能达到满意的疗效，可改为一次 1 g、每日 2 次。儿童用于 2 型糖尿病口服给药：①普通片剂、肠溶胶囊。10～16 岁儿童，最大日剂量为 2 g。②肠溶片。儿童的起始剂量通常为 0.25 g，每日 2 次，根据血糖控制情况，可酌情增加剂量，最大日剂量可为 1.8 g，分次服用。

【注意事项】①患者从其他口服降血糖药转为使用本药时，通常无须转换期，但服用氯磺丙脲者，在改用本药的最初 2 周内应密切注意，避免低血糖的发生。②血管内注射碘化造影剂进行放射检查（如静脉泌尿系造影、静脉胆道造影、血管造影和静脉注射造影剂的 CT 检查）可导致肾功能的急性改变，接受本药治疗的患者可能发生乳酸性酸中毒，故计划做此类检查的患者，检查前至检查后 48 小时应暂时停用本药，直至肾功能恢复至正常水平后再使用本药。③先前使用本药控制良好的 2 型糖尿病患者出现实验室检查异常或临床疾病（特别是乏力或难于言表的不适），应立即检查是否有酮症酸中毒或乳酸性酸中毒，如发生任何一种形式的酸中毒，都必须立即停用本药，并采取适当的措施。当空腹静脉血乳酸水平高于正常上限，但低于 5 mmol/L 时，并不能说明可发生乳酸性酸中毒，亦可能为糖尿病控制不佳、肥胖、高强度体力活动或标本处理的技术问题。④正常情况下单独接受本药治疗的患者不会发生低血糖，但当进食过少、大运动后未补充足够的热量、与其他降血糖药联合使用（如磺脲类药物、胰岛素）或饮酒等情况下可出现低血糖。⑤使用一段时间口服降血糖药后，其降糖作用将有所下降，此种现象可能是由于潜在疾病的进展或对药物的反应降低，被称为继发失效。应与开始治疗时由于药物不起作用引起的原发失效相鉴别。本药或磺酰脲类药物单独治疗及本药联合磺酰脲类药物治疗都可能发生继发失效，此时应考虑改变治疗方法，如使用胰岛素。⑥在本药治疗的初期常出现胃肠道症状，若患者坚持某一剂量后出现胃肠道症状，通常与药物本身无关，可能是由乳酸性酸中毒或其他严重的疾病造成。⑦避免与碱性溶液或饮料同用。⑧治疗过程中（特别是在开始调节剂量时）应密切观察，防止发生低血糖、昏迷或酸中毒。

【药物相互作用】①磺酰脲类药、胰岛素：合用有协同降血糖作用，但也有资料表明，与格列本脲合用时，未见本药的药动学改变。②西咪替丁：合用后本药的血浆和全血曲线下面积增加，未见本药的消除半衰期改变，西咪替丁的药代动力学未见变化。③呋塞米：合用时本药的曲线下面积增加，但肾清除率无变化；呋塞米的峰浓度和曲线下面积均下降，终末半衰期缩短，肾清除率无改变。④硝苯地平：单剂本药与硝苯地平合用时，本药的峰浓度和曲线下面积分别增加了 20%、9%，且随尿排泄增加，达峰时间和半衰期未受影响。⑤强抗凝血药（如华法林等）：本药可增强此类药物的抗凝血作用。⑥加压素：合用可使加压素升压作用增强。⑦树脂：合用可减少本药在胃肠道的吸收。⑧噻嗪类药或其他利尿药、糖皮质激素、吩噻嗪、甲状腺制剂、雌激素、口服避孕药、苯妥英、烟酸、拟交感神经药、钙通道阻滞药、异烟肼：合用可减弱本药效果。⑨经肾小管排泌的阳离子药物（如阿米洛利、地高辛、吗啡、普鲁卡因胺、奎尼丁、奎宁、雷尼替丁、氨苯蝶啶、甲氧苄啶和万古霉素）：合用可减弱本药效果。⑩维生素 B_{12}：本药可减少维生素 B_{12} 在肠道的吸收，使血红蛋白减少，出现巨幼细胞贫血。⑪高血浆蛋白结合率的药物（如水杨酸盐、氨苯磺胺、氯霉素、丙磺舒等）：合用不易发生相互作用。⑫乙醇：合用易致患者出现乳酸性酸中毒，与含醇饮料同服，可发生腹痛、酸血症及体温过低。

格列本脲

【别名】达安疗、达安宁、格列赫素、乙磺己脲、优降糖。

【药理作用】本药为第二代磺酰脲类（SU）抗糖尿病药，有强大的降血糖作用，对大多数 2 型糖尿病患者有效，可降低空腹及餐后血糖、糖化血红蛋白。本药能与胰岛 β 细胞膜上的磺酰脲受体特异性结合，使 K^+ 通道关闭，引起膜电位改变，进而使 Ca^{2+} 通道开放、细胞液内 Ca^{2+} 浓度升高，从而促使胰岛素分泌，起到降血糖的作用。本药只对胰岛 β 细胞有一定的胰岛素合成和分泌功能者有效。其降血糖作用相当于甲苯磺丁脲的 200 倍（按药量计算）。

【适应证】适用于单用饮食控制疗效不满意的轻、中度 2 型糖尿病（胰岛 β 细胞有一定的分泌胰岛素功能，且无严重的并发症）。

【用法用量】口服给药。①片剂：用量个体差异较大。开始时一次 2.5 mg，早餐前服用，或早餐及午餐前各 1 次；轻症患者一次 1.25 mg，每日 3 次，于三餐前服用。用药 7 日后剂量递增（一周增加 2.5 mg）。一般用量为 5 ~ 10 mg/d，最大日剂量为 15 mg。②胶囊：开始时一次 1.75 mg，早餐前服用，或早餐及午餐前各 1 次。必要时 5.25 ~ 7 mg/d。最大日剂量为 10.5 mg。

【注意事项】①使用本药的同时应控制饮食，否则疗效不理想。②用药期间，应根据血糖及尿糖调整用药剂量。③若漏服本药，应尽快补服；若已接近下次用药时间，则不可加倍用药。④单独使用磺酰脲类药 3 个月仍未达到血糖控制目标，可合用其他类型口服抗糖尿病药或胰岛素。⑤长期使用本药可能会失效，这是由于随 2 型糖尿病的发展可导致 β 细胞的进一步破坏。开始对磺酰脲类药有应答的患者需考虑是否存在其他可能导致药效降低的因素（如剂量不当、未进行饮食和运动控制等）。若排除了其他影响因素，应考虑磺酰脲类药继发性失效并停用该类药物，改用其他抗糖尿病药（如胰岛素）治疗。

【药物相互作用】①抑制磺酰脲类（SU）随尿液排泄的药物（如丙磺舒、别嘌醇）、延缓 SU 代谢的药物［如 H_2 受体阻滞药（如西咪替丁、雷尼替丁）、抗凝血药、氯霉素、咪康唑］、促使 SU 与血浆白蛋白解离的药物（如水杨酸盐、贝特类降血脂药）、本身具有致低血糖作用的药物（如胍乙啶、奎尼丁、水杨酸盐类、单胺氧化酶抑制药）、其他降血糖药物（如二甲双胍、阿卡波糖、胰岛素及胰岛素增敏药）：合用可增加低血糖的发生率。②香豆素类抗凝血药：合用可增加低血糖的发生率，且两者初始血药浓度均升高，但随后血药浓度均降低。③β 肾上腺素受体阻滞药：合用可增加低血糖的发生率。④波生坦：合用可导致肝酶升高的发生率增加。⑤肾上腺皮质激素、肾上腺素、甲状腺素、雌激素、噻嗪类利尿药、苯妥英钠、利福平：合用可减弱本药的降血糖作用。⑥细胞色素 P450（CYP）2C9 诱导药或抑制药：合用有潜在的相互作用。⑦乙醇：合用可引起腹痛、恶心、呕吐、头痛以及面部潮红，且更易发生低血糖。

格列吡嗪

【别名】安达、安吉、吡磺环己脲、吡磺环乙脲、迪沙、格迪、格列甲嗪、格列匹散得、减糖尿、捷贝、蓝绿康、力达美、利糖妥、洛厄尔巴、麦林格、曼迪宝、美吡达、泌乐得、灭糖尿、灭特尼、秦苏、瑞易宁、思东克、思乐克、唐贝克、天糖尿、依必达、怡平、优优灵、元坦、智唐。

【药理作用】本药为第二代磺酰脲类（SU）口服降糖药，对胰岛 β 细胞有一定胰岛素合成和分泌功能的 2 型糖尿病患者有效。其机制是与 β 细胞膜上的磺酰脲受体特异性结合，从而使 K^+ 通道关闭，引起膜电位改变，Ca^{2+} 通道开启，胞液内 Ca^{2+} 浓度升高，促使胰岛素分泌。此外还有胰外效应，包括改善外周组织（如肝脏、肌肉、脂肪）的胰岛素抵抗状态。

【适应证】用于经饮食控制及体育锻炼疗效不满意的轻、中度 2 型糖尿病。

【用法用量】2 型糖尿病，口服给药。①普通片剂、分散片、口腔崩解片。a. 单用饮食疗法失败者，起始剂量为 2.5～5 mg/d，以后根据血糖和尿糖情况增减剂量，一次增减 2.5～5 mg。每日剂量超过 15 mg 者，应分 2～3 次餐前服用。b. 已使用其他口服磺酰脲类降血糖药者，停用其他磺酰脲类 3 日，复查血糖后开始服用本药。从 5 mg 起逐渐加大剂量，直至产生理想的疗效。最大日剂量不超过 30 mg。②胶囊：a. 单用饮食疗法失败者，起始剂量为 5 mg/d，以后根据血糖和尿糖情况增减剂量，一次增减 5 mg。每日剂量超过 15 mg 者，应分 2～3 次餐前服用。b. 已使用其他口服磺酰脲类降血糖药者，停用其他磺酰脲类 3 日，复查血糖后开始服用本药。从 5 mg 起逐渐加大剂量，直至产生理想的疗效。最大日剂量不超过 30 mg。③控释片：剂量应个体化，推荐初始剂量为 5 mg/d，与早餐同时服用，对降血糖药更敏感的患者可由更低的起始剂量开始用药。以后根据血糖、糖化血红蛋白调整剂量，多数患者 5～10 mg/d 即可，每日最大剂量为 20 mg。④缓释片：剂量应个体化，一般推荐起始剂量为 5 mg/d，每日 1 次，早餐前半小时服用。以后根据血糖情况调整剂量及服药时间。⑤缓释胶囊：剂量应个体化，宜从小剂量开始。开始时 5 mg/d，早餐前半小时服用，以后根据血糖、糖化血红蛋白调整剂量，多数患者 10 mg/d 即可，部分患者需 15 mg/d，推荐最大剂量为 20 mg/d。

【注意事项】①已有与单纯饮食治疗或饮食加胰岛素治疗相比，口服降血糖药治疗与心血管死亡率增加有关的报道。②使用本药的同时应控制饮食，否则疗效不理想。③如果漏服药物，应尽快补服，若已接近下次用药时间，则不可加倍用药。④糖尿病病情较重者内生胰岛素功能差，使用本药及控制饮食和体育锻炼仍不能控制病情时可加用适量胰岛素起协同作用，以利于糖尿病的控制。⑤单独使用磺酰脲类药 3 个月仍未达到血糖控制目标，可合用其他类型口服抗糖尿病药或胰岛素。⑥长期使用口服降血糖药物（包括本药）药效可降低，该现象称为继发性失效，这可能是由糖尿病严重程度增加或对本药治疗的反应降低产生的。若发生继发性失效，应停用磺酰脲类药，改用其他抗糖尿病药（如胰岛素）。

【药物相互作用】①西咪替丁、氟康唑、抗凝血药、贝特类降脂药、胍乙啶、奎尼丁、胰岛素、其他口服降血糖药、双香豆素类抗凝血药、单胺氧化酶抑制药、保泰松、羟布宗、磺胺类药、氯霉素、环磷酰胺、丙磺舒、水杨酸类药：合用可增加本药降血糖作用。②伏立康唑：合用可能使本药血药浓度升高，导致低血糖。③β 肾上腺素受体阻滞药：可增加低血糖风险，掩盖低血糖症状。④利福平、肾上腺素、肾上腺皮质激素、口服避孕药、苯妥英钠、噻嗪类利尿药：合用可减弱本药降血糖作用。⑤可莱塞兰：合用可导致本药曲线下面积和血药峰浓度降低。⑥乙醇：合用可增强本药的降血糖作用。

格列美脲

【别名】阿茉立、安多美、安尼平、迪北、佳和洛、科德平、力贻苹、普仁平、普唐苹、瑞平、圣平、圣糖平、唐弗、唐苏、万苏平、亚莫利、伊瑞、佑苏。

【药理作用】本药属磺酰脲类口服降血糖药，其降血糖作用的主要机制是刺激胰岛

β细胞分泌胰岛素，可能也与提高周围组织对胰岛素的敏感性有关。

【适应证】用于经饮食控制、体育锻炼及减轻体重均不能满意控制的2型糖尿病。

【用法用量】用于2型糖尿病。口服给药，用药时无固定剂量，应根据定期监测的空腹血糖和糖化血红蛋白值确定患者用药的最小有效剂量。通常的起始剂量为一次1~2 mg，每日1次，于早餐时或首次主餐时给药。初始最大剂量不超过2 mg。通常维持剂量为1~4 mg/d。应根据患者的血糖变化调整剂量，每1~2周剂量增加不超过2 mg。推荐的最大维持量为6 mg/d（仅个别患者需用至8 mg）。

【注意事项】①若漏服1次，在下次服药时也不应加大剂量。②对于2型糖尿病，控制饮食和运动是初始的治疗方法，若患者1 mg/d使用本药有低血糖反应，说明单纯饮食治疗即可能控制血糖。控制热量、减轻体重和运动对肥胖型糖尿病患者是必要的。③维持治疗中，若不能有效地降低血糖，本药的单纯治疗应中断。④患者处于应激状态，如发热、创伤、感染、外科手术时，可发生血糖失控，此时应要在使用本药的同时加用胰岛素或单纯使用胰岛素治疗。⑤低血糖或高血糖的发生可能导致患者警觉性和反应性下降，特别是在更改治疗方法的前后或没有按时服用本药时，可能影响驾驶或操纵机器。⑥从使用其他磺脲类改为使用本药时，通常无须过渡期，但如原用药物的半衰期较长（如氯磺丙脲），在1~2周内需严密观察，警惕低血糖反应。本药代替其他口服降血糖药时，建议起始剂量为1 mg/d，即使正在使用最大剂量的其他口服降血糖药时也应如此。

【药物相互作用】①胰岛素、其他降血糖药（如二甲双胍、阿卡波糖等）、血管紧张素转化酶抑制药（ACEI）、别嘌醇、促蛋白合成类固醇、雄激素、氯霉素、香豆素衍生物、环磷酰胺、双异丙吡胺、氟苯丙胺、苯甲胺醇、纤维素衍生物、氟苯氧丙胺、胍乙啶、异环磷酰胺、单胺氧化酶抑制药（MAOI）、环氧苯咪唑、对氨水杨酸、己酮可可碱（胃肠外高剂量给药）、保泰松、阿扎丙宗、羟基保泰松、丙磺舒、喹诺酮类、水杨酸、磺吡酮、磺胺类、四环素族、三乙氯喹、氯乙环磷酰胺、β受体阻滞药、奎尼丁、咪康唑、贝特类降血脂药：合用可增强本药降于血糖作用。②氟康唑：合用可增加本药的血药浓度，增加低血糖的危险性。③噻嗪类利尿药、乙酰唑胺、巴比妥类、糖皮质激素、肾上腺素和其他拟交感神经药、胰高血糖素、轻泻药（长期使用时）、烟酸（高剂量给时）、雌激素、孕激素、吩噻嗪类、苯妥英、利福平、甲状腺激素：合用可减弱本药降血糖作用。④H$_2$受体拮抗药、可乐定、利血平：合用可能会增强或减弱本药的降血糖作用。⑤可莱塞兰：合用可导致本药曲线下面积和血药峰浓度降低。⑥乙醇：本药可减弱患者对乙醇的耐受力，而乙醇亦可能加强本药的降血糖作用。两者同服可引起腹痛、恶心、呕吐、头痛以及面部潮红等。

格列齐特

【别名】达尔得、达美康、弘旭阳、甲磺吡脲、甲磺双环脲、克里克那隆、来克胰、列克、美齐特、唐清、盐酸格列齐特、茵平。

【药理作用】本药为第二代磺酰脲类抗糖尿病药，对胰岛β细胞有一定胰岛素分泌功能的2型糖尿病患者有效。本药能与胰岛β细胞膜上的磺酰脲受体特异性结合，使钾离子通道关闭，引起膜电位改变，进而使钙离子通道开放、细胞液内钙离子浓度升高，从而促使胰岛素分泌，起到降低血糖的作用。与格列本脲比较，本药降血糖作用略弱、作用时间较短，故低血糖发生率少而轻。有实验证明，本药既可治疗糖尿病代谢紊乱，又可防止血管病变（如改善视网膜病变和肾功能）。此外，本药还可减少血小板黏附与聚集、降低血栓素水平、增加内皮细胞纤溶酶原活性，从而增强纤维蛋白降解能力，并有可能减慢微血管内皮细胞的纤维增生。

【适应证】用于经饮食控制、体育锻炼及减轻体重均不能控制血糖的 2 型糖尿病。

【用法用量】成人：用于 2 型糖尿病，口服给药。①普通片剂。推荐初始剂量为 80 mg/d，一般根据血糖代谢情况确定是否增加剂量，一次增加 80 mg，每次增量应间隔至少 14 日。维持剂量为 80～240 mg/d（标准剂量为 160 mg/d），特殊情况可用到 320 mg/d，分 2 次服用。②普通胶囊。初始剂量为一次 80 mg，早餐前及午餐前（或晚餐前）各一次。也可一次 40 mg，每日 3 次，三餐前服。1 周后按疗效调整剂量，最大日剂量为 320 mg。③缓释片和缓释胶囊。推荐初始剂量为 30 mg/d，建议于早餐时服用。若血糖获得满意控制，维持剂量为 30 mg/d；若血糖控制不佳，剂量可逐渐增至 60、90、120 mg/d，每次增量应间隔至少 1 个月，但治疗 2 周后血糖仍无下降时建议于治疗 2 周后增加剂量，推荐最大日剂量为 120 mg。④分散片。初始剂量为 40～80 mg/d，每日 1～2 次，以后根据血糖水平调整至 80～240 mg/d，分 2～3 次服用，最大日剂量为 320 mg。

老年人剂量：①65 岁以上患者使用本药普通片剂时，初始剂量为一次 40 mg，每日 1 次。可逐渐增量，直至获得满意的血糖控制，每次增量应间隔至少 14 日，且应严格监测血糖。②65 岁以上患者使用本药缓释片和缓释胶囊无须调整剂量。③老年患者使用本药分散片时用量应减少。

【注意事项】①本药普通片剂可不经任何过渡期直接替代其他抗糖尿病药进行治疗，但由较长半衰期的磺酰脲类降血糖药（如氯磺丙脲）改为本药时，为避免两种药物的药效叠加及随后产生的低血糖风险，应进行严格的监测。由较长半衰期的磺脲类药改为本药缓释片或缓释胶囊则需几日的窗口期。由其他降血糖药改为本药分散片时，使用本药前应停药 1 日。②使用本药时若未按时用餐，发生低血糖的风险增加，用药期间应规律地摄入碳水化合物，避免用餐次数不够或饮食中碳水化合物不足。③长期使用口服降血糖药物（包括本药）药效可降低，该现象称为继发性失效，这可能是由糖尿病严重程度增加或对本药治疗的反应降低产生的。若发生继发性失效，应停用磺酰脲类药，改用其他抗糖尿病药（如胰岛素）。④用药后可导致低血糖，从事驾驶、操作机械或高空作业者应慎用。⑤单独使用磺酰脲类抗糖尿病药 3 个月仍未达到血糖控制目标，可合用其他类型口服抗糖尿病药或胰岛素。本药缓释片或缓释胶囊可与双胍类、α-葡萄糖苷酶抑制药或胰岛素合用，对于使用本药缓释片或缓释胶囊不能充分控制的患者，应于治疗初期在严密的监测下合用胰岛素进行治疗。⑥控制饮食和运动治疗是使用本药进行治疗的前提，否则疗效不理想。肥胖的糖尿病患者应限制每日摄入的总热量与脂肪，并进行适量运动。⑦如果漏服本药，应尽快补服；若已接近下次用药时间，不可加倍用药。⑧本药应从小剂量开始应用，按需要逐渐增量。

【药物相互作用】①咪康唑：合用可增强降糖作用并可能出现低血糖症状，甚至昏迷。②保泰松：合用可增强磺酰脲类药物的降糖效应。③β 肾上腺素受体阻滞药：所有的 β 肾上腺素受体阻滞药均能掩盖某些低血糖症状（如心悸和心动过速），大多非心脏选择性 β 肾上腺素受体阻滞药可增加低血糖的发生率和严重性。④氟康唑：合用可延长磺酰脲类药物的半衰期和增加发生低血糖的风险。⑤血管紧张素转化酶抑制药（卡托普利、依那普利）：合用可增强磺酰脲类降血糖药的低血糖效应。⑥H_2受体拮抗药（西咪替丁、雷尼替丁、法莫替丁）、苯二氮䓬类、哌克昔林、氯霉素、四环素、磺胺类抗菌药：合用可增加低血糖的发生率。⑦其他降血糖药（胰岛素、阿卡波糖、二甲双胍）、胰岛素增敏剂、胍乙啶、奎尼丁、单胺氧化酶抑制药、非甾体消炎药（尤其是水杨酸盐类药）：合用可增加低血糖的发生率。⑧抗痛风药（丙磺舒、别嘌醇）：合用可增加低血糖的发生率。⑨香豆素类抗凝血药：开始合用时两者血浆浓度皆升高，可增加低血糖的发生率，以后两者血浆浓度皆降低。⑩水杨酸盐、贝特类降血脂药：合用可增加低血糖的发生率。⑪达那唑：有致糖尿病效应。⑫氯丙嗪（每日剂量达 100 mg）：氯丙嗪可使血糖水平升高。⑬替可克肽、噻嗪类利尿药、其他利尿药（如依他尼酸、呋塞米、氨苯蝶啶、乙酰唑胺）、肾上腺皮质激素、甲状腺制剂、口服避孕药、烟酸、拟交感神经类药物、异烟肼、苯妥英钠、利福平：以上药物可使血糖水平升高。⑭β_2 拟交感神经药（利托君、沙丁胺醇、硫酸特布他林）：以上药物可使血糖水平升高。⑮乙醇：可增强低血糖反应，同时可增加低血糖昏迷发作的风险。合用可引起腹痛、恶心、呕吐、头痛以及面部潮红。

阿卡波糖

【别名】阿卡波什糖、阿卡糖、阿克波什糖、拜唐苹、宝易唐、贝希、卡博平、希糖停、抑葡萄糖苷酶。

【药理作用】本药为新型口服降血糖药，能明显降低餐后血糖。食物中的糖类（如分子质量大的淀粉及分子质量较小的低聚糖），必须先经过消化（即在唾液、胰液 α-淀粉酶作用下分解为寡糖），然后在小肠黏膜细胞刷状缘处经 α-糖苷酶分解为单糖（葡萄糖、果糖），最后被空肠上皮细胞吸收进入血循环。本药结构类似寡糖（假寡糖），且其活性中心结构上含有氮，与 α 糖苷酶结合能力远较寡糖强，能竞争性抑制糖类在空肠的迅速吸收，从而延缓了肠道内多糖、寡糖或双糖的降解，使来自碳水化合物的葡萄糖的降解和吸收入血速度变缓，降低了餐后血糖值，使平均血糖值下降。另外，长期服用本药还可降低空腹血糖和糖化血红蛋白的浓度。

【适应证】用于配合饮食控制 2 型糖尿病。

【用法用量】①成人：用于 2 型糖尿病，口服给药，剂量需个体化，推荐起始剂量一般为一次 50 mg，以后逐渐增至一次 100 mg，必要时可增至一次 200 mg，均每日 3 次。若患者服药 4~8 周后疗效不明显，可增加剂量；若患者坚持严格的糖尿病饮食仍有不适，则不可再增加剂量，必要时还需适当减少剂量，一般剂量为一次 100 mg，每日 3 次。②老年人剂量：65 岁以上的老年患者无须调整剂量和用药次数。

【注意事项】①本药治疗期间，由于结肠内碳水化合物酵解增加，蔗糖或含有蔗糖的食物常可引起腹部不适，甚至导致腹泻。②治疗初期，应避免大剂量用药。③用药期间若不遵守规定的饮食控制，胃肠道不良反应可能加剧。若控制饮食后，仍有严重不适症状，应暂时或长期减少剂量。

【药物相互作用】①磺酰脲类药、二甲双胍、胰岛素：合用可使血糖降至低血糖水平，个别患者还可发生低血糖昏迷。②抗酸药、考来烯胺、肠道吸附剂、消化酶制剂：合用可减弱本药的降血糖作用。③地高辛：个别患者中本药可影响地高辛的生物利用度。④二甲硅油：尚未发现本药与二甲基硅油之间有相互作用。

伏格列波糖

【别名】倍欣、伏格列波司、伏利波糖、沃利保。

【药理作用】本药为口服降血糖药。作为 α-糖苷酶抑制药，本药通过选择性抑制小肠壁细胞 α-葡萄糖苷酶而抑制碳水化合物分解为单糖，从而阻碍、延缓碳水化合物的吸收及降解，降低餐后高血糖，达到治疗糖尿病的目的。研究表明，本药对猪、大鼠的麦芽糖酶和蔗糖酶的抑制作用较强；对 α-胰淀粉酶的抑制作用较弱；对 β-葡萄糖苷酶无抑制作用。对于大鼠小肠的蔗糖酶-异麦芽糖酶复合物的双糖类水解酶有竞争性抑制作用。

【适应证】用于改善糖尿病患者餐后高血糖。用于经饮食疗法、运动疗法，或饮食疗法、运动疗法联合其他降血糖药治疗后，血糖仍不能满意控制的患者。

【用法用量】①成人：用于糖尿病，口服给药，通常一次 0.2 mg，每日 3 次，于餐前服用（服药后即刻进餐）。若疗效不明显，必要时可增至一次 0.3 mg。②老年人剂量：老年患者应从小剂量开始用药（如一次 0.1 mg）。

【注意事项】①本药仅用于已确诊为糖尿病的患者，必须注意除糖尿病外的葡萄糖耐量异常和糖糖阳性等也可出现糖尿病样症状（如肾性糖尿、老年性代谢异常、甲状腺功能异常）。②服用本药的指征为：a. 对仅接受糖尿病基本治疗者（即饮食疗法和运动疗法），餐后 2 小时血糖需高于 11.1 mmol/L(200 mg/dL)。b. 对除饮食疗法和运动疗法外，尚合用口服降血糖药或胰岛素制剂者，空腹血糖值需高于 7.8 mmol/L(140 mg/dL)。③当餐后血糖已得到充分控制（餐后 2 小时血糖值低于 8.9 mmol/L），如饮食和运动疗法（或合用口服降血糖药、胰岛素）能充分控制血糖时，应停用本药，并注意观察。④服药 2~3 个月后，如果餐后血糖控制仍不满意（餐后 2 小时血糖仍高于 11.1 mmol/L），需考虑换用其他治疗方案。

【药物相互作用】①其他抗糖尿病药（如胰岛素、磺酰脲类、胰岛素增敏剂、双胍类药）：合用可致低血糖的风险更高。②β 肾上腺素受体阻滞药、水杨酸类药、单胺氧化酶抑制药、氯贝丁酯类血脂调节药、华法林：合用可增强本药的降血糖作用。③肾上腺素、肾上腺皮质激素、甲状腺激素：合用可降低本药的降血糖作用。

罗格列酮

【别名】爱能、安瑞宁、奥洛华、酒石酸罗格列酮、马来酸罗格列酮、罗格列酮钠、罗西格列酮、耐迪、圣奥、圣敏、太罗、维戈洛、文迪雅、盐酸罗格列酮、宜力喜。

【药理作用】本药属噻唑烷二酮类抗糖尿病药，通过提高胰岛素的敏感性而有效地控制血糖。本药为过氧化物酶增殖体受体 γ（PPAR-γ）的高选择性、强效激动药。人类的 PPAR 受体存在于胰岛素的主要靶组织，如肝脏、脂肪和肌肉组织中。本药可激活 PPAR-γ 核受体，可对参与葡萄糖生成、转运和利用的胰岛素反应基因的转录进行调控。此外，PPAR-γ 反应基因也参与脂肪酸代谢的调节。在临床研究中，空腹血糖和糖化血红蛋白（HbA1c）的检测结果表明，本药可改善血糖控制情况，同时伴有血胰岛素和 C 肽水平降低，也可使餐后血糖和胰岛素水平下降。本药对血糖控制的改善作用较持久，可维持达 52 周。本药的抗糖尿病作用已在 2 型糖尿病的动物模型 [由于靶组织的胰岛素抵抗而出现高血糖症和（或）糖耐量下降] 中得到显示，可有效地降低动物的血糖，减轻其高胰岛素血症，并可延缓其糖尿病发展。动物研究提示，本药的抗糖尿病作用是通过提高肝脏、肌肉和脂肪组织对胰岛素的敏感性，且在脂肪组织中使胰岛素调控的葡萄糖转运因子 GLUT-4 的基因表达增加。本药不会使 2 型糖尿病和（或）糖耐量减低的模型动物出现低血糖。

【适应证】用于 2 型糖尿病患者。本药可单独使用，并辅以饮食控制和运动疗法，可控制患者的血糖。如使用本药或单一其他抗糖尿病药，并辅以饮食控制和运动疗法，但血糖控制不佳者，本药可与二甲双胍或磺酰脲类药联用。对服用推荐最大剂量的二甲双胍或磺酰脲类药，但血糖控制不佳者，如本药不能替代原抗糖尿病药，则需在原基础上再联用本药。

【用法用量】口服给药，糖尿病的治疗应个体化，应从最低推荐剂量开始，进一步增加剂量应根据与体液潴留相关不良事件的详细监测结果而定。本药推荐最大日剂量为 8 mg，可单次或分 2 次服用，临床研究表明，此剂量单药服用或与二甲双胍（或磺酰脲类药）联用均安全有效。当本药与其他一些特定药物联用时，可能需要调整本药的剂量。①单药治疗：通常起始用量为一次 4 mg，每日 1 次。经 8～12 周治疗后，如空腹血糖控制不理想，可加量至 8 mg/d 或与二甲双胍联用。临床试验表明，一次 4 mg，每日 2 次可更明显降低患者的空腹血糖和糖化血红蛋白（HbAlc）水平。②联合用药：若在现有的治疗中加用本药，则应维持原磺酰脲类药或二甲双胍的用量并加用本药。与磺酰脲类药物联用时，本药起始用量为一次 4 mg，每日 1 次；如患者出现低血糖，需减少磺酰脲类药物用量。与二甲双胍联用时，本药起始用量为一次 4 mg，每日 1 次；在联合用药期间，发生低血糖时不需调整二甲双胍的剂量。

【注意事项】①由于本药可使伴有胰岛素抵抗的绝经前期和无排卵的妇女恢复排卵，此类患者应慎用，建议其服用本药时采取避孕措施。②饮食控制、减轻体重和增加运动不仅是 2 型糖尿病的基本治疗方法，还有助于提高胰岛素的敏感性、保持本药的疗效。③开始用药前，应先治疗影响血糖控制的疾病（如感染等）。④应考虑患者（特别是女性患者）接受本药治疗的骨折风险，并注意常规评估和维护患者的骨健康。⑤与其他噻唑烷二酮类药类似，单用或与其他抗糖尿病药合用可引起体液潴留，有加重或导致充血性心力衰竭的风险。开始使用本药和剂量增加时，应严密监测患者心力衰竭的症状和体征（包括体重迅速或过度增加、呼吸困难、水肿）。

【药物相互作用】①细胞色素 P450（CYP）2C8 抑制药（如吉非贝齐）：合用可能升高本药的血药浓度。②CYP 2C8 诱导药（如利福平）：合用可能降低本药的血药浓度。③格列本脲：对于服用格列本脲后病情稳定的糖尿病患者，与格列本脲合用不会改变其 24 小时的平均稳态血糖水平。④二甲双胍：合用不会改变本药及二甲双胍的稳态药代动力学。⑤格列美脲：合用对本药的稳态药代动力学无临床意义的影响，亦不会使格列美脲的曲线下面积和血药峰浓度产生具有临床意义的降低。⑥雷尼替丁：合用不会改变本药单剂口服或静脉给药的药代动力学，胃肠道 pH 升高不影响本药的口服吸收。⑦阿卡波糖：合用对单剂口服本药的药代动力学无影响。⑧硝苯地平、口服避孕药（炔雌醇和炔诺酮）：合用不会对以上药物产生具有临床意义的药代动力学影响。⑨地高辛、华法林：合用对以上药物的稳态药代动力学无影响。⑩乙醇：服用本药的 2 型糖尿病患者单次饮用中等量的乙醇，不会增加急性低血糖发生的风险。

盐酸吡格列酮

【别名】艾可拓、艾汀、安可妥、安龙平、贝唐宁、顿灵、佳普喜、绛爽、卡司平、凯宝维元、可成、列洛、欧迪贝、倩尔、瑞格临、瑞彤、泰洛平、唐敏、万成、万苏敏、夷友。

【药理作用】本药为噻唑烷二酮类口服抗糖尿病药，是一种过氧化物酶体增殖因子激活剂的 γ 型受体（PPARγ）激动药，具有高选择性。本药可通过激活脂肪、骨骼肌和肝脏等胰岛素作用组织中的 PPARγ，从而调节胰岛素应答基因的转录，控制葡萄糖的生成、转运和利用。

【适应证】对于 2 型糖尿病（非胰岛素依赖性糖尿病，NIDDM）患者，本药可与饮食控制和体育锻炼联合以改善和控制血糖。本药可单独使用，当饮食控制、体育锻炼和单药治疗不能满意控制血糖时，也可与磺脲、二甲双胍或胰岛素合用。

【用法用量】成人：用于 2 型糖尿病，口服给药。①单药治疗：起始剂量为一次 15~30 mg，每日 1 次，必要时可增加至 45 mg/d（最大日剂量）。②联合治疗：如患者对单药治疗反应不佳，应考虑联合用药。起始剂量为一次 15~30 mg，每日 1 次。同时继续使用胰岛素、二甲双胍或磺脲类抗糖尿病药治疗，如出现血糖低于或等于 100 mg/dL 时，胰岛素应减量 10%~25%，磺脲类抗糖尿病药也应减量，但二甲双胍可能不需要调整剂量。老年人剂量：老年人通常生理功能减退，宜从一次 15 mg，每日 1 次开始服药。

【注意事项】①本药可促使排卵，绝经前不排卵的女性应采取避孕措施。②开始使用本药和用药剂量增加时，应严密监测心力衰竭的症状和体征［包括体重异常快速增加、呼吸困难和（或）水肿］。若出现上述症状和体征，应以治疗心力衰竭的方案进行处理，且必须停用本药或减量使用。

【药物相互作用】①葡萄甘露聚糖：合用可增强降血糖作用。②苦瓜、桉树属植物、葫芦巴、人参、胍胶、车前草、圣约翰草：合用后发生低血糖的风险增加。③阔叶灌木丛类、聚合草、石蚕属植物、金不换、薄荷、黄芩属植物、缬草：合用可导致血清氨基转移酶升高。④吉非贝齐：合用可增加本药暴露量和潜在低血糖风险。⑤地高辛、华法林、格列吡嗪、单剂二甲双胍：本药不改变以上药物的药代动力学。⑥口服避孕药：同时给另一噻唑烷二酮和口服避孕药（含炔雌醇、炔诺酮）时，两者的血浆浓度均降低约 30%，从而导致口服避孕药失效。尚未进行有关本药与口服避孕药的相互作用研究。

瑞格列奈

【别名】孚来迪、诺和龙。

【药理作用】本药为氨基甲酰甲基苯甲酸衍生物，为非磺酰脲类促胰岛素分泌的餐时血糖调节药，具有起效快、作用时间短的特点。本药与胰岛 β 细胞膜上依赖 ATP 的钾离子通道上的 36kDa 蛋白特异性结合（磺酰脲类降血糖药与分子质量为 140kDa 的磺酰脲类受体蛋白结合），使 K^+ 通道关闭、β 细胞去极化、Ca^{2+} 通道开放、Ca^{2+} 内流，从而促进胰岛素分泌，此作用依赖于胰岛中有功能的 β 细胞。本药促进胰岛素分泌及降低餐后血糖的作用较磺酰脲类药快。

【适应证】用于经饮食控制、降低体重及运动锻炼不能有效控制高血糖的 2 型糖尿病。

【用法用量】口服给药，推荐起始剂量为一次 0.5 mg，使用过其他口服抗糖尿病药者可直接转用本药治疗（推荐起始剂量为 1 mg）。单次最大剂量为 4 mg，最大日剂量推荐为 16 mg。

【注意事项】①本药可单用，也可与二甲双胍合用；若合用仍不能控制血糖，则应改用胰岛素治疗。②本药剂量因人而异，应根据血糖调整。

【药物相互作用】①二甲双胍：合用有协同作用，发生低血糖的风险也可增加。②单胺氧化酶抑制药、非选择性 β 肾上腺素受体阻滞药、血管紧张素转化酶抑制药、非甾体消炎药、奥曲肽、促进合成代谢的激素等：合用可增强和（或）延长本药的降血糖作用，β 肾上腺素受体阻滞药还可能掩盖低血糖症状。③细胞色素 P450 3A4（CYP 3A4）抑制药（如酮康唑、伊曲康唑、氟康唑、红霉素、米比法地尔）：合用可升高本药血药浓度。④吉非贝齐：合用可导致本药降糖作用增强及作用时间延长。⑤甲氧苄啶：合用可使本药曲线下面积、血药峰浓度和半衰期增加。⑥口服避孕药、噻嗪类药、达那唑、肾上腺皮质激素、甲状腺激素、拟交感神经药等：合用可减弱本药的降血糖作用。⑦可诱导 CYP 3A4 的药物（如利福平、苯妥英钠）：合用可降低本药血药浓度。⑧地高辛、华法林、茶碱类药：本药对以上药物的药动学无影响。⑨西咪替丁：合用不影响本药的药动学特性。⑩乙醇：合用可增强和（或）延长本药的降血糖作用。

那格列奈

【别名】安唐平、贝加、参可欣、常泰、丹平、迪方、菲戈纳、芙格清、凯舒、可宾、拉姆、齐复、赛唐平、适糖舒、唐力、唐苓、唐那、唐诺、唐瑞、唐易、瑭一、万苏欣、锡瑞、喜达安、亚邦贝迪、亚立订、易克亚欣、易优利安、逸可仙。

【药理作用】本药为氨基酸衍生物，为口服抗糖尿病药。本药的作用依赖于胰岛 β 细胞的功能，通过与胰岛 β 细胞膜上的 ATP 敏感性 K^+ 通道受体结合并将其关闭，引起膜电位改变，进而使 Ca^{2+} 通道开放、细胞内 Ca^{2+} 浓度升高，从而刺激胰岛素分泌，发挥降低血糖的作用。本药促胰岛素分泌作用依赖于血糖浓度，当血糖浓度较低时，促胰岛素分泌作用减弱。与磺酰脲类抗糖尿病药相比，本药与瑞格列奈起效更快、作用持续时间更短，既能降低空腹血糖，又能降低餐后血糖。

【适应证】①单用本药治疗饮食和运动疗法效果不佳的 2 型糖尿病。②本药与二甲双胍合用治疗单服二甲双胍疗效不佳的 2 型糖尿病，但不能替代二甲双胍。

【用法用量】口服给药：①通常一次 120 mg，每日 3 次，餐前半小时内服用。可单独使用或与二甲双胍合用，应根据定期监测的糖化血红蛋白（HbA1c）调整剂量。②初始治疗时 HbA1c 接近控制目标水平者，一次 60 mg，每日 3 次，并根据治疗效果调整剂量。

【注意事项】①本药不适用于对磺酰脲类不敏感的糖尿病患者，也不宜与磺酰脲类抗糖尿病药合用。②本药使用一段时期后，可发生继发性失效或药效降低。③用药期间驾驶或操纵机械应采取预防措施避免发生低血糖。

【药物相互作用】①非甾体消炎药、水杨酸盐、单胺氧化酶抑制药、非选择性 β 肾上腺素能阻滞药、其他抗糖尿病药：合用可增强本药的降血糖作用。②葡配甘露聚糖：合用可增强本药的降血糖作用。③芦荟、苦瓜、硫辛酸、桉树属植物、武靴藤提取物、车前草、圣约翰草：合用可使低血糖的发生风险增加。④胍胶：合用可增加发生低血糖的风险。⑤噻嗪类药、可的松、甲状腺制剂、拟交感神经药：合用可减弱本药的降血糖作用。⑥地高辛、华法林、双氯芬酸、曲格列酮、二甲双胍：合用未发现明显的相互作用。⑦乙醇：饮酒可增加发生低血糖的风险。

米格列醇

【别名】奥恬苹、德赛天、米格尼醇。

【药理作用】本药为去氧野尻霉素衍生物，属第二代 α-糖苷酶抑制药。本药为小分子化合物，其结构与葡萄糖相似。在食物的消化过程中，α-葡萄糖苷酶（包括麦芽糖酶、异麦芽糖酶、蔗糖酶、葡萄糖淀粉酶等，主要存在于小肠刷状缘）可以将食物中的多糖及低聚糖水解为单糖（包括葡萄糖）。α-糖苷酶抑制药可延缓葡萄糖的生成及吸收，从而缓解糖尿病患者餐后高血糖及其后血糖的急剧变化。有研究认为，本药主要作用于小肠，对结肠内碳水化合物水解影响较小，由未吸收的糖类发酵继发的胃肠道不良反应较阿卡波糖少见。

【适应证】单用或与磺酰脲类药合用于 2 型糖尿病。

【用法用量】口服给药，初始剂量一次 25 mg，每日 3 次（部分患者起始时需从每日1 次逐渐增加至每日 3 次）；维持剂量一次 50 mg，每日 3 次；最大剂量一次 100 mg，每日 3 次。使用初始剂量 4~8 周后，剂量增至维持剂量，维持时间约 3 个月，随后检测糖化血红蛋白（HbA1c）水平。若此时 HbA1c 水平未达到满意程度，剂量增至最大剂量。若使用最大剂量后，餐后血糖或 HbA1c 水平未见进一步降低则应考虑减量。一旦获得有效耐受量，则应维持此剂量。

【注意事项】①本药为配合饮食疗法的一种辅助手段而非其替代品，即不能作为一种避免节制饮食的方便方法来使用。②单独使用本药时不会引起餐后或快速低血糖。

【药物相互作用】①磺酰脲类降血糖药：合用可使发生低血糖的风险增加。②肠道吸附剂（如活性炭）：合用可使本药疗效降低。③含淀粉酶、胰酶等可分解糖类的助消化酶剂：合用可使本药疗效降低。④地高辛：本药可能使地高辛的血药浓度降低。⑤雷尼替丁：本药可使雷尼替丁的生物利用度降低约 60%。⑥普萘洛尔：本药可使普萘洛尔的生物利用度降低 40%。⑦二甲双胍：有研究认为，本药可使二甲双胍血药峰浓度及曲线下面积分别降低 13%、12%，但该变化无统计学意义。⑧抗酸药、华法林、硝苯地平：未见本药与以上药物有明显相互作用。

磷酸西格列汀

【别名】捷诺维、磷酸西他列汀。

【药理作用】本药为二肽基肽酶-4（DPP-4）抑制药，通过保护内源性肠降血糖素和增强其作用而控制血糖水平。葡萄糖依赖性促胰岛素释放肽（GIP）和胰高血糖素样肽-1（GLP-1），是针对膳食摄入而释放的肠降血糖素。GLP-1 和 GIP 能通过细胞内信号途径增加胰岛素合成及从胰岛 β 细胞的释放，GLP-1 亦能减少胰岛 α 细胞分泌胰高血糖素，使肝葡萄糖生成减少。但 GLP-1 和 GIP 均由 DPP-4 快速代谢，导致其促胰岛素作用丧失。本药抑制肠降血糖素经 DPP-4 的降解，故能增强 GLP-1 和 GIP 的功能，增加胰岛素释放并降低循环中胰高血糖素水平（此作用呈葡萄糖依赖性）。本药选择性抑制 DPP-4，对 DPP-8 或 DPP-9 无抑制活性。

【适应证】用于配合饮食控制和运动改善 2 型糖尿病患者的血糖控制。

【用法用量】口服给药，一次 100 mg，每日 1 次，可与或不与食物同服。

【注意事项】①本药对 1 型糖尿病或糖尿病酮症酸中毒患者无效，故不可用于此类患者。②警惕持续性呕吐、严重腹痛等急性胰腺炎症状，有胰腺炎病史者应密切监测。

【药物相互作用】①磺酰脲类药（如氯磺丙脲、格列美脲、格列吡嗪、格列本脲、妥拉磺脲、甲苯磺丁脲）：合用可增加低血糖风险。②环孢素：本药单剂量口服100 mg与环孢素单剂量口服600 mg合用时，本药曲线下面积和峰浓度分别升高约29%和68%，但其药代动力学变化无临床意义。③地高辛：合用可使地高辛曲线下面积和血药峰浓度升高。④降胆固醇药（如他汀类药、贝特类药、依折麦布），抗血小板药（如氯吡格雷），抗高血压药（如血管紧张素转化酶抑制药、血管紧张素受体阻滞药、β肾上腺素受体阻滞药、钙通道阻滞药、氢氯噻嗪），镇痛药，非甾体消炎药（如萘普生、双氯芬酸、塞来昔布），抗抑郁药（如布普品、氟西汀、舍曲林），抗组胺药（如西替利嗪），质子泵抑制药（如奥美拉唑、兰索拉唑），治疗勃起功能障碍药（如西地那非）：合用不会对本药的药代动力学产生具有临床意义的影响。⑤二甲双胍、罗格列酮、格列本脲、辛伐他汀、华法林、口服避孕药：本药对以上药物的药代动力学不具有临床意义的影响。

沙格列汀

【别名】安立泽、盐酸沙格列汀。

【药理作用】本药是一种DPP4酶抑制药，对于2型糖尿病患者，通过保护内源性肠促胰岛素激素的分泌，以维持血糖平衡。葡萄糖依赖性肠促胰岛素多肽（GIP）和胰高血糖素样肽-1（GLP-1）都是在进食后分泌的肠促胰岛素激素，可维持血糖平衡。GLP-1和GIP通过细胞内信号通路增加胰岛β细胞中的胰岛素合成和分泌，从而减少肝糖原生成。但GLP-1和GIP很快被DPP4酶代谢，缺乏促胰岛素作用。本药可竞争性抑制DPP4引起的肠促胰岛素激素降解，因此可通过葡萄糖依赖方式增强GLP-1和GIP的功能，从而增加胰岛素分泌和降低循环中的胰高血糖素水平。

【适应证】用于多种临床情况下的2型糖尿病患者，作为饮食和运动疗法的辅助治疗以改善血糖控制。

【用法用量】①成人：用于2型糖尿病，口服给药，一次2.5 mg或5 mg，每日1次。②老年人剂量：老年患者无须调整剂量，但由于本药部分通过肾脏消除，而老年人的肾脏功能可能降低，故应根据老年人的肾脏功能选择剂量。

【注意事项】①如果患者疑似出现胰腺炎，应立即停药并采取适当的治疗措施。②如果患者疑似出现严重超敏反应，应停药、评估其他可能的因素，并选择替代的糖尿病治疗药物。③定期监测糖化血红蛋白和空腹血糖水平以评估对治疗的反应。④开始本药治疗前和开始治疗后定期评估肾功能。⑤有异常感染或长期感染的患者应测定淋巴细胞计数。

【药物相互作用】细胞色素P450（CYP）3A4抑制药（阿扎那韦、茚地那韦、奈非那韦、利托那韦、沙奎那韦、克拉霉素、伊曲康唑、酮康唑、泊沙康唑、奈法唑酮和泰利霉素）：合用可升高本药的血药浓度。

四、甲状腺激素及抗甲状腺药

左甲状腺素钠

【别名】爱初新、伏甲索、加衡、雷替斯、特洛新、优甲乐、尤仙、泽宁、左甲状腺素、左旋甲状腺素、左旋甲状腺素钠。

【药理作用】甲状腺素由甲状腺合成和分泌，是维持人体正常代谢和发育所必需的激素。它主要包括四碘甲腺原氨酸（T_4）和三碘甲腺原氨酸（T_3）。本药为人工合成的四碘甲腺原氨酸，活性相当于生理甲状腺素。本药作用广泛，能促进分解代谢和合成代谢，对人体正常代谢及生长发育有重要影响，对婴幼儿中枢神经系统的发育尤为重要。可通过诱导新生蛋白质（包括特殊酶系）的合成，调节蛋白质、碳水化合物和脂肪三大物质以及水、盐和维生素的代谢。由于本药能诱导细胞膜 Na^+-K^+ 泵的合成并增强其活性，还可使能量代谢增强。

【适应证】①用于治疗非毒性的甲状腺肿（甲状腺功能正常）、甲状腺肿切除术后预防甲状腺肿复发。②用于甲状腺功能减退症的替代治疗。③用于甲状腺功能亢进症的辅助治疗。④用于甲状腺肿瘤后的抑制治疗。⑤用于甲状腺抑制试验的诊断。

【用法用量】成人：①甲状腺肿（甲状腺功能正常）、甲状腺肿切除术后预防甲状腺肿复发。口服给药，一次 75~200 μg，每日 1 次。②甲状腺功能减退症。a. 口服给药，起始剂量为一次 25~50 μg，每日 1 次。可每 2~4 周增加 25~50 μg，直至维持剂量。维持剂量为一次 100~200 μg，每日 1 次。b. 静脉注射，首次剂量宜较大，可采用 200~400 μg，以后 50~100 μg/d，患者清醒后改为口服。③甲状腺功能亢进症的辅助治疗。口服给药，一次 50~100 μg，每日 1 次。④甲状腺癌术后的抑制治疗。口服给药，一次 150~300 μg，每日 1 次。⑤甲状腺抑制试验。口服给药，一次 200 μg，每日 1 次。老年人剂量：起始量以 12.5~25 μg/d 为宜，可每 3~4 周递增 12.5~25 μg，并密切观察患者是否有心率加快、心律不齐、血压改变等不良反应，同时监测甲状腺素水平，必要时暂缓加量或减量。儿童：用于甲状腺功能减退，口服给药，起始剂量为一次 12.5~50 μg，每日 1 次。维持剂量为一次 100~150 μg/m²，每日 1 次。

【注意事项】①本药的日剂量应个体化，根据实验室检查及临床检查的结果来确定。除新生儿可快速增加剂量外，一般应从低剂量开始，每 2~4 周逐渐加量，直至达到足剂量。②一旦确定使用本药治疗，在需要更换药物的情况下，也建议根据患者临床反应和实验室检查结果调整剂量。对老年患者、冠心病患者、重度或长期甲状腺功能减退症的患者，应特别注意使用甲状腺激素治疗的开始阶段。选择较低的初始剂量并缓慢增加剂量，经过一定时间间隔应频繁监测甲状腺激素情况。经验表明，对于体重较轻的患者及只有一个大的结节性甲状腺肿的患者，低剂量给药即可。③对甲状腺功能亢进症进行抗甲状腺药治疗时，可用本药进行补充治疗，不得单独使用本药治疗甲状腺功能亢进症。④通常情况下，甲状腺功能减退症的患者、甲状腺部分或全部切除术后的患者以及甲状腺肿切除术后为预防甲状腺肿复发的患者应终生用药。合用本药治疗甲状腺功能亢进症时，本药的给药周期应与抗甲状腺药相同。⑤对于良性甲状腺肿，疗程至少 6 个月~2 年。为避免甲状腺肿的复发，推荐在甲状腺肿缩小后使用低剂量的碘（100~200 μg）进行预防。若药物治疗不足以缓解甲状腺肿，应考虑使用手术和放射性碘治疗。⑥对于继发的甲状腺功能减退症，用药前须确定其原因，必要时进行糖皮质激素的补充治疗。⑦伴有垂体-肾上腺轴功能减退或肾上腺皮质功能不全的患者，如需补充甲状腺素，应在使用本药前数日先用肾上腺皮质激素。⑧如怀疑有甲状腺自律，治疗开始前应进行甲状腺释放激素（TRH）检查。⑨对于患有甲状腺功能减退症和骨质疏松症风险增加的绝经后妇女，应避免超生理血清水平的左甲状腺素，故此类患者用药时应密切监测其甲状腺功能。⑩对病程长，或严重的甲状腺功能减退症及黏液性水肿患者使用本药时应谨慎，开始用小剂量，以后缓慢增加至生理替代量。对于黏液性水肿昏迷患者，补充本药时应静脉给予氢化可的松，并予心电监护，以防发生肾上腺危象及室性心律失常。⑪与强心苷合用，须相应调整强心苷用量。

【药物相互作用】①抗惊厥药（如卡马西平、苯妥英钠等）：合用可加快本药代谢，将甲状腺素从血浆蛋白中置换出。本药也可增加苯妥英钠的血药浓度。②水杨酸盐、双香豆素、呋塞米（大剂量）、氯贝丁酯：合用导致血清游离甲状腺素水平升高。③拟交感神经药：合用可增强此类药物的作用。④氯胺酮：合用可引起血压升高和心动过速。⑤抗凝血药（香豆素衍生物）：合用可增强此类药物的抗凝血作用，可能引起出血。⑥三环类抗抑郁药：合用可增强此类药物的作用。⑦巴比妥类药：合用可增加本药的肝脏清除率。⑧胆汁酸多价螯合剂（考来烯胺、考来替泊）：合用可抑制本药的吸收。⑨含钙、镁、铝的抗酸药：合用可能降低本药的作用。⑩舍曲林、氯喹或氯胍：合同可降低本药的作用，升高血清促甲状腺素（TSH）的水平。⑪丙硫氧嘧啶、糖皮质激素、β-拟交感神经药、胺碘酮和含碘造影剂：以上药物抑制外周四碘甲腺原氨酸向三碘甲腺原氨酸的转化。胺碘酮的含碘量极高，能够引起甲状腺功能亢进症和甲状腺功能减退症。⑫口服抗糖尿病药或胰岛素：合用可降低该类药物的降血糖效应。⑬雌激素：服用含雌二醇成分避孕药的妇女或采用激素替代疗法的绝经妇女对本药的需求量可能会增加。

甲巯咪唑

【别名】佳必定、佳琪亚、甲硫咪唑、甲硫噻唑、甲巯基咪唑、赛治、他巴唑。

【药理作用】本药属硫脲类抗甲状腺药，能抑制甲状腺激素的合成。本药通过抑制甲状腺内过氧化物酶，阻止摄入到甲状腺内的碘化物氧化及酪氨酸耦联，从而阻碍 T_4 和 T_3 的合成。由于本药并不阻断储存的甲状腺激素释放，也不对抗甲状腺激素的作用，故只有当体内已有甲状腺激素被耗竭后，本药才产生明显的临床效应。本药抑制甲状腺激素合成的作用略强于丙硫氧嘧啶，持续时间也较长。此外，本药尚有轻度免疫抑制作用，抑制甲状腺自身抗体的产生，使血促甲状腺素（TSH）受体抗体消失。

【适应证】①用于甲状腺功能亢进症的药物治疗，尤其适用于年轻患者及伴有或不伴有轻度甲状腺增大（甲状腺肿）者。②用于各种类型的甲状腺功能亢进症的术前准备。③甲状腺功能亢进症患者采用放射性碘治疗前的准备用药，以预防治疗后甲状腺危象的发生。④甲状腺功能亢进症放射性碘治疗后间歇期的治疗。⑤个别的情况下，不能采用常规的治疗措施时，若患者对本药（在尽可能低的剂量）耐受性良好，可用于甲状腺功能亢进症的长期治疗。⑥用于必须接受碘照射（如使用含碘造影剂检查）的有甲状腺功能亢进症病史及功能自主性甲状腺瘤患者的预防性用药。

【用法用量】成人：①甲状腺功能亢进症：a. 口服给药，初始剂量为 20～40 mg/d，分 1～2 次复用。如病情在 2～6 周得到改善，可逐步减量至维持剂量。用药 1～2 年内的剂量为 2.5～10 mg/d，早餐后顿服。如病情需要可与甲状腺激素同服。病情严重（尤其是摄入碘引起甲状腺功能亢进症）的患者，可适当增加剂量。保守治疗的疗程通常为 6 个月～2 年（平均 1 年）。b. 局部给药，本药软膏，采用精密定量泵给药，一次按压可挤出软膏 0.1 g（含本药 5 mg），均匀涂敷于颈前甲状腺表面皮肤，用手指在涂敷局部轻轻揉擦 3～5 分钟。随机双盲临床研究表明，本药相同剂量（一次 10 mg，每日 3 次），口服与局部涂抹产生的临床疗效相似。故口服本药（一次 10 mg，每日 3 次）的患者改为使用软膏时，应一次 0.2 g（含本药 10 mg），每日 3 次局部涂抹。②甲状腺功能亢进术前准备。口服给药，在术前 3~4 周开始按常规剂量连续用药，术前 10 日加用碘剂以使甲状腺组织固定，术前 1 日停药。③放射性碘治疗前及治疗后的间歇期治疗。口服给药，视患者病情酌情给药。④长期的抗甲状腺治疗（病情不能缓解，不能采用常规治疗的患者）。口服给药，给予尽可能低的剂量，通常为 2.5~10 mg/d，可合用或不合用少量的甲状腺激素。⑤必须使用含碘药物进行诊断（如造影剂）的患者预防甲状腺功能亢进。口服给药，为预防发生甲状腺功能亢进症时的用药，使用含碘药物前，使用本药 10~20 mg/d 和高氯酸盐 1 g/d，周期为 8~10 日（如经肾排的造影剂）。有功能自主性腺瘤或有潜在甲状腺功能亢进症的患者，如必须使用碘剂，需按照碘剂在体内停留的时间决定本药的使用疗程。另外，对于甲状腺显著肿大且气管狭窄的患者，只能使用本药进行短期治疗，由于其长期治疗甲状腺会进一步肿大，从而导致呼吸道更加狭窄。治疗过程中应全程监测，并且最好同时合用甲状腺素。老年人剂量：老年患者（尤其肾功能减退者），用药剂量应减少。若发现甲状腺功能减低，应及时减量或加用甲状腺片。儿童：用于甲状腺功能亢进症，口服给药，初始剂量根据疾病严重程度决定，0.3~0.5 mg/(kg·d)。维持量为 0.2~0.3 mg/(kg·d)，可能需要加用甲状腺激素治疗。

【注意事项】①本药并非治疗甲状腺危象的首选药物，但在必要时，配合使用较大剂量的普萘洛尔，本药也可用于甲状腺危象。②碘不足可增加甲状腺对本药的反应性，碘过多则会降低反应性。服用本药期间应避免摄入高碘食物或含碘药物，以免病情加重、致药效减低、用药量增加或用药时间延长。且服用本药前避免服用碘剂。③如在治疗开始或在其后数周或数月突然出现咽喉痛、吞咽困难、发热、口腔黏膜炎症或疖，应谨慎。

【药物相互作用】①抗凝血药：合用可增强抗凝血作用。②能减少粒细胞的药物：合用可增加粒细胞减少的危险。③对氨基水杨酸、保泰松、巴比妥类、酚妥拉明、妥拉唑林、维生素 B_{12}、磺胺类、磺酰脲类等：以上药物可抑制甲状腺功能，引起甲状腺肿大。

丙硫氧嘧啶

【别名】敖康欣、丙基硫氧嘧啶、丙赛优。

【药理作用】本药为硫脲类抗甲状腺药，主要抑制甲状腺激素的合成。本药通过抑制甲状腺内过氧化物酶，阻止摄入到甲状腺内的碘化物氧化及酪氨酸耦联，从而阻碍甲状腺素的合成。同时，本药可抑制四碘甲腺原氨酸在外周组织中脱碘生成三碘甲腺原氨酸，故可在甲状腺危象时起到减轻病情的即刻效应。由于本药并不阻断储存的甲状腺激素释放，也不对抗甲状腺激素的作用，故只有当体内已有甲状腺激素被耗竭后，本药才产生明显的临床效应。此外，本药尚有免疫抑制作用，可抑制 B 淋巴细胞合成抗体，抑制甲状腺自身抗体的产生，使血促甲状腺素（TSH）受体抗体消失；恢复抑制性 T 淋巴细胞功能，减少甲状腺组织淋巴细胞浸润，从而使格雷夫斯病的免疫紊乱得到缓解。

【适应证】用于多种类型的甲状腺功能亢进症，包括格雷夫斯病。在格雷夫斯病中，尤其适用于：①病情较轻，甲状腺轻至中度肿大者。②儿童、青少年及老年患者。③甲状腺手术后复发，但又不适于放射 ^{131}I 治疗者。④术前准备。⑤作为 ^{131}I 放射治疗的辅助治疗。

【用法用量】成人：①甲状腺功能亢进症。口服给药，治疗可分为 3 个阶段。a. 治疗。300～400 mg/d，分3～4次服用，重症甲状腺功能亢进症可适当加量，极量600 mg/d，症状控制之后逐渐减量，一般需要1～3个月。b. 减量。根据病情、血压及血促甲状腺素水平酌情减量，一次可减量50～100 mg，3～4周减量1次。c. 维持量。50～150 mg/d，需用药6～12个月甚至更长。②甲状腺功能亢进症的术前准备。口服给药，一次100 mg，每日3～4次。术前服用本药可使甲状腺功能恢复到正常或接近正常，后加服碘剂2周再进行手术，术前1～2日停服本药。③作为放射性碘治疗的辅助治疗。口服给药，一次100 mg，每日3次。需放射性碘治疗的重症甲状腺功能亢进症患者，可先服本药治疗，放射性碘治疗后症状仍未缓解者，可短期用药。儿童：用于甲状腺功能亢进症，口服给药，初始剂量为4 mg/(kg·d)，分次口服，维持量酌减。

【注意事项】①应用本药治疗，在甲状腺肿缩小、血管杂音消失、临床症状消退、甲状腺功能正常后停药，尤其在促甲状腺素受体抗体转阴后停药，病情持续缓解的可能性大，反之停药易复发。②服用本药期间应避免摄入高碘食物或含碘药物，以免病情加重，致抗甲状腺药效果减低、用药量增加和（或）用药时间延长。但用于甲状腺危象时，可能需要合用碘剂。③本药与其他硫脲类抗甲状腺药之间存在交叉过敏现象。

【药物相互作用】①抗凝血药：本药可增强抗凝血药的抗凝血作用。②对氨水杨酸、保泰松、巴比妥类药、酚妥拉明、妥拉唑林、维生素B_{12}、磺胺类药、磺酰脲类药等：合用可能出现甲状腺功能抑制和甲状腺肿大。

五、雄激素及同化激素

甲睾酮

【别名】17α-甲基睾酮、17α-甲基睾丸素、甲基睾丸素。

【药理作用】本药为合成的雄激素，是睾酮的$17-\alpha$甲基衍生物，其作用与天然睾丸素相同，但口服有效，雄激素作用与蛋白同化作用之比为1∶1。本药能促进男性性器官的发育，维持第二性征；促进蛋白质和骨质的合成，使蛋白质的分解降低；促进红细胞刺激因子生成而使红细胞和血红蛋白增加，并刺激骨髓造血功能。儿童期服用本药能够加速身体的增长，但骨成熟相对提前。本药能对抗雌激素的作用，抑制子宫内膜增生；并抑制卵巢及垂体的功能。同时，外源性雄激素可反馈抑制促黄体素（LH）而使内源性雄激素分泌减少；大剂量应用本药，可反馈抑制促卵泡素（FSH）使精子合成受限。此外，本药可引起氮、钠、钾、磷的潴留，使肾分泌钙减少。

【适应证】①用于原发性或继发性男性性腺功能减退症。②用于绝经期后女性晚期乳腺癌的姑息性治疗。

【用法用量】成人：①男性性腺功能减退，舌下含服，一次5 mg，每日2次；口服给药，同舌下含服。②绝经期后女性晚期乳腺癌的姑息性治疗，舌下含服，一次25 mg、每日1～4次，如对治疗有反应，2～4周后用量可减至一次25 mg、每日2次；口服给药，同舌下含服。③月经过多或子宫肌瘤，舌下含服，一次5～10 mg，每日2次，每月剂量不可超过300 mg。儿童：用于再生障碍性贫血，口服给药，1～2 mg/(kg·d)，分1～2次服用。

【注意事项】用药后如出现过敏反应、血钙过高、肝功能异常、女性男性化征象或月经异常、男性睾丸或精液异常，均应停药；如出现水肿（伴有或不伴有充血性心力衰竭），应停药并加用利尿药。

【药物相互作用】①抗凝血药（如华法林等）：合用可增强此类药物的疗效，增加出血的风险。②环孢素：合用可加重环孢素的不良反应。③肾上腺皮质激素：合用可加重水肿。④氨苄西林、卡马西平、苯巴比妥、苯妥英钠、扑米酮、利福平：合用可使本药的疗效降低。

六、雌激素、孕激素及抗孕激素

黄体酮

【别名】安琪坦、黄体素、来婷、琪宁、雪诺同、益玛欣、孕酮、孕烯二酮、助孕素、助孕酮。

【药理作用】黄体酮是由卵巢黄体分泌的一种天然孕激素，与雌激素一起参与下丘脑-垂体-卵巢轴的调节，精细地介入排卵性月经周期。在体内能使经过雌激素作用的增殖期子宫内膜转化为分泌期，为孕卵着床及早期胚胎的营养提供有利条件并维持妊娠。其药理作用主要为：①在月经周期的后半周期促使子宫内膜的腺体生长，子宫充血，内膜增厚，为受精卵植入做好准备，并减少妊娠期子宫的兴奋性，抑制其活动，松弛平滑肌，使胚胎安全生长。②在雌激素共同作用下，促进乳腺小叶及腺体的发育，为泌乳作准备。③使子宫颈口闭合，黏液减少、变稠，使精子不易穿透；大剂量时通过对下丘脑的负反馈作用，抑制垂体促性腺激素的分泌，产生抑制排卵作用。

【适应证】①用于月经失调（如闭经、功能失调性子宫出血）、黄体功能不足、先兆流产和习惯性流产（因黄体功能不足引起者）、经前紧张综合征的治疗。②与雌激素联合用于治疗围绝经期综合征。

【用法用量】①闭经：a. 口服给药，200～300 mg/d，每日 1～2 次；一次剂量不得超过 200 mg，且服药与进餐应间隔较长时间。b. 肌内注射，闭经患者应先作黄体酮试验，10 mg/d，共 5 日，观察停药后有无月经来潮；若有效，则可在预计月经来潮前 8～10 日开始给药，10 mg/d、共 5 日，或 20 mg/d、共 3～4 日。②功能失调性子宫出血：口服给药，同"闭经"；肌内注射，撤退性子宫出血血红蛋白低于 7 mg 时，10 mg/d，连用 5 日，或 20 mg/d、连用 3～4 日。③痛经：肌内注射，在月经之前 6～8 日开始用药，5～10 mg/d，共 4～6 日，疗程可重复若干次。对子宫发育不全所致的痛经，可与雌激素配合使用。④辅助生育技术中黄体酮的补充治疗：阴道给药，阴道缓释凝胶一次 90 mg，每日 1 次。如妊娠，持续治疗至胎盘有自主功能为止，直至 10～12 周。⑤先兆流产：口服给药，同"闭经"；肌内注射，通常 10～20 mg，用至疼痛及出血停止。⑥习惯性流产：口服给药，同"闭经"；肌内注射，自妊娠开始，一次 10～20 mg，一周 2～3 次，直至妊娠第 4 个月。⑦经前期紧张综合征：口服给药，同"闭经"。肌内注射，于预计月经前 12 日开始注射，一次 10～20 mg，连续 10 日。⑧围绝经期综合征：口服给药，与雌激素（如结合雌激素）联用。结合雌激素，一次 1.25 mg，每日 1 次，共 22 日；服用结合雌激素第 13 日起服用本药，一次 200 mg，每日 2 次，共 10 日。

【注意事项】①国外资料显示黄体酮宫内节育器于 2001 年 6 月 1 日停用。②目前常用天然黄体酮治疗先兆流产和习惯性流产，人工合成的黄体酮对胎儿有致畸作用，须慎用。③经前紧张综合征是否存在黄体酮缺乏尚无定论，故使用本药治疗尚有争议，但目前临床仍有使用。④本药可能引起嗜睡或昏睡，驾驶和操作机械时应谨慎。⑤有血栓栓塞风险或长期制动的患者，应尽可能在择期手术进行前至少 4～6 周或术后 2 周停用雌激素和孕激素。

【药物相互作用】①细胞色素 P450 酶抑制药（如酮康唑）：合用可能增加本药的血药浓度。②苯巴比妥、苯妥英钠、利福平：合用可减弱本药疗效。

醋酸甲羟孕酮

【别名】安宫黄体酮、倍恩、雌二醇酯、醋羟孕酮、醋酸甲孕酮、得普乐、狄波-普维拉、迪波盖斯通、法禄达、甲孕酮、麦普安、曼普斯同、美曲罗、普维拉。

【药理作用】本药为作用较强的孕激素，口服或注射均有效。皮下注射时，其孕激素活性为黄体酮的 20～30 倍；口服时为炔孕酮的 10～15 倍。口服或注射后在体内适量内源性雌激素对子宫内膜作用的基础上，可将增生期子宫内膜转变为分泌期内膜，为受精卵植入作准备。本药也有抗雌激素作用，但不对抗雌激素对脂蛋白的良性作用，亦无明显雄激素效应，最接近天然的黄体酮。本药能增加宫颈黏液黏稠度，也可通过对下丘脑的负反馈，抑制腺垂体促黄体素（LH）的释放，使卵泡不能发育成熟，抑制卵巢排卵，故有避孕作用。当血中本药浓度超过 0.1 mg/mL 时，LH 和雌二醇均受到抑制，导致排卵受阻。本药抗癌作用可能与其抗雌激素作用有关。大剂量时可抵消雌激素促进肿瘤细胞生长的效应，对敏感细胞直接具有细胞毒性作用，但对耐药的细胞无此作用。大剂量时也可通过增强雌二醇脱氧酶的活性而降低细胞内雌激素的水平，大剂量时可使细胞内的雌激素受体（ER）不能更新，抵消雌激素促进肿瘤细胞生长的效应（但对耐药的细胞无此作用），对敏感细胞直接具有细胞毒性作用。也可通过增强雌二醇脱氧酶的活性而降低细胞内雌激素的水平，诱导肝 5α-还原酶而使雄激素不能转变为雌激素等作用，产生其抗癌效应。此外，本药还可通过对腺垂体的负反馈作用，抑制 LH、促肾上腺皮质激素（ACTH）及其他生长因子的产生。

【适应证】①用于月经不调、功能失调性子宫出血及子宫内膜异位症等。②用于不能手术、复发性或转移性激素依赖性肿瘤的姑息治疗或辅助治疗，如子宫内膜癌、肾癌、乳腺癌、前列腺癌等。③用于绝经期血管舒缩症状。④本药注射剂可用于避孕（抑制排卵）。

【用法用量】①功能性闭经：口服给药，4～8 mg/d，连服 5～10 日。②痛经：口服给药，于月经周期第 6 日开始，一次 2～4 mg，每日 1 次，连服 20 日。③功能失调性子宫出血和继发性闭经：口服给药，自月经周期第 16～第 21 日开始，2.5～10 mg/d，连服 5～10 日。④子宫内膜异位症：a. 口服给药，可从 6～8 mg/d 开始，逐渐增加至 20～30 mg/d，连用 6～8 周。b. 肌内注射，一次 50 mg，一周 1 次；或一次 100 mg，每 2 周 1 次。疗程至少 6 个月。⑤子宫内膜癌、肾癌：a. 口服给药，100～500 mg/d。通常一次 100 mg，每日 3 次；或一次 500 mg，每日 1 次。b. 肌内注射，初始剂量为一次 0.4～1 g，一周 1 次。如数周或数月内病情改善并稳定，则改用维持剂量一次 0.4 g，1 个月 1 次。⑥乳腺癌：a. 口服给药，0.5～1 g/d，可高达 2 g/d，日剂量较大时可分为每日 2～3 次使用。b. 肌内注射，初始剂量为 0.5～1 g/d，持续 28 日；然后采用维持剂量，一次 0.5 g，一周 2 次，直至缓解。⑦前列腺癌：口服给药，100～500 mg/d。通常一次 100 mg，每日 3 次；或一次 500 mg，每日 1 次。⑧对各种癌症化学药物时保护骨髓作用：

口服给药，0.5~1 g/d，由化疗前1周用至1个疗程后1周。⑨绝经期血管舒缩症状：肌内注射，一次150 mg，每3个月深部肌内注射1次。⑩避孕：肌内注射，一次150 mg，每3个月深部肌内注射1次。育龄妇女推荐于正常月经周期的前5日注射；未进行母乳喂养的产妇于产后5日内注射；母乳喂养的产妇于产后6周注射。⑪女性多毛症：肌内注射，一次100 mg，1个月2次。

【注意事项】①本药禁用于妊娠试验。②仅在其他的生育控制或子宫内膜异位症治疗方法不适当时，本药才可用作长期（如长于2年）生育控制或治疗子宫内膜异位症。当患者需继续长期使用时，应评估骨密度。③长期给药应按28日周期计算本药的用药日期，且长期用药的妇女不宜吸烟。④本药注射剂用于避孕时无法预防HIV感染或其他性传播疾病。

【药物相互作用】①促肾上腺皮质激素、氢化可的松：本药可降低以上药物的血药浓度。②氨鲁米特：合用可显著降低本药的生物利用度。

己烯雌酚

【别名】丙酸己烯雌酚、雌性素、二乙底酚、己烯雌酚二丙酸酯、人造求偶素、乙底酚、乙底酸。

【药理作用】本药为人工合成的非甾体雌激素，口服给药的作用为雌二醇的2~3倍，其主要作用有：①促使女性性器官及第二性征正常发育。②促使子宫内膜增生和阴道上皮角化。③减轻妇女围绝经期或妇科手术后因性腺功能不足而产生的全身反应。④增强子宫收缩，提高子宫对催产素的敏感性。⑤本药小剂量可刺激腺垂体促性腺激素及催乳素的分泌，大剂量则抑制其分泌。⑥拮抗雄激素。⑦小剂量可促使宫颈黏液稀薄，使精子易于透入。

【适应证】①用于补充体内雌激素不足，如萎缩性阴道炎、女性性腺发育不良、围绝经期综合征、老年性外阴干枯症及阴道炎、卵巢切除术后、原发性卵巢缺损。②用于不能行手术治疗的晚期乳腺癌、晚期前列腺癌。③用于产后回乳。

【用法用量】①补充体内雌激素不足：a. 口服给药，自月经第5日开始服，0.25~0.5 mg/d，21日后停药1周，周期性服用。一般可用3个周期。b. 肌内注射，一次0.5~1 mg，0.5~6 mg/d。②乳腺癌：a. 口服给药，15 mg/d，6周内无改善则停药。b. 肌内注射，一次0.5~1 mg，0.5~6 mg/d。③前列腺癌：a. 口服给药，开始时1~3 mg/d，依据病情递增而后递减，维持量每2日1 mg，连用2~3个月。治疗过程中，如发现病变恶化，须立即停药。b. 肌内注射，一次0.5~1 mg，0.5~6 mg/d。④产后回乳：a. 口服给药，一次5 mg，每日3次，连服3日。b. 肌内注射，一次0.5~1 mg，0.5~6 mg/d。⑤闭经：口服给药，小剂量可刺激腺垂体分泌促性腺激素，每日不超过0.25 mg。⑥月经周期延长及子宫发育不全：口服给药，0.1~0.2 mg/d，持续半年，经期停服。⑦因子宫发育不良及子宫颈分泌物黏稠所致不育症：口服给药，于月经后开始服用，0.1 mg/d，共15日，3~6个月为1个疗程。⑧因体内激素平衡失调引起的功能性出血：口服给药，可先用较大剂量使出血停止，然后逐渐减至维持量0.5 mg/d，按上述方法周期性用药。⑨引产：口服给药，可先用较大剂量，一次5 mg，每日3次，共5日，以提高子宫肌层对缩宫素的敏感性，然后引产。

【注意事项】①应按指定方法服药，尽量避免漏服现象，且不宜中途停药，以避免导致子宫出血。②宜短程并以最低有效量用药，以减少可能发生的不良反应。③长期或大量用药者，若需停药或减量应逐量递减。④男性患者以及子宫切除后的女性患者，通常采用周期治疗，即用药 3 周停药 1 周，相当于自然月经周期中雌激素的变化情况；有子宫的女性，若长期应用本药而无孕激素保护，其子宫内膜增生的风险可能增加，故应周期性用药，并在用药周期的后半期加用孕激素 7~10 日。这样，在雌激素作用下的增生期内膜，可受孕激素影响而发生分泌期改变，从而降低内膜增生的发生率。

【药物相互作用】①钙剂：本药可增加钙剂的吸收。②三环类抗抑郁药：大量的雌激素可增强三环类抗抑郁药的不良反应，同时减弱其药效。③卡马西平、苯巴比妥、苯妥英钠、扑米酮、利福平等：以上药物可减弱雌激素的药效。④抗凝血药：雌激素可减弱抗凝血药的抗凝血效应。⑤抗高血压药：本药可减弱抗高血压药的降压作用。⑥他莫昔芬：本药可减弱他莫昔芬疗效。⑦尼古丁：在服用本药时吸烟，可增加心血管系统不良反应发生的风险，且风险与吸烟量、吸烟者年龄呈正相关。

七、钙代谢调节药及抗骨质疏松药

阿法骨化醇

【别名】$1-\alpha$-羟化维生素 D_3、1α-羟基骨化醇、α-骨化醇、阿法迪三、奥司惠、法能、盖诺真、活性维生素 D_3、近羟维 D3、立庆、龙百利、萌格旺、诺贝、霜叶红、延迪诺、依安凡。

【药理作用】阿法骨化醇在肝脏被迅速转化成 $1,25-$二羟基维生素 D_3，后者为维生素 D_3 的代谢物，起到调节钙和磷酸盐代谢的作用。由于这一转化过程很迅速，故阿法骨化醇的临床效应与 $1,25-$二羟基维生素 D_3 基本一致。其主要作用是通过提高体内血循环中 $1,25-$二羟基维生素 D_3 水平，从而增加钙、磷酸盐的肠道吸收，促进骨矿化，降低血浆甲状旁腺激素水平，同时减少骨钙消溶。

【适应证】用于改善维生素 D 代谢异常（见于慢性肾功能不全、甲状旁腺功能低下、抗维生素 D 性佝偻病和骨软化症）所致的症状（如低钙血症、抽搐、骨痛及骨损害），也用于骨质疏松症。

【用法用量】①骨质疏松症（口服）：a. 成人，一次 0.5~1.0 μg，每日 1 次。b. 儿童，片剂、胶丸一次 0.01~0.03 $\mu g/kg$，每日 1 次；滴剂，新生儿 0.1 $\mu g/(kg \cdot d)$；体重为 20 kg 以下儿童 0.05 $\mu g/(kg \cdot d)$；体重为 20 kg 以上儿童 1.0 $\mu g/(kg \cdot d)$。②慢性肾功能不全所致的维生素 D 代谢异常（口服）：a. 成人，同"骨质疏松症"项。b. 儿童，片剂、胶丸一次 0.05~0.1 $\mu g/kg$，每日 1 次；滴剂，同"骨质疏松症"项。③甲状旁腺功能低下及其他维生素 D 代谢异常（口服）：成人，一次 1.0~4.0 μg，每日 1 次。儿童，同"慢性肾功能不全所致的维生素 D 代谢异常"项。

【注意事项】对维生素 D 及类似物过敏者；高钙血症、高磷酸盐血症（伴有甲状旁腺功能减退者除外）、高镁血症患者；有维生素 D 中毒征象者禁用。

【药物相互作用】①高血钙患者服用洋地黄制剂可能加速心律失常，所以洋地黄制剂与阿法骨化醇同时应用时必须严密监视患者的情况。②服用巴比妥酸盐或其他酶诱导的抗惊厥药的患者，需要较大剂量的阿法骨化醇才能产生疗效。③同时服用矿物油（长期）、考来烯胺、硫糖铝和抗酸铝制剂时，可能减少阿法骨化醇的吸收。④含镁的抗酸制或轻泻剂与阿法骨化醇同时服用可能导致高镁血症，因而对慢性肾透析患者应谨慎使用。⑤阿法骨化醇与含钙制剂及噻嗪类利尿剂同时服用时，可能会增加高血钙的危险。⑥由于阿法骨化醇是一种强效的维生素 D 衍生物，应避免同时使用药理剂量的维生素 D 及其类似物，以免产生可能的加合作用及高钙血症。

维生素 D$_2$

【别名】丁二素钙化醇、钙化醇、钙化固醇、骨化醇、抗佝偻病维生素、麦角钙化醇、麦角骨化醇、维生素丁2。

【药理作用】本药为维生素类药。可促进小肠黏膜刷状缘吸收钙及肾小管重吸收磷，提高血钙、血磷浓度，并对甲状旁腺激素（PTH）及降钙素（CT）有协同作用，可促进旧骨释放磷酸钙，维持及调节血浆钙、磷正常浓度。促使钙沉着于新骨形成部位，使枸橼酸盐在骨中沉积，从而促进骨钙化、成骨细胞功能和骨样组织成熟。动物实验证实，骨化三醇代谢受 PTH 和 CT 调节，1-羟化酶的活性可受磷酸盐及钙调节。

【适应证】①用于预防及治疗维生素 D 缺乏。如绝对素食、肠外营养、胰腺功能不全伴吸收不良综合征，肝胆病（肝功能损害、肝硬化、阻塞性黄疸），小肠疾病（脂性腹泻、克罗恩病、长期腹泻），胃切除等所致维生素 D 缺乏。②用于治疗慢性低钙血症，低磷血症（包括家族性低磷血症），佝偻病，伴有慢性肾功能不全的骨软化症及甲状旁腺功能低下（术后、特发性或假性甲状旁腺功能低下）。③用于治疗急慢性及术后潜在手足搐搦及特发性手足搐搦。

【用法用量】成人：①维生素 D 依赖性佝偻病。口服给药，0.25～1.5 mg/d（1 万～6 万 U），最大日剂量为 12.5 mg（50 万 U）；肌内注射，一次 7.5～15 mg（30 万～60 万 U），病情严重者可于 2～4 周后重复注射 1 次。②家族性低磷血症：口服给药，1.25～2.5 mg/d（5 万～10 万 U）；肌内注射，参见"维生素 D 依赖性佝偻病"用法用量。③甲状旁腺功能低下。口服给药，1.25～3.75 mg/d（5 万～15 万 U）；肌内注射，参见"维生素 D 依赖性佝偻病"用法用量。④肾功能不全。口服给药，1～2.5 mg/d（4 万～10 万 U）；肌内注射，参见"维生素 D 依赖性佝偻病"用法用量。⑤肾性骨萎缩。口服给药，初始剂量为 0.5 mg/d（2 万 U），维持剂量为 0.25～0.75 mg/d（1 万～3 万 U）；肌内注射，参见"维生素 D 依赖性佝偻病"用法用量。⑥预防维生素 D 缺乏。口服给药，0.01～0.02 mg/d（0.04 万～0.08 万 U）；肌内注射，参见"维生素 D 依赖性佝偻病"用法用量。⑦维生素 D 缺乏。口服给药，0.025～0.05 mg/d（0.1 万～0.2 万 U），以后减至 0.01 mg/d（0.04 万 U）；肌内注射，参见"维生素 D 依赖性佝偻病"用法用量。⑧骨软化症（长期应用抗惊厥药引起）。口服给药，0.025～0.1 mg/d（0.1 万～0.4 万 U）。肌内注射，参见"维生素 D 依赖性佝偻病"用法用量。儿童：①维生素 D 依赖性佝偻病。口服给药，0.075～0.25 mg/d（0.3 万～1 万 U），最大剂量为 1.25 mg/d（5 万 U）。②甲状旁腺功能低下。口服给药，1.25～5 mg（5 万～20 万 U）。③肾性骨萎缩。口服给药，0.1～1 mg/d（0.4 万～4 万 U）。④预防维生素 D 缺乏。口服给药，早产儿、双胎或人工喂养婴儿每日饮食摄入维生素 D 含量不足 0.0025 mg（0.01 万 U）时，于出生后 1～3 周起使用本药，0.0125～0.025 mg/d（0.05 万～0.1 万 U）；用母乳喂养的婴儿 0.01 mg/d（0.04 万 U）。⑤维生素 D 缺乏。口服给药，0.025～0.1 mg/d（0.1 万～0.4 万 U），以后减至 0.01 mg/d（0.04 万 U）。⑥骨软化症

（长期应用抗惊厥药引起）。口服给药，0.025 mg/d（0.1 万 U）。

【注意事项】①用药期间应根据个体差异及其临床反应调整本药剂量。②治疗低钙血症前，应先控制血清磷浓度，并定期复查血钙等，避免同时使用钙、磷和维生素 D 制剂。血液透析时，可用碳酸铝或氢氧化铝凝胶控制血磷浓度，如因使用本药而致磷的吸收增多，可酌情增加铝制剂的用量。③停药后，本药药效可持续 2 个月。

【药物相互作用】①钙剂、利尿药：本药与大剂量钙剂或利尿药合用，有发生高钙血症的危险。②制酸药镁剂：合用可引起高镁血症（尤其慢性肾衰竭患者）。③含磷药物：本药与大量含磷药物合用，可诱发高磷血症。④洋地黄类药：本药可引起高钙血症，从而易诱发心律失常。⑤巴比妥、苯妥英钠、抗惊厥药、扑米酮等：合用可降低本药效应。⑥考来烯胺、考来替泊、矿物油、硫糖铝等：合用可减少小肠对本药的吸收。⑦降钙素（CT）：合用可降低 CT 疗效。

第十二节　抗变态反应药（抗过敏药）

马来酸氯苯那敏

【别名】惠济、氯苯吡胺、氯苯吡丙胺、氯非那敏、氯屈米通、马来那敏、马来酸氯苯吡胺、马来酸氯苯吡醇胺、扑尔敏。

【药理作用】本药为烃胺类抗组胺药，主要作用为：①抗组胺作用。本药系第一代抗组胺药，有较好的抗过敏作用，能阻断组胺与变态反应靶细胞上的 H_1 受体结合，但不影响组胺的代谢，也不阻止体内组胺的释放。②中枢抑制和抗胆碱作用。

【适应证】①用于皮肤过敏症：荨麻疹、湿疹、皮炎（如神经性皮炎、日光性皮炎、虫咬性皮炎、接触性皮炎）、药疹、皮肤瘙痒症。②用于过敏性鼻炎、血管舒缩性鼻炎、上呼吸道感染引起的鼻充血，还可用于感冒或鼻窦炎。③用于药物及食物过敏。

【用法用量】成人：①口服给药，片剂一次 4 mg，每日 3 次；控释胶囊一次 8 mg，每日 2 次。②肌内注射，一次 5～20 mg。老年人剂量：老年患者对本药常规剂量反应较敏感，应适当减量。

【注意事项】①本药不可用于下呼吸道感染和哮喘发作的患者（因可使痰液变稠而加重疾病）。②正接受单胺氧化酶抑制药治疗的患者禁用本药。③驾驶员、高空作业人员、机械操作者及参赛前的运动员不宜使用本药。④本药中枢抑制作用较弱，故多用于儿童过敏反应疾病，对儿童的上呼吸道感染、胃肠道过敏反应也常有效。⑤本药不可与含抗组胺药（如本药和苯海拉明等）的复方抗感冒药合用。⑥本药不可与哌替啶及含抗胆碱药（如颠茄制剂、阿托品等）的药物合用。⑦对其他抗组胺药或拟交感神经药（麻黄碱、肾上腺素、异丙肾上腺素、间羟异丙肾上腺素、去甲肾上腺素等）过敏者，对本药也可能过敏。⑧对碘过敏者也可能对本药过敏。

【药物相互作用】①中枢神经抑制药（镇静药、催眠药、安定药）：合用可增强本药的抗组胺和中枢抑制作用。②奎尼丁：合用可增强本药抗胆碱作用。③氯喹：合用时本药能增加氯喹的吸收和药效。④解热镇痛药：合用可增强解热镇痛药的镇痛和缓解感冒症状的作用。⑤金刚烷胺、氟哌啶醇、抗胆碱药、三环类抗抑郁药、吩噻嗪类、拟交感神经药等：合用可增强以上药物的药效。⑥苯妥英：合用可引起苯妥英蓄积中毒。⑦普萘洛尔：合用可产生相互拮抗作用。⑧乙醇：可增强本药抗组胺和中枢抑制作用。

盐酸苯海拉明

【别名】苯那君、苯那坐尔、二苯甲氧乙胺、可他敏、可太敏、强他敏、盐酸二苯安明。

【药理作用】本药为乙醇胺的衍生物，作用持续时间较短。其镇静作用与异丙嗪类似，抗组胺效应不及异丙嗪。药理作用有如下几点。①抗组胺作用：可与组织中释放出来的组胺竞争结合靶细胞上的 H_1 受体，减弱组胺对支气管、鼻、皮肤、胃肠道血管的作用，轻度抑制平滑肌收缩，从而阻止过敏反应发生。②中枢抑制作用：有镇静、减轻眩晕、恶心、呕吐等作用。③镇咳作用：可直接作用于延髓的咳嗽中枢，抑制咳嗽反射。④抗 M-胆碱样作用及降低毛细血管渗出、消肿、止痒等作用，还有局部麻醉、镇吐作用。

【适应证】①用于皮肤黏膜的过敏（如血管神经性水肿、荨麻疹、皮肤瘙痒、药疹）、过敏性鼻炎，对虫咬症和接触性皮炎也有效。②用于预防和治疗晕动病。③用于镇静，催眠。④用于加强镇咳药的作用，适用于感冒或过敏所致的咳嗽。⑤本药注射液主要用于输血或血浆所致的急性过敏反应、术后呕吐及药物引起的恶心呕吐、帕金森病和锥体外系症状，也可用于其他不宜口服给药的过敏反应。1% 本药溶液可作为牙科局部麻醉药。

【用法用量】①口服给药：一次 25 mg，每日 2~3 次。②肌内注射：深部肌内注射，一次 20 mg，每日 1~2 次。

【注意事项】①用药后应避免驾驶、操作机械或高空作业。②本药的镇吐作用可给某些疾病的诊断造成困难。③作为局部用药时不应大面积使用或用于水痘、麻疹上，且勿与其他含苯海拉明的药物合用。④对其他乙醇胺类药物过敏者，对本药也可能过敏。

【药物相互作用】① H_2 受体阻滞药（西咪替丁等）：合用可增强抗过敏疗效，达到全面阻滞组胺受体的作用。②单胺氧化酶抑制药：合用可使本药代谢减低，不良反应增加。③中枢神经抑制药（如镇静催眠药）：本药可增强此类药物的作用。④对氨基水杨酸钠：合用可降低对氨基水杨酸钠血药浓度。⑤肝素：大剂量给药可降低肝素的抗凝血作用。⑥巴比妥类药、磺胺醋酰钠：本药可短暂影响以上药物的吸收。⑦氨基糖苷类抗生素（链霉素、庆大霉素、卡那霉素、阿米卡星等），其他具有耳毒性的药物（如依他尼酸）：本药可能掩盖以上药物的耳毒性症状。⑧三氟拉嗪、甲氧氯普胺：合用可缓解以上药物所致的锥体外系症状。⑨乙醇：同时摄入本药和乙醇，对智力和运动能力的损害大于两者的单用。联用后出现的相互作用程度个体差异较大。

盐酸赛庚啶

【别名】二苯环庚啶、甲哌啶叉二苯环庚啶、普力阿克丁。

【药理作用】本药为哌啶类组胺 H_1 受体拮抗药。除抗组胺 H_1 受体外，本药尚有轻至中度的抗5-羟色胺和抗胆碱作用，其分子结构与酮替芬相似，故认为本药还有一定的保护肥大细胞、嗜碱性粒细胞膜作用，及促进过敏介质缓释作用。其抗组胺作用较氯苯那敏、异丙嗪强，但中枢抑制作用较两者轻。

【适应证】用于过敏性疾病，如荨麻疹、丘疹性荨麻疹、湿疹、皮肤瘙痒、接触性皮炎。

【用法用量】用于成人过敏性疾病。①口服给药：一次 2～4 mg，每日 2～3 次。②外用：每日 2～3 次，涂搽于患处。

【注意事项】①痰液黏稠不易咳出者不宜服用本药。②用药期间不得驾驶、操作机械及精密仪器或高空作业。③用药后应避免长时间暴露于阳光下或日光灯下。

【药物相互作用】①单胺氧化酶（MAO）抑制药（如反苯环丙胺、异卡波肼、帕吉林、苯乙肼等），具有单胺氧化酶抑制作用的药物（丙卡巴肼、呋喃唑酮等）：合用可导致本药的作用和毒性增强。②中枢神经系统抑制药（如巴比妥类、苯二氮䓬类药、肌肉松弛药、麻醉药、止痛药及吩噻嗪类镇静药）、三环类抗抑郁药：合用可增强中枢抑制作用。与吩噻嗪类药物（如氯丙嗪等）合用，还可增加发生室性心律失常的风险，严重者可致尖端扭转型室性心动过速。③促甲状腺素（TSH）：合用可能使血清淀粉酶和催乳素水平增高而影响诊断。④吗啡：本药可降低吗啡的镇痛作用。⑤乙醇：可增强本药的中枢抑制作用。

盐酸异丙嗪

【别名】非那刚、非那根、抗胺、抗胺荨、普鲁米近、盐酸普鲁米近。

【药理作用】本药是吩噻嗪类衍生物，为抗组胺药，具有明显的中枢抑制作用，能增强麻醉药、催眠药、镇痛药的作用，并可降低人体温度。具体作用为：①抗组胺作用：本药可与细胞组织释放的组胺竞争 H_1 受体，从而拮抗组胺对胃肠道、气管、支气管或细支气管平滑肌的收缩或挛缩作用，解除组胺导致的致痉和充血作用。②止吐作用：这可能与本药抑制延髓的催吐化学受体触发区有关。③抗晕动症作用：作用于前庭和呕吐中枢及中脑髓质感受器，从而阻断前庭核区胆碱能突触迷路冲动的兴奋。④镇静催眠作用：具体机制尚未确切阐明，可能与本药间接降低脑干网状激动系统的应激性有关。

【适应证】①用于皮肤黏膜过敏：适用于长期性过敏性鼻炎、季节性过敏性鼻炎、血管舒缩性鼻炎，以及接触过敏原或食物所致的过敏性结膜炎、荨麻疹、血管神经性水肿、对血液或血浆制品的过敏反应、皮肤划痕症。必要时可与肾上腺素合用。②用于晕动病：防治晕车、晕船、晕机。③用于镇静、催眠：适用于术前、术后和产科，也可用于减轻成人及儿童的恐惧感，呈浅睡眠状态。④用于恶心、呕吐：适用于某些麻醉和术后的恶心、呕吐，也可用于防治放射病性或药源性恶心、呕吐。⑤用于术后疼痛：可与镇痛药合用，作为辅助用药。

【用法用量】成人：①抗过敏。口服给药，一次 12.5 mg，每日 4 次，餐后及睡前服用，必要时睡前可增至 25 mg。肌内注射，一次 25 mg，必要时 2 小时后重复给药；严重过敏时可用 25～50 mg，最高量不得超过 100 mg。②抗眩晕。口服给药，一次 25 mg，必要时每日 2 次。③镇静催眠。口服给药，一次 25～50 mg，必要时剂量加倍；肌内注射，一次 25～50 mg。④止吐。口服给药，起始剂量为一次 25 mg，必要时可每 4～6 小时服 12.5～25 mg。肌内注射，一次 12.5～25 mg，必要时每 4 小时重复 1 次。⑤其他疾病时剂量。脱水或少尿时用量酌减，以免出现毒性反应。儿童：①抗过敏。口服给药，一次 0.125 mg/kg(3.75 mg/m²)、每 4～6 小时 1 次，或睡前给药 0.25～0.5 mg/kg(7.5～15 mg/m²)；按年龄计算每日量为 0～1 岁 5～10 mg、1～5 岁 5～15 mg、6 岁以上 10～25 mg，可单次或分 2 次给药。肌内注射，一次 0.125 mg/kg(3.75 mg/m²)，每 4～6 小时 1 次。②抗眩晕。口服给药，一次 0.25～0.5 mg/kg(7.5～15 mg/m²)，必要时每 12

小时 1 次；或一次 12.5~25 mg，每日 2 次。肌内注射，睡前可按需给予 0.25~0.5 mg/kg（7.5~15 mg/m²）；或一次 6.25~12.5 mg，每日 3 次。③镇静催眠。口服给药，必要时一次 0.5~1 mg/kg（15~30 mg/m²）；肌内注射，必要时一次 0.5~1 mg/kg，或一次 12.5~25 mg。④止吐。口服给药，一次 0.25~0.5 mg/kg（7.5~15 mg/m²），必要时每 4~6 小时 1 次；肌内注射，一次 0.25~0.5 mg/kg（7.5~15 mg/m²）；或一次 12.5~25 mg，必要时每 4~6 小时重复。

【注意事项】①用于防止晕动症时，为保证疗效，应及早给药。②用药期间应停止驾驶、操纵机械及精密仪器或高空作业。③特异性皮肤试验、抗原吸入或口服激发试验、特异性或非特异性气道反应性试验前 24 小时内最好免用本药，因用药后可能使反应的敏感性下降。④儿童用药应避免与其他有呼吸抑制作用的药物合用。⑤使用本药时，应特别注意有无肠梗阻，或药物的过量、中毒等，因其症状体征可被本药的镇吐作用所掩盖。⑥对吩噻嗪类药过敏的患者，对本药也可能过敏。

【药物相互作用】①中枢神经抑制药（尤其麻醉药、巴比妥类药、单胺氧化酶抑制药或三环类抗抑郁药）：合用可相互增强药效。②抗胆碱类药（尤其阿托品类药）：合用可增强本药的抗毒蕈碱样效应。③米多君：合用可增加静坐不能的风险。④降血压药（溴苄铵、异喹胍或胍乙啶等）：合用可增强此类药物的降压效应。⑤肾上腺素：合用可阻断肾上腺素的 α 作用，使 β 肾上腺素能作用占优势。⑥顺铂、水杨酸制剂、万古霉素、巴龙霉素及其他氨基糖苷类抗生素等：合用可使以上药物的耳毒性症状被掩盖。⑦乙醇：乙醇可增强本药效应。

氯雷他定

【别名】奥慧丰、奥米新、奥纾、百为哈、百为乐、百为坦、邦诺、彼赛宁、毕研通、常克、大生瑞丽、道敏奇、菲格曼、福莱西、海王抒瑞、华畅、惠滋养、金苏瑞、精威、开瑞坦、可米、克敏能、奎因、雷宁、氯羟他定、敏立可、敏息美、诺那他定、瑞孚、润来、舍泰、施诺敏、史泰舒、舒忆、顺平舒、顺他欣、泰明可、天晴正舒、天图、先宁、信达悦、星元佳、雪菲、盐酸氯雷他定、伊利欣、怡邦、亿菲、逸舒长、芷敏。

【药理作用】本药为三环类长效抗组胺药。对外周组胺 H_1 受体有较强的选择性拮抗作用，对中枢组胺 H_1 受体的亲和性较低，对乙酰胆碱和肾上腺素 α_1 受体作用极小，因此不具有中枢镇静作用，也无明显的抗胆碱作用。近年通过动物实验发现，本药对变态反应中黏附分子的表达有抑制作用，尤其对于细胞间黏附分子（ICAM）与血管细胞黏附分子（VCAM）的表达有明显抑制作用，可降低炎性细胞向过敏灶的趋化，从而控制过敏的迟发性反应。本药抗组胺作用比阿司咪唑、特非那定强。

【适应证】①用于缓解过敏性鼻炎有关症状，如打喷嚏、流涕、鼻痒、鼻塞、眼部瘙痒及烧灼感。②缓解慢性荨麻疹、瘙痒性皮肤病及其他过敏性皮肤病的症状及体征。

【用法用量】①成人：口服给药，一次 10 mg，每日 1 次。②老年人剂量：老年患者用药无须调整剂量。③儿童：口服给药，2~12 岁儿童，体重小于或等于 30 kg 者，一次 5 mg，每日 1 次；体重超过 30 kg 者，一次 10 mg，每日 1 次；12 岁以上儿童，一次 10 mg，每日 1 次。

【注意事项】①皮试前 48 小时应停止使用本药，因抗组胺药能阻止或降低皮试的阳性反应发生。②高空作业者、驾驶人员、参赛前的运动员等需要精神高度集中者，用药量应严格控制在安全范围内。③本药的常规日剂量为 10 mg，如无特殊情况，不应擅自增加用量。出现耐药时，可暂时中断治疗。

【药物相互作用】①酮康唑、大环内酯类抗生素（如红霉素）、西咪替丁、茶碱等：合用可增加本药及其代谢产物脱羧乙氧氯雷他定的血浆浓度（西咪替丁和酮康唑的血药浓度不受影响，红霉素的血药浓度约增加 15%），但对心电图指数、临床实验室检查、生命体征和不良反应发生率均无明显影响。②异卡波肼、帕吉林、苯乙肼、反苯环丙胺等：合用可增加本药的不良反应。③中枢神经抑制药（如巴比妥类、苯二氮䓬类镇静药、吩噻嗪类镇静药、三环类抗抑郁药、肌肉松弛药、麻醉药、止痛药）：合用可引起严重嗜睡反应。④乙醇：精神运动试验表明，与乙醇同服时，对本药无药效协同作用。

盐酸西替利嗪

【别名】安迪西司、澳博达、贝分、比特力、达内、迪迪、二盐酸西替利嗪、福宁、疾立静、杰捷、立泯、联双、路成、敏达、赛特赞、适迪、爽特、斯特林、天力达、威狄敏、西可韦、希特瑞、希瓦丁、昔利、喜宁、仙利特、仙特明、休斯、雪町、伊维妥、怡蒙、盈信美舒。

【药理作用】本药为第一代抗组胺药羟嗪的衍生物，可特异性地拮抗 H_1 受体，并可抑制过敏反应中嗜酸性粒细胞的活化及趋化。无明显的抗胆碱及抗 5-羟色胺作用，中枢抑制作用较小。

【适应证】用于治疗季节性变应性鼻炎、常年性变应性鼻炎、过敏性结膜炎以及过敏引起的皮肤瘙痒及荨麻疹。

【用法用量】①成人：口服给药，一次 10 mg，每日 1 次。用药期间如出现不良反应，可改为一次 5 mg，早、晚各 1 次。②老年人剂量：肾功能正常的老年患者无须调整剂量。儿童：口服给药。1～2 岁儿童一次 2.5 mg，每日 2 次，早、晚各 1 次；2～6 岁儿童一次 5 mg，每日 1 次，或一次 2.5 mg，每日 2 次；6 岁以上儿童，参见成人用法与用量。

【注意事项】①驾驶、操作机械或高空作业者慎用本药。②在特异性皮肤试验、特异性变应原激发试验或呼吸道反应性试验前 24 小时内，应避免服用本药。③用药时间超过 1 个月者应适当换药，以防对本药产生耐药性。④如出现过敏反应，应立即停药，改用其他抗组胺药。

【药物相互作用】①茶碱：合用可使本药清除率下降，血药浓度升高，可增加本药的不良反应。②利托那韦：合用可增加本药的暴露量和半衰期，减少其消除。③抑制中枢神经系统的药物（如巴比妥类、苯二氮䓬类、肌肉松弛药、麻醉药、止痛药及吩噻嗪类镇静药）或三环类抗抑郁药：合用可引起严重嗜睡。④乙醇：在治疗剂量下，本药不会强化乙醇作用（血液乙醇浓度 0.8 g/L）。

第十三节　免疫系统用药

硫唑嘌呤

【别名】硫唑呤、硫唑嘌呤钠、咪唑硫嘌呤、硝基咪唑硫嘌呤、依木兰、义美仁。

【药理作用】本药为 6 - 巯基嘌呤（6-MP）的衍生物，在体内转变为 6-MP 而起作用。其免疫抑制的作用机制主要有：①释放出的 6-MP 是嘌呤代谢的拮抗药。②烷基化对功能团——巯基的封闭作用。③通过多种途径抑制核酸的生物合成，从而阻止参与免疫识别和免疫放大的细胞的增生。④向脱氧核糖核酸（DNA）链中掺入硫代嘌呤类似物，而导致 DNA 破坏。本药对 T 淋巴细胞的抑制作用比 B 淋巴细胞强，较小剂量即可抑制细胞免疫。本药还能减少狼疮患者的免疫复合物在肾脏的沉积，在免疫反应期可阻止淋巴细胞释放巨噬细胞制动因子而抑制局部组织的炎症反应。

【适应证】①与皮质类固醇和（或）其他免疫抑制药及治疗措施联用，用于防止器官移植（肾、心、肝脏）发生的排斥反应。②与皮质类固醇和（或）其他免疫抑制药及治疗措施联用或单独使用，用于治疗严重类风湿关节炎、系统性红斑狼疮、皮肌炎、自身免疫性慢性活动性肝炎、结节性多动脉炎、自身免疫性溶血性贫血、自发性血小板减少性紫癜。③用于原发性胆汁性肝硬化、甲状腺功能亢进症、重症肌无力、慢性非特异性溃疡性结肠炎、克罗恩病、多发性神经根炎、狼疮性肾炎、增殖性肾炎、韦氏肉芽肿病等。④用于急、慢性白血病。对慢性粒细胞白血病近期疗效较好，作用快，但缓解期短。

【用法用量】成人：①器官移植。口服给药，$2 \sim 5$ mg/(kg·d)，每日 1 次或分次口服。②白血病。口服给药，$1.5 \sim 3$ mg/(kg·d)，每日 1 次或分次口服。③其他疾病。口服给药，起始剂量为 $1 \sim 3$ mg/(kg·d)，当治疗效果明显时，应考虑将用药量减至可保持疗效的最低剂量 [从低于 1 mg/(kg·d) 至 3 mg/(kg·d) 不等，取决于临床治疗的需要和患者的个体反应，包括血液系统的耐受性] 作为维持剂量。如 3 个月内病情无改善，则应考虑停药。老年人剂量：老年人建议按照推荐剂量的下限值给药。儿童：用于其他疾病（除器官移植、白血病外）。口服给药，起始剂量为 $1 \sim 3$ mg/(kg·d)，当治疗效果明显时，应考虑将用药量减至可保持疗效的最低剂量 [从低于 1 mg/(kg·d) 至 3 mg/(kg·d) 不等，取决于临床治疗的需要和患者的个体反应，包括血液系统的耐受性] 作为维持剂量。如 3 个月内病情无改善，则应考虑停药。

【注意事项】①本药由于不良反应较多且严重，故不作自身免疫性疾病的首选药物，通常是在单用皮质激素而疾病不能控制时才使用。②次黄嘌呤-鸟嘌呤-磷酸核糖转移酶缺乏症（莱施-奈恩综合征）患者不应使用本药。③同时接受或近期内刚完成细胞生长抑制药或骨髓抑制药（如青霉胺）治疗的患者，慎用本药。④已接受烷化剂（包括环磷酰胺、苯丁酸氮芥、美法仑）治疗的类风湿关节炎患者，因可增加发生恶性肿瘤的风险，故此类患者禁用本药。⑤器官移植后，应长期维持治疗，否则将会出现预期的排斥反应。⑥同所有细胞毒性化学治疗药一样，使用本药治疗患者的配偶需采取充分的避孕措施。⑦患皮肤癌危险性增加的患者，应通过使用保护性衣装和使用高保护系数的防晒用品，以尽量减少对日光和紫外光线的暴露。⑧对巯嘌呤过敏者对本药也可能过敏。

【药物相互作用】①非布索坦：合用可增加本药的血药浓度。②利巴韦林：合用可增加本药骨髓毒性的风险。③甲氨蝶呤：合用可增加肝毒性。④别嘌醇：合用可使本药的毒性增加。⑤血管紧张素转化酶抑制药（如卡托普利）、甲氧苄啶/磺胺甲噁唑：合用有加重血液学异常的可能。⑥西咪替丁、吲哚美辛：本药有可能增强以上药物的骨髓抑制作用。⑦氨基水杨酸衍生物（如奥沙拉秦、美沙拉秦、柳氮磺吡啶）：合用可增加骨髓抑制的风险。⑧神经肌肉阻滞药 [去极化药（如琥珀胆碱）、非去极化药（如筒箭毒碱)]：本药可增强去极化药的神经肌肉阻滞作用，减弱非去极化药的神经肌肉阻滞作用。⑨疫苗：本药对活疫苗可引起一种非典型的潜在性损害；对无活性疫苗可能有减灭作用。⑩松果菊：合用可降低本药的作用。⑪苯丙香豆素、华法林：合用可减弱以上药物的抗凝作用。⑫吗替麦考酚酯、霉酚酸：合用可抑制嘌呤代谢。⑬呋塞米：可破坏人体肝细胞对本药的代谢作用，但其临床意义尚不明确。⑭环孢素：合用可降低环孢素的血药浓度。

环孢素

【别名】艾克烙、环孢多肽 A、环孢菌素、环孢菌素 A、环孢灵、环孢霉素、环孢霉素 A、环孢素 A、金格福、丽珠环明、赛斯平、山地明、态森德、田可、田可明、新赛斯平、新山地明、因普兰他。

【药理作用】本药为一种强效免疫抑制药，可特异性地抑制辅助性 T 淋巴细胞的活性，但不抑制抑制性 T 淋巴细胞的活性，反而促进其增殖。本药亦可抑制 B 淋巴细胞的活性，可选择性抑制 T 淋巴细胞所分泌的白细胞介素-2、干扰素-γ，亦能抑制单核巨噬细胞所分泌的白细胞介素-1。在明显抑制宿主细胞免疫的同时，对体液免疫亦有抑制作用，还可抑制体内抗移植物抗体的产生，因而具有抗排斥反应的作用。本药不影响吞噬细胞的功能，不产生明显的骨髓抑制作用。

【适应证】①器官移植：a. 预防同种异体肾、肝、心、肺、胰、心肺联合、角膜等组织或器官移植时所发生的排斥反应。b. 治疗曾接受其他免疫抑制药的患者所发生的移植物排斥反应。②骨髓移植：a. 预防骨髓移植排斥反应。b. 预防和治疗移植物抗宿主病（GVHD）。③内源性葡萄膜炎：a. 有致盲危险的活动性中部或后部非感染性葡萄膜炎，而常规疗法无效或产生不可耐受的不良反应者。b. 复发性视网膜炎的 Behcet 病性全葡萄膜炎患者（7～70 岁肾功能正常）。④用于类风湿关节炎。⑤用于经其他免疫抑制药治疗无效的狼疮肾炎、难治性肾病综合征等自身免疫性疾病。⑥用于交替疗法无效或不适用的严重银屑病、传统疗法无效或不适用的严重异位性皮炎。

【用法用量】成人：①器官移植。a. 口服给药，移植术前 12 小时开始给药，起始剂量 10～15 mg/(kg·d)，分 2 次口服。服用 1～2 周后，根据血药浓度逐渐减量，每 2 周使日剂量减少 0.5～1 mg/kg，维持量为 2～6 mg/(kg·d)，分 2 次服用。当与其他免疫抑制药合用时（如与皮质激素合用，作为三联或四联免疫抑制用药），起始剂量为 3～6 mg/(kg·d)，分 2 次口服。b. 静脉滴注，3～5 mg/(kg·d)，约相当于口服剂量的 1/3。与其他免疫抑制药联合应用时（如与皮质激素联用，或作为 3～4 种药物治疗方案中的一种药物），应给予较小剂量 [如静脉滴注 1～2 mg/(kg·d)，然后口服 3～6 mg/(kg·d)]。患者应尽早进行口服本药治疗。②骨髓移植。a. 口服给药。应于移植前 1 日开始用药，最好用注射液静脉滴注，如使用口服制剂，亦应于移植前 1 日给药。推荐用量为 12.5～15 mg/(kg·d)，分 2 次口服。维持剂量为 12.5 mg/(kg·d)，持续治疗 3～6 个月（最好为 6 个月），然后逐渐减量，直至移植 1 年后停药。b. 静脉滴注，应于移植前每日开始用药，3～5 mg/(kg·d)。用药时间不超过 2 周，后可改为口服维持治疗，剂量约为 12.5 mg/(kg·d)。③角膜移植。经眼给药，与糖皮质激素合用，将本药滴眼液滴入结膜囊内，每侧一次 1～2 滴，每日 4～6 次。可根据患者症状，适当增加使用频率。④内源性葡萄膜炎。口服给药，起始剂量 5 mg/(kg·d)，分 2 次口服，直至炎症缓解和视力改善。疗效不佳者，短期剂量可增至 7 mg/(kg·d)。如单用不能有效地控制病情者，为加速缓解和（或）控制眼部炎症，可配合皮质激素 [如泼尼松 0.2～0.6 mg/(kg·d)] 全身给药，如病情在 3 个月内仍无改善，则停药。维持疗效时，应逐步减量至最小有效量。在缓解期内，剂量不应超过 5 mg/(kg·d)。⑤类风湿关节炎。口服给药，初始剂量 3 mg/(kg·d)，分 2 次口服，使用 6 周。如疗效不佳，可逐渐增加至最大剂量 5 mg/(kg·d)。调整剂量后 3 个月内疗效仍不佳者，应停药。应根据患者的耐受程度调整剂量，可以与小剂量的皮质激素和（或）非甾体消炎药合用。⑥银屑病。口服给药，初始剂量 2.5 mg/(kg·d)，分 2 次口服。用药 4 周病情无改善，可逐渐增加剂量，每月增加日剂量 0.5～1 mg/kg，但不应超过 5 mg/(kg·d)。使用 5 mg/(kg·d) 剂量 4 周后仍不能缓解症状者，应停药。对于需要快速缓解症状的患者，初始剂量可增加到 5 mg/(kg·d)。为维持治疗，应保持最小有效剂量，如症状缓解维持 6 个月以上，则可停药。⑦异位性皮炎。口服给药，2.5～5 mg/(kg·d)，分 2 次口服。如以 2.5 mg/kg 的剂量治疗 2 周，疗效不佳者，可将剂量迅速提高至最大剂量 5 mg/(kg·d)。对严重患者，可能需用 5 mg/(kg·d) 的初始剂量才能迅速而有效地控制病情。建议本药的疗程不应超过 8 周，使用最大剂量治疗 1 个月无效者应停药。⑧肾病综合征。口服给药，初始剂量 5 mg/(kg·d)，分 2 次口服。单用本药疗效不佳，可与小剂量皮质激素合用。如 3 个月后，疗效仍不佳，则停药。维持疗效时，应逐渐减小至最小有效量。剂量不宜超过 5 mg/(kg·d)。儿童：①器官移植。口服给药，初始剂量为 6～11 mg/(kg·d)，维持剂量为 2～6 mg/(kg·d)。②肾病综合征。口服给药，1 岁以上儿童，6 mg/(kg·d)，分 2 次口服。单用本药疗效不佳，可与小剂量皮质激素合用。如 3 个月后，疗效仍不佳，则停药。维持疗效时，应逐渐减小至最小有效量。剂量不宜超过 6 mg/(kg·d)。

【注意事项】①用于治疗类风湿关节炎时，若患者正在接受免疫抑制药或放射、紫外线治疗，不建议同时使用本药。②使用本药治疗银屑病和异位性皮炎的患者应避免过度阳光照射，且不能同时接受紫外线 B 段照射或紫外线 A 光化疗。③银屑病患者不应同时使用 β 肾上腺素受体阻滞药或利尿药。④本药在治疗剂量下，其生物利用度的个体差异较大。在未进行治疗监测（包括本药血药浓度、肌酐消除率及血压）的情况下，应避免更换使用不同商品名或制剂的环孢素产品。⑤国外资料报道，本药以 1∶1 由普通制剂转换成微乳化制剂后，血药峰浓度（C_{max}）和曲线下面积（AUC）增加，故使用微乳化制剂的患者可能需减少剂量，应根据预期的谷值浓度相应减量。接受过高剂量普通制剂治疗的患者，更换为微乳化制剂时应谨慎。⑥本药软胶囊和口服溶液吸收不规律，应重复监测本药的血药浓度，以便对药物剂量作调整。在肝脏移植术中尤为重要。器官移植和类风湿关节炎的患者使用本药软胶囊和口服溶液时，也应监测血药浓度，避免产生毒性。⑦使用本药时若输入储存超过 10 日的库存血可使血钾增高。

【药物相互作用】①雌激素、雄激素、大环内酯类抗生素（如阿奇霉素、克拉霉素、红霉素、交沙霉素、普那霉素）、酮康唑、氟康唑、伊曲康唑、地尔硫草、尼卡地平、维拉帕米、甲氧氯普胺、口服避孕药、甲泼尼龙、达那唑、别嘌醇、胺碘酮、胆酸及其衍生物、蛋白酶抑制药、伊马替尼、秋水仙碱、多西环素、氯喹、普罗帕酮、伏立康唑：合用可增加本药的血药浓度，可能增加本药的肝、肾毒性。②奈法唑酮：合用可增加本药的毒性（如肾功能障碍、胆汁淤积、感觉异常）。③导致肾功能损害的药物 [包括氨基糖苷类抗生素（如庆大霉素、妥布霉素）、两性霉素 B、万古霉素、甲氧苄啶、磺胺甲噁唑]、非甾体消炎药（如双氯芬酸、萘普生、舒林酸、吲哚美辛）、甲氨蝶呤、阿昔洛韦、环丙沙星、呋塞米、甘露醇、抗肿瘤药（美法仑）、他克莫司、组胺 H_2 受体拮抗药（如西咪替丁、雷尼替丁）、纤维酸衍生物（如苯扎贝特、非诺贝特）：本药可引起肾毒性（可导致实质性肾损害），合用可能增加肾毒性。④硝苯地平：合用可使牙龈增生的发生率增加。⑤保钾药（如保钾利尿药、血管紧张素转化酶抑制药、血管紧张素Ⅱ受体拮抗药）、含钾的药物：合用可致血钾升高。⑥肝酶诱导药：可诱导肝微粒体酶从而增加本药的代谢。⑦瑞格列奈：合用可增加瑞格列奈的血药浓度。⑧双氯芬酸：本药可显著提高双氯芬酸的生物利用度，可能导致可逆性肾功能损害。⑨依维莫司、西罗莫司：合用可使以上药物的血药浓度显著增加，而本药药代动力学仅有轻微改变。⑩免疫抑制药（如肾上腺皮质激素、硫唑嘌呤、苯丁酸氮芥、环磷酰胺等）：合用可能增加发生感染和淋巴增生性疾病的风险。⑪他汀类羟甲基戊二酸单酰辅酶 A（HMG-CoA）还原酶抑制药（如洛伐他汀、辛伐他汀、阿托伐他汀、普伐他汀、氟伐他汀）：合用可引起肌毒性（如肌痛、无力、肌炎和横纹肌溶解）。⑫地高辛、秋水仙碱、泼尼松龙：本药可减少以上药物的清除，导致地高辛中毒及增加秋水仙碱对肌肉的潜在毒性（引起肌肉疼痛和无力）、肌炎和横纹肌溶解。⑬安乃近、卡马西平、巴比妥盐、苯妥英、萘夫西林、磺胺二甲嘧啶静脉注射剂、利福平、奥曲肽、普罗布考、磺胺甲噁唑静脉注射剂、奥卡西平、奥利司他、圣约翰草、噻氯匹定、磺吡酮、特比萘芬、波生坦：合用可降低本药的血药浓度。⑭抗结核药：合用可降低本药的血药浓度。⑮疫苗：本药可能降低疫苗接种的效果。

匹多莫德

【别名】得畅、金世力德、匹多莫特、匹多替莫、普利莫、谱乐益、万适宁、唯田。

【药理作用】本药为免疫促进剂，通过刺激和调节细胞介导的免疫反应而起作用。可促进巨噬细胞及中性粒细胞的吞噬活性，提高其趋化性；可激活自然杀伤细胞；促进淋巴细胞增殖，使辅助性 T 细胞（CD4 + 细胞）与抑制性 T 细胞（CD8 + 细胞）的比值恢复正常；此外，本药尚可刺激白细胞介素-2 和干扰素-γ，进而促进淋巴细胞的增殖，促进细胞免疫反应。研究表明，本药并无直接的抗菌及抗病毒作用，但通过促进机体的免疫功能，可显著提高治疗细菌（肺炎链球菌、大肠埃希菌、铜绿假单胞菌、变形杆菌等）及病毒（流感病毒、单纯疱疹病毒、鼠脑心肌炎病毒及门果病毒等）感染的疗效。

【适应证】用于细胞免疫功能低下的下列患者：呼吸道反复感染（气管炎、支气管炎）、耳鼻喉科反复感染（鼻炎、鼻窦炎、耳炎、咽炎、扁桃体炎）、泌尿系统反复感染、妇科反复感染。用以减少急性发作的次数，缩短病程，减轻发作的程度，也可作为急性感染时抗生素的辅助用药。

【用法用量】成人：①感染急性期。口服给药，开始时一次 800 mg，每日 2 次，2 周后减为每日 1 次。②预防用药。口服给药，一次 800 mg，每日 1 次，连续服用 60 日。儿童：①感染急性期。口服给药，开始时一次 400 mg，每日 2 次；2 周后减为每日 1 次，连续服用 60 日。②预防用药。口服给药，一次 400 mg，每日 1 次，连续服用 60 日。

【注意事项】如遇药物过量，需用常规方法如催吐、导泻、输液等促进过量药物排出。

【药物相互作用】尚不明确。

第十四节　抗肿瘤药

一、烷化剂

环磷酰胺

【别名】癌得量、癌得星、安道生、环磷氮。

【药理作用】本药为氮芥类双功能烷化剂，既是广谱抗肿瘤药，又可作为免疫抑制药。其作用机制如下。①抗肿瘤：本药具有细胞周期非特异性，在体外无抗肿瘤活性，进入体内后经干细胞微粒体混合功能氧化酶细胞色素 P450 酶活化后方具有烷化活力。首先是其环 N 原子附近的 C 被氧化，生成 4-羟基环磷酰胺，继而开环生成醛磷酰胺，醛磷酰胺在肿瘤细胞内分解成磷酰胺氮芥及丙烯醛。磷酰胺氮芥对肿瘤细胞有细胞毒作用，可干扰 DNA 及 RNA 功能，尤其对 DNA 的影响更大，可与 DNA 发生交叉联结，抑制 DNA 合成，对 S 期细胞作用最明显。②作为免疫抑制药：本药在体外无活性，进入体内后经肝脏中色素 P450 酶水解成醛磷酰胺，醛磷酰胺转移至组织中形成磷酰胺氮芥而发挥作用，它可减少 T、B 淋巴细胞数目，减少抗体生成，抑制淋巴细胞增殖和迟发性过敏反应。

【适应证】作为抗肿瘤药，用于恶性淋巴瘤、急性或慢性淋巴细胞白血病、多发性骨髓瘤。对乳腺癌、睾丸肿瘤、卵巢癌、肺癌、头颈部鳞状细胞癌、鼻咽癌、神经母细胞瘤、横纹肌肉瘤及骨肉瘤也有一定的疗效。

【用法用量】成人：①抗肿瘤。a. 口服给药，2~4 mg/（kg·d），连用 10~14 日，休息 1~2 周重复给药。b. 静脉注射，单药治疗，一次 500~1000 mg/m²，加生理盐水 20~30 mL 后注射，一周 1 次，连用 2 次，休息 1~2 周重复给药；联合用药，一次 500~600 mg/m²。②自身免疫性疾病。a. 口服给药，2~3 mg/（kg·d），顿服，维持剂量减半。b. 静脉注射，一次 100~200 mg，每日 1 次或隔日 1 次，连用 4~6 周。③器官移植。a. 口服给药，一次 50~150 mg。b. 静脉给药，一次 200 mg，每日 1 次或隔日 1 次，总量 8~10 g 为 1 个疗程。④翼状胬肉术后、角膜移植术后蚕食性角膜溃疡等。经眼给药，本药 1% 滴眼液滴眼。儿童：①抗肿瘤。静脉注射，一次 10~15 mg/kg，加生理盐水 20 mL 稀释后缓慢注射，一周 1 次，连用 2 次，休息 1~2 周重复给药。②自身免疫性疾病。口服给药，1~3 mg/（kg·d）。

【注意事项】①本药注射剂稀释后不稳定，应于 2~3 小时内使用。静脉给药时，注意勿漏出血管外。②为预防肾毒性，患者用药时需大量饮水，必要时静脉补液，以保证足够的液体输入量和尿量，也可给予尿路保护剂（如美司钠）。为预防白血病及淋巴瘤患者出现尿酸性肾病，可大量补液、碱化尿液和（或）给予别嘌醇。为预防水中毒，可同时给予呋塞米。③抗痛风药（如别嘌醇、秋水仙碱、丙磺舒等）与本药同用时，应调整抗痛风药的剂量，使高尿酸血症与痛风得到控制。

【药物相互作用】①抗痛风药（如别嘌呤醇、秋水仙碱、丙磺舒）：合用可增加血清尿酸水平。②巴比妥类、皮质激素类：大剂量合用以上药物可影响本药的代谢，同时应用时，可增强本药的急性毒性反应。③多柔比星：合用可增加心脏毒性。④可卡因：

合用可延长可卡因的作用并增加毒性。⑤琥珀胆碱：本药可增强琥珀胆碱的神经肌肉阻滞作用，使呼吸暂停延长。

白消安

【别名】白舒非、白血福恩、二甲磺酸丁酯、马利兰、麦里浪。

【药理作用】本药属双甲基磺酸酯类的双功能烷化剂，是细胞周期非特异性药物，主要作用于 G_1 及 G_0 期细胞，对非增殖细胞也有效。药物进入人体后，其磺酸酯基团的环状结构打开，通过与细胞核中 DNA 内的鸟嘌呤起烷化作用而破坏靶细胞 DNA 的结构和功能。本药的细胞毒作用几乎完全表现为对造血功能的抑制，特别是对粒细胞生成的明显抑制；其次，本药对血小板及红细胞也有一定抑制作用；对淋巴细胞的抑制作用极弱，仅在大剂量时才出现。

【适应证】①主要适用于慢性粒细胞白血病的慢性期（但对 ph1 号染色体阴性患者效果不佳）。②用于原发性血小板增多症、真性红细胞增多症、骨髓纤维化等慢性骨髓增殖性疾病。③用于联合环磷酰胺，作为慢性粒细胞白血病同种异体的造血干细胞移植前的预处理。

【用法用量】成人：①慢性粒细胞白血病。口服给药，每日总量 $4 \sim 6 \ mg/m^2$，直至白细胞计数低于 $15 \times 10^9/L$ 时停药。如服药 3 周，白细胞计数仍不见下降，可适当增加剂量。对缓解期短于 3 个月的患者可给予维持量：一次 $2 \ mg$，一周 2 次，以维持白细胞计数于 $10 \times 10^9/L$ 左右。②真性红细胞增多症、原发性血小板增多症。口服给药，诱导剂量为 $4 \sim 6 \ mg/d$；维持剂量一般为诱导剂量的一半，确切剂量应个性化，如有必要需延长治疗。③造血干细胞移植前预处理。中心静脉导管给药，一次 $0.8 \ mg/kg$，每 6 小时 1 次，连用 4 日。在骨髓移植 3 日前，本药第 16 次剂量给予后 6 小时，给予环磷酰胺，一次 $60 \ mg/kg$，滴注 1 小时，每日 1 次，连用 2 日。儿童：慢性粒细胞白血病，口服给药，$1.8 \sim 4.6 \ mg/(m^2 \cdot d)$，分 3 次服。

【注意事项】①使用本药时，需根据患者对药物的反应、骨髓抑制的程度、个体差异而调整剂量。②用药时应增加液体摄入量，并碱化尿液；或服用别嘌醇，以防高尿酸血症及尿酸性肾病。对原已合并痛风的患者，更应注意。③近期内曾接受过全程的放射治疗或足量的其他化学治疗药者暂不宜使用本药。④慢性粒细胞白血病出现急变时，应停药。

【药物相互作用】①凯托米酮：本药大剂量与凯托米酮合用可使两者的血药浓度均增加。②环磷酰胺：合用时如使用间隔时间少于 24 小时，可增加与治疗相关的不良反应发生率。③对乙酰氨基酚、伊曲康唑：合用可降低本药清除率。④苯妥英、磷苯妥英：合用可使本药的血药浓度降低。⑤硫鸟嘌呤：有报道长期合用可发生肝结节状增生、食管静脉曲张和门静脉高压。⑥活疫苗（如轮状病毒疫苗）：合用将增加活疫苗感染的风险。

二、抗代谢药

甲氨蝶呤

【别名】安克生、氨甲蝶啶、氨甲蝶呤、氨甲叶酸、氨克生、甲氨蝶呤钠、美素生、密都。

【药理作用】由于四氢叶酸是在体内合成嘌呤核苷酸和嘧啶脱氧核苷酸的重要辅酶，本药作为一种叶酸还原酶抑制药，主要抑制二氢叶酸还原酶而使二氢叶酸不可还原成具有生理活性的四氢叶酸，从而使嘌呤核苷酸和嘧啶核苷酸的生物合成过程中一碳基团的转移作用受阻，导致 DNA 的生物合成明显受抑制。此外，本药也有对胸腺核苷酸合成酶的抑制作用，但抑制 RNA 与蛋白质合成的作用则较弱，本药主要作用于细胞周期的 S 期，属细胞周期特异性药物，对 G_1/S 期的细胞也有延缓作用，对 G_1 期细胞的作用较弱。

【适应证】①用于治疗急性白血病（特别是急性淋巴细胞白血病）、恶性淋巴瘤（特别是非霍奇金淋巴瘤）、蕈样肉芽肿、多发性骨髓瘤、头颈部癌、支气管肺癌、各种软组织肉瘤、乳腺癌、卵巢癌、宫颈癌、睾丸癌、恶性葡萄胎、绒毛膜癌、胃癌。大剂量给药时可用于骨肉瘤。②用于治疗银屑病。③用于自身免疫性疾病（如类风湿关节炎）。④鞘内注射可用于预防和治疗脑膜白血病及恶性淋巴瘤的神经系统转移。

【用法用量】成人：①急性白血病。a. 口服给药，一次 5 ~ 10 mg，每日 1 次，每周 1 ~ 2 次，1 个疗程安全剂量为 50 ~ 100 mg。用于急性淋巴细胞白血病维持治疗时，一次 15 ~ 20 mg/m²，一周 1 次。b. 肌内注射，一次 10 ~ 30 mg，一周 1 ~ 2 次。c. 静脉注射，同肌内注射。②恶性淋巴瘤、蕈样肉芽肿、多发性骨髓瘤、头颈部癌、肺癌、各种软组织肉瘤、乳腺癌、卵巢癌、宫颈癌、睾丸癌。a. 口服给药，一次 5 ~ 10 mg，每日 1 次，每周 1 ~ 2 次，1 个疗程安全剂量为 50 ~ 100 mg。b. 肌内注射，一次 10 ~ 50 mg，一周 1 ~ 2 次。c. 静脉注射，同肌内注射。③蕈样肉芽肿。a. 口服给药，一次 5 ~ 10 mg，每日 1 次，一周 1 ~ 2 次，1 个疗程安全剂量为 50 ~ 100 mg。b. 肌内注射，一次 50 mg、一周 1 次，或一次 25 mg、一周 2 次，可作为口服疗法的替代方法。④恶性葡萄胎、绒毛膜癌。a. 口服给药，一次 5 ~ 10 mg，每日 1 次，一周 1 ~ 2 次，1 个疗程安全剂量为 50 ~ 100 mg。b. 肌内注射，10 ~ 20 mg/d。c. 静脉注射，同肌内注射。d. 静脉滴注，10 ~ 20 mg/d，溶于 5% 或 10% 葡萄糖注射液 500 mL 中静脉滴注，每日 1 次，5 ~ 10 次为 1 个疗程。总量 80 ~ 100 mg。⑤银屑病。a. 口服给药，一次 5 ~ 10 mg，每日 1 次，一周 1 ~ 2 次，1 个疗程安全剂量为 50 ~ 100 mg。b. 肌内注射，一次 10 ~ 25 mg，一周 1 次，根据患者的反应调整剂量，最大可至一周 50 mg。达到最佳反应时，应调整至尽可能低的剂量和尽可能长的间隔。c. 静脉注射，同"肌内注射"项。⑥难治性风湿性关节炎。肌内注射，初始剂量为一次 5 ~ 15 mg，一周 1 次。以后一周可递增 5 ~ 25 mg（最大剂量）。⑦实体瘤。静脉注射，一次 20 mg/m²。⑧骨肉瘤。静脉滴注，采用大剂量疗法，即一次 1000 ~ 5000 mg/m²，滴注 4 ~ 6 小时。从用药前 1 日开始至用药后 1 ~ 2 日，应每日补液 3000 mL，并用碳酸氢钠碱化尿液，尿量不少于 2000 mL/d。开始用药后 24 小时起，每 6 小时肌内注射亚叶酸 15 mg，连用 10 次或直至甲氨蝶呤血药浓度降至 5 × 10^{-8} mol/L 以下。⑨脑膜白血病。鞘内注射，一次 6 mg/m²（通常为 5 ~ 12 mg，一次最大剂量不宜超过 12 mg），每日 1 次，5 日为 1 个疗程。用于预防给药时，一次 10 ~ 15 mg，每日 1 次，每 6 ~ 8 周 1 次。10. 恶性淋巴瘤的神经系统转移。鞘内注射，一次 10 ~ 15 mg，每 3 ~ 7 日 1 次，注射速度宜缓慢，注入溶液量不能超过抽出的脑脊液量。儿童：①一般用法。a. 口服给药，诱导剂量为 3.3 mg/(m²·d)；维持剂量为一次 15 ~ 20 mg/m²，一周 2 次。b. 肌内注射，一次 20 ~ 30 mg/m²，一周 1 次，或视骨髓情况调整。c. 静脉注射，同肌内注射。②实体瘤。肌内注射，一次 8 ~ 12 g/m²，每 3 周 1 次。

【注意事项】①使用本药大剂量疗法，用药前应准备好解救药亚叶酸盐，并应充分补充液体和碱化尿液。患者须住院治疗，在血药浓度监测下谨慎使用，每次滴注时间不宜超过 6 小时，滴注时间过长可增加肾毒性。有肾病史或发现肾功能异常者，禁用该大剂量疗法。②用药期间及用药后至少 8 周内应采取适当的避孕措施。③本药有可能引起注意力不集中，影响驾驶及机械操作。④若白细胞低于 3500 个/mm³ 或血小板低于 50000 个/mm³ 时不宜用本药。

【药物相互作用】①质子泵抑制药：高剂量本药与质子泵抑制药合用时，可使本药血药浓度升高，导致其潜在的严重毒性。②别嘌呤醇、秋水仙碱等：合用后本药可引起血液中尿酸水平升高。③阿糖胞苷：给予本药前 24 小时或后 10 分钟使用阿糖胞苷，可增强本药的抗癌活性。④水杨酸类、保泰松、磺胺类、苯妥英、四环素、氯霉素、氨苯甲酸等：合用可导致本药血药浓度升高而致毒性增加。⑤糖皮质激素：可升高本药血药浓度而加重毒性反应，长期合用时可引起膀胱上皮癌。合用时应减少本药用量，长期合用应定期检查尿常规。⑥骨髓抑制药（金制剂、青霉胺等）、利尿药：合用可加重骨髓抑制。⑦巴比妥类药：合用可加重本药引起的脱发。⑧氧化亚氮：合用可加重本药引起的口腔炎和其他毒性反应。⑨胺碘酮：合用可加重本药的毒性反应。⑩氨苯蝶啶、乙胺嘧啶等：合用时可增加本药不良反应。⑪丙磺舒：丙磺舒可延长本药血浆半衰期。⑫阿维 A 酯：合用易发生严重中毒性肝炎。⑬氟尿嘧啶：与氟尿嘧啶合用或先用氟尿嘧啶后用本药，均可产生拮抗作用；但如先用本药，4～6 小时后再用氟尿嘧啶则可产生协同作用。⑭天冬酰胺酶：合用可致本药减效；如使用天冬酰胺酶 10 日后再给予本药或于使用本药后 24 小时内给予天冬酰胺酶，则可增效，且可减少胃肠道及骨髓的不良反应。⑮头孢氨苄、博来霉素、卡那霉素、羟基脲、巯嘌呤：合用可降低本药疗效。⑯考来烯胺：可降低本药静脉滴注时的血药浓度。⑰新霉素：口服新霉素可减少本药的口服吸收。⑱其他抗凝血药：本药可增加抗凝血作用，甚至引起肝脏凝血因子缺乏和（或）血小板减少。⑲维生素 C：可消除本药引起的恶心，对其尿中排泄无明显影响。⑳乙醇：合用可增加肝毒性。

硫唑嘌呤 (详见免疫系统用药)

盐酸阿糖胞苷

【别名】阿糖胞嘧啶、爱力生、胞嘧啶阿拉伯糖苷、赛德萨、赛德威。

【药理作用】本药为嘧啶类代谢性抗肿瘤药，具有细胞周期特异性，对 S 期细胞最为敏感，通过抑制细胞 DNA 的合成而干扰细胞的增殖。本药进入人体后经激酶磷酸化后转变为阿糖胞苷三磷酸及阿糖胞苷二磷酸，前者能强有力地抑制 DNA 聚合酶的合成，后者能抑制二磷酸胞苷转变为二磷酸脱氧胞苷，从而抑制细胞 DNA 的合成及聚合。对 RNA 及蛋白质合成的抑制作用则十分轻微。此外，本药对单纯疱疹病毒、牛痘病毒的繁殖亦有抑制作用。

【适应证】本药可单用或联用其他化疗药，用于白血病及恶性淋巴瘤：①成人及儿童急性淋巴细胞白血病、急性非淋巴细胞白血病的诱导缓解、巩固及维持治疗。②慢性粒细胞白血病及红白血病的诱导缓解。③治疗慢性非淋巴细胞白血病的原始细胞危象。④鞘内预防和治疗中枢神经系统的白血病（如脑膜白血病）浸润。⑤成人中至重度恶性非霍奇金淋巴瘤，儿童非霍奇金淋巴瘤。大剂量本药可用于以下疾病的治疗：①高危白

第四篇　商品基础知识

血病，难治性和复发性白血病。②特殊原因［继发于曾经的化学治疗和（或）放射治疗的白血病，由白血病前期转化的白血病］造成的白血病。③60 岁以下急性非淋巴细胞白血病患者缓解期的巩固治疗。④慢性非淋巴细胞白血病的原始细胞危象。⑤其他药物耐药的急性淋巴细胞白血病。⑥其他药物耐药的非霍奇金淋巴瘤（包括急性非霍奇金淋巴瘤）及急性淋巴细胞白血病。

【用法用量】成人：①急性白血病诱导治疗。a. 静脉注射，一次 2 mg/kg（1~3 mg/kg），每日 1 次，连用 10~14 日，如无明显不良反应，剂量可增大至一次 4~6 mg/kg。b. 静脉滴注，同"静脉注射"项。②急性白血病维持治疗。皮下注射，完全缓解后改用维持治疗，一次 1 mg/kg，每日 1~2 次，连用 7~10 日。③难治性或复发性急性白血病、急性白血病缓解后为延长其缓解期。静脉滴注，常用中、大剂量阿糖胞苷疗法，中剂量是指一次 500~1000 mg/m^2，静脉滴注 1~3 小时，每 12 小时 1 次，2~6 日为 1 个疗程；大剂量是指一次 1000~3000 mg/m^2，用法同中剂量方案。由于本药的不良反应随剂量增大而加重，大剂量反而影响了疗效，故现多偏向用中剂量方案。④脑膜白血病。鞘内注射，一次 25~75 mg，加地塞米松 5 mg，予生理盐水溶解后鞘内注射，一周 1~2 次，用至脑脊液检查正常。预防性用药则每 4~8 周 1 次。⑤非霍奇金淋巴瘤。静脉滴注，多采用联合化学治疗方案，剂量根据联合给药方案而定。如在 PROMACE-CYTABOM 方案中，本药剂量为 300 mg/m^2，在每个治疗周期的第 8 日给药。⑥原始细胞增多的急性白血病、骨髓增生异常综合征、低增生性急性白血病、老年急性非淋巴细胞白血病等。皮下注射，采用小剂量本药，即一次 10 mg/m^2，每 12 小时 1 次，14~21 日为 1 个疗程。如不缓解且患者情况允许，可于 2~3 周后重复 1 个疗程。老年人剂量：由于老年人对化学治疗药的耐受性差，用药需减量并根据治疗反应及时调整药量。儿童：①急性淋巴细胞白血病和非淋巴细胞白血病的诱导缓解期和巩固期、慢性粒细胞白血病的急变期、恶性淋巴瘤。a. 静脉滴注，一次 1000~3000 mg/m^2，每 12 小时 1 次，静脉滴注 2~3 日。b. 静脉注射，75~200 mg/（m^2·d），连用 5~7 日，可用至 10 日。c. 皮下注射，参见"静脉注射"项。d. 鞘内注射，一次 25~30 mg/m^2。②非霍奇金淋巴瘤。静脉滴注，按病期及组织学类型而定。一次 150 mg/m^2，滴注 1 小时，每 12 小时 1 次，于治疗的第 4~第 5 日开始与其他细胞毒性药物联用；一次 75 mg/m^2，在 31~34、38~41、45~48、52~55 日进行诱导治疗，并与其他细胞毒性药物合用。

【注意事项】对应用高剂量本药治疗的患者应观察神经毒性，因为剂量方案的改变需要尽量避免不可逆的神经病变。

【药物相互作用】①四氢尿苷：可抑制脱氨酶，延长本药血浆半衰期，提高血药浓度，起增效作用。②柔红霉素、多柔比星、环磷酰胺及亚硝脲类药物：合用时以上药物对本药有增效作用。③其他骨髓抑制药：合用时血液学毒性的发生率和严重程度均会加强。④氟胞嘧啶：合用可降低氟胞嘧啶的疗效。⑤地高辛：患者接受含环磷酰胺、肠出血及和泼尼松的化学治疗方案，联合 β-醋地高辛治疗，地高辛稳态血浆浓度和肾葡萄糖分泌发生可逆性低下降。⑥活疫苗（如轮状病毒疫苗、4 型腺病毒疫苗、7 型腺病毒疫苗、芽孢杆菌卡介苗、流感病毒疫苗、麻疹病毒疫苗、腮腺炎病毒疫苗、风疹病毒疫苗、天花疫苗、伤寒疫苗、水痘病毒疫苗、黄热病疫苗）：用药时接种以上疫苗将增加活疫苗感染的风险。

羟基脲

【别名】氨基甲酰基羟胺、氨基酰羟基胺、氨甲酰羟基脲、氨甲酰羟基脲、羟基脲素、羟脲。

【药理作用】本药为细胞周期特异性抗肿瘤药，主要作用于 S 期细胞。作为核苷二磷酸还原酶抑制药，通过阻止核苷酸还原为脱氧核苷酸而起作用，故选择性地抑制 DNA 的合成，对 RNA 及蛋白质的合成无抑制作用。本药用于顽固性银屑病和脓疱性银屑病，能减轻全身性脓疱性银屑病的脓疱、发热和中毒症状。短期用药，其毒性作用较甲氨蝶呤低，对于因有肝损伤而不宜选用甲氨蝶呤，或用甲氨蝶呤无效的严重银屑病患者，适宜选用本药。

【适应证】①主要用于治疗慢性粒细胞白血病、真性红细胞增多症、多发性骨髓瘤。②对头颈部鳞癌、复发性转移性卵巢癌、肾癌等也有一定的疗效。与放射治疗同时应用或作为放射治疗的增敏剂，可增强头颈癌及宫颈鳞癌的疗效。③用于黑色素瘤。

【用法用量】成人：①慢性粒细胞白血病。口服给药，20～60 mg/(kg·d)，一周 2 次。6 周为 1 个疗程。②真性红细胞增多症。口服给药，每日 30～40 mg/(kg·d)，每日 1 次或分 2 次服用。待红细胞或血小板降至正常高限时改为维持剂量，即一次 10～20 mg/kg，每日 1 次。③头颈癌、宫颈鳞癌、卵巢癌。口服给药，一次 80 mg/kg，每 3 日 1 次，与放射治疗合用。④急性白血病。口服给药，对白细胞计数高者，一次 50～70 mg/kg，每日 1 次，通常给药 2～3 日，白细胞明显成倍下降时尽早开始联合化学治疗。⑤银屑病。口服给药，500～1500 mg/d，4～8 周为 1 个疗程。老年人剂量：老年患者对本药敏感，且肾功能可能较差，故应适当减量。

【注意事项】①本药对中枢神经系统有抑制作用，故与巴比妥类、安定类、麻醉药等合用时应谨慎。②若服用本药已达 6 周仍未见效，应考虑停药。③服用本药时应适当增加液体摄入量，以增加尿量，从而有利于尿酸的排出。④本药剂量应依据患者对治疗的反应和耐受性等进行调整。⑤与放射治疗合用时应在放射治疗前 7 日开始给药，并严密观察血常规，若出现严重的放射治疗不良反应，应考虑减量或暂停使用本药。

【药物相互作用】①活疫苗（如轮状病毒疫苗）：合用将增加活疫苗感染的风险。②别嘌醇、秋水仙碱、丙磺舒等：合用治疗痛风时，可能提高患者的血尿酸浓度。本药与别嘌醇合用时能预防并逆转本药所致的高尿酸血症。③氟尿嘧啶（Fu）：本药可减少 Fu 转变为活性代谢物（Fd-UMP）。

氟尿嘧啶

【别名】5-氟尿嘧啶、安特凡、菲士康、佛米丁、弗米特、扶时可、氟瑞、氟优、福可、福若欣、格芬特、鹤原服能、华康达、宁兰欣、普力达、森汀、中人氟安、佐定。

【药理作用】本药为细胞周期特异性抗肿瘤药，主要作用于 S 期细胞。本药在体内先转变为 5-氟-2-脱氧尿嘧啶核苷酸，后者抑制胸腺嘧啶核苷酸合成酶，阻断脱氧尿嘧啶核苷酸转变为脱氧胸腺嘧啶核苷酸，从而抑制 DNA 的生物合成。此外，本药还可以三磷酸氟尿嘧啶核苷（伪代谢物）的形式掺入 RNA 中，通过阻止尿嘧啶和乳清酸掺入 RNA 而抑制 RNA 合成，影响蛋白质的生物合成，从而抑制肉芽组织增殖，防止瘢痕形成。

【适应证】①用于治疗消化道肿瘤。②大剂量时用于治疗绒毛膜癌。③用于治疗乳腺癌、卵巢癌、肺癌、宫颈癌、膀胱癌及皮肤癌等。④用于头颈部恶性肿瘤和浆膜腔癌性积液。⑤本药软膏和乳膏用于皮肤癌、外阴白斑以及乳腺癌的胸壁转移等。⑥本药凝胶用于光线性角化、日光性唇炎、鲍恩病（Bowen disease）、凯拉增生性红斑（erythroplasia of Quegrat）、鲍恩样丘疹病、尖锐湿疣、白癜风、淀粉样变苔癣、播散性表浅性汗孔角化症、寻常疣、扁平疣、银屑病、着色性干皮病、表浅性基底细胞上皮瘤等。⑦本药栓剂仅用于结肠癌。

【用法用量】成人：①一般用法。a. 口服给药，150～300 mg/d，分3～4次服用。1个疗程总量为10～15 g。b. 静脉注射，单药治疗，10～20 mg/(kg·d)，连用5～10日，1个疗程5000～7000 mg（甚至10 g）。c. 静脉滴注，一次10～20 mg/kg，500～1000 mg/d，溶入5%葡萄糖注射液500～1000 mL中缓慢静滴，每3～4周连用5日。也可一次500～750 mg，一周1次，连用2～4周后休息2周为1个疗程。治疗绒毛膜癌时剂量为25～30 mg/(kg·d)，连用10日为1个疗程。d. 腹腔内注射，一次500～600 mg/m²，一周1次，2～4次为1个疗程。②原发性或转移性肝癌。动脉插管注射，一次750～1000 mg。③肝癌。动脉滴注，单次5～10 mg/kg，溶入5%葡萄糖注射液500～1000 mL中，滴注6～8小时。④结肠癌。直肠给药，患者取侧卧位，将本药栓剂塞入肛门，根据具体肿瘤部位而决定深度。于术前10日开始用药，一次1粒，每日早晨和睡前各1次，10日为1个疗程。⑤光线性角化、日光性唇炎、鲍恩病、凯拉增殖性红斑、鲍恩样丘疹病、尖锐湿疣、白癜风、淀粉样变苔癣、播散性表浅性汗孔角化症、寻常疣、扁平疣、银屑病、着色性干皮病、表浅性基底细胞上皮瘤等。局部给药，本药凝胶涂搽患处，每日1～2次。⑥皮肤癌、外阴白斑、乳腺癌的胸壁转移。局部给药，本药软膏5%～10%软膏局部涂抹患处。⑦青光眼术后。结膜下注射，一次5 mg，1个疗程总量为50 mg。⑧老年晚期癌症患者的姑息性化疗。皮下植入，一次200 mg/m²，每10日1次，连用2次后休息10日为1个疗程。⑨作为联合化学治疗方案之一。皮下植入，一次500 mg/m²，每3周1次，2～4次为1个疗程。⑩体表肿瘤或术中植药。皮下植入，一次200～500 mg/m²。老年人剂量：老年患者（特别是有骨髓抑制者）用药时应减量。

【注意事项】①用药时不宜饮酒或同用阿司匹林类药，以减少消化道出血的可能。②除有意识地较小剂量给予本药作为放射增敏剂外，本药一般不宜和放射治疗同用。③用于眼科时，注射液不能外漏，一旦外漏应立即冲洗结膜囊。④本药凝胶不可用于黏膜，面部损害涂药时应注意色素沉着（必要时应告诉患者），用于角化明显的疾病时，可提高给药浓度。

【药物相互作用】①亚叶酸钙、亚叶酸：合用可增强本药疗效，但也可能增加本药不良反应。②甲硝唑：合用可导致更严重的不良反应，且不能提高疗效。③西咪替丁：合用可升高本药血药峰浓度和曲线下面积，导致本药毒性增加。④氢氯噻嗪：氢氯噻嗪可增强本药的骨髓抑制作用。⑤左旋咪唑：合用将明显增加肝毒性，但此反应常为轻度、可逆，患者多无症状。⑥新霉素：可引起本药吸收延迟，导致给药后的第一个3小时内肾脏清除率降低。⑦他莫昔芬：合用治疗绝经后妇女乳腺癌，将增加出现血栓栓塞的风险。⑧长春瑞滨：可增加本药不良反应，特别是联用亚叶酸钙时。⑨别嘌醇：可减轻本药的骨髓抑制作用。⑩甲氨蝶呤：合用可减弱本药疗效。⑪华法林：合用可使凝血时间延长。⑫活疫苗（如轮状病毒疫苗）：合用将增加活疫苗感染的风险。

丝裂霉素

【别名】丝裂霉素C、自力霉素。

【药理作用】本药为细胞周期非特异性抗肿瘤药，但对肿瘤细胞的 G_1 期最敏感，特别是晚 G_1 期及早 S 期。从结构上看本药具有苯醌、乌拉坦及乙烯亚胺 3 种有效基团。本药可与 DNA 的双螺旋形成交联，结合在 DNA 双螺旋的大沟上，抑制 DNA 的复制，并使 DNA 解聚。高浓度时对 RNA 也有抑制作用。由于本药可抑制 DNA，抑制肉芽组织增殖，从而可用于防止瘢痕形成。

【适应证】主要适用于胃癌、肺癌、乳腺癌，也适用于肝癌、胰腺癌、结直肠癌、食管癌、卵巢癌、癌性腔内积液、宫颈癌、宫体癌、膀胱肿瘤。

【用法用量】①一般用法：a. 静脉注射。一次 6~8 mg，以生理盐水溶解后注射，一周 1 次；也可一次 10~20 mg，每 6~8 周重复 1 个疗程。b. 动脉注射。同"静脉注射"项。c. 胸膜腔内注射。一次 6~8 mg。②青光眼滤过术：经眼给药，予以 0.04% 滴眼液滴眼。

【注意事项】①静脉注射时应避免漏出血管外，若有外漏应立即停止注射，并以 1% 普鲁卡因注射液局部封闭。②由于本药有迟发性及累积性骨髓抑制，较大剂量应用时，2 个疗程一般应至少间隔 6 周。

【药物相互作用】①他莫昔芬：合用有增加导致溶血性尿毒症的风险。②长春碱、长春瑞滨：合用可致突发性肺毒性。③多柔比星：合用可增加心脏毒性。④活疫苗：合用将增加活疫苗感染的风险。

依托泊苷

【别名】表鬼臼毒吡喃葡萄糖苷、泊瑞、凡毕复、凡毕士、泛必治、鬼臼乙叉苷、拉司太特、磷酸鬼臼苷、磷酸依托泊苷、威克、依托扑沙、足叶草乙苷、足叶乙苷、表鬼臼毒苷、足叶乙苷。

【药理作用】本药为鬼臼脂的半合成衍生物，为细胞周期特异性抗肿瘤药。可作用于 DNA 拓扑异构酶 II（topo II），形成"药物-酶-DNA"复合物，阻碍 topo II 对 DNA 的修复，导致 DNA 复制受阻，从而抑制肿瘤细胞的增殖。本药主要作用于 S 期、G_2 期细胞，使细胞阻滞于 G_2 期。实验发现，该复合物可随药物的清除而逆转，topo II 游离，使损伤的 DNA 得到修复，抗瘤作用降低，故延长给药时间，可能提高抗肿瘤活性。

【适应证】①用于治疗小细胞肺癌、恶性淋巴瘤、生殖细胞恶性肿瘤、白血病。②对神经母细胞瘤、横纹肌肉瘤、卵巢癌、非小细胞肺癌、胃癌和食管癌等有一定疗效。

【用法用量】成人：①实体瘤。a. 口服给药，单药治疗 60~100 mg/($m^2 \cdot d$)，连用 10 日，每 3~4 周为 1 个疗程；与其他药物联用，50 mg/($m^2 \cdot d$)，连用 3 或 5 日。b. 静脉滴注，60~100 mg/($m^2 \cdot d$)，连用 3~5 日，每 3~4 周 1 个疗程。②白血病。a. 口服给药，同"实体瘤"的"口服给药"项。b. 静脉滴注，60~100 mg/($m^2 \cdot d$)，连用 5 日，根据血常规情况，间隔一定时间重复给药。儿童：静脉滴注，100~150 mg/($m^2 \cdot d$)，连用 3~4 日。

【注意事项】①在拿取及制备本药溶液时，需谨慎，操作时应戴手套。如果皮肤或黏膜接触本药，应立即用肥皂彻底刷洗皮肤，用水彻底冲洗黏膜。②本药磷酸盐与磷酸化酶抑制药（如盐酸左旋咪唑）合用时应谨慎。

【药物相互作用】①阿糖胞苷、环磷酰胺、卡莫司汀：本药与以上药物合用有协同作用。②其他抗肿瘤药：合用可能加重骨髓抑制作用。③环孢素：当环孢素的血药浓度大于 2 μg/mL 时，可使本药的分布容积增加、清除率降低，从而使本药毒性增加。④Valspodar：可导致本药清除率明显降低 40% ~60%。⑤他莫昔芬：合用可增加本药的毒性。⑥可与血浆蛋白结合的药物：此类药物可影响本药的排泄。⑦活疫苗：使用本药时，将增加活疫苗所致感染的风险。

盐酸多柔比星

【别名】14-羟基柔红霉素、14-羟基正定霉素、14-羟柔红霉素、14-羟正定霉素、阿得里亚霉素、阿霉素、多可西尔、多索柔比星、法唯实、楷莱、里葆多、羟基红比霉素、羟基柔红霉素、亚德理亚霉素、亚法里亚霉素、盐酸阿霉素。

【药理作用】本药为一种细胞周期非特异性抗肿瘤药，对各期细胞均有作用，其中对 S 早期细胞最为敏感，M 期次之，对 G_1 期最不敏感，对 G_1、S 和 G_2 期有延缓作用。本药既含有脂溶性的蒽环配基，又有水溶性的柔红糖胺基，并有酸性酚羟基和碱性氨基，因此具有较强的抗癌活性。可嵌入 DNA 的碱基对之间，使 DNA 链裂解，阻碍 DNA 及 RNA 的合成。此外，本药在酶的作用下还原为半醌自由基，与氧反应可导致氧自由基的形成，并有破坏细胞膜结构及功能的特殊作用。本药抗瘤谱广，对无氧代谢细胞也有效，在肿瘤的化学治疗中占有重要地位。本药与柔红霉素有交叉耐药；与甲氨蝶呤、氟尿嘧啶、阿糖胞苷、氮芥、丝裂霉素、博来霉素、环磷酰胺以及亚硝脲类药等之间则无交叉耐药性。

【适应证】用于治疗急性白血病（淋巴细胞性和髓细胞性）、恶性淋巴瘤、乳腺癌、肺癌（小细胞和非小细胞肺癌）、卵巢癌、骨及软组织肉瘤、肾母细胞瘤、神经母细胞瘤、膀胱癌、甲状腺癌、前列腺癌、头颈部鳞癌、睾丸癌、胃癌、肝癌等。

【用法用量】成人：用于急性白血病（淋巴细胞性和髓细胞性）、恶性淋巴瘤、乳腺癌、肺癌（小细胞和非小细胞肺癌）、卵巢癌、骨及软组织肉瘤、肾母细胞瘤、神经母细胞瘤、膀胱癌、甲状腺癌、前列腺癌、头颈部鳞癌、睾丸癌、胃癌、肝癌等。①静脉滴注。a. 单药治疗，一次 50 ~60 mg/m²，每 3 ~4 周 1 次；或 20 mg/(m²·d)，连用 3 日，停用 2 ~3 周后重复。b. 联合用药，一次 40 mg/m²，每 3 周 1 次；或一次 25 mg/m²，每周 1 次，连用 2 周，每 3 周重复 1 次。总剂量不宜超过 400 mg/m²。②静脉冲入，同"静脉滴注"项。③动脉注射，同"静脉滴注"项。儿童：急性白血病（淋巴细胞性和髓细胞性）、恶性淋巴瘤、乳腺癌、支气管肺癌（未分化小细胞型）、卵巢癌、骨及软组织肉瘤、肾母细胞瘤、神经母细胞瘤、膀胱癌、甲状腺癌、前列腺癌、头颈部鳞癌、睾丸癌、胃癌、肝癌等。静脉注射，20 ~25 mg/(m²·d)，连用 3 日。

【注意事项】①痛风患者用药时，应增加别嘌呤醇的用量。②过去曾用过足量多柔比星、柔红霉素或表柔比星者禁用本药。既往接受过纵隔放射治疗者，本药的单剂量和总累积量均应酌减。③若皮肤或眼睛不慎接触本药，应立即用大量清水、肥皂水或碳酸氢钠溶液冲洗。④注射时如药液漏出血管外，应尽量抽出局部渗药，并立即局部注射50 ~100 mg 氢化可的松。⑤治疗期间应嘱患者多饮水，以减少高尿酸血症的可能。⑥用药后 1 ~2 日内可出现红色尿，一般在 2 日后消失。⑦快速增加本药剂量至 400 mg/m² 以上时，可增加发生充血性心力衰竭的风险。⑧本药可组成以下联合化学治疗方案：a. 霍奇金淋巴瘤：ABVD 方案，即本药、博来霉素、长春新碱和达卡巴嗪。b. 乳腺癌：CAF 方案，即环磷酰胺、本药和氟尿嘧啶。c. 非霍奇金淋巴瘤：CHOP 方案，即环磷酰胺、本药、长春新碱和泼尼松。d. 胃癌：FAM 方案，即氟尿嘧啶、本药和丝裂霉素。e. 急性髓细胞白血病：AC 方案，即本药和阿糖胞苷。f. 淋巴母细胞型急性白血病：诱导缓解，AOP 方案，即本药、长春新碱和泼尼松。g. 卵巢癌、肺癌以及头颈部癌、膀胱癌等：ACP 方案，即本药、环磷酰胺和顺铂。h. 软组织肉瘤和成骨肉瘤：COAD 方案，即环磷酰胺、长春新碱、本药和达卡巴嗪。i. 小细胞肺癌：CAO 方案，即环磷酰胺、本药、长春新碱。⑨各种骨髓抑制药（尤其是亚硝脲类、大剂量环磷酰胺或甲氨蝶呤、丝裂霉素或放射治疗）与本药合用时，应减少本药的单次用量和总剂量。⑩用药期间慎用活病毒疫苗接种。

【药物相互作用】①链佐星：合用可使本药半衰期延长。②可能导致肝功能损害的药物：合用可增加本药的肝毒性。③环磷酰胺、氟尿嘧啶、甲氨蝶呤、顺铂、亚硝脲类药：合用有不同程度的协同作用。④阿糖胞苷：合用可导致坏死性结肠炎。

盐酸柔红霉素

【别名】多诺霉素、红卫霉素、柔毛霉素、盐酸正定霉素、正定霉素。

【药理作用】本药为第一代蒽环类抗生素，为细胞周期非特异性抗肿瘤药。其作用机制与多柔比星相似，可嵌入 DNA，进而抑制 RNA 和 DNA 的合成，对 RNA 的影响尤为明显。本药的抗瘤谱远较多柔比星窄，对实体瘤疗效也远不如多柔比星和表柔比星。本药与多柔比星之间可能有交叉耐药性，但与阿糖胞苷、甲氨蝶呤、环磷酰胺和亚硝脲类药之间无交叉耐药性。

【适应证】①用于治疗急性粒细胞白血病、急性淋巴细胞白血病、早幼粒细胞白血病。②用于治疗神经母细胞瘤、横纹肌肉瘤。

【用法用量】①成人：用于性粒细胞白血病、急性淋巴细胞白血病、早幼粒细胞白血病、神经母细胞瘤、横纹肌肉瘤。静脉给药，有以下 3 种方案。a. 一次 0.5 ~ 1 mg/kg，重复注射须间隔 1 日或以上。b. 一次 2 mg/kg，重复注射须间隔 4 日或以上。c. 一次 2.5 ~ 3 mg/kg，重复注射须间隔 7 ~ 14 日。根据患者对本药的反应和耐受性，以及血常规和骨髓象结果调整剂量。累积总剂量不得超过 20 mg/kg。②老年人剂量：年龄大于 65 岁的老年患者，单独给药时应减至一次 45 mg/m^2，联合给药时应减至一次 30 mg/m^2。③儿童：用于急性粒细胞白血病、急性淋巴细胞白血病。静脉给药，一次 1 mg/kg，每日 1 次，连续或隔日给药，共用药 3 ~ 5 日，停药 1 周后重复，总给药量不超过 25 mg/kg。

【注意事项】①急性白血病伴明显血小板减少者，仍可使用本药，部分病例反而可使出血停止、血小板计数上升，但最好同时输注新鲜全血或血小板。②若接受过胸部放射治疗或同时应用环磷酰胺者，总累积量应减至 450 mg/m^2。儿童不宜超过 330 mg/m^2（<2 岁者不宜超过 200 ~ 250 mg/m^2）。③用药期间不能进行放疗，特别是胸部放射治疗。在停止放射治疗后至少 3 ~ 4 周才能使用本药。④本药不得与有心脏或肝脏毒性的药物联用。⑤用药期间需保持足够的尿量，可给予别嘌呤醇以预防高尿酸血症，对痛风患者可酌情增加别嘌醇等药的剂量。⑥男性患者用药时应采取避孕措施，因本药能诱发人

体精子染色体损伤。⑦用药期间及停用本药后 3~6 个月内禁用病毒疫苗接种。⑧对多柔比星或表柔比星过敏者，可能对本药也过敏。

【药物相互作用】①氧烯洛尔：合用可加重心脏毒性。②与本药具有相似药理作用的药物：本药作为化学治疗方案的一部分，与具有相似药理作用的药物合用，会增加毒性。③影响肝肾功能的药物：合用可使本药的毒性和（或）药效受影响。

四、抗肿瘤植物成分药

硫酸长春新碱

【别名】安可平、长春新碱、硫酸醛基长春碱、醛基长春碱。

【药理作用】本药为主要作用于 M 期的细胞周期特异性抗肿瘤药。本药是由长春花中提取的一种生物碱，其化学结构和作用机制与长春碱相似，但疗效优于长春碱。除作用于微管蛋白外，也可干扰蛋白质代谢和抑制 RNA 多聚酶的活力，还可抑制细胞膜类脂质的合成及细胞膜对氨基酸的转运。

【适应证】用于治疗支气管肺癌、软组织肉瘤、霍奇金淋巴瘤、急性白血病、恶性淋巴瘤、乳腺癌、神经母细胞瘤、肾母细胞瘤、尤因肉瘤、多发性骨髓瘤、生殖细胞肿瘤、黑色素瘤、消化道癌、慢性淋巴细胞白血病。

【用法用量】①成人：静脉给药，静脉注射或静脉冲入，一次 1~2 mg（或 1.4 mg/m²），最大剂量不能超过 2 mg，一周 1 次。联合化学治疗 2 周为一周期。大于 65 岁者最大剂量不超过 1 mg。②儿童：静脉给药，一次 0.075 mg/kg 或 2.0 mg/m²，一周 1 次，用法同成人。

【注意事项】①如药液漏出血管外，应立即停止注射，以氯化钠注射液冲洗局部，温湿敷或冷敷，或局部注射透明质酸酶。如皮肤发生破溃则按溃疡常规方法处理。②本药对光敏感，给药时应避免日光直接照射。③药液一旦溅入眼内，应立即用大量生理盐水冲洗，然后给予地塞米松眼膏。④建议育龄期妇女使用本药期间应避孕。⑤对其他长春花生物碱过敏者，也可能对本药过敏。

【药物相互作用】①甲氨蝶呤：本药可阻止甲氨蝶呤从细胞内渗出而提高其细胞内浓度。②天冬酰胺酶、异烟肼：合用可加重神经毒性。③非格司亭、沙莫司亭：合用可能导致严重的周围神经病。④细胞色素 P450 3A4 强效抑制药（奎奴普丁/达福普汀）：合用可增加本药的血药浓度，导致本药毒性增加，如神经毒性、癫痫发作、白细胞减少、血小板减少等。⑤含铂制剂：合用可能增强第 8 对脑神经损害。⑥齐多夫定：可增加本药血液毒性。⑦地高辛：本药可改变地高辛的吸收而降低其疗效。⑧细胞色素 P450 3A4 诱导药（卡马西平、磷苯妥英、苯妥英）：以上药物可降低本药疗效。⑨伊曲康唑：合用可增加本药所致的神经毒性（如麻痹性肠梗阻）。⑩活疫苗（如轮状病毒疫苗）：合用可增加活疫苗感染的风险。

紫杉醇

【别名】安素泰、力扑素、泰素、特素、紫素。

【药理作用】本药是从短叶紫杉树皮中提取的具有抗肿瘤活性的物质，为一种新型的抗微管药。可促进微管双聚体装配成微管，并通过干扰去多聚化过程而使微管稳定，从而抑制微管网正常动力学重组，导致细胞分裂受阻。此外，本药还具有放射增敏效应，可促进离子照射所致细胞损害。可能是使细胞中止于对放疗敏感的 G_2 和 M 期。

【适应证】①主要用于治疗卵巢癌、乳腺癌和非小细胞肺癌。②对头颈癌、食管癌、精原细胞瘤、复发非霍奇金淋巴瘤有一定疗效。

【用法用量】用于成人卵巢癌、乳腺癌、非小细胞肺癌、头颈癌、食管癌、精原细胞瘤、复发非霍奇金淋巴瘤、胃癌、膀胱癌、恶性黑色素瘤、恶性淋巴瘤。静脉滴注。a. 单药治疗，一次 $135 \sim 200 \ mg/m^2$，如配合使用 G-CSF，剂量可达 $250 \ mg/m^2$，静脉滴注 3 小时，$3 \sim 4$ 周重复 1 次。也可采用每周方案，即一次 $50 \sim 80 \ mg/m^2$，一周 1 次，连用 $2 \sim 3$ 周，每 $3 \sim 4$ 周重复 1 个疗程。②联合用药，一次 $135 \sim 175 \ mg/m^2$，$3 \sim 4$ 周重复 1 次。

【注意事项】①患者用药时必须住院，使用前需备有抗过敏的药物以及相应的抢救器械。为预防发生过敏反应，可在治疗前 12 小时口服地塞米松 10 mg，治疗前 6 小时再口服地塞米松 10 mg，治疗前 $30 \sim 60$ 分钟给予苯海拉明肌内注射 20 mg，静脉注射西咪替丁 300 mg 或雷尼替丁 50 mg。发生严重过敏反应的患者不得再次用药。②未稀释的浓缩药液不可接触聚氯乙烯塑料器械或设备，且不能进行静脉滴注。③国外资料提示，开始新的疗程须具备以下条件：中性粒细胞计数至少为 $1.5 \times 10^9/L$、血小板计数至少为 $100 \times 10^9/L$。如果患者出现严重的中性粒细胞减少（计数低于 $0.5 \times 10^9/L$ 超过 1 周）或者严重的周围神经病变，本药用量应减少 20%。④国外资料提示，本药单次滴注时间不宜过长，以免药液漏出血管。一旦有药液漏出血管外，<u>应立即停止给药</u>，局部冷敷，并以 1% 普鲁卡因局部封闭。⑤配制本药时需戴手套。如皮肤接触本药，应立即用肥皂彻底清洗；眼睛或黏膜接触本药，应用水彻底冲洗。

【药物相互作用】①奎奴普丁/达福普汀：合用可增加本药的不良反应。②曲妥珠单抗：合用时，曲妥珠单抗的血清谷浓度水平增加约 1.5 倍。临床试验证明两者合用效果较好。③顺铂：可使本药的清除率降低约 1/3，若先给顺铂再给予本药，可产生更为严重的骨髓抑制。④多柔比星：研究表明先给本药 24 小时持续静脉滴注，再给多柔比星 48 小时持续静脉滴注，可明显降低多柔比星的清除率，加重不良反应（中性粒细胞减少和口腔炎）。⑤表柔比星：使用本药后立即给予表柔比星，可加重后者的不良反应。⑥酮康唑：可影响本药的代谢。⑦磷苯妥英、苯妥英：合用可降低本药的血药浓度。⑧活疫苗（如轮状病毒疫苗）：可增加活疫苗感染的风险。

五、其他抗肿瘤药

奥沙利铂

【别名】艾恒、艾克博康、奥铂、奥克赛铂、奥正南、草铂、草酸铂、辰雅、多令、佳乐同泰、乐沙定。

【药理作用】本药为铂络合物类抗肿瘤药，是第 3 代铂类衍生物，通过产生烷化络合物作用于 DNA，形成链内和链间交联，从而抑制 DNA 的合成及复制。对鼠的多种肿瘤，如 L1210 和 P388 白血病、Lewis 肺癌、B16 黑色素瘤、结肠癌 26、结肠癌 28，本药的抗癌活性超过顺铂，对耐顺铂的 L1210 也有一定的敏感性。对 L1210 白血病细胞中 DNA 和 RNA 均有一定的抑制作用（而顺铂仅可抑制 DNA 合成）。本药无顺铂的肾脏毒性，也无卡铂的骨髓毒性。

【适应证】与氟尿嘧啶和亚叶酸（甲酰四氢叶酸）联合用于：①转移性结直肠癌的

一线治疗。②原发肿瘤完全切除后的Ⅲ期（Duke's C 期）结肠癌的辅助治疗。

【用法用量】成人：①转移性结直肠癌。静脉滴注，推荐剂量为一次 85 mg/m²，每 2 周重复 1 次；或一次 130 mg/m²，每 3 周重复 1 次。②原发肿瘤完全切除后的Ⅲ期（Duke's C 期）结肠癌。静脉滴注，辅助治疗时，推荐剂量为一次 85 mg/m²，每 2 周重复，共 12 个周期（6 个月）。老年人：老年患者无须调整剂量。

【注意事项】①用药期间应预防性和（或）治疗性地给予止吐药。②本药与具有潜在神经毒性的药物联用时，应密切监测本药的神经安全性。③本药不得与碱性药物同时使用，以免导致本药降解（特别是氟尿嘧啶、氨丁三醇的碱性溶液）。④因本药与铝接触后可降解，故不得使用含铝的注射材料。⑤对其他铂类衍生物过敏者，也可能对本药过敏。

【药物相互作用】①环磷酰胺、表柔比星：治疗 L1210 白血病时与以上药物合用，显示有较高的活性。②甲氨蝶呤、氟尿嘧啶、硫鸟嘌呤、多柔比星、丝裂霉素、长春新碱：治疗 L1210 白血病时，合用有协同作用。③卡铂：合用可治愈 L1210 白血病小鼠（两者单用时仅可延长存活期）。④伊立替康：合用可增加发生胆碱能综合征（腹痛、唾液分泌过多等）的风险。⑤活疫苗（如轮状病毒疫苗）：合用可增加活疫苗感染的风险。⑥红霉素、水杨酸盐、格拉司琼、紫杉醇、丙戊酸钠：体外研究证明，以上药物不影响本药与血浆蛋白的结合。

卡　　铂

【别名】波贝、伯尔定、卡波铂、顺羧酸铂、碳铂。

【药理作用】本药为细胞周期非特异性抗肿瘤药，属第二代铂类，作用机制与顺铂相同。本药的不良反应（尤其是胃肠道反应）低于顺铂，与顺铂有不完全交叉耐药。既往用过顺铂无效的患者，改用本药仍可能有效。

【适应证】用于治疗卵巢癌、小细胞肺癌、非小细胞肺癌、头颈部鳞癌、食管癌、精原细胞瘤、膀胱癌、间皮瘤、睾丸癌、恶性淋巴瘤、子宫颈癌等。

【用法用量】成人，静脉滴注，一次 200~400 mg/m²，每 3~4 周 1 次，2~4 次为 1 个疗程。也可一次 50 mg/m²，每日 1 次，连用 5 日，间隔 4 周重复。

【注意事项】①本药注射剂配方中含有甘露醇或右旋糖酐，故对甘露醇或右旋糖酐过敏者禁用本药。②本药存放及使用时应避免直接日晒，应现配现用，配制好的药液应在 8 小时内使用。③铝与本药会发生反应，产生黑色沉淀及气体，故药物不能接触含铝器具。④对其他铂制剂过敏者，也可能对本药过敏。

【药物相互作用】①氨基糖苷类抗生素（阿米卡星、庆大霉素、卡那霉素、奈替米星、链霉素、妥布霉素等）：合用时耳毒性增加。②苯妥英：合用可使苯妥英的胃肠道吸收减少，作用降低。③甲氧氯普胺、5-羟色胺受体拮抗药：合用可减轻本药的胃肠道反应。④活疫苗（如轮状病毒疫苗）：合用可增加活疫苗感染的风险。

亚砷酸

【别名】纳维雅、亚砷酐、亚砷酸酐、伊泰达、三氧化二砷。

【药理作用】本药治疗急性早幼粒细胞白血病（APL）的机制尚不明确。体外试验表明，本药可诱导 NB4 细胞株（一种具有典型 APL 特征的细胞株）和对全反式维 A 酸（ATRA）耐药的 APL 细胞株发生凋亡。其对肿瘤细胞的作用并不依赖维 A 酸的调节途径。与 ATRA 和其他化学治疗药无交叉耐药现象，对 ATRA 耐药细胞（AR-2、NBR-1 及 NB4-360）仍有诱导凋亡作用，对有或无 APL 基因（PML）-维 A 酸受体基因（RARα）异常的多种肿瘤细胞系也均有抑制生长及诱导凋亡作用。其机制可能为干扰巯基酶的活性、调控癌相关基因的表达以及阻碍细胞周期的进程等。本药可显著抑制人肝癌细胞株 SMMC-7721 细胞生长，其机制与诱导肝癌细胞发生凋亡有关，且凋亡呈剂量依赖性和时间依赖性。细胞周期分析显示，本药在 1 μg/mL 浓度下作用 24 ~ 72 小时，可使细胞生长受阻于 G_2/M 期。经本药处理 4 日后的食管癌细胞株 EC-8712 和 EC-171，可出现显著的凋亡特征，并表现为剂量依赖性和时间依赖性。此外，本药对原生质有强烈毒性。与细胞酶系统的巯基（—SH）结合后，可破坏细胞的氧化过程，使组织坏死。接触牙髓组织后，使血管高度扩张充血，形成血栓，导致血管破裂出血；作用于神经末梢，使轴索和髓鞘破坏，最后组织坏死。用于牙髓失活时作用时间短，一般在 24 ~ 48 小时即可使冠部牙髓失活。

【适应证】用于急性早幼粒细胞白血病（APL）、原发性肝癌晚期。

【用法用量】成人：①APL。静脉滴注，一次 5 ~ 10 mg 或 7 mg/m²，每日 1 次，用 5% 葡萄糖注射液或 0.9% 氯化钠注射液 500 mL 稀释后滴注 3 ~ 4 小时。4 周为 1 个疗程，间歇 1 ~ 2 周，也可连续用药。②原发性肝癌晚期。静脉滴注，一次 7 ~ 8 mg/m²，每日 1 次，用 5% 葡萄糖注射液或 0.9% 氯化钠注射液 500 mL 稀释后滴注 3 ~ 4 小时。2 周为 1 个疗程，间歇 1 ~ 2 周后可进行下一疗程。儿童：用于 APL，静脉滴注，一次 0.16 mg/kg，用法同成人。

【注意事项】①用药期间，应避免使用含硒药品及食用含硒食品。②本药开封后应立即使用，未用部分应弃去。③本药不宜与能导致电解质异常的药物（利尿药、两性霉素 B）合用。

【药物相互作用】延长 QT 间期的药物（某些抗心律失常药、硫利达嗪、齐拉西酮）：合用有增加心脏毒性的危险（QT 间期延长、尖端扭转型室性心动过速、心搏骤停）。

替加氟

【别名】夫洛夫脱兰、呋氟啶、呋氟嘧啶、呋氟尿嘧啶、呋喃氟尿嘧啶、氟利尔、喃氟啶、岐星、四氢呋喃氟尿嘧啶。

【药理作用】本药在体内经肝脏微粒体酶 P450 活化，逐渐转变为氟尿嘧啶而起抗肿瘤作用。其化学治疗指数为氟尿嘧啶的 2 倍，毒性仅为氟尿嘧啶的 1/7 ~ 1/4。

【适应证】①主要用于治疗消化道肿瘤，如胃癌、直肠癌、胰腺癌、肝癌、结肠癌。②也可用于治疗乳腺癌、支气管肺癌等。③还可用于膀胱癌、前列腺癌、肾癌及头颈部癌等。

【用法用量】成人：①消化道肿瘤、乳腺癌。a. 口服给药，800 ~ 1200 mg/d，分 3 ~ 4 次服用，总量 30 ~ 50 g 为 1 个疗程。b. 静脉滴注，一次 15 ~ 20 mg/kg（或 800 ~ 1000 mg），溶于 5% 葡萄糖注射液或 0.9% 氯化钠注射液 500 mL 中，静脉滴注，每日 1 次，总量 20 ~ 40 g 为 1 个疗程。可与其他抗肿瘤药联合应用。c. 直肠给药，使用本药栓剂，一次 500 mg，每日 1 ~ 2 次。②支气管肺癌、膀胱癌、前列腺癌、肾癌。口服给药，800 ~ 1200 mg/d，分 3 ~ 4 次服用，总量 30 ~ 50 g 为 1 个疗程。儿童：用于消化道肿瘤，口服给药，一次 4 ~ 6 mg/kg，每日 4 次。

【注意事项】本药呈碱性且含碳酸盐，避免与含钙、镁离子及酸性较强的药物合用。

【药物相互作用】①磺胺类药、氯霉素、氨基比林：合用可加重骨髓抑制。②皮质激素：合用可增强免疫系统的抑制作用。③活疫苗（如轮状病毒疫苗）：合用将增加活疫苗感染的风险。

天冬酰胺酶

【别名】L-门冬酰胺酶、L-天门冬酰胺酶、L-天门冬酰胺转移酶、爱施巴、天冬酰胺酶、天门冬酰胺酶、优适宝、左旋门冬酰胺酶、左旋天门冬酰胺酶。

【药理作用】本药是从大肠埃希菌中提取的酶制剂类抗肿瘤药。天冬酰胺是细胞合成蛋白质及增殖生长所必需的氨基酸，本药能将血清中的天冬酰胺水解为天冬氨酸和氨。正常细胞有自身合成天冬酰胺的功能，而急性白血病等肿瘤细胞则无此功能，因此，使用本药可使机体内天冬酰胺急剧缺乏，肿瘤细胞的蛋白质合成受阻，从而可使肿瘤增殖受抑制。此外，本药也可干扰细胞 DNA、RNA 的合成，特异性地抑制 G_1 期细胞。由于人白血病细胞中含有天冬酰胺合成酶，可通过自身合成天冬酰胺，从而可对本药较快地产生耐药性，故本药不宜单独使用或作维持治疗，而应与其他抗肿瘤药联用。

【适应证】用于治疗急性淋巴细胞白血病、急性粒细胞白血病、急性单核细胞白血病、慢性淋巴细胞白血病、霍奇金淋巴瘤及非霍奇金淋巴瘤、黑色素瘤等。对儿童急淋的诱导缓解疗效较好。由于单用本药时缓解期较短，且易产生耐药性，故多与其他化学治疗药组成联合方案，以提高疗效。

【用法用量】成人：用于急淋诱导缓解。①静脉给药，500 U/（m^2·d），或 1000 U/（m^2·d），最高可达 2000 U/（m^2·d），10～20 日为 1 个疗程。②肌内注射，剂量同"静脉给药"项。儿童：用于急性淋巴细胞白血病。①静脉给药，与长春新碱、泼尼松联用，在给予长春新碱、泼尼松后，于疗程的第 22 日，每日使用本药 1000 U/kg，连用 10 日。②肌内注射，与长春新碱、泼尼松联用，自疗程的第 4 日开始，一次给予本药 6000 U/m^2，每 3 日给药 1 次，共用 9 次。

【注意事项】①用药前须备有抗过敏反应的药物。②药物稀释后应在 8 小时内使用，药液不澄清者不能使用。③不同厂家、不同批号的产品，其纯度和过敏反应均有差异，使用时必须慎重。④儿童预先给药和脱敏有以下两种方案：a. 每次静脉滴注前 1 小时静脉给予地塞米松 2 mg/kg（最大剂量 16 mg），非尼拉敏 1 mg/kg（最大剂量 40 mg），随后给予本药（溶于 240 mL 生理盐水中）总剂量的 0.1%，以 60 mL/h 的速率滴注。继而给予本药总剂量的 1% 和 10%，以 60 mL/h 的速率滴注。剩余的剂量以相同的方法给药。总静脉滴注时间为 16 小时。b. 给予甲泼尼龙一次 2 mg/kg（最大剂量为 60 mg），静脉滴注本药前 13、7、1 小时给药。羟嗪 1 mg/kg（最大剂量 25 mg）和雷尼替丁 1 mg/kg，静脉滴注本药前 1 小时给药；随后静脉滴注本药 1 U，每 10 分钟给予加倍剂量，直至给予全部剂量。⑤来源于大肠埃希菌与来源于欧文菌族的天冬酰胺酶偶有交叉过敏。

【药物相互作用】①硫唑嘌呤、苯丁酸氮芥、环磷酰胺、环孢素、巯嘌呤、抗 CD3 单克隆抗体：合用可增强本药疗效。②泼尼松、促皮质素、长春新碱：合用可使本药的不良反应增加。③甲氨蝶呤：合用可阻断甲氨蝶呤的抗肿瘤作用。④活疫苗（如轮状病毒疫苗）：合用可增加活疫苗感染的风险。

亚叶酸钙

【别名】爱捷康、爱汝昔、安曲希、得尔夫正、法益宁、福能、盖尔青、惠仁复林、甲酰四喋酸钙、甲酰四氢叶酸钙、甲叶钙、康达利平、康莱尔、力雷特、立可林、路维芬、欧力、醛氢叶酸钙、硕呋力、世明、司敏乐、同奥、亚康欣。

【药理作用】本药为叶酸的活性形式，在体内不需叶酸还原酶的作用而直接起效，药理作用同叶酸。由于本药不会被二氢叶酸还原酶抑制药所阻滞，临床上可用于抗叶酸药［如大剂量甲氨蝶呤（MTX）］治疗后的解救。本药与氟尿嘧啶联合疗法的作用机制为，氟尿嘧啶在体内活化为氟尿嘧啶脱氧核苷，从而取代脱氧尿苷酸，与胸苷酸合成酶、甲基四氢叶酸形成三联复合物，这一复合物比正常代谢状态下脱氧尿苷酸、胸苷酸合成酶、甲基四氢叶酸的三联复合物更稳定，不易解离，使胸苷酸合成酶失活，不能生成脱氧胸苷酸，从而抑制 DNA 生成，抑制肿瘤细胞增殖。外源给予足量本药，经体内转变为甲基四氢叶酸，可进一步增加氟尿嘧啶脱氧核苷三联复合物的形成，增强氟尿嘧啶的作用。

【适应证】①主要用作叶酸拮抗药（如甲氨蝶呤、乙胺嘧啶及甲氧苄啶等）的"解救"治疗，临床常用于预防大剂量甲氨蝶呤或用药过量所引起的严重毒性作用。②与氟尿嘧啶联用，治疗结直肠癌与胃癌。③用于妊娠期妇女、婴儿或口炎性腹泻、营养不良引起的巨幼细胞贫血。

【用法用量】①与尿嘧啶（Fu）合用增效：$20 \sim 50$ mg/$(m^2 \cdot 次)$，静脉滴注，每日 1 次，连用 5 日。可用生理盐水或葡萄糖注射液稀释配成输注液，配制后的输注液pH≥6.5。②用于甲氨蝶呤（MTX）的"解救"疗法：本品剂量最好根据血药浓度确定，一般剂量为按体表面积 $9 \sim 15$ mg/m^2，静脉滴注或肌内注射，每 6 小时 1 次，共用 12 次。③作为乙胺嘧啶或甲氧苄啶等的解毒剂：肌内注射，$9 \sim 15$ mg/次，视中毒情况而定。

【注意事项】①本药不宜与甲氨蝶呤同用，以免影响后者抗叶酸作用。应一次大剂量使用甲氨蝶呤 $24 \sim 48$ 小时后再使用本药，且本药剂量应使血药浓度大于或等于甲氨蝶呤浓度。②用于大剂量甲氨蝶呤的"解救"治疗时：a. 应根据测得的甲氨蝶呤浓度调整本药用量和使用时间。b. 如使用甲氨蝶呤 24 小时后，血清肌酐较治疗前升高 50%，提示有严重肾毒性，要慎重处理。c. 甲氨蝶呤用药前及用药后，应保持尿液 pH 大于7，必要时用碳酸氢钠和水化治疗（在注射当日及注射后 2 日，每日补液量 3000 mL/m^2），以防止肾功能不全。③使用本药粉针剂应新鲜配制，且剂量大于 10 mg/m^2 时，需使用灭菌注射用水而不能使用含苯甲醇的溶液溶解。

【药物相互作用】①氟尿嘧啶：合用可使氟尿嘧啶的疗效增加，毒性增强。②乙胺嘧啶、甲氧苄啶：合用可预防以上药物引起的继发性巨幼细胞贫血。③巴比妥、扑米酮、苯妥英钠：较大剂量的本药与以上药物合用，可对抗以上药物的抗癫痫作用，并可使某些患者（如正在服用抗癫痫药的儿童）癫痫发作率增加。④甲氨蝶呤：高剂量的亚叶酸可能减弱甲氨蝶呤鞘内给药的疗效。

六、抗肿瘤激素类

枸橼酸他莫昔芬

【别名】德孚伶、枸橼酸三苯氧胺、柠檬酸三苯氧胺、诺瓦得士、三苯氧胺、它莫酚、特莱芬、昔芬、抑乳癌。

【药理作用】本药为化学合成的非甾体抗雌激素类抗肿瘤药。其结构与雌激素相似，存在 Z 型和 E 型两个异构体（本药为 Z 型异构体），两者物理化学性质各异，生理活性也不同，E 型具有弱雌激素活性，Z 型则具有抗雌激素作用。如果乳腺癌细胞内有雌激素受体（ER），当雌激素进入肿瘤细胞内并与其结合，促使肿瘤细胞的 DNA 和 mRNA 的合成，从而可刺激肿瘤细胞生长。当本药进入细胞内并与 ER 竞争结合，形成受体复合物，抑制雌激素的作用发挥，从而可抑制乳腺癌细胞的增殖。本药治疗晚期乳腺癌有效，国外将本药列为绝经期妇女晚期乳腺癌姑息疗法的第一线药物，其疗效略优于其他同类激素，而不良反应明显较低。此外，雌激素受体或孕激素受体阳性患者较易出现疗效，接受过化学治疗者不影响其疗效。

【适应证】①用于治疗复发转移乳腺癌。②用作乳腺癌手术后的辅助治疗，以预防复发。

【用法用量】用于乳腺癌，口服给药，一次 10 mg，每日 2 次；或 20 mg/d，每日 2 次。

【注意事项】①由于本药可促进排卵，有导致怀孕的可能，故患有乳腺癌的未绝经妇女不宜使用本药。若绝经前必须使用本药，应同时服用抗促性腺激素药。②治疗期间及停药后 2 个月，患者应严格避孕，但不得使用雌激素类药进行避孕。

【药物相互作用】①氟尿嘧啶、环磷酰胺、甲氨蝶呤、长春新碱、多柔比星：合用可提高疗效。②甲磺酸溴隐亭：本药可以提高甲磺酸溴隐亭的多巴胺能作用。③阿曲库铵：有资料显示，本药可延长阿曲库铵的神经肌肉阻滞作用。④抗凝血药（如华法林、香豆素类抗凝血药）：本药可增强抗凝血药作用。⑤丝裂霉素：合用可使发生溶血性血尿综合征的风险增加。⑥雷藤内酯：合用可导致小鼠肿瘤生长加快。⑦别嘌呤醇：合用可加重本药肝毒性。⑧其他细胞毒性药：合用可增加发生血栓栓塞的风险。⑨他克莫司：体外试验研究结果显示，本药可能抑制他克莫司的代谢。⑩抗酸药、西咪替丁、法莫替丁、雷尼替丁：以上药物可改变胃内 pH，使本药肠溶片提前分解，对胃产生刺激作用。⑪雌激素：可影响本药治疗效果。

七、抗肿瘤辅助药

美司钠

【别名】美安、美钠、巯乙磺酸钠、优美善。

【药理作用】环磷酰胺类化学治疗药在体内产生的丙烯醛和 4-羟基代谢物对泌尿道有一定的毒性。美司钠可与丙烯醛的双链结合，形成稳定的硫醚化合物；还可降低尿中 4-羟基代谢产物的降解速度，形成一种相对稳定的 4-羟基环磷酰胺（或 4-羟基异环磷酰胺）与美司钠缩合而成的物质，此物质对膀胱无毒性，由此起到良好的解毒作用。此外，美司钠可使痰液黏蛋白的二硫键断裂，降低痰液黏度，局部给药可作为速效、强效的黏痰稀释剂。

【适应证】用于预防环磷酰胺、异环磷酰胺、曲酰胺等药物的泌尿道毒性。

【用法用量】①预防环磷酰胺、异环磷酰胺、曲酰胺等药物的泌尿道毒性。a. 静脉注射，常用量为环磷酰胺、异环磷酰胺、曲酰胺剂量的 20%，给药时间为 0、4、8 小时，共 3 次。使用环磷酰胺作连续性静脉滴注时，在给药的 0 小时，一次大剂量注射本药，然后再将本药加入环磷酰胺输注液中同时给药（本药剂量可高达环磷酰胺剂量的

100%）。在输注液用完后 6～12 小时内连续使用本药（剂量可高达环磷酰胺剂量的 50%）以保护尿道。b. 静脉滴注，参见"静脉注射"项。②慢性支气管炎、肺炎、肺癌患者痰液黏稠、术后肺不张等所致的咳痰困难。a. 雾化吸入，使用本药气雾剂，一次 1～2 mL。b. 气管滴入，参见"雾化吸入"项。

【注意事项】①曾接受骨盆区放射治疗者、使用环磷酰胺治疗时出现过膀胱炎者、曾有泌尿道损伤者以及使用大剂量环磷酰胺（超过 10 mg/kg）的患者，在给予环磷酰胺时应合用本药。②本药的解毒保护作用只限于泌尿系统，所有其他对使用环磷酰胺治疗时所采取的预防及治疗措施均不受本药影响。③患者治疗过程中应充分水化。

【药物相互作用】华法林：合用可使出血的危险性增加。

盐酸昂丹司琼

【别名】安美舒、安斯欣、昂丹同、奥丹色创、奥丹色子、奥丹西酮、奥坦西隆、奥一麦、迪施安、地力昕、恩丹西隆、恩丹西酮、恩复德、恩诺平、富米汀、康达立特、路维森、欧贝、时泰、枢丹、枢复宁、瞬吉、维泽、翁旦斯隆、盐酸奥坦西隆、盐酸恩丹西隆、盐酸恩丹西酮、奕丰、益舒宁。

【药理作用】本药为选择性 5-羟色胺 3（5-HT$_3$）受体拮抗药、强效止呕药。其作用机制为：化学治疗和放射治疗等因素可使 5-羟色胺从消化道的嗜铬细胞中游离出来，与存在于消化道黏膜的迷走神经传入末梢中的 5-HT$_3$ 受体结合，进而刺激呕吐中枢，诱发呕吐。一般认为，本药是通过阻断此处的 5-HT$_3$ 受体而发挥止吐作用的。本药选择性较高，因而没有其他止吐药的不良反应（如锥体外系反应、过度镇静等）。

【适应证】①用于细胞毒性药物化学治疗和放射治疗引起的恶心呕吐。②用于预防和治疗手术后的恶心呕吐。

【用法用量】成人：①化学药物治疗和放射治疗引起的恶心呕吐。a. 口服给药。对化学治疗引起的呕吐，一次 8 mg，每 8～12 小时 1 次，连用 5 日。对放射治疗引起的呕吐，一次 8 mg，每 8 小时 1 次，首次需于治疗前 1～2 小时给药，疗程视放疗的程度而定。b. 静脉注射/口服给药。对高度催吐的化疗药引起的呕吐，静脉注射本药一次 8 mg，化学药物治疗前 15 分钟及治疗后 4、8 小时分别静脉注射一次，停止化学药物治疗后每 8～12 小时口服本药 8 mg，连用 5 日。对催吐程度不太强的化学药物治疗药引起的呕吐于化学药物治疗前静脉注射本药 8 mg，随后每 8～12 小时口服本药 8 mg，连用 5 日。c. 静脉滴注/口服给药。对高度催吐的化疗药引起的呕吐，在化学药物治疗前 30 分钟、治疗后 4、8 小时各静脉滴注 8 mg，停止化学药物治疗后改为口服给药。对催吐程度一般的化学治疗药引起的呕吐，治疗前 30 分钟静脉滴注 8 mg，此后改为口服给药。②术后的恶心呕吐。a. 口服给药，预防术后恶心呕吐，一次 8 mg，于麻醉前 1 小时 1 次，以后则每 8 小时 1 次。b. 静脉注射。预防术后恶心呕吐，一次 4 mg，与诱导麻醉的同时缓慢静脉注射；治疗术后恶心呕吐，一次 4 mg。c. 肌内注射。防治术后恶心呕吐，于麻醉诱导的同时注射 4 mg 预防；已出现恶心呕吐者，可注射 4 mg 进行治疗。d. 静脉滴注。防治术后恶心呕吐，于麻醉诱导的同时静脉滴注 4 mg 预防；已出现恶心呕吐时，可缓慢静脉滴注 4 mg 进行治疗。老年人剂量：65 岁以上老人用药时无须调整剂量及给药途径。儿童：①化学药物治疗和放射治疗所致呕吐。a. 口服给药，化学药物治疗前静脉注射，12 小时后再口服 4 mg；化学药物治疗后口服，一次 4 mg，每日 2 次，连服 5 日。

b. 静脉注射，化学药物治疗前静脉注射 5 mg/m²。②术后恶心呕吐。静脉注射，对预防术后恶心呕吐，于诱导麻醉前、期间或之后缓慢注射 0.1 mg/kg 或最大剂量 4 mg 预防。对治疗术后恶心呕吐，可缓慢注射 0.1 mg/kg 或最大剂量 4 mg 进行治疗。

【注意事项】①治疗腹部手术后或化学治疗引起的恶心、呕吐时，本药可能掩盖进行性肠梗阻和（或）肠胀气的发生。②对司巴丁及异喹胍代谢差的患者，对本药的消除半衰期无影响。对这类患者重复给药后，药物的血药浓度与正常人无差异，故用药剂量和用药次数无须改变。③先天性长 QT 综合征者应避免使用本药。电解质紊乱、充血性心力衰竭、心律不齐或使用其他导致 QT 间期延长药物的患者，建议用药时监测心电图。④据国外资料报道，本药并不刺激胃肠蠕动，不可用本药代替鼻胃管负压吸引。⑤对其他选择性 5-羟色胺 3 受体拮抗药过敏者，亦可能对本药过敏。

【药物相互作用】①地塞米松：合用可增强止吐效果。②降血压药（如钙通道阻滞药）：合用可能使降压作用增强。③阿扑吗啡：合用可致严重的低血压和意识丧失。④卡莫司汀、依托泊苷、顺铂：以上药物不影响本药的药代动力学。⑤替马西泮、呋塞米、曲马多、丙泊酚：本药与以上药物无相互作用。⑥乙醇：本药与乙醇无相互作用。

第十五节 维生素、矿物质类药及调节水、电解质和酸碱平衡用药

一、维生素

维生素 A

【别名】醋酸维生素 A、甲种维生素、抗干眼病维生素、诺沛、视黄醇、视黄醇醋酸酯、视黄醇棕榈酸酯、视黄素醋酸酯、维持明、维生素 A 醋酸酯、维生素 A 棕榈酸酯、维生素甲、维他命 A、优乐沛。

【药理作用】维生素 A 包括维生素 A₁（视黄醇）和 A₂（3-脱氢视黄醇），主要存在于动物肝脏、脂肪、乳汁、蛋黄内。食物中的维生素 A 含量用 RE 表示，1U 相当于 0.3 μg（或 0.3 RE）。可转化为视黄醇的类胡萝卜素（存在于有色蔬菜及黄色水果中，主要为 β 胡萝卜素），都称为维生素 A 原。从食物中摄入的维生素 A 原约 1/3 可被人体吸收。胡萝卜素 1 μg 相当于 0.167 RE。视黄醇在体内可转化为视黄酸和视黄醛。由视黄醛与视蛋白合成的视紫红质是视网膜感光物质，在感光过程中不断分解与再生。缺乏维生素 A 时，视紫红质合成减少，暗适应视觉减低，严重时可产生夜盲。视黄醇、视黄醛对骨骼生长、卵巢和睾丸功能的维持及胚胎发育也起着重要作用。

【适应证】用于预防和治疗维生素 A 缺乏症，如夜盲症、眼干燥症、角膜软化症和皮肤粗糙等。

【用法用量】成人。①预防维生素 A 缺乏症。口服给药，日剂量男性 5000 U（1500 RE）、女性 4000 U（1200 RE）、妊娠期妇女 4000 U（1200 RE）、哺乳期妇女 6000 U（1800 RE）。②治疗维生素 A 缺乏症。口服给药，轻度维生素 A 缺乏，3 万~5 万 U/d，分 2~3 次服用，症状改善后可减量；重度维生素 A 缺乏症，10 万 U/d，3 日后改为 5 万 U/d，使用 2 周，然后 1 万~2 万 U/d，再用药 2 月。③恶心、呕吐、吸收不良综合征、眼损害较严重、手术前后用药。肌内注射，6 万~10 万 U/d（1.8 万~3 万 RE），连用 3 日，以后 5 万 U/d（1.5 万

RE），共用2周。儿童：①预防和治疗维生素A缺乏症。a. 口服给药，2500 U/d。b. 肌内注射，治疗维生素A缺乏症，2.5万～5万 U/d（7500～15000 RE），连续给药至症状体征好转。②恶心、呕吐、吸收不良综合征、眼损害较严重、手术前后用药。肌内注射，1岁以上且≥8岁儿童，0.5万～1万 U/d（1500～3000 RE）；大于8岁儿童，同成人用法用量。

【注意事项】维生素A广泛存在于黄色及绿色蔬菜中，肝、黄油、蛋黄中含量较丰富，成人长期服用2.5万 U/d，可致本药过量。

【药物相互作用】①口服避孕药：合用可使本药血药浓度升高。②维生素E：合用可促进本药吸收，增加肝脏储存量，加速利用和降低毒性，但服用大量维生素E可耗尽本药在体内的储存。③氢氧化铝：可影响本药吸收。④考来烯胺、矿物油、新霉素、硫糖铝：以上药物可干扰本药吸收。⑤抗凝血药（如香豆素、茚满二酮衍生物）：大量本药与以上药物合用，可导致凝血因子Ⅱ降低。

维生素 B_6

【别名】吡多醇、吡多辛、吡哆醇、菲力古、昊强、洁傲、抗神经炎维生素、抗炎素、羟基吡啶、申凯能、维他命 B_6、盐酸吡多醇、盐酸吡多辛、盐酸维生素 B_6、盐酸维他命 B_6。

【药理作用】本药包括吡多醇、吡多醛和吡多胺3种形式，三者可互相转化。本药在体内与ATP生成具有生理活性的磷酸吡多醛和磷酸吡多胺。本药是某些氨基酸的氨基转移酶、脱羧酶及消旋酶的辅酶，对蛋白质、碳水化合物、脂类的多种代谢功能起作用，如参与脑中抑制性递质 γ-氨基丁酸的产生（谷氨酸脱羧形成）及色氨酸转化为烟酸的过程。磷酸吡多醛还参与亚油酸转变为花生四烯酸的过程。

【适应证】①用于维生素 B_6 缺乏的预防和治疗（如唇干裂、脂溢性皮炎），也可用于减轻妊娠呕吐。本药注射剂还可用于放射病及抗癌药所致的呕吐，防治环丝氨酸中毒、异烟肼中毒等。②用于维生素 B_6 的补充：a. 发热、烫伤患者。b. 长期血液透析者。c. 先天性代谢障碍疾病（胱硫醚尿症、高草酸盐尿症、高胱氨酸尿症、黄嘌呤酸尿症）、吸收不良综合征伴肝胆系统疾病（如酒精中毒伴肝硬化）、肠道疾病（持续腹泻、乳糜泻、热带口炎性肠炎、克罗恩病）患者。d. 全胃肠道外营养、因摄入不足所致营养不良、进行性体重下降者。e. 胃切除术后、长期慢性感染、甲状腺功能亢进、充血性心力衰竭患者。f. 妊娠期妇女及哺乳期妇女。③用于新生儿遗传性维生素 B_6 依赖综合征。④本药软膏用于痤疮、酒渣鼻、脂溢性湿疹、皱皮症。

【用法用量】成人：①维生素 B_6 缺乏症。a. 口服给药，10～20 mg/d。连用3周，以后2～3 mg/d，持续数周。也有使用30～60 mg/d，连用3周，以后10～20 mg/d，持续数周。b. 皮下注射，一次50～100 mg，每日1次。c. 肌内注射，参见皮下注射项。d. 静脉注射，参见皮下注射项。②药物所致维生素 B_6 缺乏。a. 口服给药。预防用量10～50 mg/d（使用青霉胺时），或100～300 mg/d（使用环丝氨酸、乙硫异烟胺或异烟肼时）。治疗用量50～200 mg/d，连用3周，以后25～100 mg/d。b. 肌内注射。治疗用量50～200 mg/d，连用3周，以后根据需要25～100 mg/d。c. 静脉注射，参见"肌内注射"项。③环丝氨酸中毒。a. 肌内注射，每日300 mg或300 mg以上。b. 静脉注射，参见"肌内注射"项。④异烟肼中毒。a. 肌内注射，每1000 mg异烟肼，给予本药

1000 mg。b. 静脉注射，参见"肌内注射"项。⑤先天性代谢障碍疾病（胱硫醚尿症、高草酸尿症、高胱氨酸尿症、黄嘌呤酸尿症）。a. 口服给药，100 ~ 500 mg/d。b. 皮下注射，一次50 ~ 100 mg，每日 1 次。c. 肌内注射，参见"皮下注射"项。d. 静脉注射，参见"皮下注射"项。⑥酒精中毒。口服给药，50 mg/d。⑦痤疮、酒渣鼻、脂溢性湿疹、皱皮症。外用，将本药软膏涂搽于洗净患处，每日 2 ~ 3 次。⑧遗传性铁粒幼细胞贫血。口服给药，200 ~ 600 mg/d，连用 1 ~ 2 月；以后 30 ~ 50 mg/d，终身服用。⑨白细胞减少。静脉注射，一次 50 ~ 100 mg，加入 5% 葡萄糖注射液 20 mL 中静脉注射，每日 1 次。儿童：①维生素 B_6 缺乏症。口服给药，5 ~ 10 mg/d，连用 3 周；以后 2 ~ 5 mg/d，持续数周。②新生儿维生素 B_6 依赖综合征。a. 口服给药，婴儿维持量为 2 ~ 10 mg/d，终生服用。b. 皮下注射，一次 50 ~ 100 mg，每日 1 次。c. 肌内注射，参见"皮下注射"项。d. 静脉注射，参见"皮下注射"项。

【注意事项】①对食欲缺乏、经前期紧张、刺激乳汁分泌、酒精中毒、哮喘、肾结石、精神病、偏头痛、痤疮及其他皮肤病，目前尚未证实本药对其确切的疗效。本药不宜大剂量用于治疗未经证实有效的疾病。②本药软膏应避免接触眼部或其他黏膜（如口腔、鼻腔等）。③罕见单一性维生素缺乏症，故应同时评估其他缺乏症。

【药物相互作用】①维生素 B_1、维生素 B_{12}：本药与维生素 B_1 合用，有较强的止痛作用，维生素 B_{12} 可增强两者联用的止痛效果，缓解因周围神经疾病和脊髓疾病所致的疼痛。②非甾体消炎药：合用可增强非甾体消炎药的止痛作用。③口服避孕药：合用可促进本药的代谢灭活，同时可对抗后者所致的精神抑郁。④雌激素：合用可降低本药在体内的活性。⑤氯霉素、异烟肼、环丝氨酸、乙硫异烟胺、盐酸肼屈嗪及免疫抑制药（糖皮质激素、环磷酰胺、环孢素、青霉胺等）：以上药物对本药有拮抗作用或可增加本药的肾排泄率，甚至可引起贫血或周围神经炎。同时可减轻环磷酰胺所引起的肝脏、胃肠道不良反应。⑥左旋多巴：本药小剂量（5 mg/d）与左旋多巴合用，可降低其治疗帕金森病的疗效，如同时加用脱羧酶抑制药（如卡比多巴）时，则对后者无影响。⑦秋水仙碱：合用可减轻秋水仙碱所致的不良反应。⑧氟哌啶醇：合用可消除氟哌啶醇所致的胃肠道不良反应。⑨乌头碱：合用可抑制乌头碱所致的心律失常。⑩多潘立酮、铋剂：合用可预防以上药物所致泌乳反应，并可减轻多潘立酮的不良反应。

叶 酸

【别名】蝶酰谷氨酸、美天福、帕莱欣、斯利安、维生素 B_{11}、维生素 Bc、维生素 M、维生素 R、叶酸钠。

【药理作用】本药是由蝶啶、氨苯甲酸及谷氨酸残基组成的水溶性 B 族维生素。本药由肠道吸收后，经门静脉进入肝脏，在肝内二氢叶酸还原酶的作用下，转变为具有活性的四氢叶酸。四氢叶酸是体内转移"一碳基团"的载体。"一碳基团"可以连接在四氢叶酸 5 位或 10 位碳原子上，主要参与嘌呤核苷酸和嘧啶核苷酸的合成与转化。尿嘧啶核苷酸转化为胸腺嘧啶核苷酸时所需的甲基即来自携有"一碳基团"的四氢叶酸所提供的甲烯基。因此，叶酸缺乏可致"一碳基团"转移障碍，胸腺嘧啶核苷酸合成困难，DNA 合成受到影响，从而使细胞分裂速度减慢，仅停留在 G_1 期，而 S 期及 G_2 期相对延长。上述改变不仅会影响造血细胞（引起巨幼细胞性贫血），也会累及体细胞（尤其是消化道黏膜细胞）。正常红细胞中叶酸盐浓度为 0.175 ~ 0.316 $\mu g/$ mL。

【适应证】①主要用于叶酸缺乏及其所致的巨幼细胞贫血。②用于妊娠期、哺乳期妇女预防给药。③用于预防胎儿先天性神经管畸形。

【用法用量】成人：①叶酸缺乏及其所致的巨幼细胞贫血。a. 口服给药，一次 5 ~ 10 mg，15 ~ 30 mg/d，14 日为 1 个疗程，或用至血常规恢复正常。维持剂量 2.5 ~ 10 mg/d。b. 肌内注射，一次 5 ~ 10 mg，3 ~ 4 周为 1 个疗程。②哺乳期、妊娠期妇女预防性给药。口服给药，一次 0.4 mg，每日 1 次。③预防胎儿先天性神经管畸形。口服给药，育龄妇女从计划怀孕时起至妊娠早期末，一次 0.4 mg，每日 1 次。儿童：用于巨幼细胞贫血，口服给药，一次 5 mg，每日 3 次；或 5 ~ 15 mg/d，分 3 次服用。

【注意事项】①本药口服可以迅速改善巨幼细胞贫血，但不能阻止因维生素 B_{12} 缺乏而致的神经损害（如脊髓亚急性联合变性）的进展。如大剂量持续服用本药，可使血清维生素 B_{12} 的含量进一步降低，反而使神经损害向不可逆方向发展。恶性贫血及疑有维生素 B_{12} 缺乏的患者，不可单用本药，因这样会加重维生素 B_{12} 的负担和神经系统症状。②用微生物法测定血清或红细胞中的叶酸浓度时，使用抗生素类药会使其浓度偏低，应谨慎用药。③营养性巨幼细胞贫血常合并缺铁，应同时补铁，并补充蛋白质及其他 B 族维生素。④造血功能受抑制、酒精中毒和其他维生素缺乏者可能发生治疗抵抗。

【药物相互作用】①考来替泊：合用可能会降低本药的生物利用度。②柳氮磺吡啶：合用可减少本药的吸收。③维生素 C：合用可抑制本药的吸收。④胰酶：合用可能会干扰本药的吸收。⑤甲氨蝶呤、乙胺嘧啶等药物：合用时以上药物和本药的疗效均降低。⑥锌：大剂量口服本药可影响微量元素锌的吸收。⑦苯妥英钠、苯巴比妥、扑米酮：合用可使癫痫发作的临界值降低，并使敏感患者发作次数增加。

维生素 E

【别名】DL - α - 生育酚、DL - 生育酯醋酸酯、产妊酚、醋酸产妊酚、醋酸维生素 E、肤乐宁、抗不育维生素、来益、生育酚、维生素戊、消旋 α - 生育酚。

【药理作用】本药是一种基本营养素，属于抗氧化剂，确切功能尚不明确。本药可结合饮食中的硒；可保护细胞膜及其他细胞结构的多价不饱和脂肪酸，使其免受自由基损伤，如保护红细胞免于溶血，保护神经与肌肉免受氧自由基损伤，维持神经、肌肉的正常发育与功能；也可能作为某些酶系统的辅助因子。本药对生殖功能、脂质代谢等均有影响。可促进腺垂体分泌，促进精子的生成和活动，增强卵巢功能，使卵泡数增加、黄体细胞增大并增强黄体酮的作用。本药缺乏时，可使动物生殖器官功能受损，导致不易受精或引起习惯性流产；还可使动物血浆中胆固醇、三酰甘油等含量增加，从而导致动脉粥样硬化。大剂量的本药尚可促进毛细血管及小血管增生，改善周围循环。有本药还可改善糖尿病代谢异常的报道。本药外用具有抗氧化、润肤、止痒作用。

【适应证】①本药软胶囊、胶丸、片剂用于心脑血管疾病、习惯性流产、不孕症的辅助治疗。②本药乳剂用于皮肤干燥及因季节变化所引起的皮肤瘙痒症。③本药注射液仅用于棘红细胞增多症或吸收不良综合征。

【用法用量】成人：①心脑血管疾病、习惯性流产、不孕症的辅助治疗。口服给药，胶囊、胶丸、片剂一次 10 ~ 100 mg，每日 2 ~ 3 次。②皮肤干燥及因季节变化所引起的皮肤瘙痒症。外用乳剂，取本药适量涂于皮肤干燥及瘙痒处。③棘红细胞增多症或吸收不良综合征。肌内注射，注射液一次 5 ~ 50 mg，每日 1 次。④维生素 E 缺乏。口服给药，一般用量一次 10 ~ 100 mg，每日 2 ~ 3 次，具体用量随缺乏程度而异。儿童：用于维生素 E 缺乏。口服给药，一般用量 1 mg/(kg·d)，具体用量随缺乏程度而异；早产儿 15 ~ 20 mg/d；慢性胆汁淤积者，使用本药水溶性制剂 15 ~ 25 mg/d。

【注意事项】①本药严禁用于低出生体重儿静脉给药。②如果食物中硒、维生素 A、含硫氨基酸不足时，或含有大量不饱和脂肪酸时，本药的需要量将大为增加，若不及时补充，可能引起维生素 E 缺乏症。③本药乳剂不可用于皮肤破损处，避免接触眼部和其他黏膜（如口腔、鼻腔等）。

【药物相互作用】①维生素 A：合用可促进维生素 A 的吸收、利用和肝脏贮存，并降低其中毒的可能性；但过量时可减少维生素 A 的体内储存。②双香豆素及其衍生物：合用可导致低凝血酶原血症。③雌激素：与雌激素长期大量合用，可诱发血栓性静脉炎。④氢氧化铝：与大量氢氧化铝合用，可减少本药的吸收。⑤降低或影响脂肪吸收的药物（如考来烯胺、新霉素、硫糖铝）：合用可干扰本药的吸收。⑥口服避孕药：合用可导致维生素 E 缺乏。⑦考来替泊、矿物油等：合用可干扰本药的吸收。

二、矿物质

葡萄糖酸钙

【别名】弘泰、维立添。

【药理作用】本药为钙补充药。可参与骨骼的形成与骨折后骨组织的再建以及肌肉收缩、神经传递、凝血机制并降低毛细血管的渗透性等。钙可以维持神经肌肉的正常兴奋性，促进神经末梢分泌乙酰胆碱。血清钙降低时可出现神经肌肉兴奋性升高，发生抽搐，血钙过高则兴奋性降低，出现软瘫无力等。钙离子可改善细胞膜的通透性，增加毛细血管的致密性，使渗出减少，起抗过敏作用。钙离子可促进骨骼与牙齿的钙化形成，高浓度钙离子与镁离子之间存在竞争性拮抗作用，可用于镁中毒的解救；钙离子可与氟化物生成不溶性氟化钙，用于氟中毒的解救。本药含钙量较氯化钙低，对组织的刺激性较小，注射给药比氯化钙安全，常与镇静药并用。

【适应证】①用于预防和治疗钙缺乏症（如骨质疏松、骨发育不全、佝偻病以及儿童、妊娠和哺乳期妇女、绝经期妇女、老年人钙的补充）以及急性血钙过低、碱中毒、甲状旁腺功能低下所致的手足搐搦症。②用于过敏性疾病。③用于镁中毒及氟中毒时的解救。④用于心脏复苏，如高血钾、低血钙或钙通道阻滞引起的心功能异常的解救。

【用法用量】成人：①钙缺乏，口服给药。a. 片剂，一次 0.5 ~ 2 g，每日 3 次。b. 含片，一次 0.6 ~ 0.9 g，每日 3 次。c. 颗粒，2 ~ 12 g/d（以葡萄糖酸钙计），分次服用，根据人体需要及膳食钙的供给情况酌情进行补充。d. 口服溶液，一次 10 ~ 20 mL，每日 3 次。②氟中毒的解救。a. 口服给药，服用本药 1% 口服液，使氟化物成为不溶性氟化钙。b. 静脉注射，本药稀释后缓慢注射，每分钟不超过 5 mL。首次 1 g，1 小时后重复给药，如有搐搦可注射 3 g。如有皮肤组织氟化物损伤，按受损面积给予 10% 注射液 50 mg/cm² 每日用量不超过 15 g。③急性低钙血症和过敏性疾病。静脉注射，一次 1 g，必要时可重复。④高镁血症和高钾血症。静脉注射，一次 1 ~ 2 g，必要时重复，最大剂量每日不超过 10 g。儿童：①钙缺乏。口服给药，片剂为小儿一次 0.25 ~ 0.5 g，每日 1 ~ 2 次；含片、颗粒、口服溶液，同成人用法用量。②低钙血症。静脉注射，单剂量

25 mg/kg，缓慢注射。

【注意事项】①使用强心苷期间禁用本药注射液。②本药不宜与洋地黄类药物合用。③本药与氟化物合用时，两药服用时间间隔最少1~2小时。

【药物相互作用】①维生素D、避孕药、雌激素：合用可增加钙的吸收。②含铝的抗酸药：合用时铝的吸收增多。③噻嗪类利尿药：合用可引起高钙血症。④含钾药物：可能发生心律失常。⑤苯妥英钠及四环素类药：合用时以上药物吸收减少。⑥乙醇、尼古丁：大量饮用含乙醇的饮料及大量吸烟，均可抑制钙剂的吸收。

葡萄糖酸锌

【别名】屏安、星感灵、星瑞灵、伊加欣。

【药理作用】锌的生理功能如下：①参与多种含锌酶和锌依赖酶（如碳酸酐酶、DNA及RNA聚合酶、乳酸脱氢酶、胸腺嘧啶核苷激酶、碱性磷酸酶、胰肽酶等）的合成与激活，对蛋白质合成、核酸合成、肠道蛋白的吸收和消化发挥重要生理功能，可促进生长发育。②通过合成味蕾中的味觉素、防止颊黏膜上皮细胞角化不全，以维持正常食欲及味觉。③增强吞噬细胞吞噬功能、趋化活力及杀菌功能，而且通过超氧化物歧化酶来保持吞噬细胞内的自由基水平（自由基能破坏微生物的细胞膜），发挥杀菌作用，加速创伤、烧伤、溃疡的愈合。④渗透到鼻黏膜组织内，与鼻细胞上的细胞间黏附分子-1（ICAM-1）受体结合，从而抑制鼻病毒复制。⑤能诱导T淋巴细胞活化，激活B淋巴细胞，并参与抗体形成的释放，刺激免疫细胞分泌多种细胞因子。⑥可影响胰岛素的合成、分泌、储存、降解及生物活性。⑦此外，锌对维生素A的代谢起重要作用，有利于视觉功能维持；锌可促进及维持性功能；可稳定细胞膜，改善组织能量代谢及组织呼吸；锌离子能沉淀蛋白质，外用有收敛防腐作用，帮助肉芽组织形成。锌可抑制铜的吸收，从而可用于治疗肝豆状核变性。本药的胃肠道刺激较轻，比硫酸锌吸收好、不良反应少；在含锌量相近的情况下，其生物利用度较高，约为硫酸锌的1.6倍。

【适应证】①用于治疗缺锌引起的营养不良、厌食症、异食癖、口腔溃疡、痤疮、儿童生长发育迟缓等。②本药鼻喷剂用于防治感冒，可缓解感冒初期鼻充血、鼻塞、打喷嚏、流涕、咳嗽、咽喉肿痛、全身酸痛等症状，并有效缩短其病程。

【用法用量】成人：①锌的补充。口服给药，以下均以锌计。a. 片剂，一次10 mg，每日3次；或一次15 mg，每日2次；或一次25 mg，每日2次。b. 咀嚼片，一次15 mg，每日2次。c. 胶囊，一次25 mg，每日2次。d. 颗粒，一次10~15 mg，每日2次。e. 口服溶液，一次10 mg，每日2次。f. 糖浆，一次10~20 mg，每日2次。g. 合剂，一次15~25 mg，每日1次。②感冒。经鼻给药，本药鼻喷剂，每2~4小时每侧各喷1次，每日不超过6次。症状消退后可继续使用1日。儿童：用于锌的补充，口服给药，12岁以上儿童用量同成人，12岁以下儿童用量如下（均以锌计）。a. 片剂、颗粒，1~6岁（体重10~21 kg），5 mg/d；7~9岁（体重22~27 kg），10 mg/d；10~12岁（体重28~32 kg），15 mg/d；可分次服用。b. 咀嚼片、口服溶液，1~3岁（体重10~15 kg），5~7.5 mg/d；4~6岁（体重16~21 kg），7.5~10 mg/d；7~9岁（体重22~27 kg），10~12.5 mg/d；10~12岁（体重28~32 kg），12.5~15 mg/d；可分次服用。c. 糖浆，1~3岁（体重10~15 kg），一次5 mg，每日2次；4~6岁（体重16~21 kg），一次10 mg，每日2次；7~9岁（体重22~27 kg），一次15 mg，每日2次；10~12岁（体重28~32 kg），一次 20 mg、每日 2 次。或 1 ~ 2 岁，一次 5 mg，每日 2 次；3 ~ 5 岁，一次 5 mg，每日 3 次；6 ~ 7 岁，一次 10 mg，每日 2 次。d. 合剂，1 ~ 3 岁（体重 10 ~ 15 kg），一次 5 mg，每日 2 次；4 ~ 6 岁（体重 16 ~ 21 kg），一次 10 mg，每日 2 次；7 ~ 9 岁（体重 22 ~ 27 kg），一次 15 mg，每日 2 次；10 ~ 12 岁（体重 28 ~ 32 kg），一次 20 mg，每日 2 次。

【注意事项】①本药不得与铝盐、钙盐、锶盐、多价磷酸盐、碳酸盐、鞣酸、氢氧化物同时使用。②服用本药时，不能进食牛奶、面包、含纤维素和植物酸多的食物（如芹菜、菠菜、柠檬等）。③使用本药鼻喷剂时应避免使用其他经鼻给药的药物。如不慎入眼，应立即用水冲洗或对症治疗。

【药物相互作用】青霉胺、四环素类药：本药可降低以上药物的作用。

三、水、电解质平衡调节药

口服补液盐（Ⅱ）

【别名】奥尔舒。

【药理作用】钠、钾离子为维持体内恒定的渗透压所必需，而恒定的渗透压为维持生命所必需。体内钠、钾丢失过多（如急性腹泻、大量出汗），可出现低钠血症、低钾血症。本药可补充钠、钾及体液，调节水及电解质的平衡。

【适应证】用于防治急、慢性腹泻造成的轻度脱水。

【用法用量】用于防治治急、慢性腹泻造成的轻度脱水。口服给药，每袋溶于 500 mL 温水中，3000 mL/d，直至腹泻停止。

【注意事项】腹泻停止后应立即停用本药。

【药物相互作用】尚不明确。

氯化钾

【别名】补达秀、莱丁甲、立贝甲、施乐凯、舒立达、先甲、欣健聚。

【药理作用】钾为细胞内的主要阳离子，浓度为 150 ~ 160 mmol/L；而细胞外的主要阳离子为钠离子，钾浓度仅为 3.5 ~ 5 mmol/L。机体主要依靠细胞膜上的 Na^+-K^+-ATP 酶来维持细胞内外的 K^+、Na^+ 浓度差（1 个 ATP 分解，使 3 个 Na^+ 出胞，2 个 K^+ 入胞）。体内的酸碱平衡状态对钾代谢有影响，如酸中毒时 H^+ 进入细胞内，为了维持细胞内外的电位差，K^+ 释出到细胞外，引起或加重高钾血症。代谢紊乱也可影响酸碱平衡。正常的细胞内外 K^+ 浓度及浓度差与细胞的某些功能有密切关系，如维持碳水化合物代谢、糖原储存和蛋白质代谢、神经及肌肉（包括心肌）的兴奋性和传导性、骨骼肌正常张力和神经冲动传导，以及可使肠道、子宫和支气管平滑肌张力上升等。

【适应证】①预防低钾血症。当患者存在失钾情况，尤其是发生低钾血症对患者危害较大（如使用洋地黄类药的患者）时，或有进食不足、严重或慢性腹泻、长期服用肾上腺皮质激素、失钾性肾病、巴特综合征时，需预防性补充钾盐。②治疗各种原因引起的低钾血症，如进食不足、呕吐、严重腹泻、使用排钾利尿药、低钾性家族性周期性麻痹、长期应用糖皮质激素和使用高渗葡萄糖时。③治疗洋地黄类药中毒引起的频发、多源性期前收缩或快速性心律失常。

【用法用量】成人：用于低钾血症、心律失常。①口服给药。片剂、缓释片、控释片一次 0.5 ~ 1 g，每日 2 ~ 4 次，按病情需要调整剂量，最大剂量为 6 g/d。颗粒一次 0.5 ~ 1 g，每日 1~3 次，按病情需要调整剂量，最大剂量为 6 g/d。口服溶液一次 1~2 g，每日 3 次。②静脉滴注，用于严重低钾血症或不可口服者。一般用法为将 10% 氯化钾注射液 10~15 mL（1~1.5 g）加入 5% 葡萄糖液 500 mL 中滴注，钾浓度不超过 3.4 g/L(45 mmol/L)，补钾速度不超过 0.75 g/h(10 mmol/h)，补钾量为 3~4.5 g/d。体内缺钾引起的严重快速室性异位心律失常（如尖端扭转型室性心动过速，短暂、反复发作多形性室性心动过速、心室扑动等威胁生命的严重心律失常），补钾浓度要高（可达 0.5%，甚至 1%）、滴速要快，以 1.5 g/h(20 mmol/h) 滴注，补钾量可达 10 g/d 或更高；如病情危急，补钾浓度和速度可超过上述规定，但需严密动态观察血钾及心电图等，防止高钾血症发生。儿童：用于低钾血症、心律失常。①口服给药口服溶液，1~3 g/(m² · d)(15~40 mmol/m²) 或 0.075~0.22 g/kg(本药 0.75~2.2 mL/kg)，稀释于凉水或饮料中，分次服用。②静脉滴注，0.22 g/(kg · d)(3 mmol/kg) 或 3 g/m²。

【注意事项】①合用库存血（血液库存 10 日以下含钾为 30 mmol/L，库存 10 日以上含钾可达 65 mmol/L）、含钾药和保钾利尿药时，发生高钾血症的概率增加，尤其是有肾功能损害者。②缓释型钾盐可抑制肠道对维生素 B_{12} 的吸收。③食管受压或胃排空延迟的患者应使用口服溶液。

【药物相互作用】①抗胆碱药、非甾体消炎药：合用可加重本药的胃肠道刺激症状。②血管紧张素转化酶抑制药、环孢素、肝素：合用易发生高钾血症，肝素还可使胃肠道出血概率增加。③肾上腺糖皮质激素、肾上腺盐皮质激素、促肾上腺皮质激素（ACTH）：合用可减弱本药疗效。

四、酸碱平衡调节药

碳酸氢钠

【别名】莎波立、酸式碳酸钠、酸性碳酸钠、小苏打、重曹、重碳酸钠。

【药理作用】本药的药理作用如下。①治疗代谢性酸中毒：本药可直接增加机体的碱储备，其解离度大，可提供较多碳酸氢根离子（HCO_3^-）以中和氢离子（H^+），使血中 pH 较快上升。②碱化尿液：本药可使尿中 HCO_3^- 浓度升高，尿液 pH 升高，从而使尿酸、血红蛋白等不易在尿中形成结晶或聚集，使尿酸结石或磺胺类药得以溶解。③制酸作用：本药口服后可迅速中和或缓冲胃酸，缓解胃酸过多引起的症状，对胃酸分泌无直接作用。

【适应证】①用于治疗代谢性酸中毒。②用于碱化尿液，以预防尿酸性肾结石、减少磺胺类药的肾毒性、防止急性溶血时血红蛋白的肾小管沉积。③作为制酸药，可缓解胃酸过多引起的胃痛、胃灼热感（胃灼热）、反酸等症状。④静脉滴注本药可治疗某些药物中毒（如甲醇、巴比妥类及水杨酸类药等）。

【用法用量】成人：①代谢性酸中毒。a. 口服给药，一次 0.5~2 g，每日 3 次。b. 静脉滴注，所需剂量按以下两个公式之一计算：补碱量(mmol) =（-2.3 - 实际测得的 BE 值）×0.25×体重(kg)；补碱量(mmol) =（正常 CO_2 CP - 实际测得的 CO_2 CP)(mmol)×0.25×体重(kg)。如有体内丢失碳酸氢盐，则一般先给计算剂量的 1/3~1/2，于 4~8 小时内滴注完毕，以后根据血气分析结果等调整用量。②心肺复苏抢救。静脉滴注，首剂量 1 mmol/kg，以后根据血气分析结果等调整用量。③碱化尿液。a. 口服给药，首剂量 4 g，以后每 4 小时 1~2 g。b. 静脉滴注，单剂 2~5 mmol/kg，滴注时间为 4~8 小时。

④胃酸过多。口服给药，一次 0.3 ~ 1 g，每日 3 次。⑤软化耵聍、冲洗耳道。经耳给药，本药 5% 滴耳液滴耳，每日 3 次。每次用量宜大，使耳内充满药液。儿童：①代谢性酸中毒。静脉滴注，同成人用法用量。②心肺复苏抢救。静脉滴注，同成人用法用量。③碱化尿液。口服给药，1 ~ 10 mmol/(kg·d)。④胃酸过多。口服给药，6 ~ 12 岁儿童，单次 0.5 g，半小时后可重复给药 1 次。6 岁以下儿童尚无推荐剂量。

【注意事项】①治疗强酸中毒时，不宜使用本药洗胃（因本药与强酸反应产生大量二氧化碳，可导致急性胃扩张，甚至引起胃破裂）。②口服本药后 1 ~ 2 小时内不宜服用其他药物。③本药疗程不宜过长，以免发生代谢性碱中毒和钠大量潴留。用药 2 周以上无效或复发者不宜再使用本药。④本药不应用于消化性溃疡。⑤本药注射液应用于代谢性酸中毒和高钾血症诱导的心搏骤停，不应用于一般心搏骤停。注射时应避免外渗，因可导致组织坏死。

【药物相互作用】①肾上腺皮质激素（尤其是具有较强的盐皮质激素作用的药物）、促肾上腺皮质激素、雄激素：合用易致高钠血症和水肿。②排钾利尿药：合用可导致低氯性碱中毒的风险增加。③含钙药物：合用可致乳-碱综合征。④左旋多巴：本药可增加左旋多巴的口服吸收率。⑤氨基糖苷类药：本药可增强氨基糖苷类药物的疗效。⑥锂剂：合用可增加锂的肾脏排泄。⑦苯丙胺、奎尼丁、麻黄碱：本药可减少苯丙胺、奎尼丁的肾脏排泄；可因碱化尿液而影响肾脏对麻黄碱的排泄。⑧乌洛托品：本药可减弱乌洛托品的疗效。⑨弱酸性药物（如苯巴比妥、水杨酸制剂等）：合用可降低弱酸性药物的血药浓度。⑩抗凝血药（如华法林）、H_2 受体拮抗药（如西咪替丁、雷尼替丁等）、抗毒蕈碱药、四环素、口服铁剂：本药可减少以上药物的吸收。⑪胃蛋白酶、维生素 E：本药可降低以上药物的疗效。

第十六节　皮肤科用药（酶类与生化制剂）

一、抗感染药

莫匹罗星

【别名】澳琪、百多邦、假单孢菌酸、假单孢菌酸 A、假单孢酸、莫匹罗星钙。

【药理作用】本药为局部外用抗生素，是由荧光假单胞菌产生的代谢物（假单胞菌 A）。作用机制：其抗菌作用主要是通过可逆性地与异亮氨酸转移 RNA 合成酶结合，阻止异亮氨酸渗入，终止细胞内含异亮氨酸的蛋白质合成而起到杀菌（高浓度时）或抑菌（较低浓度时）作用。抗菌谱：对需氧革兰阳性球菌尤其对皮肤感染有关的金黄色葡萄球菌、表皮葡萄球菌、A 群链球菌有较强的抗菌活性，对耐药金黄色葡萄球菌也有效；某些革兰阴性菌如大肠埃希菌、流感嗜血杆菌、淋病奈瑟菌等对本药敏感；对起先天性抗感染屏障作用的皮肤正常菌群丛如细球菌、棒状杆菌和丙酸杆菌等抑制较弱；对铜绿假单胞菌、厌氧菌和真菌无抑制作用。体外耐药变异株的发生率较低，与其他抗生素无交叉耐药性，包括耐甲氧西林的菌株对本药几乎均敏感。

【适应证】①适用于革兰阳性球菌引起的皮肤感染，如脓疱病、疖肿、毛囊炎等原发性皮肤感染及湿疹合并感染、溃疡合并感染、创伤合并感染、面积不超过 10 cm ×

10 cm的浅表性创伤合并感染等继发性皮肤感染。②用于预防和治疗外科手术后伤口感染化脓。

【注意事项】本药应按用法用量足疗程使用，在感染未被完全治愈前，不应在症状消失时过早停药。

【药物相互作用】尚不明确。

克霉唑

【别名】妇康安、金霉迪、凯妮汀、抗真菌1号、克罗确松、克舒爽、氯苯甲咪唑、氯代三苯甲咪唑、氯曲马唑、氯三苯甲咪唑、氯三苯咪唑、三苯甲咪唑、杀癣净、正美汀。

【药理作用】本药为人工合成的吡咯类广谱抗真菌药。本药对皮肤真菌的抗菌效能与灰黄霉素相似；对深部真菌的抗菌作用比制霉菌素强。作用机制：①通过降低细胞色素P450的活性，从而抑制真菌细胞膜麦角固醇等固醇的生物合成，损伤真菌细胞膜和改变其通透性，使细胞内重要物质漏失。②也可抑制真菌的三酰甘油和磷脂的生物合成。③尚可抑制氧化酶和过氧化酶的活性，导致过氧化氢在细胞内过度聚积，引起真菌亚细胞结构变性和细胞坏死。④对白假丝酵母珠菌则可抑制其从芽孢转变为具侵袭性的菌丝的过程。抗菌谱：本药对表皮癣菌、毛发癣菌、曲霉、着色真菌、隐球菌属和假丝酵母菌属有较强的抗菌作用，对申克孢子丝菌、皮炎芽生菌、小孢子菌、粗球孢子菌属、荚膜组织胞浆菌属等也有一定抗菌活性。

【适应证】①本药口服片剂用于预防和治疗免疫抑制患者口腔和食管假丝酵母菌感染。②本药阴道片、乳膏、栓剂、阴道泡腾片、药膜用于假丝酵母菌性外阴阴道病。阴道片还可用于酵母菌所致感染性白带、本药敏感菌所致阴道二重感染等。③本药乳膏（1%、3%）、溶液、喷雾剂、涂膜用于体癣、股癣、手癣、足癣、花斑癣、头癣。本药乳膏、溶液也可用于假丝酵母菌性甲沟炎。

【用法用量】成人：①口腔和食管假丝酵母菌感染。口服给药，片剂一次0.25～1 g，0.75～3 g/d。②假丝酵母菌性甲沟炎。局部给药，乳膏（1%、3%）、溶液、喷雾剂，每日2～3次，涂（喷）于洗净患处。③体癣、股癣、手癣、足癣、花斑癣、头癣。局部给药，乳膏（1%、3%）、溶液、喷雾剂同"假丝酵母菌性甲沟炎"；涂膜，每日1～2次，先将患处洗净，再将本药涂一薄层，待干成膜即可。④假丝酵母菌性外阴阴道病，阴道给药。a. 栓剂、阴道泡腾片，一次0.15 g，每晚1次，栓剂7日为1个疗程，阴道泡腾片10日为1个疗程。b. 阴道片，一次0.5 g，每晚临睡前使用，通常一次单剂量治疗即有较好的疗效。必要时可在4日后进行第2次治疗。c. 药膜，一次0.05～0.1 g，每晚1次，7日为1个疗程。将药膜对折或揉成松软的小团，用示指或中指（戴指套）推入阴道深处。d. 乳膏（1%、3%），每晚1次，7日为1个疗程，涂于洗净患处。e. 乳膏（10%），一次0.5 g，洗浴后平躺，采用投药器给药，塞入阴道深处，1支为1个疗程。儿童：用于口腔和食管假丝酵母菌感染，口服给药，片剂0.02～0.06 g/(kg·d)，分3次服用。

【注意事项】①本药不可用于全身真菌感染，因口服吸收差，不良反应多见，现多采用局部给药或经阴道给药。②使用本药时应避免药物接触眼部和其他黏膜（如口、鼻等）。③采用阴道给药应避开月经期。④阴道给药者用药期间注意个人卫生，防止重复感染，使用避孕套或避免房事。

【药物相互作用】①西罗莫司、多非利特等药：合用可使以上药物的血药浓度增加。②他克莫司、三甲曲沙等：合用可增加以上药物的毒性反应。③倍他米松：合用可使皮肤易受感染或使微生物繁殖的机会增加。④制霉菌素、两性霉素 B、氟胞嘧啶：合用对白假丝酵母菌无协同抗菌作用；且与两性霉素 B 合用时在药效学上有拮抗作用。

硝酸咪康唑

【别名】达克宁、二氯苯咪唑、乐蔚、氯益康唑、霉可乃除、霉可治、霉可唑、美康唑、咪康唑、咪可拉唑、密康唑、双氯苯咪唑、双氯苯唑、威净、吾玫、硝酸双氯苯咪唑。

【药理作用】本药为广谱抗真菌药，是人工合成的 1-苯乙基咪唑衍生物。本药国内已较少使用。作用机制：①干扰细胞色素 P450 的活性，抑制真菌细胞膜麦角固醇的生物合成，损伤真菌细胞膜并改变其通透性，使重要的细胞内物质外漏。②抑制真菌的三酰甘油、磷脂的生物合成。③抑制氧化酶和过氧化酶的活性，导致过氧化氢在细胞内过度聚积，引起真菌亚微结构变性和细胞坏死。④对白假丝酵母菌则可抑制其从芽孢转变为具侵袭性菌丝的过程。抗菌谱：本药对芽生菌属、组织浆胞菌属、隐球菌属、假丝酵母菌属、球孢子菌属等敏感。对革兰阳性球菌（如葡萄球菌、链球菌）和杆菌（如炭疽杆菌）也具有抗菌作用。

【适应证】①用于肠道假丝酵母菌感染。②用于皮真菌、酵母菌及其他真菌引起的皮肤、指（趾）甲感染，如体股癣、手足癣、花斑癣、头癣、须癣、甲癣；皮肤、指（趾）甲假丝酵母菌病；真菌性甲沟炎；口角炎、外耳炎。本药对革兰阳性菌有抗菌作用，也可用于酵母菌（如假丝酵母菌等）和此类细菌引起的阴道感染和继发感染。

【用法用量】成人：①肠道假丝酵母菌感染。口服给药，一次 250～500 mg，500～1000 mg/d。疗程视病情而定。②真菌感染，局部给药。a. 乳膏，皮肤感染，早、晚各 1 次，症状消失后（通常需 2～5 周）应继续用药 10 日，以防复发；指（趾）甲感染，尽量剪尽患甲，涂擦于患处，每日 1 次，患甲松动后（需 2～3 周）应继续用药至新甲开始生长，一般 7 个月左右为 1 个疗程。b. 软膏、凝胶剂，皮肤感染，早、晚各 1 次；花斑癣，每日 1 次。症状消失后应继续用药 7 日，以防复发。c. 散剂，指（趾）间癣、腹股沟癣、尿布疹，每日 2 次，将适量药粉撒于患处，2～6 周为 1 个疗程，待所有症状消失后，应继续用药 1 周方可停药。若与乳膏联用，每日分别各用 1 次。将散剂撒于鞋袜也可预防足癣。③假丝酵母菌性外阴阴道炎，阴道给药。a. 阴道片、栓剂。假丝酵母菌性外阴阴道炎，一次 100 mg，每晚 1 次，清洗外阴后置于阴道深处，宜采用仰卧姿势，连用 7 日为 1 个疗程。也可采用 3 日疗法，即栓剂，第 1 晚 100 mg，随后 3 日早晚各100 mg。b. 泡腾片。假丝酵母菌外阴阴道炎，一次 200 mg，每晚 1 次，连用 7 日为 1 个疗程。也可采用 3 日疗法，第 1 晚 200 mg，随后 3 日早晚各 200 mg。即使症状迅速消失，也要完成治疗疗程，在月经期应持续使用。c. 乳膏、凝胶剂。假丝酵母菌性阴道炎，每日就寝前用涂药器将药膏（约 5 g）挤入阴道深处，必须连用 2 周，月经期内也可用药。d. 阴道软胶囊。假丝酵母菌外阴阴道炎，睡前 120 mg，置于阴道深处，120 mg 为 1 个疗程，一般用药 1 次即可。最好以仰卧姿势或其他舒适的姿势用药。儿童：用于肠道假丝酵母菌感染，口服给药。儿童肝功能不完善，口服制剂用药量应酌减。婴儿 30 mg/（kg·d），分 2 次给药；小儿初始剂量为 30~60 mg/（kg·d），以后减为 10~20 mg/（kg·d）。疗程视病情而定。

【注意事项】①经阴道给药时，用药期间应注意个人卫生，避免房事，以防止发生重复感染，性伴侣感染时宜同时进行治疗。②治疗假丝酵母菌病，应避免封包，否则可促使酵母菌生长。③本药外用制剂可使乳胶制品（如阴道避孕隔膜或避孕套）破损，应避免接触。④正在使用其他阴道产品（如卫生棉条、灌洗法、杀精子药）时，不推荐使用本药。

【药物相互作用】①西沙必利、阿司咪唑、特非那定：合用可导致心律失常。②环孢素：合用可使环孢素的血药浓度升高，增加发生肾毒性的风险。③口服抗凝血药（如香豆素类药华法林、香草醛或茚满二酮类药）：合用可使此类药物的作用增强，导致凝血酶原时间延长。④羟考酮：合用可增加羟考酮的血药浓度，降低清除率。⑤奥昔布宁：合用可使奥昔布宁的暴露量和血药浓度增加。⑥三甲曲沙：合用可增加三甲曲沙的毒性（骨髓抑制、肾脏和肝脏功能障碍、胃肠道溃疡）。⑦托特罗定：合用可增加托特罗定的生物利用度。⑧匹莫齐特：合用可增加心脏毒性（QT 间期延长、尖端扭转型室性心动过速、心搏骤停）。⑨降血糖药：合用可导致严重低血糖反应。⑩异烟肼、利福平：以上药物可使本药的血药浓度降低。本药与利福平合用可增加肝毒性。⑪组胺 H_2 受体拮抗药：合用可减少本药的吸收。⑫苯妥英钠：合用可引起两种药物代谢的改变，并使本药的达峰时间延长。⑬乙醇：合用可使发生肝毒性的风险增加。

酮康唑

【别名】采乐、敬宇、康特、可宁、里秦量、里素芬、里素劳、霉康灵、尼唑啦、酮哌恶咪唑。

【药理作用】本药为合成的咪唑类广谱抗真菌药，低浓度具有抑制真菌的作用，高浓度时具有杀灭真菌的作用。本药对中枢神经系统穿透性差，故不宜用于治疗真菌性脑膜炎。作用机制：①干扰细胞色素 P450 的活性，抑制真菌细胞膜麦角固醇的生物合成，损伤真菌细胞膜并改变其通透性，使重要的细胞内物质外漏。②抑制真菌的三酰甘油、磷脂的生物合成。③抑制氧化酶和过氧化酶的活性，导致过氧化氢在细胞内过度聚积，引起真菌亚微结构变性和细胞坏死。④对白假丝酵母菌则可抑制其从芽孢转变为具侵袭性菌丝的过程。抗菌谱：本药对皮肤癣菌（如发癣菌属、表皮癣菌属、小孢子菌属）、酵母菌（假丝酵母菌属、秕糠马拉癣菌属、球拟酵母菌属和隐球菌属）、双相真菌和部分真菌具有抑菌和杀菌活性。除虫霉属外，对曲霉、申克孢子丝菌、某些暗色孢科真菌、毛霉较不敏感。

【适应证】①用于系统性真菌感染，如系统性假丝酵母菌病、球孢子菌病、副球孢子菌病、组织胞浆菌病、芽生菌病等。②用于局部治疗无效或不宜局部治疗的皮肤、毛发和指（趾）甲的真菌和（或）酵母菌感染，如皮肤真菌病、甲癣、甲周炎、秕糠马拉癣菌毛囊炎、慢性及复发性阴道假丝酵母菌病等。③用于胃肠道酵母菌感染。④外用于手癣、足癣、体癣、股癣、花斑癣、皮肤假丝酵母菌病、头皮糠疹（头皮屑）、脂溢性皮炎等。⑤用于因防治免疫功能降低（遗传性及由疾病或药物引起）而易发生真菌感染的患者。

【用法用量】成人：①皮肤、胃肠道及深部感染。口服给药，一次 200 mg，每日 1

次。必要时，可增至一次400 mg，每日1次；或一次200 mg，每日2次。②阴道假丝酵母菌病。口服给药，一次400 mg，每日1次，连用5日。③免疫缺陷患者的预防性治疗。口服给药，400 mg/d。④手癣、足癣、体癣、股癣、花斑癣、皮肤假丝酵母菌病。局部给药。a. 乳膏，用于感染部位，每日2~3次，为减少复发，体癣、股癣、花斑癣及皮肤假丝酵母菌病，应连续使用2~4周，手足癣应连续使用4~6周。b. 洗剂，用于花斑癣，每日1次，连用5日。⑤脂溢性皮炎、头皮屑。局部给药，取适量洗剂涂于皮肤或已润湿的头发上，搓揉3~5分钟后，用水洗净，一周2次，连用2~4周。儿童：①一般感染。口服给药，体重15~30 kg者，一次100 mg，每日1次；体重30 kg以上者，剂量同成人。②免疫缺陷患者的预防性治疗。口服给药，体重15 kg以上者，一次100~200 mg（或4~8 mg/kg），每日1次。

【注意事项】①本药与三唑仑和咪达唑仑口服制剂、羟甲基戊二酸单酰辅酶A（HMG-CoA）还原酶抑制药（如辛伐他汀、洛伐他汀）禁止联用。②与本药合用，以下药物的剂量宜酌减：茚地那韦、沙奎那韦、长春碱、白消安、多西他赛、二氢吡啶、维拉帕米、他克莫司、西罗莫司、地高辛、丁螺环酮、阿芬太尼、西地那非、阿普唑仑、溴替唑仑、静脉用咪达唑仑、甲泼尼龙、三甲曲沙、伊巴斯汀、瑞波西汀。③口服本药的疗程宜在症状消失且真菌学检查转阴后持续至少1周，通常如下：全身假丝酵母菌病1~2个月；阴道假丝酵母菌病5日；口腔、皮肤假丝酵母菌病2~3周；球孢子菌病、副球孢子菌病、组织胞浆菌病3~6个月；花斑癣10日；皮肤癣菌所致的皮肤感染约4周；毛发感染1~2个月；指或趾甲感染6~12个月（同时取决于指或趾甲的生长速度，且需病甲完全长出）。④外用给药时应注意：a. 避免接触眼睛。b. 如出现刺激等症状，应立即停药。c. 使用本药洗剂2~4周后，如症状无改善或加重，应立即停药。d. 股癣患者勿穿紧身内裤或化纤内裤，宜穿棉织宽松内裤。e. 足癣患者洗浴后应将皮肤擦干，尤其是趾间；宜穿棉纱袜，每日更换；鞋应透气；可喷撒抗真菌粉剂于趾间、足、袜和鞋中，每日1~2次。

【药物相互作用】①利托那韦：合用可提高本药的生物利用度。②特非那定、阿司咪唑、咪唑斯汀、西沙必利、多非利特、奎尼丁、匹莫齐特、美沙酮、丙吡胺、决奈达隆、雷诺嗪：合用可使以上药物血药浓度升高，从而可能导致QT间期延长、尖端扭转型室性心动过速。③环孢素：合用可使环孢素的血药浓度升高，并增加发生肾毒性的风险。④苯妥英钠：合用可使苯妥英钠的血药浓度明显升高，同时可使本药的血药浓度降低。⑤口服抗凝血药（如华法林、双香豆素、茚满二酮衍生物）：合用可使以上药物的作用增强，导致凝血酶原时间延长。⑥多潘立酮：合用可能导致QT间期延长。⑦酶诱导药物（如利福平、利福布汀、卡马西平、异烟肼、苯妥英）：合用可降低本药的生物利用度，从而降低疗效。⑧制酸药、抗胆碱药、抗惊厥药、组胺H_2受体拮抗药、奥美拉唑、硫糖铝：合用可使本药的吸收明显减少。⑨去羟肌苷：合用可影响本药的吸收。⑩乙醇：合用可使发生肝毒性的机会增加。

联苯苄唑

【别名】白肤唑、苯苄咪唑、必佛那唑、必伏、孚康、孚宁、孚琪、惠复得、列合素、美克、皮福唑、治癣必妥。

【药理作用】本药为咪唑类抗真菌外用药，有较强的抗真菌（包括表皮癣菌属、毛癣菌属、小孢子菌属、酵母样菌、白假丝酵母菌、短小棒杆菌等）作用，低浓度时抑制真菌的麦角固醇合成，使真菌细胞膜形成受阻；高浓度时与细胞膜磷脂发生特异性结合，使细胞膜结构及功能受损，最终杀灭真菌。另外，本药还对革兰阳性葡萄球菌、链球菌有较强的抗菌作用。

【适应证】①用于治疗多种皮肤真菌病（如手癣、足癣、体癣、股癣、花斑癣）、微小棒状杆菌引起的感染（如红癣）、皮肤假丝酵母菌病等。②用于假丝酵母菌性外阴阴道炎。

【用法用量】①皮肤真菌病、微小棒状杆菌引起的感染、皮肤假丝酵母菌病：外用。a. 乳膏、软膏、凝胶、溶液、涂膜，涂布患处，并轻轻揉搓几分钟。每日1次，2～4周为1个疗程。b. 喷雾剂，喷敷患处，每日1次。体癣、股癣、花斑癣连用2～3周，手癣、足癣连用3～4周。②假丝酵母菌性外阴阴道炎：阴道给药。a. 阴道片，睡前放入阴道深处，一次1片，每日1次。b. 栓剂，每晚1枚，10日为1个疗程。

【注意事项】①使用本药治疗应在临床症状消失，且真菌检查转阴后才可结束。②应避免本药接触眼部和其他黏膜（如口腔、鼻腔）。③斑贴试验中本药和噻康唑有交叉过敏。

【药物相互作用】尚不明确。

二、角质溶解药

尿　素

【别名】脲。

【药理作用】本药外用可溶解皮肤角蛋白，增加角质层的水合作用，从而使角质软化和溶解，防止干裂。还具有抗菌、止痒、增加药物经皮吸收的作用。经静脉滴注给予较大剂量本药可增加血浆渗透压，产生脱水及利尿作用。

【适应证】①本药乳膏、软膏用于手足皲裂，也可用于角化型手足癣所引起的皲裂。②本药贴膏用于指（趾）甲癣、胼胝、鸡眼的软化和剥离。

【用法用量】①手足皲裂：外用，将本药乳膏或软膏涂于患处后轻轻揉搓，每日2～3次。②指（趾）甲癣、胼胝、鸡眼的软化和剥离：外用，使用本药贴膏时，在病甲上滴水1～2滴，根据病甲大小剪取尿素贴，并用较大胶布将尿素贴紧贴于病甲上，2～3日后，去除尿素贴和胶布，用消毒剪刀剥离病甲。一次不可剥离干净，可再贴敷。将病变甲板从甲床上刮净后，使用抗真菌药涂敷，至新甲长出。胼胝和鸡眼宜用温水浸泡软化后，再清洁刀削薄后贴用。③鱼鳞病、毛发红糠疹、皲裂性湿疹、老年性瘙痒症及掌跖角化症等角化性皮肤病：外用，同"手足皲裂"用法用量。④脑水肿、颅内压增高、青光眼、烧伤后、术后、创伤后的尿少症，促进前列腺术后的排尿：静脉滴注，一次0.5～1 g/kg，于20～30分钟内滴注完毕。12小时后可重复给药，每日1～2次，一般可连用1～3日。

【注意事项】①静脉滴注本药后3～4小时，须加用其他脱水药物，因部分尿素可透过血-脑屏障进入脑组织内，因此当血中尿素被肾脏消除，浓度迅速下降时，已进入脑组织内的尿素不可及时移出，使得水分进入脑组织内增多，引起颅内压增高，甚至使脑水肿加剧，即"反跳"现象。②本药乳膏、软膏避免接触眼部和其他黏膜（如口腔、鼻腔等），慎用于面部、损伤或炎症部位。

【药物相互作用】抗真菌药：合用可增强本药疗效。

维 A 酸

【别名】艾力可、邦力迪维、德美克 A、迪维、蕾婷 A、丽英、罗复生、全反式维 A 酸、唯爱、维甲酸、维生素 A 酸、维生素甲酸、维特明。

【药理作用】本药系体内维生素 A（维 A 醇）的代谢中间产物，主要影响骨的生长和上皮代谢。本药通过调节表皮细胞的有丝分裂和更新，使病变皮肤的增生和分化恢复正常。它可促进毛囊上皮的更新、防止角质栓的堵塞、抑制角蛋白的合成，从而使角质层细胞黏合疏松、容易脱落，促使已有的粉刺消退，同时抑制新的粉刺形成。本药外用于慢性日光性皮肤损害时，可作用于黑色素细胞和真皮成纤维细胞，有助于改善因光损伤所致色素过度沉着，纠正或预防生理性老化、光辐射等对真皮结缔组织生化成分及形态结构引起的异常。

【适应证】①用于寻常痤疮、扁平苔藓、白斑、毛发红糠疹、面部糠疹等，也可用于老年性、日光性或药物性皮肤萎缩、色素沉着等。②用于银屑病、鱼鳞病的辅助治疗，也可用于治疗多发性寻常疣及角化异常类的各种皮肤病。③口服本药用于治疗 APL，并可作为维持治疗。

【用法用量】皮肤病：①外用。a. 寻常痤疮：每日 1 次，于睡前将药物轻涂于患处。b. 鱼鳞病、银屑病等：位于遮盖部位的患处，每日 1～3 次。c. 面部单纯糠疹：使用本药 0.025% 乳膏或软膏，每日 2 次。d. 扁平苔藓、毛发红糠疹、白斑等：使用本药 0.1% 乳膏或软膏，每日 2 次。②口服给药，口服制剂一次 10 mg，每日 2～3 次。

【注意事项】①用于减轻面部细纹、色斑及粗糙时，使用本药 0.02% 乳膏不可超过 52 周，0.05% 乳膏不可超过 48 周。②日光可加重本药对皮肤的刺激导致本药分解，动物实验显示维 A 酸可增强紫外线致癌能力，故本药最宜在晚间及睡前使用，治疗期间应避免日晒，或采用遮光措施（SPF 至少为 15）。对阳光极敏感者不应使用本药乳膏。③本药需与过氧苯甲酰合用时应早晚交替使用。④本药不用于中至重度的皮肤色素沉着患者。酒渣鼻患者不宜使用本药。⑤本药外用时应避免接触眼、口腔、鼻、黏膜部位及皮肤较薄的皱褶部位，并注意浓度不宜过高（0.3% 以下较为适宜），以免引起红斑、脱皮、灼热或微痛等局部刺激。若反应轻微，应坚持继续治疗；若反应严重，则应停药。⑥本药外用时应避免接触破损或晒伤皮肤，晒伤患者恢复后方可使用本药。

【药物相互作用】①皮质激素、抗生素：治疗严重皮肤病时，本药和以上药物合用可增强本药疗效。②西咪替丁、环孢素、地尔硫䓬、维拉帕米、酮康唑：合用可增加本药的血药浓度，并可能导致维 A 酸中毒。③异维 A 酸、抗角化药（如间苯二酚、水杨酸、硫黄等）、其他治疗痤疮的药物：合用可加剧皮肤刺激或干燥。④光敏感药（如噻嗪类、四环素类、氟喹诺酮类、酚噻嗪类、磺胺类药）：合用可增加光敏性。⑤四环素、维生素 A：合用具有毒性相加作用。⑥谷维素、维生素 B_1、维生素 B_6：合用可使本药头痛等不良反应减轻或消失。⑦戊巴比妥、苯巴比妥、利福平：合用可致本药的血药浓度下降。⑧乙醇：与含乙醇的制剂合用，可加剧皮肤刺激或干燥。

异维 A 酸

【别名】13-顺式视黄酸、13-顺式维 A 酸、13-顺式维甲酸、β-顺式维 A 酸、β-

顺式维生素 A 酸、β-顺维甲酸、爱思洁、安素丝、保肤宁、罗可坦、泰尔丝、异曲替酯、异维甲酸、异维生素 A、异维生素 A 酸。

【药理作用】本药属于第一代维 A 酸，是全反式维 A 酸的立体异构体。口服具有抗油脂作用，对严重痤疮有特殊疗效。具体包括：①具有缩小皮脂腺、抑制皮脂腺活性、减少皮脂腺分泌，减轻上皮细胞角化及毛囊皮脂腺口的角质栓塞，从而抑制依赖脂质环境生长的痤疮丙酸杆菌的繁殖。②可影响单核细胞和淋巴细胞功能，抑制中性粒细胞的趋化而具有消炎活性。③选择性地结合维 A 酸核受体而发挥治疗作用。局部给药时，本药具有如下作用：①抑制皮脂腺功能，减少皮脂产生，可减少 30% 以上。②缩小毛囊口径，减少毛囊腔。③降低角质层细胞之间的连接，防止上皮过度角化。加快上皮脱落，防止形成损害灶。④阻止多形核白细胞的迁移和聚集，减轻炎症反应，防止炎症性粉刺的发生。

【适应证】①本药软胶囊用于重度痤疮，尤其结节囊肿性痤疮，亦可用于毛发红糠疹等。②本药凝胶用于局部寻常性痤疮。

【用法用量】一般用法：a. 口服给药，本药软胶囊剂量应个体化，范围为 0.1 ～ 1 mg/(kg·d)，建议开始剂量为 0.5 mg/(kg·d)，分 2 次服用。治疗 2 ～ 4 周后可根据临床效果及不良反应酌情调整剂量。6 ～ 8 周为 1 个疗程，疗程之间可停药 8 周，停药后短期内可持续改善症状。局部给药，本药凝胶取少量涂于患处，每日 1 ～ 2 次，至少 6 ～ 8 周为 1 个疗程。用药前清洁患处，且待其干燥后再用药。

【注意事项】①本药外用凝胶避免用于口腔、唇部、眼部、鼻角或其他黏膜部位，皮肤敏感部位（如颈部）慎用。②用药期间及停药后 3 个月内患者不可献血。③使用本药凝胶期间，与其他局部治疗痤疮药物，特别是含有剥脱药（如过氧化苯甲酰）或具有剥脱作用的药物合用时应谨慎。④用药期间不应使用日光灯照射，避免过度日光及紫外线（UV 射线）照射，如不可避免，应涂防晒药品或采取遮蔽措施。⑤治疗痤疮，初期时症状可能有短暂性加重现象，如无其他异常情况，可在严密观察下继续用药，不宜同时服用其他角质分离药或表皮剥脱性抗痤疮药；必要时可用温和的外用药作辅助性治疗。⑥在开始治疗前 1 个月、治疗期间和治疗后 1 个月使用 2 种有效的避孕措施。

【药物相互作用】①甲氨蝶呤（MTX）：合用可因 MTX 的血药浓度增加而加重对肝脏的损害。②四环素：合用可导致大脑假性肿瘤而引起良性脑压升高，临床表现为伴有头痛的高血压、眩晕和视觉障碍。③维生素 A：合用可产生与维生素 A 超剂量时相似的症状。④华法林：合用可增强华法林作用。⑤卡马西平：合用可使卡马西平的血药浓度降低。

三、糖皮质激素

氢化可的松（详见内分泌系统用药）

醋酸氟轻松

【别名】醋酸氟西奈德、肤万、氟西奈德、氟新诺龙缩丙酮、仙乃乐。

【药理作用】本药为含氟的强效糖皮质激素，具有消炎、止痒作用。外用可使真皮毛细血管收缩，抑制结缔组织细胞增殖或再生；还可稳定细胞内溶酶体膜，防止细胞内溶酶体酶释放组胺而引起组织损伤。

【适应证】①本药软膏、乳膏用于过敏性皮炎、异位性皮炎、接触性皮炎、脂溢性皮炎、湿疹、皮肤瘙痒症、银屑病、神经性皮炎等。②本药搽剂还可用于白癜风等。

【用法用量】成人：外用。①乳膏、软膏，涂于患处，每日2次，每日用药次数不宜过多，可间断用药。一周总量不可超过50 g。②搽剂，涂于患处，每日2~3次，头癣者应先剃发后用药。儿童：外用，儿童用药应酌减，用药时间不宜过长且不可采用封包治疗。

【注意事项】①本药不得用于眼部。②本药短期应用也可造成皮肤萎缩、毛细血管扩张等不良反应，用于面部及皮肤皱褶部位应谨慎。③如并发细菌感染的皮肤病，应与相应的抗生素配用，如感染未改善应停用直至感染得到控制。④本药不得长期或大面积使用。⑤本药外用于有毛发处，应先将毛发剃除，以便药物和患处紧密接触。⑥封包治疗仅适于慢性肥厚或掌跖部位的皮损。

【药物相互作用】尚不明确。

曲安奈德

【别名】毕诺、丙酮氟羟泼尼松龙、丙酮去炎松、丙酮缩去炎舒松、丙酮缩去炎松、丙酮缩去炎松醋酸酯、丙炎松、醋酸丙炎松、醋酸曲安奈德、醋酸曲安缩松、醋酸去炎舒松、醋酸去炎松、醋酸确炎舒松、氟羟氢化泼尼松缩丙酮、集美高、康灯乐、康纳克A、康纳乐、康宁克通-A、康宁乐、宁康、宁科、曲安缩松、去炎舒松、去炎松A、去炎松缩酮、确炎舒松-A、痛息通、星瑞克、珍德。

【药理作用】本药为长效糖皮质激素，具有抗感染、抗过敏作用。本药可增强内皮细胞、平滑肌细胞、溶酶体膜的稳定性，抑制免疫反应，降低抗体合成，减少组胺的释放，降低抗原-抗体结合时所激发的酶促反应。其水钠潴留作用微弱，而抗感染作用较强而持久。本药效力为曲安西龙的4~8倍，本药4 mg的抗感染活性约相当于泼尼松龙5 mg或氢化可的松20 mg。

【适应证】①本药乳膏、软膏用于过敏性皮炎、神经性皮炎、湿疹、脂溢性皮炎、瘙痒症。②本药注射液用于多种皮肤病、过敏性鼻炎、关节痛、支气管哮喘、肩周炎、腱鞘炎、滑膜炎、急性扭伤、类风湿关节炎等。③本药鼻喷雾剂用于预防和治疗常年性、季节性过敏性鼻炎，血管舒缩性鼻炎。

【用法用量】成人：①过敏性皮炎、神经性皮炎、湿疹、脂溢性皮炎、瘙痒症。外用，乳膏、软膏涂于患处，并轻揉片刻，每日2~3次。②多种皮肤病、过敏性鼻炎、关节痛、支气管哮喘、肩周炎、腱鞘炎、滑膜炎、急性扭伤、类风湿关节炎。a. 肌内注射。注射液一次20~100 mg，一周1次，必要时间隔3~4周重复注射。用于支气管哮喘时，一次40 mg，每3周注射1次，5次为1个疗程，症状较重者可用80 mg。用于过敏性鼻炎时，一次40 mg，每3周注射1次，5次为1个疗程。b. 皮下注射。注射液一般一次2.5~5 mg，根据病情和患部大小决定，必要时间隔2周重复注射。用于皮肤病时，可于皮损部位或分数个部位注射。c. 关节腔内注射。参见"皮下注射"项。d. 皮损内注射。注射液，每处部位一次0.2~0.3 mg，多部位注射单次总量不得超过20 mg，必要时间隔1~2周重复注射。e. 下鼻甲注射。用于过敏性鼻炎时，鼻腔先喷1%利多卡因液表面麻醉后，在双下鼻甲前端各注入20 mg，一周1次，4~5次为1个疗程。f. 扁桃体穴或颈前甲状骨旁注射。用于支气管哮喘时，一周1次，5次为1个疗程，注射前先用少量普鲁卡因局部麻醉。③预防和治疗常年性过敏性鼻炎、季节性过敏性鼻炎、血管舒缩性鼻炎，经鼻给药。a. 鼻喷雾剂，用药前先振摇 5 次以上，每侧一次 0.22 mg（2揿），每日 1 次；症状得到控制时，可降至每侧一次 0.11 mg（1 揿），每日 1 次。b. 醋酸盐鼻喷雾剂，每日 1 次，每侧一次 0.12 mg（1 揿）；每日总量不超过 0.48 mg（4 揿）。儿童：①支气管哮喘。肌内注射，3～6 岁儿童为成人剂量（一次 40 mg，每 3 周注射 1次，5 次为 1 个疗程）的 1/3，6～12 岁儿童为成人剂量的 1/2。②预防和治疗常年性、季节性、过敏性、血管舒缩性鼻炎，经鼻给药。a. 鼻喷雾剂，6～12 岁儿童，每侧一次0.11 mg（1 揿），每日 1 次；每日最大剂量为每侧一次 0.22 mg（2 揿），每日 1 次。12岁以上儿童同成人。b. 醋酸盐鼻喷雾剂，12 岁以上儿童同成人。

【注意事项】①鼻腔和鼻窦伴有细菌感染者使用本药鼻喷雾剂时，应同时进行抗菌治疗。严重过敏性鼻炎患者，尤其伴有过敏性眼部症状者使用本药鼻喷雾剂时应同时接受其他药物治疗。②对并发细菌或真菌感染的皮肤病，应与相应的抗细菌或抗真菌药合用。③应避免本药乳膏、软膏接触眼部或其他黏膜（如口腔、鼻腔等）。④全身性用药改为局部用药可能伴随肾上腺功能衰竭症状（如关节、肌肉疼痛，疲劳，抑郁）。长期使用激素治疗者改为局部用药时应特别注意控制急性肾衰竭的发生。对哮喘或其他需长期使用皮质激素药的患者，系统皮质激素过快的降低，可能引起症状的恶化。⑤免疫抑制剂量的本药不得与活疫苗或减毒活疫苗同时注射。给药期间禁止接种天花疫苗。⑥本药不宜大面积、长期使用。长期外用，可致耐药性。⑦以下疾病患者一般不宜使用本药，特殊情况下应权衡利弊使用，并注意病情恶化的可能：严重的精神病或有既往史者、癫痫、活动性消化性溃疡、新近胃肠吻合手术、骨折、创伤修复期、角膜溃疡、肾上腺皮质功能亢进症、抗菌药物不可控制的感染（如水痘、麻疹）、较重的骨质疏松症等。⑧在激素作用下，已被控制的感染可复发，常见结核感染复发。在某些感染时应用激素可减轻组织的破坏、减少渗出、减轻感染中毒症状，但必须同时用有效的抗生素治疗、密切观察病情变化，在短期用药后，应迅速减量、停药。⑨用药期间应多摄取蛋白质。对于感染性疾病应与抗生素联合使用。⑩病情得到控制后，停药应逐渐减量，不宜骤停，以免病情复发或出现肾上腺皮质功能不全。

【药物相互作用】①避孕药、雌激素制剂：合用可增强本药疗效，同时也增强不良反应。②排钾利尿药（如噻嗪类药、呋塞米）、两性霉素 B、碳酸酐酶抑制药：合用可导致钾大量流失，加重低钾血症。长期与碳酸酐酶抑制药合用，易发生低血钙和骨质疏松。③非甾体消炎药（如对乙酰氨基酚、水杨酸盐）：非甾体消炎药可加重本药的致溃疡作用。本药可增加对乙酰氨基酚的肝毒性，可降低水杨酸盐的血药浓度。④三环类抗抑郁药：合用可加重本药所致的精神症状。⑤强心苷：合用可增加洋地黄毒性及心律失常的发生率。⑥蛋白质同化激素：合用可增加水肿的发生率，使痤疮加重。⑦抗胆碱能药（如阿托品）：长期合用可致眼压升高。⑧降血糖药（如胰岛素）：本药可使糖尿病患者血糖升高。⑨免疫抑制药：合用可增加感染的风险，并可能诱发淋巴瘤或其他淋巴细胞增生性疾病。⑩其他皮质激素（如曲安西龙）：合用可能增加对下丘脑-垂体-肾上腺（HPA）轴的抑制作用。⑪甲状腺激素、抗甲状腺药：可使本药代谢清除率增加。⑫肝药酶诱导药（如苯巴比妥、苯妥英钠、利福平等）：合用可加快本药的代谢。⑬异烟肼：本药可降低异烟肼的血药浓度和疗效。⑭美西律：本药可降低美西律的血药浓度。⑮生长激素：合用可抑制生长激素的促生长作用。⑯麻黄碱：合用可增强麻黄碱的代谢清除。⑰抗凝血药：合用可使抗凝血药疗效降低。

丙酸氯倍他索

【别名】17-丙酸倍氯他索、17-丙酸氯氟美松、丙酸氯倍米松、丙酸氯氟美松、恩肤、克罗贝达索、氯倍他索、氯氟甲泼尼松、氯氟美松、氯培米松、欧博士、特美夫。

【药理作用】本药为人工合成的强效局部外用糖皮质激素药。具有消炎、抗过敏和较强的收缩毛细血管作用。其消炎作用约为氢化可的松的112.5倍、倍他米松磷酸钠的2.3倍、氟轻松的18.7倍。本药还有一定的促进钠、钾排泄的作用，不引起水钠潴留。

【适应证】①本药软膏、乳膏用于慢性湿疹、银屑病、扁平苔藓、盘状红斑狼疮、神经性皮炎、掌跖脓疱病等皮质激素外用治疗有效的皮肤病的短期治疗。②本药搽剂还可用于缓解肥厚瘙痒性皮肤病。

【用法用量】成人：一般用法为局部给药。①乳膏、软膏：均匀涂抹一薄层于患处，每日1~2次，疗程不可超过2周。由于本药可能抑制HPA轴，一周总剂量不可超过20 g（相当于丙酸氯倍他索10 mg）。②搽剂：涂抹于患处，每日2~3次，待病情控制后，改为每日1次。

【注意事项】①与其他皮质激素相同，本药不可用于酒渣鼻和口周皮炎的治疗，且局部皮质激素一般不可用于治疗痤疮或单药治疗广泛的斑块型银屑病。②即便短期应用本药也可造成皮肤萎缩、毛细血管扩张等不良反应，故不可用于眼部、面部、腋部、腹股沟等皮肤皱褶部位。③本药属强效皮质类固醇外用制剂，若长期、大面积应用或采用封包治疗，因全身性吸收作用，可造成可逆性HPA轴的抑制，部分患者可出现库欣综合征、高血糖及尿糖等表现，因此本药不可长期大面积应用，亦不宜采用封包治疗。④如必须大面积使用，则不可超过2周。治疗顽固、斑块状银屑病时，若用药面积仅占体表的5%~10%，可连续应用4周。每周用量均不可超过50 g（mL）。⑤如伴有皮肤感染，必须同时使用抗感染药。如同时使用后，感染的症状未及时改善，应停用本药直至感染得到控制。

【药物相互作用】尚不明确。

四、其他

乳酸依沙吖啶

【别名】彼芬、雷夫奴尔、利凡诺。

【药理作用】本药用于中期妊娠引产时，对子宫肌有兴奋作用，能刺激子宫肌收缩，使子宫肌紧张度增加，引起宫缩。动物实验发现本药对离体和在体子宫均能引起收缩，可增加子宫平滑肌收缩的频率、幅度和张力，妊娠月份越大，对子宫平滑肌的兴奋性越强。药物注入羊膜腔内或宫腔内，还可促使脱膜和胎盘组织变性、坏死，产生内源性前列腺素，进一步加强子宫收缩和软化松弛宫颈；当胎盘功能受损后，血绒毛膜促性腺激素、黄体酮和雌激素逐渐降低，亦破坏了维持妊娠的机制。此外，羊膜腔内注药后，胎儿死于宫内，也可诱发宫缩而动产。用药后除阵缩疼痛外无其他不适症状，用药至胎儿排出的时间平均在48小时左右。作为外用杀菌防腐药时，本药可抑制革兰阳性菌，主要对球菌（尤其对链球菌）有抗菌作用，对某些革兰阴性菌也有弱的抑制作用。在碱性环境中活性较强。

【适应证】①作为中期妊娠引产药，用于终止 12～26 周妊娠。②用于小面积、轻度外伤创面及感染创面的消毒。

【用法用量】①中期妊娠引产：a. 宫腔内羊膜腔外给药。妊娠 13～15 周，羊水过少或羊膜腔穿刺失败者可采用羊膜腔外引产法。妊娠期妇女排空膀胱后取膀胱截石位，常规外阴、阴道、子宫颈消毒后，用宫颈钳夹住子宫颈前唇，将橡皮导管沿子宫颈向子宫腔送入，将已配制的本药溶液（内含 100 mg 药物，用注射用水稀释）100 mL 注入导管。导管下端双折用线扎紧，卷折在阴道内，塞纱布一块以固定，术后 24 小时取出纱布和导管。b. 羊膜腔内给药。用于妊娠 16 周以后，经腹壁能注入羊膜腔内者。妊娠期妇女排空膀胱后，取仰卧位，选择子宫体最突出部位，羊水波动明显处为穿刺点，用纱布持 7 号腰穿针垂直刺入腹壁，进入羊膜腔时有落空感，再继续进针 0.5～1 cm 后拔出针芯，有羊水涌出后，将装有本药 100 mg 溶液的注射器接在穿刺针上，再回抽羊水证实无误后将药液缓缓注入，拔针前须回抽羊水。拔针前将针芯插入针内快速拔针后，敷盖消毒纱布，轻压针眼。②创面消毒：外用，用本药溶液冲洗或涂抹患处。

【注意事项】①为减少感染并发症，最好不用羊膜腔外给药法。②为减少出血，一般以用于妊娠 16～24 周的引产为宜。③用药后及流产过程中应严密观察全身状况，注意妊娠期妇女的主诉和观察产程进展情况，并作必要的处理。④若用药 72 小时后仍未见规律性宫缩，视为引产失败，可再次给药或改用其他方法。⑤本药用于引产须掌握剂量，安全剂量为 50～100 mg，极量为 120 mg，中毒剂量为 500 mg，一般用量为 100 mg 以内。超过 1 g 可能引起急性肾功能损伤，甚至死亡。⑥使用本药引产的同时，慎用其他引产药（如静脉滴注催产素），以防软产道损伤。

【药物相互作用】尚不明确。

第十七节　眼科用药

一、抗感染药

氯霉素

【别名】肤炎宁、复皆舒、琥氯、琥珀氯霉素、琥珀酸氯霉素、氯胺苯醇、氯霉素琥珀酸钠、氯霉素琥珀酸酯、氯霉素酯、氯霉素棕榈酸酯、清润、软脂酸氯霉素、润舒、舒尔、棕榈氯霉素、棕榈酸混旋氯霉素、棕榈酸氯霉素、棕榈酸氯霉素酯、左旋霉素。

【药理作用】本药为氯霉素类广谱抑菌药物，高浓度或作用于对本药呈高度敏感的细菌时呈杀菌作用。其作用机制是通过弥散进入细菌细胞内，主要作用于细菌 70S 核糖体的 50S 亚基，可抑制转肽酶，阻止肽链的延长，使菌体蛋白合成受阻。由于在菌体的结合位点相同，细菌对本药和甲砜霉素可有交叉耐药，而本药亦可与大环内酯类及林可霉素竞争结合位置而产生拮抗作用。而且人和哺乳动物某些细胞线粒体中也有 70S 核糖体，因此本药可同时抑制这些线粒蛋白质合成功能。抗菌谱：本药在体外具广谱抗微生物作用，包括需氧革兰阴性菌及革兰阳性菌、厌氧菌、立克次体、螺旋体和衣原体。本药对革兰阴性菌的作用比对革兰阳性菌的作用强。流感嗜血杆菌、肺炎链球菌、脑膜炎奈瑟菌、淋病奈瑟菌对本药高度敏感，在低浓度时就具有较强的杀菌作用。沙门菌属（包括伤寒沙门菌）、克雷伯菌属、沙雷菌属、普罗菲登菌属、亲水气单胞菌、大肠埃希菌、奇异变形杆菌、产气杆菌、聚团肠杆菌、阴沟杆菌等对本药敏感；白喉棒状杆菌、李斯特菌属、炭疽杆菌、链球菌属等革兰阳性菌多数对本药敏感；多数厌氧菌如破伤风杆菌、产气荚膜杆菌、放线菌属、乳酸杆菌属、脆弱拟杆菌、梭形杆菌、韦荣菌属、消化球菌、消化链球菌对本药敏感。金黄色葡萄球菌部分对本药敏感。肺炎链球菌、流感嗜血杆菌、脑膜炎奈瑟菌较易发生耐药。铜绿假单胞菌、吲哚阳性变形杆菌、普鲁威登菌、沙雷杆菌、普通变形杆菌、不动杆菌属、肠杆菌属、部分金黄色葡萄球菌、表皮葡萄球菌、甲氧西林耐药葡萄球菌、肠球菌属通常对本药耐药。

【适应证】①用于敏感菌所致伤寒、副伤寒。②用于沙门菌属感染的胃肠炎合并败血症。③用于耐氨苄西林的 B 型流感嗜血杆菌脑膜炎或对青霉素过敏者的肺炎链球菌脑膜炎、脑膜炎奈瑟菌性脑膜炎、敏感的革兰阴性杆菌脑膜炎。④用于需氧菌和厌氧菌混合感染的脑脓肿（尤其耳源性）。⑤可与氨基糖苷类药联用治疗腹腔感染、盆腔感染以及敏感菌所致的其他严重感染，如败血症与肺部感染。⑥用于立克次体感染，如 Q 热、落基山斑点热、地方性斑疹伤寒等。⑦本药阴道用制剂用于细菌性阴道病。⑧本药眼用制剂用于敏感菌所致眼部感染，如沙眼、结膜炎、角膜炎、眼睑缘炎等。⑨本药滴耳液用于治疗敏感菌感染引起的外耳炎、急慢性中耳炎。本药耳栓还可用于耳道炎以及乳突根治术后流脓者。⑩本药搽剂用于敏感菌所致的脂溢性皮炎、毛囊炎。

【用法用量】成人：①一般用法。a. 口服给药，1.5~3 g/d，分 3~4 次给药。b. 静脉滴注，2~3 g/d，分 2 次给药。本药 250 mg 至少用稀释液 100 mL 稀释。②细菌性阴道病。阴道给药，每晚睡前将外阴清洁后，将阴道软胶囊放入阴道深处。一次 0.1 g，每日 1 次。③沙眼、结膜炎、角膜炎、眼睑缘炎等。经眼给药，滴眼液一次 1~2 滴，每日 3~5 次，滴入眼睑；眼膏涂入眼睑内，每日 3 次。④外耳炎、急慢性中耳炎。经耳给药，滴耳液一次 2~3 滴，每日 3 次，滴入耳道内。⑤耳道炎、乳突根治术后流脓。经耳给药，耳栓一次 32 mg，每日 1 次，5 日为 1 个疗程。⑥脂溢性皮炎、毛囊炎。外用，搽剂：局部外擦，每日 2~3 次。老年人剂量：用于老人耳道炎、乳突根治术后流脓时无须调整剂量。儿童：①一般用法。a. 口服给药，25~50 mg/(kg·d)，分 3~4 次给药。新生儿必需用药时，每日不可超过 25 mg/kg，分 4 次给药。b. 静脉滴注，参见"口服给药"项。②耳道炎、乳突根治术后流脓。经耳给药，同成人用法用量。

【注意事项】①因可能发生不可逆性骨髓抑制，故应避免重复疗程使用本药。②局部长疗程、反复使用本药，也可有一定吸收，偶可发生血液系统毒性反应。③长期使用本药眼用制剂者，应先做眼部检查，并密切监测视功能和视神经炎的症状。一旦出现，立即停药，并同时服用维生素 C 和维生素 B。

【药物相互作用】①乙内酰脲类抗癫痫药：合用可使抗癫痫药的作用增强或毒性增加。②降血糖药（如甲苯磺丁脲）：合用可增强降血糖作用。③某些骨髓抑制药（抗肿瘤药、秋水仙碱、羟布宗、保泰松和青霉胺等）：合用可增加以上药物的骨髓抑制作用。④阿芬太尼：合用可延长阿芬太尼麻醉作用时间。⑤肝药酶诱导药（如苯巴比妥、利福平）：合用可使本药血药浓度降低。⑥维生素 B_6：合用可拮抗维生素 B_6 的作用并使其肾排泄率增加，导致贫血或周围神经炎的发生。⑦含雌激素的避孕药：合用可降低避孕药的药效，增加经期外出血的危险。⑧维生素 B_{12}：合用可拮抗维生素 B_{12} 的造血作用。

⑨β-内酰胺类抗生素：合用可拮抗β-内酰胺类药的抗菌作用。⑩大环内酯类药（如红霉素类）、林可霉素类：合用有相互拮抗作用。

盐酸金霉素

【别名】氯四环素。

【药理作用】本药为四环素类抗生素。其抗菌作用机制与其他四环素类药相似，主要通过特异性地与细菌核糖体30S亚基的A位结合，阻止氨基酰-tRNA在该位置上的联结，抑制肽链的增长，从而影响细菌或其他微生物的蛋白质合成。有研究证明，本药还可抑制前列腺素合成，抑制白细胞的趋化运动，降低哺乳动物胶原酶和其他一些金属蛋白酶的活性，从而起到治疗口疮性溃疡的作用。抗菌谱：对金黄色葡萄球菌、化脓性链球菌、肺炎链球菌、淋病奈瑟菌有较好抗菌活性。对沙眼衣原体具有抑制作用。

【适应证】①本药眼膏用于细菌性结膜炎、睑腺炎及细菌性眼睑炎，也用于治疗沙眼。②本药软膏用于脓疱疮等化脓性皮肤病、轻度小面积烧伤及溃疡面的感染。

【用法用量】①细菌性结膜炎、睑腺炎、细菌性眼睑炎、沙眼。经眼给药，每次适量眼膏涂于患眼内，每日1~2次，最后一次宜在睡前使用。②化脓性皮肤病、轻度小面积烧伤、溃疡面的感染。局部给药，每次适量软膏涂于患处，每日2~3次。

【注意事项】①本药不宜长期连续使用，眼膏连用5日、软膏连用7日症状未缓解，应停药，久用易产生耐药性。②本药软膏应避免接触眼部及其他黏膜（如口、鼻等）。③对一种四环素类药过敏者对其他四环素类药也可能过敏。

【药物相互作用】①阿维A：与四环素类药合用可导致颅内压升高。②含钙、镁、铝离子的药物：合用可显著降低四环素类药的疗效。③肉桂：合用可降低四环素类药的疗效。④青霉素G、普鲁卡因青霉素、青霉素V：合用降低抗菌效果。

依诺沙星

【别名】必采尼、博仕多邦、的星力、氟啶酸、福禄马、复克、杰瑞纳、久诺、卡西诺、凯全、克尔林、朗济德、力得佳、立洛星、辽沙、洛克迪、美凤、美宁诺咪、宁宇欣、诺佳、葡络、葡萄糖酸依诺沙星、葡欣安、谱安康生、瑞羚聚、瑞美林、瑞美星、索多泰、唐人欣、天君迪、维普欣、喜莫比、依能森、依适康、依益、因瑞清、泽力、憎恶星。

【药理作用】本药为第三代喹诺酮类抗菌药。作用机制同环丙沙星，通过作用于细菌DNA旋转酶的A亚单位，抑制细菌DNA合成和复制而杀菌。对需氧革兰阴性杆菌、需氧革兰阳性球菌、支原体、衣原体、分枝杆菌等作用较环丙沙星和氧氟沙星弱。其抗菌活性较环丙沙星、氧氟沙星、左氧氟沙星、氟罗沙星等略低。抗菌谱：与氧氟沙星近似，对葡萄球菌、链球菌、志贺菌、克雷伯菌、大肠埃希菌、沙雷杆菌、变形杆菌、铜绿假单胞菌及其他假单胞菌、流感嗜血杆菌、不动杆菌、淋病奈瑟菌、螺旋杆菌、军团菌等有良好的抗菌作用。对厌氧菌的抗菌活性差。

【适应证】①用于敏感菌所致的泌尿生殖系统感染（包括单纯性尿路感染、复杂性尿路感染、细菌性前列腺炎、淋菌性尿道炎、宫颈炎）、呼吸系统感染（包括支气管感染急性发作、肺部感染）、胃肠道感染、骨和关节感染、皮肤软组织感染、伤寒、败血症等。②本药软膏和乳膏用于脓疱疮、毛囊炎、疖肿、烧烫伤创面感染及足癣合并细菌感染等。③本药滴眼液用于敏感菌所致的结膜炎、角膜炎等眼部感染。

【用法用量】成人：①支气管感染。口服给药，一次 300 ~ 400 mg，每日 2 次，7 ~ 14 日为 1 个疗程。②急性单纯性下尿路感染、肠道感染。口服给药，一次 200 mg，每日 2 次，5 ~ 7 日为 1 个疗程。③复杂性尿路感染、伤寒。口服给药，一次 400 mg，每日 2 次，10 ~ 14 日为 1 个疗程。④单纯性淋菌性尿道炎。口服给药，单剂 400 mg。⑤泌尿生殖系统感染、呼吸系统感染、胃肠道感染、骨和关节感染、皮肤软组织感染、伤寒、败血症。静脉滴注，一次 200 mg，每日 2 次，重症患者最大日剂量为 600 mg，7 ~ 10 日为 1 个疗程。在治疗中病情显著好转后可改用口服制剂。⑥脓疱疮、毛囊炎、疖肿、烧烫伤创面感染、足癣合并细菌感染。局部给药，本药软膏或乳膏，涂于患处，每日 2 ~ 4 次。⑦眼部感染。经眼给药，本药滴眼液，一次 1 ~ 2 滴，每日 4 ~ 6 次。老年人剂量：老年患者肾功能减退，应减少剂量。

【注意事项】①使用氟喹诺酮类药可能发生光敏反应，用药期间应避免过度日晒。②大剂量应用本药或尿 pH 在 7 以上时可发生结晶尿。为避免结晶尿的发生，宜多饮水，保持 24 小时排尿量在 1200 mL 以上。③因目前大肠埃希菌对氟喹诺酮类药耐药者多见，应在给药前留取尿培养标本，参考细菌药敏结果调整用药。④本药与其他喹诺酮类药之间存在交叉过敏。

【药物相互作用】①丙磺舒：合用可使两药血药浓度均升高，产生毒性反应。②茶碱类药：合用可导致茶碱类药的血药浓度升高，出现茶碱中毒（表现为恶心、呕吐、震颤、不安、激动、抽搐、心悸等）。③阿戈美拉汀：合用可增加阿戈美拉汀的暴露量。④度洛西汀：合用可升高度洛西汀的生物利用度，增加不良反应。⑤罗氟司特：合用可增加罗氟司特的暴露量。⑥环孢素：合用可使环孢素血药浓度升高。⑦华法林：本药可增强华法林的抗凝血作用。⑧咖啡因：合用可导致咖啡因消除减少，消除半衰期延长，并可能产生中枢神经系统毒性。⑨芬布芬：合用偶有抽搐发生。⑩抗糖尿病药：合用可导致血糖改变的风险增加。⑪皮质激素：合用可使发生肌腱断裂的风险增加，尤其是老年人。⑫尿碱化药：可降低本药在尿中的溶解度，导致结晶尿和肾毒性。⑬含铝、镁的抗酸药：以上药物可减少本药的口服吸收。⑭去羟肌苷：合用可抑制本药疗效。⑮伤寒活疫苗：合用可降低伤寒活疫苗的免疫应答。

二、青光眼用药

毛果芸香碱

【别名】匹鲁卡品、匹罗杰、匹罗卡品、瑞尔欣、硝酸毛果芸香碱、硝酸匹鲁卡品、硝酸匹罗卡品、盐酸毛果芸香碱、真瑞。

【药理作用】本药是一种节后拟胆碱药，能直接作用于 M 胆碱受体，使胆碱能神经节后纤维兴奋，产生毒蕈碱样作用。滴眼后可直接作用于瞳孔括约肌和睫状肌的胆碱受体，使这两种平滑肌收缩，导致瞳孔缩小和睫状肌收缩，从而使房水排出阻力减少，使青光眼的眼压下降。本药降眼压的机制为：①瞳孔缩小使虹膜向中心拉紧，虹膜变薄，房角加宽，房水经小梁网、巩膜静脉窦排出眼外。②睫状肌的纵行纤维及小梁网均附着在巩膜突上，睫状肌收缩时牵拉巩膜突，可使小梁网间隙加大，增加房水排出。③睫状肌收缩时，使从其中穿过的前睫状动脉的供血减少，并牵拉相邻部位的脉络膜静脉网，有利于房水向静脉回流。④也可能有抑制房水生成的作用。另外，本药降眼压的幅度与用药前的眼压水平成正比,故主要对青光眼有降眼压作用,对眼压正常者作用不明显。全身用药后能促进汗腺、唾液腺、泪腺、胃肠道腺体和呼吸道黏液腺的分泌,使胃肠道、胆道、膀胱、呼吸道、子宫等平滑肌兴奋。对心血管系统有抑制作用,静脉小剂量注射即可引起血压下降。

【适应证】①口服用于头颈部肿瘤患者放射治疗后引发的口干症、药源性口干症、涎腺疾患性口干症。②注射液用于急性闭角型青光眼、慢性闭角型青光眼、开角型青光眼、继发性青光眼、白内障人工晶体植入术中缩瞳和阿托品类药中毒对症治疗。③滴眼液用于:a. 急性闭角型青光眼、慢性闭角型青光眼、开角型青光眼、继发性青光眼等,可与其他缩瞳药、β肾上腺素受体阻滞药、碳酸酐酶抑制药、拟交感神经药或高渗脱水剂联用。b. 检眼镜检查后缩瞳以抵消睫状肌麻痹药或扩瞳药的作用。

【用法用量】①头颈部肿瘤患者放射治疗后引发的口干症、药源性口干症、涎腺疾患性口干症:口服给药,一次 4 mg,每日 3 次。②慢性闭角型青光眼:眼部注射,一次 2 ~ 10 mg;经眼给药,本药 0.5% ~ 4% 滴眼液滴眼,一次 1 滴,每日 1 ~ 4 次。③急性闭角型青光眼急性发作期:经眼给药,本药 1% ~ 2% 滴眼液滴眼,一次 1 滴,每 5 ~ 10 分钟 1 次,3 ~ 6 次后每 1 ~ 3 小时 1 次,直至眼压下降(注意:对侧眼也应每 6 ~ 8 小时滴 1 次,以防对侧眼闭角型青光眼发作)。④缩瞳:a. 眼部注射,白内障人工晶体植入术中缩瞳,一次 2 ~ 10 mg。b. 经眼给药。对抗散瞳作用时,用本药 1% 的滴眼液滴眼 1 滴 2 ~ 3 次;先天性青光眼房角切开或外路小梁切开术前用药时,用本药 1% 滴眼液滴眼 1 ~ 2 次;虹膜切除术前用药时,用本药 2% 滴眼液滴眼,一次 1 滴。

【注意事项】瞳孔缩小常引起暗适应困难,应告知夜间驾驶或从事照明不佳的危险职业患者需特别谨慎。

【药物相互作用】①β肾上腺素受体阻滞药、碳酸酐酶抑制药、α肾上腺素受体激动药、β肾上腺素受体激动药、高渗脱水剂:合用有协同作用。②其他拟胆碱药或抗胆碱酯酶药(如新斯的明):合用可增加本药作用。③地匹福林:合用可导致近视程度暂时增加。④阿托品、环戊醇胺酯:合用可干扰本药的抗青光眼作用,而这些药物的散瞳作用也会被抵消。⑤拉坦前列素:合用可减低拉坦前列素的降眼压作用。⑥抗胆碱药:与局部抗胆碱药合用将干扰本药的降眼压作用;与全身抗胆碱药合用,因全身用药到达眼部的浓度很低,通常不影响本药的降眼压作用。⑦磺胺醋酰钠滴眼液(pH 8 ~ 9.5):合用可使结膜液的 pH 一过性升高达 7.4,并可导致本药沉淀。

马来酸噻吗洛尔

【别名】马来酸噻吗心安、青眼露、噻吗西安、噻吗心安、添莫式、添慕宁。

【药理作用】本药常用其马来酸盐,为非选择性β肾上腺素受体阻滞药,无膜稳定作用、内源拟交感活性及直接抑制心脏作用。其降血压与减少心肌氧耗量的机制与普萘洛尔相同,作用强度为普萘洛尔的 8 倍。临床试验显示,本药可减少急性心肌梗死的死亡率,可使偏头痛的发生率降低 50%。本药有明显的降眼压作用,作用机制主要为减少房水生成。本药优于传统的降眼压药,特点为起效快、副作用小、耐受性好。对瞳孔大小对光反应及视力无影响。但有国外资料表明本药可通过阻滞位于视神经、脉络膜与视网膜血管处的 β_2 受体导致血管收缩,影响视觉。

【适应证】①用于原发性高血压。②用于心绞痛或心肌梗死的治疗。③用于预防偏头痛。④本药滴眼液用于原发性开角型青光眼，可降低眼内压。对部分继发性青光眼、高眼压症、部分原发性闭角型青光眼以及其他药物或手术无效的青光眼，加用本药可进一步增强降眼压效果。

【用法用量】①高血压：口服给药，起始剂量为一次 2.5～5 mg，每日 2～3 次，可根据心率和血压变化增减剂量，增加剂量至少间隔 7 日。维持剂量为 20～40 mg/d，每日最大剂量为 60 mg。②心肌梗死：口服给药，起始剂量为一次 2.5 mg，每日 2 次，可逐渐增加剂量至 20 mg/d。③偏头痛：口服给药，起始剂量为一次 10 mg，每日 2 次，根据临床反应及耐受性可逐渐增加剂量至 30 mg/d，或减至 10 mg/d。6～8 周无效则应停用。④青光眼、高眼压症：经眼给药。a. 0.25% 或 0.5% 滴眼液，一次 1 滴，每日 1～2次。如眼压已控制，可改为每日 1 次。如原用其他药物，在改用本药治疗时，原药物不宜突然停用，应自滴用本药的第 2 日起逐渐停用。b. 0.25% 或 0.5% 眼用胶体溶液，一次 1 滴，每日 1 次。

【注意事项】①用本药降低闭角型青光眼患者的眼内压时，应与缩瞳药同时使用。②本药滴眼液可使泪液分泌量减少，对泪腺功能正常者无影响，对泪腺功能低下者，有造成干眼综合征的危险。③如单用浓度为 0.5% 的滴眼液不能使眼内压维持在满意水平，可加用其他抗青光眼药物。④如与其他滴眼药合用，用本药前应间隔 10 分钟。⑤突然停药可引起缺血性心脏病的恶化，如心绞痛加重及发生心肌梗死。停药时，应在 1～2 周内逐渐减量，并进行密切监测，如心绞痛显著恶化或急性冠状动脉功能不全加重，应立即重新调整剂量，并对不稳定型心绞痛采取适当的处理措施。患者不可擅自停药。停药后 2～3 周内尽可能减少体力活动，以避免高血压反弹或心绞痛复发及发生其他严重心血管事件（如心肌梗死、心律失常以及猝死）。⑥从非 β 肾上腺素受体阻滞药的其他抗青光眼药转用本药时，第 1 日应继续使用原来的药物，同时在患眼使用 0.25% 的本药滴眼液 1 滴，每日 2 次；第 2 日即可停止使用以前的抗青光眼药。如从 β 肾上腺素受体阻滞药转为使用本药，应先停用前者，再改为本药。⑦本药可掩盖甲状腺功能亢进症的部分临床体征（如心动过速），怀疑为甲状腺毒症的患者应避免突然停药。⑧大手术患者在术前应逐渐减量。

【药物相互作用】①抗青光眼药：合用可使药效相加。②拉坦前列素：合用可使降眼压作用增加。③毛果芸香碱：合用有相加作用，降压作用优于单独用药。④儿茶酚胺耗竭药（如利舍平）：合用可导致明显心动过缓和低血压。⑤奎尼丁：合用可引起全身 β 肾上腺素受体阻滞作用（如心率减慢）。⑥其他 β 肾上腺素受体阻滞药：局部应用本药时可出现与全身应用 β 肾上腺素受体阻滞药相似的不良反应。⑦钙拮抗药：合用可引起房室传导阻滞、左心室衰竭、低血压。⑧洋地黄类药：合用可进一步延长房室传导时间。⑨肾上腺素：合用可能增强肾上腺素的升压作用，导致高血压、心动过缓，还可引起瞳孔扩大。⑩可乐定：本药可加重可乐定停药后的血压反弹。⑪胰岛素、口服降血糖药：β 肾上腺素受体阻滞药可掩盖低血糖症状。⑫非甾体类解热镇痛消炎药：合用可使本药的降血压效果减弱。⑬抗过敏药：有遗传性过敏史的患者，服用本药可能减弱抗过敏药的作用。

乙酰唑胺

【别名】醋氮磺胺、醋氮酰胺、醋唑磺胺、代冒克斯、丹木斯、利水胺、乙酰偶氮

胺、乙酰偶氮胺钠、乙酰唑胺钠。

【药理作用】 本药为碳酸酐酶抑制药，属磺胺衍生物。碳酸酐酶分布在肾小管上皮细胞、胃黏膜、胰腺细胞、眼、红细胞和中枢神经细胞等处，其主要功能是促进 CO_2 与 H_2O 结合成碳酸并将碳酸再分解为 H^+ 及 HCO_3^-。本药的主要作用是抑制碳酸酐酶，具体表现为：①降低眼压。眼内各部组织（如视网膜、葡萄膜、晶体）均有碳酸酐酶存在，并以睫状体的量最多。患青光眼时，睫状体上皮内碳酸酐酶活性增高，从而生成过多的碳酸氢钠，使房水内渗透压升高、房水生成量增加、眼压升高。本药能抑制睫状体上皮碳酸酐酶的活性，从而减少房水生成（50% ~ 60%），降低青光眼患者眼内压。②弱的利尿作用：本药能抑制肾小管上皮细胞中的碳酸酐酶，使 H^+ 的产生和 Na^+ 重吸收减少，Na^+、H_2O 与重碳酸盐排出增加，因而产生利尿及 H^+ 潴留（严重者可致代谢性酸中毒）。但本药利尿作用不强（对于伴有水肿的子痫患者则有良好的利尿降压作用），长期服用又可产生耐药性，故目前很少单独用于利尿。③本药抗癫痫的作用机制尚不十分清楚。

【适应证】 用于治疗多种类型的青光眼，包括：①开角型青光眼。②闭角型青光眼急性期。③继发性青光眼。④青光眼术前及术后（降低眼内压）。也可用于某些内眼手术前降低眼压。

【用法用量】 成人：①开角型青光眼。口服给药，首剂 250 mg，每日 1 ~ 3 次。维持剂量应根据患者对药物的反应而定，尽量使用较小剂量使眼压得到控制，一般一次 250 mg，每日 2 次就可使眼压控制在正常范围。②继发性青光眼和术前降眼压。口服给药，一次 250 mg，一般每日 2 ~ 3 次。③青光眼急性发作。a. 口服给药，首剂加倍至 500 mg，以后改用 125 ~ 250 mg 的维持量，每日 2 ~ 3 次。b. 静脉注射，一次 500 mg，或静脉注射 250 mg 与肌内注射 250 mg 交替使用。可在 2 ~ 4 小时内重复上述剂量，但继续治疗应根据患者的情况改为口服给药。c. 肌内注射，参见"静脉注射"项。④心源性水肿。口服给药，一次 250 ~ 500 mg，每日 1 次，早餐后服效果最佳。⑤脑水肿。口服给药，一次 250 mg，每日 2 ~ 3 次。⑥癫痫小发作。口服给药，一次 500 ~ 1000 mg，每日 1 次。与其他药物合用时则不超过 250 mg。儿童：用于青光眼。①口服给药，5 ~ 10 mg/（kg·d），分 2 ~ 3 次服用。②静脉注射，青光眼急性发作，一次 5 ~ 10 mg/kg，每 6 小时 1 次。③肌内注射，参见"静脉注射"项。

【注意事项】 ①在闭角型青光眼急性期使用本药后，原则上应根据虹膜角膜角及眼压描记情况选择适宜的抗青光眼手术。②某些不能耐受本药不良反应或久服本药无效者，可改用其他碳酸酐酶抑制药（如双氯非那胺）。③为预防肾脏并发症，如肾绞痛、结石、磺胺尿结晶等，除按磺胺类药一般预防原则外，还应加服钾盐、镁盐等，高尿钙患者应进低钙饮食。长期服用本药需同时加服钾盐（如10% 氯化钾溶液10 mL，每日2 ~ 3 次），以防血钾过低。④本药可诱发或加重肾结石患者的病情，故当出现腹部绞痛和血尿时，应立即停用本药。⑤用药前应询问患者是否有磺胺过敏史，不能耐受磺胺类药或其他磺胺类衍生物者也不能耐受本药。

【药物相互作用】 ①缩瞳药：合用可使本药作用增强。②甘露醇、尿素：合用可在增强本药降低眼内压作用的同时增加尿量。③促皮质素、糖皮质激素、盐皮质激素：合用可致严重的低血钾，并造成骨质疏松。④苯丙胺、M-胆碱受体阻滞药（特别是阿托品）、奎尼丁：合用可致尿液呈碱性，加重本药不良反应。⑤苯巴比妥、卡马西平、苯妥英：合用可致骨软化发病率上升。⑥洋地黄糖苷类药：合用可增加洋地黄的毒性，发生低钾血症。⑦抗糖尿病药（如胰岛素）：合用可减少低血糖反应。⑧氯化铵：合用可减弱本药的作用。⑨钙、碘、广谱抗生素：合用可减弱本药的作用。⑩锂盐：合用可降低锂的血药浓度。

三、其他

醋酸可的松

【别名】醋酸副肾皮质素、醋酸考的松、醋酸皮质酮、醋酸肾上腺皮质素、考的松、可美萨松、可美松、皮质素。

【药理作用】本药为肾上腺皮质激素类药。具有消炎、抗过敏、抗风湿、免疫抑制作用，其作用机制如下。①消炎作用：本药可减轻和防止组织对炎症的反应，从而减轻炎症的表现。能够抑制炎症细胞，包括巨噬细胞和白细胞在炎症部位的集聚，并抑制吞噬作用、溶酶体酶的释放以及炎症化学中介物的合成和释放。②免疫抑制作用：包括防止或抑制细胞介导的免疫反应，延迟性的过敏反应，减少 T 淋巴细胞、单核细胞、嗜酸性粒细胞的数目，降低免疫球蛋白与细胞表面受体的结合能力，并抑制白细胞介素的合成与释放，从而降低 T 淋巴细胞向淋巴母细胞转化，并减轻原发免疫反应的扩展。本药还可减少免疫复核物通过基底膜，并能减少补体成分及免疫球蛋白的溶度。

【适应证】①用于治疗原发性或继发性肾上腺皮质功能减退症，合成糖皮质激素所需酶系缺陷所致的各型先天性肾上腺增生症。②用于治疗多种疾病，具体包括：a. 自身免疫性疾病，如系统性红斑狼疮、血管炎、多肌炎、皮肌炎、斯蒂尔病（Still disease）、格雷夫斯眼病、自身免疫性溶血、血小板减少性紫癜、重症肌无力。b. 过敏性疾病，如严重支气管哮喘、过敏性休克、血清病、特异反应性皮炎。c. 器官移植排异反应，如肾、肝、心等组织移植。d. 炎症性疾病，如节段性回肠炎、溃疡性结肠炎、非感染性炎性眼病。e. 血液病，如急性白血病、淋巴瘤。f. 其他，如结节病、甲状腺危象、亚急性非化脓性甲状腺炎、败血性休克、脑水肿、肾病综合征、高钙血症。③本药眼用制剂用于虹膜睫状体炎、虹膜炎、角膜炎、过敏性结膜炎等。

【用法用量】成人：①肾上腺皮质功能减退。a. 口服给药，25～37.5 mg/d（清晨服 2/3，午后服 1/3）。当患者有应激状况时（如发热、感染），可适当增加剂量。严重应激状况时，应改用氢化可的松静脉注射。b. 肌内注射，用于不可口服糖皮质激素者应激状况时，50～300 mg/d。②过敏性结膜炎，经眼给药。a. 本药眼膏，涂于眼睑内，每日 2～3 次，最后一次宜在睡前使用。b. 本药滴眼液：一次 1～2 滴，每日 3～4 次，摇匀后滴入结膜囊内。儿童：①肾上腺皮质功能减退。口服给药，0.7 mg/(kg·d)，分 2 次服用。②其他疾病。口服给药，2.5～10 mg/(kg·d)，可分次服用。

【注意事项】①由于本药有较强的潴钠作用，故一般不作为消炎、抗过敏的首选药。②因有出现神经系统并发症和（或）缺乏抗体反应的风险，故使用皮质类固醇的患者（尤其大剂量使用的患者）不可接种牛痘，也不可接受其他免疫措施。③皮质类固醇与阿司匹林联合用于凝血因子 Ⅱ 过少的患者时应谨慎。④肾上腺功能不足者同时存在醛固酮严重缺乏时，常需要合用氟氢可的松和氯化钠。⑤本药停药时应逐渐减量或同时使用促肾上腺皮质激素类药。⑥不得连续使用本药眼用制剂超过 2 周，且不可与其他眼用制剂同时使用。

【药物相互作用】①非甾体类解热镇痛药：合用可增强本药致溃疡作用，同时可增强对乙酰氨基酚的肝毒性。此外，本药可减少水杨酸盐的血浆浓度。②噻嗪类利尿药：糖皮质激素与噻嗪类利尿药合用可增加糖耐量异常的风险。③两性霉素 B、碳酸酐酶抑制药：合用可加重低钾血症，长期与碳酸酐酶抑制药合用，易发生低血钙和骨质疏松。④蛋白质同化激素：合用可增加水肿的发生率，使痤疮加重。⑤抗胆碱能药（如阿托品）：长期合用，可致眼压增高。⑥三环类抗抑郁药：合用可使本药引起的精神症状加重。⑦避孕药、雌激素：合用可增强本药的治疗作用和不良反应。⑧排钾利尿药：合用可致严重低血钾，并由于水钠潴留而减弱利尿药的排钠利尿效应。⑨免疫抑制药：合用可增加感染的风险，并可能诱发淋巴瘤或其他淋巴细胞增生性疾病。⑩强心苷：合用可增加洋地黄毒性及心律失常的发生率。⑪甲状腺激素或抗甲状腺药：合用可使本药代谢清除率增加。⑫麻黄碱：合用可增加本药的代谢清除。⑬降血糖药：本药可使糖尿病患者血糖升高。⑭异烟肼：合用可增加异烟肼在肝脏的代谢和排泄，降低异烟肼的血药浓度和疗效。⑮美西律：合用可促进美西律在体内的代谢，降低其血药浓度。⑯生长激素：合用可抑制生长激素促生长作用。

色甘酸钠

【别名】必润、咳乐钠、克乐净、宁敏、色甘酸、色甘酸二钠、咽泰、衍行。

【药理作用】本药属色酮类化合物，为过敏反应介质阻释药，它可以抑制磷酸二酯酶活性，使肥大细胞中 cAMP 水平增高，减少 Ca^{2+} 向细胞内转运，并在肥大细胞细胞膜外侧的钙通道部位与 Ca^{2+} 形成复合物，加速钙通道的关闭，使 Ca^{2+} 内流受到抑制。还可稳定肥大细胞的细胞膜，阻止肥大细胞脱颗粒，抑制组胺、5-羟色胺、慢反应物质等过敏反应介质的释放，阻抑过敏反应介质对组织的不良反应，从而达到防止或减轻支气管平滑肌痉挛、黏膜组织水肿、血管通透性增加等作用。近来发现本药抑制肥大细胞磷酸二酯酶的作用与其抑制肥大细胞释放过敏介质之间缺乏平等关系，前一作用所需剂量较后一作用所需剂量高 800 倍。目前认为本药的平喘作用尚有以下几种可能：①直接抑制由于兴奋刺激感受器而引起的神经反射，抑制反射性支气管痉挛。②抑制非特异性支气管高反应性。③抑制血小板活化因子（PAF）引起的支气管痉挛。本药对过敏性哮喘疗效较为显著，特别是对已知抗原的青年患者疗效更佳。用药后症状明显减轻，肺功能改善，使第一秒用力呼气量（FEV1）和肺活量显著增加。对内源性哮喘和慢性哮喘亦有一定疗效，约半数患者的症状改善或完全控制。对依赖肾上腺皮质激素的哮喘患者，使用本药后可减少或停用肾上腺皮质激素。本药还可预防运动性哮喘的发作。另外，本药灌肠后可改善溃疡性结肠炎和直肠炎的症状，结肠镜检和活检可见炎症及损伤减轻。

【适应证】①用于预防哮喘及变应性鼻炎。②本药滴眼液用于预防春季过敏性结膜炎。

【用法用量】成人：①预防支气管哮喘，吸入给药。a. 干粉（胶囊）喷雾吸入，一次 20 mg，每日 4 次；症状减轻后，40～60 mg/d；维持量，20 mg/d。②气雾吸入，一次 3.5～7 mg，每日 3～4 次，每日最大剂量 32 mg。③预防变应性鼻炎。a. 吸入给药，干粉（胶囊）喷雾吸入，每侧一次 10 mg，每日 4～6 次。b. 经鼻给药，滴鼻液一次 5～6 滴，每日 5～6 次。④预防春季过敏性结膜炎。经眼给药，2% 滴眼液，一次 1～2 滴，每日 4 次，重症可适当增加到每日 6 次。儿童：①预防支气管哮喘。吸入给药，气雾吸入。6 岁以上儿童，每日 2 次，同成人用法用量；6 岁以下儿童，较难做到使患儿协调吸药，故较少选用本药。②预防变应性鼻炎。吸入给药，干粉吸入。6 岁以上儿童，每侧一次 10 mg，每日 2 ~ 3 次。经鼻给药，一次 2 ~ 3 滴，每日 3 ~ 4 次。

【注意事项】①本药用于预防性治疗，对伴有肺气肿或慢性支气管炎的患者疗效有限，不可用于急性症状时治疗，故如遇急性发作，应立即以常规方法治疗，并停用本药。②曾用肾上腺皮质激素或其他平喘药治疗的患者，使用本药后应继续用原药至少 1 周或至症状改善后，才能逐渐减量或停用原用药物。获明显疗效后，可减少给药次数。如需停药，应逐步减量后再停用，不可突然停药，以防哮喘复发。当停用本药或逐渐减少剂量时疾病症状可能再次出现，使用应谨慎。

【药物相互作用】①异丙肾上腺素：合用可增强疗效和不良反应。②糖皮质激素：合用可增强治疗支气管哮喘的疗效。③氨茶碱：合用可增强平喘疗效。

玻璃酸钠

【别名】阿尔治、爱丽、爱维、百耐、玻璃酸、玻璃酸酶钠、透明质酸钠、哈艾路、海尔根、海麦迪克、海诺特、联邦亮晶晶、派隆、施沛特、透明质酸、喜朗、欣维可、优沃灵。

【药理作用】透明质酸广泛存在于人体内，是由葡萄糖醛酸和乙酰氨基己糖组成双糖单位聚合而成的一种黏多糖，高浓度时以交织网状形式存在，具有较高的黏弹性及渗透压，加之与水的氢键结合能形成黏度较高的凝胶体，有阻止感染和炎症扩散，并防止体液及细胞外物质扩散的作用。本药作为眼科手术辅助用药时，可保护角膜内皮细胞及眼内组织，促进角膜创伤愈合、上皮伸展及防止角膜干燥。另外，本药是关节滑液的主要成分，并可与蛋白亚单位结合，构成蛋白多糖聚合物组成软骨基质。关节腔内注入本药，能明显改善滑液组织的炎症反应、提高滑液中本药的含量以及增强关节液的黏稠性和润滑功能，从而保护关节软骨，促进关节软骨的愈合与再生，缓解疼痛，增加关节活动度。

【适应证】①本药滴眼液用于干燥综合征（Sjogren syndrome）、史-约综合征（Stevens-Johnson syndrome）、眼干燥症等内因性疾病及各种外因性疾病（如手术、药物性、外伤、佩戴角膜接触镜等）所致的角膜上皮损伤。尤其适用于干燥综合征和史-约综合征需长期用药的患者。②本药注射液用于：a. 变形性膝关节病和肩关节周围炎。b. 眼科手术辅助用药，可用于白内障囊内、囊外摘除术，抗青光眼手术、角膜移植术等。

【用法用量】①干燥综合征、史-约综合征、眼干燥症等内因性疾病及各种外因性疾病（如手术、药物性、外伤、佩戴角膜接触镜等）所致的角膜上皮损伤：经眼给药，本药滴眼液滴眼，一次 1 滴，每日 5 ~ 6 次，可根据症状适当增减。一般使用本药 0.1% 溶液，在病症严重等效果不佳的情况下，使用本药 0.3% 溶液。②变形性膝关节病、肩关节周围炎：局部给药，一次 25 mg，一周 1 次，连续 5 次注入膝关节腔内或肩关节（肩关节腔、肩峰下滑液囊或肱二头肌长头腱腱鞘）内，按症状轻重适当增减给药次数。③眼科手术辅助用药：经眼给药，根据手术方式选择剂量。白内障手术及人工晶体植入术用量为 2 ~ 4 mg，青光眼滤过术用量为 3 ~ 5 mg，角膜移植术用量为 2 ~ 6 mg，各种眼穿通伤用量为 1 ~ 6 mg，视网膜剥离术用量为 6 ~ 50 mg。

【注意事项】①变形性膝关节病，当关节有较严重的炎症时，注入本药有时会加重局部炎症反应，故以消除炎症后再用本药为宜。②使用本药时出现眼睑炎等过敏症状、弥漫性表层角膜炎等角膜障碍，关节内注射有大量关节渗出液时应停用。关节腔感染的急性期禁止关节腔内注射。③术中使用本药时应防止充填过多，术后根据需要用平衡盐溶液清除残留药液，这样可控制眼压以防眼压升高。④佩戴角膜接触镜者不得使用本药滴眼液。⑤用于骨性关节病时如加用泼尼松龙，可缓解疼痛，有利于关节功能恢复。⑥药液漏于关节腔外会引起疼痛，故必须将本药准确注入关节腔内。注入本药时会引起局部疼痛，故给药后应使局部处于安静状态。

【药物相互作用】尚不明确。

第十八节　耳鼻咽喉科用药

盐酸麻黄碱

【别名】麻黄素、盐酸麻黄素。

【药理作用】本药可直接激动肾上腺素受体，也可通过促使肾上腺素能神经末梢释放去甲肾上腺素而间接激动肾上腺素受体，对肾上腺素 α 和 β 受体均有激动作用。可舒张支气管并收缩局部血管，其作用时间较长；加强心肌收缩力，增加心排出量，使静脉回心血量充分；有较肾上腺素更强的兴奋中枢神经作用。

【适应证】①用于蛛网膜下腔阻滞或硬膜外阻滞引起的低血压及慢性低血压。②用于缓解荨麻疹和血管神经性水肿等过敏反应。③用于缓解支气管哮喘的发作。④本药滴鼻液用于缓解鼻黏膜充血肿胀引起的鼻塞。

【用法用量】成人：①低血压。a. 口服给药，一次 25～50 mg，每日 2～3 次。极量为一次 60 mg，150 mg/d。b. 皮下注射，一次 15～30 mg，每日 3 次。极量为一次60 mg，150 mg/d。c. 肌内注射，参见"皮下注射"项。②支气管哮喘。a. 口服给药，一次 15～30 mg，每日 3 次。极量为一次 60 mg，150 mg/d。b. 皮下注射，一次 15～30 mg，每日 3 次。极量为一次 60 mg，150 mg/d。c. 肌内注射，参见"皮下注射"项。③鼻塞。经鼻给药，每侧一次 2～4 滴，每日 3～4 次。儿童：口服给药，一次 0.5～1 mg/kg，每日 3 次。

【注意事项】①本药不可与单胺氧化酶抑制药合用。②本药不宜与含鞣质的单味中成药（如虎杖）合用。③使用本药注射剂时，应在静脉或肌内注射治疗前纠正血容量不足。④晚间使用口服制剂时，可加服镇静催眠药如苯巴比妥以防失眠。⑤对其他拟交感胺类药（如肾上腺素、异丙肾上腺素等）过敏者，对本药也过敏。

【药物相互作用】①多沙普仑：合用可使两者的加压作用均增强。②乙酰唑胺：可增加本药的血药浓度。③尿碱化药（如制酸药、钙或镁的碳酸盐、枸橼酸盐、碳酸氢钠等）：此类药物与本药合用可出现麻黄碱中毒。④米多君：本药可增强米多君的升压作用。⑤丙卡巴肼、司来吉兰、呋喃唑酮：合用时可发生高血压危象。⑥全身麻醉药（如氯仿、氟烷、异氟烷等）：此类药物与本药合用时，可使心肌对拟交感胺类药反应更敏感，有发生室性心律失常的危险。⑦洋地黄苷类：此类药物与本药合用时，可致心律失常。⑧麦角新碱、麦角胺或缩宫素：合用时可加剧血管收缩，导致严重高血压或外围组织缺血。⑨α肾上腺素受体阻滞药（如酚妥拉明、哌唑嗪、妥拉唑林及酚噻嗪类药）：以上药物可对抗本药的加压作用。⑩三环类抗抑郁药（如马普替林）：合用时本药的加压作用降低。⑪利血平：可通过耗竭去甲肾上腺素而拮抗本药的间接拟交感作用。⑫肾上腺皮质激素：本药可增加肾上腺皮质激素的代谢清除率。⑬倍他尼定、胍乙啶：本药可降低以上药物的降压作用。⑭茶碱：合用可使不良反应增多，使茶碱的疗效降低。⑮甘草：甘草与本药合用可影响疗效。

氯己定

【别名】醋酸氯己定、醋酸洗必泰、枸橼酸氯己定、枸橼酸洗必泰、氯苯胍亭、灭菌王、葡萄糖酸氯己定、葡萄糖酸洗必泰、诗乐氏、双氯苯双胍己烷、洗必泰、雅诺、盐酸氯己定、盐酸洗必泰。

【药理作用】本药为双胍类阳离子表面活性剂，具有较强的抑菌、杀菌作用。作用机制：本药吸附于细菌细胞膜的渗透屏障，使细胞内容物漏出而发挥抗菌作用。低浓度有抑菌作用，高浓度则有杀菌作用。抗菌谱：本药对某些葡萄球菌、变异链球菌、唾液链球菌、白假丝酵母菌、大肠埃希菌和厌氧丙酸菌高度敏感；对嗜血链球菌中度敏感；对变形杆菌属、假单胞菌属、克雷伯菌属和某些革兰阴性球菌（如韦永球菌属）低度敏感。其中对革兰阳性菌和革兰阴性菌的抗菌作用比苯扎溴铵等消毒力强。但本药不可杀灭细菌芽孢和结核分枝杆菌，也不可灭活乙型肝炎病毒。

【适应证】①本药枸橼酸盐口胶用于牙周炎、牙龈炎。②本药软膏用于轻度小面积烧伤、烫伤、外伤感染，除此之外葡萄糖酸盐软膏可用于湿疹、痤疮、足癣等，醋酸盐软膏可用于疖肿、脓疱疮。③本药葡萄糖酸盐溶液及含漱液用于牙龈炎、咽峡炎和口腔溃疡等。醋酸盐溶液用于皮肤及黏膜的消毒，创面感染、阴道感染和宫颈糜烂的冲洗。④本药醋酸盐栓剂用于宫颈糜烂、细菌性阴道病、真菌性阴道炎、滴虫阴道炎等。痔疮栓用于内痔、外痔。⑤本药葡萄糖酸盐贴剂用于皮肤开放性小伤口（刀伤、擦伤等）及术后小伤口的护理。

【用法用量】成人：①牙周炎、牙龈炎、咽峡炎、口腔溃疡，经口给药。a. 本药口胶用于牙周炎、牙龈炎，一次 5 mg，每日 4 次，咀嚼 10 分钟。b. 本药溶液用于牙龈炎、咽峡炎、口腔溃疡，以 0.02% 溶液漱口。c. 本药 0.008% 含漱液用于牙龈炎、咽峡炎、口腔溃疡，餐后含漱，一次 10 mL，每次含漱 2～5 分钟后吐弃。②轻度小面积烧伤、烫伤、外伤感染。局部给药，本药软膏适量涂于患处，葡萄糖酸盐软膏每日 2～3 次，醋酸盐软膏每日 1 次或隔日 1 次。③湿疹、痤疮、足癣。局部给药，本药葡萄糖酸盐软膏适量涂于患处，每日 2～3 次。④疖肿、脓疱疮。局部给药，本药醋酸盐软膏适量涂于患处，每日 1 次或隔日 1 次。⑤皮肤及黏膜的消毒。外用，用 0.05% 的溶液消毒。⑥创面感染、阴道感染。外用，用 0.05% 的溶液冲洗，一次 50～100 mL，每日 1～2 次。⑦宫颈糜烂。a. 阴道给药，本药阴道栓置入阴道深处，月经后 20 mg/d，5～7 粒为 1 个疗程。b. 外用，同"创面感染"。⑧细菌性阴道病、真菌性阴道炎、滴虫阴道炎。阴道给药，本药阴道栓置入阴道深处，每日 20 mg，3～5 粒为 1 个疗程。⑨内痔、外痔。直肠给药，本药痔疮栓，一次 20 mg，每日 2 次。⑩小伤口护理。外用，清洁患处后，将本药贴剂中间护创垫贴在创伤处，两端胶带固定，每日更换 1 次。⑪术野准备。外用，用含本药 0.5% 的 70% 乙醇溶液消毒。⑫术前洗手。外用，用 0.02% 的溶液浸泡手 3 分钟。

儿童：用于牙龈炎、咽峡炎、口腔溃疡。经口给药，本药 0.008% 含漱液，餐后含漱，一次 5 mL，每次含漱 2 ~ 5 分钟后吐弃。

【注意事项】①本药经长时间的热处理可分解，故浓度较高的溶液（1% 以上）不可用于高压灭菌。稀溶液（0.1% 以下）用于高压灭菌时不可超过 115 ℃、30 分钟。②本药应避免接触眼睛和其他敏感组织。③本药应避免大面积使用和接触髓膜（不可用于腰椎穿刺部位）。④用本药浸泡过的针头和针筒，作脊髓穿刺前必须用清水冲洗干净。⑤用本药消毒前宜首先洗去物品表面黏附的有机物，不宜用于粪便、痰液等排泄物及分泌物的消毒。⑥因毛发可导致本药干燥时间明显延长，故应避免用于多毛区域。⑦本药栓剂若因温度高变软，可放入冰箱待冷却凝固后使用。

【药物相互作用】苯扎溴铵：合用对大肠埃希菌有协同杀菌作用，两药混合液的消毒效力呈相加作用。

盐酸羟甲唑啉

【别名】阿弗林、安福能、必通、达芬霖、迪立托、风朗、欧斯啉、羟间唑啉、叔丁羟甲苄咪、氧甲唑啉。

【药理作用】本药为咪唑类衍生物，属 α_1 肾上腺素受体激动药。可直接作用于血管平滑肌上的 α_1 受体而引起血管收缩、减少已充血血管的血流量及缓解组织水肿，故有利于鼻窦引流及鼻通气。但药物作用仅为暂时性，长期用药可引起血管反弹性扩张、肿胀以及药物性鼻炎等。

【适应证】①鼻用制剂用于急慢性鼻炎、变应性鼻炎、鼻窦炎、肥厚性鼻炎。②眼用制剂用于缓解非感染性结膜炎（如过敏性结膜炎）所致的眼部症状及其他因素（如眼干燥症、眼疲劳、角膜接触镜、烟雾等）所致的眼部充血。

【用法用量】成人：①急慢性鼻炎、变应性鼻炎、鼻窦炎、肥厚性鼻炎。经鼻给药，每侧一次 1 ~ 3 滴/喷，早、晚各 1 次。②非感染性结膜炎、眼部充血。经眼给药，一次 1 ~ 2 滴，每 8 小时 1 次。老年人：使用本药滴眼液无须调整剂量。儿童：急慢性鼻炎、过敏性鼻炎、鼻窦炎、肥厚性鼻炎。经鼻给药，2 ~ 6 岁儿童，0.025% 的溶液，每侧一次 1 ~ 3 喷，早、晚各 1 次。6 岁及 6 岁以上儿童，同成人用法用量。

【注意事项】①本药大剂量意外服食后可能引起严重的中枢神经系统抑制。若意外服食应促使呕吐及洗胃。②本药用于慢性鼻炎患者仅用于急性发作期。③使用本药时不可同时使用其他收缩血管类滴鼻剂。④滴剂的剂量较喷雾剂更易控制，故儿童经鼻给药时应优先考虑滴剂。

【药物相互作用】①马普替林、三环类抗抑郁药：以上药物可增强本药收缩血管的作用。②单胺氧化酶抑制药：合用可使血压异常升高。

富马酸酮替芬

【别名】贝卡明、喘者定、酮替芬、甲哌噻庚酮、克脱吩、敏喘停、诺泽坦、瑞那替、萨地酮、噻苯酮、噻喘酮、噻地酮、噻哌酮、同芬。

【药理作用】本药具有抑制过敏介质释放作用，不仅可抑制抗原诱发的肺及支气管组织中肥大细胞释放组胺、白三烯等炎性介质，而且可抑制抗原、血清或钙离子介导的嗜碱性粒细胞及中性粒细胞释放组胺、白三烯等。同时，本药也有组胺 H_1 受体拮抗作用，其作用约较氯苯那敏强 10 倍；还可拮抗 5 -羟色胺和白三烯的作用。本药抑制变应原激发被动皮肤过敏的功能比色甘酸钠强6倍，对抑制变应原攻击后引起的气道阻塞的功能比色甘酸钠强50倍。近来还发现，本药也可抑制哮喘患者的非特异性气道高反应性。此外，对由抗原-抗体复合物引起的Ⅲ型变态反应，本药可以缓解中性粒细胞炎症浸润，故对血管炎及血管周围炎也有一定的抑制作用。本药不改变痰的性质，也不影响纤毛运动。本药具有一定的中枢抑制作用及抗胆碱能作用。

【适应证】①本药口服制剂用于治疗变应性鼻炎、过敏性支气管哮喘。②本药鼻用制剂用于变应性鼻炎。③本药滴眼液用于过敏性结膜炎。

【用法用量】成人：①变应性鼻炎。a. 口服给药。a. 片剂及胶囊，一次1 mg，早、晚各1次。每日极量为4 mg。b. 分散片：一次1 mg，每日2次，可含于口中吮服或加水分散后服用。b. 经鼻给药，0.15%滴鼻液，一次1~2滴，每日1~3次；鼻腔喷雾剂，一次1~2喷（0.15~0.3 mg），每日1~3次；鼻吸入气雾剂，一次1~2喷（0.2~0.4 mg），每日2~3次。②过敏性支气管哮喘，口服给药。a. 片剂及胶囊，一次1 mg，早、晚各1次。每日极量为4 mg。b. 分散片：一次1 mg，每日2次，可含于口中吮服或加水分散后服用。③过敏性结膜炎。经眼给药，本药滴眼液滴眼，患侧一次1~2滴，每日4次（早、中、晚及睡前各1次）。儿童：过敏性鼻炎、过敏性支气管哮喘。口服给药，4~6岁儿童，一次0.4 mg；6~9岁儿童，一次0.5 mg；9~14岁儿童，一次0.6 mg；均为每日1~2次。

【注意事项】①用药期间不得驾驶、操作机械或高空作业。②本药不可用于哮喘急性发作以及哮喘持续状态。③本药与激素合用可减少激素的用量。④本药临床显效缓慢，使用至少保持2~3个月才可确定效果，少于4周的治疗基本无效。如需停止治疗，应在2~4周逐渐减量。⑤佩戴角膜接触镜的患者使用本药滴眼液时，用药至少10分钟后方可重新佩戴。如眼睛发红，不应佩戴角膜接触镜。

【药物相互作用】①抗组胺药：合用有一定协同作用。②镇静催眠药：合用可增强困倦、乏力等症状。③口服降血糖药：合用可导致少数糖尿病患者的血小板减少。④齐多夫定：合用可抑制齐多夫定的肝内代谢。⑤乙醇：合用可增强本药的镇静作用。

第十九节　妇产科用药

一、子宫收缩药

注射用缩宫素

【别名】奥赛托星、催产素。

【药理作用】本药的药理作用与天然缩宫素相同，能直接兴奋子宫平滑肌，刺激其节律性收缩，增加频率并提高肌张力。本药通过作用于子宫肌层中特殊的缩宫素受体，增加细胞内钙离子而促进子体平滑肌收缩。妊娠期妇女对本药剂量反应的个体差异较大，取决于子宫缩宫素受体浓度。妊娠期中缩宫素受体浓度逐渐增加，在足月临产早期达最高峰，受体浓度为非妊娠期子宫的100倍。在妊娠早期应用本药需较大剂量才可引起子宫收缩，妊娠晚期只需小量即可。此外，本药还可通过作用于乳腺腺泡周围的平滑肌上皮细胞，刺激乳腺的平滑肌收缩，有助于乳汁自乳房排出，但并不增加乳腺的乳汁分泌量。值得注意的是，由于缩宫素与神经垂体的加压抗利尿素结构仅有两个氨基酸不同，所以大量应用本药时，可出现血压升高及抗利尿效应。

【适应证】①用于引产、催产、产后及流产后因宫缩无力或缩复不良而引起的子宫出血。②用于缩宫素激惹试验以了解胎盘储备功能。③经鼻给药可促使排乳，可用于协助产妇产后乳腺分泌的乳汁排出。

【用法用量】①引产或催产：静脉滴注，一次 2.5～5 U，用氯化钠注射液稀释至每毫升含有 0.01 U。静脉滴注开始时每分钟不超过 0.001～0.002 U，每 15～30 分钟增加 0.001～0.002 U，直至宫缩与正常分娩时相似，最快每分钟不超过 0.02 U，通常为每分钟 0.002～0.005 U。②不全流产或难免流产：肌内注射，立即肌注 10 U，必要时 30 分钟后重复；静脉滴注，参见"肌内注射"项。③产后出血：静脉滴注/肌内注射，每分钟静脉滴注 0.02～0.04 U，胎盘娩出后可肌内注射 5～10 U。④缩宫素激惹试验：静脉滴注，试验剂量同引产，用稀释后的缩宫素做静脉滴注，直到 10 分钟内出现 3 次有效的宫缩。此时注意胎心变化，若为阴性说明胎儿耐受力好，阳性者则应分析原因，尽早结束分娩。⑤催乳：经鼻给药，在哺乳前 2～3 分钟，采用坐姿，向两侧鼻孔各喷入本药 1 次。

【注意事项】①用于催产时必须指征明确，以免产妇和胎儿发生危险。②不能同时多途径给药及并用多种宫缩药。其他宫缩药与本药同时用，可使子宫张力过高，有引起子宫破裂和（或）子宫颈撕裂的危险。

【药物相互作用】①麦角制剂、麦角新碱：合用有增加子宫收缩作用。②恩氟烷、氟烷：恩氟烷浓度大于 1.5%、氟烷浓度大于 1% 吸入全身麻醉时，本药对子宫的效应减弱。恩氟烷浓度大于 3% 可使本药的效应消失，并可导致子宫出血。③碳氢化合物（如环丙烷）：此类药物吸入全身麻醉时，使用本药可导致产妇出现低血压、窦性心动过缓和（或）房室节律失常。

垂体后叶素注射液

【别名】必妥生、垂体后叶激素、垂体素、脑垂体后叶素。

【药理作用】本药是由动物脑腺垂体中提取的水溶性成分，含催产素和加压素（抗利尿素）。催产素小剂量可增强子宫的节律性收缩，大剂量能引起子宫强直性收缩，使子宫肌层内血管受压迫而起止血作用，作用较麦角制剂快而维持时间短，故常与其合用（可使本药作用持续 1 小时以上）。加压素有升压和抗利尿作用，能直接收缩小动脉及毛细血管（尤其对内脏血管），可降低门静脉压和肺循环压力，有利于血管破裂处血栓形成而止血；还能使肾小管和集合管对水分的重吸收增加。

【适应证】①用于因宫缩不良所致产后出血、产后子宫复旧不全。由于有升高血压作用，现产科已少用。②用于肺出血。③用于食管及胃底静脉曲张破裂出血。④用于尿崩症。

【用法用量】①产后出血：a. 肌内注射，须在胎儿和胎盘均已娩出后再肌内注射 10 U。b. 静脉注射，作预防性应用，可在胎儿前肩娩出后立即静脉注射 10 U。②临产阵缩弛缓不正常：a. 肌内注射，一次 5～10 U。b. 静脉滴注，将本药 5～10 U 用 5% 葡萄糖注射液 500 mL 稀释后缓慢滴注，严密观察宫缩情况并适时调整滴速。③肺出血：a. 肌内注射，一次 5～10 U。b. 静脉注射，将本药 5～10 U 用 5% 葡萄糖注射液 20 mL

稀释后缓慢注射，极量为一次 20 U。大量咯血时，静脉注射 10 U。c. 静脉滴注，将本药 5~10 U 用生理盐水或 5% 葡萄糖注射液 500 mL 稀释后缓慢滴注，极量为一次 20 U。④消化道出血：a. 肌内注射，一次 5~10 U。b. 静脉滴注，本药对食管静脉曲张出血及结肠憩室出血有效，对胃或小肠黏膜损伤出血效果较差。可用本药静滴，0.1~0.5 U/min。⑤尿崩症：肌内注射，一次 5 U，每日 2 次。

【注意事项】因本药对子宫颈有强烈的兴奋作用，还有升压作用，故不宜用于引产或催产。

【药物相互作用】①麦角制剂、麦角新碱：合用可增强子宫收缩作用。②氯磺丙脲、氯贝丁酯、卡马西平：合用可增强加压素的效应。③肾上腺素、硫喷妥钠、乙醚、氟烷、吗啡等：合用可减弱子宫收缩作用。

米非司酮

【别名】碧韵、弗乃尔、含珠停、后定诺、抗孕酮、米福、米那司酮、米妥、诺虑婷、司米安、息百虑、息隐。

【药理作用】本药为孕激素受体水平的拮抗药，具有终止早孕、抗着床、诱导月经和促进子宫颈成熟的作用。本药有剂量依赖的抗糖皮质激素活性和微弱的抗雄激素活性。本药能与黄体酮受体竞争性结合，且对子宫内膜黄体酮受体的亲和力比黄体酮强 5 倍，从而抑制子宫内膜着床前的正常生理变化或使黄体酮维持蜕膜发育的作用受到抑制，导致蜕膜细胞变性、坏死、出血，胚囊从蜕膜剥离，达到抗着床或终止早孕的作用。由于子宫的自发活动通过黄体酮和前列腺素之间的平衡来调节，本药使黄体酮失活的同时，内源性前列腺素水平和子宫肌层对前列腺素的敏感性提高，导致子宫收缩。子宫收缩又进一步刺激内源性前列腺素的合成，加强子宫收缩。又由于本药不能引发足够的子宫活性，单用于抗早孕时不完全流产率较高，但其能增加子宫对前列腺素的敏感性，故本药和前列腺素类药序贯用药，既可减少前列腺素的不良反应，又可使完全流产率显著提高（达 95% 以上）。此外，早孕时子宫颈中胶原组织较丰富，黄体酮能抑制胶原分解，使子宫颈处于紧闭状态。本药抑制黄体酮活性和对前列腺素的作用，使胶原合成减弱，分解增强，从而促进子宫颈软化和扩张，有利于胎囊排出。

【适应证】①与前列腺素类药序贯使用，用于终止停经 49 日内的妊娠。②用于无防护性（未采用任何避孕措施）性生活或避孕失败（如避孕套破裂或滑脱、体外排精失败或安全期计算失误等）后 72 小时以内预防意外妊娠的临床补救措施。

【用法用量】①终止早孕：口服给药，首次口服 50 mg，每 12 小时加服 25 mg，第 3 日清晨服用最后一次。1 小时后一次空腹口服米索前列醇片 0.6 mg，或于阴道后穹隆放置卡前列甲酯栓 1 mg（1 枚），或使用其他同类前列腺素药。其后卧床休息 2 小时，门诊观察 6 小时。注意观察用药后出血情况，有无胎囊排出和不良反应。②紧急避孕：口服给药，在无防护性性生活或避孕失败后 72 小时内服 25 mg。

【注意事项】①本药禁止与辛伐他汀、洛伐他汀或治疗窗窄且本身为细胞色素 P450 3A 底物的药物（如环孢素、双氢麦角碱、麦角胺、芬太尼、匹莫齐特、奎尼丁、西罗莫司、他克莫司）合用。②本药与前列腺素序贯使用时，对前列腺素类药有禁忌（如青光眼、哮喘、对前列腺素类药过敏或过敏体质）者禁止采用此序贯用法。③早孕反应严重（如恶心、呕吐频繁）者不宜使用本药，以免加重反应。④用于终止早孕时，停经时间不应超过 49 日，妊娠期越短，药效越好。服药前必须向服用者详细告知治疗效果、服药过程和可能出现的不良反应。⑤本药不可作为常规避孕药于每次性生活或每月服用，只能用作避孕失败的补救措施。使用本药作为紧急避孕药时，服药妇女在本周期以前至少有过 1 次正常月经，本周期才能使用此紧急避孕方法。此外，越早服用效果越佳，有报道其避孕成功率为 70% ~80%。⑥本药不可与灰黄霉素合用。服用本药 1 周内，避免服用阿司匹林和其他非甾体消炎药。⑦用作紧急避孕药时，如服药后 2 小时内发生呕吐，应立即补服 25 mg。紧急避孕服药会使下次月经提前或推后，如推后超过 1 周，应检查是否妊娠。⑧少数早孕妇女服用本药后，即可自然流产；约 80% 的妊娠期妇女在使用前列腺素类药后 6 小时内排出绒毛或胎囊；约 10% 的妊娠期妇女在服药后 1 周内排出妊娠物。⑨用本药和前列腺素类药序贯用药抗早孕时，一般会较早出现少量阴道出血，部分妇女流产后出血时间较长。少数妇女可能发生不全流产，引起大量出血，因此本药必须在具有急诊刮宫术和输液、输血条件下使用，而且需要医生监护并及时处理，而不得由患者自行服用。⑩服药后 8 ~15 日应确定流产效果，必要时可超声检查，或测定血绒毛膜促性腺激素（HCG）。如确诊为流产失败或不全流产，应作负压吸宫术终止妊娠或清理宫腔。

【药物相互作用】①酮康唑、伊曲康唑、红霉素：合用可升高本药的血药浓度。②利福平、肾上腺皮质激素、某些抗惊厥药（如苯妥英钠、苯巴比妥、卡马西平）：合用可降低本药血药浓度。

米索前列醇

【别名】米索、米索普鲁斯托尔、米索普特、喜克馈。

【药理作用】本药为前列腺素 E_1 衍生物，具有较强的抑制胃酸分泌的作用。本药可通过刺激胃黏液分泌，增加碳酸氢钠的分泌和磷酸酯的生成；增加胃黏膜血流量；加强胃黏膜屏障，防止胃酸侵入，起保护胃黏膜的作用，从而促进消化性溃疡的愈合或减轻症状。此外，本药具有 E 类前列腺素的药理活性，可软化子宫颈、增强子宫张力和宫内压。与米非司酮序贯应用，可显著增高和诱发早孕子宫自发收缩的频率和幅度，用于终止早孕。大量动物实验证明，本药有防止溃疡形成的作用，可防止阿司匹林或吲哚美辛所致的胃出血或溃疡形成，其作用呈剂量依赖性。本药也可防止许多致坏死物质（如无水乙醇、25% 氯化钠溶液、沸水、酸、碱等）引起的胃肠黏膜坏死，且所需剂量仅为抑制胃酸分泌剂量的 1/100 ~1/10。本药促进吸烟者的溃疡愈合有良好疗效；且本药不升高血清胃泌素水平，对防止溃疡复发效果较好。

【适应证】与抗孕激素药米非司酮序贯应用，用于终止停经 49 日内的早期妊娠。

【用法用量】①终止停经 49 日内的早期妊娠：口服给药，单次剂量为 0.6 mg，餐前服用，且应于服用米非司酮（一次 25 mg，每日 2 次，连服 3 日；或一次 200 mg）40 ~48 小时后给予。②预防非甾体消炎药所致的消化性溃疡：口服给药，一次 0.2 mg，每日 2 ~4 次，剂量应根据个体差异、临床情况不同而定。③胃和十二指肠溃疡：口服给药，一次 0.2 mg，每日 4 次，于餐前和睡前服用，4 ~8 周为 1 个疗程。

【注意事项】①本药用于终止早孕时，必须与米非司酮序贯伍应用。若本药终止妊娠失败，必须进行人工流产终止妊娠。②服用本药时必须在医院观察 4 ~6 小时。服药后，一般会较早出现少量阴道出血，部分妇女流产后出血时间较长。少数妊娠早期妇女服用米非司酮后，即可自然流产，但仍必须按常规服完本药。约 80% 的妊娠期妇女在使用本药后，6 小时内排出绒毛胎囊。约 10% 妊娠期妇女在服药后 1 周内排出妊娠物。③本药不可作为胃溃疡或十二指肠溃疡的一线用药。④本药用于消化性溃疡时，治疗是否成功不应以症状学进行判断。

【药物相互作用】①抗酸药（尤其是含镁抗酸药）：合用可加重本药所致的腹泻、腹痛等不良反应。②保泰松：有合用后发生神经系统不良反应的报道，症状包括头痛、眩晕、潮热、兴奋、一过性复视和共济失调。③环孢素与泼尼松：与以上药物联用可降低肾移植排斥反应的发生率。

依沙吖啶（详见皮肤科用药）

二、阴道局部用药

咪康唑、克雷唑（详见皮肤科用药）、甲硝唑、替硝唑、奥硝唑（详见硝基咪唑类抗微生物药）

三、计划生育用药

复方左炔诺孕酮

【别名】D-甲炔诺酮、安婷、保仕婷、方芯、惠婷、乐陪您、曼日乐、曼月乐、毓婷、左旋18甲基炔诺酮、左旋甲基炔诺酮、左旋甲基炔诺孕酮、左旋甲炔诺酮、左旋甲炔诺孕酮。

【药理作用】本药为合成的孕激素，是消旋炔诺孕酮的光学活性部分，其活性较炔诺孕酮强 1 倍。本药尚具有明显的抗雌激素活性（比炔诺酮强 10 倍左右），是目前应用较广泛的一种口服避孕药。本药主要作用于下丘脑和垂体，使月经中期促卵泡素和促黄体素的水平高峰明显下降或消失，显著抑制排卵。本药对子宫内膜转化显示有极强的孕激素活性，可使子宫内膜变薄，内膜上皮细胞呈低柱形，分泌功能减弱，阻止孕卵着床，而且还可使宫颈黏液变稠，阻碍精子穿透。本药也有一定雄激素活性和蛋白同化作用。

【适应证】①用于女性紧急避孕，也可用于需长期避孕的育龄妇女。②用于特发性月经过多。

【用法用量】①紧急避孕：口服给药，在同房后 72 小时内服 1.5 mg；或首次服用 0.75 mg，间隔 12 小时再服 0.75 mg。②长期避孕：a. 皮下植入（硅胶棒）于月经周期的第 1~第 5 日，局部麻醉后，在上臂或骨内侧皮肤做一 0.2~0.3 cm 的切口，用埋植针将药棒呈扇形植入皮下，然后外敷创可贴，用纱布包扎即可。36 mg 硅胶棒一次 216 mg，75 mg 硅胶棒一次 150 mg，可有效避孕期 4 年。b. 子宫内给药（宫内节育系统）。月经开始的 7 日内或妊娠早期流产后立即放入子宫腔，可维持 5 年有效。产后放置应推迟至子宫完全恢复，不应早于分娩后 6 周；如子宫复旧时间严重推后，应考虑产后 12 周再放置。更换新的宫内节育系统可在月经周期的任何时间进行。

【注意事项】①本药用于紧急避孕时，可能使下次月经提前或延期，如逾期 1 周月经仍未来潮，应进行检查，以排除妊娠。②长期使用本药的妇女不宜吸烟。③应按 28 日为 1 个月经周期来制订用药方案。④疑似早孕时，不宜用本药作撤退性试验。⑤本药口服制剂不宜作为常规避孕药，服药后至下次月经前应采取可靠的避孕措施。如服药后 2 小时内发生呕吐，应立即补服 1 次。⑥计划妊娠者，需在取出本药植入剂 6 个月后方可妊娠。⑦如发生下述情况应立刻取出皮下埋植剂：首次发生偏头痛型头痛、反复发生异常剧烈的头痛、出现急性视觉障碍、血栓性静脉炎的首次症状或血栓栓塞症、术前 6 周、长期卧床、肝病、血压显著增高、意外妊娠、怀疑有宫外妊娠可能等。⑧如发生下述情况应立刻取出宫内节育器：出血致贫血、患者或其伴侣为 HIV 阳性或患有性传播疾病、盆腔感染、子宫内膜炎、症状性生殖器放线菌感染、顽固性盆腔疼痛、性交疼痛、子宫内膜癌或宫颈癌、子宫或子宫颈穿孔、妊娠、偏头痛、局灶性偏头痛伴不对称的视力丧失或提示有暂时性脑缺血的其他症状、严重头痛、黄疸、血压显著升高、严重动脉疾病（如脑卒中、心肌梗死）、已知或怀疑的激素依赖性肿瘤。⑨育龄妇女如仍有月经周期，取出宫内节育系统时应在月经期进行。⑩本药宫内节育系统不适于作为性交后避孕方法，也非未产妇首选避孕方式，不适用于重度子宫萎缩的绝经后妇女。

【药物相互作用】①维生素 C：可增强本药的避孕效果。②茶碱、环孢素、皮质激素：本药可减少以上药物的代谢。③巴比妥类、抗惊厥药、灰黄霉素、利福平：合用可发生突破出血。④氨苄西林、四环素：氨苄西林、四环素可减弱本药的避孕效果。⑤对乙酰氨基酚：本药可加快对乙酰氨基酚的清除。⑥香豆素类抗凝血药：本药可减弱香豆素类抗凝血药的抗凝血作用。

第二十节　其　　他

碘解磷定

【别名】碘磷定、甲醛肟吡啶、解磷、解磷定、解磷毒、磷敌、派姆、醛肟吡啶。

【药理作用】有机磷酸酯类杀虫剂进入机体后，与体内乙酰胆碱酯酶（AChE）结合，形成磷酰化酶而失去其水解乙酰胆碱的作用，导致体内乙酰胆碱（ACh）蓄积，从而出现一系列 ACh 中毒症状。本药为肟类化合物，能恢复被有机磷酸酯类抑制的 AChE 活性。进入体内后，本药吡啶环上带正电荷的季铵氮即与磷酰化 AChE 的阴离子部位以静电引力相结合，使肟基趋向磷酰化 AChE 的磷原子，进而与磷酰基形成共价键，生成磷酰化解磷定，同时使 AChE 游离出来，恢复其水解 ACh 的活性。同时，本药还能与体内游离的有机磷酸酯类直接结合，生成无毒的磷酰化碘解磷定随尿液排出，从而阻止游离毒物继续抑制 AChE 活性，故本药可明显改善有机磷酸酯类所引起的烟碱样症状，但是对毒蕈碱样症状作用较弱，对中枢神经系统症状作用不明显。另外，本药对被有机磷酸酯类抑制超过 36 小时已"老化"的胆碱酯酶的解毒作用效果甚差，对慢性有机磷杀虫剂中毒抑制的胆碱酯酶无复活作用，故本药治疗急性有机磷中毒时，早期效果好。

【适应证】用于解救多种急性有机磷酸酯类杀虫剂中毒。但对马拉硫磷、敌百虫、敌敌畏、乐果、甲氟磷、丙胺氟磷和八甲磷等中毒效果较差；对氨基甲酸酯杀虫剂所抑制的胆碱酯酶无复活作用。

【用法用量】成人：①一般用法。静脉注射，一次 0.5 ~ 1 g，根据病情需要可重复给药。②轻度中毒。静脉注射，首次剂量 0.4 g，必要时 2 ~ 4 小时重复 1 次。③中度中毒。a. 静脉注射，首次剂量 0.8 ~ 1.2 g，以后每 2 ~ 3 小时给药 0.4 ~ 0.8 g，共 2 ~ 3 次。

b. 静脉滴注，维持治疗，每小时 0.4 g，共 4~6 次。④重度中毒。静脉注射，首次剂量 1~1.2 g，30 分钟后视病情可再给 0.8~1.2 g，以后改为一次 0.4 g，共 4~6 次。儿童：①轻度中毒。a. 静脉注射，一次 15 mg/kg。b. 静脉滴注，参见"静脉注射"项。②中度中毒。a. 静脉注射，一次 15~30 mg/kg。b. 静脉滴注，参见"静脉注射"项。③重度中毒。a. 静脉注射，一次 30 mg/kg。b. 静脉滴注，参见"静脉注射"项。

【注意事项】①对碘过敏者，可改用氯解磷定。②有机磷杀虫剂中毒患者越早使用本药越好。③治疗轻度急性有机磷中毒时，可单独使用阿托品或本药。当治疗中、重度急性有机磷中毒时，本药必须与阿托品合用，但需适当减少阿托品剂量。一般可肌内或静脉注射给予阿托品，一般中毒时阿托品的首次剂量为 2~4 mg，每 10 分钟 1 次；严重中毒时剂量为 4~6 mg，每 5~10 分钟 1 次，直至出现阿托品化。维持阿托品化 48 小时后，可逐渐减少阿托品剂量或延长注射阿托品的时间。严重有机磷中毒或口服中毒者，应用本药治疗需持续数日。

【药物相互作用】①阿托品：本药可增强阿托品的生物效应。②维生素 B_1：合用能延长本药半衰期。

人血白蛋白

【别名】安博灵、奥达、奥克特珐玛、白蛋白、拜斯明、贝林、基立福、健康人血白蛋白、人白蛋白、人体白蛋白、人血清白蛋白、亚玛。

【药理作用】白蛋白占健康人血浆蛋白总量的 52%~56%，其主要作用是使血浆维持正常的胶体渗透压（占血浆总胶体渗透压的 70%~80%），血浆白蛋白对某些离子和化合物有较高亲和力，能与这些物质可逆结合，发挥转运功能。白蛋白还为机体提供大量的氨基酸储备，20% 人血白蛋白 50 mL，其氨基酸储备功能相当于 400 mL 全血。

【适应证】①用于失血创伤、烧伤引起的休克，急性出血性胰腺炎休克。②用于脑水肿及损伤引起的颅压升高。③用于肝硬化及肾病引起的水肿或腹水。④用于低蛋白血症的防治。⑤用于新生儿高胆红素血症。⑥用于心肺分流术、烧伤的辅助治疗、血液透析的辅助治疗和成人呼吸窘迫综合征。

【用法用量】①失血创伤、烧伤引起的休克：静脉给药，一次 5~10 g，每 4~6 小时重复 1 次。②肝硬化及肾病引起的水肿或腹水：静脉给药，5~10 g/d，直至水肿消失，人血白蛋白含量恢复正常。

【注意事项】①本药一切稀释、注射操作，均应按严格的消毒程序进行。开瓶后应一次性使用，不得分次或给第二人使用；开瓶后暴露超过 4 小时也不能再用。②使用本药时，须仔细观察病情，防止患者的中心静脉压升高。尤其要注意有心功能不全或其他心脏疾病的患者，因为过快地增加血容量会导致急性循环负荷增加或导致肺水肿。③除非同时补充足够的液体，15%~25% 的白蛋白高渗溶液一般不宜用于已脱水的患者。④人血白蛋白主要为补充白蛋白，如摄入能量不足时，常被用作能量代谢，不能达到提高血白蛋白水平的目的，因此使用白蛋白前最好先补充足够的能量。⑤本药可与葡萄糖注射液或盐水混合使用，但肾病患者使用本药时不宜用生理盐水稀释。⑥如出现过敏反应，应立即停药，必要时可换用另一批号的本药。

【药物相互作用】尚不明确。

人免疫球蛋白

【别名】丙种球蛋白、博欣、长生迅抗、伽玛莱士、人血丙种球蛋白、人血免疫球蛋白、蓉生静丙。

【药理作用】本药静脉注射剂是经低温乙醇法纯化制备的免疫球蛋白制剂，含广谱抗病毒、细菌或其他病原体的 IgG 抗体，能中和致病性自身抗体；此外，免疫球蛋白的独特型和独特型抗体能形成复杂的免疫网络，故具有免疫替代和免疫调节的双重治疗作用。经静脉输注后，能迅速提高受者血液中的 IgG 水平，调节白细胞和上皮细胞的 Fe 受体表达及功能，干扰补体活化及细胞因子的生成，影响 T 和 B 淋巴细胞的活化和功能，增强机体的抗感染能力和免疫调节功能。本药肌内注射剂含丙种球蛋白 90% 以上，含有多种抗体。作用机制为被动免疫（即注射较大剂量被动抗体后，受者得到完全保护而不被感染）和被动-自动免疫（即注射小剂量被动抗体后，受者得到部分保护，虽似被感染，但症状较轻甚至无临床表现，从而产生自动免疫）。

【适应证】①静脉注射剂用于：a. 原发性免疫球蛋白缺乏或低下症，如 X 连锁低免疫球蛋白血症、常见变异性免疫缺陷病、免疫球蛋白 G 亚型缺陷病等。b. 继发性免疫球蛋白缺陷病，如重症感染、新生儿败血症等。c. 自身免疫性疾病，如原发性血小板减少性紫癜、川崎病。②肌内注射剂用于预防麻疹和传染性肝炎。

【用法用量】成人：①原发性免疫球蛋白缺乏或低下症。静脉滴注，首次剂量 400 mg/kg，维持剂量 200～400 mg/kg，给药间隔时间视患者血清 IgG 水平和病情而定，一般 1 个月 1 次。②重症感染。静脉滴注，200～300 mg/(kg·d)，连续 2～3 日。③原发性血小板减少性紫癜。静脉滴注，400 mg/(kg·d)，连续 5 日。维持剂量一次 400 mg/kg，间隔时间视血小板计数和病情而定，一般一周 1 次。④预防麻疹。肌内注射，为预防发病或减轻症状，可在与麻疹患者接触 7 日内注射，一次 0.05～0.15 mL/kg，一次注射预防效果通常为 2～4 周。⑤预防传染性肝炎。肌内注射，一次 0.05～0.1 mL/kg 或 3 mL，一次注射预防效果通常为 1 个月左右。儿童：①川崎病。静脉滴注，发病 10 日内使用，一次 2 g/kg。②预防麻疹。肌内注射，为预防发病或减轻症状，可在与麻疹患者接触 7 日内注射，5 岁以下儿童一次 1.5～3.0 mL，6 岁以上儿童最大注射量不超过 6 mL，一次注射预防效果通常为 2～4 周。③预防传染性肝炎。肌内注射，一次 0.05～0.1 mL/kg 或 1.5～3 mL，一次注射预防效果通常为 1 个月左右。

【注意事项】①本药为血液制品，虽经过筛检及灭活病毒处理，但仍不能完全排除含有病毒等未知病原体而引起的血源性疾病传播的可能。②本药开启后仅供单人单次使用。

【药物相互作用】尚不明确。

第十九章 中 药

第一节 解表药

凡以发散表邪，解除表证为主要功效的药物，称为解表药。解表药多具有辛味，性能发散；使肌表之邪外散或从汗解。由于表证有风寒和风热两种不同性质。故本类药物相应分为辛温解表和辛凉解表两类。主要用于外感风寒或风热所致的恶寒、发热、头痛、身痛、无汗（或有汗）、脉浮等证。部分解表药还可用于水肿、咳嗽、疹发不畅，可借其辛散祛邪作用以宣肺散邪和促使疹子透发；有些解表药兼能祛除湿邪，缓解疼痛，故可用于风湿所致的肢体疼痛。应用解表药时，除必须针对外感风寒或风热的不同，而分别选用长于发散风寒或发散风热的药物外，对于正气偏虚的患者，还应随证配伍必要的助阳、益气、养阴等扶正之品，以保证正气并利于祛邪。辛凉解表药用于温病初起，要配伍适当的清热解毒药。使用发汗力强的解表药，要注意不可使之出汗过多，以免损耗阳气和津液。解表药忌用于多汗及热病后期津液亏耗者；对于久患床痛、淋病及失血患者，虽有外感表证，仍要慎重使用。

一、发散风寒药

本类药物多属辛温之品，发散风寒，主治外感风寒表证。部分药分别兼有止痛、平喘、利水消肿等功效，兼治风湿痹症、咳喘、水肿等兼风寒表证者。

麻 黄

麻黄科小灌木草麻黄、木贼麻黄或中麻黄的草质茎。生产于河北、山西、内蒙古等地。以秋季割取的嫩枝入药。生用或蜜炙用。

【性味归经】辛，微苦，温。归肺、膀胱经。

【功能主治】发汗，平喘，利水。主治外感风寒，喘咳证及水肿。

【配伍应用】麻黄配桂枝，相须为用，增强发汗解表力量，用于外感风寒表实证。

【用法用量】3～9 g。外用适量，研粉撒扑。

【注意事项】本品发汗力较强，故表虚自汗及阴虚盗汗，喘咳由于肾不纳气者均应忌用。

生 姜

姜科植物姜的新鲜根茎。秋、冬二季采挖，除去须根和泥沙。

【性味归经】辛，微温。归肺、脾、胃经。

【功能主治】解表散寒，温中止呕，化痰止咳，解鱼蟹毒。用于风寒感冒，胃寒呕吐，寒痰咳嗽，鱼蟹中毒。

【配伍应用】生姜配半夏，半夏畏生姜，生姜可抑制半夏的毒副作用，生半夏可

"戟人咽喉"，令人咽痛音哑，用生姜炮制成姜半夏后，其毒副作用大为缓和。

【用法用量】3～10 g。

【注意事项】可捣汁冲服；本品助火伤阴，故热盛及阴虚内热者忌服，还能解半夏、天南星、鱼蟹之毒。

香　薷

唇形科植物石香薷的地上部分或全草。主产于江西及安徽，以果实成熟后采收地上部分或全草入药。生用。

【性味归经】辛，微温。归肺、胃经。

【功能主治】发汗解表，化湿和中。用于暑湿感冒，恶寒发热，头痛无汗，腹痛吐泻，水肿，小便不利。

【配伍应用】香薷配厚朴、扁豆，可外解风寒、内化温浊，用于风寒感冒而兼脾胃湿困者。

【用法用量】3～10 g。

【注意事项】本品发汗力较强，表虚有汗及暑热证当忌用。

荆　芥

唇形科植物荆芥的干燥地上部分。主产于江苏、浙江等地。夏、秋二季花开到顶、穗绿时割取地上部分，或分别采收花穗与梗入药。生用或炒炭用。

【性味归经】辛、涩，微温。归肺、肝经。

【功能主治】收敛止血。用于便血，崩漏，产后血晕。

【配伍应用】①用于风寒感冒、恶寒发热、头痛无汗者，常与防风、羌活、独活等药同用。②用于表邪外来，麻疹初起，疹出不畅，常与蝉蜕、薄荷、紫草等同用。

【用法用量】5～10 g。

【注意事项】不宜久煎。用于止血，需炒炭用。

防　风

伞形科多年生植物防风的干燥根。主产于东北及内蒙古东部，春、秋二季采挖其根入药，生用。

【性味归经】辛、甘，微温。归膀胱、肝、脾经。

【功能主治】祛风解表，胜湿止痛，止痉。用于感冒头痛，风湿痹痛，风疹瘙痒，破伤风。

【配伍应用】①防风配荆芥、前胡，能发散表邪，祛风止痛。用于外感风寒；②防风配羌活、当归，能祛风散寒，胜湿止痛，用于风寒湿痹，关节疼痛等证；③防风配天南星、天麻，能祛风、解痉，用于破伤风角弓反张、牙关紧闭、抽搐痉挛。

【用法用量】5～10 g。

【注意事项】用于外风，为风药中之润剂；药性偏温，阴血亏虚，热病动风者不宜使用。

羌　活

伞形科植物羌活或宽叶羌活的干燥根茎和根。主产于四川、青海等地。以春、秋二季采挖根茎和根入药。生用。

【性味归经】辛、苦，温。归膀胱、肾经。

第四篇　商品基础知识

【功能主治】解表散寒，祛风除湿，止痛。用于风寒感冒，头痛项强，风湿痹痛，肩背酸痛。

【配伍应用】①羌活配防风、细辛、川芎等祛风解表止痛药，可治疗外感风寒夹湿、恶寒发热、肌表无汗、头痛项强、肢体酸痛较重者。②羌活配防风、姜黄、当归等，主治风寒湿痹、肢节疼痛。

【用法用量】3～10 g。

【注意事项】善治上半身疼痛，阴血亏虚者慎用；用量过多，易致呕吐，脾胃虚弱者慎服。

白　　芷

伞形科植物白芷或杭白芷干燥根。以秋季采挖为佳。生用。

【性味归经】辛，温。归胃、大肠、肺经。

【功能主治】解表散寒，祛风止痛，宣通鼻窍，燥湿止带，消肿排脓，用于感冒头痛，眉棱骨痛，鼻塞流涕，鼻衄，鼻渊，牙痛，带下，疮疡肿痛。

【配伍应用】①白芷配防风、羌活，能散风寒，治头痛，用于外感风寒，头痛鼻塞。②白芷配苍耳子，能治鼻渊头痛；因本品芳香上达，祛风止痛。③白芷配金银花、天花粉，能治疮肿；未溃者能消散，已溃者能排脓，有消肿排脓止痛之功，为外科常用之品。④白芷配黄柏，能用于湿热带下证，因本品能燥湿止带。

【用法用量】3～10 g。

【注意事项】为阳明经头痛，治鼻渊头痛之要药；阴虚血热者忌服。

藁　　本

伞形科植物藁本或辽藁本的干燥根茎和根。前者主产于陕西、甘肃、湖北、四川，后者主产于吉林、辽宁等地。以春季采收的干燥根茎入药。生用。

【性味归经】辛，温。归膀胱经。

【功能主治】祛风，散寒，除湿，止痛。用于风寒感冒，巅顶疼痛，风湿痹痛。

【配伍应用】①藁本配白芷，用于外感风寒所致的头痛、巅顶剧痛及偏头痛等证；因本品能发表散寒，上达巅顶，有止痛之功。②藁本配羌活、防风，用于风寒湿邪所致的痹痛、肢节痛等证。

【用法用量】3～10 g。

【注意事项】为巅顶头痛之要药，本品辛温香燥，凡阴血亏虚、肝阳上亢、火热内盛之头痛者忌服。

苍耳子

菊科植物苍耳的干燥成熟带总苞的果实。各地均产。以秋季采收的成熟干燥果实入药。炒用。

【性味归经】辛、苦，温；有毒。归肺经。

【功能主治】散风寒，通鼻窍，祛风湿。用于风寒头痛，鼻塞流涕，鼻衄，鼻渊，湿痹拘挛。

【配伍应用】①苍耳子配白芷，能散风通窍，止痛，用于鼻渊、头痛、不闻香臭、时流浊涕等证。②苍耳子配威灵仙、肉桂，能祛风湿、止痛，用于风湿痹痛，四肢拘挛。

【用法用量】3～10 g。

【注意事项】 本品有毒，过量服用易致中毒；孕妇慎用；血虚头痛不宜用。

辛 夷

木兰科植物望春花、玉兰或武当玉兰的花蕾。主产于河南、湖北、四川等地。以春初花未开放时采收的干燥花蕾入药。生用。

【性味归经】 辛，温。归肺、胃经。

【功能主治】 散风寒，通鼻窍。用于风寒头痛，鼻塞流涕，鼻衄，鼻渊。

【配伍应用】 ①辛夷配苍耳子，相须为用，能散风通窍，止痛，用于鼻渊、头痛、不闻香臭、时流浊涕等证。②辛夷配细辛、白芷，用于外感风寒，头痛鼻塞。

【用法用量】 3～10 g，包煎。外用适量。

【注意事项】 鼻病阴虚火旺者忌服。

葱 白

百合科多年生草本植物葱的近根部的鳞茎。我国各地均产。临用时采集。鲜用。

【性味归经】 辛，温。归肺、胃经。

【功能主治】 发汗解表，散寒通阳，解毒散结。主治感冒轻证。

【配伍应用】 ①葱白配生姜，能发汗解表，用于感冒风寒轻证。②葱白配附子，能散寒通阳，用于腹泻、厥冷、脉微者。③葱白配蜂蜜，能解毒散结，外用于疮痈疔毒。

【用法用量】 3～10 g。

【注意事项】 不宜于蜂蜜共同内服。

西河柳

怪柳科灌木或小乔木植物径柳的嫩枝叶。全国各地均产。以开花时采集的嫩枝入药。生用。

【性味归经】 甘、辛、平。归心、肺、胃经。

【功能主治】 发汗透疹。主治麻疹不透。

【配伍应用】 西河柳配牛蒡子，发汗透疹，用于麻疹初期。

【用法用量】 3～6 g。外用适量，煎汤擦洗。

【注意事项】 麻疹已透者不宜用。

细 辛

马兜铃科多年生草本植物北细辛、汉城细辛或华细辛的全草。前两种习称"辽细辛"，质较佳，主产于东北地区；后者产于陕西等地。以夏秋季采挖的干燥根及根茎入药。生用。

【性味归经】 辛，温。归心、肺、肾经。

【功能主治】 解表散寒，祛风止痛，通窍，温肺化饮。用于风寒感冒，头痛，牙痛，鼻塞流涕，鼻衄，鼻渊，风湿痹痛，痰饮喘咳。

【配伍应用】 ①细辛配川芎、白芷，用于治疗风寒之偏头痛，因本品有较好的祛风散寒、止痛的作用。②细辛配麻黄，用于外感风寒表证，因本品能祛风散寒止痛。③细辛配干姜，用于寒饮伏肺、咳嗽气喘、痰多清涕，因本品能温肺化饮而止咳嗽。

【用法用量】 1～3 g。散剂每次服0.5～1 g。外用适量。

【注意事项】 气虚多汗、阴虚阳亢头痛、阴虚肺热咳嗽等忌用；用量不宜过大。

二、发散风热药

本类药物性味多为辛凉，发散作用亦较发散风寒药缓和，以宣散风热为其主要作用。适用于外感风热所致的发热、微恶风寒、咽干口渴、舌苔薄黄、脉浮数等证。部分药物兼具清头目、利咽喉或宣肺止咳、散邪透疹等作用。故风热性眼病、咽喉肿痛、疹出不透或风热咳嗽诸证亦可选用，并常与清热、解毒药物配伍应用。

薄　荷

唇形科多年生植物薄荷的干叶和茎。各地均产，以江苏者质优。一年可以采割 2 ~ 3 次，以干品或鲜品入药。生用。

【性味归经】辛，凉。归肺、肝经。

【功能主治】疏散风热，清利头目，利咽，透疹，疏肝行气。用于风热感冒，风温初起，头痛，目赤，喉痹，口疮，风疹，麻疹，胸胁胀闷。

【配伍应用】①薄荷配金银花，辛凉解表，用于外感风热；因本品清轻凉散，善解风热之邪。②薄荷配菊花，清利头目，用于风热所致的头痛目赤等证。③薄荷配白芍、柴胡，疏肝解郁，用于肝气郁滞，胁肋胀痛等证。

【用法用量】3 ~ 6 g，后下。

【注意事项】本品芳香辛散，发汗耗气，故体虚多汗者不宜使用。

牛蒡子

菊科两年生草本植物牛蒡的果实。主产于河北、吉林、浙江等地。以秋季采收的干燥成熟果实入药。生用或炒用。用时捣碎。

【性味归经】辛，苦，寒。归肺、胃经。

【功能主治】疏散风热，宣肺透疹，解毒利咽。用于风热感冒，咳嗽痰多，麻疹，风疹，咽喉肿痛，痄腮，丹毒，痈肿疮毒。

【配伍应用】①牛蒡子配薄荷，用于外感风热、咳嗽咳痰不利及咽喉肿痛等证，因本品疏散风热、清肺利咽。②牛蒡子配板蓝根，能清热解毒，散结消肿，用于热毒疮肿、痄腮等证。

【用法用量】6 ~ 12 g。

【注意事项】本品性寒，润肠通便，气虚便溏者忌用。

蝉　蜕

蝉科昆虫黑蚱羽化时脱落的皮壳。主产于山东、河南、江苏等地。以夏、秋季收集去净泥土的皮壳入药。去除杂质，洗净，干燥。生用。

【性味归经】甘，寒。归肺、肝经。

【功能主治】疏散风热，利咽，透疹，明目退翳，解痉。用于风热感冒，咽痛音哑，麻疹不透，风疹瘙痒，目赤翳障，惊风抽搐，破伤风。

【配伍应用】①蝉蜕配桔梗，能疏散风热，开宣肺气，用于风热郁肺的发热、咽痛、声音嘶哑等证。②蝉蜕配菊花、木贼，疏肝经风热以退目翳，用于肝经风热的目赤、目翳等证。③蝉蜕配全蝎、僵蚕，用于感觉发热、小儿惊哭夜啼及破伤风等证，因本品能平肝息风、定惊止痉。

【用法用量】3 ~ 6 g。

桑　叶

桑科植物桑树的叶。各地均产。以秋冬经霜后采收的叶片入药。生用或蜜炙。

【性味归经】甘、苦，寒。归肺、肝经。

【功能主治】疏散风热，清肺润燥，清肝明目。用于风热感冒，肺热燥咳，头晕头痛，目赤昏花。

【配伍应用】①桑叶配菊花、桔梗，能清疏肺经及在表的风热，还能清肝明目，用于外感风热、发热头痛、咳嗽及咽喉肿痛等证。②桑叶配苦杏仁、贝母，清肺热止咳嗽，用于燥热伤肺、咳嗽痰稠、鼻咽干燥等证。

【用法用量】5～10 g。

【注意事项】经霜后采收，又称冬桑叶。

菊　花

菊科植物菊的头状花序。由于花色和产地不同，又有白菊花、黄菊花和杭菊（浙江）、滁菊和亳菊（安徽）、怀菊（河南）、祁菊（河北）、川菊（四川）之分。以花期采收的干燥花序入药。生用。

【性味归经】甘、苦，微寒。归肺、肝经。

【功能主治】散风清热，平肝明目，清热解毒。用于风热感冒，头痛眩晕，目赤肿痛，眼目昏花，疮痈肿毒。

【配伍应用】①菊花配桑叶，能清上焦风热，清头目，用于外感风热及温病初起，发热、头昏痛等证。②菊花配桑叶、蝉蜕、夏枯草，能清肝明目，用于肝经风热或肝火上攻所致目赤肿痛。③菊花配石决明、白芍，能平肝息风，用于肝风头痛及肝阳上亢头痛、眩晕等证。

【用法用量】5～10 g。

【注意事项】处方上菊花一般调配白菊花，多用于清肝明目。

蔓荆子

马鞭草科植物单叶蔓荆或蔓荆的果实。主产于山东、江西、浙江等地。以夏季采收的干燥成熟果实入药。生用或微炒用。用时打碎。

【性味归经】辛、苦，微寒。归膀胱、肝、胃经。

【功能主治】疏散风热，清利头目。主治风热感冒头痛，目痛。

【配伍应用】①蔓荆子配防风、菊花，能疏散风热、止痛，用于外感风热所致的头昏头痛等证。②蔓荆子配菊花、蝉蜕，能散肝经风热，清利头目，用于风热所致的目昏或目赤肿痛、多泪等证。③蔓荆子配防风、木瓜，能祛风止痛，用于风湿痹痛，肢体挛急之证。

【用法用量】5～10 g。

【注意事项】诸子皆降，蔓荆子独升。

葛　根

豆科植物野葛或甘葛的根。各地均产。野葛主要野生于湖南、河南、浙江等地；甘葛多栽培于广东、广西等地。以春、秋二季采挖的根入药。生用或煨用。

【性味归经】甘、辛，凉。归脾、胃、肺经。

【功能主治】解肌退热，生津止渴，透疹，升阳止泻，通经活络，解酒毒。用于外感发热头痛，项背强痛，口渴，消渴，麻疹不透，热痢，泄泻，眩晕头痛，中风偏瘫，胸痹心痛，酒毒伤中。

【配伍应用】①葛根配桂枝、麻黄，能解肌发汗，用于外感发热、头痛、无汗、项背强痛等证。②葛根配升麻，能解肌发散，用于麻疹初起、发热、恶寒、疹出不畅等证。③葛根配黄芩、黄连，能升发清阳，用于湿热泻痢及脾虚腹泻等证。④葛根配麦冬，能生津，用于热病烦渴、消渴症。

【用法用量】10～15 g。

【注意事项】现代多用于治疗高血压脑病。

柴　胡

伞形科多年生植物柴胡或狭叶柴胡的干燥根。前者称为北柴胡，主产于辽宁、甘肃、河北等地；后者称为南柴胡，主产于湖北、四川等地。以春秋二季采挖之根入药。生用或醋炙用。

【性味归经】辛、苦，微寒。归肝、胆、肺经。

【功能主治】疏散退热，疏肝解郁，升举阳气。用于感冒发热，寒热往来，胸胁胀痛，月经不调，子宫脱垂，脱肛。

【配伍应用】①柴胡配黄芩、半夏，能疏解半表半里之邪，用于寒热往来、胸胁苦满、口苦、咽干、目眩等证。②柴胡配白芍、当归，能疏肝解郁，用于肝气郁结、胁肋胀痛、头痛、月经不调、痛经等证。③柴胡配人参、黄芪，能升清阳之气而举陷，用于气虚下陷所致的脱肛、子宫脱垂、短气、倦乏等证。

【用法用量】6～10 g。

【注意事项】其性升散，故阴虚阳亢、肝风内动、阴虚火旺、气机上逆不宜使用；大叶柴胡的根茎有毒，不可当柴胡用。

升　麻

毛茛科植物大三叶升麻、兴安升麻或升麻的干燥根茎。大三叶升麻的药材称为关升麻，主产于辽宁，黑龙江；兴安升麻称为北升麻，主产于黑龙江、内蒙古、河北等地；升麻药材称为西升麻，主产于陕西、四川、青海等地。以夏、秋二季采挖的干燥根茎入药。生用或蜜炙用。

【性味归经】辛、微甘，微寒。归肺、脾、胃、大肠经。

【功能主治】发表透疹，清热解毒，升举阳气。用于风热头痛，齿痛，口疮，咽喉肿痛，麻疹不透，阳毒发斑，脱肛，子宫脱垂。

【配伍应用】①升麻配葛根，能升散、解热毒、解表、透疹，用于外感风热所致的头痛、疹发不畅等证。②升麻配黄连、生地黄，能清热解毒，用于热毒所致的头痛、麻疹不透等证。③升麻配黄连、生地黄，能清热解毒，用于热毒所致的多种病证。④升麻配人参、黄芪，能升气举陷，用于中气虚弱或气虚下陷的短气、倦乏、久泻脱肛、子宫下垂等证。

【用法用量】3～10 g。

【注意事项】凡阴虚阳浮、喘满气逆、阴虚火旺及麻疹已透，均当忌用。

浮　萍

浮萍科多年生水生漂浮草本植物紫萍的全株。全国各地均产。以6～9月捞取的全草入药。生用或用鲜品。

【性味归经】辛，寒。归肺经。

【功能主治】宣散风热，透疹，利尿。用于麻疹不透，风疹瘙痒，水肿尿少。

【配伍应用】①浮萍配薄荷、蝉蜕、连翘，有宣肺发汗、疏散风热之功，较宜用于风热感冒，发热无汗等证。②浮萍配薄荷、蝉蜕、牛蒡子，能疏散风热、解表透疹，用于麻疹初起，疹出不畅。

【用法用量】3~9 g。外用适量，煎汤浸洗。

【注意事项】可入散剂，每次1~2 g；表虚自汗者不宜使用。

木　贼

木贼科多年生植物木贼的地上部分。主产于东北、华北及长江流域等地。以夏、秋二季采集的干品入药。生用。

【性味归经】甘、苦，平。归肺、肝经。

【功能主治】疏散风热，明目退翳。用于风热目赤，迎风流泪，目生云翳。

【配伍应用】木贼配蝉蜕、谷精草、菊花，用于风热上攻于目，目赤肿痛、多泪、目生翳障。

【用法用量】3~9 g。

【注意事项】较少用于一般风热表证，主要用于外感风热所致的目赤多泪。

第二节　清热药

凡以清泻里热为主要作用，主治里热证者，称为清热药。清热药性属寒凉，具有清热泻火、解毒、凉血、清虚热等功效。使用本类药物，要注意中病即止，避免克伐太过，损伤正气。

一、清热泻火药

本类药物适应于急性热病具有高热、汗出、烦渴、谵妄、发狂、小便短赤、舌苔黄燥、脉象洪实等证候。

石　膏

主要为含水硫酸钙纤维状结晶聚合体的矿石，主产于湖北、甘肃、四川等地。随时可采挖。打碎生用，或煅用。

【性味归经】甘、辛，大寒。归肺、胃经。

【功能主治】清热泻火，除烦止渴。用于外感热病，高热烦渴，肺热喘咳，胃火亢盛，头痛，牙痛。

【配伍应用】①石膏配知母，用于温病邪在气分，壮热、烦渴、脉洪大等实热亢盛之证，因本品有较强的清热泻火的作用。②石膏配竹沥、甘草，用于肺热所致咳嗽痰稠、发热等证，本品清泻肺热的作用较强。③石膏配麻黄、苦杏仁，用于肺热气喘，共奏清宣肺热和平喘之效。④石膏配牛膝、生地黄、知母，用于胃火上炎所致的头痛、牙龈肿痛，因本品能泻胃火。⑤煅石膏配青黛、黄柏，可用疮疡溃而不敛、湿疹、水火烫伤等。煅石膏有清热收敛作用。

【用法用量】15~60 g，先煎。煅石膏外用适量，研末撒敷患处。内服宜生用。

【注意事项】脾胃虚寒及阴虚内热忌服。

知　母

百合科植物知母的根茎。主产于河北、山西等地。春、秋二季采挖其根茎入药。生用或盐水炙用。

【性味归经】苦、甘，寒。归肺、胃、肾经。

【功能主治】清热泻火，滋阴润燥。用于外感热病，高热烦渴，肺热燥咳，骨蒸潮热，内热消渴，肠燥便秘。

【配伍应用】①知母配石膏，用于温热病，邪热亢盛、壮热、烦渴、脉洪大等肺胃湿热证；两者相须为用，都有清热泻火除烦的作用。②知母配贝母以清肺化痰止咳，用于肺热咳嗽或阴虚燥咳、痰稠等证。③知母配黄柏，用于阴虚火旺，肺肾阴亏所致骨蒸潮热、盗汗、心烦等证，因本品能滋阴降火。④知母配五味子、天花粉，用于阴虚消渴，因本品有滋阴润燥、生津止渴的作用。

【用法用量】6~12 g。

【注意事项】本品性寒润，能滑肠，脾胃虚寒者慎用。

芦　根

禾本科草本植物芦苇的地下茎。各地均产。以春末、夏初及秋季采挖的地下茎入药。生用。

【性味归经】甘，寒。归肺、胃经。

【功能主治】清热生津，止呕，除烦。主治热病烦渴，肺热咳嗽，胃热呕逆，热淋涩痛。

【配伍应用】①芦根配石膏、知母、天花粉，用于热病伤津，烦热口渴或舌燥少津之证；本品有清热除烦，生津止渴之效。②芦根配姜汁、竹茹，用于胃热呕逆；本品能清热止呕。③芦根配桔梗、桑叶、苦杏仁，用于肺热咳嗽，痰稠、口干，及外感风热的咳嗽证；本品能清泻肺热，润燥缓咳。④芦根配薏苡仁、金银花、冬瓜子，用于肺痈咳吐浓痰，共奏清肺排脓之效。⑤芦根配白茅根、车前子用于小便短赤、热淋涩痛；本品能清热利尿。

【用法用量】15~30 g。鲜品能加倍或更高剂量。

【注意事项】《肘后备急方》单用本品治呕逆；脾胃虚寒者慎用。

天花粉

葫芦科植物栝楼或日本栝楼的块根。主产于河南、山东、江苏等地。秋、冬二季采挖其块根入药。生用，或用鲜品。

【性味归经】甘、微苦，微寒。归肺、胃经。

【功能主治】清热泻火，生津止渴，消肿排脓。用于热病烦渴，肺热燥咳，内热消渴，疮疡肿毒。

【配伍应用】①天花粉配芦根、白茅根、麦冬，用于热邪伤津、口干舌燥、烦渴等，因本品能清胃热、降火心、生津止渴。②天花粉配葛根、知母、五味子，用于消渴症。③天花粉配贝母、桔梗、桑白皮，用于肺热咳嗽或燥咳痰稠等证，因本品能清泻肺热、降膈上热痰、润肺燥。④天花粉配金银花、皂角刺、贝母，用于痈肿疮疡、热毒炽盛、赤肿焮伤等，本品煅石膏有清热收敛作用。

【用法用量】10～15 g。

【注意事项】孕妇慎用，不宜与川乌、制川乌、草乌、利草乌、附子同用。

栀　子

茜草科灌木植物栀子的果实。主产于长江以南各地。9～11 月采收红黄色的成熟果实入药。生用，或炒焦用。

【性味归经】苦，寒。归心、肺、三焦经。

【功能主治】泻火除烦，清热利湿，凉血解毒。主治热病心烦，肝胆湿热，血热妄行。

【配伍应用】①栀子配淡豆豉，能宣泄邪热，解郁除烦，用于热病心烦、郁闷、燥扰不宁。②栀子配黄连、连翘、黄芩，能凉血解毒，泻火除烦，用于火毒炽盛，高热烦躁，神昏谵语。③栀子配茵陈蒿、大黄，能清热利湿，退黄，用于肝胆湿热郁结所致黄疸、发热、小便短赤等证。④栀子配生地黄、黄芩、白茅根，能凉血止血，用于血热妄行的吐血、衄血、尿血等。

【用法用量】6～10 g，外用生品适量，研末调敷。

【注意事项】本品苦寒伤胃，阴血亏虚、脾虚便溏者不宜用。

夏枯草

唇形科草本植物夏枯草的果穗。各地均产。夏季果穗半枯时采收入药。生用。

【性味归经】苦，辛，寒。归肝、胆经。

【功能主治】清肝火，散郁结，降血压。主治肝火上炎，痰火郁结。

【配伍应用】①夏枯草配石决明、菊花、蝉蜕，用于肝火上炎、目赤肿痛、畏光流泪、头痛、眩晕等证，因本品能清泻肝火，清头目。②夏枯草配当归、生地黄、白芍，用于目珠疼痛之痛久血伤。③夏枯草配玄参、牡蛎、昆布，用于痰火郁结所致的瘰疬、瘿瘤，因本品能清热散结。

【用法用量】9～15 g。

【注意事项】脾胃虚弱者慎用，因本品的清泻肝火作用，现代常用于高血压病属肝热、阳亢之证者。

淡竹叶

禾本科草本植物淡竹叶的茎叶。主产于浙江、江苏、湖北等地。夏末未抽花穗时割取其茎叶入药。生用。

【性味归经】苦、淡，寒。归心、小肠、胃经。

【功能主治】清热除烦，利尿。主治口舌生疮，热病烦渴。

【配伍应用】①淡竹叶配生地黄、木通，用于口舌生疮、小便不利、灼热涩痛；因本品长于清心与小肠经热，而利尿通淋。②淡竹叶配灯心草、白茅根、海金沙，可利尿通淋，用于小便不利、灼热涩痛等证。③淡竹叶配芦根、天花粉、麦冬，用于热病心烦口渴之证，因本品能清心泄热、除烦止渴。

【用法用量】6～10 g。

【注意事项】虚寒证忌用。

鸭跖草

鸭跖草科植物鸭跖草的干燥地上部分。全国大部分地区均产。夏、秋二季采收，晒干，切断。以色黄绿者为佳。

【性味归经】甘、淡，寒。归肺、胃、小肠经。

【功能应用】清热，利尿，解毒。主治热病发热，热淋，咽喉肿痛。

【配伍应用】①鸭跖草配牛蒡子、薄荷，用于表热证之发热。②鸭跖草配石膏、知母，用于温热病气分实热证之发热。③鸭跖草配车前草、淡竹叶，用于热淋小便短赤或水肿有热者。④鸭跖草配板蓝根、大青叶，用于咽喉肿痛、痈肿疮毒或毒蛇咬伤。⑤鸭跖草配野菊花、紫花地丁，用于疮痈肿毒。⑥鸭跖草配半边莲，用于毒蛇咬伤。

【用法用量】15～30 g，外用适量。

【注意事项】《本草纲目》中有消喉痹之用。

谷精草

谷精草科草本植物谷精草带花茎的头状花序。主产于浙江、江苏、安徽等地。秋季采集入药。生用。

【性味归经】辛、甘，平。归肝、胃经。

【功能主治】疏散风热，明目退翳。主治肝经风热，目赤肿痛，目生翳膜。

【配伍应用】谷精草配赤芍、荆芥、龙胆，用于肝经风热，目赤肿痛、畏光多泪及目生翳膜。

【用法用量】5～10 g。

【注意事项】《本草纲目》曰："凡治目中诸病加而用之，甚良，明目退翳之功，似在菊花之上。"

密蒙花

马钱科灌木植物密蒙花树的花蕾或花序。主产于湖北、四川、陕西等地。春季采收。生用或蜜炙用。

【性味归经】甘，微寒。归肝经。

【功能主治】清肝，明目，退翳。主治肝热目赤，目昏生翳。

【配伍应用】①密蒙花配菊花、木贼、石决明，用于肝热目赤肿痛、畏光、多眵多泪及目昏生翳等证。②密蒙花配枸杞子、沙苑子，用于肝虚有热，目昏干涩或生翳障者。

【用法用量】3～9 g。

【注意事项】《本草经疏》言密蒙花为厥阴肝家正药，所主无非肝虚有热所致。

青葙子

苋科草本植物青葙的成熟种子。主产于我国中部和南部各地。秋季采集成熟的种子入药。生用。

【性味归经】苦，微寒。归肝经。

【功能主治】清泻肝火，明目，退翳。主治肝火上炎，目赤肿痛，目生翳膜。

【配伍应用】青葙子配决明子，用于肝火上炎、目赤肿痛、目生翳膜、视物昏暗等证。本品的清泻肝火作用现代还用于高血压之肝阳上亢证。

【用法用量】9～15 g。

【注意事项】本品清热力强，且有扩瞳孔的作用，肝肾亏虚及青光眼者忌用。

决明子

豆科草本植物决明、小决明的种子。各地均有栽种。秋季果实成熟时采收。生用或炒用。

【性味归经】苦、甘、咸，微寒。归肝、大肠经。

【功能主治】清肝明目，润肠通便。主治目赤肿痛，便秘，高血压等证。

【配伍应用】①决明子配菊花、桑叶，清肝热，用于肝热所致的目赤肿痛、畏光多泪等症。②决明子配火麻仁，用于肠燥便秘。

【用法用量】9～15 g。

【注意事项】脾胃虚寒、腹泻便溏者、津液亏耗者慎用。

二、清液亏耗者

本类药物的性味多属苦寒，苦能燥湿清热，主用于湿热证、湿热内蕴，多见发热、苔腻、尿少等症，如肠胃湿热所致的泄泻、痢疾、痔瘘，肝胆湿热所致的胁肋胀痛、黄疸、口苦；下焦湿热所致的小便淋沥涩痛、带下，其他如关节肿痛、痈肿、湿疹、耳痛流脓等证，都与湿热有关。苦寒多能伐胃，燥能伤阴，故本类药物对脾胃虚弱和津液亏耗者慎用。必须用时，当配伍益胃或养阴药物。

黄　芩

唇形科多年生草本植物黄芩的根。主产于河北、山西、内蒙古等地。春、秋二季采挖。生用、炒用或酒炙用。

【性味归经】苦，寒。归肺、胆、脾、大肠、小肠经。

【功能主治】清热燥湿，泻火解毒，止血，安胎。主治湿热烦渴，肺热咳嗽，血热妄行，胎热不安。

【配伍应用】①黄芩苦寒，燥湿泻热，并能解毒，配栀子、茵陈蒿，用于湿热发黄，以增强清肝利胆之效。②黄芩清热燥湿，配通草、滑石、豆蔻，用于湿温发热、胸闷、苔腻之证。③黄芩配黄连，用于肠胃湿热所致的泻痢。④黄芩配木通、生地黄，用于下焦湿热，小便涩痛。⑤黄芩泻火解毒，配连翘、天花粉、白芷，用于痈肿疮毒。⑥黄芩配栀子、黄连、石膏，用于湿热病壮热烦渴、苔黄脉数等证。⑦黄芩能清解热邪，配柴胡，用于寒热往来证。⑧黄芩长于清肺热，配半夏、天南星，用于咳嗽痰凝之证。单用即为黄芩散，治肺热咳嗽。⑨黄芩具清热与止血作用，配生地黄、三七、白茅根，用于内热亢盛，破血妄行所致的咯血、吐血、衄血、便血、血崩等证。⑩黄芩有清热安胎的作用，配当归、白术，用于胎热不安。

【用法用量】3～10 g，煎服或入丸散。清热多用生黄芩，安胎多用炒黄芩；清上焦热可用酒芩；止血多炒成炭。

【注意事项】本品苦寒伐生气，脾胃虚寒、少食、便溏者忌用。

黄　连

毛茛科多年生草本植物黄连、三角叶黄连或云连的根茎。黄连主产于四川、湖北；三角叶黄连主产于四川洪雅、峨眉，云连主产于云南等地。秋季采挖。生用或姜炙、酒炙后用。

【性味归经】苦，寒。归心、肺、胃、大肠、肝、胆经。

【功能主治】清热燥湿，泻火解毒。主治肠胃湿热，热病，痈肿疮毒。

【配伍应用】①黄连去中焦湿热，并具有解毒作用，配木香，用于肠胃湿热所致的气滞、里急后重等证。②黄连配葛根、黄芩，用于痢疾、泄泻而身热者。③黄连配吴茱萸，用于肝火或胃热呕吐。④黄连配半夏、竹茹，清热降逆止呕。⑤黄连泻火解毒，配黄芩、栀子，用于热病，热盛火炽、壮热、烦躁，甚至神昏谵语等证。⑥黄连泻心火，解热毒，配黄芩、白芍、阿胶，用于心火亢盛、烦躁不眠及迫血妄行所致的吐血、衄血等证。⑦黄连泻火解毒，配黄芩、栀子、连翘，用于痈肿疮毒、疔毒内攻、耳目肿痛诸证。⑧黄连清热解毒，配天花粉、生地黄，用于胃火炽盛、消谷善饥、烦渴多饮的中暑证。

【用法用量】2～5 g，外用适量。

【注意事项】本品大苦大寒，过量或服用较久，易伤胃。凡胃寒呕吐，脾虚泄泻之证均忌用；苦燥易伤阴津，故阴虚津伤者慎用。

黄　柏

芸香科乔木植物黄檗或黄皮树除去栓皮的树皮。前者的药材称为关黄柏，主产于辽宁、吉林等地；后者的药材称为川黄柏，主产于四川、贵州等地。3～6月割取一部分生长10年左右树的树皮入药。生用、炒焦用或盐水炙后用。

【性味归经】苦，寒。归肾、膀胱经。

【功能主治】清热燥湿，泻火解毒，退虚热。主治下焦湿热，湿疹，阴虚发热。

【配伍应用】①黄柏清热燥湿，泻火解毒，配黄连、白头翁，用于湿热泻痢。②黄柏配栀子、甘草，用于黄疸。③黄柏配白果、车前子，用于带下黄稠。④黄柏配黄连、栀子，用于疮疡肿毒。⑤黄柏泻火毒，去湿热，配荆芥、苦参，用于湿疹。⑥黄柏能退虚热，制相火，配知母、地黄、龟甲，用于阴虚发热、骨蒸盗汗等证。

【用法用量】3～12 g，外用适量。

【注意事项】本品大苦大寒，易损胃气，脾胃虚寒者忌用。

龙　胆

龙胆科草本植物龙胆、三花龙胆或条叶龙胆的根。各地均产，以东北产量较大。秋季采挖入药。生用。

【性味归经】苦，寒。归肝、胆经。

【功能主治】清热燥湿，泻肝火。主治肝胆湿热，湿热黄疸。

【配伍应用】①龙胆清热泻火、燥湿，配茵陈蒿、栀子，用于治疗黄疸。②龙胆清热燥湿，配苦参、黄柏、车前子，用于阴肿阴痒、白带、湿疹等证。③龙胆能清肝胆邪热，配黄连、牛黄、钩藤，用于肝经热盛，热极生风所致的高热惊厥、手足抽搐。④龙胆配柴胡、黄芩、木通，用于肝胆实热所致的胁痛、头痛、口苦、目赤、耳聋、阴肿阴痒等证。

【用法用量】3～6 g。

【注意事项】脾胃虚寒者不宜用；阴虚津伤者慎用。

苦　参

豆科亚灌木植物苦参的根。各地均产。春、秋二季采挖其根入药。生用。

【性味归经】苦，寒。归心、肝、胃、大肠、膀胱经。

【功能主治】清热燥湿，祛风杀虫，利尿。主治湿热证，皮肤瘙痒，小便不利。

【配伍应用】①苦参配栀子、龙胆，清热燥湿，用于治疗黄疸。②苦参配黄柏、白芷、蛇床子，用于治带下黄稠及阴痒；近年用于治阴道滴虫病有很好的效果。③苦参煎汤浴洗，用于治疗皮肤瘙痒、脓疱疮。④苦参配硫黄、枯矾，治疗癣，因本品能祛风止痒、杀虫。⑤苦参配蒲公英、石韦，用于湿热蕴结、小便不利、灼热涩痛之证，因本品能清热利尿。

【用法用量】4.5～9 g。外用适量煎汤洗患处。

【注意事项】苦寒之品，凡脾胃虚寒者忌用。不宜与藜芦同用。

穿心莲

爵床科草本植物穿心莲的地上部分。原产于亚洲热带地区，现华南、华东及西南等地有栽培。秋初刚开花时采收地上部分入药。生用。

【性味归经】苦，寒。归心、肺、大肠、膀胱经。

【功能主治】清热解毒，燥湿。主治温热病，湿热泻痢，湿疹。

【配伍应用】①穿心莲配金银花，用于温病初起、发热、咽喉肿痛之证，因本品有清热解毒的作用。②穿心莲配马齿苋，治疗泻痢，因本品能清热燥湿。

【用法用量】6～15 g，外用适量。

【注意事项】本品苦寒，不宜多服久服，以免损胃气；脾胃虚寒者不宜用。

秦　　皮

木樨科乔木植物苦枥白蜡树或白蜡树的枝皮或干皮。主产于吉林、辽宁、河北等地。春、秋二季采集。生用。

【性味归经】苦、涩，寒。归大肠、肝、胆经。

【功能主治】清热解毒，清肝明目。主治热毒泻痢，肝经郁热，目赤肿痛。

【配伍应用】①秦皮配白头翁、黄连，能清热解毒，用于热毒泻痢。②秦皮配竹叶，用于肝经郁热、目赤肿痛等证，因本品可清肝明目。

【用法用量】6～9 g。外用适量。

【注意事项】外用可煎水洗眼。

白鲜皮

芸香科草本植物白鲜的根皮。主产于辽宁、河北、山东等地。春、秋二季采挖其根皮入药。生用。

【性味归经】苦，寒。归脾、胃、膀胱经。

【功能主治】清热解毒，除湿，止痒。主治湿热疮疹，皮肤瘙痒。

【配伍应用】白鲜皮配苦参、苍术，用于湿热疮疹、皮肤瘙痒，因本品能清热解毒、除湿、止痒。

【用法用量】5～10 g。外用适量，煎汤洗或粉敷。

【注意事项】本品还可治湿热黄疸，脾胃虚寒者慎用。

三、清热凉血药

本类药物多为苦、甘、咸、寒之品，具有清解营分、血分热邪的作用。主要用于血分实热证，温热病热入营血，血热妄行等证。症见各种出血及舌绛、烦躁，甚至神昏谵语。

生地黄

玄参科草本植物地黄的块根。主产于河南，全国大部分地区有栽培。秋季采挖。鲜用（鲜地黄），或干燥后（地黄）切片生用。

【性味归经】 甘，寒。归心、肝、肾经。

【功能主治】 清热凉血，养阴生津。主治温热病，血热妄行，热病伤阴。

【配伍应用】 ①生地黄配犀角、玄参，用于温热病热入营血，身热口干、舌绛或红等证。因本品具有清热凉血和养阴的作用。②生地黄配知母、青蒿、鳖甲，用于温热病后期，余热未尽，阴津已伤，而致发热、夜热早凉，以及慢性病由于阴虚内热所致的潮热证。③生地黄配艾叶、生荷叶、侧柏叶，用于热在血分，迫血妄行的吐血、衄血、尿血、崩漏下血等证，因本品能凉血止血。④生地黄配犀角、牡丹皮、赤芍，用于血热毒盛，发疹发斑等证。⑤生地黄配麦冬、沙参、玉竹，用于热病伤津，舌红口干，或口渴多饮等证，因本品能养阴生津。⑥生地黄配葛根、天花粉、五味子，用于治疗消渴证。⑦生地黄配麦冬、玄参，用于热甚伤阴劫液而致肠燥便秘。

【用法用量】 鲜地黄 12 ~ 30 g，生地黄 10 ~ 15 g。

【注意事项】 本品性寒而滞，脾虚湿滞，腹满便溏者不宜用。

玄　　参

玄参科草本植物玄参的根。主产于浙江及其他长江流域省区。冬季采挖。生用。

【性味归经】 苦、甘、咸，微寒。归胃、肾、肺经。

【功能主治】 清热，解毒，养阴。主治温热病，咽喉肿痛，瘰疬痰核。

【配伍应用】 ①玄参配生地黄、连翘、黄连以泻火解毒，凉血养阴，用于温热病热入营分，伤阴劫液，身热、口干、舌绛等证。②玄参配犀角、连翘、麦冬，以清心解毒、凉血养阴，用于温热病邪陷心包、神昏谵语之证。③玄参配犀角、石膏、知母，用于温热病血热壅盛、发斑，或咽喉肿胀，甚则烦躁谵语之证。④玄参配牛蒡子、桔梗、薄荷，用于咽喉肿痛。⑤玄参配金银花、连翘、紫花地丁，用于痈肿疮毒。⑥玄参配贝母、牡蛎，用于治瘰疬痰核。

【用法用量】 9 ~ 15 g。

【注意事项】 本品性寒而滞，脾胃虚寒，食少便溏者不宜用。不宜与藜芦同用。

牡丹皮

毛茛科小灌木植物牡丹的根皮。主产于安徽、山东等地。在 10 ~ 11 月采挖栽培 3 ~ 5 年后的根部，剥取根皮入药。生用或炒用。

【性味归经】 苦、辛，微寒。归心、肝、肾经。

【功能主治】 清热凉血，活血散瘀。主治血热妄行，阴虚内热，血滞经闭，痈肿疮痛。

【配伍应用】 ①牡丹皮配犀角、生地黄，用于温热病热入血分而发斑疹，及血热妄行所致的吐血、衄血等证，因本品能清热凉血。②牡丹皮配知母、鳖甲、生地黄，用于温热病后期，阴分伏热发热或夜热早凉，以及阴虚内热等证，因本品能退虚热。③牡丹皮配桃仁、桂枝，用于血滞经闭、痛经或癥瘕等证，因本品能活血散瘀。④牡丹皮配乳香、没药，用于跌打损伤，瘀滞疼痛之证。⑤牡丹皮配金银花、连翘、白芷，用于痈肿疮毒。⑥牡丹皮配桃仁、大黄、冬瓜子，用于肠痈初起。

【用法用量】6～12 g。

【注意事项】血虚有寒、孕妇及月经过多者不宜用。

赤　芍

毛茛科草本植物芍药或川赤芍的根。芍药主产于内蒙古、河北和东北等地；川赤芍主产于四川、陕西、甘肃等地。春、秋二季采挖。生用或酒炙用。

【性味归经】苦，微寒。归肝经。

【功能主治】清热凉血，祛瘀止痛。主治血热妄行，血滞经闭，痈肿。

【配伍应用】①赤芍配牡丹皮、生地黄、犀角，用于温热病热在血分，身热、发斑疹，及血热所致吐血、衄血等证，因本品能清血分郁热。②赤芍配当归、川芎、牡丹皮，用于血滞经闭、痛经及跌打损伤、瘀滞肿痛等证，因本品能祛瘀行滞止痛。③赤芍配桃仁、红花、乳香，用于外伤瘀痛。④赤芍配金银花、黄连、重楼，用于治疗痈肿疔毒。⑤赤芍配菊花、夏枯草、木贼，用于肝热目赤。

【用法用量】6～12 g。

【注意事项】虚寒性经闭忌用。不宜与藜芦同用。

紫　草

紫草科草本植物新疆紫草、紫草或内蒙紫草的根。前者的药材称为"软紫草"，主产于新疆和西藏；后两者称为"硬紫草"，主产于东北、内蒙古等地。春、秋二季采挖入药。生用。

【性味归经】甘，咸，寒。归心、肝经。

【功能主治】凉血活血，解毒透疹。主治麻疹，疮疡，湿疹。

【配伍应用】①紫草配蝉蜕、赤芍，用于麻疹或温热病发斑疹，因热毒盛而致斑疹不畅或色紫暗等证，因本品能凉血活血。②紫草配甘草，用于预防麻疹。③紫草配白芷、当归、血竭，用于疮疡、湿疹、阴痒及烫伤、火伤等证，因本品能凉血解毒。

【用法用量】5～10 g。外用适量，敷膏或用植物油浸泡涂擦。

【注意事项】本品有轻泻作用，脾虚便溏者忌用。

四、清热解毒药

本类药物主要具有清热解毒作用，适用于各种热毒病证，如疮痈、丹毒、咽喉肿痛等证，部分清热解毒药还可用于毒蛇咬伤及癌症等。

金银花

忍冬科木质藤本植物忍冬的花蕾。各地均产，尤以山东、河北为主。夏初当花蕾含苞未放时采摘。生用，或制成露剂使用。

【性味归经】甘，寒。归肺、胃、心经。

【功能主治】清热解毒，疏散风热，主治实热证，疮痈疖肿。

【配伍应用】①金银花配连翘，相须为用，用于外感风热或温热病初起，发热而微恶风寒者，因本品能清热解毒。②金银花配蒲公英、野菊花、紫花地丁，用于疮、痈、疖肿。③金银花配黄连、白头翁，用于热毒泻痢，下痢脓血之证。

【用法用量】6～15 g。

【注意事项】脾胃虚寒、气虚疮疡脓清者禁用。

连　　翘

木樨科灌木植物连翘的果实。主产于山西、陕西、河南等地。秋季采摘初熟的果实，称为"青翘"，质较佳；寒露前采摘熟透的果实，称为"老翘"或"黄翘"，生用。

【性味归经】苦、微寒。归肺、心、小肠经。

【功能主治】清热解毒，消痈散结。主治外感风热，疮毒痈肿。

【配伍应用】①连翘配金银花，用于外感风热等证，因本品能清热解毒透邪。②连翘配天花粉，用于热毒蕴结所致的各种疮毒痈肿，因本品能泻火解毒、消痈散结。

【用法用量】6～15 g。

【注意事项】脾胃虚寒、气虚脓清者不宜用。

蒲公英

菊科草本植物蒲公英或其他多种同属植物的全草。各地均产。夏、秋二季采收。生用，或用鲜品。

【性味归经】苦、甘，寒。归肝、胃经。

【功能主治】清热解毒，利湿。主治痈肿及内痈，实热黄疸，小便淋漓。

【配伍应用】①蒲公英配紫花地丁、金银花，用于热毒痈肿疮疡及内痈等证，因本品能清热解毒，消痈散结。②蒲公英配茵陈蒿，用于湿热黄疸及小便淋漓涩痛，因本品能清热利湿解毒。

【用法用量】10～15 g。

【注意事项】本品用量过大，可致缓泻；蒲公英为治乳痈要药。

紫花地丁

堇菜科草本植物紫花地丁的全草。主产于长江下游及南方各省区。春、秋二季采挖带花或果实的全草入药。生用，或用鲜品。

【性味归经】苦、辛，寒。归心、肝经。

【功能主治】清热解毒，凉血消肿。主治热毒疮疡。

【配伍应用】紫花地丁配金银花、蒲公英，能清热解毒、消散痈肿，用于疔疮、乳痈、丹毒等热毒疮疡证。

【用法用量】15～30 g。

【注意事项】体质虚寒者禁服；紫花地丁善治疔疮。

大青叶

十字花科草本植物菘蓝的叶片。主产于河北、河南、江苏等地。夏、秋二季采摘。生用或用鲜品。

【性味归经】苦，寒。归胃、心经。

【功能主治】清热解毒，凉血消斑，主治热病烦渴，热毒斑疹，咽喉肿痛。

【配伍应用】①大青叶配栀子，用于温热病热毒入血分，发斑、神昏、壮热、烦躁等证，因本品有较强的清热解毒、凉血消斑功效。②大青叶配金银花、玄参，具有清火解毒、利咽消肿之功，用于丹毒、口疮、咽喉肿痛等证。

【用法用量】9～15 g。

【注意事项】脾胃虚寒者慎用。

板蓝根

十字花科草本植物菘蓝的根，或爵床科灌木状草本植物马蓝的根茎及根。前者主产于河北、河南、江苏等地；后者主产于西南、华南地区。秋季采挖入药。生用。

【性味归经】 苦，寒。归胃、心经。

【功能主治】 清热解毒，凉血，利咽。主治热病，咽喉肿痛，痄腮，痈肿疮毒。

【配伍应用】 ①板蓝根配金银花，用于外感风热的发热头痛等证，因本品能清热解毒、凉血、利咽。②板蓝根配连翘，治大头瘟毒、头面红肿、咽喉不利等证，因本品能清热解毒、利咽，更以散结见长。

【用法用量】 9～15 g。

【注意事项】 板蓝根为抗病毒常用中药；体虚而无实火热毒者禁用，脾胃虚寒者慎用。

青　黛

菘蓝、马蓝、蓼蓝、草大青等植物叶中的色素。夏、秋季割取茂盛的茎叶，经加工而制成深蓝色粉末或团块入药使用。

【性味归经】 咸，寒。归肝经。

【功能主治】 清热解毒，凉血消肿。主治热毒发斑，血热妄行，小儿惊风，热咳痰稠，痄腮肿痛。

【配伍应用】 ①青黛配白茅根，治血热所致的出血证，因本品能凉血解毒。②青黛配玄参、金银花，用于痄腮肿痛及热毒痈疮，因本品能清热解毒、凉血散肿。

【用法用量】 1～3 g，宜入丸散用，外用适量。

【注意事项】 胃寒者慎用。

重　楼

百合科草本植物云南重楼或七叶一枝花的根茎。主产于长江流域及南方各省区。秋末冬初采挖。生用。

【性味归经】 苦，微寒。有小毒。归肝经。

【功能主治】 清热解毒，消肿止痛，息风定惊。主治痈肿疮毒，毒蛇咬伤，肝热生风。

【配伍应用】 ①重楼配黄连、赤芍，能增强解毒消肿之效，主治疮痈热毒、疔毒内攻。②重楼配钩藤，用于肝热生风、惊痫以及热病神昏、抽搐等证，因本品能清肝热、解毒、息风定惊。

【用法用量】 3～9 g，外用适量，研末调敷。

【注意事项】 本品还能化瘀止血。

拳　参

蓼科草本植物拳参的根茎。主产于东北、华北等地。春季出苗前或秋季地上部分枯萎后采挖。生用。

【性味归经】 苦、涩，微寒。归肺、大肠、肝经。

【功能主治】 清热解毒，祛湿，散痈肿。主治湿热泻痢。

【配伍应用】 多单用，用于湿热泻痢，泻脓血、里急后重，因本品有清热除湿和解毒的功效。

【用法用量】5~10 g，外用适量。

【注意事项】无实火热毒者不宜使用，阴证疮疡者禁止用。

半边莲

桔梗科蔓生草本植物半边莲的全草。主产于湖北、湖南、江苏等地。夏季采收。生用或用鲜品。

【性味归经】辛，平。归心、小肠、肺经。

【功能主治】清热解毒，利水消肿。主治蛇咬伤，疔疮肿痛，水肿。

【配伍应用】①单用可治毒蛇咬伤、疔疮肿痛，因本品有清热解毒的作用。②半边莲配泽泻、茯苓，用于大腹水肿、面足浮肿等证，因本品能利水消肿。

【用法用量】9~15 g。

【注意事项】虚证水肿忌用。

土茯苓

百合科藤本植物光叶菝葜的块茎。主产于广东、湖南、湖北等地。全年可采挖，以秋末冬初采收者较佳。生用。

【性味归经】甘、淡，平。归肝、胃经。

【功能主治】解毒，祛湿，利关节。主治梅毒，火毒痈疖，热淋涩痛。

【配伍应用】①土茯苓配金银花、白鲜皮、甘草，用于治疗梅毒或因梅毒服汞剂而致肢体拘挛者，因本品能解毒、利关节。②土茯苓配金银花，用于火毒痈疖，因本品能解毒。③土茯苓配木通、蒲公英、萹蓄，用于治疗热淋、尿赤涩痛，因本品除湿热。

【用法用量】15~60 g。

【注意事项】肝肾阴虚者慎服；用药期间不宜喝茶。

鱼腥草

三白草科草本植物蕺菜的全草，主产于长江以南各地。夏、秋二季采挖。生用，或用鲜品。

【性味归经】辛、微寒。归肺经。

【功能主治】清热解毒，排脓，利尿。主治肺痈咯血，肺热咳嗽，热毒疮疡，热淋涩痛。

【配伍应用】①鱼腥草配芦根、桔梗，用于肺痈咳吐脓血，因本品能清热解毒、排脓消痈。②鱼腥草配贝母、知母、桑白皮，用于肺热咳嗽。③鱼腥草配野菊花、蒲公英、连翘，用于热毒疮疡，因本品能解毒消痈。④鱼腥草配海金沙、石韦、金钱草，用于热淋、小便涩痛，因本品能清热除湿、利尿通淋。

【用法用量】15~25 g，不宜久煎，鲜品用量加倍，水煎或捣汁服。外用适量，捣敷或煎汤熏洗患处。

【注意事项】虚寒证及阴性疮疡禁服；本品是主治肺痈的最佳用药。

射 干

鸢尾科草本植物射干的块茎。主产于湖北、河南、江苏等地。全年均可采挖，以秋季为佳。生用。

【性味归经】苦，寒。归肺经。

【功能主治】清热解毒，祛痰利咽。主治咽喉肿痛，咳嗽痰多。

【配伍应用】①射干配黄芩、桔梗，能解毒利咽，用于咽喉肿痛，因本品能解毒利咽，祛痰散结。②射干配马兜铃，用于肺热咳喘证，因本品长于化痰。

【用法用量】3～10 g。

【注意事项】脾虚便溏者不宜用，孕妇忌用或慎用。

山豆根

豆科蔓生灌木植物越南槐（广豆根）的根。主产于广西、江西、四川等地。全年均可采挖，以秋季为最佳。生用。

【性味归经】苦，寒，有毒。归肺、胃经。

【功能主治】清热解毒，利咽喉，散肿止痛。主治咽喉肿痛。

【配伍应用】山豆根配玄参、射干，能解毒利咽，因本品能清热解毒而利咽喉，为治咽喉肿痛要药。

【用法用量】3～6 g。

【注意事项】本品苦寒，不宜于脾胃虚寒者；本品有毒，过量服用易引起呕吐、腹泻、胸闷、心悸等不良反应，故用量不宜过大。

马　　勃

马勃科真菌类大马勃、紫色马勃的子实体。分布较广，主产于东北、华北及内蒙古等地。秋季采集入药。生用。

【性味归经】辛，平。归肺经。

【功能主治】清肺，利咽，解毒，止血。主治咽喉肿痛，失音，肺热咳嗽，血热出血。

【配伍应用】①马勃配玄参、射干，用于咽喉肿痛、失音、咳嗽等证，因本品清肺热，利咽喉。②马勃配白茅根，有止血作用，因本品能止血。

【用法用量】2～6 g，外用适量，敷患处。

【注意事项】风寒伏肺、咳嗽失音者禁用。

马齿苋

马齿苋科一年生肉质草本植物马齿苋的全草。我国各地均产。夏季采收。生用或用鲜品。

【性味归经】酸，寒。归大肠、肝经。

【功能主治】清热解毒，凉血止血。主治湿热泻痢，火毒痈疖，赤白带下。

【配伍应用】①马齿苋配黄芩、黄连，能凉血解毒，用于湿热泻痢及下痢脓血。②马齿苋单用，可治赤白带下、火毒痈疖。

【用法用量】9～15 g，外用适量，捣敷患处。

【注意事项】脾胃虚寒、肠滑作泄者慎服。

白头翁

毛茛科草本植物白头翁的根。主产于东北、华北等地。春、秋二季采挖。生用。

【性味归经】苦，寒。归大肠、胃经。

【功能主治】清热，解毒，凉血。主治湿热泻痢。

【配伍应用】白头翁配黄连、秦皮，用于湿热泻痢及下痢脓血、里急后重等证，因本品能凉血解毒而治痢。

【用法用量】9~15 g。

【注意事项】本品苦寒，虚寒泻痢者慎服；本品为治痢要药。

鸦胆子

苦木科灌木或小乔木植物鸦胆子的成熟果实。主产于广东、广西等地。秋季采集。去壳取仁用。

【性味归经】苦，寒。有小毒。归大肠、肝经。

【功能主治】清热解毒，截疟止痢，腐蚀赘疣。主治疟疾，血痢，鸡眼，寻常疣。

【配伍应用】①鸦胆子外用，治疗鸡眼、寻常疣，因本品能腐蚀赘疣。②鸦胆子单用，可治疟治痢，以龙眼肉包裹服。

【用法用量】3~9 g。

【注意事项】本品有小毒，对胃肠道及肝肾均有损害，胃肠出血及肝、肾功能损伤者慎服；不宜多用久服。

大血藤

木通科植物大血藤的干燥藤茎。秋、冬二季割取藤茎入药。除去侧枝，截段，干燥。

【性味归经】苦，平。归大肠、肝经。

【功能主治】清热解毒，活血止痛。主治肠痈腹痛。

【配伍应用】红藤配牡丹皮、金银花，用于热毒痈肿，因本品长于清热解毒，消痈止痛。

【用法用量】9~15 g。

【注意事项】本品为治肠痈之要药。

败酱草

败酱科草本植物黄花败酱的全草。主产于长江流域中下游各省。秋季采收。生用。

【性味归经】苦、辛，微寒。归大肠、肝、胃经。

【功能主治】清热解毒，消痈排脓，祛瘀止痛。主治肠痈证，血滞疼痛。

【配伍应用】①败酱草配薏苡仁、附子，用于治肠痈脓已成者，因本品能泻热解毒、散结排脓。②败酱草配五灵脂、香附，用于血滞之胸腹疼痛，因本品能祛瘀止痛。

【用法用量】9~15 g。

【注意事项】脾胃虚弱，食少泄泻者禁服；本品善治内痈，多用于肠痈证。

白花蛇舌草

茜草科草本植物白花蛇舌草的全草。主产于长江以南各省区。夏、秋二季采集。生用。

【性味归经】苦、甘，凉。归心、肝、脾经。

【功能主治】清热，利湿，解毒，消痈。主治痈肿疮毒，咽喉肿痛，毒蛇咬伤，热淋小便不利，癌症。

【配伍应用】①白花蛇舌草配红藤、败酱草，可治肠痈；配金银花、连翘，可用于痈肿，因本品有较强的解毒消痈功效。②白花蛇舌草配半边莲、车前草，用于热淋小便不利之证，因本品能清热利湿、通利小便。③白花蛇舌草配猕猴桃根、半枝莲，用于胃癌、食管癌、直肠癌等多种癌症，因本品能清热解毒。

【用法用量】15~30 g，外用适量。

【注意事项】 阴疽及脾胃虚寒者忌用。

白 蔹

葡萄科草质藤本植物白蔹的块根。主产于华北、华东、中南等地。春、秋二季采挖。生用。

【性味归经】 苦，微寒。归心、胃经。

【功能主治】 清热解毒，敛疮生肌。主治疮疡肿痛，烧烫伤。

【配伍应用】 ①白蔹配连翘，用于疮痈初起，因本品能清热解毒。②白蔹配白及，可治疮痈溃后不敛者，因本品能敛疮生肌。

【用法用量】 5～10 g，外用适量。煎汤洗或研成极细粉敷患处。

【注意事项】 脾胃虚寒者不宜服。不宜与川乌、草乌、制草乌、附子同用。

绵马贯众

鳞毛蕨科草本植物贯众、绵马鳞毛蕨或紫萁科草本植物紫萁等带叶柄基部的根茎。贯众主产于华北、西北及长江以南各地；绵马鳞毛蕨主产于辽宁、吉林、黑龙江等地；紫萁主产于江苏、四川、浙江等地。秋季采挖入药。生用或炒炭用。

【性味归经】 苦、寒。有小毒。归肝、胃经。

【功能主治】 杀虫，清热解毒，止血。主治多种寄生虫，风热感冒，痄腮，出血。

【配伍应用】 ①绵马贯众配槟榔，用于寄生虫病，因本品能杀虫。②绵马贯众配板蓝根，用于风热感冒，因本品能清热解毒。③绵马贯众配侧柏叶，用于衄血、吐血、便血及崩漏，因本品能凉血止血。

【用法用量】 4.5～9 g。绵马贯众炭，9～15 g。

【注意事项】 用以止血，宜炒炭用。

五、清虚热药

本类药物主要用于阴虚内热所表现的发热、骨蒸潮热、手足心热以及口燥咽干、虚烦不寐、盗汗、舌红少苔、脉细数等证。本类药物通常配伍生地黄、麦冬、玄参、鳖甲、龟甲之类养阴药品，方能标本兼治。

青 蒿

菊科草本植物黄花蒿的地上部分。各地均产，以重庆、四川、海南等地出产者质优。夏、秋二季于花前期采收。生用或用鲜品。

【性味归经】 苦、辛，寒。归肝、胆经。

【功能主治】 清虚热，凉血，解暑热，截疟。主治疟疾，阴虚发热，暑热外感。

【配伍应用】 ①青蒿配黄芩、半夏，用于疟疾兼暑湿而有恶心、发热之证，因本品有截疟和解热的作用。②青蒿配牡丹皮，有清热凉血的作用，用于温热病后期。③青蒿配秦艽，用于阴虚发热，因本品有退虚热的作用。④青蒿配荷叶，用于暑热外感，因本品能清解暑热。

【用法用量】 6～12 g，后下。

【注意事项】 脾胃虚弱、肠滑泄泻者慎用。

白 薇

萝藦科草本植物白薇或蔓生白薇的根及根茎。各地均产。秋季采挖入药。生用。

【性味归经】苦，咸寒。归肾、肝、胃经。

【功能主治】清热凉血，利尿通淋，解毒疗疮。主治外感发热，阴虚发热，热淋，血淋，疮痈肿毒。

【配伍应用】①白薇配当归，可治产后血虚发热；因本品有清热凉血作用，既能清实热，而又以退虚热为其所长。②白薇配木通，可治胎前产后的热淋、血淋，因本品能清热凉血、利尿通淋。

【用法用量】5～10 g。

【注意事项】脾胃虚寒、食少便溏者不宜使用；为产后阴虚血热之要药。

地骨皮

茄科灌木植物枸杞的根皮。主产于河北、河南等地。全年可采挖入药，以清明节前后采挖者质较佳。生用。

【性味归经】甘，寒。归肾、肺、肝经。

【功能主治】凉血退蒸，清泻肺热。主治阴虚血热，小儿疳热，肺热咳喘，血热出血。

【配伍应用】①地骨皮配知母、鳖甲，用于阴虚血热、小儿疳积发热及骨蒸潮热、盗汗等证，因本品善清虚热。②地骨皮配桑白皮、甘草，用于肺热咳喘，因本品能能清泻肺热。③地骨皮配白茅根、侧柏叶，用于血热妄行的吐血、衄血等证，因本品能清血热而止血。④地骨皮配生地黄、天花粉，用于消渴尿多证，因本品能泻热邪而止烦渴。

【用法用量】9～15 g。

【注意事项】外感风寒发热及脾虚便溏者不宜用。

银柴胡

石竹科草本植物银柴胡的根。主产于陕西、甘肃、内蒙古等地。秋后采挖入药。生用。

【性味归经】甘，微寒。归胃、肝经。

【功能主治】退虚热，清疳热。主治阴虚发热，小儿疳热。

【配伍应用】①银柴胡配青蒿、鳖甲、地骨皮，用于阴虚发热、痨热骨蒸、盗汗等证，因本品长于退虚热。②银柴胡配栀子、党参、黄芩，用于小儿虫积发热、腹大、消瘦、口渴、眼红等肝疳之证，因本品为清疳热要药。

【用法用量】3～10 g。

【注意事项】外感风寒，血虚无热者不宜使用。

胡黄连

玄参科草本植物胡黄连的根茎。主产于云南、西藏等地。秋季采挖入药。生用。

【性味归经】苦，寒。归肝、胃、大肠经。

【功能主治】退虚热，除疳热，清湿热。主治阴虚发热，小儿疳热，湿热泻痢，痔疮肿痛。

【配伍应用】①胡黄连配地骨皮、银柴胡，用治阴虚骨蒸、潮热盗汗之证。②胡黄连配党参、白术、山楂、使君子，用于小儿疳积、消化不良、腹胀体瘦、下痢、发热等证。③胡黄连单用治胃肠湿热泻痢及痔疮肿痛，因本品有类似黄连除湿热和解毒的功效。

【用法用量】3～10 g

【注意事项】脾胃虚寒者慎用。

第三节　泻下药

凡能引起腹泻或滑利大肠、促使排便的药物称为泻下药。本类药物一般又分为攻下药、润下药和峻下逐水药3类。攻下药兼有清热功效，其性味苦寒；润下药常兼有滋养之性，其性味多为甘平；峻下药则以苦寒为主，部分为辛温。泻下药能通利大便，排除积滞、水饮及其他有害物质，有的还能使实热下泄。适用于大便秘结、肠道积滞、实热内结及水肿停饮等里实证。泻下作用峻者易伤正气，久病体弱，妇女胎前产后，及月经期应慎用或忌用。

一、攻下药

本类药物具有较强的泻下作用，性味大多苦寒，既能通便，又能泄水，主要适用于实热积滞，燥屎坚结，大便秘结者。常配行气、清热药以加强泻下清热作用。部分药通过配伍温里药，也可用于寒积便秘。

大　黄

蓼科多年生草本植物掌叶大黄、唐古特大黄或药用大黄的根及根茎。前两种主产于青海、甘肃等地，药材称为北大黄；后者主产于四川，药材称为南大黄或川大黄。春季或秋末采挖其根及根茎入药。生用，或酒炒、酒蒸、炒炭用。

【性味归经】苦，寒。归大肠、脾、胃、肝、心包经。

【功能主治】泻下攻积，清热泻火，解毒，活血祛瘀。主治大便秘结，血热妄行，热毒疮疡，烧伤，瘀血证，湿热证。

【配伍应用】①大黄配芒硝，用于肠道积滞、大便秘结，因本品苦寒沉降，有较好的泻下作用，为治疗积滞便秘的要药。②大黄配黄连，用于血热妄行及火邪上炎所致的目赤、咽痛等证，因本品能清热泻火。③大黄配牡丹皮，可治肠痈；因其能清热解毒，并借通便作用，使热毒下泄。④大黄配当归，治跌打损伤，瘀血经闭，因本品能活血化瘀，为治疗瘀血证的常用药。

【用法用量】3~15 g，用于泻下不宜久煎，外用适量，研末敷于患处。

【注意事项】非实证，不宜使用；脾胃虚弱者慎用；妇女怀孕、月经期、哺乳期应慎用。

芒　硝

硫酸钠矿精制后的结晶体。主产于河北、河南等地。将天然矿物溶于热水中，滤液冷后析出的结晶，称为皮硝；皮硝与萝卜片共煮，取上层液冷后析出的结晶，称为芒硝；芒硝风化失去结晶水而成的白色粉末，称为玄明粉。

【性味归经】咸、苦，寒。归大肠、胃经。

【功能主治】泻下，软坚，清热。主治大便秘结，咽痛，口疮，目赤，疮疡。

【配伍应用】①芒硝配大黄，用于肠道积滞、大便秘结，因本品能泻热通便，润燥软坚。②芒硝配硼砂，用于目赤、咽痛、口疮及疮疡，因本品多外用以清热。

【用法用量】9~15 g。

【注意事项】孕妇忌用。

番泻叶

豆科灌木植物狭叶番泻或尖叶番泻的叶。前者主产于印度、埃及、苏丹等地；后者主产于埃及，我国广东、广西、云南亦有栽培。9 月采收入药。生用。

【性味归经】甘、苦，寒。归大肠经。

【功能主治】泻下导滞。主治便秘。

【配伍应用】①番泻叶大多单味泡服，用于便秘；本品能泻下导滞，并能清导实热，热结便秘尤为适宜。②番泻叶配枳实、厚朴，以增强泻下导滞作用，用于便秘。

【用法用量】2~6 g，后下或开水泡服。

【注意事项】妇女妊娠期、月经期、哺乳期应忌用。

芦　荟

百合科多年生草本植物库拉索芦荟或好望角芦荟的叶汁经浓缩后的干燥物。主产于非洲，我国华南地区有栽培。全年可割叶经加工后直接入药。

【性味归经】苦，寒。归大肠、肝、胃经。

【功能主治】泻下，清肝，杀虫。主治便秘，小儿疳积，癣疮。

【配伍应用】①芦荟配龙胆，用于大便秘结而肝经实热，见头晕头痛、烦躁易怒者；因本品能泻下通便，又善清肝火。②芦荟配白术、使君子，用于小儿疳积，因本品有驱杀蛔虫作用。

【用法用量】2~5。

【注意事项】脾胃虚寒、食少便溏者忌用，孕妇慎用。

二、润下药

本类药物大多为植物种子或种仁，富含油脂，能润燥滑肠。适用于年老、体弱、久病以及产后所致津枯、阴虚、血虚便秘者。

火麻仁

桑科一年生草本植物大麻的果实。各地均有栽培。秋季果实成熟时采收入药。生用。

【性味归经】甘，平。归大肠、胃、脾经。

【功能主治】润肠通便。主治便秘。

【配伍应用】①火麻仁配当归、苦杏仁，用于老人、产妇及体弱者由于津枯血少所致的肠燥便秘，取其润燥滑肠通便之功。②火麻仁配大黄，加强通便之力，可治热邪伤阴或素体火旺，大便秘结及痔疮便秘、习惯性便秘。

【用法用量】10~15 g。

【注意事项】使用前应捣烂。

郁李仁

蔷薇科灌木植物欧李或郁李的种子。主产于河北、辽宁等地。秋季果实成熟时采收入药。

【性味归经】甘、苦、辛，平。归脾、大肠、小肠经。

【功能主治】润肠通便，利水消肿。主治便秘，水肿。

【配伍应用】①郁李仁配火麻仁，用于肠燥便秘，因本品能润肠通便。②郁李仁配桑白皮、赤小豆，用于利水消肿。

【用法用量】6~10 g。

【注意事项】润肠作用类似火麻仁而较强，孕妇慎用。

三、峻下通水药

本类药物均有毒，泻下作用峻猛，能引起剧烈腹泻，使体内潴留的水液从大便排出，部分药兼有利尿作用。适用于水肿、胸腹积水及痰饮喘满等症。注意用量用法，确保用药安全。

甘　遂

大戟科多年生草本植物甘遂的块根。主产于山西、陕西等地。春初或秋末采挖入药。醋制用或生用。

【性味归经】苦，寒。有毒。归大肠、肺、肾经。

【功能主治】泻水逐饮，消肿散结。主治水肿，癫痫，痈肿疮毒。

【配伍应用】甘遂配大戟、芫花，用于身面浮肿、大腹水肿及胸胁积液等证，因本品泻水之力颇峻，服后可致连续泻下，使潴留之水液排出体外。

【用法用量】0.5~1 g，宜入丸散，醋制可减低毒性。

【注意事项】本品苦寒，有毒，作用峻烈，故虚弱者慎用；孕妇忌用。反甘草，不宜与甘草同用。

京大戟

大戟科多年生草本植物大戟的根。主产于江苏、四川、江西等地。春初或秋末采挖入药。醋制用或生用。

【性味归经】苦，寒。有毒。归脾、肺、肾经。

【功能主治】泻水逐饮，消肿散结。主治水肿，痈肿疮毒，瘰疬痰核。

【配伍应用】京大戟配大枣，用于身面浮肿、大腹水肿及胸胁积液等证，因本品逐水作用与甘遂相似而力稍逊。补而不滞之效，用于脾胃气虚，运化无力，不思饮食。

【用法用量】1.5~3 g，散剂每次1 g。醋制以减低毒性。

【注意事项】本品有毒，作用峻猛，故体质虚弱者慎用；孕妇忌用。反甘草，不宜与甘草同用。

芫　花

瑞香科灌木植物芫花的花蕾。主产于安徽、江苏、浙江等地。春季花未开放时采摘花蕾入药。醋制用或生用。

【性味归经】辛，苦，温。有毒。归脾、肺、肾经。

【功能主治】泻水逐饮，祛痰止咳，外用杀虫疗疮。主治水肿，咳嗽，头疮，顽癣。

【配伍应用】①芫花配甘遂、大戟，用于身面浮肿、大腹水肿及胸腔积液等证，因本品泻水逐饮而以泻胸胁水饮见长。②芫花配大枣，用于治咳，因本品能祛痰止咳。

【用法用量】1.5~3 g。醋制以减低毒性。

【注意事项】本品作用峻猛，易伤正气，故虚弱者慎用；孕妇忌用。反甘草，不宜与甘草同用。

巴　豆

大戟科乔木植物巴豆的成熟种子。主产于四川、广西、云南等地。秋季果实成熟而蒴果尚未开裂时采收入药。生用、炒用或制霜用。

【性味归经】辛、热。有大毒。归胃、大肠经。

【功能主治】泻下冷积，逐水退肿，祛痰利咽。主治寒积便秘，大腹水肿，喉痹。

【配伍应用】①巴豆配干姜、大黄，用于寒邪实积，阻结肠道等证；因本品辛热，能峻下寒积，开通闭塞。②巴豆配绛矾，用于大腹水肿，因本品有强烈泻下作用以消腹水。③巴豆单用，能祛痰涎以利呼吸，用于喉痹。

【用法用量】巴豆霜0.1～0.3 g，制成巴豆霜以减低毒性。

【注意事项】体弱者与孕妇忌用。畏牵牛，不宜与牵牛子同用。

牵牛子

旋花科一年生攀援草本植物裂叶牵牛或圆叶牵牛的种子。种子表皮有黑白两种，等同入药。各地均产。秋季果实成熟时采收入药。生用或炒用。

【性味归经】苦、寒。有毒。归大肠、肺、肾经。

【功能主治】泻下，逐水，去积，杀虫。主治水肿，便秘，虫积腹痛。

【配伍应用】牵牛子配甘遂、大戟，用于水饮停蓄，水肿腹胀等证。因本品既能泻水，又能利尿，使水湿从二便排出。

【用法用量】3～6 g，入丸散服，每次1.5～3 g。

【注意事项】脾虚水肿及孕妇忌用，不宜与巴豆、巴豆霜同用。

第四节　利水渗湿药

凡能通利水道，渗泻水湿的药物称为利水渗湿药。本类药物能渗能利，故一般具有甘、淡味，主要功效是通利小便，排除水湿邪气。主要适用于小便不利、水肿、淋病、痰饮、湿温、黄疸、湿疮等水湿病证。应用利水渗湿药，须视不同病证，选用有关药物，并作适当配伍。如水肿骤起、有表证者，配宣肺发汗药；水肿日久、脾肾阳虚者，配温补脾肾药；湿热交蒸者，配清热泻火药；热伤血络而尿血者，配凉血止血药。利水渗湿药应用不当，容易耗伤阴液，阴虚津伤者慎用。

一、利水消肿药

以通利小便、消除水湿为主要功效，常用以治疗水肿及其他多种水湿病证的药物，称为利水消肿药。本类药物性味多甘淡而平，其中兼能清热者为寒性。本类药物适用于水湿为患的水肿、小便不利、泄泻、痰饮、带下等证，而其他各种与水湿有关的病证也可选用。

茯　苓

多孔菌科真菌茯苓的菌核。主产于云南、安徽、贵州、四川等地。野生或人工培植。野生茯苓常在7月至次年3月采挖，人工种植者于7～9月采挖。去皮切片，生用。

【性味归经】甘、淡，平。归肾、脾、心、肺经。

【功能主治】利水渗湿，健脾，安神。主治水湿证，脾虚证，心悸，失眠。

【配伍应用】①茯苓配猪苓、泽泻，加强利水渗湿作用，凡水湿、停饮均适用，用于小便不利、水肿及停饮等水湿证。②茯苓配党参、白术，用于脾虚证，因本品能健脾。③茯苓配朱砂、酸枣仁，用于心悸、失眠，因本品能宁心安神。

【用法用量】10～15 g。

【注意事项】本品性泄利，故阴虚而无湿热、虚寒滑精、气虚下陷者慎用。

猪　苓

多孔菌科真菌猪苓的菌核。寄生于桦树、枫树、柞树等的腐根上。主产于陕西，河北、云南等地。春、秋二季采挖。生用。

【性味归经】甘、淡，平。归肾、膀胱经。

【功能主治】利水渗湿。主治小便不利，水肿，泄泻，淋浊，带下。

【配伍应用】猪苓配茯苓、泽泻，用于小便不利、水肿及停饮等水湿证，因本品甘淡渗泄，利水作用较茯苓强，凡水湿滞留都可以应用。

【用法用量】6～12 g。

【注意事项】孕妇慎用。

泽　泻

泽泻科植物泽泻的块茎。主产于福建、四川、江西等地。冬季茎叶开始枯萎时采挖。麸炒或盐水炒用。

【性味归经】甘、淡，寒。归肾、膀胱经。

【功能主治】利水渗湿，泄热。主治水湿证，如小便不利、水肿、泄泻、淋浊、带下、痰饮。

【配伍应用】泽泻配茯苓、猪苓，加强利水渗湿作用，用于小便不利、水肿、泄泻、淋浊、带下、痰饮等水湿证，因本品甘淡渗湿，利水作用与茯苓相似，为水湿证常用，且性寒能泄肾及膀胱之热，下焦湿热尤为适宜。

【用法用量】6～10 g。

【注意事项】肾虚精滑，无湿热者慎用。

薏苡仁

禾本科草本植物薏苡的成熟种仁。主产于福建、河北、辽宁等地。秋季果实成熟时采收。生用或炒用。

【性味归经】甘、淡，凉。归脾、胃、肺经。

【功能主治】利水渗湿，健脾，除痹，清热排脓。主治小便不利，浮肿，脚气，脾虚泻泄，风湿痹痛，肺痈，肠痈。

【配伍应用】①薏苡仁配茯苓、白术，用于小便不利、水肿，脚气及脾虚泄泻；因本品淡渗利湿，兼能健脾，功似茯苓，凡是水湿滞留，尤以脾虚湿胜者为适用。②薏苡仁配麻黄、苦杏仁，用于治风湿患者一身尽痛，发热日晡剧者；因本品既能渗湿，又能舒筋脉，缓和挛急。③薏苡仁配苇茎、冬瓜子，用于治肺痈咳吐脓痰，因本品能清热排脓。

【用法用量】9～30 g。

【注意事项】本品性质滑利，故孕妇慎用。

赤小豆

豆科植物赤小豆或赤豆的干燥成熟种子。主产于广东、广西、江西。秋季果实成熟而未开裂时拔取全株，晒干，打下种子，除去杂质，再晒干，以饱满、色紫红者为佳。

【性味归经】甘、酸，平。归心、小肠经。

【功能主治】利水消肿，解毒排脓。主治水肿腹满，脚气浮肿，热毒痈疮。

【配伍应用】①赤小豆配桑白皮，用于水肿腹满，脚气浮肿，因本品能通利水道，使水肿。②赤小豆单品外用，用于热毒痈疮，因本品能解毒排脓。

【用法用量】9～30 g。

【注意事项】孕妇慎用。

冬瓜皮

葫芦科草本植物冬瓜的果皮。全国各地均有栽培。夏末秋初果实成熟时采收。生用。

【性味归经】甘，凉。归脾、小肠经。

【功能主治】利水消肿。主治水肿。

【配伍应用】冬瓜皮配茯苓、赤小豆，用于水肿；因本品能利水消肿，兼能清热，以热性水肿为宜。

【用法用量】9～30 g。

【注意事项】孕妇慎服。

二、利尿通淋药

以利尿通淋为主要功效，常用以治疗淋证的药物，称为利尿通淋药。本类药物味多甘淡，其次味苦，药性寒凉，主要适用于湿热蕴结膀胱、膀胱气化失司的湿热淋证，症见小便频数，短赤不利，淋漓涩痛等。

车前子

车前科草本植物车前或平车前的成熟种子。前者分布于全国各地，后者主要分布于北方各省，生产于黑龙江、辽宁、河北等地。夏、秋二季种子成熟时采收。生用或盐水炙用。

【性味归经】甘，寒。归肾、肝、肺、小肠经。

【功能主治】利水通淋，止泻，清肝明目，清肺化痰。主治小便不利，水肿，淋病，暑湿泄泻，目赤，发热咳嗽。

【配伍应用】①车前子配木通、滑石，用于小便不利、水肿及淋病；因本品甘寒滑利，利水并能清热，为治水肿、淋病所常用。②车前子配白术、泽泻，用于暑湿泄泻，因本品能利水湿、分清浊而止泻。③车前子配菊花、龙胆，用于肝热目赤肿痛，因本品能清肝明目。

【用法用量】9～15 g，包煎。

【注意事项】肾虚精滑及内无湿热者慎用。

滑　石

硅酸盐类矿物滑石族滑石。主产于山东、江西、山西等地。研粉或水飞用。

【性味归经】甘、淡，寒。归膀胱、肺、胃经。

【功能主治】利水通淋，清解暑热。主治小便不利，暑热烦渴。

【配伍应用】①滑石配木通，用于小便不利，淋漓涩痛；因本品能清热利水。②滑石配甘草，用于暑热烦渴；因本品既能利湿，又能清解暑热，为治疗暑湿证所常用。

【用法用量】10～20 g，先煎。外用适量。

【注意事项】脾虚、热病伤津者慎用。

木　通

木通科植物木通、三叶木通或白木通的干燥藤茎。主产于江苏、湖南、湖北。秋季采收，截取茎部，除去细枝，阴干，切片。以切面黄白色、具放射状纹者为佳。

【性味归经】苦，寒。归心、小肠、膀胱经。

【功能主治】利水通淋，泻热，通乳。主治膀胱湿热，小便短赤，心火上炎，口舌生疮，产后乳汁不多，湿热痹证。

【配伍应用】①木通配生地黄、竹叶，用以泻心火，清利湿热，因本品能利水通淋、导热下行。②木通配王不留行、穿山甲，用于产后乳汁不多，因本品有通乳之效。

【用法用量】3～6 g。

【注意事项】内无湿热、津亏、精滑者及孕妇慎用。

通　草

五加科灌木植物通脱木的茎髓。主产于贵州、四川、云南等地。秋季采收。生用。

【性味归经】甘、淡，微寒。归肺、胃经。

【功能主治】清热利水，通乳。主治小便不利，淋漓涩痛，产后乳汁不多。

【配伍应用】①通草配猪苓、泽泻，用于小便不利、淋漓涩痛，因本品味淡能渗湿利水、性寒能清热。②通草配王不留行、穿山甲，用于产后乳汁不通，因本品能通乳。

【用法用量】3～5 g。

【注意事项】气阴两虚、内无湿热者及孕妇慎用。

海金沙

海金沙科蕨类植物海金沙的成熟孢子。主产于广东、浙江等地。秋季采收。生用。

【性味归经】甘、咸，寒。归膀胱、小肠经。

【功能主治】利水通淋。主治热淋，石淋，血淋，水肿。

【配伍应用】海金沙配滑石、石韦，用于热淋、砂淋、血淋、膏淋等证。

【用法用量】6～15 g，包煎。

【注意事项】肾阴亏虚者慎用。

石　韦

水龙骨科草本植物庐山石韦和石韦或有柄石韦的叶片。各地普遍野生。主产于浙江、湖北、河北等地。四季均可采收。切碎生用。

【性味归经】甘、苦，微寒。归肺、膀胱经。

【功能主治】利水通淋，止咳。主治热淋、石淋、血淋、水肿、肺热咳嗽。

【配伍应用】①石韦配海金沙，用于热淋、石淋、血淋，因本品能利水通淋。②石韦配槟榔，用于肺热咳嗽，因本品能清肺化痰止咳。

【用法用量】6～12 g。

【注意事项】阴虚及无湿热者忌用。

萆　薢

薯蓣科草本植物绵萆薢和粉背薯蓣的根茎。主产于浙江、湖北、广西等地。春、秋季采挖。生用。

【性味归经】苦,平。归肾、胃经。

【功能主治】利湿浊,祛风湿。主治膏淋,风湿痹痛。

【配伍应用】①萆薢配益智、石菖蒲,用于膏淋,因本品能利湿而分清去浊。②萆薢配桂枝,用于风湿痹痛,因本品能祛风湿、舒筋通络。

【用法用量】9~15 g。

【注意事项】本品易伤阴,肾阴亏虚、遗精滑泄者及孕妇慎用。

地肤子

蓼科草本植物地肤的成熟果实。全国大部分地区有产。秋季果实成熟时采收,生用。

【性味归经】辛、苦,寒。归肾、膀胱经。

【功能主治】清热利水,止痒。主治小便不利,淋漓涩痛,皮肤瘙痒。

【配伍应用】地肤子配黄柏、白鲜皮,用于皮肤湿疮瘙痒,因本品能清利湿热、止痒。

【用法用量】9~15 g,外用适量,煎汤熏洗。

【注意事项】孕妇慎用。

萹　蓄

蓼科草本植物萹蓄的全草,全国各地均产。夏季茎叶生长茂盛时采收。生用。

【性味归经】苦、辛,寒。归肾、膀胱经。

【功能主治】利水通淋,杀虫止痒。主治小便短赤,淋漓涩痛,湿疹。

【配伍应用】萹蓄配瞿麦,用于小便短赤、淋漓涩痛,因本品能下焦湿热、利水通淋。

【用法用量】9~15 g,外用适量。煎洗患处。

【注意事项】脾虚者慎用;孕妇慎用。

瞿　麦

石竹科草本植物瞿麦和石竹的带花全草。全国大部分地区有分布,主产于河北、河南、辽宁等地。夏秋季花果期采割。生用。

【性味归经】苦,寒。归心、小肠经。

【功能主治】利水通淋。主治小便短赤,淋漓涩痛。

【配伍应用】瞿麦配萹蓄,用于小便短赤、淋漓涩痛,因本品能清湿热、利水通淋。

【用法用量】9~15 g。

【注意事项】脾肾气虚者慎用;孕妇忌用。

灯心草

灯心草科草本植物灯心草的茎髓。全国各地均产,而主产于江苏、四川、云南等地。夏秋季采收。生用。

【性味归经】甘、淡,微寒。归心、肺、小肠经。

【功能主治】利水通淋,清心除烦。主治小便不利,淋漓涩痛,心热烦躁。

【配伍应用】灯心草配泽泻,用于小便不利、淋漓涩痛,因本品能清热利水。

【用法用量】1.5~2.5 g。

【注意事项】下焦虚寒,小便失禁者慎用;孕妇慎用。

冬葵子

锦葵科草本植物冬葵的成熟种子。全国各地均有分布。夏秋季种子成熟时采收，生用或捣碎用。

【性味归经】甘、涩，寒。归大肠、小肠、膀胱经。

【功能主治】利水通淋，下乳，润肠。主治小便不利，淋漓涩痛，水肿，乳汁不行，乳房胀痛。

【配伍应用】冬葵子配车前子，用于小便不利、水肿、淋漓涩痛，因本品能利水通淋。

【用法用置】10～15 g。

【注意事项】孕妇慎用。

三、利湿退黄药

以清泻湿热、利胆退黄为主要功效，常用以治疗湿热黄疸的药物称为利湿退黄药。本类药物性味多为苦寒，苦能降泄，寒能清热，主要归脾、胃、肝、胆经。主要适用于湿热黄疸，症见目黄、身黄、小便黄。

金钱草

报春花科草本植物过路黄（神仙对坐草）的全草，习称大金钱草。江南各省均有分布。夏秋二季采收。晒干，切断生用。

【性味归经】甘、咸，微寒。归肝、胆、肾、膀胱经。

【功能主治】利水通淋，除湿退黄，解毒消肿。主治热淋，砂淋，石淋，湿热黄疸，恶疮肿毒，毒蛇咬伤。

【配伍应用】①金钱草配海金沙、鸡内金，用于热淋、砂淋、石淋，因本品能利水通淋、排除结石。②金钱草配茵陈蒿、栀子，用于湿热黄疸，因本品能清肝胆湿热、退黄疸。

【用法用量】15～60 g。

【注意事项】孕妇慎用。

茵陈蒿

菊科草本植物茵陈蒿或滨蒿等的干燥地上部分。我国大部分地区有分布，主产于陕西、山西、安徽等地。春、秋季采收。生用。

【性味归经】苦、辛，微寒。归肝、胆、脾、胃经。

【功能主治】清利湿热，退黄疸。主治黄疸，湿疹。

【配伍应用】茵陈蒿配大黄、栀子，用于黄疸，因本品能清利湿热而退黄疸。

【用法用量】10～30 g，外用适量，煎汤熏洗。

【注意事项】蓄血发黄者及血虚萎黄者慎用。

垂盆草

景天科肉质草本植物垂盆草的全草。全国各地均产。夏秋季采集。生用或鲜用。

【性味归经】甘、淡，凉。归肝、胆、小肠经。

【功能主治】清热解毒，利湿。主治痈肿疮疡，湿热黄疸。

【配伍应用】①垂盆草配野菊花、紫花地丁，用于痈肿疮疡、毒蛇咬伤，因本品能清热解毒、消痈散肿。②垂盆草配茵陈蒿，用于湿热黄疸，因本品能清利湿热。

【用法用量】15～30 g。

【注意事项】脾胃虚寒者慎服；现代可用于治疗传染性肝炎。

虎　杖

蓼科多年生草本植物虎杖的根茎和根。我国大部分地区均产。主产于江西、江苏、山东等地。春、秋二季采挖。生用或鲜用。

【性味归经】微苦、微寒。归肝、胆、肺经。

【功能主治】活血定痛，清热利湿，解毒，化痰止咳。主治经闭，跌打损伤，风湿痹痛，带下，黄疸，烫伤，咳嗽。

【配伍应用】①虎杖配益母草，用于瘀阻经闭，因本品活血祛瘀、通络止痛。②虎杖配茵陈蒿，用于湿热黄疸，因本品能清热利湿。③虎杖配黄芩、枇杷叶，用于肺热咳嗽，因本品既能苦降泄热，又能化痰止咳。

【用法用量】9～15 g，外用适量，制成煎液或油膏涂敷。

【注意事项】孕妇慎用。

第五节　化湿药

凡是气味芳香，具有化湿运脾作用的药物，称为芳香化湿药。本类药物辛香湿燥，能舒畅气机、宣化湿浊、健脾醒胃，适用于脾为湿困、运化失职而致的脘腹痞满、呕吐泛酸、大便溏薄、食少体倦、口甘多涎、舌苔白腻证。此外湿温、暑湿，亦可选用。本类药偏于温燥，易致伤阴，阴虚者应慎用。又因其芳香，含挥发油，入汤剂不宜久煎，以免降低药效。

苍　术

菊科草本植物茅苍术（茅术、南苍术）或北苍术的根茎。前者主产于江苏、湖北、河南等地，后者主产于内蒙古、山西、辽宁等地。春、秋季采挖根茎入药。生用或炒用。

【性味归经】苦、辛，温。归脾、胃、肝经。

【功能主治】燥湿健脾，祛风湿。主治湿阻中焦，风寒湿痹。

【配伍应用】①苍术配厚朴、陈皮，用于湿阻中焦证；因本品芳香燥烈，有较强的燥湿健脾作用。②苍术配羌活，用于风寒湿痹，脚膝肿痛，痿软无力等；因本品辛散温燥，能祛风湿。

【用法用量】3～9 g。

【注意事项】本品苦温燥烈，故阴虚内热、气虚多汗者忌用，因本品尚能明目用于夜盲症。可单用，或与猪肝、羊肝同食。

厚　朴

木兰科落叶乔木植物厚朴或凹叶厚朴的干皮、根皮及枝皮。产于四川、湖北安徽等地。4～6月剥取根皮及枝皮入药。生用或姜汁制用。

【性味归经】苦、辛，温。归脾、胃、肺、大肠经。

【功能主治】行气，燥湿，消积，平喘。主治脾胃不和，脘腹胀满，咳嗽气喘痰多。

【配伍应用】①厚朴配苍术、陈皮，用于湿阻中焦证，因本品长于行气、燥湿且为消除胀满之要药。②厚朴配杏仁，用于咳嗽气喘痰多者，因本品能下肺气、消痰及咳喘。

【用法用量】 3～10 g。

【注意事项】 本品辛苦干燥，易于耗气伤阴，故气虚津亏者慎用，因本品为消胀之要药，凡湿阻、食积、气滞所致脘腹胀满均适用，以治实胀为主。

广藿香

唇形科草本植物广藿香的地上部分。主产于广东。夏、秋季枝叶茂盛时采割鲜用，或阴干切断生用。

【性味归经】 辛，微温。归脾、胃、肺经。

【功能主治】 化湿，解暑，止呕。主治湿阻中焦，暑湿证，呕吐。

【配伍应用】 ①藿香配厚朴、苍术，用于湿阻中焦证，因本品芳香行散、能化湿浊。②藿香配紫苏、半夏、厚朴，用于暑湿证，因本品能解暑、止呕。

【用法用量】 3～10 g。

【注意事项】 本品尤善于暑月外感。

佩　　兰

菊科草本植物佩兰的地上部分。主产于江苏、河北、山东等地。夏秋采收。鲜用或晒干切断生用。

【性味归经】 辛，平。归脾、胃、肺经。

【功能主治】 化湿，解暑。主治湿阻中焦，外感暑湿。

【配伍应用】 ①佩兰配厚朴、苍术，用于湿阻中焦证，因本品能化湿和中。②佩兰配藿香，用于治暑湿证，因本品能化湿解暑。

【用法用量】 3～10 g。

【注意事项】 本品善于治脾。

砂　　仁

姜科草本植物阳春砂、海南砂或缩砂的干燥成熟果实。阳春砂主产于我国广东、广西等地；海南砂主产于广东、海南地区；缩砂产于越南、泰国、印度尼西亚等地。均于夏秋间果实成熟时采收。用时打碎。

【性味归经】 辛，温。归脾、胃、肾经。

【功能主治】 化湿，行气，温中，安胎。主治湿阻中焦，脾胃气滞，妊娠呕吐。

【配伍应用】 ①砂仁配厚朴，用于湿阻中焦证及脾胃气滞证，因本品善于化湿、行气。②砂仁配白术、紫苏梗，用于妊娠恶阻、胎动不安，因本品能行气、和中达止呕，有安胎之效。

【用法用量】 3～6 g，入汤剂宜后下。

【注意事项】 阴虚血燥、火热内炽者慎用。

豆　　蔻

姜科草本植物白豆蔻的成熟果实。生产于泰国、柬埔寨、老挝、越南等地。我国云南、广东、广西等地亦有栽培。秋季采收。生用，用时捣碎。

【性味归经】 辛，温。归肺、脾、胃经。

【功能主治】 化湿，行气，温中，止呕。主治湿阻中焦，脾胃气滞，呕吐。

【配伍应用】 ①豆蔻配厚朴、陈皮，用于湿阻中焦证及脾胃气滞证，因本品能化湿、行气。②豆蔻配半夏，用于胃寒呕吐，因本品行气温中而止呕。

【用法用量】3～6 g，入汤剂宜后下。

【注意事项】阴虚血燥者慎用。

草豆蔻

姜科草本植物草豆蔻的近成熟种子。主产于广西、广东等地。夏、秋二季采收。捣碎生用。

【性味归经】辛，温。归脾、胃经。

【功能主治】燥湿，温中，行气。主治寒湿阻滞脾胃，脘腹胀满，呕吐泄泻。

【配伍应用】草豆蔻配厚朴、半夏，用于寒湿阻滞脾胃、脘腹胀痛及呕吐、泄泻等，因本品能燥湿、温中。

【用法用量】3～6 g，入汤剂宜后下。

【注意事项】阴虚血少、津液不足及未见寒湿者慎用。

草　　果

姜科草本植物草果的成熟果实。主产于云南、广西、贵州等地。秋季果实成熟时采收。捣碎取仁用，或将净草果仁用姜汁微炒用。

【性味归经】辛，温。归脾、胃经。

【功能主治】燥湿，温中，截疟。主治寒湿阻滞脾胃，脘腹胀满，呕吐泄泻，疟疾。

【配伍应用】①草果配厚朴、半夏，主治寒湿阻滞脾胃，脘腹胀满、疼痛、吐泻等，因本品能燥湿散寒。②草果配常山，用于疟疾，因本品能燥湿散寒，又能截疟。

【用法用量】3～6 g。

【注意事项】阴虚血少者慎用，老弱虚怯者慎用。草果辛香浓烈，燥湿散寒作用最强。

第六节　祛风湿药

凡以祛除风湿、解除痹痛为主要作用的药物，称为祛风湿药。本类药物中祛风湿散寒药及祛风湿强筋骨药的药性偏温，祛风湿清热药的药性偏于寒凉，能祛除留着于肌表、经络的风湿，其中部分药还分别具有舒筋、通络、止痛及强筋骨等作用。适用于风湿痹痛、筋脉拘挛、麻木不仁、半身不遂、腰膝酸痛、下肢痿弱等证。祛风湿药（尤其是祛风湿散寒药）性多偏于温燥，易伤阴血，故阴虚血亏者应慎用，必要时须配伍滋补精血之品。

一、祛风湿散寒药

本类药物的药性偏于温燥，主要适用于风湿痹痛而属寒证，症见肢体疼痛，酸楚重着、麻木，关节屈伸不利等，尤以治疗寒痹、湿痹、风痹常用。本类药物芳香温燥之物比较多，较宜作酒剂或丸散常服，因其性多偏温燥，热盛或阴虚血亏者慎用。

独　　活

伞形科多年生草本植物重齿毛当归的根。主产于四川、湖北、安徽等地。春、秋二季采挖入药。生用。

【性味归经】辛、苦、微温。归肾、膀胱经。

【功能主治】祛风湿，止痛，解表。主治风湿痹痛，风寒表证。

【配伍应用】①独活配杜仲，用于风湿痹痛，因本品能辛散枯燥，善祛风湿，止痛。②独活配羌活，用于风寒表证，兼有湿邪者，因本品能发散风寒湿邪而解表。

【用法用量】3～10 g。

【注意事项】阴虚血燥者慎服；本品善于治下部之痹证。

威灵仙

毛茛科攀援性灌木植物威灵仙、棉团铁线莲或东北铁线莲的根及根茎。前一种主产于江苏、安徽、浙江等地，应用最广；后两者主产于东北、华北等地，仅少部分地区使用。秋季采挖入药。生用。

【性味归经】辛、咸，温。归膀胱经。

【功能主治】祛风湿，通经络，止痹痛，治骨鲠。主治风湿痹痛，诸骨鲠咽。

【配伍应用】①威灵仙配独活，用于风湿痹痛；因本品性善走，能通经络、祛风湿、止痛作用较强。②威灵仙配米醋，用于诸骨鲠咽，因本品治骨鲠。

【用法用量】6～10 g。

【注意事项】本品善于治行痹，因本品辛香走窜，气血虚弱者慎用。

木　瓜

蔷薇科灌木植物贴梗海棠或木瓜（榠楂）的成熟果实。前者习称"皱皮木瓜"，主产于安徽、湖北等地，应用较广；后者习称"光皮木瓜"，主产于山东、江苏等地，华东、西南等地使用。夏秋季果实呈黄绿色时采收，经加工后入药。生用。

【性味归经】酸，温。归肝、脾经。

【功能主治】舒经活络，化石和胃。主治风湿痹痛，吐血转筋。

【配伍应用】①木瓜配乳香、没药，用于风湿痹痛，筋脉拘挛，紧急项强；因本品有较好的舒筋活络作用，且能化湿。②木瓜配蚕沙，用于吐血转筋，本品治此症，一则使湿浊得化，中焦调和；二则舒经活络而缓挛急。

【用法用量】6～9 g。

【注意事项】内有郁热、小便短赤者慎服，因本品善治湿痹证。

徐长卿

萝藦科植物徐长卿的干燥根和根茎。全国大部分地区均产。秋季采挖，除去杂质，阴干，切断。以香气浓者为佳。

【性味归经】辛，温。归肝、胃经。

【功能主治】祛风止痛，止痒。主治风湿痹痛，湿疹风疹。

【配伍应用】①徐长卿配独活，用于风湿痹痛，因本品能祛风止痛。②徐长卿配苦参，用于湿疹、风疹，因本品能祛风止痒。

【用法用量】3～12 g，后下。

【注意事项】体弱慎服；本品善于止痛，还能解蛇毒。

白花蛇

蝮蛇科动物尖吻蝮（五步蛇）的干燥全体。主产于湖北、浙江、江西、福建等地。以条大、干燥、头尾齐全、花纹斑块明显者为佳。

【性味归经】甘、咸，温；有毒。归肝、脾经。

【功能主治】祛风，活络，定惊。主治风湿，中风，麻风，皮肤瘙痒，破伤风。

【配伍应用】①白花蛇配天麻，用于风湿痹痛、肢体麻木、中风后半身不遂；因本品有较强的祛风通络作用，前人云其能透骨搜风。②白花蛇配蜈蚣，用于破伤风，因本品有定惊止抽搐作用。

【用法用量】3～10 g。

【注意事项】本品善于治顽痹。

海桐皮

豆科植物刺桐的干皮。野生或栽植为行道树。主产于广西、云南、福建、湖北等地。全年可收，而以春季交易剥取，将树砍伐剥取干皮，刮去荆棘及灰垢，晒干。以皮张大、钉刺多者为佳。

【性味归经】苦、辛，平。归肝经。

【功能主治】祛风湿，通经络。主治风湿痹痛，四肢拘挛，腰膝疼痛。

【配伍应用】海桐皮配五加皮，用于风湿痹痛，因本品能祛风湿、通经络。

【用法用量】6～12 g。

【注意事项】本品外用能杀虫止痒，可治疗疥癣、湿疹。

蚕　沙

蚕蛾科昆虫家蚕蛾幼虫的粪便。主产于江苏、浙江及其他养蚕处。6～8月主要收集二眠或三眠蚕的粪便。生用。

【性味归经】甘、辛，温。归肝、脾、胃经。

【功能主治】祛风除湿，和胃化浊。主治风湿痹痛，吐泻转筋。

【配伍应用】①蚕沙配防己，用于风湿痹痛，因本品能祛风除湿。②蚕沙配吴茱萸，用于湿浊内阻而致的吐泻转筋，因本品能和胃化湿。

【用法用量】10～15 g，包煎，外用适量，煎水洗或细末调敷患处。

【注意事项】本品包煎。

寻骨风

马兜铃科多年生攀援草本植物绵毛马兜铃的根或全草。主产于河南、江西、江苏等地。夏、秋二季采集入药。生用。

【性味归经】辛、苦，平。归肝经。

【功能主治】祛风湿，通络，止痛。主治风湿痹痛，肢体麻木。

【配伍应用】寻骨风配徐长卿，用于风湿痹痛，因本品能祛风湿、通络止痛。

【用法用量】9～15 g。

【注意事项】本品亦可用于胃痛、牙痛。

海风藤

胡椒科攀援藤本植物风藤（细叶青篓藤）的藤茎。主产于福建、广东、中国台湾等地。夏、秋二季采割入药。生用。

【性味归经】辛、苦，微温。有毒。归肝经。

【功能主治】祛风湿，通经络。主治风湿痹痛，关节不利，跌打损伤。

【配伍应用】海风藤配络石藤，用于风湿痹痛、关节不利及跌打损伤，因本品能祛风湿、通经络。

【用法用量】6～12g。

油松节

松科乔木油松或马尾松的树干或树枝上的结节。各地均产。一年四季可采收入药。生用。

【性味归经】辛、苦，温。归肝、肾经。

【功能主治】祛风燥湿，止痛。主治风湿痹痛、跌打损伤。

【配伍应用】油松节配秦艽，用于风湿痹痛、跌打损伤，因本品性偏温燥，以治寒湿痹痛为宜。

【用法用量】9～15 g。

【注意事项】本品辛香温燥，阴虚血亏者慎用。

二、祛风湿清热药

本类药物的药性偏寒，味多辛、苦，主要适用于风湿痹痛、关节红肿热痛之证。

防　己

防己科木质藤本植物粉防己或马兜铃科缠绕草本植物广防己的根。粉防己又称汉防己，主产于浙江、安徽、江西等地；广防己又称木防己，主产于广东、广西等地。秋季采挖入药。生用。

【性味归经】苦，寒。归膀胱、肺经。

【功能主治】祛风湿，止痛，利水。主治风湿痹痛，水肿，腹水，脚气浮肿。

【配伍应用】①防己配杜仲、秦艽，用于风湿痹痛，因本品能祛风湿止痛。②防己配葶苈子，用于水肿、腹水、脚气浮肿，因本品能利水、清下焦湿热。

【用法用量】5～10 g。

【注意事项】本品善于治热痹，因本品不宜大量使用，以免损伤胃气，胃纳不佳及体弱者慎用。

秦　艽

龙胆科多年生草本植物秦艽、麻花秦艽、粗茎秦艽或小秦艽的根。主产于山西、甘肃、四川等地。春秋二季采挖入药。生用。

【性味归经】辛、苦，平。归胃、肝、胆经。

【功能主治】祛风湿，舒筋络，清虚热。主治风湿痹痛，骨蒸潮热。

【配伍应用】①秦艽配独活，用于风湿痹痛，因本品能祛风湿、舒筋络。②秦艽配青蒿，用于阴虚骨蒸潮热，因本品能清虚热。

【用法用量】3～10 g。

【注意事项】秦艽、防风、天麻都是风药中之润剂。

豨莶草

菊科草本植物豨莶、腺梗豨莶或毛梗豨莶的地上部分。各地均产。夏秋季开花前或花期采割入药。生用或制用。

【性味归经】辛、苦，寒。归肝、肾经。

【功能主治】祛风湿，舒筋络，清热解毒。主治风湿痹痛，四肢麻木，痈肿疮毒，湿疹瘙痒。

【配伍应用】①豨莶草配臭梧桐，用于风湿痹痛，因本品能祛风湿、通经络。②豨莶草生用，用于痈肿疮毒、湿疹瘙痒，因本品能清解疮毒，并祛风湿而治湿疮。

【用法用量】9～12 g。

【注意事项】阴血不足者慎用；现代应用本品治高血压，有降低血压的作用。

臭梧桐叶

马鞭草科灌木或小乔木植物海州常山的嫩枝和叶。主产于江苏、浙江、安徽等地。夏季结果前或开花前采收。生用。

【性味归经】辛、苦、甘，平。归肝经。

【功能主治】祛风湿。主治风湿痹痛，肢体麻木，半身不遂。

【配伍应用】臭梧桐叶配豨莶草，用于风湿痹痛、肢体麻木，因本品能祛风湿。

【用法用量】9～15 g。

【注意事项】本品有降血压作用。

络石藤

夹竹桃科攀援木质藤本植物络石的带叶藤茎。主产于江苏、湖北、山东等地。冬季至次年春季采集入药。生用。

【性味归经】苦，微寒。归心、肝、肾经。

【功能主治】祛风通络，凉血消肿。主治风湿痹痛，筋脉拘挛，喉痹，痈肿。

【配伍应用】①络石藤配五加皮，用于风湿痹痛，因本品能祛风通络，兼能清热。②络石藤配皂角刺，用于喉痹、消肿，因本品能凉血消肿。

【用法用量】6～12 g。

【注意事项】本品善于治热痹证。

桑　　枝

桑科乔木植物桑的嫩枝。全国各地均产。春末至夏初采收入药。生用或炒至微黄用。

【性味归经】微苦，平。归肝经。

【功能主治】祛风通络。主治风湿痹痛，四肢拘挛。

【配伍应用】桑枝配威灵仙，用于风湿痹痛、四肢拘挛，因本品有祛风通络、利关节作用，可治痹痛。

【用法用量】9～15 g。

【注意事项】本品善于治上肢痹痛。

三、祛风湿强筋骨药

本类药物性味多为辛苦甘温，主要归肝、肾经，主治风寒湿痹日久未愈，肝肾不足，痹痛不止而兼筋骨不健者。

桑寄生

桑寄生科小灌木植物桑寄生或槲寄生的带叶茎枝。前者主产于华南、西南地区，或者主产于东北、华北、西南地区。冬季至次年春季采集入药。生用。

【性味归经】甘、苦，平。归肝、肾经。

【功能主治】祛风湿，补肝肾，强筋骨，安胎。主治风湿痹痛、腰膝酸痛、胎漏下血、胎动不安。

【配伍应用】①桑寄生配牛膝，用于风湿痹痛、腰膝酸痛，因本品能祛风湿、舒筋络、补肝肾、强筋骨。②桑寄生配续断，用于胎漏下血、胎动不安，因本品能补肝肾、养血而安胎。

【用法用量】9～15 g。

【注意事项】本品用于补肝肾，强筋骨。

五加皮

五加科灌木植物细柱五加的根皮。主产于湖北、河南等地。秋季采挖。剥取根皮入药。生用。

【性味归经】辛、苦，温。归肝、肾经。

【功能主治】祛风湿，强筋骨。主治风湿痹痛、腰膝软弱。

【配伍应用】五加皮配牛膝，用于风湿痹痛、腰膝软弱，因本品能祛风湿、强筋骨。

【用法用量】5～10 g。

【注意事项】南五加无毒，北五加（香五加）有毒。

千年健

天南星科植物千年健的根茎。主产于云南、广西等地。春、秋二季采挖入药。生用。

【性味归经】苦、辛，温。归肝、肾经。

【功能主治】祛风湿，健筋骨。主治风寒湿痹、腰膝冷痛、下肢拘挛麻木。

【配伍应用】千年健配牛膝、枸杞子，用于风湿痹痛、腰膝冷痛、下肢拘挛麻木，因本品能祛风湿、健筋骨。

【用法用量】5～10 g。

【注意事项】阴虚内热者慎服。

狗　　脊

蚌壳蕨科多年生草本植物金毛狗脊的根状茎。主产于福建、云南、广西等地。秋季采挖入药。生用或砂烫去绒毛用。

【性味归经】苦、甘，温。归肝、肾经。

【功能主治】祛风湿，补肝肾，强腰膝。主治腰痛，足软，尿频，白带过多。

【配伍应用】①狗脊配杜仲、续断、牛膝，补肝肾，强腰膝，坚筋骨，温散风湿，对肝肾亏虚，兼有风寒湿邪引起的上述病证最为适宜；用于腰痛肌强，不能俯仰，足膝软弱。②狗脊配木瓜、五加皮、杜仲，用于腰痛，小便过多。

【用法用量】6～12 g。

【注意事项】因温补固摄作用，所以肾虚有热、小便不利或短涩黄赤、口苦舌干者均忌服。

第七节　理气药

凡以调理气分疾病，能疏畅气机，可使气行通顺的药物，称为理气药。理气药大多气香性温，其味辛、苦，善于行散或泄降，具有调气健脾、行气止痛、顺气降逆、疏肝解郁或破气散结等功效，适用于气机不畅所致的气滞、气逆等证。使用本类药物时，必须针对病情，选择相应的药物，并采用适宜的配伍。本类药物辛燥者诸多，易于耗气伤阴，故气虚及阴亏者慎用。

陈　皮

芸香科植物橘及其栽培变种的干燥成熟果皮。主产于广东、广西、福建、四川、江西。药材分为"陈皮"和"广陈皮"。采摘成熟果实，剥取果皮，晒干或低温干燥，切丝。药材以色鲜艳、香气浓者为佳。

【性味归经】苦、辛，温。归肺、脾经。

【功能主治】理气，调中，燥湿，化痰。主治脾胃气滞，湿浊中阻，痰湿壅滞。

【配伍应用】①陈皮配枳壳、木香，用于脾胃气滞所致的脘腹胀满、疼痛、嗳气、恶心。②陈皮配苍术、厚朴，以燥湿健脾，用于湿浊中阻所致的胸闷腹胀、纳呆倦怠、大便溏薄、舌苔厚腻。③陈皮配半夏、茯苓，以燥湿化痰，用于痰湿壅滞，肺气宣降，咳嗽痰多气逆。

【用法用量】3~10 g。

【注意事项】本品辛温苦燥，温能助热，舌赤少津，内有实热、阴虚燥咳、咯血、吐血者慎用。

青　皮

芸香科小乔木植物橘及其栽培变种的幼果或未成熟果实的果皮。主产于广东、福建、四川等地。5~6月收集自落的幼果，晒干，习称"个青皮"；7~8月采收未成熟的果实，在果皮上纵剖成四瓣至基部，晒干，习称"四花青皮"。生用或醋炙用。

【性味归经】苦、辛，温。归肝、胆、胃经。

【功能主治】疏肝破气，散结消滞。主治胁肋胀痛，乳房胀痛，疝气疼痛，食积不化。

【配伍应用】①青皮配柴胡、郁金，用于肝气郁滞所致的胁肋胀痛，因本品能疏肝胆、破气滞。②青皮配香附、柴胡，用于乳房胀痛或结块，因本品能疏肝散结。③青皮配山楂、麦芽，用于治食积气滞、胃脘痞闷胀痛，因本品消积散滞之力较强。

【用法用量】3~10 g。

【注意事项】本品性烈耗气，孕妇、气虚者慎用。

枳　实

芸香科小乔木橙及其栽培变种或甜橙的幼果。主产于四川、江西、福建等地。5~6月间采集自落的果实。生用或麸炒用。

【性味归经】苦、辛、酸，微寒。归脾、胃经。

【功能主治】破气消积，化痰除痞。主治食积停滞，腹痛便秘，泻痢不畅，痰浊阻塞气机，胸脘痞满。

【配伍应用】①枳实配山楂、麦芽，用于食积不化、脘腹胀满、嗳腐气臭，因本品能破气除胀、消积导滞。②枳实配厚朴、大黄，用于热结便秘、腹痛胀满，因本品能破气消积。③枳实配薤白、桂枝，用于胸阳不振、寒痰内阻，因本品行气消痰，除痞。

【用法用量】3~10 g。

【注意事项】脾胃虚弱及孕妇慎用。

佛 手

芸香科小乔木或灌木佛手的果实。主产于广东、福建、四川等地。秋季果实尚未变黄或刚变黄时采收。生用。

【性味归经】辛、苦、酸，温。归肝、脾、胃、肺经。

【功能主治】疏肝，理气，和中，化痰。主治肝郁气滞，脾胃气滞，咳嗽痰多。

【配伍应用】①佛手配枳实、木香，用于脾胃气滞所致的脘胃腹胀、疼痛、嗳气、恶心，因本品能理气、和中。②佛手配香附、郁金，用于肝郁气滞所致的胁痛、胸闷，因本品能疏肝解郁。③佛手配枇杷叶，用于咳嗽日久而痰多者，因本品能理气、燥湿、化痰。

【用法用量】3～10 g。

【注意事项】阴虚有热、气虚无滞者慎用。

香 橼

芸香科小乔木枸橼或香圆的成熟果实。主产于浙江、江苏、广东等地。秋季果实成熟时采收。生用。

【性味归经】辛、苦、酸，温。归肝、脾、肺经。

【功能主治】疏肝，理气，和中，化痰。主治肝郁气滞，脾胃气滞，咳嗽痰多。

【配伍应用】①香橼配香附、郁金，用于治胁痛、胸闷，因本品能疏肝理气、和中止痛。②香橼配木香、吴茱萸，用于治脘痛腹胀因本品理气和中。③香橼配半夏、茯苓，用于痰湿壅滞、咳嗽痰多，因本品能燥湿化痰。

【用法用量】3～10 g。

【注意事项】阴虚有热者慎用。

木 香

菊科草本植物木香、川木香的根。木香主产于云南、广西及印度、缅甸等地；川木香主产于四川、西藏等地。秋、冬二季采挖。生用或煨用。

【性味归经】辛、苦，温。归脾、胃、大肠、三焦、胆经。

【功能主治】行气，调中，止痛。主治脾胃气滞，脾运失常，肝失疏泄，脾胃气虚。

【配伍应用】①木香配枳壳，用于脘腹腹胀，因本品长于调中宣滞、行气止痛。②木香配黄连，可清热治痢、行气止痛，用于治湿热泻痢。③木香配党参、白术，可奏补而不治之效，用于脾胃气虚、运化无力、不思饮食。

【用法用量】3～6 g。

【注意事项】本品辛温香燥，凡阴虚津亏火旺者慎用。

香 附

莎草科植物莎草的干燥根茎。全国大部分地区均产，主产于广东、河南、四川等地。秋季采挖。生用，或醋炙用。

【性味归经】辛、微苦、微甘，平。归肝、脾、三焦经。

【功能主治】疏肝理气，调经止痛。主治胁痛，疝痛，痛经，月经不调，乳房胀痛。

【配伍应用】①香附配柴胡、白芍，用于治胁痛，因本品用于疏肝解郁，行气止痛。②香附配当归、川芎，用于月经不调、痛经、乳房胀痛。

【用法用量】6～10 g。

【注意事项】本品辛味甚烈，孕妇慎用。

乌　药

樟科灌木或小乔木乌药的根。主产于浙江、安徽、江西等地。全年均可采挖。生用或麸炒用。

【性味归经】辛，温。归肺、脾、肾、膀胱经。

【功能主治】行气止痛，温肾散寒。主治寒郁气滞，肾阳不足。

【配伍应用】①乌药配薤白，用于胸闷、胁痛，因本品辛开温散，善于疏通气机，能顺气畅中、散寒止痛。②乌药配益智，有温肾缩尿之功，用于肾阳不足，膀胱虚寒引起的小便频数及遗尿。

【用法用量】6～10 g。

【注意事项】本品辛温，止寒性痛，缩虚寒尿。

沉　香

瑞香科植物沉香及白木香含有树脂的木材。白木香主产于广东、海南、中国台湾等地；沉香主产于东南亚、印度等地。全年均可采收。割取含树脂的木材，除去不含树脂的部分，阴干，锉末，生用。

【性味归经】味辛、苦，性微温。归脾、胃、肾经。

【功能主治】行气止痛，降逆止呕，温肾纳气。主治寒凝气滞疼痛，胃寒呕吐呃逆，虚喘。

【配伍应用】①沉香配乌药、木香，用于寒凝气滞，胸腹胀闷疼痛之证，因本品能祛寒行气止痛。②沉香配豆蔻、柿蒂，用于胃寒呕吐呃逆，因本品有降温调中之效。③沉香配肉桂、附子、补骨脂，用于下元虚冷、肾不纳气之虚喘，痰饮咳喘，因本品能降肾纳气。

【用法用量】1～5 g，后下。

【注意事项】本品辛温助热，阴虚火旺、气虚下陷者慎用。

川楝子

楝科乔木植物川楝的成熟果实。我国南方各地均产，以四川产者为佳。冬季果实成熟时采收。生用或炒用，用时打碎。

【性味归经】苦，寒；有小毒。归肝、小肠、膀胱经。

【功能主治】疏肝泄热，行气止痛，杀虫。用于肝郁化火，胸胁、脘腹胀痛，疝气疼痛，虫积腹痛。

【配伍应用】①川楝子配延胡索，用于肝气郁滞或肝郁化火、胸腹诸痛。②川楝子配槟榔、使君子，可治蛔虫等引起的虫积腹痛。

【用法用量】5～10 g。外用适量，研末调涂。

【注意事项】本品味苦性寒，凡脾胃虚者不宜用，孕妇慎用。

荔枝核

无患子科乔木荔枝的成熟种子。主产于福建、广东、广西等地。夏季采摘成熟果实。生用或盐水炙用，用时打碎。

【性味归经】甘、微苦，温。归肝、肾经。

【功能主治】理气止痛，祛寒散滞。主治疝痛，睾丸肿痛，肝气郁滞，胃脘久痛，经前腹痛，产后腹痛。

【配伍应用】①荔枝核配小茴香，用于厥阴肝经寒凝气滞所致的疝痛、睾丸痛，因本品能祛除寒邪、行散滞气，有止痛之功。②荔枝核配木香、香附，用于肝气郁滞、胃脘久痛及妇人气滞血瘀腹痛，因本品能疏肝理气、温散行滞。

【用法用量】5~10 g。

薤　白

百合科草本植物小根蒜和薤的地下鳞茎。全国各地均有分布，主产于江苏、浙江等地。夏、秋二季采挖。生用。

【性味归经】辛、苦，温。归肺、心、胃、大肠经。

【功能主治】通阳散结，行气导滞。主治胸痹，胃脘气滞，泻痢后重。

【配伍应用】①薤白配瓜蒌，用于胸痹证，因本品辛开行滞、苦泄痰浊，能散阴寒之凝结而温通胸阳。②薤白配白芍、柴胡，用于胃脘气滞，因本品能行气导滞。

【用法用量】5~10 g。

【注意事项】气虚无滞者及胃弱纳呆、不耐蒜味者不宜用。

檀　香

檀香科小乔木檀香的木质心材。产于海南、广东、云南及印度、印度尼西亚等地。全年均可采伐，以夏季采收为佳。生用。

【性味归经】辛，温。归脾、胃、心、肺经。

【功能主治】理气调中，散寒止痛。主治胸腹疼痛，胃寒作痛，呕吐清水。

【配伍应用】檀香配砂仁、乌药，用于寒凝气滞所致的胸腹疼痛及胃寒作痛、呕吐清水，因本品性温祛寒，辛能行散，善于利膈宽胸，行气止痛，其气芳香醒脾，故兼有调中和胃之功。

【用法用量】2~5 g。

【注意事项】阴虚火旺、实热吐衄者慎用。近年临床常用本品治疗冠心病。

柿　蒂

柿树科乔木植物柿的宿存花萼。主产于四川、广东、广西等地。秋、冬二季果实成熟时采集或食用时收集。生用。

【性味归经】苦、涩，平。归胃经。

【功能主治】降气止呃。主治呃逆。

【配伍应用】柿蒂配生姜，用于胃失和降所致的呃逆之证，因本品能降气止呃。

【用法用量】5~10 g。

【注意事项】气虚下陷者忌用。

甘　松

败酱科草本植物甘松或匙叶甘松的根及根茎。主产于四川、甘肃、青海等地。春、秋二季采挖。以秋季采者为佳。生用。

【性味归经】辛、甘，温。归脾、胃经。

【功能主治】行气止痛，开郁醒脾。主治胸闷腹胀，不思饮食，胃脘疼痛。

【配伍应用】甘松配木香，用于思虑伤脾或寒凝气滞引起的胸闷腹胀、不思饮食、胃脘疼痛等证，因本品能行气止痛、开郁醒脾。

【用法用量】3~6 g。

预知子

木通科植物木通、三叶木通、白本通的果实。8~9月间果实成熟时采摘，晒干，或用沸水泡透后晒干。产于江苏、浙江、安徽、陕西等地。

【性味归经】苦，寒。归肝、胆、胃、膀胱经。

【功能主治】疏肝理气散结。主治胁痛，肝胃气痛，疝气痛。

【配伍应用】①预知子配枳壳、川楝子，用于肝郁气滞所致的胁痛、肝胃气痛及疝气痛，因本品能疏肝理气。②预知子配昆布，用于瘰疬，因本品能理气散结。

【用法用量】3~9 g。

【注意事项】可用于癌症，取其理气散结之功。

玫瑰花

蔷薇科灌木植物玫瑰的花蕾。主产于江苏、浙江、福建等地。春末夏初花将开放时分批采收。生用。

【性味归经】甘、微苦，温。归肝、脾经。

【功能主治】行气解郁，和血散瘀。主治胁痛脘闷，胃脘胀痛，月经不调，损伤瘀痛。

【配伍应用】①玫瑰花配香附，用于肝胃不和所致的胁痛脘闷、胃脘胀痛，因本品能行气解郁、疏肝和胃。②玫瑰花配当归、川芎，用于调经；配鸡血藤，用于损伤瘀痛。因本品既能疏肝理气，又能和血散瘀。

【用法用量】3~6 g。

梅　　花

蔷薇科小乔木梅的花蕾。入药分白梅花、红梅花两种。白梅花主产于江苏、浙江等地；红梅花主产于四川、湖北等地。初春花未开放时采摘。生用。

【性味归经】微酸、涩，平。归肝、胃、肺经。

【功能主治】疏肝解郁，理气和胃。主治胁肋作痛，胃脘疼痛，梅核气。

【配伍应用】①梅花配柴胡，用于肝胃气机郁滞所致的胁肋作痛，胃脘疼痛。②梅花配陈皮，可疏肝悦脾、理气化痰，用于梅核气。

【用法用量】3~5 g。

九香虫

蝽科昆虫九香虫的全虫。主产于云南、四川、贵州等地。3月前捕捉。生用或用文火微炒用。

【性味归经】咸，温。归肝、脾、肾经。

【功能主治】行气止痛、温肾助阳。主治胁肋胀痛，胃脘疼痛，肾阳不足。

【配伍应用】①九香虫配木香，用于胁肋胀痛、胃脘疼痛，因本品能温通散滞、行气止痛。②九香虫配杜仲，用于肾虚腰痛，因本品能温肾助阳。

【用法用量】3~9 g。

【注意事项】凡阴虚内热者忌用。

第八节 温理药

凡能温散里寒，治疗里寒证的药物，称为温里药。温里药性味辛辣，能温暖中焦、健运脾胃、散寒止痛，有的药物兼有助阳、回阳的作用，适用于里寒证。使用里寒药，可根据不同情况做如下配伍：外寒内侵兼有表证者，配解表药；寒凝气滞者，配行气药；寒湿内蕴者，配健脾化湿药；脾肾阳虚者，配温补脾肾药；亡阳气脱者，配大补元气药。本类药物辛热而燥，应用不当易耗伤津液，凡属热证、阴虚者及孕妇忌用或慎用。

附 子

毛茛科草本植物乌头子根的加工品。主产于四川、湖北、湖南等地。6月下旬至8月上旬采收。加工炮制为盐附子、黑附子（黑顺片）、白附片用。

【性味归经】 辛、甘，大热。有毒。归心、肾、脾经。

【功能主治】 回阳救逆，补火助阳，散寒止痛。主治亡阳证，阳虚证，痹痛。

【配伍应用】 ①附子配干姜，用于亡阳证，因本品为回阳救逆之要药。②附子配肉桂，用于肾阳不足、命门火衰，因本品善于补火助阳。③附子配桂枝、白术，用于痹痛，因本品能散寒止痛。

【用法用量】 3~15 g。

【注意事项】 应先煎30~60分钟以减弱其毒性，孕妇及热证、阴虚阳亢者忌用。不宜与半夏、瓜蒌、瓜蒌子、瓜蒌皮、天花粉、川贝母、浙贝母、平贝母、伊贝母、湖北贝母、白蔹、白及同用。

干 姜

姜科植物姜的干燥根茎。主产于四川、广东、湖北等地，均系栽培。冬季采收。切片晒干或低温烘干，生用。

【性味归经】 辛、热。归脾、胃、肾、心、肺经。

【功能主治】 温中，回阳，温肺化饮。主治脾胃寒证，亡阳证，寒饮伏肺。

【配伍应用】 ①干姜配半夏，用于胃寒呕吐，因本品能祛脾胃寒邪，助脾胃阳气。②干姜配附子，用于亡阳证，因本品辛热、通心助阳、祛除里寒，能助附子以增强回阳救逆功效，并可减低附子的毒性。③干姜配麻黄、细辛，用于寒饮伏肺，见咳嗽气喘、形寒背冷、痰多清稀，因本品能温散肺寒而化痰饮。

【用法用量】 3~10 g。

【注意事项】 阴虚内热、血热妄行者忌用，孕妇慎用。

肉 桂

樟科乔木肉桂的树皮。主产于广西、广东、海南等地。多在秋季剥取。因剥取部位及品质的不同而加工成多种规格，常见的有企边桂、板桂、桂通等。生用。

【性味归经】 辛、甘，大热。归脾、肾、心、肝经。

【功能主治】 引火归元，散寒止痛，温通经脉。主治肾阳不足，脘腹冷痛，痛经，寒湿痹痛，腰痛，阴疽。

【配伍应用】 ①肉桂配附子，用于肾阳不足，命门火衰；因本品辛热纯阳，能温补命门之火，益阳消阴，为治下元虚冷之要药。②肉桂配当归、川芎，用于血分有寒，血行不畅，因本品既能散沉寒，又能通血脉。③肉桂配熟地黄、鹿角胶，用于阴疽，因本品能散寒温阳、通畅气血。

【用法用量】1~5 g，研末冲服，入汤剂后下。

【注意事项】阴虚火旺、里有湿热、血热妄行者及孕妇忌用。不宜与赤石脂同用。

吴茱萸

芸香科灌木或小乔木吴茱萸、石虎或疏毛吴茱萸接近成熟的果实。主产于贵州、广西、四川等地。8~11月果实尚未开裂时采收。生用或制用。

【性味归经】辛，苦，热；有小毒。归肝、脾、胃、肾经。

【功能主治】散寒止痛，疏肝下气，燥湿。主治冷痛泄泻，寒湿脚气疼痛，呕吐。

【配伍应用】①吴茱萸配干姜、木香，用于脘腹冷痛，因本品能散寒止痛。②吴茱萸配木瓜，用于寒湿脚气疼痛；因本品既能散寒燥湿，又能下降逆气。③吴茱萸配生姜、半夏，用于呕吐，因本品疏肝下气而止呕逆。

【用法用量】2~5 g，外用适量。

【注意事项】本品辛热燥烈，易伤气动火，不宜多用久服，阴虚有热者忌用，孕妇慎用。

花　椒

芸香科灌木或小乔木花椒或青椒的成熟果皮。我国大部分地区有分布，但以四川产者为佳，故又称川椒、蜀椒。秋季采收。生用或炒用。

【性味归经】辛、温。归脾、胃、肾经。

【功能主治】温中，止痛，杀虫。主治脾胃虚寒，脘腹冷痛，呕吐泄泻，蛔虫病。

【配伍应用】①花椒配人参、干姜，用于脾胃虚寒、脘腹冷痛、呕吐，因本品能温中止痛。②花椒配乌梅，用于蛔虫引起的腹痛、呕吐或吐蛔，因本品能杀虫止痛。

【用法用量】3~6 g。外用适量，煎汤熏洗。

【注意事项】阴虚内热者慎用。

荜　茇

胡椒科藤本植物荜茇接近成熟或成熟果穗。产于海南、云南、广东等地。9~10月间果穗由绿变黑时采收。生用。

【性味归经】辛、热。归胃、大肠经。

【功能主治】温中止痛。主治胃寒呕吐、呃逆、腹痛、泄泻。

【配伍应用】荜茇配荜澄茄，用于胃寒呕吐、呃逆、腹痛、泄泻，因本品辛热，能温散胃肠寒邪。

【用法用量】1~3 g。外用适量，研末塞龋齿孔中。

荜澄茄

樟科乔木或灌木山鸡椒的成熟果实。主产于广西、广东、四川等地。秋季果实成熟时采收。生用。

【性味归经】辛，温。归脾、胃、肾、膀胱经。

【功能主治】温中止痛。主治胃寒呕吐、呃逆、腹痛、泄泻。

【配伍应用】荜澄茄配荜茇，用于胃寒呕吐、呃逆、腹痛、泄泻，因本品辛热，能温散胃肠寒邪。

【用法用量】1~3 g。

丁　香

桃金娘科乔木植物丁香的花蕾，习称公丁香。主产于坦桑尼亚、马来西亚，我国海南省也有栽培。通常于当年9月至次年3月，花蕾由绿转红时采收。生用。

【性味归经】辛，温。归脾、胃、肺、肾经。

【功能主治】温中降逆，温肾助阳。主治呕吐，呃逆，腹泻，阳痿。

【配伍应用】①丁香配半夏，用于胃寒呕吐，因本品温中散寒、善于降逆。②丁香配附子、巴戟天，用于治阳痿，因本品能温肾助阳。

【用法用量】1~3 g，内服或研末外敷。

【注意事项】热证及阴虚内热者忌用。畏郁金，不宜与郁金同用。

高良姜

姜科草本植物高良姜的根茎。主产于广东、广西、中国台湾等地。夏末秋初采挖生长4~6年的根茎。生用。

【性味归经】辛，热。归脾、胃经。

【功能主治】散寒止痛。主治脘腹冷痛，呕吐，泄泻。

【配伍应用】高良姜配炮姜，用于脘腹冷痛、呕吐、泄泻，因本品有温散脾胃寒邪、止痛止呕的作用。

【用法用量】3~6克。

小茴香

伞形科草本植物茴香的成熟果实。全国各地均有栽培。秋季果实成熟时采收。生用或盐水炙用。

【性味归经】辛，温。归肝、肾、脾、胃经。

【功能主治】祛寒止痛，理气和胃。主治寒疝疼痛，胃寒呕吐食少。

【配伍应用】①小茴香配乌药，用于寒疝疼痛，因本品能疏肝理气、温肾祛寒止痛。②小茴香配干姜，用于胃寒呕吐食少，因本品能理气和胃、开味进食。

【用法用量】3~6 g。

【注意事项】阴虚火旺者慎用。

胡　椒

胡椒科藤本植物胡椒的接近成熟或成熟果实。主产于海南、广东、广西等地。秋末至次春果实呈暗绿色时采收，为黑胡椒；果实变红时采收，为白胡椒。生用，用时打碎。

【性味归经】辛，热。归胃、大肠经。

【功能主治】温中止痛。主治肠胃有寒，脘腹疼痛，呕吐泄泻。

【配伍应用】胡椒配高良姜，用于肠胃有寒、脘腹疼痛、呕吐泄泻，因本品辛热，能温暖肠胃、散寒止痛。

【用法用量】0.6~1.5 g，研末吞服，外用适量。

【注意事项】阴虚内热者慎用。

第九节 活血化瘀药

凡以通利血脉、促进血行、消散瘀血为主要作用的药物，称为活血祛瘀药或活血化瘀药，简称活血药。其中活血逐瘀作用较强者，又称破血药。本类药多偏温性，善于走散，具有行血、散瘀、通经、利痹、消肿及止痛等功效，适用于血行失畅、瘀血阻滞之证。人体气血之间有着密切的关系，气行则血行，气滞则血凝，故在使用活血祛瘀药时，常配伍行气药，以增强行血散瘀的作用。本类药物不宜用于妇女月经过多，对于孕妇，尤当慎用或忌用。

一、活血止痛药

以活血止痛为主要功效，常用以治疗多种瘀滞疼痛证的药物，称为活血止痛药。本类药物既能活血化瘀，又有较好的止痛作用。可以主治多种瘀血证，尤其适宜于瘀血疼痛的病证，如瘀血所致的头痛、胸胁痛、心腹痛、痛经、产后腹痛、痹痛及跌打损伤等。活血止痛药各有其特点，有的辛温，有的辛寒，并多兼有行气作用。

川 芎

伞形科多年生草本植物川芎的根茎。主产于四川，系人工栽培。生用或酒炒用。

【性味归经】辛，温。归肝、胆、心包经。

【功能主治】活血行气，祛风止痛。主治月经不调，痛经，跌打损伤，头痛，风湿痹痛。

【配伍应用】①川芎配当归，用于月经不调、痛经、跌打损伤等证，因本品能活血祛瘀、行气止痛。②川芎配白芷，用于外感风寒头痛，因本品能祛风止痛。③川芎配独活，用于风湿痹痛，因本品能祛风止痛。

【用法用量】3~10 g。

【注意事项】本品辛温升散，凡阴虚火旺、舌红口干者不宜应用；对妇女月经过多及出血性疾病，亦不宜应用。

乳 香

橄榄科小乔木卡氏乳香树及其同属植物皮部渗出的树脂。主产于非洲索马里、埃塞俄比亚等地。生用或制用。

【性味归经】辛、苦，温。归心、肝、脾经。

【功能主治】活血止痛，消肿生肌。主治痛经，经闭，跌打损伤，疮疡溃破。

【配伍应用】①乳香配当归，用于痛经、经闭，因本品活血祛瘀、行气散滞。②乳香配没药，用于疮疡溃破，因本品能消肿止痛、去腐生肌。

【用法用量】煎汤或入丸、散，3~5 g；外用适量，研末调敷。

【注意事项】胃弱者应慎用，无瘀者及孕妇不宜用，用量不宜过大，不宜多服久服。

没 药

橄榄科灌木或乔木没药树或其他同属植物皮部渗出的油胶树脂。主产于非洲索马里、埃塞俄比亚及印度等地。生用或制用。

【性味归经】辛、苦，平。归心、肝、脾经。

【功能主治】活血止痛，消肿生肌。主治经闭，痛经，跌打损伤，胃痛。

【配伍应用】没药配乳香，用于经闭、痛经、跌打损伤；两者相须为用，能增强活血止痛的作用。

【用法用量】3～5 g，炮制去油，多入丸散服。

【注意事项】胃弱者应慎用，无瘀者及孕妇不宜用，用量不宜过大，不宜多服久服。

延胡索

罂粟科多年生草本植物延胡索的块茎。主产于浙江及江苏、湖北等地。生用或醋炙用。

【性味归经】辛、苦，温。归肝、脾经。

【功能主治】活血，行气，止痛。主治胸腹及肢体疼痛。

【配伍应用】延胡索配川楝子，用于气滞血瘀、脘腹疼痛，因本品既能活血又能行气，具有良好的止痛功效。

【用法用量】3～10 g，研末吞服，一次1.5～3 g。

【注意事项】醋制可加强止痛之功。

郁　　金

姜科多年生草本植物温郁金、姜黄、广西莪术或蓬莪术的块根。商品药材分别称为白丝郁金、黄丝郁金、桂郁金和绿丝郁金。温郁金主产于浙江、四川；姜黄主产于四川、福建；广西莪术主产于广西；蓬莪术主产于四川、广东、福建等地。生用或醋制用。

【性味归经】辛、苦，寒。归肝、肺、心经。

【功能主治】活血止痛，行气解郁，凉血清心，利胆退黄。主治胁肋胀痛，月经不调，癫痫，出血，黄疸。

【配伍应用】①郁金配柴胡，用于胸腹胁肋胀痛，因本品疏肝行气以解郁，活血祛瘀以止痛。②郁金配石菖蒲，用于湿温病邪蒙蔽清窍、胸脘痞闷、神志不清，因本品凉血清心、行气开郁。③郁金配牡丹皮，用于肝郁化热、迫血妄行所致的吐血、衄血、尿血等证兼有瘀滞者。

【用法用量】3～10 g。

【注意事项】丁香莫与郁金见，郁金不宜与丁香、母丁香同用。

姜　　黄

姜科草本植物姜黄的根茎。主产于四川等地。生用。

【性味归经】辛、苦，温。归肝、脾经。

【功能主治】破血行气，通经止痛。主治气滞血瘀，风湿臂痛。

【配伍应用】①姜黄配当归，用于气滞血瘀所致的胸腹疼痛、经闭腹痛，因本品能破血行气、通经止痛。②姜黄配羌活，用于风湿臂痛，因本品能外散风寒、内行气血，长于行肢臂而活血利痹止痛。

【用法用量】3～10 g，外用适量。

【注意事项】血虚者慎用。

二、活血调经药

常用以治疗妇科经产瘀滞证的药物，称为活血调经药，适宜于妇女月经不调、经闭、痛经、产后恶露不尽、产后瘀阻腹痛等经产疾病。

丹　参

唇形科多年生草本植物丹参的根。主产于江苏、安徽、四川等地。生用或酒炙用。

【性味归经】苦，微寒。归心、肝经。

【功能主治】活血祛瘀，凉血消痈，养血安神。疮痈肿痛，温热病，心悸，失眠。主治月经不调，血滞经闭，疮痈肿痛。

【配伍应用】①丹参配红花，用于月经不调、血滞经闭等妇科疾病，因本品能活血祛瘀。②丹参配金银花，用于疮痈肿痛。③丹参配生地黄，用于温热病热入营血，因本品能活血凉血。

【用法用量】10～15 g。

【注意事项】反藜芦，不宜与藜芦同用。

益母草

唇形科一年生或两年生草本植物益母草的地上部分。全国各地均产。生用、酒拌蒸（或酒炙）后用或熬膏用。

【性味归经】辛、苦，微寒。归肝、心包、膀胱经。

【功能主治】活血化瘀，利尿消肿。主治月经不调、经闭，跌打损伤，小便不利，水肿。

【配伍应用】①益母草配当归，用于月经不调、经闭等证，因本品活血祛瘀以通经。②益母草单用，用于小便不利、水肿，因本品能利尿消肿。

【用法用量】9～30 g，鲜品12～40 g。

【注意事项】孕妇慎用。

鸡血藤

豆科攀援灌木密花豆的藤茎。主产于广西、云南等地。生用或制成膏、胶用。

【性味归经】苦、甘，温。归肝、肾经。

【功能主治】行血补血，舒筋活络。主治月经不调，血虚经闭，关节酸痛，风湿痹痛。

【配伍应用】①鸡血藤配当归、川芎，用于月经不调、血虚经闭等证，因本品既能活血又能补血，且有舒筋活络之功。②鸡血藤配杜仲，用于关节酸痛、风湿痹痛，因本品能舒筋活络。

【用法用量】9～15 g。

桃　仁

蔷薇科小乔木桃或山桃的成熟种子。前者全国各地均产，多为栽培；后者主产于辽宁、河北等地，野生。生用或炒用。

【性味归经】辛、苦，平。归心、肝、大肠经。

【功能主治】活血祛瘀，润肠通便。主治痛经，血滞经闭，跌打损伤，肺痈、肠痈，肠燥便秘。

【配伍应用】①桃仁配红花，用于痛经、血虚经闭、跌打损伤、瘀阻疼痛等证，因本品活血祛瘀之力较强。②桃仁配火麻仁，用于肠燥便秘，因本品能润肠滑肠。

【用法用量】5～10 g。

【注意事项】脾虚便溏者慎用，孕妇忌用。

红 花

菊科一年生草本植物红花的花。主产于河南、浙江、四川等地。生用。

【性味归经】辛，温。归心、肝经。

【功能主治】活血祛瘀，通经。主治痛经，血滞经闭，跌打损伤，斑疹色暗。

【配伍应用】①红花配桃仁，用于痛经、血虚经闭、跌打损伤、瘀阻疼痛等证，因本品能活血祛瘀、通调经脉。②红花配紫草，用于斑疹色暗，因本品能活血化瘀以化滞。

【用法用量】3～10 g。

【注意事项】孕妇忌用。

牛 膝

苋科多年生草本植物牛膝和川牛膝的根。前者主产于河南及河北、山西等地；后者主产于四川及云南、贵州等地。生用、酒炙用或盐炙用。

【性味归经】苦、甘、酸，平。归肝、肾经。

【功能主治】活血祛瘀，补肝肾，强筋骨，利尿通淋，引血下行。主治月经不调，痛经，经闭，跌打伤痛，腰膝酸痛，尿血，小便不利，吐血，头痛眩晕。

【配伍应用】①牛膝配红花，用于月经不调、痛经、血滞经闭等妇科疾病，因本品能活血祛瘀。②牛膝配杜仲，用于腰膝酸痛；因本品既能补肝肾、强筋骨，又能通血脉而利关节，性善下走。③牛膝配滑石，用于尿血、小便不利等证，因本品能利尿、行瘀以通淋。

【用法用量】5～12 g。

【注意事项】孕妇及月经过多者忌用。

泽 兰

唇形科多年生草本植物地瓜儿苗的茎叶。主产于黑龙江、辽宁等地。生用。

【性味归经】辛、苦，微温。归肝、脾经。

【功能主治】活血祛瘀，行水消肿。主治血滞经闭，产后瘀滞腹痛，跌打损伤，产后小便不利，身面浮肿。

【配伍应用】①泽兰配当归，用于血滞经闭、产后瘀阻腹痛，因本品能活血祛瘀。②泽兰配红花，用于损伤瘀血肿痛，因本品有祛瘀散滞之功。③泽兰配防己，用于产后小便不利、身面浮肿，因本品能行水消肿。

【用法用量】6～12 g。

月季花

蔷薇科植物月季的干燥花，全国大部分地区均产。全年均可采收，花微开时采摘，阴干或低温干燥。以完整、色紫红、气清香者为佳。

【性味归经】甘，温。归肝经。

【功能主治】活血调经，消肿。主治经闭，胸腹胀痛，瘰疬。

【配伍应用】①月季花配当归，用于肝郁失于疏泄、经脉阻滞所致的经行不畅、胸腹胀痛及经闭，因本品能活血调经。②月季花配夏枯草，用于瘰疬，因本品能活血消肿。

【用法用量】3～6 g。

【注意事项】脾胃虚弱者、孕妇慎用。

凌霄花

紫葳科植物凌霄或美洲凌霄的干燥花。全国大部分地区均产。夏、秋二季花盛开时采摘，干燥。以完整、色黄褐者为佳。

【性味归经】甘、酸，寒。归肝、心包经。

【功能主治】活血破瘀，凉血祛风。主治血滞经闭，皮肤瘙痒。

【配伍应用】①凌霄花配当归，用于血滞经闭，因本品能辛散行血以破瘀。②凌霄花配白蒺藜，用于血热生风、周身瘙痒，因本品能凉血祛风。

【用法用量】5~9 g。

【注意事项】孕妇忌用。

王不留行

石竹科一年生或两年生草本植物麦蓝菜的种子。主产于河北等地。生用或炒用。

【性味归经】苦，平。归肝、胃经。

【功能主治】活血通经，下乳。主治痛经、经闭，乳汁不通，乳痈。

【配伍应用】①王不留行配当归，用于痛经、经闭，因本品能活血通经。②王不留行配穿山甲，用于产后乳汁不下，因本品能下乳。

【用法用量】5~10 g。

【注意事项】孕妇慎用。

三、活血消癥药

以破血逐瘀为主要功效，常用以消癥化积的药物称为活血消癥药。本类药物适用于瘀血时间较长，程度较重的瘀血证，尤多用于癥瘕积聚。本类药物药性峻猛，最易耗血动血，凡出血或虚证及孕妇当忌用。

穿山甲

鲮鲤科动物鲮鲤的鳞甲。主产于广西、云南、广东等地。与砂同炒至松泡而呈黄色，或炒后再加入醋略浸，晒干备用。

【性味归经】咸，微寒。归肝、胃经。

【功能主治】活血通经，下乳，消肿排脓。主治血滞经闭，风湿痹痛，乳汁不通，痈肿，瘰疬。

【配伍应用】①穿山甲配红花，用于经闭，因本品能活血通经。②穿山甲配皂角刺，用于痈肿，因本品能消肿排脓。③穿山甲配王不留行，用于乳汁不通，因本品能通乳。

【用法用量】5~10 g。

【注意事项】疮疡溃破者慎用，孕妇忌用。

莪　术

姜科多年生草本植物蓬莪术、广西莪术或温郁金的根茎。蓬莪术主产于四川、福建、广东等地；广西莪术主产于广西等地；温郁金主产于浙江、四川等地。生用或醋，炙用。

【性味归经】辛、苦，温。归肝、脾经。

【功能主治】破血祛瘀，行气止痛。主治气滞血瘀，食滞脘腹胀痛。

【配伍应用】①莪术配三棱，用于气滞血瘀所致的经闭腹痛等证，因本品能破血祛瘀、行气止痛。②莪术配木香、山楂，用于食滞脘腹胀痛，因本品能行气消积，且能止痛。

【用法用量】6～9 g。

【注意事项】月经过多及孕妇忌用；不宜久服，中病即止。

三　棱

黑三棱科多年生草本植物黑三棱的块茎。主产于江苏等地。生用或醋炙后用。

【性味归经】辛、苦，平。归肝、脾经。

【功能主治】破血祛瘀，行气止痛。主治气滞血瘀，食滞脘腹胀痛。

【配伍应用】①三棱配莪术，用于气滞血瘀所致的经闭腹痛等证，因本品能破血祛瘀、行气止痛。②三棱配青皮、麦芽，用于食滞脘腹胀痛，因本品能行气消积。

【用法用量】5～10 g。

【注意事项】月经过多及孕妇忌用。不宜与芒硝、玄明粉同用。

水　蛭

环节动物水蛭科蚂蟥、水蛭或柳叶蚂蟥的全体。全国大部分地区均有。生用或用滑石粉烫后用。

【性味归经】咸、苦，平。有小毒。归肝经。

【功能主治】破血逐瘀。主治血滞经闭，瘀滞阻滞，跌打损伤。

【配伍应用】水蛭配桃仁，用于血滞经闭，因本品能破血逐瘀。

【用法用量】1～3 g。

【注意事项】月经过多者及孕妇忌用。

虻　虫

虻科昆虫复带虻的雌性全虫。各地均有，以畜牧区最多。生用或炒用，以炒用为多。

【性味归经】苦，微寒。有毒。归肝经。

【功能主治】破血逐瘀。主治血滞经闭，跌打损伤。

【配伍应用】虻虫配桃仁，用于血滞经闭，因本品能破血逐瘀。

【用法用量】1～1.5 g，研末吞服，每次0.3 g。

【注意事项】有毒，孕妇忌用。

四、活血疗伤药

凡能活血化瘀，并以治疗伤科瘀滞疾病为主的药物，称为活血疗伤药。本类药物主要适用于跌打损伤、瘀肿疼痛、骨折筋损、痔疮出血等伤科疾病，其中多数药物也可用于其他瘀血病证。

土鳖虫

鳖蠊科昆虫地鳖或冀地鳖的雌虫干燥体。主产于江苏、浙江、湖北、河北、河南。捕捉后，置沸水中烫死，晒干或烘干。以完整、色红褐、质轻者为佳。

【性味归经】咸，寒；有小毒。归肝经。

【功能主治】破血逐瘀，续筋接骨。主治血滞经闭，瘀滞疼痛，骨折损伤。

【配伍应用】①土鳖虫配桃仁，用于血滞经闭，产后瘀滞腹痛，因本品能破血逐瘀。②土鳖虫配骨碎补，用于骨折伤痛，因本品能续筋接骨、疗伤止痛。

【用法用量】 3～10 g。

【注意事项】 孕妇忌用。

自然铜

天然黄铁矿，主含二硫化铁。主产于四川、湖南等地。以火煅透，醋淬，研末水飞用。

【性味归经】 辛，平。归肝经。

【功能主治】 散瘀止痛，接骨疗伤。主治跌扑骨折，瘀阻肿痛。

【配伍应用】 自然铜配土鳖虫，用于跌扑骨折，瘀阻肿痛，因本品能散瘀止痛、接骨疗伤。

【用法用量】 3～9 g，多入丸、散服，若入煎剂宜长煎。

刘寄奴

菊科植物奇蒿的干燥地上部分。主产于江苏、浙江、江西。秋季开花时采割，除去杂质，晒干。以叶绿、花穗黄、香气浓郁者为佳。

【性味归经】 苦，温。归心、肝、脾经。

【功能主治】 破血通经，散瘀止痛。主治血滞经闭，产后瘀阻腹痛，跌打损伤，食积腹胀。

【配伍应用】 刘寄奴配当归，用于经闭，产后瘀阻，因本品能破血通经。

【用法用量】 6～9 g。

【注意事项】 孕妇忌用。

苏　木

豆科灌木或小乔木苏木的心材。主产于广东、广西等地。用时刨成薄片或碾成粗粉用。

【性味归经】 甘、咸，平。归心、肝、脾经。

【功能主治】 活血调经，祛瘀止痛。主治血滞经闭，产后瘀阻腹痛，跌打损伤。

【配伍应用】 ①苏木配当归，用于血滞经闭、瘀阻腹痛，因本品能活血调经、散瘀止痛。②苏木配乳香、没药，用于跌打损伤，因本品能活血散瘀止痛。

【用法用量】 3～9 g。

【注意事项】 孕妇忌用。

骨碎补

水龙骨科多年生附生蕨类植物槲蕨或中华槲蕨的根茎。主产于浙江、陕西等地。生用或砂炒用。

【性味归经】 苦，温。归肝、肾经。

【功能主治】 补肾，活血，止血，续伤。主治腰痛，耳鸣，耳聋，跌扑损伤。

【配伍应用】 ①骨碎补配牛膝、补骨脂、核桃仁，用于肾虚腰腿疼痛不止。②骨碎补配熟地黄、山茱萸，用于肾虚耳鸣、耳聋及牙痛。③骨碎补配自然铜，活血、止血、续伤，用于跌扑闪挫或金疮，损伤筋骨。

【用法用量】 3～9 g。

【注意事项】 阴虚内热及无瘀血者不宜服。

第十节　止血药

凡以制止体内外出血为主要作用的药物，称为止血药。本类药物性味以止血作用而论，均可标以酸、涩。主要适用于出血病证，如咯血、衄血、吐血、尿血、便血、崩漏、紫癜及创伤出血等，有凉血止血、收敛止血、化瘀止血、温经止血等不同作用。在使用凉血止血和收敛止血药时，必须注意有无瘀血，如有瘀血未尽，应酌加活血祛瘀药，不能单纯止血，以免有留瘀之弊。

一、凉血止血药

本类药物性味均为寒凉，味多苦、甘，苦表示清泻，其甘多与滋味有关，适用于血热妄行的出血证。本类药物性寒凝滞，易凉过伤阳而留瘀，不宜过用。

大　蓟

菊科多年生草本植物蓟的地上部分或根。全国大部分地区均产。生用或炒炭用。

【性味归经】甘、苦，凉。归心、肝经。

【功能主治】凉血止血，散瘀消肿。主治咯血、衄血、崩漏、尿血、疮痈肿痛。

【配伍应用】①大蓟配小蓟，用于咯血、衄血、崩漏、尿血，因本品能凉血止血。②大蓟单用，用于疮痈肿痛，因本品能散瘀消痈。

【用法用量】9～15 g。

【注意事项】脾胃虚寒而无瘀者忌服。

小　蓟

菊科多年生草本植物刺儿菜的地上部分。全国大部分地区均产。生用或炒炭用。

【性味归经】甘，苦，凉。归心、肝经。

【功能主治】凉血止血，解毒消痈。主治咯血、衄血、吐血、崩漏、尿血，热毒疮痈。

【配伍应用】①小蓟配大蓟，用于咯血、衄血、吐血、崩漏、尿血，因本品能凉血泄热以止血。②小蓟单用，用于热毒疮痈，因本品能解毒消痈。

【用法用量】5～12 g。

【注意事项】脾胃虚寒而无瘀者忌服。

地　榆

蔷薇科多年生草本植物地榆或长叶地榆的干燥根。全国均产。生用或炒炭用。

【性味归经】苦、酸、涩，微寒。归肝、大肠经。

【功能主治】凉血止血，解毒敛疮。主治咯血、衄血、吐血、崩漏、尿血、便血、痔血及烫伤、湿疹。

【配伍应用】①地榆配槐花，用于便血、痔血，因本品能凉血泄热、收敛止血。②地榆单用，用于烫伤、湿疹，因本品能泻火解毒，并有收敛作用。

【用法用量】9～15 g，外用适量，研末涂敷患处。

【注意事项】虚寒性便血、下痢、崩漏及出血有瘀者慎用，对于大面积烧伤，不宜使用地榆制剂外涂。

苎麻根

荨麻科多年生草本植物苎麻的根。我国中部、南部、西南均有。生用。

【性味归经】甘，寒。归心、肝、肾经。

【功能主治】凉血止血，清热安胎，利尿，解毒。主治咯血、吐血、衄血、崩漏、尿血及紫癜，胎动不安，湿热下注。

【配伍应用】①苎麻根单用，用于咯血、衄血、崩漏、尿血，因本品能凉血止血。②苎麻根配黄芩，用于胎动不安，因本品能清热安胎。③苎麻根配车前子，用于湿热下注、小便淋漓不畅，因本品能清热利尿。

【用法用量】9～30 g。

【注意事项】胃弱泄泻者勿服；诸病不由血热者，亦不宜用。

白茅根

禾本科多年生草本植物白茅的根茎。全国大部分地区均产。生用或炒炭用。

【性味归经】甘，寒。归肺、胃、膀胱经。

【功能主治】凉血止血，清热利尿。主治咯血、衄血、吐血、尿血，热淋，小便不利，水肿，湿热黄疸。

【配伍应用】①白茅根配仙鹤草，用于咯血、衄血、吐血，因本品能凉血止血。②白茅根配车前子，用于热淋、小便不利、水肿及湿热黄疸，因本品能清热利尿。

【用法用量】9～30 g。

槐　花

豆科乔木植物槐的花蕾。全国大部分地区有栽培。生用或炒炭用。

【性味归经】苦，微寒。归肝、大肠经。

【功能主治】凉血止血。主治各种出血证。

【配伍应用】槐花配地榆，用于便血、痔血，因本品能凉血止血。

【用法用量】5～10 g。

【注意事项】脾胃虚寒及阴虚发热而无实火者慎用。

侧柏叶

柏科小乔木植物侧柏的嫩枝叶。全国各地均产。生用或炒炭用。

【性味归经】苦、涩，寒。归肺、肝、脾经。

【功能主治】凉血止血，祛痰止咳。主治咯血、衄血、崩漏、尿血等各种出血证，咳喘痰多。

【配伍应用】侧柏叶配大蓟、小蓟，用于咯血、衄血、崩漏、尿血等，因本品能凉血止血。

【用法用量】6～12 g，外用适量。

二、收敛止血药

以止血为主要功效，并兼能收涩，且性较平和的药物，称为收敛止血药。本类药物大多味涩，可用于多种无明显邪气的失血证，对于收敛性较强的收敛止血药，有瘀血及实邪者用之当慎。

紫珠叶

马鞭草科植物杜虹花的干燥叶。主产于广东、广西。夏、秋二季枝叶茂盛时采摘，干燥，切断。以叶片完整、质嫩者为佳。

【性味归经】 苦、涩，凉。归肝、肺、胃经。

【功能主治】 收敛止血，解毒疗疮。主治咯血、衄血、吐血、崩漏、尿血，疮痈肿痛。

【配伍应用】 ①紫珠叶单用，用于咯血、衄血、吐血、崩漏、尿血，因本品能收敛止血。②紫珠叶外用，用于烧伤、疮痈肿痛，因本品能解毒。

【用法用量】 10 ~ 15 g。

仙鹤草

蔷薇科植物龙芽草的干燥地上部分。主产于浙江、江苏、湖北。夏、秋二季茎叶茂盛时采割，除去杂质，干燥，切断。以茎红棕色、质嫩、叶多者为佳。

【性味归经】 苦、涩，平。归心、肝经。

【功能主治】 收敛止血，止痢，杀虫。主治咯血、吐血、衄血、崩漏、尿血，腹泻，痢疾，滴虫性阴道炎。

【配伍应用】 ①仙鹤草配侧柏叶，用于咯血、吐血、衄血、崩漏、尿血，因本品能收敛止血。②仙鹤草配木槿花，用于腹泻、痢疾，因本品能收敛止痢。③仙鹤草单用，用于滴虫性阴道炎。

【用法用量】 6 ~ 12 g，外用适量。

白　　及

兰科多年生草本植物白及的块茎。主产于贵州、四川等地。生用。

【性味归经】 苦、甘、涩，微寒。归肺、胃、肝经。

【功能主治】 收敛止血，消肿生肌。主治咯血、吐血及外伤出血，疮痈肿痛。

【配伍应用】 ①白及配藕节，用于咯血、吐血，因本品能收敛止血。②白及配金银花，用于疮痈肿痛，因本品能消肿生肌。

【用法用量】 6 ~ 15 g；研末吞服，3 ~ 6 g。外用适量。

【注意事项】 反乌头，不宜与川乌、制川乌、草乌、制草乌、附子同用。

棕榈炭

棕榈科植物棕榈的叶柄加工品。主产于华南、华东及西南等地。煅炭用。

【性味归经】 涩、苦，平。归肺、肝、大肠经。

【功能主治】 收敛止血。主治咯血、衄血、崩漏、便血。

【配伍应用】 棕榈炭配大蓟、小蓟，用于咯血、衄血、崩漏、便血，因本品能收涩止血。

【用法用量】 3 ~ 9 g，一般炮制后用。

【注意事项】 本品收涩性强，出血兼有瘀滞及湿热下痢初起者慎用。

血余炭

人发的加工品。焖煅成炭用。

【性味归经】 苦，平。归肝、胃经。

【功能主治】止血散瘀，补阴利尿。主治咯血、衄血、吐血、便血、血淋、崩漏，小便不利。

【配伍应用】①血余炭配大蓟、小蓟，用于咯血、衄血、崩漏、尿血，因本品能收涩止血，又能散瘀。②血余炭配滑石，用于小便不利，因本品能补阴利尿。

【用法用量】5～10 g。

【注意事项】内有瘀热者不宜，胃弱者慎服。

藕 节

睡莲科多年生水生植物莲根茎的节部。主产于浙江等地。生用或炒炭用。

【性味归经】甘、涩，平。归肝、肺、胃经。

【功能主治】收敛止血。主治各种出血证。

【配伍应用】藕节配白及，用于吐血、咯血等证，因本品能收敛止血。

【用法用量】9～15 g。

三、化瘀止血药

既可止血，又能活血化瘀的药物，称为化瘀止血药，适用于因瘀血内阻而血不循经之出血证。本类药物多为辛味，其性可偏温或偏寒，主要归肝、心经。

三 七

五加科多年生草本植物三七的根。主产于云南、广西。多为栽培品。夏末秋初开花前采者称"春三七"，秋冬果熟后采收为"冬三七"，以前者为佳。生用。

【性味归经】甘、微苦，温。归肝、胃经。

【功能主治】化瘀止血，活血定痛。主治各种出血，跌打损伤，瘀滞肿痛。

【配伍应用】①三七配血余炭或单用，用于咯血、衄血、崩漏、尿血等各种出血证；因本品止血作用佳，并能活血化瘀，具有止血不留瘀的特长，对出血兼有瘀滞者尤为适宜。②三七配川芎或单用，用于跌打损伤、瘀滞肿痛，因本品有活血祛瘀、消肿止痛之功，尤长于止痛。

【用法用量】3～9 g；研粉吞服，一次1～3 g，外用适量。

【注意事项】孕妇慎用；本品性温，凡出血而见阴虚口干者，须配滋阴凉血药同用。

茜 草

茜草科多年生草本植物茜草的根及根茎。主产于安徽等地。生用或炒用。

【性味归经】苦，寒。归肝经。

【功能主治】凉血止血，活血祛瘀。主治各种出血，跌打损伤，血滞经闭，关节疼痛。

【配伍应用】①茜草配大蓟、小蓟、侧柏叶，用于各种出血证，因本品既能凉血止血，又能活血化瘀。②茜草配当归、香附等，用于治经闭，因本品能活血祛瘀。

【用法用量】6～10 g。

蒲 黄

香蒲科多年生水生草本植物水烛香蒲、东方香蒲或同属植物的花粉。主产于江苏等地。生用或炒用。

【性味归经】甘，平。归肝、心包经。

【功能主治】收敛止血，行血祛瘀。主治咯血、吐血、衄血、尿血、便血、崩漏及创伤出血，产后瘀痛，痛经。

【配伍应用】①蒲黄配仙鹤草，用于咯血、衄血、崩漏、尿血等，因本品长于涩敛，止血作用较佳。②蒲黄配五灵脂，用于产后瘀痛、痛经等证，因本品生用能活血祛瘀。

【用法用量】5～10 g，包煎。外用适量，敷患处。

【注意事项】孕妇忌服。

花蕊石

变质岩类岩石含蛇纹大理岩的石块。主产于江苏、浙江等地。全年可采。多经火煅，研末，水飞后用。

【性味归经】酸、涩，平。归肝经。

【功能主治】止血，化瘀。主治各种内出血。

【配伍应用】花蕊石配三七，用于咯血、吐血等内出血而兼有瘀滞之证，因本品涩能止血、兼能化瘀。

【用法用量】4.5～9 g，多研末服。外用适量。

【注意事项】凡无瘀滞及孕妇忌服，无瘀血停留者不宜服用。

五灵脂

鼯鼠科动物复齿鼯鼠的粪便。主产于河北等地。全年均可采收。醋炙或酒炙用。

【性味归经】甘、苦、咸，温。归肝经。

【功能主治】活血止痛，化瘀止血。主治痛经，血滞经闭，崩漏，胸痛。

【配伍应用】①五灵脂配蒲黄，用于痛经、血虚经闭、胸痛等证，因本品能活血散瘀止痛。②五灵脂配三七，用于妇女崩漏经多，因本品炒用化瘀止血。

【用法用量】3～10 g。

【注意事项】孕妇慎用。

降　香

豆科小乔木植物降香檀树干和根的心材。主产于广东、广西等地。生用。

【性味归经】辛，温。归肝、脾经。

【功能主治】活血散瘀，止血定痛。主治气滞血瘀所致胸胁作痛，跌打损伤，出血。

【配伍应用】①降香配郁金，用于气滞血瘀所致胸胁作痛，因本品能活血散瘀、止血定痛。②降香配乳香、没药，用于损伤瘀血肿痛，因本品能活血散瘀、止血定痛。

【用法用量】9～15 g，后下。外用适量，研细末敷患处。

【注意事项】凡阴虚火盛、血热妄行而无瘀滞者不宜用。

艾　叶

菊科多年生草本植物艾的叶。全国大部分地区均产。生用、捣绒或制炭用。

【性味归经】苦、辛，温。有小毒。归肝、肾、脾经。

【功能主治】温经止血，散瘀止痛。主治出血证，下焦虚寒，腹中冷痛，月经不调，经行腹痛，带下。

【配伍应用】①艾叶配阿胶，用于妇女崩漏下血，因本品能温经止血。②艾叶配当归，用于下焦虚寒、腹中冷痛、月经不调、经行腹痛、带下，因本品生用能温通经脉、逐寒湿而止冷痛。

【用法用量】3～9 g，外用适量，供灸治或熏洗用。

【注意事项】阴虚血热者慎用。

四、温经止血药

既可止血，又能温里散寒的药物，称为温经止血药。本类药物主要适用于脾阳虚不能统血或冲脉失固之虚寒性出血证，症见出血日久、血色暗淡，且有全身虚寒表现者。本类药物药性温热，故热盛及阳虚火旺之热性出血应忌用。

灶心土

久经柴草熏烧的灶底中心的土块。全国农村都有。拆修柴火灶时，将烧结的土块取下，用刀削去焦黑部分及杂质即可。

【性味归经】辛，温。归脾、胃经。

【功能主治】温中止血，止呕，止泻。主治吐血、衄血、便血、崩漏，呕吐，脾虚久泻。

【配伍应用】①灶心土配阿胶，用于吐血、衄血、便血、崩漏，因本品能温中收涩以止血。②灶心土配半夏，用于脾胃虚寒呕吐，因本品能降逆止呕。③灶心土配白术、肉豆蔻，用于脾虚久泻，因本品能温脾涩肠以止泻。

【用法用量】15～30 g。

【注意事项】布包，先煎。

第十一节　消食药

凡以消食化积为主要功效的药物，称为消食药。本类药物多属甘平之品，除能消化饮食积滞外，多数具有开胃和中的作用，其中个别药物尚有运脾之功。适用于食积不化所致的脘腹胀满、嗳气吞酸、大便失常，以及脾胃虚弱、消化不良等证。在使用上，消食作用虽缓和，但部分药也有耗气之弊，对气虚食滞者当调养脾胃为主。消食药不宜过服久服，以免耗伤正气。

山　楂

蔷薇科灌木或小乔木山里红或山楂的成熟果实。主产于山东、河北、河南等地。秋季果实成熟时采收。生用或炒用。

【性味归经】酸、甘，微温。归脾、胃、肝经。

【功能主治】消食化积，活血散瘀。主治食滞不化，肉积不消，脘腹胀痛，腹痛泄泻，产后瘀阻腹痛、恶露不尽，疝气痛。

【配伍应用】①山楂配神曲，用于食滞不化，因本品能消食化积。②山楂配当归，用于产后瘀阻腹痛、恶露不尽，因本品能活血散瘀。

【用法用量】9～12 g。

【注意事项】脾胃虚弱而无积滞者慎用；近年临床常以生山楂用于原发性高血压病、冠心病及高血脂的治疗。

神　曲

大量面粉、麦麸与适量鲜辣蓼、鲜青蒿、苦杏仁、赤小豆粉和鲜苍耳混合后经发酵而成的加工品。全国各地均产。生用或炒用。

【性味归经】甘、辛、温。归脾、胃经。

【功能主治】消食和胃。主治食积不化，脘腹胀痛，肠鸣泄泻。

【配伍应用】神曲配山楂、麦芽，用于食积不化、脘腹胀痛、肠鸣泄泻，因本品能消食健胃和中。

【用法用量】6～15 g。

麦　芽

禾本科草本植物大麦的成熟果实经发芽干燥而成。全国各地均产。生用或炒用。

【性味归经】甘，平。归脾、胃经。

【功能主治】消食和中，回乳。主治食积不化，消化不良，不思饮食，脘闷腹胀，断乳。

【配伍应用】①麦芽配神曲，用于食积不化，消化不良，因本品能消食和中。②麦芽有回乳之功，每天用生、炒麦芽各30～60 g，用于妇女断乳。

【用法用量】10～15 g。

【注意事项】妇女哺乳期不宜用。

谷　芽

禾本科草本植物稻的成熟果实，经发芽干燥而成。全国各地均产。生用或炒用。

【性味归经】甘，温。归脾、胃经。

【功能主治】消食和中，健脾开胃。主治食积停滞，消化不良。

【配伍应用】谷芽配神曲，用于食积不化，消化不良，因本品能消食和中。

【用法用量】9～15 g。

【注意事项】胃下垂者忌用。

莱菔子

十字花科草本植物萝卜的种子。全国各地均产。初夏采收成熟种子。晒干，生用或炒用，用时宜捣碎。

【性味归经】辛、甘、平。归脾、胃、肺经。

【功能主治】消食化积，降气化痰。主治食积不化，中焦气滞，脘腹胀满，痰涎咳嗽。

【配伍应用】①莱菔子配神曲，用于食积不化，因本品能消食化积。②莱菔子配白芥子、紫苏子，用于痰涎咳嗽，因本品能降气化痰。

【用法用量】5～12 g。

【注意事项】气虚及无食积、痰滞者慎用。非脾虚气滞者，不宜与人参同用。

鸡内金

雉科动物家鸡的砂囊内壁。全国各地均产。杀鸡后，取出鸡肫，立即取下内壁，洗净、晒干。炒用。

【性味归经】甘，平。归脾、胃、小肠、膀胱经。

【功能主治】运脾消食，固精止遗。主治食积不化，消化不良，小儿疳积，遗尿，遗精，结石。

【配伍应用】①鸡内金配山楂，用于食积不化、消化不良，因本品消食力量较强，且有运脾健胃之功。②鸡内金配桑螵蛸，用于遗尿、遗精，因本品能固精止遗。③鸡内金配金钱草，用于结石，因本品能化坚消石。

【用法用量】3~10 g。

【注意事项】脾虚无积者慎用。

第十二节　驱虫药

凡以驱除或杀灭寄生虫为其主要作用的药物，称为驱虫药。驱虫作用与药物寒热无直接关系，故其药性无规律性。本类药物主要用于肠寄生虫病，如蛔虫病、蛲虫病、绦虫病、钩虫病等。应用时，必须根据寄生虫的种类及患者体质的强弱而选用适当的驱虫药，并需视具体证情而配伍相应的药物。驱虫药一般应在空腹时服，使药力较易作用于虫体，以收驱虫之效。本类药物中，部分药物具有相当的毒性，应用时必须注意剂量，以免损伤正气。在发热或腹痛较剧时，暂时不宜使用驱虫药。孕妇、老弱患者都应慎用。

使君子

使君子科灌木植物使君子的干燥果实。主产于四川、福建等地。取种仁生用或炒香用。

【性味归经】甘，温。归脾、胃经。

【功能主治】杀虫消积。主治蛔虫病，小儿疳积。

【配伍应用】①使君子配苦楝皮，用于蛔虫病，因本品有杀虫消积之功。②使君子配党参、白术，用于小儿疳积，因本品能杀虫消积。

【用法用量】9~12 g，捣碎入煎剂；使君子仁6~9 g，多入丸散或单用，作1~2次分服。小儿每岁1~1.5粒，炒香嚼服，日总量不超过20粒。

【注意事项】大量服用能引起呃逆、眩晕、呕吐等反应，与热茶同服，亦能引起呃逆，故服药时忌饮热茶。

苦楝皮

楝科乔木植物楝树和川楝树的根皮或树皮。主要分布于四川、贵州等地。生用或用鲜品。

【性味归经】苦，寒。有毒。归肝、脾、胃经。

【功能主治】杀虫，疗癣。主治蛔虫病、钩虫病、蛲虫病、头癣、疥疮。

【配伍应用】①苦楝皮配槟榔，用于蛔虫病、钩虫病，因本品能杀虫。②苦楝皮外用，用于治头癣、疥疮，因本品能疗癣。

【用法用量】3~6 g，外用适量，研末，用猪脂调涂患处。

【注意事项】本品有一定毒性，不宜持续和过量服用。肝、肾功能不良者、孕妇、脾胃虚寒者慎服。

槟　　榔

棕榈科乔木植物槟榔的成熟种子。主产于海南等地。切片或捣碎用。

【性味归经】苦、辛，温。归胃、大肠经。

【功能主治】杀虫，消积，行气，利水。主治多种寄生虫病，食积气滞，腹胀，水肿。

【配伍应用】①槟榔配南瓜子，用于绦虫病，因本品能杀虫。②槟榔配木香，用于食积气滞，因本品能消积行气。③槟榔配泽泻，用于水肿实证，因本品能行气利水。

【用法用量】3~10 g；驱绦虫、姜片虫30~60 g。

【注意事项】气虚下陷或脾虚便溏者忌用，孕妇慎用。

南瓜子

葫芦科一年生藤本植物南瓜的种子。主产于浙江、江苏等地。研粉生用。以新鲜者良。

【性味归经】甘，平。归胃、大肠经。

【功能主治】杀虫。主治绦虫病，蛔虫病。

【配伍应用】①南瓜子配槟榔，用于绦虫病，因本品能杀虫。②南瓜子还可用于血吸虫病。

【用法用量】60~120 g。

【注意事项】研粉，冷开水调服。

鹤草芽

蔷薇科多年生草本植物龙芽草（仙鹤草）的冬芽。全国各地均有分布。研粉用。

【性味归经】苦、涩，凉。归胃经。

【功能主治】杀虫。主治绦虫病。

【配伍应用】鹤草芽研粉单用，用于绦虫病，因本品能杀虫。

【用法用量】研粉吞服，每次30~60 g。

【注意事项】本品不宜入煎剂，有效成分几乎不溶于水，遇热易被破坏。

雷　丸

多孔菌科植物雷丸的干燥菌核。主产于四川、贵州等地。生用。

【性味归经】微苦，寒。归胃、大肠经。

【功能主治】杀虫。主治蛔虫病，绦虫病，钩虫病。

【配伍应用】雷丸配槟榔、苦楝皮、牵牛子，用于蛔虫病、绦虫病、钩虫病，因本品能杀虫。

【用法用量】15~21 g，不宜入煎剂，一般研粉服，一次5~7 g，饭后用温开水调服，每日3次，连服3日。

【注意事项】有虫积而脾胃虚寒者慎服。

鹤　虱

菊科多年生草本植物天名精的成熟果实。主产于华北、华中、西南等地。生用或炒用。

【性味归经】苦、辛，平。有小毒。归脾、胃经。

【功能主治】杀虫。主治蛔虫病，蛲虫病，绦虫病。

【配伍应用】鹤虱配使君子，用于蛔虫病、蛲虫病、绦虫病，因本品能杀虫。

【用法用量】3~9 g。

【注意事项】鹤虱有毒，孕妇禁用。

榧　子

红豆杉科常绿乔木植物榧树的成熟种子。主产于安徽等地。生用或炒用。

【性味归经】甘,平。归肺、胃、大肠经。

【功能主治】杀虫。主治多种寄生虫病。

【配伍应用】榧子配苦楝皮,用于蛔虫病,因本品能杀虫。

【用法用量】9~15 g。

【注意事项】饭前不宜多吃,以免影响正餐。

芜　荑

榆科小乔木或灌木植物大果榆果实的加工品。主产于黑龙江等地。晒干入药。

【性味归经】辛、苦,温。归肺、脾、胃经。

【功能主治】杀虫消疳。主治虫积腹痛,小儿疳积泄泻。

【配伍应用】①芜荑配苦楝皮,用于寄生虫病,因本品能杀虫。②芜荑配白术,用于小儿疳积泄泻,因本品能杀虫消积。

【用法用量】4.5~6 g,外用适量。

第十三节　止咳平喘药

凡具有祛痰或消痰作用的药物,称为化痰药;能减轻或制止咳嗽和喘息的药物,称为止咳平喘药。一般咳嗽多挟痰、痰多必致咳喘,而化痰药多兼止咳、平喘作用,止咳平喘药也多兼化痰作用。故两者合称化痰止咳平喘药。化痰药主要用于痰多咳嗽或痰饮气喘,咯痰不爽之证。止咳平喘药主要用于内伤、外感所引起的咳嗽和喘息。中医理论认为,癫痫惊厥、瘰疬痰核、阴疽流注等证,在病机上均与痰有密切的关系,故也可用化痰药治疗。在实际应用中,凡咳嗽兼咯血者,不宜用强烈而有刺激性的化痰药,麻疹初期不宜止咳,尤其不能用温性或带有收敛性质的化痰止咳药。

一、化痰药

本类药物中,药性偏于温燥者,有温肺祛痰、燥湿化痰之功,适用于寒痰、湿痰引起的咳嗽、气喘、痰多以及痰湿阻络所致的肢节酸痛、阴疽流注等证;药性偏于寒凉者,有清热化痰之功,适用于热痰所致的咳喘胸闷,痰稠咳之不利,以及癫痫瘰疬等证。

半　夏

天南星科植物半夏的块茎。主产于四川、湖北、江苏等地。夏、秋二季采挖。一般需用姜汁、明矾炮制后入药。

【性味归经】辛,温。有毒。归肺、脾、胃经。

【功能主治】燥湿化痰,降逆止呕,消痞散结。主治咳嗽、痰多、气逆、恶心呕吐、梅核气等证。

【配伍应用】①半夏配陈皮、茯苓,增强燥湿化痰之功,用于脾不化湿、痰涎壅滞所致的痰多、咳嗽、嗳气等证。②半夏配生姜,可增强止呕的功效,用于胃气上逆所致的恶心呕吐等证。③半夏配昆布、海藻,祛痰散结,用于瘰疬痰核之证。

【用法用量】3~9 g,内服一般炮制后使用;外用适量,磨汁涂或研末以酒调敷患处。

【注意事项】生品内服宜慎。因其性温燥,对阴虚燥咳、血证、热痰者均应忌用。

本品反乌头，不宜与川乌、制川乌、草乌、制草乌、附子同用。

天南星

天南星科植物天南星、异叶天南星或东北天南星的块茎。主产于河南、江苏、辽宁等地。秋、冬二季采挖。常用姜汁、明矾制后入药，即制南星。

【性味归经】辛、苦，温。有毒。归肺、肝、脾经。

【功能主治】燥湿化痰，祛风止痉。主治顽痰咳嗽、胸膈胀闷、风痰眩晕、口眼㖞斜、破伤风等证。

【配伍应用】①天南星配黄芩、瓜蒌等清热化痰之品，用于肺热咳嗽、咯痰黄稠等证。②天南星配白附子、半夏、川乌，用于风痰阻络所致的手足麻木、半身不遂、口眼㖞斜等证。③天南星配白芷、防风、天麻，用于破伤风等证。

【用法用量】外用生品适量，研末以酒或醋调敷患处；制天南星，3～9 g。

【注意事项】孕妇慎用，阴虚燥咳者禁用。生天南星一般不作内服。

制白附子

天南星科植物独角莲的干燥块茎。经炮制加工制成。其制法为取净白附子，按大小分开，用水浸泡，每天换水2～3次，数天后起黏沫，换水后加白矾（每100 kg白附子，用白矾2 kg），泡1天后再进行换水，至口尝微有麻舌感时，取出。将生姜片、白矾各12.5 kg置锅内加适量水煮沸后，倒入白附子共煮至无白心，取出，除去生姜片，晾至六七成干，切厚片，干燥。以黄色、角质者为佳。

【性味归经】辛，温；有毒。归胃、肝经。

【功能主治】祛风痰，定惊搐，解毒散结，止痛。用于中风痰壅，口眼㖞斜，语言謇涩，惊风癫痫，破伤风，痰厥头痛，偏正头痛，瘰疬痰核，毒蛇咬伤。

【用法用量】3～6 g。一般炮制后用，外用生品适量捣烂，熬膏或研末以酒调敷患处。

【注意事项】阴虚、血虚动风、热盛动风者不宜使用，孕妇忌服。生品一般不作内服。

白芥子

十字花科植物白芥的种子。主产于安徽、河南等地。夏末秋初果实成熟时采收。晒干后打下种子，生用或炒用。

【性味归经】辛，温。归肺经。

【功能主治】温肺祛痰，利气散结，通络止痛。主治寒痰壅滞以及关节疼痛、麻木等证。

【配伍应用】①白芥子配紫苏子、莱菔子，用于寒痰壅滞所致的咳喘、痰多清稀。②白芥子配没药、木香等中药，用于治疗肩背肢体疼痛、麻木。

【用法用量】3～10 g。

【注意事项】非顽痰体壮邪实者慎用，气虚阴亏及有出血倾向者禁止用外敷，皮肤过敏者忌用。

桔　　梗

桔梗科植物桔梗的根。主产于安徽、湖北、辽宁等地。春、秋二季采挖。晒干，生用。

【性味归经】苦、辛，平。归肺经。

【功能主治】开宣肺气，祛痰，排脓。主治肺寒、肺热所致的咳嗽痰多，以及肺痈之证。

【配伍应用】①桔梗配苦杏仁、紫苏叶、陈皮，用于外感风寒、咳嗽痰多、胸膈痞闷、咽痛音哑等证。②桔梗配贝母、甘草、鱼腥草，用于肺痈胸痛、咳吐脓血、痰黄腥臭等证。

【用法用量】3～10 g。

【注意事项】阴虚久咳、气逆及咯血者忌服。

旋覆花

菊科植物旋覆花或欧亚旋覆花的头状花序。主产于河南、河北、江苏等地。夏、秋二季采收。阴干或晒干，生用。

【性味归经】辛、苦，咸，微温。归肺、脾、胃、大肠经。

【功能主治】消痰行水，降气止呕。主治痰涎壅盛，咳喘痰多以及嗳气、呕吐等症。

【配伍应用】①旋覆花配生姜、半夏、细辛，用于寒痰咳喘，胸膈痞闷等证。②旋覆花配半夏、人参、赭石，能降气止呕，用于脾胃气虚、痰湿上逆所致的嗳气、呕吐、心下痞满之证。

【用法用量】3～9 g，包煎。

【注意事项】阴虚劳嗽、津伤燥咳者慎用。

白　　前

萝藦科植物柳叶白前或芫花叶白前的根茎及根。主产于浙江、安徽、福建等地。秋季采挖。晒干，生用或蜜炙用。

【性味归经】辛、苦，微温。归肺经。

【功能主治】祛痰，降气止咳。主治外感风寒，风热所致的痰多咳喘之证。

【配伍应用】①白前配紫菀、半夏，用于外感风寒所致的痰多咳嗽，喘促之证。②白前配桑白皮、地骨皮，用于外感风热所致的痰多咳嗽，喘促之证。

【用法用量】3～10 g。

【注意事项】阴虚火动之风及不因外感而有痰者禁用。

前　　胡

伞形科植物白花前胡或紫花前胡的根。前者主产于浙江、湖南、四川等地；后者主产于江西、安徽等地。冬季至次春间采挖。晒干，切片生用或蜜炙用。

【性味归经】苦、辛，微寒。归肺经。

【功能主治】降气祛痰，宣散风热。主治肺气不降及外感风热所致的咳喘痰多之证。

【配伍应用】①前胡配桑白皮、贝母、苦杏仁，降气化痰，用于咳喘痰稠、胸膈痞满等证。②前胡配薄荷、牛蒡子、桔梗，用于风热壅肺所致的咳嗽。

【用法用量】3～10 g。

【注意事项】阴虚火动之风及不因外感而有痰者禁用。

瓜　　蒌

葫芦科植物栝楼或双边栝楼的成熟果实。主产于河北、河南、安徽等地。秋季采收。干燥，生用。

【性味归经】甘、微苦，寒。归肺、大肠经。

【功能主治】瓜蒌皮清肺化痰，利气宽胸；瓜蒌子润肺化痰，滑肠通便；全瓜蒌兼具以上功效。

【配伍应用】①瓜蒌配知母、贝母，用于肺热咳嗽，痰稠不易咳出之证。②瓜蒌配薤白、桂枝、半夏，利气散结以宽胸，用于胸痹、结胸、胸膈痞闷等证。③瓜蒌配郁李仁、火麻仁能润肠通便，用于肠燥便秘。

【用法用量】9~15 g。

【注意事项】本品反乌头。不宜与川乌、制川乌、草乌、制草乌、附子同用。

川贝母

百合科植物川贝母、暗紫贝母、甘肃贝母或梭砂贝母的鳞茎。主产于四川、云南、甘肃等地。夏、秋二季采挖。晒干，生用。

【性味归经】苦、甘，微寒。归肺、心经。

【功能主治】清热润肺，化痰止咳，散结消痈。用于肺热燥咳，干咳少痰，阴虚劳嗽，痰中带血，瘰疬，乳痈，肺痈。

【配伍应用】①川贝母配沙参、麦冬、知母，治阴虚久咳，肺痨久嗽。②川贝母配玄参、牡蛎，治痰火郁结之瘰疬。

【用法用量】3~10 g，研粉冲服，一次1~2 g。

【注意事项】不宜与川乌、制川乌、草乌、制草乌、附子同用。

浙贝母

百合科植物浙贝母的鳞茎。主产于浙江、江苏、安徽等地；原产于浙江象山县，故称象贝。初夏采挖。晒干，生用。

【性味归经】苦、寒。归肺、心经。

【功能主治】清热化痰止咳，解毒散结消痈。用于风热咳嗽，痰火咳嗽，肺痈，乳痈，瘰疬，疮毒。

【配伍应用】①浙贝母配瓜蒌、桔梗等清热化痰止咳药，治热痰咳嗽。②浙贝母清热消肿散结之力比川贝母更强，配玄参、牡蛎，治痰火郁结之瘰疬。

【用法用量】5~10 g。

【注意事项】同川贝母。

天竺黄

禾本科植物青皮竹或华思劳竹等秆内分泌液干燥后的块状物。主产于云南、广东、广西等地。秋、冬二季采收。生用。

【性味归经】甘，寒。归心、肝经。

【功能主治】清热化痰，清心定惊。主治痰热惊搐之证。

【配伍应用】①天竺黄配胆南星、朱砂、白僵蚕，能息风定惊，用于痰热惊搐之证。②天竺黄配磁石、龙骨、珍珠母，能镇惊安神，用于惊悸失眠、多梦等证。

【用法用量】3~9 g。

【注意事项】脾胃虚寒者慎用，血虚失眠者不宜用。

竹 茹

禾本科植物青秆竹、大头典竹或淡竹的茎的中间层。主产于四川、湖北、安徽等地。全年均可采制。鲜用，或晒干生用。

【性味归经】甘、微寒。归肺、胃、心、胆经。

【功能主治】清化热痰，除烦止呕。主治肺热咳嗽，胃热呕吐等疾病。

【配伍应用】①竹茹配黄芩、瓜蒌，能清热化痰，用于肺热咳嗽、咳痰黄稠等证。②竹茹配陈皮、半夏、茯苓，用于痰火扰心所致的心烦失眠、惊悸等证。③竹茹配黄连，能清胃止呕，用于胃热呕吐等证。

【用法用量】5 ~ 10 g。

【注意事项】本品为清胃除烦之要药。

礞　石

绿泥石片岩或云母岩的石块或碎粒。前者称为青礞石，主产于湖南、湖北、四川等地；后者称为金礞石，主产于河南、河北等地。全年可采。除去杂质，煅用。

【性味归经】甘、咸，平。归肺、心、肝经。

【功能主治】下气消痰，平肝镇惊。主治顽痰、老痰以及惊痫之证。

【配伍应用】①礞石配沉香、黄芩、大黄，用于顽痰，老痰浓稠胶结，气逆喘咳的实证。②礞石配珍珠母、薄荷，能攻消痰积、平肝镇惊，用于痰积惊痫之证。

【用法用量】多入丸散服，3 ~ 6 g；煎汤，10 ~ 15 g，布包先煎。

【注意事项】孕妇慎用。

海　藻

马尾藻科植物海蒿子或羊栖菜的藻体。主产于辽宁、山东、福建等地。夏、秋二季采捞。晒干，生用。

【性味归经】苦、咸，寒。归肝、胃、肾经。

【功能主治】消痰软坚，利水。

【配伍应用】①海藻配昆布、贝母、夏枯草、连翘，能消痰软坚散结，用于瘿瘤、瘰疬等证。②海藻配车前草、益母草，用于脚气浮肿及水肿。

【用法用量】6 ~ 12 g。

【注意事项】本品反甘草，不宜与甘草同用。

二、止咳平喘药

本类药物适用于咳嗽喘息等病证。由于喘咳的病证较为复杂，有干咳无痰、有咳痰黄稠或清稀、有外感咳嗽、有虚劳咳嗽等，寒热虚实各不相同，故应选用适宜的药物，并作适当的配伍应用。

苦杏仁

蔷薇科乔木植物山杏、西伯利亚杏、东北杏或杏的成熟种子。主产于东北、内蒙古、华北等地。夏季采收。取出种子，晒干。生用入药。

【性味归经】苦，微温；有小毒。归肺、大肠经。

【功能主治】止咳平喘，润肠通便。主治咳嗽气喘、肠燥便秘等证。

【配伍应用】①苦杏仁配桑叶、菊花、金银花等辛凉解表药，用于风热咳嗽。②苦杏仁配贝母、麦冬，用于燥热咳嗽。③苦杏仁配火麻仁、枳壳，用于肠燥便秘等证。

【用法用量】5 ~ 10 g，生品入煎剂后下。

【注意事项】不宜久煎；有小毒，勿过量；婴儿慎用。

百　部

百部科植物直立百部、蔓生百部或对叶百部的块根。主产于安徽、江苏、湖北等地。春、秋二季采挖。晒干，切厚片。生用或蜜炙用。

【性味归经】甘、苦，微温。归肺经。

【功能主治】润肺止咳，灭虱杀虫。主治新旧咳嗽，蛲虫病，头虱，体虱等病。

【配伍应用】①百部配荆芥、桔梗、紫菀，用于外感风热，咳嗽、咳痰、咽喉肿痛等证。②百部单品水煎外洗，对人的头虱、体虱及虱卵均有杀灭作用。

【用法用量】3～9 g。外用适量，水煎或酒浸。

【注意事项】灭虱宜生用，止咳宜蜜炙。

紫　菀

菊科植物紫菀的根及根茎。主产于河北、安徽、黑龙江等地。春、秋二季采挖。晒干，生用或炙用。

【性味归经】辛，苦，温。归肺经。

【功能主治】化痰止咳，主治肺虚久咳，痰中带血等多种咳嗽。

【配伍应用】①紫菀配伍桔梗、荆芥、陈皮，能化痰止咳，开宣肺气，用于外感风寒咳嗽、痰多。②紫菀配伍知母、阿胶，用于肺虚久咳、痰中带血等证。

【用法用量】5～10 g

【注意事项】有实热者忌服。

款冬花

菊科植物款冬花的花蕾。主产于河南、甘肃、山西等地。12月前后采挖。生用或蜜炙用。

【性味归经】辛，微苦，温。归肺经。

【功能主治】润肺下气，化痰止咳，主治各种咳嗽。

【配伍应用】①款冬花配菊药、桔梗，能宣肺止咳，用于外感风热、咳嗽痰黄等证。②款冬花配百合、白及、贝母，能润肺止咳，用于燥热伤肺、咳嗽痰稠，或痰中带血等证。

【用法用量】5～10 g。

【注意事项】因性温，故多宜于寒咳。

紫苏子

唇形科植物紫苏的成熟果实。主产于江苏、安徽、河南等地。秋季果实成熟时采收，晒干。生用。

【性味归经】辛，温，归肺经。

【功能主治】止咳化痰，润肠通便，主治咳嗽气喘、肠燥便秘等证。

【配伍应用】①紫苏子配白芥子、莱菔子，降气消痰平喘，用于痰壅气逆、咳嗽气喘等证。②紫苏子配厚朴、陈皮、半夏，用于痰涎壅在盛，喘咳嗽上气，胸膈满闷等证。

【用法用量】3～10 g。

【注意事项】气虚久咳，脾虚便溏者不宜用。

桑白皮

桑科小乔木植物桑的根皮。主产于安徽、河南、浙江等地。秋末叶落至次春发芽前采收。切丝生用或蜜炙用。

【性味归经】 甘，寒。归肺经。

【功能主治】 泻肺平喘，利水消肿。用于肺热喘咳，水肿胀满尿少，面目肌肤浮肿。

【配伍应用】 ①治肺热咳喘，常配地骨皮同用。②肺虚有热而咳喘气短、潮热、盗汗者，也可配人参、五味子、熟地等补益药。③常配茯苓皮、大腹皮、陈皮等，用于全身水肿、面目肌肤浮肿、胀满喘急、小便不利者。

【用法用量】 6～12 g。

【注意事项】 止咳宜蜜炙。

葶苈子

十字花科植物独行菜或播娘蒿的成熟种子。前者称为"北葶苈"，主产于河北、辽宁、内蒙古等地；后者称为"南葶苈"，主产于江苏、山东、安徽等地。夏季采收。生用或炒用。

【性味归经】 苦、辛，大寒。归肺、膀胱经。

【功能主治】 泻肺平喘，利水消肿。主治痰涎壅盛咳喘，水肿，小便不利等证。

【配伍应用】 ①葶苈子配大枣，能泻肺平喘，用于咳逆痰多、喘息不得卧、面目浮肿等证。②葶苈子配防己、椒目，能解肌发散，用于肺气闭塞的水肿、胸腹积水等证。③葶苈子配黄芪、附子，用于肺源性心脏病、心力衰竭等。

【用法用量】 3～10 g。

【注意事项】 脾虚便溏者慎用。

枇杷叶

蔷薇科小乔木植物枇杷的叶。主产于广东、江苏、浙江等地。全年均可采收。晒干，刮去毛。生用或蜜炙用。

【性味归经】 苦，微寒。归肺、胃经。

【功能主治】 化痰止咳，和胃降逆。主治肺热咳嗽，胃热呕吐等证。

【配伍应用】 ①枇杷叶配前胡、黄芩、半夏，能清肺化痰止咳，用于外感风热所致的咳嗽痰黄等证。②枇杷叶配麦冬、竹茹，能清胃热，止呕逆，用于胃热口渴、呕吐等证。

【用法用量】 6～10 g。

【注意事项】 止咳宜蜜炙用。

白　果

银杏科植物银杏的成熟种子。主产于广西、四川、河南等地。秋季采收。生用或炒用。

【性味归经】 甘、苦、涩，平；有毒。归肺、肾经。

【功能主治】 敛肺平喘，收涩止带。主治喘咳，气逆，白浊带下等证。

【配伍应用】 ①白果配黄芩、桑白皮，能敛肺气，平喘咳，用于肺热咳嗽、气喘等证。②白果配黄柏、芡实，能清热燥湿、止带，用于湿热下注所致的带下色黄腥臭等证。

【用法用量】 5～10 g。

【注意事项】凡咳嗽痰稠不利者均当慎用；有小毒，不宜过量。

第十四节　开窍药

凡具有辛香走窜之性，以开窍醒神为主要功效的药物，称为开窍药。本类药物辛香行散，皆主入心经，功能通闭开窍，苏醒神志。适用于热陷心包或痰浊阻蔽等所致的神昏谵语，以及惊痫、中风等病出现的突然昏厥之证。根据本类药物的药性和临床应用的不同，可分为温开药和凉开药两类。温开药适用于寒闭证；凉开药适用于热闭证。神志昏迷有虚实之分，实者即闭证，治当开窍醒神；虚者即脱证，治当回阳救逆，益气固脱。本类药物只适用于闭证，不宜用于脱证。另外，本类药物为救急、治标之品，只宜暂用，不宜久服，以免耗气；本类药物大多辛香，易于挥发，故多入丸散，不宜煎煮。

麝　香

鹿科动物林麝、马麝或原麝成熟雄体香囊中的干燥分泌物。主产于四川、西藏、云南等地。野生麝多在冬季至次年春季猎取雄麝，割取香囊；人工驯养麝多采用手术取香法，直接从香囊中取出麝香仁，置于遮光容器内，密闭储藏。

【性味归经】辛，温。归心、脾经。

【功能主治】开窍醒神，活血散结，止痛，催产。主治热病神昏，癥瘕，心腹暴痛及胎死腹中等症。

【配伍应用】①麝香配犀角、牛黄，有清热开窍醒神之功，用于温热病热入心包神昏痉厥、中风痰厥、惊痫等闭证。②麝香配木香、桃仁，具有活血散结，行气止痛的功效，用于心腹暴痛、跌打损伤及痹证诸痛。③麝香配肉桂，催生下胎，用于胎死腹中或胞衣不下之证。

【用法用量】0.03～1 g，多入丸散用，外用适量。

【注意事项】虚证者慎用，脱证者忌用，孕妇及妇女月经期均应忌用。

冰　片

龙脑香科乔木植物龙脑香树脂的加工品，或龙脑香的树干经蒸馏冷却而得的结晶，称为"龙脑冰片"。由菊科植物艾纳香（大风艾）的叶，经蒸馏、升华的加工品，称为"艾纳香""艾片"。现多将松节油、樟脑等用化学合成法加工所得物，称为"机制冰片"。龙脑香主产于印度尼西亚、新加坡、泰国等，艾纳香主产于广东、广西、云南等地。冰片成置于容器内密闭，储于阴凉处，研粉用。

【性味归经】辛，苦，微寒。归心、脾、肺经。

【功能主治】开窍醒神，清热止痛。主治神昏痉厥，各种疮疡，咽喉肿痛，目疾等证。

【配伍应用】①冰片配麝香、牛黄，开窍醒神，用于神昏、痉厥等证。②冰片配硼砂、朱砂、玄明粉，用于咽喉肿痛及口疮的治疗。

【用法用量】0.15～0.3 g，入丸散用，外用研粉点敷患处。

【注意事项】孕妇慎用；不宜入煎剂。

苏合香

金缕梅科植物苏和香树的树脂。主产于非洲、印度、土耳其等地，我国广西、云南有栽培。初夏时将树皮击伤或割破至木部，使香树脂渗入树皮内，秋季剥下树皮，榨取香树脂即为普通苏合香。若将其溶于酒精中，过滤，再蒸去酒精，则为精制苏合香。成品装入容器内密闭，置阴凉处保存。

【性味归经】辛，温。归心、脾经。

【功能主治】开窍辟秽，止痛。主治中风痰厥，猝然昏倒以及胸腹冷痛等证。

【配伍应用】①苏合香配麝香、丁香，用于中风痰厥、猝然昏倒的寒闭证。②苏合香配檀香、冰片、乳香，用于冠心病心绞痛，有很好的止痛效果。

【用法用量】0.3~1 g。

【注意事项】阴虚火旺者忌服；宜入丸剂。

石菖蒲

天南星科植物石菖蒲的根茎。主产于四川、浙江、江苏等地。秋、冬二季采挖，切片生用或鲜用。

【性味归经】辛，苦，温。归心、胃经。

【功能主治】开窍宁神，化湿和胃。主治神昏、健忘、耳鸣、胸腹胀痛等证。

【配伍应用】①石菖蒲配远志、茯苓、青龙齿，用于健忘、耳鸣、耳聋、失眠等证。石菖蒲配人参、茯苓等中药，有健脾开胃进食的功效。

【用法用量】3~10 g。

【注意事项】阴亏血虚精滑者慎用。

第十五节　平肝息风药

凡具有平抑肝阳、息风止痉功效的药物，称为平肝息风药。本类药物皆入肝经，多为介类、昆虫等动物药及矿石类药物，具有平肝潜阳、息风止痉之主要功效，部分平肝息风药以其质重、性寒沉降之性，兼有镇惊安神、清肝明目、降逆、凉血等作用，某些息风止痉药兼有祛风健络之功。适用于肝阳上亢之头晕目眩、肝风内动、癫痫抽搐、小儿惊风、破伤风等证。药性寒凉之品，脾虚慢惊者忌用；药性温燥之品，阴虚血亏者慎用。

羚羊角

牛科动物赛加羚羊的角。主产于新疆、甘肃、青海等地。羚羊全年均可捕捉，但以秋季猎取最佳。粉碎成细粉，或镑成薄片，生用。

【性味归经】咸，寒。归肝、心经。

【功能主治】平肝息风，清肝明目，清热解毒。主治惊风、癫痫、头晕目眩、头痛目赤、谵语、狂躁等症。

【配伍应用】①羚羊角配钩藤、菊花、生地黄，有清热息风之功，用于温热病热及动风的手足搐搦等证。②羚羊角配菊花、石决明，具有平肝潜阳的功效，用于肝阳上亢所致的头晕目眩等证。③羚羊角配决明子、黄芩、龙胆，用于肝火炽盛所致头痛、目赤等证。

【用法用量】1~3 g，宜另煎2小时以上，磨汁或研粉服，每次0.3~0.6 g。

【注意事项】脾虚慢惊者忌用，入煎剂宜另煎汁兑服，也可磨汁或锉末冲服。

石决明

鲍科动物杂色鲍（光底石决明）、皱纹盘鲍（毛底石决明）、羊鲍、澳洲鲍、耳鲍或白鲍的贝壳。主产于广东、福建、辽宁等地。夏、秋二季捕捉，剥除肉后，洗净贝壳，晒干。生用或煅用。

【性味归经】 咸，寒。归肝经。

【功能主治】 平肝潜阳，清肝明目。主治头晕目眩、目赤肿痛、视物模糊等目疾证。

【配伍应用】 ①石决明配生地黄、白芍、牡蛎，平肝潜阳，用于肝阳上亢所致的头晕目眩等证。②石决明配决明子、菊花，用于肝火上炎所致的目赤肿痛。

【用法用量】 6～20 g，先煎。

【注意事项】 脾胃虚寒、食少便溏者慎用。宜打碎先煎；平肝潜阳宜生用。

牡　蛎

牡蛎科动物长牡蛎、大连湾牡蛎或近江牡蛎等的贝壳。主产于广东、福建、山东等地。全年可采。生用或煅用。

【性味归经】 咸，微寒。归肝、胆、肾经。

【功能主治】 平肝潜阳，软坚散结，收敛固涩。主治心悸失眠、瘰疬痰核、虚汗、带下、崩漏等证。

【配伍应用】 ①牡蛎配龙骨、龟甲、白芍，用于阴虚阳亢所致的心悸失眠、头晕目眩、耳鸣等证。②牡蛎配黄芪、麻黄根、浮小麦，收敛固涩，用于自汗、盗汗等证。③牡蛎配贝母、玄参，用于痰火郁结所致的瘰疬、痰核等证。

【用法用量】 9～30 g，先煎。

【注意事项】 脾胃虚寒者慎服。宜打碎先煎；收敛固涩宜煅用。

珍　珠

珍珠贝科动物马氏珍珠贝、蚌科动物三角帆蚌或褶纹冠蚌等双壳类动物受刺激形成的珍珠。主产于广东、广西、海南。自动物体内取出，洗净，干燥，以粒大个圆、色白光亮、破开面有层纹、无硬核者为佳。

【性味归经】 甘、咸，寒。归心、肝经。

【功能主治】 镇心定惊，清肝除翳，收敛生肌。主治惊悸、癫痫、目赤肿痛以及疮面久不愈合等证。

【配伍应用】 ①珍珠配朱砂、琥珀、天南星，用于惊悸、癫痫等证。②珍珠配炉甘石、血竭，有收敛生肌的功效，用于疮面久不愈合。

【用法用量】 0.1～0.3 g，多入丸散用，外用适量。

【注意事项】 脾胃虚寒者慎用；多入丸散；外用适量。

珍珠母

蚌科动物三角帆蚌和褶纹冠蚌的蚌壳，或珍珠贝科动物珍珠贝、马氏珍珠贝等贝类动物贝壳的珍珠层。主产于海南、广东、广西等地。全年均可采收。生用或煅用。

【性味归经】 咸，寒。归肝、心经。

【功能主治】 平肝潜阳，清肝明目。主治肝阳上亢所致的头痛、眩晕、耳鸣、烦躁、失眠以及目赤、视物模糊等。

【配伍应用】 ①珍珠母配白芍、生地黄、龙齿，平肝潜阳，用于肝阳上亢所致的头痛、眩晕、耳鸣、烦躁、失眠以及目赤、视物模糊等证。②珍珠母配菊花、千里光、车前子，用于肝虚目昏、目赤畏光等证。③珍珠母配苍术、猪肝，用于夜盲。

【用法用量】10～28 g，先煎。

【注意事项】脾胃虚寒、食少便溏者慎用。宜打碎先煎；收敛宜煅用。

赭　　石

三方晶系氧化物类矿物赤铁矿的矿石。主产于山西、山东、河南等地。从矿床或岩石中掘出，去泥土杂石。打碎生用或醋淬研粉用。

【性味归经】苦、寒。归肝、心、肺、胃经。

【功能主治】平肝潜阳，降逆，止血。主治头痛眩晕、嗳气、呕吐、吐血等证。

【配伍应用】①赭石配旋覆花、半夏、生姜，用于胃气上逆所致的嗳气、呕吐、呃逆等证。②赭石配白芍、竹茹、白及等，用于吐血、衄血等证。

【用法用量】9～30 g，先煎。

【注意事项】脾胃虚寒、食少便溏者慎用，孕妇忌用。

钩　　藤

茜草科植物钩藤、大叶钩藤、毛钩藤、华钩藤或无柄钩藤的带钩茎枝。主产于广西、江西、浙江等地。春、秋二季采收。晒干，生用。

【性味归经】甘，凉。归肝、心包经。

【功能主治】息风止痉，清热平肝。主治惊痫抽搐、头晕目眩以及高血压等证。

【配伍应用】①钩藤配天麻、石决明、全蝎，用于惊痫抽搐等证。②钩藤配夏枯草、黄芩、菊花，用于肝阳上亢所致的头晕目眩、头痛头胀等证。

【用法用量】3～12 g，后下。

【注意事项】不宜久煎。

天　　麻

兰科植物天麻的块茎。主产于云南、贵州、四川等地，而南、北各地均有分布。冬春季节采集。用时润透，切片。

【性味归经】甘，平。归肝经。

【功能主治】息风止痉，平肝潜阳。主治肝风内动，惊痫抽搐，眩晕头痛以及风湿痹痛等证。

【配伍应用】①天麻配钩藤、羚羊角、全蝎，用于肝风内动，惊风抽搐等证。②天麻配黄芩、牛膝，用于肝阳上亢所致的眩晕头痛之证。③天麻配秦艽、羌活、桑寄生，用于风湿痹痛及肢体麻木等证。

【用法用量】3～10 g。

【注意事项】外感所致的眩晕不宜。

刺蒺藜

蒺藜科植物蒺藜的果实。主产于河南、河北、山东等地。秋季采收。打下果实，炒黄用。

【性味归经】苦、辛，微温。有小毒。归肝经。

【功能主治】平肝疏肝，祛风明目。主治头痛眩晕、风疹瘙痒、目赤多泪之证。

【配伍应用】①刺蒺藜配钩藤、珍珠母、菊花，用于肝阳上亢所致的头痛眩晕之证。

②刺蒺藜配蝉蜕、荆芥，用于治疗风疹瘙痒之证。

【用法用量】6～10 g。

【注意事项】血虚气弱及孕妇慎服。

全　蝎

钳蝎科动物东亚钳蝎的干燥体。主产于河南、山东、湖北等地。现多人工饲养。多于秋季，隔年收捕一次。野生蝎于春末至秋初捕捉。晾干，生用。

【性味归经】辛，平。有毒。归肝经。

【功能主治】息风止痉，解毒散结，通络止痛；主治急、慢惊风，中风面瘫，疮疡肿痛，偏正头疼，风湿痹痛等证。

【配伍应用】①全蝎配白附子、白僵蚕，用于中风口眼喎斜的治疗。②全蝎配蜈蚣，息风止痉，用于急、慢惊风，中风面瘫、破伤风等证。③全蝎配蜈蚣、白僵蚕，用于偏正头疼，风湿痹痛等证。

【用法用量】3～6 g。

【注意事项】本品有毒，用量不宜过大；血虚生风者慎用，孕妇禁用。

蜈　蚣

蜈蚣科动物少棘巨蜈蚣的干燥体。主产于江苏、浙江、湖北等地。春、夏二季捕捉。生用或烘炙研末用。

【性味归经】辛，温。有毒。归肝经。

【功能主治】息风止痉，解毒散结，通络止痛；主治急、慢惊风，中风面瘫，疮疡肿痛，偏正头疼，风湿痹痛等证。

【配伍应用】①蜈蚣配全蝎，息风止痉，用于急、慢惊风，中风面瘫、破伤风等证。②蜈蚣配天麻、白僵蚕、川芎，用于顽固性头痛、风湿痹痛等证。

【用法用量】3～5 g。

【注意事项】本品有毒，用量不宜过大。孕妇忌用，血虚生风者慎用。

僵　蚕

蚕蛾科昆虫家蚕蛾的幼虫，在吐丝前因感染白僵菌而发病致死的干燥体。主产于浙江、江苏、四川等地。收集病死的僵蚕，倒入石灰中拌匀，吸去水分，晒干或焙干。生用或炒用。

【性味归经】咸、辛，平。归肝、肺、胃经。

【功能主治】息风止痉，解毒散结，祛风止痛。主治惊痫抽搐、瘰疬痰核、咽喉肿痛、风虫牙痛等证。

【配伍应用】①白僵蚕配胆南星、天麻、全蝎，能息风定惊，用于痰热惊搐之证。②白僵蚕配贝母、夏枯草、玄参，用于瘰疬痰核、丹毒等证。

【用法用量】5～10 g。

【注意事项】散风热宜生用，一般宜炒制用。

地　龙

巨蚓科动物参环毛蚓或缟蚯蚓的全虫体。前者主产于广西、广东、福建等地；后者全国各地均有分布。夏秋捕捉。干燥用或鲜用。

【性味归经】咸、寒。归肝、肺、膀胱经。

【功能主治】清热息风，平喘，通络，利尿。主治壮热惊痫抽搐，痰鸣喘息以及热痹的关节红肿热痛等疾病。

【配伍应用】①地龙配钩藤、白僵蚕，用于壮热惊痫抽搐等证。②地龙配麻黄、苦杏仁，用于痰鸣喘息等证。③地龙配桑枝、忍冬藤、络石藤，用于热痹所致的关节红肿热痛等证。

【用法用量】5~10 g。

【注意事项】本品性寒而下行，故脾胃虚寒者及孕妇慎用。

第十六节　安神药

凡具有安定神志功效的药物，称为安神药。部分药物因较长于治阴血不足所致者，而标甘味，个别药物兼能清热，为寒性。本类药物多为矿物药和植物种子类药，具有重镇安神和养心安神的作用，皆主入心经，适用于心气虚、心血虚或心火盛以及其他原因所致的心神不宁、心悸怔忡、失眠多梦以及癫痫、惊风等证。安神药的运用须根据不同的病因病机选择适宜的药物，并作相应的配伍。矿石类药易伤胃耗气，须酌情配伍健脾养胃之品，且只宜暂服，部分药物有毒，更须慎用。

朱　砂

三方晶系硫化物类矿物辰砂族辰砂。主含硫化汞。主产于湖南、贵州、四川等地。随时开采。去除杂质，研细水飞，晒干装瓶备用。

【性味归经】甘，微寒。有毒。归心经。

【功能主治】镇心安神，清热解毒。主治心神不安、惊悸不眠、疮疡肿痛、惊风、癫痫、谵语、狂躁等证。

【配伍应用】①朱砂配当归、生地黄、柏子仁、酸枣仁，有清心养血安神之功，用于心火亢盛所致的心神不安、惊悸不眠等证。②朱砂配冰片、硼砂，用于咽喉肿痛等证。

【用法用量】0.1~0.5 g，多入丸散用，不宜入煎剂。

【注意事项】有毒，内服不可过量，功能异常者禁用。也不可持续服用，以免汞中毒。孕妇及肝、肾功能异常者禁用。

磁　石

氧化物类矿物磁铁矿的矿石，主含四氧化三铁。主产于江苏、山东、辽宁等地。随时开采。生用，或醋淬后用。

【性味归经】咸，寒。归心、肝、肾经。

【功能主治】潜阳安神，聪耳明目，纳气平喘。主治心悸失眠、耳鸣耳聋、肾虚气喘等证。

【配伍应用】①磁石配生地黄、白芍、石决明，平肝潜阳，用于阴虚阳亢所致的心悸失眠等证。②磁石配熟地黄、山茱萸、五味子，用于肝肾阴虚所致的耳鸣耳聋及目昏等证。

【用法用量】9~30 g，先煎。

【注意事项】宜打碎先煎；平肝潜阳宜生用；脾胃虚弱者慎用。

龙　骨

古代多种大型哺乳动物，如鹿类、牛类、象类等的骨骼化石或象类门齿的化石。主产于山西、内蒙古、河南等地。全年均可采挖。生用或煅用。

【性味归经】 甘、涩，平。归心、肝、肾经。

【功能主治】 平肝潜阳，镇静安神，收敛固涩。主治心悸失眠、惊痫癫狂、带下、崩漏等证。

【配伍应用】 ①龙骨配牡蛎、白芍、赭石，平肝潜阳，用于阴虚阳亢所致的烦躁易怒、头晕目眩等证。②龙骨配朱砂、远志、酸枣仁，用于神志不安、心悸不眠、癫痫证。③龙骨配沙苑子、芡实，收敛固涩，用于肾虚遗精、遗尿的治疗。

【用法用量】 15～30 g。

【注意事项】 宜打碎先煎；收敛固涩宜煅用。

琥　珀

古代松科植物的树脂埋藏于地下，经年久凝结转化而成的化石样物质。主产于云南、广西、辽宁等地。随时可采。研末用。

【性味归经】 甘，平。归心、肝经。

【功能主治】 定惊安神，活血散瘀，利尿通淋。主治惊悸、癫痫、血滞经闭、癥瘕疼痛、小便不利、石淋、热淋等证。

【配伍应用】 ①琥珀配朱砂、珍珠、天南星，用于惊悸、癫痫等证。②琥珀当归、莪术、乌药，有活血破瘀的功效，用于月经不调及外伤瘀肿疼痛。③琥珀配王不留行、木通，用于小便不利、癃闭之证。

【用法用量】 1.5～3 g。

【注意事项】 多入丸散；不入煎剂。

酸枣仁

鼠李科植物酸枣的成熟种子。主产于河北、陕西、山西等地。秋末冬初时采收。取出种子，晒干，生用或炒用，用时打碎。

【性味归经】 甘、酸，平。归肝、胆、心经。

【功能主治】 养心安神，敛汗。主治惊悸失眠、体虚自汗、盗汗等证。

【配伍应用】 ①酸枣仁配白芍、当归、龙眼肉，用于心肝血虚所致的失眠惊悸以及健忘等证。②酸枣仁配五味子、党参、山茱萸，用于体虚自汗、盗汗等证。

【用法用量】 10～15 g。

【注意事项】 入煎剂宜捣碎。

柏子仁

柏科植物侧柏的种仁。主产于山东、河南、河北等地。冬初种子成熟时采收。晒干，生用或制霜用。

【性味归经】 甘，平。归心、肾、大肠经。

【功能主治】 养心安神，润肠通便。主治虚烦不眠、惊悸怔忡、便秘等证。

【配伍应用】 ①柏子仁配酸枣仁、五味子、茯苓，用于心血亏虚所致的惊悸怔忡、失眠等证。②柏子仁配火麻仁、郁李仁，润肠通便，用于肠燥便秘等证。

【用法用量】 3～10 g。

【注意事项】 便溏及多痰者忌用。

远　　志

远志科植物远志或卵叶远志的根。主产于河北、陕西、吉林等地。春季出苗前或秋季地上部分枯萎后采集。生用或炙用。

【性味归经】 苦、辛，温。归心、肾、肺经。

【功能主治】 宁心安神，祛痰开窍，消痈肿。主治惊悸失眠、健忘、神志恍惚以及痈疽肿毒等证。

【配伍应用】 ①远志配龙齿、人参、石菖蒲，用于心神不安、失眠、健忘等证。②远志配石菖蒲、郁金、白矾等，用于痰迷心窍所致的精神错乱、惊痫等证。

【用法用量】 3～10 g。

【注意事项】 有溃疡病及胃炎者慎用。

合欢皮

豆科植物合欢的树皮。主产于江苏、浙江、安徽等地。夏秋间采收。切段生用。

【性味归经】 甘、平。归心、肝、肺经。

【功能主治】 安神解郁，活血消肿。主治情志忧郁、虚烦不眠及跌打损伤、内痈等证。

【配伍应用】 ①合欢皮配柏子仁、龙齿，用于虚烦忧郁、健忘失眠等证。②合欢皮配当归、川芎，有消肿止痛的功效，用于跌打损伤等证。

【用法用量】 6～12 g，外用适量，研末调敷。

【注意事项】 溃疡病及胃炎患者慎服，风热自汗、外感不眠者禁服。

第十七节　补虚药

本类药物根据作用和应用范围的不同分为补气药、补阳药、补血药、补阴药4类。根据四气的确定理论，补气药、补阳药、补血药主要适用于虚寒证，其药性多偏温；补阴药主要适用于虚热证，其药性多偏寒凉。在服用补虚药时还当顾护脾胃，适当配伍健脾胃的药同用，以免妨碍消化吸收，影响疗效。

一、补气药

气虚是指机体活动能力的不足，补气药能增强机体活动的能力，特别是脾、肺二脏的功能，所以最适用于脾气虚或肺气虚的病证。脾为后天之本，生化之源，脾气虚则食欲不振、大便溏泄、脘腹虚胀、神倦乏力，甚至浮肿、脱肛；肺主一身之气，肺气虚则少气懒言、动作喘乏、易出虚汗。凡呈现以上症状者，都可用补气药来治疗。

临床应用补气药，应根据不同的气虚证分别选用适当的补气药。兼有阴虚或阳虚者，可与补阴药或补阳药同用。由于气旺可以生血，气能统摄血液，因此临床上为了补血、止血，有时还要着重使用补气药。

人　　参

五加科多年生草本植物人参的根。主产于吉林、辽宁、黑龙江等地。野生者称为"野山参"；栽培者称为"园参"。园参一般于栽培6～7年后，以秋季茎叶将枯萎时采挖的根入药。切片或粉碎用。

【性味归经】甘、微苦，微温。归肺、脾、心、肾经。

【功能主治】大补元气，补脾益肺，生津止渴，安神增智。主治气虚欲脱，脾气不足，肺气不足，肺气亏虚，津伤口渴、消渴，心神不安、失眠多梦、惊悸健忘。

【配伍应用】①人参配附子，有增强回阳的作用，用于气虚欲脱之危重证。②人参配白术、茯苓、炙甘草，用于脾虚泄泻及肺虚气喘等证。③人参配麦冬、五味子，用于气津两伤之口渴、汗多及消渴证。④人参配当归、龙眼肉、酸枣仁，用于心气不足、心悸怔忡、失眠多梦、健忘等。

【用法用量】3～9 g，另煎兑服；也可研粉吞服，一次2 g，每日2次。

【注意事项】实证、热证而正气不虚者忌服。服人参不宜喝茶和吃萝卜，以免影响药力。反藜芦，畏五灵脂，恶皂荚，均忌同服。

西洋参

五加科多年生草本植物西洋参的根。主产于美国、加拿大。我国北京、吉林、辽宁等地亦有栽培。以秋季采挖的生长3～6年的根入药。切片生用。

【性味归经】甘、微苦，凉。归肺、心、肾经。

【功能主治】补气养阴，清火生津。主治喘咳痰血，烦倦口渴，口干舌燥。

【配伍应用】①西洋参配麦冬、阿胶、知母、贝母，用于阴虚火旺、喘咳痰血之证。②西洋参配生地黄、石斛、麦冬，用于热伤气阴之烦渴少气及津亏口干口燥等证。

【用法用量】3～6 g，另煎服。

【注意事项】忌铁器火炒，中阳虚衰、寒湿中阻、气郁化火者忌服。不宜与藜芦同用。

党　　参

桔梗科多年生草本植物党参、素花党参或川党参的根。主产于山西、陕西、甘肃等地。以秋季采挖的根入药。切厚片，生用。

【性味归经】甘，平。归脾、肺经。

【功能主治】补中益气，生津养血。主治食少泄泻，气短咳喘，血虚萎黄。

【配伍应用】①党参配茯苓、白术，用于中气不足导致的食少便溏、四肢倦怠等证。②党参配黄芪、五味子，用于肺气亏虚之气短咳喘、言语无力等证。③党参配麦冬、五味子，益气生津，用于热病伤筋、气短口渴等证。④党参配熟地黄、当归，补气养血，用于血虚萎黄、头晕心慌等证。

【用法用量】9～30 g。

【注意事项】本品对虚寒证最为适应，实证、热证不宜使用。因本品反藜芦，不宜单独同用。

黄　　芪

豆科多年生草本植物蒙古黄芪或膜荚黄芪的根。主产于内蒙古、山西、黑龙江等地。以春、秋二季采挖的根入药。生用或蜜炙用。

【性味归经】甘，微温。归脾、肺经。

【功能主治】补气升阳，益卫固表，托毒生肌，利水消肿。主治食少便溏，气短乏力，脏器脱垂，自汗，盗汗，便血，崩漏，消渴证，气虚水肿。

【配伍应用】①黄芪配当归，补气生血，用于气血亏虚等证。②黄芪配附子，补气升阳，用于气虚阳衰、畏寒多汗等证。③黄芪配人参、白术、升麻，补气升阳，用于中气下陷、久泻脱肛、子宫脱垂等证。④黄芪配人参、龙眼肉、酸枣仁，用于气虚不能摄血的便血、崩漏等证。⑤黄芪配牡蛎、浮小麦、麻黄根，可止自汗，也用于阴虚引起的盗汗。

【用法用量】9~30 g。

【注意事项】表实邪盛、气滞湿阻、食积内停、阴虚阳亢、痈疽初起或溃后热毒尚盛等证，均不宜用。

太子参

石竹科多年生草本植物异叶假繁缕的块根。主产于江苏、安徽、山东等地。以夏季茎叶大部分枯萎时采挖的块根入药。生用。

【性味归经】甘、微苦，平。归脾、肺经。

【功能主治】补气生津。主治脾虚食少、乏力、肺虚咳嗽、口渴、自汗。

【配伍应用】①太子参配山药、扁豆、谷芽，用于脾虚倦怠食少等证。②太子参配五味子、酸枣仁，治心悸失眠等证。③太子参配石斛、天花粉，用于津亏口渴等证。

【用法用量】9~30 g。

【注意事项】本品为清补之品，效似西洋参而力弱，宜于轻证或病后虚弱者；邪实正气不虚者慎用。

白　术

菊科多年生草本植物白术的根茎。主产于浙江、湖北、湖南等地。以冬季采收的根茎入药。生用或土炒、麸炒用。

【性味归经】甘、苦，温。归脾、胃经。

【功能主治】补气健脾，燥湿利水，止汗安胎。主治食少便溏，脘腹胀满，倦怠乏力，痰饮水肿，自汗，胎动不安。

【配伍应用】①白术配人参、干姜，为补气健脾之要药，用于脾气虚弱及寒湿所伤之食少便溏、脘腹胀满、倦怠乏力等证。②白术配桂枝、茯苓，为治痰饮水肿之良药，用于脾虚不能运化，水湿停留之痰饮水肿等证。③白术配黄芪、浮小麦，益气补脾、固表止汗，用于脾虚气弱、肌表不顾而自汗等证。④白术配续断、杜仲、阿胶，增强保胎作用，用于妊娠脾虚气弱、胎动不安等证。

【用法用量】6~12 g。

【注意事项】阴虚内热或津液亏耗燥渴者，均不宜服用。

山　药

薯蓣科多年生蔓生草本植物薯蓣的根茎。主产于河南，湖南、江西等地亦产。以霜降后采挖的根茎入药。润透，切厚片，生用或麸炒用。

【性味归经】甘，平。归脾、肺、肾经。

【功能主治】益气养阴，补脾肺肾。主治食少便溏久泻、肺虚咳喘、遗精、尿频、白带过多、消渴证。

【配伍应用】①山药配人参、白术、茯苓，补脾气、益脾阴且兼涩性能止泻，用于脾虚气弱，食少便溏或泄泻。②山药配党参、麦冬、五味子，补脾气，益肺阴，用于肺虚久咳或虚喘。③山药配熟地黄、山茱萸，能补肾且兼有固涩作用，用于肾虚遗精。

④山药配黄芪、天花粉，补气养阴而止渴，用于消渴证。

【用法用量】15～30 g。

【注意事项】本品养阴能助湿，故湿盛中满或有积滞者忌服，实热邪实者慎用。

扁　豆

豆科一年生缠绕草本植物扁豆的成熟种子。主产于江苏、河南、安徽等地。以秋季果实成熟时采收的种子入药。生用或炒用。

【性味归经】甘，微温。归脾、胃经。

【功能主治】健脾化湿。主治脾虚泄泻，暑湿吐泻。

【配伍应用】①扁豆配人参、茯苓、白术，补脾不腻，除湿不燥，故为健脾化湿良药，用于脾虚有湿、体倦乏力、食少便溏或泄泻，以及妇女脾虚湿浊下注、白带过多。②扁豆配香薷、厚朴，用于夏伤暑湿，脾胃失和，暑湿吐泻。

【用法用量】9～15 g。

甘　草

豆科多年生草本植物甘草、胀果甘草或光果甘草的根及根茎。主产于内蒙古、新疆、甘肃等地。以春、秋二季采挖的根及根茎入药，以秋季采者为佳。切厚片，生用或蜜炙用。

【性味归经】甘，平。归心、肺、脾、胃经。

【功能主治】补脾益气，润肺止咳，缓急止痛，缓和药性。主治心悸，脉结代，咳嗽痰喘，痈疽疮毒、食物或药物中毒，止痛。

【配伍应用】①甘草配人参、白术、茯苓，用于脾胃虚弱，中气不足，气短乏力，食少便溏。②甘草配苦杏仁，止咳平喘，用于咳嗽气喘。③甘草配金银花、蒲公英，用于疮毒、咽痛、食物中毒、药物中毒。④甘草配桂枝、芍药，用于脘腹或四肢挛急作痛。

【用法用量】2～10 g，清火解毒宜生用，补中缓急宜炙用。

【注意事项】本品味甘，可助湿中满，腹胀、呕吐者忌服。长期大量服用可引起水肿、血压升高。反大戟、芫花、海藻、甘遂，不宜同用。

大　枣

鼠李科落叶乔木植物枣的成熟果实。主产于河北、河南、山东等地。以秋季采收的成熟果实入药。生用。

【性味归经】甘，温。归脾、胃、心经。

【功能主治】补中益气，养血安神，缓和药性。主治脾胃虚弱，血虚萎黄。

【配伍应用】①大枣配党参、白术、茯苓，用于中气不足，脾胃虚弱，体倦乏力，食少便溏。②大枣配熟地黄、当归，养血安神，用于血虚萎黄、妇女脏躁。

【用法用量】6～15 g。

【注意事项】本品助湿生热，令人中满，故湿盛脘腹胀满、食积、虫积、龋齿作痛，以及痰热咳嗽均忌服。

饴　糖

米、麦、粟或玉蜀黍等粮食，经发酵糖化制成。全国各地均产。有软、硬两种，软者称为胶饴，硬者称为白饴糖，均可入药，但以胶饴为主。

【性味归经】甘，温。归脾、胃、肺经。

【功能主治】补脾益气，缓急止痛，润肺止咳。主治虚寒腹痛、肺虚肺燥咳嗽。

【配伍应用】①饴糖配桂枝、白芍、炙甘草，用于劳倦伤脾、气短乏力、纳食减少。②饴糖配花椒、干姜、人参，补虚缓急止痛，用于虚寒腹痛、喜温喜按、得食则减。③饴糖配苦杏仁、百部，补虚润肺止咳，用于肺虚咳嗽、干咳无痰、气短作喘。

【用法用量】30～60 g。

【注意事项】本品助湿生热，令人中满，故湿热内郁、中满吐逆、痰热咳嗽者及小儿疳积，均不宜服用。

蜂　蜜

蜜蜂科昆虫中华蜜蜂或意大利蜜蜂所酿的蜜。全国大部分地区均产。以春季至秋季采收的蜜入药。生用或炼后用。

【性味归经】甘，平。归肺、脾、大肠经。

【功能主治】补中缓急，润肺止咳，滑肠通便。主治脾胃虚弱，肺虚肺燥咳嗽，体虚肠燥便秘。

【配伍应用】①蜂蜜配款冬花、紫菀、百部、枇杷叶，用于润肺化痰止咳。②蜂蜜配当归、黑芝麻，润肠通便，尤宜于体虚津枯之便秘。

【用法用量】15～30 g，冲服。

【注意事项】湿热痰滞、胸闷不宽及便溏或泄泻者忌服。

二、补阳药

凡能补助人体的阳气，可以治疗阳虚证的药物称为补阳药，又称助阳药。阳虚证包括心阳虚、脾阳虚、肾阳虚等证。由于肾阳为元阳，对人体脏腑起着温煦生化的作用，阳虚诸证往往与肾阳不足有十分密切的关系。肾阳虚的主要症状为畏寒肢冷、腰膝酸软或冷痛，阳痿早泄、宫冷不孕、白带清稀、夜尿增多、脉沉苔白等。助阳药具有补肾阳、益精髓、强筋骨等作用，所以适用于上述各证。此外，由于肾阳衰微，不能温运脾胃，可以引起腹泻；肾阳不足、不能纳气，可以出现喘促，故有些补肾阳药又用于脾肾两虚的泄泻和肺肾两虚的气喘。补阳药性多温燥，能伤阴助火，故阴虚火旺者不宜使用。

鹿　茸

鹿科动物梅花鹿或马鹿的雄鹿头上未骨化的幼角。前者习称花鹿茸，主产于吉林、辽宁、河北等地；后者习称马鹿茸，主产于青海、新疆、黑龙江等地。以夏、秋二季锯取或砍取鹿的幼角入药。用时燎去毛，刮净，横切薄皮，或劈成块，研细粉用。

【性味归经】甘、咸，温。归肾、肝经。

【功能主治】补肾阳，益精血，强筋骨。主治阳痿早泄，宫冷不孕，小便频数，腰膝酸软，贫血、带下病、小儿发育不良。

【配伍应用】①鹿茸配人参、熟地黄、枸杞子，补肾阳、益精血，用于肾阳不足，精血亏虚之畏寒肢冷、阳痿早泄、宫冷不孕、小便频数、腰膝酸痛、头晕耳聋、精神疲乏。②鹿茸配熟地黄、山药、山茱萸，补益肝肾精血、强筋骨，用于精血不足、筋骨无力，或小儿发育不良、骨软行迟、囟门不合。③鹿茸配当归、乌贼骨、蒲黄，能补益肝肾、调理冲任、固摄带脉，故可用于妇女冲任虚寒、带脉不固、崩漏不止、带下过多。

【用法用量】1～2 g，研末冲服。

【注意事项】服用本品从小剂量开始，缓缓增量。凡阴虚阳亢、血分有热、胃火盛或肺有痰热以及外感热病者均忌服。

巴戟天

茜草科多年生藤本植物巴戟天的根。主产于广东、广西、福建等地。以冬春季采挖的根入药。生用或盐水炙用。

【性味归经】甘、辛，微温。归肾、肝经。

【功能主治】补肾助阳，祛风除湿。主治阳痿、尿频、不孕、腰膝疼痛。

【配伍应用】①巴戟天配人参、山药、覆盆子，用于阳痿、不孕。②巴戟天配高良姜、肉桂、吴茱萸，用于月经不调、少腹冷痛。③巴戟天配草薢、杜仲，可补肾阳、祛风湿，用于肾阳不足兼有风湿之证。

【用法用量】3~10 g。

【注意事项】阴虚火旺或有湿热者不宜服用。

肉苁蓉

列当科一年生寄生草本植物肉苁蓉带鳞叶的肉质茎。主产于内蒙古、甘肃、新疆等地。以春、秋二季采挖的肉质茎入药。以春季苗未出土或刚出土时采挖者为佳。切厚片生用或酒制用。

【性味归经】甘、咸，温。归肾、大肠经。

【功能主治】补肾助阳，润肠通便。主治阳痿、不孕，大便秘结。

【配伍应用】①肉苁蓉配熟地黄、菟丝子、五味子，用于肾阳不足而致阳痿。②肉苁蓉配鹿角胶、当归、熟地黄、紫河车，用于精血亏虚不能怀孕。③肉苁蓉配巴戟天、草薢、杜仲，用于腰膝冷痛，筋骨无力。④肉苁蓉配火麻仁、沉香，用于肠燥津枯之大便秘结。

【用法用量】6~10 g。

【注意事项】因能助阳，滑肠，故阴虚火旺及大便泄泻者忌服，肠胃有实热之大便秘结者亦不宜服用。

仙　茅

石蒜科多年生草本植物仙茅的根茎。主产于四川、云南、贵州等地。以秋、冬二季采挖的根茎入药。切段生用。

【性味归经】辛，热。有毒。归肾、肝、脾经。

【功能主治】温肾壮阳，祛寒除湿。主治阳痿，风寒湿痹。

【配伍应用】仙茅配淫羊藿，用于阳痿精冷、小便不禁、心腹冷痛、腰膝冷痹。

【用法用量】3~10 g。

【注意事项】药性燥热，有伤阴之弊，故阴虚火旺者忌服；有毒，不宜大量久服。

淫羊藿

小檗科多年生直立草本植物淫羊藿、箭叶淫羊藿、柔毛淫羊藿、巫山淫羊藿或朝鲜淫羊藿的地上部分。主产于陕西、辽宁、山西等地。以秋季茎叶茂盛时采割的地上部分入药。切丝生用或用炼过的羊脂油炙用。

【性味归经】甘、辛，温。归肾、肝经。

【功能主治】补肾壮阳，祛风除湿。主治阳痿，尿频，风寒湿痹。

【配伍应用】①淫羊藿配熟地黄、枸杞、仙茅，补肾壮阳，适用于肾阳虚衰引起的阳痿、尿频、腰膝无力。②淫羊藿配威灵仙、苍耳子、桂枝，祛风除湿，用于风寒湿痹或肢体麻木。

【用法用量】6～10 g。

【注意事项】阴虚火旺者不宜服。

杜　仲

杜仲科落叶乔木植物杜仲的树皮。主产于四川、云南、贵州等地。以4～6月剥取的树皮入药。生用或盐水炙用。

【性味归经】甘，温。归肾、肝经。

【功能主治】补肝肾，强筋骨，安胎。主治阳痿，尿频，胎元不固，原发性高血压。

【配伍应用】①杜仲配补骨脂、核桃仁，能补益肝肾，故能强筋骨，用于肝肾不足，腰膝酸软或痿软无力。②杜仲配山茱萸、菟丝子、补骨脂，温补肝肾，用于肝肾虚寒，阳痿、尿频。③杜仲配续断、山药，能补益肝肾，用于肝肾亏虚引起的胎元不固，胎动不安或习惯性堕胎。

【用法用量】6～10 g。

【注意事项】为温补之品，阴虚火旺者慎用。

续　断

川续断科多年生草本植物川续断的根。主产于四川、湖北、云南等地。以秋季采挖的根入药。生用或酒炒用。

【性味归经】苦、辛，微温。归肾、肝经。

【功能主治】补肝肾，行血脉，续筋骨。主治腰痛，牙疼，骨折，习惯性堕胎。

【配伍应用】①续断配杜仲、牛膝、草薢，用于腰痛腿弱及风湿痹痛。②续断配骨碎补、自然铜、土鳖虫、血竭，用于跌扑损伤、金疮、痈疽溃疡。③续断配桑寄生、菟丝子、阿胶，补益肝肾，补而不滞而有安胎止漏的功效，用于胎漏下血、胎动欲坠。

【用法用量】9～15 g。

【注意事项】崩漏下血宜炒用。

补骨脂

豆科一年生草本植物补骨脂的成熟果实。主产于河南、四川、陕西等地。以秋季果实成熟时采收的成熟果实入药。生用或盐水炙用。

【性味归经】甘、涩、苦，温。归肾、脾经。

【功能主治】补肾壮阳，固精缩尿，温脾止泻。主治阳痿，尿频，泄泻。

【配伍应用】①补骨脂配菟丝子、杜仲，用于阳痿、腰膝冷痛。②补骨脂与大青盐同炒，用于滑精、遗尿、尿频。③补骨脂配肉豆蔻、五味子、吴茱萸，用于脾肾阳虚的泄泻。

【用法用量】6～10 g，外用20%～30%酊剂涂患处。

【注意事项】本品性温燥，能伤阴助火，故阴虚火旺及大便秘结者忌服。

益　智

姜科多年生草本植物益智的成熟果实。主产于海南岛、广东、广西等地。以夏秋采收的由绿变红的果实入药。生用或盐水炒用。用时捣碎。

【性味归经】辛，温。归脾、肾经。

【功能主治】温脾开胃摄唾，暖肾固精缩尿。主治泄泻、遗尿、遗精、口多涎唾。

【配伍应用】①益智配党参、白术、干姜，温脾散寒，用于脾肾受寒、腹痛吐泻。②益智配党参、白术、陈皮，温肾散寒，开胃摄唾，用于中气虚寒、食少多唾。③益智配山药、乌药，暖肾助阳、固精、缩尿，用于肾气虚寒、遗精、遗尿、尿有余沥、夜尿增多。

【用法用量】3～10 g。

【注意事项】本品燥热，能伤阴助火，故阴虚火旺或因热而患遗精、尿频、崩漏等证者均忌服。

冬虫夏草

麦角菌科真菌冬虫夏草寄生在蝙蝠蛾科昆虫幼虫上的子座及幼虫尸体的复合体。主产于四川、西藏、青海等地。以初夏子座出土，孢子未发散时挖取的子座与幼虫尸体的复合体入药。生用。

【性味归经】甘，平。归肾、肺经。

【功能主治】益肾补肺，止血化痰。主治阳痿、虚喘。

【配伍应用】①冬虫夏草配杜仲、淫羊藿、巴戟天，益肾补阳，用于阳痿遗精、腰膝酸痛。②冬虫夏草配沙参、阿胶、贝母，补肾阳，益精血，且可止血化痰，用于久咳虚喘、劳嗽痰血。

【用法用量】3～9 g。

【注意事项】有表邪者不宜服，阴虚火旺者不宜单独使用。

蛤　　蚧

壁虎科动物蛤蚧除去内脏的干燥体。主产于广西，广东、云南亦产。全年均可捕捉。用时除去鳞片及头足，切成小块，黄酒浸润后烘干用。

【性味归经】咸，平。归肾、肺经。

【功能主治】补肺气，助肾阳，定喘嗽，益精血。主治虚证喘咳、阳痿。

【配伍应用】①蛤蚧配人参、苦杏仁、贝母，补肺肾，定喘止嗽，对肾不纳气之喘尤为有效，用于肺虚咳嗽、肾虚作喘，虚劳咳嗽。②蛤蚧配人参、鹿茸、淫羊藿，助肾阳、益精血，用于肾阳不足、精血亏虚之阳痿。

【用法用量】3～6 g，多入丸散或酒剂。

【注意事项】风寒或实热喘咳均忌服。

胡芦巴

豆科一年生草本植物胡芦巴的成熟种子。主产于安徽、四川、河南等地。以夏季果实成熟时采收的种子入药。捣碎用。

【性味归经】苦，温。归肾经。

【功能主治】温肾阳，逐寒湿。主治肾脏冷痛、寒疝。

【配伍应用】①胡芦巴配附子，用于肾脏虚冷，腹胁胀满。②胡芦巴配吴茱萸、小茴香，治寒疝、少腹连睾丸作痛。

【用法用量】3～10 g。

【注意事项】阴虚火旺或有湿热者忌服。

核桃仁

胡桃科落叶乔木胡桃成熟果实的核仁。我国各地均有栽培。河北、山西、山东等地产量最大。以秋季果实成熟时采收的种仁入药。生用。

【性味归经】甘，温。归肾、肺、大肠经。

【功能主治】补肾，温肺，润肠。主治肾虚腰痛，虚寒咳喘，肠燥便秘。

【配伍应用】①核桃仁配杜仲、补骨脂，补肾助阳、强腰膝，用于腰痛脚弱，腰间重坠、起坐困难。②核桃仁配人参、生姜，温肾而定喘咳，用于虚寒喘咳。③核桃仁配火麻仁、肉苁蓉、当归，润肠通便，用于老年人或病后津液不足之肠燥便秘。

【用法用量】6～9 g。

【注意事项】阴虚火旺，痰热咳嗽及便溏者均不宜服。

紫河车

健康人的胎盘。鲜用或干燥后，研制成粉用。

【性味归经】甘、咸，温。归肾、肺、肝经。

【功能主治】补精，养血，益气。主治阳痿，不孕，虚喘，气血虚弱证。

【配伍应用】①紫河车配鹿茸、肉苁蓉，补肝肾益精血，兼有补阳作用，用于肾气不足，精血衰少所致的不孕及阳痿、遗精、腰酸、头晕、耳鸣等。②紫河车配党参、黄芪、熟地黄、当归，益气养血，用于气血亏虚，消瘦乏力，面色萎黄，产后乳少。③紫河车配熟地黄、龟甲、黄柏，补肺气，益肾精，用于肺肾两虚的气喘。

【用法用量】1.5～3 g。研末服。

【注意事项】阴虚火旺者不宜单独应用。

菟丝子

旋花科一年生寄生缠绕草本植物菟丝子的成熟种子。我国大部分地区均有分布。主产于山东、河南、辽宁等地。以秋季果实成熟时采收的种子入药。炒用或盐水炙用。

【性味归经】辛、甘，平。归肾、肝、脾经。

【功能主治】补阳益阴，固精缩尿，明目止泻。主治阳痿，目暗，泄泻。

【配伍应用】①菟丝子配枸杞子、覆盆子、五味子，用于阳痿遗精。②菟丝子配鹿茸、桑螵蛸、五味子，用于小便不禁。③菟丝子配熟地黄、车前子，补肝明目，用于肝肾不足、目暗不明。④菟丝子配黄芪、党参、白术，补脾止泻，用于脾气不足、饮食减少、脾虚便溏或泄泻。

【用法用量】6～12 g，外用适量。

【注意事项】本品为平补之药，但偏补阳，故阴虚火旺、大便燥结、小便短赤者忌服。

沙苑子

豆科多年生草本植物扁茎黄芪的成熟种子。主产于陕西，山西、内蒙古等地亦产。以秋末冬初果实成熟尚未开裂时采收的种子入药。生用或盐水炒用。

【性味归经】甘，温。归肾、肝经。

【功能主治】补肾固精，养肝明目。主治腰痛，阳痿，目暗。

【配伍应用】①沙苑子配煅龙骨、莲须、芡实，用于肾虚腰痛、阳痿遗精、遗尿尿频、白带过多。②沙苑子配茺蔚子、青葙子、枸杞子、菊花，养肝明目，用于目暗不明、头昏眼花。

【用法用量】9~15 g。

【注意事项】本品为温补固涩之品，阴虚火旺及小便不利者忌服。

锁　阳

锁阳科多年生肉质寄生草本植物锁阳的肉质茎。主产于内蒙古、甘肃、新疆等地，以春季采挖的肉质茎入药。生用。

【性味归经】甘，温。归肾、肝、大肠经。

【功能主治】补肾助阳，润肠通便。主治阳痿、不孕、便秘。

【配伍应用】①锁阳配熟地黄、龟甲，用于阳痿、不孕、腰膝酸弱、筋骨无力。②锁阳配火麻仁、当归，益精养血、润肠通便，用于肠燥津枯的大便秘结。

【用法用量】5~10 g。

【注意事项】阴虚阳旺、脾虚泄泻、实热便秘均忌服者。

黄狗肾

犬科动物狗的阴茎和睾丸。

【性味归经】咸，温。归肾经。

【功能主治】补肾壮阳。主治阳痿、尿频。

【配伍应用】黄狗肾配菟丝子、肉苁蓉、淫羊藿，用于肾虚所致的男子阳痿、阴冷以及畏寒肢冷、腰酸尿频。

【用法用量】1.5~3 g。

【注意事项】内热多火者忌服。

韭菜子

百合科多年生草本植物韭菜的成熟种子。全国均有栽培。以秋季果实成熟时采收的种子入药。生用。

【性味归经】甘、辛，温。归肾、肝经。

【功能主治】补肝肾，暖腰膝，壮阳，固精。主治阳痿、腰痛、遗精、尿频。

【配伍应用】①韭菜子配鹿茸、巴戟天、淫羊藿，补肝肾、暖腰膝、壮阳，用于肾阳虚衰、肝肾不足引起的阳痿、腰膝酸软冷痛。②韭菜子配补骨脂、益智，补肝肾、固精，用于肾气不固之遗精、尿频、白带过多。

【用法用量】3~9 g。

【注意事项】阴虚火旺者禁用。

阳起石

硅酸类矿石阳起石或阳起石石棉的矿石。主产于河南、湖北、山西等地。全年可采。煅红透，黄酒淬过，碾细末用。

【性味归经】咸，微温。归肾经。

【功能主治】温肾壮阳。主治阳痿、宫冷。

【配伍应用】阳起石配杜仲、巴戟天、肉苁蓉，用于肾阳虚衰之男子阳痿、女子宫冷，以及下焦虚寒、腰膝冷痹等证。

【用法用量】3~6 g。入丸散服。

【注意事项】阴虚火旺者忌服。

三、补血药

凡能补血，主要用以治疗血虚证的药物，称为补血药。血虚的基本症状是面色萎黄、嘴唇及指甲苍白、头晕眼花、心慌心悸，以及妇女月经后期量少、色淡，甚至经闭等。血虚与阴虚关系十分密切，血虚往往导致阴虚，如血虚兼阴虚者，补血药当与补阴药同用。在补血药中，部分补血药有补阴功效，可以作为补阴药使用。补血药又常与补气药同用，因"气能生血"，可以增强补血的疗效。补血药性质多黏腻，妨碍消化，故凡湿浊中阻、脘腹胀满、食少便溏者，不宜应用；脾胃虚弱者，当配伍健脾助消化药同用以免影响食欲。

当　归

伞形科多年生草本植物当归的根。主产于甘肃，陕西、四川等地亦产。以秋末采挖的根入药。生用或酒炒用。

【性味归经】甘、辛、温。归肝、心、脾经。

【功能主治】补血，活血，止痛，润肠。主治血虚证，月经病证，瘀痛。

【配伍应用】①当归配黄芪，用于血虚引起的各种证候。②当归配川芎、熟地黄、白芍，既能补血活血，又善止痛，为妇科调经之要药，用于月经不调、经闭、痛经。③当归配丹参、乳香、没药、桃仁、红花，补血活血，善止血虚血瘀之痛，且有散寒功效，用于虚寒腹痛、瘀血作痛、跌打作痛、痹痛麻木。④当归配金银花、赤芍、炮山甲、黄芪、熟地黄，补血活血，能起到消肿止痛、排脓生肌的功效，用于痈疽疮疡。⑤当归配肉苁蓉、生何首乌、火麻仁，补血润肠，用于血虚肠燥便秘。

【用法用量】6~12 g。

【注意事项】湿盛中满、肺热痰火、阴虚阳亢者不宜使用，大便泄泻者慎服。

熟地黄

生地黄经加黄酒拌蒸至内外色黑、油润，或直接蒸至黑润而成。切厚片用。

【性味归经】甘，微温。归肾、肝经。

【功能主治】养血滋阴，补精益髓。主治血虚及肝肾阴虚证。

【配伍应用】①熟地黄配当归、川芎、白芍，用于血虚萎黄、眩晕、心悸、失眠、月经不调、崩漏。②熟地黄配山药、山茱萸，为滋阴要药，用于肾阴不足、潮热、盗汗、遗精、消渴等证。

【用法用量】9~15 g。

【注意事项】本品性质黏腻，较生地黄更甚，有碍消化，凡气滞痰多、脘腹胀痛、食少便溏者忌服。

白　芍

毛茛科多年生草本植物芍药的根。主产于浙江、安徽、四川等地。以夏、秋二季采挖的根加工后入药。生用。

【性味归经】苦、酸，微寒。归肝、脾经。

【功能主治】养血敛阴，柔肝止痛，平抑肝阳。主治阴血不足，肝气不和诸证。

【配伍应用】①白芍配当归、川芎、熟地黄，养血调经，用于月经不调、经行腹痛、崩漏、自汗、盗汗。②白芍配白术、当归、柴胡，养血柔肝，缓急止痛，用于肝气不和，胁肋脘腹疼痛，或四肢拘挛作痛。③白芍配生地黄、牛膝、赭石，用于肝阳上亢、头痛、眩晕之证。

【用法用量】 6~15 g。

【注意事项】 阳衰虚寒之证不宜单独应用。反藜芦，不宜同用。

何首乌

蓼科多年生缠绕草本植物何首乌的块根。主产于河南、湖北、广西等地。以秋、冬二季叶枯萎时采挖的块根入药。生用称为生何首乌；以黑豆汁拌匀，蒸至内外均呈棕褐色，晒干用，称为制何首乌。

【性味归经】 制何首乌：苦、涩、甘、微温；归肝、肾、心经。生何首乌：甘、苦、平；归心、肝、大肠经。

【功能主治】 补益精血，截疟，解毒，润肠通便。主治须发早白，久疟，便秘。

【配伍应用】 ①何首乌配当归、枸杞子、菟丝子，补肝肾，益精血，兼能收敛，且不寒、不燥、不腻，故为滋补良药，用于精血亏虚、头晕眼花、须发早白、腰酸脚软、遗精、崩漏等证。②何首乌配人参、当归、陈皮、煨姜，用于气血两虚，久疟不止。③何首乌配当归、火麻仁、黑芝麻，用于精血不足，肠燥便秘。

【用法用量】 3~6 g。

【注意事项】 大便溏泻及湿痰较重者不宜服。

阿　　胶

马科动物驴的皮经煎煮、浓缩制成的固体胶。主产于山东、浙江、河北等地亦产。捣成碎块用，或以蛤粉烫炒成珠用。

【性味归经】 甘，平。归肺、肝、肾经。

【功能主治】 补血止血，滋阴润肺。主治血虚崩漏，咯血，吐血，阴虚燥咳。

【配伍应用】 ①阿胶配党参、黄芪、当归、熟地黄，用于血虚眩晕、心悸。②阿胶配蒲黄、生地黄、灶心土，为止血要药，用于吐血、衄血、便血、崩漏。③阿胶配黄连、白芍，补血滋阴，用于阴虚心烦、失眠。④阿胶配苦杏仁、牛蒡子、麦冬，滋阴润肺，用于虚劳喘咳或阴虚燥咳。

【用法用量】 3~9 g，烊化兑服。

【注意事项】 本品滋腻滞脾，内有瘀滞、湿盛等湿邪者忌服，脾胃虚弱便溏者慎用。

龙眼肉

无患子科常绿乔木植物龙眼的假种皮。主产于广东、福建、中国台湾等地。以初秋采摘的成熟果实的假种皮入药。生用。

【性味归经】 甘，温。归心、脾经。

【功能主治】 补心脾，益气血。主治惊悸，失眠，气血不足。

【配伍应用】 龙眼肉配黄芪、人参、酸枣仁，补心脾，既不滋腻，又不壅气，为滋补良药，用于心脾两虚、惊悸、征忡、失眠、健忘。

【用法用量】 9~15 g。

【注意事项】 湿阻中满或有停饮、痰、火者忌服。

四、补阴药

凡具有滋养阴液，生津润燥等功效，能治阴虚证的药物称为补阴药。阴虚证多发生于热病后期及若干慢性疾病。最常见的有肺阴虚、胃阴虚、肝阴虚、肾阴虚等。其基本症状是：肺阴虚多见于干咳少痰、咯血、虚热、口干舌燥等证；胃阴虚多见舌绛、苔剥、咽干口渴，或不知饥饿，或胃中嘈杂、呕哕，或大便燥结等证；肝阴虚多见两目干涩昏花、眩晕等证；肾阴虚多见腰膝酸痛、手足心热、心烦失眠、遗精或潮热盗汗等证。补阴药各有专长，可根据阴虚的症状，选择应用。补阴药大都甘寒滋腻，故凡脾胃虚弱、痰湿内阻、腹胀便溏者均不宜用。

北沙参

伞形科多年生草本植物珊瑚菜的根。主产于山东、江苏，福建等地亦产。以夏、秋二季采挖的根入药。生用。

【性味归经】甘、微苦，微寒。归肺、胃经。

【功能主治】养阴清肺，益胃生津。用于肺热燥咳，劳嗽痰血，胃阴不足，热病津伤，咽干口渴。

【配伍应用】①北沙参配麦冬、南沙参、苦杏仁、茜草，用于燥热伤肺，发热咳喘或咯血。②北沙参配麦冬、天冬、诃子，用于肺受火刑、咳嗽音哑。③北沙参配石斛、玉竹、乌梅，用于胃阴虚有热之口干多饮、饥不饮食、大便干结及胃痛、胃胀、嘈杂等诸证。

【用法用量】5～12 g。

【注意事项】风寒咳嗽及肺胃虚寒者忌服。

南沙参

桔梗科多年生草本植物轮叶沙参或杏叶沙参的根。主产于安徽、江苏、浙江等地。以春、秋二季采挖的根入药。生用。

【性味归经】甘、微寒。归肺、胃经。

【功能主治】养阴清肺，益胃生津，化痰，益气。用于肺热燥咳，阴虚劳嗽，干咳痰黏，胃阴不足，食少呕吐，气阴不足，烦热口干。

【配伍应用】①南沙参配麦冬、百合、生地黄，用于阴虚劳损，咳嗽，吐衄。②南沙参配麦冬、北沙参、苦杏仁、茜草，用于燥热伤肺，发热咳喘或咯血。③南沙参配玉竹、麦冬，用于热病后期，气阴两虚而余热未清，不受温补者。④南沙参配半夏、旋覆花、赭石，用于胃气上逆，呕吐呃逆者。

【用法用量】9～15 g。

【注意事项】反藜芦。

麦　冬

百合科多年生草本植物麦冬的块根。主产于四川、浙江、江苏等地。以夏季采挖的块根入药。生用。

【性味归经】甘、微苦，微寒。归胃、肺、心经。

【功能主治】润肺养阴，益胃生津，清心除烦。主治燥咳，舌干口渴之消渴证，心烦失眠。

【配伍应用】①麦冬配天冬、苦杏仁、阿胶，养肺阴、润肺燥，用于燥咳痰黏，劳嗽咯血。②麦冬配沙参、生地黄、玉竹，养阴生津止渴，用于胃阴不足，舌干口渴。③麦冬配生地黄、竹叶、酸枣仁，清心除烦安神，用于心烦失眠。

【用法用量】 6 ~ 12 g。

【注意事项】 感冒风寒或有痰饮湿浊的咳嗽，以及脾胃虚寒泄泻者均忌服。

天 冬

百合科多年生攀援草本植物天冬的块根。主产于贵州、四川、广西等地。以秋、冬二季采挖的块根入药。生用。

【性味归经】 甘、苦，寒。归肺、肾经。

【功能主治】 清肺降火，滋阴润燥。主治燥咳、消渴证。

【配伍应用】 ①天冬配麦冬，清肺火，滋肾阴，润燥止咳，用于燥咳痰黏、劳嗽咯血。②天冬配生地黄、人参，清热滋阴，生津止渴，用于热病伤阴、舌干口渴或津亏消渴。

【用法用量】 6 ~ 12 g。

【注意事项】 脾胃虚寒、食少便溏、风寒咳嗽者忌服。

石 斛

兰科多年生草本植物环草石斛、马鞭石斛、黄草石斛、铁皮石斛或金钗石斛的茎。主产于四川、贵州、云南等地。全年均可采收其茎入药。以秋季采收者为佳。生用或鲜用。

【性味归经】 甘，微寒。归胃、肾经。

【功能主治】 益胃生津，滋阴除热。主治热病伤津，胃虚口渴。

【配伍应用】 ①石斛配生地黄、麦冬、天花粉，养阴清热生津，用于热病津伤。②石斛配生地黄、白薇、麦冬，滋肾阴、清虚热，用于阴虚津亏、虚热不退。

【用法用量】 6 ~ 12 g；鲜用 15 ~ 30 g。

【注意事项】 本品能敛邪，实邪不外达，所以温热病不宜早用；又能助湿，如湿温尚未化燥者忌服。

玉 竹

百合科多年生草本植物玉竹的根茎。主产于湖南、河南、江苏等地。以秋季采挖的根茎入药。切厚片或切段用。

【性味归经】 甘，微寒。归肺、胃经。

【功能主治】 滋阴润肺，生津养胃。主治阴虚外感风热。

【配伍应用】 ①玉竹配薄荷、淡豆豉、白薇，滋阴解表，用于阴虚之体，感冒因而发热咳嗽、咽痛口渴等。②玉竹配麦冬、沙参、甘草，用于肺胃阴伤、燥热咳嗽、舌干少津。

【用法用量】 6 ~ 12 g。

【注意事项】 本品虽性质和平，但毕竟为滋阴润燥之品，故脾虚而有湿痰、便溏者不宜服。

黄 精

百合科多年生草本植物黄精、滇黄精或多花黄精的根茎。黄精主产于河北、内蒙古、陕西；滇黄精主产于云南、贵州、广西；多花黄精主产于贵州、湖南、云南等地。春、秋二季采挖。切厚片用。

【性味归经】 甘，平。归脾、肺、肾经。

【功能主治】润肺滋阴，补脾益气。主治燥咳，倦怠乏力，腰膝足软，消渴证。

【配伍应用】①黄精配沙参、知母、贝母，滋阴润肺，用于肺虚燥咳。②黄精配枸杞子，补肾益精，用于肾虚精亏所致腰酸、头晕、足软等证。③黄精配黄芪、天花粉、麦冬、生地黄，益气养阴，用于消渴证。

【用法用量】9～15 g。

【注意事项】脾虚有湿、咳嗽痰多以及中寒便溏者均不宜服。

百　　合

百合科多年生草本植物百合或细叶百合的肉质鳞叶。全国各地均产。以湖南、浙江产者为多。以秋季采挖的肉质鳞叶入药。生用或蜜炙用。

【性味归经】甘，寒。归肺、心经。

【功能主治】润肺止咳，清心安神。主治肺热咳嗽，惊悸失眠。

【配伍应用】①百合配生地黄、玄参、贝母，用于劳热咳嗽，咽痛咯血。②百合配知母、生地黄，用于虚烦惊悸，失眠多梦。

【用法用量】6～12 g。

【注意事项】本品为寒润之物，所以风寒咳嗽或脾虚便溏者忌服。

枸杞子

茄科落叶灌木植物宁夏枸杞的成熟果实。主产于宁夏、甘肃、新疆等地。以夏、秋二季采收的橙红色果实入药。生用。

【性味归经】甘，平。归肝、肾经。

【功能主治】滋补肝肾，明目，润肺。主治阳痿，遗精，虚咳，目暗，发白，消渴。

【配伍应用】①枸杞子配菊花、地黄，用于肝肾阴虚之头晕目眩、视力减退。②枸杞子配天冬、地黄，用于肾阴虚之腰膝酸软、遗精。③枸杞子配麦冬、知母、贝母，养阴清肺化痰，用于阴虚劳嗽。

【用法用量】6～12 g。

【注意事项】因能滋阴润燥，故脾虚便溏者不宜服。

桑　　椹

桑科落叶灌木植物桑的果穗。主产于江苏、浙江、湖南等地。以4～6月果实变红时采收的果穗入药。生用。

【性味归经】甘、酸，寒。归心、肝、肾经。

【功能主治】滋阴补血，生津，润肠。主治眩晕、目暗、失眠、发白、消渴、便秘。

【配伍应用】①桑椹配何首乌、女贞子、墨旱莲，用于阴亏血虚之眩晕、目暗、耳鸣、失眠、须发早白。②桑椹配麦冬、生地黄、天花粉，滋阴，生津止渴，用于津伤口渴或消渴。③桑椹配生何首乌、黑芝麻、火麻仁，用于阴亏血虚的肠燥便秘。

【用法用量】10～15 g。

【注意事项】脾胃虚寒作泻者忌服。

墨旱莲

菊科一年生草本植物鳢肠的地上部分。主产于江苏、江西、浙江等地。以花开时割的地上部分入药。切段生用。

【性味归经】甘、酸，寒。归肝、肾经。

【功能主治】滋阴益肾，凉血止血。主治眩晕，发白，阴虚血热之出血。

【配伍应用】①墨旱莲配女贞子，用于肝肾阴虚之头晕目眩、须发早白。②墨旱莲配生地黄、阿胶、蒲黄、白茅根，滋阴凉血，用于阴虚血热之吐衄、尿血、便血、崩漏。

【用法用量】6～12 g。

【注意事项】脾胃虚寒，大便泄泻者不宜服。

女贞子

木樨科常绿乔木植物女贞的成熟果实。主产于浙江、江苏、湖南等地。以冬季采摘的成熟果实入药。生用或酒制用。

【性味归经】甘、苦，凉。归肝、肾经。

【功能主治】补益肝肾，清热明目。主治发白、目暗、阴虚发热。

【配伍应用】①女贞子配墨旱莲，用于肝肾阴虚之头昏目眩、腰膝酸软、须发早白。②女贞子配地骨皮、牡丹皮、生地黄，用于阴虚发热。③女贞子配熟地黄、菟丝子、枸杞子，用于肝肾阴虚所致视力减退、目暗不明。

【用法用量】6～12 g。

【注意事项】本品虽补而不腻，但性质偏凉，如脾胃虚寒泄泻及阳虚者忌服。

龟 甲

龟科动物乌龟的腹甲及背甲。主产于浙江、湖北、湖南等地。全年均可采集其腹甲及背甲入药。以砂炒后醋淬用。

【性味归经】咸、甘，寒。归肾、肝、心经。

【功能主治】滋阴潜阳，益肾健骨，养血补心。主治阴虚阳亢，虚风内动，筋骨不健，崩漏。

【配伍应用】①龟甲配生地黄、石决明、菊花，用于肝阳上亢，头晕目眩。②龟甲配熟地黄、知母、黄柏，用于阴虚火旺、骨蒸劳热、咳嗽咯血、盗汗遗精。

【用法用量】9～24 g。

【注意事项】脾胃虚寒或内有寒湿者忌服。

鳖 甲

鳖科动物鳖的背甲。主产于湖北、湖南、安徽等地。全年均可采集其背甲入药。砂炒后醋淬用。

【性味归经】咸，微寒。归肝、肾经。

【功能主治】滋阴潜阳，软坚散结。主治阴虚风动，阴虚发热，又治痞积。

【配伍应用】①鳖甲配牡蛎、生地黄、阿胶，滋阴潜阳，用于热病伤阴，虚风内动。②鳖甲配青蒿、生地黄、牡丹皮、知母，用于阴虚发热。

【用法用量】9～24 g。

【注意事项】脾胃虚寒，食少便溏及孕妇均忌服。

黑芝麻

芝麻科一年生草本植物芝麻的成熟种子。我国各地有栽培。以秋季果实成熟时采收的种子入药。生用或炒用。

【性味归经】甘，平。归肝、肾、大肠经。

【功能主治】补益精血，润燥滑肠。主治发白、便秘。

【配伍应用】黑芝麻配当归、肉苁蓉、柏子仁，用于血虚津亏引起的肠燥便秘。

【用法用量】9~15 g。

【注意事项】脾虚大便溏泻者不宜服。

第十八节　收涩药

凡以收敛固涩为主要作用的药物，称为收涩药，又称固涩药。本类药物大多性味酸涩，分别具有敛汗、止泻、固精、缩尿、止带、止血、止嗽等作用，故适用于久病体虚、正气不固所致的自汗、盗汗、久泻、久痢、遗精、滑精、遗尿、尿频、久咳虚喘以及崩漏不止等滑脱不禁的证候。收敛固涩药的运用，只是治病之标，为及时敛其耗散，防其因滑脱不禁而导致正气衰竭，变生他证。但滑脱证候的根本原因是正气虚弱，故需与相应的补益药配合应用，以期标本兼顾。如气虚自汗、阴虚盗汗，当分别与补气药、养阴药同用；脾肾虚弱所致的久泻、久痢及带下日久不愈，应与补益脾肾药同用；肾虚遗精、滑精、遗尿、尿频，当配伍补肾药；冲任不固、崩漏下血，当配伍补肝肾、固冲任药；肺肾虚损、久咳虚喘，当配伍补肺益肾纳气药等。总之，当根据具体证候，寻求根本，选择配伍，才能增强疗效。收涩药有敛邪之弊，故凡表邪未解或内有湿滞，以及郁热未清，均不宜用。

一、止汗药

以收敛止汗为主要功效，常用以治疗虚汗证的药物，称为止汗药。其主治有二：一为气虚自汗；二为阴虚盗汗。本类药物的性味以涩凉为主，忌用于实热证的出汗。

浮小麦

禾本科一年生草本植物小麦未成熟的颖果。全国产麦区均产。夏季果实成熟时采收。扬场后，取其瘪瘦轻浮的麦粒入药。生用，或炒用。

【性味归经】甘、咸，凉。归心经。

【功能主治】益气，除热，止汗。主治自汗盗汗，骨蒸劳热。

【配伍应用】①浮小麦配牡蛎、麻黄根、黄芪，用于自汗盗汗。②浮小麦配生地黄、麦冬、地骨皮，益气、除热、止汗，用于骨蒸劳热。

【用法用量】15~30 g。

【注意事项】表邪未尽而汗出者不宜使用。

麻黄根

麻黄科多年生草本植物草麻黄或中麻黄的根及根茎。主产于河北、山西、内蒙古等地。以立秋后采收的根及根茎入药。干燥切段。生用。

【性味归经】甘、涩，平。归心、肺经。

【功能主治】止汗。主治自汗盗汗。

【配伍应用】麻黄根配伍当归、黄芪、牡蛎、龙骨、生地黄，敛汗止汗，用于自汗盗汗。

【用法用量】3~9 g。

【注意事项】本品专止汗，有表邪者忌用。

二、止泻药

以涩肠止泻为主要功效，常用以治疗滑脱不禁之久泻、久痢的药物，称为止泻药类。本药物的药味以酸涩为主，忌用于热毒泻痢、湿热泻痢或食积腹泻等实证腹泻。

五味子

木兰科多年生落叶木质藤本植物五味子或华中五味子的成熟果实。前者习称"北五味子"，为传统使用正品，主产于东北、河北等地；后者习称"南五味子"，主产于西南及长江流域以南地区。以秋季采收的成熟果实入药。生用或用醋拌蒸晒干，用时打碎。

【性味归经】酸、甘、温。归肺、肾、心经。

【功能主治】敛肺滋肾，生津敛汗，涩精止泻，宁心安神。主治虚汗、喘咳、遗精、久泻、失眠多梦。

【配伍应用】①五味子配六味地黄丸、细辛、干姜，用于久咳虚喘。②五味子配人参、麦冬，用于热伤气阴、心悸脉虚、口渴多汗。③五味子配桑螵蛸、龙骨、肉豆蔻，用于遗精、滑精、久泻不止。④五味子配生地黄、麦冬、丹参、酸枣仁，用于心悸、失眠、多梦。

【用法用量】2~6 g。

【注意事项】本品酸涩收敛，凡表邪未解、内有实热、咳嗽初期、麻疹初发均不宜用。

乌　梅

蔷薇科落叶乔木植物梅的近成熟果实。主产于浙江、福建、四川等地。以夏季采收的近成熟果实入药。低温烘干后闷至皱皮，色变黑时去核生用或炒炭用。

【性味归经】酸、涩，平。归大肠、肺、脾、肝经。

【功能主治】敛肺，涩肠，生津，安蛔。主治肺虚久咳消渴，蛔厥。

【配伍应用】①乌梅配半夏、苦杏仁、阿胶，敛肺止咳，用于肺虚久咳。②乌梅配肉豆蔻、诃子，能涩肠止泻，用于久泻久痢。③乌梅配天花粉、麦冬、葛根、人参，用于虚热消渴。④乌梅配花椒、干姜、黄连，用于蛔厥腹痛、呕吐。

【用法用量】6~12 g。

【注意事项】本品酸涩收敛，故外有表邪或内有实热积滞者均不宜服。

五倍子

漆树科落叶灌木或小乔木植物盐肤木、青麸杨或红麸杨叶上的虫瘿。主要由五倍子蚜寄生而形成。我国大部分地区均产，而以四川、贵州、云南为主。秋季摘下虫瘿，煮死内中寄生虫，干燥。生用。

【性味归经】酸、涩，寒。归大肠、肺、肾经。

【功能主治】敛肺降火，涩肠，固精，敛汗，止血。主治肺虚久咳，久泻久痢，遗精滑精，自汗盗汗。

【配伍应用】①五倍子配五味子、罂粟壳，敛肺降火，用于肺虚久咳。②五倍子配枯矾、诃子、五味子，涩肠止泻，用于久泻久痢。③五倍子配茯苓、龙骨，用于遗精滑精。

【用法用量】3~6 g。

【注意事项】本品酸涩收敛，凡外感风寒或肺有实热之咳嗽及积滞未清、湿热内蕴之泻痢者均忌服。

椿　皮

苦木科植物臭椿的干燥根皮或干皮。主产于浙江、江苏、湖北、河北。全年均可剥取，晒干，或刮去粗皮晒干，切丝或段。以皮厚、无粗皮、色黄白者为佳。

【性味归经】苦、酸、涩，平。归肺、大肠经。

【功能主治】清热燥湿，涩肠，止血，止带，杀虫。主治久泻、久痢、止血、止带。

【配伍应用】①椿皮配诃子、丁香、滑石，清热燥湿，涩肠止血，用于久泻、久痢、便血。②椿皮配龟甲、香附、白芍、黄芩，用于崩漏、带下。

【用法用量】6～9 g。

【注意事项】本品可治蛔虫病。

石榴皮

石榴科落叶灌木或乔木石榴的果皮。我国大部分地区有栽培。以秋季果实成熟后收集的果皮入药。生用或炒炭用。

【性味归经】酸、涩，温。归大肠经。

【功能主治】涩肠止泻，杀虫。主治久泻、久痢。

【配伍应用】①石榴皮配黄连、黄柏、当归，涩肠收敛，用于久泻、久痢。②石榴皮配槟榔，有杀虫作用，用于虫积腹痛。

【用法用量】3～9 g。

【注意事项】泻痢初起、邪气壅盛者忌服。

诃　子

使君子科落叶乔木植物诃子的成熟果实。主产于云南、广东、广西等地。以秋、冬二季采收的成熟果实入药。生用或煨用。若用果肉则去核。

【性味归经】涩，苦，平。归大肠、肺经。

【功能主治】涩肠，敛肺，下气，利咽。主治久泻、久痢、脱肛、肺虚咳喘。

【配伍应用】①诃子配黄连、木香、甘草，涩肠止泻，兼下气消胀，用于久泻、久痢、脱肛。②诃子配桔梗、甘草，敛肺下气止咳，用于肺虚喘咳。

【用法用量】3～10 g。

【注意事项】凡外有表邪、内有湿热积滞者忌服。

肉豆蔻

肉豆蔻科高大常绿乔木植物肉豆蔻的成熟种仁。主产于马来西亚、印度尼西亚；我国广东、广西、云南亦有栽培。以冬、春二季果实成熟时采收的种仁入药。煨制去油用或生用。

【性味归经】辛，温。归脾、胃、大肠经。

【功能主治】温中行气，涩肠止泻。主治久泻，腹胀食少。

【配伍应用】①肉豆蔻配党参、白术、肉桂、诃子，用于脾胃虚寒、久泻不止。②肉豆蔻配木香、姜半夏，温中行气开胃，用于虚寒气滞、脘腹胀痛、食少呕吐。

【用法用量】3～10 g。

【注意事项】本品温中固涩，故湿热泻痢、胃热疼痛者忌用。

赤石脂

硅酸盐类矿物多水高岭石族多水高岭石。主含含水硅酸铝。主产于福建、山东、河南等地。全年均可采挖。研末水飞或火煅水飞用。

【性味归经】 甘、酸、涩，温。归大肠、胃经。

【功能主治】 涩肠止泻，止血；外用收涩生肌，敛疮。主治泻痢、带下、敛疮。

【配伍应用】 ①赤石脂配禹余粮，用于下焦不固、泻痢不止、便血脱肛。②赤石脂配侧柏叶、乌贼骨、白芍，用于崩漏带下。

【用法用量】 9~12 g。

【注意事项】 有湿热积滞泻痢者忌服。不宜与肉桂同用。

禹余粮

氢氧化物类矿物褐铁矿，主含碱式氧化铁。主产于浙江、广东等地。全年可采。火煅醋淬用。

【性味归经】 甘、涩，微寒。归胃、大肠经。

【功能主治】 涩肠止泻，收敛止血。主治久泻久痢，崩漏带下。

【配伍应用】 ①禹余粮配赤石脂，常用于下焦不固、肠滑不禁的久泻久痢。②禹余粮配乌贼骨、牡蛎，收敛止血，用于崩漏带下。

【用法用量】 9~15 g。

【注意事项】 本品专收涩，实证忌用，孕妇慎服。

罂粟壳

为罂粟科一年生或二年生草本植物罂粟成熟蒴果的外壳。原产于国外。我国部分地区的药物种植场有少量栽培，以供药用。以夏季采收的果壳入药，醋炒或蜜炙用。

【性味归经】 酸、涩，平。有毒。归肺、大肠、肾经。

【功能主治】 敛肺，涩肠，止痛。主治肺虚久咳，久泻久痢，心腹筋骨诸痛。

【配伍应用】 ①罂粟壳配乌梅，用于虚劳、喘咳、自汗。②罂粟壳配木香、黄连、生姜，用于久泻久痢。

【用法用量】 3~6 g。

【注意事项】 本品酸涩收敛，故咳嗽及泻痢初起、湿热下注之遗精者均忌服；孕妇、儿童禁用，运动员慎用；不宜多服久服。

三、固精缩尿止带药

以固涩精关为主要功效，常用以治疗男子肾虚精关不固的遗精、滑精的药物，称为固精药；以缩尿为主要功效，常用以治疗肾虚不固，膀胱失约的遗尿、尿频的药物，称为缩尿药；以止带为主要功效，常用以治疗脾虚不食、脾湿下注或肾虚不固的带下增多的药物，称为止带药。本类药物的药味以涩或酸为主。

莲　子

睡莲科多年生水生植物莲的成熟种子。主产于湖南、福建、江苏等地。以秋季采收的种子入药。生用。

【性味归经】 甘、涩，平。归脾、肾、心经。

【功能主治】 补脾止泻，益肾固精，养心安神。主治久泻，肾虚遗精，滑精，惊悸失眠。

【配伍应用】①莲子配人参、白术、茯苓、山药，用于脾虚久泻，食欲不振。②莲子配沙苑子、龙骨、牡蛎，补肾固精，用于肾虚遗精、滑精。③莲子配麦冬、茯神、柏子仁，养心益肾，交通心肾，用于虚烦、惊悸失眠。

【用法用量】6 ~ 15 g。

【注意事项】大便燥结者不宜服。

莲子心

莲子中的青嫩胚芽。

【性味归经】苦，寒。归心、肾经。

【功能主治】清心，去热，止血，涩精。主治心烦，吐血，遗精。

【配伍应用】莲子心配麦冬、竹叶，用于温病烦热神昏。

【用法用量】2 ~ 5 g。

【注意事项】研磨服可单用。

芡 实

睡莲科一年生水生草本植物芡的成熟种仁。主产于江苏、山东、安徽等地。以秋末冬初采收的成熟果实的种仁入药。捣碎生用或炒用。

【性味归经】甘、涩，平。归脾、肾经。

【功能主治】补脾去湿，益肾固精。主治脾虚泄泻，肾虚遗精、白带过多。

【配伍应用】①芡实配党参、白术、山药、莲子，用于脾虚久泻久痢，日久不止。②芡实配沙苑子、龙骨、牡蛎、莲子，用于肾虚遗精、小便不禁、白带过多。

【用法用量】9 ~ 15 g。

【注意事项】湿热所致遗精白浊、尿频带下、泻痢，大、小便不利者不宜使用。

山茱萸

山茱萸科落叶小乔木植物山茱萸的成熟果肉。主产于浙江、安徽、河南等地亦产。秋末冬初采收。用文火烘焙或置沸水中略烫，及时挤出果核。晒干或烘干，以果肉入药。

【性味归经】酸、涩，微温。归肾、肝经。

【功能主治】补益肝肾，收敛固涩。主治腰酸、阳痿、遗精、虚汗、崩漏。

【配伍应用】①山茱萸配熟地黄、山药、泽泻，补益肝肾，既能补精，又可助阳，用于肝肾亏虚、头晕目眩、腰膝酸软、阳痿等。②山茱萸配桑螵蛸、覆盆子、益智、沙苑子，用于遗精、滑精、小便不禁。③山茱萸配附子、人参、龙骨、牡蛎，用于大汗不止、体虚欲脱。

【用法用量】6 ~ 12 g。

【注意事项】本品温补收敛，故命门火炽、素有湿热及小便不利者不宜服。

金樱子

蔷薇科常绿攀援灌木植物金樱子的成熟果实。主产于广东、江西、浙江等地。以9 ~ 10月采收的果实入药。纵切两瓣，除去毛刺，生用。

【性味归经】酸、甘、涩，平。归肾、膀胱、大肠经。

【功能主治】固精，缩尿，涩肠止泻。主治遗精、滑精、尿频、白带过多、久泻久痢。

【配伍应用】①金樱子配芡实，用于遗精、滑精、遗尿、尿频、白带过多。②金樱子配党参、白术、山药，用于久泻久痢。

【用法用量】6~12 g。

【注意事项】本品收涩，故有实火、实邪者不宜服。

桑螵蛸

螳螂科昆虫大刀螂、小刀螂或巨斧螳螂的卵鞘。全国大部分地区均产。以深秋至次春采收的卵鞘入药。置沸水中浸杀其卵，或蒸透，晒干用。

【性味归经】甘、咸，平。归肝、肾经。

【功能主治】补肾助阳，固精缩尿。主治遗精、滑精、遗尿、尿频、白带过多等。

【配伍应用】①桑螵蛸配远志、石菖蒲、龙骨，治肾虚、遗尿白浊、小便频数、遗精滑泄、心神恍惚。②桑螵蛸配鹿茸、肉苁蓉、菟丝子，补肾壮阳，用于阳痿。

【用法用量】5~10 g。

【注意事项】本品助阳固涩，故阴虚火旺、内有湿热之遗精、膀胱有热而小便频数者忌服。

覆盆子

蔷薇科落叶灌木植物华东覆盆子的未成熟果实。主产于浙江、福建、湖北等地。以夏初采收的绿黄色果实入药。入沸水中略浸，晒干用。

【性味归经】甘、酸，温。归肝、肾、膀胱经。

【功能主治】益肾，固精，缩尿。主治肾虚不固，遗精、滑精、遗尿、尿频。

【配伍应用】①覆盆子配沙苑子、山茱萸、芡实，补益肝肾，收敛固涩，用于肾虚不固，遗精、滑精。②覆盆子配桑螵蛸、益智、金樱子，用于遗尿、尿频。

【用法用量】6~12 g。

【注意事项】肾虚有火，小便短涩者不宜服。

乌贼骨

乌鲗科动物无针乌贼或金乌贼的内壳。产于辽宁、江苏、浙江等省沿海地区。收集其骨状内壳，洗净，干燥。生用。

【性味归经】咸、涩，微温。归肝、肾、脾经。

【功能主治】收敛止血，固精止带，制酸止痛，收湿敛疮。主治崩漏下血，肺胃出血，遗精带下，胃痛吐酸，外伤出血。

【配伍应用】①乌贼骨配茜草、棕榈炭、白及，因本品咸能入血，温胃而涩，有收敛止血功效，用于崩漏下血、肺胃出血、创伤出血。②乌贼骨配山茱萸、菟丝子、沙苑子、白芷，用于遗精、带下。③乌贼骨配贝母，制酸止痛，用于胃痛吐酸。

【用法用量】6~15 g。

【注意事项】本品性微温，能伤阴助热，故阴虚多热者不宜服。

刺猬皮

刺猬科动物刺猬的干燥外皮。全国大部分地区均产。全年均可捕捉，捕后将皮剥下，以肉脂刮净、刺毛整洁者为佳。内面撒上一层石灰，置通风处阴干。

【性味归经】苦、涩，平。归肾、胃、大肠经。

【功能主治】收敛止血，固精缩尿。主治便血、痔漏、遗精、遗尿。

【配伍应用】①刺猬皮配木贼，收敛止血，用于便血。②刺猬皮配益智、龙骨，固精缩尿，用于遗精、遗尿。

【用法用量】3～10 g。

【注意事项】孕妇慎用。

第十九节　涌吐药

凡以促使呕吐为主要作用的药物，称为涌吐药，又称催吐药。《黄帝内经》所云"在上者涌之"，是指人体上部（如咽喉、胸脘）有毒物、宿食、痰涎，均可应用吐法，以达到祛邪除病的目的。故凡误食毒物，停留胃中，未被吸收；或宿食停滞不化，尚未入肠，脘部胀痛；或痰涎壅盛，阻碍呼吸；以及癫痫发狂等证，均可使用涌吐药来治疗。涌吐药作用强烈，大都具有毒性，且呕吐是剧烈的动作，可以影响内脏，如使用不当，能令患者产生不良后果。故涌吐药只适用于气壮邪实之证，如体质虚弱或老人、小儿、妇女胎前产后，以及素患失血、头晕、心悸、劳嗽喘咳等证者，均当忌用。在使用涌吐药时，还当注意用量、用法和解救。一般服用涌吐药，可用小量渐增的方法，以防中毒或涌吐太过；且服药后宜多饮热开水，以助药力，或用翎毛探喉以助涌；如呕吐不止，当及时解救。吐后当休息，不宜马上进食，等肠胃功能恢复，再饮流食易消化的食物，以养胃气。

瓜　蒂

葫芦科一年生草质藤本植物甜瓜的果蒂。全国各地均有栽培。以夏季采集的未老熟的果实的果蒂入药。生用。

【性味归经】苦，寒。有毒。归心、胃、胆经。

【功能主治】内服涌吐热痰、宿食，外用研末吹鼻，可引去湿热。主治热痰、宿食、湿热黄疸。

【配伍应用】瓜蒂配赤小豆，用于痰涎堵塞胸中，或宿食停留胃脘之中。

【用法用量】2～5 g。

【注意事项】本品作用强烈，易损伤正气，故孕妇及体虚、失血、上部无实邪者，心脏病患者忌服。

常　山

虎耳草科落叶小灌木植物常山的根。主产于四川、贵州，湖南等地亦产。以秋季采收的根入药。晒干。切片生用或酒炒用。

【性味归经】苦、辛，寒。有毒。归肺、肝、心经。

【功能主治】涌吐痰饮，截疟。主治胸中痰饮，疟疾。

【配伍应用】①常山配甘草、蜂蜜，有较强的涌吐作用，用于胸中痰饮积聚。②常山配草果、槟榔、青皮，用于疟疾久发不止。

【用法用量】5～9 g。

【注意事项】本品作用强烈，能损正气，孕妇、体虚者慎用。

胆　矾

天然的硫酸盐类矿物胆矾或人工制成的含水硫酸铜。主产于云南、山西。随时可采。研末或煅后研末用。

【性味归经】酸、辛，寒。有毒。归肝、胆经。

【功能主治】内服涌吐风痰、毒物；外用解毒收湿，蚀疮去腐。主治风痰、喉痹、癫痫、误食毒物、风眼赤烂、口疮、牙疳、肿毒不破。

【配伍应用】①胆矾配僵蚕，研末吹喉吐涎，用于喉痹。②胆矾配儿茶、黄连，研末敷治牙疳。

【用法用量】0.3~0.6 g，外用适量。

【注意事项】体虚者、孕妇忌服。

第二十节　外用药

　　外用药分别具有解毒消肿、提脓拔毒、祛腐平胬、生肌收口、止血、杀虫、止痒、发泡等作用。部分药物往往同时具有上述某几种功能；有些药物还具有补火壮阳、祛风通络、泻下通滞、散瘀定痛、破结消癥、消痰定喘、镇惊、截疟、开窍等内治作用。外用药主要用于痈疽疮毒、瘰疬、疥癣、外伤、蛇虫咬伤、烫伤及五官疾患等。根据其不同功用，可将外用药分为消肿解毒药、排脓祛腐药、止血生肌药、燥湿杀虫止痒药等。①消肿解毒药：能消散肿毒，用于各种疮疡初起、肿势局限而未溃破者，以及蛇虫咬伤者。②排脓祛腐药：能提脓拔毒、化腐蚀疮，促使疮疡内蓄脓毒早日排出、腐肉迅速脱落；用于疮疡脓成未溃，或瘰疬、结核、恶疮溃后脓毒未尽、腐肉不脱、胬肉突出、死肌、瘘管、窦道以及赘疣、息肉等。③止血生肌药：能制止出血，促进新肉生长，加速疮口愈合，用于各种外伤出血，疮疡溃后腐肉已脱、脓水将尽之时，以及疮口久不收口者；常用的止血生肌药有儿茶、血竭、象皮等。④燥湿杀虫止痒药：能使皮肤溃疡及湿疹局部减少滋水渗出，还有防腐、杀虫、止痒之功，用于湿毒、湿疹浸淫不已，疮面糜烂、滋水渗出较多，以及疥疮、顽癣、瘾疹瘙痒等；常用的燥湿杀虫止痒药有蛇床子、木槿皮、松花粉、炉甘石、硼砂、白矾、硫黄、雄黄、密陀僧、轻粉等。用药注意事项：外用药多具有不同程度的毒性，制剂时应严格遵照一定的法度，以保证用药安全。毒药应谨慎使用，剂量不宜过大，尤其是剧毒药物，如水银、砒石、轻粉、斑蝥等，必须严格掌握剂量。对于创面过大的局部病变，药量亦不宜过多，以防因吸收过量而中毒。同时，还必须避免连续用药，以防蓄积中毒。一些刺激性较强的药物，不宜在头面、五官、黏膜、会阴等处应用，以免发生不良反应或其他损害。

雄　黄

　　硫化物类矿物雄黄的矿石。主含二硫化二砷（As_2S_2）。主产于广东、湖南、湖北、贵州、四川等地。随时可采，采挖后除去杂质。研成细粉或水飞。生用。

【性味归经】辛，温。有毒。归肝、胃、大肠经。

【功效主治】解毒，杀虫。主治痈肿疔疮，湿疹疥癣，蛇虫咬伤。

【配伍应用】①治痈肿疔毒，可单用或入复方，且较多外用，如配白矾等分。②雄黄配苦杏仁、巴豆，可治小儿喘满咳嗽。

【用法用量】外用适量，研末敷，香油调搽或烟熏。内服 0.05~0.1 g，入丸、散用。

【注意事项】内服宜慎，不可久服。外用不宜大面积涂擦及长期持续使用。孕妇禁用。切忌火煅。

硫 黄

自然元素类矿物硫族自然硫。主产于山西、山东、陕西、河南等地。采挖后加热熔化，除去杂质，或用含硫矿物经加工制得。生硫黄只作外用，内服常与豆腐同煮后阴干用。

【性味归经】酸，温。有毒。归肾、大肠经。

【功效主治】外用解毒杀虫疗疮；内服补火助阳通便。

【配伍应用】①硫黄外用治疥癣，湿疹，阴疽疮疡；因本品性温而燥，有解毒杀虫，燥湿止痒诸功效，尤为治疗疥疮的要药。②硫黄配鹿茸、补骨脂、蛇床子，可治肾虚阳痿。

【用法用量】外用适量，研末敷或加油调敷患处。内服 1.5 ~ 3 g，炮制后入丸、散服。

【注意事项】阴虚火旺及孕妇忌服。

白 矾

硫酸盐类矿物明矾石经加工提炼制成，主含含水硫酸铝钾。主产于安徽、浙江、山西、湖北等地。全年均可采挖。将采得的明矾石用水溶解，滤过，滤液加热浓缩，放冷后所得结晶即为白矾。生用或煅用。煅后称为枯矾。

【性味归经】酸、涩，寒。归肺、脾、肝、大肠经。

【功能主治】外用解毒杀虫，燥湿止痒；内服止血，止泻，化痰。用于湿疹瘙痒，疮疡疥癣，便血、吐衄、崩漏，久泻久痢。

【配伍应用】①白矾善收湿止痒，尤宜治疮面湿烂或瘙痒者。配朴硝，研末外用可治痈疽。②配煨诃子，为散，粥饮调下，可治久泻久痢，因本品能涩肠止泻。

【用法用量】外用适量，研末撒布、调敷或化水洗患处。内服 0.6 ~ 1.5 g，入丸、散服。

【注意事项】体虚胃弱及无湿热痰火者忌服。

蛇床子

伞形科植物蛇床的成熟果实。全国各地均产，以河北、山东、浙江、江苏、四川等地产量较大。均为野生，夏、秋二季果实成熟时采收，除去杂质，晒干。生用。

【性味归经】辛、苦，温。有小毒。归肾经。

【功能主治】杀虫止痒，燥湿，温肾壮阳。用于阴部湿痒，湿疹，疥癣，寒湿带下，湿痹腰痛，肾虚阳痿，宫冷不孕。

【配伍应用】①蛇床配苦参、黄柏、白矾，为皮肤及妇科病常用药，且较多外用。②蛇床配白矾，煎汤频洗，治阴部瘙痒。蛇床配山药、杜仲、牛膝等，治腰痛尤宜于寒湿兼肾虚所致者。

【用法用量】外用适量，多煎汤熏洗或研末调敷。内服 3 ~ 10 g。

【注意事项】阴虚火旺或下焦有湿热者不宜内服。

蟾 酥

蟾蜍科动物中华大蟾蜍或黑眶蟾蜍的耳后腺及皮肤腺分泌的白色浆液，经加工干燥而成。主产于河北、山东、四川、湖南、江苏、浙江等地。多为野生品种。夏、秋二季捕捉蟾蜍，洗净体表，挤取耳后腺及皮肤腺的浆液，盛于瓷器内（忌与铁器接触），晒干贮存。用时以碎块置酒或鲜牛奶中溶化，然后风干或晒干。

【性味归经】辛，温。有毒。归心经。

【功能主治】解毒，止痛，开窍醒神。用于痈疽疔疮，瘰疬，咽喉肿痛，牙痛，神昏吐泻。

【配伍应用】①蟾酥配麝香、朱砂，治痈疽及恶疮，用葱白汤送服取汗。②蟾酥配牛黄、冰片，治咽喉肿痛及痈疖。

【用法用量】内服0.015～0.03 g，研细，多入丸、散用。外用适量。

【注意事项】本品有毒，内服慎勿过量。外用不可入目。孕妇忌用。

樟　　脑

樟科植物樟的枝、干、叶及根部，经提炼制得的颗粒状结晶。主产于中国台湾及长江以南地区。以中国台湾产量最大，质量最佳。多为栽培品。每年多在9～12月砍伐老树，锯成碎片，置蒸馏器中进行蒸馏，冷却后即得粗制樟脑，再经升华精制而得精制樟脑。因易挥发，应密封保存。

【性味归经】辛，热。有毒。归心、脾经。

【功能主治】除湿杀虫，温散止痛，开窍辟秽。用于疥癣瘙痒，湿疮溃烂，跌打伤痛，牙痛。

【配伍应用】樟脑配土槿皮、川椒、白矾等，可治癣，跌打伤痛，肌肤完好者可泡酒外擦。

【用法用量】外用适量，研末撒布或调敷。内服0.1～0.2 g，入散剂或用酒溶化服。

【注意事项】气虚阴亏，有热及孕妇忌服。

木鳖子

葫芦科植物木鳖的成熟种子。主产湖北、广西、四川等地。多为野生，也有栽培。9～11月采收成熟果实，剖开，晒至半干，取出种子，干燥。用时去壳取仁，捣碎，或制霜用。

【性味归经】苦、微甘，凉。有毒。归肝、脾、胃经。

【功能主治】攻毒疗疮，消肿散结。用于疮疡肿毒，瘰疬，乳痈，痔疮肿痛，干癣，秃疮。

【配伍应用】木鳖子能散结消肿，攻毒疗疮，并有生肌、止痛作用，故可治上述病证。①单用本品，则以醋磨汁外涂或研末醋调敷于患处。②木鳖子草乌、半夏等，炒焦研细，水调外敷，可治痈肿诸毒。

【用法用量】外用适量，研末，用油或醋调涂患处。内服0.9～1.2 g，多入丸、散用。

【注意事项】孕妇及体虚者忌服。

土荆皮

松科植物金钱松的根皮或近根树皮。主产于江苏、浙江、安徽、江西等地。多为栽培。于立夏前后剥取，除去杂质，晒干。生用。又称土槿皮。

【性味归经】辛，温。有毒。归肺、脾经。

【功能主治】杀虫，止痒，用于体癣、手足癣、头癣、湿疹、皮炎、皮肤瘙痒。

【配伍应用】有较好杀虫疗癣，祛湿止痒作用。①以外用治癣为主，可单用浸酒涂擦或研末加醋调敷；现多制成10% ～50% 土荆皮酊，或配合水杨酸、苯甲酸等制成复方土荆皮酊外用。②用于湿疹、皮炎、皮肤瘙痒，可单用浸酒外擦，或配大黄、苦参、黄柏等同用。

【用法用量】外用适量，酒或醋浸涂擦，或研末调涂患处。

【注意事项】只供外用，不可内服。

蜂　　房

胡蜂科昆虫果马蜂日本长脚胡蜂或异腹胡蜂的巢。全国均有，南方较多，均为野生。全年可采，但常以秋、冬二季采收。晒干或蒸，除去死蜂死蛹后再晒干，剪块生用或炒用。又称露蜂房。

【性味归经】甘，平。归胃经。

【功能主治】攻毒杀虫，祛风止痛。用于疮疡肿毒，乳痈，瘰疬，顽癣瘙痒，癌肿。

【配伍应用】用于疮疡肿毒，乳痈，瘰疬，顽癣瘙痒，癌肿。本品能攻毒杀虫，攻坚破积，为外科常用之品。虽可单用，但更常与解毒消肿生肌药配伍应用。本品质轻且性善走窜，能祛风止痛、止痒而奏效。若与川乌、草乌同用，乙醇浸泡外涂痛处可治风湿痹痛；或配全蝎、蜈蚣、地鳖虫各等份，研末为丸服。

【用法用量】外用适量，研末用油调敷或煎水漱口，或熏洗患处。内服，3～5 g。

【注意事项】有小毒，孕妇禁用。

红　　粉

由水银、火硝、白矾各等分混合升华制成。红色者称为红升，黄色者称为黄升。各地均产，以河北、湖北、湖南、江苏等地产量较大。研细末入药，陈久者良。又称三仙丹、红升丹、黄升丹。

【性味归经】辛，热。有大毒。归肺、脾经。

【功能主治】拔毒，去腐。用于痈疽溃后、脓出不畅，或腐肉不去、新肉难生。

【配伍应用】本品有良好的拔毒去腐排脓作用，为只供外用的外科常用药之一。常与收湿敛疮的煅石膏同用，可随病情不同，调整两药的用量比例。如升药与煅石膏的用量比为1∶9者称为九一丹，拔毒力较轻而收湿生肌力较强；2∶8者称为八二丹、3∶7者称为七三丹、1∶1者称为五五丹、9∶1者称为九转丹，则拔毒提脓之力逐步增强。

【用法用量】外用适量。本品只供外用，不能内服。且不用纯品，而多配煅石膏外用。用时，研极细粉末，干掺或调敷，或以药捻沾药粉使用。

【注意事项】本品有大毒，外用亦不可过量或持续使用。外疡腐肉已去或脓水已尽者，不宜使用。

轻　　粉

由水银、白矾（或胆矾）、食盐等用升华法制成的氯化亚汞（Hg_2Cl_2）结晶性粉末。主产于湖北、湖南、山西、陕西、贵州等地。避光保存，研细末用。又称汞粉、水银粉、腻粉。

【性味归经】辛，寒。有毒。归大肠、小肠经。

【功能主治】外用攻毒杀虫，敛疮；内服逐水通便。用于疮疡溃烂，疥癣瘙痒，湿疹，酒渣鼻，梅毒下疳；内服治水肿胀满，二便不利。

【配伍应用】本品辛寒燥烈，有较强的攻毒杀虫止痒及生肌敛疮作用。①轻粉配黄柏、蛤粉、煅石膏，共为细末，凉水或麻油调涂，治黄水疮痒痛。②轻粉配大黄、甘遂、大戟等，内服能通利二便，逐水退肿。

【用法用量】外用适量，研末调涂或干掺，制膏外贴。内服每次 0.1～0.2 g，每日1～2 次，入丸、散服。

【注意事项】本品有毒（可致汞中毒），内服宜慎，且服后应漱口。体虚及孕妇忌服。

砒　　石

矿物砷华的矿石，或由毒砂（硫砷铁矿）、雄黄等含砷矿物的加工品。主产于江西、湖南、广东、贵州等地。药材分白砒与红砒，两者三氧化二砷（As_2O_3）的含量均在96% 以上，但前者更纯，后者尚含少量硫化砷等红色矿物质。药用以红砒为主。砒石升华的精制品即砒霜。砒石又称信石、人言。

【性味归经】辛，大热。有大毒。归肺、肝经。

【功能主治】外用攻毒杀虫，蚀疮去腐；内服劫痰平喘，截疟。用于腐肉不脱之恶疮，瘰疬，顽癣，牙疳，痔疮。

【配伍应用】本品外用具攻毒杀虫，蚀死肌，去腐肉之功。虽可单用贴敷，因易中毒且引起剧烈疼痛，故多配其他药物以轻其剂缓其毒。砒石配硫黄、苦参、附子、蜡，调油为膏，可治恶疮日久。

【用法用量】外用适量，研末撒敷，宜作复方散剂或入膏药、药捻用。内服一次0.002～0.004 g，入丸、散服。

【注意事项】本品剧毒，内服宜慎；外用亦应注意，以防局部吸收中毒。孕妇忌服。不可作酒剂服。忌火煅。

铅　　丹

纯铅加工制成的铅的氧化物（Pb_3O_4）。主产于河南、广东、福建、云南等地。生用或炒用。又称广丹、黄丹。

【性味归经】辛，微寒。有毒。归心、肝经。

【功能主治】拔毒生肌，杀虫止痒。外用治疮疡溃烂，湿疹瘙痒，疥癣，狐臭，酒渣鼻。

【配伍应用】本品辛寒，具拔毒、化腐生肌、收湿、杀虫止痒之功，可治疗多种疮疡、顽癣、湿疹等。铅丹配黄明胶，治疮疡初起红肿或脓成未溃者。

【用法用量】外用适量，研末撒布或熬膏贴敷。内服每次 0.3～0.6 g，入丸、散服。

【注意事项】本品有毒，用之不当可引起铅中毒，宜慎用；不可持续使用以防蓄积中毒。

炉甘石

碳酸盐类矿物菱锌矿石，主含碳酸锌（$ZnCO_3$）。主产于广西、湖南、四川、云南等地。全年可采挖，采挖后，除去泥土杂石，洗净，晒干。有火煅、醋淬及火煅后用三黄汤（黄连、黄柏、大黄）淬等制法。水飞用。

【性味归经】甘，平。归肝、胃经。

【功能主治】解毒明目退翳，收湿止痒敛疮。

【配伍应用】为眼科外用常用药。①炉甘石配玄明粉，各等份为末点眼，治目赤暴肿。②炉甘石配海螵蛸、冰片，为细末点眼，可治风眼流泪。

【用法用量】外用适量，研末撒布或调敷。水飞点眼、吹喉。一般不内服。

【注意事项】宜炮制后用。

硼　砂

天然矿物硼砂的矿石，经提炼精制而成的结晶体。主产于青海、西藏等地。一般8～11月间采挖。除去杂质，捣碎，生用或煅用。又称月石、蓬砂。

【性味归经】甘，咸，凉。归肺、胃经。

【功能主治】外用清热解毒，内服清肺化痰。用于咽喉肿痛，口舌生疮，目赤翳障，痰热咳嗽。

【配伍应用】为喉科及眼科常用药且较多外用。硼砂配冰片、玄明粉、朱砂，可治咽喉、口齿肿痛。

【用法用量】外用适量，研极细末干撒或调敷患处，或化水含漱。内服，1.5～3 g，入丸、散用。

【注意事项】本品以外用为主，内服宜慎。

第二十章　中成药

第一节　解表剂

凡以疏散表邪、治疗表邪所致的各种表证为主要作用的中药制剂，称为解表剂。本类药具有发汗解肌、疏散表邪及解表透疹、解表消疮、宣肺通窍、疏风明目等作用。按其功效与适用范围，又可分为辛温解表剂、辛凉解表剂、解表胜湿剂、祛暑解表剂、扶正解表剂五类。

一、辛温解表剂

辛温解表剂主要具有发汗解表、祛风散寒作用，主治外感风寒所致的感冒，症见恶寒发热、鼻塞、流清涕、头项强痛、肢体疼痛、舌淡苔白、脉浮等。

桂枝合剂

【药物组成】桂枝、白芍、生姜、大枣、甘草。

【功能主治】解肌发表，调和营卫。用于外感风邪，头痛发热，鼻塞干呕，汗出恶风。

【方解】方中桂枝辛温发散，甘温助阳，善散风寒、助阳而解肌发表，故为君药。白芍甘补酸敛微寒，善益阴血，敛固外泄之营阴。与桂枝同用，散收并举，调和营卫，故为臣药。生姜辛微温发散，既发表散寒，又温胃止呕；大枣甘温补虚，既补中益气，又养血营营。两药相合，既助桂芍解肌发表、调和营卫，又温胃止呕，故为佐药。甘草甘平，既益气和中，合桂枝以解肌，合白芍以益营，又调和诸药，故为佐使药。全方配伍，辛甘发散，酸甘和营，散收并举，共奏解肌发表、调和营卫之功，故善治感冒风寒表虚证。

【用法用量】口服，一次 10~15 mL，每日 3 次。

【注意事项】表实无汗或温病内热口渴者慎用，孕妇禁用。服药期间，忌食生冷、油腻之物。服药后多饮热开水或热粥，覆被保暖，取微汗为度。

表实感冒颗粒

【药物组成】麻黄、桂枝、紫苏叶、防风、白芷、葛根、生姜、陈皮、桔梗、苦杏仁（炒）、甘草。

【功能主治】发汗解表，祛风散寒。用于感冒风寒表实证，症见恶寒重、发热轻、无汗、头项强痛、鼻流清涕、咳嗽、痰白稀。

【方解】方中麻黄辛温发散，微苦略降，善开宣肺气而发汗解表、止咳平喘；桂枝辛温发散，甘温助阳，善解肌发表、温经散寒。两药配伍，能发汗解表、祛风散寒，故为君药。紫苏叶辛温行散，善发表散寒；防风辛甘微温，善发表胜湿、散寒止痛；白芷辛香温燥发散，善散风寒发表、通窍止痛。三药合用，既增强君药的发汗解表、祛风散寒之功，又能通窍止痛，故为臣药。葛根甘辛平而升散，善解肌发表；生姜辛微温发散，善解表散寒、温肺止咳；陈皮辛散苦燥而温，善理气化痰；桔梗辛散苦泄而平，善宣肺利咽；炒苦杏仁苦微温润降、略兼解肌，善降肺气、止咳喘。五药相合，既助君臣药发表散寒，又宣降肺气而止咳，还解肌而治头项强痛，故为佐药。甘草甘平，既止咳，又调和诸药，故为使药。全方配伍，辛温宣散，共奏发汗解表、祛风散寒之功，故善治风寒感冒表实证；或上呼吸道感染见上述证候者。

【用法用量】口服，一次 10~20 g，每日 3 次。小儿酌减。

【注意事项】风热感冒及寒郁化热明显者忌用。服药期间，忌食辛辣、油腻。可食用热粥以助汗出。因含麻黄，故高血压、心脏病患者慎用。

感冒清热颗粒（口服液）

【药物组成】荆芥穗、防风、紫苏叶、白芷、薄荷、柴胡、葛根、芦根、苦地丁、桔梗、苦杏仁。

【方解】方中荆芥穗辛香发散微温，善散风发表；防风辛甘微温而发散，善祛风发表、胜湿止痛，故为君药。紫苏叶辛温行散，善发表散寒；白芷辛香温燥发散，善散风寒发表、通窍止痛；薄荷辛香凉散，善疏风、散热、止痛；柴胡苦泄辛散微寒，善解表退热；葛根甘辛平凉升散，善解肌退热。五药相合，既助君药发散风寒，又解肌清热，故为臣药。芦根甘寒清透，善清肺胃之热而生津润咽，兼透散表邪；苦地丁苦寒清泻，善清热解毒、散结消肿；桔梗苦辛泄散性平，善宣肺祛痰、利咽止咳；苦杏仁苦微温润降、略兼解肌，善降气止咳平喘，兼解肌表之邪。四药合用，既助君臣药疏散表邪，又清宣肺气而止咳，还生津散结而润利咽喉，故为佐药。全方配伍，主以辛温发散，兼以苦寒清泻，共奏疏风散寒、解表清热之功，故善治外感风寒、兼火热内郁所致的风寒感冒，症见头痛发热、恶寒身痛、鼻流清涕、咳嗽咽干等。

【功能主治】疏风散寒，解表清热。用于风寒感冒，头痛发热，恶寒身痛，鼻流清涕，咳嗽咽干。

【用法用量】口服。颗粒剂一次一袋，每日 2 次。口服液一次 10 mL，每日 2 次。

【注意事项】服药期间，忌食辛辣、油腻食物。

正柴胡饮颗粒

【药物组成】柴胡、防风、生姜、赤芍、陈皮、甘草。

【功能主治】发散风寒，解热止痛。用于外感风寒初起，症见发热恶寒，无汗，头痛，鼻塞，喷嚏，咽痒咳嗽，四肢酸痛；流感初起、轻度上呼吸道感染见上述证候者。

【方解】方中柴胡苦泄辛散微寒，善解表退热，故为君药。防风辛甘微温而发散，善祛风发表、胜湿止痛；生姜辛温发散，善发汗解表、温肺止咳。两药相合，既发散风寒而助君药解除表邪，又温肺止咳、胜湿止痛，故为臣药。赤芍苦泄散而微寒，善清热散瘀止痛；陈皮辛散苦燥而温，善理气化痰。两药相合，助君臣药解热止痛、化痰止咳，故为佐药。甘草甘平，既止咳，又调和诸药，故为使药。全方配伍，辛散轻疏，共奏发散风寒、解热止痛之功，故善治外感风寒所致的感冒而见上述证候者。

【用法用量】口服，一次 10 g，每日 3 次。

【注意事项】风热感冒慎用。孕妇禁用，糖尿病患者禁服（含糖型）。服药期间，忌食辛辣、油腻食物。

二、辛凉解表剂

辛凉解表剂主要有疏风解表、清热解毒的作用，主治外感风热或温病初起，症见发热、头痛、微恶风寒，有汗或汗出不畅、口渴咽干、咳嗽，舌边尖红苔薄黄、脉浮数等。

银翘解毒丸（颗粒、片、胶囊）

【药物组成】金银花、连翘、薄荷、牛蒡子（炒）、荆芥、淡豆豉、淡竹叶、桔梗、甘草。

【功能主治】辛凉解表，清热解毒。用于风热感冒，症见发热头痛，咳嗽口干，咽喉疼痛。

【方解】方中金银花甘寒轻芳清解，连翘苦微寒而清泻轻疏，相须同用，既疏散风热、清热解毒，又散结、辟秽，切中温热病邪易蕴结成毒及多夹秽浊之病机，故为君药。薄荷芳香辛凉清散，善疏散风热、清利头目而利咽开音；炒牛蒡子辛散苦泄、寒清滑利，善散风清热、宣肺祛痰、解毒消肿、利咽；荆芥辛香发散微温，善散风发表；淡豆豉辛凉宣散，善疏散表邪。四药同用，既助君药疏风解表、清热解毒，又宣肺止咳、消肿利咽，故共为臣药。淡竹叶辛甘性寒质轻，清中兼透，善凉散上焦风热；桔梗苦泄辛散而平，善宣肺祛痰、止咳利咽；甘草生用甘平而偏凉，能泻火解毒、调和诸药。三药合用，既增强君臣药的疏风清热、解毒利咽之效，又能宣肺祛痰止咳，还能调和诸药，故为佐使药。全方配伍，疏散与清解并举，共奏疏风解表、清热解毒之功，故善治风热感冒证而见上述证候者。

【用法用量】口服。一次 1 丸，每日 2~3 次，以芦根汤或温开水送服。颗粒剂一次 15 g，每日 3 次。片剂一次 4 片，每日 2~3 次。胶囊一次 4 粒，每日 2~3 次。

【注意事项】孕妇及风寒感冒者慎用。

桑菊感冒片（颗粒、合剂）

【药物组成】桑叶、菊花、薄荷脑素油、桔梗、苦杏仁、连翘、芦根、甘草。

【功能主治】疏散风热，宣肺止咳。用于风热感冒初起，头痛，咳嗽，口干，咽痛。

【方解】方中桑叶苦寒清泻，甘益质轻，善疏散上焦风热，清润肺气而止咳嗽；菊花甘苦微寒轻浮，善疏散风热、清热解毒；相须为用，善疏散风热、清解热毒、润肺止咳，故为君药。薄荷脑素油辛香凉散，能疏风、散热、止痛；桔梗辛开苦泄性平，善宣肺祛痰、止咳利咽；苦杏仁苦微温而润降，略兼解肌，善降气止咳平喘，兼解肌表之邪。三者相合，疏散与宣降并施，既助君药疏散上焦风热，又复肺之宣降功能而止咳，故为臣药。连翘苦微寒清泻升浮，善疏散风热、清热解毒、散结利尿；芦根甘寒质轻，善清热生津利尿，兼透散表邪。两药相合，既助君臣药清透上焦热邪，又防热伤津液，还能导热邪从小便出，故为佐药。甘草甘平偏凉，配伍桔梗能宣肺祛痰、清利咽喉，并调和诸药，故为使药。全方配伍，主以辛凉清散，兼以苦苦宣降，共奏疏风散热、宣肺止咳之功，故善治风热感冒初起，症见头痛、咳嗽、口干、咽痛者。

【用法用量】口服，一次 4~8 片，每日 2~3 次。颗粒剂一次 11~22 g，每日 2~3 次。合剂一次 15~20 mL，每日 3 次，用时摇匀。

【注意事项】外感风寒患者慎用。服药期间，忌食辛辣、油腻食物。

双黄连口服液（颗粒、片、糖浆、合剂、胶囊）

【药物组成】金银花、黄芩、连翘。

【功能主治】疏风解表、清热解毒。用于外感风热所致的感冒，症见发热、咳嗽、咽痛。

【方解】方中金银花甘寒清解轻芳，善疏散风热、清热解毒，故为君药。黄芩苦寒清泻，善清肺热、泻火解毒；连翘苦微寒而清解，善清热解毒、疏散风热。两药相合，助君药清热解毒、疏散风热，故为臣药。全方配伍，清解疏散，共奏清热解毒、疏风解表之功，故善治外感风热所致的感冒，症见发热、咳嗽、咽痛者。

【用法用量】口服，一次 20 mL，每日 3 次，小儿酌减。颗粒剂一次 2 袋，每日 3 次；6 个月以下小儿，一次 2.0～3.0 g；6 个月～1 岁，一次 3.0～4.0 g；1～3 岁，一次 4.0～5.0 g；3 岁以上儿童酌量。片剂口服，一次 4 片，每日 3 次；小儿酌减或遵医嘱。糖浆口服，一次 20 mL，每日 3 次；小儿酌减。合剂口服，一次 20 mL，每日 3 次。胶囊口服，一次 4 粒，每日 3 次。

【注意事项】风寒感冒患者慎用。服药期间不宜同服滋补性中药，饮食清淡，忌食辛辣油腻食物。

羚羊感冒胶囊（片）

【药物组成】羚羊角、金银花、连翘、牛蒡子、荆芥、淡豆豉、桔梗、淡竹叶、薄荷油、甘草。

【功能主治】清热解表。用于流行性感冒，伤风咳嗽，头晕发热，咽喉肿痛。

【方解】方中羚羊角咸寒清泻质重，善清热解毒；金银花甘寒清解轻芳，善疏散风热、清解热毒；连翘苦微寒而清泻轻疏，善清热解毒、疏散风热。三药配伍，既清热解毒，又疏散风热，故为君药。牛蒡子辛寒清散，苦寒清泻，善疏散风热、解毒利咽；荆芥辛香发散微温，善散风发表；淡豆豉辛凉宣透，善宣散郁热。三药合用，助君药透表散热，故为臣药。桔梗辛散苦泄性平，善宣肺祛痰、止咳利咽、载药上行，以利于头面部与肺经风热火毒的疏散与清解；淡竹叶辛甘性寒质轻，清中兼透，善凉散上焦风热；薄荷油芳香，善疏风利咽。三药合用，助君臣药清热透表，故为佐药。甘草甘平，既止咳，又调和诸药，故为使药。全方配伍，辛凉清透，共奏清热解表之功，故善治流行性感冒属风热证而见上述症状者。

【用法用量】口服，一次 2 粒，每日 2～3 次。片剂口服一次 4～6 片，每日 2 次。

【注意事项】外感风寒者慎用。服药期间忌食辛辣、油腻食物。

连花清瘟胶囊

【药物组成】连翘、金银花、麻黄（炙）、石膏、苦杏仁（炒）、板蓝根、绵马贯众、鱼腥草、薄荷脑、广藿香、大黄、红景天、甘草。

【功能主治】清瘟解毒，宣肺泄热。用于治疗流行性感冒属热毒袭肺证，症见发热或高热，恶寒，肌肉酸痛，鼻塞流涕，咳嗽，头痛，咽干咽痛，舌偏红，苔黄或黄腻等。

【方解】方中连翘苦微寒而清解，金银花甘寒质轻，两药均善清热解毒、疏散风热；相须为用，功力更强，恰中病机，故共为君药。炙麻黄辛温发散，微苦略降，善开宣肺气而平咳喘；石膏辛甘大寒，善清解肺热，与麻黄配伍宣肺而不助热，清肺而不留邪；炒苦杏仁苦微温润降兼解肌，既善降气止咳平喘，又略兼宣肺之功。三药合用，既助君药清泻肺火，又能宣肺平喘，故为臣药。板蓝根苦寒清解，善清热解毒、凉血利咽；绵马贯众苦寒清泻，善清热解毒；鱼腥草辛寒清解透达，善清热解毒、排脓消痈；薄荷脑辛凉清散，善疏散头面风热、清利头目与咽喉；广藿香芳香辛散微温，外散肌表风寒而发表解暑，内化湿浊而理气和中；大黄苦寒泄降，通里泄热，导邪从大便而出；红景天甘苦微寒，善清热润肺止咳。上七药合用，既助君臣药清热解毒、宣肺泄热，又化湿浊而理气和中，故为佐药。甘草甘平，既清热解毒，又调和诸药，故为使药。全方配伍，辛凉宣泄，苦寒清泻，共奏清温解毒、宣肺泄热之功，故善治流行感冒属热毒滞肺证而见上述症状者。

【用法用量】口服。一次 4 粒，每日 3 次。

【注意事项】外感风寒者慎用。服药期间忌食辛辣、油腻食物。

三、解表胜湿剂

解表胜湿剂主要具有祛风解表、散寒除湿作用，主治外感风寒挟湿所致的感冒，症见恶寒、发热、头痛、头重、肢体酸痛，或伴胸脘满闷、舌苔淡白或腻、脉浮等。

九味羌活丸（颗粒、口服液）

【药物组成】羌活、防风、苍术、细辛、川芎、白芷、黄芩、地黄、甘草。

【功能主治】疏风解表，散寒除湿。用于外感风寒挟湿导致的恶寒发热无汗，头痛且重，肢体酸痛。

【方解】方中羌活辛温苦燥，上行发散，善除在表之风寒湿邪而解表通痹止痛，故为君药。防风辛甘微温发散，善祛风发表、胜湿止痛；苍术辛散苦燥温化，善祛风湿、解表；两药同用，既助君药散风寒湿解表之力，又通痹止痛，故为臣药。细辛辛温走窜，善祛风散寒、通窍止痛；川芎辛温行散，善祛风活血止痛；白芷辛香温燥发散，善散风寒发表、通窍止痛；黄芩苦寒清泻而燥，善清热燥湿；地黄甘苦而寒，善清热凉血、滋阴生津。五药同用，既助君臣药散风寒湿而通痹止痛，又清热生津而除口苦、口渴，并防辛温苦燥伤津，故共为佐药。甘草甘平，调和诸药，故为使药。全方配伍，辛温燥散，兼清热邪，主疏风解表、散寒除湿，兼清里热，故善治外感风寒夹湿所致的感冒，或原患风湿痹痛又感风寒，并兼里热者。

【用法用量】口服。一次 6～9 g，每日 2～3 次，用姜葱汤或温开水送服。颗粒剂姜汤或开水冲服，一次 15 g，每日 2～3 次。口服液口服，20 mL，每日 2～3 次。

【注意事项】风热感冒或湿热证慎用。服药期间忌食辛辣、生冷、油腻食物。

荆防颗粒（合剂）

【药物组成】荆芥、防风、羌活、独活、川芎、柴胡、前胡、桔梗、茯苓、枳壳、甘草。

【功能主治】发汗解表，散风祛湿。用于风寒感冒，头痛身痛，恶寒无汗，鼻塞清涕，咳嗽白痰。

【方解】方中荆芥辛温微温而发散，善散风解表；防风辛散甘缓微温，为治风通用药，善祛风胜湿、发表止痛；两者相须为用药力更强，治外感风寒或兼湿邪者功著，故为君药。羌活辛温苦燥，主入膀胱经，善除在上在表之风寒湿邪；独活辛散苦燥，主入肾经，主散在里在下之风寒湿邪；两药相合，既解表散寒，又散一身上下之风湿，通利关节而止痹痛。川芎辛温行散，善活血行气、祛风止痛。上三药合用，助君药散风寒、祛风湿、止痹痛，故为臣药。柴胡苦泄辛散微寒，善解表退热；前胡辛散苦泄微寒，善疏风宣肺；桔梗辛散苦泄而平，善开宣肺气、祛痰止咳；茯苓甘淡渗利而平，善健脾利湿；枳壳苦泄理气行滞，气畅则湿散；五药合用，可助君臣药解表散寒、祛风胜湿、止痛，故为佐药。甘草甘平，调和诸药，为使药。诸药配伍，辛温燥散，共奏解表散寒、祛风胜湿之功，故善治外感风寒挟湿所致的感冒。

【用法用量】开水冲服，一次 15 g，每日 3 次。合剂口服，一次 10～20 mL，每日 3 次，用时摇匀。

【注意事项】风热感冒或湿热证慎用。服药期间忌食辛辣、生冷、油腻食物。

午时茶颗粒

【药物组成】广藿香、紫苏叶、苍术、陈皮、厚朴、白芷、川芎、羌活、防风、山楂、麦芽（炒）、六神曲（炒）、枳实、柴胡、连翘、桔梗、前胡、红茶、甘草。

【功能主治】祛风解表，化湿和中。用于外感风寒、内伤食积证，症见恶寒发热、头痛身楚、胸脘满闷、恶心呕吐、腹痛腹泻。

【方解】方中广藿香辛香微温，外散肌表风寒而发表解暑，内化湿理气而和中止呕；紫苏叶辛温行散，善发表散寒、行气宽中；苍术辛散苦燥而温，善燥湿健脾、散寒解表；三药配伍，外散风寒而解表，内化湿浊而和中，故为君药。陈皮辛苦温燥，善理气燥湿；厚朴苦燥辛散，善燥湿下气；白芷辛香温燥发散，善散风寒发表；川芎辛温行散，善祛风止痛；羌活辛苦温，善解表散寒湿；防风辛散，善于发散在表之风寒而止痛；六药合用，助君药燥湿和中、解表散寒，故共为臣药。山楂酸甘微温，善消食化积；炒麦芽甘平，善消食和中；炒六神曲甘辛温，善消食行气。三药合用，既消各种食积，又健胃和中。枳实苦降辛散微寒，善破气消积；柴胡苦辛微寒，善疏泄升散。两药合用，一降一升，更助行气消积之力。连翘苦微寒，既清食积所化之热，又制约温药之性。桔梗辛散苦泄性平，善开宣肺气。前胡苦辛微寒，善降气祛痰、宣散风热。红茶性温，善化痰消食、和中化滞。上九药合用，助君臣药和中消积、散风解表，故为佐药。甘草甘平，既健脾和中，又调和诸药，故为使药。全方配伍，辛温燥散，兼消食积，共奏祛风解表、化湿和中之功，故善治外感风寒、内伤食积证。

【用法用量】开水冲服。一次 6 g，每日 1～2 次。

【注意事项】孕妇及风热感冒者慎用。服药期间忌食辛辣、生冷、油腻食物。

四、祛暑解表剂

祛暑解表剂主要具有解表、化湿、和中作用，主治外感风寒、内伤湿滞或夏伤暑湿所致的感冒，症见发热、头痛昏重、胸膈痞闷、脘腹胀痛、呕吐泄泻、舌淡苔腻、脉濡等。

藿香正气水（片、颗粒、滴丸、口服液、软胶囊）

【药物组成】广藿香油、苍术、厚朴（姜制）、生半夏、陈皮、茯苓、大腹皮、紫苏叶油、白芷、甘草浸膏。

【功能主治】解表化湿，理气和中。用于外感风寒、内伤湿滞或夏伤暑湿所致的感冒，症见头痛昏重、胸膈痞闷、脘腹胀痛、呕吐泄泻，及肠胃型感冒见上述证候者。

【方解】方中广藿香油为广藿香的主要药用成分，性能功效与广藿香相似，其辛散芳化微温，既解表化湿，又理气和中，故为君药。苍术辛温苦燥，善燥湿而健脾，又散风寒而除痹发表；姜厚朴苦燥辛散而温，善燥湿、下气；生半夏辛散温，善燥湿化痰、降逆止呕；陈皮辛散苦降而温，善理气运脾、燥湿化痰；茯苓甘淡而平，善健脾利湿；大腹皮辛散微温，善行气燥湿、除满消胀。六药同用，既燥湿利湿，又行气和中而运化除湿，以助广藿香内化湿浊而止吐泻，故为臣药。紫苏叶油为紫苏叶的主要药用成分，性能功效与紫苏叶相似，其辛微温发散，善发表散寒、行气宽中；白芷辛温发散，善散风解表、燥湿。两药相合，助君臣药外散风寒而解表、内除湿理气而和中，故共为佐药。甘草浸膏性能功效与甘草相同，其甘平，既和中，又调和诸药，故为使药。全方配伍，辛香温燥，共奏解表化湿、理气和中之功，故善治外感风寒、内伤湿滞或夏伤暑湿所致的感冒，症见头痛昏重、胸膈痞闷、脘腹胀痛、呕吐泄泻；也可用于胃肠型感冒见上述症状者。

【用法用量】口服。一次 5 ~ 10 mL，每日 2 次，用时摇匀。片剂口服，一次 4 ~ 8 片，每日 2 次。颗粒剂温开水冲服，一次 10 g，每日 2 次。滴丸口服，一次 1 ~ 2 袋，每日 2 次。口服液口服，一次 10 mL，每日 2 次，用时摇匀。软胶囊口服，一次 2 ~ 4 粒，每日 2 次。

【注意事项】孕妇及风热感冒患者慎用。服药期间饮食宜清淡，忌服滋补性中药。服藿香正气水后不得驾驶车、船，高空作业，机械作业及操作精密仪器。对藿香正气水及乙醇过敏者禁用，过敏体质者慎用。

保济丸

【药物组成】广藿香、苍术、白芷、化橘红、厚朴、菊花、蒺藜、钩藤、薄荷、茯苓、薏苡仁、广东神曲、稻芽、木香、葛根、天花粉。

【功能主治】解表，祛湿，和中。用于暑湿感冒，症见发热头痛、腹痛腹泻、恶心呕吐、肠胃不适；亦用于晕车晕船。

【方解】方中广藿香芳香辛散微温，既散风寒而发表解暑，又化湿开胃、理气止呕；苍术辛温苦燥，善燥湿而健脾，散风寒而除痹发表；白芷辛温香散，善解表散寒、燥湿。三药合用，既解表祛湿，又和中，共为君药。化橘红辛散苦燥而温，善理气宽中、燥湿化痰；厚朴苦燥辛行而温，善燥湿除满、下气和中；菊花甘苦微寒芳香，善疏散风热、清热解毒；蒺藜苦泄辛散而平，善祛风明目、散风止痒；钩藤甘凉清透，善清肝热、透散风热；薄荷辛凉疏泄，善疏散风热、清利头目。六药合用，助君药化湿和中、清宣透邪，故为臣药。茯苓甘淡渗利，善健脾利湿；薏苡仁甘淡微寒，善清热渗湿止泻；广东神曲祛风消滞，健脾和中；稻芽甘平生发，善消食健脾；木香辛香温通，善醒脾开胃、行气和中；葛根甘辛而平，善解肌发表、升阳止泻；天花粉苦寒清泻，微甘而润，善清热生津。七药合用，助君臣药健脾除湿、理气和中、开胃消食，以疗脾胃升降失司之腹痛腹泻、恶心呕吐、肠胃不适，故共为佐药。全方配伍，辛香温燥，兼清暑邪，共奏解表、祛湿、和中之功，故善治暑湿感冒，症见发热头痛、腹痛腹泻、恶心呕吐、肠胃不适；亦可用于晕车晕船。

【用法用量】口服，一次 1.85 ~ 3.7 g，每日 3 次。

【注意事项】孕妇禁用。外感燥热者不宜服用。服药期间忌辛辣、油腻食物。

五、扶正解表剂

扶正解表剂主要具有益气解表作用，主治体虚感冒，症见恶寒发热、头痛、鼻塞、咳嗽、倦怠无力、气短懒言、舌淡苔白、脉弱等。

参苏丸（胶囊）

【药物组成】紫苏叶、党参、葛根、半夏（制）、前胡、桔梗、木香、枳壳（炒）、陈皮、茯苓、生姜、大枣、甘草。

【功能主治】益气解表，疏风散寒，祛痰止咳。用于身体虚弱、感受风寒所致感冒，症见恶寒发热、头痛鼻塞、咳嗽痰多、胸闷呕逆、乏力气短。

【方解】方中紫苏叶辛温，善发表散寒、止咳、行气宽中；党参甘平益气健脾。两药相伍，既益气解表，又疏风散寒、止咳，故为君药。葛根甘辛升散，善解肌发表；制半夏辛散温燥，善燥湿化痰、降逆止呕；前胡辛散苦泄微寒，善宣散风热、降气祛痰；桔梗辛散苦泄而平，善宣肺祛痰、止咳利咽。四药相合，助君药疏风解表、祛痰止咳，故共为臣药。木香辛香温通，善醒脾开胃、行气和中；炒枳壳苦泄辛散微寒，善理气化痰宽中；陈皮辛散苦燥而温，善理气燥湿化痰；茯苓甘淡渗利，善健脾渗湿以助消痰。四药相合，化痰与理气兼顾，既寓"治痰先治气"之意，又使升降复常，有助于表邪之宣散、肺气之开合。生姜辛微温发散，既发表散寒，又温肺止咳；大枣甘温补虚，既补中益气，又养血益营。两药相合，既助君臣药益气解表、散寒，又温胃止呕。故此，上六药俱为佐药。甘草甘平，既补气安中，又调和诸药，故为使药。全方配伍，散补并行，气津并调，共奏益气解表、疏风散寒、祛痰止咳之功，故善治身体虚弱、感受风寒所致的感冒，症见恶寒发热、头痛鼻塞、咳嗽痰多、胸闷呕逆、乏力气短。

【用法用量】口服，一次6~9g，每日2~3次。胶囊口服，一次4粒，每日2次。

【注意事项】风热感冒及孕妇慎用。服药期间忌烟酒及辛辣、生冷、油腻食物。

第二节　泻下剂

凡具有通便、泄热、攻积、逐水等作用，治疗里实证者称为泻下剂。泻下剂兼有泻热、攻积、逐水等作用，适用于肠胃积滞、实热壅盛、肠燥津亏或肾虚津亏、水饮停聚等引起的病证。按其功效与适用范围，又可分寒下剂、润下剂、峻下剂、通腑降浊剂等。

一、寒下剂

寒下通便剂主要具有泻下、清热作用，主治邪热蕴结于肠胃所致的大便秘结，症见大便秘结、小便短赤、舌红苔黄、脉弦数滑等。

通便宁片

【药物组成】番泻叶干膏粉、牵牛子、砂仁、豆蔻。

【功能主治】宽中理气，泻下通便，用于实热便秘，症见痛拒按、腹胀纳呆、口干口苦、小便短赤、舌红苔黄、脉弦滑数。

【方解】方中番泻叶干膏粉是番泻叶的加工品，性能功效与番泻叶相同，其苦寒清泻，甘黏滑润，善清泻实热、泻下导滞，治热结便秘，故为君药。牵牛子苦寒降泄，善泻下清热、消积导滞，以助君药清泻肠胃湿热积滞，故为臣药。砂仁、豆蔻辛香温散，均善化湿、行气、温中。两药合用，既理气宽中以助君臣药攻下积滞，又温中以防苦寒太过而伤脾胃，共为佐药。全方配伍，苦降辛行，共奏宽中理气、泻下通便之功，故善治肠胃实热积滞所致的便秘。

【用法用量】口服，一次 4 片，每日 1 次。如服药 8 小时后不排便再服一次，或遵医嘱。

【注意事项】孕妇忌服。完全肠梗阻者禁用。服药期间，忌食辛辣、油腻食物。

当归龙荟丸

【药物组成】龙胆（酒炙）、大黄（酒炙）、芦荟、黄连（酒炙）、黄芩（酒炙）、黄柏（盐炙）、青黛、栀子、当归（酒炙）、木香、人工麝香。

【功能主治】泻火通便。用于肝胆火旺，心烦不宁，头晕目眩，耳鸣耳聋，胁肋疼痛，脘腹胀痛，大便秘结。

【方解】方中酒龙胆苦寒，善清泻肝胆实火；酒大黄苦寒泄降，善通肠泻热，攻积导滞；芦荟苦寒清泻，善泻火凉肝、攻逐通便。三药相合，既使清热泻火作用增强，又攻逐通便而导热下行，恰中病机，故共为君药。酒黄连苦寒清泻，善清心与胃火；酒黄芩苦寒清泻，善清肺、肝、大肠火；盐黄柏苦寒清泻，善清下焦火热；青黛咸寒清解，善清肝泻火；栀子苦寒清利，善清三焦之火，导邪热从小便出。五药合用，可助君药清热泻火，故共为臣药。酒当归甘温而润，能补血和血、活血止痛；木香辛香温通，善行胃肠气滞；人工麝香辛温香窜，善行气活血、消肿止痛。三药相合，既佐制君臣药苦寒之性，以避其耗伤阴血之害；又行气活血、消胀止痛、促进通便，故共为佐药。全方配伍，苦寒泄降，共奏泻火通便之功，故善治肝胆火旺所致的肝经实火证。

【用法用量】口服，一次 6 g，每日 2 次。

【注意事项】孕妇禁用。冷积、冷秘、素体脾虚及年迈体弱者慎用。服药期间，忌食辛辣、油腻食物。

九制大黄丸

【药物组成】大黄、黄酒、侧柏叶、绿豆、大麦、黑豆、槐米、车前子、厚朴、陈皮、半夏。

【功能主治】通便润燥，消食化积。用于胃肠积滞，口渴不休，停食停水，胸热心烦，大便燥结，小便赤黄。

【方解】方中大黄苦寒泄降，善攻积导滞、通肠泄热。而用黄酒、侧柏叶、绿豆、大麦、黑豆、槐米、车前子、厚朴、陈皮、半夏等药物煎取浓汁，九蒸九晒炮制后，其泻下导滞之功缓和，且不伤正气。总之，大黄九制后，苦寒泄降力较缓，功能泻下导滞，故善治胃肠积滞所致的便秘、湿热下痢、口渴不休、停食停水、胸热心烦、小便赤黄。

【用法用量】口服，一次 6 g，每日 1 次。

【注意事项】孕妇禁服。冷积、冷秘、素体脾虚及年迈体弱者慎用。服药期间，忌食辛辣、油腻食物。

二、润下剂

润下剂主要具有润肠通便作用，主治肠燥津亏或年老体虚所致的大便秘结，症见大便干结难下，兼见口渴咽干、口唇干燥、身热、心烦、腹胀满、小便短赤，或兼见面色㿠白、周身倦怠，舌红苔黄、舌红少津或舌淡苔少，脉滑数或细数。

麻仁胶囊（软胶囊、丸）

【药物组成】火麻仁、大黄、苦杏仁、白芍（炒）、枳实（炒）、厚朴（姜制）。

【功能主治】润肠通便，用于肠燥便秘。

【方解】方中火麻仁甘平油润，善润肠通便，故重用为君药。大黄苦寒泄降，善通便泄热；苦杏仁苦温降润，善降气润肠通便；炒白芍酸微寒，善养血敛阴、缓急止痛。三药相合，可增君药润肠通便之功，故为臣药。炒枳实苦泄辛散微寒，善破气消积、除痞；姜厚朴苦燥泄降而温，善行气消积除满。两药合用，善行胃肠滞气，促进津液输布，以增润肠通便之力，故共为佐药。全方配伍，甘润苦降兼清泻，共奏润肠通便之功，故善治肠热津亏所致的便秘。

【用法用量】口服，一次2~4粒，早晚各一次或睡前服用。软胶囊口服，平时一次1~2粒，每日1次；急用时一次2粒，每日3次。丸剂口服，大蜜丸一次一丸，水蜜丸一次9 g，每日1~2次。

【注意事项】孕妇忌用。虚寒性便秘慎用。忌食辛辣香燥刺激性食物。

增液口服液

【药物组成】玄参、生地黄、山麦冬。

【功能主治】养阴生津，增液润燥。用于高热后，阴津亏损之便秘，兼见口渴咽干、口唇干燥、小便短赤、舌红少津等。

【方解】方中玄参苦咸寒，清凉滋润，善清热滋阴、生津润燥，滋肾水以润肠道，故重用为君药。生地黄甘苦寒，善清热养阴、生津润肠；山麦冬甘微苦微寒，善滋养肺胃阴津以润肠道。两药合用，助玄参清热养阴生津，以增水行舟，使肠燥得润、大便得下，共为臣药。诸药合用，甘润苦泄寒清，共奏养阴生津、增液润燥之功，故善治高热后阴津亏损所致的津亏肠燥便秘。

【用法用量】口服，一次20 mL，每日3次，或遵医嘱。

【注意事项】服药期间，忌食辛辣刺激性食物。

通便灵胶囊

【药物组成】番泻叶、当归、肉苁蓉。

【功能主治】泻热导滞、润肠通便。用于热结便秘，长期卧床便秘，一时性腹胀便秘，老年习惯性便秘。

【方解】方中番泻叶苦寒清泻沉降，既泻下导滞，又清导实热，且药力较强，故为君药。当归甘润辛散而温，善养血活血、润肠通便；肉苁蓉甘咸柔润，善补益精血、润燥滑肠。两药合用，既助君药泻下导滞，又益精血而防君药清泻伤正，故共为臣药。全方配伍，主清泻兼润养，共奏泄热导滞、滑肠通便之功，故善治热结津伤便秘、长期卧床便秘、一时性腹胀便秘、老年习惯性便秘属热结津伤者。

【用法用量】口服，一次5~6粒，每日1次。

【注意事项】孕妇忌服，脾胃虚寒者慎用，忌食辛辣、油腻食物。

三、峻下剂

峻下剂主要具有攻逐水饮作用，主治肺、脾、肾等功能失调，水液代谢失常所致的水饮壅盛于里之实证，症见蓄水腹胀、四肢浮肿、胸腹胀满、饮停喘急、大便秘结、小便短少，舌淡红或边红、苔白滑或黄腻、脉沉数或滑数。

舟车丸

【药物组成】甘遂（醋制）、红大戟（醋制）、芫花（醋制）、牵牛子（炒）、大黄、青皮（醋制）、陈皮、木香、轻粉。

【功能主治】行气利水。用于蓄水腹胀，四肢浮肿，胸腹胀满，停饮喘急，大便秘结，小便短少。

【方解】方中醋甘遂苦寒峻泻，善行经隧之水湿而泻水逐饮；醋红大戟苦寒降泄，善泻脏腑之水邪；醋芫花辛温，善消胸胁伏饮痰癖。三药峻烈，各有专攻，合而用之，攻逐脘腹经隧之水饮，故共为君药。炒牵牛子苦寒降泄，善泻下逐水、通利二便；大黄苦寒，善荡涤胃肠、泄热攻下。两者同为臣药，君臣相配，使水热实邪从二便分消而去。醋青皮苦寒而温，善破气散结；陈皮辛散苦燥而温，善行脾肺之气而畅胸膈；木香辛香温通，善疏利三焦而导滞。三药同用，可使气畅水行则肿胀可消。轻粉辛寒有毒，能通利二便、逐水退肿，助诸药分消下泄。故共为佐使药。全方配伍，主以峻下逐水，兼以辛行调气，共奏行气逐水之功，故善治水停气滞所致的水肿，症见蓄水腹胀、四肢浮肿、胸腹胀满、停饮喘急、大便秘结、小便短少。

【用法用量】口服，一次 3 g（1 袋），每日 1 次。

【注意事项】孕妇忌用，水肿属阴水者禁用，方中甘遂、大戟、芫花及轻粉都有一定的毒性，不可过量久服。服药期间饮食宜清淡、低盐。服药应从小剂量开始，逐渐加量。

四、通腑降浊剂

通腑降浊剂主要具有通腑降浊、活血化瘀的作用，主治脾肾亏损、湿浊内停、瘀血阻滞所致的少气乏力、腰膝酸软、恶心呕吐、肢体浮肿、面色萎黄、舌淡苔腻、脉弱或弦。

尿毒清颗粒

【药物组成】大黄、黄芪、丹参、川芎、制何首乌、党参、白术、茯苓、桑白皮、苦参、车前草、半夏（姜制）、柴胡、菊花、白芍、甘草。

【功能主治】通腑降浊，健脾利湿，活血化瘀。用于慢性肾衰竭、氮质血症期和尿毒症早期，中医辨证属脾虚湿浊证和脾虚血瘀证者。

【方解】方中大黄苦寒，善通腑降浊、活血祛瘀；黄芪甘微温，善补气升阳、利水消肿，是补脾利水之要药；丹参苦泄寒清，善活血祛瘀、凉血清心；川芎辛温行散，善活血行气。四药合用，善通腑降浊、健脾利湿、活血化瘀，恰中病机，故共为君药。制何首乌甘补，善补肝肾，益精血，通便；党参甘平而补，善补中益气、养血生津；白术甘温苦燥，善补气健脾、燥湿利水；茯苓甘淡，善健脾、利水渗湿。四药合用，既补肝肾、益精血，又健脾利湿化浊，故共为臣药。桑白皮甘寒清利，善泻肺利水消肿；苦参苦寒清燥，既善清热燥湿，又利尿而导湿热之邪从小便而出；车前草甘寒清利，善清热利水通淋，以助君药清泻湿浊；姜半夏辛温燥散，善燥湿降浊、降逆止呕；柴胡苦辛微寒，善疏肝、升举清阳；菊花甘苦微寒，善清利头目、清热解毒；白芍甘酸微寒，既养血柔肝止痛，又"散恶血、去水气""通宣脏腑拥气"。七药合用，既祛除湿浊、升举清阳，又养血疏肝、降逆止呕，故共为佐药。甘草甘平，既解毒，又调和诸药，故为使药。全方配伍，苦降甘补辛行，共奏通腑降浊、健脾利湿、活血化瘀之功，故善治脾肾亏损、湿浊内停、瘀血阻滞所致的少气乏力、腰膝酸软、恶心呕吐、肢体浮肿、面色萎黄，亦可用于慢性肾衰竭见上述证候者。

【用法用量】温开水冲服，每日4次、6、12、18时各服1袋，22时服2袋，每日最大服用量8袋；也可另定服药时间，但两次服药间隔勿超过8小时。

【注意事项】应在医生指导下按主治证候用药，按时按量服用。服药期间应监测血钾，低盐饮食，限制肥肉、动物内脏、豆类及坚果等高蛋白食物，并严格控制摄入水量。

第三节　和解剂

凡以和解少阳或调和肝脾为主要作用，治疗伤寒邪在少阳或肝脾不和等病证的中药制剂，称为和解剂。本类中成药具有和解少阳、调和肝脾等功效，适用于少阳病的寒热往来，肝脾不调所致的胁肋胀满、食欲不振等病证。按其功效和适用范围，本类中成药可分为和解少阳剂、调和肝脾剂两种。

一、和解少阳剂

和解少阳剂具有和解少阳的作用，主治伤寒邪在少阳所致的往来寒热、胸胁苦满、不欲饮食、心烦喜呕，以及口苦、咽干、目眩、脉弦等症状。

小柴胡颗粒（片）

【药物组成】柴胡、黄芩、党参、甘草、大枣、生姜、姜半夏。

【功能主治】解表散热，疏肝和胃。用于外感病，邪犯少阳证，症见寒热往来、胸胁苦满、食欲不振、心烦喜呕、口苦咽干。

【方解】方中柴胡辛散苦泄微寒，归肝、胆经，既善透泄少阳之邪而和解退热，又能疏泄气机，故为君药；黄芩苦寒清泻，善清少阳之热。两药合用，疏散与清里并用，以解表散热，故为臣药。党参甘平、甘草甘平、大枣甘温，三药合用，善补中益气，以扶正祛邪；生姜辛而微温、姜半夏辛温燥散，两药合用，善和胃降逆、消痞散结，故共为佐药。甘草还能调和诸药，故兼为使药。全方配伍，疏清为主，兼以扶正，共奏解表散热、疏肝和胃之功，故善治外感病邪犯少阳证，症见寒热往来、胸胁苦满、食欲不振、心烦喜呕、口苦咽干。

【用法用量】开水冲服。一次1~2袋，每日3次。片剂口服，一次4~6片，每日3次。

【注意事项】风寒感冒者不适用。服药期间不宜同时服用滋补性中药，饮食宜清淡，忌食辛辣食物。过敏体质者慎用。

二、调和肝脾剂

调和肝脾剂具有疏肝解郁、健脾、养血、调经等作用，主治肝脾不调所致的胁肋胀痛、食欲不振、月经不调剂。

逍遥颗粒（丸）

【药物组成】 柴胡、当归、白芍、白术（麸炒）、茯苓、炙甘草、生姜、薄荷。

【功能主治】 疏肝健脾，养血调经。用于肝郁脾虚所致的郁闷不舒，胸胁胀痛，头晕目眩，食欲减退，月经不调。

【方解】 方中柴胡辛散苦泄寒，归肝、胆经，善疏肝解郁，治肝气郁滞证，故为君药。当归辛散甘补而温，善补血活血；白芍酸甘微寒，善养肝血、柔肝止痛。两药相合，可养血柔肝，以助柴胡疏肝解郁，又经调止痛，故共为臣药。麸炒白术甘苦温，善补气健脾燥湿；茯苓甘淡而平，善健脾利湿；甘草甘平，善补中益气；生姜辛而微温，善温胃和中。四药相合，能益气健脾、祛湿和中，使运化有权，以扶土抑木、滋充化源，故为佐药。薄荷辛凉清轻，善疏肝散热，取少许，以助柴胡疏肝散热；甘草除补中益气外，还能调和诸药，故此两药共为使药。

【用法用量】 开水冲服，一次 1 袋，每日 2 次。丸剂口服，一次 6 ~ 9 g，每日 1 ~ 2 次。

【注意事项】 忌生冷及油腻难消化的食物。

加味逍遥丸（口服液）

【药物组成】 柴胡、栀子（姜炙）、当归、白芍、牡丹皮、白术（麸炒）、茯苓、甘草、生姜、薄荷。

【功能主治】 疏肝清热，健脾养血，用于肝郁血虚，肝脾不和，两胁胀痛，头晕目眩，倦怠食少，月经不调，脐腹胀痛。

【方解】 方中柴胡辛散苦泄微寒，归肝、胆经，善疏肝解郁；姜炙栀子苦寒清泻，善清热泻火；两药同用，既疏肝解郁，又清热泻火，善治肝郁化火，故共为君药。当归辛散甘补而温，善补血活血；白芍酸甘微寒，善养肝血、柔肝止痛；牡丹皮苦辛微寒，善清热凉血、活血化瘀。三药相合，既养血柔肝，以助柴胡疏肝解郁，又调经活血止痛，故共为臣药。麸炒白术甘苦而温，善补气健脾燥湿；茯苓甘淡而平，善健脾利湿；炙甘草甘平偏温，善补中益气；生姜辛而微温，善温胃和中。四药相合，能益气健脾、祛湿和中，使运化有权，以扶土抑木、滋充化源，故为佐药。薄荷辛凉清轻，善疏肝散热，取少许，以助君药之力；炙甘草除补中益气外，还能调和诸药；故遂取两药共为使药。全方配伍，主以疏清，兼以扶正，共奏疏肝清热、健脾养血之功，故善治肝郁血虚、肝脾不和所致的两胁胀痛、头晕目眩、倦怠食少、月经不调、脐腹胀痛。

【用法用量】 口服，一次 6 g，每日 2 次。口服液口服，一次 1 支（10 mL），每日 2 次。

【注意事项】 脾胃虚寒、脘腹冷痛、大便溏薄者慎用。服药期间，忌食生冷、油腻食物，并注意调节情志，切忌气恼劳碌。

第四节　清热剂

凡以清解里热，治疗里热所致的各种病证为主要作用的中药制剂，称为清热剂。本类中药具有清热、泻火、凉血、解毒之功，兼有利水、通便、消肿等作用，适用于温、热、火邪，以及外邪入里化热等引起的病证。按其功效与适用范围，本类中成药又可分为清热泻火解毒剂、解毒消癥剂等类。

一、清热泻火解毒剂

清热泻火解毒剂主要具有清热、泻火、凉血、解毒的作用，主治火热毒邪壅盛所致的里热证。如火热内盛，充斥三焦，常累及多个脏腑，症见发热、烦躁、口疮、目赤肿痛、咽喉肿痛、牙龈肿痛、便秘、淋涩、各种急性出血等。又如外感热毒、温毒所致的瘟疫、疫疡疔毒等，症见身热、胸膈烦热、口舌生疮、吐衄、发斑、疔毒痈疮、便秘、尿赤、舌红苔黄、脉数等。再如脏腑火热病证，因热在脏腑的不同而表现不同，或热在肺，症见发热、咳嗽、喘促、痰黄黏稠，舌红苔黄、脉滑数；或热在胃，症见口舌生疮、胃脘痛、反酸、便秘、舌红苔黄腻、脉滑数量；或热在肝胆，症见发热、身目俱黄、胁肋胀痛、脘腹痞闷、口干而苦，舌边尖红苔腻，脉弦数等。

龙胆泻肝丸（颗粒、口服液）

【药物组成】龙胆、黄芩、栀子（炒）、车前子（盐炒）、泽泻、木通、当归（酒炒）、地黄、柴胡、炙甘草。

【功能主治】清肝胆，利湿热。用于肝胆湿热，头晕目赤，耳鸣耳聋，胁痛口苦，尿赤，湿热带下。

【方解】方中龙胆苦寒清泻，既善清肝胆实火，又善泻肝胆及膀胱湿热，切中病机，故为君药。黄芩苦寒清泻，善泻火解毒、清热燥湿；炒栀子苦寒清利，善清热泻火、凉血解毒、利尿。两药合用，可增君药清热泻火、除湿之功，故为臣药。盐炒车前子甘寒滑利，善利水清热而通淋；泽泻甘淡渗利，善利水渗湿泄热；木通苦寒泄降，善利尿通淋。三药合用清热利湿，导湿热下行而从小便出。肝体阴，肝有热则易伤阴血，故配甘润温补之酒当归补血，甘苦性寒之地黄养阴清热，使祛邪而不伤正；肝喜条达而恶抑郁，而苦寒之药又易牵遏肝木，故配柴胡芳香疏泄升散，以舒畅肝胆之气。故六药合为佐药。炙甘草甘平，既和中缓急，又调和诸药，为使药。全方配伍，苦寒清利，泻利兼补，共奏疏肝利胆、清热除湿之功，故善治肝胆湿热所致的头晕目赤、耳鸣耳聋、耳肿疼痛、胁痛口苦、尿赤涩痛、湿热带下。也可用于肝火上炎所致的病证。

【用法用量】口服。一次3~6 g，每日2次。颗粒剂开水冲服，一次1袋（6 g），每日2次。口服液，一次1支，每日3次 。

【注意事项】孕妇、脾胃虚寒及体弱年老者慎用。服药期间，忌食辛辣油腻食物。对于体质壮实者，应中病即止，不可久用。

黄连上清片（丸）

【药物组成】连翘、菊花、薄荷、蔓荆子（炒）、荆芥穗、防风、白芷、川芎、黄连、黄芩、黄柏（酒炒）、石膏、栀子（姜制）、酒大黄、旋覆花、桔梗、甘草。

【功能主治】清热通便，散风止痛，用于上焦内热，症见头昏脑涨、牙龈肿痛、口舌生疮、咽喉红肿、耳痛耳鸣、暴发火眼、大便干燥、小便黄赤。

【方解】方中连翘苦寒轻散，善清热解毒、疏散风热；菊花辛香轻散，善疏散风热、清热解毒；薄荷辛凉疏泄轻散，善疏散风热、清利头目与咽喉；炒蔓荆子辛苦微寒、升浮行散，善疏散头面风热、清热解毒；荆芥穗、防风性微温而升浮发散，善散风邪；白芷辛温香窜，善散风通窍止痛、消肿排脓；川芎辛温行散、上行头颠，善祛风止痛；八药相合，既善疏散头面部风热，又能解毒消肿止痛。黄连、黄芩、酒黄柏苦寒清泻而燥，善清热燥湿、泻火解毒；石膏辛甘大寒清泻兼透散，善泻肺胃火热之邪；姜栀子苦寒清利，善清三焦之火、利小便；酒大黄苦寒清泻通利，善通肠泄热、凉血解毒、活血消肿。六药相合，既善清热泻火、解毒消肿；又通利二便，引肺胃经热毒从二便而出。旋覆花苦降辛散，主入肺胃经，善降肺胃之逆气，以利于肺胃经实热毒邪的清泻；桔梗辛散苦泄，专入肺经，善宣肺利咽、消肿排脓、载药上行，以利于头面部与肺经风热火毒的疏散与清解。甘草甘平，除与桔梗配伍能清解热毒、消肿利咽外，还能调和诸药。全方配伍，主清散，兼通利，共奏散风清热、泻火止痛之功，故善治风热上攻、肺胃热盛所致的头晕目眩、暴发火眼、牙齿疼痛、口舌生疮、咽喉肿痛、耳痛耳鸣、大便秘结、小便短赤。

【用法用量】口服，一次6片，每日2次。丸剂口服一次3~6g，每日2次。

【注意事项】脾胃虚寒者禁用。孕妇、老人、儿童、阴虚火旺者慎用。服药期间，忌食辛辣、油腻食物。

一清颗粒（胶囊）

【药物组成】大黄、黄芩、黄连。

【功能主治】清热泻火解毒，化瘀凉血止血，用于火毒血热所致的身热烦躁、目赤口疮、咽喉牙龈肿痛、大便秘结，咽炎、扁桃体炎、牙龈炎见上述证候者。

【方解】方中大黄苦寒泄降，既善泻火解毒、凉血化瘀止血，又攻下通便，导热毒从大便而出，故为君药。黄芩苦寒清泻，善清上焦肺及大肠之火，又凉血而止血；黄连亦苦寒清泻，善清心、胃之火而凉血止血。两药辅助大黄清热泻火解毒、凉血止血，故共为臣药。全方配伍，苦寒清泻，共奏清热泻火解毒、化瘀凉血止血之效，故善治火毒血热所致的身热烦躁、目赤口疮、咽喉及牙龈肿痛、大便秘结、吐血、咯血、衄血、痔血，以及咽炎、扁桃体炎、牙龈炎见上述证候者。

【用法用量】开水冲服。一次7.5g，每日3~4次。胶囊口服，一次2粒，每日3次。

【注意事项】阴虚火旺、体弱年迈者慎用，中病即止，不可过量、久用。出现腹泻时可酌情减量。服药期间，忌食辛辣、油腻食物。

黛蛤散

【药物组成】青黛、蛤壳。

【功能主治】清肝利肺，降逆除烦。用于肝肺实热，头晕耳鸣，咳嗽吐衄，肺痿肺痈，咽膈不利，口渴心烦。

【方解】方中青黛咸寒清解，善清肝火、泄肺热；蛤壳苦寒清泻，咸能软坚，善清肺热、消痰结。两药合用，苦寒清泻，共奏清肝利肺、降逆除烦之功，故善治肝火犯肺所致的头晕耳鸣、咳嗽吐衄、痰多黄稠、咽膈不利、口渴心烦等。

【用法用量】口服，一次6g，每日1次，随处方入煎剂。

【注意事项】孕妇及阳气虚弱者慎用。服药期间，忌食辛辣、生冷、油腻食物。

牛黄上清胶囊（片、丸）

【药物组成】人工牛黄、黄芩、黄连、黄柏、大黄、栀子、石膏、菊花、连翘、荆芥穗、白芷、薄荷、赤芍、地黄、当归、川芎、冰片、桔梗、甘草。

【功能主治】清热泻火，散风止痛，用于热毒内盛、风火上攻所致的头痛眩晕、目赤耳鸣、咽喉肿痛、口舌生疮、牙龈肿痛、大便燥结。

【方解】方中人工牛黄苦凉，能清热解毒消肿，故为君药。黄芩、黄连、黄柏、大黄、栀子苦寒清泻，善清热燥湿、解毒泻火、凉血消肿；石膏辛甘大寒而清泻，善清泻肺胃经实热火邪。六药合用，可增君药清热泻火之功，故共为臣药。菊花甘苦微寒、连翘苦而微寒，既疏散风热，又清热解毒；荆芥穗辛而微温、白芷辛温芳香，善散风、消肿止痛；薄荷芳香辛凉，善疏风清热、清利头目与咽喉，五药均有发散风邪之能，有"火郁发之"之意。赤芍苦而微寒、地黄甘苦而寒、当归甘辛而温、川芎辛温，四药相合，既凉血活血，又上行头目、祛风止痛，还润肠通便。冰片辛苦微寒芳香，善疏散郁火、通关开窍、清热止痛，以助清上焦热邪，达透发火郁之目的。故此十药共为佐药。桔梗辛苦泄散，平而轻浮，善宣肺利咽、载药上行；甘草甘平，善清热解毒、缓急和药；两药相合，既清解利咽，又调和诸药，故共为使药。全方配伍，苦泄辛散寒清，共奏清热泻火、散风止痛之功，故善治热毒内盛、风火上攻所致的头痛眩晕、目赤耳鸣、咽喉肿痛、口舌肿痛、口舌生疮、牙龈肿痛、大便燥结。

【用法用量】口服，一次3粒，每日2次。片剂口服，一次4片，每日2次。丸剂口服。一次1丸，每日2次。

【注意事项】阴虚火旺所致的头痛、眩晕、牙痛、咽痛忌用。孕妇、老人、儿童及素体脾胃虚弱者慎服。服药期间，忌食辛辣、油腻食物。治疗喉痹、口疮、口糜、牙宣、牙痛时，可配合外用药物以增强疗效。

清胃黄连丸（片）

【药物组成】黄连、石膏、黄芩、栀子、连翘、知母、黄柏、玄参、地黄、牡丹皮、赤芍、天花粉、桔梗、甘草。

【功能主治】清胃泻火，解毒消肿。用于肺胃火盛所致的口舌生疮，齿龈、咽喉肿痛。

【方解】方中黄连苦寒清泻、石膏辛甘大寒，善清泻胃火，恰中肯綮，故为君药。黄芩、栀子苦寒清泻，皆善清热泻火解毒而消肿，故为臣药。连翘苦而微寒，善清热解毒、散结消肿；知母苦寒清泻、甘寒滋润，善清热泻火、滋阴润燥；黄柏苦寒清泻，善清热降火而坚阴；玄参苦甘咸寒质润，善清热凉血、滋阴降火、散结解毒；地黄甘苦而寒，善清热凉血、养阴生津；牡丹皮苦辛微寒，清泻行散，善清热凉血、活血化瘀；赤芍苦而微寒，善清热凉血、活血消肿；天花粉苦寒清泻，微甘而润，善清热泻火、消肿生津。八药合用，既能助君臣药清泻胃火、解毒消肿，又可防苦燥伤阴，故共为佐药。桔梗辛散苦泄，善开宣肺气、祛痰利咽；甘草生用平而偏凉，善清热解毒利咽；两药相合，既清热利咽，又载药上行，还调和诸药，故共为使药。全方配伍，苦寒清泻兼甘润，共奏清胃泻火、解毒消肿之功，故善治肺胃火盛所致的口舌生疮，齿龈、咽喉肿痛等。

【用法用量】口服，一次9g，每日2次。片剂口服一次8片，每日2次。

【注意事项】孕妇、体虚、年迈及阴虚火旺者慎用。不可过量或久用。

牛黄解毒胶囊（丸、片、软胶囊）

【药物组成】人工牛黄、石膏、黄芩、大黄、雄黄、冰片、桔梗、甘草。

【功能主治】清热解毒。用于火热内盛，咽喉肿痛，牙龈肿痛，口舌生疮，目赤肿痛。

【方解】方中人工牛黄苦凉清泻，善清热泻火、解毒消肿，故为君药。石膏辛甘大寒，清泻透解，善清胃泻火、除烦止渴；黄芩苦寒清泻，善清热泻火解毒；大黄苦寒沉降，既清热泻火、凉血解毒、化瘀消肿，又泻下通便，开实火下行之途。三药相合，既助君药清热泻火解毒，又化瘀消肿、导热下行，故共为臣药。雄黄辛苦温燥有毒，善攻毒、消肿散结；冰片辛香走窜，微寒清泻，善清热解毒、消肿止痛；桔梗辛散苦泄而平，善宣肺利咽、消肿排脓。三药合用，助君臣药清热解毒、消肿止痛，尤宜于咽喉肿痛、牙龈肿痛、口舌生疮，故共为佐药。甘草甘平性缓，除调和诸药外，与桔梗同用还能清解利咽，故为使药。全方配伍，苦寒清泻，共奏清热解毒之功，故善治火热内盛所致的咽喉肿痛、牙龈肿痛、口舌生疮、目赤肿痛。

【用法用量】口服，一次2粒，每日2~3次。大蜜丸一次1丸，每日2~3次，片剂一次3片，每日2~3次，软胶囊一次4粒，每日2~3次。

【注意事项】孕妇禁用。虚火上炎所致的口疮、牙痛、喉痹慎服。脾胃虚弱者慎用。因其含有雄黄，故不宜过量、久服。

导赤丸

【药物组成】黄连、黄芩、栀子（姜炒）、连翘、木通、大黄、玄参、赤芍、滑石、天花粉。

【功能主治】清热泻火，利尿通便。用于火热内盛所致的口舌生疮、咽喉疼痛、心胸烦热、小便短赤、大便秘结。

【方解】方中黄连、黄芩苦寒清泻，姜栀子苦寒清利，三药合用，既善清心、肺、三焦之火毒邪热，又能利尿而导火热毒邪从小便出，故为君药。连翘苦而微寒，善清热解毒、利尿；木通苦寒泄降，善利尿通淋、通行经脉；大黄苦寒泄降，既清热凉血解毒，又泄热通肠；玄参苦甘咸寒，既善清热降火、凉血解毒，又滋阴润肠通便；赤芍苦而微寒，善清热凉血、散瘀止痛。五药相合，既助君药清热泻火、利尿，又善通便，并顾护阴液，以防火热之邪与苦燥之耗伤阴液，故共为臣药。滑石甘寒滑利清泻，善清膀胱湿热而利水通淋；天花粉苦寒清泻，微甘而润，善清热泻火生津。两药相合，既助君臣药清热泻火、利尿，又防君臣药之苦寒清利而伤津，故共为佐使药。全方配伍，苦寒清泻兼通利，共奏清热泻火、利尿通便之功，故善治火热内盛所致的口舌生疮、咽喉疼痛、心胸烦热、小便短赤、大便秘结。

【用法用量】口服。一次1丸，每日2次；周岁以内小儿酌减。

【注意事项】孕妇禁用。脾虚便溏及体弱年迈者慎用。服药期间，忌食辛辣油腻食物。治疗口腔炎、口腔溃疡时，可配合使用外用药。

板蓝根颗粒（茶、糖浆）

【药物组成】板蓝根。

【功能主治】清热解毒，凉血利咽。用于肺胃热盛所致的咽喉肿痛、口咽干燥，急性扁桃体炎见上述证候者。

【方解】方中板蓝根苦泄寒清，善清热解毒、凉血利咽，无论是火毒内蕴或肺胃热盛所致急喉痹、乳蛾，还是瘟疫时毒或热毒蕴结所致的痄腮、咽喉肿痛皆可用之。

【用法用量】开水冲服。一次 0.5~1 袋（5~10 g），每日 3~4 次。板蓝根茶开水冲服，一次 1 块，每日 3 次。糖浆口服，一次 15 mL，每日 3 次。

【注意事项】阴虚火旺者、老人及素体脾胃虚弱者慎用。服药期间，忌食辛辣油腻食物。

清热解毒口服液

【药物组成】金银花、连翘、石膏、知母、黄芩、栀子、甜地丁、龙胆、板蓝根、麦冬、地黄、玄参。

【功能主治】清热解毒。用于热毒壅盛所致发热面赤、烦躁口渴、咽喉肿痛等证，以及流行性感冒、上呼吸道感染。

【方解】方中金银花甘寒疏透、连翘苦寒清解，两药相须为用，疏散风热、清热解毒力强，对外感热病，无论邪在卫、气、营、血分均宜，故为君药。石膏辛甘大寒，清泻透解，善清热泻火、除烦止渴；知母苦甘清泻，甘寒滋润，善清热泻火、滋阴润燥；黄芩苦寒清泻，善清热燥湿、泻火解毒；栀子苦寒降泄清利，善泻火除烦、清热利尿；甜地丁苦寒清泻，善清热解毒；龙胆苦寒清泻，善清泻肝胆之火；板蓝根苦寒清解，清热泻火、凉血解毒。七药相合，助君药清热解毒，故为臣药。麦冬甘润微苦微寒，善清热养阴、清心除烦；地黄甘润苦寒清泻，善清热凉血、养阴生津；玄参苦甘咸寒、清润解散，善清热凉血、滋阴降火。三药相合，既助君臣药清热泻火、凉血解毒，又顾护阴液而防火热之邪伤阴劫液，故共为佐药。全方配伍，主苦寒清泻，兼甘寒清养，共奏清热解毒之功，故善治热毒壅盛所致的发热面赤、烦躁口渴、咽喉肿痛；亦可用于流行性感冒、上呼吸道感染见上述证候者。

【用法用量】口服，一次 10~20 mL，每日 3 次。

【注意事项】风寒感冒者慎用。服药期间，饮食宜清淡，忌辛辣食物、忌烟酒。

二、解毒消癥剂

解毒消癥剂主要具有解毒消肿、散瘀止痛作用，主治热毒瘀血壅结所致的痈疽疔毒、瘰疬、流注、癥肿。

抗癌平丸

【药物组成】半枝莲、珍珠菜、香茶菜、藤梨根、肿节风、蛇莓、白花蛇舌草、石上柏、兰香草、蟾酥。

【功能主治】清热解毒，散瘀止痛。用于热毒瘀血壅滞肠胃而致的胃癌、食管癌、贲门癌、直肠癌等消化道肿瘤。

【方解】方中半枝莲辛散苦泄寒清，善清热解毒、散瘀止痛，故为君药。珍珠菜苦泄辛散，平而偏凉，善清热解毒、散瘀消肿；香茶菜辛苦泄散而凉，善清热解毒、活血散瘀、消肿止痛；藤梨根苦寒清泻，善清热解毒、散瘀通络、利湿消肿；肿节风辛散苦泄平凉，善清热解毒、散瘀止痛。四药合用，助君药清热解毒、散瘀止痛，故共为臣药。蛇莓苦寒清泻而有小毒，善清热解毒、散结消肿；白花蛇舌草微苦寒而清泻，善清热解毒、消痈利湿；石上柏辛散平而偏凉，善清热解毒、活血消肿；兰香草辛温行散，善活血散瘀止痛；蟾酥辛散温通有毒，善解毒消肿止痛。五药合用，助君臣药清热解毒、活血化瘀、消肿止痛，故共为佐药。全方配伍，苦泄辛散寒清，共奏清热解毒、散瘀止痛之功，故善治热毒瘀血壅滞所致的胃癌、食管癌、贲门癌、直肠癌等消化道肿瘤。

【用法用量】口服，一次 0.5～1 g，每日 3 次。饭后半小时服，或遵医嘱。

【注意事项】孕妇禁用。脾胃虚寒者慎用。服药期间忌食辛辣、油腻、生冷食物。因其含有毒的蟾酥等，故不可过量、久服。

西黄丸

【药物组成】牛黄或体外培育牛黄、乳香（醋制）、没药（醋制）、麝香或人工麝香。

【功能主治】清热解毒，消肿散结。用于热毒壅结所致痈疽疔毒、瘰疬、流注、癌肿等。

【方解】方中牛黄苦凉清泻，善清热泻火解毒、化痰，故为君药。醋制乳香辛香苦温泄散，醋制没药苦泄香窜，相须为用，善活血止痛、消肿生肌，"破癥结宿血"，故为臣药。麝香辛温香窜，既行血分之滞而活血通经，又能散结消肿止痛，故为佐药。全方配伍，苦泄辛散香窜，共奏清热解毒、消肿散结之功，故善治热毒壅结所致的痈疽疔毒、瘰疬、流注、癌肿。

【用法用量】口服。一次 1 瓶（3 g），每日 2 次。

【注意事项】孕妇禁用。脾胃虚寒者慎用。服药期间忌食辛辣刺激食物。

第五节　祛暑剂

凡以祛除暑邪、治疗暑邪所致的暑病为主要作用的中药制剂，称为祛暑剂。祛暑剂主要具有祛除暑邪之功，兼有化湿、利湿等作用，适用于暑湿、暑温等引发的病证。祛暑剂按功效和适用范围，分为祛暑除湿剂、祛暑避秽剂、祛暑和中剂、清暑益气剂四类。

一、祛暑除湿剂

祛暑除湿剂主要具有清暑、利湿作用，主治暑邪挟湿所致的暑湿，症见身热肢酸、口渴、胸闷腹胀、咽痛、尿赤或身目发黄，舌淡苔黄腻或厚腻，脉濡数或脉滑数等。

六一散

【药物组成】滑石、甘草。

【功能主治】清暑利湿，用于感受暑湿所致的发热、身倦、口渴、泄泻、小便黄少；外用治痱子。

【方解】方中滑石甘淡寒，质重体滑，既可清解暑热、以治暑热烦渴，又可通利水道、使三焦湿热从小便而泄，以疗暑湿所致的小便不利及泄泻，故为君药。甘草生用，甘平偏凉，既能清热和中，又配滑石成甘寒生津之用，使小便利而津液不伤，还可防滑石之寒滑重坠以伐胃，故为臣药。两药合用，甘淡渗利，清心利湿，共奏清暑利湿之功，故善治感受暑湿所致的暑湿证。

【用法用量】调服或煎服，一次 6 g，每日 1～2 次。

【注意事项】孕妇及小便清长者慎用。服药期间忌食辛辣食物。

甘露消毒丸

【药物组成】滑石、茵陈、黄芩、石菖蒲、藿香、豆蔻、射干、川贝母、薄荷、木通、连翘。

【功能主治】芳香化浊，清热解毒，用于暑湿蕴结，症见身热肢酸、胸闷腹胀、尿赤黄疸。

【方解】方中滑石甘寒滑利清解，善利水渗湿、清热解暑；茵陈苦香微寒而清热泄降，善清利湿热而退黄；黄芩苦寒清热燥湿。三药相合，善清热解暑、燥湿利湿，恰中湿热并重之病机，故为君药。石菖蒲芳香温通，善化湿和胃；藿香芳香辛散微温，善化湿解暑、理气止呕；豆蔻辛香温散，善化湿、行气、温中。三药合用，芳香化浊，行气悦脾，令气畅湿行，故为臣药。射干苦寒清泻，善清热祛痰、利咽；川贝母苦泄甘润微寒，善润肺止咳、清热化痰；薄荷辛凉疏泄，善宣散风热、利咽；木通苦寒泄降，善清热利湿通淋，导湿热从小便而去；连翘苦微寒而清泻，善清热解毒、散结利尿。五药合用，既助滑石、茵陈清利湿热，又协黄芩清热泻火解毒，故共为佐药。全方配伍，芳化与清利兼施，共奏芳香化浊、清热解毒之功，故善治暑湿蕴结所致的湿温见上述证候者。

【用法用量】口服，一次 6～9 g，每日 2 次。

【注意事项】孕妇禁用。寒湿内阻者慎用。服药期间，忌食辛辣、生冷、油腻食物。

二、祛暑避秽剂

祛暑避秽剂主要具有清暑、辟瘟解毒作用，主治感受暑热秽浊之邪，气机闭塞，升降失常所致的脘腹胀痛、胸闷、恶心、呕吐，或暴泻，甚则神昏督闷，舌红苔黄腻、脉濡数或滑数等。

紫金锭（散）

【药物组成】人工麝香、山慈菇、雄黄、红大戟、千金子霜、五倍子、朱砂。

【功能主治】辟瘟解毒，消肿止痛，用于中暑、脘腹胀痛、恶心呕吐、痢疾泄泻、小儿痰厥；外治疔疮疖肿、痄腮、丹毒、喉风。

【方解】方中人工麝香辛温香窜，善开醒神、活血止痛，故为君药。山慈菇甘微辛而寒，善清热解毒、化痰散结；雄黄辛苦温燥，以毒攻毒，善解毒辟秽。两药相合，既助君药散结消肿，又解毒，共为臣药。红大戟苦寒泄降，善消肿散结；千金子霜辛温峻下，善破血消癥；五倍子酸涩而寒，善清火、涩肠止泻、收湿敛疮；朱砂甘寒清解，善清热解毒。四药相合，既助君臣药消癥散结，又解毒敛疮，故为佐药。全方配伍，辛开苦泄，清降攻毒，共奏辟瘟解毒、消肿止痛之功，故内服善治感受暑热秽浊之邪所致的中暑而见上述证候者，外用可治疔疮疖肿、痄腮、丹毒、喉风。

【用法用量】口服，一次 0.6～1.5 g，每日 2 次。外用，醋磨调敷患处。散剂口服，一次 1.5 g，每日 2 次；外用醋调敷患处。

【注意事项】因其含有雄黄、朱砂等峻烈有毒之品，故不宜过量、久用，孕妇忌用，气血虚弱及肝肾不全者慎用。

三、祛暑和中剂

祛暑和中剂主要具有清暑、化湿和中作用，主治内伤湿滞，复感外寒所致的感冒，症见腹泻、腹痛、胸闷、恶心呕吐、不思饮食、恶寒发热、头痛、舌淡苔腻、脉濡数。

六合定中丸

【药物组成】广藿香、香薷、陈皮、厚朴（姜炙）、枳壳（去心、麸炒）、木香、檀香、山楂（炒）、六神曲（麸炒）、麦芽（炒）、稻芽（炒）、茯苓、木瓜、白扁豆（去皮）、紫苏叶、桔梗、甘草。

【功能主治】祛暑除湿，和胃消食，用于夏伤暑湿，宿食停滞，寒热头痛，胸闷恶心，吐泻腹痛。

【方解】方中广藿香芳香辛散微温，外散风寒而发表解暑，内理气化湿以止呕；香薷辛散芳化而温，既发汗而解表，又化湿和中而解暑。两药配伍，善解暑化湿、和中止呕，故共为君药。陈皮辛散苦降而温，善行气燥湿调中；姜厚朴苦辛燥散而温，善燥湿行气消积；炒枳壳苦泄辛散微寒，善行气宽中和胃；木香辛香温散，善行肠胃气滞而止痛；檀香辛温香散，善行气止痛。五药合用，既助君药化湿和中，又行气止痛，故共为臣药。炒山楂酸甘微温，善消食化积；炒六神曲辛甘温拼散，善消食和胃；炒麦芽、炒稻芽甘平生发，善消食健脾和胃；茯苓甘平渗利兼补，善利水渗湿、健脾；木瓜酸温，善化湿和中、生津开胃；炒白扁豆甘微温，善健脾和中、化湿消暑；紫苏叶辛温发散，善发表散寒、理气宽中；桔梗辛散苦泄而平，善宣肺，《日华子本草》云其能"下一切气，止霍乱转筋，心腹胀痛"。九药合用，既化湿解暑和中，又消食理气止痛，以助君臣药之力，故共为佐药。甘草甘平，既益气健脾，又调和药性，故为使药。全方配伍，芳化辛散，共奏祛暑除湿、和中消食之功，故善治夏伤暑湿、宿食停滞所致的寒热头痛、胸闷恶心、吐泻腹痛。

【用法用量】口服，一次1丸，每日3次。

【注意事项】湿热泄泻、实热积滞胃痛者慎用。服药期间，饮食宜清淡，忌食辛辣油腻食物。肠炎脱水严重者应配合适当补液。

十滴水（软胶囊）

【药物组成】樟脑、干姜、桉油、小茴香、肉桂、辣椒、大黄。

【功能主治】健脾，祛暑，用于中暑，症见头晕、恶心、腹痛、胃肠不适。

【方解】方中樟脑芳香辛热小毒，善开窍辟秽、温散止痛，《本草纲目》谓其"治邪气霍乱，心腹痛"，故为君药。干姜辛热温散，善温中散寒，《名医别录》谓其"治寒冷腹痛，中恶、霍乱、胀满"；桉油辛香而寒，能疏风透邪、清热解暑。两药相合，寒热并用，既助君药温散止痛，又能清解祛暑，故为臣药。小茴香辛香温散，能理气开胃；肉桂辛甘温热，善散寒止痛、温经通脉；辣椒辛热行散，善温中散寒、下气消食，"兼辟邪恶"；大黄苦寒泄降，善攻积导滞、泄热通肠。四药合用，既能温散止痛、消食健胃，又能引实热火毒之从大便出，故为佐药。全方配伍，主辛香温散，兼苦寒泄降，共奏健胃、祛暑之功，故善治中暑，症见头晕、恶心、腹痛、胃肠不适等。

【用法用量】口服。一次2~5 mL，儿童酌减。软胶囊口服，一次2粒。

【注意事项】孕妇禁用。驾驶员及高空作业者慎用。服药期间，忌食辛辣油腻食物。

四、清暑益气剂

清暑益气剂主要具有清暑、益气、生津作用，主治感受暑湿，暑热伤气所致的中暑发热，气津两伤，症见头晕、身热、微恶风、汗出畅、头昏重胀痛、四肢倦怠、自汗、心烦、咽干、口渴、口中黏腻、胸闷、小便短赤、舌苔薄白微黄、脉虚数。

清暑益气丸

【药物组成】黄芪（蜜炙）、白术（炒）、人参、麦冬、五味子（醋炙）、葛根、升麻、苍术（米泔炙）、泽泻、黄柏、陈皮、青皮（醋制）、六神曲（麸炒）、当归、甘草。

【功能主治】祛暑利湿，补气生津，用于中暑受热、气津两伤，症见头晕身热、四肢倦怠、自汗心烦、咽干口渴。

【方解】方中炙黄芪甘微温而升补，善益气升阳、固表止汗、利水；炒白术甘温苦燥，善益气健脾、燥湿利水、固表止汗；两药相须为用，既益气固表，又利水湿，故共为君药。人参甘微苦微温，善补元气、益肺气、生津液；麦冬甘微苦微寒，善养阴清热，润肺生津；醋五味子酸温，善养阴益气、生津止汗。三药相合，补敛同施，既助君药补气止汗，又养阴生津，故共为臣药。葛根甘辛平凉，轻扬发散，既解肌退热，又鼓舞脾胃清阳之气上升而生津止渴；升麻辛微甘微寒，能升清阳、清热解毒，《本经》谓其"辟瘟疫、瘴气、邪气"，《名医别录》谓其"主时气毒疠"；炙苍术苦温，善燥湿以健脾；泽泻甘寒渗利清泻，善利水渗湿、泄热；黄柏苦寒清泻而燥，善清热燥湿；陈皮辛散苦降，理气健脾；醋青皮苦降辛散而温，善行气消积化滞；炒六神曲甘辛温散，善理气健脾、消食化滞；当归甘辛温补散，善补血和营。九药相合，既助君臣药祛暑湿、和脾胃，又不伤正、不敛邪，共为臣药。甘草甘平，既益气和中，又调和诸药，故为使药。全方配伍，祛邪扶正两兼顾，共奏祛暑利湿、补气生津之功，故善治中暑受热、气津两伤，症见头晕身热、四肢倦怠、自汗心烦、咽干口渴。

【用法用量】姜汤或温开水送服，一次 1 丸，每日 2 次

【注意事项】孕妇慎用。服药期间，忌食辛辣、油腻食物。

第六节　治风剂

凡以疏散外风或平息内风，治疗外风、内风所致的病证为主要作用的中药制剂，称为治风剂。治风剂主要具有疏散外风、平息内风作用，适用于外风、内风所致病症。根据功效与适用范围，治风剂又可分为疏散外风剂和平肝息风剂两种。

一、疏散外风剂

疏散外风剂主要具有疏风、止痛、除湿、止痒作用，主治外感风邪所致头痛、眩晕、面瘫等，症见头痛、恶风、皮肤瘙痒、肢体麻木、关节屈伸不利、走注疼痛或口眼㖞斜等。

川芎茶调散（丸、颗粒、口服液、袋泡剂）

【药物组成】川芎、羌活、白芷、荆芥、防风、薄荷、细辛、甘草。

【功能主治】疏风止痛，用于风邪头痛，或兼恶寒、发热、鼻塞。

【方解】方中川芎辛温行散，上行头颠，善祛风行气、活血止痛，为治头痛之要药，故为君药。羌活辛散苦燥微温，善祛风邪、散寒湿，治太阳头痛；白芷辛温燥散，芳香走窜，善祛风散寒、通窍止痛，治阳明头痛。两药相伍，祛风散寒、除湿止痛力强，可增君药祛风止痛之力，故共为臣药。荆芥辛微温发散，善散风止痛；防风辛微温发散，甘缓不峻，善祛风胜湿止痛；薄荷辛凉疏散，善散风热清利头目而止痛；细辛芳香气烈，辛温走窜，善散寒祛风、通窍止痛。四药相伍，助君臣药散风止痛之力，治各部位

头痛，更以清茶调服，其苦甘而凉，既清头目，又佐制各药之辛温燥散，故为佐药。甘草甘平，调和诸药，故为使药。全方配伍，辛散升浮，共奏疏风止痛之功，故善治外感风邪之头痛，或兼恶寒、发热。

【用法用量】 饭后清茶冲服，一次 3~6 g，每日 2 次。丸剂饭后清茶送服，一次 3~6 g，每日 2 次。颗粒剂饭后用温开水或浓茶冲服，一次 1 袋，每日 2 次。口服液口服，一次 10 mL，每日 3 次。袋泡剂开水泡服，一次 2 袋，每日 2~3 次。

【注意事项】 久病气虚、血虚、肝肾不足、肝阳上亢头痛、孕妇均慎用。服药期间，忌食辛辣油腻食物。

正天丸（胶囊）

【药物组成】 钩藤、川芎、麻黄、细辛、附子、白芍、羌活、独活、防风、地黄、当归、鸡血藤、桃仁、红花、白芷。

【功能主治】 疏风活血，养血平肝，通络止痛。用于外感风邪、瘀血阻络、血虚失养、肝阳上亢引起的偏头痛、紧张性头痛、神经性头痛、颈椎病型头痛、经前头痛。

【方解】 方中以钩藤、川芎祛风为君药，钩藤归肝、心包二经，具清热平肝、息风定惊之功效，为治疗头痛眩晕之品；川芎归肝、肾、心包三经，具活血行气、祛风止痛之功效，主治风冷头痛眩晕。张元素谓之"能散肝经之风，治少阳厥阴经头痛及血虚头痛之圣药也"。钩藤与川芎相伍共为君药，能通治虚实之头痛眩晕。方中配麻黄、细辛、附子能加强祛风散寒止痛之力。麻黄辛温，主中风伤寒头痛，能通九窍、调血脉，细辛祛风止痛，麻黄、细辛与附子同用，一开一阖祛风温经散寒之力更强。白芍平肝止痛，养血调经；羌活搜风发表，祛湿止痛；独活散寒止痛，祛风通络；防风祛风化湿，以上诸药为臣，以加强君药之祛风散寒胜湿通络之力。方中用地黄清热凉血，养阴生津，当归、鸡血藤补血活血，桃仁与红花活血化瘀，以助川芎活血化瘀、祛风止痛，以上五味共为佐药。白芷性辛温、辛能散风，温可除湿，芳香通窍，为祛风止痛之品，与川芎配伍为本方之佐使。诸药合用共奏祛风、散寒、除湿、养血、活血、通络、止痛之功效，头痛诸证皆除。

【用法用量】 饭后服用，一次 6 g，每日 2~3 次，15 日为 1 个疗程。

【注意事项】 婴幼儿、孕妇、哺乳期妇女、肾功能不全及对本品过敏者禁用。高血压、心脏病患者及过敏体质者慎用。不宜过量或长期服用。

二、平肝息风剂

平肝息风剂主要具有息风止痉、平抑肝阳、清热泻火、滋补肝肾、补血作用。主治脑动脉硬化、原发性高血压、缺血性脑卒中、血管神经性头痛、神经衰弱，症见眩晕、震颤、四肢抽搐、言语謇涩、半身不遂等。

天麻钩藤颗粒

【药物组成】 天麻、钩藤、石决明、杜仲（盐制）、栀子、黄芩、益母草、桑寄生、首乌藤、茯苓、牛膝。

【功能主治】 平肝息风，清热安神，用于肝阳上亢所引起的头痛、眩晕、耳鸣、眼花、震颤、失眠，及高血压见上述证候者。

【方解】 方中天麻甘缓平润，善平肝息风、通络止痛，治肝风、肝阳之头痛、头晕；

钩藤甘缓平和，微寒清泻，善平肝阳、息肝风，兼清肝热；两药相伍，平肝息风力胜，故为君药。石决明咸寒质重，镇潜清补，善平肝潜阳、清肝益阴，既增君药平肝息风之力，又兼清肝益阴，故为臣药。盐杜仲甘补而温，善补益肝肾、降血压；栀子、黄芩苦寒清泻，善清肝泻火，以折其上扰之火；益母草辛散苦泄微寒，善活血化瘀、清热利尿；桑寄生苦甘性平，善补肝肾、降血压；首乌藤甘补通散而平，善养血安神通络；伏苓甘淡渗利兼补，善健脾利湿、宁心安神。七药相合，既补肝益肾、活血以利平抑肝阳，又能清热安神，故共为佐药。牛膝酸甘能补，苦泄下行，性平不偏，既善补肝益肾、活血，又引血、引火下行，以利于平抑肝阳，故为使药。全方配伍，潜降清泻补益，共奏平肝息风、清热安神之功，故善治肝阳上亢之头痛，症见头痛、眩晕、耳鸣、眼花、震颤、失眠，及高血压见上述证候者。

【用法用量】开水冲服，一次一袋（5 g），每日 3 次，或遵医嘱。

【注意事项】血虚头痛者、阴虚动风者忌用。服药期间，饮食宜清淡，戒恼怒，节房事。

第七节　祛湿剂

凡以祛除水湿、治疗水湿所致的各种病证为主要作用的中药制剂，称为祛湿剂。祛湿剂主要具有祛除水湿之功，兼有清热、利胆、止泻、温阳等作用，适用于水湿、痰湿、湿浊、湿热等引发的病证。祛湿剂按功效与适用范围，又可分为清利消肿剂、利尿通淋剂、清肝利胆剂、清热燥湿止泻剂、温水化湿剂五类。

一、清利消肿剂

清利消肿剂主要具有清热、利水湿、消肿作用，主治水湿内蕴化热所致的水肿，症见浮肿、腰痛、尿频、尿血、小便不利、舌红苔黄腻、脉滑数等。

肾炎四味片

【药物组成】细梗胡枝子、石韦、黄芩、黄芪。

【功能主治】活血化瘀，清热解毒，补肾益气。用于慢性肾炎。

【方解】方中细梗胡枝子为湖北民间治肾炎常用药物，其甘而微苦，平而偏凉，善清热利尿、活血解毒，故为君药。石韦苦甘微寒清利，善利尿通淋、凉血止血；黄芩苦寒清泻，善清热燥湿、泻火解毒、止血，故共为臣药。黄芪甘补而微温，善补气健脾、利水消肿，故为佐药。全方配伍，清利中兼补虚，共奏清热利尿、补气健脾之功，故善治湿热内蕴兼气虚所致的水肿。慢性肾炎浮肿、蛋白尿，属湿热内蕴兼气虚者用之亦佳。

【用法用量】口服，一次 8 片，每日 3 次。

【注意事项】孕妇禁用。脾肾阳虚或风水水肿者慎用。服药期间，宜低盐、低脂饮食，忌辛辣食物。

二、利尿通淋剂

利尿通淋剂具有清热通淋、利尿排石等作用，主治水湿内蕴、化热下注所致的淋浊、癃闭，症见尿频、尿急、尿道涩痛、尿血、腰痛、小便点滴不畅、色黄赤，舌红苔黄腻、脉滑数等。

八正合剂

【药物组成】 川木通、车前子（炒）、萹蓄、瞿麦、滑石、大黄、栀子、灯心草、甘草。

【功能主治】 清热、利尿、通淋，用于湿热下注，小便短赤，淋沥涩痛，口燥咽干。

【方解】 方中川木通苦寒清利，善清心火、利湿热、通经脉而利尿通淋；炒车前子甘寒滑利，善清热利尿通淋。两药相须为用，清热利尿通淋力强，故为君药。萹蓄、瞿麦苦寒清利，滑石甘寒滑利，均能清热利尿通淋，三药相须为用，共助君药清利通淋之力，故为臣药。大黄苦寒泄降行散，既泄热通肠、化瘀止痛，又兼利小便；栀子苦寒清凉滑利，既清热泻火凉血，又利尿滑肠；灯心草甘淡微寒，能清热利尿通淋。三药同用，既助君臣利尿通淋，又通便化瘀止痛，故为佐药。甘草甘平偏凉，和药缓急、清热解毒，故为使药。诸药配伍，苦寒清泻通利，共奏清热、利尿、通淋之功，故善治湿热下注所致的热淋涩痛等。

【用法用量】 口服，一次 15～20 mL，每日 3 次，用时摇匀。

【注意事项】 孕妇禁用。淋症属肝郁气滞或脾肾两虚者慎用。服药期间，忌烟酒、油腻食物，注意多饮水，避免劳累。久病体虚、儿童及老年人慎用。中病即止，不可久过或久用。

癃闭舒胶囊

【药物组成】 补骨脂、益母草、琥珀、金钱草、海金沙、山慈菇。

【功能主治】 益肾活血，清热通淋，用于肾气不足、湿热瘀阻所致的癃闭，症见腰膝酸软、尿频、尿急、尿痛、尿线细，伴小腹拘急疼痛，或用于前列腺增生。

【方解】 方中补骨脂苦辛温燥，补涩相兼，善补肾壮阳缩尿，《魏氏家藏方》谓其"治肾气虚冷，小便无度"；益母草辛散苦泄，微寒清解，善活血祛瘀、利水消肿，治水瘀互结之证。两药相配，温补缩尿与散瘀清利两不误，共为君药。琥珀甘平行散通利，善活血散瘀，利尿通淋；金钱草、海金沙甘寒清利，善清热利尿通淋。三药相合，增强君药化瘀通淋利尿之力，共为臣药。山慈菇微辛甘寒，善清热解毒散结，以助君臣药清解消散之功，用为佐药。全方配伍，将温补、消散、清利融为一体，共奏益肾活血、清热通淋之功，故善治肾气不足、湿热瘀阻所致的癃闭。

【用法用量】 口服，一次 3 粒，每日 2 次。

【注意事项】 孕妇、出血症，有肝肾功能损伤者禁用。肺热壅盛、肝郁气滞、脾虚气陷所致的癃闭慎用。服药期间，忌食辛辣、生冷、油腻食物及饮酒。有慢性肝脏疾病患者慎用。

三、清肝利胆剂

清肝利胆剂主要具有清肝、利胆、退黄、排石等作用，主治肝胆湿热所致的胁痛、黄疸，症见口苦胸闷、胁肋胀痛、脘腹痞胀、呕恶纳呆、大便黏腻不爽或秘结、小便黄赤，或又见身目俱黄、发热、舌红苔黄腻、脉滑数等。

茵栀黄口服液

【药物组成】 茵陈提取物、栀子提取物、黄芩提取物、金银花提取物。

【功能主治】清热解毒，利湿退黄，用于肝胆湿热所致的黄疸，症见面目悉黄、胸胁胀痛、恶心呕吐、小便黄赤，或用于急、慢性肝炎。

【方解】方中茵陈苦而微寒清利，芳香疏理，善清热祛湿、利胆退黄，为治黄疸之要药，为君药。栀子苦寒清泻滑利，善清三焦火邪，导湿热火毒从二便出而退黄；黄芩苦寒清解燥泄，善清热燥湿、泻火解毒，兼可利胆；两药可增君药清利湿热退黄之功，为臣药。金银花甘寒质轻清解，善清热解毒，增强君臣药清热解毒之力，为佐药。诸药合用，苦寒而清利肝胆，共奏清热解毒、利湿退黄之功，故治湿热黄疸效佳。

【用法用量】口服，一次 10 mL，每日 3 次

【注意事项】孕妇慎用。服药期间，忌饮酒，忌食辛辣、油腻食物。

茵陈五苓丸

【药物组成】茵陈、泽泻、猪苓、茯苓、白术（炒）、肉桂。

【功能主治】清湿热，利小便。用于肝胆湿热、脾肺郁结引起的湿热黄疸，胆腹胀满，小便不利。

【方解】方中茵陈苦而微寒清利，芳香疏理，善清湿热、理郁结、利胆退黄，为治黄疸之要药，故为君药。泽泻甘寒清利，善清热利湿；猪苓甘平渗利，善利水渗湿。两药相合，清热利湿功著，以增君药的清利退黄之力，故为臣药。茯苓甘平渗利兼补，善利水渗湿，并能健脾；炒白术甘补渗利，苦温而燥，善健脾益气、利水消肿；肉桂辛甘而热，善温阳通脉、化气行水。三药相合，既温阳燥湿利水，助君臣药祛除水湿；又助阳健脾，使水湿得以运化，故为佐药。全方配伍，祛邪与扶正并施，主以清湿热、利小便，兼以调理郁结、健脾温阳，治湿热黄疸有功，兼阳虚中寒者尤佳。

【用法用量】口服。一次 6 g，每日 2 次。

【注意事项】孕妇慎用。服药期间，忌饮酒，忌食辛辣油腻食物。

四、清热燥湿止泻剂

清热燥湿止泻剂主要具有清热燥湿、止泻止痢等作用，主治大肠湿热所致的泄泻、痢疾，症见腹泻、腹痛、里急后重、便利脓血，或泄泻、暴注下迫、腹痛、便下酸腐灼肛，舌红苔黄腻，脉滑数等。

香连丸（片）

【药物组成】萸黄连、木香。

【功能主治】清热化湿，行气止痛，用于大肠湿热所致的痢疾，症见大便脓血、里急后重、发热腹痛，及肠炎、细菌性痢疾见上述证候者。

【方解】方中黄连苦寒清泻而燥，善清热燥湿、泻火解毒，为治湿热泻痢之要药，为君药。木香辛散苦燥而温，善行肠胃气滞，兼燥除胃肠湿邪，以除腹痛、里急后重，为臣药。吴茱萸辛热香散，苦降而燥，善疏肝下气、燥湿散寒，取其煎液拌炒黄连（即萸黄连），既制黄连之寒，又助君臣药燥湿，还调和肝胃，为佐药。诸药相合，寒温并用，共奏清热化湿、行气止痛之功，故善治湿热泻痢，症见大便脓血、里急后重、发热腹痛者。

【用法用量】口服，一次 3～6 g，每日 2～3 次；小儿酌减。片剂口服，一次 5 片（大片），每日 3 次；小儿一次 2～3 片（小片），每日 3 次。

【注意事项】寒湿及虚寒下痢者慎用。服药期间，忌食生冷油腻、辛辣刺激性食物。

香连化滞丸

【药物组成】黄连、黄芩、木香、陈皮、青皮（醋炙）、厚朴（姜炙）、槟榔（炒）、枳实（麸炒）、滑石、当归、白芍（炒）、甘草。

【功能主治】清热利湿，行血化滞。用于湿热凝滞引起的里急后重，腹痛下痢。

【方解】方中黄连、黄芩苦寒清泻而燥，均能清热燥湿、泻火解毒，相须为用药力更强，治湿热泻痢功著，故为君药。木香辛香温散，善行肠胃气滞而止痛；陈皮辛散苦燥而温，善行气理湿调中；醋青皮苦降辛散而温，善疏肝破气消滞；姜厚朴苦燥辛散而温，善燥湿行气消积；炒槟榔辛散苦泄而温，善行胃肠气滞、除水湿；炒枳实辛散苦降微寒，善破气消积而除痞满。六药相合，既助君药除湿，又善理气调中止痛，以除腹痛、里急后重，故为臣药。滑石甘寒清利，善清利湿热；当归甘补辛散而温，炒白芍甘酸补敛微寒，合用善养血和血。三药相合，既助君药除湿热，又合黄连、黄芩以凉血和血而止便血，故为佐药。甘草甘平，既合白芍以缓急止痛，又调和诸药，故为使药。全方配伍，苦寒清燥，辛温行散，甘和缓急，主能清热除湿、行血化滞，兼能消积导滞，故善治大肠湿热积滞所致的痢疾，症见便利脓血、里急后重、发热腹痛。

【用法用量】口服，一次2丸，每日2次。

【注意事项】孕妇、寒湿或虚寒下痢者慎用。服药期间，忌食生冷油腻、辛辣刺激性食物。

五、温化水湿剂

温化水湿剂主要具有温阳化气、利水消肿等作用，主治阳虚水湿不化所致的水肿、癃闭，症见畏寒肢冷或腰痛，浮肿，夜尿频多或尿频、尿急、尿少、小便点滴不畅，舌淡红苔白、脉沉滑等。

五苓散（片）

【药物组成】泽泻、茯苓、猪苓、白术（炒）、肉桂。

【功能主治】温阳化气，利湿行水，用于阳不化气、水湿内停所致的水肿，症见小便不利、水肿腹胀、呕逆泄泻、渴不思饮。

【方解】方中泽泻甘寒渗利，归肾、膀胱经，善利水渗湿消肿，故重用为君药。茯苓甘淡渗利，平而兼补，善利水渗湿、健脾；猪苓甘淡渗利，平而力强，善利水渗湿消肿；两药同用，既增君药利水消肿之效，又兼健脾而促进水湿运化，共为臣药。炒白术甘补渗利，苦燥而燥，善补气健脾、燥湿利水；肉桂辛甘大热，温补行散，善补火温阳化气。两药相合，既助君臣药利水除湿，又助膀胱气化而促进水液代谢，还制君药之寒性，故为佐药。诸药合用，既甘淡渗利，又温肾助阳气，共奏温阳化气、利湿行水之功，故善治阳不化气、水湿内停所致的水肿而见上述症状者。

【用法用量】口服，一次1袋，每日3次。片剂口服，一次4~5片，每日3次。

【注意事项】孕妇慎用。湿热下注，气滞水停、风水泛溢所致的水肿者慎用。因痰热犯肺、湿热下注或阴虚津少所致之喘咳、泄泻、小便不利不宜使用。服药期间，不宜进食辛辣、油腻和煎炸类食物。

萆薢分清丸

【药物组成】粉萆薢、益智（盐炒）、乌药、石菖蒲、甘草。

【功能主治】分清化浊，用于肾不化气，清浊不分所致的白浊，小便频数。

【方解】方中粉草薢苦泄性平，甘淡渗利下行，善利下焦湿浊，治膏淋、白浊效佳，故重用为君药。益智辛香温补固涩，盐炒既缓其辛燥之性，又增其温涩之能，善温肾阳、缩小便，治肾气虚寒之遗尿、尿频，故为臣药。乌药辛温香散，善温肾、散膀胱冷气；石菖蒲辛香苦燥温化，善化湿浊、通窍闭，"止小便利"。两者相伍，既助君臣药温肾阳、化湿浊，又散膀胱冷气而助气化、分清浊，故为佐药。甘草甘平补缓，善补气和药，故为使药。诸药相合，苦泄淡渗，辛香温化，共奏分清化浊、温肾利湿之效，故善治肾不化气、清浊不分所致的白浊、小便频数。

【用法用量】口服，一次6~9 g，每日2次。

【注意事项】膀胱湿热壅盛所致小便白浊及尿频、淋沥涩痛者忌用。服药期间，忌食油腻、茶、醋及辛辣刺激食物。

第八节　蠲痹剂

　　凡以祛风除湿、通痹止痛，治疗各种痹证为主要作用的中药制剂，称为蠲痹剂。蠲痹剂主要具有祛邪活络、通痹止痛作用，适用于寒湿、湿热、瘀血和正虚痹阻等引发的病证。蠲痹剂按功效和主要适用范围，又可以分为祛寒通痹剂、清热通痹剂、活血通痹剂、补虚通痹剂四类。

一、祛寒通痹剂

　　祛寒通痹剂主要具有祛风散寒、除湿、活血通络、止痛作用，主治风寒湿邪痹阻所致的痹证，症见关节冷痛、遇寒痛增、得热痛减、关节屈伸不利且阴雨天加重、口淡不渴、恶风寒、舌淡红、苔白厚、脉沉迟或紧等。

小活络丸

【药物组成】川乌（制）、草乌（制）、乳香（制）、没药（制）、胆南星、地龙。

【功能主治】祛风散寒、化痰除湿、活血止痛，用于风寒湿邪闭阻、痰瘀阻络所致的痹证，症见肢体关节疼痛，或冷痛、或刺痛、或疼痛夜甚，关节屈伸不利、麻木拘挛。

【方解】方中制川乌、制草乌辛热燥散，毒大力强，善祛风除湿、散寒止痛，故为君药。制乳香辛散苦泄，香窜温通，善活血止痛；制没药辛散苦泄性平，善活血止痛；相须为用，活血止痛力更著，故为臣药。胆南星苦燥凉清，善清热化痰；地龙咸寒清泻，虫类走窜，善清热、通络。两药相合，既化痰通络，以增君臣药活血止痛之效，又清热，以佐制君臣药温燥之性，故为佐使药。全方配伍，辛苦温通，共奏祛风散寒、化痰除湿、活血止痛之功，故善治风寒湿邪痹阻、痰瘀阻络所致的痹病，症见肢体关节疼痛或冷痛、刺痛，或疼痛夜甚，及关节屈伸不利、麻木拘挛等。

【用法用量】黄酒或温开水送服。一次1丸，每日2次。

【注意事项】含有制川乌、制草乌有大毒，故孕妇禁用，不可过量久服。湿热瘀阻或阴虚有热者、脾胃虚弱者慎用。

木瓜丸

【药物组成】川乌（制）、草乌（制）、白芷、海风藤、威灵仙、木瓜、鸡血藤、川芎、当归、人参、狗脊（制）、牛膝。

【功能主治】祛风散寒，除湿通络，用于风寒湿邪闭阻所致的痹证，症见关节疼痛、肿胀、屈伸不利、局部畏恶风寒、肢体麻木、腰膝酸软。

【方解】方中制川乌、制草乌辛热燥散，毒大力强，善祛风除湿、散寒止痛，故共为君药。白芷辛散温通香窜，善祛风散寒、燥湿止痛；海风藤辛散苦泄温通，善祛风湿、通络止痛；威灵仙辛行温通，通行十二经脉，善祛风湿、通络止痛；木瓜酸温，善舒筋活络、祛湿除痹；鸡血藤苦泄温通，微甘能补，善活血养血、舒筋活络；川芎辛散温通，善活血、祛风止痛。合而用之，助君药祛风寒湿、通络止痛，故共为臣药。当归辛行甘补温通，"补中有动，动中有补"，善补血活血止痛；人参甘补，微苦微温不燥，善补气生津；制狗脊苦泄温通甘补，既温散风寒湿邪，又补肝肾、强腰膝；牛膝苦泄降，善下行，既活血通经，又补肝肾、强腰膝。四药合用，既助君臣药散风寒湿、通络止痛，又益气血、强腰膝，故为佐药。全方配伍，主以祛邪，兼以扶正，共奏祛风散寒、除湿通络之功，故善治风寒湿邪闭阻之痹证，症见关节疼痛、肿胀、屈伸不利、局部恶风寒、肢体麻木、腰膝酸软等。

【用法用量】口服，每次 30 丸，每日 2 次。

【注意事项】含有制川乌、制草乌有大毒，故孕妇禁用，不可过量久服。风湿热痹者慎用。

二、清热通痹剂

清热通痹剂主要具有清热燥湿、通络止痛作用，主治湿热痹阻所致的痹病，症见关节红肿热痛、筋脉拘急、发热、口渴、汗出、溲赤、便干、舌红苔黄腻、脉滑数等。

四妙丸

【药物组成】黄柏（盐炒）、苍术、薏苡仁、牛膝。

【功能主治】清热利湿，用于湿热下注所致的痹病，症见足膝红肿、筋骨疼痛。

【方解】方中盐黄柏苦寒清燥降泄，善除下焦之湿热，故为君药。苍术苦燥温散，善燥湿除痹；薏苡仁淡渗甘补微寒，善利湿除痹。两药合用，助君药祛除下焦湿热，故为臣药。牛膝苦泄降，平而下行，既善活血通经、通利关节、利尿，又能引药下行而直达下焦，故为使药。全方配伍，清利苦燥，共奏清热利湿之功，故善治湿热下注之痹病，症见足膝红肿、筋骨疼痛。

【用法用量】口服，一次 6 g，每日 2 次。

【注意事项】风寒湿痹、虚寒痿证及孕妇慎用。服药期间，饮食宜用清淡，忌饮酒，忌食鱼腥、辛辣食物。

三、活血通痹剂

活血通痹剂主要具有活血化瘀、通络止痛作用，用于瘀血痹阻所致的痹病，症见关节枣痛、疼痛夜甚、关节屈伸不利、皮下结节，舌暗苔白、脉迟或结代等。

颈复康颗粒

【药物组成】羌活、葛根、川芎、秦艽、威灵仙、苍术、丹参、乳香（制）、没药（制）、桃仁（去皮）、红花、土鳖虫（酒制）、花蕊石（煅）、王不留行（炒）、黄芪、党参、地黄、白芍、石决明、地龙（酒制）、黄柏。

【功能主治】活血通络，散风止痛，用于风湿瘀阻所致的颈椎病，症见头晕、颈项僵硬、肩背酸痛、手臂麻木。

【方解】方中羌活辛散苦燥而温，主散太阳经风寒湿邪，治太阳病头项强痛及上半身风湿痹痛；葛根甘辛升散平凉，善解肌，"疗中风头痛"，"破血"；川芎辛温行散，上行颠顶，善活血、散风、止痛。三药合用，善活血散风止痛，治头晕、颈项僵硬、肩臂酸痛。秦艽辛散苦泄微寒，善散风除湿、通络舒筋，治各种痹痛；威灵仙辛散咸软温通，善祛风湿、通经络、除痹痛；苍术辛散苦燥温化，善祛风散寒除湿，治痹痛。三药合用，能祛风湿、通经络、止痹痛。丹参苦泄微寒，善活血通经；制乳香辛香苦温、制没药苦香而平，善活血止痛；桃仁苦泄甘润性平，善破血通经；红花辛散温通，善活血通脉；酒土鳖虫咸寒泄散，善破血散瘀；煅花蕊石辛酸性平，善活血化瘀；炒王不留行苦平泄散，善活血通经。八药合用，能活血通络止痛。黄芪甘补微温，善补气生血行滞；党参甘平，善补气养血。两药合用，善补气养血行滞，以助活血通经，并防辛散苦燥之品耗气。地黄甘苦性寒，善滋阴清热；白芍甘酸微寒，善养血平肝、柔肝止痛；石决明咸寒清泻兼滋阴，善清肝、平肝潜阳；酒炙地龙咸寒，善清热息风通络。四药合用，既滋阴平肝，还防诸辛苦燥散之药伤阴。黄柏苦寒清燥，善清热燥湿，泻相火，既有助于湿邪的清除，又能使火祛而不再伤阴。全方配伍，辛散温通，兼以甘补，共奏活血通络、散风止痛之功，故善治风湿瘀阻所致的颈椎病，症见头晕、颈项僵硬、肩背酸痛、手臂麻木。

【用法用量】开水冲服。一次 1~2 g，每日 2 次。饭后服用。

【注意事项】孕妇忌服。消化道溃疡，肾性高血压患者慎服。服药期间，忌生冷、油腻食物。有高血压、心脏病、肝病、糖尿病、肾病等慢性病严重者应在医生指导下使用。

四、补虚通痹剂

补虚通痹剂主要具有补益肝肾、强壮筋骨、祛风湿的作用，主治肝肾不足、气血两虚所致的痹病，症见肢体拘挛、手足麻木、腰膝酸痛、筋骨痿软、舌淡苔白厚、脉沉迟弱等。

独活寄生合剂

【药物组成】独活、桑寄生、防风、秦艽、桂枝、细辛、川牛膝、杜仲（盐炒）、当归、川芎、白芍、熟地黄、党参、茯苓、甘草。

【功能主治】养血舒筋，祛风除湿，补益肝肾，用于风寒湿邪闭阻、肝肾两亏、气血不足所致的痹证，症见腰膝冷痛、屈伸不利。

【方解】方中独活辛散苦燥微温，善祛下焦与筋骨间风寒湿邪而通痹止痛，故重用为君药。桑寄生苦燥甘补性平，既祛风除湿，又能养血而补肝肾、强筋骨；防风辛甘微温，善祛风胜湿止痛；秦艽辛散苦泄微寒，善祛风除湿、通络舒筋；桂枝辛散温通，善发汗解肌、温通经脉而止痛；细辛辛散温通，善祛风散寒、通窍止痛；川牛膝苦泄甘补而平，善补肝肾、强腰膝、通经脉，盐杜仲甘补温通，善补肝肾、强腰膝。七药合用，既增君药祛风除湿之力，又养血舒筋、补益肝肾、强壮腰膝，故为臣药。当归甘补辛散温通，善补血活血止痛；川芎辛温行散，善活血行气止痛；白芍酸敛甘补微寒，善敛阴养血、柔肝舒筋、缓急止痛；熟地黄甘温质润，善补血滋阴；党参甘补平和，善补气健脾、养血生津；茯苓甘补淡渗性平，善健脾、利水渗湿。六药合用，既助君药养血舒筋、补益肝肾之功，又补气，还使君臣药祛邪而不伤正，故共为佐药。甘草甘平，既补气健脾而扶正气，又调和诸药，故为使药。全方配伍，祛邪扶正两兼顾，共奏养血舒筋、祛风除湿、补益肝肾之功，故善治风寒湿闭阻、肝肾两亏、气血不足之痹证，症见腰膝冷痛、屈伸不利等。

【用法用量】口服，一次 15 ～ 20 mL，每日 3 次，用时摇匀。

【注意事项】孕妇慎用。热痹忌服。

天麻丸（片）

【药物组成】天麻、羌活、独活、粉萆薢、杜仲（盐炒）、牛膝、附子（制）、当归、地黄、玄参。

【功能主治】祛风除湿，通络止痛，补益肝肾，用于风湿瘀阻、肝肾不足所致的痹证，症见肢体拘挛、手足麻木、腰腿酸痛。

【方解】方中天麻甘平柔润，既善祛风通络止痛，又善平肝息风止痉，故为君药。羌活辛散苦燥温通，善祛风散寒、除湿止痛；独活辛散苦燥温通，善祛风湿、止痹痛；粉萆薢苦泄甘淡性平，善祛风利湿除痹；盐杜仲甘温而补，善补肝肾、强腰膝；牛膝苦泄甘补而平，善补肝肾、强腰膝、通经脉。五药合用，既助君药祛风除湿、通络止痛，又有补益肝肾、强壮筋骨之功，故为臣药。制附子辛热峻猛有毒，善逐风寒湿、温经止痛；当归辛行甘补温通，善补血活血、行滞止痛；地黄甘苦寒而清补，善清热养阴生津，"逐血痹，填骨髓"；玄参咸寒清泻甘补，善清热滋阴降火。四药合用，既助君臣药祛风除湿、通络止痛，又能养血滋阴，以防羌、独、附等辛散温燥之品耗伤阴血，故为佐药。全方配伍，标本兼顾，共奏祛风除湿、通络止痛、补益肝肾之功，故善治风湿瘀阻、肝肾不足所致的痹证，症见肢体拘挛、手足麻木、腰腿酸痛等。

【用法用量】口服，一次 1 丸，每日 2 ～ 3 次。

【注意事项】所含附子有毒，故孕妇慎用。湿热痹者慎用。服药期间，忌食生冷油腻食物。

仙灵骨葆胶囊

【药物组成】淫羊藿、续断、补骨脂、丹参、知母、地黄。

【功能主治】滋补肝肾，活血通络，强筋壮骨，用于骨质疏松和骨质疏松症、骨折、骨关节炎、骨无菌性坏死等。

【方解】方中淫羊藿辛甘温补，善补肾壮阳、强筋健骨、祛风寒湿，故为君药。续断苦甘辛而微温，善补肝肾、强腰膝、行血脉；补骨脂苦辛温燥，善温补脾肾；两药同用，既助君药滋补肝肾、强筋健骨，又行血脉，故共为臣药。丹参苦泄散而微寒，善活血祛瘀止痛；知母苦甘寒而清滋，善清热滋阴润燥；地黄甘苦寒而清补，善清热养阴生津，"逐血痹，填骨髓"。三药相合，既滋阴而增君臣药滋补肝肾、强筋壮骨之功，又助臣药行血脉而达活血通络之效，还能佐制淫羊藿、补骨脂等温补之品的辛燥之性，使补而不燥，故共为佐药。全方配伍，阴阳并补，补中有行，共奏滋补肝肾、活血通络、强筋壮骨之功，故善治肝肾不足、瘀血阻络所致的骨质疏松症，症见腰脊疼痛、足膝酸软、乏力等。

【用法用量】口服，一次3粒，每日2次；4~6周为1个疗程；或遵医嘱。

【注意事项】孕妇及肝功能失代偿者禁用。对本品过敏者禁用。过敏体质、湿热痹者慎用。高血压、心脏病、糖尿病、肝病、肾病等慢性病严重者慎用。感冒时不宜服用。服药期间，忌食生冷油腻食物。

第九节　祛痰剂

凡以消痰化饮，治疗痰湿或痰饮所致的各种病证为主要作用的中药制剂，称为祛痰剂。祛痰剂主要具有祛痰之功，兼有燥湿、清热、息风、散结等作用。适用于痰湿、痰热、风痰引发的病证。按其功效与适用范围，祛痰剂又可分为燥湿化痰剂、清化热痰剂、化痰息风剂、化痰散结剂四类。

一、燥湿化痰剂

燥湿化痰剂具有祛湿化痰、行气健脾等作用，主治痰浊阻肺所致的咳嗽，症见咳嗽、痰多易咳、黏稠色白、胸脘满闷、舌苔白腻、脉滑。

二陈丸

【药物组成】半夏（制）、陈皮、茯苓、甘草。

【功能主治】燥湿化痰，理气和胃，用于痰湿停滞导致的咳嗽痰多、胸脘胀闷、恶心呕吐。

【方解】方中制半夏辛散温燥，善温燥散中焦寒湿痰饮，寒湿去则脾胃升降调顺、津液四布、痰无由生、肺气宣肃，如此则咳嗽痰多、恶心呕吐可愈，故为君药。陈皮辛香行散，苦燥温化，善理气健脾、燥湿化痰，助君药燥化痰湿、理气和胃，故为臣药。茯苓甘平淡渗，善健脾渗湿，既助君臣药利湿化痰，又能健脾，使生痰无源，故为佐药。甘草甘平润和，既润肺和中，又调和诸药，故为使药。全方配伍，温燥中兼淡渗辛散，共奏燥湿化痰、理气和胃之功，故善治痰湿停滞所致的咳嗽痰多、胸脘胀闷、恶心呕吐等。

【用法用量】口服，一次9~15 g，每日2次。

【注意事项】本品辛香温燥易伤阴津，故不宜长期服用。肺阴虚所致的燥咳、咯血忌用。服药期间，忌食辛辣、生冷、油腻食物。

橘贝半夏颗粒

【药物组成】橘红、半夏（制）、川贝母、枇杷叶、桔梗、远志（制）、紫菀、款冬花（炒）、前胡、苦杏仁霜、麻黄、紫苏子（炒）、木香、肉桂、天花粉、甘草。

【功能主治】化痰止咳，宽中下气。用于咳嗽痰多，胸闷气急。

【方解】方中橘红辛散苦燥性温，善理气肃肺、化痰止咳；制半夏辛散温燥，善燥湿化痰、散结消痞；两者配伍，善化痰止咳、宽中下气，故共为君药。川贝母苦泄甘润微寒，善清润肺气、化痰止咳、开郁散结；枇杷叶苦微寒而泄降，善清热化痰、下气止咳；桔梗苦泄辛散性平，善开泄肺气、祛痰止咳；制远志苦温辛散，善祛痰止咳；紫菀辛苦温、炒款冬花辛温，善润肺下气、化痰止咳。六药相合，寒温相制，共助君药化痰下气而止咳之功，故为臣药。前胡辛散苦降微寒，善宣散降气、化痰止咳；苦杏仁霜苦降微温，能降气止咳平喘而力缓；麻黄辛温发散，善宣肺平喘；炒紫苏子辛温质润，善降气化痰、止咳平喘；木香辛香气烈，善行气宽中，古云其"降肺气"；肉桂辛甘而热，善温阳散寒，古云其"止咳嗽"；天花粉甘寒微寒，善清热生津、润肺化痰。七药合用，既助君臣药化痰止咳、宽中下气，又佐制他药的温燥之性，故共为佐药。甘草甘平，善既润肺止咳，又调和诸药，故为使药。全方配伍，辛散苦降，共奏化痰止咳、宽中下气之功，故善治痰气阻肺所致的咳嗽痰多、胸闷气急。

【用法用量】口服，一次 3～6 g，每日 2 次。

【注意事项】本品含有麻黄，故孕妇及心脏病、原发性高血压患者慎用。服药期间，包含宜清淡，忌食生冷、辛辣、燥热食物，忌烟酒。

二、清热化痰剂

清热化痰剂主要具有清泻肺热、化痰止咳作用。主治痰热阻肺所致的咳嗽，症见咳嗽、痰稠色黄、咳之不爽、胸膈痞闷、咽干口渴、舌苔黄腻、脉滑数。

礞石滚痰丸

【药物组成】金礞石（煅）、黄芩、熟大黄、沉香。

【功能主治】降火逐痰，用于痰火扰心所致的癫狂惊悸，或喘咳痰稠、大便秘结。

【方解】方中煅金礞石甘咸质重坠降，性平偏凉，善下气逐痰，能攻逐陈积伏匿之顽痰老痰，故为君药。黄芩苦泄寒清，善清上焦之火；熟大黄苦寒降泄，善清下攻积、清热泻火。两药合用，清上导下，以除痰热之源，故为臣药。沉香辛散苦降微温，既降气止痛、调达气机，又防君臣药寒凉太过，故为佐药。全方配伍，苦寒降泄，共奏逐痰降火之功，故善治痰火扰心所致的癫狂惊悸，或喘咳痰稠、大便秘结等。

【用法用量】口服，一次 6～12 g，每日 1 次。

【注意事项】孕妇忌服。非痰热实证、体虚及小儿虚寒成惊者慎用。癫狂重症者，需在专业医生指导下配合其他治疗方法。服药期间，忌食辛辣、油腻食物。药性峻猛，易耗损气血，须中病即止，切勿过量久用。

清气化痰丸

【药物组成】胆南星、黄芩（酒制）、瓜蒌子霜、陈皮、枳实、茯苓、苦杏仁、半夏（制）。

【功能主治】清肺化痰，用于肺热咳嗽、痰多黄稠、胸脘满闷。

【方解】方中胆南星苦凉降泄，善清热化痰，治实痰实火之壅闭，故为君药。酒黄芩苦寒清泻，善清泻肺火；瓜蒌子霜甘寒质润，既善清肺化痰，又能宽胸散结。两药合用，泻肺火、化痰热、止咳喘，以助胆南星清热化痰之力，故共为臣药。陈皮苦降辛温，善理气宽中、燥湿化痰；枳实苦降辛散微寒，善破气化痰消痞；茯苓甘平淡渗，善健脾渗湿；苦杏仁苦降微温，善降气止咳平喘；制半夏辛散温燥，善燥湿化痰。五药合用，既除湿化痰、以消已生之痰，又健运脾湿、以绝生痰之源，且能理气，寓治痰当先理气之意，气行则有益于消痰，故为佐药。全方配伍，主以苦寒降泄，兼以辛燥，共奏清肺化痰之功，热清火降，气顺痰消，故善治痰热阻肺所致的咳嗽痰多、痰黄黏稠、胸腹满闷等。

第四篇 商品基础知识

【用法用量】口服，一次 6 ~ 9 g，每日 2 次。

【注意事项】孕妇、风寒咳嗽、痰湿阻肺者慎用。服药期间，忌食生冷、辛辣、燥热食物，忌烟酒。

复方鲜竹沥液

【药物组成】鲜竹沥、鱼腥草、枇杷叶、桔梗、生半夏、生姜、薄荷素油。

【功能主治】清热化痰，止咳，用于痰热咳嗽、痰黄黏稠。

【方解】方中鲜竹沥甘寒滑利，善清肺降火、化痰止咳，故为君药。鱼腥草辛散微寒，善清热解毒、化痰止咳；枇杷叶苦微寒而泄降，善清热化痰、下气止咳。两药合用，可增君药清热化痰止咳之功，故为臣药。桔梗苦泄辛散性平，善宣肺利咽、祛痰止咳；生半夏辛温燥散，善燥湿化痰；生姜辛散微温，能燥湿而化痰；薄荷素油辛香凉散，善疏散风热、清利咽喉。四药相合，除增君臣药化痰止咳之力外，生姜又可制生半夏之毒性，薄荷又防半夏、生姜温燥太过，故共为佐药。全方配伍，苦寒清热降泄，共奏清热化痰、止咳之功，故善治痰热咳嗽、痰黄黏稠者。

【用法用量】口服，一次 20 mL，每日 2 ~ 3 次。

【注意事项】孕妇，寒咳及脾虚便溏者慎用。服药期间，忌烟酒、忌食辛辣刺激和油腻食物。

三、化痰息风剂

化痰息风剂主要具有平肝息风、化痰止咳作用，主治肝风内动、风痰上扰所致的咳嗽，症见咳嗽痰多、眩晕头痛，甚者昏厥不语或发癫痫，舌苔白腻、脉弦滑。

半夏天麻丸

【药物组成】法半夏、天麻、人参、黄芪（蜜炙）、白术（麸炒）、苍术（米泔炙）、陈皮、茯苓、泽泻、六神曲（麸炒）、麦芽（炒）、黄柏。

【功能主治】健脾祛湿，化痰息风，用于脾虚湿盛、痰浊内阻所致的眩晕、头痛，如蒙如裹、胸脘满闷。

【方解】方中法半夏辛温燥散，善燥湿化痰；天麻甘平质润，善平肝潜阳、息风止痉；两药配伍，善燥湿化痰、息风定眩，故为君药。人参甘平微苦微温，善健脾益气；炙黄芪甘温，善补气利水；炒白术甘苦而温，善健脾益气燥湿；炙苍术芳香苦温，善燥湿健脾；陈皮辛香苦温，善理气燥湿化痰；茯苓甘淡性平、泽泻甘寒清利，善健脾渗湿，以消痰水。七药合用，善益气健脾、燥渗湿湿，气旺脾健则痰湿不生，痰湿化除则晕眩不作，故共为臣药。炒六神曲甘平温、炒麦芽甘平，善健胃消食，以利湿痰消除；黄柏苦寒清燥，既降火坚阴、燥湿，又防他药温性太过，故为佐药。全方配伍，主祛痰湿，兼健脾息风，共奏健脾祛湿、化痰息风之功，故善治脾虚湿盛、风痰上扰所致的眩晕头痛、如蒙如裹、胸脘满闷等。

【用法用量】口服。一次 6 g，每日 2 ~ 3 次。

【注意事项】孕妇禁用。肝肾阴虚、肝阳上亢所致的头痛、眩晕慎用。平素大便干燥者慎用。服药期间，忌食生冷、油腻及海鲜类食物。

四、化痰散结剂

化痰散结剂主要具有软坚散结、祛痰止咳等作用，主治痰火互结所致的瘰疬、瘿瘤。

消瘿丸

【药物组成】 昆布、海藻、蛤壳、浙贝母、夏枯草、陈皮、槟榔、桔梗。

【功能主治】 散结消瘿，用于瘿瘤初起；单纯型地方性甲状腺肿。

【方解】 方中昆布、海藻，性效相似，味咸性寒，咸能软坚，寒能清热，善消瘿散结、清热消痰，故为君药。蛤壳咸寒，善清热化痰、软坚散结；浙贝母苦泄性清，善清热化痰、开郁散结；夏枯草辛散苦泄，善清散痰火郁结。三药同用，助君药清热消痰散结之功，故为臣药。陈皮辛散苦燥性温，善燥湿化痰、行气健脾；槟榔辛散苦泄性温，善破气消积。两药同用，既破气化痰消积，又寓"气行则痰消"之意，故为佐药。桔梗苦泄辛散而平，善宣肺祛痰、载药上行，故为使药。全方配伍，咸寒软坚泻火，苦辛行气散结，共奏散结消瘿之功，故善治痰火郁结所致的瘿瘤初起。痰火郁结所致的单纯型地方性甲状腺肿用之亦佳。

【用法用量】 口服，一次1丸，每日3次，饭前服用；小儿酌减。

【注意事项】 孕妇慎用。服药期间，忌食生冷，辛辣食物。

第十节　止咳平喘剂

凡以制止咳嗽、平定气喘，治疗肺失宣肃、肺气上逆所致的各种咳嗽气喘病证为主主要作用的中药制剂，称为止咳平喘剂。止咳平喘剂具有止咳平喘、理气化痰之功，兼有散寒、清热、润燥、解表、补益、纳气等作用，适用于风寒、肺热、燥邪、肺虚、肾不纳气等引发的咳喘病证。止咳平喘剂按其功效与适用范围，又可分为散寒止咳剂、清肺止咳剂、润肺止咳剂、发表化饮平喘剂、泄热平喘剂、化痰平喘剂、补肺平喘剂、纳气平喘剂八类。

一、散寒止咳剂

散寒止咳剂主要具有温肺散寒、止咳化痰等作用，主治风寒束肺、肺失宣降所致的咳嗽，症见咳嗽、身重、鼻塞、咳痰清稀量多、气急、胸膈满闷等。

通宣理肺丸

【药物组成】 紫苏叶、麻黄、前胡、苦杏仁、桔梗、陈皮、半夏（制）、茯苓、枳壳（炒）、黄芩、甘草。

【功能主治】 解表散寒，宣肺止嗽，用于感冒咳嗽、发热恶寒、鼻塞流涕、头痛无汗、肢体酸痛。

【方解】 方中紫苏叶辛温发散，善发表散寒、理气宽胸止咳；麻黄辛温宣散，微苦略降，善发汗解表、宣肺平喘。两药同用，解表散寒、宣肺止嗽功著，故共为君药。前胡苦降辛散微寒，善降气祛痰，兼宣散表邪；苦杏仁苦微温而润降，功主降气化痰、止咳平喘；桔梗苦泄辛散性平，善开宣肺气、祛痰止咳。三药合用，以复肺脏宣发肃降之机。陈皮苦降辛温，善理气宽中、燥湿化痰；制半夏辛散温燥，善燥湿化痰；茯苓甘平淡渗，善健脾渗湿，以绝生痰之源。上六药合用，既增强君药解表宣肺之功，又能祛痰止咳，故为臣药。炒枳壳苦降辛散微寒，善理气宽中、化痰除痞；黄芩苦寒清热，善清泻肺热，既防外邪内郁而化热，又防麻黄、半夏温燥太过，故为佐药。甘草甘平，既润肺止咳，又调和诸药，故为使药。全方配伍，宣降共施，温中兼清，共奏解表散寒、宣肺止嗽之功，故善治风寒束表、肺气不宣所致的感冒咳嗽，症见发热、恶寒、咳嗽、鼻塞流涕、头痛、无汗、肢体酸痛。

【用法用量】口服，大蜜丸一次 2 丸，每日 2 ~ 3 次。

【注意事项】孕妇、风热或痰热咳嗽、阴虚干咳者慎用。服药期间，忌烟、酒及辛辣食物。因其含有麻黄，故心脏病、高血压患者慎用。

杏苏止咳颗粒（糖浆、口服液）

【药物组成】苦杏仁、紫苏叶、前胡、桔梗、陈皮、甘草。

【功能主治】宣肺散寒，止咳祛痰。用于风寒感冒咳嗽、气逆。

【方解】方中苦杏仁苦降微温，以苦泄肃降为主，兼宣发肺气而止咳平喘；紫苏叶辛温发散，善解表散寒、化痰止咳；两药合用，善宣肺散寒、止咳祛痰，故为君药。前胡苦降辛散微寒，善降气祛痰，兼宣散表邪，可增君药止咳祛痰之功，故为臣药。桔梗苦泄辛散性平，善宣肺祛痰、利咽止咳；陈皮苦降辛温，善理气宽中、燥湿化痰。两药合用，助君臣药宣肺、祛痰、止咳，故为佐药。甘草甘平，既润肺止咳，又调和诸药，故为使药。全方配伍，宣中有降，共奏宣肺散寒、止咳祛痰之功，故善治风寒感冒咳嗽、气逆。

【用法用量】开水冲服。一次 12 g，每日 3 次；小儿酌减。

【注意事项】风热、燥热及阴虚干咳者慎用。服药期间，宜食清淡易消化食物，忌食辛辣食物。

二、清肺止咳剂

清肺止咳剂主要具有清泻肺热、化痰止咳等作用，主治痰热阻肺所致的咳嗽，症见咳嗽、痰多及黄稠、胸闷等。

清肺抑火丸

【药物组成】黄芩、栀子、黄柏、浙贝母、桔梗、前胡、苦参、知母、天花粉、大黄。

【功能主治】清肺止咳，化痰通便。用于痰热阻肺所致的咳嗽、痰黄稠黏、口干咽痛、大便干燥。

【方解】方中黄芩苦寒清泻，善清肺火及上焦实热，故为君药。栀子、黄柏苦寒清降，善清热泻火；浙贝母苦寒降泄，善清肺止咳、化痰散结。三药合用，助君药清肺化痰止咳，故为臣药。桔梗苦泄辛散性平，善宣肺祛痰、止咳利咽；前胡苦降辛散微寒，善降气祛痰、兼宣散风热；苦参苦寒清泻，善清热泻火燥湿；知母苦甘而寒，善清热泻火、滋阴润燥；天花粉甘微苦微寒，善清肺润燥止咳；大黄苦寒降泄，善泄热通便，引肺火下行。六药合用，既助君臣药清肺化痰止咳之功，又润燥生津、泄热通便，故为佐药。全方配伍，清泻润燥，清上导下，共奏清肺止咳、化痰通便之功，故善治痰热阻肺所致的咳嗽、痰黄黏稠、口干咽痛、大便干燥。

【用法用量】口服，水丸一次 6 g，大蜜丸一次 1 丸，每日 2 ~ 3 次。

【注意事项】孕妇及风寒咳嗽或脾胃虚弱者慎用。服药期间，忌食生冷、辛辣、燥热食物，忌烟酒。

蛇胆川贝散（胶囊、软胶囊）

【药物组成】蛇胆汁、川贝母。

【功能主治】清肺，止咳，除痰，用于肺热咳嗽、痰多。

【方解】方中蛇胆汁苦甘性凉，善清肺化痰止咳，治痰热咳嗽；川贝母苦泄甘润微寒，善清润化痰，治肺热痰多咳嗽。全方配伍，苦寒降泄，共奏清肺、止咳、祛痰之功，故善治肺热咳嗽、痰多者。

【用法用量】口服，一次 0.3~0.6 g，每日 2~3 次。胶囊口服，一次 1~2 粒，每日 2~3 次。软胶囊口服，一次 1~2 粒，每日 2~3 次。

【注意事项】孕妇、痰湿犯肺或久咳不止者慎用。服药期间，忌食辛辣、油腻食物，忌吸烟饮酒。

急支糖浆

【药物组成】鱼腥草、金荞麦、四季青、麻黄、前胡、紫菀、枳壳、甘草。

【功能主治】清热化痰，宣肺止咳，用于外感风热所致的咳嗽，症见发热、恶寒、胸膈满闷、咳嗽咽痛，及急性支气管炎、慢性支气管炎急性发作见上述证候者。

【方解】方中鱼腥草味辛微寒，专归肺经，善清热解毒、消痈排脓，兼利尿而导热邪从小便出，故为君药。金荞麦苦泄平凉，善清热解毒、清肺化痰、缓通大便；四季青苦寒清泻，善清热解毒，治肺热咳嗽。两药相合，可增君药清肺化痰止咳之功，故为臣药。麻黄辛温发散，善宣散肺气、止咳平喘；前胡苦降辛散微寒，善宣散风热、降气化痰；紫菀苦辛温润，善润肺下气、化痰止咳；枳壳苦辛降微寒，善理气宽中、行滞消积。四药合用，既助君臣药化痰止咳之功，又可遏制其寒凉太过，还能宣降肺气、润肺止咳，共为佐药。甘草甘平，既润肺止咳，又调和诸药，故为使药。全方配伍，苦寒清泻与辛散宣降兼用，共奏清热化痰、宣肺止咳之功，故善治外感风热所致的咳嗽，症见发热、恶寒、胸膈满闷、咳嗽咽痛；急性支气管炎、慢性支气管炎急性发作见上述证候者用之亦佳。

【用法用量】口服，一次 20~30 mL，每日 3~4 次；儿童 1 岁以内一次 5 mL，1~3 岁一次 7 mL，4~7 岁一次 10 mL，8 岁以上一次 15 mL，每日 3~4 次。

【注意事项】孕妇及寒证慎用。因其含麻黄，故运动员及心脏病、高血压患者慎用。服药期间，忌食辛辣、生冷、油腻食物，忌吸烟饮酒。

强力枇杷露

【药物组成】枇杷叶、百部、桑白皮、白前、桔梗、罂粟壳、薄荷脑。

【功能主治】养阴敛肺，止咳祛痰。用于支气管炎咳嗽。

【方解】方中枇杷叶苦降泄而微寒，主清降消痰，善清肺降气、化痰止咳，治痰热咳嗽，无论新久、外感内伤均宜，故为君药。百部甘润苦降而平，善润肺下气止咳；桑白皮甘寒清泻，善清肺热、平咳喘；白前苦辛微温，善降气化痰止咳；桔梗苦泄辛散而平，善宣肺祛痰止咳。四药配伍，可助君药清泻肺热、化痰止咳，又润肺护金，使宣降而不伤肺，寒凉而不太过，故共为臣药。罂粟壳酸涩性平，功善收敛肺气，强力止咳；薄荷脑芳香清散，善祛风利咽，共为佐使药。全方配伍，苦降寒清酸敛，共奏清热化痰、敛肺止咳之功，故善治痰热伤肺所致的咳嗽经久不愈、痰少而黄或干咳无痰；急慢性支气管炎见上述证候者用之亦佳。

【用法用量】口服，一次 15 mL，每日 3 次。

【注意事项】因其含罂粟壳，故孕妇禁用，不可过量或久用。外感咳嗽及痰浊壅盛者慎用。服药期间，忌食辛辣厚味食物。

川贝止咳露

【药物组成】川贝母、枇杷叶、前胡、百部、桔梗、桑白皮、薄荷脑。

【功能主治】止嗽祛痰。用于肺热咳嗽，痰多色黄。

【方解】方中川贝母苦泄甘润微寒，善清热润肺、化痰止咳，为治咳嗽之要药，故为君药。枇杷叶苦泄降而微寒，善清热下气、化痰止咳；前胡苦降辛散微寒，善降气化痰、宣散风热；百部甘润苦平，善润肺止咳。三药合用，可增君药清泻肺热、润肺止咳之功，又宣散风热，故为臣药。桔梗苦泄辛散性平，善宣肺祛痰、利咽止咳；桑白皮甘寒清泻，善泻肺平喘；薄荷脑辛散性凉，善疏散风热而利咽。三药合用，助君臣药清宣肺气、祛痰止嗽，故为佐使药。全方配伍，疏清宣降，共奏止嗽祛痰之功，故善治风热咳嗽，痰多上气或燥咳。

【用法用量】口服，一次 15 mL，每日 3 次。

【注意事项】风寒咳嗽者慎用。服药期间，忌烟、酒及辛辣食物。

润肺止咳剂主要具有润肺、止咳等作用。主治燥邪犯肺所致的咳嗽，症见咳嗽、痰少、不易咯出，或痰中带血、胸闷等。

养阴清肺膏（糖浆、口服液、丸）

【药物组成】地黄、麦冬、玄参、白芍、甘草、牡丹皮、川贝母、薄荷。

【功能主治】养阴润燥，清肺利咽，用于阴虚肺燥，咽喉干痛，干咳少痰或痰中带血。

【方解】方中地黄甘苦寒润，善养阴生津、清热凉血，滋养少阴本质之不足，"乃补肾家之要药，益阴血之上品"（《本草经疏》），故为君药。麦冬甘寒养阴，苦寒清热，既养肺阴，又清肺热；玄参苦甘咸寒，善清热凉血、滋阴润燥、解毒散结而利咽；白芍甘补酸收微寒，善敛阴泄热；甘草甘补平缓，补中益气，与白芍相配，能酸甘化阴，助君药以生阴液。四药合用，既助君药养阴清肺，又能凉血利咽，故共为臣药。牡丹皮苦泄辛散微寒，善凉血清热、活血止痛；川贝母苦泄甘润微寒，善清热润肺、化痰止咳、散结消肿。两药相合，既助君臣药清肺利咽，又凉血活血止痛，故为佐药。薄荷辛凉，轻清上浮，既清利头目与咽喉，又载药上行，故为使药。全方配伍，甘寒养润清泻，共奏养阴润燥、清肺利咽之功，故善治阴虚肺燥所致的咳嗽、咽痛，症见咽喉干痛、干咳少痰，或痰中带血。

【用法用量】口服，一次 10～20 mL，每日 2～3 次。

【注意事项】脾虚便溏、痰多浊盛咳嗽者慎用。孕妇慎用。服药期间，忌食辛辣、生冷、油腻食物。

二母宁嗽丸

【药物组成】知母、川贝母、石膏、黄芩、栀子（炒）、桑白皮（蜜炙）、瓜蒌子（炒）、陈皮、枳实（麸炒）、茯苓、五味子（蒸）、炙甘草。

【功能主治】清肺润燥，化痰止咳，用于燥热蕴肺所致的咳嗽、痰黄而黏不易咳出、胸闷气促、久咳不止、声哑喉痛。

【方解】方中知母苦甘性寒，善清热泻火、滋阴润燥；川贝母苦泄甘润微寒，善清热润肺、化痰止咳；两药配伍，相得益彰，善清肺润燥、化痰止咳，故共为君药。石膏辛甘大寒清泻、黄芩苦寒清泻，均善清泻肺热；炒栀子苦寒清利，既清泻肺热，又利小便；蜜桑白皮寒清泻，善泻肺热而平喘；炒瓜蒌子甘寒清润，善清热化痰、润燥滑肠；五药合用，既助君药清肺润燥、化痰止咳，又清利二便，以利于肺热的清除，故共为臣药。陈皮苦降辛温，善理气宽中、燥湿化痰；炒枳实苦降辛散微寒，善破气化痰除痞；茯苓甘平淡渗，善健脾渗湿，以绝生痰之源；蒸五味子酸温，善滋肾敛肺止咳。四药合用，散中有敛，既理气健脾化痰，又滋肾敛肺止咳，故共为佐药。炙甘草甘平偏温，既润肺止咳，又调和诸药，故为使药。全方配伍，甘润寒清，共奏清肺润燥、化痰止咳之功，故善治燥热蕴肺所致的咳嗽，症见痰黄而黏不易咳出、胸闷气促、久咳不止、声哑喉痛。

【用法用量】大蜜丸口服，一次 1 丸，每日 2 次。

【注意事项】风寒咳嗽者慎用。服药期间，忌食辛辣以及牛肉、羊肉、鱼等食物。

蜜炼川贝枇杷膏

【药物组成】川贝母、枇杷叶、陈皮、水半夏、苦杏仁、款冬花、北沙参、五味子、桔梗、薄荷脑。

【功能主治】清热润肺，止咳平喘，理气化痰，用于肺燥之咳嗽、痰多、胸闷、咽喉痛痒、声音沙哑。

【方解】方中川贝母苦泄甘润，微寒清热，既清热化痰，又润燥止咳，善治肺热咳；枇杷叶苦降泄而微寒，善清肺化痰、降气止咳。两药同用，清中有润，既清热润肺，又化痰止咳，恰中病机，故共为君药。陈皮辛散苦降，温和不峻，善燥湿化痰、理气健脾；水半夏辛温有毒，具燥湿化痰、止咳之功。两药相须为用，燥湿化痰功著，以助君药化痰止咳，故共为臣药。杏仁苦微温润降，善止咳平喘；款冬花辛温润，善润肺下气、化痰止咳；北沙参甘润微寒，善清肺养阴；五味子酸润温补，善滋肾敛肺止咳。四药相配，既助君臣药润肺、化痰止咳，又制陈皮、水半夏温燥之性，故共为佐药。桔梗苦泄辛散而平，专入肺经，善宣肺祛痰、利咽止咳、引药上行；薄荷脑辛香凉散，善祛风利咽。两药合用，既增君臣药化痰止咳之功，又利咽、引药上行，故为使药。全方配伍，寒清清养与温散燥化并用，共奏清热润肺、化痰止咳之功，故善治燥热伤肺所致的咳嗽、痰黄而黏、胸闷、咽喉疼痛或痒、声音嘶哑。

【用法用量】口服，一次 22 g（约一汤匙），每日 3 次。

【注意事项】外感风寒咳嗽者慎用。服药期间忌食辛辣食物。

四、发表化饮平喘剂

发表化饮平喘剂主要具有解表化饮、止咳平喘等作用，主治外感表邪、痰饮阻肺所致的咳嗽、喘证，症见恶寒发热、喘咳痰稀等。

小青龙胶囊（合剂、颗粒、糖浆）

【药物组成】麻黄、桂枝、细辛、干姜、五味子、白芍、法半夏、甘草（炙）。

【功能主治】解表化饮，止咳平喘，用于风寒水饮、恶寒发热、无汗、喘咳痰稀。

【方解】方中麻黄辛温宣散，微苦降逆，善发汗解表、宣肺止咳平喘；桂枝辛甘温煦，善发表散寒、温阳化饮。两药合用，善解表散寒化饮、宣肺止咳平喘，共为君药。细辛辛温发散，善解表散寒、温肺化饮；干姜辛散温通，善散寒、温肺化饮。两药合用，助君药解表散寒、温化痰饮，故为臣药。肺气逆甚，纯用辛温发散之品，恐耗伤肺气，须防温燥伤津，故用五味子酸涩收敛，以敛肺止咳；白芍酸甘微寒，善养血敛阴；又投辛温之法半夏，其功善燥湿化痰、和胃降逆，以助君臣药化寒饮，故此三药共为佐药。炙甘草甘平，既益气和中，又调和诸药，故为使药。全方配伍，主辛散温化，兼酸甘收敛，共奏解表化饮、止咳平喘之功，故善治风寒水饮所致的恶寒发热、无汗、喘咳痰稀。

【用法用量】开水冲服，一次 6 g（无蔗糖），每日 3 次。合剂口服，一次 10 ~ 20 mL，每日 3 次，用时摇匀。颗粒开水冲服，一次 13 g，每日 3 次。糖浆口服，一次 15 ~ 20 mL，每日 3 次。

【注意事项】孕妇、内热咳嗽及虚喘者慎用。因其含麻黄，故高血压、青光眼者慎用。服药期间，忌食辛辣、生冷、油腻食物。

桂龙咳喘宁胶囊

【药物组成】桂枝、龙骨、白芍、苦杏仁（炒）、瓜蒌皮、法半夏、生姜、大枣、牡蛎、黄连、炙甘草。

【功能主治】止咳化痰，降气平喘，用于外感风寒、痰湿阻肺引起的咳嗽、气喘、痰涎壅盛等证；及急、慢性支气管炎见上述证候者。

【方解】方中桂枝辛温发散，甘温助阳，善发表散寒；龙骨甘涩微寒，镇降敛纳，《本经》谓其"主咳逆"，《医学衷中参西录》谓其"善利痰，治肺中痰饮咳嗽，咳逆上气"；两药同用，外散风寒而利肺气宣发，内除痰饮、降逆气而止咳平喘，故为君药。白芍甘酸微寒，益营敛阴，合桂枝调和营卫；炒苦杏仁苦微温润降，善降气止咳平喘；瓜蒌皮甘寒清化散利，善涤痰利气宽胸；法半夏辛温燥散有毒，善降气燥湿化痰，治痰饮咳喘气逆。四药同用，寒温相制，既助君药调和营卫，又助君药除痰湿、降逆气、止咳喘，故为臣药。生姜辛温发散，善解表散寒、祛湿消痰止咳；大枣甘温补虚，配生姜既助桂、芍调和营卫，又助君臣药祛湿消痰；牡蛎微寒质重，《名医别录》谓其治"咳嗽"，既助龙骨降气而止咳喘，又益阴敛肺而防桂、夏燥太过；黄连苦寒清燥，既善燥除湿邪，又佐制桂、夏之温性。四药相合，共为佐药。炙甘草甘润和缓，平而偏温，既润肺止咳，又调和诸药，故为使药。全方配伍，辛温燥散，镇降敛纳，清化相制，共奏化痰止咳、降气平喘之功，故善治外感风寒、痰湿内阻所致的咳嗽、气喘、痰涎壅盛，或兼营卫不和所致的恶风、微发热、汗出、头痛等；急慢性支气管炎见上述证候者也可酌选。

【用法用量】口服，一次 5 粒，每日 3 次。

【注意事项】孕妇、外感风寒者慎用。服药期间，戒烟忌酒，忌食油腻、生冷食物。

五、泄热平喘剂

泄热平喘剂主要具有清肺泄热、降逆平喘等作用，主治肺热喘息，症见发热、咳嗽、气喘、咯痰黄稠等。

止嗽定喘口服液

【药物组成】麻黄、石膏、苦杏仁、甘草。

【功能主治】辛凉宣泄，清肺平喘，用于表寒里热、身热口渴、咳嗽痰盛、喘促气逆、胸膈满闷，及急性支气管炎见上述证候者。

【方解】方中麻黄辛散微苦而温，善解表散寒、宣肺平喘，取"火郁发之"之义，以外泄邪热，故为君药。石膏辛甘大寒，善清泻肺热；麻黄得石膏宣肺而不助热，石膏得麻黄清肺而不留邪，故为臣药。杏仁苦降微温，善降气止咳平喘，助君药宣肺降气以止咳平喘，故为佐药。甘草甘平，善益气和中、调和诸药，故为使药。全方配伍，辛散寒清，宣降并用，共奏辛凉宣泄、清肺平喘之功，故善治表寒里热所致的身热口渴、咳嗽痰盛、喘促气逆、胸膈满闷；急性支气管炎见上述证候者用之亦佳。

【用法用量】口服。一次 10 mL，每日 2～3 次，儿童酌减。

【注意事项】孕妇、阴虚久咳者慎用。服药期间，忌食辛辣油腻食物。因含有麻黄，故青光眼、高血压病、心脏病患者慎用。

六、化痰平喘剂

化痰平喘剂主要有化痰、平喘等作用，主治痰浊阻肺所致的喘促、症见喘促、气逆、咯痰黄稠等。

降气定喘丸

【药物组成】麻黄、葶苈子、桑白皮、紫苏子、白芥子、陈皮。

【功能主治】降气定喘，除痰止咳，用于慢性支气管炎、支气管哮喘、咳嗽气促等证。

【方解】方中麻黄辛温宣散，善散寒宣肺平喘，故为君药。葶苈子辛寒苦降，善泻肺消痰平喘；桑白皮甘寒性降，善清泻肺热、平定咳喘；紫苏子辛温性降，善降气消痰、止咳平喘。三药合用，既助君药降气定喘，又祛痰止咳，故为臣药。白芥子辛散温通，善温肺化痰、利气散结；陈皮辛散苦燥而温，善燥湿理气化痰。两药合用，可助臣药祛痰利气，故为佐药。全方配伍，温清并施，共奏降气平喘、祛痰止咳之功，故善治痰浊阻肺所致的咳嗽痰多、气逆喘促；慢性支气管炎、支气管哮喘见上述证候者用之亦佳。

【用法用量】开水送服，一次 7 g，每日 2 次。

【注意事项】孕妇禁用。虚喘、年老体弱者慎用。因其含有麻黄，故青光眼、高血压、心脏病患者慎用。服药期间，忌食辛辣、生冷、油腻食物。

蠲哮片

【药物组成】葶苈子、黄荆子、青皮、陈皮、大黄、槟榔、生姜。

【功能主治】泻肺除壅，涤痰去瘀，利气平喘，用于支气管哮喘急性发作期热哮痰瘀伏肺之证，症见气粗痰壅、痰鸣如吼、咳呛阵作、痰黄稠厚。

【方解】方中葶苈子辛寒苦降，善泻肺平喘、消痰除壅，故为君药。黄荆子辛散苦降温通，善祛痰止咳平喘；青皮苦降辛散而温，善破气散结、消积化滞；陈皮辛散苦燥而温，善理气燥湿化痰。三药合用，助君药泻肺除壅、涤痰平喘，故共为臣药。大黄苦寒沉降，善利腑气、行瘀滞；槟榔苦降辛散而温，善消滞通便、下气除湿；如此，腑气通，壅气散，瘀滞消，则利于肺气宣降、咳喘平息，故共为佐药。生姜辛散微温，既温肺止咳、温胃和中，又防君药葶苈、大黄苦寒伤胃，故为使药。全方配伍，苦温并用，清降泄散，共奏泻肺除壅、涤痰祛瘀、利气平喘之功，故善治痰瘀伏肺所致的热哮，症见气粗痰涌、痰鸣如吼、咳呛阵作、痰黄稠厚；支气管哮喘急性发作期见上述证候者用之亦佳。

【用法用量】口服，次8片，每日3次，饭后服用，7日为1个疗程。

【注意事项】孕妇及久病体虚、脾胃虚弱、便溏者禁用。服药后如出现大便溏稀、轻度腹痛属正常现象，可继续用药或减少用量。服药期间忌食辛辣、生冷、油腻食物。

七、补肺平喘剂

补肺平喘剂主要具有补益肺气、敛肺平喘等作用，主治肺虚所致的喘促，症见喘促、气短、语声低微、自汗、神疲乏力等。

人参保肺丸

【药物组成】人参、五味子（醋炙）、罂粟壳、川贝母、苦杏仁（去皮炒）、麻黄、生石膏、玄参、枳实、砂仁、陈皮、甘草。

【功能主治】益气补肺，止嗽定喘。用于肺气虚弱，津液亏损引起的虚劳久嗽、气短喘促等证。

【方解】方中人参甘微苦微温，善大补元气、补肺脾气，为虚劳内伤第一要药，故为君药。醋五味子酸温补敛，善滋肾敛肺，治久咳虚喘；罂粟壳酸涩性平有毒，善敛肺止咳；川贝母苦泄甘润微寒，善清热化痰、润肺止咳，善治虚劳咳嗽；炒苦杏仁苦降微温，善降气止咳平喘。四药合用，既助君药益气补肺，又能化痰止咳平喘，故为臣药。麻黄辛散微苦而温，善宣肺平喘；生石膏辛甘大寒，既善清热，又可制约麻黄温燥之性；玄参苦甘咸寒，善清热养阴；枳实苦泄辛散微寒，善破气消积化痰；砂仁辛散温通，善理气开胃健脾；陈皮辛散苦燥而温，善理气化痰健脾。六药同用，寒温同施，润燥同投，调畅气机，宽胸消痰，故为佐药。甘草甘补性平，既补中益气，以助人参益肺脾之气；又润肺化痰止咳，以助臣佐药化痰止咳；又可调和诸药，故为使药。全方配伍，甘补酸敛，寒温并用，既益气补肺以固本，又化痰理气以治标，更能敛肺止嗽定喘，故善治肺气亏虚、肺失宣降所致的虚劳久嗽、气短喘促。

【用法用量】口服。一次2丸，每日2~3次。

【注意事项】外感或实热咳嗽、原发性高血压和心脏病患者慎用。因含有罂粟壳与麻黄，故不宜过量或久用，原发性高血压、心脏病、青光眼都慎用。

八、纳气平喘剂

纳气平喘剂主要具有补肾纳气、固本平喘等作用，主治肾不纳气所致的喘促，症见喘促日久、气短、动则喘甚、呼多吸少、喘声低弱、气不得续、汗出肢冷、浮肿等。

苏子降气丸

【药物组成】紫苏子（炒）、姜半夏、厚朴、前胡、陈皮、沉香、甘草、当归。

【功能主治】降气化痰，温肾纳气。用于上盛下虚、气逆痰壅所致的咳嗽喘息、胸膈痞塞。

【方解】方中炒紫苏子辛温润降，善降气化痰、止咳平喘，故为君药。姜半夏辛散温燥，善燥湿化痰、降逆止呕；厚朴苦燥泄降，辛散温通，善下气平喘、宽胸除满；前胡辛散苦泄微寒，善降气化痰，并兼宣肺；陈皮辛散苦燥而温，善理气化痰。四药合用，既助君药降气化痰，又止咳平喘，故为臣药。沉香辛香温散，苦降下行，善行气降逆、温肾纳气；当归甘补辛行温通，既养血补肝而温养下虚，又"主咳逆上气"；两药相合，既助君臣药降气化痰止咳，又温肾纳气平喘，故共为佐药。甘草甘平，善润肺止咳，又调和诸药，故为使药。全方配伍，上下兼顾以治上为主，共奏降气化痰、温肾纳气之功，治上盛下虚、气逆痰壅所致的咳嗽喘息、胸膈满闷。

【用法用量】口服。一次6g，每日1~2次。

【注意事项】阴虚、舌红无苔者忌服。外感痰热咳喘及孕妇慎用。服药期间，忌食生冷、油腻食物，忌烟酒。

七味都气丸

【药物组成】熟地黄、五味子（醋炙）、山茱萸（制）、山药、茯苓、泽泻、牡丹皮。

【功能主治】补肾纳气，涩精止遗，用于肾虚不能纳气之喘促，或久咳而咽干气短，遗精盗汗，小便频数。

【方解】方中熟地黄甘温柔润，善滋肾阴、益精血；醋五味子酸敛甘补而温，能滋肾敛肺、涩精止遗。两药相伍，善补肾纳气、涩精止遗，故共为君药。制山茱萸酸甘微温，善补益肝肾、收敛固涩；山药甘平兼涩，善滋阴益气、收敛固涩。两药合用，助君药补肾纳气，又收敛固涩而治正虚滑脱，故共为臣药。茯苓甘淡性平，善健脾渗湿，以助山药益脾；泽泻甘淡性寒，善利水渗湿，又防地黄之滋腻；牡丹皮辛苦微寒，善清热，可制山茱萸之温，故共为佐使药。全方配伍，甘补酸敛，共奏补肾纳气、涩精止遗之功，故善治肾不纳气所致的喘促、胸闷、久咳、气短、咽干、遗精、盗汗、小便频数。

【用法用量】口服，一次9g，每日2次。

【注意事项】外感咳喘者忌用。服药期间，宜食清淡易消化食物，忌食辛辣食物。

固本咳喘片

【药物组成】党参、白术（麸炒）、茯苓、补骨脂（盐炒）、麦冬、五味子（醋制）、甘草（炙）。

【功能主治】益气固表，健脾补肾。用于脾虚痰盛、肾气不固所致的咳嗽、痰多、喘息气促、动则喘剧，及慢性支气管炎见上述证候者。

【方解】方中党参甘补性平，主归脾、肺经，善补中益气以促脾运，培土生金以益肺固表，故为君药。炒白术甘温苦燥，善益气固表、健脾燥湿；茯苓甘补淡渗而平，善健脾渗湿；盐补骨脂苦辛温燥，善温肾助阳、纳气平喘。三药合用，既助君药健脾益气固表，又补肾纳气、燥除痰湿，故为臣药。麦冬甘微苦微寒，善养阴润肺；醋五味子酸敛甘补而温，善敛肺止咳、滋肾养阴。两药合用，既助君臣药补肾纳气，又养阴生津而制白术、补骨脂之温燥，故共为佐药。炙甘草甘平偏温，既补脾益气、润肺止咳，又调和诸药，故为使药。全方配伍，甘补淡渗涩敛，"肺、脾、肾"三脏同治，共奏益气固表、健脾补肾之功，故善治脾虚痰盛、肾气不固所致的咳嗽、痰多、喘息气促、动则喘剧；慢性支气管炎、肺气肿、支气管哮喘见上述证候者用之亦佳。

【用法用量】 口服，一次3片，每日3次。

【注意事项】 外感咳嗽慎用。慢性支气管炎和支气管哮喘急性发作期慎用。服药期间，忌食辛辣食物。

蛤蚧定喘丸

【药物组成】 蛤蚧、百合、紫苏子（炒）、苦杏仁（炒）、紫菀、瓜蒌子、麻黄、鳖甲（醋制）、麦冬、黄芩、黄连、石膏、石膏（煅）、甘草。

【功能主治】 滋阴清肺，止咳定喘。用于虚劳久咳，年老哮喘，气短发热，胸满郁闷，自汗盗汗，不思饮食。

【方解】 方中蛤蚧咸平，血肉有情，善补肾益肺、助阳益精、纳气平喘；百合甘微寒清润，善滋阴润肺，兼清肺热。两药相合，善滋阴清肺、纳气平喘，故共为君药。炒紫苏子辛温而润，善降气化痰、止咳平喘、润肠通便；炒苦杏仁苦降微温而润，善降气止咳平喘、润肠通便；紫菀辛苦性温，善润肺下气、化痰止咳；瓜蒌子甘润性寒，善润肺化痰、润肠通便；麻黄辛温发散，善宣肺平喘；醋鳖甲甘咸而寒，善滋肾阴、退虚热、除骨蒸；麦冬甘微苦微寒，善清热养阴、润肺生津。七药同用，既助君药滋阴清肺、止咳平喘，又可养阴润燥退热，故共为臣药。黄芩、黄连苦寒清泻，善清泻上中焦火热；石膏辛甘大寒，善清肺热；煅石膏辛涩微寒，既涩敛，又清热。四药同用，可增君臣药清肺之功，而生熟石膏同用，既清肺泄热，又防寒清太过，故共为佐药。甘草甘平，既润肺清热止咳，又调和诸药，故为使药。全方配伍，甘润苦泄同施，共奏滋阴清肺、止咳平喘之功，故善治肺肾两虚、阴虚肺热所致的喘证、咳嗽，症见虚劳咳喘、胸满郁闷、自汗盗汗。

【用法用量】 口服，水蜜丸一次5~6g，小蜜丸一次9g，大蜜丸一次1丸，每日2次。

【注意事项】 孕妇及咳嗽新发者慎用。服药期间忌食辛辣、生冷、油腻食物。本品含麻黄，故原发性高血压、心脏病、青光眼患者慎用。

第十一节　消导剂

凡以消食健脾或化积导滞，治疗食积停滞证为主要作用的中药制剂，称为消导剂。消导剂具有消食健脾或化积导滞作用，主要适用于饮食停滞所致的脘腹胀闷、嗳气吞酸、恶心呕吐、大便失常、消化不良等。根据功效和适用范围，消导剂又可分为消积导滞剂和健脾消食剂两种。

一、消积导滞剂

消积导滞剂主要具有消食、化积、和胃作用。主治饮食积滞所致的胸脘痞闷、嗳腐吞酸、恶食、呕逆、腹痛、泄泻等。

保和丸

【药物组成】 山楂（焦）、六神曲（炒）、莱菔子（炒）、麦芽（炒）、半夏（制）、陈皮、茯苓、连翘。

【功能主治】消食、导滞、和胃，用于食积停滞，脘腹胀满，嗳腐吞酸，不欲饮食。

【方解】方中焦山楂酸甘温通，能消一切饮食积滞，尤善消肉食油腻之积，故为君药。炒六神曲甘温辛散，主消食积，兼行气滞，善消谷积；炒莱菔子辛甘消散性平，善消食下气除胀，药力颇强；炒麦芽甘平，主消食健胃，兼疏肝，尤善消米面薯蓣类食积。三药合用，既助君药消积导滞，又能理气除胀和胃，故共为臣药。制半夏辛温燥散，善燥湿、降逆止呕；陈皮辛苦温燥，善燥湿健脾、行气和胃；茯苓甘补淡渗，善利湿健脾止泻；连翘苦寒清泻，善清热散结、止呕。四药相合，既祛湿健脾、理气和中，以助君臣药之药力，又止呕、去积滞之热，故共为佐药。全方配伍，消散健运，共奏消食、导滞、和胃之功，故善治食积停滞所致的脘腹胀满、嗳腐吞酸、不欲饮食。

【用法用量】口服。每次1~2丸，每日2次；小儿酌减。

【注意事项】服药期间，宜进清淡易消化饮食，忌暴饮暴食及食油腻食物。

枳实导滞丸

【药物组成】大黄、枳实（炒）、六神曲（炒）、黄芩、黄连（姜汁炙）、茯苓、白术（炒）、泽泻。

【功能主治】消积导滞，清利湿热，用于饮食积滞、湿热内阻所致的脘腹胀痛、不思饮食、大便秘结、痢疾里急后重。

【方解】方中大黄苦寒沉降，清泻通利，善泄热通肠、攻积导滞，使积热从大便而下，恰中病机，故为君药。炒枳实苦降辛散微寒，善破气消积导滞，治积滞脘腹胀满；炒六神曲甘温辛散，主消食积，兼行滞气，善消谷积；黄芩苦寒清泻而燥，善清热燥湿、泻火解毒；姜黄连苦寒清泻而燥，善清热燥湿、泻火解毒，为治湿热泻痢之要药，姜汁炒后又兼止呕之功。四药相合，既助君药泻热、消积导滞，又理气、清除湿热，共为臣药。茯苓甘淡而平，善健脾渗湿；炒白术甘苦温燥，善健脾燥湿利水；泽泻甘寒清利，善泄热利湿。三药合用，既渗利水湿、使湿热从小便而出，又能健脾和中、以复脾胃之运化，故共为佐药。全方配伍，消导清利，共奏消积导滞、清热利湿之功，故善治饮食积滞、湿热内阻所致的脘腹胀痛、不思饮食、大便秘结，以及痢疾里急后重。

【用法用量】口服，一次6~9 g，每日2次。

【注意事项】虚寒痢疾者慎用。孕妇慎用。久病正虚、年老体弱宜慎用。饮食宜清淡，忌辛辣刺激食物，忌暴饮暴食及偏食。

六味安消散（胶囊）

【药物组成】碱花、大黄、北寒水石（煅）、山奈、藏木香、诃子。

【功能主治】和胃健脾，导滞消积，活血止痛，用于脾胃不和、积滞内停所致的胃痛胀满、消化不良，便秘，痛经。

【方解】方中碱花咸而平，能消食、通便、化瘀，治消化不良、便秘，故为君药。大黄苦酸而凉，善缓泻、消食，治便秘、积食，故为臣药。煅北寒水石辛平，消食，治胃脘痛；山奈味辛苦性热，温中、化瘀，治消化不良、妇女血瘀、痛经；故共为佐药。藏木香祛"巴达干"热、消食；诃子调理体素，故共为使药。诸药相合，共奏和胃健脾、消积导滞、活血止痛之功，故善治脾胃不和、积滞内停所致的胃痛胀满、消化不良、便秘、痛经。

【用法用量】口服，一次1.5~3 g，每日2~3次。

【注意事项】孕妇忌服。脾胃虚寒的胃痛、便秘及热结血瘀痛经者慎用。妇女月经期、妊娠期慎用。服药期间，饮食宜清淡，忌食辛辣刺激食物，戒烟酒。

二、健脾消食剂

健脾消食剂主要有健脾、和胃、消食化积作用，主治脾胃虚滞所致的脘胀痞满，不思饮食、面黄、体瘦、倦怠乏力、大便溏稀等。

开胃健脾丸

【药物组成】白术、党参、茯苓、山药、六神曲（炒）、炒麦芽、山楂、木香、砂仁、陈皮、黄连、肉豆蔻（煨）、甘草（炙）。

【功能主治】健脾和胃，用于脾胃虚弱、中气不和所致的泄泻、痞满，症见食欲不振、嗳气吞酸、腹胀泄泻，及消化不良见上述证候者。

【方解】方中白术甘苦性温，既补气健脾，又燥湿止泻；党参甘平，善补气健脾。两药合用，补中气、健脾胃、止泻功著，故为君药。茯苓甘淡渗利，善健脾渗湿止泻；山药甘平，善补脾益气、涩肠止泻；炒六神曲甘辛温，善消食和中，兼行气；炒麦芽甘平，善消食和中，兼益脾养胃；山楂酸甘微温，善消食化积。五药合用，既助君药健脾止泻，又消食和中，故为臣药。木香、砂仁辛香行散，善行气除湿、健脾开胃；陈皮辛苦温散，善行气燥湿健脾；煨肉豆蔻辛行涩温，善温中行气、涩肠止泻。四药合用，能行气健脾、开胃和中，既增君臣药健脾和中之功，又使其补而不滞。又有黄连苦燥寒清，善清热燥湿，一则清大肠积热，二则防诸药温燥太过。故上五药为佐药。炙甘草甘平偏温，既补中益气，又调和诸药，故为使药。全方配伍，补消合用，共奏健脾和胃之功，故善治脾胃气虚之泄泻、痞满，症见食欲不振、嗳气吞酸、腹胀泄泻；以及消化不良见上述证候者。

【用法用量】口服，一次 6~9 g，每日 2 次。

【注意事项】湿热痞满、泄泻者不宜使用。忌食生冷、油腻、不易消化食物。

第十二节　温里剂

凡以温里祛寒，治疗寒邪所致的各种里寒病证为主要作用的中药制剂，称为温里剂。温里剂主要具有温里祛寒之功，兼有回阳的作用，适用于里寒证，如脾胃虚寒、寒凝气滞或亡阳欲脱等病证。温里剂按功效与适用范围可以分为温中散寒剂和回阳救逆剂等。

一、温中散寒剂

温中散寒剂主要具有温中散寒、健脾益气、温胃理气、温中和胃等作用，主治脾胃虚寒所致的腹痛、呕吐，症见脘胀冷痛、肢体倦怠、手足不温，或腹痛、下利、恶心呕吐、舌苔白滑、脉沉细或沉迟等。亦用于寒凝气滞所致的胃脘胀痛、吐酸，以及胃阳不足、湿阻气滞所致的胃痛、痞满等。

理中丸（党参理中丸）

【药物组成】干姜（炮）、党参、白术（土炒）、甘草（炙）。

【功能主治】温中散寒、健胃，用于脾胃虚寒、呕吐泄泻、胸满腹痛，及消化不良见上述证候者。

【方解】方中炮干姜苦辛温散，微涩兼收，归脾、胃经，既善温中祛寒以治本，又能止泻、止痛以治标，故为君药。党参甘补性平，善补气健脾，培补后天之本，以助君药振奋脾阳而祛寒健胃，故为臣药。土炒白术辛温苦燥，善益气健脾、燥湿利水，可助君臣药燥除湿、复脾运、升清阳、降浊阴，故为佐药。炙甘草甘平偏温，善补脾益气、缓急止痛，兼调和诸药，故为使药。全方配伍，辛热祛寒，甘温补中，共奏温中祛寒、健胃之功，故治脾胃虚寒所致的呕吐泄泻、胸满腹痛、消化不良。

【用法用量】口服，一次 8 丸，每日 3 次。

【注意事项】湿热中阻所致的胃痛、呕吐、泄泻者忌服。忌食生冷油腻，不宜消化食物。

小建中合剂

【药物组成】饴糖、桂枝、白芍、生姜、大枣、甘草（炙）。

【功能主治】温中补虚，缓急止痛，用于脾胃虚寒、脘腹疼痛、喜温喜按、嘈杂吞酸、食少，及胃和十二指肠溃疡见上述证候者。

【方解】方中饴糖甘温质润，既善温中补虚、润燥，又可缓急止痛，故为君药。桂枝辛甘温热，温阳散寒，合饴糖辛甘化阳以建中阳之气；白芍甘补酸敛微寒，养血敛阴，既合饴糖酸甘阴以助阴血之虚，又协桂枝调和营卫。两药合用，助君药调和阴阳，故为臣药。生姜辛微温而散寒，佐桂枝以温中；大枣甘温而补中益气，佐白芍以养血。两药合用，辛甘健脾益胃，升腾中焦生发之气，故为佐药。炙甘草甘平偏温，既补中益气，以助饴、桂益气温中；又能和缓，合饴、芍则益脾养肝、缓急止痛；还兼调和诸药，故为使药。全方配伍，辛甘化阳，酸甘化阴，共奏温中补虚、缓急止痛之功，故善治脾胃虚寒所致的脘腹疼痛、喜温喜按、嘈杂吞酸、食少，以及胃及十二指肠溃疡见上述证候者。

【用法用量】口服，一次 20 ~ 30 mL，每日 3 次，用时摇匀。

【注意事项】阴虚内热胃痛者忌用。

良附丸

【药物组成】高良姜、香附（醋制）。

【功能主治】温胃理气。用于寒凝气滞，脘痛吐酸，胸腹胀满。

【方解】方中高良姜辛散温通，善温中散寒止痛，故为君药。醋制香附辛散苦降，微甘能和，性平不偏，醋制后善行气止痛、疏肝解郁，故为臣药。两药合用，辛温行散，共奏温胃理气之功，故善治寒凝气滞所致的脘痛吐酸、胸腹胀满等。

【用法用量】口服，一次 3 ~ 6 g，每日 2 次。

【注意事项】胃热及湿热中阻胃痛者慎用。

香砂养胃颗粒（丸）

【药物组成】白术、木香、砂仁、豆蔻（去壳）、广藿香、陈皮、厚朴（姜制）、香附（醋制）、茯苓、枳实（炒）、半夏（姜制）、生姜、甘草、大枣。

【功能主治】温中和胃，用于胃阳不足、湿阻气滞所致的胃痛、痞满，症见胃痛隐隐、脘闷不舒、呕吐酸水、嘈杂不适、不思饮食、四肢倦怠。

【方解】方中白术甘温苦燥，善补中益气、健脾燥湿；木香辛行苦泄温通，善行气止痛、健脾消食；砂仁辛散温通，善温中化湿、行气止痛。三药合用，善温中散寒、和胃止痛，故共为君药。豆蔻辛温芳香，善健脾消食、温中止呕；广藿香辛散温运，善化湿运脾止呕；陈皮辛散苦降性温，善理气健脾燥湿；姜厚朴苦泄辛散温燥，善理气和中、燥湿除积；香附辛散苦降，微甘性平，醋制后善行气止痛、疏肝解郁。五药同用，既助君药温中止痛，又可理气疏肝，故为臣药。茯苓甘补淡渗性平，善健脾利湿；炒枳实辛散苦泄微寒，善破气消积；姜半夏辛散温燥，善燥湿和胃、降逆止呕；生姜辛散微温，善温中止呕，故为佐药。甘草甘平，大枣甘温，两药既补中益气，又调和诸药，故共为使药。全方配伍，辛温苦燥，共奏温中散寒、和胃止痛之功，故善治脾阳不足、湿阻气滞所致的胃痛、痞满，症见胃痛隐隐、脘闷不舒、呕吐酸水、嘈杂不适、不思饮食、四肢倦怠。

【用法用量】开水冲服，一次 1 袋（5 g），每日 2 次。丸剂口服，一次 9 g，每日 2 次。

【注意事项】胃阴不足或湿热中阻所致痞满、胃痛、呕吐者忌用。忌食生冷、油腻及酸性食物。

附子理中丸

【药物组成】附子（制）、干姜、党参、白术（炒）、甘草。

【功能主治】温中健脾，用于脾胃虚寒、脘腹冷痛、呕吐泄泻、手足不温。

【方解】方中制附子辛热纯阳，善补火助阳、温肾暖脾、散寒止痛，故为君药。干姜辛热燥烈，善温运脾阳，以助附子温脾暖中、散寒止泻；党参甘补性平，善补中益气。两药合用，既助君药温阳，又健脾益气，故为臣药。炒白术甘补苦燥而温，善益气健脾、燥湿止泻，可助君臣药健脾，并燥湿止泻，故为佐药。甘草甘平，善益气补中、缓急止痛、调和诸药，故为使药。全方配伍，辛热散寒，甘温补虚，共奏温中健脾之功，故善治脾胃虚寒所致的脘腹冷痛、呕吐泄泻、手足不温。

【用法用量】口服。大蜜丸一次 1 丸，每日 2~3 次。

【注意事项】所含附子有毒，故不宜过量与久服。孕妇慎用。湿热泄泻者忌用。

香砂平胃丸（颗粒）

【药物组成】苍术、厚朴（姜制）、木香、砂仁、陈皮、甘草。

【功能主治】健脾，燥湿，用于胃脘胀痛。

【方解】方中苍术芳香苦温，善燥湿健脾，治脾虚湿阻所致的胸膈满闷、恶心呕吐等证，故为君药。姜厚朴苦辛温燥降散，善燥湿消痰、下气除满；木香辛温芳香化湿，善行气和胃，调脾胃气滞而止痛。两药合用，既助君药燥化湿浊，又理气和胃止痛，故为臣药。砂仁辛温芳化，善化湿行气宽中；陈皮辛香苦温，善理气燥湿化痰。两药合用，助君臣药燥化湿浊、和胃止痛，故为佐药。甘草甘平，既益气和中，又调和诸药，故为使药。全方配伍，辛温燥散，共奏理气化湿、和胃止痛之功，故善治湿浊中阻、脾胃不和所致的胃脘疼痛、胸膈满闷、恶心呕吐、纳呆食少。

【用法用量】口服，一次 6 g，每日 1~2 次。颗粒剂开水冲服，一次 1 袋（10 g），每日 2 次。

【注意事项】脾胃阴虚者忌用。服药期间，饮食宜清淡，忌生冷、油腻、煎炸食物和海鲜发物。

二、回阳救逆剂

回阳救逆剂主要具有回阳救急的作用，主治阳气衰微、阴寒内盛所致的厥脱，症见四肢厥逆、精神委靡、大汗淋漓、恶寒蜷卧、下利清谷、脉细微或脉微欲绝等。

四逆汤

【药物组成】附子（制）、干姜、甘草（炙）。

【功能主治】温中祛寒，回阳救逆，用于阳虚欲脱、冷汗自出、四肢厥逆、下利清谷、脉微欲绝。

【方解】方中制附子大辛大热，性走不守，通行十二经脉，迅达内外，善回阳救逆、破阴逐寒，故为君药。干姜辛热，守而不走，善温中散寒、回阳通脉，以助淡附片回阳救逆之功，故为臣药。炙甘草甘平偏温，既善益气安中，又解附片之毒，还缓附、姜之峻，且寓护阴之意，故为佐使药。三药合用，辛热峻补，共奏温中祛寒、回阳救逆之功，故善治阳气衰微、阴寒内盛所致的阳虚欲脱、四肢厥逆、下利清谷等。

【用法用量】口服。一次 10~20 mL，每日 3 次；或遵医嘱。

【注意事项】所含附子有毒，故不宜过量久服。孕妇禁用。湿热、阴虚、实热所致腹痛、泄泻者忌用。冠心病和心绞痛病情急重者应配合抢救措施。不宜单独用于休克，应结合其他抢救措施。

第十三节　理气剂

凡以行气、降气、治疗不同疾病所致的气滞或气逆证为主要作用的中药制剂，称为理气剂。理气剂具有行气、降气之功，适用于肝气郁结、脾胃气滞、肝气犯胃、胃气上逆、肺气上逆等引发的病证。按其功效和适用范围，理气剂又可分为理气疏肝剂和理气和中剂两种。

一、理气疏肝剂

理气疏肝剂主要具有行气、疏肝解郁、止痛作用，主治疾病所致的肝气郁滞，症见情志抑郁、善太息、胸闷、胁肋胀痛、月经不调、痛经等。

四逆散

【药物组成】柴胡、白芍、枳实（麸炒）、甘草。

【功能主治】透邪解郁，疏肝理脾，用于肝气郁结所致的胁痛、痢疾，症见脘腹胁痛、热厥手足不温、泻痢下重。

【方解】方中柴胡辛散苦泄微寒，善疏肝解郁、透热外出，故为君药。白芍酸甘微寒，善养血敛阴、柔肝止痛，助君药疏肝解郁，故为臣药。麸炒枳壳苦降辛散性平，善理气宽中、行滞消积、健脾开胃，以助君臣药疏肝理脾，故为佐药。甘草甘平，既益脾和中，又合白芍而缓急止痛，还调和诸药，故为使药。全方配伍，辛散苦泄，甘缓柔肝，共奏透解郁热、疏肝理脾之功，故善治肝气郁结之胁痛、痢疾，症见脘腹胁痛、热厥手足不温、泻痢下重。

【用法用量】口服一次 9 g，每日 2 次。

【注意事项】孕妇、肝阴亏损胁痛、寒厥所致四肢不温者慎用。服药期间，忌恼怒劳累，保持心情舒畅。

左金丸（胶囊）

【药物组成】黄连、吴茱萸。

【功能主治】泻火、疏肝、和胃、止痛，用于肝火犯胃、脘胁疼痛、口苦嘈杂、呕吐酸水、不喜热饮。

【方解】方中黄连大苦大寒，清泻而燥，清泻肝胃之火，肝火得清，自不横逆犯胃，恰中病机，故为君药。吴茱萸辛热香散，苦降而燥，善疏肝下气、燥湿制酸、止痛止呕；少量投用，既助黄连和胃止痛，又制其寒遏之弊。全方配伍，苦泄辛散，寒多热少，共奏泻火、疏肝、和胃、止痛之功，故善治肝火犯胃之脘胁疼痛、口苦嘈杂、呕吐酸水、不喜热饮。

【用法用量】口服，一次 3 ~ 6 g，每日 2 次，胶囊口服一次 2 ~ 4 粒，每日 2 次，饭后服用。15 日为 1 个疗程。

【注意事项】脾胃虚寒胃痛及肝阴不足胁痛者慎用。服药期间，宜保持心情舒畅。

柴胡舒肝丸

【药物组成】柴胡、青皮（炒）、香附（醋制）、防风、陈皮、枳壳（炒）、木香、紫苏梗、乌药、姜半夏、茯苓、桔梗、厚朴（姜制）、豆蔻、三棱（醋制）、莪术（醋制）、山楂（炒）、六神曲（炒）、槟榔（炒）、大黄（酒炒）、当归、白芍（酒炒）、黄芩、薄荷、甘草。

【功能主治】疏肝理气，消胀止痛，用于肝气不舒、胸胁痞闷、食滞不清、呕吐酸水。

【方解】方中柴胡苦泄辛散微寒，善疏肝解郁；炒青皮苦降辛温行散，善疏肝破气、消积，醋香附辛香微苦微甘而平，善疏肝理气止痛；防风辛甘微温，善"散肝舒脾"。四药合用，功能疏肝理气。陈皮辛散苦燥而温，善理气调中；炒枳壳苦辛泄降而平，善理气宽中消积；木香辛香苦降温通，善行气止痛、消食健脾；紫苏梗辛温行散，善理气宽中；乌药辛香温散，善行气散寒止痛。五药合用，能理气消积而消胀止痛。姜半夏辛温燥散，善燥湿、降逆止呕；茯苓甘平，善健脾利湿；桔梗苦泄辛散而平，善宣肺气，以利"宽中理气"；姜厚朴苦燥辛温行散，善燥湿行气消积；豆蔻辛香温散，善化湿行气温中；甘草甘平，补脾益气。六药合用，功能健脾调中、行气消积、降逆止呕。醋三棱苦泄性平，醋莪术辛散苦泄而温，两药相须为用，善行气活血、消积止痛。炒山楂酸甘微温，善消食化积，炒六神曲辛甘而温，善消食化积行气；炒槟榔苦降辛散而温，善下气消积、缓通大便；酒大黄苦寒泄降通利，善泻下通便、攻积导滞。四药合用，功能消积导滞、通便除胀。当归甘补辛散而温，善补血活血、润肠；白芍酸甘微寒，善养血敛阴、柔肝平肝、缓急止痛。两药相合，既养血柔肝，以助柴胡、香附等疏肝理气之功；又缓通大便，以助槟榔、大黄的攻积导滞之效。气郁日久则化热，故又选苦寒清泻之黄芩、辛凉清疏之薄荷，以清解郁热。此外，甘草还具调和诸药之能。全方配伍，辛香行散，苦燥温化，共奏疏肝理气、消胀止痛之功，故善治肝气不舒、食积气滞证，症见胸胁痞闷、食滞不消、呕吐酸水。

【用法用量】口服，一次 1 丸，每日 2 次。

【注意事项】肝胆湿热、脾胃虚弱证者慎用。服药期间，忌郁闷、恼怒，应保持心情舒畅。

气滞胃痛颗粒（片）

【药物组成】柴胡、香附（炙）、白芍、延胡索（炙）、枳壳、甘草（炙）。

【功能主治】疏肝理气，和胃止痛，用于肝郁气滞、胸痞胀满、胃脘疼痛。

【方解】方中柴胡辛散苦泄，微寒清升，善疏肝解郁，故为君药。炙香附辛香行散，微苦略降，微甘能和，性平不偏，善疏肝理气；白芍酸甘苦微寒，善养血敛阴、柔肝止痛。两药相合，善疏肝理气止痛，以助君药之力，故共为臣药。炙延胡索辛散苦泄温通，走血走气，善行气活血止痛，炙后止痛力大增；枳壳苦降辛散微寒，善理气宽中、消痞除胀。两药相合，能理气活血止痛，故共为佐药。炙甘草甘平，既调和诸药，又合芍药缓急止痛，故为使药。全方配伍，辛散疏理，共奏疏肝理气、和胃止痛之功，故善治肝郁气滞之胸痞胀满、胃脘疼痛。

【用法用量】开水冲服，一次 5 g，每日 3 次。片剂口服一次 6 片，每日 3 次。

【注意事项】肝胃郁火、胃阴不足所致胃痛者及孕妇慎用。

胃苏颗粒

【药物组成】紫苏梗、香附、陈皮、枳壳、槟榔、香橼、佛手、鸡内金（制）。

【功能主治】理气消胀，和胃止痛。主治气滞型胃脘痛，症见胃脘胀痛，窜及两肋，得嗳气或矢气则舒，情绪郁怒则加重，胸闷食少，排便不畅及慢性胃炎见上述证候者。

【方解】方中紫苏梗辛温行散，善理气宽中；香附辛香行散，微苦略降，微甘能和，性平不偏，善疏肝理气止痛。两药合用，善疏肝理气、和胃止痛，故共为君药。陈皮辛散苦燥温化，善理气燥湿、调中健脾；枳壳苦降辛散性平，善理气宽中、消胀理脾；槟榔苦降辛散而温，善下气消积、缓通便。三药合用，能理气消积、和胃止痛，以助君药之功力，故为臣药。香橼辛微苦酸而温，佛手辛微苦苦泄而温，相须为用，善疏肝理气、和中止痛；鸡内金甘平运化，善运脾消积化滞。三药相合，既疏肝理气、和中止痛，又运脾消积，以助君臣药之功力，故共为佐药。全方配伍，辛行温化苦泄，共奏理气消胀、和胃止痛之功，故善治气滞型胃脘痛，症见胃脘胀痛、窜及两肋，得嗳气或矢气则舒、情绪郁怒则加重，胸闷食少，排便不畅，舌苔薄白，脉弦，以及慢性胃炎及消化性溃疡见上述证候者。

【用法用量】用适量开水冲服，搅拌至全溶。若放置时间长有少量沉淀，摇匀即可。一次 1 袋，每日 3 次。15 日为 1 个疗程。

【注意事项】孕妇及脾胃阴虚或肝胃郁火胃痛者慎用。

二、理气和中剂

理气和中剂主要具有行气、健脾消食作用，主治疾病所致的脾胃气滞，症见脘腹胀满、嗳气吞酸、恶心、呕吐、饮食不消等。

木香顺气丸（颗粒）

【药物组成】木香、砂仁、香附（醋制）、厚朴、青皮（炒）、枳壳（炒）、槟榔、陈皮、苍术（炒）、生姜、甘草。

【功能主治】行气化湿，健脾和胃，用于湿浊中阻、脾胃不和所致的胸膈痞闷、脘腹胀痛、呕吐恶心、嗳气纳呆。

【方解】方中木香辛散香燥，苦降温通，善行气调中而止痛，消食开胃而健脾；砂仁芳香辛温行散，善化湿行气、开胃温中；醋香附辛香行散，性平不偏，善疏肝理气、和胃止痛。三药相合，能行气化湿、健脾和胃，故共为君药。厚朴苦温燥降，辛能行散，善燥湿行气、消积除满；炒青皮苦降辛散而温，善疏肝破气、消积化滞；炒枳壳苦降辛散性平，善理气宽中、消胀理气；槟榔苦降辛散而温，善下气消积、利湿缓下。四药合用，共助君药行气化湿，故为臣药。陈皮辛散苦燥而温，善理气燥湿、调中健脾；炒苍术辛散苦燥，芳香温化，善燥湿、化湿以健脾，诸药合用，共助君臣药行气化湿、健脾和胃，故为佐药。生姜辛而微温，能除湿开胃止呕；甘草甘平，能健脾和药。两相合用，既除湿和中、开胃止呕，又调和诸药，故共为使药。全方配伍，辛散苦燥温化，共奏行气化湿、健脾和胃之功，故善治湿阻中焦、脾胃不和之湿滞脾胃证，症见胸膈痞闷、脘腹胀痛、呕吐恶心、嗳气纳呆。

【用法用量】口服，一次6~9g，每日2~3次。颗粒口服，一次1袋，每日2次，3日为1个疗程。

【注意事项】孕妇及肝胃郁火胃痛、痞满者慎用。

越鞠丸

【药物组成】香附（醋制）、川芎、栀子（炒）、苍术（炒）、六神曲（炒）。

【功能主治】理气解郁，宽中除满，用于胸脘痞闷、腹中胀满、饮食停滞、嗳气吞酸。

【方解】方中醋香附辛香行散，微苦略降，微甘能和，性平不偏，善疏肝理气、解郁止痛，以治气郁，故为君药。川芎辛香行散温通，善活血祛瘀、行气止痛，以治血郁；炒栀子苦寒清利，善清热泄三焦之火，以治火郁；炒苍术辛散苦燥，芳香温化，善燥湿、化湿而健脾，以治湿郁；炒六神曲甘温，善消食行气导滞，以治食郁，故共为臣药。气郁则湿聚生痰，若气机流畅，五郁得解，则痰郁随之而解，故方中不另加化痰之品。全方配伍，辛苦温散，共奏理气解郁、宽中除满之功，故善治瘀热痰湿内生之脾胃气郁，症见胸脘痞闷、腹中胀满、饮食停滞、嗳气吞酸。

【用法用量】口服，一次6~9g，每日2次。

【注意事项】阴虚火旺者慎用。服药期间，忌忧思恼怒，避免情志刺激。

第十四节 活血剂

凡以活血化瘀，治疗瘀血所致的各种病证为主要作用的中药制剂，称为活血剂。活血剂具有活血化瘀之功，兼有行气、止痛、益气、补阴、化痰、息风等作用，适用于气滞、气虚、风痰兼挟等引发的瘀血证。按其功效及适用范围，活血剂可分为活血化瘀剂、活血行气剂、益气活血剂、益气补阴活血剂、活血化瘀息风剂五类。

一、活血化瘀剂

活血化瘀剂主要具有活血化瘀作用，主治瘀血阻滞所致的胸痹，症见胸闷、心前区刺痛、痛有定处或瘀血阻络所致的卒中，症见头晕头痛、神情呆滞、言语謇涩、手足发凉、肢体疼痛、舌紫黯、舌上青紫或瘀点，脉结代等。

复方丹参片

【药物组成】 丹参、三七、冰片。

【功能主治】 活血化瘀，理气止痛，用于气滞血瘀所致的胸痹，症见胸闷、心前区刺痛，及冠心病心绞痛见上述证候者。

【方解】 方中丹参苦能泄散，微寒清凉，善活血化瘀、通脉止痛，故为君药。三七苦泄温通、甘而补虚，泄中兼补，善活血化瘀、通经止痛，故为臣药。冰片辛散苦泄，香窜微寒，善通窍止痛、醒神化浊，并引药入心经，故为佐使药。全方配伍，辛香行散，共奏活血化瘀、理气止痛之功，故善治气滞血瘀之胸痹，症见胸闷、心前区刺痛；冠心病心绞痛属气滞血瘀者，用之亦佳。

【用法用量】 口服，薄膜衣小片、糖衣片一次 3 片，每日 3 次。薄膜衣大片，一次 1 片，每日 3 次。

【注意事项】 孕妇慎用。寒凝血瘀胸痹心痛者不宜使用，脾胃虚寒者慎用。服药期间，忌食生冷、辛辣、油腻食物，忌烟酒、浓茶。

丹七片

【药物组成】 丹参、三七。

【功能主治】 活血化瘀，通脉止痛。用于瘀血痹阻所致的胸痹心痛、眩晕头痛、经期腹痛。

【方解】 方中丹参苦能泄散，微寒清凉，善活血化瘀、通脉止痛，故为君药。三七苦泄温通甘补，泄中兼补，善活血化瘀、通经止痛，兼补气血，故为臣药。两药合用，药简功专，共奏活血化瘀、通脉止痛之功，故善治瘀血痹阻所致的胸痹心痛、眩晕头痛、经期腹痛。

【用法用量】 口服，一次 3~5 片，每日 3 次。

【注意事项】 孕妇、月经期及有出血倾向者慎用。治疗期间，心绞痛持续发作，宜加用硝酸酯类药。若出现剧烈心绞痛、心肌梗死，应及时救治。

逐瘀通脉胶囊

【药物组成】 水蛭、虻虫、桃仁、大黄。

【功能主治】 破血逐瘀，通经活络。用于血瘀所致的眩晕，症见头晕、头痛、耳鸣、舌质黯红、脉沉涩，及高血压、脑梗死、脑动脉硬化等病见上述证候者。

【方解】 方中水蛭咸走血，苦泄散，力猛而性平不偏，善破血逐瘀、通经活络，故为君药。虻虫苦寒泄降，善破血通经、逐瘀活血，与水蛭相须为用，力大效宏，故为臣药。桃仁苦泄降而性平，善破血行瘀、润肠通便；大黄苦泄寒清，善逐瘀通经、泄热通肠。两药相合，既助君臣药破血逐瘀之力，又通肠泄热，故为佐药。全方配伍，苦寒泄散兼清降，共奏破血逐瘀、通经活络之效。故善治血瘀之眩晕，症见头晕、头痛、耳鸣、舌质黯红、脉沉涩；或高血压、脑梗死、脑动脉硬化等病见上述证候者。

【用法用量】 口服。一次 2 粒，每日 3 次，4 周为 1 个疗程。

【注意事项】 脑出血患者禁用。

二、活血行气剂

活血行气剂主要具有活血行气止痛作用，主治气滞血瘀所致的痛证，症见头痛、胸痛、胃脘痛、腹痛、痛经等，或伴见胀闷、胀满、胀痛等气滞症状，舌紫黯、舌上青紫或瘀点，脉紧或结代。

速效救心丸

【药物组成】川芎、冰片。

【功能主治】行气活血，祛瘀止痛。增加冠状动脉血流量，缓解心绞痛。用于气滞血瘀所致的冠心病、心绞痛。

【方解】方中川芎辛温走散，为"血中之气药"，善活血行气、通络止痛，故为君药。冰片辛散苦泄，芳香走窜，微寒清凉，善通窍止痛、醒神化浊，又能引导诸药直达病所，故为臣药。全方配伍，辛香行散，共奏行气活血、祛瘀止痛之功，故善治气滞血瘀之冠心病、心绞痛。

【用法用量】含服，一次4~6粒，每日3次；急性发作时，一次10~15粒。

【注意事项】孕妇禁用。气阴两虚、心肾阴虚之胸痹心痛者、有过敏史者及伴中重度心力衰竭的心肌缺血者慎用。服药期间，忌食生冷、辛辣、油腻食物，忌吸烟饮酒、喝浓茶。治疗期间，心绞痛持续发作宜加用硝酸酯类药；如果出现剧烈心绞痛、心肌梗死等，应及时救治。

冠心苏合滴丸（丸、软胶囊、胶囊）

【药物组成】苏合香、冰片、乳香（制）、檀香、土木香。

【功能主治】理气、宽胸、止痛，用于寒凝气滞、心脉不通所致的胸痹，症见胸闷、心前区疼痛，及冠心病心绞痛见上述证候者。

【方解】方中苏合香辛散温通，芳香走窜，善开窍醒神、温通止痛；冰片辛散苦泄，香窜微寒，善开窍醒神、止痛，又"散气、散血"。两药相合，理气血、温通而宽胸止痛，故共为君药。制乳香苦温泄散，辛香走窜，善活血化瘀止痛；檀香辛香温散，善理脾肺之气、散寒止痛。两药合用，能理气活血、散寒止痛，以增君药宽胸止痛之功，故为臣药。土木香辛散苦泄温通，善健脾和胃、行气止痛，为佐药。全方配伍，辛散香窜温通，共奏理气、宽胸、止痛之功，故善治寒凝气滞、心脉不通之胸痹，症见胸闷、心前区疼痛，以及冠心病心绞痛见上述证候者。

【用法用量】含服或口服，一次10~15丸，每日3次，或遵医嘱。丸剂嚼碎服，一次1丸，每日1~3次；或遵医嘱。软胶囊一次1~2粒，每日3次。胶囊含服或吞服，一次2粒，每日1~3次；临睡前或发病时服用。

【注意事项】孕妇禁用。阴虚血瘀之胸痹忌用。

心可舒胶囊（片）

【药物组成】丹参、葛根、三七、山楂、木香。

【功能主治】活血化瘀，行气止痛。用于气滞血瘀引起的胸闷、心悸、头晕、头痛、颈项疼痛；及冠心病心绞痛、高血脂、高血压、心律失常见上述证候者。

【方解】方中丹参苦能泄散，微寒清凉，善活血化瘀、通脉止痛，故为君药。葛根甘辛而平，善通经活络，《本草拾遗》云其"破血"；三七苦泄温通甘补，善活血化瘀、通经止痛。两药相合，助君药活血化瘀、通脉止痛，故共为臣药。山楂酸甘微温，善活血消积、化瘀降脂，故为佐药。木香辛行苦泄温通，善行气止痛，使气行血行，故为使药。全方配伍，辛苦泄散，共奏活血化瘀、行气止痛之功，故善治气滞血瘀引起的胸闷、心悸，或冠心病心绞痛、高血脂、高血压、心律失常见上述证候者。

【用法用量】口服，一次4粒，每日3次，或遵医嘱。片剂口服，一次4粒，每日3次，或遵医嘱。

【注意事项】气虚血瘀、痰瘀互阻之胸痹、心悸者不宜单用。

三、益气活血剂

益气活血剂主要具有益气活血、通络止痛作用，主治气虚血瘀所致的胸痹，症见胸闷、胸痛、刺痛、痛有定处；或气虚血瘀所致的卒中，症见半身不遂、口舌喎斜、言语謇涩；伴见气短、乏力、倦怠、懒言、自汗等气虚症状，舌紫黯，舌上青紫或瘀点，脉沉或结代。

麝香保心丸

【药物组成】人工麝香、人参提取物、肉桂、蟾酥、苏合香、人工牛黄、冰片。

【功能主治】芳香温通，益气强心。用于气滞血瘀所致的胸痹，症见心前区疼痛、固定不移；心肌缺血所致的心绞痛、心肌梗死见上述证候者。

【方解】方中人工麝香香窜辛散温通，善活血通经、开窍止痛，为活血止痛之佳品，故为君药。人参提取物功似人参，甘补微苦微温，善大补元气、强心复脉；肉桂辛甘大热，温补行散，善温阳通脉、散寒止痛；蟾酥辛苦温散，善开窍止痛、强心；苏合香香窜辛散温通，善开窍温通止痛。四药合用，助君药芳香温通止痛、益气强心，故共为臣药。人工牛黄苦泄寒清，善开窍醒神；冰片辛散苦泄，香窜微寒，善开窍止痛、醒神化浊，并引药入心经，故共为佐药。全方配伍，辛香走窜，兼以补虚，共奏芳香温通、开窍止痛、益气强心之功，故善治气滞血瘀之胸痹，症见心前区疼痛、固定不移；或心肌缺血所致的心绞痛、心肌梗死见上述证候者。

【用法用量】口服。一次1~2丸，每日3次；或症状发作时服用。

【注意事项】孕妇忌用。不宜与洋地黄类药同用。心绞痛持续发作，服药后不能缓解时应加用硝酸甘油等药物。如出现剧烈心绞痛、心肌梗死，应及时救治。

消栓胶囊（口服液）

【药物组成】黄芪、当归、赤芍、川芎、红花、桃仁、地龙。

【功能主治】补气活血通络。用于卒中气虚血瘀证，症见半身不遂、口舌喎斜、言语謇涩、气短乏力、面色㿠白；缺血性卒中见上述证候者。

【方解】方中重用黄芪，其甘补微温，善补气行滞，使气旺血行瘀散，故为君药。当归甘补辛行温通，"补中有动，动中有补"，善补血活血；赤芍苦泄寒清，善活血散瘀止痛。两药合用，助君药活血通络，故为臣药。川芎辛行温通，为"血中之气药"，善行气活血；红花辛散温通，善活血通经；桃仁苦泄散而平，善破血祛瘀通经。三药合用，助君臣药活血行气通络，故共为佐药。地龙咸入血，性寒走窜，善通经活络、息风止痉，故为使药。全方配伍，补中有行，共奏补气、活血、通络之功，故善治气虚血瘀证所致的卒中，症见半身不遂、喎斜、言语謇涩、气短乏力、面色㿠白；或缺血性卒中见上述证候者。

【用法用量】胶囊一次 2 粒，每日 3 次，饭前半小时服用。口服，一次 1 支，每日 3 次。

【注意事项】孕妇禁服。卒中急性期痰热证、风火上扰证者不宜使用。阴虚阳亢证、肝阳上亢证及有出血倾向者慎用。服药期间，饮食宜清淡，忌辛辣食物。病情急重者宜结合相应抢救治疗措施。

通心络胶囊

【药物组成】人参、水蛭、土鳖虫、赤芍、乳香（制）、降香、全蝎、蜈蚣、檀香、冰片、蝉蜕、酸枣仁（炒）。

【功能主治】益气活血，通络止痛。用于心气虚乏、血瘀络阻证所致的冠心病心绞痛，症见胸部憋闷、刺痛、绞痛、固定不移、心悸自汗、气短乏力、舌质紫黯或有瘀斑、脉细涩或结代。亦用于气虚血瘀络阻型卒中，症见半身不遂或偏身麻木、口舌㖞斜、言语不利。

【方解】方中人参甘补微苦微温，善大补元气，益心气以助血行，故为君药。水蛭咸走血，苦能泄，力猛而性平，善破血通经、逐瘀消癥；土鳖虫咸寒泄散走窜，善破血逐瘀通经；赤芍苦泄寒清，善清热凉血、散瘀止痛；制乳香辛行香窜，苦泄温通，善行气活血、散瘀止痛；降香辛行温通，善活血行气止痛。五药合用，善行气通络、活血止痛，故为臣药。全蝎、蜈蚣辛散走窜，相须为用，善通络止痛；檀香辛香温散，善理脾肺之气、散寒止痛；冰片辛苦善泄，香窜微寒，善开窍止痛、醒神化浊，并引药入心经；蝉蜕甘缓寒清，善息风止痉；炒酸枣仁甘酸性平，善养心安神，故共为佐药。全方配伍，行中有补，补而不滞，共奏益气活血、行气止痛之功，故善治心气虚乏、血瘀络阻证之冠心病心绞痛，亦用于气虚血瘀络阻型卒中。

【用法用量】口服。一次 2~4 粒，每日 3 次。

【注意事项】方中全蝎、蜈蚣、土鳖虫有毒，水蛭有小毒，故孕妇忌用，不宜多服、久服。出血性疾患、妇女经期及阴虚火旺型卒中禁用。宜饭后服用。治疗期间，若心绞痛持续发作，应及时就诊救治。

四、益气养阴活血剂

益气养阴活血剂主要具有补气养阴、活血作用，主治气阴两虚、瘀血阻滞所致的胸痹，症见胸部闷痛、心悸不安，或伴见神倦、气短乏力、动则加剧、失眠多梦、盗汗等，舌红少苔或有瘀斑，脉细数。

稳心颗粒

【药物组成】黄精、党参、三七、琥珀、甘松。

【功能主治】益气养阴，活血化瘀。用于气阴两虚、心脉瘀阻所致的心悸，症见心悸不宁、气短乏力、胸闷胸痛，及室性早搏、房性早搏见上述证候者。

【方解】方中黄精甘润平补，善滋肾润肺、补脾益气，为气阴双补佳品，故为君药。党参甘补平润，善益气养血、生津，以助君药益气之功，故为臣药。三七苦泄温通甘补，泄中兼补，善活血化瘀、通络止痛，以助君臣药活血化瘀。琥珀甘平质重，善镇惊安神、活血散瘀；甘松辛香温散，善理气通脉、醒脾健胃，并防君臣药补益之品滞腻碍胃，故共为佐药。全方配伍，补中有行，共奏益气养阴、活血化瘀之功，故善治气阴两虚、心脉瘀阻所致的心悸，症见心悸不宁、气短乏力、胸闷胸痛；或室性早搏、房性早搏见上述证候者。

【用法用量】开水冲服，一次1袋，每日3次；或遵医嘱。

【注意事项】孕妇慎用。服药期间，忌食生冷食物，忌烟酒、浓茶。

参松养心胶囊

【药物组成】人参、麦冬、南五味子、山茱萸、桑寄生、酸枣仁（炒）、丹参、赤芍、土鳖虫、黄连、龙骨、甘松。

【功能主治】益气养阴，活血通络，清心安神，用于治疗冠心病室性早搏属气阴两虚，心络瘀阻证，症见心悸不安、气短乏力、动则加剧、胸部闷痛、失眠多梦、盗汗、神倦、懒言。

【方解】方中人参甘补微苦微温，善大补元气，益气以助血行、津生，并能安神定悸；麦冬甘补微苦微寒，善养心阴、清心热而安神；南五味子酸收甘补而温，善益气生津、滋肾养心、安神定悸。三药合用，共奏益气养阴、生脉安神之功，故同为君药。山茱萸酸涩甘温补虚，善补益肝肾、收涩固脱；桑寄生甘补苦泄性平，善补益肝肾；炒枣仁甘补酸敛性平，善养心安神；丹参苦泄散而微寒，善活血化瘀、通脉止痛、清心安神；赤芍苦泄散，寒清热，善清热凉血、散瘀止痛；土鳖虫咸入血，寒清泻，性走窜，善破血逐瘀。六药合用，助君药活血通络、清心安神，故为臣药。黄连苦寒清泻，善清心火以安神定悸；龙骨甘微寒质重，善重镇安神。两药共佐君臣药清心安神。甘松香窜辛行温通，善理气通脉、醒脾健胃，并防君臣药补益之品滞腻碍胃。故此三药共为佐药。全方配伍，补中有行，共奏益气养阴、活血通络、清心安神之功，故善治冠心病室性早搏属气阴两虚、心络瘀阻证者。

【用法用量】口服。一次2~4粒，每日3次。

【注意事项】孕妇慎用。服药期间，忌食生冷、辛辣、油腻食物，忌烟酒、浓茶。

益心舒胶囊

【药物组成】人参、黄芪、丹参、麦冬、五味子、川芎、山楂。

【功能主治】益气复脉，活血化瘀，养阴生津。用于气阴两虚、瘀血阻脉所致的胸痹，症见胸痛胸闷、心悸气短、脉结代，及冠心病心绞痛见上述证候者。

【方解】方中人参甘补微苦微温，善大补元气、生津复脉、安神定悸，故为君药。黄芪甘补微温，善补气行滞，使气旺而促血行、瘀消而不伤正；丹参苦泄微寒，善活血化瘀、通脉止痛、清心安神。两药合用，助君药益气行血，故为臣药。麦冬甘补微苦微寒，善养阴生津、清心安神；五味子酸收甘补而温，善益气生津、滋肾养心、安神定悸。两药合用，佐助人参益气养阴复脉、养心安神定悸。川芎辛温行散，善行气活血、化瘀通络；山楂酸甘微温，善活血散瘀消滞。两药合用，佐臣药活血化瘀通脉。故上四药为佐药。全方配伍，补行相兼，共奏益气复脉、活血化瘀、养阴生津之功，故善治气阴两虚、瘀血阻脉之胸痹，症见胸痛胸闷、心悸气短、脉结代，或冠心病心绞痛见上述证候者。

【用法用量】口服，一次3粒，每日3次。

【注意事项】孕妇及月经期妇女慎用。服药期间，忌食辛辣油腻食物。

五、活血化瘀息风剂

活血化瘀息风剂主要具有活血、化痰息风作用，或兼益气通络作用，主治瘀血夹风痰阻络、经脉失养所致中风后遗症或恢复期，症见半身不遂、言语謇涩、口舌喎斜、肢体麻木，舌淡或有瘀斑，脉沉或结代等。

人参再造丸

【药物组成】人参、黄芪、白术（麸炒）、茯苓、何首乌（制）、当归、熟地黄、龟甲（醋制）、豹骨（制）、桑寄生、骨碎补（炒）、天麻、胆南星、僵蚕（炒）、地龙、全蝎、天竺黄、牛黄、水牛角浓缩粉、黄连、大黄、玄参、三七、川芎、赤芍、片姜黄、乳香（醋制）、没药（醋制）、血竭、人工麝香、冰片、酒蕲蛇、白芷、羌活、威灵仙、麻黄、防风、细辛、葛根、粉萆薢、附子（制）、肉桂、朱砂、琥珀、母丁香、乌药、青皮、沉香、香附（醋制）、檀香、草豆蔻、豆蔻、橘红、广藿香、六神曲（麸炒）、甘草。

【功能主治】益气养血、祛风化痰、活血通络。用于气虚血瘀、风痰阻络所致的中风，症见口眼喎斜、半身不遂、手足麻木、疼痛、拘挛、言语不清。

【方解】方中人参、黄芪、炒白术、茯苓，善益气健脾；制何首乌、当归、熟地黄、醋龟甲，善滋养阴血；制豹骨、桑寄生、炒骨碎补，善补益肝肾、强筋壮骨。合而用之，善补气养血、强壮筋骨。天麻、胆南星、炒僵蚕、地龙、全蝎、天竺黄，善化痰息风、祛风通络；牛黄、水牛角浓缩粉、黄连、大黄、玄参，善清热泻火解毒、凉肝息风定惊；三七、川芎、赤芍、片姜黄、制乳香、醋制没药、血竭，善活血化瘀、通络止痛；人工麝香、冰片，善开窍醒神、活血通经、止痛；酒蕲蛇、白芷、羌活、威灵仙、麻黄、防风、细辛、葛根、粉萆薢，善祛风除湿、舒筋活络、止痛；制附子、肉桂，善温阳通络。合而用之，能祛风化痰、活血通络。朱砂、琥珀，既重镇安神定惊，又活血化瘀；母丁香、乌药、青皮、沉香、醋制香附、檀香辛温芳香，善温中理气止痛；草豆蔻、豆蔻、橘红、广藿香、麸炒六神曲辛香温散，善化湿醒脾、调中和胃。合而用之，既行滞气、散脾湿，以杜绝生痰之源，又健脾开胃，以顾护脾胃、防众药伤中。甘草甘平，既补气，又调和诸药。全方配伍，补虚祛邪两相兼，共奏益气养血、祛风化痰、活血通络之功，故善治气虚血瘀、风痰阻络之卒中，症见口眼喎斜、半身不遂、手足麻木、疼痛、拘挛、言语不清等。

【用法用量】口服。一次1丸，每日2次。

【注意事项】本品所含朱砂有毒，故孕妇禁用，且不宜长期或过量使用。肝阳上亢、肝风内动所致卒中及风湿热痹者慎用。

第十五节　补益剂

凡以补益人体气、血、阴、阳，治疗各种虚证为主要作用的中药制剂，称为补虚剂。本类中成药主要具有补虚扶弱的作用，主治虚证。根据其功效与适应范围，本类中成药分为补气、助阳、养血、滋阴、补气养血、补气养阴、阴阳双补和补精养血八类。

一、补气剂

补气剂主要具有补益脾肺之气作用。主治脾气虚所致的倦怠乏力、食少便溏，以及肺气虚所致的少气懒言、语声低微、动则气喘。

四君子丸（合剂）

【药物组成】 党参、白术（炒）、茯苓、大枣、生姜、甘草（炙）。

【功能主治】 益气健脾。用于脾胃气虚，胃纳不佳，食少便溏。

【方解】 方中党参甘性平，归脾、肺经，善补脾益气，故为君药。炒白术甘温苦燥，善补气健脾、燥湿止泻；茯苓甘淡渗利兼补，善渗湿、健脾。两药相须为用，既助君药补脾益气，又除中焦之湿而止泻，故共为臣药。大枣甘温，善补中益气；生姜辛微温，善温中开胃。两药相合，既助君臣药补气健脾，又能开胃以促进药力，故共为佐药。炙甘草甘平偏温，既补中益气，又调和诸药，故为使药。全方配伍，甘补兼除湿，故善治脾胃气虚所致的胃纳不佳、食少便溏等。

【用法用量】 口服，一次 3 ~ 6 g，每日 3 次。合剂口服，一次 15 ~ 20 mL，每日 3 次，用时摇匀。

【注意事项】 阴虚或实热证慎用。服药期间，忌食辛辣、油腻、生冷食物。

六君子丸

【药物组成】 党参、白术（麸炒）、茯苓、半夏（制）、陈皮、甘草（炙）。

【功能主治】 补脾益气，燥湿化痰。用于脾胃虚弱，食量不多，气虚痰多，腹胀便溏。

【方解】 方中党参甘性平，归脾、肺经，善补中气、益肺气，故为君药。麸炒白术甘补苦温，善补脾气、燥脾湿；茯苓甘淡渗利而平，能健脾运、利脾湿。两药合用，既增君药补脾之力，又祛湿以复脾运、止溏泻，故为臣药。制半夏辛温而燥，善祛脾胃湿痰、降逆止呕；陈皮辛温苦燥，善燥湿化痰、理气调中。两药相合，善燥湿化痰、理气开胃，进而健脾，故为佐药。炙甘草甘补偏温，既补中益气，又调和诸药，故为使药。全方配伍，标本兼顾，共奏补脾益气、燥湿化痰之功，故善治脾胃虚弱、痰湿内生所致的食量不多、气虚痰多、腹胀便溏。

【用法用量】 口服，一次 9 g，每日 2 次。

【注意事项】 脾胃阴虚、胃痛痞满、湿热泄泻及痰热咳嗽者慎用。服药期间，忌食生冷、油腻等不易消化食物。

香砂六君丸（片）

【药物组成】 党参、白术（炒）、茯苓、陈皮、姜半夏、木香、砂仁、甘草（炙）。

【功能主治】 益气健脾，和胃。用于脾虚气滞，消化不良，嗳气食少，脘腹胀满，大便溏泄。

【方解】 方中党参甘补性平，善补气健脾，故为君药。炒白术甘补苦温，善补脾气、燥脾湿；茯苓甘淡渗利而平，能健脾运、利脾湿。两药相合，既善补气健脾而增君药之力，又兼祛湿以利脾运，故共为臣药。陈皮辛散苦燥而温，善理气运脾、燥湿化痰；姜半夏辛散温燥，善燥湿化痰、降逆止呕；木香辛香温通，善行气调中；砂仁辛温芳香，能化湿行气、温中止泻。四药合用，祛中焦之湿邪，调脾胃之功能，故共为佐药。炙甘草甘平偏温，既补中益气，又调和诸药，故为使药。全方配伍，补虚中兼燥散，共奏益气健脾、行气和胃之功，故善治脾虚气滞之消化不良、嗳气食少、脘腹胀满、大便溏泄。

【用法用量】 口服，一次 12 丸，每日 3 次。片剂口服，一次 4~6 片，每日 2~3 次。

【注意事项】 阴虚内热胃痛及湿热痞满泄泻者慎用。服药期间，忌食生冷、油腻、不易消化及刺激性食物，戒烟酒。

启脾丸

【药物组成】 人参、白术（炒）、茯苓、山药、莲子（炒）、陈皮、山楂（炒）、六神曲（炒）、麦芽（炒）、泽泻、甘草。

【功能主治】 健脾和胃，用于脾胃虚弱、消化不良、腹胀便溏。

【方解】 方中人参甘补微温，补气力强，善补脾脏气，故为君药。炒白术甘温苦燥，善健脾益气、燥湿止泻；茯苓甘补淡渗而平，善渗湿健脾止泻；山药甘平兼涩，善补气益阴、涩肠止泻；炒莲子甘涩而平，善补脾止泻。四药合用，既助君药补气健脾，又祛湿、止泻，故为臣药。陈皮辛散苦温，善理气燥湿、和胃除胀；炒山楂酸甘微温，善消积化滞；炒六神曲甘辛而温，善消食调中、健脾和胃；炒麦芽甘平，善消食和中；泽泻甘淡渗利而寒，善利水渗湿而止泻。五药合用，既善理气消食、和中止泻，又助君臣药健脾之力，故为佐药。甘草甘平，既补中益气，以助君臣药益气健脾；又调和诸药，故为使药。全方配伍，寓消于补，共奏健脾和胃之功，故善治脾胃虚弱所致的消化不良、腹胀便溏。

【用法用量】 口服。一次 1 丸，每日 2~3 次；3 岁以内小儿酌减。

【注意事项】 湿热泄泻不宜使用。伴感冒发热、表证未解者慎用。服药期间，忌食生冷、油腻、不易消化食物。建立良好的饮食习惯，防止偏食。

二、助阳剂

助阳剂主要具有温补肾阳作用，主治肾阳不足所致的形寒肢冷、气怯神疲、腰膝腿软、少腹拘急、小便不利或小便频数、男子阳痿早泄、女子宫寒不孕。

桂附地黄丸（胶囊）

【药物组成】 肉桂、附子（制）、熟地黄、酒山茱萸、山药、茯苓、泽泻、牡丹皮。

【功能主治】 温补肾阳。用于肾阳不足，腰膝酸冷，肢体浮肿，小便不利或反多，痰饮喘咳，消渴。

【方解】 方中肉桂辛甘大热，制附子辛大热有毒，均善补火助阳。两药相须为用，药力更强，恰中肾阳亏虚之病机，故为君药。熟地黄甘润微温，善滋阴填精益髓；酒山茱萸甘微温，既温补肝肾，又收敛固涩；山药甘补涩敛性平，既养阴益气、补脾肺，又固精缩尿。三药合用，肝、脾、肾三阴并补，又配桂附，以阴中求阳，收阴生阳长之效，故共为臣药。茯苓甘补淡渗性平，善健脾渗湿；泽泻甘淡渗利性寒，善泄热渗湿；牡丹皮辛散苦泄微寒，善清泻肝火。三药渗利寒清，与君药相反相成，使补而不腻滞、不温燥，故为佐药。全方配伍，补中寓泻，共奏温补肾阳之功，故善治肾阳不足所致的腰膝酸冷、肢体浮肿、小便不利或反多、痰饮喘咳及消渴等。

【用法用量】 口服，水蜜丸一次 6 g，小蜜丸一次 9 g，大蜜丸一次 1 丸，每日 2 次。胶囊剂口服，一次 7 粒，每日 2 次。

【注意事项】孕妇、肺热津伤、胃热炽盛、阴虚内热消渴者慎用。治疗期间宜节制房事。因其含有大热有毒的附子，故应中病即止，不可过量或久服。服药期间，忌食生冷、油腻食物。

右归丸（胶囊）

【药物组成】肉桂、附片（炮）、鹿角胶、盐杜仲、菟丝子、酒山茱萸、熟地黄、枸杞子、当归、山药。

【功能主治】温补肾阳，填精止遗。用于肾阳不足，命门火衰，腰膝酸冷，精神不振，怯寒畏冷，阳痿遗精，大便溏薄，尿频而清。

【方解】方中肉桂辛甘大热，善补火助阳、引火归元；炮附片辛大热有毒，善补火助阳；鹿角胶甘咸性温，血肉有情，善壮肾阳、益精血。三药相合，既温补肾阳，又填精益髓，故共为君药。盐杜仲甘温而补，善补肝肾、强腰膝；菟丝子辛甘性平，质润敛涩，善补肾助阳、固精止遗；酒山茱萸酸甘微温，既温补肝肾，又固精止遗；熟地黄甘补质润微温，善滋阴填精益髓；枸杞子甘平质润，善滋阴补肾、兼助肾阳。五药合用，阴阳双补，兼能收敛，辅助君药温肾填精、固精止遗，故共为臣药。当归辛散甘补温通，善补血活血，以求精血互生；山药甘平兼涩，能益气养阴、健脾补肾、固精止遗。两药相合，助君臣药补阴血，故共为佐药。全方配伍，温补又涩敛，共奏温补肾阳、填精止遗之功，故善治肾阳不足、命门火衰所致的腰膝酸冷、精神不振、怯寒畏冷、阳痿遗精、大便溏薄、尿频而清等。

【用法用量】口服，小蜜丸一次9g，大蜜丸一次1丸，每日3次。胶囊剂口服，一次4粒，每日3次。

【注意事项】孕妇慎用。阴虚火旺、心肾不交、湿热下注而扰动精室者慎用。湿热下注所致阳痿者慎用。暑湿、湿热、食滞伤胃和肝气乘脾所致泄泻者慎用。因其含有大热有毒的附子，故中病即止，不可过量或久服。服药期间忌食生冷、忌房事。

五子衍宗丸（片、口服液）

【药物组成】枸杞子、菟丝子（炒）、覆盆子、五味子（蒸）、车前子（盐炙）。

【功能主治】补肾益精。用于肾虚精亏所致的阳痿不育、遗精早泄、腰痛、尿后余沥。

【方解】方中枸杞子甘补质润而平，善补肝肾而益精，故为君药。炒菟丝子辛甘平而润敛，善补阳益肾、固精缩尿；覆盆子甘酸微温质润，善益肾益肝、固精缩尿；蒸五味子酸收甘补而温，善滋肾、涩精止遗。三药合用，既助君药补肾益精，又固精缩尿，故共为臣药。盐车前子甘寒滑利，善清利湿浊，使全方涩中兼通，补而不滞，故为佐药。全方配伍，补中寓涩，共奏补肾益精之功，故善治肾虚精亏、封藏不固所致的阳痿不育、遗精早泄、腰痛、尿后余沥等。

【用法用量】口服，水蜜丸一次6g，每日2次。片剂口服，一次6片，每日3次。口服液口服，一次0.5～1支，每日2次。

【注意事项】感冒者慎用。服药期间，忌食生冷、油腻食物，节制房事。

三、养血剂

养血剂主要有补血作用，主治血虚所致的面色无华、眩晕、心悸失眠、唇甲色淡，或妇女月经不调、经少色淡，甚或闭经等。

当归补血口服液（丸、胶囊）

【药物组成】黄芪、当归。

【功能主治】补养气血，用于气血两虚证。

【方解】方中黄芪甘温补升，善补气生血行滞，故重用为君药。当归甘补辛。两药相伍，气旺血生，共奏补养气血之功，故善治血虚、气血两虚之证。

【用法用量】口服。一次 10 mL，每日 2 次。丸剂口服，一次 1 丸，每日 2 次。胶囊剂口服，每次 5 粒，每日 2 次。

【注意事项】感冒、阴虚火旺者慎用。服药期间宜食清淡易消化食物，忌食辛辣、油腻、生冷食物。

四物合剂

【药物组成】熟地黄、当归、白芍、川芎。

【功能主治】补血调经，用于血虚所致的面色萎黄、头晕眼花、心悸气短及月经不调。

【方解】方中熟地黄甘补质润，善补血滋阴、填精益髓，乃滋阴补血之要药，故为君药。当归甘补辛散温通，善补血活血、调经止痛，既助熟地黄补血，又行经脉之滞，故为臣药。白芍甘补酸敛微寒，善养血柔肝、缓急止痛，与熟地黄、当归同用，则养血滋阴、和营补虚之力更着；川芎辛散温通，善活血行气止痛，与当归同用，能活血行滞、调经止痛；故共为佐药。全方配伍，补中兼行，补血不滞血，行血不破血，共奏补血调经之功，故善治血虚所致的面色萎黄、头晕眼花、心悸气短及月经不调。

【用法用量】口服，一次 10～15 mL，每日 3 次

【注意事项】阴虚发热，血崩气脱之证不宜服用。

四、滋阴剂

滋阴剂主要有滋补肝肾、益精填髓作用。主治肝肾阴虚所致的形体消瘦、头晕耳鸣、腰膝酸软、口燥咽干、五心烦热、盗汗遗精、骨蒸潮热，以及阴虚劳咳、干咳咯血等。

六味地黄丸

【药物组成】熟地黄、酒山茱萸、山药、泽泻、茯苓、牡丹皮。

【功能主治】滋阴补肾，用于肾阴亏损、头晕耳鸣、腰膝酸软、骨蒸潮热、盗汗遗精、消渴。

【方解】方中熟地黄甘补微温，善滋补肾阴、填精益髓，故重用为君药。酒山茱萸酸甘微温，善益肝肾、收敛固涩；山药甘补涩敛性平，既养阴益气、补脾肺肾，又固精缩尿。两药相合，既助君药滋养肾阴，又能固精止汗，故共为臣药。泽泻甘淡渗利性寒，善泻火、渗利湿浊；茯苓甘补淡渗性平，善健脾、渗利水湿；牡丹皮辛散苦泄微寒，善清泻肝火、退虚热。三药相合，能清降相火、渗利湿浊、健脾，使君臣药填补真阴而不腻，清降虚火而不燥，固肾涩精而不滞，故共为佐药。全方配伍，三补三泻，共奏滋阴补肾之功，故善治肾阴亏损所致的头晕耳鸣、腰膝酸软、骨蒸潮热、盗汗遗精、消渴。

【用法用量】口服。大蜜丸一次 1 丸，每日 2 次。

【注意事项】体实、阳虚、感冒、脾虚、气滞、食少纳呆者慎用。服药期间，忌食辛辣、油腻食物。

左归丸

【药物组成】熟地黄、龟甲胶、鹿角胶、枸杞子、菟丝子、山茱萸、山药、牛膝。

【功能主治】滋肾补阴，用于真阴不足、腰酸膝软、盗汗遗精、神疲口燥。

【方解】方中熟地黄甘补微温，善滋补肾阴、填精益髓，故为君药。龟甲胶咸甘性凉，善滋阴养血；鹿角胶甘咸性温，能温补肝肾、益精养血；枸杞子甘补性平，善滋补肝肾、益精补血；菟丝子辛甘平而润敛，善滋阳益肾、固精缩尿。四药合用，既辅助君药，以增滋阴补肾、生精填髓之效；又兼固精止遗，故共为臣药。山茱萸酸甘微温，善补益肝肾阴阳、收敛固涩；山药甘补涩敛性平，既养阴益气、补脾肺肾，又固精缩尿；两药相合，助君臣药滋养肾阴、固精止汗，故共为佐药。牛膝酸甘性平，苦泄下行，既善补肝肾、强腰膝，以助君臣药之力；又活血化瘀，使诸药补而不滞；还能引诸药直达下焦，故为使药。全方配伍，专于滋补，共奏滋肾补阴之功，故善治真阴不足所致的腰酸膝软、盗汗遗精、神疲口燥等。

【用法用量】口服。一次 9 g，每日 2 次。

【注意事项】感冒、气虚发热、火热实证、脾胃虚弱、痰湿内阻、脘腹胀满、食少便溏者慎用。服药期间，忌食辛辣、油腻食物。

大补阴丸

【药物组成】熟地黄、龟甲（醋制）、知母（盐制）、黄柏（盐制）、猪脊髓。

【功能主治】滋阴降火。用于阴虚火旺，潮热盗汗，咳嗽咯血，耳鸣遗精。

【方解】方中熟地黄甘补微温，善滋补肾阴、填精益髓；醋龟甲咸寒质重，善滋阴潜阳、清退虚热。两药合用，滋水制火，善滋阴退热，故为君药。盐知母苦甘而寒，善清热泻火、滋阴；盐黄柏苦寒清泻，善泻肾经虚火、退虚热骨蒸。两药相合，以助君药滋阴降火之功，故共为臣药。猪脊髓甘寒，既滋阴益髓以助君臣药培本，又佐制黄柏之苦燥，故为佐药。全方配伍，标本兼顾，滋阴以培本，降火以清源，共奏滋阴降火之功，故善治阴虚火旺所致的潮热盗汗、咳嗽咯血、耳鸣遗精。

【用法用量】口服，水蜜丸一次 6 g，每日 2~3 次。大蜜丸一次 1 丸，每日 2 次。

【注意事项】感冒、气虚发热、火热实证、脾胃虚弱、痰湿内阻、脘腹胀满、食少便溏者慎用。服药期间，忌食辛辣、油腻食物。

知柏地黄丸

【药物组成】熟地黄、山茱萸（制）、山药、知母、黄柏、泽泻、茯苓、牡丹皮。

【功能主治】滋阴降火，用于阴虚火旺、潮热盗汗、口干咽痛、耳鸣遗精、小便短赤。

【方解】方中熟地黄甘补微温，善滋补肾阴、填精益髓，故重用为君药。制山茱萸酸甘微温补敛，善补益肝肾、收敛固涩；山药甘补涩敛性平，既养阴益气、补脾肺肾，又固精缩尿；知母苦甘而寒，善清热泻火、滋阴；黄柏苦寒清泻，善泻肾经虚火、退虚热骨蒸。四药相合，既助君药滋补肾阴，又能清降相火，还有固摄封藏之用，故共为臣药。泽泻甘淡渗利性寒，善泄相火、渗利湿浊；茯苓甘补淡渗性平，善健脾、渗利水湿；牡丹皮辛散苦泄微寒，善清泻肝火、退虚热。三药合用，能清降相火，以助知柏之力；又健脾、渗利湿浊，使邪有出路，补而不滞，故共为佐药。全方配伍，补中有泻，共奏滋阴降火之功，故善治阴虚火旺所致的潮热盗汗、口干咽痛、耳鸣遗精、小便短赤。

【用法用量】口服，水蜜丸一次 6 g，每日 2 ~ 3 次。

【注意事项】感冒、气虚发热、火热实证、脾虚便溏、气滞中满者慎用。服药期间，忌食辛辣、油腻食物。

河车大造丸

【药物组成】紫河车、熟地黄、龟甲（醋制）、黄柏（盐炙）、麦冬、天冬、杜仲（盐炙）、牛膝（盐炒）。

【功能主治】滋阴清热，补肾益肺。用于肺肾两亏、虚劳咳嗽、骨蒸潮热、盗汗遗精、腰膝酸软。

【方解】方中紫河车甘咸温补，温肾益精，补气养血，尤善补肺气、益肾精、纳气平喘，故为君药。熟地黄甘润微温而补，善滋阴养血、填精益髓，醋龟甲甘咸寒补，善滋阴退虚热、益肾强骨。两药相合，既助君药滋阴益肾，又退虚热、强腰膝，故共为臣药。盐黄柏苦泄寒清，既清热泻火，又退虚热；麦冬甘微苦微寒，善清养肺胃之阴；天冬甘苦大寒，善清养肺肾之阴；盐杜仲甘温，善补肝肾、强腰膝；盐炒牛膝苦酸甘平，善补肝肾、强腰膝、引药引火下行。五药相合，既助君臣药滋阴清热、补肾益肺，又强腰膝、引药引火下行，故共为佐药。全方配伍，标本兼治，益阴制阳，共奏滋阴清热、补肾益肺之功，故善治阴虚内热、肺肾两亏所致的虚劳咳喘、骨蒸潮热、盗汗遗精、腰膝酸软等。

【用法用量】口服。水蜜丸，一次 6 g，每日 2 次。大蜜丸，一次 1 丸，每日 2 次。

【注意事项】孕妇及气虚发热汗出者慎用。服药期间，忌食辛辣、油腻、生冷食物。

麦味地黄丸（口服液）

【药物组成】熟地黄、酒山茱萸、山药、麦冬、五味子、牡丹皮、茯苓、泽泻。

【功能主治】滋肾养肺。用于肺肾阴亏、潮热盗汗、咽干咳血、眩晕耳鸣、腰膝酸软、消渴。

【方解】方中熟地黄甘补微温，善滋阴补肾、填精益髓，故重用为君药。酒山茱萸酸甘微温补敛，善补益肝肾、收敛固涩；山药甘补涩敛性平，善养阴益气、补脾肾气、敛纳肺气；麦冬甘微苦微寒，善清养肺胃之阴而生津止渴；五味子酸收甘补而温，善滋肾阴、益肺气、生津止汗。四药相配，既助君药滋养肾阴，又养肺阴、益肺气、止汗，故共为臣药。牡丹皮辛散苦泄微寒，善清热凉血、退虚热，制山茱萸之温涩；茯苓甘补淡渗性平，善健脾、渗利水湿，助山药健脾益肾而不留湿；泽泻甘淡渗利性寒，善泄相火、渗利湿浊，防熟地黄滋腻生湿，故三药合为佐药。全方配伍，补中兼敛，共奏滋肾养肺之功，故善治肺肾阴亏所致的潮热盗汗、咽干咳血、眩晕耳鸣、腰膝酸软、消渴。

【用法用量】口服。大蜜丸一次 1 丸，每日 2 次。胶囊口服，一次 3 ~ 4 粒，每日 3 次。

【注意事项】感冒患者慎用。服药期间，忌食辛辣、油腻食物。

玉泉丸

【药物组成】葛根、天花粉、地黄、麦冬、五味子、甘草。

【功能主治】清热养阴，生津止渴。用于阴虚内热所致的消渴，症见多饮、多食、多尿，及 2 型糖尿病见上述证候者。

【方解】方中葛根辛而凉升，能鼓舞脾胃清阳之气上行而生津止渴，故为君药。天花粉微甘而润，苦寒清泻，善清热泻火、生津止渴；地黄甘苦寒润，善清热凉血、养阴生津。两药既助君药生津止渴，又滋阴清热，故共为臣药。麦冬甘微苦微寒，既善清养肺胃之阴而生津止渴，又清心除烦；五味子酸收甘补而温，善滋肾阴、敛肺气、生津止汗。两药合用，既增君臣药清热养阴、生津止渴之功，又敛阴固津，故共为佐药。甘草甘平，既益气健脾以助葛根生津，又调和诸药，故为佐使药。全方配伍，甘寒清养，共奏清热养阴、生津止渴之效。故善治阴虚内热所致的消渴，症见多饮、多食、多尿，以及 2 型糖尿病见上述证候者。

【用法用量】口服。一次 6 g，每日 4 次；7 岁以上小儿一次 3 g，3～7 岁小儿一次 2 g。

【注意事项】孕妇及阴阳两虚消渴者慎用。服药期间，忌食肥甘、辛辣食物，控制饮食，忌烟酒，避免长期紧张，适当进行体育活动。

杞菊地黄丸

【药物组成】熟地黄、酒山茱萸、山药、枸杞子、菊花、牡丹皮、茯苓、泽泻。

【功能主治】滋肾养肝，用于肝肾阴亏、眩晕耳鸣、畏光、迎风流泪、视物昏花。

【方解】方中熟地黄甘补微温，善滋阴养血、益肾填精，为补肝肾、益精血之要药，故重用为君药。酒山茱萸酸甘微温补敛，善补益肝肾；山药甘补涩敛性平，善养阴益气、补脾肺肾，为平补气阴之要药；枸杞子甘润而平，善补肝肾而益精明目；菊花甘苦微寒，善疏风清热、平肝明目。四药相合，既助君药滋肾养肝，又疏风泻火明目，故共为臣药。牡丹皮辛散苦泄微寒，善清热凉血、退虚热，酒萸肉之温涩；茯苓甘补淡渗性平，善健脾、渗利水湿，助山药健脾益肾而不留湿；泽泻甘淡渗利性寒，善泄相火、渗利湿浊，防熟地黄滋腻生湿。三药相合，既泄肝肾之火，以免肝肾之阴被灼；又健脾渗湿，以免君臣药之腻滞，故共为佐药。全方配伍，主补兼泻，共奏滋肾养肝、明目之功，故善治肝肾阴虚所致的眩晕耳鸣、畏光、迎风流泪、视物昏花。

【用法用量】口服。大蜜丸一次 1 丸，每日 2 次。

【注意事项】实火亢盛所致头晕、耳鸣以及脾虚便溏慎用。服药期间，忌酸冷食物。

五、补气养血剂

补血养血剂主要具有补气养血作用，主治气血两虚所致的面色无华、头晕目眩、心悸气短、语声低微等。

八珍颗粒（丸）

【药物组成】熟地黄、党参、当归、白芍（炒）、白术（炒）、茯苓、川芎、甘草（炙）。

【功能主治】补气益血，用于气血两虚、面色萎黄、食欲不振、四肢乏力、月经过多。

【方解】方中熟地黄甘补微温，善滋阴养血，为补血要药；党参味甘平补，善益气养血；两药合用，气血双补，故共为君药。当归甘补辛行而温，善补血活血，为补血要药；炒白芍酸甘微寒补虚，善养血和营；炒白术甘温苦燥，善益气健脾、燥湿；茯苓淡渗甘补性平，既利水渗湿，又能健脾。四药合用，助君药补气益血，故共为臣药。川芎辛散温通，入气走血，能行气活血，使诸药补而不滞，故为佐药。炙甘草甘平偏温，既补中气，又调和诸药，故为使药。全方配伍，专于温补，共奏补益气血之功，故善治气血两虚所致的面色萎黄、食欲不振、四肢乏力、月经过多。

【用法用量】开水冲服，一次1袋（8g），每日2次。丸剂口服，一次6g，每日2次，分次温水送服。

【注意事项】感冒及体实有热者慎用。忌食辛辣、油腻、生冷食物。

人参归脾丸

【药物组成】人参、黄芪（炙）、当归、龙眼肉、白术（麸炒）、茯苓、远志（去心后甘草炙）、酸枣仁（炒）、木香、甘草（炙）。

【功能主治】益气补血，健脾宁心。用于心脾两虚、气血不足所致的心悸、怔忡、失眠健忘、食少体倦、面色萎黄，以及脾不统血所致的便血、崩漏、带下。

【方解】方中人参甘补微苦微温，善大补元气、补脾肺之气；炙黄芪甘温补升，善补气升阳、健脾生血。两药相须为用，既增强补气之效，又能补气以生血，故共为君药。当归甘补辛行而温，善补血活血，为补血要药；龙眼肉甘温，善补益心脾气血以安神；炒白术甘苦温燥，善补气健脾、燥湿止泻。三药合用，助君药补血益气、健脾安神，故共为臣药。茯苓甘补淡渗性平，善健脾渗湿、宁心安神；制远志辛开苦泄而温，能助心阳、益心气，交通心肾而益智安神；炒酸枣仁甘酸平补，善补心养肝益胆而安神；木香辛香苦降温通，善行气、消食、健脾。四药相合，既助君臣药之力，又可防滋补太过，使全方补而不滞，故共为佐药。炙甘草甘平偏温，既益气和中，又调和诸药，故为使药。诸药合用，温补中略兼行散，共奏益气补血、健脾养心之效，故善治心脾两虚、气血不足所致的心悸、怔忡、失眠健忘、食少体倦、面色萎黄，以及脾不统血所致的便血、崩漏、带下。

【用法用量】口服。一次1丸（9g），每日2次。

【注意事项】热邪内伏、阴虚脉数以及痰湿壅盛者慎用。服药期间，应进食营养丰富而易消化吸收的食物，饮食有节。忌食生冷食物，忌烟酒，浓茶。

人参养荣丸

【药物组成】人参、熟地黄、白术（土炒）、茯苓、黄芪（炙）、当归、白芍（麸炒）、五味子（酒蒸）、肉桂、远志（制）、陈皮、甘草（炙）。

【功能主治】温补气血。用于心脾不足，气血两亏，形瘦神疲，食少便溏，病后虚弱。

【方解】方中人参微温甘补，大补元气、补脾益气；熟地黄甘补微温，善滋阴养血，为补血要药。两药合用，温补气血功著，恰中病机，故为君药。土炒白术甘苦温补，善补气健脾、燥湿止泻；茯苓甘淡平补，善健脾利湿、安神；炙黄芪甘温补升，善补气健脾、利水生血；当归甘补辛行而温，善补血活血，为补血要药；炒白芍酸甘微寒补虚，善养血和营；酒蒸五味子酸收甘补而温，善滋肾阴、敛肺气、生津止汗。六药相合，既助君臣药温补气血，又健脾除湿止泻，故共为臣药。肉桂辛甘大热，善补火助阳、鼓舞气血生长，以增补气补血之力；制远志辛开苦泄而温，能助心阳、益心气，交通心肾而益智安神，与五味子、茯苓合用，可收养心安神之效；陈皮辛行苦燥温香，善理气健脾，与诸补药合用，可收补而不滞之功，故为佐药。炙甘草甘平，既益气健脾，又调和诸药，故为使药。诸药合用，甘温补虚，共奏补益气血、养心安神之功，故善治心脾不足、气血两亏所致的形瘦神疲、食少便溏、病后虚弱。

【用法用量】口服。一次 1 丸（9 g），每日 2 次。

【注意事项】阴虚、热盛者慎用，孕妇慎用。服药期间宜清淡饮食。

十全大补丸（口服液）

【药物组成】熟地黄、党参、黄芪（炙）、白术（炒）、茯苓、当归、白芍（酒制）、川芎、肉桂、甘草（炙）。

【功能主治】温补气血。用于气血两虚，面色苍白，气短心悸，头晕自汗，体倦乏力，四肢不温，月经量多。

【方解】方中熟地黄甘补微温，善滋阴养血，为补血要药；党参味甘平补，善益气养血。两药合用，善温补气血，故共为君药。炙黄芪甘温补升，善补气健脾、固表止汗、生血；炒白术甘苦温补，善补气健脾、燥湿止泻、固表止汗；茯苓甘淡平补，善健脾利湿、安神；当归甘补辛行而温，善补血活血，为补血要药；酒白芍酸甘微寒补虚，善养血和营。五药相合，既助君药温补气血，又和营、安神、止汗，故共为臣药。川芎辛温善行，善活血行气，使补而不滞；肉桂辛甘大热纯阳，善补火助阳，既兼顾气损及阳，又鼓舞气血生长，故共为佐药。炙甘草甘平，既益气和中，又调和诸药，故为使药。全方配伍，甘温补虚，共奏温补气血之功。故善治气血两虚兼阳气不足所致的面色苍白、气短心悸、头晕自汗、体倦乏力、四肢不温、月经量多。

【用法用量】口服。水蜜丸一次 30 粒（6 g），大蜜丸一次一丸，每日 2 次。口服液一次 1 瓶，每日 2~3 次。

【注意事项】体实有热、感冒、孕妇慎用。服药期间宜选清淡易消化食物，忌食辛辣、油腻、生冷食物。

健脾生血颗粒（片）

【药物组成】党参、黄芪（炙）、茯苓、白术（炒）、山药、山麦冬、龟甲（醋制）、大枣、南五味子（醋制）、龙骨、牡蛎（煅）、鸡内金（炒）、甘草、硫酸亚铁。

【功能主治】健脾和胃，养血安神，用于脾胃虚弱及心脾两虚所致的血虚证，症见面色萎黄或㿠白、食少纳呆、脘腹胀闷、大便不调、烦躁多汗、倦怠乏力、舌胖色淡、苔薄白、脉细弱，以及缺铁性贫血见上述证候者。

【方解】方中党参味甘平补，善益气养血；炙黄芪甘温补升，善补气健脾、固表止汗、生血。两药相须为用，善健脾益气养血，故共为君药。茯苓甘淡平补，善健脾利湿、安神；炒白术甘苦温补，善补气健脾、燥湿止泻、固表止汗；山药甘补涩敛性平，善养阴益气、补脾肺肾；山麦冬甘微苦微寒，既善清养肺胃之阴而生津止渴，又清心除烦；醋龟甲咸寒质重，善滋阴养血、安神；大枣甘温，善补中益气、养血安神；醋南五味子酸收甘补而温，善滋肾阴、敛肺气、生津止汗。七药合用之，既助君药健脾益气、养血，又安神，故共为臣药。龙骨甘涩微寒质重，善平肝潜阳、镇惊安神、敛汗；煅牡蛎咸而微寒质重，善平肝潜阳、镇惊安神、敛汗制酸；炒鸡内金甘平消散，善消食运脾健胃。三药相合，既能镇惊安神、敛汗制酸，又消食健胃，使诸药补而不滞，故共为佐药。甘草甘平,既益气补中,又调和诸药,故为使药。硫酸亚铁为皂矾的主含成分,其酸凉,能燥湿补血,以促进新血的生成。全方配伍,补虚兼安神,共奏健脾和胃、养血安神之功,故善治脾胃虚弱及心脾两虚所致的血虚证,症见面色萎黄或㿠白、食少纳呆、脘腹胀闷、大便不调、烦躁多汗、倦怠乏力,以及缺铁性贫血见上述证候者。

【用法用量】饭后用开水冲服。1 岁以内一次 2.5 g(半袋),1~3 岁一次 5 g(1袋);4~5 岁一次 7.5 g(1.5 袋);6~12 岁一次 10 g(2 袋);成人一次 15 g(3 袋);每日 3 次或遵医嘱,4 周为 1 个疗程。片剂饭后口服,1 岁以内一次 0.5 片;1~3 岁一次1 片;4~5 岁一次 1.5 片;6~12 岁一次 2 片,成人一次 3 片,每日 3 次;或遵医嘱,4周为 1 个疗程。

【注意事项】本品含有硫酸亚铁,对胃有刺激,宜饭后服用。服药期间,忌饮茶、勿与含鞣酸类药合用。部分患儿可出现牙齿颜色变黑,停药后可逐渐消失。

六、补气养阴剂

补气养阴剂主要具有补气、养阴生津作用,主治气虚阴伤所致的心悸气短、体倦乏力、咳嗽虚喘、多饮、消渴等。

生脉饮(胶囊)

【药物组成】红参、麦冬、五味子。

【功能主治】益气复脉,养阴生津,用于气阴两亏、心悸气短、脉微自汗。

【方解】方中红参甘补性温,善补气复脉、生津止渴、安神益智,故为君药。麦冬甘微苦微寒,既善清养肺胃之阴而生津止渴,又清心除烦,与红参合用,气阴双补,可促使气旺、津生、脉复,故为臣药。五味子酸收甘补而温,善滋阴益气、生津止汗、安神,故为佐药。全方配伍,补中兼清敛,共奏益气复脉、养阴生津之功,故善治气阴两虚所致的心悸气短、脉微自汗。

【用法用量】口服,一次 1 支(10 mL),每日 3 次。

【注意事项】里实证及表实未解者慎用。忌食辛辣、油腻食物。

人参固本丸

【药物组成】人参、熟地黄、地黄、山茱萸(酒炙)、山药、麦冬、天冬、泽泻、茯苓、牡丹皮。

【功能主治】滋阴益气,固本培元。用于阴虚气弱,虚劳咳嗽,心悸气短,骨蒸潮热,腰酸耳鸣,遗精盗汗,大便干燥。

【方解】方中人参甘而微温,善大补元气、生津,为治虚劳内伤要药;熟地黄甘而微温滋腻,善滋阴补肾、养血填精而固本。两药相合,滋阴益气,固本培元,故为君药。地黄甘润滋补,苦寒清泻,善滋阴润肠、清热凉血;酒炙山茱萸温补固涩,善补肾、养肝、涩精、纳气;山药甘平补涩,善益气养阴、固精缩尿、纳气;麦冬甘而微苦、微寒清养,善养阴润燥、清心除烦;天冬甘润滋养,苦寒清降,善清养肺肾,能滋阴清火、润燥滑肠。五药配合,既助君药滋养固本之功,又能固涩下元、清心除烦、润肠通便,故为臣药。泽泻甘寒清利,善泄热利湿,配熟地黄而泻肾降浊;茯苓平而淡渗脾湿,配山药健运脾气而益肾;牡丹皮苦寒清泻虚热,配天冬、麦冬共制酒炙山茱萸之温涩。三药相合,补中有泄,促使真阴复原,以增君臣药之功,故为佐药。全方配伍,补中兼泄，肺肾同治，共奏滋阴益气、固本培元之功，故善治肾阴亏虚、元气衰弱所致的虚劳咳嗽、骨蒸潮热、腰酸耳鸣、遗精盗汗、大便干燥。

【用法用量】口服，一次 1 丸（9 g），每日 2 次。

【注意事项】外感咳嗽忌用。服药期间，忌食生冷、油腻食物。

消渴丸

【药物组成】地黄、葛根、黄芪、天花粉、南五味子、山药、玉米须、格列本脲。

【功能主治】滋肾养阴，益气生津。用于气阴两虚所致的消渴病，症见多饮、多尿、多食、消瘦、体倦乏力、眠差、腰痛，及 2 型糖尿病见上述证候者。

【方解】方中地黄甘寒质润、苦寒清热，善滋肾养阴、清热生津，故为君药。葛根辛而凉升，能鼓舞脾胃清阳之气上行而生津止渴；黄芪甘温补升，善补气健脾、利水生血。两药配伍，既益气生津，又升发脾胃清阳之气而升津止渴，故共为臣药。天花粉微甘而润，苦寒清泻，善清热泻火、生津止渴；南五味子酸甘而温，善滋阴益气、生津止汗、安神；山药甘平补涩，善益气养阴、生津止渴、收敛固涩。三药相合，既助君臣药益气养阴、生津止渴，又固敛阴津与安神，故共为佐药。玉米须甘淡而平，善利水降浊，引热下行，故为使药。格列本脲为化学药降血糖作用显著。全方配伍，中西合璧，甘寒清养，共奏滋肾养阴、益气生津之功，故善治气阴两伤所致的消渴病，症见多饮、多尿、多食、消瘦、体倦乏力、眠差、腰痛，及 2 型糖尿病见上述证候者。

【用法用量】口服。饭前用温开水送服。一次 5～10 丸，每日 2～3 次；或遵医嘱。

【注意事项】阴阳两虚消渴者慎用。体质虚弱、高热、老年患者、有肾上腺皮质功能减退或垂体前叶功能减退者慎用。服药期间，忌食肥甘、辛辣食物，控制饮食，注意合理饮食结构，忌烟酒。

参芪降糖胶囊（颗粒、片）

【药物组成】人参茎叶皂苷、黄芪、山药、麦冬、地黄、天花粉、五味子、枸杞子、覆盆子、茯苓、泽泻。

【功能主治】益气养阴，健脾补肾。用于气阴两虚所致的消渴病，症见咽干口燥、倦怠乏力、口渴多饮、多食多尿、消瘦，及 2 型糖尿病见上述证候者。

【方解】方中人参茎叶皂苷有类似人参的补气生津止渴之功；黄芪甘温补升，善补气升阳、生津止渴。两药相合，善补气健脾、生津止渴，故共为君药。山药甘平兼涩，善益气养阴、生津涩敛、补脾肺肾；麦冬甘微苦微寒，善养阴生津、益胃润肺；地黄苦而寒，善滋阴益肾、清热生津；天花粉微甘而润，苦寒清泻，善清肺胃热、生津止渴。四药合用，既助君药益气养阴、生津止渴，又健脾益肾，故共为臣药。五味子酸甘而温，善滋阴益气、生津止汗、安神；枸杞子甘补性平，善滋补肝肾、益精补血、生津止渴；覆盆子甘酸微温质润，善补益肝肾、固精缩尿；茯苓甘淡性平，善健脾利湿；泽泻甘寒清利，善泄热利湿。五药相合，既助君臣药益气养阴、健脾补肾、润燥生津，又泄热、渗利湿浊，使补而不腻滞、不燥热，故共为佐药。全方配伍，清补相兼，肺脾肾同调，共奏益气养阴、健脾补肾之功，故善治气阴两虚之消渴病，症见咽干口燥、倦怠乏力、口渴多饮、多食多尿、消瘦，以及 2 型糖尿病见上述证候者。

【用法用量】口服，一次 3 粒，每日 3 次，1 个月为 1 个疗程；治疗前症状较重者，每次用量可达 8 粒，每日 3 次。颗粒口服。一次 1 g，每日 3 次，1 个月为 1 个疗程；效果不显著或治疗前症状较重者，一次用量可达 3 g，每日 3 次。片剂口服，一次 3 片，每日 3 次，1 个月为 1 个疗程；效果不显著或治疗前症状较重者，每次用量可达 8 片，每日 3 次。

【注意事项】 孕妇禁用。阴阳两虚消渴者慎用。邪盛实热者慎用，待实热退后方可服用。服药期间，忌食肥甘、辛辣食物，控制饮食，注意合理的饮食结构。忌烟酒。避免长期精神紧张，适当进行体育活动。对重症病例，应合用其他降血糖药治疗，以防病情加重。在治疗过程中，尤其是与西药降血糖药联合用药时，要及时监测血糖，避免发生低血糖反应。

养胃舒胶囊（颗粒）

【药物组成】 黄精（蒸）、党参、白术（炒）、山药、北沙参、玄参、菟丝子、干姜、陈皮、乌梅、山楂。

【功能主治】 益气养阴，健脾和胃，行气导滞。用于脾胃气阴两虚所致的胃痛，症见胃脘灼热疼痛、痞胀不适、口干口苦、纳少消瘦、手足心热，及慢性胃炎见上述证候者。

【方解】 方中蒸黄精质润补性平，善补气养阴；党参味甘平补，善补气健脾。两药合用，既益气养阴，又健脾，故共为君药。炒白术甘补苦温，善健脾益气；山药甘平，善平补三焦气阴；北沙参甘补微寒，善清热养阴、益胃生津；玄参苦甘咸寒，善滋阴生津。四药合用，可助君药益气养阴、健脾，故共为臣药。菟丝子辛甘平敛，善益肾助阳、健脾止泻；干姜辛热温散，善温中祛寒；陈皮辛苦温散，善理气和胃、健脾调中；乌梅酸涩性平，善涩肠止泻、生津开胃；山楂酸甘微温，善消食开胃、生津助运。五药相合，既助君臣药益阴健脾，又行气和胃、消食导滞，以促进消食运化之能，故共为佐药。全方配伍，补中兼消，共奏益气养阴、养胃调中、行气导滞之功，故善治脾胃气阴两虚所致的胃痛，症见胃脘灼热疼痛、痞胀不适、口干口苦、纳少消瘦、手足心热，以及慢性胃炎见上述证候者。

【用法用量】 口服，一次 3 粒，每日 2 次。颗粒开水冲服，一次 1~2 袋，每日 2 次。

【注意事项】 肝胃火盛之吞酸嗳腐者慎用。服药期间，饮食宜清淡，忌食辛辣刺激性食物。

七、阴阳双补剂

阴阳双补剂主要具有滋阴壮阳作用，主治阴阳两虚所致的头晕目眩、腰膝酸软、阳痿遗精、畏寒肢冷、自汗盗汗、午后潮热等。

龟鹿二仙膏

【药物组成】 鹿角、龟甲、枸杞子、党参。

【功能主治】 温肾补精，补气养血。用于肾虚精亏所致的腰膝酸软、遗精、阳痿。

【方解】 方中鹿角甘咸性温，能温肾阳、强筋骨、益精血；龟甲咸寒质重，善滋阴补肾、养血。两药相合，善温肾补阳、补精养血，故共为君药。枸杞子甘平，善滋补肾肝、益精，助君药补肾益精之功，故为臣药。党参甘补而平，善益气养血，故为佐药。全方配伍，阴阳并补，气血兼顾，共奏温肾益精、补气养血之功，故善治肾虚精亏所致的腰膝酸软、遗精、阳痿。

【用法用量】 口服。一次 15～20 g，每日 3 次。

【注意事项】 感冒及脾胃虚弱者慎用。阴虚火旺者忌用。

八、补精养血剂

补精养血剂主要有滋阴填精、补血作用，主治肝肾精血不足所致的须发早白、遗精早泄、眩晕耳鸣、腰酸背痛等。

七宝美髯丸（颗粒、口服液）

【药物组成】 何首乌（制）、枸杞子（酒蒸）、菟丝子（炒）、补骨脂（黑芝麻炒）、当归、牛膝（酒蒸）、茯苓。

【功能主治】 滋补肝肾，用于肝肾不足所致的须发早白、遗精早泄、头眩耳鸣、腰酸背痛。

【方解】 方中制何首乌甘补微温兼涩，善补肝肾、益精血、乌须发，故重用为君药。枸杞子甘平，酒蒸后善补益滋补肝肾、平补阴阳；炒菟丝子辛甘平敛，善补阴助阳、养肝明目、固精缩尿；补骨脂苦辛温燥，用黑芝麻炒后，既善温肾助阳、固精缩尿，又兼益精养血；当归甘补辛行而温，善补血活血。四药合用，阴阳双补，阳中求阴，并兼温散，既助君药补肝肾、益精血，又温散活血，故共为臣药。酒蒸牛膝，苦酸甘平偏温，既善补肝肾、强筋骨，又活血祛瘀；茯苓甘淡性平，善健脾、利湿浊。两药合用，既助君臣药补肝肾而强筋骨，又活血、健脾、利湿浊，使补而不腻滞，故共为佐药。全方配伍，补中兼泻，共奏滋补肝肾之效，故善治肝肾不足所致的须发早白、遗精早泄、头眩耳鸣、腰酸痛。

【用法用量】 淡盐汤或温开水送服。一次 6 g，每日 2 次。颗粒剂开水冲服。一次 8 g，每日 2 次。口服液口服，一次 10 mL，每日 2 次。

【注意事项】 孕妇、脾胃虚弱及感冒者慎服。服药期间，忌食辛辣、油腻食物。

第十六节　开窍剂

凡以开窍醒神、治疗神昏窍闭为主要作用的中药制剂，称为开窍剂。本类中成药主要具有开窍醒神之功，兼有镇惊、止痉、行气、止痛、辟秽等作用，适用于热入心包、热入营血、痰迷清窍等引发的神志不清等病证。按其功效与适用范围，本类中成药又可分为凉开剂、温开剂两类。

一、凉开剂

凉开剂主要具有清热开窍的作用，主治温热邪毒内陷心包、痰热蒙蔽心窍所致的热闭证，症见高热烦躁、神错谵语，甚或昏厥等。

安宫牛黄丸（胶囊、散）

【药物组成】 牛黄或人工牛黄、麝香或人工麝香、水牛角浓缩粉、黄连、黄芩、栀子、冰片、郁金、朱砂、珍珠、雄黄。

【功能主治】 清热解毒，镇惊开窍。用于热病，邪入心包，高热惊厥，神昏谵语；卒中昏迷及脑炎、脑膜炎、中毒性脑病、脑出血、败血症见上述证候者。

【方解】方中牛黄（或人工牛黄）芳香苦凉清泻，善清热解毒、化痰开窍、息风定惊；麝香（或人工麝香）辛香走窜，温通行散，善开窍通闭，为开窍醒神之良药。两药合用，善清热解毒、开窍醒神、息风定惊，故为君药。水牛角浓缩粉苦寒清泻，善清热凉血、解毒定惊；黄连、黄芩苦寒清泻，善清热泻火解毒；栀子苦寒清利，善清热泻火、解毒利尿，导热下行；冰片苦寒微寒，芳香走窜，善清热开窍；郁金辛寒苦泄寒清，善凉血清心、解郁启闭。六药合用，可助君药清热解毒、开窍，故共为臣药。朱砂甘寒质重有毒，善清热解毒、镇心安神定窍；珍珠甘咸性寒质重，善安神镇惊、清热解毒；雄黄辛散温燥，善燥湿祛痰、解毒。全方配伍，苦寒清泻与芳香开窍并用，共奏清热解毒、镇惊开窍之功，故善治热病邪入心包之高热惊厥、神昏谵语；卒中昏迷及脑炎、脑膜炎、中毒性脑病、脑出血、败血症见上述证候者用之亦佳。

【用法用量】口服。一次1丸，每日1次；小儿3岁以内一次1/4丸，4~6岁一次1/2丸，每日1次；或遵医嘱。胶囊口服。一次2粒，每日3次，小儿酌减，或遵医嘱。散剂口服。一次1.6g，每日1次；小儿3岁以内一次0.4g，4~6岁一次0.8g，每日1次；或遵医嘱。

【注意事项】孕妇禁用。寒闭神昏者不宜使用。因其含有毒的朱砂、雄黄，故不宜过量或久服，肝肾功能不全者慎用。在治疗过程中如出现肢寒畏冷、面色苍白、冷汗不止、脉微欲绝，由闭证变为脱证者应立即停药。高热神昏、卒中昏迷等口服本品困难者，当鼻饲给药。

紫雪散

【药物组成】水牛角浓缩粉、羚羊角、人工麝香、石膏、北寒水石、滑石、玄参、升麻、朱砂、磁石、木香、沉香、丁香、玄明粉、硝石（精制）、甘草。

【功能主治】清热开窍，止痉安神。用于热入心包、热动肝风证，症见高热烦躁、神昏谵语、惊风抽搐、斑疹吐衄、尿赤便秘。

【方解】方中水牛角浓缩粉苦寒清泻，善清热凉血、解毒定惊；羚羊角咸寒，既善清心、肝二经之火而凉血解毒，又能平肝息风止痉；人工麝香辛温透香窜，善开窍醒神。三药配伍，善清热开窍、息风止痉，故为君药。石膏辛甘大寒；北寒水石辛咸大寒，均善清热泻火；滑石甘寒滑利，善清热利尿，引热下行；玄参甘润苦寒降泄，善滋阴清热、凉血解毒；升麻辛散微寒，善清热解毒、透邪外达。五药合用，既助君药清热凉血解毒，又滋阴生津、透邪外达，故为臣药。朱砂甘寒有毒质重，善清热解毒、镇心安神定惊；磁石咸寒质重，善重镇安神、平肝潜阳；木香辛香苦温，善行气调中、止痛健脾；沉香辛香苦温，善行气止痛、降逆止呕；丁香辛香温散沉降，善散寒下气降逆；玄明粉咸苦而寒，善泻热通便；硝石苦微咸寒而有小毒，泻下利水、解毒。六药合用，既助君臣药镇惊安神，又行气护胃、泄热通便，故为佐药。甘草生用甘寒偏凉，善清热解毒、调和诸药，故为使药。全方配伍，辛开寒清，共奏清热开窍、止痉安神之功，故善治热入心包、热动肝风证，症见高热烦躁、神昏谵语、惊风抽搐、斑疹吐衄、尿赤便秘。

【用法用量】口服，一次1.5~3g，每日2次；周岁小儿一次0.3g，5岁以内小儿每增1岁，递增0.3g，每日1次；5岁以上小儿酌情服用。

【注意事项】孕妇禁用。虚风内动者不宜使用。因其含有毒的朱砂，故不宜过量或久服，肝肾功能不全者慎用。高热神昏口服本品困难者，可鼻饲给药，并采用综合疗法。

局方至宝散（丸）

【药物组成】水牛角浓缩粉、人工麝香、牛黄、玳瑁、冰片、安息香、朱砂、琥珀、雄黄。

【功能主治】清热解毒，开窍镇惊。用于热病属热入心包、热盛动风证，症见高热惊厥、烦躁不安、神昏谵语及小儿急热惊风。

【方解】方中水牛角浓缩粉苦寒清泻，善清热凉血、解毒定惊；人工麝香辛香走窜，善开窍通闭。两药合用，既清热解毒，又开窍定惊，故共为君药。牛黄芳香苦凉清泻，善清热解毒、化痰开窍、息风定惊；玳瑁甘寒质重，善清热解毒、平肝镇心；冰片辛苦微寒，芳香走窜，善清热开窍；安息香辛香苦泄性平，善开窍辟秽醒神。四药相合，可助君药清热解毒、开窍镇惊，故共为臣药。朱砂甘寒有毒质重，即镇心安神、定惊，又清热解毒；琥珀甘平质重，善镇心安神；雄黄辛散温燥，善燥湿祛痰、解毒辟秽。三药合用，可使君臣药清热解毒、耳窍镇惊之功更强，故共为佐药。全方配伍，辛香开窍，寒凉泄热，共奏清热解毒、开窍镇惊之功，故善治热病属热入心包、热盛动风证，症见高热惊厥、烦躁不安、神昏谵语及小儿急热惊风。

【用法用量】口服。一次 2 g，每日 1 次；小儿 3 岁以内一次 0.5 g，4～6 岁一次 1 g；或遵医嘱。丸剂口服，一次 1 丸，小儿遵医嘱。

【注意事项】孕妇禁用。寒闭神昏者不宜使用。服药期间忌食辛辣食物。因其含有毒的朱砂、雄黄，故不宜过量或久服，肝肾功能不全者慎用。在治疗过程中如出现肢寒畏冷、面色苍白、冷汗不止、脉微欲绝，由闭证变为脱证时，应立即停药。高热神昏、小儿急惊风等等口服本品困难者，可鼻饲给药。

清开灵口服液（胶囊、软胶囊、颗粒、滴丸、片、泡腾片）

【药物组成】胆酸、猪去氧胆酸、黄芩苷、金银花、栀子、板蓝根、水牛角、珍珠母。

【功能主治】清热解毒，镇静安神。用于外感风热时毒、火毒内盛所致高热不退、烦躁不安、咽喉肿痛、舌质红绛、苔黄、脉数者，及上呼吸道感染、病毒性感冒、急性化脓性扁桃体炎、急性咽炎、急性气管炎、高热等病证属上述证候者。

【方解】方中胆酸、猪去氧胆酸、黄芩苷，具消炎、抗菌等作用，能消除因外感时毒引起的高热、咽痛等症状。金银花甘寒质轻，疏透芳香，既疏散风热，又清热解毒；栀子苦寒清泻，善泻火除烦、凉血解毒，兼清热利湿，导热外出；板蓝根苦寒清解，善清热解毒、凉血利咽。三药合用，具清热解毒、疏散风热、凉血利咽之功。水牛角苦寒清热，善清营凉血、解毒定惊；珍珠母咸寒质重，归心、肝经，既清心肝之火，又镇惊安神。两药同用，具清热、镇惊、安神之功。全方配伍，中西合璧，主以苦寒清泻，兼以重镇，共奏清热解毒、镇静安神之功，故善治外感风热时毒、火毒内盛所致的高热不退、烦躁不安、咽喉肿痛、舌质红绛、苔黄、脉数者；上呼吸道感染、病毒性感冒、急性化脓性扁桃体炎、急性咽炎、急性气管炎、高热等病证属上述证候者用之亦佳。

【用法用量】口服。一次 20～30 mL，每日 2 次。胶囊剂口服，一次 2～4 粒，每日 3 次；儿童酌减或遵医嘱。软胶囊口服，一次 1～2 粒，每日 3 次；儿童酌减或遵医嘱。颗粒口服，一次 3～6 g（一次 1～2 袋），每日 2～3 次；儿童酌减或遵医嘱。滴丸口服或舌下含服，一次 10～20 丸，每日 2～3 次。片剂口服，一次 1～2 片，每日 3 次。泡腾片热水中泡腾溶解后服用，一次2~4片，每日3次；儿童酌减或遵医嘱。

【注意事项】孕妇禁用。

二、温开剂

温开剂主要具有温通开窍等作用。主治寒湿痰浊之邪或秽浊之气蒙蔽心窍所致的寒闭证，症见猝然昏倒、牙关紧闭、神昏不语、苔白脉迟等。

苏合香丸

【药物组成】苏合香、人工麝香、冰片、安息香、沉香、檀香、木香、香附、乳香（制）、丁香、荜茇、白术、诃子、朱砂、水牛角浓缩粉。

【功能主治】芳香开窍，行气止痛。用于痰迷心窍所致的痰厥昏迷、中风偏瘫、肢体不利，以及中暑、心胃气痛。

【方解】方中苏合香辛散温通，芳香走窜，善开窍醒神、辟秽化浊、温通止痛；人工麝香辛香走窜，温通行散，善开窍醒神、活血止痛；冰片辛苦微寒，善开窍醒神、清热止痛；安息香辛香苦泄性平，善开窍辟秽醒神、活血行气止痛。四药合用，既善芳香开窍，又能行气止痛，故共为君药。沉香辛香苦温，善行气止痛、降逆止呕；檀香辛香行散温通，善行气止痛；木香辛香苦温，善行气调中、止痛健脾；香附辛香微苦微甘而平，善疏肝行气止痛；制乳香辛香行散，苦泄温通，善活血行气、通络伸筋；丁香辛香温散沉降，善温中散寒、下气降逆；荜茇辛热，善温中散寒、行气止痛。七药合用，既助君药行气止痛、开窍辟秽，又能温中散寒、活血化瘀，故共为臣药。白术甘苦而温，善补气健脾、燥湿化浊；诃子苦降酸涩而平，善收涩敛气、泻气消痰；朱砂甘寒有毒质重，善镇心安神、定惊；水牛角浓缩粉苦咸寒清，善凉血清心定惊。前两药相合，既燥湿消痰，又补气涩敛而防香散耗气之弊；后两药相合，可收清热镇心、安神定惊之效，故共为佐药。全方配伍，主辛香温散，兼补涩寒清，共奏芳香开窍、行气止痛之功，故善治痰迷心窍所致的痰厥昏迷、中风偏瘫、肢体不利，以及中暑、心胃气痛。

【用法用量】口服。一次1丸（3 g），每日1~2次。

【注意事项】孕妇禁用。热病、阳闭、脱证不宜使用。中风病正气不足者慎用，或配合扶正中药服用。因其含朱砂，且易耗伤正气，故不宜过量或长期服用，肝肾功能不全者慎用。急性脑血管病患者服用本品，应结合其他抢救措施；对中风昏迷者宜鼻饲给药。服药期间，忌食辛辣、生冷、油腻食物。

第十七节　安神剂

凡以安神定志、治疗心神不安病证为主要作用的中药制剂，称为安神剂。

本类药物以安神为主要作用，适用于心悸怔忡、失眠健忘、烦躁不安、惊狂易怒等症状。按其功效与适用范围，本类中成药又可分为补虚安神剂、解郁安神剂、清火安神剂三类。

一、补虚安神剂

补虚安神剂具有滋阴养血、安神宁志作用，主治心肝阴血亏虚或心气不足，神志失养所致的虚烦不眠、心悸怔忡、健忘多梦等症状。

天王补心丸

【药物组成】地黄、天冬、麦冬、玄参、当归、丹参、酸枣仁（炒）、柏子仁、党参、五味子、茯苓、远志（制）、石菖蒲、朱砂、桔梗、甘草。

【功能主治】滋阴养血，补心安神。用于心阴不足、心悸健忘、失眠多梦、大便干燥。

【方解】方中地黄甘苦寒而滋养清泻，善滋阴养血、凉血生津，以治阴虚内热之本，故重用为君药。天冬甘润苦泄寒清，善滋肾阴、泄肾火、润肺燥；麦冬甘微苦微寒，善养阴清心除烦；玄参咸寒苦泄，善滋阴降火，以制阴虚火升；当归甘补辛行温润，善养血行血润燥；丹参苦泄寒清，善活血凉血、清心安神。五药相合，既助君药补阴养血，又能清心安神、润燥通便，故共为臣药。炒酸枣仁甘酸平补，善补心养肝益胆而安神；柏子仁甘平补虚，善补心益肾而安神，并兼润肠；党参甘平不峻，善补气健脾养血；五味子甘酸温而补敛，善养阴补气、宁心安神；茯苓甘淡性平，善健脾利湿安神；制远志辛开苦泄而温，能助心阳、益心气，交通心肾而益智安神；石菖蒲辛散苦泄，芳香温通，能化痰湿、开心窍，交通心肾而宁心安神；朱砂性寒质重，能镇心、清心安神。八药相合，善养阴血、滋化源、润肠燥、安心神，以助君臣药之药力，故共为佐药。桔梗辛散苦泄而平，既合菖蒲等调畅气机使补而不滞，又载药上行入胸中；甘草甘平，既补气益心，又调和诸药，故共为使药。全方配伍，滋阴清泻镇敛，共奏滋阴养血、补心安神之功，故善治心阴不足所致的心悸健忘、失眠多梦、大便干燥等。

【用法用量】口服。一次 1 丸（9 g），每日 2 次。

【注意事项】肝肾功能不全者禁用。因其含朱砂，故不宜过量或久服，不可与溴化物、碘化物同服。服药期间，不宜饮用浓茶、咖啡等刺激性饮品。严重心律失常者，需急诊观察治疗。

柏子养心丸（片）

【药物组成】黄芪（炙）、党参、当归、柏子仁、酸枣仁、远志（制）、五味子（醋制）、茯苓、朱砂、肉桂、川芎、半夏曲、甘草（炙）。

【功能主治】补气、养血、安神，用于心气虚寒、心悸易惊、失眠多梦、健忘。

【方解】方中炙黄芪甘温补虚，善补气生血；党参甘补性平，善益气养血；当归甘温，善补血活血。三药配伍，善补气血、养心神，共为君药。柏子仁甘平质润，善养心血、安心神；酸枣仁甘酸性平，善益肝养血安神；制远志辛开苦泄而温，能助心阳、益心气，交通心肾而益智安神；醋五味子甘酸温而补敛，善养阴补气、宁心安神；茯苓甘淡性平，善健脾利湿安神；朱砂甘寒质重清泻，善清热镇心、安神定惊。六药合用，既助君药益气养血，又能安神定惊，故共为臣药。肉桂辛热纯阳，善助阳散寒、温经通脉；川芎辛散温通，善活血行气；半夏曲苦辛而平，能化痰、消食化滞。三药合用，既温阳散寒、以促进气血生长，又行气活血、消食化滞，以促进气血运行与顾护脾胃，使补而不滞，故共为佐药。炙甘草甘平，既补气益心，又调和诸药，故为使药。全方配合，主甘温补养，兼辛苦泄散，共奏补气、养血、安神之效，故善治心气虚寒所致的心悸易惊、失眠多梦、健忘。

【用法用量】口服。水蜜丸一次 6 g，小蜜丸一次 9 g，大蜜丸一次 1 丸，每日 2 次。

片剂口服，一次 3~4 片，每日 2 次。

【注意事项】肝肾功能不全者禁用。肝阳上亢及阴虚内热者不宜服。服药期间，应保持精神舒畅，劳逸适度，不宜饮用浓茶、咖啡等兴奋性饮品。因其含朱砂，故不可过量、久用，不可与溴化物、碘化物同服。

养血安神丸（片、糖浆）

【药物组成】熟地黄、首乌藤、墨旱莲、合欢皮、仙鹤草、地黄、鸡血藤。

【功能主治】滋阴养血、宁心安神，用于阴虚血少所致的头眩心悸、失眠健忘。

【方解】方中熟地黄甘微温而质黏润，滋补力强，善滋阴养血，恰中病机，故为君药。首乌藤甘平和缓，能养心血而安神；墨旱莲甘酸滋补寒清，善滋阴益肾、清热凉血；合欢皮甘苦而平，善解郁安神。三药相合，既助君药养血滋阴，又宁心安神，故共为臣药。仙鹤草苦涩性平，能补虚而善疗脱力劳伤；地黄甘苦而寒凉，善清热凉血滋阴；鸡血藤苦微甘温，行补并能，善补血活血。三药相合，既助君臣药滋阴养血、宁心安神，又凉血清热、活血行滞，以利于安定神志，故共为佐药。全方配伍，甘凉滋补，共奏滋阴养血、宁心安神之功，故善治阴虚血少、心神不宁所致的头眩心悸、失眠健忘证等。

【用法用量】口服，一次 6 g，每日 3 次。片剂口服，一次 3 片，每日 3 次。糖浆口服，一次 18 mL，每日 3 次。

【注意事项】脾胃虚弱者慎用。服药期间，不宜饮用浓茶、咖啡等兴奋性饮品，宜保持心情舒畅、劳逸适度。

枣仁安神液（颗粒、胶囊）

【药物组成】酸枣仁（炒）、五味子（醋制）、丹参。

【功能主治】养血安神。用于心血不足所致的失眠、健忘、心烦、头晕，及神经衰弱症见上述证候者。

【方解】方中炒酸枣仁甘补酸敛而平，善补心养肝益胆而安神，故为君药。醋五味子甘酸温而补敛，善养阴补气、宁心安神，故为臣药。丹参苦泄寒清，善活血凉血、清心安神，故为佐药。全方配伍，甘酸补虚，寒热适中，共奏养血安神之功，故善治心血不足所致的失眠、健忘、心烦、头晕，及神经衰弱症见上述证候者。

【用法用量】口服，每晚临睡前服，一次 10~20 mL，每日 1 次。颗粒剂开水冲服，一次 5 g，临睡前服，胶囊剂口服，一次 5 粒，每日 1 次，临睡前服用。

【注意事项】孕妇及胃酸过多者慎用。服药期间，不宜饮用浓茶、咖啡等兴奋性饮品。

二、解郁安神剂

解郁安神剂具有疏肝解郁、安神定志作用，主治肝气郁结、扰及心神所致的失眠、焦虑、心烦、情志不舒等证。

解郁安神颗粒

【药物组成】柴胡、郁金、龙齿、酸枣仁（炒）、远志（制）、百合、当归、石菖蒲、栀子（炒）、胆南星、姜半夏、白术（炒）、茯苓、大枣、浮小麦、甘草（炙）。

【功能主治】疏肝解郁，安神定志。用于情志不畅、肝郁气滞所致的失眠、心烦、焦虑、健忘，及神经功能症、更年期综合征见上述证候者。

【方解】方中柴胡辛散苦泄微寒，善疏肝解郁；郁金辛行苦泄寒清，善疏肝行气解郁、凉血清心安神。两药合用，善疏肝解郁、清心安神，故共为君药。龙齿甘凉质重，善镇心安神；炒酸枣仁甘酸平补，善补心养肝益胆而安神；制远志辛开苦泄温通，善祛痰解郁开窍、宁心益智安神；百合甘润微寒清泻，善滋阴清心安神；当归辛散甘补而温，能补血活血；石菖蒲辛香苦温，善化湿开窍、宁心安神。六药合用，既增君药的解郁之功，又养心血而安神定志，故共为臣药。炒栀子苦泄寒清，善泻火除烦而不伤胃；胆南星苦泄寒清，善清热化痰、定惊；姜半夏辛散温燥，善祛脾胃湿痰而降逆和中，治目不得暝；炒白术甘温苦燥，善健脾益气燥湿；茯苓甘淡性平，善健脾渗湿、宁心安神；大枣甘温，善补气血安神；浮小麦甘凉，能除热益气、止汗、除烦。七药合用，既助君臣药的安神之功，又健脾益气以利更好地疏解肝郁，还清火除烦，故共为佐药。炙甘草甘平，既补气益心，又调和诸药，故为使药。全方配伍，疏养兼清，共奏疏肝解郁、安神定志之功，故善治情志不畅、肝郁气滞所致的失眠、心烦、焦虑、健忘，亦可用于神经功能症、更年期综合征见上述证候者。

【用法用量】开水冲服，一次1袋，每日2次。1个月为1个疗程。

【注意事项】睡前不宜饮浓茶、咖啡等兴奋性饮品。宜保持心情舒畅。

三、清火安神剂

清火安神剂主要具有清心泻火、安神定志作用，主治心火旺盛、心神被扰所致的心烦、失眠、心悸等症状。

朱砂安神丸

【药物组成】朱砂、黄连、当归、地黄、甘草。

【功能主治】清心养血，镇惊安神，用于心火亢盛、阴血不足证，症见心神烦乱、失眠多梦、心悸不宁、舌尖红、脉细数。

【方解】方中朱砂甘寒清泻，质重镇怯，专归心经，既镇心安神，又清泻心火；黄连苦泄寒清，善清泻心火、除烦安神，故为君药。当归甘辛温润，善补血；地黄甘苦而寒凉，善清热凉血滋阴。两药合用，能充养阴血、清解里热，故为臣药。甘草甘平，能调和诸药，护胃安中，故为佐使药。全方配伍，标本兼顾，共奏镇心安神、养阴清热之功，故善治心火亢盛，阴血不足，阴不制阳，扰动心神所致的心神不宁。

【用法用量】口服，一次1丸，每日1~2次。

【注意事项】孕妇忌服。心气不足、脾胃虚弱者忌服。因其含朱砂，故不宜过量或久服，以防引起中毒。不宜与碘、溴化物并用，以防产生毒副作用。

第十八节　固涩剂

凡以收敛固涩，治疗气、血、精、津液滑脱证所致的各种病证为主要作用的中药制剂，称为固涩剂。本类中成药主要具有收敛固涩之功，兼有补气、益肾、温肾、健脾等作用，适用于表虚卫外不固、肾气亏虚、脾肾阳虚等引发的病证。按其功效与适用范围，本类中成药又可分为益气固表剂、固脬缩尿剂、固精止遗剂、涩肠止泻剂四类。

一、益气固表剂

益气固表剂主要具有益气、固表、止汗等作用，主治表虚不固所致的自汗、气短、倦怠、乏力等。

玉屏风胶囊（颗粒、口服液）

【药物组成】黄芪、白术（炒）、防风。

【功能主治】益气、固表、止汗，用于表虚不固所致的自汗，症见自汗恶风、面色㿠白，或体虚易感风邪者。

【方解】方中黄芪甘补微温，善补气固表止汗，恰中病机，故为君药。炒白术苦燥甘温，善补气健脾、固表止汗。君臣合用，补气固表止汗力更强。如此，使气旺表实，汗不得外泄，风邪不易内侵，故白术为臣药。防风辛散微温，甘缓不峻，善祛风解表。与君臣药相伍，补敛中寓散泄；黄芪得防风，固表而不留邪；防风得黄芪，祛邪而不伤正，故为佐药。

【用法用量】口服，一次 2 粒，每日 3 次。颗粒剂开水冲服，一次 5 g，每日 3 次。口服液口服，一次 10 mL，每日 3 次

【注意事项】热病汗出、阴虚盗汗者慎用。服药期间饮食宜清淡。

二、固脬缩尿剂

固脬缩尿剂主要具有补肾缩尿的作用，主治肾气不足、膀胱失约所致的小便频数或夜尿频多、腰膝酸软、乏力或小儿遗尿症。

缩泉丸

【药物组成】益智（盐炒）、乌药、山药。

【功能主治】补肾缩尿，用于肾虚所致的小便频数、夜间遗尿。

【方解】方中益智辛温香燥、温补固涩，盐炒后辛燥之性减缓而温涩之能却增，善温肾阳、缩小便，治肾气虚寒之遗尿、尿频，故为君药。乌药辛温香散，善温肾气、散膀胱冷气而助气化，以增君药温肾缩尿之功，故为臣药。山药甘平补涩，善益气养阴、固精缩尿，既助君臣药之力，又制其温燥，故为佐药。三药合用，温固而不燥热，共奏温肾祛寒、缩尿止遗之功，故善治肾虚所致的小便频数、夜间遗尿。

【用法用量】口服，一次 3~6 g，每日 3 次。

【注意事项】肝经湿热所致的遗尿与膀胱湿热所致的小便频数忌用。服药期间，饮食宜清淡，忌饮酒，忌食辛辣、生冷及冰镇食物。

三、固精止遗剂

固精止遗剂主要具有补肾固精等作用，主治肾虚封藏失司、精关不司所致的遗精滑泄、腰膝酸软、神疲乏力、耳鸣等。

金锁固精丸

【药物组成】沙苑子（炒）、莲子、芡实（蒸）、莲须、龙骨（煅）、牡蛎（煅）。

【功能主治】固肾涩精。用于肾虚不固所致的遗精滑泄、神疲乏力、四肢疲软、腰酸耳鸣。

【方解】方中炒沙苑子甘温补涩，善补肾助阳固精，故为君药。莲子、芡实，均甘补涩敛而平，相须为用，既益肾固精以助君药，又健脾以补虚强体，共为臣药。莲须涩平，功专固肾涩精；煅龙骨、煅牡蛎涩敛而平，均善收敛固涩而止遗滑。三药相合，可使君臣药固精之功大增，故为佐药。诸药合用，甘补涩敛，平和不峻，既补肾助阳，又固精止遗，故可治肾虚不固所致的遗精滑泄等症。

【用法用量】空腹用淡盐水或温开水送服，一次15丸，每日3次。

【注意事项】湿热下注扰动精室所致遗精、早泄者不宜用。慎房事。

四、涩肠止泻剂

涩肠止泻剂主要具有温肾健脾、涩肠止泻等作用，主治泄泻日久、脾肾两虚或脾肾阳虚所致的大便滑脱不禁、腹痛喜按或冷痛、腹胀、食少、腰酸或冷等。

四神丸（片）

【药物组成】补骨脂（盐炒）、肉豆蔻（煨）、吴茱萸（制）、五味子（醋制）、大枣（去核）、生姜。

【功能主治】温肾散寒，涩肠止泻。用于肾阳不足所致的泄泻，症见肠鸣腹胀、五更泄泻、食少不化、久泻不止、面黄肢冷。

【方解】方中盐炒补骨脂苦辛温补涩纳，善补肾助阳、温脾止泻，恰中病机，故为君药。煨肉豆蔻辛温燥散涩敛，善温脾暖胃、涩肠止泻，可助君药温脾止泻，故为臣药。制吴茱萸苦辛而热，善温中散寒、助阳止泻；醋五味子酸涩性温，善固肾涩肠止泻。两药相合，助君臣药温肾散寒、温脾止泻，故为佐药。大枣甘温，善补脾益胃；生姜辛散微温，善温中散寒开胃。两药同用，能健脾开胃，以增进全方配伍，温补固涩，共奏温肾散寒、涩肠止泻之功，故善治肾阳不足所致的泄泻，症见肠鸣腹胀、五更泄泻、食少不化、久泻不止、面黄肢冷。

【用法用量】口服，一次9g，每日1～2次。片剂口服，一次4片，每日2次。

【注意事项】湿热痢疾、湿热泄泻者忌用。忌食生冷、油腻食物。

固本益肠片

【药物组成】党参、黄芪、补骨脂、炮姜、白术（炒）、山药（麸炒）、当归（酒制）、白芍（炒）、延胡索（醋）、木香（煨）、地榆炭、儿茶、赤石脂（煅）、甘草（炙）

【功能主治】健脾温肾，涩肠止泻。用于脾肾阳虚所致的泄泻，症见腹痛绵绵、大便清稀或有黏液及黏液血便、食少腹胀、腰酸乏力、形寒肢冷、舌淡苔白、脉虚，及慢性肠炎见上述证候者。

【方解】方中党参甘补性平，善补中益气；黄芪甘温升补，善补气健脾、升举清阳；补骨脂苦辛温补涩纳，善温补脾肾之阳、固肠止泻。三药合用，能健脾益气、温阳止泻，故共为君药。炮姜苦辛温散，微涩兼收，善温中散寒止泻；炒白术甘补苦燥而温，善补脾燥湿止泻；麸炒山药甘平补敛，善补脾益肾、涩肠止泻。三药相合，补脾土，散中寒，促运化，涩肠滑，以助君药健脾温肾、涩肠止泻，故共为臣药。酒当归甘补辛散温通，善补血活血；炒白芍甘补酸涩微寒，善养血缓急止痛；醋延胡索辛散苦泄温通，善活血行气止痛；煨木香辛香苦温，善行气止痛、实肠止泻。四药合用，能理血行气、散滞止痛兼止泻。地榆炭苦降酸收寒清，善凉血止血、涩肠止泻止痢；儿茶苦涩微寒，善收敛止血止泻；煅赤石脂甘涩而温，善涩肠止泻固脱。三药同用，助君药涩肠止泻止血，又防君臣药温燥太多。以上七药共为佐药。炙甘草甘平偏温，善补脾益气、缓急止痛、调和诸药，故为使药。全方配伍，标本兼治，共奏健脾温肾、涩敛止泻之功，故善治脾肾阳虚所致的泄泻，症见腹痛绵绵、大便清稀或有黏液及黏液血便、食少腹胀、腰酸乏力、形寒肢冷、舌淡苔白、脉虚，慢性肠炎见上述证候者用之亦佳。

【用法用量】口服。一次8片，每日3次。

【注意事项】湿热痢疾、湿热泄泻者忌服，忌食生冷、油腻食物。

第十九节　外科、皮肤科常用中成药

一、治疮疡剂

凡以清热解毒、消肿生肌、清热消痤，治疗热毒疮疡或疮疡溃烂不敛、粉刺等为主要作用的中药制剂，称为治疮疡剂。治疮疡剂具有清热解毒、活血消肿、化腐解毒、拔毒生肌、清热消痤的作用，适用于热毒所致的疮疡丹毒、红肿热痛，或溃烂流脓、脓腐将尽，以及湿热瘀血所致的粉刺、酒渣鼻等。按其功效与适用范围，又可分为解毒消肿剂、生肌敛疮剂、清热消痤剂三类。

（一）解毒消肿剂

解毒消肿剂具有清热解毒、活血祛瘀、消肿止痛等作用，主治热毒蕴结肌肤，或痰瘀互结所致的疮疡，或丹毒流注、瘰疬发背等。

连翘败毒丸

【药物组成】金银花、连翘、蒲公英、紫花地丁、黄芩、黄连、黄柏、栀子、苦参、白鲜皮、大黄、木通、天花粉、浙贝母、玄参、赤芍、防风、荆芥穗、白芷、羌活、薄荷、蝉蜕、柴胡、当归、桔梗、甘草、麻黄。

【功能主治】清热解毒，散风消肿。用于脏腑积热，风热湿毒引起的疮疡初起、红肿疼痛、憎寒发热、风湿疙瘩、遍身刺痒、大便秘结。

【方解】方中金银花、连翘、蒲公英、紫花地丁寒清解，能清热解毒、散结消痈，善治热毒疮疡；黄芩、黄连、黄柏苦寒泄燥，既清热燥湿，又泻火解毒；栀子苦泄寒清，善泄三焦之火、凉血消肿；苦参苦寒清燥，善清热燥湿、利尿；白鲜皮苦寒清利，既清热解毒，又利小肠水气；大黄苦寒泄降，既泄热通便，又凉血解毒、散瘀消肿；木通苦寒泄降，能清热利尿、通利血脉。合而用之，既清热泻火、凉血解毒，又能通利二便、导热从二便出，还能散瘀消肿。天花粉苦寒甘润，善清热消肿溃脓，为治疮痈常用之品；浙贝母苦寒开泄，善清热化痰、散结消痈；玄参苦寒清泻咸软，善清热凉血、散结解毒、滋阴通便；赤芍苦泄凉寒，善凉血活血、消肿止痛。合而用之，能清热凉血、散结消肿。防风、荆芥穗辛散微温，白芷、羌活辛散苦燥而温，麻黄辛温宣散，合而用之，能散风透表；薄荷、蝉蜕、柴胡辛凉清散，能疏风散热。温凉合用，散风疏透之力得增，使邪热从表透发。当归辛温走窜，能补血活血止痛，亦可防苦燥与寒凉太过；桔梗性平宣散，专入肺经，既宣肺排脓，又引诸药直达肌肤；甘草甘平解毒，调和诸药。

全方配伍，主以清解，兼以消散，共奏清热解毒、消肿止痛之功，故善治热毒蕴结肌肤所致的疮疡，症见局部红肿热痛、未溃破者。

【用法用量】口服，一次1袋（6 g），每日2次。

【注意事项】孕妇禁用。疮疡属阴证者慎用。肝功能不良者须在医生的指导下使用，忌食辛辣、油腻食物及海鲜等发物。

牛黄醒消丸

【药物组成】人工牛黄、人工麝香、乳香（制）、没药（制）、雄黄。

【功能主治】清热解毒，消肿止痛。用于痈疽发背，瘰疬流注，乳痈乳岩，无名肿毒。

【方解】方中牛黄苦凉清泻，既善清解热毒以消肿，又善化痰以散结，治热毒疮痈、瘰疬每用，故为君药。麝香辛温香窜，善活血散瘀、消肿止痛，治瘰疬疮肿；制乳香辛散苦泄、香窜温通；制没药辛散苦泄、香窜而平，善活血散瘀、消肿止痛，治痈疽瘰疬。三药相合，善活血散瘀、消肿止痛，治疮痈、瘰疬，故为臣药。雄黄有毒，辛苦温燥，具较强的解毒作用，可助君臣药解毒之功，故为佐药。全方配伍，清泻与散瘀并用，共奏清热解毒、活血祛瘀、消肿止痛之功，故善治热毒瘀滞、痰瘀互结所致的痈疽发背、瘰疬流注、乳痈、乳岩、无名肿毒。

【用法用量】用温黄酒或温开水送服，一次3 g，每日1～2次。患在上部，临睡前服；患在下部，空腹时服。

【注意事项】孕妇禁用。疮疡阴证者禁用。脾胃虚弱、身体虚者慎用。不宜长期使用，或用药后出现皮肤过敏反应及时停用。忌食辛辣、油腻食物及海鲜等发物。

（二）生肌敛疮剂

生肌敛疮剂具有祛腐生肌、拔毒止痛等作用，用于疮疡溃烂、脓腐将尽，或腐肉未脱、脓液稠厚、久不生肌等。

紫草膏

【药物组成】紫草、地黄、白芷、防风、当归、乳香、没药。

【功能主治】化腐生肌，解毒止痛，用于热毒蕴结所致的溃疡、疮面疼痛、疮色鲜活、脓腐将尽。

【方解】方中紫草苦寒清泻，甘咸滑利，善凉血、活血、解毒，以解毒祛腐，故为君药。地黄甘润苦泄寒清，善凉血热、解热毒、滋阴；白芷辛香温散，善消肿止痛排脓。两药相合，寒温清燥并施，可助君药解毒、消肿、生肌、止痛，故共为臣药。防风辛微温而发散，善祛风止痛；当归甘补辛散温通，既祛瘀消肿以止痛，又补血以利化腐生肌；乳香辛散苦泄、香窜温通；没药辛散苦泄、香窜而平，善活血止痛、生肌消肿；合而用之，能助君臣药生肌、止痛，故共为佐药。全方配伍，清解与行散并施，共奏化腐生肌、解毒止痛之功，故善治热毒蕴结所致的溃疡，症见疮面疼痛、疮色鲜活、脓腐将尽。

【用法用量】外用。摊于纱布上贴患处。每隔1～2日换药一次。

【注意事项】孕妇慎用。若用药后出现皮肤过敏反应需及时停用。不可内服。用药期间忌食辛辣、油腻食物及海鲜等发物。

拔毒生肌散

【药物组成】黄丹、红粉、轻粉、炉甘石（煅）、龙骨（煅）、石膏（煅）、冰片、虫白蜡。

【功能主治】拔毒生肌。用于疮疡阳证已溃，脓腐未清，久不生肌。

【方解】方中黄丹辛凉质重，有毒力强，外用拔毒止痒、生肌敛疮；红粉辛热大毒，善拔毒提脓、去腐生肌。两药相合，寒热同用，善拔毒祛腐生肌，故共为君药。轻粉辛寒有毒，善攻毒收湿；煅炉甘石甘平无毒，善生肌敛疮；煅龙骨、煅石膏涩敛而寒，能清热收湿敛疮。四药合用，助君药拔毒生肌，故共为臣药。冰片辛苦凉清，外用清热止痛、消肿生肌；虫白蜡甘温无毒，善止血生肌。两药相合，助君臣药敛疮生肌，故为佐药。全方配伍，主拔毒生肌，兼能清热祛腐，故善治热度内蕴所致的溃疡，症见疮面脓液稠厚、腐肉未脱，久不生肌。

【用法用量】外用适量，撒布患处，或以膏药护之。

【注意事项】孕妇及哺乳期妇女禁用。

（三）清热消痤剂

清热消痤剂具有活血、清热、燥湿的作用，主治湿热瘀阻所致的颜面、胸背的粉刺疙瘩，皮肤红赤发热等。

当归苦参丸

【药物组成】当归、苦参。

【功能主治】凉血、祛湿，用于血燥湿热引起时头面生疮、粉刺疙瘩、湿疹刺痒、酒渣鼻。

【方解】方中当归辛散温通，既善活血补血，又能行气止痛；苦参苦寒清燥降利，善清热燥湿利水，祛风杀虫止痒。两药相伍，温寒并用，泄散合方，既善活血化瘀、燥湿清热，又能祛风杀虫、止痒止痛，故善治湿热瘀阻所致的粉刺、酒糟，症见颜面、胸背粉刺疙瘩、皮肤红赤发热，或伴脓头、硬结，酒渣鼻、鼻赤。

【用法用量】口服，一次1瓶（6g），每日2次。

【注意事项】孕妇及哺乳期妇女慎用。脾胃虚寒者慎用。服药期间不宜同时服用热性药物，忌吸烟，忌饮酒，忌食辛辣、油腻及腥发物。切忌用手挤压患处，特别是鼻唇周围。

二、治烧伤剂

凡以清热解毒、化瘀生肌，治疗水、火、电灼伤为主要作用的中药制剂，称为治烧伤剂。治烧伤剂为外用制剂，按其功效与适用范围，又可分为清解收敛剂等若干类。清解收敛剂主要具有清热解毒、凉血化瘀、消肿止痛、收湿生肌等作用。主治水火烫伤或电灼伤，兼治疮疡肿痛、皮肤损伤、创面溃烂等。

京万红软膏

【药物组成】黄连、黄芩、黄柏、苦参、胡黄连、栀子、大黄、地榆、槐米、白蔹、紫草、地黄、赤芍、金银花、半边莲、桃仁、红花、当归、川芎、土鳖虫、木鳖子、木瓜、苍术、乳香、没药、血竭、罂粟壳、乌梅、五倍子、棕榈炭、血余炭、白芷、冰片等。

【功能主治】活血解毒，消肿止痛，去腐生肌。用于轻度水、火烫伤，疮疡肿痛，创面溃烂。

【方解】方中黄连、黄芩、黄柏、苦参、胡黄连苦寒清泻而燥，善清热燥湿、泻火解毒。栀子苦寒清利、大黄苦寒泄降通利，既善泻火凉血而解毒，又善通利二便而导热外出，还能化瘀消肿。地榆、槐米、白蔹苦寒，善清热凉血解毒，而地榆、白蔹又兼酸涩收敛，善敛疮生肌。紫草、地黄、赤芍性寒入血，善清热凉血、化瘀消肿。金银花、半边莲寒清，善清解热毒消肿。合而用之，能清热解毒、凉血化瘀、消肿止痛、生肌。桃仁、红花、当归、川芎均善行，能活血通脉、消肿止痛；土鳖虫咸寒泄散，善破血逐瘀以止痛；木鳖子苦寒有毒，能通经络、消肿块、止疼痛；木瓜酸温，能化湿、益筋血、活血通筋；苍术辛苦温燥，善燥湿，古云其能"泄饮消痰，行瘀开郁，化癖除癥"；乳香、没药、血竭，善行祛瘀，既活血止痛，又生肌敛疮。合而用之，能活血散瘀、消肿止痛、生肌敛疮。罂粟壳、乌梅、五倍子酸涩收敛，能止痛敛疮；棕榈炭、血余炭苦泄涩敛，能收敛止血；白芷辛香温通，能通窍除湿、活血消肿排脓；冰片辛香走窜，苦泄微寒，《本草正》谓其"散气、散血、通窍"，并善消肿生肌、清热止痛。合而用之，能敛疮、收湿、止痛。全方配伍，主以清解，兼以散涩，共奏清热解毒、凉血化瘀、消肿止痛、祛腐生肌之功，故善治水、火烫伤或电灼伤、疮疡肿痛、皮肤损伤、创面溃烂。

【用法用量】用生理盐水清理创面，涂敷本品或将本品涂于消毒纱布上，敷盖创面，消毒纱布包扎，每日换药一次。

【注意事项】烧、烫伤感染者禁用。孕妇慎用。或用药后出现皮肤过敏反应需及时停用。不可内服，不可久用。用药期间忌食辛辣、海鲜食物。

三、治瘰核乳癖剂

凡以软坚散结或清热活血，治疗瘰疬或乳癖为主要作用的中药制剂，称为治瘰核乳癖剂。按其功效与适用范围，又可分为散结消核剂等若干类。散结消核剂具有化痰散结或温阳散结、软坚清热活血之功，适用于痰湿或痰气凝滞所致的瘰疬脾肾阳虚、痰瘀互结的阴疽、瘰疬未溃，或痰热互结所致的乳癖、乳痈，症见结节大小不一，质地柔软，以及产后乳房肿块、红肿疼痛等证。兼治瘿瘤、乳岩等。

内消瘰疬丸

【药物组成】夏枯草、海藻、蛤壳（煅）、连翘、白蔹、大青盐、天花粉、玄明粉、浙贝母、枳壳、桔梗、当归、大黄（熟）、玄参、地黄、薄荷、甘草。

【功能主治】软坚散结，用于瘰疬痰核或肿或痛。

【方解】方中夏枯草苦辛性寒，清泻散郁，善清肝火、散郁结；海藻咸软寒清，善消痰软坚散结。两药相合，化痰、软坚、散结，恰中病机，故为君药。煅蛤壳苦寒清泻，味咸软坚，且清痰火；连翘、白蔹凉清苦泄，能清热消肿散结；大青盐咸寒而具清热、软坚之功；天花粉苦寒清泻，微甘性润，兼能行散，为清热消肿之品；玄明粉苦寒清泻，味咸软坚，善清热软坚止痛；浙贝母苦泄寒清，善清热化痰、散结消肿；枳壳苦降辛散微寒，善理气化痰；桔梗苦降辛开，性平不偏，能宣肺祛痰；九药合而用之，可增君药化痰、软坚、散结之力，故共为臣药。当归温通辛散，能活血祛瘀止痛；熟大黄苦寒泄降，且善活血祛瘀；玄参、地黄寒凉入血，既善清热凉血，又能软坚散结。四药合而用之，能助君臣药之功，故共为佐药。薄荷辛散凉清，能疏解郁结；甘草甘平性缓，调和诸药，故共为使药。全方配伍，咸软苦泄合用，共奏化痰、软坚、散结之功。

故治痰湿凝滞所致的瘰疬，症见皮下结块、不热不痛。

【用法用量】口服，一次8丸，每日3次。

【注意事项】疮疡属阳证者禁用。孕妇慎用。忌食辛辣、油腻食物及海鲜等发物。

小金丸

【药物组成】制草乌、地龙、木鳖子（去壳去油）、当归（酒炒）、五灵脂（醋炒）、乳香（制）、枫香脂、没药（制）、香墨、人工麝香。

【功能主治】散结消肿，化瘀止痛。用于痰气凝滞所致的瘰疬、瘿瘤、乳岩、乳癖，症见肌肤或肌肤下肿块一处或数处，推之能动，或骨及骨关节肿大、皮色不变、肿硬作痛。

【方解】方中制草乌温经散寒，通经活络，为君药。地龙活血化痰通经，木鳖子散结消肿、攻毒疗疮，当归、五灵脂、乳香、没药活血散瘀，消肿止痛，共为臣药。枫香脂凉血解毒、活血止痛，香墨止血生肌、消肿肿，人工麝香辛香走窜、活血通经、消肿止痛，为佐药。诸药合用，共奏散结消肿、化瘀止痛之功。

【用法用量】打碎后口服。一次1.2～3g，每日2次。小儿酌减。

【注意事项】孕妇、哺乳期妇女禁用，疮疡阳证者禁用。脾胃虚弱者慎用，不宜长期使用，肝肾功能不全者慎用。忌食辛辣、油腻及海鲜等发物。

乳癖消胶囊

【药物组成】蒲公英、鹿角、昆布、海藻、天花粉、夏枯草、三七、鸡血藤、赤芍、牡丹皮、玄参、漏芦、连翘、红花、木香。

【功能主治】软坚散结、活血消痛、清热解毒，用于乳癖结节、乳痈初起、乳腺囊性增生病及乳腺炎前期。

【方解】方中蒲公英苦寒清泻、甘寒清解，善清热解毒、消散痈肿，尤为治乳痈要药；鹿角味咸性温，具活血散瘀消肿之功。两药合用，能清热散结、活血消肿，故共为君药。昆布、海藻，咸软寒清，善软坚散结；天花粉苦寒清泻，善清热消肿；夏枯草苦泄辛散寒清，善散痰火之郁结；三七苦泄温通兼甘补，既善活血化瘀止痛，又不伤正气；鸡血藤微甘温补通散，活血与补血并能。六药合用，既清热消痰、软坚散结，又活血消肿止痛，以助君药散结、活血之功，故共为臣药。赤芍、牡丹皮微寒散泄，既清血分之热，又散血滞而止痛；玄参苦甘咸寒，善清热降火、凉血散结；连翘苦微寒而清泻，善清热解毒、散结消痈；漏芦苦寒清泻，善解毒散结、通经下乳，为治乳痈、乳癖、乳胀之要药。五药合用之，能助君臣药散结活血、清热解毒、消痈之功，故共为佐药。红花辛散温通，能活血以畅血行；木香辛散苦燥性温，能行气滞以利气行。两药合用，可助药势，共为使药。全方配伍，咸软散结，辛散瘀滞，苦泄清热，共奏软坚散结、活血消痛、清热解毒之功。故善治痰热互结所致的乳癖、乳痈，症见乳房结节、数目不等、大小形态不一、质地柔软，或产后乳房结块、红热疼痛，及乳腺增生、乳腺炎早期见上述证候者。

【用法用量】口服。一次5～6粒，每日3次。

【注意事项】孕妇慎用。若因服药引起全身不适者需停用。

四、治痔肿剂

凡以凉血止血、消肿止痛，治疗痔疮肿痛、出血为主要作用的中药制剂，称为治痔肿剂。根据功效与适用范围，治痔肿剂又可分为清肠消痔剂等若干类。清肠消痔剂主要具有疏风凉血止血、泻热润燥或清热燥湿、活血消肿之功，可内服或外用，分别适用于脏腑实热、大肠火盛所致的肠风下血、痔疮肛瘘，以及湿热瘀滞所致的各种痔疮、肛裂，可见大便出血、痔疮疼痛、有下坠感等证。

地榆槐角丸

【药物组成】地榆炭、槐角（蜜炙）、槐花（炒）、黄芩、大黄、地黄、赤芍、荆芥穗、当归、红花、防风、枳壳（麸炒）。

【功能主治】疏风、凉血、泄热润燥，用于脏腑实热、大肠火盛所致的肠风便血、痔疮肛瘘、湿热便秘，肛门肿痛。

【方解】方中地榆炭苦泄酸收凉清，善泄热凉血、收敛止血，作用偏于下焦；蜜槐角、炒槐花苦凉清泻，善凉血止血，且能润肠，尤为便血、痔血多用。三药合用，善清大肠之火而凉血止血，故为君药。黄芩苦寒清燥，善泄热解毒、泻火止血；大黄寒苦清泻通降，善泻火凉血、导热通便、化瘀消肿；地黄甘润苦泄寒清，既清热凉血，又润肠燥而通便；赤芍苦凉入血，善清热凉血、活血止血；荆芥穗辛散不热，善祛肠风且止血，治肠风下血。五药合而用之，既助君药泄热、凉血，又善疏风止血，故共为臣药。当归甘润辛散，温通善行，既补血活血，又润燥通便；红花辛行性温，既活血祛瘀，又可防青涩太过；防风辛甘微温，善祛风，以助荆芥穗之力；炒枳壳辛散微寒，善行滞气、除胀消痞，以助诸药药势；故共为佐药。全方配伍，苦寒清泻，涩敛辛散，共奏疏风凉血、泄热润燥之功，故善治脏腑实热、大肠火盛所致的肠风便血、痔疮肛瘘、湿热便秘、肛门肿痛。

【用法用量】口服。一次 1 丸，每日 2 次。

【注意事项】孕妇禁用。脾胃虚寒者慎用。忌食辛辣、油腻食物及海鲜等发物。

马应龙麝香痔疮膏

【药物组成】人工麝香、人工牛黄、珍珠、煅炉甘石粉、硼砂、琥珀、冰片。

【功能主治】清热燥湿，活血消肿，去腐生肌。用于湿热瘀阻所致的痔疮、肛裂，症见大便出血或疼痛、有下坠感，亦用于肛周湿疹。

【方解】方中人工麝香气香走窜，辛散温通，善活血消肿、止痛；人工牛黄苦凉，善清热解毒。两药合用，清热活血、消肿止痛功著，故共为君药。珍珠甘寒清解，能清热解毒敛疮；煅炉甘石粉甘平无毒，能生肌敛疮、收湿止痒；硼砂甘咸凉清，能清热解毒消肿。三药合而用之，能助君药清热解毒、敛疮生肌，共为臣药。琥珀甘平质重，能活血散瘀；冰片辛香，苦凉清热，能清热止痛、消肿生肌。两药相合，以增君臣药活血消肿、祛腐生肌之功，故共为佐药。全方配伍，清泻与行散并施，共奏清热燥湿、活血消肿、祛腐生肌之功，故善治湿热瘀阻所致的各类痔疮、肛裂，症见大便出血，或疼痛、有下坠感，亦用于肛周湿疹。

【用法用量】外用，涂搽患处。

【注意事项】不可内服。孕妇慎用或遵医嘱。用药后如出现皮肤过敏反应或月经不调者需及时停用。忌食辛辣、油腻食物及海鲜等发物。

五、治疹痒剂

凡以清热祛风、治疗皮肤疹痒为主要作用的中药制剂，称为治疹痒剂。按其功效与适用范围，又可分为祛风止痒剂等若干类。祛风止痒剂主要具有清热除湿、消风止痒，或凉血养血、祛风止痒之功，分别用于治风热湿邪蕴阻肌肤所致的风疹瘙痒、皮肤丘疹、水疱或风团；以及血热或血虚风燥白疕瘙痒，皮疹表面覆有银白色鳞屑、瘙痒较甚者。

消风止痒颗粒

【药物组成】荆芥、防风、石膏、蝉蜕、苍术（炒）、地骨皮、木通、亚麻子、当归、地黄、甘草。

【功能主治】消风清热，除湿止痒。主治丘疹样荨麻疹，也用于湿疹、皮肤瘙痒症。

【方解】方中荆芥辛散气香，微温不热，药性平和，功善祛风止痒；防风辛散不热，甘缓不峻，善祛风湿而止痒；石膏辛寒透解，寒泄肺热，功能清热泻火。三药合用，能清热消风、除湿止痒，故共为君药。蝉蜕甘寒质轻，善疏散清透、祛风止痒；炒苍术辛散苦燥除湿，能燥湿健脾、祛风除湿；地骨皮性寒入肺，能清肺泄热；木通苦寒泄降通利，既能通利血脉，又能利小便而导湿热外出。四药合用，可助君药除湿、消风之功，故为臣药。亚麻子甘平质润，善养血祛风、润燥通便，故为皮肤瘙痒所常用；当归甘润温补，善补血以扶正，活血以祛风；地黄甘润苦泄寒清，能滋阴凉血清热。三药合用，功能凉血清热、散瘀和血，血行流畅则风痒自灭，以助君臣药消风之功，故共为佐药。甘草甘缓平凉，既清热，又调和诸药，故为使药。全方配伍，主以散风，兼以清热，共奏清热除湿、消风之痒之功，故善治风湿热邪蕴阻肌肤所致的湿疮、风疹瘙痒、小儿隐疹，症见皮肤丘疹、水疱、抓痕、血痂；或见梭形或纺锤形水肿性风团，中央出现小水疱、瘙痒剧烈；以及湿疹、皮肤瘙痒症、丘疹性荨麻疹兼上述证候者。

【用法用量】口服，1岁以内每日1袋；1~4岁每日2袋；5~9岁每日3袋；10~14岁每日4袋；15岁以上每日6袋。分2~3次服用；或遵医嘱。

【注意事项】服药期间忌食鲜鱼海腥、葱蒜辛辣等食物。若有胃痛或腹泻，可暂停服药。

消银颗粒

【药物组成】地黄、玄参、牡丹皮、金银花、大青叶、当归、赤芍、红花、苦参、白鲜皮、防风、牛蒡子、蝉蜕。

【功能主治】清热凉血，养血润燥，祛风止痒。用于血热风燥型白疕和血虚风燥型白疕。症见皮疹为点滴状，基底鲜红色，表面覆有银白色鳞屑，或皮疹表面附有较厚的银白色鳞屑，较干燥，基底淡红色瘙痒较甚等。

【方解】方中地黄甘润苦泄寒清，善滋阴养血、清解血分之热；玄参苦寒清泻，咸又入血，善清热凉血、活血化瘀；牡丹皮苦泄辛行微寒，善清热凉血、活血化瘀。三药合用，既清热凉血，又滋阴补血，故共为君药。金银花甘寒清热，善散肌表风热，并清解热毒；大青叶苦寒清泻，入血分而善清热凉血；当归甘补辛散，既活血祛风，又补血润肤；赤芍苦泄微寒，既除血分郁热，又善活血散瘀；红花辛散温通，善活血散瘀。五药合用，既助君药凉血、养血，又兼疏散风热，故共为臣药。苦参、白鲜皮苦寒清燥，既清热燥湿，又祛风杀虫止痒；防风辛散，温而不热，善祛风胜湿、止痒；牛蒡子辛散苦泄寒清，善散风清热解毒；蝉蜕甘寒质轻，疏散清透，善疏风清热止痒。合而用之，既助君臣药清热，又能祛风止痒，故共为佐药。全方配伍，清凉苦燥，辛散润补，共奏清热凉血、养血润肤、祛风止痒之功，故善治血热风燥型白疕和血虚风燥型白疕，症见皮疹为点滴状、基底鲜红色、表面覆有较厚的银白色鳞屑、较干燥、基底淡红色、瘙痒较甚。

【用法用量】开水冲服。一次 3.5 g，每日 3 次。1 个月为 1 个疗程。

【注意事项】孕妇禁用。脾胃虚寒者慎用。服药期间忌食辛辣、油腻食物及海鲜等发物。儿童且量宜减或遵医嘱。

第二十节　妇科用药

一、调经剂

凡以调理月经，治疗月经不调为主要作用的中药制剂，称为调经剂。调经剂具有活血祛瘀、疏肝理气、滋阴益气、固崩止血、温经散寒等作用。适用于瘀血内停、肝郁气滞、阴虚内热、气血两虚，以及寒凝血瘀所致的月经不调、崩漏、绝经前后诸证，亦兼治产后恶露不尽等证。调经剂按其功效与适用范围，又可分为活血行气调经剂、补虚扶正调经剂、温经活血调经剂、固崩止血剂、安坤除烦剂五类。

（一）活血行气调经剂

活血行气调经剂具有活血化瘀、通经消癥、疏肝解郁、调经止痛等作用，主治瘀滞所致的癥瘕、闭经、月经不调，以及产后瘀滞腹痛等。

大黄䗪虫丸

【药物组成】大黄（熟）、土鳖虫（炒）、水蛭（制）、虻虫（炒）、蛴螬（制）、干漆（煅）、桃仁、干地黄、白芍、黄芩、苦杏仁（炒）、甘草。

【功能主治】用于五劳虚极、干血内停证，形体羸瘦，少腹挛急，腹痛拒按，或按之不减，腹满食少，肌肤甲错，两目无神，目眶暗黑，舌有瘀斑，脉沉涩或弦。

【方解】方中熟大黄苦寒清泻，沉降通利，走而不守，既善攻积导滞，又善逐瘀通经、破癥消积，推陈致新；炒土鳖虫咸软性寒，善于泄散，专入血分，能破血逐瘀、消癥散结。两药相须为用，破血逐瘀、通经消癥，故为君药。制水蛭咸平苦泄，炒虻虫苦寒泄降，制蛴螬咸软微温，均有小毒而善破瘀血、消癥结；煅干漆辛散苦泄、温通行滞，善破血攻坚；桃仁苦泄甘平，活血力强，善祛瘀生新。四药合用，能助君药破血逐瘀、通经消癥，故为臣药。地黄甘寒清润，既凉血清热，又养阴益血；白芍酸敛阴，甘养血，性微寒，与地黄同用，能养阴、补血，以防破血太过，损伤正气。黄芩苦寒清燥、泻火解毒，助大黄清瘀热；炒苦杏仁甘温润降，助桃仁破血壅、润燥结。四药相合，既养血滋阴以扶正，又清热苦泄以祛邪，故共为佐药。甘草甘缓性平，既缓和虫类药之峻猛药性，又调和诸药，故为使药。全方配伍，主以逐瘀清泻，兼以滋阴润燥，如《金匮心典》所言"润以濡其干，虫以动其瘀，通以祛其闭"，共奏活血通经、祛瘀生新之功，故善治瘀血内停之癥瘕、闭经。

【用法用量】口服，水蜜丸一次 3 g，小蜜丸一次 3~6 丸，大蜜丸一次 1~2 丸，每日 1~2 次。

【注意事项】孕妇禁用。气虚血瘀、体弱年迈者慎用。体质壮实者当中病即止，不可过量、久用。服药后出现皮肤过敏者应当停用。服药期间，忌食寒凉食物。

益母草颗粒

【药物组成】益母草。

【功能主治】活血调经，用于血瘀所致的月经不调、产后恶露不绝，症见月经量少、淋漓不净，产后出血时间过长，产后子宫复旧不全。

【方解】益母草辛散苦泄，微寒能清，功善活血祛瘀、调经，为治瘀血性经产病证之要药。本品虽为单药制剂，但对于瘀血停滞所致的月经不调、产后恶露不绝等，能有效彰显其活血调经、祛瘀止痛之功。

【用法用量】开水冲服，一次1袋，每日2次。

【注意事项】孕妇禁用。月经量多或气血亏虚、肝肾不足之月经不调者慎用。不宜过量服用。

妇科十味片

【药物组成】香附（醋炙）、当归、熟地黄、白芍、川芎、赤芍、延胡索（醋炙）、白术、大枣、甘草、碳酸钙。

【功能主治】养血疏肝，调经止痛。用于血虚肝郁所致月经不调、痛经、月经前后诸证，症见行经后错、经水量少、有血块，行经小腹疼痛，血块排出痛减，经前双乳胀痛、烦躁，食欲不振。

【方解】方中醋香附辛散微苦微甘而平，善疏肝理气、调经止痛；当归甘补辛散温通，为养血活血调经要药。两药同用，善养血疏肝、调经止痛，故为君药。熟地黄甘补微温黏腻，善滋阴补血、益精填髓；白芍甘补酸敛微寒，善养血调经、柔肝止痛；川芎辛温行散，入血走气，善活血行气止痛；赤芍专入肝经，苦泄行散，能祛瘀滞、止疼痛；醋延胡索辛散苦泄，能活血行气，尤善止痛。五药合用，既补血活血，又理气止痛，可使君药养血疏肝、调经止痛之功大增，故为臣药。白术甘温苦燥，温补扶正，能补气健脾；大枣甘温入脾，能补中益气；甘草甘平，既益气补中，又调和诸药。三药合用，能使脾运得健，促进气血化生，故共为佐使药。碳酸钙能补充体内钙质。全方配伍，将补虚（养血、健脾）与疏利（疏肝、活血）合为一体，共奏养血疏肝、调经止痛之功，故善治血虚肝郁之月经不调、痛经诸证。

【用法用量】口服。一次4片，每日3次。

【注意事项】气血两虚之月经不调者慎用。服药期间慎食辛辣刺激食物。

七制香附丸

【药物组成】香附（醋制）、当归、熟地黄、阿胶、白芍、益母草、延胡索（醋制）、川芎、人参、茯苓、白术（麸炒）、甘草、粳米、鲜牛乳、砂仁、小茴香（盐制）、地黄、天冬、山茱萸（酒炙）、酸枣仁（炒）、黄芩、艾叶、艾叶炭、食盐。

【功能主治】疏肝理气，养血调经。用于气滞血虚所致的痛经、月经量少、闭经，症见胸胁胀痛、经行量少、行经小腹胀痛、经前双乳胀痛、经水数月不行。

【方解】方中醋香附辛散苦降，微甘能和，性平入肝，善疏肝理气、调经止痛；当归甘补辛散，补血活血，为调经要药；熟地黄、阿胶甘润滋补，能养血益精；白芍苦泄酸敛，能养血补肝、柔肝止痛；益母草辛散苦泄，能活血化瘀调经，为妇科经产要药；醋延胡索、川芎辛散行气、苦泄祛瘀，能祛瘀行气止痛。诸药同用，既行气疏肝、活血调经，又滋补阴血、调经止痛。人参、茯苓、炒白术、甘草甘补入脾，能补脾气、健脾运；粳米甘平和中益胃，鲜牛乳甘补虚损、益脾胃，共助气血生化；砂仁、盐小茴香辛香温散，善理气散寒开胃，以助健脾补虚之力；地黄、天冬性寒甘补，善清润滋阴，以防辛散过燥而伤阴血；酒炙山茱萸、炒酸枣仁酸甘入肝而补肝养血；黄芩苦寒清燥，温中寓清；艾叶、艾叶炭温经止血、散寒止痛、调经；食盐咸寒，既活血祛瘀，又引药下行入肾。诸药合用，既补脾和胃以促气血化生，又滋阴补肝以扶正气，兼能止血、清热、引药下行。此外，甘草甘平，还善调和诸药。全方配伍，行散中兼补虚，共奏疏肝理气、养血调经之功，故善治气滞血虚所致的痛经、月经量少、闭经等。

【用法用量】口服。一次 1 袋，每日 2 次。

【注意事项】孕妇禁用。湿热患者慎用。服药期间忌食生冷食物。

（二）补虚扶正调经剂

补虚扶正调经剂主要具有滋阴清热、益气养血、补虚调经的作用，主治阴虚血热的月经先期等证。

安坤颗粒

【药物组成】墨旱莲、牡丹皮、益母草、栀子、当归、白芍、女贞子、白术、茯苓。

【功能主治】滋阴清热，健脾养血。用于放环后引起的出血，月经提前、量多或月经紊乱，腰骶酸痛，下腹坠痛，心烦易怒，手足心热。

【方解】方中墨旱莲甘酸性寒，既善滋补肝肾之阴，又能凉血止血；牡丹皮苦泄辛散微寒，既善清热凉血，又善活血祛瘀。两药合用，既滋阴清热，又活血止血，故为君药。益母草辛苦散泄，微寒能清，善活血祛瘀调经；栀子苦寒清泻，善泻火清热、凉血止血；当归甘补辛行而温，善补血活血、调经止痛；白芍酸甘微寒，善养血柔肝、调经止痛；女贞子甘苦而凉，善补肝肾之阴而退热。五药相合，既清热祛瘀，又补血调经，故共为臣药。白术、茯苓甘补入脾，能健脾益气，气旺则能生血摄血，故共为佐药。全方配伍，清散与补虚相兼，共奏滋阴清热、养血调经之功，故善治阴虚血热所致的月经先期、量多或经期延长等证；放节育环出血属阴虚血热者亦可用之。

【用法用量】开水冲服，一次 10 g，每日 2 次。

【注意事项】孕妇及脾胃虚寒者慎用。服药期间，忌食辛辣刺激食物。

八珍益母丸

【药物组成】益母草、当归、熟地黄、党参、白术（炒）、茯苓、甘草、川芎、白芍（酒炒）。

【功能主治】补气血、调月经，用于妇女气血两虚、体弱无力、月经不调。

【方解】方中重用益母草，其辛苦散泄，微寒清解，善活血化瘀调经；当归甘补辛散温通，善补血活血、调经止痛；熟地黄甘补质润，微温不热，善补血滋阴、益精填髓。三药同用，既补血益精，又活血调经，故为君药。党参、炒白术、茯苓、甘草甘补扶正，善补中气、健脾运；脾健则生化之源充足，以增君药补血之力，故共为臣药。川芎辛温行散，入血走气，能活血行气止痛，助益母草行瘀调经；酒白芍酸甘微寒，善补血柔肝、调经止痛，可助当归温补调经。两药合用，既散瘀又补血，故共为佐药。全方配伍，补散相合，补中有散，共奏益气养血、活血调经之功，故善治气血两虚兼有瘀滞的月经不调之证。

【用法用量】 口服，一次 6 g，每日 2 次。

【注意事项】 孕妇、月经过多者禁用。湿热所致的月经不调者慎用。

乌鸡白凤丸

【药物组成】 乌鸡（去毛爪肠）、人参、黄芪、熟地黄、当归、丹参、白芍、川芎、香附（醋制）、山药、地黄、天冬、鳖甲（制）、鹿角胶、芡实（炒）、桑螵蛸、牡蛎（煅）、鹿角霜、银柴胡、甘草。

【功能主治】 补气养血、调经止带，用于气血两虚、身体瘦弱、腰膝酸软、月经不调、崩漏带下。

【方解】 方中重用乌鸡，其甘补性平，善补血滋阴，以除羸弱；人参甘而微苦，微温不热，药力强大，善大补元气；黄芪甘补微温，善补脾气；熟地黄甘润微温，善养血滋阴益髓；当归甘温辛散，善补血活血。四药合用，补气养血功著。丹参、白芍苦泄凉清甘补，善活血补血、调经；川芎、醋香附辛散入肝，能活血行气、疏肝调经。四药合用，具活血补血、行气调经之功。山药甘平力缓，善补气健脾益阴；地黄甘凉入血，能滋阴清热；天冬甘润苦降寒清，能滋阴降火；制鳖甲咸寒，善滋阴清热，鹿角胶甘咸而温，善补肝肾、益精血。五药合用，既益阴清热，又温阳抑寒。炒芡实、桑螵蛸、煅牡蛎、鹿角霜补虚涩敛，能固涩、止带；银柴胡甘凉清泻，善清退阴分之热；甘草甘平，既补中又调和诸药。全方配伍，主补虚，兼行敛，共奏补气养血、调经止带之功，故善治气血两虚所致的身体瘦弱、月经不调、崩漏带下。

【用法用量】 口服。一次 1 丸，每日 2 次。

【注意事项】 月经不调或崩漏属血热实证者慎用，服药后出血不减或带下量仍多者请医生诊治。服药期间慎食辛辣食物。

女金丸

【药物组成】 党参、白术（炒）、茯苓、甘草、当归、白芍、熟地黄、阿胶、川芎、益母草、牡丹皮、肉桂、延胡索（醋制）、香附（醋制）、没药（制）、砂仁、陈皮、藁本、白芷、赤石脂（煅）、鹿角霜、黄芩、白薇。

【功能主治】 益气养血、理气活血、止痛，用于气血两虚、气滞血瘀所致的月经不调，症见月经提前、月经错后、月经量多、神疲乏力、行经腹痛。

【方解】 方中党参甘补性平，善补脾益气养血；炒白术甘补苦燥而温，善补中健脾燥湿；茯苓甘淡渗利，善健脾运、渗脾湿；甘草甘平性缓，能补中益气。合而用之，能补气健脾而生血。当归辛温甘补，善补血活血、调经止痛；白芍酸甘微寒，善养血柔肝、调经止痛；熟地黄甘温厚味，质润滋腻，能补血益精；阿胶甘补性平，质黏滋润，善养血滋阴、止血；川芎辛温行散，善活血行气止痛。合而用之，既能补血益精、调经止痛，又补而不滞。益母草辛散苦泄，微寒清解，善活血调经止痛；牡丹皮苦辛微寒，清泻行散，能活血凉血散瘀；肉桂辛甘性热，善温经通脉，散瘀止痛；醋延胡索辛散苦泄温通，善活血行气止痛；醋香附辛散苦降，性平不偏，善疏肝理气、调经止痛；制没药辛散苦泄，芳香走窜，善活血止痛。合而用之，能行滞气、散瘀血、止疼痛。砂仁辛能行散，芳香温化，能醒脾行气；陈皮辛香苦燥，能理气健脾。两药合用，能行滞气、健脾胃，以防补而壅滞。藁本辛温入肝，白芷辛香性温，煅赤石脂性涩，功能收敛止血；鹿角霜咸涩性温，能益精血、温阳、止血。合而用之，温疏与收涩并用，以温经止漏。黄芩苦寒泄热，能泻火止血；白薇苦泄寒清，咸而入血，能凉血清热。合而用之，既清热止血，又防温热太过。全方配伍，主温补行散，兼涩敛清泻，共奏益气养血、理气活血、调经止痛之功，故善治气血两虚、气滞血瘀所致的月经不调，症见月经提前、月经错后、月经量多、神疲乏力、经水淋漓不净、行经腹痛。

【用法用量】口服。一次 1 丸或 5 g，每日 2 次。

【注意事项】孕妇慎用。湿热蕴结、阴虚火旺所致月经失调者慎用。月经量多者服药后经量不减者，应请医生诊治。用药期间忌食寒凉食物。

（三）温经活血调经剂

温经活血调经剂主要有温经散寒、暖宫祛瘀的作用，主治寒凝血滞所致的月经不调、痛经等。

少腹逐瘀丸

【药物组成】当归、蒲黄、五灵脂（醋制）、赤芍、延胡索（醋制）、没药（炒）、川芎、肉桂（盐炒）、小茴香（盐炒）、炮姜。

【功能主治】温经活血，散寒止痛，用于寒凝血瘀所致的月经后期、痛经，产后腹痛，症见行经后错、行经小腹冷痛，经血紫暗、有血块，产后小腹疼痛喜热、拒按。

【方解】方中当归甘补辛散而温，善补血活血、调经止痛；蒲黄甘缓不峻，性平不偏，善活血化瘀止痛。两药相须为用，既活血调经，又散寒止痛，故为君药。醋五灵脂苦泄温通，善活血祛瘀、通脉止痛；赤芍苦泄微寒，善活血散瘀；醋延胡索辛散苦泄温通，既活血，又行气，止痛甚佳；炒没药辛散苦泄，芳香走窜，性平不偏，善活血止痛；川芎辛温行散，入血走气，善活血行气、调经止痛。合而用之，助君药以增活血化瘀、调经止痛之力，故为臣药。盐肉桂辛甘性热，纯阳温散，善温通经脉、散寒止痛；盐小茴香辛香温散，善散肝经寒凝而暖肝散寒止痛；炮姜苦辛温散，微涩收敛，善温经散寒止痛。合而用之，善散寒凝、止痛，故为佐药。全方配伍，温阳力强，共奏温经活血、散寒止痛之功，故治寒凝血瘀所致的月经后期、痛经、产后腹痛。

【用法用量】温黄酒或温开水送服。一次 1 丸，每日 2～3 次。

【注意事项】孕妇忌服。湿热或阴虚有热者慎用。治产后腹痛应排除胚胎或胎盘组织残留。服药期间忌食寒凉食物。

艾附暖宫丸

【药物组成】当归、香附（醋炙）、地黄、白芍（酒炒）、川芎、黄芪（蜜炙）、艾叶炭、吴茱萸（制）、肉桂、续断。

【功能主治】理气补血，暖宫调经，用于血虚气滞、下焦虚寒所致的月经不调、痛经，症见行经后错、经量少、有血块，小腹疼痛、经行小腹冷痛喜热、腰膝酸痛。

【方解】方中当归甘辛温补行散，善补血活血、调经止痛，兼能行气；醋香附平而偏温，善疏肝理气、调经止痛。两药相合，主补血活血、理气止痛，兼散寒邪，恰中血虚气滞有寒之病机，故为君药。地黄甘润性寒，善滋养阴血；酒炒白芍甘酸微寒，酒炒后既养血敛阴，又兼行经止痛；川芎辛香温散，善活血行气止痛；炙黄芪甘补微温，善补中益气，促进有形之血化生。四药相合，可助君药养血活血、理气止痛，故为臣药。艾叶炭辛苦温敛，善温经散寒止血；制吴茱萸辛苦性热，善散寒止痛、疏肝下气；肉桂辛甘而热，善散寒止痛、温暖胞宫；续断微温，善补肝肾、行血脉。四药相合，既助君臣药养血理气，又散寒暖宫，故为佐药。诸药合用，温补通散，共奏养血理气、暖宫调经之功，故善治血虚气滞、下焦虚寒所致的月经不调、痛经。

【用法用量】口服。一次6g，每日2~3次。

【注意事项】孕妇禁用。热证、实热证者慎用。服药期间忌食寒凉食物。

（四）固崩止血剂

固崩止血剂具有滋阴清热、凉血止血的作用。用于阴虚血热所致的月经先期、量多，以及血热崩漏等。

固经丸

【药物组成】龟甲（酒制）、白芍（炒）、黄柏（盐炙）、黄芩（酒制）、椿皮（炒）、香附。

【功能主治】滋阴清热，固经止带。用于阴虚血热，月经先期，经血量多、色紫黑，白带量多。

【方解】方中酒龟甲甘补咸寒清泻，善滋阴退热、凉血止血；炒白芍酸甘微寒，善养血敛阴、柔肝止痛。两药合用，能滋阴养血、凉血止血，共为君药。盐黄柏苦寒泄燥下行，能泻火坚阴、燥湿止带；酒黄芩苦泄寒清，既清泻燥湿，又泻火止血。两药合用，助君药泻火止血，故为臣药。炒椿皮苦涩性寒，既燥湿止带，又收敛止血；香附辛散苦降，性平入肝，善疏肝理气、调经止痛。两药合用，既助君臣药固经止带，又兼行散，以防凉涩太过而留瘀，故为佐药。全方配伍，主以滋阴，兼以清涩，共奏滋阴清热、固经止带之功，故善治阴虚血热所致的月经先期、赤白带下。

【用法用量】口服。一次6g，每日2次。

【注意事项】孕妇及脾胃虚寒者慎用。实证瘀滞者不宜使用。服药期间忌食辛辣油腻。

宫血宁胶囊

【药物组成】重楼。

【功能主治】凉血止血，清热除湿，化瘀止痛。用于崩漏下血，月经过多，产后或流产后宫缩不良出血及子宫性出血属血热妄行证者，以及慢性盆腔炎之湿热瘀结所致的少腹痛、腰骶痛、带下增多。

【方解】方中重楼味苦泄燥，微寒清热，且具小毒，专归肝经，善泻肝热。虽为单味制剂，但药简效宏，具有较好的凉血止血、清热、化瘀之功，故善治血热所致的崩漏、月经过多，以及慢性盆腔炎属湿热瘀结者。

【用法用量】月经过多或子宫出血期：口服，一次1~2粒，每日3次，血止停服。慢性盆腔炎，口服，一次2粒，每日3次，4周为1个疗程。

【注意事项】孕妇忌服。虚证及血瘀出血、妊娠出血者不宜。暴崩和脾胃虚寒者慎用。服药期间忌食肥甘厚味及辛辣食物。

（五）安坤除烦剂

安坤除烦剂主要具有滋阴清热、除烦安神的作用，主治绝经前后诸证，症见烘热汗出、烦躁易怒、夜眠不安等。

更年安片

【药物组成】地黄、熟地黄、何首乌（制）、麦冬、玄参、牡丹皮、茯苓、泽泻、珍珠母、磁石、钩藤、首乌藤、五味子、浮小麦、仙茅。

【功能主治】 滋阴清热、除烦安神。用于更年期出现的潮热汗出、眩晕、耳鸣、失眠、烦躁不安。

【方解】 方中地黄甘寒质润，苦寒泄热，善清热凉血、滋阴；熟地黄甘润微温，善补血滋阴、益精填髓；制何首乌甘补微温，不腻不燥，善补肝肾、益精血，为滋补要药。合而用之，滋肾阴、益精血功著。麦冬甘润苦泄，微寒清热，既养阴清心，又除烦安神；玄参苦泄甘润寒清，善清热凉血、滋阴降火；牡丹皮苦泄辛散微寒，既清热凉血，又透阴伏热而退虚热；茯苓甘淡渗利，性平不偏，善健脾宁心安神；泽泻甘寒清利，善清泻肾火。合而用之，善滋阴清热，宁心安神。珍珠母咸寒质重，善镇潜安神；磁石咸寒，沉降下行，善镇惊安神、滋肾聪耳；钩藤甘凉清热，质轻清透，善清热平肝。三药合用，善镇心安神，平肝潜阳，以除烦躁、止眩晕。首乌藤甘补性平，能养血安神以除烦；五味子酸收性温，善宁心安神；浮小麦甘补凉清，能益气除热敛汗。三药合用，能安心神、除烦热、收敛止汗。仙茅辛而燥热，善温肾壮阳，以阴中求阳，达调和阴阳之目的。诸药合用，主以滋阴，兼以清敛，标本同治，共奏滋阴清热、除烦安神之功，故治肾阴虚所致的绝经前后诸证，以及更年期综合征属肾阴虚者。

【用法用量】 口服，一次6片，每日2~3次。

【注意事项】 孕妇禁用。脾肾阳虚及糖尿病患者慎用。服药期间，忌辛辣食物。

坤宝丸

【药物组成】 何首乌（黑豆酒炙）、地黄、墨旱莲、女贞子（酒炙）、龟甲、枸杞子、覆盆子、菟丝子、南沙参、麦冬、石斛、当归、白芍、鸡血藤、酸枣仁（炒）、赤芍、地骨皮、白薇、知母、黄芩、桑叶、菊花、珍珠母。

【功能主治】 滋补肝肾，镇静安神，养血通络。用于妇女绝经前后，肝肾阴虚引起的月经紊乱、潮热多汗、失眠健忘、心烦易怒、头晕耳鸣、咽干口渴、四肢酸楚、关节疼痛。

【方解】 方中制首乌甘补微温，善补肝肾、益精血；地黄甘润苦泄寒清，善滋阴凉血、清热生津；墨旱莲甘酸性寒，善滋补肝肾、凉血止血；酒炙女贞子甘苦而凉，善补肝肾而退热；龟甲甘寒质重，善滋补肝肾。合而用之，补肝肾、益精血功著。枸杞子甘平而补，善滋补肝肾，并兼助阳；覆盆子酸敛甘补，微温不热，善滋养肝肾，并兼助阳；菟丝子辛润甘补，药性平和，能平补阴阳。合而用之，既滋补肝肾之阴，又能补助肾阳，以阴中求阳，达调和阴阳之目的。南沙参甘补微寒，善滋阴益气；麦冬甘润苦泄微寒，善清养心神而除烦安神；石斛甘而微寒，质润清补，善滋阴除热。合而用之，以增滋阴除热安神之力。当归甘温补润，辛散温通，善补血活血；白芍酸收甘补微寒，善养血调经、敛阴止汗；鸡血藤苦泄温通，微甘能补，善补血行血、舒筋通络；炒酸枣仁甘酸敛性平，善养心安神，兼敛汗；赤芍苦泄微寒，善凉血热、散瘀血，以助补血药之势。合而用之，具补血以安神、舒经络之效。地骨皮甘寒清凉，能清热凉血、益阴生津；白薇苦泄咸寒，善退虚热、清血热；知母苦寒清泻，甘能滋润，既泻实火，又清虚热，且能滋阴润燥；黄芩苦寒清燥，善清热泻火燥湿。合而用之，功善滋阴泻火、润燥止渴。桑叶苦泄甘润寒清，善清热益阴、平肝止汗；菊花苦泄甘寒益清，善清热益阴、平肝；珍珠母咸寒质重，镇潜益阴，善平肝清肝、镇心安神。合而用之，能平肝阳而止眩晕，镇心神而安睡眠，并兼止汗。全方配伍，主补肝肾，补中兼清，共奏滋补肝肾、养血安神之功，故善治肝肾阴虚所致的绝经前后诸证，症见烘热汗出、心烦易怒、少寐健忘、头晕耳鸣、口渴咽干、四肢酸楚，以及更年期综合征属肝肾阴虚者。

【用法用量】口服。一次50粒，每日2次。

【注意事项】孕妇禁用。脾肾阳虚者慎用。服药期间忌食辛辣食物。

二、止带剂

凡以减少或制止带下，治疗带下病为主要作用的中药制剂，称为止带剂。止带剂具有健脾补肾、清热利湿、燥湿解毒等作用。适用于脾肾两虚、湿热下注，或湿热夹瘀所致的带下病，亦兼治月经不调。按其功效与适用范围，又可分为健脾祛湿止带剂与清热祛湿止带剂两类。

（一）健脾祛湿止带剂

健脾祛湿止带剂具有健脾补肾、祛湿止带的作用，用于脾肾两虚所致的带下证。

千金止带丸

【药物组成】党参、白术（炒）、补骨脂（盐炒）、杜仲（盐炒）、续断、当归、白芍、川芎、香附（醋制）、延胡索（醋制）、鸡冠花、椿皮（炒）、牡蛎（煅）、木香、砂仁、小茴香（盐炒）、青黛。

【功能主治】健脾补肾，调经止带。用于脾肾两虚所致的月经不调、带下病，症见月经先后不定期、量多或淋漓不净、色淡无块，或带下量多、色白清稀、神疲乏力、腰膝酸软。

【方解】方中党参甘补性平，善补气健脾；炒白术甘补苦燥性温，既补气健脾，又燥湿利水；盐补骨脂辛苦燥温，温补中兼涩，善补肾壮阳、固涩；盐杜仲甘补性温，善补益肝肾；续断甘微温能补，苦辛行散，补而不滞，既补肝肾，又行血脉。合而用之，既健脾益肾，又燥湿止带。当归辛补甘润温通，善补血活血、调经止痛；白芍酸甘微寒，善养血柔肝、调经止痛；川芎辛温行散，善活血行气止痛；醋香附辛散苦降，微甘而平，善疏肝理气、调经止痛；醋延胡索辛散苦泄温通，善活血行气止痛。合而用之，善补血活血而调经止痛。鸡冠花甘涩性凉，清敛并具，能收涩止带、凉血止血；炒椿皮苦涩性寒，既燥湿清热，又收涩止带；煅牡蛎性涩收敛，具固涩止带之功。合而用之，收涩止带、止血功著。木香辛香温通，善理脾胃之气而促进水湿运化；砂仁辛香温散，善除脾湿、醒脾运、散滞气；盐小茴香辛香温散，善散寒温肾、暖肝止痛。合而用之，能温肾脾、畅气机、促脾运，以助健脾益肾止带之功。青黛咸寒入血，既清肝凉血止血，又收湿而止带，还防因温燥太过而再伤气血。全方配伍，主以补涩，兼以行散，标本同治，共奏健脾补肾、调经止带之功，故善治脾肾两虚所致的月经不调、带下病，症见月经先后不定期、量多或淋沥不净、色淡无块，或带下量多、色白清稀、神疲乏力、腰膝疲软。

【用法用量】口服，一次6~9 g，每日2~3次。

【注意事项】孕妇、肝郁血瘀证、湿热证、热毒证者慎用。

（二）清热祛湿止带剂

清热祛湿止带剂具有清热利湿、燥湿解毒、杀虫止痒的作用，用于湿热下注或湿热瘀滞所致的带下病。

白带丸

【药物组成】椿皮、黄柏（酒炒）、当归、白芍、香附（醋制）。

【功能主治】清热、除湿、止带，用于湿热下注所致的带下病，症见带下量多、色黄、有味。

【方解】方中椿皮苦寒泄燥涩敛，既清热燥湿，又收涩止带，为君药。酒黄柏苦寒沉降，专入下焦，善除下焦湿热而燥湿止带，以助君药清热燥湿、止带，故为臣药。当归甘辛而温，能补血活血；白芍甘酸微寒，善养血敛阴柔肝；醋香附辛苦性平，善疏肝行气止痛。三药相合，既疏肝理气、以利于运脾除湿止带，又养血敛阴、以防苦燥太过而伤阴血，故共为佐药。全方配伍，苦寒与甘辛并施，主以清热、除湿、止带，兼以养血、疏肝，故善治湿热下注兼血虚肝郁所致的带下病，症见带下量多、色黄、有味等。

【用法用量】口服。一次 6 g，每日 2 次。

【注意事项】肝肾阴虚者慎用。饮食宜清淡，忌食辛辣、油腻食物。

妇科千金片

【药物组成】千斤拔、功劳木、穿心莲、党参、当归、鸡血藤、金樱根、单面针。

【功能主治】清热除湿，益气化瘀。用于湿热瘀阻所致的带下病、腹痛，症见带下量多、色黄质稠、臭秽，小腹疼痛，腰骶酸痛，神疲乏力，以及慢性盆腔炎、子宫内膜炎、慢性宫颈炎见上述证候者。

【方解】方中千斤拔甘辛而平，善祛风利湿、消瘀解毒，善治带下；功劳木苦燥寒清，善清热燥湿。两药合用，善清热解毒、燥湿止带，故共为君药。穿心莲苦燥寒清，善清热燥湿，以止带下；党参甘补性平，能益气养血；当归、鸡血藤甘补温通，既补血以生气，又活血以化瘀。四药合用，既助君药清热燥湿，又能益气化瘀，故为臣药。金樱根酸涩性平，善收敛固涩而止带；单面针辛散苦泄而凉，并有小毒，善运脾、行气止痛。两药合用，既助君臣药止带，又能止痛，故为佐药。全方配伍，清中兼涩，补中兼散，共奏清热除湿、益气化瘀、止带之功，故善治湿热瘀阻所致的带下病、腹痛；慢性盆腔炎、子宫内膜炎、慢性宫颈炎属湿热瘀阻者亦可投用。

【用法用量】口服。一次 6 片，每日 3 次。

【注意事项】气滞血瘀、寒凝血瘀证者慎用。孕妇慎用。饮食宜清淡，忌辛辣食物。糖尿病患者慎用。

妇炎平胶囊

【药物组成】苦参、蛇床子、苦木、冰片、珍珠层粉、枯矾、薄荷脑、硼酸、盐酸小檗碱。

【功能主治】清热解毒，燥湿止带，杀虫止痒。用于湿热下注，带脉失约，赤白带下，阴痒阴肿，以及滴虫、真菌、细菌引起的阴道炎、外阴炎等。

【方解】方中苦参苦泄清燥，既清热燥湿、杀虫止痒，又性善下行，能导热从小便而出，治湿热带下有功，故为君药。蛇床子辛散苦燥性温，善燥湿祛风、杀虫止痒；苦木苦燥寒清，善清热燥湿、解毒杀虫。两药相合，可增君药清热燥湿止带、杀虫止痒之功，故共为臣药。冰片辛散苦泄凉清，外用能清热消肿止痛；珍珠层粉咸寒清热，外用既消肿解毒，又收湿敛疮；枯矾酸涩收敛而寒，善清热燥湿止痒。合而用之，既助君臣药清热燥湿、止带止痒，又消肿止痛，故共为佐药。薄荷脑气香辛凉，能清凉消肿；硼酸甘咸而凉，能清热解毒、防腐消肿；盐酸小檗碱苦寒，能清热解毒消肿。三药相合，可增清热解毒消肿之功，故共为使药。诸药合用，苦寒清燥，共奏清热解毒、燥湿止带、杀虫止痒之功，故治湿热下注所致的带下病、阴痒，以及滴虫、真菌、细菌引起的阴道炎、外阴炎属湿热下注者。

【用法用量】外用，睡前洗净阴部，置胶囊于阴道内，一次2粒，每日1次。

【注意事项】孕妇禁用。脾肾阳虚所致的带下者慎用。月经前至经净3日内停用。切忌内服。用药期间，饮食宜清淡，忌食辛辣食物。

花红颗粒

【药物组成】一点红、白花蛇舌草、地桃花、白背叶根、鸡血藤、桃金娘根、菥蓂。

【功能主治】清热解毒，燥湿止带，祛瘀止痛。用于湿热下注，带下黄稠，慢性盆腔炎见上述证候者。

【方解】方中一点红苦泄凉清，功能清热利水、凉血解毒；白花蛇舌草苦寒清泻、甘寒渗利，善清热解毒、利湿。两药合用，既清热解毒，又利湿止带，故共为君药。地桃花甘辛性平，具清热、利湿之功，《闽东本草》有治"带下"记载；白背叶根苦寒清燥，微涩能敛，善清热利湿、固涩止带，为治白带所常用。两药合用，能助君药清热、燥湿、止带，故为臣药。鸡血藤苦泄温通，行补相兼，能活血补血；桃金娘根甘酸性平，善除湿、止痛；菥蓂辛行苦泄性凉，清解行散，能清热解毒、活血止痛。三药合用，功能清热、活血、止痛，故共为佐药。全方配伍，主以清利，兼以行血，共奏清热除湿、燥湿止带、祛瘀止痛之功，故善治湿热瘀滞所致的带下病、月经不调，慢性盆腔炎、附件炎、子宫内膜炎属湿热瘀滞者亦可用之。

【用法用量】温水冲服，一次2袋（12 g），每日2~3次，7日为1个疗程。

【注意事项】孕妇禁用。气血虚弱所致腹痛、带下者慎用。忌食生冷、厚味及辛辣食物。

消糜栓

【药物组成】紫草、黄柏、苦参、儿茶、枯矾、冰片、人参茎叶皂苷。

【功能主治】清热解毒，燥湿杀虫，祛腐生肌。用于湿热下注所致的带下病，症见带下量多、色黄、质稠、腥臭、阴部瘙痒，及滴虫阴道炎、真菌性阴道炎、非特异性阴道炎、宫颈糜烂。

【方解】方中紫草甘咸入血，性寒能清、善清热、凉血、解毒，且具滑利之性，能导热毒外出；黄柏苦燥性寒，善清热燥湿，尤善清下焦湿热而燥湿止带；苦参苦寒清燥，沉降下行，既清热燥湿，又杀虫止痒。三药合用，功能清热、燥湿、杀虫、止带，故共为君药。儿茶苦涩性凉，外用清热解毒、收涩敛疮、祛腐生肌；枯矾酸涩收敛性寒，既燥湿杀虫止痒，又清热解毒。两药合用，能助君药清热解毒、燥湿杀虫、止带，故共为臣药。冰片辛苦微寒，外用清热止痛、消肿生肌，故为佐药。人参茎叶皂苷，能增强机体的免疫功能，促进创面愈合。全方配伍，清燥与涩敛并用，共奏清热解毒、燥湿杀虫、祛腐生肌之功，故治湿热下注所致的带下病；亦可用于滴虫性阴道炎、真菌性阴道炎、非特异性阴道炎、宫颈糜烂非特异性阴道炎、宫颈糜烂等属湿热下注者。

【用法用量】阴道给药，一次1粒，每日1次。

保妇康栓

【药物组成】莪术油、冰片。

【功能主治】行气破瘀,生肌止痛。用于湿热瘀滞所致的带下病,症见带下量多、色黄、时有阴部瘙痒,及真菌性阴道炎、老年性阴道炎、宫颈糜烂见上述证候者。

【方解】方中莪术油为莪术蒸馏提取的挥发油,具行气破血、散瘀止痛功效,且能抑制多种致病菌的生长;冰片辛苦凉清,具清热止痛、消肿生肌之功。两药配伍,行散兼清泻,共奏行气破瘀、生肌止痛之功,故善治湿热瘀滞所致的带下病。亦可用于真菌性阴道炎、老年性阴道炎、宫颈糜烂属湿热瘀滞型者。

【用法用量】洗净外阴部,将栓剂塞入阴道深部;或在医生指导下用药。每晚 1 粒。

【注意事项】孕妇禁用。带下属脾肾虚者慎用。月经期间至经净 3 日内停用。饮食宜清淡,忌食辛辣食物。

三、产后康复剂

凡以产后调理或通下乳汁,治疗产后恶露不尽或乳汁不下等为主要作用的中药制剂,称为产后康复剂。本类中成药主要具有补虚活血、通络下乳等作用,适用于恶露不尽、淋漓腹痛,或乳少、乳汁不通等。按其功效与适用范围,又可分为化瘀生新剂、调理通乳剂两类。

(一)化瘀生新剂

化瘀生新剂具有养血活血、祛瘀通经的作用,用于寒凝瘀滞或气虚血瘀所致的产后恶露不绝、行而不畅或淋漓不断等。

生化丸

【药物组成】当归、川芎、桃仁、干姜(炒炭)、甘草。

【功能主治】养血祛瘀。用于产后受寒恶露不行或行而不畅,夹有血块,小腹冷痛。

【方解】方中当归甘补温润,辛温行散,善补血活血、祛瘀生新、调经止痛,故为君药。川芎辛温行散,入血走气,善活血祛瘀、行气止痛;桃仁苦泄性平,善活血通经、祛瘀生新。两药合用,助君药活血祛瘀止痛,故为臣药。干姜炒炭即为炮姜,其苦辛温散,微涩收敛,善温经散寒止痛,故为佐药。甘草甘缓性平,既补中缓急,又调和诸药,故为使药。全方配伍,甘补温通,祛瘀生新,共奏养血祛瘀、温经止痛之功,故治产后受寒、寒凝瘀滞所致的产后病。

【用法用量】口服,一次 9 g(1 袋),每日 3 次。

【注意事项】产后出血量多者慎用。血热证者不宜使用。

产妇康颗粒

【药物组成】人参、黄芪、当归、益母草、桃仁、蒲黄、何首乌、熟地黄、香附(醋制)、白术、黑木耳、昆布。

【功能主治】补气养血,祛瘀生新。用于气虚血瘀所致的产后恶露不绝,症见产后出血过多、淋漓不断、神疲乏力、腰腿无力。

【方解】方中人参甘补微温,善大补元气;黄芪甘补微温,善补中益气。两药合用,能助生化之源,以补气生血,故为君药。当归甘补温润,辛温行散,善补血活血,既补血之不足，又祛瘀以生新；益母草辛散苦泄，微寒清解，善活血祛瘀止痛；桃仁苦泄性平，善活血祛瘀生新；蒲黄甘缓不峻，性平不偏，善活血化瘀止血；何首乌甘补兼涩，善补肝肾、益精血；熟地黄甘润微温，质地滋腻，善补血滋阴。六药同用，能增强君药补气养血、祛瘀生新之功，故共为臣药。醋香附辛散苦降，甘和而平，善疏肝理气、调经止痛，可使气血条达；白术甘补苦燥而温，善健脾补气；黑木耳甘补平凉，善养血润燥、凉血止血；昆布咸软而寒，破积软坚而散瘀结。四药合用，既助君臣气药补虚扶正，又利气血、助药力，故共为佐药。全方配伍，主以补虚，兼以通利，共奏益气养血、祛瘀生新之功，故善治气虚血瘀所致的产后恶露不绝。

【用法用量】开水冲服。一次 5 g，每日 3 次；5～7 日为 1 个疗程；产褥期可长期服用。

【注意事项】产后大出血者禁用；血热者慎用；阴道出血时间长或量多应进一步查找出血原因，采取其他止血方法。

（二）调理通乳剂

调理通乳剂具有下乳之功，主治产后肝郁乳汁不通，或气血亏虚的少乳、无乳或乳汁不通等。

下乳涌泉散

【药物组成】柴胡、当归、白芍、地黄、川芎、王不留行（炒）、穿山甲（烫）、通草、漏芦、桔梗、麦芽、天花粉、白芷、甘草。

【功能主治】疏肝养血，通乳。用于肝郁气滞所致的产后乳汁过少，症见产后乳汁不行、乳房胀硬作痛、胸闷胁胀。

【方解】方中柴胡苦辛微寒，芳香疏泄，善条达肝气、疏肝解郁；当归甘补温润，辛温行散，善补血活血；白芍酸甘微寒，善养血、柔肝。三药同用，既疏解肝郁，又养血补虚，故为君药。地黄甘补苦泄寒清，善滋阴清热凉血，防肝郁化火伤阴；川芎辛温行散，善活血行气，以疏理气机；炒王不留行苦泄性平，行散通利，善活血通经下乳；烫穿山甲咸软微寒，行散力猛，善活血散结、通经下乳；通草甘淡微寒通利，善清热通气下乳；漏芦苦寒清泻，既清热解毒消痈，又通下乳汁。合而用之，可助君药利气、通乳，故为臣药。桔梗苦辛泄散而平，善开宣肺气而利于疏理肝气；麦芽甘平生发，兼入肝经，常量生用能疏肝通乳；天花粉苦寒清泻，微甘而润，既清热生津消肿，又补虚安中；白芷辛香宣散，善通窍消肿止痛，又能破宿血、生新血。四药合用，既能助君药疏肝养血，又能清热通窍、消肿止痛，以防乳汁壅滞、乳房结块肿胀作痛，故为佐药。甘草甘平，既补中益气以助君臣药生血，又调和诸药，故为使药。全方配伍，疏补并施，寒温同用，共奏疏肝养血、通乳之功，故善治肝郁气滞所致的产后乳汁过少，症见产后乳汁不行、乳房胀硬作痛、胸闷胁胀。

【用法用量】水煎服。一次 1 袋，水煎 2 次，煎液混合后分 2 次服。

【注意事项】孕妇禁用。产后缺乳属气血虚弱者慎用。治疗期间，要注意调和情志，保持心情舒畅，以免郁怒伤肝，影响泌乳；忌食生冷及辛辣食物。

通乳颗粒

【药物组成】黄芪、当归、王不留行、熟地黄、白芍（酒炒）、党参、鹿角霜、通草、路路通、柴胡、川芎、瞿麦、穿山甲（烫）、漏芦、天花粉。

【功能主治】益气养血、通络下乳。用于产后气血亏损，乳少，无乳，乳汁不通。

【方解】方中黄芪甘补微温，善补气生血；当归甘温补润辛散，善养血活血通脉；王不留行苦泄甘平，善活血通经、下乳。三药合用，益气补血、通下乳汁功著，故为君药。熟地黄甘润微温滋补，善补血滋阴；酒炒白芍苦酸微寒，善养血柔肝；党参甘补而平，不腻不燥，善补气养血；鹿角霜甘咸而温，能益精血、温阳，兼散瘀血；通草甘淡微寒，能通气下乳；路路通辛散苦泄，性平善走，善通经下乳。六药合用，既助君药补气养血、通经下乳之功，又能散结消肿，故为臣药。柴胡苦辛微寒，芳香疏泄，善疏肝解郁；川芎辛香温散，善活血行气、祛瘀通络；瞿麦苦寒清泻通利，善破血通经；烫穿山甲咸而微寒走窜，善活血通经下乳；漏芦苦泄寒清，既清热解毒散结，又通经下乳；天花粉甘润清泻，既清热生津消肿，又补虚安中。六药合用，既疏理气血、通下乳汁，又清热消肿，故为佐药。全方配伍，补虚与通散并施，共奏益气养血、通络下乳之功，故善治产后气血亏虚所致的乳少、无乳、乳汁不通等。

【用法用量】口服。含蔗糖者一次 30 g，无蔗糖者一次 10 g，每日 3 次。

【注意事项】孕妇禁用。产后缺乳属肝郁气滞证者慎用。调和情志，保持心情舒畅，以免影响泌乳。忌食生冷及辛辣食物。

四、疗杂病剂

凡具有化瘀消癥等功效，以治疗妇科癥积等杂病为主要作用的中药制剂，称为妇科疗杂病剂。按其功效与适用范围，又可分为活血消癥剂等若干类。活血消癥剂具有活血散瘀、通经消癥的功效，用于瘀滞胞宫所致的癥块，以及经闭、产后恶露不尽等。

桂枝茯苓丸

【药物组成】桂枝、茯苓、牡丹皮、桃仁、赤芍。

【功能主治】活血、化瘀、消癥，用于妇女素有癥块，或血瘀经闭、行经腹痛、产后恶露不尽。

【方解】方中桂枝辛散通利，甘温散寒，善温经通脉、行散瘀滞；茯苓甘淡渗补性平，善健脾利湿，以利行瘀，故共为君药。桃仁苦泄性平，善祛瘀破血，以消癥瘕；牡丹皮苦泄辛散微寒，善活血行瘀、凉血清热；赤芍苦泄微寒，善清热凉血、活血祛瘀。三药合用，既活血祛瘀消癥，又可防瘀结日久化热，以增君药活血消癥之力，故为臣佐药。全方配伍，寒温并用，消散兼清，共奏活血、化瘀、消癥之功，故善治妇人素有癥块，或血瘀经闭、行经腹痛，以及产后恶露不尽等。

【用法用量】口服，一次 1 丸，每日 1~2 次。

【注意事项】孕妇慎用。素有癥瘕、妊娠后漏下不止、胎动不安者需遵医嘱，以免误用伤胎。经期及经后 3 天禁用。服药期间，忌食生冷、油腻、辛辣食物。

第二十一节　儿科用药

一、解表剂

凡以发散表邪、治疗小儿外感表证为主要作用的中药制剂，称为儿科解表剂。本类中成药具有疏散风热、发散风寒之功，兼有泻火利咽、宣肺化痰等作用，用于外感表证。按其功效与适用范围，可分为疏散风热剂、发散风寒剂两类。

（一）疏散风热剂

疏散风热剂具有疏风清热、宣肺利咽之功效，用于小儿风热外感，症见发热头痛、咽痛咳嗽等。

小儿热速清口服液

【药物组成】柴胡、黄芩、金银花、连翘、葛根、板蓝根、水牛角、大黄。

【功能主治】清热解毒、泻火利咽，用于小儿外感风热所致的感冒，症见发热、头痛、咽喉肿痛、鼻塞流涕、咳嗽、大便干结。

【方解】方中柴胡苦泄辛散微寒，芳香疏泄，善透表解热；黄芩苦寒清泻，主清上焦肺热。两药同用，表里双解，故共为君药。金银花甘寒质轻，连翘苦凉清疏，常相须为用，既清热解毒，又疏散风热，还散结消肿；葛根甘润辛散平凉，能疏散肌腠经络之邪气而解肌发表退热。三药合用，可助君药清热、疏表、解毒，故为臣药。板蓝根苦寒清解，善清热解毒、凉血利咽；水牛角苦咸入血，寒凉清泻，善泻火解毒、清热凉血。两药合用，能泻火解毒、凉血利咽，故共为佐药。大黄苦寒泄降，善泻热攻积通便，导热下行，故为使药。诸药合用，清泻与疏解同用，共奏清热解毒、泻火利咽之功，故善治小儿外感风热所致的感冒，症见高热、头痛、咽喉肿痛、鼻塞流涕、咳嗽、大便干结。

【用法用量】口服。1岁以内一次2.5~5 mL，1~3岁一次5~10 mL，4~7岁一次10~15 mL，8~12岁一次15~20 mL，每日3~4次。

【注意事项】风寒感冒或脾虚、大便稀溏者慎用。服药期间，忌食生冷、油腻、辛辣食物。

儿感清口服液

【药物组成】紫苏叶、荆芥穗、薄荷、黄芩、桔梗、化橘红、法半夏、甘草。

【功能主治】解表清热，宣肺化痰。用于小儿外感风寒、肺胃蕴热证，症见发热恶寒、鼻塞流涕、咳嗽有痰、咽喉肿痛、口渴。

【方解】方中紫苏叶辛温发散，善发表散寒、理气宽中；荆芥穗辛香微温疏散，善散风发表；薄荷辛凉芳香，质轻上浮，既善疏散风热，又清利头目与咽喉。三药合用，功能发表清热，故共为君药。黄芩苦寒清泻，善清上焦肺热；桔梗苦泄辛散，性平不偏，专走肺经，善开宣肺气、祛痰利咽。两药合用，能清宣肺气、祛痰利咽，既助君药清泻肺热，又能宣肺祛痰、利咽，故共为臣药。化橘红辛香温燥，善燥湿理气化痰；法半夏辛散温燥，善燥湿化痰。两药合用，能助君臣药祛痰止咳，故共为佐药。甘草甘平，既清润肺气而止咳，又调和诸药，故为使药。全方配伍，疏清宣散，共奏解表清热、宣肺化痰之功，故善治小儿外感风寒、肺胃蕴热证，症见发热恶寒、鼻塞流涕、咳嗽有痰、咽喉肿痛、口渴等。

【用法用量】口服。1~3岁，每次10 mL，每日2次；4~7岁，每次10 mL，每日3次；8~14岁，每次20 mL，每日3次。

【注意事项】忌食生冷及辛辣油腻食物。本品有少量沉淀，可摇匀后服用，性状发生改变时禁止使用。

（二）发散风寒剂

发散风寒剂具有发散风寒、祛痰止咳的作用，用于小儿风寒外感，症见恶寒发热、鼻塞流涕、咳嗽痰多等。

解肌宁嗽丸

【药物组成】紫苏叶、葛根、桔梗、前胡、苦杏仁、浙贝母、半夏（制）、陈皮、茯苓、枳壳、木香、天花粉、玄参、甘草。

【功能主治】解表宣肺、止咳化痰，用于小儿感冒发热、咳嗽痰多。

【方解】方中紫苏叶辛温发散，善发表散寒、理气宽中；葛根甘辛性凉，善解肌发表；桔梗苦泄辛散，性平不热，善开宣肺气、祛痰利咽。三药合用，既辛散解表，又宣肺祛痰，故共为君药。前胡苦泄辛散微寒，专入肺经，善宣散风热、降气祛痰；苦杏仁苦温润降，略兼解肌，善降气止咳平喘，兼能宣肺；浙贝母苦寒清泻，善清热化痰，为外感咳嗽痰多用；制半夏、陈皮性皆温燥，善燥湿化痰，为治痰要药。五药合用，既宣肺开泄，又化痰止咳，以助君药解表、宣肺，故共为臣药。茯苓甘淡性平，能渗利健脾以去痰湿；枳壳苦辛微寒，能行气化痰除痞，与茯苓合用，能增化痰之力。木香辛香温通，善行脾胃气滞以利于消痰。天花粉苦寒清泻，微甘而润，善清肺热、润肺燥；玄参甘咸质润，性寒清泻，能泻热降火解毒，与天花粉同用，可防寒郁化火，并能泄热润燥。五药合用，可助君臣药化痰止咳，故共为佐药。甘草甘平不峻，既善润肺祛痰止咳，又能调和诸药，故为使药。诸药合用，既疏散又宣化，共奏解表宣肺、止咳化痰之功，故善治外感风寒、痰浊阻肺所致的小儿感冒发热、咳嗽痰多等。

【用法用量】口服，小儿1岁一次半丸，2～3岁一次1丸，每日2次。

【注意事项】痰热咳嗽者慎用。忌食辛辣、生冷、油腻食物。

二、清热剂

凡以清解里热，治疗小儿热毒炽盛病证为主要作用的中药制剂，称为儿科清热剂。本类中成药具有清热解毒功效，兼有凉血、利咽、活血等作用。适用于热毒炽盛的小儿咽痛、口疮及疮疡等证。按其功效与适用范围，又可分为清热解毒消肿剂等若干类。清热解毒消肿剂具有清热解毒、消肿止痛之功效，用于热毒所致的小儿咽喉肿痛，以及热毒内蕴的口疮肿痛、疮疡溃烂等。

小儿咽扁颗粒

【药物组成】金银花、射干、金果榄、桔梗、玄参、麦冬、人工牛黄、冰片。

【功能主治】清热利咽，解毒止痛，用于小儿肺卫热盛所致的喉痹、乳蛾，症见咽喉肿痛、咳嗽痰盛、口舌糜烂；以及急性咽炎、急性扁桃体炎见上述证候者。

【方解】方中金银花甘寒清疏，善清热解毒、疏风清热；射干苦泄性寒，专归肺经，善清热解毒、祛痰利咽、散结止痛。两药合用，能清宣肺卫、解毒利咽，故共为君药。金果榄苦寒清泻，善解热毒、利咽消肿；桔梗辛散苦泄性平，善开宣肺气、祛痰利咽；玄参既苦寒解毒、散结利咽，又甘寒清润滋阴；麦冬甘润苦泄微寒，能清肺养阴润喉。四药合用，具清热祛痰、解毒利咽之功，可增君药清泻之力，故共为臣药。人工牛黄苦凉清泻，善清热解毒而治咽痛；冰片辛苦微寒，能清热止痛消肿。两药合用，可增君臣药解毒利咽止痛之功，并能凉肝以防肝热惊抽的发生，故共为佐药。诸药合用，主清解兼祛痰，共奏清热利咽、解毒止痛之功。故治小儿肺卫热盛所致的喉痹、乳蛾，症见咽喉肿痛、咳嗽痰盛、口舌糜烂；急性咽炎、急性扁桃体炎证属肺卫热盛者亦可应用。

【用法用量】开水冲服。1~2岁一次半袋（4 g），每日 2 次；3~5 岁一次半袋（4 g），每日 3 次；6~14 岁一次 1 袋（8 g），每日 2~3 次。

【注意事项】虚火乳蛾、喉痹者慎用。服药期间忌食生冷、油腻、辛辣食物。

小儿化毒散

【药物组成】人工牛黄、大黄、珍珠、黄连、雄黄、天花粉、赤芍、川贝母、乳香（制）、没药（制）、冰片、甘草。

【功能主治】清热解毒，活血消肿，用于热毒内蕴、毒邪未尽所致的口疮肿痛、疮疡溃烂、烦躁口渴、大便秘结。

【方解】方中人工牛黄苦寒清泻，善清热解毒；大黄苦寒泻热，既攻下通便、泄热解毒，又收敛生肌；珍珠甘咸性寒，既清热解毒，又收敛生肌。三药合用，能清解热毒、活血生肌，故共为君药。黄连苦寒清热，善清心胃之火；雄黄辛苦温燥，以毒攻毒，善解毒消肿；天花粉苦微甘而寒，清润兼具，既清泻肺胃，又生津润燥；赤芍苦而微寒，清泻行散，既清血热凉血，又活血祛瘀止痛。四药合用，可助君药清解热毒、凉血活血、消肿止痛，故共为臣药。川贝母苦泄甘润，微寒清热，善泄热开郁散结；制乳香、制没药均辛香行散，能活血止痛、消肿生肌；冰片辛凉清散，善清热消肿止痛；合而用之，能解毒消肿、活血开郁，共为佐药。甘草甘平，既善解毒，又调和诸药，故为使药。全方配伍，苦寒清泻兼消散，共奏清热解毒、活血消肿之功，故善治热毒内蕴、毒邪未尽所致的口疮肿痛、疮疡溃烂、烦躁口渴、大便秘结。

【用法用量】口服。一次 0.6 g，每日 1~2 次；3 岁以内小儿酌减。外用，敷于患处。

【注意事项】肺胃阴虚喉痹，阴虚火旺、虚火上炎所致的口疮慎用。脾胃虚弱、体质弱者慎用。因其含有雄黄，故不宜过量或久用。服药期间饮食宜清淡，忌食辛辣、生冷、油腻食物。

三、止泻剂

凡用于制止泄泻，以治疗小儿泄泻为主要作用的中药制剂，称为儿科止泻剂。儿科止泻剂具有清利湿热或健脾益气止泻之功，适用于湿热或脾虚导致的腹泻。按其功效与适用范围，又可分为清利止泻剂、健脾止泻剂两类。

（一）清利止泻剂

清利止泻剂具有清热、利湿、止泻的作用。

小儿泻速停颗粒

【药物组成】地锦草、茯苓、儿茶、乌梅、山楂（炒焦）、白芍、甘草。

【功能主治】清热利湿，健脾止泻，缓急止痛，治疗小儿泄泻、腹痛、食欲缺乏（尤适用秋季腹泻及慢性腹泻）

【方解】方中地锦草苦辛泄散平凉，善清热解毒、止痢，为治痢要药，故为君药。茯苓甘淡渗利，善健脾止泻；儿茶苦涩性凉，既收敛止泻，又清热解毒；乌梅酸敛性平，善涩肠止泻。三药合用，善健脾利湿、涩肠止泻，故共为臣药。焦山楂酸甘不热，善消食导滞止泻；白芍苦酸微寒，甘草甘平，两者同用，善缓急止痛。另外，甘草还能解毒、调和诸药。故此三药共为佐使药。全方配伍，清利兼收涩，补虚兼缓急，共奏清热利湿、健脾止泻、缓急止痛之功，故善治小儿湿热壅遏大肠所致的泄泻，症见大便稀薄如水样、腹痛、食欲缺乏，以及小儿秋季腹泻及迁延性、慢性腹泻属湿热型者。

【用法用量】开水冲服，每日 3 ~ 4 次；1 岁以内，一次 1.5 ~ 3 g；1 ~ 3 岁，一次 3 ~ 6 g；3 ~ 7 岁，一次 6 ~ 9 g。

【注意事项】虚寒泄泻者不宜使用。服药期间，忌食生冷、辛辣油腻食物。腹泻病情加重时应去医院就诊。

（二）健脾止泻剂

健脾止泻剂具有健脾益气、养胃消食、渗湿止泻的作用，用于脾虚所致的小儿泄泻。

止泻灵颗粒

【药物组成】党参、白术（炒）、薏苡仁（炒）、茯苓、白扁豆（炒）、山药、莲子、陈皮、泽泻、甘草。

【功能主治】补脾益气，渗湿止泻。用于脾胃虚弱所致的大便溏泄、饮食减少、食后腹胀、倦怠懒言，以及慢性肠炎见上述证候者。

【方解】方中党参甘补性平，不燥不腻，善益气健脾，故为君药。炒白术甘补苦燥，善补脾益气、燥湿利水而止泻；炒薏苡仁、茯苓均甘淡渗利，能健脾运、渗水湿、止泄泻；炒扁豆甘补微温，补而不腻，除湿不燥，善健脾化湿；山药甘平补虚，且兼涩敛，善补脾止泻；莲子甘涩性平，补涩兼有，善健脾、涩肠、止泻。六药合用，既补气健脾，以助君药之力，又渗湿涩肠止泻，故共为臣药。陈皮辛行苦燥性温，能理气运脾、燥湿化滞，以助诸药之效；泽泻甘淡性寒，能渗湿利水而实大便，故共为佐药。甘草甘平，既补中益气，又调和诸药，故为使药。全方配伍，甘补淡渗，苦燥涩敛，共奏健脾益气、渗湿止泻之功，故善治脾胃虚弱所致的泄泻、大便溏泄、饮食减少、腹胀、倦怠懒言；慢性肠炎属脾虚者亦可应用。

【用法用量】口服，一次 12 g，6 岁以下儿童减半或遵医嘱，每日 3 次。

【注意事项】感受外邪，内伤饮食或湿热腹泻者慎用。服药期间，忌食辛辣、油腻食物。若久泻不止，伤津失水者应及时送医院就诊。

健脾康儿片

【药物组成】人参、白术（麸炒）、茯苓、山药（炒）、山楂（炒）、鸡内金（醋炙）、木香、陈皮、使君子（炒）、黄连、甘草。

【功能主治】健脾养胃，消食止泻。用于脾虚胃肠不和、饮食不节引起的腹胀便溏、面黄肌瘦、食少倦怠、小便短少。

【方解】方中人参甘补微苦，微温不热，善补脾气而治脾虚气弱之证，故为君药。炒白术甘温苦燥，善补气健脾、燥湿利水而止泻；茯苓甘淡补渗，药性平和，善健脾渗湿止泻；炒山药甘补性平而涩，药力平和，善补脾气、益脾阴、止泄泻。三药相合，既助君药健脾益气，又除湿止泻，故共为臣药。炒山楂甘酸微温，炙鸡内金甘平，善消食化积、运脾健胃；木香、陈皮，辛散苦泄性温，善理脾胃气滞；炒使君子甘温气香，善杀虫消积；黄连苦泄性寒，善清大肠积热，厚肠止泻。六药合用，能理气导滞、消食化积、厚肠止泻，故共为佐药。甘草甘补性平，能补脾益气，调和诸药，故为使药。诸药合用，补虚中兼消散，共奏健脾养胃、消食止泻之功，故善治脾胃气虚所致的泄泻，症见腹胀便溏、面黄肌瘦、食少倦怠、小便短少。

【用法用量】口服，1岁以内一次1~2片，1~3岁一次2~4片，4岁以上一次5~6片，每日2次。

【注意事项】湿热泄泻者慎用。服药期间，饮食宜清淡，选择易消化的食物，注意补充体液，防止脱水。

四、消导剂

凡具有消积导滞的功效，用于治疗小儿食积停滞病证的中药制剂称为儿科消导剂。儿科消导剂具有消食化滞之功，兼有通利大便、健脾和胃等作用，适用于小儿食滞肠胃或脾运不健所致的食积证。按其功效与适用范围，又可分为消食导滞剂、健脾消食剂两类。

（一）消食导滞剂

消食导滞剂具有消食化积、通便导滞之功效，用于小儿食积停滞证。

小儿消食片

【药物组成】山楂、鸡内金（炒）、六神曲（炒）、麦芽（炒）、槟榔、陈皮。

【功能主治】消食化滞，健脾和胃，用于食滞肠胃所致积滞，症见食少、便秘、脘腹胀满、面黄肌瘦。

【方解】方中山楂酸甘微温，善消食化积；炒鸡内金甘平，善运脾健胃、消食化积。两药合用，能消食积、健脾胃，故为君药。炒六神曲甘温利中，辛香行散，主消食积，兼行滞气，能消食和胃；炒麦芽甘平，善消食健胃。两药能增君药消食化积之力，故共为臣药。槟榔苦降辛行而温，善消食、行气；陈皮辛香苦燥而温，善行气健脾。两药合用，既行气又消食，以助君臣药消积滞、健脾胃之功，故为佐药。全方配伍，消散力强，共奏消食化滞、健脾和胃之功，故善治食滞肠胃所致的积滞，症见食少、便秘、脘腹胀满、面黄肌瘦。

【用法用量】口服，1~3岁一次2~3片，4~7岁一次3~5片，成年人一次5~6片，每日3次。

【注意事项】脾胃虚弱、内无积滞者不宜服用。服药期间，忌辛辣油腻。

小儿化食丸

【药物组成】山楂（炒焦）、六神曲（炒焦）、麦芽（炒焦）、槟榔（炒焦）、莪术（醋制）、三棱（制）、牵牛子（炒焦）、大黄。

【功能主治】消食化滞，泻火通便，用于食滞化热所致的积滞。症见厌食、烦躁、恶心呕吐、口渴、脘腹胀满、大便干燥。

【方解】方中焦山楂、焦神曲、焦麦芽合为"焦三仙"，既消各种食积，又健胃和中，故共为君药。焦槟榔苦辛而温，善行气消积；醋莪术温通行滞，善行气消积、除胀止痛；制三棱苦泄性平，善行气、消积止痛。三药合用，可助君臣药消食积、行气除胀，故共为臣药。焦牵牛子苦寒降泄，善行气、消积除胀；大黄苦寒清泻通降，善攻积导滞、泄热通便。两药相合，既助君臣药消食化积，又能泻火通便，故共为佐药。诸药合用，消中兼通泄，共奏消食化滞、泻火通便之功，故善治食滞化热所致的积滞，症见厌食、烦躁、恶心呕吐、口渴、脘腹胀满、大便干燥。

【用法用量】口服。1岁以内一次1丸，1岁以上一次2丸，每日2次。

【注意事项】脾胃食积者慎用。服药期间不宜过食生冷、辛辣油腻食物。中病即止，不宜长期服用。

（二）健脾消食剂

健脾消食剂具有健脾和胃、消食除积、驱虫的功效，用于小儿脾胃气虚、食积不化所致的疳积。

健脾消食丸

【药物组成】白术（炒）、枳实（炒）、木香、槟榔（炒焦）、鸡内金（醋炙）、草豆蔻、荸荠粉。

【功能主治】健脾、消食、化积。用于小儿脾胃不健、乳食停滞所致的脘腹胀满、食欲不振、面黄肌瘦、大便不调。

【方解】方中炒白术甘温扶正，善补气健脾，助脾运以资生化之源，故为君药。炒枳实苦泄辛散微寒，善行气消积、化滞除胀；木香辛香温散，善行肠胃气滞而调中；焦槟榔苦辛而温，善行气消积除胀；醋鸡内金甘平消散，善运脾健胃，消化食积，为治小儿疳积所常用。四药合用，既消食行气，又消除胀满，故共为臣药。草豆蔻辛温香燥，善燥湿行气、除胀消满，且药力较强；荸荠粉甘寒，能开胃下食，消积。两药相反相成，共显消食和中之功，故共为佐药。诸药相合，补消同用，共奏健脾和胃、消食化滞之功，故善治脾胃气虚所致的疳证，症见小儿乳食停滞、脘腹胀满、食欲不振、面黄肌瘦、大便不调。

【用法用量】口服，一次6 g（60粒），1岁以内一次1 g（10粒），1~2岁一次2 g（20粒），3~4岁一次3 g（30粒），5岁及以上小儿一次4 g（40粒），每日2次。

【注意事项】脾胃虚弱无积滞者慎用。服药期间，宜食用清淡易消化食物，养成良好饮食习惯。

肥儿丸

【药物组成】六神曲（炒）、使君子、麦芽（炒）、槟榔、胡黄连、木香、肉豆蔻（煨）。

【功能主治】健胃消积，驱虫，用于小儿消化不良、虫积腹痛、面黄肌瘦、食少腹胀泄泻。

【方解】方中炒六神曲甘温理中，辛香行散，能消食健胃、行散滞气；使君子甘温气香，善杀虫、消积。两药合用，能健胃消积、驱虫，恰中病机，故共为君药。炒麦芽甘平焦香，善消食健胃；槟榔苦泄辛散而温，既杀虫消积，又行气导滞；胡黄连苦寒清降，善清虚热、除疳热。三药合用，既助君药消积行气，又能清除疳热，故共为臣药。木香辛香温通，善行脾胃滞气；煨肉豆蔻辛行温涩，善温中行气、涩肠止泻。两药相合，既温中行气以助健胃消积之功，又兼涩肠止泻，故共为佐药。诸药合用，主以消散，兼以杀虫，共奏健胃消积、驱虫之功，故善治小儿消化不良、虫积腹痛、面黄肌瘦、食少腹胀泄泻。

【用法用量】口服。一次1~2丸，每日1~2次；3岁以内小儿酌减。

【注意事项】脾胃气弱者慎用。本品一般取药不超过3日，注意饮食卫生。

五、止咳喘剂

凡以制止咳嗽喘息、用于治疗小儿咳喘为主要作用的中药制剂，称为儿科止咳喘剂。儿科止咳喘剂具有止咳平喘的作用，适用于小儿咳嗽喘息病证。按其功能与适用范围，又可分为清宣降气化痰剂等类。清宣降气化痰剂具有宣肺、清热、化痰、止咳之功效。用于小儿外感、痰热或痰浊所致的咳嗽。

小儿咳喘灵颗粒

【药物组成】麻黄、石膏、苦杏仁、瓜蒌、金银花、板蓝根、甘草。

【功能主治】宣肺、清热，止咳、祛痰，用于上呼吸道感染引起的咳嗽。

【方解】方中麻黄辛散苦泄，重在宣肺，善解表平喘；石膏辛甘透解，大寒清热，既善清肺之实热，又能解肌透热。两药合用，相辅相成，既能宣肺解表，又能泄热平喘，故共为君药。苦杏仁苦泄而温，能降气止咳平喘；瓜蒌甘润性寒，善清肺涤痰、利气宽胸；金银花甘寒质轻，清疏两兼，善疏散风热、清热解毒。三药合用，能助君药清热宣肺、化痰平喘，故共为臣药。板蓝根苦寒清泻，善清热解毒利咽，以助君臣药清热之功，故为佐药。甘草甘平，既解毒止咳，又调和诸药，故为使药。诸药合用，宣清相兼，共奏宣肺清热、止咳祛痰、平喘之功，故善治小儿外感风热所致的感冒、咳喘，症见发热、恶风、微有汗出、咳嗽咳痰、咳喘气促；上呼吸道感染、支气管炎、肺炎见上述证候者亦可应用。

【用法用量】开水冲服。2岁及以内一次1 g，3~4岁一次1.5 g，5~7岁一次2 g，每日3~4次。

【注意事项】风寒感冒者慎用。服药期间，忌食生冷、辛辣油腻食物。

清宣止咳颗粒

【药物组成】桑叶、薄荷、苦杏仁、桔梗、紫菀、白芍、陈皮、枳壳、甘草。

【功能主治】疏风清热，宣肺止咳。用于小儿外感风热咳嗽，症见咳嗽、咳痰、发热或鼻塞、流涕、微恶风寒、咽红或痛。

【方解】方中桑叶甘润苦寒，善疏散风热、清肺润燥、止咳；薄荷辛散性凉，善疏散风热、清利咽喉。两药合用，善疏散风热、清肺止咳、利咽，故为君药。苦杏仁苦降微温，善降气化痰、止咳平喘；桔梗苦泄辛散性平，善宣肺祛痰、利咽止咳；紫菀辛温质润，善润肺下气、止咳化痰；陈皮辛散苦燥而温，善理气宽中、燥湿化痰。四药合用，既增君药宣肺、止咳之功，又可化痰，故为臣药。白芍甘补酸收微寒，善益阴敛阴，以防辛散温燥耗伤阴液；枳壳苦降辛散微寒，善理气宽中、行滞消积，气行则痰消；故共为佐药。甘草甘平，既润肺止咳，又调和诸药，故为使药。全方配伍，寒温相制，散中有敛，共奏疏风清热、宣肺止咳之功，故善治小儿外感风热所致的咳嗽、咳痰、发热或鼻塞、流涕、微恶风寒、咽红或痛。

【用法用量】开水冲服，1~3岁，每次1/2包；4~6岁，每次3/4包；7~14岁，每次1包；每日3次。

【注意事项】糖尿病患儿禁服。

儿童清肺丸

【药物组成】麻黄、紫苏叶、细辛、薄荷、石膏、板蓝根、桑白皮（蜜炙）、瓜蒌皮、天花粉、黄芩、橘红、法半夏、紫苏子（炒）、白前、石菖蒲、葶苈子、浙贝母、枇杷叶（蜜炙）、苦杏仁（炒）、前胡、青礞石（煅）、甘草。

【功能主治】清肺解表、化痰止嗽，用于小儿风寒外束、肺经痰热所致的面赤身热、咳嗽气促、痰多黏稠、咽痛声哑。

【方解】方中麻黄辛散苦泄，宣肺解表；紫苏叶辛温发表，以散肺经风寒；细辛香温散，善散风寒、除寒饮；薄荷辛凉质轻，善散上焦风热。四药相伍同用，能散风解表。石膏辛甘大寒，善清泻肺热、透表解热；板蓝根苦寒清泻，善清热解毒、利咽消肿；蜜桑白皮甘寒清利，专入肺经，善泻肺中之热邪，行肺中之痰水；瓜蒌皮甘寒滑润，既清肺润肺涤痰，又宽胸利气止咳；天花粉味苦微甘，性寒清润，功能清肺润肺；黄芩苦寒清燥，善清肺中之热。六药相伍同用，能清肺热、润肺燥、利咽祛痰。橘红辛苦温燥，善燥湿化痰，且发表散寒；法半夏辛温，善燥湿化痰；炒紫苏子辛温入肺，能降气消痰、止咳平喘；白前苦辛微温，专入肺经，善降气祛痰止咳；石菖蒲辛寒苦泄，善化痰湿。五药相伍同用，能燥湿化痰、降气止咳。葶苈子苦辛大寒，能泄肺气之壅闭，消除痰饮，具泻肺平喘之功；浙贝母苦泄寒清，善开热郁、散痰结；蜜枇杷叶苦凉泄降，善清肺热、降肺气而止咳；炒苦杏仁苦泄降气，止咳平喘；前胡辛苦微寒，能宣散肺气、降气祛痰；煅青礞石质重坠降，善下气坠痰。六药相伍同用，能清肺降气、祛痰止咳。甘草甘缓性平，能祛痰润肺止咳、调和诸药。全方配伍，辛散苦燥，清疏相合，共奏清肺解表、化痰止嗽之功，故善治小儿风寒外束、肺经痰热所致的面赤身热、咳嗽气促、痰多黏稠、咽痛声哑。

【用法用量】口服。一次1丸，每日2次；3岁以下一次0.5丸。

【注意事项】阴虚燥咳，体弱久咳者慎用。服药期间饮食宜清淡，忌食辛辣、生冷食物。

鹭鸶咳丸

【药物组成】麻黄、苦杏仁、石膏、紫苏子（炒）、瓜蒌皮、天花粉、蛤壳、芥子（炒）、细辛、射干、牛蒡子、栀子（姜制）、人工牛黄、青黛、甘草。

【功能主治】宣肺、化痰、止咳，用于痰浊阻肺所致的顿咳、咳嗽，症见咳嗽阵作、痰鸣气促、咽干声哑，及百日咳见上述证候者。

【方解】方中麻黄辛散苦泄，善开宣肺气、止咳平喘；苦杏仁味苦泄降，微温不热，善降气止咳平喘。两药相须为用，宣肺止咳平喘力强，故共为君药。石膏辛甘大寒，能清肺泄热而止咳平喘；炒紫苏子辛温润降，善降气消痰、止咳平喘；瓜蒌皮甘寒清润，既清肺化痰，又润肺止咳；天花粉苦寒清润，善清肺热、润肺燥；蛤壳苦寒清泻咸软，善清肺热、去稠痰。五药相合，寒温并用，既清肺稀痰，又助君药化痰止咳之功，故共为臣药。炒芥子辛散温通，专入肺经，功能温肺气、豁寒痰、利气机；细辛辛温芳香，能温肺散寒、化除痰饮；射干苦寒清泻，专入肺经，善清热解毒、祛痰利咽；牛蒡子辛散苦泄，性寒清热，善清宣肺气、祛痰止咳，炒后寒凉之性得缓；姜栀子苦寒泄降，能泻三焦之火，除烦清热；人工牛黄苦凉，善清热解毒、化痰开窍、利咽；青黛咸寒清解，能清肺止血。七药合用，既助君臣药化痰止咳，又清热利咽，故共为佐药。甘草甘平，既清热止咳，又调和诸药，故为使药。全方配伍，宣泄并用，共奏宣肺、化痰、止咳之功，故善治痰浊阻肺所致的顿咳、咳嗽，症见咳嗽阵作、痰鸣气促、咽干声哑，以及百日咳见上述证候者。

【用法用量】梨汤或温开水送服，一次1丸，每日2次。

【注意事项】体虚久咳者慎用。服药期间饮食宜清淡，避免接触异味、烟尘，忌食辛辣等刺激性食物。本品含有细辛，不宜长期过量服用。

六、补虚剂

凡以扶助正气，治疗小儿虚证为主要作用的中药制剂，称为小儿补虚剂。小儿补虚剂主要具有补气、益阴作用，适用于脾胃气虚所致的小儿发育迟缓证。按其功效与适用范围，可分为益气养阴剂等若干类。益气养阴剂具有益气养阴、和胃健脾、强筋健骨等作用。用于小儿佝偻病、软骨病，亦治小儿多汗、夜惊、食欲不振等。

龙牡壮骨颗粒

【药物组成】党参、黄芪、龟甲（醋制）、白术（炒）、山药、茯苓、大枣、龙骨、牡蛎（煅）、南五味子（醋制）、山麦冬、鸡内金（炒）、甘草、乳酸钙、葡萄糖酸钙、维生素 D_2。

【功能主治】强筋壮骨，和胃健脾，用于治疗和预防小儿佝偻病、软骨病；对小儿多汗、夜惊、食欲不振、消化不良、发育迟缓等证也有治疗作用。

【方解】本方为中西药合方制剂。方中党参甘补性平不燥，善补中益气、生津养血；黄芪甘温不热，善补气健脾、益卫固表，醋龟甲咸性寒，善滋补肝肾、强筋健骨。三药合用，既补脾益气养血，又益肾强筋健骨，固表止汗，故共为君药。炒白术甘温补脾，苦燥除湿，善补气健脾，且能止汗；山药甘平补虚，善平补气阴，且兼涩敛之性；茯苓甘淡渗利，性平不峻，能健脾促运；大枣甘补性温，能补中益气、养血安神；龙骨甘涩质重微寒，煅牡蛎咸涩质重微寒，善平肝潜阳、镇惊安神、固涩止汗；醋南五味子酸收性涩，质润偏温，善滋肾益气、安神、止汗。以上七味，既助君药补脾益气养血、益肾强筋健骨与固表止汗，又能平肝镇惊安神，故为臣药。山麦冬甘润苦泄，微寒清热，善养阴清心安神；炒鸡内金甘平消散力较强，善消食化积、运脾健胃。合而用之，以助君臣药之力，故为佐药。甘草甘平不热，既补中益气，又调和诸药，故为使药。乳酸钙、葡萄糖酸钙，能补充钙源；维生素 D_2 能促进钙磷吸收。中西药合用，珠联璧合，共奏扶正补虚、强筋壮骨、和胃健脾之功效，故可治疗和预防小儿佝偻病、软骨病；对小儿多汗、夜惊、食欲不振、消化不良、发育迟缓也有治疗作用。

【用法用量】开水冲服，2 岁以下一次 5 g 或 3 g（无蔗糖），2～7 岁一次 7.5 g 或 4.5 g（无蔗糖），7 岁以上一次 10 g 或 6 g（无蔗糖），每日 3 次。

【注意事项】实热证者慎用。服药期间忌食辛辣、油腻食物。患儿发热期间应停服。

七、镇惊息风剂

凡是具有镇惊息风的功效，用于治疗小儿惊风抽搐的中药制剂，称为儿科镇惊息风剂。儿科镇惊息风剂具有镇惊息风止痉等作用，适用于惊风抽搐病证。

琥珀抱龙丸

【药物组成】琥珀、朱砂、山药（炒）、天竺黄、胆南星、枳实（炒）、枳壳（炒）、茯苓、红参、檀香、甘草。

【功能主治】清热化痰、镇静安神，用于饮食内伤所致的痰食型急惊风，症见发热抽搐，烦躁不安、痰喘气急、惊痫不安。

【方解】方中琥珀甘平质重善镇惊安神；朱砂甘寒清解，质重镇惊，清心解毒，为重镇安神要药；炒山药甘平性缓，能补脾益肾、益气养阴。三药合用，能清心镇心安神，故共为君药。天竺黄甘寒清凉，善清热化痰、清心定惊；胆南星苦辛性凉，善清热化痰、息风定惊；炒枳实、炒枳壳苦泄辛散，性凉不燥，善行气、化痰；茯苓甘淡渗利，健脾运、除痰湿；红参性温补，补中益气，助益心脾而化痰安神。合而用之，能助君药化痰、定惊，故共为臣药。檀香辛香温通，长于宣畅胸膈气机；甘草甘平不峻，既解药毒，又调和药性，故共为佐药。全方配伍，清镇结合，共奏清热化痰、镇静安神之功，故可治饮食内伤所致痰食型急惊风，症见发热抽搐、烦躁不安、痰喘气急、惊痫不安。

【用法用量】口服。一次一丸，每日2次。婴儿每次1/3丸，化服。

【注意事项】慢惊及久病、气虚者忌服。寒痰停饮咳嗽、脾胃虚弱、阴虚火旺者慎用。外伤瘀血痫疾不宜单用本品。本品含朱砂，不宜过量或久服。服药期间，饮食宜清淡，忌食辛辣刺激食物。小儿高热惊厥抽搐不止，应及时送医院抢救。

第二十二节　骨伤科用药

凡以接骨疗伤，治疗皮肉、筋骨、气血、脏腑经络损伤疾患为主要作用的中药制剂，称为接骨疗伤剂。接骨疗伤剂主要具有活血化瘀、接骨续筋、消肿止痛之功，兼有通络、益气血、补肝肾等作用，适用于外伤或内伤等引发的跌打瘀肿、闪腰岔气、骨折筋伤等证。本类中药按其疗效与适用范围，又可分为接骨续伤剂、化瘀止痛剂两类。

一、接骨续伤剂

接骨续伤剂具有活血消肿、接骨续筋的功效，用于外伤所致的骨折筋伤。

接骨七厘片

【药物组成】自然铜（煅）、土鳖虫、骨碎补（烫）、乳香（炒）、没药（炒）、大黄（酒炒）、血竭、当归、硼砂。

【功能主治】活血化瘀，接骨止痛，用于跌打损伤、续筋接骨、血瘀疼痛。

【方解】方中煅自然铜辛平行散，善散瘀止痛、接骨续筋；土鳖虫咸软入血，寒而泄散，善破血逐瘀、续筋接骨。两药均为接骨疗伤要药，相须为用，药力更强，故为君药。烫骨碎补甘补苦泄温通，善补肾强骨、活血续伤、止血止痛，也为接骨疗伤要药；炒乳香苦温band散，辛香走窜，善活血止痛、消肿生肌；炒没药苦平泄散，辛香走窜，善破血止痛、消肿生肌。三药相合，既助君药散瘀止痛、接骨续筋，又补肾强骨、生肌止血，故为臣药。酒大黄苦寒沉降清泻，善清热凉血、活血祛瘀、消肿止痛、泻下通便；血竭甘咸平而入血，行中有止，善活血化瘀止痛、止血生肌敛疮；当归甘能润补，辛温行散，善补血活血、通脉止痛；硼砂甘咸微辛而平，《本草求原》谓其"散瘀"，《外科全生集》谓其能立愈"闪颈促腰"，《理伤续断方》"接骨散"以其配当归、苏木等治筋断骨碎，痛不可忍。四药相合，既助君臣药散瘀止痛、接骨续筋，又补血通肠、消肿生肌，故为佐药。全方配伍，主行散，兼补虚，共奏活血化瘀、接骨续筋之功，故善治跌打损伤、闪腰岔气、骨折筋伤及瘀血伤痛。

【用法用量】口服。一次5片，每日2次，温开水或黄酒送服。

【注意事项】孕妇禁用，骨折、脱臼者应先复位后再用本品治疗。脾胃虚弱者慎用。

接骨丸

【药物组成】土鳖虫、骨碎补、自然铜（煅醋淬）、续断、马钱子粉、甜瓜子、桂枝（炒）、郁金、地龙。

【功能主治】活血散瘀，消肿止痛，用于跌打损伤、发绀肿痛、闪腰岔气、筋断骨折、瘀血作痛。

【方解】方中土鳖虫咸软入血，寒而泄散，善破血逐瘀、续筋接骨；骨碎补甘补苦泄温通，善补肾强骨、活血续伤、止血止痛。两药均为接骨疗伤要药，相须为用，既善活血续伤接骨，又善散瘀消肿止痛，还兼补肾强骨，故为君药。煅自然铜辛平行散，善散瘀止痛、接骨续筋；续断甘补苦泄微温，善补肝肾、行血脉、续筋骨；马钱子粉苦泄温通，毒大力强，善通络、散结、消肿、止痛，《中华本草》谓其能"强筋"。三药合用，善活血散瘀、接骨续筋、消肿止痛，以增强君药之功，故为臣药。甜瓜子甘润而寒，善消瘀、散结、润肠，《太平圣惠方》以其配橘核治"打扑伤损疼痛"，《青岛中草药手册》谓其"主治骨折"；炒桂枝辛温发散，甘温助阳，善温经通脉、行血止痛；郁金辛散苦泄而寒，既活血散瘀，又行气而促进血行。三药相合，可助君臣药散瘀止痛、消肿疗伤，故为佐药。地龙咸寒清泻，走窜通利，善清热通经活络，《得配本草》谓其"破血""治跌扑"，以佐助活血散瘀疗伤之功，并"能引诸药直达病所"，故为佐使药。全方配伍，主行散，兼补虚，共奏活血散瘀、消肿止痛、接骨续筋之功，故善治跌打损伤、闪腰岔气、筋伤骨折及瘀血肿痛。

【用法用量】口服，一次 3 g，每日 2 次。

【注意事项】本品所含马钱子粉有大毒，故应在医生指导下使用。孕妇禁用，骨折、脱臼者应先复位后再用本品治疗。切勿过量或持久服用。

二、化瘀止痛剂

化瘀止痛剂具有活血化瘀、消肿止痛的功效，用于外伤所致的跌打损伤、闪腰岔气等。

七厘散

【药物组成】血竭、乳香（制）、没药（制）、红花、儿茶、冰片、人工麝香、朱砂。

【功能主治】化瘀消肿，止痛止血，用于跌扑损伤、血瘀疼痛、外伤出血。

【方解】方中血竭甘咸性平，行中有止，既善活血化瘀止痛，又善止血生肌敛疮，故重用为君药。制乳香苦温泄散，辛香走窜，善活血止痛、消肿生肌；制没药苦平泄散，辛香走窜，善破血止痛、消肿生肌；红花辛温行散，善活血祛瘀消肿；儿茶苦寒清泻涩敛，善解毒敛疮、生肌止血。四药合用，可助君药化瘀消肿、止痛止血之功，故为臣药。冰片辛香走窜，苦泄微寒，《本草正》谓其"散气、散血、通窍"，并善消肿生肌、清热止痛；人工麝香辛香散窜温通，善活血通经、消肿止痛；朱砂甘寒清解，重镇有毒，善镇心安神、清热解毒，并能防腐。三药相合，既助君臣药之功，又清热镇心安神，消除伤损瘀热所致的气血紊乱、心神不宁，故为佐药。诸药合用，行散与涩敛并施，共奏化瘀消肿止痛、止血生肌敛疮之功，故善治跌扑损伤、血瘀疼痛及外伤出血。

【用法用量】口服，一次 1～1.5 g，每日 1～3 次；外用，调敷患处。

【注意事项】本品应在医生的指导下使用。孕妇禁用。不宜过量或长期服用。饭后服用可减轻胃肠道反应。皮肤过敏者不宜使用。

云南白药

【药物组成】田七、淮山药等（保密方）。

【功能主治】用于跌打损伤、瘀血肿痛、吐血、咯血、便血、痔血、崩漏下血等。

【用法用量】①刀、枪、跌打诸伤，无论轻重，出血者用温开水送服；瘀血肿痛与未流血者用酒送服；妇科各证用酒送服，但月经过多、红崩者用温水送服。②毒疮初起，服 0.25 g，另取药粉，用酒调匀，敷患处，只需内服。③其他内出血各证均可内服。④口服，一次 0.25～0.5 g，每日 4 次（2～5 岁按 1/4 剂量服用；5～12 岁按 1/2 剂量服用）。⑤凡遇较重的跌打损伤可先服保险子 1 粒，轻伤及其他病证不必服。

【注意事项】孕妇禁用。妇女月经期及哺乳期慎用。运动员慎用，过敏体质及有用本品过敏史者慎用。

跌打丸

【药物组成】三七、当归、白芍、赤芍、牡丹皮、北刘寄奴、苏木、桃仁、红花、乳香（制）、没药（制）、血竭、自然铜（煅）、土鳖虫、骨碎补（烫）、续断、姜黄、三棱（醋制）、甜瓜子、防风、木通、桔梗、枳实（炒）、甘草。

【功能主治】活血散瘀，消肿止痛，用于跌打损伤、筋断骨折、瘀血肿痛、闪腰岔气。

【方解】方中三七苦泄温通，善活血止痛，化瘀止血，为疗伤要药。当归甘辛温补行散，白芍苦泄酸敛而微寒，赤芍苦泄散而微寒。三药同用，不寒不温，善活血化瘀、养血柔肝、消肿止痛。牡丹皮苦辛泄散微寒，北刘寄奴苦凉清泻，苏木甘咸辛散而平，桃仁苦泄生润而平，红花辛温行散；五药同用，寒温不偏，善活血祛瘀、消肿止痛。制乳香苦温泄散，辛香走窜；制没药苦平泄散，辛香走窜；血竭甘咸性平而入血，行中有止。三药同用，既善活血化瘀止痛，又善消肿生肌止痛。煅自然铜辛平行散，土鳖虫咸寒入血泄散，烫骨碎补甘补苦泄温通，断续甘补苦泄微温。四药同用，善活血化瘀、续筋接骨、消肿止痛。姜黄辛散苦泄温通，醋三棱苦平泄散，两者同用，善破血行气、通经止痛。甜瓜子甘润而寒，善消瘀、散结、润肠，合桃仁、当归等，既能活血化瘀，又兼润肠通便。防风辛散甘缓微温，善祛风止痛止痉；木通苦寒泄降通利，能通利血脉关节。两药同用，既通经络、利关节而消肿痛，又祛风止痉而预防破伤风发生。桔梗苦辛泄散，升浮性平，善宣散肺气，并能引药上行。炒枳实苦降辛散微寒，炒后寒性减而行散力增强，既破气消胀而促进瘀血消散，又助通便而防伤后便秘。甘草甘平补和，既合归、芍补虚缓急而生肌止痛，又能调和诸药。全方配伍，行散中略兼扶正，既活血散瘀、消肿止痛，又接骨续筋、生肌止血，凡伤损瘀血肿痛，无论有无骨折皆可选用。

【用法用量】口服。一次 1 丸，每日 2 次。

【注意事项】孕妇禁用。骨折、脱臼者应先复位后再用本品治疗。饭后服用可减轻胃肠道反应。脾胃虚弱者慎用。

舒筋活血片

【药物组成】鸡血藤、红花、泽兰叶、伸筋草、自然铜（煅）、络石藤、狗脊

（制）、香加皮、槲寄生、香附（制）。

【功能主治】舒筋活络，活血散瘀，用于筋骨疼痛、肢体拘挛、腰背酸痛、跌打损伤。

【方解】方中鸡血藤苦泄温通，微甘能补，功善活血养血、舒筋通络，为君药。红花辛温行散，善活血祛瘀消肿；泽兰叶苦辛泄散，微温通达，善行血祛瘀、疏肝通经；伸筋草苦辛泄散温通，善祛风湿、通经络、舒筋活血；煅自然铜辛平行散，善散瘀止痛、接骨续筋；络石藤苦寒泄散，善祛风通络、凉血消肿。五药相合，善舒筋活络、活血散瘀，以助君药，故为臣药。制狗脊甘补苦燥而温，善补肝肾、强腰膝；香加皮辛散苦燥，温通有毒，善祛风湿、补肝肾、强筋骨；槲寄生苦燥甘补而平，善祛风湿、补肝肾、强筋骨；制香附辛香行散而平，善疏肝行气、促进血行而止痛。四药相合，既祛风湿、补肝肾、强筋骨而利于舒筋活络，又行气而促进血行，故为佐药。全方配伍，行散与强壮并举，主舒筋通络、活血散瘀，兼祛风湿、强筋骨，故善治筋骨疼痛、肢体拘挛、腰背酸痛、跌打损伤。

【用法用量】口服，一次 5 片，每日 3 次。

【注意事项】孕妇忌服。妇女月经期慎服。因所用的香加皮具有强心苷而有毒，故不宜过量或持久服用。禁与含有强心苷的西药合用。

活血止痛散

【药物组成】土鳖虫、自然铜（煅）、当归、三七、乳香（制）、冰片。

【功能主治】活血散瘀，消肿止痛，用于跌打损伤、瘀血肿痛。

【方解】方中土鳖虫咸软入血，寒而泄散，善破血逐瘀、续筋接骨，为君药。煅自然铜辛平行散，善散瘀止痛、接骨续筋；当归甘能润补，辛温行散，善补血活血止痛。两药辅助君药，以增强活血散瘀、消肿止痛、续筋接骨之效，故为臣药。三七苦泄温通，善活血止痛、化瘀止血；制乳香苦温泄散，辛香走窜，善活血止痛、消肿生肌；冰片辛香走窜而性凉，《本草集要》谓其"通利结气"，《本草正》谓其"散气、散血、通窍"，并善消肿止痛。三者佐助君臣药活血消肿、疗伤止痛之效，故为佐药。全方配伍，专于行散，共奏活血散瘀、消肿止痛之功，故善治跌打损伤、瘀血肿痛。

【用法用量】用温黄酒或温开水送服，一次 1.5 g，每日 2 次。

【注意事项】孕妇禁用。宜在饭后半小时服用，脾胃虚弱者慎用。不宜大剂量使用。妇女、月经期及哺乳期慎用。服药期间忌食生冷、油腻食物。

第二十三节　五官科用药

一、治耳聋耳鸣剂

凡具有清肝利耳或滋肾聪耳之功效，以治疗肝胆实火湿热或肝肾亏虚所致的耳聋耳鸣为主要作用的中药制剂，称为治耳聋耳鸣剂。本类中药主要具有清泻肝胆实火，清利肝胆湿热，开窍或滋阴平肝等作用，适用于肝火上扰，肝胆湿热或肝肾亏虚所引发的耳聋耳鸣等。按其功效与适用范围又可分为清肝利耳剂、滋肾聪耳剂两类。

（一）清肝利耳剂

清肝利耳剂具有清泻肝胆实火、清利肝胆湿热、开窍的作用，用于肝火上扰或肝胆湿热所致的突发耳聋、耳鸣如闻潮声或如风雷声。

耳聋丸

【药物组成】 龙胆、黄芩、栀子、羚羊角、泽泻、木通、地黄、当归、九节菖蒲、甘草。

【功能主治】 清肝泻火，利湿通窍，用于肝胆湿热所致的头晕头痛、耳聋耳鸣、耳内流脓。

【方解】 方中龙胆苦寒清泻沉降，既泻肝胆实火，又清肝经湿热，针对病机，故为君药。黄芩苦寒清泻而燥，善清热泻火、燥湿解毒；栀子苦寒清利，善清热泻火、凉血利湿。两药相伍，可增君药清肝泻火、除湿之功，故为臣药。羚羊角咸寒清降，善泻肝火、平肝阳、解热毒；泽泻甘寒渗利清泻，善利湿热、泄相火；木通苦寒通利清降，善清利湿热、通利血脉；地黄甘苦性寒，滋养清润，善清热凉血、滋阴生津；当归甘能润补、辛温行散，善补血活血、通脉止痛；九节菖蒲辛香苦燥温化，善化湿浊、通耳窍。六药相伍，既助君臣药泻肝胆实火、除肝经湿热，又能滋阴养血、平抑肝阳，还能开肾窍、防苦燥再伤肝阴，故为佐药。甘草甘平补和，既能清热解毒、缓急止痛，又能调和诸药，故为使药。全方配伍，清泻除湿开窍，共奏清肝泻火、利湿通窍之效，故善治肝胆湿热所致的头晕头痛、耳聋耳鸣、耳内流脓。

【用法用量】 口服。小蜜丸一次 7 g；大蜜丸一次 1 丸，每日 2 次。

【注意事项】 孕妇及脾胃虚寒者慎用。服药期间，忌食辛辣油腻食物。

（二）益肾聪耳剂

滋肾聪耳剂具有滋肾平肝的功效，用于肾精亏虚所致的听力逐渐下降、耳鸣如闻蝉鸣之声、昼夜不息、夜间较重。

耳聋左慈丸

【药物组成】 熟地黄、磁石（煅）、山茱萸（制）、山药、牡丹皮、泽泻、茯苓、竹叶柴胡。

【功能主治】 滋肾平肝，用于肝肾阴虚、耳鸣耳聋、头晕目眩。

【方解】 方中熟地黄质润甘补微温，归肝、肾经，善滋阴养血、填精固本，精血充足则耳聪目明，故重用为君药。煅磁石辛寒而咸、镇潜兼补，善补肾益精、平肝潜阳、聪耳明目；制山茱萸酸甘温补固涩，善补肝肾之精血；山药甘平补涩，既补肾阴，又补脾气与脾阴。三药相伍，既增强君药滋肾养肝之功，又平肝潜阳，故为臣药。牡丹皮苦泄辛散微寒，善清热凉血散瘀，既泄相火，又制山茱萸之温涩。泽泻甘寒清利，善泄热利湿，配熟地黄以泻浮火、降浊；茯苓平而淡渗脾湿，配山药健运脾气而益肾；竹叶柴胡芳香清散疏升，主入肝经，善疏解肝郁，以利平抑肝阳，故为佐药。诸药合用，滋补兼镇潜，共奏滋阴平肝之功，故善治肝肾阴虚所致的耳鸣耳聋、头晕目眩。

【用法用量】 口服，水蜜丸一次 6 g；大蜜丸一次 1 丸，每日 2 次。

【注意事项】 痰瘀阻滞者慎用。服药期间，注意饮食调理，忌食或少食辛辣刺激及油腻食物。

二、治鼻鼽鼻渊剂

凡具有散风寒或风热、清热解毒、宣肺、化湿、通鼻窍的作用，用于治疗风寒或风热犯及鼻窍或胆腑郁热上蒸鼻窍、脾胃湿热上结鼻窍所致的鼻鼽鼻渊的中药制剂，称为治鼻鼽鼻渊剂。治鼻鼽鼻渊剂具有疏散风热、芳香透窍，或清泻肝胆、利湿通窍，或温补肺气、疏风散寒，或健脾益气、清利湿浊的作用。按其功效与适用范围，又可分为清宣通窍剂、清化通窍剂、散风通窍剂三类。

（一）清宣通窍剂

清宣通窍剂具有清热散风、宣肺通窍之功效，用于风热邪毒袭肺犯鼻所致的鼻鼽鼻渊。

鼻炎康片

【药物组成】野菊花、黄芩、猪胆粉、麻黄、薄荷油、广藿香、苍耳子、鹅不食草、当归、马来酸氯苯那敏。

【功能主治】清热解毒，宣肺通窍，消肿止痛。用于肺经郁热型急、慢性鼻炎及变应性鼻炎。

【方解】方中野菊花苦泄辛散微寒，善清热解毒、疏散风热；黄芩苦寒清泻而燥，善清热燥湿、泻火解毒；猪胆粉苦寒清泻通利，善清郁热、解热毒、化痰浊。三者相伍，既善清热解毒，又兼散风除湿。麻黄辛温发散、微苦略降，善散风寒、宣肺而通鼻窍；薄荷油辛香清凉疏散，善疏散风热、清利头目；广藿香辛散芳化微温，善化湿浊而通鼻窍；苍耳子辛散苦温、疏燥通达，善散风寒湿、通鼻窍；鹅不食草辛香升散温通，善祛风散寒、通窍祛痰。五药相伍，既善散风宣肺，又善通窍止痛，还能化湿而止涕。当归甘能润补，辛温行散，既善和血消肿止痛，又防辛香燥散再伤气血。马来酸氯苯那敏，善抗组胺，以消除过敏之症状。全方配伍，中西药合璧，标本兼顾，共奏清热解毒、宣肺通窍、消肿止痛之效，故善治风热外袭或上攻、热毒蕴肺犯鼻所致的急慢性鼻炎、变应性鼻炎。

【用法用量】口服。一次4片，每日3次。

【注意事项】变应性鼻窦炎属虚寒症者慎用。肺脾气虚或气滞血瘀者慎用。运动员慎用。服药期间，戒烟酒，忌辛辣食物。所含苍耳子有小毒，故不宜长期过量服用。又含有马来酸氯苯那敏，易引起嗜睡，服药期间不得驾驶车、船，不得从事高空作业、机械作业及精密仪器等。

（二）清化通窍剂

清化通窍剂具有芳香化浊、清热通窍的作用，用于湿浊内蕴、胆经郁火所致的鼻塞、流清涕或浊涕。

藿胆丸

【药物组成】广藿香叶、猪胆粉、滑石粉。

【功能主治】芳香化浊，清热通窍。用于湿浊内蕴、胆经郁火所致的鼻塞、流清涕或浊涕、前额头痛。

【方解】方中广藿香辛散芳化微温，善化湿浊而通鼻窍；猪胆粉苦寒清泻通利，善清胆经郁热、化痰浊；辅料滑石粉，甘寒清利，能清热利湿。三药相合，芳化、辛散、清泻，共奏芳香化浊、清热通窍之功，故善治湿浊内蕴、胆经郁火所致的鼻塞、流清涕或浊涕、前额头痛。

【用法用量】口服。一次3~6g，每日2次。

【注意事项】对本品过敏者禁用。过敏体质者慎用。不宜在服药期间同服滋补性中药。

（三）散风通窍剂

散风通窍剂具有疏散风热或风寒、祛湿通窍，或益气固表、祛风通窍的功效，用于肺经风热、胆腑郁热所致的鼻塞、鼻流黄涕而量多。

鼻渊舒胶囊

【药物组成】辛夷、苍耳子、栀子、黄芩、柴胡、薄荷、川芎、细辛、白芷、茯苓、川木通、桔梗、黄芪。

【功能主治】疏风散热，祛湿通窍，用于鼻炎、鼻窦炎属肺经风热及胆腑郁热证者。

【方解】方中辛夷辛香温散通达，苍耳子辛散苦燥温通，两药相伍，善散风邪、升清阳、化湿浊、通鼻窍，故为君药。栀子苦寒清利，善清热泻火、解毒消肿、凉血利湿；黄芩清苦寒清泻而燥，善清热燥湿、泻火解毒；柴胡苦泄辛散微寒，善疏解肝胆郁热；薄荷芳香清凉疏散，善散肺肝经风热、清利头目；川芎辛香行散温通，善活血行气、祛风止痛；细辛芳香辛温走窜，有小毒而力强，善散风寒湿、通窍止痛；白芷辛温香窜，善散风通窍、燥湿止痛、消肿排脓。七药相伍，既助君药散风、法湿、通窍，又善清泻肺火、解胆腑郁热，还能消肿排脓，故为臣药。茯苓甘平渗利，川木通苦寒，两药同用，善清热利湿；桔梗苦辛泄散，平而升浮，既宣散肺气，又载药上行而直达头面；黄芪甘温升补，既补气行滞而托毒排脓，又利尿而增祛湿之功，故为佐使药。全方配伍，辛香通散，苦寒清利，共奏疏风清热、祛湿排脓、通窍止痛之功，故善治鼻炎、鼻窦炎属肺经风热及胆腑郁热证者。

【用法用量】口服。一次3粒，每日3次。7日为1个疗程；或遵医嘱。

【注意事项】孕妇，肺脾气虚或气滞血瘀者慎用。对本品过敏者忌用。服药期间，忌食辛辣油腻食物。所含细辛、苍耳子均有小毒，不宜过量久服。

辛芩颗粒

【药物组成】黄芪、白芷、白术、细辛、苍耳子、防风、荆芥、桂枝、石菖蒲、黄芩。

【功能主治】益气固表，祛风通窍。用于肺气不足、风邪外袭所致的鼻痒、喷嚏、流清涕、易感冒，及过敏性鼻炎见上述证候者。

【方解】方中黄芪甘温补升，善补气升阳、益卫固表；白芷辛温香窜，善散风通窍、燥湿止痛、消肿排脓。两者相伍，既益气固表，又祛风通窍，切中病机，故为君药。白术甘苦性温，善补气固表、健脾除湿；细辛芳香辛温走窜，善散风寒湿、通窍止痛；苍耳子辛散苦燥温通，善散风寒湿、通窍止痛；防风、荆芥微温发散，善散风发表、止痒。五者相伍，既助君药益气固表、散风通窍，又能止痒、除湿止涕，故为臣药。桂枝辛甘发散温通，善助阳发表散风、散寒温经通脉；石菖蒲芳香枯燥温化，善除瘀祛湿、"通九窍"；黄芩苦寒清泻而燥，善清热燥湿、泻火解毒。三者相合，既温阳、鼓舞气血生长而助益气固表，又祛风通窍除湿而利于除鼻痒、止清涕，还佐制辛温甘温，以免温燥太过而再生邪热，故为佐药。全方配伍，甘温补固，辛温宣散，共奏益气固表、祛风通窍之功，故善治肺气不足、风邪外袭所致的鼻痒、喷嚏、流清涕、易感冒，以及变应性鼻炎见上述证候者。

【用法用量】 开水冲服。一次 1 袋，每日 3 次。20 日为 1 个疗程。

【注意事项】 外感风热或风寒化热者慎用。服药期间，戒烟酒，忌食辛辣之物。含有小毒的苍耳子与细辛，故不宜过量或持久服用。

三、治咽肿声哑剂

凡其有清热解毒、疏散风热、化腐消肿、化痰散结、利咽开音的功效，用于治疗风热或火毒上攻，或阴虚火旺、虚火上炎，或火毒蕴结、腐脓烂肉，或风热外束、痰热结喉所致的咽喉肿痛的中药制剂称为治咽肿声哑剂。治咽肿声哑剂具有清热解毒、疏散风热、化腐消肿、化痰散结、利咽开音等作用，适用于风热或火毒上攻，或阴虚火旺、虚火上炎，或火毒蕴结、腐脓烂喉，或风热外束、痰热结喉所致的咽喉肿痛，声音嘶哑等。按其功效与适用范围，又可分为清解利咽剂、滋润利咽剂、化腐利咽剂、开音利咽剂四类。

（一）清解利咽剂

清解利咽剂具有清热散风或清热解毒、消肿利咽之功效，用于风热或火毒上攻所致的咽喉肿痛。

冰硼散

【药物组成】 冰片、硼砂（煅）、朱砂、玄明粉。

【功能主治】 清热解毒，消肿止痛，用于热毒蕴结所致的咽喉疼痛、牙龈肿痛、口舌生疮。

【方解】 方中冰片辛散香窜、苦泄微寒，外用善清热止痛、消肿生肌，故为君药。煅硼砂甘咸性凉，外用善清热解毒、防腐消肿，增君药清热解毒、消肿之功，故为臣药。朱砂甘寒清解有毒，外用善清热解毒消肿；玄明粉苦泄咸软性寒，外用善清火散结消肿。两药相合，增君臣药清热利咽、散结消肿之功，故为佐药。诸药合用，清解兼消散，共奏清热解毒、消肿止痛之功，故外用善治热毒蕴结所致的咽喉疼痛、牙龈肿痛、口舌生疮。

【用法用量】 吹敷患处，每次少量，每日数次。

【注意事项】 孕妇及哺乳期妇女慎用。虚火上炎者慎用。服药期间，忌食生冷油腻食物，戒烟，忌饮酒。因含朱砂，故不宜长期大量使用，以免引起汞的蓄积中毒。

桂林西瓜霜

【药物组成】 西瓜霜、薄荷脑、黄芩、黄连、黄柏、射干、山豆根、大黄、浙贝母、青黛、无患子果（炭）、硼砂（煅）、冰片、甘草。

【功能主治】 清热解毒，消肿止痛。用于风热上攻，肺胃热盛所致的乳蛾、喉痹、口糜，症见咽喉肿痛、喉核肿大、口舌生疮、牙龈肿痛或出血；急慢性咽炎、扁桃体炎、口腔炎、口腔溃疡、牙龈炎见上述证候者及轻度烫伤（表皮未破）者。

【方解】 方中西瓜霜咸软含清而降，善清热泻火、消肿止痛；薄荷脑辛香凉散，能疏风散热、利咽止痛。两药相合，既清解消肿、利咽止痛，又兼疏散风热，故为君药。黄芩、黄连、黄柏苦寒清泻，相须为用，善泻火解毒、清热燥湿；射干、山豆根苦寒清泻而降，相须为用，善清热解毒、消肿利咽，兼散瘀消结，共为臣药。大黄苦寒泄降通利，既清热泻火、凉血祛瘀，又通利大便，导热邪外出；浙贝母苦寒清泻，善清热化痰、消肿散结；青黛咸寒清泻、入血分，善清热解毒、凉血消肿、敛疮；无患子果苦泄辛散微寒，炭炒兼收敛，善清热利咽、消肿止血，煅硼砂甘咸性凉，善清热解毒、防腐消肿；冰片辛散香窜，苦泄微寒，善清热止痛、消肿生肌。六药相合，既助君臣药清热解毒、消肿止痛，又兼敛疮、止血，故为佐药。甘草甘平，既清热解毒，又调和诸药，故为使药。全方配伍，清热消散兼收敛，既善清热解毒、消肿止痛，又兼散风、敛疮、止血，故善治风热上攻、肺胃热盛所致的乳蛾、喉痹、口糜，症见咽喉肿痛、喉核肿大、口舌生疮、牙龈肿痛或出血；以及急慢性咽炎、扁桃体炎、口腔炎、口腔溃疡、牙龈炎见上述证候者，也可用于轻度烫伤表皮未破者。

【用法用量】外用，喷、吹或敷于患处，一次适量，每日数次；重症者兼服，一次1~2 g，每日3次。

【注意事项】孕妇禁用。对本品过敏者禁用，过敏体质者慎用。服药期间，忌食辛辣、油腻食物。老人、儿童及素体脾胃虚弱者慎用。不宜与滋补性中药同服。内含山豆根与煅硼砂，不宜过量或长期服用。

复方鱼腥草片

【药物组成】鱼腥草、黄芩、板蓝根、连翘、金银花。

【功能主治】清热解毒，用于外感风热所致的急喉痹、急乳蛾，症见咽部红肿、咽痛；急性咽炎、急性扁桃体炎见上述证候者。

【方解】方中鱼腥草辛芳微寒，专入肺经，清解中兼透散，既善清热解毒、消痈排脓而利咽止痛，又能利尿导热邪从小便出，故为君药。黄芩苦寒、板蓝根苦寒清泻，配伍同用，善清热解毒、凉血利咽，故为臣药。连翘苦寒清泻、轻疏，金银花甘寒清解轻疏，相须同用，既疏散风热，又清热清毒、散结消肿，故为佐药。全方配伍，主清泻，兼疏散，既善清热解毒、散结消痈，又善疏散风热，故善治外感风热、热毒内蕴所致的急喉痹、急乳蛾，症见咽部红肿、咽痛等；急性咽炎、急性扁桃体炎见上述证候者也可选用。

【用法用量】口服，一次4~6片，每日3次。

【注意事项】虚火喉痹、乳蛾者慎用。服药期间，忌食辛辣、油腻、鱼腥食物。戒烟酒。

六神丸

【药物组成】牛黄、珍珠（豆腐制）、冰片、蟾酥、雄黄（飞）、麝香。

【功能主治】清凉解毒，消炎止痛。用于烂喉丹痧、咽喉肿痛、喉风喉痈、单双乳蛾、小儿热疖、痈疡疔疮、乳痈发背、无名肿毒。

【方解】方中牛黄能清心开窍、清热解毒，具有治疗咽喉肿痛、口舌生疮、痈疔疮毒的作用。珍珠具有解毒生肌的作用，能治疗口疮咽喉肿痛及糜烂等。冰片又称龙脑，是樟脑和松节油等药用化学方法合成的制品，具有清热、止痛、解毒的功效。蟾酥为癞蛤蟆耳后腺分泌的浆液经加工干燥后制成的具有一定毒性的中药，有消促、止痛及解毒除秽的功能，常用于治疗疔疮痈肿、瘰疬疙瘩、咽喉肿痛、齿龈疼痛等。雄黄又称石黄，是一种含硫矿石，具有解毒杀虫、燥湿功能，外科常用于治疗痈疔疮、喉风、喉痹、湿疮、疥癣等。麝香具有通络、消肿、行瘀、止痛的功效，在外科与其他消肿、化瘀、止痛药合用，可治疗红肿痈疖、口咽糜烂等。由以上药物配伍组成的六神丸，具有

第四篇　商品基础知识

清热解毒、消肿止痛、敛疮生肌的功效。

【用法用量】 口服，每日 3 次，温开水吞服；1 岁每次服 1 粒，2 岁每次服 2 粒，3 岁每次服 3~4 粒，4~8 岁每次服 5~6 粒，9~10 岁每次服 8~9 粒，成年每次服 10 粒。另可外敷在皮肤红肿处，取丸十数粒，用冷开水或米醋少许，盛食匙中化散，敷搽四周，每日数次常保潮润，直至肿退为止。如红肿已将出脓或已穿烂，切勿再敷。

【注意事项】 孕妇及对本品过敏者禁用。过敏体质及阴虚火旺者慎用。服药期间进食流质或半流质饮食。忌食辛辣、油腻、鱼腥食物。戒烟酒。老人、儿童及素体脾胃虚弱者慎用。因含有毒的雄黄、蟾酥，不宜过量服用或持久服用。外用不可入眼。

（二）滋润利咽剂

滋润利咽药具有滋阴降火、润喉利咽作用，用于虚火上炎所致的咽喉肿痛。

玄麦甘桔含片

【药物组成】 玄参、麦冬、桔梗、甘草。

【功能主治】 清热滋阴，祛痰利咽，用于阴虚火旺、虚火上浮、口鼻干燥、咽喉肿痛。

【方解】 方中玄参苦寒清泻，甘咸滋润，善清热解毒、滋阴降火、散结消肿，兼利咽润肠，故为君药。麦冬甘苦微寒，清泻滋润，善清热养阴、润肺生津，兼润肠，以增君药清热养阴、润燥生津利咽之功，故为臣药。桔梗苦辛泄散，平而升浮，既宣散祛痰利咽，又载药上行直达病所；甘草甘平，除调和诸药外，与桔梗相伍，又能清热解毒利咽，故为佐使药。诸药合用，清滋兼宣散，共奏清热解毒、滋阴降火、祛痰利咽之功，故善治阴虚火旺、虚火上浮所致的口鼻干燥、咽喉肿痛，兼痰者尤宜。

【用法用量】 含服。一次 1~2 片，每日 12 片，随时服用。

【注意事项】 喉痹、乳蛾风热，脾虚便溏者慎用。服药期间，忌食辛辣、油腻、鱼腥之物。戒烟酒。儿童用药应遵医嘱。

清音丸

【药物组成】 诃子、天花粉、川贝母、百药煎、乌梅肉、葛根、茯苓、甘草。

【功能主治】 清热利咽，生津润燥，用于肺热津亏，咽喉不利，口舌干燥，声哑失音。

【方解】 方中诃子苦泄酸敛，平而偏凉，主归肺经，善下气降火、利咽开音；天花粉苦寒清泻，甘酸益润，清热生津、润燥、消肿。两药相合，既清热利咽，又生津润燥，切中病机，故为君药。川贝母甘润微寒，苦泄辛散，善清热润肺、散结消肿；百药煎酸甘平凉，善润肺化痰、生津止渴；乌梅肉酸多涩少而性平，善生津止渴、润喉。三药相合，既清热生津利咽，又能散结消肿，以助君药之功，故为臣药。葛根甘辛平凉升散，能清热、升脾胃清阳之气而生津止渴；茯苓甘淡渗利兼补，善利湿、健运脾气，促进津液的化生。两药同用，可助君臣药生津润燥之功，故为佐药。甘草与赋形剂蜂蜜皆甘平，既清热润燥，又调和诸药、矫味，故为使药。诸药合用，清润而不腻滞，共奏清热利咽、生津润燥之功，故善治肺热津亏之咽喉不利、口舌干燥、声哑失音。

【用法用量】 口服，温开水送服或嚼化。水蜜丸一次 2 g，大蜜丸一次 1 丸，每日 2 次。

【注意事项】 孕妇禁用。急喉痹证属实热者慎用。服药期间，忌食辛辣油腻食物。

忌烟酒。

（三）化腐利咽剂

化腐利咽剂具有解毒利咽、化腐敛疮的作用。用于火毒蕴结、腐脓烂喉所致的咽痛、咽部红肿。

锡类散

【药物组成】人工牛黄、象牙屑、青黛、珍珠、壁钱炭、人指甲（滑石粉制）、冰片。

【功能主治】解毒化腐，用于咽喉糜烂肿痛。

【方解】方中人工牛黄苦凉清泻，善清热解毒而消肿痛，切中病机，故为君药。象牙屑甘凉清解，功善清热解毒、祛腐生肌、敛疮；青黛咸寒清泻而入血分，善清热泻火、凉血解毒、散肿敛疮；珍珠甘寒清解，善清热解毒、生肌敛疮。三药相合，既助君药清热解毒而消肿痛，又祛腐生肌敛疮，故为臣药。壁钱炭咸苦平凉，善清热解毒、消肿敛疮；制人指甲甘咸而平，善散瘀血，《本经逢原》以其入复方治乳蛾。两药相合，可助君臣药解毒、祛腐、敛疮，治咽喉肿烂，故为佐药。冰片辛散香窜，苦泄微寒，既善清热止痛、消肿生肌，又增强诸药透达之力，故为使药。诸药合用，清解又收敛，共奏解毒化腐、敛疮消肿之功，故善治心胃火盛所致的咽喉糜烂、肿痛。

【用法用量】每用少许，吹敷患处。每日 1～2 次。

【注意事项】孕妇、老人、儿童、虚火上炎及素体脾胃虚弱者慎用。服药期间，忌食辛辣油腻食物。

（四）开音利咽剂

开音利咽剂具有清热疏风、化痰散结、利咽开音的功效，主要用于风热外束、痰热壅结所致的咽喉肿痛。

黄氏响声丸

【药物组成】薄荷、薄荷脑、浙贝母、桔梗、蝉蜕、胖大海、儿茶、诃子、川芎、连翘、大黄（酒制）、甘草。

【功能主治】疏风清热、化痰散结、利咽开音，用于风热外束、痰热内盛所致的急、慢性喉痹，症见声音嘶哑、咽喉肿痛、咽干灼热、咽中有痰，或寒热头痛、便秘尿赤；亦用于急、慢性喉炎及声带小结、声带息肉初起。

【方解】方中薄荷、薄荷脑芳香辛凉清疏，善疏散风热、清利头目而利咽开音；浙贝母苦寒清泻，善清热化痰、散结消肿；桔梗苦辛泄散，平而升浮，主归肺经，善宣肺祛痰、利咽开音。四药合而用之，善疏散风热、化痰散结、利咽开音，故为君药。蝉蜕甘寒质轻、清宣透散，善疏散风热、利咽、疗音哑；胖大海甘寒清润，善清宣肺气、利咽开音、润肠通便；儿茶苦寒清泻涩敛，善清热解毒、化痰消肿；诃子苦泄酸敛，平而偏凉，主入肺经，善下气降火、利咽开音。四者相合，可增君药之功，故为臣药。川芎辛香行散通调，活血行气、祛风止痛；连翘苦寒清泻而轻浮，善疏散风热、清热解毒、散结利尿；酒制大黄苦寒沉降，清泻通利，善泻火解毒、散瘀消肿、攻下通便。三药相合，既助君臣药疏风清热、散结利咽，又通利二便导热邪外出，故为佐药。甘草甘平，既清热解毒，又调和诸药，故为使药。全方配伍，辛散苦泄寒清，共奏疏风清热、化痰散结、利咽开音之功，故善治风热外束、痰热内盛所致的急、慢性喉痹，症见声音嘶哑、咽喉肿痛、咽干灼热、咽中有痰，或伴见寒热头痛或便秘尿赤；急、慢性喉炎及声带小结、声带息肉初起见上述证候者也可酌选。

【用法用量】口服，炭衣丸一次 8 丸（每丸重 0.1 g）或 6 丸（每丸重 0.133 g），糖衣丸一次 20 丸，每日 3 次，饭后服用。

【注意事项】阴虚火旺、素体脾胃虚弱或胃寒便溏者慎用。老人、儿童慎用。服药期间，忌食辛辣、油腻、鱼腥食物。戒烟酒。儿童服用该药应遵医嘱。

清咽滴丸

【药物组成】薄荷脑、人工牛黄、青黛、诃子、冰片、甘草。

【功能主治】疏风清热，解毒利咽。用于风热喉痹、咽痛、咽干、口渴，或微恶风、发热、咽部红肿、急性咽炎见上述证候者。

【方解】方中薄荷脑辛香凉散，能疏风散热、利咽止痛；人工牛黄苦凉清泻，善清热解毒而消肿痛。两药相合，善疏散风热、解毒利咽，切中病机，故为君药。青黛咸寒清泻而入血分，善清热泻火、凉血解毒、散肿敛疮；诃子苦泄酸敛，平而偏凉，主入肺经，善下气降火、利咽开音。两药相合，助君药清热解毒、利咽开音，故为臣药。冰片辛散香窜，苦泄微寒，既善清热止痛、消肿生肌，又增强诸药透达之力，故为佐药。甘草甘平，既清热解毒、润肺利咽，又调和药性，故为使药。全方配伍，清解疏散，共奏疏风清热、解毒利咽之效，故善治外感风热所致的急喉痹。

【用法用量】含服，一次 4~6 粒，每日 3 次。

【注意事项】孕妇、虚火喉痹及素体脾胃虚弱者慎用。老人、儿童慎服。服药期间，忌食辛辣油腻之物。

四、治口疮剂

凡具有清解消肿的功效，用于治疗火热内蕴或虚火上炎所致的口舌生疮的中药制剂称为治口疮剂。治口疮剂具有清解消肿或滋阴清解之功，兼有凉血、止痛、通便等作用。适用于火热上炎或阴虚火旺引起的口内疮疡等。

清解消肿剂具有清热泻火、凉血解毒的功效，用于火热上炎所致的口疮溃破红肿。

栀子金花丸

【药物组成】黄芩、栀子、黄连、黄柏、生大黄、金银花、知母、天花粉。

【功能主治】清热泻火，凉血解毒，用于肺胃热盛、口舌生疮、牙龈肿痛、目赤眩晕、咽喉肿痛、大便秘结。

【方解】方中黄芩苦寒清泻，善清泻肺胃之火热邪毒；栀子苦寒清利，善泻三焦之火、滑利二便而凉血解毒。两药相合，功善清热泻火、凉血解毒，恰中病机，故为君药。黄连、黄柏苦寒清泻，善清热泻火解毒；生大黄苦寒沉降，清泻通利，善泻火解毒、凉血散瘀、消肿通便。三药相合，既能助君药清热泻火、凉血解毒，又能通便而疗大便秘结，故为臣药。金银花甘寒清解轻疏，善清热解毒；知母苦泄甘润而清滋，善清热泻火、滋阴润燥；天花粉苦寒清泻、甘酸益润，善清热泻火、生津润燥、消肿。三药皆主归肺、胃经，相伍同用，既清泻肺胃之火邪热毒，以助君臣药之功；又滋阴生津滑肠，以防苦燥伤阴，故为佐药。诸药合用，苦寒泄降通利，共奏清热泻火、凉血解毒之功，故善治肺胃热盛所致的口舌生疮、牙龈肿痛、目赤眩晕、咽喉肿痛、吐血衄血、大便秘结。

【用法用量】口服。一次 9 g，每日 1 次。

【注意事项】孕妇及阴虚火旺者忌服。哺乳期妇女，年老体弱及脾虚便溏者慎用。服药期间，忌烟酒与辛辣食物。

口炎清颗粒

【药物组成】玄参、天冬、麦冬、山银花、甘草。

【功能主治】滋阴清热，解毒消肿，用于阴虚火旺所致的口腔炎证。

【方解】方中玄参苦寒清泻，甘咸滋润，主入肾经，善滋阴降火、清热凉血，故为君药。天冬甘苦性寒，麦冬甘苦微寒，两者皆滋润清泻，相须为用，善滋阴清热、润肠通便，助君药滋阴降火，故为臣药。山银花甘寒清解轻疏，善清热解毒、消痈，助君药清热解毒、消肿，故为佐药。甘草甘平，既清热解毒，又调和药性，故为使药。诸药合用，滋润兼清解，共奏滋阴清热、解毒消肿之功，故善治口疮证属阴虚火旺，症见口腔黏膜溃疡、灼热疼痛、口干、手足心热、大便秘结、舌红少苔、脉细数等。

【用法用量】口服。一次 2 袋（20 g），每日 1~2 次。

【注意事项】脾虚便溏者慎服。湿热内蕴，食积内停者忌服。服药期间，忌食辛辣、酸甜、油腻之物。

第二十一章　营养补充剂

营养补充剂不像营养强化剂那样与食品形成统一的整体，而大多制成丸、片、胶囊、冲剂或口服液等，单独在进餐时随餐服用。它们并非通常的食品，也并非食品营养强化剂。营养补充剂可以由氨基酸、多不饱和脂肪酸、矿物质与维生素组成，或仅由一种或多种维生素组成；也可以由一种或多种膳食成分组成，其中除氨基酸、维生素、矿物质等营养素之外，还可以由草本植物或其他植物成分，或以上成分的浓缩物、提取物或组合物组成。

第一节　蛋白质

蛋白质（protein）是生命的物质基础，没有蛋白质就没有生命。因此，它是与生命及各种形式的生命活动紧密联系在一起的物质。机体中的每一个细胞和所有重要组成部分都有蛋白质参与。蛋白质占人体重量的 16.3%，人体内蛋白质的种类很多，性质、功能各异，但都是由 20 多种氨基酸按不同比例组合而成的，并在体内不断进行代谢与更新。被食入的蛋白质在体内经过消化分解成氨基酸，吸收后在体内主要用于重新按一定比例组合成人体蛋白质，同时新的蛋白质又在不断代谢与分解，时刻处于动态平衡中。因此，食物蛋白质的质和量、各种氨基酸的比例，都关系到人体蛋白质合成的量，尤其是青少年的生长发育、孕产妇的优生优育、老年人的健康长寿，都与膳食中蛋白质的量有着密切的关系。

当膳食蛋白质来源适宜时，机体蛋白质代谢处于平衡状态，氮的摄入量与排出量相等，称为氮平衡（nitrogen balance）。应当供给儿童青少年较多的蛋白质，使体内有较多的储留氮，以保证生长发育，即要求氮的摄入量大于氮的排出量，达到正氮平衡。

一、生理功能

1. 蛋白质是组成人体的重要成分之一。
2. 蛋白质是人体必需氮元素的唯一来源。
3. 蛋白质是维持机体组织更新、生长、修复的重要物质。
4. 遗传信息的传递以及许多重要物质的运转都与蛋白质有关。
5. 许多具有调节生理功能的物质，如催化代谢反应的酶、调节体内代谢过程的激素、具有免疫功能的抗体、承担运输氧的血红蛋白、进行肌肉收缩的肌纤凝蛋白等其本身就是蛋白质。
6. 蛋白质还能为机体提供热能。

二、与疾病的关系

蛋白质-热能营养不良症（protein-energy malnutrition，PEM）是一种因缺乏能量和（或）蛋白质而引起的营养缺乏病，这是目前发展中国家较为严重的一种营养缺乏病。本病主要发生在婴幼儿，在经济落后、卫生条件差的地区尤为多见，是危害小儿健康、导致死亡的主要原因。据世界粮农组织报道，全世界 70% 的人口都不同程度地存在饥饿问题，约有 4 亿儿童患有某种程度的蛋白质-热能营养不良症。

PEM 根据临床表现可分为两型：

1. 营养消瘦症（nutritional marasmus）　又称消瘦型 PEM。是一种多见于婴幼儿的极度消瘦症，是由于长期摄食过少引起的。由于长期进食太少，机体处于饥饿和半饥饿状态，尤其是能量不足，只能靠消耗自身组织来供给能量，以维持最低生命活动的需要。该型营养不良多见于母乳不足、喂养不当、饥饿、疾病及先天性营养不良等。表现为生长发育缓慢或停止，明显消瘦，体重减轻（重者只为同龄儿童平均体重的 60%），皮下脂肪减少或消失，肌肉萎缩，皮肤干燥，毛发细黄无光泽，常腹泻、脱水，全身抵抗力低下，易发生感染，但无水肿。

2. 恶性营养不良（kwashiorkor）　又称水肿型 PEM。这是蛋白质严重缺乏而能量供应可以维持最低需要水平的极度营养不良症，多见于断乳期的婴幼儿。临床表现为精神委靡、反应冷淡、哭声低弱无力、食欲减退、体重不增或减轻、下肢呈凹陷性水肿、皮肤干燥、色素沉着、毛发稀少无光泽、肝（脾）大等。

三、常见品种

蛋白粉、乳清蛋白、胶原蛋白粉、水解蛋白片、氨基酸口服液等。

第二节　糖　　类

糖类又称碳水化合物，由碳、氢、氧 3 种元素组成，其中氢和氧之比为 2：1，与水相同，故有此称。食物中的单糖、双糖、多糖和膳食纤维（dietary fiber）等均属于糖类。

一、生理功能

1. 供给热能　糖类是人类从膳食中取得热能最经济和最主要的来源。我国人民膳食中 60% ~ 70% 的热能由碳水化合物提供。

2. 糖类是构成机体组织成分的重要物质，如糖脂参与细胞膜的构成，黏蛋白参与结缔组织的构成，核糖与脱氧核糖是核酸的重要组成部分，肝糖原与肌糖原具有重要的生理功能。

3. 糖类是维持心脏和神经系统正常活动不可缺少的物质，血糖低下可导致昏迷，严重者甚至可休克、死亡。

4. 保肝解毒作用　当肝糖原充足时，肝脏对毒物有很强的解毒作用。

5. 当糖类摄入充足时，有抗生酮作用，可防止酸中毒的发生。

6. 节约蛋白质作用　由于有充足糖类存在，可避免过多地动用蛋白质作为机体热量来源，有利于充分发挥蛋白质特有的生理功能。

7. 纤维素、果胶等能刺激肠蠕动，有利于消化、吸收与排便。

二、与疾病的关系

当糖类摄入不足，则表现出热能缺乏，出现消瘦、生长缓慢、低血糖、头晕、无力、甚至休克；当糖类摄入过量，长期如此，可导致肥胖、血脂升高。

三、常见品种

多糖类主要来自谷类、薯类、根茎类食物，单糖与双糖类除部分来自天然食物外，大部分以制成品的形式（如葡萄糖与蔗糖）直接摄取。

第三节 不饱和脂肪酸

不饱和脂肪酸是构成体内脂肪的一种脂肪酸，是人体必需的脂肪酸。不饱和脂肪酸根据双键个数的不同，分为单不饱和脂肪酸和多不饱和脂肪酸两种。食物脂肪中，单不饱和脂肪酸有油酸，多不饱和脂肪酸有亚油酸、亚麻酸、花生四烯酸等。人体不能合成亚油酸和亚麻酸，必须从膳食中补充。根据双键的位置及功能又将多不饱和脂肪酸分为ω-6系列和ω-3系列。亚油酸和花生四烯酸属ω-6系列，亚麻酸、DHA、EPA属ω-3系列。

一、生理功能

1. 保持细胞膜的相对流动性，以保证细胞的正常生理功能。
2. 使胆固醇酯化，降低血中胆固醇和三酰甘油。
3. 不饱和脂肪酸是合成人体内前列腺素和凝血噁烷的前体物质。
4. 降低血液黏度，改善血液微循环。
5. 提高脑细胞的活性，增强记忆力和思维能力。

二、与疾病关系

膳食中不饱和脂肪酸不足时，易产生下列病症：
1. 血中低密度脂蛋白和低密度胆固醇增加，产生动脉粥样硬化，诱发心脑血管病。
2. ω-3不饱和脂肪酸是大脑和脑神经的重要营养成分，摄入不足将影响记忆力和思维力，对婴幼儿将影响智力发育，对老年人将引起老年痴呆症。膳食中不饱和脂肪酸过多时，干扰人体对生长因子、细胞质、脂蛋白的合成，特别是ω-6系列不饱和脂肪酸过多将干扰人体对ω-3不饱和脂肪酸的利用，易诱发肿瘤。

三、常见品种

深海鱼油软胶囊、小麦胚芽油营养软胶囊，以及核桃油、花生油、大豆油、橄榄油、茶油里都含有不饱和脂肪酸。

第四节 矿物质

矿物质又称无机盐，是人体内无机物的总称，是地壳中自然存在的化合物或天然元素。矿物质和维生素一样，是人体必需的元素，矿物质是无法自身产生、合成的，每天矿物质的摄取量也是基本确定的，但随年龄、性别、身体状况、环境、工作状况等因素有所不同。

一、钙

人体中的钙元素主要以羟基磷酸钙晶体的形式存在于骨骼和牙齿中。我们身体中的矿物质约占体重的5%，钙约占体重的2%。身体中的钙大多分布在骨骼和牙齿中，约占总量的99%，其余1%分布在血液、细胞间液及软组织中。

（一）生理功能

1. 99%的钙分布在骨骼和牙齿中。

2. 1%的钙分布在血液、细胞间液及软组织中。保持血钙的浓度对维持人体正常的生命活动有着至关重要的作用。

3. 缺钙会降低软组织的弹性和韧性。皮肤缺弹性会松垮、衰老；眼睛晶状体缺弹性，易近视、老视；血管缺弹性易硬化。

4. 钙可降低神经细胞的兴奋性，所以说钙是一种天然的镇静剂。缺钙会导致神经性偏头痛（占女性的10%~20%）、烦躁不安、失眠。会引起婴儿夜惊、夜啼、盗汗。缺钙还会诱发儿童的多动症。

5. 强化神经系统的传导功能，有助于神经递质的产生和释放。

6. 维持肌肉神经的正常兴奋。如血钙增高可抑制肌肉、神经的兴奋性；当血钙低于70 mg/L时，神经肌肉的兴奋性升高，出现抽搐。对肠易激综合征、女性痛经，缺钙是一个重要原因。

7. 降低（调节）细胞和毛细血管的通透性，缺钙易导致过敏、水肿等。

8. 促进体内多种酶的活动。缺钙时，腺细胞的分泌作用减弱。钙还是酶的激活剂。

9. 维持酸碱平衡。

10. 参与血液的凝固过程。血液的凝固是一个复杂的过程，其中一个重要因素凝血酶原（具有活性的凝血酶），需要有钙来激活。

（二）与疾病的关系

不同年龄人群缺钙的表现如下。

1. 儿童　夜惊、夜啼、烦躁、盗汗、厌食、方颅、佝偻病、骨骼发育不良、免疫力低下、易感染。

2. 青少年　腿软、抽筋、体育成绩不佳、疲倦乏力、烦躁、精力不集中、偏食、厌食、蛀牙、牙齿发育不良、易感冒、易过敏。

3. 青壮年　经常性的倦怠、乏力、抽筋、腰酸背痛、易感冒、过敏。

4. 孕产妇　小腿痉挛、腰酸背痛、关节痛、水肿、妊娠高血压等。

5. 中老年　腰酸背痛、小腿痉挛、骨质疏松和骨质增生、骨质软化、各类骨折、高血压、心脑血管病、糖尿病、结石、肿瘤等。①高血压：缺钙会造成反常的钙内流，导致钙在血管内壁细胞和平滑肌细胞内反常积贮，引起血管收缩，血管外周阻力增大，血压异常升高。持续的钙内流，促使血管壁弹性纤维和内皮细胞钙化、变性，甚至出现裂痕、断裂。外周阻力进一步增大，血压持续升高。②冠心病：钙还能降低血中胆固醇的浓度，从而起到保护心脏的作用。高钙食物能减少胆固醇总量的 6%，其中低密度脂蛋白减少 11%，而对人体有益的高密度脂蛋白数量则保持不变。专家认为，长时期严重缺钙会引发冠心病。③骨质疏松：人体长期缺钙而引起负钙平衡的另一个严重后果是骨质疏松。很多研究表明，增加钙的摄入量对骨质损耗有着重要减缓作用，在减少由骨质疏松引起的骨折率方面也有着重要作用，特别在食用钙的同时服用维生素 D，效果尤其明显。很多专家认为，补钙应在青春期就开始，这时候骨质正在形成，效果会更好。

（三）常见品种

液体钙软胶囊、碳酸钙 D_3 片、胶原钙、牡蛎钙等。

二、铁

铁是人体含量的必需微量元素，人体内铁的总量为 4 ~ 5 g，是血红蛋白的重要成分，人全身都需要它，这种矿物质不仅已存在于向全身供给氧气的红细胞中，还是许多酶和免疫系统化合物的成分，人体从食物中摄取所需的大部分铁，并小心控制着铁含量。

（一）生理功能

人体内的铁分为两部分：①功能状态铁，包括血红蛋白铁（占体内铁的 67%）、肌红蛋白铁（占体内铁的 15%）、转铁蛋白铁（3 ~ 4 mg）、乳铁蛋白、酶和辅因子结合的铁。以上含铁化合物分别承担重要的生理功能，如血红蛋白在体内的血氧运输中承担关键角色，血红蛋白的 4 个血红素加 4 个球蛋白链的结构，为其结合氧而不被氧化提供了有效机制；当缺铁导致严重贫血时，血红蛋白含量显著降低、血氧运输能力下降，可导致慢性组织缺氧。肌红蛋白仅存于与肌肉中，最基本的功能是在肌肉中转运和储存氧，在肌肉收缩时释放氧以满足代谢需要。细胞色素是一系列含血红素的化合物，通过其在线粒体中的电子传递作用对呼吸和能量代谢有非常重要的作用。②储存铁（男性 1000 mg，女性 300 ~ 400 mg），包括铁蛋白和含铁血黄素。铁总量在正常成年男性为 50 ~ 55 mg/kg，女性为 35 ~ 40 mg/kg。正常人每天造血需 20 ~ 25 mg 铁，主要来自衰老破坏的红细胞。正常人维持体内铁平衡需要每天从食物摄入铁 1 ~ 1.5 mg，妊娠期、哺乳期女性则需要 2 ~ 4 mg。

（二）与疾病的关系

1. **铁缺乏**　①缺铁对铁代谢的影响：当体内储铁减少到不足以补偿功能状态的铁时，铁代谢指标发生异常，如储铁指标（铁蛋白、含铁血黄素）减低、血清铁和转铁蛋白饱和度减低、总铁结合力和未结合铁的转铁蛋白升高、组织缺铁、红细胞内缺铁。转铁蛋白受体表达于红系造血细胞膜表面，其表达量与红细胞内血红蛋白合成所需的铁代谢密切相关，当红细胞内铁缺乏时，转铁蛋白受体脱落进入血液成为血清可溶性转铁蛋白受体。②缺铁对造血系统的影响：红细胞内缺铁时，血红素合成障碍，大量原卟啉不能与铁结合成为血红素，而以游离原卟啉的形式积累在红细胞内，或与锌结合成为锌原卟啉；血红蛋白生成减少，红细胞质少、体积小，发生小细胞低色素性贫血；严重时粒细胞、血小板的生成也受影响。③缺铁对组织细胞代谢的影响：组织缺铁，细胞中含铁酶和铁依赖酶的活性降低，进而影响患者的精神、行为、体力、免疫功能及患儿的生长发育和智力；缺铁可引起黏膜组织病变和外胚叶组织营养障碍。

2. 铁过量　通过各种途径进入体内的铁量增加，可使铁在人体内储存过多，因而可引起潜在的有害作用，体内铁的储存过多与多种疾病，如心脏和肝脏疾病、糖尿病、某些肿瘤有关。肝脏是铁储存的主要部位，铁过量也常累及肝脏，成为铁过多诱导的主要损伤靶器官。肝铁过载可导致：①肝纤维化甚至肝硬化；②肝细胞瘤。铁过量与心脏疾病关系的探讨，已见诸多报道。许多研究者认为，铁通过催化自由基的生成、促进脂蛋白的脂质和蛋白质部分的过氧化反应、形成氧化 LDL 等作用，参与动脉粥样硬化的形成。铁过多诱导的脂质过氧化反应的增强，导致机体氧化和抗氧化系统失衡，直接损伤DNA，诱发突变，与肝、结肠、直肠、肺、食管、膀胱等多种器官的肿瘤有关。

（三）常见品种

铁质叶酸片、血红素铁补铁片、琥珀酸亚铁等。

三、锌

锌是人体 25 种必需元素之一，是体内的一种微量元素，但不能在体内合成，只能依靠外来食物提供。锌是人体许多重要酶的组成成分，也是合成胰岛素所必需的元素。它在蛋白质和核酸的合成、维护红细胞的完整性以及在造血过程中都起着重要作用，是促进生长发育的关键元素，尤其对儿童大脑神经系统的发育至关重要。

（一）生理功能

1. 参与人体内许多金属酶的组成　锌是人机体中 200 多种酶的组成部分，在按功能划分的六大酶类（氧化还原酶类、转移酶类、水解酶类、裂解酶类、异构酶类和合成酶类）中，每一类中均有含锌酶。人体内重要的含锌酶有碳酸酐酶、胰羧肽酶、DNA 聚合酶、醛脱氢酶、谷氨酸脱氢酶、苹果酸脱氢酶、乳酸脱氢酶、碱性磷酸酶、丙酮酸氧化酶等。它们在组织呼吸以及蛋白质、脂肪、糖和核酸等的代谢中有重要作用。

2. 促进机体的生长发育和组织再生　锌是调节基因表达即调节 DNA 复制、转译和转录的 DNA 聚合酶的必需组成部分，因此，缺锌动物的突出症状是生长、蛋白质合成、DNA 和 RNA 代谢等发生障碍。

3. 促进食欲　动物和人缺锌时，出现食欲缺乏。

4. 锌缺乏对味觉系统有不良的影响　如导致味觉迟钝，锌可能通过参加构成一种含锌蛋白-唾液蛋白对味觉及食欲起促进作用。

5. 促进性器官和性功能的正常　缺锌使性成熟推迟，性器官发育不全，性功能降低，精子减少，第二性征发育不全，月经不正常或停止。如及时补锌治疗，这些症状都会好转或消失。

6. 保护皮肤健康　缺锌可影响皮肤健康，出现皮肤粗糙、干燥等现象。

7. 参加免疫功能过程　机体缺锌可削弱免疫机制，降低抵抗力，使机体易受细菌感染。

（二）与疾病的关系

1. 锌缺乏　儿童发生慢性锌缺乏病时，主要表现为生长停滞。青少年除生长停滞外，还会令人性成熟推迟、性器官发育不全、第二性征发育不全等。如果锌缺乏症发生于孕妇，可以不同程度地影响胎儿的生长发育，以致引起胎儿的种种畸形。不论儿童或成人缺锌，均可引起味觉减退及食欲不振，出现异食癖。例如发生于伊朗的缺锌性侏儒症中，常见有食土癖。严重缺锌时，即使肝脏中有一定量维生素 A 储备，亦可出现暗适应能力降低。锌缺乏病一般不伴有皮肤干燥粗糙等症状，在急性锌缺乏病中，主要表现为皮肤损害和秃发病，也有发生腹泻、嗜睡、抑郁症和眼损害者。

2. 锌中毒　锌中毒可能发生于治疗中过量涂布或服用锌剂及用锌容器储存食品，中毒的表现为恶心、呕吐、急性腹痛、腹泻和发热。给实验动物以大剂量的锌，可引起贫血、生长停滞和突然死亡。锌中毒通常在停止锌的接触或摄入后，症状短期内即可消失。

（三）常见品种

葡萄糖酸锌、甘草锌等制剂。

四、磷

磷存在于人体所有细胞中，是维持骨骼和牙齿的必要物质，几乎参与所有生理上的化学反应。磷还是使心脏有规律地跳动、维持肾脏正常功能和传递神经刺激的重要物质。缺磷时，烟酸（又称维生素 B_3）不能被吸收；磷的正常功能需要维生素 D（维生素食品）和钙（钙食品）来维持。

（一）生理功能

1. 磷参与构成骨骼和牙齿。
2. 磷酸组成生命的重要物质，促进成长及身体组织器官的修复。
3. 磷参与代谢过程，协助脂肪和淀粉的代谢，供给能量与活力。
4. 磷参与酸碱平衡的调节。

（二）与疾病的关系

磷缺乏会导致精神错乱、脑神经麻痹、运输失调、肌无力、甲状旁腺功能减退、厌食、关节僵硬、血常规异常、尿钙增高。嗜酒者约有 15% 发生低磷血症。

（三）常见品种

大豆卵磷脂软胶囊、大豆磷脂软胶囊、鱼油磷脂软胶囊等。

第五节　维生素

一、维生素 A

维生素 A 的化学名为视黄醇，是最早被发现的维生素。维生素 A 有两种，一种是视黄醇（retinol），是最初的维生素 A 形态（只存在于动物性食物中）；另一种是胡萝卜素（carotene），在体内转变为维生素 A 的前体物质（provitamin A），可从植物性及动物性食物中摄取。

（一）生理功能

1. 视觉维持　眼的光感受器是存在于视网膜中的杆状细胞和锥状细胞。这两种细胞都存在有感光色素，即感弱光的视紫红质和感强光的视紫蓝质。视紫红质与视紫蓝质都是由视蛋白与视黄醛所构成的。视紫红质经光照射后，11-顺视黄醛异构成反视黄醛，并与视蛋白分离而失色。若进入暗处，则因对弱光敏感的视紫红质消失，故不能视物。

分离后的视黄醛被还原为全反式视黄醛，进一步转变为反式视黄酯（或异构为顺式）并储存于色素上皮中。由视网膜中视黄酯水解酶，将视黄酯转变为反式视黄醇，经氧化和异构化，形成11-顺视黄醛。再与蛋白重新结合为视紫红质，恢复对弱光的敏感性，从而能在一定照度的暗处见物。

视黄醇与视黄醇结合蛋白结合，在血浆中再与前白蛋白结合，运送至视网膜，参与视网膜的光化学反应，若维生素A充足，则视紫红质的再生快而完全，故暗适应恢复时间短；若维生素A不足，则视紫红质再生慢而不完全，故暗适应恢复时间延长，严重时可导致夜盲症。

2. 促进生长发育　维生素A也具有相当于类固醇激素的作用，可促进糖蛋白的合成，可促进生长、发育，强壮骨骼，维护头发、牙齿和牙床的健康。

3. 维持上皮结构的完整与健全　维生素A可以调节上皮组织细胞的生长，维持上皮组织的正常形态与功能。保持皮肤湿润，防止皮肤黏膜干燥角质化，不易受细菌伤害，有助于粉刺、脓包、疖疮、皮肤表面溃疡等的治疗；有助于祛除老年斑；能保持组织或器官表层的健康。缺乏维生素A，会使上皮细胞的功能减退，导致皮肤弹性下降、干燥粗糙、失去光泽。

4. 加强免疫能力　维生素A有助于维持免疫系统功能正常，能加强对传染病特别是呼吸道感染及寄生虫感染的身体抵抗力，有助于对肺气肿、甲状腺功能亢进症的治疗。

5. 清除自由基　维生素A也有一定的抗氧化作用，可以中和有害的游离基。

（二）与疾病的关系

维生素A缺乏症是体内缺乏维生素A所引起的营养紊乱性疾病。儿童缺乏维生素A时，首先出现夜盲，继之全身上皮组织角质变性及发生继发感染。原因有摄入不足、吸收不良、消耗过多及代谢受阻等。本病以婴幼儿为多见。其表现如下：

1. 暗适应能力下降、夜盲，结膜干燥及眼干燥症，出现毕脱斑。角膜软化穿孔而致失明。

2. 黏膜、上皮改变。

3. 生长发育受阻，易患呼吸道感染。

4. 味觉、嗅觉减弱，食欲缺乏。

5. 头发枯干、皮肤粗糙、毛囊角化，记忆力减退、心情烦躁及失眠。

（三）常见品种

多维营养素、β-胡萝卜素软胶囊、鳕鱼肝油软胶囊等。

二、维生素 B

维生素B（Vitamin B）是B族维生素的总称，它包括维生素B_1、维生素B_2、维生素B_6、维生素B_{12}、烟酸、泛酸、叶酸等。它们常常来自于相同的食物来源，如酵母等。维生素B都是水溶性维生素，它们具有协同作用，可调节新陈代谢，维持皮肤和肌肉的健康，增进免疫系统和神经系统的功能，促进细胞生长和分裂（包括促进红细胞的产生，预防贫血发生）。

（一）生理功能

1. 糖代谢过程中关键性的物质。

2. 与糖、蛋白质、脂肪的代谢密切相关。

3. 脂肪代谢不良会引起溢脂性皮炎、痤疮，补充维生素 B 有很好的效果。

4. 缺乏 B 族维生素可致胃肠蠕动无力、消化液分泌不良，造成消化不良、便秘、口臭、大便奇臭。

5. 帮助身体组织利用氧气，促进皮肤、指甲、毛发组织的获氧量，祛除或改善头皮屑。

6. 解除酒精和尼古丁等毒素，舒缓头痛、偏头痛、保护肝脏。

7. 维生素 B_{11}、维生素 B_{12} 的缺乏将影响胸腺嘧啶、嘌呤等的合成，引起 DNA 合成障碍。最终导致红细胞的细胞核不成熟，生成无效性红细胞，导致巨幼细胞性贫血。

8. 如在妊娠头 3 个月内缺乏叶酸，可导致胎儿神经管畸形，从而增加裂脑儿、无脑儿的发生率。

9. B 族维生素（主要是维生素 B_2）具有一种特殊的气味，是蚊子最讨厌的维生素，因而具有一定程度的驱蚊效果。

（二）与疾病的关系

1. 维生素 B_1 缺乏 食欲不振、胃肠疾病、头发干枯、记忆力减退、抽筋（肌肉痉挛）提示可能缺乏维生素 B_1。

2. 维生素 B_2 缺乏 ①维生素 B_2 的缺乏会导致口腔、唇、皮肤、生殖器的炎症和功能障碍，称为维生素 B_2 缺乏病。②维生素 B_2 缺乏会导致脂溢性皮炎（眼、鼻及附近皮肤脂溢且有皮屑及硬痂）。③维生素 B_2 缺乏会引起嘴唇发红、口腔炎、口唇炎、口角炎、舌炎。④维生素 B_2 缺乏会使眼睛充血、易流泪、易有倦怠感、头晕。⑤维生素 B_2 缺乏会引起阴道瘙痒。⑥维生素 B_2 的缺乏还会导致口腔溃疡。

3. 维生素 B_6 缺乏 在维生素 B_6 缺乏的年轻患者中，癫痫发作较为常见，其原因可能是由于 L-谷氨酸脱羧酶活性不足造成的，后者是一种 5'-磷酸吡哆醛依赖酶，负责抑制性神经递质 γ-氨基丁酸的合成。此外，皮肤改变还包括皮炎、唇炎、舌炎。血液系统表现为淋巴细胞生成减少，可能还有正常红细胞性贫血、小细胞性贫血和铁粒幼红细胞性贫血。

4. 维生素 B_9 缺乏 舌头红肿、贫血、消化不良、疲劳、头发变白、记忆力衰退。

5. 维生素 B_{12} 缺乏 疲倦、精神抑郁、记忆力衰退、恶性贫血。

（三）常见品种
复合 B 族维生素片、啤酒酵母片等。

三、维生素 C

维生素 C（又称抗坏血酸）与人体健康关系密切，是一种重要而特殊的水溶性维生素，具有分子结构最为简单、理化性质最不稳定、人体每日需要量最大、膳食分布最为集中等特殊性质，在维持人体正常生理功能方面具有多种重要的作用。

（一）生理功能

1. 增强人体免疫功能 维生素 C 可促进人体内抗体的形成，提高白细胞的吞噬能力，提高人体对疾病的抵抗力和对寒冷的耐受力，从而增强人体的免疫功能。

2. 预防和治疗缺铁性贫血 食物中铁存在的离子形式包括 Fe^{2+} 和 Fe^{3+} 两种，人体

能够吸收的只有 Fe^{2+}。铁是合成血红细胞的重要材料，人体缺铁可患缺铁性贫血症（IDA），又称营养性贫血。维生素 C 具有较强的还原性，可将食物中的 Fe^{3+} 还原成 Fe^{2+}，促进食物铁在肠道内的吸收，有利于预防和治疗缺铁性贫血。

3. 预防和治疗恶性贫血　人体缺乏叶酸（维生素 B_1）时可患恶性贫血（巨幼红细胞性贫血）。叶酸对氧较为敏感，而维生素 C 具有较强的还原性（抗氧化性），一方面，维生素 C 的存在对叶酸具有保护作用，可以减少叶酸在烹调加工过程中的损失，提高膳食中叶酸的有效供应量；另一方面，维生素 C 可将叶酸（F）还原成具有生物活性的四氢叶酸（FH_4），促进叶酸的活化。维生素 C 对叶酸可发挥保护及活化等双重作用，从而有利于预防和治疗恶性贫血。

4. 预防和治疗坏血病　人体轻度缺乏维生素 C 时，早期症状表现为感觉疲劳、牙龈出血等，严重缺乏维生素 C 时，则可导致坏血病。保证膳食中维生素 C 的足量供应，有利于预防和治疗坏血病。

5. 促进胶原的形成和类固醇的代谢　一方面，胶原是含有大量羟脯氨酸和羟赖氨酸的纤维性蛋白质，它们分别是由脯氨酸和赖氨酸羟基化所形成的。维生素 C 的作用在于活化脯氨酸羟化酶和赖氨酸羟化酶，促进脯氨酸和赖氨酸向羟脯氨酸和羟赖氨酸的转化，进而促进组织细胞间质中胶原的形成。另一方面，维生素 C 可参与类固醇的羟基化反应，如促进胆固醇转化为胆汁酸、皮质激素及性激素等。

6. 有利于维持骨骼和牙齿的正常功能　维生素 C 是一种酸性化合物，可在消化道中形成酸性介质，能防止不溶性钙络合物的生成，促进膳食钙的吸收；维生素 C 还可进一步促进钙在骨骼和牙齿中的沉积，有利于维持骨骼和牙齿的正常功能。

7. 有利于维持细胞膜的完整性　人体内的不饱和脂肪酸（UFA）易被氧化而生成脂性过氧化物，可使各种细胞膜破裂。还原型谷胱甘肽（G-SH）可使脂性过氧化物还原成羟基化合物，自身转变成氧化型谷胱甘肽（GS-SG），从而消除脂性过氧化物对细胞膜的破坏作用。维生素 C 具有较强的还原性（抗氧化性），在谷胱甘肽还原酶的作用下，可使 GS-SG 还原为 G-SH。

8. 对某些有毒物质具有解毒作用　铅化物、砷化物、苯、细菌毒素等是日常膳食中常见的有毒有害物质，对人体健康存在潜在危害。当致毒剂量的铅化物、砷化物、苯以及细菌毒素等进入人体内时，充足的维生素 C 有利于缓解其毒性，从而降低这些有害物质对人体健康的危害程度。

9. 具有抗衰老作用　科学实验证明，自由基和过氧化脂质是人体衰老的重要诱因。充足的维生素 C 可抑制体内自由基、过氧化脂质等有害物质的形成，从而延缓人体的衰老。

10. 具有防癌抗癌作用　亚硝基化合物是食物中存在的一类重要的致癌物质，其中尤以亚硝胺的致癌性最为突出。维生素 C 具有较强的还原性，可阻断亚硝基化进程，抑制亚硝胺的形成，有利于预防胃癌、肠癌等消化道癌症。维生素 C 还可促进胶原蛋白抗体的形成，胶原蛋白可包围癌细胞，从而表现出抗癌作用。

（二）与疾病的关系

维生素 C 缺乏会导致全身性疾病，其主要症状如下：

1. 起病初期的症状　起病缓慢，自饮食缺乏维生素 C 至发展成坏血病历时 3～4 个月。早期表现易激动、性情暴躁、倦怠、食欲减退、体重减轻及面色苍白等，可伴低热、呕吐、腹泻等，易感染或伤口不易愈合等症状。

2. 病情发展过程中的出血症状　随着病情的发展，常见长骨骨膜下、皮肤及黏膜出血。患者毛囊周围充血、溢血、紫斑，继之毛囊肿胀与肥厚，使皮肤更显粗糙。齿龈常肿胀、出血，牙骨基质形成障碍，牙质发育不良且易松动、脱落，亦可有鼻衄，眼眶骨膜下出血可引起眼球突出。偶见消化道出血、血尿、关节腔内出血，甚至颅内出血。

3. 较晚阶段的骨骼症状　维生素 C 缺乏症的较晚阶段，患儿会经常保持一定体位，即两腿外展、小腿内弯如蛙状，不愿移动，当抱起患儿或换尿布时大声哭叫。因肢痛可致假性瘫痪。少数患儿肋骨与肋软骨交接处因半脱位可隆起，排列如串珠，形成坏血病串珠。该病内侧可及凹陷，而佝偻病肋骨串珠内侧无凹陷。

4. 晚期阶段的症状　由于长期出血，维生素 C 不足可影响铁的吸收与利用，从而易引起缺铁性贫血。当叶酸代谢障碍时，患儿可能同时也缺乏叶酸，从而可出现巨幼红细胞性贫血。

（三）常见品种

维生素 C 含片、天然复合维 C 咀嚼片、针叶樱桃提取物等。

四、维生素 D

维生素 D（vitamin D）为固醇类衍生物，具有抗佝偻病作用，又称抗佝偻病维生素。维生素 D 家族成员中最重要的成员是维生素 D_2 和维生素 D_3。维生素 D 均为不同的维生素 D 原经紫外线照射后的衍生物。植物不含维生素 D，但维生素 D 原在动、植物体内都存在。维生素 D 是一种脂溶性维生素，有 5 种化合物，与健康关系较密切的是维生素 D_2 和维生素 D_3。它们有以下 2 个特性：存在于部分天然食物中；受紫外线的照射后，人体内的胆固醇能转化为维生素 D。

（一）生理功能

维生素 D 的主要功能是调节体内钙、磷代谢，维持血钙和血磷的水平，从而维持牙齿和骨骼的正常生长就发育。儿童缺乏维生素 D，易发生佝偻病，过多服用维生素 D 将引起急性中毒。

1. 提高肌体对钙、磷的吸收，使血浆钙和血浆磷的水平达到饱和程度。

2. 促进生长和骨骼钙化，促进牙齿健全。

3. 通过肠壁增加磷的吸收，并通过肾小管增加磷的再吸收。

4. 维持血液中柠檬酸盐的正常水平。

5. 防止氨基酸通过肾脏损失。

（二）与疾病的关系

1. 维生素 D 缺乏症　维生素 D 缺乏可致佝偻病、手足搐搦症、骨软化病、骨质疏松症。中国小儿佝偻病发病率较高，病因为日照不足、维生素 D 摄入不足、肝肾疾病及先天、后天因素所致维生素 D 吸收或代谢障碍。一些药物会影响维生素 D 的吸收，如苯巴比妥可增加维生素 D 的代谢，增快其非活性代谢物的排出，减少体内维生素 D 的储存。苯妥英钠可抑制钙吸收。长期服抗癫痫药的患者血清 25 - 羟维生素 D 降低可发生骨软化症。长期服某些安眠药的非癫痫患者也可有骨质疏松。对这些患者应及早加服生理需要量的维生素 D。

2. 维生素 D 过量表现　一些学者认为长期每日摄入 25 μg 维生素 D 可引起中毒，这其中可能包括一些对维生素 D 较敏感的人，长期每天摄入 125 μg 维生素 D 则肯定会引起中毒。中毒的症状是异常口渴、眼睛发炎、皮肤瘙痒、厌食、嗜睡、呕吐、腹泻、尿频，以及钙在血管壁、肝脏、肺部、肾脏、胃中的异常沉淀，关节疼痛和弥漫性骨质脱矿化。我国制定维生素 D 可耐受最高摄入量为 20 μg/d。

(三) 常见品种

钙加 D 咀嚼片、钙维生素 D 软胶囊等。

五、维生素 E

维生素 E（vitamin E）是一种脂溶性维生素，又称生育酚，是最主要的抗氧化剂之一。生育酚能促进性激素分泌，使男性精子活力和数量增加；使女性雌性激素浓度增高，提高生育能力，预防流产；还可用于防治男性不育症、烧伤、冻伤、毛细血管出血、更年期综合征，在美容等方面有很好的效果。

(一) 生理功能

1. 促进垂体促性腺激素的分泌，促进精子的生成和活动，增加卵巢功能，使卵泡增加，黄体细胞增大并增强黄体酮的作用。缺乏时生殖器官受损不易受精或引起习惯性流产。

2. 改善脂质代谢，缺乏时导致血浆胆固醇（TC）与三酰甘油（TG）的升高，形成动脉粥样硬化。

3. 维生素 E 对氧敏感，易被氧化，故可保护其他易被氧化的物质，如不饱和脂肪酸、维生素 A 和 ATP 等。减少过氧化脂质的生成，保护机体细胞免受自由基的毒害，充分发挥被保护物质的特定生理功能。

4. 稳定细胞膜和细胞内脂类部分，降低红细胞脆性，防止溶血。维生素 E 缺乏时可出现溶血性贫血。

5. 大剂量维生素 E 可促进毛细血管及小血管的增生，改善周围循环。

(二) 与疾病的关系

1. 维生素 E 过量　长期服用大剂量维生素 E 可引起各种疾病。其中较严重的有：血栓性静脉炎或肺栓塞，或两者同时发生，这是由于大剂量维生素 E 可引起血小板聚集和形成；血压升高，停药后血压可以降低或恢复正常；男女两性均可出现乳房肥大；头痛、头晕、眩晕、视物模糊、肌肉衰弱；皮肤皲裂、唇炎、口角炎、荨麻疹；糖尿病或心绞痛症状明显加重；激素代谢紊乱，凝血酶原降低；血中胆固醇和甘油三酯水平升高；血小板增加与活力增加及免疫功能减退。

2. 维生素 E 缺乏　红细胞被破坏、肌肉的变性、贫血症、生殖功能障碍。维生素 E 缺乏症的表现是多方面的，但对生殖、肌肉、心血管和造血系统的各种作用最重要。①生殖系统：雄鼠由于长期缺乏维生素 E 而发生上皮变性，引起不可逆的不育症。缺乏维生素 E 的雌鼠，妊娠约在 10 日内终止，此时胎鼠死亡。②肌肉系统：许多动物食用缺乏维生素 E 饲料后，导致肌营养不良。但人的肌营养不良没有维生素 E 缺乏的证据。③心血管系统：因维生素 E 缺乏而引起的骨骼肌损害显然也见于某几种动物的心肌，虽然心脏通常受累较轻，较少见；但有时心肌损害合并心电图变化，病理改变，甚至心力衰竭。④造血系统：维生素 E 缺乏与贫血相关联。对于某些患者的贫血用常规药物治疗不能奏效时，大剂量维生素 E 可有效地治疗。

（三）常见品种

天然维生素 E 软胶囊、小麦胚芽油营养软胶囊等。

第六节　植物化学物

植物化学物由种类繁多的化学物质组成，根据其代谢产物的产生过程，可将代谢产物分为初级代谢产物和次级代谢产物。前者是指在植物生命过程中，获得能量的代谢过程所产生的最基本的、共有的一些成分，这些成分一般是植物的营养物质，主要包括蛋白质、脂肪、糖类，其主要作用是参与植物细胞的能量代谢和结构重建。次级代谢产物是植物代谢产生的多种低分子量的末端产物，通过降解或合成产生不再对代谢过程起作用的化合物。这些产物除个别是维生素的前体物（如 β-胡萝卜素）外均为非营养素成分，现已将它们统称为植物化学物。

一、类胡萝卜素

叶绿体中的类胡萝卜素含有两种色素，即胡萝卜素（carotene）和叶黄素（lutein），前者呈橙黄色，后者呈黄色。功能为吸收和传递光能，保护叶绿素。人体自身不能合成类胡萝卜素（carotenoid），必须通过外界摄入；但类胡萝卜素在许多植物中含量较低，并且很难用化学方法合成，主要是通过生物合成方式合成。

类胡萝卜素主要生理功能：

1. 对视觉系统的保健　视网膜上的视杆细胞含有视紫质而具有暗视觉的功能。适量的 β-胡萝卜能促进视紫质达到正常含量，从而避免了缺少维生素 A 所致的暗视野适应迟钝，也避免暗视野之后出现强光对眼睛所造成的损害。此外，还可以预防夜盲症、眼干燥症、角膜溃疡症以及角膜软化症。

2. 对皮肤组织的保健　维生素 A 是维持一切上皮组织完整所必需的，而 β-胡萝卜能在人体内转化成维生素 A。所以，摄入一定量的 β-胡萝卜素，对维持正常的体表、消化道、呼吸道、生殖泌尿道、内分泌道上皮有重要意义，可避免皮肤多屑、角质化、表皮细胞硬鳞状、多角质血疹性皮肤干燥症等皮肤疾病。β-胡萝卜素对细胞膜的稳定性也具有良好的作用。还可以用于治疗由于日光暴晒引起的炎症"日光炎"。

3. 抵抗不良环境　经常在暗室、强光、高温或深水环境工作的，以及放射线作业者，还有经常看电视的人，都应额外再补充 β-胡萝卜素，以抵抗不良环境。

二、植物固醇

植物固醇主要存在于植物的种子及其油料中，如 β-谷固醇、豆固醇和菜油固醇。人每日从膳食中摄入的植物固醇为 150~400 mg，但人体能吸收的只占 5% 左右，其作用主要是抑制胆固醇的吸收。

植物固醇主要生理功能：植物固醇有降低血液胆固醇、防治前列腺肥大、抑制肿瘤、抑制乳腺增生和调节免疫等作用。

三、皂苷

皂苷是一组结构多样的自然产生的化合物，主要发现在植物中，这些皂苷透出一股苦味，在水溶液中容易起泡沫。在食品中天然存在的皂苷是无毒的，甚至可能对人类饮食有益。

皂苷主要生理功能：一些皂苷对细胞膜具有破坏作用，表现出溶血、杀精及细胞毒等活性；有许多含皂苷类成分的中药，如远志、桔梗等有祛痰止咳的功效；有些皂苷还具有抗菌、抗病毒活性，或解热、镇静、消炎、抗肿瘤、免疫调节、护肝细胞等有价值的生物活性。个别皂苷有特殊的生理活性，如人参皂苷能增进 DNA 和蛋白质的生物合成，提高机体的免疫能力。个别皂苷有特殊的生理活性，如人参皂苷能增进 DNA 和蛋白质的生物合成，提高机体的免疫力；甘草酸具有促进肾上腺皮质激素的作用，并有止咳和治疗胃溃疡病的功效。

四、植物雌激素

植物雌激素是植物中具有弱雌激素作用的化合物。其通过与甾体雌激素受体以低亲和度结合而发挥弱的雌激素样效应。植物雌激素的分子结构与哺乳动物雌激素结构相似，是一类具有类似动物雌激素生物活性的植物成分，它们对激素相关疾病有广泛作用。虽然被人们称为植物雌激素，其实它们本身不是激素。含植物雌激素的植物主要有大豆（大豆异黄酮）、葛根等。

植物雌激素主要生理功能：①植物雌激素可视为人类和其他哺乳动物的外源性激素，直接参与机体的内分泌调节。②雌激素通过刺激细胞增生诱发癌症，而植物雌激素能够通过雌激素拮抗作用减少乳腺癌和子宫癌的发生。③植物雌激素对心血管系统具有良好的保护作用。如异黄酮可以降低体内胆固醇的含量，减少心血管疾病如高胆固醇血症、动脉硬化病变等疾病的发生。

第七节　动物提取物

动物提取物是以动物体、部分动物体组织或者脏器为原料，通过温和生物酶解提取或熬煮提取，然后浓缩，喷雾干燥后所得的肉类提取物，是与植物提取物相对应的概念，以前一般称其为生化制品、生化原料药。其主要类别有氨基酸、肽、蛋白质、酶及辅酶、多糖、脂质、核酸及其衍生物。

一、氨基酸

氨基酸（amino acid）：含有氨基和羧基的一类有机化合物的通称。生物功能大分子蛋白质的基本组成单位，是构成动物营养所需蛋白质的基本物质。

氨基酸主要生理功能：氨基酸的作用有很多，它能够将人体内有毒物质排出体外，有效减轻辐射、污染对人体所造成的伤害。排除机体在剧烈的运动以后体内的代谢产物，从而促进精神、机体、肌肉等多方面的快速恢复，因此对提高机体功能有很好的帮助。

二、蛋白质

详见本章第一节"蛋白质"。

三、脂质

脂质（lipids）又称脂类，是脂肪及类脂的总称。这是一类不溶于水而易溶于脂肪溶剂（醇、醚、氯仿、苯）的非极性有机溶剂，亦是能为机体利用的重要有机化合物。

脂质主要生理功能：

1. 最佳的能量储存方式　单位质量的供能，糖为 4.1 kcal/g，脂质 9.3 kcal/g。

2. 磷脂是生物膜的骨架。

3. 电与热的绝缘体　动物的脂肪组织有保温、防机械压力等保护功能，植物的蜡质可以防止水分的蒸发。

四、核酸

核酸是由许多核苷酸聚合成的生物大分子化合物，为生命的最基本物质之一。核酸广泛存在于所有动植物细胞、微生物体内，生物体内的核酸常与蛋白质结合形成核蛋白。根据化学组成不同，核酸可分为核糖核酸（RNA）和脱氧核糖核酸（DNA）。

核酸在实践应用方面有极重要的作用，现已发现近 2000 种遗传性疾病都与 DNA 结构有关。如人类镰状细胞贫血是由于患者的血红蛋白分子中一个氨基酸的遗传密码发生了改变，白化病患者则是 DNA 分子上缺乏产生促黑色素生成的酪氨酸酶的基因所致。肿瘤的发生、病毒的感染、射线对机体的作用等都与核酸有关。20 世纪 70 年代以来兴起的遗传工程，使人们可用人工方法改组 DNA，从而有可能创造出新型的生物品种。如应用遗传工程方法已能使大肠埃希菌产生胰岛素、干扰素等珍贵的生化药物。

第 五 篇
常见疾病与药物治疗

第二十二章　常见疾病的自我药疗

第一节　发　　热

一、定义

正常人的体温受体温调节中枢调控，并通过神经、体液因素使产热和散热过程呈动态平衡，保持体温在相对恒定的范围内。发热是指致热原直接作用于体温调节中枢、体温调节中枢功能紊乱或各种原因引起的产热过多、散热减少，导致体温升高超过正常范围的情形。正常人体温一般为 36 ℃ ~37 ℃，成年人清晨安静状态下的口腔体温为 36.3 ℃ ~37.2 ℃；肛门内体温为 36.5 ℃ ~37.7 ℃；腋窝体温为 36 ℃ ~37 ℃。

二、分类

以口腔温度为例，发热程度可划分为：①低热，37.3 ℃ ~38 ℃；②中热，38.1 ℃ ~39 ℃；③高热，39.1 ℃ ~41 ℃；④超高热，41 ℃ 及以上。腋窝温度则分为低热型（<38 ℃）、中热型（38 ℃ ~39 ℃）、高热型（39 ℃ ~40 ℃）、超高热型（>40 ℃）。人体最高的耐受温度为 40.6 ℃ ~41.4 ℃，直肠温度持续升高超过 41 ℃，可引起永久性的脑损伤；高热持续在 42 ℃ 以上 2 ~4 小时常导致休克及严重并发症。体温高达 43 ℃ 者则很少存活。

三、病因

1. 感染　如粟粒性结核与播散性结核、伤寒与副伤寒、败血症与感染性心内膜炎、肝脓肿、胆道感染、泌尿生殖系统感染、腹腔内脓肿等。正因为感染是导致长期发热的最主要原因，所以任何一个长期发热的患者都要首先考虑是否有感染病灶。

2. 恶性肿瘤　如原发性肝癌、淋巴瘤、恶性组织细胞病、白血病、肺癌、肾癌、结肠癌等。对于年纪较大的中老年人，不能忽略恶性肿瘤的可能性。尤其是合并近段时间消瘦史的时候。

3. 结缔组织病　如成人幼年型类风湿关节炎、变应性亚败血症、系统性红斑狼疮、结节性多动脉炎、皮肌炎等。

4. 其他　肉芽肿性肝炎、药物热、假热、体腔积血等，及一些内分泌性疾病，如甲状腺功能亢进症。

四、临床表现

1. 感染性发热　感染性发热多具有以下特点：

（1）起病急，伴有或无寒战的发热。

（2）全身及定位症状和体征。

（3）血常规可见白细胞计数高于 $1.2 \times 10^9/L$，或低于 $0.5 \times 10^9/L$。

（4）四唑氮蓝试验（NBT）：如中性粒细胞还原 NBT 超过 20%，提示有细菌性感染，有助于与病毒性感染及非感染性发热相鉴别（正常值 <10%），应用激素后可呈假阴性。

（5）C 反应蛋白测定（CRP）：阳性提示有细菌性感染及风湿热，阴性多为病毒感染。

（6）中性粒细胞碱性磷酸酶积分增高：正常值为 0~37，增高愈多愈有利于细菌性感染的诊断，当除外妊娠肿瘤、恶性淋巴瘤者更有意义。应用激素后可使之升高或呈假阳性。

2. 非感染性发热　非感染性发热多具有下列特点：

（1）热程长，超过 2 个月。热程越长，可能性越大。

（2）长期发热一般情况好，无明显中毒症状。

（3）贫血、无痛性多部位淋巴结肿大、肝（脾）大。

五、治疗

1. 发热　对人体有利也有害。发热时人体免疫功能明显增强，这有利于清除病原体和促进痊愈，而且发热也是疾病的一个标志，因此，体温不太高时不必用退热药。但如体温超过 40 ℃（小儿超过 39 ℃）则可能引起惊厥、昏迷，甚至严重后遗症，故应及时应用退热药及镇静药（特别是小儿）。

2. 退热　常用内服退热药＋外用退热贴或退热栓（肛塞）；如能明确有细菌或病毒感染，可酌情使用抗菌药物和抗病毒药。

（1）方案一：口服清热解毒中成药＋退热贴或退热栓±抗生素/抗病毒药。

（2）方案二：口服解热镇痛药＋退热贴或退热栓±抗生素/抗病毒药。

第二节　疼　　痛

一、定义

疼痛是机体对损伤组织或潜在的损伤产生的一种不愉快的反应，是一种复杂的生理心理活动，是临床上最常见的症状之一。

二、分类

1. 急性疼痛　如软组织及关节急性损伤疼痛、术后疼痛、产科疼痛、急性带状疱疹疼痛、痛风。

2. 慢性疼痛　如软组织及关节劳损性或退变性疼痛、椎间盘源性疼痛、神经源性疼痛。

3. 顽固性疼痛　如三叉神经痛、疱疹后遗神经痛、椎间盘突出痛、顽固性头痛。

4. 癌性疼痛　如晚期肿瘤痛、肿瘤转移痛。

5. 特殊疼痛　如血栓性脉管炎、顽固性心绞痛、特发性胸腹痛。

6. 相关学科疾病　如早期视网膜血管栓塞、突发性耳聋、血管痉挛性疾病等。

三、临床表现

1. 头痛　头痛是指颅内或颅外疾病对头部疼痛敏感结构的刺激，造成头颅上半部（眉毛、耳郭上部、枕外隆突连线以上）的疼痛。常见原因如下。

（1）头部炎症、肿瘤或肉芽肿等疾病。

（2）外伤性头痛、颅脑外伤、脑震荡后综合征。

（3）血管性头痛。

（4）肌源性头痛（紧张性头痛）。

（5）脑脊液动力学变化（脑积水、颅内低压性头痛）。

（6）反射性头痛（咳嗽性头痛）。

（7）精神性头痛（癔症性头痛、妄想性头痛、抑郁性头痛）。

2. 胸痛　各种炎症或物理因素刺激肋间神经，脊髓后根传入纤维，支配心脏及主动脉的感觉纤维，支配气管、支气管及食管的迷走神经感觉纤维和膈神经均可引起胸痛。引起胸痛原因如下。

（1）肺及胸膜病变（胸膜炎、脓胸、气胸、血胸或胸膜肿瘤、肺炎、肺栓塞、晚期肺癌等；急性支气管炎或剧烈咳嗽后引起的胸骨后疼痛）。

（2）心血管疾病（心绞痛、急性心肌梗死、心肌炎、心包炎等）。

（3）胸壁疾病（带状疱疹、肋软骨炎、肋间神经炎、肋骨骨折、皮肤感染、肋骨肿瘤、强直性脊柱炎等）。

（4）纵隔疾病（纵隔炎、纵隔气肿、纵隔肿瘤、反流性食管炎、食管裂孔疝、食管癌）。

（5）其他（膈下脓肿、肝脓肿、脾梗死引起牵涉胸痛）。

3. 腹痛　多由腹部脏器疾病引起，但腹腔外疾病及全身系统性疾病也会导致腹痛。常见原因如下。

（1）急性腹痛：①腹部空腔脏器阻塞或扩张，如肠梗阻、肠套叠等。②腹腔脏器急性炎症，如急性胃炎、急性肠炎等。③腹膜炎症，多由胃肠穿孔所致，小部分为自发性腹膜炎。④腹腔脏器破裂或扭转，如肝、脾破裂，卵巢扭转等。⑤腹壁疾病，如腹壁皮肤带状疱疹、腹壁挫伤及脓肿。⑥腹腔内血管病变，如夹层腹主动脉瘤、缺血性肠病和门静脉血栓形成。⑦胸腔疾病，如心绞痛、心肌梗死、胸膜炎、胸椎结核。⑧全身性疾病，如糖尿病酮症酸中毒、尿毒症、腹型过敏性紫癜等。

（2）慢性腹痛：①消化性溃疡。②消化道运动障碍，如胆道运动功能障碍、功能性消化不良等。③腹腔脏器的慢性炎症，如反流性食管炎、慢性胃炎、结核性腹膜炎等。④腹腔肿瘤的压迫及浸润，以恶性肿瘤居多。⑤腹腔脏器包膜的牵张，如肝淤血、肝脓肿、肝癌等。⑥腹腔脏器的扭转或梗阻，如慢性胃、肠扭转，十二指肠淤滞等。⑦中毒与代谢障碍，如铅中毒、尿毒症等。

4. 关节痛　关节痛是关节疾病最常见的症状，可以是单纯的关节病变，也可能是全身疾病的局部表现。常见原因如下。

（1）外伤：①急性损伤。因外力撞击关节，使关节过度伸展扭曲，导致关节骨质、肌肉、韧带等结构损伤。②慢性损伤。长期的慢性机械性损伤，或急性外伤后关节面破坏，粗糙不平、长期摩擦，产生慢性损伤。关节长期负重、过度活动，使关节软骨及关节面破坏。骨折畸形愈合所致关节面负重不平衡，造成关节慢性损伤。

（2）感染：外伤后，细菌侵入关节；败血症时细菌经血液达关节内，关节邻近骨髓炎、软组织炎症，脓肿蔓延至关节内；关节穿刺时消毒不严将细菌带入关节内等原因均可导致关节感染。

（3）变态反应和自身免疫：免疫复合物流经关节沉积在关节腔引起组织损伤和关节病变，如类风湿关节炎，细菌性痢疾、过敏性紫癜和结核分枝杆菌感染后反应性关节炎，特异性自身免疫病，以及系统性红斑狼疮引起的关节病变。

（4）退行性关节病：又称增生性关节炎或肥大性关节炎，分原发和继发两种，原发性多见于肥胖老人，女性有家族史，常有多关节受累；继发性病变多有创伤、感染或先天性畸形等基础病变，并与吸烟、肥胖和重体力劳动有关。

（5）代谢性骨病：维生素 D 代谢障碍性骨症软化性骨关节病，骨质疏松症，高脂血症性关节病，骨膜和关节腔组织脂蛋白转运代谢障碍性关节炎，痛风，糖尿病性骨病，皮质醇增多症性骨病，甲状腺或甲状旁腺疾病引起的骨关节病等。

（6）骨关节肿瘤。

四、治疗

主要运用非甾体消炎药。

1. 非选择性环氧化酶抑制药

（1）阿司匹林：有解热、镇痛、消炎等作用；有胃肠道反应及出血反应（故也用来做冠心病等的二级预防）。

（2）对乙酰氨基酚：有解热镇痛作用，消炎作用极弱，胃肠道反应常见。小儿常用退热药，较安全。

（3）吲哚美辛：有强效消炎镇痛作用，不良反应发生率高。

（4）双氯芬酸：有中等强度消炎镇痛作用，不良反应发生率低。

（5）布洛芬：一线药，不良反应发生率低，小儿常用退热药。

（6）吡罗昔康：胃肠不良反应发生率为 20%，可引起耳鸣、皮疹等。

（7）美洛昔康：与其他非选择性环氧化酶抑制药相比，不良反应少。

（8）萘丁美酮：前体药，肝脏激活，不良反应少，解热作用显著。

（9）舒林酸：前体药，不良反应中等。

（10）萘普生：有解热、镇痛、消炎等作用，痛经也可用，有研究认为其对缓解风湿性关节炎疼痛及晨僵有较好疗效。

（11）安乃近：不良反应较大，目前较少使用。

2. 选择性环氧化酶 2 抑制药

（1）塞来昔布：胃肠道反应显著降低，用于风湿、类风湿关节炎及痛经、术后止痛、牙痛等。

（2）尼美舒利：口服制剂禁用于 12 岁以下儿童。

第三节 鼻 塞

一、定义

鼻塞，证名，指鼻腔阻塞，多兼呼吸不利，并可影响嗅觉。鼻塞是呼吸道感染常见的症状之一，最常见的原因包括鼻炎、鼻窦炎、鼻息肉、鼻中隔偏曲、鼻腔鼻窦肿瘤、腺样体肥大等。

二、病因

凡是影响到鼻腔呼吸通道宽狭的病变都能引起鼻塞。常见的病变有：鼻腔肿瘤及息肉阻塞鼻腔的呼吸通道；鼻咽部肿瘤以及增殖体肥大；外伤后致鼻中隔偏曲；鼻腔特异性感染的分泌物阻塞，如鼻梅毒、鼻白喉、鼻结核、鼻硬结症等。另外一种最常见的病变就是鼻炎、鼻窦炎，其主要病变在于鼻腔的黏膜。起初鼻炎的鼻塞是由于黏膜的水肿而引起的，鼻道是固定的，如果黏膜水肿必然会减少呼吸通道。黏膜水肿时有一个特点，那就是随着体位的变化而会出现交替性的鼻塞；随着病变的加重，黏膜由水肿逐渐变为肥厚，至此，鼻塞就逐渐成为持续性的鼻塞。鼻窦炎的鼻塞主要是因为脓液的刺激致使黏膜肥厚，因为是鼻腔黏膜的病变，所以鼻涕吸不进去，擤不出来。

三、临床表现

不同原因导致的鼻塞症状表现不同。

1. 急性鼻炎 发展很快，通常在数日内即达到高峰，1周左右可自行消退，可伴有发热、头昏等全身症状。

2. 慢性单纯性鼻炎 多呈阵发性或者交替性，日轻夜重，常受体位影响，卧位时居下鼻腔鼻塞较重。点萘甲唑林、麻黄碱药水后鼻塞可以好转较长一段时间。

3. 慢性肥厚性鼻炎 多为持续性鼻塞，对麻黄碱、萘甲唑林不敏感，或者使用后鼻塞好转仅数分钟，又很快出现。肥厚性鼻炎必要时可以考虑手术治疗，或者使用微波、激光等技术来缩小鼻甲。

4. 药物性鼻炎 为一般鼻炎，经常点用麻黄碱引起，表现为对滴鼻药物的不敏感，或者鼻塞好转的持续时间较短。此时应尽快停止使用此类药物。

5. 变应性鼻炎 多伴有打喷嚏、流清鼻涕、鼻痒感，可常年性发作，也可以季节性发作。变应性鼻炎患者可以伴有哮喘，尤其是小儿。

6. 萎缩性鼻炎 可以伴有鼻腔黏膜干燥，鼻涕带血，痂皮多。

7. 慢性鼻窦炎 可以出现鼻腔流黄脓鼻涕，伴有头痛、头昏、记忆力下降等，可以在感冒后出现长时间鼻腔流脓涕不好转。鼻窦炎可以和鼻息肉并存。

8. 鼻息肉 多为持续性进行性加重，可以单侧也可以双侧，可以有过敏性鼻炎的症状出现。

9. 鼻窦囊肿 多为进行性加重，可以出现鼻腔流黄水样分泌物的症状，也可以出现头昏等。

10. 鼻窦肿瘤 多为进行性，单侧或者双侧，可以出现其他并发症，如同时有鼻出血需要警惕恶性肿瘤的可能，如同时有耳闷、颈部包块、后缩涕中带血还要注意鼻咽癌的可能，要到医院检查后才能确定。

11. 鼻中隔偏曲　多为单侧，也可以为双侧，年轻人多见。多表现为持续性鼻塞，可有鼻窦炎的症状，也可与过敏性鼻炎等其他鼻病伴随出现。

12. 先天性鼻塞　考虑后鼻孔闭锁，小儿张口呼吸，睡眠打鼾可能为腺样体肥大，单侧鼻塞或者伴有流脓涕要注意是否为鼻腔内有异物存在。

13. 其他　有的患者鼻塞还可能为鼻瓣区狭窄、鼻翼下塌引起。

四、治疗

倘若在冬天或夜里，症状比较严重时，建议使用温湿毛巾轻轻覆盖鼻部，同样可以达到缓和过敏症状的效果。倘若没有其他重大疾病，则规律的生活、均衡的饮食、养成运动的习惯、多喝水、多食用温和的食物，避免辛辣刺激性食物，可改善症状。倘若以上方法均无法使症状改善，建议寻找专科医生，接受进一步的检查，及早诊断病因，及早治疗。

第四节　腹　　泻

一、定义

腹泻（俗称拉肚子，中医称为泄泻）是指排便次数增多，粪质稀薄，或带有黏液、脓血及未消化的食物。

二、分类

腹泻可分为急性腹泻和慢性腹泻两类。

三、病因

1. 急性腹泻　急性腹泻病程多不超过 3 周，其最常见原因是感染。

（1）食物中毒：由于食物被金黄色葡萄球菌、蜡样芽孢杆菌、产气夹膜梭状芽孢杆菌、肉毒杆菌等的毒素污染，多表现为非炎症性水泻。

（2）肠道感染：①病毒感染，如轮状病毒、诺如病毒、肠腺病毒感染时，可发生小肠非炎症性腹泻。其中轮状病毒是小儿秋季腹泻常见的病原菌。②细菌感染，如霍乱弧菌和产毒性大肠埃希菌可致小肠非炎症性水泻。沙门菌属、志贺菌属、弯曲杆菌属、小肠结肠炎耶尔森菌、侵入性大肠埃希菌、金黄色葡萄球菌、副溶血性弧菌、难辨性梭状芽孢菌可致结肠炎，产生脓血腹泻。③寄生虫感染，如梨形鞭毛虫、隐孢子虫感染可致小肠非炎症性水泻。溶组织内阿米巴侵犯结肠时可引起炎症、溃疡和脓血腹泻。

（3）药物引起的腹泻：泻药、高渗性药、拟胆碱能药、抗生素和某些降压或抗心律失常药，在服药期内可致腹泻。

2. 慢性腹泻　慢性腹泻的病程在 2 个月以上，病因比急性腹泻更复杂，因此诊断和治疗有时很困难。

（1）肠道感染性疾病：①慢性阿米巴痢疾；②慢性细菌性疾病；③肠结核；④梨形

鞭毛虫病、血吸虫病；⑤肠道假丝酵母菌病。

（2）肠道非感染性炎症：①炎症性肠病（克罗恩病和溃疡性结肠炎）；②放射性肠炎；③缺血性结肠炎；④憩室炎；⑤尿毒症性肠炎。

（3）肿瘤：①大肠癌；②结肠腺瘤病（息肉）；③小肠恶性淋巴瘤；④胺前体摄取及脱羧细胞瘤（APU-Doma）；胃泌素瘤、类癌、肠血管活性肠肽瘤（VIPoma）等。

（4）小肠吸收不良：①原发性小肠吸收不良；②继发性小肠吸收不良。

（5）消化不良：①胰消化酶缺乏，如慢性胰腺炎、胰腺癌、胰瘘等；②双糖酶缺乏，如乳糖不耐受症等；③胆汁排出受阻和结合胆盐不足，如肝外胆道梗阻，肝内胆汁瘀积，小肠细菌过度生长（盲袢综合征）等。

（6）小肠吸收面减少：①小肠切除过多（短肠综合征）；②近段小肠-结肠吻合或瘘道等。

（7）小肠浸润性疾病：惠普尔病（Whipple病）、α-重链病、系统性硬化病等。

（8）运动性腹泻：肠蠕动紊乱（多数为加速）引起，如肠易激综合征、胃大部切除术后、迷走神经切断后、部分性肠梗阻、甲状腺功能亢进、肾上腺皮质功能减退等。

（9）药源性腹泻：①泻药，如酚酞、番泻叶等；②抗生素，如林可霉素、克林霉素、新霉素等；③降血压药，如利血平、胍乙啶等；④肝性脑病用药，如乳果糖、乳山梨醇等。

四、临床表现

腹泻常伴有排便急迫感、肛门不适、失禁等症状。急性腹泻发病急剧，病程在2～3周之内。慢性腹泻指病程在2个月以上或间歇期在2～4周内的复发性腹泻。腹泻可直接引起脱水、营养不良等，具体表现为皮肤干燥、眼球下陷、舌干燥、皮肤皱褶。

五、治疗

1. 病因治疗 大部分腹泻常由胃肠道急性感染所导致，不严重者经休息、对症治疗一般可自愈，较为严重的患者则需要抗感染治疗、静脉补液等。肠道感染引起的腹泻必须抗感染治疗，以针对病原体的抗菌治疗最为理想。凡病因不明者，尽管经对症治疗后症状已有好转，绝不可放松或取消应有的检查步骤，对尚未排除恶性疾病的病例尤其如此。很多疾病可能先出现腹泻的症状，而未出现典型的症状，极容易造成误诊。所以当按照常见原因治疗腹泻仍未好转时，应考虑不常见的病因，争取早日找到导致腹泻的病因，针对病因治疗。

若为感染性腹泻，则应以抗感染治疗为主。复方新诺明、诺氟沙星、环丙沙星、氧氟沙星对菌痢、沙门菌或产毒性大肠埃希菌、螺杆菌感染有效，甲硝唑对溶组织内阿米巴、梨形鞭毛虫感染有效，因此，这数种药物常用于急性感染性腹泻，包括预防和治疗所谓旅行者腹泻。治疗乳糖不耐受症和麦胶性乳糜泻所致的腹泻，则应在饮食中分别剔除乳糖或麦胶类成分。高渗性腹泻的治疗原则是停食或停用造成高渗的食物或药物。分泌性腹泻易致严重脱水和电解质丢失，除消除病因外，还应积极由口服和静脉补充盐类和葡萄糖溶液，纠正脱水。胆盐重吸收障碍引起的结肠腹泻，可用考来烯胺吸附胆汁酸而止泻。治疗胆汁酸缺乏所致的脂肪泻，可用中链脂肪代替日常食用的长链脂肪，因前者不需经结合胆盐水解和微胶粒形成等过程而直接经门静脉系统吸收。

2. 对症治疗

（1）选择药物时，应避免成瘾性药物，必须使用时也只能短暂使用。

（2）常见的治疗，一种是口服补水盐治疗，另一种是锌片治疗。

（3）止泻药：常用的有药用炭、鞣酸蛋白、次碳酸铋、氢氧化铝凝胶等，每日 3 ~ 4次。药效较强的有复方樟脑酊（3 ~ 5 mL）和可待因（0.03 g），每日 2 ~ 3 次。因久用可成瘾，故只短期适用于腹泻过频的病倒。复方苯乙哌啶（每片含苯乙哌啶 2.5 mg 和阿托品 0.025 mg），每次 1 ~ 2 片，每日 2 ~ 4 次，此药有加强中枢抑制的作用，不宜与巴比妥类药和阿片类药合用。洛哌丁胺（loperamide）的药效较复方苯乙哌啶更强且持久，不含阿托品，较少引起中枢反应；初服 4 mg，以后调整剂量至大便次数减至每日 1 ~ 2 次，日量不宜超过 8 mg。

（4）解痉止痛药：可选用阿托品、溴丙胺太林、山莨菪碱、普鲁卡因等药。

（5）镇静药：可选用地西泮、氯氮䓬、苯巴比妥类药。

第五节　咳　　嗽

一、定义

咳嗽是一种突然的、暴发式的呼气运动，有助于清除呼吸道内的分泌物或异物，其本质是一种保护性反射。咳嗽分为干咳和有痰的咳嗽，后者又称湿性咳嗽。咳痰是借助气管、支气管黏膜上皮细胞的纤毛运动、支气管平滑肌的收缩及咳嗽时的用力呼气等将呼吸道内的痰液排出的过程。

二、分类

咳嗽的中医分型如下：

1. 风热咳嗽　咳痰黄稠，咳而不爽，口渴咽痛，身热或症见头痛、恶风、有汗等，舌苔薄黄。

2. 风寒咳嗽　咳嗽声重，咳痰稀薄色白，咽痒，鼻塞流涕，或伴有头痛身痛，恶寒发热，无汗，骨节疼痛，舌苔薄白。

3. 燥热咳嗽　干咳少痰，或不易咳出，咽干鼻燥，咳甚则胸痛；初起或有恶寒，身热头痛，舌尖红、苔薄黄。

4. 痰湿咳嗽　咳嗽痰多，咳声重浊，痰黏腻而色白易咳，食甘甜油腻物加重，胸闷，食少，体倦，苔白腻。

三、病因

1. 呼吸道疾病　当鼻咽部至小支气管整个呼吸道黏膜受到刺激时，均可引起咳嗽。当肺泡内有分泌物、渗出物、漏出物进入小支气管即可引起咳嗽，或某些化学物刺激分布于肺的纤维末梢也可引起咳嗽。如咽喉炎、喉结核、喉癌等均可引起干咳，气管炎、支气管炎、支气管扩张、支气管哮喘、支气管内膜结核，各种物理（包括异物）、化学、过敏因素对气管、支气管的刺激，以及肺部细菌、结核分枝杆菌、真菌、病毒、支原体或寄生虫感染以及肺部肿瘤均可引起咳嗽。而呼吸道感染是引起咳嗽、咳痰最常见的原因。

2. 胸膜疾病　如各种原因所致的胸膜炎（肺结核、肺炎、系统性红斑狼疮、类风湿关节炎等）、胸膜间皮瘤、自发性气胸或胸腔积液或胸腔穿刺等均可引起咳嗽。

3. 心血管疾病　二尖瓣狭窄或其他原因所致左心衰竭引起肺淤血或肺水肿时，因肺泡及支气管内有黏液性或血性渗出物，可引起咳嗽。另外，右心或体循环静脉栓子脱落造成肺栓塞时也可引起咳嗽。

4. 中枢神经因素　从大脑皮质发出冲动传至延髓咳嗽中枢，可随意引起咳嗽反射或抑制咳嗽反射。如皮肤受冷刺激或有三叉神经分布的鼻黏膜及舌咽神经支配的区域黏膜受到刺激时，可反射性引起咳嗽。脑炎、脑膜炎时也可出现咳嗽。

5. 其他因素所致慢性咳嗽　如服用血管紧张素转化酶抑制药后咳嗽、胃食管反流所致咳嗽和习惯性及心理性咳嗽等。

四、临床表现

1. 咳嗽的性质　咳嗽无痰或痰量极少，称为干性咳嗽。干咳或刺激性咳嗽常见于急性或慢性咽喉炎、喉癌、急性支气管炎初期、气管受压、支气管异物、支气管肿瘤、胸膜疾病、原发性肺动脉高压以及二尖瓣狭窄等。咳嗽伴有咳痰，称为湿性咳嗽，常见于慢性支气管炎、支气管扩张、肺炎、肺脓肿和空洞型肺结核等。

2. 咳嗽的时间与规律　突发性咳嗽常由于吸入刺激性气体或异物、淋巴结或肿瘤压迫气管或支气管分叉处所引起。发作性咳嗽可见于百日咳、支气管内膜结核以及以咳嗽为主要症状的支气管哮喘（咳嗽变异型哮喘）等。长期慢性咳嗽，多见于慢性支气管炎、支气管扩张、肺脓肿及肺结核。夜间咳嗽常见于左心衰竭和肺结核患者，引起夜间咳嗽的原因，可能与夜间肺淤血加重及迷走神经兴奋性增高有关。

3. 咳嗽的音色　指咳嗽声音的特点。例如：①咳嗽声音嘶哑，多为声带的炎症或肿瘤压迫喉返神经所致。②鸡鸣样咳嗽，表现为连续阵发性剧咳伴有高调吸气回声，多见于百日咳，会厌、喉部疾病或气管受压。③金属音咳嗽，常见于因纵隔肿瘤、主动脉瘤或支气管肿瘤直接压迫气管所致的咳嗽。④咳嗽声音低微或无力，见于严重肺气肿、声带麻痹及极度衰弱者。

4. 伴随症状

（1）咳嗽伴发热：常见于急性上、下呼吸道感染，肺结核，胸膜炎等。

（2）咳嗽伴胸痛：常见于肺炎、胸膜炎、支气管肺癌、肺栓塞和自发性气胸等。

（3）咳嗽伴呼吸困难：常见于喉水肿、喉肿瘤、支气管哮喘、慢性阻塞性肺疾病、重症肺炎、肺结核、大量胸腔积液、气胸、肺淤血、肺水肿及气管或支气管异物。

（4）咳嗽伴咯血：常见于支气管扩张、肺结核、肺脓肿、支气管肺癌、二尖瓣狭窄、支气管结石、肺含铁血黄素沉着病等。

（5）咳嗽伴大量脓痰：常见于支气管扩张、肺脓肿、肺囊肿合并感染和支气管胸膜瘘。

（6）咳嗽伴哮鸣音：常见于支气管哮喘、慢性喘息性支气管炎、心源性哮喘、弥漫性泛细支气管炎、气管与支气管异物等。当支气管肺癌引起气管与支气管不完全阻塞时可出现呈局限性分布的吸气性哮鸣音。

（7）咳嗽伴杵状指（趾）：常见于支气管扩张、慢性肺脓肿、支气管肺癌和脓胸等。

五、治疗

治疗咳嗽的药物称为镇咳药。在一般情况下，对轻度而不频繁的咳嗽，只要将痰液或异物排出，就可以自然缓解，无须应用镇咳药。但是，对那些无痰而剧烈的干咳，或有痰而过于频繁的剧咳，不仅增加患者的痛苦，影响休息和睡眠，增加体力消耗，甚至会加速病症的发展，产生其他并发症，此时弊大于利。所以，应该适当地应用镇咳药，以缓解咳嗽。但镇咳药大多只是抑制咳嗽症状本身，不能消除引发咳嗽的真正病因。要治疗咳嗽，最根本的办法还是消除导致咳嗽的诱因及基础疾病。如肺炎患者重在抗感染治疗，服用血管紧张素转化酶抑制药，而出现干咳的患者重在改用其他抗高血压药，心力衰竭患者重在控制心力衰竭，咳嗽变异型哮喘患者重在消炎和治疗哮喘等。常用镇咳药如下。

1. 中枢性镇咳药

（1）成瘾性：主要药物有可待因、福尔可定，用于剧烈干咳者，避免反复使用，以免成瘾。不宜用于痰液黏稠、量多者，以免影响痰液排出。

（2）非成瘾性：主要药物有右美沙芬、喷托维林，替代可待因等药物，但仍需避免用于痰多、黏稠的咳嗽患者。该类药物作用机制多样。

2. 外周性镇咳药　主要药物有苯佐那酯、二氧丙嗪、那可丁、依普拉酮，有较强的局部麻醉作用，可抑制咳嗽冲动的传导从而产生镇咳作用。

第五篇　常见疾病与药物治疗

第二十三章　呼吸系统常见疾病

第一节　急性上呼吸道感染、流行性感冒

一、急性上呼吸道感染

（一）定义

急性上呼吸道感染为外鼻孔至环状软骨下缘包括鼻腔、咽或喉部急性炎症的概称。主要病原体是病毒，少数是细菌。发病不分年龄、性别、职业和地区，免疫功能低下者易感。通常病情较轻、病程短、可自愈，预后良好。但由于发病率高，不仅影响工作和生活，有时还可伴有严重并发症，并具有一定的传染性，应积极防治。值得注意的是，急性上呼吸道感染并不等同于感冒，感冒只是急性上呼吸道感染的一部分而已。

（二）流行病学

上呼吸道感染是人类最常见的传染病之一，多发于冬春季节，且多为散发，且可在气候突变时小规模流行。主要通过患者喷嚏和含有病毒的飞沫经空气传播，或经污染的手和用具接触传播。可引起上呼吸道感染的病原体大多为自然界中广泛存在的多种类型的病毒，同时健康人群亦可携带，且人体对其感染后产生的免疫力较弱、短暂，病毒间也无交叉免疫，故可反复发病。市场上有些非法医疗机构劝说患者注射所谓的感冒疫苗，其实用处不大，因为病毒间无交叉免疫，致病病毒类型繁多，疫苗根本不可能都覆盖，所以即使打了疫苗还是会得上呼吸道感染。

（三）病因

急性上呼吸道感染有 70% ~80% 由病毒引起，包括鼻病毒、冠状病毒、腺病毒、流感病毒和副流感病毒以及呼吸道合胞病毒、埃可病毒和柯萨奇病毒等。另有20% ~30 %的上呼吸道感染为细菌引起，可单纯发生或继发于病毒感染之后，以口腔定植菌乙型溶血性链球菌为多见，其次为流感嗜血杆菌、肺炎链球菌和葡萄球菌等，偶见革兰阴性杆菌。但接触病原体后是否发病，还取决于传播途径和人群易感性。淋雨、受凉、气候突变、过度劳累等可降低呼吸道局部防御功能，致使原有的病毒或细菌迅速繁殖；或因直接接触含有病原体的患者喷嚏、空气以及污染的手和用具诱发本病。老幼体弱、免疫功能低下或有慢性呼吸道疾病如鼻窦炎、扁桃体炎者更易发病。

（四）临床表现

临床表现有以下类型：

1. 普通感冒　普通感冒只是上呼吸道感染的一部分而已，两者并不相等。感冒为病毒感染引起，俗称"伤风"，又称急性鼻炎或上呼吸道黏膜炎。起病较急，主要表现为鼻部症状，如打喷嚏、鼻塞、流清水样鼻涕，也可表现为咳嗽、咽干、咽痒或烧灼感

甚至鼻后滴漏感。咽干、咳嗽和鼻后滴漏与病毒诱发的炎性介质导致的上呼吸道传入神经高敏状态有关。2~3日后鼻涕变稠，可伴咽痛、头痛、流泪、味觉迟钝、呼吸不畅、声嘶等，有时由于咽鼓管炎致听力减退。严重者有发热、轻度畏寒和头痛等。体格检查可见鼻腔黏膜充血、水肿、有分泌物，咽部可为轻度充血。一般经5~7日痊愈，伴并发症者可致病程迁延。

2. 急性病毒性咽炎和喉炎　由鼻病毒、腺病毒、流感病毒、副流感病毒以及肠病毒、呼吸道合胞病毒等引起。临床表现为咽痒和灼热感，咽痛不明显，咳嗽少见。急性喉炎多为流感病毒、副流感病毒及腺病毒等引起，临床表现为明显声嘶、讲话困难，可有发热、咽痛或咳嗽，咳嗽时咽喉疼痛加重。体格检查可见喉部充血、水肿，局部淋巴结轻度肿大和触痛，有时可闻及喉部的喘息声。

3. 急性疱疹性咽峡炎　多由柯萨奇病毒A引起，表现为明显咽痛、发热，病程约为1周。体格检查可见咽部充血，软腭、腭垂、咽及扁桃体表面有灰白色疱疹及浅表溃疡，周围伴红晕。多发于夏季，多见于儿童，偶见于成人。

4. 急性咽结膜炎　主要由腺病毒、柯萨奇病毒等引起。表现为发热、咽痛、畏光、流泪、咽及结膜明显充血。病程4~6日，多发于夏季，由游泳传播，儿童多见。

5. 急性咽扁桃体炎　病原体多为乙型溶血性链球菌，其次为流感嗜血杆菌、肺炎链球菌、葡萄球菌等。起病急，咽痛明显，伴发热、畏寒，体温可达39℃以上。体格检查可发现咽部明显充血，扁桃体肿大、充血，表面有黄色脓性分泌物。有时伴有颌下淋巴结肿大、压痛，而肺部查体无异常体征。

（五）治疗

对于上呼吸道感染，药物治疗倒不是必要的，目前尚无特效抗病毒药，因此治疗以对症处理为主，同时戒烟、注意休息、多饮水、保持室内空气流通和防治继发细菌感染。

1. 对症治疗　对有急性咳嗽、鼻后滴漏和咽干的患者应给予伪麻黄碱治疗以减轻鼻部充血，亦可局部滴鼻应用。必要时适当加用解热镇痛类药，但伪麻黄碱不能多用。

2. 抗生素治疗　目前已明确普通感冒无须使用抗生素。除非有白细胞升高、咽部脓苔、咳黄痰和流鼻涕等细菌感染证据，可根据当地流行病学史和经验用药，选择口服青霉素、第一代头孢菌素、大环内酯类或喹诺酮类药。极少需要根据病原菌选用敏感的抗生素。

3. 抗病毒药治疗　由于目前有滥用造成流感病毒耐药现象，所以如无发热，免疫功能正常，发病未超过2日一般无须用药。对于免疫缺陷患者，可早期常规使用。利巴韦林和奥司他韦（Oseltamivir）有较广的抗病毒谱，对流感病毒、副流感病毒和呼吸道合胞病毒等有较强的抑制作用，可缩短病程。

4. 中药治疗　具有清热解毒和抗病毒作用的中药亦可选用，有助于改善症状、缩短病程。

二、流行性感冒

（一）定义

流行性感冒简称流感，是流感病毒引起的一种常见的急性呼吸道传染病，以冬春季多见；也是一种传染性强、传播速度快的疾病。其主要通过空气中的飞沫、人与人之间的接触或与被污染物品的接触传播。临床以高热、乏力、头痛、全身酸痛等全身中毒症状重，而呼吸道黏膜炎症状较轻为特征，流感病毒容易发生变异，传染性强，常引起流感的流行。

（二）流行病学

20世纪的4次甲型流感世界大流行，中国大半个世纪内（1953年至今）共计发生大中小规模的流感流行17次，其中2次为大流行。1918～1919年曾发生极广泛的世界性流感大流行，导致2000万人死亡。

1. 传染源　流感患者及隐性感染者为主要传染源。发病后1～7日有传染性，病初2～3日传染性最强。猪、牛、马等动物可能传播流感。

2. 传播途径　以空气飞沫传播为主，流感病毒在空气中大约存活半小时，被污染的日用品也可引起传播。

3. 易感人群　普遍易感，病后有一定的免疫力。

4. 流行特征

（1）流行特点：突然发生，迅速蔓延，2～3周达高峰，发病率高，流行期短，常为6～8周，常沿交通线传播。

（2）一般规律：先城市后农村，先集体单位、后分散居民。

（3）甲型流感：常引起暴发流行，甚至是世界大流行，2～3年发生小流行1次，根据世界上已发生的4次大流行情况分析，一般10～15年发生一次大流行。

（4）乙型和丙型流感：乙型呈暴发或小流行，丙型以散发为主。

5. 流行季节　四季均可发生，以冬春季为主。南方在夏秋季也可见到流感流行。

（三）分类

1. 单纯型流感　急性起病，体温39 ℃～40 ℃，畏寒、乏力、头痛、肌肉关节酸痛等全身症状明显，呼吸道症状轻微，可有流涕、鼻塞、干咳等。体格检查：急性病容，咽部充血红肿、无分泌物，肺部可闻及干性啰音。

2. 肺炎型流感　较少见，多发生于老人、小孩、原有心肺疾病的人群。病因常为原发病毒性肺炎、继发细菌性肺炎、混合细菌病毒性肺炎。表现为高热持续不退，剧烈咳嗽、咳血痰、呼吸急促、发绀，肺部可闻及湿啰音。胸片提示两肺有散在的絮状阴影。痰培养无致病细菌生长，可分离出流感病毒。患者可因呼吸循环衰竭而死亡，病死率高。

3. 中毒性流感　以中枢神经系统及心血管系统损害为特征。表现为高热不退、血压下降，及瞻望、惊厥、脑膜刺激征等脑炎脑膜炎症状。

4. 胃肠炎型流感　少见，以腹泻、腹痛、呕吐为主要临床表现。

（四）临床表现

典型流感起病急，潜伏期为数小时～4日，一般为1～2日；高热，体温可达39 ℃～40 ℃，伴畏寒，一般持续2～3日；全身中毒症状重，如乏力、头痛、头晕、全身酸痛；持续时间长，体温正常后乏力等症状可持续1～2周；呼吸道症状轻微，常有咽痛，少数有鼻塞、流涕等。少数有恶心、呕吐、食欲不振、腹泻、腹痛等。另有少数患者以消化道症状为主要表现。老人、婴幼儿、有心肺疾病者或接受免疫抑制药治疗者患流感后可发展为肺炎。

（五）治疗

1. 对症治疗　卧床休息，多饮水，给予流质或半流质饮食，适宜营养，补充维生素，进食后以温开水或温盐水漱口，保持口鼻清洁，全身症状明显时予抗感染治疗。

2. 抗病毒治疗

（1）可减少病毒的排毒量，抑制病毒复制，减轻临床症状，并防止病毒向下呼吸道蔓延导致肺炎等并发症。

（2）药物：①金刚烷胺为 M_2 离子阻滞药，可阻滞病毒吸附于敏感细胞，抑制病毒复制，对甲型流感有效。发病 48 小时内用药效果好。成人 200 mg/d，老人 100 mg/d，小孩 4~5 mg/(kg·d)；分 2 次口服，3~4 日为 1 个疗程；常见不良反应有口干、头晕、嗜睡、共济失调等神经系统症状。②甲基金刚烷胺用量为 100~200 mg/d，分 2 次口服，其抗病毒活性比金刚烷胺高 2~4 倍，且神经系统副作用少。

（3）注意事项：孕妇、神经、精神异常、肝肾功能严重受损者禁用，且此两种药物易发生耐药。

第二节 支气管炎、支气管哮喘

一、支气管炎

（一）定义

支气管炎是指气管、支气管黏膜及其周围组织的慢性非特异性炎症。临床上以长期咳嗽、咳痰或伴有喘息及反复发作为特征。慢性咳嗽、咳痰或伴有喘息，每年发作持续3 个月，连续 2 年或以上，并能排除心、肺其他疾病而反复发作，部分患者可发展成阻塞性肺气肿、慢性肺源性心脏病。

（二）分类

支气管炎可分为急性支气管炎、慢性支气管炎两类。

（三）病因

支气管炎主要原因为病毒和细菌的重复感染形成了支气管的慢性非特异性炎症。当气温骤降、呼吸道小血管痉挛缺血、防御功能下降时易致病；烟雾粉尘、污染大气等慢性刺激亦可致病；吸烟使支气管痉挛、黏膜变异、纤毛运动降低、黏液分泌增多，易致感染；与过敏因素也有一定关系。

（四）临床表现

1. 急性支气管炎 通常起病较急，全身症状较轻，可有发热。初为干咳或少量黏液痰，随后痰量增多，咳嗽加剧，偶伴有痰中带血。咳嗽、咳痰可延续 2~3 周，如迁延不愈，可演变成慢性支气管炎。伴支气管痉挛时，可出现程度不等的胸闷气促。可无明显阳性表现，或在两肺闻及散在干、湿啰音，部位不固定，咳嗽后可减少或消失。

2. 慢性支气管炎 临床上以长期顽固性咳嗽为特征。早晚气温较低或饮食刺激时，频频发咳。无并发症时，体温、脉搏无变化。病初呼吸无变化，以后由于支气管黏膜结缔组织增生变厚，支气管管腔变狭窄，则发生呼吸困难。当并发肺气肿时，呼吸极度困难，这种呼吸困难的特征是呼吸性的或混合性的，并有肋间陷凹及出现息劳沟。胸部听诊肺泡音增强，并发肺气肿时肺泡音减弱，常可闻及干啰音。胸部叩诊音高朗，肺界肥大。X 线检查，肺部的支气管阴影增重而延长。

（五）治疗

1. 急性发作期治疗

（1）控制感染：视感染的主要致病菌和严重程度，或根据病原菌药敏结果选用抗生素。轻者可口服，较重患者可肌内注射或静脉滴注抗生素。常用的有青霉素、红霉素、氨基苷类、喹诺酮类、头孢菌素类抗生素等。能单独用窄谱抗生素时应尽量避免使用广谱抗生素，以免二重感染或产生耐药菌株。

（2）祛痰、镇咳：对急性发作期患者在抗感染治疗的同时，应用祛痰药及镇咳药，以改善症状。迁延期患者尤应坚持用药，以求消除症状。常用药物有氯化铵合剂、溴己新、枸橼酸喷托维林等。中成药止咳也有一定效果，对老年体弱无力咳痰者或痰量较多者，应以祛痰为主，协助排痰，畅通呼吸道。应避免应用强效镇咳药如可待因等，以免抑制中枢及加重呼吸道阻塞和产生并发症，导致病情恶化。

（3）解痉、平喘：常选用氨茶碱、特布他林等口服，或用沙丁胺醇等吸入药。若使用气管舒张药后气管仍有持续阻塞，可使用皮质激素，如泼尼松 20～40 mg/d。

（4）气雾疗法：气雾湿化吸入或加复方安息香酊，可稀释气管内的分泌物，有利于排痰。如痰液黏稠不易咳出，超声雾化吸入有一定帮助，亦可加入抗生素及痰液稀释药。

2. 缓解期治疗　吸烟的患者首先要戒烟，吸烟者比不吸烟者的慢性支气管炎发病率高许多倍，戒烟后患者的肺功能有较大改善，同时也要避免被动吸烟，加强身体锻炼，增强机体的抵抗力。运动量要根据自己的身体情况而定。每天早晨可散步、打拳、慢跑等，这样能呼吸新鲜空气，促进血液循环，冬季锻炼能提高呼吸道黏膜对冷空气的适应能力。合理调节室温，预防感冒，冬季室内温度不宜过高，否则与室外温差大，易患感冒；夏天不宜贪凉，使用空调温度要适中，否则外出易患热伤风诱发支气管炎。流感流行季节，尽量少到人群中去，大量出汗不要突然脱衣，以防受凉，注意随季节改变增减衣服，老年人可注射流感疫苗，减少流感感染机会。平时多食含维生素 A 类的食物，如胡萝卜等，维生素 A 能使气管黏膜上皮抵抗力增强，对防止细菌及病毒感染与毒物刺激有一定作用。在医生指导下口服中药扶正固本，如中药黄芪等；或口服细菌溶解产物等提高免疫力。

3. 中医治疗

（1）肺燥感寒支气管炎中药方：①症状。咳嗽阵作，痰少，形寒，饮食减少，口燥不欲饮，舌苔薄白，脉象小滑。②治法。散寒清肺，顺气化痰。③方药。炙麻黄 2.4 g、苦杏仁 9 g、生甘草 4.5 g、紫苏子 9 g、炙紫菀 12 g、蒸百部 9 g、炙白前 6 g、炙款冬 6 g、海蛤壳 12 g、炙枇杷叶 9 g。④用法。水煎服。

（2）风热袭肺支气管炎中药方：①症状。咳嗽夜间喘甚，咳黄痰，身体疼痛，纳呆，大便两日未下，舌苔黄腻，脉象浮数。②治法。宣肺解表，泻热定喘。③方药。前胡 3 g、薄荷 3 g、桔梗 3 g、苦杏仁泥 3 g、紫菀 4.7 g、白茅根 15.6 g、生川芎 3 g。④用法。水煎，生川芎后下。

（3）痰热壅肺支气管炎中药方：①症状。咳嗽不能平卧，烦躁咽痛口渴，咳白痰，舌红，脉弦滑。②治法。清热化痰，宣肺定喘。③方药。炙麻黄 3 g、苦杏仁 10 g、生石膏 30 g、甘草 6 g、黄芩 12 g、金银花 25 g、桑白皮 15 g、百部 12 g、桔梗 6 g、川贝粉 3 g、紫花地丁 30 g、败酱草 30 g、鱼腥草 30 g、莱菔子 12 g。④用法。川贝粉冲服，余药水煎。

二、支气管哮喘

（一）定义

支气管哮喘，简称哮喘，国内又称哮喘病，是由多种细胞（如肥大细胞、嗜酸性粒细胞、T淋巴细胞、中性粒细胞、气道上皮细胞等）和细胞组分参与的气道慢性炎症性疾病。这种慢性炎症与气道高反应性相关，通常出现广泛多变的可逆性气流受限，并引起反复发作性的喘息、气急、胸闷、咳嗽等症状，常在夜间和（或）清晨发作、加剧，多数患者可自行缓解或经过治疗缓解。

（二）分类

由于支气管哮喘的发病机制和病理生理学的研究进展很快，目前难以制定国际上统一的分类方法。由于缺乏统一的规定，临床上对支气管哮喘的分类方法非常复杂，争论较大。下文将目前临床上使用的或提出的各种分类方法做一概括性介绍。

1. 根据免疫学分类　许多免疫学家和变态反应学家提议将支气管哮喘分为变应性哮喘和非变应性哮喘，以变应性哮喘更为常见。变应性哮喘又可分为IgE介导型哮喘和非IgE介导型哮喘，这是目前被广泛认可的支气管哮喘的分类方法。由于近年来有人认为所有的支气管哮喘都与变态反应有关，因此对该分类方法也有不同意见。

2. 根据发病诱因分类　这是目前许多研究者较为认同的分类方法。根据常见发病诱因的不同而将支气管哮喘分为变应性哮喘、感染性哮喘、运动性哮喘、药物性哮喘、职业性哮喘、心因性哮喘以及某些特殊类型的哮喘（如月经性和妊娠性哮喘）等。但由于哮喘的病因复杂多变，这种根据发病诱因而进行分类的方法也有一定的缺陷，如变应性哮喘也可由感染因素、运动因素、职业因素、心理因素等而诱发或加重。

3. 根据哮喘病程分类　根据哮喘病程的长短，将哮喘分为慢性哮喘和急性哮喘。但是近年来有学者认为哮喘均为慢性疾病，把哮喘分为急性和慢性也不恰当，提出应当分为缓解期和急性发作期，然后根据缓解期和急性发作期的不同特点进行病情严重程度的分类。

4. 根据病情严重程度分类　根据全球哮喘防治创议（Global Initiative for Asthma，GINA）方案，临床上通常将慢性哮喘的病情依据严重程度分为4型：①轻度间歇性哮喘；②轻度持续性哮喘；③中度持续性哮喘；④重度持续性哮喘。这种分类方法又称哮喘严重程度的阶梯分类法。临床上为了诊断和治疗的需要，还常常根据患者是否有呼吸道阻塞和阻塞的严重程度将哮喘分为隐匿性哮喘、咳嗽变异性哮喘、难治性哮喘和脆性哮喘等。这是目前争议较小的分类方法。

5. 根据发病年龄分类　主要分为婴幼儿哮喘（2岁以下）、儿童哮喘（3～12岁）、青少年哮喘（13～20岁）、成年人哮喘（21～60岁）和老年性哮喘（60岁以上）。

6. 根据发病时间分类　可分为常年性哮喘和季节性哮喘。

7. 根据对糖皮质激素的反应分类　可分为非激素依赖型哮喘、激素依赖型哮喘和激素抵抗型哮喘。

8. 根据中医辨证分类　中医对哮喘病的分类有急性期和缓解期之分，急性期可分为寒喘、热喘两种类型，缓解期可分为肺虚型、肾虚型、脾虚型三大主型。

（三）流行病学

国外支气管哮喘患病率、死亡率逐渐上升，全世界支气管哮喘患者约有1亿人，成为严重威胁人们健康的主要慢性疾病。我国成人哮喘患病率为1.2%～25.5%，儿童哮喘患病率达3.3%～29.0%。成人男女患病率大致相同，发达国家高于发展中国家，城市高于农村。大约40%的患者有家族史。

（四）病因

哮喘的病因还不十分清楚，患者个体过敏体质及外界环境的影响是发病的危险因素。哮喘与多基因遗传有关，同时受遗传因素和环境因素的双重影响。许多调查资料表明，哮喘患者亲属患病率高于群体患病率，并且亲缘关系越近，患病率越高；患者病情越严重，其亲属患病率也越高。目前，哮喘的相关基因未完全明确，但有研究表明存在与气道高反应性、IgE调节和特应性反应相关的基因，这些基因在哮喘的发病中起着重要作用。此外，外界环境的影响是发病的危险因素，主要的影响如下：

1. 吸入物　吸入物分为特异性和非特异性两种。前者如尘螨、花粉、真菌、动物毛屑等；后者如硫酸、二氧化硫等。职业性哮喘的特异性吸入物包括甲苯二异氰酸酯、邻苯二甲酸酐、乙二胺、青霉素、蛋白酶、淀粉酶、蚕丝、动物皮屑或排泄物等，此外，非特异性的尚有甲醛、甲酸等。

2. 感染　哮喘的形成和发作与反复呼吸道感染有关。在哮喘患者中，可存在有细菌、病毒、支原体等的特异性IgE，如果吸入相应的抗原则可激发哮喘。在病毒感染后，可直接损害呼吸道上皮，致使呼吸道反应性增高。有学者认为病毒感染所产生的干扰素、IL-1使嗜碱性粒细胞释放的组胺增多。在婴儿期，呼吸道病毒（尤其是呼吸道合胞病毒）感染后，表现出哮喘症状者也甚多。由于寄生虫如蛔虫、钩虫引起的哮喘，在农村仍可见到。

3. 食物　由于饮食关系而引起哮喘发作的现象在哮喘患者中常可见到，尤其是婴幼儿容易对食物过敏，但过敏现象会随年龄的增长而逐渐减少。引起过敏最常见的食物是鱼类、虾蟹、蛋类、牛奶等。

4. 气候改变　当气温、温度、气压和（或）空气中离子等改变时可诱发哮喘，故在寒冷季节或秋冬气候转变时较多发病。

5. 精神因素　患者情绪激动、紧张不安、怨怒等，都会促使哮喘发作，一般认为它是通过大脑皮质和迷走神经反射或过度换气所致。

6. 运动　有70%～80%的哮喘患者在剧烈运动后诱发哮喘，称为运动诱发性哮喘，或运动性哮喘。典型的病例是在运动6～10分钟、停止运动后1～10分钟内支气管痉挛最明显，许多患者在30～60分钟内自行恢复。运动后约有1小时的不应期，在此期间40%～50%的患者再进行运动则不发生支气管痉挛。临床表现有咳嗽、胸闷、气急、喘鸣，听诊可闻及哮鸣音。有些患者运动后虽无典型的哮喘表现，但运动前后的肺功能测定能发现支气管痉挛。本病多见于青少年。如果预先给予色甘酸钠、酮替芬或氨茶碱等，则可减轻或防止发作。

7. 哮喘与药物　有些药物可引起哮喘发作，如普萘洛尔等因阻断 β₂ 肾上腺素受体而引起哮喘。2.3%～20%哮喘患者因服用阿司匹林类药而诱发哮喘，称为阿司匹林哮喘；此类患者因伴有鼻息肉和对阿司匹林耐受低下，因而又将其称为阿司匹林三联征。其临床特点有：服用阿司匹林可诱发剧烈哮喘，症状多在用药后2小时内出现，偶可晚至2～4小时。患者对其他解热镇痛药和非甾体消炎药可能有交叉反应；儿童哮喘患者发病多在2岁以前，但大多为中年患者，以30～40岁者居多；女性多于男性，男女之比约为 2：3；发作无明显季节性，病情较重又顽固，大多对激素有依赖性；半数以上有鼻息肉，常伴有常年性过敏性鼻炎和（或）鼻窦炎，鼻息肉切除术后有时哮喘症状加重或促发；常见吸入物变应原皮试多呈阴性反应；血清总 IgE 多正常；家族中较少有过敏性疾病的患者。关于其发病机制尚未完全阐明，有人认为可能因一种传染性介质（可能是病毒）的影响，致使患者的支气管环氧酶易受阿司匹林类药的抑制，即对阿司匹林不耐受，因此当患者应用阿司匹林类药后，影响了花生四烯酸的代谢，抑制前列腺素的合成，使 $PGE_2/PGF_2\alpha$ 失调，使白三烯生成量增多，导致支气管平滑肌强而持久的收缩。

（五）临床表现

在变应原引起的急性哮喘发作前往往有鼻子和黏膜症状，比如打喷嚏、流鼻涕、眼睛痒、流泪、干咳、胸闷等前驱症状。

1. 喘息和呼吸困难　是哮喘的典型症状，喘息的发作往往较突然。呼吸困难呈呼气性，表现为吸气时间短、呼气时间长，患者感到呼气费力，但有些患者感到呼气和吸气都费力。

2. 咳嗽、咳痰　咳嗽是哮喘的常见症状，由于呼吸道炎症和支气管痉挛而引起。干咳常是哮喘的前兆，哮喘发作时，咳嗽、咳痰症状反而减轻，以喘息为主。哮喘发作接近尾声时，支气管痉挛和气道狭窄减轻，大量呼吸道分泌物需要排除时，咳嗽、咳痰可能加重，咳出大量的白色泡沫痰。有一部分哮喘患者哮喘急性发作时，以刺激性干咳为主要表现，无明显喘息症状，称为咳嗽变异性哮喘（cough variant asthma，CVA）。

3. 胸闷和胸痛　哮喘发作时，患者可有胸闷和胸部发紧的感觉。如果哮喘发作较重，可能与呼吸肌过度疲劳和拉伤有关。突发的胸痛要考虑自发性气胸的可能。

（六）治疗

尽管哮喘的病因及发病机制均未完全阐明，但目前的治疗方法，只要能够规范地长期治疗，绝大多数患者能够使哮喘症状得到控制，减少复发乃至不发作，与正常人一样生活、工作和学习。

1. 哮喘治疗的目标

（1）尽可能控制症状，包括夜间症状。

（2）改善活动能力和生活质量。

（3）使肺功能接近最佳状态。

（4）预防发作及加剧。

（5）提高自我认识和处理急性加重的能力，减少急诊或住院。

（6）避免影响其他医疗问题。

（7）避免药物的副作用。

（8）预防哮喘引起死亡。

上述治疗目标的意义在于强调：①应该积极地治疗，争取完全控制症状。②保护和维持尽可能正常的肺功能。③避免或减少药物的不良反应。为了达到上述目标，关键是有合理的治疗方案和坚持长期治疗。吸入疗法是达到较好疗效和减少不良反应的重要措施。

2. 哮喘治疗药和方法　治疗哮喘的药物因其均具有平喘作用，常称为平喘药，临床上根据其作用又分为如下几类。

（1）支气管舒张药：此类药主要作用为舒张支气管，控制哮喘的急性症状。

1）β₂受体激动药：β₂受体激动药主要通过激动气道平滑肌的 β₂ 受体，活化腺苷酸环化酶，使细胞内的环磷腺苷（cAMP）含量增加，游离 Ca^{2+} 减少，从而松弛支气管平滑肌。此类药物是控制哮喘急性发作症状的首选药物，也能激动肥大细胞膜上的 β₂ 受体，抑制介质的释放。但长期应用可引起 β₂ 受体功能下调和呼吸道反应性增高，因此，经常需用 β₂ 受体激动药者（每周 2 次），应该配合长期规律地应用吸入激素。β₂ 受体激动药分为短效 β₂ 受体激动药（SABA，维持 4~6 小时）和长效 β₂ 受体激动药（LABA，维持 10~12 小时）两种。①SABA：为治疗哮喘急性发作的首选药物。有吸入、口服和静脉用药 3 种制剂，首选吸入给药，常用药物有沙丁胺醇和特布他林。吸入剂包括定量气雾剂、干粉剂和雾化溶液。SABA 应按需间歇使用，不宜长期、单一使用。主要不良反应有心悸、骨骼肌震颤、低钾血症等。②LABA：与糖尿病激素联合应用是目前最常用的哮喘控制方案。常用的 LABA 有沙美特罗和福莫特罗。福莫特罗属快速起效的 LABA，也可按需用于哮喘急性发作的治疗。目前常用的糖皮质激素加 LABA 的联合制剂有：氟替卡松/沙美特罗吸入干粉剂，布地奈德/福莫特罗吸入干粉剂。应注意 LABA 不能单独用于哮喘的治疗。

2）茶碱类：茶碱类除能抑制磷酸二酯酶，提高平滑肌细胞内的 cAMP 浓度外，同时具有腺苷受体的拮抗作用；并能促进体内肾上腺素的分泌；增强呼吸道纤毛清除功能和抗感染作用，是目前常用的治疗哮喘的药物之一。目前用于临床的药物品种有氨茶碱等，可以口服和静脉用药。口服药有普通剂型和缓释型（长效），缓释型茶碱血药浓度平稳，有利于提高疗效和降低不良反应，但起效时间较长。口服氨茶碱一般剂量为 6~10 mg/(kg·d)，缓释型氨茶碱尤适用于夜间哮喘症状的控制。静脉给药主要应用于重症和危重症哮喘。

3）抗胆碱能药：吸入抗胆碱能药，如溴化异丙托品等，可以阻断节后迷走神经通路，降低迷走神经兴奋性而起舒张支气管作用，并能阻断反射性支气管收缩。但该药起效要 30 分钟，相对 β₂ 受体激动药来说较慢，后者只需要几分钟。有学者认为联合吸入治疗使支气管舒张作用增强并持久，主要应用于单独应用 β₂ 受体激动药未能控制症状的哮喘患者，对合并有慢性阻塞性肺疾病时尤为合适。

（2）消炎药：由于哮喘的病理基础是慢性非特异性炎症，所以控制慢性呼吸道炎症，是哮喘的基本治疗，对长期理想地控制病情起到重要的作用。常用的药物是吸入的糖皮质激素和色酮类药。一些新的药物，如白三烯调节药、长效 β₂ 受体激动药和控释型茶碱也有一定的消炎作用。

1）糖皮质激素：糖皮质激素（简称激素）是当前防治哮喘最有效的药物。主要作用机制是抑制炎症细胞的迁移和活化；抑制细胞因子的生成；抑制炎性介质的释放；增强平滑肌细胞 β₂ 受体的反应性。可分为吸入、口服和静脉用药。吸入激素是控制哮喘长期稳定的最基本的治疗，是哮喘第一线的药物治疗。通过吸入激素分子结构上增加酯性基团，使局部消炎效价明显增加，作用于呼吸道局部，因所用剂量较小，药物进入血液循环后在肝脏迅速被灭活，全身性不良反应少。主要的不良反应是口咽不适、口咽炎、声音嘶哑或口咽假丝酵母菌感染，喷药后用清水漱口可减轻局部反应。使用不同的吸入剂型或药物时口咽炎的发生率有一定的差别，通常停用 4~7 日后口咽炎能自然恢复。常用的吸入激素有二丙酸倍氯米松、布地奈德、氟尼缩松和曲安奈德等。近年已发展了一些新的活性更强的吸入激素，如氟替卡松等，其作用增强 2 倍，副作用少。

2）色苷酸二钠：是一种非皮质激素消炎药。作用机制尚未完全阐明，能够稳定肥大细胞膜，抑制介质释放，对其他炎症细胞释放介质亦有一定的抑制作用，能预防变应原引起速发和迟发反应，以及运动和过度通气引起的呼吸道收缩。雾化吸入 5~20 mg 或干粉吸入 20 mg，每日 3~4 次。本品体内无积蓄作用，少数病例可有咽喉不适、胸闷，偶见皮疹，孕妇慎用。

3）其他药物：白三烯调节药包括白三烯受体拮抗药和合成抑制药（5-脂氧酶抑制药）。目前成功应用于临床的半胱氨酰白三烯受体拮抗药有扎鲁司特（20 mg，每日 2次）和孟鲁司特（10 mg，每日 1 次），不仅能缓解哮喘症状，且能减轻呼吸道炎症，具有一定的临床疗效，可以用于不能使用激素的患者或者联合用药。主要不良反应是胃肠道症状，通常较轻微，少数有皮疹、血管性水肿、转氨酶升高、停药后可恢复正常。长效 β_2 受体激动药或控释茶碱类药在单独应用时无明显消炎作用，但与吸入皮质激素联合使用，可明显增加吸入激素的消炎作用。

3. 急性发作期的治疗　急性发作的治疗目的是尽快缓解气管阻塞，纠正低氧血症，恢复肺功能，预防进一步恶化或再次发作，防止并发症。一般根据病情的分度进行综合性治疗。

（1）脱离诱发因素：处理哮喘急性发作时，要注意寻找诱发因素。多数与接触变应原、感冒、呼吸系统感染、气候变化、进食不适当的药物（如解热镇痛药、β 受体拮抗药等）、剧烈运动或治疗不足等因素有关。找出和控制诱发因素，有利于控制病情，预防复发。

（2）治疗的措施：①吸氧，纠正低氧血症。②迅速缓解呼吸道痉挛。首选雾化吸入 β_2 受体激动药，在第 1 个小时内每 20 分钟吸入 1~2 喷，随后轻度急性发作可 3~4 小时吸入 1~2 喷。效果不佳时，可加用口服缓释茶碱片或加用短效抗胆碱药气雾剂；对中、重度发作，可联合短效抗胆碱药、静脉茶碱类药等，并应尽早应用糖皮质激素。③经上述处理未缓解，一旦出现 $PaCO_2$ 明显增高（50 mmHg）、吸氧下 PaO_2 60 mmHg、极度疲劳状态、嗜睡、意识模糊，甚至呼吸减慢的情况，应及时进行人工通气。④注意并发症的防治，包括预防和控制感染；补充足够液体量，避免痰液黏稠；纠正严重酸中毒和调整水、电解质平衡，当 pH < 7.20 时，尤其是合并代谢性酸中毒时，应适当补碱；防治自发性气胸等。临床医生应注意，对于一些较为顽固的哮喘急性发作，在运用支气管扩张药、全身激素等情况下仍无好转，往往是因为忽视了补足液体、平衡酸碱。

4. 缓解期的治疗　一般哮喘经过急性期治疗症状得以控制，但哮喘的慢性炎症病理生理改变仍然存在，因此，必须制定哮喘的长期治疗方案。根据哮喘的控制水平选择合适的治疗方案，对哮喘患者进行哮喘知识教育和控制环境、避免诱发因素等贯穿于整个治疗阶段。由于哮喘的复发性以及多变性，需要不断评估哮喘的控制水平，治疗方法则应依据控制水平进行调整。如果当前的治疗方案不能够使哮喘得到控制，那么说明治疗是不够的，治疗方案应该升级直到控制好症状为止。当哮喘控制维持 3 个月后，治疗方案可以降级。通常情况下，患者在初诊后 1~3 个月内回访，以后每 3 个月随访一次。如出现哮喘发作时，应在 2 周~1 个月内进行回访。对大多数控制药来说，最大的治疗效果可能要在 3 个月后才能显现，只有在一种治疗策略维持 3~4 个月后，仍未达到哮喘控制时，才考虑增加剂量。大多数患者可以达到并维持哮喘控制，但有少部分难治性哮喘患者可能无法达到同样水平的控制。

以上方案为基本原则，但必须个体化，联合应用，以最小量、最简单的联合，副作用最少，达到最佳控制症状为原则。

第三节　肺　　炎

一、定义

肺炎是指肺部出现炎症，为呼吸系统的多发病、常见病。肺炎可以发生在任何年龄层的人身上，但以年幼及年长者，以及患有免疫力缺乏症或免疫系统比较差的人为高危患者。若病况严重，可以致命。

据世界卫生组织调查，肺炎死亡率占呼吸系统急性感染死亡率的75%。肺炎是一个非常广泛的概念，因为肺部有炎症则称为肺炎，其病因可以是生物性、物理学、化学性的等。

二、分类

1. 根据感染源的来源不同可分为院内感染性肺炎和社会获得性肺炎。

2. 肺炎可由不同的致病因子引起　根据病因可将肺炎分为如下几类。

（1）感染性肺炎：根据病原体种类可分为以下几种。①细菌性肺炎：常见细菌有肺炎链球菌、葡萄球菌、流感嗜血杆菌等。②病毒性肺炎：常见病毒如呼吸道合胞病毒、流感病毒、副流感病毒、腺病毒等。③其他：如真菌性肺炎、支原体肺炎、衣原体肺炎等。

（2）理化性肺炎：如放射性肺炎、吸入性肺炎的类脂性肺炎。

（3）变态反应性肺炎：如过敏性肺炎和风湿性肺炎。

3. 由于致病因子和机体反应性的不同，炎症发生的部位、累及范围和病变性质也往往不同。炎症发生于肺泡内者称为肺泡性肺炎（大叶泡肺炎），累及肺间质者称为间质性肺炎。病变范围以肺小叶为单位者称为支气管性肺炎（小叶性肺炎），累及肺段者称为节段性肺炎，波及整个或多个大叶者称为大叶性肺炎，另外还有毛细支气管炎等。

三、病因

引起肺炎的原因很多，如细菌（肺炎链球菌、甲型溶血性链球菌、金黄色葡萄球菌、肺炎克雷伯菌、流感嗜血杆菌、铜绿假单胞菌、大肠埃希菌等）、病毒（冠状病毒、腺病毒、流感病毒、巨细胞病毒、单纯疱疹病毒等）、真菌（白假丝酵母菌、曲霉、放射菌等）、非典型病原体（如军团菌、支原体、衣原体、立克次体、弓形虫、原虫等）、理化因素（放射性、胃酸吸入、药物等）。

四、临床表现

1. 常见症状　①咳嗽，带黄绿色痰；②发热伴有畏寒；③剧烈或刺刺的胸痛，深呼吸或咳嗽时会更加严重；④呼吸急促；⑤气短；⑥高热（体温至少39.5 ℃）。

2. 罕见症状　①咯血；②头疼，包括偏头痛；③出汗；④食欲减退；⑤全身疲惫；⑥面色苍白。

如果不治疗肺炎，可能会导致败血症和急性呼吸衰竭综合征，它们是没有接受治疗的肺炎患者主要的致死原因。

五、治疗

引起肺炎的原因非常多，包括感染性肺炎、理化因素导致的肺炎、免疫损伤导致的肺炎。肺炎的治疗关键是找出病因，如果是感染性肺炎，就应该以抗感染治疗为主；如果是理化因素性肺炎，就应该去除理化因素的影响，配合对症支持治疗；如果是免疫损伤引起的肺炎，就应该抑制免疫反应等。

第二十四章 循环系统常见疾病

第一节 高血压

高血压是常见的心血管疾病，是以体循环动脉血压持续性增高为主要表现的临床综合征。高血压一般分为原发性高血压和继发性高血压两种。人们通常讲的高血压即原发性高血压，是指在静息状态下动脉收缩压和（或）舒张压增高（≥140/90 mmHg），常伴有脂肪和糖代谢紊乱以及心、脑、肾和视网膜等器官功能性或器质性改变，以器官重塑为特征的全身性疾病。

据世界卫生组织（WHO）统计资料显示，2012 年全球心血管病死亡人数为 1700 万，占慢性病死亡人数的 46%，其中高血压并发症死亡人数 940 万，已成为影响全球疾病负担的首要危险因素。2011 年世界银行《创建健康和谐生活，遏制中国慢病流行》报告指出：慢性病已经成为中国的头号健康威胁。在每年约 1030 万例不同原因导致的死亡患者中，慢性病所占比例超过 80%，其中心脑血管疾病死亡位居慢性病死因首位，50% ~75% 的脑卒中和 40% ~50% 的心肌梗死的发生与血压升高有关。我国成人高血压患病率不断升高，已由 1959 年的 5.11% 升至 2002 年的 17.65%，最新发布的《中国居民营养与慢性病状况报告（2015）》显示，2012 年我国 18 岁及以上居民高血压患病率为 25.2%，男性高于女性，城市高于农村，估计目前我国成人高血压患者约为 2.6 亿；与 2002 年相比，高血压患病率明显上升，农村地区增长更加迅速。但我国成人高血压患病知晓率仅为 46.5%，治疗率为 41.1%，控制率为 13.8%。

一、定义

按世界卫生组织的标准，人体收缩压≥140 mmHg 和（或）舒张压≥90 mmHg，即可诊断为高血压。休息 5 分钟以上，2 次以上非同日测得的血压≥140/90 mmHg 可以诊断为高血压。目前医学界认为，原发性高血压是一终身性疾病，任何药物均不可能彻底治愈高血压，需要终身服用抗高血压药治疗，以获得最好的生活状态。

二、分类

从医学上来说，高血压分为原发性高血压（高血压病）和继发性高血压两大类。高血压病因不明，称为原发性高血压，占总高血压患者的 95% 以上。继发性高血压是继发于肾、内分泌和神经系统疾病的高血压，多为暂时的，在原发的疾病治疗好了以后，高血压症状就会慢慢消失。

三、病因

高血压病因不明，与发病有关的因素有如下几个。①年龄：发病率有随年龄增长而增高的趋势，40岁以上者发病率高。②食盐：摄入食盐多者，高血压发病率高。有研究认为食盐摄入<2 g/d，几乎不发生高血压；3～4 g/d，高血压发病率为3%；4～15 g/d，发病率为15%；>20 g/d，发病率为30%。③体重：肥胖者发病率高。④遗传：大约半数高血压患者有家族史，可能与遗传性肾排钠缺陷有关。⑤环境与职业：有噪声的工作环境、过度紧张的脑力劳动均易导致高血压，城市中的高压发病率高于农村。

高血压的发病机制不详，主要学说有：①交感肾上腺素能系统功能亢进学说；②肾原学说；③心钠素学说；④离子学说。

四、临床表现

按起病缓急和病程进展，高血压可分为缓进型和急进型，以缓进型多见。

1. 缓进型高血压

（1）早期表现：早期多无症状，偶尔体检时发现血压增高，或在精神紧张、情绪激动或劳累后，出现头晕、头痛、眼花、耳鸣、失眠、乏力、注意力不集中等症状，可能系高级精神功能失调所致。早期血压仅暂时升高，随病程进展血压持续升高，脏器受累。

（2）脑部表现：头痛、头晕常见，可能由于高血压引起颈外动脉扩张、膨胀及搏动增强所致。周围小动脉发生暂时性强烈痉挛，导致血压急骤升高，可致高血压危象，多由于情绪激动、过度疲劳、气候变化或停用降血压药而诱发。血压急骤升高>200/120 mmHg，出现剧烈头痛、视物模糊、心悸气促、面色苍白、耳鸣、眩晕、多汗，并可出现急性心、脑、肾功能不全，应迅速降压治疗。若血压突然升高引起急性脑循环功能障碍，致使脑血管痉挛、脑水肿、颅内压增高者，称为高血压脑病，呈亚急性发作，从发病到出现明显症状需24～48小时，发病机制可能由于平均动脉压>160 mmHg时引起脑血管调节功能障碍，致脑血管痉挛、脑水肿或斑点状出血。高血压脑病也可见于各种继发性高血压，以急性肾炎较多见，症见剧烈头痛、视力障碍、恶心、呕吐、抽搐、昏迷、一过性偏瘫、失语等，眼底可见小动脉痉挛、视盘水肿、出血及渗出物等。脑脊液压力升高，经降压治疗1～2小时后，头痛与意识障碍可明显好转。

（3）心脏表现：原发性高血压患者血浆儿茶酚胺浓度升高，去甲肾上腺素可诱导心肌蛋白合成，致心肌肥厚。室间隔对去甲肾上腺素的敏感性较右心室和左心室后壁为高，可能为室间隔增厚早于左心室后壁的原因之一。长期血压升高，左心室收缩负荷过度，也是导致心肌肥厚的原因。心肌肥厚合并心脏扩张则形成高血压心脏病。早期，心功能代偿，症状不明显；后期，心功能失代偿，发生心力衰竭。体检发现心尖冲动呈抬举性，心浊音界向左下扩大。主动脉瓣第二音亢进，心尖区吹风性收缩期杂音系由于左心室扩大、相对性二尖瓣关闭不全，或由于伴存的心肌缺血、乳头肌功能不全所致，主动脉瓣吹风性收缩期杂音，反映主动脉扩张和相对性主动脉瓣狭窄。少数在主动脉瓣可闻及泼水样舒张期杂音，此系主动脉扩张、主动脉瓣相对关闭不全所致；出现心力衰竭时，可听到病理性第三心音和（或）病理性第四心音，肺动脉瓣第二音增强，肺底部水泡音，心电图左心室肥厚及劳损，可有各种类型的心律失常。有时出现ST段下降，这并不是冠心病所引起，应注意鉴别。X线检查，左心室肥厚扩张，主动脉弓延长弯曲。

超声心动图检查阳性率高于心电图和 X 线检查，且能发现早期改变，如早期的左心房扩大、室间隔增厚。高血压性心脏病的典型改变是左心室壁增厚，可伴有左心室及左心房扩张。临界高血压患者，可有室间隔增厚及左心房扩大。

（4）肾脏表现：长期高血压致肾小动脉硬化。肾功能减退时，可引起夜尿、多尿、尿中含蛋白、管型及红细胞，尿浓缩功能低下，酚红排泄及尿素廓清障碍，继而出现氮质血症及尿毒症。

（5）动脉改变：持续的血压升高，可引起胸主动脉扩张和屈曲延长。当主动脉内膜破裂时，血液外渗可形成主动脉夹层动脉瘤，是高血压少见而严重的并发症之一。高血压促进主动脉粥样硬化，进而可形成主动脉瘤；下肢动脉粥样硬化，可引起间歇性跛行，并存糖尿病病变严重者可造成肢体坏疽。

（6）眼底改变：眼底改变的发生率与年龄、病程、血压水平、心脏及肾脏改变有平行关系。眼底改变分级，早期视网膜动脉痉挛，动脉变细，属眼底改变一级；以后发展为视网膜动脉狭窄硬化，动静脉交叉压迫，属二级改变；眼底出血或棉絮状渗出属三级改变；视盘水肿为四级改变。

2. 急进型高血压　又称恶性高血压，占原发性高血压的 1%，可由缓进型突然转变而来，也可起病即为恶性型，其病理特征是全身细小动脉，尤其是肾脏细小动脉的变化，以纤维素性坏死为主，并有显著内膜增厚，导致增殖性内膜炎。这种改变的病理基础是血压升高。恶性高血压可发生在任何年龄，但以 30～40 岁为最多见。血压明显升高，舒张压多在 130 mmHg（17.3 kPa）以上，有乏力、口渴、多尿等症状。视力迅速减退，眼底有视网膜出血及渗出，常有双侧视盘水肿，迅速出现蛋白尿、血尿及肾功能不全、也可发生心力衰竭、高血压脑病和高血压危象，患者病程进展迅速且多死于尿毒症。恶性高血压的诊断，可分为两组。A 组：①舒张压持续在 130 mmHg（17.3 kPa）以上；②眼底改变四级；③急剧进展的肾功能障碍（在 6 个月发展到肾衰竭）；④血压及肾功能恶化的同时，大多有脑部症状及心力衰竭。B 组：①舒张压 120～130 mmHg（16 kPa）；②眼底改变三级；③肾功能障碍。其余条件同 A 组。

五、治疗

1. 一般治疗　高血压发病与中枢神经功能紊乱有关，应注意劳逸结合，保证充足睡眠，避免过度精神紧张，防止体力过劳，进行适当的体育锻炼。血压显著升高，症状多或有并发症的患者，应根据病情和工作性质，适当减轻工作加强休息。饮食宜清淡，少进食盐及胆固醇多的食物，多吃含钾含镁多的食物。食量以不使体重超重为度，应戒烟、避免过量饮酒。

2. 药物治疗　降血压药的临床应用应遵循如下原则：小剂量开始、优先选择长效制剂、联合用药、个体化。常用药物有如下几类。

（1）利尿药：肾小管是利尿药作用的重要部位，可根据药物作用的不同部位分为以下 4 类。

1）碳酸酐酶抑制药：乙酰唑胺可通过抑制碳酸酐酶，减少近曲小管上皮细胞内 H^+ 的生成，抑制 H^+-Na^+ 交换，促进 Na^+ 排出而产生利尿作用。但由于受近曲小管以下各段肾小管代偿性重吸收增加的影响，该类利尿药作用弱，现已少作为利尿药使用。

2）噻嗪类利尿药：主要抑制远曲小管的 Na^+-Cl^- 共同转运载体，影响尿液的稀释过程，产生中等强度的利尿作用。根据分子结构又可分为噻嗪样利尿药（如吲达帕胺、氯噻酮）和噻嗪型利尿药（如氢氯噻嗪和苄氟噻嗪）。这两类药物除了均具有磺胺基团可抑制碳酸酐酶活性外，其他框架结构存在很大差异。

3）髓袢类利尿药：选择性地阻断髓袢升支粗段的 Na^+-K^+-$2Cl^-$ 共同转运载体，抑制肾对尿液的浓缩过程，产生强大的利尿作用。

4）保钾利尿药：螺内酯通过拮抗醛固酮，间接抑制远曲小管远端和集合管段钠通道的钠钾交换，排钠保钾而产生低效利尿作用；氨苯蝶啶则直接抑制该段的钠通道而利尿；阿米洛利可抑制该段的钠氢交换而排钠。

(2) 肾素-血管紧张素-醛固酮系统（RAAS）抑制药：主要包括血管紧张素转化酶抑制药（ACEI）、血管紧张素Ⅱ受体拮抗药（ARB）和肾素抑制药3类。ACEI 降低循环中血管紧张素Ⅱ（Ang Ⅱ）水平，消除其直接的缩血管作用；此外，其降压作用还可能与抑制缓激肽降解、促进 Ang 的产生有关。ARB 阻断通过血管紧张素转化酶（ACE）和其他旁路途径参与生成的 Ang Ⅱ与 Ang Ⅰ型受体相结合，发挥降压作用。肾素抑制药能够抑制血管紧张素原分解产生 Ang Ⅰ，降压功效与 ACEI、ARB 比较无优势，应用受限。直接肾素抑制药是通过抑制肾素的活性发挥降压作用，但目前尚未在我国上市。

(3) 钙通道阻滞药（CCB）：根据其化学结构和药理作用可分为两大类。

1）二氢吡啶类 CCB：主要作用于血管平滑肌上的 L 型钙通道，发挥舒张血管和降低血压的作用。

2）非二氢吡啶类 CCB：对窦房结和房室结处的钙通道具有选择性，其扩张血管强度弱于二氢吡啶类 CCB，但是负性变时、降低交感神经活性作用是二氢吡啶类 CCB 不具备的。不同制剂的二氢吡啶类 CCB 作用持续时间、对不同血管的选择性及药代动力学不同，其降压效果和不良反应具有一定差异。

(4) 肾上腺素能受体阻滞药：

1）β受体阻滞药：通过选择性地与β受体结合产生多种降压效应，如降低心排出量、减少肾素释放及中枢交感神经冲动等。根据对 $β_1$ 受体的相对选择性，β受体阻滞药可分为：①非选择性β受体阻滞药；②选择性 $β_1$ 受体阻滞药；③非选择性作用于β和 $α_1$ 受体的阻滞药。此外，还可分为脂溶性或水溶性，以及具有或不具有内在拟交感活性等类型。各种β受体阻滞药在药理学和药代动力学方面相差较大。

2）$α_1$ 受体阻滞药：该类药物选择性阻滞血液循环或中枢神经系统释放的儿茶酚胺与突触后 $α_1$ 受体相结合，通过扩张血管产生降压效应。

(5) 交感神经抑制药：

1）中枢性降血压药：以可乐定和甲基多巴为代表，激活延脑中枢 $α_2$ 受体，抑制中枢神经系统释放交感神经冲动而降压；因降低压力感受器的活性可出现直立性低血压。

2）交感神经末梢抑制药：利血平阻断去甲肾上腺素向其储存囊泡的转运，减少交感神经冲动传递，降低外周血管阻力，消耗脑内儿茶酚胺。

(6) 直接血管扩张药：代表药物为肼屈嗪，直接扩张小动脉，降低外周血管阻力，增加心排出量及肾血流量，但有反射性交感神经激活作用，现由于新的血管扩张药的出现已很少使用。

第二节　血脂异常

血脂是血清中的胆固醇、三酰甘油（又称甘油三酯，TG）和类脂（如磷脂）等的总称，与临床密切相关的血脂主要是胆固醇和TG。在人体内胆固醇主要以游离胆固醇及胆固醇酯的形式存在；TG是甘油分子中的3个羟基被脂肪酸酯化而形成的。血脂不溶于水，必须与特殊的蛋白质——载脂蛋白（apolipoprotein，Apo）结合形成脂蛋白才能溶于血液，被运输至组织进行代谢。

近30年来，中国人群的血脂水平逐步升高，血脂异常患病率明显增加。2012年全国调查结果显示，成人血清总胆固醇（TC）平均为4.50 mmol/L，高胆固醇血症的患病率为4.9%；三酰甘油（TG）平均为1.38 mmol/L，高TG血症的患病率为13.1%；高密度脂蛋白胆固醇（HDL-C）平均为1.19 mmol/L，低HDL-C血症的患病率为33.9%。中国成人血脂异常总体患病率高达40.40%，较2002年呈大幅度上升。人群血清胆固醇水平的升高将导致2010~2030年间我国心血管病事件约增加920万。我国儿童青少年高胆固醇血症患病率也有明显升高，预示未来中国成人血脂异常患病及相关疾病负担将继续加重。

一、定义

《中国成人血脂异常防治指南》根据中国人的实际情况设定了血脂的新标准，血清总胆固醇（TC）<200 mg/dL为合适范围，200~239 mg/dL之间为边缘升高，≥240 mg/dL为升高。低密度脂蛋白胆固醇（LDL-C）<130 mg/dL为合适范围，130~159 mg/dL之间为边缘升高，≥160 mg/dL为升高。TG 150 mg/dL以下为合适范围，150~190 mg/dL之间为边缘升高，≥200 mg/dL为升高。高密度脂蛋白胆固醇（HDL-C），男性不应<40 mg/dL，女性不应<50 mg/dL。当然，上述标准是对正常人而言，对于有多种心血管病危险因素和心血管病发生危险增高的患者，则另当别论。

二、分类

血脂异常通常指血清中胆固醇和（或）TG水平升高，俗称高脂血症。实际上血脂异常也泛指包括低HDL-C血症在内的各种血脂异常。本病分类较繁杂，最简单的有病因分类和临床分类两种，最实用的是临床分类。

1. 病因分类

（1）继发性高脂血症：继发性高脂血症是指由于其他疾病所引起的血脂异常。可引起血脂异常的疾病主要有肥胖、糖尿病、肾病综合征、甲状腺功能减退症、肾衰竭、肝脏疾病、系统性红斑狼疮、糖原累积症、骨髓瘤、脂肪萎缩症、急性卟啉病、多囊卵巢综合征等。此外，某些药物如利尿药、非心脏选择性β受体阻滞药、糖皮质激素等也可能引起继发性血脂异常。

（2）原发性高脂血症：除了不良生活方式（如高能量、高脂和高糖饮食，过度饮酒等）与血脂异常有关，大部分原发性高脂血症是由于单一基因或多个基因突变所致。由于基因突变所致的高脂血症多具有家族聚集性，有明显的遗传倾向，特别是单一基因突变者，临床上通常称为家族性高脂血症。

2. 临床分类　从实用角度出发，血脂异常可进行简易的临床分型（表 24 - 1）。

表 24 - 1　　　　　　　　　　　　　血脂异常临床分型

临床分型	TG	TC	HDL-C
高胆固醇血症	↑		
高甘油三酯血症		↑	
混合型高胆固醇血症	↑	↑	
低高密度脂蛋白胆固醇血症			↓

三、病因

　　病因包括原发性因素和继发性因素。原发性因素是指由于单个或多个基因突变导致低密度脂蛋白（LDL）和三酰甘油合成及清除障碍，常表现出不同的基因缺陷位点、遗传模式、流行病学特点、临床表现，并具有不同的治疗方法，目前国外报道至少有 18 种不同的类型。在早发动脉粥样硬化疾病、动脉粥样硬化家族史、明显的胆固醇水平升高（>6.2 mmol/L，>240 mg/dL）以及高脂血症临床体征时，应高度怀疑原发性脂质代谢异常。原发性血脂异常常见于儿童和年轻人，成人发病只占小部分，大多数成人血脂异常常为继发因素。西方国家久坐的生活方式以及进食过多饱和脂肪食物、反式脂肪酸及胆固醇，是继发血脂异常的重要原因，一些疾病通常与血脂异常有关，包括慢性肾功能不全、肾衰竭、糖尿病、甲状腺功能减低、胆汁阻塞性肝病以及酒精依赖。有一些药物，如大剂量噻嗪类利尿药、口服雌激素、糖皮质激素、甾体类药物、非典型抗精神病药（奥氮平、氯氮平），已发现与轻中度血脂异常有关。应用非典型抗精神病药、具有内在拟交感活性的 β 受体阻滞药、α 受体激动药与高密度脂蛋白（HDL）水平降低有关。

四、临床表现

　　血脂异常的临床表现主要包括两大方面：①脂质在真皮内沉积所引起的黄色瘤；②脂质在血管内皮沉积所引起的动脉粥样硬化，引起冠心病和周围血管病等。由于血脂异常时黄色瘤的发生率并不十分高，动脉粥样硬化的发生和发展则需要相当长的时间，所以多数血脂异常患者并无任何症状和异常体征发现。而患者的血脂异常则常常是在进行血液生化检验（测定血胆固醇和三酰甘油）时被发现的。

五、治疗

　　1. 非药物治疗　血脂异常的非药物治疗方式主要包括：①合理膳食；②适当运动；③戒烟限酒；④心理平衡。

　　2. 药物治疗　目前用于降血脂的药物主要分为主要降胆固醇的药物和主要降三酰甘油的药物。

　　（1）主要降低胆固醇的药物：

　　1）他汀类：又称 3 -羟基 3 -甲基戊二酰辅酶 A（HMG-CoA）还原酶抑制药，能够抑制胆固醇合成限速酶 HMG-CoA 还原酶，减少胆固醇合成，继而上调细胞表面 LDL 受体，加速血清 LDL 分解代谢。此外，还可抑制极低密度脂蛋白（VLDL）合成。因此他汀类能显著降低血清 TC、LDL-C 和 Apo B 水平，也能降低血清 TG 水平和轻度升高 HDL-C水平。他汀类药适用于高胆固醇血症、混合性高脂血症和动脉粥样硬化性心血管病（ASCVD）患者。目前国内临床上有洛伐他汀、辛伐他汀、普伐他汀、氟伐他汀、阿托伐他汀、瑞舒伐他汀和匹伐他汀。不同种类与剂量的他汀降胆固醇幅度有较大差别，但任何一种他汀剂量倍增时，LDL-C 进一步降低幅度仅约 6%，即所谓"他汀疗效 6% 效应"。他汀类可使 TG 水平降低 7% ~ 30%，HDL-C 水平升高 5% ~ 15%。他汀类可在任何时间段每日服用 1 次，但在晚上服用时 LDL-C 降低幅度可稍有增多。绝大多数人对他汀类的耐受性良好，其不良反应多见于接受大剂量他汀治疗者，常见不良反应如下：①肝功能异常，主要表现为转氨酶升高，发生率为 0.5% ~ 3.0%，呈剂量依赖性。②他汀类药相关肌肉不良反应包括肌痛、肌炎和横纹肌溶解。③长期服用他汀类有增加新发糖尿病的危险，发生率为 10% ~ 12%，属他汀类效应。

2）胆固醇吸收抑制药：依折麦布能有效抑制肠道内胆固醇的吸收，推荐剂量为 10 mg/d。依折麦布的安全性和耐受性良好，其不良反应轻微且多为一过性，主要表现为头疼和消化道症状，与他汀类联用也可发生转氨酶增高和肌痛等副作用，禁用于妊娠期和哺乳期。

3）普罗布考：普罗布考通过掺入 LDL 颗粒核心中，影响脂蛋白代谢，使 LDL 易通过非受体途径被清除。普罗布考常用剂量为每次 0.5 g，每日 2 次。主要适用于高胆固醇血症，尤其是黄色瘤患者，有减轻皮肤黄色瘤的作用。常见不良反应为胃肠道反应；也可引起头晕、头痛、失眠、皮疹等；极为少见的严重不良反应为 QT 间期延长。室性心律失常、QT 间期延长、血钾过低者禁用。

4）胆酸螯合剂：为碱性阴离子交换树脂，可阻断肠道内胆汁酸中胆固醇的重吸收。临床用法：考来烯胺一次 5 g，每日 3 次；考来替泊一次 5 g，每日 3 次；考来维仑一次 1.875 g，每日 2 次。与他汀类联用，可明显提高调脂疗效。常见不良反应有胃肠道不适、便秘和影响某些药物的吸收。此类药物的绝对禁忌证为异常 β 脂蛋白血症和血清 TG > 4.5 mmol/L（400 mg/dL）。

5）其他调脂药：脂必泰是一种红曲与中药（山楂、泽泻、白术）的复合制剂。常用剂量为一次 0.24 ~ 0.48 g，每日 2 次，具有轻中度降低胆固醇作用。该药的不良反应少见。多廿烷醇是从甘蔗蜡中提纯的一种含有 8 种高级脂肪伯醇的混合物，常用剂量为 10 ~ 20 mg/d，调脂作用起效慢，不良反应少见。

（2）主要降低 TG 的药物：

1）贝特类：贝特类通过激活过氧化物酶体增殖物激活受体 α（PPARα）和激活脂蛋白脂酶（LPL）而降低血清 TG 水平和升高 HDL-C 水平。常用的贝特类药有：非诺贝特片一次 0.1 g，每日 3 次；微粒化非诺贝特一次 0.2 g，每日 1 次；吉非贝齐一次 0.6 g，每日 2 次；苯扎贝特一次 0.2 g，每日 3 次。常见不良反应与他汀类药类似，包括肝脏、肌肉和肾毒性等，血清肌酸激酶和 ALT 水平升高的发生率均 <1%。

2）烟酸类：烟酸又称维生素 B_3，属人体必需维生素。大剂量时具有降低 TC、LDL-C 和 TG 以及升高 HDL-C 的作用。调脂作用与抑制脂肪组织中激素敏感脂酶活性、减少游离脂肪酸进入肝脏和降低 VLDL 分泌有关。烟酸有普通和缓释 2 种剂型，以缓释剂型更为常用。缓释片常用量为一次 1~2 g，每日 1 次。建议从小剂量（0.375~0.5 g/d）开始，睡前服用；4 周后逐渐加量至最大常用剂量。最常见的不良反应是颜面潮红，其他有肝脏损害、高尿酸血症、高血糖、棘皮症和消化道不适等，慢性活动性肝病、活动性消化性溃疡和严重痛风者禁用。

3）高纯度鱼油制剂：鱼油主要成分为 n-3 脂肪酸，即 ω-3 脂肪酸。常用剂量为一次 0.5~1.0 g，每日 3 次，主要用于治疗高 TG 血症。不良反应少见，发生率为 2%~3%，包括消化道症状，少数病例出现转氨酶或肌酸激酶轻度升高，偶见出血倾向。早期有临床研究显示高纯度鱼油制剂可降低心血管事件，但未被随后的临床试验证实。

第三节　冠心病（心绞痛型）

一、定义

冠心病全称为冠状动脉粥样硬化性心脏病，有时又称缺血性心脏病，是指冠状动脉粥样硬化导致心肌缺血、缺氧而引起的心脏病。冠状动脉是唯一供给心脏血液的血管，其形态似冠状，故称为冠状动脉。这条血管也随同全身血管一样硬化，呈粥样改变，造成供养心脏血液循环障碍，引起心肌缺血、缺氧，即为冠心病。冠心病是动脉粥样硬化导致器官病变的最常见类型，是中、老年人的常见病、多发病，严重危及人的生命。

该病多发于中老年人群，男性多于女性，以脑力劳动者居多，是工业发达国家的流行病，已成为欧美国家最多见的病种，近 10 余年该病发病率在我国也呈明显升高趋势。冠心病发病率一般以心肌梗死发病率为代表，有明显的地区和性别差异。

二、分类

临床上将冠心病分为 5 大类：

1. 隐匿型或无症状性心肌缺血　无症状，但在静息、动态或负荷心电图下显示心肌缺血改变，或放射性核素心肌显像提示心肌灌注不足，无组织形态改变。

2. 心绞痛　发作性胸骨后疼痛，由一过性心肌供血不足引起。

3. 心肌梗死　缺血症状严重，为冠状动脉闭塞导致心肌急性缺血坏死。

4. 缺血性心肌病　长期慢性心肌缺血或坏死导致心肌纤维化，表现为心脏增大、心力衰竭和心律失常。

5. 猝死　突发心搏骤停引起的死亡，多为缺血心肌局部发生电生理紊乱引起的严重心律失常所致。

三、病因

影响冠心病发病的危险因素自幼年开始，在不同的年龄组，各种危险因素对机体所发挥的作用可能不同。传统危险因素包括年龄、吸烟、血压和血清总胆固醇（TC）增高等，新危险因素指的是血脂有关成分、代谢相关因子、炎症相关因子、基因多态性和心理因素等。冠心病的主要危险因素有高血压、血脂异常、糖尿病、肥胖和超重、吸烟、不良饮食习惯、性别、心理社会因素。而目前认为冠状动脉粥样硬化的发病机制是神经-体液机制，而冠状动脉痉挛的发生机制是多方面的，内皮损伤是冠状动脉痉挛的最重要的诱发因素。

四、临床表现

本节着重讲解心绞痛分型，心绞痛分为下列几型。

1. 劳累性心绞痛　常在运动、劳累、情绪激动或增加心肌耗氧量时发生心前区疼痛，而在休息或舌下含服硝酸甘油后迅速缓解。

（1）初发型心绞痛：又称新近发生心绞痛，即在最近1个月内初次发生劳累性心绞痛；也包括稳定型心绞痛者，已数月不发作心前区疼痛现再次发作时间未到1个月。

（2）稳定型心绞痛：反复发作劳累性心绞痛，且性质无明显变化，历时1~3个月，心绞痛的频率、程度时限以及诱发疼痛的劳累程度无明显变化，且对硝酸甘油有明显反应。

（3）恶化型心绞痛：又称增剧型心绞痛，即原为稳定型心绞痛在最近3个月内心绞痛程度和发作频率增加、疼痛时间延长以及诱发因素经常变动，常在低心肌耗氧量时引起心绞痛，提示病情进行性恶化。

2. 自发性心绞痛　心绞痛发作与心肌耗氧量增加无明显关系，疼痛程度较重和时间较长，且不易被舌下含服硝酸甘油所缓解。心电图常出现一过性ST-T波改变，但不伴血清酶变化。

（1）卧位型心绞痛：常在半夜熟睡时发生，可能因做梦、夜间血压波动或平卧位使静脉回流增加，引起心功能不全，致使冠状动脉灌注不足和心肌耗氧量增加。严重者可发展为心肌梗死或心性猝死。

（2）变异型心绞痛：通常在昼夜的某一固定时间自发性发作心前区疼痛，心绞痛程度重，发作时心电图示有关导联ST段抬高及相背导联ST段压低，常伴严重室性心律失常或房室传导阻滞。

（3）中间综合征：又称冠状动脉功能不全心绞痛状态或梗死前心绞痛，患者常在休息或睡眠时自发性发作心绞痛严重，且疼痛严重，历时可长达30分钟以上，但无心肌梗死的心电图和血清酶变化。

（4）梗死后心绞痛：为急性心肌梗死发生后1~3个月内重新出现的自发性心绞痛。通常是梗死相关的冠状动脉发生再通（不完全阻塞）或侧支循环形成，致使"不完全梗阻"尚存活但缺血的心肌导致心绞痛。也可由多支冠状动脉病变引起梗死后心绞痛。

初发型、恶化型和自发性心绞痛统称为不稳定型心绞痛。

3. 混合性心绞痛　休息和劳累时均发生心绞痛，常由于冠状动脉一处或多处严重狭窄，使冠状动脉血流突然和短暂减少所致。后者可能是由于一大段心外膜冠状动脉过度敏感、内膜下粥样硬化斑块处张力增加、血小板血栓暂时阻塞血管、血管收缩和阻塞合并存在和小血管处血管张力变化所致。

五、治疗

冠心病类型繁多，不同类型治疗不尽相同。但根本目的在于增加冠状动脉血供和减少心肌氧耗使心肌供氧和耗氧达到新的平衡，尽最大努力挽救缺血心肌，减低病死率。

1. 冠心病的药物治疗

（1）硝酸酯类制剂：其有扩张静脉、舒张动脉血管的作用，可降低心脏的前、后负荷，降低心肌耗氧量；同时使心肌血液重分配，有利于缺血区心肌的灌注。代表药为硝酸甘油、硝酸异山梨醇酯等。

（2）β受体阻滞药：可阻滞过多的儿茶酚胺兴奋β受体，从而减慢心率、减弱心肌收缩力及速度，降低血压，从而明显减少心肌耗氧量；此药还可增加缺血区血液供应，改善心肌代谢，抑制血小板功能等，故是各型心绞痛、心肌梗死等患者的常用药物。

（3）钙拮抗药：通过非竞争性地阻滞电压敏感的L型钙通道，使钙经细胞膜上的慢通道进入细胞内，即减少钙的内流，抑制钙通过心肌和平滑肌膜，从而降低心肌耗氧量、提高心肌效率，减轻心室负荷，直接对缺血心肌起保护作用，同时此药可增加缺血区心肌供血、抑制血小板聚集，促进内源性一氧化氮的产生及释放等多种药理作用，是目前临床上治疗冠心病的重要药物。

（4）调血脂药、抗凝血药和抗血小板聚集药：从发病机制方面着手，达到减慢或减轻粥样硬化的发生和稳定斑块的作用，最终也是使心肌氧供增加。

（5）其他冠状动脉扩张药：如双嘧达莫、吗多明、尼可地尔等。

2. 非药物治疗　主要包括介入治疗（PCI）和外科手术（CABG）。

第二十五章　消化系统常见疾病

第一节　消化性溃疡

一、定义

消化性溃疡是胃溃疡（GU）和十二指肠溃疡（DU）的总称，因溃疡形成与胃酸/胃蛋白酶的消化作用有关而得名。原本消化食物的胃酸（盐酸）和胃蛋白酶却消化了自身的胃壁和十二指肠壁，从而损伤黏膜组织，这是引发消化性溃疡的主要原因。溃疡病的主要症状是上腹部疼痛，可无明显症状或出现隐匿症状，这种疼痛与饮食有关，常因饥饿、服药、酸性食物或饮料而诱发。疼痛可以因进食、饮水、服用碱性食物而缓解。

二、分类

1. 无症状型溃疡　指无明显症状的消化性溃疡患者，因其他疾病作胃镜或X线钡餐检查时偶然被发现；或当发生出血或穿孔等并发症时，甚至于尸体解剖时始被发现。这类消化性溃疡可见于任何年龄，但以老年人尤为多见。

2. 儿童期消化性溃疡　儿童时期消化性溃疡的发生率低于成人，可分为4种不同的类型。

（1）婴儿型：婴儿型溃疡系急性溃疡，发生于新生儿和2岁以下的婴儿。发病原因未明。在新生儿时期，十二指肠溃疡较胃溃疡多见。这种溃疡或是迅速愈合，或是发生穿孔或出血而迅速致死。在新生儿时期以后至2岁以内的婴儿，溃疡的表现和新生儿者无大差别，主要表现为出血、梗阻或穿孔。

（2）继发型：此类溃疡的发生与一些严重的系统性疾病，如脓毒病、中枢神经系统疾病、严重烧伤和皮质类固醇的应用有关。它还可发生于先天性幽门狭窄、肝脏疾病、心脏外科手术以后，此型溃疡在胃和十二指肠的发生频率相等，可见于任何年龄和性别的儿童。

（3）慢性型：此型溃疡主要发生于学龄儿童。随着年龄的增长，溃疡的表现与成年人相近。但在幼儿，疼痛比较弥散，多在脐周，与进食无关。时常出现呕吐，这可能是由于十二指肠较小，容易因水肿和痉挛而出现梗阻的缘故。至青少年才呈现典型的局限于上腹部的节律性疼痛。十二指肠溃疡较胃溃疡多，男孩较女孩多。此型溃疡的发病与成年人溃疡病的基本原因相同。

（4）并发于内分泌腺瘤的溃疡：此型溃疡发生于胃泌素瘤和多发性内分泌腺瘤病Ⅰ型，即沃纳（Wermer）综合征。

3. 老年人消化性溃疡　胃溃疡多见，也可发生十二指肠溃疡。胃溃疡直径常可超过 2.5 cm，且多发生于高位胃体的后壁。老年人消化性溃疡常表现为无规律的中上腹痛、呕血和（或）黑粪、消瘦，很少发生节律性痛、夜间痛及反酸。易并发大出血，常常难以控制。

4. 幽门管溃疡　较为少见，常伴胃酸分泌过多。其主要表现有：①餐后立即出现中上腹疼痛，其程度较为剧烈而无节律性，并可使患者惧食，制酸药可使腹痛缓解。②好发呕吐，呕吐后疼痛随即缓解。腹痛、呕吐和饮食减少可导致体重减轻。此类消化性溃疡内科治疗的效果较差。

5. 球后溃疡　约占消化性溃疡的 5%，溃疡多位于十二指肠乳头的近端。球后溃疡的夜间腹痛和背部放射性疼痛更为多见，并发大量出血者亦多见，内科治疗效果较差。

6. 复合性溃疡　指胃与十二指肠同时存在溃疡，多数是十二指肠的发生在先，胃溃疡在后。本病约占消化性溃疡的 7%，多见于男性。其临床症状并无特异性，但幽门狭窄的发生率较高，出血的发生率高达30%～50%，出血多来自胃溃疡。一般认为，胃溃疡如伴随十二指肠溃疡，则其恶性机会较少，但这只是相对而言。本病病情较顽固，并发症发生率高。

7. 巨型溃疡　巨型胃溃疡指 X 线钡餐检查测量溃疡的直径超过 2.5 cm 者，并非都属于恶性。疼痛常不典型，往往不能为抗酸药所完全缓解。呕吐与体重减轻明显，并可发生致命性出血。有时可在腹部触到纤维组织形成的硬块。长病程的巨型胃溃疡往往需要外科手术治疗。

8. 食管溃疡　其发生也是和酸性胃液接触的结果。溃疡多发生于食管下段，多为单发，约 10% 为多发。溃疡大小自数毫米到相当大。本病多发生于反流性食管炎和滑动性食管裂孔疝伴有贲门食管反流的患者。溃疡可发生在鳞状上皮，也可发生在柱状上皮（Barrett 上皮）。食管溃疡还可发生于食管胃吻合术或食管腔吻合术以后，它是胆汁和胰腺分泌物反流的结果。

9. 难治性溃疡　是指经一般内科治疗无效的消化性溃疡。其诊断尚无统一标准，包括下列情况：①在住院条件下；②慢性溃疡频繁反复发作多年，且对内科治疗的反应愈来愈差。

10. 应激性溃疡　应激性溃疡系指在严重烧伤、颅脑外伤、脑肿瘤、颅内神经外科手术和其他中枢神经系统疾病、严重外伤和大手术、严重的急性或慢性内科疾病（如脓毒病、肺功能不全）等应激的情况下，在胃和十二指肠发生的急性溃疡。

三、病因

消化性溃疡的病因包括：①幽门螺杆菌感染；②胃酸分泌过多；③胃黏膜保护作用；④胃排空延缓和胆汁反流；⑤胃肠肽的作用；⑥遗传因素；⑦环境因素；⑧药物因素；⑨精神因素。

四、临床表现

溃疡病的主要症状是上腹部疼痛，可无明显症状或出现隐匿症状，典型症状主要有：

1. 长期性　由于溃疡发生后可自行愈合，但每于愈合后又好复发，故常有上腹疼痛长期反复发作的特点。整个病程平均 6～7 年，有的可长达一二十年，甚至更长。

2. 周期性　上腹疼痛呈反复周期性发作，为此种溃疡的特征之一，尤以十二指肠溃疡更为突出。中上腹疼痛发作可持续几日、几周或更长，继以较长时间的缓解。全年都可发作，但以春、秋季节发作者多见。可因情绪不良或过劳而诱发。

3. 节律性　溃疡疼痛与饮食之间的关系具有明显的相关性和节律性。在一天中，凌晨3点至早餐的一段时间，胃酸分泌最低，故在此时间内很少发生疼痛。十二指肠溃疡的疼痛好在两餐之间发生，持续不减直至下餐进食或服制酸药后缓解。一部分十二指肠溃疡患者，由于夜间的胃酸较多，尤其在睡前曾进餐者，可发生半夜疼痛。胃溃疡疼痛的发生较不规则，常在餐后1小时内发生，经1~2小时后逐渐缓解，直至下餐进食后再复出现上述节律。腹痛可多为进食或服用抗酸药所缓解。

4. 疼痛部位　十二指肠溃疡的疼痛多出现于中上腹部，或在脐上方，或在脐上方偏右处；胃溃疡疼痛的位置也多在中上腹，但稍偏高处，或在剑突下和剑突下偏左处。疼痛范围约数厘米直径大小。因为空腔内脏的疼痛在体表上的定位一般不十分确切，所以，疼痛的部位也不一定准确反映溃疡所在解剖位置。

5. 疼痛性质　多呈钝痛、灼痛或饥饿样痛，一般较轻而能耐受，持续性剧痛提示溃疡穿透或穿孔。

6. 影响因素　疼痛常因精神刺激、过度疲劳、饮食不慎、药物影响、气候变化等因素诱发或加重；可因休息、进食、服制酸药、以手按压疼痛部位、呕吐等方法而减轻或缓解。

7. 其他症状与体征　消化性溃疡除中上腹疼痛外，尚可有唾液分泌增多、胃灼烧、反胃、反酸、嗳气、恶心、呕吐等其他胃肠道症状。食欲多保持正常，但偶可因食后疼痛发作而惧食，以致体重减轻。全身症状可有失眠等神经功能症的表现，或有缓脉、多汗等自主神经系统不平衡的症状。

8. 压痛　溃疡发作期，中上腹部可有局限性压痛，程度不重，其压痛部位多与溃疡的位置基本相符。

五、治疗

胃溃疡是多发病、慢性病，易反复发作，呈慢性经过，因而要治愈胃溃疡，需要一个较为艰难持久的历程。患者除了配合医护人员进行积极治疗外，还应做好自我保健。治疗目的在于消除病因、解除症状、愈合溃疡、防止复发和避免并发症。消化性溃疡在不同的患者病因不尽相同，发病机制亦各异，所以对每一例应分析其可能涉及的致病因素及病理生理，给以适当的处理。

1. 治疗目的　包括缓解症状、促进愈合、预防复发、防止并发症。从现在治疗的成绩来看，对大多数无并发症的病例，现行的治疗包括维持治疗等均能有效地缓解症状、促进愈合；但在减少复发率方面，进展不大；对于能否减少出血、穿孔、梗阻等并发症的发生，尚待定论。

2. 治疗原则

（1）必须坚持长期服药：由于胃溃疡是一种慢性病，且易复发，要使其完全愈合，必须坚持长期服药；切不可症状稍有好转便骤然停药，也不可朝三暮四，服用某种药物刚过几天，见病状未改善，又换另一种药。一般来说，1个疗程要服药4~6周，疼痛缓解后还得巩固治疗1~3个月，甚至更长时间。

（2）避免精神紧张：胃溃疡是一种典型的心身疾病，心理因素对胃溃疡影响很大。

精神紧张、情绪激动，或过分忧虑对大脑皮质产生不良的刺激，使得丘脑下中枢的调节作用减弱或丧失，引起自主神经功能紊乱，不利于食物的消化和溃疡的愈合。保持轻松愉快的心境，是治愈胃溃疡的关键。

（3）讲究生活规律，注意气候变化：胃溃疡患者生活要有一定规律，不可过分疲劳，劳累过度不但会影响食物的消化，还会妨碍溃疡的愈合。溃疡患者一定要注意休息，生活起居要有规律。溃疡病发作与气候变化有一定的关系，因此溃疡患者必须注意气候变化，根据节气冷暖，及时添减衣被。

（4）注意饮食卫生：不注意饮食卫生、偏食、挑食、饥饱失度或过量进食冷饮冷食，或嗜好辣椒、浓茶、咖啡等刺激性食物，均可导致胃肠消化功能紊乱，不利于溃疡的愈合。注意饮食卫生，做到每日三餐定时定量，饥饱适中，细嚼慢咽，是促进溃疡愈合的良好习惯。牛乳和豆酱虽能一时稀释胃酸，但其所含钙和蛋白质能刺激胃酸分泌，故不宜过饮。如有烟酒嗜好而确认与溃疡的发病有关者，应立即戒除。

（5）避免服用对胃黏膜有损害的药物：有些药物，如阿司匹林、地塞米松、泼尼松、吲哚美辛等，对胃黏膜有刺激作用，可加重胃溃疡的病情，应尽量避免使用。如果因疾病需要非要服用，可向医生说明改用他药，或遵医嘱配合其他辅助药物，或放在饭后服用，以减少对胃的不良反应。

（6）消除细菌感染病因：以往认为胃溃疡与胃液消化作用有关，与神经内分泌功能失调有关，因而传统疗法是制酸、解痛、止痛。近年据有关学者研究发现，有些胃溃疡是由细菌感染引起的，最常见的是幽门螺杆菌。这类患者必须采用抗生素治疗。

3. 药物治疗

（1）H_2 受体阻滞药：西咪替丁、雷尼替丁、法莫替丁、尼扎替丁、拉呋替丁。

（2）质子泵抑制药：奥美拉唑、兰索拉唑、泮托拉唑、雷贝拉唑、埃索美拉唑。

（3）胆碱受体阻滞药：阿托品、哌仑西平。

（4）促胃液素阻滞药：丙谷胺。

4. 治疗方案　对胃镜或 X 线检查诊断明确的十二指肠溃疡或胃溃疡，首先要区分幽门螺杆菌（Hp）是阳性还是阴性。如果为阳性，则应首先抗 Hp 治疗，必要时在抗 Hp 治疗结束后再给予 2～4 周抑制胃酸分泌治疗。对 Hp 阴性的溃疡包括 NSAID 相关性溃疡，可按过去的常规治疗，即服任何一种 H_2 受体抑制药或质子泵抑制药，十二指肠溃疡疗程为 4～6 周，胃溃疡为 6～8 周。也可用黏膜保护药替代抑制胃酸分泌药治疗胃溃疡。至于是否进行维持治疗，应根据溃疡复发频率、患者年龄、服用 NSAID、吸烟、合并其他严重疾病、溃疡并发症史等危险因素的有无，综合考虑后做出决定。

（1）根除 Hp 治疗：根除 Hp 可使大多数 Hp 相关性溃疡患者完全达到治疗目的。国际已对 Hp 相关性溃疡的处理达成共识，即不论溃疡初发或复发，不论活动或静止，不论有无并发病史，均应抗 Hp 治疗。

1）根除 Hp 的治疗方案：由于大多数抗菌药物在肠内 pH 环境中活性降低且不能穿透黏液层以达细菌，因此 Hp 感染不易根除。迄今为止，尚无单一药物能有效根除 Hp，因而发展了将抑制胃酸分泌药、抗菌药物或起协同作用的胶体铋剂联合应用的治疗方案。根除 Hp 的治疗方案大体上可分为以质子泵抑制药（PPI）为基础和以胶体铋剂为基础的两大类。一种 PPI 或一种胶体铋剂加上克拉霉素、阿莫西林（或四环素）、甲硝唑（或替硝唑）3 种抗菌药物中的 2 种，组成三联疗法。Hp 菌株对甲硝唑耐药率正在迅速上升。呋喃唑酮抗 Hp 作用强，Hp 不易产生耐药性，可用呋喃唑酮替代甲硝唑，剂量为 200 mg/d，分 2 次服。初次治疗失败者可用 PPI、胶体铋剂合并 2 种抗菌药物的四联疗法。

2）根除 Hp 治疗结束后的继续抗溃疡治疗：对此尚未统一。治疗方案疗效高而溃疡面积又不很大时，单一抗 Hp 治疗 1～2 周就可使活动性溃疡有效愈合。若根除 Hp 方案疗效稍低、溃疡面积较大、抗 Hp 治疗结束时患者症状未缓解或近期有出血等并发症史，应考虑在抗 Hp 治疗结束后继续用抑制胃酸分泌药治疗 2～4 周。

3）抗 Hp 治疗后复查：抗 Hp 治疗后，确定 Hp 是否根除的试验应在治疗完成后不少于 4 周时进行。接受高效抗 Hp 方案（根除率≥90%）治疗的大多数十二指肠溃疡患者无须进行证实 Hp 根除的试验。难治性溃疡或有并发症史的十二指肠溃疡，应确立 Hp 是否根除。因胃溃疡有潜在恶变的危险，原则上应在治疗后适当时间做胃镜和 Hp 复查。对经过适当治疗仍有顽固消化道不良症状的患者，亦应确立 Hp 是否根除。

（2）抑制胃酸分泌药治疗：溃疡的愈合特别是十二指肠溃疡的愈合与抗酸治疗强度和时间成正比。碱性抗酸药（如氢氧化铝、氢氧化镁及其复方制剂）中和胃酸（兼有一定细胞保护作用），对缓解疼痛症状有较好效果，但要促使溃疡愈合则需大剂量多次服用才能奏效。多次服药的不便和长期服用大剂量抗酸药可能带来的不良反应限制了其应用。目前已很少单一应用抗酸药来治疗溃疡，可作为加强止痛的辅助治疗。抗胆碱药哌仑西平和促胃液素受体拮抗药丙谷胺治疗溃疡疗效不够理想，已很少用于治疗溃疡。目前临床上常用的抑制胃酸分泌药有 H_2RA 和 PPI 两大类。PPI 作用于壁细胞胃酸分泌终末步骤中的关键酶——H^+-K^+-ATP 酶生成时，壁细胞才恢复泌酸功能。因此 PPI 抑制胃酸分泌作用比 H_2RA 更强，且作用持久。目前至少有 4 种 PPI 已用于临床，分别为奥美拉唑、兰索拉唑、泮托拉唑和拉贝拉唑。一般剂量为奥美拉唑 20 mg、兰索拉唑 30 mg、泮托拉唑 40 mg 和拉贝拉唑 10 mg，每日一次口服；根除 Hp 治疗时剂量需加倍。

（3）保护胃黏膜治疗：胃黏膜保护药主要有 3 种，即硫糖铝、枸橼酸铋钾和前列腺素类药米索前列醇。这些药物治疗 4～8 周的溃疡愈合率与 H_2RA 相似。硫糖铝抗溃疡作用的机制主要与其黏附覆盖于溃疡面上阻止胃酸和胃蛋白酶继续侵袭溃疡面、促进内源性前列腺素合成和刺激表皮生长因子分泌等有关。硫糖铝不良反应少，便秘是其主要不良反应。枸橼酸铋钾除了具有硫糖铝类似的作用机制外，尚有较强的抗 Hp 作用。短期服用枸橼酸铋钾除了舌苔变黑外，很少出现不良反应；为避免铋在体内过量积蓄，不宜连续长期服用。米索前列醇具有抑制胃酸分泌、增加胃十二指肠黏膜黏液/碳酸氢盐分泌和增加黏膜血流的作用。腹泻是其主要不良反应，因可引起子宫收缩，孕妇忌服。

第二节　消化不良

一、定义

消化不良是一种临床综合征，是由胃动力障碍所引起的疾病，也包括胃蠕动不好的胃轻瘫和食管反流病。

二、分类

1. 功能性消化不良　凡具有消化不良症状，而无确切的器质性疾病可解释者，称为功能性消化不良（functional dyspepsia，FD），主要有如下几类：

（1）溃疡样消化不良型：以消化性溃疡的症状为特征，而又无溃疡的存在，新近研究发现常常面临应激的患者可出现应激反应，有胃酸排出的间歇性升高，加之动力障碍使胃酸对黏膜损害的作用延长和增加。因此，此型患者可因进食或服用 H_2 受体拮抗药而好转。

（2）动力障碍样消化不良型：以胃潴留症状为特征的临床表现为主，患者存在难以定位的上腹痛或不适，常由进食引起或餐后加重，同时有餐后上腹发胀、早饱、恶心或呕吐、食欲不佳等。

（3）特异性消化不良型：包括有 FD 症状，但不符合上述两组特征性消化不良的患者。

2. 器质性消化不良　经过检查可明确认定是由某器官病变引起消化不良症状，如肝病、胆道疾病、胰腺疾病、糖尿病等。对于这些患者来说，治疗的时候主要针对病因治疗，辅助补充消化酶或者改善胃动力来缓解消化不良症状。

三、病因

消化不良的发病是多种因素综合作用的结果。

1. 幽门螺杆菌感染　目前对幽门螺杆菌感染是否为消化不良的发病因素尚存在争议，认为它是慢性活动性胃炎的主要病因，内镜下慢性胃炎的存在不排除消化不良的诊断。

2. 精神与应激　约50%以上的消化不良患者有精神心理障碍，其症状的严重程度与抑郁、焦虑有关。在消化不良患者的生活中常发生应激事件，特别是童年应激事件的发生频率高于普通人群。

3. 急性胃肠道感染　有感染史的人群消化不良发生的风险为正常人群的5.2倍；还有研究发现，有胃肠道急性感染史的消化不良，早饱、呕吐及体重下降发生率更高，胃底容纳舒张功能显著降低。

4. 遗传因素　已发现某些基因的多态性与消化不良相关。与正常人相比，消化不良患者 G 蛋白偶联受体中 CC 型的含量显著高于 TT 型和 TC 型，巨噬细胞抑制因子表达的启动因子 MIF173C 基因存在多态性，且与上腹痛综合征亚型有关。

四、临床表现

症状表现为断断续续地有上腹部不适或疼痛、饱胀、胃灼烧（反酸）、嗳气等。常因胸闷、早饱感、腹胀等不适而不愿进食或尽量少进食，夜里也不易安睡，睡后常有噩梦。到医院检查，除胃镜下能见到轻型胃炎外，其他检查如 B 超、X 线造影及血液生化检查等，都不能检查出不正常的表现。

1. 功能性消化不良　凡具有上述消化不良症状，而无确切的器质性疾病可解释者，称为功能性消化不良（FD）。此类消化不良发生率最高，大部分人都有经历。发病原因主要与精神心理因素有关，如情绪波动、睡眠状态、休息不好、烟酒刺激等。西方国家资料统计 FD 占消化系统疾病的20%～40%。根据症状不同，FD 可分为3个亚型：

（1）溃疡样消化不良型：它以消化性溃疡的症状为特征，而又无溃疡的存在，新近研究发现常常面临应激的患者可出现应激反应，有胃酸排出的间歇性升高，加之动力障碍使胃酸对黏膜损害的作用延长和增加。因此，此型患者可因进食或服用 H_2 受体拮抗药而好转。

（2）动力障碍样消化不良型：以胃潴留症状为特征的临床表现为主，患者存在难以定位的上腹痛或不适，常由进食引起或餐后加重，同时有餐后上腹发胀、早饱、恶心或呕吐、食欲不佳等症状。

（3）特异性消化不良型：包括有 FD 症状，但不符合上述两组特征性消化不良的患者。

2. 器质性消化不良　经过检查可明确认定是由某器官病变引起消化不良症状，如肝病、胆道疾病、胰腺疾病、糖尿病等。对于这些患者来说，治疗的时候主要针对病因治疗，辅助补充消化酶或者改善胃动力来缓解消化不良症状。

五、治疗

1. 治疗原则　功能性消化不良的病因和发病机制尚不完全明了，多数学者认为该病为多种因素所致，现已公认其主要的发病机制为胃肠运动障碍、胃酸分泌异常、内脏感知过敏，而精神心理因素、饮食因素、幽门螺杆菌感染和胃肠激素等的作用尚在探索中。功能性消化不良治疗方法的选择均为经验性的，尚无一种方法或药物对所有的患者都有肯定的疗效，也缺乏客观可靠的疗效判定标准。治疗的基本原则是在建立相互信任的医患关系的基础上，因人而异采取个体化、综合治疗措施。其中中医辨证论治也是一种重要的治疗方法。

2. 药物治疗

（1）西药：

1）多潘立酮：能增加胃肠平滑肌张力及蠕动，使胃排空速度加快，胃部得以畅通、消化和推进食物，促进食物及肠道气体排泄，从而消除消化不良的各种症状，用于消化不良、腹胀、嗳气、恶心、呕吐。

2）乳酶生：为活肠球菌的干燥制剂，能在肠内分解糖类，生成乳酸，使肠内酸度增加，从而抑制腐败菌的生长繁殖，并防止肠内发酵，减少嗳气，促进消化和止泻。用于消化不良、腹胀及小儿饮食失调所引起的腹泻、绿便等。

3）胰酶（又称胰液素、胰酶素）：在中性或弱酸性环境中可促进蛋白质、淀粉及脂肪的消化。可用于消化不良、食欲不振，以及肝、胰腺疾病引起的消化障碍。

4）胃蛋白酶：本品能在胃酸参与下使凝固的蛋白质分解，用于消化功能减退引起的消化不良。

5）多酶片：由胰酶与胃蛋白酶组成，用于消化不良、食欲缺乏。

6）复合消化酶胶囊：能促进各种植物纤维素分解，促进蛋白质、脂肪及碳水化合物的消化吸收，促进肠内气体排除，消除腹部胀满感。同时，其所含 3 种不同颜色的药丸可定位释放，保证各种酶的活性在合理部位释放。

（2）中成药：

1）大山楂丸：主要成分为山楂、六神曲（炒）、麦芽（炒）等。用于食欲不振，消化不良。

2）保和颗粒：主要成分为山楂（焦）、六神曲（炒）、半夏（炙）、茯苓、陈皮、连翘等。能消食、导滞、和胃，用于食积停滞、脘腹胀满、嗳腐吞酸、不思饮食。其剂型有颗粒剂、片剂、丸剂、浓缩丸、合剂等，口服应用。

3）复方消食颗粒：主要成分为苍术、白术、莲子（去心）、薏苡仁（炒）、砂仁等。能健脾利湿、开胃导滞，用于食积不化、食欲不振。

4）加味保和丸：主要成分为白术（炒）、茯苓、陈皮、厚朴（姜炙）、枳实（炒）、香附（醋炙）、山楂（炒）、六神曲（炒）等。能健胃消食，用于饮食积滞、消化不良。

第三节　慢性胃炎

一、定义

慢性胃炎系指不同病因引起的各种慢性胃黏膜炎性病变，是一种常见病，其发病率在各种胃病中居首位。自纤维内镜广泛应用以来，对本病认识有明显提高。慢性胃炎常有一定程度的萎缩（黏膜丧失功能）和化生，常累及贲门，伴有 G 细胞丧失和胃泌素分泌减少，也可累及胃体，伴有泌酸腺的丧失，导致胃酸、胃蛋白酶和内源性因子的减少。

二、分类

1. 浅表性胃炎　炎症仅及胃黏膜的表层上皮，包括糜烂、出血，须指明是弥漫性或局限性，后者要注明病变部位。

2. 萎缩性胃炎　炎症已累及黏膜深处的腺体并引起萎缩，如伴有局部增生，称为萎缩性胃炎伴增生。

3. 肥厚性胃炎　又称 Menetrier 病。以胃黏膜皱襞显著肥厚如脑回状为特征，好发于胃底和胃体，局灶性或弥漫性。常伴原因未明的低蛋白血症。镜下见胃小凹高度增生、下延甚可达黏膜肌层。

三、病因

慢性胃炎的病因和发病机制尚未完全阐明，可能与下列因素有关。

1. 急性胃炎的遗患　急性胃炎后，胃黏膜病变持久不愈或反复发作，均可形成慢性胃炎。

2. 刺激性食物和药物　长期服用对胃黏膜有强烈刺激的饮食及药物，如浓茶、烈酒、辛辣或水杨酸盐类药，或食时不充分咀嚼、粗糙食物反复损伤胃黏膜，或过度吸烟等。

3. 十二指肠液的反流　研究发现慢性胃炎患者因幽门括约肌功能失调，常引起胆汁反流，可能是一个重要的致病因素。胰液中的磷脂与胆汁和胰消化酶一起，能溶解黏液，并破坏胃黏膜屏障，促使 H^+ 及胃蛋白酶反弥散入黏膜，进一步引起损伤。由此引起的慢性胃炎主要在胃窦部。胃-空肠吻合术患者因胆汁反流而致胃炎者十分常见。消化性溃疡患者几乎均伴有慢性胃窦炎，可能与幽门括约肌功能失调有关。烟草中的尼古丁能使幽门括约肌松弛，故长期吸烟者可助长胆汁反流而造成胃窦炎。

4. 免疫因素　免疫功能的改变在慢性胃炎的发病中已普遍受到重视，萎缩性胃炎，特别是胃体胃炎患者的血液、胃液或在萎缩黏膜内可找到壁细胞抗体；胃萎缩伴恶性贫血患者血液中发现有内因子抗体，说明自身免疫反应可能是某些慢性胃炎的有关病因。

但胃炎的发病过程中是否有免疫因素参与，尚无定论。此外，萎缩性胃炎的胃黏膜有弥漫的淋巴细胞浸润，体外淋巴母细胞转化实验和白细胞移动抑制实验异常，提示细胞免疫反应在萎缩性胃炎的发生上可能有重要意义。某些自身免疫性疾病如慢性甲状腺炎、甲状腺功能减退或亢进、胰岛素依赖性糖尿病、慢性肾上腺皮质功能减退等均可伴有慢性胃炎，提示本病可能与免疫反应有关。

5. 感染因素　1983年Warren和Marshall发现慢性胃炎患者在胃窦黏液层接近上皮细胞表面有大量幽门螺杆菌存在，其阳性率高达50%～80%，有报道此菌并不见于正常胃黏膜。凡该菌定居之处均见胃黏膜炎性细胞浸润，且炎症程度与细菌数量成正相关。电镜也见与细菌相连的上皮细胞表面微突数减少或变钝。患者血中和胃黏膜中也可找到抗幽门螺杆菌抗体。用抗生素治疗后，症状和组织学变化可改善甚或消失，因此认为，此菌可能参与慢性胃炎的发病，但目前尚难肯定。

四、临床表现

1. 浅表性胃炎　可有慢性不规则的上腹隐痛、腹胀、嗳气等，尤以饮食不当时明显，部分患者可有反酸、上消化道出血，此类患者胃镜证实糜烂性及疣状胃炎居多。

2. 萎缩性胃炎　不同类型、不同部位其症状亦不相同。胃体胃炎一般消化道症状较少，有时可出现明显厌食、体重减轻、舌炎、舌乳头萎缩。可伴有贫血，在我国发生恶性贫血者罕见。萎缩性胃炎影响胃窦时胃肠道症状较明显，特别有胆汁反流时，常表现为持续性上中腹部疼痛，于进食后即出现，可伴有含胆汁的呕吐物和胸骨后疼痛及烧灼感，有时可有反复少量上消化道出血，甚至出现呕血，此系胃黏膜屏障遭受破坏而发生急性胃黏膜糜烂所致。

3. 慢性胃炎　大多无明显体征，有时可有上腹部轻压痛。

五、治疗

大部分浅表性胃炎可逆转，小部分可转为萎缩性。萎缩性胃炎随年龄逐渐加重，但轻症亦可逆转。因此，对慢性胃炎治疗应及早从浅表性胃炎开始，对萎缩性胃炎也应坚持治疗。

1. 一般治疗　祛除各种可能致病的因素，如避免进食对胃黏膜有强刺激的饮食及药品，戒烟忌酒。注意饮食卫生，防止暴饮暴食。积极治疗口、鼻、咽部的慢性疾患。加强锻炼提高身体素质。

2. 对因治疗

（1）Hp相关胃炎：需要进行根除Hp治疗，参见消化性溃疡治疗内容。

（2）十二指肠-胃反流：可使用助消化、改善胃肠动力的药物。

（3）自身免疫：可考虑使用糖皮质激素。

（4）胃黏膜营养因子缺乏：补充复合维生素等，改善胃肠营养。

3. 对症治疗　可用消化性溃疡治疗中介绍的相应药物适度抑制或中和胃酸，缓解症状、保护胃黏膜，恶性贫血者需终生注射维生素 B_{12}。

第四节　便　秘

一、定义

便秘是多种疾病的一种症状，也可以作为一个独立疾病的诊断，如慢性便秘。对不同的患者来说，便秘有不同的含义。常见症状是排便次数明显减少，每周排便次数少于3次，粪质干硬，常伴有排便困难感（包括排便费力、排出困难、排便不尽感、排便费时及需手法辅助排便）的病理现象。

二、分类

便秘可区分为急性与慢性两类。急性便秘由肠梗阻、肠麻痹、急性腹膜炎、脑血管意外等急性疾病引起。慢性便秘病因较复杂，一般可无明显症状，按发病部位分类，可分为两种：①结肠性便秘，由于结肠内、外的机械性梗阻引起的便秘称为机械性便秘。由于结肠蠕动功能减弱或丧失引起的便秘称为无力性便秘，由于肠平滑肌痉挛引起的便秘称为痉挛性便秘。②直肠性便秘，由于直肠黏膜感受器敏感性减弱导致粪块在直肠堆积，见于直肠癌、肛周疾病等。习惯性便秘多见于中老年人和经产妇女。

三、病因

1. 不良生活习惯

（1）没有养成定时排便的习惯，忽视正常的便意，排便反射受到抑制，日久引起便秘。

（2）饮食过于精细少渣，缺乏食物纤维，由于纤维缺乏令粪便体积减小，黏滞度增加，在肠内运动缓慢，水分过量被吸收而导致便秘。

（3）液体量摄入不足。

（4）肥胖、不活动，特别是因病卧床或乘坐轮椅，缺乏运动性刺激以推动粪便的运动，摄食本身不能使粪便向前推进。在必须依赖医护人员的帮助引起便意的情况下，如患者有便意时，不能提供排便的机会，排便冲动消失，就不容易排便。

2. 药源性疾病　如长期大量服用刺激性泻药（酚酞、大黄、番泻叶）可引起继发性便秘，长期大量服用麻醉药（吗啡类）、抗胆碱药、钙通道阻滞药、抗抑郁药等可引起肠应激下降。

3. 某些疾病的影响　全身衰弱性疾病；肛门疾病（痔疮、肛裂等）所引起的局部疼痛；结肠病变如肿瘤、炎症、狭窄或憩室病等；神经性疾病，如截瘫、偏瘫、多发性硬化、脑血管或脊髓病变；精神性疾病，如焦虑或抑郁症、痴呆；内分泌疾病，如甲状腺功能低下；代谢紊乱，如高钙血症、低钾血症、利尿药所引起的脱水、糖尿病、尿毒症等。

4. 与年龄有关的改变　唾液腺、胃肠和胰腺的消化酶分泌随年龄而减少；腹部和骨盆肌肉无力，敏感性降低；结肠肌层变薄，肠平滑肌张力减弱，肠反射降低，蠕动减慢。老年人以单纯性便秘较为常见，其发生与2个因素有关：①肠管的张力和蠕动减弱，食物在肠内停留过久，水分被过度吸收。②胃-结肠反射减弱，直肠黏膜敏感性下降，参与排便的肌肉张力低下。

四、临床表现

便秘的主要表现是大便次数减少，间隔时间延长或正常，但粪质干燥、排出困难，或粪质不干、排出不畅。可伴见腹胀、腹痛、食欲减退、嗳气反胃、大便带血等症。常可在左下腹扪及粪块或痉挛之肠型。

1. 功能性便秘　主要是由于肠功能紊乱所引起。表现为平时排便顺畅的人，出现暂时性便秘的情形。通常发生于不吃早餐、摄食量过少、偏食等人群。此外，工作忙碌、水分摄取不足、生活环境变化、焦虑、月经、妊娠等，也都是便秘的原因。只要将上述原因排除，马上就会恢复正常。

2. 急性器质性便秘　主要是由胃肠道器质性病变引起的急性排便困难，其代表有肠梗阻和肠扭转。除排便困难外，主要表现为原发疾病的症状，常伴随剧烈的腹胀、腹痛、呕吐等症状。因为是脏器的异常所致，所以称为器质性便秘，必须尽快去医院诊治。

3. 顽固性便秘　主要表现为便次太少或排便不畅、费力、困难，粪便干结且量少。正常时，每日排便1~2次或2~3日排便1次，但粪便的量和便次常受食物种类以及环境的影响。许多患者的排便每周少于3次，严重者长达2~4周才排便一次；有的每日排便可多次，但排便困难，排便时间每次可长达30分钟以上，粪便硬如羊粪，且数量极少。

五、治疗

1. 容积性泻药　又称泻盐，因其不被肠壁吸收而又溶于水，故能在肠中吸收大量水分，使大便的容量增加，起到导泻作用。该类泻药的主要代表药是硫酸镁，但由于它不能使结肠张力增加，所以不宜用于那些肠道运动迟缓的患者。

2. 刺激性泻药　作用快、效力强，药物或者其代谢的产物可对肠壁产生刺激作用，使肠蠕动增加。该类药主要有果导、蓖麻油、大黄、番泻叶等。但要注意，此类药因为刺激肠黏膜和肠壁神经丛，并可能引起大肠肌无力，形成药物依赖，因而主要用于需要迅速通便者，且不宜长期应用。

3. 润滑性泻药　又称大便软化剂，此类药物的主要功能是润滑肠壁，软化大便，使大便易于排出，如液状石蜡等。这类药主要的缺点是口感差、作用弱，长期应用会引起脂溶性维生素吸收不良。

4. 渗透性缓泻药　如乳果糖，它不被人体吸收，通过细菌分解后释放有机酸在结肠起作用。尤其适宜于老年人、孕产妇、儿童及术后便秘者。糖尿病患者慎用。此类药的主要缺点是在细菌作用下发酵产生气体，引起腹胀等不适感。

5. 肠动力药　此类药通过加强肠肌张力来发挥作用，但常需要与其他药联合使用。代表的有替加色罗、聚乙二醇等。替加色罗对便秘型的肠易激综合征有一定疗效，特别适用于已经用过渗透性泻药和肠用纤维素仍无效的患者。聚乙二醇由于其不被肠道吸收，也不会在肠道内分解产酸，可用于成年人的多种原因所致的便秘。但该药不宜用于炎症性器质性肠病及未确诊的腹痛患者，服用此药时最好与其他药物间隔2小时。

由于每个人的体质差异，对药物的耐受性、敏感性不同，以及所患有的疾病、症状不同，便秘的程度不同，所以治疗便秘的效果也不同。

第五节　脂肪肝

脂肪肝是指由于各种原因引起的肝细胞内脂肪堆积过多的病变。

二、分类

1. 肥胖性脂肪肝　据统计，30%～50%的肥胖症合并脂肪肝，重度肥胖者脂肪肝病变率高达61%～94%。这类脂肪肝的治疗应以调整饮食为主，基本原则为"一适两低"，即适量蛋白质、低糖和低脂，注意饮食清淡，多吃新鲜蔬菜瓜果，加强锻炼、积极减肥，只要体重下降，肝内脂肪浸润就会明显好转。

2. 酒精性脂肪肝　研究表明，若对长期饮酒者肝穿刺活检，75%～95%会有脂肪浸润。每日饮酒超过80～160 g，则酒精性脂肪肝的发病率会增加5～25倍。治疗也要从限制酒精摄入开始。轻度患者只要戒烟酒4～6周，转氨酶就有可能降低到正常水平。

3. 营养不良性脂肪肝　营养不良导致蛋白质缺乏是引起脂肪肝的重要原因，多见于摄食不足或消化障碍，一般在给予高蛋白质饮食后，或输入氨基酸后，随着蛋白质合成恢复正常，脂肪肝迅速消除。

4. 糖尿病脂肪肝　一半的糖尿病患者可能发生脂肪肝。他们发生脂肪肝既与肥胖程度有关，又与进食脂肪或糖过多有关。这类患者一方面要积极治疗糖尿病，另一方面要注意选择低糖、低脂肪、低热量及高蛋白质饮食。

5. 药物性脂肪肝　某些药物或化学毒物会抑制蛋白质的合成，从而导致脂肪肝。一些西药如生长激素、肾上腺皮质激素、降血脂药也可通过干扰脂蛋白的代谢而引起脂肪肝。此类脂肪肝因治疗某种疾病的需要又不能立即停用该药，必要时可饮用一些中药茶来辅助调理肝脏的脂肪代谢，直至脂肪肝消失为止。

6. 其他疾病引起的脂肪肝　结核、细菌性肺炎及败血症等感染时也可发生脂肪肝。

三、病因

脂肪肝多发于以下几种人：肥胖者、过量饮酒者、高脂饮食者、少动者、慢性肝病患者及中老年内分泌疾病患者。肥胖、过量饮酒、糖尿病是脂肪肝的三大主要病因。

1. 大脂滴性脂肪肝的病因

（1）营养性：儿童恶性营养不良症、胃肠道疾病、胰腺疾病、肥胖、肠道旁路术和长期胃肠外营养等。

（2）代谢性：糖尿病、半乳糖血症、糖原贮积症、果糖不耐受症、肝豆状核变性、酪氨酸血症、高脂血症、无β脂白血症、酸性脂酶缺乏症（Wolman病）、脂膜炎等。

（3）药物性：包括乙醇中毒、长期应用肾上腺皮质激素或肝毒素类药。

（4）病毒感染性：包括丙型和戊型病毒性肝炎和其他全身性病毒感染性疾病。

（5）隐匿性：在上述病因中尤以糖尿病、肥胖与酒精性脂肪肝最多见。糖尿病与肥胖患者肝穿刺病理学检查60%～90%可发现不同程度的脂肪肝。

2. 小脂滴性脂肪肝的病因　急性妊娠脂肪肝、Reye综合征、四环素性脂肪肝、牙买加呕吐病、丙戊酸中毒、先天性尿素循环酶缺陷、乙醇中毒和胆固醇脂沉积病等，其中尤以妊娠脂肪肝、四环素性脂肪肝及 Reye 综合征最常见。

3. 脂肪肝形成的常见原因

（1）酒是祸首，长期饮酒，导致酒精中毒，致使肝内脂肪氧化减少，慢性嗜酒者近60% 发生脂肪肝，20%～30% 最终将发展为肝硬化。

（2）长期摄入高脂饮食或长期大量吃糖、淀粉等碳水化合物，使肝脏脂肪合成过多。

（3）肥胖，缺乏运动，使肝内脂肪输入过多。

（4）糖尿病。

（5）肝炎。

（6）某些药物引起的急性或慢性肝损害。

四、临床表现

脂肪肝的临床表现多样，轻度脂肪肝患者有的仅有疲乏感，而多数脂肪肝患者较胖，故更难发现轻微的自觉症状。中重度脂肪肝有类似慢性肝炎的表现，可有食欲不振、疲倦乏之力、恶心、呕吐、体重减轻、肝区或右上腹隐痛等。

脂肪肝的患者多无自觉症状，或仅有轻度的疲乏、食欲不振、腹胀、嗳气、肝区胀满等感觉。由于患者转氨酶常有持续或反复升高，又有肝大，易误诊为肝炎，应特别注意鉴别。B 超、CT 均有较高的诊断符合率，但确诊仍有赖于肝穿刺活检。

临床检查，75% 的患者肝脏轻度肿大，少数患者可出现脾大、蜘蛛痣和肝掌。

五、治疗

到目前为止，西药尚无防治脂肪肝的有效药物，以中药长期调理性的治疗最好。中药中以制何首乌和山楂最好，这 2 种药能降低血脂，防止胆固醇在肝内沉积。西药常选用保护肝细胞、去脂药物及抗氧化药等，如维生素 B、C、E、卵磷脂、熊去氧胆酸、水飞蓟素，肌苷，辅酶 A，还原型谷胱甘肽，牛磺酸，肉毒碱乳清酸盐，葡醛内酯，以及降血脂药等。上述药物虽然很多，但大多仍需要进一步验证其疗效以及安全性，因此，应在医生指导下正确选用，切不可滥用。但一般而言，如果仅仅是脂肪肝，而不是肝性脑病，以上药物中维生素 B、C、E，卵磷脂，肌苷，辅酶 A，还原型谷胱甘肽，牛磺酸，肉碱乳清酸盐等维生素及内源性氨基酸类药安全性非常高，而且也不会像联苯双酯类药停药后还出现反弹。

第六节　胆囊炎、胆结石

一、胆囊炎

（一）定义

胆囊炎是细菌性感染或化学性刺激（胆汁成分改变）引起的胆囊炎性病变，为胆囊的常见病。

（二）分类

胆囊炎分为急性胆囊炎和慢性胆囊炎 2 种。

（三）临床表现

1. 急性胆囊炎　急性胆囊炎的症状，主要有右上腹痛、恶心、呕吐和发热等。急性胆囊炎会引起右上腹疼痛，一开始疼痛与胆绞痛非常相似，但急性胆囊炎引起的腹痛持续时间往往较长，呼吸和改变体位常常能使疼痛加重，因此患者多喜欢向右侧静卧，以减轻疼痛。有些患者会有恶心和呕吐，但呕吐一般并不剧烈。大多数患者还伴有发热，体温通常在38.0 ℃～38.5 ℃，高热和寒战并不多见。少数患者还有巩膜和皮肤轻度发黄。当医生检查患者的腹部时，可以发现右上腹部有压痛，并有腹肌紧张，大约在1/3的患者中还能摸到肿大的胆囊。

化验患者的血液，会发现多数人血中的白细胞及中性粒细胞增多。B超检查可发现胆囊肿大、囊壁增厚，并可见结石堵在胆囊的颈部。根据以上症状、体格检查和各种辅助检查，医生一般能及时作出急性胆囊炎的诊断。

2. 慢性胆囊炎　慢性胆囊炎是最常见的一种胆囊疾病，患者一般同时有胆结石，但无结石的慢性胆囊炎患者在我国也不少见。慢性胆囊炎有时可为急性胆囊炎的后遗症，但大多数患者过去并没有患过急性胆囊炎，由于胆囊长期发炎，胆囊壁会发生纤维增厚、瘢痕收缩，造成胆囊萎缩，囊腔可完全闭合，导致胆囊功能减退，甚至完全丧失功能。患者主要有以下 2 组症状：①结石一时性阻塞胆囊管，引起胆绞痛的发作，疼痛多位于上腹部或右上腹，持续数分钟至数小时不等，疼痛可牵涉到背部或右肩胛骨处，可伴恶心和呕吐。②常有腹胀、上腹或右上腹不适、胃灼热、嗳气、吞酸等一系列消化不良的症状，进食油煎或多脂的食物往往会使这些症状加剧。

（四）治疗

1. 急性胆囊炎

（1）一般治疗：卧床休息，给予易消化的流质饮食，忌油腻食物，严重者禁食、胃肠减压，静脉补充营养、水及电解质。

（2）解痉、镇痛药治疗：阿托品0.5 mg或山莨菪碱5 mg肌内注射；硝酸甘油0.3～0.6 mg，舌下含化；维生素 K_3 8～16 mg，肌内注射；用哌替啶或美沙酮等镇痛，不宜用吗啡。

（3）抗菌治疗：可选用氨苄西林、环丙沙星、甲硝唑，还可选用氨基糖苷类或头孢菌素类抗生素，最好根据细菌培养及药敏实验结果选择抗生素。

（4）利胆：曲匹布通片、消炎利胆片或清肝利胆口服液口服，发作缓解后方可应用。

（5）外科治疗：发生坏死、化脓、穿孔、嵌顿结石者，应及时外科手术治疗，行胆囊切除或胆囊造瘘。

2. 慢性胆囊炎

（1）手术治疗：慢性胆囊炎伴有胆结石者，应行胆囊切除术。手术一般择期在胆囊炎发作 2 个月后进行，这样可减少胆囊周围的粘连与胆囊水肿。

（2）综合治疗：低脂饮食，口服利胆药，如硫酸镁、消炎利胆片、清肝利胆口服液、保胆健素等；应用熊去氧胆酸、鹅去氧胆酸、消石素等溶石；有寄生虫感染者应当驱虫治疗。

（3）中医疗法：中医认为，慢性胆囊炎多为肝胆郁热、疏泄失常所致。当以清利肝胆、疏肝行气、调理气机为治则。

二、胆结石

（一）定义

结石在胆囊内形成后，可刺激胆囊黏膜，不仅可引起胆囊的慢性炎症，而且当结石嵌顿在胆囊颈部或胆囊管后，还可以引起继发感染，导致胆囊的急性炎症。

（二）病因

作为结石形成的一般规律，具有胆汁成分的析出、沉淀、成核及积聚增长等基本过程。其发病机制包括以下要素：首先，胆汁中的胆固醇或钙必须过饱和；其次，溶质必须从溶液中成核并呈固体结晶状而沉淀；第三，结晶体必须聚集和融合以形成结石，结晶物在遍布于胆囊壁的黏液、凝胶里增长和集结。胆囊排空受损害有利于胆结石形成。

（三）临床表现

1. 胆总管结石 多位于胆总管的中下段。但随着结石增多、增大和胆总管扩张、结石堆积或上下移动，常累及肝总管。多数患者过去曾有一次或多次急、慢性胆囊炎发作史或胆道蛔虫病史，然后在一次剧烈的胆绞痛后出现黄疸，表示结石已进入胆总管，或在胆总管内形成后已发生嵌顿和阻塞。

2. 原发性胆总管结石 为原发性胆管结石的组成部分，它可在胆总管中形成，或原发于肝内胆管的结石下降落入胆总管所致。

3. 继发性胆总管结石 是指原发于胆囊内的结石通过胆囊管下降到胆总管。

4. 胆囊结石 约60%的患者无明显临床表现，于体格检查或行上腹部其他手术而被发现。当结石嵌顿引起胆囊管梗阻时，常表现为右上腹胀闷不适，类似胃炎症状，但服用治疗胃炎药物无效，患者多厌油腻食物；有的患者于夜间卧床变换体位时，结石堵塞于胆囊管处暂时梗阻而发生右上腹和上腹疼痛，因此部分胆囊结石患者常有夜间腹痛。

5. 肝内胆管结石 单纯肝内胆管结石、无急性炎症发作时，患者可以毫无症状或仅有轻微的肝区不适、隐痛，往往在B超、CT等检查时才被发现。肝内胆管结石的病例中有2/3～3/4与肝门或肝外胆管结石并存，因此大部分病例的临床表现与肝外胆管结石相似。

6. 肝外胆管结石 可原发于胆管系统，也可从胆囊排出至胆管。大多数胆管结石患者都有在进油脂食物、体位改变后发生胆绞痛的经历，这是因为结石在胆管内向下移动，刺激胆管痉挛，同时阻塞胆汁流过所致。腹痛多发生在剑突下和右上腹部，阵发性剧烈刀割样绞痛，常向右后肩背部放射，同时有恶心、呕吐等消化道症状。

（四）治疗

1. 继发性胆总管结石的中医治疗 一般保守治疗过程中使用一些中药方剂疏肝、利胆、解痉、止痛，作为辅助治疗，有一定效果。

2. 继发性胆总管结石的西医治疗

（1）非手术治疗：胆总管结石患者多因出现疼痛、发热或黄疸等急性胆管炎发作时就诊。急性炎症期手术，难以明确结石位置、数量和胆道系统的病理改变，不宜进行复杂的手术处理，需要再手术的机会较多。但若梗阻和炎症严重，保守治疗常难以奏效。因此急诊情况下恰当掌握手术与非手术治疗的关系，具有重要意义。

（2）手术治疗：胆总管结石外科治疗原则和目的主要是取净结石、解除梗阻、胆流通畅、防止感染。

1）经内镜奥迪括约肌切开术或经内镜乳头切开术：经内镜奥迪括约肌切开术（EST）或经内镜乳头切开术（EPT）适于数量较少和直径较小的胆总管下段结石。特别是继发性结石，多因结石小、数量少，容易嵌顿于胆总管下段、壶腹或乳头部。直径1 cm以内的结石可经 EPT 或 EST 取出。此法创伤小、见效快，更适于年老、体弱或已做过胆道手术的患者。

2）开腹胆总管探查取石：目前仍然是治疗胆总管结石的主要手段。采用右上腹经腹直肌切口或右肋缘下斜切口都能满意显露胆总管。开腹后应常规触扪探查肝、胆、胰、胃和十二指肠等相关脏器。

3）腹腔镜胆总管探查取石：主要适于单纯性胆总管结石，并经术前或术中胆道造影证明确无胆管系统狭窄和肝内胆管多发结石者。因此这一方法多数为继发性胆总管结石行腹腔镜胆囊切除术时探查胆总管。切开胆总管后多数需要经腹壁戳孔放入纤维胆道镜，用取石网篮套取结石，难度较大，需要有熟练的腹腔镜手术基础。取出结石后可根据具体情况决定直接缝合胆总管切口或放置 T 形管引流。

4）胆总管下段狭窄、梗阻的处理：无论原发性或继发性胆总管结石并胆总管明显扩张者，常有并存胆总管下端狭窄梗阻的可能。术中探查证实胆总管下端明显狭窄、梗阻者，应同时行胆肠内引流术，建立通畅的胆肠通道。

3. 中西医结合非手术治疗　中西医结合排石法，对于结石小、数量少、不伴胆管狭窄、奥迪括约肌功能正常者，曾有排石成功的报道。但较大的结石，不能排出，多发结石难以排净，并易再发。特别是明显胆管梗阻并发重症胆管炎，不明结石数量和大小、是否存在胆管狭窄等情况下，经非手术治疗不能在短时间内缓解、好转者，仍应及时进行胆总管手术探查引流，以免发展成严重的胆源性感染性休克等严重后果。

第二十六章　常见风湿性疾病

第一节　类风湿关节炎

一、定义

类风湿关节炎是一种以关节病变为主的慢性全身性疾病。其关节症状特点为关节腔滑膜炎发生炎症、渗液、细胞增殖、血管翳形成、软骨及骨破坏，最后关节强直，关节功能丧失。其发病特征多侵犯手、足、腕等小关节，常为对称性，呈慢性过程，发作与缓解交替。本病属中医"痹证"范畴，类似于"历节病"或称为"顽痹""尪痹"。

二、病因

西医的病因病理至今尚未完全明确，目前认为与自身免疫反应有关，也有人认为与遗传因素和疾病免疫过程有关联，其次是感染因素，如 EB 病毒感染。65%～95%的患者具有一种抗体，称为类风湿关节炎沉淀素，可与 EB 病毒诱导的淋巴母细胞样株的核抗原相作用，该核抗原只存在于 B 淋巴母细胞样细胞质中。EB 病毒可活化 B 淋巴细胞，并产生 IgM 类风湿因子，EB 病毒感染作为一种多克隆激活剂有异常强的反应，支原体、细菌等均可能是本病的直接感染因子。遗传易感性：HLA-DR4 单倍型、性别基因、球蛋白基因、TNF-a 基因等与其发病相关。免疫紊乱是主要发病机制，以活化的 $CD4^+$ T 细胞（起重要和主要作用）和 MHC Ⅱ 型阳性的抗原递呈细胞浸润滑膜关节为特点。基本病理为滑膜炎。

中医学认为本病为素体本虚，气血不足、肝肾亏损，风寒湿邪痹阻脉络，流注关节，气血运行不畅所致。

三、临床表现

1. 关节表现

（1）晨僵：出现在 95% 的患者，为活动性指标。持续时间与关节炎症的程度成正比。

（2）痛与压痛：关节痛是最早的症状；最常见部位为腕、掌指关节、近端指间关节。特点为对称性、持续性，时重时轻。

（3）关节肿：原因为关节腔内积液、关节周围软组织炎症、滑膜慢性炎症后的肥厚。常见部位为腕、掌指关节、近端指间关节、膝关节；几乎见于所有患者。关节畸形为晚期表现。最常见"天鹅颈样"及"纽扣花样"畸形。

2. 关节外的表现

（1）Felty 综合征：指类风湿关节炎患者伴有脾大、中性粒细胞减少、血小板减少和贫血。

（2）肺：肺间质性病变（最常见），也可有胸膜炎、肺内结节样改变。

（3）类风湿结节：本病特异皮肤表现，出现在20% ~30% 的患者。常见部位为关节隆突部及受压部位的皮下，如前臂伸面、肘关节鹰嘴突附近。特点为结节大小不一、对称性、无痛、质硬。

（4）类风湿血管炎：与滑膜炎的活动性无直接相关性。

（5）神经系统：多因脊髓、周围神经受压所致。

（6）胃肠道反应：与服用抗风湿药有关，很少由疾病本身引起。

（7）心脏受累：以心包炎最常见，见于30% 的患者。

（8）血液系统：贫血一般是正细胞正色素性贫血。

四、诊断标准

诊断类风湿关节炎必须具备以下4 条或4 条以上标准：①关节内或周围晨僵持续至少每天1 小时，病程至少6 周；②至少同时有3 个关节区软组织肿或积液，持续至少6 周；③腕、掌指、近端指间关节区中，至少1 个关节区肿胀，持续至少6 周；④对称性关节炎，持续至少6 周；⑤有类风湿结节；⑥血清类风湿因子阳性；⑦X 线片改变，至少有骨质疏松和关节间隙狭窄。

五、鉴别诊断

1. 骨关节炎 多见于50 岁以上者，主要累及膝、脊柱等负重关节。活动时关节痛加重，通常无游走性疼痛，红细胞沉降率多正常，RF 阴性或低滴度阳性。X 线示关节间隙狭窄、关节边缘呈唇样增生或骨疣形成。

2. 强直性脊柱炎 绝大多数（90%）为男性发病；发病年龄多在15 ~30 岁；与遗传基因有关，同一家庭有较高发病率；RF 多阴性；HLA-B27 阳性率高达90% ~95%；主要侵犯髋关节及脊柱，易导致骨性强直；若四肢关节发病，半数以上为非对称性；属良性自限性疾病。

3. 银屑病关节炎 发生于银屑病后多年，30% ~50% 为非对称性多关节炎，但到远端指关节更明显，血清类风湿因子阴性。

4. 痛风 绝大多数为男性；好发于第一跖趾关节或跗关节；多呈急骤起病，数小时内出现红、肿、热、痛，疼痛剧烈；痛风石；高尿酸血症及痛风性肾病。

5. 风湿性关节炎 多见于儿童及青年；急性发热及关节痛为起病；主要侵犯下肢大关节，以红、肿、热、痛，游走窜痛为临床特征；RF 多阴性；抗"O"阳性；关节炎症退后不留永久性损害。

六、治疗

1. 一般治疗 一般治疗为增加蛋白质摄入量、休息与锻炼。

2. 非甾体消炎止痛药 如布洛芬缓释片、双氯芬酸钠肠溶片、美洛昔康等，有镇痛消肿作用，是改善关节炎症状的常用药，但不能控制病情。

3. 免疫抑制药 改善和延缓病情进展，但发挥作用慢，症状改善需1 ~6 个月。首选甲氨蝶呤：能抑制细胞内的二氢叶酸还原酶，使嘌呤合成受抑，同时具有消炎作用。

4. 肾上腺皮质激素　如泼尼松、地塞米松等有强大的消炎作用，使关节症状得到迅速而明显的缓解，改善关节功能。

5. 手术治疗　关节置换适用于较晚期有畸形并失去功能的关节，滑膜切除术使病情得到一定的缓解，但术后易复发。

6. 中成药　如寒湿痹冲药，用于卫阳不固，痹邪阻络证型类风湿关节炎患者。湿热痹冲药适于邪郁而壅，湿热痹阻络证患者。瘀血痹冲剂适于痰瘀互结，经脉痹阻证患者。尪痹冲剂适于肝肾同病，气血两损证患者。

第二节　系统性红斑狼疮

一、定义

系统性红斑狼疮（systemic lupus erythematosus，SLE）为全身性的自身免疫性疾病。病变部位在全身的结缔组织，以女性患者多、多脏器、多系统病变为其临床特征。本病由于病情复杂，中医很难明确地属于某一病证。如有人认为本病可累及周身，故称为"周痹"，而多关节疼痛属于"痹证"等。

二、病因

1. 病因

（1）易感基因：多年研究已证明 SLE 是多基因相关疾病。患者有 HLA-Ⅲ类的 C2 或 C4 的缺损，HLA-Ⅱ类的 DR2、DR3 频率异常。推测多个基因在某种环境条件下相互作用改变了正常免疫耐受性而致病。

（2）环境因素：紫外线使皮肤上皮细胞出现凋亡，新抗原暴露而成为自身抗原；药物、化学试剂、微生物病原体等也可诱发疾病。

（3）雌激素：SLE 女性患者明显高于男性，在更年期前阶段为 9∶1，在儿童及老人为 3∶1。

2. 发病机制

（1）自身抗体：DNA 抗体，与肾组织直接结合致肾损伤。抗 SSA 抗体，经胎盘进入胎儿心脏，导致新生儿心脏传导阻滞。抗核糖体抗体，与神经精神狼疮（NP-SLE）有关。抗红细胞抗体，导致红细胞破坏（溶血性贫血）。抗磷脂抗体，引起抗磷脂抗体综合征（血栓形成、血小板减少、习惯性流产）。抗血小板抗体，导致血小板破坏——血小板减少。

（2）CD8$^+$T 细胞和自然杀伤细胞（NK 细胞）：功能失调，不能产生抑制 CD4$^+$T 细胞作用，因此在 CD4$^+$T 细胞刺激下，B 细胞产生抗体。

主要病理改变为炎症反应和血管异常，特征性的改变为狼疮小体、洋葱皮样变性。中医学认为由于先天禀赋不足、肝肾阴亏、精血不足，加之情志内伤、劳倦过度、六淫侵袭、阳光暴晒、瘀血阻络、血脉不通、皮肤受损，渐及关节、筋骨、脏腑而成本病。

三、临床表现

1. 发热 长期低、中热，发生率为90%。

2. 关节痛 多发于指、腕、膝关节，伴红肿者少见。为对称性多关节肿痛，多无关节骨破坏，发生率为95%。

3. 呼吸道 35%为胸腔积液，少数为狼疮性肺炎、间质肺炎、弥漫性肺泡出血。

4. 浆膜炎 胸膜炎、心包炎、腹膜炎。多为渗液，发生率占20%。

5. 皮肤损害 颊部蝶形红斑是特征性表现；口腔溃疡及黏膜糜烂，皮肤损害为皮肤真皮和表皮交界处有免疫复合物沉积所致，占80%。

6. 神经系统病变 又称神经精神狼疮，占25%。

7. 肾病病变 肾活检损害几乎达100%，但有临床表现者约占75%；狼疮肾炎可表现为多种肾病症状，最终导致肾衰竭，是主要死因之一。

8. 消化系统病变 食欲减退、腹痛、呕吐、腹泻或腹水占30%。

9. 心血管病变 心包炎（最常见）、疣状心内膜炎、心肌损害、冠状动脉受累。

四、诊断标准

符合以下4条及4条以上者，即可诊断为系统性红斑狼疮：①面部蝶形红斑；②盘状红斑；③光敏感；④口腔或鼻腔黏膜溃疡；⑤非侵蚀性关节炎；⑥浆膜炎、胸膜炎、心包炎；⑦肾炎，尿蛋白 > 0.5 g/24 h，或蛋白尿（＋＋＋）、管型（＋）；⑧神经系统症状，如抽搐、精神病；⑨血液异常，溶血性贫血，或白细胞减少，或淋巴细胞减少，或血小板减少；⑩免疫学异常，LE细胞（＋）、抗 ds-DNA（＋）、抗 SM 抗体（＋）、梅毒血清假阳性。

五、鉴别诊断

1. 系统性硬化病 皮肤症状初期为手背及眼睑原因不明的水肿或对称性弥漫性硬化，晚期为皮肤硬化和手指屈曲挛缩；雷诺现象；多关节炎或关节痛；肺纤维化、食管功能低下；病理表现为胶原纤维肿胀或纤维化。

2. 类风湿关节炎 皮下结节，晨僵，多为小关节对称性肿痛，直至发生畸形；RF阳性，X线关节间隙变窄或关节腔消失。

3. 盘状红斑狼疮 100%出现皮疹，无发热，红斑狼疮细胞多阴性，较少出现关节痛，一般不伴脏器损害。

六、治疗

1. 一般治疗 一般治疗包括休息、加强营养饮食、避免阳光或紫外线照射。

2. 西药治疗

（1）轻型：非甾体类药适用于关节疼痛者。羟氯喹或氯喹适用于以皮疹为主者。

（2）重型：糖皮质激素适用于不非常严重的病例。激素冲击疗法适用于暴发型SLE，如急性肾衰竭、狼疮脑病、严重溶血性贫血。免疫抑制药（环磷酰胺及硫唑嘌呤）适用于活动程度严重的病例。常与激素合用。

（3）急性暴发型：冲击治疗和对症治疗。

第三节　颈肩痛、腰腿痛

一、颈椎间盘突出症

（一）定义

颈椎间盘突出症指颈、肩和肩胛等处的疼痛，伴有一侧或双侧上肢痛，颈脊髓损害症状。

（二）病因

颈椎间盘突出症是临床上较为常见的脊柱疾病之一，主要是由于颈椎间盘髓核、纤维环、软骨板，尤其是髓核，发生不同程度的退行性病变后，在外界因素的作用下，导致椎间盘纤维环破裂，髓核组织从破裂之处突出或脱出椎管内，从而造成脊神经根和脊髓受压，引起头痛、眩晕、心悸、胸闷、颈部酸胀、活动受限，肩背部疼痛、上肢麻木胀痛等症状和体征，严重时发生高位截瘫而危及生命。

（三）颈椎病

颈间盘退行性变及其继发性椎间关节退行性变，导致脊髓、神经、血管损害而表现的相应症状和体征，称为颈椎病。

1. 病因

（1）椎间盘退行性改变是基本病因。

（2）急性损伤可使原已退变的损害加重而诱发颈椎病。暴力所致的骨折脱位所并发的脊髓和神经根损伤不属于此范畴。

（3）颈椎先天性椎管狭窄，椎管矢状径小于正常（14~16 mm）时，即使轻度退变，也可出现症状。

2. 临床表现　分4种基本类型：①神经根型，最多见，占50%~60%，颈肩痛向上肢放射，Eaton征阳性。②脊髓型，四肢乏力，行走、持物不稳，脊髓压迫表现。③交感神经型，交感神经兴奋（头痛、恶心呕吐、瞳孔扩大或缩小、心率加快），交感神经抑制（头昏、流泪、心率减慢、血压下降）。④椎动脉型，眩晕（主要症状），头痛、视觉障碍、猝倒、感觉障碍，神经检查阴性。

3. 治疗

（1）非手术治疗：颌枕带牵引，适用于脊髓型以外的各型颈椎病。推拿按摩仅用于脊髓型以外的颈椎病。药物包括非甾体消炎止痛药、肌肉松弛药、神经营养药。

（2）手术治疗：诊断明确的颈椎病经非手术治疗无效或反复发作者，颈椎病脊髓型症状进行性加重者，适于手术治疗。

二、腰椎间盘突出症

（一）腰腿痛

1. 病理生理基础　①椎间盘由上、下的软骨板，中心的髓核和四周的纤维环构成，髓核含水量80%的胶胨状物质，纤维环后外侧最薄弱。②腰段脊柱在前屈位活动或负重时，负荷最大，是导致此段退变或损伤的药因。③脊髓在第1腰椎水平以下形成马尾。④腰神经成一角度向下后外经神经根管出椎间孔。

2. 病因　腰腿痛以损伤和退变最常见。压痛点有定位的意义，棘上韧带劳损压痛点在棘突表面，棘间韧带劳损压痛点在相邻棘突间，第 3 腰椎横突综合征压痛点在横突尖端，臀肌筋膜炎压痛点在髂嵴外 1/3，腰肌劳损的压痛点在腰段骶棘肌中外侧缘，腰骶韧带劳损压痛点在腰骶椎与髂后上棘间。

（二）腰椎间盘突出症

1. 定义　腰椎间盘突出症是腰椎间盘变性，纤维环破裂，髓核突出刺激或压迫神经根、马尾神经所表现出的一种综合征，是腰腿痛最常见的原因。第 4 ~ 第 5 腰椎（L5 神经）和第 5 腰椎 ~ 第 1 骶椎（S1 神经）间隙发病率最高，占 90% ~ 96%。

2. 病因　①椎间盘退行性变是基本因素。在没有后纵韧带支持的纤维环后外侧更为明显；退变的椎间盘承受压力的能力大为下降。②积累性外力是椎间盘变性的主要原因，也是椎间盘突出的诱因。反复弯腰、扭转动作，最易导致椎间盘损伤，该病与某些职业、工种有关；一次性暴力可导致椎骨骨折，甚或压碎椎间盘，但不见单纯纤维环破裂、髓核突出。③与遗传因素有关。有色人种发病率低，而且有的患者有阳性家庭史。

3. 病理及分型　①膨隆型（膨出型）：纤维环仅部分破裂，表层尚完整，髓核向椎管局限性隆起，表面光滑。②突出型：纤维环完全破裂，髓核突出向椎管，仅有后纵韧带或一层纤维膜覆盖，表面高低不平。③脱垂游离型：破裂突出的椎间盘组织或碎块脱入椎管内或完全游离，不仅可导致神经根症状，还易压迫马尾神经。④施莫尔（Schmorl）结节型及经骨突出型：髓核突入椎体松质骨内形成 Schmorl 结节，或沿血管通道突向前纵韧带形成椎体前部游离骨块。

4. 临床表现

（1）症状：男女比为（4 ~ 6）：1，见于 20 ~ 50 岁青壮年。首次发病常有半弯腰持重物史或扭伤史。腰痛大多为最先出现的症状。系纤维环外层及后纵韧带受突出髓核刺激，经椎神经产生的下腰部感应痛，可影响臀部。第 4 腰椎 ~ 第 5 腰椎和第 5 腰椎 ~ 第 1 骶椎间盘突出时伴坐骨神经痛。原因为破裂的椎间盘组织产生化学性物质的刺激和自身免疫反应，使神经根发生炎症；突出的髓核压迫或牵拉已有炎症的神经根，使静脉回流受阻，水肿增加，对疼痛的敏感性增高，受压神经根缺血。痛型属放射痛，即下腰及患侧臀部及下肢后外侧放射，再到小腿外侧，最后达足部。腹压增高可使疼痛加剧，高位腰椎间盘突出（第 2 ~ 第 3 及第 3 ~ 第 4 腰椎）可导致股神经放射痛。向正后方突出或脱垂游离型可压迫马尾神经，出现大小便功能障碍和鞍区感觉异常。1/3 的患者可有神经源性间歇跛行。

（2）体征：前屈受限明显，因为前屈使髓核更后移，增加了对神经根的牵张。多数患者在病变间隙棘突间有压痛，其旁侧 1 cm 处有沿坐骨神经的放射痛。1/3 患者有腰部骶棘肌痉挛，使腰部固定于强迫体位。正常人神经根有 4 mm 的滑动度，下肢直腿抬高达 60° ~ 70° 时，始感腘窝部不适，腰椎间盘突出时，神经根受压或粘连，使滑动度减少或消失；抬高 60° 内即可出现坐骨神经放射痛，称为直腿抬高试验阳性，并应记录抬高角度。再缓慢降低高度至放射痛消失，检查者保持此体位并被动背屈踝关节，如再次出现放射痛，称为加强试验阳性。髓核突出较大时，直腿抬高健侧下肢，因牵拉硬脊膜而累及患侧，可诱发患侧坐骨神经放射痛。马尾神经受压出现鞍区感觉改变，肛门括约肌张力下降和肛门反射改变。

（3）各椎间盘受累表现比较：见表 26 - 1。

第五篇　常见疾病与药物治疗

表 26 - 1　　　　　　　　各椎间盘受累表现比较

	第3~第4腰椎椎间盘 突出症（L4 受累）	第4~第5腰椎椎间盘 突出症（L5 受累）	第5腰椎~第1骶椎椎间盘 突出症（S1 受累）
反射	膝反射减弱或消失	无改变	踝反射减弱或消失
感觉异常	小腿前内侧	小腿外侧或足背，包括 第一趾、小腿和足外侧	小腿外侧或足背，包括外侧三 足趾
肌力降低	伸膝无力	踇趾背伸无力	足跖屈无力，屈踇无力
肌肉萎缩	股四头肌	小腿前外侧肌群	小腿后外侧肌群
疼痛部位	骶髂部、髋部、大腿前 内侧、小腿前侧	骶髂部、髋部、大腿和 小腿后外侧	骶髂部、髋部、大腿、小腿足 跟和足外侧
压痛点	第3~第4腰椎棘突旁	第4~第5腰椎棘突旁	第5腰椎~第1骶椎棘突旁

5. 诊断

（1）根据病史、症状、体征及 X 线片可做出初步诊断。

（2）结合 CT、MRI 能准确做出病变隙、突出方向和大小、神经受压情况以及主要导致症状的部位的诊断。

（3）如仅有 CT 和 MRI 所见而无临床表现，则不应诊断为该病。

6. 鉴别

（1）应与第3腰椎横突综合征、椎弓离断、脊椎滑脱症、腰椎结核或肿瘤、神经根及马尾肿瘤、椎管狭窄症、梨状肌综合征和盆腔疾病鉴别。

（2）椎管狭窄症是指多种原因所致椎管、神经根管、椎间孔的狭窄，并使相应部位的脊髓、马尾神经或脊神经根受压的疾病，临床上以下腰痛、马尾神经或腰神经根受压，以及神经源性间歇跛行为主要特点。过去认为间歇跛行是此病与腰椎间盘突出的重要区别，实际上 1/3 左右的腰椎间盘突出症患者也有间歇跛行，两者主要鉴别需用 X 线片、CT、MRI 来确定。

7. 治疗

（1）非手术治疗（80% 的患者可缓解或治愈）：非手术治疗方法包括卧床息乐、腰围固定、非甾体类消炎镇痛药治疗、甘露醇消肿治疗、腰椎牵引、理疗、针灸、按摩、运动治疗、医疗体操等。

1）急性期绝对卧床 3 周，3 个月内不做弯腰动作，骨盆牵引，理疗，推拿按摩，硬膜外皮质激素注射。

2）用髓核化学（胶原蛋白酶）溶解法治疗，但可有过敏反应、局部刺激出血粘连等可能，应慎重。

3）孕妇、高血压和心脏病患者禁用。

4）非手术治疗适用于年轻、初次发作或病程较短者，休息后症状可自行缓解者和 X 线检查无椎管狭窄者。

（2）手术治疗：

1）严格非手术治疗无效，或马尾神经受压者可手术。

2）行髓核切除术。

3）对膨出或轻度突出者可通过关节镜行经皮髓核切吸术。

第二十七章　常见内分泌及代谢性疾病

第一节　甲状腺功能亢进症

一、定义

甲状腺功能亢进症（简称甲亢），指甲状腺的高功能状态，是多种原因引起的甲状腺激素分泌过多所致的一组常见内分泌疾病。临床上以弥漫性甲状腺肿伴甲亢最常见。以甲状腺素（T_4）和三碘甲腺原氨酸（T_3）分泌过多综合征，甲状腺肿及眼征为特征。按病因分为甲状腺性甲亢，垂体性甲亢，异源性促甲状腺激素（TSH）综合征，卵巢甲状腺肿，仅有血循环中甲状腺激素增多引起甲亢症状而甲状腺功能不亢进者，及多发性骨纤维性异常增生症伴甲亢六类。本病属中医"瘿病""心悸"的范畴。

二、病因

本病病因和发病机制至今尚未完全阐明，系甲状腺分泌过多所致，一般认为与自身免疫有关，患者可能存在免疫监护和调节功能的遗传缺陷，当处于刺激、感染等应激状态时，体内免疫稳定性破坏，"禁株"细胞失控，产生多种大量自身抗体，这些抗体与TSH竞争作用于TSH受体，促使甲状腺合成并释放大量甲状腺素，引起甲亢。T_4、T_3能调节热能，促进物质氧化。T_4、T_3增多时引起代谢亢进和神经兴奋性增高，并因代谢失调和免疫炎症损害，引起组织器官病变和功能障碍。

中医学认为本病发病与情志内伤、体质因素有关。初起以肝郁、痰凝为主，继之郁而化火，肝火旺盛，内炽伤阴，阴虚又复阳亢，久则气阴两虚，主病在肝，又涉及心、脾、胃、肾诸脏。

三、临床表现

1. T_3、T_4增高症候群　怕热、多汗，食欲亢进，多食善饥，大便次数增多，明显消瘦乏力，神经过敏，多言易激动，性情急躁，失眠，健忘，手颤，腱反射活跃。常出现窦性心率过速，心率一般在每分钟 90~120 次，可出现心房颤动及其他心律失常，脉压增大，肌无力，骨痛，易骨折，女性月经少、闭经，男性勃起功能障碍，两性均可有生育能力下降。

2. 甲状腺肿　弥漫性肿大，或触及结节，可触及震颤或闻及血管杂音。

3. 眼征　分两类：①良性突眼症，如眼裂增宽，目光炯炯有神，少瞬眼；上睑挛缩，向下看时上睑不能随眼球向下移动；两眼内侧聚合不良；向上看时前额皮肤不能皱起。②恶性突眼症，如畏光、复视、视力减退，阅读时易疲劳，异物感，眼胀痛或刺痛，流眼泪，眼球肌麻痹而视野缩小，斜视，眼球活动度少而固定，眼睛不能闭合，结膜及角膜经常暴露、尤其在睡眠时。

四、鉴别诊断

1. 单纯性甲状腺肿　无甲亢症状，甲状腺摄^{131}I率可增高，但高峰不前移，T_3抑制试验可被抑制，T_3、T_4正常，TSH和促甲状腺激素释放激素（TRH）兴奋试验均正常。

2. 神经功能症　有相似的精神神经症群，但无甲亢高代谢症群、甲状腺肿及突眼、甲状腺功能检查均正常。

3. 其他　结核病常有低热、多汗、心动过速等，老年甲亢的表现多不典型，常有淡漠、厌食、明显消瘦，容易被误诊为癌症。

五、治疗

1. 药物治疗　抗甲状腺药适应于如下情况：病情轻、甲状腺较小；年龄＜20岁，孕妇及年迈体弱者；合并严重心、肝肾病；术前准备；甲状腺术后复发又不宜用^{131}I治疗者；^{131}I治疗后的辅助治疗。如丙硫氧嘧啶（妊娠、甲状腺危象等严重病例首选）、碘剂（术前准备、甲状腺危象治疗）、左甲状腺素（抗甲状腺药治疗时，出现甲状腺功能减退症或甲状腺明显增大）。

2. ^{131}I治疗　^{131}I治疗适应于如下情况：中度Graves病年龄30岁以上者；抗甲状腺药过敏不可续用，长期治疗无效或停药后复发者；合并心、肝、肾病不宜手术，术后复发，不愿手术者；甲亢伴突眼者；某些结节性高功能性甲亢。禁忌证：年龄小于25岁者，妊娠、哺乳妇女，重度心、肝、肾病及活动性肺结核者，WBC＜$3×10^9$/L或中性粒细胞＜$1.5×10^9$/L，重度甲亢患者，甲状腺危象，重度浸润性突眼症，结节性甲状腺肿伴功能亢进，扫描示"冷结节"者。并发症包括放射性甲状腺炎、甲状腺危象、甲状腺功能减退症、甲状腺癌及加重突眼症。

3. 手术治疗　适应证：中、重度Graves病，长期服药无效，停药后复发者；甲状腺明显肿大，压迫邻近器官者；结节性甲状腺肿伴甲亢者；胸骨后甲状腺肿伴甲亢，不能坚持长期服药而盼望迅速控制病情者；有浸润性突眼者；有较重心、肝、肾、肺病者；妊娠早期及晚期者；第二次甲状腺手术且粘连较重者；手术可引起出血、感染、喉上与喉返神经损伤，手足搐搦，突眼加重，甲状腺功能减退症及甲状腺危象等并发症者。

第二节　甲状腺功能减退症

一、定义

甲状腺功能减退症（简称甲减）是由多种原因引起的甲状腺激素合成、分泌或生物效应不足所致的一组内分泌疾病。按病因可分为甲状腺性、垂体性、下丘脑性和甲状腺激素抵抗综合征。按起病年龄可分为呆小病、幼年型甲减和成年型甲减。呆小病主要属甲状腺性甲减，成年型和幼年型既可原发于甲状腺本身病变，也可继发于垂体或下丘脑病变。成年型本病相当于中医学"虚劳""水肿"。

二、病因

甲状腺性甲减常由甲状腺本身疾病引起（如炎症、放射治疗、手术切除后、缺碘、遗传因素、甲状腺癌等），多数属获得性甲状腺组织破坏。垂体性甲减是由垂体疾病致 TSH 不足而发生继发性甲减。下丘脑性甲减是由下丘脑肿瘤、肉芽肿、慢性炎症引起 TRH 分泌不足使 TSH 和 TH 相继分泌减少所致。中医学认为，本病多因先天不足，或后天摄养失调，以致脾肾素虚，或因手术、药物损伤使机体阳气受损，而致脾肾阳气亏虚而发病。

三、临床表现

1. 多见于中年女性，男女之比为 1∶（5～10），多数起病隐匿，发展缓慢。

2. 一般表现为畏寒、少汗、乏力、少言懒动、动作缓慢、体温偏低、食欲减退，而体重无明显减轻。

3. 典型黏液性水肿呈现表情淡漠，面色苍白，上睑水肿，唇厚舌大，皮肤干燥、增厚、粗糙多落屑，毛发脱落，踝部非凹陷性水肿。

4. 本病发病隐匿，病程较长，不少患者缺乏特异症状和体征。症状主要表现以代谢减低和交感神经性兴奋性下降为主，病情较轻的早期患者可没有特异症状，典型症状为畏寒、乏力、手足肿胀感、嗜睡、记忆力减退、少汗、关节疼痛、体重增加、便秘、女性月经紊乱或月经过多、不孕。

5. 消化系统常有厌食、腹胀、便秘、麻痹性肠梗阻、胆囊胀大。由于胃酸缺乏、吸收障碍可导致缺铁性贫血或恶性贫血。

6. 性欲减退，男性出现勃起功能障碍，女性多有不育症。

7. 肌力正常或减低，寒冷时可阵发短暂性缺痛、强直。黏液性水肿者可有关节病变。

8. 黏液性水肿昏迷。临床表现为嗜睡、低温（＜35 ℃）、呼吸减慢、心动过缓、血压下降、四肢肌肉松弛、反射减退或消失，甚或昏迷、休克、心肾功能不全而危及生命。

四、鉴别诊断

1. 贫血　本病常有轻、中度贫血，易误诊为恶性贫血、缺铁性或再生障碍性贫血，据甲状腺功能测定可鉴别。

2. 肾病综合征　表现为水肿、高脂血症、高蛋白尿及低蛋白血症，基础代谢率可偏低，但肾功能可不正常，甲状腺功能测定正常。

3. 低 T_3 综合征　由于饥饿、营养不良，急慢性疾患如精神性呕吐、手术，服用某些药物如泛影酸钠，高龄等原因引起 T_4 转化为 T_3 明显减少，而转化为无生物活性的反 T_3 增加，临床出现低代谢表现，血 T_3 降低，而 T_4 增高，严重时 T_3、T_4 均降低，但补充营养或去除药物影响后可恢复正常。

4. 冠心病　常发生于 45 岁以上的男性，表现为心悸、气短、心绞痛、心脏扩大、心律失常和心力衰竭，严重时发生心肌梗死。用扩张冠状动脉和抗心律失常药有效。对洋地黄、利尿药反应较好。冠心病极少发生心包积液。反复发作型心绞痛和心功能不全者一般不考虑甲减性心脏病。

五、治疗

1. 一般治疗

（1）贫血者可补充铁剂、维生素 B_{12}、叶酸等，亦可用生血片。

（2）胃酸缺乏者，可补充稀盐酸。

2. 替代治疗　大多终生替代治疗，首选左甲状腺素（L-T_4），从小剂量开始逐增至最佳疗效。

3. 黏液性水肿昏迷治疗

（1）即刻补充 TH，静脉注射 L-三碘甲状腺原氨酸（L-T_3）。

（2）保温、供氧，保持呼吸道通畅。

（3）氢化可的松 200～300 mg 静脉滴注，待患者清醒及血压稳定后减量。

（4）补液，5%～10% 葡萄糖生理盐水 500～100 mL/d，可加入复合维生素 B、维生素 C 缓慢静脉滴注。

（5）控制感染。

（6）抢救休克、昏迷，如上述处理后血压仍不回升，可给小剂量升压药。

4. 针灸疗法　取穴：人迎、肾俞、脾俞、太溪、中三里、关元。加减肾阳虚甚者加命门、气海穴；水肿尿少者加阴陵泉、三阴交穴；心悸者加心俞、内关穴；痴呆者加大钟、百会、心俞穴；甲状腺肿大者加气舍、水突穴；神昏加百会、人中穴。

第三节　糖尿病

一、定义

糖尿病是一组由遗传和环境因素相互作用而引起的常见的内分泌代谢紊乱性疾病。病理生理为因胰岛素分泌绝对或相对不足及靶组织对胰岛素敏感性降低，进而引起糖、蛋白质、脂肪、水和电解质代谢失常，临床以高血糖为主要共同特征，久则有多系统并发症。糖尿病的临床类型按病情轻重分为轻型、中型及重型；如按年龄可分为幼年型（消瘦型、不稳定型）及成年型（稳定型）；如根据患者对胰岛素的依赖程度可分为 1 型糖尿病（胰岛素依赖型，IDDM，胰岛素绝对分泌不足）和 2 型糖尿病（NIDDM，非胰岛素依赖型，胰岛素相对分泌不足）2 种。另还有妊娠期糖尿病和其他特殊型糖尿病。本病可归属于中医学"消渴"范畴。

二、病因

1. 遗传缺陷或遗传与环境因素相互作用所致，糖尿病属多基因遗传病范畴。

2. 病毒感染后破坏胰岛 B 细胞。

3. 自身免疫或病毒感染后的免疫反应，产生细胞和体液免疫。1 型糖尿病患者胰岛组织可见到具有免疫特征的病理炎症变化和 B 细胞数量减少。

4. 胰岛素抵抗和 B 细胞功能缺陷。B 细胞功能缺陷导致不同程度的胰岛素缺乏和组织（特别是骨骼肌和肝脏）的胰岛素抵抗，是 2 型糖尿病发病的两个主要环节。胰岛素抵抗指胰岛素作用的靶器官（主要是肝脏、肌肉和脂肪组织）对胰岛素作用的敏感性降低。B 细胞功能缺陷主要表现为胰岛素分泌量缺陷，或胰岛素分泌模式异常。

5. 胰岛 A 细胞功能异常和胰高血糖素样肽-1（GLP-1）分泌缺陷。

三、临床表现

糖尿病临床典型症状为"三多一少"，即多食、多饮、多尿和体重下降或消瘦，血糖可升高、正常或有反应性低血糖。部分患者仅因并发症和伴发病而就诊，有些隐匿性糖尿病可无临床症状。严重时可伴有蛋白质、脂肪和水、电解质代谢紊乱，甚至导致酮症酸中毒、昏迷而危及患者的生命。肥胖患者缺乏典型症状，部分表现为皮肤瘙痒、视物模糊，以及伴有严重的并发症表现。

1. 代谢紊乱综合征　口渴多饮，多尿。每日尿数十次，量有 3~10 L；消瘦、疲乏、体重进行性下降，多食，常伴饥饿感。许多患者还有皮肤瘙痒和视物模糊。IDDM 患者起病急、病性重，NIDDM 患者起病缓、病情相对较轻。

2. 并发症　糖尿病主要病发症包括：①大血管病变，主要引起冠心病，缺血性或出血性脑血管病，肾动脉硬化及下肢动脉硬化。②微血管病变，以糖尿病肾病和视网膜病变为重要部分。前者表现为蛋白尿、水肿、高血压，晚期伴氮质血症及肾衰竭；后者是糖尿病失明的主要原因。③神经病变，以周围神经病变最为常见，多为对称性，表现为肢端感觉异常，分布如袜子或手套状，伴麻木、刺痛、隐痛或烧灼样痛。运动神经受累，表现为肌张力减弱，肌萎缩和瘫痪。单一颅神经受损，主要有动眼神经麻痹及外展神经麻痹。自主神经病变，临床表现有瞳孔改变（缩小且不规则，光反射消失，调节反射存在），排汗异常（无汗、少汗或多汗）。胃排空延迟，腹泻，便秘，体位性低血压，持续心动过速，心搏间距延长，残余尿增加、尿失禁、尿潴留，逆向射精、勃起功能障碍。④眼部病变，除视网膜病变外，该病还可引起白内障、青光眼、屈光改变、虹膜睫状体病变。⑤皮肤病变，患者有面色红润、皮下出血和瘀斑，局部皮肤发绀，足部缺血性或营养不良性溃疡。皮肤溃疡常合并感染，甚至继发化脓性骨髓炎。⑥感染，糖尿病患者常发生疖痈等皮肤化脓性感染和皮肤真菌感染，如足癣、甲癣、体癣，女性患者常见真菌性阴道炎、前庭大腺炎、肾盂肾炎和膀胱炎，糖尿病合并肺结核的发生率较非糖尿病者高。⑦酮症酸中毒，为糖尿病最严重的并发症，其诱因多与感染、创伤、饮食不当、胰岛素不足治疗中断有关。早期酮症为原有糖尿病症状加重，酸中毒时，出现恶心、呕吐、烦渴、尿量显著增加，呼吸深快。部分患者以腹痛为主要表现，称为糖尿病性急腹症，后期因严重失水和电解质紊乱，表现为少尿，皮肤黏膜干燥、脉搏细弱、血压下降，出现嗜睡，最终昏迷。⑧高渗性非酮症昏迷，多见于老年患者，常有幻觉、嗜睡、震颤等表现，逐渐加重，1~15 日内昏迷，由于血黏度高，易发生脑梗死或心肌梗死。晚期少尿或闭尿，失水，高热，死亡率较高。

四、诊断标准

糖尿病的诊断标准（表 27-1）：糖尿病症状（多尿、烦渴多饮和难于解释的体重减轻），及任意时间静脉血浆葡萄糖≥11.1 mmol/L 或空腹血浆葡萄糖≥7.0 mmol/L 或口服葡萄糖耐量试验（OGTT）2 小时血糖≥11.1 mmol/L。需重复一次确认，诊断才能成立。

表 27－1	糖尿病诊断标准	
	静脉血浆葡萄糖（mmol/L）	
糖代谢分类	空腹血糖	OGTT 2 小时血糖
正常	<6.1	<7.8
空腹血糖调节受损（IFG）	6.1~7.0	<7.8
糖耐量减低（IGT）	<7.0	7.8~11.1
糖尿病（DM）	≥7.0	≥11.1

五、鉴别诊断

1. 肝脏疾病　空腹血糖正常或偏低，但糖耐量常减低。其葡萄糖耐量曲线的特点是：服糖后血糖明显升高，多在 1 小时内血糖达高峰，然后血糖迅速下降，在 2~3 小时内恢复空腹水平，肝脏损害很严重的患者，高血糖持续时间长，有些患者在 3~5 小时可有反应性低血糖。

2. 肾脏疾病　肾脏病晚期有轻度葡萄糖耐量降低。

3. 急性应激　皮质激素分泌可增加 10 倍以上，所引起的高血糖相当于正常人接受皮质醇 200 mg 左右，常见的有突发急性感染、外伤、大手术、急性心肌梗死、脑血管意外、强烈疼痛、失血、脱水、剧烈运动、缺氧。

4. 年龄与生活习惯　长期体力活动减少或高龄者糖耐量可降低，但空腹血糖正常。

5. 药物影响　某些药物可使肝细胞损害或末梢组织对葡萄糖利用能力减弱，可使糖耐量异常。使血糖升高的药物有：促肾上腺皮脂激素（ACTH）、生长激素（GH）、可的松、醛固酮、口服避孕药、儿茶酚胺、吲哚美辛、异烟肼、酚妥拉明、呋噻米等；使血糖降低的药物有：甲巯咪唑、普萘洛尔、磺胺类药、水杨酸盐、乙醇、单胺氧化酶抑制药等。

6. 肾性糖尿　空腹血糖或葡萄糖耐量试验均在正常范围而出现糖尿，称为肾性糖尿，常见于肾小管性酸中毒、Fanconi 综合征、家庭性肾性糖尿病、慢性肾炎等。

7. 妊娠期糖尿　妊娠期由于细胞外液增加抑制肾脏近曲小管吸收葡萄糖功能，致使肾糖阈下降而出现糖尿。15%~25% 的正常妊娠妇女后期可有糖尿，初产妇更易多见。

六、治疗

1. 原则　早期、长期、积极、理性、个体化。

2. 国际糖尿病联盟（IDF）提出 5 个要点　医学营养治疗、运动疗法、血糖监测、药物治疗、糖尿病教育（是重要的基础治疗措施之一）。

3. 治疗目标　纠正代谢紊乱，消除症状，防止或延缓并发症的发生，维持良好健康和学习、劳动能力，保障儿童生长发育，延长寿命，降低病死率，提高患者生活质量。

4. 口服降血糖药治疗（表 27－2）　种类包括促胰岛素分泌药（包括磺脲类和格列奈类）、双胍类、噻唑烷二酮（增敏药）、α－葡萄糖苷酶抑制药和二肽基肽酶－4 抑制药。

类别	代表药物	作用机制	副作用	禁忌证
二代磺脲类	格列本脲 格列吡嗪 格列喹酮 格列齐特	主要通过刺激胰岛 B 细胞分泌胰岛素发挥降血糖作用	低血糖，格列本脲作用最强，低血糖风险大，老年人慎用	所有 1 型糖尿病患者；合并严重肝、肾损害；糖尿病孕妇；胰岛功能完全衰竭；糖尿病急性并发症或处于严重应激状态者；磺脲类过敏者
三代磺脲类	格列美脲		可以安全用于老年患者	
格列奈类	瑞格列奈 那格列奈 米格列奈	通过刺激胰岛 B 细胞分泌胰岛素发挥降血糖作用，属于非磺脲类促泌剂	易致低血糖，但发生率很低且程度较轻	1 型糖尿病患者；伴随或不伴昏迷的糖尿病酮症酸中毒患者；严重肾功能或肝功能不全者
双胍类	二甲双胍	主要通过改善胰岛素抵抗、抑制肝糖原分解及糖异生、减少肠道对糖的吸收等途径发挥降血糖作用	食欲下降、恶心、腹泻、口苦、口干、金属味等症状	肝、肾功能不全者；缺氧状态；冠心病活动期、肺功能不全，高热、贫血、感染等；使用放射性造影剂者检查前后 48 小时内；酗酒者
胰岛素增敏药	罗格列酮 吡格列酮	通过增加机体对胰岛素的敏感性来发挥降血糖作用。减轻胰岛素抵抗，保护胰岛 B 细胞，还具有调脂、降压、减少腹部脂肪及心血管保护作用	水钠潴留、体重增加	活动性肝病患者以及心力衰竭患者禁用
α－葡萄糖苷酶抑制药	阿卡波糖 伏格列波糖 米格列醇	通过延缓肠道对碳水化合物的吸收发挥降血糖作用，主要用于控制餐后血糖	腹胀、排气增多，部分患者会出现腹泻	肠炎、腹泻、肠梗阻及其他肠道疾病患者不宜使用

类别	代表药物	作用机制	副作用	禁忌证
二肽基肽酶-4抑制药	西格列汀 沙格列汀 利格列汀 阿格列汀 维格列汀	促进胰岛 B 细胞分泌胰岛素	目前作为新药，安全性观察有限	尚不明确

5. 胰岛素治疗　适用于1型糖尿病，糖尿病酮症酸中毒，高血糖高渗状态，乳酸性酸中毒伴高血糖，各种严重的糖尿病急性或慢性并发症，手术、妊娠、分娩，2型糖尿病 B 细胞功能明显减退者，某些特殊类型糖尿病。

第四节　骨质疏松症

一、定义

骨质疏松症是一种以骨量下降和骨的微细结构破坏为特征，导致骨质脆性增加和易于骨折的代谢性骨病。

二、临床表现

疼痛是原发性骨质疏松症最常见的症状，以腰背痛多见，占疼痛患者的70%～80%。疼痛沿脊柱向两侧扩散，仰卧或坐位时疼痛减轻，直立时后伸或久立、久坐时疼痛加剧，日间疼痛轻，夜间和清晨醒来时加重，弯腰、肌肉运动、咳嗽、大便用力时加重。身长缩短、驼背。骨折是退行性骨质疏松症最常见和最严重的并发症，它不仅增加患者的痛苦，加重经济负担，还严重限制患者活动，甚至缩短寿命。可引起呼吸功能下降，胸、腰椎压缩性骨折，脊椎后弯，胸廓畸形，患者往往可出现胸闷、气短、呼吸困难等症状。最常见的并发症：骨质疏松症骨折多发生在扭转身体、持物、开窗等室内日常活动中，即使没有明显较大的外力作用，便可发生骨折。骨折发生部位为胸、腰椎椎体、桡骨远端及股骨上端。

三、病因

1. 特发性（原发性）　幼年型、成年型、经绝期、老年性。
2. 继发性　①内分泌性：皮质醇增多症，甲状腺功能亢进症、原发性甲状旁腺功能亢进症、肢端肥大症、性腺功能低下、糖尿病，妊娠、哺乳等。②营养性：蛋白质缺乏，维生素 C、D 缺乏，低钙饮食，酒精中毒等。③遗传性：成骨不全染色体异常；肝脏病；肾脏病，慢性肾炎血液透析。④药物性：皮质类固醇、抗癫痫药、抗肿瘤药（甲氨蝶呤）、肝素等。⑤废用性：全身性骨质疏松见于长期卧床、截瘫、太空飞行等。⑥局部性：见于骨折后、Sudecks 骨萎缩、伤后骨萎缩等。⑦胃肠性：吸收不良胃切除。⑧其他：此外还有类风湿关节炎；肿瘤，如多发性骨髓瘤转移癌、单核细胞性白血病、

Mast-Cell 病等；骨质减少、短暂性或迁徙性骨质疏松。

四、鉴别诊断

1. 骨软化症　临床上常有胃肠吸收不良、脂肪痢、胃大部切除病史或肾病病史。早期骨骼 X 线常不易与骨质疏松区别，但若出现假骨折线（Looser 带）或骨骼变形，则多属骨软化症。生化改变较骨质疏松明显。

（1）维生素 D 缺乏所致骨软化症则常有血钙、血磷低下，血碱性磷酸酶增高，尿钙、磷减少。

（2）肾性骨病变多见于肾小管病变，如同时有肾小球病变，血磷可正常或偏高。由于血钙过低、血磷过高，患者均有继发性甲状旁腺机能亢进症。

2. 骨髓瘤　典型患者的骨骼 X 线表现常有边缘清晰的脱钙，须与骨质疏松区别。患者血碱性磷酸酶均正常，血钙、磷变化不定，但常有血浆球蛋白（免疫球蛋白 M）增高及尿中出现本周蛋白。

3. 遗传性成骨不全症　可能由于成骨细胞产生的骨基质较少，结果状如骨质疏松。血及尿中钙、磷及碱性磷酸酶均正常，患者常伴其他先天性缺陷，如耳聋等。

4. 转移癌性骨病变　临床上有原发性癌症表现，血及尿钙常增高，伴尿路结石。X 线所见骨质有侵袭。

五、治疗

1. 一般治疗　有效的措施有以下几种。

（1）运动：多种类型的运动有助于骨量的维持。绝经期妇女每周坚持 3 小时的运动，总体钙增加。但是运动过度致闭经者，骨量丢失反而加快。运动还能提高灵敏度以及平衡能力，鼓励骨质疏松症患者尽可能多活动。

（2）营养：良好的营养对于预防骨质疏松症具有重要意义，包括足量的钙、维生素 D、维生素 C 以及蛋白质。从儿童时期起，日常饮食应有足够的钙摄入。欧美学者主张钙摄入量成人为 800～1000 mg/d，绝经后妇女 1000～1500 mg/d，65 岁以后男性以及其他具有骨质疏松症危险因素的患者，推荐钙的摄入量为 1500 mg/d。维生素 D 的摄入量为 400～800 U/d。

（3）预防摔跤：应尽量减少骨质疏松症患者摔倒概率，以减少髋骨骨折以及 Colles 骨折。

2. 药物治疗　有效的药物治疗能阻止和治疗骨质疏松症，包括雌激素替代疗法、降钙素、选择性雌激素受体调节药以及二磷酸盐，可以阻止骨吸收但对骨形成的作用特别小。用于治疗和阻止骨质疏松症发展的药物分为两大类，第一类为抑制骨吸收药，包括钙剂、维生素 D 及活性维生素 D、降钙素、二磷酸盐、雌激素以及异黄酮；第二类为促进骨形成药，包括氟化物、合成类固醇、甲状旁腺激素以及异黄酮。

（1）激素替代疗法：激素替代疗法被认为是治疗绝经后妇女骨质疏松症的最佳选择，也是最有效的治疗方法，存在的问题是激素替代疗法可能带来其他系统的不良反应。激素替代疗法应避免用于患有乳腺疾病的患者，以及不能耐受其副作用者。①雌二醇：建议绝经后即开始服用，在耐受的情况下终生服用。周期服用，即连用 3 周，停用 1 周。过敏、乳腺癌、血栓性静脉炎及诊断不清的阴道出血禁用。另有炔雌醇和炔诺酮属于孕激素，用来治疗中到重度的与绝经期有关的血管舒缩症状。②雄激素：研究表明对于性激素严重缺乏所致的骨质疏松症男性患者，给予睾酮替代治疗能增加脊柱的骨密度（BMD），但对髋骨似乎无效，因此雄激素可视为一种抗骨吸收药。③睾酮：肌内注射，每 2~4 周 1 次，可用于治疗性腺功能减退的 BMD 下降患者。肾功能受损以及老年患者慎用睾酮，以免增加前列腺增生的危险；睾酮可以增加亚临床的前列腺肿瘤的生长，故用药需监测前列腺特异抗原（PSA），还需监测肝功能、血常规以及胆固醇，如出现水肿以及黄疸应停药。用药期间应保证钙和维生素 D 的供应。另有外用睾酮可供选择。

（2）选择性雌激素受体调节药：该类药物在某些器官具有弱的雌激素样作用，而在另一些器官可起雌激素的拮抗作用。能防止骨质疏松，还能减少心血管疾病、乳腺癌和子宫内膜癌的发生率。这类药物有雷洛昔芬，为非类固醇的苯骈噻吩，是雌激素激动药，能抑制骨吸收、增加脊柱和髋部的 BMD，能使椎体骨折的危险性下降40%~50%，但疗效较雌激素差。绝经前妇女禁用。

（3）二磷酸盐类：二磷酸盐类是骨骼中与羟基磷灰石相结合的焦磷酸盐的人工合成类似物，能特异性抑制破骨细胞介导的骨吸收并增加骨密度，具体机制仍未完全清楚，考虑与调节破骨细胞的功能以及活性有关。禁用于孕妇以及计划怀孕的妇女。第一代名为羟乙基磷酸钠，治疗剂量有抑制骨矿化的不良反应，因此主张间歇性、周期性给药，每周期开始时连续服用羟乙基磷酸钠 2 周，停用 10 周，每 12 周为 1 个周期。服用羟乙基磷酸钠需同时服用钙剂。

近年来不断有新一代的磷酸盐应用于临床，如氨基二磷酸盐、利塞磷酸（利塞塞磷酸钠）、氯磷酸（氯甲二磷酸盐）以及帕米磷酸钠等，抑制骨吸收的作用很强，治疗剂量下并不影响骨矿化。阿仑磷酸钠证实能减轻骨吸收，降低脊柱、髋骨以及腕部骨折发生率达 50%，在绝经前使用可以阻止糖皮质激素相关的骨质疏松症。

（4）降钙素：降钙素为一种肽类激素，可以快速抑制破骨细胞活性，缓慢作用可以减少破骨细胞的数量，具有止痛、增加活动功能和改善钙平衡的功能，对于骨折的患者具有止痛的作用，适用于二磷酸盐和雌激素有禁忌证或不能耐受的患者。国内常用的制剂有降钙素和依降钙素。降钙素有肠道外给药和鼻内给药 2 种方式，胃肠外给药的作用时间可持续达 20 个月。

（5）维生素 D 和钙：维生素 D 及其代谢产物可以促进小肠钙的吸收和骨的矿化，活性维生素 D（如骨化三醇、阿法骨化醇）可以促进骨形成，增加骨钙素的生成和碱性磷酸酶的活性。服用活性维生素 D 较单纯服用钙剂更能降低骨质疏松症患者椎体和椎体外骨折的发生率。另有维生素 D 和钙的联合制剂可供选择，治疗效果比较可靠。

（6）氟化物：氟化物是骨形成的有效刺激物，可以增加椎体和髋部骨密度，降低椎体骨折发生率。每天小剂量氟，即能有效地刺激骨形成且副作用小。本类药物有特乐定（Tridin），其有效成分为单氟磷酸谷氨酰胺和葡萄糖酸钙，于进餐时嚼服，本药儿童及发育时期禁用。

对于接受治疗的骨质减少和骨质疏松症的患者，建议每 1~2 年复查 BMD 一次。如检测骨的更新指标很高，药物应减量。为长期预防骨量丢失，建议妇女在绝经后即开始雌激素替代治疗，至少维持 5 年，以 10~15 年为佳。如患者确诊疾病已知会导致骨质疏松，或使用明确会导致骨质疏松的药物，建议同时给予钙、维生素 D 以及二磷酸盐治疗。

3. 外科治疗　只有在因骨质疏松症发生骨折以后，才需外科治疗。

影响预后的因素主要是骨折后相关并发症，骨质疏松症虽不能完全预防，但给予一定的预防措施，如摄入足够的钙、维生素 D 和锻炼等，能在很大程度上减轻症状，防止严重并发症出现。

第五节　高尿酸血症、痛风

一、定义

痛风是长期嘌呤代谢障碍，血尿酸增高引起组织损伤的一组异质性疾病。主要临床特征：高尿酸血症，特征性急性关节炎反复发作，痛风石形成造成关节活动障碍和畸形，肾尿酸结石和（或）痛风性肾实质改变。痛风分为原发性和继发性，本病属中医学"白虎历节风""痹证""石淋"范畴。

二、病因

由先天性嘌呤代谢紊乱引起，一部分遗传缺陷比较明确，另一部分则多因分子缺陷所致但未能确定。发病主要与肾尿酸排泄减少或尿酸生成增多有关。中医学认为本病由禀赋薄弱，饮食损伤，感受外邪，痹阻气血经络，痰瘀胶凝筋骨，浊毒留滞血中，肝肾气血不足所致。

三、临床表现

1. 原发性痛风发病年龄在 40 岁以上，男性占 95%，女性多于更年期后发病，常有家族史。

2. 无症状期仅有血、尿酸持续性或波动性增高。

3. 急性关节炎期常在午夜突然发病，每因疼痛而惊醒，初发作时 90% 侵犯单一关节，以姆趾及第一跖趾关节多见，其次为足弓、踝、跟、膝、腕、指和肘等关节，后期可发展为多关节炎。关节红、肿、热、痛和活动受限，大关节受累时可有关节腔积液。受累关节局部皮肤可出现脱屑和瘙痒。

4. 慢性关节炎期多关节受累，发作较频，间歇期短，疼痛日渐加剧，在外耳的耳郭、跖趾、指间和掌指等处可见痛风石。关节可因痛风石增大，关节结构及其软组织破坏，纤维组织及骨质增生而导致畸形和活动受限。

5. 肾结石、痛风患者肾尿酸结石的发病率为 25% 左右，患者可有肾绞痛、血尿及血尿酸显著增高。尿酸排出增多者，尿酸结晶可在肾小管、肾盂及输尿管沉积，出现少尿、无尿，可迅速发展为肾衰竭，称为尿酸性肾病。

6. 痛风性肾病，可见间歇性蛋白尿、等张尿、高血压、血尿素氮升高，晚期发展为肾功能不全，部分患者以肾病为最先表现而无关节炎症状。

四、鉴别诊断

主要与类风湿关节炎区分。类风湿关节炎多见于年轻女性，好发于四肢近端小关节，多关节受累，关节肿胀呈梭形，对称，伴明显晨僵，类风湿因子阳性，血尿酸不高，受累关节X线片早期仅有软组织肿胀而关节改变不明显，然后关节面狭窄不平，出现骨侵蚀，晚期有骨性强直等特征。

五、治疗

1. 一般治疗
(1) 蛋白质摄入量限制在每日每千克理想体重1 g。
(2) 糖类占总热量比例<50%～60%。
(3) 果糖宜少摄取，不进食高嘌呤食物（动物心、肝、肾、脑、蠔、沙丁鱼、酵母等）。
(4) 严格戒酒，鼓励多饮水，使日尿量在2000 mL以上。
2. 无症状期高尿酸血症处理　血尿酸超出正常范围，饮食控制无效，有明显家族史和（或）每日尿酸排泄超过6.54·mmol/L。需用降尿酸药，使血尿酸维持在正常水平。
3. 急性期处理
(1) 绝对卧床休息，抬高患肢，避免受累关节负重。
(2) 迅速给予秋水仙碱或非甾体消炎药、糖皮质激素。
1) 秋水仙碱：为治疗痛风急性发作的特效药，剂量为0.5 mg/h，或1 mg/2 h口服，直至症状缓或出现腹泻等胃肠道副作用。用至最大剂量6 mg，而病情无改善时停用。
2) 非甾体消炎药：吲哚美辛开始剂量为50 mg，每6小时1次，症状缓解后按此剂量继续24～72小时；以后逐渐减量至25 mg，每日2～3次。
3) 糖皮质激素：只在秋水仙碱、非甾体消炎药治疗无效或有禁忌证时才用。
4. 发作间歇期和慢性期处理　主要是使用排尿酸或抑制尿酸合成药，以控制高尿酸血症，使尿酸维持在0.36 mmol/L或以下。
(1) 排尿酸药：适于血尿酸增高，肾功能尚好，每日尿排出尿酸不多的患者。已有尿酸结石或每日排出尿酸3.57 mmol/L以上时，不宜使用。常用药有丙磺舒、磺吡酮和苯溴马隆。本药不宜与抑制尿酸药同时使用，如水杨酸、噻嗪类利尿药等。
(2) 抑制尿酸合成药：主要是别嘌醇。每次100 mg，每日2～4次，最大剂量每日可用至600 mg。待血尿降至0.36 mmol/L或以下，则逐渐减至能使血尿酸维持在此水平的最适宜剂量。本药适于尿酸生成过多，对排尿酸药过敏或无效，以及不适宜使用排尿酸药的患者。
5. 急性肾衰竭　尿酸性肾病所致者，在静脉滴注1.25% NaHCO$_3$及补充足够水分的同时，静脉注射呋塞米40～100 mg。立即使用别嘌醇，开始剂量为8 mg/(kg·d)，3～4日后减至100～300 mg/d。血尿素氮、肌酐显著增高，可予血液透析。如为肾盂或输尿管尿酸结石引起者，除碱化尿液、使用别嘌醇外，可先行经皮肾造口术。

本病是因嘌呤代谢紊乱所致，治疗上关键在早期，一旦出现急性痛风关节炎，可先用秋水仙碱对症处理，同时辨证予中药，慢性痛风关节炎多伴高尿酸血症及痛风结节，病变关节肿痛，可服别嘌醇，配合扶正祛邪、活血通络之中药。

第六节 肥胖症

一、定义

肥胖症是指体内脂肪堆积过多，体重增加。体重超过理想体重的 20% 或 BMI > 24 者为肥胖；体重超过理想体重的 10% 又不到 20% 者为超重。理想体重(kg) = 身高(cm) − 105，体重指数 BMI = 体重(kg)/身高(m^2)。本病分为单纯性肥胖症和继发性肥胖症。本病中医称为"肥胖"。

二、病因

病因未完全明了，有各种不同病因（遗传、下丘脑或边缘系统的损坏，内分泌功能改变及代谢因素），使能量的摄入超过人体的消耗，引起肥胖，其机制以"高调节点"观点较为流行，但调节点起作用的具体环节仍未明了。

中医学认为本症多与先天禀赋不足，嗜食膏粱肥厚，久卧喜坐或劳动过少直接相关。发病以湿、痰、热、血瘀、气滞、膏脂为标，而以脾肾气虚为本。临床多表现为本虚标实之证。

三、临床表现

1. 脂肪分布，男性脂肪分布以颈项、躯干和头部为主；女性则以腹部、下腹部、胸部、乳房和臀部为主。
2. 有自卑感、焦虑、抑郁等身心相关问题。
3. 气急、关节前、水肿、肌肉酸痛。
4. 心血管疾病，易发高血压，左心室肥厚扩大，心肌劳损，充血性心力衰竭，静脉曲张，栓塞性静脉炎和静脉血栓。肺栓塞发生率亦较高。
5. 内分泌、代谢紊乱，常有高胰岛素血症和高脂血症，易发糖尿病和冠心病。
6. 消化系统疾病、胆结石、胆囊炎发病率高，慢性消化不良，脂肪肝。
7. 呼吸系统疾病，活动后呼吸困难，缺氧发绀和高碳酸血症。终末期呈肥胖性心肺功能不全综合征，患者嗜睡，心力衰竭，还可引起睡眠窒息。

四、鉴别诊断

主要与皮质醇增多症区别。部分肥胖症患者有类似皮质醇增多症的一些表现，如高血压、糖耐量减退、月经少或闭经，可有痤疮、多毛、尿 17 -羟皮质类固醇排出量亦可高于正常。早期皮质醇增多症患者可不呈现典型的表现。两者有时不易鉴别，但皮质醇增多症患者糖皮质激素增多，失去昼夜分泌节律，且不能补小剂量地塞米松抑制。

五、治疗

1. 行为疗法　由内科医生、心理学家、营养医师、护士和家庭配合，指导患者制订计划，改变进食行为，并定期检查执行计划的结果。
2. 饮食疗法　轻度肥胖者，限制脂肪和含糖食品，加强体力劳动和锻炼，使摄入总热量低于消耗的热量,每月体重下降0.5~1 kg,使体重逐渐接近理想体重。中度肥胖者每日总热量限制在5021 kJ(1200 kcal),使每月体重减轻1~2 kg。严重肥胖者,每日热量限制在3347 kJ(800 kcal)。但不能超过12周。

3. 体育锻炼　与饮食治疗同时配合,并长期坚持,应进行有氧运动,循序渐进。

4. 药物治疗　主要有食欲抑制药,如芬氟拉明、安非拉酮。

5. 手术治疗　有空肠回肠分流术,小胃手术或垂直结扎胃成形术,适于保守疗法不奏效的严重肥胖症患者。

6. 按摩疗法　患者取仰卧位,术者循肺经、胃经、脾经、膀胱经走向进行按摩、推拿、点穴。

7. 针刺疗法

(1) 体针:主穴梁丘、公孙、丰隆、足三里,痰热郁阻配支沟、曲池,脾肾气虚配关元、太溪,肝气郁滞配阳池、血海。

(2) 灸疗法:取穴百会、大椎、涌泉、肺俞、膏肓、脾俞、肾俞、小肠俞、丰隆、足三里、曲池。每次选用2~3穴(双侧),用艾条温和灸,每次15分钟,每日1次,30次为1个疗程。一般先灸上部后灸下部,先灸头部后灸四肢。

(3) 梅花针疗法:取头部、颌下、气管两侧、前胸、上腹、脊椎两侧、肩胛部、髋部,用梅花针叩打,由轻刺激逐渐改为中刺激或重刺激。

(4) 耳针疗法:选神门、胃、大肠、内分泌肺、心、三焦穴。每次选用1~2穴,常规用75%乙醇消毒,中度刺激,并用小块胶布固定。每次留针5日,每5日治疗1次,5次为1个疗程。

第二十八章 泌尿系统常见疾病

泌尿系感染是一种常见病，女性较男性多，常有尿频、尿急、尿痛症状。尿中白细胞增多，有轻度蛋白尿，可有红细胞增多，尿检查阳性为主要症状。根据感染的部位不同，可分为下泌尿道感染（包括膀胱炎、尿道炎、前列腺炎）和上泌尿道感染（输尿管炎、肾盂肾炎）。前者系指肾盂肾炎，后者主要指膀胱炎。肾盂肾炎、膀胱炎又有急性和慢性之分。

第一节　尿路感染、尿路结石

一、尿路感染

（一）定义

尿路感染是指各种病原微生物在尿路中生长、繁殖而引起的炎症性疾病，多见于老年人、免疫力低下、育龄妇女及尿路畸形者。根据感染发生的部位可分为上尿路感染和下尿路感染。下泌尿道感染可单独存在，而上泌尿道感染则一般易伴发下泌尿道炎症，因此临床上两者不易严格区分，常统称为尿路感染，但上下尿路感染的治疗和预后并不相同，故必须加以区分。本病属中医学"淋证""腰痛"范围。其发病特点为：①尿路感染以女性多见，男女比例为1∶8；②成年男性极少发生尿路感染，50岁以后因前列腺肥大，其发生率较高（约7%）；③老年男女的尿路感染发生率为10%，且多为无症状细菌尿；④有症状的尿路感染，仍以生育年龄的已婚女性最多见。

（二）病因

1. 致病菌　革兰阳性菌是尿路感染最常见致病菌，约占尿路感染的85%，这些细菌包括大肠埃希菌、变形杆菌、产气杆菌、副大肠埃希菌、铜绿假单胞菌等。其次为革兰阳性球菌，常见为葡萄球菌、链球菌，真菌感染较少见。

2. 诱发因素　所有可破坏膀胱黏膜正常抗菌能力、改变膀胱壁正常组织结构及适合于细菌滞留、生长和繁殖的一切因素均可诱发膀胱炎的发生。

3. 感染途径　①上行性感染：细菌经尿道进入膀胱，这一感染途径最为常见，女性的尿道短而直，尤其是婴儿期、新婚期及妊娠期更易发生膀胱炎。此外，泌尿道检查经尿道腔内操作时细菌带入膀胱，或留置尿管后亦可诱发膀胱炎。②下行性感染：继发于肾脏的感染，细菌随尿液经输尿管进入膀胱。③局部直接感染：膀胱造瘘后与外界皮肤直接相通；膀胱阴道瘘、膀胱直肠瘘时，细菌经瘘管直接侵入膀胱引起感染。

（三）临床表现

1. 下尿路感染　以膀胱刺激征为突出表现，一般少有发热、腰痛等。检查无白细胞管型。尿路刺激征，即尿频、尿急、尿痛、排尿不适等症状，不同的患者表现轻重程度不一。

2. 上尿路感染　表现为发热、寒战、腰痛、肾区叩痛，检查膀胱冲洗后尿细菌培养阳性；尿沉渣检查有白细胞管型；尿 N-乙酰-β-D-氨基葡萄糖苷酶（NAG）升高；尿渗透压降低。

（四）鉴别诊断

凡有真性细菌尿者，均可诊断为尿路感染。

1. 全身性感染疾病　有些尿路感染的局部症状不明显而且全身急性感染症状突出，易误诊为流行性感冒、疟疾、败血症、伤寒等发热性疾病。如能详细询问病史，注意尿路感染的下尿路症状及肾区叩痛，并做尿沉渣和细菌学检查，方能鉴别。

2. 慢性肾盂肾炎　需与反复发作尿路感染作鉴别诊断，目前认为影像学检查发现有局灶性粗糙的肾皮质瘢痕，伴有相应的肾盏变形者，才能诊断为慢性肾盂肾炎；否则由尿路感染病史虽长，亦不能诊断为本病。本病常有一般慢性间质性肾炎表现，并有间歇的尿路感染发作病史，在尿路无复杂情况时很少发生慢性肾盂肾炎，尿路有功能性或器质性梗阻时才会发生，尿路梗阻常见于膀胱-输尿管反流，而器质性者多见肾结石等。

3. 肾结核　本病尿频、尿急、尿痛更突出，一般抗菌药物治疗无效，晨尿培养结核分枝杆菌阳性，尿沉渣可找到抗酸杆菌，而并不能细菌培养为阴性，结核菌素试验阳性，血清结核分枝杆菌抗体测定阳性。静脉肾盂造影可发现肾结核病灶，部分患者可有肺、附睾等肾外结核，可资鉴别。但要注意肾结核常可与尿路感染并存，尿路感染经抗菌药物治疗后，仍残留有尿路感染症状或尿沉渣异常者，应高度注意肾结核的可能性。

4. 尿道综合征　患者虽有尿频、尿急、尿痛，但多次检查均无真性细菌尿，可资鉴别，尿道综合征分为感染性尿道综合征（约占75%），患者有白细胞尿，是由致病的微生物引起，如衣原体、支原体感染等；非感染性尿道综合征（约占25%），无细胞尿，病原体检查亦阴性，其病因未明，有人认为可能是焦虑性精神状态所致。

（五）治疗

急性期要卧床休息，多饮水、勤排尿，注意外阴卫生，病程早期应积极使用抗菌药治疗，初次感染首选药物为磺胺类药如复方新诺明、呋喃妥因；次选才是环丙沙星、氧氟沙星、左氧氟沙星。慢性、反复发作的，可选用甲硝唑、头孢菌素类、氨基糖苷类等，中成药如三金片、清淋颗粒等。

1. 急性膀胱炎　3日单剂疗法，任选一种：磺胺类、喹诺酮类、半合成青霉素或头孢类抗生素，有效率90%。

2. 再发性尿路感染　重新感染占80%，治疗后症状消失，尿菌阴性，但在停药6周后再次出现真性细菌尿，菌株与上次不同，治疗方法同首次感染，对半年内发生2次以上者，可用长程低剂量抑菌治疗。复发治疗后症状消失，尿菌转阴后6周内再出现菌尿，菌种与上次相同，且为同一血清型，在祛除诱因的基础上，根据药敏结果选用杀菌型抗生素，疗程>6周，反复发作者，给予长程低剂量抑菌治疗。

二、尿路结石

（一）定义

尿路结石是泌尿系统各部位结石病的总称，是泌尿系统的常见病。根据结石所在部位的不同，分为肾结石、输尿管结石、膀胱结石、尿道结石。本病的形成与环境因素、全身性病变及泌尿系统疾病有密切关系。其典型临床表现可见腰腹绞痛、血尿，或伴有尿频、尿急、尿痛等泌尿系统梗阻和感染的症状。尿路结石在肾和膀胱内形成。

上尿路结石大多数为草酸钙结石。膀胱结石中磷酸镁铵结石较上尿路多见。虽然部分肾结石有明确的原因，如甲状旁腺功能亢进、肾小管酸中毒、海绵肾、痛风、异物、长期卧床、梗阻和感染等，但大多数结石的形成原因目前仍不能完全解释。成核作用、结石基质和晶体抑制物质学说是结石形成的 3 种最基本学说。根据上尿路结石形成机制的不同，有人将其分为与代谢因素有关的结石和感染性结石。代谢性结石是由于代谢紊乱所致，如甲状旁腺功能亢进，各种原因引起的高尿钙症、高尿酸尿症和高草酸尿症等。高浓度化学成分损害肾小管，使尿中基质物质增多，盐类析出，形成结石。感染性结石是由于产生尿素酶的细菌分解尿中的尿素而产生氨，使尿液碱化，尿中磷酸盐及尿酸铵等处于相对过饱的状态，发生沉积所致。细菌、感染产物及坏死组织亦为形成结石之核心。

上尿路结石好发于 20～50 岁，男性多于女性。男性发病年龄高峰为 35 岁；女性有两个高峰，30 岁及 55 岁。实验证明，饮食中动物蛋白、精制糖增多，纤维素减少，可促使上尿路结石形成。大量饮水使尿液稀释，能减少尿中晶体形成。相对高温环境及活动减少等亦为影响因素，但职业、气候等不是单一决定因素。

（二）病因

1. 原发性尿道结石　指开始就在尿道内生成的结石，尿道狭窄、感染、潴留性囊肿、黏膜损伤、憩室及异物等为其病因。

2. 继发性尿道结石　指结石先在尿道上方的泌尿系统中形成后排入尿道并停留在尿道内，多停留在尿道生理膨大部位及狭窄部的近侧，故尿道结石多见于尿道前列腺部、球部、阴茎部、舟状窝及尿道外口处。

（三）临床表现

主要表现为排尿困难，排尿费力，可呈滴沥状，有时出现尿流中断及尿潴留。排尿有时有明显的疼痛，且放射至阴茎头部。后尿道结石有会阴和阴囊部疼痛。阴茎部结石在疼痛部位可摸到肿物，用力排尿时可将结石排出。完全梗阻则发生急性尿潴留。并发感染者尿道有脓性分泌物。女性尿道憩室结石主要为下尿路感染症状，有尿频、排尿痛、夜尿多、脓尿及血尿，性交痛为突出的症状，有时有尿道排脓。男性尿道憩室中结石除尿道有分泌物及尿痛外，在阴茎下方还可出现一逐渐增大且较硬的肿物，有明显压痛但无排尿梗阻症状。

（四）诊断

前尿道结石可沿着尿道触及，后尿道结石经直肠指检可触及。B 超和 X 线检查有助于明确诊断。

1. 尿沉渣细胞学　尿沉渣细胞学检查是尿沉渣检查的内容之一。尿沉渣检查是指用显微镜对离心后尿液的沉渣物（尿中有形成分）进行检查。生理或病理的尿沉渣物中，有形成分主要有细胞（红细胞、白细胞、肾小管上皮细胞等）、各种管型、结晶、细菌和寄生虫、肿瘤细胞。尿沉渣检查与尿液一般性状检查、化学检查可互为补充、参照。

2. 尿沉渣管型　尿沉渣管型检查是尿沉渣检查的内容之一。管型是蛋白质在肾小管内凝聚而成的，尿出现管型一般是肾实质病变的证据，在其形成的过程中，若含有细胞，则为细胞管型；如含退行性细胞碎屑，则为颗粒管型；若含脂肪滴，则为脂肪管型。

3. 尿沉渣结晶　尿沉渣结晶检查是尿沉渣检查的内容之一。尿中结晶与尿液酸碱度有一定关系。尿液结晶有多种，常见的有草酸钙结晶、无定型尿酸盐结晶、尿酸结晶、磷酸铵结晶、磺胺结晶等。尿液中的结晶可分为代谢性和病理性两类，代谢性结晶多来自饮食，一般无大的意义，持续大量出现可能提示与结石相关。病理性结晶则与疾病有关。

4. 肾小球滤过分数（RBF）　RBF 与肾小球、肾小管功能均有关联，FF 即从肾小球滤过形成原尿的血浆占流经肾脏功能组织的血浆总量的百分数。根据测得的肾小球滤过率（GFR）与 RPF、两个数值可计算出 FF。计算公式为：$GFF = GFR/RPF \times 100\%$ 。

（五）治疗

1. 非手术治疗　①药物排石，大量饮水助排；②解痉止痛，山莨菪碱、阿托品、哌替啶等。

2. 手术治疗　结石引起尿流梗阻已影响肾功能，或经非手术疗法无效，无体外冲击波碎石条件者，应考虑手术治疗。

（1）术前准备：术前必须了解双侧肾功能情况，有感染者先用抗生素控制感染。输尿管结石患者在进手术室前或在手术台上术前摄尿路平片作结石的最后定位。

（2）手术方式：根据结石大小、形状和部位不同，常用的有以下几种手术方式。

1）肾盂或肾窦切开取石术：切开肾盂、取出结石，如鹿角状结石或肾盏结石，有时须作肾窦内肾盂肾盏切开取石。

2）肾实质切开取石术：肾结石较大，不能经肾窦切开取石者，需切开肾实质取石。

3）肾部分切除术：适用于肾一极多发性结石（多在肾下极），或位于扩张而引流不畅的肾盏内，可将肾一极或肾盏连同结石一并切除。

4）肾切除术：一侧肾结石并有严重肾积水或肾积脓，已使肾功能严重受损或丧失功能，而对侧肾功能良好者，可行切除患肾。

5）输尿管切开取石术：输尿管结石直径大于 1 cm 或结石嵌顿引起尿流梗阻或感染，经非手术疗法无效者可行输尿管切开取石术。

6）套石术：输尿管中下段结石直径小于 0.6 cm，可试行经膀胱镜用特制的套篮或导管套取。

第二节　前列腺增生、前列腺炎

一、前列腺增生

（一）定义

前列腺增生又称前列腺肥大，发病年龄大多在 50 岁之后，随着年龄增长其发病率也不断升高，目前已成为泌尿外科的常见病之一。作为中老年男性常见的一种慢性疾病，前列腺在男性 45 岁左右开始出现两种趋势：一部分趋向于增生，另一部分则趋向于萎缩。

（二）病因

根据医学上的统计，70 岁以上的老年人几乎都存在前列腺增生。主要症状是由于腺体体积的变大，造成了对尿道的冲击，所以导致尿频、尿急、尿等待等。本病对男性患者的身健康有很大的危害，因此为了避免受到此病的侵害，需要了解病因，及早做预防措施。

1. 房事过于频繁　现在很多的年青男女朋友对于性生活没有节制，使得男女体内的激素有严重的变化，男性前列腺组织久而久之会因为长期的淤血而增大。

2. 抽烟酗酒　很多患者都有抽烟酗酒的历史，烟中含有很多的有毒物质会降低人体的免疫力，大量饮酒会抑制神经功能，还会引起前列腺充血，引发前列腺疾病。

3. 进食一些辛辣刺激性食物　辛辣刺激性食物不仅会导致肠胃消化不良，而且还会引起前列腺充血。长期使用，也是导致前列腺增生的原因。

4. 不锻炼　体育锻炼可以加快血液循环和新陈代谢速度，而且还会加快前列腺系统的血液循环。

5. 激素　前列腺增生与体内雄激素及雌激素的平衡失调关系密切，睾酮是主要的男性雄激素，在酶的作用下，变为二氢睾酮，是刺激前列腺增生的活动性激素。

6. 其他疾病的影响　很多男性朋友都因为前列腺炎症，没得到有效的治疗，或患有其他疾病，比如尿道炎、膀胱炎、精囊炎等生殖系统疾病，导致前列腺组织充血而增生。

（三）临床表现

前列腺增生的症状主要表现为两大类，一类是由于增生前列腺阻塞尿路产生的梗阻性症状；另一类是膀胱刺激症状。具体如下：

1. 排尿梗阻症状

（1）排尿无力、尿线变细和尿滴沥：由于增生前列腺的阻塞，患者排尿费力；增生前列腺将尿道压瘪致尿线变细；随着病情的发展，还可能出现排尿后滴沥不尽、排尿中断等症状。

（2）血尿：又称尿血，尿液中带血。正常情况下，尿液中是没有红细胞的。医学上将患者尿液离心沉淀后，用显微镜来检查，如果每个高倍视野中有 5 个以上的红细胞，就是血尿。

（3）尿潴留：前列腺增生较重的晚期患者，梗阻严重时可因憋尿时间过长、受凉、饮酒或感染等原因导致病情的发展和加重，因尿液无法排出而发生急性尿潴留。

2. 膀胱刺激征　表现为尿频、尿急、夜尿增多及急迫性尿失禁。前列腺增生的早期信号是尿频，尤其夜尿次数增多。一般来说，夜尿次数的多少往往与前列腺增生的程度成正比。原来不起夜的老人如果有夜间 1～2 次的排尿现象，往往表示早期梗阻来临。前列腺增生患者在冬季病情极易恶化。天冷了，患有前列腺增生的中老年男性往往在夜间尿频尿多，少则三五次，多则八九次。尿频不仅干扰睡眠，而且常会因为频繁起夜导致感冒，而许多治感冒的药又会加重尿路梗阻的症状，令原本就小便不畅的前列腺增生患者排尿更加困难，程度严重的患者还会引发急性尿潴留、肾盂积水，诱发尿毒症而危及性命。前列腺增生早期会引起尿频、尿急等，是由于刺激以至压迫了后尿道和膀胱颈，如果能在此阶段治疗，效果最好；如没能及时治疗，则会随着病情的加重而出现各种并发症，梗阻的并发症主要有肾盂积水、感染、尿毒症等。

（1）肾盂积水：膀胱和上尿路代偿功能不全，可导致输尿管和肾盂积水，积水严重时可以在腹部摸到"肿块"——胀大的肾脏；前列腺增生较严重、时间较长后，膀胱充盈时也可在下腹部摸到"肿块"——胀大的膀胱。

（2）感染：正如不通畅的河流容易遭受污染一样，膀胱颈部受阻的尿路非常容易合并发生急性尿路感染，表现出夜尿次数骤增，尿急、尿痛、血尿以及发热等症状。

（3）尿毒症：发展致肾盂积水的前列腺增生患者，由于肾脏受压，可引起肾功能不全——尿毒症，表现出食欲减退、恶心、呕吐、贫血等。由于尿毒症的这些症状起初相对隐蔽，缺乏特异性，容易被忽视或误诊为消化道疾病而延搁，直到出现头痛、迟钝、嗜睡，甚至昏迷才被发现，值得警惕。

（4）其他方面：一些前列腺增生患者可出现性欲变化，有的性欲亢进，有的性欲低下，少数患者有血精症状。

另外，由于前列腺增生致患者排尿困难，腹压增高，也可引起或加重痔疮、疝气等疾病。

（四）治疗

症状轻微、不影响生活者，不需特殊治疗，只要注意水分摄取、避免憋尿即可。若造成生活上的困扰，如尿频、夜尿增加影响睡眠者，可口服药治疗。病情严重者需手术治疗。药物治疗中以 α 受体阻滞药为主，如特拉唑嗪、多沙唑嗪等，但特拉唑嗪有体位性低血压的不良反应，服用时要注意，一般采用晚上小剂量开始服用。前列腺体积较大者可服用 5α 还原酶制剂如非那雄胺，使前列腺体积缩小。中成药治疗有前列康、前列通片、癃闭舒胶囊、前列舒乐胶囊等。

二、前列腺炎

（一）定义

前列腺炎是成年男性的常见病之一，前列腺炎是由于前列腺受到微生物等病原体感染或某些非感染因素刺激而发生的炎症反应，及由此造成的前列腺区域不适或疼痛、排尿异常等临床表现。

（二）病因

1. 性生活不正常，如性生活过频、手淫、性交中断、性生活过度抑制等可引起前列腺充血，诱发前列腺炎。

2. 有性病的患者，以淋菌性尿道炎常见，淋病奈瑟菌经尿道和前列腺管进入前列腺使其发病。

3. 前列腺结石或前列腺增生使前列腺组织充血，造成非特异性感染。

4. 由于导尿或尿道扩张时操作不严，尿道器械带入病菌而致病。

5. 过度饮酒、久坐、骑自行车、骑马等骑跨动作，均可引起前列腺充血，与发病有密切关系。

6. 受凉可引起前列腺的交感神经活动，导致尿道内压力增加，妨碍排泄，前列腺管也因收缩而妨碍排泄，产生淤积而充血。

7. 前列腺按摩次数过频，用力过大，也可引起前列腺充血水肿。

8. 直肠、结肠、下尿路等前列腺邻近器官的炎性病变，可通过淋巴管引起前列腺炎。

9. 全身其他部位的感染可通过血液流到前列腺使其发病，如皮肤、扁桃体、龋齿、呼吸道感染等。

10. 某些非细菌性感染、病毒、支原体、衣原体、滴虫等感染均可致前列腺炎。

（三）临床表现

前列腺炎是青壮年常见疾病，大多数发病病因尚不清楚，目前将其大致分为：①急性前列腺炎，起病急，可表现为寒战、高热，伴有持续和明显的下尿路感染症状，如尿频、尿急、尿痛、排尿烧灼感、排尿困难、尿潴留，后尿道、肛门、会阴区坠胀不适。血液和尿液中白细胞数量升高，细菌培养阳性。②慢性细菌性前列腺炎，表现为尿频、尿急、尿痛，排尿时尿道不适或灼热。排尿后和便后常有白色分泌物自尿道口流出，会阴部、下腹隐痛不适，有时腰骶部、耻骨上、腹股沟区等也有酸胀感，性功能障碍，射精后疼痛，早泄、勃起功能障碍、遗精，神经衰弱，精神委靡。③慢性非细菌性前列腺炎，临床表现类似慢性细菌性前列腺炎，所不同的是没有反复尿路感染发作。

（四）治疗

1. 急性细菌性前列腺炎　应积极卧床休息，应用抗菌药物（如第三代头孢菌素）及大量饮水，并使用止痛、解痉、退热药，以缓解症状。

2. 慢性细菌性前列腺炎　抗菌药物（如左氧氟沙星、环丙沙星等）治疗、中成药治疗。

3. 慢性非细菌性前列腺炎　抗菌药物治疗、中成药治疗、α受体阻滞药，可以解痉、改善症状。

4. 综合治疗　热水坐浴及理疗可减轻局部炎症，促进吸收；前列腺按摩，每周1次，以引流炎性分泌物；有规律的性生活。

患者应戒酒，忌辛辣刺激食物，避免憋尿、久坐，注意保暖，加强体育锻炼。

第三节　痔　　疮

一、定义

痔是最常见的肛肠疾病，任何年龄都可发病，但随年龄增长，发病率增高；包括内痔、外痔和混合痔。痔疮是肛门直肠底部及肛门黏膜的静脉丛发生曲张而形成的一个或多个柔软的静脉团。通常当排便时持续用力，造成此处静脉内压力反复升高，静脉就会肿大。妇女在妊娠期间，由于盆腔受压迫，阻碍血液循环常会发生痔疮，许多肥胖的人也会罹患痔疮。

二、病因

痔的病因主要有两种这说，首先是静脉曲张学说，认为痔是直肠下段黏膜下和肛管皮肤下的静脉丛淤血、扩张和屈曲所形成的静脉团。目前广为接受的理论是肛垫下移学说，认为痔原本是肛管部位正常的解剖结构，即血管垫，是齿状线及以上15 cm的环状海绵样组织带，只有肛垫组织发生异常并合并有症状时，才能称为痔，才需要治疗。治疗目的是解除症状，消除痔体。痔的诱发因素很多，其中便秘、长期饮酒、进食大量刺激性食物和久坐久立是主要诱因。

三、临床表现

内痔一般不痛，以便血、痔核脱出为主要症状，严重时会喷血，痔核脱出后不能自行还纳，还有大便困难、便后擦不干净、坠胀感等。外痔则表现为红肿热痛、水肿、有压痛，排便时疼痛加重，并有少量分泌物，有的可伴有全身不适和发热。混合痔同时有内痔和外痔的表现，主要症状以直肠黏膜及皮肤脱出、坠胀、疼痛、反复感染为主。

四、鉴别诊断

1. 便血时需与肛裂、炎症性肠病、息肉、结直肠癌等鉴别。
2. 脱出时需与肛乳头纤维瘤、息肉、直肠脱垂等鉴别。
3. 疼痛时需与肛裂、肛窦炎、肛周脓肿等鉴别。
4. 肛门潮湿瘙痒时需与肛门湿疹、肛门瘘等鉴别。

一旦出现大便时便鲜血、肛门肿物脱出、肛门外有肿物疼痛、肛门潮湿或瘙痒，应及时到正规医院检查，几分钟即可确诊是否为痔疮。

五、治疗

治疗应遵循3个原则：①无症状的痔无须治疗；②有症状的痔重在减轻或消除症状，而非根治；③以保守治疗为主。

1. 一般治疗　改善饮食，多饮水，多吃蔬菜、水果，多进膳食纤维性食物，保持大便通畅，通过食物来调整排便，十分重要，要养成定时排便习惯，防治便秘和腹泻。热水坐浴可改善局部血液循环，有利于消炎及减轻瘙痒症状。保持会阴部清洁。

2. 药物治疗　内服与外用药物相结合，如痔炎消胶囊、消痔栓等。

3. 其他治疗　注射疗法、手术疗法。

第四节　慢性肾炎

一、定义

慢性肾小球肾炎简称慢性肾炎，系指以蛋白尿、血尿、高血压、水肿为基本临床表现，起病方式各有不同，病情迁延，病变缓慢进展，可有不同程度肾功能减退，最终将发展为慢性肾衰竭的一组肾小球病。由于本病的病理类型及病期不同，主要临床表现各不相同，疾病表现呈多样化。

二、病因

慢性肾炎是一组多病因的以慢性肾小球病变为主的肾小球疾病，但多数患者病因不明，与链球菌感染并无明确关系，据统计仅15%～20%从急性肾小球肾炎转变而来。此外，大部分慢性肾炎患者无急性肾炎病史，故目前较多学者认为慢性肾小球肾炎与急性肾炎之间无肯定的关联，可能是由于各种细菌、病毒或原虫等感染通过免疫机制、炎症介质因子及非免疫机制等引起本病。

三、临床表现

1. 普通型　较为常见。病程迁延，病情相对稳定，多表现为轻度至中度的水肿、高血压和肾功能损害。尿蛋白（+）~（+++），镜下血尿和管型尿等。病理改变以IgA肾病，非IgA系膜增生性肾炎，局灶系膜增生性较常见，也可见于局灶节段性肾小球硬化和膜增生性肾炎（早期）等。

2. 肾病性大量蛋白尿　除具有普通型的表现外，部分患者可表现为肾病性大量蛋白尿，病理分型以微小病变型肾病、膜性病、膜增生性肾炎、局灶性肾小球硬化等为多见。

3. 高血压型　除上述普通型表现外，以持续性中等度血压增高为主要表现，特别是舒张压持续增高，常伴有眼底视网膜动脉细窄、迂曲和动、静脉交叉压迫现象，少数可有絮状渗出物和（或）出血。病理以局灶节段肾小球硬化和弥漫性增生为多见，或晚期不能定型，或多有肾小球硬化表现。

4. 混合型　临床上既有肾病型表现又有高血压型表现，同时多伴有不同程度肾功能减退征象。病理改变可为局灶节段肾小球硬化和晚期弥漫性增生性肾小球肾炎等。

5. 急性发作型　在病情相对稳定或持续进展过程中，由于细菌或病毒等感染或过劳等因素，经较短的潜伏期（1~5日），而出现类似急性肾炎的临床表现，经治疗和休息后可恢复至原先稳定水平；或病情恶化，逐渐发生尿毒症；或是反复发作多次后，肾功能急剧减退出现尿毒症一系列临床表现。病理改变为弥漫性增生、肾小球硬化基础上出现新月体和（或）明显间质性肾炎。

实验室及其他检查：①尿液检查，尿异常是慢性肾炎的基本标志。蛋白尿是诊断慢性肾炎的主要依据，尿蛋白一般在1~3g/d，尿沉渣可见颗粒管型和透明管型。多数有镜下血尿、少数患者可有间发性肉眼血尿。②肾功能检查，多数慢性肾炎患者可有不同程度的肾小球滤过率（GFR）减低，早期表现为肌酐清除率下降，之后血肌酐升高。可伴不同程度的肾小管功能减退，如远端肾小管尿浓缩功能减退和（或）近端肾小管重吸收功能下降。

四、鉴别诊断

慢性肾小球肾炎需要与下列疾病进行鉴别：

1. 继发性肾小球肾炎　如狼疮肾炎、过敏性紫癜肾炎等，依据相应的系统表现及特异性实验室检查，可以鉴别。

2. 遗传性肾炎（Alport综合征）　常起病于青少年，患者有眼（球形晶状体）、耳（神经性耳聋）、肾异常，并有阳性家族史（多为性连锁显性遗传）。

3. 其他原发性肾小球病

（1）隐匿型肾小球肾炎：主要表现为无症状性血尿和（或）蛋白尿，无水肿、高血压和肾功能减退。

（2）感染后急性肾炎：有前驱感染并以急性发作起病，慢性肾炎需与此病相鉴别。两者的潜伏期不同，血清补体C_3的动态变化有助鉴别；疾病的转归不同，慢性肾炎无自愈倾向，呈慢性进展。

4. 原发性高血压肾损害　先有较长期高血压，其后再出现肾损害，临床上远端肾小管功能损伤较肾小球功能损伤早，尿改变轻微，仅少量蛋白，常有高血压的其他靶器官并发症。

五、治疗

慢性肾小球肾炎早期应该针对其病理类型给予相应的治疗，抑制免疫介导炎症、抑制细胞增生、减轻肾脏硬化，并应以防止或延缓肾功能进行性恶化、改善或缓解临床症状以及防治并发症为主要目的。可采用下列综合治疗措施。

1. 积极控制高血压　防止肾功能减退或使已经受损的肾功能有所改善，防止心血管并发症，并改善远期预后。

（1）治疗原则：①力争达到目标值，如尿蛋白 < 1 g/d 的患者血压应该控制在 130/80 mmHg 以下；蛋白尿≥1 g/d，无心脑血管并发症者，血压应控制在 125/75 mmHg 以下。②降压不能过低过快，保持平稳降压。③一种药物小剂量开始调整，必要时联合用药，直至血压控制满意。④优选具有肾保护作用、能延缓肾功能恶化的降血压药。

（2）治疗方法：①非药物治疗，限制饮食钠的摄入，伴高血压患者尤应限钠，钠摄入量控制在 80~100 mmol，降血压药应该在限制钠饮食的基础上进行，调整饮食蛋白质与含钾食物的摄入；戒烟、限制饮酒；减肥，适当锻炼等。②药物治疗，常用的降血压药有血管紧张素转化酶抑制药（ACEI）、血管紧张素Ⅱ受体拮抗药（ARB）、长效钙通道阻滞药（CCB）、利尿药、β 受体阻滞药等。由于 ACEI 与 ARB 除具有降低血压作用外，还有减少尿蛋白和延缓肾功能恶化的肾保护作用，应优选。肾功能不全患者应用 ACEI 或 ARB 要防止高血钾和高血肌酐升高，血肌酐 >264 μmol/L（3 mg/dL）时务必在严密观察下谨慎使用，尤其注意监测肾功能和防止高血钾。少数患者应用 ACEI 有持续性干咳的不良反应，可以换用 ARB 类。

2. 减少尿蛋白　延缓肾功能的减退，蛋白尿与肾脏功能减退密切相关，因此应该严格控制。ACEI 与 ARB 具有降低尿蛋白作用，其用药剂量常需要高于其降压所需剂量，但应预防低血压的发生。

3. 限制食物中蛋白及磷的摄入　低蛋白与低磷饮食可以减轻肾小球高压、高灌注与高滤过状态，延缓肾小球硬化。肾功能不全氮质血症患者应限制蛋白质及磷的摄入量，采用优质低蛋白饮食或加用必需氨基酸或 α-酮酸。

4. 避免加重肾损害的因素　感染，低血容量，脱水，劳累，水、电解质和酸碱平衡紊乱，妊娠及应用肾毒性药物（如氨基糖苷类抗生素、非甾体消炎药、造影剂等），均可能损伤肾脏，应避免使用或者慎用。

5. 糖皮质激素和细胞毒性药物　由于慢性肾炎是包括多种疾病在内的临床综合征，其病因、病理类型及其程度、临床表现和肾功能等差异较大，故是否应用糖皮质激素和细胞毒性药物应根据病因及病理类型确定。

6. 其他　抗血小板聚集药、抗凝血药、他汀类降血脂药、中药也可以使用。

慢性肾炎病情迁延，缓慢进展，最终将导致慢性肾衰竭。其进展速度个体差异很大，病理类型为重要因素，但也与是否重视保护肾脏、治疗是否恰当及是否避免恶化因素有关。

第五节　勃起功能障碍

一、定义

勃起功能障碍（ED）中医学称为阳痿，是指在有性欲要求时，阴茎不能勃起或勃起不坚，或者虽然有勃起且有一定程度的硬度，但不能保持性交的足够时间，因而妨碍性交或不能完成性交。勃起功能障碍分先天性和病理性两种，前者不多见，不易治愈；后者多见，而且治愈率高。

二、病因

1. 器质性疾病

（1）血管源性：包括任何可能导致阴茎海绵体动脉血流减少的疾病，如动脉粥样硬化、动脉损伤、动脉狭窄、阴部动脉分流及心功能异常等，或有碍静脉回流、闭合机制的阴茎白膜、阴茎海绵窦内平滑肌减少所致的阴茎静脉漏。

（2）神经性：神经源性中枢、外周神经疾病或损伤均可以导致勃起功能障碍。

（3）手术与外伤：大血管手术，前列腺癌根治术，腹、会阴、直肠癌根治术等及骨盆骨折、腰椎压缩性骨折或骑跨伤，可以引起阴茎勃起有关的血管和神经损伤，导致勃起功能障碍。

（4）内分泌疾病：勃起功能障碍因内分泌疾病引起者很多，主要见于糖尿病、下丘脑-垂体异常及原发性性腺功能不全。据国外报道，有23%～60%的男性糖尿病患者继发不同程度的勃起功能障碍。其发生机制主要与阴茎海绵体上的自主神经纤维病变、阴茎血管狭窄、内分泌异常及精神因素等有关。

2. 阴茎本身疾病　如阴茎硬结症、阴茎弯曲畸形、严重包茎和包皮龟头炎。

3. 泌尿生殖器畸形　先天性阴茎弯曲、双阴茎、小阴茎、阴茎阴囊移位、膀胱后翻、尿道裂、先天性睾丸缺失或发育不良、阴茎海绵体纤维瘢痕形成、精索静脉曲张等导致不能勃起。

4. 泌尿生殖器疾病　泌尿生殖器慢性炎症继发勃起功能障碍者较为常见，如睾丸炎、附睾炎、尿道炎、膀胱炎、前列腺炎等，其中以慢性前列腺炎出现勃起功能障碍者最为多见。泌尿生殖系统手术及某些损伤等，如前列腺增生、前列腺切除术，尿道断裂、阴茎、睾丸损伤等均可引起勃起功能障碍。慢性肾衰竭患者因睾丸萎缩及睾酮下降，常发生勃起功能障碍。

5. 其他因素　放射线照射、重金属中毒等。慢性病和长期服用某些药物也可以引起勃起功能障碍。

6. 心理性病因　指因紧张、压力、抑郁、焦虑和夫妻感情不和等精神心理因素所造成的勃起功能障碍。

7. 混合性病因　指因精神心理因素和器质性病因共同导致的勃起功能障碍。此外，由于器质性勃起功能障碍未得到及时的治疗，患者心理压力加重，害怕性交失败，使勃起功能障碍治疗更加复杂。

三、临床表现

勃起功能障碍表现为男性在有性欲情况下，阴茎不能勃起或能勃起但不坚硬，不能进行性交活动而发生性交困难。阴茎完全不能勃起者称为完全性勃起功能障碍，阴茎虽能勃起但不具有性交需要的足够硬度者称为不完全性勃起功能障碍。勃起功能障碍的主要症状有：

1. 阴茎不能完全勃起或勃起不坚，以至于不能圆满进行正常的性生活。

2. 年轻人由于与性伙伴情感交流不充分或性行为习惯不统一，出现焦虑和急躁并伴有勃起功能障碍。

3. 偶有发生勃起功能障碍，在下一次性生活时完全正常者，可能是一时紧张或劳累所致，不属于病态。

4. 勃起功能障碍虽然频繁发生，但于清晨或自慰时阴茎可以勃起并可维持一段时间，多是由心理因素引起。

5. 勃起功能障碍持续存在并不断进展，多为器质性病变所引起。

四、诊断

1. 勃起功能障碍初期症状

（1）精神性勃起功能障碍：发病较急，阴茎有自发的勃起。夜间睡眠或初醒时，手淫或色情联想时会有勃起，在想要性交时却不能勃起；或阴茎刚接触女体时能坚硬勃起，但企图插入时又痿软。此外，伴有精神症状，如焦急、忧虑、抑郁、精神不振等，有的可伴有早泄或性交不射精。

（2）器质性勃起功能障碍：主要表现为阴茎在任何情况下都不能勃起、发病多较缓，且呈进行性加重。此外，伴有相应器质性疾病的症状，如糖尿病等。

2. 病史　由于性能力涉及夫妻双方的问题，对患者性能力的判断应耐心听取夫妻双方的叙述。有些患者难以表达也可采用书面或表格填写方式，主要内容应包括：①勃起功能障碍发生诱因、病程长短、严重程度；②夜间、晨醒、自慰及持续刺激时能否勃起；③性交体位变动对勃起硬度有无影响；④性欲与射精改变；⑤社会、家庭中发生的心理精神创伤；⑥有无慢性疾病、药物服用及手术创伤史；⑦吸烟、酗酒、吸毒史。

根据病史获得资料可对鉴别心理性或器质性勃起功能障碍有初步印象。心理性勃起功能障碍往往多见于青壮年，有精神心理创伤史者表现为突发、间断或境遇性勃起功能障碍，夜间或自慰时可有正常勃起，性欲、射精功能多无变化，无外伤、手术、慢性病或长期服药史。

五、鉴别诊断

1. 心理性勃起功能障碍　患者常有精神创伤、同性恋、夫妻感情不和或精神焦虑、抑郁等病史，且在某些特定情况下，如手淫时、睡眠中或与另一伴侣在一起时可以正常勃起。夜间阴茎勃起正常，阴茎血流检查正常。

2. 神经性勃起功能障碍　指阴部神经通路的结构和功能的完整性遭到破坏而发生的勃起功能障碍。当外周神经损伤时体检可发现肛门反射、海绵体肌反射减弱或消失，反射性阴茎勃起减弱和消失。还可通过神经电生理测试进行鉴别诊断。

3. 动脉性勃起功能障碍　指因为阴茎动脉发生病变或异常而引起的勃起功能障碍。应用药物性阴茎双功能超声检查（PPDU）可以了解海绵体动脉的直径、收缩期最大流速及血流加速度。

4. 静脉性勃起功能障碍　指因为阴茎静脉发生病变或异常而引起的勃起功能障碍。应用海绵体测压和海绵体造影可以了解有无静脉瘘。

5. 甲状腺疾病　甲状腺疾病与勃起功能障碍存在着明显的联系，甲状腺疾病患者勃起功能障碍的出现也是常见的，然而在临床上却很少见到因勃起功能障碍而就诊的。其原因有四，一是其他症状较重，掩盖了勃起功能障碍所造成的影响，患者无心顾及性功能的状态；二是由于传统观念的影响使患者难于启齿谈及这方面的情况，怕被人耻笑；三是患者的自我抑制，认为就不应该考虑和谈及此事；四是内科或外科医生根本没有认识到这种情况，认为无须特别关照和治疗。实际上医生在这方面考虑和指导将产生有利于疾病康复的效果。甲状腺疾病的诊断就是根据症状和测定血中的 T_3、T_4 水平，这两种激素的含量水平基本反映了甲状腺功能状态，是一种必要的检查。

六、治疗

1. 专项检测，明确病因　针对勃起功能障碍复杂的病因，运用高科技尖端仪器，对与性功能障碍相关的各个项目进行专项检测，准确查明导致性功能障碍的病因，采取针对性的治疗措施。

2. 针对病因，心理治疗　全面了解患者的发病过程，从中寻找诱发原因，积极进行心理引导，帮助患者消除思想障碍，增加恢复的信心。

3. 电子通络，穴位治疗　运用尖端性功能障碍诊断治疗仪，通过专用器具施治于人体阴茎及有关穴位，调节大脑皮质功能，兴奋脊髓性中枢活动，扩张阴茎动静脉血管，激活海绵体动力、增粗阴茎海绵体的体积等整体治疗。

4. 真空负压，抽吸训练　通过真空负压、抽吸训练，兴奋脊髓性功能中枢，帮助阴茎勃起，增强阴茎海绵体血液充盈和减少血液回流，提高阴茎硬度和维持勃起时间，增加阴茎肌肉活力，改善阴茎的主动勃起功能。同时，利用模拟阴道温度、中药液按摩及电脉冲等功能，有效地调节阴茎的被动勃起功能。

5. 中西结合，辨证施治　针对内分泌问题、生殖系统炎症、血管供血不足等引起的性功能障碍进行辨证施治、分类诊治。中西结合，科学组方，调理气血，疏通经脉，消除炎症，提高免疫力，促进疾病康复。

6. 康复检查，杜绝复发　通过了解患者的性生活状况，及时解决性生活中遇到的各种心理问题，从而巩固和增强患者对性生活的信心。并根据病情的不同，对康复患者进行定期康复检查，彻底排除复发可能。

7. 药物治疗　目前首选治疗药物是 5 型磷酸二酯酶抑制药。该类药物大部分于性生活 30～60 分钟前服用，其中代表药物有西地那非、伐地那非、他达拉非和阿伐那非。

七、预防

1. 学习性知识　有的未婚男性自称勃起功能障碍（无性欲或不能勃起），往往只是没有足够刺激引起性欲，不能视为病态。新婚夫妻性生活时，男方紧张、激动，女方恐惧、羞涩，配合不好，导致性交失败是缺乏经验，不是病态，要互相理解、安慰，随着时间推移大多能满意和谐。

2. 了解生理波动　当男性在发热、过度疲劳、情绪不佳等情况下出现一时性的或一个阶段的勃起功能障碍，多半是一种正常的抑制和生理的波动，男方不要徒增思想负担，女方不要因之埋怨、指责，以免弄假成真，导致勃起功能障碍。

3. 谨慎用药　避免或停止服用可能引起勃起功能障碍的药物。如因疾病必须服用某类药物时，应尽量选择那些对性功能没有影响的药物。

4. 节房事　长期房事过度，沉浸于情色，是导致勃起功能障碍的原因之一。实践证明，夫妻分床，停止性生活一段时间，避免各种类型的性刺激，让中枢神经和性器官得到充分休息，是防治勃起功能障碍的有效措施。

5. 饮食调养　狗肉、羊肉、麻雀、核桃、牛鞭、羊肾等，含锌食物如牡蛎、牛肉、鸡肝、蛋、花生米、猪肉、鸡肉等，含精氨酸食物如山药、银杏、冻豆腐、鳝鱼、海参、墨鱼、章鱼等，都有助于提高性功能。

6. 提高身体素质　身体虚弱，过度疲劳，睡眠不足，紧张持久的脑力劳动，都是发病因素，应当积极进行体育锻炼，增强体质，并且注意休息，防止过劳，调整中枢神经系统的功能失衡。

7. 消除心理因素　要对性知识有充分的了解，充分认识精神因素对性功能的影响。要正确对待"性欲"，不能看作是见不得人的事而厌恶和恐惧，不能因为一两次性交失败而沮丧担忧，缺乏信心。夫妻双方要增加感情交流，消除不和谐因素，默契配合。女方应关怀、爱抚、鼓励丈夫，尽量避免不满情绪流露，避免给丈夫造成精神压力。

第二十九章　血液系统常见疾病

第一节　缺铁性贫血

一、定义

缺铁性贫血是体内铁的储存不能满足正常红细胞生成的需要而发生的疾病，是由于铁摄入量不足、吸收量减少、需要量增加、铁利用障碍或丢失过多所致。形态学表现为小细胞低色素性贫血。缺铁性贫血不是一种疾病，而是疾病的症状，症状与贫血程度和起病的缓急相关。

二、病因

缺铁性贫血可发生于下列几种情况：

1. 铁的需要量增加而摄入不足　在生长快速的婴幼儿、儿童、月经过多、妊娠期或哺乳期的妇女，铁的需要量增多，如果饮食中缺少则易致缺铁性贫血。

2. 铁的吸收不良　因铁的吸收障碍而发生缺铁性贫血者比较少见。

3. 失血　失血，尤其是慢性失血，是缺铁性贫血最多见、最重要的原因。消化道出血如溃疡病、肿瘤、钩虫病、食管静脉曲张出血、痔出血、服用水杨酸盐后发生胃窦炎以及其他可引起慢性出血的疾病，妇女月经过多和溶血性贫血伴含铁血黄素尿或血红蛋白尿等均可引起缺铁性贫血。缺铁性贫血的发生是一个较长时间内逐渐形成的。铁耗竭期，血清铁蛋白减低，此时并无贫血；若缺铁进一步加重，储存铁耗尽，血清铁蛋白和血清铁下降，总铁结合力增高，则出现缺铁性贫血。

三、临床表现

1. 贫血表现　常见乏力、易倦、头昏、头痛、耳鸣、心悸、气促、食欲缺乏等，伴苍白、心率增快。

2. 组织缺铁表现　精神行为异常，如烦躁、易怒、注意力不集中、异食癖；体力、耐力下降；易感染；儿童生长发育迟缓、智力低下；口腔炎、舌炎、舌乳头萎缩、口角炎、缺铁性吞咽困难（又称 Plummer-Vinson 征）；毛发干枯、脱落；皮肤干燥、皱缩；指（趾）甲缺乏光泽、脆薄易裂，重者指（趾）甲变平，甚至凹下呈勺状（匙状甲）。

3. 缺铁原发病表现　如消化性溃疡、肿瘤或痔疮导致的黑便、血便或腹部不适，肠道寄生虫感染导致的腹痛或大便性状改变，妇女月经过多，肿瘤性疾病的消瘦，血管内溶血的血红蛋白尿等。

四、治疗

治疗缺铁性贫血的原则：①病因治疗，尽可能除去引起缺铁和贫血的原因；②补充足够量的铁以供机体合成血红蛋白，补充体内铁的储存量至正常水平。

1. 病因治疗　病因治疗对纠正贫血的效果、速度及防止其复发均有重要意义。

2. 铁剂治疗

（1）口服铁剂：最常用的制剂为硫酸亚铁、富马酸铁。服药时忌茶，以免铁被鞣酸沉淀而不能被吸收。

（2）注射铁剂：一般尽量用口服药治疗，仅在下列情况下才应用注射铁剂。①肠道对铁的吸收不良，如胃切除或胃肠吻合术后、慢性腹泻、脂肪痢等；②胃肠道疾病，可由于口服铁剂后症状加重，如消化性溃疡、溃疡性结肠炎、节段性结肠炎、胃切除后胃肠功能紊乱及妊娠时持续呕吐等；③口服铁剂虽经减量而仍有严重胃肠道反应。常用的铁注射剂有右旋糖酐铁及山梨醇枸橼酸铁。

3. 辅助治疗　加强营养，增加含铁丰富的食品。贫血一般表现为面色萎黄、指甲苍白、气短、乏力、心悸、头发枯黄、头晕目眩、月经量少色淡等。贫血者日常饮食中应注意多吃富含高蛋白、维生素 B 和维生素 C 的食品及含铁丰富的饮食。有益的水果有苹果、大枣、荔枝、香蕉等，此外还应多食用黑木耳、香菇、黑豆、芝麻等食品，益于补养生血。

4. 中药治疗　用含有硫酸亚铁（铁矾）的中药制剂是最对症的，如益中生血片等。

第二节　紫癜性疾病

一、定义

紫癜是皮下出血的一种表现，表现为紫色皮肤改变，压之不褪色。皮下出血根据其直径大小可分为瘀点（<2 mm）、紫癜（3～5 mm）、瘀斑（>5 mm）。紫癜是一种临床表现，并非一种疾病，单纯讨论紫癜并无实际临床意义，应与临床疾病联系起来，临床上可见于很多疾病，如过敏性紫癜、特发性血小板减少性紫癜、单纯性紫癜、老年性紫癜、感染性紫癜、白血病、再生障碍性贫血、尿毒症等。这些疾病统称为紫癜性疾病，紫癜性疾病又分为血管性紫癜和血小板性紫癜。

二、分类

1. 血管系统病变　由于血管本身发生病变，如血管壁受损伤或血管壁的渗透性、脆性增高，引起血中红细胞外漏，形成紫癜。血管损伤可因细菌毒素、化学毒品、维生素缺乏等引起。如单纯性紫癜、过敏性紫癜、血管内压增高性紫癜等。

2. 血液系统病变　由于血液系统凝血功能发生障碍引起的出血，如血小板减少性紫癜、血友病、纤维蛋白原减少性紫癜、肝脏疾病所致的凝血酶原减少性紫癜、应用过多抗凝血药引起的紫癜。

三、病因

1. 单纯性紫癜 发病原因不清楚，一般发病较轻，无明显的血液和血管的变化，偶尔有轻度凝血功能障碍。

2. 过敏性紫癜 常由于血管壁渗透性及脆性增高而发病，血管系统发生病变，但血液本身不发生改变。因而化验血小板数目、出凝血时间、凝血酶原时间等都在正常范围。

3. 特发性血小板减少性紫癜 又称出血性紫癜，原因不明。但在有些患者的血液中可找到抗血小板因子，这种因子能对抗血小板，使血小板减少而出血。

四、临床表现

1. 单纯性紫癜 一般无全身症状，两下肢可出现散在针头大小鲜红色瘀点，压之不褪色。7日以后颜色逐渐变淡而消退，但又有新的瘀点产生。

2. 特发性血小板减少性紫癜 可分为急性型及慢性型两种。急性型较少见，可发生于儿童，发病前常有感染史。发病特点是突然发病、发热，出现广泛性的皮肤出血，可有大片瘀斑、血肿，并出现黏膜及泌尿生殖系统出血，血小板明显减少，可低于 $5000/mm^3$。慢性型较常见，以青年女性较多，起病缓慢，为持续性或反复发作出血。不仅发生于皮肤，黏膜或内脏亦可出现严重出血。

3. 风湿性紫癜 两下肢出现略微隆起的大米粒大小瘀斑，也可出现瘀点、风团或水肿性红斑。同时可有关节肿胀疼痛，也可有发热、四肢无力等全身症状。

4. 腹部型紫癜 皮肤表现同于风湿性紫癜，但可出现腹痛、呕吐、腹泻、里急后重、大便出血等症状，严重者可并发肠套叠。

五、治疗

1. 治疗原则 本病的治疗，实证以清热凉血为主，虚证以益气摄血、滋阴降火为主。临证须注意证型之间的相互转化或同时并见。治疗时宜分清主次，统筹兼顾。

2. 分证论治

(1) 风热伤络：证候，起病较急，全身皮肤紫癜散发，尤以下肢及臀部居多，呈对称分布，色泽鲜红，大小不一，或伴痒感，可有发热、腹痛、关节肿痛、尿血等，舌质红、苔薄黄，脉浮数。治法，疏风散邪。方药，连翘败毒散加减。常用药，薄荷、防风、牛蒡子、连翘、栀子、黄芩、升麻、玄参、桔梗、当归、赤芍、红花。

(2) 血热妄行：证候，起病较急，皮肤出现瘀点、瘀斑，色泽鲜红，或伴鼻衄、齿衄、呕血、便血、尿血，血色鲜红或紫红；同时并见心烦、口渴、便秘，或伴腹痛，或有发热，舌红，脉数有力。治法，清热解毒，凉血止血。方药，犀角地黄汤加味。常用药，犀角（用水牛角代）、生地黄、牡丹皮、赤芍、紫草、玄参、黄芩、生甘草。

(3) 气不摄血：证候，发病缓慢，病程迁延，紫癜反复出现，瘀斑、瘀点颜色淡紫，常有鼻衄、齿衄，面色苍黄，神疲乏力，食欲不振，头晕心慌，舌淡苔薄，脉细无力。治法，健脾养心，益气摄血。方药，归脾汤加减。常用药，党参、白术、茯苓、甘草、黄芪、当归、远志、酸枣仁、龙眼肉、木香、生姜、大枣。

(4) 阴虚火炎：证候，紫癜时发时止，鼻衄齿衄，血色鲜红，低热盗汗，心烦少寐，大便干燥，小便赤涩，舌光红、苔少，脉细数。治法，滋阴降火，凉血止血。方药，大补阴丸加减。常用药，熟地黄、龟甲、黄柏、知母、猪脊髓、蜂蜜。

第三十章　神经系统常见疾病

第一节　脑卒中

一、定义

脑卒中中医学称为中风。中风是中医学对急性脑血管疾病的统称，它是以猝然昏倒，不省人事，伴发口角㖞斜、语言不利而出现半身不遂为主要症状的一类脑血液循环障碍性疾病。

一些因素与脑卒中的发生密切相关，被认为是本病的致病因素，又称危险因素。它们分为两类：一类是无法干预的因素，如年龄、基因、遗传等；另一类是可以干预的因素，如能对这些因素予以有效的干预，则脑血管病的发病率和死亡率就能显著降低。引起脑卒中的危险因素有：年龄、遗传、高血压、低血压、心脏病、心律失常、眼底动脉硬化、糖尿病、高脂血症、吸烟、饮酒、肥胖、口服避孕药，饮食因素如高盐、多肉、高动物油饮食，饮浓咖啡浓茶、体力活动过量等，均被认为是脑卒中的危险因素。

二、分类

脑卒中包括缺血性卒中（短暂性脑缺血发作、动脉粥样硬化性血栓性脑梗死、腔隙性脑梗死），出血性卒中（脑出血、蛛网膜下腔出血），高血压脑病和血管性痴呆四大类。

三、病因

动脉粥样硬化、高血压动脉改变、风湿性心脏病、心源性栓塞、动脉炎、血液病、代谢病、药物反应、肿瘤、结缔组织病等，可导致或伴发脑部血管狭窄、闭塞，这可使脑局部缺血或因血管的破裂而出血引发脑卒中。

四、临床表现

脑卒中以猝然昏扑、不省人事或突然发生口眼㖞斜、半身不遂、舌强言謇、智力障碍为主要特征。临床表现有一定局限性神经症状，发生在一侧大脑半球者，有对侧"三瘫"，即对侧的偏瘫、偏身感觉障碍、偏盲症状，或同时有失语。发生在脑干、小脑者则有同侧脑神经麻痹、对侧偏瘫或偏身感觉障碍，同侧肢体共济失调。严重病例有头痛、呕吐、意识障碍，甚至发生脑疝或死亡。

卒中早期征兆有以下几点：

1. 同侧局部或肢体出现麻木、软弱无力、嘴角㖞斜、流口水，这是因为短暂的颈内动脉供血不全的结果，也是脑卒中的第一信号。

2. 突然出现说话困难，或听不懂别人说话，偏盲，单眼黑矇，提示大脑中动脉供血不全，影响了皮质的语言和视觉中枢。

3. 突然感到眩晕、足底发轻、站立不稳，睁眼时觉得周围物体摇晃、旋转、四周物体有跳动感，或突然两腿发软，猝然跌倒，但倒后症状又减轻等变化，说明椎-基底动脉供血不足。

4. 短暂的意识不清或嗜睡。

5. 突然出现难以忍受的头痛，尤其是局限性的剧痛，伴有恶心或呕吐，多是脑动脉内压突然升高、脑出血的前驱征兆。

总之，上述这些症状尽管持续时间短暂，都是脑卒中的早期信号，不可忽视。当出现症状时，应尽量安静下来，卧床休息，寻求解决办法，在医生指导下坚持治疗，可能避免脑卒中的发生。

五、治疗

脑血管病治疗原则为挽救生命、降低残率、预防复发、提高生活质量。一般治疗措施包括：维持生命功能、防治并发症。治疗和管理措施包括：脑卒中单元、溶栓治疗、抗血小板聚集治疗、细胞保护治疗、血管内治疗、外科手术治疗和康复治疗。

第二节　帕金森病

一、定义

帕金森病（PD）又称"震颤麻痹"，是一种常见于中老年的神经系统变性疾病，多在60岁以后发病。主要表现为患者动作缓慢，手脚或身体的其他部分的震颤，身体失去了柔软性，变得僵硬。

最早系统描述本病的是英国内科医生 Jame Parkinson，当时还不知道本病应该归入哪一类疾病，称本病为"震颤麻痹"。帕金森病是老年人中第4位最常见的神经变性疾病，在≥65岁的人群中，1%患有此病；在>40岁的人群中则为0.4%，本病也可在儿童期或青春期发病。

二、病因

1. 年龄老化　帕金森病主要发生于中老年人，40岁以前发病少见，提示年龄与发病有关。研究发现，自30岁以后，黑质多巴胺能神经元、酪氨酸氧化酶和多巴脱羧酶活力及纹状体多巴胺递质水平随年龄增长逐渐减少。然而，仅少数老年人患此病，说明生理性多巴胺能神经元退变不足以致病，年龄老化只是本病发病的促发因素。

2. 环境因素　流行病学调查结果发现，帕金森病的患病率存在地区差异，所以人们怀疑环境中可能存在一些有毒的物质，损伤了大脑的神经元。

3. 遗传易患性　近年在家族性帕金森病患者中曾发现 α 共同核素基因的 Alα53THr 突变，但以后多次未被证实。

4. 家族遗传性　医学家们在长期的实践中发现帕金森病似乎有家族聚集的倾向，有帕金森病患者的家族其亲属的发病率较正常人群高一些。

目前普遍认为，帕金森病的病因并非单一因素，多种因素可能参与其中。遗传因素可使患病易感性增加，只有与环境因素及衰老的相互作用下，通过氧化应激、线粒体功能衰竭、钙超载、兴奋性氨基酸毒性作用、细胞凋亡、免疫异常等机制才导致黑质多巴胺能神经元大量变性丢失而发病。

三、临床表现

人们对本病进行了更为细致的观察，发现除了震颤外，尚有肌肉僵直、写字越写越小等其他症状，但是患者四肢肌肉的力量并没有受损，认为将其称为麻痹并不合适，所以建议将本病命名为"帕金森病"。

1. 静止性震颤　震颤往往是发病最早期的表现，通常从某一侧上肢远端开始，以拇指、示指及中指为主，表现为手指像在搓丸子或数钞票一样的运动。然后逐渐扩展到同侧下肢和对侧肢体，晚期可波及下颌、唇、舌和头部。在发病早期，患者并不太在意震颤，往往是手指或肢体处于某一特殊体位的时候出现，当变换一下姿势时消失。以后发展为仅在肢体静止时出现，如在看电视时或者和别人谈话时，肢体突然出现不自主的颤抖，变换位置或运动时颤抖减轻或停止，所以称为静止性震颤，这是帕金森病震颤的最主要的特征。震颤在患者情绪激动或精神紧张时加剧，睡眠中可完全消失。震颤的另一个特点是其节律性，震动的频率是每秒钟 4～7 次。这个特征也可以帮助区别其他疾病，如因舞蹈症、小脑疾患，还有甲状腺功能亢进等引起的疾病。

2. 肌肉僵直　帕金森病患者的肢体和躯体通常都失去了柔软性，变得很僵硬。病变的早期多自一侧肢体开始。初期感到某一肢运动不灵活，有僵硬感，并逐渐加重，出现运动迟缓、甚至做一些日常生活的动作都有困难。如果拿起患者的髂膊或腿，帮助其活动关节，会明显感知其肢体僵硬，活动关节很困难，像在来回折一根铅管一样。如果患肢同时有震颤，则有断续的停顿感，就像两个咬合的齿轮转动时的感觉。

3. 运动迟缓　在早期，由于上臂肌肉和手指肌的强直，患者的上肢往往不能做精细的动作，如解系鞋带、扣纽扣等动作变得比以前缓慢许多，或者根本不能顺利完成。写字也逐渐变得困难，笔迹弯曲，越写越小，称为"小写症"。面部肌肉运动减少，患者很少眨眼睛，双眼转动也减少，表情呆板，好像戴了一副面具似的，称为"面具脸"。行走时起步困难，一旦开步，身体前倾，重心前移，步伐小而越走越快，不能及时停步，即"慌张步态"。行进中，患侧上肢的协同摆动减少以至消失；转身困难，要用连续数个小碎步才能转身。因口、舌、腭及咽部肌肉的运动障碍，患者不能自然咽下唾液，导致大量流涎。言语减少，语音也低沉、单调。严重时可导致进食饮水呛咳。病情晚期，患者坐下后不能自行站立，卧床后不能自行翻身，日常生活不能自理。

4. 特殊姿势　尽管患者全身肌肉均可受累、肌张力增高，但静止时屈肌张力较伸肌高，故患者出现特殊姿势：头前倾、躯干略屈、上臂内收、肘关节弯曲、腕略伸、指掌关节弯曲而指间关节伸直，拇指对掌，髋及膝关节轻度弯曲。

5. 疼痛　很多患者都会出现疼痛，虽然没有严重到必须吃止痛药的地步，但疼痛有时会非常令患者苦恼。疼痛的表现是多方面的，可以表现为肩颈部痛、头痛、腰痛，出现最多的症状是手臂或腿的酸痛，局部的肌肉僵直是其主要原因。

治疗帕金森病肌肉僵直引起的疼痛，补充左旋多巴有很好的疗效，多数患者病情在药物起效时随着肌肉僵直的缓解而缓解。但在用药的后期，少数患者在左旋多巴起效的高峰期反而会出现下肢，尤其是足趾的痉挛性疼痛。出现这种情况往往比较难处理，因为这显然是左旋多巴的副作用，减少剂量往往可以减轻痛性痉挛的症状，但同时又使帕金森病的症状不能很好缓解。遇到这种情况，医生往往是采用减少每次左旋多巴的用量，但增加给药的次数，或者增加多巴胺受体激动药的剂量。如果不能奏效，可以尝试局部注射肉毒素，可以起到缓解的作用。

6. 感觉异常 帕金森病患者还会有身体的某些部位出现异常的温热或是寒冷的症状，出现异常温热感觉的患者多一些。这种异常的温度感多出现在手、脚。还有患者的异常感觉在身体的一侧或是出现在体内，如感到胃部或是下腹部不适。患者中出现异常发热感的情况比较多见，身体的某些部位甚至会出现一种烧灼感。如一个得了帕金森病10多年的老年妇女有严重的腰部烧灼感。当药物失效时，其烧灼的感觉会更加严重，但当调整患者的用药有效地控制病情时，其症状也会得到改善。说明这种异常感觉还是帕金森病本身的症状。

对这种症状用麻醉药治疗无效也缺乏特异性疗法，通常对帕金森的治疗会对这种症状有所改善，有时加用卡马西平会有一些效果。

7. 吞咽困难 在帕金森病的晚期，会出现吞咽困难。现在，除了帕金森病本身造成吞咽障碍以外，各地都有一些手术后造成的吞咽障碍，其结果比前者更加严重，而且抗帕金森病治疗对它是无效的。其原因是双侧苍白球切开术或其他术式造成的吞咽麻痹，是一种器质性的损害，很难恢复。这种情况除了功能锻炼和慢慢恢复外，没有什么好的方法。

8. 言语障碍 言语障碍是帕金森病患者的常见症状，表现为语言不清、说话音调平淡，没有抑扬顿挫，节奏单调等。

9. 其他 可有自主神经功能紊乱现象，如唾液和皮脂腺分泌增多，汗腺分泌增多或减少，大、小便排泄困难和直立性低血压。少数患者可合并痴呆或抑郁等精神症状。除了上面介绍的症状之外，帕金森病患者还有以下一些特殊症状：

（1）油脂面：帕金森病患者的前额总是油光发亮。

（2）流涎：有很多帕金森病患者经常出现流口水的现象，严重者需要别人拿着手帕不停地为其擦拭。研究发现患者的唾液分泌并没有增加，而是因帕金森患者吞咽反射困难，自动吞咽动作的减少使唾液在口腔内淤积造成的。因此，患者要经常有意识地将唾液吞咽下去可减少流口水。对年轻的患者，应用抗胆碱能药如盐酸苯海索可以抑制唾液的分泌。

（3）膀胱刺激征：部分帕金森病患者往往一天中要上洗手间数次，尤其是晚上夜尿的次数多，并因此导致失眠。尿意有时是不可遏制的，加上患者本身行动缓慢，很容易导致尿湿裤子。

（4）下肢肿胀：帕金森病患者有时会出现下肢肿胀的现象，主要出现在脚部，严重时会波及小腿，通常在先出现障碍的那一侧下肢。那些有显著运动迟缓的患者，脚部肿胀更容易见到。它通常在晚间睡眠之后减轻或消失，但是白天又会逐渐变得严重起来。出现的原因是帕金森病患者缺乏活动，不能通过腿部的活动和肌肉的收缩来把静脉血液挤压到心脏，使静脉血淤积在静脉血管中，组织液外渗，引起脚部和踝关节的水肿。

四、治疗

1. 早期治疗　帕金森病早期黑质-纹状体系统存留的多巴胺能神经元可代偿地增加多巴胺（Dopamine，DA）合成，推荐采用理疗（按摩、水疗）和体育疗法（关节活动、步行、平衡及语言锻炼、面部表情肌操练）等，争取患者家属配合，鼓励患者多主动运动，尽量推迟药物治疗时间。如果疾病影响患者日常生活和工作，则需药物治疗。

2. 药物治疗　帕金森病目前仍以药物治疗为主，恢复纹状体 DA 与 Ach 递质系统平衡，应用抗胆碱能和改善 DA 递质功能药物，可改善症状，但不能阻止病情发展。用药原则：①从小剂量开始，缓慢递增，尽量用较小剂量取得满意疗效；②治疗方案个体化，根据患者年龄、症状类型和程度、就业情况、药物价格和经济承受能力等选择药物；③不应盲目加用药物，不宜突然停药，需终生服用；④本病药物治疗复杂，近年来推出的辅助药物 DR 激动药、单胺氧化酶 B（MAO-B）抑制药、儿茶酚-O-甲基转移酶（COMT）抑制药等，与复方多巴合用可增强疗效、减轻症状波动、降低复方多巴剂量，单独使用疗效不理想，应权衡利弊，适当选择联合用药。

（1）抗胆碱能药：对震颤和强直有效，对运动迟缓疗效较差，适于震颤明显、年龄较轻患者。常用盐酸苯海索 1～2 mg 口服，每日 3 次；如果加用左旋多巴，服用时需间隔2～3小时；如与三环类抗抑郁药或 MAO 抑制药合用，会增强抗胆碱作用；停药时需逐渐减量。副作用包括口干、视物模糊、便秘和排尿困难，严重者有幻觉、妄想。青光眼及前列腺肥大患者禁用，可影响记忆功能，老年患者慎用。

（2）金刚烷胺（Amantadine）：促进 DA 在神经末梢释放，阻止再摄取，并有抗胆碱能作用，是谷氨酸拮抗药，可能有神经保护作用，可轻度改善少动、强直和震颤等，早期可单独或与盐酸苯海索合用。起始剂量 50 mg、每日 2～3 次，1 周后增至 100 mg、每日 2～3 次，一般不超过 300 mg/d，老年人不超过 200 mg/d。药效可维持数月至 1 年。副作用较少，如不安、意识模糊、下肢网状青斑、踝部水肿和心律失常等。肾功能不全、癫痫、严重胃溃疡和肝病患者慎用，哺乳期妇女禁用。也可用其衍生物盐酸美金刚烷（memantine hydrochloride）。

（3）左旋多巴（L-dopa）及复方左旋多巴：L-dopa 是治疗帕金森病的有效药物或"金指标"。作为 DA 前体可透过血-脑屏障，被脑 DA 能神经元摄取后脱羧变为 DA，改善症状，对运动减少有特殊疗效。由于 95% 以上的 L-dopa 在外周脱羧成为 DA，仅约 1% 进入脑内，为减少外周副作用、增强疗效，多用 L-dopa 与外周多巴脱羧酶抑制药（DDCI）按 4∶1 制成的复方制剂（复方 L-dopa），用量较 L-dopa 减少 3/4。

（4）DA 受体激动药：DA 包括 5 种类型受体，D1R 和 D2R 亚型与 PD 治疗关系密切。DR 激动药共同作用特点如下。①直接刺激纹状体突触后 DR，不依赖于 DDC 将 L-dopa 转化为 DA 发挥效应；②血浆半衰期（较复方多巴）长；③可能对黑质 DA 能神经元有保护作用。早期 DR 激动药与复方多巴合用，不仅能提高疗效，减少复方多巴用量，且可减少或避免症状波动或运动障碍发生。

（5）MAO-B 抑制药：抑制神经元内 DA 分解，增加脑内 DA 含量。合用复方 L-dopa 有协同作用，减少 L-dopa 约 1/4 用量，延缓开关现象，有神经保护作用。常用司来吉兰 2.5～5 mg，每日 2 次，宜早、午服用，傍晚服用可引起失眠。副作用有口干、胃纳少和直立性低血压等，胃溃疡患者慎用。同类药物有雷沙吉兰。

（6）COMT 抑制药：抑制 L-dopa 外周代谢，维持 L-dopa 稳定血浆浓度，加速通过血-脑屏障，阻止脑胶质细胞内 DA 降解，增加脑内 DA 含量。代表药物恩托卡朋 100 ~ 200 mg，随左旋多巴制剂同时服用，每日最大剂量 1600 mg。与多巴丝肼或卡左双多巴合用增强后者疗效，减少症状波动反应，单独使用无效。副作用可有腹泻、头痛、多汗、口干、转氨酶升高、腹痛、尿色变浅等，用药期间须监测肝功能。

（7）兴奋性氨基酸（EAA）受体拮抗药及释放抑制药：EAA 可损害黑质细胞，其抑制药有神经保护作用，可增强 L-dopa 作用。但目前尚无临床有效治疗的报道。

（8）铁螯合剂：本病患者黑质 Fe^{2+} 浓度明显增加，铁蛋白含量显著减少。给予铁螯合剂可降低 Fe^{2+} 浓度，减少氧化反应。目前常用 21 -氨基类固醇（21-aminosteroide），可通过血-脑屏障与 Fe^{2+} 结合，抑制脂质过氧化，对黑质细胞有保护效应。

（9）神经营养因子（neurotrophic factors）：对神经元发育、分化及存活起重要作用，选择性作用于 DA 能神经元的神经营养因子有助于 PD 防治。神经营养因子包括酸性及碱性成纤维细胞生长因子（aFGF、bFGF）、上皮生长因子（EGF）、睫状神经营养因子（CNTF）、脑源性神经营养因子（BDNF）、胶质细胞源性神经营养因子（GDNF）及神经生长因子等。GDNF 和神经生长因子对中脑 DA 能神经元特异性强。

（10）中药或针灸：对本病治疗有一定的辅佐作用，需与西药合用，单用疗效不理想。

第三节　痴　呆

一、定义

原来智能正常，后因为理化和病毒感染等因素的作用，使正常的智能受损，导致智能变态的疾病称为痴呆。痴呆是一种由病程缓慢的进行性大脑疾病所致的综合征。特征是多种高级皮质功能紊乱，涉及记忆、思维、定向、理解、计算、判断、言语和学习能力等多方面。意识清晰，情感自控能力差、社交或动机的衰退，常与认知损害相伴随，但有时可早于认知损害出现。

二、病因

1. 脑变性病　某些皮质、皮质下疾病可引起痴呆，常见病因有阿尔茨海默病、皮克病、亨廷顿病、帕金森病、肝豆状核变性、皮质-纹状体-脊髓联合变性等。

2. 脑血管病　不同部位的脑血管疾病可引起痴呆，如多发梗死性痴呆、颈动脉闭塞、皮质下动脉硬化性脑病、血栓性血管炎等。

3. 代谢性疾病　一些代谢性疾病影响脑的功能，造成痴呆，如黏液水肿、甲状旁腺功能亢进或减退、肾上腺皮质功能亢进、肝豆状核变性、尿毒症、慢性肝功能不全等。

4. 颅内感染　颅内感染导致脑实质或脑功能改变，并可导致痴呆，如各种脑炎、神经梅毒、各种脑膜炎、库鲁病等。

5. 颅内占位性病变　肿瘤、硬膜下血肿可致结构或脑功能改变，引起痴呆。

6. 低氧和缺氧血症　包括缺血性（心搏骤停、严重贫血和出血），缺氧性（呼吸衰竭、哮喘、窒息、麻醉），淤滞性（心力衰竭、红细胞过多）和组织中毒性等各类低

（缺）氧血症。

7. 营养缺乏性脑病　硫胺素缺乏性脑病、糙皮病、维生素 B_{12} 及叶酸缺乏症等。

8. 中毒性疾病　常见于一氧化碳中毒，铅、汞等中毒，有机物中毒等。

9. 颅脑外伤　头部的开放性或闭合性外伤，如拳击员痴呆等。

10. 其他　正常压力脑积水、类肉瘤病等。

三、临床表现

1. 近记忆缺损常是最早的临床表现，主要是铭记功能受损，患者记不住定好的约会或任务，记不清近期发生过的事件。但患者对此有自知之明，并力求掩饰与弥补，往往采取一系列的辅助措施，如不厌其详地书面记录或一反常态地托人提醒等，从而减少或避免了记忆缺陷对工作、社会与生活等的不良影响，也掩盖了作为症状表现的记忆减退。

2. 痴呆的另一个早期症状是学习新知识、掌握新技能的能力下降，遇到不熟悉的作业时容易感到疲乏、沮丧与激怒。其抽象思维、概括、综合分析和判断能力进行性减退。记忆的全面受累及理解判断的缺损可能引起妄想，这种妄想为时短暂、变化多端、不成系统，其内容通常是被盗、损失、疑病、被害或对配偶的嫉妒妄想。记忆和判断的受损可出现定向障碍，患者丧失时间、地点、人物甚至自身的辨认能力。故常昼夜不分，不识归途或无目的漫游。

3. 情绪方面，早期呈现情绪不稳，在疾病演进中逐渐变性淡漠及迟钝。有时情感失去控制能力，变得浮浅而多变。表现焦虑不安，忧郁消极，或无动于衷，或勃然大怒，易哭易笑，不能自制。高级情感活动，如羞耻感、道德责任感和光荣感受累最早。

4. 人格障碍有时可在疾病早期出现，患者变得缺乏活力，容易疲劳，对工作失去热情，对往常爱好的活动失去了兴趣，对人对事都显得漫不经心，有时会开一些不合时宜的拙劣玩笑，对衣着及仪容也不如以前那样注意，可变得不爱整洁，不修边幅。有时会发生对年幼儿童的猥亵行为或暴露阴部等违反社会道德准则的行为。有人变得多疑、固执与斤斤计较。

5. 智能全面衰退至后期出现严重痴呆时，患者连日常生活也不能自理，饮食起居需人照顾，大小便失禁，失去语言对答能力，有的患者连自己的配偶、子女也不认得，对时间和地点的定向力更是几乎完全丧失，经常发生出门走失的情况。最后患者死于感染、内脏疾病或衰竭。

四、治疗

1. 胆碱酯酶抑制药　通过抑制乙酰胆碱酯酶，增加中枢神经系统乙酰胆碱浓度和活性，多用于治轻、中度阿尔茨海默病（AD）患者，常用的有 3 种：①多奈哌齐，起始剂量 5 mg/d，1 个月增至 10 mg/d，用于轻、中度 AD 患者。②卡巴拉汀，起始剂量 1.5 mg，每 12 小时 1 次，1 个月后增至最小有效剂量 3 mg，每 12 小时 1 次；可耐受再增至 6 mg，每 12 小时 1 次，停药后再服用需重新逐渐增量使用，适用于 AD 和帕金森病的轻、中度痴呆。③加兰他敏，起始剂量 4 mg，每 12 小时 1 次；4 周后加量至 8 mg，每 12 小时 1 次，用于早期 AD 患者。

2. 美金刚　起始剂量 5 mg，每日 1 次；每周增加 5 mg 至最大剂量 10 mg，每 12 小时1次。单药或与多奈哌齐合用对中至重度 AD 患者有一定疗效。

3. 脑蛋白水解物注射液　用于颅脑外伤、有记忆减退及注意力集中障碍的症状改善。

4. 茴拉西坦胶囊　用于中、老年记忆减退和脑血管病后的记忆减退。

第四节　抑郁症、焦虑症

一、抑郁症

（一）定义

抑郁症是躁狂抑郁症的一种发作形式，以情感低落、思维迟缓，以及言语动作减少、迟缓为典型症状。

（二）流行病学

抑郁症严重困扰患者的生活和工作，给家庭和社会带来沉重的负担，约15%的抑郁症患者死于自杀。世界卫生组织、世界银行和哈佛大学的一项联合研究表明，抑郁症已经成为中国疾病负担的第二大病种。引起抑郁症的因素包括：遗传因素、体质因素、中枢神经介质的功能及代谢异常、精神因素等。

（三）分类

1. 内源性抑郁症　即有懒、呆、变、忧、虑"五征"（大脑生物胺相对或绝对不足）。

2. 隐匿性抑郁症　情绪低下和忧郁症状并不明显，常常表现为各种躯体不适症状，如心悸、胸闷、中上腹不适、气短、出汗、消瘦、失眠等。

3. 青少年抑郁症　会导致学生学习困难，注意力涣散，记忆力下降，成绩全面下降或突然下降，厌学、恐学、逃学或拒学。

4. 继发性抑郁症　如有的高血压患者，服用降血压药后，导致情绪持续忧郁、消沉。

5. 产后抑郁症　特别是对自己的婴儿产生强烈内疚、自卑、痛恨、恐惧或厌恶孩子的反常心理。哭泣、失眠、吃不下东西、忧郁，是这类抑郁症患者的常见症状。

6. 白领抑郁症　患有抑郁症的青年男女神经内分泌系统紊乱，正常的生理周期也被打乱，症状多种多样，除了精神压抑、情绪低落、无所事事、爱生闷气、思虑过度、失眠、多梦、头昏、健忘等主要的精神症状外，厌食、恶心、呕吐、腹胀等消化吸收功能失调症状，月经不调、经期腹痛等妇科症状也不少见。

（四）病因

1. 神经递质学说　认为抑郁症病因为大脑神经递质在神经突触间的浓度相对或绝对不足，导致整体精神活动和心理功能的全面性低下状态。临床观察到抑郁症患者大脑缺少 5-羟色胺和去甲肾上腺素，抗抑郁药就是通过抑制神经系统对这两种神经递质的再摄取，使得突触间隙这两种递质浓度增加而发挥抗抑郁作用。

2. 神经回路学说　2007 年，国际权威科学杂志《自然》发表了中科院上海生科院神经科学研究所客座研究员、美国杜克大学教授冯国平的研究成果，首度揭示了强迫、焦虑和压抑的生理机制，指出"皮质-纹状体-丘脑-皮质回路"出现信息传导不畅是神经症的病理原因，在清华大学出版社《心灵杀毒2.0——弗洛伊德的拼图》中进一步验证了神经回路学说，指出抑郁症是"心灵呼吸的哮喘症"，创造了以此原理开发的思维自助方法。

（五）临床表现

抑郁症与一般的"不高兴"有着本质区别，根本不能混为一谈，它有明显的特征，综合起来有三大主要症状，即情绪低落、思维迟缓和运动抑制（主要表现为运动机制受限）。

1. 情绪低落　即高兴不起来，总是忧愁伤感，甚至悲观绝望。《红楼梦》中整天皱眉叹气、动不动就流眼泪的林黛玉就是典型的例子。

2. 思维迟缓　即自觉脑子不好使，记不住事，思考问题困难。患者觉得脑子空空的、变笨了。

3. 运动抑制　即不爱活动，浑身发懒，走路缓慢，言语少等。严重的可能不吃不动，生活不能自理。

4. 其他症状　具备以上典型症状的患者并不多见。很多患者只具备其中的一点或两点，严重程度也因人而异。心情压抑、焦虑、兴趣丧失、精力不足、悲观失望、自我评价过低等，都是抑郁症的常见症状，有时很难与一般的短时间的心情不好区分开来。这里向大家介绍一个简便的方法：如果上述的不适早晨起来严重，下午或晚上有部分缓解，那么，你患抑郁症的可能性就比较大了。这就是抑郁症所谓昼重夜轻的节律变化。

（六）治疗

抑郁障碍的药物相对较多，代表药物有选择性5-HT再摄取抑制药（SSRIs），如氟西汀等；选择性5-HT及NE再摄取抑制药（SNRIs），如文拉法辛；NE及特异性5-HT能抗抑郁药（NaSSA），如米氮平；选择性NE再摄取抑制药（NRI），如瑞波西汀；5-HT平衡抗抑郁药（SMA），如曲唑酮；NE及DA再摄取抑制药（NDRIs），如安非他酮；选择性5-HT再摄取激活药（SSRA），如噻奈普汀；可逆性单胺氧化酶抑制药（RMAOI），如吗氯贝胺等。药物治疗应全面考虑患者症状特点、年龄、躯体状况、药物的耐受性、有无合并症，因人而异地个体化合理用药；剂量逐步递增，尽可能采用最小有效剂量，使不良反应减至最少，以提高服药依从性；小剂量疗效不佳时，根据不良反应和耐受情况，增至足量（药物有效剂量的上限）和足够长；如仍无效，可考虑换药，改用同类其他药物或作用机制不同的另一类药物；尽可能单一用药，应足量、足疗程治疗。当换药治疗无效时，可考虑2种作用机制不同的抗抑郁药联合使用。一般不主张联用2种以上抗抑郁药；积极治疗与抑郁共病的焦虑障碍、躯体疾病、物质依赖。

二、焦虑症

（一）定义

焦虑症又称焦虑性神经症，以广泛性焦虑症（慢性焦虑症）和发作性惊恐状态（急性焦虑症）为主要临床表现，常伴有头晕、胸闷、心悸、呼吸困难、口干、尿频、尿急、出汗、震颤和运动性不安等症，其焦虑并非由实际威胁所引起，或其紧张惊恐程度与现实情况很不相称。

（二）分类

焦虑症是一种有显著和持续的心理身体焦虑症状的状态，且非其他疾病造成的。可分为持续症状（广泛性焦虑症，generalized anxiety disorder）与阵发症状两类。后者可再分为在特殊状态下阵发的焦虑（恐惧焦虑症，phobic anxiety disorders）与任何情况下都可能发生的焦虑（惊恐障碍，panic disorder）。恐惧焦虑症还分为特定对象恐惧症（specific phobia）、社交恐怖症（social phobia）及广场恐惧症（agoraphobia）。

（三）病因

对焦虑症的起因，不同学派的研究者有不同的意见。这些意见并不一定是相互冲突的，而是互补的。

1. 躯体疾病或者生物功能障碍虽然不会是引起焦虑症的唯一原因，但是，在某些罕见的情况下，患者的焦虑症状可以由躯体因素而引发，如甲状腺亢进、肾上腺肿瘤。许多研究者试图发现，是不是焦虑症患者的中枢神经系统，特别是某些神经递质，是引发焦虑症的罪魁祸首。研究集中在 2 种神经递质上：去甲肾上腺素和血清素。很多研究发现患者处于焦虑状态时，其大脑内的去甲肾上腺素和血清素的水平急剧变化，但是未确定这些变化是焦虑症状的原因还是结果。

2. 认知过程，或者是思维，在焦虑症状的形成中起着极其重要的作用。研究发现，抑郁症患者比一般人更倾向于把模棱两可的、甚至是良性的事件解释成危机的先兆，更倾向于认为坏事情会落到他们头上，认为失败在等待着他们，并低估自己对消极事件的控制能力。

3. 在有应激事件发生的情况下，更有可能出现焦虑症。甲状腺素、去甲肾上腺素这些与紧张情绪有关的激素的分泌紊乱（过量）则对以上过程有放大作用。

4. 神经回路假设，见"抑郁症"相关内容。

（四）临床表现

患者表现出焦虑、恐慌和紧张情绪，感到最坏的事即将发生，常坐卧不安，缺乏安全感，整天提心吊胆，心烦意乱，对外界事物失去兴趣。严重时有恐惧情绪，对外界刺激易出现惊恐反应，常伴有睡眠障碍和自主神经紊乱现象，如入睡困难、做噩梦、易惊醒、面色苍白或潮红、易出汗、四肢发麻、肌肉跳动、眩晕、心悸、胸部有紧压感或窒息感、食欲不振、口干、腹部发胀并有灼热感、便秘或腹泻、尿频、月经不调、性欲缺乏等。其临床特点如下：

1. 焦虑是一种情绪状态，患者基本的内心体验是害怕，如提心吊胆、忐忑不安，甚至极端惊恐或恐怖。

2. 这种情绪是不快的和痛苦的，可以有一种迫在眉睫或马上就要虚脱昏倒的感觉。

3. 这种情绪指向未来，它意味着某种威胁或危险，即将到来或马上就要发生。

4. 实际上并没有任何威胁和危险，或者，用合理的标准来衡量，诱发焦虑的事件与焦虑的严重程度不相称。

5. 在焦虑体验的同时，有躯体不适感、精神运动性不安和自主神经功能紊乱。

（五）治疗

对焦虑症患者的治疗，首先是心理治疗。以同情的心情去关心体贴患者，协助其消除病因，对病因有正确的认识，解决具体困难，并对疾病的性质加以科学的解释，配合适量的抗焦虑药。

1. 应充分认识到焦虑症不是器质性疾病，对人的生命没有直接威胁，因此患者不应有任何精神压力和心理负担。

2. 要树立战胜疾病的信心,患者应坚信自己所担心的事情是根本不存在的,经过适当的治疗,此病是完全可以治愈的。

3. 在医生的指导下学会调节情绪和自我控制,如心理松弛,转移注意力、排除杂念,以达到顺其自然、泰然处之的境界。

4. 学会正确处理各种应急事件的方法,增强心理防御能力。培养广泛的兴趣和爱好,使心情豁达开朗。

5. 在可能的情况下争取家属、同事、组织上的关照、支持,解决好可引起焦虑的具体问题。

6. 合理应用抗焦虑药 ①苯二氮䓬类药:阿普唑仑、劳拉西泮、艾司唑仑等,该类药物抗焦虑作用强,对急性期焦虑患者可考虑短期应用,一般治疗时间不超过 2～3 周。长期大量应用可引起药物依赖、停药可引起戒断症状。②三环类药:包括丙米嗪、阿米替林、氯米帕明、多塞平及四环类马普替林,一般使用剂量为 50～250 mg/d,剂量缓慢递增,分次服用,禁止与单胺氧化酶抑制药联用。③5-HT1A 受体部分激动药:如丁螺环酮、坦度螺酮等,优点是镇静作用轻,较少引起运动障碍,无呼吸抑制,对认知功能影响小,但起效相对缓慢,为 2～4 周,禁止与单胺氧化酶抑制药联用。④选择性 5-羟色胺再摄取抑制药:包括氟西汀、帕罗西汀、舍曲林、西酞普兰、氟伏沙明等,其中帕罗西汀是临床治疗焦虑症应用最广泛的一种药物,该类药物禁止与单胺氧化酶抑制药、氯米帕明、色氨酸联用。⑤5-HT 受体拮抗和再摄取抑制药:可治疗各种焦虑症,曲唑酮一般剂量 100～200 mg/d。⑥圣约翰草提取物:300mg,每日 3 次,可作为患者几乎没有其他可用处方药物时的备用药物。

7. 生物反馈治疗 也有较好的效果。

8. 经颅微电流刺激疗法(CES)治疗 1980 年开始应用于美国,经过近 30 年发展逐渐成熟完善,成为非药物治疗焦虑症的有效手段。

第五节 失 眠

一、定义

失眠是指无法入睡或无法保持睡眠状态,导致睡眠不足。又称入睡和维持睡眠障碍(DIMS),祖国医学称其为"不寐""不得眠""不得卧""目不瞑",是以经常不能获得正常睡眠为特征的一种病证,为各种原因引起的入睡困难、睡眠深度或频度过短(浅睡性失眠)、早醒及睡眠时间不足或质量差等。

美国宾夕法尼亚大学研究人员与英国同行曾在英国《自然》杂志上发表论文介绍说,他们在实验中剥夺了实验鼠 5 个小时睡眠。结果发现,实验鼠大脑中一种名为 PDE4 的酶含量和活性都出现增长,而这种酶会对帮助保持记忆的分子造成影响,从而削弱记忆力。进一步实验发现,使用可以抑制这种酶的相关药物后,被剥夺睡眠的实验鼠就不会再出现记忆力衰退的现象。这表明在此基础上可以找到有效的药物治疗方案,帮助那些受失眠困扰的人们改善记忆力。

二、分类

从中医学角度看，失眠基本为5种类型：

1. 肝郁化火　多由恼怒烦闷而生，表现为少寐，急躁易怒、目赤口苦、大便干结、舌红苔黄、脉弦而数。方以龙胆泻肝汤为基础。

2. 痰热内扰　常由饮食不节、暴饮暴食，恣食肥甘生冷，或嗜酒成癖，导致肠胃受热，痰热上扰。表现为不寐、头重、胸闷、心烦、嗳气、吞酸、不思饮食，苔黄腻，脉滑数。方以温胆汤为基础。

3. 阴虚火旺　多因体虚精亏、纵欲过度、遗精，使肾阴耗竭、心火独亢，表现为心烦不寐、五心烦热、耳鸣健忘、舌红、脉细数。方以朱砂安神丸、二至丸为基础。

4. 心脾两虚　由于年迈体虚，劳心伤神或久病大病之后，引起气虚血亏，表现为多梦易醒、头晕目眩、神疲乏力、面黄少华、舌淡苔薄、脉细弱。方以归脾汤为基础。

5. 心胆气虚　由于突然受惊，或耳闻巨响、目睹异物，或涉险临危，表现为噩梦惊扰、夜寐易醒、胆怯心悸、遇事易惊、舌淡脉细弦。方以安神养志丸为基础。

三、病因

1. 因身体疾病造成的失眠　失眠的身体疾病有心脏病、肾病、哮喘、溃疡病、关节炎、骨关节病、肠胃病、高血压、睡眠呼吸暂停综合征、甲状腺功能亢进、夜间肌阵挛综合征、脑疾病等。

2. 因生理原因造成的失眠　环境的改变，会使人产生生理上的反应，如乘坐车、船、飞机时睡眠环境的变化；卧室内强光、噪声、过冷或过热都可能使人失眠。有的人对环境的适应性强，有的人则非常敏感、适应性差，环境一改变就睡不好。

3. 心理、精神因素导致的失眠　心理因素如焦虑、烦躁不安或情绪低落、心情不愉快等，都是引起失眠的重要原因。生活的打击、工作与学习的压力、未遂的意愿及社会环境的变化等，会使人产生心理和生理反应，导致神经系统的功能异常，造成大脑的功能障碍，从而引起失眠。

4. 服用药物和其他物质引起的失眠　服用中枢神经兴奋药可导致失眠，如减肥药苯丙胺等。长期服用安眠药，一旦戒掉，也会出现戒断症状——睡眠浅，噩梦多。茶、咖啡、可乐类饮料等含有中枢神经兴奋物质——咖啡因，晚间饮用可引起失眠。乙醇干扰人的睡眠结构，使睡眠变浅，一旦戒酒也会因戒断反应引起失眠。

5. 对失眠的恐惧引起的失眠　有的人对睡眠的期望过高，认为睡得好、身体就百病不侵，睡得不好、身体上易出各种毛病。这种对睡眠的过分迷信，增加了睡眠的压力，容易引起失眠。

四、临床表现

1. 入睡困难。
2. 不能熟睡，睡眠时间减少。
3. 早醒、醒后无法再入睡。
4. 频频从噩梦中惊醒，自觉整夜都在做噩梦。
5. 睡过之后精力没有恢复。

6. 发病时间可长可短，短者数日可好转，长者持续数日难以恢复。

7. 容易被惊醒，有的对声音敏感，有的对灯光敏感。

8. 很多失眠的人喜欢胡思乱想。

9. 长时间的失眠会导致神经衰弱和抑郁症，而神经衰弱患者的病症又会加重失眠。

五、治疗

1. 心理治疗

（1）一般心理治疗：通过解释、指导，使患者了解有关睡眠的基本知识，减少不必要的预期性焦虑反应。

（2）行为治疗：进行放松训练，教会患者入睡前进行，加快入睡速度，减轻焦虑。

2. 药物治疗　目前常用苯二氮䓬类和非苯二氮䓬类催眠药。《美国精神障碍诊断和统计手册（第4版）》（DSM-Ⅳ）提到非苯二氮䓬类催眠药唑吡坦可作为原发性失眠的首选药物。长期、顽固性失眠应在专科医生指导下用药。临床治疗失眠的目标为：①缓解症状，缩短睡眠潜伏期，减少夜间觉醒次数，延长总睡眠时间；②保持正常睡眠结构；③恢复社会功能，提高患者的生活质量。

（1）苯二氮䓬类：在20世纪60年代开始使用，主要特征如下。①非选择性拮抗γ-氨基丁酸苯二氮䓬（GABA-BZDA）复合受体，具有镇静、肌松和抗惊厥的三重作用；②通过改变睡眠结构延长总睡眠时间，缩短睡眠潜伏期；③不良反应及并发症较明确，包括日间困倦、认知和精神运动损害、失眠反弹及戒断综合征；④长期大量使用会产生耐受性和依赖性。

（2）非苯二氮䓬类：出现于20世纪80年代，主要有唑吡坦、佐匹克隆、扎来普隆等药物。其主要特征如下。①由于选择性拮抗GABA-BZDA复合受体，故仅有催眠而无镇静、肌松和抗惊厥作用；②不影响健康者的正常睡眠结构，可改善患者的睡眠结构；③治疗剂量内唑吡坦和佐匹克隆一般不产生失眠反弹和戒断综合征。

（3）褪黑素和褪黑素受体激动药：雷美尔通，褪黑素受体MT1和MT2激动药，可缩短睡眠潜伏期、提高睡眠效率、增加总睡眠时间，可用于治疗以入睡困难为主诉的失眠及昼夜节律失调性睡眠障碍。阿戈美拉汀，既是褪黑素受体激动药也是5-HT受体拮抗药，具有抗抑郁和催眠双重作用，能够改善抑郁症相关性失眠。

第六节　偏头痛、紧张性头痛

一、偏头痛

（一）定义

偏头痛是反复发作的一种搏动性头痛，属众多痛类型中的"大户"。发作前常有闪光、视物模糊、肢体麻木等先兆，同时可伴有神经、精神功能障碍。它是一种可逐步恶化的疾病，发病频率通常越来越高。

（二）分类

2004年国际头痛协会偏头痛分型：①无先兆偏头痛。②有先兆偏头痛，包括伴典型先兆的偏头痛性头痛、伴典型先兆的非偏头痛性头痛、典型先兆不伴头痛、家族型偏瘫性偏头痛、散发性偏瘫性偏头痛、基地型偏头痛。

（三）病因

1. 遗传因素　由于约60%的患者可问出家族史，部分患者家庭中有癫痫患者，故专家认为该病与遗传有关，但尚无一致的遗传形式。

2. 内分泌因素　血管性偏头痛多见于青春期女性，在月经期发作频繁，妊娠时发作停止，分娩后再发，而在更年期后逐渐减轻或消失。

3. 饮食因素　经常食用奶酪、巧克力、刺激性食物或抽烟、喝酒的人均易患血管性偏头痛。

4. 其他因素　情绪紧张、精神创伤、忧虑、焦虑、饥饿、失眠、外界环境差以及气候变化也可诱发偏头痛。

（四）临床表现

1. 不伴先兆的偏头痛（普遍型偏头痛）　最为常见。发作时有中度到重度搏动性头痛，伴恶心、呕吐或畏光，体力活动使头痛加剧。发作开始时仅为轻到中度的钝痛或不适感，几分钟到几小时后达到严重的搏动性痛或跳痛。约2/3为一侧性头痛，也可为双侧头痛，有时疼痛放射至上颈部及肩部。头痛持续4～72小时，睡眠后常见缓解。两次发作间有明确的正常间隙期。若90%的发作与月经周期密切相关，称为月经期偏头痛。至少出现上述发作5次，除外颅内外各种器质性疾病后方可作出诊断。

2. 伴有先兆的偏头痛（典型偏头痛）　可分为先兆和头痛两期。

（1）先兆期：视觉症状最常见，如畏光、眼前闪光、火花或复杂视幻觉，继而出现视野缺损、暗点、偏盲或短暂失明。少数患者可出现偏身麻木、轻度偏瘫或言语障碍。先兆大多持续5～20分钟。

（2）头痛期：常在先兆开始消退时出现。疼痛多始于一侧眶上、眶后部或额颞区，逐渐加重而扩展至半侧头部，甚至整个头部及颈部。头痛为搏动性，呈跳痛或钻凿样，程度逐渐加重发展成持续性剧痛，常伴恶心、呕吐、畏光、畏声。有的患者面部潮红，大量出汗，眼结膜充血；有的患者面色苍白，精神委靡，厌食。一次发作可持续1～3日，通常睡觉后头痛明显缓解，但发作过后连续数日倦怠无力。发作间歇期一切正常。

3. 眼肌麻痹型偏头痛　极少见。起病年龄大多在30岁以下。有固定于一侧的头痛发作史，在一次较剧烈头痛（眼眶或眶后痛）发作后，出现同侧的眼肌麻痹，以上睑下垂最多见。麻痹持续数日或数周后恢复。开始几次发病麻痹完全恢复，但多次发作后可遗留部分眼肌麻痹而不恢复。神经影像排除颅内器质性病损。

4. 儿童期良性发作性眩晕（偏头痛等位发作）　有偏头痛家族史但儿童本人无头痛。表现为多次、短暂的眩晕发作，也可出现发作性平衡失调、焦虑，伴有眼球震颤或呕吐。神经系统及脑电图检查正常。间隙期一切正常。部分儿童成年后可转为偏头痛。

5. 偏头痛持续状态　偏头痛发作持续时间在72小时以上者（其间可能有短于4小时的缓解期），称为偏头痛持续状态。

（五）治疗

治疗目的除解除急性头痛发作症状外，需尽量防止或减少头痛的反复发作。应避免各种诱发因素。药物治疗、心理治疗、针灸及气功对部分患者有效。

1. 急性发作的治疗　应在安静避光的室内休息。轻者可服用一般的镇痛药和安定药（如阿司匹林、布洛芬等），多数可获得缓减。头痛伴恶心、呕吐者可应用甲氧氯普胺。

（1）麦角胺制剂对部分患者有效。它是5-HT受体的激动药，也有直接收缩血管作用。主要激动5-HT$_1$A受体，但对多巴胺、肾上腺素受体也有作用，因此副作用较大。常用麦角胺咖啡因片（每片含咖啡因100 mg和麦角胺1 mg），在出现先兆或开始隐痛时立即服用1~2片。为避免麦角中毒，单次发作用量不要超过4片，每周总量不得超过8片。或可用酒石酸麦角胺0.25~0.5 mg，作皮下或肌内注射。麦角过量会出现恶心、呕吐、腹痛、肌痛及周围血管痉挛、缺血等副作用。有严重心血管、肝、肾疾病者及孕妇禁用。对偏瘫型、眼肌麻痹型和基底型偏头痛也不适用。

（2）舒马曲坦是5-HT$_1$D受体激动药，对脑血管有高度选择性作用。成人口服100 mg，30分钟后头痛开始缓解，4小时后达到最佳疗效。皮下注射6 mg（成人量）起效快，症状复发可在24小时内再次注射6 mg。副作用轻微，有一过性全身热、口干、头部压迫感和关节酸痛，偶尔也有胸闷、胸痛或心悸情况。但此药较为昂贵，一般患者难以承受。且有部分患者似乎有成瘾性，但尚未清楚是此药有成瘾性还是头痛原因所致不得不多服药，有待进一步研究。

（3）偏头痛持续状态和严重偏头痛可口服或肌内注射氯丙嗪（1 mg/kg）或静脉滴注促肾上腺皮质激素（ACTH）50 U（置于500 mL葡萄糖水内）；或口服泼尼松10 mg，每日3次。对发作时间持续较长的患者应注意适当补液，纠正水及电解质紊乱。

2. 预防治疗　每月头痛发作2~3次以上者应考虑长期预防性药物治疗。该类药物需每日服用，用药后至少2周才能见效。若有效应持续服用6个月，随后逐渐减量到停药。

（1）NSAIDs：阿司匹林200~300 mg/d，萘普生500~1000 mg/d，可降低偏头痛发作的频率。主要不良反应为胃肠道反应及出血风险。

（2）其他非处方药：核黄素、辅酶Q10、镁盐复方制剂，对预防偏头痛发作有效，可减少偏头痛发作频率。

（3）钙拮抗药：非特异性钙拮抗药氟桂利嗪一般剂量为5~10 mg/d，禁用于锥体外系症状和抑郁症。

（4）抗癫痫药：托吡酯25~100 mg/d，对发作性及慢性偏头痛有效，对其有效成分或磺胺类药过敏者禁用。双丙戊酸钠/丙戊酸钠对预防偏头痛有效，但长期使用需定时检测血常规、肝功能和淀粉酶。女性患者需注意体重增加及卵巢功能异常（如多囊卵巢综合征）。

（5）β受体阻滞药：其中普萘洛尔和美托洛尔在偏头痛预防性治疗方面效果明确，禁忌证包括反应性呼吸道疾病、糖尿病、体位性低血压及心率减慢等某些心脏疾病。

（6）抗抑郁药：在抗抑郁药中，阿米替林和文拉法辛预防偏头痛的有效性已获得证实，阿米替林尤其适用于合并有紧张性头痛或抑郁状态的患者，主要不良反应为镇静。文拉法辛疗效与阿米替林类似，但不良反应更少。

（7）长期精神紧张、神经痛者，推荐合并应用谷维素，一次10~30 mg，每日3次。

二、紧张性头痛

（一）定义

紧张性头痛又称肌收缩性头痛，是一种头部的紧束、受压或钝痛感，更典型的是具有束带感。作为一过性障碍，紧张性头痛多与日常生活中的应激有关，但如持续存在，则可能是焦虑症或抑郁症的特征性症状之一。

（二）病因

紧张性头痛是由于头部与颈部肌肉持久的收缩所致，而引起这种收缩的原因有三：①作为焦虑或忧郁伴随精神紧张的结果；②作为其他原因的头痛或身体其他部位疼痛的一种继发症状；③由于头、颈、肩胛带姿势不良所引起。本病临床上极为常见，以女性为多，多在30岁前后发病，心理治疗往往能收到良好的效果。

导致紧张性头痛的原因主要有繁重的学习和工作压力造成的精神紧张、情绪异常以及睡眠严重不足等，使人体的脑血管供血发生异常，引起脑血管痉挛，从而导致头痛。痛楚的范围通常是对称的，由后枕延伸到前额，头痛维持数小时，病发期间，头痛每日发作，通常患者不会察觉到头痛是与精神紧张有关，但当经过仔细的查问，不难发现患者的紧张情绪与头痛的直接关系。澳洲医学权威 J. Murtagh 医生于1994年的著作中指出，除了精神因素以外，颈脊椎的功能失常也是引致紧张性头痛的主要成因。

（三）临床表现

1. 头痛多位于两额及枕、颈部，呈持续性钝痛，患者常诉头部有紧箍感和重压感，不伴恶心和呕吐。

2. 头痛可于晨间醒来时或起床后不久出现，可逐渐加重或整天不变，患者常声称头痛多年来未缓解过。

3. 部分患者头痛和偏头痛并存。

4. 部分患者有"空枕头"征。

（四）治疗

本病的关键是预防发作，心理检查和心理治疗极为重要，应在心理治疗的基础上辅以药物治疗。

1. 治疗原则　发作期，控制头痛；缓解期，预防发作。

2. 处理方法　如果已经得了紧张性头痛，则常有非搏动性疼痛，头痛欲裂，无法睡眠，伴有烦躁、失眠、记忆力衰退、易激动等神经功能症。头痛厉害时可服对乙酰氨基酚，也可服用弱效安定药，如地西泮、甲丙氨酯等，有助于解除精神紧张、松弛肌肉。还可转动颈部，自行按摩，以缓解症状。

中医学治疗头痛的方法很多，如白芷有明显的止痛作用；川芎具有活血化瘀、通络、缓解血管痉挛的作用；菊花清肝明目，可明显改善因风阳上扰引起的头痛。可让医生通过对病情程度和体质进行具体分析后进行中医辨证施治，以减少头痛发作的次数、时间和频率，改善症状，继而使头痛逐渐消失。

第三十一章　外科常见疾病

第一节　腰肌劳损

一、定义

腰肌劳损又称功能性腰痛、慢性下腰损伤、腰臀肌筋膜炎等，实为腰部肌肉及其附着点筋膜或骨膜的慢性损伤性炎症，是腰痛的常见原因之一。流行病学调查显示腰肌劳损为临床常见病、多发病，有 80% 的人都有过腰痛的经历。由于社会工作压力大，多数人忙于工作而忽略了腰部的健康，导致我国约有 30% 的人到骨科门诊都是看腰痛，因此当腰部出现酸痛、灼热感时应及时就诊。

二、病因

腰肌劳损发病因素较多，其中主要病因有以下几点：①急性腰扭伤后，治疗不当或延误治疗，迁延日久，可造成腰部慢性损伤。②长期反复的过度腰部运动及过度负重、抬物，均可使腰肌长期处于高张力状态，久而久之可导致腰肌劳损。③慢性腰肌劳损与气候、环境条件也有一定关系，气温过低或湿度太大都可促发或加重腰肌劳损。

三、临床表现

1. 腰部酸痛或胀痛，部分刺痛或灼痛。
2. 劳累时加重，休息时减轻；适当活动和经常改变体位时减轻，活动过度又加重。
3. 不能坚持弯腰工作，常被迫伸腰或用拳头击腰部以缓解疼痛。
4. 腰部有压痛点，多在骶棘肌处，髂骨脊后部、骶骨后骶棘肌止点处或腰椎横突处。
5. 腰部外形及活动多无异常，也无明显腰肌痉挛，少数患者腰部活动稍受限。

四、鉴别诊断

根据症状、体征等临床表现进行诊断。结合长期慢性腰痛病史和查体，诊断难度不大，应注意与腰椎退行性疾病，如腰椎间盘突出、腰椎滑脱等疾病相鉴别。

五、治疗

腰肌劳损患者要适当休息，定时改变姿势，避免过度劳累，同时也要适当做些功能锻炼加强腰背肌锻炼，防止肌肉张力失调，再配合药物治疗。

1. 非甾体消炎药　这类药可减轻或控制症状但不能改变病变的进展，可在急性发作疼痛时起到缓解疼痛，减轻痛苦的作用，如双氯芬酸钠、布洛芬、洛索洛芬钠片等。消炎止痛药不能长期服用，止痛药剂量会越用越大而效果越来越不明显，同时也会导致许多并发症，如间质性肾炎、肝功损害、白细胞和血小板减少等。止痛药的危险性远远大于腰肌劳损本身，因此一定要慎用。

2. 中成药　中医学认为腰肌劳损因感受寒湿、湿热及气滞血瘀、肾亏等所致，故治疗时可选用强腰补肾、活血止痛、散寒祛瘀的中成药，如腰痛片、腰痛宁、腰息痛等。

3. 外用贴膏　对腰肌劳损也有一定的治疗作用，包括消炎镇痛膏、消痛贴膏、麝香祛瘀膏、伤湿祛痛膏等。但要注意外用贴膏使用时要擦净皮肤表面，如局部皮肤有瘙痒、红疹等应立即撕掉并积极处理。

六、预防

1. 防止潮湿、寒冷、受凉。不能随意睡在潮湿的地方，根据气候的变化，随时增减衣服，出汗或淋雨之后要及时更换湿衣或擦干身体。

2. 腰肌劳损患者腰部用力要适当，不可强力举重，不可负重久行，坐卧、行走保持正确姿势。

3. 平时饮食上多吃一些含钙量高的食物，如牛奶、奶制品、虾皮、海带等，以利于钙的补充。保持良好的生活习惯。

4. 过软的床不能保持脊柱的正常生理曲度，所以最好在木板上加一张 10 cm 厚的垫子。

第二节　骨质增生

一、定义

骨质增生又称增生性骨关节病，是指由于退行性病变，以致关节软骨被破坏而引起的慢性关节病，又称退化性关节炎、骨关节炎及肥大性关节炎等。骨质增生多发于 50 岁以上老年人，50 岁以前女性骨质增生的发生率比男性高 2 倍，但在 50 岁以后两性发病率基本相等。骨质增生与职业有关，长期反复使用某些关节，可引起这些关节患病率增加。

二、病因

人体成熟后的逐渐老化及退行性病变是原发性骨关节病的基本病因。另外中医认为本病与外伤、劳损、瘀血阻络、感受风寒湿邪、痰湿内阻、肝肾亏虚等有关。

三、临床表现

本病起病缓慢，无全身症状，常为多关节发病。也有单关节发病者，受累关节可有持续性隐痛，活动增加时加重，休息后好转，骨质增生主要表现在以下 4 个方面：

1. 颈椎骨质增生　颈项部有强硬的感觉，活动受限，颈部活动有弹响声，疼痛常向肩部和上肢放射，手和手指有麻木、触电样感觉，可因颈部活动而加重。

2. 腰椎骨质增生　临床上常出现腰椎及腰部软组织酸痛、胀痛，僵硬与疲乏之感，甚至弯腰受限。如邻近的神经根受压，可出现局部疼痛、发僵、麻木等；如压迫坐骨神经，可引起患肢剧烈麻木、灼痛、抽痛、窜痛，并向整个患肢放射。

3. 膝关节骨质增生　初期，起病缓慢者，膝关节疼痛不严重，有可持续性隐痛，气温降低时疼痛加重，剧烈运动或久坐起立开始走时，膝关节疼痛僵硬，稍活动后好转，蹲起时疼痛、僵硬。严重时，关节酸痛胀痛，跛行，功能受限，伸屈活动有响声，部分患者可见关节腔积液，局部有明显肿胀、压缩现象。

4. 足跟骨质增生　患者足根压痛，脚底疼痛。早晨重下午轻，起床下地第一步痛不可忍，时轻时重，走路时脚跟不敢用力，有针刺的感觉，活动开后症状减轻。

四、鉴别诊断

根据慢性病史、临床表现和 X 线结果，诊断比较容易。主要与以下疾病鉴别诊断：

1. 急性风湿热　本病发病急，全身症状重，持续时间短。关节表面皮肤呈红热。受累关节疼痛、压痛，为游走性，无关节功能障碍。X 线检查无变化。

2. 类风湿关节炎　本病多发在 20～50 岁。急性发作，全身症状较轻，持续时间长。受累关节多对称或多发，不侵犯远端指间关节，X 线检查局部或全身骨质疏松，关节面吸收骨性愈合，强直畸形。类风湿因子阳性。

3. 强直性脊柱炎　本病多发于 15～30 岁男性青年。发病缓慢，间歇疼痛，多关节受累。脊柱活动受限，关节畸形。X 线检查骶髂关节狭窄、脊柱韧带钙化。

五、治疗

骨质增生最重要又最基本的治疗方法是减少关节的负重和过度的大幅度活动，爱惜患者关节，以及延缓病变的进程，在此基础上配以适当的药物治疗。

1. 非甾体消炎药　可减轻或控制症状，但不能改变病变的进展，可在急性疼痛发作时起到缓解疼痛、减轻痛苦的作用。这类药有双氯芬酸钠缓释胶囊、尼美舒利、洛索洛芬钠、塞来昔布等。非甾体消炎药缓解疼痛时效果明显，但是不宜长期服用。服用非甾体消炎药时有 15%～20% 的人出现胃肠溃疡，甚至胃出血。尤其是 70 岁以上合并心脏病的患者危险性会增加，所以选择非甾体消炎药时要遵医嘱。

2. 中医学认为骨质增生属于痹症，通常可以用些疏通经络和血脉的药，筋骨得到了血氧供给，经络得以疏通，疼痛自然就会消失，可以选择中成药，如抗骨增生胶囊、骨刺平片、藤黄健骨丸、骨刺消痛胶囊等。

3. 为了缓解疼痛，可以选用祛风止痛、活血化瘀的贴膏，如关节镇痛膏、通络骨质宁膏、骨质增生一贴灵等。

4. 骨质增生时，关节软骨磨损后致使骨与骨之间产生硬性摩擦，久而久之形成了骨刺。这时可以建议患者服用氨基葡萄糖、硫酸软骨素等辅助药，可以慢慢修复骨质增生患者受损的软骨，还可以润滑关节。这类药物适用于轻、中度骨质增生。

5. 如果增生的骨质压迫到神经，可以加服营养神经的药物，如甲钴胺、维生素 B_{12} 等。

六、预防

1. 骨质增生患者急性期疼痛较重，要尽量减少受累关节的活动量，患者可卧床休息，通过休息来减少受累关节的机械性刺激，这不仅可防止症状进一步加重，而且还能为炎症的消散创造一个良好的条件。

2. 骨质增生的患者随着年龄的增长而增加，为了确保老年人骨质代谢的正常需要，老年人钙的摄取量应比成年人高。所以在饮食方面应多食高钙食物，如牛奶、豆制品、虾皮等。同时还要增加多种维生素的摄入，如维生素 A 和 D 等。

3. 寒冷、潮湿、受风常是骨质增生发病的主要诱因。寒冷刺激神经，会使患者疼痛加重，或使局部血管收缩，影响病变局部的血流畅通，从而加重病情，因此骨质增生患者忌受风寒。

第三节　骨质疏松

一、定义

骨质疏松与骨的机械功能和钙代谢有着紧密的相互联系。由于生理（年龄、绝经）和病理（运动、损伤、炎症、代谢内分泌疾病）等原因使骨组织中的钙丢失、骨空隙增加、机械性能下降，则易诱发病理性骨折。骨质疏松系骨代谢障碍的一种全身性骨骼疾病，依据病因可分为原发性骨质疏松症、继发性骨质疏松症、特发性骨质疏松症。

根据流行病学调查，在我国 45 岁以后随着年龄增加骨密度测定值下降，骨质疏松发生率增加，女性发病率明显高于男性，特别是女性 60～64 岁由于停经造成骨质疏松病发生率显著增加。

二、病因

骨质疏松的常见病因有：①膳食结构不合理，饮食中钙的摄入不够；②妇女绝经后雌激素分泌减弱；③妊娠及哺乳期妇女大量流失钙；④长期大量饮酒、咖啡及吸烟；⑤长期服用药物。

三、临床表现

1. 疼痛　是原发性骨质疏松症最常见的症状，以腰背痛多见，占疼痛患者的 70%～80%。疼痛沿脊柱向两侧扩散，仰卧或坐卧时疼痛减轻，直立、久坐时疼痛加剧，弯腰、咳嗽、大便用力时疼痛也加重。

2. 身长缩短、驼背　多在疼痛后出现。因骨质疏松可引起骨结构松散，强度减弱，原有呈立柱状的椎体（每个约高 2 cm），受压变扁后每个椎体可减少 1～3 mm，因此由于 24 节椎体缩短可使身高缩短或驼背。

3. 骨折　常因轻微活动、创伤、弯腰、负重、挤压或摔倒后发生。多发部位为脊柱、髋部和前臂，第一次骨折后，患者发生再次或反复骨折的概率明显增加。

4. 呼吸功能下降　驼背和胸廓畸性可使肺活量和最大换气量显著减少，患者可出现胸闷、气短、呼吸困难等。

最常见的并发症为骨折。骨质疏松症骨折发生多在扭转身体、持物、开窗等室内日常活动中，即使没有明显的外力作用，也易发生骨折。

四、鉴别诊断

1. 骨软化症　临床上常有胃肠吸收不良、胃部切除史或肾病病史。早期骨骼 X 线常不易与骨质疏松区别。但出现假骨折线或骨骼变形，多属骨软化症。

2. 骨髓瘤　典型患者的骨骼 X 线表现常有边缘的脱钙，须与骨质疏松区别。

3. 遗传性成骨不全症　由于成骨细胞产生骨基质较少，结果状如骨质疏松。

五、治疗

骨质疏松症的治疗鉴于其发病的多因素，很难用一种药物或一种治疗方法取得满意效果，因此骨质疏松的治疗多采用联合用药的方案。

1. 老年性骨质疏松症　可选择钙制剂（碳酸钙、蛀贝钙、牡蛎碳酸钙）、维生素 D 和一种骨吸收抑制药（阿仑膦酸钠、利塞膦酸钠）的"三联药物"治疗。联合应用的疗效协同或加强，对老年人能够降低甚至逆转骨丢失，增加骨密度，降低骨折的危险性。

2. 妇女绝经后骨质疏松　在基础治疗即钙制剂（碳酸钙、蛀贝钙、牡蛎碳酸钙）维生素 D 的基础上，联合雌激素（结合雌激素、雌二醇）或选择性雌激素受体调节剂（他莫昔芬、雷洛昔芬）这种治疗又称雌激素替代治疗。适用雌激素替代治疗的妇女仅是少数，剂量个体化，初始剂量宜小，并视症状和不良反应适当调节有效的最低量，初始期 1～3 个月应找出适宜维持量。用药过程中注意监测雌激素的不良反应，定期监测盆腔、乳房、血脂、骨密度等指标。严格控制雌激素的禁忌证，如乳腺癌、进展性乳腺纤维囊性病、宫肌瘤者禁用。

3. 原发或继发性骨质疏松　可用双膦酸盐，如阿仑膦酸钠、利塞膦酸钠等也可用降钙素，降钙素有止痛作用，可用于骨折或骨骼畸形所引起的慢性疼痛。目前世界卫生组织已批准重组甲状旁腺激素用于原发性骨质疏松症。

4. 肾上腺皮质激素所致的骨质疏松　可用双膦酸盐，如氯曲膦酸钠、阿仑膦酸钠等，适当配合钙剂联用。骨质疏松患者补充钙剂很重要，但是要提醒患者钙制剂与肾上腺皮质激素、异烟肼、四环素或含铝抗酸药合用，会减少钙的吸收，同时也影响异烟肼、四环素的吸收，因此不宜同服。

六、预防

1. 应在青少年甚至婴幼儿期就开始注意饮食的均衡，特别是钙的摄入，多食用含钙、磷高的食物如鱼、虾、牛奶、乳制品、豆类、杂粮等。必要时口服钙剂，青少年期鼓励多运动，坚持科学的生活方式。

2. 中年人　尤其是妇女绝经后，骨丢失量加速进行。此期间每年进行一次骨密度检查，对快速骨量减少的人群，及早预防。

3. 面对老年人特别是已有骨量减少或骨质疏松的患者。应注意运动项目的选择和运动量。由于老年人的应急和反应能力降低。故要尽量注意老年人的日常保护，如饭后起立、夜间起床等，以减少跌倒的危险，降低与骨质疏松相关的骨折的发生率。

第四节　肩周炎

一、定义

肩周炎又称肩关节周围炎，俗称"凝肩""五十肩"。以肩部逐渐产生疼痛，夜间为甚，逐渐加重，肩关节活动功能受限而且日益加重，达到某种程度后逐渐缓解，直至最后完全复原为主要表现的肩关节及其周围韧带、肌腱和滑囊的慢性特异性炎症。

肩周炎好发于 40~70 岁的中老年人，有 2%~5% 的发病率，女性较男性多见，左肩多于右肩。也有少数病例双侧同时发病，但在同一关节很少反复发病。其特点是起病缓慢，多无明显的外伤着凉史。病情进展到一定程度后不再发展，继而疼痛减轻或消失，关节活动也可逐渐恢复，整个病程较长，常需数月至数年。

二、病因

常见病因为：①软组织退行性病变，对各种外力的承受能力减轻。②长期过度活动、姿势不良等所产生的慢性致伤力。③肩部急性挫伤，牵引伤后治疗不当等。④上肢外伤后肩部固定过久，肩周组织继发萎缩、粘连。⑤颈椎病，心、肺、胆道疾病发生的肩部牵涉痛，因原发病长期不愈，使肩部肌肉持续性痉挛、缺血而形成炎性病灶，转为肩周炎。

三、临床表现

1. 肩部疼痛　起初肩部呈阵发性疼痛，多数为慢性发作以后疼痛逐渐加剧或钝痛，或刀割样痛，且呈持续性，气候变化或劳累后常使疼痛加重，疼痛可向颈项及上肢扩散。肩痛昼轻夜重为本病一大特点，多数患者常诉说后半夜痛醒，不能继续入睡。若因受寒而致病者，对气候变化特别敏感。

2. 肩关节活动受限　肩关节向各方向活动可受限，以外展、上举、内旋、外旋更为明显，随着病情进展，由于长期活动受限引起关节囊及肩周软组织粘连，肌力下降使肩关节各方向的主动和被动活动受限，当肩关节外展时出现典型的"抗肩"现象，特别是梳头、穿衣等动作均难以完成，严重时肘关节功能也可受影响。

3. 怕冷　患者肩怕冷，不少患者终年用棉垫包肩，即使在暑天肩部也不敢吹风。

4. 压痛　多数患者在肩关节周围可触到明显的压痛点。

5. 肌肉痉挛与萎缩　三角肌、冈上肌等肩周围肌肉早期可出现痉挛，晚期可发生萎缩，出现肩峰突起、上举不便，此时疼痛症状反而减轻。

此外，肩关节容易并发广泛的无菌性炎症。

四、鉴别诊断

根据病史和临床症状多可诊断。临床上常见的伴有肩周炎的疾病包括：颈椎病、肩关节脱位、化脓性肩关节炎、肩关节结核、肩部肿瘤，风湿性、类风湿关节炎及单纯性冈上肌腱损伤，肩袖撕裂，肱二头肌长头肌腱炎及腱鞘炎等。这些病症均可表现为以肩部疼痛和肩关节活动功能受限。但是由于疾病的性质各不相同，病变的部位不尽相同，所以，有不同的并发症可供鉴别。

五、治疗

在明确肩周炎诊断前，需排除中老年常见的心肺疾病和颈椎病，因为此类疾病疼痛症状常牵涉和放射至肩周，所以一定明确诊断后才可用药。肩周炎的患者平时要进行功能练习，包括主动与被动，外展、旋转、伸屈及环转运动，同时也要进行药物治疗。

1. 急性期治疗　以消炎止痛、解除疼痛为主，主要药物有美洛昔康、双氯芬酸钠、布洛芬、塞来西布等。

2. 初期及中期　治疗以散瘀消肿、生新止痛为主，可内服祛风散寒、舒筋活血的中成药，如舒筋丸、万通筋骨片、伸筋丹、三乌胶丸。

3. 外敷药膏　自我按摩、锻炼之后肩关节会感到疼痛、发热、活动范围增加，这是血液循环增加，粘连组织松解的表现，此时正是继续巩固治疗的好时机，可以在肩部疼痛点涂红花油、解痉镇痛酊，最好再外贴膏药如伤湿祛痛膏、麝香壮骨膏、狗皮膏等。肩周炎患者在贴膏药之前，应用热毛巾将肩关节部位擦净、擦干后再贴膏药。天气寒冷时可选用热水袋热敷一下膏药，便于膏体软化，促进吸收。如发生过敏现象，立即停用。

4. 骨骼肌松弛药　可缓解肩周肌肉痉挛，如盐酸乙哌立松。

六、预防

1. 受凉是肩周炎的诱发因素，因此为了预防肩周炎，中老年人应重视保暖防寒，勿使肩部受凉。一旦着凉也要及时治疗，切记拖延不治。

2. 加强体育锻炼是预防和治疗肩周炎的有效方法，加强肩关节肌肉的锻炼可以预防和延缓肩周炎的发生和发展。据调查，肩关节肌肉发达、力量大的人群中，肩周炎发作的概率下降了很多，所以，肩关节周围韧带、肌肉的锻炼强大，对于肩周炎的治疗恢复有着重要的意义。

第五节　颈椎病

一、定义

颈椎病又称颈椎综合征，是颈椎骨关节炎、增生性颈椎炎、颈神经根综合征、颈椎间盘突出症的总称，是一种以退行性病理改变为基础的疾患。颈椎病可分为神经根型颈椎病、脊髓型颈椎病、交感神经型颈椎病、椎动脉型颈椎病、食管压迫型颈椎病、颈型颈椎病。

据颈椎流行病学统计，目前一致认为颈椎病是中年人以上的一种多发病，40～60岁为高发年龄。近年来青年颈椎病有增多趋势。患病率女性高于男性；高枕睡眠5年以上颈椎病患病率明显高于其他类型。

二、病因

病因：①颈椎退行性改变是颈椎病发病的主要原因，其中椎间盘的退变尤为重要，是颈椎诸结构退变的首发因素。②发育性颈椎椎管狭窄。③慢性劳损。④颈椎的先天性畸形。

三、临床表现

1. 神经根型颈椎病　最为多见，占颈椎病的50%～60%。开始多为颈肩痛，短期内加重并向上肢放射，皮肤可有麻木、过敏等感觉。当头部或上肢姿势不当或突然牵撞患肢即可发生剧烈闪电样锐痛。

2. 脊髓型颈椎病　占颈椎病的10%～15%。颈痛不明显，以四肢乏力、行走持物不稳为最先出现的症状。随着病情加重发生自上而下的运动神经元性瘫痪。

3. 交感神经型颈椎病　可发生一系列交感神经症状，如头痛、恶心、呕吐、视物模糊、心跳加快、心律不齐等。

4. 椎动脉型颈椎病　①眩晕：为本病的主要症状，可表现为旋转性、浮动性或摇晃性眩晕，头部活动时可诱发或加重。②头痛：主要表现为枕部、顶部疼痛。③视觉障碍：为突发性弱视或失明、复视，短期内自动恢复。④猝倒：多在头部突然转动或屈伸时发生。

5. 食管压迫型颈椎病　颈椎椎体前鸟嘴样增生压迫食管引起吞咽困难。

6. 颈型颈椎病　颈型颈椎病又称局部型颈椎病，具有头、肩、颈、臂的疼痛及相应的压痛点。

颈椎病并发症有以下几方面：吞咽障碍、视力障碍、颈心综合征、高血压颈椎病、下肢瘫痪、猝倒。

四、鉴别诊断

1. 神经根型颈椎病　需与下列疾病鉴别：颈肋和前斜角肌综合征、椎管内髓外硬脊膜下肿瘤、椎间孔及其外周的神经纤维瘤、肺尖附近的肿瘤均可引起上肢疼痛、神经痛性肌萎缩、心绞痛、风湿性多肌痛。

2. 脊髓型颈椎病　应与下列疾病鉴别：肌萎缩性侧索硬化、多发性硬化、椎管内肿瘤、脊髓空洞。

3. 椎动脉型颈椎病　应与下列疾病鉴别：需与其他原因引起的椎基底动脉供血不足鉴别，如椎动脉粥样硬化和发育异常等。椎动脉造影是最可靠的鉴别方法。

4. 交感神经型颈椎病　应与下列疾病鉴别：冠状动脉供血不足、神经功能症、更年期综合征、其他原因所致的眩晕。

5. 食管压迫型颈椎病　应与下列疾病鉴别：食管炎、食管癌引起的吞咽困难。

6. 颈型颈椎病　应与慢性颈部软组织损伤鉴别：因长期低头工作，头经常处于前屈的姿势，使颈椎间盘前方受压，髓核后移，刺激纤维环及后纵韧带，从而产生不适症状。

五、治疗

"牵引"在过去是治疗颈椎病的首选方法之一，但近年来发现，许多颈椎病患者在使用"牵引"之后，特别是那种长时间使用"牵引"的患者，颈椎病不但没有减轻，反而加重。牵引不但不能促进颈椎生理曲度的恢复，相反拉直了颈椎，反而弱化颈椎生理曲度，故颈椎病应慎用牵引疗法。颈椎病的治疗应在运动疗法和物理疗法的同时服用药物。

1. 非甾体消炎镇痛药　这类药物主要针对神经根受到刺激引起的损伤性炎症，起到消炎镇痛作用。这类药有阿司匹林、吲哚美辛、布洛芬、双氯芬酸钠等。

2. 具有活血化瘀、行气通络、除湿止痛功效的中成药　代表药有颈复康、根痛平、芪葛颗粒、颈康胶囊等。

3. 神经营养药　这类药物对任何一种类型的颈椎病都有治疗作用，常用的有 B 族维生素、复合维生素、甲钴胺等。

4. 肌肉松弛药　这类药使肌肉的痉挛得到缓解，解除了对脊髓、神经、血管的刺激，代表药有盐酸乙哌立松。

5. 外用贴剂或涂剂　如消痛贴膏、骨痛贴膏、骨痛灵酊等。

六、预防

1. 加强颈肩部肌肉的锻炼，在工作之余做头及双上肢的前屈、后伸及旋转运动，即可缓解疲劳，又能使肌肉发达、韧度增加，从而有利于颈段脊柱的稳定性，增强颈肩顺应颈部突然变化的能力。

2. 避免高枕睡眠的不良习惯，高枕使头部前屈，增大下位颈椎应力，有加速颈椎退变的可能。

3. 改变不良姿势减少劳损，每低头或仰头 1～2 小时，需要做颈部活动，以减轻肌肉紧张度。

4. 防风寒、潮湿，避免午夜、凌晨洗澡或受风寒，吹袭风寒使局部血管收缩，血流减少，有碍组织的代谢和废物清除，潮湿阻碍皮肤蒸发。这些都是颈椎病患者应该避免的。

5. 中医学认为核桃仁、山茱萸、生地黄、黑芝麻等具有补肾髓之功，合理地少量服用可起到强壮筋骨，推迟肾与关节退变的作用。

第六节　腰椎间盘突出

一、定义

腰椎间盘突出症是较为常见的疾病之一，主要是因为腰椎间盘各部分（髓核、纤维环及软骨板），尤其是髓核，有不同程度的退行性改变后，在外力因素的作用下椎间盘的纤维环破裂，髓核组织从破裂之处突出于后方或椎管内，导致相邻脊神经根遭受刺激或压迫，从而产生腰痛，及一侧下肢或双下肢麻木、疼痛等症状。腰椎间盘突出可分为膨出型、突出型、脱垂游离型、经骨突出型。病因有腰椎间盘的退行性改变、损伤、遗传因素、腰骶先天异常等。

腰椎间盘突出症多见于 20～40 岁青壮年，约占患者人数的 80%，男性多于女性，这与劳动强度大及外伤有关。腰椎间盘突出症以第 4～第 5 腰椎，第 5 腰椎～第 1 骶椎发病率最高，约占 95%。青少年也可偶发腰椎间盘突出症，多因明显外伤使软骨板破裂所致。老年人腰椎间盘突出症多合并骨质疏松或退行性病变导致腰椎间盘脱出，多节段腰椎管狭窄及腰椎畸形，病情较为复杂。

二、病因

常见病因：①导致腰椎间盘退行性改变的主要原因是长期慢性积累性劳损；②约1/3的患者有不同程度的创伤史；③腰椎间盘内压力突然升高；④少数椎间盘先天性发育不良，为纤维环破裂髓核突出原因之一。

三、临床表现

1. 腰痛　是大多数腰椎间盘突出患者最先出现的症状，发生率约为91%。

2. 坐骨神经痛　典型的坐骨神经痛是由下腰部向臀部、大腿后方、小腿外侧直至足部的放射痛。在打喷嚏或咳嗽时由于腹压增加而使疼痛加剧。早期为痛觉过敏，病情较重者出现感觉迟钝或麻木。

3. 马尾神经受压　常见会阴部麻木、刺痛、排便及排尿无力，有时坐骨神经痛交替出现，时左时右，随后坐骨神经痛消失，表现为双下肢不全瘫痪。女患者有假性尿失禁，男性患者出现勃起功能障碍。

4. 活动受限　几乎全部患者都有不同程度的腰部活动受限。70%~75%的患者出现肌力下降。

5. 步行困难　患者行走困难，不愿迈步，少数患者步行较久后，感觉腿部麻、胀、痛难忍，需坐下或蹲下休息，发生与椎管狭窄症一样的神经性间歇性跛行。

其常见并发症有中央型突出，常导致膀胱、直肠症状（大小便失禁），甚至不完全性双下肢瘫痪。

四、鉴别诊断

根据患者疼痛的性质、特点、部位及影响因素等与其他相似疾患进行鉴别。当然，对个别特殊类型者，再另作辨认。鉴别：①屈颈试验阳性，可能是椎管内病变；②棘突及棘突旁压痛及叩痛，以椎管内病变多见；③以环跳穴压痛为主而不伴有腰部及股神经压痛者，多为坐骨神经出口狭窄症；④下腰部叩诊有舒适感的女性，多为妇科疾病；⑤股神经出口部压痛，以盆腔内病变居多。

五、治疗

治疗方法上有保守治疗（传统针灸推拿理疗、现代神经阻滞、电脑三维牵引、经皮骨骼肌松解（银质针松解）；微创治疗［微创介入（射频、等离子、三氧、胶原酶、导管松解），微创手术（MED、椎间孔镜髓核摘除、微创钉棒系统、椎间盘切吸）；传统手术（椎间盘摘除、椎间盘置换、钉棒内固定（PLIF、TLIF、DLIF）等］。腰椎间盘突出急性期患者需卧床休息，持续牵引，采用骨盆牵引可使椎间隙略微增宽，减少椎间盘内压，扩大椎管容量，从而减轻对神经根的刺激和压迫。同时要使用相应的药物治疗。

1. 为了缓解腰椎间盘突出患者的疼痛，可适当地使用非甾体消炎药，如布洛芬、双氯芬酸钠、塞来昔布等。非甾体消炎药能迅速缓解腰椎间盘突出患者的临床症状，减轻痛苦，但本类药物对病变本身无治疗作用，长期服用，剂量越来越大，而效果却越来越差。这类药长期服用对胃肠道刺激很大，易损伤肝脏，因此消炎止痛药忌长期服用。

2. 中成药　可选择具有活血化瘀、祛风除湿、行气止痛的中成药，如腰痹通、腰痛宁、颈腰康等。

3. 外用贴膏　对腰椎间盘突出引起的疼痛有一定的作用，如骨通贴膏、消炎镇痛膏等。腰椎间盘突出患者在使用贴膏时要擦净皮肤表面，如局部皮肤出现瘙痒、红疹等立即停用撕掉并积极处理。

六、预防

1. 腰椎间盘突出患者忌久坐，久坐造成腰椎间盘退变，容易在外力的作用下使椎间盘纤维环破裂，髓核突出压迫神经，如果腰肌和腰部韧带长期紧张，就会出现慢性劳损，对腰部的稳定性和保护性下降。

2. 腰椎间盘突出患者平时提重物时不要弯腰，应该先蹲下拿重物，然后慢慢起身，尽量做到不弯腰，长期弯腰对腰椎间盘康复是极为不利的。

3. 腰椎间盘突出患者卧床休息时应选择软硬适中的床垫，过软的床垫会对脊柱的生理弯曲产生不利影响，不利于腰椎间盘突出的康复。

4. 锻炼时压腿弯腰的幅度不要太大，否则不但达不到预期目的，还会造成腰椎间盘突出。

5. 保持良好的生活习惯，防止腰腿受凉，防止过度劳累。

第七节　烧烫伤

一、定义

烧烫伤一般指热力，包括热液（水、汤、油等）、蒸汽、高温气体、火焰、炽热金属液体或固体等所引起的组织损害，主要指皮肤或黏膜的损害。严重者也可伤及皮下或黏膜下组织，如肌肉、骨、关节甚至内脏，烧烫伤按严重情况划分为一度、二度、三度烧烫伤。据分析，烧烫伤患者大多数为儿童及青壮年，这是由于儿童缺乏生活常识和防护意识所致。发生季节以夏季最多，受伤部位以头部最多，其次为下肢、上肢和手。

二、病因

常见病因：①以热力烧伤最多，占85%～90%。小儿烧伤又以热油、蒸汽所致的烫伤居多。②烟雾损伤常和火焰烧伤同时发生。③热水水温高达50℃以上，持续接触皮肤便会发生烫伤。④热流体和半流体，如热汤、油、稀饭。⑤高温固体等。

三、临床表现

根据烧烫伤的严重程度，主要根据烧烫伤的部位、面积大小和烧烫伤的深度来判断。烧烫伤在头面部或虽不在头面部但烧烫伤面积大、深度深的，都属于严重烧烫伤。烧烫伤按深度一般分为3度。

1. 一度烧烫伤　只伤及表皮层，受伤的皮肤发红、肿胀。觉得火辣辣的痛，但无水疱出现，3～5日内痊愈、脱屑，不留瘢痕。

2. 二度烧烫伤　伤及真皮层，局部红肿、发热，疼痛难忍，有明显水疱。浅二度愈合后短期内可见痕迹或色素沉着，但不留瘢痕；深二度愈合后可遗留瘢痕增生及痉挛畸形。

3. 三度烧烫伤　全层皮肤包括皮肤下面的脂肪、骨和肌肉都受到伤害，皮肤焦黑、坏死，这时反而疼痛不剧烈，因为许多神经也都一起被损坏。愈合后可遗留瘢痕增生及痉挛畸形。

严重烧伤可累及全身各器官组织，出现一系列病理生理过程，如水、电解质紊乱，酸碱平衡失调，休克，免疫平衡失调，继发感染，心功能不全，呼吸功能不全等，尤其是呼吸功能受损，是死亡的重要原因之一。

四、诊断

烧烫伤的严重程度主要根据烧烫伤的部位、面积大小和烧烫伤的深浅度来判断。烧烫伤在头面部，或虽不在头面部，但烧烫伤面积大、深度深的，都属于严重者。严重烫伤者，在转送途中可能会出现休克或呼吸、心跳停止，应立即进行人工呼吸或胸外心脏按压。伤员烦渴时，可给少量的热茶水或淡盐水服用，绝不可以在短时间内饮服大量的白开水，导致伤员出现脑水肿。

1. 一度伤　烫伤只损伤皮肤表层，局部轻度红肿、无水疱、疼痛明显，应立即脱去衣袜后，将创面放入冷水中浸洗半小时，再用麻油、菜油涂擦创面。

2. 二度伤　烫伤是真皮损伤，局部红肿疼痛，有大小不等的水疱，大水疱可用消毒针刺破水疱边缘放水，涂上烫伤膏后包扎，松紧要适度。

3. 三度伤　烫伤是皮下、脂肪、肌肉、骨骼都有损伤，并呈灰或红褐色，此时应用干净布包住创面及时送往医院。切不可在创面上涂紫药水或膏类药物，影响病情观察与处理。

五、治疗

发生烧烫伤后，应用自来水冲洗，冲洗越早越好。当遇到各种化学烧伤，伤及眼、食管等处，在现场要及时根据情况处理，同时送往医院，以免使组织受到严重的腐蚀，导致眼睛失明或食管损伤。发生烧烫伤后的药物选择可以从下面几方面考虑。

1. 局部用药　可选用具有清热止痛、活血生肌的药膏，如京万红软膏、湿润烧伤膏、烫伤膏等。如果烫伤面有感染，也可用一些杀菌的药膏如莫匹罗星、磺胺嘧啶银等，该类药杀菌范围广泛，对创面无刺激性，且对焦痂有一定的穿透力。

2. 全身用药　大面积烧烫伤后创面很容易感染，应根据细菌药物敏感试验结果选用抗菌药物。

3. 镇静止痛药　烧伤患者伤后多有不同程度的疼痛和躁动，可适当给予镇静止痛药，对轻度患者可服止痛片。大面积烧伤患者伤后渗出、组织水肿，肌内注射药物吸收差，多采用静脉滴入，可选哌替啶与异丙嗪合用。

4. 补盐补液　烧伤患者在烧伤后由于毛细血管渗出剧烈，导致血容量不足，可以给予口服补液盐来增加机体血容量。

六、预防

1. 刚烫伤的患者尽量不要把死皮扯掉，水疱可用消过毒的刀针挑破放出液体，脱衣服时注意不要把皮带下。

2. 四肢被烫伤，尽量举起来或放平，不可使创面肿大，如果严重及时到医院处理包扎。

3. 如果只是轻微烫伤，只用外擦药物即可，不必服用抗菌药。如需服用，要根据情况适当服用，不可滥用。

4. 烧烫伤创面不可用红药水、紫药水等有色药液涂擦，以免影响医生对烫伤程度的判断，也不要用酱油、牙膏、醋等乱敷，以免造成感染。

5. 烧烫伤伤口尽量不要包扎，使用湿润暴露疗法能使伤口尽快愈合，伤口恢复平整，不易留瘢痕。

6. 对于烧伤较严重者，立即拨打"120"电话，就地等待治疗，可先隔着衣服用水冲 10~20 分钟。在等待救护车时，对于口渴的患者，可以少量多次口服含盐的液体，如姜盐茶、咸菜汤、咸豆浆等，不要在短时间内服用大量的白开水，以免引发脑水肿和肺水肿等并发症。

第三十二章　妇产科常见疾病及计划生育

第一节　痛　经

一、定义

痛经是指妇女在经期及其前后，出现小腹或腰部疼痛，甚至痛及腰骶。痛经多随月经周期而发，严重者可伴恶心呕吐、冷汗淋漓、手足厥冷，甚至昏厥，给工作及生活造成不良影响。

二、病因

1. 原发性痛经　原发性痛经的发生主要与月经时子宫内膜前列腺素（PG）含量增高有关。研究证明，痛经患者子宫内膜和月经血中前列腺素含量均较正常妇女明显升高。前列腺素升高是造成痛经的主要原因。该物质是花生四烯酸脂肪酸的衍生物，在月经周期中，分泌期子宫内膜前列腺素浓度较增生期子宫内膜高。月经期大量释放，使前列腺素含量增高，可引起痛经。

2. 继发性痛经　多见于生育后及中年妇女，因盆腔炎症、肿瘤或子宫内膜异位症引起。内膜异位症系子宫内膜组织生长于子宫腔以外，如子宫肌层、卵巢或盆腔内其他部位，同样有周期性改变及出血，月经期间血不能外流而引起疼痛，并因与周围邻近组织器官粘连，而使痛经逐渐加重，内诊可发现子宫增大较硬，活动较差，或在子宫直肠陷窝内发现硬的不规则结节或包块，触痛明显。

三、临床表现

痛经是妇科常见病和多发病，病因多、病机复杂、反复性大、治疗棘手，尤其是未婚女青年及月经初期少女更为普遍，表现为妇女经期或行经前后，周期性发生下腹部胀痛、冷痛、灼痛、刺痛、隐痛、坠痛、绞痛、痉挛性疼痛、撕裂性疼痛，疼痛蔓延至骶腰背部，甚至涉及大腿及足部，常伴有全身症状，如乳房胀痛、肛门坠胀、胸闷烦躁、悲伤易怒、心惊失眠、头痛头晕、恶心呕吐、胃痛腹泻、倦怠乏力、面色苍白、四肢冰凉、冷汗淋漓、虚脱昏厥等症状。其发病之高、范围之广、周期之近、痛苦之大，严重影响了广大妇女的工作和学习，降低了生活质量。

四、治疗

1. 原发性痛经

（1）一般治疗：进行体育锻炼，增强体质。平日注意生活规律，劳逸结合，适当营养及充足睡眠。重视月经生理的宣传教育，通过解释说服，消除患者恐惧、焦虑及精神负担。加强经期卫生，避免剧烈运动、过度劳累和防止受寒。

（2）抑制排卵：如患者愿意控制生育，则口服避孕片（复方炔诺酮片或复方甲地孕酮片）为治疗原发性痛经的首选药物。应用口服避孕药物，90% 以上症状可获得缓解，同时可能由于内膜生长受到抑制，月经量减少，PG 量降到正常水平以下导致子宫活性减弱。治疗可试服 3~4 个周期，如疗效满意，可继续服用；如症状改善不明显，可适当加用 PG 合成抑制药。由于要在整个月经周期用药，而发生效应仅在周期末 1~2 日，除非需要同时避孕，一般不受患者欢迎。

（3）前列腺素合成抑制药（表 32-1）：该类药物能抑制前列腺素合成，使子宫张力和收缩性下降，达到治疗痛经的目的。一般于月经来潮痛经开始前连续服药 2~3 日，一次 1 片，每日 1 次；痛甚者可予以 2 片，每 12 小时一次，因为前列腺素在经期初的 48 小时释放量最多，早期用药可纠正月经期血中前列腺素合成释放过多。痛经时再服用可能效果不明显，而且最少要 3 小时后起作用。副作用为消化道反应和中枢神经系统症状，极少引起支气管痉挛和暂时性肾功能损害。

表 32-1　　　　　　　　　常用前列腺素合成抑制药

药　物	使用方法
吲哚美辛	柱剂，25 mg，每日 3~4 次
氯芬那酸	100~200 mg，每日 3 次
甲芬那酸	500 mg，每日 3 次
双氯芬酸	250 mg，每日 3~4 次
布洛芬	200~400 mg，每日 3~4 次
萘普生	250 mg，每日 2 次
酮洛芬	50 mg，每日 3 次

（4）β 受体兴奋药：通过兴奋肌细胞膜上 β 受体，活化腺苷酸环化酶，转而提高细胞内 cAMP 含量。一方面促进肌质网膜蛋白磷酸化，加强 Ca^{2+} 的结合；另一方面抑制肌凝蛋白轻链激酶活性，导致子宫肌松弛，痛经得到迅速缓解，但同时有增快心率、升高血压之副作用。

近年临床应用单独兴奋子宫 $β_2$ 受体的药物，不良反应显著减少。常用的 $β_2$ 受体兴奋药有：羟甲异丁肾上腺素及间羟异丁肾上腺素。给药方法有口服、气雾吸入、皮下、肌内注射及静脉给药等。

（5）钙通道阻滞药：该类药物干扰 Ca^{2+} 透过细胞膜，并阻止 Ca^{2+} 由细胞内库存中释出而松解平滑肌收缩，为心血管疾病治疗上的一项重要进展。应用硝苯地平 20~40 mg 治疗原发性痛经。给药后 10~30 分钟子宫收缩减弱或消失，肌肉收缩振幅、频率、持续时间均下降，基础张力减少，同时疼痛减轻，持续 5 小时，无特殊不良反应。

（6）维生素 B_6 及镁-氨基酸螯合物：利用维生素 B_6 促进镁离子（Mg^{2+}）透过细胞膜，增加肌质内 Mg^{2+} 浓度之作用，来治疗原发性痛经。200 mg/d，4 周后可见红细胞镁含量显著增加。亦可与镁-氨基酸螯合物合用，每种各 100 mg，每日 2 次，治疗 4~6 个月，痛经的严重程度及持续时间均呈进行性下降。

（7）棉酚及中成药：醋酸棉酚 20 mg，每日 1 次，连用 3~6 个月，治疗原发性痛经疗效可达 95% 以上。但可能产生明显不良反应，如乏力、心悸、恶心、水肿、头晕、潮热、厌食、渗透性腹泻等，严重的还可发生血小板减少，低钾血症等。中成药有桂枝茯苓丸或桃仁承气汤，5 g/d，分次于早、晚餐前 30 分钟服用，连续 30 日。有人报道缓解率可达 80%，未发现有消化道症状及皮疹等不良反应。

2. 继发性痛经　继发性痛经是因为其他器质性疾病导致的痛经，治疗除了上述的对症治疗外，还需要根据不同病因来治疗，针对病因治疗才是最重要的。

第二节　月经不调

一、定义

月经失调又称月经不调，妇科常见病，表现为月经周期或出血量的异常，或是月经前、经期时的腹痛及全身症状。

二、病因

1. 由神经内分泌功能失调引起　主要是下丘脑-垂体-卵巢轴的功能不稳定或是有缺陷，即月经病。

2. 由器质病变或药物等引起　包括生殖器官局部的炎症、肿瘤及发育异常、营养不良；颅内疾患；其他内分泌功能失调，如甲状腺、肾上腺皮质功能异常、糖尿病、席汉病、肝脏疾病、血液疾病等。使用治疗精神病的药物、内分泌制剂或采取宫内节育器避孕者均可能发生月经不调。某些职业如长跑运动员容易出现闭经。此外，某些妊娠期异常出血也往往被误认为是月经不调。

三、临床表现

表现为月经周期或出血量的紊乱有以下几种情况：

1. 不规则子宫出血　包括月经过多或持续时间过长。常见于子宫肌瘤、子宫内膜息肉、子宫内膜增殖症、子宫内膜异位症等；月经过少，经量及经期均少；月经频发即月经间隔少于 25 日；月经周期延长即月经间隔长于 35 日；不规则出血，可由各种原因引起，出血全无规律性。以上几种情况可由局部原因、内分泌原因或全身性疾病引起。

2. 功能失调性子宫出血　指内外生殖器无明显器质性病变，而由内分泌调节系统失调所引起的子宫异常出血，是月经失调中最常见的一种，常见于青春期及围绝经期。分为排卵性和无排卵性两类，约 85% 病例属无排卵性功能失调性子宫出血。

3. 绝经后阴道出血　指月经停止 6 个月后的出血，常由恶性肿瘤、炎症等引起。

4. 闭经　指从未来过月经或月经周期已建立后又停止 3 个周期以上，前者为原发性闭经，后者为继发性闭经。

四、治疗

中医学治疗月经不调效果不错，但中医学讲究辨证施治，所以患者应该找正宗的中医师，不应该一味听信所谓偏方。常用到的调理月经的中成药如下：

1. 当归丸　养血补气，调经止痛。用于血虚症引起的月经不调。

2. 七制香附丸　开郁顺气，调经养血。主治月经错后，胸肋胀痛，白带量多。用于气滞血瘀引起的月经不调。注意，阴虚发热者慎用。

3. 益母草膏　活血调经，用于月经量少，产后腹痛。

4. 加味逍遥丸　疏肝清热、健胃养血。用于两肋胀痛，倦怠食少，月经提前。注意，忌食生冷油腻，切忌气恼劳碌。

5. 乌鸡白凤丸　补气养血，调经止带。用于气血两虚，月经不调，腰腿酸软，白带量多。

第三节　妇科炎症

一、定义

通常妇科炎症包括阴道炎、盆腔炎、宫颈炎、附件炎，而阴道炎是阴道黏膜及黏膜下结缔组织的炎症，是妇科门诊常见的疾病。阴道炎症包括：细菌性阴道炎、滴虫阴道炎、假丝酵母菌性阴道炎、老年性阴道炎、幼儿性阴道炎、妊娠期阴道炎。

二、病因

西医认为阴道的环境经常受到宿主的代谢产物、细菌本身的产物及外源性因素（性交、冲洗及其他干扰）的影响而不稳定。阴道菌群非常复杂，除原虫、真菌外，尚包括很多需氧菌及厌氧菌，这些微生物可分为共栖性的及病理性的，都生长在共同的环境内，各微生物之间可能有拮抗作用。另一个影响其生长的是氢离子浓度，在 pH 3.8 ~ 4.2 时，有利于共栖菌的繁殖，尤其是乳酸杆菌，这是健康阴道中的主要菌种，阴道液中的密度可达 $10^5 \sim 10^8$ mL；当阴道被微生物感染后，假使乳酸杆菌占优势，仍能维持 pH 3.8 ~ 4.2，则不会致病，而且乳酸杆菌还能产生 H_2O_2，对其他微生物有毒性作用而抑制其繁殖。其他如乳链球菌、肠杆菌、变形杆菌、厌氧细球菌、韦容球菌等在阴道下端常见，平时不产生症状。阴道菌群之间彼此制约，使病理细菌不能有所作用，假使这种平衡被破坏，互相制约作用消失，则使氢离子浓度下降，乳酸杆菌失去优势，病理菌得以繁殖，产生症状。细菌性阴道炎是由于阴道内乳酸杆菌减少而其他细菌大量繁殖，主要有加特纳菌、各种厌氧菌及支原体引起的混合感染。滴虫性阴道炎由阴道毛滴虫引起，属性传播性传染病，传染途径有直接传染（通过性交传播，患滴虫阴道炎的配偶，其精液中75%可找到阴道毛滴虫）和间接传染（通过各种浴具、游泳池、公共厕所或污染的衣服、器械），在普查中，阴道毛滴虫的检出率为 3.56%，其中有部分妇女无炎症表现，称为带菌者。假丝酵母菌性阴道炎主要由白假丝酵母菌引起，正常健康阴道内，亦常可少量寄生此菌，但一般不发病，当机体免疫功能低下或发生菌群失调时即繁殖致病，故多见于妊娠、糖尿病、应用免疫抑制药、长期抗生素应用者，另外在潮湿湿热的环境中，也易感染。据统计，非孕妇女中约10%及孕中30%感染本病，但因症状明显而就诊者少。至于非白假丝酵母菌（如光滑球拟酵母菌等）引起的阴道炎发病率由1988年的9.9%上升到1995年的17.2%，已感染 HIV 的妇女受非白假丝酵母菌感染者比未感染者多两倍；患复发性假丝酵母菌性阴道炎的妇女感染非白假丝酵母苗比感染白假丝酵母菌多 2.47 倍。

1. 细菌性阴道病

（1）症状：此病患者临床有10%~50%无症状，有症状者多诉有鱼腥臭味的灰白色白带、阴道灼热感、瘙痒。

（2）体征：分泌物在阴道壁上易于擦掉，阴道黏膜可无充血、无红肿。

（3）常见并发症：与妇科宫颈炎、盆腔炎同时发生，也常与滴虫阴道炎同时发生，有报道滴虫培养阳性妇女中有86%合并本症。此外在妊娠期细菌性阴道炎常可引起不良围生期结局，如绒毛膜羊膜炎、羊水感染、胎膜早破、早产及剖宫产后或阴道产后子宫内膜感染等。

2. 滴虫阴道炎

（1）症状：白带增多，可为稀薄浆液状，灰黄色或黄绿色，有时混有血性，20%白带中有泡沫。外阴有瘙痒、灼热，性交痛亦常见，感染累及尿道口时，可有尿痛、尿急，甚至血尿。

（2）体征：本病检查可见阴道与子宫颈黏膜充血水肿，常有散在的红色斑点，或草莓状突起，后穹窿有大量的白带。

（3）常见并发症：阴道毛滴虫能消耗上皮内糖原，改变阴道内的pH，妨碍乳酸杆菌生长，故易引起继发性细菌感染，此时白带呈草绿色，有臭气。

3. 假丝酵母菌性阴道炎

（1）症状：最常见的症状是白带多，外阴及阴道灼热瘙痒。波及尿道，也可有尿频、尿急、尿痛等症。

（2）体征：典型的白带呈凝乳状或为片块状，阴道及阴道前庭黏膜高度水肿，覆有白色凝乳状薄膜，呈点状或片状分布，易剥离，其下为受损潮红基底，或形成溃疡，或留下瘀斑，严重者小阴唇肿胀粘连。但白带并不都具有上述典型特征，从水样直至凝乳样白带均可出现，如有的完全是一些稀薄清澈的浆液性渗出物，其中常含有白色片状物。

4. 老年性阴道炎

（1）症状：主要为白带增多，多为黄水样，严重者可为脓性，有臭味，有时为淡血性，甚至发生少量阴道流血。常伴有下腹及阴道坠胀感，或阴道皮肤受炎性分泌物影响，可产生轻度瘙痒。

（2）体征：可见阴道呈老年性改变，皱襞消失，上皮菲薄，黏膜充血，表面常有散在点状充血，严重时上皮剥脱形成表浅溃疡，子宫颈也有点状充血。老年性阴道炎如经久不愈，黏膜下结缔组织纤维化后，阴道弹性消失，使阴道狭窄，尤以阴道穹窿部多见，以致暴露子宫颈困难。

5. 幼儿性阴道炎　阴道口处可见脓性分泌物。患儿因外阴痛痒而哭闹不止，烦躁不安，常用手搔抓外阴。查看可见外阴、阴蒂、尿道口、阴道口黏膜充血、水肿，有脓性分泌物自阴道口流出。严重者外阴表面可见溃疡，小阴唇可见粘连，粘连的小阴唇遮盖阴道口及尿道口，只在其上、下方留有一小孔，尿自小孔排出。

6. 妊娠期阴道炎　妊娠期机体抵抗力下降，阴道糖分升高，容易产生阴道炎，特别是真菌性阴道炎多见，再加不敢用药，就会使炎症很快加重。

四、治疗

1. 一般治疗　积极治疗可以消除易感因素。保持外阴清洁干燥，避免搔抓。治疗期间禁止性生活。不宜食用辛辣刺激性食品。

2. 改变阴道酸碱度　假丝酵母菌生长最适宜的 pH 为 5.5，因此采用碱性溶液冲洗外阴、阴道，改变阴道的酸碱度，对真菌的生长繁殖会有抑制作用。可使用2% ~4% 的小苏打水冲洗阴道，每日 2 次，2 周为 1 个疗程。冲洗后要拭干外阴，保持外阴干燥，以抑制假丝酵母菌的生长。

3. 阴道上药　使用一些药物治疗，可采用饮食疗法和药物疗法。

（1）非特异性阴道炎：治疗原则在于纠正阴道酸碱度及局部应用抗生素。

（2）真菌性阴道炎：应治疗相关诱因，如糖尿病，及时停用广谱抗生素或激素等。

（3）滴虫阴道炎：分全身用药与局部用药两种方法。

（4）老年性阴道炎：治疗原则为补充小量雌激素，增加阴道抵抗力及抑制细菌生长。

第四节　围绝经期综合征

一、定义

围绝经期综合征又称更年期综合征，指妇女绝经前后出现性激素波动或减少所致的一系列以自主神经系统功能紊乱为主，伴有神经心理症状的一组症候群。

二、病因

围绝经期综合征出现的根本原因是生理性、病理性或手术引起的卵巢功能衰竭。女性特征和生理功能都与卵巢所分泌的雌激素有密切关系，卵巢功能一旦衰竭或被切除和破坏，卵巢分泌的雌激素就会显著减少。现代医学研究发现，女性全身有 400 多种雌激素受体，这些受体分布在几乎女性全身所有的组织和器官，接受雌激素的控制和支配，一旦体内分泌的雌激素减少，就会引发器官和组织的退行性变化，出现一系列的症状。

三、临床表现

围绝经期综合征中最典型的症状是潮热、潮红。更年期综合征多发生于 45 ~ 55 岁，90% 的妇女可出现轻重不等的症状，有人在绝经过渡期症状已开始出现，持续到绝经后 2 ~ 3 年，少数人可持续到绝经后 5 ~ 10 年症状才有所减轻或消失。人工绝经者往往在手术后 2 周即可出现围绝经期综合征，术后 2 个月达高峰，持续 2 年之久。

1. 月经改变　月经周期改变是围绝经期出现最早的临床症状。大致分为 3 种类型：①月经周期延长，经量减少，最后绝经。②月经周期不规则，经期延长，经量增多，甚至大出血或出血淋漓不断，然后逐渐减少而停止。③月经突然停止，较少见。由于卵巢无排卵，雌激素水平波动，易发生子宫内膜癌。对于异常出血者，应行诊断性刮宫，排除恶变。

2. 血管舒缩症状　主要表现为潮热、出汗，是血管舒缩功能不稳定的表现，也是围绝经期综合征最突出的特征性症状。约 3/4 的自然绝经或人工绝经妇女可以出现。潮热起自前胸，涌向头颈部，然后波及全身，少数妇女仅局限在头、颈和乳房。在潮红的区域患者感到灼热，皮肤发红，紧接着暴发性出汗，持续数秒至数分钟不等，发作频率每日数次甚至 30~50 次。夜间或应激状态易促发。此种血管功能不稳定可历时 1 年，有时长达 5 年或更长。

四、治疗

1. 精神心理治疗　心理治疗是围绝经期治疗的重要组成部分，围绝经期妇女应了解围绝经期是自然的生理过程，应以积极的心态适应这一变化。可辅助使用自主神经功能调节药，如谷维素 20 mg，口服，每日 3 次；地西泮 5 mg 睡前服用，有助于调节自主神经功能。此外，还可以服用维生素 B_6、复合维生素 B、维生素 E 及维生素 A 等。医生应与患者进行个别交谈，给患者以精神鼓励，解释科学道理，帮助患者解除疑虑、建立信心，促使健康的恢复，并建议患者采取以下措施延缓心理衰老。

（1）科学地安排生活：保持生活规律化，坚持力所能及的体育锻炼，少食动物脂肪，多吃蔬菜水果，避免饮食无节，忌烟酒。为预防骨质疏松，围绝经期和绝经后妇女应坚持体育锻炼，增加日晒时间，摄入足量蛋白质和含钙食物。

（2）坚持力所能及的体力劳动和脑力劳动：坚持劳动可以防止肌肉、组织、关节发生"失用性萎缩"。不间断地学习和思考，学习科学文化新知识，使心胸开阔，防止大脑发生"失用性萎缩"。

（3）充实生活内容：如旅游、烹饪、种花、编织、跳舞等，以获得集体生活的友爱，精神上有所寄托。

（4）注意性格的陶冶：围绝经期易出现急躁、焦虑、忧郁、好激动等情绪，这些消极情绪有害于身心健康，要善于克制，并培养开朗、乐观的性格，善用宽容和忍耐对待不称心的人和事，以保持心情舒畅及心理、精神上的平静状态，有利于顺利度过围绝经期。

2. 激素替代疗法（HRT）　围绝经期综合征主要是因为卵巢功能衰退、雌激素减少引起，HRT 是为解决这一问题而采取的临床医疗措施，在有适应证（需要用），而无禁忌证（可以用）的情况下应用，科学、合理、规范地用药并定期监测，HRT 的有益作用将超过其潜在的害处。

第五节　乳腺增生、乳腺炎

一、乳腺增生

（一）定义

乳腺增生是指乳腺上皮和纤维组织增生，乳腺组织导管和乳小叶在结构上的退行性病变及进行性结缔组织的生长，其发病原因主要是内分泌激素失调。

（二）病因

中医学认为乳腺增生病因为情怀不畅、肝气不得正常疏泻而气滞血瘀痰凝，冲任不调，常有月经紊乱、面部色斑。现代医学认为婚育、膳食、人生存的外环境和遗传因素是乳腺发病的主要原因。

（三）临床表现

1. 乳房疼痛　常为胀痛或刺痛，可累及一侧或两侧乳房，以一侧偏重多见，疼痛严重者不可触碰，甚至影响日常生活及工作。疼痛以乳房肿块处为主，亦可向患侧腋窝、胸胁或肩背部放射；有些则表现为乳头疼痛或痒。乳房疼痛常于月经前数日出现或加重，行经后疼痛明显减轻或消失；疼痛亦可随情绪变化而波动。这种与月经周期及情绪变化有关的疼痛是乳腺增生病临床表现的主要特点。

2. 乳房肿块　肿块可发于单侧或双侧乳房内，单个或多个，好发于乳房外上象限，亦可见于其他象限。肿块形状有片块状、结节状、条索状、颗粒状等，其中以片块状为多见。肿块边界不明显，质地中等或稍硬韧，活动好，与周围组织无粘连，常有触痛。肿块大小不一，小者如粟粒般大，大者可逾 3～4 cm。乳房肿块也有随月经周期而变化的特点，月经前肿块增大变硬，月经来潮后肿块缩小变软。

3. 乳头溢液　少数患者可出现乳头溢液，为自发溢液，草黄色或棕色浆液性溢液。

4. 月经失调　本病患者可兼见月经前后不定期，量少或色淡，可伴痛经。

5. 情志改变　患者常感情志不畅或心烦易怒，每遇生气、精神紧张或劳累后加重。

（四）治疗

由于对乳腺增生发生的机制和病因尚无确切了解，目前治疗上基本为对症治疗。部分患者发病后数月至 1～2 年后常可自行缓解，多不需治疗。症状较明显，病变范围较广泛的患者，可以胸罩托起乳房；口服中药小金丹或逍遥散，或 5% 碘化钾均可缓解症状。近年来类似的药物产品较多，如乳块消、乳癖消、天冬素片、平消片、囊癖灵、三苯氧胺等，治疗效果不一。现代中医推出"五联整合疗法"，是最新一代治疗乳腺增生、乳腺纤维瘤的特效纯原生天然的五联整合消肿、化瘤法。

此外，尚有激素疗法，有人采用雄激素治疗本病，借以抑制雌激素效应，软化结节，减轻症状；但这种治疗有可能加剧人体激素间失衡，不宜常规应用。仅在症状严重，影响正常工作和生活时，才考虑采用。

对患者的随访观察中，一旦发现有短期内迅速生长或质地变硬的肿块，应高度怀疑其癌变可能，必要时行活检或患乳单纯切除；术中冷冻切片查到癌细胞者，应按乳腺癌处理。

如果确诊是乳腺增生，首先不要慌，一定要根据具体的情况做判断，进行多方面的咨询。随着乳腺疾病早期诊断方法的出现，保乳治疗技术及术后综合治疗的日趋成熟，一般乳腺疾病不宜做手术，建议保守治疗，进行食疗。

二、乳腺炎

（一）定义

乳腺炎是指乳腺的急性化脓性感染，是产褥期的常见病，是引起产后发热的原因之一，最常见于哺乳妇女，尤其是初产妇。哺乳期的任何时间均可发生，而哺乳的开始最为常见。

（二）病因

乳腺炎病因主要为乳汁的淤积，乳汁淤积有利于入侵细菌的生长繁殖。原因有：①乳头过小或内陷，妨碍哺乳，孕妇产前未能及时矫正乳头内陷，婴儿吸乳时困难。②乳汁过多，排空不完全，产妇没有及时将乳房内多余乳汁排空。③乳管不通，乳管本身炎症，肿瘤及外在压迫，胸罩脱落的纤维亦可堵塞乳管。

（三）临床表现

1. **急性单纯乳腺炎**　初期主要是乳房的胀痛，局部皮温高、压痛，出现边界不清的硬结，有触痛。

2. **急性化脓性乳腺炎**　局部皮肤红、肿、热、痛，出现较明显的硬结，触痛更加，同时患者可出现寒战、高热、头痛、无力、脉快等全身虚证。此时腋下可出现肿大的淋巴结，有触痛，化验血白细胞计数升高，严重时可合并败血症。

3. **脓肿形成**　由于治疗措施不得力或病情进一步加重，局部组织发生坏死、液化，大小不等的感染灶相互融合形成脓肿。脓肿可为单房性或多房性。浅表的脓肿易被发现，而较深的脓肿波动感不明显，不易发现。如果乳腺炎患者全身症状明显，局部及全身药物治疗效果不明显时，要注意进行疼痛部位的穿刺，待抽出脓液或涂片中发现白细胞来明确脓肿的诊断。

（四）治疗

乳腺炎是临床常见的疾病，尤其多发于女性哺乳期。一般来说，得了乳腺炎，如果症状不是十分严重，可以继续哺乳，但如果严重的话，就要终止哺乳了。治疗乳腺炎，要从清洁乳房开始。以下 8 种方法相互结合，会收到良好的疗效：

1. 注意清洁。

2. 早期注意休息，暂停患侧乳房哺乳，清洁乳头、乳晕，促使乳汁排出（用吸乳器或吸吮），凡需切开引流者应终止哺乳。这是治疗乳腺炎的首要前提。

3. 使用回乳药　停止患侧哺乳，以吸乳器吸出乳汁。可适当使用回乳药，口服己烯雌酚，一次 1 mg，每日 3 次；或溴隐亭，一次 2.5 mg，每日 3 次。

4. 全身应用抗生素　为防治严重感染及败血症，根据细菌培养及药敏结果选用抗生素，必要时静脉滴注抗生素。

5. 中药治疗　早期乳腺炎的治疗，初起阶段主要表现为乳汁淤积，热毒内盛，其治疗原则为解毒清热、通乳消肿。可服瓜蒌牛蒡汤（瓜蒌、牛蒡子、天花粉、黄芩、陈皮、栀子、金银花、柴胡、连翘、穿山甲、漏芦），气郁加橘叶、川子，肿胀痛者加乳香、没药、赤芍。

6. 局部热敷，或用鲜蒲公英、银花叶各 60 g 洗净加醋或酒少许，捣烂外敷，用宽布带或乳罩托起乳房。

7. 0.25% 普鲁卡因 60～80 mL 乳腺封闭，可减轻炎症。选用广谱抗生素口服或静脉滴注。并可用青霉素 100 万 U 溶于 20 mL 生理盐水中，注射于炎症肿块周围。

8. 已形成脓肿，应切开排脓。切口应与乳头成放射方向，避开乳晕。乳腺后脓肿或乳房下侧深部脓肿，可在乳房下作弧形切口。

结合治疗乳腺炎的 8 种方法，患者应保持良好的心态，双管齐下，治疗效果会更好。

第六节　产后缺乳

一、定义

产后缺乳是指分娩后乳汁分泌甚少，甚至无乳汁分泌的产后病。多发生于产后半月内，尤其是产后 2~3 日，也可发生在整个哺乳期。

二、病因

产后缺乳的病因病理：腺垂体功能低下或孕期胎盘功能不全时，影响乳腺发育，产后乳汁分泌不足。此外，情绪紧张、恐惧、抑郁，可影响下丘脑、垂体催乳素的分泌，使乳汁分泌量少。

三、临床表现

产后缺乳的症状：产后排出的乳汁量少，甚或全无，不够喂养婴儿。

四、治疗

常用中西医结合治疗产后缺乳。中西医结合使用中草药、针灸、成药（西药），治疗效果明显优于单用西药，其中治疗气血虚弱的方剂组成为：人参 15 g、黄芪 10 g、当归 10 g、麦冬 10 g、通草 10 g、桔梗 12 g、甲珠 10 g、路路通 10 g、王不留行 10 g。治疗肝气郁结方剂组成为：柴胡 10 g、青皮 10 g、桔梗 20 g、通草 10 g、白芍 15 g、甲珠 8 g、漏芦 10 g、王不留行 10 g、路路通 10 g。

第七节　产后恶露不尽

一、定义

恶露是指产妇分娩后子宫内遗留的余血和浊液，是由气血运行失常、血瘀气滞引起，可服用具有活血化瘀功效的药物进行治疗。

二、病因

1. 组织物残留　可因妊娠月份较大，或子宫畸形、子宫肌瘤等原因，也可因手术操作者技术不熟练，致使妊娠组织物未完全清除，导致部分组织物残留于宫腔内。此时除了恶露不净，还有出血量时多时少、内夹血块，并伴有阵阵腹痛。

2. 子宫腔感染　可因人工流产后洗盆浴，或卫生巾不洁，或人工流产后不久即行房事，也可因手术操作者消毒不严密等原因致使宫腔感染。此时恶露有臭味，腹部有压痛，并伴有发热，查血常规可见白细胞总数升高。

3. 宫缩乏力　可因人工流产后未能很好休息，或平素身体虚弱多病，或手术时间过长、耗伤气血，致使宫缩乏力、恶露不绝。

三、临床表现

晚期产后出血多表现为产后恶露不净、有臭味，反复或突然阴道大出血可导致贫血、休克甚至危及生命。晚期产后出血指分娩 24 小时后，在产褥期内发生的子宫大量出血，出血量超过 500 mL。产后 1~2 周发病最常见，亦有迟至产后 6 周发病。晚期产后出血发生率的高低与各地产前保健及产科质量水平密切相关。近年来随着各地剖宫产率的升高，晚期产后出血的发生率有上升趋势。

四、治疗

由于症状表现不一，治疗也不尽相同，提醒及时去医院请医生查找恶露不净的病因，并针对病因进行治疗。

第八节　子宫肌瘤

一、定义

子宫肌瘤又称子宫平滑肌瘤，是由子宫平滑肌、结缔组织、腺体组成的实质性良性肿瘤。子宫肌瘤是女性生殖器最常见的一种良性肿瘤。可发生在子宫肌间、黏膜下或浆膜下，大小不等，单发或多发。多无症状，少数表现为阴道出血，腹部触及肿物以及压迫症状等。如发生蒂扭转或其他情况时可引起疼痛。以多发性子宫肌瘤常见。

二、分类

中医学根据临床症状可分为以下两种证型：

1. 气滞血瘀证　轻者月经正常，重者经行血崩或漏下不止，乳房胀痛，小腹作胀或隐痛，有肛门部下坠感，舌质暗红，边有紫斑点，脉沉弦或细涩。

2. 阴虚火旺证　月经先期，经行血崩或漏下不止，胸中灼热，或下腹内觉热，乳头痒或刺痛，或乳房胀痛牵及腋窝，经后赤白带下，或黄白相杂，舌质红，苔少津或薄黄，脉弦细或细数。

三、病因

中医学认为，子宫肌瘤因七情内伤、脏腑功能失调、气滞血瘀而成。现代医学研究发现：肌瘤组织中的雌激素受体量较正常子宫肌组织多。提示子宫肌瘤的发生与长期的雌激素含量过高导致内分泌失调有关。同时激素代谢受高级神经中枢调控，故神经中枢活动对促进本病也可能起很重要的作用。另外，细胞遗传学研究显示，部分肌瘤存在细胞遗传学的异常。

四、临床表现

多数患者无明显症状，仅于盆腔检查时偶被发现。若出现症状，与肌瘤的部位、生长速度及肌瘤有无变性等关系密切。

1. 月经改变　为最常见的症状，表现为月经周期缩短、经量增多、经期延长、不规则阴道流血等。

2. 腹块　腹部胀大，下腹扪及肿物，伴有下坠感。

3. 白带增多　白带增多，有时产生大量脓血性排液及腐肉样组织排出伴臭味。

4. 疼痛　一般患者无腹痛，常有下腹坠胀、腰背酸痛等，当浆膜下肌瘤蒂扭转时，可出现急性腹痛。

5. 压迫症状　肌瘤向前或向后生长，可压迫膀胱、尿道或直肠，引起尿频、排尿困难、尿潴留或便秘。当肌瘤向两侧生长，则形成阔韧带肌瘤，其压迫输尿管时，可引起输尿管或肾盂积水；如压迫盆腔血管及淋巴管，可引起下肢水肿。

6. 不孕　肌瘤压迫输卵管使之扭曲，或使宫腔变形以致妨碍受精卵着床，导致不孕。

7. 继发性贫血　若患者长期月经过多可导致继发贫血，出现全身乏力、面色苍白、气短、心慌等症状。

8. 低糖血症　子宫肌瘤伴发低糖血症亦属罕见。主要表现为空腹血糖低，意识丧失以致休克，经葡萄糖注射后症状可以完全消失。肿瘤切除后低血糖症状即完全消失。

五、治疗

1. 随访观察　适用于肌瘤不大、月经量增多不明显者。

2. 雄激素治疗　适用于肌瘤不大、月经量增多不明显的近绝经期患者。

3. 手术治疗　是该病的主要治疗方法。米非司酮治疗：适用于子宫较大，月经多的术前治疗。

4. 中医治疗　①血瘀证：表现为腹中积块坚硬，固定不移，疼痛拒按，月经量多，行经时间延长，色暗有块，或面色晦暗，乳房有结块，舌暗边有瘀点，瘀斑、脉沉涩。可用中成药桂枝茯苓丸。②痰湿证：表现为下腹包块，隐隐作痛，按之柔软，带下量多，色白黏稠，胸脘痞闷，怕冷，形体肥胖，舌质紫暗，舌苔白腻，脉濡细。可用中成药六君子丸，每丸 6~9 g，每日 2~3 次，温开水送服；或参苓白术丸，一次 6 g，每日 2 次，空腹时大枣煎汤或温开水送服。

第九节　计划生育与避孕

一、定义

避孕是应用科学手段使妇女暂时不受孕，主要控制生殖过程中的 3 个环节：①抑制精子与卵子产生；②阻止精子与卵子结合；③使子宫环境不利于精子获能、生存，或者不适宜受精卵着床和发育。常见的避孕法有：使用避孕药、避孕套、避孕膜，及安全期避孕法、体外排精避孕法、压缩尿道避孕法、手术避孕法等。

二、避孕方式

避孕方式包括：①输卵管结扎；②宫内节育器；③口服避孕药，常用避孕药推荐如表 32-2 所示。

表 32-2　　　　　　　　　　常用避孕药推荐

类别	名　　称	雌激素 + 孕激素含量（mg）	给药途径
短效口服 避孕片	复方炔诺酮片（避孕片 1 号）	炔雌醇 0.035 + 炔诺酮 0.6	口服
	复方甲地孕酮片（避孕片 2 号）	炔雌醇 0.035 + 甲地孕酮 1.0	口服
	复方避孕片（0 号）	炔雌醇 0.035 + 炔诺酮 0.3 + 甲地孕酮 0.5	口服
	复方去氧孕烯片	炔雌醇 0.03 + 去氧孕烯 0.15	口服
	复方孕二烯酮片	炔雌醇 0.03 + 孕二烯酮 0.075	口服
	炔雌醇环丙孕酮片	炔雌醇 0.035 + 环丙孕酮 2.0	口服

类别	名　称	雌激素 + 孕激素含量（mg）	给药途径
长效口服	复方左旋 18 甲长效避孕片	炔雌醚 3.0 + 左炔诺孕酮 6.0	口服
避孕片	三合一炔雌醚片	炔雌醚 2.0 + 炔诺孕酮 6.0 + 氧地孕酮 6.0	口服
	炔诺酮探亲片	炔诺酮 5.0	口服
探亲避	甲地孕酮探亲避孕片 1 号	甲地孕酮 2.0	口服
孕片	炔诺孕酮探亲避孕片	炔诺孕酮 3.0	口服
	53 号避孕药	双炔失碳酯 7.5	口服

第三十三章　儿科常见疾病

第一节　生长发育

一、定义

从受精卵着床到青春期终止都属于人类的生长发育期，也是婴幼儿、儿童、青少年应监测和管理体格发育，心理-行为发育和潜能-能力发育的年龄段。生长发育状况显示儿童的营养状况、疾病控制状况、疾病时生长发育受干扰的程度，是判断营养结局、评价儿童健康状况的一项重要指标。

二、临床表现

由于营养摄入不足、喂养行为不正确、非均衡膳食、疾病、心理-精神压抑等多种原因造成的生长发育与衡量参数/曲线严重偏离，可表现为体重/身高不增、增长不足、超重、单纯肥胖等。

三、诊断

1. 衡量指标

（1）体重的增长：体重增加的速度与年龄有关。婴儿在最初 3 个月内增长迅速，每月平均增加 800～1200 g；在第二个 3 个月内，增长速度减慢一半，每月增加 400～600 g；生后 6 个月～1 岁生长速度再减慢一半，每月增长 250～300 g；全年共增重约 6.5 kg。1 岁以后体重增长变慢，1～2 岁内全年体重增加较快，男孩每年增重约 5 kg，女孩约4 kg。由于 1～10 岁儿童的体重增长基本上呈现匀速增长，可用以下公式粗略估算，1～6 岁体重（kg）=年龄（岁）×2+8；7～10 岁体重（kg）=年龄（岁）×3+2。

（2）身高的增长：3 岁以下小儿采取仰卧位测量，测得结果为身长。婴儿出生时身长约50 cm，在生后前3 个月每月平均增长3.5 cm，3～6 个月每月平均增长2.0 cm，6～12 个月每月平均增长 1.0～1.5 cm，第 1 年共增长 25～26 cm。第 2 年全年约增 12 cm，2 岁至青春期前每年递增5～8 cm。2～10 岁的身高可按以下公式计算：身高 = 年龄（岁）×6.5＋76（cm）。

（3）头围：头围是指自眉弓上缘最凸出处经枕骨隆突绕头一周的长度。头围用于衡量头颅大小和脑的发育程度，是婴幼儿及学龄前儿童生长发育的重要评价指标。正常新生儿出生时头围平均34 cm 左右，在最初半年内增加约9 cm，后半年内约 3 cm，第 2 年增加 2 cm，第 3～第 4 年内约增 1.5 cm，5～10 岁共增长约 2 cm。

2. 临床诊断

（1）生长迟缓：年龄别体重低于参照值 2 个标准差。

（2）消瘦：身高别体重低于参照值 2 个标准差，或位于生长曲线第 3 百分位及以下。

（3）身材矮小：年龄别身高低于参照值 2 个标准差，或位于生长曲线第 3 百分位及以下。

（4）超重：身高别体重大于参照值 15% ~19%，或位于生长曲线第 90 ~ 第 97 百分位。

（5）肥胖：身高别体重大于参照值 20%，或大于生长曲线第 97 百分位。

四、治疗

1．生长发育迟缓　去除病因，均衡膳食，科学喂养。改善营养环境，纠正不正确营养行为。婴幼儿加强（日光浴、水浴、空气浴）锻炼，年长儿加强体育活动锻炼。

2．单纯肥胖症　以运动处方为基础，以行为矫正为关键技术，饮食调整和健康教育贯彻始终。以家庭为主体、日常生活为控制场所；肥胖儿童、家长、教师、医务人员共同参与综合治疗，治疗疗程至少为 1 年。

3．营养不良

（1）指导和培训家长关于营造良好营养气氛的知识和技术，矫正不当的喂养行为。

（2）教育家长在日常生活中掌握预防营养素缺乏与过量的认识，严格遵守关于维生素和微量元素摄入"生理需要量"的原则，及营养素摄入"自然食物，均衡膳食，适当喂养，适量摄入"的原则。

第二节　维生素 A 缺乏病

一、定义

维生素 A 缺乏病主要影响儿童和孕妇。亚临床维生素 A 缺乏可使儿童生长发育迟缓，骨骼生长发育停止，降低体内铁的吸收、储存和利用，降低机体免疫力，增加小儿传染病、感染性疾病的发生率和死亡率。

二、临床表现

1．生长发育　体重不增或增重差，线性生长迟缓。

2．眼部　畏光、暗适应迟缓、夜盲、眼泪少、结膜干燥、毕脱斑、角膜干燥、角膜溃疡和角膜软化、失明。因颅骨发育障碍压迫神经，造成视力障碍。

3．皮肤　粗糙或干燥呈鸡皮样，或鱼鳞状变、脱屑、角化增生。

4．机体抵抗力下降　反复呼吸道、消化道、泌尿道感染，久治不愈。

5．骨骼和牙发育　骨发育不良或停止，牙萌出和牙质发育受阻。

6．缺铁性贫血。

三、诊断

1．有不良饮食习惯（偏食、挑食、拒食等），不当喂养史，长期反复感染性疾病且就治不愈。

2. 微量元素检查，血浆维生素 A < 0.35 μmol/L 可确诊维生素 A 缺乏，在 0.70 ~ 0.35 μmol/L 为亚临床维生素 A 缺乏。

四、治疗

1. 病因治疗　建立正确的膳食习惯，经常进食含维生素 A 的食物，如绿色、橙色、黄色的蔬菜、水果，动物肝脏，蛋，奶及奶制品，人造黄油，植物油，谷粉（小麦、稻米、玉米），早餐谷物。

2. 维生素 A 治疗　严格掌握适应证、控制用量，能口服不肌内注射，严防维生素 A 中毒。有眼部或消化道症状者，肌内注射维生素 A/D 油剂，每日 0.5 ~ 1 mL（每支 0.5 mL 含维生素 A 800 μg，即 25000 U；维生素 D 60 μg 即 1500 U），连续 3 ~ 5 日后改为口服。眼部和消化道症状消失后仅口服。剂量为婴儿每日 450 ~ 700 μg（1500 ~ 200 U），儿童每天 700 ~ 1500 μg（2000 ~ 4500 U）。

3. 对症治疗。

第三节　维生素 D 缺乏病

一、定义

由于先天体内储存不足（早产、多胎、孕期营养不良），维生素 D 摄入不足（紫外线照射不足、饮食缺乏维生素 D 等）和慢性消化道疾病造成的维生素 D 吸收不良等多种原因造成的维生素 D 缺乏，是儿童期一个重要的健康危险因素，影响儿童生长发育、智力发育和身心健康。

二、临床表现

1. 维生素 D 缺乏性佝偻病　维生素 D 缺乏致钙、磷代谢紊乱，造成以骨代谢和发育障碍为主要表现的全身性疾病。

（1）早期：主要是非特异性症状，如夜惊、多汗、盗汗、烦躁、生长迟缓（生长速率低减）、进食差、睡眠不好。

（2）活动期：突出表现为骨骼营养和发育不良，如颅骨软化、方颅，肋骨串珠、手（足）镯，下肢及胸廓、脊柱畸形，前囟门关闭延迟。

（3）恢复期：临床症状减轻，骨骼病变恢复，不同程度血生化改变。

（4）后遗症期：临床症状消失，血生化值正常，但遗留不同程度的骨骼畸形。

2. 维生素 D 缺乏性手足搐搦症　因在维生素 D 缺乏的进程中甲状旁腺功能过度应激造成应答迟钝，不能有效调节血钙水平到正常范围。主要见于小婴儿。表现为突发无热性惊厥、喉痉挛、手足搐搦，发作终止后一切如常。上述症状多见于冬春。

三、诊断

1. 维生素 D 缺乏性佝偻病　临床症状仅供参考和提供诊断方向的线索和提示。主要诊断指标为血清 25-(OH)D_3 血生化指标、X 线骨骼干骺端变化。

（1）早期：血清 25-(OH)D_3 明显降低（< 10 μg/L）、血磷降低，血钙可正常。长骨骨

骺端 X 线可正常，可见钙化线不整齐或出现小沟。

（2）活动期：血清 25-(OH)D_3 明显降低，甲状旁腺素水平增高，血钙稍低，血磷明显降低，碱性磷酸酶升高；长骨 X 线见骨干干骺端呈毛刷状和口杯状改变，骨骺软骨盘增宽，骨质稀疏。

（3）恢复期：血生化仍不正常。长骨 X 线骨骺端临时钙化带重新出现为恢复的特征性标志。

（4）后遗症期：血生化正常，骨骼 X 线正常。遗留不同程度的骨骼畸形。

2. 维生素 D 缺乏性手足搐搦症

（1）存在活动性佝偻病。

（2）抽搐：常为突发性，多数为全身抽搐，亦可局限于某一肢体或面部肌肉。抽搐次数较为频繁，神志清楚，不发热。

（3）手足搐搦：上肢手腕屈曲、手指伸直、拇指屈曲，下肢伸直内收、足趾下弯呈弓状，意识清楚。

（4）喉痉挛：见于婴儿。声门及喉肌痉挛，吸气时发出喉鸣音，严重时可因窒息死亡。

（5）血生化检查：血清总钙浓度 <1.75～1.88 μmol/L（7～7.5 mg/dL），或钙离子 <1.0 μmol/L（4 mg/dL）。

四、治疗

1. 维生素 D 缺乏性佝偻病

（1）实施母乳喂养至少 6～8 个月。无法母乳喂养儿，使用含 DHA 和 AA 的配方奶。加强换乳期泥糊状食物喂养，保证均衡膳食。加强户外运动和日光浴锻炼。

（2）维生素 D 制剂治疗，注意"生理剂量、生理途径"的原则。以口服为主，重症有并发症或口服有困难者才考虑肌内注射，但一定要谨慎，严防中毒。

1）早期：每日口服维生素 D 125～250 μg（5000～10000 U）。

2）活动期：每日口服维生素 D 250～500 μg（10000～20000 U），连续 1 个月后改为预防量每日 10 μg（400 U）。重症有并发症或口服有困难者，经多方研究后慎重肌内注射。有肝肾功能异常者宜选用骨化三醇或阿法骨化醇。

（3）钙剂：在维生素 D 治疗时每日口服元素钙 400～600 mg。

（4）矫形：加强体育锻炼（体操、游泳等）。

2. 维生素 D 缺乏性手足搐搦症

（1）紧急处理：保持呼吸道畅通，选用苯巴比妥、地西泮、水合氯醛等解痉。必要时做气管插管或切开。

（2）补充钙剂：10% 葡萄糖酸钙缓慢静脉推注，必要时每日可重复 2～3 次；已有输液者，可将葡萄糖酸钙加入静脉点滴。病情稳定后改口服 10% 氯化钙 5～10 mL，每日 3 次，与等量开水稀释后口服，1 周后改口服其他钙剂（钙含量 400～600 mg）。伴有低镁血症时应补充镁。

（3）同时有维生素 D 缺乏性佝偻病者，于搐搦控制后用维生素 D 治疗。

第四节　新生儿黄疸

一、定义

由于新生儿胆红素代谢的特点可引起新生儿生理性黄疸，生理性黄疸在生后 2~3 日开始出现，4~6 日达高峰，峰值一般不超过 257 μmol/L（15 mg/dL）。足月儿 10~14 日消退，早产儿 2~3 周消退，结合胆红素不超过 25.5~34 μmol/L（15~2.0 mg/dL）。小儿一般状况好，食欲正常。新生儿溶血、G-6-PD 酶缺陷、甲状腺功能低下、胎粪排空延迟、肠梗阻、先天性胆管闭锁、半乳糖血症、感染性疾病、母亲糖尿病等多种因素或疾病可引起黄疸加重，属非生理性，称为病理性黄疸。

二、临床表现

临床表现如下：①生后 24 小时内即出现黄疸；②血清胆红素 >255 μmol/L；③血清胆红值 >85 μmol/(L·24h)；④血清结合胆红素 >25.5 μmol/L 或占血清胆红素比例 >15%。⑤足月儿满 14 日、早产儿满 21 日仍有黄疸。

三、诊断

符合上述临床表现，根据血清总胆红素、结合胆红素水平结合病史、辅助检查结果判断导致病理性黄疸的病因。

四、治疗

在治疗引起病理性黄疸的基础疾病的同时，降低血清胆红素、减少胆红素生成，预防胆红素脑病的发生。

第五节　变应性鼻炎

一、定义

变应性鼻炎又称过敏性鼻炎，是常见的变态反应性疾病，本病的发生有 2 个基本因素，即特应性和反复多次暴露于外界变应原环境中。

二、临床表现

发病时鼻痒、鼻塞，连续打喷嚏、大量清涕和嗅觉减退；有时伴有结膜、上腭和外耳道发痒。并发鼻窦炎时，可有发热、面颊胀痛和乏力。多发病于婴儿晚期和幼儿期，初为常年性发作，逐渐转为季节性。任何强烈的气味、污染的空气、甚至气温变化、灰尘都会诱导发病。因经常搓揉而致鼻梁皮肤横纹，鼻翼肥大。伴结膜炎者结膜轻度充血水肿。

1. 鼻内镜检查可见鼻黏膜苍白水肿，水样分泌物多，镜下可见大量嗜酸性粒细胞。
2. 应与鼻中隔偏曲或鼻甲肥大、药物性鼻炎（鼻塞时应用缩血管药用量过大或使用时间太长，引起扩血管性反跳）、症状性鼻塞（感冒或甲状腺功能减退）、血管运动性鼻炎和慢性鼻炎相鉴别。

四、治疗

1. 避免接触变应原　如对花粉过敏者在发病季节避免去园林或野外，对粉尘过敏者扫地时应戴口罩，对尘螨过敏者宜用吸尘器清洁室内。有条件者，发病季节卧室内准备空气滤清器，并紧闭门窗，甚至异地治疗。
2. 急性期口服抗组胺药　如异丙嗪和氯苯那敏等，这两种药物尚有一定镇静和抗胆碱作用。亦可服用氯雷他定，体重 >30 kg，一次 10 mg，每日 1 次；体重 <30 kg，一次 5 mg，每日 1 次。
3. 局部应用鼻喷雾剂　减缓鼻黏膜肿胀和鼻塞，如糠酸莫米松、色甘酸钠等。
4. 抗原脱敏治疗。

第六节　支气管哮喘

一、定义

支气管哮喘是由各种细胞和细胞组分参与的呼吸道慢性炎症，这种气管炎症使易感者对各种激发因子具有呼吸道高反应性，并可引起呼吸道缩窄。表现为反复发作的喘息、呼吸困难、胸闷或咳嗽等症状。常在夜间或清晨发作、加剧，常常出现广泛多变的可逆性气流受限，多数患儿可经治疗或自行缓解。

二、临床表现

1. 咳喘反复发作，常在夜间或凌晨加剧，吐白色黏痰，年长儿常突然发作，婴幼儿常为上呼吸道感染后诱发。
2. 个人有湿疹或变应性鼻炎等特应性疾病史，部分患儿一级亲属有哮喘史或过敏史。
3. 在中度至重度哮喘吸气时出现"三凹征"，在呼气时因胸部内压增高，肋间隙反见凸出。叩诊两肺呈鼓音，心浊音界缩小，提示已发生肺气肿，并有膈下移，致使有时可能触到肝、脾。全肺可闻及哮鸣音和干啰音。
4. 实验室检查
(1) 血常规：白细胞计数大多正常，嗜酸性粒细胞可增多，伴有细菌感染时，白细胞总数和中性粒细胞可增多；
(2) 胸部 X 线：在发作期多数患儿呈单纯性过度换气及伴血管阴影增加，缓解期大多正常。合并感染时，如肺炎时肺部有浸润，发生其他并发症时，可出现不同征象。
(3) 肺功能检查：测定肺功能可对气流受限程度和可逆性做出评估，有助于疾病的诊断和监测。

三、诊断

1. 婴幼儿哮喘诊断标准

（1）年龄＜3 岁，喘息发作≥3 次。

（2）发作时双肺闻及呼气相哮鸣音，呼气相延长。

（3）具有特应性体质，如过敏性湿疹、变应性鼻炎等。

（4）父母有哮喘病等过敏史。

（5）除外其他引起喘息的疾病。

凡具有以上（1）、（2）、（5）项即可诊断哮喘。如喘息发作 2 次，并具有（2）、（5）项，诊断为可疑哮喘或喘息性支气管炎。

2. 3 岁以上儿童哮喘诊断标准

（1）年龄≥3 岁，喘息发作可追溯与某种变应原或刺激因素有关。

（2）发作时双肺闻及以呼气相为主的哮鸣音，呼气相延长。

（3）支气管舒张药有明显疗效。

（4）除外其他引起喘息、胸闷和咳嗽的疾病。

3. 咳嗽变异性哮喘　咳嗽变异性哮喘是一种潜在隐匿形式哮喘，可发生于任何年龄，其唯一症状是慢性咳嗽，易被误诊为支气管炎，反复呼吸道感染，因发病机制与哮喘相同，采用哮喘治疗的原则能取得较好疗效。

（1）咳嗽持续或反复发作＞1 个月，常在夜间（或清晨）发作、痰少、运动后加重。临床无感染征象，或经较长期抗生素治疗无效。

（2）用支气管扩张药可使咳嗽发作缓解。

（3）有个人过敏史或家族过敏史，呼吸道呈高反应性，变应原皮试阳性等可作辅助诊断。

四、治疗

1. 糖皮质激素　主要应用为吸入途径，在哮喘重度发作时短期口服泼尼松或静脉滴注甲泼尼龙。丙酸倍氯松、布地奈德儿童 $200 \sim 400 \ \mu g/d$，重度年长儿可达 $600 \sim 800$ $\mu g/d$，应用氟替卡松时剂量则减半。病情控制后，则可停用平喘药，以后每 1 ～ 6 个月复核一次治疗方案，如控制没有达到，则考虑升级治疗。哮喘被控制并至少维持 3 个月，则有可能降级治疗。吸入激素疗程偏长，一般达 1 年以上，吸入激素后应及时漱口，以减少鹅口疮及声嘶等不良反应发生。

2. 支气管扩张药

（1）β_2 受体激动药：速效 β_2 受体激动药是最有效的支气管扩张药（沙丁胺醇、特布他林），有症状时按需吸入，但在症状未完全控制时，用作激素吸入的补充治疗。使用剂量为每日 3 ～ 4 次，每次 1 ～ 2 揿（100 μg/揿），在常规剂量不能控制时，一般不再增加剂量。有夜间症状亦可吸入长效 β_2 受体激动药，如福莫特罗等。

（2）茶碱类：对平滑肌有直接松弛作用，并能抑制磷酸二酯酶，使平滑肌张力降低，气管扩张。急性发作时静脉滴注，夜间发作可使用茶碱控释片，剂量 $6 \sim 10 \ mg/(kg \cdot d)$，分 1 ～ 2 次口服。

（3）抗胆碱药：异丙托溴铵对气管平滑肌有较强松弛作用，而对心血管系统作用较弱，作用部位以大、中气管为主，而 β_2 受体激动药主要作用于小气管，故两药有协同作用。

（4）其他消炎药和抗组胺药：

1）色甘酸钠：为抗过敏药，儿童过敏性哮喘比成人效果好，副作用少，轻中度哮喘患儿可用色甘酸钠。3.5 mg/揿或 5 mg/揿，一次 1~2 揿，每日 3~4 次吸入。

2）西替利嗪、氯雷他定：H_1 受体阻滞药，具有抗过敏活性，无镇静作用。

3）酮替芬：有抗过敏作用，对儿童哮喘疗效较成人稍好，其不良反应为口干、困倦、头晕等。年幼儿口服 0.5 mg，每日 1~2 次。对有特应性过敏性鼻炎、湿疹的年幼哮喘患儿应用较多。

4）白三烯调节药：如扎鲁司特、孟鲁司特。对二氧化硫、运动和冷空气等刺激及各种变应原如花粉、毛屑等引起的速发相和迟发相炎症反应均有抑制作用。孟鲁斯特已用于 2~5 岁儿童，4 mg/d，每日 1 次，可用于轻中度哮喘，与激素具有协同作用。

（5）其他药物：

1）特异性免疫治疗：在无法避免接触变应原或药物治疗无效时，可以考虑针对变应原进行特异性免疫治疗。一般坚持应用 2~3 年。

2）免疫调节药：因反复呼吸道感染诱发喘息发作者可酌情加用免疫调节药，如胸腺素、卡介菌核糖核酸等。

3）中药：急性发作期，辨证施治；缓解期，以健脾、补肾扶正等方法进行预防治疗。

第七节　白　喉

一、定义

白喉是由白喉棒状杆菌引起的急性呼吸道传染病。临床特征为咽扁桃体及其周围组织形成不易剥脱的灰色伪膜，并有全身中毒症状，严重者并发心肌炎及周围神经炎。

二、临床表现

起病较缓，发热一般不超过 39 ℃，而全身中毒症状重，有面色苍白、精神委靡、乏力、呕吐、脉细速等。根据病变部位和中毒症状轻重可分为下列类型：

1. 咽白喉　咽和扁桃体中度充血，扁桃体上有点状或小片状灰白色伪膜，边缘清楚，不易被擦去，硬行刮剥可致出血。重者伪膜迅速扩展至咽后壁、鼻咽部或咽喉部，伪膜质厚，呈灰白色、黄色、污秽灰色或黑色，周围组织肿胀明显，伴口臭。颌下、颈淋巴结肿大，有压痛，可并发心肌炎及周围神经麻痹等。

2. 喉白喉　中毒症状不重，而以喉部症状及喉梗阻为主要表现。干咳呈犬吠样、声音嘶哑甚至失音。有喘鸣音及进行性吸气性呼吸困难，呈"三凹征"。梗阻严重者可烦躁不安，面色苍白、口唇发绀，甚至窒息、昏迷、惊厥。

3. 鼻白喉　全身症状轻，主要表现为慢性鼻炎，单侧为多。鼻塞，流出浆液血性分泌物，鼻孔四周皮肤红肿、糜烂、浅溃疡、结痂、持久不愈。

4. 其他部位白喉　皮肤白喉呈局部慢性溃疡，覆有灰白膜性渗出物。结合膜、外耳道、女婴外阴部、新生儿脐带处也可受感染，形成局部伪膜或血性分泌物。

三、诊断

本病应与急性化脓性扁桃体炎、鹅口疮、咽峡炎或溃疡性咽炎等相鉴别。

1. 流行病学史　发病前1周内有白喉患者接触史，或无百白破三联疫苗接种史。

2. 有前述症状。

3. 实验室检查

（1）血常规：白细胞总数增高，中性粒细胞可达80%。

（2）细菌学检查：取伪膜边缘处的分泌物直接涂片可找到白喉棒状杆菌，取分泌物培养阳性可确诊。

（3）免疫荧光检查：将咽拭子培养4小时之菌落，用特异抗血清进行免疫荧光检查，阳性率和特异性高，有助早期诊断。

四、治疗

1. 隔离及休息　严格隔离治疗。卧床休息2~4周，重症4~6周。

2. 病原治疗

（1）白喉抗毒素：为本病的特异性治疗，应尽早给予足量以中和局部病灶内和血液中的游离毒素。

（2）抗生素：首选青霉素，对各型的白喉均有效，剂量为80万~160万 U/d，分2次肌内注射，7~10日为1个疗程。青霉素过敏者，可用红霉素25~50 mg/（kg·d），分4次口服，疗程同上。也可用罗红霉素5~8 mg/（kg·d）或阿奇霉素10 mg/（kg·d）。抗菌治疗持续至白喉棒状杆菌培养3次阴性方可停药。

（3）并发症的治疗：若出现喉梗阻、心肌炎、周围神经麻痹等并发症，则予相应治疗措施。

第八节　急性上呼吸道感染

一、定义

急性上呼吸道感染绝大多数与鼻病毒、呼吸道合胞病毒、腺病毒、柯萨奇病毒、埃可病毒等感染有关，亦可由肺炎支原体、乙型溶血性链球菌、肺炎链球菌、流感嗜血杆菌和葡萄球菌等直接引起或继发感染所致。临床常根据受累的部位而诊断为急性鼻（咽）炎、咽峡炎、咽（喉）炎、扁桃体炎等。婴幼儿患感冒后，往往全身症状重而局部症状轻，炎症易向邻近器官扩散而引起喉炎、气管支气管炎、肺炎等并发症，故需要及时诊治。

二、临床表现

症状可轻可重，一般年长儿症状较轻，婴幼儿症状较重。

1. 轻者只有鼻部症状，如流涕、鼻塞、打喷嚏等，也可有流泪、轻咳、咽部不适，在 3~4 日内自然痊愈。如炎症涉及鼻咽或咽峡部及扁桃体，常有发热（持续 3~7 日），咽部肿痛，扁桃体、颌下或颈部淋巴结肿大，甚至发生恶心、呕吐或腹泻。

2. 重者可突然高热达 39 ℃~40 ℃或以上，发冷、头痛、全身乏力、精神不振、食欲减退、睡眠不安、咳嗽频繁、咽部红肿或有疱疹及溃疡（称为疱疹性咽峡炎）。可有扁桃体肿大，出现滤泡、斑点状白色或脓性渗出物，咽部和全身症状均加重，鼻咽分泌物由稀薄变黏稠，亦可有中耳炎、鼻窦炎、支气管炎等。高热者可出现惊厥、腹痛等。

3. 血常规　白细胞在病毒感染时多偏低或正常；合并细菌感染时多增高，严重病例也可减低。

4. 婴幼儿可继发中耳炎、喉炎、颈淋巴结炎、支气管炎、支气管肺炎、败血症等，有的则可引起心肌炎、脑膜炎。链球菌感染后可引起肾炎、风湿热等自身免疫性疾病。

三、诊断

1. 根据病史及临床表现不难诊断。

2. 应注意与流行性感冒、麻疹、百日咳、流行性脑脊髓膜炎、流行性出血热、猩红热、流行性腮腺炎等传染病的早期相鉴别，以上疾病早期均可出现急性上呼吸道感染样症状，须详细询问病史及流行病学情况，密切观察病情变化，结合有关化验及特殊检查进行综合分析，以便做出正确诊断。

3. 婴幼儿往往有呕吐、腹痛、腹泻等消化系统症状，可能被误诊为胃肠道疾病，必须慎重鉴别。

四、治疗

1. 一般治疗　充分休息，多饮水、给予有营养而易消化的食物、增加维生素摄入。加强护理，保持室内空气新鲜和适当的温度与湿度。

2. 对症治疗

（1）发热：体温 38 ℃以下，一般可不处理。高热或有热惊厥史者应积极降温，可以头部冷敷，或口服布洛芬，均有良好的降温作用。

（2）鼻塞：轻者不必处理，影响哺乳时，可于授乳前用 0.5% 麻黄碱 1~2 滴滴鼻。

（3）止咳化痰。

（4）镇静止痉。

3. 抗病毒药治疗　因本病多为病毒所致，目前尚无有效的抗病毒药，现常用中成药制剂，如蒲地蓝口服液、蓝芩口服液等。

4. 抗生素治疗　链球菌所引起的咽炎或扁桃体炎，用青霉素类或第一代头孢菌素治疗，疗效较好。

5. 中医中药治疗　辨证施治，经典验方小青龙汤、小柴胡汤有一定疗效。

第九节　急性支气管炎

一、定义

急性支气管炎是婴幼儿时期的多发病、常见病，多继发于上呼吸道感染，也常为某些传染病（如麻疹、百日咳、白喉等）的一种临床表现。急性支气管炎的病原体是各种细菌或病毒，或为混合感染。凡可引起上呼吸道感染的病原体均可引起急性支气管炎。在病毒感染的基础上，可继发细菌感染。常见的致病菌为肺炎链球菌、流感嗜血杆菌及乙型溶血性链球菌等。

二、临床表现

1. 发病可急可慢，多先有上呼吸道感染症状，逐渐出现明显的咳嗽。轻者无明显病容，重者可有发热、头痛、乏力、食欲缺乏、精神委靡等，也可伴有腹痛、呕吐、腹泻等消化道症状。咳嗽一般持续 7～10 日。如不及时治疗感染，可向下蔓延导致肺炎。

2. 胸部听诊或有或多或少不固定的干啰音及大、中湿啰音，咳嗽或体位变化后可减少或消失。

3. 辅助检查

（1）血常规：白细胞数正常或偏低，继发细菌感染者可升高。

（2）胸部 X 线检查：多阴性或仅见双肺纹理增粗、紊乱。

三、诊断

根据患儿的呼吸道症状、体征，结合辅助检查多可诊断，但应注意与支气管异物、肿瘤压迫、肺炎早期等疾病相鉴别。

四、治疗

1. 一般治疗　注意休息，给予易消化食物，卧室温度、湿度要适宜。一般不用镇咳药，咳嗽重、妨碍休息者可予适量镇静药。痰多者可口服止咳化痰药，也可给予雾化吸入治疗。

2. 其他治疗　并发细菌感染者，可选用适当抗生素，局部理疗也有效。

第十节　肺　　炎

肺炎至今仍是小儿最常见的疾病，是 5 岁以内小儿的第一位死因，WHO 已将小儿肺炎列为全球重要儿科疾病之一。肺炎按病理分类：大叶肺炎、支气管肺炎、间质性肺炎等。按病因分类：细菌性肺炎、病毒性肺炎、真菌性肺炎、支原体和衣原体肺炎、吸入性肺炎等。按病程分类：急性肺炎（病程在 1 个月以内）、迁延性肺炎（病程在 1～3 个月）、慢性肺炎（病程在 3 个月以上）。按病情分类：轻症肺炎（以呼吸系统症状为主）、重症肺炎（有严重并发症或过高热或体温不升）。

一、支气管肺炎

（一）定义

支气管肺炎又称小叶性肺炎，为小儿最常见的肺炎。四季均可发病，尤以冬春气温骤变季节多见，多见于婴幼儿。本病的病原体为细菌和病毒。一般由肺炎链球菌、葡萄球菌、链球菌、流感嗜血杆菌、大肠埃希菌、肺炎克雷伯菌肺炎亚种（肺炎杆菌）、铜绿假单胞菌等引起。常见病毒为呼吸道合胞病毒、腺病毒、副流感病毒、流感病毒、麻疹病毒等。真菌（白假丝酵母菌、放线菌）引起的肺炎近年有增加趋势。凡能诱发上呼吸道感染的各种病因皆可导致肺炎。许多慢性疾病，如佝偻病、营养不良、先天性心脏病、贫血和唐氏综合征等，都易并发本病。

（二）临床表现

轻症主要表现为呼吸系统症状，重症因严重缺氧、二氧化碳潴留及毒血症，除呼吸系统外，尚累及循环系统、消化系统、神经系统，并可引起电解质及酸碱平衡紊乱而出现一系列相应的症状和体征。

1. 一般症状　起病或急或缓，开始常有上呼吸道感染或气管炎症状。发热为本病最早表现，一般为高热，热型不定。但新生儿或体弱儿亦可不发热。患儿常有烦躁不安、精神委靡、食欲减退或呕吐、腹泻等症状。

2. 呼吸道症状　主要有咳嗽、气促、呼吸增快，重症有鼻翼扇动、口周和指（趾）端发绀及"三凹征"等。两肺满布中、细湿啰音。叩诊多为正常，但当病灶融合累及部分或整个肺叶时，可出现肺实变体征。肺部炎症发展到一定严重程度，和（或）支气管黏膜充血水肿及黏稠分泌物的堵塞，均可导致肺部换气功能及通气功能障碍而引起急性呼吸衰竭，它是导致婴幼儿肺炎病情恶化和死亡的主要原因之一。

3. 重症肺炎　除呼吸系统症状之外，可并发心力衰竭、呼吸衰竭、弥散性血管内凝血（DIC）、过高热或体温不升、中毒性脑病等。

（1）神经系统：表现为精神委靡、嗜睡或烦躁不安，严重者可出现意识障碍、视盘及球结膜水肿、昏迷甚至惊厥。但惊厥发作也可能与高热或低钙血症有关。颅内压增高而形成脑疝，患儿可因中枢性呼吸衰竭而死亡。当出现以上症状时应考虑为脑水肿或中毒性脑病。并发脑膜炎时，出现脑膜刺激征及脑脊液改变。

（2）消化系统：多伴有食欲减退、呕吐、腹泻等症状。毒血症和严重缺氧可导致DIC，吐咖啡样物，大便隐血试验阳性甚至血便。发生中毒性肠麻痹时，可有腹胀、肠鸣音减弱或消失。有时下叶肺炎可引起急性腹痛，应与腹部外科疾病鉴别。

（3）水、电解质和酸碱平衡紊乱：由于缺氧、代谢障碍，加之发热、进食少，患儿常有代谢性酸中毒，严重者可同时有呼吸性酸中毒或混合性酸中毒。血清钠、氯常偏低，血清钾大都在正常范围。多有水潴留倾向。因呼吸增快、呼吸道失水增多及过分地限制液体摄入量也可造成脱水。

4. 辅助检查

（1）确定病原：白细胞计数和分类、C反应蛋白等。多数细菌性肺炎患者，白细胞总数和中性粒细胞增多，C反应蛋白明显升高；病毒性肺炎患者则白细胞总数正常或减少，C反应蛋白正常。

（2）病原学检查。

（3）X线诊断：沿支气管分布的小斑片状肺实质浸润阴影，以两肺底部、中内带及心膈角较多。由于细支气管的阻塞，可以发生局部肺不张或肺气肿。在致密阴影内也可见到密度减低区，表示液化，形成多发性小脓肿。

（三）诊断

1. 诊断　根据呼吸道症状及体征，临床诊断不难，应该做胸部X线检查，并以相应的标本（咽拭子、痰液或肺泡灌洗液）进行标本涂片、染色镜检、细菌培养或病毒抗原检测等以确定病原。还可以根据白细胞计数和分类、C反应蛋白等协助判断病原为病毒或细菌。

2. 鉴别诊断　普通支气管肺炎应与支气管炎、支气管哮喘合并肺部感染、肺结核等鉴别。重症肺炎则根据其并发症的不同，分别与相应疾病鉴别，如并发心力衰竭者应与心肌炎等鉴别，并发中毒性脑病者需与中枢神经系统感染等鉴别。

（四）治疗

1. 一般治疗

（1）休息和护理：卧床休息，保持室内空气新鲜，并保持适当的室温（18 ℃ ~ 20 ℃）及湿度（55% 左右），保持呼吸道通畅，且应常翻身及更换体位。尽量减少不必要的检查和治疗操作，烦躁不安等可加重缺氧，可给适量的镇静药。

（2）饮食：供给充足水分，宜给热量丰富，含有较多维生素并易于消化吸收的食物。有缺钙史者应同时补充钙剂。

2. 支持疗法　病情较重、病程较久、体弱、营养不良者可考虑输血浆或静脉滴注免疫球蛋白、肌内注射干扰素等，以提高机体抵抗力。

3. 抗生素治疗　用药原则为选用敏感抗生素，及时、足量或联合应用。①联合抗生素用药的指征：原因不明的严重感染，单一抗生素不能控制的严重感染和（或）混合感染，长期用药细菌有产生耐药的可能性者，联合用药使毒性较大的药物得以减量者。②联用的机制：两者作用机制相同，作用环节或作用位点不同，如磺胺抑制二氢叶酸合成酶，TMP抑制二氢叶酸还原酶，使细菌叶酸代谢双重受阻。或两者作用机制不同，有协同作用，如青霉素类和头孢类抗生素作用于细菌细胞壁，使其形成受阻，而氨基糖苷类抗生素易通过受损的细胞壁，进入菌体靶位发挥作用。或与β-内酰胺酶抑制药联合，以抑制超广谱β-内酰胺酶。

4. 对症疗法

（1）高热者可用物理降温或药物降温。

（2）咳嗽者用止咳祛痰药，气喘重者可用异丙嗪或氨茶碱。

（3）有低氧症状者予以吸氧。

（4）腹胀者可用生理盐水灌肠、肛管排气，无效者肌内注射新斯的明，对过度腹胀可用胃肠减压，松节油热敷等。如因低钾所致可补钾。

（5）糖皮质激素疗法：危重患儿中毒症状明显者，特别是中毒性脑病或喘憋较重者，可用氢化可的松 4 ~ 8 mg/kg 静脉滴注，一般用 3 ~ 5 日，病情改善后停药。

（6）液体疗法：肺炎患者常有水钠潴留趋势，故补液量及钠盐均应适当限制，中毒症状明显及进食少者，可静脉补液，液体量 60 ~ 80 mL/（kg·d）。如伴有严重吐泻，应根据血清钾、钠、氯及血气分析结果给予补液。

二、支原体肺炎

（一）定义

支原体肺炎是由支原体感染引起的肺部急性炎症，其基本病理呈现间质性肺炎或毛细支气管炎样改变，临床表现以顽固性剧烈咳嗽为特征。全年都有散发感染，深秋和初冬为高峰季节，每4~7年可在世界范围内同时发生流行。其感染最常见于学龄儿童和青年，次高峰为5岁以下儿童，近10年来5岁以下小儿发病率显著增加，但罕见于刚出生至6个月的婴儿。

（二）临床表现

1. 潜伏期一般为2~3周。一般起病较缓慢，但亦有急性起病者。

2. 呼吸道症状突出，表现为剧烈阵咳、痰少。

3. 肺部常常在整个病程中无任何阳性体征（肺部X线检查阴影显著），这是本病的特点之一。少数病例呼吸音减弱，有干、湿啰音，这些体征常在X线改变之后出现。

4. 部分患者有肺外损害，如可并发神经系统、血液系统、心血管系统、皮肤、肌肉和关节等肺外并发症，如脑膜脑炎、神经根炎、心肌炎、心包炎、肾炎、血小板减少、溶血性贫血及皮疹。多发生在呼吸道症状出现后10日左右。

5. X线胸片　多表现为单侧病变，大多数侵犯下叶，以右下叶为多，常呈淡薄片状或云雾状浸润，从肺门延伸至肺野，呈支气管炎的改变。少数呈均匀的实变影，类似大叶性肺炎。有时两肺见弥漫网状或结节样浸润阴影，呈间质性肺炎的改变。大部分患儿有肺门淋巴结肿大或肺门阴影增宽。有时伴胸腔积液。往往一处已消散而它处有新的浸润发生，肺部X线变化较快也是其特点之一。

6. 实验室检查　外周血白细胞计数大多正常，但也有白细胞减少或偏高者。红细胞沉降率轻、中度增快。部分患儿血清转氨酶、乳酸脱氢酶增高。发病期间从痰、鼻分泌物、咽拭子中可分离培养出支原体。

（三）诊断

1. 学龄前儿童，5~18岁儿童及青少年。

2. 咳嗽突出而持久。

3. 肺部体征少而X线改变出现早且明显。

4. 用青霉素无效，大环内酯类抗生素治疗效果好。

5. 外周血白细胞数正常或升高。

6. 咽拭子培养见支原体。

（四）鉴别诊断

本病应与下列疾病相鉴别：病毒及细菌性肺炎、肺结核、百日咳、军团菌病、病毒性上呼吸道感染等。

（五）治疗

与一般肺炎的治疗原则基本相同，宜采用综合治疗措施，包括一般治疗、对症治疗、抗生素的应用、糖皮质激素的应用以及肺外并发症的治疗5个方面。

1. 一般治疗　对患儿或有密切接触史的小儿应尽可能做到呼吸道隔离，以防再感染和交叉感染。保持室内空气新鲜，供给营养丰富、宜于消化的食物及足够的液体。保持口腔卫生及呼吸道通畅，经常给患儿翻身、拍背、变换体位，促进分泌物排出，必要

第五篇　常见疾病与药物治疗

时可适当吸痰，清除黏稠分泌物。对病情严重有缺氧表现者或呼吸道梗阻现象严重者，应及时给氧。

2. 对症治疗

（1）祛痰：目的在于使痰液变得稀薄易于排出，否则会增加细菌感染的机会。除加强翻身、拍背、雾化、吸痰外，可选用溴己新、乙酰半胱氨酸、氨溴索等祛痰药。频繁而剧烈的咳嗽会影响患儿的睡眠和休息，可适当给予镇静药如水合氯醛或苯巴比妥，酌情给予小剂量可待因镇咳，但次数不宜过多。

（2）平喘：对喘憋严重者，可选用支气管扩张药，如氨茶碱口服，一次 4~6 mg/kg，每6 小时 1 次；也可用 β_2 受体激动药和 M 受体阻滞药。

3. 抗生素的应用　治疗支原体感染，应选择能抑制蛋白质合成的抗生素，包括大环内酯类抗生素，如红霉素、克拉霉素、阿奇霉素等。

4. 糖皮质激素的应用　对急性期病情发展迅速严重的支原体肺炎或肺部病变迁延而出现肺不张、肺间质纤维化、支气管扩张或肺外并发症者，可应用糖皮质激素。如氢化可的松，一次 5~10 mg/kg，静脉滴注；或泼尼松 1~2 mg/(kg·d)，分次口服，一般3~5 日为 1 个疗程。应用激素时注意排除结核等。

5. 肺外并发症的治疗　目前认为并发症的发生与免疫机制有关。因此，除积极治疗肺炎、控制支原体感染外，可根据病情使用激素，针对不同的并发症采用不同的对症处理办法。

三、腺病毒肺炎

（一）定义

腺病毒肺炎于 1958 年在我国以流行和散发的形式发病，北方比南方多见，病情较重、病死率高。目前已知有 41 个血清型，在我国已发现有 1~7 和 11、14、21 型，以 3、7 型为主。本病由接触和呼吸道传播，80% 发生在 6 个月~2 岁的婴幼儿，无性别差异。北方多见于冬春，南方多见于夏末秋初。可致全身性感染，多脏器受累。

（二）临床表现

症状轻重不一，主要有以下表现：

1. 一般症状　潜伏期 2~7 日，起病急骤，稽留高热或不规则发热，一般在 39 ℃ 以上，半数以上超过 40 ℃，热程一般 7~14 日，病初即有全身中毒症状，如面色苍白或青灰等。

2. 呼吸系统　咳嗽出现早。呈单声咳嗽、频咳或阵咳，继而出现呼吸困难及发绀、鼻翼扇动、"三凹征"等。肺部体征出现较迟，多在高热 3~4 日后，叩诊音可出现细湿啰音，并渐渐增多，可表现大片融合实变体征，呼吸音减弱或闻及管状呼吸音。约 15% 有胸膜炎或胸腔积液。病灶消散和吸收一般要 1 个月左右，如以后又见新病灶，要考虑继发感染。

3. 循环系统　心率增快，每分钟达 160 次或 200 次以上，严重者可合并心力衰竭，少数并发心肌炎。

4. 神经系统　表现为嗜睡、精神委靡或烦躁不安，严重者表情呆滞、昏迷惊厥，颈部抵抗感，少数可发生中毒性脑病。

5. 辅助检查　白细胞总数可减少、正常或略升高，但以轻度减少或正常多见。如升高且以中性粒细胞为主，多提示继发细菌性感染。咽拭子及多种组织、体液和排泄物中，均可分离到病毒。X线检查，早期仅纹理增多和模糊，继而见肺实变阴影，可呈片状、大片状或融合性病灶，但不受肺叶的限制，轻者仅见纹理粗乱和小片阴影。因有呼吸道阻塞，故灶性肺气肿、广泛性肺气肿或肺不张也常见。

6. 并发症　急性心力衰竭出现早，除缺氧和肺炎的作用外，还有腺病毒的直接作用，甚至发生心肌炎。中毒性脑病中枢神经系几乎都有不同程度的损害，严重者可发展为中毒性脑病，从而有昏迷、惊厥等症状，深度昏迷、持续惊厥者，预后多不良。继发细菌性肺炎在病程中，特别是1周后，病情加重，X线检查病灶增多，白细胞总数和中性粒细胞增多，即提示细菌性感染，多为大肠埃希菌、肺炎链球菌、肺炎克雷伯菌肺炎亚种、金黄色葡萄球菌和铜绿假单胞菌等，亦可发展为肺脓肿、脓胸等。

（三）诊断

可依据流行病学和临床特点，如一起病或略有上呼吸道感染症状即持续高热，抗生素治疗无效，早期出现全身中毒症状和多系统受累表现，肺部体征出现晚，肝（脾）大和易出现心力衰竭，6个月~2岁小儿多见等，结合X线和实验室检查即可诊断。

（四）治疗

本病的一般治疗和护理以及对并发症的治疗与"支气管肺炎"的治疗相同。以下仅介绍相关的药物治疗。干扰素：干扰素能诱导正常细胞产生抗病毒蛋白，抑制病毒mRNA信息的传递，诱导产生蛋白激酶，降解病毒RNA，使病毒蛋白合成减少，生长受抑制。剂量为50万~100万U，每日肌内注射1次，共5~6次。

第十一节　腹泻病

一、定义

在未明确病因前，粪便性状改变与粪便次数比平时增多，统称为腹泻病。根据病程腹泻病分为：急性腹泻病，病程在2周以内；迁延性腹泻病，病程在2周~2个月；慢性腹泻病，病程在2个月以上。按病情分为：轻型，无脱水，无中毒症状；中型，轻度至中度脱水或有中毒症状；重型，重度脱水或有明显中毒症状（烦躁、精神委靡、嗜睡、面色苍白、高热或体温不升、白细胞计数明显增高等）。

二、临床表现

（一）消化道症状

腹泻时粪便次数增多、量增加、性质改变，粪便次数每日3次以上，甚至每日10~20次，呈稀便、糊状便、水样便，少数患儿黏液脓血便。判断腹泻时粪便的硬度比次数更重要。如果便次增多而粪便成形，不是腹泻。母乳喂养儿每日排便2~4次呈糊状，也不是腹泻。恶心、呕吐是常见的伴发症状。严重者呕吐咖啡样物，其他有腹痛、腹胀、食欲不振，严重者拒食等。

（二）全身症状

病情严重者全身症状明显，大多数有发热，体温38℃~40℃，少数高达40℃以上，并有烦躁不安、精神委靡、嗜睡、惊厥，甚至昏迷。

（三）水、电解质及酸碱平衡紊乱

主要为脱水及代谢性酸中毒，有时还有低钾血症、低钙血症。脱水一般表现为体重减轻，口渴不安，皮肤苍白或苍灰、弹性差，前囟和眼眶凹陷，黏膜干燥，眼泪减少，尿量减少。严重者可导致循环障碍。按脱水程度分为轻度、中度、重度。脱水大多有不同程度的代谢性酸中毒。主要表现为精神委靡、嗜睡、呼吸深长呈叹息状，口唇樱红，严重者意识不清、新生儿及小婴儿呼吸代偿功能差，呼吸节律改变不明显，主要表现为嗜睡、面色苍白、拒食、衰弱等，应注意早期发现。病程在 1 周以上时低钾血症相继出现，营养不良者出现较早且较重。血清钾低于 3.5 mmmol/L 以下，表现为精神委靡、肌张力减低、腹胀、肠蠕动减弱或消失、心音低钝、腱反射减弱或消失。严重者出现昏迷、肠麻痹、呼吸肌麻痹、心率减慢、心律不齐、心尖部收缩期杂音，可危及生命。在脱水与酸中毒纠正后可出现低钙血症。表现为烦躁，手足搐搦或惊厥，原有营养不良、佝偻病更易出现，少数患儿可出现低镁血症，表现为手足震颤、舞蹈病样不随意运动，易受刺激，烦躁不安。严重者可发生惊厥。

（四）几种常见感染性腹泻的特点

1. **轮状病毒性肠炎** 好发于秋冬季，呈散发或小流行，病毒通过粪-口途径传播。多见于 6~24 个月的婴幼儿。潜伏期 1~3 日，常伴发热和上呼吸道感染症状。发病急，病初即有呕吐，然后腹泻，粪便呈水样或蛋汤样，带有少量黏液，无腥臭，每日数次至十余次。常伴脱水和酸中毒。本病为自限性疾病，病程 3~8 日，少数较长。粪便镜检偶见少量白细胞。

2. **诺沃克病毒** 多见于较大儿童及成年人，临床表现与轮状病毒肠炎相似。

3. **大肠埃希菌肠炎** 常发生于 5~8 月，病情轻重不一。致病性大肠埃希菌肠炎粪便呈蛋汤样，腥臭，有较多的黏液，偶见血丝或黏冻便，常伴有呕吐，多无发热和全身症状，主要表现为水、电解质紊乱，病程 1~2 周。产毒素性大肠埃希菌肠炎，起病较急，主要症状为呕吐、腹泻，粪便呈水样，无白细胞，常发生明显的水、电解质和酸碱平衡紊乱，病程 5~10 日。侵袭性大肠埃希菌肠炎，起病急，高热，腹泻频繁，粪便呈黏冻状，带脓血，常伴恶心、腹痛、里急后重等症状，有时可出现严重中毒症状，甚至休克。临床症状与细菌性痢疾较难区别，需作粪便培养鉴别。

4. **空肠弯曲菌肠炎** 全年均可发病，多见于夏季。可散发或暴发流行。以 6 个月~2 岁婴幼儿发病率最高，家畜、家禽是主要的感染源，经粪-口途径、动物-人或人-人传播，潜伏期 2~11 日。起病急，症状与细菌性痢疾相似。发热、呕吐、腹痛、腹泻、粪便呈黏液或脓血便，有恶臭味。产毒菌株感染可引起水样便，粪便镜检有大量白细胞及数量不等的红细胞，可并发严重的小肠结肠炎、败血症、肺炎、脑膜炎、心内膜炎、心包炎等。

5. **金黄色葡萄球菌肠炎** 很少为原发性，多继发于应用大量广谱抗生素后或继发于慢性疾病基础上。起病急，中毒症状重，表现为发热、呕吐、频泻，不同程度脱水、电解质紊乱，严重者发生休克。病初粪便为黄绿色，3~4 日后多转变为腥臭、黏液多。粪便镜检有大量脓细胞及革兰阳性菌。培养有葡萄球菌生长，凝固酶阳性。

6. **假膜性肠炎** 多见于长期使用抗生素后，由于长期使用抗生素导致肠道菌群失调，使难辨梭状芽孢杆菌大量繁殖，产生坏死毒素所致。主要症状为腹泻，粪便呈黄稀、水样或黏液便，少数带血，有假膜排出（肠管型），伴有发热、腹胀、腹痛。腹痛常先于腹泻或与腹泻同时出现。常伴显著的低蛋白血症，水、电解质紊乱，全身软弱呈慢性消耗状。轻型患儿一般于停药后 5～8 日腹泻停止，严重者发生脱水、休克至死亡。如果患儿腹泻发生于停药后或腹泻出现后持续用抗生素，则病程常迁延。

7. 白假丝酵母菌肠炎　多发生于体弱、营养不良小儿，长期滥用广谱抗生素或糖皮质激素者。口腔内常伴有鹅口疮。粪便次数增多，色稀黄或发绿，泡沫较多，带黏液，有时可见豆腐渣样细块（菌落），粪便在镜下可见真菌孢子和假菌丝，作粪便真菌培养有助于鉴别。

三、诊断

根据发病季节、年龄、粪便性状、排便次数做出初步诊断，对于脱水程度和性质，有无酸中毒以及钾、钠等电解质缺乏，进行判断。必要时进行细菌、病毒以及寄生虫等病原学检查，作为病因诊断。

实验室检查包括：①粪便常规检查、粪便培养、病原学检查；②血常规、血培养及血液生化检查；③腹部透视、胃肠造影等辅助检查。

四、治疗

腹泻病的治疗原则为预防脱水，纠正脱水，继续饮食，合理用药。

（一）急性腹泻的治疗

1. 脱水的防治

（1）预防脱水：腹泻导致体内大量的水与电解质丢失。因此，患儿一开始腹泻，就应该给予足够的液体并继续给小儿喂养，尤其是婴幼儿母乳喂养，以防脱水。可选用口服补液盐（ORS）配比溶液，每次腹泻后，2 岁以下服 50～100 mL，2～10 岁服 100～200 mL，大于 10 岁的能喝多少就给多少。也可按 40～60 mL/kg，腹泻开始即服用。或米汤加盐溶液，即米汤 500 mL + 细盐 1.75 g，或炒米粉 25 g + 细盐 1.75 g + 水 500 mL 煮 2～3 分钟；用量为 20～40 mL/kg，4 小时服完；以后随时口服能喝多少给多少。或糖盐水，即白开水 500 mL + 蔗糖 10 g + 细盐 1.75 g，用法用量同米汤加盐溶液。

（2）纠正脱水：小儿腹泻发生的脱水，大多可通过口服补液疗法纠正。重度脱水需静脉补液。

（3）纠正酸中毒：轻、中度酸中度无须另行纠正，因为在输入的溶液中已含有一部分碱性溶液，而且经过输液后循环和肾功能改善，酸中毒随即纠正。严重酸中毒经补液后仍表现有酸中毒症状者，则需要用碱性药物。常用的碱性药物有碳酸氢钠和乳酸钠。

（4）钾的补充：一般情况下，静脉补钾需肾功能良好，即见尿补钾。

（5）钙和镁的补充：一般患儿无须常规服用钙剂，对合并营养不良或佝偻病的患儿应早期给钙。个别抽搐患儿用钙剂无效，应考虑到低镁血症的可能。

2. 饮食治疗　强调腹泻患儿继续喂养，饮食需适应患儿的消化吸收功能，根据个体情况，分别对待。最好参考患儿食欲、腹泻等情况，结合平时饮食习惯，采取循序渐进的原则，并适当补充微量元素和维生素。母乳喂养者应继续母乳喂养，暂停辅食，缩短每次喂乳时间，少量多次喂哺。人工喂养者，暂停牛奶和其他辅食 4～6 小时后（或脱水纠正后），继续进食。6 个月以下婴儿，以牛奶或稀释奶为首选食品。轻症腹泻者，配方牛奶喂养大多耐受良好。严重腹泻者，消化吸收功能障碍较重，乳糖吸收不良，全乳喂养可加重腹泻症状，甚至可引起酸中毒。应先以稀释奶、发酵奶、奶谷类混合物、去乳糖配方奶喂哺，每日喂 6 次，保证足够的热量，逐渐增至全奶。6 个月以上者，可按平常饮食习惯，选用稠粥、面条，并加些植物油、蔬菜、肉末或鱼末等，也可喂果汁或水果食品。密切观察，一旦小儿能耐受即应恢复正常饮食。遇脱水严重、呕吐频繁的患儿，宜暂禁食，先纠正水和电解质紊乱，病情好转后恢复喂养。必要时对重症腹泻伴营养不良者采用静脉营养。腹泻停止后，应提供富有热量和营养价值高的饮食，并应超过平时需要量的 10% ~ 100%。一般 2 周内每日加餐一次，以较快地补偿生长发育，赶上正常生长。

3. 药物治疗

（1）抗生素治疗：临床指征为血便、里急后重、大便镜检白细胞满视野、大便 pH 7 以上。非侵袭性细菌性腹泻重症、新生儿、小婴儿和原有严重消耗性疾病者，如肝硬化、糖尿病、血液病、肾衰竭等，使用抗生素指征放宽。

1）喹诺酮类药：治疗腹泻抗生素的首选药物，常用诺氟沙星和环丙沙星。由于动物实验发现此类药物可致胚胎关节软骨损伤，因此在儿童剂量不宜过大，疗程不宜过长（一般不超过 1 周）。常规剂量：诺氟沙星 15 ~ 20 mg/（kg·d），分 2 ~ 3 次口服；环丙沙星 10 ~ 15 mg/（kg·d），分 2 次口服或静脉滴注。

2）小檗碱：用于轻型细菌性肠炎，10 mg/（kg·d），分 3 次口服。

3）呋喃唑酮：5 ~ 7 mg/（kg·d），分 3 ~ 4 口服。

4）第三代头孢菌素及氧头孢烯类：腹泻的病原菌普遍对本类药敏感，包括治疗最为困难的多重耐药鼠伤寒沙门菌及志贺菌属。临床疗效好，副作用少，但价格贵，需注射给药，故不作为临床第一线用药，仅用于重症及难治性患者。常用有头孢噻肟、头孢唑肟、头孢曲松、拉氧头孢等。

5）复方磺胺甲噁唑（复方新诺明）：20 ~ 50 mg/（kg·d），分 2 ~ 3 次日服。近年来，因其耐药率高，较少应用。3 岁以下慎用，1 岁以下不用。

6）其他类抗生素：红霉素是治疗空肠弯曲菌肠炎的首选药，25 ~ 30 mg/（kg·d），分 4 次口服或一次静脉滴注，7 日为 1 个疗程。伪膜性肠炎停用原来抗生素，选用甲硝唑、万古霉素、利福平口服。

（2）肠黏膜保护剂：蒙脱石，1 岁以下 3 g/d（1 袋），1 ~ 2 岁 3 ~ 6 g/d，2 ~ 3 岁 6 ~ 9 g/d，3 岁以上 9 g/d，每日分 3 次。溶于 30 ~ 50 mL 液体（温水、牛奶或饮料）中口服，首剂量加倍。

（3）微生态疗法：可选用乳酶生、妈咪爱、双歧三联活菌等活菌制剂。

（二）迁延性和慢性腹泻的治疗

1. 预防、治疗脱水，纠正水、电解质和酸碱平衡紊乱。

2. 营养治疗 此类患儿多有营养障碍，小肠黏膜持续损害、营养不良继发免疫功能低下的恶性循环是主要的发病因素。营养治疗是重点，尽早供给适当的热量和蛋白质以纠正营养不良状态，维持营养平衡，可阻断这一恶性循环。少量开始，2 ~ 3 日达到所要求的热量和蛋白质需要量，每日 6 ~ 7 次。当腹泻停止，体重增加，逐步恢复普通饮食。对仅表现乳糖不耐受者选用去乳糖配方奶、豆浆、酸奶等。对严重腹泻儿进行要素饮食营养治疗后腹泻仍持续、营养状况恶化者，需静脉营养。

3. 抗生素的应用要十分慎重，根据药敏试验结果指导临床用药。

4. 肠黏膜保护药。

5. 微生态疗法。

6. 中医治疗对慢性腹泻治疗有一定的疗效。

第十二节 细菌性痢疾

一、定义

细菌性痢疾（简称菌痢）由志贺菌属所引起，多见于夏秋季。临床特征为腹泻、脓血便及里急后重等症状。中毒型可发生休克和呼吸衰竭，甚至死亡。

二、临床表现

1. 急性菌痢　起病急，有发热、腹痛、腹泻，粪便呈黏液样或脓血样，每次量少，伴里急后重症状。少数发生中毒型菌痢者病势凶险，骤起高热达 40 ℃ ~ 41 ℃，反复或持续惊厥，转入昏迷，迅速发生休克或中枢性呼吸衰竭。病初肠道症状不明显，需灌肠采集大便检查才发现黏液脓血便。

2. 慢性菌痢　病程超过 2 个月，长期或间歇性腹泻伴脓便，有乏力、贫血等表现。

三、诊断

1. 流行病学史　多见于夏秋季，有不洁饮食史或有痢疾接触史。

2. 体征与症状　发热、腹痛、腹泻，伴有脓血便和里急后重。中毒型菌痢起病急骤，全身中毒症状明显。

3. 实验室检查

（1）血常规：急性期白细胞总数增加，伴中性粒细胞比例升高。慢性期血红蛋白及红细胞减少。粪便检查肉眼有黏液、脓血状。镜检见大量脓细胞与红细胞，出现吞噬细胞为本病特征性表现。

（2）粪便培养应在药物治疗前进行。

四、治疗

1. 普通型菌痢

（1）抗菌药物：可选用下列药物之一口服，庆大霉素 10 mg/(kg · d)、卡那霉素 40 mg/(kg · d)、呋喃唑酮 5 ~ 10 mg/(kg · d)。以上药物每日量分 3 ~ 4 次口服，7 日为 1 个疗程。

（2）复方磺胺甲噁唑：50 mg/(kg · d)，分 2 次口服，7 日为 1 个疗程。

（3）小檗碱：每片 0.1 g，剂量为 10 ~ 20 mg/(kg · d)，分 3 ~ 4 次口服，7 ~ 10 日为 1 个疗程。

2. 中毒型菌痢　需针对高热、反复惊厥、休克、腹痛、严重腹泻等采取对症处理，抗菌药可用庆大霉素或氨苄西林静脉滴注，病情好转改为口服。以上药物无效可使用头孢哌酮。

3. 慢性菌痢　药物治疗同急性菌痢，10 ~ 14 日为 1 个疗程。也可两种药物交替使用，服用 1 个疗程有改善但未痊愈者，可隔 1 ~ 2 周间隙再用，共 2 ~ 3 个疗程。

此外，微生态制剂有利于调理肠道菌群平衡状态，协助肠道正常功能的恢复，但应与抗生素间隔 2 小时服用。患者消化道隔离至症状消失，停药 3 日，其后每日取粪便培养，连续 3 次培养阴性为治愈。

第十三节　特应性皮炎

一、定义

特应性皮炎又称湿疹，常见于小婴儿而称为婴儿湿疹，但也可发生在任何年龄。

二、临床表现

以红斑、丘疹、水疱、渗出、结痂和奇痒为特征，呈慢性病程。反复发作及慢性进程性，出现苔藓样变。风团样或荨麻疹样损不是特应性皮炎的典型改变。摄入某些食物或吸入变应原可加剧皮炎，但大多数病例往往难以确定其种特应性抗原。气温改变、出汗、接触去污剂和肥皂、局部或全身感染以及摩擦或抓搔所致损伤等也可使特应性皮炎恶化。往往有特应病症的家族史，且易发生变应性鼻炎和支气管哮喘。

三、诊断

根据典型的皮肤损害易于作出诊断。约 80% 患儿血清 IgE 水平增高、嗜酸性粒细胞增多。

四、治疗

1. 一般治疗　避免摄入、吸入或接触可疑的过敏原，尽量减少与肥皂、去污剂或粗糙织物等刺激物接触，保持皮肤适当的湿度。

2. 抗组胺药　可用异丙嗪和氯苯那敏等。

3. 糖皮质激素　类固醇乳剂能有效地减轻炎症反应，局部涂敷直至皮炎完全控制；但不可用于渗出或感染的皮肤，大面积频繁使用可致全身吸收，长期局部应用能导致皮肤萎缩。严重的特应性皮炎患者可能需要短程（数日）的全身激素治疗。

4. 湿敷　用于急性渗出严重者。以 3 ~ 4 层生理盐水纱布贴敷于渗出性皮损区，15 ~ 20 分钟更换纱布一次，勿因盐水蒸发使纱布过分干燥。一般 1 ~ 2 日后皮损渗出减轻，可改用乳剂治疗。

5. 抗生素治疗　若皮损激发感染应予以抗生素治疗。

第十四节　荨麻疹和血管性水肿

一、定义

荨麻疹和血管性水肿又称风疹块和血管神经性水肿，可同时发生。常迅速出现和消失，反复发作不超过 6 周者属急性，反之属慢性，儿童患者多属急性型。

二、临床表现

可发生于任何年龄。荨麻疹表现为皮肤上突然发生风团，于数分钟或数小时后即可消退，一般不超过 24 小时，成批发生，有时一日反复出现多次。呈鲜红色和浅黄白色、大小不等、疏散排列，邻近损害能互相融合，形成特殊的圆形、环、地图形，波及全身，消退后不留痕迹。剧痒、烧灼或刺痛感，有时表面可出现水疱。一般急性型经数日至 1~2 周停发；也有反复发作，病程缠绵 1~2 个月以上者。

三、诊断

根据皮损为风团、发生快、消退亦迅速，再根据各型的特点，不难诊断。诊断确立后应寻找有关致病因素。本病需与丘疹性荨麻疹和多形性红斑鉴别。

四、治疗

1. 病因治疗　首先应寻找病因并去除。

2. 抗组胺受体 H_1 拮抗药　可用赛庚啶一次 4 mg，每日 3 次，药物有嗜睡作用；阿伐斯汀，一次 8 mg，每日 3 次；阿司咪唑，一次 10 mg，每日 1 次；特非那定，一次 60 mg，每日 2 次；氯雷他定，一次 10 mg，每月 1 次。

3. 拟交感神经药　用于急性荨麻疹和（或）神经性水肿，尤其是喉头水肿患者。

4. 糖皮质激素　用于急性严重病例，如过敏性休克、血清病性荨麻疹或伴发坏死性皮肤血管炎的荨麻疹。

第三十四章　皮肤科常见疾病

皮肤病是有关皮肤的疾病，是严重影响人们健康的常见病、多发病之一，如麻风、疥疮、真菌病、皮肤细菌感染等。皮肤（包括毛发和甲）受到内外因素的影响后，其形态、结构和功能均发生变化，产生病理过程，并相应地产生各种临床先后表现。皮肤病的发病率很高，多比较轻，常不影响健康，但少数较重者甚至可以危及生命。影响皮肤病发生的因素有年龄、性别、遗传、职业、季节、气候、社会因素等。

第一节　荨麻疹

一、定义

荨麻疹俗称风团、风疹块。荨麻疹是皮肤黏膜较为常见的过敏性疾病，主要是皮肤黏膜暂时性血管通透性增加而发生的局限性水肿，即风团。风团可以伴有明显的剧烈瘙痒和搔抓。此病的皮疹表现就像人接触了植物荨麻所导致的皮肤损害，故称为荨麻疹。荨麻疹的发生没有明显的种族及性别差异，各年龄阶段均可发生。女性较男性多发本病，以青中年患者居多，发病无明显季节性，但具有一定昼夜规律，以晚上发病者最多，部分患者有药物过敏史及过敏性家族史。

二、病因

常见的导致荨麻疹的病因如下。①食物：以鱼、虾、蟹、蛋类最常见，其次某些香料、调味品亦可引起。②药物：青霉素、磺胺类、呋喃唑酮、血清疫苗等，常通过免疫机制引发荨麻疹；而阿司匹林、吗啡、阿托品、维生素 B_1 等药物为组胺释放物，能直接使肥大细胞释放组胺引发荨麻疹。③感染：包括病毒（如上呼吸道感染、肝炎病毒）、细菌（如金黄色葡萄球菌）、真菌和寄生虫（如蛔虫等）。④动植物：如昆虫叮咬或吸入花粉、羽毛、皮屑等。⑤物理因素：包括冷热、日光、摩擦和压力等。此外，胃肠疾病、代谢障碍、内分泌障碍和精神因素亦可引起本病。

风团发生的机制可分两类，即变态反应与非变态反应。①变态反应型：变态反应型主要是第Ⅰ型，是抗原与抗体 IgE 作用于肥大细胞与嗜碱性粒细胞，使它们的颗粒脱落而产生一系列化学介质（组织胺及组织胺样物质，包括慢性反应性物质、5-羟色胺、缓激肽与激肽类、前列腺、肝素等）的释放，从而引起毛细血管扩张、通透性增加、平滑肌痉挛、腺体分泌增加等，产生皮肤、黏膜、消化道和呼吸道等症状。有的属于第Ⅱ型，是抗原-抗体复合物激活补体，形成过敏毒素，吸引中性粒细胞释放溶酶体酶，刺激肥大细胞释放组织胺与组织胺类物质而发病，例如呋喃唑酮或注入异种血清蛋白引起荨麻疹等反应。②非变态反应型：非变态反应型由某些生物的、化学的及物理的因素可直接作用于肥大细胞与嗜碱性粒细胞，使其释放颗粒而发病。皮肤胆碱能神经末端兴奋性增强，大量释放的乙酰胆碱可直接作用于毛细血管，使毛细血管扩张与通透性增强。激肽与缓激肽也可使毛细血管扩张及其通透性增加，和寒冷性荨麻疹、皮肤划痕症及压力性荨麻疹等发病有关。5-羟色胺、前列腺素 E 等也与荨麻疹的发生有关；慢性反应物能引起哮喘，但是否与荨麻疹有关还未证实。

三、临床表现

1. 急性荨麻疹　急性荨麻疹常为急性发作，全身瘙痒、风团、皮疹，可伴高热，严重者血压下降甚至休克，病程 1～2 周内自然痊愈。本病应积极治疗。

2. 慢性荨麻疹　皮损反复发作超过 6 周以上者则为慢性荨麻疹。慢性荨麻疹是一种常找不到病因的疾病，患者身上、脸上或四肢常不定时地出现一块块红肿且很痒的皮疹块，常常越抓越痒，越抓越肿。发作次数从每日数次到数日一次不等。病情轻重与发病情况也可因人而异，有很大差异。

3. 特殊类型荨麻疹

（1）胆碱能性荨麻疹：属于人们常说的风疹块的一种。多发生于青年期，在受热、精神紧张、摄入热的食物或饮料，或在运动后出现，当停止运动或平静以后，症状即可消退，严重的话，症状完全消退可能要经过数月或数年不等。本种类型荨麻疹不会出现皮疹，但明显感到有针刺、剧痒感。常在躯干和肢体近端皮肤（腋、掌跖除外）出现红色的、2 cm 左右的风团，这种风团速来速去、不留痕迹。严重者可能伴有消化道症状，如腹痛、腹泻等。

（2）寒冷性荨麻疹：冬季高发的寒冷性荨麻疹是荨麻疹的特殊类型，是人体暴露在冷环境中引起的过敏反应，常在浸入冷水或接触寒冷物质的部位发生水肿和风团，多见于面部、手部，也可累及其他部位，自觉瘙痒，有的还有头痛、皮肤潮红、低血压等全身症状，严重者可发生休克。此外，还有一种家族性寒冷性荨麻疹，常发生于婴儿期，最早可见于出生后 1 周内。患者在接触寒冷半小时至 4 小时发生皮疹，不痒，皮疹为红斑和风团，伴有发热、怕冷、关节痛、头痛等全身症状。

（3）丘疹性荨麻疹：丘疹性荨麻疹是一种好发于婴儿及儿童的瘙痒性皮肤病。皮损常为圆形或梭形之风疹块样损害，顶端可有针头到豆大之水疱，散在或成簇分布。好发于四肢伸侧，躯干及臀部。一般经过数日到 1 周余皮损可自行消退，留暂时性色素沉着斑。皮损常亦可陆续分批出现，持续一段时间。本病瘙痒剧烈，可因反复搔抓而引起脓皮病等。本病的病因比较复杂，多数认为与昆虫叮咬有关，如跳蚤、虱、螨、蠓、臭虫及蚊等。

（4）蛋白胨性荨麻疹：正常情况下，食物蛋白分解的蛋白胨容易消化而不被或很少吸入血液，但在一次食量过多（过食猪肉和海鲜），同时精神激动和大量饮酒时，蛋白胨可以通过肠黏膜吸收入血而致病，出现皮肤充血发红、风团，伴头痛、乏力。病程很短，只持续 1～2 日，且大部分可在 1～4 小时内消失。属抗原-抗体反应，其致病介质为组胺。

（5）日光性荨麻疹：主要表现为皮肤暴露于日光数秒至数分钟后，局部迅速出现瘙痒、红斑及风团、血管性水肿，持续 1～2 小时。以女性多发。

（6）皮肤划痕症：又称人工性荨麻疹。用手搔抓或用钝器划过皮肤后，沿划痕发生条状隆起，伴有瘙痒，不久消退。可单独发生或与荨麻疹伴发。可发生于任何年龄，常无明显的发病原因，也可由药物（特别是青霉素）引起。

（7）压迫性荨麻疹：皮肤在受到较重和较持久压迫 4 ~ 6 小时后发生，受压局部发生弥漫性境界不清的水肿性疼痛斑块，累及皮肤及皮肤组织。易发生于掌、跖和臀部，通常持续 8 ~ 12 小时。有时可伴畏寒、头痛、关节痛、全身不适等。发病机制与激肽有关。

四、治疗

首先应找出病因，排除发病因素。目前医学认为，荨麻疹尚未能根治，广大患者应做好与荨麻疹和平共处的心理准备，熟悉荨麻疹、掌握荨麻疹、控制好荨麻疹，便达到了治疗目的。本病也较容易复发，所以说根治不易。下面介绍几种主要的治疗方法，其中以药物治疗最为常用，效果也最为迅速。

1. 药物治疗

（1）抗组胺药：抗组胺药是治疗各种荨麻疹的重要药物，可以控制大多数患者症状，抗组织胺药虽不能直接对抗或中和组胺，不能阻止组胺的释放，但对组胺有争夺作用，可迅速抑制风团的产生。常用的抗组胺药为第二代抗组胺药，包括氯雷他定、西替利嗪等；第一代抗组胺药有嗜睡作用（氯苯那敏等）；酮替芬也是一种效果较好的药物，副作用也是嗜睡。患者可酌情选择。

（2）拟交感神经药：主要用于严重的急性荨麻疹，特别是有喉头水肿及过敏性休克的患者。肾上腺素常用 1 ∶ 1000 的浓度 0.5 ~ 1.0 mL 皮下注射。高血压患者应慎用。

（3）抗乙酰胆碱药：常用阿托品、溴丙胺太林和莨菪碱。主要是缓解患者腹痛等胃肠道症状。其他尚可选择的药物包括糖皮质激素、钙离子拮抗药等。

2. 非药物治疗

（1）自血疗法：可分为全血及溶血两种。全血疗法是从患者静脉内抽血即刻注射于臀部肌肉内，每周 2 ~ 3 次，首次为 5 mL，无不良反应，以后改为 10 mL/d，10 次为 1 个疗程。溶血疗法是抽取静脉血 5 mL 后加入 5 mL 注射水，轻摇混匀使溶血，经 2 ~ 3 分钟后注入臀部肌肉中。

（2）血浆交换疗法：血液中的细胞成分和血浆浓度不同，通过离心可分离血浆，并对血浆进行交换，祛除血浆中某些与发病有关的物质，从而减轻症状或缓解病情。但由于条件要求高，并有一定的不良反应，故使用受限。

第二节　湿　疹

一、定义

湿疹是一种常见的由多种内外因素引起的表皮及真皮浅层的炎症性皮肤病，一般认为与变态反应有一定关系。其临床表现具有对称性、渗出性、瘙痒性、多形性和复发性等特点。本病也是一种过敏性炎症性皮肤病，以皮疹多样性、对称分布、剧烈瘙痒反复发作、易演变成慢性为特征。可发生于任何年龄、任何部位、任何季节，但常在冬季复发或加剧，有渗出倾向，慢性病程，易反复发作。湿疹按照病情分为急性湿疹、慢性湿疹。

二、病因

湿疹的发病是多种因素互相作用所致：①遗传因素。某些类型的湿疹与遗传有密切的关系。②环境因素。本病的发生可由食物（如鱼、虾、牛羊肉等），吸入物（如花粉、屋尘螨等），生活环境（如日光、炎热、干燥等），动物毛皮，各种化学物质（如化妆品、肥皂、合成纤维等）所诱发或加重。本病的发病机制与各种外因、内因相互作用有关，某些患者可能由迟发型超敏反应介导。按照主要的症状分为脂溢性湿疹、干性湿疹、阴囊湿疹、小儿湿疹、瘀积性湿疹、肛门湿疹。

三、临床表现

在早期或急性阶段，患处有成片的红斑，密集或疏散的小丘疹，或是肉眼难见的水疱，严重时有大片渗液及糜烂；在亚急性状态，渗液减少及结痂，患处由鲜红变暗红，没有大片的糜烂；在慢性状态，渗液更少或完全干燥而结痂，往往和鳞屑混合而成鳞屑痂，患处颜色更暗或是发生色素沉着，有时色素减少，在皮纹尤其运动程度较大的部位容易发生裂口，长期摩擦搔抓能引起显著的苔藓样变，与神经性皮炎（慢性单纯苔藓）不易区别。湿疹常有多种形态，容易减轻、加重或复发，边界一般不太清楚。皮疹容易发生于两侧并或多或少的对称，根据急性或慢性程度而有红斑、丘疹、水疱、糜烂、鳞屑、痂、色素增加或减少、皲裂或苔藓样变等不同的表现，其中数种表现往往混杂在一起，有时先后发生。如有继发性感染，还可有脓疱等皮损。

慢性湿疹往往是由急性湿疹经过亚急性阶段转变而成，但这种变化过程没有明显的界线，可同时存在着急性、亚急性及慢性的表现。有些患者的初起皮疹已经是慢性湿疹。急性湿疹主要表现为红斑、散布或成群的红色丘疹、肉眼难见的水疱，有继发感染时可起脓疱，严重时渗液较多，露出红润潮湿的糜烂面。

皮损的部位不定，可为局限性，也可弥漫散布于全身各处，在不同部位可有不同的表现。如头皮湿疹常因化脓性感染而有脓疱疮样厚痂；而面部湿疹往往是成片红斑或分散的水疱丘疹，成年男人的胡须处湿疹可像须疮；躯干湿疹常是红斑鳞屑性；乳房湿疹最常见于妇女尤其哺乳母亲，奶头容易皲裂而疼痛；手掌及足底的慢性湿疹因角化过度而像胼胝，皮纹处容易裂开而成皲裂性湿疹；发生于肘窝及腘窝的肢体湿疹常是慢性湿疹，而发生于小腿的坠积性湿疹常是静脉曲张综合征的一种表现；肛门、阴囊及女阴湿疹往往肥厚湿烂，肛门周围易有辐射状皲裂，患者往往因剧痒而难安眠；甲床湿疹可以妨碍甲生长而使甲板变厚混浊，表面不平并失去光泽，可以伴有化脓性甲沟炎，严重时甲板脱失。钱币形湿疹是边界较清楚的成片湿疹，由钱币到手掌大或更大，又称盘形湿疹，红斑、水疱或丘疱疹聚成斑块，或是结湿脱屑而为局限的亚急性湿疹，引起剧痒，通常发生于手背及于指背侧，也可出现于四肢伸侧、足背、肩部或臀部等处，往往屡次减轻或加重，特别在寒冷季节中容易复发。

四、治疗

寻找病因，隔绝变应原，避免再接触，禁食酒类及易过敏、辛辣刺激性食物，避免过度疲劳和精神过度紧张，注意皮肤卫生，不用热水烫洗皮肤，不外用刺激性止痒药，积极治疗全身性疾患。

1. 内用药物治疗　目的在于消炎、止痒。可用抗组胺药（氯雷他定、西替利嗪等）及镇静药等，一般不宜使用糖皮质激素，因为口服副作用大，容易继发感染；急性期可用钙剂、维生素C、硫代硫酸钠等静脉注射或普鲁卡因静脉封闭；有继发感染者加用抗生素。

2. 外用药物治疗　应充分遵循外用药物的使用原则。急性期无渗液或渗出不多者可用氧化锌油，渗出多者可用3%硼酸溶液冷湿敷，渗出减少后用糖皮质激素霜剂，可和油剂交替使用；亚急性期可用糖皮质激素乳剂、糊剂，为防止和控制继发性感染，可用抗生素；慢性期可选用软膏、涂膜剂等；顽固性局限性皮损可用糖皮质激素做皮内注射。

第三节　手足真菌感染

一、定义

手癣指皮肤癣菌侵犯指间、手掌、掌侧平滑肌皮肤引起的感染；足癣则是主要累及足趾间、足跖、足跟和足侧缘。手癣、足癣是最常见的浅部真菌病，在全世界广泛流行，中国南方地区发病较北方多。夏秋季发病率高，常表现为夏重冬轻或夏病冬愈。多累及成年人，男女比例无明显区别。

二、病因

本病主要由红色毛癣菌、须毛癣菌、石膏样小孢子菌和絮状表皮癣菌等感染引起，其中红色毛癣菌占50%～90%。本病主要通过接触传染，用手抓足癣部位、与患者共用鞋袜、脚盆、浴巾等是主要传播途径。

三、临床表现

1. 水疱鳞屑型　好发于指（趾）间、掌心、足跖及足侧。起病多为单例，先以手掌的某一部位开始，特别是掌心，示指及环指的掌面、侧面及根部。开始为针头大小的水疱，壁厚且发亮，内含清澈的液体，水疱成群聚集或疏散分布，自觉瘙痒，水疱干后脱屑并逐渐向四周蔓延扩大形成环形或多环形损害，边缘清楚、病程慢性、持续多年，直到累及全部手掌并传播至手背和指甲，甚至对侧手掌。有时水疱可继发感染形成脓疱。

2. 角化过度型　好发于掌跖部（若为足癣，则为足跟）。皮肤处多干燥，角质增厚，表面粗糙脱屑，纹理加深，容易发生皲裂，皮损可向手背（足背）蔓延。一般无瘙痒，有皲裂时疼痛。

3. 浸渍糜烂型　又称间擦型，好发于指（趾）缝。表现为皮肤浸渍发白，表面松软容易剥脱，露出潮红糜烂面甚至裂隙。有不同程度的瘙痒，继发细菌感染时有恶臭味。

本病常以一型为主或几个类型同时存在，也可从一个型转向另一型，如同夏季表现为水疱鳞屑型，冬季则表现为角化过度型。治疗不测定是迁延不愈的主要原因。

四、治疗

1. 局部治疗

(1) 鳞屑角化型：复方苯甲酸软膏、3% 克霉唑霜、1% 益康唑霜或 1% 联苯苄唑霜、2% 咪康唑霜。

(2) 水疱型：0.2% 醋酸铅浸泡，干燥后再涂擦上述外用药。

(3) 浸渍糜烂型：先用 1% 依沙吖啶溶液、1：5000 高锰酸钾溶液湿敷，然后撒足癣粉，干燥后外用上述霜剂和软膏。

2. 内服治疗　手癣严重者可口服灰黄霉素或酮康唑。氟康唑每周 150 mg 或每日 50 mg顿服，连用 2 ~ 6 周。伊曲康唑每日 200 mg 顿服，连用 1 ~ 2 周。特比萘芬每日 250 mg顿服，连用 2 周。

第四节　痤　疮

一、定义

痤疮是一种累及毛囊皮脂腺的慢性炎症性疾病，具有一定的损容性，以粉刺、丘疹、脓疱、结节、囊肿、瘢痕为特征。各年龄阶段人群均可发生，但以青少年发病率最高。青少年出现的痤疮，一般情况是寻常痤疮，俗称青春痘，有些人也把痤疮称为粉刺，其实这是不正确的，因为粉刺只是痤疮的一个表现而已，痤疮还可以表现为丘疹、脓疱、结节、囊肿、瘢痕等。

二、分类

痤疮根据病情严重程度、年龄阶段、身体状况等可分为几大类，最常见的是寻常痤疮，也是人们常说的痤疮，寻常痤疮是年轻人好发的痤疮，即俗称的青春痘。除寻常痤疮以外，还有聚合性痤疮，表现为严重结节、囊肿、窦道及瘢痕同时存在；暴发性痤疮，指少数患者病情突然加重，并出现发热、关节痛、贫血等全身症状；药物性痤疮，指雄激素、糖皮质激素等所引起的痤疮样皮损；此外，还有婴儿痤疮、月经前痤疮等。

1. 粉刺　包括小粉刺、白头粉刺、黑头粉刺。白头粉刺属不安定型粉刺（闭合型）容易演变成面疱。黑头粉刺属安定型粉刺（开放型），不容易变化。

2. 面疱　急性炎症型，包括丘疹、脓疱、结节；慢性炎症型，包括囊肿型和多孔型。各类粉刺、面疱可同时在一个人脸上存在，并可互相演变。

3. 痤疮的特殊类型

(1) 聚合性痤疮：病情较重，皮肤损害有丘疹、脓疱、黑头粉刺、结节、囊肿、溃疡、窦道、瘘管、凹陷性瘢痕等。分布广泛，除面部外，颈、胸背部、上臂、大腿均可累及。

(2) 坏死性痤疮：多见于成年人，皮损为簇集性丘疹、脓疱，呈褐红色，很快坏死，伴有血痂，反复发作，形成网状瘢痕。

(3) 婴儿痤疮：可在 3 个月 ~ 2 岁时发病，主要为丘疹、脓疱和黑头粉刺，多数在半年内痊愈，遗留点状凹陷性瘢痕。

（4）月经前痤疮：在月经前发病或加剧，主要在下颌和面颊，皮损数量少。

三、病因

肌肤在雄激素的旺盛刺激下，皮脂腺会分泌大量皮脂。当皮脂腺分泌物与皮肤死皮细胞混合就会堵塞住毛孔。油脂就无法正常排出，并在此积聚。而毛囊中的厌氧性痤疮丙酸杆菌、葡萄球菌等微生物也在会此时滋生，引起炎症，从而出现红肿等现象。除此之外，痤疮的形成还与角化、感染、炎症均有关。

四、临床表现

痤疮多发生于 15～30 岁的青年男女，皮损好发于面颊、额部，其次是胸背部、肩部，多为对称性分布，常伴有皮脂溢出。痤疮的各种类型皮损均是由毛囊不同深度的炎症以及其他继发性反应造成的，包括因毛囊皮脂腺导管阻塞所致的粉刺、发生于毛囊口处的表浅脓疱、炎性丘疹、结节、囊肿及瘢痕等。

初发损害为与毛囊一致的圆锥形丘疹，如白头粉刺及黑头粉刺，白头粉刺可挑挤出白黄色豆渣样物质，而黑头粉刺系内含脂栓氧化所致；皮损加重后可形成炎症丘疹，顶端可有小脓疱；继续发展可形成大小不等暗红色结节或囊肿，挤压时可有波动感，经久不愈可化脓形成脓肿，破溃后常形成窦道和瘢痕。各种损害大小深浅不等，常以其中一两种损害为主。

本病一般无自觉症状，炎症明显时可有疼痛。痤疮病程慢性，时轻时重，部分患者至中年期病情方逐渐缓解，但可遗留或多或少的色素沉着、肥厚性或萎缩性瘢痕。聚合性痤疮病程长，多发于男性，常见丘疹、结节、囊肿、脓肿、窦道、瘢痕等多种损害混合在一起。此痤疮分布广泛。

五、治疗

1. 局部清洗　用清水洗脸，去除皮肤表面的油脂、皮屑和细菌的混合物，但不能过分清洗。忌用手挤压、搔抓粉刺。此外，忌用油脂类、粉类护肤美容化妆品及含有糖皮质激素成分的软膏及霜剂。

2. 外用药物治疗

（1）维 A 酸类药：①0.025%～0.1% 维 A 酸（全反式维 A 酸）霜或凝胶。此药可以调节表皮角质形成细胞的分化，使粉刺溶解和排出。开始用药 5～12 日时皮肤有轻度刺激反应，如局部潮红、脱屑，有紧绷或烧灼感，但可逐渐消失。故应从低浓度开始使用，每晚应用 1 次。避免光照后增加药物刺激性，症状改善后每周外用 1 次。②13-顺维 A 酸凝胶。调节表皮角质形成细胞的分化，减少皮脂分泌，每日 1 次或 2 次。③第 2 代维 A 酸类药。0.1% 阿达帕林凝胶，每晚 1 次，治疗轻、中度痤疮有较好疗效。0.1% 他扎罗汀乳膏或凝胶，隔日晚上使用 1 次，以减少局部刺激。

（2）过氧苯甲酰：此药为过氧化物，外用后可缓慢释放出新生态氧和苯甲酸，具有杀灭痤疮丙酸杆菌、溶解粉刺及收敛作用。可配制成 2.5%、5% 和 10% 不同浓度的洗剂、乳剂或凝胶，应从低浓度开始使用。含有 5% 过氧苯甲酰及 3% 红霉素的凝胶可提高疗效。

（3）抗生素：红霉素、氯霉素或克林霉素用乙醇或丙二醇配制，浓度为 1%～2%，疗效较好。1%克林霉素磷酸酯溶液系不含油脂和乙醇的水溶性乳液，适用于皮肤干燥和敏感的痤疮患者。1%克林霉素溶液也同样有效。

（4）壬二酸：此药能减少皮肤表面、毛囊及皮脂腺内的菌群，尤其对痤疮丙酸杆菌有抑制作用及粉刺溶解作用，对不同类型的痤疮均有效。可配成15% ~20%的霜剂外用，其不良反应为局部红斑与刺痛。

（5）二硫化硒：2.5%二硫化硒洗剂具有抑制真菌、寄生虫及细菌的作用，可降低皮肤游离脂肪酸含量。用法为洁净皮肤后，将药液略加稀释均匀地涂布于脂溢明显的部位，约20分钟后再用清水清洗。

（6）硫黄洗剂：5% ~10%硫黄洗剂具有调节角质形成细胞的分化、降低皮肤游离脂肪酸等作用，对痤疮丙酸杆菌亦有一定的抑制作用。

（7）水杨酸等果酸类产品：近年来常用在治疗青春痘、毛孔粗大、美白等方面，本类药具有加速细胞的再生周期，加速青春痘的愈合及抗痘作用，但这类产品的使用不可超过半年。如果要换肤也最好能找专业皮肤科医生进行。

3. 内服药物治疗

（1）抗生素：口服抗生素是治疗痤疮，特别是中、重度痤疮的有效方法之一。首选四环素类，其次是大环内酯类，其他如磺胺甲噁唑-甲氧苄啶（复方新诺明）和甲硝唑也可酌情使用，但β内酰胺类抗生素不宜选择。可以用四环素，1 g/d，连用4周；然后减量至每日晨服0.5 g，连服8周。

（2）维A酸：口服异维A酸是治疗严重痤疮的标准方法，也是目前治疗痤疮最有效的方法。异维A酸作用于痤疮发病的所有病理生理环节，治疗效果虽显著，但考虑到其不良反应，故尽量不作为轻型痤疮的首选治疗。常用剂量为 $0.25 \sim 0.5$ mg/（kg·d），为了减少不良反应，剂量不应超过 0.5 mg/（kg·d）。疗程决定于患者的体重及每日所用的剂量。

4. 物理疗法　对于不能耐受药物治疗或不愿接受药物治疗的痤疮患者，物理治疗是最好的选择。目前，常用的有效治疗痤疮的物理疗法有光动力疗法、激光治疗和果酸疗法等。

第五节　皮　　炎

一、定义

皮炎代表皮肤对于化学制剂、蛋白、细菌与真菌等种种物质的变应性反应。皮炎是泛指皮肤的炎症，可以由多种疾病导致皮炎。比如常见的接触性皮炎、日光性皮炎、脂溢性皮炎等。每种皮炎的临床特点不尽相同，应加以区分，对因治疗，方有可能更好地治疗皮炎。

二、分类、病因及临床表现

1. 遗传过敏性皮炎　本病的发病机制较为复杂，与遗传、免疫和对生理药理介质反应异常有关，环境因素在本病发生中也起着相当重要的作用。约70%患者家族中有过敏性皮炎、哮喘或变应性鼻炎等遗传过敏史。

2. **异位性皮炎** 异位性皮炎病因和发病机制颇为复杂，至今为止尚未完全阐明。该病原因之一—遗传性过敏体质格外惹人注意，患者本人及其家族中成员对某些体内外物质的敏感性往往高于正常人。本病的变应原以食物，特别是蛋白质食品尤为常见。另外，通过呼吸道吸入的各种物质，如屋尘、花粉、动物之毛及皮屑等亦不能忽视。通常认为婴儿期似乎是以食物过敏为主，而儿童期后却对吸入物过敏居多。除上述以外，季节气候变化、精神紧张、强烈搔抓刺激、出汗等均易使本病病情加剧。异位性皮炎发病机制既可以是变态反应，也有非变态反应。

3. **神经性皮炎** 神经性皮炎又称慢性单纯性苔藓，是一种主要以瘙痒和苔藓样变为特征的慢性皮肤病，常反复发作。本病病因尚不完全明确。一般认为系大脑皮质兴奋和抑制功能失调所致，常因情绪波动、过度紧张、神经衰弱等发病或加剧。消化系统疾病、内分泌障碍、病灶感染、酒精中毒、衣物摩擦、日晒出汗等局部刺激均可促发本病，使病情加重。临床上分为局限和播散两型。

4. **激素依赖性皮炎** 其发病机制尚未完全明确，可能与皮质激素所致的皮肤萎缩有关，皮肤萎缩导致角质层变薄，真皮乳头退变，皮肤失去了防止水分丧失的屏障，迅速引起干燥、发炎。皮肤脱水可能是使正常或已有病变的皮肤产生炎症的主要原因。

5. **接触性皮炎** 急性或慢性炎症，常单发或不对称，由某些物质接触皮肤引发的毒性（刺激性）或过敏反应。

6. **日光性皮炎** 俗称晒斑，一般在暴晒后数小时内于暴露部位出现皮肤红肿，亦可起水疱或大疱。皮损部位有烧灼感、痒感或刺痛。轻者 1~2 日皮疹可逐渐消退，有脱屑或遗留有不同程度的色素沉着；重者可伴有类似感冒症状，如发热、乏力、全身不适等，约 1 周即可恢复。

三、治疗

目前对皮炎的治疗多采用内服抗组胺药，皮质激素类药临时抑制为多，如口服西药、口服激素，外用溶液洗剂、乳剂、泥膏、油剂、软膏、乳剂、涂膜剂、酊剂及硬膏等。长时间或大剂量外用皮质激素类药，会成瘾、导致药物依赖性，最常见的是用药后病情好转，一旦停药后，用药部位原发病变加重。当重新用激素后，上述病情好转或消失；如再停药，反跳性再发，而且比以前更严重。

第六节 腋 臭

一、定义

腋臭俗称狐臭，又称臭汗症。这是人体腋窝等处发出的一种特殊臭味，是一种大汗腺分泌过多的皮肤病。此病虽不影响躯体健康，但由于给人以一种不愉快的气味，使患者在精神上受到巨大压力，在社会适应上也造成很大障碍。本病因人种或民族不同而有显著差别，白色人种和黑色人种均较普遍，约在半数以上，黄色人种约为 6%，上海地区汉族患者约占 5%。

二、病因

腋臭的产生与大汗腺分泌过多有关，人体的大汗腺只分布于腋窝、脐窝、乳晕、肛门、会阴、外生殖器和外耳道等处，大汗腺的腺体越丰富的部位（如腋窝、外阴等），其气味就越重。大汗腺受性腺分泌的影响，到了青春期才开始分泌活动；因此，青春期前由于大汗腺尚未成熟，没有分泌功能，腋臭一般不会发生。腋臭是可以遗传的，双亲之中只要一方有病，就能遗传给子女，其发生率约为1/2，如双方均有腋臭，则所生子女腋臭与正常者的比例为3:1，且男女机会均等。

三、临床表现

腋臭患者环境温度一高，或心情较紧张，腋下就会不正常地过度出汗，并且发出令人不悦的味道，尤以夏天明显。

四、治疗

治疗的基本原则，是保持局部的清洁，去除分泌物以减少细菌的繁殖；局部使用止汗芳香剂，定时擦洗、擦药可以暂时缓解狐臭。若要永久去除异味则需要手术治疗。

第七节 甲 癣

一、定义

甲癣俗称灰指甲（灰趾甲）、油灰指甲，又称甲真菌病，中医称其为鹅爪风，是由真菌感染引起的癣病。甲癣病变始于甲远端、侧缘或甲褶部，表现为甲颜色和形态异常。一般以1~2个指（趾）甲开始发病，重者全部指（趾）甲均可罹患。患病甲板失去光泽，日久甲板变脆而破损脱落。多呈灰白色，且失去光泽；甲板增厚显著，表面高低不平。其质松碎，甲下常有角蛋白及碎屑沉积。有时，甲板可与甲床分离。

二、病因

很多真菌均可致病，占首位的是皮肤癣菌，然后是酵母菌和真菌。假丝酵母菌甲病以白假丝酵母菌为主，非假丝酵母菌类酵母菌有假丝酵母地丝菌、毛孢子菌等；致病的真菌以皮肤癣菌最常见，以红色毛癣菌为主，其次为须毛癣菌、絮状表皮癣菌。其他真菌主要有青霉属和曲霉属，还有白地霉、帚霉属及毛霉属、柱顶孢霉等。真菌侵入甲板周围皮肤或甲下组织，然后分泌角质蛋白酶分解角质，破坏甲组织而引起感染。甲假丝酵母菌病多见于机体免疫功能低下者，如皮肤黏膜假丝酵母菌病，患者多伴有先天性免疫缺损，白假丝酵母菌侵入甲沟、甲床和甲板而引起甲损害。也可见于血循环障碍，如雷诺病、糖尿病等患者。厨师、洗衣工、家庭主妇因指甲长期浸泡可引起甲沟炎，再发展到甲板而致病。

三、临床表现

甲癣临床表现为：①常单个发病，逐步累及其他指、趾甲；②病甲增厚、不平、松脆和变形，色灰白或污黄无光泽；③常伴发手、足癣。

四、治疗

1. 治疗原则 ①应同时治疗伴发癣病；②刮除病甲再外用抗真菌制剂；③手术拔除病甲再外用抗真菌制剂；④必要时内服系统抗真菌药治疗。

2. 用药原则 ①单个或损害数量较少者，可选用尿素霜包封软化拔甲或手术拔甲后，局部外用抗真菌制剂治疗；②泛发性损害者，可内服伊曲康唑或特比萘芬治疗。

第八节 白癜风

一、定义

白癜风是一种常见多发的色素性皮肤病。该病以局部或泛发性色素脱失形成白斑为特征，是一种获得性局限性或泛发性皮肤色素脱失症，是一影响美容的常见皮肤病，易诊断，治疗难。此病世界各地均有发生，印度发病率最高，我国约有三千万人发病，可以累及所有种族，男女发病无显著差别。

二、病因

本病病因主要有以下几方面：工业污染、农业污染、内分泌与免疫功能失调、微量元素缺乏、神经精神因素、遗传因素、外伤。发病机制复杂，尚不明确。

三、临床表现

本病表现为部分色素不均的皮肤，逐渐产生白斑，然后逐渐弥漫和蔓延。白癜风是一种获得性皮肤色素脱失性疾病，表现为局部或泛发性色素脱失。好发于容易受到摩擦及阳光照射的暴露部位以及褶皱部位，特别是颜面部。本病一般无自觉不适。少数病例在发病之前或同时，以及白斑发展蔓延时局部有瘙痒感。患处受暴晒日光后，容易出现潮红、疼痛、瘙痒甚至起疱。除了人类以外，很多哺乳动物比如黑猩猩、大象、鼠、豚鼠、猪等，以及鱼类亦可以有白癜风样损害。

四、治疗

本病治疗困难，而且疗程较长，痊愈机会很小。西医对本病尚无根治方法，一般认为，皮肤泛发的进展期患者，可口服皮质激素（如泼尼松等）、光化学疗法；皮损面积小而少的患者，可选用手术疗法，如黑素细胞自体移植、自体小片移植等。

第九节 冻 疮

一、定义

冻疮是因肌肤长时间承受寒冷刺激而造成的创伤。冻疮是由于寒冷引起的局限性炎症损害。冻疮是冬天的常见病。据有关资料统计，我国每年有两亿人受到冻疮的困扰，其中主要是儿童、妇女及老年人。冻疮一旦发生，在寒冷季节里常较难快速治愈，要等天气转暖后才会逐渐愈合，欲减少冻疮的发生，关键在于入冬前就应开始预防。

二、病因

本病系机体对寒冷发生的异常反应。冻疮是寒冬或初春季节时由寒冷引起的局限性皮肤炎症损害。好发生在肢体的末梢和暴露的部位，如手、足、鼻尖、耳边、耳垂和面颊部。现代医学认为冻疮是因为患者的皮肤耐寒性差，加上寒冷的侵袭，使末梢的皮肤血管收缩或发生痉挛，导致局部血液循环障碍，使得氧和营养不足而发生的组织损伤。

三、临床表现

冻疮好发于手足、面颊、耳郭等末梢部位。皮损为瘙痒性局限性水肿性红斑，境界不清，可出现水疱、糜烂和溃疡。冻疮初起为局限性蚕豆至指甲盖大小紫红色肿块或硬结，边缘鲜红，中央发绀，触之冰冷，压之褪色，去压后恢复较慢，自觉局部有胀感、瘙痒，遇热后更甚，严重者可有水疱，破溃后形成溃疡、经久不愈。

四、治疗

1. 体育锻炼法 加强适合自身条件的体育锻炼，如练气功、跳舞、跳绳等活动，或利用每日洗手、脸、脚的间隙，轻轻揉擦皮肤，至微热为止，以促进血液循环，消除微循环障碍，达到"流通血脉"的目的。

2. 温差水泡法 取一盆15 ℃的水和一盆45 ℃的水，先把手脚浸泡在低温水中5分钟，然后再浸泡于高温水中，如此每日3次，可以锻炼血管的收缩和扩张功能，减少冻疮的发生。

3. 服、擦药物法 冻疮体质者，可在入冬前1个月增加维生素A、C及矿物质的食入，可口服烟酰胺片0.1 g、每日3次，钙片0.5 g、每日3次，以提高机体耐寒力。也可在冻疮好发部位涂擦辣椒酊（取干辣椒20 g，密闭浸泡于75%酒精500 mL中，7日后可用），每日擦2～3次。

4. 药物治疗

（1）全身治疗：

1）血管扩张药的应用：烟酸50～100 mg，每日3次；桂利嗪25 mg，每日3次；硝苯地平对严重复发性冻疮有效，20 mg，每日3次，手足损害连用8日。

2）维生素E：0.1～0.2 g，每日3次。

（2）局部治疗：原则是消炎、消肿、促进局部血循环。

1）皮损未破者：可选10%樟脑醑，10%樟脑软膏，松节油，冻疮软膏，蜂蜜猪油软膏（含70%蜂蜜、30%猪油）等。其中1～2种外用，每日2～3次，温水浸泡患部后再擦用，并反复揉擦患部，效果较好。也可用茄子秆、辣椒秆或祁艾、冬瓜皮、桂皮各10 g水煎热泡，每日1～2次。

2）已破溃者：先用3%硼酸水清洗，再用10%樟脑软膏、冻疮软膏、蜂蜜猪油软膏、10%鱼石脂软膏等，分泌物多时可用3%硼酸水蒸发罨包。

（3）物理疗法：紫外线红斑量照射每周2～3次，于冬季开始时在皮损处照射疗效较好。氦氖激光局部照射，每周2～3次，每次15分钟。音频电疗，每日1次，10次为

1个疗程，于每年复发前治疗有一定预防作用。

（4）局部治疗：①未破者可用茄子秆、辣椒秆或祁艾、冬瓜皮、桂皮各10 g水煎热泡，每日1～2次。②已破者可用中药紫色疽疮膏，化毒散软膏。

临床经典疗法：无明显渗出有溃破的采用暴露方法，直接将康复新液用棉球涂抹，每日3次。创面水肿较明显伴溃破有渗出的用纱布蘸康复新液贴敷，每日换药3次。2～3日后创面渗出减少改为暴露方法直接涂抹药液。溃破处2～4日后逐渐干燥结痂，7～13日后脱痂痊愈。康复新液可以改善创面微循环，提高局部免疫力，促进创面坏死组织脱落，及肉芽组织增生，加速病损组织修复，在临床上应用疗效满意。

第十节　带状疱疹

一、定义

带状疱疹是由水痘-带状疱疹病毒引起的急性炎症性皮肤病，发病前局部皮肤往往先有感觉过敏或神经痛，伴有轻度发热、全身不适、食欲不振等前驱症状，亦可无前驱症状而突然发病。

二、病因

系由水痘-带状疱疹病毒所致。对此病毒免疫力低的儿童被感染后，发生水痘。部分患者被感染后成为带病毒者而不发生症状。由于病毒具有亲神经性，感染后可长期潜伏于脊髓神经后根神经节的神经元内，当抵抗力低下或劳累、感染、感冒发烧、生气上火等，病毒可再次生长繁殖，并沿神经纤维移至皮肤，使受侵犯的神经和皮肤产生激烈的炎症。皮疹一般有单侧性和按神经节段分布的特点，有集簇性的疱疹组成，并伴有疼痛；年龄愈大，神经痛愈重。本病愈后可获得较持久的免疫，故一般不会再发。

三、临床表现

带状疱疹好发于春秋季节，成人多见。

1. 典型表现　发疹前可有轻度乏力、低热、食欲缺乏等全身症状，患处皮肤自觉灼热感或者神经痛，触之有明显的痛觉，持续1～3日，亦可无前驱症状即发疹。好发部位依次为肋间神经、颈神经、三叉神经和腰骶神经支配区域。患处常首先出现潮红斑，很快出现粟粒至黄豆大小丘疹，簇状分布而不融合，继之迅速变为水疱，疱壁紧张发亮，疱液澄清，外周绕以红晕，各簇水疱群间皮肤正常；皮损沿某一周围神经呈带状排列，多发生在身体的一侧，一般不超过正中线。神经痛为本病特征之一，可在发病前或伴随皮损出现，老年患者常较为剧烈。病程一般2～3周，老年人为3～4周，水疱干涸、结痂脱落后留有暂时性淡红斑或色素沉着。需要强调的是，引起带状疱疹的原因是由于长期缺乏运动和锻炼，不是说老年人容易生这个病，老年人更易久坐不锻炼，所以以老者居多。

2. 特殊表现

（1）眼带状疱疹：系病毒侵犯三叉神经眼支，多见于老年人，疼痛剧烈，可累及角膜形成溃疡性角膜炎。

（2）耳带状疱疹：系病毒侵犯面神经及听神经所致，表现为外耳道或鼓膜疱疹。膝状神经节受累同时侵犯面神经的运动和感觉神经纤维时，可出现面瘫、耳痛及外耳道疱疹三联征，称为 Ramsay-Hunt 综合征。

（3）带状疱疹后遗神经痛：带状疱疹常伴有神经痛，在发疹前、发疹时以及皮损痊愈后均可伴有，但多在皮损完全消退后或者 1 个月内消失，少数患者神经痛可持续超过 1 个月以上，称为带状疱疹后遗神经痛。

（4）其他不典型带状疱疹：与患者机体抵抗力差异有关，可表现为顿挫型（不出现皮损仅有神经痛）、不全型（仅出现红斑、丘疹而不发生水疱即消退）、大疱型、出血性、坏疽型和泛发型（同时累及 2 个以上神经节产生对侧或同侧多个区域皮损）；病毒偶可经血液播散产生广泛性水痘样疹并侵犯肺和脑等器官，称为播散型带状疱疹。

四、治疗

1. 营养神经 口服或肌内注射 B 族维生素，如维生素 B_1（100 mg）、维生素 B_{12}（250 μg）、或维生素 B_1、甲钴胺 250～500 μg 等。

2. 抗病毒 泛昔洛韦片，0.125 g，口服，8 小时 1 次；万乃洛韦，300 mg，口服，每日 2 次；阿昔洛韦，200 mg，口服，每日 5 次；聚肌胞 2 mg，肌内注射，隔日 1 次；干扰素，300 万 U，肌内注射，每日 1 次。

3. 止痛 口服索米痛片等镇痛药片。布洛芬 300 mg，口服，每日 2 次；吗啡控释片，30 mg，必要时口服。脊柱旁神经节封闭治疗等。

4. 联合 利巴韦林 10 mg/kg 加入 5% 葡萄糖 500 mL 静脉滴注，每日 1 次，共 8 次；辅佐，口服康复新液 10 mL，每日 3 次；同时外用康复新液涂擦，严重破溃者以康复新液湿敷，共 8 日；疗效显著。

第十一节 淋 病

一、定义

淋病是淋病奈瑟菌引起的以泌尿生殖系统化脓性感染为主要表现的性传播疾病，是一种古老而又常见的性病，多发生于青年男女。

二、病因

淋病属于性传播疾病，由淋病奈瑟菌感染所致。淋病奈瑟菌侵入细胞的第一步是借助其外膜上的菌毛和蛋白黏附到阴茎或阴道的黏膜上皮细胞上，然后直接侵入上皮细胞或刺激上皮细胞吞噬而进入。淋病奈瑟菌进入上皮细胞后就开始增殖，并使上皮细胞溶解，进而进入黏膜下间隙，从而突破黏膜屏障，引起黏膜上皮的皮下感染。如果淋病奈瑟菌从黏膜感染部位侵入血液，可在各个组织中引起淋病奈瑟菌感染，称为播散性淋病奈瑟菌感染。

三、临床表现

1. 男性淋病 急性前尿道炎的最早症状为尿道口红肿、发痒及轻微刺痛，继而有稀薄黏液流出，引起排尿不适。24 小时以后症状加剧，红肿发展到整个阴茎头及部分尿道，分泌物由稀薄转变为深黄色的脓液，出现尿频、尿痛、排尿困难、行动不便，阴茎常有痛性勃起。少数病例有微热及疲乏症状。两侧腹股沟淋巴结亦可受到感染而引起红肿疼痛，甚至化脓。

2. 女性淋病　女性淋病包括尿道淋病及生殖道淋病两个方面，女性患者由于尿道短，故泌尿道症状往往不明显，而常以白带增多、下腹痛等生殖道症状为主。最常见的感染部位为子宫颈、尿道、尿道旁腺、子宫内膜及输卵管。因此临床诊断时除尿道分泌物涂片外，更主要的应做阴道子宫颈涂片，否则容易漏诊。10% ~20% 妇女伴有盆腔炎、继发不育或宫外孕等妇科疾病。

3. 附性腺炎　男性淋病患者的炎症扩散到后尿道时，可出现急性前列腺炎、精囊炎和附睾炎，除排尿刺激症状加重以外，还可出现急性尿潴留及会阴部疼痛，部分患者出现高热、寒战等全身症状。

4. 小儿阴道炎　由于小儿阴道是由柱状上皮所包围，极易被淋病奈瑟菌感染，会阴部红肿，阴道及尿道有绿色分泌物，排尿疼痛，有时累及肛门。

5. 新生儿眼炎（淋病性结膜炎）　新生儿自孕妇阴道感染，出生后 2 ~ 3 日出现症状，眼睑水肿、发红，有脓性分泌物，一旦延误治疗，则角膜呈蒸汽状，可能穿透角膜，导致失明。因此淋病孕妇的新生儿应该用硝酸银滴眼预防。

四、治疗

首选青霉素治疗：①水剂普鲁卡因青霉素 G，480 万 U 分两侧臀部肌内注射；同时口服丙磺舒 1 g。②苄星青霉素 G，480 万 U 分两侧臀部肌内注射；同时口服丙磺舒 1 g。③水剂青霉素 G，160 万 U 肌内注射，每日 3 次，共 3 日。

对青霉素过敏或耐药者，可使用如下方案。①注射用盐酸大观霉素：2 g 肌内注射，适用于耐青霉素菌株患者；注射后配合 7 日疗程的四环素或多西环素或红霉素。②红霉素：首量 1 g，后用 0.5 g，每日 4 次，共 7 日。适用于青霉素过敏者。③诺氧沙星：800 mg，1 次口服。④四环素：首量 1 g，后用 0.5 g，每日 4 次，共 7 日，适用于青霉素过敏者。⑤头孢曲松：0.25 g 肌内注射，适用于耐青霉素菌株患者。⑥氧氟沙星：200 mg，每日 3 次，共 3 日。⑦阿奇霉素：1000 mg，1 次口服。

第十二节　尖锐湿疣

一、定义

尖锐湿疣又称生殖器疣或性病疣，是由人乳头瘤病毒（HPV）感染引起的一种性传播疾病。HPV 有多种类型，引起本病的主要类型为 HPV 1、2、611、16、1831、33 及 35 型等，其中 HPV 16 和 18 型长期感染可能与女性宫颈癌的发生有关。目前一致认为本病在增多，成为性病（STDS）中的最常见疾病，在年轻成人中患病率可达 0.5% ~ 1% 。英国尖锐湿疣发病率从 1970 年的 30/10 万增到 1988 年的 260/10 万，几乎增加了 8 倍；美国此病发病率从 1966 年到 1984 年增加了 6 倍。和艾滋病相似，有症状的尖锐湿疣仅代表感染者的"冰山"之顶，所以如考虑亚临床感染在内，HPV 感染可能是发病率占第一位的性病。本病的传播方式包括直接与间接传播，但以性接触最为常见，而且越是近期损害越有传染性，一次性接触估计有50%被传染的可能性；其次为直接非性接触，如自体传染以及新生儿经产道受染；再次为间接接触，通过污染传染，但因此病病毒尚不能培养，未能证实。

二、病因

目前认为尖锐湿疣的病因主要如下。①性接触感染：通过性接触使病原体接种感染。②非性直接接触感染：通过接触病变部位及患者分泌物感染。③间接接触：通过患者的衣物和用品感染。④医源性感染：通过为患者检查、手术、上药等治疗时的接触感染。

三、临床表现

1. 女性尖锐湿疣　潜伏期平均为2~3个月，病变发展无自限性，症状为局部瘙痒、疼痛，少数患者无症状。生长部位：外阴、阴道、子宫颈、肛周，常见2个部位同时发生，局部表现为淡红色或灰色小丘疹，呈疣状突起，常融合形成菜花样赘生物，有性乱史，用5%的醋酸涂后病变处变白。

2. 男性尖锐湿疣　通常好发于冠头沟、包皮内、肛门周围。起初为小淡红色丘疹，以后逐渐增大增多，表面凹凸不平，湿润柔软，突起像菜花样、晕样或乳头样，污灰色或红色，触之易出血，常发生糜烂、渗液、自觉瘙痒，如有脓性分泌物会散发恶臭。典型皮损为生殖器或肛周等潮湿部位出现丘疹，乳头状、菜花状或鸡冠状肉质赘生物，表面粗糙角化。

四、治疗

由于目前没有特效的抗病毒药，尖锐湿疣的治疗必须采用综合治疗。①治疗诱因，如白带过多、包皮过长、淋病。②提高机体免疫力。③应用抗病毒药。可用5%酞丁胺霜剂，或用0.25%碘苷软膏，每日2次，外涂。一般只要坚持规则的综合治疗可以达到临床痊愈，但复发概率高达95%以上。

第三十五章 眼耳鼻咽喉口腔科常见疾病

第一节 视疲劳

一、定义

视疲劳是目前眼科常见的一种疾病，患者的症状多种多样，常见的有近距离用眼不能持久，眼及眼眶周围疼痛、视物模糊、眼睛干涩、流泪等，严重者头痛、眩晕，它不是独立的疾病，而是由于各种原因引起的一组疲劳综合征。

近年来由于社会环境的变化，工作节奏的加快，视频终端的普及，人们精神需求的增高，视觉的使用越来越超负荷，据流行病学研究结果显示，23%学龄儿童、64%~90%电脑使用者、71.3%眼干燥症患者均有不同程度的视疲劳症状。

二、病因

引起视疲劳的常见原因有：①屈光不正，包括近视、远视、散光没有得到及时矫正。②眼镜佩戴不合适，如近视眼度数偏高、远视度数不够等。③两眼屈光度相差太大，如一只眼200度近视，另一只眼600度近视。④隐斜、眼外肌麻痹、眼肌用力不平衡。⑤老年人由于调节力下降看近物不清。⑥眼科病，如青光眼时眼压高、眶上神经痛以及副鼻窦炎都可引起视疲劳。⑦环境因素，如光照不足或过强，屈光分布不均匀或闪烁不定，注视的目标过小、过细或不稳定。

三、临床表现

除了眼疲劳、眼干涩、异物感、眼皮沉重感、视物模糊、畏光流泪、眼胀痛及眼部充血等，视疲劳还可能引起更严重的头痛、头昏、恶心、精神委靡、注意力不集中、记忆力下降、食欲不振，以及颈肩腰背酸痛和指关节麻木等症状；少数还可出现复视、立体视觉功能障碍、眼压升高、角膜损害等；有青光眼、眼表面或其他眼疾患者还可因"视疲劳"而引发或加重原有眼病；此外，视疲劳还可能导致早衰和身体免疫力的降低。

此外，视疲劳会使眼睛近视、眼球干涩、肿胀充血、畏光流泪、头痛眩晕，甚至失眠眼花。睫状肌的持续收缩时间过长，使眼睛长期处于疲劳近视的病态，就会发生假性近视。对于假性近视，如果不及时治疗，就会变为真性近视，所以必须重视。

四、诊断

视疲劳可以通过以下症状诊断：眼睛刺痛、畏光、流泪、视物模糊、眼沉重、眨眼、复视、头痛、恶心，这些症状中有2个或2个以上即可诊断。

五、治疗

1. 可选用缓解视疲劳的滴眼液，一般常用的有氯化钠滴眼液、冰珍清目滴眼液、复方硫酸软骨素滴眼液、玻璃酸钠滴眼液等。

2. 口服滋肾养肝、明目的中成药，如杞菊地黄丸、清肝明目丸、黄连羊肝丸等。

3. 平时也可以服一些营养视神经的药物，如维生素 A、维生素 B_1、维生素 B_{12}，此类药物对缓解视疲劳有一定作用。

4. 经常有视疲劳的患者，滴眼药水并不能解决根本问题，可以适当补充叶黄素，叶黄素是眼睛组织中重要的营养元素，具有强氧化性，可改善眼睛微循环、缓解视力疲劳、眼干等症状。因此视疲劳患者可以长期服用叶黄素。

六、预防

1. 保持适当的休息。面对电脑工作每 1 个小时，闭目休息一会儿或者看看远处的风景。

2. 注意坐姿，椅子最好有扶手，高度以前臂自然弯曲 90°，恰好搁在键盘上为好；电脑屏幕略低于视线，视线向下 30°最佳，荧屏向上 10°为好。

3. 给予眼睛适当的刺激，缓解"盯屏"现象。可以在电脑周围摆放一些比较吸引眼球的工艺品、植物或者其他东西，能对"盯屏"起到一定的缓解作用。

4. 室内光线要适宜，不要在黑暗中看电脑，背景太暗，容易造成视疲劳和瞳孔散大。

5. 叶黄素、维生素 A、蛋白质等，是合成视紫质的原料，电脑族要多食蛋黄、深绿色鲜蔬菜、胡萝卜、白菜、豆腐、红枣、橘子以及牛奶、肝脏、瘦肉等食物，提升视紫质的合成、增强视网膜感光性能。

第二节　沙　　眼

一、定义

沙眼是由沙眼衣原体引起的一种慢性传染性结膜角膜炎。因其在睑结膜表面形成粗糙不平的外观，形似沙粒而称为沙眼。本病病变过程早期结膜有浸润，如乳头滤泡增生，同时发生角膜血管翳；晚期由于受累的睑结膜发生瘢痕，以致眼睑内翻畸形，加重角膜的损害，可严重影响视力甚至造成失明。潜伏期 5～14 日，双眼患病，多发于儿童或青少年。

沙眼衣原体感染通常无症状，因此估价其真实的流行趋势十分困难。沙眼感染无性别差异，任何年龄均可发生。但近年来，门诊发现中小学生感染率逐渐增高。沙眼原发感染，愈后可不留瘢痕。但在流行地区，卫生条件差，常有重复感染。

二、病因

沙眼为沙眼衣原体感染所致。1956 年首次由我国用鸡胚卵黄囊接种法，分离出沙眼衣原体，其抗原性有 A、B、Ba 及 C 4 型。感染率和严重程度同居住环境及个人卫生习惯密切相关。热带、亚热带区或干旱季节容易传播。沙眼为双眼发病,通过直接接触或污染物间接传播,节肢昆虫也是传播媒介。

三、临床表现

沙眼表现为双眼急性或亚急性发病,畏光,眼睑轻度水肿,大量的黏液脓性分泌物。睑结膜充血,浸润增厚,乳头增生,可出现假膜,角膜缘处可见,小的上皮下浸润;耳前淋巴结肿大;炎症持续数周转入慢性期。晚期如合并睑内翻、倒睫、角膜溃疡等时,则出现明显的刺激症状,并可影响视力,甚至失明。

1. 急性发作期

(1)眼红、眼痛、异物感、流泪及黏液脓性分泌物,伴耳前淋巴结肿大。

(2)睑结膜乳头增生,上下穹窿部结膜布满滤泡。

(3)急性期经 1~2 个月进入慢性期。

2. 慢性期

(1)结膜充血减轻,结膜肥厚,乳头增生,滤泡形成。滤泡大小不等,于上睑结膜和结膜上穹窿部最为显著。

(2)滤泡可发生坏死,愈合后留下明显瘢痕,呈线状或星状,逐渐发展成网状,最后可至白色腱状。

(3)角膜缘滤泡发生瘢痕化改变,称为 Herbert 小凹。

(4)早期可出现角膜血管翳,常发生于角膜上方 1/3,可向中央瞳孔区发展成垂帘状而影响视力。其尖端常见浸润且可形成溃疡。

沙眼如不及时治疗,极易出现并发症,如睑内翻及倒睫、沙眼性角膜溃疡、上睑下垂、沙眼性眼干燥症、泪道阻塞及慢性泪囊炎、角膜结膜干燥症等,严重时会影响视力。

四、诊断

沙眼的诊断:①上睑结膜及上穹窿部有乳头增生、滤泡及血管模糊。②在放大镜或裂隙灯下检查可见早期角膜上缘血管翳。③上穹窿和上睑结膜出现条状或网状瘢痕。④睑结膜上皮细胞刮片发现包涵体,或鸡胚或组织培养分离出衣原体。沙眼需与下列疾病相鉴别:

1. 结膜滤泡症 常见于儿童,皆为双侧,无自觉症状。滤泡多见于下穹窿部与下睑结膜。滤泡较小,大小均匀相似,半透明,境界清楚,滤泡之间的结膜正常,不充血,无角膜血管翳,无瘢痕发生。沙眼的滤泡多见于上穹窿部与上睑结膜,混浊不清、大小不等、排列不整齐,并有结膜充血和肥厚等症。

2. 慢性滤泡性结膜炎 常见于学龄儿童及青少年,颗粒杆菌可能为其病因。晨起常有分泌物,眼部有不适感。滤泡多见于下穹窿与下睑结膜,大小均匀,排列整齐;结膜虽充血,但不肥厚;1~2 年后自愈,无瘢痕形成;无角膜血管翳。

3. 春季结膜炎 本病有季节性,主要症状为刺痒。睑结膜上的乳头大而扁平且硬,上穹窿部无病变,易于鉴别。分泌物涂片中可见嗜酸性粒细胞增多。

4. 包涵体结膜炎 成年人与新生儿包涵体性结膜炎在结膜刮片中皆可见包涵体,其形态与沙眼包涵体相同,难以分别。但包涵体性结膜炎皆以急性开始,滤泡皆以下穹窿部与下睑结膜为著,无角膜血管翳,数月至 1 年即可自愈,并不形成瘢痕,可与沙眼鉴别。

1. 沙眼主要应用滴眼剂治疗。可以选用酞丁安滴眼剂，酞丁安对沙眼衣原体有强大的抑制作用，能迅速阻止沙眼衣原体的繁殖，尤其对轻度沙眼疗效最好；硫酸锌滴眼液在低浓度时有收敛作用，高浓度时有杀菌和凝固作用，有利于创面和溃疡的愈合；红霉素眼膏有强大的抗菌作用，可于每晚睡前涂于眼睑内。由于酞丁安有致畸性，育龄妇女慎用，妊娠期妇女禁用。

2. 对于较重或治疗较晚的沙眼，可用 2% 硝酸银或硫酸铜擦睑结膜和穹窿结膜，擦后用 0.9% 氯化钠冲洗。

3. 急性期或严重的沙眼除局部用药外，成人可口服磺胺制剂等，连服 7～10 日，停药 1 周，可再服。应根据炎症的性质和发展阶段及时选用适当的抗菌药物，在同一时期内，用药种类宜少，药物以一种为主。

1. 培养良好的卫生习惯。不用手揉眼，毛巾、手帕要勤洗、晒干；托儿所、学校工厂等集体单位应分盆分巾或流水洗脸，对沙眼患者应积极治疗，加强理发室、浴室、旅馆等服务行业的卫生管理，严格毛巾、脸盆等消毒制度，并注意水源清洁。

2. 多吃含维生素 A 的食物。含维生素 A 的食物对眼睛有益，维生素 A 还可以预防和治疗眼干燥症。长期缺乏维生素 A 的时候是消除眼睛的疲劳，每日应该摄入足够的维生素 A。维生素 A 的最好来源是各种动物的肝脏、鱼肝油、奶类和蛋类；植物性的食物，如胡萝卜、苋菜、菠菜、韭菜、青椒、红心白薯以及水果中的橘子、杏子、柿子等。

第三节　急性结膜炎

正常情况下，结膜具有一定防御能力，但当防御功能减弱或外界致病因素增加时，易引起结膜组织炎症发生。急性结膜炎是发生在结膜上的一种急性感染，多发生在气候温暖湿润的季节，由于细菌和病毒易于繁殖，可通过患者的毛巾、玩具或公共浴池、游泳池而相互传染，也易在家庭、学校和公共场所流行。急性结膜炎常见有急性卡他性结膜炎（细菌性结膜炎）、过敏性结膜炎、流行性结膜炎（腺病毒）及流行性出血性结膜炎（腺病毒 70 型）。

中国在 1971 年开始发现此病，并已分离出肠道病毒 70 型。70 型的原型分离自急性结合膜炎的结合膜拭子，与本病发病有关。急性结膜炎患者的传染性很强，在人口密集和卫生条件较差的地区可迅速传播，温暖、潮湿的沿海气候更能促进其传播。在发达国家中，常以眼科诊所为中心，引起局部地区性暴发流行。传播途径主要通过手和用具等日常生活用品传播。

二、病因

一方面因感染、过敏、外伤引起的眼结膜充血，渗出、乳头肥大和滤泡形成等改变。另一方面结膜炎主要是由细菌或病毒感染所引起的传染性眼病。每当夏秋来临，便是本病的流行季节。

三、临床表现

1. 急性卡他性结膜炎　发病急，常同时累及双眼，伴有大量的黏液性分泌物，夜间分泌较多，晨起时被分泌物糊住双眼。轻症者在眼内有瘙痒与异物感；重者眼睑坠重、灼热、畏光、流泪，结膜下充血、水肿，眼睑红肿，角膜受累则有疼痛及视物模糊，类似沙眼。

2. 过敏性结膜炎　一般较轻，结膜可充血和水肿，瘙痒伴有流泪，一般无分泌物或稍有黏性分泌物。

3. 流行性结膜炎　为急性滤泡性结膜炎并发浅点状角膜炎，一般仅局限于单眼，流泪较多和伴有少量分泌物，分泌物最初为黏液性，后为黏液脓化而呈脓性，耳前淋巴结肿大。传染性强，发病急剧。

4. 流行性出血性结膜炎　为暴发流行，表现除与流行性结膜炎相似外，同时可有结膜下出血。

多数病例在发病时，可有耳前颌下淋巴结肿大，并有压痛。该症状随结膜炎的消退而消失。极少数病例尚可出现虹膜炎的改变。

四、诊断

在暴发流行时，可根据流行病学和临床表现作出诊断，确诊有赖于病毒分离。鉴别诊断：

1. 流行性角膜结膜炎（EKC）　小规模的急性流行性出血性结膜炎（AHC）流行或散发性病例应与腺病毒引起的流行性角膜结膜炎（EKC）相鉴别。①EKC 的潜伏期较长，通常为 5~7 日，而 AHC 则为 1 日。②AHC 起病后数小时结膜炎即达高峰，病程不超过 1 周；EKC 在起病后数日病情才达高峰并维持 2~3 周。③在 AHC 早期结膜下出血是特征性表现而在 EKC 则少见。④结膜上滤泡样沉着在 EKC 常见，结膜炎消退后常遗留角膜上皮下翳斑。在 AHC 可出现一过性角膜炎，无后遗症。

2. 急性卡他性结膜炎　急性卡他性结膜炎特征为明显的结膜充血，以穹窿部和睑结膜为重。结膜分泌物多，早期为浆液性，随之变为黏液脓性，常使上下眼睑睫毛黏集成束，涂片或培养可检出细菌。抗菌治疗有效。

3. 游泳池性结膜炎（包涵体性结膜炎）　由沙眼衣原体的一株所引起。患者有在公共游泳池游泳史，结膜高度充血，有显著乳头肥大和滤泡增生，滤泡以下穹窿部尤为显著，早期有较多分泌物，可有全身症状发热，疲乏和上呼吸道炎。结膜刮片检查可见有包涵体。

五、治疗

结膜炎的治疗主要是局部治疗，当有眼睑肿胀、淋巴结肿大时可以适当配合口服抗生素治疗。

1. 对于细菌感染引起的急性卡他性结膜炎，晚间可用四环素、金霉素、红霉素左氧氟沙星等眼膏；白天可用酞丁安滴眼液、磺胺醋酰钠滴眼液、左氧氟沙星滴眼液等。

2. 对于流行性出血性结膜炎，可用抗病毒的滴眼液，如利巴韦林滴眼液、更昔洛韦滴眼液等；夜间可用更昔洛韦眼用凝胶等。

3. 对于流行性结膜炎，可给予抗病毒眼药，如 0.1% 碘苷滴眼剂、酞丁安滴眼剂、阿昔洛韦滴眼剂等。治疗时要注意碘苷滴眼剂长期应用可出现疼痛、瘙痒、眼睑过敏、睫毛脱落，或染色小点，且不易消失，因此不宜长时间使用。

4. 对于过敏性结膜炎，应选用醋酸可的松、醋酸氢化可的松或色甘酸钠、妥布霉素地塞米松滴眼剂/膏，其不仅可以抑制炎症过程的早期表现，还能降低毛细血管壁的通透性，减少炎症的渗出。

5. 如有眼睑肿胀、淋巴结肿大等情况，可给予抗生素治疗，一般可选择盐酸左氧氟沙星片、头孢羟氨苄、罗红霉素等。

6. 同时可以辅以中医治疗，可选择祛风散邪、清热解毒类中成药，如十五味萝蒂明目丸、拨云锭、栀子金花丸等。

六、预防

1. 应该多吃富含优质蛋白质、矿物质、维生素的食品。由于本病属郁热上攻双目而致，饮食应以具有清热解毒作用的凉性、寒性或平性食品为宜。

2. 结膜炎的初始，对炎症性结膜炎可用热敷的方法，以热毛巾或开水的热气熏蒸；对于过敏性结膜炎应用冷毛巾湿敷。

3. 结膜炎患者需注意，滴眼液一人一瓶，按医嘱及时用药。单眼患者需采用侧卧位，即患眼最低位，以防止污染健康的眼睛，勿用手揉眼，以防止交叉感染。

第四节　白内障

一、定义

各种原因如老化、遗传、局部营养障碍、免疫与代谢异常、外伤、中毒、辐射等都能引起晶状体代谢紊乱，导致晶状体蛋白质变性而发生浑浊，称为白内障。此时光线被浑浊的晶状体阻扰，无法投射到视网膜上导致视物模糊。多见于 40 岁以上的人，且随年龄增长而发病率增加。白内障可分为先天性白内障和后天性白内障，后天性白内障中最常见的是老年性白内障，多见于 40~50 岁以上的人。

在我国农村老龄人口比例不断增加的过程中，我国主要的致盲眼病仍是白内障。在白内障流行病学研究的发展过程中，人民群众日益增长的多样化医疗卫生服务需求不断得到满足。随着全国人口增长和寿命延长，每年将有 70 万~150 万例新增农民老年性白内障患者。由此可见农村老年性白内障的防治是重中之重。

二、病因

白内障最常见的病因是因衰老引起的退行性病变（老化），其他各种原因如遗传、局部营养障碍、血管硬化、全身代谢及内分泌紊乱（如糖尿病）、外伤、中毒、辐射、炎性眼病、某些药物（如皮质类固醇）等，都能引起晶状体代谢紊乱，导致晶状体蛋白质变性而发生混浊，导致白内障。

三、临床表现

1. 色觉异常　由于晶状体吸收水分多而肿胀，其上皮细胞间隙增大而填有微粒水滴，光线透过它时会发生折射而呈现彩色晕光，俗称"虹视"。

2. 单眼多视　晶状体部分浑浊，部分透明光线通过它投射到视网膜上，就会产生双影或多影。

3. 老花眼减轻　白内障初发时，晶状体凸度增加，屈光近点发生改变，因此初期老花眼症状减轻。

4. 眼前黑影　晶状体的部分浑浊位于瞳孔区，在眼前可出现位置固定，形状不变的点状或片状阴影。

5. 视物模糊　白内障早期症状视物逐渐模糊，有时会觉得光线周围出现光圈以及物体的颜色不够明亮。

6. 昼盲或夜盲　若晶状体浑浊出现在中央部，白天光强瞳孔缩小时光线进入眼内受阻，出现昼盲；如晶状体浑浊位于周边部，会出现夜盲现象。

此外，白内障在临床上常并发有玻璃体积血和黄斑囊样水肿等病症。

四、诊断

根据病史、症状和检查，多容易做出明确的诊断。早期可无任何症状，随着疾病的发展，出现眼前固定性黑点，偶可出现单眼复视或多视，视物疲劳，逐渐加重的视力下降，因晶体膨胀或核硬化致晶体屈光指数的改变，导致核性近视或近视度增加，随着晶体混浊程度的加重，视力逐渐丧失或仅存光感。应与以下疾病相鉴别：①其他类型的白内障，如糖尿病性白内障，并发性白内障等与原发病有关。②老年核性硬化是晶体老化现象，多不影响视力。

五、治疗

一般早期白内障，用药以后病情可能会延缓发展，视力也有提高。对于中晚期白内障患者一般采用手术治疗。

1. 早期白内障可选择局部用眼药水，如吡诺克辛钠滴眼液、苄达赖氨酸滴眼液、障眼净、法可林滴眼液、谷胱苷肽滴眼液等。使用吡诺克辛钠滴眼液前，要将药片放入溶剂中，待药片完全溶解后方可使用，片剂溶入溶剂后应连续使用，在20日内用完。

2. 口服以补益肝肾、滋阴降火、清肝明目为原则，可用障眼明、石斛夜光丸、杞菊地黄丸、明目地黄丸等。

3. 白内障患者需要长期服用叶黄素，叶黄素不仅可以补充眼睛所需的营养物质，还可以有效预防白内障手术后的并发症。

4. 手术治疗包括白内障超声乳化术和白内障囊外摘除。

六、预防

1. 注意精神调摄，遇事泰然处之，心胸应宽广，保持情绪舒畅，要制怒，可通过养花、养鸟、养金鱼来陶冶情操，多与年轻人交谈，能分散对不愉快事情的注意力，激起旺盛的生活热情，起到阻止和延缓病情进展的作用。

2. 加强用眼卫生，平时不用手揉眼，不用不洁手帕、毛巾擦眼、洗眼，用眼过度后应适当放松，久坐工作者应间隔 1~2 小时起身活动 10~15 分钟，举目远眺，或做眼保健操，要有充足的睡眠，及时缓解疲劳。

3. 积极防治慢性病，包括眼部的疾病及全身性疾病，尤其是糖尿病最易并发白内障，要及时有效地控制血糖，防止病情的进一步发展。

4. 饮食宜含丰富的蛋白质、钙、微量元素，多食含维生素 A、B、C、D 的食物，平时多食鱼类，能保持正常的视力，阻缓病情的进展。

第五节　青光眼

一、定义

青光眼是指眼压间断或持续升高的一种眼病，持续的高眼压可以给眼球各部分组织和视功能造成损害，如不及时治疗，视野可以全部丧失而至失明。青光眼是导致人类失明的三大致盲眼病之一，总人群发病率为 1%。青光眼包括先天性青光眼、原发性青光眼、继发性青光眼和混合型青光眼。青光眼是一种慢性、进行性视神经病变，其特征是视盘与视野进行性损害，世界卫生组织已将其列为第二大致盲眼病。

二、病因

青光眼的病因尚不清楚，但部分青光眼有家族性。如果外引流通道是开放的，称为开角型青光眼；如果外引流通道被虹膜阻塞，则称为闭角型青光眼。炎性疾病，如葡萄膜炎，是继发性青光眼最常见的原因，其他可引起继发性青光眼的常见原因为视网膜静脉栓塞、眼外伤、眼手术以及眼内出血。此外，某些药物，如激素也可增高眼压。

三、临床表现

青光眼的各种类型临床表现及特点各不相同。

1. 先天性青光眼　①婴幼儿性青光眼：一般是双眼病变，眼球明显突出、畏光、流泪、角膜浑浊等。②青少年性青光眼：危害性极大，畏光、眼睑痉挛、眼压增高，可发生青光眼性视神经病变和相对应的视野缺损，最终导致失明。

2. 原发性青光眼　根据前房前角的形态及发病缓急可分为：①急性闭角型青光眼，多发于中年人，表现有突然发作的剧烈眼胀、头痛、视力锐减、结膜充血、恶心、呕吐，如得不到及时治疗24~48小时可完全失明。②慢性闭角型青光眼，眼部干涩、疲劳不适、眼胀、视物模糊或视力下降、眼压升高，休息后可缓解。③原发性开角型青光眼，绝大多数患者无明显症状，有的甚至失明也无不适感。

3. 继发性青光眼　①屈光不正继发青光眼：常有视疲劳症状或无明显不适，戴眼镜无法矫正视力。②角膜、结膜、葡萄膜炎继发青光眼：眼内炎症引发房水浑浊、角膜水肿、房角变浅、瞳孔粘连，房水无法正常排出引起眼压增高。③白内障继发青光眼：晶体浑浊在发展过程中水肿、膨大、房水排出受阻，引起眼压升高。④外伤性青光眼：房角撕裂、虹膜根部断离，或前房积血使房水分泌排出途径受阻，继发青光眼视神经萎缩。

此外，急性闭角型青光眼常合并恶心、呕吐、发热、寒战及便秘等，少数患者可有腹泻发生；慢性闭角型青光眼，常伴有视矇、虹视，本病最严重的并发症是失明。

四、诊断

慢性单纯性青光眼如能早期诊断，对保护视功能极为重要，以下几点对早发现、早诊断很有帮助。①家族史：家庭成员有青光眼病史，并自觉头痛、眼胀、视力疲劳，特别是老花眼出现较早者，或频换老花眼镜的老年人，应及时到眼科检查，并定期复查。②查眼压：在青光眼早期眼压常不稳定，一日之内仅有数小时眼压升高，因此，测量24小时眼压曲线有助于诊断。③眼底改变：视盘凹陷增大是青光眼常见的体征之一。早期视盘可无明显变化，随着病情的发展，视盘的生理凹陷逐渐扩大加深，最后可直达边缘，形成典型的青光眼杯状凹陷，视盘邻近部位视网膜神经纤维层损害是视野缺损的基础，它出现在视盘或视野改变之前，因此，可作为开角型青光眼早期诊断指标之一。

急性闭角型青光眼急性发作时，伴有剧烈头痛、恶心、呕吐等，有时忽略了眼部症状，而误诊为急性胃肠炎或神经系统疾病，急性发作期又易与急性虹膜睫状体炎或急性结膜炎相混淆，需要鉴别。

五、治疗

一般来说青光眼是不能预防的，但早期发现、合理治疗，绝大多数患者可终生保持有用的视功能，一般药物治疗分为全身用药和局部用药。全身用药常用的是抑制房水生成的碳酸酐酶抑制药，有乙酰唑胺和醋甲唑胺，可通过减少房水生成而降低眼压。要注意服用乙酰唑胺时应同时服用等量的碳酸氢钠溶液，以碱化尿液，减少药物在肾小管结晶，减少或避免肾脏损害；此药不宜长期服用，服用期间定期检查尿常规，如有管型、血尿等改变，应立即停药。局部用药包括以下几类眼药水：①拟副交感神经药，最具代表的药物为毛果芸香碱滴眼液，它适用于原发性开角型青光眼、闭角型青光眼和继发性青光眼。②β肾上腺素受体阻滞药，代表药为噻吗洛尔滴眼液、盐酸左布诺洛尔滴眼液，能有效降低眼压，不影响瞳孔。使用这两种滴眼液时，一定注意哮喘和心肺疾病患者禁用。③α肾上腺素受体激动药，代表药0.2%酒石酸溴莫尼定滴眼液，能减少房水的生成，还能增强葡萄膜巩膜房水的外流。④前列腺素衍生物，代表药有0.005%拉坦前列腺素、0.004%曲伏前列腺素。此类药物增加房水经葡萄膜巩膜外流通道排出，不受眼压昼夜变化的影响。

六、预防

预防青光眼的主要对象是具有危险因素的人群。具有青光眼危险因素的人，在不良精神因素等诱因刺激下可随时诱发青光眼，所以平素必须排除一切可能诱发眼压增高的有害因素，预防青光眼发生。

1. 保持心情舒畅，避免情绪过度波动。青光眼最主要的诱发因素就是长期不良精神刺激、脾气暴躁、抑郁、忧虑、惊恐。

2. 生活、饮食起居规律，劳逸结合，适量体育锻炼，不要参加剧烈运动，保持睡眠质量，饮食清淡，营养丰富，禁烟酒、浓茶、咖啡、适当控制进水量，每天不能超过1200 mL，一次性饮水不得超过400 mL。

3. 注意用眼卫生，保护用眼，不要在强光下阅读，暗室停留时间不能过长，光线必须充足柔和，不要过度用眼。

4. 有青光眼家族史及危险因素者，必须定期复查，一旦有发病征象，必须积极配合治疗，防止视功能突然丧失。

5. 食用富含维生素 A、B、C、E 等抗氧化物食品，如蔬菜、水果、粗粮、植物油。

第六节　夜　　盲

一、定义

夜盲是指在黑暗环境中或夜晚视力很差或完全看不见东西，对弱光敏感度下降，暗适应时间延长，又称"雀蒙眼"。一般分为暂时性夜盲症、获得性夜盲症、先天性夜盲症。夜盲发病年龄在 6～20 岁，多在 15 岁以前发病。男女均可得病，且双眼病变对称。夜盲有一定的遗传性，一般多因维生素 A 缺乏诱发。

二、病因

1. 由于饮食中缺乏维生素 A，或因某些消化系统疾病影响维生素 A 的吸收，致使视网膜杆状细胞没有合成视紫质的原料而造成夜盲。这种夜盲是暂时性的，只要多吃猪肝、胡萝卜、鱼肝油等，即可补充维生素 A 的不足，很快就会痊愈。

2. 由于视网膜杆状细胞营养不良或本身的病变引起，常见于弥漫性脉络膜炎、广泛的脉络膜缺血萎缩等，这种夜盲随着有效的治疗、疾病的痊愈而逐渐改善。

3. 系先天遗传性眼病，如视网膜色素变性，杆状细胞发育不良，失去了合成视紫质的功能，所以发生夜盲。

三、临床表现

1. 早期阶段　首先出现暗适应能力下降，最初为暗适应时间延长，后发展成夜盲症。

2. 结膜干燥　眼干燥不适、经常眨眼、畏光、自觉眼干不适、眼部疼痛。

3. 角膜干燥　如果维生素 A 持续缺乏，将出现结膜干燥症，角膜渐变干燥、混浊、随病情进展角膜可发生溃疡。

四、诊断

诊断：①详询病史，如饮食、发热病及长期腹泻等消化道疾病。②检查结膜、角膜情况，注意有无结膜干燥、皱褶、毕脱斑、角膜混浊、软化或穿孔。③鉴别暗适应减低的原因及眼干燥症的原因，必要时行暗适应及视网膜电流图检查。④检查有无全身性维生素 A 缺乏及其他维生素缺乏症状。

此外，应与角结膜干燥症鉴别：①结膜表面干燥，暗淡无光，易成皱褶，甚至粗如皮肤；结膜血管呈蓝色，角膜干燥混浊，知觉迟钝。②自觉眼球干涩、灼热、视力严重减退。③成年人多见。

五、治疗

1. 暂时性夜盲主要是由于食物中缺乏维生素 A 或因某些消化道疾病影响维生素 A 的吸收，致使视网膜杆状细胞没有合成视紫质的原料而造成夜盲，这种夜盲只要补充维生素 A 和鱼肝油很快会痊愈。服用维生素 A 时要注意维生素 A 是脂溶性的，不宜空腹服用，应在饭后服用，这样有利于维生素 A 溶于脂肪中，才能较完全地吸收。

2. 获得性夜盲由于杆状细胞营养不良或本身的其他疾病引起。这种夜盲要治疗相应的疾病，随着疾病的痊愈而逐渐好转。

3. 先天性夜盲系先天遗传性眼病，杆状细胞发育不良，失去了合成视紫质的功能，目前尚无特异性治疗手段。只能让患者适当补充维生素 A 以减少眼睛干燥的症状。

六、预防

1. 预防夜盲并不难，多吃一些维生素 A 含量丰富的食品，如鸡蛋、动物肝脏等。

2. 首先要科学安排营养，特别对婴儿和发育时期的青少年，应提倡食品多样化，除主食外，副食方面应包括鱼、肉、蛋、豆类、乳品和动物内脏以及新鲜蔬菜之类。

3. 对于病情严重的患者，夜间应安静卧床。

4. 补充维生素 A 营养素或胡萝卜素提取物。β-胡萝卜素可以转变成维生素 A，且没有副作用。

5. 夜盲患者要注意不要在夜间或大雾等天气状况不佳的情况下出门甚至开车。

6. 夜盲患者平时多注意眼部活动，不要总是待在房间里，要让眼睛多看远方，避免眼睛被太阳直射。

第七节　口腔溃疡

一、定义

口腔溃疡又称"口疮"，是发生在口腔黏膜上的浅表性溃疡，大小可从米粒至黄豆大小，呈圆形或椭圆形，溃疡面为凹，周围充血，可因刺激性食物引发疼痛，一般 1～2 周可以自愈。口腔溃疡诱因有局部创伤、精神紧张、食物、药物、激素水平改变及维生素或微量元素缺乏等。

各国流行病学调查显示，大约每 5 个人中就有 1 人至少发生过口腔溃疡，且不分男女、年龄和人种均可得口腔溃疡。口腔溃疡有一定的遗传性，如父母双方均患有复发性口腔溃疡，其子女有 80%～90% 患病；若双亲之一患此病，其子女有 50%～60% 患病。希腊文"阿弗他（aphtha）"的意思是灼痛，显而易见这病的一种表现就是灼痛。

二、病因

1. 患系统性疾病的患者易发生口腔溃疡，主要是通过影响免疫系统而致病。口腔溃疡与胃溃疡、十二指肠溃疡、溃疡性结肠炎、局限性肠炎、肝炎等有关。研究表明，30% ~ 48% 的口腔溃疡患者有消化道疾病，如腹胀、腹泻或便秘等情况，其中 9% 以上有消化道溃疡。

2. 如缺乏微量元素锌、铁，缺乏叶酸、维生素 B_{12} 以及营养不良等，可降低免疫功能，增加复发性口腔溃疡发病的可能性。

3. 遗传因素。

三、临床表现

1. 轻型口疮　好发于口腔黏膜角化差的部位，溃疡呈圆形或椭圆形，大小、数目不等，散在分布，边缘整齐，周边有红晕、疼痛。有自限性及复发史，愈后不留瘢痕。

2. 疱疹样口疮　溃疡小且数目可多达 20 个以上，分布较广泛，无成簇及融合现象。患者有疼痛及伴有头痛、低热等全身症状。愈后不留瘢痕。

3. 腺周口疮　好发于唇内侧及口角区黏膜。溃疡多单个发生且大而深，呈"弹坑"状，边缘隆起，底不平微硬，病程长，愈后可留瘢痕。

口腔溃疡可并发口臭、慢性咽炎、便秘、头痛、头晕、恶心、乏力、烦躁、发热、淋巴结肿大等全身症状。

四、诊断

1. 可以溃疡愈合时间区分，良性口腔溃疡一般数日至数周可以愈合，而恶性口腔溃疡则呈进行性发展，数月甚至年余不愈合。

2. 可以形态区分，良性口腔溃疡一般形态比较规则，呈圆、椭圆形或呈线条形，边缘整齐、清楚，与周围组织分界清，凹陷的基底部较平滑，摸上去柔软，疼痛明显。而恶性口腔溃疡形态多不规则，边界不清，边缘隆起呈凹凸不平状，溃疡底部不平，呈颗粒状，触之质硬韧，明显区别于正常黏膜，溃疡疼痛反而不甚明显。

3. 可以病程规律区分，良性口腔溃疡常常反复发生，有自限性；恶性口腔溃疡却无复发史，一旦发病，就迟迟不愈合。

五、治疗

对于口腔溃疡的治疗，以消除病因、增强体质、对症治疗为主，治疗方法应坚持局部治疗和全身治疗相结合。

1. 局部治疗　①含漱液：可以用 0.5% 甲硝唑含漱液或 1：5000 氯己定溶液。②含片：可以用溶菌酶含片、西地碘含片。③散剂：可以用冰硼散、青黛散、养阴生肌散、绿袍散等。④贴膜：贴于溃疡上有减轻疼痛、保护溃疡面、促进愈合的作用，如地塞米松贴片、复方庆大霉素贴膜等。

2. 全身治疗　可口服维生素 B_2、维生素 C、维生素 B_1、维生素 B_6 等，提高机体的自愈能力；在溃疡数目多时，可口服转移因子、胸腺素等调节免疫的药物。

治疗口腔溃疡时用药有以下几点要注意：①服用甲硝唑含漱液、氯己定含漱液漱口后至少需要 30 分钟后才可刷牙；服用甲硝唑含漱液时可能会出现食欲差、口腔异味、恶心、呕吐等不良反应，停药后可迅速恢复。②地塞米松贴片不宜频繁使用，频繁使用可引起局部组织萎缩，使由皮肤、黏膜等部位侵入的病原菌不能得到控制，引起继发的真菌感染。口腔内真菌感染者禁用地塞米松贴片。③西地碘有轻度刺激感，口含后偶见口干、胃部不适、头晕和耳鸣，对碘过敏者禁用。④氯己定含漱液偶可引起接触性皮炎，高浓度溶液有刺激性，可使牙齿着色，儿童和青少年偶可发生口腔无痛性浅表脱屑损害。

六、预防

1. 平时注意保持口腔清洁，常用淡盐水漱口；戒烟戒酒，生活起居有规律，保持充足的睡眠；饮食清淡，少食辛辣刺激性食物以减少口疮发生的机会。

2. 保持心情舒畅，乐观开朗。

3. 注意生活规律性和营养均衡性，养成一定排便习惯，防止便秘。

4. 平时长期用药者出现口腔溃疡时，应考虑是否是药物的原因，不能盲目地乱用治疗口腔溃疡的药。

第八节　口臭、上火

一、定义

口臭是指从口腔或其他充满空气的空腔，如鼻、鼻窦、咽中所散发的臭气。80% ~ 90% 的口臭来自口腔，如牙龈炎、牙周炎、龋齿等都可能导致口臭的发生。另外消化不良、便秘、上火的患者都可有不同程度的口臭。中医学认为上火与人体阴阳失衡、内火旺盛有关，即上火一般分为"实火"和"虚火"两类，实火多由于火热之邪内侵或嗜食辛辣所致；虚火多因内伤劳损所致，如久病精气耗损、劳伤过度等。

调查研究显示，全球 10% ~ 65% 的人曾患过口臭，严重影响人的心理和社会活动。引起口臭的原因复杂，研究表明不同疾病可引起不同气味的口臭，且呼出气体的成分也不同。

二、病因

引起口臭有以下原因。①饮食气息：进食某些食物，如大蒜、葱、韭菜、臭豆腐等食物本身具有特异性臭味，食用后残存于口腔内可发出相应的臭味，嗳气、呕吐、呃逆时，常将胃肠道内容物的气味传出体外。②异物腐败：残存在齿缝中的食物残渣经细菌作用腐烂而产生臭气。③组织坏死：人体组织主要由蛋白质构成，腐败分解后即产生硫化氢等臭气。④细菌滋生：口腔及呼吸道的一些细菌分解蛋白质、淀粉，产生大量细菌代谢产物，如吲哚、疏基及氨类等均可引起口臭。⑤血液所含物质：糖尿病酮症、尿毒症酸中毒时，血中酮、尿素成分增加，血液流经肺泡将所含的酮、分解的尿素等部分随气体散发体外，故患者口中可有丙酮气味或烂苹果气味。

上火的病因如下。①实火：过度食用让人"上火"的食物。②虚火：多因内伤劳损所致，如久病精气耗损、劳伤过度，可导致脏腑失调、虚弱而生内热、内热进而化虚火。

三、临床表现

口臭最明显的表现就是口腔异味，口臭的患者大多都上火，上火的临床表现如下：①实火表现为面红目赤、口唇干裂、口舌糜烂、咽喉肿痛、耳鸣耳聋、舌红苔黄。②虚火分为阴虚火旺和气虚火旺两类。阴虚火旺表现为潮热盗汗、形体消瘦、口燥咽干、五心烦热、舌红无苔；气虚火旺表现为全身低热、午前为甚、畏寒怕风，喜热怕冷，身倦无力，舌淡苔薄。

口臭会使患者不敢与人近距离交往，从而产生自卑心理，影响正常的人际、情感交流。口臭会影响人们的生活质量和社会交往，对人的社交及心理带来负面影响，可并一些心理疾病，如抑郁、焦虑等。上火会导致口腔溃疡、大便干燥以及便秘一系列并发症。

四、诊断

口臭一般根据患者口中发出异味，即可做出诊断，无须鉴别。上火鉴别诊断：①心火，分虚实两种，虚火表现为低热、盗汗、心烦、口干等；实火表现为反复口腔溃疡、口干、小便短赤、心烦易怒等。②肺火，主要表现为干咳无痰、痰中带血、咽疼音哑、潮热盗汗等。③胃火，分虚实两种，虚火表现为轻微干嗽、饮食量少、便秘、腹胀、舌红、少苔；实火表现为上腹不适、口干口苦、大便干硬。④肝火，表现为头痛、面红目赤、口干咽疼、胁肋疼痛、尿黄便秘，甚至吐血。⑤肾火，主要表现为头晕目眩、耳鸣耳聋、发脱齿摇、睡眠不安、五心烦热、形体消瘦、腰腿酸痛等。

五、治疗

1. 口臭治疗　找出病因，对症用药，针对由口腔问题引起的口臭可用含漱液清洁口腔，如复方氯己定含漱液、复方黄芩含漱液等。

2. 对于上火引起的口臭需要对证治疗　①实火一般多以肝胆胃肠实火多见，通常采用苦寒制火、清热解毒的药，如黄连上清丸、牛黄清胃丸、清热解毒口服液、牛黄解毒片等。②虚火多因内伤劳损所致，治疗通常也分为阴虚火旺和气虚火旺两种。阴虚火旺以生津养血、滋阴降火为原则，常用六味地黄丸、知柏地黄丸等；气虚火旺应以补中益气为主，常用的有补中益气丸等。

患者服用下火药时要注意以下几点：①泻火药中如牛黄解毒片，虽是清热解毒的中药，但体质虚寒或脾胃虚弱者，即平时手脚不温、大便稀溏的人多吃或是常吃会使上述症状加重，故慎用。②牛黄解毒丸含有雄黄，因雄黄含有砷，因此长期、过量服用易致砷中毒，使用时一定遵医嘱，不宜过长时间服用。③选用中药去火的患者一定不能把中药泻火药当做长期调理用药，一般使用3～7日，症状无改善或加重，应立即停药去医院就诊。④上火分为实火和虚火，所以在用药时一定不要盲目用去火药，盲目用药很可能造成"火上浇油"的局面，加重病情，因此用药一定要慎重。

六、预防

1. 特别注意口腔卫生，有口腔局部因素的可以进行全口腔治疗，清除口腔病灶，用一些漱口液。每日晨起、睡前和饭后认真地刷牙漱口，必要时用牙刷或洁净的毛巾轻柔地刷除舌苔。

2. 戒烟戒酒，饮食要相对清淡，避免吃生冷、刺激性、有臭味（如蒜、葱、韭菜、臭豆腐等）及不易消化的、油腻的（高蛋白、高脂肪）食物；进食时要细嚼慢咽，多喝水，多食蔬菜水果及豆类；生活作息规律，保持心情舒畅；多参加体育锻炼。

3. 要避免"上火"，首先要保持科学的生活规律，按时作息，定时定量进餐，不为赶时间放弃一顿，也不为一席佳肴而暴饮暴食。安排各种活动需适当而有节制，保证充足的睡眠，避免熬夜，以免过度疲劳、抵抗力下降。

4. 中医学认为，口臭属于胃肠道有"热"，因此主张口臭尽量少吃助热的温里散寒类食物，适量吃一些消热的清热类食物。

第九节　牙周炎

一、定义

牙周炎主要是是局部因素引起的牙周围组织的慢性炎症。发病年龄以 35 岁以后较多见。牙龈炎未能及时治疗，炎症可由牙龈向深层扩散到牙周膜、牙槽骨和牙骨质而发展为牙周炎。牙周炎由于早期多无明显自觉症状而易被忽视，待有症状时已较严重，甚至已不能保留牙齿。

牙周炎是人类最常见的感染性疾病之一，与全身健康有着密切关系。牙周疾病也是口腔最常见的疾病，危害牙周健康和口腔健康。调查结果显示，我国全民口腔病患病率高达 90% 以上，但就诊率只有 10%。5 岁儿童乳牙龋病的患病率高达 66.0%，更惊人的是其中 97% 都未经治疗；12 岁儿童恒牙龋病的患病率为 28.9%，89% 未经治疗。因而必须加强宣教，使患者早期就诊和及时治疗。失牙是未经治疗的牙周炎的最终结果。

二、病因

大多数牙周炎是由于牙齿和牙龈之间菌斑和结石长期堆积造成的，在牙齿和牙龈之间形成牙周袋，且向下扩散至牙根和牙槽骨之间。这些牙周袋聚积的菌斑造成一个厌氧环境，有助于厌氧菌生长。如果这种情况持续下去，最终因牙周袋附近的颌骨被破坏，而导致牙齿丧失。全身可与营养、代谢等有关。

三、临床表现

牙周炎早期症状不明显，患者常有继发性牙龈出血或口臭的表现，与牙龈炎相似，随着炎症的进一步扩散，还会出现下列症状：①牙周袋形成。由于炎症的扩散，牙周膜被破坏，牙槽骨逐渐吸收，牙龈与牙周分离，使龈沟加深而形成牙周袋。②牙周溢脓。牙周袋壁有溃疡及炎症性肉芽组织形成，袋内有脓性分泌物存留，故轻按牙龈，可见溢脓，并常有口臭。③牙齿松动。由于牙周组织被破坏，特别是牙槽骨吸收加重时支持牙齿力量不足，出现牙齿松动、移位等现象，此时患者常感咬合无力、钝痛、牙龈出血等。

牙周炎还常伴有以下症状：①可能发生牙周肿胀或多发性牙周脓肿。②咬合无力、钝痛、牙龈出血和口臭加重。③当机体抵抗力降低，牙周袋渗液引流不畅时，可引起牙周胀肿，此时牙龈呈卵圆形突起、发红肿胀、牙齿松动度增加、有叩痛，患者感局部剧烈疼痛，有时同时出现多个部位的脓肿，称为多发性牙周脓肿。此时患者可有体温升高、全身不适、颌下淋巴结肿大、压痛等症状。

四、诊断

1. 单纯性牙周炎早期应注意与边缘性龈炎鉴别。

2. 当出现牙周脓肿时应与牙槽脓肿相鉴别。牙槽脓肿又称根尖周脓肿，是根尖周病的一种类型，根尖周病是指发生于牙根周围组织的炎症性疾病，多继发于牙髓病。由各种因素引发的牙髓炎症如没能有效地治疗，炎症会从冠部牙髓向牙根方向扩展。当牙根内的感染通过根尖孔作用于牙根周围组织时，就导致根尖周炎。根尖周病早期只有不舒服、发木、渗出发胀感，此时再不治疗很快会发展到化脓期，即牙槽脓肿。

五、治疗

牙周炎的治疗包括一系列的综合治疗措施，为了巩固疗效、防止复发可以从以下几方面治疗。

1. 牙周炎溢脓时，可用1%~3%过氧化氢溶液冲洗，袋内置10%碘合剂或螺旋霉素、甲硝唑等药膜。

2. 牙周炎患者可以利用漱口液等药物抑制牙周致病菌，这是控制菌斑的一种途径，这类药物有复方黄芩含漱液、复方氯己定含漱液等。服用氯己定含漱液后，至少30分钟后方可漱口刷牙。

3. 牙周炎的治疗可以选用抗厌氧菌的抗菌药物，如奥硝唑、替硝唑、甲硝唑等。但甲硝唑类药对于厌氧菌的抑制有一定的作用，然而长期使用甲硝唑类药对于肾脏伤害很大，故肾功能不好的患者一定要慎用。

4. 牙周炎治疗也可联合清热解毒、消炎去火的药，常用的有牛黄上清丸、人工牛黄甲硝唑等。

六、预防

1. 保持良好的口腔卫生习惯，掌握正确的刷牙方法。刷牙时可将牙刷倾斜45°并压于牙面与牙龈之间。并且，刷毛需尽量进入龈沟和牙缝间，避免过于粗暴或重力的口腔清洁程序。

2. 牙周炎的治疗重点在增强全身抵抗力，并积极治疗与牙周炎有关的系统性疾病。发生牙周脓肿时，全身反应较重的患者，应口服相应的抗菌药控制感染，积极治疗，并注意休息。

3. 牙周炎患者经过治疗后，仍应终生自我维护牙周健康，定期进行专业维护，以防止牙周炎的复发。

4. 注意饮食营养。多吃青菜、水果、豆制品、牛奶、鱼、蛋类、粗粮、纤维多的食物，戒烟戒酒。

第十节　牙龈炎

一、定义

医学上将围绕并覆盖在牙齿周围的软组织称为牙龈，发生于牙龈组织的急慢性炎症称为牙龈炎，表现为牙龈出血、红肿，继续发展侵犯硬组织。由细菌感染、外物刺激以及食物嵌塞等均可引起牙龈炎，一般最常见的是以细菌感染为主。牙龈炎是一类严重影响人类口腔健康的主要疾病。牙龈炎对人体健康的损害极大，是中老年人失牙的主要原因。牙龈炎流行病学特点是流行较普遍，但不甚严重。牙龈炎指数及口腔卫生指数随年龄增加而升高，提示牙龈炎是一种慢性进行性疾病。

二、病因

牙龈炎的病因主要分为6个方面：①局部原因，菌斑刺激，包括细菌的酶和毒素是导致牙龈组织感染、产生炎症的主要原因；②全身因素，如维生素C缺乏等；③内分泌激素影响，如性激素等；④慢性系统性疾病；⑤药物、遗传基因等其他全身因素；⑥儿童牙床结构易使牙龈受细菌感染，外伤刺激易引起炎症以及儿童口腔卫生难以保持。

三、临床表现

1. 牙龈出血　为牙龈炎患者的主要症状，多在刷牙或咬硬物时发生。

2. 牙龈颜色改变　正常牙龈呈粉红色，患牙龈炎时牙龈变为深红或暗红，这是牙龈结缔组织内血管充血、增生所致。

3. 牙龈外形改变　在以炎症和渗出为主要病变的患者，牙龈松软肥大，表面光亮，龈缘有糜烂和渗出。

4. 牙龈质地改变　由于结缔组织内炎症浸润及胶原纤维消失，使牙龈变得松软脆弱，缺乏弹性。

5. 龈沟液增多　牙龈有炎症时，龈沟液渗出增多，其中白细胞明显增多，部分患者龈沟溢脓。

此外，牙龈炎还可并发胃溃疡、心脏病、脑卒中、肺炎等。

四、诊断

诊断牙龈炎的简单方法是观察牙龈的色泽、质地以及有无出血表现；正常牙龈呈粉红色，质地柔韧致密，表面存在点状色彩。如果牙龈呈暗红色，质地柔软肿胀，表面色彩消失，进食、刷牙、触碰时容易出血，此时即可作出牙龈炎的诊断。除上述体征外，部分患者存在牙龈发痒、发胀及口臭的自觉症状。

鉴别诊断：①早期牙周炎。具有牙龈炎症，可有真性牙周袋，附着丧失，能探到釉牙骨质界，牙槽嵴顶吸收或骨硬板消失。治疗后炎症可消失，病变静止，但已破坏的支持组织难以完全恢复正常。②血液病引起的牙龈出血、白血病、血小板减少性紫癜、血友病、再生障碍性贫血等血液系统疾病，均可引起牙龈出血，且易自发出血，出血量较多，不易止住。

五、治疗

牙龈炎的治疗重点的是防止复发，要持之以恒地保持好口腔卫生，同时配合药物治疗。

1. 对于炎症较重的患者，可配合局部药物治疗，常用的有1%过氧化氢、氯己定含漱液、金栀洁龈含漱液等。

2. 急性炎症还需配合使用抗生素。一般常用的有抗厌氧菌的甲硝唑、替硝唑，也可使用阿莫西林等。牙龈炎的患者使用甲硝唑期间，停药3日内禁止饮酒或服用含酒精的饮料，一旦发生眼结膜充血、视觉模糊、头晕、恶心等双硫仑样反应，要立即停药，送医院处理。

3. 中医认为胃热上行于齿，上火、面颊发热引起牙龈炎，可以选用清热泻火、解毒的中成药，如牛黄清胃丸、六神丸、清胃黄连丸等。

六、预防

1. 习惯早晚刷牙及使用牙线清洁牙缝，尤其是在睡前，可以清除牙菌膜，减少在睡觉时牙菌膜的积聚。每6个月~1年，定期去牙科医生处清洁牙齿，预防牙菌膜变成牙石，及清除在牙齿上已形成的牙石。

2. 牙龈炎患者还需要忌酒及辛辣食物，同时急躁、易怒也易诱发牙痛，导致牙龈炎。

3. 正确刷洗牙龈边缘可有效防治慢性牙龈炎，刷牙时不可忽略容易堆积牙垢的牙龈边缘，将牙刷倾斜45°角，由内向外刷，可防治牙龈炎。

4. 给牙齿补钙。牙骨疏松容易导致牙龈炎，可以多吃含有钙质的食物，来强化骨骼。

5. 戒烟、戒酒。烟和酒会导致保持口腔健康所需的维生素及矿物质流失，要想有健康的牙齿，必须戒烟和酒。

第十一节　急、慢性咽炎

一、定义

咽炎主要是指咽部黏膜、黏膜下及淋巴组织的弥漫性炎症，常伴有其他上呼吸道疾病，是人群中十分常见的一种咽部疾病。咽炎分为急性咽炎和慢性咽炎。急性咽炎反复发作或治疗不彻底，以及邻近器官病灶刺激，如鼻窦炎、扁桃体炎、气管炎等，可使急性咽炎发展为慢性咽炎。

近年来环境的改变、生活习性的不同、职业形态的多元化，让慢性咽炎的成因与治疗更趋复杂与难以捉摸。慢性咽炎是耳鼻咽喉科门诊最常见的疾病，病程长，易反复发作。患者反复咳、咯，使咽部充血、水肿逐渐加重，特别是在多次治疗后，症状得不到缓解时，患者非常痛苦，表现为烦躁不安、易怒、没有耐心、悲哀、焦虑，对治疗丧失信心；还有一些患者，出现恐惧、紧张。

二、病因

1. **外界因素**　如果生活地域气候寒冷、干燥，工作环境空气被粉尘、化学气体污染，或者咽喉长期受烟酒、辛辣食物的刺激，就易得咽炎。

2. **身体因素**　咽炎也可以是某些全身性疾病的局部表现，如贫血、消化不良、大便长期秘结、心脏病、支气管炎、哮喘、肝脏病变、糖尿病及慢性肾炎等。

3. **职业因素**　主要多发于嗓音工作者，如教师、演员等。因长期多语言和演唱，可刺激咽部，引起慢性充血而致病。

4. **病毒感染**　以柯萨奇病毒、腺病毒、副流感病毒为主。

5. **细菌感染**　以链球菌、葡萄球菌及肺炎链球菌多见，其中以 A 群乙型链球菌感染者最为严重，可导致远处器官的化脓性病变，称为急性脓毒性咽炎。

三、临床表现

1. **急性咽炎**　患者喉干痒有灼热感，轻度喉痛，迅速出现声音粗糙、嘶哑，并常伴有发热、干咳，或咳出少量黏液，且有呼吸困难，由以夜间明显，咽部红肿充血，颈部淋巴结肿大。严重者甚至引起水肿，常因水肿而阻塞咽喉，导致呼吸困难。

2. **慢性咽炎**　可见咽部不适、干燥、发痒、疼痛或有异物感，总想不断地清理嗓子；有时清晨起床后常会吐出微量稀痰，伴有声音嘶哑，往往说一会话便渐渐清晰，可有刺激性干咳、声音嘶哑，多在疲劳和使用声带后加重，但不发热。慢性咽炎病程长，反复发作，不易治愈。

本病可以并发慢性喉炎、慢性气管及支气管炎、肾炎、心脏病等；长期炎性分泌物被咽入胃中，可引起消化不良、食管炎、胃炎、肠炎；毒素吸收可造成头晕、头痛、疲乏、精力减退等全身反应。

四、诊断

慢性咽炎是咽喉部最常见的疾病。然而目前对慢性咽炎的诊断缺乏统一标准，随意性较强。慢性咽炎指咽黏膜、黏膜下及淋巴组织的弥漫性慢性炎症，分为单纯性、肥厚性、萎缩性。很多局部和全身性病变都可以出现咽喉部不适的症状，因此要仔细甄别，避免误诊和漏诊。慢性咽炎要与反流性咽喉炎、舌骨综合征、咽喉部占位性病变等相鉴别。

五、治疗

急性咽炎的治疗包括以下几方面：①急性咽炎局部可用含片，口含片多具有消炎、消毒防腐的作用。常用的含片有度米芬含片、西地碘含片、溶菌酶含片等。②急性咽炎也可使用复方硼砂含漱液、氯己定漱口液、甲硝唑含漱液等漱口；发病初期可用 1% 碘甘油或 2% 硝酸银涂擦咽壁，以助炎症消退。③对于发热较重者可口服解热镇痛药，如对乙酰氨基酚、布洛芬等。④对伴有感冒症状者可加用清热解毒的中药，如桑菊感冒片、板蓝根冲剂、银黄解毒口服液、双黄连等。⑤对于急性咽炎咽部肿胀、喉头水肿的严重感染的患者可用抗生素治疗。病毒感染者可用吗啉双呱、金刚烷胺等；细菌感染可用红霉素、罗红霉素、头孢菌素类等。

慢性咽炎的治疗以滋阴降火为主，口服含片缓解局部症状，可用咽炎含片、银黄含化滴丸、西地碘含片、铁笛片、片仔癀含片等。同时配合养阴清热、生津润燥的中成药，如清喉利咽颗粒、咽炎片、清咽丸、藏青果颗粒等。

六、预防

1. 避免过于劳累，应保证正常的休息时间，避免过于紧张、闷闷不乐、脾气急躁等。

2. 注意多适当运动，以避免使身体抗病力减弱，易受外界致病因素侵犯，使咽部炎症迁延不愈，病情加重。

3. 避免进食过快，因为食物未经细嚼就吞咽，粗糙食团使咽部负担加重，炎症难以消除，并容易被混杂在食物中的异物（如草棍、鱼刺）扎破黏膜，加重咽炎的症状。

4. 多吃一些含维生素 C 的水果、蔬菜，以及富含胶原蛋白和弹性蛋白的食物，如猪蹄、鱼、牛奶、豆类、动物肝脏、瘦肉等。早晚用淡盐水漱口，漱口后不妨再喝一杯淡盐水，为咽部杀菌、清洁和湿润，改善咽部的环境，预防细菌感染。

第十二节　扁桃体炎

一、定义

扁桃体炎是指咽部扁桃体发炎红肿、出现白色脓样分泌物，是咽部扁桃体发生急性或慢性炎症的一种疾病。本病多发于儿童及青年，为耳鼻喉科常见病，致病菌主要为乙型溶血性链球菌和葡萄球菌，可分为急性扁桃体炎和慢性扁桃体炎。本病以常见的流感病毒和腺病毒感染为主。本病的高发年龄是 1 岁以上的儿童。病毒感染无明显的季节性，有一定的传染性，可以造成一定的小流行。

二、病因

急性扁桃体炎主要为乙型溶血性链球菌引起，其次为葡萄球菌、肺炎链球菌、腺病毒等，也可为细菌及病毒混合感染。慢性扁桃体炎多由急性扁桃体发炎反复发作或因隐窝引流不畅，窝内细菌病毒滋生感染而演变成慢性炎症。当机体防御能力降低，存在于机体的病原体大量繁殖，或因外界病原体乘虚而入而诱发。急性传染病如猩红热、麻疹、流感、白喉等或鼻腔及鼻窦感染，也能诱发本病。

三、临床表现

扁桃体炎可分为急性和慢性扁桃体炎，急性扁桃体炎又分为急性卡他性扁桃体炎和急性化脓性扁桃体炎。其临床表现如下：①急性卡他性扁桃体炎，病变炎症仅限于表面黏膜，可有咽痛、低热、疲劳，扁桃体无明显肿大，表面无明显渗出物。②急性化脓性扁桃体炎，炎症从扁桃体隐窝开始，很快进入扁桃体实质，扁桃体明显肿大，有脓细胞、细菌等渗出物。发病急，患者有全身症状，发热、畏寒，两侧下颌角淋巴结肿大。③慢性扁桃体炎，局部无明显自觉症状，时有咽干、异物感、发痒等，常有急性发作史。儿童扁桃体过度肥大可影响呼吸和吞咽，可有鼻塞和打鼾等现象。

本病局部并发症有急性中耳炎、鼻炎、鼻窦炎、咽炎、颈淋巴结炎、扁桃体周围脓肿等；全身并发症常见的有风湿病、急性肾小球肾炎、败血症、关节炎、皮肤疾患（如银屑病）、心肌炎、支气管哮喘等。

四、诊断

急性扁桃体炎多具有典型临床表现，不难诊断，但应与白喉、樊尚咽峡炎、白血病及猩红热等鉴别。慢性扁桃体炎目前尚无满意的客观诊断方法，主要根据反复急性发作的病史，再结合检查可见扁桃体及舌腭弓慢性充血，扁桃体小窝口有黄白色栓塞物，压挤舌腭弓有脓性物自小窝口排出，扁桃体肥大或缩小，表面有瘢痕及粘连等，即可诊断。慢性扁桃体炎应与扁桃体生理性肥大（多见于儿童及青少年，无自觉症状及反复急性发作史）、扁桃体角化症、扁桃体肿瘤等鉴别。

五、治疗

1. 急性扁桃体炎　①因本病多为链球菌感染，因此首选β-内酰胺类抗生素，如阿莫西林、头孢氨苄、头孢克洛等。对青霉素过敏者可选红霉素、林可霉素等。一定要注意经过2~3日治疗后病情无好转，应考虑是否是病毒或其他细菌感染，可改用抗病毒药或磺胺类药。②局部用药可选用复方氯己定含漱液、复方黄芩含漱液、金栀洁龈含漱液。③内服疏风清热、消肿解毒的中成药，如银黄胶囊、蒲地兰消炎片、穿心莲内酯滴丸等。

2. 慢性扁桃体炎　①全身治疗可适当选用抗生素如阿莫西林、头孢氨苄等。或者选用中药六神丸、穿心莲片、蒲地兰等。②局部治疗可用1%~2%碘甘油、10%鞣酸甘油涂于扁桃体表面，也可用西地碘含片、银黄含片等。③慢性扁桃体炎也要结合免疫疗法，增强体质和抗病能力，可服用转移因子、胸腺素等，也可加服蛋白质粉、维生素C等3~6个月。

治疗扁桃体炎时要注意，一定要按时服药，直至痊愈，不能症状一好转就停药，否则易产生耐药细菌导致疾病迁延不愈，继而诱发其他疾病。

六、预防

1. 扁桃体炎的患者应养成良好的生活习惯，保证充足的睡眠时间，随天气变化及时增减衣服，去除室内潮湿的空气。对于患病儿童，应养成不挑食、不过食的良好习惯。

2. 流质或半流质，戒除烟酒是预防慢性扁桃体发炎的重要一点。

3. 治疗期间除使用药物外，必须重视全身治疗。若为急性期不要轻视休息及其他辅助疗法。慢性期应坚持锻炼、劳逸结合、饮食卫生，生活规律，养成良好的生活习惯。

第十三节 鼻 炎

一、定义

鼻炎即鼻腔炎性疾病，是病毒、细菌、变应原各种理化因子以及某些全身性疾病引起的鼻腔黏膜炎症。鼻炎的主要病理改变是鼻腔黏膜充血、肿胀、渗出、增生、萎缩或坏死等。近年来，变应性鼻炎的发病率在全球范围内呈现逐渐增加的趋势，在我国的大中城市中，其发病率也在不断升高。鼻炎成为危害公众健康的一个大问题。生活方式不同，发病率也不同，一般白领及工人发病率较高，农民发病率较低。

二、病因

常见病因有病毒感染、遗传因素、鼻黏膜易感性、抗原物质、淋雨、过度疲劳等，鼻腔排毒功能降低等。

三、临床表现

鼻炎一般分为急性鼻炎、慢性鼻炎、变应性鼻炎，急性鼻炎、慢性鼻炎的临床表现如下：

1. 急性鼻炎　初期鼻内有灼热感及痒感，随即出现鼻塞、水样鼻涕、嗅觉减退及闭塞音。症状加重继发感染后，鼻涕变为黏液性，进而呈脓性。有全身症状如发热、全身不适、倦怠和头痛等。

2. 慢性鼻炎　①慢性单纯性鼻炎，鼻塞特点为间歇性，在白天、天热劳动或运动时症状减轻；而夜间、静坐或寒冷时加重。黏液涕，继发感染时为脓性涕。②慢性肥厚性鼻炎，单侧或双侧持续性鼻塞，无交替性。黏液性或黏脓性鼻涕，不易擤出。③萎缩性鼻炎，以鼻黏膜萎缩或退行性病变为特征，鼻腔变大并存有黄绿色脓性分泌物，有特殊臭味，可出现鼻咽部干燥、鼻塞鼻出血等症状。

有时并发鼻窦炎、鼻息肉；慢性鼻塞常明显，且可发展为咽鼓管阻塞，其结果为听力减退，儿童尤为普遍。

四、诊断

鼻炎应与感冒相鉴别：①首先感冒具有较强的传染性，所以多数为群发，如家庭、学校、工作环境等；鼻炎不传染，但可以遗传。②感冒引起的打喷嚏、流鼻涕和鼻塞等鼻部症状往往是持续性的，会持续几日，随感冒的控制，症状逐步减轻，最后缓解；而鼻炎发作则呈阵发性。鼻炎一般不会伴有发热，而感冒通常是伴有发烧的。③鼻炎引起的喷嚏频频，而感冒时喷嚏较少，鼻痒不明显。④感冒时全身症状较重，如发冷、发热、四肢无力、肌痛、头痛、咽痛、胃肠道不适等，而鼻炎仅仅表现为鼻部症状或伴发哮喘或皮肤过敏。⑤感冒的病程较短，通常 1~2 周即可；而慢性鼻炎则病程较长，常年反复发作。

急性鼻炎以对症治疗为主，同时预防并发症。慢性鼻炎应根除病因，恢复鼻腔通气功能。

1. 全身治疗　①合并细菌感染时可选择抗生素治疗，可选青霉素类、头孢菌素、大环内酯类。常用药物有阿莫西林、头孢克洛、罗红霉素等。②萎缩性鼻炎可加多种维生素，以保护黏膜上皮，增加结缔组织抗感染能力。③鼻炎治疗中常会用到中成药，可选择具有散风消炎、宣通鼻窍的药物，如鼻炎康片、辛芳鼻炎胶囊、千柏鼻炎片、鼻炎宁颗粒等。

2. 局部治疗　① 0.9% 生理盐水冲洗鼻腔，以清洁鼻腔、祛除脓痂和臭味。②滴鼻剂可选麻黄碱或盐酸羟甲唑啉滴鼻剂，此类药物可减轻充血，缓解鼻塞症状。③也可用糖皮质激素类喷鼻药，如布地奈德鼻喷雾剂等。

鼻炎患者使用鼻内充血药如盐酸羟甲唑啉鼻喷雾剂等，连续应用不宜超过 7 日，若需要继续使用则需间断 3～5 日；长期应用麻黄碱滴鼻液可损害鼻黏膜纤毛结构，应尽量避免使用，如不得不用，应少量间断使用。

六、预防

1. 多运动，进行体育运动提高免疫力。夏季可以游泳，可以训练身体适应冷水、湿度和温度，提高肺活量。

2. 少食辛、辣、炸、炒之属热性之品，如辣椒、生姜、油条、烧饼、饼干、快餐面等。同时海鲜及冰冻鱼、鱿鱼、虾米等咸海产品容易刺激诱发炎症，这类食品最好不食。

3. 饮食多样化。多食含维生素较多的蔬菜、水果，如苹果、新鲜蔬菜、菠菜、胡萝卜等。

4. 平时鼻局部及颜面部可用热水热敷或用电吹风局部加温，使局部的血液循环改善，以达到治疗的目的。

5. 很多鼻炎患者都是由于没有坚持按时按量使用药物，往往很多患者都是稍微见效，就擅自停药使得鼻炎反复发作，因此治疗鼻炎时一定要坚持按时按量用药，确保鼻炎的治愈。

第十四节　变应性鼻炎

一、定义

变应性鼻炎又称过敏性鼻炎，是指特应性个体接触变应原后，IgE 介质（主要是组胺）释放，并有多种免疫活性细胞和细胞因子等参与的鼻黏膜非感染性炎性疾病。其发生必要条件有 3 个：①特异性抗原，即引起机体免疫反应的物质。②特应性个体，即个体差异、过敏体质。③特异性抗原与特应性个体两者相遇。变应性鼻炎是一个全球性健康问题，可导致很多疾病。

变应性鼻炎患病率为 10%～25%，已经成为一个被广泛重视的全球性的重要健康问题，研究表明变应性鼻炎是一种具有遗传学特征的疾病。本病发病率在近 20 年有显著增加趋热，在发达国家尤为严重。发病年龄以青壮年为主，但现在发现儿童患者也较常见。虽然发病率在性别上无显著差异，但女性激素可加重变态反应。这种全球性的过敏性鼻炎发病率的上升，特别是近几十年的急剧上升趋势已经不能用人类遗传基因的某些易感性的改变来解释。

二、病因

主要病因有遗传因素、内分泌因素、自主神经因素、花粉动物皮屑、真菌变应原、食物变应原等。

三、临床表现

变应性鼻炎的典型症状主要有：①打喷嚏，每日数次阵发性发作，每次多于 3 个，多在晨起或者夜晚，或接触变应原后立刻发作。②清涕。大量清水样鼻涕，有时可不自觉从鼻孔滴下。③鼻塞。间歇或持续，单侧或双侧，轻重不一。④鼻痒。大多数患者鼻内发痒，花粉症患者可伴眼痒、耳痒和咽痒。

并发症主要有鼻出血、变态反应性鼻窦炎、咽喉炎、支气管哮喘、分泌性中耳炎。

四、诊断

变应性鼻炎的诊断检查：①多有过敏史或家族史。②致病变应原皮试、变应原体外试验或鼻黏膜、球结膜攻击试验阳性。③鼻分泌物细胞学检查正常情况下，鼻分泌物中只有少量上皮细胞和淋巴细胞。变态反应性鼻炎时，鼻分泌物中可出现较多嗜酸性粒细胞、嗜碱性粒细胞和杯状细胞。鼻黏膜表面刮取物中尚可见到较多的肥大细胞。④2‰毛果芸香碱鼻腔分泌反应试验亢进。⑤鼻分泌物涂片检查见大量嗜酸性粒细胞；若见肥大细胞者，为食物过敏。⑥鼻分泌物及血清 IgE 升高，IgA、IgG 多为降低，亦可正常或升高。此外，要与以下疾病加以鉴别：血管运动型鼻炎、嗜酸性粒细胞增多性鼻炎、超反射性鼻炎、萎缩性鼻炎。

五、治疗

首先要避免接触变应原，同时配合药物治疗。

1. 变应性鼻炎首选抗组胺药，常用的有西替利嗪、氯雷他定、依巴斯汀、非索非那定等。

2. 鼻用糖皮质激素可有效缓解鼻塞、流涕等症状，常用的有布地奈德鼻喷雾剂、丙酸氟替卡松鼻喷雾剂、糠酸莫米松鼻喷雾剂等。使用糖皮质激素最好短程应用，且适应证主要为单独使用其他抗过敏药疗效差时，不主张口服，一般只用于鼻喷雾剂。如若长期使用应定期检查鼻黏膜以及鼻咽部有否干燥、结痂、溃疡、并发真菌感染及鼻中隔穿孔。

3. 白三烯受体拮抗药可缓解患者的鼻塞症状，代表药有孟鲁司特钠等。

4. 肥大细胞稳定药主要有色甘酸钠喷雾剂和富马酸酮替芬片。这类药物用于过敏性鼻炎治疗效果并不明显，一般用作预防复发。在过敏性鼻炎高发期，特别是患过敏性鼻炎合并哮喘者，可提前几天预防性服用酮替芬片，或在外出时随身携带色甘酸钠喷雾剂，遇有鼻不适时立即喷鼻。一旦过敏性鼻炎发作，这类药物无效，不要继续使用。

5. 变应性鼻炎患者也可口服一些消炎清热、通窍止痛的中成药，如胆香鼻炎片、鼻舒适片、鼻炎康、通窍鼻炎片等。

六、预防

1. 变应性鼻炎的最根本保健措施是了解引起自己过敏性的物质，即变应原，并尽量避免。当症状主要发生在户外，应尽可能限制户外活动，尤其是接触花草或者腐烂的树叶，以及柳絮，外出时可以带口罩。

2. 卧室内使用无致敏作用的床单及被褥，如使用密闭良好的床垫及枕头，及柔韧性较好的床单和枕巾等，并每周用热水清洗床单枕巾；并注意不要在户外晒被和床单，因为真菌和花粉可以黏到被子上。

3. 忌食生冷辛辣的食物。中医认为，本病是由于肺、脾、肾三脏气虚，加上外感风寒侵袭鼻窍所致。而生冷辛辣的食物（如生冷瓜果、凉水、凉菜等）最易损伤肺脾阳气，加重虚寒症状。

4. 平时注意多吃补益肺气之物，如燕窝、木耳、银耳、柿饼、花生、核桃、百合、松子等。

5. 加强锻炼，增强体质，提高免疫力。

第十五节　急、慢性鼻窦炎

一、定义

急性鼻窦炎是鼻窦黏膜的一种急性化脓性炎症，常继发于急性鼻炎。多由上呼吸道感染引起，细菌与病毒感染可同时并发。慢性鼻窦炎是鼻窦病中最常见的疾病。常为急性鼻窦炎未彻底治愈或反复发作而形成。牙源性上颌窦炎及部分筛窦炎也可以变成慢性鼻窦炎。

急、慢性鼻窦炎是最为常见的感染性鼻炎。每年有上百万人患病，其常见的致病病原体是鼻病毒、流感及副流感病毒，还有肺炎链球菌、流感嗜血杆菌等致病菌。所有人群均易发生急性鼻炎，低龄、年老体弱者更多见。

二、病因

1. 全身抵抗力降低　如过度疲劳、受凉受湿、营养不良、维生素缺乏，以及生活环境不良而致本病。

2. 变态反应体质　全身性疾病如贫血、内分泌功能不足（如甲状腺、脑垂体和性腺等功能减退），急性传染病如流感、麻疹、猩红热、白喉等均可诱发本病。

3. 鼻腔的一些疾病　如鼻中隔偏曲、中鼻甲肥大、鼻息肉、变应性鼻炎、鼻腔异物或鼻腔肿瘤，也可引起鼻窦炎。

4. 邻近病灶　如扁桃体炎或腺样体肥大、上颌第二双尖牙及第一、第二磨牙根部的感染，拔牙时损伤上颌窦壁或龋齿残根坠入上颌窦内等也可导致鼻窦炎。

5. 其他　如鼻窦外伤骨折；游泳时跳水姿势不当（如取立式跳水），或潜水与游泳后擤鼻不当，污水进入鼻窦内；鼻腔内填塞物滞留时间过久；高空飞行迅速下降，窦腔与外界形成相对的负压，将鼻腔分泌物吸入鼻窦等也能造成发病。

三、临床表现

1. 急性鼻窦炎多继发于急性鼻窦炎，常见症状既有全身症状，又有局部症状。①全身症状常表现为畏寒、发热、食欲不振，周身不适。②局部症状常有持续性鼻塞、鼻腔内有大量脓涕或黏脓涕、头痛或头局部疼痛等。③多可出现一侧持续性，偶可发生双侧持续性鼻塞。

2. 慢性鼻窦炎全身症状轻重不等，有时则无，有时可引起精神不振，易困倦，头昏，记忆力减退，注意力不集中等；局部症状较常见的有流脓涕、鼻塞、头痛、嗅觉减退或消失、视功能障碍等。

本病眼部并发症：眶骨壁骨炎、骨膜炎，眶壁骨膜下脓肿，眶内蜂窝织炎，眶内脓肿，球后视神经炎。颅内并发症：硬脑膜外脓肿，硬脑膜下脓肿，化脓性脑膜炎，脑脓肿，海绵窦血栓性静脉炎。

四、诊断

1. 慢性鼻炎　慢性鼻炎流鼻涕不呈绿脓性，亦无臭味，故观察鼻涕的性质是鉴别关键；拍摄 X 线片检查鉴别可准确无误，慢性鼻炎病变局限于鼻腔，而慢性鼻窦炎则鼻窦内可见有炎性病变。

2. 神经性头痛　有些患神经性头痛的患者可长年头痛，反复发作，往往误认为有鼻窦炎，但这种患者基本没有鼻部症状，故从表现及拍 X 线片即可加以鉴别。

五、治疗

鼻窦炎治疗首选药物祛除病因，解除鼻腔鼻窦通气引流障碍，控制感染防止转为慢性鼻窦炎。

1. 全身治疗　①鼻窦炎治疗要采用足够的抗生素控制感染，因鼻窦炎多为球菌感染，以青霉素、头孢菌素类为首选，常用药物有头孢克洛、阿莫西林等。明确是厌氧菌感染者应同时加用甲硝唑、替硝唑等。②使用黏液促排药，改善分泌物性状并使之排出，代表药有桉柠蒎肠溶胶囊、仙璐贝滴剂、盐酸氨溴索等。③抗组胺药可明显减轻喷嚏、流涕、鼻塞的症状，常用药物有氯雷他定、左西替利嗪等。④慢性鼻窦炎患者可以选用散风清热、芳香通窍的中成药，如胆香鼻炎片、千柏鼻炎片、通窍鼻炎片等。

2. 局部治疗　鼻窦炎可局部应用血管收缩药和激素，常用的有呋麻滴鼻液、布地奈德鼻喷雾剂等。

治疗鼻窦炎时要注意：①急性鼻窦炎病程 1 周后，症状无缓解时，可行上颌窦穿刺术，冲洗后可向窦腔内注入适量抗生素。②使用呋麻滴鼻液时切不可使用过久，以免引起药物性鼻炎，一般应用以 7～10 日为宜。③血管收缩药能收缩鼻腔肿胀的黏膜，以利鼻窦引流，但血管收缩药不宜长期使用，会引起继发性药物性鼻炎。

六、预防

1. 平时注意鼻腔卫生，养成早晚洗鼻的良好卫生习惯。

2. 注意擤涕方法。鼻塞多涕者，宜按塞一侧鼻孔，稍稍用力外擤，之后交替而擤。鼻涕过浓时以盐水洗鼻，避免伤及鼻黏膜。

3. 游泳时姿势要正确，尽量做到头部露出水面。

4. 急性发作时，多加休息。卧室应明亮，保持室内空气流通。但要避免直接吹风及阳光直射。生理盐水洗鼻。现在有很多专业的清洗鼻腔的装置，用调配好的生理盐水冲洗鼻腔，缓解敏感的鼻腔黏膜，冲洗鼻腔环境，有助于鼻黏膜修复。

5. 坚持喝热饮，减少室内外温差。过大的温差是鼻炎加重的一大诱因，尤其是过敏性鼻炎，在夏秋交接或者是冬春交接之时，发作起来比较严重。

6. 多吃蔬菜水果，多锻炼身体。水果蔬菜含有丰富的维生素，配合锻炼身体增强机体的抵抗能力，增加免疫力，可以免受感冒病毒的侵袭，减轻鼻炎发作。

第十六节 中耳炎

一、定义

中耳炎是累及中耳（包括咽鼓管、鼓室、鼓窦）全部或部分结构的炎性病变，好发于儿童，可分为非化脓性及化脓性中耳炎两大类。非化脓性包括分泌性中耳炎、气压损伤性中耳炎。化脓性中耳炎又有急性和慢性之分。中耳炎小儿占绝大多数，在门诊多见。据本病流行病学调查，10岁以下小儿多见，2~3岁发病率最高，随着年龄的增长发病率有所降低。

二、病因

中耳炎是中耳部位受到细菌或病毒感染所造成的，累及中耳（包括咽鼓管、鼓室、鼓窦及乳突气房）全部或部分结构的炎性疾病，主要致病菌为肺炎链球菌、流感嗜血杆菌、乙型溶血性链球菌、葡萄球菌等。尤其好发于儿童。致病菌侵入中耳途径有3条，经咽鼓管、外耳道或原发中耳，由咽鼓管途径感冒导致感染最多见。慢性中耳炎常由鼻咽的慢性病灶和急性中耳炎延误治疗迁延引起。

三、临床表现

1. 急性化脓性中耳炎　耳痛、流脓；小儿有全身症状，如发热、呕吐等。

2. 慢性化脓性中耳炎　①全身症状轻重不一，可有怕冷、发热、乏力，小儿常伴呕吐、腹泻。②耳痛，耳深部疼痛，逐渐加重。③耳流脓是本病的主要症状。④听力减退及耳鸣。

3. 分泌性中耳炎　耳聋、耳痛及耳内闷胀，耳鸣多为低音调"轰轰"样耳鸣，打哈欠时可闻及气过水声。

4. 气压性中耳炎　耳内堵塞感、耳鸣、耳痛、听力下降、眩晕。

本病常并发如下疾病：①各种脓肿，如耳后骨膜下脓肿、颞肌下脓肿、外耳道后壁脓肿等，出现脓肿后，在局部可摸到很软的包块，红肿、疼痛剧烈，并有高热。如果处理不及时，脓肿向颈部扩散，引起颈部转动时疼痛，严重时会破坏颈部大血管，导致死亡。②面瘫，面神经距中耳腔很近，若受到损伤，就会引起口眼㖞斜。③迷路炎，如果炎症向内侵犯，进入内耳会引起迷路炎，导致眩晕和恶心、呕吐等。

四、诊断

分泌性中耳炎要与急性中耳炎鉴别；用鼓室图证实分泌性中耳炎的诊断，临床应监测分泌性中耳炎的侧别、持续时间，是否存在合并的症状和严重程度。

五、治疗

中耳炎的治疗主要是控制感染、通畅引流、清除病灶，消除病因。治疗可分为局部治疗和全身治疗。

1. 局部治疗 可用1%～3%过氧化氢或硼酸溶液清洗，用棉签拭净，再滴入消炎的滴耳液，如氧氟沙星滴耳液、洛美沙星滴耳液等。

2. 全身治疗 急性化脓性中耳炎应及时尽早使用抗生素，控制感染、加速炎症的消退，一般可选头孢羟氨苄、阿莫西林等。对青霉素过敏可选大环内酯类抗生素，如罗红霉素、阿奇霉素等。

在治疗中耳炎时要注意：①长期使用抗生素可引起局部菌群失调，因此抗生素滴耳液使用不宜超过7日，以免产生耐药性和二重感染。②氧氟沙星滴耳液适用于中耳炎局限在中耳。黏膜部位的局部治疗，若炎症已浸及鼓室周围，除局部用药外，还应同时服用抗生素。③中耳炎有鼓膜穿孔者，滴药后可用手指按压耳屏促使药液经鼓膜进入中耳，以增强药效。部分药液可经咽鼓管流至鼻炎腔，这是正常现象。④用药前先清洗外耳道和中耳腔内的脓液，可用1%～3%的过氧化氢溶液清洗，后用棉签等拭净。

六、预防

1. 擤鼻涕方法不正确也可导致中耳炎。有的人擤鼻涕时往往用两手指捏住两侧鼻翼，用力将鼻涕擤出。这种擤鼻涕的方法不但不能完全擤出鼻涕而且很危险，鼻涕中含有大量的病毒和细菌，如果两侧鼻孔都捏住用力擤，则压力迫使鼻涕向鼻后孔挤出，到达咽鼓管引发中耳炎。

2. 游泳时应避免将水咽入口中，以免水通过鼻咽部而进入中耳引发中耳炎。外伤所致的鼓膜穿孔禁止滴任何水样液体，以免影响创口的愈合，可用消毒棉球堵塞外耳道以免感染诱发中耳炎。

3. 如果婴幼儿仰卧位吃奶，由于咽鼓管比较平直，且管腔较短、内径较宽，奶汁可经咽鼓管呛入中耳引发中耳炎。因此母亲给孩子喂奶时应取坐位，把婴儿抱起呈斜位，头部竖直吸吮奶汁。

4. 加强身体锻炼，防止感冒，进行卫生教育，提高家长及教师对本病的认识，对10岁以下儿童定期行筛选性声导抗检测，积极治疗鼻、咽部疾病。

第十七节 耳鸣、耳聋

一、定义

耳鸣是指患者自觉耳内鸣响，如闻蝉声或如潮声，它可发生于单侧也可发生于双侧；耳聋是指不同程度的听觉减退，甚至消失。耳鸣可伴耳聋，耳聋亦可由耳鸣发展而来，两者临床表现和伴发症虽不同，但在病因病机上有许多相似之处，均与肾脏有密切关系。

根据调查，耳鸣患病率为 17.8%，其中 49.1% 的患者偶有耳鸣。耳鸣严重影响患者生活、睡眠、精力集中、工作能力和社交活动。65 岁以上 33% 的人有过耳鸣。据此保守估计，中国分别有 10% 的人体验过耳鸣，5% 耳鸣者寻求医药治疗，2% 的患者因耳鸣严重影响生活、工作。随着饮食习惯的变化等因素引起心血管系统疾病的增加、人口老龄化以及工业、环境噪声的增加，耳鸣的发病率逐年升高，严重影响人们的生存质量。因此，耳鸣已经成为临床迫切需要解决的难题。临床流行病学调查表明，不同程度耳聋患者占全球总人口的 7% ~ 10%，其中因聋致残者约 1.5 亿。我国全国残疾人抽样调查的听力语言残疾者为 2780 万人，占全部残疾人总数的 27%，而 7 岁以下聋哑儿童约 80 万人。

二、病因

耳鸣的病因：①过度疲劳及睡眠不足。②耳部疾病引起的耳鸣。③有全身病者，如原发性高血压、糖尿病、贫血、营养不良或偏食，都可引起耳鸣。④因为用了耳毒性药物如庆大霉素、链霉素或卡那霉素等出现耳鸣。

耳聋的病因：①听觉系统的衰老是组织衰老的结果，细胞的衰老可能与细胞中存积的代谢废物影响细胞的活动有关。②遗传因素在听觉器官的衰老中起了重要的作用，老年性耳聋的发病年龄和发病速度在很大程度上与遗传因素有关。③耳聋与个体所遭受的外在环境因素的综合影响有关，如微弱的血管病变、噪声、感染、耳毒性药物及化学试剂引起的轻微损伤。④疾病因素，因全身慢性疾病导致耳蜗神经血管功能障碍或耳蜗的直接损害所致。常见疾病为糖尿病、甲状腺疾病、肾病、循环系统和血液系统病变、免疫性疾病、营养不良（如维生素 A、B 缺乏）、烟酸缺乏、脚气病等。

三、临床表现

1. 耳鸣 可急性起病，亦可慢性起病；可单侧亦可双侧；可呈持续性也可间歇性；耳鸣的音调可呈高音调（如蝉鸣、汽笛声、口哨声），亦可呈低音调（如机器声、隆隆声），一般在夜间或安静时加重。

2. 耳聋 轻者听音不清，重者完全失聪。突发性耳聋以单侧多见，常伴有耳鸣及眩晕，少数亦有双侧同时发生者。缓慢发生的渐近性耳聋多为双侧，部分耳聋可呈波动性听力下降。

严重耳聋耳鸣可使患者心态失衡、内分泌失调、免疫力低下，易诱发其他疾病。久鸣必聋，多数情况为渐进性听力下降，高频听力尤甚。一旦患有耳鸣，可使患者出现一系列精神和心理障碍，如可造成患者失眠、健忘、性格改变、忧虑症、抑郁症等。耳聋为多种原因引起的疾病，如不进行积极治疗，最终会导致语言能力丧失。

四、诊断

1. 耳鸣的诊断 让患者来形容其听到的声音，包括声音的出现、模式、音高、位置和密度；是否有其他伴随症状，如眩晕、头痛或听力下降。其次，询问患者的既往病史，包括完整的药物史。用耳镜检查患者的耳朵，检查鼓膜。若要检查听力丧失，用 Weber 和 Rinne 音叉试验，听诊可闻及颈部的杂音，然后压缩颈内静脉或颈动脉来检查是否会对耳鸣造成影响。最后，检查鼻咽部是否有肿块，其可能引起耳咽管功能失调和耳鸣。

2. 耳聋的诊断　①鼓膜：无特征性改变，有老年人的共同特点，如鼓膜混浊、钙化、萎缩、内陷。②纯音听力检查：呈感音神经性聋，部分患者因鼓膜听骨链僵硬呈混合性聋，但以感音神经性聋为主。听力曲线有陡降型、缓降型和平坦型 3 种类型。③阈上功能检查：重振试验多为阳性；短增量敏感指数正常或轻度增高；言语识别率多降低，与纯音听力下降程度多不一致。

五、治疗

耳鸣耳聋的药物治疗大致相同，常用以下几种药物：①血管扩张药，能降低血液黏度，改善内耳血供，这类药物常用的有烟酸、氟桂利嗪、银杏叶提取物等。②神经营养药，常用于治疗耳鸣，特别是针对耳蜗早期病变的耳鸣，代表药物有 B 族维生素、甲钴胺、注射用神经生长因子等。③根据中医辨证分型可适当选择中成药，如耳聋左慈丸、耳聋通窍丸、耳聋丸等。

六、预防

1. 严格掌握用药适应证，杜绝滥用，绝不多用。避免联合应用 2 种以上耳毒性药物。预防性治疗，如同时服用泛酸钙、B 族维生素。用药期间加强听觉监控，如有中毒迹象，立即停药。

2. 养成良好的生活习惯，不良的生活习惯如劳累、通宵不睡觉、紧张、吸烟、喝酒等对听觉有很大的影响，比如吸烟可导致血管痉挛，影响内耳血液供应而出现功能障碍。

3. 重视先天性耳聋的预防，加强遗传学研究，采取优生措施。

4. 加强妊娠期妇女的保健工作，避免病毒感染、梅毒感染，防止滥用耳毒性抗生素。

5. 控制和治疗可能致聋的各种传染病，如流行性脑脊髓膜炎、麻疹、腮腺炎、伤寒、猩红热、疟疾等。

6. 对聋童的外耳道畸形及中耳畸形于合适的时期施行手术治疗，以增进听力，提供模仿与学习语言的必要听力。

第三十六章　病毒性疾病

第一节　乙型病毒性肝炎

一、定义

乙型病毒性肝炎（简称乙肝）又称血清性肝炎、乙型肝炎，是由乙型肝炎病毒（HBV）引起的传染病。通过血液与体液传播，具有慢性携带性。因其可能通过性生活传播，国际上将其列入性传播疾病。乙肝在中国流行广泛，人群感染率高，在某些地区感染率达 35% 以上。乙肝临床表现多样化，易发展为慢性肝炎和肝硬化，少数患者可转变为原发性肝癌。主要治疗方法是抗病毒治疗。

乙肝感染呈世界性流行，但不同地区乙肝感染的流行强度差异很大。据世界卫生组织报道，全球约 20 亿人曾感染过乙肝，其中 3.5 亿人为慢性乙肝感染者，每年约有 100 万人死于乙肝感染所致的肝衰竭、肝硬化和原发性肝细胞癌。我国属乙肝感染高流行区，一般人群的 HBsAg 阳性率为 9.09%。接种与未接种乙型肝炎疫苗人群的 HBsAg 阳性率分别为 4.51% 和 9.51%。据此推算，我国现有的慢性 HBV 感染者约 9300 万人，其中慢性乙型肝炎患者有 2000 多万例。

二、病因

1. 性接触传播　个体在与乙肝患者或乙型肝炎病毒携带者进行性接触或生活密切接触时可通过男性的精液、女性的阴道分泌物引起感染。

2. 医源性传播　由医疗过程中各种未经消毒或消毒不彻底的注射器、针头等引起感染，或因拔牙用具及其他创伤性医疗器具消毒不严格而导致感染。另外，吸毒者因共用污染的针头和注射器也可能会导致感染。

3. 母婴传播　患急性乙肝和乙型肝炎病毒表面抗原阳性的育龄妇女，通过妊娠和分娩将乙肝病毒传给新生儿。

4. 血液传播　经血液或血制品传播乙型肝炎病毒。在发达国家献血后的血液都要检查肝炎病毒，因此在这些地区通过受血感染肝炎的可能性几乎为零。

三、临床表现

本病潜伏期为 6 周~6 个月，一般为 3 个月。从肝炎病毒入侵到临床出现最初症状以前，这段时期称为潜伏期。潜伏期随病原体的种类、数量、毒力、人体免疫状态而长短不一。

1. 全身表现　患者常感身体乏力，容易疲劳，可伴轻度发热等。失眠、多梦等可

2. 消化道表现 肝炎时，肝功能异常，胆汁分泌减少，常出现食欲不振、恶心、厌油、上腹部不适、腹胀等。

3. 黄疸 肝脏是胆红素代谢的中枢，乙肝患者血液中胆红素浓度增高，会出现黄疸，皮肤、小便发黄，小便呈浓茶色等乙肝症状。

4. 肝区疼痛 慢性乙肝一般没有剧烈的疼痛。部分患者可有右上腹、右季肋部不适、隐痛、压痛或叩击痛。如果肝区疼痛剧烈，还要注意胆道疾病、肝癌、胃肠疾病的可能性，以免误诊。

5. 肝（脾）大 由于炎症、充血、水肿、胆汁淤积，患者常有肝大。晚期大量肝细胞破坏，纤维组织收缩，肝脏可缩小。急性肝炎或慢性肝炎早期，脾脏无明显肿大，门静脉高压时，脾脏淤血，可引起脾大。

6. 肝纤维化 慢性乙肝炎症长期不愈，反复发作，肝内纤维结缔组织增生，而其降解活性相对或绝对不足，大量细胞外基质沉积下来造成肝纤维化。如果肝纤维化同时伴肝小叶结构的破坏（肝再生结节），则称为肝硬化。临床上难以将两者截然分开，慢性肝病由肝纤维化到肝硬化是一个连续的发展过程。

慢性乙肝在全身各个系统均可发生并发症，常见的有肝源性糖尿病、脂肪肝、肝炎后高胆红素血症、肝硬化等。

四、诊断

有乙肝或 HBsAg 阳性史超过 6 个月，现 HBsAg 和（或）HBV、DNA 仍为阳性者，可诊断为慢性 HBV 感染。根据 HBV 感染者的血清学、病毒学、生化学试验以及其他临床和辅助检查结果，可将慢性 HBV 感染分类如下：

1. 慢性乙肝 ①HBeAg 阳性慢性乙肝：血清 HBsAg、HBV DNA 和 HBeAg 阳性，抗-HBe 阴性，血清 ALT 水平持续或反复升高，或肝组织学检查示肝炎病变。②HBeAg 阴性慢性乙肝：血清 HBsAg 和 HBV DNA 阳性，HBeAg 持续阴性，抗-HBe 阳性或阴性，血清 ALT 水平持续或反复异常，或肝组织学检查示肝炎病变。

2. 携带者 ①慢性 HBV 携带者：血清 HBsAg 和 HBV DNA 阳性，HBeAg 或抗-HBe 阳性，1 年内连续随访 3 次以上而血清 ALT 和 AST 水平均在正常范围内，肝组织学检查一般无明显异常。对血清 HBV DNA 阳性者，应动员其行肝穿刺检查，以便进一步确诊并进行相应治疗。②非活动性 HBsAg 携带者血清 HBsAg 阳性、HBeAg 阴性、抗 HBe 阳性或阴性，PCR 检测不到 HBV DNA 或低于检测下限，1 年内连续随访 3 次以上，ALT 水平均在正常范围。肝组织学检查示 Knodell 肝炎活动指数(HA1) < 4 或其他半定量计分系统病变轻微。

3. 隐匿性慢性乙肝 血清 HBsAg 阴性，但血清和（或）肝组织中 HBV DNA 阳性，并有慢性乙肝的临床表现。患者可伴有血清抗-HBs、抗-HBe 和（或）抗-HBc 阳性。约 20% 隐匿性慢性乙肝患者除 HBV DNA 阳性外，其余 HBV 血清学标志均为阴性。诊断需排除其他病毒和非病毒因素引起的肝损伤。

此外，乙肝需与以下疾病鉴别：①药物性肝炎；②胆结石；③原发性单发性肝硬化特点；④肝豆状核变性；⑤肝外梗阻性黄疸。

五、治疗

应根据临床类型，病原学的不同型别采取不同的治疗措施，原则上以适当休息、合理营养为主，选择性使用药物为辅，应忌酒、防止过劳及避免应用损肝药物，用药宜简不宜繁。

1. 急性肝炎的治疗

（1）强调卧床休息，给予清淡而营养丰富的饮食，外加充足的 B 族维生素及维生素 C。

（2）进食过少及呕吐者，应每日静脉滴注 10% 的葡萄糖溶液 1000～1500 mL，酌情加入能量合剂及 10% 氯化钾。

（3）保肝降酶治疗乙肝，甘草酸制剂（如异甘草酸镁等）、还原型谷胱甘肽、硫普罗宁、水飞蓟宾等。

（4）中医中药治疗乙肝，可服茵栀黄软胶囊、肝宁片、乙肝清热解毒胶囊、肝苏丸等。

2. 慢性肝炎的治疗　主要包括抗病毒复制，提高机体免疫功能，保护肝细胞及促进肝细胞再生等，因病情易反复和 HBV 复制指标持续阳性，可按情况选用下列方法：

（1）抗病毒治疗：对慢性 HBV 感染、病毒复制指标持续阳性者，抗病毒治疗是一项重要措施。常用的西药有：①注射的有干扰素、聚肌胞。②口服的有恩替卡韦、阿德福韦酯、拉米夫定、替比夫定等。

（2）保护肝细胞药：如水飞蓟素、复方甘草酸苷片和齐墩果酸片等。

（3）降转氨酶药：如联苯双酯、茵栀黄胶囊、肝苏丸等。

（4）清热解毒的中药：如乙肝清热解毒胶囊、肝宁片、护肝宁片等。

六、预防

1. 加强个人卫生意识　加强卫生教育和管理工作。防止医源性传播，确保一人一针一管一消毒，提倡一次性注射器，对带血污染物品彻底消毒处理，加强血液制品管理。

2. 消灭传染源，切断传播途径　注意对具感染性病患的隔离，注意恢复期病毒携带者定期随访。直接接触入口食品的人员及保育人员，应每年定期作健康体检。

3. 注射疫苗，保护易感人群　乙肝疫苗高效安全，可按 0、1、6 个月程序，三角肌肌内注射。

4. 戒酒、避免损害肝脏的物质摄入　乙醇能造成肝细胞的损害，慢性肝炎患者肝脏对乙醇的解毒能力下降。即使少量饮酒也会加重肝细胞损害，导致肝病加重，因此肝炎患者应戒酒。

5. 补充适量的维生素和矿物质　维生素在肝细胞的解毒、再生和提高免疫等方面有重要作用。

第二节 艾滋病

一、定义

艾滋病即获得性免疫缺陷综合征，是由人类免疫缺陷病毒（HIV）引起的一种严重传染病。HIV 作为一种能攻击人体免疫系统的病毒，把人体免疫系统中最重要的 T4 淋巴细胞作为攻击目标，大量吞噬、破坏 T4 淋巴细胞，从而破坏人的免疫系统，最终使免疫系统崩溃，使人体因丧失对各种疾病的抵抗能力而发病至死。

1981 年 6 月美国首次报告第 1 例艾滋病。到 2005 年底，全球 HIV/AIDS 患病人数 4030 万。2005 年新感染艾滋患者数 490 万。我国自 1985 年发现第 1 例以来，到 2002 年 HIV/AIDS 患者已达 100 万人。中国 HIV/AIDS 的传播速度惊人，从几个人开始，之后几十万人，从整体上，疫情已覆盖全国各省，目前我国面临艾滋病发病和死亡的高峰期，且已由吸毒等高危人群开始向一般人群扩散。传播途径：①性接触，包括同性恋和双性恋；②血及血制品传染，或共用受 HIV 污染的注射器和针头，如静脉药瘾者；③母婴传染，又称围生期传播。

二、病因

艾滋病的发病机制主要是 $CD4^+$ T 淋巴细胞在 HIV 直接和间接作用下，细胞功能受损和大量破坏，导致细胞免疫缺陷。由于其他免疫细胞均不同程度受损，因而促使并发各种严重的机会性感染和肿瘤的发生。

1. 入侵 一般认为 HIV 进入人体后能选择性地侵犯有 CD4 受体的淋巴细胞，主要为 T4 淋巴细胞，HIV 的包膜蛋白 GP120 与 T4 淋巴细胞表面的 CD4 受体结合，然后 HIV 脱壳进入宿主细胞。

2. 整合与潜伏 在胞质内经病毒反转录酶作用，以病毒 RNA 为模板，合成 DNA 互补链，再以此为模板，形成互补的 DNA 双链，然后环化形成 dsDNA 并入胞核，整合于宿主细胞染色体 DNA 中，成为前病毒，感染进入潜伏期。

3. 激活 一旦受染细胞被激活，前病毒 DNA 转录成病毒 RNA，同时合成病毒各种结构蛋白，经装配后形成大量的新病毒颗粒，以芽生方式从细胞表面释放出来，继续攻击其他 T4 淋巴细胞。受体 CD4 除较多位于 T4 淋巴细胞表面外，也见于 B 淋巴细胞、单核巨噬细胞和脑脊髓中的小胶质细胞等。HIV 也能感染这些细胞，损害其免疫功能。B 淋巴细胞受损，表现为多克隆 B 细胞活化，血清总 Ig，尤其 IgG 和 IgA 增高，对新抗原或 B 细胞激活信号不起反应。

4. 致病 HIV 在 T4 淋巴细胞内繁殖和释放过程中，可引起宿主细胞病变、死亡，造成 T4 淋巴细胞的耗竭，细胞免疫功能下降，诱发顽固的条件致病性感染和恶性肿瘤。

三、临床表现

1. 急性期 通常发生在初次感染 HIV 后 2 ~ 4 周。临床主要表现为发热、咽痛、盗汗、恶心、呕吐、腹泻、皮疹、关节痛、淋巴结肿大及神经系统症状。多数患者临床症状轻微，持续 1 ~ 3 周后缓解。此期在血液中可检出 HIV-RNA 和 P24 抗原，而 HIV 抗体则在感染后数周才出现。CD4$^+$T淋巴细胞计数一过性减少，CD4/CD8比例可倒置。

2. 无症状期　可从急性期进入此期，或无明显的急性期症状而直接进入此期。此期持续时间一般为6~8年，但也有快速进展和长期不进展者。此期的长短与感染病毒的数量、型别、感染途径、机体免疫状况等多种因素有关。

3. 艾滋病期　为感染HIV后的最终阶段。患者CD4$^+$T淋巴细胞计数明显下降，多<200/mm^3，HIV血浆病毒载量明显升高。此期主要临床表现为HIV相关症状、各种机会性感染及肿瘤。

HIV相关症状主要表现为持续1个月以上的发热、盗汗、腹泻；体重减轻10%以上。部分患者表现为神经精神症状，另外还可出现持续性全身性淋巴结肿大，其特点为：①除腹股沟以外有两个或两个以上部位的淋巴结肿大；②淋巴结直径≥1 cm，无压痛，无粘连；③持续时间3个月以上。

HIV相关机会性感染及肿瘤的常见症状：发热、盗汗、淋巴结肿大、咳嗽咳痰或咯血、呼吸困难、头痛、呕吐、腹痛腹泻、消化道出血、吞咽困难、食欲下降、口腔白斑及溃疡、各种皮疹、视力下降、失明、痴呆、癫痫、肢体瘫痪、消瘦、贫血、二便失禁、尿潴留、肠梗阻等。

艾滋病并发症发生部位多系统受累者达86.6%，以消化、呼吸、血液和淋巴系统为主。并发症依次为细菌性肺炎、口腔毛状黏膜白斑、鹅口疮、各种感染性腹泻、贫血和消耗综合征。机会性感染占所有并发症的80.6%。

四、诊断

HIV感染者诊断：受检血清初筛试验，如酶联免疫吸附试验、免疫酶法或间接免疫荧光试验等方面检查阳性，再经确诊试验，如蛋白印迹法等方法复核确诊者。世界卫生组织和美国疾病控制中心对艾滋病的诊断提出如下4项标准：①找不到任何原因的免疫功能低下；②患有卡氏肺孢菌肺炎或卡波西肉瘤等条件致病性二重感染或恶性肿瘤；③辅助性T淋巴细胞下降；④HIV抗体阳性。

艾滋病的神经系统表现主要有三大症候群：局灶性的占位、弥漫性的脑功能障碍（痴呆）及颅内感染（如脑膜炎、脑膜脑炎）。颅内占位和颅内机会感染主要见于疾病后期，这时明确诊断已无困难。需要鉴别的是多见于疾病早期的无菌性脑膜炎以及弥漫性脑功能障碍。

五、治疗

高效抗反转录病毒治疗是艾滋病最根本的治疗方法，而且需要终生服药。治疗目标：最大限度地抑制病毒的复制，保存和恢复免疫功能，降低病死率和HIV相关性疾病的发病率，提高患者的生活质量，减少艾滋病的传播。

1. 核苷类反转录酶抑制药　此类药物能选择性地与HIV反转录酶结合，并掺入在延长的DNA链中，使DNA链中止，从而抑制HIV的复制和转录。此类药物包括齐多夫定、双脱氧胞苷、双脱氧肌苷、拉米夫定和司他夫定。

2. 非核苷类反转录酶抑制药　其主要作用于HIV反转录酶的某个位点，使其失去活性，从而抑制HIV复制。主要制剂有奈非雷平。

3. 蛋白酶抑制药　它能通过抑制蛋白酶，即阻断HIV复制和成熟过程中所必需的蛋白质合成，抑制 HIV 的复制。此类制剂包括沙奎那韦、英地那韦、奈非那韦。

4. 免疫调节药　目前应用的免疫增强药有白细胞介素-2、胸腺素、香菇多糖等。

六、预防

1. 加强自我保护意识，了解 HIV；不要进行无保护措施的性行为；不与别人共用针头，使用已消毒注射器；谨慎使用血制品。

2. 普及宣传艾滋病的预防知识，了解传播途径和临床表现及预防方法。

3. 避免与 HIV 感染者、艾滋病患者及高危人群发生性接触。

4. 艾滋病或 HIV 感染者应避免妊娠，出生婴儿应避免母乳喂养。